ISBN 978-0-364-12225-9
PIBN 11282506

1 MONTH OF
FREE
READING

at

www.ForgottenBooks.com

By purchasing this book you are eligible for one month membership to ForgottenBooks.com, giving you unlimited access to our entire collection of over 1,000,000 titles via our web site and mobile apps.

To claim your free month visit:

www.forgottenbooks.com/free1282506

NEUHEBRÄISCHES UND CHALDÄISCHES WÖRTERBUCH.

DRITTER BAND.

ע – מ

NEUHEBRÄISCHES UND CHALDÄISCHES

WÖRTERBUCH

ÜBER DIE

TALMUDIM UND MIDRASCHIM.

VON

Prof. Dr. JACOB LEVY,

RABBINER.

NEBST BEITRÄGEN

VON

Prof. Dr. **HEINRICH LEBERECHT FLEISCHER.**

———

DRITTER BAND.

ע – מ

LEIPZIG:

F. A. BROCKHAUS.

—

1883.

מ Mem, der dreizehnte Buchstabe des Alphabeth, wechselt oft mit נ, z. B. hebr. אִם, ch. אֵין, אֵן (syr. ﻦؤ) wenn; und insbes. bei den Pluralendungen, z. B. nhbr. הֵן = הֵם sie, illi; ebenso in den Suff. z. B. דבריהון = דבריהם ihre Worte, ממונכון = ממונכם ihr Geld; ferner קוּרִין, שׁוּנִין, אוּמְרִין für קוראים, שונים, אומרים sie lesen, lernen, sprechen u. dgl. m. Ferner hbr. אֲנָשִׁים, ch. אֱנָשִׁין Menschen; hbr. נָשִׁים, ch. נְשִׁין Frauen; hbr. גְּבָרִים, ch. גּוּבְרִין, גַּבְרִין Männer u. v. a.

Häufig wechselt מ mit dem ihm ähnlichen Lippenbuchstaben ב, z. B. לָמַד aneinanderreihen, anschliessen, ähnlich לָבַד und לָבַט s. d. Wörter; טָמַע = טָבַע versinken; hebr. זְמַן, ch. זְמָנָא = מַתְנָא (syr. ﻦﺎﺯ) Zeit; בּוּתְנָן (hbr. בָּשָׁן) Basan; ch. מַבּוּלָא (syr. ﺎﻝﻮﺑﻣ) die Sündfluth u. s. w., vgl. ב. — Zuweilen wird מ eingeschaltet, oder dem Stw. angehängt, z. B. hebr. סַפִּיר Sapphir, wovon סַמְפִּירִינוֹן = סַפִּירִינוֹן (gr. σαπφείρινος, lapis sapphirinus) der Sapphirstein; vgl. auch hebr. לַפִּיד, ch. לַמְפְּדַס (syr. ﻦؤﺑﻣﻝ), gr. λαμπάς, άδος) Feuerfackel; ferner גְּלַל = גְּלַם (Grundwort גל) zusammenrollen; גְּלִימָא der Mantel zum Einhüllen; hbr. גּוֹלֶם, ch. גּוּלְמָא ein nicht hinlänglich ausgebildeter (eig.: noch zusammengerollter) Körper, s. d. W.; hbr. תֶּלֶם, ch. תִּלְמָא (syn. mit תַל) תְּלוּלִית Hügel, Erdhaufe u. v. a.

Wenn zwei Mem zusammentreffen, wird zuweilen ein מ elidirt (vgl. bh. צֶלֶם, Num. 14, 9): צַלְמָם ihr Ebenbild; מַשְׁכִּימֵי, Jer. 5, 8 für מַשְׁכִּימִים sie standen früh auf; פֶּחָם, Ps. 11, 6 für פֶּחָמִים Kohlen). Keth. 30ᵃ (wahrsch. mit Bez. auf letztere Stelle) צִינִים פַּחִים Kälte und Hitze (die Ansp. das. jedoch auf Spr. 22, 5 ist nicht zutreffend, da das W. פחים hier unzweifelha t Schlingen bedeutet). Vgl. auch פַּצִּים pl. für פַּצִּימִים Columnen. Sehr oft dient Mem als Formationsbuchstabe u. zwar 1) bei Substantiven, um das Sachliche, den Ort einer Handlung oder eines Zustandes zu bezeichnen, z. B. hbr. מַאֲמָר, ch. מֵימַר, מֵימְרָא (von אָמַר) der Ausspruch; hbr. מִזְבֵּחַ, ch. מַדְבְּחָא (von זָבַח) der Altar, eig. die Stätte, wo das Opfer (זֶבַח, דִּבְחָא) dargebracht wird; hbr. מַטְבֵּחַ, Dual מַטְבְּחַיִם, ch. מַטְבְּחַיָּא (von טֶבַח, טָבַח) die Schlachtstätte; hbr. מְנוֹרָה, ch. מְנַרְתָּא (von נוּר) Leuchter; vgl. auch מָאוֹר Lichtkörper; מָאֹרַע Ereig-

Levy, Neuhebr. u. Chald. Wörterbuch. III.

niss, מְטַלַּלְתָּא, מְטַלַּלְתָּא Hütte u. v. a. — 2) bei Verben, die zuweilen als denominative anzusehen sind, z. B. hbr. מַשְׁכֵּן, ch. מַשְׁכֵּן (Sbst. מַשְׁכּוֹן, von שְׁכַן, שָׁכַן) pfänden; מְסַכֵּן (Adj. מִסְכֵּן, von סְכַן, סָכַן) arm machen. — 3) dient מ bei aram. Verben gewöhnlich zur Bildung des Infin. Peal, zuweilen auch des Infin. Pael, z. B. אֲכַל, מֵיכַל (von אֲכַל) zu essen; מִידַע, לְמִנְדַּע, לְמֵידַע (von יְדַע) zu wissen; מְיַקְּרָא (von יַקַּר) zu ehren u. v. a., s. TW.

מ Prtkl. von, aus; von מִן, מִין, mit assimilirtem Nun, s. מִן, vgl. auch מִי.

מֵ vor Kehlbuchstaben 1) (= vrg. מִן) von, aus. j. B. kam. IV Anf., 4ᵈ u. ö. מֵאָלָיו von ihm selbst, מֵאֲלֵיהֶם von ihnen selbst, vgl. אֵל. Genes. r. s. 20 Anf. Gott wird in der zukünftigen Welt die Völker zur Rede stellen: קוֹנְסִין הֲיִיתֶם לָמָה את בני רדם אומרים לו מהם ובהם היו באם רכ warum habet ihr meine Kinder (die Israeliten) mit Steuern belastet? Worauf sie antworten werden: Aus ihrer eignen Mitte kamen diejenigen, die sie denuncirten, eigentlich von ihnen und an ihnen (ähnlich chald. מִירִינָא וְרֵבָה, vgl. מִין, מִן.). — 2) die griechische Prohibitivpartikel μή, ne, dass nicht, damit nicht. Tanchuma Mischpatim, 97ᵃ מָא וראה מה כת"ב לא תאמץ ... מֵאַחֶיךָ הָאֶבְיוֹן מַה הוא מאחיך לא כתיב מעני אלא מאחיך ששניכם שוים ואל הגרום לעצמך שתעשה כמותו מאחיך לשון רנית הוא siehe da, wie es geschrieben ist (Dt. 15, 7): „Du sollst nicht hartherzig sein und deine Hand nicht verschliessen vor deinem Bruder, dem Dürftigen." Was bedeutet מאחיך? Es steht hier nicht מעני, sondern מאחיך; weil ihr Beide gleich seid; verschulde es nicht, ebenso arm wie er zu werden (dass er hierin dein Bruder werde); das W. מאחיך (d. h. die erste Silbe desselben) ist griechisch: μή-אחיך; vgl. Sachs Beitr. I, 19.

מָא ch. (= מַה, s. d.) etwas, was; was? s. TW. In den Talmudim und Midraschim steht gew. dafür מאי, s. d. in מִי.

מָאֲנִיּוֹת f. pl. (eig. vom ngr. μάγανον, pl. μάγανα = μάγγανον: künstl. Vorrichtungen zu etwas, vgl. מַגְנוֹן; dah. übrtr. auf die das Sprechen und Hören vermittelnden Töne) Laute, Buchstaben. Dieser Tropus scheint dadurch entstanden zu sein, dass man

מִגְנְנוֹת, μάγγανα zur Uebers. vom hbr. אוֹתֹת (vgl. bes. Esth. r. g. E.) Zeichen, Wunder, anwandte, welches letztere man auch auf אוֹתִרִיֹת: Schriftzeichen, Buchstaben übertrug. — Pesik. r. Anochi, 62ᵃ בְּתִיבָה אַחַת מָצִינוּ עֶשֶׂר אַחַר מֵאָנְחִיֹת מְשַׁמְּשִׁים וּבְעֲלִילוֹתֵיכֶם in einem Worte finden wir elf Buchstaben angewandt, näml. וּבַעֲלִילוֹתֵיכֶם (Ez. 20, 44).

מְאֹד m. eig. (=bh.) Macht, Stärke; übrtr. Vermögen, Geld. Grndw. אד, arab. اد stark sein, vgl. עוֹדָה. Als Adv. sehr; מְאֹד מְאֹד gar sehr (ähnlich סָבִיב סָבִיב, ch. סְחוֹר סְחוֹר und חֲזוֹר חֲזוֹר: ringsum, um und um). Ber. 54ᵃ in der Mischna: die Worte בְּכָל מְאֹדֶךָ (Dt. 6, 5) bedeuten בְּכָל מָמוֹנְךָ „mit deinem ganzen Vermögen (Geld, sollst du Gott lieben"). Nach einer andern Deutung בְּכָל מִדָּה וּמִדָּה שֶׁהוּא מוֹדֵד לְךָ בְּכָל הֱוִי מוֹדֶה לֹו מְאֹד מְאֹד j. Tlmd. IX, 14ᵇ ob. (=Ar. בִּמְאֹד מְאֹד; im bab. Tlmd. fehlen die letzten zwei Worte) für jedes Mass (Geschick), das er dir zumisst, danke ihm gar sehr. מְאֹד wird näml. dreifach gedeutet, von מִדָּה und מוֹדֶה und מְאֹד. Genes. r. s. 9 g. E. הוּא s. הוּא מְאֹד הוּא אָדָם.

מְאָדִּים m. (Stw. אָדַם) eig. der Rothe, bes. der Planet Mars, Kriegsgott. Genes. r. s. 10, 10° mancher Planet vollendet seinen Kreislauf in 12 Monaten, mancher in 30 Tagen u. s. w. חוֹרֵג מִן כּוֹכַב נֹגַהּ וּמְאָדִּים שׁוֹאֲנִין גּוֹמְרִין הִלִּיכָן mit Ausnahme שֶׁנָּה אֶלָּא לְאַרְבַּע מֵאֹת וּשְׁמֹנִים der Planeten Venus und Mars, welche ihren Umlauf erst nach 480 Jahren vollenden. Pesik. r. s. 20, 38ᵇ לְכָךְ בָּרָא הַקְּהִלָּה מְאָדִּים שֶׁנּוֹפְלָם הִיא בִּגֵיהִנָּם שֶׁחֲמוֹת (l. שֶׁמְפִילָם) deshalb erschuf Gott den Mars, der sie (die Völker) in die heisse Hölle stürzt. Schabb. 129ᵇ. 156ᵃ un. הַאי מַאן אֲשֶׁר גַּבְר יֵהֵא בִּמְאָדִים wer unter der Herrschaft des Mars geboren wurde, wird ein Mann sein, der Blut vergiesst, näml. Mörder, Aderlasser oder Beschneider.

מֵאָה (bh.) Numerale, Hundert. Men. 43ᵇ un. R. Meïr sagte: מֵאָה בְּרָכֹות חַיָּב אָדָם לְבָרֵךְ בְּכָל יוֹם שֶׁנֶּאֱמַר וְעַתָּה יִשְׂרָאֵל מַה וְג' אַל תִּקְרִי Ar. (in Agg. fehlt der Schlusssatz) hundert Benedictionen muss der Mensch an jedem Tage sprechen; denn es heisst: „Nun, Israel, מַה (was) verlangt Gott von dir" u. s. w.; deute מַה wie מֵאָה; vgl. auch Raschi z. St. Nach einigen Comment. zielt dieser Ausspruch auf die hundert Buchstaben hin, welche dieser Vers enthält (näml. שׁוֹאֵל plene, nach dem masoret. Text שָׁאַל defect). Vgl. damit Tosef. Ber. VII (VI) g. E. הָיָה ר' מֵאִיר אֹומֵר אֵין לְךָ בְּכָל יוֹם מִיִּשְׂרָאֵל שֶׁאֵינוּ עוֹשֶׂה מֵאָה מִצְוֹת יוֹם קֹורֵא שְׁמַע מְבָרֵךְ לְפָנֶיהָ וּלְאַחֲרֶיהָ וְכֹו' R. Meïr sagte: Es giebt keinen Israeliten, der nicht an jedem Tage hundert Gebote erfülle; er liest das Schemā, spricht die Benedictionen vor und

nach demselben u. s. w. j. Ber. IX g. E., 14ᵈ dass. Pesik. Watomer Zion, 131ᵇ „Viele und bösartige Leiden werden das Volk heimsuchen" (Dt. 31, 17); אֵלוּ מֵאָה חָסֵר שְׁתַּיִם תֹּוכָחֹות שֶׁבְּמִשְׁנֵה תֹורָה das zielt hin auf die hundert weniger zwei (98) Flüche, die im Deuteronomium (28, 15—48) vorkommen.

מְאָה ch. (syr. ﻤﺄﺓ=מֵאָה) hundert. Dual Esr. 6, 17 מָאתַן zweihundert. Pl. מָאוָן, מָאוָרתָא s. TW. — j. Kil. IX, 32ᵇ un. R. Simon ben Lakisch צָם תְּלָת מְאֹון צֹומִין לְמֶחֱמֵי רֹב' fastete 300 Fasttage, um R. Chija, den Grossen, nach dem Tode desselben zu sehen; er sah ihn aber nicht. In der Parall. j. Keth. XII, 35ᵃ un. steht dafür תְּלָת מְאָן צֹומִין dass. j. Nas. V g. E., 54ᵇ אִית הָכָא תְּלָת מְאֹון נְזִירִין בְּעֵי תְּשַׁע מְאֹון קֻרְבָּנִין es giebt hier 300 Nasiräer, welche 900 Opfer nöthig haben.

מָאוֹס (verk. von אֶמָּאוֹס, s. d.) Emmaus, Ammaus. j. Ab. sar. V, 44ᵈ mit. ר' אֲחָא אֲזַל למָאוֹס R. Acha ging nach Emmaus.

מָאוֹר m. (=bh., von אוֹר) Pl. מְאוֹרֹות 1) Licht, oder richtiger Lichtträger, das Leuchtende. Unser W. verhält sich zu אוֹר wie φωστήρ zu φῶς, vgl. auch Delitzsch, Zeitschr. f. luth. Theol. 1877, S. 212. — Chag. 12ᵃ un. Chachamim sagen: הֵן הֵן הַמְּאֹורֹות שֶׁבָּרָא הַקָּהִלָּה Ms. M. (Agg. בְּיוֹם רִאשֹׁון לֹא תָלָאָן עַד יֹום רְבִיעִי die Lichter" sind dieselben, die Gott am ersten Schöpfungstage („das Licht") erschaffen hatte; er befestigte sie jedoch erst am vierten Schöpfungstage am Himmelsgewölbe. (Nach einer Ansicht näml. wäre „das Licht", אֹור, vom ersten Schöpfungstage ausserordentlich hell gewesen und der Welt entzogen worden, damit es den Frommen im zukünftigen Leben leuchte; während „die Lichter" eine ganz andere Schöpfung bildeten). Ber. 8, 5 (51ᵇ) בֵּית שַׁמַּאי אֹומְרִים בָּרָא מְאֹור הָאֵשׁ וּבֵית רַבִּית הִלֵּל אֹומְרִים בֹּורֵא מְאֹורֵי הָאֵשׁ die Schule Schammai's sagt: (Der Segensspruch beim Ausgang des Sabbat lautet: „Gott ...) der das Licht des Feuers erschaffen hat"; die Schule Hillel's sagt: ... „der die Lichter (Lichtstrahlen) des Feuers erschafft". Das 52ᵇ die letztere Schule entgegnete der erstern: הַרְבֵּה מְאֹורֹות יֵשׁ בָּאֵשׁ das Feuer enthält ja verschiedene Lichtfarben (Lichtstrahlen); daher sei näml. מְאֹורֵי pl. richtiger als מְאֹור, vgl. auch נְהֹור. Tosef. Ber. VI (V) מְאֹור וּבְשָׂמִים Licht und Gewürze; das. öfter. Ber. l. c. hat, wie es scheint, richtiger überall נֵר anst. מְאֹור; da hier blos von einem brennenden Lichte die Rede ist. Meg. 24ᵃ R. Juda sagte: כָּל שֶׁלֹּא רָאָה מְאֹורֹות מִיָּמֵיו אֵינֹו פֹורֵס אֶת שְׁמַע Jem., der nie in seinem Leben Lichtstrahlen gesehen hat, darf nicht das Schemā mit seinen Benedictionen öffentlich vortragen. Nach j. Gem. z. St. IV, 75ᵇ un. ist hier nicht die Rede von einem Blinden, סֹומָא, son-

dern von Jemdm., der in einem dunkeln Hause verweilt, בְּיוֹשֵׁב בְּבֵית אֹפֶל. j. Mac. II, 31ᵈ ob. dass., vgl. auch Tosaf. zu Meg. l. c. Als Grund hierfür hat Tanchuma Toledoth, 32ᵃ מפני שנראה כמעיד עדות שקר שהוא אומר ברוך יוצר המאורות והוא לא ראה מאורות מימיו weil es wie das Ablegen eines falschen Zeugnisses klingen würde, wenn er (in der Benediction vor dem Schemā) sagte: „Gelobt, der die Lichter erschaffen!" da er niemals die Lichter erblickt hat. j. Taan. IV, 68ᵈ ob. מאור עיניו של אדם das Augenlicht des Menschen. Uebertr. Chag. 5ᵇ un. איכא צורבא מרבנן הכא ומאור עיניו הוא es giebt hier einen Gelehrten, welcher blind (eig. hellsehend) ist; euphemistisch, vgl. נְהוֹר und מַפְתָּחָא. Pes. 62ᵇ un. כבה מאור עיניהן וכ׳ das Augenlicht der Gelehrten wurde verdunkelt, vgl. יוֹחָם. Ber. 17ᵃ un. יאירו עיניך במאור תורה deine Augen mögen leuchten durch das Licht der Gesetzlehre. j. Chag. I, 66ᵇ mit (mit Bez. auf Jer. 9, 12 und 16, 12) אותי עזבו ואותרתי שמא את תורתי שמרו שאילו אותי עזבו ותורתי שמרו השאור (l. המאור) שבה היה מקרבן אצלי „mich verliessen sie"; das jedoch würde ich ihnen verziehen haben, wenn sie nur meine Gesetzlehre beobachtet hätten! Denn hätten sie blos mich verlassen, meine Lehre aber beobachtet, so würde das Licht in derselben sie mir genähert haben. — 2) Lichtloch, eine kleine Oeffnung in der Wand, durch welche das Licht in das Zimmer dringt. Ohol. 13, 1 העושה מאור בתחלה wenn Jem. von vorn herein (in der Wand) ein Lichtloch, Fenster anbringt. Das. שירי המאור das Zurückgebliebene des Fensters. Vgl. Tosef. Ahil. XIV Anf. ואלו הן שירי המאור חלון שהיה סותמו ולא היה לו טיט לגומרו . . . ואלו הן שירי המאור רום אצבעים על רוחב אגודל unter dem „Zurückgebliebenen des Lichtloches" ist ein Fenster zu verstehen, zu welchem man, als man es verstopfte, nicht soviel Lehm hatte, um die Verstopfung zu vollenden. Ferner ist darunter eine Oeffnung zu verstehen, die eine Höhe von zwei Fingern und die Breite eines Daumens hat. Das. פתח שעשאו למאור eine Thüröffnung, die man zum Lichtloch verwendete. Schabb. 157ᵃ פוקקין את המאור man darf (am Sabbat) das Lichtloch verstopfen.

מֹאזְנַיִם Dual (= bh. Stw. אָזַן) Wage, eig. Wagschalen. Uebertr. die Wage, als Sternbild. Pesik. r. s. 20, 38ᵇ der Engel der Finsterniss fragte Gott: ואחריו נדה אתה בורא כיון שמעשיו שקולים במאזנים was wirst du nach ihm (dem Sternbilde der Jungfrau, בתולה) erschaffen? Die Wage, weil des Menschen Handlungen auf der Wage gewogen werden. Pesik. Bachodesch, 154ᵃ (mit Ansp. auf לעלות Ps. 62, 10) במאזנים מחכפר להם בחדש שמזלו מאזנים ואיזה זה תשרי in der Wage werden Israels Sünden vergeben, näml. in dem Monat,

dessen Sternbild die Wage ist, d. i. Tischri. Pesik. r. s. 41 g. E. dass. mit einigen Corruptelen.

מֹאזְנָיָא ,מֹאזְנִין ,מֹאזְנָן oder מֹאזְנַן ch. (= מֹאזְנַיִם) Wage. Dan. 5, 27; s. auch TW.

מֵאֲחָא f. (trnspon. vom hbr. חֶמְאָה) Butter, Milchrahm, s. TW.

מֵאַי s. in מוּי.

מֵאִין m. pl. (=מַיִין) Wasser, s. TW.

מֵאִנוּן Pesik. r. s. 33, 62ᵈ crmp. aus בְּאִינוּן, s. אִינוּן.

מֵאִיר (eig. Part. Hif. von אוּר: der Lichtverbreitende) Meïr, Name eines Tannaiten, der oft in Controverse mit R. Juda, R. Jose u. A. angetroffen wird. Erub. 13ᵇ לא ר׳ מאיר שמו אלא ר׳ נהוראי שמו ולמה נקרא שמו ר׳ מאיר שמאיר עיני חכמים בהלכה nicht R. Meïr war sein eigentlicher Name, sondern R. Nehorai (der Leuchtende, Glänzende); weshalb jedoch wurde er R. Meïr genannt? Weil er die Augen der Gelehrten in der Halacha erleuchtete. Das. גלוי וידוע לפני מי שאמר והיה העולם שאין בדורו של ר׳ מאיר כמותו ומפני מה לא קבעו הלכה כמותו שלא יכלו חביריו לעמוד על סוף דעתו וכ׳ es ist bekannt vor Gott (eig. vor dem, auf dessen Geheiss die Welt erschaffen wurde), dass Niemand in dem Zeitalter des R. Meïr ihm gleich war. Weshalb also setzte man die Halacha nicht seinem Ausspruch gemäss fest (sondern immer nach den Aussprüchen seiner Gegner, R. Juda, R. Jose)? Weil seine Genossen seine eigentliche Ansicht nie zu ergründen vermochten; er erklärte näml. bald einen unreinen Ggst. für rein, wofür er Beweise beibrachte, bald auch umgekehrt; vgl. auch חָבַר und בְּרִיךָה. Den eigentlichen Grund jedoch s. in אַחֵר. Kidd. 52ᵇ לאחר פטירתו של ר׳ מאיר אמר להן ר׳ יהודה לתלמידיו אל יכנסו תלמידי ר׳ מאיר לכאן מפני שקנתרנים הם ולא ללמוד תורה הם באין אלא לקפחני בהלכות הם עוסקין וכ׳ nach dem Tode des R. Meïr sagte R. Juda zu seinen Schülern: Keiner von den Schülern des R. Meïr soll hier (in das Studienhaus) hereingelassen werden, weil sie streitsüchtig sind und nicht etwa kommen, um hier zu lernen, sondern blos, um mich in den Halachoth zu unterbrechen. Sumchos (Symmachos, ein Schüler des R. Meïr) jedoch drängte sich mit Gewalt ein. Khl. r. sv. ושבתי, 76° vgl. בתורתו Genes. r. s. 9, 9ᵈ מאיר ר׳ פַּתְהֵּן בתורתו של ר׳ מאיר מצאו כתוב והנה טוב מאד טוב מות in dem Pentateuch des R. Meïr fand man geschrieben טוב מות (anst. טוב מאד, Gen. 1, 31): „Gut ist der Tod"; d. h. in der Randglosse seines Pentats. fügte R. Meïr das W. מות, anklingend an מְאֹד, hinzu. Ebenso sind die nächstflg. Stellen aufzufassen. Das. s. 20, 21ᵇ בתורתו של ר׳ מאיר מצאו כתוב כתנות אור in dem Pentateuch des

R. Meïr fand man geschrieben אור (anst. אור, Gen. 3, 21), vgl. אור nr. 7. Das. s. 94, 92ᵇ בתורתו של ר' מאיר מצא כתוב ובן דן חושים in dem Pentateuch des R. Meïr fand man geschrieben ובן דן וג' (anst. ובני, Gen. 46, 23) „der Sohn des Dan war Chuschim". — Der sechste Abschn. der Pirke Aboth führt nach ihm den Namen בריתא דר' מאיר Borajtha des R. Meïr, weil der erste Satz desselben von R. Meïr herrührt. Zuweilen jedoch führt dieser Abschnitt auch den Namen קנין תורה die Erwerbung der Gotteslehre.

מָאַד (=מוך) niedrig sein, werden, s. TW.

מַאֲכָל m. (=bh. Stw. אָכַל) Speise, Mahlzeit. Schabb. 10ᵃ מאכל לורים . . . מאכל ליסטין וכ' die Esszeit für die Lydier, die Esszeit für die Räuber u. s. w., vgl. לורי. — Pl. Genes. r. s. 20, 20ᶜ Gott sagte zu dem Nachasch (der Schlange): אני עשיתיך שתהא אוכל מַאֲכָלוֹת כאדם ואתה לא בקשת ועפר תאכל וג' ich habe dich erschaffen, dass du Speisen wie die der Menschen geniessen sollst; du aber wolltest es nicht, darum „sollst du Staub geniessen" (Gen. 3, 14).

מַאֲכֶלֶת f. (=bh.) Messer, bes. Schlachtmesser. Genes. r. s. 56, 55ᵇ כל אכילות שישראל אוכלים בעולם הזה אינם אוכלים אלא בזכות אותה מַאֲכֶלֶת alle Speisen, welche Israel in dieser Welt geniesst, geniesst es blos infolge der Tugend, an die jenes Schlachtmesser (womit näml. Abraham den Isaak schlachten wollte) erinnert. Eine andere Deutung s. in כָּשֵׁר Hifil.

מַאֲכוֹלֶת f. eig. die Essende, Nagende (bh. מַאֲכֶלֶת: das, was gegessen, verzehrt wird); insbes. 1) die Laus. Nid. 14ᵃ דם מאכולת das Blut der Laus. Das. מאכולת רצופה eine zerdrückte Laus. Das. 52ᵇ u. ö. — Pl. j. Nid. II Anf., 49ᵈ un. מַאֲכוֹלוֹת Läuse. — 2) Holzwurm, Holzkäfer. j. Taan. IV g. E., 69ᶜ mit. כל עצים שודן נקצצין בו אינן עושין מאכולות alle Bäume, die an ihm (dem 15. des Monats Ab) gefällt werden, bekommen keine Holzkäfer; weil sie näml. infolge der grossen Hitze ausgetrocknet sind. Dahingegen finden sich in den Bäumen, die später gefällt werden, Holzkäfer, vgl. יֹם Thr. r. Einleit. sv. ויהי לאבל, 50ᵃ dass. Das Citat jedoch das. aus Midd. 2, 5 תולעת או מאכולות ist crmp., da letzteres W. weder in Midd., noch in j. Taan. l. c. steht.

מָאִים Adv. (zusammengezogen aus מַה־אָם) siqui, siquid, wenn etwa, vielleicht, s. TW.

מַאֲמָר m. (=spät. bh. Stw. אָמַר), Pl. מַאֲמָרוֹת 1) Wort, Ausspruch, Befehl. Genes. r. s. 4, 5ᵈ (mit Bez. auf Gen. 1, 7) המים העליונים תלויים במאמר das obere Wasser schwebt durch Gottes Wort. Aboth 5, 1 בעשרה מאמרות נברא

העולם ומה תלמוד לומר והלא במאמר אחד יכול להבראות אלא להרע וכ' durch zehn „Aussprüche" wurde die Welt erschaffen (Gen. Cap. 1 steht näml. neun Mal ויאמר, das Wort בראשית wird ebenfalls als ein „Ausspruch" angesehen; vgl. Meg. 21ᵇ und R. hasch. 32ᵃ: בראשית נמי מאמר הוא und zwar mit Bez. auf Ps. 33, 6: „Durch den «Ausspruch» Gottes wurde der Himmel erschaffen"). Was können wir daraus entnehmen? Die Welt hätte ja auch vermittelst eines Ausspruches erschaffen werden können (d. h. daraus, dass bei der Schöpfung zehn Aussprüche vorkommen, während einer genügt hätte, können wir folgende Lehre ziehen:) Die Frevler verdienen deshalb grosse Strafen, weil sie eine Welt, die durch zehn Aussprüche erschaffen wurde, zu Grunde richten; sowie andererseits, dass die Frommen viel Lohn zu erwarten haben, weil sie eine solche Welt erhalten. Uebertr. Schabb. 63ᵃ un. העושה מצוה כמאמרה אין מבשרין אותו בשורות רעות demjenigen, der ein Gebot nach seinem Wortlaut befolgt, hinterbringt man keine Unglücksbotschaften. — 2) der Ansprache, eine Trauungsformel, vermöge welcher der Levir seine zur Leviratsehe verpflichtete Schwägerin (vgl. יָבָם, וְיִבְמָהּ) heirathet; indem er, bei Ueberreichung eines Werthgegenstandes, sagt: Du sollst mir angetraut sein! eine Trauung, die nur rabbinisch giltig ist, da nach bibl. Gesetze die Leviratsehe nur durch Beiwohnen (בִּיאָה) vollzogen wird. Jeb. 2, 1 (17ᵃ fg.) עשה בה מאמר er hielt die Heirathsansprache j. Jeb. II Anf., 3ᶜ יבמה יבא אליה „Ihr Levir soll zu ihr kommen" (Dt. 25, 5), darunter ist das Beiwohnen zu verstehen; „und sie zur Frau nehmen", darunter ist die Ansprache zu verstehen; den eigentlichen Schluss der Ehe jedoch bildet das Beiwohnen (nach dieser St. bewirkt näml. die Ansprache auch nach bibl. Gesetze die Ehe). Das. אי זו היא מאמר ביבמה was ist הרי את מקודשת לי בכסף ובשוה כסף unter Ansprache an die Jebama zu verstehen? Dass der Jabam zu ihr sagt: Du sollst mir durch Geld oder Geldeswerth angetraut sein! Das. V Anf., 6ᶜ nach Ansicht des R. Elasar ben Arach: מה קידושי אשה קונה קנין גמור אף המאמר קונה קנין גמור so wie sonst bei Frauen die Trauung den völligen Erwerb (die Heirath) bewirkt, so bewirkt auch bei der Jebama die Ansprache den völligen Erwerb. j. Kidd. I, 58ᵈ un. j. Git. VIII g. E., 49ᵈ u. ö.

מַאֲמְרָא ch. (syr. ܡܐܡܪܐ=מַאֲמָר) Wort, Ausspruch, s. TW. St. c. Dan. 4, 14 בְּמֵאמַר.

מָאן, מָאנָא (מֵן, מֵין, מְנָא) m. (syr. ܡܐܢ, ܡܐܢܐ) 1) dasselbe, was hbr. כְּלִי: Gefäss, Geschirr. Dan. 5, 2. 3. 23. — Pl. Schabb. 105ᵇ מָאני הבירי zerbrochene Gefässe, s. auch TW. — 2) Kleid,

Gewand. Ber. 6ᵃ הני מאני דרבנן דבלו וכ' die Kleider der Gelehrten, die so leicht schäbig werden u. s. w., vgl. חופָרָא. Keth. 63ᵃ מאני לבוש Kleidungsstücke. Schabb. 113ᵇ un. ר' יוחנן קרי למאניה מכבדותי R. Jochanan nannte seine (schö-. nen) Kleider: meine Ehrenbringer; d. h. diese verschaffen mir Ansehen. Das. 119ᵃ oh., s. כָּלָה. j. Kil. IX, 32ᵇ ob. מובלנא מאניה אבתריה וכ' ich will ihm seine Kleider (Wäsche) nachtragen, vgl. יָבַל. B. mez. 44ᵃ un.

מַאן (für מַן, s. d.) Pron. 1) irgend Jemand, wer, aliquis. j. Kil. IX, 32ᵇ mit. R. Chija erschreckte den Rabbi durch die Nachricht, dass R. Huna ankäme (es war jedoch blos die Leiche desselben). אמר ליה פוק וחמי מאן בעי לך לבר נפק ולא אשכח בר נש וידע דהוא כעיס עלוי Rabbi rief ihm zu: Gehe hinaus und siehe, irgend Jemand verlangt draussen nach dir! Als letzterer nun hinausging und Niemanden fand, so merkte er, dass Jener ihm zürnte. (In den Parall. Genes. r. s. 33, 32ᵇ steht מין anst. מאן; M. kat. 16ᵇ ob. steht dafür מי עירא קורא לך בחוץ Ija [für Chija, verächtlich], Jemand ruft dich draussen). Ber. 30ᵇ חזי מאן גברא רבא דקמסהיד עליה siehe, welcher grosse Mann dies bezeugt! d. h. auf dessen Aussage ist Gewicht zu legen. Chull. 50ᵃ מאן דהו irgend Jem., eig. wer es auch sei. j. Taan. III, 66ᵈ un. מאן דהוה מובד מילה wer etwas verloren hatte, vgl. אָבֵן הטועין. j. Maas. scheni II, 53ᵇ un. ומאן דאמר . . . מאן דאמר derjenige, der da sagt . . . derjenige aber u. s. w. — 2) Pron. interr. wer? quis? quae? j. Kil. IX, 32ᵇ un. מאן בעי מיהב ליה wer will ihm geben? j. Taan. III, 66ᵈ un. מאן את wer bist du? Schabb. 57ᵃ מאן דכר שמיה eig. wer gedenkt seines Namens? d. h. wie kommt das hierher? Jeb. 107ᵇ מאן תנא wer ist der Autor dieser Halacha?

מֵאֵן, Pi. מִיאֵן (= bh. מֵאֵן) sich weigern; insbes. oft von einem unmündigen, durch des Vaters Tod verwaisten Mädchen (vom 6.—12. Lebensjahre, überhaupt bevor sie Pubertätszeichen bekommen, aber doch einiges Verständniss hat, קטנה), die von ihrer Mutter oder ihren Brüdern, ja selbst von ihrem Vater verheirathet wurde, der aber hierzu keine Berechtigung hatte, indem er sie bereits früher einmal verheirathet hatte und sie verwittwet oder geschieden wurde; — in diesen beiden Fällen ist das Mädchen berechtigt, die Ehe, die nur rabbinisch giltig ist, durch die Verweigerungserklärung, מיאון, aufzulösen. Jeb. 13, 1 בית שמאי אומרים אין ממאנין אלא ארוסות ובית הלל אומרים ארוסות ונשואות . . . אמרו להן בית הלל לבית שמאי ממאנת והיא קטנה אפילו ארבעה וחמשה פעמים אמרו להן בית שמאי אין בנות ישראל הפקר אלא

die Schule Schammai's sagt: Nur verlobte (angetraute) Mädchen können die Ehe verweigern; die Schule Hillel's sagt: Sowohl verlobte, als auch verehelichte können die Ehe verweigern. Die Schule Hillel's sagt zur Schule Schammai's: So lange sie unmündig ist, kann sie selbst vier bis fünf Mal (d. h. wenn sie wiederholentlich verheirathet wurde) die Weigerung erklären. Die Schule Schammai's entgegnet: Israelitische Töchter dürfen nicht ein zügelloses Leben führen, sondern (selbst die verlobte) muss, wenn sie die Ehe verweigert, warten bis sie herangewachsen ist und erst ihre Weigerung erklären, um sich anderweit zu verheirathen. Das. Mischna 2 איזו היא קטנה שצריכה למאן כל שהשיאוה אמה ואחיה לדעתה השיאוה שלא לדעתה אינה צריכה למאן welches Mädchen bedarf der Weigerungserklärung? Eine solche, die ihre Mutter oder ihre Brüder mit ihrer eigenen Zustimmung verheirathet haben. Wenn man sie aber ohne ihre Zustimmung verheirathet hat, so bedarf sie keiner Weigerungserklärung; d. h. sie kann ihren Mann ohne Weiteres verlassen. Das. Mischna 4 מיאנה בו ונישאת לאחר וכ' wenn das Mädchen die Ehe verweigert und sich an einen andern Mann verheirathet u. s. w., s. מִיאוּן. Das. 107ᵃ fg., vgl. auch פָּס.

מִיאוּן m. N. a. das Verweigern der Ehe, die Weigerungserklärung eines unmündigen Mädchens, s. vrg. Art. Jeb. 107ᵇ. 108ᵃ ob. בראשונה היו כותבין גט מיאון לא רעינא ביה ולא צביינא ביה ולית אנא בעיא להתנסכבא ליה כיון דחזו דנפשי דיבורא אמרי אתו לאחלופי בגיטא פלוני מיאנה פלוני בת פלוני באמסלא in früherer Zeit hatte man das Dokument der Eheverweigerung auf folgende Weise abgefasst: „Ich mag ihn (diesen Mann) nicht, ich habe kein Wohlgefallen an ihm und ich will mich nicht mit ihm verehelichen." Als jedoch später gegen diese lange Redensart das Bedenken trug, dass man ein solches Dokument mit einem Scheidebrief verwechseln (d. h. dass ein unwissender Schreiber eine solche Formel auch bei Ehescheidungen anwenden) könnte, so führte man folgende Formel ein: „An dem und dem Datum erklärte die N. N., Tochter des N. N., in unserer (der Richter) Gegenwart die Eheverweigerung." Das. 108ᵇ ob. זה הכלל גט אחר מיאון אסורה Folgendes gilt als Regel: Eine Frau, deren Ehescheidung der Eheverweigerung folgte, darf ihren früheren Mann nicht wieder heirathen; eine Frau aber, deren Eheverweigerung der Ehescheidung folgte, darf ihren früheren Mann wieder heirathen; d. h. wenn die durch Mutter und Brüder verheirathete Unmündige die Ehe verweigert, darauf aber wieder denselben Mann heirathet

und später von ihm durch einen Scheidebrief geschieden wurde: so darf sie, wenn sie inzwischen an einen andern Mann verheirathet war und von ihm geschieden oder verwittwet wurde, den frühern Mann, obgleich sie noch immer unmündig ist, doch nicht wieder heirathen. Denn durch den Scheidungsakt wurde sie gleichsam als eine Majorenne behandelt, infolge dessen das Verbot Dt. 24, 1 fg. auf ihr haftet. Wenn sie hing. vom ersten Mann zuvor durch einen Scheidebrief geschieden und, nachdem er sie wieder zurückgenommen, durch eine Weigerungserklärung von ihm fortgegangen ist: so darf sie, wenn sie inzwischen anderweit verheirathet und dann wieder geschieden oder verwittwet wurde, ihren frühern Mann wieder heirathen; denn durch die Eheverweigerung hat sie sich wieder als eine Unmündige zu erkennen gegeben, infolge dessen jene vorangegangene Ehescheidung gleichsam annullirt wurde. — Pl. Jeb. 101[b]. 107[b] החליצה בשלשה והמיאונין die Chaliza (s. d. W.) und die Eheverweigerungen müssen in Gegenwart eines dreigliederigen Collegiums erfolgen. B. mez. 20[a] שטרי ... מיאונין die Dokumente über Eheverweigerungen. Genes. r. s. 93 Anf. ברח מן שלש והדבק בשלש ברח מן הפקדונות ומן המיאונין ומלשמת ערבות בין אדם לחבירו הדבק בחליצה ובהפרת נדרים ובהבאת שלום בין אדם לחבירו drei Dingen entziehe dich, an drei anderen Dinge zeige dich bereit! Entziehe dich der Empfangnahme zur Aufbewahrung gegebener Güter, ferner der Eheverweigerung (d. h. dem Functioniren als Richter bei solchen Verhandlungen; denn die Frau könnte später, wenn sie gross geworden, ihre Verweigerung bereuen), und endlich der Bürgschaftleistung. Zeige dich aber bereit zu der Verhandlung der Chaliza (weil diese in den meisten Fällen der Leviratsehe vorzuziehen ist, vgl. חֲלִיצָה), ferner zu der Auflösung von Gelübden und endlich zu der Wiederherstellung des Friedens zwischen dem Einen und dem Andern. Jeb. 109[a] steht dafür מן המיאורין ומן הפקדונות והערבונות.

מָאַס (=bh.) verachten, geringschätzen, verwerfen. Part. pass. j. Maas. scheni II, 53[b] un. מאן דאמר נותן בין ביד בין בכלי מָאוּס הוא ומאן דאמר נותן שמן על גבי ראשו ולוחש אינו מאוס nach demjenigen Autor, der da sagt, er (der Zauberer bei Vollziehung eines Geheimspruchs, vgl. לָחַשׁ) das Oel sowohl auf die Hand als auch in ein Gefäss giesse; ist letzteres widerlich (verächtlich, man darf sich daher mit solchem Oel nicht salben, vgl. Snh. 101[a]); nach demjenigen aber, der da sagt: der Zauberer giesse das Oel auf den Kopf und flüstere, ist letzteres nicht widerlich.

Nif. נִמְאַס widerlich, verächtlich sein, sich ekeln. Sifra Bechukk. cap. 8 (mit Bez. auf Lev. 26, 44) וכי מה נשתייר להם שלא נגעלו

ולא נמאסו והלא כל מתנות טובות שנתנו להם נטלו מהם (ואיילולי ספר תורה שנשתייר להם) לא היו משונים מאומות העולם כלום (anst. des hier eingeklammerten Satzes l. = Jalk. I, 197[c]: מה נשתייר להם ספר תורה שאם לא היה קיים לישראל וכו') was ist denn den Israeliten noch geblieben, dass sie „nicht verachtet und nicht verworfen" worden wären? Wurden ihnen doch alle die schönen Güter, die ihnen früher gegeben worden, wieder entzogen! Was ist ihnen also zurückgeblieben? Das Buch der Gotteslehre; denn wäre dies nicht geblieben, so würde dieses Volk sich nicht von den anderen Völkern unterschieden haben. Chag. 5[a] (mit Bez. auf Khl. 12, 14) Samuel sagt: זה הרק בפני חבירו ונמאס das zielt auf denjenigen hin, der in Gegenwart eines Andern ausspuckt, sodass Letzterer sich ekelt; eine andere Deutung s. in פִּנָּה.

מְאַס ch. (=מָאַס) 1) verachten, geringschätzen. Part. Peil Keth. 63[b] אמרה מָאִיס עלי לא כפינן לה וכו' eine Frau, die da sagt: Mein Mann ist mir zuwider (unleidlich, eig. verachtet), zwingt man nicht, die Ehe fortzusetzen; nach einer andern Ansicht zwingt man sie dazu. B. kam. 18[a] s. לְיָשָׁה. — Jom. 63[b] un. בעל מום דמאיס מחוסר זמן דלא מאיס ein mit einem Leibesfehler behaftetes Thier, welches (als Opfer) verächtlich, untauglich ist; ein Thier hing., bei welchem die Zeit der Opferfähigkeit noch nicht eingetreten ist (d. h. welches jünger als acht Tage) und daher nicht verächtlich ist u. s. w. Jeb. 100[a] מְאִיכֵי. — 2) (=מְסִי) zerfliessen, zerrinnen, s. TW. Khl. r. sv. וְשֹׁב רעה, 84[d] und das. sv. גם 92[d] crmp., s. מַעֲיָן.

מֵאוּס masc. N. a. Widerlichkeit, Hässliches. Schabb. 44[a] מוקצה מחמת מיאוס Gegenstand, den man wegen seiner Hässlichkeit nicht berührt. Das. 157[a] dass., vgl. מוּקְצָה.

מְאִיסָה f. das Verachten, die Verachtung. Thr. r. sv. למה לנצח, 70[b] R. Josua bar Abbun sagte: ארבעה דברים אמר ירמיה מאיסה גאילה עזיבה ושכיחה מאיסה ועילה דכתיב המאס ונ' והושב על ידי משה לא מאסתים וג' עזיבה ושכיחה דכתיב לנצח ונ' והושב על ידי ישעיה ונ' vier Ausdrücke (Bezeichnungen des Verderbens) bediente sich Jeremias, näml. Verachten, Verwerfen, Verlassen und Vergessen. „Verachten und Verwerfen", da er sagte: „verachtetest du denn Juda und verwarfst du Zion?" (Jer. 14, 19). Doch darin war er bereits von Mose widerlegt: „Ich verachte sie nicht und verwerfe sie nicht" (Lev. 26, 44). Ferner wurde er hinsichtlich des „Verlassens und Vergessens" (Klgl. 5, 20) durch Jesaias widerlegt: „Zion spricht: Gott verliess mich, der Herr vergass mein . . . Wenn diese auch vergessen, ich werde dein nicht vergessen" (Jes. 49, 14. 15). R. Josua ben

Lewi sagte: Vier Ausdrücke bediente sich Jeremias, מאיסה וקציפה עזיבה ושכיחה וכ׳ Verachten, Zürnen, Verlassen und Vergessen; hinsichtlich des „Verachtens" widerlegte er sich selbst: „Ich verachte nicht die Nachkommen Israels" (Jer. 31, 37); hinsichtlich des „Zürnens" wurde er durch Jesaias (57, 16) widerlegt: „Nicht immer werde ich hadern, nicht ewig zürnen." Pesik. r. s. 31, 57ᵉ dass. mit einigen Erweiterungen. Thr. r. Ende sv. כי אם, 70ᵇ אם מאיסה היא אית סבר ואם קציפה היא אית סבר דכל מאן דכעיס סופיה לאתרציא wo eine „Verachtung" stattfindet, da ist keine Hoffnung vorhanden; wo aber „Erzürnen" stattfindet, da ist noch Hoffnung vorhanden; denn wer da zürnt, wird sich später besänftigen lassen. Der Sinn der Stelle (Klgl. 5, 22) wäre demnach: „Hast du uns denn verachtet, du zürntest ja blos sehr über uns!"

מְאִיסוּתָא ch. (eig. = מְאִיסָה) Verachtung, Hässlichkeit. Men. 69ᵃ wenn man Getreidekörner, die sich in Excrementen von Thieren fanden, ausgesäet hat, מאי משום ומאיסרהא הוא וכבירין דזריעינהו אדם למאיסותייהו או דלמא משום כחישותא הוא והשתא נמי כחושה wie ist dies? (darf man das daraus gewachsene Getreide zu Mehlopfern verwenden, oder nicht?) Sollte der Grund der Nichttauglichkeit in der Hässlichkeit jener Körner liegen? welche jedoch infolge der Aussaat aufgehört hat. Oder soll der Grund der Untauglichkeit in der Dürftigkeit liegen, die jene Körner durch das Liegen im Magen des Thieres erlitten? was hier noch immer vorhanden ist.

מָאסָא m. Adj. (von אָסֵי) der Arzt, s. TW.

מָאסְיָא f. (etwa gr. μισητή, von μισέω) Verhasstes, Verabscheutes. Thr. r. sv. סחי, 66ᵇ wird סחי ומאוס (Klgl. 3, 45), übersetzt: מאסיא מיסטטי ψιλότης, Verhasstes, Nacktes.

מְסְפּוֹטַמְיָא Genes. r. s. 30 g. E., s. מאספוטמיא

מַאֲפֶה m. (= bh. von אפי, אָפָה) Gebäck, Gebackenes. Men. 5, 9 (63ᵃ) האומר הרי עלי בתנור לא יביא מאפה כופח ומאפה רעפים ומאפה יורדות הערבים . . . . הרי עלי מנחת מאפה לא יביא מחצה חלות ומחצה רקיקין וכ׳ wenn Jem. sagt: Ich gelobe ein in Ofen zubereitetes Mehlopfer! so darf er weder auf einem Heerde Gebackenes, noch auf heissen Ziegeln Gebackenes, oder ein in arabischen Kesseln Gebackenes darbringen. R. Jehuda sagt: Auf einem Heerde Gebackenes darf er darbringen (vgl. כופח und יורדה). Wenn er sagt: Ich gelobe ein Mehlopfer von Gebäck! so darf er es nicht zum Theil von dicken und zum Theil von dünnen Kuchen darbringen; (d. h. die zum Mehlopfer gehörenden zehn Brote müssen entweder sämmtlich aus dicken oder sämmtlich aus dünnen Kuchen be-

stehen). R. Simon erlaubt, ein solches Mehlopfer darzubringen. Erub. 80ᵇ מאפה סאה ein Gebäck von einem Sea (Mass) Mehl. j. Erub. VI, 23ᵈ ob. dass.

מַאֲפֵי od. מַאֲפֶה ch. (= מַאֲפֶה) Gebäck, s. TW.

מְאֵרָה, מְאֵרָה f. (= bh. מְאֵרָה, von אָרַר) 1) Fluch, Verwünschung. j. Pea V g. E., 19ᵃ ob. תבא מארה למי שהוא נותן לאביו מעשר denjenigen, der seinem Vater den Armenzehnten (d. h. die Gabe, die den Armen zu entrichten ist) giebt; weil er näml. den Vater nicht anderweit unterstützt. j. Dem. II, 22ᵈ un. תבא מארה למי שאשתו נאמנת והוא אינו נאמן Fluch komme über den, dessen Frau beglaubigt ist (den Zehnten zu entrichten), der aber selber nicht beglaubigt ist. Ber. 20ᵇ תבא מארה לאדם שאשתו ובניו מברכין לו Fluch treffe denjenigen, dessen Frau und Kinder für ihn die Benedictionen sprechen; weil er näml. nicht einmal so viel versteht, um die Benedictionen selbst sprechen zu können. j. Snh. X, 28ᵇ mit. (mit Bez. auf 1 Kn. 16, 34) לפי שרצו להרבות את ממון שלטה בהן מארה והיו מתמוטטין והולכין weil sie die Absicht hatten (durch den Wiederaufbau Jerichos), ihr Vermögen zu vermehren, deshalb herrschte der Fluch bei ihnen, infolge dessen sie nach und nach ganz zu Grunde gingen. Genes. r. s. 23, 23ᵈ die Frauen sagten zu Lemech, der sie an ihre ehelichen Pflichten erinnert hatte: למחר המבול בא נשמע לך ונהיה פרות ורבות למארה morgen (d. h. in kurzer Zeit) kommt die Sündfluth; wenn wir nun dir willfahren, so werden wir viele Kinder zum Fluche (Untergang) gebären. Das. s. 34, 33ᵇ Noah wollte anfänglich die Arche nicht verlassen; אמר אצא ואהיה פרה ורבה למארה וכ׳ denn er dachte bei sich: Wenn ich nun hinausgehe, so würde ich Kinder zum Fluch (Untergang) gebären, da ihm Gott zugeschworen, dass er nunmehr keine Sündfluth bringen würde. Sifra Tasria cap. 14 wird ממארת (Lev. 13, 51 fg.) erklärt: תן בו מארה תלה ולא תהנה בו ertheile ihm (den aussätzigen Kleide) den Fluch, dass du von ihm keinen Genuss habest. — 2) übrtr. Schlechtes, gleichsam Verwünschtes, wovon man keinen Genuss hat. Pl. Tosef. B. bath. VI Anf. wenn Jem. kauft קשואין מקבל עליו עשר מְאֵרוֹת לסאה Kürbisse, so muss er sich auf je hundert Stück zehn schlechte gefallen lassen, vgl. בְּטָוָה. — j. Taan. IV, 68ᵇ ob. ברביעי היו מתענין על התינוקות שלא חלה אסכרא לתוך פיהם . . . מארות חרב am Mittwoch fasteten (die Männer des Priesterpostens אנשי משמר) wegen der Kinder, damit sie im Halse nicht die Bräune bekämen; denn an diesem Schöpfungstage steht מארת (Gen. 1, 14) anst. מארות, eig. Fluch, vgl. אֲכַפְלָא. Pesik.

Hachodesch Anf., 42ᵃ wird diese defecto Schreibart anders gedeutet: לא נברא להאיר אלא גלגל חמה כתיב . . . חמה בלבד nur die Sonnenscheibe (nicht der Mond) wurde zum Leuchten erschaffen, denn das Wort lautet מְאֹרַת, d. h. im Singl.; vgl. auch Buber, Anm. z. St.

מְאוֹרָע m. (eig. Part. Pual von אֲרַע) 1) Begegniss, Ereigniss. Sifre Debarim Pisk. 1 (mit Bez. auf Dt. 1, 1) R. Jose ben Durmaskith sagte: מעידני עלי שמים וארץ שחזרנו על כל המקומות שבתורה ואין מקום שנקרא אלא על שם המאורע Himmel und Erde rufe ich zu Zeugen an, dass ich, beim Durchgehen aller Städtenamen der Bibel, keinen Ort antraf, der nicht nach einem Ereigniss genannt worden wäre; d. h. לבן, תפל u. s. w. sind nichts anderes als Städtenamen, die infolge einer Begebenheit so benannt wurden. Genes. r. s. 37 g. E. R. Jose sagte: נביא גדול היה עבר שהוציא לשם המאורע Eber war ein grosser Prophet, dass er seinen Sohn nach einem (später eingetroffenen) Ereigniss nannte, naml. „Peleg, weil in seiner Zeit die Erde getheilt wurde" בימיו נפלגה . . . . פלג, Gen. 10, 25). Das. R. Simon ben Gamliel sagte: הראשונים על ידי שהיו משתמשין ברוח הקדש היו מוציאין לשם המאורע אבל אנו שאין אנו משתמשין ברוח הקדש אנו מוציאין לשם אבותינו die Vorvorderen haben, weil sie sich der Inspiration des heiligen Geistes bedienten, ihre Kinder nach (später eingetroffenen) Ereignissen benamt, wir hing., die wir uns nicht dieser Inspiration bedienen können, benennen sie mit den Namen unserer Väter; vgl. auch יחוס. Exod. r. s. 1, 102ᵇ „Kaleb heirathete die Ephrath" (1 Chr. 2, 19); unter „Ephrath" ist Mirjam zu verstehen. וכן אתה מוצא במקום אחר שקרא למרים שמי שמות על שם המאורע שארין לה וכ' so findest du auch an einer andern Stelle, dass die Schrift der Mirjam zwei Namen, wegen des Ereignisses, das sich mit ihr zugetragen hatte, beilegt, näml. das. 4, 5: „Aschchor, der Vater des Tekoa, hatte zwei Frauen, Chelah und Naarah"; unter אשחור ist Kaleb zu verstehen, חלאה ונערה sind beide Namen der Mirjam, die da „krank" war (חלאה), sodann von ihrer Krankheit „genas" (נערה, vgl. נערה מחוליתה) und ihre „Jugend" (נערה) zurück erhielt. j. Taan. I Anf., 63ᵈ un. הכל לפי הזמן הכל לפי המאורע Alles (betreffs des Gebetes um Regen) kommt auf die Zeit, sowie auf das Begegniss an; d. h. je nachdem der Regen nöthig, oder nicht nöthig ist. — 2) das Tagesereigniss, insbes. von den Fasttagen, sowie von den Mitteltagen eines Festes und den Neumonden; im Ggs. zum Feste, wofür קדושת היום (die Heiligkeit des Tages, der heilige Tag) steht. Schabb. 24ᵃ an den Neumonden und an den Mitteltagen des Festes מתפלל שמנה עשרה ואומר מעין המאורע בעבודה betet man das „Achtzehngebet" und erwähnt in der Benediction des „Tempeldienstes"

(d. h. in der 16., resp. 17. Benediction, vgl. שמנה עשרה) das Tagesereigniss. An Fasttagen hing. אומר מעין המאורע בשומע תפלה erwähnt man das Tagesereigniss in der Benediction „Erhören des Gebetes" (d. h. in der 15., resp. 16. Benediction). j. Ber. IV, 8ᵃ mit יחיד בתענית der Einzelne צבור צריך להזכיר מעין המאורע muss an einem allgemeinen Fasttage des betreffenden Tagesereignisses im Achtzehngebete Erwähnung thun. Das. nach einem andern Autor: אפילו יחיד יחיד שגזר על עצמו תענית צריך להזכיר מעין המאורע muss der Einzelne, selbst an solchen Fasttagen, die er sich selbst auferlegt hat, des Tagesereignisses im Gebete Erwähnung thun. Das. יחיד בט' באב צריך להזכיר מעין המאורע der Einzelne muss am 9. des Monats Ab (Fasten wegen der Tempelzerstörung) des Tagesereignisses im Achtzehngebete Erwähnung thun.

מְאֲרַע ch. (eig.=מְאוֹרָע) 1) Ziel des Angriffes, des Anstosses. — 2) מְאֲרַע קָדִישׁ (bh. מִקְרָא קֹדֶשׁ=קְרָא, von קָרָא) das heilige Fest, die Festzeit, s. TW.

מְאֲרוֹפָה f. (Stw. חָרַף=חֲרַף) schneidendes und spitzes Werkzeug, eine Art Schaufel. Pl. Schebi. 5, 4 מֵאֲרוֹפוֹת של עץ Agg. und Ar. (vgl. חֲרוֹפָה) hölzerne Schaufeln.

מְאוֹשָׁן m. Adj. (Denom. von אֶשֶׁךְ, s. d.) ein Mann mit übermässig grossen Hoden. Bech. 44ᵇ, vgl. auch מְשׁוּעֲבָּד.

מָאִית m. Part. (von מות) sterbend, s. TW., vgl. auch מות.

מְבוֹאָה s. hinter מְבוֹי. — מַבּוּג s. hinter מוּבָּאֵת.

מָבוֹי m. eig. (=bh. מָבוֹא, von בוֹא, ähnlich מָשׁוּי für מָשׁוֹא) Eingang; insbes. enge und geräumig Halle zum Durchgang in die Höfe und Häuser, Durchgangshalle. Erub. 1, 1 (2ᵃ) מבוי שהוא גבוה למעלה משעשרים אמה וכ' eine Durchgangshalle, die höher als zwanzig Ellen ist u. s. w. Das. 8ᵇ מבוי העשוי כנדל eine Halle, welche die Form eines Vielfusses hat; an deren Seiten sich mehrere, kleine Eingänge befinden. Das. מבוי עקום eine krummgebaute Halle. Das. 10ᵃ fg. Schabb. 9ᵃ אסקופת מבוי die Oberschwelle der Halle. j. Schabb. XVI, 15ᶜ un. j. Jom. VIII, 45ᵇ ob. u. ö. — Pl. מְבוֹאוֹת j. Ber. II, 4ᵇ ob., s. חָנָה. j. Sot. I, 16ᶜ mit. Exod. r. s. 43, 138ᵇ. Levit. r. s. 9 152ᶜ (zur Beseitigung des Widerspruches, dass in 1 Chr. 8, 32 der Vater des Kisch: „Ner" [נר], während er in 1 Sm. 9, 1: „Abiel" [אביאל] genannt wird) מבואות אפילות היו מביתו לבית המדרש והיה מדליק נרות בהם כדי להאיר בהם לרבים er (Abiel) hatte finstere Durchgangshallen, die aus seinem Hause in das Studienhaus führ-

ten, in welchen er „Lichter" anzündete, um der Menge zu leuchten.

מְבוֹאָה *chald.* (=מָבוֹי) Durchganghalle. Erub. 15ᵃ un. רב הוה יתיב בההוא מבואה וכ׳ Rab sass in einer Durchgangshalle u. s. w. Keth. 77ᵇ בר לבואה. B. bath. 21ᵇ ההוא מבואה, s. d.

מְכָאנָא, מְכִינָא od. **מְכַאנָא** *m.* Besen zum Ausfegen, Kehrbesen. Stw. באן oder בין, vgl. arab. بَانٌ Baum, und בִּינָא Weide. Genes. r. s. 79 g. E. eine Frau sagte zur andern: אשׁאיל לי מבאנך אשׁאיל לי מטאטיך Ar. leihe mir deine מבאנא, leihe mir deine מטאטא! d. h. sie wollte den Kehrbesen geliehen haben und beabsichtigte gleichzeitig, das hbr. מטאטא durch das landläufige מבאנא zu erklären. Agg.: אומרת אשׁאיל לי מבניך ואמרה שׁאילי לי מטאטיך d. h. sie wollte sagen: Leihe mir deinen Besen, wofür sie מטאטיך sagte. Die Trgg. haben מבינא, vgl. auch אֵלְבִּינָא.

מוּבַת oder **מוּבַאת** (viell. denom. von בַּת) genau gemessen, übereinstimmend. Neg. 6, 6 כעדשׁה מובאת Agg. und Ar. ed. pr. (ein Aussatz) genau wie eine Linse.

מַבּוּג Mabbug, Name eines Amoräers. Im Syr. kommt ܡܰܒܽܘܓ Mabug (vgl. Berust. Lex. Syr. p. 269ᵇ) als ein Ortsname vor, womit unser W. zusammenhängen dürfte. — Seb. 9ᵇ אמר רב משׁמיה דמבוג Rab sagte eine Halacha Namens des Mabbug.

מַבְגַּי, מַבְגָּאִי Mabgai, *N. pr.*, eig. wohl (von בְּגָא, בָּאנָא, s. d.) Bewohner eines Ganes, Landbauer. 1) Genes. r. s. 80, 78ᵈ „Alle Bewohner Sichem's gehorchten dem Chamor und Sichem" u. s. w. (Gen. 34, 24). הוה חר מנהון נכנס לעיר טעין מובילתיה ואמרו ליה חא גזר (Agg. crmp.) והוא אמר שׁכם לסב ומבגאי קטע (ומגבאי) Einer jener Bewohner ging in die Stadt mit seinem Bündel beladen, als jene ihn ansprachen: Gehe und lasse dich beschneiden! Er aber entgegnete: Wie, weil Sichem heirathet, soll Mabgai sich beschneiden! Macc. 11ᵃ, vgl. גְּזַר. Aehnliche Sprichwörter s. in זָוּנַד, יוֹחָנָא. — 2) Erub. 64ᵇ Rabban Gamaliel reiste, von R. Ilai begleitet, von Akko nach Kesib; מצא גלוסקין בדרך אמר לו אילעאי טול גלוסקין מן הדרך מצא נכרי אחד אמר לו מבגאי טול גלוסקין הללו (זאת ו.) מאילעאי נטפל לו ר׳ אילעאי אמר לו מהיכן אתה אמר לו מעיירות שׁל ברוגנין ומה שׁמך מבגאי שׁמי כלום הכירך ר׳ גמליאל מעולם אמר לו לאו באותה שׁעה למדנו שׁכיוון ר׳ גמליאל ברוח הקדשׁ er fand ein Brot auf dem Wege und sagte: Ilai, hebe das Brot vom Wege auf! Hierauf begegnete er einem Nichtjuden, zu dem er sagte: Mabgai, nimm dem Ilai das Brot ab! Später schloss sich Letzterer dem Nichtjuden an und fragte ihn: Woher bist

du? Er antwortete: Aus jenen Ortschaften der Einlieger. Wie, versetzte jener, ist dein Name? Er antwortete: Mabgai ist mein Name. Kannte dich R. Gamaliel von früher her? Er antwortete: Nein. Zu der Zeit erkannten wir, dass R. Gamaliel jenen Namen (Mabgai) durch Inspiration des heiligen Geistes zugetroffen hat. Tosef. Pes. I (II) dass., wonach jedoch R. Gamaliel seinem Sklaven Tabi das Brot (גלוסקין זה) aufzuheben befahl. j. Ab. sar. I g. E., 40ᵃ und Levit. r. s. 37 g. E. מבגיי; woselbst ברכת ר׳ גמ׳ anst. הכירך ר׳ גמליאל zu emendiren ist.

מְבַדְּתָנָא *m.* Adj. (syr. ܡܒܰܕܬܳܢܳܐ, von בְּדַת) Schändlicher, Jem., der Schande verursacht, s. TW.

מַבּוּל *m.* (=bh., von יָבַל: fliessen) Wasserfluth; nur die Sündfluth (oder Sintfluth) zur Zeit Noah's. Snh. 38ᵇ u. ö. דור המבול (auch blos דור המבול) die Zeitgenossen der Sündfluth. Das. 108ᵃᵇ ob. die Zeitgenossen Noah's sagten zu ihm: זקן תיבה זו למה אמר להם הקב״ה מביא עליכם את המבול אמרו לו מבול שׁל מה אם מבול שׁל אשׁ ישׁ לנו דבר אחד ועליותיה שׁמה ואם שׁל מים הוא מביא אם מן הארץ הוא מביא ישׁ לנו עששׁיות שׁל ברזל שׁאנו מחפין בהם את הארץ ואם מן השׁמים הוא מביא ישׁ לנו דבר וטעקב שׁמו ואמרי לה עקש שׁמו אמר להם הוא מביא מבין עקבי רגליכם Alter, wozu denn diese Arche? Er erwiderte ihnen: Gott bringt die Fluth über euch. Hierauf sagten sie zu ihm: Woraus besteht denn diese Fluth? Ist sie eine Feuerfluth, so haben wir etwas (d. h. ein Thier), das Alita heisst (als ein Schutzmittel, vgl. אֵלִיתָא III); wenn er aber eine Wasserfluth bringen sollte, so besitzen wir, falls sie aus der Erde hervorkäme, eiserne Platten, womit wir die Erde bedecken würden; falls sie aber vom Himmel herabkäme, so besitzen wir etwas (als Schutzmittel), das Akob (Manche sagen: Akosch) heisst (eine Art Schwamm, vgl. עֲקֹב). Er aber entgegnete ihnen: Zwischen den Fersen (עקב) eurer eignen Füsse bringt er sie hervor. Genes. r. s. 39, 37ᵈ (mit Bez. auf Gen. 18, 25: „Abraham sagte: Fern sei es von dir" u. s. w.) נשׁבעת ואמרת שׁאין אתה מביא מבול לעולם ומה אתה מערים על השׁבועה אתהמהא מבול שׁל מים אין אתה מביא מבול שׁל אשׁ אתה מביא אם כן לא יצאת ידי השׁבועה du hast mit einem Schwur ausgesprochen, dass du keine Fluth über die Erde bringen werdest; solltest du den Schwur hinterlistig umgehen? Wunderbar! dass du etwa keine Wasserfluth, aber eine Feuerfluth bringen wolltest! Sodann würdest du den Schwur nicht erfüllen! Pesik. Anochi, 139ᵃ dass. Tosef. Taan. II (III) מבול . . . ונפרית. מבול שׁל אשׁ וגפרית eine Fluth von Feuer und Schwefel, שׁל דבר eine Fluth von Pest. Das. נפל לים טבעה ספינתו wenn Jem. ins Meer בים ומה הרי הוא מבולו

stürzt, oder wenn sein Schiff im Meere untergeht, infolge dessen er stirbt, so ist das seine Fluth (sein Mabbul).

מַבּוּלָא ch. (syr. ܡܰܒܽܘܠܳܐ, مَبُول und ב verwechselt =מַבּוּל) Fluth, Sündfluth. Genes. r. s. 30, 28ᵇ כל קֹל שנה היה נח נוטע ארזים וקוצצן למה כדין אמר להון כן אמר מאריה דעלמא דהוא מייתי מבולא על עלמא אמרו ליה אין איתי מבולא לא אתי אלא על ביתא דההוא גברא כיון שמת מתושלח אמרו ליה הא לא אתי מבולא אלא על ביתיה דההוא גברא während der 120 Jahre (von der göttlichen Verheissung an bis zum Eintreffen der Sündfluth, vgl. Gen. 6, 3) pflanzte Noah Cedern und fällte sie. Da sprachen seine Zeitgenossen: Wozu dies? Worauf er zu ihnen sagte: Der Herr der Welt beschloss, eine Sündfluth über die Welt zu bringen. Sie aber sagten zu ihm: Wenn er eine Sündfluth bringen sollte, so würde sie blos über dein (eig. dieses Mannes) Haus kommen. Als nun Methuschelach (der Urahn Noah's, kurz vor Eintreffen der Sündfluth) starb, so sagten sie: Siehe da, nun ist die Sündfluth über das Haus dieses Mannes gekommen! Das. s. 33, 32ᵈ מהר המשחה הביאה אותו דלא נפח דישראל בטובלא vom Oelberg brachte sie ("die Taube das frische Oelblatt", Gen. 8, 11); denn Palästina wurde von der Fluth nicht überschwemmt; mit Anspiel. auf Ez. 22, 24.

מוֹבִילָתָא ,מוֹבְלָא, s. ä. in 'מו.

מְבַלְבְּלִיתָא f. (eig. Part. pass. von בַּלְבֵּל) das Auge, dessen Weisses mit dem Schwarzen vermischt ist. Bech. 44ᵃ מבלבליתא zur Erklärung von חבלל (Lev. 21, 20). Ar. ed. pr. liest מברבליתא mit Verw. der liquidae.

מַבְלִינָה ,מַבְלִיגָא m. eine Cedernart. R. hasch. 23ᵃ wird קתרום erklärt durch מבליגא Ms. M. und Agg. Snh. 108ᵇ wird גפר von demselben Autor durch מבליגה erklärt. Ar. sv. אדר liest מבליגא, Var. מבליגא, s. d. W.

מַבְלְעֶתָא f. (Stw. בְּלַע) der obere Theil des Schlundes. Chull. 43ᵇ יונה אמר ר' זירא תרבץ Ar. sv. תרבץ und Ascheri z. St. (Agg. אמר זירא) Jona sagte Namens des R. Sera: Der obere Theil des Schlundes wird תורבץ genaunt, s. d. W. Nach einigen Commentt.: "Betreffs der Taube sagte R. Sera" u. s. w.

מִבְנָא s. מוּבָאנָא.

מבכסין, richtig מוכסין, s. d.

מְבַסְרָנָא m. Adj. (von בְּסַר) Geringschätzender, Verächter, s. TW.

מַבּוּעָא m. (syr. ܡܰܒܽܘܥܳܐ, hbr. מַבּוּע, von נבע) Quelle. j. Ab. sar. V, 44ᵈ mit. הא מבועא קמך שתי hier hast du die Quelle vor dir, so trinke nun! j. Dem. I, 22ᵃ mit. ליה מבועין מספק לן לגו

unsere Quelle reicht nicht für unseren Gebrauch aus; s. auch TW. — Pl. j. Chag. II, 77ᵈ un. מבועין דמי Wasserquellen.

מַבְעָא ,יִמְבַּע Part. von בְּעַע beschleunigen, s. TW.

מַבְעֶה m. eig. Part. (von בָּעָה ,בעי, s. d.) Jem., der die Feldfrüchte eines Andern abpflückt und ihm hierdurch Schaden zufugt, מבעה זה אדם; nach einer andern Ansicht: ein Thier, welches das Feld eines Andern abweidet, מבעה זה השן; s. Ausführliches hierüber in בָּעָה ,בעי, vgl. auch den nächstflg. Artikel. B. kam. 1, 1 ארבעה אבות נזיקין השור והבור והמבעה וההבער die vier Hauptklassen von strafbaren Beschädigungen sind folgende: 1) der Ochs (durch Stossen mit dem Horn, קרן, Ex. 21, 28); 2) die Grube (in welche etwas hineinfällt, das. V. 33 und 34); 3) das Abpflücken der Früchte, oder: das Abweiden des Feldes eines Andern (das. 22, 4); und 4) die Brandstiftung (das. V. 5).

מַבְעִיר m. (eig. Part. Hif. von בָּעַר; oder richtiger denom. von בְּעִיר) das Austreiben (der Austreiber) des Viehs in das Feld eines Andern; eine der Hauptklassen von strafbaren Beschädigungen, s. vrg. Artikel. Diese Klasse enthält zwei Arten: 1) das vom ausgetriebenen Vieh erfolgte Abweiden des Feldes, שן; und 2) das Zertreten des Feldes oder seiner Früchte, רגל. Vgl. j. B. kam. I Anf., 2ᵃ, woselbst die erstere Art der Beschädigung aus כי יבער, und die letztere Art aus ובער (Ex. 22, 4) erwiesen und gleichzeitig angespielt wird auf Jes. 5, 5: "Fortnehmen will ich des Weinberges Dornhecke, dass er abgeweidet werde (והיה לבער); niederreissen will ich seinen Zaun, dass er zertreten werde (והיה למרמס). — Tosef. B. kam. IX Anf. המבעיר והמבעה das Abweiden (oder: Zertreten des Feldes eines Andern) und die Brandstiftung. Aus der oben citirten j. Gemara dürfte hervorgehen, dass die Mischna B. kam. 1, 1 im j. Tlmd. ebenf. המבעיר gelautet habe (in den Agg. jedoch = bab: Tlmd.: המבעה).

מַבְעוֹר m. (von בָּעַר) Feueresse, Feuerherd, s. TW.

מַבְרָא m. (contr. aus מַעְבְּרָא, Stw. עָבַר) die Fähre, Fahrzeug zum Uebersetzen über einen Fluss. Chull. 94ᵃ Samuel עבר הוה במברא אמר ליה לשמעיה פייטיה למבוריה fuhr in einer Fähre und sagte zu seinem Bedienten: Gieb seinem (des Fahrzeugs) Fährmann das Trinkgeld. Das. 95ᵃᵇ רב יתיב אמברא דאישטתית Rab sass einst in der Fähre von Ischtatith. Das. רב הוה קאזיל לבי ר' חנן חתניה חזי מברא דקאתי לאפיה אמר מברא קאתי לאפי יומא טבא als Rab einst zu seinem Eidam, R. Chanan

gehen wollte, sah er eine Fähre ihm (von jenseits des Flusses) entgegen kommen, worauf er sagte: Da mir (unverhofft) eine Fähre entgegenkommt, so wird dort sicherlich ein Fest gefeiert! Das. רב בדיק במברא Rab erprobte (das Glück) durch eine Fähre; d. h. wenn er eine solche, ohne sie bestellt zu haben, antraf, so galt ihm dies für ein gutes Omen. Keth. 105ᵇ u. ö.

מַבּוֹרָא m. Adj. der Fährmann. Chull. 94ª מבוריה sein Fährmann, s. מַבְרָא Anf. Khl. r. sv. מי כהחכם, 89ᵈ ein Nichtjude sah das Gesicht des R. Juda bar Illai sehr glänzen; אמר הדין מברא (l. מבורא) חדא מן תלת מילין אית ברי' וכ' da sagte jener Fährmann (der Nichtjude): Dieser Mann da hat eine der folgenden drei Eigenschaften: entweder ist er ein Zecher, oder ein Wucherer, oder ein Schweinezüchter! u. s. w. In den Parall. j. Pes. X, 37° mit. u. a. wird dieser Ausspruch einer Matrone, מטרונה in den Mund gelegt, vgl. נְהָר.

מָבְרֵי m. (von בְּרֵי) Nahrung, s. TW.

מַבְרַכְתָּא f. (Stw. בְּרַךְ) (1) (arab. بَرَكَ) Karawane, eig. eine Schaar von Kamelen. j. Sot. I, 17ª ob. „Die Söhne Samuel's neigten sich dem Gewinn zu" (1 Sm. 8, 3), אמר ר' ברכיה מברכתא היתה עוברת והיו מניחין צרכיהן של ישראל והיו הולכין עוסקין בפרקמטיא R. Berechja sagte: So oft eine Karawane durchzog, so legten sie die Angelegenheiten Israel's bei Seite und gingen dem Handel (πραγματεία) nach. j. Keth. XIII Anf., 35ᵈ und Genes. r. s. 85, 84ᵇ dass. — Davon wahrsch. übrtr. Keth. 10ª חביבא מברכתא ליה ‘eine Schaar feiler Dirnen lag wohl vor ihm hingestreckt! d. h. aus seinen unkeuschen Redensarten zu schliessen, dass er öfter mit unzüchtigen Weibern Umgang gepflogen hatte. Raschi erklärt unsere Stelle aus Nr. 2: Die Buhlerinnen des Ortes Mabrachta; was jedoch nicht zutreffend ist, vgl. חֲבַב. — 2) Mabrachta, viell. Name eines Ortes, der unweit Mechusa lag. Erub. 47ᵇ un. הנהו דכרי דאתו למברכתא jene Widder, die in Mabrachta ankamen; vgl. Raschi und Aruch. Da jedoch Mabrachta sonst als Ortsname nicht vorkommen dürfte, so scheint auch hier מברכתא: die Karawane zu bedeuten; wozu der Schlusssatz daselbst recht gut passt: Raba sagte später: לידבנו לבני מברכתא דכולהו מברכתא לדידהו כארבע אמות דמי mögen jene Widder an die Angehörigen der Karawane verkauft werden; denn für Letztere wird die ganze Karawane als eine Räumlichkeit, die vier Ellen Weite einnimmt, angesehen. Das. 61ᵇ מר יהודה אשכחינהו לבני מברכתא דקא מותבי ערובייהו בבי כנישתא דבי אגובר Mar Juda traf die Angehörigen der Karawane (nach Raschi: die Einwohner Mabrachta's), als sie ihren Erub (vgl. עירוב) in der Synagoge von Be Agubar niederlegten.

מַבְשִׁקְרָנָא m. (von בַּשְׂקַר, s. d.) Durchsuchung, Untersuchung, s. TW.

מוּבָּת Neg. 6, 6 Ar. in späteren Agg., s. נוּבָּאת.

מָבָתָא f. (von בות, s. d.) und מַבְתוּתָא (von בָּתָה, verstärkte Form) das Uebernachten, Hausen, s. TW.

מְגֵי, יְמֵגָא (hbr. מוּג) zerfliessen. — Pa. zerfliessen machen, vernichten. Genes. r. s. 41 g. E. wird מוגיך (Jes. 51, 23, woselbst jedoch der masoret. Text מונין hat) gedeutet: מהו מוגירך אילין דממגרין מחתך וכ' Ar. ed. pr. (Agg. דממוגרין, von מוג) was bedeutet מוגיך? Diejenigen, welche deine Wunden zerfliessen machen; mit Ausp. auf חמגגנה, Ps. 65, 11; vgl. לְחָלָה.

מָגּוֹב oder מַגֵּיב m. (Stw. נָּבַב, eig. Strohaufleser) ein handförmiges, vielzackiges Werkzeug in der Scheuer, vermittelst dessen man die dünne Spreu vom Getreide absondert, etwa: Spreurechen. Kel. 13, 7 werden drei einander ähnliche Werkzeuge zum Wurfeln erwähnt, näml. המעבר והמזרה והמגוב (Ar. hat für המעבר die Varr. המעדר und המסמר, und für המגוב liest er המגיב) 1) המעבר: eine dreizackige Gabel, vermittelst welcher man das grobe Stroh vom Getreide entfernt. 2) המזרה: die Wurfschaufel, die mehr Zacken als die erstere hat und die man, nachdem das grobe Stroh bereits entfernt ist, über das Getreide führt, um das mittelgrobe Stroh daraus zu entfernen. 3) המגוב (המגיב): der vielzackige Rechen, vermittelst dessen die Ueberreste der Spreu vom Getreide abgesondert werden; vgl. Maim. z. St. Nach Ar. bedeutet מגוב (von נָּבַב): ein Werkzeug, das zum Trocknen des feuchten Getreides dient. Teb. jom. 4, 6 dass.

מגבאי Genes. r. s. 80, 78ᵈ crmp., מַבְּנָאי.

מְגְבָּה f. (von גבי, נָּבָה) das Einnehmen, Erheben einer Schuldforderung. j. Keth. IX, 33ᵇ un. R. Schimeon sagte: במגבה הדבר תלוי es hängt vom Erheben der Schuldforderung ab; d. h. wenn die Frau bereits einen Theil der Kethuba erhoben hat, so hat sie nunmehr keine Zehrkosten zu beanspruchen. j. Schebu. V, 36ᵃᵇ dass.

מַגְבַּת, מַגְבִּית f. (eig.=vrg. Wort), bes. die Erhebung, Sammlung der Almosen, die an Arme zu vertheilen sind. Tosef. Meg. I Anf. מגבית פורים לפורים מגבית העיר לאותה העיר die Almosensammlung am Purimfest soll an die Armen behufs festlichen Begehens des Purim gänzlich vertheilt werden; die Almosensammlung einer Stadt soll blos an die Armen dieser Stadt vertheilt werden. j. Meg. I, 70ᵇ un. steht dafür מגבת B. mez. 78ᵇ. 106ᵇ dass. Levit. r. s. 5, 149° R. Elieser, R. Josua und R. Akiba gingen לעסק מגבה צדקה לחכמים behufs Almosensammlung

2*

für die Gelehrten. Esth. r. sv. בהראתו, 102ᵃ
בהר"אתו הלכו רבותינו אצלו על עסק מגבת חכמים unsere
Lehrer gingen zu ihm (Bar Bochin) behufs
Almosensammlung für die Gelehrten.

מַגְבִּיתָא ch. (=מַגְבִּית) die Einsammlung,
Beitreibung der Steuern, s. TW.

מַגְבְּיָא m. Alaun. Schabb. 110ᵃ un. מחקל
זוזא מוגביא גילא Ar. (Ms. M. מוגבי, Agg. גבוא)
Alaun im Gewichte eines Sus. Ar. erklärt das
W. durch אלומי und arab. אלשב, d. i. شَبّ:
alumen. Men. 42ᵇ un. מוגביא גילא, das Raschi
ebenf. durch אלו"ם, Alaun erklärt.

מֶגֶג m. eine Binsen- oder Schilfart,
ähnlich גֶּמֶא. Par. 3, 9 מגג של בחבל כהונית
man band die rothe Kuh mit einem Strick
aus Schilf; um näml. Alles, was Unreinheit annehmen könnte, von ihr fern zu halten. Erub.
58ᵃ drei Arten von Stricken giebt es, näml.
של מגג שא von Schilf u. s. w., vgl. חֶבֶל רב'.

מָגַג (syn. mit מוג, vgl. auch מָנַא) erweichen, bes. Pflanzen durch Reiben mit der
Hand weich machen, infolge dessen sie
schmackhaft werden. j. Maas. scheni II, 53ᵉ
mit. בית שמאי אומרים מוגמרים טהורה ובית
הלל אומרים מוגג בידים טמאות die Schule Schammai's sagt: Man darf ihn (den Fenchel der
Teruma) nur mit levitisch reinen Händen weich
machen, reiben; die Schule Hillel's sagt: Man
darf ihn auch mit unreinen Händen weich machen.
Pilp. מִגְמֵג (bh. מוֹגֵג Polel) zerfliessen
machen, zerrinnen lassen. — Hithpalp.
Pass. davon. Pesik. r. Zehngebote I, 39ᵈ (mit
Ansp. auf כבר היה העולם, Ps. 75, 4) נמוגים
מתמוגמג והולך אילולא שעמדו ישראל לפני הר
סיני רב' die Welt wäre schon ganz zerflossen,
hätte Israel nicht, am Sinai stehend, ausgesprochen: „Alles, was Gott geredet, wollen wir
thun" (Ex. 24, 7). Daher sagte näml. Gott
(Ps. l. c.): „Ich habe ihre Pfeiler aufrecht erhalten!" Cant. r. sv. שובי, 29ᵉ מתמגמגת
crmp., l. מתמוגמגת dass.

מְגִיגָה f. N. a. das Erweichen, Weich-
machen der Pflanzen. j. Maas. scheni II,
53ᵉ mit. מגיגה איכא בינייהו hinsichtlich des Erweichens (des Fenchels) herrscht eine Meinungsverschiedenheit zwischen ihnen; s. vrg. Art.

מְגָנָא oder מְנָנָא m. (etwa gr. μίγμα, von
μίγω, μίγνυμι) das Mengen, Mischen, die
Mischung. Pl. Pes. 107ᵃ מנני לרבי לוי שדר ליה
Ar. שיכרא בר תליסר מנני טעמיה הוה בסים טובא
(Agg. מָנָנֵי, Ms. M. אנני crmp., ein Ms. hat
מְמַנֵּי) Lewi schickte dem Rabbi ein Getränk
aus 13 Mischungen, welches, vom Letztern gekostet, als sehr süss befunden wurde. Ar. ed.
pr. citirt folgende Erklärung aus den Respon-

sen der Gaonäer: In unserem Wohnorte braut
man das Getränk (Bier) auf folgende Weise:
Man hält drei Fässer (גיגיות) in Bereitschaft;
in eines derselben giesst man am ersten Tage
des Brauens auf die darinliegenden Datteln
und Hopfen Wasser. Am zweiten Tage legt
man Datteln und Hopfen in das zweite Fass, in
welches man das Nass vom ersten Fass hineingiesst. Auf dieselbe Weise verfährt man am
dritten Tage mit einem dritten, ebenfalls mit
Datteln und Hopfen gefüllten Fass. Lewi hatte
also bei dem Gebräu dieses Verfahren dreizehn
Mal wiederholt; ähnlich Raschi z. St. — Auch
scheint also unser W. von גיגית, Fass, abzuleiten.

מֶגֶד m. (=bh.) köstliche, edle Gabe
(bes. der Natur): köstliche Früchte. Stw.
arab. مَجَدَ geehrt, edel sein, Alles an Ruhm
übertreffen; ähnlich כרם, s. d. — Pl. Schabb.
127ᵃ ob. מיני מגדים verschiedene Arten edler
Früchte.

מִגְדָּנָא oder מַגְדָּא ch. (syr. ܡܲܓܕܐ=מֶגֶד) Kostbarkeit, köstliche Frucht. Pl. Schabb.
121ᵇ und Men. 43ᵇ מגדני köstliche Früchte, s.
אִסְפַּרְמְקֵי. — Mit angeh. Nun מִגְדָּנִין (hbr.
מִגְדָּנוֹת) Kostbarkeiten, s. TW.

מִגְדָּנָא, מִגְדְּתָא f. (von נְגַד) Leitung, Führung, s. TW.

מָגוֹד m. (von נְגַד=גוד) ein Gegenstand,
worüber etwas gezogen, ausgespannt oder
ausgedehnt wird, wie z. B. ein Pfahl, auf
welchem die Wäsche behufs Trocknens ausgebreitet wird; vgl. bes. נגד גלימא einen Mantel
ausbreiten. — Pes. 26ᵇ לא ישתחנה לא אבידה
על גבי מטה ולא על גבי מגוד לצרכו אבל לשתחנה
על גבי מטה ועל גבי מגוד לצרכה Jem., der ein
verloren gegangenes Gewand gefunden, darf es
nicht zu seinem eignen Nutzen (um z. B. das
Zimmer zu decoriren) über ein Sopha oder über
einen Pfahl ausbreiten; aber er darf das Gefundene, wenn es zum Nutzen desselben dient
(um es z. B. vor Motten zu schützen) über ein
Sopha oder über einen Pfahl ausbreiten. B. mez.
30ᵃ dass. Raschi erklärt das W. durch קביל"יא,
cheville, Pflock.

מִגְדָּל m.(=bh., von גָּדַל) 1) Thurm, eig. hoch-
aufsteigendes, grosses Gebäude, ferner Thürmchen. Schabb. 106ᵃ הצד צפור למגדל וצבי Ar.
לבית חייב wenn Jem. (am Sabbat) einen Vogel
in ein Thürmchen (eine Art Taubenschlag) oder
einen Hirsch in ein Haus einfängt, so ist er
strafpflichtig; d. h. der Vogel wird nur in einem
solchen Behältniss, aus dem er nicht heraus-
fliegen kann, als gefangen angesehen. Nas. 55ᵃ
הנכנס לארץ העמים בשידה תיבה ומגדל רב' wenn
Jem. das Land der Nichtjuden (dessen Betreten verunreinigt) in einem hohlen Reitzeuge

(Kamelsattel der Weiber = כּוּמְנִי, s. d.), in einem Kasten oder einem Thürmchen betritt, so ist er nach einer Ansicht unrein, weil die Luft des Landes verunreinigt; nach einer andern Ansicht ist er rein, weil er den Fussboden nicht betreten hat; vgl. auch אֹהֶל und גּוּשָׁא. Ohol. 4, 1 מגדל שהוא עומד באויר ein Thurm, der in der Luft (d. h. in einem freien Hofraum) steht; in welchem näml. Gefässe und dgl. aufbewahrt werden. Trop. Chag. 15ᵇ und Snh. 106ᵇ „Wo ist derjenige, der die Thürme zählt?“ (Jes. 33, 18) darunter sind diejenigen Gesetzlehrer zu verstehen, שהיו שונין ג' מאות הלכות במגדל הפורח באויר welche 300 Halachoth betreffs des „Thurmes“, der in der Luft schwebt, lernten. (Raschi, mit Bezugnahme auf Ohol. l. c., emendirt: [העומד באויר] מגדל הפתוח לאויר ein Thurm, der nach einem freien Raum zu [z. B. nach einem, vom Hause getrennten Hofe] geöffnet ist. Nach Aruch bedeutet מגדל הפורח באויר: ein thurmförmiges Behältniss das, durch Stricke befestigt, in der Luft schwebt. Nach einer Ansicht Raschi's in Snh. l. c.: Wenn Jem., in einem Thurm eingeschlossen, nach einem heidnischen Lande fährt und zw. mit Bez. auf Nas. l. c. זרוק אהל, s. d. Nach einer andern Ansicht: Dreihundert Halachoth, um durch ein Zauberwerk einen Thurm in der Luft schwebend zu erhalten; ähnlich „dreihundert Halachoth beim Pflanzen der Gurken", Snh. 68ᵃ, vgl. נְטִיעָה. Endlich haben Aruch und Raschi eine traditionelle Erklärung: מגדל bedeutte den in die Höhe emporragenden Strich des Bst. Lamed.) Chag. l. c. חלם מאה בעיר בער דואג ואחיתופל במגדל הפורח באויר (Snh. l. c. steht dafür ארבע מאות 300) Fragen stellten Doëg und Achitofel betreffs des Thurmes, der in der Luft schwebt. Genes. r. s. 39, 38ᵇ die Münzen David's hatten מגדל מכאן וכ' auf der einen Seite einen Thurm u. s. w., vgl. מוֹנִיטָא. Tosef. Sot. III אנשי המגדל die Männer des „Thurmbaus" (Gen. 11, 4); gew. steht dafür דור הפלגה, s. d. — Pl. Tosef. B. mez. II Anf. מצא מעות עשורים מגדלות חייב להכריז מפוזרות אין חייב להכריז מקצתן מגדלין ומקצתן אין מגדלין חייב להכריז וכמה הוא מגדל שלשה מטבעות זה על גבי זה wenn Jem. Münzen findet, die thurm-(pyramiden-)förmig über einander gehäuft sind (in B. mez. 25ᵃ erklärt: die grosse Münze liegt unten, darüber die kleinere und ganz oben die kleinste Münze; eine Lage, durch welche zu erkennen ist, dass die absichtlich geschehen, und dass der Eigenthümer die Absicht hatte, das Geld wieder zu holen), so muss er sie ausrufen (um den Eigenthümer zu ermitteln, vgl. הַכְרָזָה). Wenn sie aber zerstreut liegen, so braucht er sie nicht auszurufen; wenn sie theilweise thurmförmig, theilweise aber nicht thurmförmig liegen, so muss er sie ausrufen. Wie viele Münzen gehören zu einer thurmförmigen Lage? Drei Münzen, die über einander gehäuft sind. j. B. bath. IV, 14ᶜ

un. המגדלין die Thürme im Badehause. — 2) Migdal, N. pr. mehrerer Ortschaften. j. Erub. V, 22ᵈ un. בני מגדל die Einwohner von Migdal. Oft in Zusammensetzungen, z. B. Schek. 7, 4 מגדל עדר (=bh.) Migdal Eder, eig. Heerdenthurm, unweit von Jerusalem. j. Schebi. VI, 36ᶜ מגדל חרוב Migdal Charob u. m. a.

מִגְדְּלָא, מַגְדְּלָא, מוּגְדְּלָא ch. (syr. ܡܰܓܕܠܳܐ = מִגְדָּל) 1) Thurm, s. TW. — 2) Magdela, Mugdela, Name mehrerer Ortschaften. j. Snh. II Anf., 19ᵈ ערק להדא מגדלא er floh nach Magdela. Das. 20ᵃ ob. dass. j. Hor. III Anf., 47ᵃ בהדא דמוגדלא nach Mugdela. j. Maasr. III, 20ᶜ mit. היו לו שתי חצרות אחת er hatte zwei Höfe, במגדלא ואחת בטבריא einen in Magdela und den andern in Tiberias. Khl. r. sv. גומץ, 94ᶜ כנישתא דמגדלא die Synagoge von Magdela. Genes. r. s. 79, 78ᵃ מגדלא דצבעייא eig. Magdela der Färber. Das. 94, 91° u. ö.

מַגְדְּלָאָה, מַגְדְּלָיָא m. N. patron. aus Magdela. B. mez. 25ᵃ ר' יצחק מגדלאה R. Jizchak aus Magdela. Schabb. 139ᵃ und Jom. 81ᵇ dass. j. Ber. IX, 14ᵃ ob. ר' יודן מגדליא j. Taan. I, 64ᵃ ob. ר' יודן מוגדליא R. Judan aus Magdela (Mugdela).

מגדן Khl. r. 89ᵇ crmp., s. מָגֵיר.

מִגְדָּנִין s. מִגְדָּא.

מָגֵידוֹנִית fem. (für מקדונית) eine Macedonierin. Jalk. I, 255ᵃ שאלה מגידונית את ר' יוסי וכ' eine Macedonierin fragte den R. Jose. Wahrsch. jedoch zu lesen מַטְרוֹנִית, Matrone.

מָגוֹ, מִגּוֹ Miggo, ein Schulausdruck, oft in bab. Gem. (zusammengezogen aus מִן־גוֹ), eig. aus dem, aus der; d. h. aus der Aeusserung, Handlung Jemds. ist zu schliessen, dass u. s. w., s. גּוּ, גֵּו.

מָגוֹג Magog, N. pr., s. גּוֹג.

מְגוּפָה f. (von גּוּף I s. d.) 1) Spund, Deckel, eig. Verschluss eines Gefässes. Kel. 9, 1 מגופה החבית der Spund des Fasses. Das. 10, 3, vgl. הֶלְחָל. — 2) Fass. j. Ber. IX, 13ᵈ un. wenn soviel Regen fällt, כדי שתשרה המגופה ויש מגופה (Genes. נסתרית אלא רואין אותה כאלו היא שרויה r. s. 13, 14ᶜ steht dafür כדי שתשרה פי המגופה והלא כמה גשמים יורדין ואין פי המגופה נשרית (אלא תהא נראה כאלו נשרית dass das Fass (Mündung des Fasses) zerweicht wird (so soll man wegen vielen Regens ein Dankgebet verrichten). Wird denn etwa ein Fass von der vielen Regengüssen zerweicht? Wenn es den Anschein hat, als ob es zerweicht wäre. j. Bez. II, 61ᶜ un. die Hausleute des R. Gamliel היו מכניסין את המגמר במגופה brachten das Räucherwerk (am Feiertag) in ein Fass, um den Duft zu verbreiten.

מָגוּפְתָא ch. (=מְגוּפָה) Spund, Deckel, s. TW.

מָגוּר oder מָגֵיר *m.* (ähnlich bh. מָגוּר, von גור) Postament, insbes. der Untersatz, worauf der tragbare Heerd gesetzt wird (ruht), ähnl. פְּמַזּוּנ, s. d. Tosef. Kel. B. kam. IV g. E. כירה של מחבות שעשה לה מגור (R. Simson zu Kel. 5, 11 liest מגיר) ein tragbarer Heerd, an dem man einen Untersatz anbrachte. — Ferner מגור Nachbar, s. מָגֵיר.

מְגוּרָה *f.* (=bh.) 1) Vorrathshaus, Speicher, Magazin. Nid. 15ᵇ חבר שמת והניח מגורה מליאה פירות wenn ein Chaber (Socius der Frommen) stirbt und einen Speicher voll Getreide hinterlässt. Pes. 9ᵃ u. ö. dass. Ter. 4, 2 מי שהיו פירותיו במגורה Jem., der sein Getreide im Speicher liegen hat. Erub. 70ᵇ ישראל וגוי ששבתו אחת ומת הגוי מבעוד יום Ms. M. und Ar. (Agg. וגר שריון . . . ומת הגר wahrsch. nach der Emendation Raschi's) ein Israelit und ein Nichtjude, die in einer und derselben Scheuer am Sabbat sich aufhielten und deren Letzterer, als es noch Tag war, starb. Maasr. 1, 2 האגוזים משישעו מגורה die Nüsse (sind dem Verzehnten unterworfen,) wenn sie aufgespeichert werden. Tosef. Maasr. I und j. Maasr. I, 48ᵈ un. האגוזים והשקדים משישעו מגורה die Nüsse und die Mandeln, wenn sie aufgespeichert werden. — j. Dem. I, 22ᵃ un. הלוקח מן החמרת בצור ומן המגורה בצידון Jem., der Getreide aus der Eselstallung in Tyrus, oder aus dem Magazin in Sidon kauft. Tosef. Dem. I המוגרות . . . המוגרורת pl. (?). — 2) Behältniss, Fach, bes. Wasserbehälter. Tosef. Mikw. I und j. Ter. VIII, 45ᵈ mit. מגורה של דיסקוס ein Wasserbehältniss des Diskos, vgl. דִּיסְקוֹם. — Pl. B. bath VIᵇ wenn Jem. ein Badehaus, selbst mit der Hinzufügung: sammt Allem, was sich darin befindet, verkauft, לא מכר את המגורות של מים ולא את האבורות של עצים so hat er die Wasserbehälter (die Teiche, die das Badehaus mit Wasser versehen) und die Holzmagazine nicht mitverkauft. Kel. 19, 7 מגורות שבה die Fächer in dem Kasten. Tosef. Kel. B. mez. VIII Anf. שידה שהמגורות שלה מבפנים ein Kasten, dessen Fächer inwendig sind. Trop. Genes. r. s. 18, 18ᵇ (mit Ansp. auf בנה Gen. 2, 22) בנה זו מגורות יותר מן האיש רחבה מלמטן וצרה מלמעלן כדי שתהא מקבלת עוברים Gott baute dem Weibe mehr Fächer (=פינים, s. d.) als dem Manne, die unten breit, oben aber schmal sind, damit sie die Embryos aufnehmen könne.

מְגוּרֵי Meguri, Name eines Ortes. Tosef. Jeb. X מעשה באחד מכפר מגורי es ereignete sich bei Jemdm. aus dem Dorfe Meguri.

מגורתא s. מְגִירְתָּא.

מָגוּשׁ s. in מגוש.

מָגְנְיָא *f.* (gr. μαγάς, μαγάδις) die Maga-

dis, ein dreieckiges, harfenähnliches Spielinstrument mit 20 Saiten. Pl. j. Schabb. VI, 8ᵇ un. wird מוגרות (Jes. 2, 4, von זָמֵר spielen genommen) übersetzt: מִיגַנְיִין („Sie werden ihre Spiesse in Spielinstrumente umwandeln").

מִגְזְרָא *m.* (syr. ܡܓܙܪܐ, مِغْزَل, hbr. מַגְזֵרוֹת *f.* pl. Stw. גזר) Schneidewerkzeug, Axt, s. TW.

מְגִי s. מִגָּא.

מְגִיזָא (מְזִיגָא) *f.* eig. wohl (von גוז) Furt, Engpass; übrtr. Name eines Ortes: Megisa oder Mesiga, Mazaga, urspr. Hauptstadt; vgl. Neubauer, La Géogr. du Talm. p. 318, 319. Jeb. 25ᵇ מעשה בליסטים אחד שיצא ליהרג במגיזא es geschah bei einem Räuber, der hinausgeführt wurde nach Megisa von Kappadocien, um hingerichtet zu werden. (In Tosef. Jeb. IV steht blos בקפוטקיא). j. Jeb. XVI, 15ᵈ ob. R. Akiba erzählte: כשבאתי למגיזה של קפודקיא als ich nach der Hauptstadt von Kappadocien kam. In bab. Jeb. 121ᵃ steht dafür למדינת קפוטקיא (wahrsch. crmp. aus למדינת). Tosef. Schabb. XV (XVI) R. Nathan sagte: כשהייתי במדינת קפוטקיא als ich in Mesiga von Kappadocien war. M. kat. 26ᵇ במדינת קיסרי Agg. (Ms. M. במדינת דקסרי) in Mesiga von Cäsarea, vgl. auch לודקיא.

מְגִיזְתָא *ch.* (=מְגִיזָה) Furt, Engpass, s. TW. — B. mez. 30ᵇ דריני דמגיזתא, s. מְגִיזְסְתָא.

מָגֵר, מְגֵירָא *m.* Adj. (von גור wohnen) Nachbar, dass., was hbr. שָׁכֵן. j. Jom. VIII, 45ᵇ mit. חד נפחיי הוה מגיריה דר' יונה נפלת דליקתא במגירדותיה דר' יונה וכ' ein Naphtahändler war der Nachbar des R. Jona, derselbe wollte, als einst in der Nachbarschaft des R. Jona Feuer ausgebrochen war, es löschen; was Letzterer jedoch nicht gestattete. In den Parall. j. Schabb. XVI g. E., 15ᵈ חד נפתי הוה במגירדה (מגירריה l.) וכ'. — j. Ned. IV, 38ᵈ mit. steht כותי anst. נפתי. — j. Pes. III g. E., 30ᵇ un. מגיר הוה er (mit dessen Leichenbestattung wir uns befassten) war ein Nachbar. j. B. bath. III g. E., 13ᶜ הוה חד רומיי הוה מגירדה ובביתיה dort (in dem Wohnorte des R. Jonathan) war ein Römer, der sowohl auf dem Felde, als auch in seinem Hause sein Nachbar war. Levit. r. s. 25, 168ᵈ אנתתיה דמגירא הות ברת פחין die Frau des Nachbars (jenes alten Mannes) war niedriger Gesinnung. In der Parall. Khl. r. sv. וכבתי, 76ᵈ אתתא דמגירא (l. דמגירה). Das. sv. דהוה ליה מגיר, 89ᵃᵇ Jem., ומוצא אני (l. מגיר) der einen Räuber zum Nachbar hatte. Das. בנוי דמגרן (l. מגיר). die Kinder unseres Nachbars N. N. Das. sv. לשחוק, 95ᵇ חד מגר (l. מגיר). — Pl. j. Pea III, 17ᵈ ob. תרין אחין באשקלון הוו להו מגורין נוכראין zwei Brüder in Askalon hatten

nichtjüdische Nachbaren. Thr. r. sv. צרירה הוו
55ᵈ כל מְגִירְבַּיָא דעברין בישא למגיריהון עבדין
alle Nachbaren, die Böses thun, üben dies zumeist gegen ihre Nachbaren aus; d. h. die Araber, die Nachbaren der Israeliten, fügten denselben am meisten Nachtheiliges zu. Midrasch
Tillim zu Ps. 48 Anf. זהו משל הדיוט לא כמא
מגיריא דאמרין אלא כמא אימך דאמרת das gewöhnliche Sprichwort lautet: Nicht wie deine
Mutter spricht, sondern wie die Nachbaren sprechen! d. h. auf das Lob, das deine Mutter über
dich verbreitet, ist nichts zu geben, sondern auf
den Ruf, den du in der Nachbarschaft hast.
Cant. r. sv. יפו מה, 29ᵈ פלגון מן מה דאיתהו sv.
מגיריהון לכל עמהון sie vertheilten Alles, was
sie mit sich gebracht hatten, an alle ihre Nachbaren. — *Fem.* Levit. r. s. 5 g. E., 150ᵇ איה
אתתא דחכימא למשאל אתיא לגבי מְגִירְתָא תרעא
מגירתי עליך שלמא לה אמרה ליה מדפק פתיחא
ור' עביד בעליך ומה עבירא מה את עבירא מה
manche Frau
versteht es, sich etwas zu leihen. Sie kommt
zur Nachbarin und klopft, wenn die Thür
auch offen steht, dennoch an und ruft jener
zu: Gruss dir, meine Nachbarin! Was machst
du? Was macht dein Mann? und was machen
deine Kinder? Ist es dir angenehm, dass
ich eintrete (עיבול בב)? Komme, entgegnet die Andere; was ist nun dein Verlangen?
Worauf sie erwidert: Hast du vielleicht jenen
Werthgegenstand und möchtest du ihn mir nicht
leihen? (אית ליך מקומה פלנית תנין לי); und
jene leiht ihn ihr. דלא חכימא למשאל אזלא
לגבי מגירתא תרעא משקף פתיחא ליה וכו' eine
Frau aber, die nicht versteht, sich etwas zu
leihen, geht zu ihrer Nachbarin, reisst die Thür,
wenn sie auch zugeschlossen ist, auf, tritt
ein und fragt: Hast du jenen Gegenstand, den
du mir leihen könntest? Worauf jene: Nein,
erwidert. Das. s. 6, 150ᶜ עובדא הוה בחדא
אתתא דעלת למילט גבי מגירתא וכו' einst trug es
sich zu, dass, als eine Frau zu ihrer Nachbarin
ging, um den Teig zu kneten u. s. w. Das. ö.
— Pl. j. Schabb. III, 5ᵈ un. מְגִירְיָיתָ die Nachbarinnen, vgl. לְחוֹד. Levit. r. s. 9, 153ᵇ מְגִירָתָא
dass., vgl. לְחַשׁ. Ned. 21ᵇ אלו הוית ידעת דאמרין
עלה בדברתיך וכו' מגירתא Ar. sv. גר (Agg. מגירתך)
wenn du bedacht hättest, dass die Nachbarinnen
über deine Tochter üble Nachreden verbreiten
würden u. s. w.

מְגִירְתָּא ,מְגִירוּתָא *f.* die Nachbarschaft
(=hbr. שְׁכוּנָה, s. d.) j. Jom. VIII, 45ᵇ mit.
מגירותיה דר' יונה die Nachbarschaft des R.
Jona. j. Ned. IV, 38ᵈ mit. j. Schabb. XVI g. E.,
15ᵈ במגורת דר' יונה dass., vgl. מָגִיר.

מְגִירְיוֹן *m.* (gr. μαγειρεῖον) Ort, wo gekocht
wird, Küche. j. Bez. V Ende, 63ᵇ קבלון בגר
דידך מגיריון nimm sie (die geschenkten Schwämme)
für deine Küche an.

מַגְּל *m.* (=bh., arab. مِنْجَل, von نجل فَجَل) ,
Sichel, Beil. j. Suc. III, 53ᶜ un. eine Weide,
העשויה כמין מגל פסולה כמין מסר כשירה die
wie eine Sichel beschaffen ist (d. h. deren Blätter zackig sind und deren Spitzen schräg gehen)
ist zum Feststrauss untauglich; wenn sie aber
wie eine Säge beschaffen ist (deren Spitzen ge-
radaus gehen), ist sie tauglich. Suc. 32ᵃ ob. לולב
עקום דומה למגל פסול . . . ein Palmzweig, der
einer Sichel ähnlich, krumm ist, darf zum Feststrauss nicht verwendet werden. Kel. 13, 1 מגל
יד ומגל קציר eine Handsichel und eine Erntesichel; erstere, eine Art Beil, ist glatt, ohne
Zacken und dient zum Holzspalten, zum Zerbrechen der Knochen u. dgl.; letztere ist zackig
und dient zum Abmähen des Getreides. Chull.
15ᵇ השוחט במגל יד וכו' wenn man mit der
Handsichel (deren eine Kante glatt und deren
andere Kante zackig ist, mit der glatten Kante derselben) schlachtet, so ist das Schlachten rituell. Das.
mit jedem Schneidewerkzeug darf man schlachten,
חוץ ממגל קציר והמגירה . . . מפני שהן חונקין
ausser mit einer Erntesichel, mit einer Säge
u. dgl., weil sie die Arterien aufritzen. Das. 18ᵃ
במגל קציר בדרך הליכתה wenn man mit der
Erntesichel nach aufwärts schlachtet (d. h. dass
die schräggehenden Zacken die Arterien nicht
ritzen können), so ist das Schlachten rituell.
Bez. 31ᵃ. — Taan. 31ᵇ יום חבר מגל der Tag,
an dem das Beil (womit man die Hölzer
für den Opferaltar fällte) zerbrach, vgl. יום.

מַגְּלָא ,מַגְּלָא *ch.* (syr. ܡܰܓܠܐ=) Sichel,
Beil, s. TW. — Pl. M. kat. 11ᵃ חצריני . . . מַגְּלֵי
Beile und Aexte. (Der Comment. z. St. erklärt
unser W. unrichtig: מסר הגדול grosse Säge).
— j. Kidd. III, 64ᵈ ob. מגליך crmp., l.=j. Jeb.
IV g. E., 6ᶜ רגליך.

מוּגְלָא *m.* eine trübe Flüssigkeit, Eiter
in einem Hautausschlag, oder in einer
Blase; ähnlich syr. ܡܘܓܠܐ, byzant. μούγλα,
mucor; vgl. N. Brüll, Jahrb. I, 195. Jeb. 75ᵇ
ob. Jem. bestieg eine Palme, וחרזיה סילוא בבצים
ונפק מיניה מוגלא ואוליד Ar. (Agg. בחונו דמוגלא),
da stach ein Dorn seine Hoden, infolge dessen
ihm eine trübe Flüssigkeit (semen virile) ab-
ging, und der aber dessen ungeachtet Kinder
erzeugte. — Chull. 48ᵃ un. R. Mathna sagte:
Wenn eine Blase an der Lunge מליא מוגלא
טריפה מיא זכים כשירה mit Eiter gefüllt ist, so
ist das Thier zum Genusse verboten; wenn sie
aber mit einer klaren Flüssigkeit gefüllt ist, so ist
das Thier zum Genusse erlaubt. Das. 55ᵇ ob.
nach einem andern Autor: והרי מוגלא דכשר
בריאה ופסול בכוליא sei eine trübe Flüssigkeit, die
sich in der Blase einer Lunge befindet, unschädlich, aber in der einer Niere schädlich.

מַגְלֵב masc. (Stw. גְּלַב) Peitsche, Riemen; übrtr. Peitschenhieb. Vgl. Fleischer, Nachtr. zum TW. II, 567ª: „Die Annahme semitischen Ursprungs für das jedenfalls ungriechische μαγγλάβιον oder μαγχλάβιον (Sachs' Beitr. I, 114 und 115) wird unterstützt durch das ägyptisch-arabische مَخلَب, Riemen . . . S. meine Diss. de gloss. Habicht S. 84 Z. 10 flg. Ich halte das Wort mit dem Herrn Verf. für ein ursprünglich aramäisches n. instr. von גלב, glubere, deglubere, eigentlich Häutungswerkzeug" u. s. w. — Genes. r. s. 41 Anf., 39ᵉ כל אותו הלילה היה מלאך עומד ומגלב בידו הוה אמר לה אין אמרת מחי מחינא וכ׳ jene ganze Nacht hindurch (als Sara im Hause des Pharao war) stand ein Engel mit der Peitsche in der Hand bereit und sagte zur Sara: Sobald du sagen wirst: schlage! so werde ich schlagen; sobald du aber sagen wirst: höre auf! so werde ich aufhören. Das. s. 52 g. E. dasselbe vom Verweilen der Sara im Hause des Abimelech. — Pl. Exod. r. s. 14 Anf. למלך שכרח עליו עבדו אמר לאחד לך והכהו חמשים מגלבין הלך והכהו מאה והוסיף לו ein Gleichniss von einem König, gegen den sein Diener sich vergangen und der zu Jemdm. sagte: Gehe und züchtige ihn mit fünfzig Peitschenhieben; worauf der Letztere ihn aber mit hundert Hieben züchtigte; eine Hinzufügung, die willkürlich geschah. Dort die Deutung der Worte שלח חשך ויחשך, Ps. 105, 28; d. h. Gott wollte die Egypter blos mit gewöhnlicher Finsterniss, חשך, bestrafen, diese aber verwandelte sich in eine sehr starke Finsterniss. Trop. Num. r. s. 13, 218ᶜᵈ (mit Bez. auf שפטים, Spr. 19, 29) Gott sagte: עד שלא בראתי את האדם התקנתי לו חמשה מכחרונה שאת ספחת שוין בהרה מכוה bevor ich noch den Menschen erschuf, hatte ich bereits fünf „Züchtigungen" (eig. Peitschenhiebe) für ihn bestimmt, näml. „hervorstehendes Mal, Schorf, Grind, weissen Fleck und Brandwunde" (Lev. 13, 2 fg.). Das. ein Gleichniss von Jemdm., der einen als bösartig bekannten Sklaven kaufte; לקח עמו כבלים ומגלבין שאם יסרח יהא רודה אותו בהן כשסרח הביא כבלים וכבלו והכהו במגלבין er kaufte sich gleichzeitig Stricke und Peitschen, womit er den Sklaven, wenn er sich vergehen sollte, züchtigen würde. Als Letzterer nun sich verging, so holte sein Herr die Stricke herbei, womit er ihn band und strafte ihn sodann mit den Peitschen. Tanch. Mezora, 160ᵇ dass.

מַגְלָבָא oder מַגְלְבָא ch. (=מַגְלֵב) Peitsche, Peitschenhieb, s. TW. — Pl. Levit. r. s. 15, 128ᶜ (mit Ansp. auf Spr. 19, 29: „Bestimmt sind die Strafgerichte, שפטים, für die Spötter") משל למטרונה שוכנכה לתוך פלטין של מלך כיון דחזת מגלבייא תלין דחלת אמר לה המלך אלו לעבדים ולשפחות אבל את לאכול ולשתות ולשמוח ein Gleichniss von einer Matrone, die, als sie in den Palast des Königs eintrat und daselbst die Peitschen herabhängen sah, sich ängstigte. Der König jedoch rief ihr zu: Diese da sind für die Knechte und Mägde bestimmt, du hing. bist da, um zu essen, zu trinken und fröhlich zu sein. Das. s. 27, 171ᶜ חמתיה לדיין דדיין Ar. ed. pr. (Agg. בכור ובפא במדוחזבות ובמגלבין sie sah den Richter, wie er mit Hämmern und Peitschen strafte, vgl. בָּעַט. Num. r. s. 10 Anf. und Cant. r. sv. חבו, 27ª dass. Genes. r. s. 84 Anf. Rabbi sagte zu Antonin (um ihm die St. Hiob 9, 23: „Mit der Ruthe, שוט, tödtet er plötzlich und spottet der Versuchung der Unschuldigen", zu erklären): גזר דיכב מאה מגלבין והוא יהבין מאה דינרים דין ככם דין סכם לדין ולא מפקין מידיה כלום כעניין הזה מלעיג על המוכה befiehl, dass Jem. mit 100 Peitschenhieben geprügelt und dass er dafür 100 Denare, die je eine Summe der andern entsprechend, bekommen werde (d. h. dass er nur dann, wenn er die volle Anzahl von Hieben erhält, dafür auch die volle Summe von 100 Denaren, für eine geringere Anzahl von Hieben hing. gar nichts erhalten solle). Auf diese Weise verspottet man den Geschlagenen; d. h. wenn Gott den Menschen für seine Sünden bestraft, Letzterer aber die verdienten Strafen nicht auszuhalten vermag, so erleidet er ein Doppeltes, näml. die Schläge und das Verbleiben der Schuld.

מְגִילָה, מְגִלָּה f. (=bh. מְגִלָּה, von גָּלַל rollen) 1) Rolle, Buchrolle. Git. 60ª תורה מגילה מגילה נתנה die Gesetzlehre wurde rollenweise gegeben; so nach einer Ansicht, vgl. חָתַם. Das. מגלה להתלמד בה eine Rolle, worin sich ein Kind im Lesen, Lernen übt; eine Art Fibel, die einzelne Bibelstellen enthält, s. לָמַד. Deut. r. s. 8 Anf., 260ᵇ wenn ein Unwissender in eine Schule (בית הכנסת) kommt, wo er die Lernenden sieht, fragt er: היאך אדם למד תורה החלה אומרים לו תחלה קורא במגלה ואחר כך בספר ואחר כך בנביאים ואחר כך בכתובים משהוא גומר את המקרא שונה את התלמוד ואחר כך בהלכות ואחר כך באגדות auf welche Weise beginnt der Mensch das Studium der Gesetzlehre? Man antwortet ihm: Zuvor liest er in der Rolle (Fibel), sodann in dem Pentateuch, hierauf in den Propheten und dann in den Hagiographen. Wenn er die Bibel durchgenommen hat, so lernt er den Talmud, sodann die Halachoth und zuletzt die Agadoth. Thr. r. sv. רוח אפינו, 68ᵈ Rabbi und R. Ismael bar Jose היו יושבים ופורשטים במגילת קינות ערב תשעה באב שחל להיות בשבת. עם חשכה sassen und erklärten die Rolle der Klagelieder am 9. des Ab, der auf einen Sabbat traf, gegen Abend. j. Schabb. XVI, 15ᶜ ob. dass. j. Schek. V, 49ª mit R. Jochanan ben Nuri erzählte: פגע בי זקן אחד משל אבטינס ומגלת סמנין בידו אמר לי רבי לשעבר

היו בית אבא צנועין והיו מוסרים את .הַמְגִלָּה
הזאת אלו לאלו ועכשיו שאינן צנועין הילך המגלה
הזאת והזהר בה ein alter Mann aus der Familie
des Abtinas begegnete mir, der eine Rolle (ein
Verzeichniss) der Spezereien des Räucherwerkes in
seiner Hand hielt und der zu mir sagte: Rabbi, in
früherer Zeit waren die Familienglieder meines
väterlichen Hauses fromm und überlieferten
diese Rolle die Einen den Andern; jetzt aber,
da sie nicht mehr fromm sind, so nimm du diese
Rolle, aber sei behutsam mit ihr! dass sie
näml. nicht gemissbraucht werde. Jom. 38ᵃ un.
dass. mit einigen Abänderungen. Jeb. 49ᵇ מגלת
יוחסין die Rolle (das Register) der Genealogien,
vgl. יוחס. Schabb. 6ᵇ. 96ᵇ מגלת סתרים eine Geheimrolle, in welche näml. ein Gelehrter die
Halachoth, die von einzelnen Autoren herrühr-
ten, verzeichnete und die apokryph gehalten
wurde, vgl. כְּתָב. Taan. 12ᵃ u. ö. מגלת תעניח
eig. die Fastenrolle, eine Art Kalender der
nachbiblischen Festtage, welche wegen eingetretener, für das jüdische Volk freudiger Ereignisse
chronologisch als Tage verzeichnet sind, an welchen (bei einigen auch an den vorangehenden
und den nachfolgenden Tagen solcher Feste)
das Fasten verboten ist. j. Ned. VIII Anf., 40ᵈ
nach einer Ansicht בטלה מגלת תעניח hörte die
gesetzliche Verbindlichkeit der Fastenchronik
auf; dass man näml. an den dort verzeichneten
Festtagen fasten dürfe; nach einer andern Ansicht: לא בטלה מגלת תעניח hörte diese gesetzliche Verbindlichkeit nicht auf. Das. אף על גב
דתימר בטלה מגלת תעניח חנוכה לא בטלו
wenn du auch der Ansicht bist, dass die gesetzliche
Verbindlichkeit aufgehört habe, so hörten dennoch
die Feste Chanukka und Purim nicht auf. j.
Meg. I, 70ᵈ ob. dass. Vgl. R. hasch 19ᵇ הימים
האלו הכתובים במגלת תעניח בין בזמן שבית
המקדש קיים בין בזמן שאין בית המקדש קיים
וכו' מאיר ר' דברי אסורים an jenen Tagen, die
in der Fastchronik verzeichnet stehen, ist sowohl zur Zeit des Tempelbestandes, als auch in
der Zeit nach der Tempelzerstörung das Fasten
verboten; so nach der Ansicht des R. Meïr. Nach
der Ansicht des R. Jose hing. brauchte man
jene Festtage blos während des Tempelbestandes
zu feiern, weil sie jenen Zeitgenossen freudige
Erinnerungen waren; später aber brauchte man
sie nicht mehr zu feiern. Das. (zur Ausgleichung der
beiden gedachten Ansichten:) כאן בחנוכה ופורים
כאן בשאר יומי das Chanukka- und das Purimfest müssen auch später gefeiert werden, die
anderen Tage hing. brauchen später nicht gefeiert zu werden. — Insbes. oft 2) מגלה (vollständig מגלת אסתר) Megilla, eine ausschliessliche Benennung für die Estherrolle, die am
Purimfest in der Synagoge verlesen wird. Ausführliches hierüber vgl. meine Abhandlung: Die
Estherrolle, im Ozar Nechmad III, 175 fg. Meg.
1, 1 fg. מגלה נקראה וכו' die Megilla wird ver-

lesen u. s. w. Das. 19ᵃᵇ. B. bath. 14ᵇ vgl. כְּתוּב.
j. Meg. I, 70ᵈ un. Rab, R. Chanina u. A. sagten:
המגלה הזאת נאמרה למשה מסיני אלא שאין מוקדם
ומאוחר בתורה die Megilla wurde bereits dem
Mose am Sinai mitgetheilt, aber in der Gotteslehre giebt es kein früher und kein später; d. h.
sie wurde zwar bei der Gesetzgebung dem Mose
bereits mündlich mitgetheilt, niedergeschrieben hing. wurde sie erst später zur Zeit als die
Begebenheit der Esther sich ereignete. ר' יוחנן
אמר הנביאים והכתובים עתידין ליבטל וחמשה
ספרי תורה אינן עתידין ליבטל . . . ר' שמעון בן
לקיש אמר אף מגלת אסתר והלכות אינן עתידין
ליבטל R. Jochanan sagte: Die Propheten (-Bücher)
und die Hagiographen werden einst aufhören,
der Pentateuch aber wird nie aufhören. R. Simon
ben Lakisch sagte: Auch die Estherrolle und
die Halachoth werden nie aufhören; mit Bez.
auf Esth. 9, 28. — Davon rührt auch der Name
des Talmud-Tractats מגלה, Megilla, her, der
zumeist von den gesetzlichen Bestimmungen über
das Schreiben und Verlesen der Estherrolle,
sowie über das Purimfest handelt. Ferner מגלת
תעניח Megillath taanith, Fastenchronik
(s. ob.), welche in zwölf Capiteln, nach den Monaten des Jahres die nachbiblischen Feste chronologisch behandelt.

מְגִלְּתָא *ch.* (syr. ܡܓܠܬܐ=מְגִלָּה) die Buchrolle, Estherrolle, s. TW.

מְגַלְיָנָא *m.* (syr. ܡܓܠܝܢܐ‎, Stw. גלי) was
von der Stelle fortgerückt, oder: was
bloss, offen gelegt ist. j. Jom. III, 40° ob.
wird das W. נכוחה (sowie das hbr. קָרֵץ) erklärt durch מגליינא: offen gelegt, näml. vom
Schlachten des Opfers.

מַגְלוֹנָאָה (מלוגנאה) wahrsch. N. patron. aus
Maglon. Pes. 48ᵃᵇ ob. קבא מגלונאה לפסחא
Ar. (und einige Mss., vgl. Dikduke z. St.; Agg.
מלוגנאה) ein Kab (Mehl) ist das Mass, wie viel
man zum Teige für die ungesäuerten Pesachbrote
nehmen darf; weil näml. eine grössere Quantität Mehl nicht gut umgerührt, und daher leicht
sauer werden kann. Sam. bar Zemach im Abschn.
Chamez erklärt das W. von מעגל (חוני המעגל),
d. h. ein Mass, das von Choni Magal eingeführt
wurde; was jedoch wenig einleuchtet. Noch weniger ist die Etymol. Musafja's von gr.
μέγας, (μεγάλος): ein grosses Mass, zu billigen,
da solche Wörter den babyl. Amoräern unbekannt waren.

מוֹגְלָסָא *m.* (gr. μοχλός, dav. auch arab. مُقْل)
Querbalken zum Verriegeln einer Thür,
ein Riegel, s. TW.

מְגַמֵּם Pilp. von מָגַג, s. d.

מְגַמֵּר , מְגַמֵּר *m.* (eig. Part. Hof. von גָּמַר;
syr. ܡܓܡܪ, zu ergänzen בּוּשֶׂם) das Räucher-

3

werk von abgebrannten Spezereien, das man oft, nach aufgehobener Mahlzeit zum Riechen herbeibrachte, das aber auch als Mittel zum Durchduften der Kleidungsstücke angewandt wurde; Mogmar, Mugmar. j. Ber. VI, 10ᶜ un. j. Bez. II, 61ᶜ un. u. ö. j. Schabb. I, 4ᵃ ob. נותנין מוגמר תחת הכלים מערב שבת ודין מחעשנין והולכין בשבת man darf das Mogmar unter die Kleidungsstücke am Freitag legen, damit letztere am Sabbat durchräuchert werden. — Pl. Ber. 43ᵇ המוגמרות die Räucherwerke, s. נָמַר im Hithpa. nr. 2.

מוֹזְמְרִין *m.* (wahrsch. gr. = דיאטגמיתין : διατάγματα oder daraus crmp.) gerichtliches Edict. j. Keth. IX, 33ᵇ un. Alachsa sagte zu R. Mana: אנן עבדין טבת סגיא מנכון אנן כתבין דין מוזגמרין אין אתא טבאות ואין לא אנן מחלטין נכסיא wir verfahren (hinsichtlich eines Schuldners, der sich seinen Gläubigern durch die Flucht entzogen hat) weit besser als ihr; wir fertigen ein gerichtliches Edict aus, gestellt er sich, so ist es gut, wo nicht, so erklären wir seine Güter als verfallen. In der Parall. j. Schebu. VII, 38ᵃ un. steht דיאטגמיתין, s. d.

מַגָּנָא ,מַגָן *m.* (arab. مَكّانْ) eig. Sbst. Nichtigkeit, Leerheit, s. TW.; übrtr. als Adv. umsonst, ohne Nutzen oder ohne Entgelt, gratis, gratuito, dass., was hbr. חִנָם. B. kam. 85ᵃ un. Jem., der einen Andern verwundet hat, muss ihn auf seine Kosten von einem Arzte heilen lassen; ואי אמר ליה אסייך אנא אמר ליה דמית עלי כאריא ארבא ואי אמר ליה מייתינא אסיא דמגן במגן אמר ליה אסיא דמגן במגן מגן שוי wenn er aber sagt: Ich will selbst (um den Lohn des Arztes zu ersparen) dein Arzt sein! so kann der Verwundete ihm entgegnen: Du erscheinst mir wie ein auflauernder Löwe (d. h. zu einem Menschen, der mich verwundet hat, habe ich kein Vertrauen); und wenn er sagt: Ich werde dir einen Arzt, der unentgeltlich heilt, herbeischaffen, so kann jener ihm erwidern: Ein Arzt umsonst (ohne Bezahlung) ist umsonst (ohne Nutzen). Levit. r. s. 23, 166ᵈ על מגן צורוחין ליה רבי umsonst nennt man ihn Rabbi; da er näml. nichts versteht. j. Bicc. III Anf., 65ᶜ un. R. Meïr erwies selbst einem unwissenden Greis Ehrerbietung, indem er vor ihm aufstand; ואמר לא [על] מגן מאריך ימים denn er sagte: Nicht umsonst (ohne Verdienste) lebt er so lang! j. Snh. X, 29ᵃ un. צריכ בר נש חששין על לווטיה דרבה אפילו על מגן der Mensch muss wegen des Fluches, den ein grosser Mann gegen ihn ausgesprochen, selbst wenn er umsonst (ohne sein Verschulden) ausgesprochen wird, besorgt sein.

מַגֵן *m.* (= bh., Stw. גָּבֵן) 1) Schutz, Schild. Pesik. Haomer, 70ᵃᵇ (mit Ansp. auf Hiob 5, 5)

אשר קצירו זה נמרוד רעב יאכל זה אברהם ואל מצצים יקחהו לא בזיין ולא במגן אלא בתפלה ותחנונים „dessen Ernte", das ist Nimrod, „verzehrt der Hungrige", das ist Abraham; ואל מצצים יקחהו bedeutet: Weder durch Waffen noch durch Schild (siegte Abraham'), sondern vielmehr durch Gebet und Flehen; וראל wird näml. wie וראל, und מצים נחש nach צִנָּה, Ps. 91,ˋ4 gedeutet. Das. wird dieser Vers auch auf andere Personen gedeutet. Levit. r. s. 28, 172ᵇ dass. — Pl. Cant. r. sv. כממגנן, 22ᵃ Gott sagte zu Abram: לך הייתי מגן אחד ... אבל לבניך אני עושה מָגִנִין הרבה וכ' dir war ich „ein Schild" (Gen. 15, 1), deinen Kindern aber werde ich gleich ;, vielen Schilden" sein (המגן אלף, HL. 4, 4). — 2) übrtr. Deut. r. s. 11 Anf. טעה בשלש ברכות הראשונות מגן חוזר בתחלת מגן wenn Jem. sich in den ersten drei Benedictionen (des Achtzehngebetes) geirrt hat, so muss er noch einmal vom Anfange des Magen beten; d. h. von der ersten Benediction, deren Schluss: מגן אברהם (Schild Abrahams) lautet.

מַגִנָּא ,מָגֵן *ch.* (= מָגֵן) (syr. ܡܰܓܢܳܐ = مَجَنّْ) Schutz, Schild. Genes. r. s. 59 g. E., 58ᵃ (mit Bez. auf 2 Sm. 21, 16) „Jischbi אניף מגיניה, וקפץ דוד לאחדורי תמניא עשר אמין schwang sein Schild", infolge dessen David achtzehn Ellen weit hinter sich sprang. Das. David fürchtete sich, indem er sagte: אניף במגינא אין כדין איך אנא יכיל למקטמיא ביה wenn es mir beim Schwingen seines Schildes nicht helfen könnte vor ihm selbst Bestand haben! Das. s. 77 Ende כל אותו הלילה היו שניהם סרוגין זה בזה מגיניהן דדין לקבל מגיניה דדין כיון שעלה עמוד השחר וכ' jene ganze Nacht hindurch stiessen sie Beide (der Engel und Jakob) an einander, und der Schild des Einen war gegen den Schild des Andern gerichtet. Erst als der Morgen anbrach, sagte der Engel: „Lasse mich fortziehen, denn der Morgen ist aufgegangen" (Gen. 32, 27).

מַגְנָא *m.* (syr. ܡܰܓܢܳܐ, مَجَنّْ Stw. גני) Ruhestatt, Lager, s. TW. — Ferner מִגְנֵי pl. Pes. 107ᵃ, s. מַגְנָא.

מְגַנְיָא *fem.* 1) (eig. Part. pass. Pael = hbr. מְגֻנֶּה von גני, s. d.) Hässliches, Makel. Genes. r. s. 60, 59ᵃ מילתא דאית בך מגניא קדים ואומרה haftet ein Makel an dir, so sage ihn lieber selber früher; bevor näml. Andere ihn dir vorwerfen, vgl. גְּנָיָא. — 2) Meganja, Name eines Ortes. Kil. 6, 4 בית מגניא Ar. (Agg. מגיניה) Beth Meganja.

מַגְנִימִין j. R. hasch. I, 57ᵇ mit. Weder die Etymol. vom gr. μίγνυμι (μιγαδήν) Mischung (Schönhak), noch vom gr. μαγγάνευμα: Zauberkunst (N. Brüll) ist zutreffend; vgl. במגנימין.

מַגְנוֹן m. (neugr. μάγανον, Du C. Glossar.
=μάγγανον, vgl. auch מִנְגְנוֹן) Mangan, Man-
ganum, Hebewerk, Instrument, das aus
Walzen und Rollen besteht, Maschinerie. Genes. r. s. 88 Anf., 85ᵈ מגנון עשו לו
לחנקו Ar. (Agg. מנגנון) eine Maschinerie .ver-
fertigten sie (Bigthan und Teresch), um den
Ahaswer zu erwürgen. Trop. Das. s. 43, 42ᵃ
(mit Ansp. auf צריך מִנּוּ, Gen. 14, 20) שהיסך
צריך שלך על מגנון er (Gott), der dein Mangan
gegen deine Feinde gewendet hat. — Pl. das.
ר' יודן אמר כמה מַגְנִיוֹת עשיתי להביאן דידך
Ar. (Agg. מנגנאות). R. Judan sagte: Wie viele
Kunstwerke wandte ich an, um sie („deine
Feinde") unter deine Gewalt zu bringen!
Mechilta Beschallach Parascha 2 „Gott verwirrte
sie" (die Egypter, Ps. 18, 15) נטל מגניות שלהם
(so nach Emen- לא היו יודעים מה הם עושין
dation des Efath Zedek; Agg. מגמת) das bedeutet: Er nahm ihnen ihre Kunstwerke fort, infolge dessen sie nicht wussten, was sie thaten;
vgl. auch סִינְגְלוֹס.

מָגֵס ,מָגֵיס m. (gr. μαγίς) eig. geknetete
Masse; dann übtrt. = μάκτρα: Backtrog,
Becken, Schüssel. Jom. 67ᵃ und Pes. 64ᵇ
נתן במגיס והקטירן על גבי המזבח (Ar. liest
במגס) man legte die Opferstücke in ein Becken
und räucherte sie auf dem Altar. j. Pes. V
g. E., 32ᵈ במגס. Kel. 16, 1 המגס וקדר הבבלי
das Becken und die babylonische, irdene Schüssel. Tosef. Kel. B. mez. V steht dafür והקערה
dass. j. Jom. V Anf., 42ᵇ ob. מהו כף
מגיס was bedeutet כף (in der Mischna)? Schüssel (Löffel?).

מְגִיסָא ,מְגִיס chald. (=מְגִיס) geknetete
Masse, und übtrt. Levit. r. s. 28 Anf.,
172ᵇ עבד אריסטון וצווח ליה כיון דעלון אורחין
יתבין תלת מאוון כיון דהוה מגיס עליל הוה אמר
עליה תלת מאוון דמתלין על הדין תעלה והוה
צנין ולא טעימין אורחין רבי אמר לשמשוי
למה מְגִיסַיא נסקין וכיון דלא מטעמין אמרין ליה אית
חמן גבר סב וכיון דמגיסי (l. דמגיסא od. דמגוסא)
עליל הוא אמר תלת מאוון דמתלין על הדין תעלה
והדין צנין סליק רבי לגבריה אמר ליה בגין מה
את לא תשבוק אריסיא דיגסון אמר דלא תימר
למיגיס אתריי אלא יתי יתי עם חבריריי
er (Rabbi, der bereits früher einmal ein Gastmahl
gegeben, zu welchem er viele Gäste mit Ausnahme des Bar Kappara eingeladen hatte) gab
ein zweites Gastmahl, zu welchem er auch Letzteren einlud. Als nun die herbeigekommenen
Gäste sich zum Essen niederliessen, trug Bar
Kappara, so oft eine Speise aufgetragen wurde,
300 Fabeln über den Fuchs vor, infolge dessen
die Speise kalt wurde und man sie nicht mehr
geniessen konnte. Rabbi sagte zu seinen Dienern: Woher kommt es, dass die Speisen fort-
getragen werden, ohne dass man etwas davon

gekostet hat? Man antwortete ihm: Dort sitzt
ein alter Mann, der, so oft eine Speise aufgetragen wird, 300 Fabeln über den Fuchs vorträgt,
infolge dessen die Speisen kalt werden. Rabbi trat
an ihn heran und sagte zu ihm: Weshalb lässt du
die Gäste nichts geniessen? Worauf Letzterer ihm
antwortete: Damit ich nicht etwa gekommen, ich sei
gekommen, um zu essen; ich kam vielmehr (um
dich zu ärgern), weil du mich zum ersten Gastmahl nicht eingeladen hattest. (Ar. liest im
Schlusssatz צריך אני למגרסך, wahrsch.
zu lesen למגיסך: Bar Kappara sagte zu ihm:
Bedarf ich denn etwa deiner Speise?) In Khl.
r. sv. מה יתרון, 71ᵇ steht הבשיל בטבילא anst.
מגיסא, und der Schlusssatz lautet das. לא תהא
סבור דבגין אתית וכ' dass du nicht etwa
denkst, ich sei deiner Speise halber gekommen
u. s. w., vgl. auch מְגְרוֹס. Thr. r. sv. רבתי Anf.,
51ᵈ אעליה ועבד ליה מגיסא er nahm ihn (den
Gast) ins Haus und bereitete ihm eine Speise
zu.

מְגִיסְתָּא ,מְגוּסְתָּא f. (=מְגִיסָא) 1) Speise.
j. Snh. VIII g. E., 26ᶜ (mit Bez. auf Ex. 22,
1. 2: „Wenn der Dieb beim Einbruch betroffen
wird, so wird derjenige, der ihn tödtet, nicht
bestraft. Wenn jedoch die Sonne ihn be-
scheint, so wird derjenige, der ihn tödtet,
bestraft." Der „Sonnenschein" wird bildlich genommen: Wenn es sonnenklar ist, dass der
Dieb nicht einen Mord beabsichtigte u. s. w., vgl.
רב אמר כל דייתי עלי אנא (.שָׁלוֹם und בָּרוּךְ
קטיל חיץ מחניניה בן שילא דאנא ידע דלא אתי
אלא מיסב מגוסתי מינייה Rab sagte: Jeden, der
mich beim Einbruch überfiele, würde ich tödten
mit Ausnahme des Chananja ben Schilo, betreffs
dessen ich die Gewissheit habe, dass er mir blos
meine Speise hätte fortnehmen wollen; d. h. der
gewiss nicht die Absicht haben würde, mich zu
tödten. (In bab. Snh. 72ᵇ ob. steht dafür: R.
Chanina bar Schilo, דקים לי בגוויה דמרחם עלי
כרחם אב על הבן betreffs dessen ich sicher bin,
dass er sich meiner ebenso erbarmen würde, wie
sich ein Vater seines Sohnes erbarmt.) — 2)
(syr. ܡܓܘܣܬܐ) Schüssel, Teller, worin die
Speisen aufgetragen werden, s. TW. — Viell.
gehört hierher B. kam. 114ᵃ ob. דיינא דמגיסתא
das Recht der Schüsselrichter, d. h. unwissender
und genusssüchtiger Menschen, die für eine
Schüssel voll Speisen das Unrecht für Recht erklären (ähnlich Mich. 3, 5), im Ggs. zu בי דוואר
ein staatliches Gerichtsamt. B. mez. 30ᵇ אטו
אלא דיני דמגיזתא) דינא דמגוסתא לדייני Ar. (Agg.
hätten sie einen Rechtsspruch der
Schüsselrichter thun sollen? d. h. weshalb werden
die jerusalemischen Richter wegen ihres Rechtsver-
fahrens gemäss der Gesetzlehre דין תורה, getadelt? — Ar. erklärt מגיסתא von גוס (=גֵס,
גסות) ein Recht, das mit Uebermuth und
Stolz und Zwang gehandhabt wird (ähn-

lich בְּגִיתִי, s. גֵּיר nr. 2). Raschi erklärt מְגִיסְתָא
in B. mez. l. c. von גוזאה, Gewaltthätigkeit;
was jedoch wenig einleuchtet; am Allerwenigsten
aber ist die Erklärung Musafja's vom gr. μεγι-
στᾶνες: die Grossen zutreffend.

מְגוּסַת Megusath, N. pr. Jeb. 79ᵇ R. Josua
ben Bethera bezeugte על בן מגוסת שהיה בירושלם
כריס אדם וכ' betreffs des Ben Megusath, der
in Jerusalem lebte und der ein Castrat war
u. s. w.

מְגִיסְטְיָא, מְגִיסְטָר, מְגִיסְטָא masc. Adj. (gr.
μέγιστος, von μέγας) der Grosse, Oberste,
Meister. Pl. Genes. r. s. 26, 26ᵇ מְגִיסְטְבֵי
(μέγιστοι) die Kriegsobersten, vgl. מְגְרוֹדְמִין
Zuweilen mit angeh. ר (viell. magister). Exod.
r. s. 30, 127ᵈ קרב קיסין למגיסטר man bringt
die Zuchtruthen dem Zuchtmeister, vgl. בָּרְיוֹן.
Levit. r. s. 28, 172ᵈ Haman sagte: מאן דעביד
מגיסטאר פלטורין להעביד בלנאי ורספר derjenige,
der einst zum Schlosshauptmann (magister pa-
latii) ernannt wurde, soll jetzt Bademeister und
Haarverschneider werden! vgl. בָּלְנָא. — Pl. mit
angeh. מְגִסְטְרֵי magistrates, Magnaten, Fürsten, s. TW.

מֵעָ m. N. a. (von נֶע) das Berühren.
Kel. 1, 1. 2. 3 unreine Gegenstände, שהן מטמאין
במגע welche durch Berühren, sowie durch
Tragen derselben verunreinigen. Tohar. 6, 4
ספק ביאה טהור ספק מגע טומאה טמא wenn
ein Zweifel hinsichtlich des Hineingehens in ein
unreines Haus obwaltet, so ist der Mensch rein;
wenn aber das Berühren des Unreinen bezweifelt wird, so ist er unrein. Ab. sar. 70ᵃ u. ö.
— Insbes. oft מגע נכרי das Berühren des Weines
von Seiten eines Nichtjuden (Götzendieners), wodurch ersterer zum Genuss verboten wird; weil
der Götzendiener von dem Weine wahrscheinlich vor dem Götzen gespendet hat. Ab. sar.
58ᵇ. 69ᵃ fg., vgl. יֵיַן. — Pl. מַגָּעוֹת. j. Schabb.
VII, 9ᵈ un., s. מַדָּף.

מַגָּפָה f. (=bh., von נֶגַף) Wunde, Plage.
Machsch. 6, 8 דם מגפתה das Blut aus der Wunde
eines Weibes. Chull. 35ᵇ דם מגפתו das Blut
von der Wunde eines Thieres. Mechil. Beschallach Par. 2, s. מַגְלוֹן. — Ferner Plage, die von
Gott herrührt, Pest. M. kat. 28ᵃ מיתת מגפה
der Tod durch Pest, nach eintägiger Krankheit;
mit Bez. auf Ez. 24, 16. Nach j. Bicc. II, 64ᵈ
ob. jedoch: לשלש מת במגפה wer nach drei-
tägiger Krankheit stirbt, stirbt durch Pest.

מַגֵּפְתָּא ch. (=מַגֵּפָה) Plage, Pest, s. TW.

מָגֵף masc. (von גוּף I) Verschluss, Verschliessung. j. Ab. sar. V, 44ᵈ ob. מעוּ
מגף (l. מעוּ) ein kleiner Verschluss.

מְגוּפָה s. d. in מגוּר.

מַגְפַיִם masc. plur. ein Theil der eisernen

Rüstung, die der Krieger an seinen Schien-
beinen trug, Schienbeineisen. Stw. גוּף I:
umschliessen. Schabb. 6, 2 (60ᵃ) der Mann darf
am Sabbat nicht ausgehen במגפים, was das. 62ᵃ
durch פרומיקי erklärt wird: in der Schienbein-
Bekleidung. Kel. 11, 8 המגפים (zu כלי המלחמה
gezählt) eine Kriegsrüstung, Schienbeineisen.
Tosef. Kel. B. mez. II Anf. dass.

מָגֵיר, מְגָה, מְגֵירָא s. d. in מגר.

מְגַר (syr. ‏ܡܓܪ‎) intrnst. hinstürzen. — Pa.
מַגֵּיר (hbr. מגר) trnst. 1) stürzen, niederwerfen, zum Fallen bringen. Esr. 6, 12. —
2) (=נגר transpon.) wegraffen, vernichten,
vertilgen, s. TW.

מוֹגֵר, pl. מוֹגְרִין Part. (Af. von אגר) Jem.
der verpachtet. j. Dem. VI, 25ᵇ ob. und
j. Ab. sar. I g. E., 40ᵇ אין מוגרין למומין wir
verpachten (die Felder) an Nichtjuden.

מַגְרֶדֶת f. (Stw. גרד) eine Art Kamm oder
Bürste, eig. Kratzendes. Tosef. Schabb. XVI
(XVII) אין מגרדין במגרדת ביום טוב ואין צריך
לומר בשבת (so richtig in einigen Agg.; Ms.
Erfurt אין מתגוררין במגוררת crmp. Schabb.
147ᵇ wird diese Tosef. in Ar. sv. גרד 1 citirt:
אין גורדין במגרדות pl.; Agg. גורדין במגרדת)
man darf sich nicht am Feiertage, geschweige
am Sabbat den Körper mit der Bürste reiben.
— Pl. Tosef. Kel. B. mez. II g. E. מגרדות של
אולייריין die Bürsten (oder Kämme) der Badediener.

מַגְרְדָּא oder מַגְרַדְתָּא ch. (=מַגְרֶדֶת) Bürste,
Kamm. Schabb. 147ᵇ עבדא ליה אימיה מגרדא
דכספא Ar. sv. גרד (Agg. מגרדתא, l. מגרדתא)
seine (des R. Samuel bar Jehuda) Mutter liess
ihm für den Sabbat einen silbernen Kamm anfertigen.

מְגֵרָה, מְגֵירָה fem. (= bh. מְגֵרָה, Stw. גרר)
Säge. Chull. 15ᵇ, s. מִגָּל. Das. 17ᵇ ob. סכין
שיש בה פגימות הרבה תדון כמגירה ein Schlachtmesser, das viele Scharten hat, wird wie eine
Säge angesehen; d. h. es ist zum Schlachten
untauglich, selbst wenn die Spitzen der Scharten nach einer Seite gerichtet sind (מסוכסכת,
vgl. סְכַסֵּך). Schabb. 122ᵇ מגירה eine Säge,
womit man den Käse absägt, vgl. גְּרַר. Kel. 13, 4
מגירה שניטלו שיניה eine Säge, deren Zähne
(Zacken) fehlen. B. kam. 119ᵇ un. הנסכק במגירה
הרי אלו של בעל הבית ... והנגרר במגירה הרי
אלו שלו die Holzstücke, die durch die Säge
abgespalten werden, gehören dem Arbeitgeber,
was aber mit der Säge abgesägt wird (die Sägespäne) gehört dem Zimmermeister.

מוֹגַרְמֶת f. (eig. Part. Hof. von גרם, s. d.)
eig. Abgelenktes, d. h. ein Thier, bei
dessen Schlachtung das Messer über den

obersten Ring der Gurgel geführt wurde. Chull. 18ᵇ R. Chanina ben Antigonos bezeugte, על מוגרמת שהיא כשרה dass ein auf diese Weise geschlachtetes Thier gegessen werden dürfe, näml. gegen die Ansicht eines Autors das. מוגרמת פסולה dass ein solches Thier nicht gegessen werden dürfe.

מְגְרוּמְתָּא‎ ch. (=מוּגְרֶמֶת‎) ein Thier dessen Schlachtung oberhalb der Gurgel stattfand, s. vrg. Art. B. kam. 99ᵇ un. ההיא מגרומתא דאתאי לקמיה דרב טרפיה betreffs eines auf diese Weise geschlachteten Thieres wurde bei Rab angefragt, welcher es zum Geniessen verbot.

מְגִירוֹס‎ m. Adj. (gr. μάγειρος, syr. ﺔ) Jem., der Speisen (מָגִיס‎, μαγίς) zubereitet, Koch. Thr. r. sv. וּתְנָא‎, 65ᵇ מעשה באשה Ar. ed. pr. (Agg. אחת שהוליכה את בנה אצל המגירוס וכ׳‎ נחתום אחד‎, eine errathene Uebersetzung unseres Ws.) eine Frau führte einst ihren Sohn zu einem Koch und sagte zu ihm: Lehre meinen Sohn die Kochkunst u. s. w. Levit. r. s. 28, 172ᵇ (mit Ansp. auf Lev. 23, 10: „Bringet die Garbe") מגירסך אנא ולית את מטעים לי תבשילך דנדע אינון צריכין אם טל ואם מטר ich bin dein Koch (bildl. für Gott, der die Früchte gar macht); willst du mir nicht deine Speise zu kosten geben, um zu wissen, was noch (zum Reifen des Getreides) nöthig sei, ob Thau oder Regen? In der Parall. Pesik. Haomer, 70ᵃ מגירוס‎ Ar. (=Pesik. r., 36°; Ag. מגירוס‎ crmp.). Das. (l. כמגירוס‎) כמו גריוס הזה שטועם התבשיל ויודע מה הוא צריך אם מלח אם תבלין wie jener Koch, welcher durch das Kosten der Speise weiss, was sie noch nöthig habe, ob Salz oder Gewürze. Num. r. s. 4 g. E., 191ᵈ das Verfahren Gottes gleicht nicht dem Verfahren des Menschen; מגירוס‎ (l. של‎) בשר ודם יש לו כלים נאים בשעה שהוא יוצא לשוק הוא לובשם וכ׳‎ wenn der Koch eines Menschen schöne Kleider hat, so zieht er sie nur dann an, wenn er auf die Strasse gehen soll, zum Kochen aber zieht er schlechte und zerrissene Kleider an; der Priester hing. war, selbst beim Wegräumen der Asche vom Altar mit schönen Gewändern bekleidet. — Pl. Levit. r. s. 7, 151ᵈ משל למלך שהיו לו שני מִגְירוֹסִין תבשיל ואכלו והיה ערב לו ועשה השני תבשיל ואכלו וערב לו ואין אנו יודעים איזה מהם ערב לו יותר אלא במה שהוא מצוה את השני ואמר לו כהבשיל הזה תעשה לי אנו יודעים שהשני ערב לו ביותר כך וכ׳‎ ein Gleichniss von einem König, der zwei Köche hatte; der Eine von ihnen kochte ihm eine Speise, die er ass und die ihm wohlschmeckte; aber auch der Andere kochte ihm eine Speise, die er ass und die ihm ebenfalls wohlschmeckte. Da wissen wir nun nicht, welche Speise dem Könige besser

schmeckte. Daraus aber, dass er dem Zweiten den Befehl ertheilt: Bereite mir auch ferner eine Speise wie diese! wissen wir, dass die Speise des zweiten Kochs ihm besser schmeckte. Ebenso brachte Noah Gott Opfer dar, welche Letzterem angenehm waren (Gen. 24, 5); auch Israel brachte Gott Opfer, die ihm angenehm waren (Ex. 24, 5). Daraus aber, dass Gott befahl, ihm auch ferner solche Opfer darzubringen (Num. 28, 2), entnehmen wir, dass letztere ihm angenehmer waren. Pesik. Eth korbani, 61ᵃ dass. Pesik. r. Eth korbani, 34ᵇ מגריסין‎ crmp. aus מגריסין‎. Jelamdenu Bechukkothi Anf. (citirt vom Ar. „Die Dreschzeit wird bis zum Herbst reichen", Lev. 26, 5) הרי המגירוסין עד שלא יבשלו בחצי היום הן מבשלין של ערב bevor die Köche das Mittagsmahl fertig haben, kochen sie schon das Abendmahl. Thr. r. sv. מהו מגירוס בני אדם שהיו‎, תקרא‎ 64ᵇ קוסיטרפידזין הבאתם עלי Ar. (Agg. ganz crmp.) was bedeutet מגירי‎ (Klgl. 2, 22)? Meine Köche (oder: Metzger); solche Menschen, welche meine Tischgenossen (ξυτράπεζοι; übrtr.: die meine Speisezubereiter) waren, brachtet ihr (als Feinde) über mich. (Sachs, Beitr. I, 170 erblickt in מגירוס‎ das gr. ὁμήγυρις, Versammlung).

מְגְרוֹס‎ m. (von גְרַס‎) die Mühle. j. Keth. I, 25ᵉ mit. קול מגרוס בעיר משחה שם das Knarren der Mühle in der Stadt (galt zur Zeit der Religionsverfolgung als Zeichen), dass da ein Gastmahl und dort ein Gastmahl gegeben wurde, vgl. אור‎ II.

מַגְרֵף‎ m. (Stw. גְרַף‎, s. d. nächstflg. Art.) Schaufel. Jelamdenu zu Gen. 11, 7 (citirt vom Ar. sv. גרף‎) „der Eine verstand nicht die Sprache des Andern"; wenn der Eine sagte: הב לי אבן והוא נתן את המגרף reiche mir einen Stein! so gab ihm der Andere die Schaufel. j. Schebi. III, 34° mit. סלו ומגריפו מוכיחין שהוא עושה אשפה sein Korb und seine Schaufel bezeugen, dass er blos Misthaufen aufschüttet, also nicht etwa das Düngen des Feldes beabsichtigt; eine Arbeit, die im Brachjahr verboten ist. j. M. kat. I, 80ᵇ mit. dass. Gew.

מַגְרֵפָה‎, מַגְרֵיפָה‎ fem. (=vorg. מַגְרֵף‎) 1) Schaufel. Eine solche Magrefa (Schaufel) diente sowohl zum Zusammenfegen der Asche und des Staubes, als auch zum Absondern der zusammenklebenden Datteln. Nach Ar. wurden vermittelst der Magrefa, die zackig war, die Feigen vom Baume auf die Erde herabgeworfen, von wo sie dann mit derselben aufgenommen und in den Korb gelegt wurden. (Höchst wahrscheinlich ist auch bh. מַגְרֵפֹת‎, Joël 1, 17, so zu nehmen: „Die Feigen verschimmelten unter ihren Magrefoth, Schaufeln"). — Schabb. 17, 2 מגריפה לגרוף בה את הגרוגרות eine Schaufel, um vermittelst ihrer die Feigen (aus dem Fasse,

oder: von der Erde) aufzuraffen. Kel. 13, 4 מגריפה שנטלה כזה die Schaufel, deren oberer Theil fehlt. j. Chag. II, 78ᵇ un. מגריפה של .‏ מחתא . . . מגריפה של עץ eine metallene Schaufel, eine hölzerne Schaufel. Tosef. Tohar. VIII g. E. היה סל על כתיפו והמגריפה בתוכו והיה בלבו על הסל ואין בלבו על המגריפה הסל טהור והמגריפה טמאה wenn Jem. einen Korb, in welchem eine Schaufel liegt, auf der Schulter trägt, und seine Gedanken auf den Korb (dass ihm keine Unreinheit nahe), aber nicht auf die Schaufel gerichtet waren, so ist der Korb rein, die Schaufel aber unrein. Chag. 20ᵃ und Seb. 99ᵇ dass. Kel. 29, 8 יד מגריפה של בעלי בתים ושל סיידים . . . der Stiel einer Schaufel der Hausbesitzer (zum Ausraffen der Asche), sowie der der Kalkanstreicher (zum Ausraffen des Kalkes). Schek. 8, 2 הסל והמגריפה והמריצה המיוחדין לקברות der Korb (in welchem man die Todtengebeine trägt), die Schaufel (womit man die Gebeine zusammenrafft) und die Hacke (womit man die Gebeine zerschlägt), welche für die Grabstätten bestimmt sind. Tanchuma Schemoth, 61ᵇ „Mose schlug den Egypter" (Ex. 2, 14); במה הכהו יש אומרים המגריפה של טיט ויש אומרים במרוח ויש אומרים הזכיר את השם והרגו womit schlug er ihn? Manche sagen: Er nahm die Schaufel, womit man den Lehm zusammenrafft, und schlug ihn das Gehirn aus. Manche sagen: Er sprach den Gottesnamen aus, wodurch er ihn tödtete. Exod. r. s 1, 103ᵇ steht dafür מגריפה. Num. r. s. 15, 230ᶜ „Die Egypter liessen die Israeliten arbeiten בפרך" (Ex. 1, 13); בפרא רך נטל סל ומגריפה מי היה רואה את פרעה נוטל סל ומגריפה ועושה בלבנים ולא היה עושה מיד הלכו כל ישראל בזריזות ושבו עמו בכל כחן das bedeutet: „mit sanftem Munde" (anziehender Redensart). Pharao nahm näml. Korb und Schaufel; wie sollte also Jem., der den Pharao Korb und Schaufel ergreifen und Ziegeln anfertigen sah, nicht auch dasselbe thun? Alsbald gingen die Israeliten mit Rüstigkeit und arbeiteten mit ihm nach allen ihren Kräften. — Trop. Cant. r. sv. היא והסל והמגריפה, 22ᵈ אתי מלבנון שלח נתנה sie (die Gotteslehre) und ihr Korb und ihre Schaufel (d. h. mit dem ganzen Zubehör) wurde gegeben, vgl. אַרְגְּלַיָּא. — Pl. B. mez. 30ᵃ מַגְרֵיפוֹת וקרדומות Schaufeln und Aexte. Tamid 2, 1 נטלו את המגריפות וראה הציגורות ועלו לראש המזבח die Priester nahmen die Schaufeln (zum Ausraffen der Asche) und die Gabeln (zum Aufspiessen der Opferstücke) und stiegen auf die Spitze des Altars. Genes. r. s. 46 Anf., s. אֲרֵי. — 2) Magrefa, eine Art Orgel, ein Spielinstrument, das man den davon auslaufenden Pfeifen, die den Zacken der Schaufel ähnlich waren, so benannt wurde. Arach. 10ᵇ. 11ᵃ ob. מגריפה היתה במקדש עשרה נקבים היו בה כל אחד ואחד מוציא עשרה מיני זמר נמצאת כולה מוציאה מאה מיני זמר וכ׳ eine

Magrefa gab es im Tempel, die zehn Löcher hatte, aus deren jedem zehn Tonarten hervorkamen; folglich brachte sie im Ganzen hundert Tonarten hervor. Nach einer Borajtha das. hätte jedes Loch hundert, und also die Magrefa im Ganzen tausend Tonarten hervorgebracht; wozu jedoch hinzugefügt wird: מתניתא גוזמא die Angabe der Borajtha ist eine Uebertreibung. (Raschi z. St. erklärt auffallender Weise מגריפה hier durch Schaufel, vgl. jedoch Tosaf. z. St.) Tamid 3, 8 מיריחו היו שומעין קול המגריפה bis nach Jericho hörte man den Schall der Magrefa des Tempels. j. Suc. V, 55ᵇ un. dass. Tam. 8, 6 הגיע בין האולם ולמזבח נטל אחד את המגרפה וזורקה בין האולם ולמזבח אין אדם שומע קול חברו בירושלם מקול המגרפה ולשלשה דברים היתה משמשת וכ׳ sobald sie (die Priester beim Eintritt in den Tempel des Morgens) zwischen der Halle und dem Altar angelangt waren, so nahm Einer von ihnen die Magrefa und warf sie zwischen der Halle und dem Altar nieder. Niemand konnte die Stimme des Andern in Jerusalem infolge des Geräusches der Magrefa hören. Dieselbe diente zu drei Dingen: 1) der Priester, der den Schall derselben vernommen, wusste, dass seine Brüder, die Priester, in den Tempel eingetreten, um hinzuknieen; infolge dessen er schnell herbeieilte; 2) der Levite, der diesen Schall vernommen, wusste, dass seine Brüder, die Leviten sich zum Gesang versammelt hätten; und 3) stellte der Vorgesetzte des Standes (der Beistände, מעמד, s. d.) beim Vernehmen dieses Schalles die Unreinen (die der Sprengungen u. dgl. harrten) im Ostthore des Tempels auf. (Heller in seinen Tosafoth z. St. macht die richtige Bemerkung, dass diese Magrefa eine andere Art war, als die in nr. 2 erwähnte. Denn letztere war ein kostbares Spielinstrument, dessen Pfeifen beim Hinwerfen wohl zerbrochen worden wären. Eine Schaufel aber [Magrefa nr. 1] würde wohl keinen Schall hervorgebracht haben.)

מַגְרוֹפָה f. (=מַגְרֵפָה) Schaufel. Genes. r. s. 16 Anf. בשעה שהיה מושלם לבוראו ארבעה ראשי נהרות פוקח במגרופית אחת solange Adam fromm vor Gott lebte, konnte er „die vier Hauptströme" vermittelst einer Schaufel leiten. Pesik. r. Watischlam, 11ᵃ „Die ganze Arbeit war vollendet" (1 Kn. 7, 51); לא נשבר לא מגרופית ולא קורדום (in Ag. fehlen die ersten zwei Worte) das bedeutet, dass weder eine Schaufel, noch eine Axt zerbrachen.

מַגְרוֹפִיתָא, מַגְרוֹפִי chald. (syr. ‎) =מַגְרוֹפָה Schaufel. Genes. r. s. 38, 37ᵃ מיריט (מַגְרוֹפִית). מגריף ליה er brachte ihm eine Schaufel, vgl. Levit. r. s. 24, 167ᵈ מאן דאית ליה מגרופי פוּלְב. יספון Jedermann, der eine Schaufel hat, komme herbei! vgl. auch מַגּוֹשׁ. — Pl. מַגְרוֹפְיָתָא, s. TW. — Pesik. r. Eth korbani, 34ᵇ מגריפין, crmp. aus מַגְרֵרִין, s. d.

Left column

מַגְרְדָא ,מַגְרֶדֶת s. מגררתא ,מגררת.

מִגְרָשׁ m. (=bh., von גָּרַשׁ) Vorwerk, Vorstadt, eig. Ort, wohin man das Vieh treibt. Genes. r. s. 21 g. E., 22ᵃ „Gott vertrieb den Adam" (ויגרש, Gen. 3, 24); למגרשו של עדן גרשו er vertrieb ihn nach dem Vorwerk des Eden.

מָגוּשׁ ,מָגוּשָׁא m. (arab. مَجُوس, μάγος, magus, vgl. auch bh. מָג, Jer. 39, 3) der Magier, Priester der Perser, der sich auf Traumdeutereien und geheime Zauberkünste verstand. Hai Gaon bemerkt: אמגושתא ist das bekannte arab. زَمْزَمَه, زَمْزَمَ (von زَمْزَمَ murmeln, eig. von den Kamelen); weil die Magier bei ihrer Mahlzeit schweigsam sind und nur unarticulirte Töne hervorbringen. — Schabb. 75ᵃᵇ הלומד דבר מן המגוש חייב מיתה Ar. ed. pr. (Agg. הלומד דבר אחד) wenn Jem. etwas (Zauberartiges) von dem Magier lernt, so verdient er den Tod. Jom. 35ᵃ פרוה מגושא Ms. M. und Ar. (Agg. קרא ושנה.,s. d.). — Uebrtr. Sot. 22ᵃ ob. ולא שמש תלמידי חכמים . . . הרי זה מגוש (so nach einer Ansicht) wenn Jem. die Bibel gelesen und die Mischna gelernt, aber keinen Umgang mit Gelehrten gepflogen hat (vgl. למוד nr. 4), so ist er wie ein Magier anzusehen. Als Beweis für die Richtigkeit dieser Ansicht wird das. folgendes Sprichwort angeführt: רטין מגושא ולא ידע מאי אמר תני תנא ולא ידע מאי אמר so wie der Magier murmelt, ohne selbst zu wissen, was er spricht, ebenso trägt ein Gelehrter (der zwar viel weiss, dem aber die richtige Anwendung des Erlernten abgeht, weil ihm der Gelehrtenumgang fehlt) die Lehren vor, ohne selbst zu wissen, was er spricht. — Schabb. 75ᵃ מגושתא Agg. (Ms. M. אמגושתא); richtiger jedoch מגושא oder אמגושא, s. d. W.

מִדְ unzertrennliche Partikel (zusammengesetzt aus מן und דְ) da, eig. aus dem Umstande, von der Zeit her; z. B. מדקאמר ,מדקתני, da er sagt, da er lehrt u. s. w.; מדרישא ,מדסיפא, da der erste, da der letzte Fall der Mischna (oder: der Borajtha) davon handelt, dass u. s. w.; מדהא ליתא הא נמי ליתא da dies nichts ist, so ist auch jenes nichts, u. dgl. m., s. auch TW.

מוד s. d. in יְמוֹד — מְדַד s. d. in מוד ,יָמוֹד.

מַדָּא m. (hbr. מַד, Stw. מָדַד) Gewand, Kleid, insbes. Ehrenmantel, der den Körper seinem ganzen Umfange (eig. seinem Masse) nach einhüllt. Trop. Ber. 28ᵃ מאן דלביש מדא ילבש מדא wer mit dem Ehrenmantel (der Nasiwürde) früher bekleidet war, soll auch ferner dieses Ehrenkleid tragen u. s. w.; vgl. לְבָשׁ, s. auch מִזָּה. In j. Ber. IV, 7ᵈ ob. steht unser Satz nicht.

Right column

מְדָאתָא f. (syr. ܡܰܕܰܐܬܳܐ=bibl. ch. מִדָּה ,מִנְדָּה) Tribut, Abgabe, s. TW.

מדאני Schabb. 33ᵇ, s. מַדָּוִין.

מַדְבְּחָא ,מַדְבְּחָא m. (syr. ܡܰܕܒܚܳܐ, von דְּבַח; hbr. מִזְבֵּחַ, von זָבַח) Altar, Opferaltar, eig. Stätte, worauf man die Schlachtopfer darbringt. Esr. 7, 17. — Seb. 54ᵃ Rab übersetzte die Worte באחסנתיה (Dt. 33, 12) durch רבין כחפיר שכן auf seinem (Benjamin's) Gebiete wird der Altar errichtet werden. Lewi hing. übersetzte: באחסנתיה יתבני מקדשא (ebenso Onkelos) auf seinem Gebiete wird der Tempel aufgebaut werden; vgl. אוֹשְׁפִּיזְכָּן. — Pl. Tosef. Kel. B. mez. V alle anderen Getränke sind unrein, ומשקה בית מדבחתא טהורין ואלו הן משקה aber die בית מדבחיא דם המים היין והשמן Getränke (Flüssigkeiten), die auf den Altären gebraucht werden, sind rein. Folgende Getränke sind die der Altäre: Blut, Wasser, Wein und Oel. Pes. 17ᵃ Lewi liest in der Halacha des Jose ben Joëser (Eduj. 8, 4): משקה בי מדבחיא dass. Rab hing. liest: משקה בי מטבחיא die Getränke (Flüssigkeiten) der Schlachtstätten; d. h. nur Blut und Wasser sind rein.

מִדְבָּךְ m. (=מִדְבָּךְ, Stw. דְּבַךְ syn. mit דְּבַק zusammenhängen) eine Reihe von Baumaterialien. Schabb. 125ᵇ מצא שם מדבך של אבנים Ms. M. (Agg. מרבך; Ar. liest מרבג, Var. מדבך, s. d.) er fand dort eine Reihe von Steinen.

דְּבַל s. דְּבַל Pilel מְדוּבְּלָל.

מִדְבָּק masc. (von דְּבַק) Verbindung, Verband, Anschluss, s. TW.

מִדְבָּר I m. (=bh. Stw. דָּבַר: leiten, führen) wüste, unbebaute Gegend, wohin das Vieh hinausgetrieben wird, Anger, Trift, Heide, zumeist jedoch Wüstenei. B. bath. 73ᵇ fg. מתי מדבר diejenigen, welche (während des vierzigjährigen Aufenthalts der Israeliten) in der Wüste starben. Genes. r. s. 31, 30ᵇ גית אמר מן המדבר seine (des jungen Löwen) Mutter ורדד לקולה brüllte von der Wüste aus und er folgte ihrer Stimme. — Pl. Ber. 9, 2 (54ᵃ) הַמִּדְבָּרוֹת die Wüsten.

מַדְבְּרָא chald. (syr. ܡܰܕܒܪܳܐ=מִדְבָּר) Trift, Anger, Heide, Wüste. B. bath. 73ᵇ זימנא חדא הוה קא אזלינן במדברא einst reiste ich in der Wüste u. s. w. Das. 74ᵇ u. ö.

מַדְבְּרַי m., **מַדְבְּרִית** f. Adj. zur Trift, zur Wüste gehörend. Erub. 83ᵃ סאה מדברית ein Seah nach den Wüstenmass, das sechs Kab enthielt. Jom. 44ᵇ. — Pl. Bez. 40ᵃ מִדְבְּרִיּוֹת unter den Thieren der Trift sind הלנות באפר solche zu verstehen, die auf dem Anger über Nacht bleiben. Tosef. Bez. IV Ende הן אלו מדבריות היוצאות בפסח ונכנסות ברביעה Thiere

der Trift sind solche, die zur Zeit des Pesachfestes (ungef. April) auf den Anger ausgetrieben
und zur Zeit des ersten Regenfalles (ungef. November) in die Stallungen eingetrieben werden.
Nach Ansicht Rabbi's: אלו הן מדבריות הרעות באפר
לעולם sind es solche Thiere, die immer auf dem
Anger weiden. j. Bez. V g. E., 63^b und bab. Bez.
l. c. wird diese Borajtha mit einigen Abänderungen citirt.

מְדַבֵּר II m. (ähnlich hh. HL. 4, 3 מִדְבָּרֵךְ,
Hieron. eloquium, Stw. דָּבַר) Sprachwerkzeug,
näml. die Spitze der Zunge, die oben am
Gaumen angewachsen ist. (Mögl. Weise ist
מְדַבֵּר Part. zu lesen). Bech. 6, 8 (40^a) ein
Thier, שניטל רוב המדבר של לשונו bei dem der
grösste Theil des Sprachwerkzeuges der Zunge
fehlt, ist als fehlerhaft anzusehen; unterschieden
von רוב הלשון: der grösste Theil der Zunge.
Tosef. Bech. IV g. E. und Kidd. 25^a dass. —
Cant. r. sv. כמגדל, 21^c מדברך יאי מדברתיך יאיא
„dein Sprachwerkzeug, Mund, ist schön," „deine
Rede ist schön"; das W. HL. l. c. doppelt übersetzt, masc. und fem. in chald. Form.

מְדַבְּרוֹת fem. plur. (= bh.) Worte, Aussprüche. (Dt. 33, 3 מדברתיך ישא bedeutet:
„Gott sprach deine Worte" [nämlich die zehn
Worte des Bundes]; „die Gesetzlehre, die uns
Mose anbefohlen" u. s. w.; zum Theil nach Raschi
und Aben Esra z. St.). Snh. 67^b כלה מדברותיך
halte deine Worte ein! Exod. r. s. 10, 111^a u. ö.
dass., vgl. כלי I כְּלָא im Piel.

מְדַבּוֹרָא masc. (von דָּבַר) Feuerfackel
(= מללא דנורא, s. d., eig. das Sprechen, Knistern
des Feuers; vgl. auch גחלים לוחשות summende
Kohlen). — Pl. M. kat. 12^b un. כיון דבעי מדבורי
דנורא וכ׳ Ar. und Ms. M. (Agg. מדבורי) da man
(des Nachts zum Fortschaffen der Balken) Feuerfackeln und viele Leute nöthig hat, so verursacht eine solche Handlung weit mehr Verbreitung, als wenn sie am Tage geschähe.

מְדַבְּרָנָא m. Adj. (syr. ܡܕܰܒܪܳܢܐ, arab. مُدَبِّر,
von דָּבַר) der Leiter, Lenker, rector. Snh.
14^a נפקו מטרוניתא דבי קיסר ומשריין ליה רב דעמיה
מדברנא דאומתיה בוצינא דנהורא בריך מתיך
לשלם als R. Abahu aus der Akademie (nachdem
er zum Oberhaupt derselben gewählt worden)
in das Kaiserhaus ging, so kamen ihm die
Matronen des Kaisers entgegen und sangen vor
ihm: O, Fürst seines Volkes, Leiter seiner
Nation, glanzvolle Leuchte, gesegnet sei dein
Eintritt, zum Heil! Keth. 17^a dass., wo jedoch
אמלתא: die Mägde, minder richtig für מטרוניתא
steht.

מְדַבְּרָנוּתָא f. (syr. ܡܕܰܒܪܳܢܘܬܐ) die Leitung,
Führung, Aufführung, s. TW.

מַדְבְּשְׁתָּא Madbeschta, Name eines Ortes,
eig. (von דְּבַשׁ) die Honigreiche, s. TW.

מְדַד (= bh.) messen, zumessen. Schabb.
149^b. 150^a ob. „Untergehen wird מדהבה" (Jes.
14, 4, auf Rom gedeutet), אומה שבהדה אומרה
בעולם הזה מדוד דהבא מדוד והבה ואמרי לה
מדה בלא מאד הכי Ar. ed. pr. (Agg.
im ersten Satz blos מדוד והבא) die Nation,
welche in dieser Welt befiehlt: Miss Gold, miss
und gieb es her! Manche deuten das W. מדהבה
wie folgt: Sehr viel gieb ohne Mass! d. h.
entrichte Steuern ohne Unterlass! (das hbr. Text-
wort verschieden gedeutet), vgl. auch מְאֹד. Levit.
r. s. 15 g. E. steht dafür מלכות שאומרת מוד
מדוד והבה מוד Ar. ed. pr. (Agg. מדוד והבא:
miss und bringe) das Reich, welches befiehlt:
Miss und gieb, miss und gieb; s. auch דְּהַב. j.
Suc. I, 51^d mit. אם ימוד . . . אם ימדוד מן הנסר
מן הקרקע wenn man vom Brett aus misst; wenn
man aber vom Fussboden aus misst u. s. w. —
Trop. Sot. 8^b in der Mischna במדה שאדם מודד
בה מודדין לו mit demselben Masse, womit Jem.
misst, misst man auch ihm; dort mit Bezug darauf, dass sowohl die Bestrafung, als auch die
der Sota (der Ehebruchs Verdächtigen) zuge-
fügten Beschämungen ihrem sündhaften Verfahren entsprechen. Tosef. Sot. III Anf. wird dieser Satz aus Jes. 27, 8 erwiesen (בסאסאה
סאה בסאה gedeutet:) Mass gegen Mass! und
hinzugefügt: אין לי אלא שמדד בסאה מנין מדד
חצר קב . . . תלמוד לומר כאון סואן הרי כאן
גדות הרבה aus dieser Bibelstelle ist blos erwiesen, dass man Jemdn., der mit einem Seah,
mit grossem Masse, gemessen (d. h. eine grosse
Sünde begangen, Gleiches mit Gleichem vergilt);
woher dies dies aber auch für kleinere Masse
(Sünden), wie $\frac{1}{2}$ Kab, $\frac{1}{3}$ Kab u. dgl., erwiesen? Aus Jes. 9, 4: כאון סאן, was viele, selbst
kleinere Sündenmasse bezeichnet. j. Sot. I, 17^a
mit. und bab. Sot. l. c. dass. In Mechilta Beschallach Par. 2 wird dieser Satz aus Ex. 18,
11 (בדבר אשר זדו) erwiesen, vgl. בְּשַׁל. Exod.
r. s. 25, 124^b dass. Cant. r. sv. כרם, 33^d ממדדין
פתקין, richtiger in den Parall. מדדין sie warfen
Loose, vgl. דרי, Pi. דָּהָה.

מְדִידָה f. N. a. das Messen, Abmessen.
B. mez. 61^b במדה זו מדידת קרקע שלא ימדד
„im לאחד בימות החמה ולאחד בימות הגשמים
Masse (kein Unrecht zu thun", Lev. 19, 35), das
bedeutet beim Abmessen eines Grundstückes; dass
man nicht etwa dem Einen (der beiden Socien)
im Sommer und dem Andern im Winter mit
einem und demselben Strick seinen Theil zumesse. Im Winter näml. dehnt sich, infolge der
Feuchtigkeit, das Messseil, während es sich im
Sommer, infolge der Dürre, zusammenzieht und
das zugemessene Stück Feld kleiner ausfällt.
B. bath. 89^b dass. Nach R. Chananel: Im Som-

mer erweitert sich die Erde, während sie im Winter (z. B. in gebirgiger Gegend, infolge der vielen Regen) sich senkt, wodurch das Mass kleiner wird. — In Sifra Kedoschim Par. 3 cap. 8 zu Lev. l. c. lautet dieser Satz‾ weit einfacher: במדה זו מידת הארץ (ohne den Zusatz שלא ימדור וכ׳) „im Masse", das bedeutet die Erdmessung; d. h. dass dieselbe auf rechtmässige Weise stattfinden solle. — Pesik. Wajhi bejom, 7ᵃ (mit Bez. auf וחברת . . . חברת, Ex. 26, 6. 11) אחד למדורה ואחד למשיחה das eine „Zusammenstellen" des Zeltes geschehe behufs Messens, und das andere behufs Bestreichens mit Oel. j. Sot. IX, 23ᶜ mit. נמצא בעליל לעיר היו ערופין (מורדין l.) כדי לקיים בו מצות עירוק מדידה obgleich der Erschlagene augenscheinlich in der Nähe einer Stadt aufgefunden wurde (sodass kein Zweifel obwaltete, welche „Stadt dem Erschlagenen am nächsten belegen" sei, Dt. 21, 2. 3), so mass man dennoch, um das Gebot des „Messens" zu erfüllen. Snh. 14ᵇ ob. steht dafür לעסוק במדידה dass., vgl. auch עָלִיל.

מִדָּה, מֵדָה f. (= bh. מדה, von מָדַד; mit Suff. Hiob 11, 9 מִדָּה für מִדָּתָה wie אָהֳלִי, אָהֳלָךְ für אָהֳלָתָן, von אֹהֶל; ferner זְמִירָה, גְּנֵיבָה von גְּנֵיבָתָה, זְמִירֹמוֹ s. d. W.; vgl. auch meine Notiz zu פִּתְבֹנֶם (Hos. 13, 2), in Delitzsch' Complutensische Varianten etc. Rückblickende Bemerkungen S. 5) 1) das Mass und zwar sow. das Längen- und Breitenmass, Flächenmass, als auch das Mass für trockene und feuchte Dinge, Hohlmass; übrtr. das Abgemessene. B. bath. 7, 2. 3 מדה בחבל אני מוכר לך ich verkaufe dir ein Mass nach dem Stricke; d. h. ein mit dem Stricke genau abgemessenes Feld, vgl. הֵן II und חֶבֶל. Das. 128ᵃ מדת משקלותיו das Mass seiner Gewichte. Kidd. 42ᵇ u. ö. כל דבר שבמדה ושבמשקל ושבמנין אפילו פחות מכדי אונאה נמי חוזר jeder Kauf, bei dem hinsichtlich des Masses, des Gewichtes, oder der Zählung ein Betrug vorgefallen, kann, selbst wenn die Uebervortheilung weniger als ein Sechstel des Werthes beträgt (שתות, s. d.) rückgängig gemacht werden, weil dies näml. ein offenbarer Irrthum ist; vgl. אֹונָאָה. Mikw. 10, 5 Gefässe, deren Henkel oder Griffe man später abschneiden, verkürzen will, מטבילן עד מקום המדה braucht man blos bis zur Stelle des Masses, das man abschneiden wird, behufs Reinigung einzutauchen; der übrige Theil wird als bereits abgeschnitten, angesehen. — Pl. R. hasch. 13ᵃ כל מדות חכמים כן הוא וכ׳ alle Masse, die von den Gelehrten festgesetzt wurden, sind so; d. h. ganz genau, sodass z. B. ein Bad, das 40 Seah Wasser enthält, zum Baden tauglich, dass es hing., wofern ein geringer Theil davon fehlt, nicht mehr tauglich ist. Snh. 98ᵇ אין בן דוד בא עד שידהו כל המדות שות Ar. (Agg. כל השערים (כולן שקולין der Davidsohn (der Messias) kommt

nicht eher, als bis alle Masse (nach den Agg.: alle Marktpreise) gleich sein werden; d. h. infolge der allgemein herrschenden Wahrheit wird kein falsches Mass (Gewicht) angetroffen werden. Tosef. B. mez. VI mit. אגרי ממון (l. אגרונומין . . . מכוונין die Marktmeister (vgl. אַגְרֹונֹימֹוס, ἀγορανόμος) setzen die Masse fest. — 2) trop. Mass, Strafmass, das der begangenen Sünde entsprechend, angemessen ist. Sot. 8ᵇ אף על גב דמידה בטילה לא במידה לא בטיל obgleich das Mass (Strafmass) aufgehört hat, so hat dennoch das dem Masse Aehnliche nicht aufgehört; d. h. die vier gerichtlichen Todesstrafen existiren zwar seit dem Aufhören des Synedriums nicht mehr, aber dessen ungeachtet erfolgen göttliche Strafen, die jenen Strafen ähnlich sind; was das. wie folgt erklärt wird: Jem., der den Steinigungstod (סקילה) verschuldet, fällt vom Dache herunter, oder wird von einem wilden Thiere erdrosselt; wer den Verbrennungstod (שריפה) verschuldet, fällt ins Feuer, oder wird durch Schlangenbiss (durch das brennende Gift) getödtet; wer den Tod des Köpfens (הרג), סייף, s. d., vgl. auch (נתז) verschuldet, wird von der weltlichen Obrigkeit oder von Räubern getödtet; wer den Erwürgungstod (חנק) verschuldet, ertrinkt im Wasser oder stirbt an Erstickung (סרונכי, s. d.). Thr. r. Einleit. sv. יען רביעד, 46ᵃ die Worte הצרארוס, 42, wie עין gedeutet, s. d. W.) bedeuten: מדה כנגד מדה Mass gegen Mass. — 3) Art und Weise, Eigenschaft, eig. Charaktermass. Chull.130ᵇ מדת חסידות eine fromme, liebevolle Art, Handlungsweise. Wenn z. B. ein Reicher, der augenblicklich bedürftig ist, Armengaben annimmt, so kann er, wenn diese Bedürftigkeit aufhört, zwar rechtlich (gerichtlich) nicht zum Ersatz derselben angehalten werden, muss sie aber dennoch wegen frommer, liebevoller Art. Schabb. 120ᵃ מדת חסידות bei einem ähnlichen Fall. Aboth 5, 10 fg. האומר שלי שלי ושלך שלך זו מדה בינונית ויש אומרים זו מדת סדום Jem., der da sagt: Das Meinige gehört mir und das Deinige gehört dir (d. h. ich verlange von dir nichts, du darfst daher auch mir nichts verlangen), der besitzt einen mittelmässigen Charakter (d. h. er ist weder schädlich, noch nützt er Jemdn.); Manche sagen: Das ist eine sodomitische Art, vgl. כפר, פָּפָּה. Das. ארבע . . . בדעות ארבע מדות vier Arten von Ansichten, vier Arten von Schülern giebt es u. dgl. m. j. Snh. XI Anf., 30ᵃ כל שבע מדות שאמרו חכמים בצדיקים היו ברבי alle die sieben Eigenschaften, welche die Gelehrten den Frommen zuschrieben, fanden sich sämmtlich bei Rabbi, näml. Schönheit, Kraft, Reichthum, Gelehrsamkeit, Greisenthum, Ehre und Nachkommen. Aboth, Borajtha des R. Meïr dass. in etwas veränderter Form. Ned. 20ᵇ „Ich werde von euch entfernen die Sichwidersetzenden und Abtrünnigen" (Ez. 20, 38);

אֵלּוּ בְּנֵי תֵשַׁע מִידוֹת אֹסָרֹת בְּנֵי נִשּׂוּעָיֹת darunter
sind die Kinder, die durch folgende neun Arten
(Unarten) der Schwangerschaft geboren wurden
(d. h. die ohne Bastarde zu sein, dennoch als
Solchen Achnliche anzusehen sind. אסנת משגעת
ist eine Abbreviatur folgender Wörter:) 1) die
Kinder der Geängstigten oder Gezwunge-
nen (אָנוּסָה, אֹנְסָה; d. h. die den Beischlaf infolge eingejagter Furcht oder gar des Zwanges
vollzogen hat; diese beiden einander ähnlichen
Arten werden als eine angesehen); 2) die Kinder der Gehassten (שְׂנוּאָה, ס=שׁ); 3) die
Kinder des Bannes (נִידוּי), d. h. wenn der
Mann im Banne ist); 4) die Kinder der Verwechslung (תְּמוּרָה; d. h. wenn der Mann mehrere Frauen hat und glaubt, der einen beizuwohnen, während es eine andere ist; nach einer
andern Ansicht bedeutet תמורה: er hatte die
Absicht, einer fremden Frau beizuwohnen, während es seine eigene Frau ist); 5) die Kinder
des Zankes (מְרִיבָה; d. h. wenn kurz vor dem
Beiwohnen zwischen den Gatten Zank entstand);
6) die Kinder der Trunkenheit (שִׁכְרוּת;
d. h. wenn der Gatte während des Beiwohnens
berauscht ist); 7) die Kinder der in den
Gedanken Geschiedenen (הלב; d. h.
wenn der Mann beschlossen hat, die Ehe mit
seiner Frau aufzulösen); 8) die Kinder der
Vermischung (עִרְבּוּבְיָא; d. h. wenn mehrere
Männer einer Unverehelichten beigewohnt haben);
und 9) die Kinder der Frechen (חֲצוּפָה;
wenn näml. die Frau den Mann durch Worte
zum Beiwohnen auffordert). Ber. 11b. 12a in
der Benediction vor dem Schema des Abends
wird des „Lichtes", sowie in der Benediction
des Morgens wird der „Finsterniss" Erwähnung
gethan, ביום um das Charakteristische des Tages in der
Nacht, sowie das Charakteristische der Nacht
am Tage zu erwähnen. — Insbes. oft die Eigenschaften, Prädicate Gottes. Genes. r. s.
12 g. E. (mit Ansp. auf אלהים ה', Gen. 2, 1 fg.)
Gott sagte: אם בורא אני את העולם במדת הרחמים
הוי חטאיו סגיאין במדת הדין היאך העולם יכול
לעמוד אלא הרי אני בורא אותו במדת הדין ובמדת
הרחמים sollte die Welt vermittelst der
Eigenschaft der Barmherzigkeit (Liebe) erschaffen, so würden ihre Sünden überhandnehmen,
wenn aber vermittelst der Eigenschaft der Gerechtigkeit, wie sollte dann die Welt bestehen
können? Ich werde sie daher vermittelst beider Eigenschaften, der Gerechtigkeit und der
Barmherzigkeit erschaffen. Vgl. das. s. 33, 32b
בכל מקום שנאמר ה' מדת רחמים ... בכל מקום
שנאמר אלהים הוא מדת הדין überall, wo in der
Schrift ה' (das Tetragramm) steht, da bezeichnet es die Eigenschaft der göttlichen Barmherzigkeit, wo aber Elohim (von אל: der Starke)
steht, bezeichnet es die Eigenschaft der Gerechtigkeit. Pesik. Schuba, 162a „Gott geht aus

seinem Orte" (Jes. 26, 21), das bedeutet: יוצא
ממדה למדה ממדת הדין למדת רחמים על ישראל
er geht von einer Eigenschaft zur andern über,
von der Eigenschaft der Gerechtigkeit zu der der
Liebe zu Israel. Pesik. Eth korbani Anf., 57a שלש
עשרה מדות של רחמים כתובים בהקבה ... ה'
ה' אל רחום וחנון ארך אפים ורב חסד ואמת נוצר
חסד לאלפים נושא עון ופשע וחטאה ונקה dreizehn Eigenschaften der Barmherzigkeit finden
sich bei Gott verzeichnet, näml. (Ex. 34, 6 u. 7:)
1) „Herr; 2) Herr; 3) Gott; 4) barmherzig;
5) gnädig; 6) langmüthig; 7) huldvoll; 8)
wahrhaftig; 9) liebevoll gegen Tausende
von Geschlechtern; 10) verzeihend die
Sünde; 11) die Missethat; 12) das Vergehen;
und 13) reinigend." (Das W. ונקה wird von dem
darauffolgenden לא ינקה getrennt, vgl. נקי, נָקָה).
R. hasch. 17b u. ö. שלש עשרה מדות, vgl. פָּרַת.
Ber. 48b un. בכל דין שדנך בין מדה טובה ובין
מדת פורענות für Alles, was Gott dir zufügt (sei
dankerfüllt), sei es, dass er mit der Eigenschaft
der Güte, oder dass er mit der Eigenschaft der
Strafe gegen dich verfährt. Jom. 76a מדה טובה
[מרובה] ממדת פורענות] die Eigenschaft der
göttlichen Güte ist grösser als die der Bestrafung. Ber. 16b (ein Passus aus einer Gebet-
formel:) והבא לפניך מדת טובך ועניותנוחך möge
vor dich (o Gott) kommen die Eigenschaft deiner
Güte und deiner Nachgiebigkeit. j. Ber. V, 9c
ob. (zur Erklärung der Mischna על קן
האמר ... צפור יגיעו רחמיך ... משתקין אותו wenn Jem.
im Gebete sagt: „Auf das Vogelnest erstreckt
sich deine Liebe!" so heisst man ihn schweigen. Ber. 5, 3.) R. Pinchas sagte Namens des
R. Simon (deshalb heisst man ihn schweigen)
שהוא כקורא תגר על מדותיו של הקבה על קן
צפור הגיעו רחמיך ועל אותו דאיש לא הגיעו
רחמיך ed. Lehm. (in ed. Ven. fehlt hier, wie in
dem nächstflg. Satz das W. שהוא) weil es den
Anschein hat, als ob er gegen die Eigenschaften
Gottes Tadel vorbrächte: Auf das Vogelnest er-
streckte sich deine Liebe („dass man die Vogelmutter nicht sammt den Jungen ausheben dürfe",
Dt. 22, 6. 7), auf mich (eig. auf diesen Mann)
aber erstreckt sich deine Liebe nicht! R. Jose
sagte Namens des R. Simon: קבה שהוא כנותן קצבה
למדותיו של הקבה עד קן צפור הגיע רחמיך es
ist, als ob er eine Grenze für die göttlichen
Eigenschaften setzte: Bis zum Vogelnest er-
streckte sich deine Liebe. (Dieser Autor näml.
las in der Mischna עד anst. על; d. h. bis zum
Geflügel reicht die göttliche Liebe, nicht aber
auf die niedrigeren Thiere, da bei ihnen ein
ähnliches Gebot nicht vorkommt, welche Vorstellung jedoch falsch ist, da Gott auch die
kleinsten Wesen, selbst „die Nisse der Läuse",
vgl. בֵּיצָה, ernährt.) R. Jose bar Bun sagte:
לא עבד טבות שיעושה למדותיו של הקבה רחמים
ed. Lehm. (ed. Ven. לא עבדין טבות שעושין) wer
so spricht, handelt deshalb nicht recht, weil er

die göttlieben Eigenschaften blos als Liebe ansieht; d. h. bei einer solchen Anschauung könnte man sich blos zur Vollziehung solcher Gebote verpflichtet halten, in welchen die göttliche Liebe deutlich zu erkennen ist. In bab. Ber. 33ᵇ werden blos die hier erwähnten zwei letzteren Erklärungen Namens der palästinischen Amoräer (mit einigen Abänderungen) citirt, die erstere hing. fehlt ganz. — Snh. 92ᵃ, s. הוֹפָעָה. Das. 97ᵇ „Fürwahr, Gott harrt darauf, um euch zu begnadigen" (Jes. 30, 18); וכי מאחר שהוא מחכה ואנו מחכין מי מעכב מדת הדין מעכבת וכי מאחר שמדת הדין מעכבת אנו למה מחכין לקבל שכר da nun er (Gott auf Israel's Erlösung) harrt und auch wir darauf „harren" (חוכי לו das.), wer verhindert es? Die Eigenschaft der Gerechtigkeit verhindert es. Da aber die Eigenschaft der Gerechtigkeit es verhindert, wozu harren wir? Um Belohnung dafür zu erhalten. — Zuweilen auch von menschlichen Eigenschaften. Keth. 50ᵇ R. Simon ben Eljakim sagte zu R. Elasar, welcher einen Prozess zu Gunsten einer Frau entscheiden wollte: רבי יודע אני בך שאין מדת הדין כאשה מדת רחמנות אלא שמא וכ' Rabbi, ich merke es dir wohl an, dass du hier nicht nach dem strikten Rechte, sondern vielmehr blos durch Mitleid bewogen, handeln willst; aber es ist zu besorgen, dass u. s. w. Erub. 19ᵃ ob. בא וראה שלא כמידת הקב״ה מדת בשר ודם וכ' siehe das, das Verfahren Gottes (gegen Sünder) gleicht nicht dem Verfahren eines Menschen; wenn Jem. näml. bei der menschlichen Regierung den Tod verschuldet hat, so legt man ihm einen Sparren in den Mund, damit er dem Könige nicht fluche u. s. w., vgl. חַפָּה. Jom. 23ᵃ כל המעביר על מדותיו מעבירין לו על כל פשעיו wer seine Eigenschaften übersieht (d. h. gegen ein ihm widerfahrenes Unrecht, Beleidigung u. dgl. nachsichtsvoll verfährt), dem übersieht man alle seine Sünden. Taan. 25ᵇ R. Elieser's Gebet wurde nicht erhört, während R. Akiba's Gebet erhört wurde; לא שזה גדול מזה אלא שזה מעביר על מדותיו וזה אינו מעביר על מדותיו nicht etwa, weil Letzterer grösser als Ersterer war, sondern weil Letzterer nachsichtig, Ersterer das strenge, unnachsichtsvolle Verfahren des R. Elieser wird oft erwähnt. Meg. 28ᵃ steht dafür: לא עמדתי על מדותי ich beharrte nicht auf meinem Recht; d. h. ich war nachgiebig. — 3) מדת הדין: logische Regel, wie überhaupt: menschliches Urtheil. Jom. 43ᵇ כך היא מדת הדין נותנת יבא זכאי ויכפר על החייב ואל יבא חייב ויכפר על החייב so verlangt es das logische Gesetz: Der Unschuldige soll dem Schuldigen, aber nicht der Schuldige dem andern Schuldigen die Sühne bewirken! Daher betete näml. der Hohepriester am Versöhnungstage in dem ersten Sündenbekenntniss blos für die Vergebung seiner und seines Hauses Sünden;

und erst in dem zweiten Sündenbekenntniss, als er seine eignen Sünden als vergeben ansehen konnte, betete er für die Sündenvergebung des ganzen Priesterstammes. j. B. kam. IV Anf., 4ᵃ מדת הדין לוקה die logische Regel, das Recht würde hierdurch leiden. j. Jeb. VII, 8ᵇ ob. u. ö. dass., vgl. לְקִי, לָקָה. j. Maas. scheni II, 53ᶜ ob. תחומין עשו למדת הדין betreffs der Grenzen (d. h. der gesetzlichen Bestimmung derselben) verfuhr man nach dem ursprünglichen Rechte; vgl. auch Frankel, Mebo, 12ᵇ. — 4) מדת הדין Civilprozess, Geldangelegenheit, im Ggs. zum Rituale. j. Schebi. X, 39ᶜ ob. und j. Snh. V Ende, 23ᵃ למד מדת הדין מפרוזבול die Geldangelegenheit lernt man von Prosbol (s. d. W.) ab; d. h. das Verfahren bei letzterem ist auch auf erstere anzuwenden. j. Ber. II, 5ᵃ un. ולמידת הדין וכ' was jedoch Geldangelegenheiten betrifft u. s. w. j. B. kam. V Anf., 4ᵈ זאת אומרת שלא הילכו במגידת הדין (בממון) אחר הרוב אלא במיעוט (das W. בממון ist wahrsch. ein eingeschlichenes Glossem, das urspr. zur Erklärung des מדת הדין stand; vgl. B. kam. 46ᵇ) das besagt, dass man bei Geldangelegenheiten nicht blos nach der Mehrheit, sondern auch nach der Minderheit entscheidet, vgl. מָמוֹן. j. Schebi. X, 39ᶜ un., vgl. פַּרְסְרַבְּנוּת. — 5) Norm, Eruirung eines Gesetzes aus einer Schriftstelle, daher überhaupt Lehre. Men. 9ᵃ נטמאו שיריה וכ' ... ר' אליעזר כשירה מדת ר' יהושע פסולה ein Mehlopfer, dessen Ueberreste levitisch unrein wurden, ist nach der Lehre des R. Elieser tauglich, nach der Lehre des R. Josua aber untauglich. Das. 26ᵃ. Pes. 77ᵇ und j. Pes. VII, 34ᶜ ob. dass. j. Pes. I, 28ᵃ ob. אינה היא המדה das ist nicht die richtige Lehre, in einer Gesetzstelle nicht erwiesen. Schek. 4, 6. 7 dass. j. Chag. II, 77ᵈ mit. (mit Bez. auf die Mischna: „Menachem, der frühere College Hillel's, trat aus dem Vorsitz im Synedrium aus") לאיכן יצא יש אומר ממידה למידה יצא ויש אומר כבוד סניר יצא wohin ging er? Ein Autor sagt: Er trat von einer Lehre in die andere über (d. h. er wurde Apostat, vgl. bab. Chag. 16ᵇ יצא לתרבות רעה); ein Anderer sagt: Er trat wider seinen Willen aus (d. h. er wurde genöthigt, in den königlichen Dienst des Herodes einzutreten; wofür in Chag. l. c. יצא לעבודת המלך steht). j. Schabb. XVI, 15ᶜ mit. R. Schimeon ben Jochai sagte: העוסק במקרא מדה שאינה מדה העוסק במשנה מדה שנוטלין ממנה שכר העוסק בתלמוד אין לך מידה גדולה מזו wenn sich mit Jem. (blos) mit der Bibel befasst, so ist es eine Art (Lehre), die keine Art ist (d. h. eine unvollkommene Lehre); denn nämlich er durch die Commentarien, die sich in den älteren Midraschim vorfinden, ein Verständniss der Bibel erhält, so geht ihm dennoch die mündlich überlieferte Gesetzlehre ganz ab); wenn Jem. sich mit der Mischna befasst, so ist es eine Art, wodurch

man die göttliche Belohnung erhält (denn die Decisionen der Mischna vereinigen die beiden Gesetzlehren, die schriftliche und die mündliche, in sich); wenn Jem. sich aber mit dem Talmud befasst, so giebt es keine vorzüglichere Art als diese (denn der Talmud giebt die Deductionsweise, die Normen an, vermittelst welcher das mündliche Gesetz aus dem schriftlichen entstanden ist). B. mez. 33ᵃ dass. j. Ber. I, 3ᵇ mit. j. Schabb. I, 3ᵇ ob. und j. Hor. III, 48ᶜ ob. wird blos der erste Satz citirt. — Tosef. Snh. VII g. E. שבע מדות דרש הלל לפני זקני בתירה קל וחומר וגזירה שוה ובנין אב וכתוב אחד ובנין אב ושני כתובים וכלל ופרט וכלל וכיוצא מעינו Hillel trug בו ממקום אחר ודבר הלמד folgende sieben Normen (zur Schriftforschung) in Gegenwart der Aeltesten Bthera's vor: 1) Das Leichte und das Schwere (vgl. חוֹמֶר); 2) Die Wortanalogie (vgl. גְּזֵרָה); 3) Die Massgabe aus einem Schriftverse; 4) Die Massgabe aus zwei Schriftversen (vgl. אָב II und בִּנְיָן); 5) Das Generelle, Specielle und Generelle (vgl. כְּלָל); 6) Die Aehnlichkeit mit einer andern Schriftstelle (vgl. יָצָא); und 7) Die Beweisführung aus dem Inhalte (vgl. לָמֵד). In Sifra (Einleit., Barajtha des R. Ismael) steht ebenf. שבע מדות, woselbst jedoch blos sechs Normen aufgezählt werden; es fehlt näml. בנין אב וכתוב אחד. Sifra das. Anf. R. Ismael sagte: בשלש עשרה מדות התורה נדרשת וכ׳ die Gesetzlehre wird vermittelst dreizehn Normen erforscht u. s. w.; was blos eine Erweiterung jener sieben Hillel'schen Normen ist. Ferner שלשים ושתים מדות של ר׳ die Zweiunddreissig agadischen יוסי הגלילי Normen des Galiläers R. Jose (abgedruckt hinter dem Tract. Berachoth). Levit. r. s 3 Anf. (mit Ansp. auf Khl. 4, 6: „Besser ist eine Handvoll“ u. s. w.) טוב מי ששונה הלכות ומדות ורגיל besser ist derjenige, der die Halachoth (die ממני ששונה הלכות ומדות ותלמוד ואינו רגיל Mischna) und die Normen lernt und gewandt darin ist, als derjenige, der die Halachoth, die Normen und den Talmud lernt, ohne darin gewandt zu sein, s. oben. — Git. 67ᵃ R. Schimeon sagte zu seinen Schülern: בני שנו מדותי meine Kinder, lernt שמורותי תרגומות מתרגומות מדותיו של ר׳ עקיבא meine Lehren (Normen), denn meine Lehren sind ausgewählt aus den ausgewählten Lehren des R. Akiba. — Die aram. Form für מדה lautet מכילתא, s. d. — Von unserem W. rührt auch der Name des Talmudtractats מדות, Middoth, her, der von den Messungen des Tempels und seiner Geräthe (Altäre) handelt, und welcher, nach Jom. 16ᵃ, von R. Elieser ben Jacob, der zur Zeit des Tempelbestandes lebte, redigirt sein soll.

מִידָה, מִדָּה ch. 1) (=vrg. מִדָּה) Mass, s. TW. — 2) Tribut, Steuer. Esr. 4, 20. 6, 8;

wofür auch מִנְדָּה Esr. 4, 13. 7, 24. — Pl. Genes. r. s. 91, 88ᵇ Manasse nahm die Listen Aller, die in Egypten angekommen waren, auf. Die Brüder Josef's sagten nun: אי אשכחן יתרה טעין לן במדוי דמכסא הוא וכו׳ wenn wir ihn antreffen, dass er von uns die gebührlichen Tribute abverlangt, so ist es gut, wo nicht u. s. w.; vgl. auch מַדָּאתָא

מָדְוֶה m. (ähnlich bh. Stw. דוי) eig. Schmerzhaftes; übrtr. der Blutfluss der Menstruirenden. Nid. 54ᵇ woher ist erwiesen, dass das Blut der Menstruirenden verunreinige? דאמר קרא והדוה בנדתה מדוה כמותה מה היא מטמאה אף נדוה מטמא (l. מטמא) daraus, dass die Schrift sagt: והדוה בנדתה (Lev. 15, 33), was besagt, dass der Blutfluss ihr selbst insofern gleiche, als, ebenso wie sie (durch Berühren) verunreinige, ihr Blutfluss ebenfalls verunreinige. Das. 41ᵇ eine Gebärerin wird nicht eher unrein, עד שיצא מדוה דרך ערותה als bis der Blutfluss durch ihre Scham abgeht; daher sei näml. eine Gebärerin, deren Geburt vermittelst Instrumente an der Seite (דרך דופן) erfolgt, nicht unrein.

מָדְוָא ch. (ähnl. syr. ܡܕܘܐ=מַדְוֶה) Schmerz, s. TW.

מָדוֹךְ m. (von דוך) Stössel. Bez. 14ᵃ מדוך של אבן ... מדוך של עץ ein steinerner Stössel, ein hölzerner Stössel; ersterer diente gew. zum Zerstossen der Gewürze, letzterer zum Zerstossen des Salzes. Tosef. Jom. tob (Beza) I g. E. dass. Daselbst בית שמאי אומרים מוליכין התבלין ומדוך אצל מדוכה ולא מדוכה אצלן וכו׳ die Schule Schamai's sagt: Man trägt (am Feiertage) die Gewürze sammt dem Stössel zum Mörser hin, aber nicht den Mörser zu jenen (weil, wenn man das Zerstossen unterliesse, das Tragen des schweren Mörsers unnütz gewesen sein würde); nach Ansicht der Schule Hillel's darf man auch letzteren zu jenen hintragen.

מְדוֹכְיָא ch. (=מָדוֹךְ) Stössel. Trop. Sot. 22ᵇ פרוש מדוכיא ... דמשפע כי מדוכיא der Stösselpharisäer, welcher, einem (krummen) Stössel gleich, gekrümmt (in gebückter Stellung) einhergeht.

מְדוֹכָה f. (=bh. מְדֹכָה) 1) Mörser, in welchem Gewürze und dgl. zerstossen werden. Jom. 75ᵃ דבר שנדוך במדוכה etwas, was im Mörser zerstossen wird; d. h. feine Spezereien, welche zum Putze der Weiber dienten, sind gleichzeitig mit dem Manna herabgefallen (mit Ansp. auf Num. 11, 8). Kel. 23, 2 מדוכה המדית der medische Mörser; ein in der Mitte gehöhlter grosser Holzblock, der breite Ränder hatte und auf welchem die Weiber beim Zerstossen der Gegenstände sassen, vgl. R. Simson z. St. Schabb. 123ᵃᵇ מדוכה אם יש בה שום מטלטלין

אוּתה einen Mörser, in welchem Knoblauch (zum Zerstossen) liegt, darf man am Sabbat von einem Orte zum andern tragen. j. Schabb. XVII Anf., 16ᵃ dass. — Schabb. 81ᵃ כהכרע מדוכה קטנה של בשמים wie das Bein eines kleinen Mörsers zum Zerstossen der Gewürze; vgl. Tosaf. z. St. j. Schabb. VII g. E., 11ᶜ כמלא רגל מדוכה קטנה של בשם dass. (Nach Ar. bedeutet an diesen beiden Stellen מדוך=מדוכה: Stössel, בוכנא, was jedoch nicht einleuchtet). — 2) übrtr. eig. der aus einem umgestülpten Mörser bestehende Sessel, dann: Sessel überhaupt (=מַפְתְּשָׁת, s. d., vgl. bes. אֲסִיתָא). Jeb. 16ᵃ על מדוכה זו ישב חגי הנביא auf diesem Sessel sass der Prophet Chaggai, vgl. חַגֵי. j. Jeb. I, 3ᵃ un. dass. — Ned. 58ᵃᵇ und Genes. r. s 5, 6ᶜ מדוכין viell. denom. von unserm W. im Mörser Gestossenes, vgl. unserm דוך und דָכַן.

מְדוּכָא, מְדוּכְתָא ch. (=מְדוּכָה) Mörser. j. Bez. I, 60ᵈ ob. שמואל שחק על טיטרא דמדוכתא Samuel zerstiess (die Gewürze am Feiertage, um eine kleine Abänderung zu machen) an der Seite des Mörsers, vgl. מְהוּלְתָא. j. Schabb. VII, 10ᵃ un. כד שחק במדוכתא משום טוחן Jem., der (die Holzrinde, am Sabbat) im Mörser zerstösst, ist wegen Mahlens straffällig. Thr. r. sv. רבתי, 52ᶜ ein Athenienser, der nach Jerusalem gekommen war, אשכח חד מדוכא מטלקא fand einen Mörser, der auf die Erde hingeworfen war. Das. הדין מדוכא תבירא dieser zerbrochene Mörser, vgl. חַיָּט. — Thr. r. sv. ומרב עבודה, 55ᵇ כנישתא crmp. aus מדרתא, s. פָּנִישָׁא, vgl. auch מִדְרָא.

מְדוֹנִי m. N. gent. aus Medon, oder Moden (vgl. Jos. 11, 1; s. auch מוֹדְיעִית). j. Pea III, 17ᵈ mit. מעשה במדוני אחד שהיה בירושלם trug sich einst bei einem Medoner, der in Jerusalem war, zu, dass u. s. w.

מָדוֹר m. (von דור) Wohnort, Wohnstätte, eig. Ort, wo man sich hin- und herbewegt. Tosef. Ahil. XVIII מדור היעמים אף על פי שחרב die Wohnstätte der Nichtjuden ist, obgleich sie zerstört ist, unrein. Das. oft. j. Pes. I, 28ᵃ un. steht dafür מדור הגוים. — Pl. Pes. 9ᵇ מדורות הכותים טמאים וכמה ישהא במדור וירהא המדור צריך בדיקה ארבעים יום אף על פי שאין לו אשה „die Wohnstätten der Nichtjuden sind unrein" (Ohol. 18, 7; weil Letztere näml. ihre Frühgeburten in ihren Häusern begraben). Wie lange muss sich der Nichtjude in der Wohnung aufgehalten haben, damit sie der Untersuchung bedürfe? Vierzig Tage (während welcher Zeit ein Embryo ausgebildet wird), selbst wenn er auch keine Frau hat; weil er näml. der Buhlerei verdächtig ist. Ohol. 18, 9. 10. j. Ab. sar. V, 49ᵈ un. u. ö. — Trop. B. mez. 83ᵇ אין לך כל צדיק וצדיק שאין לו מדור לפי כבודו es giebt keinen Frommen, der nicht (im Paradiese) einen

seinem Range angemessenen Wohnort hätte. Schabb. 152ᵃ und Ruth r. sv. קטן וגדול, 39ᵃ dass.

מְדוֹרָא ch. (=מָדוֹר) Wohnstätte, Wohnort. Dan. 4, 22. 29. 7, 24; s. auch TW.

מְדוּרָה f. (=bh. Stw. דור) brennender, oder zum Anzünden bereiteter Holzstoss, eig. Ort, wo die Brennstoffe aneinander gereiht sind; vgl. syr. ܢܘܪܐ: Flamme. Tamid 1, 1 נתחמם כנגד המדורה er wärmte sich vor der Flamme. j. Bez. II, 61ᶜ mit. והוא שיהא קומקום או דכגד המדורה nur dann ... wenn ein Kessel vor der Flamme steht.

מְדוּרְתָא, מְדוּרָא ch. (=מְדוּרָה) brennender Holzstoss, Flamme. Bez. 32ᵇ un. האי מדורתא מלמעלה למטה שרי den Holzstoss (der auf dem Kamin zum Wärmen errichtet wird) darf man am Feiertage von oben nach unten herabführen (d. h. die Hölzer zuerst auf die Mündung des Schornsteines dachartig und unter dieser Holzschichte die Hölzer schichtweise niederlegen), nicht aber umgekehrt; d. h. vom Boden des Kamins anfangend, eine Schichte über die andere legen und darüber das Art Bedachung bilden, weil dies näml. dem Aufführen eines Gebäudes ähnlich ist. Erub. 101ᵃ dass., s. auch TW.

מִדְרָא Bech. 44ᵇ, s. מִדְרָא.

מְדַוְורְתָא f. (Stw. דְוַאר, s. d., arab. دَار, wovon دَوَّرَ: um und umgehen) Peitsche, die beim Schlagen auf den Körper sich um diesen windet. Jom. 23ᵃ wird פקיע erklärt durch מדוורתא Ar. sv. דר 3 (Agg. und Ms. M. מדרא Peitsche; vgl. auch מַצַרְקָא und נַגְדָא.

מִדְרָשָׁא od. מְדוֹשָׁא m. (wahrsch. das arab. مَدُوس von دوش) ein Instrument, das zum Glätten und Poliren dient, Polirstein u. dgl. M. kat. 12ᵇ חומרתא דמדרושא ein Siegelring, dessen Einfassung (Koralle u. dgl.) zum Glätten verwendet wird. Erub. 69ᵃ dass., vgl. auch חומָרָא, חָמַר Bd. II, 78ᵃ.

מָדַי (=bh.) Medien. Jom. 11ᵇ שער המדי das medische Thor; d. h. ein Thor, das nach Art der medischen Thore, mit einer Oberschwelle versehen ist. Schek. 3, 4 תרם את הראשונה לשום ארץ ישראל... והשלישית לשום בבל ולשום מדי וכב׳ der Priester enthob die erste Hebe der Sekels Namens Palästinas, die zweite Namens der umliegenden grossen Städte, die dritte Namens Babels, Mediens, sowie Namens der entfernten Provinzen. B. kam. 103ᵃ wenn Jem. einen Ggst. vom Werthe einer Pruta gestohlen und abge-

schworen hat, יוליכנו אחריו למדי so muss er ihn
dem Bestohlenen, selbst bis Medien nachführen.
Kidd. 71ᵇ מדי חולה מישן מיתה Medien ist leicht
krank, Mesan ist todt; bildl. für: Auf den Frauen
der ersteren Provinz ruht ein kleiner Zweifel,
ob sie an Priester verheirathet werden dürfen,
die Frauen der letzteren hing. sind unzweifelhaft verboten, vgl. auch גוֹבַס. Genes. r. s. 37
g. E. dass. j. Jeb. I g. E., 3ᵇ wird dieser Satz
Namens der Babylonier citirt: תמן קרי למישן
מתה למדי חולה dort nennt man u. s. w. Esth.
r. sv. בשנת, 101ᵈ עשרה חלקים של . . . גוי בעולם אחד
תשעה במדי וכ' zehn Mass Schönheit befinden
sich in der Welt, neun Mass derselben in Medien u. s. w.

מָדִי m., מָדִית f. der Meder, die Mederin. Esth. r. sv. וירושלם, 105ᵃ מדי נושא
סרסית . . . ופרסי מדיית נושא וכ' wenn ein Meder eine Perserin heirathet . . . wenn ein Perser eine Mederin heirathet u. s. w., vgl. לָשׁוֹן.
— Pl. fem. das. sv. להביא, 104ᵃ זה אומר
מדיות נאות וזה אומר פרסיות נאות וכ' der Eine
der Tischgäste sagte: Die Mederinnen sind
schöner, der andere sagte: Die Perserinnen sind
schöner. Schabb. 6, 6, vgl. פְּרַח. j. Schabb. XII,
13ᶜ un. חטים מדיות medischer Weizen.

מָדָיָה, מָדָיָה ch. (syr. ܡܳܕܰܝ=מָדִי) der
Meder. Dan. 6, 1.

מוֹדְיָא, מוֹדְיָא s. in מו'.

מָדִי s. in מו'.

מָדֵן, מָדֵין Prtkl. (contr. aus דֵן=מָא־דֵין) eig.
was ist das? daher: warum? s. TW.

מְדִינָה f. (=bh. Stw. דוּן=דִין) 1) Provinz,
Land, eig. Gerichtsbezirk. Maas. scheni 3, 4
מדינה Provinz, im Ggs. zu ירושלם.
R. hasch. 4, 3 und Suc. 3, 12 מדינה die Provinz,
einschliesslich Jerusalem, im Ggs. zu מקדש:
Tempel; nach Maim. bedeutet hier מדינה jede
andere Ortschaft mit Ausschluss Jerusalems, vgl.
לוּלָב. Schek. 1, 3 u. ö. — 2) Stadt, grosse
Stadt, civitas. Pes. 51ᵃ כל המדינה die ganze
Stadt, d. h. alle Stadtbewohner, vgl. לָעַז. Genes.
r. s. 50 g. E., 51ᶜ משל למדינה שהיו לה שני
ספרונין אחד עירוני ואחד מן המדינה וכעס עליהן
המלך ובקש לרדותן אמר המלך אם אני רודה אני
אותם בפני בני (בן ל.) המדינה עכשיו הן אומרים
אילו היה עירוני היה מתקיים עלינו אילו ואילו
היה בפני עירוני עכשיו אילו היה זה בן
המדינה שם היה מתקיים עלינו כך לפי שהיו
סרומיים וכ' ein Gleichniss von einer Grossstadt,
welche zwei Patrone hatte, einen Dörfler (Kleinstädter) und einen aus der Grossstadt selbst.
Als der König einst über die Bewohner jener
Stadt erzürnt war und sie züchtigen wollte,
dachte er bei sich: Züchtige ich sie in Anwesenheit jenes Grossstädters, so würden sie sagen:

Wäre nur der Dörfler anwesend, so hätte er
für uns eingestanden! Züchtige ich sie in Anwesenheit des Dörflers, so würden sie sagen:
Wäre nur der Grossstädter da, so hätte er für
uns eingestanden! Dasselbe fand bei den Sodomiten statt, deren Einige die Sonne und deren
Andere den Mond anbeteten. Gott dachte nun
bei sich: Wenn ich sie am Tage bestrafe, so
würden Einige sagen: Der Mond hätte uns beschützt! Wenn ich sie des Nachts bestrafe,
so würden die Anderen sagen: Die Sonne hätte
uns beschützt! Ich werde sie daher am 16. des
Monats Nisan in der Morgenstunde bestrafen,
zur Zeit, wenn Sonne und Mond zusammentreffen. Daher heisst es: „Als die Sonne über die
Erde gekommen und Lot in Zoar eingetroffen
war, so liess Gott fallen" u. s. w. (Gen. 19,
23. 24).

מְדִינָא, מְדִינְתָּא ch. (syr. ܡܕܺܝܢ̱ܬܳܐ=מְדִינָה) 1)
Provinz, Land. Dan. 3, 2. 3. 2', 48. Esr. 5, 8
u. ö. Taan. 19ᵇ, s. בְּצוֹרְתָּא. — 2) Stadt,
Grossstadt. Thr. r. sv. רבתי Anf., 51ᵈ חד
מירושלם אזל למדינתא ein Jerusalem ging nach
einer Stadt u. s. w., s. auch TW.

מָדָנָא oder מָדָנָא m. (hbr. מָדוֹן, von דוּן)
Streit, Gegenstand des Zankes, s. TW.

מָדְכוּתָא f. (von דְּכִי) Reinigung, s. TW.

מָדוֹל m. (syr. ܡܕܽܘܠ, von דְּלִי oder דּוּל=דְּלִי)
das Schöpfen, haustus, s. TW.

מֵידַל, מֵידַל Part. Hifil von דְּלַל, s. d.

מוֹדְלָא, מִדְלָא, מֵידַל, מַדַּל m. Vermögen,
Besitzthum. Das W. ist contr. aus מָא־דָל
was Jemdm. gehört; mit Suff. מִדְלִי, מִדְלָךְ
(nh. מַה־שֶּׁלִּי, מַה־שֶּׁלָּךְ, מַה־שֶּׁלּוֹ) eig. was mir,
was dir, was ihm gehört; vgl. auch Fleischer,
Nachtr. zu TW. II, 567ᵇ: מוֹדְלָא u. מוֹדְלָא
wahrsch. wie مَال zusammengesetzt aus מָא=מוּ
und dem besitzanzeigenden ל, wozu in den beiden ersten Formen das enger verbindende rela-
tive ד oder ל kommt, wie ש im neuhebr. מה שֶׁ.
Ursprünglich mit Genitivanziehung מוֹדְלָךְ מוֹדְלִי
u. s. w. . . . . arab. مَا لَكَ, مَا لِي, später schmolz
die Präposition mit מוד . . . wie in מטול" u. s. w.
— Das W. dürfte blos in jerus. Gem. und selten in den Midraschim und Trgg. vorkommen.
j. Keth. VI, 30ᵈ un. יכא אתקיד גביה מדלא ר'
דיתמין dem R. Jisa wurde ein Gut der Waisen
in Aufbewahrung gegeben. j. Schek. IV, 48ᵃ un.
dass. j. Ned. IX, 41ᵉ mit. הוא ומדליה er und
sein Vermögen, vgl. טְמִירוֹן. j. Maas. scheni IV,
55ᵇ un. את משכחת מדילא דאבוך du wirst den
Schatz deines Vaters finden. j. Schabb. XVI g.E.,
15ᵈ un. und j. Jom. VIII, 45ᵇ mit. מדלי בגדך

soll ich deinem Schutzgott mein Vermögen anvertrauen? vgl. בַּר III. j. Schek. V, 49ᵃ un. כל מדליה מן דיהודאי all sein Vermögen rührt von dem der Juden her, vgl. פְּרִיעָא. j. Bic. III, 65ᶜ mit. dass. Thr. r. sv. רַבְּתִי Anf., 51ᵈ ein Jerusalemer אפקיד בידיה מידליה ואמר ליה הב ... (die לִיה מה דלי ראין לא לא תהדיב ליה מה דלי Worte מה דלי anst. מדלי dürften wegen der urspr. Bedeutung unseres Ws. gewählt sein, s. oben) übergab einem Städter sein Gut zum Aufbewahren und sagte zu ihm: Wenn mein Sohn aus Jerusalem kommt und dir drei Weisheitssprüche sagt, so gieb ihm mein Gut (was mir gehört), wo nicht, so gieb ihm mein Gut nicht. Das. 52ᵃᵇ קום דהב מדלי דאפסק אבא גבך ואזל auf, gich mir mein Gut, das mein Vater dir aufzubewahren gab, sodann werde ich sofort abreisen! Er gab ihm sein Gut und Letzterer reiste in Frieden ab. Das. איתיתי יתך לכל עותרא ומדלא הדין ich verschaffte dir den ganzen Reichthum und dieses grosse Vermögen. — In den Trgg. steht dafür מוֹדְלָא, מוֹדְלָא und מוֹלָא, s. TW.

מַדְלָא m. (von דְּלִי) das Hinaufsteigen. Schabb. 155ᵃ דרגא דמדלא die Leiter, deren man sich zum Hinaufsteigen bedient, vgl. אָמַּדְלָא.

מַדְלָא oder מַזְלָא m. (Grndw. זל, דל wovon נזל, verw. mit arab. زَلَّ) das Herunterfallen, Abfliessen. Mögl. Weise ist unser W. das syr. ܐܙܠܐ von اَزَلَ discessus. Pes.40ᵃ ob. כל אוב מדלייהו לא מחמצי (Ar. sv. מוליידהו liest מוליידהו) während ihres (der Feuchtigkeit) Herabfallens auf die Getreidekörner entsteht keine Säure.

מִדְלָעָה f. Kürbisfeld, vgl. דְּלַּעַת. Pl. Sebebi. 2, 1. 2 מקשאות ומִדְלָעוֹת Gurken- und Kürbisfelder. — Davon denom. j. Schebi. II Anf., 33ᶜ מקשה ומדלה (wahrsch. für מוּדְלָעָה) mit Gurken und Kürbissen bepflanzt.

מִידָם, מִידָם s. מִדַּעַם.

מַדְמְכָא, מְדַמְכָא m. (von דְּמַךְ) das Schlafen, Liegen, um zu schlafen, s. TW. — מַדְמֵן, s. מְדוּמַד.

מוֹדְנָא Wage, s. d. in מוּ'.

מַדָּנִין (מָדָנִין) m. pl. (contr. aus מְעַבְּדָנִין, s. d.) die Bande, Gebünde. Suc. 13ᵇ הני צריפי דארוכבי כיון שהותרו ראשי מדנין שלהן כשרין Ar. (Agg. מעדנין) die Geflechte (Hütten) aus Weiden sind, wenn die Spitzen ihrer Bande aufgelöst wurden, als Festhütten tauglich. Schabb. 33ᵇ חזא ההוא סבא דהוה נקום תרי מדני אסא Ar. (Agg. מַדְאֲנֵי) er sah einen Greis, der zwei Gebünde Myrten trug.

מַדְנָחָא, מָדִינָחָא m. (syr. ܡܰܕܢܚܐ, von דְּנַח

hbr. מִזְרָח von זָרַח) Osten, Morgen, Sonnenaufgang. j. Git. II, 44ᵇ ob. בני מדינחא die Morgenländer. Genes. r. s. 37 g. E. wird הר הקדם (Gen. 10, 30) übersetzt: טורי מדינחא das östliche Gebirge.

מַנְדַּע, מִנְדְּעָא, מַדַּע m. ch. (syr. ܡܰܕܥܐ, مَنْدَع, hbr. מַדָּע, von יָדַע) Kenntniss, Wissen, Verstand. — Davon denom. מְדַע Wissen haben; Part. מַדְּעָן Verständige, Wissenhabende, s. TW. — j. Taan. IV, 67ᶜ un. בנין מדיעתין (wahrsch. zu lesen מוֹרְעִתִין) um ihnen kund zu thun.

מֵידָם, מִידָם, מִנְדַּעַם, מִדַּעַם m. (syr. ܡܶܕܶܡ) etwas, aliquid, quidquam. Vgl. Fleischer, Nachtr. zum TW. II, 567: „מִדַּעַם ist zusammengesetzt aus מְדַע und dem verkürzten enklitischen Indefinitum מָא (wie كَم aus كَ und مَ), eigentl. γνώσιμόν τι, d. h. überhaupt irgend ein Ding, irgend etwas. Daraus ist wiederum מדים und מידי verkürzt ... den rechten Weg zeige hier das chald. מִדַּעַם, מִנְדַּעַם, zusammengezogen aus מִידֵי, מֵדַע מָא scibile quid, woraus dann weiter מֵדַע מָא entstanden seien. Volle Bestätigung erhält diese Ableitung durch das zabische מִנְדַּע etwas, neusyrisch ܡܢܕܥ ohne angehängtes Indefinitum ...“ — Bech. 51ᵇ מודיעם ביש etwas Böses. Snh. 55ᵃ ob. מדעם אחרינא etwas anderes. Tanch. Chukkath, 221ᵇ מדעם מסאבא etwas Unreines. B. bath. 123ᵃ ואי לאו דחמא ראובן לא מהניא ליה מדעם hätte Ruben nicht gesündigt, so würde das Erstgeburtsrecht (das Jakob dem Josef geschenkt hat) dem Letzteren gar nichts genützt haben. — In den Trgg. auch מדם und מידי, s. TW.; vgl. auch מִידֵי.

מוֹדְעִי, מוֹדִיעִית, מוֹדִיעִים s. in מוּ'.

מַדָּף m. (eig. von דַּף, arab. دَفّ) 1) Brett. Kel. 16, 7 המדף של דבורים das Bienenbrett, das näml. vor dem Bienenstock liegt, und auf welchem die Bienen, bevor sie in den Bienenkorb fliegen, sich niederlassen; vgl. Hai in s. Comment. z. St. Nach einer andern Erklärung (vgl. Ar. und Maim. z. St.): Ein flaches Behältniss vor dem Bienenkorbe, in welchem glühende Kohlen, Excremente u. dgl. sich befinden, welche angezündet und durch deren Rauch die Bienen aus dem Korbe verjagt werden (also von נָדַף), so dass man den Honig ausheben kann, vgl. auch דְּבוֹלָה. — 2) (ähnl. לוּחָא, s. d.) Fallbrett für Vögel; d. h. ein schräg aufgestelltes Brett (ober: Tafel), das durch Sparren in der Schwebe gehalten wird und unter welchem ein Behältniss mit Vogelfutter steht. Sobald der Vogel beim Auflesen des Futters an den Sparren rüttelt, so fällt das Brett um und der Vogel ist ein-

gefangen. Kel. 23, 5 הַמִּכְמֹרוֹת וְהַמַּדָּף die Vogelschlingen und das Fallbrett. — 3) übrtr. Maddaf, eine leichte levitische Verunreinigung, näml. ein Ggst., der oberhalb eines Schleimflüssigen u. dgl. sich befindet und mit letzterem also nur mittelbar in Berührung kommt; im Ggs. zu מִדְרָס (s. d. W.): Der Gegenstand, auf welchem der Unreine liegt, oder an den er sich mit voller Kraft anlehnt. Stw. ist höchst wahrsch. arab. دَفَّ: leicht einhergehen, leicht sein, nach dem leichten Grade dieser Unreinheit so benannt. Nid. 4ᵇ ob. wird für unser W., mit Bez. auf Tosef. Tohar. IV (s. w. un.), eine sachliche und etymologische Erklärung wie folgt gegeben: מדף דכתיב קול עלה נדף dieser Unreinheitsgrad führt den Namen מדף, wie es heisst (Lev. 26, 36): „das Geräusch eines verwehten Blattes"; d. h. diese Unreinheit ist ebenso leicht wie das verwehte Blatt. (Demnach wäre מִנְדָּף, Middaf, für מִנְדָּף zu lesen). Maim. in s. Comment. zu Sabim 4, 6 hält jenen Passus in Nid. l. c. für eine Interpolation, die von den Saboräern (vgl. סָבוֹרָא) in den Talmudtext hineingebracht worden sei. Er selbst giebt eine ebenf. nicht zutreffende Etymologie des Ws., näml. vom talmudischen נודף, wonach מדף (ebenf. für מנדף) etwa in dem Sinne von ריח הטומאה aufzufassen wäre; d. h. nicht etwa eine eigentliche, starke Unreinheit, sondern blos ein Geruch davon. — Sabim 4, 6 (5) der Schleimflüssige עושה משכב ומושב מתחתיו לטמא אדם ולטמא בגדים ועל גביו מדף לטמא אוכלין ומשקין bewirkt, dass die unter ihm sich befindenden Gegenstände, Lagerstatt und Sitz, sowohl Menschen, als auch Kleider verunreinigt (eine schwere Art von Unreinheit), und dass die über ihm sich befindenden Gegenstände Maddaf werden, so dass sie Speisen und Getränke verunreinigen (eine leichte Art der Unreinheit). Das. 5, 2 הַמִּשְׁכָּב וְהַמּוֹשָׁב וְהַמַּדָּף die Lagerstatt, der Sitz und der Maddaf; vgl. R. Simson z. St.: Alle Geräthschaften, die weder zur Lagerstatt, noch zum Sitz dienen, werden מדף genannt. Sifra Mezora (Sabim) cap. 4: „Alle Holzgefässe (die mit dem Schleimflüssigen in Berührung kamen), müssen mit Wasser abgespült werden" (Lev. 15, 12); מלמד שעושה תחתיו מדף das besagt, dass er für die unter ihm sich befindenden Gegenstände die Unreinheit des מדף bewirke; d. h. dass solche Geräthschaften, die unter dem Sitze des Schleimflüssigen sich befinden, unrein werden. Das. עשה על גביו מדף er bewirkt über sich Maddaf. (Nach Sifra ist also מדף auch biblisch unrein; vgl. auch Raschi zu Nid. 4ᵇ sv. עלה נדף). Tosef. Tohar. IV Anf. כבר תרומה שהוא נתון על גבי הדף ומדף נתון תחתיו ואי אפשר לו ליפול אלא אם כן נוגע במדף ובא ומצאו במקום אחר טהור וכו׳ wenn ein Brot der Hebe auf einem Brett

liegt, unter welchem ein Maddaf (d. h. ein Ggst., der wegen Maddaf unrein ist) sich derart befindet, dass das Brot, wenn es herunterfällt, unbedingt den Maddaf berühren muss: so ist dennoch ersteres, wenn man es später an einem andern Orte antrifft, rein; weil anzunehmen ist, dass Jem., der herbeigekommen, das Brot dahin gelegt habe (dass dasselbe also den Maddaf gar nicht berührte). Nid. 4ᵃ dass. Par. 10, 1 כל הראוי לטמא מדרס מדף לחטאת Alles, was durch Daraufliegen (z. B. Geräthschaften, die zur Lagerstätte dienen) unrein werden kann, wird hinsichtlich des Lustrationswassers als Maddaf angesehen, vgl. מִדְרָס. Tosef. Par. IX u. ö. — Pl. j. Schabb. VII, 9ᵈ un. . . . . תולדות השרץ מַדְּפוֹת מהו מדפות מגזרת unter dem zweiten Grad der Unreinheit eines Reptils sind zu verstehen מדפות. Was bedeutet dies? Die mittelbaren Berührungen. j. Dem. II, 23ᵃ ob. כנפים מדפות הטיסות טהרות מעשרות die Klasse der Unreinheit betreffs der כנפים (die Pflichten näml., die der zum Verbande der Gesetztreuen Gehörende, Chaber, חָבֵר, übernehmen muss, s. כָּנָף) besteht in mittelbaren Berührungen und Rütteln unreiner Gegenstände (deren er sich zu enthalten hat); unter טהרות (dem zweiten Grade der Reinheit, den der Chaber übernehmen muss) ist die Verpflichtung des Entrichtens der Zehnten zu verstehen. j. Sot. V, 20ᵇ mit. „Die Priester, an welche der Prophet (Chag. 2, 12. 13) Fragen betreffs der Reinheitsgesetze gerichtet hat", לא היו בקיאין במדפות waren derselben hinsichtl. der mittelbaren Berührungen nicht kundig. שאלן מת עושה מדף . . . השיבו אתהו כראוי שאין טמא מת עושה מדף er fragte sie näml. (V. 13): „Bewirkt der durch eine Leiche Verunreinigte" die Unreinheit des Maddaf? Worauf „die Priester antworteten: Ja, es wird unrein"; was jedoch unrichtig ist, da ein durch eine Leiche Verunreinigter den Maddaf nicht bewirkt; vgl. auch הֵסֵט und שָׁבַשׁ, שָׁבַשׁ. Zu dieser Bibelstelle vgl. meinen Aufsatz in Jeschurun ed. Kobak, IV, hbr. Theil, S. 1 fg.

מְדֻקָּק m. (eig. Part. pass. von דָּקַק) das Verdünnte, Dünne. j. Suc. IV g. E., 54ᵈ המדיק של יין das dünne Gefäss, das zum Weinbehälter diente.

מֶדֶר m. (arab. مَدَر, syr. ܡܶܕܪܳܐ) Erdscholle, weiche Erde, lutum. Sifra Mezora Par. 6 cap. 4 עפר אפילו לבנים אפילו מדר אפילו חרסית „Schutt (nehme man zum Verkleben des aussätzigen Hauses", Lev. 14, 42); darunter sind auch Ziegeln, auch Erdschollen, auch Scherben zu verstehen. Rabad in s. Comment. z. St. hat in ed. Weiss: מדר crmp.

מִדְרָא ch. m. (=מָדוֹר, s. d., von דּוּר) Wohnung. Dan. 2, 11.

מְדִירָא *m.* (syr. ܡܲܕܪܵܐ, von דְּרִי; hbr. מִזְרֶה) Wurfschaufel, s. TW. — B. mez. 74ᵃ מחוסר מידרא (Inf.) es bedarf noch des Wurfschaufelns.

מָדַר oder נָדַר (syr. ܢܕܪ, vgl. נָדַר II) abschüssig sein; vgl. auch syr. ܡܨܐ, Ethpa. ܐܬܡܨܝ sich ausdehnen.

Hif. etwas abschüssig, schräg machen. B. bath. 22ᵇ בְּמַדִּיר את כתלו Ar. (Agg. בְּמַנְדִּיר, von נדר) er macht seine Wand abschüssig; vgl. Raschi z. St.: עושה ראש כתלו מודרון ומשפע לצד החלונות er macht die äussere Spitze seiner Wand abschüssig und nach der Seite der Fenster schräg. — Die LA. in Ar. Var.: במדרד, wonach Lurja's Emendation, leuchtet nicht ein.

מִדְרָא *m.* abschüssige Stelle, Abhang= מִדְרוֹן (Sollte das W. von נדר abstammen, so wäre מַדְרָא, mit Dag., zu lesen). — Pl. Schabb. 145ᵇ un. הני מִדְרֵי דבבל מהדרי מיא לעין עיטם die Abhänge Babels führen das Wasser nach der Quelle Etam. Bech. 44ᵇ מידרי crmp., lies מדרי. — *Fem.* j. Snh. I Anf., 18ᵃ un. R. Abahu richtete als einzelner Richter בכנישתא מִדְרָתָא in der am Abhange belegenen Schule (oder Synagoge) zu Cäsarea. j. Nas. VII, 56ᵇ mit. R. Abahu sass, um zu unterrichten בכנישתא מדרתא (l. מידרתא), vgl. פְּנִישָׁא (woselbst jedoch anstatt richten zu lesen ist „unterrichten", oder „lehren"). j. Ber. III, 6ᵃ un. כנישתא מִדְרָתָה dass. Thr. sv. כנישתא מידרתא (l. דקטרי 55ᵇ, ומרב die Synagoge am Abhange von Cäsarea. — Jom. 23ᵃ מדרא s. מִזְנַרְתָא.

מָדְרָנָה s. hinter nächstfg. Art.

מִגְדְרוֹן, מִגְדְרוֹן, מָדְרוֹן *m.* (vom vrg. מָדַר, wenn jedoch von נָדַר, so ist מִגְדְרוֹן, mit Dag., zu lesen) Abhang, abschüssiger Ort. Pes. 42ᵃ ob. שופך במקום מדרון man giesst das Wasser an einem abschüssigen Orte aus, vgl. אִשְׁבּוֹרֵן. B. mez. 83ᵇ שלא ... במקום מדרון an einer abschüssigen Stelle, nicht an einer abschüssigen Stelle. j. Schabb. IX, 13ᵃ un. כשהיה המקום מוגדרון wenn der Ort ein Abhang war. j. Erub. I, 18ᵉ ob. היה מוגדרון באמצע הטבוי wenn mitten in der Durchgangshalle ein Abhang war. Das. X Anf., 26ᵃ un. כשהיה המקום מגדרון אבל לא היה המקום מגדרון לא בדא (wahrsch. zu lesen מנגדרון) hier ist blos die Rede davon, dass der Ort einen Abhang bildete, wenn er aber keinen Abhang bildete, so ist das Gesagte nicht anwendbar. (Der Comment. Korban haëda hat unser W. ganz missverstanden); vgl. auch מִגְדְרוֹן.

מַדְרֵגָה *f.* (=bh., von דְּרַג, syn. mit דְּרַךְ) Steige, bes. die hohle Stufe an der Steintreppe, ähnlich חָקַק, vgl. חוק, Bd. II, S. 537ᵇ. j. Kil. VI, 30ᵉ ob. העומד במדרגה גבוהה wenn Jem. auf einer hohen Stufe steht. Das. שתי שורות

במדרגה zwei Reihen in der Stufe. j. Schabb. XI, 13ᵃ un. זרעים נוהגין מן המדרגה die Pflanzen ziehen Nahrung von der Höhlung der Treppe. Das. שיפוע מדרגה das Schräge der Treppe. — Pl. j. Pea II, 17ᵃ ob. מַדְרֵגוֹת שדן גבוהות עשרה טפחים Treppen, welche zehn Faustbreiten hoch sind. Schebi. 3, 8, s. אָבָ.

מַדְרוֹכִיתָא Madrochitha, Name einer Felsklippe, eig. (von דְּרַךְ) die man betreten, besteigen kann, s. TW.

מִדְרָם *m.* (von דְּרַם) eig. das Treten, Drücken auf etwas; übrtr. Midras, eine ausschliessliche Benennung für Anstemmen, Sichstützen des Schleimflüssigen oder der Menstruirenden auf Gegenstände mit voller Kraft. Vgl. bes. die Einleitung Hai's zu der Ordnung Toharoth: Die Gelehrten, die ein Wort ausfindig zu machen suchten, das alle die Zustände in sich fasse, vermöge welcher der Schleimflüssige verunreinigt (näml. durch Stehen, Sitzen, Liegen, Sichanhängen und Sichanlehnen an Gegenstände), fanden keinen geeigneteren Ausdruck als מדרס. — Nid. 49ᵃ in der Mischna כל המטמא מדרס מטמא טמא מת וריש שמטמא טמא מת ואינו מטמא מדרס (wird das. 49ᵇ erklärt: כל דחזי למדרס וכ' jeder Gegenstand, der durch Midras (Anstützen eines Schleimflüssigen) verunreinigt wird, wird auch durch Berühren Jemds., der durch eine Leiche verunreinigt wurde, unrein; es giebt jedoch auch Gegenstände, die durch Letzteres verunreinigt, durch Ersteres aber nicht verunreinigt werden. Vgl. hierzu Sifra Mezora cap. 2 (mit Bez. auf Lev. 15, 6: „Wer da sitzt auf einem Geräth, auf welchem der Schleimflüssige sass, soll seine Kleider waschen" u. s. w.) יכול אפילו כפה סאה וישב עליה תלמוד לומר וישב עליה תרקב (l. עליו) אשר ישב עליו המיוחד לשכיבה (לישיבה l.) לא שיאמר לו עמוד ונעשה מלאכתנו man könnte viell. denken, dass, wenn der Schleimflüssige ein Seah (Mass, etwa Scheffel), oder einen Trikab umgestülpt und sich darauf gesetzt hat, solche Geräthe ebenfalls unrein würden (d. h. zur Hauptklasse der Unreinheit, אב הטומאה, gehören)! Daher steht אשר יֵשֵׁב עליו, was ein solches Geräth bezeichnet, das zum Sitz bestimmt ist („worauf man gewöhnlich sitzt"; denn sonst hätte שֵׁכַב, יֵשֵׁב stehen müssen); nicht aber ein solches Geräth, zu dem man gleichsam sagt: Erhebe dich, wir wollen dich zu unserer Beschäftigung verwenden! wie z. B. das Seah, dessen man sich bedient, um damit zu Messen, aber nicht zum Sitzen bedient. (In Nid. 49ᵇ wird diese Halacha aus dem W. וְהָיֵשֵׁב [in demselben V.] eruirt; was jedoch unzweifelhaft eine Corruptel ist, da dieses W., im Sinne eines Präsens, das Gegentheil bezeichnet: Wenn man darauf auch nur einmal sitzt). Par. 10, 1, vgl. מַּךְ. Kel. 24, 1 הרים הכפוף טמא מדרס der umgebogene Schild (der im Kriege auch

zum Daraufsitzen dient) ist wegen Midras unrein. Das. Mischna 2 der Wagen, הַעֲשׂוּיָה כְּקַתֶּדְרָא שֶׁבָּהּ מִדְרָס der in Form eines Katheders gebaut ist, ist (weil man auch darauf sitzt) wegen Midras unrein. Das. Mischna 3 fg. Chag. 2, 7 (18ᵇ) בִּגְדֵי עַם הָאָרֶץ מִדְרָס לִפְרוּשִׁין בִּגְדֵי פְרוּשִׁין מִדְרָס לְאוֹכְלֵי תְרוּמָה בִּגְדֵי אוֹכְלֵי תְרוּמָה מִדְרָס לְקוֹדֶשׁ בִּגְדֵי קוֹדֶשׁ לְחַטָּאת die Gewänder eines gewöhnlichen Menschen (der nicht dem Bunde der Gesetztreuen angehört, vgl. חָבֵר) sind Midras für die Pharisäer (welche näml. die Gewänder eines Idioten als unrein ansahen, weil die menstruirende Frau darauf gesessen haben könnte); die Gewänder der Pharisäer sind Midras für die Teruma-Essenden (d. h. für die Priester, welche sich auf einer höhern Stufe stehend ansahen); die Gewänder der Teruma-Essenden sind Midras den heiligen Speisen gegenüber (d. h. diejenigen, welche beim Essen gewöhnlicher Speisen eine besondere Heiligkeit beobachten, טָהֳרַת הַקּוֹדֶשׁ, s. d., halten selbst die Priester für unrein); die Gewänder der Heiligkeit Beobachtenden sind Midras dem Lustrationswasser gegenüber (d. h. beim Sprengwasser, in welchem sich die Asche der rothen Kuh befand, beobachtet man an ihnen den höchsten Grad der Reinheit), vgl. auch מְטַהֲרַת. Diese stufenweise Steigerung der Heiligkeitsgrade gehört zu den Lehren der Essäer, denen, wie hieraus zu ersehen, die erschwerenden Satzungen der Pharisäer nicht genügten; vgl. meine Abhandlung über essäische Lehren, im Ozar nechmad III, 27 fg. Chull. 35ᵃ. j. Schabb. VI, 8° mit. u. ö. — Pl. Schabb. 59ᵃ בְּמִדְרָסוֹת hinsichtlich der Unreinheitsarten des Midras sagt man: Erhebe dich, wir wollen dich zu unserer Beschäftigung verwenden! s. oben in dem Citat aus Sifra. Bech. 38ᵃ.

מָדְרְקָא, oder מוּדְרְקָא, מוֹדְרְקָא *m.* („richt. מוּדְרְקָא, pers. مُرْدَهْ, ältere Form مُرْتَكْ, mortuus" u. s. w. Fleischer, Nachtr. zum TW. II, 567ᵇ und I, 418ᵃ) abgestorbenes Fleisch. Chull. 121ᵇ wird אַלָל nach Ansicht des R. Jochanan erklärt durch מֻרְטְקָא (ebenso Jalk. II, 149ᵉ; Ar. liest מדרקא, trnsp. von מֻרְטְקָא), vgl. אַלָל.

מִדְרָשׁ *m.* (=bh., von דָּרַשׁ, s. d.) 1) Schriftforschung und zwar sowohl das tiefe Eingehen in den Geist der Gesetzlehre, Erforschung derselben, als auch das Ergründen des Wortlautes eines Schriftstückes, wie z. B. eines gerichtlichen Dokumentes u. dgl. Schek. 6, 6 זֶה מִדְרָשׁ דָּרַשׁ יְהוֹיָדָע כֹּהֵן גָּדוֹל אָשָׁם לַה׳ זֶה הַכְּלָל כֹּל שֶׁהוּא בָא מִשּׁוּם חֵטְא וּמִשּׁוּם אַשְׁמָה יִלָּקַח בּוֹ עוֹלוֹת הַבָּשָׂר לְשֵׁם וְהָעוֹרוֹת לַכֹּהֲנִים נִמְצְאוּ ב׳ כְּתוּבִים קַיָּמִים אָשָׁם לַה׳ וְאָשָׁם כֶּסֶף אָשָׁם וְגוֹ׳ folgende Schriftforschung eruirte der Hohepriester Jojada:

„Ein Ascham ist es" u. s. w. (Lev. 5, 19. Darin wird folgender Widerspruch gefunden: Da das Ascham, אָשָׁם, von den Priestern verzehrt und als Eigenthum derselben bezeichnet wird [vgl. Lev. 6, 6 fg.], wie passt nun der Schluss des Verses: אָשָׁם לַה׳, woraus hervorgeht, dass das Ascham ein Eigenthum Gottes sei?) Daraus schloss Jojada folgende Lehre, die er als Regel aufstellte: Von dem, was von Sünd- und Schuldopfern herrührt (d. h. von den Ueberresten an Geld, das Jem. für solche Opfer geweiht hat) soll man Brandopfer kaufen, deren Fleisch Gott und deren Felle die Priester gehören. Hierdurch sind beide Schriftausdrücke erfüllt, näml. „ein Ascham für Gott und ein Ascham für die Priester". Daher sagte Jojada (2 Kn. 12, 17): „Das Geld zu Schuldopfern und das Geld zu Sündopfern soll nicht in das Gotteshaus gebracht werden, es soll vielmehr den Priestern gehören." Da näml. hier blos solche Ueberreste gemeint sein können — denn das Geld für Opfer muss ja blos auf Opfer verwendet und also „in das Gotteshaus gebracht werden": — so besagt die Schrift, dass solche Ueberreste nicht etwa dem Tempel allein, sondern zum Theil auch den Priestern gehören, dass man also dafür Brandopfer kaufe, wovon die Priester ebenfalls einen Genuss (von den Fellen) haben. Keth. 4, 6 und j. Jeb. XV, 14ᵈ un. כְּתוּבָה מִדְרָס עַב der Autor hält den Wortlaut eines Schriftstückes (wie der Kethuba u. dgl.) zur Forschung geeignet, vgl. דָּרַשׁ und כְּתוּבָה nr. 1. j. Jom. III, 40° mit. כֹּל מִדְרָס וּמִדְרָשׁ jede Schriftforschung muss auf den je betreffenden Inhalt Rücksicht nehmen; ähnlich לָמַד, s. דָּבָר לָמֵד מֵעִנְיָנוֹ. Genes. r. s. 42, 40° זֶה הַמִּדְרָשׁ עָלָה בְּיָדֵינוּ מֵהַגּוֹלָה בְּכָל מָקוֹם שֶׁנֶּאֱמַר וַיְהִי בִּימֵי צָרָה folgende Schriftforschung überkamen wir von der Gola (den babylonischen Exulanten), dass näml. überall, wo in der Schrift וַיְהִי בִּימֵי vorkommt, von einer Leidenszeit die Rede ist. Pesik. r. s. 5, 8ᵈ steht dafür הַמִּדְרָשׁ הַזֶּה עָלָה בְּיָדֵינוּ מִבָּבֶל dass. Aboth 1, 16 לֹא הַמִּדְרָשׁ עִיקָּר אֶלָּא הַמַּעֲשֶׂה nicht das Forschen (Theorie) ist die Hauptsache, sondern vielmehr das Handeln (Praxis). Snh. 88ᵇ, חַיָל, s. auch מֹלֶאת. — Sehr oft בֵּית הַמִּדְרָשׁ das Studienhaus, Akademie, in früherer Zeit der Sitz des hohen Gerichtshofes, des Synedriums in Tempel und in Jabne (wofür zuweilen בֵּית הַמִּדְרָשׁ הַגָּדוֹל das grosse Studienhaus), sodann überhaupt: Lehrhaus. Ber. 27ᵇ עַד הַמָּחָן שֶׁיִּכָּנְסוּ בַּעֲלֵי תְרִיסִין לְבֵית הַמִּדְרָשׁ warte bis die Bepanzerten (die grossen Gelehrten) in die Akademie kommen werden. Bech. 36ᵃ dass. Meg. 27ᵃ u. ö. בֵּית הַמִּדְרָשׁ das Studienhaus, welches einen weit höheren Rang einnimmt, als die Synagoge, das Bethaus, vgl. כְּנֶסֶת. Schabb. 118ᵇ R. Jose sagte: יְהֵא חֶלְקִי מִמּוֹשִׁיבֵי בֵּית הַמִּדְרָשׁ וְלֹא מִמַּעֲמִידֵי בֵּית הַמִּדְרָשׁ mein Antheil (in der

zukünftigen Welt) möge dasjenige derer sein, die das Lehrhaus besetzen (d. h. die Aufseher, welche die Schüler zu den Lehrvorträgen zusammenrufen, חזנים), nicht aber derer, die das Lehrhaus ausleeren (d. h. die Beamten, die nach beendeten Vorträgen die Schüler aufstehen und sich entfernen heissen, ממונים). — Pl. Kerith. 13ᵇ החקים אלו המִדרשׁוֹת „Die Gesetze" (Lev. 11, 11), darunter sind die Schriftforschungen zu verstehen. j. Ter. VIII, 45ᵇ ob. זה אחד מג' מדרשות שהן מחוורין בתורה das ist eine der drei Forschungen, die in der Bibel deutlich enthalten sind (richtiger in der Parall. j. Ter. I, 40ᵈ mit מקריות, s. d.) j. Nas. VII, 56ᵇ mit מדרשות אמינא ich spreche von Schriftforschungen. Genes. r. s. 42, 40ᶜ בתי מדרשות die Studienhäuser. Das. s. 63, 61ᶜ „Ribka ging, um Gott zu erforschen" (Gen. 25, 22); וכי בתי כנסיות ובתי מדרשות היו באותן הימים והלא לא עבר של למדרשו אלא הלכה (l. שם) gab es denn etwa zu jener Zeit Synagogen und Lehrhäuser? Sie ging vielmehr zu dem Lehrvortrage des Sem u. s. w. — 2) übrtr. der Midrasch, Name von verschiedenen Sammelwerken, die theils halachische, theils agadische Schriftforschungen enthalten. Kidd. 49ᵃᵇ ob. איזו היא משנה ר' מאיר אומר הלכות ר' יהודה אומר מדרש was ist unter Mischna zu verstehen? R. Meïr sagt: Die Halachoth (d. h. die mündlichen Gesetzlehren in Mischna und Borajtha). R. Juda sagt: Der Midrasch (d. h. die Mechilta zum Exodus, der Sifra zum Leviticus und die Sifre zu Numeri und Deuteronomium). Raschi z. St. erklärt auffallender Weise hier Midrasch blos durch Sifra und Sifre, während er in der nächstflg. Stelle richtiger auch die Mechilta dazu zählt). Das. מאי תורה מדרש תורה (wovon R. Jochanan spricht) ist der Midrasch der Bibel zu verstehen. Jeb. 117ᵃ. Ber. 11ᵇ אמר ר' הונא למקרא ולמדרש צריך לברך למשנה אין צריך לברך... אף למשנה... אף לתלמוד צריך לברך R. Huna sagte: Vor dem Lesen der Bibel muss man (ebenso wie vor jeder anderen Gesetzvollziehung) den Segen sprechen, aber vor dem Lernen eines Midrasch (näml. Mechilta, Sifra und Sifre), welche die Erforschungen der Bibel enthalten und derselben am nächsten stehen) braucht man nicht den Segen zu sprechen. R. Elasar sagte: Sowohl vor dem Studium der Bibel, als auch vor dem des Midrasch muss man den Segen sprechen, nicht aber vor dem Studium der Mischna (welche blos die Gesetze, הלכות enthält, die aus dem Midrasch resultiren). R. Jochanan sagte: Auch vor dem Studium der Mischna muss man den Segen sprechen, nicht aber vor dem der Gemara (anst. לתלמוד liest Raschi richtiger: לגמרא). Raba sagte: Auch vor dem Studium der Gemara muss man den Segen sprechen. j. Ber. I, 3ᶜ mit. R. Chona

(הונא=חונא) sagte: נראין הדברים מדרש צריך לברך לברך הלכות אין צריך לברך ר' סימון... בין מדרש בין הלכות צריך לברך es leuchtet ein, dass man vor dem Studium des Midrasch den Segen sprechen muss (im Widerspruch mit der oben citirten St. aus dem bab. Tlmd.), nicht aber vor dem der Halachoth (d. h. Mischna und Borajtha). R. Simon sagte Namens des R. Josua ben Lewi: Sowohl vor dem Studium des Midrasch, als auch vor dem der Halachoth muss man den Segen sprechen. — Davon מדרש רבה, Midrasch rabba, der agadische Schriftforschungen enthält und sich über den Pentateuch und die fünf Rollen erstreckt; nach der darin vorkommenden ersten Schriftforschung, deren Autor R. Hoschaja Rabba (der Aeltere) ist, so benannt. (Dieser Midrasch führt auch den Namen: אגדות ארץ ישראל die palästinischen Agadoth). Ferner: מדרש שיר השירים, wofür auch מדרש חזית der Midrasch über das Hohelied, Midrasch chasitha, dessen erste Deutung den Bibelvers חזית איש וג' (Spr. 22, 29) behandelt; ferner מדרש רות Midrasch Ruth; מדרש איכה Midrasch Echa, auch Threni rabba; מדרש קהלת Midrasch Koheleth; מדרש אסתר Midrasch Esther. — Pl. מִדְרָשִׁים, wofür auch blos רבות die Midraschim, die Rabboth.

מִדְרָשָׁא ,מֶדְרְשָׁא ch. (syr. ܡܶܕܪܰܫ=מִדְרָשׁ) Forschung, Studium, Vortrag. Levit. r. s. 9, 153ᵇ יצרבא ושמעא ליה תנאא מדרשא אמיתנית עד דריחל מדרשא die Frau stand vor ihm (dem R. Meïr) zu, als er den Vortrag hielt; sie wartete nun bis der Vortrag zu Ende war u. s. w., vgl. דְרוֹשָׁא und לְחַשׁ. Ab. sar. 74ᵇ חזי דלא מצוורחת עלי בי מדרשא siehe, dass du da Studienhaus (die Gelehrten daselbst) gegen mich nicht aufrührerisch machst; er hatte näml. durch seine Halacha Jemdm. Schaden verursacht. j. Jom. III, 40ᶜ un. מה חדתין הוו לכון בבי מדרשא welche neue Lehren hattet ihr im Studienhaus? vgl. חִדּוּשׁ. und חָדַת. Pes. 33ᵃ וכן מורן בבי מדרשא כוותי so lehrt man auch in dem Lehrhaus wie ich.

מָה ,מַה־ ,מֶה־ (=bh.) 1) Pron. was, etwas, das. j. Pea II Anf., 16ᵈ... מן מה דאמר רב von dem (daraus), was Rab, von dem, was R. Jochanan sagte u. s. w. Num. r. s. 14, 227ᵇ בלי מה ohne etwas, vgl. בְּלִי. B. mez. 92ᵃ וכ'... אף מה sowie (eig. was das anbelangt)... so auch, vgl. חָם. B. kam. 69ᵃ u. ö. — 2) Fragepartikel: was? j. Jom. V g. E., 43ᵃ un. ומה בידך על דר' שמעון אחמרת eig. was hast du in deiner Hand? (d. h. weshalb freust du dich?) Die Halacha nahm auf den Ausspruch des R. Simon Bezug! d. h. nicht etwa wie du zu glauben scheinst, dass dies sich auf die Worte der Rabbanan bezieht. Das. מה ביניהן:

ומה בין דמידהן was ist der Unterschied zwischen ihnen (den Opfern) und dem Werth derselben? j. Maasr. I, 49ᵃ un. מה בין ... בין בין was ist der Unterschied zwischen dem Einen und dem Andern? vgl. auch לְּבֵינָה‎. j. Git. I, 43ᶜ un. משום מה weshalb? B. bath. 31ᵃ ob. 'מה לו לשקר אי בעי אמר רכ was hatte er nöthig zu lügen? wenn er wollte, hätte er sagen können u. s. w. Dort mit Bezug auf eine Prozesssache zwischen A. und B. hinsichtlich eines Feldes, deren jeder behauptete, er hätte dasselbe von seinen Vorfahren geerbt. A. brachte Zeugen, dass er längere Zeit (drei Jahre, vgl. חֲזָקָה‎) im ungestörten Besitz des Feldes gewesen wäre. Rabba sagte nun: B. ist beglaubigt, 'מה לו לשקר וכ denn wozu hätte er nöthig zu lügen? Er hätte ja sagen können: Allerdings gehörte das Feld einst dir, ich habe es dir aber abgekauft (eine Aussage, die mit dem Zeugniss der von ihm herbeigebrachten Zeugen übereingestimmt hätte=גְּר מִגּוֹ‎, s.). Abaji jedoch entgegnete ihm: מה לו לשקר במקום עדים לא אמרינן die Richtigkeit der Aussage Jemds. dürfen wir nicht darauf begründen, dass er sich hätte denken können: Wozu habe ich nöthig zu lügen? u. s. w.; da seine Aussage mit derjenigen der Zeugen (des A., die da behaupten, das Feld sei ein Erbgut des Letztern) im Widerspruch steht. Das. 32ᵇ. 33ᵇ u. ö. dass. auf verschiedene Rechtsfälle angewandt. (In Bech. 26ᵃ steht im Einwand des Abaji fälschlich מה לו anst. (מה לי. B. mez. 63ᵃ מה לי הן מה לי דמידהו was ist ihm (eig. mir) der Unterschied, ob sie (die Früchte) oder den Werth derselben erhält? Jeb. 116ᵇ u. ö. Ker. 3, 1 (11ᵇ) 'מה אם ירצה לומר וכ wie, wenn er sagen wollte u. s. w. — מה נפשך eig. wie (was) ist dein Wille? d. h. in jedem Falle, findet das Gesagte Anwendung. j. Ber. I Anf., 2ᵇ אם מה נפשך הראשונים יום ... אם האחרונים לילה וכ' so oder so (wie denkst du dabei?); unter Tag die Zeit des Sichtbarwerdens der ersten zwei Sterne am Freitag als Tag anzusehen sei ... wenn aber u. s. w. Schabb. 35ᵇ steht dafür: העושה מלאכה בשני בין השמשות חייב חטאת ממה נפשך wenn Jem. in den zwei Zeiten des Zwielichtes (näml. in der Abenddämmerung des Freitags und des Sonnabends) eine Arbeit verrichtet, so muss er ein Sündopfer darbringen und zwar wegen des so oder so! d. h. da hinsichtl. der Zeit des Zwielichtes gezweifelt wird, ob sie zum Tage oder zur Nacht gehöre, so hat er in jedem Falle am Sabbat gearbeitet. B. mez. 111ᵇ ותבא דידן מה נפשך אי יליף וכ' was unseren Autor betrifft, so oder so (ist gegen ihn eine Frage zu erheben): lernt er u. s. w.? Erub. 10ᵃ ob. למה 'ממה נפשך לי וכ wozu dies? so oder so, d. h. entweder oder! j. Ber. VIII Anf., 11ᵈ. j. Hor. I g. E., 46ᵇ. Chull. 29ᵃ u. ö. — j. Jom. V, 43ᵃ

un. u. ö. 'אבל וכ ... במה דברים אמורים das gilt blos (eig. wann sind diese Worte gesagt) in dem Falle, dass ..., wenn aber u. s. w. Erub. 81ᵇ. 82ᵃ R. Josua ben Lewi sagt: כל מקום שאמר ר' יהודה אימתי ובמה במשנתנו אינו אלא לפרש דברי חכמים ור' יוחנן אמר אימתי לפרש ובמה לחלוק überall, wo R. Juda in unserer Mischna sagt: אימתי (wann), oder במה דברים אמרים (in welchem Falle sind diese Worte gesagt), so beabsichtigt er blos, die Worte der Chachamim zu erklären. R. Jochanan sagt: אימתי ist erklärend, במה hing. giebt eine abweichende Meinung an. Snh. 25ᵃ dass. (R. Samuel Ha Nagid in seinem Mebo ha Talmud g. E. [abgedruckt im Tractat Berach. 103ᵇ] stellt die höchst auffallende Regel auf: כל מקום שנאמר במה דברים אמורים מאימתי ובזמן באמת הלכה למשה מסיני wo 'במה וכ, מאימתי, בזמן, oder באמת vorkommt, so ist dies eine Halacha des Mose am Sinai. Im Talmud jedoch gilt dies blos von באמת, vgl. אֱמֶת‎). — לָמָּה (contr. aus עֲל־מָה‎ Ain abgeworfen) wozu? zu welchem Behufe? Ber. 3ᵃ למה לי סימנא wozu brauche ich hier ein Merkmal, Bezeichnung? B. mez. 61ᵃ u. ö. 'למה לי דכתב רחמנא וכ wozu brauche ich (d. h. wozu braucht) die Schrift zu schreiben u. s. w.? Mit vorges. א: אַלָּמָּא s. d.

מָא, מָה *ch.* (syr. ܡܐ=vrg. מָה‎) 1) was, etwas. Dan. 2, 28. 3, 33 u. ö. — j. Ned. VI, 40ᵃ mit. לינא ידע מה שבקית תמן ich wusste nicht, was (d. h. welche bedeutung der Männer) ich dort, in Palästina, zurückliess. In der Parall. j. Snh. I, 19ᵃ ob. מה שבקית תמן l. מה תמן. — 2) Fragepronom: was? wie? j. Git. I g. E., 43ᵈ mit. מה אנן קיימין wie stehen wir? d. h. auf welche Weise ist dies aufzufassen? j. Dem. I, 21ᵈ un. מה אפשר וכ. wäre es wohl möglich, dass u. s. w.? Das. 'מה ר' זירא מיכול וכ wie, sollte R. Sera etwas Unerlaubtes gegessen haben? — (מַהֲדִהּ (contr. ans מַהֲדִהּ (ähnlich מַשֵּׁהוּ, contr. aus מַהֲשֶּׁהוּ‎) eig. was es nur ist, daher einiges, einige. j. B. mez. V, 10ᶜ un. בר נש דיהב לחבריה מהו דינרין Jem., der seinem Nächsten einige Denare gegeben. — Oefter 2) als Fragepronom: wie ist es? wie ist das? B. bath. 165ᵇ מהו שיבואו sollen sie kommen? j. Jom. III Anf., 40ᵇ מהו ברקי was bedeutet ברקי? Oft steht unser W. zum Schlusse des Satzes, z. B. Chull. 46ᵃ פי פרשה מהו wie ist es (ist es zu entscheiden) hinsichtl. der Mündung der פרשה? s. d. W. Das. מהו מלחקמה כרצועה מהו wie ist es, wenn sie (die Leber) nicht zusammenhängend, da ein Theil hier und dort ein Theil anzutreffen ist? Wie, wenn sie wie ein Streifen beschaffen ist? Das. ö. — Auch ohne Frage, z. B. Arach. 21ᵇ u. ö. מהו דתימא man könnte (du könntest) sagen ... daher lässt er uns hören u. s. w. —

Fcm. j. Schabb. XIV, 14° un. מַהְיָא כְדוֹן (contr. aus מה-הִיא) wie ist es nun?

מְהִיבָא, מְהוֹבְתָא f. (=מוֹהֲבָא von יְהַב, s. d.) Gabe, Geschenk, s. TW.

מְהִיגְנוּת j. Keth. I, 25^b ob. crmp. aus מְהִינוּת s. פָּלַע.

מַהְדוֹרָא m. (von דָּבַר, s. d.) eig. das Hin- und Hergehen; daher 1) das Wiederholen der Studien, Redaction. B. bath. 157^b אמר רבינא מהדורא קמא דר' אשי אמר לן ראשון קנה מהדורא בתרא דר' אשי אמר לן יחלוקי Rebina sagte (betreffs einer hypothekarischen Verschrei- bung an zwei Gläubiger): In der ersten Talmud- redaction (die R. Asche gemeinschaftlich mit Rebina veranstaltet haben soll) sagte uns R. Asche, dass der erste Gläubiger die verschrie- benen Grundstücke erhalte; in der letzten Re- daction hing. sagte er uns, dass die beiden Gläu- biger dieselben unter einander theilen sollen. R. Chananel (citirt von Ar. sv. הדר) berichtet, er habe eine Tradition, dass R. Asche, welcher der Aka- demie in Sura 60 Jahre vorgestanden, den gan- zen Talmud in den je beiden Monaten der Kalla (näml. Elul und Adar, vgl. כַּלָּה) zweimal vor- getragen hätte. Die Vorträge während der ersten 30 Jahre werden: מהדורא קמא, und die der letzten 30 Jahre: מהדורא בתרא genannt. — 2) Adj. der Herumreisende, Hausirer. Pl. Ber. 51^b ob. מְמַהְדּוּרֵי מִילֵי (Ar. ed. pr. sv. הדר liest מהדורי, von מַהְדוֹרָא, von den Hausirern gewinnt man Redensarten (die sie näml. anders- woher bringen), vgl. פַּלְמָחָא.

מָחָה, מָחָא (syn. mit מְחָה, arab. مَحَا od. مَحَّ) eig. verwischen; insbes. abnutzen, schäbig machen. Part. pass. Tohar. 9, 9 מְטֻלִּית מְהוּהָא ein Stück Zeug, das schäbig wurde (nach R. Cha- nanel: das versengt und dadurch unhaltbar wurde). Nid. 4^a המהוהא Ar. (Agg. crmp. המהומהא). Das. 56^a steht richtig המהוהא dass. Kel. 24, 17 מהוהא שטלייה על הברייה ein schäbiges Stück Zeug, das man über starkes Zeug geflickt hat. — Nif. pass. davon. Kel. 27, 12 שלש על שלש שנימוהא ממנו חוט אחר Ar. ed. pr. (Agg. שנמחה) ein Stück Zeug von drei Faustbreiten Länge und drei Faustbreiten Breite, von wel- chem ein Faden abgenutzt wurde. Pi. מִהָא etwas in einer Flüssigkeit auf- lösen. Maas. scheni 5, 1 ein Feld של קברות ממעדה בסיד ושופך Ar. ed. pr. (andere Ar. Agg. überall ממחה; Mischna Agg. ממחה) in welchem sich Gräber befinden (bezeichnet man, damit Priester und Nasiräer sich davon fernhalten) mit Kalk, den man in Wasser auflöst, welches man um (oder: auf) die Gräber giesst. B. kam. 69^a wird unsere Stelle wie folgt erklärt: בסיד כימנא דחורו כעצמות וממחה (רממהא) ושופך כי היכא דנחחרו חפר „mit Kalk" (bezeichnet man ein solches

Feld), weil derselbe so weiss wie die Todtengebeine ist; „man löst den Kalk auf", damit er sehr weiss werde. Seb. 54^a רוזפת וקונ... ניבוא סיד Ar. (Agg. וממחה) man bringt Kalk, glasirte Erde und Pech, welche man im Wasser auflöst, vgl. מַלְבֵּן. Ohol. 18, 4 נותן לתוך כברה וממחה '. man schuttet den Schutt (betreffs dessen ein Zweifel obwaltet, ob Stücke von Todtengebeinen sich darin befinden) in ein Sieb, das kleine Löcher hat und zerbröckelt den Schutt; damit näml. die Gebeine, falls solche sich darin befinden, zurückbleiben, die man dann untersucht.

מָחַט oder מָחַט (verwandt mit arab. مخط) das Licht schnäutzen, abputzen. Bez. 32^b ob. מוחטין את הפתילה ביום טוב Ar. (Agg. מוחטין) man darf am Feiertage den Docht ab- putzen; vgl. Bd. II, 539^a mit. Schabb. 90^a un. eine kleine kupferne Zange, את שמוחטין בה Ar. (Raschi liest שמוחטין; Agg. crmp. שממחטין) womit man die Dochte abputzt.

מֹחִי s. in מר'.

מְהֵימָן, מְהֵימְנָא m., מְהֵימְנָא f. (eig. Part. von הֵימִין, s. d.) beglaubigt. j. Git. V, 47^a mit בעי הוא (Tosaf. zu B. mez. 44^b sv. נימא citiren die richtige LA.: בעי ההוא בר נש מיחן בגין דמתקרי מהימן die- ser Mann will gern den Schadenersatz geben, da er (infolge seiner Ernennung zum Vormunde) als beglaubigt anerkannt wurde. Keth. 27^b u. ö. מהימנא, vgl. הֵימִין.

מָחַל (bh. מוּל, vgl. ה; über מָהַל Jes. 1, 22, s. מָהַל nr. 2) beschneiden, nur der Cir- cumcision. j. Jeb. VIII Anf., 8^d ob. הלוקח עברים מן הגוי על מנת למוהלן אפילו מלן לא יאכלו בתרומה wenn Jem. Sklaven von einem Nichtjuden mit der Bedingung kauft, dass er sie beschneiden werde, so dürfen sie, selbst wenn er sie beschnitten hat, nicht Teruma essen; weil näml. die zwangsweise erfolgte Beschneidung nicht genügt, bevor der Sklave selbst seine Ein- willigung, ins Judenthum einzutreten, erklärt hat. (Der Comment. Pne Mosche glaubt, die Nicht- befähigung der Sklaven, Teruma zu geniessen, rühre davon her, weil sie das, für den Eintritt in das Judenthum nöthige Bad noch nicht ge- nommen haben; was jedoch nicht einleuchtet. Vgl. das. nach Ansicht eines andern Autors: הלוקח עברים מן הגוי על מנת מן למוהלן וחוזר בהן מגלגל עמהן רב' wenn Jem. Sklaven von einem Nichtjuden mit der Bedingung, sie zu beschnei- den, kauft, während sie sich nach erfolgter Beschnei- dung dem Judenthum nicht angehören wollen, so befasst er sich mit ihnen 12 Monate; wenn sie dann noch bei ihrer Verweigerung beharren, so darf er sie an Nichtjuden verkaufen. Das. 8^d un. עבד איש את מוהלו בעל כרחו בן איש אין „

אֶת מוֹהֲלוֹ בַּעַל כָּרְחוֹ „den Sklaven eines Mannes, (den du gekauft hast", Ex. 12, 44), „darfst
du zwangsweise beschneiden", aber den Sohn
eines Mannes (d. h. einen Freien) darfst du
nicht zwangsweise beschneiden. Das. הלוקח
עבדים ערלים מן הגוים על מנת למוהל מה נפשך
כעבד איש הוא את מוהלן על כרחן על מנת שלא
למוהלן כבן איש הוא אין את מוהלן על כרחן
wenn Jem. unbeschnittene Sklaven von Nichtjuden mit der Bedingung, sie zu beschneiden,
kauft, so werden sie in jedem Falle (eig. so
oder so, vgl. מה), „dem Sklaven eines Mannes" gleich angesehen, so dass du sie zwangsweise beschneiden darfst; wenn sie aber mit
der Bedingung, sie nicht zu beschneiden, gekauft wurden, so sind sie wie „der Sohn eines
Mannes" (wie ein Freier) zu behandeln, so
dass du sie nicht zwangsweise beschneiden darfst.
Das. הַמּוֹל יִמּוֹל מוכן לנולד שהוא מְהוֹל צריך
die Worte הִמּוֹל יִמּוֹל להוציא ממנו דם ברית
(Gen. 17, 13) besagen, dass man auch bei demjenigen,
der als beschnitten (d. h. ohne Vorhaut) geboren
wurde, das Bundesblut (durch Ritzen der Eichel)
hervorbringen muss (näml. = הַמּוּל יִמּוֹל). Nach
einer andern Ansicht werden diese Bibelworte
wie folgt gedeutet: מוכן לישראל ערל שלא ימול
עד שימול (הַמּוּל) daraus (aus ist zu entnehmen,
dass ein nichtbeschnittener Israelit nicht eher
beschneiden darf, als bis er sich selbst beschneiden lässt, vgl. auch פְּתָּן. Jeb. 71ª ערבי מהול
וגבנוני מהול der Araber ist beschnitten und der
Hochländer ist beschnitten. Schabb. 135ª u. ö.
Genes. r. s. 46, 45ᵈ (mit Ansp. auf ערל זכר,
Gen. 17, 14) וכי יש ערל נקבה אלא ממקום שהוא
ניכר אם זכר אם נקבה משם מוהלים אותו giebt
es denn etwa eine weibliche Unbeschnittene?
Das besagt vielmehr, dass man die Beschneidung an der Körperstelle vollziehen muss, aus der
man das Kind erkennt, ob es männlich oder
weiblich ist, vgl. auch מוּל. Das. s. 60, 58ᵉ לא
נבעלה ממהול לשמונה חלה אלא רבקה
war die erste Frau, der ein Mann beigewohnt
hat, der am achten Tage seiner Geburt beschnitten worden war. Cant. r. sv. עד שהמלך, 10ᵈ
מי מלן ר' ברכיה אמר משה היה מוהל ואהרן
פורק ויהושע משקה ויש אומרים יהושע היה מוהל
ואהרן פורק ומשה היה משקה wer hat sie (die
Israeliten in Egypten) beschnitten? R. Berechja
sagte: Mose war der Beschneider, Aharon zog
die Haut von der Eichel herunter (entblösste
die Eichel) und Josua tränkte (das männliche
Glied) mit Flüssigkeiten, welche die Wunde der
Beschneidung heilten. Die Erklärung des Comment.:
Er gab dem Kinde aus dem Becher zu
trinken, worüber der Segen gesprochen wurde,
ist nicht zutreffend. Num. r. s. 11, 211ᵈ dass.

מְהַל ch. (= מְהַל) 1) beschneiden. Schabb.
134ª un. האי ינוקא דסומק דאכתי לא איבלע ביה
דמא ליתרחו ליה עד דאיבלע ביה דמא וליגמהליה

דירוק ואכתי לא נפל ביה דמיה ליתרחו עד דנפל
ביה דמיה ולמגהליה bei einem Kinde, das sehr roth
(vollblütig) ist, weil das Blut noch nicht eingesogen
worden ist, warte man bis das Blut in dasselbe
eingesogen wurde und beschneide es dann; wenn
es gelblich (blass) ist, weil es noch kein Blut bekommen, warte man bis es Blut bekommt und
beschneide es dann (vgl. Chull. 47ᵇ). Das. 136ª
ob. מְגַהֵל היכא מהֲלינן ליה . . . מוֹלין אותו ממחר
נשקל אם חי הוא שפיר קא מהיל ואם לאו לאו מחתך
הוא בבשר wie darf man es (ein Kind am Sabbat) beschneiden, da seine Lebensfähigkeit erst
am 30. Tage seiner Geburt constatirt wird?
Man würde ja, falls es vor dieser Zeit stirbt,
eine Sabbatentweihung begangen haben! R. Ada
bar Ahaba antwortete: Man darf es in jedem
Falle beschneiden; denn bleibt es am Leben, so
hat man es ja nach Gebühr beschnitten, wo nicht,
so hat man ja in blosses Fleisch (= dem eines
todten Wesens) hineingeschnitten; was nicht als
eine Sabbatentweihung anzusehen ist. Jeb. 71ª
un. ונמהֲלֵיה מצפרא möge man es (das Kind,
das früher infolge des Fiebers nicht beschnitten
werden konnte) des Morgens früh beschneiden!
Das. Part. pass. בר מְהִילָא beschneidungsfähig.
Das. 72ª ob. יומא דעיבא ויומא דשותא לא מהֲלינן ביה
כבר ביה ולא מסוברינן ביה Ar. sv. (Agg.
ומסוברינן) an einem wolkigen Tage, oder an
einem Tage, an welchem der Südwind weht
(vgl. אַסְפָּן) soll man weder beschneiden, noch
zur Ader lassen. Snh. 39ª der Kaiser sagte
zu R. Tanchum: תא ליהדור כולן לעמא חד אמר
לחיי אנן מהֲלינן (למדהילן) (l.) לא מצינן מהדוי
כומא בורתייכו אתון מהליתו והוו כוותן
wollen wir Volk werden! Letzterer entgegnete:
Wohlan! Allein da wir beschnitten sind, so
können wir euch nicht gleichen, also lasset
euch beschneiden, so werdet ihr uns gleichen!
— 2) (= bh. מָהַל) den Wein verfälschen,
eig. ihn beschneiden. Pesik. Echa, 122ᵇ (mit
Bez. auf Jes. 1, 22) קטיב זחמור מן גו קסליא ושמע קליה לבר
ביתיה המְהִיל ליה (richtiger Jalk. II, 41ª
אמהיל) derselbe (der früher durch falsche Münzen betrogen hatte, vgl. מָטְבֵּעַ) ging, um eine Kiste
Wein in der Weinschenke (καπηλεῖον) zu kaufen. Da hörte er, wie der Schenker seinem
Hausgenossen zurief: Verfälsche ihn, den Wein!
B. mez. 60ª דשתי ומהילֵיה (wahrsch. zu lesen
ומְהֲלֵיה) man wird Wasser zugiessen und den
Wein fälschen.

מְהוֹלָא, מְהוֹלָתָא f. die Beschneidung.
Keth. 8ª un. בר מהולא ein Haus, in welchem
eine Beschneidung stattfindet; s. auch TW.

מְהוֹלָא I m. Adj. der Beschneider. Schabb.
156ª wer unter der Herrschaft des Planeten
Mars geboren wird, wird ein Blutvergiesser sein,
אי אומנא אי גנבא אי טבחא אי מהולא (מהולא l.)

und zwar entweder ein Aderlasser, oder ein
Dieb, oder ein Schlächter, oder ein Beschneider.
Das. Rabba sagte: Wiewohl ich unter der Herr-
schaft des Mars geboren wurde, רלא גבא ולא
אנא Ms. M. (in גבא ולא טבחא ולא מהולא
Agg. fehlt der ganze Satz) so bin ich dennoch
weder ein Dieb, noch ein Aderlasser, noch ein
Schlächter, noch ein Beschneider! Worauf ihm
Abaji entgegnete: מר כמו עניש וקטיל du (der
Herr) bestrafst und lássest hinrichten; d. h. du
veranlassest wenigstens das Blutvergiessen. — Pl.
Schabb. 135ᵃ אהדרידה אתקליסר מָהוֹלָאֵי man trug
es (das Kind, das ohne Vorhaut geboren war)
zu 13 Beschneidern herum.

מְהוֹלָא II m. Adj. Jem., der Mehl siebt.
Das W. dürfte ein Denom. vom nächstflg. מְהוּלָתָא
sein (Stw. הוּל, arab. هَالَ sieben), oder מְדָל
wofür auch נְהֵל, = הוּל, Grndw. הֵל. — Pl. j.
M. kat. II, 81ᵇ ob. R. Juda erlaubte לאילין
מָהוֹלָיֵא מיעבדינן במועדא לצורך המועד jenen
Mehlsiebenden, in den Mitteltagen des Festes
zum Gebrauche des Festes zu arbeiten.

מְהוֹלָתָא f. das Sieb. Grndw. הל s. vrg.
Art. Genes. r. s. 81, 79ᵉ מהולתא חרשה וכ' (Ar.
citirt aus Jelamdenu: מהולתך טרשא) wenn dein
Sieb taub ist u. s. w., vgl. טַרְשׁ II. Bez. 29ᵇ
דביתהו דר' יוסף נהלא קמחא אגבא דמרהולתא
die Frau des R. Josef siebte das Mehl (in den
Mitteltagen des Festes, veränderungshalber, vgl.
שִׁינּוּי) auf der Rückseite des Siebes. — Pl.
das. פוק חזי כמה מָהוּלָתָא הדרן בנהרדיעא siehe
nur, wie viele Siebe (in der Festwoche) in Nehardea im Umlauf sind! d. h. Alle wissen, dass
das Sieben gestattet ist. M. kat. 11ᵃ, s. נְבֵל.

מוֹחַל oder מוֹחָל m. 1) Saft, das Flüssige,
Ausgeschwitzte, das aus Früchten fliesst.
Stw. מֶדָל (ähnl. arab. مَهَل) langsam fliessen.
Im j. Tlmd. überall מוּחַל Tohar. 9, 2, 3 המוחל
היוצא מן הזחים ... היוצא מן הבור (j. Ter. XI,
47ᵈ mit. steht dafür המוחל) die Flüssigkeit, die
aus den Oliven, die Flüssigkeit, die aus der
Kelter kommt. Tosef. Tobar. X Anf. ר' יעקב
אומר מוחל משקין הוא ומפני מה טיהרוד מוחל
היוצא מן הזיתים עד שלא תגמר מלאכתן מפני
שאינו רוצה בקיומו ר' שמעון אומר מוחל מי פירות
הוא ומפני מה טיהרו (טימאו l.) מוחל היוצא מן
שוקת בית הבד מפני שאי אפשר לו בלא צחצוחי
שמן R. Jakob sagt: Der Saft wird (hinsichtl.
levitischer Reinheit) als ein Getränk angesehen;
weshalb aber hat man den Saft, der aus den
Oliven, bevor sie hinlänglich gepresst sind, abläuft, als rein erklärt? Weil man ihn nicht
aufzubewahren beabsichtigt. R. Schimeon sagt:
Der Saft wird als eine Ausschwitzung der Früchte
angesehen; weshalb jedoch hat man den Saft,
der aus der Kelterpresse abläuft, als unrein

erklärt? Weil er unzweifelhaft einige Oeltropfen
mit sich führt. Schabb. 134ᵇ dass. mit einigen
Abänderungen; anst. des 2. טיהרו steht das.
richtig: טמא. Vgl. Raschi das. sv. נפל להוכו:
Drei Arten von מוחל giebt es: 1) die Flüssigkeit, die von den Oliven kurz nach ihrem
Einbringen in die Kelter abläuft und
welche so klar wie Wasser ist; 2) die Flüssigkeit,
die von den schon längere Zeit in der
Kelter liegenden und einander presssen-
den Oliven abläuft und die schon viel Oel-
gehalt hat; und 3) die Flüssigkeit, die von
den bereits ausgepressten Oliven (von
ihren Hülsen) infolge eines nochmaligen
Druckes abläuft, eine schlechte Oelsorte.
Machsch. 6, 5 המוחל המורחל שאין כשמן יוצא
מידי שמן der Saft (die obengenannte 2. Art)
wird dem Oel gleich behandelt, denn es giebt
keinen solchen Saft ohne Beimischung von Oel.
Mikw. 7, 3 u. ö. — 2) übtr. j. Nas. VII, 56ᵇ
mit. המוחל שקרש die (von einer Leiche ab-
laufende) Flüssigkeit, welche geronnen ist.
Das. IX, 57ᵈ mit. עד מקום שהמוחל יורד bis zu
dem Orte, wohin die Flüssigkeit abläuft. j. B.
bath. V Anf., 15ᵃ dass., vgl. חְבוּסָה.

מְהֲלָךְ m. (=bh., von הָלַךְ) Weg, Reise.
Pes. 93ᵇ כמה מהלך אדם ביום עשרה פרסאות
wie viel beträgt der Weg, den der Mensch (im
gewöhnlichen Schritte) an einem Tage zurücklegen kann? Zehn Parasangen. Chag. 13ᵃ והלא
מן הארץ עד לרקיע מהלך חמש מאות שנה ועוביו
של רקיע מהלך חמש מאות שנה וכן בין כל רקיע
לרקיע וכ' siehe da, von der Erde bis zum Rakia
(Name eines der sieben Himmel) ist eine Reise
(Entfernung) von 500 Jahren, die Dicke des
Rakia beträgt ebenfalls eine Entfernung von einer
500jährigen Reise, dieselbe Entfernung ist zwischen dem einen Rakia (Himmel) und dem andern u. s. w.

מְהַלִּים s. הָלַם II.

מְהוּמָה f. (=bh. Stw. הום=הָמַם) Verwirrung, Unruhe. Aboth 5, 8 רעב של מהומה eine
Hungersnoth infolge kriegerischer Unruhe, durch
welche man näml. an der Ernte verhindert ist. Khl.
r. g. E., 98ᵉ ... מהומה מהומה
המכניס בתוך ביתו יותר מכ"ד ספרים מהומה מכניס
מכניס בתוך ביתו כגון ספרי בן סירא וכ' ,, mehr als
diese" (kanonischen Bücher, deren Abschluss
das Buch Koheleth bildet) ist Verwirrung (מְהֻמָה),
Khl. 12, 12 = מהומה gedeutet) als wenn mehr
als die 24 Bücher der Bibel in sein Haus bringt,
wie z. B. die Bücher Ben Sira's u. dgl., bringt
Verwirrung in sein Haus.

Davon denom. מָהַם unruhig, eilig sein.
Part. pass. Nid. 7ᵃ מְהוּמָה לביתה sie beeilt
sich, ihre Ehepflichten zu vollziehen, vgl. בַּיִת.
— Khl. r. sv. ויתרון, 82ᵈ מהומה crmp., s. הֻמֵי,
הָמָה; vgl. auch הֻמָא.

מְהוּמְתָא ch. (=מְהוּמָה) Verwirrung, Unruhe, s. TW.

מַהֲמוֹרוֹת f. pl. (=bh. מַהֲמֹרוֹת) Wasserströme, Tiefen, wo das Wasser fliesst. Stw. חָמַר, arab. خَمَر (=חָמַר, wovon חֹמֶר, Ilbk. 3, 16): strömen. j. Snh. VI g. E., 23ᵈ un. בראשונה היו מלקטין את העצמות וקוברין אותן במהמורות נתאכל הבשר היו מלקטין אותן וקוברין בארזים אותן in früherer Zeit las man die Gebeine (der Hingerichteten) auf und versenkte sie in Wassertiefen; sobald aber das Fleisch verzehrt war, so las man die ersteren wiederum auf und begrub sie in hochgelegenen Ortschaften; vgl. אֲרָזִין Bd. I, 566ᵇ. j. M. kat. I, 80ᵉ un. dass., wo aber anst. בארזים steht, vgl. jedoch בְּרוּזִים in ברוזים.

מַהֲמוֹרִין ch. (=מַהֲמוֹרוֹת) Ströme, Tiefen, s. TW.

מֶהָן (contr. aus מִן־הָן=מְן־הָן) aus diesem, von jetzt ab, von nun an. j. Schebi. IV, 35ᵃ un. מהן מודע לך וכ' von nun an sollst du wissen (soll es dir bekannt sein), dass ich, wenn du gegessen hättest u. s. w., vgl. הֵן.

מַהֵן (contr. aus מַה־הָן=מַה־הוּ) was (wie) ist das? j. Erub. V g. E., 23ᵃ אחורי הגגין מַהֵן wie ist es (wie ist zu entscheiden), wenn hinter den Dächern u. s. w.?

מַהְפֵּכְתָא f. (hbr. מַהְפֵּכָה, von הָפַךְ) Verkehrung, Verwandlung, Zerstörung, s. TW.

מַהְפְּכָנָא m. Adj. ein Verkehrter, d. h. der einen verkehrten, schlechten Lebenswandel fuhrt, s. TW.

מוֹהַר m. (=bh. מֹהַר, arab. مَهْر) die verschriebene Hochzeitssumme, Morgengabe, die näml. der Bräutigam seiner Braut verschreibt. Stw. מָהַר, arab. مَهَر das Hochzeitsgeschenk verschreiben; syn. mit מוּר, מָכַר, מָחַר wonach die eigentl. Bedeut. unseres Ws. wäre: eine Gabe, die als Vergeltung für die dem Gatten zugebrachte Jungfrauschaft anzusehen ist. Die von Gesenius, Wörterbuch gegebene Bedeut. von מֹהַר: „der Kaufpreis, den der Bräutigam für seine Braut an den Vater derselben zahlte", ist unbegründet; denn auch 1 Sm. 18, 25 kann מֹהַר die Braut gehörende Gabe bedeuten. R. Sam. ben Meїr in s. Comment. zu B. bath. 145ᵃ sv. מוֹהֲרֵי leitet unser W. vom nächstflg. מָהַר ab: die Summe, die der Bräutigam seiner Braut noch vor der Hochzeit verschreibt, eig. sich beeilt; was sehr unwahrscheinlich ist. — Mechilta Mischpatim Par. 17 מהר ימהרנה מגיד שהוא עושה עליו מוֹהַר ואין מוֹהַר אלא כתובה שנאמר מָהֹר רג' וכ' die Worte מָהֹר רג' (Ex.

22, 15) besagen, dass er (derjenige, der eine Jungfrau zum Beiwohnen überredet hat) sich zur Zahlung der Morgengabe verpflichten müsse; denn מהר bedeutet nichts anderes, als die verschriebene Hochzeitssumme, mit Bez. auf מֹהַר (Gen. 34, 12); d. h. der Ueberredende (מְפַתֶּה) braucht nicht etwa, gleich dem Nothzüchtigenden (אוֹנֵס), die 50 Sekel sofort als Strafe auszuzahlen, sondern er muss sich blos zu einer, dieselbe Summe betragenden Hochzeitsverschreibung verpflichten, und zwar mit Bez. auf Gen. 34, 12, wo מהן: das sofort zu überreichende Geschenk, מהר hing. die der Frau später zu entrichtende Gabe bezeichnet. In j. Keth. III, 27ᵈ ob. wird dieser Passus Namens des R. Ismael (d. h. des Redacteurs der Mechilta) ganz unrichtig citirt, näml. כמוהר הבתולות מגיד שהוא עושה אותן עליו מוהר רב', also mit Bez. auf Ex. 22, 16; was jedoch unmöglich ist, da in diesem Verse davon die Rede ist, dass „der Vater sich weigert, seine Tochter jenem Manne zu geben". — Pl. j. Keth. III Anf., 27ᵃ אילו היה כתיב בתולות כמוהֲריות לית כמוהֵר רג' wenn die Schrift gesagt hätte בתולות כמוהריות, so würde man daraus schliessen können, dass alle Jungfrauen (selbst wenn sie nicht würdige Frauen seien, wie Bastarde u. dgl.) eine solche Morgengabe bekämen; aus כמוהר הבתולות hing. ist das nicht zu erweisen. Keth. 10ᵃ wird in diesem Bibelverse eine Stütze dafür gefunden, dass die Kethuba 50 Sekel beträgt.

מוֹהֲרָא ch. (syr. ܡܘܗܪܐ=מוֹהַר) Morgengabe, die verschriebene Hochzeitssumme. — Pl. מוֹהֲרִין s. TW. B. bath. 145ᵃ מוֹהֲרֵי הדדי קדושי לא הדרי die Morgengaben (des Bräutigams, der sich eine Frau angetraut hat, אֵרוּס) müssen (wenn der Bräutigam oder die Braut vor der Hochzeit stirbt, oder wenn der Erstere von der Partie zurücktritt) zurückgegeben werden, das Trauungsgeld aber braucht nicht zurückerstattet zu werden.

מָהַר, מִהַר Pi. (=bh.) beschleunigen, sich beeilen, etwas eilends thun. Schabb. 97ᵃ מדה טובה ממהרת לבא ממדת פורענות die Güte Gottes kommt schneller (eig. beeilt sich mehr) als das Böse; mit Bez. auf Ex. 4, 6. 7: aussätzig wurde die Hand des Mose erst dann, als er aus dem Schosse hervorgezogen, sie genas aber schon als er sie im Schosse hatte. B. kam. 93ᵃ אחד הצועק ואחד הנצעק בנשמע אלא שממהרין לצועק יותר מן הנצעק Beide, sowohl der Ankläger, als auch der Angeklagte, unterliegen der göttlichen Strafe (mit Bez. auf Ex. 22, 22. 23: „Wenn du die bedrückte Wittwe oder die Waise zu mir schreien wird ..., so werde ich euch erschlagen"); den Ankläger jedoch bestraft man früher, als den Angeklagten, vgl. מָכַר.

מְהִירוּת f. das Beschleunigen, die Eilfertigkeit, im Ggs. zu מְתִינוּת, s. d. Genes. r. s. 10, 10° vor dem Sündenfall Adam's היו המזלות מהלכין דרך קצרה ובמהירות gingen die Planeten auf kurzem Wege und in Eilfertigkeit, vgl. הָדְיוֹךְ.

מָהֵר m. Adj. (=bh. Zeph. 1, 14) schnell, eilend. Aboth 5, 12 vier Arten von Schülern giebt es: מהר לשמוע ומהר לאבד יצא שכרו בהפסדו קשה לשמוע וקשה לאבד יצא הפסדו בשכרו מהר לשמוע וקשה לאבד חכם קשה לשמוע ומהר לאבד זה חלק רע der schnell im Auffassen, aber auch schnell im Vergessen (Verlieren) ist, dessen Gewinn geht im Verluste auf (d. h. letzterer übertrifft den ersteren, da ein solcher Schüler von dem Erlernten nichts behält); wer schwer auffasst, aber auch schwer vergisst, dessen Verlust geht im Gewinne auf; wer schnell auffasst und schwer vergisst, der ist kenntnissreich; wer schwer auffasst und schnell vergisst, der hat ein böses Loos. (Im Spätrabbinischen steht מְהִיר in ders. Bedeut.: schnell, eilend).

מָהִיר Mahir, Name einer Heide, oder Steppe in Palästina. Stw. מָהַר: wüste, zerstört sein. Pi. zerstören. Vgl. Jes. 35, 4 das in Levit. r. s. 19, 162° durch מפרי לבא übersetzt wird: „diejenigen, die wüsten Herzens sind"; für welche Bedeutung das, als ein Beweis angeführt wird Nah. 2, 6 ימהרו חומתה „sie zerstören die Mauer." Die Richtigkeit dieser Bedeutung dürfte unser W. mit dem bh. מָאַר, Hif. הִמְאִיר zusammenhängen, eig. zerstören, verwüsten, sodann übrtr. verletzen, stechen (vom Aussatz und Dorn). Nach Fleischer's freundlicher Mittheilung „hängt es vielleicht mit der übertragenen Bedeutung des weiter in מוּדְרְקִי erwähnten مُهْرَق zusammen: eine wüste Strecke, die so glatt und vegetationslos ist wie geglättetes Papier." — j. B. kam. VII g E., 6ª wird מדברות שבארץ ישראל (die wüsten Gegenden Palästinas) erklärt: כגון מהר שהוא ששה עשר מיל על ששה עשר מיל wie z. B. Mahir, das 16 Mil im Geviert beträgt. j. Pes. IV, 30ᵈ un. und j. Ab. sar. I, 39ᵈ un. dass.

מוֹהַרְנְקִי, מוֹהַרִין Moharin, Moharneki, Namen zweier persischer Feste. Ab. sar. 11ᵇ מוהרנקי ומוהרין ... דפרסאי (Raschi liest מוהרין) die Feste der Perser sind Moharneki und Moharin. Das wird מוהרנקי auch als ein babylonisches Fest erwähnt. j. Ab. sar. I, 39° mit. wird מוהרי oder מוהרי (wahrsch. zu lesen מוהרי [da die Autoren der babyl. Gem. solche Namen wohl besser kannten, als die der paläst. Gem.] als ein babylonisches, und מתירנקה (wohl zu lesen מוהירנקי oder מוהרנקה) als ein medisches Fest genannt; vgl. auch כְּלוֹנְי Bd. II, 349ᵇ fg.

מוּדְרְקִי m. pl. Verzeichnisse, Schriftstücke. Unser W. „ist (nach Fleischer's freundlicher Mittheilung) persisch-arabisch: مُهْرَق۬ persisch ist eigentlich die ovale Krystallkugel zum Glätten des Papiers, dann das geglättete Papier selbst; arabisirt مُهْرَق (so auch richtig bei Freytag unter dem Stamm هرق ... unter مهر hing. falsch مُهْرَق), was denn auch von jedem beschriebenen Papier oder Schriftstück gebraucht wird ... (Also nicht von مُهْر, Siegel, wie de Lagarde will, Gesammelte Abhandlungen, S. 29 Anm. 3, wo übrigens „murhak" verdruckt ist statt muhrak)" ... „Woher אֲבוּרְגְּנֵי kommt, habe ich noch nicht entdecken können. Wenn es persisch ist, hängt es vielleicht mit أَوَارَج, arabisirt أَوَارَجَة zusammen, bei Freytag unter أَرَج." — Erub. 62 ª מודהרקי ואבורגני Verzeichnisse und Beamte, vgl. אֲבוּרְגְּנָא. B. mez. 73ᵇ מודהרקירהו דהני בספסא (בספסא= דמלכא) מנח die Verzeichnisse (Steuerrollen) jener Steuerpflichtigen liegen im Kasten (سَقَط۬) der Regierung aufbewahrt, vgl. כְּרַנָּא. Jeb. 46ª dass.

מוֹאָב (bh.) Moab, Name des Sohnes Lot's, dann des gleichnamigen Volkes und Landes. Das W. ist wahrsch. zusammengesetzt aus מֵי־אָב eig. Wasser (vgl. מוֹי), daher Same, Nachkomme des Vaters, s. TW.

מוֹאָבִי m., **מוֹאָבִית** f. N. gent. (=bh.) Moabiter, Moabiterin. j. Jeb. VIII, 9° ob. מואבי ולא מואבית „ein Moabiter" (ist zur ehelichen Vermischung verboten, Dt. 23, 4), nicht aber eine Moabiterin, vgl. חָבַט im Nithpa. Jeb. 76ᵇ fg. und Ruth r. sv. ושהרים, 39ᵇᶜ dass. — Pl. m. Genes. r. s. 74, 73ᵈ מוֹאָבִיִּין die Moabiter, vgl. אִסְטוּלֵי.

מוֹאֲבִיתָא, מוֹאָבָאָה m., f.ch.(=מוֹאָבִית,מוֹאָבִי) ein Moabiter, eine Moabiterin, s. TW.

מוֹבְדָּנָא m. (von אֲבַד, יְבַד) der Untergang, s. TW.

מֵיבְלָא, מֵיבְלָא מוּבָל m. (von יְבַל) eig. das Getragene, daher Last, Bündel u. dgl. j. Chall. IV g. E., 60ᵇ עבר חד טעין מובל דקיסין Jem., der ein Bündel (eine Last) Hölzer trug, ging vorüber. Das. wenn Jeder hiervon einen Splitter als Zahnstocher nähme, הא אזלא מובלא דגברא (l.=der Parall. j. Dem. III, 23ᵇ un. אזילא, vgl. אֲזִיל) so würde das Holzbündel dieses Mannes zu Grunde gehen! j. Dem. l. c. מיבלא l.

מוּבָל, מוּבְלָא, vgl. auch חֲצִי, חֲצָא. j. Taan. I,
64ᵇ un. מוּבָל דְּקִיסִין. Thr. r. sv. רבתי, 51ᵈ
מוּבְלָא דְקִיסִין, das. öfter.

מוּבִילְתָּא f. dass. Last, Bündel. Genes.
r. s. 80, 78ᵈ Einer der Sichemiten נכנס לעיר
וטעין מוּבִילְתֵּיה ging, mit seiner Last beladen,
in die Stadt, vgl. מַבְּגָא.

מוֹבַת s. מוּבָאת in מב׳.

מוֹג zerfliessen. Genes. r. s. 41 g. E., s.
מָגָא.

מוֹד (vgl. אָמַד, viell. syr. ܡܰܕ, oder denom.
von אָמוֹדָאי, s. d.) untertauchen, schwimmen.
Git. 67ᵇ מד Ar. sv. וְלִינְחוּת בְּמַיָא וְלִימוֹד וְלוֹתֵיב
(Agg. וְלֵיקוּם בְּמַיָא . . . וְלִימוֹד וְלֵיסְלוֹק וְלוֹתֵיב,
das. 2 Mal) er (der Fieberkranke) gehe ins
Wasser und tauche unter, infolge dessen er genesen wird.

מוֹדְיָא f. (gr. μόδιος, modius) der Modius,
ein Mass (öfter zum Getreide), das vom Tlmd.
=Seah (סאה) gehalten wird. Erub. 83ᵃ שיגר
בּוּנְיוֹס לר׳ מוֹדְיָא דְקוּנְרַס דְּמִן נָאוּסָא וְשִׁיעַר רַבִּי
מָאתָן וּשְׁבַע עֶשְׂרֵה בֵּיעֵי Ar. (Agg. דְּקוּנְרַס) Bon-
jos schickte einst dem Rabbi einen Modius
Artischocken (ἡ κίναρα) aus Nausa, welches Mass
Rabbi auf 217 Eier schätzte. — Pl. Git. 57ᵇ
מַעֲשֶׂה וְרִמְדֹּד אַרְבָּעִים מוֹדְיוֹת בְּדִינַר נֶחְסַר הַשַּׁעַר
וְכָפַר שְׁחָלַיִם מוֹדְיָא אַחַת וכ׳ einst trug es sich (in
s. d.) zu, dass, während man früher 40 Modien
Getreide für einen Denar zu kaufen bekommen
hatte, später (infolge einer daselbst begangenen
Sünde) der Marktpreis stieg und man für die
gedachte Summe einen Modius weniger bekam.
j. Maasr. IV, 51ᵇ un. שְׁתֵּים שָׁלֹשׁ מוֹדְיוֹת zwei oder
drei Modien Kräuter.

מוֹדְיָא ch. (=vrg. מוֹדְיָא) Modius. j. Pes.
IV Ende, 31ᵃ(l. חֲדָא מוֹדְיָי) הִיא יַהֲבָא לְכוֹן חַד מוֹדְיָי
דְּדִינָרִין sie wird euch einen Modius voll Denare
geben. In der Parall. Esth. r. Anf., 102ᵃ steht
dafür חַד מוֹדְיָי דְּדִינָרִין und dass. —
Pl. j. Pes. III, 30ᵃ ob. מוֹדָיָיה Modien, s. טְרִיסוֹן.
j. B. kam. IX, 6ᵈ. 7ᵃ ob. wenn A. dem B. acht
Denare, mit dem Auftrage giebt, ihm dafür Weizen in Tiberias einzukaufen, Letzterer aber den
Weizen in Sipphoris (wo das Getreide theurer
ist) kauft; אֲמַר לֵיהּ אִילּוּ זְבַנְתְּ לִי מִטִּיבַרְיָא הֲוָן
עֶשְׂרִין וַחֲמִשָּׁה מוֹדְיָי כְּדוֹן דְּזַבְנַתְּ מִצִּיפּוֹרִי לֵיתְהוֹן
אֶלָּא עֶשְׂרִין מוֹדְיָי אַתְּ אוֹבַדְתְּ דִּידָךְ אֲנָא לָא אוֹבַד
דִּידִי so ist A. berechtigt zu B. zu sagen: Hät-
test du mir den Weizen in Tiberias eingekauft,
würde ich 25 Modien bekommen haben, nun
aber, da du ihn in Sipphoris eingekauft hast,
so sind es blos 20 Modien. Du hast den Deinige (den Maklerlohn) verloren, ich aber mag
nicht das Meinige verlieren.

מוֹדִים eigentl. (Part. pl. Hif. von ידי, רדי)

dankend; insbes. Modim als Bezeichnung der
17. (resp. 18.) Benediction im „Achtzehngebet"
(vgl. שְׁמוֹנָה עֶשְׂרֵה), welche mit dem W. מוֹדִים
beginnt. Ber. 33ᵇ מוֹדִים מוֹדִים הָאוֹמֵר
מְשַׁתְּקִין אוֹתוֹ wenn Jem. Modim, Modim sagt
(d. h. die Phrase מוֹדִים אֲנַחְנוּ לָךְ verdoppelt:
„Wir danken dir, wir danken dir"!), so heisst
man ihn schweigen, weil näml. eine solche Ver-
dopplung den Anschein des Dualismus hat, als
ob er zwei Gottheiten anbetete, שְׁתֵּי רְשׁוּיוֹת.
Meg. 25ᵃ ob. dass. j. Ber. II, 5ᵃ un. כִּי מְטֵי
מוֹדִים וכ׳ wenn ich die Benediction מוֹדִים
sprechen soll u. s. w., vgl. חָזַק im Afel.

מוֹדְנָא m. (hbr. מֹאזְנַיִם Dual.) Wage, Wagschalen, s. TW.

מוֹדָע m. eig. (=bh. Stw. יָדַע) Bekannt-
schaft, Bekannter; übrtr. Merkmal, Kennzeichen. Pl. Erub. 54ᵇ un. (mit Ansp. auf
Spr. 7, 4) עֲשֵׂה מוֹדָעִים לַתּוֹרָה רַבָּא אָמַר עֲשֵׂה
מוֹעֲדִים לַתּוֹרָה mache Merkmale für die Thora!
(d. h. merke dir durch mnemotechnische Zeichen
die Reihenfolge, sowie die Autoren der Halachoth, die auswendig gelernt wurden, vgl. סִימָן).
Raba sagt: Mache Zeiten (מוֹדַע trnspon. in מוֹעֵד)
für die Thora! d. h. setze bestimmte Zeiten für
die Lehrvorträge fest, damit die Schüler sich zu
den anberaumten Zeiten einfinden.

מוֹדְעָא f. (von יָדַע, eig. die chald. Form von
מוֹדָע) Kundgebung; insbes. der Protest,
den Jem., der von einem Gewaltthätigen zu irgend
einem Verkauf, oder Schenkung, oder sonst zu irgend
einer Handlung gezwungen wird, in Gegenwart
von Zeugen erhebt, wodurch er diese Handlung
als eine zwangsweise erfolgte, annullirt. B. bath.
40ᵃᵇ מוֹדָעָא בְּאַפֵּי תְּרֵי שַׁיִּיג וְאֵין צָרִיךְ לוֹמַר כְּתוּבוּ
die Kundgebung muss in Gegenwart zweier
Zeugen geschehen; es ist aber nicht nöthig, dass
man zu ihnen sage: Schreibet dieselbe als ein
Document nieder; d. h. die Zeugen bedürfen
hierzu keines besonderen Auftrages, weil der
Kundgebende (Protestirende), durch das
Niederschreiben eines solchen Dokuments Nutzen
hat, sicherlich damit einverstanden ist. Das.
כָּל מוֹדָעָא דְּלָא כְּתִיב בָּהּ אֲנַן יָדְעִינַן בֵּיהּ בְּאוֹנְסָא
דִּפְלַנְיָא לָאו מוֹדָעָא הִיא jedes Document eines
Protestes, in welchem der Satz: „Wir N. N.
(Zeugen) haben von dem Zwange des N. N.
Kenntniss", nicht vorkommt, ist keine giltige
Protesterhebung. Das. הֲוָה מוֹדָעָא לַחֲבֶרְתָּהּ die
eine Handlung dient als Protesterhebung in Bezug auf eine andere Handlung. Wenn A. z. Beisp.
zu Zeugen sagte: Fertigt eine Schenkungsurkunde
auf mein Feld insgeheim (מַתְּנְתָא טְמִירְתָּא) für
B. aus! so ist diese Urkunde, da sie heimlich
abgefasst wurde, für B. ungiltig. (Nach einer
andern Ansicht ist sie auch in dem Falle ungiltig, wenn A. sich nicht ausdrücklich der Formel bedient: Fertigt diese Urkunde öffentlich

aus und bringt sie zur allgemeinen Kennt-
niss1). Wenn A. jedoch später eine Schenkungs-
urkunde mit allen Formen Rechtens auf dasselbe
Feld für C. ausstellen lässt, so ist die letztere
Schenkung ebenfalls ungiltig; weil angenommen
wird, dass A. durch jene erstere Geheimschenkung
an B. jede andere Schenkung zu annulliren beabsichtigt hatte. (Bei den späteren Rabbinen
wird eine solche Kundgebung genannt: מוֹדְעָא
דְּאָתְרָא מִגַּו מוֹדְעָא eine Kundgebung, die aus
einer andern Kundgebung resultirt). Arach. 21[b]
הָאי מַאן דִּמְסַר מוֹדְעָא אַגִּיטָא מוֹדְעֵיה מוֹדְעָא
דְּתִימָא בְּטוּלֵי בְּטַלֵיה וְאִירְצֵי מַהוּ לָךְ מַשְׁמַע לָן צָרִיכָא לָא מוֹדְעֵיה אַבְטָלַיהוּ wenn Jem. gegen
den Scheidebrief (den er anfertigen liess, um
sich dadurch zu scheiden) eine Kundgebung
gethan (d. h. gegen die Uebergabe des
Scheidebriefes protestirte), so ist seine Kundgebung giltig. Selbstverständlich (ist sie giltig!
Wozu also brauchte R. Schescheth, der Autor
dieser Halacha, dieselbe aufzustellen?) Hier ist
davon die Rede, dass man den Mann zur Scheidung gezwungen und er seine Einwilligung erklärt hat; da könnte man glauben, er hätte jene
frühere Kundgebung aufgehoben, daher stellte
R. Schescheth diese Halacha auf.

מוֹדִיעִים, מוֹדִיעִית Modiith, Modiim oder
Modaïm, vgl. 1 Maccab. 13, 25 fg. Μωδεΐν, Μω-
δεείν oder Μωδαείμ). Pes. 9, 2 אי זו היא דרך
רְחוֹקָה מִן הַמּוֹדִיעִית וְלָחוּץ (הַמּוֹדִיעִים Ar. (Agg.
was heisst „ein entfernter Weg" (Num. 9, 10)
von Jerusalem? Von Modiith an und weiter-
hin. Das. 93[b] מִן הַמּוֹדִיעִית לִירוּשָׁלַיִם חֲמִשָּׁה עָשָׂר
מִילִין Ar. von Modiith nach Jerusalem ist eine
Entfernung von 15 Mil. Das. 94[a] fg. j. Pes.
9, 2 und Gem. das. 36[d] ob. überall הַמּוֹדִיעִית
Das. VI, 33[b] un. dass. Kidd. 66[a], s. רַבַּאי.

מוֹדְעִי m. N. patron. aus Modiith, oder
richtiger: aus Modaïm (Μωδαείμ); insbes.
הַמּוֹדְעִי אֱלִיעֶזֶר ר' R. Elieser aus Modaïm, Zeitgenosse des R. Akiba. Aboth 2, 11 u. ö. Zuweilen wird er auch blos הַמּוֹדְעִי der Modaï,
genannt. Schabb. 55[b] עֲדַיִין אָנוּ צְרִיכִים לַמּוֹדְעִי
וכו' הַמּוֹדְעִי אֱלִיעֶזֶר ר' noch immer bedürfen wir des Ausspruches des Modaï; denn R.
Elieser aus Modaïm sagte u. s. w. B. bath. 10[b]
un. dass.

מוֹהַבְתָּא, מוֹהַבְיָתָא fem. (syrisch
ܡܰܘܗܰܒܬܳܐ von יְהַב) Gabe, Geschenk, s. TW.

מוֹהִי f. Mohi, eine Nebenbenennung (כִּינּוּי,
s. d. W., eig. Verstümmelung) für מוֹמֵי: Schwur,
Eid; nach einem Autor ist unser W. auch eine
Nebenbenennung für מֹשֶׁה: Mose, s. w. un.
Ned. 1, 2 (10[b]) כְּנֶדֶר בְּמוֹהִי וכו' (so in jerus. und
bab. Talmd. Agg., ebenso Maim. u. A.; in der
Mischna Agg. בְּמוֹחָא, minder richtig) wenn Jem.
gelobt (das oder jenes nicht geniessen zu wol-

len): Bei Mohi! so ist es eine Nebenbenennung
für Eid (d. h. מוֹהִי ist ähnlich מוֹמֵי). Das. 10[b]
הָאוֹמֵר בְּמוֹהִי לֹא R. Simon ben Gamliel sagt:
אָמַר כְּלוּם בְּמוֹמָתָא דְּאָמַר מוֹהִי הֲרֵי אֵלּוּ כִּינּוּיִין
לִשְׁבוּעָה wenn Jem. gelobt: Bei Mohi! so hat
er damit nichts besagt (d. h. מוֹהִי ist nicht eine
Nebenbenennung für מוֹמֵי); wenn er hing. sagt:
Bei dem „Eide", den Mohi (d. h. Mose) ausgesprochen! so ist dies (ebenso wie die anderen,
in der Mischna erwähnten שְׁבוּתָה, שְׁקוֹקְדָה) eine
Nebenbenennung für Eid. (Das Wort וַיֹּאֶל,
Ex. 2, 21 wird näml. von אלה gedeutet: „Mose
schwur"). j. Ned. I g E., 37[a] . . . חִיָּיא ר' תְּנֵי דִּנְדַּר בְּמוֹהִי R. Chija lehrte:
Wenn Jem. gelobt: בְּמוֹהִי, so meint er: bei
dem Eide, den Mose gelobt hat. Dieser Autor
ist näml. der Ansicht, dass das W. מוֹהִי zwei
Nebenbenennungen enthalte, 1) (= מוֹמֵי und 2)
(= מֹשֶׁה. (Den Comment. entging der Sinn dieser Stelle). Tosef. Ned. I Anf. הָאוֹמֵר מוֹהֶה וְדָאֲמַר
מוֹהִי crmp. und nach der oben citirten St. im
jer. Tlmd., deren Autor R. Chija, der Redacteur
der Tosefta ist, zu emendiren. R. El. Wilna's
Emendation: בְּמוֹהֶה לֹא אָמַר כְּלוּם וְהָאֲמַר מוֹהֶה
מוֹהִי וכו' (wenn Jem. sagt: בְּמוֹהֶה, so hat er gar
nichts besagt; wenn er aber sagt: מוֹהִי,
so ist dies eine richtige Nebenbenennung, näml.:
der Eid des Mose) ist sehr gezwungen. Ned.
22[b] אִי נֶדֶרְתָּ בְּמוֹהִי שֶׁהוּא כִּינּוּי בְּעָלְמָא דִּיקְדִּיקְמָא
וכו' לָךְ hättest du das Gelübde: „Bei Mohi",
das eine blosse Nebenbenennung ist, gethan, so
würde ich mit der Auflösung desselben (vgl.
הֵיכֵּר) bereit erklärt haben; da aber u. s. w.

מַוְחֵי Part. Af. von יְחִי, s. d. — בַּוְחֵי von
רְעִי, s. d.

מוֹזָא I m. (= מוֹצָא, מוֹץ) Spreu, s. TW.

מוֹזָא II m. der Kopf vom Gemüse. Das
W. hängt wahrsch. mit arab. مُوش: leguminis
species parvi rotundi, zusammen. Kidd. 52[b] ob.
הַהוּא גִּינָאָה דִּשְׁקִיל מוֹזָא דִּירְקָא מוֹזָא דִּשְׁמַכֵּי וכו'
(הַהוּא אֲרִיסָא קְדִיס בְּמוֹזָא דִּשְׁמַכֵּי Ar. (Agg.
betreffs eines Gärtners, welcher mit einem Gemüsekopf und einem Zwiebelkopf, die er aus
dem Garten genommen, sich eine Frau angetraut hatte, sagte Raba: מַאן אָכִיל wer hat es
dir denn geschenkt? (d. h. die Trauung ist ungiltig, weil du nicht das Recht hattest, dir diese
Gemüseháupter, ohne Vorwissen des Gartenbesitzers anzueignen). Das. כִּישָׁא מוֹזָא אֲבָל
כִּישָׁא כִּי כִּישָׁא שָׁקִיל אֲנָא לֵיהּ אָמַר נֶצֵי כִּישָׁא diese Entscheidung gilt
jedoch blos von einem Gemüsekopf; wenn
der Gärtner hing. mit einem Gebunde Kraut
sich eine Frau angetraut hat, so kann er (da er
einen Theil des Ertrages zu verlangen hat) zu
dem Gartenbesitzer sagen: Ich nahm ein Gebund, so nimm auch du ein Gebund, denn ein

Gebund ist wie das andere, vgl. פִישָׁא. Raschi erklärt מוזא: eine Hand voll, מלא יד.

מוזבה j. Keth. XI, 34ᵇ דמוזבה crmp. aus רמו בה.

מוֹזְנוֹן m. (hbr. מֹאזְנַיִם) Wage, Wagschalen, s. TW.

מוֹזִיפוּ f. (von יזף) Schuld, debitum. — מוֹזְפָנָא m. Adj. der Gläubiger, s. TW.

מוֹחַ m. (=bh. מֹחַ, arab. مُخّ) Mark, bes. Gehirn. Chull. 3, 1 (42ᵃ) ניקב קרום של מוֹח wenn die Haut, in welcher das Gehirn liegt, durchlöchert ist, so ist das Thier zum Genusse verboten. Das. 45ᵃ un. מוח כל מה שבקוּירה betreffs des Gehirns ist alles (Mark), נידון כמוּח was in der Hirnschale liegt, wie das Gehirn zu beurtheilen; d. h. nur wenn die Haut, die das Gehirn einschliesst, durchlöchert ist, wird das Thier „trefa", nicht aber, wenn die Haut des Markes, das unterhalb des Schädels liegt, durchlöchert ist, da dies schon zur Wirbelsäule gehört. Men. 37ᵃ „Zwischen deinen Augen" (Dt. 6, 8), זו קדקוד . . . מקום שמוחו של תינוק רופס darunter ist der Scheitel zu verstehen, an der Stelle, wo das Gehirn (viell.: die Hirnschale) des Kindes weich ist. Trop. Men. 80ᵇ un. כמדומה אני שאין לו מוח בקדקדו es will mich bedünken, dass er (der eine solche alberne Frage aufstellte) kein Gehirn in seinem Schädel habe. Jeb. 9ᵃ un. steht dafür: כמדומה לי וכ׳ minder richtig, vgl. דְּמָה. j. Jeb. I, 2ᵈ mit. ניכר אותו האיש diesem Manne ist anzusehen, dass er kein Gehirn in seinem Schädel hat.

מוֹחָא, selten מוֹחְיָא ch. (syr. ܡܘܚܐ=מֹחַ) Gehirn und übrtr. Hirnschale. Chull. 45ᵃ חייתא דמותהנ ביה מוחא der Sack (die Haut), worin das Gehirn liegt; ein mnemotechnisches Zeichen, als Merkmal, welche Haut unter קרום של מוח (s. vrg. Art.) zu verstehen sei; d. h. darunter ist nur die unterste, das Gehirn unmittelbar umgebende Haut zu verstehen, also nicht (wie nach einer Ansicht das.) die oberste, äussere Haut. Das. 45ᵇ נתמזמז מוחא דדין das ‚Gehirn dieses Mannes ist erweicht, vgl. Ber. 56ᵇ חזאי מוחאי דאדים ונטל מוקריד (דאבקע רישי ונתר מוקרי 1 Ar. sv. נקר (Agg. ich sah im Traume, dass meine Hirnschale roth, und das Mark derselben herausgenommen war. Trop. Meg. 19ᵇ ob. R. Chija referirte eine Halacha, רמוזה לה אמוחא schlug sie jedoch auf den Kopf (auf die Hirnschale); sie sei näml. zu rectificiren, dafür ein anderer Grund anzugeben. — In den Trgg. zuw. מורחא, s. TW.

מוט (=bh., syn. mit מוד, נוט (נוד) wanken. — Hif. wanken machen. Sabim 3, 3 איזו היא ספינה גדולה כל שאינה יבולה להנמט באדם

---

was bedeutet: „ein grosses Schiff"? Ein solches, das man durch das Einsteigen eines Menschen nicht zum Wanken bringen kann.

Hithpol. und Nithpol. wanken, sinken, eig. zum Wanken gebracht werden; trop. zu Grunde gehen, an Kraft verlieren. j. Snh. X, 27ᵈ un. Gott sagte zu Israel בני אם ראיתם (l.) זכות אבות שממטה (שֶׁמֻּטָּה) וזכות אמהות שנתמוטטה לכו והדבקו בחסד וכ׳ meine Kinder! wenn ihr das Verdienst der Erzväter weichen und das der Erzmütter wanken sehet, so schliesst euch meiner Liebe an! mit Ansp. auf Jes. 54, 10: „Wenn auch die Berge (bildl. für die Erzväter) weichen und die Hügel (die Erzmütter) wanken, so wird dennoch meine Liebe nicht von dir weichen." Das. 28ᵇ mit der Fluch traf sie, והיו מתמוטטין והולכין infolge dessen sanken sie immer tiefer, vgl. מְאֵרָה. B. mez. 71ᵃ המלוה בריבית נכסיו מתמוטטין והוא קא חזינן דלא מוזפי בריבית וקא מתמוטטין אמר ר׳ אלעזר הללו מתמוטטין והללו מתמוטטין ואינו עליו wer sein Geld auf Zinsen ausleiht, dessen Vermögen geht zu Grunde. Sehen wir doch, dass auch das Vermögen derjenigen, die ihr Geld nicht auf Zinsen ausleihen, ebenfalls zu Grunde geht! (d. h. welcher Unterschied ist also zwischen dem Wanken der Wucherer und dem der Nichtwucherer?) R. Elasar antwortete: Die Einen (die Nichtwucherer) wanken und heben sich wieder, die Anderen hing. (die Wucherer) wanken zwar ebenf., sie heben sich jedoch nicht wieder. Esth. r. Anf., 101ᵃ (mit Bez. auf וכי גבורה היא, Dt. 32, 35) לעת תמוט רגלם שאדם אומר לבשהמתמוטטין של ישראל אני פורע מהם אלא כך אמר הקלה לבשסקפקו מצוות הרגילות בינותם וכ׳ würde etwa darin eine Kraft bestehen, dass Jem. sagte: Wenn Israel (die Feinde Israels, euphemist.) wanken wird, so werde ich es bestrafen? Gott sagte vielmehr: Wenn die bei den Israeliten „üblichen" Tugenden (רגלם) aufhören werden, sodann „werde ich Rache und Vergeltung an ihnen ausüben."

מוט ch. (=vrg. מוט) wanken, s. TW. — Af. wankend machen; daher auch: sinken machen (von der Wage). Ithpe. pass. davon. Pesik. Beschallach, 82ᵃ במטה דאמיטון אתמיטון Ar. ed. pr. sv. מט 2 (Ag. במטיתא Ms. Oxf. במטמא, Ms. Karmoli במטיריא) mit der Wage, womit sie (die Egypter den Israeliten) gewogen haben, wurde auch ihnen gewogen; d. h. weil die Egypter die Neugeborenen Israels ins Wasser warfen, daher wurden auch sie mit Versinken ins Wasser bestraft, vgl. בְּשַׁל im Nithpa., s. auch אַכְרְעָתָּא und מָדָה.

מוֹט m., מוֹטָה f. (=bh.) Tragstange, vectis. מוֹט bezeichnet die grosse Tragstange, die zwei Krümmungen hatte und die auf zweien Schultern zweier hintereinander gehender Lastträger ruhte; מוֹטָה hing.: eine kleine Trag-

stange mit einer Krümmung, die auf der
Schulter eines Lastträgers ruhte. Stw. מוֹט
wanken. Bez. 3, 3 (25ᵃ) שחתה בשדה לא יביאנה
במוט ובמוטה wenn man das Thier (am Feiertage) auf dem Felde geschlachtet, so darf man
es weder auf einer grossen, noch auf einer kleinen Tragstange in die Stadt bringen. Sot. 34ᵃ
וישאורו במוט בשנים בשנים ממשמע שנאמר אני
יודע שבשנים מה תלמוד לומר בשני מוטות
die Kundschafter trugen die Weinrebe בשנים במוט
(Num. 13, 23). Da מוט (masc.) steht, so waren
es selbstverständlich zwei Träger; wozu steht
בשנים? Um zu besagen, dass dort zwei Trag-
stangen waren.

מוֹטָב m. (eig. Part. pass. Hof. von טוב oder
יָטַב) gut, besser. Snh. 7ᵃ ob. Aharon dachte
bei sich: Wenn die Israeliten mich erschlügen
(vgl. זָבַח), so würden sie nie Vergebung erlangen;
מוטב דליעבדו לעגל איפשר הוא להו הקרתא
בתשובה besser also, dass sie das goldne Kalb
anbeten, sie könnten doch vielleicht durch Busse
noch Bestand haben! Bez. 30ᵃ u. ö. מוטב
שיהיו שוגגין וכ׳ besser, dass sie auf irrthümliche Weise eine Sünde begehen, als dass sie
u. s. w., vgl. זיד, טוב I und פַּקַּח. — Oft als
Sbst. das Gute, Bessere, insbes. החזירו למוטב
Jemdn. dem Bessern wieder zuführen, vgl. הֶסְרָה.
Thr. r. Einleit. Anf., sv. מי האיש, 44ᵃ: „Mich
verliessen sie und meine Gesetzlehre beobachteten sie nicht" (Jer. 16, 12). הלואי אתי עזבו
ותורתי שמרו מתוך שהיו מתעסקין בה המאור
שבה היה מחזירן למוטב, hätten sie denn,
wenn sie schon „mich verliessen", meine Gesetzlehre beobachtet; denn dadurch, dass sie sich mit
ihr beschäftigt hätten, würde das Licht derselben
sie dem Bessern wieder zugeführt haben! Aehnlich in j. Chag. I, 66ᶜ mit·, vgl. מָאוֹר. Ber. 28ᵃ
מוטב דאקום איזיל אנא לגבייהו das Beste ist,
dass ich aufstehe und selbst zu ihnen (den Gelehrten) gehe.

מוֹטְנִיא Genes. r. s. 44; richtiger מלניא, s. d.

מוֹי, **מוֹיִי** m. (=מַאִין, arab. مَاء, hbr. מַיִם)
Wasser. j. Erub. X g. E., 26ᶜ un. ורבלבד דלא יתן מורי
dass man ja in jenes Heilmittel kein
Wasser hineingiesse! j. Pes. III Anf., 29ᵈ; s. TW.

מוֹך (=bh. s. v. a. מָכַך, Grndw. מך) niedrig
sein, sinken. — Nif. Part. נָמוֹך gebeugt,
niedergedrückt; daher auch niedrig. Kil.
4, 7 גדר שהוא מוך מפחות ein Zaun,
der niedriger als 10 Faustbreiten ist. Ruth r.
sv. וּרדחצת, 41ᵇ „Steige hinab in die Tenne"
(Ruth 3, 3); מכאן שאין עושין גרנות אלא במוכך
שבעיר daraus ist zu entnehmen, dass man die
Tennen nur auf dem niedrigsten Platz der Stadt
anbringt. j. Maas. scheni V g. E., 56ᵈ קול נמוך
eine niedrige Stimme, im Ggs. zu גבוה: קול
eine hohe Stimme. Sifre Abschn. Naso Pisk.

כשהקב׳ה מדבר בקול גדול ומלאכי השרת בקול 58
נמוך wenn Gott redet, so redet er mit starker
Stimme, die Engel hing. reden mit niedriger
Stimme. Das. Abschn. Behalotcha Pisk. 83
הנמוך, vgl. נֶכֶף. Aboth 5, 19 רוח נמוכה ein
gebeugtes Gemüth, im Ggs. zu רוח גבוהה Hochmuth. — Par. 8, 9 und Mikw. 1, 8 מים מוכין
(wahrsch. zu lesen מוכִין, mit Dag., von מֹכִי),
s. מַיִם.

מָאַך, **מָך**, **מוֹך** ch. (syr. ܡܟ=vrg. מוך, s. auch
מַכִי) 1) niedrig sein, sinken, s. TW. — 2)
trnst. beugen, niederlegen. Pes. 49ᵃ un. מך
רבע Jem., der seinen Mantel überall niederlegt,
um sich daselbst hinzustrecken; d. h. ein Schlemmer,
der sich nicht soviel Zeit nimmt, um des Nachts
seine Wohnung aufzusuchen, sondern an der
ersten besten Stelle Nachtquartier macht. Taan.
6ᵇ מטרא במפחת בבא בר חמרא מוך שקך ורגני
Ms. M. und Ar. (Agg. במפחת בבי מטרא) wenn
der Regen des Morgens früh, beim Oeffnen der
Thür, herabfällt, so lege, o Eseltreiber (der das
Getreide auf die Märkte bringt) deinen Sack
nieder, um dich darauf auszustrecken; weil
näml. ein Sinken der Getreidepreise bevorsteht
und er mit der Ausfuhr nichts verdienen würde.
Das. 21ᵇ un., vgl. בְּסְתַּרְקָא. B. mez. 84ᵇ, vgl.
רְמָכָא.

Af. niedrig machen, beugen, niederlegen. Ber. 54ᵇ ob. הוה ממיך להו טורי מקמייהו
sie (die Bundeslade) machte vor den Israeliten
die Berge niedrig. Pesik. Haomer, 72ᵇ Haman
sagte zu Mordechai: קום דאנא ממיך קדלי ואת
דריס עלוי mache dich auf, denn ich werde meinen Nacken beugen, damit du darauf treten
kannst. Pesik. r. z. St., 37ᶜ דאנא מאמיך קדלי
und Levit. r. s. 28 g. E. מימך קדל dass. j.
Keth. XII, 35ᵇ ob. אמיך אפיך beuge dein Gesicht nieder. Khl. r. sv. כל אשר, 92ᵃ dass.

מוֹך m. Werg, hechelte Wolle, oder
Flachs. Ar. bemerkt: der feingehechelte Flachs
heisst im Arab. אלמך· (Nach Fleischer, gef.
briefl. Mittheilung sei zwar das W. ملك oder
مال in der hier gegebenen Bedeutung in den
verschiedenen arab. Wörterbüchern nicht zu finden, aber dessenungeachtet habe Ar. wahrsch.
Recht. „Es giebt gar manche technische Ausdrücke der Landwirthschaft, die aus dem Aramäischen in das Arabische, ohne oder mit For-
menveränderung, übergegangen, aber von den
arabischen Lexicographen vernachlässigt worden
sind. مَلَك bedeutet im Allgemeinen aussaugen,
ausmergeln, den Garaus machen u. dgl.; es lässt
sich daher wohl denken, dass dieser Begriff auf
Flachs, Hanf, Wolle u. s. w. angewendet, die
Bedeutung bekam: diese Dinge von den darin
befindlichen unedeln und unnützen Theilen vollkommen reinigen.") — Schabb. 64ᵇ יוצאה

אשה ... במוך שבאזנה ובמוך שבסנדלה ובמוך שהתקינה לנדתה die Frau darf am Sabbat ausgehen mit dem Werg in ihrem Ohre (das die Flüsse anzieht), mit dem Werg in ihrer Sandale (damit diese den Fuss nicht drücke), sowie mit dem Werg, das sie für ihre Menstruation bereit hält (damit die Kleider nicht beschmutzt werden). Das. 134ᵇ un. נותנין על גבי המכה 'מוך יבש וספוג יבש וכ man darf am Sabbat trockenes Werg oder trockenen Schwamm auf die Wunde legen. Tosef. Ter. IX g. E. man darf mit dem Oel der Teruma eine Wunde bestreichen, ובלבד שלא יגול במוך ובמטלית ויתן על גבי מכתו jedoch darf man es nicht mit Werg oder Lappen aufnehmen und auf die Wunde bringen. j. Schabb. VI, 8° ob. מוך הוא שהוא מרפא das Werg ist es, welches die Heilung der Wunde befördert. Das. öfter. Jeb. 12ᵇ u. ö. 'שלש נשים משמשות במוך וכ drei Klassen von Weibern dürfen (um eine Schwangerschaft zu verhüten) mit Anwendung des Wergs (das sie in die Scham bringen) den Beischlaf vollziehen, näml. ein Kind (unter 12 Jahren, קטנה), eine Schwangere und eine Nährende. — Pl. B. kam. 119ᵇ un. מוכין שהכובס מוציא הרי אלו שלו das Werg (die Fasern), das der Walker (beim Walken oder Waschen eines Kleides) herauszieht, gehört ihm; da näml. solche Fasern nur einen geringen Werth haben, so liegt dem Arbeitgeber nichts daran, sie wieder zu erhalten. Neg. 11, 11. 12 קצצו ועשאו מוכין wenn man das Kleid zertrennt und zerfasert (Charpie daraus gemacht) hat. j. Schabb. IV, 8° ob. u. ö.

מוֹכָן s. כון.

מוֹכְנִי oder מֵיכְנִי f. (gr. μηχανή, machina) Maschine, Maschinerie, bes. Kunstwerk, Räderwerk. Im Ar. Ms. und ed. pr. lautet das W. überall מיכני, Agg. מוכני.— Jom. 3, 10 בן קטין עשה מוכני לכיור שלא יהיו מימיו נפסלין בלינה (in Gem. das. 37ᵃ erklärt: גילגלא דהוה משקעא ליה) Ben Katin brachte an dem Waschbecken im Tempel ein Räderwerk an, damit sein Wasser infolge des Stehenbleibens während der Nacht (vgl. לינה) nicht unbrauchbar werde; vermittelst dieses Maschinenwerks näml. floss immer frisches Quellwasser in das Becken. Nach Tam. 28ᵇ war dieses Maschinenwerk aus Holz angefertigt. j. Succ. V, 55ᵇ un. dass. Kel. 18, 2 מוכני שלה בזמן שהיא נשמטת אינה חבור לה das Räderwerk eines Kastens ist, wenn es vom letztern losgeht, nicht als damit verbunden anzusehen. Schabb. 46ᵃ dass. Chull. 15ᵇ השוחט במוכני שחיטתו כשרה wenn Jem. vermittelst eines Räderwerks schlachtet, so ist das Schlachten rituell. Das. 16ᵃ wird unterschieden: בסדנא דפחרא wenn das Räderwerk in einer Maschinerie der Töpfer besteht, so ist das Schlachten rituell, weil letztere von der Kraft eines Menschen getrieben wird; בסדנא דמיא wenn das Räderwerk

hing. in einer Maschinerie besteht, die blos durch die Kraft des Wassers getrieben wird, so ist das Schlachten nicht rituell.

מוֹכְנִי ch. (=מוֹכְנִי) Maschine, Räderwerk, s. TW.

מוֹל m. (=bh., woselbst das W. jedoch blos im St. c. vorkommt, מול; Neh. 12, 38 מֹאל) eig. das Vornseiende, Vorstehende, die Vorderseite; daher auch: das Gegenüberliegende. Nach Olshausen (vgl. auch Gesen. Wörterb. 8. Aufl. sv.) steht das W. für מָאֹל (richtiger wäre מָאֹל, wie מָאֹר u. a.), Stw. אול: vorn sein (vgl. אֶל, אֱרָול). — Chull. 19ᵇ wird מול הרואה את ערפו (Lev. 5, 8) erklärt: ממול ערפו das Gegenüberliegende, das den Nacken sieht; d. h. das Abkneipen des Kopfes vom Opfervogel geschieht nicht etwa am Halse, der auf der entgegengesetzten Seite dem Nacken gegenüber sich befindet, sondern an der Seite des Nackens, die demselben nebenan, aber ihm gegenüber liegt, vgl. מְלִיקָה. Als Beleg hierfür wird angeführt: מִמֻּל (Num. 22, 5), Israel lagerte ja dem Balak so gegenüber, dass sie einander sehen konnten. Sifra Behalotcha Pisk. 59 wird עֲשֵׂה לָה מוּל פָּנִים (Num. 8, 2) erklärt: מול פני mache dem Leuchter Gegenüberliegendes, das dem Gesicht zugewendet ist; d. h. die drei Röhren an beiden Seiten sollen dem Gesichte (d. i. der mittelsten Röhre) zugewendet sein. Das. Pisk. 60 Anf. עֲשֵׂה לָה מוּל פָּנִים er machte dem Leuchter Gegenüberliegendes, dem Gesichte zugewendet.

מוּל perf. מָל (=bh.) 1) eig. vorn abschneiden, insbes. die Vorhaut beschneiden. Levit. r. s. 25, 169ᵃ R. Ismael sagte: An Abraham, der ein Hoherpriester war (mit Ansp. auf Ps. 110, 4: „Du bist der Priester in Ewigkeit durch den Ausspruch des Malchizedek“), erging das Gebot: „Ihr sollt das Fleisch eurer Vorhaut beschneiden“ (Gen. 17, 11)! ומהיכן ימול אם מן האזן ... אם ימול מן הלב ... אם ימול מן הפה עדיין אינו כשר להקריב מהיכן ימול וידא מן מצוה הגוף כשר להקריב הוי אומר זה aber an welchem Körpertheil hätte er sich beschneiden sollen? Hätte er sich am Ohr, oder am Herzen, oder am Munde beschneiden sollen; so wäre er in allen Fällen — weil mit einem Leibesfehler behaftet — untauglich gewesen, den Opferdienst zu verrichten. An welchem Körpertheile also hätte er sich beschneiden sollen, dass er dennoch fähig geblieben wäre, den Opferdienst zu verrichten? Daraus ist also zu erweisen, dass das Gebot der Circumcision nur an dem männlichen Gliede vollzogen werden konnte (גוף ist= נר. 2, s. d.). R. Akiba sagte: ארבע ערלות הן נאמרה ערלה באזן ... נאמרה ערלה בפה ... ערלה בלב וכתיב ההולך לפני ותמים והיה ימול אם מן האזן ... אם ימול מן הפה עדיין אינו תמים מהיכן ימול ויהיה תמים הוי

אומר זו ערלת הגוף vier Vorhäute giebt es (d. h. die Schrift bedient sich des Wortes ערלה bei vier verschiedenen Körpertheilen); es wird näml. erwähnt „die Vorhaut am Ohre" (Jer. 6, 10); ferner „die Vorhaut am Munde (den Lippen", Ex. 6, 12); ferner „die Vorhaut am Herzen" (Jer. 9, 25). Da jedoch Gott zu Abraham sagte: „Wandle vor mir und sei vollkommen!" (Gen. 17, 1, תמים wird näml. gedeutet: ohne Leibesfehler), hätte er sich am Ohr beschneiden sollen, so wäre er nicht vollkommen (ohne Leibesfehler); hätte er sich am Munde beschneiden sollen, so wäre er nicht vollkommen; („hätte er sich am Herzen beschneiden sollen, so wäre er nicht vollkommen", אם ימול מן הלב עדיין אינו תמים, dieser Satz fehlt); wo also hätte er sich beschneiden sollen, aber dennoch vollkommen bleiben? Nur die Vorhaut am männlichen Gliede kann darunter gemeint sein. Nagda sagte: Da die Beschneidung am achten Tage der Geburt stattfinden muss (Gen. 17, 12), מהיכן ימול אם מן האוזן עדיין אינו שומע אם מן הפה עדיין אינו מדבר אם מן הלב עדיין אינו יכול לחשב מהיכן ימול ורהיה שומע ומדבר ומחשב הוי אומר זו ערלת הגוף an welchem Körpertheile sollte man nun den Neugeborenen beschneiden? Etwa am Ohr, so würde er ja nicht hören können; etwa am Munde, so würde er ja nicht sprechen können; etwa am Herzen, so würde er ja nicht denken können; wo soll man ihn also beschneiden, dass er später dennoch sollte hören, sprechen und denken können? Nur an der Vorhaut des männlichen Gliedes. R. Judan Namens des R. Jizchak (oder: Namens des R. Jose ben Chalafta) sagte: וערל זכר וכי יש ערל נקבה אלא ממקום שרואין וידוען אם זכר הוא או נקבה משם מולין אותו da es heisst: „Ein männlicher Unbeschnittener" u. s. w. (Gen. 17, 14); giebt es denn etwa eine weibliche Unbeschnittene? Das besagt vielmehr, dass man das Kind an dem Orte beschneidet, wo man sehen und erkennen kann, ob es männlich oder weiblich ist, vgl. auch מֵבָה. — Jelamdenu zu Lev. 24, 10 (citirt vom Ar. sv. מל und Jalk. II, 63ᵃ) מהו מול בערלה שהיו מולין ומשכו להן ערלה דחמשה היו על מצרים שהיו מולין בימי יוסף ובשמת יוסף משכו להן ערלה ועל יהודה זה היהויקים מלך יהודה ועל אדום זה עשו ועל בני עמון אלו שילדו בנות לוט ועל כל קצוצי פאה זה חירם מלך צור ריש אומרים אלו הישמעאלים was bedeutet מול בערלה (Jer. 9, 24)? Diejenigen, welche, nachdem sie „beschnitten" waren, sich auf künstliche Weise „die Vorhaut" über die Eichel zogen (Epispasten, vgl. Paulus, Brief an die Corinther 7, 18). Von dergleichen Epispasten, deren es fünf gab, spricht hier die Schrift: „An Egypten (werde ich ahnden", das. V. 25), welche zur Zeit Josef's beschnitten waren, die sich aber nach dem Tode desselben die Vorhäute überzogen; „an Juda", das ist Jojakim, König

von Juda; „an Edom", das ist Esau (die beiden Letztern sollen nach der Agada Epispasten gewesen sein); „an den Söhnen Ammon's", diejenigen, welche von den Töchtern Lot's geboren wurden, „und an Allen, die am Rande beschnitten sind", darunter ist Chirom, König von Tyrus, nach Manchen: die Ismaeliten (Araber) zu verstehen. Schabb. 137ᵇ ob. מל ולא פרע את המילה כאילו לא מל wenn man beschnitten, die Eichel aber nicht entblösst (die Vorhaut nicht nach unten gezogen) hat, so ist es, als ob man gar nicht beschnitten hätte. (Dieser Satz wurde höchst wahrsch. zu der Zeit aufgestellt, als es viele Epispasten unter den Juden gab, näml. zur Zeit des Bar Kochba, vgl. מָשׁוּך, um dies zu verhüten). j. Jeb. VIII, 8ᵈ ob. u. ö. — 2) (=מלל) ausrupfen, ausfasern, ein Stück Zeug zottig machen. Tosef. Kel. B. bath. V wenn Jem. aus der einen Seite eines Kleidungsstückes einen Gurt anfertigt (d. h. den mit Fransen versehenen Eckstreifen abschneidet und ihn zum Gurt verwendet), בית שמאי מטמאין ובית הלל מטהרין עד שימול מצרו השני so hält die Schule Schammai's den Gurt für unrein (d. h. bei vorkommender levitischer Unreinheit als ein fertiges Kleidungsstück); die Schule Hillel's hing. hält ihn so lange für rein, bis man auch die andere Seite ausfasert; infolge dessen näml. der Gurt an seinen beiden Seiten Fransen hat. Das. מאמצעיתו של בגד ומאמצעיתו של סדין ומל מדרוח אחת בית שמאי מטמאין ובית הלל מטהרין עד שימול מצרו השני wenn man aus der Mitte des Kleides oder des Lakens einen Streifen (zum Gurt) ausschneidet und ihn an einer Seite ausfasert, so hält ihn die Schule Schammai's für unrein, die Schule Hillel's aber so lange für rein, bis man auch an der andern Seite durch Ausfasern Fransen macht. Das. öfter.

Nif. נִמּוֹל (=bh. נִמֹּל; über diese Form vgl. דָּן, דָן u. a.) beschnitten werden. Schabb.137ᵇ קטן נמול לשמנה לתשעה ולעשרה וכ׳ ein Knabe wird (in der Regel) am achten, zuweilen auch am neunten, zehnten, elften und zwölften Tage seiner Geburt beschnitten; letztere Fälle näml. wenn das Kind am Freitag in der Dämmerungsstunde geboren wurde, ferner wenn auf den Sabbat ein Feiertag oder das Neujahrsfest trifft. Die Beschneidung darf näml. nur dann an Sabbaten und Feiertagen vollzogen werden, wenn sie unzweifelhaft am achten Tage der Geburt stattfindet. Das. יש יליד בית שנימול לאחד ויש יליד בית 135ᵇ שנימול לשמנה יש מקנת כסף שנימול לאחד ויש מקנת כסף שנימול לשמנה es giebt einen „im Hause Geborenen" (Sklaven, Gen. 17, 12), der am ersten Tage seiner Geburt beschnitten wird (wenn das Kind näml., bevor die Mutter das rituelle Bad genommen hat, geboren wurde); mancher Hausgeborene wird am achten Tage der Geburt beschnitten (wenn die Sklavin, nach-

dem sie das Bad genommen, im Hause ihres Herrn geboren hat); mancher „für Geld Gekaufte" wird am ersten Tage der Geburt beschnitten (wenn näml. die Sklavin mit ihrem neugeborenen Kinde von dem Israeliten gekauft wurde); mancher „für Geld Gekaufte" wird am achten Tage der Geburt beschnitten (wenn die Sklavin im Hause des Herrn geboren hat). j. Schebi. IV Ende, 35° מאימתי קטני ישראל חיין ... חד אמר משיולדו וחד אמר משידברו ... תנן משהוא יודע לענות אמן בבית הכנסת ... אמרי משיולדו ... ורבנין דהכא משיולדו ר'. לעזר אומר אפילו נפלים מאי טעמא ונצורי ישראל להשיב ונצורי von welcher Zeit ab leben die (im jugendlichen Alter gestorbenen) Kinder Israels im zukünftigen Leben? Ein Autor sagt: Bald nachdem sie geboren wurden (mit Bez. auf Ps. 22, 32: מולד), ein anderer sagt: Wenn sie bereits gesprochen haben (das. V. 31: יספר); ein anderer sagt: Wenn sie gewusst haben, in der Synagoge das Amen zu sagen (Jes. 26, 2: אמנים); die Gelehrten von dort (Babylon) sagen: Wenn sie bereits beschnitten wurden (Ps. 88, 16: אמיך); die Gelehrten von hier (Palästina) sagen: Von der Geburt an (s. ob.). R. Lasar sagt: Selbst die Frühgeburten (sind des zukünftigen Lebens theilhaft), mit Bez. auf Jes. 49, 5: „Die Sprösslinge (ונצורי, Keth., Keri ונצורי) Israels bringt Gott zurück." In der Parall. Snh. 110ᵇ un. wird letztere Ansicht nicht aufgeführt; dahing. steht dort noch eine andere Ansicht: משעה שנזדיע von der Zeit des Keimes an (mit Bez. auf Ps. 22, 31 זרע). Deriv. מֵילָה s. d.

מוּל ch. (=vrg. מול) beschneiden. — Ithpa. אִתְמֵלֵל (hbr. הָתְמֹלֵל) abgerupft, abgepflückt werden, s. TW.

מוּלָא m. (für מוּדְלָא, ד elidirt, oder arab. مَال, vgl. מִדְלָא) Vermögen, Habe und Gut, s. TW.

מוּלָא, מוּלָה m. und f. (lat. mulus, mula) Maulthier, d. h. Maulesel, Mauleselin, dass. was פְּרִידָה, s. d. Pesik. Schuba, 162ᵃ (zur Erklärung von בנחשתים 2 Chr. 33, 11) עשה לו כמין מולא של נחשת ועשה בו נקבים נקבים ונתנו להוכ ורהסיק תחתיו אש Ar. (Ag. מולא) man bereitete (auf Befehl des assyrischen Königs für Manasse) eine Art ehernes Maulthier mit vielen Löchern, in welches man den Manasse hineinwarf und unter welchem man Feuer anzündete. j. Snh. X, 28° un. dass. (Die Erklärung des Korban haëda z. St. דוד: Kessel, und ebenso die LA. des bab. Snh. 101ᵇ im En Jakob: דודא דנחשא eherner Kessel, ist ebenso unrichtig, wie die LA. eines Ms. im bab. Snh. [vgl. Dikduke z. St.:] תנורא דנחשא eherner Ofen. Da aber das Trg. zu 2 Chr. l. c. מולרת נחשת hat, so ist מולא של נחשת unzweifelhaft richtig).

Ruth r. sv. ויאמר לה, 40ᵈ מולה של נחשת. Deut. r. s. 2, 251ᵈ dass. — Pl. (mit fem. End.) Schabb. 52ᵃ מולאות של בית רבי יוצאין באפסריהן כרוכין בשבת Ar. (Agg. יוצאות) die Maulthiere aus dem Hause Rabbi's wurden am Sabbat mit ihren Halftern umbunden, ausgetrieben.

מוּלְיָתָא, מוּלָתָא ch. (=מוּלָא) Maulthier, mula, s. TW. — Pl. j. Ber. VIII, 12ᵇ mit. ר' נבא מפקד לאילין דבי נשיאה אין בעיתון מיזבון מוּלָוון תהון זבינן אילין דאודיניהון דקיקין שאמן sd Lehm. (ed. Ven. u. a. סוסיא ואביי חמור (רנשיאה) ... מוליין ... סוסה R. Mana verordnete denen aus dem Hause des Nasi: Wenn ihr Maulthiere kaufen wollet, so kaufet solche, die kleine Ohren haben; denn bei diesen ist die Mutter eine Stute und der Vater ein Esel; welche näml. eine bessere Rasse bilden. j. Taan. III, 66° ob. מי נחת חמא מוּלָוותא דר' קיימין als R. Pinchas ben Jaïr sich anschickte (um zu Rabbi behufs abzuhaltender Mahlzeit) zu gehen, sah er, dass die Maulthiere Rabbi's dastanden. (In der Parall. Chull. 7ᵇ steht dafür כורדייתא חיוורתא weisse Maulthiere). Dav. בַּנְתְרָאמוּלֵי, s. d.

מוּלָאה m. Adj. (gr. μέλας) schwarz, niger. Pl. B. mez. 109ᵃ. משום דאתיתו ... Jeb. 75ᵇ u. ö. ממולאי אמריתו מלי ממוּלָיָתָא Ar. (Agg. ממולייתא) ist denom. Part. pass. fem.; Agg. מוליתא) eig. weil ihr von den Schwarzen abstammt, mit geschwärzte Worte. Vgl. damit Genes. r. s. 59 Anf. ר' מאיר אזל למולא ראה אתון כולן שחורי ראש אמר לחן מאיזו משפחה אתם שמא מעלי אתם 'כו als R. Meïr in Mamla (etwa Μέλας) ankam und daselbst lauter Schwarzhaare (d. h. keine Greise, Weisshaarige) erblickte, fragte er sie: Von welcher Familie seid ihr? Stammt ihr etwa von Eli ab, betreffs dessen es heisst: „Alle Nachkommen deines Hauses werden als junge Männer sterben" (1 Sm. 2, 33)? — Der Sinn der oben citirten Stelle wäre demnach: R. Papi sagte zu R. Bebai bar Abaji (welcher letztere ebenso wie Rabba, von Eli abstammte, vgl. Jeb. 105ᵃ): Weil ihr von den Schwarzköpfen abstammt, sagt ihr Geschwärztes, d. h. Geschmackloses. Bei מולייתא sowie bei μέλας: Nichtiges, sowie bei ממוּלָאֵי an eine Anspielung auf מַמְלָאֵי (also für מְמַמְלָאֵי: von den Einwohnern Mamlas) gedacht werden. Ar.'s Erklärungen sv. מל 7: מולאי bedeute Grosssprechende; ferner: Die Nachkommen Eli's hiessen deshalb מולאי, weil ihre Jahre verkürzt (abgeschnitten, מול) wurden, sind nicht zutreffend, und ganz ungenau ist seine Erklärung sv. ממלא: Eli's Nachkommen hiessen deshalb ממלאי, weil sie in Mamla wohnten.

מוֹלֵנְיָה f. (=מלוגמא) Labung. Levit. r. s. 12, 156ᵃ מולגיה ללב eine Labung für das Herz, s. מוּגְיָיק.

מוֹלְדָא *m.* (von יָלַד) 1) die Entstehung, bes. im astronom. Gebrauch: Verjüngung des Mondes, s. TW. — 2) Molada, *N. pr.* Snh. 70ᵃ. 71ᵃ חנן בר מולדא ר' R. Chanan bar Molada.

מוֹלִי *m.* (viell. von מלי, oder von מול=מלי) Erhöhung, Hügel. Pl. j. Jom. I, 38ᶜ mit. und j. Meg. IV g. E., 75ᶜ חולדת המולים die Vertiefung in den Hügeln, vgl. חוּלְדָה.

מוֹלִיא *ch.* (=מוֹלִי) Erhöhung, hüglige Stelle. B. bath. 54ᵃ wenn der Käufer eines Feldes, das theilweise in Hügeln, theilweise in Thälern bestand, שקל מוליא ושדא בנוציא ארעתא דארעא מוליא במוליא ונוציא בנוציא ארעתא דבי דרי Ar. (Agg. נצא) den Hügel abtrug und das Erdreich desselben in das Thal warf, so that er es, um ein ebenes Ackerfeld zu haben; wenn er hing. Hügel an Hügel und Thal an Thal rückte (d. h. das Erdreich an der Seite des Hügels durch Zufuhr von Sand u. dgl. aufschüttete und den Rand des Thales abtrug, damit das Land geebnet werde), so beabsichtigte er, eine flache Tenne zu bilden. M. kat. 10ᵇ dass. — Pl. Erub. 56ᵃ הני מוליאתא דבי בארי וכ' die Wälle (hügligen Stellen) von Be Bari, vgl. זָקֵן. — מוּלְיָיתָא Füllung, s. in מלי. — מוּלְיָיתָא schwarz, s. מוֹלְחָא מוֹלְיָיתָא — מוּלְאָה Maulthier, s. מַלָּא.

מוֹלַיי j. Bez. II, 61ᶜ u. m. s. in מלי.

מוֹלְיוֹן *m.* pl. (mulares) die Maulthiertreiber, die im Circus Belustigungsspiele aufführten. Ab. sar. 18ᵇ, vgl. לוּלְיוֹן. Tosef. Ab. sar. II und j. Ab. sar. I, 40ᵃ mit. dass. Vielleicht jedoch bedeutet unser W. im Singl.: das Schauspiel der Maulthiertreiber im Circus, vgl. מוּפְיוֹן. — j. Ber. VIII, 12ᵇ mit. מולירון, s. מוּלְאֲתָא.

מוֹלְיָיר ,מוֹלְיַאר *m.* (gr. μιλιάριον, miliarium) ein hohles und schmales Kochgefäss, das zum Wärmen des Wassers diente. Schabb. 41ᵃ מולאיר הגרוף (Ar. מוליריר und מוליארי) ein Wärmegefäss, dessen Kohlen ausgerafft wurden. Nach Gem. das. hatte ein solches Gefäss zwei übereinanderliegende Fächer, in deren unterstem sich das Wasser zum Wärmen befand und in deren oberstem die brennenden Kohlen lagen. j. Schabb. III, 6ᵃ un. מוליריר dass. Jelamdenu zu Balak, vgl. מִנְגְּנוֹן.

מום *masc.* (=bh. contr. von מְאוּם, vgl. Dan. 1, 3 und Hiob 31, 7. Stw. אוֹם) 1) etwas, irgend etwas, quidquid; vgl. auch פְּלוּם. Ned. 60ᵇ מום יפה שביך irgend etwas Schönes an dir, vgl. לְכלוּכִית. — 2) körperlicher Fehler, Schadhaftes, Leibesfehler. Men. 44ᵃ ich lasse dich nicht eher los, עד שתאמר לי מה מום ראית בי bis du mir sagst, welchen Fehler du an mir wahrgenommen hast. Bech. 37ᵇ. 38ᵇ מום קבוע מום עובר ein bleiben-

der Leibesfehler, ein vorübergehender (heilbarer) Leibesfehler. Das. דק תבור משוקע הרי זה מום מום צף אינו מום דק לבן משוקע אינו מום צף הרי זה מום ein schwarzer Flor ist, wenn er das Auge tief hineindrückt, ein Fehler, wenn er aber das Auge blos überzieht, kein Fehler; ein weisser Flor ist, wenn er das Auge tief hineindrückt, kein Fehler, wenn er aber das Auge überzieht, ein Fehler. Seb. 77ᵃ u. ö בעלת מום ein Thier, das einen Leibesfehler hat. Snh. 5ᵇ Rab sagte: שמונה עשר חדשים גדלתי אצל רועה בהמה לידע אי זה מום קבוע ואי זה מום עובר achtzehn Monate war ich bei einem Viehhirten in Pflege, um zu lernen, welcher Fehler (bei Thieren) bleibend, und welcher vorübergehend sei. — Pl. Bech. 37ᵇ בעלי מומין fehlerhafte Thiere. Das. 7, 1 (43ᵃ) מומין אלו בין קבועין בין עוברין פוסלין באדם diese (bei erstgeborenen Thieren erwähnten Fehler, infolge deren sie nicht geopfert werden dürfen) sowohl die bleibenden, als auch die vorübergehenden Fehler, machen auch Menschen untauglich; dass näml. die mit solchen Leibesfehlern behafteten Priester nicht opfern dürfen. Das. 44ᵃ fg. Keth. 72ᵇ כל המומין הפוסלין בכהנים פוסלין בנשים alle Leibesfehler, die bei Priestern als Gebrechen angesehen werden, sind auch bei Frauen als Gebrechen anzusehen. Wenn Jem. näml. eine Frau sich mit der Bedingung angetraut hat, dass sie keinen Leibesfehler habe, so ist beim Vorfinden eines solchen Fehlers, der den Priester zum Tempeldienst untauglich macht und der äusserlich nicht bemerkt werden konnte, die Trauung ungiltig. Das. 78ᵃ fg. Kidd. 66ᵇ u. ö. — 3) Charakterfehler, Makel. B. mez. 59ᵇ un. מום שבך אל תאמר לחבירך den Makel, der an dir haftet, wirf nicht einem Andern (der ebenfalls damit behaftet ist) vor! Meg. 29ᵃ האר מאן דדהיר בעל מום הוא wer stolz ist, ist mit einem Fehler behaftet. Uebtr. das. כולכם בעלי מומין אתם אצל סיני „ihr Berge" insgesammt seid, mit dem Sinai verglichen, mit Fehlern behaftet; mit Ansp. auf Ps. 68, 17. Genes. r. s. 46 Anf., 45ᵇ (mit Bez. auf והיה תמים, Gen. 17, 1) מה התאנה הזו אין לה פסולת אלא עוקצה בלבד העבר אותה ובטל המום כך אמר הקב׳ה לאברהם אין בך פסולת אלא הערלה העבר אותה ובטל מום so wie an der Feige, ausser ihrem Stiel, nichts Untaugliches vorhanden ist, entfernst du diesen, so ist ihr Fehlerhaftes fort; ebenso, sagte Gott zu Abraham, haftet an dir, ausser der Vorhaut nichts Untaugliches; entferne diese, so wird der Makel fort sein!

Denom. Hof. הוּמַם mit Fehlern behaftet werden. j. Schek. IV, 48ᵇ mit. תמימין והומממו fehlerlose Thiere, die Leibesfehler bekamen. Cant. r. sv. את יפה, 28ᵃ „die Wagen und die Opferthiere der Fürsten" (Num. 7, 3) עכשיו הן קיימות ולא הומממו ולא הזקינו ולא הבריאו אלא הן חיות וקיימות sind noch immer vorhanden,

sie wurden nicht fehlerhaft, sie alterten nicht und erlitten keinerlei Schaden; sondern sie leben und bestehen immer. Num. r. s. 12 g. E. dass., vgl. שָׂרַף. Trop. j. Jom. II, 39ᵈ mit. קטורת שכבת הרומחה das Räucherwerk, das erlischt (keinen Rauch mehr aufsteigen lässt), wurde [infolge des Verlöschens] unbrauchbar.

מוּמָא ch. (syr. ܡܘܡܐ=מום) Fehler, Leibesfehler. Bech. 36ᵃ שדא ביה מומא er machte ihm (dem erstgeborenen Thiere) einen Leibesfehler. Das. 39ᵃ. 43ᵇ ob. מחיל מומא עבודה וכ׳ ein Priester mit einem Leibesfehler entweiht den Opferdienst; mit Bez. auf Lev. 21, 23. Git. 56ᵃ ob. der römische Kaiser übersandte durch Bar Kamza, der die Juden denuncirt hatte, ein Thier, das man für ihn im Tempel zu Jerusalem opfern sollte. בהדי דקאתי שדא ביה מומא בניב שפתים ואמרי לה בדוקין שבעין דוכתא דלדידן הוי מומא ולדידהו לאו מומא auf seiner Hinreise nach Jerusalem brachte er (Bar Kamza) dem Thiere an den Lefzen (Manche sagen: an dem Flor der Augen) einen Fehler an einer solchen Stelle bei, wo für sie (die Römer) kein Fehler, für uns aber ein solcher vorhanden ist. Er hatte näml. die Absicht, von der Richtigkeit seiner Anklage gegen die Juden dem Kaiser dadurch einen Beweis zu liefern, dass sie das überschickte Opfer nicht darbringen wollten. — Pl. Snh. 5ᵇ בקיע במוּמֵי kundig der Leibesfehler; d. h. welche schädlich und welche unschädlich seien.

מוֹמְחֶה m. (eig. Part. pass. von מחי, מָחָה) bewährt, als ausgezeichnet anerkannt. Snh. 5ᵃ bei Civilprocessen muss ein Collegium von drei Richtern das Recht sprechen; ראם Jem. aber, היה מומחה לרבים דן אפילו יחידי der allgemein als Gelehrter anerkannt ist, darf auch als einzelner Richter fungiren. Das. 33ᵃ אם היה מומחה לבית דין פטור מלשלם Jem., der bei dem Gerichtshof als Gelehrter anerkannt ist, braucht (wenn er durch seine, später sich als unrichtig erweisende Entscheidung dem Fragesteller Schaden verursacht hat) keinen Schadenersatz zu gewähren. Bech. 28ᵇ u. ö. R. hasch. 25ᵇ die Zeugenaufnahme hinsichtl. des Sichtbarwerdens des Mondes bei der Festsetzung des Kalenders muss in Gegenwart eines Collegiums von drei Gelehrten erfolgen; אין לך מומחה לרבים בישראל יתר ממשה רבינו וקאמר ליה הקב״ה עד דאיכא אהרן בהדך denn es giebt in Israel keinen, der mehr anerkannt wäre, als unser Lehrer Mose, aber dessenungeachtet sagte Gott zu ihm: (Nicht eher darf die Festsetzung der Monate von dir vorgenommen werden), als bis Aharon mit dir gemeinschaftlich entscheidet (Ex. 12, 1. 2 לכם הזה החדש). Da aber zu einem Gerichtscollegium eine ungerade Zahl von Personen erforderlich ist (vgl. דין בית und הַטָיָה).

so muss noch ein Dritter hinzugefügt werden. j. R. hasch. I, 56ᶜ mit. למומחה הראהו man zeigte ein erstgeborenes Thier, das einen Leibesfehler hatte, einem anerkannten Gelehrten behufs Entscheidung, ob das Thier geopfert werden dürfe oder nicht, vgl. מום. — Ab. sar. 27ᵃ ob. רופא מומחה ein bewährter, anerkannter Arzt. Schabb. 60ᵃ לא בקמיע ובזמן שאינו מן המומחה mit einem Verband (als Heilmittel, wie Amulet u. dgl.) darf man, wenn derselbe nicht von einem bewährten Arzt herrührt, am Sabbat nicht ausgehen. Vgl. jedoch Tosef. Schabb. IV (V) איזו הוא קמיע מומחה כל שריפא ושנה ושלש וכ׳ was ist ein bewährter Verband? Ein solcher, mit dem man ein-, zwei- und dreimal geheilt hat (schwerlich=מומחה של קמיע). Schabb, 61ᵃ dass. j. Schabb. VI, 8ᵇ ob. הרופא נאמן לומר קמיע זה מומחה ריפיתי בו ושניתי ושילשתי der Arzt ist beglaubigt, zu sagen: Dieser Verband hat sich bewährt, denn ich habe ihn bereits ein-, zwei- und dreimal zur Heilung angewandt, vgl. auch מחי, מָחָא. Genes. r. s. 30 צדיק ומומחה ein Frommer, dessen Frömmigkeit erprobt ist. — Pl. Snh. 23ᵃ fg. מוּמְחִין·

מוֹמֵי f. (von יָמֵי, יָמָא) 1) Schwur, Eid. B. mez. 85ᵃ mit. מומי עוובה דא ein Schwur (ich schwöre), dieses (mein bisheriges Verlangen) sei fortan aufgegeben! Levit. r. s. 6, 150ᵈ das Sprichwort lautet: בין זכאי בין חייב לידי מומי לא תיעול gleichviel, ob du gerecht, oder ungerecht bist, lasse es nicht zu einem Eide kommen! Pesik. r. Zehngebote, 41ᶜ אינך אין אתה עומד במומיי das W. אינך (für אנכי, das erste W. im Dekalog gedeutet) du bleibst nicht bei seinem Eide. j. Ned. I g. E., 37ᵃ במומי s. מוֹדִי. — 2) Beschwörung, Vereidigung, s. TW.

מוֹמְתָא f. (=מוֹמֵי) Schwur, Eid. B. kam. 114ᵃ ob. אינהו נמי חד אמומתא שדי ליה auch sie (die nichtjüdischen Richter) legen bei Widerspruch eines Zeugen dem Gegner einen Eid auf. Pes. 113ᵇ ומומתיהו הכי וכ׳ ihr Schwur lautet wie folgt u. s. w., s. יָמָא. — Ned. 1, 2 במומתא נדר Mischn. Agg. (מרתא) ist näml. eine Verkürzung oder Nebenbenennung, כינוי, von מומתא; vgl. das. במומתא דאמר מורי mit dem Eide, den Mohi (Mose) ausgesprochen, s. מוֹדִי.

מוֹמְיתָא f. Ungeziefer, Laus. j. Schabb. I, 3ᵇ mit. מומיתא דרישא מתעביד עקרב die Kopflaus verwandelt sich (nach sieben Jahren) in einen Skorpion, vgl. אוֹקְעִיתָא.

מוֹמִיקה j. Schabb. VI, 8ᵇ ob. crmp., s. מוּנְיָיק.

מוֹמוֹס m. (gr. μῖμος, mimus) der Mime, Gebärdenkünstler. Thr. r. sv. הביא, 65ᵃ „Die am Thor Sitzenden sprechen über mich" (Ps. 69, 13) מכניסין את המומוס לטיאטרון שלהם וראשו גלות רדן אומרים אלו לאלו על מה ראשו

של זה מגולח רב' sie (die Völker) führen den Mimen mit abrasirtem Kopfe in ihr Theater; da fragt nun der Eine den Andern: Weshalb ist das Haar des Mimen abgeschoren? Worauf man antwortet: Die Juden feiern ihren Sabbat u. s. w., vgl. auch הַרֹבָּא. Das. Einleit. sv. ישׂיחו המוגמוס crmp. aus מבכינוסין את המתים וכ' 46ᵇ — Pl. Genes. r. s. 80 Anf., 78° wir sind den Völkern zu Dank verpflichtet, שהן מכניסין מומָסִין לבתי טרטייאות ולבתי קרקסיאות שלהם ומשׂחקרין בהם וכ' dass sie die Mimen in ihre Theater und auf ihre Circusplätze führen und sich mit ihnen belustigen; denn sonst würden sie mit uns Streitigkeiten anheben.

מוּמָר *m.* (eig. Part. pass. Hof. von מור: tauschen, wechseln) Apostat, Abtrünniger, der eines oder mehrere Hauptgesetze (d. h. Verbote) in consequenter Weise übertritt; (bei Unterlassung von Geboten dürfte, ausser bei dem Gebote der Beschneidung und des Pesachopferns, der Ausdruck מומר nicht vorkommen), eig. der das Gesetz wechselt, ihm zuwiderhandelt. Seiner Bedeutung nach müsste das W. allerdings מֵמִיר (Part. Hif. von מור, s. d.) lauten; da dies jedoch den anstössigen Sinn haben könnte, als ob Jemand das jüdische Gesetz zu wechseln, vertauschen vermöchte, so wählte man hierfür die pass. Form מומר: Jem., der gleichsam von den jüdischen Gesetzen vertauscht, ausgestossen wurde. An einen Religionswechsel im modernen Sinne des Wortes kann im altrabbinischen Schriftthum bei dem W. מומר deshalb nicht gedacht werden, weil das Judenthum keinen Austritt aus seiner Gemeinschaft und noch weniger einen Uebertritt zu einer andern Religionsgenossenschaft (die es überhaupt als eine solche gar nicht anerkennt), sondern blos die sträfliche Uebertretung der jüdischen Gesetze und die Angehörigkeit zu einer innerhalb des Judenthums verbliebenen Sekte kennt, vgl. auch מְשׁוּמָד. — Ab. sar. 26ᵇ מומר פליגי ר' אחא ורבינא חד אמר לתאבון מומר להכעיס מין הוי וחד אמר אפילו להכעיס נמי מומר אלא איזהו מין זה העובד ע״ז betreffs des Apostaten sind R. Acha und Rebina verschiedener Ansicht; der Eine sagt: Derjenige, der eine Sünde begeht (z. B. unerlaubte Speisen geniesst), um seine Begierden zu befriedigen, ist Apostat; wer aber eine Sünde zum Trotz (Gott zu kränken) begeht, ist ein Sektirer. Der andere Autor sagt: Selbst Jem., der eine Sünde zum Trotz begeht, ist ein Apostat; ein Sektirer aber ist derjenige, der Götzendienst treibt. Horaj. 11ᵃ dass., wo jedoch צדוקי anst. מין aus Furcht vor der Censur gesetzt wurde. Arach. 3ᵃ u. ö. מומר ישׂראל ein Israelite, der Apostat ist. j. Pes. VII, 34° un. מומר בהרייה (so in einigen Agg.) ein Apostat hinsichtlich des Lehramtes. Chull. 5ᵃ מומר לכל התורה כולה . . . מומר לאותו דבר ein Apostat betreffs derselben Sache, worin man

ihm Glauben schenken soll; ein Apostat hinsichtl. aller Gesetze. Das. מומר לנסך את היין ולחלל שבתות בפרהסיא ein Apostat hinsichtl. des Weinspendens vor Götzen, oder hinsichtlich der öffentlichen Sabbatentweihung. Das. 6ᵃ u. ö. מומר לערלות ein Apostat betreffs der Beschneidung. Das. 6ᵃ u. ö., vgl. מְשׁוּמָד.

מוֹן Pron. interrog. (syr. ܡܵܢ, =מַן) was? quid? quidnam? s. TW.

מוֹנְבַּז Monobaz, König von Adjabene, der, im 1. Jahrh. lebend, ebenso wie seine Mutter, Helena und sein Bruder Izatus, dessen Nachfolger auf dem Throne er war, streng nach jüd. Ritus lebte. Genes. r. s. 46, 45ᵈ, s. וטוּסם. j. Pea I, 15ᵇ un. מונבז המלך עמד וביזבז כל נכסיו לעניים der König Monobaz vertheilte alle seine Güter an Arme. B. bath. 11ᵃ dass. Jom. 37ᵃ מונבז המלך היה עושׂה כל ידות הכלים של יום הכפורים של זהב der König Monobaz liess alle Stiele der Tempelgeräthe, die am Versöhnungsfeste benutzt wurden, aus Gold anfertigen. Men. 32ᵇ u. ö.

מוֹנְגִינוֹס *m.* (gr. μονογενής) cinziggeboren, der einzige Sohn. Pesik. r. s. 10, 16° (mit Anspiel. כי תשׂא, 30, 12: „Wenn du aufhebst", was jedoch auch „Abnehmen des Hauptes" bedeutet, vgl. נְטִילָה) ein Gleichniss von einem Königssohn, der sich gegen seinen Vater verschuldet hatte, אמר המלך לכו שׂאו את ראשו תלו את ראשו כיון שׂמעו הקוסטרירים ונטלוהו לחתוך את ראשו מאבד את בנך זה מן העולם אמר לו אחה מארי הוא . . . אמר לו בלשון הזה שהוצאת עליו בו אתה מגדלו בעולם מה אמרת לכו שׂאו את ראשו ילכו ירוממו את ראשו ממה שהוא ונמצא קלווסיס שׂלך קיימת ולבנך הגדולה der König befahl: Gehet und hebet seinen Kopf ab, hänget seinen Kopf auf! Kaum hatten die Scharfrichter (quaestionarii) es vernommen, so fassten sie schon den Sohn, um ihm den Kopf abzuschneiden. Als aber der Erzieher (Pädagog) desselben hiervon Kenntniss erhielt, sagte er zum Könige: Mein Herr, solltest du wirklich deinen Sohn von der Welt vernichten wollen? Ist er denn nicht dein einziger Sohn? Der König aber erwiderte ihm: Was soll ich nun machen, da ich bereits den Befehl (קלווסיס, κέλευσις) ertheilt habe, dass man ihm den Kopf abnehme? Worauf ihm der Pädagog entgegnete: Mit demselben Ausdruck, den du über ihn ausgesprochen hast, kannst du seine Grösse bewirken; du sagtest: Hebet sein Haupt ab (שׂאו את ראשו, eig. erhebet), so möge man sein Haupt emporheben; auf diese Weise bleibt dein Befehl bestehen und dein Sohn erlangt die Erhabenheit.

מוֹנְדְרוֹן s. מִנְדְרוֹן.

7*

מוֹנִיטָא, מוֹנִיטָה‎ *f.* (lat. moneta) 1) Münze, d. i. Geld. Exod. r. s. 5, 107ᵇ משל לדהבי שהביאו לו מוניטא אחת וראה אותה מבפנים של חרס ומבחורץ של זהב ליִמים הביאו לו מוניטה שכולה זהב ... כך נשיקות וכ׳ ein Gleichniss von einem Goldschmiede, der von einer Münze, die man ihm gebracht hatte, erkannte, dass sie inwendig eine Scherbe und blos auswendig mit Gold belegt sei, der dagegen eine ihm später wieder vorgezeigte Münze sofort als ganz aus Gold angefertigt erkannte. Ebenso war auch das Küssen Esau's und Jakob's nur zum Scheine (Gen. 33, 4, vgl. כַּהֵב‎); dahingegen war das Küssen Ahron's und Mose's (Ex. 4, 27) aufrichtig gemeint. Thr. r. Anf., sv. העיר‎ 51ᵇ חמי הדא מוניטא siehe doch diese Münze. — 2) Münze, als Symbol für Regierung, Herrschaft, da jeder Herrscher bei Antritt seiner Regierung nur die mit seinem Bildniss geprägte Münze als vollgiltig erklärte, vgl. טָבַע‎ und מַטְבֵּעַ‎. j. Snh. II, 20ᵇ ob. (mit Bez. auf 1 Sm. 25, 30 fg.) Abigail sagte zu David: Weshalb willst du den Nabal zu Grunde richten? אמר לה מבני שקיל מלכותא דוד אמרה לו ומלך אתה אמר לה ולא משחני שמואל למלך אמרה לו עדיין מוניטא דמרן שאול קיים er antwortete ihr: Weil er (Nabal) die Regierung David's geringschätzte. Aber bist du denn etwa ein König? Und auf die Entgegnung David's: Samuel hat mich ja zum Könige gesalbt! erwiderte sie: Noch immer hat die Münze unseres Herrn Saul ihren vollen Werth! vgl. auch אִסְטְגְנִיוֹת‎. — 3) trop. Nachkommenschaft, Stamm. Genes. r. s. 37, 36ᵃ כל מוניטא של מצרים אינה אלא בים לודיים לודיים עמכמים וכ׳ der ganze Stamm (Nachkommenschaft) Mizraim's (Gen. 10, 13) endigt blos mit ים‎ (als Zeichen, dass Mizraim einst ,,im Meere" untergehen würde, näml. לודים עמכמים‎, wofür auch לודיים עמכמים‎ u. s. w.) Jalk. z. St. I, 16ᶜ liest מוניטין של מצרים אינו אלא פסולין der Stamm Mizraim's bestand blos aus Verworfenen. Exod. r. s. 15, 116ᵃ אמרו להם הצפרדעים מוניטא של אלהיכם בטלה ושלכם קיימת לפיכך ותשחיתם die Frösche sagten zu den Egyptern: Wie, der Stamm eures Gottes soll untergehen (bildl. für die israelitischen Nachkommen, welche auf Pharao's Befehl in den Nil geworfen wurden) und euer Stamm soll bleiben? Darum ,,verderbten die Frösche sie" (Ps. 78, 45; bildl. für: sie entmannten sie.)

מוֹנִיטוֹן, מוֹנְיָמין‎ *m.* (eig.=מוֹנִיטָא‎) 1) Münze, jedoch in der Bedeutung von monetarium, etwa Münzerei, Münzpräge. Genes. r. s. 36 g. E. לאחד שקבע מוניטין שלו בתוך אהלו של מלך אמר המלך גזר אני שריתחמו פניו ויפסל מבטעדו כך חם וכלב שמשמו בתיבה לפיכך יצא חם מפורחם וכלב מפורסס בתלמישו ein Gleichniss von Jemdm., der seine Münzerei in dem Zelte des Königs aufstellte. Letzterer sagte: Ich be-

fehle, dass das Gesicht dieses Menschen geschwärzt und seine Münze für ungiltig erklärt werde! So verhielt es sich auch mit Cham und dem Hunde, welche beide (ausnahmsweise) während ihres Aufenthalts in der Arche den Coitus vollzogen hatten, sodass Ersterer (Aethiopien) schwarz herauskam und Letzterer als geil bekannt wurde. — 2) trop. Münze=Ruf, Ruhm. Genes. r. s. 39, 38ᵇ ארבעה הם שיצא להם מוניטון בעולם אברהם ואעשך לגוי גדול (ואגדלה שמך l.) יצא לו מוניטון ומהו מוניטון שלו זקן וזקנה מיכן בחור ובחולה מיכן יהושע וידי שמעו ... יצא לו מוניטון בעולם מהו שור מיכן וראם מיכן ... דוד ויצא שם דוד ... יצא לו מוניטון בעולם ומה היה מוניטון שלו מקל ותרמיל מיכן ומגדל מיכן ... מרדכי ושמעו הולך ... ומה מוניטון שלו שק ואפר מיכן ועטרה זהב מיכן vier Männer gab es, deren Münzen (und durch sie ihr Ruf) in der Welt Verbreitung fanden: 1) Abraham, von dem es heisst: ,,Ich werde deinen Namen verbreiten" (Gen. 12, 2); seine Münze fand Verbreitung. Welches Gepräge hatte diese Münze? Einen Greis und eine Greisin (Abraham und Sara) auf der einen, einen jungen Mann und eine junge Frau (Isaak und Ribka) auf der anderen Seite. 2) Josua: ,,Sein Ruf war auf der ganzen Erde verbreitet" (Jos. 6, 27); seine Münze fand in der Welt Verbreitung. Welches Gepräge hatte diese Münze? Einen ,,Stier" auf der einen und eine ,,Antilope" auf der andern Seite (Bezeichnungen Josef's des Urahns des Josua, Dt. 33, 16). 3) David: ,,Der Name David's verbreitete sich in allen Ländern" (1 Chr. 14, 17); seine Münze war in der Welt verbreitet. Welches Gepräge hatte diese Münze? ,,Einen Stock und eine Hirtentasche" (1 Sm. 17, 40) auf der einen und ,,einen Thurm" (HL. 4, 4) auf der andern Seite. — 4) Mordechai: ,,Sein Ruf war in allen Staaten verbreitet" (Esth. 9, 4), seine Münze fand Verbreitung in der Welt. Welches Gepräge hatte diese Münze? ,,Sack und Asche" auf der einen und ,,eine goldne Krone" auf der andern Seite (Esth. 4, 1 und 8, 15). In Esth. r. g. E., 109ᶜ steht für letztern Passus folgendes: מה המלך מוניטא שלו הולכת בכל הארץ כך מרדכי מוניטה שלו הולכת מה מוניטא שלו מרדכי מכאן ואסתר מכאן so wie die Münze des Königs im ganzen Lande gangbar war, so war auch die Münze Mordechai's überall gangbar. Welches Gepräge hatte diese Münze? Mordechai auf der einen und Esther auf der andern Seite.

מוֹנִינֵי‎ s. מְנִינֵי‎.

מוֹנְיָיק, מוֹנְיָיקָה‎ *m.* (gr. ὁ μανιάκης oder τὸ μανίαχον) ein goldnes Hals- oder Armband. Levit. r. s. 12, 156ᵃ נעשו דברי תורה עטרה לראש מוניץק לצואר מוליגרה ללב die Gesetzlehre ist ,,eine Krone für das Haupt" (Spr. 1, 9), ,,ein goldnes Band für den Hals" (das.) und ,,eine Labung für das Herz" (Ps. 19, 9).

Jelamdenu zu Lev. 21, 10 (citirt vom Ar.) היה הכריז לפניו והמונייק בדרו אמרו לו אלו זכית 'היה המונייק הזה שלך וכ der Herold ging vor ihm(?), das goldne Halsband in seiner Hand tragend, und man rief ihm zu: Wärest du tugendhaft, so würdest du dieses Halsband erhalten haben, da aber u. s. w. Deut. r. s. 4, 255ᶜ למה הדבר דומה לעבד שאמר לו רבו [אם תעשה רצוני] הרי מונייק של זהב ואם לאו הרי כבלים של ברזל (der hier eingeklammerte Satz nach Jalk. z. St., woselbst jedoch נזמי זהב für unser W. steht) diese Schriftstelle (Jes. 1, 19) ist der Ansprache eines Herrn an seinen Sklaven zu vergleichen: Wirst du meinem Willen gemäss handeln, so liegt hier das goldne Halsband, wo nicht, so liegen hier die eisernen Fesseln bereit. j. Schabb. VI, 8ᵇ ob. (l. מונייקה) מדו מיפק בההוא מומייקה darf man am Sabbat mit dem Halsband ausgehen? Unser W. wird das. richtig mit בְּמִנְיָךְ, הַמִנְיָכָא verglichen, s. TW.

מוֹסְיָא Mysien, Name einer Provinz in der Gegend von Bithynien. Jom. 10ᵃ משך זו מוטיא unter משך (Gen. 10, 2) ist Mysien zu verstehen. j. Meg. I, 71ᵇ un. משך מוטיא dass. Genes. r. s. 37 Anf. איטניא crmp.

מוֹסָף m. (von יָסַף) eig. Hinzugefügtes, daher 1) Ansatz an einem Behältniss. Kel. 5, 5 מוסף התנור der Ansatz des Ofens, den man näml. cylinderartig in die Höhe zieht, damit die Wärme länger anhalte. Das. מוסף היורה der Ansatz des Kessels, den man näml. in die Höhe zieht, damit die aufwallende Flüssigkeit (Farbe u. dgl.) nicht auslaufe. Das. Mischna 11 מוסף של טיט der Lehmansatz am Ofen. Tosef. Kel. B. kam. VII. Tosef. Par. XI u. ö. — 2) Hinzukommendes, bes. Musaf, dasjenige Opfer, das an Sabbaten, Festtagen und Neumonden im Tempel dargebracht wurde, Musafopfer, und daher auch das an der Stelle dieses Opfers gesprochene Gebet, in welchem das Erstere erwähnt wird, Musafgebet. Schabb. 24ᵃ ימים שיש בהן קרבן מוסף ... ימים שאין בהן קרבן מוסף die Tage, an welchen das Musaf der dargebracht wurde (s. ob.), die Tage, an welchen kein Musafopfer dargebracht wurde, näml. die Fasttage. Meg. 3, 1 (21ᵃ) כל שיש בו מוסף ואינו יום טוב קורין 'ארבעה וכ an solchen Tagen, an welchen ein Musaf stattfindet, die aber keine Feiertage sind (näml. Neumonde und die Mitteltage des Festes), werden vier Personen zum Verlesen der Thora herbeigerufen, vgl. קְרִי. — Pl. Ber. 26ᵃ. 28ᵃᵇ תפלה המוספין und תפלה של מוספין das Gebet des Musaf's.

מוֹסָפָא ch. (=מוּסָף) das Musafopfer, Musafgebet. j. Jom. VI, 43ᵈ mit. כד מצלי מוסמא als er das Musafgebet vollendet hatte. — Pl.

Ab. sar. 4ᵇ צלותא דמוסָפֵי und Ber. 28ᵇ צלותא דמוסָפִין die Musafgebete.

מוֹסֵרָה, מוֹסֵירָה f. (=bh. מוֹסֵרָה, von יָסַר =אָסַר) Band, Strick, vinculum. B. kam. 45ᵇ. 55ᵇ קשרו בעליו במוסירה wenn sein (des Ochsen) Eigenthümer ihn mit einem Strick angebunden hat. Par. 2, 3 פסולה ... קיפל עליה את המוסירה wenn man den מוסרה כשרה ... אבל קשרה במוסרה Strick um den Körper der rothen Kuh gewickelt hat, so wird sie hierdurch untauglich (weil dieses Verfahren dem „Auflegen eines Joches" gleicht, Num. 19, 2); wenn man sie aber vermittelst des Strickes blos angebunden hat, so ist sie tauglich. B. mez. 8ᵇ מוסירה מחבירו קנה ... מא' לשון מוסירה אמר רבא אידי אסברה wenn Jem. (beim לי כאדם המוסר דבר לחבירו וכ' Kaufe eines Thieres) den Strick desselben vom Verkäufer empfangen hat, so hat er damit auch das Thier gekauft. Was bedeutet מוסירה? Raba sagte: Idi erklärte es mir wie folgt: Es ist als ob der Verkäufer vermittelst des Strickes das gekaufte Thier übergegeben hätte (wahrsch. blos ein Wortspiel, da von unserem W. der Stamm nicht מָסַר, sondern יָסַר ist). Daher werde näml. beim Kaufe das Erwerbungsrecht durch die Uebergabe des Strickes von Seiten des Verkäufers erlangt, nicht aber bei einem gefundenen Thiere, da Niemand den Strick übergiebt. — Pl. Trop. Jeb. 77ᵃ (mit Ansp. auf מוסרי, Ps. 117, 16) David sagte vor Gott: שתי מוסרות שהיו עלי פתחתם רות המואביה ונעמה העמונית die zwei Bande (die mich drückten) habt ihr gelöst, näml. die Moabiterin Ruth (Urgrossmutter David's) und die Ammoniterin Naama (David's Schnur); indem näml. die Gelehrten die moabitischen und die ammonitischen Frauen zur Heirath gestatteten, vgl. מוֹאָב und חַדָשׁ.

מוֹעֵד m. (eig. Part. Hof. von עוּד, vgl. auch יָעַד) eig. bezeugt, angezeigt; insbes. ein Thier, das bereits drei Mal durch Stossen, Treten u. dgl. Jemdm. Schaden zugefügt und betreffs dessen seinem Eigenthümer Anzeige davon gemacht wurde, der Muad (der infolge mangelhafter Ueberwachung wiederum Schaden anrichtete; im Ggs. zu תָם, Tam (eig. fromm, unschädlich): ein Ochs, der blos ein- oder zweimal beschädigte. B. kam. 15ᵃ. מה בין תם למועד אלא שהתם משלם חצי 16ᵇ נזק מגופו ומועד משלם נזק שלם מן העליון welcher Unterschied ist zwischen Tam und Muad? Bei ersterem wird nur der halbe Schadenersatz u. zw. vom Thiere selbst entrichtet (d. h. nur wenn der Werth des beschädigenden Thieres so viel, als der vom Eigenthümer zu leistende Zahlung beträgt); beim Muad hing. wird der volle Schadenersatz und zwar vom Vermögen des Besitzers entrichtet (d. h. wenn auch das beschädigende Thier nicht soviel werth ist, als

der von ihm angerichtete Schaden beträgt, so muss dennoch der Besitzer desselben den Schaden von seinem Vermögen ersetzen). Das. 17ᵇ. 18ᵇ, vgl. הידוס. Das. 23ᵇ איזהו תם ואיזו מועד מועד כל שהעידו בו שלשה ימים ותם משיחזור בו שלשה ימים וכ' was ist Tam? und was ist Muad? Muad ist ein Ochs, betreffs dessen man den Eigenthümer an drei aufeinander folgenden Tagen verwarnt (dass der Ochs gestossen hat; Tam ist ein solcher (der zwar früher öfter gestossen), der aber während eines Zeitraums von drei Tagen das Stossen unterlassen hat. Jeb. 64ᵇ. 65ᵃ u. ö. B. kam. 26ᵃ אדם מועד לעולם בין שוגג בין מזיד בין ער בין ישן der Mensch wird stets als ein Muad behandelt (d. h. hinsichtlich einer von ihm verübten Beschädigung), sei es, dass er irrthümlich oder muthwillig, wachend oder schlafend Jemdn. beschädigt, d. h. er wird unter allen Umständen zu vollem Schadenersatz verurtheilt. (Snh. 72ᵃ steht בין ער וכ' anst. בין באונס בין ברצון vgl. hierzu Tosaf. Jeb. 53ᵇ sv. הבא). — Pl. מועדין B. kam. 4ᵃ. 16ᵃ. 33ᵃ fg. — Fem. das. 17ᵃ הבהמה מועדת להלך כדרכה ולשבר (als eine Erklärung von הרגל מועדת das.) das Thier wird als Muad behandelt, wenn es beim gewöhnlichen Schritte Geschirr zerschlägt. Das. 19ᵇ הבהמה מועדת לאכל פירות וירקות (eine Erklärung von מועדת השן das.) das Thier wird ferner als Muad behandelt, wenn es Früchte oder Kräuter frisst. Das. 45ᵇ צר מועדת die Seite (Eigenschaft) des Muad. — Uebrtrg. Num. r. s. 9, 202ᶜ כיון שנשנתה בחמא נעשה מועד לבעירה da er (Simson) schon drei Mal die Sünde begangen, so wurde er hierzu ein Muad.

מוֹעֵד m. (=bh., von יָעַד) 1) festgesetzte Zeit, s. nr. 2. — Pl. Erub. 54ᵇ un. עשה מועדים לתורה bestimme Zeiten für die Gesetzlehre, vgl. מוֹרֵעַ. — 2) bes. Festtag u. zw. sowohl Feiertag, als auch Wochentag des Festes, חול המועד s. d. Pes. 10ᵇ לא בדק בארבעה עשר יבדוק בתוך המועד לא בדק בתוך המועד יבדוק לאחר המועד wenn Jem. am 14. Tage des Nisan (am Rüsttage des Pesach) die Behausung nicht durchsucht hat (um das Gesäuerte zu entfernen), so durchsuche er sie am Feste selbst; hat er sie aber auch am Feste nicht durchsucht, so durchsuche er sie nach dem Feste; weil näml. das während des Festes in der Behausung zurückgebliebene Gesäuerte auch später nicht genossen werden darf; so nach Ar., Maim. und Tosaf. z. St. — Raschi erklärt מועד hier von nr. 1 und zwar = שעת הביעור: die Zeit des Wegräumens des Gesäuerten; תוך המועד bedeute demnach: die sechste Tagesstunde am Rüsttage des Pesach, welche die Zeit des Wegräumens ist; אחר המועד: die Zeit nach der sechsten Tagesstunde, d. h. Nachmittags bis Abends. Höchst wahrsch. sah sich Raschi zu dieser Erklärung

durch den dort darauffolgenden Satz genöthigt: ומה שמשייר יניחנו בצנעא וכ' (das zurückgebliebene Gesäuerte muss an einem geheimen Orte verwahrt werden, damit man nicht nöthig habe, es noch einmal aufzusuchen); was weder am Feste, noch nach dem Feste angeht. Mögl. Weise jedoch bezieht sich dieser Nachsatz auf die eigentliche Zeit des Wegräumens, näml. auf den ersten Satz der Mischna das.: Man untersuche die Behausung am Abend vor dem Rüsttage, vgl. auch Ar. Nach Tosaf. z. St. hätte sich Raschi deshalb zu dieser Erklärung genöthigt gesehen, weil er den Satz בודקין וכ' (Pes. 1, 1) erklärt: Man müsse deshalb das Gesäuerte aufsuchen, שלא יעבור עליו בבל יראה ובבל ימצא damit man nicht die Verbote: „Es soll nicht gesehen werden" u. s. w. (Ex. 12, 19 und 13, 7) übertrete; was nach dem Feste nicht angeht. — M. kat. 27ᵇ אין מועד בפני תלמיד חכם dem Gelehrten gegenüber giebt es keinen Festtag (d. h. an der Bahre eines verstorbenen Gelehrten darf man, selbst am Feste Trauerreden halten); um wie viel weniger das Chanukka- und das Purimfest. Schebu. 10ᵃ ראש חדש נמי איקרי מועד der Neumond wird auch: Fest genannt, mit Ansp. auf Klgl. 1, 15. — Pl. Schabb. 145ᵇ מפני מה מועדים שבבבל שמחים מפני שהן עניים weshalb begehen die Babylonier die Festtage so besonders fröhlich? Weil sie arm sind; daher suchen sie näml. in Festzeiten ihre Armuth bei sich selbst in Vergessenheit zu bringen. Pes. 10, 6 (116ᵇ) ר' טרפון אומר אשר גאלנו וגאל את אבותינו ממצרים ולא היה חותם ר' עקיבא אומר כן ה' אלהינו ואלהי אבותינו יגיענו למועדים ולרגלים אחרים הבאים לקראתינו לשלום וכ' R. Tarpon sagte: (die Eulogie am ersten Pesachabend lautet: „Gelobt ...) der du uns und unsere Väter aus Mizraim erlöst hast"; er fügte aber kein Schlussgebet hinzu. R. Akiba sagte: (Man fügt folgendes Schlussgebet hinzu:) „So möge unser Gott und der Gott unserer Vorfahren uns erleben lassen andere Fest- und Feiertage, denen wir entgegeneilen, zum Heile, freudig durch den Wiederaufbau deiner Stadt" u. s. w. Die „anderen Fest und Feiertage", deren Eintreffen von R. Akiba mit solcher Zuverlässigkeit erwartet wurde, sollte unzweifelhaft eine Folge der Siege des Revolutionärs Bar Kochba gegen die Hadrianischen Truppen sein, welchen R. Akiba als den erwarteten „König Messias" (vgl. משיחא) proklamirt hatte, während R. Tarpon, der auch sein politischer Gegner war, von diesem Schlussgebete nichts wissen wollte. — Oft mit fem.-Endung. Meg. 31ᵃ פרשת מועדות der Bibelabschnitt, in welchem die Feste vorkommen, näml. Lev. cap. 23. Aboth 3, 11 המבזה את המועדות וכ' wer die Feste (d. h. die Wochentage der Feste, durch Arbeiten) verachtet, wird kein Antheil am zukünftigen Leben haben. Pes. 118ᵃ כל המבזה

את המועדות כאילו עובד עבודה זרה wenn Jem. die Feste verachtet, so ist das so gut, als ob er ein Götzendiener wäre. j. Erub. III g. E., 21ᵈ ר׳ יוסי מישלח כתיב להון אף על פי שכחבוז לכם סדרי מועדות אל תשנו מנהג אבותיכם נוחי נפש R. Jose schickte den Babyloniern folgendes Sendschreiben: Obgleich die palästinischen Gelehrten euch die Ordnung der Feste (nach der Kalenderberechnung) verzeichnet haben, so möget ihr dennoch den Brauch eurer Väter seligen Andenkens (welche näml. zweifelshalber die Doppelfeste [יום טוב שני של גליות, s. d.] eingeführt hatten) nicht abändern. (Die LA. סדרי תפלות anst. סדרי מועדות ist unrichtig), vgl. Bez. 4ᵃ, s. auch מִנְהָג. Genes. r. s 13, 14ᵃ ein Nichtjude fragte R. Josua ben Korcha: אתם יש לכם מועדות ... ראוו יש לנו מועדות בשעה שאתם שמחים אנו ואיתמיר ואתם שמחים בירידת גשמים ihr habt Feste und wir haben ebenfalls Feste, wenn ihr fröhlich seid, sind wir nicht fröhlich. ... Wann jedoch sind wir und ihr fröhlich? Wenn Regen fällt, infolge dessen näml. Nahrung entsteht. — Davon rührt auch der Name des Talmudtractates: מועד קטן Moëd katan her (eig. das kleine Fest), welcher theils von den Wochentagen des Festes, theils auch von den Trauergebräuchen bei Todesfällen und namentlich an dem Fasttag wegen der Tempelzerstörung, am 9. des Monats Ab, handelt. In letzterer Beziehung ist מועד euphemistisch zu nehmen (ähnlich Tractat Semaohoth, שמחות Freuden, welcher blos von Trauergebräuchen handelt); ferner auch, weil der 9. Ab ebenf. מועד genannt wurde, sowie weil die Arbeiten, die an den Festen, auch in den Trauertagen verboten sind, s. ob., vgl. auch M. katan 14 fg. — Zu bemerken ist noch, dass dieser Tractat von Ar. und den älteren Rabbinen: משקין Maschkin genannt wurde, nach dem ersten W., womit derselbe beginnt. Ferner Suc. 4ᵇ u. ö. סדר מועד die Ordnung (Abtheilung), Moëd, s. זָרַע.

מוֹעֲדָא ch. (=מוֹעֵד) Fest. M.kat. 18ᵇ ob. חולא דמועדא die Wochentage des Festes, s. auch TW.

מוּפְיוֹן m. pl. Mapparii, Circusspieler, die Wettfahrenden im Circus, denen mit dem Tuche, mappa, das Signal gegeben wurde. (Du Cange gl. med. lat. mapparii, qui in circo mappam demittebant aut excipiebant in signum proxime edendorum censium, μαππάριοι). j. Ab. sar. I, 40ᵃ mit. מופיון מוקיון die Possenreisser, (μῶκοι) und die Circusspieler (μαππάριοι). Ab. sar. 18ᵇ dass. Mögl. Weise bedeuten diese Worte als Singl.: das Possenspiel und das Circusspiel, vgl. auch בּוּקְיוֹן.

מוֹפֵת m. (=bh. Stw. יָפַת oder אָפַת, arab. أَفَت) Wunder. Uebrtr. Chull. 103ᵇ מופת הדור Wunder des Zeitalters, d. h. grosser Mann.

מוֹפְתָא ch. (=מוֹפֵת) Wunder, s. TW.

מוּץ (=מָצַץ, s. d., ähnlich arab. مَاصَ: zerreiben) saugen, aussaugen. Schabb. 133ᵇ האי אומנא דלא מָיֵיץ סכנתא הוא ein Beschneider, der, nach vollzogener Beschneidung das Blut nicht aussaugt, bringt das Kind in Gefahr u. s. w., vgl. אומָנָא. Das. 134ᵃ Abaji sagte: אמרה לי אם האי ינוקא דלא מייץ מיקר דקר פומיה מאי תקנתא ליתו כסא גומרי וליניקטר ליה להדי פומיה דחיים פומיה ומייץ die Mutter (Erzieherin) sagte mir: Wenn ein Kind nicht saugen kann, so rührt es davon her, dass sein Mund (seine Lippen) erkältet ist. Welches Mittel ist dagegen anzuwenden? Man bringe einen Pokal mit Kohlen und halte ihn dem Munde gegenüber; infolge dessen wird das Kind, wenn sein Mund warm geworden, saugen. Ab. sar. 32ᵃ.

מוֹץ I m. (hbr. מוֹץ, מֹץ, von מוּץ, vgl. auch מוֹצָא) Spreu. j. Snh. X, 27ᵈ un. (mit Bez. auf die Mischna: האפיקורוס) „der Epikuräer", d. h. der die Gotteslehre oder die Gesetzlehrer verachtet; לבית שהוא מלא חבן אף על גב דאת מעבר ליה מיניה אהן מוצא מרעיא כהליא er gleicht einem Hause, das voll Stroh ist, und wenn du auch letzteres daraus entfernt, so wird doch die darin zurückgebliebene Spreu die Wände nach und nach wacklig machen, s. auch TW.

מוֹצָא II Moza, Name eines Ortes. Suc. 4, 5 מקום היה למטה מירושלם ונקרא מוצא einen Ort gab es unterhalb Jerusalems, der Moza genannt und von welchem die Weiden für den Altar geholt wurden. Das. 45ᵃ der Ort hiess קלניא (=Tosef., j. Suc. IV Anf., 54ᵇ קלוניא, s. d) מאי מוצא קרי ליה מוצא אייר דמיסק מברגא דמלכא קרי ליה מוצא weshalb nennt ihn der Autor der Mischna: מוצא? Weil er von der königlichen Steuer befreit war, deshalb nennt ihn מוצא (von יצא herausgehen). j. Suc. l. c. מהו מוצא was ist מוצא? Mamzeja.

מוק (syn. mit מוג, מקק, s. d. Grndw. מק:) zerfliessen.

Pa. מַיֵּיק (syr. ‎) und Af. אָמֵיק (hbr. הָמִיק, Ps. 73, 8) verspotten, verhöhnen, s. TW.

מוק m. [„‎", Halbstiefel, ist aus dem pers. مُوزَه (älter مُوزَج), arab. مُوزَج byzant. μουτζάκιον, μουτζάκιν u. s. w. Fleischer im TW II, 567ᵇ] Halbstiefel. Jeb. 102ᵇ un. (mit der Chaliza חֲלִיצָה, s. d.), die man vollzog במוק ובסמיכת הרגלים יכ׳ mit einem Halbstiefel oder mit einer Fussstütze (einer Art Socke) ist giltig. Tosef. Jeb. XII mit. dass.

מוֹקָא ch. (syr. ‎=מוק) Halbstiefel. Pl. Jeb. 102ᵇ ob. R. Juda דנפק בחמשה זוזי מוקי לשוקא der in fünf Paar (über einander gezogenen) Halbstiefeln auf die Strasse ging.

(Raschi z. St. erklärt unser W.: קלשולש קשים es sind harte Stiefeln, oder Socken, caleçons, die man im Arab.: אלמוק nennt. In vorg. St. sv. מוק erklärt er: קילצֿון של לבד קשה ורגין eine Socke, caleçon, die von hartem Zeuge ist und den Fuss schützt.) Git. 68ᵇ un. במוקי קאתי er kommt mit Halbstiefeln bekleidet. Raschi: אמרה ליה Snh. 95ᵃ un. עולם דהב לי פילכאי פתקיה בריש מוֹקֵיה ומחייה Ar. (anst. וקטלמה l. ובריׁשיה וקטליה; ganz anders in Agg., woselbst auch מורחא anst. מוקיה steht) die Mutter des Abischai sagte zu ihm: Jüngling, gich mir meine Spindel, die ich auf die Spitze des Halbstiefels geworfen (sie hatte näml. die Spindel gegen Abischai in der Absicht geworfen, ihn zu tödten). Da schlug er sie am Kopfe und tödtete sie. (Ar. ed. pr. hat diese Stelle mit den hier vorangegangenen richtig unter einem und demselben Stichwort, מוק; Musafja, wonach Ar. ed. Landau, bringt fälschlich unsere St. in einem besonderen Artikel מוק, und erklärt unrichtig: מוקיה für מוקדיה sein Scheitel.)

מוֹקֵד m. (= bh. von יָקַד) Brand, Feuer, das Verbrennen. Tam. 1, 1 בית המוקד כיפה die Brandstätte (im Tempel, wo stets das Feuer zum Gebrauche des Altars unterhalten wurde) bestand in einem Gewölbe, das ein grosses Gehäuse bildete und von Steinschichten umringt war. Midd. 1, 1. 6. 8. Schabb. 19ᵇ מדורה בית המוקד der brennende Holzstoss in der Feuerstätte; vgl. Raschi z. St.: In dieser Tempelzelle wärmten sich die Priester, die auf dem marmornen Fussboden barfuss gingen. — Uebrtr. Genes. r. s. 79, 77ᵈ בי בני דבית מוקד דטבריא das Badehaus der Thermen von Tiberias. Khl. r. sv. חמר גומץ, 94ᶜ steht dafür מוי דמוקד דטבריה die Thermen von Tiberias.

מוֹקְדָא chald. (syr. ‎) Brand, Feuer, Heerd. Snh. 33ᵇ ארמוקדך יקיר וכ' so lange das Feuer auf deinem Heerde brennt u. s. w., vgl. יָקַד.

מוֹקְיוֹן m. (gr. μῶκοι) die Possenreisser, Spötter, oder: das Possenspiel. j. Ab. sar. I, 40ᵃ mit. und Ab. sar. 18ᵇ, s. מופיון.

מוֹקְמָא f. (von קום) Stand, Standort. — מוֹקְמְנָא m. Stand, Zustand, Beschaffenheit, s. TW.

מוֹקְצָה s. d. in מוק.

מוֹקְרָא I m. (von יָקַר) Mark, sow. in der Wirbelsäule, als auch im Schädel, Gehirn (ähnlich syr. ‎: Eidotter); übrtr. Hirnschale, Schädel, vgl. מוֹחָא. Chull. 93ᵃ דבירי

ודמוקרא משום דמא die Häute von den Hoden (cines männlichen Thieres) und vom Gehirn sind wegen des Blutes zum Essen verboten. Ber. 56ᵃ מוקרידה Ar. (vgl. מוֹחָא) sein (des Schädels) Gehirn.

מוֹקְרָא II m. (von יָקַר) Ehre, Ehrenbezeigung. Khl. r. sv. וכבותי, 76ᵈ אמרין ליה עבודהי כל מוקרא תיקרינה להדין כבא יהודאי seine (des Hadrian) Diener sagten zu ihm: So viel Ehre erweiset du diesem alten Juden!

מוֹקְשׁ m. (eig. = bh., von יָקַשׁ) Gegenstand, der zum Fallen, Verderben bringt; übrtr. Schädliches, Verderbliches. Genes. r. s. 35, 34ᶜ את קשתי נתתי קישׁותי דבר מוקש "meinen Bogen setzte ich" (Gen. 9, 13, קישׁותי=קשתי) d. i. mein Verderbliches. Ist es aber möglich (von Gott so zu sprechen, als ob ihm etwas verderblich sein könnte)? Vielmehr ist das Schädliche der Früchte darunter gemeint. Jalk. I, 15ᵈ dass.

מוּקְשָׁה j. Kil. III, 28ᵉᵈ, s. in מקש.

מוֹר, nur Hif. הֵמִיר (= bh.) vertauschen, verwechseln (arab. ‎ verkaufen, eig. tauschen, vgl. Gesenius' Wb. hv.). Tem. 1, 1 (2ᵃ) הכל ממירין . . . לא שהאיׁש רשאי להמיר אלא שאם המיר המיר מומר וסופג את הארבעים Alle können nen vertauschen (d. h. Thiere, die zu Opfern bestimmt sind, mit anderen umtauschen, Lev. 27, 33); nicht etwa, dass man vertauschen darf, sondern (insofern kann man umtauschen, dass) wenn man sie umgetauscht hat, ein solcher Tausch giltig ist (eig. das Thier umgetauscht ist), und dass der Umtauschende mit 40 (39) Geisselhieben bestraft wird. Chull. 2ᵃ u. ö. Tem. 3ᵃ נׁשבע וממיר (auch רמוׁמר=) Jem., der falsch schwört, oder der ein Opferthier umtauscht, vgl. לא. Davon מוּפֶנד s. d.

מוֹר I Imper. (verk. von אמור, vgl. עַר) sprich! j. Ber. II, 5ᵇ ob. רמור דבתרה (ed. Lehm. ראמור) sage den darauffolgenden Satz! d. h. bei Erwägung desselben fällt deine Frage weg! Das. öfter.

מוֹר II m. oder מוֹרָה f. (arab. ‎ fluctus) Zerfliessendes, Herabfliessendes oder Zerfallendes. Pl. Thr. r. sv. ראה ה, 60ᵃ מעי חמרמרו עׁשאם מדרות מורות "meine Eingeweide" (Klgl. 1, 20) das bedeutet: er verwandelte sie in zerfliessende (zerfallende) Theile (hyperbolisch wie נׁשפך לארץ כברי das. 2, 11); nach einer andern Deutung גוׁשין גוׁשין, s. גוׁש II.

מוֹר III m. (= bh. מוֹר, מֹר, Stw. מרר, s. d.) Myrrhe, μύῤῥα, Gummiharz, ein kostbares, wohlriechendes und bitterschmeckendes Gummi; das von den Bäumen herabträufelt. Ar. erklärt מור

durch das gr. מוסקי (μόσχος, Moschus[?]) ebenso Maim. in Mikw. 9, 5); nach einer andern Erklärung: מסתיכי, μαστίχη, mastix. — j. Jom. IV, 41ᵈ mit. מור וקציעה Myrrhe und Cassia, Spezereien, die zum Räucherwerk im Tempel verwendet wurden. Ker. 6ᵃ dass. Mikw. 9, 5 הזפת והמור (Var. והמור) Harz und Myrrhe. Tosef. Mikw. VII המור והקמוס Myrrhe und Gummi. Schabb. 30ᵇ אין שפתותיו נוטפות מור wenn seine Lippen nicht Myrrhe träufeln u. s. w., vgl. כוי, פנה.

מוֹרָא, מֵירָא ch. (syr. ܡܽܘܪܳܐ=מור) Myrrhe. Chull. 139ᵇ wird der Eigenname מרדכי gedentet: מירא דכיא reine Myrrhe, s. auch TW.

מוֹרָא m. (=bh., von ירא) Furcht, Ehrfurcht. Aboth 1, 3. 4, 12 ומוראא רבך כמוראא שמים die Ehrfurcht vor deinem Lehrer gleiche der Ehrfurcht vor Gott, vgl. כבוד Anf. Kidd. 31ᵃ ob. Gott weiss. dass der Sohn seinen Vater mehr fürchtet als seine Mutter, לפיכך הקדים האם למוראא deshalb liess er das Gebot der Ehrfurcht vor der Mutter dem der Ehrfurcht vor dem Vater vorangehen (Lev. 19, 3); dahing. steht bei dem Gebote der Ehrerbietung zuerst der Vater und dann die Mutter (Ex. 20, 12), vgl. שבל. Sifra Kedoschim Anf. und öfter איזהו מוראא was ist unter Ehrfurcht zu verstehen? vgl. כבוד. Ber. 28ᵇ R. Jochanan ben Sakkai segnete seine Schüler: יהי רצון שיהא מורא שמים עליכם כמורא בשר ודם אמרו לו עד כאן אמר להם ולואי תדעו כשאדם עובר עבירה אומר שלא יראני אדם möge es Gottes Wille sein, dass ihr ebenso viel Gottesfurcht wie die Furcht vor Menschen besitzet! Sie sagten zu ihm: Also nur soviel? Worauf er ihnen entgegnete: Wenn es nur soviel wäre! Ihr wisset ja, dass Jem., der eine Sünde begeht, bei sich denkt: Wenn mich nur Niemand sehen möchte! Cant. r. sv. כמגדל, 22ᵃ, s. מוֹרְיָה.

מוֹרָאָה f. dass. Furcht, Ehrfurcht. Num. r. s. 15, 230ᵃ מוראת הרב ... מוראת רבית ומוראת משקלות die Gottesfurcht betreffs eines grossen Mannes (d. h. das Gebot, ihn zu ehren, Lev. 19, 31 וייראת מאלהיך), die Gottesfurcht betreffs des Wuchers (keinen Zins zu nehmen, Lev. 25, 36), die Gottesfurcht betreffs der falschen Gewichte (Lev. 19, 35).

מוֹרָאָה, מוֹרָא fem. (gr. μωρά) närrisch, dumm, s. מורוס.

מוֹרְתָא f. (von מור, arab. مَارَ fliessen, oder =מרר: tröpfeln) eine Art Gussspeise, die man in kochendes Wasser oder in Brühe hineingiesst, tröpfelt. j. Ber. VI, 10ᵃ un. הדא מורחא שחיקתא (ähnlich שתיתא, s. d.) die

zerriebene Speise (dass., was in Ber. 38ᵃ שתיתא רכה genannt wird).

מוֹרְאָגוּרִי f. (gr. μαργαρίς, spät. Form statt μαργαρίτης, Du Cange: μάργαρος, auch μάργαρον, margarita) Perle, oder Perlenmuschel. Genes. r. s. 91 g. E. wird מזמרת (Gen. 43, 10) gedeutet: ומור אגורי ... חלזון (l. ein W. ומוראאגורי, s. חלזון) Bd. II, 55ᵃ.

מוֹרָדָה f. (bh. מורד, von ירד) Abhang, Senkung. Pl. Erub. 56ᵇ מעלות ומורדות (LA. der Tosaf. z. St., vgl. זקן) die Steigungen und Senkungen.

מוֹרָה I f. (=bh.) 1) (=Ps. 9, 21, Stw. ירי =ירא) Furcht, und 2) (Stw. מרי?) Scheermesser, Rasirmesser. Nas. 9, 8 (66ᵃ) R. Nehorai sagte: Samuel war ein Nasiräer, denn bei ihm kommt ebenso, wie bei Simson (welcher ein Nasir war, vgl. das. 4ᵃᵇ) der Ausdruck מורה vor (1 Sm. 1, 11 und Ri. 13, 5): „Ein Scheermesser wird nicht auf sein Haupt kommen." R. Jose entgegnete ihm: והלא אין מורה אלא של בשר ודם אמר לו ר' נהוראי והלא כבר נאמר ויאמר שמואל וג' שכבר היה עליו מורה (Var. מורא) של בשר ודם das W. מורה (bei Samuel) bedentet ja nichts anderes als die Furcht vor Menschen! Worauf ihm R. Nehorai erwiderte: Heisst es doch: „Samuel sprach: Wie sollte ich gehen, da mich Saul, wenn er es erführe, tödten würde" (1 Sm. 16, 2); folglich hatte er Furcht vor Menschen. j. Nas. IX Ende, 58ᵇ vereinigt die beiden Bedeutungen des Ws. מורה wie folgt: מה הדין ביזרא דחיל מן הדין פרזולא אף הדין שערה דחיל מן הדין פרזולא so wie „die Feldsprossen das Eisen fürchten" (Jes. 7, 25, יראת ושית שמיר), ebenso fürchtet das Haar das Eisen. Vgl. damit Num. r. s. 10, 207ᶜ למה נקרא שמו מורה של תער מורה מתירא שאין השער שהוא מגלחו גילוח מתחת השחתה weshalb heisst das Scheermesser: מורה? Weil das Haar kein anderes Schneidewerkzeug (z. B. Scheere u. dgl.) so sehr fürchtet wie das Scheermesser, welches das Haar ganz mit der Wurzel vernichtet, vgl. גילוח.

מוֹרָה II f. Zerfliessendes, s. מור II.

מוֹרוֹס m., מוֹרָא f. (gr. μωρός, μωρά) albern, dumm, närrisch, der, die Alberne; ferner מוֹרָא (gr. μωρία) Dummheit, Albernheit, Thorheit. Jelamdenu zu Num. 20, 10 (mit Ansp. auf המורים) ר' אמר מזורה לישטא מהר ראובן כדהדין לישטא יונית צווחין לשטיא מורוס was bedeutet מורה? R. Ruben sagte: Wie im Griechischen, in welcher Sprache man den Albernen: μωρός nennt. Die Worte שמעו נא המרים seien also zu deuten: „Höret doch, ihr Albernen!" Tanchuma Chukkath (mit Anspiel. auf dasselbe hebr. W.) מה הוא המורים שיטין הרבה יש בו המורים סרבנים המורים שוטין שכן בכרכי

הים קורין לשוטין מורים ויש אומרים המורים
חצים שמורים את מלמדיהן המורין מורא
המורים (d. h. המורים)? Das Wort lässt viele
Deutungen zu: 1) Ungehorsame (von מרי);
2) Alberne, denn in den Küstenländern (Griechenland) nennt man die Albernen: μωροί; 3)
Belehrende (von ירי), weil sie ihre Lehrer
(Mose und Aharon) zurechtweisen wollten; und
4) (ebenf. von ירי) Bogenschützen (die mit
Steinen schleuderten, vgl. Num. 14, 10). — Thr.
r. Einleit., 49ᵈ was bedeutet מוראה (Zeph. 3, 1)?
Ar. אמר ר׳ ראובן לשון רוני צווחין לשטיא מורא
ed. pr. sv. מר 8 (Jalk. II, 84ᵇ steht dafür מורה
Midrasch Agg. לשטותא l. לשטיא) R. Ruben
sagte: Das Wort ist griechisch, in welcher Sprache
man die Alberne: μωρά nennt. Midrasch Tillim zu Ps. 9, 21 (mit Ansp. auf מורה הכס
בהן את השטות שכן בלשון יוני לשטיא (לשטותא l.
מוראין קוראין bringe ihnen Dummheit; denn
im Griechischen nennt man die Dummheit:
μωρία.

מוֹרִיָה (=bh. מֹרִיָה und מוֹרִיָּה) Moria, der
Hügel in Jerusalem, auf welchem Abraham den
Isaak opfern sollte und auf welchem später
Salomo den Tempel erbaute. Genes. r. s. 55,
54ᵉᵈ wird מוריה vielfach gedeutet: 1) מקום
שהוראה יוצאה לעולם der Ort, aus welchem
(d. h. aus der Quaderhalle im Tempel) die Belehrung in die Welt kommt (näml. von ירי);
2) מקום שיראה יוצאה לעולם der Ort, aus welchem die Gottesfurcht in die Welt kommt
(von ירא); 3) מקום שהאורה יוצאה לעולם der
Ort, aus welchem das Licht in die Welt kommt
(von אור); 4) משם הקדלה מורה לאומות העולם
ומורידם לגיהנם von wo aus Gott die Völker hin-
wegschleudert und in die Hölle stürzt (wegen
Nichtbefolgung der Gesetzlehre; Stw. ירי); 5)
מקום שהוא ראוי כנגד בית המקדש למעלן der
Ort, welcher ausersehen (bestimmt) ist,
dem Heiligthum im Himmel gegenüber zu liegen
(vgl. כון, Piel כִּיֵּן Anf.; von רָאָה); 6) מקום
שירא מראהו לך der Ort, der dir gezeigt (sich
dir zeigen) wird (Gen. 22, 4; von רָאָה); 7)
אתר מורנא דעלמא der Ort, der die Herrschaft der Welt enthält (vom aram. מר); und
8) מקום שהקטרת קריבה der Ort, wo das Räucherwerk (Myrrhe) dargebracht wird (mit
Ansp. auf הר המור, HL. 4, 6). j. Ber. IV, 8ᵉ
ob. und Cant. r. sv. כמגדל, 22ᵃ werden blos
die hier erwähnten ersten Deutungen gegeben;
ähnlich wird ארון gedeutet, s. d. W. Pesik. r.
Bachodesch, 69ᵇᶜ werden ausser den erwähnten
Deutungen noch folgende gegeben: תאורתו של
Morija (1. חליפיו שם על תמורתו) שם אליפיו
(von מור, Hif. הֵמִיר, Sbst. תְּמוּרָה) bedeutet: das
Vertauschen und zwar wegen des Vertauschens
(infolge dessen anstatt des Isaak ein Widder geopfert wurde); ferner: ארץ שמורתו של עולם
לתויכה שנאמר ותרו וג׳ ואף המקום מורות הוא על

בעלתה ... כל המקומות das Land, in welchem
die Herrschaft der Welt (Gottes Regierung)
weilt; mit Bez. auf 1 Kn. 9, 3. Aber auch die
Ortschaft (Moria) selbst ist die Herrin aller
Ortschaften; mit Bez. auf 1 Chr. 13, 6 בעלתה,
בעלה die Herrin.

מוֹרְיָא f. (wahrsch. wie hbr. שֶׁחֶלֶת) Räu-
cherklaue, Teufelsklaue, ὄνυξ, s. TW.

מוֹרְיָנָא ,מוֹרְיָין m. Adj. (von ירָי, Af. אוֹרִי)
Lehror, Gesetzlehrer. Keth. 23ᵃ un. בנן
אינין דמורריין sie sind die Töchter eines Gesetzlehrers, näml. Samuel's (vgl. das. 79ᵃ Samuel
sagte: אני הוראה מורה d. h. ich bin vom Exiliarchen als Lehrer und Richter autorisirt). j.
Schabb. VIII, 11ᵇ ob. und j. Schek. III g. E.,
47ᶜ mit הוה מורריינא דנשיא ר׳ יהודה R. Juda
war der Gesetzlehrer im Hause des Nasi. Das.
VIII Anf., 51ᵃ dass.

מוֹרְיָיסָא ,מוֹרְיָיס masc. (gr. ἀλμυρίς, muria)
Salzbrühe, Pökel, worin Thunfische und andere geringe Fische eingemacht und die
Brühe gegessen wurden. Tosef. Dem. I g. E.
und Chull. 6ᵃ הלוקח יין ליתן לתוך המורייס
wenn Jem. Wein kauft, um ihn mit der Salzbrühe zu vermischen. j. Dem. I, 22ᵃ mit. יין
למורייס dass. j. Schebi. VII, 37ᶜ ob. R. Josaja
נסב ויהב בהדין מורייס trieb mit der Salzbrühe
Handel. Ab. sar. 34ᵇ מורייס אומן מותר die
Salzbrühe eines kunstverständigen Koches ist
zum Genusse erlaubt; weil näml. zu dieser Brühe
nur erlaubte Fische verwendet werden und der
Kunstverständige keinen Wein zum Anfertigen
derselben nimmt, sodass man etwa besorgt
sein könnte, er hätte den verbotenen Wein der
Nichtjuden dazu verwendet, vgl. auch לומא.
Pes. 109ᵃ, vgl. לומא.

מוֹרִיקָא m. (syr. ܡܘܪܝܩܐ trnspon. Stw. יָרַק
gelb sein) Crocus. j. Kil. II, 28ᵃ mit. מורִיקא
zur Erklärung von חָרִיַע, s. d. Git. 70ᵃ דתוחא
דמורִיקא der Crocus, der unter Dornen wächst,
vgl. דַּרְדְּרָא. Chull. 47ᵇ האי ריאה דדמיא ככשותא
סרפה וכמורִיקא וכבון ביעתא טרפה eine Lunge, deren
Farbe dem Hopfen, dem Crocus oder dem Gelbei
gleicht, ist trefa; d. h. das Thier, das eine solche
Lunge hat, darf nicht gegessen werden.

מוּרָם m. (eig. Part. Hof. von רום) das Enthobene, bes. die von den Opfern entrichteten
Priestergaben. Seb. 5, 6. 7. Tosef. Jeb. XII
Anf. המורם מקדשי הקדשים ... המורם מקדשים
קלים das von den hochheiligen, das von den geringeren Opfern Enthobene.

מוֹרוֹן m. (gr. μαυρόν) dunkel. Genes. r. s.
7, 8ᵇ, s. אַסְפָּרוֹן.

מוֹרָנָס ,מוֹרְנִיתָא ,מוֹרָנָא ,מוֹרָן s. in נור.

מוֹרְשָׁא ,מוֹרָשׁ ,מוֹרָסָן s. in מור.

מוֹרֵר, pl. מוֹרְרִין m. Part. (denom. von רִיר) Speichel oder Schleim auswerfend. Tosef. Par. VIII g. E., s. רִיר.

מוֹשׁ (=bh. מָשַׁשׁ) 1) betasten, tasten; 2) weichen. j. Snh. X, 27ᵈ un., vgl. מוּשׁ. Nif. Part. נְמוֹשׁוֹת die zuletzt Aufsuchen-den. (Im Arabischen bedeutet ماش: die zu-rückgebliebenen Weintrauben aufsu-chen; was wohl mit unserm Wort zusammen-hängt, s. w. un.) Pea 8, 1 מאימתי כל אדם מותרין בלקט משילכו הנמושות von welcher Zeit an ist die Nachlese (eine der Armengaben, vgl. לֶקֶט) für Jedermann frei? Wenn die נמושות fortgehen. j. Pea z. St., 20ᵈ אמר ר' יוחנן למה נקרא שמן נמושות שדין באין בסף R. Jocha-nan sagte: Weshalb führen sie den Namen נמושות? Weil sie als die letzten Auflesenden vom Felde fortgehen (also von מושׁ: weichen). B. mez. 21ᵇ wird נמושות nach Ansicht des R. Jochanan erklärt: סבי דאזלי אתיגרא (אתיגרא) Greise, die an Krücken gehen (also von מושׁ: tasten, befühlen). Nach Ansicht des Resch La-kisch: לקוטי בתר לקוטי die Auflesenden hinter den Auflesenden, d. h. die letzten Auflesenden (also von מושׁ weichen). — Auffallender Weise stimmt die letztere Ansicht mit der des R. Jo-chanan in j. Pea l. c. überein, welcher aber auch hinsichtl. der Etymologie unseres Ws. in den bei-den Stellen sich selbst widerspricht. Sollten vielleicht in B. mez. l. c. die Autoren verwech-selt worden sein? — j. Pea l. c. wird auch eine Var. משושות (die Tastenden) anst. נמושות er-wähnt. Das. (l. עם) ר' יוחנן בן נורי היה יוצא מן השדה הנמושות ומבא פרנסתו של כל השנה R. Jocha-nan ben Nuri ging mit den zuletzt Auflesenden auf die Felder, wodurch er seine Nahrungsmittel für das ganze Jahr herbeischaffte.

מוֹשׁ ch. (=vrg. מושׁ) 1) betasten, be-fühlen. s. TW. — 2) causat. fühlen lassen. B. kam. 92ᵇ אוכבא לגבך מוש eig. lasse deinen Rücken den Sattel fühlen, d. h. lege ihn dir auf, vgl. אוּכְפָּא. Uebertr. M. kat. 27ᵇ תימוש ההיא איתתא זוודתא לנפשה Ms. M. möge dieses Weib für sich selbst die Sterbekleider bereiten, eig. sie öfter durch Nähen und Anpassen befühlen (=משמושי זוודתא, s. d.), vgl. זָוַד, s. auch מָשָׁא.

מוֹשָׁב m. (=bh., von יָשַׁב) der Sitz; übrtr. das Verweilen, der Aufenthalt. j. Ber. IX, 13ᵃ ob. מושבו בקדושה sein (Gottes) Sitz ist in Heiligkeit; mit Ansp. auf Ps. 47, 9. Kel. 1, 5 fg. משכב ומושב Lagerstatt und Sitz (das Liegen und da Sitzen). Sab. 1, 1 u. ö. Snh. 82ᵇ מושבה כבית סאה ihr Sitz (d. h. der Ort der „Kosbi", die ausserordentlich dick gewe-sen und welcher „Simri" sehr viele Mal bei-gewohnt haben soll, vgl. Num. 25, 14. 15)

hatte die Grösse eines Feldes, das zur Aussaat eines Seah Getreide nöthig ist. Meg. 23ᵃ מעמר ומושב das Aufstehen und das Sichsetzen der Leidtragenden, vgl. יָקַר. — Pl. trop. Levit. r. s. 1, 145ᵃ רחק ממקומך ב' וג' מושבות ושב עד כו' שיאמרו לך עלה רב' entferne dich von deinem Orte (d. h. dem dir gebührenden Range) zwei oder drei Sitze, bis man dir zuruft: Steige höher! Aber steige nicht zu hoch, damit man dich nicht heruntergehen heisse; d. h. deine Be-scheidenheit wird dich heben, deine Anmassung aber dich erniedrigen, vgl. הַגְבָּהָה.

מוֹשִׁיעַ m. eig. (=bh. Part. Hif. von יָשַׁע) Helfer, Retter; insbes. Beistand gegen einen gewaltthätigen Menschen. Snh. 73ᵃ יש לה מושיע אין מצילין אותה בנפשו wenn ein Helfer für sie (die verlobte Jungfrau, die von Jemdm. verfolgt wird, Dt. 22, 27) vorhanden ist, so rettet man sie nicht durch das Tödten des Verfolgers. Den „Verfolger" (רודף, s. d. W.), der einen Mord, oder die Nothzüchtigung einer verlobten, angetrauten Jungfrau auszuüben beabsichtigt, darf man näml. tödten, um die Sünde zu verhüten; sobald jedoch eine Rettung der Verfolgten, ohne jenen zu tödten, möglich ist, so darf man ihn nicht tödten. j. Snh. VIII g. E., 26° steht dafür: מושיעין pl. dass.

מוּת (=bh.) sterben. Part. מֵת, s. d. Tam. 32ᵃ, s. Hifil. — Uebtr. erschlaffen. Schebu. 18ᵃ יַד שימות, s. נְטָב. Hif. הֵמִית tödten. Trop. Ber. 63ᵇ מנין שאין דברי תורה מתקיימין אלא במי שממית עצמו עליה שנאמר זאת התורה אדם כי ימות באהל woher ist erwiesen, dass die Gesetzlehre sich blos bei demjenigen erhält, der sein Leben dabei aufopfert? Daraus dass es heisst (Num. 19, 14): „Das ist die Lehre, wenn Jem. im Zelte stirbt". (אהל bildl. für Studienhaus.) Tam. 31ᵃ Alexan-der M. fragte die Weisen des Südens: מה יעביד איניש ויחיה אמרו ליה ימית עצמו מה יעביד איניש וימות יחיה את עצמו was hat der Mensch zu thun, damit er lebt? Sie antworteten ihm: Er tödte sich (d. h. unterdrücke seine Leiden-schaften). Was hat er zu thun, damit er sterbe? Er belebe sich (errege seine Leidenschaften, infolge dessen er untergehen wird). — Hof. getödtet werden. Keth. 37ᵇ מומתים בידי שמים diejenigen, die durch Gott (göttliche Stra-fen) getödtet werden.

מוּת ch. (=vrg. מות) sterben. Taan. 5ᵇ לימות שמואל וכו' sollte Samuel sterben u. s. w.; gew. jedoch מִית s. d.

מָוֶת m. (=bh.) Tod. Aboth 2, 4 אל האמן בעצמך עד יום מותך traue dir selbst nicht bis zu deinem Todestage. Ber. 29ᵃ wird hierfür ein Beweis gebracht, dass Jochanan nach achtzig-jähriger Verwaltung des Hohenpriesteramtes im späten Alter ein Saduzäer geworden ist.

מוֹתָא, מוֹת ch. (syr. ܡܰܘܬܳܐ=מָוֶת) Tod. Esr. 7, 26. — Genes. r. s. 9, 9ᵈ טוב מוֹת gut ist der Tod, näml. moth anklingend an mod (מאד), vgl. מֵאִיר. Schabb. 88ᵇ סמא דמוֹתא ein Schutzmittel gegen den Tod, s. סַמָּא. Jom. 72ᵇ dass. Jeb. 63ᵃ un. R. Chija ertheilte dem Rab, als er sich von ihm verabschiedete, den Segen: רחמנא ליצלך ממותא דקשי ממותא ומי איכא מידי דקשי ממותא וכ' Gott (der Barmherzige) behüte dich vor etwas, was ärger als der Tod ist! Aber, dachte jener bei sich, giebt es denn etwas Aergeres als den Tod? Er fand es jedoch später in Khl. 7, 26 ausgesprochen: „Bitterer als den Tod finde ich das böse Weib." M. kat. 28ᵃ מותא כי מותא ein Tod ist wie der andere, vgl. חִיבּוּל. — Ferner מוֹתָא verkürzt oder eine Nebenbenennung für מוֹמָתָא Schwur, Eid. Ned. 1, 2, s. מוֹמֵי.

מוֹתָנָא m. (syr. ܡܰܘܬܳܢܳܐ) bösartiger Tod, Seuche, Pest. Taan. 8ᵇ כפנא ומותנא, vgl. כָּסְנָא. Das. 21ᵇ R. Juda erfuhr, איכא מותנא בחזירי דגזר העינוא dass unter den Säuen die Seuche ausgebrochen, infolge dessen bestimmt er Fasten. Snh. 29ᵃ die falschen Zeugen denken bei sich: שב שני הוה מותנא ואינש לא שכיב זמניה וכ' wenn die Pest auch sieben Jahre anhält, so stirbt doch Niemand vor der ihm bestimmten Zeit. — j. Ned. III Anf., 37ᵈ מותנא Strick, l. מוֹתָנָא, s. d. in מתנ'.

מוֹתָב, מוֹתָבָא m. ch. (syr. ܡܰܘܬܒܳܐ, von יְתִיב =hbr. מוֹשָׁב, von יָשַׁב) 1) Sitz, Aufenthalt. B. bath. 165ᵇ במותב תלתא הוינא וכ' wir bildeten einen Sitz (ein Collegium) von drei Richtern u. s. w.; eine Formel, womit gew. ein Gerichtsdocument begann. Keth. 22ᵃ u. ö., vgl. לַיֵת. Khl. r. sv. עת לבקש, 77ᵈ der Schiffer יהיב להון מוחביהון באפלה wies ihnen ihren Sitz im dunkeln Raume des Schiffes an. — 2) Akademie, Gelehrtensitz. Bech. 5ᵇ ob. R. Chanina sagte: שאלתי את ר' אליעזר בבית מותבא רבא ich fragte den R. Elieser in der grossen Akademie (=בית דין הגדול, oder בית המדרש הגדול).

מוֹתְבוּתָא f. die Lage eines Ortes. — מוֹתְבָנָא m. Adj. 1) der Sessel, Stuhl. — 2) der Aufenthaltsort, s. TW.

מוֹתַר m. (=bh., von יָתַר, וְתַר) Ueberrest, Uebriggebliebenes. j. Jom. V Anf., 42ᵇ ob. במותר דאהתפלון וכ' betreffs des Uebriggebliebenen (von dem Opfergeld), worüber folgende Amoräer getheilter Ansicht sind. — Pl. das. תניא בית דין הוא על המותרות שיקרבו עולות eine Bestimmung der Gelehrten lautet, dass die von den Ueberresten gekauften Thiere als Brandopfer dargebracht werden sollen, vgl. מָרְדֵּשׁ.

מוֹתְרָא ch. (syr. ܡܰܘܬܪܳܐ=מוֹתַר) Ueberrest,

Uebriggebliebenes, s. TW. — Pl. Num. r. s. 11, 211ᵇ אילין מוֹתְרַיְיהו כמה אינון ארבעים וחמשה יום שהוא נכסה וכ' wie viel betragen jene übrigen Tage (in Dan. 12, 11. 12)? Fünf und vierzig Tage, an welchen der Messias sich ihnen entziehen wird u. s. w., vgl. כָּסָה im Nifal.

מוֹתָר erlaubt, im Ggs. zu אָסוּר, s. נָתַר.

מוֹזָא s. d. in מוז'.

מִזְבֵּחַ m. (=bh., von זָבַח) Opferaltar. Jelamdenu Abschn. Teruma (Tanch. 102ᵇ) מזבח מ' מחילה ז' זכות ב' ברכה ח' חיים das W. מזבח ist eine Abbreviatur folgender Wörter: das Mem von מחילה (Vergebung), das Sain von זכות (Tugendhaftigkeit), das Beth von ברכה (Segen), das Cheth von חיים (Leben). Keth. 10ᵇ (eine unvollständige Abbreviatur unseres Ws.) מזבח מזיח מזין מחבב מכפר der Altar entrückt (entfernt die bösen Verhängnisse), bringt Nahrung, macht beliebt (bei Gott) und sühnt. Seb. 5, 1 fg. מזבח החיצון der aussenstehende (kupferne) Altar, der näml. im Vorhofe des Tempels stand und auf welchem man die Schlacht- und Mehlopfer darbrachte. מזבח הפנימי, הזהב der goldne Altar im Innern des Tempels, auf welchem die Blutsprengungen einiger vorzüglicher Opfer stattfanden und das Räucherwerk geopfert wurde. j. Maas. scheni V g. E., 56ᵈ der Hohepriester Jochanan entfernte diejenigen, welche die Opferthiere (an den Hörnern) hinstürzen, zwiesehen den Hörnern schlugen (נוקפים, s. d.), indem er ihnen zurief: עד מתי אתם מאכילים את המזבח טריפות wie lange noch wollt ihr dem Altar unerlaubte Thiere (vgl. טְרֵפָה) zum Verzehren geben? Git. 55ᵇ שלא יאמרו מזבח אוכל גזולות damit man nicht etwa sage: Der Altar verzehrt geraubte Thiere, vgl. גְּזֵלָה. j. Ab. sar. IV, 44ᵃ ob. מזבח כל שהוא יחידית מזבח שבאינין מרובה eine Standsäule (der Götzen) besteht aus einem Stein, ein Altar aus mehreren Steinen.

מַרְזוּבְלֵי, מַזְבְּלֵי m. pl. (arab. زَبِيل, in מרזובלי ist ר eingeschaltet) Matten, die aus Palmzweigen und Blättern angefertigt sind. Suc. 20ᵃ wird חוצלות durch מרזובלי und dies wiederum durch מזבלי: Matten, erklärt, s. חוֹצָלָה und מַחְצָלָה.

מְזַבְּנָא m. Adj. (von זָבַן, Pa. זַבֵּן) der Verkäufer. j. B. mez. V Anf., 10ᵃ ... ווי לזבונא ווי wehe dem Käufer (beim Sinken des Getreidepreises)! Wehe dem Verkäufer (beim Steigen des Getreidepreises)! Esth. r. sv. וירב, 107ᵃ פורפירא דמלכא מזדבנא ווי ליה למזבניה ווי ליה לזבוניה wenn die Purpur des Königs öffentlich versteigert wird, dann wehe dem Verkäufer, wehe dem Käufer! mit Bez. auf den,

zwischen Ahaswer und Haman verabredeten Verkauf „Israels, dessen sich Gott rühmte" (Jes. 49, 3).

מְזַבְּנָא, מְזוֹבְנָנָא *masc.* (syr. ﻣﺰﺍﺑﻨ) dass. Verkäufer, s. TW.

מְזַג (bh. מָסַך, μίσγω, misceo, Grndw. מז=מס: fliessen) 1) mischen, mengen, giessen; insbes. Getränke durch Mischung mit andern Flüssigkeiten zubereiten. Ab. sar. 58[b] יין שמזגו נכרי Wein, den ein Nichtjude gemischt hat. (Derselbe Autor, der sich früher des Ausdruckes שמסכו bedient hatte, wurde deshalb von R. Jochanan getadelt, da im Rabbinischen das W. מזג dem bh. מסך vorzuziehen sei, vgl. לָשׁוֹן. Tosaf. z. St. machen die richtige Bemerkung, dass das bh. מזג, HL. 7, 3, nur das Mischen des Weines mit Gewürzen, während das nh. מזג: den Wein mit Wasser mischen bedeute.) Neg. 1, 2 כיין המזוג בשלג ... wie Wein mit Schnee gemischt; כיין המזוג בחלב ... כדם המזוג במים wie Blut mit Milch gemischt, wie Wein mit Wasser gemischt, vgl. פָּתַךְ. Pes. 108[b] חי מזוג ungemischter (eig. roher, d. h. ungeniessbarer) Wein, gemischter Wein. Sifre Naso Pisk. 23[a] u. ö., vgl. יַיִן und חַי. Pes. 86[a] כשהשמש עומד למזוג וכ׳ wenn der Diener sich erhebt, um den Wein zu mischen. Ber. 8, 1 (51[b]) מוזגין את הכוס man mischt den Wein für den Becher, vgl. נָטַל. j. Nid. II g. E., 50[b] כוס מזוג ein gemischter Becher Wein. Keth. 4[a] שבחה טבוחה ויינו מזוג sein Fleisch ist geschlachtet und sein Wein gemischt; d. h. es ist Alles für das Hochzeitsmahl bereit. Num. r. s. 1, 182[c] (mit Ansp. auf HL. 7, 3) מי שהוא מזוג כראוי מזוג שלושה של כוס יין ושני חלקים מים כך היה סנהדרין יושבת מהמיד השחר וכ׳ wer eine richtige Weinmischung vornimmt, giesst ein Drittel des Bechers Wein und zwei Drittel Wasser zusammen. Dasselbe galt vom Synedrium, das von der Zeit des Morgenopfers bis zur Zeit des Abendopfers in der Tempelhalle versammelt war, ohne dass ein Mitglied desselben seiner Privatbeschäftigung nachging. Wenn jedoch Einer von ihnen hinauszugehen genöthigt war, so entfernte er sich nur dann, wenn noch 23 Mitglieder (d. h. der dritte Theil von grossen Synedrium von 70 Mitgliedern, der ein kleines Synedrium bilden kann, vgl. סַנְהֶדְרִין) zurückbleiben würden. Jelamd. Ki tissa Anf. dass. Vgl. hiermit Snh. 37[a] „Die Mischung fehlt nicht" (HL. l. c. auf das Synedrium gedeutet) רואין אם יש עשרים ושלשה כנגד סנהדרי קטנה יוצא וכ׳ dass. Ueber die Angabe der Mischung mit nur zwei Theilen Wasser, vgl. מֶזֶג und מִזְגָא. Ab. sar. 73[b] u. ö. — 2) übrtr. einschenken. Pes. 10, 1. 2 fg. מזגו לו את הכוס man schenkte ihm den Becher voll.

Nif. gemischt werden. j. Ab. sar. V, 45[a]

מֵזַג כל צורכו מהיתר wenn Alles, was zum Mischen des Weines nöthig war, aus erlaubter Flüssigkeit bestand.

מְזַג *ch.* (syr. ﻣﺰﺝ=מזג) 1) mischen, den Wein (auch Essig) durch Mischung zubereiten. B. mez. 60[a] מזגיה לא טעמיה הוה בסים Raba hatte den Wein gemischt, der jedoch, als man ihn kostete, nicht als schmackhaft befunden wurde. Erub. 54[a] un. Raba אשתכח לשמעיה דקא מזיג ליה כסא אמר traf ליה הב לי ואמזגיה אנא יהב ליה מזגריה וכ׳ seinen (des R. Josef) Diener, der für Letztern einen Becher Wein durch Mischen zubereitete, und sagte zu ihm: Gieb den Becher her, ich werde ihn mischen. Er gab ihm denselben, jener mischte ihn u. s. w. Raba verstand näml., den Wein auf besonders kunstvolle Art zu mischen, vgl. מִזְגָא. Ned. 55[b] dass. Jom. 81[b] R. Gidel sagte in einem Vortrag am Versöhnungsfeste, dass Essig nicht als Labung diene (dass also Jem., der am Versöhnungstage Essig trinke, nicht straffällig sei); לשנה אייתו כולי עלמא מזוג ושתו חלא ... אימור דאמרי אנא חיא מזיגא מי אמרי וכ׳ Ar. (Agg. מזוג ... חי מזוג) ein Jahr darauf brachten Alle Essig, den sie mischten und am Versöhnungstage tranken. Als R. Gidel hiervon Kenntniss erhielt, ärgerte er sich und sagte: Ich sprach blos vom ungemischten, sprach ich denn etwa vom gemischten Essig? Ferner sagte ich blos, dass Jem., der Essig getrunken habe, nicht straffällig sei, erlaubte ich denn etwa das Trinken desselben? — Trop. temperiren, mässigen. Exod. r. s. 45, 139[c] Gott sagte zu Mose: תרתין אפין מזיג רחמים וכ׳ unsere beiden Gesichter sollten die Aufwallungen mässigen! d. h. wenn Einer von uns zürnt, so müsste ihn der Andere durch Sanftmuth beruhigen, mässigen, vgl. כַּעַס. (Nach den Comment.: Sollte etwa unser Beider Zorn Heisses einschenken? was weniger einleuchtet). — 2) einschenken. Khl. r. sv. מרותק, 83[d] מזג ליה עבדיה כסא der Diener Rabbis schenkte ihm (nach dem Bade) einen Becher voll. Thr. r. sv. רבתי, 52[d] die Jünglinge Jerusalems gaben einem Athenienser, der dahin gekommen war, folgendes Räthsel auf, mit der Verabredung, dass er ihnen, falls er dasselbe auflösen könnte, seine Kleider überlassen müsse: מה אינון תשעה נפקין ותמניא עללין ותרין מזגין וחד שתי ועשרין וארבעה משמשין was bedeutet das: Neun gehen fort und acht kommen an, zwei schenken ein, Einer trinkt und vierundzwanzig bedienen? Der Athenienser, dem man, weil er die Auflösung nicht anzugeben wusste, die Kleider fortnahm, beschwerte sich hierüber bei R. Jochanan, dem Lehrer jener Jünglinge, der ihm, als er von dem Räthsel Kenntniss erhalten hatte, folgende Auflösung desselben gab: תשעה נפקין אילין ירחי דעיבורתא דילידתא ותמניא עללין אילין ירחי יומין

דגזירתא ותרין מזגין אילין תרין דדא דתרויהון מזגין וחד וחד שתי שתא הוא מינוקא דאתיליד בעשרין וארבעה מזגין וחד וחד שתי שתא הוא מינוקא דאתיליד בעשרין וארבעה die „neun Fortgehenden" das sind die Monate der Schwangerschaft der Gebärenden, die „acht Ankommenden" das sind die acht Tage bis zur Beschneidung, die „zwei Einschenkenden" das sind die zwei Brüste, welche beide sich Milch einschenken, der „eine Trinkende" das ist das neugeborene Kind, die „vierundzwanzig Bedienten" das sind die 24 Monate der Nährzeit.

מְזוֹגָא m. Adj. d'er Weinmischer, der zugleich der Einschenker war. j. Schabb. I, 3ᵃ un. רמז חייה בריה למזוגא sein (Rab's) Sohn, Chija winkte dem Weinschenker u. s. w., s. auch TW.

מְזוּגָא f. eig. die Weinmischende; übrtr. Name eines Vogels. Chull. 62ᵇ. 63ᵃ ob. מזגא חמרא אסירא בת מזגא חמרא שריא der Vogel מזגא חמרא darf nicht gegessen werden, aber die Tochter der מזגא חמרא (eine andere Gattung) darf gegessen werden. Lewisohn, Zool. d. Talmuds S. 186 erblickt in diesem Vogel den bei Aristoteles (Naturgesch. 9, 36, 4) vorkommenden Οἰνάνϑη, eine Art wilder Tauben, von der Farbe der reifenden Weintraube so genannt.

מֶזֶג masc. (=bh.) 1) die Mischung des Weines, gemischter Wein. Nid. 19ᵃ in der Mischna וכמזג שני חלקים מים ואחד יין מן היין השרוני Tlmd. Agg. und Ar. ed. pr. (ebenso jer. Tlmd. z. St.; Mischna Agg. וכמזוג) „wie gemischter Wein" (eine in der Mischna erwähnte Farbe), der aus zwei Theilen Wasser und einem Theil Wein vom Weine aus Saron besteht (nach Snh. 37ᵃ, vgl. מֶזֶג, s. jedoch die nächstflg. Artikel). Sifra Wajikra Par. 8 cap. 7: „Die Eingeweide des Opferthieres wasche man mit Wasser ab" (Lev. 1, 9); במים ולא ביין במים ולא מזג „mit Wasser, aber nicht mit Wein, mit Wasser, aber nicht mit irgend welcher Mischung. — 2) Temperament, eig. die Mischung der Säfte im menschlichen Körper. Genes. r. s. 28, 27ᵇ die Stadtleute murrten gegen den König, לאמר מזוג של מלך רע indem sie sagten: Das Temperament des Königs ist bösartig. (Im Spätrabbinischen kommt unser W. in letzterer Bedeutung sehr oft vor).

מְזִיגָא, מְזִיגָא chald. (syrisch ܡܶܙܓܳܐ=מֶזֶג) 1) Mischung, gemischter Wein. Ned. 55ᵃ דמי הדין מזוגא למזוגא דרבא dieser gemischte Wein gleicht der Mischung des Raba, der näml. drei Viertel Wasser dazu nahm, vgl. מְזִיגָה. Höchst wahrscheinlich verstand Raba den Wein durch Beimischung von Gewürzen derart zuzubereiten, dass er mehr Wasser als alle Anderen dazu verwenden konnte. Erub. 54ᵃ un. steht dafür דמי האי

מזוגא למזוגא דרבא dass. B. mez. 60ᵃ Raba sagte: מזוגא דידי ידיע meine Weinmischung ist (weil sie ausnahmsweise viel Wasser enthält) allgemein bekannt. — 2) Becher mit gemischtem Wein. Jom. 35ᵇ der Körper war durch das feine Leinengewand ebenso sichtbar, כחמרא במזוגא wie der Wein durch das Glas, in welchem sich die Mischung befindet. — Pl. B. bath. 73ᵇ ob. der Dämon Ahriman bar Lilith נקיט תרי מזוגי דחמרא בידיה ומוריק מהאי להאי ומהאי להאי ולא נטף ניטופתא לארעא hielt (während und von einem Maulthier auf das andere sprang) zwei Becher mit Wein in seinen Händen und goss aus dem einen in den andern und dann wieder zurück, ohne dass ein Tropfen auf die Erde fiel. j. Nid. II g. E., 50ᵇ כמזגי אבא בר חנא wie die Weinbecher des Abba bar Chana.

מְזִיגָה f. N. a. das Mischen des Weines, die Mischung. Schabb. 8, 1 המוציא יין כדי מזיגת הכוס וכ' wenn Jem. am Sabbat soviel Wein aus einem Gehöfte in das andere trägt, als zum Mischen eines Bechers erforderlich ist, so ist er straffällig. Vgl. das. 76ᵇ. 77ᵃ (nach der Tosefta): כדי מזיגת כוס יפה soviel als zu einem ansehnlichen Becher (d. h. von der Grösse eines solchen, der zu einer Benediction כוס של ברכה) erforderlich ist. Nach Rabba und Raba besteht eine solche Mischung aus drei Theilen Wasser und einem Theil Wein. Die Entgegnung Abaji's aus Nid. 19ᵃ (vgl. מֶזֶג), wonach die Mischung aus zwei Theilen Wasser und einem Drittel Wein besteht, widerlegt Raba wie folgt: Der Saronische Wein sei schwach, weshalb er blos zwei Drittel Wasser aushalte; ferner auch: In jener Stelle sei blos von der Weinfarbe die Rede; vgl. jedoch מֶזֶג g. E. Keth. 4ᵇ מזיגת הכוס das Mischen (oder: das Einschenken) des Bechers. Das. 61ᵃ. Pes. 108ᵇ u. ö.

מְזַג Mesag, Name eines mauritanischen Volkes, das von Kusch abstammt, s. TW.

מְזָגָא, מְזִגָא Mazaga, Mesiga, Name eines Ortes, vgl. מְגִיזָה. Genes. r. s. 34 g. E. R. Simon ben Lakisch fragte einige Frauen: מן הן אתין אמרין מן מזגא אמר אנא חכים מזגא ולית בה אלא תרתין עמודין woher seid ihr? Sie antworteten: Aus Mazaga. Er erwiderte ihnen: Ich kenne die Beschaffenheit von Mazaga, in welchem blos zwei Säulen anzutreffen sind u. s. w. M. kat. 26ᵃ u. ö., s. מְגִיזָא.

מְזַדְגּוֹן oder מוֹדְגְנוֹן s. זַדְגּן.

מֵזֶה m. eig. Part. Hif. (von נזי, נָזָה, s. d.) sprengend, insbes. der Priester, der das Lustrationswasser sprengt. Tosef. Par. XI אומרין לו למזה פרוש מאחריך man ruft dem sprengenden Priester zu: Weiche zurück!

— Trop. Jem., der ein hohes Amt bekleidet. j. Ber. IV, 7ᵈ ob. die Gelehrten, die an
die Stelle des vom Nasiat degradirten R. Gamliel den R. Elasar ben Asarja eingesetzt hatten,
liessen, als sie sich später mit Ersterem wieder
ausgesöhnt hatten, Letzterem sagen: מי שהוא
מזה בן מזה יזה מי שאינו לא מזה ולא בן מזה
יומר למזה בן מזה מימך מי מערה ואפרך אפר
מקלה wer ein Sprengender (Priester), Sohn
eines Sprengenden ist, soll fernerhin sprengen;
soll etwa Jem., der kein Sprengender und nicht
der Sohn eines Sprengenden ist, zu dem Sprengenden, dem Sohn des Sprengenden sagen: Dein
Sprengwasser ist das (zur Lustration untaugliche)
Wasser aus einer Höhle und deine Asche ist
die Asche vom Heerde; (d. h. rührt nicht von
der verbrannten rothen Kuh her)? — Wiewohl
dieser Satz eine indirecte Aufforderung an R.
Elasar enthält, die Würde eines Nasi (Fürsten)
niederzulegen, da weder er selbst, noch seine
Vorfahren jemals das Nasiat bekleidet hätten,
während R. Gamliel, der Nachkomme Hillel's
(und des Königs David) diese, von seinen Ahnen
ererbte Fürstenwürde bisher bekleidet hätte:
so erblicken wir doch in dieser gewählten Ausdrucksweise eine Art Besänftigung für R. Elasar,
dem die an ihn gestellte Anforderung in einem
milderen Lichte erscheinen sollte. Man wollte
ihm gleichsam andeuten: Du, der Priester, Nachkomme des Priesters Esra (vgl. Ber. 27ᵇ), würde-
dest sicherlich den gewöhnlichen Israeliten,
der dich etwa deiner heiligen Priesterwürde entkleiden und an deine Stelle treten wollte, zurufen: „Du bist weder ein Sprengender (Priester), noch der Sohn eines Sprengenden!“ Auf
dieselbe Weise fühlt sich der von seiner Nasiwürde verdrängte R. Gamliel tief gekränkt. Begnüge du dich mit deinem ererbten göttlichen
Priesterthum und überlasse jenem seine angestammte weltliche Macht! — j. Taan. IV, 67ᵈ
mit. dass. Dabing. dürfte dieser Satz in Ber.
28ᵃ eine Interpolation aus dem jerusal. Tlmd. sein,
.da hier der Satz: מאן דלביש מדא וכ׳, was in
chald. Form dasselbe besagt, steht, vgl. מַלָּא.

מְזוּדָה *fem.* (arab. مَزْوَد, denom. von זְוָדָא)
Ranzen zum Aufbewahren des Speise-
vorraths. Kel. 20, 1 הרבצל והמזודה Mischna
Agg. (Tlmd. Agg. המזורה, Ar. liest המזדרה mit
dem Bemerken, dass ein solches Behältniss im
Arab. מזור(?) laute, vgl. jedoch זְוָדָא) der Ge-
würzbeutel und der Ranzen.

מְזוּזָה *f.* 1) (=bh. Stw. זוז, s. d.) Thür-
·pfoste. Kidd. 22ᵇ (mit Bez. auf Ex. 21, 6) מה
המזוזה מעומד אף דלת תמי מעומד so wie die
„Pfoste“ aufrecht steht, so soll auch die „Thür“ aufrecht stehen; d. h. das „Durchbohren des Ohrs
eines Sklaven“ darf nicht etwa an der ausge-
hobenen Thür stattfinden; vgl. auch הוֹפֵר. —

2) im rabbinischen Schriftthum gew. übrtr.:
diejenige Pergamentrolle, welche die
zwei Bibelabschnitte (Dt. 6, 4—9 und
.11, 13—21) enthält und an dem obern
Theile (Drittel) der rechten Thürpfoste
befestigt wird, Mesusa, die als Amulet,
(gegen Schädliches) dienen soll. Men. 43ᵇ
כל שיש לו תפילין בראשו דienen soll. Men. 43ᵇ
ותפילין בזרועו וציצית בבגדו ומזוזה בפתחו הכל
בחזוק שלא יחטא שנאמר וכ׳ wer die Tefillin
an seinem Kopfe und an seinem Arme trägt,
ferner die Schaufäden an seinem Kleide und
die Mesusa an seiner Thür angebracht hat, von
dem lässt sich mit Bestimmtheit annehmen,
dass er nicht sündigen würde, und von ihm
heisst es (Khl. 4, 12): „Das dreifache Band
reisst nicht.“ Das. 28ᵃ שתי פרשיות שבמזוזה
מעכבות זו את זו אפילו כתב אחר מעכב von
den zwei Abschnitten in der Mesusa hält die
eine die andere zurück (d. h. wenn nicht beide
Abschnitte in der Mesusa stehen, so ist letztere
unbrauchbar), selbst das Fehlen eines Buchstaben macht sie unbrauchbar. — Pl. Men. 32ᵇ
תפילין ומזוזות נכתבות שלא מן הכתב וכ׳ die
Tefillin und die Mesusoth dürfen ohne Vorschrift geschrieben werden; weil näml. der
Schreiber diese Bibelabschnitte gewöhnlich auswendig weiss, weshalb ein Irren im Schreiben
nicht zu besorgen ist. Das. 33 fg. Meg. 18ᵃ
u. ö., vgl. auch סִרְטוּט, שׂרְטוּט und בְּרִיאָה.

מְזוּזְתָא *ch.* (=מְזוּזָה) Thürpfoste, bes.
übrtr. Mesusa. Men. 33ᵃ קבע לי מזוזתא befestige mir die Mesusa an der Pfoste. Ab. sar.
11ᵃ חזא מזוזתא דמכח אפירתחא er sah die Mesusa, die an der Thür angebracht war. — Pl.
מְזוּזָיִן s. TW.

מָזוֹן *m.* (=bh., von זון, s. d.) Speise, Nahrungsmittel. Genes. r. s. 94 Anf. (mit Bez.
auf Gen. 45, 23) בר עיבור לחם כמשמעו ומזון
בר ... מכאן שכל הדברים קרויין מזון das W.
bedeutet „Getreide“, לחם nach dem bekannten
Wortsinn (d. h. „Brot“), und aus מזון ist zu entnehmen, dass alle Nahrungsmittel: מזון („Speise“)
genannt werden. j. Ned. VI Anf., 39ᶜ und j.
Nas. V, 55ᶜ mit dass., vgl. חֲלִיטָה II. Das. wird
ein Unterschied gemacht zwischen der biblischen
und der gewöhnlichen Umgangssprache; in letzterer werden nur gewisse Nahrungsmittel:
מזון genannt, vgl. den Plur. Erub. 3, 1 (26ᵇ)
u. ö. הנודר מן המזון מותר במלח ובמים Jem.
der gelobt, er wolle nicht מזון geniessen, darf
Salz und Wasser geniessen. j. Jeb. VII, 8ᵃ un.
מזון הבנות מדבריהן die Ernährung der Töchter (vom Vermögen des Vaters) ist blos eine
rabbinische Verpflichtung. Pes. 111ᵃ u. ö. ברכת
המזון der Segenspruch nach genossener Speise.
— Pl. Ber. 35ᵇ אין מברכין בורא מיני מְזוֹנוֹת
אלא בחמשת המינין בלבד die Benediction: „Gelobt u. s. w.“, der die Arten von Speisen er-

מְזוֹנָא — 64 — מֵזְיָא

schaffen!" spricht man blos bei dem Geniessen der fünf Getreidearten; vgl. מִין, s. auch דָּגָן. Keth. 47ᵇ שארה אלו מזונות ... כסותה כמשמעו עונתה זו עונה האמור בתורה וכ׳ das W. שארה (Ex. 21, 10) bedeutet: „Die Nahrungsmittel" (die der Mann seiner Frau verabreichen muss, wofür Mich. 3, 3 שאר אכל als Beweis angeführt wird); כסותה nach dem üblichen Sprachgebrauch: „ihre Bekleidung", עונתה bedeutet „den ehelichen Umgang", wovon die Schrift spricht (mit Bez. auf Gen. 31, 50, תענה אם; richtiger jedoch Mechil. Mischpat. Par. 3, mit Bez. auf וַיְעַנֶּהָ, Gen. 34, 2). R. Elasar sagt: שארה זו עונה עונתה אלו מזונות וכ׳ das W. שארה bedeutet „den ehelichen Umgang" (mit Bez. auf שאר בשר, Lev. 18, 6) fleischliche Vermischung; עונתה bedeutet „die Nahrungsmittel" (mit Bez. auf Dt. 8, 3 וַיְעַנְּךָ ... וַיַּאֲכִלְךָ). Pes. 118ᵃ הקב״ה יושב ברומו של עולם ומחלק מזונות לכל בריה Gott sitzt auf der Höhe der Welt und vertheilt die Nahrungsmittel an jede Creatur. B. bath. 9ᵃ, vgl. כְּסָא. Jeb. 63ᵇ, vgl. פָּכַם. Levit. r. s. 30 Anf. u. ö.

מְזוֹנָא ch. (syr. ܡܙܘܢܐ = מָזוֹן) Speise, Nahrungsmittel. Ber. 44ᵃ מזונא Speise, die völlig sättigt, vgl. זִיוָנָא. Erub. 30ᵃ dass. — Pl. Keth. 65ᵃ פסוק לי מזוני bestimme mir Nahrungsmittel. Bez. 16ᵃ חק לישנא דמזוני הוא das W. חק (Ps. 81, 5) ist eine Bezeichnung für Nahrungsmittel; wofür Gen. 47, 22 als Beleg angeführt wird. Snh. 108ᵇ un. טרף לישנא דמזוני das W. טרף bezeichnet Speise; wofür Spr. 30, 8 als Beleg angeführt wird. j. B. bath. IX Anf., 16ᵈ אתתא מזונין לה ולית פרנה ותבעת sie (die Wittwe) wird kommen und ihre Morgengabe (φερνή) fordern, infolge dessen sie keine Ansprüche auf Nahrungsmittel machen kann.

מְזוֹנִיתָא f. Speise. Genes. r. s. 48, 47ᵇ; richtiger jedoch מזדניתא, vgl. לָבָּא.

מְזוֹפָא m. Adj. (von זוּף = יָזַף) Schuldherr, Gläubiger. — מְזוֹפִיתָא f. Schuld, Darlehn, s. TW.

מְזוֹפִיתָא fem. (von נְזַף) das Anschreien, Drohen, s. TW.

מְזוֹר j. Schabb. II, 5ᵃ ob., s. in מזר.

מְזוֹרָה f. (von זוּר, vgl. זִיר IV) Pressbrett. j. Schabb. XVII, 16ᵇ ob. מזורה דו חבים בית das W. מזורה bedeutet das Brett, womit man die Weintrauben, um sie auszupressen, schlägt. j. Bez. I, 60ᶜ mit. dass. zur Erklärung des Ws. מְזוֹרֵי (pl.). Schabb. 123ᵃ, s. זָרָא.

מָזַז (ähnlich מָסַס) Pilp. מְזַמֵּז, s. d.

מַזְחִילָה fem. (von זָחַל) Gosse, bes. Dachrinne. Ar. bemerkt richtig: das Stw. זחל bedeutet: Auf der Erde oder an der Wand lang-

sam herabfliessen (ähnlich dem Schleichen der Schlangen auf der Erde, זוחלי עפר). — Insbes. bestand die מזחילה in einer breiten Bretterwand, die an dem Hause schräg angebracht war und an deren Spitze sich ein grosses Behältniss (Becken) befand, in welches das Regenwasser von dem platten Dache vermittelst kleiner Rinnen sich ergoss und von da ablief; vgl. auch מַרְזֵב. Erub. 99ᵇ קולט אדם מן המזחילה וכ׳ man darf am Sabbat das Wasser von der Dachrinne auffangen u. s. w. Tosef. Erub. IX מזחילה ... צינור Kanal, Dachrinne. B. bath. 22ᵇ מרחיקין ... את הכותל מן המזחילה ארבע אמות זקף שירהא כדי man darf die aufzuführende Wand nur in einer Entfernung von vier Ellen von des Nachbars schräger Dachrinne bauen, damit der Letztere (wenn seine Rinne eine Reparatur oder Reinigung nöthig haben sollte) die Leiter aufstellen könne; vgl. das. 58ᵇ במזחילה משופעת hier ist die Rede von einer schrägen Dachrinne. Das. 59ᵃ מזחילה של בנין eine gemauerte Dachrinne. j. B. bath. III g. E., 14ᵇ המזחילה יש לה רשות ארבע אמות die Dachrinne darf (in einem Gehöfte, das zweien Socien gehört) einen Raum von vier Ellen (in der schrägen Stellung) einnehmen. Tosef. Tohar. IX g. E. המזחילה שהיא שותתת ויורדת משקין eine Rinne, aus der die Flüssigkeiten ablaufen.

מֵי Name einer Ortschaft, viell. das Dorf Meïs. j. Dem. II, 22ᵈ ob., vgl. Neub. La Géogr. du Tlm. p. 23.

מֵזְיָא m. (syr. ܡܙܝܐ pl.) das Haar, gew. Kopfhaar, unterschieden von בִּינְתָא und רִימָא: Haarfaden. Stw. מְזָא = מזז (Grndw. מזז), arab. مَزَّ saugen, also eig. das die Säfte saugende Haar. Nas. 39ᵃ האי מזיא מלתחת רבי או מלעיל wächst das Haar von der Wurzel, oder von der Spitze an? Daselbst wird für Ersteres folgender Beweis angeführt: כד צבעין סביא דיקנהון חורין wenn die Greise ihren Bart färben, so erscheinen die unteren Haartheile (an der Wurzel) bei ihrem Wachsen weiss; vgl. auch הוה מהסך II. Meg. 18ᵃ un. סקרתא und אָנְבָא und מבמזיה er kräuselte sich sein Haar. In der Parall. R. hasch. 26ᵇ במזייה Ms. M. (Agg. בשעריה). Ned. 50ᵃ הוה קא מנקיט ליה [לה] מזייה er (R. Akiba, der sammt seiner Frau infolge ihrer Armuth auf Stroh lagen) las ihr das Stroh vom Haare. Snh. 110ᵃ ob. סתרתה למזייה sie wickelte sich ihr Haar auf; גון Jeb. 116ᵇ ספדי בעליך קרע מאניך כתרי מזייך betraure deinen Mann, zerreisse deine Kleider und löse dein Haar auf! d. h. infolge dieser Trauerzeichen wird der Gerichtshof glauben, dass du die Gewissheit vom Tode deines Mannes hättest und dir die Erlaubniss ertheilen, dich wieder zu verheirathen. — Uebrtr. Ab. sar. 75ᵃ

רווקי דארמאי דמדא die aus Haaren angefertigten Säcke der Nichtjuden.

מֵזִיד *m.* (eig. Part. Hif. von זוּד, זִיד s. d.), gew. jedoch in adj. Bedent. 1) siedend, kochend; übrtr. reifend, reif, näml. von dem Beginn der Pubertät, zu welcher Zeit der Samen gleichsam kocht, aufwallt. Snh. 69ᵃ ob. (mit Ansp. auf אִישׁ יֹדֵעַ Ex. 21, 14) אִישׁ מֵזִיד וּמֵזְרִיעַ וְאֵין קָטָן מֵזִיד וּמֵזְרִיעַ bei einem Manne (d. h. Herangewachsenen) reift der Samen und er streut ihn aus; bei einem Kind aber findet das nicht statt. j. Snh. VIII Anf., 26ᵃ, s. כַּף II. — 2) muthwillig, übermüthig, eig. von Leidenschaften aufwallend, aufbrausend. Chull. 15ᵃ u. ö. — Pl. Bez. 30ᵃ u. ö. מְזִירִין s. זִיד und מוּסְטָב. — *Fem.* j. Sot. V Anf., 20ᵃ mit ... מְזִירָה שׁוֹגֶגֶת ein Weib, das muthwillig, oder aus Irrthum eine Sünde begeht.

מַזְיָעֵי *m.* pl. (von זוּעַ) die erschreckenden Dämonen, s. TW. sv. זוּעַ.

מַזָּל *m.* (=bh. Stw. נָזַל, syn. mit אָזַל: steigen, absteigen). Pl. מַזָּלוֹת 1) eig. Herbergen, Stationen der Sonne (vgl. arab. مَنْزِل: Herberge, und اَلْمَنَازِل: die [28] Stationen des Mondes); insbes. die zwölf Sternbilder, die den Thierkreis bilden. Ber. 32ᵇ Gott sagte zu Israels Gemeinde: בַּתְּרֵי שְׁנֵים עָשָׂר מַזָּלוֹת בָּרָאתִי בְּרָקִיעַ וְעַל כָּל מַזָּל וּמַזָּל בָּרָאתִי לוֹ שְׁלֹשִׁים חַיִל ... וְעַל כָּל קְרָטוֹן וְקַרְטוֹן בָּרָאתִי לוֹ שְׁלֹשׁ מֵאוֹת וְשִׁשִּׁים וַחֲמִשָּׁה כּוֹכָבִים וכ' Ms. M. (Agg. וְעַל כָּל אֶלֶף רִבּוֹא meine (גוּסְטְרָא וגוּסְטְרָא בּוֹ סֹל) Tochter, zwölf Sternbilder erschuf ich im Himmel und für jedes Sternbild erschuf ich 30 Heerführer ... und für jeden Obersten erschuf ich 365 Sterne u. s. w. Schabb. 75ᵃ תְּקוּפוֹת וּמַזָּלוֹת die Sonnenwenden und die Sternbilder, vgl. חִישּׁוּב. — Genes. r. s. 34, 33ᵈ לֹא שִׁמְּשׁוּ מַזָּלוֹת כָּל יב חֹדֶשׁ die Sternbilder haben während der ganzen 12 Monate (solange die Sündflut dauerte) ihren Dienst nicht verrichtet. j. Pes. I Anf., 27ᵇ ob. לֹא שִׁמְּשׁוּ הַמַּזָּלוֹת בִּשְׁנַת הַמַּבּוּל dass. — 2) übrtr. Glücks- und Unglücksstern, Planet, dessen Sitz man in dem Thierkreise (in den verschiedenen Sternbildern desselben) dachte und der, als ein Engel dargestellt, seinen Einfluss auf die Erde ausübt; sodann überhaupt Schicksal, Glück. Genes. r. s. 10, 10ᵉ אֵין לְךָ כָּל עֵשֶׂב וְעֵשֶׂב שֶׁאֵין לוֹ מַזָּל בָּרָקִיעַ שֶׁמַּכֶּה אוֹתוֹ וְאוֹמֵר לוֹ גָדֵל es giebt kein Kraut, das nicht seinen Planeten im Himmel hätte, der es schlägt, beeinflusst, und ihm zuruft: Wachse! Num. r. s. 12, 215ᵈ לֵית מַזָּל חָמֵי בַמֶּה בַמֶּה הַקְּדָמִים לֵיהּ וְלֵית חָמֵי בַמֶּה בַמֶּה דַלְעֵיל מִינֵיהּ אֶלָּא בַמֶּה דַלְרַע מִינֵיהּ כְּהָדֵין בַּר נָשָׁא דְהוּא נָחֵית בְּסוּלְמָא הָפִיךְ לְאַחֲרוֹרֵי der Planet (Engel des Geschickes) sieht nicht das, was vor ihm und auch nicht das, was über ihm ist, sondern blos das, was unter ihm ist; ebenso

wie ein Mensch, der mit umgewendetem Gesichte an einer Leiter herabsteigt. Das. s. 43 Anf., 41ᵈ מַזָּל צֶדֶק הָיָה מֵאִיר לוֹ der Planet Zedek (Jupiter) leuchtete dem Abraham; mit Ansp. auf צֶדֶק, Jes. 41, 2. Jeb. 64ᵇ eine Frau, die bereits drei Männer durch den Tod verloren hat, soll man nicht heirathen, מַזָּל גּוֹרֵם denn ihr Geschick veranlasst den Tod der Männer; nach einer andern Ansicht: מַעְיָן גּוֹרֵם sei ihr Leib die Veranlassung hierzu. Schabb. 156ᵃ R. Chanina sagte: לֹא מַזָּל יוֹם גּוֹרֵם אֶלָּא מַזָּל שָׁעָה גּוֹרֵם das Geschick des Menschen ist nicht vom Tage, sondern von der Stunde seiner Geburt abhängig; gegen die Ansicht eines andern Autors, dass das Geschick des Menschen davon abhänge, an welchem Tage er geboren sei. Das. R. Chanina sagte: מַזָּל מַחֲכִּים מַזָּל מֵעֲשִׁיר וְיֵשׁ מַזָּל לְיִשְׂרָאֵל das von der Geburt des Menschen an bestimmte Geschick bringt Weisheit und Reichthum; und auch Israel ist dem Geschick (das weder durch Tugenden, noch durch Gebete verändert wird) unterworfen. R. Jochanan sagte: אֵין מַזָּל לְיִשְׂרָאֵל Israel ist nicht dem Geschicke unterworfen; vgl. auch אִסְטַגְנִינוּת und מְזַר.

מַזָּלָא *ch.* (=מַזָּל) Planet, Glücksstern, von dem das Geschick des Menschen ausgeht, daher überhaupt Geschick, Schicksal. Taan. 29ᵇ ... בְּרֵי מַזְּלֵיהּ רֵיעַ מַזְּלֵיהּ sein Glücksstern ist hell, leuchtet, sein Geschick ist trübe. Khl. r. sv. אֶת הַכֹּל, 88ᵇ u. ö. טְמִיעַ מַזְּלֵיהּ sein Glücksstern ist untergegangen, verdunkelt, d. h. dieser Mensch ist unglücklich, vgl. בְּנַע. Schabb. 53ᵇ אָדָם דְּאִית לֵיהּ מַזָּלָא מַסִּיעַ לֵיהּ בְּהֵמָה דְלֵית לָהּ מַזָּלָא לֹא מַסִּיעַ לָהּ dem Menschen hilft ein Amulet (selbst wenn es sich bisher noch nicht als ein Heilmittel bewährt hat), weil er einen Glücksstern hat; dem Thiere hing. hilft es zuweilen nicht, weil es für dasselbe keinen Glücksstern giebt. B. kam. 2ᵇ אָדָם דְּאִית לֵיהּ מַזָּלָא כְּתִיב כִּי יִגַּח בְּהֵמָה דְלֵית לָהּ מַזָּלָא כְּתִיב כִּי יִגֹּף betreffs eines Menschen, den ein Ochs gestossen hat, steht כִּי יִגַּח (Ex. 21, 28), weil Ersterer einen Glücksstern hat (weshalb er nicht leicht von einem stössigen Ochsen getödtet wird, wenn dieser ihn mit dem Horn in den Leib stösst, ihn durchbohrt); dahing. steht betreffs eines Ochsen, der ein Thier gestossen hat, כִּי יִגֹּף (das. V. 35), weil letzteres, da es keinen Glücksstern hat, auch durch einen leichteren Stoss getödtet werden kann, vgl. נְגִיחָה und נְגִיפָה. M. kat. 28ᵃ u. ö. מִילְּתָא בְּמַזָּלָא תַּלְיָא es hängt vom Glücke ab, vgl. בַּר IV. B. mez. 105ᵃ מַזָּלָא דְבֵי תְרֵי עֲדִיף das Glück zweier Personen ist besser als das einer einzigen. Schabb. 146ᵃ גֵּרִים ... ob. עַל גַּב דְּאִינְהוּ לֹא הֲווֹ מִזְלַיְהוּ הֲווֹ auch bei den Proselyten (verschwand, ebenso wie bei den als Israeliten Geborenen, das Gift des Nachasch [die Erbsünde, vgl. זוּהֲמָא] durch die Gesetzgebung am Sinai); denn

obgleich sie selbst (da sie von Heiden abstammen) am Sinai nicht anwesend waren, so war dennoch ihr Stern, der Engel ihres Geschickes, dort anwesend. Meg. 3ᵃ (mit Bez. auf Dan. 10, 7) וכי מאחר דלא חזו מאי טעמא איבעית אֶת עַל גב חזו דאינהו לא חזו מזלייהו חזו da „die Männer die Gestalt nicht sahen", weshalb erschraken sie? Obgleich sie selbst sie nicht sahen, so sah doch ihr Glücksstern dieselbe. Rebina sagte hierauf: Daraus ist folgendes erwiesen: האי מאן דמיבעית אַף על גב דאיהו לא חזי מזליה חזי wenn Jem. erschrickt, so rührt es davon her, dass, obgleich er selbst den Gegenstand des Schreckes nicht sieht, sein Glücksstern ihn sieht.

מוֹלָא , מוֹלָא m. (=מוֹלָא) Glücksgut, Vermögen, s. TW.

מוֹלָא Pes. 40ᵃ, s. מְדְלָא.

מַזְלֵג m. (=bh., von זָלַג, vgl. מֶלְגֵּז) Gabel, Fleischgabel. Kel. 13, 2 ניטל המזלג Ar. (Agg. גירטלה) wenn die Gabel weggenommen wurde, vgl. זוּנְמַלְסְבָּרוּן.

מִזְמֵז Pilp. (von מָזַז, ähnlich מָסַס) erweichen. — Nithpalp. נִתְמַזְמֵז erweicht werden. Chull. 45ᵇ נתמסמס פסול נתמזמז כשר wenn das Gehirn eines Thieres zerflossen ist, so darf letzteres nicht genossen werden; wenn es aber blos erweicht ist, so darf es genossen werden. Das wird aus Tosef. Chull. III Anf. citirt נתמזמז מוחה טרפה (in der Tosef. jedoch steht פסולה) und emendirt in נתמסמס. Das Lewi חזייה להֹהוא גברא דטרייא לרישיה אמר נתמזמז מוחא דדין sah Jemdn., dessen Kopf wackelte, worauf er sagte: Das Gehirn dieses Mannes ist erweicht.

מִזְמֵז ch. Palp. eig. (=מִזְמֵז). — Ithpalp. אִתְמַזְמֵז übrtr. erzittern, wacklig werden, s. TW. Mögl. Weise ist jedoch unser W. das arab. مُتَمَزِّز : hin- und herbewegen.

מַזְמוּטִין m. pl. Belustigungen. Das W. ist wahrsch. das gr. τὰ μειδιάσματα; τὸ μειδίασμα =μείδιαμα: das Lächeln, bes. das freundliche Lächeln. Chag. 14ᵇ die Engel kamen herbei, um die metaphysischen Vorträge der Gelehrten zu hören, כבני אדם שמתקבצין ובאין לראות במזמוטי חתן וכלה wie die Menschen sich versammeln und kommen, um der Belustigungen des Bräutigams und der Braut mit anzusehen; s. auch TW.

מַזְמַן m. (=זְמַן) Zeit, s. TW.

מַזְמַסְיָא s. קַלְמַזְמְסַיָא.

מִזְמוֹר m. (=bh., von זָמַר) Lied, Psalm. Levit. r. s. 10, 153ᵈ המזמור הזה אדם הראשון אמרו diesen (den 92. Sabbat-) Psalm hat Adam verfasst. — Pl. j. Schabb. XVI, 15ᶜ mit. מאה

וארבעים ושבעה מזמורות שכתוב בתהלים כנגד שנותיו של אבינו יעקב die 147 Psalmen, welche der Psalter enthält, entsprechen der Zahl der Lebensjahre unseres Erzvaters Jakob (näml. die Pss. 1 und 2, 9 und 10, 42 und 43 bilden je einen Psalm). j. Taan. II, 65ᶜ ob. ולמה שמנה כנגד שמנה עשרה מזמורות שכתוב מראשו של תלים עד יענך ה' אם יאמר לך אדם תשעה עשרה הן אמור לו למה רגשו לית הוא מינון warum besteht das Gebet aus achtzehn Benedictionen? Den achtzehn Psalmen entsprechend, welche vom Anfange des Psalters bis zu dem Ps.: „Gott erhöre dich" u. s. w. (bei uns der 20. Psalm) reichen. Sollte dir jedoch Jem. entgegnen: Bis dahin sind neunzehn Psalmen! so erwidere ihm: Der zweite Psalm wird nicht dazu gezählt (weil er mit dem ersten Psalm einen bildet. Demnach bilden der neunte und der zehnte Psalm zwei Psalmen) j. Ber. IV, 7ᵈ un. dass. — Ber. 9ᵇ un. מאה פרשיות אמר דוד ולא חתם בהם הללויה עד שראה במפלתן של רשעים שנאמר יתמו וג' Ms. M. (Agg. מאה ושלש) hundert Psalmen sang David, ohne sie mit „Haleluja" zu schliessen, bis er den Untergang der Frevler gesehen hat, denn es heisst: „Vernichtet werden die Sünder" u. s. w. (bei uns der 104. Psalm). Die LA. des Ms. ist richtig und stimmt hinsichtl. der Psalmenzahl überein mit j. Schabb. l. c., s. ob. In der Parall. Levit. r. s. 4, 148ᵈ steht מאה ועשרים מזמורים וכ' crmp., wofür Jalk. II, 123ᵃ מאה ושנים וכ' hat: hundert und zwei Psalmen; was jedoch nicht ganz richtig zu sein scheint.

מִזְמוֹרָא ch. (=מִזְמוֹר) Psalm. Levit. r. s. 34, 178ᶜ כולה עניינא דמזמורא der ganze Inhalt des (109.) Psalm. — Pl. מִזְמוֹרִין Khl. r. sv. טוב, 87ᵇ u. ö., s. אַלְמְפַּבְּטָא.

מִזְמָרַיָא m. pl. (hbr. מִזְמֹרוֹת, von זָמַר) Spielinstrumente, s. TW.

מְזַנְוַן m. Adj. (von זָן, pl. זָנִים) verschiedene Arten enthaltend. Kel. 16, 1 תמחוי המזנון eine grosse Schüssel, mit vielen kleinen Abtheilungen, welche verschiedene Arten von Speisen enthalten.

מַזִּיק m. (eig. Part. von נָזַק, Hif. הִזִּיק) beschädigend u. zw. 1) Jem., der etwas beschädigt, sowie der Jemdm. (od. sich selbst) Schaden zufügt. Jom. 80ᵇ un. wer am Versöhnungstage übermässig Speisen geniesst, ist nicht straffällig; אשר לא תעונה כתיב פרט למזיק denn es heisst: „Wer nicht fastet" u. s. w. (Lev. 23, 29), davon ist der (sowohl die Speisen, als auch seinen eigenen Körper) Beschädigende ausgeschlossen. Das. כי יאכל פרט למזיק wenn ein Nichtpriester „isst (die Hebe, so muss er ausser dem Werth der Speise auch den fünften Theil als Ueberschuss ersetzen", Lev. 22, 14); davon ist der durch sein übermässiges Essen Beschä-

digende ausgeschlossen. Das. 81ᵃ ob. dass. —
B. kam. 1, 1. 2 fg. הַמַּזִּיק (im Ggs. zu הַנִּיזָק:
der Beschädigte, s. נָזַק) Jem., der einem Andern
Schaden zufügt, sowie: derjenige, der Gegenstände oder Thiere (z. B. stössige Ochsen u. dgl.)
besitzt, welche Personen oder das Eigenthum
derselben beschädigen. — 2) böser Geist,
Dämon, der die Menschen zu beschädigen sucht.
Pl. Ber. 3ᵃ un. מפני שלשה דברים אין נכנסין
לחורבה מפני חשד מפני המפולת ומפני המזיקין
dreier Dinge halber soll man nicht in eine Ruine
gehen, näml. wegen etwaigen Verdachtes (eines unerlaubten Umgangs mit einem Weibe), ferner wegen
eines (zu befürchtenden) Einsturzes und endlich wegen der Dämonen (die gew. in den Ruinen
hausen). Das. 6ᵃ ob. אלמלא ניתנה רשות לעין
לראות אין כל בריה יכולה לעמוד מפני המזיקין
wäre das Auge im Stande, (auch Geister) zu
sehen, so würde kein Geschöpf der Dämonen
halber bestehen können. B. mez. 107ᵇ פת שחרית
מצלת ... מן הדזיקין ומן המזיקין der Imbiss des
Morgens schützt vor schädlichen Winden und
schädlichen Geistern. Chull. 105ᵇ. 109ᵇ, s.
מַרְזֵבָא.

מַזִּיקָא, מַזִּיק ch. (=vrg. מַזִּיק) schädlicher
Geist, Dämon. Kidd. 29ᵇ הוה ההוא מזיק בי רבנן
דאביי דכי הוו עיילי בתרין אפילו ביממא הוו מיתזקי וכ׳
in dem Lehrhause des Abaji
gab es einen Dämon, von dem Alle, welche,
selbst wenn sie zu zweien und am Tage dorthin kamen, beschädigt wurden. Dem R. Acha,
der sich genöthigt sah, in diesem Studienhause
zu übernachten, אידמי ליה כתנינא דשבעה
רישווותא כל כריעא דכריע נתר חד רישא
erschien jener Dämon als ein siebenköpfiger Drache,
welchem aber infolge eines jeden Hinknieens
(des R. Acha in seinem Gebete, dass der Dämon
schwinden möge) ein Kopf abfiel; s. auch TW.

מַזְקַפְתָּא f. (von זְקַף) Striegel, eig. was
hochmacht, oder erweitert, ausdehnt. Mögl.
Weise hängt unser W. mit dem syr. ܡܙܩܦܘܬܐ
durities, zusammen. B. mez. 60ᵇ אין משרבטין
את הבהמה (Tosef. B. mez. III Ende ומסרטין) wird
nach einer Ansicht das. erklärt:
מזקפתא man darf nicht das Haar eines Thieres
(das man zu verkaufen beabsichtigt) vermittelst
einer Striegel in die Höhe kämmen (weit auseinander bringen); damit es näml. wohlbeleibt
aussehe und man dafür einen höheren Kaufpreis,
als es werth ist, bekomme. Eine andere Erkl.
s. in חִיּנְרָא II.

מְזִיקְתָא f. (von זִיק) Graben, Wasserbehälter, s. TW.

מְזַר I (arab. مَذِرَ) verdorben sein. Chull.
140ᵇ ביצים ... מוזרות verdorbene, übelriechende
Eier. Nid. 35ᵇ זוב דידהא ודומה לביצה מוזרת

שכבת זרע קשורה ודומה ללובן ביצה שאינה
מוזרת (Agg. ביצה המוזרת) Ar. sv. זב ללובן, was
jedoch kaum richtig ist, da bei dem verdorbenen Ei das Weisse vom Dotter nicht getrennt
ist) der Schleimfluss ist dunkel und gleicht einem
verdorbenen Ei; der Samenguss hing. ist zusammenhängend (zieht sich) und gleicht dem
Eiweiss, das nicht verdorben ist. Snh. 82ᵇ זמרי
על שם שנעשה כביצה מוזרת der Stammfürst,
welcher der Midianiterin beigewohnt hat, hiess
„Simri" (Num. 25, 14), weil er (d. h. seine Geschlechtstheile, infolge des öftern Beiwohnens)
wie ein verdorbenes Ei wurde. Das W. מזרי
wird näml. zunächst von זְמוֹרָה (Glied, s. d. W.)
und dann trnspon. von מָזַר gedeutet. Jelamd.
Abschn. Pinchas, s. זָמַר im Nifal.

מָזַר II (=פָּזַר, s. d. Grndw. זר verwandt
mit arab. زَرَّ) 1) zwirnen, die Fäden drehen, spinnen. Sot. 6ᵇ. 31ᵃ מוזרות בלבנה die
beim Mondscheine zwirnenden Weiber, vgl. לְבָנָה.
j. Sot. VI Anf., 20ᵈ אנן תנינן מוצרות אית תניי ותני מוזרות
מאן דמר מוצרות מצרן עמר ומאן
דמר מוזרות שרין כיתן wir lernen (in der Borajtha) מוצרות; mancher Autor (in der
Mischna) liest מוזרות. Nach demjenigen Autor,
welcher מוצרות liest, bedeutet das Wort: „Die
Wollespinnenden"; nach demjenigen aber, der
מוזרות liest, bedeutet es: „Die Flachszwirnen-

den". — 2) (arab. مَزَرَ) kräftig, stark sein,
in der Anfertigung von Sachen. Die hier angegebenen beiden Begriffe des Wortes מָזַר hängen
ebenso zusammen, wie in גָּבַל, das gleichfalls
eig. zwirnen, dann aber auch gross, stark sein
bedeutet, da das gedrehte Seil auch stark
ist. Davon

Pi. מְזַר kräftig, reif machen. Genes. r.
s. 10, 10ᵃ wird מזרות (Hiob 38, 32) wie folgt
erklärt: מזל הוא שהוא מְמַזֵּר את הפירות es ist
ein Planet, der die Früchte kräftigt, reif macht.
Das W. wird doppelt gedeutet, von מזל und
von מזר.

מָזוֹר (von מְזַר, arab. مَزَرَ ausdehnen, ausbreiten) Ausgebreitetes, daher: Teppich,
Bettunterlage. j. Schabb. II, 5ᵃ ob. עשאה
מזור טהורה wenn man aus dem Stück Zeug
eine Unterlage machte, so ist letztere levitisch
rein. Das. מזור כמי שעשאה als ob man es
zur Unterlage verwendet hätte, vgl. auch מִזְרָן.

מַזְרוֹת f. pl. (bh.) s. מָזַר II nr. 2.

מְזָרִים masc. pl. (=bh.) Behältnisse des
Nordwindes, Mesarim; wahrsch. ist das W.
syn. mit מָדוֹר Wohnung, Station, s. TW.

מְזוֹרָה Pressbrett, s. in מזר׳ — Kel. 20, 1
הרבצל והמזורה Tlmd. Agg. (Ar. המזרה), richtiger מִזְרֵה, s. d.

9*

מְזָרֶה *m.* (=bh.; von זרי, זָרָה) die Wurfschaufel. Kel. 13, 7 und Teb. jom 4, 6 המזרה,
s. מַגּוֹב.

מִזְרָח *m.* (=bh., von זָרַח *ch.* מְדִינָחָא, s. d.)
Sonnenaufgang, Osten, Ostseite. Tam.
1, 3. 4 כבש של מזרחה die östliche Seite der
Treppe des Altars. Das. 2, 4 סידר המערכה
גדולה מזרחה וחזיתה מזרחה der Priester ordnete den grossen brennenden Holzstoss nach
der Ostseite zu und die Front desselben war
ebenf. nach Osten gerichtet, vgl. מַעֲרָכָה.

מִזְרָחִי *m.* Adj. östlich. Tam. 6, 1 fg. —
Pl. Genes. r. s. 43 Anf., 41ᵈ (mit Ansp. auf Jes.
41, 2) מי הוא שהעיר לבם של מזרחיים שיבאו וכ'
ויסלו ביד אברהם wer war derjenige, der den
Muth der Morgenländer geweckt, dass sie her-
beikamen und infolge dessen in die Hand Abraham's fielen? Der ewig Lebende („der Gerechte", d. h. Gott), der ihm überall, wo er nur
ging, „Licht brachte"; vgl. auch מַזָּל. — *Fem.*
Tam. 4, 1 fg. קרן מזרחית צפונית der nordöstliche Winkel. — Pl. das. 3, 9 נכנס ומצא שתי
נרות מזרחיות דולקים er trat ein und fand die
zwei östlichen Lampen brennen. — j. Ber. III,
6ᵃ mit מזרחייא crmp. aus מרחייא, s. d.

מזריון Pes. 107ᵃ, s. זורין in זר'.

מִזְרָן, מִיזְרָן *m.* (von מָזַר, s. מְזוֹר) eine Art
Matratze, Matte. Hai Gaon (wonach Ar.)
erklärt das W.: eine wollene Decke (טפיסא,
Tapete), welche die Vornehmen unter ihre
Bettdecken (Laken) legen und welche arab. מיזר
genannt wird. Maim. z. St. erklärt מזרן (syn.
mit אֵזוֹר): Gurt, der aus Wolle, Flachs oder
Haaren gesponnen ist, mit welchem man die
Bettstelle umwickelt und von welchem zuweilen
ein Stück herabhängt (also wahrsch. arab. مِئْزَر,
syr. فَمُنْدُ Schurz, فَمُنْدُ Gürtel, von hbr.
אָזַר, זר' Grndw.). — Kel. 19, 3. 4 מיזרן
היוצא מן המטה die Matratze (oder: der Gurt),
die aus der Bettstelle hervorkommt. Das. נישא
על המזרן wenn der Schleimflüssige auf der
Matte getragen wird. Das. Mischna 5. 6 מטה
שכרך לה מזרן ein Bett, das man mit der Matte
umwickelt. Tosef. Kel. B. mez. IX מזרן שהוא
מכרך בו את המטה die Matte (oder der Gurt),
womit man das Bett umwickelt. Das. ö. (in
einigen Agg. crmp. חזרן).

מִזְרָקָא, מִזְרָק *ch. m.* 1) (=hbr. מִזְרָק, von
זרק) Schale, Opferschale, eig. Gefäss, woraus gesprengt wird, s. TW. — 2) Blutge-
fäss im animalischen Körper. — Pl. Chull.
93ᵃ אומצי ביעי ומזרקי rohe Fleischstücke, Eier
(die im Leibe der Vögel gefunden werden) und
die Blutgefässe im Halse, welche sämmtlich mit

Blut gefüllt sind. Das. מיזרקי ודם dasselbe
gilt auch von den Blutgefässen, die man näml.
auf Kohlen brät. Pes. 74ᵇ dass.

מוֹחָא, מוֹחַ s. in מו'.

מְחָא, מַח s. im nächstflg. Artikel.

מֵיחָא *m.* (verwandt mit hebr. מֵחַ, arab.)
مَخ, von מחח) das Beste, Vorzügliche; insbes. (=קַמְחָא, hbr. קָמַח, Grndw. מַח) das ker-
nige Mehl. Schabb. 37ᵇ un. כל דאית ביה מיחא
מצטמק ורע לו לבר ... מחבשיל דליפתא דאף על
גב דאית ביה מיחא מצטמק ורפי לו für jede
Speise, die mit Kernmehl zubereitet wird, ist
das starke Einkochen nachtheilig, mit Ausnahme
der Rübenspeise, für die das starke Einkochen,
obgleich sie mit Kernmehl zubereitet wird, vortheilhaft ist. Ber. 37ᵇ האי ריהטא דחקלאי דמטוי
ביה מיחא מברך בורא מיני מזונות מאי טעמא
דסמידא עיקר דמחוזא (במחוזא) 1. דלא מפשר ביה
מיחא מברך עליו שהכל נהיה בדברו Ar. ed. pr.
(Agg. קמחא ... קמחא); ein Ms. hat ebenf. מיחא,
vgl. Dikduke z St.) beim Geniessen der ge-
rührten Speise der Dörfler, welche viel Kernmehl dazu nehmen, spricht man die Benediction:
„Gelobt ... der die Arten von Speisen erschaffen hat" (eine Benediction, die blos beim Genusse besserer Nahrungsmittel gesprochen wird,
vgl. מְזוֹן und מִין). Weshalb? Weil hier das
feine Mehl den Hauptbestandtheil der Speise
bildet. Dahing. spricht man beim Genusse der
eingerührten Speise der Städter, welche nicht
viel Kernmehl dazu verwenden, den Segen:
„Gelobt ... der, durch dessen Wort Alles erschaffen wurde."

Denom. Pes. 40ᵇ לְמֵיחַ בחסיסי Ar. (=Ms. M.;
Agg. למנחה) Kernmehl mit unreifen Gersten-
körnern anrühren und kochen, vgl. חֲסִיסָא.

מְחָא I (syr. מֳחָא=hbr. מָחָא, arab. مَحَا) eig.
streichen, reiben; dah. 1) schlagen; 2)
verbieten; 3) weben, s. מחי, מָחָה.

מְחָתָא, מַחְתָא (מְחָאָה) *f.* (syr. مَحْتًا)
Schlag, Plage, s. TW.

מְחָא II *m.* Gewebe, s. TW., vgl. auch מְחִיתָא.

מְחָאָה *f.* das Verbieten, Vorbringen
eines Einwandes; insbes. das Einspruch-
erheben, die Protesterhebung von Seiten
des Eigenthümers eines Grundstückes gegen die
unrechtmässige Besitzergreifung eines Andern,
bevor Letzterer die ununterbrochene Nutzniessung
während eines Zeitraumes von drei Jahren hatte,
vgl. חֲזָקָה. B. bath. 38ᵃ fg. 40ᵃ ob. מחאה בפני
שנים ואין צריך לומר כתוב die Einsprucherhebung geschieht in Gegenwart zweier
Personen (Zeugen); es ist auch nicht nöthig, dass

der Grundeigenthümer ihnen sage: Schreibet diesen Protest nieder! vgl. מוֹדָעָא; nach einer andern Ansicht das. שהוה מחאה בפני שלשה muss eine solche Protesterhebung in Gegenwart dreier Personen stattfinden, um ihr eine grössere Verbreitung zu verschaffen. Keth. 17ᵇ מחאה שלא בפניו הויא מחאה die Einsprucherhebung des Grundeigenthümers (der von seinen Gütern entfernt lebt) ist auch in Abwesenheit desjenigen, der sich für den Eigenthümer ausgiebt, giltig; weil näml. angenommen wird, dass Letzterer auch von dem in der Ferne erhobenen Einspruch Kenntniss erhalten haben und infolge dessen seine Gerechtsame (Documente oder Zeugen des Kaufes oder der Schenkung) bereit halten würde; vgl. זָהַר im Ithp.

מַחֲבָא f. (=bh. m. Stw. חבי, הָבָא) 1) Schlupfwinkel, Versteck. Nid. 39ᵃ אם היתה במחבא wenn sie sich in einem Schlupfwinkel (aus Furcht vor Räubern oder Kriegern) aufgehalten hat. Tosef. Jeb. XII Anf. ילדו שני זכרים במחבא ... ילדו שתי נקבות במחבא sie gebaren zwei Knaben im Schlupfwinkel; sie gebaren zwei Mädchen im Schlupfwinkel. j) Jem., der die Schlupfwinkel in Feldern und Gärten durchsucht, um die, bei der Haupternte zurückgebliebenen Früchte einzuheimsen. Pea 7, 2 משתלך המחבא wenn der Untersuchende der Schlupfwinkel sich bereits entfernt hat, so dürfen die Armen die zurückgebliebenen Früchte als „vergessene" (שכחה) sich aneignen. j. Pea z. St. VII, 20ᵃ mit. ein Autor erklärt die Mischna wie folgt: כל זמן שיש לו התחיר אין (יש l.) לו לו בראשר הילכא אף על פי שאין לו המחבא (sic!) בראשר יש לו התחיר (lies im letzten Satze: אף על פי שיש לו התחיר אין לו בראשו, vgl. auch Frankel Comment. z. St.) so lange der Gartenbesitzer unterhalb (an den unteren Zweigen) des Olivenbaumes noch Früchte hat, so darf er die an der Spitze zurückgebliebenen Oliven für sich nehmen (d. h. die Armen dürfen sie sich nicht als bereits „vergessene" aneignen); wenn jedoch der Durchsuchende der Schlupfwinkel sich bereits entfernt hat, so darf der Gartenbesitzer, obgleich er unterhalb des Oelbaumes sich noch Oliven vorbehalten hat, dennoch die Oliven an der Spitze des Baumes nicht mehr abnehmen, weil sie den Armen gehören. Das. wird המחבא erklärt: שהוא משייר את המחבויין derjenige, der die Ueberreste in den Schlupfwinkeln aufsucht (anst. משייר ist viell. מתחיר von תור: durchspähen, zu lesen). Maim. z. St. erklärt המחבא: eine dicke hölzerne Stange, womit man auf den Oelbaum schlägt, wodurch auch diejenigen Oliven, die zwischen den Aesten und Blättern versteckt sind, herabfallen.

מַחֲבוֹיָה, מַחֲבוֹאָה f. (bh. מַחֲבֹאִים m. pl.) 1) dass. Versteck, Schlupfwinkel. Keth.

27ᵃ (mit Bez. auf die Mischna: In einer Stadt, die im Belagerungszustande war, dürfen die Priester nicht mehr mit ihren Frauen die Ehe fortsetzen, weil Letztere wahrsch. genothzüchtigt worden seien). אם יש שם מחבואה אחת מצלת על הכהנות כולן wenn jedoch daselbst ein Schlupfwinkel vorhanden ist, so rettet dieser alle Priesterfrauen; d. h. betreffs jeder derselben wird angenommen, sie habe sich daselbst versteckt gehalten. — Pl. j. Keth. II, 26ᵈ mit. היו שם מַחֲבוֹאִים צריכה wenn Schlupfwinkel daselbst (in der belagerten Stadt) vorhanden sind, so ist es zweifelhaft, ob die Priesterfrauen die Ehe fortsetzen dürfen oder nicht. In der Parall. j. Git. III, 45ᵃ ob. steht dafür: היה שם מחבויה צריכה singl. dass. — 2) übrtr. Men. 63ᵃ מַחֲבוֹאֵי הלב die Geheimsünden des Herzens; מחבואי הפה die lauten Sünden des Mundes; s. מַחֲבַת.

מַחֲבַל, מַחֲבוֹטָא s. hinter dem nächstflg. Art.

מַחֲבַת f. (=bh.) Pfanne zum Braten oder Rösten, bes. Opfergefäss, in welchem das Backwerk (חֲבִתִּים) zubereitet wurde. Sifra Wajikra Par. 9 cap. 12 (zu Lev. 2, 5 und 7) und Men. 63ᵃ מה בין מחבת למרחשת מרחשת יש לה כיסוי מחבת אין לה כיסוי ... מרחשת עמוקה ומעשיה רוחשין מחבת צפה ומעשיה קשין welcher Unterschied ist zwischen מחבת und מרחשת? Letzteres hat einen Deckel, ersteres aber hat keinen Deckel; so nach Ansicht des R. Jose. R. Chananja ben Gamliel sagt: מרחשת ist ein tiefes Gefäss, in welchem das Gebäck (weil das Oel darin bleibt) brodelt; מחבת hing. ist eine flache Pfanne, in welcher das darin zubereitete Gebäck fest, trocken ist. In Gemara das. werden die betr. Wörter theils etymologisch behandelt, theils auch, mit Rücksicht auf die, in solchen Gefässen zubereiteten Opfer, agadisch gedeutet: מאי טעמא דר׳ יוסי אילימא מרחשת דאתיא ארחושי הלב כדכתיב רחש לבי ג׳ ומחבת דאתיא אמחבואי הפה כדמיגמרי אינשי קא מבחבחי אימא איפכא מחבת דאתיא אמחבוטי הלב כדמי נחבא למה מרחשן שפותיה ארחושי הפה כדמיגמרי אינשי קא מרחשן גמירא לה Ar. ed. pr. (Agg. ניובא אלא גמרא גמירא לה) ארחושי anst. ארחבואי und מבחבחי anst. בבחורי und das letzte הלב רחש fehlt) was ist der Grund für die Ansicht des R. Jose? Etwa der, dass מרחשת das Gefäss desjenigen Opfers bezeichne, welches zur Sühne der Gedanken des Herzens dargebracht wird (mit Ansp. auf רחש לבי, Ps. 45, 2; d. h. ebenso wie das Herz bedeckt ist, so soll auch dieses Opfergefäss mit einem Deckel versehen sein); dass מחבת hing. dasjenige Opfergefäss bezeichne, dessen Gebäck das Lärmen des Mundes (Verleumdung u. dgl.) sühne, so wie das gewöhnliche Sprichwort lautet: Man lärmt (בחבה) Palp. lärmen, vom arab. حَبَّ

trnspon. חב; d. h. so wie der Verleumder offen
spreche, so soll auch dieses Opfergefäss unbedeckt sein)? Vielleicht ist das Gegentheil richtiger: מחבא (d. h. das Gebäck desselben) sühne
die Geheimsünden des Herzens (mit Ansp.
auf נחבאת, Gen. 31, 27; weshalb dieses Gefäss,
ähnlich dem Herzen, mit einem Deckel versehen
sein müsse); מרחשת (das Gebäck desselben)
sühne die mit dem Munde öffentlich ausgesprochenen Sünden, u. zw. nach dem Sprichwort:
„Seine Lippen regen sich" (vgl. רָחַשׁ); daher
soll dieses Opfergefäss ohne Deckel sein! —
Allein jeder dieser Autoren (R. Jose sowohl,
als R. Chananja) hatte seine Ansicht auf eine
Tradition gegründet.

מָחֲבוֹטָא, מַחֲבְטָא m. (von חָבַט) Stock oder
Gerte zum Abschlagen der Aehren, s.
TW. — j. B. mez. III g. E., 62ᵇ מיהבוט Inf,
s. נָפַח. — Schabb. 32ᵃ ob. חד מחבטא, s. מַחְבְּרָא.

מְחַבֵּל m. (eig. Part. Piel von חָבַל); gew. als
Adj. Verderber, vgl. חָבַל im Piel und Hithpa.
— Uebrtr. (=מַזִּיק) schädlicher Geist, ein
Engel, der Verderben bringt. — Pl. Num.
r. s. 14, 228ᵃ מיכן שניתן רשות למחבלים לחבל aus
aus dieser Schriftstelle (Ex. 33, 22: „Ich werde
dich mit meiner Hand beschützen", sowie aus
1 Kn. 8, 11) ist zu entnehmen, dass die Verderber Erlaubniss haben, zu verderben.

מְחַבְּלָנָא ch. (=מְחַבֵּל) (syr. ܡܚܰܒܠܳܢܳܐ) der
Verderber, s. TW.

מְחַבְּלָתָא f. (von חָבַל) die Gebärerin,
eig. die mit Schmerzen Gebärende. Khl. r. sv.
עת ללדת, 77ᵇ, s. חָבַל. — Genes. r. s. 60, 58ᵉ בין
חייא למחבלתא וכ׳ bevor die Hebamme zur
Gebärerin kommt u. s. w., s. חַיְיָתָא u. זוּ II.

מָחוֹג m. (Stw. חג, arab. خَمّ) das Winken
mit den Händen, um sich Jemdm. durch
Zeichen verständlich zu machen, eine Art Ge-
berdensprache. Ber. 46ᵇ פרסאי דמחוי ליה במחוג
die Perser, die (während der Mahlzeit, wobei
sie sich schweigsam verhalten) den Tischgenossen durch Winken anzeigen, was sie denken.
Chag. 5ᵇ ob. R. Josua und ein Sektirer (מינא
Ms. M., Agg. אפיקורוסא) disputirten in Gegenwart des Kaisers, indem sie ihre Gedanken durch
Winken zu erkennen gaben. Letzterer: „O,
Volk, dem Gott sein Gesicht abgewendet!" Worauf Ersterer: „Noch immer waltet seine schüz-
zende Hand über uns!" Der Kaiser fragte den
R. Josua: Was winkte jener dir und was wink-
test du ihm zu? Er wusste Beides anzugeben.
Der Sektirer jedoch wusste auf Befragen, blos
das anzugeben, was er dem R. Josua, nicht aber,
was dieser ihm zugewinkt hatte. אמרי גברא מחוי
ידע מאי מחוי ליה משתוא קמדר קמדה מלכא
אמרו . . . במחוג Ms. M. (Agg. אסקוה וקטלוה

יחוי) man sagte hierauf: Darf etwa ein Mann,
der das nicht versteht, was man ihm durch
Zeichen anzeigt, sich in Gegenwart des Königs
(Kaisers) durch Winken unterhalten! Man führte
ihn fort und tödtete ihn. (Ein Ms. hat: דלא
ידע לאחורי במחוג מחוי במחוג וכ׳ will etwa ein
Mann, der das Winken nicht versteht, sich durch
Winken unterhalten?)

מַחְגֵּר m. (=bh. מַחְגֹּרֶת f., von חָגַר) der
Gurt, näml. der Strick, den man um den Hals
des Ochsen, der am Wagen angespannt ist,
bindet. Kel. 13, 4 המחגר. Hai in s. Comment.
erklärt das W. durch das arab. אלבינאק, بَنِيقَة (?)
vgl. auch סוֹבֵּר.

מָחוֹז m. (=bh.) Stadt, und übrtr. Machos,
Name eines Ortes. Stw. חוז, syr. ܡܚܽܘܙܳܐ, syn. mit
חזי (חצי, חוּג), eig. theilen, einschliessen; daher
begrenzter, von Mauern eingeschlossener Ort,
ähnlich כְּרַךְ, vgl. auch מְחִיצָה. Arach. 14ᵃ חולת
המחוז (wofür Tosef. Arach. II מחוזא in chald.
Form) die Umgebung (oder: die Sandsteppe)
einer Stadt. Nach einer Erklärung Raschi's:
die sterile Umgegend von Machos.

מְחוֹזָא ch. (=מָחוֹז) 1) Stadt. Tam. 32ᵇ
בבא דמחוזא das Thor der Stadt. Ber. 37ᵇ, s.
מָחוֹזֵי. — Pl. B. bath. 73ᵇ שיתין מחוזי sechzig
Städte. — Oft 2) Machosa, Name eines am
Tigris gelegenen Ortes. Keth. 65ᵃ ידענא בהו
בבני מחוזא דשתו חמרא ich weiss von den Einwohnern Machosa's, dass sie viel Wein trinken. Das.
עד דאסקוה לה מכולי מחוזא bis man sie aus
ganz Machosa hinauswarf. Ber. 59ᵇ האי דחריפי
בני מחוזא משום דשתו מיא דדגלת dass die Einwohner Machosa's scharfsinnig sind, rührt davon her, dass sie das Wasser des Tigris trinken.
Jom. 11ᵃ אבולי דמחוזא die Thore von Machosa.
Kidd. 73ᵃ u. ö.

מְחוֹזֵי m. N. patron. der Machosäer, aus
Machos. Mechilta Beschallach Anf. Par. 3
אבא יוסי המחוזי Abba Jose, der Machosäer.

מָחוֹזָאָה ch. (=מְחוֹזֵי) der Städter, und
übrtr. der Machosäer. — Pl. Ber. 37ᵇ ריהטא
דמחוזאי (l. . . . דרחקלאי) entsprechend dem מחוזא
die eingeführte Speise der Städter, vgl. מַיְתָא.
— Kidd. 6ᵇ חנין מחוזאה R. Chanin, der Machosäer; höchst wahrsch. derselbe, der Ab. sar.
41ᵇ ר׳ חנינא חוזאה genannt wird, woselbst
wohl ebenf. מחוזאה gelesen werden dürfte: R.
Chanina, der Machosäer. — Fem. Kidd. 72ᵇ
איתתא מחוזייתא eine Frau aus Machosa.

מָחוֹי s. in מחוי.

מַחֲוֵי m. eig. (Part. von חַוֵי) Verkünden-
der, d. h. Orakel sprechender (Kopf), dem ein
mit Zaubersprüchen beschriebenes Goldblech

unter die Zunge gelegt worden sein soll, s. TW.;
vgl. Fleischer das. II, 567ᵇ; s. auch Chwolson:
Die Ssabier, Bd. II, S. 19—21. S. 151—155.

מְחַוּוֹנִיתָא f. (von חַוֵּי) das Anzeigen, Angeben der Grenze eines Ortes. B. bath.
68ᵃᵇ wird סנטר (s. d. W.) nach einer Ansicht
erklärt durch בַּר מַחוּונִיתָא der Beamte einer
Ortschaft, der die Grenzen derselben anzeigt,
eine Art Vogt. Nach einer Ansicht: בַּר
מחווניתא מזדבן wird dieser Beamte beim Verkaufe der Stadt mitverkauft; nach einer andern
Ansicht: בר מחווניתא לא מזדבן wird er nicht
mitverkauft.

מָחוֹךְ masc. (von חוּךְ, s. d.) das Lachen,
Scherzen, Lascivität; und übrtr. Bekleidung der weiblichen Scham (eig. Ort des
Scherzes). Schabb. 64ᵃ un. הַיֵּיךְ דמתרגמינן ומחוֹךְ
דבר הבא לידי מחוֹךְ Ms. M. (ebenso Jalk. z. St.,
wo jedoch anst. הבא richtiger המביא steht;
Tlmd. Agg. אי דכי . . . מחוֹךְ דבר המביא לידי
ניחוֹךְ deshalb übersetzen wir (d. h. Onkelos
das W. וכומז, Num. 31, 50) mit ורמחוֹךְ; d. i.
eine Putzsache, die Lachen, Ausgelassenheit er-
regt, vgl. auch כּוּמָז. — Die jerus. Trgg. jedoch
verstehen unter מָחוֹךְ, מָחוֹכָא und pl. מַחֲכַיָּא
eine Art Mieder oder Schnürleib zum Zusammenhalten des Busens; wonach Stw.
מְחַךְ, נֶָחַךְ drücken, reiben wäre, s. TW.

מָחוֹל m. (=bh., von חוּל I) 1) Umkreisung,
Umzäunung. Kil. 4, 1 מחול הכרם die Umzäunung des Weingartens, s. כֶּרֶם. j. Kil. IV
Anf., 29ᵃᵇ ob. ניטל המחול wenn die Umzäunung
fortgenommen wurde. — 2) übrtr. kreisför-
miger Sitz. Taan. 31ᵃ עתיד הקבה לעשות מחול
לצדיקים והוא יושב ביניהן בגן עדן וכ׳ Gott wird
einst den Frommen im Paradiese einen Kreis
machen (d. h. er wird sie kreisförmig sitzen
lassen), er selbst aber wird in ihrer Mitte sitzen,
auf den jeder Fromme mit seinem Finger hin-
zeigen wird; mit Ansp. auf Jes. 25, 9. In der
Parall. Khl. r. sv. אין זכרון, 73ᵈ steht dafür
עתיד וכ׳ לחוֹלה (mit Ansp. auf לחוֹלָה, Ps. 48, 14) ראש
מְחוֹלָה (fem.) שהם חלין לפניו Gott wird
. . . an der Spitze des Reigentanzes sitzen,
während sie vor ihm tanzen werden; vgl. auch
חוֹלָה.

מְחַוּוֹנִיתָא s. hinter מְחַוֵּי.

מְחָסָא, מָחוֹם, מְחוֹס m. (von חוס) das Erbarmen, die Gunst, s. TW.

מָחוֹר, מְחוֹר m. (von חור) etwas Weisses,
weisse Farbe, s. TW.

מְחַוֵּור m. (vom Pa. חַוַּר; viell. jedoch מְחַוָּר
zu lesen, Part. pass. vom Piel) eig. das Weisse;
übrtr. das Glänzende, Vorzügliche. j.
Schek. III g. E., 47ᶜ mit. אי זהו המחוור שבכולן

רב׳ welche Schriftstelle ist die vorzüglichste
(d. h. am meisten beweisende) unter allen anderen? vgl. יָצָא. Genes. r. s. 47 g. E. אין לך
מחוור מכולם אלא יריד בטנין der vorzüglichste
aber (unter allen Märkten, der näml. unzweifelhaft zu Ehren eines Götzen eingesetzt wurde)
ist der Jahrmarkt zu Batanäa. j. Ab. sar. I, 39ᵈ
ob. dass., vgl. יָרִיד. — Fem. Pes. 55ᵇ מְחַוַּרְתָּא
וכ׳ das Beste ist u. s. w. Chull. 117ᵃ u. ö.,
vgl. חַוַּר im Pael.

מְחוֹשׁ m. (von חוש) 1) das Leid, Uebel,
Schmerz, eig. Besorgniss. Schabb. 11ᵃ כל
מיחוש ולא מיחוש ראש כל רעה ולא אשה רעה
jedes andere Leid (ist erträglich), nur nicht der
Kopfschmerz, jedes andere Uebel, nur nicht eine
böse Frau. Tem. 16ᵃ un. Jabez betete zu Gott
(1 Chr. 4, 10, mit Anspiel. auf ועשית מרעה):
„Wenn du mich vor Leid beschützen wirst“,
שלא יהא בי מיחוש ראש ומיחוש אזנים ומיחוש
עינים dass ich weder Kopfleiden, noch Ohren-
leiden, noch Augenleiden habe u. s. w. Kidd. 5ᵇ
בית מיחוש, s. d. — 2) Adj. der Leidende.
Pl. Ned. 41ᵃ אין מבקרין לא חולי מעים ולא חולי
עין ולא מיחושי ראש man soll weder die am
Durchfall Leidenden, noch die Augenleidenden,
noch die am Kopfschmerz Leidenden besuchen;
Erstere dürften sich geniren, oder den Stuhl
aufhalten, den beiden Letzteren aber ist das
Sprechen schädlich.

מֶחֱזֵי, יְמַחְזֵי m. (von חזא) Anblick, Gestalt. — מַחְזִיתָא f. (syr. ‏ܡܚܙܝܬܐ‎) Spiegel,
s. TW.

מַחֲזוֹר, מַחֲזוֹרָא m. (von חזר) 1) die Rückkehr, das Zurückkehren. Genes. r. s. 26,
25ᵈ Rabban Gamliel segnete seine Tochter bei
ihrer Verheirathung: לא יהי ליך מחזורי להכא
(wahrsch. zu lesen מחזוריך oder מחזורא) mögest
du keine Rückkehr hierher (d. h. ins elterliche
Haus) haben! Als sie aber sagte: Das sieht ja
wie ein Fluch aus, entgegnete er: מן גו דאת
הווא שלם בביתיך לא יהי ליך מחזורי (מחזוריך)
להכא dadurch, dass du im deinem Hause glücklich lebest, wirst du nicht hierher zurückkehren!
vgl. auch חֲזַר. — 2) die Umkreisung, der
Cyclus, insbes. als astronomische Bezeichnung
des grossen Sonnencyclus von 28 und des kleinen Mondcyclus von 19 Jahren (bei den späteren Rabbinen: מחזור גדול, מחזור קטן). Ber. 59ᵇ
ob. אימת אמר אביי כל כח שנין דהדר מחזור
(ראימת הוי . . . ורהדר) Ms. M. (Agg. וכ׳ wann
geschieht es (dass die Sonne in ihrem vollen
Glanze sichtbar wird und man beim Anblick
derselben den Segen spricht)? Abaji sagte: In
je 28 Jahren, wenn der Cyclus zur Zeit der
Sonnenwende im Nisan zurückkehrt. — Pl.
מַחֲזוֹרִין, s. TW. — Im Rituale bezeichnet מחזור
Machsor: das Buch, das die Festgebete enthält.

מָחַט I das Licht abputzen. j. Bez. IV,
62° un. u. ö., s. מְדַּשׁ.

מָחַט II (verwandt mit arab. كَحَف) Fehlgeburt haben, abortiren. Grndw. חמט, wovon auch וַחְמָא (syr. ﻟﺴﺎ): die Frühgeburt.
Jelamdenu zu Breschith Ende (mit Bez. auf Hiob
21, 10, citirt vom Ar.) מהתעברות שלהן פרות
ואולדות בלא צער ולא היתה אחת מהן מוחטות וכ'
ihre (der Zeitgenossen der Sündfluth) Kühe wurden trächtig, warfen schmerzlos die Jungen und
keine derselben hatte eine Fehlgeburt.

מָחַט f. (arab. مِخَط von خَطَّ, vgl. auch أَخَط:
durchbohren) Nadel, Pfriem. Schabb. 57ª ein
Weib darf am Sabbat nicht ausgehen במחט
שאינה נקובה וכ' mit einer nicht durchlöcherten
Nadel; wenn sie jedoch damit ausgegangen, so
ist sie nicht straffällig. Das. לא תצא אשה
במחט הנקובה וכ' sie darf nicht mit einer durchlöcherten Nadel ausgehen; wenn sie damit ausgegangen, so ist sie straffällig; weil eine solche
Nadel als ein fertiges Geräth angesehen wird.
Das. 11ªᵇ, s. חַיָּט. j. Schabb. VI, 8ᵇ mit. Kel.
13, 5 s. חֲלוּדָה und חָרִיר I. Ohol. 1, 4 מחט של
מיתון eig. die Nadel des Fadens (μίτος oder;
d. h. die man zum Nähen mit dünnen Fäden
verwendet; oder von μιτόω: die Nadel zum Faden-
aufspannen, ähnlich מיריתה). j. Orl. I, 61ª mit.
steht dafür מחט של מיתורי das. öfter. Kel. 13, 5
מחט ... של מיתון Tlmd. Agg. (Mischna Agg.
של מיתורה) die Nadel zum Aufspannen des Gewebes, die hierzu auch ohne Oehr und Spitze
verwendet werden kann. Das. מחט של סקאין
die (starke) Nadel der Sackverfertiger, Packnadel. j. Schabb. XVII, 16ᵇ mit. מחט של יד
ליטול בה את הקוץ eine Handnadel, womit man
den Splitter herauszieht. j. Ab. sar. II, 40ª
mit. dass. j. B. kam. X Ende, 7° מלא מחט
wofür das. auch מלא משיכה מחט ein so langer Faden als zum Ziehen der Nadel erforderlich ist.
Schabb. 36ᵇ u. ö. מחט, die in dem mit Falten (Säckchen)
versehenen Darm sich findet. — Pl. j. Kidd. I,
58° un. מחטים (l. שתי) מַחְטִים והודו לו באחת
מהן wenn Einer den Andern um zwei
Nadeln mahnt, Letzterer aber gesteht, ihm eine
derselben schuldig zu sein, so muss er wegen
der abgeleugneten Nadel (obgleich sie nur einen
geringen Werth hat) einen biblischen Eid leisten;
weil sie ein ganzes Geräth ist, vgl. מַעֲנֶה. j.
Schabb. XI, 13ª ob. תופרי היריעות מזרקין את
המחטין אלו לאלו diejenigen, welche die Teppiche (zur Stiftshütte in der Wüste) nähten,
warfen einander die Nadeln zu.

מַחְטָא ch. (syr. ﻣﺨﻄﺎ, von ﺳﻞ=מחט) 1)
Nadel, Pfriem. Ber. 63ª mit. מחט דבלמיריתא
die Nadel, die geradlinige Nähte macht. — Pl.
j. Jeb. XII, 12ᵈ un. מאן בעי מַחְטִין מאן בעי

צינורין wer will Nadeln, wer will Gabeln kaufen? j. Ber. IV, 7ᵈ ob. Rabban Gamliel traf
den R. Josua. יתיב עביד מחטין als er sass und
Nadeln anfertigte. j. Taan. IV, 67ᵈ mit. dass.
— 2) übrtr. Nadel- und Häkelarbeit, eine
Art Weiberputz, s. TW.

מַחְמְטָא m. (von חָמַט) Schelle, oder sonstige Zierrath eines Pferdes, s. TW.

מַחְתְּרָא m. (denom. von חָטַר) das Schlagen mit dem Stock, die Züchtigung. Schabb.
32ª ob. תיפוש תירוס אמחא חד מחטרא ליהוי Ar.
sv. פש (Ar. Var. מחבטא ... באמחא Agg. חפיס)
wenn die Widersetzlichkeit der Magd zunimmt,
so wird sie doch zuletzt auf einmal mit Züchtigung vermittelst des Stockes bestraft.

מָחָה, מְחָא, מחי (=bh.) 1) schlagen; gew.
in chald. Form, s. d. nächstflg. Art. — 2) (arab.

كَفّ abstinuit) verbieten, wehren, wobei
das Perf. gew. מִיחָה (Piel) lautet. Schabb. 55ᵇ
היה בידם למחות ולא מיחו sie hätten es verbieten können (es stand in ihrer Gewalt, zu verbieten), sie verboten es jedoch nicht. Das. אם
היה מוחה בהם אם קבלו מהם wenn man ihnen auch
gewehrt hätte, so würden sie es doch nicht angenommen haben. Suc. 29ᵇ die Angesehenen, שהיה
ספק בידם למחות ולא מיחו welche im Stande
waren, den Gesetzübertretern zu wehren, ihnen aber
dennoch nicht gewehrt haben. Pes. 4, 8 (55ᵇ. 56ª)
sechs Bräuche beobachteten die Einwohner Jerichos, על שלשה מיחו (חכמים) בידם ועל שלשה
לא מיחו בידם drei derselben verboten ihnen die
Gelehrten, andere drei aber verboten sie ihnen
nicht, vgl. פָּרַך.

Pi. מִיחָה 1) wehren, verbieten, Einspruch erheben. B. bath. 38ᵇ fg. מיחה בפני
שנים wenn der Grundbesitzer in Gegenwart
zweier Zeugen (gegen einen gewaltthätigen Menschen) Einspruch erhob, vgl. מִחְאָה. j. Pes. VIII
Anf., 35ᵈ ob. האשה מְמַחָה אצל בני אני רוצה
eine Frau (für die im Hause ihrer Eltern das
Pesachopfer geschlachtet wurde) kann dagegen
Einspruch erheben und sagen: Ich will das
Pesachmahl bei meinen Kindern geniessen. Das.
ממחין sie erheben Einspruch. Tosef. Schek. I
Ende אין ממחין ביד הפרנסין על כך man
kann den Verwaltern (des Vermögens eines
Verstorbenen) nichts wehren. Keth. 11ª u. ö.
— 2) (syn. mit מָחַק) abkratzen, abreiben,
zerreiben. B. bath. 5, 10 (88ª) החנוני מקנח
מדותיו פעמים בשבת וממחק משקלותיו פעם אחת
בשבת der Krämer muss seine Masse zweimal in
der Woche abwischen, seine Gewichtsteine aber
blos einmal in der Woche abkratzen (den Rost
und den Schmutz, der sich an ihnen angesetzt
hat, abreiben). Pesik. Eth korbani, 61ª und
Levit. r. s. 7, 151ᵈ ein Gleichniss von einem
Könige, der auf seinem Throne sass und dem

man eine Speise auftrug, ואכלי והיה ערב לו
התחיל ממחה בקערה כך עולות מוחין וג' כעולות
בקרה מוחין כזה שהוא ממחה בקרה die er ass und
die ihm so wohl schmeckte, dass er anfing, die
Schüssel auszukratzen; das ist auch die Bedeutung von עולות מוחין (Ps. 66, 15): Wie die
Brandopfer der Auskratzenden, d. h. die demjenigen gleichen, der die Schüssel auskratzt. —
3) (=מִחָה, s. d.) auflösen, zerfliessen
machen. Schabb. 140ᵃ ob. Senf, den man am
Freitag eingerührt hat, ממחו בין ביד בין בכלי
darf man (am Sabbat) sowohl mit der blossen
Hand, als auch vermittelst eines Gefässes auflösen, flüssig machen. Midr. Tillim zu Ps. 6 Ende
התחיל בוכה וממחה בדמעית משתו er fing an zu
weinen und sein Lager durch Thränen zerfliessen
zu machen. Genes. r. s. 28 Anf. (mit Bez. auf
אמחה, Gen. 6, 7) Gott sagte: כלום בראתי אותי
אלא מן העפר מי ממחה את העפר המים ich habe
ja den Menschen blos aus Staub erschaffen;
was aber löst den Staub auf? Das Wasser;
ich will daher die Wasserfluth bringen.

Hif. 1) (=Piel) zerreiben, auflösen. j.
Pes. III Anf., 29ᵈ המְחָה את החמץ וגמיר Jem.
löste das Gesäuerte (vermittelst einer Flüssigkeit) auf und schlürfte ihn. j. Maas. s.
H, 53ᵇ ob. u. ö. המחה את החלב Jem. löste
das Fett auf, machte es flüssig, vgl. נְּמָּח. — 2)
übrtr. anweisen, eig. von sich los-
machen und einem Anderen zuwenden (syn. mit
נָחָה, נָחָה). B. mez. 111ᵃ המְחֵהו אצל חנוני
או אצל שולחני der Arbeitgeber hat den Arbeiter an den Krämer oder an den Geldwechsler
angewiesen, dass diese näml. den Arbeitslohn in
Waaren oder in Geld auszahlen sollen. Das.
112ᵃ. — Ferner: bewähren, für erprobt
halten; davon jedoch nur Part. Hof. מומְחֶה,
s. d. und in chald. Form, s. den nächstflg. Art.

Nif. aufgelöst werden. j. Pes. III Anf.,
29ᵈ רקיק מבוטל שלא נמְחָה ein gekochter Kuchen, der sich nicht aufgelöst hat, d. h. der noch
fest blieb. j. Taan. III, 66ᵈ un. ראו צאו
הטוען אבן נמחוה geht hinaus und seht, ob
der Toïmstein sich bereits (infolge des vielen
Regens) aufgelöst hat, vgl. אָבֶן. Khl. r. sv. גם
מגבורה, 97ᵇ u. ö., לוז.

מְחָא ch. (=hbr. מָחָה, syr. ܡܚܐ)
1) schlagen. B. bath. 21ᵃ Rab sagte zu dem
Jugendlehrer, R. Samuel: כי מחית לינוקא לא
דמסאנא בערקתא ליד אלא תמחי wenn du ein
Schulkind schlagen willst, so schlage es blos
mit einem Schuhriemen, d. h. nicht mit einem
Stocke. M. kat. 17ᵃ die Magd aus dem Hause
Rabbi's חזיתיה להדוא גברא דמחי לבני גדול וכ'
sah Jemd. seinen erwachsenen Sohn schlagen,
infolge dessen sie ihn in den Bann legte, weil
er dem Sohne Veranlassung zur Widersetzlichkeit gäbe. Genes. r. s. 41 Anf. und das. s. 52
g. E., s. מְגִלָּב. Meg. 25ᵃ, vgl. מַרְזַפְתָּא. B.

LEVY, Neuhebr. u. Chald. Wörterbuch. III.

kam. 98ᵃ, s. טְבַשׁ I. Trop. das. 19ᵇ, vgl.
מוֹחָא. Pes. 40ᵇ למוגמח, s. מְרַחָא. — 2) spinnen, weben; eigentlich wohl: die Fäden
übereinander schlagen, oder: mit dem Webeschiffchen anschlagen. Schabb. 58ᵃ un. דמוחא
מימוחא Ms. M. u. Ar. (Agg. דמוחא ביה מומחה)
man hat (die Schelle in ein Gewand) eingewebt.
j. Schabb. VII, 10ᶜ ob. כד מחיריא wenn das Weib
webt u. s. w. Trop. Ber. 24ᵃ und Schabb. 148ᵃ
מחיתנהו du warfst (eig. webtest) die Dinge zusammen, s. מְחִיתָא. — Ferner gr. μοιχάω, s.
hinter מְחִיתָא.

Pa. 1) verbieten, wehren. Dan. 4, 32. —
B. bath. 38ᵃ איבעי ליה למְחוּיֵי er hätte wehren,
Einspruch erheben müssen. Keth. 11ᵃ לכי גדלה
ממחיא wenn sie (die als Kind vom Vater
ins Judenthum übergeführt worden) gross wird,
so kann sie wehren und aus dem Judenthum
wieder austreten. — 2) Jemnd. oder etwas
als bewährt, erprobt darstellen. Schabb.
61ᵃᵇ ob. למחורי גברא למחורי קמיע den Mann
(Arzt, der einen Verband oder ein Amulet dem
Kranken angelegt hat) als erprobt, den Verband als erprobt darzustellen.

Ithpe. 1) gelegt, gesetzt, angebracht
werden. Esr. 6, 11 יִתְמְחָא (=יִשְׂתָּחַי, יִתְשָׂם).
— 2) als bewährt, probat befunden wer-
den. Scbabb. 61ᵃᵇ מימחא גברא מימחא קמיע
dass der Mann (der Arzt), der den Verband
als probat befunden werde. Das. אתְמְחֵי גברא
der Mann sowohl, als auch der
Verband wurden als probat befunden, sie bewährten sich.

מָחוּי m. eig. Part. pass. 1) verwischt, verlöscht. j. Jeb. IV, 5ᶜ ob. der Eunuch שׁשׁמו
מחוי dessen Name (da er kinderlos ist) verlöscht ist. Das. שׁמו מחוי שׁאין Jem., dessen
Name nicht verlöscht ist. Esth. r. sv. ויספוד
105ᵈ Hege, der Verschnittene מחוי היה והדה
ממונה על הבתולות wurde, weil er entmannt
(eig. verlöscht) war, als Aufseher über die Jungfrauen des Perserkönigs angestellt, im Ggs. zu
שׁותוף, s. d. — 2) aufgelöst, zerrieben.
j. Nas. VII, 56ᵇ un. עורדהו מחוי wenn es (das
Fleisch einer Leiche) aufgelöst, morsch ist.
Das. öfter.

מִיחוּי m. N. a. das Abwischen, Abreiben. Pes. 6, 1 (65ᵇ) מיחוי קרביו das Abreiben
der Eingeweide des Pesachopfers, d. i. das Entfernen des darin liegenden Mistes durch Abspülen mit Wasser oder Abkratzen mit dem
Messer. Das. 68ᵃ wird unser W. nach einer
Ansicht erklärt: שמנקבן בסכין man durchlöchert
sie mit dem Messer. j. Pes. VI, 33ᵃ un. wird
als Grund dafür angegeben: שׁלא יהא נראה
כנוטל אמורין מתוך מזבח מגוול damit es nicht
scheine, als ob man die Opferstücke von einem,
mit Mist besudelten Altar nähme.

מְחִיָּה *f.* N. a. das Verwischen des Namens, d. i. Vertilgen. Num. r. s. 10, 206ᵈ Bath Seba, die Mutter Salomo's, sagte zu ihm: הזהר בדברים האלו שהם מחיית מלכים sei gewarnt von jenen Worten (dem Verbote, viele Weiber zu nehmen, Dt. 17, 17), welche „das Vertilgen, Verderben der Könige" sind (למחות מלכין, Spr. 31, 3).

מְחִיָה *fem.* (= bh. von חיי) 1) Nahrungsmittel, Lebensunterhalt. Sifre Massé Pisk. 159 בית המחיה Platz, wo Nahrungsmittel vorhanden sind. j. Pea III, 17ᵈ un. קרקע שייר כל שהוא יש לו מחיה שייר אבנים ומרגליות אין לו מחיה kann etwa derjenige, der einen kleinen Theil seines Grundstückes für sich zurückbehalten hat, davon seinen Lebensunterhalt beziehen? Oder kann er andererseits von den Edelsteinen und Perlen, die er für sich zurückbehalten hat, nicht seinen Lebensunterhalt beziehen? Dort mit Bezug auf die Halacha, dass ein Kranker, der, nachdem er sein ganzes Vermögen Anderen vermacht hatte, wieder genesen ist, das Vermächtniss rückgängig machen kann; weil aus dem Umstande, dass er für sich nichts zurückbehalten hat, hervorgeht, dass er bei seiner Gütervertheilung vorausgesetzt habe, er würde nicht mehr am Leben bleiben (מתנת שכיב מרע, s. d. W.). Wenn er jedoch etwas von seinem Besitzthum für sich zurückbehalten hat, so sei jene Schenkung, selbst wenn er später genas, giltig, weil sie gleich der eines gesunden Menschen (מתנת בריא) anzusehen ist. Worauf ein Autor das. bemerkt: Nur was das Zurückgebliebene in einem Grundstück (קרקע) besteht, gilt die Schenkung, nicht aber, wenn es in beweglichen Gütern (מטלטלין) besteht. Darauf wird nun der oben erwähnte Einwand erhoben. — 2) Gewächs von rohem, wildem Fleische im Aussatze. Neg. 1, 5 מחיה השחין והבהק והמכוה ומחיה המכוה והבהק das Gewächs vom wilden Fleische im Grinde und in der Brandwunde, oder das Gewächs in der Brandwunde und im Glanzfleck. Das. היתה בו מחיה והלכה לה המחיה wenn ein solches Gewächs im Aussatze vorhanden war und dann geschwunden ist. Das. 3, 6 fg.

מְחִיתָא *f.* (von מְחָא nr. 2) das Gewebe. Trop. Ber. 24ᵃ אטו כולהו חדא מחיתא מחיתנהו Ms. M. u. Ar. (Agg. בחדא) willst du etwa Alles als ein Gewebe zusammenweben? d. h. du bringst einander unähnliche Dinge zusammen, um von dem Einen auf das Andere zu schliessen! Schabb. 148ᵃ u. ö. dass.

מְחִי (gr. μοιχάς) Buhlerin. Cant. r. sv. כמעט 17ᵉ, s. בָּאמֵי. — Wahrsch. מְחִי auch als Verb. (gr. μοιχάω) eine Ehefrau verführen. Snh. 109ᵇ דמחי לאתתא דחבריה ומפלא wer die Frau

seines Nächsten verführt und mit ihr Unzucht treibt u. s. w., vgl, פָּלָא.

מְחִילָה s. in מחל'.

מְחִיצָה *f.* (von חיץ, חוץ, חיץ scheiden, abtheilen) 1) eig. das Abtheilen, die Abtheilung und 2) übrtr. (bh. חַיִץ) Scheidewand, Zaun, Mauer. B. bath. 1, 1 השותפין שרצו לעשות מחיצה בחצר בונין את הכותל באמצע die Socien, die in dem ihnen gemeinschaftlich gehörenden Hof eine Abtheilung machen (d. h. ihn durch Aufführen einer Scheidewand in zwei Hofräume theilen) wollen, müssen die Wand in der Mitte bauen; d. h. jeder von ihnen muss von seinem Theile des Raumes hergeben, den die Wand einnehmen soll. In Gem. das. 2ᵃᵇ wird unser W. in der übertragenen Bedeutung, näml.= גודא Scheidewand erklärt, und damit die Tosef. Kil. II verglichen, מחיצת הכרם שנפרצה wenn die Scheidewand eines Weingartens (welche ihn von einem Getreidefeld trennt) niedergerissen wurde. Der richtige Einwand jedoch, dass anst. (אותה l.) בונין אותו בונין את הכותל hätte stehen müssen, wird das. auf höchst gezwungene Weise widerlegt (vgl. מְכִיסָּס). Gegen die oben gegebene Erklärung, dass מחיצה: „Die Theilung (פלוגתא)" bedeute, wird die vermeintliche Widerlegung vorgebracht, dass שרצו לחצות anstatt שרצו לעשות מחיצה hätte stehen müssen, weil näml. מְחִיצָה irrthümlich=מֶחֱצָה, von חָצָה, abgeleitet wurde: „Halbirung", also: „Socien, welche den Hof halbiren wollten", eine Etymologie jedoch, die unmöglich richtig ist. — Das 3ᵃ fg. Schabb. 101ᵇ מחיצה תלויה eine hängende Wand. Erub. 10, 9 (101ᵇ) מחיצה גבוהה עשרה טפחים eine zehn Faustbreiten hohe Scheidewand. Mac. 2ᵃ u. ö. — Trop. Khl. r. sv. דור הולך, 71ᵉ (mit Ansp. auf מחצתי, Dt. 32, 39) מחיצה שעשיתי בין העליונים die Scheidewand (Trennung), die ich zwischen den Himmlischen machte. — 3) der von Scheidewänden eingeschlossene, abgetheilte Raum, Zimmer, Lager, Abtheilung. Num. r. s. 4, 189ᵇ מחיצת הכהנים sectio. גדולה ממחיצת הלוים das Lager (=מחנה, s. d.) der Priester war grösser als das Lager der Leviten. Trop. Genes. r. s. 50, 50ᵃ und das. s. 68, 68ᵇ נדחו ממחיצתן וכ' die Engel wurden aus ihrem Lager (Gemach) herausgestossen. Levit. r. s. 26, 170ᵇ אין לי רשות ליכנס למחיצתך ich habe nicht die Erlaubniss, in dein Gemach einzutreten. Deut. r. s. 1, 249ᵃ עתיד מחיצתן של צדיקים להיות לפנים ממלאכי השרת das Lager der Frommen wird sich in der zukünftigen Welt innerhalb des Lagers der Engel befinden; die Letzteren werden gleichsam zur Bewachung der Ersteren dienen. Genes. r. s. 98, 97ᵃ wird בעלי חצים (Gen. 49, 23) gedeutet: בעלי מחיצתו die Männer seines Lagers; d. h. die mit ihm einem und demselben Elternhause angehören.

Schabb. 149ᵇ (mit Bez. auf צא, 1 Kn. 22, 22) Gott sagte zu dem Geiste des Naboth: צא ממחיצתי gehe fort aus meinem Gemache! — Pl. Mac. 20ᵃ מְחִיצוֹת die Mauern Jerusalems. Num. r. s. 7, 195ᵈ מכאן נתנו חכמים מחיצות ואמרו עשר קדושות הן וכ' aus dieser Schriftstelle (Num. 5, 2. 3) erwiesen die Gelehrten die verschiedenen Abtheilungen, dass sie näml. sagten (vgl. Kel. 1, 1 fg.): Es giebt zehn Stufen hinsichtl. der Heiligkeit u. s. w., vgl. מַחֲנָה. Das. s. 11, 211ᶜ שבע מחיצות של אש sieben Abtheilungen vom Feuer, vgl. בָּסַט. — Zuweilen mit *masc.*-Endung. Erub. 4ᵃ מְחִיצִין die Scheidewände, vgl. חֲצִיצָה.

מְחִיצָא, מְחִיצְתָא, מְחִיצּוֹתָא *ch.* (=מְחִיצָה) 1) Wand, Scheidewand. Schabb. 101ᵃ אחית מחיצתא drücke die Wand nieder, trage sie ab. — 2) eine Art Gallerie, die durch einen Verschlag abgetheilt ist, s. TW.

מָחוֹך Stw. חוך, s. in 'מחו.

מָחוֹל s. in 'מחו. — מָחוֹל s. מוֹהֵל.

מָחַל (Grundwort חל, arab. خَلَ: von etwas frei sein, mit Accusativ: frei machen) 1) dem Schuldner die Zahlung erlassen, darauf verzichten, eig. befreien. Keth. 85ᵇ Samuel sagte: המוכר שטר חוב לחבירו וחזר ומחלו מחול ואפילו יורש מחלו wenn A. dem B. einen Schuldschein auf C. verkauft, hierauf aber dem Letzteren die Schuld erlässt, so ist die Schuld erlassen (d. h. C. braucht nicht mehr dem B. die Schuld zu zahlen); ja selbst der Erbe des A. kann dem C. die Schuld erlassen. Das. מודה שמואל במכנסת שטר חוב לבעלה וחזרה ומחלתו שאינו מחול מפני שידו כידה Samuel jedoch gesteht zu, dass, wenn eine Frau, die ihrem Manne bei der Hochzeit einen Schuldschein mitbringt und hierauf dem Schuldner die Schuld erlässt, ein solches Erlassen ungiltig ist; denn er hat ja dasselbe Recht an dem Scheine, wie sie. Das. 86ᵃ. B. mez. 20ᵇ u. ö. Als Grund für diese Halacha Samuel's wird von den Commentt. (vgl. Keth. 19ᵃ Tosaf. sv. וכגון und R. Nissim im Alfasi zu Keth. 85ᵇ) Folgendes angegeben: Das Verkaufen eines Schuldscheines habe blos nach rabbinischem Rechte Giltigkeit; nach biblischem Rechte hing. verbleibe der ursprüngliche Gläubiger der Inhaber der Schuld, weshalb er berechtigt sei, letztere zu erlassen. Nach einer andern Ansicht: Der Gläubiger habe an den Schuldner ein doppeltes Anrecht; zunächst haftet die Person des Letztern (der gleichsam „der Sklave des Erstern" sei), sodann aber auch sein Vermögen (das gleichsam „der Bürge für den Schuldner" sei) für die Schuld; das Anrecht auf letzteres vermag der Gläubiger allerdings zu verkaufen, nicht aber sein Anrecht auf

die Person des Schuldners. Sobald der Gläubiger aber die Person des Schuldners freigebe, so höre das Anrecht des Käufers auf das Vermögen („den Bürgen") von selbst auf. j. B. mez. VI g. E., 11ᵃ השוחפין שמחלו להן מוכסין מה מחלו לאמצע ואם אמרו לשם פלוני מחלנו מה שמחלו מחלו לו wenn Zöllner den Socien eines Geschäftes die Zölle erlassen haben, so kommt das Erlassen den sämmtlichen Socien zu gleichen Theilen zugut; wenn jene hing. sagen: Wir befreien nur den Antheil des N. N. vom Zoll, so kommt das Zollerlassen nur Letzterem zugut. — 2) im moralischen Sinne: dem Schuldigen die Strafe erlassen, vergeben, verzeihen. Ber. 5ᵇ. 32ᵃ (mit Ansp. auf הניחה לי, Ex. 32, 10) Mose fasste Gott an אני ואמר לו אין מניחך עד שתמחול ותסלח להם und sagte zu ihm: Nicht eher lasse ich dich los, als bis du ihnen (den Israeliten die Sünde des goldenen Kalbes) vergiebst und verzeihest. Schabb. 30ᵃ David sagte zu Gott: מחול לי על אותו עון אמר לו מחול לך o, vergieb mir jene Sünde (betreffs der Bath Seba)! Worauf Gott ihm antwortete: Sie soll dir vergeben sein. Jom. 86ᵇ עבירה פעם ראשונה מוחלין לו שניה מוחלין לו ארם שלישית מוחלין לו רביעית אין מוחלין לו wenn Jem. eine Sünde begeht, so vergiebt man es ihm das erste, das zweite und das dritte Mal, das vierte Mal jedoch vergiebt man sie ihm nicht mehr; mit Bez. auf Am. 2, 1 fg. und Hiob 33, 29: „So verfährt Gott zwei und drei Mal mit dem Menschen." R. hasch. 17ᵇ un. עלבוני מחול לך meine (d. h. die mir zugefügte) Beleidigung soll dir vergeben sein. j. Bic. III, 65ᵈ ob. מה גר מוחלין לו על כל עונותיו אף חכם שנתמנה מוחלין לו על כל עונותיו so wie man dem „Proselyten" alle seine Sünden vergiebt, ebenso vergiebt man auch einem „Gelehrten", der als Oberhaupt ernannt wurde, alle seine Sünden; mit Ansp. auf Lev. 19, 32. 33, woselbst unmittelbar auf das Gebot der Ehrerbietung vor einem Gelehrten (זקן, s. d.) das Gebot hinsichtlich des „Fremdlings", „Proselyten" (גר) folgt. Schabb. 118ᵇ. Ned. 40ᵇ u. ö. — Uebrtr. Kidd. 32ᵃᵇ R. Chisda sagte: האב שמחל על כבודו כבודו מחול הרב שמחל על כבודו אין כבודו מחול wenn ein Vater auf die ihm gebührende Ehrerbietung verzichtete, so ist sie erlassen; wenn hing. ein Lehrer auf die ihm gebührende Ehrerbietung verzichtet, so ist sie nicht erlassen. R. Josef sagte: אפילו הרב שמחל על כבודו כבודו מחול selbst der Lehrer kann auf seine Ehrerbietung verzichten. Das. כבודו נשיא ... אין כבודו מחול ... מלך ... אין כבודו מחול ein Fürst (z. B. Oberhaupt der Akademie, Patriarch) kann auf seine Ehre nicht verzichten; der König kann (nach keiner Ansicht) auf seine Ehre verzichten.

Nif. נִמְחַל 1) erlassen werden. B. mez. 17ᵇ שעבודו נמחל die hypothekarische Ver-

schreibung hat keine Giltigkeit mehr, eig. sie ist bereits erlassen, vgl. שֶׁעֲבוּד. Keth. 85ᵃ u. ö. — 2) **vergeben werden**. Taan. 7ᵇ אין הגשמים יורדין עד שנמחלו עונותיהן של ישראל der Regen fällt nicht eher, als bis die Sünden Israels vergeben wurden. j. Bic. III, 65ᵈ ob. (mit Ansp. auf מחלה, Gen. 28, 9) וכי מחלת שמה והלא בשמה שמה אלא שנמחלו לו על כל עונותיה hiess sie („die Tochter Ismael's“ und „Frau des Esau“) denn etwa Machlath, sie hiess ja (nach Gen. 36, 3), Bosmath? Allein deshalb wurde sie Machlath genannt, weil ihm (dem Esau, infolge der Heirath) alle seine Sünden vergeben wurden. Das. (mit Bez. auf 1 Sm. 13, 1) וכי בן, שנה היה אלא שנמחלו לו כל עונותיו כתינוק בן שנה war denn etwa Saul damals, als er König wurde, „ein Jahr alt“? Allein (deshalb sagt die Schrift, dass er ein Jahr alt war) weil ihm (infolge seiner Ernennung zum Könige, s. Kal Ende) alle seine Sünden wie einem einjährigen Kinde vergeben wurden.

מְחַל ch., öfter jedoch אֲחֵיל Af. (von חַל, arab. اَحَال =מְחַל) 1) **die Zahlung einer Schuld erlassen, darauf verzichten**. j. Keth. XIII, 35ᵈ mit. מפיי הוינא ליה הוא מְחֵיל לי wenn ich ihm gut zugeredet hätte, so würde er mir die Schuld erlassen haben. B. mez. 73ᵇ אחולי הוא דקא מחלי גבך sie schenken es (das Uebermass des Weines, vgl. פוּפִּירְתָא) dir, sie erlassen dir die Bezahlung dafür. B. bath. 144ᵃ אחולי אחלה sie hat darauf verzichtet. Keth. 86ᵃ ob. תיחלה לכתובתה דאמה לגבי אבוה möge sie die Kethuba ihrer Mutter ihrem Vater abtreten. Kidd. 52ᵇ ob., s. מוֹנָא. — 2) **Strafe erlassen, vergeben**. Schabb. 30ᵃ „Israel war fröhlich“ u. s. w. (1 Kn. 8, 66) דאחיל להו עון דיום הכפורים weil Gott ihnen die Sünde betreffs des Versöhnungstages vergeben hatte. Sie sollen näml. bei der Einweihung des Salomonischen Tempels am Versöhnungstage nicht gefastet haben. M. kat. 9ᵃ dass., vgl. auch מְזַקְּשׁ. — Kidd. 32ᵃ un. מחיל ליה ליקריה er leistet auf die ihm gebührende Ehre Verzicht.

מְחִילָה f. N. a. das **Vergeben, Erlassen der Strafe**. Jom. 68ᵇ מחילת העון die Sündenvergebung. Sot. 40ᵇ dass. j. B. kam. VIII g. E., 6ᶜ הוציא עליו שם רע אין לו מחילה עולמית Jem., der über den Anderen ein übles Gerücht verbreitet, erlangt niemals die Vergebung. Snh. 44ᵇ Jem., der auf den Richtplatz geführt wurde, sagte: Wenn ich diese Sünde begangen haben sollte, so möge sie nicht durch den Tod gesühnt werden; ואם אין בי עון זה תהא מיתתי כפרה לכל עונותי ובית דין וכל ישראל מנוקין לעולם והעדים לא תהא להם מחילה לעולם wenn jedoch diese Sünde nicht an mir haftet, so soll mein Tod eine Sühne für alle meine Sünden sein, der Gerichtshof, sowie ganz Israel schuldlos

bleiben, den Zeugen jedoch nie Vergebung zutheil werden!

מְחִילָה, מְחִלָּה f. (=bh. מְחִלָּה, von חָלַל) **Höhle, hohle Stelle**. Jeb. 121ᵃ מחילה של דגים eine Höhle (im Wasser), wo sich die Fische aufhalten. Das. מחילה של פתחה der Eingang zur Höhle im Jordan. — Pl. Pes. 67ᵇ מחילות לא נתקדשו die Höhlen im Tempelraume wurden nicht geheiligt. Keth. 111ᵃ מחילות נעשות להם בקרקע Höhlen entstehen ihnen (den ausserhalb Palästinas gestorbenen Frommen) in der Erde, damit ihre Leichname unterirdisch nach Palästina hinrollen könnten, vgl. גִּלְגּוּל. Das. Jakob und Josef waren besorgt, שמא לא יזכו למחילות dass sie solche Höhlen nicht erlangen würden; daher näml. hinterliessen sie, dass man ihre Leichname nach Palästina führte. — Zuweilen mit *masc.* Endung. Pesik. r. s. 31, 59ᵇ הקב"ה עושה להם מְחִילִים מחילים מלמטן Gott bereitet den Frommen unterirdische Höhlen. Genes. r. s. 1 Anf., 3ᵇ wenn der Schlauch nur eine kleine Oeffnung hat, so geht die Luft heraus; והאדם עשוי מחילים דem מחילים נקבים נקבים ואין רוח יוצאה ממנו Menschen hing., der mit so vielen Höhlungen und so vielen Löchern erschaffen ist, entschwindet der Lebensodem nicht. Num. r. s. 9 Anf., 198ᵈ „Du vergassest Gott, מחללך“ (Dt. 32, 18); אני בראתי אתכם ועשיתי אתכם מחילים מחילים אלו הלבבות והלכליות ואתם שוכחין אותי ich, so spricht Gott, erschuf euch und bildete in euch verschiedene „Höhlungen“, Herz und Nieren, ihr jedoch vergesst mein.

מְחִילָא ch. (=מְחִלָּה) **Höhlung**, s. TW.

מְחִילָא, מִיחֵלָא m. (wahrsch. von חוּל, arab. حَال) **schwere Last, grosses Bündel**. Genes. r. s. 77, 78ᵃ Ar. ed. הזדרון ואשכחון מחילא דמיטכסין pr. (Agg. מחילא דמטקסין) bei ihrer Rückkehr fanden sie ein Gebund Seide.

מְחַלְיִיתָא *fem.* (von חלי) **Süssigkeit, Annehmlichkeit**. Cant. r. sv. כמעש, 17ᵇ „Belsazar wurde erschlagen“ (Dan. 5, 30), בשעת מחליית שינתא zur Zeit des süssen Schlafes.

מַחֲלָף m. (bh., von חָלַף, s. d.) **Messer, Opfermesser**. Pl. j. Jom. III, 41ᵃ ob. wird מַחֲלָפִים (Esr. 1, 9) erklärt אלו הסכינים darunter sind die Messer zu verstehen.

מַחְלָץ m. (von חָלַץ, arab. خَلَص) **Mauerkelle**, womit man die Steine oder Ziegeln losreisst, abbricht. Schönhak im Maschbir hv. hält מַחְלָץ für das gr. μοχλός Hebel, Hebebaum; welche Bedeutung bes. in j. Gem. recht gut passt. Mac. 9ᵇ מחלצו Ar. Var. sv. תריהצל (Agg. מחצלו) seine Mauerkelle (oder: sein Hebel). — Pl. j. Mac. II Anf., 31ᶜ שמעתת הַמְחַלָצִין das Losgehen, Herunterfallen

der Mauerkellen. Das. wenn man losmacht כל
המחלצין alle Mauerkellen (Hebel). M. kat. 11ª
מעגילין אותן במעגילה ביד וברגל אבל לא במחלצים
(nach Gem. das. erklärt: כיון מעגילה) man darf
an den Wochentagen des Festes mit Händen
und Füssen nach Art der Rolle über die Spai-
ten des Ofens fahren (damit sie verstopft werden), aber nicht mit den Mauerkellen (oder: mit
den Hebeln). — M. kat. 25ᵇ מחלציא, s. מַחְצַלְתָּא.

מַחֲלוֹקֶת f. (=bh. מַחֲלֹקֶת) 1) das Theilen,
Abtheilen, Trennen. Genes. r. s. 4, 6ª am
ersten Schöpfungstage steht nicht כי טוב („Gott
sah, dass es gut war"), שבו נבראת המחלוקת
שנאמר ויהי מבדיל וג' אם מחלוקת שהיא לתיקונו
של עולם ולישובו אין בו כי טוב מחלוקת שהיא
לערבובו על אחת כמה וכמה weil an jenem
Tage die Trennung, Absonderung erschaffen
wurde, wie es heisst: „Der Rakia soll absondern Wasser vom Wasser" (Gen. 1, 6). Wenn
es nun bei einer solchen Trennung, die zur Erhaltung und Ordnung der Welt diente, nicht
heisst, dass sie gut war, wie soll eine Trennung
(Streitigkeit) bezeichnet werden, die zur Verwirrung der Welt dient! — 2) Streit, Streitigkeit, eig. das Zerfallen in Abtheilungen.
Aboth 5, 17 איזו היא מחלוקת שהיא לשם שמים
זו מחלוקת הלל ושמאי וזו שאינה לשם שמים זו
מחלוקת קרח וכל עדתו welches ist ein Streit in
religiöser Absicht? Der Streit zwischen Hillel
und Schammai. (Da näml. den beiden Streitenden die Absicht zu Grunde lag, die Gesetzlehre
zu erforschen und zu erhalten, so werden auch
die Ansichten Beider erhalten bleiben, סופה
להתקיים. Denn obgleich die späteren Gelehrten die Lehren Hillel's als Normen, Halachoth
festgesetzt haben, so erwähnten sie doch die
Lehren Schammai's als jenen [des Hillel] eben-
bürtige, um sie nicht in Vergessenheit gerathen
zu lassen.) Ein Streit aber, der nicht in religiöser Absicht geschah, war der Streit Korach's
sammt seiner ganzen Rotte. (Da sie näml. blos
von Ehrsucht geleitet, den Streit gegen Mose
und Aharon und also auch gegen Gott und seine
Gesetzlehre führten, so werden sie blos als
Empörer gegen Gott und seine Gesandten bezeichnet, wobei also an einen gegenseitigen Streit
nicht gedacht werden und sich nicht in der Erinnerung erhalten konnte, אין סופה להתקיים).
Ber. 37ª עקיבא עד מתי אתה מכניס ראשך בין
המחלוקת Akiba, wie lange noch wirst du deinen
Kopf unter Streitigkeit (streitende Parteien)
bringen? Das. 38ᵇ במחלוקת היא שנויה Das
Halacha wurde in der Controverse (bei getheilter Meinung) gelehrt. j. Snh. I, 19° ob. בראשונה
לא היתה מחלוקת בישראל אלא סנהדרין של
שבעים ואחד היתה יושבת בלשכת הגזית וכו'
früherer Zeit gab es keine (Gelehrten-) Streitigkeit in Israel, denn das Synedrium von 71 Mitgliedern sass in der Quaderhalle im Tempel

u. s. w. j. Sot. VIII, 22° mit. אין מושחין מלכים
אלא מפני המחלוקת מפני מה נמשח שלמה מפני
מחלוקתו של אדוניה וכו' Könige (die ihren Vätern
in der Regierung folgen) salbt man nur dann,
wenn Streitigkeit wegen der Thronbesteigung
vorhanden ist. Weshalb salbte man den Salomo?
Wegen der Streitigkeit des Adonija u. s. w. B.
bath. 147ª שלשה דברים צוה אחיתופל את בניו
אל תהיו במחלוקת ואל תמרדו במלכות בית דוד
ויום טוב של עצרת ברור זרעו חטים drei Dinge
hinterliess Achitofel seinen Söhnen als ein Vermächtniss: Mischt euch nicht in einen Streit!
Widersetzt euch nicht der Regierung des Davidischen Hauses! Wenn das Wochenfest heiter
ist, so säet Weizen aus! j. Snh. X, 29ᵇ un. lautet
der hier citirte erste Satz anders. (Fast unzweifelhaft ist hier auf Facta, die mit dem Entstehen der
christlichen Religion zusammenhängen, angespielt und „Achitofel" eine verblümte Persönlichkeit.) — Pl. Sot. 47ᵇ un. משרבו זרוחי הלב
רבו מחלוקות בישראל משרבו תלמידי שמאי והלל
שלא שימשו כל צורכן רבו מחלוקות בישראל ונעשה
תורה כשתי תורות seitdem die Hochmüthigen
überhandnahmen, nahmen auch die Streitigkeiten
in Israel zu; seitdem diejenigen Schüler Schammai's und Hillel's überhandnahmen, welche nicht
hinlänglichen Gelehrtenumgang genossen hatten,
nahmen die Streitigkeiten in Israel zu und die
Gotteslehre verwandelte sich gleichsam in zwei
Gesetzlehren; d. h. während früher die traditionelle Lehre der Soferim blos (nach Art der
Sifra) die biblische Gesetzlehre erklärte, beide
Lehren also (die schriftliche und die mündliche)
nur eine einzige Lehre bildeten, infolge
der Meinungsverschiedenheit der Schulen Schammai's und Hillel's, welche beide gemäss ihren
Lehren die Bibel erklärten, zunächst eine Verschiedenheit hinsichtlich der Bibelauslegung, die
dann auch eine Absonderung der mündlichen von
der schriftlichen Lehre (da erstere von den je-
zeitigen Gelehrten immer mehr vervielfältigt
wurde) zur Folge hatte. Tosef. Sot. XIV dass.
mit einigen Abänderungen. j. Taan. IV, 69ª un.
Meg. 3ª u. ö.

מַחֲלוֹקְתָּא ch. (=מַחֲלֹקֶת) Abtheilung, s.
TW. — מַקְלְקָא, pl. מַחְלְקָן dass., Abtheilung,
Klasse. Esr. 6, 18.

מָחֲלַת Machalath, Name einer Dämonin.
Pes. 112ᵇ אגרת בת מחלת Agrath, die Tochter
der Machalath. Num. r. s. 12, 214ᵇ dass., s.
אֲגְרַת.

מֵיחַם m. (syr. ܡܶܚܰܡ, von חַם, חמם) Behältniss zum Wärmen der Speisen, gew. Wasserwärmer. Schabb. 41ª המיחם שפינהו לא
יתן לתוכו צונן בשביל שיחמו וכו' in den Wasserwärmer, den man ausgeleert hat, darf man am
Sabbat nicht (wenig) kaltes Wasser zum
Durchwärmen hineingiessen; sondern man darf

blos viel kaltes Wasser hineingiessen, damit es lau werde; vgl. Gem. z. St. j. Schabb. III Anf., 5°. Pes. 86ᵃ באמצע המיחם das Wärmegefäss (in welchem sich das Wasser zum Mischen des Weines befindet, kann bei zwei Gesellschaften, die in einem Hause das Pesachfleisch speisen) in der Mitte stehen; d. h. es ist nicht nöthig, dass jede Gesellschaft einen besondern Wasserwärmer für sich habe. Par. 12, 10 כסוי המיחם der Deckel des Wasserwärmers. Kel. 3, 7. 14, 1 und Tosef. Kel. B. mez. IV Anf. מיחם, im Ggs. zu קומקום, s. d.

מַחְמַדְתָּא f. (hbr. מַחְמָד, von חמד) Begehrtes, Kostbares. Khl. r. sv ברבות, 83° אית בר נש דמוביד מחמודתיה ולא בכי giebt es etwa Jemdn., der beim Verlust seiner Kostbarkeit nicht weinen sollte? Daher rühre näml. das Beweinen der Verstorbenen her, obgleich man wisse, dass sie wieder auferstehen werden.

מְחַמֵּי, מֵיחֲמֵי m. (von חֲמֵי) Ansehen, Anblick, s. TW.

מַחְמְעָא f. (von חֲמַע = bhr. מַחְמֶצֶת m., von חֲמֵץ) Gesäuertes, s. TW.

מַחְמְצָן m. (von חֲמֵץ) Waschteich, in welchem Unrath und verschiedene Abfälle von Thieren sich befinden und in welchem die Wäsche einige Tage zum Weichen liegt, sodass sie übelriechend, säuerlich wird. B. bath. 19ᵃ ob. (mit Bezug auf die Mischna, dass man das Graben eines Waschteiches, נברכת הכובסין [d. h. einer Vertiefung, in welchem sich das Regenwasser sammelt] nur in einer dreifaustbreiten Entfernung von des Nachbars Wand vornehmen darf) לא שנו אלא מן המחמצן אבל מן הנדיין ארבע אמות dieses Entfernungsgesetz gilt blos betreffs eines Teiches, worin die Wäsche geweicht wird; aber die Entfernung eines Waschteiches (worin die Zeuge gewaschen, geschwenkt und gewalkt werden) muss vier Ellen von des Nachbars Wand betragen. Das. R. Chija bar Iwja citirte den Wortlaut der Mischna: אלא אם כן הרחיק משפת מחמצן ולכותל ג' טפחים die Entfernung von dem Ufer des Teiches, in welchem die Wäsche geweicht wird, bis zur Wand muss drei Faustbreiten betragen.

מְחַמֵּת s. חֲמַת.

מַחְנֶה m., oft f. (=bh., von חָנָה, חני) Lager. j. Sot. VIII Anf., 22ᵇ מחנה הארון das Lager der Bundeslade; gew. steht dafür (Pes. 68ᵃ u. ö.) מחנה שכינה das Lager der Schechina, d. h. der Tempelraum, in welchem sich Gott aufhielt. Schabb. 96ᵇ. Snh. 42ᵇ ... מחנה לויה Snh. 42ᵇ מחנה לויה das Lager der Leviten, in der Nähe des Tempels; das Lager der Israeliten, vgl. לְוִיָּה. — Pl. Sifre Naso Pisk. 1 מכאן אמרו שלש מַחֲנוֹת הן מחנה ישראל ומחנה לויה ומחנה שכינה מפחח

ירושלם ועד הר הבית מחנה ישראל מפחח הר הבית עד העזרה מחנה לויה מפחח העזרה ולפנים מחנה שכינה aus dieser Schriftstelle (Num. 5, 2 fg.) entnahmen die Gelehrten, dass es drei Lager gegeben habe, näml. ein Lager der Israeliten, ein Lager der Leviten und ein Lager der Schechina; vom Eingange Jerusalems bis zum Tempelberg war das Lager der Israeliten, vom Anfange des Tempelberges bis zur Tempelhalle war das Lager der Leviten und vom Eingange der Tempelhalle nach innen zu war das Lager der Schechina. Snh. 42ᵇ בית הסקילה היתה חוץ לשלש מחנות der Steinigungsplatz der Verbrecher befand sich ausserhalb der drei Lager. Jom. 65ᵃ u. ö.

מַחְוֹסָא m. (von חָסָא, s. d.) Beraubung, Beeinträchtigung, s. TW.

מַחְסָא s. מֵיחוּס.

מַחְסְיָא Mechasja, s. מְתָא.

מַחְסוֹר m. (=bh., von חָסַר) Mangel, was fehlt, nöthig ist. Cant. r. sv. מה יפר, 29ᵈ לכל גויה וגויה כדי מחסורה ich gebe, spricht Gott, jeder Person soviel sie nöthig hat, s. auch TW.

מַחְסוֹרְיָתָא f. ch. (=מַחְסוֹר) Mangelhaftigkeit, besond. der Sehkraft. Bech. 44ᵃ מדק במחסורייתא die Mangelhaftigkeit des Gesiehtes ist ein Leibesfehler, was aus dem W. דק (Lev. 21, 20) erwiesen ist.

מַחְפֵּז Abbreviatur folgender vier Wörter: מיחתה חומש פדיון זרים Jeb. 73ᵇ.

מַחְפּוֹרֶת f. (von חָפַר) Schacht, eig. ein Ort, aus welchem man herausgräbt. Keth. 79ᵇ מחפורת של צריף der Schacht der Mineralien, Farbestoffe. Ab. sar. 33ᵇ wird כלי נתר erklärt durch כלי מחפורת של צריף Gefässe aus einem Alaunschachte.

מַחְפּוֹרָא ch. (=מַחְפּוֹרָה) Schacht, Grube, wo Salz u. dgl. gegraben wird, s. TW.

מַחְפַּרְנָא m. Adj. (syr. ܡܚܦܪܢܐ, von חָסַר II, s. d.) Jem., der erröthen macht, Schande verursacht, s. TW.

מַחַץ masc. (von חַץ, arab. خَصّ) irdenes Hohlgefäss, Schöpfgefäss. Par. 5, 5 שולי המחץ die Ränder des Hohlgefässes. Jad. 1, 2 dass. Tohar. 10, 7 אם היה זולף במחץ wenn Jem. vermittelst des Hohlgefässes den Wein aus der Kelter ablaufen lässt. Ab. sar. 74ᵇ הגח והמחץ והמשפך die Kufe, das Schöpfgefäss und der Trichter. j. Ab. sar. V g. E., 45ᵇ dass.

מַחְצֵב masc. (ähnlich bh. מַחְצֵב, von חָצַב) Schacht, wo man die Steine aushauet, Steinbruch, lapicidina. Schebi. 3, 5 לא יפתח אדם נחצב בתחלה לתוך שדהו עד שיהיו בו שלש

מורביות man darf im Brachjahr nicht einen
Steinschacht von Neuem graben, wenn nicht
daselbst bereits drei Reihen von Steinen schon
früher sichtbar waren; weil man näml. sonst
denken könnte, dass man nicht etwa die Steine
zum Bau auszuschachten, sondern vielmehr das
Feld behufs Aussaat urbar zu machen beabsichtige. Das. Mischna 6 מחצב מיכן פחות ein
Zaun, der weniger als zehn grosse Steine enthält, wird wie ein Steinbruch angesehen. j.
Sebehi. III, 34ᶜ un. j. Schek. V, 49ᵃ un. מחצב
של אבנים טובות ומרגליות ברא לו הקב̇ה מתוך
אהלו וממנו העשיר משה einen Schacht von
Edelsteinen und Diamanten erschuf Gott dem
Mose innerhalb seines Zeltes, wovon er reich
wurde. Khl. r. sv. גם במדעך, 95ᶜ steht dafür
מחצב של ספפירינון גלה בתוך אהלו er entdeckte
ihm einen Schacht von Sapphirsteinen in seinem
Zelte; ebenso Jalk. II, 189ᵃ. Exod. r. s. 15,
114ᵈ אדם רואה עמוד נאה כרוך המחצב
שנחצב ממנו וכ̇ wenn Jem. eine schöne Säule
sieht, so ruft er aus: Gepriesen sei der Schacht,
aus welchem sie ausgehauen wurde! Ebenso preist
man Gott beim Anblick seiner schönen Welt.
Levit. r. s. 26 g. E. Pinchas, den Steinmetzger
(הפתח), der zum Hohenpriester ernannt worden
war, trafen die Priester beim Ausschachten der
Steine an, ומילאו המחצב לפניו דינרי זהב und
füllten den Schacht vor ihm mit Golddenaren;
weil näml. der Hohepriester der Reichste unter
den Priestern sein soll. In der Parall. Tosef.
Jom. I פנחס איש הבתח, wahrsch. zu lesen הפתח;
ebenso Sifra Emor Par. 2 Anf. Esth. r. sv. חור,
102ᶜ המחצב הזה לא נגלה לבריה אלא למלכות
הרשעה הזאת dieser Schacht (von „Marmor und
Edelsteinen") wurde noch von keinem Geschöpfe,
mit Ausnahme dieses frevelhaften (römischen)
Reiches entdeckt.

מַחְצְבָא ch. (=מַחְצֵב) Schacht, s. TW.

מֶחֱצָה f. (=bh., von חֲצָה) die Hälfte.
Schek. 7, 1 מחצה על מחצה halb so und halb so,
d. h. genau die Hälfte. Ber. 53ᵃ על מחצה
מחצה dass. Chull. 28ᵇ fg. מחצה על מחצה כרוב
die genaue Hälfte ist wie der grösste Theil anzusehen. So z. B. ist beim rituellen Schlachten eigentl. erforderlich, dass die Blutgefässe
ganz oder zum grössten Theil der Breite nach
durchschnitten werden. Wenn jedoch die genaue Hälfte derselben durchschnitten wurde, so
genügt dies nach einer Ansicht ebenso, wie wenn
der grösste Theil durchschnitten worden wäre;
nach einer andern Ansicht genügt dies nicht,
מחצה על מחצה אינו כרוב Ab. sar. 10ᵇ un.
(mit Bez. auf לאהרן ולבניו, Lev. 24, 9) מחצה
לאהרן ומחצה לבניו die eine Hälfte der Schaubrote gehört dem Aharon und die andere Hälfte
seinen Söhnen. Diese Schriftforschung wandte
R. Akiba auf Folgendes an: Ketia bar Schallum
verordnete in seinem Vermächtniss: כל נכסאי

לר̇ עקיבא וחבריו alle meine Güter sollen dem
R. Akiba und seinen Genossen gehören! R.
Akiba sagte nun: Ebenso wie die Schrift sagte:
Die eine Hälfte der Schaubrote gehört dem
Aharon und die andere Hälfte seinen Söhnen;
so meinte auch der Erblasser Ketia, dass die
eine Hälfte des Vermögens dem R. Akiba und
die andere Hälfte den Genossen desselben gegeben werde. Levit. r. s. 10, 153ᵈ תשובה עושה
הכל ותפלה עושה מחצה die Busse bewirkt die
halbe, das Gebet aber die ganze Versöhnung;
nach einer andern Ansicht: תפלה עושה מחצה
bewirkt das Gebet nur die Hälfte der Versöhnung.

מַחְצֶלֶת f. (syn. mit חֻצְלָת, von חָצַל; ähnlich
bh. מַחֲלָצוֹת pl. trnspon.) grobe Decke, Matte,
deren man sich theils als Unterlage, theils zum
Bedachen eines Zeltes bediente. Suc. 19ᵇ מחצלת
eine Matte aus Rohr, die zu hart ist,
um darauf zu liegen. Das. 20ᵃ מחצלת של שיפה
ושל גמי eine Matte aus Binsen oder aus jungem
Rohr. j. Bez. V Anf., 62ᵈ פורשין מחצלת על
(richtig) גבי שיפוף של לבנים בשבת
מחצלת של שיפות על גבי לבנים man darf am Sabbat eine
Matte aus Binsen über die Ziegeln ausbreiten.
Ohol. 8, 1 סדין מפץ ומחצלת Laken, Decke und
Matte. Keth. 64ᵇ ונוחן לה מיטה מפץ אם אין
מטה מפץ מחצלת Ar. (Agg. ומחצלת;
nach der LA. des Ar. jedoch würde die Frage
das. 65ᵃ beseitigt sein) der Mann ist verpflichtet, seiner Frau ein Bett und eine Decke zu
geben; wenn er jedoch keine Decke hat, so
gebe er ihr eine grobe Matte. Levit. r. s. 27,
170ᵈ R. Josua ben Lewi sah in Rom die Mar-
morsäulen mit feinen Tapeten bedeckt; ראה שם
עני אחד ומחצלת קנים חתחריו ומחצלת קנים על
גביו על העמודים קרא צדיקתך כהררי אל אן דאת
יהיב את משפע ועל העני קרא משתbefem חתום רבה
an dאת מחי את מדקדק
daselbst sah er auch
einen armen Mann, der eine Rohrmatte zur Unterlage und eine Rohrmatte zum Zudecken hatte;
über die Säulen rief er aus: „Deine Gerechtigkeit (Milde, o Gott) ist „mächtig wie die Gottesberge" (Ps. 36, 7), wem du giebst, giebst du
im Ueberflusse! Ueber den Armen hing. rief er
aus: „Deine Strafgerichte gleichen der unermess-
lichen Tiefe" (das.); wen du schlägst, zermal-
mest du! Tosef. Kel. B. mez. XI g. E. מחצלת
אהל eine Matte zur Bedachung des Zeltes. Khl.
r. sv. שמח, 97ᵃ, s. פֶּרְסָא. Schabb. 101ᵃ. j.
Schabb. V Anf., 7ᵇ u. ö. — Pl. Suc. 20ᵃᵇ wird
חוצלות nach einer Ansicht erklärt: מַחְצָלוֹת
ממש wirkliche Matten; nach einer andern Ansicht מזבלי, s. d. j. Suc. II g. E., 52ᶜ dass. j.
Pes. VII, 34ᵈ mit. היפדרו מחצלות wenn man den
Schutt mit Matten bedeckte. j. Nas. IX, 37ᵈ
mit. dass. j. Erub. VII, 24ᶜ ob. מַחְצְלָלוֹת. Num.
r. s. 21, 244ᶜ הוא היה מסדר ספסלים והוא פורס
את המחצלאות er (Josua hat im Lehrhause des

Mose) die Bänke geradgestellt und die Matten ausgebreitet.

מַחְצְלְתָא ch. (=מַחְצֶלֶת) grobe Decke, Matte. Pl. j. Schabb. VII, 10ᵃ ob. הדין דעביד Jem., der am Sabbat Rohrgeflechte, Siebe oder Matten anfertigt, ist wegen Webens straffällig. j. Ab. sar. III, 42ᶜ ob. als R. Nachum bar Simai starb, חפון איקונתא מחצלן וכ' bedeckte man die Statuen mit Matten, indem man sagte: Da er sie im Leben nicht ansehen mochte, so soll er sie auch nach dem Tode nicht sehen. Khl. r. sv. כל אשר, 92ᵃ מַחְצַלְתָא dass. M. kat. 25ᵇ beim Tode des R. Menachem bar Simai (סימאי Ms. M., Agg. יוסי) אשתעא כל צלמניא והוו לְמַחְצַלְיָיא Ms. M. u. Ar. (Agg. לְמַחְלָצַיָּיא, wonach die gezwungene Erklärung der Commentt.) wurden die Statuen plattgerieben, sodass sie zu Matten (d. h. entstellt) wurden. Mac. 9ᵇ s. מַחְלָץ.

מַחְצְרַיָּא m. pl. (von תַצְצֵר) die Trompetenbläser, s. TW.

מְחַק (arab. مَحَق, Grndw. מח, s. מִחָה, מָחָה) 1) abwischen, wegwischen, abreiben. Mac. 22ᵃ המוחק את השם Jem., der einen Gottesnamen abwischt (ausradirt), ist straffällig. Schabb. 75ᵇ מחק אות גדולה wenn Jem. einen grossen Buchstaben abwischte. Das. ... מוחק כותב der Abwischende, der Schreibende, vgl. auch מוֹחֵק. Meg. 16ᵃ ob. (mit Bez. auf Esth. 6, 2 fg.) שמשי מוחק וגבריאל כותב Schimschai (der Feind und Ankläger der Juden, Esr. 4, 9. 17) wischte aus den Jahrbüchern des Ahaswer die Begebenheit der Lebensrettung des Königs durch Mordechai aus; aber der Engel Gabriel schrieb sie wieder hinein. Part. pass. Aboth 4, 20 נייר מָחוּק Papier, von dem die Schrift abgewischt wurde. j. Meg. I, 72ᵃ ob. Rab sagte: שמעית מן חביבי אם יתן לי אדם ספר תילים של ר' מאיר מרחק אני כל הללויה שבו שלא נתכוון לקדשו ich hörte von meinem Oheim (R. Chija): Wenn mir Jem. das Psalmenbuch des R. Meïr (der viele Bibelexemplare geschrieben hat, vgl. כָּתְבָן und מֵאִיר) geben sollte, so würde ich jedes darin vorkommende הללויה auswischen; weil er beim Schreiben dieses Wortes nicht die Absicht hatte, als ein heiliges Wort (d. h. Gottesnamen) niederzuschreiben. R. Meïr hatte näml. das W. הללויה, das er als eine Interjection auffasste, als ein W. geschrieben, während R. Chija (und ebenso Rab) הללו-יה getrennt schrieben, wonach also יה: Gott, als heilig anzusehen sei; vgl. Pes. 117ᵃ Rab sagte: חזינא תילי דבי חביבי saÿ das Psalmenbuch meines Oheims, in welchem הללו auf der einen, und יה auf der andern Zeile geschrieben war; s. auch Nifal. B. bath. 164ᵃ u. ö. — 2) abstreichen, abstrei-

fen. B. bath. 5, 11 an dem Orte, wo beim Verkaufe von Waaren der Brauch ist, לא למחוק לא ימחוק לגדוש das Mass abzustreichen (d. h. genau zu messen), soll man es nicht häufen; wo aber der Brauch ist, dasselbe zu häufen, soll man es nicht abstreichen. Jom. 48ᵃ מחוקות abgestrichen, im Ggs. zu גדושות gehäuft (wofür auch in chald. Form מְחִיקְתָא B. mez. 80ᵇ, vgl. Raschi. Nach einer andern Ansicht bedeutet מוחיקתא: wurmfrässige Gerste). Bildl. Schabb. 153ᵇ und j. Schabb. I, 3ᶜ mit. מחק סאה man strich das Mass der Gesetze ab, vgl. גָּרַשׁ. — j. Schabb. VII, 10ᵃ mit. המוחקה wer den Baumzweig abstreift, d. h. seine harte Rinde entfernt.

Pi. מִחַק abstreichen, abreiben. Schabb. 73ᵃ המעבד את עורו והממחקו bab. Talmud (Mischnaj. und j. Tlmd. והמוחקו, Kal) wenn Jem. das Fell eines Thieres gerbt und die Haare desselben abstreift. Das. 75ᵇ השף בין העמודים Jem., der am Sabbat zwischen den Säulen abreibt (d. b. den Schutt, der zwischen den Fensterpfosten liegt, forträumt) ist wegen Abstreichens straffällig. Vgl. jedoch j. Schabb. VII, 10ᶜ un. השף על גבי עורו ... העמוד חייב ... משום מוחק Jem., der mit einem Felle die Säule abreibt, ist wegen Abreibens straffällig; wonach auch die oben Schabb. 75ᵇ citirte St. zu erklären wäre. Machsch. 1, 5, s. פְּרִישָׁה.

Nif. נִמְחַק abgewischt werden. j. Meg. I, 72ᵃ ob. מאן דאמר הללו יה נחלק ואינו נמחק מאן דאמר הללויה נמחק ואינו נחלק nach demjenigen Autor, der da sagt, dass man in den Psalmen schreiben muss: הללו יה (als zwei Worte, vgl. Kal), muss das W. getrennt und darf nicht abgewischt werden (weil יה ein Gottesname ist); nach demjenigen aber, der da sagt, dass man הללויה (als ein W.) schreiben muss, darf es abgewischt, aber nicht getrennt werden (weil es eine Interjection ist, Haleluja), vgl. הַלְלוּיָה. j. Succ. III, 53ᵈ un. dass. B. bath. 164ᵃ אינו דומה נמחק פעם אחת לנמחק שתי פעמים dasjenige Pergament, von dem die Schrift ein Mal abgewischt wurde, gleicht nicht demjenigen, von dem sie bereits zwei Mal abgewischt wurde.

מְחַק ch. (=מְחַק) 1) abwischen, verwischen. B. bath. 164ᵃ וניחוש דילמא מחיק לה מאי וכתיב דבעי man müsste besorgen, dass der Inhaber eines Dokumentes die Schrift abwischen und darauf nach Belieben schreiben würde u. s. w. Das. öfter ולמחוק möge er die Schrift abwischen! — 2) trop. den Namen verlöschen, d. h. Jemdn. vertilgen (vgl. Ex. 32, 32). Part. Peil Genes. r. s. 65 Anf. ("Esau heirathete Chititische Weiber", Gen. 26, 34) ייתי הדין מָחִיק שמיה ויסב דהא מְחִיקַת שמא es komme derjenige, dessen Namen vertilgt werde und heirathe eine solche,

deren Name vertilgt werden möge! Khl. r. sv.
אדריאנוס שחיק עצמות מחיק, 97ᵇ, גם מגבוהּ
שמיה Hadrian, dessen Gebeine zermalmt und
dessen Name vertilgt werden möge! Esth. r. sv.
נבוכדנצר שחיק מחיק, 102ª, בהראותו dass. verkürzt.

Ithpe. verlöscht, vertilgt werden. Genes.
r. s. 28 g. E., 27° (mit Anspiel. auf יכרת, Hos.
8, 4, anst. יכרתו auf „das Silber und Gold" bezogen) כאיניש דאמר יתמחיק שמיה דפלן דאפקיה
לברי לתרבות בישא das ist ebenso, wie wenn
Jem. sagt: Vertilgt möge der Name des N. N.
werden, welcher meinen Sohn zur Unzucht verleitet hat! d. h. ihr Reichthum möge zu Grunde
gehen, weil sie er zum Götzendienst veranlasst
hat!

מְחָק oder מְחַק m. eig. das Abwischen;
übrtr. (=מְחוּק נְיָיר) die Stelle auf Pergament oder Papier, deren Schrift ausradirt, abgewischt wurde. B. bath. 163ᵃᵇ
אמר רב שטר הבא הוא ועדיו על המחק כשר
Rab sagte: Wenn ein Wechsel dem Gerichte
vorgezeigt wird, dessen Schrift sammt der Unterschrift der Zeugen auf ausradirtem Papier
stehen, so ist er giltig. Das. 164ª Rab ist der
Ansicht: אין העדים חותמין על המחק אלא אם
כן מְחַק בפניהן Zeugen dürfen nur dann ihre
Unterschrift auf ausradirtes Papier setzen, wenn
die Ausradirung in ihrer Gegenwart erfolgt ist;
weil näml. in diesem Falle nicht mehr zu befürchten ist, dass der Inhaber eines solchen
Wechsels den Inhalt desselben ausradirt und
über der zurückgebliebenen Zeugenunterschrift
einen andern Wechsel niedergeschrieben haben
könnte. Das. öfter. j. B. bath. X Anf., 17° mit.
צריך לחרחיק מן המחק מקום שתי שיטין die
Zeugen müssen zwischen der ausradirten Stelle
und ihrer Unterschrift eine Entfernung von zwei
Zeilen lassen. j. Keth, II, 44ᵇ un. שטר על החלק
ועדיו על המחק וכ׳ wenn der Inhalt des Wechsels auf glattem (d. h. noch unbenutztem), die
Zeugenunterschrift aber auf ausradirtem Pergament steht u. s. w. — Pl. B. bath. 161ᵇ כל
המְחָקין כולן צריך שיכתוב קיומיהון bei allen
Ausradirungen ist es nöthig, dass ihre Bestätigung hinzugefügt werde! d. h. jedes Document,
in welchem das eine oder das andere Wort an
einer Stelle des Pergamentes steht, die früher
beschrieben und deren Schrift wieder abgewischt
wurde, muss, bevor die Bekräftigungsformel:
שריר וקים darauf gesetzt wird, die ausdrückliche Bemerkung enthalten: Dieses oder jenes
Wort befindet sich auf einer Stelle des Pergamentes, die früher bereits beschrieben und deren
Schrift wieder ausradirt wurde.

מְחִקָא od. מְחִקָא ch. 1) (=מְחַק) die Stelle
auf dem Pergament, deren Schrift abgewischt, ausradirt wurde. B. bath. 164ª
ein Document, dessen Inhalt auf neuem Perga-

ment und dessen Zeugenunterschrift auf einer
ausradirten Stelle desselben sich befinden, ist
giltig; דכתבי הכי אנחנא סהדי חתמנא על מחקא
ושטר כתב על ניירא wenn näml. die Abfassung
wie folgt lautet: Wir Zeugen setzten unsere Unterschrift auf die ausradirte Stelle des Pergamentes, der Inhalt des Documentes aber befindet
sich auf neuem Pergament. Das. לא דמי מחקא
דהא מגילתא למחקא דהא מגילתא die ausradirte
Stelle des einen Schriftstückes gleicht nicht derjenigen eines andern Schriftstückes. — 2) eine
Papierart, die aus Stauden oder Blättern zubereitet ist. Meg. 19ª ob. wird נְיָיר
erklärt: מחקא. — 3) das Abstreichen des
Masses, s. TW.

מוֹחֵק m. (eig. Part.) der Abwischer, d. h.
der Bestandtheil am Schreibewerkzeug,
der glatt und dick war und dessen man
sich zum Auswischen der Buchstaben
bediente, indem man ihn auf die mit Wachs
überzogene Schreibtafel drückte. Kel. 13, 2
הכותב.... המוחק der Schreiber, der Abwischer,
s. כותֵב. Tosef. Kel. B. mez. III und j. Schabb.
VIII, 11ᵇ un. dass.

מָחֵק, מַחֵק m. Adj. der Abstreicher,
d. h. das Instrument, womit man die Masse abstreicht. Kel. 17, 16 קנה מאזנים והמחק שיש
בהן בית קבול מתכת der Wagebalken und der
Abstreicher, welche behufs Hineinlegung eines
Metallstückes gehöhlt sind. Die Betrüger pflegten näml. beim Verkauf von Waaren den Wagebalken mit Quecksilber auszufüllen, damit die
Schale mit den Waaren heruntersänke, sowie den
Abstreicher mit Metall auszufüllen, damit er
tief in das Mass hinunterfiele und eine grössere
Quantität des Getreides abstreiche. Tosef. Kel.
B. mez. VII und Khl. r. sv. גם זה, 92ᵈ dass.
B. bath. 89ᵇ אין עושין המחק של דלעת מפני
שהוא קל ולא של מתכת מפני שהוא מכביד אבל
עושהו של זית ושל אגוז וכ׳ man darf den Abstreicher nicht aus einem Kürbisstrauch anfertigen,
weil er zu leicht ist (welcher näml. nicht genug
abstreicht und hierdurch der Verkäufer zu Schaden kommen würde), auch nicht aus Metall,
weil er in das Mass hineinsinkt (wodurch der
Käufer Schaden haben würde); sondern man
fertige ihn aus Zweigen von Olivenbäumen, Nuss-
bäumen u. dgl. an. Das. המחק עושין את
צדו אחד עבה וצדו אחד קצר man darf den Abstreicher nicht mit einer dicken und einer schmalen Kante machen; weil näml. die dicke Kante
zu tief in das Mass fällt und also zu viel, die dünne
Kante aber zu wenig hineingeht und also zu
wenig abstreicht. Bei Benutzung der erstern
Kante käme der Käufer, bei Benutzung der
andern Kante der Verkäufer zu Schaden. —
Bei den Erläuterungen und Verordnungen hinsichtlich dieser und ähnlicher Instrumente rief
R. Jochanan ben Sakkai aus: אוי לי אם אומר

אוי לי אם לא אומר וכ' wehe mir, wenn ich dieselben erkläre, wehe mir, wenn ich sie nicht
erklären wollte! Erkläre ich sie, so könnten
die Betrüger so manches trügerische Verfahren daraus herleiten und in ihrer Beschäftigung
anwenden; erkläre ich sie nicht, so könnten sie
denken, dass die Gelehrten ihre betrügerischen
Geschäfte nicht verstehen, infolge dessen die Be-
trügereien noch mehr überhandnehmen würden.
— Pl. j. Jom. I, 38ᵇ un. מעשה באחר מדות של בד
בנו שתי מדות של כסף מליאות כסף ומחזקידן
כסף ובא אחר ושילח ביד בנו שתי מדות של זהב
מליאות זהב ומחזקידן זהב אמרו כפה סרח את
המנורה einst trug es sich zu, dass Jem. (der
von der Regierung das Hohepriesterthum erlangen wollte) durch seinen Sohn zwei silberne
Masse mit silberner Füllung und silbernen
Abstreichern schickte; dass aber bald darauf
ein Anderer durch seinen Sohn zwei goldne
Masse mit goldner Füllung und goldnen Abstreichern schickte. Hierauf wandte man das
Sprichwort an: Das Eselsfüllen hat den Leuchter
umgestossen! vgl. כְּפָה, כְּפָר. Levit. r. s. 21, 164ᵈ
u. ö. dass.

מְחִיקָה f. N. a. 1) das Abwischen, Auswischen einer Schrift. Erub. 13ᵇ ob. כתיבה
מחיקה ... das Schreiben (der Rolle der Sota,
Num. 5, 23 fg.), das Abwischen derselben. j.
Sot. II, 18ᵃ un. זו למחיקה ניתנה diese Rolle
wurde zum Abwischen bestimmt. — 2) das
Abreiben. j. Schabb. VII, 10ᶜ un. מאי מחיקה
היתה במשכן ... שהיו שפין את העור על גבי
העמוד was für ein Abreiben fand beim Bau
der Stiftshütte in der Wüste statt? Man rieb
mit dem Felle die Säule ein.

מָחָר m. (=bh. entstanden aus יוֹם־אַחֵר, vgl.
יוֹמָא חֲרָא und contr. יוֹמָחְרָא) eig. der andere
Tag; daher: morgen, der morgende Tag,
und übrtr. die spätere Zeit. Mechil. Bo,
Par. 18 יש מחר עכשיו ויש מחר לאחר זמן וכ'
manchmal bezeichnet מחר die Jetztzeit (d. h.
den alsbald folgenden, morgenden Tag); manchmal
auch die spätere Zeit; z. B. in Ex. 13, 14 הרי מחר
לאחר זמן bezeichnet מחר die spätere Zeit, ebenso
Jos. 22, 24; dahing. in Ex. 8, 19 הרי מחר עכשיו
bezeichnet מחר die Jetztzeit, den morgenden
Tag.

מְחָר, מָחְרָא ch. (syr. ‫ܡܚܪ‬) morgen,
der morgende Tag. Levit. r. s. 34, 177ᵈ
יומא דין היא הכא למחר היא הכא heute
ist sie (die Seele) hier, morgen aber ist sie
nicht mehr hier. Das. s. 24 Anf., s. מְפוּשׁ. j.
Git. II Anf., 44ᵇ ob. מחרא דמחר der Tag, der
auf den morgenden Tag folgt, d. h. übermorgen, s. auch TW.

מַחֲרוֹזוֹת f. pl. (=bh. חֲרוּזִים, von חָרַז, s. d.)
gehäkelte (eig. durchbohrte) Schnuren, bes.

von Fleischstücken und Fischen. Tosef. Schek.
III mit. בשר שנמצא בעזרה מחרוזות מותר שאין
עושין בשר הקדש מחרוזות Fleisch, das man in
der Tempelhalle an Schnuren aufgezogen findet,
darf gegessen werden, denn Opferfleisch bringt
man nicht an Schnuren an. j. Sebek. VII Anf.,
50ᶜ dass. B. mez. 21ᵃ מחרוזות של דגים Schnuren mit Fischen. Tosef. B. mez. II Anf. und j.
B. mez. II Anf., 8ᵇ dass., vgl. לָכִיס.

מְחוֹרִי j. Ab. sar. I, 39ᶜ mit., s. מוֹזָהַרִין.

מְחָרוֹךְ m. (von חֲרַךְ) Brandwunde, s. TW.

מַחֲרֵישָׁה fem. 1) (=bh. מַחֲרֵשָׁה, von חָרַשׁ)
Pflugschar. j. Schabb. XVII Anf., 16ᵃ יתר
של מחרישה der Pflock der Pflugschar. j. Nas.
VI Anf., 55ᵈ die Utensilien, die bei der Hinrichtung eines Verbrechers angewandt wurden.
מעמיק שלשה כדי שלא תעלם המחרישה begräbt
man in einer Tiefe von drei Faustbreiten, damit die Pflugschar sie nicht heraufholen könne.
Tosef. Schabb. VI (VII) האומר אל תשב על
מחרישתי כדי שלא תכביד עלינו מלאכה הרי זה
מדרכי האמורי wenn Jem. sagt: Setze dich nicht
auf die Pflugschar, damit du uns nicht die
Arbeit erschwerst, so ist dies wegen Aberglaube
(heidnischen Brauches) verboten. Orl. 1, 3, vgl.
יֶתֶר. j. Pea II Anf., 17ᵃ u. ö. — 2) (=מַגְרֶדֶת)
eine Art Kamm oder Bürste, eig. Eingra-
bendes. B. mez. 113ᵃᵇ wird das מחרישה der
Mischna erklärt durch מחרישה דכספא (=מגרדא
דכספא, s. d.) ein silberner Kamm, als ein Pfand,
das der Gläubiger dem Schuldner am Tage
ebenso zustellen muss, wie „des Nachts die
Decke" (Dt. 24, 13); weil Letzterer solche Gegenstände zu seinem persönlichen Bedarf
nöthig habe, vgl. Tosaf. z. St. Keth. 68ᵃ מחרישה
דכספא dass.

מַחֲרֶשֶׁת Machrescheth, eine Grenzstadt
Palästinas. Tosef. Schebi. IV.

מַחֲרַתָּא Mecharta, eine Grenzstadt Palästinas. j. Schebi. VI, 36ᶜ mit. In der Tosef.
Schehi. IV steht dafür סחרתא, Secharta.

מַחֲשָׁבָת, מַחֲשָׁבָה f. (=bh., von חָשַׁב, Grndw.
חשׁ, wovon חוּשׁ und חֲשִׁי, s. d. W.) 1) Absicht, Vorhaben. Ber. 61ᵃ בתחלה עלה
במחשבה לברא שנים ולבסוף לא נברא אלא אחד
ursprünglich lag es in der göttlichen Absicht,
den Menschen als zwei Personen zu erschaffen,
später aber erschuf er ihn als eine Person.
Levit. r. s. 15 Anf., 158ᵇ אין מלך המשיח בא
עד שיכלו כל הנפשות שעלו במחשבה להבראות
der König Messias kommt nicht eher, als bis
alle Seelen, die nach der göttlichen Absicht erschaffen werden sollten, dahin sein werden, vgl.
גוּף. Pes. 54ᵇ u. ö. Chag. 10ᵇ ob. מלאכת
מחשבת אסרה תורה ומלאכת מחשבת לא כתיבא
die Schrift verbietet am Sabbat blos eine solche

Arbeit, bei der die ihr gew. zu Grunde liegende Absicht erfüllt wird (was näml. daraus entnommen wird, dass in demselben Bibelabschnitt, der vom Tempelbau handelt und wobei der Ausdruck מחשבת [Ex. 31, 4] vorkommt, das Verbot des „Arbeitens am Sabbat" [das. V. 14] folgt): aber die Schrift erwähnt nicht ausdrücklich, dass nur solche Arbeiten am Sabbat verboten seien, bei denen die Absicht erfüllt wird. Daraus wird auch erwiesen, dass Jem., der bei einer Arbeit am Sabbat nur eine Nebenabsicht verfolge (z. B. eine Grube nur zu dem Behufe gräbt, um den ausgegrabenen Schutt zu benutzen) nicht straffällig sei; weil man beim Graben einer Grube gewöhnlich die Absicht hat, eine Grube zu besitzen, vgl. Tosaf. z. St. — 2) Nachdenken, Sorge. Snh. 26ᵇ מחשבה מועלת אפילו לדברי תורה die Sorge um Nahrung übt selbst auf das Studium der Gesetzlehre Einfluss aus (dass man letztere näml. schwer erlernt oder leicht vergisst). — Pl. Snh. 19ᵇ בעלי מַחֲשָׁבוֹת ränkevolle Menschen, s. בַּעַל.

מַחֲשַׁבְתָּא ch. (syr. ‎ܡܰܚܫܰܒܬܳܐ=מַחֲשָׁבָה) Gedanke, Absicht, s. TW.; übtrag. Nachdenken, Sorge. Erub. 29ᵇ, vgl. פִּרְכֵּי.

מְחַת (syn. mit נְחַת) sinken, herabfallen; gew. מְחִית, s. נְחַת. Dav.

מַחְתָּא m. eig. das Herabfallen; dah. 1) Vertiefung, Senkung, eig. Ort, der abfällt, sich senkt. — Pl. Levit. r. s. 18, 161ᵃ (mit Bez. auf Khl. 12, 5) הדין סבא דצווחין ליה לאתר פלן זיל והוא שאיל ואמר תמן מסקין אית תמן מַחְתִּין wenn man dem Greise zuruft: Gehe nach jenem Orte, so fragt er ängstlich: Giebt es dort Steigungen? giebt es dort Senkungen? Khl. r. sv. גם מגבוה, 97ᵇ steht dafür מְחוּתִיתִין, wahrsch. crmp. aus מַחְתִּיתִין von מַחְתִּיתָא, s. d. — 2) Abfall edeln Metalles, Schlacken. — 3) Fehler, Fehlerhaftes, s. TW.

מָחָתָא Schlag, Plage, s. מְחָא.

מְחוּתִיתָא f. (verstärkte Form von מַחְתָּא) das Herabfallen, Sinken. Thr. r. sv. איכה יעיב, 60ᵈ der König warf seinen entarteten Sohn von seinen Armen schnell auf den Erdboden herab; ולא הוה מְחוּתִיתֵיה כמסוקיתיה מסוקיתיה צבחר צבחר ומחותיתיה כולא כחדא das Herabfallen desselben nicht mit seinem Emporsteigen; denn sein Steigen erfolgte nach und nach, sein Herabfallen aber urplötzlich; mit Anspiel. auf Hos. 11, 3.

מַחְתְּנָא m. (syn. mit מַחְתָּא) Abhang, im Ggs. zu מַסְקְנָא, s. TW.

מַחְתָּה f. (=bh., von חתה) Kohlenpfanne, Feuerpfanne. Kel. 2, 3. 7 מחתה פרוצה ... מחתה שלמה eine offene (eig. abge-

brochene) Pfanne, die näml. keine Ränder hat; eine ganze (umränderte) Pfanne.

מַחְתִּיָא, מַחְתִּיתָא ch. (=מַחְתָּה) Kohlenpfanne, Feuerbecken, s. TW.

מַחְתֶּרֶת f. (=bh., von חָתַר) 1) Einbruch, gew. der Diebe. Snh. 72ᵃ הבא במחתרת נידון der beim Einbruch betroffene Dieb על שם סופו wird seiner Absicht (seines Zieles) halber gerichtet; d. h. da er voraussichtlich bei vorgefundenem Widerstande den Besitzer getödtet haben würde, so verlangt die Selbsterhaltung, dem Diebe zuvorzukommen und ihn zu tödten, vgl. הָרַג, הבא להרגך השכם להורגו vgl. — 2) übtr. Oeffnung, Höhlung. Snh. 103ᵃ (mit Bez. auf 2 Chr. 33, 13 ויחתר, anst. ויעתר im masoret. Texte) עשה לו הקב'ה כמין מחתרה ברקיע Gott bereitete ihm (dem Manasse, dessen Bussgebete die Engel nicht emporsteigen lassen wollten) eine Art Oeffnung im Himmel, um seine Bussgebete zu erhören, vgl. auch חָתַר.

מַחְתַּרְתָּא ch. (=מַחְתֶּרֶת) diebischer Einbruch. Snh. 72ᵇ ob. Rab sagte: כל דאתי עלאי במחתרתא קטילנא ליה לבר מר' חנינא וכ' jeden, der mich beim Einbruch überfallen sollte, würde ich tödten mit Ausnahme des R. Chanina u. s. w., vgl. גריבְתָא. Ber. 63ᵃ גנבא אפום מחתרתא רחמנא קרי LA. des En Jacob (fehlt in einigen Tlm. Agg.) der Dieb ruft am Eingange des Einbruches Gottes Hilfe an; mit Bez. auf Spr. 3, 6: „Auf allen deinen Wegen erkenne Gott", woselbst Raba hinzufügt: Selbst beim Begehen einer Sünde. — Pl. M. kat. 25ᵇ un. beim Tode des R. Eljaschib אחתחרו שבעין מַחְתַּרְתָּא בטבריא Ms. M. (Agg. בנהרדעא ... איתחרו) wurden in Tiberias 70 Einbrüche verübt. So lange er näml. lebte, fürchteten die Diebe seine Strenge im Gerichte. Snh. 109ᵃ un. R. Jose hielt in Sepphoris einen Vortrag (mit Bez. auf Hiob 24, 16), dass die Zeitgenossen der Sündfluth den Begüterten am Tage die Balsambüchse aufzubewahren gaben, und des Nachts dem Geruche des Balsams nachgingen und Diebstähle ausübten; אהתרון ההוא לילא תלת מאה מחתרתא בציפורי infolge dessen wurden in der Nacht darauf 300 Einbrüche daselbst verübt.

מוֹט, מוֹט, מוֹטָה s. in 'מו — j. Schebi. V g. E., 36ᵃ un. דמט crmp., l. דאמר.

מְטָא, מָטָה (syr. ‎ܡܛܳܐ, Grndbedeut.=bh. מָטָה, Spr. 24, 11,=נָטָה; zum Theil auch=מָצָא) eig. ausdehnen, ausstrecken, sow. von Personen als auch von der Zeit oder dem Raume; mit flg. Accus. oder עַל über Jemdn. kommen, ihn betreffen. Dan. 4, 8. 17 fg. 6, 24. 4, 21. 25. — Snh. 109ᵃ ob. כי מטא להתם als er dort an-

11*

kam. Ab. sar. 4ᵇ כי מטיא ההיא שעתא als jene Stunde kam. Keth. 63ᵃ כי מטיא לגביה als sie zu ihm kam. Das. מטא מעלי יומא דכפורי der Rüsttag des Versöhnungsfestes kam heran. Chag. 4ᵇ fg. כי מטא להההוא קרא וכ׳ als er an diesem Bibelverse anlangte. — Trop. j. Ber. III, 6ᵃ mit. מטתיה אונס ein Unglück (Todesfall) traf ihn. j. Pea VII g. E., 21ᵇ מטתיה כן es begegnete ihm so (wie er sich gewünscht hatte). j. Keth. IV Anf., 28ᵇ מטינתא להההוא דתני ר׳ שמעון... מטינא להההיא דתני ר׳ חייא du kommst zu dem (das berührst das), was R. Simon, was R. Chija lehrte; d. h. du stimmst damit überein. — 2) reif werden (מטא ellipt. für מטא זמנא, die Zeit der Reife ist eingetreten). Chag. 5ᵃ ob. R. Jochanan חזייה להההוא גברא קא נקיט תאיני שקיל הנך דלא מטו ושביק הנך דמטו Ms. M. (Agg. מנקיט שביק הנך דמטו ושקיל הנך דלא מטו) sah Jemdn. Feigen pflücken, welcher diejenigen, die noch unreif waren, abnahm, die reifen aber zurückliess.

Af. אַמְטֵי (syr. ܐܘܡܛܝ, hbr. הִמְצִיא) Jemdn. oder etwas irgend wohin gelangen lassen, führen. B. kam. 117ᵃ דרי ואמטי בהדן דרא ואמטי בהדייהו trage den Gegenstand und führe ihn mit uns gemeinschaftlich (zum Könige); er nahm ihn auf und führte ihn mit ihnen dorthin. Das. 119ᵇ die Nadel אמטויי ואתויי hin- und herführen. Nid. 63ᵃ die Mineralien אמטויי ואתויי über einen Blutfleck hin- und herführen, um ihn auszureiben. B. bath. 21ᵇ לא ממטינן ינוקא ממתא למתא man führt nicht ein Kind (behufs Schulbesuches) von einer Stadt nach der andern; d. h. jede Stadt muss ihre eigene Schule haben. B. mez. 9ᵇ. 73ᵇ ob. אגר שקל ביתא אמטי ליה לרבא er nahm das Miethsgeld für das Haus und brachte es dem Raba. Keth. 103ᵇ un. כיון דחלש אמטיוהי לציפורי דמלריא ובסם אוירא als Rabbi erkrankte, führte man ihn nach Sepphoris, welches gelegen und dessen Luft mild war. — Uebrtr. Genes. r. s. 14 Anf. מדידכון אנא ממטי לכון von dem Eurigen werde ich euch einen Beweis führen, vgl. אִימָא.

מְטַבְּחַיִם m. pl. (ähnl. bh. מַטְבֵּחַ, Stw. טָבַח) das Schlachten; nur בית המטבחים das Schlachthaus Aboth 5, 5. Chull. 51ᵇ u. a.; wahrsch. jedoch ist מְטַבְּחַיִם (Part. Piel) zu lesen: die Schlächter, s. טָבַח.

מְטַבְּחַיָא ch. (viell. zu lesen מְטַבְּחַיָא) dass.; nur בית מטבחיא das Schlachthaus. Kel. 15, 6. Ab. sar. 37ᵇ u. ö., vgl. מַדְבְּחָא.

מַטְבֵּעַ m. u. f. (von טָבַע) 1) Münze, geprägtes Geld. Snh. 104ᵇ נפסלה מטבע זו diese Münze wurde von der Regierung als ungiltig erklärt, vgl. auch פְּסַל. B. kam. 97ᵃᵇ המלוה את חבירו על המטבע ונפסלה רב אמר נותן לו מטבע היוצא באותה שעה ושמואל אמר יכול

wenn A. dem B. auf eine Münze (mit der Werthangabe Waare) leiht, welche aber später von der Regierung als ungiltig erklärt worden ist; so sagte Rab: B. ist verpflichtet, dem A. eine andere, zur Zeit gangbare Münze zuzustellen; Samuel hing. sagte: B. kann zu A. sagen: Gehe nach dem entfernten Mesan, woselbst du die Münze ausgeben kannst. Das. איזהו מטבע של ירושלם דוד ושלמה מצד אחד וירושלם עיר הקודש מצד אחר ואיזהו מטבע של אברהם אבינו זקן וזקינה מצד אחד ובחור ובתולה מצד אחר wie war die jerusalemische Münze beschaffen? David und Salomo waren auf der einen, und Jerusalem, die heilige Stadt auf der andern Seite geprägt. Wie war die Münze unseres Erzvaters Abraham beschaffen? Ein Greis und eine Greisin (Abraham und Sara) waren auf der einen, und ein junger Mann und eine junge Frau (Isaak und Ribka) auf der andern Seite geprägt, vgl. auch מוֹנֵיטָרִין. Das. 98ᵃ fg. B. mez. 45ᵇ רב ולוי חד אמר מטבע נעשה חליפין וחד אמר אין מטבע נעשה חליפין Rab und Lewi sind verschiedener Ansicht; der Eine sagt: Bei Uebergabe einer Münze findet ein Tauschhandel statt (wenn A. näml. eine Münze als Waare ohne Angabe des Nennwerthes dem B. übergiebt, welcher ihm dafür andere Waare geben solle; so ist Letzterer verpflichtet, dem Erstern die Waare abzuliefern); der andere Autor sagt: Bei einer Münze findet kein Tauschhandel statt (d. h. die Münze wird, selbst ohne Nennwerth, nicht als Waare, sondern als Geld angesehen, durch deren Uebergabe der Kauf noch nicht bewirkt wird, vgl. מָעָה und מְשִׁיכָה). Für letztere Ansicht wird das. folgender Grund gegeben: משום דעתיה אצררתא וצורתא עבידא דבטלא bei Uebergabe einer Münze denkt der Händler blos an das Bild (Gepräge) derselben, welches aber (infolge eines Regierungswechsels) werthlos wird. Pes. 54ᵇ ob. u. ö. — Pl. B. mez. 25ᵇ ob. מַטְבְּעוֹת. j. B. mez. II Anf, 8ᵇ שלשה מטביעות של מלכים drei Münzen, deren jede das Gepräge eines andern Königs trägt. Snh. 37ᵃ, vgl. טָבַע. Pesik. Echa, 222ᵇ (mit Bez. auf Jes. 1, 22) בראשונה היו משתמשים במטבעות של כסף וכיון שרבו הרמאין התקינו שיהיו משתמשים במטבעות של נחושת in früherer Zeit hatte man sich der Silbermünzen bedient; seitdem aber die Betrüger überhand genommen haben, verordnete man, dass man sich der Kupfermünzen, die mit Silber überzogen sind, bedienen solle; vgl. auch מְזַל. — 2) übrtr. Gepräge=Formel, Typus. j. Ber. V, 9ᵇ un. מטבע הברכה die Formel der Benediction. Das. VI, 10ᵇ un. כל המטבע ממטבע שטבעו חכמים בברכות לא יצא חובתו ed. Lehm. (ed. Ven. u. a. על המטבע und ברכות fehlt) wer die Formel, welche die Gelehrten in den Benedictionen festgesetzt haben, abändert, hat seine Pflicht nicht erfüllt. (Der

Commentat. Sirlio macht die richtige Bemerkung, dass hier nur von solchen Benedictionen die Rede sei, die beim Geniessen einer Speise u. dgl., ברכות הנהנין‎, zu sprechen seien, nicht aber von den Benedictionen der Gebete, welche auch verkürzt und inhaltlich gesprochen werden dürfen.) Ber. 40ᵇ dass., vgl. טָבַע‎. j. Ber. V, 9ᵇ mit. מטביעה‎ crmp., s. טָבַע‎. j. Meg. III g. E., 74ᶜ משה התקין מטביעתה של תפלה האל הגדול הגבור‎ והנורא ירמיה אמר האל הגדול הגבור ולא אמר‎ נורא ולמה הוא גיבור לזה נאה להיקרות גיבור‎ שהוא רואה חורבן ביתו ושותק ולמה לא אמר‎ נורא אין נורא אלא בית המקדש דכתיב נורא‎ אלהים ממקדשיך דניאל אמר האל הגדול והנורא‎ ולמה לא אמר גיבור בניו מסורין בקולרין איכן היא‎ גבורתו ולמה הוא אמר לזה נאה להיקרות‎ נורא בנוראות שעשה עמנו בכבשן האש וכיון‎ שעמדו אנשי כנסת הגדולה החזירו את הגדולה‎ ליושנה ועתה אלהינו האל הגדול הגבור והנורא‎ וג' Mose verordnete die Formel des Gebetes: „Grosser, mächtiger und furchtbarer Gott" (Dt. 10, 17); Jirmeja hing. sprach: „Grosser und mächtiger Gott" (Jer. 32, 18), ohne נורא‎ hinzuzufügen. Weshalb nannte er Gott: גבור‎? Weil er bei sich dachte: Diesem geziemt das Epitheton „mächtig", da er beim Anblick der Zerstörung seines Tempels geschwiegen (also seinen Zorn bewältigt) hat. Weshalb aber nannte er ihn nicht נורא‎? Weil er bei sich dachte: Furchtbar zeigt sich Gott nur in seinem Tempel (der aber damals zerstört war); denn es heisst: „Gott, furchtbar in seinem Heiligthume" (Ps. 68, 36). Daniel sagte: „Grosser und furchtbarer Gott" (Dan. 9, 4). Weshalb sagte er nicht גבור‎? Weil er bei sich dachte: Gottes Kinder sind in Ketten (collaria) geschmiedet, wo ist da seine Macht? Weshalb aber sagte er נורא‎? Weil er bei sich dachte: Wohl geziemt es sich, ihn: den Furchtbaren zu nennen wegen der furchtbaren Wunder, die er uns im „Feuerofen" erwiesen hat (Dan. 3, 25 fg.). Als jedoch die Männer der grossen Synode auftraten, so erwähnten sie wiederum die Herrlichkeit Gottes wie in der Vorzeit: „Nun unser Gott, grosser, mächtiger und furchtbarer Gott" u. s. w. (Neh. 9, 32, vgl. מְכַּנֶּה‎ Anf.). Jom. 69ᵇ u. ö., s. אֲמִיתַּי‎ und יוֹשֵׁן‎. Aboth de R. Nathan cap. 18 מטבעות מטבעות‎ (LA. Raschis in Git. 67ᵃ sv. אוֹצָר‎; Agg. טבעות‎, s. טָבַעַת‎.

מוֹטָה‎ f. (von מטט‎, arab. مَطَّ, ähnlich; מָדַד‎; oder von נטה‎ eig. (=bh. מַטֶּה‎) Ausdehnung; übrtr. der Knöchel am äussersten Ende des Flügels der Vögel. Tanch. Tasria, 155ᵃ המוטה הזו מן תרנגול אחר מן ששרים בכנפיו‎ Knöchel von den Schwingen des Hahnes beträgt den 60. Theil seiner Schwingen; mit Ansp. auf מטות כנפיו‎ (Jes. 8, 8, d. h. „die Knöchel seiner Schwingen"), bildl. für die Schaaren Sanherib's, welche sich über Palästina ausbreiteten). Midr.

Tillim zu Ps. 79 המומטה של תרנגול אחר מעשרים‎ בכנפיו (l. מששים‎) dass. Raschi zu Jes. l. c. bemerkt: Dieser Knöchel heisst מוֹט‎, und citirt aus Tanchuma: מוטות התרנגול‎ die Knöchel u. s. w. — מוטה‎ Jeb. 103ᵃ, Part. pass. von נטי‎; נָטָה‎, s. d.

מִטָּה‎ f. (=bh., von נָטָה‎) Lager, Bett, Sopha, Bahre, wie κλίνη von κλίνω. Ber. 8ᵇ אסור לישב על מטה ארמית‎ man darf nicht auf dem Sopha einer Nichtjüdin sitzen, vgl. אַרְמִי‎. j. Ber. III, 5ᵈ un. u. ö., im Ggs. zu דרגש‎, s. d. j. Schabb. XII, 13ᶜ ob. מטה של גילה‎ und Schabb. 47ᵇ מטה גילוניא‎ ein Bett von Stauden, s. גִּיל‎ IV. Das. מטה של טרסיים‎, s. טַרְסִי‎. M. kat. 27ᵇ u. ö. מטה כפויה‎ ein umgestürztes Bett, s. כָּפָה‎. — Ber. 17ᵇ u. ö. נושאי המטה‎ die Träger der Todtenbahre. Par. 12, 9, s. בַּרְכָל‎. — Trop. Levit. r. s. 36, 180ᵈ יעקב מיטתו שלימה‎ כל בניו צדיקים‎ Jakob's Bett (d. h. Nachkommenschaft) war vollkommen, da alle seine Kinder fromm waren; im Ggs. zu Abraham und Jizchak, deren Kinder zum Theil Frevler waren, wie Ismael, Esau u. a. Pes. 56ᵃ Jakob sagte: שמא חס ושלום יש פסול במיטתי כאברהם וכ'‎ vielleicht ist, was Gott verhüte, Schlechtes in meinem Bette (Nachkommen) wie bei Abraham u. s. w.

מַטָּה‎ Adv. (=bh.) unten, zuw. adjectivisch was unten ist. B. kam. 79ᵇ . . . עין של מטה‎ אזן של מטה‎ eig. das Auge, das Ohr dessen, der unten, auf der Erde ist (d. h. des Menschen); euphemistisch für מעלה‎: das Auge, das Ohr Gottes, vgl. יָכֹל‎. Oft wird an den Stamm מט‎ ein Nun angehängt, z. B. j. Schabb. VI, 8ᵃ ob. טלה עליו מטלית מלמטן‎ wenn man von unten (darunter) einen Fleck gelegt hat. j. R. hasch. II, 58ᵇ mit. בית דין . . . בית דין‎ בית דין של מעלן‎ der himmlische Gerichtshof, der irdische Gerichtshof. j. Pes. VI, 33ᵃ un. u. ö. dass. Levit. r. s. 21 g. E. שורות של מטן‎ die Reihen der Irdischen.

מטה‎ Wage. Pesik. Beschallach, 82ᵃ במטה‎ דאמוטרין וכ'‎ Ar.: mit der Wage, mit der sie wogen u. s. w., s. jedoch אַמְטְרִיא‎ und מוֹט‎. Nach einer Erklärung Ar.'s sei hier מַטֶּה‎ zu lesen (=bh.) Stock, also: mit dem Stock, womit sie geschlagen haben u. s. w.; was jedoch nicht einleuchtet.

מַמְטֵרֶת‎ oder מְטָהֶרֶת‎ f. (von טָהַר‎ trnsp. von רָחַט‎) die grosse Wasserrinne (oder: das Becken). Mikw. 6, 11 המטהרת שבמרחץ‎ die grosse Wasserrinne im Bade. Tosef. Mikw. VI Anf. dass. — Pl. das. V g. E. מַמְטְהָרוֹת‎.

מָטוּ‎ מְטוּתָא‎ (syr. ܡܛܐ, von מְטָא‎, s. d.; syn. mit בְּעָא‎) eig. das Angehen, accessio; daher auch: das Dringen in Jemdn., um seine

Geneigtheit, sein Wohlwollen zu erlangen, sodann überhaupt Bitte, Abbitte (ebenso vereinigt das hbr. פָּגַע beide Bedeutungen in sich).
Jom. 87ᵃ המבקש מטו מחבירו wer bei Jemdm.
Geneigtheit (Abbitte) nachsucht. Das. 72ᵇ
במטותא מינייכו ich bitte euch (eig. mit einer
Bitte verlange ich) u. s. w., vgl. בְּדִיהֶם. Snh. 97ᵃ
במטותא מינך פוק מאחרין wir bitten dich, gehe
aus unserm Orte fort. Das. בעינא במטותא
מינייכו, richtiger in den Parall. Ber. 35ᵇ u. ö.
במטותא — Levit. r. s. 28, 172ᵈ מטו
crmp. aus זוסתיה oder זונסתיה, s. זוּן. וסתיה.

מטוירא Ber. 44ᵇ, s. טוּר, טוּרָא.

מָטוּל Präp. (syr. ܡܛܠ, zusammengesetzt aus
מְטוּ לְ-, von מְטָא) eig. anlangend, in Betreff, quod attinet ad; dah. 1) ob, wegen,
propter, causa; mit Suff. מְטוּלָתִי, z. B. מְטוּלְתָךְ
meinetwegen, deinetwegen u. s. w. — 2)
מְטוּלְדָךְ weil, propterea, quod; s. TW. — Oft
mit vorges. Alef: אַמְטוּל, zuw. אַמְטוּ s. d. W.

מַמְטוֹרָד m. (=מִדְווֹרְתָּא, s. d.) Peitsche,
Peitschenhieb. j.Jom. V, 42ᵈ מטצליף mit wird
erklärt durch כממטוורד wie ein Peitschenhieb,
vgl. צָלַב und מַטְרָקָא.

מְטָתָא m. (von טוּט) eig. Hingeworfenes,
Ausgestossenes, bes. Vorwurf, s. TW.

מְטָתָא oder **מְטָחָאתָא** f. (Stw. viell. arab.
ܡܠܟ ausspannen, ausdehnen) Hüfte, Lende.
Git. 69ᵇ un. לשגדונא ליתו פתיא דמינוני ונגרריה
שיחין זמניך אהא מטחאתא ושיחין זמניך אהא
מטחאתא Ar. (Agg. מטחתיה ... לשגדונא) als
ein Heilmittel gegen Hüftschmerzen (ἰσχιαδικόν,
ischiadicum) bringe man ein irdenes Gefäss mit
Fischsaft gefüllt und führe es 60 Mal über die
eine Hüfte und 60 Mal über die andere Hüfte.

מִמְטָן m. (arab. ܡܛܚܢܗ, bh. טַחֲנָה, von טָחַן)
Mühle. Exod. r. s. 36 Anf. משחובטין אותו
מעלין אותו לגת ונותנין אותר במטחן ואחר שטחנין
אותו וכ nachdem man die Olive geklopft hat,
bringt man sie in die Kelter, legt sie in die
Mühle und sodann mahlt man sie u. s. w.

מָטַט (syn. mit מוּט) wanken. Nithpa.
Levit. r. s. 36 g. E. wenn du siehst, אמהות זכות
שנתמטמטה dass die Tugendhaftigkeit der Erzmütter wankte, u. s. w.; wahrsch. jedoch zu lesen
שנתמטטה, s. מוּט.

מְטוּלְטָלְת f. (contr. aus מְטוּלְטָלְתָּא, Part. pass.
von טָלַל, Pilp. טִלְטֵל, syn. mit דִּלְדֵּל) eig.
Angehängtes, Herabhängendes; daher auch
1) das von einer Seile herabhängende
Senkblei, dessen sich die Baumeister zum Ge-
radziehen der Mauer bedienen und das (wie Ar.
bemerkt) im Arab. רולין, ܪܡܢ genannt wird,

weil es so rund wie ein Granatapfel (רִמּוֹן) ist.
— Kel. 12, 8 המטולטלת והמשקולות Mischnaj.
Agg. und Ar. (Tlmd. Agg. המטולטלת) das Senk-
blei und die Gewichtsteine. Tosef. Kel. B. bath.
VII Ende dass. Kil. 6, 9 רואין אותו כאילו
מטולטלת תלויה בו man betrachtet sie (die vom
Traubenkamm hervorragende Knospe), als ob ein
Senkblei daran hinge. — 2) übrtr. Wulst aus
Zeug oder Werg, kleines Polster, das dem
Senkblei ähnlich aussieht. Tosef. Schabb. VI
(VII) Anf. הקושר מטולטלת על יריכו וחוט אדום
על אצבעו וכ (in einigen Agg. מטולטלת) wenn
Jem. (aus Aberglauben) eine Wulst um seine
Hüfte oder einen rothen Faden um seinen Finger
bindet, so ist dies als ein heidnischer Brauch
verboten. Schabb. 5, 3 לא יצא גמל במטולטלת
Mischnaj. Agg. und Ar. (der auch in Gem. das.
überall מטולטלת liest, ebenso Ms. Oxf. und ältere
Tlmd. Agg.; spätere Tlmd. Agg. überall מטולטלת)
das Kamel darf am Sabbat nicht mit der Wulst
ausgetrieben werden; weil näml. der Kameltreiber die Wulst, die leicht herabfällt, aufheben
und in der Hand tragen könnte. Das. 54ᵃ
מטולטלת הקשורה לה בזנבה וכ eine Wulst, die
dem Kamel am Schweife angebunden ist. Tosef.
Schabb. IV (V) Anf. dass. Tam. 5, 4 כמין מטולטלת
היה עליו מלמעלה war eine wulstartige Verzierung
war an der Opferschale oben angebracht. — Pl.
j. Ab. sar. I, 39ᵈ mit. אצטרובילין במטולטליהתיהן
die Zirbelnüsse mit ihren Wülsten, die bes. zum
Götzendienst verwendet werden.

מִיטָטוֹר, מְטַטוֹר m. (Μιτάτωρ, Metator, ὁ
ἀποστελλόμενος ἄγγελος πρὸς τοὺς ἄρχοντας, Du
Cange, Glossar. I, 919) Metator, der Gesandte,
der den Herrschern voranzieht. Die urspr.
Bedeutung des lat. metator: Grenzabstecker, woran Musaf. und Sachs (Beitr. I, 108) denken,
ist in keiner Stelle, wo unser W. vorkommt, zutreffend; ganz abgesehen davon, dass die Midraschim oft שליח שלוחים anst. ממטור setzen. —
Tanch. Balak, 120ᵃᵇ במדבר אני הולך לפניהם
מיטטור וכ הולך לפניהם והם in der Wüste
ging er vor den Israeliten als der Metator,
denn es heisst: „Gott ging vor ihnen des Tages"
u. s. w. (Ex. 13, 21). Jelamdenu zu Dt. 2, 31
(citirt vom Ar.) Gott sagte zu Mose: אי אבאם
לך אני מטטור שלך ולא תחמוד עליהן אלא עתיד
אני לעשות מטטור לפני אדם ערל כורש שנאמר
אני לפניך אלך והדורים אישר וכ wenn es dir
lieb ist, so werde ich dir ein Metator (voran-
gehender Gesandter) sein; wundere dich darüber
nicht, denn ich werde sogar vor einem Unbe-
schnittenen, näml. vor Cyrus, ein Metator werden, denn es heisst: „Ich werde dir vorangehen
und die Krümmungen ebnen" (Jes. 45, 2); ja
selbst einem Weibe werde ich als ein Metator
vorangehen, näml. vor Debora und Barak (Ri.
4, 14). — Pl. Jelamdenu zu Num. 22, 36: „Balak hörte, dass Bileam kommt", משלחו מיטטורין

לפניו Ar. ed. pr. (Tanch. Balak, 232[b] und Num. r. s. 20, 241[c] haben dafür die hebr. Uebersetzung unseres Ws. שלוחין לבשרו (שלח man hatte Gesandte ihm vorangeschickt, die näml. die Ankunft Bileam's anzeigen sollten. Nachmanides in s. Comment. zu Ex. 12, 12 citirt die beiden hier oben erwähnten Stellen aus Jelamd. wie folgt: אי אכפת לך אני מטטרון שלך ferner: שלח מטטרון לפניו wonach allerdings מטטרון und מטטור identisch wären; jedoch ist diese LA. fast unzweifelhaft crmp.

מִיטָטְרוֹן, מְטַטְרוֹן m. (etwa griech. μετατύραννον, ähnlich אטרוֹן, τύραννος) Metatron, Mitatron, derjenige Engel, der nächst dem Herrscher (Gott) den ersten Rang einnimmt. Möglich jedoch, dass unser W. mit vrg. מטטור, Metator identisch sei, und zwar in dem Sinne eines Gott vorangehenden, zuweilen auch ihn vertretenden Gesandten, eines Engels, der vorzugsweise im himmlischen Gemache Gottes weilt und welcher das hie und da sich findende Epitheton שַׂר הַפָּנִים: der vor dem Gesiehte Gottes weilende Fürst, ihm vorangehende Gesandter (oder שַׂר הַפָּנִים: der im innersten Gemach Gottes weilende Fürst), erhalten hat. Snh. 38[b] ein Sektirer fragte den R. Idi (איריך . . . מינא Ms. M., Agg. אידית . . . אידוקי:) עלה אל ה' כתיב . . . עלה אלי מיבעי ליה דהו מטטרון ששמו כשם רבו רב וכ' es heisst: „Zu Mose sagte er: komme zu Gott" (Ex. 24, 1); es müsste ja lauten: „Komme zu mir"! R. Idi antwortete ihm: Das ist Metatron, dessen Name ähnlich dem seines Herrn, אטרון, τύραννος) ist. (Höchst wahrsch. soll hier das אמר עלה רג' erklärt werden: „Metatron sagte" u. s. w.; ähnlich j. Trg. ולות משה אמר מיכאל סרכן חכמתא zu Mose sagte Michael, der Fürst der Weisheit; wonach also מטטרון und מיכאל identisch wären. Vgl. auch Raschi zu Ex. 23, 21: „Mein Name ist in ihm", das מטטרון [ohne Jod], dessen Zahlenwerth = שדי ist, näml. 314.) Chag. 15[a] Acher wurde dadurch Apostat, dass er in seinen metaphysischen Betrachtungen חזא מטטרון דאתיהיבא ליד רשוחא למיכתב זכוותא דישראל וכ' Ms. M. (überall ohne Jod; Agg. überall מיטטרון) den Metatron sah, dem die Erlaubniss ertheilt worden, da zu sitzen und die Tugenden Israel's aufzuschreiben; infolge dessen er glaubte, dass es zwei Gottheiten gäbe, vgl. jedoch אתרהיבא רשוחא למטטרון Anf. Das. למיעקר זכוותא דאחר Ms. M. (Agg. למיגמך, und unser W. fehlt) es wurde dem Metatron erlaubt, die Tugenden Acher's zu vernichten. Ab. sar. 3[b] מטטרון Metatron als Jugendlehrer. Thr. r. Einleit. sv. משא גיא, 48[a] Gott weinte bei der Tempelzerstörung; באוחה שעה בא מטטרון ונפל על פני ואמר לפניו רבונו של עולם אני אבכה ואתה לא תבכה אמר לו אם אין אתה מניח לי

לבכות עכשיו אכנס למקום שאין לך רשות ליכנס ואבכה וכ' zur selben Zeit kam Metatron, fiel auf sein Angesicht und sprach zu ihm: Herr der Welt, ich will weinen, damit du nicht zu weinen brauchst! Gott aber entgegnete ihm: Wenn du mich jetzt nicht weinen lässt, so gehe ich an einen Ort, wohin du nicht gehen darfst, damit ich daselbst weine; mit Bez. auf Jer. 13, 17: „Wenn ihr nicht gehorchet, so werde ich im Geheimen weinen" u. s. w. – Sifre Haasinu Pisk. 338 באצבער היה מראה מטטרון למשה וכ' mit seinem Finger zeigte Metatron dem Mose ganz Palästina (Nachmanides: in s. Comment. zu Ex. 12, 12 citirt diese St. wie folgt: נעשה הקבלה של אצבעו der Finger Gottes wurde dem מטטרון למשה Mose ein Metatron). Genes. r. s. 5, 6[c] steht dafür: נעשה קולו של הקבלה מיטטרון Gottes Stimme wurde dem Mose ein Metatron. Das. נעשה קולו של הקבלה מיטטרון על המים Gottes Stimme wurde ein Metatron über dem Wasser; richtiger jedoch מטרטר, s. מְרַטֵר.

מִטְכְּסָא, מֵטַכְסָא (מְטַכְסָא) m. (gr. μέταξα, μάταξα, mataxa, syr. ܡܛܟܣܐ) grobe Seide, dann Seide überh. und übrtr. seidenes Gewand. j. Kil. I Anf., 32[a] ob. wird שיריין (σηρικόν) erklärt durch מטכסה. Schabb. 20[b] הוה לביש מטכסא er war in Seide gekleidet; das. wird כלך durch unser W. erklärt. j. B. mez. IV Anf., 9[c] Jem. חד בר נש זרין דינרין למטכסה gab Denare für Seide u. s. w. Levit. r. s. 34, 178[a] כד הוו זרבין וזקנין בדהין מטכסא als sie mit Seide handelten. B. kam. 117[b] מטכסא דר' אבא Ar. (Agg. אמטכסא) die Seide des R. Abba. Keth. 85[b] u. ö. – Pl. Cant. r. sv. מי זאת, 18[a] חבילה של מיטכסין ein Gebund seidener Stoffe. Genes. r. s. 40, 39[b] Abraham, der beim Eintritt in Egypten die Sara in einem Kasten verborgen hielt, damit die Egypter sie nicht sähen, kam an einem Zollhaus an. אמרו לו מיטכסין את זעין אמר דמטכסין אנא יהיב da rief man ihm zu: Du führst seidene Stoffe bei dir! Er entgegnete: Ich will den Zoll der seidenen Stoffe entrichten. Das. 77, 76[a] s. מִירַחֲלָא. j. B. kam. VI g E., 5[c] מטכסין הוה מלא der Sack war mit seidenen Stoffen gefüllt. Jalk. II, 133[b] שני פרגמטוטין שהיו למדינה זה לוקח מטכסין וזה לוקח אולוסיריקא von den zwei Händlern, die in der Stadt waren, kaufte der eine grobe Seide, der andere aber feine Seide (ὁλοσηρικά). – Genes. r. s. 63, 61[d] מטכסא דמדינתא, wahrsch. crmp., s. מְרַכְסָא. Sollte jedoch die LA. der Agg. richtig sein, so wäre es das gr. μεταξ: inmitten der Stadt.

מָטוּלָא, מָטוּל masc. (syr. ܡܛܘܠ, von נטל) 1) Last, Schwere, was getragen wird. Pl. j. Chag. I, 77[b] ob. משאוליו והוון מחבונין מיטעונין להון משאלין ודהון מחבוונין מיטעונין תרי חד מטול אמר אטעוננון יחדרין zur

Zeit der Religionsverfolgung befahlen die Römer, dass die Juden am Sabbat Lasten tragen sollten. Die Juden aber suchten zu bewirken, dass je zwei Personen eine Last trügen u. zw. nach der Halacha, dass zwei Personen, die gemeinschaftlich eine Arbeit verrichten, nicht straffällig seien (vgl. פְּרִיכָה). Da sagte Elischa ben Abuja zu den Römern: Lasset sie doch die Lasten einzeln tragen! — 2) (=מַטְלָנָא) Reise, Zug, s. TW.

מְטוּל s. d, in מטר׳.

מַטְלָא m. (von נְטַל: sprechen) Ausspruch, Vortrag, bes. göttlicher, prophetischer Ausspruch (hbr. מַשָּׂא), s. TW.

מְטַל m. (hbr. מְטִיל, Stw. arab. مَطَلَ: schmieden) geschmiedete Stange. s. TW.

מְטֵלוּתָא f. 1) (ähnl. מַשּׂוֹיל) Last, Schwere. — 2) מַטְלוּת אבנין das Bewerfen mit Steinen, s. TW.

מְטַלָּא, מְטַלְיָא m. (syr. ܡܰܛܠܐ, مَطَلَّة) von נְטַל) Obdach, Hütte, umbraculum. j. Suc. III Anf., 53ᵃ Gamliel Suga עבד ליה מטלא גו שוקא machte sich eine Festhütte mitten auf der Strasse. — Pl. מְטַלַּיָּא, bes. חגא דמטלַיָא das Hüttenfest, s. TW.

מְטַלְתָא, מְטַלְלְתָא fem. (syr. ܡܰܛܠܠܬܐ) dass. Bedachung, Hütte, bes. die Festhütte. j. M. kat. III, 82ᵃ mit. הוות מטלתיה זעירא וקריבוי wenn Jem. eine kleine Festhütte hat und seine Verwandten ihn besuchen wollen u. s. w. Suc. 3ᵃ יתיב אפומא דמטלתא er sass am Eingange der Hütte. Das. 29ᵃ ob. er nahm sich vor, Nichts zu geniessen, עד דעל ליה למטללתא דר׳ יוחנן bis er in die Hütte des R. Jochanan kommen werde. Das. איזיל דמוך לך במטלתך gehe und schlafe in deiner Festhütte. Suc. 28ᵇ מקרי ומתנא במטלתא תניי׳ das Lesen der Bibel und das Lernen der Mischna finde innerhalb der Festhütte statt; das Studium des Talmud hing. (das ein grösseres Nachdenken und daher eine freiere Luft bedarf) ausserhalb der Hütte. Das. 29ᵃ ob. מאני משתיא במטלתא מאני מיכלא בר ממטלתא חצבא ושחיל בר ממטלתא ושרגא בר ממטלתא ואמרי לה במטלתא das Trinkgeschirr darf innerhalb der Festhütte, das Essgeschirr hing. muss (weil es gewöhnlich schmutzig ist, nach der Mahlzeit) ausserhalb der Hütte stehen; der Wasserkrug und der Holzeimer ausserhalb der Hütte, der Leuchter ausserhalb, manche sagen innerhalb der Hütte. — Tract. Semachoth XI g. E. מטלתא דכרמא האוריינא wahrsch. zu lesen: מטלתא דאורייינא דכרמא die Bedachung des Gartensessels. N. Brüll in s. Jahrbb. I, 54 emendirt דכרסא für דכרמא „Stuhldecke“.

מְטַלְטוּל m. Bedachung, Beschattung, s. TW.

מִיטַלְטְלִין, מְטַלְטְלִין m. pl. (eig. Part. von טִלְטֵל, s. d.) bewegliche Güter, Mobilien, im Ggs. zu מְקַרְקְעֵי: Immobilien. B. mez. 11ᵇ מטלטלין אגב מקרקע der Verkauf beweglicher Güter geschieht vermittelst des unbeweglichen Gutes, Grundstückes. Kidd. 26ᵇ. 27ᵇ fg., s. אַגַב, vgl. auch טַלְטֵל.

מְטַלְטְלֵי ch. (=מְטַלְטְלִין) Mobilien, bewegliche Güter. Keth. 81ᵇ לא נשתעבדי מטלטלי לכתובה Mobilien gelten nicht als Zahlungsobject für die Kethuba; nach Ansicht des R. Meir: מטלטלי משעבדי לכתובה gelten auch Mobilien als Zahlungsobject für die Kethuba, d. h. sie können hypothekarisch verschrieben werden. Kidd. 65ᵇ. B. mez. 11ᵇ u. ö., vgl. auch טַלְטֵל.

מְטוּטֶּלֶת s. מְטוּטֶלֶת.

מַטְלֶת, מְטַלִית f. (von טָלָה, טָלָא, s. d.) 1) Fleck, insbes. ein kleines, abgeschnittenes oder abgerissenes Stück Zeug. Kel. 26, 2 שלא עליו את המטלת man legte einen Fleck darauf. Das. 27, 12 מטלת חדשה ein neuer Fleck. j. Meg. I g. E., 81ᵃ u. ö., s. טְלָא. Genes. r. s. 4 Anf. wird רקיע (Gen. 1, 6) gedeutet יעשו מטלית לרקיע möge ein Fleck (d. h. Hülle, Vorhang) für den Himmel entstehen! — 2) Stück, zunächst ein Fleck Landes, sodann überh. Stück, Theil. — Pl. Thr. r. Einleit. sv. לכן אמר, 44ᵃ wird לנתחיה לנחתיה הוצאיה (Ez. 24, 6) erklärt: מטליות היו גולים stück= schaarenweise gingen sie in die Gefangenschaft, zuerst die Stämme Ruben und Gad, sodann Sebulun u. s. w. Das. g. E. sv. על ההרים כתירים שבה כיצד היו עושין זורעין אותה מטליות זורעין כאן ודיא נשרפה זורעין כאן ודיא נשרפת wie verfuhren die Samaritaner in Palästina (nach der Zerstörung)? Sie besäeten das Land stückweise; jedoch säeten sie hier, so wurde es verbrannt, säeten sie wiederum anderswo, so wurde es ebenfalls verbrannt. Pesik. Dibre Jirmeja, 114ᵃ dass. j. Keth. XII, 35ᵇ ob. und j. Kil. IX g. E., 32ᶜ dass. mit einigen Corrupteln. — Zuw. mit eingeschaltenem Nun: מְטַלְנָיוֹת. B. bath. 20ᵃ מטלניות שאין בהן על שלש על שלש Flecke, die nicht drei Faustbreiten lang und drei Faustbreiten breit sind. (In Tosef. Ahil. XIV Anf. steht dafür: על מטלניות שהיא פחותות שלש על שלש sing. dass.) Seb. 94ᵃ und Suc. 6ᵃ dass. Ar. liest מטלניות.

מִטְלָיָא, מְטַלְיָא f. eine Bohnenart. Tosef. Ab. sar. III mit. המטליא. j. Ab. sar. II, 41ᵈ mit. und j. Schabb. I, 3ᶜ un. מטוליא dass. Ab. sar. 38ᵇ היא מטליה היא פסיליא היא שעיתא Ar. (Agg. פסיליא ... שעיתא) diese Bohnenart hat die hier erwähnten drei Namen. Das. R. Jocha-

nan sagte: Das Wachsthum dieses Gewächses, das aus Egypten eingeführt wurde, wird auf folgende Weise erzielt: מייתו ביזרא דכרפסא וביזרא דכיתנא וביזרא דשבלילתא ותרו להו בהדי הדדי בפשטורי ושבקו ליד עד דמקבל ומייתי חביי חרתי ומלו להו מיא ותרו בהו גרגישתא ומדבקין ביה ועיילין לבי בני אדנפקו מלבלבי ואכלי מינייהו וקיירי מבינתא דרישייהו עד טופרא דכרעייהו וכ' man bringt ein Samenkorn von Carbasus, ferner ein Samenkorn von Leinen und ein Samenkorn von Fönnkraut, weicht sie in lauem Wasser, und lässt sie so lange liegen, bis sie blühen. Hierauf bringt man neue Fässer, die mit Wasser gefüllt und in welchen eine Erdscholle geweicht wird, die man mit jenen Samenkörnern in Berührung bringt, welche während man in das Bad geht und zurückkommt, aufsprossen, sodass sie gegessen werden können; sie kühlen vom Kopfhaar an bis zu der Fusssohle. R. Chanina bemerkte hierauf: מילין ואמרי לה במילין das sind blosse Worte, leeres Geschwätz (da in so kurzer Zeit ein Aufsprossen der Früchte unmöglich sei). Manche sagen: Durch Zaubersprüche kann man dergleichen bewirken.

מְטַלְיָה od. מְטַלָּה f. (gr. μέταλλα, metalla) Bergwerk oder Steinbruch, wohin die Verbrecher verurtheilt wurden, vgl. מְטַלּוֹן, מְטַלּוֹל. Thr. r. sv. גדר, 64[d] „Er ummauerte mich, dass ich nicht entkommen kann und legte mir schwere Ketten an" (Klgl. 3, 7), זה מטליה של כותיים das ist das Bergwerk der Samaritaner; nach einer andern Deutung: בכטר של ערבייא der Kerker (von קבר) der Araber; nach einer dritten Ansicht: קטטרה של פרטיין das Kastell der Perser.

מְטַלְלְתָּא, מְטַלַּלְתָּא, מְטַלַּתָּא s. hinter מְטַלּוֹל.

מְטַלּוֹן od. מְטַלּוֹן m. (gr. μέταλλον, metallum) Bergwerk, Steinbruch; insbes. טרד למטלון: damnare in metallum, die Verbrecher zu schweren Arbeiten in den Bergwerken verurtheilen; s. auch vrg. Art. Das W. ist höchst wahrsch. urspr. semitisch, von מטל, arab. مَطَلَ‎, wovon מְטָל, מַטְלָא (מְטִיל, מְטִיל), s. d. W.: geschmiedete Eisenstange, und durch das Medium des Griechischen in das Semitische zurückgekehrt, wonach also die Formen מְטַלּוֹן, מְטַלְיָה richtiger wären. Vgl. auch das. مَطَالَه (so nach LA. des Bar Bahl., vgl. Bernstein Lex. Syr. p. 274[b]) metallum; vgl. auch das. ܐܢܣܡܐ =נחשא דמטל in den Trgg.: Kupferbergwerk. — Num. r. s. 7, 195[a] Gottes Regierung und seine Verordnungen im jüdischen Staate sind denen der menschlichen Könige in ihren Monarchien ähnlich. מלך בשר ודם יש לו פרופוסיטין אף האלהים יש לו פרופוסיטין ... מלך בשר ודם יש לו דוכוסין אף האלהים יש לו דוכוסין ... מלך

בשר ודם מחלק דונטיבה ללגיונותיו אף האלהים מחלק דונטיבה ... מלך בשר ודם מחלק כליס(?) ובכטיא לאיסטרטיוטות שלו ואף האלהים כן(?) ... מלך בשר ודם יש לו ספקולא ואף האלהים יש לו ספקולא ... מלך בשר ודם יש לו קטדיקס אף האלהים יש לו קטדיקס ... מלך בשר ודם יש לו קטפירס ... מלך בשר ודם יש לו קטפירס אף האלהים יש לו קטפירס ... מלך בשר ודם יש לו מטלון של טרודין אף האלהים יש לו מטלון שנאמר וישלחו וג' (der 4. Satz scheint crmp. zu sein; zuvörderst ist das hbr. כלים anstössig, da hier alle Stichwörter dem Griechischen oder der gräcisirten Latinität entnommen sind; auch der Schluss כן dürfte unrichtig sein, denn er müsste, den anderen Sätzen entsprechend: וכ' מחלק lauten) der menschliche König hat seine πραιπόσιτοι (Praepositi, Vorgesetzten), auch Gott hat seine Praepositi; denn es heisst: „Nehmet auf die Anzahl der Gemeinde Israels" (Num. 1, 2); der menschliche König hat seine Duces (δοῦκας), auch Gott hat seine Duces; denn es heisst: „Der Fürst der Fürsten der Lewiten" (Das. 3, 32); der menschliche König vertheilt das Donativum (Geschenk) an seine Legionen, auch Gott vertheilt das Donativum: „Ich werde euch das Brot vom Himmel fallen lassen" (Ex. 16, 4); der menschliche König vertheilt die vestes (Gewänder) an στρατιώταις (Soldaten), auch Gott verfährt also(?): „Dein Kleid wurde nicht schäbig" u. s. w. (Dt. 8, 4); der menschliche König hat seine σπικούλα (spicula, Spiesse, um die grossen Verbrecher zu tödten), auch Gott hat seine spicula: „Getödtet soll werden der Buhler und die Buhlerin" (Lev. 20, 10); der menschliche König hat seine καταδίκη (Verurtheilung zur Geldstrafe), auch Gott hat seine καταδίκη: „Man soll den Verleumder mit 100 Sekel Silber bestrafen" (Dt. 22, 19); der menschliche König hat seine καταφοραί (Züchtigungen mit Schlägen), auch Gott hat seine καταφοραί: „Mit 40 Geisselhieben soll man den Frevler züchtigen" (Dt. 25, 3); der menschliche König hat sein μέταλλον (Bergwerk) zur Verbannung der Bösewichter, auch Gott hat sein μέταλλον, metallum; denn es heisst: „Man soll fortschicken aus dem Lager jeden Aussätzigen" u. s. w. (Num. 5, 2); vgl. auch Sachs' Beitr. II, 107. — Deut. r. s. 2, 252[d] ein Gleichniss von einem Künstler, der ein Bild (אִיקוֹנִין, εἰκόνιον) des Königs anfertigte, dem es aber unter den Händen zerbrach; אמר המלך אילו בזדונו שיברה היה נהרג עכשיו ששיברה שלא בזדונו יצטרד למטלון כך גזר וכ' der König sagte hierauf: Hätte er das Bild absichtlich zerbrochen, so müsste er getödtet werden, jetzt aber, da er es ohne Absicht gethan, so soll er nach dem Bergwerk verbannt werden! Daher verurtheilte Gott den Mörder aus Absicht zur Todesstrafe (Gen. 9, 6), aber den Mörder ohne Absicht zur Verbannung in einen Zufluchtsort (Dt. 19, 4 fg.). Das. s. 6 g. E., 258[d] ein

12

Gleichniss von einem Könige, der als Sieger aus dem Kriege kam, אמר מטרונא אותו קילוסה da besang ihn die Matrone und infolge dessen sagte der König: Sie soll fortan die Oberste (eig. Mutter, אֵם, s. d.) in der Rathsversammlung (ἡ σύγκλητος sc. βουλή) genannt werden! Als sie jedoch später anfing, die Einkünfte (ἀννώνα) des Königs in Unordnung zu bringen, sagte der König: Da sie so verfuhr, so soll sie in das Bergwerk verbannt werden! Dasselbe galt von der Mirjam. Als Gott den Krieg am Meere siegreich beendet hatte, sang sie ihr „Loblied", weshalb sie „Prophetin" genannt wurde (Ex. 20, 1). Als sie jedoch später gegen ihren Bruder Mose „üble Nachrede verbreitet hatte", da sagte Gott: Sie soll nun ins Bergwerk verbannt werden! „und Mirjam wurde eingeschlossen" (Num. 20, 1. 14. 15).

מְטַלְנָא m. 1) (=מְטָל) eiserne Stange. — 2) (=מְטוּל, von נְטַל) Reise, Zug, s. TW.

מְטַלְיוֹת s. מַטְלִית, pl. מַטְלָיוֹת.

מְטַלְעָתָא fem. (syr. ܡܛܠܥܬܐ, von טְלַע) das Hinken. Keth. 103b R. Simon bar Rabbi sagte zu Lewi (bei Gelegenheit der Aeusserung des letzteren): צריכא למימר hatte denn Rabbi nöthig, in seinem Testamente zu bestimmen, dass sein Sohn Gamliel Nasi werden soll, da er der älteste war): צריכא לך ולמטלעתך wohl war es nöthig für dich und dein Hinken! oder: Braucht man etwa dich und dein Hinken! Lewi war näml. hinkend, vgl. טְלַע II.

מְטַמְטֵם Pilp. (von מוּט od. מַטַט) zum Wanken bringen. Part. pass. Thr. r. Einleit. sv. והפריצך, 45d wird Spr. 25, 19 übersetzt: שן מערערה רגל מעדמדה „ein wackliger Zahn und ein wankender (eig. zum Wanken gebrachter) Fuss". Davon

מַטְמוֹט m. N. a. das Wanken, Sinken. Trop. Tosef. B. mez. VI Ende: „Sein Silber verleiht er nicht mit Zins . . .; wer so verfährt, wankt nimmer" (Ps. 15, 5) הא למדת שמלוה רבית (שמלוי ברבית l.) מתמוטטין והולכין מן העולם מטמוט זה איני יודע מה הוא כענין שנאמר הצל לקוחים למות ומטט להרג וג' daraus kannst du lernen, dass die Wucherer immerfort wanken, bis sie aus der Welt schwinden. Worin dieses „Wanken" bestehe, hätte ich nicht gewusst. Aber nach Spr. 24, 11: „Rette die zum Tode Geführten und die zum Erwürgen Hinwankenden, wenn du sie zurückhalten kannst" (ist unser Wort zu erklären, dass es ein Versinken in die

Gruft bedeute). j. B. mez. V g. E., 10d steht dafür: אמר ר' שמואל בר אימי המטמטם הזה לא R. היינו יודעין מהו ובא שלמה ופירש הצל וג' Samuel bar Immi sagte (d. h. citirte die oben erwähnte Tosefta): Was jenes „Wanken" bedeute, würden wir nicht gewusst haben, hätte es nicht Salomo erklärt: „Rette" u. s. w.

מַטְמוֹן m. (=bh., von טָמַן) geheimer Ort, wo man etwas verbirgt. Pl. Num. r. s. 9 Anf., 198d (l. לארכיטיקטון) משל לארביטיקטון (לארכיטיקטון) קטאדיקוט על אותה מדינה התחילו בני המדינה מטמינים כסף וזהב לתוך המטמונים אמר להם הארכיטיקטון (הארכיטיקטון) אני בעצמי בניתי את המדינה ואני עשיתי את המטמונין ממני אתם מטמינים כך אמר הקבה למנאפים וכו' ein Gleichniss von einem Baumeister (ἀρχιτέκτων), der zum Rechtsvollstrecker (κατάδικος für καταδικαστής) über jene Stadt ernannt wurde. Da fingen die Stadtbewohner an, ihr Silber und Gold an geheimen Orten zu verbergen. Der Architekt jedoch rief ihnen zu: Ich selbst habe ja die Stadt gebaut und die geheimen Orte darin angefertigt, und doch wollt ihr etwas vor mir verbergen? Ebenso sagt Gott zu den Ehebrechern: Vor mir wollt ihr etwas verheimlichen? „Ich, Gott durchforsche ihr Herz" (Jer. 16, 10). „Du vergissest Gott, der dich gebildet" (Dt. 32, 18). In der Parall. Genes. r. s. 24 Anf. משל לארכיטיקטוס וכו' steht unser W. nicht. Das. wird bei unserem Gleichnisse recht passend auf Jes. 29, 15 Bez. genommen: „Wehe denen, die tief verbergen" u. s. w. Levit. r. s. 1 g. E. הולך במטמונים s. den nächstflg. Art.

מַטְמוֹנֶת f. (=מַטְמוֹן) 1) Ort, wo man etwas verbirgt, geheimer Ort. Pl. Bech. 31a ob. und Ab. sar. 7a וכולן שחזרו בהן אין מקבלין אותן עולמית דברי ר' מאיר ר' יהודה אומר חזרו אותן במטמוניות אין מקבלין אותן בפרהסיא מקבלין אותן איכא דאמרי אם עשו דבריהן במטמוניות מקבלין אותן בפרהסיא אין מקבלין אותן alle diese, welche (nachdem sie die früheren frevelhaften Handlungen bereut und infolge der Busse in den Bund der Gesetztreuen, חברים, vgl. Tosef. Dem. II, aufgenommen waren) zu ihren früheren Frevelthaten wieder zurückkehrten, nimmt man nie mehr in den Bund der Gesetztreuen wieder auf; so nach Ansicht des R. Meïr. R. Juda sagt: Wenn sie im Geheimen die Gesetze wieder übertraten, nimmt man sie nie wieder in den Bund auf (weil, da sie, ausser der Gesetzübertretung, auch trügerisch verfuhren, anzunehmen ist, dass ihre jetzige Busse nur zum Scheine geschehe); wenn sie hing. öffentlich die Gesetze übertraten, so nimmt man sie, nach erfolgter Busse wieder auf (weil näml. kein Grund zu der Annahme vorhanden ist, dass dieselbe nicht aufrichtig gemeint sei). Manche sagen (in der Ansicht des R. Juda):

Wenn jene, während sie dem Bunde der Gesetztreuen angehörten, heimlicher Weise die Gesetze übertraten (infolge dessen man sie, als
man davon Kenntniss erhalten, aus dem Bunde
ausgestossen hat), so nimmt man sie (da sie die
Religion wenigstens nicht öffentlich entweihten)
nach erfolgter Busse wieder in den Bund auf;
wenn sie aber die Gesetze öffentlich übertraten (חלול השם), so nimmt man sie nicht mehr
in den Bund auf. (Die Erklärung des ersten
Satzes der Borajtha ist hier nach Tosaf. z. St.
gegeben; minder richtig jedoch ist die Erkl.
derselben im zweiten Satze, welche nach Ab.
sar. 7ᵃ wie folgt lautet: Wenn jene Gesetzübertreter ihre Busse dadurch bekunden, dass sie
auch im Geheimen tugendhaft leben; woraus
also hervorgeht, dass ihre zweite Busse eine
aufrichtige war, so nimmt man sie wieder in
den Bund auf; wenn man aber von ihnen blos
weiss, dass sie öffentlich ein tugendhaftes
Leben führen, so hegt man den Verdacht, dass
sie scheinheilig handeln, weshalb man sie nicht in
den Bund aufnimmt.) Das. R. Simon und R.
Josua ben Korcha sagen: בין כך ובין כך מקבלין
שובבים בנים שובו שנאמר in jedem Falle nimmt
man die Büssenden wieder auf, denn es heisst:
„Kehrt zurück ihr entarteten Kinder" (Jer. 3,
14. 22). — Thr. r. sv. היו מגריי, 45ᶜ בתחלה
'היו עובדין אותר במטמוניורת וכ in der ersten
Zeit dienten die Israeliten den Götzen „an geheimen Orten", sodann „hinter der Thür und
der Pfoste" u. s. w., mit Bez. auf Ez. 8, 17 fg.
Genes. r. s. 23, 23ᵈ dass. Das. s. 52, 51ᵇ und
74, 73ᵇ ein Gleichniss von einem Könige, der
eine Frau und ein Kebsweib hatte; בשעה שהוא
בא אצל אשתו הוא בא בפרהסיא ובשעה שהוא
בא אצל פילגשו הוא בא במטמוניורת כך אין הקב״ה
'נגלה על אומות העולם אלא בלילה וכ so oft er
zu seiner Frau kommen wollte, kam er öffentlich; wenn er aber zu seinem Kebsweibe kommen
wollte, kam er blos im Geheimen. Ebenso offenbarte sich Gott den heidnischen Völkern nur
nächtlicher Weise, wie dem „Bileam" („Gott kam
zu Bileam des Nachts", Num. 22, 20), dem „Laban" (Gen. 31, 24), dem „Abimelech" (das. 20, 3).
In der Parall. Levit. r. s. 1, 145ᵈ steht dafür
במטמוניות. Genes. r. s. 17, 17ᵈ מטמוניות, vgl.
אונקי. Trop. Pesik. r. s. 8 Anf. „die Seele des
Menschen durchsucht alle Kammern des Herzens" (Spr. 20, 27), das bedeutet: מחפשת כל
מה שבמטמוניות ומגרת להקב״ה sie durchsucht
Alles, was im Geheimen ist und sagt es Gott.
Exod. r. s. 14 g. E. u. ö. — 2) Schatz, das,
was man verbirgt. Snh. 100ᵇ (ein Citat aus
Ben Sira) בת לאביה מטמונות שוא מפחדה לא
'ישן בלילה וכ eine Tochter ist für ihren Vater
ein trügerischer Schatz, aus Besorgniss um sie
kann er des Nachts nicht schlafen u. s. w.

מַטְמֵעַ‎, מַטְמְעָא‎ m. (Verbale von טמע‎) das

Untergehen, insbes. der Sonnenuntergang.
j. Ter. VII g. E., 46ᵇ un. der Kaiser Diokletian,
der in Paneas residirte, liess an die Gelehrten zu Tiberias, welche ihn früher gekränkt
hatten, ein Edikt ergehen, wonach sie sofort
nach Ausgang des Sabbats sich bei ihm einfinden sollten. אמר ליה לשלוחא לא תתן להון
כחבין אלא בערובתא עם מטמעי שמשא ואתא
שלוחא וגביהון בערובתא עם מטמעי שמשא וכ׳ er
befahl dem Abgesandten: Händige ihnen die
Schriftstücke nicht eher ein, als am Freitag
beim Sonnenuntergang; der Bote kam zu den
Gelehrten am Freitag beim Sonnenuntergang
u. s. w., vgl. אַרְגִּינִיטוֹן. In der Parall. Genes. r.
r. s. 63, 61ᵈ מטמועי שמשא Ar. (Agg. crmp. מטשמי
יומא דערובתא) dass. — Pl. j. Rosch hasch. II
Ende, 58ᵇ un. כד יטמע בלילי מועדא ארבעה עשר
מטמעין אית ביה הוי משקיעת החמה את מונה
ללבנה mit dem Untergehen der Sonne am Abend
des Pesachfestes (d. h. beim Eintritt der Nacht
vom 14. zum 15. Nisan) waren bereits seit
dem Anfange des Monats vierzehn Sonnenuntergänge verstrichen; folglich verbindet man mit
der Mondberechnung auch die Zählung nach dem
Sonnenuntergang. Der 15. des Nisan, an welchem der Auszug aus Egypten stattfand, soll
näml. nach einer Tradition auf einen Donnerstag, sowie die Verjüngung des Nisanmondes auf
Mittwoch Nachmittags gefallen sein. Da aber
nach den Gesetzen der Kalenderberechnung der
Tag, an welchem sich der Mond am Nachmittag verjüngt, nicht zu dem folgenden Monat
zählt, und da ferner die Israeliten „am 15. Tage
des Nisan des Morgens auszogen" (Num. 33, 3):
folglich war die Sonne vom Donnerstag dem 1.
Nisan bis ausschliesslich Donnerstag dem 15.
Nisan vierzehn Mal untergegangen. Genes.
r. s. 6 Anf. (mit Bez. auf denselben Bibelvers)
„Die Israeliten zogen am 15. des Nisan aus";
ואם ללבנה אתה מונה עד כדון לית לה אלא
'ארבע עשרה מטמועין וכ wenn du also nach dem
Monde zählen wolltest, so waren ja an jenem Tage
blos vierzehn Sonnenuntergänge verflossen! d. h.
wie kann die Schrift die Morgenstunde jenes
Donnerstag „den 15. des Nisan" nennen, da der
1. des Nisan erst an jenem Donnerstag Abend,
und also auch der 15. des Nisan nach dem 15.
Sonnenuntergang (d. h. Donnerstag Abends)
begann? Daraus ist nun erwiesen, dass bei der
Bestimmung der Feste auch der Tag (die Son-
nenzeit) nach der Mondverjüngung mitzählt; mit
Bez. auf Ps. 104, 19.

מטמועיתא j. B. bath. VI g. E., 15ᶜ crmp., s.
מְנַצְּמְרִתָא.

מַטְמוֹר m., מַטְמוֹרִיתָא fem. (syr. ‏ܡܰܛܡܘܪܝ‏,
von טְמַר, ähnlich hbr. מִטְמֹר von שָׁמַר) 1) Aufbewahrungsort, wo man etwas verbirgt (ähnlich מַטְמוֹן). — 2) Versteck, Ort, wo man sich
geheim hält, s. TW.

12*

מְטַנְּנָה m. (von טְנַן, viell. Verbale) das An-feuchten. j. Pes. III, 30ᵃ ob. מטננה אסור das Anfeuchten (der Getreidekörner), die man am Pesachfeste braucht) ist verboten.

מַטָּע m. (=bh., von נָטַע) Pflanzung, das Pflanzen. j. Kil. IV Anf., 29ᵃ מטע כרם die Pflanzung eines Weingartens. Das. 29ᵉ un. מטע שש עשרה על שש עשרה die Pflanzung von 16 Weinstöcken in der Länge und 16 Weinstöcken in der Breite des Weingartens. Levit. r. s. 25, 168ᵉ „Wenn ihr nach Palästina kommet, so sollt ihr pflanzen" u. s. w. (Lev. 19, 23) מהתחלת ברייתו של עולם לא נתעסק הקב"ה אלא במטע חחלה דכתיב ויטע וג' אף אתם כשנכנסתם לארץ לא תתעסקו אלא במטע תחלה beim Beginn der Welt-schöpfung befasste sich Gott zuerst mit dem Pflanzen, denn es heisst: „Gott pflanzte" (Gen. 2, 8); so sollt auch ihr euch beim Eintritt in Palästina zu allererst mit dem Pflanzen befassen.

מַטָּעָה f. (=מַטָּע) Pflanzung. Genes. r. s. 15 Anf. (mit Ansp. auf Ps. 104, 16) ושבעו ממטעתן „sie sättigen sich" ihrer Pflanzung. Das. s. 30 Anf. מטע כרם die Pflanzung des Weingartens. Cant. r. sv. כתפות, 12ᵈ מטעה של כרם dass.

מַטְעֵיתָא, מַטְעָיָא f. (von טְעֵי) Buhlerin, s. TW.

מַטְעֶמֶת f. (von טָעַם) das Kosten einer Speise. Ber. 14ᵃ מטעמת אינה טעונה ברכה beim Kosten einer Speise braucht man nicht die Benediction (die jedem Genusse vorangehen muss, ברכת הנהנין zu sprechen.

מַטְעֲמִיתָא chald. (syr. ܡܛܥܡܝܬܐ, von טְעַם מַטְעַמְת) das Kosten einer Speise oder eines Getränkes. j. Ned. VIII Anf., 40ᵈ הא מטעמיתא אין בה לא משום ברכה ולא משום גזל ולא משום דמאי ולא משום הפסק הפסק beim Kosten einer Speise findet keine Benediction statt (s. ob.), ferner ist es nicht eine Beraubung (wenn Jem. die Speise eines Andern, ohne dessen Erlaub-niss kostet, ferner findet die Verordnung des Demai dabei nicht statt (d. h. man darf die Speise eines Idioten, der sonst im Verdacht steht, seine Früchte nicht zu verzehnten, vgl. דמאי, kosten), und endlich wird es nicht als Unterbrechung des Fastens angesehen. j. Git. III Ende, 45ᵇ הדא מטעמיתא das Kosten des Weines. j. B. bath. VI g. E., 15ᶜ ממטעמיתא crmp. aus מטעמיתא dass.

מַטְעַמָּא masc. (hbr. מַטְעַמִּים plur.) wohl-schmeckendes Gericht, Leckerbissen, s. TW.

מִטְפַּחַת f. (=bh., von טָפַח) Hülle, Um-hüllung, sowohl des Körpers eines Menschen, als auch verschiedener anderer Gegenstände, deren man sich zuweilen als Laken, sowie zum Abtrocknen der Hände bediente. Maim. zu Kel. 24, 14 übersetzt מטפחת durch מנדיל, Mantel. — Kel. 28, 5 מטפחת כסת שעשאה ein Polster, das man in ein Laken, oder ein Laken, das man in ein Polster verwandelte. Chag. 2, 7 (18ᵇ) Jose ben Joëser war der Frömmste in der Priesterschaft (d. h. hinsichtlich der Teruma) והיתה מטפחתו מדרס לקודש aber dessen ungeachtet galt seine Hülle als Midras (eine Art Unreinheit, s. d. W.) bei denjenigen, welche Opferfleisch speisten (d. h. ähnlich den Kleidern eines Idioten, כבגדי עם הארץ). Jochanan ben Gudgeda speiste immer gemäss der Vorschrift über die Reinheit heiliger Speisen, והיתה מטפחתו מדרס לחמאה aber dessenungeachtet galt seine Hülle als Midras hinsichtlich des Suhue-wassers. — Pl. Kil. 9, 3 מטפחות הידים die Hüllen (oder Tücher), welche zum Händeabtrocknen dienen, die Hüllen, womit man die Bücher umhüllt und die Hüllen, womit der Badediener nach dem Bade die Gäste (eig. mit einem Schwamm) abtrocknet. Das. מטפחות הספרים die Mäntel der Haarverschneider, welche das Beschmutzen der Kleider verhüten. Kel. 24,14 שלש מטפחות הן של ידים טמאה מדרס של ספרים טמאה טמא מת ושל תכריך בני לוי טהורה מכלום drei verschiedene gesetzliche Bestimmungen giebt es hinsichtlich der Hüllen: diejenige, die zum Abtrocknen der Hände dient, ist als Midras (leichter Grad der Unreinheit) unrein; die Um-hüllung der Bücher ist gleich einer Leichen-berührung (ein hoher Grad der Unreinheit, אב הטומאה unrein, vgl. יָד; und die Umhüllung der Spielinstrumente der Leviten ist überhaupt rein. Snh. 100ᵃ Lewi bar Samuel und R. Huua bar Chija הוו קא מחקני מטפחתא ספרי דבי ר' יהודה כי מטו מגלה אסתר אמרי האי לא בעיא מטפחת brachten die Umhüllungen für die hei-ligen Schriften im Hause des R. Juda in Ord-nung. Als sie aber zur Estherrolle kamen, sagten sie: Diese braucht wohl keine Umhüllung; d. h. sie ist nicht kanonisch, sie verunreinigt nicht die Hände, vgl. טָמֵא.

מַטְפַיְתָא f. pl. (von נָטַף) die Tropfen. Thr. r. sv. רבתי, 52ᵈ מן מטפייתא דחמרא כפיג ומן מטפיא דמשחא טפיש aus den Tropfen (die aus den Fässern herabgefallen sind, ist zu erkennen, dass das eine Fass Wein und das andere Fass Essig enthält); denn die Weintropfen wird von der Erde eingesogen, der Oeltropfen aber bro-delt, d. h. erhält sich obenauf. In der Parall. Snh. 104ᵇ steht dafür: של יין משתפך ושוקע ושל שמן משתפך וצף der Wein tröpfelt vom Fass und dringt in die Erde hinein; das Oel hing. tröpfelt und bleibt auf der Erde.

מִטְרוֹפַּרְסָא s. מְנַרְפְּסָא.

מְטַקְסָא s. מְטַבְּסָא.

מְטַר, nur Af. אַמְטַר (syr. ܐܡܛܪ, hbr. הִמְטִיר) regnen lassen, Regen u. dgl. vom Himmel fallen lassen, s. TW.

מִיטְרָא, מֵיטְרָא masc. (syr. ܡܶܛܪܳܐ, hbr. מָטָר) Regen. Schabb. 65b מיטרא במערבא סהדא רבא פרת vom Regen in Palästina ist der Euphrat der beste Zeuge; weil näml. der Euphrat von dem in dem höher gelegenen Palästina herabströmenden Regen wächst. Taan. 6b, vgl. בְּגִיל. בַּעֲלָא. Snh. 113a אקלידא דמטרא der Schlüssel zum Regen, s. d. W. Ber. 59b u. ö. Ab. sar. 55a Raba bar Jizchak sagte zu R. Juda: האיכא בית עבודה זרה באתרין דכי מצטריך עלמא למוטרא מתחזי להו בחילמא ואמר להו שחטו לי גברא ואתי מיטרא in unserem Orte giebt es ja einen Tempel des Götzen, der, so oft die Welt des Regens bedarf, seinen Anbetern im Traume erscheint und zu ihnen sagt: Schlachtet mir einen Menschen; worauf alsdann Regen fällt! — Pl. Taan. 9b כי היכא דמשקרי בבלאי משקרי מטרייהו so wie die Babylonier täuschen (lügen), ebenso täuschen ihre Regen, d. h. die Anzeichen derselben.

מַטְרָא, מַטְרְתָא fem. (syr. ܡܰܛܪܳܐ, von נְטַר ähnlich hbr. מִשְׁמֶרֶת) Wache, Bewachung. Thr. r. Einleit. Anf., 44a Rabbi schickte einige Gelehrte nach den Landstädten ab, welche sich nach den Bedürfnissen derselben erkundigen sollten. דהוו עלין לקרייתא ואמרין להון איתיו לן נטורי קרתא דהוון מייתין להון ריש מטרתא וסנטרא דהוון אמרין להון אילין נטורי קרתא אילין חרובי קרתא אמרין להון ומאן אינון נטורי קרתא אלא ספרים ומשנים שהן הוגין ומשנים ומשמרין את התורה ביום ובלילה als sie nun in einer Ortschaft angekommen waren, sagten sie zu den Ortsbewohnern: Führt uns die Wächter des Ortes vor! und man führte ihnen den Oberstwachtmeister und den Vogt vor. Worauf die Gelehrten zu ihnen sagten: Das also sollen die Wächter des Ortes sein? Diese sind vielmehr die Zerstörer des Ortes! Aber, entgegnete man ihnen, was für Wächter giebt es denn sonst? Worauf die Gelehrten: Die Bibel- und Mischnalehrer, welche die Schrift erforschen, die Mischna lehren und das Gesetzstudium Tag und Nacht überwachen! In der Parall. j. Chag. I, 76c mit. steht unser W. nicht, vgl. נְטוֹרָא; s. auch TW. — מְטַרְתָא metreta, s. in מִטֶרֶת.

מְטָרֵיד m. (arab. مِطْرَد, von טְרַד) kleiner Spiess. Tosef. Kel. B. mez. III המטרוד שנפרץ ונטל עוקצו טהור wenn ein Spiess gespalten und seine Spitze abgebrochen wurde, so ist er levitisch rein; d. h. er ist infolge seiner Schadhaftigkeit nicht mehr als ein Geräth anzusehen.

מִטְרְדָא, מִטְרְדוּתָא f. (von טְרַד, s. d.) Beschäftigung, s. TW.

מוֹטְרְדֵי oder מָסְרְדֵי m. pl. Feste der Perser, welche zu Ehren eines Götzen eingesetzt wurden. Ab. sar. 11b מוטרדי (Ar. מסרדי).

מִיטְרִין f. (gr. μήτρα, matrix) Mutter, Gebärmutter. Pesik. Sachor, 23a was liess sich Esau gegen seine Mutter zu Schulden kommen? כשהוא יוצא ממעי אמו חותך מיטרין שלה שלא תלד als er aus dem Leibe seiner Mutter gekommen war, so schnitt er ihr die Gebärmutter aus, damit sie fortan nicht mehr gebären sollte; mit Anspiel. auf רחמיו ושחת (Am. 1, 11), von רֶחֶם: Gebärmutter genommen. In Tanch. Ki teze, 268b steht dafür מיתרין crmp. Genes. r. 47 Anf., 46b עיקר מיטרין לא הוה לה וגלח לה הקב"ה עיקר מיטרין der Sara fehlte die eigentliche Gebärmutter, aber Gott formte ihr (höhlte ihr aus) eine Gebärmutter. Das. s. 53, 52c dass. Das. s. 63, 61b dass. von Ribka. Pesik. r. s. 42, 72b.

מְטַרוֹן m. (arab. مَطْران, syr. ܡܶܛܪܳܢ) Metropolit. Pl. Sifre Haasinu Pisk. 317 „Das Nierenfett des Weizens" (Dt. 32, 14, auf das römische Reich bezogen) אלו מטרונליות שלהם das sind ihre Metropoliten, vgl. مَطْران, vgl. Fl. Nachtr. Bd. I, 559a, s. הַפַּטָקוֹס.

מַטְרוֹנָה, מַטְרוֹנָא f. Matrone, bes. von den Gattinnen der Fürsten, welche oft mit jüdischen Gelehrten Unterredungen hielten. j. Schabb. II, 5b חמתיה חדא מטרונא ליה עד כדון מטרסין eine Matrone sah ihn (den R. Jose, der nach dem Hüttenfeste eine weite Reise unternahm) und rief ihm zu: Wie, jetzt noch (in der rauhen Jahreszeit des Herbstes) soll man nach weiter Ferne reisen! vgl. לוּלְבָּא. j. Sot. III, 19a ob. מטרונא שאלה את ר' לעזר eine Matrone fragte den R. Lasar. j. Keth. VII Ende, 31d und Genes. r. s. 41 Anf. מטרונה die Matrone, näml. Sara, s. טְלָמְסָא. Genes. r. s. 1,3c, vgl. מִילָן. מִילָרִין Das. s. 4, 6a שאלה מטרונה את ר' יוסי למה אין בשני כי טוב אמר לה אף על פי כן חזר וכללן בסוף ... טוב מאד eine Matrone fragte den R. Jose: Woher kommt es, dass beim zweiten Schöpfungstage die Worte כי טוב ausnahmsweise fehlen? Er antwortete ihr: Dessenungeachtet erwähnt die die Schrift im Allgemeinen, beim Schluss der Schöpfung: „Gott sah, dass Alles, was er geschaffen, sehr gut war" (Gen. 1, 30). Das. s. 52, 51d (mit Bez. auf עינים Gen. 20, 16) עשאה מטרונה כסות שהוא מכוסה מן העין Abimelech ernannte die Sara zur Matrone, gleichsam wie ein „Gewand, das dem Auge" entzogen ist; d. h. dadurch, dass die Hofbedienten erfahren hätten, sie sei die Fürstin, würden sie es nicht gewagt haben, sie mit lüsternem Blicke anzusehen. Thr. r. g. E., 70a, s. רִשְׁיבָה. Levit. r. s. 15, 158c, s. מַּנְלְבָּא. Das. s. 27, 171cd

„Sieben Tage soll das neugeborene Thier bei seiner Mutter verbleiben, und vom achten Tage an als Opfer Gott wohlgefallig sein" (Lev. 22, 27). „Am achten Tage soll man die Vorhaut des neugeborenen Sohnes beschneiden" (das. 12, 3) משל למלך שנכנס למדינה ואמר כל אכסנין שיש כאן לא יראו פני עד שיראו פני המטרונה תחלה כך אמר הקב"ה לא חביאו לפני קרבן עד שתעבור עליו שבת שאין שבעה ימים בלא שבת ואין מילה בלא שבת ein Gleichniss von einem Könige, der beim Eintritt in eine Stadt sagte: Keiner der sich hier aufhaltenden Fremdlinge darf mein Gesicht sehen, bevor er die Matrone begrüsst hat! Ebenso sagte Gott: Bringet mir kein Opfer, bevor der Sabbat („die Königin") an ihm vorübergegangen; denn es giebt nicht „sieben Tage" ohne Sabbat, auch giebt es keine „Beschneidung", ohne dass das Kind bereits an einem Sabbat gelebt hat. Exod. r. s. 44 Anf., 138[d] ein König heirathete die Tochter seines Freundes, ושמאה מטרונה ונתן לה שלשלת אחת של עשר מרגליות ונתנה אותה בצוארה וכ' erhob sie zur Matrone und gab ihr eine Kette von zehn Edelsteinen (oder: Perlen), die sie sich um den Hals hing u. s. w. j. Jeb. XVI Anf., 15[c] u. ö., vgl. auch יָד בְּרִיוֹן u. m. a.

מַטְרוֹנִיתָא, מַטְרוֹנִית f. eig. zur Matrone gehörend, für sie passend, vornehm, adelig, matronalis; oft jedoch auch=מַטְרוֹנִיתָא, Matrone. Exod. r. s. 3, 105[b] משל למלך שהשיא את בתו ופסק ליתן לה מדינה ושפחה אחת מטרונית ונתן לה שפחה כושית אמר לו חתנו לא דייך שפחה פסקת ליתן לי וכ' ein Gleichniss von einem Könige, der seiner Tochter, nachdem er ihr versprochen hatte, ihr zur Aussteuer eine adelige Bediente zu geben, eine Mohrin als Sklavin gab. Da sagte sein Eidam zu ihm: Hast du denn nicht versprochen, mir eine vornehme Dienerin zu geben? Ebenso sagte Mose zu Gott: Dem Jakob verhiessest du ja: „Ich selbst werde dich aus Mizraim führen" (Gen. 46, 4); nun aber sagst du, dass ich die Israeliten aus Mizraim führen soll (Ex. 3, 10 fg.) Num. r. s. 16, 232[c] משל למטרונית שהיתה לה שפחה כושית והלך בעלה למדינת הים של הלילה אומרת אותה שפחה וכ' ein Gleichniss von einer Matrone, die eine äthiopische Sklavin hatte und deren Mann nach überseeischen Landen gegangen war. Die ganze Nacht hindurch ärgerte jene Sklavin die Matrone, indem sie zu ihr sagte: Ich bin schöner als du und der König liebt mich mehr als dich! Die Matrone jedoch entgegnete ihr: Warte nur den Tag ab! Dasselbe gilt von den Völkern, welche zu Israel sagen: Unsere Handlungen sind besser als die deinigen und Gott liebt uns mehr als dich! Israel jedoch entgegnet: „Es kommt der Tag!" (Jes. 21, 12), vgl. בֹּקֶר. Ned. 50[a] der Reichthum des R. Akiba stammt zum Theil מן מטרוניתא von einer Matrone

her. Dieses Factum wird nach einer Tradition der Gaonäer wie folgt mitgetheilt: Die Gelehrten hatten einst eine grosse Summe Geldes nöthig, die R. Akiba als ein Darlehn von einer Matrone beschaffte. Diese jedoch stellte die Bedingung, dass Gott und das Meer, da ihr Wohnhaus am Ufer lag, sich für pünktliche Zahlung verbürgen müssten. R. Akiba versprach es, war jedoch, gerade als der Zahlungstermin herannahte, krank. Die Matrone, die Bezahlung erwartend, ging am Ufer auf und ab, als ihr plötzlich ein Kästchen voll Edelsteine und Goldmünzen — das die Kaiserstochter in einem Anfalle von Wahnsinn ins Meer geworfen hatte — zu ihren Füssen angeschwommen kam. Als nun R. Akiba bald nach seiner Genesung das Darlehn an die Matrone abführen wollte, nahm sie es nicht an, da jene grossen Bürgen es bereits bezahlt hätten und gab ihm noch ausserdem reichliche Geschenke. Chull. 105[b]. Levit. r. s. 8 Anf. u. ö. — Pl. j. Ned. III g. E., 38[b] משל לשני (לשתי l.) מַטְרוֹנִית שהיו באות וכ' זו על גב זו ואין אתה יודע איזו גדולה מחבירתה זו שהיא יורדת מפני חבירתה את יודע שחבירתה גדולה ממנה ein Gleichniss von zwei Matronen, welche einander begegnen und betreffs deren du nicht weisst, welche von Beiden grösser als die andere sei; wenn du jedoch merkst, dass die eine vor der andern ausweicht, so weisst du, dass die letztere vornehmer sei. Dasselbe gilt von den beiden Hauptgesetzen, Sabbat und Beschneidung. Aus dem Umstande nun, dass ersterer vor der letztern weichen muss. (dass man näml. auch am Sabbat die Beschneidung vollziehen darf), ersieht man, dass der Sabbat wichtiger sei. Exod. r. s. 19 Anf., 118[b] משל לשתי מטרוניות דומות שהיו הולכות כאחד נראות שוות וכ' ein Gleichniss von zwei Matronen, die einander ähnlich sehen und die man, solange sie zusammengehen, nicht von einander unterscheiden kann; wenn man jedoch sieht, dass die eine die andere begleitet, so erkennt man, dass die letztere die vornehmere sei. Dort mit Anwendung auf die Gesetze des „Pesachopfers" und der „rothen Kuh", welche beide von der Schrift mit חֻקָּה bezeichnet werden (Ex. 12, 43 und Num. 19, 2). Da jedoch dem Opfern und Verspeisen des Pesach das Besprengen mit dem Lustrationswasser (von der Asche der rothen Kuh) vorangehen muss, so ersieht man, dass das letztere wichtiger sei. Genes. r. s. 45, 44[c] Sara sass wie eine Braut im Hochzeitsbaldachin, והיו מטרוניות באות לשאול בשלומה וכ' da kamen die Matronen, um sie zu begrüssen. Das. s. 53, 52[d] (mit Ansp. auf הֵנִיקָה בָנִים pl., Gen. 21, 7) Sara's Brüste liessen Milch ausströmen והיו מטרוניות באות ומניקות את בניהם ממנה, da kamen die Matronen und liessen ihre Kinder an ihr saugen.

מַטְרָסָאוֹת od. מַטְרָנְיָיאוֹת f. pl. Adj. (von ματερία, materia, ξύλα ἐργάσιμα, ligna fabri-

caria, Du Cange, Append. ad Gloss. II, 141)
Bauhölzer, Materialien zum Belagern
eines Ortes. Sifre Schoftim Pisk. 204 „Du
sollst Bollwerk um die Stadt aufführen“ (Dt.
20, 20) עשה אתה לה מטרניאות (Jalk. z.
St. liest מטרסאות) bereite für sie (die belagerte
Stadt) verschiedene Bauhölzer.

מְטְרוֹפּוֹלִין f. (gr. μητρόπολις, ܡܶܛܪܽܘܦ̱ܳܘܠܺܝܣ)
Metropole, Mutterstadt, Hauptstadt.
Meg. 6ª un. עקרון תעקר זו קיסרי בת אדום שהיא
היתה מטרופולין של מלכים „Akron soll umackert
werden!“ (Zeph. 2, 4) darunter ist das idumäische
(herodianische) Cäsarea zu verstehen, das die
Metropole der Könige war. Genes. r. s. 92 g. E.,
90ª „Sie kehrten zurück העירה“ (Gen. 44, 13).
מטרופולין היתה ואת אמרת העירה אלא מלמד
שלא היתה חשובה בעיניהם אלא כעיר של עשרה
בני אדם Mizraim war ja die Hauptstadt des
Reichs und du sagst (d. h. die Schrift sagt):
העירה (עיר) Mittelstadt)! Das besagt vielmehr,
dass Mizraim in ihren Augen blos als eine Stadt
von zehn Einwohnern geachtet war. Exod. r. s.
23, 122° עתידה ירושלם להעשות מטרופולין לכל
הארצות Jerusalem wird einst die Metropole
aller Länder werden. Thr. r. sv. היו צריך, 55°
vor der Zerstörung Jerusalems war jede andere
Stadt werthlos; משחרבה ירושלם נעשית קיסרין
מטרופולין ותנופולין nachdem aber Jerusalem zerstört worden, wurde Cäsarea die Hauptstadt und
die volkreiche Stadt ist etwa=לש־(
πόλιν). Uebrtr. Tosef. Ahil. XVIII g. E. מזרח
קיסרי מכנגד מטרופולין שלה עד כנגד דגת שלה
„die Ostseite Cäsareas (ist voll Gräber“, Ohol.
18, 9), näml. von ihrem obern Stadttheile an
bis zu ihrem untern Stadttheile. Num. r. s. 20, 241°
„Balak ging dem Bileam entgegen אל עיר מואב
נגד למטרופולין שלהן nach der Stadt Moab's“ (Num.
22, 36), das bedeutet: nach ihrer Metropole.
— Genes. r. s. 24, 41ᵇ מטרופולין crmp., s.
אֱלִיוֹתְרוֹפּוֹלִיס.

מְטְרוֹפָּסָא od. **מְטוּפַּרְסָא** m. (viell. gr. μετά-
τροπος) That der Vergeltung, der Rache.
Ar. ed. pr. las überall: מטופרס, welches W. er
als aramäisch(?) erklärt und welches er vor den
Art. מטר setzt; Agg. überall: מטרופסא. Das
W. kommt nur in der Redensart למטרופסרה שקל
vor (dem hbr. נשא עוני entsprechend), ein Ausspruch, dessen sich bes. R. Josef bediente. —
Pes. 57ᵇ בריך רחמנא דשקליה לששכר איש כפר
ברקאי למטרופסא בהאי עלמא Ms. M. (Agg.
דאשקליה ... למטרופסיה מניה) gelobt sei Gott,
dass Isachar aus Kefar (Dorf) Barkai schon in
dieser Welt seine Vergeltung erhalten hat! Diesem Hohenpriester, der dem Tempeldienst verächtlich behandelte (er soll näml. in seidenen
Handschuhen die Opfer dargebracht haben), liess
der König infolge einer ihn verletzenden Aeusserung die rechte Hand abhauen. Ker. 28ᵇ

דשקליה למטרופסיה. Jeb. 105ᵇ dass. Snh. 21ª
שקלתה מיכל למטרופסה (Ms. M. מטרופסה) Mi-
chal, die Frau David's, erhielt ihre Vergeltung;
dass sie näml., weil sie den David verspottet
hatte, „bis zu ihrem Tode kinderlos blieb“; vgl.
2 Sm. 6, 20 fg.

מַטְרְקָא m. (arab. مَطْرَق von טְרַק) Ruthe,
Schlägel. Jom. 23ª wird מדוורתא (s. d. W.)
erklärt: מטרקא קטירא דטריעי דפסיק רישיה Ar.
ed. pr. (in Agg. fehlt קטירא) eine geflochtene
Ruthe der Araber, deren Spitze abgehackt ist
und von der also mehrere Streifen ausgehen.
Das. 77ª wird הולך יחף (2 Sm. 15, 30) erklärt:
„David ging barfuss, unbeschuht“; wogegen eingewandt wird: ודילמא מסטיא ומטרקא Ar. (Ms.
M. מטרקא crmp.; Agg. ומרטקא) vielleicht bedeutet יחף: ohne Reitpferd und Reitpeitsche?
d. h. er ging zu Fuss, vgl. Raschi: שוט.

מְטְרְתָא f. (gr. μετρητής, metreta) der Me-
tretes; eig. ein Mass zum Messen flüssiger
Dinge, etwa Tonne, Fass. Die Comment.
jedoch erklären das W. durch מרצופין marsupium, Sack, Beutel, in welchem trockene
Dinge liegen. — Pl. Keth. 110ª הפוכי מטרתא
למה לי (מטרפתא) wozu die Säcke wechseln?
d. h. wenn Jem. in jeder Hand einen gefüllten
Sack trägt und der eine Sack soviel wiegt als
der andere, was würde ihm nützen, wenn er die
Last der einen Hand in die andere nähme?
Dort mit Bezug auf den Rechtsfall, dass zwei
Personen, die auf einander Schuldscheine mit
gleichlautenden Beträgen vorzeigten und gegenseitig klagbar wurden. R. Nachman war der
Ansicht, dass jeder Gläubiger berechtigt sei,
sein Darlehn auf Grund seines Schuldscheines
einzukassiren. R. Schescheth jedoch entgegnete:
Wozu dieses unnütze Verfahren? Das Gericht
compensirt die beiden Forderungen. Ab. sar.
10ᵇ כל יומא הוה שדר ליה דהבא פריכא במטראתא
jeden וחיני אפומייהו אמר להו אמטיור חיטי לרבי
Tag überschickte Antonin dem Rabbi gediegenes
Gold in Säcken (viell.: in Tonnen), an deren
Mündung Weizen lag (damit die Boten den
reichen Inhalt nicht erkennen möchten) und
sagte zu seinen Dienern: Bringet den Weizen
dem Rabbi! vgl. בתר.

מִי I eig. (=bh.) wer; insbes. 1) irgend
Jemand (=מאן). M. kat. 17ª מי קורא לך
irgend Jem. ruft dich, vgl. מאן. Ab. sar. 41ᵇ
מי יימר דבטלה wer sagt, dass er es vernichtet
hat? — 2) (verwandt mit arab. مَا) als Fragepartikel: etwa, was denn? Oft mit vorges. ה,
s. d. Bst. Schabb. 31ª ob. מי כאן הלל מי כאן
הלל ist etwa Hillel da? ist etwa Hillel da?
Arach. 22ª מי ציית wird er denn etwa gehorchen? Nas. 32ᵇ מי ידעינן בדי יומא wissen wir
denn, an welchem Tage u. s. w.? Nid. 19ª un.

מִי לֹא אָמַר וכ' sagte er denn nicht, dass u. s. w.? Chull. 107ᵇ נהיר ... דהרדה מי לֹא בְּעֵי wenn auch ..., bedarf es denn nicht wenigstens des Abspülens? Das. 32ᵇ u. ö. Pes. 14ᵇ. 15ᵃ fg. מי דמי welcher Vergleich? eig. ist denn das Eine dem Andern gleich?

מִי II מָי Prtkl. (verk. von מִן, מִין) wenn, wann, als, eig. von der Zeit ab, als. j. Sot. IX g. E., 24ᶜ מי דמיך als er starb (in den Parall. steht dafür כד דמך). Das. III, 19ᵃ mit. מי הגלה als sie herumging, vgl. הֲגַל. j. Ber. II, 5ᶜ un. מי נפקין הרויהון als sie Beide hinausgegangen waren. j. Snh. VI, 23ᵇ un. מי נסק למתקטלה als er hinausging, um hingerichtet zu werden. j. Pea VIII, 21ᵇ ob. ein Armer bat die Gelehrten, als sie ins Bad gingen, um eine Gabe; אמרו ליה מי חזרין מי חזרין אשכחוניה מית sie sagten zu ihm: Wenn wir zurückkehren! Als sie jedoch zurückkamen, fanden sie ihn bereits todt, verhungert. j. Schek. V g. E., 49ᵇ steht dafür: מיחזור חזר ואשכחיה מית wenn ich zurückkehre! als er jedoch zurückkam, fand er ihn bereits todt. j. Ter. VIII, 45ᶜ un. מי אכיל als (während) er ass. Das. XI g. E., 48ᵇ u. ö.

מֵי I מֵיי, מָאי Frageprtkl. (zusammengesetzt aus מַה־דְּהִי= מָא־יי) was? wie? eig. was ist denn das? j. Ber. III, 6ᵇ un. מיי כדון wie ist es nun? d. h. welcher Unterschied ist hier zu machen? Das. VI, 10ᵇ mit. und 10ᶜ ob. מיי כדון. j. Pea IV, 18ᵇ un. מיי כדון (l. כדון). j. Ter. IV Anf., 42ᶜ. j. Pes. I, 28ᵃ un. j. Suc. II, 53ᵃ ob. מאי טעמא dass. Chull. 107ᵇ u. ö. מאי כדון weshalb? eig. was für ein Grund ist dafür? Das. wenn es auch berührt, מאי הוי was ist? d. h. was schadet er? Git. 56ᵇ מאי דאר was ist das? d. h. woher kommt es, dass u. s. w. Pes. 3ᵇ u. ö. — Davon unterschieden ist דאי מאי (Pes. 9ᵃ u. m.) wie kommt das Eine zu dem Andern? d. h. die beiden Fälle haben mit einander nichts gemein; ähnlich מי דמי. — Nas. 23ᵇ u. ö. מאי דכתיב was ist es, das geschrieben steht u. s. w.? Pes. 40ᵃ u. ö. מאי אררי eig. welches Gespräch? vgl. אִירְיָא. Chull. 31ᵇ u. ö. מאי לאו eig. ist es denn nicht? vgl. לַאו. Arach. 21ᵇ u. ö. מאי שנא welcher Unterschied? weshalb nur das? Vgl. שְׁנָא. Schabb. 145ᵇ כגון מאי wie was? Kidd. 50ᵇ u. m. a. — Mit vorgesetzt. Alef: אַמָּאי (=עַל־מָאי) weshalb? Nas. 32ᵇ u. ö., s. d. W.

מֵי II m. (=bh., arab. مَاء, Stw. מיה syn. mit מָהה, s. d.) 1) Wasser, nur pl. oder dual. מַיִם. Ber. 53ᵇ מים הראשונים מים האחרונים das Händewaschen mit Wasser vor und das Waschen nach der Mahlzeit. Erub. 17ᵇ מפני מה אמרו מים האחרונים חובה מפני שמלח סדומית יש שמסמא את העינים weshalb sagten die Gelehrten, dass das Waschen nach der Mahlzeit als eine Pflicht geboten sei? Weil es sodomi-

tisches Salz giebt (das man oft zum Essen gebraucht), welches die Augen erblinden macht; wenn man sie näml. mit den Händen berührt, an welchen solches Salz kleben blieb. Chull. 105ᵃᵇ מים אמצעיים רשות das Händewaschen inmitten der Mahlzeit (zwischen zwei Gerichte und dem andern) ist freigegeben, d. h. blos der Reinlichkeit halber rathsam. Das. 106ᵃ ob. R. Dimi sagte: מים הראשונים האכילו בשר חזיר אחרונים הוציאו את האשה מבעלה das Unterlassen des Händewaschens vor der Mahlzeit war die Veranlassung, dass Jem. Schweinefleisch ass; das Unterlassen des Waschens nach der Mahlzeit war die Veranlassung, dass ein Mann sich von seiner Frau geschieden hat. Als Rabin ankam, sagte er: ראשונים האכילו בשר נבלה אחרונים הרגו את הנפש das Unterlassen des Händewaschens vor der Mahlzeit war die Veranlassung, dass Jem. unerlaubtes Fleisch ass, das Unterlassen des Waschens nach der Mahlzeit verursachte einen Mord. Num. r. s. 20, 242ᶜ werden folgende Belege hierfür beigebracht: Zur Zeit der Religionsverfolgung verabreichte ein jüdischer Gastwirth, damit man ihn nicht als einen Juden erkenne, seinen Gästen theils erlaubte, theils unerlaubte Speisen (Schweinefleisch), welche letztere er blos demjenigen vorsetzte, der sich ungewaschen zu Tisch setzte, in der Voraussetzung, dass er kein Jude sei. Einst jedoch kam ein Jude, dem, weil er sich nicht die Hände gewaschen hatte, unerlaubte Speisen verabreicht wurden. Als hierauf der Gastwirth Zahlung verlangte, die dem Gast zu theuer erschien, sagte Ersterer zu ihm: Du hast ja theures Schweinefleisch gegessen! Einst ging Jem., nachdem er Erbsen gegessen und sich nach der Mahlzeit die Hände (nach Jom. 83ᵇ: den Mund) nicht gewaschen hatte, auf die Strasse. Ein Anderer, der ihm begegnet war und an seinen Händen (an seinen Lippen) Spuren von Erbsen bemerkt hatte, ging hierauf zur Frau des Ersteren mit dem angeblichen Auftrage, sie möchte ihrem Manne einen goldnen Ring (nach Jom. l. c.: einen Beutel mit Geld) durch ihn überschicken, indem er als Zeichen angab, ihr Mann hätte kurz vorher Erbsen gegessen, worauf sie seinem Verlangen nachgab. Bei seiner Nachhausekunft erfuhr der Mann das Vorgefallene und erschlug in seinem Zorne seine Frau. — Suc. 4, 9 und öfter ניסוך המים die Wasserspende, die im Tempel mit dem zweiten Tage des Hüttenfestes begann und bis zum siebenten Tage desselben dauerte, vgl. נִיסּוּךְ. j. Suc. IV Anf., 55ᵇ und j. Schebi. I, 33ᵇ un. מם יוד מם מם die Buchstaben Mem, Jod und Mem ergeben das W. מים. In Num, 29, 19—33 näml., woselbst die Opfer der sechs letzten Tage des Hüttenfestes erwähnt werden, ist in dem W. ונסכיה (V. 19, anst. sonst ונסכה) das Mem zuviel, ferner in dem W. ונסכיה (V. 31,

anst. (ונסכה) das Jod zuviel und endlich in dem
W. כמשפטם (V. 33, anst. כמשפט) ein Mem zuviel, welche drei Buchstaben das W. מים bilden;
was andeuten soll, dass man an diesen sechs
Festtagen im Tempel „Wasser" spenden müsse;
eine Institution, die von den Pharisäern selbst
als eine von Mose herrührende Tradition ausgegeben und deren Verbindlichkeit von den
Saduzäern bestritten wurde. Suc. 4, 9 שער המים
das Wasserthor im Tempel, durch welches
die Procession mit dem Kelch der Wasserspende
ging. — Par. 8, 9. 10 המים ... המוכים
המכזבים das schädliche (eig. geschlagene, z. B.
salzige) Wasser, das versiegende Wasser, das
näml. zu gewissen Zeiten nicht fliesst. Das.
מי בָּצִים ... מי הערובת Sumpf- (Schlamm-)
Wasser, Wasser der Vermischung, das als Lustrationswasser nicht tauglich ist. Mikw. 1, 8 מים
מוכין dass. Chull. 105ᵇ un. מים הרעים schlechtes, schädliches Wasser, von welchem näml. ein
Dämon getrunken hat. j. Taan. IV, 67ᵈ mit.
מֵימֵי מערה Wasser aus der Höhle, vgl. מֵרָה.
Taan. 16ᵃ כל מֵימוֹת שבעולם alle Wasser in der
Welt, vgl. מְבֵל. Pes. 42ᵃ מים שלנו Wasser, das
während der Nacht eingefüllt gestanden. Der
Autor sah sich genöthigt, die Erklärung in aram.
Form hinzuzufügen: מיא דביתו, s. בֵּית. — 2)
das Urwasser, das bekanntlich bei einigen
alten griechischen Philosophen als der Urstoff
(Ἀλή oder materia prima) galt, eine Lehre,
welche namentlich die Gnostiker annahmen. j.
Chag. II Anf., 77ᵃ ob. R. Juda ben Pasi trug,
nach Ansicht des R. Ismael folgende Forschung
vor: בתחלה היה העולם מים במים ... חזר ועשאו
שלג ... חזר ועשאו ארץ ... והארץ עומדת על
מים ... והמים עומדים על הרים ... וההרים
עומדין על רוח ... ורוחה תלויה בסערה ... וסערה
... עשאה הקב"ה כמין קמיע ותלייה בזרועו Anfangs
fangs bestand die Welt aus Wasser in Wasser;
denn es heisst: „Gottes Geist schwebte über dem
Wasser" (Gen. 1, 2); hierauf verwandelte er es
in Eismassen (Schnee, s. w. u.): „Seine Eisschol-
len warf er wie Brocken" (Ps. 147, 17); diese
verwandelte er wieder in Erde; „Zum Schnee
sprach er: Werde zur Erde!" (Hiob 37, 6);
die Erde wiederum steht auf dem Wasser: „Der
die Erde über das Wasser ausspannte" (Ps.
136, 6); das Wasser steht auf den Bergen:
„Auf den Bergen steht das Wasser" (Ps. 104, 6);
die Berge stehen auf dem Wind: „Er bildet die
Berge und erschafft den Wind" (Am. 4, 13);
und der Wind hängt am Sturm: „Der Sturmwind vollzieht sein Wort" (Ps. 148, 8); den
Sturm aber rollte Gott zusammen wie ein Angebinde und befestigte ihn an seinem Arm; denn
es heisst: „Unter den Armen ist die Welt" (Dt.
33, 27, so nach der Deutung). R. Akiba hin.
verwarf diese Forschung; vgl. Chag. 14ᵇ ארבעה
נכנסו לפרדס ואלו הן בן עזאי ובן זומא אחר
ור' עקיבא אמר להם ר' עקיבא כשאתם מגיעין

אצל אבני שיש טהור אל תאמרו מים מים שנאמר
דובר שקרים לא יכון לנגד עיני Ms. M. (Agg.
משום שנאמר ... בפרדס) vier Gelehrte gingen
in den Garten (d. h. vertieften sich in die Lehren der Kosmogonie, s. d. nächstflg. Stelle),
näml. Ben Asai, Ben Soma, Acher (Elischa ben
Abuja) und R. Akiba. Letzterer sagte zu den
Ersteren: Wenn ihr anlanget an den glanzvollen Mamorsteinen (d. h. an den Eis- und
Schneemassen), so rufet nicht aus: Wasser!
Wasser! (dass näml., wie R. Ismael's Lehre lautete, die Eismassen die erste Schöpfung aus dem
Urstoffe, dem Wasser gebildet hätte); denn es heisst:
„Der Lügenredner hat vor mir keinen Bestand!"
(Ps. 101, 7). (Den Comment. entging der Sinn
dieser Stelle ganz, weil sie nicht wussten, dass
daselbst auf die hier citirten Stellen aus dem
jerus. Tlmd. Bezug genommen wird.) Vgl. damit j. Chag. II, 77ᶜ un. מי שהוא אומר בתחלה
היה העולם מים במים הרי זה פגם לפרדריסר של
מלך wer da sagt: Im Anfange bestand die Welt
aus Wasser in Wasser, der verunstaltet den
„Garten" des Königs; d. h. wer das Wasser
als den Urstoff ansieht, der giebt eine falsche
Vorstellung von der göttlichen Kosmogonie.
Exod. r. s. 15, 113ᵇ ein Gleichniss von einem
Könige, auf dessen Befehl man einen Ort aus-
suchte, woselbst er eine Stadt gründen wollte.
בא ליהן היסוד והיו המים עולים מן התהום ולא
היו מניחים לעשות את היסוד שוב בא ליהן היסוד
במקום אחר והיו המים מהפכים עד שבא במקום
אחר ומצא שם צור גדול אמר כאן אני קובע את
המדינה על הצורים הללו כך מתחלה היה העולם
מים במים והיה האלהים מבקש לכונן עולמינו ולא
היו הרשעים מניחין וכ' da schickte er sich an,
das Fundament zu legen, als aber das Wasser aus
der Tiefe emporstieg und das Legen des Fundamentes verhinderte. Hierauf begab er sich
nach einem andern Orte, woselbst auch das Legen
des Fundamentes begann, aber auch da wurde
es vom Wasser zerstört. Endlich kam er an
einem Orte an, woselbst er einen grossen Felsen vorfand und er sagte: Hier auf diesen Felsen will ich die Stadt gründen. Ebenso bestand die Welt ursprünglich aus Wasser in
Wasser und, als nun Gott Welten gründen wollte,
gaben es die Frevler nicht zu. Da kam die
Generation der Enosch, ferner die Zeitgenossen
der Fluth, „die da hingerafft wurden vor
der Zeit und an deren Grund sich ein Strom ergoss, welche zu Gott sprachen: Weiche von uns!"
(Hiob, 22, 16. 17) כיון שבאו האבות וזכו אמר
הקב"ה על אלו אני מכונן העולם וכ' als jedoch
die Erzväter kamen, welche tugendhaft lebten,
sagte Gott: Auf diese will ich die Welt gründen! „Denn Gottes sind die Grundpfeiler der
Erde, auf die er die Welt gründete" (1 Sm. 2, 8).
Das. s. 14, 114ᵈ שלשה בריות קדמו את העולם
המים והרוח והאש drei Schöpfungen gingen
der Weltschöpfung voran, näml. das Wasser, der

13

Wind und das Feuer; vgl. אוֹר. j. Ber. IX, 14ᵃ ob. u. ö. הַמַּיִם הָעֶלְיוֹנִים das obere (Wolken-) Wasser, s. זָכַר. — 3) Wasser, bildl. für die Gotteslehre. Chag. 3ᵃ תַּלְמִידֶיךָ אָנוּ וְנִמְיךָ wir sind deine Schüler und trinken dein Wasser, d. h. geniessen deine Lehre. B. mez. 84ᵇ un. R. Simon ben Gamliel und R. Josua ben Korcha sassen im Studienhause auf Bänken, während R. Elasar bar Simon und Rabbi, die vor ihnen disputirten, auf der Erde sassen. אַמְרִי מִימֵיהֶן אָנוּ שׁוֹתִין וְהֵם יוֹשְׁבִין עַל גַּבֵּי קַרְקַע עַבְדֵי לְהוּ סַפְסְלֵי die Ersteren sagten: Wie, sollten diejenigen, deren Wasser wir trinken, auf der Erde sitzen! Hierauf errichtete man ihnen Sessel. Hor. 14ᵃ R. Simon bar Rabbi sagte zu seinem Vater: מִי הֵם הַלָּלוּ בְּנֵי אָדָם שֶׁמְּימֵיהֶן אָנוּ שׁוֹתִין וּשְׁמוֹתֵיהֶן אֵין אָנוּ מַזְכִּירִין וְכ' wer sind jene Männer, deren Wasser (Lehren) wir geniessen, ohne ihre Namen zu nennen? Rabbi antwortete ihm: Das waren Männer, welche deine Ehre und die Ehre deines väterlichen Hauses vernichten wollten, näml. R. Meïr, der von dem Mischnaredacteur unter dem Namen אֲחֵרִים (Andere) und R. Nathan, der von ihm mit der Bezeichnung יֵשׁ אוֹמְרִים (Manche sagen) citirt wurde, vgl. אַחֵר. Aboth 1, 11 Abtaljon sagte: חֲכָמִים הִזָּהֲרוּ בְּדִבְרֵיכֶם שֶׁמָּא תָחוֹבוּ חוֹבַת גָּלוּת וְתִגְלוּ לִמְקוֹם מַיִם הָרָעִים וְיִשְׁתּוּ הַתַּלְמִידִים הַבָּאִים אַחֲרֵיכֶם וְיָמוּתוּ וְנִמְצָא שֵׁם שָׁמַיִם מִתְחַלֵּל Gelehrte, seid im Vortrage eurer Lehren vorsichtig, denn ihr könntet durch euer Verschulden auswandern müssen und an einen Ort kommen, wo schlechtes Wasser (schädliche Lehren, Apostasie) vorhanden ist. Dies könnten dann die Schüler, eure Nachfolger, aufnehmen und sterben (verkommen), infolge dessen der Gottesname (d. h. die Ehre der göttlichen Gesetzlehre) entweiht werden würde! Wahrsch. auf den Sochäer Antigonos hinzielend, durch dessen ungenaue Ausdrucksweise in seiner Lehre (vgl. פֶּרֶק die Saduzäer und Boëthosäer entstanden sein sollen. — 4) Flüssigkeit, Saft u. dgl. Bech. 38ᵇ מַיִם קְבוּעִין die im Auge festsitzende Flüssigkeit, vgl. חַרְחוּר. Tosef. Schabb. VIII (IX) מִימֵי הָאַף der Schleim der Nase. Nid. 55ᵇ wird מֵי הָאַף nach einer Ansicht erklärt: בִּנְגָרִין דֶּרֶךְ הַפֶּה Schleim der Nase, der aus dem Mund ausgeworfen wird; nach einer andern Ansicht: אַף בִּנְגָרִין דֶּרֶךְ הַחוֹטֶם auch solcher Schleim, der an der Nase ausgeworfen wird. Machsch. 6, 5 תּוֹלְדוֹת לְמֵי הַיּוֹצֵא מִן הָעַיִן מִן הַחוֹטֶם מִן הַפֶּה den zweiten Grad vom „Wasser" (durch dessen Feuchtigkeit Gegenstände zur Annahme der Unreinheit fähig werden, vgl. כָּשֵׁר) bildet die Flüssigkeit, die aus dem Auge, dem Ohre, der Nase und dem Munde herauskommt. Das מֵי חֲלֵב כְּחָלָב die Flüssigkeit der abgesahnten Milch (Molke) wird wie die Milch angesehen. Schebi. 4, 8 הַבּוֹסֶר מַשְׁבִּיא מַיִם וְכ' wenn die unreife Frucht bereits Saft enthält u. s. w. Pes. 40ᵃ u. ö. מֵי

פֵּירוֹת der Saft der Früchte. j. Git. I, 43ᶜ mit. מֵי בֵּיצִים die Flüssigkeit der Eier, vgl. לָתַת. j. Schebi. VI Anf., 36ᵇᶜ dass. Pes. 107ᵃ, s. זוּרְלוֹן. Orl. I, 7 מֵי גְּפָנִים der Saft der Weinstöcke. Nid. 20ᵃ מֵימֵי אֲדָמָה die Flüssigkeit der Erde.

מַיָּא, מַיִין ch. (syr. ‏ܡܰܝܳܐ‎=מַיִם, ‏مِيَاه‎) Wasser. Pes. 40ᵃ עַיֵּילוּ בְּהוּ מַיָּא das Wasser dringt in das Getreide ein. Chull. 105ᵇ אֲזַל לְאַתּוּיֵי מַיָּא מִנַּהֲרָא er ging, um Wasser aus dem Flusse zu holen. Genes. r. s. 70, 69ᶜ אוֹסִיפְתָּא מַיָּא אוֹסִיף קִמְחָא giessest du Wasser hinzu, so schütte auch mehr Mehl hinein; bildlich: je mehr Fragen du vorbringst, desto mehr liegt dir die Pflicht ob, zu antworten. j. Snh. VI, 33ᶜ un. der Fromme sah im Traume, dass der Zöllnersohn, dessen Leiche einst so ehrenhaft bestattet worden ist, קַיָּים עַל גִּיף נַהֲרָא בָּעֵי מִמְטֵי מַיָּא וְלָא מָטֵי am Ufer eines Flusses im Jenseits stand und das Wasser zu erreichen suchte, aber es nicht erreichen konnte. j. Chag. II, 77ᵈ un. dass., vgl. מוּבְכָּא. Schabb. 78ᵃ מַיָּא דִמְכַּר וְכ' Wasser, das die Augen heilt u. s. w., vgl. שִׁקְיָינָא. Chull. 97ᵇ מַיָּא das Wasser, in welchem Eier gekocht wurden. B. mez. 76ᵃ. 81ᵇ u. ö. — Ferner מַיִין, s. TW.

מֵוָת od. מָוָת Numerale (bh. מֵאוֹת im Kethib=מֵאֹת, מָאֹת, arab. ‏مِئَة‎, ‏مِائَة‎, ‏مِاتٌ‎) Hunderte, insbes. zweihundert. Num. r. s. 13, 219ᵈ R. Simon sagte: מָאתַיִם אַמָּה קוֹמְמִיּוּת קוֹמָה שֶׁל מֵיוֹת zweihundert Ellen hoch (wird die Statur des Menschen im zukünftigen Leben sein), denn קוֹמְמִיּוּת (Lev. 26, 13 קוֹמְמִיּוּת=קוֹם־מֵיוֹת) bedeutet: eine Statur von zweihundert Ellen. R. Elasar bar Simon sagte: Dreihundert Ellen; קוֹמְמִיּוּת denn in dem W. קוֹמְמִיּוּת bedeutet קוֹם: hundert, מֵיוֹת: zweihundert. Genes. r. s. 12, 13ᵃ dass., aber minder correct; vgl. jedoch B. bath. 75ᵃ.

מֵיכְלָא, מֵיבַל m. (von יָבַל) eig. das Getragene, dah. Last. j. Dem. III, 23ᵇ un. u. ö., s. מוּבָל.

מִידֵי od. מֵידֵי eig. Sbst. (=מִידָעַם, מֵירָעַם, s. מִדַּעַם) etwas, irgend etwas. Git. 56ᵇ בָּעֵי מִינַּאי מִידֵי דְּאָתֵן לָךְ verlange von mir etwas, was ich dir geben soll. Hor. 13ᵇ R. Simon ben Gamliel rief aus, als R. Jakob ben Karschi ihm den Tractat Ukzin vortrug: מַאי דְּקָמָא דִּלְמָא חָס was ist das, was er מִידֵי אִיכָּא בֵּין מִדְרָשָׁא da spricht (d. h. was veranlasste ihn zu diesem Vortrage, vgl. אָמָא II)? Vielleicht ist etwas, was Gott verhüten möge, in der Akademie vorgefallen! Chull. 103ᵇ אִישְׁתִּיק וְלָא אֲמַר לֵיהּ וְלָא מִידֵי er schwieg und sagte gar nichts zu ihm. Git. 14ᵃ לֹא פָשׁ גַּבֵּיהּ וְלָא מִידֵי es blieb ihm gar nichts übrig. Bez. 30ᵃ. Snh. 38ᵃ u. ö. Erub. 103ᵇ וְתוּ לָא מִידֵי weiter nichts mehr! d. h.

hiergegen ist nichts einzuwenden, denn nach dem Gesagten ist jede Frage als widerlegt anzusehen. Suc. 36ᵇ u. ö. dass. Git. 15ᵇ מִי אִיכָּא מִידִי דְּאִילוּ וכ׳ giebt es denn etwas, dass wenn u. s. w.? Nid. 3ᵇ מִידִי דַּהֲוָה וכ׳ das würde etwa sein u. s. w. Schebu. 20ᵇ u. ö. מִידִי אִירְיָא welches Gespräch! Vgl. אַרְיָא. Nid. 8ᵇ מִידִי דִּקְפִיץ עֲלֵיהּ זְבוּנָא מִידִי דְּלֹא קְפִיץ עֲלֵיהּ זְבוּנָא etwas, wofür sich leicht ein Käufer findet (eig. herbeispringt), etwas, wofür sich nicht leicht ein Käufer findet. Chull. 19ᵃ מִידִי דַּהֲוָה אַחֲצִי קְנֶה פְּגַם das wäre ebenso, als ob die Hälfte der Gurgel verdorben wäre, eig. das würde zutreffend sein. Pes. 16ᵃ מִידִי דַּהֲוָה אַרְבִּיעִי בְּקֹדֶשׁ es wäre ebenso u. s. w. — Davon ist zu unterscheiden מִידֵי (=bh., zusammengesetzt aus מִן־דֵי) eig. aus den Händen, dah. aus, von; z. B. Ab. sar. 41ᵇ u. ö. מִידֵי וַדַּאי von einer Gewissheit u. dgl. m.

מִירָא, מִירַת Prtkl. eig. wohl (contr. aus מִן־רַת, מִן־דָּא) von dem, von der; daher: etwas davon, wenigstens. B. kam. 107ᵃ אַשְׁתַּמֵּיט לִי מִירַהּ הַשְׁתָּא wenigstens werde ich mich ihm jetzt entziehen, vgl. כְּפַר. Git. 34ᵃ אִיזִיל מִירַהּ הַשְׁתָּא וְתָא לִמְחַר gehe wenigstens jetzt fort und komme morgen. Pes. 84ᵇ מִירַת הָא פְּסַל הוּא jetzt wenigstens ist es unbrauchbar. Erub. 91ᵇ אֹדוּ לִי מִירַת דְּהֵיכָא וכ׳ gestehet mir wenigstens, dass wo u. s. w. Schabb. 125ᵃ אֹדוּ לִי אִיזִי מִירַת Ms. M. (Agg. מִירַהּ) dass. Das. 145ᵇ וְלֵימָא לָן מַר אִיזִי מִירַת Ms. M. (Agg. crmp. אִיזֶה מִּנָּן) möge uns der Herr nun wenigstens sagen u. s. w. Ab. sar. 49ᵃ אֹדוּ לִי מִירַת. Mac. 17ᵃ und Schebu. 22ᵇ dass. Nid. 6ᵇ קָתָנֵי מִירַת wenigstens sagt der Autor, dass u. s. w. Chull. 31ᵇ. B. mez. 84ᵇ. Ab. sar. 65ᵃ u. ö.

מִירָהוּ Prtkl. (zusammengesetzt aus מִי־רָהוּ, verwandt mit vrg. מִירָא) 1) aber, jedoch, allein, sed, autem. Snh. 39ᵃ מֵימָר שַׁפִּיר קָאָמְרַתְּ מִירָהוּ כֹּל דְּזָכֵי לְמַלְכָּא וכ׳ gesprochen hast du zwar richtig, allein wer den König besiegt u. s. w., vgl. בִּיבָר I. Ab. sar. 10ᵇ dass. Git. 15ᵇ מִירָהוּ הֵיכָא דְּמִית וכ׳ allein, wenn er gestorben ist u. s. w. — 2) allein, solus. Ab. sar. 41ᵃ הוּא מִירָהוּ דָּזִיל בְּאַפֵּירָה (l. בְּאַפֵּי) כּוּלֵי עָלְמָא כְּצוֹאָה er (der Götze) allein ist vor allen Menschen, dem Kothe gleich, verachtet.

מַיּוּמָס m. (gr. μαϊουμᾶς, festum a Paganis in Urbe Majuma, in Syria celebrari solitum, Du Cange, Glossar. I, 852) Majumas, ein Fest, das gewöhnlich von den Heiden in der syrischen Stadt Majuma gefeiert wurde. Num. r. s. 10, 206ᶜ (mit Bez. auf Am. 6, 4: „Die da essen die feisten Lämmer vom Kleinvieh und die Kälber aus dem Maststall.") בָּא וּרְאֵה כָּל שֵׁבֶט וָשֵׁבֶט הָיָה לוֹ מַיּוּמָס בִּפְנֵי עַצְמוֹ כֵּיוָן שֶׁהָיָה מְבַקֵּשׁ לֵילֵךְ לְמַיּוּמָס שֶׁלּוֹ הָיָה מַעֲבִיר כָּל הַמַּרְעֶה לְפָנָיו וְהָיָה נוֹטֵל הַשָּׁמֵן שֶׁבָּהֶם וְעוֹמֵד

עָלָיו וְשׁוֹחֵט siehe da, jeder Stamm hatte sein eignes Majumasfest; wenn nun Jem. sein Majumasfest besuchen wollte, so liess er seine ganze Heerde an sich vorüberziehen, ergriff das fetteste Lamm, ging darüber her und schlachtete es. — Uebrtr. grosses Fest, das mit besonderer Feierlichkeit begangen wurde, Friedensfest u. dgl. Midrasch Tillim zu Ps. 18 sv. מִנְהָג R. Juda Nasi sagte: מֶלֶךְ בָּשָׂר וָדָם כְּשֶׁהוּא הוֹלֵךְ לַמִּלְחָמָה נוֹטֵל כָּל חַיָּילוֹתָיו עִמּוֹ וּכְשֶׁהוּא הוֹלֵךְ לְטַיֵּיל לְמַיּוּמָס שֶׁלּוֹ נוֹטֵל לְגִיוֹנוֹתָיו לְתַשְׁמִישׁוֹ אֲבָל הקב״ה אֵינוֹ כֵן כְּשֶׁהוּא יוֹצֵא לַמִּלְחָמָה אֵינוֹ יוֹצֵא אֶלָּא לְעַצְמוֹ... וּכְשֶׁיּוֹצֵא לְמַיּוּמָס שֶׁלּוֹ בְּמַתַּן תּוֹרָה רָאָה מַה כְּתִיב וכ׳ wenn der menschliche König in den Krieg zieht, so führt er alle seine Schaaren mit sich; wenn er sich aber anschickt, zu seinem Majumasfest zu lustwandeln, so nimmt er blos seine Leibgarde mit sich. Gott hing. verfährt nicht also. Als er in den Krieg zog, so zog er allein aus: „Gott ist der Herr des Krieges, Gott ist sein Name" (Ex. 15, 3); „Gott zieht aus und führt den Kampf" (Sach. 14, 3); als er aber zu seinem Maiumasfest, zur Feier der Gesetzgebung zog, wie lautet es da: „Gottes Wagen enthält Myriaden" (Ps. 68, 18); „Der Herr, mein Gott kam, alle Heiligen mit dir" (Sach. 14, 5). Pesik. r. s. 21, 41ᵃ כְּשֶׁהוּא יוֹצֵא לְפִיוֹס crmp. aus לְמַיְרוֹמָס. Exod. r. s. 29, 126ᶜ steht dafür לְאַמִּירָה, ferner in Sifre Behalotcha Pisk. 102 לְשָׁלוֹם, vgl. אֲמִירָה III. An vielen Stellen, z. B. Levit. r. s. 5, desgl. Jalk. zu Am. l. c. u. m. a., wurde unser W., weil man es nicht verstanden hat, ganz weggelassen. — Thr. r. sv. הֵבִיא 65ᵇ הַמַּיְרוֹמָס Ar. ed. pr., richtiger in Agg. הַמּוֹמוֹס, s. מוֹמוֹס.

מֵיחָא s. in מֹחַ.

מוּט, מָט wanken. — Hif. הֵמִיט wanken machen, beugen. Genes. r. s. 75 Anf., 74ᵃ מְמִמַּט עַצְמוֹ er beugt sich, vgl. מוּט. Davon

מַיִט m. das Wanken, Zugrundegehen, Abfall von der Tugend. Khl. r. sv. אֶת הַכֹּל, 88ᵇ „Mancher Tugendhafte geht in seiner Tugend unter" (Khl. 7, 15). Gott weiss, שֶׁהַצַּדִּיק עָתִיד לַבָּא לִידֵי מַיִט אָמַר הקב״ה עַד שֶׁהוּא צַדִּיק אֲסַלְּקֶנּוּ dass der Fromme zum Fall kommen wird, daher sagt Gott: Während er noch fromm ist, will ich ihn aus der Welt fortnehmen.

מֵיטָבָא m. (hbr. מֵיטָב, von יָטַב) das Beste. j. Jeb. XV, 14ᵈ un. אֲשַׁלֵּם בְּמֵיטָבָא ich werde auf das möglichst Beste (von den besten Gütern) bezahlen, vgl. כְּתוּבָּה. B. mez. 104ᵃ. j. Keth. IV, 29ᵃ ob. dass.

מַיְימִים f. (gr. μαίευμα) eig. die Geburt, übrtr. die Kraft zum Gebären. Genes. r. s. 45 Anf., 44ᵇ Sara sagte: יוֹדַעַת אֲנִי מֵהֵיכָן כָּתְבִי לֹא כְשֵׁם שֶׁהֵן אוֹמְרִים לִי מַיְימִים הִיא צְרִיכָא אֶלָּא הִנֵּה נָא ה׳ וג׳ Ar. (Agg. הִימוֹס, s. d.) ich selbst

13*

weiss, woher mein Unglück (kinderlos zu sein) komme; nicht etwa wie jene sagen: Sie bedarf der Kraft zum Gebären! sondern „Gott versagte mir das Gebären" (Gen. 16, 2). — Uebrigens ist viell. unser W. ermp. aus רימוס, welches, ebenso wie הימוס das gr. ἴαμα: die Heilung bedeuten dürfte.

מַיְירִי Af. von ארי, אֲרָא, s. d.

מַיִישׁ masc. 1) Maisch, ein Baum, der Eicheln und Galläpfel trägt, „kopt. mês', arab. mais", vgl. Lagarde: Ges. Abhandlungen S. 64. — Sifra Wajikra Par. 4 cap. 6 ר׳ אליעזר מוסיף אף של חרוב ושל דקל ושל שקמה ושל אלון ושל מייש R. Elieser fügt hinzu (zu den dort erwähnten Hölzern, welche zum Holzstoss auf dem Altar nicht verwandt werden dürfen) auch die Hölzer des Johannisbrotbaumes, der Palme, der Sykomore, des Maisch und der Eiche; weil näml. alle genannten Bäume eine so harte und dicke Rinde haben, dass sie sofort zu Asche wird, welche die glimmenden Kohlen bedecken würde (קטמי מאבראי), während beim Holzstoss der Opfer „die Hölzer zu Feuer" (Lev. 1, 8), d. h. zu brennenden Kohlen werden müssen. Tam. 29ᵇ steht dafür: ר׳ אלעזר מוסיף אף של מייש וכ׳. Das. ist auch קטרוב crmp. aus קטמי. — 2) die Frucht dieses Baumes. Pl. Genes. r. s. 72 Anf., 71ᶜ wird דודאים nach einer Ansicht erklärt durch מַיְישִׁין: die Maischfrüchte.

מֵיְת s. in מִיתָה. — מַיְיתִי s. in אֲתָא.

מִיכָאֵל Michael (=bh., eig. wer ist wie Gott?), Name des Schutzengels der Israeliten. Chag. 12ᵇ. Men. 110ᵃ u. ö. מיכאל שר הגדול Michael, der grosse Fürst, vgl. זבול. j. Ber. IX, 13ᵃ un. אם באת על אדם צרה לא יצוח למיכאל ולא לגבריאל אלא לי יצוח ואני עונה אותו מיד wenn über den Menschen Leid kommt, so soll er weder zum Engel Michael, noch zum Gabriel flehen, sondern zu mir soll er flehen und ich werde ihn sofort erhören; mit Bez. auf Joël 3, 5. Thr. r. sv. כל רעיה 55ᵃ „Alle ihre Freunde wurden ihr treulos" (Klgl. 1, 2), זה מיכאל וגבריאל das ist Michael und Gabriel. Jom. 77ᵃ Gott sagte zu Michael: אומתך אמר לפניו דיי לטובים שבהם אמר לו אני שורף אותם ולטובים שבהם Michael, deine Nation (Israel) wurde frevelhaft! Er entgegnete ihm: Begnüge dich mit den Tugendhaften in ihrer Mitte. Gott aber erwiderte ihm: Ich verbrenne sie sammt ihren Tugendhaften; mit Bez. auf Ez. 10, 2. Num. r. s. 2, 184ᵇ למה נקרא שמו מיכאל בשעה שעברו ישראל בים פתח משה בשירה מי כמך מי שטיים את התורה אמר אין כאל מי כמך אין כאל הרי מיכאל weshalb heisst dieser Engel: Michael? Als Israel durch das Meer gezogen war, sprach Mose in seinem Gesang: מי כמכה (wer ist wie

du?), derjenige(?), der den Pentateuch beendigte, sprach: כאל אין (Keiner ist wie Gott). Die Worte מי כמך und אין כאל ergeben (sowohl dem Sinne, als auch den Buchstaben nach): מיכאל. (Die Worte מי שטיים sind wohl nicht= נשטיים [als Mose endigte] aufzufassen, was auch keinen Sinn geben würde, da es כשטיים lauten müsste.) Genes. r. s. 48, 47ᵇ u. ö., vgl. auch דְּגֵל, לַחֲלוֹחִית u. m. a.

מִיכָה f. (von מוך, eig. sich beugen, daher: verarmen) 1) Verarmung. B. mez. 114ᵇ גמר מיכה מיכה וכ׳ das „Verarmen" in Lev. 25, 35 und das „Verarmen" das. 27, 8 sind miteinander zu vergleichen; d. h. die Gesetze, die bei dem Einen vorkommen, sind auch auf das Andere anzuwenden; vgl. auch מְכוּת. — 2) Micha, Name des Ephraimiten, der ein Götzenbild sammt einem Götzentempel anfertigte (Ri. 17, 5 fg.). Snh. 101ᵇ מיכה שנתמכמך בבנין (Ar. ed. pr. liest שנתמכך) er hiess Micha, weil er in dem Bauwerk Pharao's eingequetscht wurde (also für מְמֵיכָה, von מָכַךְ). Pharao soll näml. zu seinen Bauwerken israelitische Kinder anst. der Ziegeln verwendet haben. Als nun Mose sich darüber beklagte, sagte Gott zu ihm: Diese würden, wenn sie am Leben blieben, Frevler geworden sein; nimm zum Beweise eines derselben und du wirst dich von seinen schlechten Handlungen überzeugen; und aus dem Kinde, das Mose entnahm, entstand Micha. Das. 103ᵇ פסלו של מיכה das Götzenbild Micha's, das mit den Israeliten durch das Meer gezogen sein soll. Exod. r. s. 41 Anf. u. ö. — Ferner Micha, Name eines Propheten und Anderer.

מֵיכַל, מֵיכְלָא m. (syr. ܡܝܟܠܐ, hbr. מַאֲכָל, von אכל) Speise, was zu essen ist, esca. Suc. 29ᵇ מאני מיכלא das Essgeschirr, s. מְטַלְתָּא. — מֵיכְלָא, מֵיכוּלְתָּא f. (syr. ܡܝܟܘܠܬܐ, hbr. מַאֲכֹלֶת, von אכל) dass., Speise, s. TW.

מֵיכְלָה, מֵיכְלָא fem. (von אֲכַל=כול, wovon מִדָּה) מְכִילָתָא, מְכִילָא 1) eig. das Mass, das Messen, s. TW. II, 36ᵃ. — 2) übtr. (=מְכִילְתָּא, s. d.) Tractat, Sammlung von rabbinischen Normen, Lehren. j. Mac. II Anf., 32ᵃ דחכם חדא מיכלה ואזל ein Gelehrter, לאתר ואינון מייקרין ליה. כד הוא חכם תרין מיכלה צריך לומר לון חדא מיכלא אנא חכם wenn er sich nach einem fremden Ort begiebt, Ehren erweist, als ob er zweier Tractate kundig wäre, ist verpflichtet, den Ortsbewohnern zu sagen: Ich verstehe blos einen Tractat. j. Schebi. X g. E., 39ᵈ dass. — Pl. Khl. r. sv. מרי מיכליאן 81ᵃ, טוב מלא (od. מיכְבֵּליָאן)=(מֵיכְלָאן) der Inhaber der Gesetzesnormen (od.: Tractate), vgl. bes. מְכִילְתָּא.

מִיל m. Mil, ein Längenmass, das nach talmudischen Quellen = einem Sabbatweg (תחום שבת, s. d.) d. h. 2000 hbr. Ellen=7½ Stadien (das Stadium zu 266⅔ hebr. Ellen gerechnet) beträgt. Das W. (urspr. semit., arab. مِيل, von مَال, dessen Länge jedoch verschieden angegeben wird) bedeutet zunächst ein spitzes, hervorragendes Wegezeichen, das den Reisenden die Entfernung eines Ortes vom andern anzeigte, sodann auch ein spitzes Instrument, dessen man sich beim Aderlassen, Sondiren u. dgl. bediente, s. מִילְתָא. Mit dem gr. μίλιον, milliarium, spatium mille passuum, hat unser W. nur eine Klangähnlichkeit gemein; vgl. auch Zuckermann: Das jüd. Masssystem S. 27 und Perles: Etym. Studien S. 51; s. bes. Raschi zu Jom. 67ᵃ ob. — Meg. 6ᵃ der fruchtbare Boden von Sepphoris עשר מיל על עשר מיל betrug sechzehn Mil im Geviert. Jom. 68ᵇ die Vornehmen Jerusalems, welche am Versöhnungstage den Führer des Ziegenbockes in die Wüste begleiteten, hatten folgendes Merkmal, um das Eintreffen des Ziegenbockes an seinem Bestimmungsorte zu wissen: מירושלם ועד בית חדורו שלשה מילין הולכין מיל וחוזרין מיל ושורין כדי מיל וידעין שהגיע שעיר למדבר בית חדורו (s. d. W.) betrug die Entfernung drei Mil; wenn sie nun ein Mil hin und ein Mil zurückgegangen und hierauf den Zeitraum eines Mil abgewartet hatten, wussten sie, dass der Ziegenbock in der Wüste angelangt war. j. Schebi. VI, 36ᶜ ob. ein Schüler darf in der Nähe seines Lehrers keine halachische Lehre vortragen, עד שיהא רחוק ממנו שנים עשר מיל כמחנה ישראל bis er 12 Mil von ihm entfernt ist, so viel wie das israelitische Lager in der Wüste betrug. Pes. 93ᵇ. כמה מהלך אדם בינוני ביום עשר פרסאות מעלות השחר ועד הנץ החמה חמשה מילין משקיעת החמה עד צאת הכוכבים חמשה מילין wie viel kann ein Mensch bei mittelmässigem Schritte an einem Tage gehn? Zehn Parasangen. Vom Tagesanbruch bis zum Sonnenanfange ist ein Zeitraum von fünf Mil, vom Sonnenuntergange bis zum Sichtbarwerden der Sterne ebenfalls fünf Mil. Snh. 96ᵃ u. ö.

מִילָא ch. (syr. ܡܺܝܠܳܐ=מיל) Mil. Chull. 139ᵇ פתר מילא die Weite eines Mil; vgl. פירי I; s. auch TW.

מִילְתָא f. Aderlass. Stw. arab. مَال, vgl. מִיל Anf., eig. die Wunde, welche die Lanzette, deren man sich beim Aderlassen, Sondiren bediente, hervorbringt; vgl. auch gr. μήλη: chirurgisches Werkzeug, Sonde u. dgl. Chull. 111ᵃ יומא דעביד מילתא der Tag, an dem er sich zur Ader liess; vgl. בתחלא. Schabb. 129ᵃ עבד מילתא vgl. מכבא. Taan. 21ᵇ u. ö., vgl. פוסירלתא. — Ferner מילתא Gewand, s. das nächstfg. מילא.

מִילְתָא, מִילָה, מִילָא Wort, Gegenstand, s. in מל.

מִילָא Prtkl. (nur mit vorgesetztem מ) von selbst (wie hbr. מֵאֵלָיו, מֵאֲלֵיהֶם, vgl. אֵל). Schabb. 140ᵇ ob. אורכא ממילא eig. die Länge kommt von selbst; d. h. erhält man als Zulage, vgl. B. mez. 16ᵃ ירותה ממילא die Erbschaft kommt von selbst, ohne dass man sich darum müht. Ber. 38ᵃ קא גברא לאכילה מכוין ורפואה ממילא אתיא der Mann beabsichtigt, die Speise zu essen, die Heilung aber tritt von selbst ein. Bech. 35ᵃ וכ׳ הוא ממילא מכרו da es von selbst entstanden u. s. w. B. bath. 123ᵇ. 124ᵃ שבחא דממילא קא אתי ein Gewinn (d. h. die Beleibtheit eines Thieres), der von selbst kommt. Jom. 42ᵇ u. ö.

מִילָא, מִילָה fem. (syr. ܡܶܠܬ݂ܳܐ, neugr. μαλή, μαλίον, Du Cange, Gloss. I, 857) Wolle. Nid. 17ᵃ מילא פרהבא weiche und reine Wolle. Chull. 52ᵇ מקום שאין בו מילת der Ort (am Thiere), wo keine Wolle ist. Schebu. 5ᵇ u. ö., s. כבן. — Ferner מִילְתָא übrtr. (neugr. μηλωτάριον) Gewand aus Wolle, oder: aus Schafsfell ("Pellis ovina, Monachorum vestimentum", Du Cange, Glossar. I, 923 fg.) Schabb. 10ᵇ מילתא אלביששיה יקרא das Prachtkleid ist dem damit Bekleideten theuer, bildl. vgl. לבש. M. kat. 28ᵇ זוגא ein feines Kleid, s. מילתא — Pl. Ruth. r. sv. ותלבכה, 39ᵇ לשעבר היתה מכסה בבגדי מילתין ועכשיו היא מכסה בסמרטוטין früher war Noomi mit Prachtgewändern bekleidet, jetzt aber geht sie in Lumpen eingehüllt.

מִילַת m. (=אֶלְיָה, s. d. Stw. אֵיל=אָל, mit מ als Formationsbst.) der wulstige Theil am Ohre, Ohrläppchen, im Ggs. zum Knorpel. j. Kidd. I, 39ᵈ ob. המילת הזה נרצע שלא יהא וריסל כהן das Ohrläppchen des Sklaven wird durchbohrt (vgl. Ex. 21, 6), damit er, wenn er ein Priester ist, nicht zum Priesterdienste (wegen eines Leibesfehlers) untauglich werde, vgl. פרשינא. Sifre Reë Pisk. 122 Judan Beribbi lehrte, שאין רוצעין אלא במילת dass man blos die Ohrläppchen des Sklaven durchsteche. Bech. 37ᵇ dass. Kidd. 21ᵇ במילתא (l. במילת). — Ferner מילת, s. מילה II.

מִילָה I f. (von מול, s. d.) 1) das Beschneiden, die Beschneidung. Schabb. 108ᵃ מנין למילה שבאותו מקום וכ׳ woher ist erwiesen, dass die Beschneidung an dem männlichen Gliede stattfindet? u. s. w., vgl. auch מול. Das. 130ᵃ R. Simon ben Gamliel sagte: כל מצוה שקבלו עליהן בשמחה כגון מילה . . . עדיין עושין אותה בשמחה וכל מצוה שקבלו עליהם בקטטה כגון עריות . . . עדיין עושין אותה בקטטה דליכא כתובה דלא רמו בה תגרא jedes Gebot, das die Israeliten mit Freuden angenommen haben, wie z. B. die Beschneidung (mit Bez. auf Ps. 119, 162:

„Ich freue mich ob deines Wortes"), beobachten sie noch jetzt mit Freuden; jedes Gebot aber, das sie mit Unwillen angenommen haben, wie z. B. die Incestverbote (bei deren Erlass Israel „geweint" haben soll, mit Ansp. auf Num. 11, 10, vgl. מִשְׁפָּחָה‎), beobachten sie noch jetzt mit Unwillen; denn es giebt kein Ehebündniss, wobei nicht Streitigkeiten vorkämen. R. Simon bar Elasar sagte: כל מצוה שמסרו ישראל עצמן עליהם למיתה בשעת גזירת השמד כגון עבודת אלילים ומילה עדיין היא מוחזקת בידן וכל מצרה שלא מסרו ישראל עצמן עליה למיתה כגון תפילין עדיין היא מרופה בידם jedes Gebot, um dessen Beibehaltung willen Israel sich zur Zeit der Religionsverfolgung dem Märtyrertod preisgab, wie z. B. gegen Götzendienst und für die Beschneidung wird von ihnen noch immer festgehalten; jedes Gebot aber, um dessen Beibehaltung willen sie sich nicht dem Märtyrertod preisgaben, wie z. B. das Gebot der Tefillin, ist noch immer schwankend in ihren Händen. Das. 24ᵇ u. ö. מילה שלא בזמנה eine Beschneidung, die nicht zur gesetzlichen Zeit (am 8. Tage der Geburt) stattfindet, die näml. wegen Krankheit des Kindes aufgeschoben werden musste. — Pl. j. Schabb. XIX, 17ᵃ mit. המול ומול לשתי מילות אחת למילה ואחת לפריעה אחת למילה ואחת לציצים המול ומול (Gen. 17, 13) besagen, dass die Beschneidung von doppelter Art sei, näml. das Abschneiden der Vorhaut und das Entblössen der Eichel (deren Haut nach unten gezogen wird); ferner ausser der Beschneidung auch das Ablösen der von der Vorhaut zurückgebliebenen Fasern. j. Jeb. VIII, 8ᵈ un. dass., vgl. לָשׁוֹן. Deut. r. s. 6 Anf. למולות שתי מילות das W. למול‎ (Ex. 4, 26) deutet diese doppelte Art der Beschneidung an. — 2) übrtr. das männliche Glied, an dem die Beschneidung vollzogen wurde. j. Meg. I, 72ᵇ un. ולמה נקרא שמו רבינו הקדוש שלא הביט במילתו כל ימיו weshalb wurde R. Jehuda Hannasi: „Unser heiliger Lehrer" genannt? Weil er nie in seinem Leben sein Glied genau betrachtete. Schabb. 118ᵇ un. man fragte Rabbi: מאי טעמא קרא לך רבינו הקדוש אמר להו מימי לא נסתכלתי במילתי שלי weshalb nennt man dich: „Unser heiliger Lehrer?" Er antworte: Weil ich niemals mein Glied genau betrachtete. Das. R. Jose sagte dasselbe von sich; vgl. jedoch קְדוֹשׁ.

מִילָה II fem. (gr. μελία) die Esche, der Eschenbaum. Midd. 3, 7 מילה של אמלתראות (Ar. liest מֵילָא wahrsch. pl.) Balken aus Eschenbäumen. Erub. 3ᵃ ob. dass. Levit. r. s. 17 Anf. מילא dass.

מִילָה III f. 1) (gr. μηλέα) eig. der Apfelbaum, malus; insbes. eine Art Eiche, an der sich die Galläpfel befinden, Galläpfelbaum. — Pl. Tosef. Schebi. VII und Pes.

53ᵃ סימן להרים מילין als Zeichen eines gebirgigen Landes sind die Galläpfelbäume anzusehen. — 2) (gr. μῆλον, malum) der Gallapfel. Git. 19ᵃ אין מי מילין על גבי מילין Ar. (Agg. על גבי מי מילין‎) der Saft der Galläpfel ist auf Galläpfeln (d. h. auf Pergament, das mit Galläpfeln zubereitet wurde) nicht kenntlich; daher darf man näml. auf einem derart gegerbten Pergament den Zeugen, die des Schreibens unkundig sind, deren Namen mit dem Saft der Galläpfel vorzeichnen, damit sie ihre Unterschrift mit Tinte darauf setzen, weil jene Vorschrift in kurzer Zeit unkenntlich wird und daher die Zeugenunterschrift nicht als „Schrift über Schrift" כתב על גבי כתב‎, s. d.) anzusehen ist. j. Git. II, 44ᵇ ob. die Morgenländer waren sehr klug; וכבר חד מנהון בעי משלחית כתב מסטירין לחבריה הוא כתב במי מילין והך דמקבל כתביה שפך דיו שאין בו עפץ והוא קולט מקום הכתב wenn Jem. von ihnen einen geheimnissvolles Schreiben dem Andern senden wollte, so schrieb er es mit dem Safte der Galläpfel; der Andere aber, der das Schreiben empfing, goss darüber Tinte, in welcher kein Gallapfelsaft war, wodurch jene Schrift zum Vorschein kam und leserlich wurde. Hierdurch wird näml. das השופך der Borajtha (das Begiessen einer Schrift) erklärt, vgl. כתב Anf.

מִילוֹמֵילָה f. (gr. μηλόμελι) Quittenhonig. j. Maasr. I, 49ᵃ ob. תפרחי מילי מילה (l. ein W. מִילוּמֵילָה‎) die süssen Quittenäpfel.

מִילְטַמְיָא s. מְלַבְּמְיָא.

מִילֵי Pesik. Bachodesch, 107ᵇ crmp., vgl. כִּילֵי und מִירֵי; s. auch vrg. Art.

מִילָךְ Schabb. 150ᵃ, s. מְוַל.

מִילָל m. Adj. (verk. von אֲמֵלָל, s. d. oder Stw. יֵלַל) unglücklich, ein Unglücklicher. Pl. Snh. 66ᵃ במיללין שבעמך הכתוב מדבר Ms. M. umd Ar. sv. מל 5 (Agg. באומללים‎) die Schrift spricht hier von den Unglücklichen deines Volkes.

מִילָנָה, מִילָנִין m., מִילָנָה f. (gr. μέλαν, μελάνη) Tinte, Schwärze. Jelamdenu (citirt von Ar. ed. pr. sv. מל 13) מילין וקלמין Tinte und Schreiberohr. Das. auch כמילניה היא שחורה sie ist schwarz wie Tinte. — Genes. r. s. 1, 3ᵒ ein Gleichniss von einem Könige, dem mit einer Matrone verheirathet war, von der er aber keinen Sohn hatte. פעם אחד נמצא המלך עובר בשוק אמר טלו מילנין וקלמרין (וקלמרין od. לבני דהוו הבל אומרין בן אין לו דהוא אומר טלו מילנין וקלמרין (וקלמרין‎) לבני חזרי ואמר המלך אסטרולוגוס גדול הוא אלולי שצפה המלך שהוא עתיד להעמיד ממונה בן לא היה אומר טלו מילנין וקלמרין (וקלמרין‎) לבני כך אלולי שצפה הקב״ה וכ׳ (Jalk. I, 1ᵃ liest überall קלמרין: καλαμάριον) einst jedoch ereig-

nete es sich, dass der König, als er auf der Strasse ging, ausrief: Holet Tinte und Federbüchse für meinen Sohn! Da wunderten sich Alle, indem sie sagten: Da er keinen Sohn hat, wozu ruft er: Holet Tinte und Federbüchse für meinen Sohn? Hierauf jedoch dachten sie darüber nach und sagten: Hätte der König, der ein grosser Astrolog ist, nicht vermittelst seiner Sternkunde geschaut, dass er von der Matrone einen Sohn bekommen würde, so würde er sicherlich nicht ausgerufen haben: Holet Tinte und Federbüchse für meinen Sohn! Dasselbe gilt auch von Gott, der, hätte er nicht geschaut, dass Israel nach 26 Generationen (von der Weltschöpfung an, welcher die Gesetzlehre vorangegangen sein soll, vgl. הּוֹרָה) die Gotteslehre empfangen würde, sicherlich nicht darin geschrieben haben würde: „Befiehl den Söhnen Israels", „Rede zu den Söhnen Israels" u. dgl.

מִילָנִי *f.* Adj. (gr. μέλαινα) schwarz, atra. j. Ab. sar. I, 39° ob. מילני אימירא ein schwarzer (Unglücks-) Tag! vgl. אִימְירָא.

מִלְפָּפוֹן, מְלָפְפוֹן *m.* (gr. μηλοπέπων, melopepo) eine apfelförmige Melone, Apfelmelone. j. Kil. I, 27ᵃ ob. (mit Bez. auf die Mischna קישות והמלפפון רב': die Gurke und die Apfelmelone sind keine Mischpflanzen; nach Ansicht des R. Juda sind sie Mischpflanzen) אדם נוטל מעה אחת מפיטמתה של אבטיח ומעה של קישות ונוטען והוא נעשה מילפפון ר' יהודה אומר כלאים דקסבר עיקרו כלאים מעה אחת מפיטמתה של אבטיח ורן נתאחין ונעשין כלאים לפום בתוך גומא אחת רן כן צחורין ליה מילפפון בלשון יוני Ar. (ganz anders in Agg.; vgl. auch R. Simson zu Kil. 1, 2) wenn man einen Kern, der am Stil der Melone liegt, und einen Kern der Gurke nimmt und sie zusammen pflanzt, so entsteht der Melopepon (daher bilden nach ersterer Ansicht die Gurke und der Melopepon keine Mischpflanze). R. Juda hing. sagt: Sie sind eine Mischpflanze, weil er behauptet, dass der Melopepon selbst durch eine Mischpflanzung entstehe; man nehme näml. einen Kern, der am Stile der Melone (πέπων) und einen Kern, der am Stile des Apfels (μῆλον) liege, welche, in einem Grübchen niedergelegt, sich vereinigen, woraus dann diese Mischpflanze entstehe. Deshalb nenne man diese Frucht im Griechischen: μηλοπέπων. Ter. 2, 6. Jelamdenu Jithro אפילו צנון בתמוז ומילפפון בניסן לא היה שלחנו של שלמה חסר Ar. (Tanch. Jithro, 86ᵃ crmp., Jalk. II, 184ᵃ מלפסונין pl.) selbst der Rettig im Tammuz (Sommeranfang) und die Apfelmelone im Nisan (Frühlingsanfang) fehlten nicht auf dem Tische des Salomo. — Pl. Tosef. Kil. I Anf. מְלָפְפוֹלוֹת. Ter. 8, 6 dass.

מִלְפָּפוֹנָא *ch.* (syr. ‎ܡܠܦܦܘܢܐ‎ contr.=מִילְפָּפוֹן)

Apfelmelone, Malopepon. Snh. 110ᵃ ob. ומיטלל לכי כי מילפפונא Ar. ed. pr. (Agg. כי בסמורא) er treibt sein Spiel mit euch wie mit einer Apfelmelone. — Pl. מְלָפְפוּנַיָא, contr. מְלָפְסְנַיָא, s. TW. II, 42ᵇ.

מִילָרְיָא, מִילָרִין *m.* pl. (?) Milarin, Milaraja. j. Ab. sar. I, 40ᵃ mit Benennungen von Lustspielen in Theatern und auf Circusplätzen; viell. crmp. aus אילרריא, ἱλάρια.

מִילָת s. מִילָא.

מַיִם s. מַיָא. — בַּיִין s. מָיָא.

מֵימָר, מֵימְרָא *m.* (=bibl. *ch.* מֵאמַר, s. מַאֲמָר, von אמר) 1) Wort, Ausspruch. — 2) das Wort als Person gedacht, ὁ λόγος. — 3) übrtr. die Persönlichkeit, das Wesen eines Menschen, s. TW. — B. bath. 132ᵃ u. ö. לְמֵימְרָא, לְמֵימַר mit flg. דְּ ist Inf. und bedeutet eig. das will besagen, d. h. daraus ist zu entnehmen, dass u. s. w.

מִימָרָס *m.* pl. Mimarii, Mimi, die das Haus der Unzucht (μιμάριον, lupanar, Du Cange Gloss. I, 935) besuchen, Buhler; vgl. auch syr. ‎ܡܡܟܣܡ‎ adulter. Cant. r. sv. יעלה תפתיא מימרוס ולמה הוא קוראה תפתיא 31° בתמר, שמפתין יצר עלה על זנות unter תפתיא (Dan. 3, 2. 3) sind die Buhler zu verstehen. Weshalb nennt sie die Schrift תפתיא? Weil sie ihren bösen Trieb zur Buhlerei verleiten, eig. überreden (von פתה gedeutet).

מִן I Präp. = מִן s. d.

מִין II *m.* (=bh. Stw. מון, syn. mit מְנָה: theilen, zutheilen) Gattung, Art, species. Kil. 3, 2 fg. מִין זרעים eine Gattung von Pflanzen. Chull. 80ᵃ מִין חיה ... מִין בהמה eine Art Wild, eine Art zahmer Thiere, vgl. פּוֹר. Bic. 3, 10 מִין במיני מִן בשאינו מיני Früchte von einer und derselben Gattung, Früchte von verschiedenen Gattungen. Chull. 97ᵇ ... מִין במינו מִין בשאינו מינו Speisen von einer und derselben Gattung, Speisen von verschiedenen Gattungen, die mit einander gekocht wurden. Pl. Nas. 6, 1 (34ᵃ fg.) שלשה מִינִין אסורין בנזיר הטומאה והתגלחת והיוצא מן הגפן drei Arten sind dem Nasiräer verboten, näml. die Unreinheit, das Haarverschneiden und Alles, was vom Weinstock herkommt (vgl. Num. 6, 3 fg.) Das. 44ᵃ fg. Ber. 35ᵃ שבעת המינין die sieben Arten von Früchten, wegen deren Palästina gerühmt wird, näml. „Weizen, Gerste, Wein, Feige, Granatapfel, Olive und (Dattel-) Honig" (Dt. 8, 8). Von diesen Früchten wurden die Frühlingsopfer dargebracht und nach dem Genuss derselben muss der aus drei Benedictionen bestehende Segen (ברכה אחת מעין שלש) gesprochen werden u. dgl. m. Ned. 55ᵃ הנודר מן התבואה אינו אסר אסור

אלא מחמשת המינין wenn Jem. gelobt, kein „Getreide" zu geniessen, so sind ihm blos die fünf Arten verboten, welche ausschliesslich den Namen „Getreide" führen, näml. „Weizen, Gerste, Dinkel, Hafer und Spelt" (vgl. דִּישְׁרָא). Ber. 35ᵇ. 36ᵇ fg. כל שיש בו מחמשת המינין מברכין עליו בורא מיני מזונות vor dem Genusse einer Speise, die eine dieser fünf Getreidearten enthält, spricht man den Segen: „Gelobt . . . der die Arten von Speisen erschuf"; d. h. nur diese Arten werden: „Speisen" genannt. Von diesen „fünf Getreidearten" muss auch das Gebäck für das Pesachfest (Mazza) zubereitet sein und nur ein Teig von diesen Getreidearten wird, wenn er längere Zeit gegohren, als „Gesäuertes" verboten, vgl. Pes. 35ᵃ, s. auch אֹרֶז und חִלְקָא. Men. 27ᵃ fg. ארבעה מינין שבלולב die vier Arten der Pflanzen, die zum Feststrauss am Hüttenfeste verwendet werden, näml. „Paradiesapfel, Palmzweig, Myrten und Bachweiden" (Lev. 23, 40). j. Pes. II, 28ᵈ ob. Levit. r. s. 30 g. E.

מִינָא I ch. (=מִין) Gattung, Art. Chull. 66ᵃ דמיניה דלא דמיניה was zu seiner Gattung gehört, was nicht zu seiner Gattung gehört. Das. 79ᵃ כולהו חדא מינא נינהו sie gehören sämmtlich zu einer Gattung. Das. öfter.

מִין III m. (wahrsch. Stw. arab. مَان lügen, مَيْن Lügenhaftes, vgl. auch syr. ܡܲܝܢܵܐ dementia) Minäer, Häretiker, Sektirer, bes. Judenchrist. Nach der hier angegebenen Etymologie wäre die eigentliche Bedeutung des Ws.: Anhänger der lügenhaften Lehre oder des Lügenhaften; auf dieselbe Weise, wie der angebliche Messias Bar Kochba den Namen בר כוזיבא: Lügensohn erhalten hat; vgl. damit j. Taan. II, 65ᵇ un. אם יאמר לך אדם אל אני מכזב הוא וכ׳ wenn ein Mensch zu dir sagen sollte: Ich bin ein Gott! so lügt er u. s. w., vgl. אָדָם. Aus Furcht vor der Censur wurde daher sehr oft, namentlich im bab. Talmud, den die Censoren am meisten durchstöbert hatten, צדוקי anst. מין gesetzt; von den Saduzäern jedoch dürfte nach der Tempelzerstörung keine Spur mehr anzutreffen sein (Ms. M. hat an den betr. Stellen überall מין, מינין anst. צדוקי, צדוקים in den Agg.) Eine Form מאני für מין kommt meines Wissens in den Talmudim und den älteren Midraschim nicht vor. — Git. 45ᵇ ספר תורה שכתבו מין ישרף . . . נמצא ביד מין יגנז eine Gesetzrolle, die ein Minäer geschrieben hat, muss verbrannt werden; eine solche aber, die bei einem Minäer angetroffen wurde, muss aufbewahrt (geheim gehalten) werden; weil sie vielleicht von einem Juden geschrieben, aber

von dem Minäer gekauft oder gefunden wurde. Ab. sar. 26ᵇ איזהו מין זה שעובד עבודה זרה wer ist ein Minäer? Der Götzendienst treibt, vgl. מוּמָר. Das. 65ᵃ ob. גר תושב שעברו עליו יב חודש ולא מל הרי הוא כמין שבאומות ein ansässiger Proselyt (der näml. dem Götzendienst u. dgl. entsagte, vgl. גֵּר), welcher nach zwölf Monaten seines Uebertritts sich nicht beschneiden liess, wird wie ein Sektirer unter den Völkern angesehen. — Pl. j. Ber. I, 3ᶜ mit. מפני מה אין גשן. קורין אותן מפני טינת המינין שלא יהו אומרים אלו לבדם נתנו למשה בסיני ed. Lehm. (ed. Ven. u. a. טענת) weshalb liest man nicht an allen Tagen den Bibelabschnitt der Zehngebote? Wegen der irrigen Lehre der Minäer; damit sie nicht etwa sagen: Diese allein wurden dem Mose auf dem Sinai gegeben. Snh. 38ᵃ אדם נברא בערב שבת ומפני מה שלא יהו המינין אומרין שותף היה לו להקב׳׳ה במעשה בראשית Ms. M. (Agg. צדוקים) der Mensch wurde erst am Freitag erschaffen. Weshalb (nicht früher)? Damit die Minäer nicht etwa sagen, Gott hätte bei der Weltschöpfung einen Gehilfen gehabt. Ber. 28ᵇ un. ברכת המינין ביבנה תקנוה Ms. M. (Agg. הצדוקים) die Eulogie gegen die Minäer die man in Jabne eingeführt hat, näml. Samuel, der Kleine unter dem Vorsitz des R. Gamliel. Diese Eulogie bildet die 12. im Achtzehngebet, שמונה עשרה das nunmehr aus 19 Eulogien besteht, deren Anfang: ולמינין אל תהי תקוה (den Minäern sei keine Hoffnung) lautete, und worin das erste Wort mannichfach verändert wurde. Das. 29ᵃ ob. טעה בכל הברכות כולן אין מעלין אותו בברכת המינין מעלין אותן חיישינן שמא מין הוא Ms. M. (Agg. הצדוקים) einen Vorbeter, der sich in irgend einer Eulogie irrt, entfernt man nicht vom Vorbeterpult; wenn er sich hing. in der Eulogie der Minäer irrt, so entfernt man ihn, weil man gegen ihn den Verdacht hegt, dass er selbst ein Minäer sei. j. Ber. IX, 12ᵈ un. 13ᵃ ob. שאלו מינים את ר׳ שמלאי כמה אלוהות בראו את העולם וכ׳ ed. Lehm. die Minäer fragten den R. Samlai: Wie viel Götter erschufen die Welt? näml. mit Bez. auf die Pluralform אלהים. Er entgegnete ihnen: Es steht nicht בראו (sie erschufen), sondern ברא (er erschuf). Das. אמר ר׳ שמלאי בכל מקום שפקרו המינין תשובתן בצדן ed. Lehm. (ed. Ven. u. a. crmp. שפרקו) R. Samlai sagte: In jeder Schriftstelle, wo die Häretiker eine Stütze für ihre Häresie zu finden vermeinen, steht die Widerlegung an der Seite. So z. B. suchten sie die Lehre der Dreieinigkeit zu beweisen aus den Worten אל אלהים ה׳ (Jos. 22, 22 und Ps. 50, 1). R. Samlai entgegnete ihnen: Die Prädikate stehen ja daneben im Singular: „Er weiss", „Er redete und rief" הוא ידע דבר ויקרא; nicht דבר ויקראו, הם יודעים (sie wissen, sie redeten und riefen), vgl. auch אוּשָׁיָא und אֲגוּסְטוֹס. Auf ihre Beweisführung von den pluralen Adjectiven:

„Die Heiligen, die Nahen" (אלהים קרבים אלהים), קדשים, Jos. 24, 19 und Dt. 4, 7), entgegnete er: Auch hier stehen die Prädikate im Singular u. dgl. m. Exod. r. s. 29 Anf. werden noch andere ähnliche Discussionen zwischen den Häretikern und R. Samlai erwähnt. R. hasch. 17ᵃ המינין והמסורות והמשומדים והאפיקורסין ושכפרו בתורה ושכפרו בתחיית המתים וכ׳ Ms. M. (in Agg. fehlt והמשומדים und anst. ושכפרו steht שכפרו, Beides Censurenveränderungen) die Häretiker, die Angeber (Denuncianten), die Apostaten, die Epikuräer (d. h. die ein zügelloses Leben führen), ferner diejenigen, welche die Thora, oder die Auferstehung der Todten verleugnen u. s. w., werden für alle Zeiten im Gehinnom gerichtet werden. Exod. r. s. 19, 118ᶜ שלא יהו המינין המשומדים ורשעי ישראל אומרים הואיל ואנו מהולין אין אנו יורדין לגיהנם מה הקבה עושה משלח מלאך ומושך ערלתן וכ׳ wie verfährt Gott, damit nicht etwa die Häretiker, die Apostaten und die Frevler Israels sagen: Da wir beschnitten sind, so werden wir nicht in das Gehinnom kommen? Er sendet einen Engel, der ihre Vorhaut über ihre Eichel zieht, damit näml. die Beschneidung unkenntlich gemacht werde; vgl. auch לָחַך. Num. r. s. 9, 203ᵈ (mit Bez. auf Num. 5, 23: „Der Priester verwische die Rolle" u. s. w.) ספרי מינין שמטילין איבה וקנאה על העולם um wie viel mehr müssen die Bücher der Häretiker, welche Hass und Zwietracht erzeugen, aus der Welt verwischt werden! Khl. r. sv. כל הדברים, 73ᵃᵇ היו המינין מתעסקין עמו die Häretiker disputirten mit ihm, vgl. auch פָּרֵק u. m. a.

מִינָא II מִנְאָה, מִינָיא, מִינֵי, מִינַיי chald. (=מִין) Minäer, Häretiker. Ber. 58ᵃ ההוא מינא Ms. M. (das. dreimal; Agg. צדוקי) jener Minäer, der mit R. Scheschoth disputirte, vgl. פַּנְּנָא. Snh. 38ᵇ מינא (Agg. צדוקי), vgl. מְטַטְרוֹן. Chag. 5ᵇ ob., vgl. מַחֲוֵי. j. Snh. VII g. E., 25ᵈ mit. R. Elieser und R. Josua wurden infolge des Zauberspruches eines Häretikers von Gewölbe des Bades festgehalten, vgl. כִּיפָה. כִּיפְתָא Hierauf sagte R. Elieser zu R. Josua: חמי מה דאת עבד מי נפק אהן מיניא אמר ר׳ יהושע מה דמר וחפש יתיה הרעא siehe nun, dass du ihm ebenfalls etwas anthust! Als der Häretiker fortgehen wollte, sagte R. Josua irgend einen Spruch, infolge dessen hielt das Thor des Bades jenen Häretiker fest. Als sie aber übereingekommen waren, die Zauber gegenseitig zu lösen und sie gemeinschaftlich eine Reise zur See unternehmen, אמר ההוא מיניא מה דמר ואתבזע ימא אמר לון ולא כן עבד משה רבכון וכ׳ sagte der Häretiker irgend einen Zauberspruch, infolge dessen das Meer sich theilte und sagte zu jenen Gelehrten: Verfuhr denn euer Lehrer Mose nicht ebenso, dass er das Meer theilte? Sie aber entgegneten ihm: Da du wohl gestehen wirst, dass

Mose selbst durch das Meer ging, so thue du dasselbe! Als er anfing zu gehen, גזר ר׳ יהושע על שרה דימא ובלעיה so verschlang ihn auf Befehl des R. Josua der Schutzengel des Meeres. Das. R. Jannai erzählte: מהלך הוינא בהדא בההוא בדרא דצפורי וחזית חד מיניא נסב צרור וזריק ליה לרומא והוה נחית ומתעביד עגל וכ׳ als ich einst auf der Strasse von Sepphoris ging, sah ich einen Minäer einen Stein in die Höhe werfen, der sich, als er herunterfiel, in ein Kalb verwandelte. Auf den Einwand daselbst, dass alle Weltbewohner nicht im Stande wären, auch nur eine Mücke mit Lebensodem zu erschaffen, wird diese Handlung dadurch erklärt: (l. לסריה לסריה. der קרא וגנב ליה עגל מן בקרותא ואייתי ליה Minäer habe seinen Schutzengel angerufen, der für ihn ein Kalb aus der Stallung gestohlen und es ihm gebracht hätte. R. Chinna erzählte seinem Vater ein ähnliches Zauberwerk, das ein Minäer verübt habe, worauf der Vater ihm bemerkte: אין אכלת מיניה מעשה הוא ואי לא אחזית עיניך הוא hast du das Fleisch vom Kalb gegessen, so war es wirklich erschaffen, wo nicht, so war es ein eitles Blendwerk. — Pl. Khl. r. sv. כל הדברים, 73ᵃᵇ Chanina (Chananja), der Brudersohn des R. Josua אזל להדיה כפר נחום ועבדון ליה מינאי מילה ועלון יתיה רכיב חמרא בשבתא אזל לגבי יהושע חביביה ויהב עלוי משח ואתסי אמר ליה כיון דאתער בך חמרא דההוא רשיעא לית את יכיל קאים בארעא דישראל Kaper (Kefar, Dorf) Nahum; da übten die Minäer ein Zauberwerk an ihm, infolge dessen sie ihn am Sabbat, auf einem Esel reitend, nach dem Orte führten. Er ging hierauf zu seinem Oheim Josua, welcher ihm eine Einreibung gab, wodurch er genas. Aber, sagte er zu ihm, da nun einmal der Esel jenes Bösewichts gegen dich rege geworden, so kannst du nicht mehr in Palästina bleiben. Chanina ging hierauf nach Babylon, woselbst er in Frieden starb. Das. שלחון מינייא בתריה die Minäer schickten ihm nach. Ab. sar. 4ᵃ מִינָיֵי, s. מְבָסָא. — Ferner מִינָא viell. N. pr. Mina. j. B. mez. Vanf. 10ᵇ ר׳ בא בר מינא R. Ba bar Mina (wahrsch. jedoch zu lesen זמניא. j. Ber. I, 3ᵈ ob. ר׳ שמואל בר מינא (ed. Lehm. איניא) R. Samuel bar Mina.

מִינוּת fem. N. a. das Minäerthum, Christenthum, Haeresie. Ab. sar. 16ᵇ un. 17ᵃ ob. כשנתפס ר׳ אליעזר למינות העלוהו לגרדום לידון וכ׳ als R. Elieser wegen Häresie (zur Zeit näml. als die Judenchristen verfolgt wurden und er im Verdacht stand, dieser Sekte anzugehören) von der römischen Regierung gefänglich eingezogen wurde, führte man ihn auf den Richtplatz, damit er gerichtet werde. Später wurde er freigesprochen, aber dessenungeachtet blieb er untröstlich darüber, dass er einen solchen Verdacht auf sich gezogen hatte. R. Akiba sagte hierauf zu ihm: רבי שמא מינות בא לידך והנאך

ועליו נחפסת למינות אמר לו עקיבא הזכרתני פעם אחד ... ומצאתי אדם אחד מתלמידיו ישו הנוצרי אמר לי כתוב בתורתכם לא תביא וג' מהו לעשות מהן בית הכסא לכהן גדול ולא אמרתי לו כלום אמר לי כך לימדני ישו הנוצרי כי מאתנן וג' והנאני הדבר ועליו נתפסתי למינות ועברתי על מה Ms. שכתוב בתורה הרחק מעליה דרכך זו מינות M. (ganz anders in Agg.) Rabbi, vielleicht vernahmst du eine häretische Ansicht, die dir genehm war und um derentwillen du wegen Häresie angeklagt und eingezogen wurdest! Er entgegnete ihm: Akiba, du erinnerst mich, dass, als ich einst auf der obern Strasse von Sephoris gegangen war, mir Einer von den Jüngern des Nazaräers Jesu begegnete, der zu mir sagte: Es heisst in eurer Gesetzlehre: „Du sollst Buhlerlohn u. dgl. nicht in das Haus Gottes bringen" (Dt. 23, 19); darf man aus solchen Gaben einen Abtritt für den Hohenpriester anfertigen? Ich erwiderte ihm darauf nichts. Da sagte er zu mir: So lehrte mich der Nazaräer Jesus (mit Bez. auf Mich. 1, 7: „Vom Buhlerlohn kam es" u. s. w.): Vom Unrath kamen solche Dinge und zu Unrath mögen sie zurückkehren! (d. h. man darf sie hierzu verwenden). Dieser Ausspruch gefiel mir und deshalb wurde ich der Häresie angeklagt, da ich das Schriftwort übertrat: „Halte fern von ihr deinen Weg"! (Spr. 5, 8) darunter ist die Häresie zu verstehen; vgl. auch וַיִּהְדָּם und פְּרָא. (Raschi z. St. erklärt נחפס למינות: „R. Elieser wurde von den Minäern, die ihn zum Götzendienst zwingen wollten, gefänglich eingezogen." Diese Erklärung jedoch erweist sich aus den Parall. Tosef. Chull. II und Khl. r. sv. כל הדברים, 73ᵃ als ganz unmöglich, da hier על דבר מינות statt, was wohl nichts Anderes, als: wegen Häresie bedeutet. Ueberdies war das Christenthum zu jener Zeit, als es erst im Entstehen begriffen war, viel zu ohnmächtig, als dass es hätte daran denken können, einen so hervorragenden Gelehrten, wie R. Elieser war, durch Zwang zu bekehren.) Ber. 33ᵇ האומר יברכוך טובים הרי זו דרך מינות Ms. M. (fehlt in Agg.) wenn Jem. sagt: Die Guten (viell. das gute Princip, Dualismus) mögen dich segnen, so ist dies eine Art Häresie. Meg. 25ᵃ ob. dass. Genes. r. s. 48, 46ᵈ, vgl. חֲנוּפָה. Cant. r. sv. היושבת, 34ᵇ die Engel werden חברים genannt, לפי שאין ביניהין איבה וקנאה ושנאה ותחרות ומינות ופלגנות דברים weil unter ihnen Feindseligkeit, Neid, Hass, Zwietracht, Häresie und Wortstreitigkeit nicht vorhanden sind. Levit. r. s. 28 Anf. בקשו לגנוז ספר קהלת שמצאו בו דברים שהן נוטין לצד מינות man beabsichtigte, das Buch Koheleth als apokryph zu erklären, weil man darin Aussprüche fand, die sich der Häresie (Epikurismus) zuneigen; z. B. „Freue dich Jüngling in deiner Jugendzeit" und dgl. (Khl. 11, 9 u. m.). Khl. r. sv. מה יתרון, 71ᵃ und das. sv. שמח, 96ᵈ dass.

מִינָא III f. (lat. mina, oder mna, μνᾶ) Mine, ein griech. Pfund, libra. Pl. Schabb. 133ᵇ un. שב מִינָאֵי תרבא sieben Minen Fett (Raschi: מינות Portionen?)

מִינוֹנֵי s. מִינוֹנֵי.

מֵינַס m. N. a. (von אֲנַס) das Bedrücken, die Bedrückung, s. TW.

מִינוֹק, מִינוֹקָא m. (von יָנַק; = hbr. תִינוֹק) eig. Säugling, übrtr. Kind überh., Knabe. j. Schabb. XIV, 14ᵈ mit צואה דמינוק יבשה vertrockneter Unrath eines Kindes. j. M. kat. III, 81ᵈ mit als die Magd des Bar Peta vor einer Schule vorüberging, הוא חד ספר מחי לחד מינוק רב' bemerkte sie, dass ein Lehrer ein Kind schlug, infolge dessen legte sie ihn in den Bann. Genes. r. s. 87 Anf. בערביא צווחין למינוקא in Arabien nennt man das Kind: فَتَى; פתיא zur Erklärung von פתאים (Spr. 7, 7). j. Schabb. I, 4ᵇ mit מינוקה. — Pl. j. Snh. VII, 25ᵈ mit als die Gelehrten in Rom angekommen waren, עלון לחד אתר ואשכחון מִינוֹקַיָּיא עבדין גבשושין gingen sie nach einem Orte, woselbst sie Kinder antrafen, welche Hügel aufschütteten u. s. w. j. Ber. II, 5ᵃ mit מֵינוֹקֵי, s. לְבָא. j. Hor. II, 46ᵈ ob. מילה דמינוקא אמרין בכנישתא בכל יום את שאיל לי über Dinge, welche die Kinder täglich in der Schule sagen, fragst du bei mir an. j. Snh. X, 29ᵃ un. dass. Levit. r. s. 37, 181ᵇ אתרוגיא דמינוקיא מקלקלין ביום הושענא die Paradiesäpfel, welche die Kinder am Hosanatage (d. h. am siebenten Tage des Hüttenfestes, vgl. הוֹשַׁעְנָא) verderben.

מֵינוֹקָתָא f. das Mädchen. Pl. Pesik. r. s. 3, Schemini Anf. כדרבונות כדור של בנות כהדא ספריא מֵינוֹקַיָּירתָא שהן מלקמות (l. מקלמות) בם (Khl. 12, 10) bedeutet: „Ball der Töchter", wie die Kugel (σφαῖρα), womit die Mädchen spielen, vgl. כַּדּוּר.

מֵינִיקָה, מֵינִקָה, מֵינִקָת fem. (von יָנַק Kal) eig. die Saugende; dah. 1) eine Art Heber, der aus Rohr oder auch aus einer irdenen Masse angefertigt ist und vermittelst dessen man die Getränke von einem Fass in das andere leitet; ähnlich נֶשְׁמָא, welches letztere jedoch gewöhnlich aus Glas angefertigt war. Ab. sar. 58ᵃ נכרי שקדח במינקת והעלה ein Nichtjude, welcher mit dem Heber in ein Fass bohrte und den Wein heraufzog. j. Ab. sar. IV, 44ᵇ ob. אגרונומוס שטעם מן הכוס או מן המיניקית והחזיר אסור לחבית wenn ein (nichtjüdischer) Marktmeister aus dem Becher oder vermittelst des Hebers den Wein kostete und ihn aus jenen Gefässen in das Fass zurückgoss, so ist der Wein zum Genusse verboten, vgl. יֵין נָסָךְ. Tosef. Dem. III מינקית אחת של יין ein Heber zum

Wein. Kel. 9, 2. 14, 2 עשה בראשו מניקת wenn
man an der Spitze des Stockes einen Heber angebracht hat. — 2) נינקת חויא eig. die aus-
saugende Schlange, s. TW.

מֵינַקְתָּ ,מֵינֶקֶת ,מֵינִיקָה fem. (=bh., von יָנַק
Hif.) 1) Amme, Säugamme, die Säugende.
j. Nid. I, 49ᵇ mit. נתנה בנה למיניקה sie übergab ihr Kind einer Amme. Keth. 60ᵃᵇ u. ö.
מינקת, s. יָנַק im Hif. (woselbst jedoch anst. j.
Ned. zu lesen ist: j. Nid.). B. bath. 78ᵇ המור
מניקה ופרה מניקה eine säugende Eselin und
eine säugende Kuh. — 2) übrtr. Ab. sar. 43ᵃ
דמות מיניקה וסרפיס מניקה על שם חוה שמניקה
'כל העולם כולו וכו (das. 2 Mal Ms. M.
Ar. וסרפסם, Agg. וסר אפיס, Tosef. Ab. sar. VI
(וסרפס das Bild der „Säugamme“ und des
Sarapis (Σάραπις) sind als Götzenbilder anzusehen. Die Säugende stellt die Eva dar, als
die Säugamme der ganzen Welt u. s. w.; worunter wahrsch. die Isis gemeint ist, vgl. auch
אָפִיס.

מֵינִיקְתָּא ch. (syr. ‎=מֵינָקָא‎) säugen-
des Weib, Amme, s. TW.

מֵינִיקוּת f. das Säugen, Nähren. j. Nid.
I, 49ᵇ un. ימי עיבורדה ורימי מיניקותה die Tage
ihrer Schwangerschaft und die Tage ihres Nährens. Kidd. 36ᵇ ימי מניקותה dass. Das. oft.

מֵינַקוּתָא ch. (syr. ‎=מיניקות‎) das
Säugen, Nähren. Thr. r. sv. רבתי, 52ᵈ
עשרין וארבעה ירחי דמיניקותה die vierundzwanzig Monate des Nährens, vgl. מֵנַק.

מֵינְיָקָא m. (gr. ὁ μανιάκης und τὸ μανίακον)
ein goldnes Hals- oder Armband, s. TW.;
vgl. auch מוּנְיָיק.

מֵינְתָּה ,מֵינְתָּא f. (gr. μίνϑα, μίνϑη, mentha)
Münze, Minze (‎=נענע‎, arab. نَعْنَع, s. d.),
vgl. auch אֲמִיתָא. Ukz. 1, 2 שרשי מינתא die
Wurzeln der Minze. j. Dem. II, 22ᶜ un. מינתה
הנאגדה בפני עצמה die Minze, die besonders
gebunden wurde.

מִיסָא masc. (neugr. μίσος, missus) Speise,
Nahrungsmittel. Jelamdenu zu Num. Anf.
(citirt vom Ar.) כותב על גבי הסגנוס כמה מיסא
יש er schreibt auf die Tafel (Σίγμα), wie viel
Speisen waren.

מֵיסָן ,מִיסוֹן masc. (gr. μέσον) die Mitte.
Jelamdenu zu Gen. Anf. (citirt vom Ar.) אמר
לרקיע צא ועמוד (באמצע) במיסון Gott sagte zum
Rakia: Gehe hinaus und stelle dich in die Mitte.
Thr. r. sv. רבתי, 53ᵃ un. ein jerusalemischer Sklave,
der von einem Athenienser gekauft worden war,
schilderte, trotz seiner Blindheit, die ihm ganz
unbekannte Karawane, welche ihm vorangegangen

war. דנמלא עמם מנא את דאשתין במיסון
דאורחא ויהודאי לא מישתין דאורחא אלא
בחד זווייא woher weisst du, fragte ihn der
Athenienser, dass der Kameltreiber ein Nichtjude ist? Weil er inmitten des Weges urinirt
hat, der Jude aber urinirt nicht inmitten des
Weges, sondern in einem Winkel. In der Parall.
Snh. 104ᵇ steht dafür: נכרי נפנה לדרך וישראל
נפנה לצדדין der Nichtjude verrichtet seine Nothdurft auf dem Wege, der Jude aber auf der
Seite. Thr. r. l. c. קפץ במיסון דהנותא Ar. (fehlt
in Agg.) er sprang in die Mitte des Ladens.

מִיסָן m. Adj. (von אָסֵי) Arzt, Heilender.
j. Git. I, 43ᵇ mit. חיננא בריה דר' אסי הוה מיסן
Chinnena, der Sohn des R. Assi, war ein Arzt.

מֵיסְרָא m. (syr. ‎, von ‎=אָסַר‎=דָּכַר‎) Gebund. Pl. j. Schebi. II g. E., 34ᵃ un. כהדא
'בר נש עאיל טעון עשר מיסרין דלובי וכו wie jener
Mann, der zehn Gebund Ahorn trug u. s. w.

מְיץ m. (=bh. Stw. מוּץ) das Ausgedrückte,
Ausgepresste. j. Nas. I, 51ᵇ mit. מיץ של עדלה
das Ausgepresste von den Früchten, die in den
ersten drei Jahren nach der Pflanzung wachsen.

מֵיצָה fem. eig. dass., das Gepresste, Zu-
sammengedrückte; übrtr. der Knoten einer
Pflanze. Kel. 9, 8 מיצה שניריה של שיפון der
zweite Knoten am Halm des Speltes.

מֵיצָף ,מֵצַף s. צוּף.

מֵיק ,מַיִק s. מוק und מָקַק — מֵיקרו' s. נַקַר.

מֵירָא s. מוּרָא.

מֵירוֹן s. מֵירוֹן — מֵירוֹן ,מַירוֹן s. מֵרוֹן.

מֵירִי (gr. μυρία) Myriade. Pesik. Bachodesch. 107ᵇ מירי מירדין μυρία μυριαδῶν Myriaden mal Myriaden, s. בִּילִי.

מֵרַת ,מֵירַת m. (syr. ‎ od. ‎, von
יֶרֶשׁ von תירש) Most, ungegohrener
Wein; vgl. Fleischer im TW. II, 568ᵃ; s. TW.

מֵישׁ s. in מוּר'.

מֵישָׁא ,מֵישָׁן öfter מֵישָׁן (viell. bh. מֵשָׁא, Gen. 10,
30) Mesa, Mesan (Mesena), Name eines Lan-
des. j. Jeb. I g. E., 3ᵇ בני מישא die Einwohner Mesas. Das. המן קריין למישא מתה
(in Babylon) nennt man Mesa: die Todte; ein
Wortspiel; d. h. die Einwohner jenes Ortes
stammten grossentheils aus nichtlegitimen
Ehen ab. j. Kidd. IV, 65ᵈ ob. dass. Kidd. 71ᵇ
u. ö. steht dafür מישן מיחה, vgl. גּוֹסָם.

מֵיאָשָׁא ,מֵיאָשָׁא ,מַיָּאשָׁא oder מֵיאָשָׁא Majscha, Name einiger Tannaiten und Amoräer.
Chull. 121ᵇ מיישא ר' R. Majscha. Pea 2, 6 רבי
מיישא od. מאיישא, als Beiname des R. Meïr.

14*

מֵישׁוֹר masc. (=bh., von יָשַׁר) Geradheit; übrtr. Plan, Ebene. Jom. 75ᵃ ob. (mit Ansp. auf במישׁרים, Spr. 23, 31) חד אמר כל הנותן עיניו בכוסו עריות כולן דומות עליו כמישׁור וחד אמר ... כל העולם כולו דומה עליו כמישׁור ein Autor sagt: Demjenigen, der „seine Augen auf seinen Becher richtet", sind alle Incestverbote einer „Ebene" gleich (um sie zu übertreten); ein Anderer sagt: Die ganze Welt ist ihm einer Ebene gleich; d. h. er betrachtet das Eigenthum Anderer wie das seinige, begeht Diebstähle u. dgl.

מֶשֶׁר, מֵישַׁר m. (syn. mit bh., von יָשַׁר) Plan, Ebene; insbes. gerad auslaufendes, langes Beet. Kil. 2, 6 הרוצה לעשׂות שׂדהו משׁר משׁר (j. Kil. II, 28ᵃ ob. steht dafür מישׁור) מכל מין wenn Jem. in seinem Felde mehrere Beete mit verschiedenen Arten (d. h. jedes Beet mit einer andern Art) bepflanzen will. j. Kil. l. c. מישׁר im Ggs. zu מרובע: quadrirtes Stück Feld. j. Erub. IV Anf., 21ᵈ un. R. Gamliel hatte ein Fernrohr, שׁדהו משׁר בה עיניו במישׁור ver-mittelst dessen er jede Strecke, soweit sein Blick reichte, nach deren ebenem Boden berechnen konnte. Das. V, 23ᵈ ob. dass., vgl. auch שׁפופרת.

מֵישְׁרָא, מֵישָׁרָא ch. (=מישׁור) 1) Gerades, Ebenes; übrtr. Levit. r. s. 12 Anf., 155ᶜ (mit Ansp. auf במישׁרים, Spr. 23, 31) דהוא עבד ביתיה מישׁרא מה הדין קדרא דנחשׁא עבד קדרא דחספא עבדא מזבין לה ושׁתי חמרא בטימיהא er („der Zecher") wird schliesslich sein ganzes Haus in eine Ebene (d. h. allen Hausrathes bar) verwandelt. Was dieser kupferne Topf ver-richtet (so denkt er sich), kann auch der irdene Topf verrichtet; er verkauft daher den erstern und trinkt Wein für dessen Erlös. Esth. r. sv. גזירה ר', 105ᵇ dass. mit einigen Abänderungen. — 2) Beet. Schabb. 110ᵇ un., s. בַּתְחָרָא. — Pl. Kidd. 39ᵃ un. רב זרע ליה גינתא דבי רב (מִשְׁאָרֵי משׁארי Ar. (Agg. משׁארי Rab legte in dem Garten der Akademie verschie-dene Beete an; damit näml. die Schüler ver-schiedene Arten von Kräutern zu essen hätten.

מִית (syr. ܡܺܝܬ=hbr. מוּת, s. d.) sterben. Git. 30ᵇ חברך מית dein Freund starb, s. אֲסַר. Ber. 31ᵃ ob. ווי לן דמיתנן ווי לן דמיתנן wehe uns, dass wir sterben, wehe uns, dass wir ster-ben! Genes. r. s. 96, 93ᶜ, s. נָצַץ. j. Pea I, 15ᶜ un. אמרו כד עברת ליד אימיה מית אבוי כד ילדיה מיתה man erzählt (betreffs des R. Abun), dass, als seine Mutter mit ihm schwanger ging, sein Vater starb und dass sie, als sie ihn kaum geboren hatte, ebenfalls starb. Kidd. 31ᵇ wird dasselbe betreffs des R. Jochanan und des Abaji erzählt, vgl. יוֹחָנָן. Snh. 97ᵃ לא הוה מיית אינישׁ מהתם בלא זמניה Niemand von dort (der Stadt Kuschta, קושטא, s. d.) starb vor seiner Zeit. —

Uebrtr. j. Ber. II, 5ᵇ un. דלא יסחי מיית הוא wenn er nicht badete, so würde er sich quälen. — Part. Peil מִית m., מִיתָא c. (syr. ܡܺܝܬܳܐ m., ܡܺܝܬܳܐ f.) todt, ein Todter, gestorben. j. Bic. III, 65ᶜ mit. אילין דקיימין מן קומי מיתא לא בגין קומי מיתא אינון קיימין אלא בגין אילין דגמלין ליה חסדא diejenigen, welche vor einem Todten (den man zur Gruft trägt) aufstehen, stehen nicht etwa des Todten halber auf, sondern um der-jenigen willen, die ihm bei der Bestattung Liebe (die letzte Ehre) erweisen. R. hasch. 20ᵃ מירתיא die Todten, vgl. יַרְקָא. j. Kidd. I, 61ᵇ mit. סִפְדּוּן לנשׁיכון כד הוויין על מיתיא דלא להוויין מתלשׁין בשׂעריהון שׁלא יבואו לידי קרחה befehlet euren Frauen, dass sie, während ihrer An-wesenheit bei Verstorbenen, sich nicht die Haare ausraufen sollen, damit sie sich keine „Glatze" machen (Lev. 21, 5).

מִיתָה f. (=מִיתָה, von מוּת) der Tod, das Sterben. Ber. 8ᵃ תתקל מיני מיתה 903 Todes-arten, vgl. אַסְכָּרָא. Schabb. 156ᵇ „Tugend rettet vom Tode" (Spr. 10, 2), ולא ממיתה משׁונה אלא ממיתה עצמה nicht blos von einem unnatürlichen, sondern auch von dem gewöhnlichen, natürlichen Tode. Snh. 68ᵃ תמיהה אני אם ימותו מיתת עצמן es würde mich wundern, wenn sie natür-lichen (im Ggs. zu gewaltsamen) Todes sterben sollten! Das. 89ᵃᵇ מיתה בבית דין (wofür das. auch מיתה בידי אדם) die Todesstrafe, die vom Gerichte ausgeht. מיתה בידי שׁמים die Todes-strafe, die von Gott ausgeht, d. h. die Jem. wegen einer Sünde erleiden sollte. So verdient z. B. ein Prophet, der (nach Art des Propheten Jona) die ihm von Gott aufgetragene Prophe-zeiung unterdrückt: מיתה בידי שׁמים die gött-liche Todesstrafe. So wird auch יומת (Ex. 21, 29, vgl. Mechil. z. St.) erklärt durch מיתה בידי שׁמים, da Jem. nur wegen der von ihm, nicht aber wegen der durch seinen Ochsen statt-gefundenen Tödtung von Seiten des Gerichts ge-tödtet wird. j. Bic. II Anf., 64ᶜ לשׁמוח בתורה לשׁבעים מיתה של חיבה (l. חובה) האמורה בתורה לשׁבעים מיתה של חיבה לשׁמוח מיתה של זקנה מכאן ודילך חיי צער der Tod im sechzigsten Lebensjahr ist der Tod, der in der Schrift vorkommt (d. h. die göttliche Todes-strafe, מיתה בידי שׁמים, M. kat. 28ᵃ), derjenige im siebzigsten Lebensjahr ist der natürliche (eig. Pflicht-) Tod (im Wb. II, 2ᶜ ist חובה anst. חיבה zu lesen), derjenige im achtzigsten Lebensjahr ist der Tod im hohen Alter; von da ab ist das Leben qualvoll. Das. כרת מיתת der Vertilgungstod, vgl. כָּרַת. Snh. 52ᵇ u. ö. כל מיתה האמורה בתורה סתם אינה אלא חנק überall, wo in der Schrift eine Todesstrafe vorkommt (wie יומת, מות, ohne Angabe der Todesart), ist der Erwürgungs-tod gemeint. Keth. 36ᵇ מיתה אריכתא ein langer Tod; d. h. wenn man Jem. zuvor mit Geisselhieben und dann mit dem Tode bestrafen würde, was jedoch nicht zulässig ist. Snh. 52ᵇ

„Liebe deinen Nächsten wie dich selbst" (Lev. 19, 18), das bedeutet: ברור לו מיתה יפה wähle für den Verbrecher einen schönen Tod; d. h. der ihn so wenig als möglich schändet; dass z. B. die Hinrichtung nicht darin bestehe, dass man den Körper in zwei Theile theile u. dgl. m. Kidd. 23ᵃ ob. זה פירש למיתה וזה פירש לחיים der Eine ging zum Tode, der Andere aber zum Leben; d. h. sofort, nachdem der Proselyt gestorben war, trat Mar Sutra die Erbschaft desselben an. — Pl. Snh. 7, 1 (49ᵇ) ארבע מיתות נמסרו לבית דין סקילה שרפה הרג וחנק vier Arten von Todesstrafen gehen vom Gerichtshof aus, näml. die Steinigung, die Verbrennung, die Tödtung durch das Schwert (סייף) und die Erwürgung (die je früher genannte ist die schwerere Todesstrafe). Nach Ansicht des R. Schimeon lautet die Ordnung: שרפה סקילה חנק והרג 1) die Steinigung wurde auf folgende Weise vollzogen: Der Richtplatz (בית הסקילה) war zwei Mann hoch, von wo aus Einer der Zeugen den Verbrecher hinunterstiess; wenn Letzterer davon noch nicht starb, so warf der zweite Zeuge einen Stein auf sein Herz; wenn er auch davon noch nicht todt war, so bewarfen ihn alle Anwesenden mit Steinen. Hierauf wurde er an einem Pfahl, der in die Erde versenkt (nach einer andern Ansicht: der an der Wand angestützt) war, aufgehängt. — 2) die Verbrennung. Der Verurtheilte wurde in einen Mistpfuhl, der ihm bis zu den Knieen reichte, gestellt; hierauf wickelte man einen harten Strick mit weicher Umhüllung um seinen Hals; Einer zog den Strick nach der einen und ein Anderer nach der entgegengesetzten Seite, bis der Verbrecher seinen Mund aufsperrte, in welchen man ein glühendes Bleistäbchen warf, das bis zu den Eingeweiden gleitete und sie verbrannte. (Nach Ansicht des R. Juda erfolgte das Aufsperren des Mundes vermittelst einer Zange auf gewaltsame Weise. R. Elieser ben Zadok berichtete, dass man einst eine zum Verbrennungstode verurtheilte Priestertochter mit Reisern umgab und sie anzündete. Man entgegnete ihm: Jener Gerichtshof war des Gesetzes unkundig! d. h. bestand aus Sadduzäern, welche das Schriftwort buchstäblich nahmen, ohne sich um die rabbinischen Deductionen zu kümmern.) — 3) die Tödtung durch das Schwert bestand darin, dass man den Kopf des Verbrechers abschlug, nach der Art, wie die römische Regierung verfuhr, vermittelst des Schwertes abschlug. (Nach Ansicht des R. Juda schnallte man den Kopf an einem Holzblock an, den man vermittelst des Beiles durchhieb.) — 4) die Erwürgung bestand darin, dass man den Verbrecher in einen Mistpfuhl, der ihm bis zu den Knieen reichte, stellte, seinen Hals mit einem harten Strick mit weicher Umhüllung umwickelte, welchen Einer nach dieser und ein Anderer nach jener Seite so lange zog, bis der Verur-

theilte seinen Geist aufgab. — Sot. 8ᵇ דין ארבע מיתות die göttliche Bestrafung, die den vier Todesarten entspricht, vgl. מִדָּה nr. 2. Keth. 37ʰ מיתות חמורות . . . מיתות קלות schwere Todesstrafen (wegen solcher Sünden, für die es, wenn sie aus Irrthum begangen wurden, keine Sühne durch Opfer giebt; also wenn Jem. z. B. seinen Vater verwundet oder einen Menschen geraubt hat, da näml. ein Sündopfer nur bei irrthümlicher Begehung solcher Sünden dargebracht wird, wo die muthwillige Begehung derselben, ohne dass eine Verwarnung durch Zeugen stattgefunden hat, mit Ausrottung, כרת, bestraft wird); leichte Todesstrafen (welche auf die Uebertretung der meisten Verbote der Schrift erfolgen, wie z. B. auf Götzendienst, Sabbatentweihung und Incest, auf deren Uebertretung aus Irrthum ein Sündopfer zur Sühne dargebracht wird und auf welche die Strafe der Ausrottung gesetzt ist, wenn sie muthwillig in Ermanglung einer Verwarnung begangen wurden. Dazu gehört auch der Mord, da das Tödten ohne Absicht durch Exilirung des Mörders gesühnt wird). Genes. r. s. 96, 93ᵈ מי שמת בחוצה לארץ ונקבר שם שתי מיתות יש בידו Jem., der ausserhalb Palästinas starb und daselbst begraben wurde, erlitt einen doppelten Tod; weil näml. die dort Begrabenen in der messianischen Zeit nicht auferstehen werden. Num. r. s. 18, 235ᵈ Korach מיתות בשני נידון 'וכ erlitt einen doppelten Tod, er wurde zuerst verbrannt und sodann von der Erde verschlungen. — Trop. Ab. sar. 41ᵃ, vgl. אַטְּתִיגְמָא.

מִיתוּתָא ch. (syr. ܡܝܬܘܬܐ=מִיתה) das Sterben, der Tod. B. bath. 16ᵇ u. a., vgl. חַבְרוּתָא, s. auch TW.

מִיתְנָא m. Adj. der Todte, Verstorbene. Jeb. 37ᵇ. 38ᵃ נכסי מיתנא die Güter des Verstorbenen. בר מיתנא der Sohn des Verstorbenen. Das öfter. — B. mez. 113ᵇ מיתנא s. מְתָנָא.

מֵתָא ,מֵתְיָא m. (Verbale von אֲתָא) das Ankommen, die Ankunft. Genes. r. s. 60, 59ᵇ wird בא (Gen. 24, 62) übersetzt: אתא ממיתא er traf ein bei der Ankunft. Keth. 17ᵃ und Snh. 15ᵃ בריך מתייך לשלם gesegnet sei deine Ankunft zum Heile! vgl. מְבִרְכָּנָא. Git. 30ᵃ Jem. gab seiner Frau einen Scheidebrief mit der Bedingung, dass er nur dann giltig sein solle, wenn der Aussteller innerhalb 30 Tage zurückkommen würde; אתי ופסקיה מברא אמר חזו דאתאי חזו דאתאי שמואל אמר לא שמיה מתיא er kam, jedoch die Fähre (die ihn über den Strom, an dem sein Wohnort belegen war, führen sollte) fehlte. Er rief nun hinüber: Sehet, dass ich ankam, sehet, dass ich ankam! Samuel sagte: Das wird nicht „Ankunft" genannt! d. h. die Scheidung ist giltig, da jener nicht in der Stadt eingetroffen ist. — בַּיְיתִי Af. von אֲתָא, s. d.

מֵיתָבוּתָא *fem.* N. a. (von יְתִיב ,יָתִיב) Bewohnung, Besetzung. M. kat. 2ᵃ לִישְׁנָא דמֵיתָבוּתָא der Ausdruck für Bewohnen, näml. בֵית הבעל, s. d.

מֵיתֹוי ,מֵיתֹון *m.* (gr. μίτον, oder von μιτόω) das Aufspannen des Fadens; ähnlich dem hbr. מֵיתֻרֹת von מֶתַח Orl. 1, 4 מיחוון של מחוו die Nadel zum Aufspannen. j. Orl. I, 61ᵃ mit. Kel. 13, 5, s. מַחַט.

מֵיתֹורִין ,מֵחֹורִין oder מֵיתֹורֹין *m.* Adj. (gr. με⋮θόριον) Grenzort. Genes. r. s. 50 Anf. הגיע למיתחאריין ,auch למיתֹורִין שלו Ar. er langte an seinem Grenzorte an; wo er näml. die Obergewalt übernehmen sollte, vgl. אֹורְיָין II. In der Parall. Levit. r. s. 26, 169ᵈ steht מחֹורִין.

מָךְ *m.* (eig. Part. von מוּךְ) gebeugt, demüthig. Sot. 10ᵇ „die schweigsame Taube" (יונת אלם, Ps. 56, 1) auf Tamar gedeutet: מכתם שיצא ממנו דוד שהיה מך ותם ואחר דבר שהיה תם ואחר דבר שהיה '2 das W. מכתם bedeutet: diejenige, von der David abstammte, welcher demuthsvoll und vollkommen war (מך-תם); nach einer andern Deutung bezeichnet es den, dessen Wunde (Glied der Beschneidung) vollkommen war; indem er ohne Vorhaut geboren wurde.

מָכָא ,מְכִי (syn. mit מוּךְ, מָכַךְ und נְמַךְ, Grndw. מך, arab. مَكَّ) schwinden, gedrückt sein. Part. מָכָא *m.* (syr. ܡܟܐ), מָכְיָא *f.* Schabb. 129ᵃ un. מאן דעבד מילתא ולא אפשר ליה ליתקל זוזא מכא ולזיל לזוב חנורתא עד דטעים רביעתא wenn Jem. sich zur Ader gelassen und nicht im Stande ist (Geld auf Wein auszugeben), so verschaffe er sich einen abgeriebenen (eingedrückten) Sus und besuche sieben Kramläden (in welchen ihm jeder Verkäufer etwas Wein zum Kosten geben wird), bis er soviel, als ein Viertel Log enthält, gekostet hat. Bech. 51ᵃ זוזא מאכא B. kam. 37ᵇ dass. — Trop. Levit. r. s. 18, 157ᵃ הדא חיותא כד סלקא מן ימא היא מאכא מָכְבְיָא מן חורשא לית היא מכא Ar. (Agg. מומכיא) das Thier, das aus dem Meere aufsteigt, ist gebeugt (d. h. kraftlos, weil es sich auf dem Lande nicht erhalten kann); dasjenige aber, das aus dem Walde kommt, ist nicht gebeugt, ist wild; mit Ansp. auf Ps. 80, 14 מיער (מיאר) und Dan. 7, 3; d. h. wenn Israel entartet, so wird es „von dem Eber des Waldes" (Rom) angefallen u. s. w., s. יאֹר. Cant. r. sv. במעט 17ᵃ סלקא מן ימא ולא מכיה וכ' steht der Satz umgekehrt, wahrsch. crmp. Genes. r. s. 32, 31ᵇ מְכַיָא ... טוריא die niedrigen Berge, vgl. מצר. Cant. r. sv. כמגדל, 21ᵉ steht dafür טוריא רכיביא (von מְכַךְ) dass.

Af. אַמְכִי niedrig machen, zu Boden senken. Genes. r. s. 17 Anf, 17ᵇ כד סליק אמכא לאסה ונסקת als er (R. Jose) nach Hause kam,

senkte seine böse Frau ihr Gesicht zur Erde und ging fort. Levit. r. s. 17, 157ᵃ מומכיה, s. Peal.

מַכְבֵּד *m.* (von כָּבֵד schwer sein) der dicke, schwere Ast der Palme, an dem sich viele Stauden (הֹוצֵרי), zuweilen auch einige Datteln befinden und der gewöhnlich als Kehrbesen diente (=רֻכְבָּא דדיקלי, s. d.); sodann überh. Kehrbesen, vgl. כָּבֵד im Piel nr. 2. Ukz. 1, 3 המכבד של תמרה der Ast (Kehrbesen) der Palme. Tosef. Schabb. VI (VII) Anf. wenn Jem. sagt: שב על המכבד שתהא חולם חלומות אל חשב על המכבד שלא תהא חולם חלומות הרי זה מדרכי האמורי setze dich auf den Kehrbesen, damit du Träume habest; oder: Setze dich nicht auf den Kehrbesen, damit du keine Träume habest; dergleichen gehört zu den heidnischen Bräuchen, Aberglauben. Tanchuma Masse g. E., 247ᵇ (mit Ansp. auf הכבוד Jes. 8, 23) הכבירן כבמכבד er fegte sie aus wie mit einem Kehrbesen. Thr. r. Einleit., 44ᶜ steht dafür המכבד כבמכביד, s. הַמַם. — Pl. Suc. 13ᵇ und j. Bez. IV, 62ᶜ ob. מַכְבְּדֹות Aeste (Besen), woran Datteln hängen. Pes. 56ᵇ מכבדות Aeste, betreffs deren man zu befürchten hat, dass man die daran hängenden Datteln am Sabbat abpflücken könnte. j. Pea IV Anf., 18ᵃ תמרים במכבדות die Datteln an den Aesten. j. Maas. I, 48ᵈ un. מכבדות תמרה die Aeste der Palme.

מַכְבַּנְתָּא *f.* (syn. mit כְּבִינְתָּא, von כְּבַן) ein Diadem, das schneckenartig um den Kopf des Weibes gewunden wird, oder: eine Art Kapuze. Schabb. 62ᵃ, s. סוּבְלִיאָר. Das. 156ᵇ die Tochter des R. Akiba שקלתה מכבנתא רצתה בגורא וכ' nahm ihr Diadem und befestigte es an der Wand, infolge dessen eine vorübergehende Schlange verwundet wurde.

מַכְבֵּר *m.* (=bh., von כָּבַר, s. כְּבָרָה) Geflecht, Flechtwerk von Weiden, das bes. als Sieb diente. Pl. Genes. r. s. 39, 38ᵇ ein Gleichniss von einem Könige, der auf seiner Reise von einem Orte nach dem andern einen Edelstein aus seiner Kopfbedeckung verloren hatte. עמד המלך והעמיד סמליא שלו ושמו צבורים ודביא מַכְבְּרֹות וכבר את הראשון ולא מצאה השני ולא מצאה ובשלישי מצאה אמרי מצא המלך מרגלית שלו כך אמר הקבה וכ' der König machte sich auf, stellte seine Dienerschaft (familia) dorthin, liess Erdhäufchen aufschütten und Siebe herbeiholen. Er siebte hierauf das erste Häufchen, fand jedoch den Edelstein nicht, im zweiten fand er ihn ebenfalls nicht, aber im dritten fand er ihn. Man sagte sodann: Der König fand seinen Edelstein! Ebenso sagte Gott: Welchen andern Gewinn brachte mir die Aufzählung von „Sem, Arpachschad u. s. w. bis Terach" (Gen. 11, 10 fg.), als blos den, den Abraham zu finden? „Du fandest sein Herz treu vor

dir" (Neh. 9, 8). Dasselbe galt von David. Welchen Gewinn hatte die Aufzählung von „Perez, Chezron u. s. w. bis Jischai" (Ruth 4, 18—22)? „Ich fand meinen Knecht David" (Ps. 89, 21). Ruth r. Ende, 43ᵈ dass.

מַכְבֵּר s. מַכְוּור.

מַכְבֵּשׁ masc. (von כָּבַשׁ) eig. was drückt, presst, Presse; daher Mange od. Maschine, ein Gestell, das gew. aus zwei übereinander befestigten Platten bestand und dessen sich die Arbeiter zu verschiedenen Handarbeiten bedienten; z. B. zum Geradeschlagen krummer Holzstücke (Holzbank), zum Walken der Wäsche (Mange) u. dgl. m. — Kel. 16, 7 של המכבש של חרש die Holzbank des Zimmermeisters. Das. 21, 3 dass. Tosef. Kel. B. bath. I Ende מכבש של אושכף (Var. שכף) שהוא מורח עליו את העור ורמיח עליו את האבן das Gestell des Riemers, über welches er das Fell ausspannt und auf letzteres den Stein (zum Pressen) legt. Schabb. 141ᵃ ושל כובסין ... מכבש של בעלי בתים das Gestell der Privatleute und das der Wäscher. Tosef. Schabb. XVI (XVII) Anf. dass. j. Schabb. XX Ende, 17ᵈ מכבש עשר אותו כקרקע das Gestell behandelte man in manchen Beziehungen wie einen festen Boden. Tosef. M. kat. II g. E. מכבש של כובשים (oder כובסים) die Maschine der Walker.

מִכְדִי Prtkl. Schulausdruck in bab. Gemara, zur Einleitung der Frage: da doch, eig. daraus, dass es so ist (von dem, was ist), ist folgender Einwand zu erheben. Das Wort ist contr. aus מִן־פְּדִי. Die recipirte LA. מִפְּדִי scheint durch Verwechslung unseres Ws. mit מִפְּדִי, das, aus כְּדִי mit vorgesetztem מ entstanden, zur Bezeichnung der Comparation dient, z. B. יותר מכדי חייו mehr als zu seinem Lebensunterhalt erforderlich ist. (Danach ist das im Art. כְּדִי Gesagte zu berichtigen.) B. kam. 3ᵃ מכדי שקולין הן ויבאו שניהם da diese (beiden Arten von Schäden) gleich sind, so mögen sie beide aus der Schriftstelle erwiesen werden u. s. w. Bez. 2ᵇ מאן סתמיה למתני' רבי מכדי da Rabbi die Mischna redigirt hat, warum also u. s. w.? Keth. 22ᵇ מכדי תרי ותרי נינהו וכ' da doch zwei Zeugen den anderen zwei Zeugen widersprechen u. s. w. Pes. 14ᵃ מכדי בשר שנטמא בולד הטומאה מאי הוי שני da dasjenige Fleisch, dessen Unreinheit durch Berühren eines Gegenstandes, der zum ersten Grad der Unreinheit geworden, den zweiten Grad bildet, welcher durch Verbrennen u. s. w. ebenfalls den zweiten Grad bildet; wie passt dazu der Ausdruck: Man vergrössert den Grad der Unreinheit? Das. öfter. B. bath. 31ᵇ, Chull. 29ᵃ u. ö.

מַכָּה f. (=bh., von נכי, נָכָה) das Schlagen, der Schlag, bes. göttliche Plage. Taan. 19ᵃ un. wird מכת בצורת erklärt: מכה המביאה לידי בצורת eine Plage (d. h. Regenmangel), die Nahrungsmangel, Hungersnoth herbeiführt. Ber. 58ᵃ u. ö. מכת בכורות die Plage (Tödtung) der Erstgeborenen Egyptens. Absar. 28ᵃ, s. חָלַל. j. Nas. IV, 53ᵇ ob. u. ö. מכת מרדות Schläge der Züchtigung, s. מַרְדּוּת. — Trop. j. Pea VIII, 21ᵃ un. זה מכת פרושים נגעה בו diesen da traf die Plage (Hinterlist) der Pharisäer. Rabbi pflegte nämlich Einem seiner Schüler, der ein kleines Vermögen von nur 199 Denaren hatte (der Besitzer von 200 Denaren galt als ein Vermögender), öfter Almosen zukommen zu lassen. Ein hinterlistiger Schüler jedoch schenkte dem Ersteren einen Denar und veranlasste hierdurch den Rabbi, dem gegenwärtigen Besitzer von 200 Denaren fortan seine Unterstützung zu entziehen. j. B. bath. IX Anf., 16ᵈ u. ö. wird dieselbe Phrase auf ähnliche hinterlistige Handlungen angewandt. Ferner übrtr. Sot. 10ᵇ מכה das Glied der Beschneidung, s. מַךְ. — Pl. Snh. 1, 1 (2ᵃ) מַכּוֹת בשלשה die Geisselhiebe (39 Schläge der Gesetzübertreter) erfolgen auf den Ausspruch dreier Richter. (Im Singl. steht gew. מלקות, s. d.) — Davon rührt auch der Name des Talmudtractats מכות, Makkoth her, der zumeist von der Bestrafung mit Geisselhieben handelt.

מָכוֹן m. (=bh., von כּוּן) eig. Stelle, Wohnstätte; insbes. Machon, Name des sechsten Himmels von unten an gerechnet, die göttliche Schatzkammer, von welcher die unglücklichen Ereignisse ausgehen. Chag. 12ᵇ מכון שבו אוצרות שלג אוצרות ברד ועליית טללים רעים וכ' der Machon, in welchem die Behältnisse des Schnees, Hagels, schädlicher Thaue, Stürme u. s. w. sich befinden.

מְכוֹנָה f. (=bh.) dass., bes. Gestell, d. h. die in einem Zwinger oder Käfig zusammenstehenden wilden Thiere oder Vögel; unterschieden von עֵדֶר בהמה: Hausthiere, die auch im Freien als eine Heerde stehen. Pl. Ohol. 8, 1 מְכוֹנוֹת חיה ועוף die Zwinger (Käfige) des Wildes und des Geflügels. (Tosef. Ahil. IX Anf. steht dafür עדר בהמה היה ועוף). — j. Schabb. XVII, 16ᵇ ob. מכונה crmp., s. בּוּכְנָא.

מְכוֹנְתָּא ch. (=מְכוֹנָה) Stelle, Wohnort, s. TW.

מַכְבֵּר, מַכָּוּור Machwar, Machbar (viell. Machaerus, vgl. Reland, Paläst. p. 883), Name einer Stadt im Stamme Gad. Tam. 3, 8 R. Elieser bar Diglai erzählte: עזים היו לבית אבא בהר מכוור וכ' Mischn. Agg. (Tlmd. Agg. בערבי crmp. Ar. מכבר) meine väterliche Fa-

milie hatte Ziegen, welche auf dem Berge Machwars weideten und welche durch den Geruch des im Tempel verdampften Räucherwerkes niesten. Jom. 39ᵃ בהרי מכאוור Ms. M. 2 (vgl. Dikduke; Agg. crmp. מכמר). j. R. hasch. II, 58ᵃ ob. הרי ניכוור וגדור die Gebirge Machwar und Gadur.

מַכּוֹת *fem.* N. a. (von מְכִי, מְכָא) die Verarmung, Armuth, eig. das Gebeugtsein. B. mez. 114ᵃ שיהא במכותו מתחלה ועד סוף wenn er in seiner Armuth vom Anfange bis zu Ende verbleibt; d. h. vom Aussprechen des Gelöbnisses an bis zur Erfüllung desselben; vgl. auch מְיכָה.

מְכוּתָא *f.* Mastbaum. Ar. erklärt das W. durch ה:סְפִינ: Schiff, was jedoch nicht zutreffend ist. Keth. 69ᵇ un. אסקריא דמכותא die Segelstange des Mastes (Raschi: וילון, velum?), vgl. אָסְקַרְיָא. B. bath. 161ᵇ (צייר) רבא בר רב הונא Raba bar R. Huna zeichnete (anst. seiner Namensunterschrift) einen Mastbaum, vgl. חָרוּתָא. Git. 36ᵇ dass.

מַכְחָל , מִכְחָל *m.* (arab. مِكْحَل , مِكْحَال von כְחַל) Schminkstift, ein Putzwerkzeug des Weibes, das zwei Bestandtheile hatte, näml. einen spitzen Griffel, vermittelst dessen man die Schminke unter die Augenlider brachte und einen löffelförmigen Ohrenreiniger; vgl. Bd. I, 563ᵃ. Kel. 13, 2 מכחל שניטל הכף (Ar. מכחול der Schminkstift, dessen Ohrlöffel abgenommen wurde, vgl. זָכָר nr. 4. Das. 16, 8 תיק מכחל das Futteral (מזְאָל) des Schminkstiftes. Cant. r. sv. לריח, 6ᵇ זכרותו של מכחול (Agg. crmp., vgl. זְכר) die Spitze des Stiftes. Snh. 68ᵃ meine Schüler entzogen mir blos soviel כמכחול wie der Stift aus dem Schminkebehälter. חָכַר. — Bildl. B. mez. 91ᵃ כמכחול בשפופרת das Verbot des Beilegens der Thiere von verschiedener Gattung übertritt nur derjenige, der die Geschlechtstheile so zusammenbringt, wie man den Stift in das Schminkebehältniss hineinbringt. Mac. 7ᵃ (mit Bez. auf den Ausspruch des R. Akiba und R. Tarfon: „Wären wir im Synedrium, so würde Niemand hingerichtet worden sein") Sie würden näml. bei einer Anklage wegen Incestes die Zeugen gefragt haben: ראיתם כמכחול בשפופרת habt ihr die geschlechtliche Vermischung gesehen, wie den Stift in dem Schminkebehältniss? Die anderen Autoren jedoch behaupten: במנאפים משירדאו כמנאפים bei Ehebrechern findet die Verurtheilung statt, wenn sie nach Art der Buhlen verfuhren.

מַכְחְלָא *chald.* (syr. ܡܰܟܚܠܳܐ =מַכְחוֹל, מַכְחָל) Schminkstift. B. kam. 117ᵃ un. דלו ליה במכחלא דכסםא Ar. (Agg. במכחלתא) man hob ihm (dem R. Jochanan die Augenbrauen in die Höhe) vermittelst eines silbernen Stiftes. — Pl. Git. 69ᵃ

ob. als ein Heilmittel gegen Augenkrankheit nehme man Schminke u. s. w. ולרומלי חלת מַכְחֲלֵי בהאי עינא וחלת מכחולי בהאי עינא und schütte davon drei Stifte voll in das eine Auge und drei Stifte voll in das andere Auge.

מְכָא s. מְכִי , מָכְיָא.

מְכִילָתָא , מְכִילָא *f.* (von כּוּל) 1) Mass, Gemäss, Hohlmass, s. TW. — Pl. j. B. bath. V g. E., 15ᵇ Rab, als Marktmeister (ἀγορανόμος) des Exilarchen הוה מחי על מכילתא ולא על שיעוריא geisselte den Verkäufer wegen falscher Masse, nicht aber wegen zu hoher Preise, vgl. אֲנַגְרַמּוֹס. — 2) Opferschalen am Tische des Tempels. Pl. מְכִילָתָא ; ferner Opferschalen oder sonst derartige Gefässe, die beim Götzendienst angewandt wurden. Pl. מְכִילִין oder מְכִילִין, s. TW. — 3) (=מִדָּה) eig. Mass, Norm; übrtr. Mechilta, zunächst derjenige Midrasch, der die halachische Bibelexegese des Exodus, gemäss den dreizehn Normen des R. Ismael enthält und als dessen Hauptautoren, nächst dem Redacteur, R. Ismael, zumeist R. Josija und R. Jonathan genannt werden (מכילתא דר' ישמעאל). Da aber die ganze traditionelle Lehre durch die von R. Akiba und von dem, in seine Fusstapfen tretenden Redacteur der Mischna, R. Jehuda hannasi, eine völlige Umgestaltung und das Mischnawerk gleichsam eine Canonicität erhalten hatte, so wurden alle anderen Halachasammlungen als apokryph (משנה חיצונה, ברייתא) behandelt, vgl. auch כְּתָב. (Die vom Ar. Namens des R. Nissim citirte Erklärung: מכילתא sei gleich מגולתא, mit Wechsel von ג und כ ist unrichtig). — j. Ab. sar. IV, 44ᵇ ob. אפיק ר' יאשיה מכילתא R. Josija zeigte eine Mechilta (Borajtha) vor, eig. er zog sie aus der Verborgenheit hervor. Git. 44ᵃ פוק עיין במכילתיך וכ' gehe hinaus und siehe in deiner Mechilta genau nach! Er that es und fand im u. s. w. Pes. 48ᵃ שתיק ליה במתני' ואהדר ליה במכילתא אחריתי er (R. Elieser) schwieg in der Mischna und erwiderte ihm (dem R. Josua) in einer andern Mechilta; d. h. ausser seiner in der Borajtha erwähnten Erwiderung. — Pl. Levit. r. s. 3 Anf., 147ᵃ בר מְכִילָאן der Inhaber der Mechilta's, die traditionellen Lehren zukunften den Normen, im Ggs. zu בר הילכאן: der Inhaber der Halacha's, Decisionen. Khl. r. sv. טוב מלא, 81ᵇ dass., vgl. auch מֵיכְלָא in מי'.

מְכִירִין s. in מכר'.

מְכַךְ (syr. ܡܰܟ, syn. mit מְכָא) beugen, gebeugt, niedrig machen. — Pa. und Af. dass. Jom. 84ᵇ קא ממכיך מיכוכי er drückt (die Kohlen) nieder. — Nithpa. (נְתְמַכֵּךְ) נְתְמַכְמַךְ eingedrückt werden. Snh. 101ᵇ s. מְיכָה.

מַבִּיךְ m., מַבִּיכָא, מַבִּיכְתָא f. (syr. ܡܒܺܝܟܳܐ)
gebeugt, niedrig, s. TW. — Cant. r. sv. כמגדל
21° טוּרַיָא מַבִּיכַיָא die niedrigen Berge, s. מְכָא.

מַבִּיכוּתָא f. (syr. ܡܒܺܝܟܽܘܬܳܐ) Niedrigkeit,
Gebeugtheit. — מַבִּין masc. pl. Polster,
Decken, worauf man liegt, στρώματα, strata,
s. TW.

מְכִילָא s. in מכר'. — מֵיכְלָא s. in 'מו.

מְכַלָּה m. (eig. Part. Pi. von כלי) (כָּלָה der
Vernichtende. Uebrtr. Mechalle, Name
eines der fünf verderbenbringenden Engel. Deut.
r. s. 3, 254b אַף וחימה קצף משחית ומכלה Af,
Chema, Kezef, Maschchith und Mechalle. In
den Parallst. werden die zwei letzteren: השמד
ודשחת genannt, s. אַף II.

מְכַלְלְתָא fem. (eig. Part. Af. von כְּלַל) die
Kronenreiche, oder: die Kronenverthei-
lende; bes. Machlalta, Name einen Ortes des
Stammes Gad, s. TW. — מכללה Cant. r. sv.
אחוז, 16b, s. בלטוורא.

מִכְמָס (vgl. bh. מִכְמָס) Michmas, Name
eines Landstriches unweit Jerusalem; viell. identisch mit Mochmas bei Robinson, vgl. Neub.
Géogr. du Talm. p. 154. — Men. 8, 1 (83b)
מכמם ומזוחא אלפא לסלת Ar. (Tlmd. Agg. crmp.
מכניס, vgl. auch וזנוֹחָא) Michmas und Senocha
hatten das vorzüglichste (Alpha) feine Mehl.

מִכְמָר m. (eig. Verbale von מְמַר) das Er-
glühenlassen, Warmmachen. Pes. 58a un.
מכמר בשרא das Warmmachen des Fleisches
durch längeres Liegen. B. mez. 74a, vgl. כְּמַר.

מִכְמֶרֶת f. (=bh. מְכָמֹרֶת, von כָּמַר s. d.)
Netz, Fischergarn. j. Pes. IV, 30d mit. צד
במכמורת הוא Jem. fängt Fische mit dem Netze.
j. M. kat. II Ende, 81b un. dass. j. Jeb. XVI,
15b ob. und Jeb. 121a mit., s. כְּמַר. — Pl. Kel.
23,5 הרשתות והמכמורות Ar. (Agg. crmp. הרשושת)
die Netze und die Fischergarne. Machsch. 5, 7
dass. Tosef. Jom. tob (Beza) III Anf. und j.
Bez. III, 62a ob. המכמורות.

מוֹכְנִי s. in מכר'. — מְכוֹנָה, מָכוֹן s. in מכר'.

מַכְנֵס, מַכְנִיס m. (von כָּנַס) das Einheim-
sen der Früchte und übrtr. das, was man
einheimst, hereinbringt, aufbewahrt,
Schatz. Genes. r. s. 31, 30b רוב מכניסו דכלה
das Meiste des von ihm Hereingebrachten (d. h. was
Noah an Nahrungsmittel mit in die Arche nahm)
bestand aus Feigen, welche näml. sowohl den
Menschen, als auch den Thieren zur Speise
dienten. j. Dem. II, 22° ob. רוב מכניסו מישראל
das Meiste seines aufgespeicherten Getreides
rührt von Juden her. Das. 22d mit. מכניסו
seine aufgespeicherten Früchte. Das. VI, 25d
un. j. Kil. II Anf., 27° דרך מכנס auf dem Wege

des Einheimsens. j. B. mez. IX Anf., 12° בית
מכנס שלה die Stelle an der Wurfschaufel, welche
die Getreidekörner aufnimmt, vgl. פּוֹנֵס Anf.

מַכְנְסִין m. pl. (hbr. מִכְנָסַיִם, von כנס) eig.
wie vrg. מַכְנֵס, bes. Kleidungsstück, das
den Leib und die Füsse aufnimmt, daher:
Beinkleider, s. TW.

מַכְנַשְׁתָא f. (von כְּנַשׁ nr. 2, s. d.) das Zusammenfegen. B. mez. 21ab מכנשתא דביזרי
das Zusammenfegen der Getreidekörner; vgl.
jedoch כְּנַישָׁא.

מָכֶס m. (=bh., arab. مَكْس, von כס, כסס,
wie מִמַר von מְרַר) Abgabe, bes. Zoll, den
der Regierungsbevollmächtigte von Personen (d. h.
Sklaven, s. מָכֵס), oder Sachen beim Passiren
eines Zollamtes einfordert. Suc. 30a „Gott hasst
geraubtes Gut beim Opfer" (Jes. 61, 8). משל
למלך בשר ודם שהיה עובר על בית המכס אמר
לעבדיו תנו מכס למוכסים אמרו לו והלא כל
המכס כולו שלך הוא אמר להם ממני ילמדו עוברי
דרכים ולא יבריחו עצמן מן המכס ein Gleichniss
von einem König, der beim Vorübergehen vor
einem Zollhaus zu seinen Dienern sagte: Gebet
den Zoll den Zöllnern! Als sie aber zu ihm
sagten: Der ganze Zoll gehört ja dir! (wozu
also das Entrichten desselben an die Beamten?)
entgegnete er ihnen: An mir sollen sich die
Reisenden ein Beispiel nehmen, dass sie sich
dem Zoll nicht durch Flucht entziehen. Schabb.
33b mit. die Römer תקנו ... גשרים ליטול מהם
מכס bauten Brücken (nicht etwa in der Absicht, dass sie zu nützen), sondern um den
Zoll zu erheben. Ab. sar. 13a ר' נתן אומר יום
עבודה זרה מנחת בו את המכס מכריזין ואומרין
כל מי שיטול עטרה ויניח בראשו ובראש חמורו
יניח לו את המכס ואם לאו יתן את המכס יהודי
שנמצא שם מה יעשה יניח נמצא נהנה לא יניח
שנותיל ... נמצא מכם Ms. M. (Agg. שׂ לכבוד
...) R. Nathan sagt: An
dem Tage, an welchem der Götze (die Götzenpriester) den Zoll erlassen, ruft man folgendes
aus: Jedem, der eine Krone nimmt und sie auf
seinen eigenen, sowie auf den Kopf seines
Esels setzt, soll man den Zoll erlassen; derjenige aber, der dies nicht thut, soll den Zoll
geben! Wie soll nun der Jude, der dort anwesend ist, verfahren? Soll er die Krone aufsetzen, so hat er ja einen Genuss davon (dass
er sich an dem Geruche der dem Götzen geweihten Gewürze und Kräuter labt, vgl. die
Comment.); soll er sie nicht aufsetzen, so gewährt er dem Götzen (durch die Entrichtung
des Zolls) einen Nutzen!

מִיכְסָא, מִכְסָא ch. (syr. ܡܟܣܳܐ=מֶכָס) Zoll,
Abgabe. Ab. sar. 4a משתבח להו ר' אבהו למיני
ברב כפרא דאדם גדול הוא שבקן ליה מיכסא
דתליסר שנין R. Abahu rühmte den R. Safra bei

den Sektirern, dass er ein grosser Mann sei; infolge dessen erliess man ihm den Zoll auf 13 Jahre. Ab. sar. 13ᵃ כאן בלוקח מן התגר דשקלי מוכסא מיניה כאן בלוקח מבעל הבית דלא שקלי מוכסא מיניה in dem einen Falle ist von Jemdm. die Rede, der die Früchte dem Händler abkauft und von dem man den Zoll erhebt; in dem andern Falle ist die Rede von Jemdm., der sie dem Grundbesitzer abkauft und von dem man nicht den Zoll erhebt. Pesik. Sehuba, 164ᵃ „Wisse, dass Gott dich über alles dieses ins Gericht führt" (Khl. 11, 9). לאחד שגנב את המכס וכיון דאיתצד אמרין ליה אייתי מיכסא אמר להון סיבו לכון מה דאית בגבאי אמרין ליה מה סבר דאנן בעיין דהדין זימנא אנן בעין דכל אילין זימנייא דהוות יליף גניב מוכסא das ist Folgendem zu vergleichen: Man sagte zu Jemdm., der den Zoll defraudirt und dabei ertappt wurde: Gieb den Zoll her! Als er aber sagte: Nehmet Alles, was ich bei mir habe! so entgegnete man ihm: Wie, glaubst du denn etwa, dass wir blos den Zoll von dem einen Mal verlangen? Wir verlangen vielmehr die Zölle von allen Zeiten, an welchen du gewohnheitsmässig defraudirt hast. Genes. r. s. 40, 39ᵇ כיון דמטי למוכסא אמרין ליה הב מכסא אמר אנא יהיב מכסא רב' als er (Abraham bei seinem Einzuge in Egypten) an dem Zollamte angelangt war, rief man ihm zu: Entrichte den Zoll! Er entgegnete: Ich will den Zoll von den kostbarsten Gegenständen geben; vgl. מְטָבְסָא. Trop. Ab. sar. 10ᵇ, s. אִילָּא.

מֶכֶס wahrsch. denom. von מָכֶס (Fleischer in s. Nachtr. zum TW. II, 568ᵃ hält מוֹכְסָא, מוֹכֶס für das arab. مَاكِس, eig. Bedrücker, n. ag. von مَكَسَ Wurzel مكس=بك mit dem Grundbegriffe des Drängens und Drückens; daher مَكَسَ mit dem Accusativ einer Person = ظَلَمَ, sie bedrücken, ihr Unrecht thun" u. s. w.); nur Part. מוֹכֵס, pl. מוֹכְסִין: Zöllner, der die Zölle am Zollamte zu erheben berechtigt ist; unterschieden von נַבַּאי Steuereinnehmer überhaupt. B. kam. 113ᵃ מוכס שאין לו קצבה ein Zöllner, der (wenn auch von der Regierung angestellt) keine festgesetzte Taxe hat. Das. מוכס העומד מאליו ein Zöllner, der (ohne von der Regierung bevollmächtigt zu sein) sich von selbst dafür ausgiebt. Snh. 25ᵇ המוכסין die Zöllner hat man in späterer Zeit als untaugliche Zeugen erklärt, weil sie mehr als die Taxe vorschreibt, abnahmen. Nach Hai Gaon (citirt vom Ar.) wären solche Zöllner von der Regierung beauftragt gewesen, eine gewisse Summe von einer jüdischen Gesammtheit beizutreiben, hätten aber die Contribution nicht nach den Vermögensverhältnissen, sondern auf unrechtmässige Weise vorgenommen,

indem sie die Einen begünstigten und die Anderen überbürdeten. Schebu. 39ᵃ אין משפחה שיש בה מוכס שאין כולם מוכסין du findest keine Familie, die einen Zöllner hat, in welcher nicht alle Glieder derselben Zöllner wären! Daher „wendet sich der göttliche Zorn auch gegen die Familie des Verbrechers" (Lev. 20, 5). Schabb. 78ᵃ קשר של מוכסין der Knoten der Zöllner. Wenn näml. Jem. an dem einen Ufer des Stromes den Zoll entrichtet hat, oder auch, wenn ihm überhaupt der Zoll erlassen wurde, so erhielt er von den Zöllnern eine Art Marke (Knoten, der gew. mit zwei grossen Buchstaben versehen war), die er am nächsten Zollamte vorzeigte, um ungehindert passiren zu können. Bech. 30ᵃ קיטורי מוכס dass., s. קְמַע. j. Kidd. IV, 66ᵇ mit. היה עובד בצד המוכסין ואמר בני הוא וחזר ואמר עבדי הוא נאמן wenn ein Durchreisender vor den Zöllnern steht und sagt: Dieser da (den ich mitführe) ist mein Sohn! so ist er, wenn er, nachdem er sich vom Zollamte entfernt hatte, sagt: Er ist mein Sklave, beglaubigt. Denn, da man blos von Sklaven, nicht aber von Freien den Zoll zu entrichten hatte, so ist anzunehmen, dass er bei seiner früheren Aussage nur die Absicht hatte, zollfrei passiren zu dürfen. B. bath. 127ᵇ אבית המכס dass.

מָכְסָא, מוֹכְסָא ch. (syr. ܡܳܟܣܳܐ = מוכס) Zöllner. j. Chag. II, 77ᵈ un. מית ברה דמעיין מוכסא ובטלת כל מדינתא מינמול ליה חסדא וכ' als der Sohn des Zöllners Majan starb, so müssigten sich alle Stadtbewohner so viel Zeit ab, um ihm bei seiner Beerdigung Liebe zu beweisen; während man bei der kurz vorher stattgefundenen Beerdigung eines Frommen dies unterlassen hatte. Einem Freunde des Letztern, der deshalb die göttliche Gerechtigkeit angeklagt hatte, wurde im Traume die Aufklärung, dass jener verstorbene Fromme wegen eines Vergehens sich diese Nachsetzung zugezogen, jener Zöllnersohn aber wegen einer Wohlthat jene Ehrerbietung erlangt hätte. בתר יומין חמא ההוא חסידא לחבריה חבריה מטייל גו גנין גו פרדיסין גו מבועין דמייא וחמי לברה דמעיין מוכסא לשונו שותת על פי נהרא בעי ממטי מיא ולא מטי einige Tage darauf sah jener Fromme im Traume seinen hingeschiedenen Freund in Gärten, Alleen und an Wasserquellen lustwandeln; den Zöllnersohn hing. sah er die Zunge nach der Flussmündung hinstrecken, um Wasser zu erreichen, das er aber nicht erlangen konnte. j. Snh. VI, 23ᶜ un. dass. mit einigen Abänderungen, vgl. בָּמֵיָא. Snh. 44ᵇ un. ההוא מעשה דבבא מוכסא jene Begebenheit des Zöllners Baja. Wahrsch. jedoch ist לבריה דבומכסא anst. דבבא zu lesen, wodurch die beiden Talmudim übereinstimmen würden. Raschi z. St. berichtet, wahrsch. Namens der Gaonim, jene Begebenheit des Zöllners, die jedoch nur eine sehr geringe Aehnlichkeit mit dem

oben erwähnten Berichte in den beiden jer. Talmudstellen hat. Der Verf. der in bab. Snh. beigedruckten Glosse: כל המעשה הלזה איתא בירושלמי חגיגה פרק ב׳ „dass diese ganze Begebenheit sich in j. Chag. II befände“, hat wohl die betr. Stelle gar nicht nachgesehen.

מִכְסֶה *masc.* (=bh., von כסי, כָּסָה) Decke. Pl. Schabb. 28ᵃ R. Jehuda sagte: שני מִכְסָאוֹת היו אחד עורות אלים מאדמים ואחד של עורות התחשים zwei Decken gab es in der Stiftshütte, deren eine aus rothgefärbten Widderfellen und deren andere aus Tachaschfellen bestand. R. Nechemja sagte: מכסה אחד היה וכ׳ es war blos eine Decke, die zum Theil aus gefärbten Widderfellen, zum Theil aus Tachaschfellen bestand. Num. r. s. 12, 217ᵇ האהל והמכסאות das Zelt und die Decken.

מִכְסֶה *m.* (von פָּסַח) eig. Ort, wo man abmäht; übrtr. Aufenthaltsort wilder Thiere, welche Menschen hinraffen. j. Schabb. VI g. E., 8ᵈ קריב למכסה er nahte dem gefährlichen Orte.

מכסיוטינוס wahrsch. crmp., s. סַבְסְטִינוֹס.

מַכְסָנָא *m.* Adj. (syr. ܡܟܣܢܐ, von פְּסַם oder פְּסַן) Jem., der züchtigt, zurechtweist. — Denom. מַכְסֵן züchtigen, zurechtweisen, s. TW.

מַכְסָנוּתָא *f.*, מַכְסָנְיָא *m.* (syr. ܡܟܣܢܘܬܐ) Züchtigung, Zurechtweisung, s. TW.

מוּכְסָן *m.* pl. eine Art Feigen. Ab. sar. 14ᵃ ob. מוכסין (Ms. M. מוכסין).

מַכְסִירִין *m.* (wahrsch. von μυχός, μύχιος gebildet) eig. das abgelegene Gemach; übrtr. das Grab. Jelamdenu zu Num, 23, 10 (citirt vom Ar.) Gott sagte zu Bileam: חייך משתכול Ar. את שלך ותעשה המכסירין סוף להודות לי ed. pr. bei deinem Leben sei es geschworen, dass du, wenn du, nach erhaltener Strafe, an das Anfertigen deiner Gruft denken wirst, mit mir übereinstimmen werdest. Daher sagte näml. Bileam: „Wer zählt den Staub (der Gruft) Jakob's? o, dass ich stürbe den Tod der Redlichen!“

מַכְפֶּה *f.* (=פָּה) מִקְפָּה, s. d., von קפי, כפי) Brei. j. Suc. II g. E., 53ᵇ לא כוף דבר מקפת גריטין אלא אפילו מכפה של כל דבר nicht blos, wenn „der Brei von Graupen“ (infolge des vielen Regens verdirbt, ist man vom Sitzen in der Festhütte befreit, vgl. Mischna das.), sondern das gilt vielmehr auch vom Brei irgend einer andern Speise.

מַכְפָּלָה (contr. aus מה אכף [od. אכפת לה) eig. was liegt daran? d. h. welche Bewandtniss hat das Eine mit dem Andern? vgl. אִכְפָּה.

---

und כְּפַל nr. 2. j. Erub. III, 21ᵇ un. ניכסלה פתילה גבי ביצה (das. zwei Mal) welche Bewandtniss, d. i. welche Beziehung hat ein Docht zu einem Ei? d. h. wie willst du die Satzungen, die betreffs des Einen gelten, auf das Andere anwenden? (ähnlich מה אכפלן מצות וכ׳, s. כְּפַל).

מְכַר (=bh. Grndw. מור, wov. יִמָּכֵר, יִמְכַּר vgl. auch מָסַר) 1) eig. tauschen, übergeben. Sifre Schoftim Pisk. 169 (zur Erklärung von מה מכר האבות זה לזה אני ממכריו, Dt. 18, 8) בשבתך ואתה בשבתי das, was die Ahnen (bei der Einführung der Priesterposten, vgl. גִּשְׂמָר) und TW. sv. מַשְׂרָתָא, מַשְׂרָא einander übergeben (durch Tauschen verabredet) haben: ich in meiner Woche und du in deiner Woche. Der Sinn der betr. Bibelstelle (Dt. 18, 6—8) wäre demnach folgender: „Der als Fremdling angekommene Priester erhält an einem Feste, an welchem er, gleich den functionirenden Priesterposten, den Tempeldienst verrichten darf, mit denselben gleichen Antheil. Dies jedoch gilt blos von den Festopfern, nicht aber von den beständigen Opfern, wozu auch die freiwilligen Opfer gehören; da diese letzteren, laut Uebereinkommen der Ahnen, den Priesterposten allein angehören.“ Suc. 56ᵃ. j. Suc. V, 55ᵈ חורץ ממה שומכרו וכ׳ dass. — 2) gew. verkaufen, eig. (=מְסַר): den gekauften, eingetauschten Gegenstand übergeben; im Ggs. zu לָקַח eig. nehmen, daher: kaufen. B. bath. 64ᵇ R. Akiba ist der Ansicht, מוכר בעין יפה מוכר dass der Verkäufer möglichst günstig (für den Käufer) verkaufe; dah. muss Jem., der ein Haus verkauft, wobei Gräben und Cisternen nicht mitverkauft sind, den Weg dahin dem Käufer abkaufen. Die anderen Autoren hing. sind der Ansicht, מוכר בעין רעה מוכר dass der Verkäufer nicht auf günstige Weise verkaufe; dah. braucht er den Weg zu seinen Gräben und Cisternen dem Käufer des Hauses nicht abzukaufen; weil er sich bei dem Verkaufe soviel als möglich vorbehalten hat.

מְכַר *ch.* (syr. ܡܟܪ, eig.=מְכַר) eintauschen, dah. heirathen (vom Manne), desponsare. — Ithpa. אִתְמַכַּר (syr. ܐܬܡܟܪ) sich antrauen lassen (vom Weibe), s. TW.

מֶכֶר *m.* (=bh.) Kauf, das Kaufen. Kidd. 6ᵇ wenn Einer zum Andern sagt: הֵילָך מנה על מנת שתחזירהו לי במכר לא קנה באשה איגה מקודשת וכ׳ hier hast du eine Mine (100 Sus) mit der Bedingung, dass du sie mir zurückgiebst: so wird hierdurch der Kauf (eines Grundstückes) nicht bewirkt, eine Frau nicht angetraut u. s. w.; weil er dem Verkäufer, oder der Frau nichts gegeben hat, was ihnen als ihr Eigenthum verbliebe. Das. 47ᵃ u. ö.

15*

מְכִירָה *f.* N. a. das Verkaufen. R. hasch. 26ᵃ und Sot. 13ᵃ, s. כִּירָה II. B. kam. 68ᵃᵇ fg. טביחה ומכירה das Schlachten eines geraubten Thieres und das Verkaufen desselben (Ex. 21, 37). j. Kidd. I, 59ᵃ un. סדר מכירה כך הוא אני פלוני מכרתי בתי לפלוני das Verfahren beim Verkaufe (d. h. das Dokument, das der Vater, der seine Tochter zur Sklavin verkauft, ausstellt) lautet wie folgt: Ich N. N. verkaufe meine Tochter dem N. N. Das. „Am siebenten Jahre zieht der Sklave frei aus" (Ex. 21, 2); שביעית של darunter ist das מכירה לא שביעית של עולם siebente Jahr des Verkaufens des Sklaven, nicht aber das allgemeine siebente Jahr (d. h. das Schemitajahr) zu verstehen. j. Maas. scheni III Anf., 54ᵃ mit. מעשר שני שנמכרתו מיורתחת (.1.= ... מעשר בהמה שאין מכירתו מיורחת וכ' ed. Sytomir מכירתו) hinsichtlich des zweiten Zehnten ist nur sein Verkaufen verboten (das Verschenken dess. hing. ist gestattet); hinsichtlich des Zehnten vom Vieh hing. (Lev. 27, 32) ist nicht blos sein Verkaufen, sondern auch das Verschenken desselben verboten.

מְכֵרוֹת eig. *f.* pl.; übrtr. *masc.* der Verkäufer (=מוֹכֵר). Genes. r. s. 98, 95ᵇ wird כלי המס מכרותיהם (Gen. 49, 6) gedeutet: הכלים הללו שבידיכם גזולים הם בידכם למי הם ראויים למכרותיהם לעשו שמכר את הבכורה diese „Geräthe" (Waffen), die ihr besitzet, sind „geraubt" in euren Händen (d. h. solche Mordgeräthe geziemen euch nicht); für wen passen sie? למכרותיהם, d. h. für Esau, der die Erstgeburt „verkaufte".

מְכֵרִין *m.* (neugr. μαχέριν) Messer, Schwert. Genes. r. s. 88 Anf., 85ᵈ קונדא מכירין נתחו בתוך מעליהם (Ar. ed. pr. liest מכיראה, μάχαιρα) ein kurzes Messer (κονδός μαχέριν, curtus culter, vgl. D. C. Gloss. I, 702) verwahrten sie („Bigthan und Teresch", Esth. 2, 21) in ihren Schuhen. — Pl. das. s. 99, 98ᵃ מכרותיהם לשון יוני שקורין לחרבות מכירין das W. מכרותיהם (Gen. 49, 6) ist nach der Sprache der Griechen, welche die Schwerter: μαχέριν nennen. Nach einer andern Ansicht das. bedeutet מכרותיהם s. v. a. מגרותיהם: „ihre Wohnstätten", mit Bez. auf Ez. 16, 3 מכרתיך; vgl. auch den vrg. Art.

מַכָּר *m.* Adj. (=bh., von נָכַר) Bekannter, Freund. — Pl. j. Sot. IX, 24ᵃ un. מַכָּרֵי כהונה ולויה Bekannte aus der Priesterschaft und Levitenthum. Chull. 133ᵃ u. ö., vgl. auch לְוִיָּה. j. Git. III, 45ᵃ mit. ריש מַכָּר לעני giebt es denn etwa für den Armen einen Bekannten? Dort mit Bez. auf die Mischna: „Wenn Jem. einem Priester, einem Leviten oder einem Armen Geld leiht, um dafür die ihnen zukommenden Gaben zurückzubehalten" u. s. w.; worauf R. Jochanan (nach bab. Git. 30ᵃ: Rab) sagte: Hier ist die Rede von Bekannten der Priester und Leviten,

במכרי כהונה ולויה. Daher die oben erwähnte Frage: Bei Priestern und Leviten ist es allerdings möglich, dass ihre Bekannten die zu entrichtenden Gaben ihnen zuwenden; darf denn aber Jem. den Armenzehnten (מעשר עני) dem mit ihm befreundeten Armen geben, da man doch verpflichtet ist, diesen Zehnten dem sich zuerst meldenden Armen zu ertheilen?

מַכְרָא *ch.* (=מַכָּר) Bekannter, Freund, s. TW.

בּוּ' s. בּוּרְסִי in מכורסינון.

מַכּוֹשׁ, מַכּוֹשָׁה *m.* (von נכש=נקש) 1) Schlägel, Hacke, übrtr. das Hacken mit dem Grabscheit, oder das Schlagen mit dem Hammer. B. bath. 54ᵃ wenn Jem. von einem durch Zeichen abgegrenzten Felde, das zur Nachlassenschaft eines Proselyten gehört, Besitz ergreift, so sagte R. Huna Namens des Rab: כיון שהכיש בה מכוש אחד קנה כולה ושמואל אמר לא קנה אלא מקום מכושו בלבד sobald er darin einen Schlag mit dem Grabscheit gethan, so erlangte er das Eigenthumsrecht des ganzen Feldes. Samuel sagte: Nur die Strecke, soweit der Schlag des Grabscheits reichte, erwarb er als sein Eigenthum. Ab. sar. 19ᵇ אימת הויא גמר מלאכתו במכוש אחרון לית ביה דיני שוה פרוטה wann geschieht die Vollendung der Arbeit (bei der Anfertigung eines Götzen)? Mit dem letzten Hammerschlag; aber mit dem letzten Hammerschlag hat nicht den Werth einer Peruta. Daher darf man näml. von dem Lohn, den Jem. für Anfertigung eines Götzen erhält, keinen Genuss haben. Genes. r. s. 44, 43ᵇ וג' נסב אברם מכושה Abram nahm einen Schlägel u. s. w., s. פָּס. Levit. r. s. 24, 167ᵈ ein Dämon, der an einer Wasserquelle hauste, woselbst Abba Jose sich mit den Seinigen aufhielt, rieth demselben, damit er nicht beschädigt werde, Folgendes: אזיל ואמהדיר בבני מתא ואמר להון מאן דאית ליה מכוש מאן דאית ליה סכא מאן דאית ליה מגרופי יפקון למחר עם מצמחתיה דיומא וידון מסתכלין על אפי מיא וכד אינון חמירין ערבובייתא דמיא יהון מקשין בפרזלא ואמרין דידן נצח דידן נצח ולא יפקון מן הכא עד זמן דימחון חדרא דמא 'על אפי מיא וכ gehe und zeige deinen Ortsbewohnern an: Wer einen Schlägel, wer ein Grabscheit oder eine Schaufel hat, der gehe morgen beim Sonnenaufgang hinaus und betrachte die Oberfläche des Wassers! Wenn sie einen Wasserstrudel sehen, so sollen sie darauf mit den eisernen Werkzeugen schlagen und ausrufen: Der Unserige hat gesiegt! Der Unserige hat gesiegt! und sie sollen nicht eher von dannen fortgehen, bis sie geronnenes Blut auf dem Wasser erblicken. Das. s. 25, 168ᵈ Mose sagte zu den Israeliten: Solange ihr in der Wüste waret, so habt ihr das himmlische Manna gegessen und das Wasser aus dem „Brunnen" ge-

trunken; aber „wenn ihr in Palästina angekommen seid, so sollt ihr pflanzen" u. s. w. (Lev. 19, 23); כל אחד מכם יטעון מכושיה ויפוק וינצוב ליה נציבין eim Jeder von euch ergreife seine Hacke, gehe hinaus und pflanze sich verschiedene Pflanze! j. Ned. IV Anf., 38ᶜ מכוש של קורדום eine Hacke, deren man sich als Grabscheit bedient; vgl. auch בְּכּוּשָׁא — 2) (=גִיל s. d.) der Klöppel in der Klingel. Midrasch Tillim zu Ps. 7, 10 צדיק והוא טוב טוב למה הוא דומה לפעמון של זהב ומכושו של מרגליות wem ist der Fromme, der gut (leutselig) ist, zu vergleichen? Einer goldenen Klingel mit einem Diamant-Klöppel.

מְבַשֵּׁפוּ fem. (wofür gew. כְּשָׁפִים, כִּשּׁוּף, von כָּשַׁף) Zauberwerk. Tanch. Wajeze 37ᵇ מניחין הציץ במכשפו תחת לשונו (dem orakelsprechenden Kopf) eine mit Zaubersprüchen beschriebene Goldplatte mit Anwendung eines Zauberwerks unter seine Zunge u. s. w., s. מֲחַוִּי.

מַכְשִׁיר, מַכְשִׁירִין s. כָּשֵׁר im Hifil.

מְכוּתָא, מְכוּת s. in מכו׳.

מַכְתֵּב masc. (ähnlich bh., von כָּתַב) 1) das Schreibwerkzeug, das zwei Bestandtheile hatte, einen Schreibgriffel und ein Verwischungsinstrument. Kel. 13, 2 מכתב שניטל הכותב das Schreibzeug, von dem der Schreibgriffel abgebrochen wurde. Tosef. Kel. B. mez. III dass., s. כּוֹתֵב und מִלְחָז — 2) der Schreibgriffel. Bech. 37ᵇ המקדח והמכתב והמחט die Nadel, der Bohrer und der Griffel, womit man das Ohr der Sklaven durchbohrt hat. Das. 51ᵃ u. ö. — Pl. Thr. r. sv. בלע, 61ᵇ die vielen Schulkinder in Bitther sagten: אם באו השונאים עלינו במכתבין הללו אנו יוצאין ודוקרין אותם wenn die Feinde über uns kommen sollten, so werden wir mit diesen Schreibgriffeln gegen sie ausziehen und sie durchbohren. Das. sv. עיני גורה, 66ᶜ dass. j. Taan. VI, 69ᵃ ob. steht dafür במכתובים crmp.

מַכְתְּבָא ch. (ähnlich syr. ܡܰܟܬܒܳܐ=מִכְתַּב) der Schreibgriffel. Ab. sar. 22ᵇ מכתבא גללא בזע וכ׳ der Griffel sprengt den Marmor, s. בַּגְלָא.

מִכְתָּב m. (ähnlich bh.) 1) die Schreibung, d. h. die Zusammenstellung der Buchstaben zu Wörtern, sowie die Zusammensetzung der letzteren zu Sätzen, Satzbildungen. Aboth 5, 6 הכתב והמכתב die Schrift und die Schreibung, s. כְּתָב Anf. Pes. 54ᵃ dass. — 2) Schriftstück. Pl. Tosef. Schabb. XVIII (XVII) דימוכתבין שבכרכים (המכתמין) אין קורין בהן אם היה בה דבר שהוא צורך מדינה מותר die Schriftstücke der Grossstädte (eine Art Zeitung) darf man am Sabbat nicht lesen; wenn sie jedoch Staatsangelegenheiten enthalten, so ist es erlaubt.

מִכְתְּבָא ch. (syr. ܡܰܟܬܒܳܐ=מִכְתַּב) Schrift, s. TW.

מִכְתָּם s. מָךְ, s. Sot. 10ᵇ. — מִכְתָּמִין, מִכְתָּא s. מַכְתָּם, vgl. auch כְּתָם.

מַכְתֵּשׁ m. (=bh., von כָּתַשׁ) 1) eig. Mörser, mortarium. j. Pea II, 17ᵃ ob. כעלי במכתש wie der Stössel im Mörser, vgl. פְּחֵת. — 2) Vertiefung überh., dah. die Mundhöhlung, in welcher die Zähne sitzen, vgl. מַכְתְּשָׁת nr. 2. Genes. r. s. 98, 96ᶜ (mit Bez. auf Ri. 15, 19) R. Lewi sagte: המכתש שמו לחי jener Ort hiess „Lechi" (d. h. הַמכתש אשר בלחי bedeute: „Die Vertiefung, das Wasserbecken in Lechi"); die Rabbanan sagten: המקום ההוא מכתש שמו jene Stelle, (wo die Zähne sitzen) heisst מכתש; demnach wäre der Sinn: „Die Vertiefung, welche in der Kinnlade ist". (Nach Matan. Kehuna: Machtesch hiess der Ort; was jedoch nicht zutreffend ist.)

מַכְתֶּשֶׁת f. (=מַכְתֵּשׁ) 1) Mörser. B. bath. 4, 3 (65ᵃ) wenn Jem. ein Haus verkauft, מכר את המכתשת הקבועה אבל לא את המטולטלת so hat er den darin befestigten, aber nicht den beweglichen Mörser mitverkauft. Das. 65ᵇ (nach der Tosef. III Anf., vgl. auch j. B. bath. IV Anf., 14ᶜ) מכר את המכתשת החקוקה אבל לא את הקבועה er hat den eingegrabenen (d. h. einen in einem Stein, in der Erde oder in der Wand angebracht ist, ausgehöhlten), aber nicht den eingesetzten Mörser mitverkauft. Bez. 14ᵃ מכתשת גדולה ... מכתשת קטנה ein grosser Mörser, ein kleiner Mörser. Taan. 28ᵃ die Wallfahrer, welche die Frühlingsopfer nach Jerusalem trugen, sagten zu den Römern, die sie daran verhindern wollten: Wir gehen, לעשות שני עיגולי דבילה במכתשנו שלפנינו ובעלי שעל כתפינו um zwei (einige) getrocknete Feigenmassen in dem vor uns stehenden Mörser und mit dem auf unseren Schultern liegenden Stössel zu stampfen. j. Suc. V g. E., 55ᶜ un. מכתשת של מקדש של משה היתה ושל נחשת der Mörser im Tempel rührte von der Zeit des Mose her und war aus Kupfer. Vgl. Arach. 10ᵇ; weil näml. der kupferne Mörser den darin zerstossenen Gewürzen einen überaus angenehmen Geruch verleihe. — 2) Erdvertiefung. Tosef. Nid. VIII ברקן ומצאו שם מכתשת מליאה עצמות man untersuchte sie (die Höhlen) und fand daselbst eine Vertiefung voll Todtengebeine. — 3) (=גֻלָּה, אַסְיָתָא) gehöhlter Sessel, der die Form eines umgestülpten Mörsers hatte, s. אַסְיָתָא.

מַכְתָּשָׁא, מַכְתָּשׁ masc. (von כָּתַשׁ) Plage, Wunde, s. TW.

מַכְתְּווּתָא Schabb. 110ᵇ un. במכתוותא Ms. M., s. בְּתָוִיתָא.

מַל oder מָל m. Adj. (von מָלַל) gekörnt,

das, was zerrieben werden kann. Die Grundbedeutung von מל ist theilen, trennen; davon מול s. d., vgl. auch מָלָא. Sifra Wajikra cap. 14 Par. 13 כרמל רך מל das W. כרמל (Lev. 2, 14 und 2 Kn. 4, 42) bedeutet: weiche (d. h. saftige) Achro, die aber schon soweit gekörnt hat, dass die Körner zerrieben werden können. Men. 66ᵇ dass. Nach Ansicht des R. Ismael ist das W. zusammengesetzt aus כר-מל (=מלא), eig. volles Polster, vgl. פַּרְמֵל. Sifra l. c. cap. 15 לפי שנאמר כרמל מצוה להביא רך מל מנין לא מצא רך מל רבי יבא יכול תלמוד לומר ובׄ da das W. כרמל (Lev. l. c.) bedeutet, dass das eigentliche Gebot des Darbringens der Frühlingsfrüchte darin bestehe, dass die Aehren saftig und zum Zerreiben tauglich seien; woher ist erwiesen, dass man, falls solche Aehren nicht zu erlangen seien, trockne Aehren darbringen solle? Daraus, dass es heisst (das.): „Du sollst die Frühlingsopfer darbringen"; d. h. wie sie auch beschaffen seien.

מֵל s. מָלַל. — מֵל s. d., perf. von מול.

מִלָּא ,מִלָּה ,מִילָא ,מִילְתָא f. (syr. ܡܶܠܳܐ, hbr. מִלָּה, von מלל) 1) Wort, Ausspruch; eig. Abgesondertes, Abgetrenntes, vgl. לָשׁוֹן Anf. Dan. 4, 28. 30. 5, 15. — Meg. 18ᵃ und Levit. r. s. 16, 159ᵈ מלה בסלע ומשתוקא כאבן טבא (Var. בתרין) Ar. (Agg. in erster Stelle בתרין, in der zweiten Stelle בשתים) wenn das Wort (Sprechen) einen Sela werth ist, so ist das Schweigen einen Edelstein (zwei Sela) werth; vgl. auch טְרֵין und בֵּמָא. Genes. r. s. 43 Anf., 61ᵇ אברהם נקרא ישראל ר' נתן אמר מילתא עמיקתא היא ומושב בני ישראל אשר ישבו במצרים (בארץ כנען ובארץ גושן) שלשים שנה וארבע מאות שנה Abraham wird Israel genannt. R. Nathan sagte: Das ist ein tiefeindringendes Wort (d. h. hierdurch ist die folgende schwierige Bibelstelle erklärlich): „Die Wohnzeit der Söhne Israels, die sie wohnten in Mizraim, (im Lande Kanaan und im Lande Gosen) war vierhundertunddreissig Jahre" (Ex. 12, 40). Die hier eingeklammerten Worte, die im masoretischen Texte nicht stehen, finden sich in dem Codex Kennikot. LXX: ... ἐν γῇ Αἰγύπτῳ καὶ ἐν γῇ Χαναάν κτλ., ohne Gosen zu erwähnen. Da aber der Aufenthalt der Israeliten in Egypten unmöglich 400, oder gar 430 Jahre gedauert haben kann (s. bes. Raschi z. St., vgl. auch אַסְפַּמְיָא u. m. a.), so wird jene „Wohnzeit" bald von der Verheissung Gottes an Abraham, welche 30 Jahre vor der Geburt Isaak's stattgefunden haben soll (also 430 Jahre), bald auch von der Geburt Isaak's an gerechnet (also 400 Jahre). בני ישראל in unserer Bibelstelle bedeute also= בני אברהם: „Die Wohnzeit der Nachkommenschaft Abraham's von Kanaan an", wo von Abraham sowohl, als auch von Isaak ויגר (er wohnte als Fremdling) vorkommt. — Git. 23ᵃ

לאו מילתא היא דאמרי רב das, was ich sagte, ist unrichtig, eig. ist kein richtiges Wort. Seb. 94ᵃ u. ö. dass. Bez. 38ᵃ יהא רעוא דאימא מילתא möge es der göttliche Wille sein, dass ich (betreffs einer Halacha) einen Ausspruch thue, der angenommen, von den Gelehrten als richtig befunden werde! Schabb. 81ᵇ גברא רבה אמר מילתא נימא בה טעמא wenn ein grosser Mann einen Ausspruch thut, so füge er die Begründung desselben hinzu. Das. 75ᵇ ob. אמר רב מילתא דאמרי אימא בה מילתא דלא ליתו דרי בתראי ולייחכו עלי Rab sagte: Zu dem, was ich gesagt habe, muss ich ein Wort der Begründung hinzufügen, damit die späteren Generationen über mich nicht spotten; vgl. מֵצִים II. j. Schabb. XIX Anf., 16ᵈ man fragte den R. Jose etwas, er antwortete aber nichts; דלא הוה ר' יוסי אמר מילה כל מילה באתרה denn R. Jose that keinen Ausspruch, der nicht am geeigneten Orte gewesen wäre; d. h. der nicht zu dem von ihm gehaltenen Vortrage gehört hätte. j. Erub. VI g. E., 24ᵃ ob. dass., wo jedoch anst. כל מילא ימלא zu lesen ist כל מילא ומילא. j. Ter. XI Anf., 47ᵈ u. ö. מילתיה אמרה וכׄ ... מילתיה אמרה der Ausspruch des einen Autors ist auf Folgendes anzuwenden; der Ausspruch des andern Autors aber ⸱ u. s. w. Schabb. 121ᵇ נפיק מילתא מביניהו eig. ein Wort kam aus ihrer Mitte, d. h. sie stimmten betreffs einer Halacha überein. Das. 81ᵇ אמרי אידי מילתא אסרתא לארבא אמרי אינהו מילתא שריוהו sie (die Matrone, die mit einigen Gelehrten zusammen auf einem Schiffe reisen wollte, aber nicht aufgenommen wurde) that einen Ausspruch (Zauberwort), wodurch sie das Schiff bannte, worauf die Gelehrten einen Ausspruch thaten, wodurch sie es lösten, flott machten. — Pl. Ab. sar. 38ᵇ מִילִין ואמרו לה במילין leere Worte (eitles Geschwätz) sind es! Manche jedoch sagen: Durch Zauberworte kann dergleichen geschehen! vgl. מְטַלְּלָא. Chull. 139ᵇ אמר לי חיניא מילין מילין סלקא דעתך אלא אימא מילין Chanina sagte zu mir: Das sind leere Worte (dass näml. eine Taube: kiri, kiri! gerufen hätte, vgl. קִירִי). Wie kannst du daran denken, dass es leere Worte waren (da R. Kahana bezeugt, diese Laute gehört zu haben)? Sage vielmehr: Durch Zauberdinge wurden diese Laute hervorgebracht. R. Chananel (citirt von Ar.) erklärt letztere Stelle: R. Kahana hat sich, vermöge der Kenntniss der Vogelsprache (מילין), die Laute der Taube so erklärt, vgl. מַיָּר. Git. 29ᵃ מֵילֵי לא מימסרן לשליח Worte können nicht einem Boten (Bevollmächtigten) übergeben werden. Wenn daher Jem. zu zwei Personen (Zeugen) sagt: Gebet meiner Frau einen Scheidebrief! oder, wenn er zu drei Personen (einem Gerichtscollegium) sagt: Schreibet einen Scheidebrief und übergebet ihn meiner Frau! so dürfen blos sie selbst den Scheidebrief schreiben und der Frau übergeben,

sind aber nicht berechtigt, einen Andern hiermit zu bevollmächtigen; weil näml. die vernommenen Worte sich nicht dazu eignen, einem Andern übertragen zu werden. Wenn Jem. hing. den Scheidebrief einem Bevollmächtigten übergiebt, damit letzterer ihn der Frau einhändige: so ist er befugt, den Scheidebrief einem Andern behufs Einhändigung an die Frau zu übergeben, weil hier ein Gegenstand vorhanden ist, der übergeben wird. Das. 71ᵇ R. Meïr ist der Ansicht: מילי מימסרן לשליח auch vernommene Worte können an einen Bevollmächtigten übertragen werden. Wenn daher Jem. zu drei Personen sagt: Gebet meiner Frau einen Scheidebrief! so sind sie befugt, Andere mit dem Schreiben und dem Einhändigen desselben zu bevollmächtigen. Das. 72ᵃ u. ö. — B. bath. 77ᵃ מילי ניהו ומילי במילי לא מיקנין Schriftzeichen (Buchstaben) sind als Worte anzusehen, aber Worte können nicht durch Worte⁻eingehandelt werden. Wenn näml. A. dem B. einen Schuldschein auf C. verkauft, so genügt es nicht, dass er über diesen Verkauf ein Dokument ausstelle, denn das wäre ein Verkaufen der Worte (Buchstaben des Schuldscheines) durch Worte (des Verkaufscheines); sondern er muss dem B. jenen Schuldschein übergeben אותיות ניקנות במסירה. Nach Tosaf. wäre der Sinn unserer Stelle umgekehrt: Ein Schuldschein kann nicht vermöge der Uebergabe desselben verkauft werden, weil der Verkauf dann blos auf Grund der Worte (: Der Schuldschein auf C. soll fortan dir gehören) abgeschlossen werden würde. Dahing. kann ein Schuldschein vermöge eines Verkaufscheines verkauft werden; . weil hier eine vollständige Handlung (Schreiben des Dokumentes, Uebergabe desselben) stattfindet. Jeb. 75ᵇ u. ö. מילי ממולייתא (oder מולייתא) geschmacklose Worte, s. מוּלָּאָה. — 2) (=hbr. דָּבָר) Etwas, Gegenstand, Sache. Schebu. 41ᵇ u. ö. כל מילתא דלא רמיא עליה דאינש לאו אדעתיה etwas, woran Jemdm. nichts liegt (d. h. was ihm gleichgiltig ist), merkt er sich nicht. Tem. 4ᵇ un. כל מילתא דאמר רחמנא לא תעביד וכ׳ etwas, wobei die Schrift gesagt hat: Thue es nicht u. s. w., d. h. was die Schrift verboten hat, vgl. לְקָא, לְקִי. Ab. sar. 18ᵃ זילא בי מילתא es gereicht mir zur Schande. B. mez. 114ᵇ דחיקא לי מילתא ich bin in Noth. j. Jeb. II, 3ᵈ mit. und Levit. r. s. 24, 168ᵃ לא מן יומי חמירא מלה בישא על מנוי דמרי ich habe niemals etwas Böses (d. h. Pollution) auf den Schlafdecken meines Herrn bemerkt. Git. 29ᵃ. Ber. 2ᵃ fg. s. אוּרְחָא. Ned. 22ᵃ ob. אילו לא חמאת בה מילין אימה מילין בדי לא אדרתה hätte ihre Mutter nicht hässliche Dinge (eig. was man unterlassen sollte) an ihrer Tochter wahrgenommen, so würde sie gewiss nicht ohne Grund gelobt haben, dass letztere nichts von dem Ihrigen geniessen sollte. j. Schabb. VII, 10ᶜ ob. מילין דכל

עלמא מודיי בדהן Dinge, die alle Welt (alle Menschen) eingesteht. Keth. 105ᵇ u. ö. מילי דשמיא göttliche, d. h. religiöse Dinge, im Ggs. zu מילי דעלמא. Schabb. 82ᵃ הוא עסיק בחיי דבריותא ואת אמרת במילי דעלמא er beschäftigt sich mit dem Lebensunterhalt der Menschen, und du nennst das: weltliche Dinge! Schabb. 53ᵃ אי הכי אבא לא ידע במילי דשבתא ולא כלום wenn Abba (Rab) dies gesagt haben sollte, so verstand er von den Sabbatlehren nichts, vgl. כלום. B. kam. 113ᵇ כל מילי דרעבא אכותיהדו וכ׳ für alle Dinge (Krankheiten) kenne ich ihre Heilmittel. Chull. 140ᵃ מנא הני מילי (oft Abbreviatur מנה״מ) woher ist dies erwiesen? — j. Nas. II Anf., 51ᵈ un. דלא מלה vgl. הָפַךְ. —

מלי, מְלָא (=bh.) voll sein. Grndw. מל, eig. abgesondert, abgetrennt sein; vgl. bh. Nif. יָמַלָּאהּ=יָמֵלוּ (Hiob 15, 32) und יָמַלּוּ=יִמֵלוּ (Ps. 37, 2): es wird, sie werden abgeschnitten, vgl. bes. מַלָּא. Pi. מִלָּא füllen, voll machen. j. Erub. VIII, 24ᵈ fg. in der Mischna מְמַלְּאָן=מְמַלְּלִין füllen. B. bath. 162ᵇ מילאהו בקרובים כשר wenn Jem. die Lücke eines Dokumentes (die sich zwischen dem Inhalt desselben und der Zeugenunterschrift befunden hatte, infolge dessen das Dokument ungiltig gewesen wäre) mit Unterschriften von Verwandten (die als Zeugen ungiltig sind) ausfüllte, so ist das Dokument giltig, da doch auch giltige Zeugen darauf unterschrieben stehen, vgl. עֵדוּת. — Trop. Hor. 11ᵇ ממלא מקום אבותיו er füllt die Stelle seiner Ahnen aus, d. h. er kommt ihnen an Würde gleich.

Nithpa. und Hithpa. voll, gefüllt werden. j. Suc. III g. E., 54ᵃ נתמלא זקנו sein Bart wurde voll, sc. Zeichen der Mannbarkeit. j. Ber. IX, 13ᵈ un. התמלאו דינרי וכ׳ werde voll von Golddenaren! vgl. דִּינָר. Trop. j. Taan. IV, 69ᵇ ob. נתמלא הקב״ה רחמים Gott wurde voll Erbarmen. Genes. r. s. 33, 32ᵃ ראיתה אותה בצרה והתמלאתי עליה רחמים ich sah sie (die geschiedene Frau) in Noth, infolge dessen ich von Erbarmen gegen sie erfüllt wurde.

מְלֵי, יִמְלָא chald. (syr. ܡܠܐ=מְלָא) voll, gefüllt sein.

Pa. מַלֵּי 1) füllen, voll machen. Ab. sar. 29ᵃ אייתי כוזא חדתא ומלייה מיא bringe ein neues Gefäss, fülle es mit Wasser u. s. w. Das. 33ᵇ מלינהו מיא man fülle sie (die Gefässe) mit Wasser. Trop. Taan. 29ᵃ und Pes. 77ᵃ ob. תמוז דהאי שתא מלויי מלויה דכתיב קרא עלי מועד וג׳ den Monat Tammuz jenes Jahres (als Mose die Kundschafter nach Palästina abgesandt) hatte man vollzählig (ausnahmsweise mit 30 Tagen) gemacht; denn es heisst: „Er verkündete ein Fest beim Untergange meiner Jugend" (Klgl. 1, 45); d. h. da die Kundschafter, nach einer Tradition (vgl. Seder Olam), am 29. des Monats Siwan nach Palästina abgesandt und am 9. des

Monats Ab zurückgekehrt sein sollen, welcher letztere Tag wie damals, so auch in der Zukunft als ein Trauertag (Tischca beab) festgesetzt wurde (vgl. אָב I und בְּכִיָה): so stimmt die Dauer des 40tägigen Auskundschaftens nur dann, wenn Tammus 30 Tage zählte, näml. 2 Tage vom Siwan, 30 Tage vom Tammus und 8 Tage vom Ab. — 2) den Verlust ersetzen, eig. das Mangelnde ausfüllen. B. mez. 105ᵇ ob. Jem., der Waare übernahm und daran Verlust hatte, טרח דמליית bemühte sich, den Schaden zu ersetzen. Daselbst להכי טרח למליותיה כי היכי דלא ליקרו לך מפסיד עיסקי deshalb bemühtest du dich, den Schaden zu ersetzen, damit man dich nicht: Geschäftsverderber nenne.

מָלֵא m. (=bh.) voll, vollzählig. Bech. 58ᵃ nach Ansicht des R. Akiba: אדר הסמוך לניסן זמנין מלא וזמנין חסר ist der Monat Adar, der dem Nisan unmittelbar vorangeht (im Schaltjahr also der zweite Adar) theils vollzählig (30 Tage), theils unvollzählig (29 Tage); nach Ansicht des Ben Asai: אדר הסמוך לניסן לעולם חסר ist der Adar, der dem Nisan unmittelbar vorangeht, immer unvollzählig, d. h. 29 Tage.

מָלֵא, מִלּוֹא m. (=bh.) die Füllung, das Anfüllende, der Raum. Kidd. 33ᵃ מלא עיניו soweit sein Blick reicht, eig. der Raum, den seine Augen einnehmen. Mikw. 3, 1. 2 עד שירצא ממנו מלואו bis seine Füllung (d. h. das den Behälter füllende Wasser) entfernt ist. j. Suc. I Anf., 51ᵈ אכסדרה שנפרצה במלואה לרשות הרבים eine Halle, die ihrem Raume nach einem öffentlichen Platze zu durchbrochen ist. Das. מלואר של דלי die Füllung des Eimers. Schabb. 30ᵃ, vgl. מַלְכוּת.

מְלָא ch. (syr. ‎=מְלָא) Fülle, Anfüllendes. Ab. sar. 29ᵃ מלא חמש אצבעתיה soviel seine fünf Finger fassen. שקיל מלא אצבעיה רבתי ומלא אצבעיה זוטרתי er nimmt soviel sein grosser (gekrümmter) Finger und soviel sein kleiner Finger fassen.

מְלֵאָה, מְלָאָה f. (=bh. מְלֵאָה) 1) Fülle. Tem. 4ᵃ מלאה אלו בכורים unter מלאה (Ex. 22, 28) sind die Frühlingsfrüchte zu verstehen; d. h. eine Opfergabe, die entrichtet wird, während die Halme vom Getreide gefüllt sind, im Ggs. zu דמע, worunter die Teruma (Hebe) zu verstehen ist, die auch von Flüssigkeiten (Wein u. dgl.) nach der Bearbeitung entrichtet wird, vgl. Tosaf. z. St. Naeh Ar. bedeutet מלאה deshalb die Frühlingsfrüchte, weil sie als die erste Gabe von dem Getreide entnommen werden, während noch alle anderen Gaben darin sind (davon Gefülltes). Git. 70ᵃ כשתבעוס תעמוד על מליאה Ar. (Agg. מלואך) wenn du zürnst, wirst du die Fülle erlangen, s. פֶּבֶס. — 2) Vollkommenheit. Genes. r. s. 12, 13ᵃ אף על פי שנבראו הדברים ob-gleich die Dinge ursprünglich in ihrer ganzen Vollkommenheit erschaffen worden waren, so wurden sie dennoch nach dem Sündenfall Adam's verdorben. Das. s. 14, 15ᵇ R. Judan bar Simon sagte: עוֹבֵר עוּלָם על מליאתו נברא ... אף חוה der kräftige Jüngling (d. h. Adam, vgl. עוֹפֶר) wurde in seiner Vollkommenheit erschaffen. R. Elasar bar Simon sagte: Eva wurde ebenfalls in ihrer Vollkommenheit erschaffen; d. h. es fehlte an ihrer Ausbildung nichts. Num. r. s. 12, 215ᶜ (mit Ansp. auf במלך, שלמה, HL. 3, 11, wie שֶׁלְּמָה gedeutet) מלך שברא בריותיו ברא חמה ירח על מליאתן „der König, der seine Geschöpfe vollkommen machte", der Sonne und Mond in ihrer Vollkommenheit erschuf; vgl. auch מלּי in מִלּי.

מוּלָא, מוּלָאוֹת s. in מו׳.

מַלְאָי m. (arab. ‎) 1) Waare, eig. das, wovon der Laden voll ist. Pes. 31ᵇ חנות של ישראל ומלאי של ישראל ... חנות של נכרים ומלאי של נכרים wenn der Laden einem Juden und die Waare ebenfalls einem Juden gehört; ... wenn der Laden einem Nichtjuden und die Waare ebenfalls einem Nichtjuden gehört. Tosef. Pes. I (II) המלאי של ישראל ופועלי גרים עושין בתוכו wenn die Waare einem Juden gehört und nichtjüdische Arbeiter im Laden arbeiten. Pes. 53ᵇ כל המטיל מלאי לכיס תלמידי חכמים זוכה ויושב בישיבה של מעלה וכ׳ wer Gelehrten Waare übergiebt (damit sie vom Gewinne derselben Nutzen ziehen, eig. ihnen in den Beutel wirft, vgl. כִּיס), der erlangt eine erhabene Stufe im Himmel; denn „im Schatten der Weisheit, im Schatten des Silbers" (Khl. 7, 12); d. h. den Sitz der Weisheit nimmt derjenige ein, der den Gelehrten den Schatten des Silbers, Geld, verschafft hat. Schabb. 56ᵃ die Söhne Samuel's waren entartet (vgl. מְבַרְכָהָא), das bedeutet: מטילי מלאי על בעלי בתים sie belasteten die Menschen mit Waaren; d. h. sie zwangen die Händler, Waaren von ihnen anzunehmen und ihnen den Gewinn zuzumuthen. Tosef. Sot. XIV dass. Das. auch (mit Bez. auf 1 Sm. 8, 3) משרבו מטילי מלאי על בעלי בתים רבה השחד והטיית המשפט והיו לאחור ולא לפנים seitdem diejenigen, welche den Händlern Waaren aufdrängen, überhand nahmen, nahm die Bestechung zu, wurde das Recht gebeugt und die Menschen gingen rückwärts anstatt vorwärts. — 2) die Aehre, Spitze des Getreidehalmes, die von Körnern gefüllt ist. Chull. 119ᵇ המלאי שבשבלים die Aehre unter den Aehren. — Pl. הַמְּלָאִין (Citat aus Ukz. 1, 3, woselbst jedoch die meisten Agg. המלעין haben) die Aehren an den Halmen. Das. המלאי שבין המלאים die Aehre unter den Aehren. Das. 120ᵃ dass. — 3) Malai, N. pr. (ähnlich כְּחוֹרָא eig. Handel,

Waare, sodann *N. pr.*: Sechora). Schabb. 139ᵃ
אמר ר' מלאי משום ר' אלעזר R. Malai sagte
Namens des R. Elasar. Das. אמר ר' אלעזר בן
מלאי משום ריש לקיש R. Elasar ben Malai sagte
Namens des Resch Lakisch.

מַלָּאי (מוֹלָיי) *m.* Adj. eig. Abschneiden-
des (vgl. מָל und מְלָא Anf.), daher: Schneidewerkzeug zum Abschneiden oder Fällen des
Baumes, Beil, Axt. j. Bez. II, 61ᵇ ob. כל
כשורתא בעיא מלאי LA. des Hammetri zu Bez.
20ᵃ (Agg. בשרדותא בעייא מולי) jeder Baumstamm (Balken) bedarf einer Axt; d. h. zum
Fällen eines Baumes fertigt man den Stiel für
die Axt aus dem Holze des Baumes selbst.
Ebenso hat ein Schüler Schammai's selbst dazu
beigetragen, um die Lehre seines Meisters zu
vernichten, vgl. auch כָּסָא und גּוּמְרָא. j. Maas.
scheni V, 56ᶜ und j. Chag. II, 78ᵃ un. dass.

מַלְאָךְ *m.* (=bh., von לְאַךְ, arab. اَلَكَ schicken,
senden) Gesandter, bes. Gottesbote, Engel.
j. R. hasch. II, 58ᵃ mit. (mit Bez. auf Hiob 25, 2:
„Gott stiftet Frieden in seiner Höhe") המלאך
עצמו חציו מים וחציו אש ואית ביה חמש גפין
וגוייתו כתרשיש ופניו כמראה ברק ועיניו כלפידי אש
וכ' der Engel selbst besteht zur Hälfte aus Wasser und zur Hälfte aus Feuer, er hat fünf Flügel, sein Körper ist wie Marmor, sein Gesicht
gewährt den Anblick eines Blitzes und seine
Augen glänzen wie Feuerfackeln u. s. w. Snh.
96ᵃ und Nid. 16ᵇ, s. לַיִל. Chull. 92ᵃ ob. (mit
Bez. auf Hos. 12, 5 und Gen. 32, 29) יעקב נעשה
בכה למלאך Jakob „wurde
Herrscher" (שרית) über den Engel; der Engel
„weinte" (בכה) vor Jakob. Exod. r. s. 21 Anf. 120ᵇ
המלאך הממונה על התפלות נוטל כל התפלות
שהתהפללו בכל הכנסיות כולן ועושה אותן עטרות
ונותנן בראשו של הקבה der Engel, der über
die Gebete gesetzt ist, nimmt alle Gebete,
welche die Israeliten in sämmtlichen Synagogen
gebetet haben und macht daraus Kronen, welche
er auf das Haupt Gottes setzt. Genes. r. s. 9,
10ᵃ מלאך מות . . . מלאך חיים der Engel des
Lebens, der Engel des Todes. Arach. 7ᵃ, vgl.
טרפא — Pl. j. R. hasch. I, 56ᵈ un. שמות המלאכים
עלו עמהן מבבל וכ' die Namen der Engel brachten die Israeliten aus dem Exil mit; denn während der Ersteren früher blos unter dem Namen
Seraphim, שרפים, vorkamen (Jes. 6, 2. 6), wurden sie später (in Dan.) „Michael", „Gabriel"
genannt, vgl. לָשׁוֹן. Genes. r. s. 48, 47ᵃ dass.,
wo aber noch רפאל „Raphael" hinzugefügt wird.
Schabb. 12ᵇ u. ö. מלאכי השרת (Abbreviatur:
מהש) eig. die Engel des göttlichen Dienstes,
welche die himmlische Dienerschaft (familia,
פמליא של מעלה) bilden; daher überh. Engel.
Ned. 20ᵃᵇ R. Jochanan ben Dahabai sagte:
ארבעה דברים סחו לי מלאכי השרת וכ' vier
Dinge theilten mir die Engel mit u. s. w. Das.

מאן מלאכי השרת רבנן דאר תימא מהש ממש
אמאי אמר ר' מלאי משום הלכה כיוחנן בן דהבאי
. . . ואמאי קרו להו מהש דמצויני כמלאכי השרת
wer ist hier unter den „Engeln" zu verstehen?
Die Gelehrten; denn wäre hier von wirklichen
Engeln die Rede, wie hätte R. Jochanan sagen
können, dass die Halacha nicht wie nach Jochanan
ben Dahabai zu entscheiden sei . . . Weshalb
nennt man aber die Gelehrten: Engel? Weil
sie ausgezeichnet (von den gewöhnlichen Menschen abgesondert) sind wie die Engel. Tosef.
Schabb. XVII (XVIII) Anf. מלאכי השרת מלוין
אותו . . . מלאכי שטן מלוין אותו die guten
Engel begleiten ihn (den Frommen, mit Bez.
auf Ps. 91, 11); die Engel des Bösen begleiten den Frevler (mit Bez. auf Ps. 109, 4);
vgl. auch לוי, לָוָה. Chag. 5ᵇ אפילו מלאכי השלום
בכו selbst „die Engel des Friedens weinten"
wegen der Tempelzerstörung; mit Ansp. auf
Jes. 33, 7. Levit. r. s. 1 Anf., vgl. בית אב. Snh.
38ᵃ und Genes. r. s. 8, 8ᵈ, vgl. ברי, בְּרָא. j.
Schebu. VI, 37ᵃ un. מלאכי חבלה die verderbenbringenden Engel. Khl. r. sv. רטוב משניהם, 80ᵈ
dass.

מַלְאָכָא, מַלְאָבָא *ch.* (syr. ܡܰܠܐܟܐ, arab. مَلَكْ =vrg.
מַלְאָךְ) Engel. Dan. 3, 28; s. auch TW. —
Pl. B. bath. 75ᵃ פליגי תרי מלאכי ברקיעא גבריאל
ומיכאל ואמרי לה תרי אמוראי במערבא ומאן אינון
יהודה וחזקיה בני ר' חייא חד אמר שהם וחד אמר
ישפה זwei Engel im Himmel, näml. Gabriel und Michael
(Manche referiren: zwei Amoräer in Palästina
und zwar Jehuda und Chiskija, die Söhne des
R. Chija, sind betreffs des Ws. כדכד, Jes. 54, 12)
verschiedener Ansicht; deren Einer sagte: Darunter ist der Schohamstein, und deren Anderer
sagte: Darunter ist der Joschefestein zu verstehen. Gott aber sagte zu ihnen: Möge es geschehen wie der Eine und wie der Andere sagt
(angesp. auf כד כד); d. h. diese beiden Edelsteine, Schoham und Joschefe sollen die Verzierungen des himmlischen Jerusalems bilden.
Tosaf. z. St. beziehen den letzten Satz auf Jes.
54, 11; d. h. das Pflaster Jerusalems soll aus
פוך und כפור bestehen. Khl. r. sv. שבתי וראה
92ᵃ (mit Ansp. auf מלכי צבאות, Ps. 68, 13=
אפילו מלכיהון דמלאכייא מיכאל וגבריאל ומלאכי
וגבריאל היו מתיראין ממשה selbst die Fürsten
der Engel, näml. Michael und Gabriel, fürchteten sich vor Mose.

מַלְאָכֵי (bh. für מַלְאָכִיָּה Gottgesandter) Malachi, Einer der letzten Propheten, welche die
unmittelbaren Vorgänger der grossen Synode
waren, vgl. כְּנֶסֶת. Bech. 58ᵃ מפי השמועה אמרו
מפי חגי זכריה ומלאכי nach einer Tradition sagte
man jene Halacha und zwar laut Ueberlieferung
von Chaggai, Secharja und Malachi, vgl. חֲנִי.
Nas. 53ᵃ u. ö. dass.

16

מְלָאכָה ,מְלֶאכֶת f. (=bh.) Arbeit. Chag. 10ᵇ מלאכת מחשבת eine Arbeit, für eine Absicht zu Grunde liegt, vgl. מַחֲשָׁבָה. Schabb. 94ᵃ בן בתירא מתיר בסוס מפני שהוא עושה בו מלאכה שאין חייבין עליה חטאת Ben Bethera erlaubt, ein Pferd (an einen Nichtjuden zu verkaufen, obgleich man ein Lastthier an ihn nicht verkaufen darf, weil der Käufer dasselbe am Sabbat zur Arbeit benutzen würde; denn auch das Vieh eines Juden muss man am Sabbat ruhen lassen); weil man damit blos eine solche Arbeit verrichtet, auf die (wenn sie aus Irrthum begangen wurde) man nicht ein Sündopfer darbringen muss. Das Pferd verwendet man gew. blos zum Reiten, aber diese Handlung ist am Sabbat blos rabbinisch verboten. Git. 67ᵇ גדולה מלאכה שמחממת את בעליה die Arbeit ist wichtig, denn sie erwärmt den, der sich damit befasst, vgl. פָּשׁוּרָא. Aboth 1, 10 אהוב את המלאכה ושנא את הרבנות liebe die Arbeit und hasse das Herrscherwesen. Trop. das. 2, 15. 16 היום קצר והמלאכה מרובה der Tag ist kurz, aber die Arbeit gross; bildl. für die Kürze des Lebens und die Grösse der obliegenden Pflichten, ungefähr: vita brevis, ars longa. Das. לא עליך המלאכה לגמור ולא אתה בן חורין ליבטל ממנה ... ונאמן הוא בעל מלאכתך שישלם לך שכר פעולתך dir liegt nicht ob, die Arbeit zu vollenden, du bist auch nicht ganz von derselben befreit (d. h. du bist nur verpflichtet, soviel zu leisten, als in deinen Kräften steht); beglaubigt ist dein Arbeitgeber (Gott), dass er dir den Lohn für dein Wirken vergelten werde. — Pl. Schabb. 73ᵇ אבות מְלָאכוֹת ארבעים חסר אחת die (am Sabbat verbotenen) Hauptarbeiten sind 39 (40—1), vgl. אָב und אַרְבָּעָה.

מוֹלְבֵּן Molbos. Jom. 37ᵃ מולבז המלך Ar. (Agg. überall מונבז s. d. W.) der König Molbos, Monobos.

מַלְבֵּן m. (ähnlich bh. Jer. 43, 9 und arab. مِلْبَن, denom. von לְבֵנָה, Stw. לָבַן) urspr. wohl: die Form (das Gestell), deren sich die Ziegelverfertiger zum Formen der Ziegel bedienen, s. w. u.; dah. übrtr. 1) jedes längliche und viereckige Gestell, das aus vier Platten oder Tafeln von verschiedenen Dimensionen zusammengesetzt ist (ähnlich לָמוּד nr. 1) und übrtr. hohle Platte. j. Schabb. XII Anf., 13ᵃ ob. כנוטל מלבן ונותנו על גבי לבנים wie Jem., der ein Gestell (die Form zum Ziegelanfertigen) nimmt und sie auf die Ziegel legt. Seb. 54ᵃ כיצד בונין את המזבח מביאין מלבן שהוא שלשים ושתים ושלשים וגובהו אמה ומביא חלוקי (l.) אבנים מסולמות בין גדולות בין קטנות ומביא סיד וקוניא זפת וגמומח (ומכדא od.) ושוטף וזה הוא מקום יסוד וחוזר ומביא מלבן שהוא שלשים אמה על

שלשים אמה וגובהו חמש אמות ומביא חלוקי (חלקי) אבנים וכ' וחוזר ומביא מלבן שהוא כ"ח אמות על כ"ח אמות וגובהו ג' אמות ומביא חלוקי (חלקי) וכ' והוא מקום המערכה וחוזר ומביא מלבן שהוא אמה על אמה ומביא חלוקי (חלקי) וכ' וזהו קרן וכן לכל קרן וקרן wie baut man den Altar? Man bringt ein Gestell von 32 Ellen Länge und 32 Ellen Breite und dessen Höhe eine Elle ist (d. h. das Gestell, das aus vier Brettern zusammengesetzt, deren jedes 32 Ellen lang und eine Elle breit ist). Sodann bringt man feuchte, theils grosse, theils kleine, aber glatte Steine; bringt auch Kalk, glasirte Erde und Pech, welches letztere man auflöst und darüber giesst; und diese Schichte bildet den Grund (Jesod) des Altars. Ferner bringt man ein Gestell von 30 Ellen Länge und 30 Ellen Breite und dessen Höhe fünf Ellen ist; bringt feuchte Steine u. s. w. (wie oben). Ferner bringt man ein Gestell von 28 Ellen Länge und 28 Ellen Breite und dessen Höhe drei Ellen beträgt; bringt feuchte Steine u. s. w.; diese Schichte bildet die obere Platte (Anhöhe) des Altars. Endlich bringt man ein Gestell, das eine Elle lang, eine Elle breit und eine Elle hoch ist, bringt glatte und feuchte Steine u. s. w.; diese Schichte bildet am Winkel die Ecke (Spitze, Horn) des Altars. Dasselbe gilt von allen vier Ecken; d. h. an jedem Winkel wird eine solche Schichte aufgeführt. — Kel. 18, 3. 4 מלבני בני לוי die hohle Tafel (eine Art Rahmen in den Bettstellen) und die Gestelle der Leviten, woran sie ihre Spielinstrumente aufhingen. Das. מלבן שנתנו על לשונות das Gestell, das man auf die aus der Bettstelle hervorstehenden Bohlen legte. Das. 21, 3 מלבן של מסר הגדול das Gestell der grossen Säge, oder die Art Hobels, eine Art Hobelbank. Kel. B. bath. I dass. Das. B. mez. VIII חמור שתחת המלבן die Eselsfigur unter dem Rahmen der Bettstelle, d. h. der Träger derselben. Tosef. מלבן של עריסה der Rahmen der Wiege. Tosef. Ahil. XIII Anf. (l. מלובש) מלובן שהוא בפירוש ein Bettrahmen, der mit Wülsten bekleidet ist. Tosef. Erub. XI (VIII) g. E. מלבן של ספקלריא das Gestell eines Spiegels. (Der Comment. erklärt ספקלריא durch מערה Höhle, was wohl unrichtig ist). Neg. 13, 3 מלבן הבנוי על גבי eine hohle Platte, die oberhalb der Wand eines Gebäudes gebaut ist, in welcher erstern man näml. die Spitzen der Balken anbringt, damit sie vor der Feuchtigkeit der Wand geschützt seien. B. bath. 58ᵇ אם יש לה מלבן wenn es (das Fenster) ein Gestell (eingesetztes Schnitzwerk) hat. — Pl. B. bath. 69ᵃ מַלְבְּנוֹת פתחים die Gestelle der Thüren; d. h. Einfassungen an den Ober- und Unterschwellen, woran die Thüren anschlagen. (Neg. 13, 3 steht dafür המלבנים). Das. מלבנות של כרעי המטה die Gestelle (oder: hohlen Platten), worauf die Füsse der Bettstelle ruhen. — 2) die Mulde, ein hölzernes Gefäss, in wel-

chem man die Getreidekörner zerstampft und sie durch Waschen von den Hülsen säubert. Genes. r. s. 38, 36° „Wenn man den Narren im Mörser zerstösst" u. s. w. (Spr. 27, 22) כזה שהוא לייר מוטב ועד הוא כליק ועד הוא נחית לא תסור השעורים במלבן סבור שהוא מביא 'מעליו אולתו כך דור המבול ודור הפלגה וכ das ist so wie Jem., der die Gerste in der Mulde zerstampft und glaubt, dass er dadurch die Graupe säubern (zum Bessern bringen) werde; während er aber die Kelle hebt und fallen lässt, scheidet das Schlechte nicht aus. Dasselbe galt von der Generation der Sündfluth, der unmittelbar darauf die Generation der Sprachenverwirrung folgte. — 3) oblonge und erhöhte Fläche des Erdbodens, die von Gräben oder dgl. begrenzt ist, Beet. Pea 3, 1 מלבנות התבואה שבין הזיתים Getreidebeete, die zwischen Oelbäumen liegen. Das. Mischna 4 מלבנות הבצלים שבין הירק Zwiebelbeete zwischen Grünkraut. — Zuw. mit *masc.*-Endung: Ter. 4, 8 המלבנים ... העגולים Feigenmassen, die kugelartig, rund und solche, die viereckig (tafelartig) geformt sind. Pea 7, 2 זית שנמצא עומד בין שלש שורות של שני מלבנים ein Oelbaum, der innerhalb dreier Reihen steht, welche von zwei Beeten eingeschlossen sind.

מַלְבְּנָא ch. (=מַלְבֵּן) ein Ausschnitt aus den Ziegeln einer Wand. B. mez. 116b מלבנא רווחא ein umfangreicher Ausschnitt vom abgebrochenen Gemäuer.

מַלְבְּנִיקִי crmp., s. מְלַכְּנִיקִי.

מַלְבּוּשׁ m. (=bh., von לָבַשׁ) Kleid, Bekleidung. Schek. 5, 1 המלבוש s. לָבַשׁ im Hifil. Deut. r. s. 7 g. E., 260a החלזון הזה כשגדל מלבושו גדל עמו wenn der Chilson (die Schnecke) wächst, so wächst seine Bekleidung (das Gehäuse) mit ihm. In den Parall. steht נרתיק, s. חִלָּזוֹן. — j. Taan. IV, 69b un. מרוח ומלבוש (l. מַלְבּוֹשׁ Inf., מַחֲזוּר=מֵרִיחַ daraus crmp.) waschen und ankleiden; vgl. Taan. 29b לבכב ולמלבוש dass.

מַלְבָּשְׁתָּא Malbeschta, Name eines Ortes; wahrsch. jedoch crmp. aus מדבשתא, s. TW.

מְלַג (arab. مَلَجَ Conj. IV, gr. ἀμέλγω, mulgeo) eig. melken, dem Thiere die Milch entziehen. Uebrtr. Bez. 34a מולגין את הראש ואת הרגלים am Feiertage den Kopf und die Füsse der Thiere nach Anwendung warmen Wassers abrupfen, die Federn oder die Haare derselben entfernen. Tosef. Jom tob (Bez.) III dass., wo jedoch הרגלים הכריעים anst. steht.

מְלַג ch. (syr. مَلَج=מְלַג) melken. j. Jeb. VII, 8a mit und Genes. r. s. 45 Anf., s. d. nächstflg. Art.

מְלוֹג m. eig. das Melken; nur übrtr. Nutz-

niessung, insbes. נכסי מלוג Güter, welche die Frau in die Ehe mitbringt und die als ihr Eigenthum verbleiben sollen, oder auch solche Güter, die ihr nach der Verheirathung als Erbe zufallen; in welchen beiden Fällen der Ehemann nur die Nutzniessung der Güter hat; im Ggs. zu נכסי צאן ברזל Güter des eisernen Fonds; d. h. solche Güter, welche die Frau ihrem Ehemanne als sein Eigenthum verschreibt, wofür er die Summe des Werthes derselben ihr im Scheidungs- oder Todesfalle auszahlen zu lassen sich verpflichtet. B. kam. 90a איש ואשה שמכרו בנכסי מלוג לא עשו ולא כלום wenn der Mann und die Frau die Güter der Nutzniessung gemeinschaftlich verkaufen, so haben sie durch den Verkauf nichts bewirkt. Denn solche Güter gehören weder ganz der Ehefrau, da der Mann berechtigt ist, den Nutzen davon zu ziehen; noch gehören sie ganz dem Manne, da das Grundcapital ein Eigenthum der Frau ist. Wenn daher Einer der Gatten stirbt, so ist der überlebende Theil berechtigt, die Güter dem Käufer fortzunehmen. Dieses Verhältniss ist nicht dem Verkaufe eines Grundstückes gleich, zu vergleichen; denn im letzteren Falle ist ein Jeder von ihnen der wirkliche Besitzer des halben Grundstückes, während im ersten Falle keinem der Gatten auch nur ein Theil des Grundstückes ganz gehört. Jeb. 7, 1 (66a) אלו הן עבדי מלוג אם מתו מתו לה ואם הותירו לה ... ואלו הן עבדי צאן ברזל אם מתו לו מתו לו ואם הותירו הותירו לו (anst. מתו hat die Tosef. Jeb. IX Anf. correcter סתחו) betreffs der Sklaven der Nutzniessung gehört sowohl die Abnahme, als auch die Zunahme ihres Werthes der Frau; aber betreffs der Sklaven des eisernen Fonds gehört sowohl die Abnahme, als auch die Zunahme ihres Werthes dem Manne. Keth. 79b ob. ולד בהמת מלוג לבעל ולד (יהושע) שפחת מלוג לאחר וחניגא בן אחי יאשיה אמר עשו ולד שפחת מלוג כולד בהמת מלוג das Junge eines Thieres der Nutzniessung gehört dem Manne, aber das Kind einer solchen Magd gehört der Frau. (Man besorgt näml. den Todesfall der Gebärenden; beim Thiere würde das Grundkapital nicht ganz schwinden, da sein Fell der Frau verbleiben würde; לא כליא קרנא; wenn aber die Sklavin stirbt, so schwindet das Grundkapital, כליא קרנא. Chananja, der Brudersohn Josua's sagte: Das Kind einer solchen Magd hat man dem Jungen eines solchen Thieres gleichgestellt; d. h. das Eine sowohl, als auch das Andere gehört dem Manne. Chananja besorgt näml. nicht einen Todesfall. j. Jeb. VII, 8a mit. dass. Das. ein Schüler fragte den R. Mana: מהו עבדי מלוג אמר ליה כמה דאת אמר מלוג מליג was bezeichnet der Ausdruck מלוג? Letzterer antwortete ihm: So wie man sagt: Melke, melke! d. h. so wie das Thier, das man ausmelkt, unversehrt bleibt, ebenso verbleiben

16*

auch die Sklaven, von denen der Ehemann den Nutzen zieht, der Besitzerin derselben, näml. der Ehefrau, als ihr Eigenthum. Genes. r. s. 45 Anf. steht dafür מליג מלוג lies ebenf. (=Ar.) מליג מליג dass. Das. Das „Sie hatte eine egyptische Sklavin, welche Hagar hiess" (Gen. 16, 1). שפחה מלוג היתה והיה חייב במזונותיה ולא היה רשאי למכרה Hagar war eine Sklavin der Nutzniessung, weshalb Abraham verpflichtet war, sie zu ernähren, ohne sie verkaufen zu dürfen; mit Ansp. auf ולה, d. h. die Sklavin war das Eigenthum der Sara, nicht aber das des Abraham.

מְלוּגָא m. (gr. μολγός) Sack von Rindsleder. Stw. vrg. מלג, ἀμέλγω, eig. abgezogene Haut, wie gr. δορός δορά und δέρω. Keth. 85ᵃ ההיא איתתא דהוו מפקדי גבה מלוגא דשטרי jene Frau, der man einen Sack mit Schriftstücken in Verwahrung gab. B. bath. 151ᵃ אימיה דר' עמרם חסידא הוה לה מלוגא דשטרי die Mutter des frommen R. Amram hatte einen Sack mit Schriftstücken.

מַלְגֵּז m. (von לְגֵז; =מַזְלֵג von זָלַג trnspon.) Gabel, Heugabel u. dgl. Schabb. 17, 1 (2) את הרחת ואת המלגז לתת עליו לקטן Agg. des bab. und des jer. Tlmd. (Mischnajoth: דהמזלג) die Wurfschaufel und die Gabel (darf man am Sabbat anfassen), um darauf dem Kinde Speisen zu reichen. In Gemara das. 122ᵇ öfter. j. Schabb. XVII, 16ᵇ ob. dass. Tosef. Schabb. X (IX) שנים אוחזין וכ' wenn zwei Personen die Gabel anfassen u. s. w. Sifra Wajikra cap. 9 Par. 7 und Schabb. 92ᵇ dass., s. לָגֵז.

מוֹלַגְיָיה f. (etwa gr. μαλακία) eig. Weichheit, übrtr. was den Körper verzärtelt, dann: Labung (ähnl. חֲלִיטָא I, s. d.). Levit. r. s. 12, 156ᵃ die Gotteslehre מולגייה ללב ist eine Labung für das Herz, mit Ansp. auf Ps. 19, 9, vgl. מְנַיְירִין. Dieser Satz lautet jedoch in Deut. r. s. 8, 260ᵒ קילורית לעין מלוגמא למכה eine Salbe für das Auge (κολλύριον) und ein Pflaster (μάλαγμα) für die Wunde; mit Bez. auf Spr. 3, 8 רפאות „Heilung" u. s. w. Jalk. II, 96ᵒ dass.

מְלוּנְלָה s. in מלי·

מָלוּגְמָא ,מְלוּגְמָה f. (syr. ܡܠܓܡܐ, gr. μάλαγμα, malagma) eig. was die Wunde erweicht, dah. Umschlag, Pflaster, das gew. aus Kräutern bestand; unterschieden von אִסְפְּלָנִית: ein Pflaster, das gew. aus Mehl, Fett, Honig u. dgl. zubereitet wurde. Schebi. 8, 1 כל המיוחד למאכל אדם אין עושין ממנו מלוגמא לאדם ואין צריך לומר לבהמה וכל שאינו מיוחד למאכל אדם עושין ממנו מלוגמא לאדם אבל לא לבהמה alle Früchte, die als Speisen für die Menschen bestimmt sind, darf man (am Brachjahr) nicht zu einem Pflaster für einen Men-

schen, geschweige für das Vieh, verwenden. Alle Früchte aber, die nicht als Speisen für Menschen bestimmt sind, darf man als Pflaster für den Menschen, aber nicht für das Vieh verwenden. B. kam. 102ᵃ לאכלה ולא למלוגמא „zum Essen" (sollen die Früchte des Brachjahres dienen, Lev. 25, 6), aber nicht zum Pflaster. Das. מוציא אני את המלוגמא שאינה שוה בכל אדם וכ' das Pflaster kann ich deshalb ausschliessen (dass man die Früchte des Brachjahres nicht dazu verwenden dürfe), weil es nicht allen Menschen zum Nutzen gereicht; im Ggs. zu כבוסה: Wäsche, die Jedermann nöthig hat. Suc. 40ᵃ dass. Aehnlich j. Schebi. VIII Anf., 37ᵈ. — Kel. 28, 3 העושה . . . . מלוגמא בבגד wenn man ein Kleidungsstück zu einem Umschlag verwendet. Tosef. Kel. B. bath. VI g. E. שלש שעשאה שלש לאסקלנית מלוגמה ורטיה ein Stück Zeug von drei Faust Länge und drei Faust Breite, das man zum Umschlag, zum Pflaster, oder zum Bestreichen mit Salbe verwendet hat. j. Schabb. VII, 10ᵇ un. קילורין . . . מלוגמה וכ' Jem., der eine Augensalbe (κολλύριον), oder einen Umschlag am Sabbat umrührt, zubereitet, begeht die Sünde des Knetens. Tosef. Dem. I g. E. הלוקח יין ליתן לתוך הקילור וקמח לעשות מלוגמה ורטיה פטור מן הדמאי וחייב בודאי wenn Jem. Wein kauft, um damit Augensalbe, oder Mehl, um daraus ein Pflaster oder eine Salbe zuzubereiten, so braucht er vom Demai (s. רְמַאי) nicht den Zehnten zu entrichten; von gewöhnlichen Früchten aber (von welchen man diese Levitengabe mit Bestimmtheit noch nicht entnommen hat, s. וַדַאי) muss er den Zehnten entrichten. j. Schebi. IV, 35ᵇ un. סגין מהן לעשות מהן מלוגמא darf man aus den unreifen Früchten des Brachjahres ein Pflaster bereiten? j. Pes. II g. E., 29ᵒ mit. תני מלוגמה שנסרחה אם תני וכ' תני זקוק לבער betreffs eines Pflasters, das überriechend geworden, sagt ein Autor: Man muss es (wenn Gesäuertes damit vermischt ist, vor Pesach) forträumen; ein anderer Autor sagt: Man braucht es nicht fortzuräumen. — Trop. Schabb. 119ᵇ חמין במוצאי שבת מלוגמא פת חמה במוצאי שבת מלוגמא warmes Wasser (zum Trinken oder zum Waschen) am Sabbat Abend ein Labsal (eig. ein Pflaster, da man es während des Sabbats entbehrt hat); warmes Brot am Sabbat Abend ist ein Labsal.

מְלוּנְנָאָה s. מַגְלוּנָאָה.

מִלְוָה f. (von לְוָה, לוי) Darlehn, Schuldforderung. Kidd. 6ᵇ המקדש במלוה אינה מקודשת בהנאת מלוה מקודשת ואסור לעשות כן מפני הערמת רבית wenn Jem. sich eine Frau antraut für ein Darlehn (wenn er näml. sagt: Für die Summe, die du mir schuldest, sollst du mir angetraut sein), so ist sie hierdurch nicht angetraut; wenn er hing. sagt: Für den Ge-

nuss des Darlehns sollst du mir angetraut sein! (d. h. für den Genuss, dass ich dir den Zahlungstermin auf einige Zeit hinausschiebe, dass ich dir die Schuld länger creditire, als es ursprünglich verabredet war), so gilt die Trauung. (Im erstern Falle giebt er ihr im Momente der Trauung nichts; im letztern Falle hing. ist er berechtigt zu sagen: Du wärest gewiss erbötig, Jemdm. eine kleine Summe Geldes zu geben, der mich zur Hinausschiebung des Zahlungstermines veranlasst hätte; aber diese Summe gebe ich dir durch mein Versprechen, als Trauungsgeld. Um wie .viel mehr gilt die Trauung, wenn er sagt: Für den Vortheil, dass ich dir hiermit die Schuld ganz erlasse, sollst du mir angetraut sein; da sie gewiss bereit gewesen wäre, Jemdm. Geld zu geben, der ihn hierzu veranlasst hätte.) Eine solche Trauung jedoch (wobei der Mann ein längeres Creditiren verspricht) ist nicht gestattet, weil es eine Art hinterlistigen Wuchers ist. Das. 46ª. 47ª המקדש ניתנה להוצאה מלוה מקורשת אינה במלוה wenn ein Mann sich eine Frau antraut für ein ihr gemachtes Darlehn, so ist sie (selbst wenn das geliehene Geld noch baar bei der Frau vorhanden ist) nicht angetraut, weil ein Darlehn zum Ausgeben bestimmt ist; die Summe also, welche die Frau von dem geliehenen Gelde noch hat, ist völlig als ihr Eigenthum anzusehen; folglich gilt der Mann ihr kein Trauungsgeld. Nach einer Ansicht jedoch gilt die Trauung. Das. 47ᵇ מלוה בשטר . . . . מלוה בעל פה ein Darlehn nach mündlicher Verabredung (selbst wenn Zeugen anwesend waren); ein Darlehn, worüber ein Schuldschein ausgestellt wurde. Das. 13ᵇ הלכתא מלוה על פה גובה מן היורשין ואינו גובה מן הלקוחות die Halacha lautet wie folgt: Der Gläubiger eines Darlehns bei mündlicher Verabredung kassirt seine Schuld auch von den Erben ein (weil die Zahlungsverpflichtung biblisch begründet ist, שעבודא דאוריתא); dahing. ist er nicht berechtigt, die von dem Schuldner nach Empfang des Darlehns verkauften Grundstücke, den Käufern fortzunehmen. Denn ein solches Darlehn ohne Ausstellung eines Dokumentes wird nicht allgemein bekannt, sodass die Käufer also vor dem Ankauf nicht gewarnt werden konnten, vgl. טָרַף nr. 3. Das. מלוה הכתובה בתורה ככתובה בשטר דמיא eine Schuld, deren Zahlungspflicht in der Bibel vorgeschrieben ist (z. B. die Pflichtopfer, Auslösung der Erstgeborenen, Schadenersatz u. dergl. m.) ist ebenso anzusehen, als ob ein Dokument darüber ausgestellt worden wäre. Arach. 6ᵇ fg. u. ö. ist diese Halacha in einer Controverse. B. mez. 104ᵇ, s. כָּפַל. Das. 4ª u. ö. הכופר במלוה wenn Jem. eine Schuld ableugnet, s. כָּפַר.

מַלְוֶה m. (Part. Hifil von לָוָה) der etwas verleiht, Gläubiger; im Ggs. zu לֹוֶה, לֹוָה:

Schuldner, der etwas geliehen nimmt, s. לֹוֶה, לָוָה. — Pl. Schebu. 47ᵇ שני מַלְוִין ושני לֹוִין zwei Gläubiger und zwei Schuldner.

מִילוּי, מִלוּי s. d. in 'מלי.

מְלֹויתָא f. (von לֹוִי, Pa. לַוִי) Begleitung. Midr. Tillim zu Ps. 104, 26 טוברי מן הדא מלויתא glücklich ist derjenige, dessen Begleitung sie (die Tugend) ist; mit Ansp. auf לויתן Jalk. II, 123ª dass.

מָלֹויתָא Levit. r. s. 21, 164ᵈ, s. d. in 'מלי. — j. Jom. III Anf., 40ᵇ und j. R. hasch. II Anf., 57ᵈ מלויתא wahrsch. crmp. aus מְיַילֵלְדָתָא: die Wöchnerin.

מַלְוָן Malwan, Name eines Ortes. j. Meg. IV, g. E., 75ᶜ un. של בית מלוון die Einwohner von Beth Malwan.

מָלוֹש m. (von לוּש) Backtrog, Mulde, worin man den Teig knetet. j. Git. VIII Anf., 49ᵇ זרקו לה בתוך המלוש שלה wenn der Mann seiner Frau den Scheidebrief in ihre Mulde warf.

מָלוֹזְמָא oder מָלוֹזְמָא masc. (wahrsch. gr. μόλος, μόλος oder μῶλος, Du Cange Gloss. I, 945) Hafen oder Erdzunge. Ber. 53ᵇ ob. (mit Bez. auf die Mischna: Man spricht nicht eher den Segen über das Tageslicht, bis man von ihm einen Genuss hat) ומה . . . . חזקיה אמר כדי שיכיר בין מלוזמא של טבריא למלוזמא של צפורי wie viel (kann die Entfernung betragen)? Chiskija sagte: Wenn man dabei den Hafen (oder: die Erdzunge) in Tiberias von dem Hafen in Sepphoris unterscheiden kann. Ar. erklärt unser W. durch מטבע, Münze, indem er sich auf j. Ber. VIII, 12ᵇ un. stützt, woselbst R. Chinna die Entfernung angiebt: כדי שיהא יודע להבחין בין מטבע למטבע dass man zwischen einer Münze und der andern unterscheiden kann. Aber dieser Angabe der Entfernung entspricht die Ansicht in bab. Ber. l. c. כדי שיכיר בין איסר לפונדיון dass man den Isar vom Pundion zu unterscheiden weiss; ganz abgesehen davon, dass die Münzen der einen Stadt nur wenig von denen der andern Stadt unterschieden sind. Ebensowenig ist Raschi's Erklärung: משקל: Gewicht, etwa moles, passend.

מָלַח (=bh., arab. مَلَحَ, denom. von מֶלַח s. d. wie ἁλίζω von ἅλς) salzen, einsalzen. Chull. 113ª Samuel sagte: אין הבשר יוצא מידי דמו אלא אם כן מולחו יפה יפה ומדיחו יפה יפה das Fleisch wird nicht eher von seinem Blut ganz frei, als bis man es möglichst gut eingesalzen und möglichst gut abgespült hat. Das. רב הונא אמר מולח ומדיח במתניתא תנא מדיח ומולח ומדיח ולא פליגי הא דחלליה בר טבחא הא דלא חלליה בר טבחא R. Huna sagte: Man salzt das Fleisch und

spült es dann ab; in der Borajtha jedoch heisst es: Man spült das Fleisch zuvor ab, salzt es und spült es wiederum ab; hier jedoch waltet keine Meinungsverschiedenheit ob. Denn der erstere Autor spricht davon, dass man das Fleisch bereits im Verkaufsladen abgespült, mit Wasser begossen hat (weshalb man es vor dem Salzen nicht mehr abzuspülen braucht), der andere Autor aber spricht davon, dass man das Fleisch noch nicht im Verkaufsladen abgespült hat (weshalb man es vor dem Salzen abspülen muss). Part. pass. Das. שׁנִירָדִין מְלוּחִין sie beide (der erlaubte und der unerlaubte Fisch) waren eingesalzen. j. Taan. IV, 69ᵇ ob. הביאו לפניהם מיני מלוחים וּנודות נפוחים die Feinde setzten ihnen (den israelitischen Exulanten, welche, vor Durst verschmachtet, um Wasser gebeten hatten) gesalzene Speisen und mit Luft gefüllte Schläuche vor; durch letztere hatte man sie täuschen wollen, als ob die Schläuche mit Wasser gefüllt wären. j. Schabb. I, 3ᶜ un. כבושיהן שלוקיהן מלוחידהן וכ׳ die eingelegten, eingekochten und eingesalzenen Früchte der Nichtjuden hat man verboten. B. bath. 74ᵇ Gott tödtete das Weibchen des Liwjathan, ומלחה לצדיקים לעתיד לבא und salzte es ein für die Frommen im zukünftigen Leben. — Hof. (=bh.) Sifra Wajikra Par. 11 cap. 13 לא הוּמְלָחָה es (das Mehlopfer) wurde nicht mit Salz bestreut.

Pi. trop. scharfsinnig sein, salem habere. Part. pass. Kidd. 29ᵇ אם בנך זריז וּמְמוּלָּח ותלמודו מתקיים בידו בני קודמו (In Tosef. Bech. VII fehlt unser W.) wenn sein Sohn tüchtig und scharfsinnig ist und das Erlernte behält (nicht vergisst), so ist der Sohn seinem Vater vorzuziehen; wenn näml. die Gelegenheit sich darbietet, dass entweder der Eine oder der Andere sich dem Gesetzstudium widme.

מְלַח ch. (syr. ܡܠܰܚ=מְלַח) 1) salzen, einsalzen. Schabb. 75ᵇ האי מאן דמלח בישרא בשבת מיחייב משום מעבד wenn Jem. am Sabbat Fleisch einsalzt, so begeht er eine Sünde des Gerbens; vgl. jedoch עִיבּוּד. Chull. 113ᵃ R. Dimi מלח ליה במילחא גלליתא ומנפיץ ליה salzte das Fleisch mit grobem Steinsalz, das er aber dann abschüttelte, weil näml. solches Salz das Blut einsaugt; bei feinem Salz hing. ist ein solches Abschütteln nicht nöthig, weil das Blut aufgelöst wird. Das. R. Schescheth מלח ליה גרמא גרמא salzte jedes Stück Fleisch besonders; weil er näml. der Ansicht war, dass das Blut, das von einem, bereits gesalzenen Stück Fleisch auf das andere fliesst, von demselben eingezogen würde. — 2) Salz essen. Esr. 4, 14. Ithpe. gesalzen werden. Chull. 112ᵇ אִימְּלַח ליה בשר שחוטה בהדי בשר נבלה ihm (dem R. Mari) wurde Fleisch eines geschlachteten Thieres mit unerlaubtem Fleisch zusammen gesalzen. Das. 97ᵇ הנהו אטמתא דאימליחו בי ריש גלותא

בגידא דנשרא jene Braten, welche in dem Hause des Exilhauptes mit der Spannader zusammen gesalzen wurden u. s. w.

Pa. im Meere, in der Salzfluth (ἡ ἅλς) rudern. Keth. 85ᵃ ob. רב ספא ממלח מלוחי R. Papa ruderte ein Schiff, um dadurch das Besitzungsrecht desselben zu erlangen. B. kam. 117ᵇ מלח ביה חד מנייהו שדייה לחמריה במיא Alfasi (und Aschari, mit einiger Abänderung; Tlmd. Agg. מלח ליה לחמרא) Einer von ihnen (die in dem Schiffe sassen, wohin Jem. auch seinen Esel mitgebracht hatte) ruderte das Schiff und warf den Esel ins Wasser.

מְלִיחַ m. (eig. Part. pass. nach chald. Form) 1) gesalzen, eingesalzen. Chull. 113ᵃ בשר מליח eingesalzenes Fleisch. Das. טהור מליח ורטמא תפל wenn der reine Fisch eingesalzen, der unreine aber nicht eingesalzen ist. Das. 111ᵇ. 112ᵃ u. ö. מליח הרי הוא כרותח Eingesalzenes (Fleisch, Fische u. dgl.) wird wie etwas Heisses (d. h. Gebratenes, כרותח דצלי) behandelt; nach einer Ansicht: מליחאינו כרותח, vgl. כָּבַשׁ nr. 3. Meg. 19ᵃ s. אָפַץ. — 2) oft als Sbst. u. zw. ausschliesslich Salzfisch, Hering. Ber. 44ᵃ ob. הביאו לחם מליח ופת עמו מברך על המליח ופוטר את הפת Ms. M. (Agg. מליח החלה, Ar. הביאו לו) wenn man den Tischgenossen Hering mit Brot vorsetzt, so spricht man den Segen blos über den Hering, braucht ihn nicht über das Brot zu sprechen; weil näml. letzteres als etwas Nebensächliches behandelt wird, vgl. טָפֵל nr. 2. Das. כל סעודה שאין בה מליח סעודה Ms. M. und Ar. (Agg. מלח) jede Mahlzeit, bei der nicht ein Hering vorkommt, ist keine genügende Mahlzeit; d. h. wenn man nach aufgehobener Mahlzeit noch mehr als einen Hering geniessen kann, so war sie nicht sättigend. Schabb. 145ᵇ המליח הישן ein alter (vorjähriger) Hering.

מֶלַח m, (=bh.) Salz. Grndw. viell. מל s. d., vgl. bes. מֶלְחָה. Chull. 105ᵇ מלח סדומית sodomitisches Salz, vgl. מֵי. Das. 112ᵃ אינו נאכל מחמת מלחו die Speise kann wegen des (vielen) Salzes nicht gegessen werden. Trop. Keth. 66ᵇ מלח ממון חסד שאמרי לה חסר das Salz des Geldes ist die Wohlthat; Manche sagen: die Mangelhaftigkeit; d. h. wie die Speisen, die man nicht einsalzt, verderben, ebenso schwindet das Vermögen, von dem man nicht einen Theil auf Almosen verwendet (das nicht durch Almosen verringert wird). Tractat Soferim XV, 8 נמשלה התורה כמלח והמשנה כפלפלין והש״ס כבשמים אי אפשר לעולם בלא מלח ואי אפשר לעולם בלא פלפלין ואי אפשר לעולם בלא בשמים ואיש עשיר מחובכל בשלושהן כך אי אפשר לעולם בלא מקרא ואי אפשר לעולם בלא משנה ואי אפשר לעולם בלא הש״ש die Bibel wird dem Salze, die Mischna dem Pfeffer und die Gemara (ש״ס=סדרי שיתא die sechs Ordnungen) den Gewürzen verglichen. Die

Welt kann nicht ohne Salz, ebensowenig ohne Pfeffer, ebensowenig ohne Gewürze bestehen; der reiche Mann jedoch pflegt sich mit allen dreien. Ebenso kann die Welt nicht ohne Bibel, oder ohne Mischna, oder ohne Gemara bestehen.

מְלָחָא ,מִלְחָא , מְלַח ch. (syr. ܡܶܠܚܳܐ=מֶלַח) Salz. Esr. 4, 14; s. auch TW. — Chull. 12ᵃ u. ö. מִלְחָא דְכוֹרָא ein Kor Salz, s. כּוֹר. Kidd. 62ᵃ מִילְחָא גַּלְנִיתָא Steinsalz. Chull. 112ᵃ תְּרֵי גַּלְלֵי מִלְחָא zwei Körnchen Salz. Bechor. 8ᵇ מִלְחָא כִּי סְרִי בְּמָא מַלְחֵי לֵיהּ wenn das Salz dumm geworden, womit salzt man dasselbe? vgl. כּוֹרַנְתָּא. Trop. Nid. 31ᵃ פְּרֵץ מִלְחָא וּשְׁדֵי בִּשְׂרָא לְכַלְבָּא schüttle das Salz ab und wirf das Fleisch dem Hunde vor! Sprichwort für: Wenn die Seele (Gottes Antheil) aus dem Körper geschwunden ist, so bleibt Letzterer (der Antheil der Eltern) werthlos zurück. j. B. mez. IV Anf., 9ᶜ un. R. Chija יָהֵיב דִּינַר לְמַלְחָא gab einen Denar als Daraufgeld für Salz. Jeb. 63ᵃ מִילְחָא Salz, viell. Melde, vgl. חֲבוּרָה. — Pl. Pes. 8ᵃ בֵּי מֵילְחֵי Salzmagazin. Ab. sar. 33ᵃ dass.

מַלְחָא m. Adj. 1) Salzhändler. j. B. mez. IV g. E., 9ᵈ un. ר' אַבְדִּימָא מַלְחָא R. Abdoma, der Salzhändler. — 2) (hbr. מֶלַח, von מָלַח die Salzfluth, vgl. מָלַח im Pael) der Steuermann, Schiffer. Pl. Git. 73ᵃ אֲגַר מַלָּחֵי לְעַבּוֹרִינְהוּ die mietheten Schiffer, die den Mohn über den Fluss bringen sollten. Taan. 24ᵇ R. Mari erzählte: חֲזָאִי לְמַלְאֲכֵי דְּאִידְמוּ לְמַלָּחֵי דְקָא מַיְיתוּ חָלָא וּמְלוֹנְהוּ לְאַרְבֵי וַהֲוָה קִמְחָא דְּסְמִידָא ich sah Engel, die, in der Gestalt der Steuermänner, Sand brachten, womit sie die Schiffe füllten und woraus feines Mehl wurde.

מְלַחַת f. Salpeter, ἄλινιτρον, od. eig. was den Erdboden aufreibt, morsch macht (vgl. bh. Nif. וְנִמְלָח). Ohol. 3, 7 חוֹר ... שֶׁאֲכָלַתּוּ מַלַחַת ein Loch, das der Salpeter verursacht (eig. verzehrt) hat; d. h. eine Höhlung, die durch den Salpeter, der sich auf einer Strecke Landes befindet und der nach und nach wie Schutt morsch wird, entstand.

מִלְחָתָא ch. (eig.=vrg. מְלַחַת), bes. Salzwerkstatt, Saline, gew. eine Vertiefung in der Nähe des Meeres, wo die Sonne das Seewasser austrocknet und das Salz zurücklässt. Schabb. 66ᵇ un. לֵיזִיל לְמִלְחָתָא וְלֵיתְקִיל מַתְקָלָא מִלְחָא er gehe nach der Saline und wiege ein bestimmtes Gewicht Salz ab. Das. 73ᵇ un. הַאי מָאן דִּכְנֵיף מִילְחָא מִמַּלְחָתָא wenn Jem. das Salz aus der Saline zusammenrafft, s. כְּנַף.

מָלוּחַ m. (=bh.) Melde, ἄλιμος, ein salatähnliches Gewächs, dessen junge Blätter im Armen als Speise dienten. Pl. Kidd. 66ᵃ Jannai (Johann Hyrkan), wegen eines errungenen

Sieges überaus fröhlich, lud alle Gelehrten Israels zu einem Gastmahle ein. אָמַר לָהֶם אֲבוֹתֵינוּ הָיוּ אוֹכְלִים מְלוּחִים בִּזְמַן שֶׁהָיוּ עֲסוּקִין בְּבִנְיַן בֵּית הַמִּקְדָּשׁ אַף אָנוּ נֹאכַל מְלוּחִים זֵכֶר לַאֲבוֹתֵינוּ וְהֶעֱלוּ מְלוּחִים עַל שֻׁלְחָנוֹת שֶׁל זָהָב er sagte zu ihnen: Unsere Vorfahren haben zur Zeit, als sie mit dem Bau des Tempels beschäftigt waren, Melde gegessen (d. h. nach ihrer Rückkehr aus der babyl. Gefangenschaft, als sie sehr verarmt waren. Ar. bezieht es auf den Bau der Stiftshütte in der Wüste, wo solche Kräuter im Ueberfluss vorhanden waren); daher wollen auch wir Melde essen zur Erinnerung an unsere Vorfahren: da setzte man ihnen Melde auf goldenen Tischen vor.

מְלוּחָא ch. (syr. ܡܶܠܚܳܐ=מָלוּחַ) Melde, s. TW.

מַלְחָיָא ,מַלְחָא Mellaha oder Malhya, Name eines Ortes in Obergaliläa, vgl. Neub. Géogr. du Tlm. p. 269. Nach Schwarz wäre מַלְחַיָּיא: Malhya unweit Jerusalem. j. Dem. II, 22ᵉ mit. מִגְדַּל מַלְחָא Migdal (Thurm) Mellaha. j. Ab. sar. II, 41ᶜ ob. ר' יוֹסֵי מִמַּלְחַיָּיא R. Jose aus Malhya. Genes. r. s. 42, 41ᵃ. Levit. r. s. 26 Anf. und Thr. r. sv. טוּמְאָתָהּ, 56ᶜ dass.

מַלְחִים Hif. von לָחַם s. d.

מִלְחָמָה ,מִלְחֶמֶת f. (=bh., von לָחַם, s. d. im Hithpa.) Kampf, Krieg. Sot. 42ᵃ fg. כֹּהֵן מְשׁוּחַ מִלְחָמָה der Priester, der für den Krieg geweiht (gesalbt) war, vgl. כֹּהֵן. Das. 44ᵇ (in der Mischna) ... מִלְחֶמֶת מִצְוָה ... מִלְחֶמֶת חוֹבָה מִלְחֶמֶת רְשׁוּת ein Pflichtkrieg, ein gebotener Krieg, ein freiwilliger Krieg. Vgl. j. Sot. VIII g. E., 23ᵃ רַבָּנִן אָמְרִין מִלְחֶמֶת מִצְוָה זוֹ מִלְחֶמֶת דָּוִד מִלְחֶמֶת חוֹבָה זוֹ מִלְחֶמֶת יְהוֹשֻׁעַ ר' יְהוּדָה הָיָה קוֹרֵא מִלְחֶמֶת רְשׁוּת מִלְחֶמֶת כֹּהֵן אֵין אָזְלִין דְּאָתְיָין אִינּוּן עֲלֵינוּ חוֹבָה כֹּהֵן die Rabbanim sagen: „Ein gebotener Krieg" war der Krieg David's, „ein Pflichtkrieg" war der Krieg Josna's (um die kanaanitischen Völker zu vernichten). R. Juda nannte einen solchen Krieg „einen freiwilligen Krieg", wenn wir z. B. zuerst gegen die Feinde ziehen, „einen Pflichtkrieg", wenn sie z. B. uns überfallen; ähnl. bab. Sot. 44ᵇ. — Pl. trop. M. kat. 25ᵇ ob. גֵּזַע יִשִׁישִׁים עָלָה מִבָּבֶל וְעִמּוֹ סֵפֶר מִלְחָמוֹת ein Spross der Ehrwürdigen kam aus Babylon und mit ihm das Buch der Streitigkeiten. Die Leiche des Rabba bar Huna, dessen Ahnen Exiliarchen waren, und die Leiche des R. Hamnuna wurden näml. gleichzeitig nach Palästina zur Bestattung gebracht. An einem Engpass angelangt, stritten die Särge, wem das Vorangehen gebühre und ein vorüberziehender Araber, der dem Rabba bar Huna den Vorzug gegeben hatte, wurde hart bestraft. Hierauf bezieht sich die gedachte Elegie: Der Spross der Vornehmen (Rabba bar Huna) traf mit dem her-

vorragenden Gelehrten (R. Hamnuna) zusammen, deren Einer das Buch seines Stammbaumes mit sich führte und deren Anderer das Buch der Gotteslehre im Herzen trug; Letzterer aber machte dem Erstern den Rang streitig.

מְלַט ,Ithpe. אִתְמְלַט (hbr. וְנִמְלַט Nif. von מְלַט syn. mit פָּלַט) gerettet werden, s. TW.

מֵילוֹט m. N. a. (von מְלַט) das Retten, die Rettung. Pes. 118ᵃ un. da doch das „grosse Hallel" (הַלֵּל הַגָּדוֹל, s. d.) vorhanden ist, weshalb sagt man das gewöhnliche Hallel (Ps. 113 —118)? מִפְּנֵי שֶׁיֵּשׁ בּוֹ מֵילוּט נַפְשׁוֹתָא שֶׁל צַדִּיקִים וכ' מִגֵּיהִנֹּם weil darin die Rettung der Seelen der Frommen aus dem Gehinnom vorkommt, näml. Ps. 116, 4: „O Gott, rette meine Seele!"

מָלְטִיתָא f. (=בָּלְטִיתָא mit Wechsel der liquidae) Fäulniss, Wurmfrass, s. TW.

מַלְטוֹכִים crmp., s. den nächstflg. Art.

מְלוֹשְׁמָה ,מְלַטְמָא m. (für מְלִיטוֹמָא, gr. μελ-λ(τωμα) Honigkuchen. Genes. r. s. 48, 47ᵃ אֶחָד לִמְלוֹטְמִיהּ eines (der „drei Masse Mehl", Gem. 18, 6) diente zu Honigkuchen, vgl. חַבְרֵי Ar. ed. pr. liest ג' מִינֵי מְלוֹטְמִין pl. drei Arten Honigkuchen. — j. Schabb. VI g. E., 8ᶜ un. R. Jochanan ging auf der Strasse; חֲמָא חַד מְזַבֵּן מִן אִילֵין מְלַטְמַיָּה אֲמַר לֵיהּ מִן אִילֵין אַתְּ חַי als er Jemdn. einige Honigkuchen verkaufen sah, da rief er ihm zu: Wie, davon ernährst du dich? Letzterer erwiderte ihm: ja wohl! Pesik. Eth korbani, 58ᵃ „Die Speise Salomo's für einen Tag war: dreissig Kor feines Mehl" u. s. w. (1 Kn. 5, 2) אֵלּוּ מִינֵי מְלַטְמַיָּא הֲוָי Ar. (Agg. אֲבָל לִסְעַדְתְּהוּ לֹא הָיָה בְּרִיָּה יְכוֹלָה לַעֲמוֹד), ebenso Jalk. z. St. u. A., vgl. צַדִּיק הַלֵּל לְצַדִּיקָא קִדְרָה Pesik. r. s. 16 crmp., מַלְטוֹכִים, vgl. auch Buber Anm. z. St.) dies diente blos zu verschiedenen Arten von Honigkuchen, sein Hauptmahl jedoch konnte Niemand berechnen.

מְלַטְמַיָּא Ohol. 17, 3, s. לְטִימְיָא.

מַלְטְמָא od. מָלְטְמָא (מַלְטְמָא) s. דִּמְלַטְבָּא.

מְלִי voll sein, s. מְלָא. — Part. od. Adj. מְלֵי ,מָלֵא m., מָלֵיתָא ,מַלְיָא f. (hbr. מָלֵא ,מְלֵאָה s. d.) voll, plenus, plena. — Ferner מַלְיָא m. (syr. ܡܠܳܐ) Füllung, s. TW.; vgl. auch מוּלְיָא im מו'.

מָלְיָתָא ,מוּלְיָתָא ,מַלְיָתָא ,מָלֵיתָא fem. (hbr. מְלוֹא) Wall, s. TW.

מִילּוּי ,מִלּוּי m. N. a. das Füllen, die Füllung. Par. 7, 2 fg. הַמְּלָאכָה פּוֹסֶלֶת בְּמִלּוּי das Arbeiten während des Füllens des Lustrationswassers macht letzteres unbrauchbar. Tosef. Par. III g. E. כָּל מַעֲשֵׂה פָרָה בַּיּוֹם חוּץ מֵאֲסִיפַת אֶפְרָהּ וְהַמּילּוּי וְהַקִּידּוּשׁ alle Verrichtungen be-

treffs der rothen Kuh müssen am Tage geschehen, mit Ausnahme des Sammelns ihrer Asche, ferner des Füllens des Wassers und des Heiligens; d. h. des Zubereitens des Lustrationswassers. j. Suc. V g. E., 55ᶜ un. מִילוּי הַמַּיִם das Wasserfüllen behufs der Libation im Tempel, vgl. מַיִם II. Das. IV, 54ᶜ un. צָרִיךְ שֶׁיְּהֵא מִילּוּיָין לְשֵׁם הַמַּיִם das Füllen des Libationswassers muss in der Absicht geschehen, es am Feste zu spenden.

מוּלְיָי j. Bez. II, 61ᶜ u. ö., s. מַלְּאֵי.

מָלוֹיְתָא f. (von מְלָי) Ort am Ufer eines Flusses, wo man das Wasser füllt. Levit. r. s. 21, 164ᵈ R. Chanina kam unerwartet aus dem Lehrhause des R. Akiba zurück, אֲזַל וְיָתֵיב לֵיהּ עַל מָלוֹיְתָא דְּנַשְׁיָא שָׁמַע קוֹלְדוֹן דְּטַלְיָיתָא אַמְרִין er ging auf den Heimweg und setzte sich an dem Platze nieder, wo die Weiber das Wasser einfüllten; da hörte er die Mädchen rufen: Tochter Chanina's, fülle deinen Krug und komme herauf! In der Parall. Keth. 62ᵇ steht dafür יָתֵיב אֲגוּדָא דְּנַהֲרָא er setzte sich am Ufer des Flusses nieder.

מִילְיָתָא ,מוּלְיָתָא f. Füllung, Gefülltes, namentl. Geflügel oder junges Vieh, das mit einer Speise gefüllt und gebraten ist; nach einer Ansicht: eine Art Pastete mit Fleischfüllung. Pes. 74ᵇ מִילְיָתָא שָׁרֵי אֲפִלּוּ פּוּמָא לְעֵיל (Var. מוּלְיָתָא) ein Thier (oder: eine Pastete) mit Füllung darf man braten, selbst wenn die Oeffnung des Zubratenden nach oben zu gekehrt ist (und daher das Blut nicht ablaufen kann); weil näml. dasselbe vom Feuer verzehrt wird. — מוּלְיָיתָא Maulthier, s. מוּלְתָא in מו'.

מוּלְיָין ,מוֹלְיָיר s. in מו'.

מִילָאֵלָה masc. pl. (zusammengesetzt aus gr. μέλι und λάγανα pl.) die Honigkuchen. j. Chall. I, 57ᵈ mit. wird דּוּבְשְׁנִין erklärt durch מִלִּיגָּאֵלָה die Honigkuchen.

מָלַךְ (contr. aus מַה־לָּךְ, vgl. Jes. 3, 15 מַּלָּכֶם) eig. was hast du? d. h. was liegt dir daran? daher: Gleichgiltiges. Schabb. 150ᵃ בִּתְחִלָּה מֶלֶךְ שְׁלֹמֹה Agg. (das. zwei Mal; Ms. M. מֶה לָךְ) Berechnungen gleichgiltiger Dinge. Ar. sv. חֲשַׁב citirt die LA. (הֵלֶךְ=) מֵילַךְ =מֶילַךְ) der Reisende; d. h. Berechnungen für Durchreisende oder für geladene Gäste.

מֶלֶךְ (=bh.) Grndw. מל, dessen eigentliche Bedeut. decidere ist (ähnlich גָּזַר): Befehl oder Rath ertheilen (das arab. مَلَكَ: besitzen, steht in der secundären Bedeutung). 1) regieren, herrschen. Snh. 20ᵇ בִּתְחִלָּה מֶלֶךְ שְׁלֹמֹה וכ' עַל הָעֶלְיוֹנִים .... וּלְבַסּוֹף מֶלֶךְ עַל הַתַּחְתּוֹנִים in der ersten Zeit regierte Salomo über die Himm-

lischen („Salomo sass auf dem Throne Gottes", 1 Chr. 29, 23); später aber regierte er
blos über die Irdischen („Er herrschte jenseits
des Stromes", 1 Kn. 5, 4). Meg. 11ᵃ un. מלכו
בכיפה eig. sie regierten unter dem Himmelsgewölbe, d. h. über die ganze Welt, vgl. כִּיפָּה.
— 2) erlauben, rathen, s. Nifal.

Nif. נִמְלַךְ 1) (=bh. Neh. 5, 7) sich Erlaubniss (Rath) ertheilen lassen. Ber. 3ᵇ
un. מיר יועצים באחיתופל ונמלכין בסנהדרין
ושואלין באורים ותומים sobald (David die Kriegsführung gebilligt hatte) berieth man sich mit
Achitofel, liess sich vom Synedrium die Erlaubniss ertheilen und befragte (hinsichtl. des Er-
folges) die Urim und Tummim. Das. 4ᵃ David
sagte: כל מה שאני עושה אני נמלך במפיבשת
רבי so oft ich etwas zu thun beabsichtige, hole
ich mir die Erlaubniss meines Lehrers Mephiboscheth ein. Das. 29ᵇ un. כשאתה יוצא לדרך
הִמָּלֵךְ בקונך וצא wenn du eine Reise antreten
willst, so hole zuvor die Erlaubniss deines
Schöpfers ein, sodann kannst du reisen. Das.
[אמר ר' יעקב בר אידי היוצא לדרך מצוה להמלך
בקונו מאי להמלך בקונו אמר ר' יצחק] זו תפלה
הדרך Ms. M. (der hier eingeklammerte Satz
fehlt in den Agg.) [R. Jakob bar Idi sagte:
Wenn Jem. eine Reise unternehmen will, so liegt
ihm die Pflicht ob, sich von seinem Schöpfer die
Erlaubniss hierzu ertheilen zu lassen. Was bedeutet: sich von seinem Schöpfer Erlaubniss ertheilen
lassen? R. Jizchak antwortete:] Das Gebet für
die Reise verrichten. j. Snh. I Anf., 18ᵃ לעולם
אין הקב״ה עושה בעולמו דבר עד שנמלך בבית
דין שלמעלן Gott thut niemals etwas in seiner
Welt, bevor er sich mit dem himmlischen Gerichtshof (den Engeln) beräth. Snh. 38ᵇ un.
נמלך במלאיא של מעלה dass. steht dafür מלאכי השרת=
familia, Dienerschaft. Genes. r. s.
8, 8ᵈ, s. בְּרָא. B. mez. 14ᵃ Samuel sagte:
שבח ושבר ושעבוד צריך לימלך betreffs der Melio-
rirung, ferner der besten Güter und der hypothekarischen Verpflichtung überhaupt, muss der
Dokumentenschreiber die Ermächtigung einholen;
d. h. wenn Jem. beim Verkaufe seines Feldes
den Schreiber mit der Abfassung eines Dokumentes beauftragt, so muss Letzterer den Verkäufer zunächst fragen, ob er eine hypothekarische Verpflichtung übernehme (שעבוד;
dass er näml. falls das Feld mit Schulden belastet
wäre und der Gläubiger dasselbe dem Käufer
fortnehmen sollte [vgl. טָרַף], den letzteren durch
seine anderweitigen Felder schadlos halten wolle);
ferner, ob er sich auch verpflichte, dass der
Käufer eines der letzteren Felder nicht blos in
seinem gegenwärtigen, sondern auch in seinem
verbesserten Zustande erhalten solle שבח,
und endlich, ob er sich auch verpflichte, dass
der Käufer das beste der zurückgebliebenen Felder als Ersatz fortnehmen solle שבר
=עידית; ohne letztere Verschreibung hätte der

Käufer blos ein Mittelfeld, בינונית, zu beanspruchen). Samuel ist näml. nicht der Ansicht,
dass eine hypothekarische Verpflichtung als
selbstverständlich anzusehen, und dass sie, wenn
auch im Dokumente nicht ausdrücklich vorkom-
mend, lediglich vom Schreiber vergessen worden
sei, אחריות לאו טעות סופר, vgl. טָעוּת. — 2)
andern Sinnes werden, sich bedenken.
Git. 3, 1 (24ᵃ) כתב לגרש את אשתו ונמלך wenn
Jem., der einen Scheidebrief geschrieben, um
sich auf Grund desselben von seiner Frau zu
scheiden, später andern Sinnes geworden ist.
Ter. 1, 9 Jem., der früher die Absicht hatte,
die Trauben zu essen, ונמלך לדורכן sich später
besonnen hat, sie zu pressen. Bez. 13ᵃ u. ö.

Hif. (=bh.) zum Herrscher, Regenten
einsetzen. Ab. sar. 18ᵃ אי אתה יודע שאומה
זו מן השמים המליכוה שהחריבה את ביתו ושרפה
את היכלו והרגה את חסידיו ואיבדה את טוביו
ועדיין היא קימת weisst du denn nicht, dass man
diese Nation (Rom) im Himmel (d. h. dass Gott
selbst sie) zur Regierung eingesetzt hat? da sie,
obgleich sie seinen Wohnort (Palästina, richtiger wäre ארצו) zerstört, seinen Tempel verbrannt, seine Frommen getödtet und alle seine
Güter vernichtet hat, dennoch immer besteht!
j. Snh. VII, 25ᶜ ob. ראה לשון שלימדתך התורה
מלך כל שתמליכהו עליך אפילו קיסם אפילו צרור
merke dir, was die Schrift durch den Ausdruck
מלך dich lehrt, dass näml. Alles, was du über
dich zum Herrscher (als einen Gott) einsetzest,
sei es auch ein Stück Holz, oder ein Stein, darunter gemeint sei. Snh. 64ᵃ un. dass. mit einigen Abänderungen. j. Ned. IX Anf., 41ᵇ „Habe
nicht einen fremden Gott" (Ps. 81, 9) זר
שבקרבך אל תמליכהו עליך das bedeutet: Den
Fremden in deinem Innern (d. h. den Trieb
zum Bösen, die Leidenschaft) setze nicht zum
Herrscher über dich, vgl. אֵל.

מְלַךְ ch. (syr. ‎ܡܠܰܟ‎=מָלַךְ) 1) herrschen,
regieren. Ab. sar. 10ᵃ Antonin liess dem Rabbi
sagen: בעינא דימלך אסוירוס ברי תחותי ich will,
dass mein Sohn Severus anstatt meiner regiere.
— 2) übrtr. als Schuloberhaupt fungiren,
herrschen. Ber. 64ᵃ מלך רבה עשרין ותרתין
שנין מלך ר' יוסף תרתין שנין ופלגא כל הנך שני
דמלך רבה אפילו אומנא לביתיה לא קרא Rabba
fungirte als Schuloberhaupt 22 Jahre, R. Josef
fungirte 2½ Jahre; während der vielen Jahre,
welche Rabba fungirte, berief er nicht einmal einen
Aderlasser in sein Haus; d. h. trotz seiner hohen
Stellung bemühte er keinen Arbeiter, dass er
zu ihm käme, sondern er ging selbst zu ihm, so
oft er ihn nöthig hatte.

Af. אַמְלִיךְ (=הִמְלִיךְ) zum Herrscher, Regenten einsetzen, s. TW.

Ithpe. אִתְמְלַךְ contr. אִמְּלַךְ (syr. ‎ܐܬܡܠܰܟ‎=
נִמְלַךְ) sich Rath, Erlaubniss ertheilen

lassen, sich berathen. B. bath. 4ᵃ עבדא
בישא (עבדי בישי l.) בתר דעבדין מתמלכין
schlechte Knechte berathen sich nachdem sie
etwas gethan haben. Sollte jedoch die LA. der
Agg. richtig sein, so wäre zu übersetzen: Bösartiger Knecht! Holt man etwa die Erlaubniss
zu einer Handlung ein, nachdem man sie voll-
bracht hat? Ber. 27ᵇ un. R. Elasar sagte zu
den Gelehrten, welche ihn zum Oberhaupt der
Akademie gewählt hatten: איזיל ואימלך באינשי
ביתאי ... אזל ואימלך בדביתהו ich will gehen
und mich mit meinen Hausleuten berathen; er
ging und berieth sich mit seiner Frau, vgl. אִנשָׁ.
Ned. 54ᵃᵇ רבנן סברי כל מילתא דצריך שליחא
לאמלוכי עלה לאו מינייה הוא ור' עקיבא סבר כל
מילתא דמימליך שליחא עלה מינייה הוא die Rabbanan sind der Ansicht, dass Alles, worüber
der Bote sich die Erlaubniss einholen
müsse, nicht zur selben Gattung gehöre. R.
Akiba hing. ist der Ansicht, dass Alles, worüber der Bote Erlaubniss einhole, zur
selben Gattung gehöre. Dort mit Bez. auf folgende Controverse in der Mischna: Jem., der
gelobt, kein Grünkraut zu geniessen, darf, nach
Ansicht der Chachamim (Rabbanan) Kürbisse
geniessen; nach Ansicht des R. Akiba hing. darf
er Kürbisse nicht geniessen. Erstere führen für
ihre Ansicht folgenden Beweis: Ein Bote, der von
seinem Herrn beauftragt ist, Grünkraut einzukaufen, solches nicht bekommt, bringt gew.
seinem Herrn die Antwort: Nur Kürbisse bekomme ich zum Kauf. (Aus dem Umstande also,
dass er, um letztere einzukaufen, sich genöthigt sieht, die Erlaubniss seines Herrn einzuholen, ist zu entnehmen, dass Kürbisse nicht
zum Grünkraut gehören.) R. Akiba entgegnete
ihnen: Würde er etwa zum Kaufen bringen: Ich
habe blos Erbsen zu kaufen bekommen? Wohl
deshalb, weil Erbsen gar nicht zum Grünkraut
gehören; betreffs der Kürbisse hing., die zur
Gattung des letztern gehören, befragt er den
Herrn, ob er sie kaufen solle, oder nicht. Das.
oft. B. bath. 12ᵇ לאימלוכי ביה um sich mit
ihm zu berathen, Erlaubniss einzuholen. B.
mez. 15ᵃ.

מֶלֶךְ masc. (=bh.) 1) König, Herrscher,
Regent. Snh. 38ᵃ u. ö. מלך מלכי המלכים
הקדוש ברוך הוא der König aller Könige (wörtlich der König der Könige unter den Königen), Gott (der Heilige, gelobt sei er); ein
Titel zur Bezeichnung eines höheren Grades
als desjenigen des Perserkönigs, welcher:
מלך מלכים der König der Könige genannt
wurde. Jom. 47ᵃ u. ö. מלך בשר ודם der
menschliche König (von Fleisch und Blut),
im Ggs. zu Gott, dem geistigen König. Tosef.
Neg. III היא גזירת מלך es ist ein Befehl des
Königs, d. h. Gottes. B. bath. 159ᵃ dass. Cant.
r. sv. התאנה, 15ᵇ u. ö. המשיח מלך der König

Messias, s. מָשִׁיחַ. Snh. 18ᵃ מלך לא דן ולא דנין
der König אותו לא מעיד ולא מעידין אותו וכ'
richtet nicht und man richtet ihn nicht, legt
kein Zeugniss ab und man legt gegen ihn kein
Zeugniss ab u. s. w., vgl. auch מָחַל u. a. Hor.
13ᵃ חכם קודם למלך חכם שמת אין לנו כיוצא בו
ein Ge- מלך שמת כל ישראל ראוים למלכות
lehrter ist (in manchen Stücken) den Könige
vorzuziehen (z. B. wenn Beide in Gefangenschaft
geriethen, so muss die Auslösung des Erstern
der des Letztern vorangehen); denn für den gestorbenen Gelehrten finden wir nicht leicht Ersatz (weil nicht Jeder die Gelehrsamkeit erlangen kann); wenn hing. ein König stirbt, so
sind ja alle Israeliten zur Regierung befähigt.
Das. 11ᵇ, vgl. מַחֲלוֹקֶת. Ab. sar. 10ᵃ „Siehe, gering habe ich dich (Edom auf Rom gedeutet)
unter den Völkern gemacht" (Ob. 2), שאין
מושבין מלך בן מלך dass sie (die Römer) keinen Königssohn zum Könige einsetzen. j. Snh.
I, 19ᵃ mit. „Deine Richter" (Dt. 21, 2), זה
מלך וכהן גדול darunter ist der König und
der Hohepriester zu verstehen. Schebu. 47ᵇ
עבד מלך כמלך der Königsdiener ist ebenso
angesehen wie der König selbst; mit Ansp. auf
Dt. 1, 7: „der grosse Strom, der Strom Euphrat;
d. h. wird „gross" genannt, weil er durch
Palästina fliesst, vgl. auch דְּיָינָא. Keth. 105ᵇ
ob. (mit Ansp. auf Spr. 29, 4) אם דומה דיין
למלך שאינו צריך כלום יעמיד ארץ ... ואם דומה
לכהן שמחזר בבית הגרנות יהרסנה wenn „der
Richter einem Könige" gleicht, der von Niemand-
dem etwas zu nehmen braucht, so „richtet er
die Welt auf"; wenn er aber einem Priester
gleicht, der „die Scheuern besucht (um Gaben
zu erlangen", איש תרומות), so „reisst er sie
nieder". Ab. sar. 46ᵃ, vgl. כֶּלֶב. — Pl. Hor. 12ᵃ
כיצד מושחין את המלכים כמין נזר wie sälbt
man die Könige? Nach Art einer Krone, vgl.
כִּי. Das. אין מושחין את המלכים אלא על
המעין כדי שתמשך מלכותם man salbt die
Könige nur an einem Strom, damit ihre Regierung sich lange hinziehe; mit Bez. auf 1
Kn. 1, 33. 34. Das. 11ᵇ מלכי בית דוד משוחין
מלכי ישראל אין משוחין die Könige aus dem
Davidischen Hause (über Juda) wurden gesalbt,
aber die Könige Israels (des Zehnstämmereiches)
wurden nicht gesalbt. — 2) ein schädlicher
Geist, der das Augenlicht beherrscht
und das Auge umflort; insbes. בת מלך eine
solche Augenkrankheit, Flor, eig. die Königstochter. Auf ähnliche Weise wird der böse
Geist, der sich auf die Hände, die des Morgens
früh nicht gewaschen wurden, lagert: בת חורין
genannt, eig. die Fürstentochter. Schabb. 109ᵃ
ob. סך מעביר בת מלך ופוסק את הדמעה ומרבה
שיער בעפעפים die Schminke vertreibt diese Augenkrankheit, verhindert das Thränen und befördert
den Haarwuchs der Wimpern. Tosef. B. kam. IX
g. E. הכהו על מוחו וירדו מים וחזר את עיניו

ויצאו בנות מלך וסימא (וסימאו) את עיניו יוצא בן חורין wenn der Herr seinen Sklaven auf den Hirnschädel derartig schlug, dass die Flüssigkeit kam, welche die Augen umflorte und infolge dessen „die Königstöchter" heraustraten und seine Augen blendeten, so zieht der Sklave frei aus (vgl. Ex. 21, 26).

מָלֵיךְ, מַלְכָּא *ch.* (syr. ܡܰܠܟܐ, =מֶלֶךְ) 1) König, Herrscher, Regent, und übrtr. königlicher Befehlshaber. Dan. 2, 37. Esr. 4, 13. — j. Ter. VIII, 46ᵇ ob. דיקלוט אתעביד מליך Dioklet wurde König (Kaiser). Das. דיקליטיאנוס מלכא der König (Kaiser) Diokletian, vgl. j. Jeb. XVI, 15ᶜ un. ארסקינוס מלכא der Befehlshaber Ursicinus, vgl. auch אגנטינוס B. kam. 113ᵇ שלוחא דמלכא כמלכא der Gesandte des Königs ist wie der König selbst. Levit. r. s. 33 g. E. „Sie sagten zum Könige Nebukadnezar" (Dan. 3, 46) אם מלכא למה נבוכדנצר ואם נבוכדנצר למה מלכא אלא במטט ובאורגניות ובזיוניות ובגולגליות את מלך עלינו אבל לדבר הזה שאת אומר לנו נבוכד נצר את ונבוכד נצר שמך נבח וחד כלב שוין נבוכד נצר כדחא נבוכד נצר מיד נבח ככלבא נפח כקולחא ועבר נצר כצרצרא wenn „König" wozu steht der Zusatz „Nebukadnezar?" wenn aber Nebukadnezar, wozu steht hier „König"? Sie sagten vielmehr zu ihm: Betreffs der verschiedenen Steuern, die du uns auferlegst, bist du König über uns (schulden wir dir Gehorsam); anbelangend jedoch, was du von uns verlangst (dass wir Götzen dienen sollen), so bist du ein נבוכד־נצר und Nebukadnezar ist dein Name; du und der Hund, ihr seid für uns gleich: „belle" (נבח verk. von נבח) wie ein Hund! „blähe dich auf wie ein Wasserkrug" (כד) und „zirpe wie eine Grille" (צרצרא, ܨܶܪܨܪ). Alsbald bellte er wie ein Hund, blähte sich auf wie ein Wasserkrug und zirpte wie eine Grille. Cant. r. sv. יונתי, 15ᶜ dass. mit einigen Abänderungen. In Midrasch Tillim zu Ps. 28 ist diese Phrase abgekürzt. — 2) übrtr. Gelehrter, vgl. מֶלֶךְ nr. 2. — Pl. Git. 62ᵃ un. Geniba ging vor R. Huna und R. Chisda vorüber; אמר להו שלמא עלייכו מלכי שלמא עלייכו מלכי אמרו ליה מנא לך דרבנן איקרו מלכים מלכי דכתיב בי מלכים ימלוכו דכתיב דכפלין שלמא למלכא... דכתיב ורוח לבשה. er rief ihnen zu: Heil euch (seid gegrüsst), ihr Könige! Heil euch, ihr Könige! Sie sagten zu ihm: Woher weisst du, dass die Gelehrten „Könige" genannt werden? Er antwortete ihnen: Es heisst ja: „Durch mich (Weisheit, Gotteslehre) regieren die Könige" (Spr. 8, 15). Woher weisst du auch, dass man dem Könige den Gruss verdoppelt? Er antwortete ihnen: Es heisst ja: Amasai rief begeistert aus: „Dir, David, dir, Sohn Jischai's Heil, Heil dir"! (1 Chr. 12, 18).

מֹלֶךְ *m.* (=bh. מֶלֶךְ, הַמֹּלֶךְ) Molech, der Molech oder Moloch, Μολόχ, eig. König, ein Götze der Phönizier und Ammoniter, dem auch die Israeliten in verschiedenen Zeiten ihre Kinder durch eine Art Feuerkult (vgl. מַעֲבִירַתָה) opferten. Snh. 64ᵃᵇ מולך לאו עכום הוא Molech ist von anderen Götzen unterschieden. Das. מולך ארעי ein Molech, der nur gelegentlich als solcher gilt; wenn Jem. z. B. einen Klotz oder einen Stein dadurch als Molech anerkennt, dass er bei ihnen den bei diesem Götzen üblichen Kult ausübt, vgl. מֶלֶךְ im Hifil. Das. מכר בנו למולך er übergab seinen Sohn dem Molech.

מַלְכָּה *f.* (=bh.) Königin. Uebrtr. Schabb. 119ᵃ שבת המלכה die Königin Sabbat. B. kam. 32ᵇ steht dafür in *chald.* Form מלכתא כלה die Königin Braut, d. h. der Sabbat, s. d. W.

מַלְכְּתָא *ch.* (syr. ܡܰܠܟܬܐ, =מַלְכָּה) Königin. Ker. 28ᵇ ינאי מלכא ומלכתא הוו יתבין מלכא der König Jannai und die Königin sassen einst zusammen; der König sagte: das Ziegenfleisch ist schmackhafter, die Königin aber sagte: das Lammfleisch ist schmackhafter u. s. w., vgl. מנטרופסא Pes. 57ᵃ un. dass. Genes. r. s. 91, 88ᵃ מן דאתי יתיב ליד בין מלכא למלכתא als er (Schimeon ben Schetach, der früher vom Hofe des Königs Jannai verwiesen und später auf Verwenden seiner Schwester, der Königin) an den Hof zurückgekehrt war, setzte er sich zwischen den König und die Königin.

מַלְכוּת *f.* (=bh.) Herrschaft, Regierung, Reich. Ber. 13ᵃ למה קדמה פרשת שמע לוהיה אם שמע כדי שיקבל עליו עול מלכות שמים תחלה ואחר כך מקבל עול מצות weshalb wird im täglichen Gebet zuerst der Abschnitt „Schemä" (Dt. 6, 4—9) und dann der Abschn. והיה (Dt. 11, 13—21) recitirt? Damit man zuerst das Joch des Himmelreiches (das Bekenntniss der Einheit und Regierung Gottes) und dann das Joch der Gebote übernehme. Das. 16ᵃ R. Gamliel sagte zu den Gelehrten, welche ihn getadelt hatten, weil er in der ersten Nacht nach seiner Hochzeit das Schemä gelesen hatte: איני שומע לכם לבטל הימני עול מלכות שמים אפילו שעה (so richtig in j. Ber. II, 5ᵇ ob. ed. Lehm.; in den anderen Agg. fehlt עול) ich höre nicht auf euch, das Joch des Himmelreiches, wenn auch nur kurze Zeit, von mir abzuwälzen. Git. 79ᵇ. 80ᵃ מלכות שאינה הוגנת das unwürdige Reich, d. h. Rom, vgl. הָגֵן. Genes. r. s. 55 Anf. und Levit. r. s. 13, 157ᵇ מלכות אדום das idumäische (d. h. römische) Reich; s. חֲזִיר. Ber. 61ᵇ u. ö. מלכות הרשעה (wofür zuw. blos הַמַּלְכוּת) das frevelhafte Reich, d. h. Rom, vgl. נֵזֶר. Exod. r. s. 9 g. E., 110ᶜ כל צר שבמקרא חסר במלכות הרשעה הכתוב מדבר וכל צור מלא בצור המדינה

הכתוב מדבר wo in der Bibel צר steht (צֹר) defect, nach der gew. Annahme: Tyrus, z. B. Jes. 23, 5), spricht die Schrift vom frevelhaften Reich (Rom, näml. צר), wo hing. צור plene steht, da ist die Stadt Zor, Tyrus darunter zu verstehen. Khl. r. sv. כל הנחלים, 72° u. ö. dass. Cant. r. sv. התאנה, 15ᵇ (mit Ansp. auf עת הגיע זמנם של ישראל HL. 2, 12) להגאל הגיע זמנה של ערלה להזמיר הגיע זמנה של מלכות כותים שתכלה הגיע זמנה של מלכות שמים שתגלה „die Zeit Israels ist gekommen", dass es erlöst werde („singe"), „die Zeit der Vorhaut ist gekommen", dass sie „abgeschnitten werde" (näml. durch Josua, vor dem Einzug in Palästina, vgl. זמר), „die Zeit des römischen Reiches (כותים für רומיים) ist gekommen, dass es vertilgt (abgeschnitten werde"), „die Zeit des Himmelreiches ist gekommen", dass es sich offenbare. Schabb. 30ᵃ אין מלכות נוגעת בחברתה אפילו כמלא נימא eine Regierung trifft nicht mit der andern zusammen (d. h. kann nicht die andere verdrängen), auch nicht um ein Haar breit. Trop. Ber. 12ᵇ כל ברכה שאין בה מלכות אינה ברכה eine Benediction, in welcher nicht die Bezeichnung „Weltenkönig" für Gott vorkommt, ist nicht als eine Benediction anzusehen. — Pl. Ber. 12ᵇ fg. u. ö. שעבוד מלכיות die Unterjochung Israels von Seiten der heidnischen Regierungen. Trop. R. hasch. 32ᵃ מלכיות Malchijoth, eine Benediction im Musafgebete des Neujahrs, welche zehn Bibelverse, in welchen des Gottes- (Himmel-) Reiches Erwähnung gethan wird und ein entsprechendes Schlussgebet enthält, vgl. זכרון. Das. 16ᵃ Gott spricht: אמרו לפני ... מלכיות כדי שתמליכוני עליכם saget vor mir die Malchijoth, damit ihr meine Regierung über euch anerkennt. Genes. r. s. 82 g. E., 80ᶜᵈ wozu erwähnt die Schrift: „Timna war ein Kebsweib des Eliphas, des Sohnes Esau's" (Gen. 36, 12): להודיע שבחו של ביתו של אברהם אבינו עד היכן היו מלכיות ושלטונים רוצים להדבק בו um den Ruhm des Hauses unseres Erzvaters Abraham kund zu thun, wie gross das Verlangen der Königreiche (vielleicht von מלכָה: der Königinnen) und der Fürsten war, sich mit ihm zu verschwägern. Timna näml. (nach Gen. 36, 22) die Schwester des „Fürsten Lotan", soll gesagt haben: Da ich nicht für würdig befunden wurde, die Frau des Eliphas zu sein, so will ich wenigstens seine Magd werden! Das. 2 Mal.

מַלְכוּתָא, מַלְכוּ ch. (syr.=מלכות) Herrschaft, Regierung, Reich. Dan. 4, 28. Esr. 4, 24 fg.— B. bath. 4ᵃ, vgl. רבא. Das. 15ᵇ כל האומר מלכת שבא אשה היתה אינו אלא טועה מאי מלכת שבא מלכותא דשבא wer da sagt, מלכת שבא (1 Kn. 10, 1 fg.) eine Frau bedeute, näml. die Königin Sabäa's (od.: Saba), der irrt sehr; denn es bedeutet

nichts Anderes, als: „Das Reich Sabäa's". B. kam. 113ᵇ u. ö. דינא דמלכותא דינא das Gesetz der Regierung (Staatsgesetz) ist ein Gesetz, dem näml. Gehorsam geleistet werden muss. Snh. 105ᵃ, vgl. חוצפא. Ber. 58ᵃ מלכותא דארעא כעין מלכותא דרקיעא die Herrschaft (Majestät) des irdischen Königs ist der der himmlischen Herrschaft ähnlich; mit Bez. auf 1 Kn. 19, 11 fg. „Gottes Majestät offenbarte sich in der geräuschlosen Stille"; dasselbe gilt auch von dem Aufzug eines irdischen Königs. Tamid. 32ᵃ Alexander Magnus fragte die Weisen des Südens: מה יעביד אינש ויתקבל על בריותא אמרו יכני מלכו ושלטון אמר להו דידי טבא מדידכו ירחם מלכו ושלטן וייעביד טיבו עם בני אינשא was hat der Mensch zu thun, damit er von den Nebenmenschen wohlgelitten werde? Sie antworteten: Er hasse Herrschaft und Regierung! Er aber entgegnete ihnen: Mein Rath ist besser als der eurige: Er liebe Herrschaft und Regierung (d. h. er strebe nach der Herrschaft), damit er seinen Nebenmenschen Gutes erweisen könne.

מַלְכְּתָא, מְלַךְ, מַלְכָּא m. (syr.) f. der Rath, die Rathgebung. Dan. 2, 24; s. auch TW.— Pl. Num. r. s. 10, 207ᵃ (mit Ansp. auf מלכין, Spr. 31, 3) למחות מלכין אין מלכין אלא עצות כמא דתהוא מלכא מלכי וג' das Wort מלכין bedeutet nichts anderes als מלכי = Dan. l. c. Der Sinn jener Stelle wäre demnach: „zu verwischen die Rathschläge der Gotteslehre".

מַלְכָא m. Adj. (syr.) der Rathgeber, consiliator, s. TW.

מַלְכָּנָא, מוֹלְכָּנָא masc. (syrisch), מִלְפַּתְנָא f. (syr.) f. Rath, Plan, consilium, s. TW.

מַלּוּךְ (=bh.) Malluch, Name eines Amoräers. Chull. 49ᵃ ר' מלוך R. Malluch. Das. מלוך ערבאה Malluch, der Araber (nach Raschi: der in Arabien wohnte). j. Suc. III Anf., 53ᶜ u. ö.

מַלְכְּיָא und מַלְכְּיוּ (bh. מַלְכִּיָּה und מַלְכִּיָּהוּ) Malkija u. ö. Malkiju (für Malkijahu), Namen zweier Amoräer. Schabb. 46ᵃ ר' מלכיא איקלע לבי ר' שמלאי ושלמא שרגא R. Malkija traf in dem Hause des R. Samlai ein und trug am Sabbat ein Licht, das verlöscht war, von einem Orte zum andern, vgl. מוקצה. Erub. 8ᵇ ר' כהנא בר מלכיו רב' R. Kahana bar Malkiju referirte eine Halacha Namens des R. Kahana, welcher der Lehrer des Rab war. Andere sagen: ר' כהנא בר מלכיו היינו ר' כהנא רבה דרב R. Kahana bar Malkiju ist derjenige R. Kahana, welcher der Lehrer Rab's war. Bez. 28ᵃ R. Chinena bar Ika sagte: שפוד שפחת וגומות רב מלכיו בלורית אסר מקלה וגביה רב מלכיא ר'

ספא אמר מתניתין ומתניתא רב מלכיא שמעתתא רב מלכיו וסימניך מתניתין מלכתא „Spiess" (eine in Bez. 28ᵇ erwähnte Halacha), ferner „Mägde" (Keth. 61ᵇ sagte R. Malk. eine Halacha betreffs dieser Mischna), und „Grübchen" (Nid. 52ᵃ betreffs der Mischna das.) rühren von R. Malkiju her; dahing. rühren die Halachoth betreffs „Haarlocke" (Ab. sar. 29ᵃ in der Borajtha), ferner: „Asche vom Heerd" (Mac. 21ᵃ) und „Käse der Nichtjuden" (Ab. sar. 35ᵇ) von R. Malkija her. (Da diese beiden Namen infolge ihrer Aehnlichkeit oft verwechselt wurden, so sah man sich genöthigt, anzugeben, was von dem Einen und was von dem Andern herrührt.) R. Papa hing. sagte: Die Halachoth betreffs einer Mischna oder einer Borajtha rühren von R. Malkija (also auch die Stelle Keth. 61ᵇ) her; amoräische Halachoth rühren von R. Malkiju her. Als Mnemotechnicum diene dir folgendes: Die Mischna (wozu auch die Borajtha gehört) ist die Königin; d. h. der Name מלכיא ist, seiner *fem.* Form nach, anklingend an מלכתא.

מַלְבְּיָא *f.* (viell. gr. μαλακία) Schwächlichkeit, Unpässlichkeit. Deut. r. s. 7, 258ᵈ לתלמידיו של רופא שעלת מלכיא לראותו הביא אותה אצל רבי אמ׳ אותו תלמיד לרבי כבר לימדתה אותי כל סדרן של רפואות אם אתה מרפא אותה הרי יפה ואם לאו הרי אני מרפא אותה כך אמר וכי׳ ein Gleichniss von dem Schüler eines Arztes, der betreffs einer Unpässlichkeit befragt wurde, die er untersuchen sollte. Er ging hierauf zu seinem Meister und sagte zu ihm: Mein Herr, du hast mich bereits in allen Arten von Heilmitteln unterrichtet; willst du diese Wunde heilen, so ist es gut, wo nicht, so werde ich selber sie heilen! Ebenso sagte Mose betreffs der Mirjam, die aussätzig geworden: „O Gott, heile sie! (Num. 12, 13); wo nicht, so werde ich selber sie heilen, da du mich die Heilkunde für so viele Arten von Aussätzen gelehrt hast."

מָלְבִּינִיקִי *f.* (gr. μαλάχιον) malvenartige Staude oder Bast. j. Schabb. VI, 8ᵃ un. und j. Jeb. XII, 12ᵈ ob. אגוד מלבניקי Ar. (Agg. crmp. מלבניקי) das Zusammenbinden vermittelst eines Bastbandes, s. אָגוֹד.

מָלַל (=bh.) die Grundbedeutung von מל (s. מַלָּא, מוּל und מַל) ist: scheiden, schneiden, trennen; dah. 1) reiben, zerreiben, zerbröckeln. Maasr. 4, 5 המולל מלילות של חטים wenn Jem. Weizenähren zerreibt. Bez. 12ᵇ מוללין מלילות ומפרכין קטניות ביום טוב man darf am Feiertage die Aehren zerreiben und die Erbsen zerdrücken (als Unterart des Dreschens). Das. המולל מלילות מערב שבת המולל מלילות מערב יום טוב . . . wenn Jem. am Freitage Aehren zerreibt; wenn Jem. am Rüsttage des Feiertages Aehren zerreibt. Das.

כיצד מולל אביי אמר חדא אחדא ר׳ אויא 13ᵇ אמר . . . חדא אתרתי was ist unter מולל zu verstehen? Abaji sagte: Eine Aehre über der anderen zerreiben. R. Iwja sagte: Eine Aehre über zwei Aehren zerreiben. Tosef. Schabb. V (VI) מוללו ומריח בו man reibt es (das Gewürzholz) und riecht daran. Part. pass. das. XIV (XV) המלול das Zerriebene. Tosef. Jom. tob (Bez.) I u. ö. — Schabb. 12ᵃ מולל וזורק man reibt (das Ungeziefer am Sabbat, ohne es zu tödten) und wirft es fort. Tosef. Schabb. XVI (XVII) dass. — 2) (arab. ‏مَلّ‎) eig. zerfasern, ausfasern; übrtr. die Fasern, Zotten über den Saum umschlagen, falten und zusammenheften. Kil. 9, 9 ארגמן של משיחות Streifen אסורות מפני שהוא מולל עד שלא קושר purpurwollener Stoffe darf man nicht über leinenen Kleidern tragen, weil man die Säume dieser Kleidungsstücke früher zusammenheftet, bevor man sie an einander bindet. M. kat. 26ᵃ un. לשוללן ולמוללן sie (die zerrissenen Kleider) mit unregelmässigen Stichen zu nähen, oder ihre Säume zusammenzuheften. — 3) eine mit Essig eingerührte Mehlspeise (eine Art Graupen) zubereiten, vgl. מֵירְתָּא. Pes. 40ᵇ אין מוללין את הקדירה בפסח שיש להרוצא שימלול נותן את הקמח ואחר כך נותן את החומץ וכי׳ man darf nicht am Pesach eine solche eingerührte Mehlspeise zubereiten (weil sie noch vor dem Kochen sauer wird); wer jedoch eine eingerührte Speise zubereiten will, soll zuvor das Mehl in den Topf schütten und sodann den Essig darübergiessen (weil der Essig das Sauerwerden des Mehls verhindert); nach einer Ansicht das. darf man auch zuvor den Essig hineingiessen und dann das Mehl daraufschütten.

Nif. נִמְלַל gerieben werden. Git. 59ᵃ wird מלתחה (2 Kn. 10, 22) als Compositum erklärt: דבר הנמלל ונמתח etwas, was gerieben und gedehnt wird; d. h. ein feines leinenes Kleid, dessen Fäden, indem man sie zugleich reibt, gesponnen und langgezogen wurden, vgl. Raschi. Nach R. Chananel (vgl. Ar. hv.): Ein Kleidungsstück aus Fell oder Zeug, das wie ein Sack (אֲמַחְתָּה) geheftet (von מָלַל nr. 2) und in die Länge gezogen ist. Das wird מלמלה (s. d. W.) ebenf. erklärt: דבר הנמלל ונמתח dass.

Pi. מִלֵּל (=bh.) sprechen, reden. Diese Bedeut. lehnt sich an die Grundbedeutung scheiden, articuliren an, vgl. לָשׁוֹן Anf. Davon der Ggs. ערל שפה: unbeschnitten an der Lippe, d. h. schwerfällig im Sprechen. Hor. 13ᵇ (mit Ansp. auf Ps. 106, 2) מי נאה למלל גבורות ד׳ מי שיכול להשמיע כל תהלותיו wem geziemt es, „von der Kraft Gottes zu sprechen"? Demjenigen, „der all sein Lob hören lassen kann"; d. h. nur derjenige kann als Hauptlehrer in der Akademie fungiren, welcher der ganzen Gesetzlehre kundig ist; ein Ausspruch des R. Meïr

und R. Nathan, als sie die Absicht hatten, dadurch, dass sie dem Nasi Rabban Simon ben Gamliel Unkenntniss in Betreff des Tractats Ukzin nachweisen würden, ihn vom Nasiat zu degradiren, vgl. אַחֵר. j. Keth. II g. E., 26ᵈ un. פלוני ממלל על פלונית אשתו אשה פלונית ממללת על בניה wir hörten den N. N. über seine Frau N. N. üble Nachreden verbreiten (=הוציא לעז), ferner die Frau N. N. über ihre Kinder üble Nachreden verbreiten. Levit. r. s. 27, 171ᵃ (mit Bez. auf Hiob 41, 3) מי מלל לשמי עד שלא נולד לו בן זכר wer verkündete den Preis meines Namens bevor ihm ein Knabe geboren wurde u. s. w.?

מְלַל ch. Pa. (syr. ‏ܡܰܠܶܠ‎) reden, sprechen, dicere, entspricht dem Sinne nach zumeist dem hbr. דִּבֶּר, s. TW.

מְלִילָה f. (=bh., nur pl.) eig. Abgeschnittenes, Abgerupftes, daher abgeschnittene Aehre. — Pl. מְלִילוֹת Maasr. 4, 5. Bez. 12ᵇ u. ö., s. מָלַל nr. 1. Tosef. Ter. III g. E. הכניס שובלין לתוך ביתו לעשותם מלילות wenn Jem. Getreidehalme in sein Haus bringt, um daraus Aehren zu machen; d. h. letztere von den Halmen abzurupfen. j. Pes. III Anf., 29ᵈ מלילות שלא הביאו שליש Aehren, die noch nicht den dritten Theil der Reife erlangten. (Pes. 42ᵇ steht dafur פת תבואה, vgl. צָמִיל.)

מְלִילָא ch. (=מְלִילָה) Aehre, s. TW.

מָלָל I m. (von מָלַל nr. 2) der aus Fransen bestehende Umschlag, Saum eines Stück Zeuges, der mit letzterem zusammengeheftet ist. Kel. 28, 7 על שלש שאמרו חוץ מן המלל das Mass von drei Faust Länge und drei Faust Breite, das der Gelehrten (hinsichtlich eines Gewandes) bestimmten, wird ausser dem Fransen-Umschlag berechnet. Schabb. 29ᵃ ob. dass. M. kat. 26ᵇ ob. הקורע ... מתוך המלל wenn Jem. sein Kleid (wegen eines Todesfalles, vgl. קְרִיעָה) am Fransenumschlag zerreisst, so hat er die Pflicht des Kleider-Zerreissens nicht erfüllt. j. M. kat. III, 83ᵇ ob. dass. Ar. bemerkt: Das W. heisst rabbinisch: כרבסתא (s. פַּרְבָּסָא) und gr. כרוספדין (κράσπεδον), s. d. W.

מְלָל II מְלַל ch. (vom ungebr. Peal מְלַל) 1) das Wort, der Ausspruch, s. TW. — 2) übrtr. das Glimmen, Summen der Kohle (vgl. גחלים לוחשות). Ab. sar. 28ᵇ ob. man bringe eine Niere u. s. w. ורליח אמללא דנורא und lege sie auf die summende Kohle. j° Schabb. 109ᵇ man nehme eine süsse Orange ולהביאה במלל דנורא und lege sie auf glühende Kohlen zum Braten. — 3) aus dem Schacht gezogenes (eig. abgebrochenes) Metall. Ar. bemerkt: Der Schacht wird arab. אלתבר (‏التبر‎) genannt. Keth. 67ᵃ R. Asche sagte (mit Bez. auf die Bo-

rajtha: „Gold, זהב, wird wie ein Geräth angesehen"): במללא Ar. (Agg. בממללא) hier ist die Rede von Gold, wie es aus dem Schachte kommt; nach einer andern Ansicht: בדהבא פריכא Gold, das leicht zerbröckelt, viell. Goldbarren.

מַלוּלָא ,מִלוּל masc. Gespräch, Rede. — מַלְלוּתָא f. (syr. ‏ܡܰܠܠܘܬܐ‎) N. a. das Sprechen, Reden, s. TW.

מַלִילָא ,מְלִילָא m. Adj. (von אָלַל=רָלַל) der Auskundschafter, s. TW.

מַלְמָד m. N. instr. (=bh., von לָמַד) der Ochsenstecken. Kel. 9, 6 מלמד שבלע את הדרבן der Ochsenstecken, in den der Stachel tief eingedrungen ist, vgl. דָּרְבָּן. j. Suh. X, 28ᵃ mit. שלש שמות יש לו מרדע ומלמד מרדע שהוא מורה דעה בפרה דרבן שהוא מעביר בינה בפרה מלמד שהוא מלמד את הפרה לחרוש בשביל ליהו חיים לבעליה der Ochsenstecken hat drei Namen: 1) מרדע, weil er der Kuh Verständniss lehrt (מר־דע); 2) דרבן, weil er der Kuh Erkenntniss beibringt (דר־בן, von דור=שרה: wohnen); 3) מַלְמָד, weil er die Kuh pflügen lehrt (מְלַמֵּד), um ihrem Besitzer Lebensmittel zu beschaffen. Pesik. Bachodesch, 153ᵃ. Levit. r. s. 29, 173ᵇ u. ö. dass., vgl. דָּרְבָּן.

מִלְמֵל Pilp. (von מָלַל) eig. aneinander reiben, bes. die Lippen aneinander bewegen; im übeln Sinne: undeutliche, aber höhnische Worte hervorbringen (ähnlich Spr. 6, 13 מוֹלֵל בְּרַגְלָיו), etwa blaterare, plappern. Khl. r. sv. שלום אדם אין, 90ᵃ: „Der Frevel rettet nicht seinen Besitzer" (Khl. 8, 8); לפי שהיו הליצנים שבאותו הדור ממלמלין בסדהם ומפריזין באצבעותיהם ואומרים החזון אשר הוא חזה וג' weil die Spötter jener Zeit mit ihrem Munde plapperten und mit ihren Fingern klapperten, indem sie sprachen: „Die Prophezeiung, die er sieht, ist auf spätere Zeit hinausgeschoben" (Ez. 12, 26). Daher rief ihnen der Prophet zu: „In euren Tagen, ihr Ungehorsamen, wird es eintreffen." Pesik. r. s. 6, 10ᵈ. 11ᵃ היו מלמלמלין על משה ... מלמלמלין על שלמה (viell. ebenf. מלמלין zu lesen) sie plapperten (verbreiteten üble Nachrede) gegen Mose, sie plapperten gegen Salomo u. s. w., vgl. jedoch לְמֵם.

מְלַמוֹל m., nur pl. מְלַמוֹלִין eig. durch Reiben Zerbröckeltes; daher 1) Krumen, Brosamen. j. Pes. III Anf., 29ᵈ כוחה הבבלי דו יהיב ביה מלמולין דליש der babylonische Brei, in welchen man Krumen von Teig hineinschüttet. — 2) die durch Reiben schweissiger Hände und Ansatz von Staub entstehende, krumenförmige Masse, etwa Schweisskrümchen. Mikw. 9, 2 בצק שתחת

הַצְפוֹרֶן וְהַמּוּלְמוּלִין der klebrige Schmutz (Teig) unter dem Nagel und die Schweisskrümchen.

מַלְמְלָה ,מִלְמְלָה m. (viell. pers. malmel, vgl. N. Brüll, Jahrb. I, 199, nach Wullers; verwandt mit מִילָא, μαλή, s. d.) Musselin. Git. 59ᵃ כלכלה ומולמלה כפירחתקא ופולגי דפירחתקא fein wollenes und ein Musselin-Gewand; ersteres war (wenn es zusammengerollt wurde) von der Grösse einer Pistacie, und letzteres von der Grösse einer halben Pistacie; d. h. sie waren ausserordentlich fein und dünn. Auf ähnl. Weise wird daselbst die Grösse anderer feiner Gewänder angegeben: wie eine Nuss und eine halbe Nuss, כאמגוזא, vgl. סוּבְנֵי und חָמֵם. Das. wird auch das bh. מַלְתָּחָה durch מלמלא erklärt, vgl. מָלַל im Nifal.

מָלֵינָא ,מִין ,מִילוֹמְלָה s. in 'מוּ.

מָלֵינָא fem. (für מִילֵנָא, gr. μελανία) eig. Schwärze, schwarze Wolke; übrtr. (=μελαγχολία) Melancholie, Schwermuth. Genes. r. s. 44, 43ᵈ Gott sagte zu Abraham, der im Zweifel war, ob er für seine Kinder die Höllenstrafe, oder die Unterjochung unter heidnische Herrscher wählen sollte? קטע הדין מליניא מלבך ברור לך את המלכיות (Midr. Agg. קטע הדין מוטניא מן כדו entferne diese Melancholie aus deinem Herzen; wähle die Unterjochung unter heidnische Herrscher!

מָלִיסָא oder מָלְסָא m. Topf; viell. vom gr. μέλας (ebenso wie קִידְרָא, קְדֵירָה, von קדר: schwarz sein; höchst wahrsch. hängt unser Wort zusammen mit syr. ﺴﻜﻠﺔ Gefäss zum Waschen der Kleider; s. TW.

מָלְעִין Aehren, s. מַלְאֵי.

מָלְפָא ,מַלְפָה m. (von רְלַיף) Lehrer. j. Kil. IX, 32ᵇ un. הוא הוה גלי מלפה er (R. Chija) wanderte als Lehrer aus, s. רְלַיף. j. Keth. XII, 35ᵃ un. מלפא dass.

מַלְפָנָא m. Adj. (verstärkte Form des vrg.) der Lehrer, Hauptlehrer, Gelehrter. Jeb. 21ᵇ ob. R. Chisda sagte: אמרו לי כלדאי מלפנא הוות אמינא אי גברא רבה הוינא אסברא מדעתי אי מקרי דרדקי הוינא אשיילה לרבנן דאתו לבי כנישתא die Chaldäer (Astrologen) sagten einst zu mir: Du wirst ein מלפנא werden! Da dachte ich bei mir: Soll dies etwa bedeuten, dass ich ein grosser Mann (ein Gelehrter) werden würde, dann könnte ich die Halacha des R. Ammi durch eignes Forschen eruiren; oder soll dieser Ausspruch bedeuten, dass ich ein Bibellehrer der Jugend (also noch kein Gelehrter) werden würde, dann müsste ich betreffs jener Halacha die Gelehrten, die das Studienhaus besuchen, befragen. Genes. r. s. 68 Anf., 67ᵃ „Ich erhebe meine Augen gegen die Berge" (Ps. 121, 1), das bedeutet: כמלפני zu meinem Lehrer und zu meinem למעבדני Schöpfer. הוֹרִים, =Hif. ההרים), von ירי in doppeltem Sinne gedeutet: lehren und hervorbringen.

מְלַפְּפוֹן s. מִילָפְּפוֹן in 'מוּ.

מָלַק (=bh., Grndw. מל, s. d.) in den Kopf des Opfervogels, von der Seite des Nackens an, mit dem Fingernagel einschneiden (bei einer Opfergattung, s. w. u., ohne den Kopf vom Rumpfe abzulösen). LXX: ἀποκνίζω, abkneipen, d. h. den Nacken des Opfervogels vermittelst des Nagels abbrechen (od.: nach der Ansicht des R. Elasar bar Simon, s. die nächstflg. St.); so nach traditioneller Lehre. Dunasch ibn Librat (vgl. den Comment. des R. Sam. ben Meïr z. St.) bemerkt: מלק את ראש (während שָׁחַט zum Objecte בהמה oder עוף hat) spricht für die Richtigkeit der Tradition, deren Autoren diese Handlung noch als Augenzeugen während des Tempelbestandes zu sehen Gelegenheit hatten. (Die Bemerk. in Gesenius' hbr. Wörterb. 8. Aufl. hv. dass die Uebers. der LXX „gegen den ausdrücklichen Zusatz des Textes ולא יבדיל" sei, ist unrichtig; ferner ist „einknicken" als Uebersetzung des hbr. מָלַק ganz unpassend.) — Chull. 21ᵃ und Seb. 65ᵇ כיצד מולקין חטאת העוף חותך שדרה ומפרקת בלא רוב בשר עד שמגיע לוושט או לקנה הגיע לוושט או לקנה חותך סימן אחד או רובו ורוב בשר עמו ובעולה שנים או רוב שנים auf welche Weise kneipt man den Vogel des Sündopfers ab? Man zerschneidet (vermittelst des Nagels) den Rückgrat und den Nacken ohne mit dem grössten Theil des Fleisches, bis man mit dem Nagel zum Schlund oder zur Gurgel gelangt; da angelangt, zerschneidet man eine der Arterien, oder den grössten Theil derselben sammt dem grössten Theil des Fleisches. Beim Vogel des Brandopfers hing. zerschneidet man beide Arterien, oder den grössten Theil derselben. (Beim Vogel des Sündopfers steht näml. Lev. 5, 8 ולא יבדיל: man soll den Kopf nicht vom Rumpf abtrennen, daher darf man blos eine der Arterien durchschneiden; beim Vogel des Brandopfers hing., Lev. 1, 15, stehen jene Worte nicht). Das. ארגמא היה ר' אלעזר ברבי שמעון בחמשה העוף סמבדילין ומאי לא יבדיל צריך להבדיל R. Elasar bar Simon sagte: Ich hörte, dass man auch beim Geflügel des Sündopfers abkneift (den Kopf vom Rumpf ganz ablöst); was jedoch bedeutet לא יבדיל? Man braucht nicht den Kopf ganz abzulösen. Seb. 64ᵇ Rab sagte: כיצד מולקין חטאת העוף אוחז אורז גפיו בשתי אצבעות ושתי רגליו בשתי אצבעות ומותח צוארו על רוחב גדלו ומולקו וזהו עבודה קשה שבמקדש auf welche Weise kneipt man beim Vogel des Sündopfers ab? Der Priester hält die zwei Flügel des

Vogels mit seinen zwei Fingern fest (d. h. mit dem Zeigefinger und dem Mittelfinger) und die beiden Füsse desselben mit den anderen beiden Fingern (näml. mit dem kleinen, letzten Finger und dem nebenanstehenden Finger); sodann dehnt er den Hals des Vogels über die Breite seines Daumens aus und kneipt jenen ab: dies ist eine der schwierigsten Operationen des Tempeldienstes, vgl. חֲפִינָה. Die Borajtha das. hat eine kleine Veränderung betreffs dieser Operation. Das. 65ᵃ fg. Chull. 28ᵃ u. ö. — Part. pass. Sifra Wajikra Parascha 9, Cap. 11 . . . מְלוּקַת מִצְוָה מְלוּקַת רְשׁוּת מְלוּקוֹת כֹּהֲנִים מְלוּקוֹת יִשְׂרָאֵל der Vogel eines gebotenen Opfers (d. h. des Opfers, das der Priester darbringen muss), dessen Kopf abgekneipt wurde, der Vogel eines freiwilligen Opfers (d. h. der freiwilligen Gabe eines Israeliten), dessen Kopf abgekneipt wurde; die Vögel der Priester, sowie die Vögel der Israeliten, deren Köpfe abgekneipt wurden. (Ar. liest מְלִיקַת, Sbst., was jedoch wenig zutreffend ist.) Nif. נִמְלַק abgekneipt werden. j. Schabb. II, 5ᵃ un. וַהֲרֵי מְלִיקָה עַד שֶׁלֹּא נִמְלְקָה אֲסוּרָה לָזֶה וְלָזֶה מִשֶּׁנִּמְלְקָה אֲסוּרָה לַזָּרִים וּמוּתֶּרֶת לַכֹּהֲנִים betreffs des Abkneipens, so war der Vogel, bevor ihm der Kopf abgekneipt wurde (als ein noch lebendes Thier), sowohl den Priestern, als auch den Nichtpriestern zum Genusse verboten; sobald ihm aber der Kopf abgekneipt war, so wurde er den Nichtpriestern zum Genusse verboten, den Priestern aber erlaubt.

מְלַק ch. (syr. ܡܠܩ Pesch.=מָלַק) abkneipen, den Nacken des Opfervogels (der Taube) vermittelst des Nagels durchbrechen und die Arterien durchschneiden, s. TW.

מְלִיקָה f. N. a. das Einschneiden mit dem Fingernagel an der Seite des Nackens des Opfervogels, oder: das Abkneipen des Kopfes desselben, s. d. Verbum. Sifra Wajikra cap. 8 Par. 7 (mit Bez. auf die Worte וּמָלַק . . . הַכֹּהֵן, Lev. 1, 15) מִמּוּל שֶׁלֹּא תְהֵא מְלִיקָה אֶלָּא בְכֹהֵן das besagt, dass das Abkneipen nur vom Priester vollzogen werden dürfe (während näml. das Schlachten der Opferthiere auch von Nichtpriestern vollzogen werden darf). Das. וּמָלַק מְלִיקָה מִמּוּל הָעֹרֶף יָכוֹל מִכָּל מָקוֹם הֲרֵי אֲנִי דָן נֶאֶמְרָה כָאן מְלִיקָה וְנֶאֶמְרָה לְהַלָּן מְלִיקָה מַה מְלִיקָה הָאֲמוּרָה לְהַלָּן מִמּוּל הָעֹרֶף אַף כָּאן מִמּוּל הָעֹרֶף אִי וּמָה מְלִיקָה לְהַלָּן מָלַק הָעֹרֶף וְאֵינוֹ מַבְדִּיל אַף כָּאן יִמְלֹק וְלֹא יַבְדִּיל . . . הַתַּלְמוּד לוֹמַר וּמָלַק . . . וְהִקְטִיר מַה מַצִּינוּ בְהַקְטָרָה הָרֹאשׁ לְעַצְמוֹ וְהַגּוּף לְעַצְמוֹ אַף מְלִיקָה הָרֹאשׁ לְעַצְמוֹ וְהַגּוּף לְעַצְמוֹ das W. וּמָלַק (Lev. 1, 15) besagt, dass das Abkneipen dem Nacken gegenüber (d. h. an der Seite desselben, vgl. נֹזֵל) erfolgen müsse. Man könnte denken, dass das Abkneipen überall (d. h. am Halse) statt-

finden dürfe, daher führe ich einen Beweis: Hier (Lev. 1, 15) steht מָלַק, auch weiter (das. 5, 8) steht מָלַק, woraus erwiesen, dass, so wie das Abkneipen, das weiter erwähnt ist, „an der Seite des Nackens" stattfindet, so auch das Abkneipen, das hier erwähnt ist, an der Seite des Nackens stattfinden müsse. Sollte man aber nicht auch den Schluss ziehen können, dass, ebenso wie weiter das Abkneipen „ohne das Ablösen des Kopfes vom Rumpfe" (לֹא יַבְדִּיל das.) stattfinden muss, so auch hier das Abkneipen ohne das Ablösen des Kopfes stattfinden müsse? Daher steht וְהִקְטִיר, womit Folgendes besagt: So wie man beim „Verdampfen" findet, dass der Rumpf besonders und der Kopf besonders verdampfen muss, ebenso muss beim Abkneipen (am Brandopfer) der Kopf besonders und der Rumpf besonders gelegt werden! Chull. 19ᵇ in der Mischna . . . הַמּוּלָק מִן הַצְּדָדִין מְלִיקָתוֹ פְּסוּלָה הַמּוּלָק מִן הָעֹרֶף מְלִיקָתוֹ כְּשֵׁרָה . . . הַמּוּלָק מִן הַצַּוָּאר מְלִיקָתוֹ פְּסוּלָה שֶׁכָּל הָעֹרֶף כָּשֵׁר לַמְּלִיקָה וְכָל הַצַּוָּאר כָּשֵׁר לַשְּׁחִיטָה wenn man an den Seiten des Halses den Kopf abkneipt, so ist ein solches Abkneipen ungesetzlich; wenn man an der Seite des Nackens abkneipt, so ist ein solches Abkneipen rituell; wenn man vom Halse aus abkneipt, so ist das Abkneipen untauglich. Denn am ganzen Nacken darf das Abkneipen, ebenso wie am ganzen Halse das Schlachten vollzogen werden. Das. Gemara מִצְוַת מְלִיקָה מַחֲזִיר סִימָנִין לַאֲחוֹרֵי הָעֹרֶף וּמוֹלֵק das Gebot des Abkneipens besteht darin, dass man die Arterien hinter den Nacken wendet und den Kopf abkneipt. Nach einer Ansicht das.: אַף מַחֲזִיר wäre das Umwenden der Arterien nicht nöthig, schadet blos nicht. Das. 20ᵃ R. Kahana sagte: מִצְוַת מְלִיקָה קוֹצֵץ וְיוֹרֵד וְזוֹ הִיא מִצְוָתוֹ das Gebot des Abkneipens besteht darin, dass man den Fingernagel in den Nacken tief hineindrückt (d. h. ohne den Nagel nach der Art des Schlachtmessers hin- und herzuführen, הֲלִיכָה וַהֲבָאָה), und darin besteht das eigentliche Gebot dieser Operation. Nach Ansicht des R. Jirmeja bestände das eigentliche Gebot des Abkneipens im Hin- und Herführen des Nagels, das erstere Verfahren sei jedoch auch gestattet. Seb. 64ᵇ בֵּית מְלִיקָתוֹ die Stelle am Nacken, wo das Abkneipen vollzogen wird. — Pl. Kidd. 36ᵃ מְלִיקוֹת.

מַלְקוּת f. (von לָקָה, לְקִי) die Geisselung, Geisselhiebe, flagellatio; insbes. die gerichtliche Bestrafung mit 40 (39, vgl. אַרְבַּע I) Geisselhieben wegen Uebertretung eines biblischen Verbotes. j. Nas. IV Anf., 53ᵃ מַלְקוּת תּוֹרָה אַרְבָּעִים חֶסֶר אַחַת die in der Bibel erwähnte Geisselung besteht in 40 weniger einen Hiebe; im Ggs. zu der von den Rabbinen verordneten Züchtigung wegen Uebertretung eines rabbinischen Verbotes, מַכַּת מַרְדּוּת, s. d. j. Mac.

III, 32ᵇ mit. ר' יהודה אומר ארבעים שלמות R.
Juda sagt: Die Geisselung besteht in der vollen
Zahl vierzig. Mac. 1, 3 und sonst oft חייב
ארבעים מלקות er ist (wegen Uebertretung eines
Verbotes) zu einer Strafe von 40 (39) Geisselhieben verurtheilt. Dafür steht oft blos מלקות
oder auch מכות. — Pl. j. Nas. VI, 55ᶜ mit.
עשר מלקיות zehnmalige Bestrafung mit Geisselhieben. Das. ö. Snh. 81ᵇ מלקיות של כריתות
Geisselungen wegen solcher Sünden, auf welche
die Strafe der Ausrottung erfolgt, vgl. כָּרֵת.
Jeb. 64ᵇ un. מלקיות כרבי hinsichtlich der Geisselungen wird die Halacha nach der Ansicht
Rabbi's entschieden; dass näml. ein Gesetzübertreter, der nur zwei Mal mit Geisselhieben bestraft worden ist, bei der dritten Uebertretung
die Bestrafung der „Kifa" (vgl. כִּיפָּה Bd. II, 322ᵃ)
erleiden muss, vgl. נִישׁוּאָין. Gew. jedoch wird die
Halacha nach Ansicht des R. Simon ben Gamliel
entschieden, dass eine Präsumtion (חֲזָקָה, s. d.)
erst nach dreimaliger Wiederholung ein- und
derselben sündhaften Handlung angenommen
wird, vgl. מוּעָד u. m. a. — Ferner Geisselung
überh. Ber. 7ᵃ, vgl. מַרְדּוּת.

מִלְקָחָה fem. (bh. מִלְקָחַיִם dual. Stw. לָקַח)
Zange, eig. Instrument, vermittelst dessen man
etwas ergreift, nimmt. Pesik. r. Anochi, s. 33,
61ᵃ (mit Bez. auf במלקחים, Jes. 6, 6) אמר
הקב"ה למלאך ליטול הגחלת מעל המזבח וליתן על
פיו נטל המלאך גחלת במלקחתו מתוך המזבח
של מעלה והוא משליך אותה ונוטל מלקחה אחרת
ונותן את הגחלת בשתיהן . . . והרי המלאך של
אש הוא וכשנוטל הגחלת במלקחה אחת נכוה עד
וכ' מלקחה אחרת שנטל als Gott dem Engel anbefohlen hatte, die Kohle vom Altar zu nehmen
und sie auf Jesaias' Mund zu legen, so nahm
er vermittelst seiner Zange eine Kohle vom
himmlischen Altar, warf sie jedoch fort (weil
sie ihn brannte); er nahm hierauf eine zweite
Zange und legte die Kohle auf beide Zangen
(מִלְקָחַיִם). Sodann ging er und legte die Kohle
auf die Lippen des Jesaias und sprach zu ihm:
„So diese deine Lippen berührte, so ist deine
Sünde gewichen und dein Vergehen gesühnt."
Siehe da, der Engel, der ganz aus Feuer ist,
wurde dennoch, als er die Kohle vermittelst
einer Zange genommen, versengt, bis er die
andere Zange dazu nahm, Jesaias hing. wurde,
obgleich die Kohle auf seinem Munde lag,
dennoch nicht versengt.

מַלְקֶטֶת f., מַלְקֵט m. (von לָקַט) Haarzange,
Kneif, eig. Instrument, vermittelst dessen man
die Haare einzeln erfasst und ausrauft. Kel.
13, 8 ניטל ממנו שחים ועשאן למלקט Ar.
(=Jeb. 43ᵃ; Agg. למלקט) wenn von ihm (dem
Kamme) zwei Zähne abgebrochen waren, deren
man sich als Haarzange bediente. Mac. 3, 5
(20ᵃ) ליקטן במלקט Jem. raufte sich das Bart-

haar vermittelst eines Kneifs aus. Tosef. Kel.
B. mez. III g. E. המלקט (l. של כובטין
שניטלה אחת משיניה ועשאה של מחמת ein Kneif
der Walker, von welchem einer der Zähne abgebrochen wurde und den man durch einen
metallenen Zahn ersetzte. Schabb. 97ᵇ u. ö.,
vgl. רְהִיטְנִי.

מַלְקְטָא masc. (syr. ﻣﻠﻘﻄﺎ, von לְקַט). Pl.
מַלְקְטַיָּא (=hbr. מַלְקָחַיִם, von לָקַח) Licht-
scheere, Zange, womit die Lichtschnup-
pen abgenommen wurden, s. TW.

מַקְלוֹט oder מַלְקוֹט masc. (von לָקַט, oder
קָלַט: aufnehmen) eine Art Sack oder
Tasche aus Leder, wohinein der Mist
des Dreschthieres fällt (ähnlich bh. יַלְקוּט),
damit das Getreide nicht besudelt werde. Kel.
16, 7 המלקוט של בקר (Heller in s. Tosaf. z. St.
bezeugt, in sehr alten und punktirten Codices:
המקלוט gesehen zu haben; Hai z. St. liest
המיקלט) der lederne Sack des Rindes, vgl. Maim.
Comment. z. St. Ar. erklärt unser W.: Ein
Fell, das man dem Thiere in der Nähe
der Augen anbringt, um es beim Dreschen
hin- und herlenken zu können; was jedoch
wenig einleuchtet.

מַלְקוֹשָׁא m. (hbr. מַלְקוֹשׁ, von לקש) Spätregen, s. TW.

מְלוֹשׁ s. in 'מלו.

מַלְשִׁינָא m. Adj. (von לְשֵׁן Af.) der Verleumder. — מַלְשִׁינוּתָא f. die Verleumdung,
s. TW.

מִילוֹתָא, מִילָת m., מָלָת f. Adj. (wahrsch. gr.
μηλωτόν, von μῆλτος) Pflanze von der Farbe
des Mennigs oder Röthels. Tosef. Schebi.
V Anf. עלי וורד ועלי מילת Ms. Erfurt: die Blätter der Rose und die Blätter der Mennigpflanze.
(Mehrere Agg. haben עקר ורד ועקר מלת die
Wurzel des Rosenbaumes und die Wurzel der
Mennigpflanze. j. Schebi. VII Anf., 37ᵇ steht
dafür עקר האגב, s. אֲגַב.) — j. Kil. I, 27ᵇ ob.
תוסח מילואה R. Simson zu Kil. 1, 1 (in j. Tlmd.
Agg. fehlt תוסח) das in der Mischna erwähnte
תוסח bedeutet μῆλτινον; d. h. eine dem Saflor
ähnliche Pflanze, vgl. תוּסָח.

מַלְתִּין m. pl. (für מַלְתָּעִין, bh. מַלְתָּעוֹת f. mit
elid. ע. Stw. לָתַע, arab. لَثَغَ beissen, verwandt
mit äthiop. מלתחת maltâht, vgl. Gesenius' hebr.
Wörterb. 8. Aufl. hv.; syn. mit לְסָתוֹת) die Kinnbacken, Kinnladen. Exod. r. s. 40, 135ᵇ
Gott zeigte dem Adam jeden Frommen, der von
ihm abstammen werde. יש שהוא תלוי בראשו
של אדם . . . ויש בפיר יש באזגר יש במלתחין
mancher hing an dem Kopf Adam's u. s. w.,
mancher an seinem Munde, mancher an seinem

Ohre und mancher an seinen Kinnladen. Der als Erklärung unseres Ws. hinzugefügte Zusatz in unserer Midrasch-Stelle: זה מקום הנזם „das ist die Stelle, wo der Ohrring hängt", ist ein eingeschlichenes Glossem, das von Jemdm. herrührt, der unser W. mit מילה Ohrläppchen verwechselt hatte; was jedoch unmöglich richtig ist, da hier blos von den Hauptgliedmassen Adam's die Rede ist und das „Ohr" bereits erwähnt wurde.

מלתין, richtiger מִילְתָן m. Adj. oder מִילְתִין pl. von מִילָת, s. מִילָא wolletragend, oder Wollearten. Khl. r. sv. מה שהיה, 73ᵈ, vgl. בַּלָּבְטִינוֹן.

מִילְתָא s. מִילָא. — מִילְתָא 1) Wolle, 2) Ohrläppchen, s. in מוּי.

מֶלְתָּחָה f. (bh.), s. מָלַל im Nifal und בַּלְמָלָא.

מַלְתְּרָה, מַלְתְּרָא f. (gr. μέλαθρον) Querbalken, Dachgesims; gew. mit prosthet. א, אַבְלְתְּרָא s. d. j. Erub. I Anf., 18ᵇ את רואה את המלתרה כילו יורדת וסותמה s. d. du behandelst den Querbalken, als ob er gesenkt sei und verstopfe u. s. w. j. Suc. I Anf., 51ᵈ dass. Das. 51ᵈ ob. נתן מלתרה ויש בה רוחב ד' טפחים wenn man den Querbalken legt, der eine Breite von vier Faustbreiten hat. j. Chag. II, 78ᵇ un. מלתרא עבה ein dicker Querbalken. j. Nas. VII g. E., 56ᵈ un. מַלְתְּרְיוֹת. — Levit. r. s. 17 Anf., 160ᵃ מלתריות של מילא Gesimse von Eschenholz. Midd. 3, 7 steht dafür מַלְתְּרָאוֹת, vgl. אַמַלְתְּרָא.

מֵם, מֶם Mem (arab. مِيم, Mim), Name des dreizehnten Buchstaben im Alphabet, s. מ. Schabb. 104ᵃ מם פתוחה מם סתומה מאמר סתום מאמר סתום das offene Mem (das am Anfang und in der Mitte eines Wortes steht, מ) und das geschlossene Mem (das am Ende eines Wortes steht, Mem finale, ם) ist zu deuten: Offener Spruch, Lehre und geschlossener Spruch; d. h. manche Gesetzlehre darf veröffentlicht werden, manche hing. muss geheim gehalten werden, z. B. die Theogonie, vgl. מֶרְכָּבָה. j. Meg. I, 71ᵈ mit. steht dafür מאמר למאמר מם ומם Mem, Mem ist zu deuten: Von Spruch (Lehre) zu Spruch. Meg. 2ᵇ u. ö. מם וסמך שבלוחות בנס עומדים die Buchstaben Mem (finale) und Samech auf den Bundestafeln blieben durch ein Wunder stehen; da näml. diese Schrift eingegraben und die Eingravirung auch auf der Rückseite leserlich gewesen sein soll, so hatten diese zwei runden Buchstaben keine Stelle, welche das Ausgegrabene festgehalten hätte. Vgl. jedoch j. Meg. I, 71ᶜ ob., ᵈ mit. תורה הראשונים לא היה בה לא מם סתום סתום ולא מם סתום האָ סמך סתום in der Bibel der Alten war weder das He, noch das Mem geschlossen; dahingegen

war das Samech geschlossen. Schabb. 103ᵇ u. ö. מם ירד מם מם נים die Buchstaben Mem, Jod und Mem bilden das W. מים, vgl. מֵי. Maas. scheni 4, 11 מלם מעשר Mem war (auf den Fruchtkörben) die Bezeichnung für מעשר. — Pl. Schabb. 103ᵇ man schreibe die Buchstaben deutlich; שלא יכתוב ... מֵמִין סמכין כסמכין ממין Ms. M. (Agg. ממימין) dass man nicht etwa die (Schluss-) Mem's wie die Samech's, oder die Samech's wie die Mem's schreibe.

מְמַאי woher? s. מָן.

ממה j. Erub. IV g. E., 22ᵃ בית ממה, s. מָכֵּל.

מָמוֹן m. Mamon, Mammon (im N. T. oft μαμωνᾶς, μαμμωνᾶς). Stw. מון=מני, מָנָה (Grundw. מן) zutheilen, daher: das Zugetheilte, Vermögen, Besitzthum an Mobilien, bes. Geld. Tanchuma Mattoth g. E. wird unser Wort agadisch von מְנָה zählen abgeleitet, s. זוז III. — B. mez. 2ᵇ. 100ᵃ Sumchos (Symmachos) sagt: ממון המוטל בספק חולקין בלא שבועה Geld, betreffs dessen Besitzungsrechtes ein Zweifel obwaltet, theilt man ohne Eid. Wenn Jem. z. B. eine Kuh um einen Esel eintauscht, welche ein Junges geboren hat, ohne dass man weiss, ob die Geburt vor oder nach dem Tauschhandel erfolgt sei, so theilen sich die beiden Käufer im Werth des Jungen. (Dieser Zweifel kann nur beim Tauschhandel, nicht aber beim Verkauf einer Kuh obwalten. Denn im letztern Falle erlangt der Käufer nur dann das Eigenthumsrecht der Kuh, wenn sie sich bereits in seinem Besitz befindet; beim Tauschhandel hing. ist der Besitzer der Kuh verpflichtet, dieselbe dem Andern zuzustellen, sobald er den eingetauschten Esel empfangen hat.) Die Chachamim hing. behaupten: המוציא מחברו עליו הראיה derjenige, der vom Andern etwas verlangt, muss für die Richtigkeit seiner Behauptung den Beweis beibringen. Befand sich also die Kuh zur Zeit ihres Gebärens noch in dem Besitze ihres frühern Eigenthümers, so gehört das Junge ihm; weil angenommen wird, dass ihr Gebären schon vor dem Tauschhandel erfolgt sei, חזקת ממון, s. d. Befand sie sich aber zu jener Zeit bereits in dem Besitze des Andern, so gehört ihm das Junge; weil angenommen wird, dass das Gebären nach dem Tauschhandel erfolgt sei. B. kam. 35ᵇ. 46ᵃ u. ö. dass. auf ähnliche Rechtsfälle angewandt. (An einigen Stellen fehlen die Worte בלא שבועה.) B. kam. 39ᵃ ממון שאין לו תובעים Geld, das Niemand einzufordern berechtigt ist. Wenn man z. B. Jemdn. damit bestrafen wollte, das Strafgeld für sein Vergehen den Armen zu geben, so würde kein Armer berechtigt sein, das Geld von ihm zu verlangen, da er sagen könnte: Ich habe es bereits einem andern Armen

gegeben. Das. 116ᵇ שיירא שהיתה מהלכת במדבר ועמד עליה גייס לטורפה מחשבין לפי ממון ואין נחשבין לפי נפשות wenn eine Karawane in der Wüste wandert und eine räuberische Horde sie überfällt, um sie auszuplündern (von der man sich aber durch Geld losgekauft hat); so berechnet man das zu repartirende Lösegeld nach dem Vermögen, nicht aber nach den Personen der Karawane. Da näml. die Räuber blos das Vermögen der Reisenden zu plündern, nicht aber die Menschen zu morden beabsichtigten: so waren die Reichen mehr gefährdet als die Armen, weshalb auch Erstere mehr beisteuern müssen als Letztere, vgl. מִנְהָג Hor. 8ᵇ רבים בטריף וממונם אבד יחידים בסקילה וממונם פלט eine Menge, die Götzendienst trieb („eine verleitete Stadt", עיר הנדחת; vgl. Dt. 13, 16—18), wird durch das „Schwert" gerichtet und auch das Vermögen derselben wird vernichtet („verbrannt"); Einzelne hing., die Götzendienst trieben, werden „gesteinigt", aber ihr Vermögen bleibt für die Nachkommen gerettet. Jeb. 9ᵃ dass. Snh. 112ᵃ „All ihr Vermögen sollst du in ihrer Strasse einsammeln und verbrennen" (Dt. l. c.) מפני מה אמרה תורה נכסי צדיקים שבתוכה יאבדו מי גרם להם שידורו בתוכה ממונם לפיכך ממונם אבד weshalb sagte die Schrift, dass auch die Güter der Frommen in jener götzendienerischen Stadt vernichtet werden sollen? Was veranlasste sie denn, dort zu wohnen? Nichts Anderes als ihr Geld; deshalb soll ihr Vermögen zu Grunde gehen. Das. 72ᵃ חזקה אין אדם מעמיד עצמו על ממונו man nimmt an, dass sich Niemand bei einem ihm drohenden Verluste seines Vermögens gleichgiltig verhalte; deshalb darf man näml. den beim Einbruch betroffenen Dieb tödten, weil er sicherlich den sich zur Wehr stellenden Hausbesitzer tödten würde, vgl. מַחְתֶּרֶת. Aboth 2, 12 יהי ממון חברך חביב עליך כשלך das Vermögen deines Nächsten sei dir ebenso lieb wie dein eigenes. B. kam. 117ᵇ נרדף ששיבר כלים של רודף פטור שלא יהא ממונו חביב עליו מגופו אבל של כל אדם חייב שאסור להציל עצמו בממון חברו wenn ein Verfolgter (auf seiner Flucht) die Gefässe des Verfolgers zerschlug, so braucht er ihm nicht den Schaden zu ersetzen; weil das Vermögen des Letzteren nicht wichtiger ist als seine Person (d. h. da das Leben des Verfolgers preisgegeben ist, vgl. מַחְתֶּרֶת und רוֹדֵף, um wie viel mehr sein Vermögen). Wenn er aber die Gefässe anderer Menschen zerschlug, so muss er sie ersetzen, denn Niemand ist berechtigt, sich auf Unkosten Anderer zu retten. Ber. 61ᵇ אם יש לך אדם שגופו חביב עליו מממונו לכך נאמר בכל נפשך ואם יש לך אדם שממונו חביב עליו מגופו לכך נאמר בכל מאדך Manchen giebt es, dem seine Person lieber ist als sein Vermögen, daher heisst es: „Mit deiner ganzen Seele (sollst du Gott lieben", Dt. 6, 5); Manchen aber giebt es, dem sein Vermögen lieber ist als seine

Person, daher heisst es: „Mit deinem ganzen Vermögen". B. kam. 83ᵇ fg. עין תחת עין ממון „Auge אתה אומר ממון או אינו אלא עין ממש וכ' für Auge" (Lev. 24, 20), das bedeutet Geldentschädigung (d. h. man schätzt den Beschädigten ab, als ob er ein Sklave wäre, der verkauft werden solle und berechnet, um wie viel er ohne das Auge weniger werth wäre, als früher mit dem Auge). Du sagst: „Geldentschädigung", vielleicht bedeutet עין: das Auge selbst? Gegen diese buchstäbliche Auffassung werden daselbst und 84ᵃ mehrere Beweise geführt: So z. B. wenn der Eine der Processirenden ein grosses, starkes und der Andere ein kleines, schwaches Auge hat: so würde die Bestrafung nicht der Beschädigung entsprechen. Ferner: wie sollte an einem Blinden, der Jemdn. gehlendet hat, die Strafe vollzogen werden? Ferner: Durch das Blenden könnte man leicht den Zubestrafenden auch tödten u. dgl. m. Das. R. Elieser sagt: עין תחת עין ממש „Auge für Auge" ist buchstäblich zu nehmen; vgl. auch עַיִן. B. kam. 119ᵇ, vgl. מָסוֹר. — Pl. Snh. 1, 1. 3, 1 fg. דיני ממונות Geldprocesse, im Ggs. zu דיני נפשות Kriminalprocesse.

מָמוֹנָא ch. (syr. ܡܳܡܘܿܢܳܐ=מָמוֹן) Geld, Vermögen. B. kam. 15ᵃ u. ö. פלגא נזקא ממונא der Ersatz des halben Schadens (bei חָם, vgl. מוֹעָד) ist als Geld, d. h. Entschädigung anzusehen, im Ggs. zu קנסא Strafgeld, vgl. קְנָזָא. Keth. 37ᵇ: Ihr sollt kein Lösegeld nehmen" u. s. w. (Num. 35, 31. 32) דאמר רחמנא לא תשקול ממונא מיניה ותפטריה מקטלא . . . לא תשקול ממונא מיניה ותפטריה מן גלות die Schrift (eig. der Barmherzige, Gott) sagt: Du darfst von ihm (der einen Mord mit Absicht begangen) kein Strafgeld nehmen, um ihn vom Tode freizusprechen; ferner: du darfst von ihm (der Jemdn. ohne Vorsatz getödtet hat) kein Strafgeld nehmen, um ihn von der Strafe der Exilirung freizusprechen. B. kam. 118ᵃ אוקי ממונא בחזקת מריה man betrachtet das Geld als rechtmässiges Eigenthum des gegenwärtigen Besitzers. Wenn daher A. mit Bestimmtheit behauptet, B. schulde ihm eine gewisse Summe Geldes, B. aber zweifelt, ob er sie ihm schulde, oder nicht: so braucht er sie jenem nicht zu zahlen, obgleich er der bestimmten Forderung des Klägers nur einen Zweifel entgegenhalten kann; ברי ושמא, s. d. W.; nach einer andern Ansicht ist er zur Zahlung verpflichtet. Das. 108ᵃ תרי גווני ממונא zwei Arten von Geldforderungen. j. Nas. V g. E., 54ᵇ את ממונך ואנא מן אורייתי du steuerst von deinem Vermögen bei, ich aber von meiner Kenntniss der Gesetzlehre.

מָמוֹשׁ m. (von מוש) das Fühlen, Tasten, s. TW., vgl. auch מֶמֶשׁ.

מַמְזוֹר masc. (von מזר II) Gezwirntes. j.

Schabb. VII, 10° ob. 'ההן דעבד ממזור וכ Jem.,
der am Sabbat etwas Gezwirntes anfertigt, vgl.
בְּוָיָה.

מַמְזֵר m. (=bh., von מָזֵר I) Bastard, spurius, Mamser, der aus Ehebruch und Incest abstammende. Jeb. 49^{ab} איזהו ממזר
כל שאר בשר שהוא בלא יבא דברי ר' עקיבא
שמעון התימני אומר כל שחייבין עליו כרת בידי
שמים והלכה כדבריו ר' יהושע אומר כל שחייבין
עליו מיתת בית דין wer ist ein Mamser? Der
aus irgend einer unerlaubten, fleischlichen Vermischung abstammt (s. w. u.);
so nach Ansicht des R. Akiba. Simon, der Temanite, sagt: Jem., der von Eltern abstammt,
auf deren fleischliche Vermischung die göttliche Strafe der Ausrottung gesetzt ist; —
die Halacha ist nach dieser Ansicht entschieden.
R. Josua sagt: Jem., der von Eltern abstammt,
auf deren fleischliche Vermischung die gerichtliche Todesstrafe gesetzt ist. — Hinsichtlich
der hier citirten ersten Ansicht des R. Akiba
werden das. drei verschiedene Meinungen darüber
aufgeführt: was unter „unerlaubter, fleischlicher
Vermischung" zu verstehen sei. Nach der einen
Meinung: eine Vermischung, der ein verwandtschaftlicher Grad zu Grunde liegt (so z. B.
wenn Jem. einer Frau beiwohnt, der sein Vater
früher beigewohnt hatte, אנוסה: so ist
das aus dieser Beiwohnung abstammende Kind
ein Mamser, vgl. Jeb. 47^{ab}). R. Simmai sagt:
Selbst wenn kein verwandtschaftlicher Grad bei
der verbotenen fleischlichen Vermischung seiner
Eltern, sondern irgend ein anderes Verbot obwaltet שְׁאָר חִיבֵּר לְאוִין דְּלָאו רְשָׁאַר,
vgl. לָאו; so z. B. wenn Jem. seine, von ihm
geschiedene Frau wieder ehelicht, nachdem sie
inzwischen an einen andern Mann verheirathet
war; vgl. Dt. 24, 4): so ist auch das aus dieser
Vermischung abstammende Kind ein Mamser.
R. Jeschebab sagt: Selbst wenn der fleischlichen
Vermischung der Eltern blos ein indirectes
Verbot entgegenstand (so z. B. wenn die Descendenten eines Egyptiers oder Idumäers im
ersten oder zweiten Grade eine Israelitin
ehelichen; die Schrift jedoch erlaubt dies erst
im „dritten Grade", Dt. 23, 8. 9, spricht aber
kein ausdrückliches Verbot hierüber aus, חִיבֵּי
עשה מצרי ואדומי): so ist das aus dieser Ehe
abstammende Kind ein Mamser; vgl. auch חָלָל
nr. 4 und חָלוּל im Plur. Jeb. 45^a כותי ועבד
הולך ישראל על בת ממזר wenn ein Nichtjude (כותי=נכרי) oder ein Sklave einer Israelitin beigewohnt hat, so ist das Kind ein Mamser; nach einer andern Ansicht das. ist das
Kind kein Mamser, הולך כשר; vgl. jedoch Jeb.
16^b, Tosaf. sv. קסבר, wonach näml. der erstere
Autor blos nach Ansicht des R. Akiba aufzufassen; ferner auch, dass das Kind eines
Nichtjuden nur rabbinisch als Bastard anzusehen

sei. Keth. 29^b fg. u. ö. — Jeb. 49^b איש פלוני
ממזר jener N. N. ist ein Mamser, vgl. Tractat
Kalla I mit., s. auch יוחם. Jom. 66^b [שאלו את
ר' אליעזר] ממזר מהו לירש [אמר להן] מהו ליבם
Ms. Oxf. (vgl. Dikduke z. St.; in Agg. fehlen
die hier eingeklammerten Worte) [man fragte
den R. Elieser:] Wie verhält es sich beim Mamser hinsichtlich des Erbens? [Er entgegnete
ihnen:] Darf er die Leviratsehe vollziehen?
Eine Frage, die zur Beantwortung einer solchen
Frage dienen sollte, die man deutlich zu beantworten Anstoss nahm, vgl. אָב III u. a. m., vgl.
פְּלוֹנִי. Hor. 13^a ממזר תלמיד חכם קודם לכהן
גדול עם הארץ ein Bastard, der ein Gelehrter
ist, ist einem unwissenden Hohenpriester vorzuziehen, vgl. לִפְנֵי. Num. r. s. 6 Anf. dass. — Pl.
Kidd. 69^a יכולין ממזרין ליטהר כיצד ממזר שנשא
שפחה הולך עבד שיחררו נמצא הבן בן חורין
Bastarde können rein werden (d. h. hinsichtl.
des Eingehens einer Ehe mit ihren Nachkommen). Auf welche Weise? Wenn der Bastard
eine Sklavin heirathet, so ist ihr Kind ein Sklave
(näml. nach dem Grundsatz ולדה כמותה, vgl. בֵּן
Anf.); giebt der Herr dem jungen Sklaven einen
Freiheitsbrief, so wird er ein Freier. Das. 71^a, vgl.
פָּסַק. Jeb. 78^b in der Mischna ממזרין ונתינין
אסורין ואיסורן איסור עולם אחד זכרים ואחד נקבות
Bastarde und Nethinim (dati, d. h. die Gibeoniter, welche Josua als Tempeldiener erklärte,
vgl. נָתִין) sind zur Ehe verboten, — und dieses
Verbot gilt für alle Generationen, — sowohl die
Männlichen, als auch der Weiblichen. Nach
Ansicht des Resch Lakisch in Gemara das. ist
der weibliche Bastard nach dem zehnten Grad
zur Ehe erlaubt; vgl. auch die nächstfg. St. —
Fem. מַמְזֶרֶת weiblicher Bastard. Jeb. 78^b
man fragte den R. Elieser: ממזרת לאחר עשרה
דורי מהו אמר להם מי יתן לי דור שלישי ואטהרנו
darf man einen weiblichen Bastard nach der
zehnten Generation heirathen? Er antwortete
ihnen: Wenn mir doch Jem. einen solchen selbst
schon nach der dritten Generation vorführte, so
würde ich ihn für tauglich erklären. Er ist näml.
der Ansicht, dass ein Bastard sich nicht bis zur
dritten Generation fortpflanzen könne, s. den
nächstfg. Art. Keth. 3, 1 (29^a fg.) ממזרת ונתינה
ein weiblicher Bastard und eine Nethina, data.

מַמְזְרָא, מַמְזֵירָא ch. (=מַמְזֵר) Bastard,
Mamser. Jeb. 78^b ממזרא לא חיי ein Bastard
bleibt nicht am Leben. R. Sera erläuterte diesen Ausspruch Namens des R. Juda wie folgt:
דידיע חיי דלא ידיע לא חיי דידיע ולא ידיע עד
תלתא דרי חיי חיי טפי לא חיי ein Bastard, der als
solcher gekannt ist, bleibt am Leben, der aber
nicht gekannt ist, bleibt nicht am Leben; der
aber theils gekannt, theils nicht gekannt ist, der
pflanzt sich drei Generationen fort, mehr aber
nicht. j. Jeb. VIII g. E., 9^c un. ^d ob. und Levit.
r. s. 32 g. E. lautet dieser Satz in hbr. Form:

אֵין הַמַּמְזֵר חַי יוֹתֵר מִשְׁלֹשִׁים יוֹם אֵימָתַי בִּזְמַן שֶׁאֵינוֹ מְפֻרְסָם אֲבָל נִתְפַּרְסֵם חַי הוּא ein Bastard lebt nicht länger als 30 Tage; das ist blos dann der Fall, wenn er nicht als ein solcher gekannt ist, wenn er aber gekannt ist, so bleibt er am Leben. j. Kidd. III, 64ᶜ un. IV, 65ᵈ ob. dass. j. Jeb. XV, 15ᵃ mit. חָדָא יוֹדֵעַ דְּבָנֶיהָ דְּהַהוּא גַּבְרָא מַמְזֵרָא קָמֵי שְׁמַיָּא du sollst wissen, dass dein (dieses Mannes) Sohn vor Gott ein Bastard ist; d. h. obgleich das Gericht dich nicht zur Scheidung von deiner Frau zwingen kann, so herrscht dennoch keine Gewissheit darüber, ob du die Ehe mit ihr fortsetzen darfst, oder nicht; was Gott allein weiss. — *Fem.* מַמְזֵרְתָּא weiblicher Bastard. j. Jeb. VIII g. E., 9ᶜᵈ ob. und in den Parall. מַמְזֵרָא וּמַמְזֵרְתָּא ein männlicher und ein weiblicher Bastard.

מְמַזְרוֹת *fem.* N. a. Bastardwesen, Blutschande. j. Jeb. I g. E., 3ᵇ מַמְזֵרוֹת בֵּינְתַיִם וְאֵת אָמַר הֵכִין die Meinungsverschiedenheit zwischen der Schule Schammai's und der Schule Hillel's betrifft Blutschande (indem jede dieser Schulen die in der von ihr verbotenen Ehe erzeugten Kinder als Bastarde erklärt); wie also darfst du so sprechen? dass näml. die Anhänger dieser beiden Schulen sich, des Friedens halber, nicht abhalten liessen, sich mit einander zu verschwägern? vgl. מְעַע j. Kidd. I, 58ᵈ ob. dass. Jeb. 14ᵃ un. steht dafür נֵינֵיהוֹ. j. Git. IV Anf., 45ᶜ (mit Bez. auf die Mischna: „In früherer Zeit durfte ein Mann, der einem Boten einen Scheidebrief für seine Frau übergeben hatte, ein Gerichtscollegium zusammenberufen und den Scheidebrief als nichtig erklären. R. Gamliel, der Aeltere, jedoch verordnete, dass ein solches Verfahren, der Aufrechthaltung der Weltordnung halber, מִפְּנֵי תִקּוּן הָעוֹלָם, nicht stattfinden dürfe). Ein Autor sagte Namens des Resch Lakisch: שֶׁלֹּא תְּבָא לִידֵי מַמְזֵרוֹת סְבוּרָה שֶׁלֹּא בִּיטֵל וְהִיא בִּיטֵל וְהִיא הוֹלֶכֶת וְנִישֵּׂאת בְּלֹא גֵּט וְנִמְצְאוּ בָנֶיהָ בְאֵין לִידֵי מַמְזֵרוֹת סְבוּרָה שֶׁבִּיטֵל וְהִיא לֹא בִּיטֵל בָּא אַחֵר וְקִידְּשָׁהּ תּוֹפְסִין בָּהּ קִדּוּשִׁין וְהִיא סְבוּרָה שֶׁלֹּא תּוֹפְסִין בָּהּ קִדּוּשִׁין וְהִיא מַמְתֶּנֶת עַד שִׁימוֹת בַּעְלָהּ הָרִאשׁוֹן וְהִיא הוֹלֶכֶת וְנִישֵּׂאת וְנִמְצְאוּ בָנֶיהָ בְאֵין לִידֵי מַמְזֵרוֹת die Verordnung ist deshalb erfolgt, damit keine Blutschande entstehe. Denn einerseits könnte die Frau, in der Meinung, dass ihr Mann den Scheidebrief nicht annullirt habe, während er ihn annullirt hat, sich ohne Scheidung an einen andern Mann verheirathen; infolge dessen ihre Kinder in Blutschande erzeugt werden würden. Andererseits (wofür in bab. Gemara gew. אִי נַמֵּי, was jedoch in j. Gem. oft fehlt) könnte die Frau, in der Meinung, dass ihr Mann den Scheidebrief annullirt habe, während er ihn nicht annullirt hat, wenn ein anderer Mann sie angetraut hat, — eine Trauung, die giltig ist, — glauben, dass die Trauung ungiltig sei. Sie würde hierauf den Tod ihres ersten

Mannes abwarten und sich, ohne Scheidung vom zweiten Manne, anderweit verheirathen; infolge dessen ihre Kinder in Blutschande erzeugt werden würden. — Dahingegen ist Jom. 18ᵇ in dem Satze: מַמְלָא כָּל הָעוֹלָם כּוּלוֹ מַמְזֵרוֹת entweder unser W. crmp. aus מַמְזֵרִים (vgl. die Parall. Jeb. 37ᵇ וּמַמְזֵרִין ... וְנִתְמַלֵּא), oder der ganze Satz (der in Ms. M. nicht steht) zu streichen.

מוֹמֵי, מוּמְחֶה s. in מוּר'.

מָמִיקְנָא *m.* Adj. (syr. ܡܡܝܩܳܢܐ, von מוּק, מִיק) der Spötter, Possenreisser, derisor; denom. מְמִיקָן (nach der Form von דָּאֵב u. a.) spotten, Jemdn. verlachen; — מְמִיקָנוּתָא *f.* (syr. ܡܡܝܩܳܢܘܬܐ) Spötterei, Gespött, s. TW.

מָמְכָתָא *f.* Adj. (von מְבַךְ?) gebeugt, niedergedrückt; wahrsch. jedoch crmp. aus מְכַכְתָא, s. TW.

מֵמֶל *m.* (von מָמַל, wie מֵמַר von מָרַר) 1) eig. Zerreibendes, Zermalmendes; insbes. Bestandtheil der Kelter, vermittelst dessen die Oliven zermahlen und gepresst wurden, Pressstein, Pressbalken. Ar. hat eine zweite Erklärung unseres Ws.: Ein im Fenster der Kelter befestigter Stein, in welchem ein Holzkloben angebracht war, dessen eine Spitze am Stein und dessen andere Spitze am Pressbalken befestigt war, vermittelst dessen man die Oliven zermahlte. — Maasr. 1, 7 נוֹטֵל מִן הֶעָקֵל וּמִן הַמֵּמֶל (Tlm. Agg. וּמִבַּיִת רַ') Ms. M. und Ar. man nimmt das Oel aus dem Strickgeflechte (arab. عَقَال, vinculum) und von dem Pressstein. B. bath. 67ᵇ הַמּוֹכֵר בֵּית הַבַּד מָכַר אֵת הַיָּם וְאֶת הַמֵּמֶל wenn Jem. die Kelter verkauft, so hat er das grosse Becken und den Pressstein mitverkauft. In Gem. das. wird unser W. erklärt durch מִפְרַכְתָּא Ar. (Agg. crmp. מִפְרַכְתָּא) eig. das Zermalmende, s. d. W. j. Ter. III, 42ᵇ ob. מֵבִיא זֵיתִים וְנוֹתְנָן תַּחַת הַמֵּמֶל man bringt Oliven und legt sie unter den Pressstein. — 2) Memel, N. pr. B. bath. 67ᵇ u. ö. אַבָּא רַ' בַּר מֵמֶל R. Abba bar Memel. j. Bez. I, 60ᵇ ob. בָּא בַּר מֵמֶל רַ' R. Ba bar Memel, derselbe. Tosef. Erub. IV (III) g. E. בֵּית מֵמֶל die Familie Memel. j. Erub. IV g. E., 22ᵃ מֶמֶה crmp. aus מֵמֶל.

מֵמְלָא *ch.* eig. (=מֵמֶל) 1) abgebrochenes oder aus dem Schachte gegrabenes Metall (=מִפְרַכְתָּא, s. דְּהַבָא פְּרִיכָא im vrg. Art.). Keth. 67ᵃ בְּמֵמְלָא Agg., vgl. מְלֵל. — 2) Mamla, Name eines Ortes, dessen Männer sämmtlich jung starben (von מָמַל: hingerafft werden). Genes. r. s. 59 Anf. מֵאִיר אָזַל לְמֵמְלָא רַ' R. Meïr ging nach Mamla, vgl. מוּלָאָה רַ'.

מְמַלֵּל *m.* (syr. ܡܡܠܠܐ, von מָלַל) Redensart, Sprechweise, s. TW.

גֵּן .s מְמָנָא — יְמוּמר .in .s מָמוֹן.

מְמֻנֶּה masc. (eig. Part. Pual von מְנָה, מְנִי) Vorgesetzter, Beamter; insbes. 1) der Vorgesetzte, Aufseher in der Akademie, auf dessen Anordnung die Lehrvorträge angefangen und geschlossen wurden. Tosef. Pes. II (III) mit. R. Elasar erzählte: Einst traf der 14. des Nisan auf einen Sabbat, והיינו יושבין לפני רבן גמליאל בבית המדרש בלוד ובא זונן (זינון) הממונה ואמר הגיע עת לבער החמץ wir sassen bei Rabban Gamliel in der Akademie zu Lydda; da kam der Vorgesetzte Sonan (Sinon) und sagte: Die Zeit ist gekommen, dass man das Gesäuerte (vor Pesach) forträume! Derselbe Beamte wird j. Ber. IV, 7ᵈ ob.: זינון החזן 'ר genannt: der Schulaufseher R. Sinon, der beim Streite des R. Gamliel mit R. Josua die Discussion eröffnen liess, vgl. חָזָן. — Oft 2) הממונה, der Memune, der Vorgesetzte im Tempel, der die Oberaufsicht über die priesterlichen Functionen zu führen und die verschiedensten Anordnungen zu treffen hatte. Tam. 3, 1. 2 אמר להם הממונה בואו והפיסו מי שוחט וכ' der Vorgesetzte rief den Priestern zu: Schickt euch zum Loosen darüber an, wer schlachten, wer sprengen soll u. s. w. אמר להם הממונה צאו וראו אם הגיע זמן השחיטה וכ' der Vorgesetzte rief ihm ferner zu: Sehet, ob es schon Zeit ist, das Tamidopfer zu schlachten. Das. 6, 3 לא היה המקטיר מקטיר עד שהממונה אומר לו הקטר אם היה כהן גדול אומר לו אישי כהן גדול הקטר der zum Anzünden des Räucherwerks bestimmte Priester durfte nicht eher räuchern, bis der Vorgesetzte ihm zurief: Räuchere! Wenn es der Hohepriester war (der das Räucherwerk anzuzünden hatte), so rief er ihm zu: Mein Herr, o Hohepriester, räuchere! Ber. 11ᵇ u. ö. — Raschi in Jom. 15ᵇ. 28ᵃ u. m. erklärt ממונה durch סגן: Befehlshaber, Statthalter des Hohenpriesters (wahrsch. durch Snh. 19ᵃ verleitet, wo es heisst: היינו סגן היינו ממונה Sagan und Memune bezeichnen eine und dieselbe Person); eine Erklärung jedoch, die fast unmöglich ist, vgl. auch Tosaf. a. l. Das Verhältniss dieser beiden Tempelherren, סגן unð ממונה, ist vielmehr wie folgt aufzufassen: Der höchste Würdenträger in der Priesterschaft war, nächst dem Hohenpriester, der ihm untergeordnete und zur Hebung der Würde desselben berufene Tempelfürst, סגן. Er stand z. B. beim Loosen der Ziegenböcke am Versöhnungsfeste ihm zur Rechten und rief ihm, wenn das Loos für das Opfer in diese Hand gekommen war, zu: Mein Herr, o Hoherpriester, erhebe deine Rechte! (Jom. 39ᵃ). Er empfing die Gesetzrolle aus den Händen des Synagogen-Vorstehers und überreichte sie dem Hohenpriester, um daraus vorzulesen (Das. 68ᵇ und Sot. 40ᵇ). Endlich war er der Stellvertreter des Hohenpriesters, so oft Letzterer verhindert

war, den Tempeldienst zu verrichten. Blos in seinem Amtsverhältniss dem Hohenpriester gegenüber führt er hie und da den Namen ממונה, Vorgesetzter. Vgl. Sot. 42ᵃ למה סגן ממונה שאם אירע פסול בכהן גדול נכנס ומשמש תחתיו wozu war der סגן angestellt? d. h. worin bestand seine Hauptfunction? Wenn dem Hohenpriester etwas begegnete, was ihn zum Tempeldienst untauglich machte (z. B. Pollution u. dgl.): so trat jener an seiner Statt ein und fungirte (Jom. 39ᵃ ist ebenf. ממונה=Ms. M. zu lesen, vgl. auch Raschi; Agg. crmp. מירמנו); vgl. ferner Snh. 18ᵃ הממונה ממצע בינו לבין העם (סגן הכהנים) der Vorgesetzte (d. h. סגן, vgl. Raschi lässt bei vorgekommenen Trauerfallen den Hohenpriester in der Mitte, zwischen sich und dem übrigen Volke gehen; d. h. er allein ging ihm zur Rechten, alle Anderen aber zur Linken. Vgl. auch Sot. 42ᵃ סגן לאו ממונה הוא der Sagan ist nicht im Allgemeinen als Vorgesetzter anzusehen. — Einen ganz anderen Rang hing. nahm derjenige Tempelherr ein, der ausschliesslich הממונה: der Memune hiess und der die sämmtlichen priesterlichen Functionen anzuordnen hatte; während andere Tempelherren über die eine oder die andere Function gesetzt waren, s. den Plur. Man vgl. bes. die oben citirte St. Tam. 3, 1: „Der Memune sagte: Geht loosen", mit Schek. 5, 1 מתרה בן שמואל על הפייסות מתיא בן שמואל על הממונה על הפייסות (Jom. 28ᵇ ob. הממונה ממונה Ms. M. [Agg. אומר crmp.]) Matathia (Mattia) ben Samuel war über die Loose gesetzt. (Auf ähnliche Weise wie der Letztgenannte, wird auch der סגן, wenn auch einen weit höheren Rang einnehmend, ebenf. ממונה genannt. Darnach ist Tosaf. Men. 100ᵃ sv. אמר, Sot. 42ᵃ u. m. zu berichtigen.) — Pl. Schek. 5, 1 אלו הן הממונין שהיו במקדש יוחנן בן פינחס על החותמות אחדה על הנסכים וכ' das waren die (fünfzehn) Vorgesetzten, welche im zweiten Tempel fungirten: Jochanan ben Pinchas war über die Siegel, Achija über die Trankopfer gesetzt u. s. w.

מוֹמֵר .s .in 'ממר, מוֹמוֹם.

מַמְצִיא Mamzie, Name eines Grenzortes Palästinas. Tosef. Schebi. IV und j. Schebi. VI, 36ᵃ mit. Neub. Géogr. du Tlm. p. 16 muthmasst darunter das Dorf Memçi, am Fusse des „Djebel Esh-scheikh".

מְמַקְק masc. (von מָקַק, s. d.) Schäbiges, Wurmfrässiges. Schabb. 9, 6 (90ᵃ) ממקק ספרים וממקק מטבחותיהם Ar. ed. al. pr. sv. מק (= j. Tlmd. Agg. des bab. Tlmd. מקק) das Schäbige der Bücher und das Schäbige ihrer Hüllen.

מַמְרָא m. (von מְרָא, eig. gegen Jemdn. straff sein, sich ihm widersetzen) 1) Adj. widerspen-

stig, sich widersetzend; insbes. זְקֵן מַמְרֵא:
ein von der Lehre des Synedriums dissentirender, widerspenstiger Lehrer. Snh.
84ᵇ. 86ᵇ fg. j. Schabb. I, 3ᵈ mit. אמר ליה שמואל
אבל דלא כן אנא כתיב עלך זקן ממרא Samuel
sagte zu Rab (der sich geweigert hatte, Oel der
Nichtjuden, trotz der Erlaubniss des R. Juda
Nasi, zu geniessen) iss! wo nicht, so werde ich
dich als einen dissentirenden Gelehrten verzeichnen! vgl. זָקֵן II. — 2) Mamre, N. pr. a) Genes.
r. s. 42 g. E., 41ᶜ ר' יהודה אמר במשריא דממרא
ור' נחמיה אמר בפלטין דממרא על דעתיה דר'
יהודה אתרא הוא דשמיה ממרא על דעתיה דר'
נחמיה גברא הוא דשמיה ממרא ולמה נקרא שמו
ממרא ... שהמרה פניו באברהם וכ' R. Juda
übersetzte (die Worte באלני ממרא, Gen. 14, 13):
„in den Ebenen Mamre's". R. Nechemja übersetzte sie: „in dem Palaste des Mamre". Nach
Ansicht des R. Juda ist darunter ein Ort zu
verstehen, der Mamre hiess; nach Ansicht des
R. Nechemja: ein Mann, der Mamre hiess.
Weshalb wurde er ממרא genannt? Weil er
gegen Abraham straff auftrat. Als näml. Gott
dem Letztern die Beschneidung anbefohlen hatte,
so berieth sich dieser mit seinen drei Freunden,
Aner, Eschkol und Mamre. Die zwei Erstern
riethen ihm davon ab. שעמר לו ממרא אלהיך
שעמד לך בכבשן האש ובמלכים ובריבון והדבר
הזה שאמר לך למול אין אתה שומע לו וכ' Mamre
jedoch sagte zu ihm: Wie, gegen deinen Gott,
der dir im „Rauchofen" (in welchen, nach der
Agada, Nimrod den Abraham werfen liess, vgl.
סֶגֶד), in dem Krieg gegen „die Könige" und zur
Zeit der „Hungersnoth" beigestanden, willst du,
wenn er dir anbefiehlt, dich beschneiden zu
lassen, ungehorsam sein? Daher belohnte ihn
Gott, dass er dem Abraham in dem Palaste des
Mamre erschien. — b) Men. 85ᵃ und Exod. r.
s. 9, 110ᵃ אמרי ליה יוחני (יוחנא) וממרא למשה
תבן אתה מכניס וכ' Jochani und Mamre sagten
zu Mose: Stroh bringst du nach Afrim u. s. w.,
vgl. יוֹחְנֵי und יָנִיס. — Aus diesem ממרא wurde
in den Trgg. יָמְבְּרִיס, יָמְבְרִיס, gr. Ἰαμβρῆς, letzteres aus Μαμβρῆ, das die LXX in Gen. 14,
13. 24 für das hbr. ממרא (ב nach gr. Weise
eingeschaltet) setzten; wonach also die Namen
der zwei Zauberer וימברים ינים (2 Timoth. 3, 8
Ἰαννῆς καὶ Ἰαμβρῆς) aus וממרא יוחני entstanden.

מַמְרוּ f. (von מָרַר) Name einer bittern
Pflanze, die als Heilmittel gegen Zahnschmerzen dienen soll. Git. 69ᵃ un. חומתי וממרו, s.
חוּמְתִי.

מִימָרָס Cant. r. sv. אֵאלֶה, 31ᶜ, s. in מוּ'.

מַמָּשׁ m. (von מוּשׁ oder מָשַׁשׁ) eig. 1) etwas
Fühlbares, Tastbares, daher: Wesentliches, Wesen. Exod. r. s. 14 Anf., 112ᶜ wird
וימש חשך (Ex. 10, 21) erklärt: ממש בו שהיה
die Finsterniss hatte etwas Fühlbares; d. h. man
konnte sie tasten. j. Jeb. VII, 8ᵇ ob. העיבר
עשו אותו כממש לסכל ולא עשו אותו כממש
להאכיל den Embryo (foetus) behandelten die
Gelehrten hinsichtlich des Verhinderns, die Teruma
zu geniessen, wie ein Wesen (bereits geborenes
Kind); sie behandelten ihn aber nicht wie ein
Wesen, dass er das Geniessen der Teruma bewirke. Wenn näml. eine Priestertochter einen
Israeliten geheirathet hat, welcher aber gestorben, und sie als eine schwangere Wittwe zurückgeblieben ist: so darf sie infolge ihrer
Schwangerschaft keine Teruma essen; (wäre sie
nicht schwanger, so könnte sie „wie in ihrem
ledigen Stande, im väterlichen Hause die Teruma
essen", Lev. 22, 13). Wenn hing. eine Israeliten-
tochter einen Priester geheirathet hat, welcher
aber gestorben, und sie als eine schwangere
Wittwe zurückgeblieben ist, so darf sie fortan
keine Teruma essen; (wäre das Kind bereits
geboren, so würde sie um seinetwillen die Teruma
essen dürfen). j. Git. I Anf., 43ᵃ ערר שיש בו
ממש ... ערר שאין בו ממש ein Einspruch, woran etwas Wesentliches ist, ein Einspruch, woran nichts Wesentliches ist; vgl. עָרָר. Ab. sar.
67ᵃᵇ R. Jochanan sagte: כל שטעמו וממשו אסור
ולוקין עליו וזהו כזית בכדי פרס טעמו
ולא ממשו אסור ואין לוקין עליו jede verbotene
Speise, die mit einer erlaubten Speise vermischt
ist und von welcher der Geschmack und Wesen
verspürt, ist biblisch zum Genusse verboten und der sie Geniessende
wird mit Geisselhieben bestraft. Das findet
näml. dann statt, wenn die verbotene Speise
mindestens die Grösse einer Olive, כזית, und die
erlaubte Speise höchstens die Grösse eines „halben Brotes" (vgl. כִּכָּר und פְּרָס) = vier Hühner-
eiern, hat. Wenn aber nur der Geschmack,
nicht aber das Wesentliche der unerlaubten
Speise verspürt wird (d. h. wenn dieselbe kleiner,
oder die erlaubte Speise grösser ist, als die
oben erwähnten Masse; oder auch, wenn die unerlaubte Speise, die man mit einer andern zusammen gekocht hatte, vor dem Geniessen derselben entfernt wurde; nach Raschi: wenn Milch
oder zerschmolzenes, unerlaubtes Fett in eine
kochenden, mit Fleisch gefüllten Topf hineingefallen ist; vgl. jedoch Tosaf. z. St.): so darf
zwar eine solche Speise nicht genossen werden,
die Strafe der Geisselhiebe jedoch ist auf den
Genuss derselben nicht gesetzt. Chull. 108ᵃ
Abaji sagte: שטעמו ולא ממש בעלמא דאוריתא
eine Speise, die blos den Geschmack, nicht aber
das Wesentliche einer verbotenen Speise enthält,
ist auch überall (nicht blos bei einer Fleisch-
und Milchspeise) biblisch verboten, טעם כעיקר,
s. d. Snh. 63ᵇ un. יודעין היו ישראל בעלום שאין
בו ממש ולא עבדו עכלום אלא להתיר להם עריות
בפרהסיא die Israeliten wussten wohl, dass an
den Götzen nichts Wesentliches ist, sie trie-

ben jedoch blos deshalb Götzendienst,, damit sie die Incestverbote öffentlich übertreten könnten, da näml. solche Uebertretungen grossentheils zum Götzendienst gehörten. — 2) als Adv. wesentlich, wirklich. B. kam. 83ᵇ. 84ᵃ עין ממש das „Auge" wirklich; d. h. das W. עין ist buchstäblich zu nehmen, vgl. מָמוֹן. Suc. 20ᵃᵇ מחצלות ממש wirkliche Matten. Snh. 64ᵃ דבוקים ממש wesentlich zusammenhängend.

מֵמְשָׁא ch. (=מֵמְשׁ) Fühlbares, Wesentliches. Schabb. 152ᵇ גשייה חזירה דאיה ביד Ar. (Agg. ממשא ... גשייה) R. Nachman betastete ihn (den R. Achai, der angeblich aus dem Grabe auferstanden war) und bemerkte, dass er ein lebendes Wesen sei; s. auch TW.

מָמְשָׁל m. (=bh. מָשָׁל von מָשַׁל nr. 1) Gleichniss, Parabel, Fabel (bh. מִמְשָׁל von מָשַׁל nr. 2: Herrschaft). — Pl. Git. 35ᵃ un. die Frau N. N. empfing einen Scheidebrief u. s. w. ונודרת ואסרה פירות שבעולם עלה דלא קבילה בכתובתה אלא גלוסקרא אחד וספר תילים אחד וספר איוב וממְשָׁלות בלואים ושמנים בחמושה מנה sie that ein Gelübde, dass sie nichts von allen existirenden Früchten geniessen wolle, wenn sie als Abschlagszahlung auf ihre Kethuba (die bei der Hochzeit verschriebene Geldsumme, die sie nach erfolgter Scheidung ausgezahlt bekommen muss) mehr als eine Decke (גלוסקרין oder גלוסקרא, s. d.), ferner ein Psalmenbuch, ein Buch Hiob und eine schadhafte Parabelsammlung (mögl. Weise bezieht sich das בלואים auf die sämmtlichen hier gedachten Ggst.) erhielte. Den Werth sämmtlicher empfangenen Gegenstände schätzten wir auf fünf Minen ab. (Raschi z. St. erklärt ממשלות durch משלי שלמה die Salomonischen Proverbien; wofür allerdings die Zusammenstellung mit „Psalmen und Hiob" zu sprechen scheint. N. Brüll jedoch in s. Jahrb. II, 152 fg. hält mit vollem Rechte diese Erklärung nicht für zutreffend, weil die Proverbien überall: משלי, nicht ממשלות genannt werden und weil ferner das W. ספר hier nicht stehe; weshalb er das betr. W. mit dem in der nächstflg. Stelle für identisch hält. In den pseudo-nachmanischen Responsen Nr. 48 [vgl. Jahrb. IV p. VI] findet sich die LA. in Git. l. c. וממשלות שועלים anst. ממ' בלואים in den Agg. Demnach ist die Bedeut. unseres Ws.: „Fuchsfabeln" unzweifelhaft richtig). Suc. 28ᵃ R. Jochanan ben Sakkai, als Polyhistor, verstand ממשלות שועלים וממשלות כובסין Ms. M. u. a. (vgl. Dikduke z. St. Agg. u. Ar. ממשלות כובסין ומשלות שועלים) die Fuchsfabeln und die Fabeln der Walker. B. bath. 134ᵃ dass. Snh. 38ᵇ un. שלש מאות ממשלות שועלים היו לו לר' מאיר ואנו אין לנו אלא שלש Ms. M. (woselbst jedoch משלת ממשלת sing. crmp. ist. Hai in s. Responsen liest ebenf. ממשלות; Tlmd. Agg. משלות) R. Meier hatte eine Kenntniss von

300 Fuchsfabeln, uns jedoch sind blos drei derselben bekannt. Ueber diese Art von Fabeln vgl. Raschi z. St.; auf ähnliche Weise lauteten die Parabeln der Walker, deren man sich oft in kritischen Fällen zum Ueberbringen von Botschaften bediente, welche sie in verblümten Reden an den Mann brachten, vgl. כָּבַס und קַצְרָא.

מֶמְשָׁלָה f. (=bh. von מָשַׁל nr. 2) das Herrschen, die Herrschaft. Trop. Genes. r. s. 20, 20ᵈ „Er wird dich beherrschen" (Gen. 3, 16) יכול ממשלה מכל צד תלמוד לומר לא יחבל רחים ורכב man könnte denken, dass das „Beherrschen" von allen Seiten gestattet sei (d. h. dass der Mann auch auf unnatürliche Weise der Frau beiwohnen dürfe, vgl. Ned. 20ᵇ התורה התירתך, s. שֶׁלְחָן); daher heisst es (Dt. 24, 6) לא יחבל רג' Die letztere Bibelstelle wurde näml. agadisch auf den Beischlaf bezogen: „Man soll nicht verderben den oberen und den unteren Mühlstein"; d. h. die Geschlechtstheile (da für das Beiwohnen auch טָחַן gebraucht wird, s. d. W.). Auf ähnliche Weise citirt Aben Esra in s. Comment. zu Dt. l. c. eine Erklärung der „Leugner der Tradition", מכחישים, dass diese Stelle ein Verbot der Entziehung der ehelichen Pflicht enthalte. (Unter diesen מכחישים sind wohl nicht, wie allgemein angenommen wird, die Karäer zu verstehen, da die oben erwähnte Erklärung sich weder in dem Pentat. Commentar der Karäer כתר תורה z. St., noch in ihrem Ritualcodex גן עדן Titel Darlehn findet. Dahing. hat das j. Trg. zu Dt. l. c. eine ähnliche Deutung: „Man darf nicht bannen Bräutigame und Bräute"; s. TW. sv. אָסַר.

מָמוֹתָא, כְּלָת masc. ch. (hbr. מָמוֹת, nur pl. מָמוֹתִים, Stw. מות) Tod, Todesart, s. TW.

מוֹמְיָתָא, מוֹמָתָא, s. in מוּ'.

ממתוס Snh. 22ᵃ und Cant. sv. כמעט, 17ᵃ, s. אאלרן.

מֵן, mit flg. Dag. מֵ-, מֵי-, vor Guttur. מֵ- (=bh.), viell. St. constr. von מֵן (Stw. מָנַן), eig. Theil von etwas; insbes. als Präp. von, aus, sowohl räumlich, als auch zeitlich; mit Suff. מִמֶּנִּי, מִמֶּנּוּ u. s. w., ganz wie im bibl. Hebr. Bei Comparat. bedeutet unser W. mehr (weniger) als, grösser (kleiner) als („ursprünglich von etwas ab oder aus ... Immer liegt in dem comparativen מִן, wie dem gleichartigen pers. از und türk. ﺩﻥ, die Vorstellung eines räumlichen Abstandes zu Grunde, so dass das auf מִן Folgende den terminus a quo, das Andere den terminus ad quem der Entfernung bezeichnet. Von jenem aus nach diesem hin misst man den Abstand zwischen beiden, indem man sagt: er ist gross [grösser] von mir ab oder aus" u. s. w. Fleischer in s. Nachtr. zum

TW. II, 568ᵇ). — Men. 53ᵇ (mit Bez. auf מִמֶּנּוּ, Num. 13, 22) אל תיקרי ממנו אלא ממנו וכ׳ lies (d. h. deute) nicht מִמֶּנּוּ (als wir), sondern מִמֶּנּוּ (als er), d. h. die Kundschafter wollten andeuten: der Feind ist gleichsam mächtiger als Gott, vgl. יָכֹל. (Auf ähnliche Weise wird תלמדרנו, Ps. 94, 12 gedeutet, vgl. אֶלָּא. Im masoret. Texte steht bekanntl. מִמֶּנּוּ sowohl für Suff. 3. Pers. sing., als auch für 1. Pers. pl.) j. Sot. IX, 23ᶜ mit. u. ö. מִיכָּן, מִכָּאן von hier (diesem Raume, dieser Zeit); ferner auch: aus dieser Schriftstelle ist zu erweisen, dass u. s. w. Chull. 14ᵃ u. ö. שותה מיד er trinkt alsbald, eig. aus der ihm nahen Hand, vgl. יָד.

Als Compositum: מִנַּיִן (zusammengesetzt aus מִן־אַיִן=bh. מֵאַיִן) woher? d. h. aus welcher Schriftstelle ist das Gesagte zu erweisen? Worauf gew. תלמוד לומר (Abbrev. ת׳ל), oder שנאמר als Antwort folgt. Oft auch schliesst מנין den Fragesatz; gew. מנין ... אלא לי אין. Jom. 22ᵃᵇ מנין לחמש טבילות woher ist erwiesen, dass der Hohepriester am Versöhnungstage fünf Mal bade? Das. 37ᵃ ומנין ... שבאנא שבשם woher ist erwiesen, dass das Sündenbekenntniss mit dem W. אנא beginne? Woher ist ferner erwiesen, dass der Gottesname darin vorkommen müsse? Das. 44ᵃ (mit Bez. auf Lev. 16, 17: „Kein Mensch soll in dem Stiftzelt sein, wenn er nämlich im Heiligthum, bis er hinausgeht") אין לי אלא באהל מועד שבמדבר שילה בית עולמים מנין תלמוד לומר בקדש אין לי אלא בשעת הקטורת בשעת מתן דמין מנין ת׳ל בבואו לכפר אין לי אלא בכניסתו ביציאתו מנין ת׳ל עד צאתו aus der erwähnten Schriftstelle geht blos hervor, dass dieses Verbot auf „das Stiftzelt" in der Wüste anzuwenden war; woher ist erwiesen, dass es auch für die Opferstätte zu Schilo und für den Salomonischen Tempel (das ewige Gotteshaus) galt? Daher, dass dort steht: „im Heiligthum". Aus dieser Stelle ist ferner blos erwiesen, dass das Verbot für die Zeit des Dampfens des Räucherwerks galt, woher ist aber erwiesen, dass auch während der Blutsprengungen Niemand im Heiligthum verweilen dürfe? Daher, dass dort steht: „wenn er kommt, um zu sühnen" (worunter gew. die Blutsprengung verstanden wurde, vgl. כַּפָּרָה. Aus dieser Stelle ist endlich blos erwiesen, dass beim Eintritt des Hohenpriesters ins Heiligthum Niemand dort anwesend sein dürfe; woher ist aber erwiesen, dass dieses Verbot auch auf die Zeit seines Hinausgehens anzuwenden sei? Daher, dass dort steht: „bis er hinausgeht". Das. 53ᵃ fg. R. hasch. 18ᵃ fg. Arach. 25ᵃ und sehr oft.

מֵן, מָן ch. (syr. ܡ̇ܢ=vrg. מֵי־, מָ־, יְמָנ־, מִ־, מֵי־ מַנ־) von, aus, mehr als u. dgl.; ferner mit Abwerf. des Nun: מִי־, s. d. W. Mit Suff. מִנִּי־, (verk. מִנֵּךְ, (מִנְּ, מִנֵּיהּ, מִנֵּיהּ, מִנָּנָא (מִנַּאי).

u. s. w. Meg. 19ᵃ u. ö. מהכא von hier, aus dieser Schriftstelle. Sot. 40ᵃ מרים הוה אמינא להו Anfangs sagte ich ihnen u. s. w. Das. מרים וכ׳ הוה אמינא עכרתנא אנא früher dachte ich, dass ich demuthsvoll sei u. s. w. B. kam. 19ᵃ u. ö. בעי מיניה er fragte ihn. Das. שמע מינה (oft Abbrev. ש״מ) entnimm daraus, dass u. s. w. Chull. 11ᵇ u. ö. ממאי דילמא וכ׳ woher willst du das erweisen, vielleicht u. s. w.? j. Ber. II, 5ᵇ un. נחת כהנא מן הן der dorthin (nach Babylon) zurück, woher er gekommen war. j. Bez. I, 60ᵇ ob. R. Mana fragte den Chiskija: מן הן שמע רב הדא מילתא אמר ליה מן ר׳ אבהו von wem hörte Rab diesen Lehrsatz? Er antwortete ihm: Von R. Abahu. Schabb. 80ᵇ מן דיליה דא ליה von dem Seinigen ist ihm das gekommen; d. h. infolge dessen, dass er die Geheimlehre öffentlich vorgetragen hatte (was verboten ist, vgl. מֶרְכָּבָה, erlitt er den Schaden, dass er von einer Hornisse verwundet wurde. Sot. 40ᵃ die Frau des R. Abahu beklagte sich bei ihrem Manne, dass die Frau seines Amora sich damit brüste, ihr Mann sei im Vortrage bedeutender als R. Abahu. Letzterer erwiderte ihr: ומאי נפקא ליך מינה מיני ומיניה יתקבח עילאה was liegt dir daran? (eig. was kommt dir davon heraus?) Durch mich sowohl, als auch durch ihn wird der Allerhöchste gepriesen; d. h. wir tragen Beide zur Verherrlichung der Gotteslehre bei. Ab. sar. 17ᵃ מינא ומינך תסתיים שמעתתא durch mich und durch dich wird der vorgetragene Lehrsatz (hinsichtl. des Autors desselben) klar dargestellt. — B. kam. 18ᵃ דקאזיל מיניה מיניה der Eimer rollt durch ihn (den Hahn) und wieder durch ihn; d. h. einzig und allein durch den Hahn. Dort mit Bez. auf die Borajtha: Wenn Hühner den Strick, an welchem ein Eimer hängt, zerpicken, infolge dessen der Strick reisst und der Eimer zerbricht: so muss der Besitzer der Hühner den ganzen Schaden für den Eimer ersetzen. Worauf die Bemerkung: Hier ist nicht etwa die Rede davon, dass der Eimer infolge des Zerreissens des Strickes abrollte und zerbrach, denn eine solche Beschädigung ist blos durch eine mittelbare Kraft des Hahnes (כח כחו, s. d.) erfolgt, wofür aber nur die Hälfte des Schadens ersetzt wird; sondern hier ist die Rede davon, dass der Hahn selbst den Eimer solange gerollt habe, bis Letzterer zerbrach und der Schaden also von dem Hahn unmittelbar ausging. Das. 44ᵇ ob. דקאזיל מיניה ומיניה dasselbe auf einen ähnlichen Fall angewandt; d. h. der Ochs hat sich solange an einer Wand gerieben, bis (nach Ar.: die Wand sammt dem Ochsen) auf einen Menschen fiel, wodurch dieser getödtet wurde. Dieses Tödten ging also unmittelbar von dem Ochsen aus. Ab. sar. 61ᵃ dasselbe in noch einem ähnlichen Fall. Sot. 5ᵃ לא מינה ולא מקצתה

19

nichts von ihr und keinen Theil von ihr; d. h.
der Gelehrte darf auch nicht den geringsten Theil von Stolz besitzen, vgl. — זָכָר.
Thr. r. sv. עַל אֵלָה, 55ᵇ מִן דִּנְסַק nachdem
er hinausgegangen war. Das. ö. — j. Schek.
VII Anf., 50ᶜ מִינֵיהּ מִיסוֹר מְקוֹלִין כּוּלָּא לָא
דְּצִפּוֹרִין es kommt nicht Alles auf ihn an (eig.
es rührt nicht Alles von ihm her), die Fleischbank von Sepphoris zu verbieten, d. h. seiner
Angabe, dass dort unerlaubtes Fleisch sich befand, ist kein Glauben zu schenken, vgl. כֹּל,
כְּלָא Anf. B. bath. 154ᵇ למרעי אלימי צרים אִי
שְׁטָרָא אִיהוּ כָּל כְּמִינֵיהּ obgleich Zeugen mächtig genug sind, ein Dokument als ungiltig zu
erklären, vermag er denn dies zu thun? Schebu.
41ᵇ שְׁלֵים זִיל כְּמִינָךְ כָּל לָאו du bist nicht mächtig genug (die Klage durch deine Behauptung
zu widerlegen), gehe bezahlen. — וּבֵיהּ מִינֵיהּ
eig. von ihm und an ihm (wie hbr. מֵהֶם וּבָהֶם
s. מִי), d. h. von ihm selbst. j. Bez. II, 61ᶜ
ob. und in den Parall., s. סְבָא. j. Pea VII, 20ᵇ
ob. R. Lasar ben Simon kam nach einem Orte,
dessen Einwohner ihm eingekochten Kohl zu
essen gaben; יְהַבְתּוּן בֵּיהּ דְּבַשׁ סַגִּין לוֹן אָמַר
הוּא וּבֵיהּ מִינֵיהּ יְהַבְנָן לָא בֵּיהּ לֵיהּ er sagte
zu ihnen: Ihr habt wohl viel Honig hineingethan! Sie antworteten ihm: Wir haben nichts
hineingethan, die Süssigkeit rührt von dem
Kohl) selbst her. Exod. r. s. 12, 112ᶜ הַגּוֹרָה
וּבָהּ מִינָהּ חֶרֶס בִּכְלִי אוֹתָהּ מְכַסִּין הַזֹּאת den irdenen Krug bedeckt man mit irdenem Geräth, weil
es von demselben Stoffe kommt. Genes. r. s.
33 Anf. steht dafür מְמִינָהּ שֶׁהֵם, vgl. — גִּנְּרָה. — Zuweilen wird unser Wort mit dem darauf-
folgenden Worte zusammengezogen; z.B.j.
Ber.V,9ᵃmit.(=מִן הָגִירָא,l.מִדְהָגִירָה)מִנְּהוּ מִנְדְהוּ לקִישׁ רִישׁ
סַגִּין בְּאוֹרַיְיתָא וכ׳ da Resch Lakisch sich mit dem
Gesetzstudium viel beschäftigte u. s. w. Das. 5ᶜ
für in ed. Lehm. überall מֵהֲגִי הֲוָה er beschäftigte
sich. (Die Commentt. haben unser W. ganz missverstanden.) Das. II, 5ᶜ un. מִדְּמַהֲנָא מִסְּבָרִית ed.
Lehm. (=מִן סְבָרִית; ed. Ven. u. a. מִי סְבָרִית)
da ich glaubte, dass hier ein solcher Brauch
herrsche. j. Taan. IV, 69ᵃ mit. מַנְסְקִין (=מִן
נַסְקִין) als sie herauskamen. Levit. r. s. 37, 181ᵇ
נְהַר בְּחַד גוֹזִין מִינֵי als sie durch einen Fluss
gingen.

מְנָא Frageprtkl. (verkürzt aus מִן־אָן) woher? woraus? (Die Punktation des מ mit
Schewa ist nach der recipirten LA.; vgl.
auch מְנָן im TW.) Chull. 11ᵃ מִילְּתָא הָא מְנָא
וכ׳ רַבָּנַן דְאָמְרוּ woher (aus welcher Bibelstelle)
ist das erwiesen, was die Rabbinen sagten u. s. w.?
Das. 15ᵇ וכ׳ לֵיהּ דִּשָׁנֵי תֵּימְרָא מְנָא woher sagst
du (kannst du erweisen), dass man einen Unterschied mache u. s. w.? B. kam. 117ᵃ u. ö. dass.
Das. 44ᵃ יָדְעִינָן מְנָא woher wissen wir, dass
u. s. w.? — Oft mit einem Worte zusammengezogen. Genes. r. s. 11, 11ᵈ אֵת מְנָאָן

מוֹרַע לִי wodurch beweist du mir, dass u. s. w.?
מְנָא הֲנִי, oft zusammengezogen מְנָהֲנֵי. R.
hasch. 24ᵃ. Pes. 35ᵃ מְנָהֲנֵי מִילֵי מִנְהֲנֵי מִילֵי (gew. Abbrev.
מִלְּהֶם) woher ist das erwiesen? eig. woher sind
diese Worte? Suc. 11ᵇ u. ö. dass. — מְנָא לָן
u. oft contr. מְנָלָן, eig. woher haben wir das?
zumeist als eine Frage, um zu ermitteln, in welcher Bibelstelle ein vorgetragener Lehrsatz angedeutet sei. Suc. 41ᵃ זְכַר דְּעַבְדִּינָן לָן מְנָא
לַמִּקְדָּשׁ woher wissen wir, dass man Handlungen
ausübe, die an den Tempel erinnern sollen?
Meg. 20ᵃ קְרָא דְאָמַר מְנָא woher ist das erwiesen? Daher, dass die Schrift sagt u. s. w. Seb.
89ᵇ מִדְּקָאָמַר טַעֲמָא לָן מְנָא לָן מְנָא woher ist
das (in der Mischna Gesagte) erwiesen? (Welche
Frage,) woher das erwiesen sei? Die Mischna
fügt ja selbst die Begründung hinzu! Meg. 2ᵃ
לְמֵימַר כִּדְבָעֵינָן מְנָלָן ... בִּיד נִקְרֵאת מְגִילָּה
וכ׳ דִּקְמָן dass die Estherrolle nicht blos am 14.
des Adar, (sondern auch, wie die Mischna sagt,
an einigen anderen Tagen, am Montag oder
Donnerstag, die dem 14. unmittelbar vorangehen,
gelesen werden dürfe,) woher ist das erwiesen? Woher das erwiesen sei? Dafür geben
wir ja weiter einen Grund an! Dass näml. die
Dorfleute, welche an den Markttagen, Montag
und Donnerstag (vgl. כְּנִיסָה) ohnedies die Stadt
besuchen, die Megilla verlesen hören! Tosaf.
in Seb. l. c. sv. מְנָא לָן finden die hier erwähnte
Frage des Einwandes: כִּדְבָעֵינָן מְנָלָן auffallend,
da in der Mischna kein Grund für die Erlaubniss, die Megilla, ausser am 14. des Adar, auch
an anderen Tagen verlesen zu dürfen, angegeben
sei. — Der Sinn dieser Frage מְנָלָן dürfte jedoch auf folgende Weise aufzufassen sein: Die
Angabe der Mischna, dass das Verlesen der
Megilla blos an den beiden Markttagen,
Montag und Donnerstag gestattet sei, besagt schon deutlich den Grund: dass man den
Dorfleuten erleichtern wollte; wie passt also die
Frage: מְנָלָן? Der Autor der ersteren
Frage jedoch entgegnete ihm: Der gedachte
Grund allein genügt nicht, wenn nicht
in dem Buche Esther selbst hierfür sich
eine Andeutung findet und erklärt seine
Frage durch die Hinzufügung: רְמִיזָא הֵיכָא wo
ist dies in dem Buche Esther angedeutet? vgl.
כְּנֶסֶת.

מָן, מֵן Pron. (syrisch ܡܿܢ, arabisch مَن=
מַאן, hbr. מִי) 1) Fragepartikel wer? was?
Esr. 5, 3. 4 u. ö., s. auch TW. — Davon מָנּוּ
(syr. ܡܲܢܘܿ), מַנִי (zusammengesetzt aus מַן־דְּהוּ,
מַן־דְּהִי) wer? quis? quae? Schabb. 140ᵇ R.
Chisda belehrte seine Töchter: אִינַשׁ קָארֵי כִּי
מַנִי אֶלָּא מַנוּ תֵּימְרוּן לָא אַבָּבָא wenn Jem. an der
Thüre ruft, so fraget nicht: wer ist er? (quis
ille?), sondern: wer ist sie? (quae illa?). Snh.
14ᵇ שִׁמְעוֹן ר׳ וּמָנוּ ... יוֹנָתָן ר׳ אָמְרוּ wer ist das?

R. Jonathan. Wer ist das? R. Simon. Pes. 37ᵃ ומנו רבינו הקדוש ... wer ist der (den ich gefragt habe)? Rab. Wer ist er? Unser heiliger Lehrer, R. Juda Nasi. Das. 32ᵃ. 35ᵇ הא מני ר' יוסי הגלילי היא nach wessen Ansicht ist die Mischna aufzufassen? d. h. wer ist der Autor derselben? R. Jose, der Galiläer. Suc. 3ᵃ דאמר לך מני וכ' wer dir das sagte u. s. w. Chull. 15ᵇ u. ö. — 2) Jemand, irgend Jemand. Dan. 3, 6. 11. 4, 14 מָן. — Genes. r. s. 33, 32ᵇ מן קורא בחרץ לך irgend Jemand ruft dich auf der Strasse, vgl. מַאן. Snh. 14ᵃ כל מן דן סמוכו לנא Ms. M. (Agg. כל מן דן וכל מן דן) Jeden, der wie dieser (Gelehrte) ist, möget ihr uns autorisiren! Keth. 17ᵃ dass.

מָן I מַן Pron. der Frage (syr. مَن) zusammengesetzt aus מָן־דָא, Stw. (מון) was? s. TW.

מָן II m. (=bh. Stw. מֶנָה=מון) eig. Zugetheiltes, Gabe; dah. auch: Portion, Speise. Suc. 39ᵇ בכדי מן soviel, als zur Speise (drei Mahlzeiten) genügt. Das. מאי משמע דדאי מן ליישנא דמזוני דכתיב וירמן וג' woraus ist zu entnehmen, dass מן: Speise bedeute? Aus Dan. 1, 5 וירמן.

מָנָא מְנוֹנָא ch. (syr. مَنّ=vrg. מָן) Speise, bes. das Manna, s. TW.

מָן III מָנָא m. (gew. מָאנָא, מָאן, s. d.) 1) Gefäss, Geräth. B. kam. 17ᵇ un. מנא תבירא חבר ein zerbrochenes Gefäss (d. h. ein solches, das ohnedies zerbrochen worden wäre, vgl. קְטַל) zerbrach er. Das. חבר מנא das Zerbrechen des Gefässes. Erub. 20ᵇ נקיט מנא er hält das Gefäss. — 2) ein bestimmtes Ackergeräth, Pflugsterze. B. mez. 80ᵃ דנקיט מנא משלם derjenige, der die Pflugsterze (das Ackermesser) hält, muss den Schaden ersetzen. Wenn Jem. näml. seinen Acker durch zwei Arbeiter bestellt, deren Einer den Pflugtier vermittelst des Ochsensteckens (פרשא) leitet und deren Anderer die Pflugschar führt, indem er mit seinen Händen die Pflugsterze (קנקן) regiert, so muss Letzterer, wenn die Pflugschar zerbrochen wurde, nach einer Ansicht, den Schaden ersetzen, weil er das Ackergefäss schlecht regierte; nach einer andern Ansicht muss Ersterer den Schaden ersetzen (דנקיט פרשא משלם), weil das Ackerthier nicht regelrecht führte.

מָנָה, מְנָא zählen, zertheilen, s. מני.

מָנָא I Mine, s. hinter מָנֶה.

מָנָא II מָנֵי, מוֹנָא Mana, Mona, Mani, Name vieler Amoräer, die bes. in j. Gemara (wo zumeist מנא steht) oft vorkommen. j. Ber. VI, 10ᵇ un. מנא אמר משמו ר' יהודה ר' (ed. Lehm. מורנא) R. Mana sagte Namens der R. Juda. Meg.

18ᵇ dass. מנא Ms. M. (das. oft; Agg. מורנא). j. Schek. VII, 50ᵈ ob. u. ö. מנא ר'· Taan. 23ᵇ un. מני דר' אבוה יונה ר' R. Jona, der Vater des R. Mani; wofür in j. Gem. מנא, vgl. auch Frankel, Mebo, 114ᵇ.

מָנָאן woher? s. מְנָא.

מָנָּאין m. pl. (=hbr. מְמוּנִּין, von מני) Beamte, Vorgesetzte. Khl. r. sv. כי העמק רבי הוה ממני תרין מנאין בכל שנה אין 86ᵈ הוו כד יהון מתקיימין ואין לא הוון דמכין Rabbi stellte alljährlich zwei Beamte (Vorgesetzte) in der Akademie an (vgl. מְמוּנָּה); indem er bei sich dachte: Wenn sie so sein werden, wie sie sein sollen, so werden sie sich erhalten; wo nicht, so werden sie sterben.

מָנְבָּז Monobaz, König von Adjabene, wofür gew. מורבז, s. d. in מור — Ferner Name eines Tannaïten. Tosef. Schabb. IX (VIII) Anf. גר שנתגייר בין הגוים ועשה מלאכה בשבת ר' עקיבא מחייב ומונבז פוטר (in einigen Agg. מורבז) wenn ein Proselyt unter Nichtjuden am Sabbat eine Arbeit verrichtet, so hält R. Akiba ihn für schuldig, Monobaz hing. für nichtschuldig. Höchst wahrsch. jedoch ist unter Letzterem der König Monobaz zu verstehen, der, als Proselyt, seine Uebertretung des einen oder des andern jüd. Gesetzes durch seinen Aufenthalt unter Nichtjuden entschuldigen wollte.

מְנוֹבִיתָא s. in מור'

מְנַגְּדְנָא m. Adj. (von נְגַד) der Schläger, d. h. der Gerichtsdiener, der die Gesetzübertreter geisselte. Jom. 15ᵃ. 55ᵇ ob. der Hohepriester sprengte am Versöhnungstage eine Sprengung gegen die Oberseite des Sühnedeckels und sieben Sprengungen gegen die untere Seite desselben und zwar כמצליף; was das. wie folgt erklärt wird: מחויר ר' יהודה כמנגדנא R. Juda erklärte es mittelst einer Handschwingung: wie der Schläger; d. h. das Verfahren des Priesters bei den vorgeschriebenen Sprengungen war ähnlich dem des Gerichtsdieners gegen den Delinquenten, dem er, nach dem Wortlaut der Schrift vierzig Geisselhiebe ertheilen sollte, dem er jedoch nach der Tradition blos neununddreissig Geisselhiebe ertheilte. Der Gerichtsdiener erhob näml. (vgl. צָלַח und TW. sv. צְלַח) beim Anfang der Geisselung die Hand mit dem Zuchtriemen und liess letzteren auf den Körper des Delinquenten fallen, ohne ihn wirklich zu schlagen (was als der erste Hieb angesehen wird; vgl. Sifre zu Dt. 25, 3 Piska 286: אין הראשונה מכה רבה), worauf er ihm die 39 Hiebe ertheilte. Auf ähnliche Weise fanden die Sprengungen am Versöhnungstage statt. Der Priester erhob näml. zuerst seine mit Blut gefüllte Hand nach oben,

gegen die Höhe des Sühnedeckels und liess das Blut, ohne es zu sprengen, auf die Erde fallen. Hierauf erst vollzog er die eigentlichen sieben Sprengungen nach unten zu. Seb. 38ᵃ dass. Anders nach den Commentatoren.

מַגְנְנוֹן m. (gr. μάγγανον, arab. مَنْكَنُون, vgl. auch מַנְגּוֹל) Manganon, Hebewerk, das aus verschiedenen Walzen besteht und womit man schwere Lasten fortbewegt, Maschinenwerk, Maschinerie. Levit. r. s. 20 Anf. כיון שביקש פרעה לישב על כסא שלמה לא היה יודע מנגנון שלו הכישו נחש ושברו ארי Ar. (Agg. crmp. מנהגיו) als Pharao sich auf den Thron Salomo's setzen wollte, aber dessen Maschinerie nicht kannte, da biss ihn die Schlange und schlug ihn der Löwe; die Thiere näml., welche an dem Thron angebracht gewesen sein sollen, vgl. TW. hv. Khl. r. sv. וראיתי, 90° steht dafür מנגניקין, s. d. Genes. r. s. 88 Anf., 85ᵈ מנגנון, s. מַנְגּוֹל. Jelamdenu zu Num. 23, 10 (citirt vom Ar.) מנגנון נתן בפי בלעם כמולייר הזה Gott legte ein Maschinenwerk in den Mund des Bileam, jenem Kochgefäss ähnlich. In den Parall. steht dafür כלינוס, s. d. — Trop. Jelamdenu Abschn. Ekeb (citirt vom Ar.) „Sie verbitterten ihr Leben" (Ex. 1, 14) הסך הקב"ה עליו מנגנון שנאמר וגו' ונער Gott wandte über ihn (Pharao) das Maschinenwerk um, denn es heisst (Ps. 136, 15, vgl. auch Ex. 14, 27): „Er stürzte den Pharao sammt seinem Heere um" (נער Pi. in talmd. Bedeut. genommen, s. d. W.). Exod. r. s. 18, 117ᵈ (mit Ansp. auf נכרתי, Ps. 77, 7) נזכר אני כ' מה שעשית לנו במצרים ומנגנון שעשית למצרים „ich bin dessen eingedenk, das du für uns in Mizraim (eig. „in der Nacht", d. h. in der Leidenszeit) vollführtest und des Maschinenwerkes, das du gegen die Egypter anwandtest. Ursprünglich sollte näml. blos die Plage des Aussterbens der Erstgeborenen Egyptens eintreffen (vgl. Ex. 4, 23); aber Gott dachte bei sich: Bringe ich diese Plage, so würde Pharao die Israeliten sofort entlassen; deshalb brachte er zuvor andere Plagen und jene Plage zuletzt. Daher sang auch David: „Wer versteht die Macht deines Zornes?" (Ps. 90, 11), מי יודע מנגנון שלך שאתה עושה בים d. h. wer kennt dein Maschinenwerk, das du im Meere anwandtest? — Tanchuma Lech, 19ᵃ wird hebr. מגן (Gen. 14, 20) gedeutet: מנגנא עשה Gott wandte ein „Kunstwerk" an und „überlieferte deine Feinde deinen Händen." — Pl. Genes. r. s. 43, 42ᵃ מַנְגְנְאוֹת Ar. liest מַנְגּוֹל s. מַנְגּוֹל. Esth. r. g. E., 109ᵈ „Wie furchtbar sind deine Thaten"! (Ps. 66, 3) מה דחילין אינון מנגנות שלך הנהרגין הורגין את הורגיהן המשוקעין בים משקיעין את שוקעיהן וכ' d. h. wie furchtbar sind deine Maschinenwerke! Die früher getödtet werden sollten, tödteten ihre Mörder; die ins Meer versenkt werden sollten,

versenkten diejenigen, die sie versenken wollten u. s. w. Pesik. Beschallach, 81ᵃ und Jalk. I, 66ᵃ steht dafür מַנְגְּנְיָא dass.

מַנְגְּנִיקִין m. (neugr. „μαγγανικόν mit der in مُنْجَنِيق und مُنْجَنِيق abgestreiften griech. Endung ov", Fl. im TW. II, 568ᵇ) Maschinenwerk. Khl. r. sv. וראיתי, 90°, s. מַנְגּוֹל.

מִינְגְּנָא s. נְגָאנָא.

מוֹנְגִּנוֹס s. d. in מו'.

מִנְדָּה f. (für מִדָּה s. d.) Tribut, Steuer. Ned. 62ᵇ wird מנדה (Esr. 4, 13) erklärt: מנת המלך königliche Abgabe. B. bath. 8ᵃ dass.

מְנוּדָה s. נדי, נָדָה.

מַנְדִּיאָן m. (von נדי, arab. نَدَى und نَدِيَ) Teich, worin man die Wäsche schwenkt, eig. stösst, treibt. B. bath. 19ᵇ נברכת השמירה 2 (Agg. מן הנדיין) ein Ar. sv. בקע למנדיאן Teich, der zum Schwenken der Wäsche bestimmt ist, vgl. מַחְמְצָן.

מַנְדְּעוּתָא, מַנְדְּעֲתָא, מַנְדַּע m., מַנְדְּעָא fem. (=מַדַּע, s. d., von ידע mit Nun statt Dagesch forte) Kenntniss, Einsicht, das Wissen, s. TW.

מִנְדַּעַם Pron. (vgl. מִדַּעַם) etwas, s. TW.

מִנְדְּרוֹן m. (=מִדְרוֹן) oder מִדְרוֹן, von (קְדָר מָדַר oder קְדָר) Abhang, abschüssiger Ort. j. B. bath. I g. E., 13ᵃ. j. Sot. IX, 23° un. u. ö. im j. Tlmd., s. מִדְרוֹן.

מנדרנא Nebenbenennung oder Verstümmelung von נדרנא: ich thue ein Gelübde. j. Nas. I Anf., 51ᵃ.

מָנֶה m. (eig.=bh. Stw. מני, מָנָה zählen, zutheilen) Mine, gr. μνᾶ, vgl. zuw. 1) Mine als Münze, ein bestimmtes Geldgewicht. (Nach Ez. 45, 12 [vgl. Raschi und Kimchi z. St., und Bech. 5ᵃ] wäre die gewöhnliche Mine=100 Sus, d. h. 100 Denare, die heilige Mine hing.=200 Sus; zur Zeit Ezechiel's hätte man sie um ein Sechstel vergrössert, so dass sie dann einen Werth von 60 Sekel oder Sela=240 Sus gehabt hätte. Nach Zuckermann: Ueber talm. Münzen und Gewichte Tab. beträgt eine Mine 21 Thlr. 20 Sgr. =65 Rmk.) j. Keth. I, 25ᵇ ob. חמש סלעים של בן במנה צורי שלשים של עבד ... וכולן בשקל הקדש במנה צורי „die fünf Sela zur Auslösung des erstgeborenen Sohnes" (Num. 3, 47) werden nach tyrischer Mine berechnet, ferner „die dreissig Sela für den von einem stössigen Ochsen getödteten Sklaven" u. dgl. (Ex. 21, 32 fg.) werden sämmtlich nach dem heiligen Sekel, d. i. nach der tyrischen Mine berechnet. Bech. 49ᵇ

מנה צורי אמר ר' אסי מנה של צורי ר' אמי אמר
דינרא ערבאה ר' חנינא אמר אסתירא סורסיא
(סורסייא) דמזדבנא תמני בדינרא „die tyrische
Mine" (welche nach der Mischna das. = „einem
heiligen Sekel" sei) sagte R. Assi, bedeutet die
Mine, die in Tyrus ausgegeben wird. R. Ammi
sagte: Sie ist dem arabischen Denar gleich. R.
Chanina sagte: Sie ist dem syrischen Stater
gleich, von welchem acht Stück für einen Denar
verkauft werden. Genes. r. s. 84, 82° אמר הקב"ה
אתם מכרתם בנה של רחל בעשרים מעות
שהן חמש סלעים לפיכך יהיה כל אחד ואחד
מפריש ערך בנו חמש סלעים במנה צורי Gott
sagte: Ihr habt den Sohn der Rahel (Josef)
„für zwanzig Silbermünzen verkauft" (Gen. 37,
28), welche fünf Sela betragen; deshalb soll
ein Jeder von euch für die Abschätzung (d. h.
Auslösung) seines (erstgeborenen) Sohnes fünf
Sela nach tyrischer Mine entrichten. Vgl. damit j. Schek. II, 46ᵈ לפי שמכרו בכורה של
רחל בעשרים כסף יהא כל אחד ואחד פודה את
בנו בכורו בעשרים כסף weil sie (die Stämme)
den Erstgeborenen der Rachel „für zwanzig
Silberlinge verkauft haben", deshalb soll ein
Jeder von ihnen seinen erstgeborenen Sohn für
zwanzig Silberlinge auslösen. B. kam. 90ᵇ מנה
מדינה . . . צורי die tyrische Mine, die
Landesmine; letztere betrug ein Achtel der
ersteren. — Schebu. 6, 1 (38ᵇ fg.) מנה לי בידך
אין לך בידי אלא חמשים דינר חייב wenn A. zu
B. sagt: Du schuldest mir eine Mine; letzterer
aber erwidert: Ich schulde dir blos fünfzig
Denare (d. h. die Hälfte der geforderten Summe,
מודה במקצת), so muss er den biblischen Eid
leisten, vgl. טַעֲנָה und כָּפַר Schebi. 1, 2. 3 מנה
באיטלקי eine Mine nach italischer Münze. —
2) Mine als Gewicht. Pea 8, 5 מנה דבילה
eine Mine dürrer Feigen. Snh. 70ᵃ מנה בשר
eine Mine Fleisch, vgl. auch טַרְטִימָר. — Pl.
j. Schek. VI Anf., 49° mit. שדן אלף וחמש מאות מָנִים
(Ex. 30, 23 und 24), welche Specereien insgesammt ein Gewicht von
1500 Minen hatten. — 3) übtr. von Menschen:
werthvoll, d. h. würdig, gravis, Jemd. von
hohem Werth. Erub. 85ᵇ. 86ᵃ oh. Bunjos ben
Bunjos kam zu Rabbi; אמר להו פנו מקום לבן
מאה מנה אתא אינש אחרינא אמר להו פנו מקום
לבן מאתים מנה Letzterer sagte zu seinen Schülern: Räumet den Ehrenplatz ein für den Mann,
der (vermöge seines Reichthums) einen Werth
von 100 Minen hat! Später aber kam ein anderer Mann (der noch reicher war), so sagte
jener zu seinen Schülern: Räumet einen Ehrenplatz ein für den, der einen Werth von 200
Minen hat! Taan. 21ᵇ מוטב יבא מנה בן פרס
אצל מנה בן מנה ואל יבא מנה בן מנה אצל
מנה בן פרס es ist schicklicher, dass die Mine,
die von einer halben Mine abstammt, zu einer
Mine kommt, die von einer vollwichtigen Mine
abstammt, als umgekehrt; d. h. der Gelehrte,

der Sohn eines mittelmässigen Gelehrten, möge
den Gelehrten, Sohn eines grossen Gelehrten,
besuchen.

מָנְיָא, מְנָא ch. (syr. ܡܢܶܐ=מָנֶה) Mine, s.
TW. — Pl. j. B. kam. IX Anf., 6ᵈ un. בר נש
דיהב לחבריה חמשה מיני (l. מָנוֵי) עמר וחמשה
מיני (מָנוֵי l.) סממנין ועשרה מָנוֵי אגריה אמר ליה
ציבעיה סומק וצבעי אוכם אמר ליה אלו צבעתיה
סומק הוה לי טב עשרין וחמשה מָנוֵי כדו דצבעתיה
אוכם לית ליה הוא טב אלא עשרין מנוֵי את אובדת
דידך אנא לא אובד דידי wenn Jem. einem Färber Wolle, die fünf Minen werth und Färbe-
stoffe, die ebenfalls fünf Minen werth sind, übergiebt und ihm 10 Minen Arbeitslohn verspricht
mit dem Bemerken: Färbe mir die Wolle roth!
Jener hing. sie schwarz färbte; so ist der Arbeitgeber berechtigt, zu Letzterem zu sagen:
Hättest du mir die Wolle roth gefärbt, so
würde sie einen Werth von 25 Minen gehabt
haben (ich hätte also, nach Abzug der Unkosten,
einen Gewinn von fünf Minen gehabt); jetzt aber,
da du sie schwarz gefärbt hast, so ist sie blos
20 Minen werth (wollte ich dir also den ver-
sprochenen Arbeitslohn von zehn Minen zahlen,
so müsste ich auf meinen Gewinn ganz verzichten). Da ich aber auf meinen Gewinn nicht
Verzicht leisten will, so musst du einen Theil
deines Arbeitslohnes einbüssen; d. h. ich zahle
dir blos fünf Minen! Die Erklärung der Commentt., Tosaf. und Ascheri zu B. kam. 100ᵇ sv.
אם, ist nicht zutreffend. Esth. r. sv. קח מודר,
109ᵃ und Levit. r. s. 28, 172ᵈ Haman fragte
die Juden: וכמה הוה טימיה דידך בי' קנטרין
אמרין ליה סגיין בי' מָנִין מנין אמר להון קומו דגבהו
להון עשרה מנכון לעשרת אלפים קנטריא דכספא
viel war wohl ihr (der Omergarbe) Werth?
Doch wohl 10 Talente. Sie aber entgegneten
ihm: Selbst zehn Minen würden genügen. Er
sagte hierauf die Juden: Nun wohlan, eure zehn
Minen besiegten meine dem Ahasver verspro-
chenen 10000 Talente Silbers. j. Meg. IV, 74ᵈ
un. תרין מָנַיי zwei Minen, vgl. קַרְיָא.

מָנָה f. (=bh.) Portion, Theil, Antheil.
Bech. 5, 1 (31ᵃ) ושוקלין מנה כנגד מנה בבכור
man wiegt Portion gegen Portion bei einem
Erstgeborenen; d. h. wenn Jem. ein erstgeborenes Thier hat, das mit einem Leibesfehler behaftet ist, so darf er zwar das Fleisch desselben verkaufen, aber nicht gegen ein Gewicht
(Litra) abwiegen. Dahing. darf er, wenn er ein
abgewogenes Stück gewöhnliches Fleisch (חולין)
besitzt, dasselbe in eine Wagschale und jenes
Fleisch in die andere Wagschale legen, um das
Gewicht des letzteren zu berechnen. Git. 59ᵇ
„Du sollst den Priester heilig halten" (Lev. 21, 8),
לכל דבר שבקדושה לפתוח ראשון ולברך ראשון
וליטול מנה יפה ראשון in jeder Art der Heiligkeit: dass er als der Erste (Versammlungen

u. dgl.) eröffne, dass er der Erste sei beim Sprechen des Segens (bei der Mahlzeit) und dass er (bei vorzunehmender Theilung) der Erste sei, um den besten Theil zu bekommen. Mac. 28^b u. ö. — Pl. Tosef. Schabb. XVII (XVIII) Anf. מונה אדם את אורחיו כמה בפנים וכמה בחרץ man darf (am Sabbat) seine Gäste abzählen, um zu ermitteln, wie viele (vornehme) inwendig und wie viele (minder vornehme) auswendig sitzen und wie viele Portionen man für sie zuzubereiten habe. Schabb. 149^a dass. mit einigen Abänderungen.

מִנְחָא s. hinter מִנְחָה.

מִנְהָג m. (ähnlich bh., von נָהַג) Verfahren, Führung, Brauch. j. M. kat. III, 82^d mit. R. Hosaja, der Aeltere, kam nach einem Orte, woselbst er am Sabbat die Leidtragenden begrüsste. אמר אני איני יודע מנהג מקומכם אלא שלום עליכם כמנהג מקומנו er sagte: Ich kenne zwar nicht den Brauch eures Ortes (ob man bei euch die Leidtragenden am Sabbat begrüsse, oder nicht); aber ich entbiete euch den Gruss nach dem Brauch unseres Ortes. Genes. r. s. 100, 99^a dass. j. Pes. IV Anf., 30^{cd} ob. כל הדברים תלו אותן במנהג נשיא הנהיגן דלא למיעבד עובדא באספור שובבתא אינו מנהג עד רסני סדרא מנהג בתרייא ובחמשתא אינו מנהג עד יתפני תעניתא מנהג יומא דערובתא אינו מנהג מן מנחתא ולעיל מנהג יומא דירד מנהג אמר ר' זעירא הנהגן דלא למשתייא מן דאב עליל מנהג שבר סקנא דלא שתיה מה טעם מה כי השתיה וג' אמר ר' חיננא כל הדברים מנהג אעין דשינון הוו במגדל צבעייה אתון ושאלון לר' חנינה חבריהון דרבנן מהו מיעבד בהו עובדא אמר מכיון שנהגו בהן אבותיכם באיסור אל תשנו מנהג אבותיכם נוחי נפש alle (d. h. viele) Dinge machte man vom Brauch abhängig. Wenn Frauen einen Brauch beobachten, nach Ausgang des Sabbats (am Sonnabend Abend) keine Arbeit zu verrichten, so ist dies ein Brauch (d. h. ein solcher unbegründeter Brauch, der blos von Unwissenden herrührt), מנהג טעות, kann ohne Weiteres aufgehoben werden; vgl. Tosaf. zu Pes. 51^a sv. אי אתה und Ascheri z. St.); dahing. ist das Sichenthalten von Arbeiten am Sabbat Abend bis das rituelle Gebet vollendet ist, ein (begründeter und daher beizubehaltender) Brauch. Am Montag und Donnerstag sich des Arbeitens zu enthalten, ist kein begründeter Brauch; aber bis die Fastenzeit vorübergegangen, ist ein begründeter Brauch. Am Freitag sich des Arbeitens zu enthalten, ist kein begründeter Brauch; aber vor der Zeit des Vespergebetes an (d. h. 2½ Stunden vor Eintritt des Sabbats, vgl. מִנְחָה, nicht zu arbeiten) ist, ebenso wie das Nichtarbeiten am Neumondstage ein begründeter Brauch. R. Seïra sagte: Die Frauen, welche vom Eintritt des Monats Ab an (bis nach dem Fast-

tag der Tempelzerstörung, 9. des Ab) nicht zu weben (spinnen) pflegen, beobachten einen begründeten Brauch; weil an ihm der Stein Schethija (vgl. אָבֶן) aufgehört hat, nämlich mit Anspiel. auf Ps. 11, 3: „Wenn die Pfeiler (שתות) anklingend an (שְׁתִיָה) niedergerissen werden, was thut (פעל) der Fromme?" R. Chinnena sagte: Alle Dinge sind vom Brauch abhängig. Betreffs der Akazienbäume, die im Orte Migdal Zabbaja waren, fragte man bei R. Chanina an, ob man sie zur Arbeit verwenden dürfe? Worauf er antwortete: Da eure Vorfahren dies als verboten ansahen, so dürft ihr nicht von dem Brauche eurer Väter, seligen Andenkens, abweichen! j. Taan. I, 64^c mit. dass. B. mez. 7, 1 הכל כמנהג המדינה Alles richtet sich nach dem Landesbrauch, z. B. betreffs des Lohnes und der Arbeitszeit der Tagelöhner. j. B. mez. VI g. E., 11^a אין משנין על המנהג של שיירה man weicht nicht von dem Brauch der Karawane ab; wenn sie näml. von einer räuberischen Horde überfallen wurde, die man aber durch Lösegeld zum Abziehen veranlasste, so werden diese Kosten nach dem bei der Karawane üblichen Brauch repartirt, vgl. מְמוֹן. j. המנהג מבטל את ההלכה ob. der Brauch beseitigt die Halacha, vgl. אֱלָהוּ. Taan. 26^b מנהג מדרש לא דרשינן אורויי מורינן einen Brauch trägt man nicht in einem Lehrvortrage öffentlich vor, aber man ertheilt eine Lehre darnach; wenn Jem. näml. einen Gelehrten deshalb anfragt; im Ggs. zu einer Halacha (Decision), die man öffentlich vorträgt. — Ab. sar. 54^b עולם כמנהגו נוהג והולך ושוטים שקלקלו עתידין ליתן את הדין die Welt geht ihren Gang fort (verfährt naturgemäss), aber jene Narren, welche Verderben anrichten, werden einst Strafe erleiden. Eine Antwort auf die angebliche Frage der Philosophen in Rom: Weshalb vernichtet Gott nicht die Götzen? Auf ähnliche Weise, entgegneten die Gelehrten, זקנים, wächst auch das Getreide, zu welchem ein Räuber geraubte Körner gesäet hat. Taan. 30^a un. כך היה מנהגו של ר' יהודה ערב תשעה באב וכו' so war das Verfahren des R. Juda bar Ilai am Rüsttage des 9. des Ab (Fasten wegen Tempelzerstörung): Man brachte ihm trockenes Brot mit Salz, das er, zwischen Ofen und Herd sitzend, ass und ein Gefäss Wasser dazu trank; es hatte den Anschein, als ob sein Todter vor ihm gelegen hätte.

מִנְהֲגָא ch. (=מִנְהָג) Brauch. Nid. 66^a und Jeb. 13^b אמינא לך אנא איסורא ואת אמרת מנהגא ich sagte dir von einem wirklichen Verbote, während du von einem Brauche sprichst! s. auch TW. — j. Ber. V, 9^a un. מנהגיה zusammengesetzt aus מִן־הָגִיה; das auch מנהוג crmp. aus מִנְהוֹגִיה, s. מִן.

נהג s. מַנְהִיג.

מַנְהֲרָא *masc.* (eig. Part. Af. von נְהַר) der Leuchtende, insbes. der Morgenstern, oder (=arab. نَهَار) Tag. j. Jom. III Anf., 40ᵇ מנהרא der Morgenstern leuchtet; d. h. der Tag ist bereits angebrochen. j. R. hasch. II Anf., 57ᵈ dass.

מַנְהֲרוּתָא *f.* (von נְהַר in der Bedeut. des bh. דְּלַק אַחֲרֵי סם eig. hinter Jemdm. mit Licht einhergehen; daher: ihn auf Schritt und Tritt verfolgen) eifriges Bedienen, das Hinterdreingehen des Knechtes. Ned. 38ᵇ wenn Jem. gelobt hat, nichts von dem Vermögen des N. N. zu geniessen, so darf Letzterer die kananitischen Sklaven und Mägde, nicht aber das Vieh desselben mit Nahrungsmitteln versehen. מאי טעמא עבדיר ושפחותיר הכנענים למנהרוותא (Agg. למנהרותא עבדין בהמה לפטומא עבידא) Aus welchem Grunde? Seine kananitischen Sklaven und Mägde sind zur Dienstleistung bestimmt (da aber der Herr berechtigt ist, zu seinen Sklaven zu sagen: Ihr müsst mich bedienen, ohne dass ich euch ernähre, so hat er keinen Gewinn davon, dass jener sie ernähre); das Vieh hing. ist zum Fettwerden bestimmt, je fetter es wird, desto grösser ist sein Werth. R. Nissim z. St. liest מנקרוותא (richtig מנקדוותא, s. d. W.): Bereinigung.

מַנִּי, מַנּוּ s. מַן.

מְנַבִיתָא *fem.* (von נוב, arab. نَاب) Stellvertreterin, Verwalterin. B. bath. 91ᵃ עד מנו (Agg. מנו Ar. דלא שכיב קימא מנובייתריה ביתיה) bevor Jem. gestorben ist, erhebt sich schon seine Verwalterin; die näml. sein Vermögen an sich zu bringen sucht. Ein Sprichwort mit Bez. auf die Agada, dass an demselben Tage, an welchem die Frau des Boas starb, die Moabiterin Ruth, die später seine Frau wurde, in Palästina eintraf. Die Commentt. halten das W. für ein Compositum aus מני־ביתא die Vorgesetzte des Hauses (etwa ähnlich פְּרַבְּיַי: Hausgenosse, s. d. W.); was jedoch nicht einleuchtet.

מָנוֹד *m.* (=bh. von נוד) das Schütteln, Bewegen, besond. des Kopfes als Zeichen innerer Unruhe. Schabb. 104ᵃ מכאן שניתנה תורה במנוד Ar. und Ms. Oxf. (vgl. Dikduke z. St. Agg. ראש במנוד) daraus (dass einige Buchstaben krummgebogen sind, vgl. כָּף) ist zu entnehmen, dass die Gesetzlehre mit Bewegung (Unruhe) gegeben wurde.

מָנוֹחַ *masc.* (=bh.) 1) Ruhe, Ruhestatt. Schabb. 152ᵇ הללו יש להן מנוח והללו אין להן מנוח die Einen (die Seelen der Frommen, die dem Todesengel, dem Duma, übergeben werden, vgl. דּוּמָה) finden Ruhe; die Anderen aber (die Seelen der Frevler) finden keine Ruhe. — 2)

ר' הונא בר מנוח Manoach, *N. pr.* Taan. 9ᵃ un. R. Huna bar Manoach. — *Chald.* מָנוֹחַ, s. d.

מְנוּחָה *f.* (=bh.) Ruhe, Ruhestatt. Uebrtr. Menucha, eine bildliche Benennung. Tosef. Korbanoth XIII g. E. אי זו היא מנוחה זו שילה was שילה zu שילה שנאמר כי לא באתם וג' bedeutet מנוחה? Schilo; und was bedeutet נחלה? Jerusalem, denn es heisst: „Ihr seid noch nicht gekommen nach der Ruhestatt und nach dem Besitzthum" (Dt. 12, 9); so nach Ansicht des R. Juda. R. Simon sagte: נחלה זו מנוחה זו ירושלם שנאמר כי זאת מנוחתי וג' Nachla bedeutet Schilo, und Menucha: Jerusalem; denn es heisst: „Gott hat erkoren Zion, es zu seinem Wohnsitz begehrt. Das ist meine Ruhestatt für ewig" u. s. w. (Ps. 132, 13. 14). Seb. 119ᵃᵇ wird gegen letztere Ansicht Folgendes eingewandt: Danach hätte in Dt. l. c. המנוחה ואל הנחלה stehen müssen, da doch Israel zuerst nach Sohilo und dann nach Jerusalem gekommen ist? Worauf geantwortet wird: Der Sinn jener Bibelstelle sei wie folgt aufzufassen: Nicht blos nach Jerusalem (מנוחה), sondern nicht einmal nach Schilo (נחלה) seid ihr bis jetzt gekommen. Das. werden noch zwei andere Ansichten erwähnt; nach der einen bedeuten die beiden Worte, מנוחה und נחלה: Schilo; nach der andern bedeuten sie beide: Jerusalem. Hierauf wird fortgefahren wie folgt: בשלמא למאן דאמר זו רזו שילה מנוחה דנחז מכיבוש נחלה דפלג זה התם נחלות דכתיב ויחלק וג' אלא למאן דאמר זו רזו ירושלם בשלמא נחלה נחלה עולמים אלא מנוחה מאי מנוחה מנוחת ארון דכתיב ויהי כנות הארון וג' wohl nach der Ansicht desjenigen Autors, dass die beiden Worte: Schilo bedeuten, passt dafür der Ausdruck מנוחה, weil die Israeliten daselbst von der Eroberung ausruhten, ebenso נחלה, weil man dort die Besitzthümer vertheilte, denn es heisst: „Josua vertheilte zu Schilo das Land nach dem Loose" (inhaltlich Jos. 18, 10; welcher Vers jedoch ungenau citirt ist.) Was hing. die Ansicht desjenigen Autors betrifft, dass die beiden Worte: Jerusalem bezeichnen, so passt allerdings נחלה, da jener Ort ein ewiges Besitzthum war, wie aber passt dazu מנוחה (da Israel bereits vor dem Einzuge in Jerusalem Ruhestätten, z. B. in Schilo, Nob u. s. a. gefunden hatte)? Das W. bezeichnet vielmehr das Ausruhen, Sichniederlassen der Bundeslade. Denn es heisst: „Als die Bundeslade ausruhte" (ungenau citirt, vgl. Raschi; gemeint ist wohl die St. 2 Chr. 6, 41: „Auf, o Herr, in deine Ruhestatt, du und deine machtvolle Bundeslade").

מַנְוְולִין *m.* (lat. manuale) Handschwenken, oder das Schwenken der Tücher (סודרין) mit der Hand. Genes. r. s. 5 Anf. אמר הקבה

יקרו לי המים מה שאני עתיד לעשות בהן משל
למלך שבנה פלטין והושיב בתוכה אילמים והיו
משכימין ושואלין בשלומו של מלך ברמיזה ובאצבע
וכ׳ בקחין היו אלו המלך אמר ובמנורולין Gott
sagte: „Das Wasser h o f f e (Gen. 1, 9 קָוֶה=
יְקַוּ oder יְקָווּ gedeutet) zu mir", wie ich mit
ihm verfahren werde. Ein Gleichniss von einem
Könige, der einen Palast baute und ihn von
Stummen bewohnen liess, die den König an jedem
frühen Morgen durch Winken, Fingerbewegung
und Handschwenken begrüssten. Der König
dachte nun bei sich: Wenn d i e S t u m m e n so
ihren Dank zu erkennen geben, wie würden erst
s p r e c h e n d e M e n s c h e n verfahren! Aber kaum
waren letztere in den Palast eingezogen, so bemächtigten sie sich desselben und sagten: Der
gehört uns! Der König schaffte nun dieselben
fort und besetzte den Palast wieder mit Stummen. Dasselbe geschah bei der Weltschöpfung,
die ursprünglich aus Wasser bestand (vgl. מֵי)
und das durch starkes Rauschen verkündigte:
„Mächtig in der Höhe ist Gott." (Ps. 93, 3. 4).
Gott besetzte hierauf die Welt mit Menschen, schwemmte sie aber, da sie sündhaft
geworden, vermittelst des Wassers hinweg;
indem er sagte: Möge diese Generation die
Welt räumen und jene Fluthen wieder an ihre
Stelle treten! Das. s. 28 Anf. dass. In der
Parall. Thr. r. sv. פרשה, 59° liest Ar. ברמיזה
ובאצבע ובסדרין (in den Agg. fehlt das letztere
W.).

מְנַוַּלְתָּא *fem.* Adj. (von נַוֵּל) hässlich,
schlammig. Taan. 6ᵇ טבא לשתא דשבת מנוולתא
gut (d. h. fruchtbar) ist das Jahr, dessen Monat
Tebeth (ungefähr Januar, infolge vieler Regen)
hässlich ist, vgl. טֵבֶת. ●

מָנוֹן (=bh. von נון wachsen, sich erheben;
in trop. Bedeut.) Jem., d e r s t o l z das Haupt
emporhebt, herrisch ist. Suc. 52ᵇ יצר הרע
מטיחו לאדם בעולם הזה ומעיד בו בעולם הבא
שנאמר מפנק רג׳ שכן באש בח קורין למנון סהדה
[דבר ר׳ אחא בר חניגא אמרי שכן בערביא קורין
למנון סהדה] LA. des Menorath hamaor Ner 1,
Kelal 2 Abth. 3 cap. 7 (In den Tlmd. Agg.
שכן באטלחא של ר׳ חייא, und der hier eingeklammerte Satz fehlt ganz, vgl. auch Dikduke z.St.)
der Trieb zum Bösen verleitet den Menschen in
dieser Welt und erhebt sich als Zeuge gegen ihn
im zukünftigen Leben; denn es heisst: „Wer
seinen Knecht (den Trieb zum Bösen) in der
Jugend pflegt, gegen den wird er später sein
ein מנון" (Spr. 29, 21); da nach der Buchstaben-
Permutation des אלב die Buchstaben von מנון das
W. סהדה: Zeuge ergeben, vgl. אלב. [Die Schüler
des R. Acha bar Chanina sagten: Wer u. s. w.,
denn im Arabischen ist סהדה gleichbedeutend
mit מנון]; d. h. zunächst bedeutet das aram. סהדה
(arab. شَهِيد): Zeuge, sodann das ähnl. arab. سَهِل

das Haupt stolz erhebend, eig. sehr wachsam, welche
letztere Bedeut. dem W. מנון zu Grunde liegt. —
Genes. r. s. 22, 22ᵈ (mit Bez. auf denselben
Bibelvers, jedoch ohne Erwähnung der gedachten Deutungen) כל מי שממסנק את יצרו בנערותו
סופו להיות מנון עליו בזקנותו wenn Jem. seinen
Trieb zum Bösen in der Jugend verzärtelt, so
wird letzterer später in seinem Alter gegen ihn
herrisch sein.

מְנוֹנֵי oder מוֹנִינֵי *m.* pl. 1) kleine Fische;
nach Lewisohn Zool. d. Tlm. p. 261: die Ell-
ritze. Keth. 60ᵇ un. דאכלה מוניני הוו לה וכ׳
מוציצי עינא eine Frau, die während der Schwangerschaft solche kleine Fische isst, wird kleinäugige Kinder gebären. Snh. 49ᵃ un. „Joab er-
nährte die zurückgebliebenen Stadtbewohner"
(1 Chr. 11, 8) אפילו מוניני וצחנתא טעים וספרים
להו selbst Ellritzen und sonstige kleine Fische,
die er kostete, theilte er mit ihnen. (Raschi
erklärt unser W. durch דגים קטנים). — 2) übrtr.
Saft oder Salzbrühe dieser Fische oder
sonstiger kleiner Thiere. Schabb. 110ᵇ als ein
Heilmittel gegen die Gelbsucht nehme man מוניני
דקמצי ואי ליכא מוניני דקמצי ליתי מוניני דנקירי
וכ׳ den Saft der Heuschrecken und wenn kein Saft
der Heuschrecken zu bekommen ist, nehme man
den Saft kleiner Vögel u. s. w. Ab. sar. 29ᵃ ob.
חלא לסיברורי ומוניני להעגיותא Essig ist nach dem
Aderlass und die Salzbrühe kleiner Fische nach
dem Fasten heilsam. Git. 69ᵇ סתיא דמוניני ein
Topf mit dem Saft kleiner Fische.

מָנוֹס *m.* (=bh. von נוס) Flucht, Zuflucht.
Exod. r. s. 1, 103ᵇ (mit Bez. auf Ex. 2, 15. 16)
ורהדר לעשות תשובה עד שלא בא משה וכ׳ ותרו
היה כומור לע׳ וראה שאין בו ממש וביקר עליה
אצל עובר עבורה זרה אלא אמרי רבותינו יתרו
ורהב הקבל שונא עבורה זרה ונתן מנוס למשה
Gott,
der die Götzen hasst, sollte dem Mose die Zuflucht bei einem Götzendiener angewiesen haben?
Aber unsere Lehrer sagten: Jithro, der anfänglich ein Priester des Götzen war, sah ein, dass
letzterer werthlos und beschloss, schon vor der
Ankunft des Mose, Busse zu thun. Er berief
nun seine Stadtleute und sagte zu ihnen: Da
ich schon alt bin, so kann ich fortan kein
Priester mehr sein, wählet euch einen andern
Priester. Infolge dessen thaten sie ihn in den
Bann, sodass Keiner mit ihm in Berührung käme,
dass kein Hirte seine Schafe weide u. dgl. m.
Dadurch sah er sich genöthigt, seine Schafe von
seinen Töchtern weiden zu lassen.

מְנוֹרָה *f.* (=bh. von נור) Leuchter. Pesik.
Echa, 123ᵃ u. ö. כפה סיח את המנורה das Füllen hat den Leuchter umgestossen, vgl. כפי
כָּפָה. — Trop. Genes. r. s. 20, 20ᵈ מנורה של
זהב ונר של חרס על גבה ein goldener Leuchter, auf welchem ein thönernes Licht steht;
bildl. für eine edle Frau, deren Gatte ein nied-

riger Mensch ist, s. לַוְיָם. Jalk. I, 9ᵈ dass. — *Chald.* מִנְרְחָא, s. d.

מנוקנא , מנורנא Nebenbenennungen od. Verstümmelungen von נזיר, (das wiederum in נזיק verstümmelt wurde): ich will ein Nasiräer sein. j. Nas. I Anf., 51ᵃ.

מְנָח m. ch. (=hbr. מָנוֹחַ s. d., von נוּחַ) Ruhe, Ruhestatt, s. TW.

מִנְחָה f. (=bh. von מָנַח, arab. مَنَحَ, Grndw. מנן, wovon מני מנן: schenken, zutheilen) 1) Geschenk, Opfergabe, bes. Speiseopfer. Men. 1, 1 u. ö. — 2) übtr. die Zeit des Nachmittags- oder Vesperopfers, sodann übtr.: das Nachmittags- oder Vespergebet, das an die Stelle des Vesperopfers getreten ist, die Mincha (מִנְחַת הָעֶרֶב, Esr. 9, 4. 5). Ber. 4, 1 (26ᵃ) תפלת המנחה עד הערב ר' יהודה אומר עד פלג המנחה die Zeit des Vesper- (Mincha-) Gebetes (im Ggs. zu תפלת ערבית: das Abendgebet) währt bis zum Abend (zur Dunkelheit, nach dem Sichtbarwerden dreier Sterne; d. h. nur bis zu dieser Zeit darf das Minchagebet verrichtet werden). R. Juda sagte: Bis zur halben Zeit der Mincha, s. w. u. Das. 26ᵇ איזו היא מנחה גדולה משש שעות ומחצה ולמעלה ואיזו היא מנחה קטנה מתשע שעות ומחצה ולמעלה von welcher Zeit ab beginnt die grosse Mincha? Von 6½ Stunden nach Tages-Anfang an, bis weiter zum Abend hin. (Der Tag wird näml. nach dem Aequinoctium berechnet, von 6 Uhr Vor- bis 6 Uhr Nachmittags; die grosse Minchazeit beginnt also ½ Stunde nach Mittag, d. h. nach unserer Stundenzählung 12½ Uhr = 6½ Tagesstunden.) Von welcher Zeit ab beginnt die kleine Mincha? Von 9½ Stunde (=3½ Uhr Nachmittag) und weiter. Tosef. Ber. III Anf. וכמה הוא פלג המנחה אחת עשרה שעות חסר רביע wie viel beträgt die Hälfte der Mincha? Elf Stunden weniger ¼ Stunde (=5¾ Uhr Nachmittag; d. h. „die Hälfte der Mincha“, wovon R. Juda spricht, s. ob., ist die Hälfte der kleinen Mincha von 2½ Stunden). In Ber. 26ᵇ wird anfänglich gezweifelt: ר' יהודה פלג מנחה קמא קאמר או פלג מנחה אחרונה קאמר ob R. Juda die Hälfte der ersten (d. h. grossen), oder die Hälfte der letzten (d. h. kleinen) Mincha meine? Woselbst jedoch aus der hier citirten Tosef. für letzteres entschieden wird. Ber. l. c. יצחק תיקן תפלת מנחה שנאמר ויצא יצחק לשוח . . . ואין שיחה אלא תפלה שנאמר ישפך שיחו Isaak verordnete das Minchagebet (mit Ansp. auf Gen. 24, 63: „Isaak ging לשוח", welches W. beten bedeutet, wie in Ps. 102, 1 שיחו: sein Gebet); vgl. אָב II. Pes. 50ᵇ u. ö. מן המנחה ולמעלה von der Zeit der (kleinen) Mincha und weiter; d. h. 9½ Tagesstunden=3½ Uhr Nachmittag. — Pl. (von nr. 1)

Men. 1, 1 fg. מְנָחוֹת die Speiseopfer. — Davon rührt auch der Name des Talmud-Tractates מְנָחוֹת, Menachoth her, der zumeist von den Speiseopfern handelt.

מְנָחְתָא ch. (=מִנְחָה, nach der Form עֲלָתָא u. a., s. TW.) Speiseopfer; übtr. Vespergebet, Mincha. j. Pes. IV, 30ᵈ ob. מן מנחתא ולעיל von der Minchazeit an und später; d. h. von 3½ Uhr Nachmittags an, s. vrg. Art., vgl. auch מִנְהָג. Sot. 39ᵇ un. מנחתא דתעניתא das Minchagebet an einem Fasttage. R. hasch. 31ᵃ מנחתא דשבתא das Minchagebet am Sabbat.

מְנַחֵם (eig. Part. Piel von נָחַם: Tröster) Menachem, Μαναήμ, Manahem, Name verschiedener Personen, 1) der Genosse Hillel's, der mit diesem gemeinschaftlich, als das letzte der fünf Gelehrtenpaare (זוגות) in der Akademie präsidirte. Chag. 16ᵃᵇ הלל ומנחם לא נחלקו יצא מנחם נכנס שמאי Hillel und Menachem waren nicht verschiedener Ansicht (hinsichtl. der סמיכה, s. d.; während die früheren Gelehrtenpaare hierüber getheilter Meinung waren); Menachem trat aus der Akademie und Schammai trat an dessen Stelle ein. Nach einer Borajtha das. wird dieser Austritt erklärt: יצא מנחם לעבודת המלך Menachem trat in ein königliches Amt unter Herodes ein; vgl. jedoch מְרָה nr. 5. — 2) Pes. 104ᵃ ר' מנחם בר סימאי בנו של קדושים R. Menachem bar Simai, der Sohn der Heiligen genannt; für welche Benennung das. als Grund angegeben wird, dass er niemals einen Sus (eine Münze) genau betrachtet hätte, vgl. זוז III. (j. Ab. sar. III Anf., 42ᶜ und 43ᵇ wird dieselbe Eigenschaft dem Nachum beigelegt, weshalb er: נחום איש קדש קדשים Nachum der Höchstheilige genannt wird; wahrsch. identisch mit מנחם). — 3) Name des Messias, des Trösters Israels. Suh. 98ᵇ מה שמו . . . ויש אומרים מנחם בן חזקיה שמו wie ist sein (des Messias) Name? Manche sagen: Menachem, Sohn Chiskia's, ist sein Name; mit Ansp. auf Klgl. 1, 16: „Fern ist mir der Tröster" (Menachem), vgl. auch יָנוֹן u. a. j. Ber. II, 5ᵃ ob. ein Autor sagte: צמח שמו des Messias Name ist Zemach; ein anderer Autor sagte: מנחם שמו . . . ולא פליגין חושבניה דדין כחושבניה דדין er heisst Menachem. Diese beiden Autoren jedoch sind nicht verschiedener Ansicht; denn der Zahlenwerth des einen Namens gleicht dem Zahlenwerth des andern, d. h. מנחם beträgt, ebenso wie צמח 138. Das. Ein Araber, der von einem, an der Pflugschar stehenden Juden kurz vorher die Tempelzerstörung angekündigt hatte, rief demselben plötzlich zu: בר יודאי בר יודאי קטור תורתיך וקטור קנקניך דהא אתיליד מלכא משיחא שמיה מנחם שמיה אמר ליה ומה שמיה דאבוי אמר ליה חזקיה אמר ליה ומן הן הוא אמר ליה מן בירת מלכא דבית לחם יהודה ' וכ ed. Lehm. (ed. Ven. בכירת מלכא מדבית Jude,

Jude schirre dein Rind und binde deine Pflugsterze an, denn soeben wurde der König Messias
geboren. Der Jude fragte ihn: Wie ist sein
Name? Jener erwiderte: Menachem. Wie ist
seines Vaters Name? Chiskija. Woher ist er?
Aus dem Königspalaste in Bethlehem Jehuda.
Hierauf verkaufte der Jude sein Ackervich sammt
dem Ackergeschirr und wurde ein Händler mit
groben, leinenen Zeugen (לבדין, s. d.) für
Kinder. זהודה עייל קריא ונסיק קריא עד דעל
להדוא קריא ודהויין כל כשיא זבנן ראימיה דמנחם
לא זבנה שמע קולהון דנשייא דאמרן אימיה דמנחם
אימיה דמנחם איתי זבין לבדין לברך בעיא
אנא מחנקיניה כנאיהון דישראל הוא דבידומא
דאתחייליר אדחרוב בית מקרשא אמר לה רחיצין
אנן אן דברגליה חריב וברגליה מתבני ed. Lehm.
(ed. Ven. קרתא anst. קריא, und לבדין fehlt) er
ging Stadt ein, Stadt aus, bis er nach jener Stadt
(Bethlehem) kam. Daselbst kauften ihm alle Weiber Zeuge ab, nur die Mutter des Menachem kaufte
ihm nichts ab. Er hörte hierauf die Frauen
rufen: O Mutter Menachem's, Mutter Menachem's,
bringe Geld, um leinene Zeuge für deinen Sohn
zu kaufen! Sie aber entgegnete: Ich möchte
ihn erwürgen, weil er ein Feind der Juden ist;
denn an dem Tage, als er geboren wurde, wurde
der Tempel zerstört. Worauf er (jener Jude)
zu ihr sagte: Wir sind festen Vertrauens, dass
der Tempel, wenn er auch um seinetwillen zerstört wurde, wieder um seinetwillen werde aufgebaut werden. Thr. r. sv. על אלה, 59ᵇ dass.
mit einigen Abänderungen.

מֵעִיט s. — נוּם מוֹנִיטָא s. in מו'. — מוֹנִיטָא
s. מְלַגְּנָא. (Schönhak im Maschbir sv. erblickt
in מוֹנִיטָא das lat. mentio: Erinnerung).

מַנְטוֹלִין m. (wahrsch. lat. mantilium, mante-
lium) Handtuch, Serviette. j. Ber. III g. E.,
6ᵈ הדן דרקק אמנטולין LA. des Ascheri zu
Ber. 24ᵇ (Agg. אצטלין) Jem., der auf das Handtuch gespuckt hat.

מַנְטַר I m. (=מַטָּרָא von נְטַר) Bewachung,
Besorgung, s. TW.

מַנְטָר II מִנְטַר, מַנְטוֹר m. (viell.=מַנְטוֹלִין
mantilium) eine Art Mantel oder Talar,
(Tuch), den der Hohepriester unter dem Ephod
trug, s. TW.

מִנְטְרוֹמִין m. pl. (etwa gr. ὁ μονο-σολμηρός
mit Wechsel der liquidae) die sehr Verwegenen, Tollkühnen. Genes. r. s. 26, 26ᵇ wird
das hbr. זמזמים (Dt. 2, 20) erklärt: מנטרומין
מגירסטי מלחמה die Tollkühnen, die Obersten
(μέγιστοι) des Krieges. (Die letzten zwei Worte
sollen unser W. erklären. Die Emendation von
Sachs' Beitr. I, 55: מנטרוסין Plur. von Mino-
tauros, ist nicht zutreffend).

מֵנִי (=bh.) Name eines Landes, wahrsch.
verk. aus בַּרְמִינִי: Armenien, s. TW.

מָעָה, מעי (=bh. Grndw. מן s. d.) eig. zutheilen, daher auch zählen, rechnen, berechnen. R. hasch. 12ᵃ חכמי ישראל מונין למבול
כר' אליעזר ולתקופה כר' יהושע חכמי אומות העולם
מונין אף למבול כר' יהושע die jüdischen Gelehrten berechnen die Zeit der Sündfluth nach der Ansicht des R. Elieser (wonach das Jahr mit Tischri,
ungefähr October, beginne); aber hinsichtl. der
Sonnenwende, d. h. der Kalenderberechnung überhaupt, nach der Ansicht des R. Josua (wonach die
Weltschöpfung im Nisan, ungefähr April, stattgefunden habe). Die nichtjüdischen Gelehrten
hing. berechnen auch die Zeit der Sündfluth
nach der Ansicht des R. Josua. So z. B. hat
nach ersterer Ansicht die Sündfluth im Marcheschwan („dem zweiten Monat", Gen. 7, 11, vom
Tischri an gerechnet) begonnen und also im
Tischri („dem ersten Monat", das, 8, 13) aufgehört; wonach auch das Leben Noah's und seiner Nachkommen zu berechnen ist. Denn, obgleich die jüdischen Gelehrten die Ansicht des
R. Josua annahmen, dass die Weltschöpfung im
Monat Nisan (vgl. נִיסָן) stattgefunden habe, so
hielten sie dennoch den Monat Tischri für den
Anfang des Jahres. Die nichtjüdischen Gelehrten hing. hielten Nisan in allen Beziehungen für
den Beginn des Jahres, wonach also die Sündfluth im Ijar („dem zweiten Monat" vom Nisan)
begonnen und im Nisan („im ersten Monat") aufgehört hätte und wonach auch das Leben Noah's
und seiner Nachkommen zu berechnen sei. Suc. 29ᵃ
ישראל מונין ללבנה ואומות העולם לחמה die
Israeliten haben die Zeitrechnung nach dem
Monde, die anderen Völker aber nach der
Sonne, vgl. לקי, לָקָה. j. R. hasch. I, 56ᵇ ob.
משנבנבה הבית החחילו מונין לבנינו רב' nachdem
der Salomonische Tempel gebaut worden war,
so zählte man (begann man die Aera) nach dem
Tempelbau u. s. w., vgl. בִּנְיָן. — Men. 65ᵇ אמרה
תורה מנה ימים וקדש חדש מנה ימים וקדש עצרת
מה חדש כמוך לביאתו ניכר אף עצרת סמוך
לביאתה ניברה ראם חאמו עצרת לעולם אחר השבת
היאך תהא ניכרת משלפניה die Schrift sagt:
Zähle die Tage und setze den Neumond
ein („ein Monat von Tagen", Num. 11, 20, d. h.
von 29 Tagen); ferner: Zähle die Tage (49
Tage nach dem Darbringen der Omergabe, Lev.
23, 15. 16) und setze am 50. Tage das
Wochenfest ein! So wie nun der Neumond
kurz vor seinem Eintritte kenntlich ist (indem
näml. die Zählung der 29 Tage mit dem Ver-
jüngen des Mondes beginnt und der Neumond
am 30. Tage eingesetzt wird), ebenso muss das
Wochenfest kurz vor seinem Eintritt kenntlich
sein (wie dies nach der Ansicht der Pharisäer
der Fall ist, dass näml. das Zählen der 49
Tage stets am 16. des Nisan, dem 2. Tag des
Pesachfestes beginne und das Wochenfest auf
den 50. Tag darauf eintreffe). Wenn du aber
(gleich den Boëthusäern sagst, dass das Wochen-

fest stets auf einen Sonntag treffen müsse (dass
also das Darbringen der Omergabe ebenfalls an
einem Sonntag, der auf den ersten Tag des
Pesachfestes folgt, gleichviel ob am 16., 17., 18.
u. s. w. Tage des Nisan, stattfinde), wie sollte
jenes Fest vor seinem Eintreffen kenntlich sein?
da die Zählung der 49 Tage bald an dem,
bald an jenem Tage des Monats und also auch
des Pesachfestes beginnt, vgl. עֶצֶרֶת. — Jom. 5, 3
(53^b) וכך היה מונה אחת אחת ואחת אחת ושתים
אחת ושלש אחת וארבע אחת וחמש אחת וש אחת
ושבע auf folgende Weise zählte er (der Hohepriester am Versöhnungstage die acht Sprengungen, deren erste gegen die obere Seite
des Sühnedeckels und deren sieben vor demselben nach unten zu erfolgten, vgl. Lev. 16,
14): Eine (Sprengung nach oben zu): Die Eine
(bereits gezählte, die aber doch vor jeder der
folgenden Sprengungen noch einmal erwähnt
werden muss) und Eine (nach unten zu): Die
Eine und zwei (nach unten zu): Die Eine und
die drei: Die Eine und die vier: Die Eine und
die fünf: Die Eine und die sechs: Die Eine und
die sieben. Das. 55^a ר' דברי וכ' ואחת אחת אחת
יהודה ה' מאיר אומר אחת אחת ואחת שתים ואחת
שלש ואחת ארבע ואחת חמש ואחת שש ואחת
שבע ואחת ולא מליגי מר כי מאריה ומר כי
2 Mss. (vgl. Dikduke z. St., s. w. u.): Eine: Die
Eine und Eine: Die Eine und die zwei u. s. w.
wie oben; so nach Ansicht des R. Juda. R.
Meïr sagte (er zählte): Eine (nach oben): Eine
(nach unten zu) und die Eine (nach oben, die
bereits gezählte): Die zwei (nach unten zu) und
die Eine (nach oben zu): Die drei und die Eine:
die vier und die Eine: Die fünf und die Eine:
Die sechs und die Eine: Die sieben und die
Eine. Der Meinungsunterschied rührt blos
davon her, dass der eine Autor, ebenso wie
der andere, sich nach der in seinem Wohnorte üblichen Zählung überhaupt richtete; d. h.
in dem Wohnorte des R. Juda schickte man bei
zusammengesetzten Zahlen die kleinere Zahl
voran (z. B. ein und zwanzig, zwei und zwanzig,
drei und zwanzig u. s. w.); in dem Wohnorte
des R. Meïr hing. fand die Zählung umgekehrt
statt, näml. zwanzig und eins, zwanzig und
zwei u. s. w. (Die hier citirte LA., dass näml.
der erste Autor: R. Juda und der zweite Autor:
R. Meïr sei, ist unzweifelhaft die richtige und
zwar nach dem Grundsatz, dass bei einer Meinungsverschiedenheit zwischen diesen beiden
Autoren die Halacha nach der Ansicht des R. Juda
entschieden werde. Daher hat auch die Mischna
blos die erstere Ansicht und ebenso die Tosefta
Jom Hakkip. III [II] g. E. [näml. in ed. Zuckerm.,
ohne den Zusatz: וכ' אומר יהודה [ר', welche
LA. auch aus Raschi sv. מר deutlich hervorgeht und welche auch in das Rituale des Musaf
am Versöhnungsfeste überging und von Maim.
aufgenommen wurde. In den Tlmd. Agg. hing.

wird als der Autor der ersten Ansicht: R. Meïr
und als der der zweiten Ansicht: R. Juda genannt.) — Chull. 63^b da Gott wusste, שבהמה
טמאה מרובה מן הטהורין לפיכך מנה הכתוב
בטהורה ... שעופות טהורין מרובין על הטמאין
לפיכך מנה הכתוב בטמאין dass die Zahl des
unreinen Viehs grösser sei, als die der reinen
Thiere, deshalb zählt die Schrift (Dt. 14, 4. 5)
die letzteren auf; da aber Gott auch wusste, dass
die Zahl der reinen Vögel grösser sei, als die
der unreinen, deshalb zählt die Schrift (das. V.
12—18; vgl. auch Lev. 11, 13 fg.) die letzteren
auf. Part. pass. Taan. 8^b un. מצויה הברכה אין
לא ... בדבר המנוי der göttliche Segen wird
nicht bei etwas Gezähltem angetroffen, vgl. סמוי.
Seb. 56^b הפסח אינו נאכל אלא למנויו das Pesachopfer darf nur von denjenigen gegessen werden,
welche für selbiges gezählt sind (vgl. Ex.
12, 4). Pes. 88^b fg. dass.

Nif. נִמְנָה gezählt werden. Pes. 89^a לעולם
נמנין עליו עד שיהא בו כזית לכל אחד ואחד
nur so viele Personen dürfen als Theilnehmer
am Pesachopfer gezählt werden, dass auf jede
derselben noch eine Portion Fleisch von der
Grösse einer Olive kommt. Das. נמנין ומושכין
את ידיהן ממנו עד שישחטם sie können sich (beim
Pesachopfer) zählen lassen, sich dann aber später so lange zurückziehen, bis es geschlachtet
wird; nach Ansicht des R. Schimeon: עד שיזרוק
את הדם bis man das Blut des Opfers sprengt.
Snh. 74^a וכ' וגמרו נמנו sie wurden gezählt und
beschlossen, dass u. s. w.; d. h. nach Stimmenmehrheit wurde folgender Beschluss gefasst.
Erub. 13^b u. ö. dass.

Hif. הִמְנָה Jemanden zuzählen. Pes. 89^b
המַמְנֶה עמו אחר בחלקו wenn Jem. einen Fremden (der ursprünglich nicht zu der Zahl der
Pesachverzehrenden gezählt worden war) an
seinem eignen Theile zuzählt; d. h. ihm einen
Theil von demjenigen Opferfleisch abzugeben
verspricht, das nach dem Zahlverhältniss auf seine
Person kommen würde. Das. 90^a זונה בממנה
על פסחו Jemd., der eine Buhlerin zu seinem
Pesach hinzurechnet; d. h. ihr einen Theil desselben
zu geben verspricht und ihn ihr als Buhlerlohn
anrechnet.

Pi. מָנָה, מִינָה 1) Jemdn. zum Vormund
oder zum Vorgesetzten ernennen. Git. 52^{ab}
אפיטרופוס שמינהו אבי יתומים ישבע מינוהו בית דין
לא ישבע אבא שאול אומר חילוף הדברים ein
Vormund, den der Vater der Waisen hierzu
ernannt hat, muss schwören (wenn die Waisen
herangewachsen sind, dass er ihnen nichts veruntreut habe); wenn aber das Gericht ihn
hierzu ernannt hat, so braucht er nicht zu
schwören. Abba Saul sagt: Das Gegentheil
findet statt. Keth. 88^b dass. Das. 86^b, vgl.
אַפִּטְרוֹפִּיָא. — 2) autorisiren, zum Rabbi
oder Saken, γέρων (vgl. זָקֵן) ernennen; in
der Mischna, sowie in der bab. Gem. steht

gew. dafür סָמַךְ, s. d. j. Snh. I, 19ᵃ un. בראשונה
היה כל אחד ואחד ממנה את תלמידיו כגון ר'
יוחנן בן זכאי מינה את ר' ליעזר ואת ר' יהושע
ור' יהושע את ר' עקיבה ור' עקיבה את ר' מאיר
ואת ר' שמעון . . . חזרו וחלקו כבוד לבית הזה
אמרו בית דין שמינה שלא לדעת הנשיא אין
מינויו מינוי חזר ודתהתקינו שלא בית דין ממנין
אלא מדעת הנשיא ושלא יהא הנשיא ממנה אלא
מדעת בית דין in früherer Zeit autorisirte jeder
Lehrer seine Schüler; so z. B. autorisirte R.
Jochanan ben Sakkai den R. Lieser (Elieser)
und R. Josua, R. Josua den R. Akiba (R. Elieser
konnte nicht autorisiren, weil er in den Bann
gethan worden war, vgl. שמותי), R. Akiba den
R. Meïr und R. Simon ... Später jedoch erwies
man diesem Hause (des Nasi, Patriarchen) die
Ehre, indem man sagte: Wenn das Gelehrten-
Collegium Jemdn. ohne Einwilligung des Nasi
autorisirt hat, so gilt eine solche Autorisation
nicht; wenn hingegen der Nasi Jemanden
ohne Einwilligung des Gelehrten-Collegiums
autorisirt hat, so gilt eine solche Autorisation. Noch später aber traf man die Anordnung,
dass weder das Gelehrten-Collegium ohne Einwilligung des Nasi, noch der Nasi ohne Einwilligung des Gelehrten-Collegiums autorisiren
durfte. j. Bic. III, 65ᵈ ob. ר' אמי שאל לר' סימון
שמעתי שממנין זקנים בחוצה לארץ אמר לו שמעתי
שאין ממנין . . . רבנן דקיסרין אמרין ממנין זקנים
בחוצה לארץ על מנת לחזור R. Ami fragte den
R. Simon: Hast du etwa gehört, ob man Gelehrte
zu Sakens ausserhalb Palästinas ernennen dürfe?
Er antwortete ihm: Ich hörte, dass man ausserhalb Palästinas nicht autorisiren dürfe. Die Gelehrten Cäsareas sagten: Man darf ausserhalb
Palästinas Sakens unter der Bedingung ernennen, dass sie nach Palästina zurückkehren.
— Part. pass. Sot. 42ᵃ למה סגן ממוּנֶּה וכ' zu
welchem Behufe ist der Tempelfürst eingesetzt
u. s. w.? vgl. מְמוּנֶּה.

Nithpa. נְתְמַנֶה autorisirt, ernannt werden.
j. Bic. III, 65ᵈ ob. חכם שנתמנה wenn ein Gelehrter
autorisirt wurde, vgl. מָנָה. Sifra Achre cap. 8 כהן
המהמנה ein Priester, der zum Hohenpriester ernannt wurde.

מָנָא מְנִי ch. (syr. ‎ܡܢܐ=מְנָה) zählen. Part.
pass. מְנָא gezählt. Dan. 5, 25. 26. — Men. 66ᵃ
Abaji sagte: מצוה לְמִינְמְנֵי יומי ומצוה למימני
שבועי רבנן דקיר דבר ר' אשר מני יומי ומני שבועי
אמימר מני יומי ולא מני שבועי אמר זכר למקדש
הוא das Gebot des Zählens (der Zwischenzeit
zwischen dem Pesach- und dem Wochenfeste)
besteht darin, dass man sowohl die Tage
(„neun und vierzig Tage", Lev. 23, 16, vgl.
סְפִירָה), als auch die Wochen („sieben Wochen",
das. V. 15) zähle. Die Gelehrten aus der Schule
des R. Asche zählten die Tage und die Wochen
(z. B. am achten Tage nach dem Darbringen der

„Omergarbe" sagten sie: Heute sind acht Tage,
welche eine Woche und einen Tag des Omer bilden).
Amemar zählte blos die Tage, aber nicht die
Wochen; denn er sagte: Da das Zählen in unserer Zeit (wo keine Omergarbe mehr dargebracht wird) blos als eine rabbinische
Satzung zur Erinnerung an den Tempel, anzusehen ist, so genügt das Zählen der Tage
allein. Chull. 60ᵇ Gott sagte zum Monde (um
ihn zu besänftigen, vgl. כָּתַר und יָרֵחַ): זיל לימני
בך ישראל ימים ושנים אמרה ליה יומא נמי אי
אפשר דלא מני ביה תקופותא דכתיב והיו למועדים
וכ' gehe, Israel wird nach dir die Tage und die
Jahre zählen (vgl. מְנָה, מני.). Er aber entgegnete ihm: Auch nach der Sonne werden sie, da
es nicht anders möglich ist, die Sonnenwenden,
Jahreseintheilungen zählen, denn es heisst: „Sie
beide (Sonne und Mond) werden zum Festsetzen
der Zeiten dienen" (Gen. 1, 14) u. s. w., vgl.
סְפָרָה. Kidd. 30ᵃ ניתי ספר תורה ואימנונהו
möge man eine Pentateuchrolle herbeibringen
und (die Worte, Buchstaben und Verse derselben) zählen u. s. w., vgl. בְּקָי.

Pa. מַנִי (=מִנָּה) Jemdn. in ein Amt einsetzen, autorisiren. j. Bic. III, 65ᶜ un. ᵈ ob.
ר' זעירא הוון בעיין ממניתיה ולא בעי מקבל עלוי
כד שמע דהון תנייא חני חכם חתן ונשיא גדולה
ממניתיה עלוי קביל מכפרת den R. Seïra wollte
man autorisiren, was er jedoch nicht annehmen
wollte. Als er aber später einen Autor vortragen hörte, dass dem Gelehrten, dem Bräutigam und dem Nasi (Fürsten) diese Würde eine
Sühne bewirke, so nahm er die Autorisation
an. Das. 65ᵈ mit. ר' יצחק בר נחמן הוה בעדוה
ומנוניה על מנת לחזור ר' זמינא הוה בצור ומנוניה
על מנת לחזור den R. Jizchak bar Nachman, der
in Asa (ausserhalb Palästinas, vgl. Piel) war,
autorisirte man unter der Bedingung, dass er zurückkehren solle; den R. Semina, der in Tyrus
war, autorisirte man unter der Bedingung, dass
er zurückkehren solle. Sot. 40ᵃ ר' אבהו אימנו
עליה דבנן לממניתיה ברישא כיון דחזיה לר' אבא
דמן עכו דנפישי ליה בעלי חובות אמר להו איכא
רבה für R. Abahu thaten sich die Gelehrten
zusammen, um ihn als Oberhaupt anzustellen.
Als er jedoch erfahren hatte, dass R. Abba aus
Akko viele dringende Gläubiger habe (die er
von den Geschenken, welche der Angestellte gewöhnlich erhielt, befriedigen könnte), sagte er
zu den Gelehrten: Hier ist ein weit grösserer Mann!

Ithpa. zum Rabbi oder Saken ernannt
werden, autorisirt werden. j. Bic. III, 65ᵈ
mit. זה שהוא מָתְמַנֵּי בכסף אין עומדין מפניו
ואין קורין אותו רבי וכ' vor demjenigen, der
durch Geld (Bestechung) autorisirt wurde, erhebt
man sich nicht, man nennt ihn nicht: Rabbi
u. s. w., vgl. כְּסַף. Das. אוף ר' יונה הוה בפיתקא
ולא קביל עילוי מתנוני אמר על זמן דמתמני ר'
זמינא auch R. Jona's Name stand auf dem Verzeichniss (der zu Autorisirenden), aber er wollte

die Autorisation nicht annehmen, denn er sagte: Nicht eher (übernehme ich diese Würde), als bis R. Semina autorisirt ist. Das. שמעון בר וא הוה כד מסקום (בדמסקוס l.) ואתמנון דקיקין מיניה והוא לא אתמני Simon bar Wa lebte in Damaskus, da wurden weit Unbedeutendere (Jüngere) als er autorisirt, er aber wurde nicht autorisirt. Das. öfter, vgl. בַּעֲפַרְיָא.

מִנּוּי, מַנּוּי masc. N. a. die Autorisirung, Ernennung eines Gelehrten zum Rabbi oder Saken. j. Snh. I, 18° un. (mit Ansp. auf Ez. 13, 9: „Die falschen Propheten" in der Deutung auf die babyl. Gelehrten) בסוד עמי לא יהיו זה המינוי העיבור ובכתב בית ישראל לא יכתבו זה המינוי ואל אדמת ישראל לא יבאו זה ארץ ישראל „Zum Rathe meines Volkes werden sie nicht gehören", das ist die Kalenderberechnung (Einschaltung eines Monats); „im Verzeichniss des Hauses Israel werden sie nicht verzeichnet werden", das ist die Autorisation; „und in das Land Israels werden sie nicht kommen", das ist die Uebersiedelung nach Palästina. Das, 19ᵃ un., vgl. מַנָה, מני. j. R. hasch. II, 58ᵇ ob. לעיבור הולכין אחר המינוי לבית הועד הולכין אחר הזקן betreffs Festsetzung eines Schaltjahres (Schaltmonats) richtet man sich nach der Ernennung (d. h. der je früher hierzu Ernannte tritt früher in das Collegium ein); aber betreffs der Gelehrten-Zusammenkunft (in welcher die Berechnungen und Disputationen hinsichtlich des einzusetzenden Schaltmonats gepflogen werden) richtet man sich nach dem Gewandteren (dass näml. der Gelehrteste früher eintrete). j. Snh. I, 18° mit. dass., wo jedoch המינין in einigen Agg. crmp. ist aus המינוּיין pl., oder בקשו למנות המינוי. j. Hor. III g E., 48ᵉ mit. זקנים מאיכן הן ממנים מטבריה מדרומה (או מדרומה l.) אמר ר' סימון יהודה יעלה ר' מני הדא דת מר למלחמתה אבל למנוי רואי פני המלך היושבים בראשנה במלכות wenn man Gelehrte zu Aeltesten (Sakens) autorisiren will, an welchem Orte ernennt man sie, aus Tiberias oder aus Daroma? R. Simon sagte: „Juda geht vor" (Ri. 1, 2; d. h. die Daromäer verdienen den Vorzug, weil ihr Wohnort zur Provinz Juda gehört). R. Mani entgegnete ihm: „Die Schrift spricht hier blos vom „Kriege" (da gebührt allerdings den Judäern der Vorzug); aber was die Autorisirung betrifft, so „sehen das Angesicht des Königs diejenigen, welche den Vorsitz in der Regierung haben". (Esth. 1, 14); bildlich für: Die Gelehrten in Tiberias verdienen bei einer vorzunehmenden Autorisirung den Vorzug vor den Daromäern, weil sie die letzteren an Gelehrsamkeit übertrafen. Esth. r. sv. וחקרב, 104ᵈ dass. Num. r. s. 15 g. E., 231ᵃ „Sammle mir 70 Aelteste ... und ich werde herabkommen und mit dir reden" (Num. 11, 16. 17); להודיעך שיום מנוי הזקנים

חביב לפני הקב״ה כיום מתן תורה וכ' das lässt dich erkennen, dass der Tag, an welchem die Aeltesten ernannt werden, Gott ebenso lieb ist, wie der Tag der Gesetzgebung (wo näml. ebenf. steht: „Am dritten Tage wird Gott herabkommen" Ex. 19, 11).

מִינוּיָא ch. (=מִנוּי) Anstellung, Autorisirung. j. Snh. I, 19ᵃ un. חמן קרון למינויא סמיכותא dort (in Babylon) nennt man die Autorisirung: Handauflegung, vgl. סְמִיכָה; s. auch TW.

מְעִיכָא s. hinter מְנִינָא.

מִנְיָן m. (=bh. Esr. 6, 17) 1) Zahl, Anzahl. Bech. 59ᵃᵇ מנין הראוי פוטר die Zahl, die entstehen soll, befreit; d. h. wenn Jem. zehn oder mehr Lämmer im Stalle hat, von welchen er bereits neun oder weniger behufs Entrichtung des „Zehnten" (Lev. 27, 32) hinauslaufen liess, das im Stalle noch zurückgebliebene zehnte Lamm aber verendet oder entläuft, bevor es noch als das „heilige Zehnte" bestimmt wurde: so sind jene herausgelaufenen Lämmer frei (d. h. der Besitzer braucht sie nicht mit anderen Lämmern zusammen zu treiben, um von ihnen den Zehnten zu entrichten); weil während sie gezählt wurden, das zehnte Lamm noch vorhanden war, das als der Zehnt hätte verwandt werden können. B. mez. 6ᵇ Ohol. 2, 1 und Bech. 45ᵃ רוב בנינו ורוב מנינו של מת der grösste Theil des Umfanges und der grösste Theil der Gliederzahl einer Leiche. Das. in der Borajtha איזהו רוב בנינו שני שוקים וירך אחת הואיל ורוב גובהו בגדול איזהו רוב מנינו קכ״ה was bedeutet „der grösste Theil des Umfanges" eines Menschen? Zwei Schenkel und eine Hüfte, weil diese zusammen den grössten Theil der Höhe eines erwachsenen Menschen bilden. Was bedeutet „der grösste Theil von der Zahl der Glieder"? Einhundert fünfundzwanzig. (Die Anzahl der Glieder wird näml. gew. auf 248 angegeben.) Edij. 1, 7 רוב בנין או רוב מנין dass. Bez. 3ᵇ כל דבר שבמנין לא בטל Alles, was nach der Zahl (d. h. einzeln, nicht nach Gewicht und Mass, oder in Pausch und Bogen) verkauft wird, wird nicht (wenn es zum Genusse verboten ist und mit erlaubten Dingen vermischt wurde) als nicht vorhanden angesehen. — 2) übtr. Abstimmung, Stimmenmehrheit. j. Ber. I, 3ᵃ ob. אמרו הואיל ויש כאן מטהרין ויש כאן מטמאין נעמוד על המנין die Gelehrten in der Akademie sagten: Da es hier Einige giebt, welche diese Dinge als rein und Andere, welche sie als unrein erklären, so wollen wir eine Abstimmung veranstalten. Edij. 1, 5 wozu erwähnt man die Worte des einzelnen Autors unter denen der Menge (vgl. יָחִיר), da doch die Halacha nach der Ansicht der Mehrheit entschieden wird? Damit ein späteres Gelehrten-Collegium, dem die Meinung des Einzelnen als richtig erscheinen

würde, sich auf ihn stütze. שאין בית דין יכול
לבטל דברי בית דין חברו עד שיהיה גדול ממנו
בחכמה ובמנין היה גדול ממנו בחכמה אבל לא
במנין במנין אבל לא בחכמה אינו יכול לבטל
דבריו עד שיהיה גדול ממנו בחכמה ובמנין denn
ein Gelehrten-Collegium kann nicht die Worte
eines andern Gelehrten-Collegiums aufheben,
wenn es nicht das letztere an Gelehrsamkeit und
Stimmenzahl übertrifft. Wenn es hingegen das
letztere an Gelehrsamkeit, aber nicht an Stimmenzahl, oder an Stimmenzahl, aber nicht an
Gelehrsamkeit übertrifft, so kann es die Worte
des andern nicht eher aufheben, als bis es dasselbe an Gelehrsamkeit und an Stimmenzahl
übertrifft; (daher war es näml. nothwendig, die
Ansicht des einzelnen dissentirenden Gelehrten
zu verzeichnen, damit man danach sowohl die
Gelehrsamkeit, als auch die Stimmenzahl des damaligen Collegiums, dessen Ausspruch zum Gesetz erhoben worden war, in späterer Zeit zu
bemessen wisse, um beurtheilen zu können, ob
das jezeitige Collegium das ihm vorangegangene
übertreffe, oder nicht. Bez. 5ᵃ כל דבר שבמנין
צריך מנין אחר להתירו jedes Verbot, das durch
Abstimmung in einem Gelehrten-Collegium entstand, kann blos durch eine andere Abstimmung
aufgehoben werden. Snh. 26ᵃ קשר רשעים אינו
מן המנין der Bund der Frevler gehört nicht
zur Zahl; d. h. die Beschlüsse eines solchen
Collegiums sind ungiltig.

מְגִינָא ,מְנְיָנָא ch. (syr. ﻣﻨﻳﺎﻧﺎ=מְנְיָן)
1) Zahl, Anzahl, Zählung. Bech. 60ᵃ nn.
במנינא פרסאה דקרו לעשרה חד Zäh-
lung der Perser, welche die Zehnzahl: Eines
(eine Dekade) nennen; חד wahrsch. verwandt
mit arab. كَلّ Grenze, Ende. — 2) Abstimmung,
Stimmenmehrheit im Gelehrten-Collegium.
Snh. 36ᵃ und Git. 59ᵃ ob. הוא אמר רב אנא
במנינא דבי רבי ומיראי דידי מנו ברישא ודאכן
תנן דיני ממונות מתחילין מן הגדול שאני מנינא
דבי רבי דכולהו מן הצד הוו מתחלי Rab sagte:
Ich gehörte zum Gelehrten-Collegium in der
Schule Rabbi's, wo die Abstimmung (betreffs des
Sikarier-Gesetzes, vgl. סיקריקון) stattfand und
meine Stimme zählte man als die erste. (Worauf
entgegnet wird:) Wir lernten ja in der Mischna,
dass man bei einer Geldangelegenheit die
Stimmenzählung bei dem grössten Gelehrten beginnt! (vgl. צד; d. h. da in jenem Collegium
grössere Männer als Rab anwesend waren, wie
z. B. Rabbi, R. Chija u. A., woher kommt es,
dass man die Stimmenzählung mit Rab begann?)
Bei der Stimmenzählung in dem Collegium
Rabbi's hat man ausnahmsweise in Allen (selbst
in Geldangelegenheiten, aus besonderer Bescheidenheit) die Zählung bei dem Niedrigern begonnen. j. Snh. I, 18ᶜ ob. R. Hoschaja erzählt:
חבר הייתי ואעלי ר' שמואל בר יצחק לקידוש

הדחדש ולינא ידע אין אנא סלקית ממנייגא אין לא
ich war ein Chaber (Genosse der Gelehrten), da
führte mich R. Samuel bar Jizchak in das Collegium,
das den Neumond bestimmen sollte; ich weiss
aber nicht, ob ich zu dem Collegium (der Drei-
zahl) der Gelehrten gehörte, oder nicht.

מְנִיכָא m. (= דְּמָנִיךְ, הַמְנִיכָא, s. d. W., gr.
μανιάκης) Hals- oder Armband. Tamid 32ᵃ
Alexander M. שדי מניכא דדהבא על צואוריהון
legte ein goldnes Halsband um ihren (der Gelehrten des Südens) Hals; s. auch TW.

מְנִימֵי ,מְנְיָמִין (= bh. מִנְיָמִין Neh. 12, 17. 41;
für בִּנְיָמִין, מ anst. ב vor נ, vgl. רַבְּנָה u. a.)
Minjamin, Minjomi (= Benjamin) N. pr.
Meg. 28ᵃ un. מנימין בר אידי Agg. (Ms. M. בנימין)
Minjamin bar Ihi. Nid. 65ᵃ סקסכאה
(wofür j. Ber. II, 5ᵇ ob. בנימין גוזבוא) Minjamin,
der Schatzmeister. Sot. 9ᵃ מנימין גר המצרי
Minjamin, der egyptische Proselyt. Chull. 49ᵇ,
s. פַּנְדּוֹקָא. Ab. sar. 28ᵇ מנימי אסא der Arzt
Minjomi. Schabb. 133ᵇ un. בני מנימי אסא die
Söhne des Arztes Minjomi.

מְנִין s. מִן. — מִנְיָן ,מִנְיָא s. hinter מְנִיתָא.

מְנִיק m. (= מְנִיכָא, gr. μανιάκης) goldnes
Hals- oder Armband. Pesik. r. s. 29, 54ᵈ,
55ᵃ „Weshalb ging das Land zu Grunde? . . .
Gott sprach: Weil sie meine Lehre verliessen"
(Jer. 9, 11. 12). למלך שהיה אוהב את בנו עשה לו (רצונו?)
מניק של זהב וחלה אותר בצוארר לא עשה בן (רצונו?)
אלא הבעיטו ונטל ממנו את המניק ועשה
לו כבלים ונתנם ברגליו של בנו כך עשה הקב'ה
אותיות של תורה כמנייקות ונתנם על צוארידם
של ישראל וכו' ein Gleichniss von einem Könige,
der seinem Sohne, den er liebte, ein goldnes
Halsband anfertigen liess und es um seinen Hals
hing. Da aber der Sohn nach dem Willen des Vaters handelte, sondern vielmehr ihn
kränkte, so nahm Letzterer ihm das Halsband
weg und liess eiserne Ketten machen, die er
dem Sohne an den Füssen anlegte. Ebenso
machte Gott die Buchstaben der Gesetzlehre wie
Halsbänder, die er „um den Hals Israels hing"
(Spr. 1, 9 und 4, 9); da letztere aber entartete
und die Gesetzlehre verachtete, so schrieb er die
unglücklichen Verheissungen in den „Klagelie-
dern" nach alphabetischer Ordnung nieder; vgl.
auch מוּנְיָק in בר'.

מְנִיקָה ,מְנַקְת s. מִינִיקָה in בר'.

מְנִישָׁא (viell. = מְנְיָאשָׁא s. d., mit eingeschalt.
Nun) Minjascha, N. pr. j. Meg. II, 72ᵇ mit.
יוסי בר מניישא Jose, der Sohn des Minjascha.

מְנִית Minnith (hh.), Name eines Ortes. Thr.
r. sv. וַיְּגֶרַש, 65ᵇ R. Acha deutete חטי מנית (Ez.
27, 17): חטם בלי מנין Weizen ohne Zahl. Die
Rabbanan sagten: חמש מאות (מינין) בחטין כמנין

מנית 500 Arten von Weizen giebt es, entsprechend dem Zahlenwerth des Wortes מנית (500). Khl. r. sv. כל הדברים, 72[d] dass.

מַנְבִּיָּיה f. (=הַנְפָּיָיה, von נכי) Sparsamkeit, eig. Abzug vom Lebensbedarf. j. Sot. V, 20° un. פרוש מנכייה der (scheinheilige) Pharisäer der Sparsamkeit, vgl. הַנְפָּיָה.

מָנָל s. מָנָא.

מגם Khl. r. sv. מתוקה, 83[d] crmp., s. מְמַס.

מוֹנוֹמוֹס, מוֹנוֹמוֹם m. (gr. μονομάχος) Zweikämpfer, Gladiator. Jelamdenu Abschn. Wajchi (citirt vom Ar.) „Jakob rief seine Söhne zusammen" (Gen. 49, 1); למה לא קרא עשר לבניו שאין מונומכוס עושה דייתיקי שכן עשו אביו מונומכוס שנאמר ועל חרבך תחיה weshalb rief Esau (vor seinem Tode) nicht seine Söhne zusammen? Weil der Zweikämpfer keine Anordnung (Hausbestellung, διαϑήκη) trifft, denn sein Vater hatte ihn zum Zweikämpfer bestimmt: „Von deinem Schwerte sollst du leben" (Gen. 27, 40).

מְנַמְנֵי m. pl. (wahrsch. von נַמְנֵם=לִמְלֵם s. d.) die Lärmmacher, Murrenden, s. TW. Nach Fleischer das. II, 568[b] vom „arab. نّم, urspr. dumpf flüstern, dann durch Einflüsterung und durch Ohrenbläserei Zwietracht stiften; vgl. susurro, ψιϑυριστής."

מְנוֹמֵר s. נָמַר.

מָנָן s. מָנָא.

מָנוֹנֵי, מָנוֹן s. in מנר. — מָנוֹנָא s. מָנָא.

מָנָסַ m. (von נָסַס, viell.) seufzend, trauernd, s. TW.

מנסקי Sifre Naso Pisk. 45 und Num. r. s. 12, 217[a] crmp. aus ובמנסקי פסקאות רבמין סקיפסאות, s. d. W.

מְנַע (=bh., arab. مَنَعَ, verwandt mit מָאֵן, Grndw. מן scheiden) verhindern, abhalten, hemmen. Ber. 10[a] un. אפילו חרב חדה מונחת על צוארו של אדם אל ימנע עצמו מן הרחמים selbst wenn bereits ein scharfes Schwert an den Hals des Menschen gelegt ist, so enthalte er sich nicht des Flehens um Erbarmen. Pes. 113[b] המונע מנעלים מרגליו רב' wer seinen Füssen die Schuhe versagt, ist von Gott verbannt. Part. pass. j. Nas. II Anf., 51[d] mit. מנוע אני ממנו ich will von ihm (dem Traubenkamm, אשכול) abgehalten sein; eine Art Nasirat. Das. auch מנוע אני ממנו ich will mich des Brotes (ככר) enthalten.

Nif. נִמְנַע sich enthalten, sich abhalten lassen. Jeb. 1, 4 (13[b] fg.) לא נמנעו בית שמאי מלישא נשים מבית הלל רב' die Gelehrten aus der Schule Schammai's liessen sich nicht abhalten, Frauen zu heirathen, die von den Gelehrten aus der Schule Hillel's abstammten, und ebenso wenig liessen sich letztere abhalten, sich mit den Ersteren zu verschwägern; trotzdem näml. diese beiden Schulen betreffs einiger Ehegesetze verschiedener Ansicht waren, vgl. auch מַמְזֵרוּת. Das. לא נמנעו עושין טהרות אלו על גב אלו dieselben liessen sich auch nicht abhalten, die levitischreinen Speisen gemeinschaftlich zuzubereiten; trotzdem sie auch betreffs einiger Reinheitsgesetze verschiedener Ansicht waren. j. Kidd. I, 58[d] ob. dass. Git. 36[ab] Hillel führte den Prosbul ein, כראה את העם שנמנעו מלהלוות זה את זה weil er einsah, dass die Menschen sich abhalten liessen, einander etwas zu leihen, aus Furcht, dass sie beim Eintritt des Brachjahres ihre ausstehenden Schulden verlieren würden, vgl. פְּרוֹזְבּוּל.

Hif. הִמְנִיעַ abhalten, auseinander halten. j. Ber. IX, 14[a] ob. wird ויגרע נטפי מים (Hiob 36, 27) erklärt: שממניעין זו מזו ed. Lehm. (ed. Ven. crmp. שמנמנעים; in der Parall. j. Taan. I, 64[b] ob. שאת ממניעין זו מזו) der sie (die Regentropfen) auseinander hält; dass sie näml. nicht zusammen kommen.

מְנַע ch. (syr. ܡܢܰܥ=מְנַע) abhalten, hemmen, s. TW.

Ithpe. sich abhalten lassen, sich einer Handlung entziehen. Git. 52[b] ein Vormund, den der Vater der Waisen eingesetzt hat, muss einen Eid leisten, dass er letzteren nichts veruntreut habe; מאי טעמא אי לאו דראית ליה הנאה מינית לא הוה ליה אפיטרופוס משום שבועה לא לאמנועי אתי weshalb? Hätte er nicht von dem Vater einen Nutzen gehabt, so würde er von ihm die Vormundschaft nicht übernommen haben; daher würde er sich von letzterer des zu leistenden Eides halber nicht abhalten lassen. Ein Vormund hing., den das Gericht ernannt hat, braucht keinen Eid zu leisten; denn die Uebernahme der Vormundschaft erfolgte blos dem Gerichte zu lieb; ואי רמית עליה שבועה אתי לאמנועי wenn du ihm einen Eid zuschiebest, so würde er sich der Uebernahme der Vormundschaft ganz entziehen. Nach Abba Saul findet das Umgekehrte statt, vgl. מכי. Piel פִּנְעָה j. Schabb. VII, 9[b] un. לא מתמנעין רבנין דרשין רב' die Rabbinen liessen sich nicht abhalten, Forschungen anzustellen, näml. zuw. ה gleich ח zu deuten, vgl. הל. j. Pea VII, 20[b] un. j. Maas. scheni V, 56[a] mit. dass.

מַנְעוּל m. (=bh. von נָעַל umgeben, beschützen) Riegel, Verschluss. M. kat. 11[a] המנעול והמפתח שנשברו מתקן זו רב' den Verschluss und den Schlüssel, welche zerbrochen wurden, darf man in den Mitteltagen des Festes repariren. B. bath. 65[b] המוכר את הבית מכר את הדלת ואת הנגר ואת המנעול אבל לא את המפתח wenn Jem. ein Haus verkauft, so hat er die Thüre,

den Riegel und den Verschluss, nicht aber den Schlüssel, mitverkauft. Sab. 4, 3 המנעל ... הנגר dass. — Uebrtr. Genes. r. s. 17, 17ᵈ und Khl. r. sv. מקרה, 80ᵇ מנעול der Verschluss an dem Körpertheile Adam's, von welchem die Rippe entnommen worden war, s. אֲפוֹפֿרִין.

מַנְעָל m. (=bh. נַעַל) Schuh, eig. was den Fuss verwahrt, einschliesst, im Ggs. zu סַנְדָּל Sandale, die blos die Fussohle bedeckt. Kel. 26, 4, vgl. אֻמּוֹם. j. Schek. I, 46ᵃ mit. מפרקין את man המנעל מעל גבי האמום ואין מחזירין אותו darf (in den Mitteltagen des Festes) den Schuh vom Leisten abnehmen, aber ihn nicht darauf zurücklegen. Jeb. 102ᵃ und j. Jeb. XII, 12ᵒ ob. סנדל ... מנעל Schuh, Sandale, vgl. אֱלָיְהוּ. Esth. r. sv. ותאמר אסתר, 108ᵇ מנעל רגליו der Schuh seiner Füsse, s. לָחַם. — Pl. Kil. 9, 7 מַנְעָלוֹת הסינין Schuhe von groben Zeugen; in j. Gem. z. St. durch דרדסין erklärt, s. d. W., vgl. auch זָרָב. — Gew. mit masc. Endung. j. Schabb. VI, 8ᵃ ob. מַנְעָלִים וסנדלים Schuhe und Sandalen. Das. ö. Pes. 113ᵇ s. מְנַעַ. Schabb. 129ᵃ ימכור אדם קורות ביתו ויקח מנעלים לרגליו הקיז דם ואין לו מה יאכל ימכור מנעלים שברגליו ויסתפיק מהן צרכי סעודה der Mensch soll selbst die Balken seines Hauses verkaufen, um für deren Erlös Schuhe für seine Füsse zu kaufen. Wenn er sich zur Ader gelassen hat und nichts zu essen hat, so verkaufe er selbst die Schuhe seiner Füsse, um die Ausgaben für ein Mahl zu beschaffen.

סְנִיפָא, מְנִפָא m. (von נוף wehen) Fächer, womit man weht, um sich Kühlung zu verschaffen, flabellum. Kel. 16, 7 המנפא של דבורים והמנפא Ar. und Hai (Agg. והמנפה) das Bienenbrett und der Fächer. Hai in s. Comment. erklärt unser W. durch das arab. מרוחתא, מרוחה ‏مِرْوَحَة. B. mez. 86ᵃ un. בתי הנכסי עלי במניפך וכ' Ar. (Agg. במנסא) meine Tochter, schwinge über mir deinen Fächer, vgl. כַּפְבָּא. Jeb. 63ᵇ s. נוף.

(מרפיס) מְנָפַח, beides crmp. aus ממפיס oder מנפיס: Memphis, die bekannte egyptische Stadt, bei den arabischen Geographen: مَنْف genannt. Pesik. r. s. 17, 35ᵇᶜ נוף מנפוח das W. נֹף (Jes. 19, 18) bedeutet Memphis. Sollte viell. der Midrasch das hbr. W. von נפח (syn. mit נוף wehen) gedeutet haben? Pesik. Wajhi bachzi, 63ᵇ steht dafür נוף זה מרפיס.

מְנָפּוֹל m. (gr. μονοπώλης) Alleinhändler, Monopolist. Dem. 5, 4 לוקח מן המנפול Jem., der das Getreide vom Monopolisten kauft; im Ggs. zu הפלטר לוקח מן הפלטר Jem., der vom Verkäufer (πρατήρ) kauft. j. Dem. V, 24ᵈ ob. זהו מנפול דבי ר' ינאי אמרי תשעה פלטרין ועשרה נחתומין תרומניא מן דתרומניא וחד מן דתרי was

ist unter Monopolist zu verstehen? Die Schüler des R. Jannai sagten: Wenn bei neun Verkäufern und zehn Bäckern acht der Ersteren von acht der Letzteren, dabing. Einer der Ersteren von zwei der Letzteren (der Bäcker) die Brote zum Wiederverkauf einkauft; d. h. nicht blos der Grosshändler, sondern auch ein solcher Wiederverkäufer wird Monopolist genannt, der noch einmal soviel Brote als die anderen Händler einkauft.

מנצפ״ך Manzpach, Abk. der fünf Schlussbst. im Alphabet, Mem, Nun, Zade, Pe, Kaf. Schabb. 104ᵃ מנצפך צופים אמרום die fünf Finalbuchstaben haben die Seher (Propheten) eingeführt. Meg. 2ᵇ u. ö. dass. j. Meg. I, 71ᵈ mit. מנצפך הלכה למשה מסיני מהו מנצפך ר' ירמיה בשם ר' שמואל ר' (בר l.) יצחק מה שהתקינו לך הצופים מאן אינון אילין צופין מעשה מעשה ביום סגריר שלא נכנסו חכמים לבית הוועד ונכנסו התרנוקות אהרון נעביד בית וועדא דלא ייבטל אמרין מהו דין דכתיב מלם מ'ל'ם' נו'ן' צ'ד'י' פ'ה' אל' פ'ה' כ'ף' מנ'אמר' לנ'אמר' מלאמן לנאמן מצדיק לצדיק מפה לפה מכף יד של משה die fünf Finalbuchstaben sind eine Tradition des Mose vom Sinai her. Welche Bewandtniss hat es mit מנצפך? (d. h. welche Deutung wurde in späterer Zeit diesen fünf Buchstaben gegeben?) R. Jirmeja sagte Namens des R. Samuel bar Jizchak: Das, was „die Seher" dir gedeutet haben. (Dieser Etymologie zu lieb, מן צפך, wurde die alphabetische Ordnung jener fünf Bst. hintangesetzt, s. w. u.) Wer sind jene Seher? Einst trug es sich an einem Tage heftiger Regengüsse zu, dass die Gelehrten die Akademie nicht besuchten, dass aber jene Jünglinge (welche schon in der Jugend in ihren Forschungen gleichsam einen prophetischen Geist bekundeten und welche im reifern Alter zu den hervorragendsten Gelehrten, wie R. Elieser und R. Josua, sich entwickelt haben sollen) dieselbe besuchten und sagten: Kommet, wir wollen dafür Sorge tragen, dass das Studium der Akademie nicht unterbrochen werde. Sie sagten: Welche Bedeutung haben die Doppelbuchstaben im Alphabet, näml. Mem und (Schluss-) Mem, Nun und Nun, Zade und Zade, Pe und Pe, Kaf und Kaf? Vom Spruch (Gottes) zum Spruch (des Mose); von den Glaubhaften (Gott) zum Glaubhaften (Mose); von dem Gerechten (Gott) zum Gerechten (Mose); vom Munde (Gottes) zum Munde (des Mose); von der Hand (Gottes) zur Hand (des Mose). In der Parall. Genes. r. s. 1, 4ᵃ steht dafür: אמר ר' סימון בשם ר' יהושע בן לוי מנצפך צופים אמרום הלכה למשה מסיני ר' ירמיה בשם ר' חייא בר אבא אמר מה שהתקינו הצופים מעשה וכ' R. Simon sagte Namens des R. Josua bar Lewi: מנצפך haben die Seher eingeführt, die eine Tradition des Mose vom Sinai ist. R. Jirmeja sagte Namens des R. Chija bar Abba: Das, was die Seher gedeu-

tet haben. Einst näml. trug es sich zu u. s. w.
Num. r. s. 18, 236ᵃ und Tanch. Korach, 119ᵃ
werden diese fünf Buchstaben anders und zwar
nach der alphabetischen Ordnung wie folgt gedeutet: כ׳ נרמז לאברהם לך לך מ'ם ליצחק עצמות
מְמָנוֹ נ'ן ליעקב הצילני נא פ'ף (לישראל) למשה
ספק פקדתי צ'ץ איש צמח . . . יצמח זה משיח
das Doppelkaf ist bei Abraham angedeutet, לך
(Gen. 12, 1); das Doppelmem bei Isaak, עצמות
מְמָנוֹ (das. 26, 17); das Doppelnun bei
Jakob, הצילני נא (das. 32, 12); das Doppelpe
bei Mose, פקדתי פקד (Ex. 3, 16); das Doppel-
zade beim Messias, יצמח . . . צמח (Sach. 6, 12).

מְנַקְדוּתָא f. (syr. ܢܰܩܕܽܘ, von נְקַד) Reinlichkeit. Chull. 105ᵇ ’Abaji sagte: Anfangs
dachte ich, דהאי דככשי נשוורא משום מנקדרותא
הוא וכ׳ Ar. sv. נקד (Agg. crmp. מנקרותא) dass
man die Brotkrumen wegen Reinlichkeit zusam-
menfege u. s. w. Ab. sar. 30ᵃ un. נהר דאומילרא
קפרי אמנקדרותא קפדי לא קפרי Ar. (Agg. אמנקרותא)
obgleich die Nichtjuden auf das Verbot des Gil-
luj nicht achten (dass sie näml. Getränke auch
nicht zugedeckt stehen lassen, was den Juden
verboten ist, weil eine Schlange davon trinken
könnte, vgl. גִּלּוּי), so achten sie dennoch auf
Reinlichkeit, weshalb sie die Getränke zudecken.
Ned. 38ᵇ מנקדרותא Var., s. מְנַדְרוּתָא.

מְנַקְטָא m. (von נָקַט, viell.=arab. نَقَط, syn.
mit נקד punktiren) eine mit Punkten oder
Ringen versehene Putzsache des Weibes.
Schabb. 59ᵇ wird קַטְלָא (catella) erklärt: מנקטא
שארי eine solche Putzsache. Raschi erklärt unser W.: Ein mit Goldplatten und Schleifen versehenes Kleidungsstück, durch
welches letztere man ein Band zieht und welches
man um den Hals hängt. Tosafoth: Brotkrumen
als Putzsache(?).

מְנַקְרוּתָא s. מְנַקְדוּתָא.

מְנָרְתָא f. ch. (=hbr. מְנוֹרָה, von נור) Leuchter. j. Jom. III, 41ᵃ mit. חד אמר מנרתא וחרנא
אמר קונכיתא ein Amoräer übersetzt es (das W.
גברשת): Leuchter; ein anderer übersetzt es:
muschelförmiges Gefäss (von gr. χόγχη). Genes.
r. s. 63 g. E. wird הצפית צפה (Jes. 21, 5) übersetzt: סדר מנרתא אמר ר' אבא בר כהנא אית
אתרא דקרין למנרתא צפיתא „man ordnete den
Leuchter“. R. Abba bar Kahana sagte: Es giebt
einen Ort, wo man den Leuchter: צפיתא
nennt. Jalk. II, 45ᵃ dass. Cant. r. sv. כמעט,
17ᵇ werden die beiden Worte übersetzt: אקימת
מנרתא אדלקת בצגינא sie stellte den Leuchter
auf und zündete die Lichter an. Pesik. Echa,
123ᵃ מרי ונהר דיני דיני קדמוי כההיא מנרתא דכספא
mein Herr (sagte eine Frau, die den Richter mit
einem silbernen Leuchter bestochen hatte) meine
Rechtssache möge vor dir ebenso leuchten, wie
jener silberne Leuchter! vgl. כַּפָּה, כפ׳. Schabb.

נפלת ליה מנרתא על גלימיה דר' אסי ולא 45ᵇ
טלטלה einen Leuchter, der auf den Mantel des
R. Assi (am Sabbat) gefallen war, nahm Letzterer
nicht von der Stelle fort, vgl. מוּקְצָה.

מְנָת f. (=bh.=מְנָה mit Wechsel der Endungen
ה und ת, wie עֲזָרָה=עֲזָרָת u. m. a.) 1) Theil,
Antheil, Gabe. B. bath. 8ᵇ wird מנדה (Esr.
4, 13) erklärt: זו מנת המלך darunter ist die
königliche Abgabe zu verstehen. Ab. sar. 71ᵃ
מותר לאדם לומר לנכרי צא והפס עלי מנת המלך
man darf zum Nichtjuden sagen: Gehe und befreie mich von der königlichen Abgabe; d. h.
obgleich Letzterer den Beamten verbotenen
Wein anstatt der Steuer giebt und sich vom
Juden Geld bezahlen lässt, so wird es dennoch
nicht so angesehen, als ob der Jude den verbotenen Wein abkaufe, da es Letzterem freistand,
den Beamten Geld für die Steuer zu zahlen.
B. bath. 12ᵃ האומר לחברו מנת בכרם אני מוכר לך וכ׳
wenn Einer zum Andern sagt: Ich verkaufe
dir einen Theil im Weingarten, so darf er ihm,
nach Ansicht des Sumchos, nicht weniger Feld
als zur Aussaat von drei Kab erforderlich ist,
geben. Das. 167ᵃ מנת ראובן ושמעון der Antheil des A. und B. — 2) übrtr. mit vorgesetzter Präposition mit Bedingung. Tosef.
Dem. VI g. E. ואם התנה עמו במנת כן wenn
Jem. mit dem Andern mit dieser Bedingung ver-
abredete. Tosef. B. mez. V. j. B. mez. V, 10ᵇ
un. שם הוא אדם מחביריו בהמה במנת לעלות
לו ולד אחד וגזיה אחת לשנה der Eine darf vom
Andern ein Thier abschätzen (d. h. als Eigenthum
übernehmen, sodass das Thier dem Eigenthümer
verbleibt) mit der Bedingung, dass Ersterer dem
Letzteren alljährlich ein Junges oder eine Woll-
schur abtrage, während der ganze übrige Gewinn
vom Thiere dem Besitzer verbleibe; was nicht als
Wucher anzusehen sei. — Insbes. oft mit vorgesetztem על. Aboth 1, 3 על מנת לקבל פרס
על מנת שלא לקבל פרס mit der Bedingung,
Lohn zu erhalten; ohne die Bedingung, Lohn zu
erhalten. j. Bic. III, 65ᵈ als לחזור על מנת unter
der Bedingung, dass er zurückkehren solle, vgl.
הרי החנוך את מני. B. bath. 10, 8 (175ᵇ)
נותן לך פטור שלא על מנתו הלוהו אלא איזהו
הוא ערב שהוא חייב הלוהו ואני נותן לך חייב
אתריב על מנת הלוהו Ar. (Agg. אמונתו) wenn A.
den B. (seinen Schuldner) auf der Strasse quält
und C., der herbeikommt, zum Erstern sagt:
Lasse ihn zufrieden, ich werde anstatt seiner
zahlen: so braucht C. ihm nicht zu zahlen; denn A. hat nicht von vornherein dem B.
mit der Bedingung der Bürgschaft des C. geliehen. Welcher Bürge jedoch ist zu zahlen verpflichtet? Derjenige, welcher zu Jemdm. sagt:
Leihe dem Andern und ich werde anstatt seiner
zahlen! Da ist der Bürge zu zahlen verpflichtet;
weil der Gläubiger mit der Bedingung dieser

Bürgschaft das Darlehn gegeben hat. Mechil. Mischpat. Par. 20 u. ö. כן מנת על dessen ungeachtet! auf die Gefahr hin!

מְנָתָא *ch.* (syr. מִנְת᷎ᴀ=מְנָת) Theil, Antheil, Abgabe. B. mez. 109ᵇ השתא בעי למיהב מנחא לאריסא jetzt muss er einen Theil (der Früchte) dem Pächter geben. B. kam. 113ᵇ מאן דמשתכח בבי דרי פרע מנתא דמלכא wer in der Scheune angetroffen wird, der muss die königliche Abgabe zahlen. Jeb. 38ᵃ אחונא את ומנתא אית לך בהדן du bist unser Bruder und hast also, gleich uns, einen Theil zu fordern.

מְנָתָא s. d. in 'מי·

מַס *m.* (=bh.) Frohne, Tribut, eig. das Ausgehobene. Stw. מָסַס=סַס نَصّ heben, herausheben; vgl. הֶעֱלָה מַס und הֵרִים מֶכֶס den Tribut erheben. — Pl. j. Dem. II, 22ᵈ ob. מעלי מִסִין Steuerzahlende. — Dahing. dürfte in Levit. r. s. 33 g. E. und Cant. r. sv. יונתי, 13ᶜ מסים ואַרנוניירת, vgl. אַרְנוֹן, פיסים crmp. sein aus דימיָא u. a.

מְסָא *ch.* (=מַס) Tribut, Abgabe, s. TW. Richtiger jedoch מַדָּאתָא, s. d.

מְסָא *m.* (von מְסָא, syr. מסָא, hbr. מָסָה) das Zerfliessen, Sichauflösen. Trop. Thr. r. sv. שרתי, 54ᵃ wird לבם (Klgl. 1, 1) gedeutet: דלבא למסא zum Verzagen (eig. Zerfliessen) des Herzens. Nach einer andern Deutung sei לבם trnspon. von כמל: sie verfiel in Götzendienst; s. auch TW.

מְסָא, מְסֵי (gr. μεσόω, arab. مَسّ) die Mitte oder Hälfte bilden; daher: in der Mitte sein. j. Maasr. I, 48ᵈ un. wird das הרמונים משימסר (Maasr. 1, 2) von R. Juda bar Pasi Namens des R. Josua ben Lewi משירכניסו wenn man die Granatäpfel zur Hälfte מחצה ר' יודה בעי einheimst (so werden sie hinsichtlich des Verzehntens als reif angesehen). Das. דלמא מן רבנין דאגדתא הוא שמע לה אחינו המסר R. Jona bemerkte hierzu: Vielleicht hat er (R. Josua ben Lewi) diese Deutung von den Meistern der Agada gehört, welche die Worte אחינו המסו (Dt. 1, 28) erklären: „Unsere Brüder theilten (von ἠμισεύω) unser Herz"? vgl. מֵצַע; s. auch Num. r. s. 17, 233ᶜ dass.

מְסָא *f.* (für מַנְסָחָא, Stw. נְסַח, s. d., ה elid., vgl. מִסְתְּחָא u. a.) Schaufel, vermittelst welcher man das Gebäck aus dem Ofen schiebt (=מֶרְדֵּה, מִרְדָּא; das aram. נסח hat dieselbe Bedeutung wie das hbr. רדי, רָדָה). Taan. 25ᵃ ob. אמרה לה פלניתא אייתי מסא דהרוכא ריפתיך תני אף היא להביא מרדא נכובה Ar. (Ms. M. und Agg. מרדה anst. מרדא, Agg. לחמיך) sie (die Nach-

barin von der Frau des R. Chanina bar Dosa) sagte zu ihr: Du N. N. bringe eine Schaufel, denn dein Brot verbrennt! Es wird gelehrt, dass auch sie (die Frau des R. Chanina) bereits gegangen war, um eine Schaufel zu holen. Bech. 27ᵃ ואי ליכא כהן קטן שקלה לה בריש מסא ושדיא בתנורא וכ' wenn kein junger Priester anwesend ist, so ergreift sie den Teig vermittelst der Spitze der Schaufel und wirft ihn in den Ofen u. s. w.

מִיסָא, מִיסוֹן s. in 'מי·

מְסָאתָא *f.* (syr. מסָאתָא, vgl. auch מְכָחְתָא) Wage, Wagschale, s. TW.

מְסָאָבָא, מְסָאָב *m.* Adj. (syr. מסָאב, von סָאב) unrein, ein Unreiner, bes. von levit. Unreinheit, s. TW. — Ab. sar. 37ᵃ דיקרב למיתא מסאב wer eine Leiche berührt, wird unrein; richtiger jedoch מכהאב s. סָאָב. — *Fem.* j. Kil. IX g. E., 32ᶜ un. אנא מובד מרגליתי בארעא מסאבתא ich verliere meinen Edelstein auf unreinem Boden; d. h. ich werde ausserhalb Palästina's begraben werden. j. Keth. XII, 35ᵇ mit. dass.

מְסָאנָא, מְסָנָא auch מְסָנָא, מְסָן *m.* (syr. מסָאנא, מסָאנָא, syn. mit סִינָא, s. d., hbr. סְאוֹן) 1) Schuh, angeschnürte Sandale. Stw. מאן syn. mit זון: umbinden, umgürten. Git. 56ᵃ Martha הוה שלפא מסאנא (wahrsch. jedoch zu lesen מסאני pl.) zog ihre Schuhe ab. Das. 56ᵇ הוה קיים חד מסאנא בעא למסיימא לאחרינא לא עייל בעא למשלפיה לאידך לא נפיק וכ' hatte (als man ihm die Botschaft überbrachte, dass er anstatt Nero's zum Kaiser ernannt werden solle) einen Schuh an. Da wollte er den zweiten anziehen, aber dieser passte ihm nicht mehr; nun wollte er jenen abziehen, aber er vermochte auch nicht. R. Jochanan ben Sakkai sagte zu ihm: Gräme dich nicht, denn es rührt von der frohen Botschaft her; „Eine gute Nachricht macht feist das Bein" (Spr. 15, 30). In der Parall. Thr. r. sv. צריח, 55ᵇ steht dafür: מן דסמא ולבש חד מסן דיריה אתא בשורתא ובשעתא מית נירון ואמלכוניה בני רומי בעי למלבוש חד מסן חרן ולא עליל וכ' nachdem er (Vespasian) gebadet und einen Schuh angezogen hatte, kam die Botschaft, die ihn benachrichtigte, Nero sei gestorben und die Römer hätten ihn zum Kaiser ernannt. Er wollte hierauf seinen andern Schuh anziehen, aber er vermochte es nicht. — Pl. das. Vespasian sagte: כל אילין יומיא הוינא לבש תרין מסאני דהוון עללין בי וכדו חד עליל וחד לא וכ' alle anderen Tage zog ich die beiden Schuhe an und sie passten mir gut, heute jedoch passt mir nur der eine, der andere aber nicht. Taan. 22ᵃ מסאני אוכמי schwarze Schuhe, die nur die Nichtjuden trugen.

Snh. 74[b], s. עֲרְקָא. Kidd. 22[b] Mar Sutra sagte zu einem Sklaven: שלוף לי מסנאי ואמטינהו לביתא ziehe mir meine Schuhe ab und bringe sie in mein Haus. Durch diese Handlung beabsichtigte er das Besitzrecht jenes herrenlosen Sklaven zu erlangen. — Trop. Kidd. 49[a] מסאנא דרב מכרעאי לא בעינא einen Schuh, der meinem Fusse zu gross ist, mag ich nicht; d. h. der Mann heirathet eine Frau, die von edlerer Abstammung ist, als er. — 2) מְסָאנָא, מְסָנְתָא f. Korb, eig. Geflochtenes, Umbundenes. j. Dem. I, 21[d] un. ר׳ ירמיה שלח לר׳ זעירא חדא מסאנא דתאיני . . . למחר קם עמיה אמר ליה ההיא מסכתא דשלחת לי אתמול מתקנא הות וכ׳ R. Jirmeja schickte dem R. Seïra einen Korb mit Feigen. Tags darauf als sie Beide zusammentrafen, fragte Letzterer den Ersteren: War jener Korb, den du mir gestern überschicktest, zubereitet? d. h. der Zehnt von den Feigen entrichtet? In der Parall. Genes. r. s. 60, 59[a] steht dafür חד קרטיל dass. — Das. s. 41 Anf. und s. 52 g. E. מסאנא דמסרוגא, s. סָמָא, vgl. auch בְּלָמְבֵן.

מְסָאסָא, מְסָא m. (syr. ܡܣܐܣܐ, Stw. סאא, arab. ـ ausdehnen) Ochsenstecken. Pesik. Bachodesch, 153[a] wird מלמד (Jes. 48, 17, als denom. von מַלְמָד) gedeutet: מסקרינא לך כמא מסקיד מסאנא להדא פרתא ich leite dich, so wie der Ochsenstecken die Kuh leitet. Levit. r. s. 29, 173[b] dass. Ar. liest מסא.

מֵיסַב m. das Nehmen, eig. Verbale von נָסַב s. d.

מְסַב masc. (=bh. von סָבַב) eig. Kreis, Umringung, bes. Sofa, Polster beim Tischgelage. Trop. Schabb. 63[a] ob. die Jerusalemer führten lascive Redensarten; Einer fragte den Andern: במה סעדת היום . . . . במסב רחב או במסב קצר worauf speisest du heute, auf einem weiten Sofa, oder auf einem schmalen Sofa? d. h. wohntest du einem starken oder einem magern Weibe bei? vgl. חָבַר und רֵוַן.

מְסִיבָה, מְסִבָּה f. (syn. mit מֵסַב) 1) Trinkgelage, Gastmahl. Ber. 52[b] סתם מסבת כותיים של ע"ז das Trinkgelage (Abhalten der Mahlzeit) der Nichtjuden geschieht gewöhnlich den Götzen zu Ehren. B. bath. 120[a] בישיבה הלך אחר חכמה אחר הלך אחר זקנה beim Sitzen (eines Gelehrtencollegiums oder eines Gerichtshofes) richtet man sich nach der Gelehrsamkeit (d. h. der je Gelehrtere führt den Vorsitz; selbst wenn es da ältere Männer giebt, die ebenfalls gelehrt sind); bei einem Trinkgelage (Hochzeitsmahl u. dgl.) richtet man sich nach dem Alter (d. h. der Aelteste unter den Gelehrten sitzt obenan, selbst wenn es dort einen weit Gelehrtern giebt). — 2) gewundener, im Hohlweg befindlicher Gang,

ferner Wendeltreppe unterhalb eines Gebändes oder auch an der Seite der Zimmer desselben; ähnlich לול, s. d. Tamid 1, 1 derjenige Priester, der sich wegen Unreinheit aus den Tempelräumen entfernen musste, יוצא והולך לו במסבה ההולכת תחת הבירה ging hinaus durch den Hohlweg, der sich unterhalb des Tempels befand. Die unteren Tempelräume wurden näml. nicht als zum Heiligthum gehörend eingeweiht. Midd. 4, 3. 5 ואחר למסיבה ein Thor des Tempels führte in den Hohlweg. Das. ומסבה היתה מקרן מזרחית צפונית לקרן צפונית מערבית שבה היו עולים לגגות התאים היה עולה במסבה ופניו למערב וכ׳ עולה ein Hohlweg (Wendeltreppe) führte von der nordöstlichen zur westnördlichen Seite, wo man zu den Böden der Gemächer stieg mit dem Gesichte nach Westen zu gewendet. Das. 5, 3 ומשם מסבה עולה לגג בית הפרוה von dort (von der Zelle, wo man die Opferstücke abspülte) führte eine Wendeltreppe auf das Dach der Zelle Parwa, s. d. W.

מְסִיבְתָא ch. (=מְסִבָּה) Hohlweg, Wendeltreppe, s. TW.

מְסוֹבָה, Pl. מְסוּבִין 1) (eig. Part. Pual von סָבַב) die Tischgenossen, die an der runden Tafel sitzen, lagern. Ab. sar. 69[a]. 70[b] ob. זונה ישראלית ונכרים מסובין wenn bei einer israelitischen Buhlerin Nichtjuden als Gäste sitzen. Levit. r. s. 27, 171[c] der König, über dessen Matrone man üble Nachreden verbreitet hatte, die sich aber als lügenhaft erwiesen עשה סעודה והושיב אותו האיש בראש של מסובין כל כך למה להודיע שבדק המלך בדברים ולא מצא בהם ממש gab ein Gastmahl und setzte jenen Mann (der im Verdacht des unerlaubten Umganges mit der Matrone gestanden) an die Spitze der Tischgenossen. Weshalb dies? Um kund zu thun, dass er das Gerede, nach abgehaltener Untersuchung, als unbegründet befunden habe. Dasselbe fand bei Israel statt, das die Völker in Verdacht gebracht hatten, es hätte das „goldene Kalb" angebetet. Um nun die Unrichtigkeit dieses Verdachtes kund zu thun, nannte Gott den „Oehsen" als das erste der Opfer (Lev. 22, 27). — 2) (wahrsch. vom arab. مشبّ) Erhabene, Vornehme. Genes. r. s. 71, 70[d] רוב מסובין של לאה היו לפיכך עושין רחל עיקר die meisten Vornehmen (der Söhne Jakob's) stammten von der Lea ab, deshalb hielten sie die Rahel (um sie zu besänftigen) als das Haupt des Hauses; mit Ansp. auf עֲקָרָה (Gen. 29, 31)=של עיקר בית die Hauptperson des Hauses. Ruth. r. g. E., 42[b] dass. Pesik. Ronni Anf., 141[b] dass. nach LA. des Ar. (Ag. של רחל).

מְסוּבָה ch. (=מְסוּבָּה) nr. 1) Tischgenosse, eingeladener Gast. Thr. r. sv. בני ציון, 67[a] ein reicher Jerusalemer gab ein Gastmahl, zu

welchem er seinen Freund Kamza einzuladen
befohlen hatte; infolge einer Namensverwechslung
jedoch erschien sein Feind Bar Kamza zum
Mahle. עאל אשכחיה ביני אריסטייא אמר ליה את
שנאי ואת יתיב בגו ביתאי קום פוק לך מגו ביתאי
אמר ליה אל תביישני ואנא יהיב לך דמי דסעודתא
אמר ליה לית לית את מסובה אמר ליה אל תביישני
ואנא יתיב ולית אנא אכיל ושתי אמר ליה לית
את מסובה אמר ליה אנא יהיב דמי דכל הַרֵי
als der Gastgeber קוּ׳ אמר ליה קום לך סעודתא
eintrat und jenen (den Bar Kamza) unter den
Tischgästen (ἄριστοι) antraf, sagte er zu ihm:
Du, mein Feind, solltest in meinem Hause sitzen,
fort aus meinen Hause! Der Andere sagte:
Beschäme mich nicht, ich will dir die Kosten
der von mir genossenen Speisen geben. Worauf
jener entgegnete: Du bist nicht geladen. Nun
denn, beschäme mich nicht, ich will hier blos
sitzen, ohne zu essen und zu trinken. Worauf
jener erwiderte: Du bist nicht geladen. Der
Andere sagte: Nun, so will ich die Kosten dieses ganzen Mahles bestreiten. Worauf jener:
Entferne dich aus meinem Hause! — Pl. das.
מיד נפק ליה אמר בנפשיה אילין מסוביין יתבון
בשלוותהון אנא אכיל קרצתון וכ׳ alsbald entfernte er sich, dachte aber bei sich: Wie, sollten etwa jene Tischgäste so ungestört dasitzen?
Nein, ich werde sie beim römischen Kaiser ver-
leumden u. s. w., vgl. קוּרְבָּן. Git. 55ᵇ fg. dass.
mit einigen Abänderungen.

מְסוּבְיְתָא s. in מסו׳.

מַסְבֵּךְ m. (von סָבַךְ) ein mit Aesten be-
wachsener Knüttel. Par. 3, 3 קושרין מקל
(Var. ומסבך) או מסבך בראשו של חבל man bindet einen Stock oder einen Knüttel am Ende
des Strickes an.

מְסַבְלָא m. (von סָבַל?) Gehäkeltes. Pl.
B. bath. 86ᵃ מְסַבְלֵי דתומי Ar. ed. pr. (Agg. crmp.
מתאבלי) Schnuren mit Knoblauch.

מְסַבְסְלָה f. wahrsch. Melde. j. Schabb. VII,
10ᵃ un. (Var. מסובסלא) הדין דשתח צימוקין מסבסלה
ומערב וקלוטה חייב משום מעמר Jem., der am Sabbat
Feigen, Rosinen, Melde oder dünne Reiser auseinander streut, ist wegen Garbenanfertigens
strafbar.

מְסוֹגִין s. in מסו׳.

מְסַגָּן m. (von סְגִי) Grösse, Menge, s. TW.

מְסַגֵּר m. (=bh., von סָגַר) 1) Verschluss.
j. B. kam. V Anf., 4ᵈ un. תיפתר בהוא דאית לֵיהּ
מסגר hier ist die Rede von einem Hofe, der
einen Verschluss hat. Das. VI Anf., 5ᵇ un.
dass. Exod. r. s. 15, 115ᵇ „Dem Wasser setztest
du eine Grenze“ (Ps. 104, 9). כגון בשר ודם
שהכניס בהמתו לדיר ונעל המסגר בפניה כדי שלא
חצא ותרעה את התבואה כך נעל הקב״ה את הים

wie z. B. ein בחול והשביעו שלא יצא מן החול
Mensch, der sein Vieh in den Stall treibt und
vor ihm den Verschluss anbringt, damit es nicht
hinausgehe und das Getreide abweide; auf dieselbe Weise schloss Gott das Meer in den Sand
ein und beschwor es, dass es nicht den Sand
verlasse. — 2) als Adj. der Schliesser. Trop.
Git. 88ᵃ un. מסגר כיון שסוגרין שוב אינו פותח
unter מסגר (2 Kn. 24, 14. 16) sind solche Gelehrte zu verstehen, nach deren Schliessung
einer Gesetzlehre (d. h. wenn sie dieselbe für
unerklärbar ausgegeben hatten) Niemand sie
eröffnen (erklären) konnte. Snh. 38ᵃ dass.

מְסַגְרָא ch. (=מַסְגֵּר) Verschluss, Kerker,
s. TW.

מִסָּה f. (wahrsch. für מִיסָא s. d., missus)
Speise, Nahrungsmittel. Pl. Tosef. Pes. II
(III) Anf. מְסוֹת שנמצל לתוכן קמח הרי זה אסר
ed. Zuckerm. (a. Agg. חמסות . . . לתוכה) Speisen, in welche Mehl hineingefallen ist, dürfen
nicht genossen werden.

מַסְהֲדָא m. Adj. (von סְהַד) Zeuge, Jem.,
der bezeugt, s. TW.

מְסוֹ f. (lat. omasum) eig. dicker, fetter
Rindsmagen; übrtr. (=קֵיבָה, s. d.) Labmagen,
Lab. Genes. r. s. 4 g. E., 6ᵇ משל לחלב שהיה
נתון בקערה עד שלא תרד לתוכו טיפה אחת של
מסו הוא מרפף כיון שתרד לתוכו טיפה אחת של
מסו מיד הוא קופא ועומד כך עמודי שמים ירופפו
עֲמוּדֵי שמים נחון בהם את המסר ein Gleichniss
von der Milch, welche in einer Schüssel war
und welche, bevor ein Tropfen Lab in sie gefallen, hin- und herfloss, die aber, sobald
ein Tropfen Lab in sie hineingefallen, gerann
und gefestet ward. Ebenso heisst es עמודי
וג׳ (Hiob 26, 11), das bedeutet: „Der Himmel
blieb stehen, der früher hin- und herfloss“; denn
das Lab ist bereits hineingethan. Das. s. 14,
15ᵉ „Wie Milch liessest du mich zerfliessen“
(Hiob 10, 12) לקערה שהיא מליאה חלב u. s. w.
עד שלא נתן מסו בתוכו החלב רופף משנתן מסו
לתוכו הרי החלב קופא ועומד . . . ופקדתך שמרה
רורו ein Gleichniss von einer Schüssel voll
Milch, welche letztere, bevor man das Lab
hineingethan, hin- und herfliesst, die
aber, wenn man das Lab hineingethan, gerinnt und gefestet wird; . . . „Dein Befehl hält meinen Lebensodem fest.“ Levit. r. s. 14 g. E. dass.

מָסוֹ (von אָסֵי) heilen, s. שְׁקִינְתָא.

מְסוֹבִיתָא f. (von סוב, arab. شَاب mischen,
hbr. סָבָא s. d.) Weinausschenkerin, eig.
Weinmischerin. Ab. sar. 70ᵇ ההיא מסובריתא
Ascheri z. St. (Ms. M. דמסרה מפתחא לנכרית
לה אקלידא; Agg. crmp. דמסרה לאקלידא לגויה
מפתחה לנכרים) jene Weinschenkerin, welche
ihren Schlüssel einer Nichtjüdin übergab.

מְסוּגִּין *m.* plur. (=סוגין, von סוג) Körbe, eig. geflochtene Behältnisse. j. B. bath. II Anf., 13ᵇ un. אילין דעבדין מסוגין diejenigen, welche Körbe anfertigen. Möglicher Weise ist unser Wort von סגנון (signum) abzuleiten, Zeichen; אילין דעבדין מסוגין אילין לאילין רב׳ denjenigen, welche einander Zeichen vormachen (d. h. im Rennen, Springen u. dgl., eine Art Turnen), können die Nachbarn diese Beschäftigung verbieten; weil ihnen der Besuch fremder Menschen lästig ist; im Ggs. zu den Jugendlehrern (אילין דמלפין טליא), denen man verbieten kann, dass die Kinder ihre Schule besuchen.

מְסָוֶה *masc.* (=bh. von סוי, s. d.) Decke, Schleier. Tosef. Kel. B. bath. I המסוה שבמעדר die Bedeckung der Gäthacke.

מְסַוְוא *ch.* (=מַסְוֶה=bh.) Decke, Schleier. Pl. Thr. r. sv. גם חנין, 67ᶜ jene Ungeheuer אית להון מַכְוֶן על אפיהון רב׳ Ar. (Agg. מסוין) haben, während sie ihre Jungen säugen, ihr Gesicht mit Schleiern umhüllt u. s. w., s. יָרוֹד II.

מְסוּתָא *f.* (für מְסְחוּתָא, von סחי; ähnlich שוּתָא für שְׁעוּתָא, שוּרָא für שוּדְרָא u. m.) das Bad, Baden. B. mez. 6ᵇ ob. ההיא מסותא דהוו מנצי עלה בי תרי jenes Bad, um dessen Besitz zwei Personen stritten. Erub. 27ᵇ. Snh. 62ᵇ בי מסוותא Badehaus, s. יָבָל, Chull. 45ᵇ u. ö.

מַסּוֹי *m.* (=מַשּׂוֹי, s. d., von נְשָׂא) Last, grosse Masse. j. Dem. II, 22ᵈ ob. מסוי של צימוקים (wofür das. auch משׂוי) eine Last Rosinen.

מַסְוֵי Keth. 60ᵃ, s. סְוֵי.

מְסוּסְלָא s. מְסַבְּלָא.

מְסוּפָה *f.* (wahrsch. arab. مَسَافَة, von סוף) eig. Zwischenraum; übrtr. Scheidewand. Pl. Tosef. Schabb. VIII (IX) g. E. Stein und Erdscholle von der Grösse, כדי לעשותן מסופות ed. Zuckermandel (a. Agg. מסיפס) dass man sie zu Scheidewänden verwenden kann.

מְסְחוּתָא *fem.* (von סחי) das Bad, Baden. Kidd. 33ᵃ דהוה יתיב בי מסחותא er sass im Badehause. Das. 2 Mal; öfter verk. מסחתא s. d. W.

מְסַחְיָיא *m.* pl. (von סחי) die Trauernden, Leidtragenden, Märtyrer, s. TW.

מְסַחְפָּא *m.* (von סחף, s. d.) Schild, Visir, womit der Krieger das Gesicht schützt, s. TW.

מְסָחְתָא *f.* (=מְסָאתָא, syr. ﻣَﺴْﺤَﺘَﺎ) Wage, Wagschale; übrtr. die Fleischbank, auf welcher das Fleisch abgewogen wird. B. kam. 23ᵇ un. תיב אמסחתא וקבל זוזך sitze an der Fleischbank und nimm dein Geld ein. Schebu. 42ᵃ לאו אתורי יהבת לי ואתרית ואתיב אמסחתא gabst du mir denn nicht das Geld (das du mir jetzt abverlangst) zu dem Behufe, um dafür Ochsen einzukaufen; hierauf kamst du und setztest dich an der Fleischbank nieder, wo du dein Geld empfingst? Chull. 132ᵇ קבע מסחתא . . . לא קבע מסחתא er stellte die Fleischbank auf (d. h. betrieb den Fleischverkauf öffentlich), er stellte nicht die Fleischbank auf. Das. 133ᵇ יתיב כותי אמסחתא der Nichtjude sitzt an der Fleischbank.

מְסְטוֹבִיתָה *m.*, מַסְטוֹבָא *f.* (gr. στιβάς mit vorges. מ, ähnlich אַסְטְבָּא s. d.) Matratze, Unterlage, Sitzplatz, Ruhebank. j. B. bath. II Anf., 13ᵇ חד בר נש זבין כל דרתיה שייר ledᵇ der seinen ganzen Hofraum verkauft hatte, behielt sich die Ruhebank zurück; er ging und setzte sich darauf u. s. w. Cant. r. sv. לא ידעתי, 29ᵇ der Schneider Justus, der von der Regierung die Würde eines Herzogs (דוּכְּסוּתָא, s. d.) erlangt hatte, zeigte sich auf der Strasse. Einige seiner Bekannten sagten: Das ist ja der Schneider Justus! Andere aber sagten: Das ist nicht der Justus! אמר לון חד כרון הוא עבר בשוקא אן הוא מסתכל לההיא מסטוביתיה דהוה נהיג ומחיים עלה הוא הוא ואן לה (לא ל.) לית הוא עבר יתיב ושרי מסתכל לההיא מסטוביתה דהוה נהיג יתיב ומחיים עלה דהוא הוא Einer jedoch sagte zu ihnen: Wenn Jener beim Passiren der Strasse die Bank, auf welcher er gewöhnlich nähen sass, genau betrachten wird, so ist er es (der Justus), wo nicht, so ist er es nicht. Als nun jener auf der Strasse ging und die Bank, auf welcher er gewöhnlich nähen sass, sorgfältig betrachtete, so erkannte man ihn, dass es sei. — Pl. j. Bez. I, 60ᶜ un. ר׳ יונה מפקד לחבריא לא תיתבון לכון על מַסְטוֹבְיָיתָא דבריתיה דסדרא דבר עולא דאינין צנינין R. Jona befahl den Gelehrten: Setzet euch nicht auf die vor der Lehrhalle des Bar Ulla stehenden Bänke, weil sie sehr kalt sind; d. h. ihr könntet euch leicht erkälten, vgl. זִמְנוּת.

מַסְטְוָוה *m.* (=מַסְטוֹבָא) Matratze, Decke, Unterlage. j. Kil. IX, 32ᵃ mit. בנתון על גבי מסטורה . . . בנתון על גבי המיטה wenn es (das Gewand) auf einer Matratze liegt; wenn es auf einem Bette liegt. j. Erub. VII Anf., 24ᵇ un. עשרה מסטווה על פני כל הכותל zehn Faustbreiten bilden die Decke an der Fläche der ganzen Wand des Altars; ähnlich מַלְבֵּן, s. d. — Pl. j. Pes. V g. E., 32ᵒ un. מַסְטְוָורוֹת עושין להן Matratzen machte man für sie (die Priester im Tempel, die man unter ihre Füsse legte, damit letztere nicht vom Opferblut besudelt würden).

מַסְמֵט oder מִיסְמֵט *m.* N. a. (von סמי) das

Abweichen, bes. das Sichentfernen vom Rechte. — מַכְטִינָא *m.* der krumme, von der geraden Bahn abweichende Weg, s. TW.

מַצְטוּכָא, מַסְטִיכִי *f.* (gr. μαστίχη) Mastix, ein wohlriechendes Harz vom Baume Pistacia tentiscus. Genes. r. s. 91 g. E. wird לֹט (Gen. 43, 11) erklärt durch מסטיכי (Var. מצטוכא, ebenso Jalk. z. St.) Mastix, vgl. auch מוּפְּתָּא.

מוּסְטַפָּה *f.* (von סְטַף=arab. شَطَفَ spalten) eine Feigenart, die so lange auf dem Baume bleibt, bis sie überreif und aufgespalten wird. Pl. Dem. 1, 1 הַמוּסְטָפוֹת.

מַסְטֵר N. a. das Schlagen, s. סְטַר.

מַסְטֵירִין, מִסְטּוֹרִין *m.* (gr. τὸ μυστήρεον, od. τὰ μυστήρια) das Mysterium, die Geheimnisse. Genes. r. s. 50, 50ª על השרת מלאכי ידי שגולו מסטורין של הקבה נדחו ממחיצתן מאה שנה ושלשים ושמנה die Engel wurden, weil sie das göttliche Geheimniss veröffentlicht hatten („Wir verderben diesen Ort", Gen. 19, 13; was Gott selbst vor Abraham geheim gehalten hatte), auf 138 Jahre aus ihrem Gemach verstossen; näml. bis zur Zeit Jakob's, der sie „auf- und absteigen sah". Das. s. 68, 68ᵇ und s. 78, 76ᵉ dass. Das. s. 71, 71ª רחל הסבה פלך שתיקה וכו' ועמדה כל בניה בעלי מסטורין בנימין infolge dessen, dass Rahel die Spindel der Schweigsamkeit festhielt (dass sie die Lea anstatt ihrer dem Jakob als seine Frau zuführen sah und schwieg), entstanden ihre Kinder als Inhaber von Geheimnissen. So z. B. soll Benjamin von dem Verkauf Josef's gewusst haben, ohne seine Brüder zu verrathen; ferner Saul, der seine Ernennung zum Könige, Esther, die ihre Abstammung geheim hielt u. s. w. Das. s. 98, 94ᵈ „Jakob rief seine Söhne zusammen" u. s. w. (Gen. 49, 1) משל לאדם של מלך שהיה נפטה מן העולם והיו בניו סובבין את מטתו אמר להם באו ואגלה לכם מסטורין של מלך תלה עיניו והביט במלך אמר להם היו זהירין בכבודו של מלך כך יעקב אבינו תלה עיניו וראה שכינה עומדת על גביו אמר להם היו זהירין בכבודו של הקבה ein Gleichniss von einem Freunde des Königs, der, als er aus der Welt scheiden sollte, seinen Kindern, die sein Bett umstanden, zurief: Kommet, ich will euch die Geheimnisse des Königs kund thun. Hierauf erhob er seine Augen und, indem er auf den König hinblickte, sagte er zu ihnen: Seid gewarnt, den König in Ehren zu halten! Ebenso erhob unser Erzvater Jakob seine Augen in die Höhe und, indem er die Gottheit zu seinen Häupten stehen sah, rief er seinen Kindern zu: Seid gewarnt, Gottes Herrlichkeit zu ehren! Das. s. 74, 72ᵈ מילה etwas Geheimnissvolles, s. אִיזְגַּד. Exod. r. s. 18, 118ᵇ „Die Mutter des Knaben sagte zu Elischa: „So wahr Gott lebt und so wahr du

lebst" (2 Kn. 4, 30); עמדת במסטורין של אלהים מתחלה ונתת לי בן אף עכשיו עמוד במסטורין של אלהים והחזיה אותו du (wolltest sie damit sagen) standest im Geheimniss Gottes und schenktest mir den Sohn; nun, so tritt auch jetzt in das Geheimniss Gottes ein und bringe ihn zum Leben wieder! Levit. r. s. 32, 176ᵉ במסטורין של ישראל הרגו in den Geheimnissen Israel's erschlug Mose den Egypter; d. h. er vertraute den Israeliten, dass sie ihn nicht verrathen würden; mit Ansp. auf Ex. 2, 12: „Er verscharrte ihn in den Sand", d. h. in Israel, das, Hos. 2, 1, „dem Sande am Meere" verglichen wird. Num. r. s. 20, 242ᵈ בזכות ד' דברים נגאלו ישראל ממצרים שלא שינו את שמותן שלא שינו את לשונם ולא גילו מסטורין שלהם שמשה אמר להם ושאלה וג' והיה הדבר הזה מופקד אצלם ריב חודש ולא גילה אחד מהם למצרים ולא נפרצו בעריות infolge der vier Arten von Tugenden wurden die Israeliten aus Egypten erlöst: dass sie ihre Namen nicht änderten, dass sie ihre Sprache nicht änderten, dass sie die ihnen anvertrauten Geheimnisse nicht verriethen (denn das, was Mose zu ihnen gesagt hatte: „Die Frau nehme sich geliehen von ihrer Nachbarin" u. s. w., Ex. 3, 22, war von ihnen zwölf Monate hindurch geheim gehalten, ohne dass Einer von ihnen es den Egyptern verrathen hätte) und endlich nicht in Buhlerei ausgeartet waren. Cant. r. sv. השבעתי 14ᵇ ארבע שבועות יש כאן השביע לישראל שלא ימרדו על המלכות ושלא ידחקו על הקץ ושלא יגלו מסטורין שלהם לאומות העולם ושלא יעלו חומה מן הגולה vier „Beschwörungen" stehen hier (HL. 2, 7. 3, 5. 5, 8. 9); Gott beschwur die Israeliten, dass sie sich den Regierungen nicht widersetzen, dass sie hinsichtl. der Erlösungszeit nicht drängen, dass sie ihr Mysterium (die traditionelle Lehre, s. die nächstflg. Stelle) den Völkern nicht bekannt machen und dass sie sich nicht aus dem Exil gewaltsam entfernen sollten. Pesik. r. s. 5 Anf., 7ᵇ אמר הקבה לאומות מה אתם אומרים שאתם בני אירני יודע אלא מי שמסטורין שלי בידו הוא בני אמרו לו ומה הם מסטורין שלך אמר להם זהו המשנה Gott sagte zu den Völkern (welche infolge der griechischen Bibelübersetzung sich für die wahren Kinder Gottes ausgaben): Wie, ihr behauptet, dass ihr meine Kinder seid? ich weiss es nicht; nur derjenige, bei dem sich meine Mysterien befinden, der ist mein Sohn. Sie sagten zu ihm: Worin bestehen denn deine Mysterien? Er antwortete ihnen: Das ist die Mischna, d. h. die traditionelle Lehre. — Dahing. ist Genes. r. s. 50 Anf., 49ᵉ רב מסטורין crmp. aus רב דין: der Oberste der Rechtsverdreher, Titel eines sodomitischen Richters, wofür in Snh. 109ᵇ מצלי דינא steht, vgl. שָׁקְרָאי.

מִסְטְרִיקוֹן *m.* (gr. μυστηρικόν) Geheimnissvolles. j. Schabb. XII g. E., 13ᵈ כד חד מנהון

בעי משלחה חד מילה חד מסטריקון לחבריה הוא כתב 'במי מילין וכ wenn Jem. von ihnen (den Morgenländern) an den Andern etwas Geheimnissvolles schicken wollte, so schrieb er es mit dem Saft der Galläpfel u. s. w. In der Parall. j. Git. II, 44^b ob. steht dafür כתב מסטירין, s. מילה III.

מַסְטְרֵגִי m. pl. die Obersten, s. מִגִּסְטְרֵגִי im TW.

מְסָא ,מְסִי (=מָסַס) flüssig sein, werden, zerfliessen, s. TW. — מַסְיִין Part. pl. Af. (von אסי) heilend. Git. 56^b u. ö. — מסיח j. Jeb. VIII, 9^b ob., s. סוּח, סִיח.

מוּסְיָא Mysien, s. in 'מור

מְסִיבוּ fem. (von סִיב, s. d.) hohes Alter. Jeb. 65^b un. מסיבו דילה מאי תהדור עלה דהך אתתא (Raschi liest מִסֵיבָה) wie würde es dieser Frau in ihrem hohen Alter ergehen? d. h. was würde ich im Alter anfangen, wenn ich kinderlos bleiben sollte?

מְסִימִים ,מסמס m. (eig. vom gr. ἡμίσευμα: die Hälfte, für semissis) ein halber Ass. Pl. j. Kidd. I, 58^d mit. פונדיון שני מְסִימִיסִין der Pundion (dupondium) שתי פרדוטות beträgt zwei Semisses, der Semissis zwei Perutoth. Tosef. B. bath. V g. E. und Kidd. 12^a איסר שני מסמיטין ein Ass beträgt zwei Semisses.

מסמס ,סַסְמָס m. eine kostbare Holzart. Chag. 26^b und Men. 97^a כלי מטומס דחסיבני Ar. (Agg. מסמס) die Geräthe dieser Holzart, welche werthvoll sind, im Ggs. zu אכסלגוס, s. d. Mögl. Weise jedoch bedeutet מטמטים=מתכות: Metall.

מסן j. Kil. III Anf., 28^c mit. wahrsch. crmp. aus מוסיו: die Hälfte, Mitte.

מְסִיפָס m. (etwa lat. sepes mit vorges. מ) Zaun, der Oeffnungen hat, Stacketenzaun. Hai Gaon, citirt vom Ar., erklärt unser Wort: hohle Wand, welche viele Fenster (Luken) hat; was viell. mit Stacketenzaun identisch ist. Erub. 72^ab מסיפס Stacketenzaun, im Ggs. zu מחיצה עשרה eine, zehn Faustbreiten hohe Scheidewand. Raschi z. St. erklärt unser W. durch niedrigen Zaun; was jedoch durch den gedachten Gegensatz widerlegt sein dürfte. B. bath. 2^b מסיפס im Ggs. zu כותל gemauerte Wand. Ab. sar. 70^b חצר שחלקה במסיפס ein Hof, den man vermittelst eines Stacketenzaunes getheilt hat. j. Ab. sar. V, 44^d un. — Pl. Jalk. I, 113^b die übereinander liegenden Decken der Stiftshütte (Ex. 26, 14) כמין מִסְרְפָסִין היו עשויות waren nach Art der Stacketenzäune gemacht; sodass näml. die unterste Decke durch die Höhlungen der obersten sichtbar war.

מָסִית m. (eig. Part. Hif. von סוּת) Jem., der verlockt, insbes. der zum Götzendienst Verlockende; der näml. die Vorzüglichkeit dieses oder jenes Götzen in Gegenwart Anderer, um zum Götzendienst zu verleiten, schildert. Davon unterschieden ist מַדִּיתַ, der Verführende, der direkt zum Götzendienst auffordert: נלך ונעבור עלז wir wollen gehen und den Götzen anbeten, vgl. Snh. 7, 10 (16) זה ההדיוט. המסית j. Tlmd. (bab. Tlmd. המסית את ההדיוט minder richtig) זה הדיוט והמסית את ההדיוט unter מסית ist ein gewöhnlicher Mensch (d. h. nicht ein falscher Prophet) zu verstehen, der einen gewöhnlichen Menschen (d. h. einen Einzelnen, nicht die ganze Einwohnerschaft eines Ortes, עיר הנדחת, s. d.) zum Götzendienst verlockt. j. Jeb. XVI g. E., 15^d un. steht dafür המסית זה הדיוט והניסית זה הדיוט der Verlockende ist ein gewöhnlicher Mann und der Verlockte ein Einzelner. j. Snh. VII, 25^d ob. מסית אומר בלשון גבוה ומדיח אומר נמוך ... מסית אומר בלשון הקודש ומדיח אומר בלשון הדיוט der Verlockende spricht mit lauter Stimme, der Verführende hing. mit leiser Stimme; der Verlockende bedient sich der heiligen (hebr.) Sprache, der Verführende hing. der gewöhnlichen Umgangssprache. — Pl. Aboth de R. Nathan XVI g. E. liebe alle Menschen, gleichviel ob sie gelehrt oder ungelehrt sind; ושנא את האפיקורסין והמסיתין והמדיחין וכן המסוררת aber hasse die Epikuräer (Gottesleugner, Gesetzverächter), die Verlockenden und die Verleitenden, ebenso die Angeber (vgl. מסור); mit Bez. auf Ps. 139, 21. 22.

מָסַך (=bh. Grndw. מס, s. מֶסַך, syn. mit נָסַך, Grndw. סך) 1) giessen, den Wein mischen. Ab. sar. 58^b, s. מָזַג. Levit. r. s. 22 Anf., s. סִיפָא. — 2) ein metallenes Gefäss anfertigen, eig. giessen. j. Ber. I, 2^d ob. אדם מוסך בולס אנוגי Ar. (ed. Lehm. בולס כלים, ed. Ven. נוסך בולים der Mensch verfertigt eine durchsichtige Kugel in Eile u. s. w., vgl. אֲנַנְקִי Genes. r. s. 12 g. E., 13^d מוסך בולס Ar. (Agg. מוצק כלים) dass. Hif. (viell. von סָכַך=נָסַך) weben. Schabb. 73^a הצובע והטווה והמיסך derjenige, der sie (die Wolle) färbt, spinnt oder webt. j. Schabb. VII, 10^c ob. הזן דעבד קונטרן נסן ומחצלן חייב משום מיסך הדא איתתא כד משתייא בקרביה משום מסכת Jem., der (am Sabbat) Rohrdecken, Siebe oder Matten anfertigt, begeht die Sünde eines Webenden; eine Frau, welche Körbe umspinnt, begeht die Sünde eines Webenden. Tosef. Schabb. VIII (IX) Anf. המיסך שלשה חוטין wenn Jem. drei Fäden webt u. s. w., vgl. auch סָבַך.

מַסֵּכָה f. 1) (=bh. von נָסַך) gegossenes Götzenbild. Snh. 103^b (mit Ansp. auf Jes. 28, 20 והמסכה, eig. „die Decke") מי שכתוב בו demjenigen, von dem es heisst: „Er sammelt wie כונס כנד מי הים תעשה לו מסכה צרה

Haufen das Meereswasser" (Ps. 33, 7), sollte das Götzenbild als Nebenbuhlerin hingestellt werden? Num. r. s. 7, 196ᵇ dass. Sifra Kedoschim Anf. zu den zehn, die Götzen beschimpfenden Namen gehört מסכה על שם שהם ניכוכים der Name מסכה, weil sie zerschmelzen (nicht: gegossen werden, vgl. עֲבוֹדָה זָרָה). — 2) das Gewebe. Trop. Exod. r. s. 42 g. E. מסכה רעה הסכתן לדורות ein böses Gewebe habt ihr (infolge der Anfertigung des „gegossenen Bildes", מסכה, Ex. 32, 8) für die kommenden Geschlechter gewebt; d. h. die schädlichen Folgen dieser Sünden werden unaufhörlich wirken. (Die gedachte Phrase wird das. aram. erklärt: נוושתי; בישתא אישתיתון לדרייא; was denselben Sinn giebt. Demnach ist הַסְכְתֶן, Hif. von סָכַךְ, zu lesen, nicht הֲסִכְתֶן, wie der Commentt. meinen und wonach Wörterb. Bd. I, 482ᵇ.) — 3) (=מוֹסְכָן) gr. μόσχος, muscus) Moschus, der theilweise tödtet, theils auch als Heilmittel dient. Exod. r. l. c. (eine andere Deutung des Ws. מסכה) R. Jizchak sagte: לשון סרדיוטון הוא מסכה כד אמר הקבֹל אני נורֹמֹא das W. מסכה ist nach der griech.-römischen (eig. Krieger-) Sprache aufzufassen (näml. μόσχος, muscus); Gott sagte: Auf dieselbe Weise werde ich das Kalb heilen; d. h. das Kalb bewirkte Israel's Sünde, aber die Asche der rothen Kuh, von der das Kalb abstammt, wird auch seine Sühne (Moschus) sein, vgl. פָּרָה und מֶנֶת.

מַסֶּכֶת f. (=bh.) 1) Gewebe, daher auch Decke. Ohol. 8, 4 מסכת הפרוכה das Gewebe (gewebte Zeug), das ausgebreitet ist. Kel. 21, 1 נפש המסכת eig. die Seele des Gewebes; d. h. die starken Fäden, auch Rohrfäden, die in das Gewebe eingeflochten waren, um dasselbe zusammenzuhalten. Trop. Midrasch Tillim zu Ps. 38 Israel spricht zu Gott: אנו המסכת ואתה הארג wir sind das Gewebe, du aber bist der Weber. — 2) textus, eig. Zusammengewebtes, übrtr. zusammengetragene Lehrsätze, Talmudtraktat. j. Snh. II, 20ᶜ ob. (mit Ansp. auf ויסך, 2 Sm. 23, 16) קבֹע מסכת לדורות David setzte sie (die Halacha, dass der König sich einen Weg durchbrechen dürfe, selbst wenn er dadurch Anderen Schaden zufüge) als einen Lehrsatz für die kommenden Geschlechter; wiewohl er „das Wasser damals nicht trinken wollte". Taan. 10ᵇ כלה der Traktat Kalla, vgl. כַּלָּה. Kidd. 49ᵇ ob. dass. (in einigen Agg. מסכתא דכלה aram.). — Pl. Cant. r. sv. ששים המה מלכות אלו ששים 28ᵇ היא מַסֶּכְתּיֹת של הלכות ושמונים פילגשים אלו שמנים פרשיות של תורת כהנים ועלמות אין מספר אין קֵץ לתוספות „Sechzig sind die Königinnen" (HL. 6, 8), das sind die sechzig Traktate der Halachoth; „achtzig Kebsfrauen", das sind die achtzig Abschnitte des Sifra (des halach. Comment. zum Leviticus); „die Mägdlein ohne Zahl", d. h. unendlich, zahlreich sind die Tosef-

toth (eig. die Zusätze, vgl. תּוֹסֶפֶת, הוֹסָפָה). Midr. Tillim zu Ps. 104 „Dieses Meer (bildl. für den Talmud) enthält Gewimmel ohne Zahl" (Ps. 104, 25) אלו הַמַּסֶכְתוֹת דבר קפרא ור' חייא ורדב ודרבנן das sind die Traktate (Borajtoth) des Bar Kapra, des R. Chija, des Rab und der babylonischen Gelehrten.

מַסֶכְתָּא ch. (=מַסֶּכֶת) eig. Gewebe, textus; insbes. Talmudtraktat, zusammengetragene Lehrsätze. Snh. 49ᵃ פתיח להו במסכתא sie machten die Einleitung in die Lehrsätze, Bibelforschungen. Schabb. 3ᵇ ob. R. Chija sagte zu Rab: לא אמינא לך כי קאי רבי בהא מסכתא לא תשיילי במסכתא אחריני וכֹ' sagte ich dir denn nicht schon einmal, dass, wenn Rabbi sich mit dem einen Traktat beschäftigt, du an ihn keine Fragen betreffs eines andern Traktats richten sollst? Er könnte näml. beschämt werden, vgl. כְּסַף. Das. 118ᵇ un. Abaji sagte: תיהוי לי דבי חזינא צורבא מרבנן דשלים מסכתיה עבידנא יומא טבא לרבנן möge mir die verdienstliche Handlung belohnt werden, dass ich, sobald ich sah, dass ein junger Gelehrter seinen Talmudtraktat vollendet hatte, den Gelehrten einen Festtag bereitete. Erub. 53ᵃ un. דבהי יהודה דגלו מסכתא נתקיימה הורתן בידן בני גליל דלא גלו מסכתא לא נתקיימה הורתן בידן דוד גלי מסכתא שאול לא גלי מסכתא bei den Judäern, welche ihre Lehren Anderen mittheilten, erhielt sich die Gesetzlehre; bei den Galiläern hing., welche ihre Lehren Anderen nicht mittheilten, erhielt sich die Gesetzlehre nicht. David theilte seine Lehren Anderen mit; Saul theilte sie nicht mit. Horaj. 10ᵇ Raba fragte den R. Papa und R. Huna bar Josua: אוקימתון מסכתא פלן ומסכתא פלן אמרו ליה אין habet ihr diesen und jenen Talmudtraktat inne? Sie antworteten ihm: Ja. B. mez. 23ᵇ un. בהני תלת מילי עבידי רבנן דמשני במיליתהו במסכתא ובפוריא ובאושפיזא betreffs folgender dreier Dinge pflegen die Gelehrten die Wahrheit zu untderdrücken, näml. betreffs des Talmudtraktates, des Bettes und der Gastfreundschaft; d. h. wenn man einen Gelehrten fragt, ob er diesen oder jenen Traktat bereits gelernt habe: so begeht er durch die Verneinung dieser Frage keine Lüge, selbst wenn er ihn gelernt hat, da dies blos aus Bescheidenheit geschieht. Wenn man ihn fragt, ob er den Beischlaf vollzogen habe: so wird eine Verneinung des Geschehenen als Keuschheit angesehen. Wenn man endlich fragt, ob der N. N. gastfreundlich gegen ihn gewesen sei: so darf er sagen, dass er keine gute Aufnahme gefunden habe, selbst wenn ihm eine solche zu theil wurde. Denn dadurch, dass die Gastfreundschaft des N. N. allgemein bekannt würde, könnte Letzterem der Nachtheil entstehen, dass er von Gästen, zuweilen auch von Gewaltthätigen belästigt werden würde. Vgl. Arach. 16ᵃ „Wenn

Jem. seinen Freund mit lauter Stimme segnet (d. h. die Gastfreundschaft desselben allgemein bekannt macht), so könnte Letzterem später ein Fluch daraus entstehen" (Spr. 27, 14).

מוֹשָׁקָן ,מוֹשָׁק ,מוֹשֶׁק ,מוֹסְקִין ,מוֹסְכִּין *m.* (arab. مِسْك pers. Ursprungs, μόσχος, muscus) Moschus, Bisam. j. Ber. VI g. E., 10ᵈ beim Riechen aller anderen Gewürze spricht man den Segen: Gelobt ... der den Gewürzhölzern einen Wohlgeruch verliehen hat! בר מן אהן מוסכין דיימר ברוך אשר נתן ריח טוב במיני בשמים (Ar. liest מוסקין) ausgenommen hiervon ist der Moschus, bei dessen Geruch man spricht: Gelobt ... der den Gewürzarten einen Wohlgeruch verliehen hat! In bab. Ber. 43ᵃ steht dafür חריק ממוסק שמן חידה הוא (Ms. M. ממושך) ausgenommen hiervon ist der Moschus, der von einem (d. h. dem Bisam-) Thiere herkommt. Keth. 75ᵃ זיעה גבי כהנים אפשר לעברה במקוה בקיוהא Ar. sv. משק (Agg. דרמרא ומרדה ודרמרא, und die letzten zwei Worte fehlen) der Schweiss (ein schweissiger Körpertheil) wird bei Priestern nicht als ein Leibesfehler angesehen, weil man ihn durch Weinkahm, Myrrhe oder Moschus vertreiben kann. (Aben Esra zu Ex. 30, 23 citirt Saadia's Erklärung der hebr. מר durch מושק Moschus, welche jedoch schon aus der hier zuletzt citirten St. als widerlegt angesehen werden dürfte; ganz abgesehen davon, dass fast alle Gewürznamen ihre ursprüngliche semitische Benennung und Bedeutung beibehalten haben, also מר: Myrrhe.)

מִסְכֵּן I *m.* Adj. (=bh.) arm, ein Armer. Stw. סכן, Grndw. סך (wovon סכי ,שׂכי): auf etwas schauen, sich nach etwas sehnen, ähnl. אֶבְיוֹן, eig. ein Verlangender. Ruth r. sv. ויאמר ברוכה 42ᵃ האשה בחור מסכן מזקן עשיר das Weib liebt mehr einen armen Jüngling, als einen reichen Greis. Trop. Khl. r. sv. ואמרתי אני 93ᵇ „Die Klugheit der Armen ist verachtet" (Khl. 9, 16). וכי מסכנתו של ר' עקיבא שהיתה בזויה היתה אלא זה זקן שהוא יושב ומסכן בדבריו כגון זקן שהוא יושב ודורש לא תכירו פנים והוא מכיר לא תקח שחד והוא לוקח לא תלוה והוא מלוה ... הוי אין מסכן אלא מי שמסכן (שמומסכן) דבריו war denn etwa die Gelehrsamkeit des R. Akiba, welcher arm war, verachtet? Vielmehr ist darunter ein Gelehrter zu verstehen, welcher sitzt und lehrt, der aber betreffs seiner Lehren arm ist. Wenn z. B. ein Gelehrter sitzt und vorträgt: „Ihr sollt die Personen nicht bevorzugen!" (Dt. 1, 17), während er selbst Personen bevorzugt; „Du sollst nicht Bestechung nehmen" (Dt. 16, 19), er selbst aber Bestechung annimmt; „Du sollst nicht auf Zins leihen" (Lev. 25, 37), während er selbst auf Zins verleiht. Arm ist also derjenige, dessen Worte sich als arm (von ihm selbst als unbeherzigt) erweisen. Aehnlich Jelam-

denu zu Num. 25, 4 und Jalk. II, 188ᵇ שממסכן מדברי תורה שמלמד לאחרים והוא אינו מקיים לפיכך אין דבריו נשמעין der „arm" an den Worten der Lehre ist, der näml. Anderen lehrt, was er selbst nicht erfüllt, weshalb seine Worte kein Gehör finden. Khl. r. sv. ומצא בה 93ᵃ „Ein armer und kluger Mann" (Khl. 9, 15); זה יצר טוב ולמה קורא אותו מסכן שאינו מצוי בכל הבריות ואין רובן של בריות נשמעין לו darunter ist der Trieb zum Guten zu verstehen. Weshalb nennt ihn die Schrift „arm"? Weil er bei den Menschen selten angetroffen wird und die Meisten ihm kein Gehör geben. — Dav. Denom.

מִסְכֵּן II arm machen. Sot. 11ᵃ un. wird שממסכנות את (Ex. 1, 11) gedeutet: בעליהן דאמר מר של העוסק בבנין מִתְמַסְכֵּן Städte, welche ihren Besitzer arm machen"; denn ein Lehrer sagte (Jeb. 63ᵃ): Wer sich mit Bauen befasst, wird arm. Exod. r. s. 1, 101ᵇ dass., wo jedoch שממסכנות crmp. ist aus שממסכנות. Ein anderer Autor das. deutet מִסְכְּנוֹת (von סכן, vgl. auch מִסְכְּנוֹת) שמסכנות את בעליהן „die Städte, welche (durch Einsturz u. dgl.) ihren Besitzer in Gefahr bringen". Cant. r. sv. משכני 7ᵇ (mit Ansp. auf משכני, HL. 1, 4) מְמַסְכְּנִי אחריך נרוצה „wenn man mich arm macht (d. h. infolge meiner Armuth, vgl. מִסְכְּנוּתָא) laufen wir dir nach". Nach einer andern Deutung: מְסַכְּנֵנִי אחריך נרוצה „wenn man mich in Gefahr bringt, so laufen wir dir nach"; d. h. wir sind oft Märtyrer wegen des Glaubens-Bekenntnisses.

מִסְכְּנָא III מִסְכְּנִין ,מִסְכֵּן *ch.* (syr. ܡܣܟܢܐ =מִסְכֵּן) I) arm, der Arme, Bedürftige. j. B. mez. II, 8ᵃ ob. ר' שמעון בר ווא דהוה אינש מסכין R. Simon bar Wa, welcher ein armer Mann war. j. Schebu. VII, 37ᵈ mit. (wird Spr. 13, 7 erklärt): בר נש עתיר גו שוקא ומסכן גו „mancher Mensch thut reich auf der Strasse, ist aber arm im Hause; mancher ist reich im Hause, thut aber arm auf der Strasse". — Pl. j. Sot. III, 19ᵃ mit. מעשר מִסְכְּנִין der Zehnt, der den Armen zu entrichten ist (hebr. מעשר עני, s. d. W.). — Davon denom.

מִסְכֵּן II) (syr. ܡܣܟܢ=מְסַכֵּן) arm machen, s. TW.

מִסְכֵּנוּ *fem. ch.* מִסְכְּנוּתָא (syr. ܡܣܟܢܘܬܐ, hbr. מִסְכְּנוּת) Armuth, Dürftigkeit. Cant. r. sv. משכני 7ᵇ יאיא היא מסכנותא לברתיה דיעקב כרסא סומקא בקדלא דסוסיא חיורא kleidet die Tochter Jakob's (Israel's Gemeinde) ebenso, wie ein rother Riemen den Nacken eines weissen Pferdes; d. h. Leiden läutern Israel. Levit. r. s. 35, 179ᵈ dass. Pesik. Schimeu, 117ᵃ dass. nach Ar. sv. ערקא 2 (Agg. בדקליה, l.

בקדליה). Levit. r. s. 13, 156ᵈ lautet dieser Satz wie folgt: יאיא מסכנותא לידהודאי כעזקתא (l. בערקתא) כרומקתא דעל ליביה דסוסיא חיורא die Armuth kleidet die Juden ebenso, wie ein rother Riemen am Herzen eines weissen Pferdes; vgl. auch בַּרְזָא II.

מְסוֹבָן m. (eig. Part. Pual von סָבַן s. d.) ein gefährlich Kranker, der näml. plötzlich erkrankt ist, s. w. u. Git. 65ᵇ ר' שמעון שזורי אומר אף המסוכן R. Schimeon Schesori sagt: Auch der gefährlich Kranke (wird Jemdm. gleichgestellt, der eine Seereise unternehmen, oder sich zu einer Karawane begeben will). Wenn er näml. sagt: Schreibet einen Scheidebrief für meine Frau! so darf man ihn nicht blos schreiben, sondern auch der Frau übergeben, selbst wenn er letzteres nicht ausdrücklich bemerkt hatte; weil näml. angenommen wird, dass er dies infolge seines leidenden Zustandes vergessen habe. Teb.jom 4, 5 u. ö. dass. j. Git. VI, 48ᵃ un. מה בין מסוכן מה בין חולה חולה כדרך הארץ ומסוכן כל שקפץ עליו החולי was ist für ein Unterschied zwischen dem gefährlich Kranken und dem Schwerkranken? חולה bedeutet Jemdn. der zwar schwer, aber doch nach gewöhnlicher Art erkrankt ist; מסוכן den plötzlich von einer schweren Krankheit überfallen wurde. Ber. 62ᵇ הוא סבר מסוכן הוא er glaubte, dass jener plötzlich gefährlich erkrankt wäre. — Fem. Chull. 37ᵃᵇ בהמה המסוכנת, מְסוּכֶּנֶת ein Thier, das dem Verenden nahe ist. Das. היכי דמי מסוכנת כל שמעמידין אותה ואינה עומדת was ist מסוכנת zu verstehen? Ein Thier, das, wenn man es aufrichtet, nicht stehen bleibt.

מְסַכֶּבֶת f. (eig. Part. von סָכַב, s. d.) anstossend, bes. von der Scharte des Schlachtmessers. — Ar. liest מסכסכת Part. act., welche Form dem אוגרת entspricht; Agg. überall מסוכסכת Part. pass. minder richtig. — Chull. 17ᵇ אוגרת משתי רוחות מסכסכת מרוח אחת unter אוגרת ist eine Scharte zu verstehen, die zwei Spitzen hat (an welche der darüber geführte Fingernagel sowohl von oben, als nach unten anstösst, eig. ihn einschliessend, einsammelnd); מסכסכת hing. ist eine solche Scharte, an die der Nagel blos nach einer Seite hin anstösst (מרדכי, d. h. der zur nur eine Spitze s. d.) an der schadhaften Stelle des Messers hervorragt, während dasselbe sonst glatt ist. Das. מסוכסכת פסולה das Schlachten mit einem Messer, das eine einseitige Scharte hat, ist nicht rituell; wenn näml. das Messer über den Hals des Thieres so geführt wurde, dass es mit der Spitze anstiess. Dahingegen מסכסכת כשרה ist ein solches Schlachten rituell, wenn das Messer, das eine Scharte hat, so geführt wurde, dass es mit der Spitze nicht anstiess.

מְסוֹבַרְיָא m. (von סָבַר, s. d.) Stöpsel, der

aus Zeug, Lappen u. dgl. angefertigt ist. Keth. 6ᵃ האי מסוכריא דנזייתא der Stöpsel eines Weinfasses. Bech. 25ᵃ und Schabb. 111ᵃ dass.

מְסוֹלַיָּיא oder מְסוֹליִיס m. (eig. Part. pass. von סלי, vgl. סוּלְיִים) Bänderschuh oder Schnürsohle, die nur die Fusssohle (solea) bedeckte und oberhalb mit Riemen oder Bändern befestigt wurde. Kidd. 14ᵇ ob. מסולייס (סוליים, Ar. מסוליים, Agg.) Raschi (סוליים) ein Bänderschuh, der keine Ferse hat. — Ferner als Adj. Jeb. 103ᵇ סנדל המסולייס שאין לו עקב eine Sandale, die eine Schnürsohle, aber keine Ferse hat.

מְסַלְסְלָא masc. (von סַלְסֵל, vgl. auch שִׁלְשֵׁל) Kamm, eig. Instrument zum Kräuseln des Haares. Thr. r. sv. סלה, 57ᵈ ר' אמר סרקון Ar. sv. סרק לוי בערביא צוחין למסרקא מסלסלא 2 (anders in Agg.) das W. סלה (Klgl. 1, 15) bedeutet: man kämmte sie (bildl. für hin- und hertreiben). R. Lewi sagte: In Arabien nennt man den Kamm: מסלסלא.

מְסָמָה f., מְסַמָּא nur מסמא אבן (wahrsch. von סמי) Steinplatte, Deckstein, eig. Blendstein; d. h. Spiegelstein, Marienglas, womit man Betten u. dgl. bedeckte, vgl. אָבֶן. Mögl. Weise jedoch ist unser W. vom arab. سَمَّ abzuleiten: einen Gegenstand auf etwas legen (davon سُمِّ: eine aus Palmblättern geflochtene Decke, Matte, stratum). Nid. 69ᵇ wird מסמא abgeleitet von וְשָׂמַת (Dan. 6, 18; wonach fast alle Commentt., vgl. dagegen Schabb. 82ᵇ Tosaf. sv. באבן); also eig. ein hingelegter Stein (wonach auch das W. במסא in der Mischna durch מסמא באבן erklärt wird). Diese Erklärung jedoch ist schon deshalb nicht zutreffend, weil von ושמת (Dan. l. c.) die Wurzel שום lautet, während von מסמא die Wurzel סמי ist. Das Wort kommt blos bei den Unreinheitsgesetzen vor. — Sifra Abschn. Mezora (Sabim) cap. 3 Anf.: „Wer auf dem Geräth sitzt, worauf der Schleimflüssige sitzt ... soll unrein sein" (Lev. 15, 6). אין לי אלא בזמן שרושב עליו ונוגע בו מנין לעשרה מושבות זה על גב זה ואפילו על גב מסמא תלמוד לומר מקום שהוא יושב ומְטַמֵּא ישב הטהור ויִטְמָא man könnte denken, dass nur derjenige unrein wird, der auf einem solchen Geräth sitzt und es berührt; woher ist aber erwiesen, dass wenn zehn Polster übereinander liegen (auf deren unterstem der Schleimflüssige gesessen hat), und Jem. auf einer Steinplatte, die darübergelegt ist, sitzt, der Letztere unrein werde? Daher, dass es heisst: „Wer da sitzt" u. s. w.; was besagt: Dass an der Stelle, der Schleimflüssige durch sein Sitzen verunreinigt, dass daselbst auch der Reine durch sein Sitzen unrein wird; d. h. dass ebenso wie der Schleimflüs-

sige alle unter ihm liegenden Polster, selbst wenn
darüber eine Steinplatte liegt, auf welcher er
sitzt, verunreinige, ebenso auch der Reine unrein
werde, der auf einer Steinplatte sitze, die oberhalb
mehrerer Polster liegt, deren unterstes der Schleimflüssige berührt hatte. Sifra das. cap. 3 Ende
מנין לעשרה מרכבות זה על גב זה אפילו על גבי
אבן מטמא תלמוד לומר וכל המרכב וג׳ woher
ist erwiesen, dass selbst, wenn zehn Reitzeuge
übereinander liegen und der Schleimflüssige blos
auf der Steinplatte (die oberhalb derselben liegt)
sich befindet, sie sämmtlich unrein werden?
Daher, dass es heisst: „Alles Reitzeug, worauf
der Schleimflüssige reitet, wird unrein" (Lev.
15, 9). Kel. 1, 3 למעלה מהן מרכב שהוא מטמא
תחת אבן מטמא einen höheren Grad von Unreinheit (als Schleimfluss u. dgl.) nimmt das Reitzeug ein, denn es verunreinigt auch unter der
Steinplatte; s. vrg. St. Schabb. 82b (mit Bez.
auf die Mischna das., vgl. auch Ab. sar. 47b)
כי פליגי באבן מטמא ר׳ עקיבא סבר כנדה מה
נדה מטמאה באבן מטמא אף עבודה אלילים מטמאה
באבן מטמא ורבנן סברי כשרץ מה שרץ לא מטמא
באבן מטמא אף עבודה אלילים לא מטמאה באבן
מטמא (Ms. M. hat hier zumeist מוסמא Part.
Hofal; ebenso liest Rabad in Sifra l. c. überall
מוכמא) betreffs der Steinplatte findet folgende
Meinungsverschiedenheit statt: R. Akiba vergleicht
den Götzen dergestalt mit einer Menstruirenden,
dass so wie diese vermittelst der Steinplatte verunreinige, ebenso auch der Götze vermittelst der
Steinplatte verunreinige. Die Rabbanan hing.
vergleichen den Götzen mit einem Reptil, dass so
wie dieses vermittelst der Steinplatte nicht verunreinige, ebenso auch der Götze vermittelst
der Steinplatte verunreinige. Das 83b.
j. Schabb. IX Anf., 11d ob. Nid. 55b ob. אי מה
היא מטמאה באבן מטמא אף מדוה נמי מטמא
באבן מטמא וכ׳ man könnte denken, dass so
wie die Menstruirende vermittelst der Steinplatte
verunreinigt, ebenso auch das Menstruum vermittelst der Steinplatte verunreinige u. s. w.

מְסִיטִים, מְסַמֵּס מסמס s. in מסי׳.

מַסְמֵס Pilp. (von מְסַס) 1) zerfliessen machen, zerdrücken. Part. pass. Nid. 24a
(מְמוּסְמָסִין) המפלת מי שפיר מוּסְמָסִין (verk. aus
wenn eine Frau einen Abort hat, dessen Gesicht
(unter der Haut) zerdrückt ist. Trop. j. Snh.
X, 28a un. (mit Ansp. auf Khl. 12, 10) בשעה
שדברי תורה יוצאין מפי בעליהן כתיקנן הן ערבין
לשומעיהן כממסמרות נטועים ובשעה שהן יוצאין
ממוסמסין הן מרים לשומעיהן כממסמרות wenn die
Worte der Gesetzlehre aus dem Munde ihres
Inhabers (Gesetzlehrers) geordnet hervorgehen,
so sind sie ihren Hörern so lieblich wie ein-
geschlagene Nägel (die man vortheilhaft verwenden kann); wenn sie aber ungeordnet (eig.
verschwommen, d. h. geschmacklos) hervorgehen,
so sind sie ihren Hörern so bitter wie die Nägel,

die ungeordnet umherliegen und den sie Berühren-
den leicht verwunden. Num. r. s. 14, 224a dass. —
2) besänftigen, beruhigen, eig. erweichen,
die Härte benehmen. Genes. r. s. 82, 80b „Die
Hebamme sagte zur Rahel: Verzage nicht" u. s. w.
(Gen. 35, 17), כך ממסמסין נפשה של חיה ואומרים
auf לה בשעת הלידה אל תיראי כי בן זכר ילדת
diese Weise besänftigt man das Gemüth der Gebärerin, indem man ihr zur Zeit des Gebärens
zuruft: Verzage nicht, denn du gebärst einen
Knaben!

Nithpalp. zerfliessen, flüssig, faulig
werden. Chull. 45b פסול נתמסמס ein
Thier, dessen Gehirn zerflossen ist, darf nicht
gegessen werden, vgl. מֵחַץ. Das. 53b נתמסמס
הבשר רואין אותו כאלו אינו wenn das Fleisch
faulig ist, so behandelt man es, als ob es
gar nicht vorhanden wäre; d. h. wenn irgend
ein Glied, wegen dessen Fehlens das Thier nicht
genossen werden darf, faulig ist (wie z. B. der Knotenpunkt der Adern u. dgl.), so ist das Thier trefa,
d. h. zum Genuss verboten. Das. נתמסמס היכי דמי
כל שהרופא גוררו ומעמידו על בשר חי was bedeutet נתמסמס? Fleisch, das so faulig geworden, dass der Arzt es abschabt, bis er zu ge-
sundem Fleisch gelangt. Das. 77a steht dafür
קורדו (l. קורדר) . . . . כל שהרופא dass.
j. Ter. VIII, 46a mit. אבטיח שניקר שנתמסמסו בני
מעיה אסור eine Melone, die zerstochen und
deren Kerngehäuse faulig ist, darf nicht gegessen werden; weil näml. angenommen wird,
dass die Schadhaftigkeit der Frucht von einem
Schlangenbisse herrühre, vgl. נִיקּוּר.

מַסְמֵס ch. (=מִסְמֵס) 1) zerfliessen machen, besudeln, zerdrücken. Chull. 4a
דמסמסם ליה מסמוסי er zerdrückte den Vogel,
infolge dessen das ausfliessende Blut jedes Merkmal (מסמן) an letzterem unkenntlich macht. Das.
18a ממסמסם ליה בפרתא וב׳ man besudelt es
(das Fleisch eines Fleischers, der öfters verbotenes Fleisch an Juden verkaufte, um ihn zu
bestrafen) mit Mist, damit es selbst an Nichtjuden nicht verkauft werden könne. Das. 28a
und 53b eine Ente im Hause des R. Asche על
לבי קניא נפק אתא כי ממסמסם קועיה דמא ging
unter Stangen; als sie herauskam, war ihr Hals
mit Blut besudelt. — 2) beruhigen, pflegen,
eig. den Hunger oder Durst durch Nahrungsmittel stillen. Jeb. 42b eine Geschiedene oder
Wittwe darf während der Nährzeit ihres vom
ersten Manne geborenen Kindes (מינקת חברו)
nicht heirathen, weil, falls sie schwanger wird,
ihre Milch verdirbt und infolge dessen das Kind
aus Mangel an Nahrung umkommen würde. אי
הכי דידיה נמי דידיה ממסמסא ליה בבצים וחלב
דידה נמי ממסמסא ליה בבצים וחלב לא ידיב
בעל לה wenn das der Grund wäre, so müsste
man bei ihres gegenwärtigen Mannes Kind dasselbe befürchten! (d. h. wie darf eine nährende

22*

Frau den ehelichen Umgang mit ihrem Manne
pflegen, man müsste ja besorgen, dass, wenn sie
schwanger wird, ihr erstes Kind infolge schlechter Nahrung umkommen würde? Worauf geantwortet wird:) Sein Kind wird sie pflegen durch
Darreichen von Eiern und Milch. Kann sie denn
nicht auch ihr Kind durch Darreichen von Eiern
und Milch pflegen? (Warum darf sie also während
der Nährzeit ihres Kindes nicht heirathen?)
Der Mann würde ihr das Geld hierzu nicht
geben (da es das Kind eines anderen Mannes ist).
j. Jeb. VIII, 9ᵃ ob. ר' אדא בר אחווא אתיליד ליה
חד בר מִיסָמָסָא בריה מיה (die Form מימסמס ist
contr. aus מִין־מֹס', vgl. מִן g. E.) dem R. Ada
bar Achwa wurde ein Sohn geboren (dessen Vorhaut unkenntlich war), der aber dadurch, dass
man sein Glied öfter betastete, aufritzte (um das
erforderliche Bundesblut hervorzubringen, דם
ברית, vgl. מִדָּל), starb. j. Schabb. XIX, 17ᵃ un.
dass.

מַסְמְסָה f. N. a. das Zerfliessen, d. h.
der Uebergang eines kranken organischen Körpers (des Gehirns, Fleisches u. dgl.) in Fäulniss.
Chull. 45ᵇ מסמסה כל שאינו יכולה לעמוד unter
Zerfliessen des Markes in dem Rückgrat ist derjenige Zustand zu verstehen, dass der Rückgrat
(die Vene desselben) nicht aufrecht stehen bleibt
(sondern sich krümmt; im Ggs. zu המרכה:
das gänzliche Erweitern des Markes; was
das. erklärt wird: כל שנשפך כקרתון wenn das
Mark beim Aufritzen der Haut aus derselben,
wie aus dem Wasserschlauch, herausspritzt. Das.
53ᵇ המכמסה das Faulsein des Fleisches infolge
eingesogenen Giftes, vgl. דרוסה; vgl. auch מַסְמֵסָ
g. E.

מַסְמְתָא oder **מַסְמָתָא** f. Terrasse des
Altars, die aus Kalk, Steinen und Pech gebaut war (=מַלְבֵּן) s. d. W.

מַסְמֵר m. (arab. مِسْمَار, bh. מַסְמְרִים, מַסְמְרוֹת
מַשְׂמְרוֹת pl. Stw. סָמַר s. d.) 1) Nagel. Schabb.
6, 10 (9) מסמר הצלוב j. Tlmd. und Ar. (Agg.
des bab. Tlmd. מן הצלוב) der Nagel eines Pfah-
les, an dem ein Gekreuzigter hing und der als
Heilmittel diente. Kel. 12, 4 . . . מסמר הגרע
der Nagel, die Lanzette des Ader-
lassers; מסמר הגרדי der Nagel des Webers, vermittelst dessen
er den Faden über die Spule dreht. Das.
Mischna 5 מסמר של שלחני . . . מסמר של אבן
השעות der Nagel des Geldwechslers (welcher
näml. zum Befestigen der Schalter dient); der
Nagel des Stunden-Zifferblattes (der durch das
Werfen des Schattens die Tageszeit angiebt).
Das. . . . . מסמר שהתקינו להיות פותח ונועל בו
הצעותו לשמירה; מסמר שהתקינו להיות פותח
בו את החבית וכ' ein Nagel, den man zum Auf-
und Zuschliessen einrichtet (dessen Spitze man
krummgebogen hat, eine Art Dietrich); ein Nagel,
dessen man sich (als eines Riegels) zum Be-

wachen des Hauses bedient; ein Nagel, den man
(als Bohrer) zum Oeffnen des Fasses einrichtet. Das. 14, 2, vgl. חֲזִינָא. Levit. r. s. 5, 149ᵈ
(mit Bez. auf Jes. 22, 16) אמר לו גלויי בר גלויי
איזה כוחל בנית כאן איזה עמוד העמדת כאן
אפילו איזה מסמר קבעת כאן נמכאן אמר ר' אלעזר
צריך אדם שיהא לו מסמר או יתד קבוע בבית
הקברות כדי שיהא ויקבר באותו מקום der Prophet sagte zu Schebna: Du Herumwanderer,
Sohn der Herumwanderer, welche Wand hast
du hier gebaut? Welche Säule hast du hier
aufgestellt? Oder selbst welchen Nagel hast du
hier befestigt? Daher sagte R. Elasar: Der
Mensch muss einen Nagel oder einen Pflock in
einem Begräbnissplatz befestigt haben, damit er
dort begraben werde. Tanchuma Abschn. Behalotcha, 208ᵇ למה כתיב כמסמרות ואני קורין
מסמרים ללמדך שאם קבעת אותם כמסמר בלבך הם
משמרין אותך weshalb steht כמשמרות (mit ש,
Khl. 12, 11), das wir aber: מסמרות lesen? Das
belehrt dich, dass wenn du die Worte der Gesetzlehre wie einen Nagel in deinem Herzen be-
festigst, sie dich beschützen (von שָׁמַר). Nach
einer andern Deutung das. מה משמרות כהונה
כד כד אף ספרי תורה כד so wie es 24 Priesterposten giebt, so giebt es auch 24 Bücher der
Bibel; vgl. auch פָּסַק. — Pl. Genes. r. s. 68 g. E.
Nebukadnezar bewunderte seinen Drachen, der
Alles, was man ihm vorgeworfen hatte, verschlang.
Daniel erbat sich die Erlaubniss, das Ungethüm
zu tödten. מה עשה נטל תבן והטמין לתוכו
מסמרים השליך לפניו ונקבו מסמרים את בני מעיו
was that er? Er nahm Stroh, in welchem er
Nägel verborgen hatte, warf es ihm vor und
die Nägel desselben durchlöcherten seine Eingeweide. Trop. B. bath. 7ᵇ אלעזר בני קבע בה
מַסְמְרוֹת Elasar, mein Sohn, befestige darin (in
dieser Halacha) Nägel! d. h. halte fest daran,
ohne davon abzuweichen. — 2) übrtr. nagelförmige Masse. Teb. jom 1, 3 מסמר החכר
ein längliches (nagelförmiges) Stück Teig,
das aus dem Brote hervorragt und das dem Bäcker
als irgend ein Zeichen dient. — Pl. Tosef. Neg.
II g. E. המַסְמְרוֹת nagelförmige Auswüchse
am menschlichen Körper, ähnlich יבלות und
טלטולין, s. d. W. j. Snh. X, 28ᵃ un. und Num.
r. s. 14, 224ᵃ, s. מִסְמֵר. — Davon denom.

מַסְמֵר mit Nägeln beschlagend. Part. Pual
Schabb. 60ᵃ סנדל הַמְסוּמָר eine mit Nägeln beschlagene Sandale. j. Schabb. VI, 8ᵃ ob. Bez.
14ᵇ. 15ᵃ dass., s. סָנְדֵּל, vgl. auch סָמַר.

מַסְמְרָא ch. (=מַסְמֵר) Nagel. j. B. bath. II
Anf., 13ᵇ מסמרא דנוולא der Nagel des Webers
(=מסמר הגרדי, s. ob.). Trop. j. Pes. V, 32° mit
הא קביעא גבך כמסמרא dies (diese Halacha) sei
bei dir befestigt wie ein Nagel. j. Jeb. XIII,
13° ob. קביעא גבך כמיסמרא (l. כמסמרא) dass.
— Davon denom.

מַסְמֵר *ch.* (=מִסְמֵר) mit Nägeln beschlagen. Part. pass. j. Chag. III Anf., 78ᵈ mit. הוה תמן חד כיף דשייש והוה כל חד וחד נסיב חד מסמר וקבע ליה בגויה והוא נחת ושקע כהדין לייש נָטַמְרָא מתקרי כיפא מְסַמְרָא gab es einen Marmorfelsen; daselbst nahm ein Jeder einen Nagel, den er hinein (in den Felsen) schlug und der so tief hineindrang und versank, wie in den Teig. Noch jetzt wird jener Fels der mit Nägeln beschlagene Fels genannt.

מֵיסָן Arzt; מֵיסָן Mitte, s. in 'מר.

מָסָנָא ,מְסָנָא ,מְסָנָתָא s. מְסָאן, מְסָאנָא.

מַסְנֶנֶת *fem.* (von סָנַן, s. d.) Sieb, Seiher. Schabb. 134ᵃ מסננת של חרדל ein Sieb, worin man den Senf siebt. Das. 139ᵇ und j. Schabb. XX Anf., 17° dass.

מַסְנְנָא *m.* (von סָנַן) Kleinod, eig. geläutertes, gediegenes Gold, s. TW.

מָסַס (=bh.) zerfliessen, schwinden. Nif. Deut. r. s. 1 g. E. תימס עינו של אותו האיש möge das Auge jenes Mannes zerfliessen!

מְסַס *ch.* (=מָסַס) zerfliessen, s. TW. — Palp. מַסְמֵס s. d. W.

מְסָס(?) *m.* eig. der Zerreibende, insbes. ein Darm des Rindes, Haube u. dgl., in welchem die Speise zerrieben wird. Levit. r. s. 18 Anf., 160ᵈ „Die Mahlenden werden gestört" (Khl. 12, 3), זה המסס darunter ist der Darm zu verstehen. Das. 161ᵃ „Die leise Stimme der Mühle" (das. V. 4), בשביל שאין המסס טוחן weil der Darm (infolge des hohen Alters) nicht mehr die Speise zermalmt; s. den nächstflg. Art. Chull. 3, 1 fg. u. ö. — Die recipirte LA. lautet הֶמְסֵס, s. d.; aber die nächstflg. *chald.* Form dürfte viell. für die Richtigkeit der hier angegebenen Form sprechen.

מְסוֹסָא *ch.* (=מְסָס) der Zerreibende, d. h. der Rindsdarm, die Haube. Khl. r. sv. ביום שידור, 97ᵇ „Die leise Stimme der Mühle" (s. vrg. Art.) על ידי דלית מסוסא טחין infolge dessen, dass der Darm nicht mehr mahlt.

מְסָעָא s. מְסָאנָא.

מְסוֹסְטוּלָא ,מַסּוֹסְטְלָא *m.* (gr. μεσόστυλον) Raum zwischen zwei Säulen, intercolumnium, als Bezeichnung einer bestimmten Fläche. j. Ned. III Anf., 37ᵈ אנא חמית משך דחיוי עביד אורדי על טרמני (חומני l. מסוסטורלא (wahrscheinlich zu lesen מְסוּסְטְלֵי pl.) ich sah das Fell einer Schlange, das einen Bezug von acht Intercolumnien bildete. j. Schebu. III, 34ᵈ mit. תמריא מכוסטולי steht dafür dass.

מֶסַע *m.* (=bh. von נָסַע) das Aufbrechen des Lagers (eig. das Fortnehmen der Zelte

durch Herausziehen der Pflöcke), das Fortziehen, die Reise. Cant. r. sv. ויסעו ,מי זאת, 17ᵈ בשעה שהיו ישראל מתנודדין ממסע למסע היה ענוד הענן יורד ועמוד האש צומח ועשן המערכה עולה רב׳ als Israel von einer Station nach der andern wanderte, so senkte sich die Wolkensäule, glänzte die Feuersäule auf und der Rauch vom Opferaltar stieg in die Höhe; infolge dessen die Schlangen und Skorpionen verbrannt wurden u. s. w. — Pl. Exod. r. s. 25, 123ᵃ לארבעים ושתים מסעות ירד להם המן והיכן ירד באלוש nach 42 Stationen fiel den Israeliten das Manna; wo fiel es ihnen? In „Alusch", vgl. אָלוּשׁ. R. hasch. 31ᵃ עשר מסעות נסעה שכינה מקראי וכנגדן גלתה סנהדרין מגמרא zehnfache Reisen fanden bei der Schechina statt, was aus Bibelversen erwiesen ist (näml. aus Ez. 9, 3 u. m. a.); dem entsprechend fanden zehn Auswanderungen beim Synedrium statt, was sich traditionell erhalten hat, vgl. חָנוּת. Num. r. s. 1 Anf., 182 und Tanchuma Bemidbar Anf. s. כַּדּוּרִין.

מַסִּיעַ *m.* (von נָסַע) das Entrücken, Entfallen. j. Taan. IV Anf., 67ᵇ מסיע דעת das Entfallen aus dem Sinn (=הֶיסֵחַ דעת ,הֶסַח דעת, s. d. W.).

מְסַעֵד *m.* (eig. Part. Piel von סָעַד) Jem., der unterstützt, Hülfe leistet. Plur. Par. 3, 6 הפרה וכל מְסַעֲדֶיהָ die rothe Kuh und alle ihre Hilfeleistenden; d. h. die bei ihrem Fortführen behilflich sind.

מִסְפְּדָא ,מְסָפְּדָא *masc.* (hbr. מִסְפֵּד, von ספד) Trauer, s. TW.

מֶסְפּוֹטְמִיָא (Μεσοποταμία sc. χώρα) Mesopotamien, eig. das Land zwischen den zwei Flüssen (Euphrat und Tigris); eine Uebersetzung des hbr. אֲרַם נַהֲרַיִם. Genes. r. s. 30 g. E. Gott sagte zu Abram: עד שאתה מאיר לי מאסטוטמיא (ומהברותיה ובא והאיר לפני בארץ (ממסטוטמיא l. ישראל anstatt, dass du mir von Mesopotamien und seinen Grenzstädten aus leuchtest, komme und leuchte mir von Palästina aus! Das. s. 44, 42° „Ich erfasse dich von den Enden der Erde" (Jes. 41, 9), das bedeutet ממסטוטמיא ומהברותיה von Mesopotamien und seinen Nachbarstädten. Das. s. 60 Anf. „Der im Finstern ging" (Jes. 50, 10), ממסטוטמיא ומהברותיה (Agg. crmp. מאסטמיא) derjenige, der von Mesopotamien und seinen Nachbarstädten kam.

מְסִיפָא ,מְסִיפָא *m.* (von ספי, כָּסָא, s. d.) Ehrfurcht, Scheu, Angst, s. TW.

מְסִיפָא s. in 'מסי.

מְסָפֵק *m.* (syn. mit סָפֵק s. d.) Zweifelhaftes. j. Sot. III, 19ᵃ un. die des Ehebruchs verdächtige Frau (Sota), die das Prüfungswasser getrunken hat und als schuldlos befunden wurde,

סופה שהיא מתְי בחחלואים רעים מפני שהכניסה
המרובה עצמה למספק הזה wird später dennoch
an bösartigen Krankheiten sterben, weil sie
(infolge ihres Alleinseins mit einem fremden
Manne) diesen grossen Zweifel (Verdacht) auf
sich gezogen hat. Das. IV Anf., 19° dass. j.
Git. VIII, 49° un. מה ראית להכניס עצמך למיספק
הזה המרובה wie kamst du dazu (eig. was sahst
du), dich in diesen grossen Zweifel einzulassen?
j. R. hasch. I, 57ᵇ un. למה אתם מכניסין עצמכם was
lasset ihr euch in einen solchen Zweifel ein (das
Versöhnungsfest zweifelshalber an zwei Tagen
zu feiern)? Es lässt sich wohl mit Bestimmtheit annehmen, dass der Gerichtshof die Festsetzung des Neumondes nicht verabsäumt haben
würde. Das. II, 58ᵃ ob. למה הכבנסהה עצמך למספק
warum liessest du dich in den Zweifel
ein? d. h. was veranlasste dich, ein so unwahr-
scheinliches Zeugniss abzulegen? Esth. r. sv.
ויפקד, 105ᵈ באו לידי המספק הזה sie kamen zu
zu solchem Zweifel.

מֶסְפֵּר m. (=bh. von סָפַר) Zahl, Zählung.
Edij. 2, 9 האב זוכה לבן בנוי ובכח ובעושר הקע
ובחכמה ובשנים ובמספר הדורות לפניו והוא
שנאמר קורא הדורות מראש אף על פי שנאמר
ועבדום וענו אותם ארבע מאות שנה ונאמר ודור
רביעי ישובו הנה der Vater vererbt seine tugendhaften Handlungen seinem Sohne hinsichtlich der
Schönheit, der Kraft, des Reichthums und der
Weisheit (d. h. diese vier Eigenschaften, die der
Vater infolge seiner Tugendhaftigkeit besitzt,
gehen auch auf den Sohn über); ferner hinsichtlich der Jahre, sowie hinsichtlich der Anzahl
der Geschlechter im Voraus, näml. des Endes
der Leiden (d. h. wenn Gott die unmittelbaren
Nachkommen des Frommen nicht für würdig
befindet, ihnen die tugendhaften Handlungen ihres
Ahnen zu vergelten, sodass er Leiden über sie
verhängt, so bestimmt er doch schon im Voraus
das Ende dieser Leidenszeit und zwar in doppelter Beziehung, näml. 1) durch die Angabe
der Jahre, wie lange diese Leiden däuern werden, und 2) durch die Angabe, in dem wieviel-
ten Geschlechte die völlige göttliche Erlösung eintreffen werde. So heisst es auch:
„Gott verkündet die Geschlechter im Voraus"
(Jes. 41, 4). Denn obgleich Gott dem Abram
verheissen hatte: „Die Egypter werden die
Israeliten unterjochen und sie quälen 400 Jahre"
(Gen. 15, 13; er also das Aufhören der Leidenszeit bestimmt hatte): so fügte er dennoch hinzu: „Das vierte Geschlecht wird hierher zurückkehren" (das. V. 16; d. h. die vierte Generation von Jakob an, der nach Egypten zog,
näml. Kaleb, Sohn des Chezron, Sohnes des
Perez, Sohnes des Juda, Sohnes des Jakob, kam
nach Palästina zurück). — Dieses Verhältniss
des doppelten Endes fand auch bei der Er-

lösung aus dem babylonischen Exil statt. Denn
nach 70 Jahren, im zweiten Regierungsjahre
des Perserkönigs Darius hörten die Leiden des
Exils auf; Jerusalem jedoch wurde erst viel später, im 32. Regierungsjahr des Artaxerxes aufgebaut, zu welcher Zeit der Rest der Exulanten
unter Anführung des Nehemia zurückkehrte.
Ein ähnliches Verhältniss wird auch in der
messianischen Zeit stattfinden: Zuvörderst wird
die Befreiung von der heidnischen Knechtschaft
nach Erfüllung einer gewissen Zeit, sodann
auch die völlige Erlösung (die göttliche
Tröstung, vgl. מָשִׁיחַ und נֶחָמה) nach Ablauf
einer gewissen Anzahl von Generationen eintreten. Das scheint der einfache Sinn
dieser dunkeln Mischna zu sein; vgl. auch den
Comment. des R. Abr. bar David z. St. — Sifre
Teze Pisk. 286 במספר ארבעים מנין סמוך לארבעים
„nach der Zahl Vierzig" das (die zwei nebeneinander stehenden Worte in Dt. 25, 2 und 3) bedeutet: Die Zahl, die der Vierzig nahe
ist; dah. ist näml. erwiesen, dass die Verbrecher mit neununddreissig Geisselhieben bestraft werden, vgl. מַלְקוּת. Mac. 22ᵇ steht dafür: אי כתיב ארבעים במספר הזה אמינא ארבעים
במיניא השתא דכתיב במספר ארבעים מנין שהוא
ארבעים כותב את הארבעים hätte die Schrift gesagt:
ארבעים במספר, so könnte man diese Worte übersetzen: „Vierzig an Zahl"; da aber במספר ארבעים
steht, so ist der Sinn: die Zahl, die an vierzig grenzt, d. h. 39 Geisselhiebe.

מַסְפֵּר masc., nur Dual מַסְפָּרַיִם, מִסְפָּרַיִם
Scheere, die aus zwei Klingen zusammengesetzt ist. j. M. kat. III, 82ᵃ ob. Kel. 16, 8
u. m., vgl. מַסְפֶּרֶת. Stw. סָפַר: reiben, schaben.
Unser W. verhält sich also zu vrg. מִסְפֵּר wie
דָּבֶר: Pest zu דָּבָר: Wort. also.

מַסְפֶּרֶת (מסםורת) f. Scheermesser, Zwickmesser; ein aus einem Stück bestehendes und
in der Mitte krummgebogenes Instrument, das,
wenn seine zwei Schärfen aneinander gelegt
werden, das Haar abzwickt. Kel. 13, 11 מספרת
שנחלקה לשנים ein Scheermesser, das in zwei
Theile (an der oberen Krümmung) zerbrochen
wurde und dessen jeder Theil zum Schneiden angewandt werden kann. Das. 16, 8 תיק מספרת
ונספריים das Futteral des Zwickmessers und der
Scheere. Tosef. Kel. B. mez. III Anf. מספרת של
פרקים ein Zwickmesser, das aus zwei einzelnen Theilen zusammengesetzt (oben zusammengelöthet)
ist. Schabb. 48ᵇ. 58ᵇ steht dafür unrichtig
מספורת. j. M. kat. III, 82ᵃ ob. Jem., der von
mehreren, aufeinander folgenden Trauerfällen
heimgesucht wurde (und welchem also das Verbot
des Haarverschneidens während der Trauerzeit
zu beobachten, schwer fällt), הרי זה מיקל בסכין
darf das Haar
erleichtern vermittelst eines gewöhnlichen Mes-

sers oder eines Zwickmessers, aber nicht vermittelst einer Scheere; weil näml. letztere das Haar ganz abrasirt.

מַסְפְּרָתָא, מַסְפְּרָא, מַסְפֵּר *ch.* (syr. ܡܶܣܦܰܪ) = מִסְפֵּר, מַסְפֶּרֶת) Scheermesser, Zwickmesser. Snh. 90ᵃ ob. זיל אייתי לי מספרא אנא ואיגזייך gehe und hole mir ein Scheermesser, so werde ich dich scheeren. Das. הבו לי מספרא ... ויהבו ליה מספרתא gebet mir ein Scheermesser! und man gab ihm ein Scheermesser. B. bath. 58ᵃ אייתי מספרא וגזייה לדיקניה man brachte ein Scheermesser, womit man ihm den Bart abschor; s. auch TW.

מָסַק (verwandt mit arab. مَسَكَ eig. ergreifen, erfassen, vgl. מֵסִיק) die Oliven abpflücken, im Ggs. zu נָקַף: die Oliven abschlagen. Für das Abschlagen der verschiedenen Baumfrüchte kommen verschiedene Benennungen vor, vgl. בָּצַר, גָּדַר, זָמַר, עָדַר u. a. — Neg. 2, 4 האיש נראה כעודר וכמוסק זיתים der Mann (welcher einen Aussatz hat, den der Priester besichtigen muss, um ihn als rein oder als unrein zu erklären) wird in der Stellung eines Gätenden und eines Olivenabpflückenden besichtigt. Vgl. damit Sifra Tasria Par. 3 cap. 4 כעודר בבית השחי וכמוסק בבית השחי (richtiger לבית ... לבית, vgl. Rabad z. St.) "wie ein Gätender" hinsichtlich der Scham (der verdeckten Stelle), "und wie ein Olivenabpflückender" hinsichtlich der Achselhöhling, d. h. da nur die Aussätze an solchen Körpertheilen die sichtbar sind, als unrein erklärt werden können, so musste die gedachte Stellung angegeben werden. Beim Gäten stellt man gewöhnlich die Füsse in einiger Entfernung von einander, sodass die Geschlechtstheile sichtbar werden, und beim Abpflücken der Oliven hebt man die Hände in die Höhe, sodass die Achselhöhlungen sichtbar werden (die Oelbäume sind in der Regel nicht sehr hoch, weshalb man zum Abpflücken ihrer Früchte die Arme nicht sehr zu heben braucht). Levit. r. s. 15 g. E. dass. (Betreffs der Aussätze des Weibes s. עָרַךְ.) j. Schabb. VII, 10ᵃ mit. הקוצר הבוצר המוסק wenn Jem. Getreide erntet, Weintrauben schneidet oder Oliven pflückt. j. Dem. VI Anf., 25ᵇ ob. זתים למסוק בשמן Oliven (die Jem. übernahm), um sie zu pflücken und Oel daraus zuzubereiten. Tosef. Dem. VI Anf. dass. Das. המקבל שדה מהגרי למוסקה בזיתים wenn Jem. das Feld, das ursprünglich seinen Eltern gehört hatte, von einem Nichtjuden pachtet, um die Oliven desselben zu pflücken. Tosef. Tohar. X Anf. u. ö. Part. pass. Tosef. B. mez. IX Anf. זיתים מוסקין abgepflückte Oliven.

מָסִיק *m.* (nach der Form קָצִיר, בָּצִיר u. a.) das Olivenpflücken, die Olivenlese, und übertr. die Zeit des Olivenpflückens. j. Maasr. V, 51ᵈ ob. זיתי ניקוף ... זיתי מסיק ab-

gepflückte Oliven, abgeschlagene Oliven (die letzteren geben ein schlechteres Oel aus, als die ersteren). j. B. bath. III, 14ᵃ ob. ג' שנים קציר ג' שנים בציר ג' שנים מסיק wenn Jem. in drei aufeinander folgenden Jahren die Getreideernte, ebenso die Weinlese und ebenso das Olivenabpflücken vorgenommen hat, so gilt dies als Beweis, dass er der rechtmässige Besitzer des Feldes sei, vgl. חֲזָקָה. j. Jeb. XV, 14ᵈ mit. die Schule Schammai's entgegnete der Schule Hillel's auf ihre Behauptung, die dort erwähnte Halacha wäre nur betreffs der Getreideernte, קציר, referirt worden, Folgendes: והלא כל השנה כולה קציר קציר כאי זה צד יצא קציר שעורים ונכנס קציר חטים יצא קציר ונכנס בציר יצא בציר ונכנס מסיק die Ernte dauert ja das ganze Jahr hindurch! Auf welche Weise? Ist die Gerstenernte vorüber, so kommt die Weizenernte; ist die Getreideernte vorüber, so kommt die Weinlese; ist die Weinlese vorüber, so kommt das Olivenpflücken (denn auch das Ablesen der Baumfrüchte besteht ja meistens im „Abschneiden", קציר. — In bab. Jeb. 116ᵇ steht dafür: לדבריכם אין לי אלא קציר חטים קציר שעורים מנין ואין לי אלא קוצר בוצר מוסק גודר עודר מנין וכ' nach eurer Behauptung könnte ich jene Halacha auch auf die Weizenernte anwenden [da jene Handlung zur Zeit der Weizenernte stattgefunden hatte]; woher ist der Gerstenernte erwiesen? Ferner wäre eine solche Zeit zu erweisen, wann man den Wein schneidet, die Oliven pflückt, die Datteln abschneidet oder die Feigen Rest? u. s. w.).

מְסִיקָה *f.* N. a. das Abpflücken der Oliven. Schabb. 17ᵃ Hillel sagte zu Schammai: מפני מה בוצרין בטהרה ואין מוסקין בטהרה אמר לו אם תקניטני גוזרני אף על המסיקה weshalb muss man (nach deiner Ansicht) die Weintrauben vermittelst levitisch-reiner Geräthe schneiden, die Oliven hing. (wie du selbst gestehst) nicht vermittelst reiner Geräthe abpflücken? Jener erwiderte: Wenn du mich erzürnst, so werde ich auch betreffs des Olivenpflückens dasselbe erschwerende Gesetz erlassen. — Pl. B. bath. 36ᵇ das Besitzungsrecht erlangt der gegenwärtige Besitzer eines Grundstückes (der sonst über den Kauf desselben keinen Ausweis hat) nicht eher, עד שיגדור ג' גידרות ורבוצר ג' בצירות ורמסיק ג' מסיקות als bis er (innerhalb dreier Jahre) drei Mal das Dattelabschneiden, drei Mal die Weinlese und drei Mal das Olivenpflücken abgehalten hat, s. vrg. Art.

מַסִיק *m.* (von מָסַק) Bedrücker, Bedränger, Räuber. Mit dem arab. مَاكِس ist unser W. sinn- und stammverwandt; mit נֵגֵשׂק hing. (Stw. נָגַשׂ, s. w. u.) blos sinnverwandt. — Tosef. Ahil. XVI g. E. מעשה בשפחתו של מסיק אחד בריטמון וכ' einst ereignete es sich, dass die Magd

eines Räubers in Rimon u. s. w. j. Pes. I, 27ᶜ mit. dass. In bab. Pes. 9ᵃ und Ab. sar. 42ᵃ steht dafür מְצִיק. — Pl. B. kam. 116ᵇ in der Mischna הגזל שדה מחבירו ונטלוה מַסִּיקִין wenn Einer dem Andern ein Feld raubte, das später die Räuber ihm entrissen. Vgl. Gemara das. מאן דתני מסיקין לא משתבש ומאן דתני מציקין לא משתבש וכ' derjenige Autor, der in der Mischna: מסיקין liest, irrt nicht; aber auch derjenige, der: מציקין liest, irrt nicht. Denn der erstere Autor vergleicht das Wort mit סַאָה (wofür die jer. Trgg. מסיקא haben: eine, eig. räuberische Heuschreckenart, s. d. W.); der andere Autor bringt es mit מֵצִיק: Bedrängniss in Zusammenhang. j. Schabb. XVI Ende, 15ᵈ Ulla sagte: גליל גליל שנאת התורה סופך לעשות במסיקין o Galiläa, Galiläa (d. h. Einwohnerschaft dieser Provinz), du hassest die Gesetzlehre, und so wirst du einst unter den Räubern Beschäftigung suchen! j. Dem. VI, 25ᵈ mit. מן המסיקין שנו (die Halacha des R. Juda: Wenn Jem. das Feld seiner Väter von Nichtjuden pachtet u. s. w.) handelt davon, dass er das Feld von Räubern gekauft hat.

מְסִיקָא ch. (=מֵצִיק) eig. der Bedrücker, Räuber; übrtr. eine die Früchte fressende (eig. raubende) Heuschreckenart, wie Grille u. dgl. — Pl. מְסִיקַיָּא, s. TW.

מֵיסַק m. N. a. oder Inf. (von נְסַק) das Aufgehen, Aufsteigen, s. TW.

מַסְקָא masc. 1) das Hinaufsteigen, Besteigen einer Anhöhe, s. TW. — 2) die zu besteigende Anhöhe. — Pl. Levit. r. s. 18, 161ᵃ „Vor dem Hohen fürchtet er sich" הדין סבא דצווחין ליה זיל לאתר (Khl. 12, 5); סלן ודהוא שאיל ואמר אית חמן מַסְקָין אית חמן מחתין wenn man dem Greise zuruft: Gehe nach dem und dem Orte! so fragt er ängstlich: Giebt es etwa dort Anhöhen? giebt es dort Vertiefungen? Jalk. II, 189ᶜ dass. Khl. r. sv. גם מגבה, 97ᵇ crmp., vgl. מוֹחָתָא.

מְסוֹקַתָא, מְסוֹקִיתָא fem. 1) das Aufsteigen. — 2) die Anhöhe, Stufe, ein zu besteigender Ort, s. TW.

מַסְקְנָא m. (syr. ‎ ‎) 1) Anhöhe, ein hoher, zu besteigender Ort, Terrasse, Freitreppe, s. TW. — 2) übtr. der Ausgang, Erfolg. Meg. 14ᵇ ob. ומסקנא הכי הוה der Erfolg war auf diese Weise; d. h. die Worte der Abigail gingen später bei David in Erfüllung. (Im Spätrabbinischen kommt öfter מסקנא דשמעתתא vor: der Ausgang, das Resultat der Halacha, vgl. סָלַק.)

מַסְקֵיד von סְקַד, s. d.; vgl. auch מִסְאָסָא.

מוֹסְקִין Moschus, s. מוֹסְכִּין.

מַסְקוֹם j. Bic. III, 65ᵈ mit. crmp., s. מַנְגִי, מִנְגָּא im Ithpa.

מְסַר m. (von נְסַר=bh. מַשּׂוֹר von נָשַׂר, vgl. auch נָשַׁר) Sbst. (נֶשֶׁר) Säge, eig. Instrument, das die Sägespäne abwirft. Grndw. סר: weichen, abfallen, vgl. נָסַר und נְסוֹרֶת. Schabb. 123ᵇ מַסֵּר הגדול die grosse Säge. j. Schabb. XVII Anf., 16ᶜ dass. j. Suc. III, 53ᵃ un. eine Weide, הְשׂוּרָה כמין מסר die in Form einer Säge gewachsen ist, vgl. מַגָּל. Genes. r. s. 6, 7ᵈ את סבור שהוא du שף בקריע ואינו אלא כמסר הזה שהוא נוסר בעץ glaubst, dass sie (die Sonne, יום, s. d.) an das Himmelsgewölbe reibe, was jedoch nicht der Fall ist, sie gleicht vielmehr einer Säge, die in den Baum sägt.

מְסָרָא, מַסְרָא ch. (syr. ‎ ‎=מַסָּר) Säge. — Davon denom. מְסַר, Pa. מַסַּר sägen, zersägen, s. TW.

מְסַר (Grndw. סר mit vrges. מ) eig. weichen machen, herausbringen; dah. 1) einen Gegenstand übergeben, aushändigen. (Für bh. למסר, Num. 31, 16 citirt Kennik. nach mehrern Mss. למגול, womit Onkelos übereinstimmt, näml. למשקרא שקר: Treulosigkeit zu begehen=Num. 5, 6.) B. mez. 8ᵇ כאדם המוסר דבר לחבירו wie Jem., der einem Andern etwas übergiebt, vgl. מוֹסֵרָה. j. Git. II, 44ᵇ mit. מסר לה במוסירה מהו wie ist es, wenn der Mann ihr (seiner Frau den Scheidebrief) mittelst eines Bandes übergiebt? d. h. ist eine solche Uebergabe ebenso gut, als ob er ihr den Scheidebrief unmittelbar eingehändigt hätte? j. Kidd. I, 60ᵃ un. היו לו עשרה גמלים קשורים זה בזה מסר לו ob. מוסרה של אחד מהם כולהם קנה אל לא קנה אלא אותו מסר לו בלבד wenn Jem., der zehn Kamele hatte, die aneinander gebunden waren, den Strick eines derselben dem Käufer übergab; hat letzterer hierdurch die sämmtlichen Kamele gekauft, oder blos dasjenige, dessen Strick jener ihm übergeben hatte? Schebi. 10, 2 המוסר שטרותיו לבית דין וכ' wenn Jem. (vor Eintritt des Erlassjahres, Schemita) seine Schuldscheine dem Gerichte übergiebt, so bewirkt die Schemita nicht den Verfall seiner Schulden, vgl. auch פְּרוֹזְבּוּל. — 2) übtr. Worte überliefern, etwas mündlich mittheilen. j. Jeb. VIII, 9ᵈ ob. (mit Bez. auf Edij. 8, 7: „Eine illegitime Familie gab es, die der Ben Zion durch einen Machtspruch als legitim eingeführt hatte; אף על פי כן לא בקשו חכמים לפרסמן אבל חכמים מוסרין אותן לבניהם ולתלמידיהן סעמיים בשבוע aber dessen ungeachtet wollten die Gelehrten die Angelegenheiten dieser Familienglieder nicht öffentlich bekannt machen, sondern überlieferten sie ihren Kindern und ihren Schülern ein Mal in einem Septennium. Kidd. 71ᵃ dass. Das. שם בן ארבע אותיות חכמים מוסרין אותו לתלמידיהן פעם אחת בשבוע ואמרי לה פעמים בשבוע den

vierbuchstabigen Namen (d. h. die Aussprache des Tetragramms) überlieferten die Gelehrten ihren Schülern ein Mal in einem Septennium; Manche sagen: zwei Mal in einem Septennium. Das. oft, vgl. שֵׁם. Aboth 1, 1 משה קבל תורה 'מסיני ומסרה ליהושע וכ Mose empfing die Gesetzlehre vom Sinai und überlieferte sie dem Josua, dieser den Aeltesten, diese den Propheten und diese überlieferten sie den Männern der grossen Synode. — 3) ausliefern, preisgeben, freigeben. j. Ter. VIII, 46ᵇ un. wenn Nichtjuden eine Karawane überfallen, von der sie die Auslieferung irgend einer Person verlangen, mit der Drohung, dass sie sonst Alle tödten würden: אפילו כולן נהרגין לא ימסרו נפש אחת מישראל ייחדו להן אחד כגון שבע בן בכרי ימסרו אותו ואל יהרגו so dürfen letztere, selbst wenn sie Alle getödtet werden sollten, auch nicht eine israelitische Person ausliefern. Wenn die Nichtjuden hing. Einen ausdrücklich bezeichnet haben, den sie ausgeliefert verlangten, wie dies z. B. bei Scheba, Sohn Bichri's, der Fall war (2 Sm. 20, 21. 22), so müssen sie diesen ausliefern, damit die Anderen nicht getödtet werden. B. mez. 111ᵇ un. wird נושא את נפשו (Dt. 24, 15) erklärt: דבר המוסר את נפשו עליו Alles, wofür er (der Taglöhner) sein Leben hingiebt; d. h. selbst für die geringfügigste Arbeit muss der Arbeitgeber dem Taglöhner am selben Tage seinen Lohn geben. Das. 112ᵃ ob. מפני מה עלה זה בכבש ונתלה באילן ומסר את עצמו למיתה לא על שכרו weshalb stieg denn Jener auf die Treppe und schwang sich auf den Baum, wodurch er sich dem Tode preisgab, doch wohl seines Lohnes halber! Sifre Teze Pisk. 279 steht dafür: ומסר לך את נפשו er übergab dir (deiner Arbeit) sein Leben, d. h. seine Kräfte. B. kam. 93ᵇ המוסר דין על חבירו הוא נענש תחלה wenn Jem. seinen Nächsten anklagt (eig. seine Rechtssache Gott übergiebt), so wird er zuerst bestraft; mit Bez. darauf, dass Sara, die den Abram angeklagt (Gen. 16, 5) vor ihm starb, vgl. מְצָר. — Part. pass. B. mez. 58ᵇ לא יתלה עיניו על המקח בשעה שאין לו דמים שהרי הדבר מסור ללב וכל דבר המסור ללב נאמר בו ויראת מאלהיך man darf nicht seine Augen auf Waaren richten, wenn man nicht Geld zum Einkaufen hat; denn dergleichen ist der Gesinnung des Menschen anvertraut (ob er beim Ansehen der Waare die Absicht habe, sie zu kaufen, oder blos den Verkäufer zu täuschen); aber betreffs solcher Dinge, die der Gesinnung anvertraut sind, heisst es: „Fürchte deinen Gott"! Mechil. Ki tissa Anf. „Beobachtet den Sabbat, denn heilig ist er euch"; לכם שבת מסורה ואין אתם מסורים לשבת das bedeutet: Der Sabbat ist euch übergeben, ihr aber seid nicht dem Sabbat übergeben; d. h. wo Lebensgefahr droht, darf der Sabbat entweiht werden. Das. „Die Feste Gottes, die ihr verkünden sollt" (Lev. 23, 2. 4).

יכול כשם שקדושת מועדות מסורה לבית דין כך תהא קדושת שבת מסורה לבית דין תלמור לומר ובים השביעי שבת שבתון קדש לה' לשם שבת מסורה ואינה מסורה לבית דין da könnte man denken, dass, so wie die Heiligkeit der Feste dem Gerichtshof (der den Kalender festsetzt) übergeben ist, ebenso auch die Heiligkeit des Sabbats dem Gerichtshof übergeben sei (dass er den oder jenen Tag als Sabbat verkünden könne); daher heisst es: „Am siebenten Tage ist die Sabbatfeier heilig dem Ewigen" (Ex. 31, 15); das bedeutet: Der Sabbat ist dem Ewigen, aber nicht dem Gerichtshof übergeben.

Nif. נִמְסַר übergeben, überliefert werden. Men. 64ᵇ während der Belagerung Jerusalems hatte ein Greis, welcher der griechischen Sprache kundig war, den Römern Folgendes denuncirt: כל זמן שעוסקין בעבודה אין נמסרין בידכם וכ' solange die Juden den Opferdienst vollziehen, so werden sie euch nicht übergeben werden. Infolge dessen lieferten ihnen die Römer Schweine anstatt der Opferlämmer. j. Jom. III, 40ᵈ un. בראשונה היה נמסר לכל אדם משנרבו הפריצים לא היה נמסר אלא לכשרים in früherer Zeit wurde die Aussprache des Tetragramms Jedermann mitgetheilt; seitdem aber die Zügellosen überhand nahmen, wurde sie blos den Frommen mitgetheilt; s. Kal.

מְסַר ch. (syr. ܡܣܰܪ=מָסַר) übergeben, überliefern, mittheilen. B. mez. 8ᵇ מאן קא מסר ליה wer übergiebt es ihm denn? Das. ö. j. Jom. III, 40ᵈ un. ein Arzt (אסי, Therapeut) in Sepphoris sagte zu R. Pinchas bar Chama: אית אנא מסר ליה לך אמר ליה לית אנא אכיל ליה למה אמר ליה דאנא אכיל מעשר ומאן דרגיל ליה לא יכיל מיכול מגבר נש כלום komme, ich werde ihn (den vierbuchstabigen Gottesnamen, seine Aussprache) dir überliefern. Jener erwiderte: Ich darf es nicht. Der Andere fragte: Weshalb? R. Pinchas antwortete: Ich esse den „Zehnten"; wer sich aber mit ihm (dem Tetragramm) befasst, darf von Niemandem etwas geniessen. Khl. r. sv. את הכל, 79ᵃ steht dafür: הר אסייא בציפורין הוה בידיה שם המפורש כד בעא למדמך אמר אית הכי בר נש דמימסר ליה אמרין אית הכא ר' פינחס בר חמא שלח ואתא ושאיל יתיה ואמר ליה נסיבת מן יהודאי כלום מן יומך אמר ליה נסיבתא מעשר לא קביל מימסר ליה מימסר אמר דילמא הבע גבי בר נש כלום ולא יהיב ליה וכעס עילוי וקטל ליה ein Arzt in Sepphoris, der die Kenntniss des Tetragramms besass, fragte, als er sterben sollte: Giebt es hier Jemdn., dem ich es überliefern könnte? Man antwortete ihm: Hier lebt R. Pinchas bar Chama. Jener schickte nach ihm und fragte ihn, als er gekommen war: Hast du jemals etwas von den Juden angenommen? Ja, sagte dieser, ich nahm den „Zehnten". In-

folge dessen nahm der Arzt ihn nicht an, dass er ihm das Geheimniss überliefere; denn, sagte er: Jener könnte etwas von Jemdm. verlangen, was dieser ihm nicht gäbe, infolge dessen er ihn im Zorne tödten würde. Kidd. 12ᵇ u. ö. מסר מוֹדָעָא einen Protest erheben, s. מוֹדָעָא. Ber. 20ᵃ קמאי דור קא מסרי נפשייהו אקדושת השם אנן לא מסרנן נפשן אקדושת השם die Vorvorderen haben als Märtyrer ihr Leben der Heiligkeit Gottes halber preisgegeben; wir hing. geben unser Leben nicht der Heiligkeit Gottes halber preis; daher wurden näml. die Gebete der Alten sofort, unsere Gebete hing. werden nicht sofort erhört. Ithpe. übergeben, überliefert werden. Git. 29ᵃ u. ö. מיילי לא מימסרן לשליח Worte können nicht durch Boten übergeben werden, vgl. מְלָא. Snh. 26ᵃ Chiskija fürchtete: כיון דרובא מימסרי אינהו נמי מימסרי dass, da die meisten Judäer sich bereits dem Feinde ergeben hatten, auch die Anderen sich ergeben würden.

מָסוֹר m. Adj. (syr. ﻣﺨﺸﻰ) der Angeber, Denunciant, Delator, der das Vermögen, zuweilen auch das Leben der Denuncirten gefährdete. B. kam. 119ᵃ ... ממון מסור חד אמר מותר לאבדו ביד וחד אמר אסור לאבדו ביד וכ׳ was das Geld des Angebers anbelangt, sagt ein Autor: Man darf es absichtlich vernichten (denn, da man seine Person vernichten darf, um wieviel mehr sein Vermögen). Ein anderer Autor sagt: Man darf es nicht absichtlich vernichten (denn vielleicht werden gerathene Kinder von ihm abstammen, die sein Vermögen erben). Ker. 2ᵇ מסור ומפגל der Angeber und derjenige, der ein Opfer durch unerlaubte Gesinnung verwerflich macht. B. kam. 5ᵃ מסור Ar. (Agg. crmp. מוסר). — Pl. j. Pea I, 15ᶜ ob. das Erlernen der griechischen Sprache wurde verboten מפני הַמָּסוֹרוֹת wegen der Denuncianten, vgl. מָסַר im Nifal. j. Sot. IX g. E., 24ᶜ dass. R. hasch. 17ᵃ, s. מִין III. Ab. de R. Nathan XVI g. E., s. מָסַר. Snh. 97ᵃ אין בן דוד בא עד der Sohn David's (der Messias) שירבו המסורות kommt nicht eher, als bis die Angeber überhand nehmen werden. j. Ter. VIII, un. der Prophet Elias sagte zu R. Josua ben Lewi, dem er früher öfter erschienen, später aber ausgeblieben war und nich ihm nur mehrtägigem Fasten wieder offenbarte: ולמסורות אני נגלה wie, sollte ich etwa den Angebern erscheinen? R. Josua hatte näml. einen Flüchtling, der von der römischen Regierung verfolgt wurde, derselben ausgeliefert. Denn, wiewohl er hierzu berechtigt war (s. מָסַר), zumal da er durch vieles Zureden den Flüchtling selbst veranlasst hatte, in seine Auslieferung einzuwilligen, so bemerkte ihm doch Elias: זהו משנת החסידים stimmt denn ein solches Verfahren mit der Lehre der Frommen überein? — Khl. r. sv. גם מגבה,

97ᵇ מסורריין wahrsch. crmp. aus מחותריין, s. מְסָקָא.

מְסִירָה f. N. a. das Uebergeben, Einhändigen, Uebergabe. Kidd. 25ᵇ u. ö. בהמה, גסה נקנית במסירה והדקה בהגבהה Grossvieh wird durch Uebergabe, Kleinvieh aber durch Aufheben desselben beim Verkaufe als Eigenthum erworben. Vgl. das. כיצד במסירה אחזה בטלפה בשערה באוכף שעליה וכ׳ was bedeutet: „durch Uebergabe"? Wenn der Käufer das Vieh am Hufe, am Haare oder an seinem Sattel u. dgl. anfasst. Cant. r. sv. כמגדל, 20ᵈ (mit Bez. auf Num. 31, 5) אלף בלדרבה ושנים עשר אלף במסירה zwölftausend Krieger meldeten sich freiwillig und „zwölftausend wurden überliefert" (die Zahl 24,000 Krieger wird öfter erwähnt). Git. 9ᵇ fg. u. ö. עדי מסירה Zeugen der Uebergabe des Scheidebriefes an die Frau, vgl. כָּרַת.

מְסוֹרֶת f. 1) Ueberlieferung, Tradition, d. h. was durch mündliche Mittheilung von Vater auf Sohn übergegangen ist. Sot. 10ᵇ דבר זה מסורת בידינו מאבותינו אמוץ ואמצירה אחים הוו wir haben das als eine Tradition von unseren Vätern, dass „Amoz" (der Vater des Propheten Jesaja) und „Amazia" (König von Juda) Brüder waren. Genes. r. s. 80 Ende: „Jakob sagte zu Simeon und Lewi: Ihr habt mich betrübt" (Gen. 34, 30). מסורת היא ביד הכנעניים שהן עתידין ליפול בידי אלא שאמר הקבה עד אשר תפרה בששים רבוא wohl haben die Kananiter eine Tradition, dass sie einst in meine Hände fallen werden; allein Gott hat zu mir gesagt: Nicht eher, als bis du eine Nachkommenschaft von 60 Myriaden erlangt haben wirst. j. Keth. I, 25ᶜ mit. גזרו שמד ביהודה שכן מסורת להם מאבותם שיהודה הרג את עשו zuerst erliessen die Römer das Edikt der Religionsvertilgung in Judäa, weil sie eine Tradition von ihren Vätern haben, dass Juda den Esau (den Ahnen Idumäa's, Rom's) erschlagen hätte (mit Ansp. auf Gen. 49, 8). j. Git. V, 47ᵇ ob. dass. Exod. r. s. 43, 138ᵃ היה הדבר מסורת ביד משה וכ׳ Mose hatte die Tradition, dass er dazu berufen wäre, das Bittere süss zu machen u. s. w. j. B. bath. VI g. E., 15ᶜ מסורת אגדה היא שאין מקום הדביר es ist eine agadische Tradition, dass der Raum des Allerheiligsten im Tempel nicht zu der angegebenen Ellenzahl des letzteren gehöre. j. Pes. V, 32ᵃ un. R. Jonathan sagte zu R. Samlai, der ihn um Belehrung in der Agada gebeten hatte: מסורת בידי מאבותי שלא ללמד אגדה לא לבבלי ולא לדרומי שהן גסי רוח ומעוטי תורה ואת נהרדעאי ודר בדרום ich habe eine Tradition von meinen Vätern: Die Agada weder einen Babylonier, noch einen Daromäer zu lehren, weil sie geistig stolz, hochmüthig, aber wissensarm sind; du nun bist ein Nehardaenser (also ein Babylonier) und wohnst in Daroma! j. Schek. V, 48ᵈ un.

die Familienglieder des Beth Garmo wollten die Kunst, die Schaubrote zuzubereiten, keinen Andern lehren; denn sie sagten: מסורת היא בידינו מאבותינו שהבית הזה עתיד ליחרב שלא ילמדו אחרים ויהיו עושין כן לפני עבודה זרה שלהן wir haben eine Tradition von unseren Vätern, dass dieser Tempel einst werde zerstört werden; da könnten Andere, wenn sie diese Kunst erlernen, solche Schaubrote ihren Götzen opfern. j. Jom. III, 41ᵃ un. dass. (Jom. 38ᵃ steht dafür: שמא ילמוד אדם שאינו מהוגן וילך ויעבוד עז בכך ein unwürdiger Mensch könnte diese Zubereitung erlernen und damit Götzendienst treiben). — Chull. 63ᵇ un. עוף טהור נאכל במסורת נאמן הצייד לומר עוף זה טהור מסר לי רבי ein reiner Vogel darf infolge einer Tradition gegessen werden. So ist z. B. der Jäger beglaubigt, wenn er sagt: Diese Vogelgattung bezeichnete mir mein Meister als eine reine, zum Essen erlaubte. — 2) die überlieferte Schreibung der Bibel, insbes. hinsichtl. der scriptio plena u. defectiva, im Ggs. zu מקרא: Lesung. j. Meg. IV, 74ᵈ un. ורבינו במקרא זה המסורת „Sie (die Leviten) gaben Verständniss in der Lesung" (Neh. 8, 8), darunter ist die überlieferte Schreibung zu verstehen. In Meg. 3ᵃ und Ned. 37ᵇ steht dafür אלו המסורות pl., wahrsch. crmp. Genes. r. s. 36 Ende ומכן למסורת aus der oben citirten Bibelstelle ist die überlieferte Schreibung erwiesen. Aboth 3, 13 מסורת סייג לתורה: die überlieferte Schreibung ist die Umzäunung für die Gesetzlehre. Suc. 6ᵇ u. ö., s. אם. Seb. 37ᵇ. 38ᵃ אהני מקרא ואהני מסורת die Lesung einzelner Wörter, sowie ihre überlieferte Schreibung werden zu Schriftforschungen angewandt. So z. B. steht beim Sündopfer eines Fürsten und einer Privatperson zwei Mal קרנת def., gleichsam קרֵנת singl., und ein Mal קרנות plene (näml. Lev. 4, 25. 30 und 34, vgl. Raschi; im masoret. Texte steht in allen diesen Stellen קרנת def.); die Lesung hin. lautet überall קרֵנות pl. Aus der Schreibung wäre zu entnehmen, dass das Blut auf die vier Ecken des Altars gesprengt werden müsse, näml. קרֵנָה, קרֵנת, קרֵנות =1+1+2); aus der Lesung hing., dass die Sprengung auf sechs Ecken des Altars stattfände (näml. קרֵנות, קרֵנת, קרֵנות =2+2+2). Da aber der Altar nur vier Ecken hat, so sagt die Schule Hillel's: Man nehme die Mittelzahl zwischen der Schreibung und der Lesung, d. h. fünf und zwar der Art, dass eigentlich vier Sprengungen stattfinden sollen, dass jedoch, wenn blos eine Sprengung vollzogen wurde, die Sühne bewirkt sei, vgl. כפֵר, Piel כפֵר. Mechil. Jithro Par. 2: „Ihr habt gesehen, was ich an Mizraim gethan" (Ex. 19, 4), לא במזכרת אני אומר לכם לא כתוביה לכם לא כתבים אני משוה לכם לא עדים אני מעמיד אלא אתם ראיתם ich spreche nicht etwa von einer Tradition zu euch, diese Begebenheiten sind nicht

etwa vor euch niedergeschrieben, keine Schriften schicke ich euch hierüber, ich führe euch nicht Zeugen vor; sondern: „ihr selbst habt es gesehen." — Pl. Tanchuma Waëthchanan g. E., 252ᵇ נטלו מסורות חכמה ממשה ונתנו ליהושע die Traditionen der Weisheit wurden dem Mose abgenommen und dem Josua gegeben. — (Davon rührt auch der Name des grossartigen Meisterwerkes: מסורת, Masora her [so nach der gewöhnlichen Benennung; richtiger wäre Massora: מַסֹרָה: die Tradition. Die erstere Benennung ist wahrsch. Levita's nicht stichhaltiger Etymologie des Ws. zuzuschreiben, näml. von אָסַר; ähnlich bh. מָסֹרֶת, also eig. was die Heilige Schrift einigt, zusammenhält]. Die Masora giebt nicht blos die überlieferte Schreibung zweifelhafter Wörter an, sondern verzeichnet auch mit Staunen erregendem Fleiss und ausserordentlicher Sorgfalt alle vorkommenden Aehnlichkeiten, alle scheinbaren und wirklichen Wiederholungen, verschiedene Lesarten u. dgl. m. Ursprung und Abschluss dieses Kunstwerkes sind ebensowenig, wie die Verfasser desselben bekannt. Seine ersten Anfänge finden sich bereits in den Talmudin und Midraschim niedergelegt, und werden von letzteren auf die Zeit der Grossen Synode unter Nehemias zurückgeführt, s. dbl.; geschlossen aber wurde das Werk, wie es scheint, in den Schulen der Saboräer. Die Masora ist die treue Beschützerin des Bibeltextes, den sie vor fahrlässigen Schreibfehlern und Fälschungen aller Art sorgfältig überwacht.)

מְסוֹרְתָּא‎, מָסוֹרְתָּא‎ chald. (=מְסוֹרֶת) Ueberlieferung, Tradition, s. TW.

מוֹסֵרָה‎ s. d. in מוּ'‎.

מֵיסְרָא‎ m. (syr. ܡܶܐܣܳܪ, von אָסַר‎ — יְסַר‎, richtiger in 'מי s. d.) Gebund. Thr. r. sv. רבתי, 53ᵇ מיסרא דחסין ein Gebund Kräuter, Lattich. — Pl. מֵיסָרִין‎ s. d. — Fem. Cant. r. sv. כתסוח, 12ᵈ מֵיסַרְתָּא דאיזוב ein Gebund Ysop.

מַסְרֵת‎ f. (=bh. מַשְׂרֵת) Pfanne, Tiegel. j. Pes. II, 29ᵇ un. חלת המסרת der Pfannkuchen.

מַסְרֵיתָא‎ ch. (=מַסְרֵת) Pfanne, Tiegel, s. TW.

מְסָרְבָן‎, מְסָרְבָּנָא‎ m. (von סְרַב) ungehorsam, der Ungehorsame, s. TW.

מְסָרְדִי‎ Ab. sar. 11ᵇ, s. מוּטְרָדִי.

מְסָרְהָבָא‎, מְסָרְהָבוֹן‎ m. Adj. (syr. ܡܣܰܪܗܒܳܐ, von סְרְהַב‎, s. d.) voreilig, verwegen, temerarius — מְסָרְהָבָאִית‎ Adv. (syr. ܡܣܰܪܗܒܳܐܝܺܬ) verwegen, voreilig, temere, s. TW.

מַסְרֵךְ‎ m., מַסְרוֹכִי‎ f. (von סְרַךְ s. d.) Gurt,

23*

den man um den Leib des Kamels bindet. Tosef. Schabb. IV (V) Anf.: Man darf am Sabbat das Kamel mit seinem Sattel austreiben u. s. w. ובלבד שלא יקשור לו מסרכו Ar. sv. סרך 1. aber-man darf ihm nicht seinen Leibgurt umbinden. j. Schabb. V Anf., 7ᵇ אבל ובלבד את המסרוכי, und Schabb. 53ᵃ שלא יקשור בו במסרכו Ms. M. (Agg. מסריכן) dass.

מַסְרוּלָה f. Name eines Krautes. j. Ned. VII Anf., 40ᵇ.

מַסְרֵק m. (von סָרַק s. d.) 1) Kamm zum Kämmen, Hecheln oder Striegeln. Kel. 13, 8 מסרק של פשתן שניטלו שיניו der Kamm zum Hecheln des Flachses, dessen Zähne abgebrochen wurden. Teb. jom. 4, 6 מסרק של ראש der Kamm für das Kopfhaar. Schabb. 41ᵃ הביאו לי מסרק bringet mir einen Kamm. Chull. 19ᵇ שחיטה העשויה כמסרק כשרה (die Decisoren citiren sämmtlich: כשיני המסרק) eine Schlachtung in der Form der Zähne eines Kammes ist rituell; d. h. diejenige Schlachtung, bei welcher man an einer Seite des Halses (der Arterien) mit dem Schlachtmesser zu schneiden anfängt, dasselbe aber nach der einen Seite biegt, ohne zu schneiden, demnächst es aber nach der ersten Stelle des Halses zurückführt und daneben schneidet, dermassen, dass die Schlachtstelle wie gezackt aussieht; vgl. Josef Karo zu Tur Jore dea Titel Schechita § 21. — Pl. Ber. 61ᵇ R. Akiba wurde von der römischen Regierung zum Tode verurtheilt, והיו סורקין את בשרו במסרקות של ברזל und man kämmte seinen Körper mit eisernen Kämmen. — 2) kammförmiges Instrument, ferner kammförmiger Bestandtheil einer Frucht. Kel. 2, 8 מסרק של צרצור der Kamm des Flaschenhalses. Letzterer hatte eine siebartig durchlöcherte Platte als Deckel und oberhalb desselben war eine runde und zackige Verzierung in Form eines Kammes angebracht. Tosef. Kel. B. kam. II g. E. dass. — Ukz. 2, 3 המסרק טהור der kammförmige Bestandtheil des Granatapfels ist levitisch rein. Der Granatapfel hat näml. in seiner Mitte einen länglichen, eichelförmigen Kern, der in der Mischna: פיטמא Knopf, und in der Tosef.: עמוד Säule genannt wird. Dieser ist von einer faserigen Schale (Lederschale) umgeben, die in der Mischna: נץ Blume, und in der Tosef.: שיער Haare, Fasern genannt wird; und oberhalb dieser Blume befindet sich ein Kelch mit kamm- oder lappenförmigen Zacken, מסרק genannt. Tosef. Teb. jom. III Ende R. Elieser sagte: הנוגע במסרק טמא בשיער ובמסרק טהור Ar. (Agg. crmp. ובמסרק טמא. — Anst. כדתנן im Ar. lies כדתניא, als Bezeichnung einer Borajtha. Zu bemerken ist noch, dass in der Tosef. ed. Solkiew mit dem, angeblich von R. El.

Wilna herrührenden Comment. זר זהב, die letzten drei Kapitel von Teb. jom fehlen) wer die „Säule" (den eichelförmigen Kern) berührt, ist levitisch unrein; wer aber die „Fasern" (die Lederschale) oder den „Kamm" (die lappenförmigen Zacken) berührt, ist rein.

מְסַרְקָא ch. (=מַסְרֵק) Kamm. Thr. r. sv. לא, 57ᵈ s. ימא. Ber. 18ᵇ סלה, אימא לה לאימא מסלסלא. השדר לי מסרקאי sage meiner Mutter, dass sie mir meinen Kamm schicken soll. — Pl. Git. 57ᵇ ob. Nebusradan, der römische Feldherr (s. בנוזראדן), der Jerusalem belagerte, אמר להו אי אמריתו לי מוטב ואי לא מסריקנא לבשרייכו במסרקי דפרזלא sagte zu ihnen: Wenn ihr mir saget (weshalb das Blut im Tempel hin- und herwalle), so ist es gut; wo nicht, so werde ich eure Körper mit eisernen Kämmen kämmen. Thr. r. Einleit. sv. וזכור, 47ᵇ; ferner das. sv. בלע, 62ᵃ, und Khl. r. sv. ועוד ראיתי, 79ᵈ dass.

מִיסָה, מְסָתָא, מְסָתוּ f. (syr. ܡܣܬ, ܡܣܬܐ hbr. מְסָּה, nur st. constr.; מְסַת; Stw. מסס, arab. مَسّ) die Genüge, eig. was deckt. Genes. r. s. 38, 36ᵈ „Das ganze Land hatte שפה אחת" (Gen. 11, 1) לאחד שהיה לו מרחץ מלא יין פתח לביח ומצאה חומץ וכן ב' וכן ג' אמר האי חבית אחת מסתא דכולה בישא Ar. (Jalk. z. St. מסתיא, Midr. Agg. משפו) ein Gleichniss von Jemdm., der einen Weinkeller hatte und der, nachdem er ein Fass, ebenso das zweite und dritte geöffnet hatte, darin Essig gefunden hatte, sagte: Das ist Genüge (beweist hinlänglich), dass der ganze Wein im Keller verdorben (Essig geworden) ist. — Das bibl. W. שָׂפָה deutet näml. der Midrasch vom arab. مَسّ: durch Trinken ausschlürfen; davon auch das W. משפו (nach LA. der Agg.): Trunk, Schluck. Thr. r. Einleit. sv. מערה בגד, 45ᶜ (mit Bez. auf Spr. 25, 20: „Essig auf Langensalz") ein Gleichniss von einem Weinkeller u. s. w. דאי מסתו דכולה בישא Ar. ed. pr. (Agg. מסתיא) dass. Levit. r. s. 3 Anf. die Frevler geniessen zwar in dieser Welt viel Gutes, מיסת מתפרע מנהון לכלמא דאהי aber zur Genüge (d. h. ihren bösen Handlungen entsprechend) werden sie in der zukünftigen Welt bestraft. — j. Keth. I, 25ᶜ mit. לא מסתייה דסליקת לכהרונא אלא דתימר חגבה nicht genug (eig. ist denn nicht ihre Genüge), dass sie (durch die Heirath eines Priesters) zur Priesterwürde gelangte, sollst sie auch etwa (wie du sagst) die Kethuba (Hochzeitssumme) erhalten? Git. 14ᵇ לא מסתייה דלא סייען אלא דאמר nicht genug, dass er uns keinen Beistand geleistet hat, so sagte er sogar zu ihnen: Schlaget ihn tüchtig! Das. 56ᵇ מיסתייך לה נמי טב רמי ליה es müsste dir ja genügen (Genugthuung verschaffen), dass du deinen Feind so leidend siehst! B. bath. 126ᵃ לא מסתייה דזבניתינה לנכסיהדר אלא מרמחא נמי מחינהו להו

nicht genug, dass ihr die Güter der Waisen (ohne ihre Genehmigung) gekauft habet, so schlagt ihr sie auch! Chull. 107ᵇ לא מסתייה דלא גמיר מימחא נמי מחי nicht genug, dass er selber nichts gelernt hat, so schlägt er auch noch! näml. seinen Schüler, Samuel, welcher der Halacha mehr kundig war, als sein Lehrer. Ber. 55ᵃ un. חלמא בישא עציבותיה מסתייה חלמא טבא חדוייה מסתייה bei dem bösen Traume genügt schon die durch ihn entstehende Betrübniss (dass er näml. weiter keine übeln Folgen nach sich zieht, weil der Träumende sich bessert); bei dem guten Traume genügt schon die Freude, die dadurch entsteht. Khl. r. sv. טוב מלא, 81ᵇ besser ist derjenige daran, der blos ein kleines Vermögen von 10 Gulden hat, womit er sich ernährt, als derjenige, der Anderer Geld geliehen nimmt, es aber verliert. מלא אמר לא מיסתחיה מעבד דידיה אלא דאחרנין מובד דידיה ודלא דידיה das Sprichwort lautet: Nicht genug, dass er sein eignes Vermögen verliert, sondern auch das Vermögen Anderer; das Seinige und was nicht das Seinige ist.

מְסוֹתָא s. d. in מסר׳.

מִסְתְּוֹסִיס f. (gr. μίσθωσις) Verpachtung. j. Pes. VI, 31ᵇ un. מיסתחוסיס כזבוני היא die Verpachtung ist dem Kaufe (ὠνή) gleich; d. h. der Pächter ist ebenso verpflichtet, bald nach Uebernahme des gepachteten Feldes die Pacht zu zahlen, wie der Käufer das Kaufgeld sofort zahlen muss.

מוּסְתָּקָא m. (wahrsch. von סָתַק s. d. = סְדַק) etwas, was gespalten, schadhaft ist. Pl. Bez. 33ᵇ כי תניא ההיא במוסתקי in jener Borajtha ist die Rede von gespaltenen Fässern. — Raschi erklärt das W. מוסתקי (singl.) als denom. von מַסְטִיכִי: Mastix, also etwa: mastichata: schadhaftes Fass, das mit Harz verklebt wurde; vgl. auch Tosaf. zu Schabb. 146ᵃ und Erub. 34ᵇ sv. ואמא.

מִסְתָּר m. (=bh., von סָתַר) geheimer Ort. Pl. Genes. r. s. 82, 80ᶜ (mit Ansp. auf מצפניו Obad. 6) גיליתי מסתריו בשביל לגלות את הממזרים שביניהם ich deckte seine (Esau's, Idumäa's) geheime Oerter auf, um die Bastarde in seiner Mitte bekannt zu machen. Höchst wahrsch. auf die Nachkommen der Idumäaer Herodes hinzielend, in deren Mitte viele illegitime Ehen und Bastarde anzutreffen waren. Jalk. II, 68ᵇ dass., jedoch mit Bez. auf Jer. 49, 10.

מִסְתּוֹרִין m. (= מִסְטוֹרִין, τὸ μυστήριον, τὰ μυστήρια) Mysterium, Geheimniss, Geheimnisse. Midrasch Tillim zu Ps. 9, 6 מה אמר לה מסתורין זה אני מגלה לך ראשית גוים עתיד לצאת ממך was sagte Gott zu ihr (Ribka, Gen. 25, 23)? Folgendes Geheimniss werde ich dir entdecken: „Das vorzüglichste der Völker"

wird von dir abstammen; mit Ansp. auf Jer. 2, 3. Exod. r. s. 19, 118ᵈ (mit Bez. auf Ex. 12, 43: „Kein Freundling soll vom Pesachlamm essen") אמר להם הקבה אומה אחרת אל יתערב בו ואל ידע מסתוריו אלא אתם לעצמכם בעולם הזה Gott sagte zu ihnen: Keine Nation soll sich mit Israel vermischen, damit sie nicht seine Mysterien kennen lerne; sondern ihr sollt in dieser Welt für euch abgesondert bleiben; s. auch TW.

מִסְתּוֹרִיתָא f. (von סָתַר) Winde, Chull. 60ᵃ die Kaisertochter sagte zu R. Josua ben Chananja: Da euer Gott ein Zimmermeister ist, denn „er wölbt im Wasser seine Söller" (Ps. 104, 3), אימא ליה דנעביד לי חדא מסתוריתא אמר לחיי בעא רחמי עלה ואינגעה אותבה בשוקא דרומי ויהבי לה מסתוריתא דהוו נהוי דכל דמינגע ברומי יהבו ליה מסתוריתא ויתב בשוקא וסתר דוללי (od. דוללא, s. d. W.) כי היכי דליחזו ליה ולרחמי עלה רחמי עלה יומא חד הוה קא חליף התם הות יתבא וסתרה דוללי (דוללא) בשוקא דרומאי אמר לה שפירתא מסתוריתא דיהב ליך אלהי אמרה ליה אימא לאלהיך לישקול מאי דיהב לי אמר לה אלהא דידן מיהב יהיב מישקל לא שקיל so sage ihm, dass er mir eine Winde anfertige! Er antwortete: Nun gut. Sodann betete er, worauf sie aussätzig wurde. Infolge dessen setzte man sie in einer Strasse Roms nieder und gab ihr eine Winde in die Hand. Denn in Rom herrschte die Sitte, dass man Jedem, der aussätzig war, eine Winde in die Hand gab, womit er auf der Strasse das Gewebe aufwand; damit der Menschen, die ihn sähen, um ihn beten möchten. Eines Tages ging R. Josua dort vorüber, wo die Kaisertochter sass und das Gewebe aufwand. Er rief ihr zu: Nicht wahr, die Winde ist doch schön, die mein Gott dir gegeben hat! Sie entgegnete ihm: O sage deinem Gotte, dass er zurücknehme, was er mir gegeben hat! Er aber antwortete ihr: Unser Gott giebt wohl, nimmt jedoch nichts zurück.

מְיָא Maah, Münze, s. hinter מְעָה. — מְיָא Leib, Eingeweide, s. hinter מֵעָה.

מַעְבָּד, מַעַבְדָּא m. (syr. ܡܰܥܒܕ, hbr. מַעֲבָד, von עבד) 1) das Thun, die Handlung. Dan. 4, 34, s. auch TW. — 2) Bearbeitung, Durchgearbeitetes. B. mez. 116ᵇ טינא דמעבדא Lehm, der durch Bearbeitung zum Bau verwendet wird.

מַעְבְּדָנָא m. Adj. Schöpfer. Genes. r. s. 68 Anf. „Ich erhebe meine Augen" (Ps. 121, 1) למלפני ולמעבדני zu meinem Lehrer und zu meinem Schöpfer, s. מַלְפָּנָא.

מַעְבְּדָנוּתָא f. (syr. ܡܰܥܒܕܢܘܬܐ) Zubereitung, Erwerbung, s. TW.

מַעֲבָה f. (=bh. מַעֲבֶה m., von עבי) Dickicht, Bergschlucht. Pl. Thr. r. sv. קלים,

68ᵈ „Auf den Bergen דלקונו" (Klgl. 4, 19), שהיו דולקין אחר המְעַבְרִיוֹת das bedeutet: Die Feinde suchten sie in den Bergschluchten (oder: in dichtem Gestrüpp) „mit Lichtern" auf; דלק wird näml. im öfter vorkommenden Sinne gedeutet.

מְעוּבֶּה m. (eig. Part. pass. von עָבַב) Dichtes. Arach. 25ᵃ לא מעובב ולא מידב אלא בינוני (beim „Schätzen" eines Saatfeldes, Lev. 27, 16 fg.) berechnet man weder ein dichtbesäetes, noch ein spärlich besäetes, sondern blos ein mittelmässig besäetes Feld. j. Sot. II, 18ᵃ ob. dass. j. Suc. IV g. E., 54ᵈ המעובבה של מים das dichte Gefäss, das als Wasserbehälter diente, vgl. מִירָק. — Pl. Pes. 64ᵇ פסח מְעוּבָּרִין das Pesach der dichten Volksmenge, vgl. עָבַר.

מַעְגָּם m. (von עָגַם, s. d.) ein in der Vertiefung der Kelter stehender Bottich, in welchem man die Weintrauben behufs Erweichens sammelte, bevor sie unter die Pressbalken gebracht wurden; ähnlich מַעְטָן: Olivenbehälter. Tohar. 10, 4. 5 האוכל מן המעגם Ar. ed. pr. sv. עגם 2 (Agg. העגם) wenn Jem. Weintrauben aus dem Bottich oder vom Blätterhaufen (worauf sie zum Trocknen ausgestreut sind) isst.

מַעֲבֵר m. (von עָבַר) eig. der Fortführende. Kel. 13, 7 מעבר eine dreizackige Gabel, mittelst welcher man die grobe Stroh vom Getreide entfernt, s. מַגּוֹב, vgl. auch מַעֲבֵר und מְעַבֵּר.

מַעְבְּרָא od. מַעֲבְרָא m. (syr. ܡܲܥܒܪܐ, hbr. מַעֲבָר von עבר) 1) das Uebergehen, der Durchgang, transitus, s. TW. — 2) Fähre, Fahrzeug zum Uebersetzen über einen Fluss. Chull. 95ᵇ רב בדיק במעברא Ar. ed. pr. (Agg. במבּרא; spät. Ar. Agg. crmp. במעברא) Rab erprobte (das Glück) durch eine Fähre, s. מַבְּרָא. Ned. 27ᵇ אתא ופסקיה מעברא er kam an, jedoch die Fähre fehlte; s. מִיתָא.

מַעֲבְּרְתָּא f. (eig. = מַעְבְּרָא) Furt, Durchgang. j. Taan. IV, 68ᶜ un. ᵈ ob. מעברתא דלוד ... מעברתא דטרלוסא die Furt von Lydda, die Furt von Tarlosa. — 2) trop. Snh. 100ᵇ מאן דאית ליה מעברתא בדיקניה כולי עלמא לא יכלו ליה demjenigen, der einen Durchgang, Theilung in seinem Barte hat (d. h. dessen Bart getheilt ist, einen Zwischenraum hat), kommt Niemand bei, wegen seiner Schlauheit; da er näml. immerwährend auf Ränke denkt, so zieht er den einen Theil seines Bartes dahin und den andern dorthin, vgl. Raschi. — 3) Men. 35ᵃ מעברתא דתפילין der lederne, harte Bestandtheil der Tefillin, durch welchen man den Riemen durchzieht; vgl. auch תִּיתוֹרָא.

מַעֲבָרָה, מְעוּבּוֹרֶת f. (= bh. מַעְבְּרָה) 1) Fähre. B. kam. 116ᵃ wenn Jem., der aus einem Ge-

fängniss entflieht, היתה מעבורת לפניו אמר לו eine Fähre טול דינר והעבירני אין לו אלא שכרו vor sich stehen sieht und zum Fährmann sagt: Nimm einen Denar und setze mich über! so hat jener doch blos seinen verdienten Lohn zu verlangen. In Jeb. 106ᵃ steht dafür מעברא crmp. in einem hbr. Satze. — 2) Furt, Ort des Uebersetzens über einen Fluss. Pl. Ber. 54ᵃ un. הרואה מַעְבְּרוֹת הים ומעברות הירדן ומעברות נחלי ארנון וכ׳ wenn Jem. die Furten der Binsensee, die Furten des Jordan oder die Furten der Ströme Arnon's (woselbst den Israeliten einst Wunder geschahen) erblickt, so muss er den Dank gegen Gott aussprechen.

מַעְגִּילָה f. (von עָגַל) Walze, Rolle, ein rundes Instrument der Baumeister, mittelst dessen sie die unebenen und schadhaften Stellen der Bauwerke ebnen und ausbessern. Mac. 2, 1 ... הרי זה גולה במעגילה ונפל עליו והרגתו wenn Jem. mit einer Walze rollt, diese aber herabfällt und Einen tödtet, so wird der Todtschläger mit Exilirung bestraft (vgl. Num. 35, 22 fg. und Dt. 19, 3 fg.). הרי זה גולה אם היה מושך במעגילה ונפלה עליו והרגתו .... הרי זה אינו גולה Wenn er hing. die Walze nach oben zieht und selbige im Herunterfallen Jemdn. tödtet, so wird jener nicht mit Exilirung bestraft, und zwar nach dem Grundsatz, dass die Strafe der Exilirung nur dann erfolgt, wenn der Todtschläger das Instrument, „Beil" nach unten zu geworfen (דרך ירידה, vgl. Num. l. c. ויפל), nicht aber, wenn er es in die Höhe gezogen (דרך עליה). j. Mac. z. St. II Anf., 31ᶜ R. Jirmeja fragte den R. Abahu היה מעגל במעגילה כדרך הליכתה ... הדה מעגיל במעגילה כדרך הליכתה התינוקת את ידו ורצצה וכ׳ wenn Jem. eine Walze nach der gewöhnlichen Art des Handhabens derselben (von unten nach oben) rollt und ein Anderer den Kopf hinhält, so dass ihn jener quetscht; ferner: Wenn Jem. die Walze rollt und ein Kind seine Hand hinhielt, sodass sie jener zermalmte — wird der Thäter in diesen beiden Fällen zur Geldentschädigung verurtheilt, oder nicht? R. Abahu antwortete ihm: Da ein solches Hinaufziehen der Walze behufs Herunterführens derselben geschieht, so wird es dem Herunterführen gleichgestellt (היא עליה היא ירידה) d. h. er wird verurtheilt. M. kat. 11ᵃ, s. בַּחֲלָף.

מוֹעֵד, מוֹעַד s. d. in יָמוּר

מוֹעֲדָא f. (Part. von מְעַד) wankend; s. TW.

מְעַדְיָא fem. (von עֲדִי) schwanger, eine Schwangere, gravida, s. TW.

מַעֲדָן I m. Pl. מַעֲדַנִּים, מַעֲדַנּוֹת (bh. f. pl.) Band, Knoten, zugeknüpfte Stelle. Stw. עָדַן trnsp. von עָנַד. Kel. 20, 7 המתיר ראשי

המעדנין שהוהרה נחלקה לארכה ונשתיירו בה נצעדנין של ששה טפחים טמאה wenn man die Spitzen der Knoten einer Rohrmatte auflöst, so ist sie levitisch rein (d. h. sie wird nicht mehr als benutzbares Geräth angesehen. Man pflegte näml. die Matte gewöhnlich über drei Stangen aufzuspannen und die Säume derselben mittelst Knoten, damit das Gewebe sich nicht auflöse, an den Stangen zu befestigen. Infolge des Auflösens der Knoten kann die Matte nicht mehr als Unterlage dienen). Wenn aber die Matte (d. h. die an ihren Seiten angebrachten Stangen) der Länge nach zerrissen wurde und an ihr drei Knoten von sechs Faustbreiten (d. h. zwischen je einem und dem andern Knoten zwei Faustbreiten und an jeder Seite der drei Knoten eine Faustbreite) ganz geblieben sind, so ist sie unrein. (Maim. in s. Comment. z. St. erklärt danach das bh. מעדנות, 1 Sm. 15, 32: „Agag trat vor Saul mit gebundenen Händen", nach Art der Gefangenen.) Tosef. Kel. B. mez. XI Ende נחלקה לרחבה טהורה לארכה ונשתיירו בה שלשה מעדנים שהם ששה טפחים [טפחים] בין מעדן למעדן טפח מכאן וטפח מכאן טמאה פחות מכן טהורה (R. Simson in s. Comment. liest: נחלקה לארכה טהורה לרחבה ונשתיירו בו שלשה מעדנים שהן ששה טפחים טפחים בין נדון ולמין ו'. Nach seiner Erklärung wäre לארכה in der Tosef. gleichbedeutend mit לרחבה in der Mischna und ebenso umgekehrt) wenn die Matte der Breite (Länge) nach zerrissen wurde, so ist sie rein; wenn sie aber der Länge (Breite) nach zerrissen wurde: so ist sie, falls drei Knoten derselben ganz geblieben sind, welche sechs Faustbreiten bilden, näml. zwei Faustbreiten zwischen einem Knoten und dem andern und eine Faustbreite von dieser und eine Faustbreite von jener Seite der Knoten, so ist sie unrein; wenn aber weniger, so ist sie rein. Das. wenn Jem. eine Matte ursprünglich zur Unterlage, später aber zur Zeltbedachung bestimmt hat, עד שלא קשר ראשי מעדנים שלה טמאה משקשר ראשי מעדניה so ist sie, bevor er die Knotenspitzen derselben geknüpft hat, unrein; nachdem er aber die Knotenspitzen geknüpft hat, rein (ein Geräth verliert näml. seine Unreinheit nur durch eine Veränderung betreffs der Handlung, nicht aber durch eine veränderte Gesinnung, vgl. מַחֲשָׁבָה). Tosef. das. VII g. E. von welcher Zeit an nimmt die Matte Unreinheit an? R. Juda sagte: משיקשור ראשי המעדנים שלה היו דבלולין יוצאים ממנה כל שלצורך המעדנים טמאה כל שלא לצורך המעדנים טהורה (R. Simson in Kel. l. c. liest: המדנים ... המדנים) wenn man ihre Knotenspitzen zugeknüpft hat. Wenn von ihr Auswüchse hervorragen, so ist sie, falls die letzteren zu den Knoten gehören, rein; wenn sie aber nicht zu ihnen gehören, unrein. j. Suc. II Ende, 52ᶜ ראשי מעדנים. Davon contr. מַעֲדִין, מַדִּין, s. d.

מַעֲדָן II m.; nur pl. מַעֲדַנִּים (=bh., von עָדָן, s. d.) kostbare Speisen. Jom. 75ᵃ „Die Schlange hat Erde zur Speise" (Jes. 65, 25) ר' אמי ור' אסי חד אמר אפילו אוכל כל מעדני עולם טועם בהם טעם עפר וחד אמר אפילו אוכל כל מעדני עולם אין דעתו מיושבת עליו עד שיאכל עפר R. Ammi und R. Assi sind verschiedener Ansicht; der Eine sagt: Selbst wenn die Schlange alle kostbaren Speisen der Welt isst, so verspürt sie in ihnen dennoch blos den Geschmack der Erde. Der Andere sagt: Selbst wenn sie alle kostbaren Speisen der Welt isst, so wird sie dennoch nicht eher befriedigt, als bis sie Erde isst. Sot. 9ᵃ. 15ᵇ היא האכילתו מעדני עולם לפיכך קרבנה מאכל בהמה sie (die Sota, des Ehebruchs Verdächtige) gab dem Buhlen die kostbarsten Speisen der Welt zu essen, deshalb ist ihr Opfer Viehfutter, näml. „Gerstenmehl" (Num. 5, 15). Num. r. s. 7, 119ᵃ. Das. s. 9, 202ᵇ u. ö. מעדני עולם.

מַעְדֵּר m. (=bh., von עָדַר) Gäthacke, sarculum. Kel. 13, 7, s. מַעֲבָר. Tosef. Kel. B. mez. III Ende הדוקרן והמעדיר der Spitzpfahl und die Gäthacke. Das. B. bath. I Anf. המשיחות והרצועות שבמעדר die Streifen und die Riemen an der Gäthacke, vgl. auch מַסְרֵנָה.

מָעָה f. Grndbedeut.: etwas Rundes (=גֵּרָה, גַּרְגִּיר, von בַּר=גַּר rund sein: Kügelchen); dah. 1) Kern. j. Kil. I, 27ᵃ mit. מעה אחת מפיטמה של אבטיח ומעה של קישות וכ' ein Kern am Stiele der Melone und ein Kern der Gurke. Das. ר' מעה מפיטמה של חמוד ein Kern am Stiele des Apfels u. s. w., vgl. מִילַפְסוֹן. — Pl. j. Maas. I, 48ᵈ mit. מָעֵי מילפסון לאכילה אבטיח לזריעה die Kerne der Apfelmelone (heimst man ein) zum Essen, die Kerne der gewöhnlichen Melone zur Aussaat. — 2) (=bh. גֵּרָה). kleine Münze, Obulus, Korn, Maah. j. Kidd. I, 58ᵈ mit. R. Chija lehrte: סילעא ארבע דינרין שש מעה כסף דינר שני פונדיונין מעה שני איטרין וכ' קלקין דבר משלשים ושנים למעה ... ורבותינו עשו אותם אחר מעשרים וארבע למעה (ed. Krot. crmp. למעלה anst. למעה) eine Sela beträgt vier Denare, sechs Silbermaah ein Denar, zwei Pundien betragen eine Maah, eine Maah=zwei Ass u. s. w. Demnach ist die Kupferperuta der 32. Theil einer Maah. Unsere Lehrer jedoch verordneten (dadurch, dass sie die Peruta grösser machten), dass die Peruta den 24. Theil einer Maah bilde. Vgl. auch Kidd. 12ᵃ und Bech. 50ᵃ. j. Kidd. I, 58ᵇ un. השבענא בית שמאי אומרים מעה רבית הלל אומרים שתי מעין מחלפה שיטתהון דבית שמאי תמן אינון אמרין כסף דינר וכא מעה אמרין כסף מעה מחלפה שיטתהון דבית הלל תמן אינון אמרין כסף פרוטה וכא אינון אמרין כסף שתי מעין was die eingeklagte Schuld betrifft (wobei der Beklagte einen mosaischen Eid zu leisten hat, vgl. מַצֲבָה), so sagt die Schule Scham-

mai's, sie müsse wenigstens eine Maah, die Schule Hillel's hing. sagt, sie müsse zwei Maah betragen. Betreffs der Ansicht der Schule Schammai's herrscht ein Widerspruch, denn dort (j. Schebu. VI Anf., 36ᵈ) sagt sie, dass unter כסף ein Denar, hier aber, dass darunter eine Maah zu verstehen sei! Betreffs der Ansicht der Schule Hillel's herrscht ebenfalls ein Widerspruch; denn hier sagt sie, dass unter כסף eine Peruta, dort aber, dass darunter zwei Maah zu verstehen sei! Das. 58ᵈ ob. (nach Ansicht der Schule Hillel's) מה כלים שנים אף כסף שנים ורכוותיה מה כסף שתי מעים אף כלים שני מעים so wie unter כלים (pl. Ex. 22, 6, auf deren Einklage ein Eid zu leisten ist) „zwei Geräthe" zu verstehen sind, ebenso sind unter כסף (daselbst) „zwei Münzen" zu verstehen; hieraus ist zu entnehmen, dass so wie unter כסף zwei Maah, ebenso auch unter כלים der Werth von zwei Maah zu verstehen sei. — 3) Maah als Gewicht (wie מָנֶה s. d.). Levit. r. s. 17 Anf., 160ᵃ האשה הזאת טורה נועה אחת עבה ומעה אחת דקה וכ׳ das Weib spinnt eine Maah Wolle dick (d. h. zu dicken Fäden) und eine Maah dünn (zu dünnen Fäden), vgl. אָסְפִּירוֹן. — 4) Münzen überh. (wofür gew. מָעוֹת pl.), sodann auch Geld im Allgemeinen. B. mez. 4, 1 (44ᵃ) מעות הרעות קונין את היפות והיפות אינן קונין את הרעות schlechte (nicht gangbare) Münzen bewirken den Einkauf guter Münzen (d. h. beim Tauschhandel; sobald A. dem B. die schlechten Münzen, die als Waare angesehen werden, eingehändigt hat, so ist Letzterer verpflichtet, dem Ersteren die guten Münzen einzuhändigen, u. zw. nach dem Grundsatz, dass der Empfang der Waare den Käufer zur Zahlung verpflichtet, vgl. טָבַע); aber die guten Münzen bewirken nicht den Kauf der schlechten Münzen. Das. 47ᵇ אמר ר׳ יוחנן דבר תורה מעות קונות ומפני מה אמרו משיכה קונה גזירה שמא יאמר לו נשרפו חטיך בעליך ... ריש לקיש אמר משיכה מפורשת מן התורה וכי תמכרו וג׳ R. Jochanan sagte: Nach mosaischem Rechte bewirkt die Geldübergabe von Seiten des Käufers für ihn das Eigenthumsrecht der Waare; weshalb jedoch bestimmten die Gelehrten, dass nur die Ansichnahme der Waare den Kauf schliesse? Weil sonst der Verkäufer zum Käufer sagen könnte: Dein Getreide ist auf meinem Söller verbrannt. Resch Lakisch sagt: Der Abschluss des Kaufes durch die Uebernahme der Waare wird in der Bibel ausdrücklich erwähnt, näml. (Lev. 25, 14): „Wenn ihr etwas verkaufet, oder an die Hand des Nächsten kaufen werdet"; vgl. auch אִסִּימוֹן. Kidd. 12ᵇ u. ö. מתן מעות die Geldübergabe. Pes. 50ᵇ מעות הבאות ממדינת הים וכ׳ Geld, das aus überseeischen Landen eingeführt wird; d. h. ein Gewinn, der durch Schiffsladungen erstrebt wird, bringt deshalb kein Glück, weil die Seefahrer stets der Gefahr des Ertrinkens ausge-

setzt sind. Edij. 1, 9 fg. הפורט סלע ממעות wenn Jem. eine Sela einwechselt für מעשר שני מעות kleine Münzen des zweiten Zehnten u. s. w. j. Meg. I, 70ᵇ un. מעות פורים das Geld, das am Purimfeste an die Armen zu vertheilen ist. — Ueber eine agadische Etym. unseres Ws. s. זוז III.

מֵעָא oder מָעָא ch. (syr. ܡܥܐ=מֵעָה). Pl. מָעִין, מָעַיָּא, מָעָתָא Maah, ferner: Münzen, Geld, s. TW. — B. mez. 102ᵇ מָאה מָעֵי hundert Maah, vgl. אָסְתֵּירָא. Kidd. 81ᵃ כתרתי מעי wie zwei Maah, vgl. דְּמָא, דַּם. Snh. 26ᵃ u. ö.

מֵעֶה m. (=bh.) Pl. מֵעִים, מֵעִין, מֵעַיִן, מֵעֶיהָ (bh. einmal מֵעֶה von מֵעָה, Jes. 48, 19). Das Wort, verwandt mit vrg. מְעָה, bedeutet eig. ebenf.: etwas Rundes, insbes. (=בֶּטֶן) 1) die ganze Bauchhöhle des animalischen Körpers, κοιλία, den Magen sammt den Gedärmen; daher auch gew. בְּנֵי מֵעַיִן die Eingeweide, intestina, eig. die im Leibe, מֵעַיִם, liegenden Gedärme, Leber, Herz u. dgl., s. w. u. Kinnim 3, 6 מעיו לעשות תוך בני מעיו לעשות חבלין וממעיו לכנורות L. der Tosaf. (welche fast unzweifelhaft die richtige ist; Agg. עורו לחתן מעיו, לנבלים בני מעיו לכנורות, eine LA., die weder sachlich, noch sprachlich zutrifft) sein (des Lammes) Bauch ist zur Anfertigung der Pauke verwendbar, seine Gedärme, um daraus Seile und Saiten für die Cither zu machen. Nid. 22ᵃ R. Elasar bar Zadok erzählte: Folgende zwei Handlungen überbrachte mein Vater aus Tiвin nach Jabne: מעשה באשה שהיתה מפלת כמין קליפות אדומות ובאו ושאלו את אבא ואבא שאל לחכמים וחכמים שאלו לרופאים ואמרו להם אשה זו מכה יש לה בתוך מעיה שממנה מפלת כמין קליפות חטיל למים אם נמוחו טמאה ושוב מעשה שהיתה מפלת כמין שערות אדומות באה ושאלה ... ואמרו להם אשה זו שומא יש לה בתוך מעיה שממנה מפלת כמין שערות אדומות וכ׳ einst trug es sich zu, dass eine Frau eine Art rother Bläschen abortirt hatte, worüber man meinen Vater befragte; mein Vater befragte die Gelehrten und die Gelehrten befragten die Aerzte, welche ihnen antworteten: Diese Frau hat eine Wunde im Leibe, wodurch sie solche Bläschen abortirt, möge sie dieselben ins Wasser legen, und wenn sie sich auflösen (was zum Beweise dient, dass sie auf Blut gefüllt sind), so ist sie unrein. Ferner trug es sich zu, dass eine Frau eine Art rother Fäserchen abortirt hatte; sie kam und befragte meinen Vater, dieser befragte die Gelehrten, die Gelehrten befragten die Aerzte, welche ihnen antworteten: Diese Frau hat ein mit Haaren bewachsenes Mal in ihrem Leibe, wodurch sie solche rothe Fäserchen abortirt. Möge sie dieselben ins Wasser legen und wenn sie sich auflösen, so ist sie unrein. j. Nas. VII, 56ᶜ un. המת והנזיר ... תחת מעי הגמל תחת מעי השקוף wenn eine Leiche und ein Nasiräer sich

nnter dem (breiten) Leibe eines Kamels oder unter der Wölbung einer Oberschwelle sich befinden. Schabb. 11ᵃ u. ö. חֹלֵי מֵעַיִם Leibschmerzen (Durchfall), vgl. auch מֵיחוּשׁ. Ned. 41ᵃ חוֹלֵי מֵעַיִם die an Leibschmerzen Leidenden. Erub. 41ᵇ שׁלשׁה אין רואין פני גיהנם אלו הן דקדוקי עניות וחוֹלֵי מֵעַיִן והרשות drei Klassen von Menschen erblicken nicht das Gehinnom, näml. die von drückender Armuth, oder von Leibschmerzen, oder von Schuldenlast gequält werden (nach R. Chananel bedeutet רשות: Obrigkeit, was jedoch weniger einleuchtet). Das. שׁלשׁה מתין כשׁהן מספרין ואלו הן חוֹלֵי מֵעַיִן והדרוקן ותיה während sie sprechen (d. h. bei vollem Bewusstsein), näml. der an Durchfall Leidende, die Wöchnerin und der Wassersüchtige. Taan. 11ᵇ ob. לעולם ימוד אדם עצמו כאלו קדוש שׁרוי בתוך מֵעִיו וכ׳ der Mensch soll sich immer betrachten, als ob der Heilige (Gott) in seinem Leibe wohnte; mit Ansp. auf Hos. 11, 9: „In deinem Innern ist der Heilige"; daher darf man sich nicht durch Fasten kasteien. Snh. 7, 2 (52ᵃ) בני מֵעָיו die Eingeweide des Menschen. Chull. 56ᵃ בני מֵעָיה die Eingeweide des Vogels, vgl. חָמַד. Das. 50ᵇ בני מֵעַיִן 56ᵇ באלו בני קרקבן בלב הכרכבן nur betreffs folgender Eingeweide sagten die Gelehrten (dass ein Vogel, der ins Feuer gefallen und dessen Eingeweide gelb geworden sind, zum Essen verboten ist): des Magens, des Herzens und der Leber. — 2) das Kerngehäuse einer Frucht. Edij. 3, 3 מעי אבטיח das Kerngehäuse einer Melone. j. Ter. VIII, 46ᵃ בני מֵעָיה die Kerne der Melone, s. מְפַסֵם.

מֵעָא, מֵעֲיָא ch. (syr. ܡܥܝܐ, pl. ܡܥ̈ܐ, =מֵעָה) Leib, Eingeweide, s. TW. — Pl. Chull. 93ᵇ (l. ‏גרירה‏‎) ריש מֵעַיָא באמתא בעי גרירה die Spitzen der Därme müssen, eine Elle lang (wegen des daran haftenden verbotenen Fettes), abgeschabt werden.

מֵעוּיי Af. von עֲוָר, s. d.

מֵעֲוִיִין m. pl. ein spinatartiges Küchengewächs. j. Kil. I, 27ᵃ mit., s. לִמְעִיִין.

מָעֹון m. (=bh. von עוּן) 1) Wohnung, insbes. Gotteswohnung, Tempel. Keth. 24ᵃ un. המעון הזה לא זזה ידה מתחת ידי וכ׳ bei diesem Tempel (schwöre ich), dass ihre Hand nicht aus der meinigen gewichen ist! (ähnlich הָעֲבוֹדָה, הֵיכָלָא, s. d. W.). Ker. 8ᵃ und B. bath. 166ᵃ המעון הזה לא אלין הלילה עד שׁיהיה בדינרין bei diesem Tempel (schwöre ich), ich will nicht diese Nacht zubringen, bis die Opfervögel für wenige Denare zu kaufen sein werden! d. h. ich werde durch den Vortrag einer Halacha die hohen Preise der ersteren zum Sinken bringen! — 2) übrtr. Himmel, Maon. Chag. 12ᵇ מעון

Maon, Name des fünften Himmels von unten an gezählt. Das. מעון שׁבו כיתות של מלאכי השׁרת שׁאומרות שׁרה בלילה וחשׁות ביום מפני כבודן של ישׂראל der Maon, in welchem die Schaaren der Engel sich befinden, welche des Nachts Loblieder anstimmen, aber am Tage, wegen der Ehre Israels, schweigen. j. Taan. IV, 68ᵃ un. ספר מעוני . . . באחד כתוב מעון וג׳ ובשׁנים כתוב מעונה וקיימו שׁנים וביטלו אחד was den Codex des Maon betrifft, so fand man in einem Bibelcodex מעון (anst. מעונה, Dt. 33, 27) und in zweien מעונה; man hielt daher die LA. der zwei aufrecht und liess die des einen fallen. Sifre Beracha Pisk. 356 u. ö. dass., vgl. זַמְטוּט. Genes. r. s. 68, 67ᶜ כתיב מעונה וג׳ אין אנו אנו יודעין אם הקב״ה מעונו של עולם ואם עולמו מעונו מן מה דכתיב ה׳ מעון וג׳ הוי הקב״ה מעונו של עולם ואין עולמו מעונו es heisst מעונה (Dt. 33, 27); daraus jedoch wissen wir nicht, ob Gott die Wohnung der Welt (der sie in sich fasst), oder ob die Welt seine Wohnung sei! Daraus aber, dass es heisst ה׳ מעון (Ps. 90, 1) können wir schliessen, dass „Gott die Wohnung" der Welt, nicht aber die Welt seine Wohnung ist; vgl. auch מָקוֹם. — 3) Aufenthalt. Exod. r. s. 24, 123ᵃ wie viele Wunder verübt Gott an dem Menschen, ohne dass dieser sie merkt! שׁאלולי היה אוכל פת כשׁהיא חיה היתה יורדת בתוך מעיו ומשׁרטת אותו אלא ברא הקב״ה מעון בתוך גרגרתו שׁהוא מוריד את הפת בשׁלום denn würde (der Mensch das Brot unverdaut geniessen (d. h. würde es unmittelbar aus dem Munde) in den Leib kommen, so würde es diesen aufritzen. Allein Gott bildete in der Kehle einen Aufenthalt, der das Brot, ohne dass es verletzt, herabgleiten lässt. — 4) Maon, Name eines Ortes. Schabb. 139ᵃ בי כנישׁתא דמעון die Synagoge zu Maon. j. Erub. V Anf., 22ᵇ un. R. Simon ben Lakisch sagte: יכול אני לעשׁות שׁתהא בית מעון מתעברת עם טיבריא וכ׳ ich kann bewirken, dass Beth Maon mit Tiberias vereinigt werde. Exod. r. s. 9, 202ᶜ (zur Lösung des Widerspruches, Gen. 38, 13: „Dein Schwiegervater steigt hinauf nach Timnath", während Ri. 14, 1 heisst: „Simson ging hinab nach Timnath"): כגון הדה בית מעון שׁיורדים לה מפלונתה ועולים לה מטבריה die Lage Timnath's glich der des Beth Maon, nach welchem Orte man von Plugta hinabgeht, von Tiberias aber hinaufsteigt. In der Parall. j. Sot. I, 17ᵃ un. steht dafür: כגון הדא בית מעיין (l. מעון) שׁיורדין בה מפלטחה ועולין בה מטבריה wie Beth Maon, zu welchem man von Pelattha aus herabgeht, aber von Tiberias aus hinaufsteigt.

מֵעוּנָאָה m. Einwohner Maons. Genes. r. s. 80, 78ᶜ יוסי מעונאה Jose aus Maon.

מֵעֲוִי oder מֵעֲזָי m. (denom. von עֵז) was von Ziegen kommt, Ziegenhaar u. dgl., caprinum, s. TW.

מַעֲזִיבָה f. (von עָזַב, Neh. 3, 8) Aufbau, d. h. eine Anhäufung, Verklebung des ersteren mittelst verschiedener Baumaterialien oberhalb des Gebälkes = הֶמְלְטָא, s. d. B. mez. 116ᵇ (in der Mischna) wenn der Söller eines Hauses, das zwei verschiedenen Besitzern gehört, eingestürzt ist: so bezieht, nach Ansicht der Rabbanan, der Besitzer des oberen Stockwerkes so lange das untere Stockwerk, bis der Besitzer des letzteren die obere Wohnung ausgebessert hat. R. Jose sagte: התחתון נותן את התקרה והעליון את המעזיבה der Besitzer des unteren Stockwerkes muss das Gebälk und der des oberen Stockwerkes den Aufbau herstellen. Das. 117ᵃ ר' מעזיבה מאי יוסי בר חנינא אמר קנים וסכאין וטינא ריש לקיש אמר לוחא פליגי מר כי אתריך ומר כי אתריה Ar. (Agg. crmp. מאי תקרה קינים וסכאין וטיני וכ'.) welche Bestandtheile bilden die מעזיבה? R. Jose bar Chanina sagte: Stangen, Dornhecken und Lehm. Resch Lakisch sagte: Bretter. Hier herrscht jedoch keine Meinungsverschiedenheit, denn für den beiden Autoren bezeichnet dieses Bauwerk nach dem Brauche seines Wohnortes. j. B. mez. X Anf., 12ᶜ בשם ריש יוסטא 'ר לקיש התחתון נותן תקרא ולוחים והעליון נותן המעזיבה R. Justa (Justus) sagte Namens des Resch Lakisch: Der Bewohner des unteren Stockwerkes muss das Gebälk und die Bretter, aber der Bewohner des oberen Stockwerkes dagegen den Aufbau des Gebälkes anfertigen. Das. מעזיבה עבה בינונית מעזיבה ... ein dicker (starker) Aufbau, ein mittelmässiger Aufbau. B. mez. 117ᵃ בי תרי דהוו דיירי חד עילאי וחד תתאי איפחית מעזיבה כי משי מיא עילאי אזלי ומזקי לתתאי מי מחקן וכ' zwei Personen bewohnten gemeinschaftlich ein Haus, die eine das obere und die andere das untere Stockwerk. Infolge einer Schadhaftigkeit des Anbaus am Gebälk floss das Wasser, womit sich der Bewohner des oberen Stockwerkes gewaschen, herunter und richtete dem darunter Wohnenden Schaden an. Wer ist nun verpflichtet, die schadhafte Stelle zu reparieren? R. Chija sagte: Der Obenwohnende, R. Ilai sagte: Der Untenwohnende ist zu reparieren verpflichtet. Daselbst רבנן סברי מעזיבה אחזוקי תקרה הוא ... ור' יוסי סבר מעזיבה אשוויי גומות הוא וכ' die Rabbanan sind der Ansicht, dass der Aufbau zur Befestigung des Gebälkes diene (die Balken aneinander festzumachen; daher sagen sie in der Mischna: der Besitzer des unteren Stockwerkes müsse die Kosten jener Reparatur tragen, weil das Zusammenhalten der Balken verhüte, dass nichts von oben herabfalle und seine Wohnung beschädige). R. Jose ist der Ansicht, dass jener Aufbau zum Verstopfen der Ritzen und zum Ebenen der Vertiefungen im Gebälk diene (denn zum Festhalten desselben würde schon das einfache Einschlagen von Nägeln genügt haben. Daher sagt er in der Mischna, dass der Oben-

wohnende, dem jenes Ebenen zugute komme, die Kosten desselben tragen müsse). B. bath. 3ᵇ. 20ᵇ היה מעזיבה בעליה צריך שידא החתיר מעזיבה שלשה טפחים wenn Jem. den Ofen im Söller aufstellt, so muss (um Feuersgefahr zu verhüten) unterhalb des Ofens ein Aufbau von drei Faustbreiten vorhanden sein. Midd. 4, 6. j. Erub. VIII g. E. 25ᵇ u. ö. Levit. r. s. 19 Ende, 162ᵈ פתחו (סחתר .l) המעזיבה ושלשלה לו man machte in dem Anbau des Gebälkes (vom Gefängnisse, in welchem Jechonja, der König Juda's eingesperrt war) Lücken und liess seine Frau zu ihm hinabsteigen.

מַעֲזִילָא m. (von עֲזַל, arab. غَزَلَ) der Spinnende, Weber. Khl. r. sv. הירכמא 87ᶜ אל תבהל על סלכתיה כן סליק ליה דמעזילא עזיל על סלכתיה הוא נכרב so wie der Weber auf die Spindel (فَلْكَة) hinaufspinnt, ebenso gelingt ihm das, was er von der Spindel abwindet. Ein Bild für den Jähzornigen, dem der Jähzorn nichts anderes, als die Nachtheile desselben einbringt, vgl. רַגְּזָן, s. auch קִימְקִימָא und רְקַק.

מֶעֶזְלָא oder מַעֲזְלָא m. (syr. ܡܰܥܙܠܐ, arab. مَغْزَل, مِغْزَل) eig. Part. pass. 1) das Gesponnene, Gespinnst. j. Schabb. VII, 10ᶜ ob. הדא אתתא דשרקה מעזלה וכ' ... eine Frau, welche ihr Gespinnst am Sabbat färbt, begeht die Sünde des Waschens. — 2) Spindel, eig. Spinnwerkzeug, oder Gespinnstort, d. h. Ort für den gesponnenen Faden, s. TW., vgl. Fleischer das. 568ᵇ fg.

מָעַט (= bh.) wenig, gering sein. — Hif. הִמְעִיט (= bh.) wenig thun. Ber. 17ᵃ אחד המרבה ואחד הממעיט ובלבד שיכוון לבו לשמים sei es, dass Jem. viel (Wohlthaten), oder dass er wenig ausübt; wenn er nur beabsichtigt, Gott wohlgefällig zu handeln. — Oefter Pi. מִיעֵט 1) wenig machen, verringern. Chull. 60ᵇ Gott sagte zum Monde: לכי ומעטי את עצמך gehe und verringere dich, mache dich selbst klein, vgl. יָרֵחַ und כַּפָּרָה. Genes. r. s. 6, 7ᵇ אמר הקב"ה הואיל והלבנה הזו מיעטה עצמה גוזר אני וכ' Gott sagte: Da der Mond sich selbst klein gemacht hat, deshalb befehle ich, dass die Sternenschaar zu seiner Begleitung mit ihm einund ausziehen soll! vgl. בֻּלִּי. Das. s. 39, 38ᵇ u. ö., vgl. יְצִיאָה. j. Ber. VI, 10ᵇ ob. גלעינתו ממעטתו der Kern der Olive (der ungeniessbar ist) verringert das (von den Gelehrten bestimmte) Mass, vgl. זַיִת. Taan. 26ᵇ fg. mit dem Eintritt des Monats Ab ממעטין בשמחה verringert man die Lustbarkeit, vgl. אָב I. Trop. Num. r. s. 15, 230ᵇ מיעט עצמן sie hielten sich für gering, unbedeutend. Part. pass. j. Keth. III, 27ᵈ un. בושת הגדול מרובה ונזקי מְמוּעָט בושת הקטן ממועט ונזקו

מרובה die Beschämung eines grossen Mannes ist gross, sein Schaden jedoch gering (d. h. der grosse Mann empfindet die ihm zugefügte Beleidigung weit mehr als ein niedriger Mensch, sie verursacht ihm jedoch weit weniger Nachtheil als dem Letzteren); die Beschämung eines Niedrigstehenden ist gering, der ihm hierdurch entstehende Nachtheil jedoch ist gross. j. Jom. II g. E., 40ᵃ וערכו יכול מאה יכול מאתים אמר ר׳ עקיבה כל שטשמוער מרובה ושמוער ממועט תפשתה המרובה לא תפשת תפשתה המועט תפשת aus dem Worte וערכו („sie sollen ordnen", Lev. 1, 8) könnte man schliessen, dass hundert, auch dass zweihundert Priester diesen Tempeldienst verrichten! R. Akiba sagte hierauf: Betreffs alles dessen, das ebensogut viel, wie wenig bedeuten kann, darfst du nicht etwa die grössere, sondern vielmehr blos die kleinere Deutung annehmen, vgl. auch תָּפַשׂ. — 2) (als Ggs. von רִיבָּה) ausschliessen, gew. in trop. Bedeut. Schebu. 26ᵇ ר׳ עקיבא שטשימוש את נחום איש גם זו שהיה דורש את כל התורה כולה בריבה ומיעט איהו נמי דריש מיעט ומיעט מאי ר׳ עקיבא דדריש ריבויי ומיעוטי דתניא או נפש כי תשבע חזר להרע או להטיב מיעט ככל אשר יבטא האדם חזר וריבה ריבה ומיעט וריבה ריבה הכל מאי דריש ר׳ עקיבא כל מילי ומאי מיעט מיעט דבר מצוה R. Akiba, als ein Schüler des Nahum aus Gimso, welcher letztere die ganze Gesetzlehre nach der Norm des „Hinzufügens und Verminderns" erforscht hatte, erforschte sie ebenfalls nach der Norm des Hinzufügens und Verminderns. An welcher Stelle findet man den R. Akiba als einen Forscher der Hinzufügungen und Verminderungen? In der Borajtha, die wie folgt lautet: „Oder wenn Jemand schwört" (Lev. 5, 4), darin fügt die Schrift hinzu (was für ein Schwur es auch immer sei), „Böses oder Gutes zu thun", da verringert, beschränkt sie (dass hier nur von einem solchen Schwur die Rede sei, der den Nachtheil oder den Vortheil Jemandes bezwecke), „betreffs Alles, was der Mensch ausspricht", da fügt sie wieder hinzu (gleichviel was beschworen wurde); die Schrift fügt also hinzu, schliesst auch aus und fügt wiederum hinzu; sie fügt also schliesslich Alles hinzu! Was fügt sie nun hinzu? Alle Dinge (jeden möglichen Eid). Was schliesst sie nun aus? Etwas Gebotenes (dass z. B. ein Schwur, kein Almosen zu geben u. dgl. m. ungiltig sei). Als ein Gegensatz zu dieser Forschungsweise des „Hinzufügens", Ausschliessens und Hinzufügens" gilt die Norm des „Generellen, Speciellen und Generellen", כלל ופרט וכלל, s. d. W., vgl. auch מִיעוּט. Das. 27ᵇ. Sot. 17ᵇ u. ö.

Nithpa. verringert, verkleinert werden. Arach. 30ᵇ נְתְמָעֵט כספו wenn sein Geld weniger wurde, vgl. מוּעָט. Tosef. Sot. XIV g. E. כביכול שהתחילו עובדי כוכבים להתמעט es ist gleichsam, als ob die Götzendiener angefangen

hätten, verringert zu werden; euphemistisch für: erhaben zu werden, vgl. יָכוֹל. Trop. Pesik. r. Abschn. Para, 24ᵈ נתמעט ידו er verarmte, eig. seine Hand, sein Vermögen wurde verringert; ähnlich bh. מטה ידו. Sifra Zaw cap. 15 Par. 11 נתמעטה תנופה ... נתמעטה סמיכה das Weben der Opfer wurde ausgeschlossen; das Handauflegen wurde ausgeschlossen.

מָעַט ch. (=מִעֵט). — Pa. ausschliessen, verringern. Jom. 74ᵃ למעוטי מאי ... למעוטי מלך ... למעוטי משחין בקוביא wen schliesst die Mischna aus (in der Halacha: „Der Zeugeneid wird nur denjenigen zugeschoben, die des Zeugnissablegens fähig sind)? Ein Autor sagt: Sie schliesst den König aus; ein anderer sagt: Sie schliesst den Würfelspieler aus. Schebu. 31ᵃ u. ö.

מָעַט m. (eig. Part. pass. von מְעַט) wenig, minutus. Pl. j. Pes. V, 32ᵃ un. מָעוּטֵי תורה gering an Gelehrsamkeit, wenig Wissende, vgl. מְסוֹרַת. j. Snh. I, 18ᵉ un. die Einwohner Lydda's, שהן גסי רוח ומעוטי תורה welche hochmüthig sind und ein geringes Wissen haben.

מוּעָם m., מוּעֶמֶת f. (eig. Part. Pual, verk. aus מְמוּעָם, מְמוּעֶמֶת wie מוּסְמָס für מְמוּסְמָס, s. מְסָמָס, vgl. auch מוּעָכוֹת u. a.) wenig, gering. Tosef. B. bath. II g. E. דבר מועט ein Wenig, Weniges. Git. 14ᵃ מתנה מועטת eine geringe Schenkung. Sifra Zaw. cap. 15 Par. 11 סמיכה מועטת das Handauflegen auf die Opfer kommt wenig vor, indem es näml. blos bei Thieren stattfindet; im Ggs. zum Weben, תנופה, das auch bei leblosen Gegenständen (wie Omergarbe u. dgl.) stattfindet. — Pl. j. Jom. II Ende, 40ᵇ ימים מועטים wenige Tage. Chag. 10ᵃ. 11ᵃ נגעים מקרא מרובה והלכות מועטות אהלות מקרא מועט והלכות מרובת über „Aussätze" sind viele Schriftstellen, aber wenig Halachoth vorhanden; über die Arten des „Zeltens" hing. sind nur wenige Schriftstellen, aber viele Halachoth vorhanden. Arach. 30ᵇ „Wenn noch viele Jahre sind ... wenn aber wenige der Jahre zurückgeblieben" u. s. w. (Lev. 25, 51. 52) וכי יש שנים מרובות ויש שנים מועטות אלא נחרבה כסף מכרה מקרנה נתמעטה כסף מכרה giebt es denn etwa „viele" (d.h. grössere), oder giebt es „wenige" (kleinere) Jahre? (die Worte מעט ... רבות wurden näml. auf die Tage der Jahre gedeutet: Wenn hier vielmehr nur Folgendes gemeint: Wenn das Vermögen des Käufers vermehrt wurde (dass näml. die Felderträge der Jahre viel und also sehr einträglich waren): so erstattet der Verkäufer das Auslösegeld nach Berechnung „vom Kaufgelde". Wenn aber sein Vermögen (infolge von Missernten) „gering" wurde: so „berechnet der Verkäufer" das Auslösegeld nach. den verstrichenen Jahren.

24*

מִיעוּט *masc.* N. a. Verminderung, Ausschliessung, Minderheit (im Ggs. zu רִיבּוּי). j. Pes. VII, 34ᶜ mit. כמיעוט ... כרובא wie die Mehrheit, wie die Minderheit. Nid. 38ᵇ (mit Ansp. auf 1 Sm. 1, 20) מיעוט תקופות שנים מיעוט שנים ימים das Wenigste, was תקופות bezeichnet, ist „zwei Sonnenwenden" (= 6 Monate), das Wenigste, was ימים bezeichnet, ist „zwei Tage"; d. h. das Gebären der Hanna erfolgte, nach einer Schwangerschaft von 6 Monaten und 2 Tagen; woraus sich. erwiesen wird, dass die siebenmonatliche Schwangerschaft nicht volle sieben Monate zu währen braucht. j. Kidd. I, 59ᵇ ob. מיעוט ein kleiner Theil, im Ggs. zu רוב ein grosser Theil, der grösste Theil. j. Pea VI Ende, 19ᵈ שדך בגלוי פרט לטמון קצירך פרט לטמון והרי מיעוט פרט ואין מיעוט אחר מיעוט [אלא] לרבות הטמון „dein Feld" (Lev. 19, 9), bezeichnet: was offen liegt, sichtbar ist, wovon also: etwas Verborgenes (vgl. טָמוּן) ausgeschlossen ist; ebenso bezeichnet קְצִירך: „deine Ernte" (das.) ebenfalls: was offen liegt, wovon Verborgenes ausgeschlossen ist; also eine Ausschliessung nach der anderen! Aber eine Ausschliessung nach der anderen bezeichnet eine Vermehrung, d. h. dass auch von dem verdeckten Getreide die Armengaben entrichtet werden müssen. j. Jeb. XII Anf., 12ᵇ האזרח פרט לגרים בישראל פרט לגרים מיעוט אחר מיעוט לרבות הגרים האזרח („alle Einsassen", Lev. 23, 42) schliesst die Proselyten aus, ebenso בישראל „in Israel (sollen in Hütten wohnen") schliesst ebenfalls die Proselyten aus; aber eine Ausschliessung nach der andern besagt, dass auch die Proselyten in Hütten sitzen müssen. j. Hor. I Anf., 45ᶜ בכל אתר את מר מיעוט אחר מיעוט לרבות וכא את מר מיעוט אחר מיעוט נמעט אמר ר' מתניה שניא היא דכתיב מיעוט אחר מיעוט אחר מיעוט überall sagst du, dass eine Ausschliessung nach der anderen, eine Hinzufügung bezeichne, hier (Lev. 4, 27) hing. sagst du, dass eine Ausschliessung nach der andern eine Ausschliessung bezeichne! R. Mattanja entgegnete: Betreffs der gedachten Schriftstelle ist es anders; denn hier folgt eine Ausschliessung auf eine Ausschliessung, der bereits eine Ausschliessung vorangegangen ist; d. h. in der gedachten Bibelstelle stehen drei Wörter, deren jedes eine Ausschliessung bezeichnet, nämlich: „Person", „eine", „die ein Gebot übertritt". j. Jom. II g. E., 40ᵃ. j. B. kam. V Anf., 4ᵈ u. ö., vgl. auch מִדָּה nr. 4. Levit. r. s. 27 g. E., 168ᵇ „Du wirst nur oben sein" (Dt. 28, 13); יכול כמותו תלמוד לומר רק לשון מיעוט גדולה למעלה מגדולתכם da könnte man denken, dass למעלה bedeute: so erhaben wie ich! Daher steht רק („nur"), was eine Ausschliessung bezeichnet; d. h. meine Erhabenheit ist höher als eure Erhabenheit. — Pl. Tosef. Schebu. I Anf. ר' עקיבא לא דורש כלל ופרט והיה דורש ריבויין ומיעוטין ... ר' שמעון לא היה

דורש ריבויין ומיעוטין והיה דורש כלל ופרט וכלל R. Akiba wandte bei seinen Forschungen nicht die Norm des Generellen und Speciellen an, sondern vielmehr die Norm der Hinzufügungen und Ausschliessungen; R. Schimeon hing. wandte nicht die Norm der Hinzufügungen und Ausschliessungen an, sondern vielmehr die Norm des Generellen, Speciellen und Generellen, s. das Verbum. j. Schabb. VII, 10ᵇ mit. אך הוא הרי אלו מיעוטין שלא לקצור ולא לטחון ולא להרקיד die zwei Worte אך ... ביום טוב (Ex. 12, 16 „Jedoch was von Jemandem genossen werden kann, dieses allein darf für euch am Feiertage zubereitet werden") bezeichnen Ausschliessungen, dass man näml. am Feiertage nicht ernten, nicht mahlen und nicht sieben dürfe; d. h. dass nur die Verrichtung solcher Arbeiten gestattet sei, welche die Zubereitung der Speisen unmittelbar bewirken, wie z. B. Kochen u. dgl. j. Ber. IX, 14ᵇ un. אכין ורקין מיעוטין die Worte אַך und רַק in der Schrift bezeichnen Beschränkungen. Genes. r. s. 53, 53ᵇ u. ö. dass., vgl. אַך I.

מִיעוּטָא *ch.* (=מִיעוּט) Verminderung, Beschränkung, Minderheit. Chull. 6ᵃ. 11ᵇ רבי מאיר דחייש למיעוטא R. Meïr, der auch auf eine Minderheit Bedacht nimmt. Die Chachamim näml. richten sich in zweifelhaften Fällen nach der Mehrheit (רוֹב, *ch.* רוּבָּא, s. d. W.). Wenn Jem. z. B. Fleisch auf dem Markt findet, woselbst in den meisten Läden erlaubtes und in wenigen derselben unerlaubtes Fleisch verkauft wird, so darf das gefundene Fleisch genossen werden; weil angenommen wird, dass es aus einem der meisten Läden gekauft wurde. Jeb. 61ᵇ. 119ᵇ מיעוטא דמיעוטא לא חייש ר' מאיר auf die Minderheit einer Minderheit (d. h. auf eine nur entfernte Möglichkeit) nimmt R. Meïr kein Bedacht. Wenn z. B. eine kinderlose Frau verwittwet wurde, ohne dass bekannt war, dass ihr verstorbener Mann einen Bruder als Levir zurückgelassen hätte, und hierauf auch ihre Schwiegermutter nach weiter Ferne gegangen war: so kann jene Wittwe dennoch, selbst nach Ansicht des R. Meïr, einen fremden Mann heirathen, ohne Bedenken zu tragen, dass sie vielleicht einen Schwager bekommen hätte und dann sie die Leviratsehe zu vollziehen gehabt. Denn zuvörderst ist anzunehmen, dass die Schwiegermutter, die solange nicht schwanger war, auch in der Ferne nicht schwanger wurde und dass, selbst wenn sie auch schwanger geworden, sie abortirt, oder eine Tochter geboren haben würde. Kidd. 80ᵃ die Rabbanan sind der Ansicht, מיעוטא כמאן דליתא דמי die Minderheit sei so, als ob sie gar nicht vorhanden wäre. — Pl. Snh. 45ᵇ. 46ᵃ ob. ריבויי ומיעוטי Hinzufügungen und Ausschliessungen, s. d. Verb.

מַעַטָן *m.* (von עָטַן, s. d., arab. عَطَن) Oli-

venbehälter, ein in der Keltervertiefung sich befindender Bottich, in welchem die Oliven so lange aufbewahrt lagen, bis sie weich und zum Pressen reif geworden waren; ähnlich מִיצֶבֶת: der Weintraubenbehälter, s. d. W. Naasr. 4, 3 הנוטל מן המעטן זתים wenn Jem. Oliven aus dem Behälter nimmt. Tobar. 9, 1 זתים מאימתי מקבלין טומאה משיזיעו זיעת המעטן אבל לא זיעת הקופה von welcher Zeit ab nehmen die Oliven Unreinheit an? (d. h. werden sie als hinlänglich befeuchtet angesehen? vgl. כָּשֵׁר). Wenn sie in dem Bottich, aber nicht in dem Korb (in welchem sie nach dem Bottich hingetragen werden, ohne erweicht zu sein) ausschwitzen. Das. Mischna 9 נמצא בגג המעטן טהור נמצא במעטן הגג טמא. Zur Erklärung dieser Mischna vgl. Tosef. Toh. XI Anf. היה קוצה מן המעטן ומעלה לראש הגג ונמצא שרץ בגג המעטן טהור במעטן הגג טמא דברי רבי וחכמים אומרים נמצא בגג אינו טמא אלא הגג במעטן אינו טמא אלא המעטן wenn Jem. einen Theil der Oliven aus dem Bottich nimmt und sie auf das Dach trägt, woselbst sich später ein Reptil findet, so ist der Bottich (d. h. die Oliven darin) rein (weil angenommen wird, dass das Reptil sich erst später auf dem Dache eingefunden habe); wenn das Reptil aber im Bottich angetroffen wird, so sind auch die Oliven auf dem Dache unrein; so nach Ansicht Rabbi's. Die Chachamim hing. sagen: Wenn das Reptil auf dem Dache angetroffen wird, so sind blos die Oliven auf dem Dache unrein; wenn es aber in dem Bottich angetroffen wird, so sind blos die im Bottich unrein. j. Dem. VI, 25ᶜ un. ᵈ ob. מעטן של זתים der Bottich der Oliven. j. Schabb. XVII, 16ᵇ ob. קנה שהתקינו להיות בזתין בדרך כיצד היה יודע אם מלוכלך במשקה בידוע שנגמרה מלאכת המעטן ואם לא בידוע שלא נגמרה מלאכת המעטן wenn man ein Rohr zubereitet um, damit die Oliven zu untersuchen (ob sie bereits durch das Liegen im Bottich weich, und also für die Presse tauglich seien, oder nicht); auf welche Weise konnte man dies erfahren? Wenn das hineingesteckte Rohr durch die Flüssigkeit feucht geworden ist, so ist mit Bestimmtheit anzunehmen, dass die Arbeit des Bottichs vollendet ist; wo nicht, so ist mit Bestimmtheit anzunehmen, dass die Arbeit des Bottichs noch nicht vollendet ist. Tosef. Maasr. III. j. Bez. V Anf., 62ᵈ. j. Ned. II Anf., 37ᵇ. B. mez. 72ᵇ u. ö.

מַעְטְנָא chald. (=מַעֲטָן) Olivenbehälter, Bottich. Pl. j. Maas. scheni V g. E., 56ᶜ Eines der drei Sendschreiben des Rabban Gamliel lautete wie folgt: אחנא בני גלילא עילאה ובני גלילא ארעיתא שלמכון יסגא מודענא לכון דמטא זמן ביעורא דפקון מעשריא מן מטעניא זיתיא unsere Brüder, ihr Einwohner Obergaliläa's und ihr Einwohner Untergaliläa's, euer Heil sei gross! Wir thun euch kund, dass die Zeit des

Wegräumens angelangt ist, um die Zehnten aus den Olivenbehältern zu entrichten. j. Snh. I, 18ᵈ ob. und Snh. 11ᵇ dass.

מַעֲטֶפֶת f. (bh. מַעֲטָפוֹת pl., arab. مَعْطَف, von עֶטֶף) Hülle, eine Art Tunika. Tosef. Kel. B. bath. V Anf. העושה מעטפת מן הלבד wenn Jem. eine Hülle aus grobem Zeuge anfertigt.

מְעִילָה, מְעִיל s. hinter מָעַל.

מֵעַיִם, מֵעַין s. מֵעָה.

מַעְיָן, מַעְיֵן masc. (=bh. מַעְיָן, syn. mit עַיִן s. d.) 1) Quell, Fluss. Mikw. 5, 1. 3 מעין שהוא משוך כנדל ein Fluss, der sich, einem Vielfuss gleich, erstreckt; d. h. der viele Nebenflüsse bildet. Ned. 41ᵇ der am Durchfall Leidende כמעין הנובע gleicht einem sprudelnden Quell, vgl. בַּרְדָס. — 2) übrtr. das männliche Glied, eig. der Ort, aus welchem der Samen herausquillt; zuweilen auch: die weibliche Scham, der das Blut entfliesst, der Leib. Genes. r. s. 26, 25ᶜ „Noah zeugte im Alter von 500 Jahren Kinder" (Gen. 5, 32), während seine Vorfahren im Alter von 100 oder 200 Jahren Kinder zeugten; אלא אמר הקב״ה אם רשעים הם אין רצוני שיאבדו במים ואם צדיקים הם אטריח עליו ויעשה תיבות הרבה וכיבש הקב״ה מעיינו והוליד לחמש מאות שנה denn Gott dachte bei sich: Würden seine Nachkommen Frevler sein, so will ich nicht, dass sie in der Wasserfluth untergehen; würden sie aber fromm sein, so müsste ich ihn bemühen, dass er viele Archen anfertige. Deshalb hielt Gott Noah's Glied zurück, infolge dessen er erst im Alter von 500 Jahren Kinder zeugte. Levit. r. s. 32, 176ᵇ מעין חתום אלו הזכרים „ein versiegelter Quell" (HL. 4, 12), darunter sind die (keuschen) Männlichen zu verstehen. Cant. r. sv. גל נעול, 24ᵃ dass. Jeb. 64ᵇ un. מעין גרם der Leib der Frau, die bereits drei Männer durch den Tod verloren hat, veranlasst das Sterben derselben; so nach einer Ansicht, vgl. מַזָל. — Pl. Nid. 28ᵇ. 34ᵇ לזכר לרבות את המצורע למעיינותיו ולנקבה לרבות את המצורעת למעיינותיה „des Mannes" (Schleimfluss verunreinigt, Lev. 15, 33), das besagt, dass auch der Aussätzige durch seine Ausflüsse verunreinige; „des Weibes", das besagt, dass auch die Aussätzige durch ihre Ausflüsse verunreinige. — 3) Majan, N. pr. j. Chag. II, 77ᵈ un. מעין מוכסא der Zöllner Majan, vgl. בָּרְיָא.

מַעְיָנָא ch. (syr. ܡܰܥܝܳܢܐ=מַעְיָן, מֵעֵין, viell. mit מֵעָא, מֵעַיָא zusammenhängend) 1) Leib, Mutterleib, s. TW. — 2) Leib des Mannes. Taan. 10ᵇ un. der Reisende soll nicht mehr essen, als man gewöhnlich in den Hungersnothjahren isst; תרגימו משום מעיינא man erklärte diesen Satz: wegen Leibesbeschwerden, die näml. auf Reisen

besonders lästig sind. Das. 11ᵃ ob. R. Papa verzehrte nach jeder zurückgelegten Parasange „ein ganzes Brot"; קסבר נשום מעינא er war näml. der Ansicht, dass jene Vorschrift zur Verhütung der Leibesbeschwerden erfolgt sei, die er aber, da er einen starken Leib hatte, nicht zu befürchten brauchte.

מֵעִין Aehnliches, s. עַיִן.

מְעִיסָה fem. (denom. von עִיסָה) Mehlbrei, der dadurch entsteht, dass man Mehl in kochendes Wasser schüttet; im Ggs. zu חֲלִיטָה: Mehl, auf welches man kochendes Wasser giesst. Chall. 1, 6. Edij. 5, 2. Vgl. j. Chall. I, 58ᵃ ob. איזו היא המעיסה הנותן קמח לתוך חמין unter מעיסה zu verstehen? Mehl, auf welches man kochendes Wasser giesst. j. Pes. II, 29ᶜ mit. dass. Zuweilen steht dafür דַּמְעָסָה s. d.

מְעִיקָא (von עוּק, עִיק, s. d.) 1) Part. masc. bedrängt, gedrückt. — 2) fem. (=hebr. מְצוּקָה) Bedrückung, Bedrängniss, s. TW.

מָעַךְ (=bh. Grndw. מך, s. מוּךְ und מֵךְ, vgl. auch מחי) zerdrücken, zerquetschen. Part. pass. Nid. 22ᵃ מָעוּךְ על ידי הרחץ ein Abort, der nur nach vieler Anstrengung zerdrückt wird. j. Dem. VI, 25ᶜ un. d ob. בכל מקום נשרף חיבור מעיך אינו חיבור וכא אפילו מעיך חיבור an allen Orten wird eine Masse, deren einzelne Stücke fest aneinanderkleben (eig. ein Stück von dem andern gebissen wird), als verbunden, solche aber, die voneinander blos gedrückt werden, nicht als verbunden angesehen; hier aber (betreffs des Ausschwitzens der Oliven, die im Bottich liegen, obgleich sie nicht aneinander kleben, sondern blos) voneinander gedrückt werden (s. מַעֲטָן), wird dennoch die Olivenmasse als eine verbundene angesehen. Thr. r. Anf. sv. הֵעִיר, 51ᵇ einst befand sich an einem Pesachfeste eine sehr grosse Volksmenge auf dem Tempelberge; והיה שם זקן אחד רמסהרו ואוהו הפסח היו קורין פסח מעוכין על שם שמעכו את הזקן daselbst war auch ein Greis, den man zertrat, infolge dessen nannte man jenes Pesachfest: das Pesach der Zerquetschten, weil man jenen Greis zerquetscht hatte. Nach Tosef. Pes. IV Ende war dieser grosse Volksandrang eine Folge der Verordnung des Königs Agrippa, der durch das Zählen der Nieren der dargebrachten Pesachlämmer die Zahl der Israeliten ermitteln wollte, והיה נקרא פסח מעוכין (Varr. מוכין u. מעוכין) und jenes Pesachfest (an welchem die Priester dem Könige 600,000 Nierenpaare ausgeliefert hatten) wurde das Pesach der Gequetschten (? s. w. unt.) genannt. Pes. 64ᵇ werden aus zwei Borajthoth folgende zwei einander ähnliche Facta referirt, die sich in verschiedenen Zeiten zugetragen haben: מעולם לא נתמעך אדם בעזרה חוץ מפסח אחד שהיה בימי הלל שנתמעך בו זקן אחד והיה

קורין אותו פסח מעוכין niemals wurde Jemand in der Tempelhalle (trotz des Menschenandranges) erdrückt, ausser an einem Pesachfeste, das zur Zeit Hillel's gefeiert und an welchem ein Greis erdrückt wurde; welches man infolge dessen: das Pesach der Erdrückten nannte. Das. פעם אחת ביקש אגריפס . . . והיה קורין אותו פסח מעוכין einst wollte Agrippa die Anzahl der Israeliten ermitteln . . . (s. oben); jenes Fest nannte man das Pesach der dichten Volksmenge. (Das hier citirte erste Factum stimmt mit Thr. r. l. c. ganz überein; das zweite Factum zur Zeit Agrippa's stimmt mit Tosef. Pes. l. c. überein [wo ebenf. von dem Erdrücken eines Menschen nichts erwähnt wird; ein Fall, welcher nach der aus späterer Zeit herrührenden Angabe in Pes. l. c. nicht vorgekommen sein konnte, da blos an ein einziges Mal zur Zeit Hillel's ein Mensch erdrückt worden sei; demnach ist auch in der Tosef.: מעובין anst. מעוכין zu lesen]; ferner stimmt das zweite Factum auch mit Thr. r. l. c. überein; woselbst nämlich ausser dem oben erwähnten Fall der Erdrückung eines Greises, auch die Anwesenheit einer grossen Volksmenge im Tempel an einem Pesachfeste, als Agrippa eine Volkszählung vornehmen wollte, referirt wird und woselbst weder פסח מעוכין, noch מעוכין vorkommt.)

Pi. מִעֵךְ, מְעֵךְ 1) zerdrücken, zusammendrücken. Nid. 22ᵇ ממעכין ברוק על גבי הצפורן man zerdrückt es (das von einem Weibe Abortirte, worüber ein Zweifel obwaltet, ob es eine wirkliche Frühgeburt, oder geronnenes Blut sei) mit Speichel auf dem Nagel. j. Jom. VIII, 44ᵈ un. צריך למעך את חללה man muss das Fleisch der Dattel an ihren Kern drücken, eig. den hohlen Raum derselben zusammendrücken, vgl. בּוֹלְמָה. Keth. 36ᵇ וכי מה עשה לה רבי הלל וכי מפני שמיעך לה בין דדיה פסלה מן הכהונה was hat denn jener Araber ihr (der Gefangenen) gethan? Sollte er sie etwa, weil er sie zwischen den Brüsten gedrückt, für die Priesterschaft verboten gemacht haben? dass nämlich kein Priester sie heirathen dürfe? Jeb. 44ᵇ ob. תמר באצבע מיעכה Tamar (die Schwester Absalom's) drückte ihre Scham mit dem Finger, infolge dessen sie näml. nach dem ersten Coitus schwanger wurde, was bei anderen Frauen nicht vorzukommen pflegt. Part. pass. מְמוּעֵכוֹת של מוצבות Das. מוצמוכים (verk. aus מְמוּצָבוֹת, wie בית רבי für ממומסכים, vgl. מְקָצָב, מוּצָט u. a.) die auf solche Weise gedrückten Frauen im Hause Rabbi's. j. Schabb. XX g. E., 17ᶜ ממוּעֵךְ . . . גוש של חרדל גוש של חרדל אבל לא בכלי eine Senfmasse darf man (am Sabbat, um einige Veränderung zu machen) mittelst der Hand, aber nicht mittelst eines Gefässes zerdrücken. (In bab. Schabb. 140ᵃ ob. steht dafür מְמוּחֵר, s. מְחָה.) — B. kam. 16ᵃ הבהמה מועדת למעך את האדם ואת הבהמה ואת הכלים ein Thier wird als „Muad" behandelt (d. h. es wird,

wenn es drei Mal eine Beschädigung bewirkt hat, als allgemein schädlich angesehen, vgl. מוּעָד hinsichtl., wegen des Quetschens des Menschen, des Thieres oder der Gefässe. — 2) übrtr. die Stimme dämpfen, sie niedrig ertönen lassen. Ber. 45ᵃ der Dolmetscher darf nicht lauter sprechen, als der Vorleser des Pentateuchs; ואם אי אפשר למתורגם להגביה קולו כנגד הקורא ימעך הקורא קולו ויקרא wenn der Dolmetscher hing. seine Stimme der des Vorlesers gegenüber nicht erheben kann (d. h. wenn seine schwächere Stimme neben der lauten Stimme des Andern sich ganz verlieren würde), so senke (drücke) der Vorleser beim Vorlesen seine Stimme.

Nithpa. נִתְמַעֵךְ gedrückt, erdrückt werden. Pes. 64ᵇ s. Kal. Nid. 47ᵃᵇ, vgl. פַּת II nr. 3. j. Maasr. I, 48ᵈ un. wird das W. משימסך in der Mischna nach einer Ansicht erklärt: משיתמעך האוכל תחת ידיו von der Zeit ab, wenn das Fleisch der Granatäpfel unter der Hand zerdrückt werden kann, sind sie der Verpflichtung des Verzehntens unterworfen; vgl. auch מָסָא. Tosef. Mikw. VII Anf., יָחֵד. Men. 66ᵃ בקרום ובקילחות חובטין אותו כדי שלא יתמעך mit Stangen und Kohlstrünken klopfte man sie (die Omergarbe), damit ihre Körner nicht zerdrückt würden. Genes. r. s. 47 g. E., 46ᶜ על אברהם ידי שנתמעך על ידי אשה בשר ערלתו ושמעאל שלא נתמעך על ידי אשה כתיב בשר ערלתו bei der Beschneidung Abraham's, dessen Glied infolge des Beiwohnens gedrückt worden war, steht blos ערלתו בשר („das Fleisch seiner Vorhaut", ohne Accusativ-Zeichen, Gen. 17, 24); bei der Beschneidung Ismael's hing., dessen Glied noch nicht infolge des Beiwohnens gedrückt worden war, steht את בשר ערלתו (das. V. 25).

מְעַךְ ch. (=מָעַךְ) drücken, quetschen, s. TW.

מְעוּכָא m. (=מָחוּךְ) Schnürleib oder Mieder, das den Busen zusammenhält, eig. drückt, s. TW.

מְעַכּוֹן m. der (Menschen-) Bedrücker. Genes. r. s. 57 Ende, 56ᵈ כולן לשון מרדות הן מעכבון ... alle (in Gen. 22, 24) erwähnten Namen bezeichnen Grausamkeit; „Maacha": der Menschenbedrücker, vgl. נַחְמוֹן u. a.

מָעַל (=bh. Grndw. wahrsch. על, eig. verhüllen, verdecken, über den Körper bringen. Daher מְעִיל: Oberkleid; vgl. יַעֲלֶה לא ... בגד עָלֶיךָ, Lev. 19, 19: „ein Kleid ... soll nicht über dich kommen"). Insbes. im bibl. Hebr. (ähnlich בָּגַד) treulos handeln, Gott Geheiligtes zum eignen Gebrauch verwenden; im Rabbinischen jedoch blos als denom.: die Sünde der Treulosigkeit (מְעִילָה) begehen und die darauf gesetzte Strafe be

wirken; gew. mit flg. -בְּ. Meïla 2ᵃ fg. מוֹעֲלִין man begeht durch den Genuss der Opfer die Sünde der Treulosigkeit. Oft auch ohne בְּ, das. 2ᵇ fg. מעל לא ... מעל er begeht die Sünde der Treulosigkeit, er begeng sie nicht. Kidd. 42ᵇ u. ö. שליח שלא עשה שליחותו שליח מעל עשה שליחותו בעל הבית מעל wenn der Bevollmächtigte nicht seinem Auftrage gemäss handelt hat (wenn näml. der Inhaber des dem Heiligthum gehörenden Geldes dasselbe, in der Meinung, es sei sein Eigenthum, Jemdm. mit dem Auftrage übergibt, dass er ihm dafür ein Hemd kaufe, während Letzterer dafür einen Mantel kauft): so begeht der Bevollmächtigte die Sünde der Treulosigkeit; wenn er hing. seinem Auftrage gemäss gehandelt hat, so begeht der Geldinhaber diese Sünde.

מְעִיל m. (=bh. s. מָעַל Anf.) talarartiger Obermantel, Ornat. Seb. 88ᵃ מעיל מכפר על לשון הרע יבא דבר שבקול ויכפר על קול הרע der hohepriesterliche Obermantel sühnt die Sünde der Verleumdung; denn es komme das Gewand, das „Geräusch" verursacht (Ex. 28, 35), um die böse Stimme (der Verleumdung) zu sühnen. Arach. 16ᵃ dass. Ruth r. sv. ויאמר הגואל, 43ᵇ מעילו של מי רב ולוי חד אמר מעילו של שאול וחד אמר מעילו של שמואל ומסתברא כמאן דאמר מעילו של שמואל שדרך הצדיקים להיות קורעים משמחה בעשין נטיעותם wessen „Obermantel zerriss Samuel" (1 Sm. 15, 27)? Rab und Lewi sind verschiedener Ansicht; der Eine sagt: den Obermantel Saul's; der Andere sagt: den Obermantel Samuel's (er zerriss seinen eigenen Mantel). Einleuchtend ist die Ansicht des Autors, der da sagt: Samuel habe seinen eignen Mantel zerrissen; denn es ist die Art der Frommen, dass sie ihre Kleider zerreissen, wenn sie bemerken, dass ihre Pflanzen (Kinder oder Schüler) nicht gerathen.

מְעִילָא ch. (=מְעִיל) Obermantel, Talar, s. TW.

מְעִילָה fem. N. a. 1) treulose Handlung, Veruntreuung. Sifre Naso Pisk. 2 (mit Bez. auf Num. 5, 6) אין מעילה בכל מקום אלא שיקור וכ' das W. in der Schrift bedeutet überall eine Veruntreuung; d. h. nicht blos: die Ableugnung einer Schuld (Lev. 5, 21), ferner: die Verleugnung Gottes durch Götzendienst (1 Chr. 5, 25), sondern auch: „Das Begehen irgend einer Sünde" wird „eine treulose Handlung gegen Gott" genannt (Num. 5, 6). Das. Pisk. 7 ומעלה וג' על דבר ערוה או על דבר ממון כשהוא אומר ושכב וג' הרי מעילה זו על דבר ערוה ולא על דבר ממון אין מעילה בכל מקום אלא שיקור וכ' „Sie wird gegen ihn treulos handeln" (Num. 5, 12); bedeutet dieses „Treuloshandeln" Incest, oder Geldveruntreuung (eines ihr von ihrem Manne an-

vertrauten Gegenstandes, u. zw. = Lev. 5, 21)? Daraus jedoch, dass die Schrift hinzufügt: „Ein fremder Mann wird ihr beiwohnen", ist erwiesen, dass hier unter „Treulosigkeit": unerlaubte, fleischliche Vermischung gemeint sei; denn מעל bedeutet überall die völlige Verleugnung; d. h. מעלה בו bedeutet: Sie verleugnet (durch unehelichen Umgang) ihren Mann, ebenso wie מעל בה' bedeutet: Jem. verleugnet Gott durch böse Handlungen. — 2) bes. oft Treulosigkeit, Veruntreuung Gott geweihter Heiligthümer. Meïl. 2ᵃ מעילה מידי יצאו שמתו קדשים bei Opferthieren, welche verenden, findet die Sünde der Treulosigkeit nicht mehr statt; weil näml. solche verendete Thiere, die man nicht auslösen darf, um sie den Hunden zum Frass vorzuwerfen, ganz werthlos geworden sind. Das. ö. מעילה קרבן das Schuldopfer wegen begangener Treulosigkeit. Ker. 6ᵃ וריח ומראה קול משום בהן אין מעילה betreffs des Schalles, des Anblickes oder des Geruches findet keine Treulosigkeit statt; d. h. wenn Jem. z. B. vom Spiel der Tempelinstrumente, oder vom Anschauen der heiligen Geräthe, oder vom Riechen des Räucherwerkes einen Genuss hat, so braucht er dafür kein Schuldopfer darzubringen. Kidd. 42ᵇ fg. j. Kidd. III Anf., 63ᶜ u. ö. — Pl. Seb. 5, 5 (54ᵇ) מְעִילוֹת אשם das Schuldopfer wegen treuloser Handlungen. — Davon giebt auch der Name des Talmudtractats מְעִילָה, Meïla, her, der zumeist von Veruntreuungen der Heiligthümer handelt.

מַעֲלֶה m. (eig. Part. von עֶלָה ,עֲלִי 1) was in die Höhe treibt; insbes. עָשָׁן מַעֲלֶה Name eines Krautes, das zum Räucherwerk im Tempel, ausser den vorgeschriebenen elf Specereien, verwendet wurde und welches den Rauch desselben in die Höhe trieb. Ker. 6ᵃ מעלה שהוא כל עשן von dem den Rauch in die Höhe treibenden Kraut wurde nur ein kleiner Theil (eig. was es auch seir) zum Räucherwerk verwendet. Jom. 53ᵃ ... עלה מעלה עשן die Wurzel dieses Krautes, das עשן Blatt dieses Krautes; ersteres soll bewirkt haben, dass der Rauch palmförmig gerade in die Höhe stieg, letzteres hatte zwar nicht eine so starke Wirkung, durfte aber dennoch angewandt werden. j. Jom. III, 41ᵃ un. במעשה בקרין היו אבטינס בית של הקטורת ובמעלה עשן ולא רצו ללמד שלחו והביאו הקטורת במעשה והיו מאלכסנדריא אומנים פוסה היתה אילו ושל ופוסה ועולה מחמרת מיד ובמעלה עשן לא היו בקרין של בית אבטינס היתה die Familienglieder des Abtinas waren kundig der Zubereitung des Räucherwerkes, sowie der Anwendung des rauchtreibenden Krautes, aber sie wollten diese Kunst nicht Anderen lehren. Man liess Künstler aus Alexandrien kommen, welche zwar der Zubereitung des Räu-

cherwerkes kundig waren, die Anwendung jenes Krautes jedoch nicht verstanden. Der Rauch des Räucherwerkes der Abtinasfamilie stieg anfänglich palmförmig in die Höhe, verbreitete sich dann und fiel herunter; aber der Rauch des von den Anderen zubereiteten Räucherwerkes verbreitete sich sofort (ohne vorher palmförmig aufzusteigen). Jom. 38ᵃ dass., wo jedoch עשן להעלות anst. עשן במעלה steht. — 2) מעלה אדומים (=bh.) eig. die Rothhöhe, Name eines Ortes zwischen Jerusalem und Jericho. j. R. hasch. II Anf., 57ᵈ אדומים בעלה הייתי עולה ich ging nach Maale Adummim hin.

מַעֲלֶה f. (=bh.) מַעֲלֶן (mit angeh. Nun, wie מַשַׂן aus מַשַׂה s. d. W.) eig. das Hinaufsteigen, Hinaufgehen; dah. 1) mit vorges. ל als Adv.: höher hinauf, nach der Höhe zu. Trop. Kidd. 76ᵃ ולמעלה המזבח מן לא בודקין אין ולמעלה הדוכן מן ולא ולמעלה הסנהדרין מן הדוכן ולא man untersucht nicht die Abstammung weder vom Altar an weiter hinauf, noch vom Duchan (Levitenstand) an weiter hinauf, noch vom Synedrium an weiter hinauf; d. h. wenn man die Ahnen einer Familie behufs Ermittelung ihrer Legitimität untersucht und findet, dass Einer der Ahnen als Priester, oder als Levit, oder als Synedrist fungirt hat: so braucht man die Legitimität desselben, sowie die seiner Vorfahren nicht mehr zu untersuchen. Denn wäre er nicht als legitim befunden worden, so würde man ihn nicht zu diesen Functionen zugelassen haben. — 2) dem Sonnenuntergang (ch. שמשא מעלי, s. d.) zu, vom Mittag an weiterhin zum Abend. j. Pes. IV Anf., 30ᶜ ולמעלה שעות משש von der sechsten Tagesstunde an und weiter, d. h. vom Mittag an bis zum Abend. j. Schabb. XVI, 15ᶜ ob. Pes. 50ᵇ u. ö. ולמעלה המנחה מן von der Mincha- (Vesper-) Zeit an und weiter. Ber. 26ᵇ מתשע ... ולמעלה ומחצה שעות von 6½ Tagesstunden an und weiter; ולמעלה ומחצה שעות von 9½ Tagesstunden an und weiter, vgl. מִנְחָה. — 3) Anhöhe, Stufe, Grad. Pl. Jom. 23ᵃ u. ö. האולם מַעֲלוֹת die Stufen der Tempelhalle. Erub. 22ᵇ, s. מוֹרָדָה. — 4) Erhabenheit, bildlich: hoher Grad, Vorzug. Keth. 13ᵃ. 15ᵃ. Kidd. 73ᵃ ביוחסין עשר מעלה hinsichtlich der Priester-Genealogien beobachtete man eine besondere Bevorzugung, vgl. יוחסין. Das. 70ᵇ un. יתירה מעלה ein grosser Vorzug. Chag. 20ᵇ ob. מעלה ein höherer Grad der Reinheit. Kel. 1, 2. 3 fg. למעלה מהן 'רכ ein höherer Grad der Unreinheit findet sich u. s. w. Num. r. s. 15, 230ᵇ, s. איפרכוס. — Pl. Jom. 44ᵇ דאורייתא מעלות die Steigerungsgrade (dass ein Tempelraum heiliger sei als der andere) sind biblisch begründet. — 5) Himmel, die Himmlischen, daher auch: Gott, der Höchste. Chag. 2, 1 (11ᵇ) wer darüber nachdenkt, 'וכ למטה ומה למעלה מה was

oben (im Himmel, oberhalb der Chajoth) und was unten (unter denselben) sei, verdient nicht, dass er erschaffen wurde. Tamid 32ᵃ dass. Levit. r. s. 21 Ende. 165ᵃ שורות של מעלן שורדות של מטן die Reihen der Himmlischen (Engel), die Reihen der Irdischen (Priester). Mechil. Mischpat. Par. 15 עין של מעלה . . . אוזן של מעלה das Auge Gottes, das Ohr Gottes.

מִיעֲלֵי, מֵעֲלֵי ch. (syr. ‏ܡܥܠܐ‎=מֵעֲלָה) 1) das Hinaufgehen, Hineingehen, daher auch: Coitus (=בִּיאָה), s. TW. — 2) (mit שמשא verbunden) der Sonnenuntergang, eig. das Hineingehen in den Ocean (hbr. ביאת שמש, s. d.), s. TW. — Dan. 6, 15 מֵעֲלֵי, Var. מַעֲלֵי. Davon ellipt. Git. 77ᵃ מעלי שמשא (für מעלי שבתא =hbr. ערב שבת) der Rüsttag des Sabbats, Freitag, eig. der Tag, an welchem die Sonne zum Sabbat untergeht. B. mez. 49ᵃ u. ö. dass. Keth. 62ᵇ un. 63ᵇ מעלי יומא דכפורי der Rüsttag des Versöhnungsfestes.

מְעוּלָה m. (eig. Part. pass. von עלי, עָלָה s. d.) das Vorzüglichste, eig. was oben ist, hervorragt. Ber. 10ᵃ mit עליה wird (2 Kn. 4, 10) gedeutet: מעולה שבבתים das Vorzüglichste der Häuser. B. kam. 16ᵇ wird העליה (in der Mischna das.) erklärt: במעולה שבנכסיו der Besitzer des stössigen Ochsen ersetzt den Schaden von dem Vorzüglichsten seiner Güter. — Pl. das. wird erklärt במעלה (2 Chr. 32, 33: „Man begrub den Chiskija") אצל מעולים שבמשפחתו neben den Vorzüglichsten seiner Familie, d. h. neben David und Salomo.

מְעַלְיָא, מְעַלֵּי ch. (=מְעוּלָה) gut, vorzüglich. Ber. 10ᵃ בני מעלי gute, gerathene Kinder. B. bath. 74ᵇ, s. פֻרְדָא. Keth. 105ᵇ, s. רָבָה. Schabb. 129ᵃ un. איכא יומא דמעלי בריה שמשא es giebt manchen Tag, an dem der Sonnenschein dem Leidenden dienlich ist. Nid. 29ᵃ ולד מעליא eig. ein gutes, d. h. ein gesundes, kräftiges Kind. — Fem. Ber. 11ᵇ u. ö. dass. לישנא מעליא ein schöner (euphemistischer) Ausdruck, vgl. לִישָׁן. — Pl. Ber. 8ᵃ u. ö. מילי מְעַלְיָיתָא die trefflichen Dinge, Reden. Pes. 48ᵃ un. . . . . חיטי מעלייתא שערי מעלייתא guter Weizen, gute Gerste.

מְעַלְיוּתָא f. (syr. ‏ܡܥܠܝܘܬܐ‎) Güte, Vorzüglichkeit. Men. 43ᵃ . . . אשתנאי למעליותא לגריעותא wenn die Farbe der Wolle zur Güte, zum Vortheil geändert (d. h. besser) wurde; wenn sie zum Nachtheil geändert wurde. Das. ö. Schebu. 45ᵇ אמר רמי בר חמא כמה מעליא הא שמעתא אמר ליה רבא מאי מעליותא וכ' Rami bar Chama sagte: Wie trefflich ist die hier vernommene Lehre! Raba jedoch sagte zu ihm: Worin besteht denn diese Vortrefflichkeit? Es wäre ja dagegen Folgendes einzuwenden.

מַעֲלָלָא m. 1) (=bh. מַעֲלָל von עלל) That,

Handlung. — 2) ein dem Feinde leicht zugänglicher Ort, s. TW.

מַעֲלָנָא m. (=מַעֲלֵי von עלי) 1) Eingang. Git. 56ᵇ die Mücke wird deshalb ein kleines Geschöpf genannt, דמעלנא אית לה ומפקנא לית לה weil sie einen Eingang (d. h. ein Maul zur Aufnahme der Speisen), aber keinen Ausgang (Podex) hat. — 2) der Sonnenuntergang, die Westseite, s. TW.

מַעֲמָד m. (=bh. von עָמַד) 1) das Aufstehen, der Stand. Meg. 23ᵇ מעמד ומושב das Aufstehen und das Sichsetzen der Tröstenden, denen man zuruft: Erhebet euch u. s. w., vgl. יָקָר. Tosef. Meg. III Anf. אין עושין מעמד ומושב פחות משבעה man veranstaltet das Aufstehen und Sichsetzen (der Tröstenden nach erfolgter Beerdigung) nicht weniger als sieben Mal. — 2) Beistand, Anwesenheit. Taan. 15ᵇ fg. אנשי מעמד die Männer des Beistandes; d. i. eine Abtheilung von Priestern, Leviten und Israeliten, welche an den betr. Tagen bestimmte Gebete zu verrichten hatten, damit die Opfer wohlgefällig aufgenommen würden, vgl. אֲנוֹשׁ. Tam. 5, 6 ראש המעמד das Oberhaupt dieses Beistandes. — Pl. Taan. 26ᵃ אלו הן מַעֲמָדוֹת וכ' auf folgende Weise wurde die Institution der Opferbeistände eingeführt, vgl. מִשְׁמָר. Das. 27ᵇ אלמלא מעמדות לא נתקיימו שמים וארץ wären nicht die Opferbeistände, so würden Himmel und Erde nicht bestehen; d. h. Israels Bestand ist blos auf die Opfer gegründet: geht ersteres unter, so kann die Welt nicht bestehen. Meg. 30ᵇ במעמדות בראשית bei den Opferbeistände wurde die Schöpfungsgeschichte verlesen, näml. am Sonntag: Gen. 1, 1—8, am Montag: das. V. 6—13; am Dienstag: V. 9—18; am Mittwoch: V. 14—22; am Donnerstag: V. 19—24; am Freitag V. 23—2, 2; vgl. Taan. 26ᵇ. — j. Snh. I, 19ᵃ un. בראשונה היו כותבין שטרי מיאונין במעמד פלוני ופלוני מיאנה פלוני בת פלוני בפלוני בר פלוני וכ' in früherer Zeit lauteten die Documente der Weigerungen (vgl. מִיאוּן) wie folgt: In Anwesenheit der Richter N. N. weigerte sich die N., Tochter des N., die Ehe mit dem N., Sohn des N. fortzusetzen. j. Git. IX g. E., 50ᵉ u. Rab sagte: צריכין הדיינין לכתוב אישתרנודה במעמד פלוני ופלוני die Richter müssen bei Beglaubigung eines Documentes schreiben: Wir haben es bekräftigt bei Anwesenheit des N. und N. j. Schebu. VI, 37ᵇ ob. במעמד פלוני ופלוני וכ' nur in Anwesenheit des N. und N. sollst du einer solchen die Schuld bezahlen. (In bab. Schebu. 41ᵇ u. ö. steht dafür בפני פלוני ופלוני). B. bath. 144ᵃ מנה לי בידך תנהו לפלוני במעמד שלשתן קנה wenn A. zu B. sagt: Die 100 Denare, die du mir schuldest, gieb dem C.: so hat Letzterer, wenn ihrer drei (A., B. und C., selbst ohne Zeugen) bei der Cession anwesend waren,

das Eigenthumsrecht erlangt; eine Halacha, die das. bezeichnet wird כהלכתא בלא טעמא wie ein Gesetz ohne Begründung. Das. 148ᵃ. 149ᵃ. Git. 14ᵃ u. ö.

מַעֲמִיד *m.* (eig. Part. Hif. von עָמַד, s. d.) Untersatz, Sohle der Sandale u. dgl., eig. was sie aufrecht erhält. Pl. j. Jeb. XII, 12ᵈ ob. והן שהיו מַעֲמִידִין של עץ wenn die Sohlen der Sandalen aus Holz sind. — עָמַד, s. j. Schabb. VI, 8ᵇ mit. בקולב אחר מעמידיו bei einer Hacke (richtet man sich) nach ihrem Untersatz (Gestell, oder: nach ihren Pflöcken; vgl. Schabb. 60ᵃ ob. und Tosef. Kel. B. mez III g. E. מכמרתו dass.). Schabb. l. c. die Chachamim sagen: הכל הולך אחר המעמיד bei allen (dort genannten Dingen) kommt es auf den Untersatz an.

מָעוֹן s. in מעוֹ'.

מַעֲנָה *f.* (=bh. von עָנָה) Furchenstrecke. Ohol. 17, 2 חרש חצי מעגה וחזר וחרש חצירה wenn Jem. die Hälfte einer Furchenstrecke und später die andere Hälfte gepflügt hat. Das. מלא מעגה so viel als eine Furchenstrecke ausmacht.

מְעַטָרָא s. מַעֲטָרָא — מְעִיסָה s. מָעֲסָה.

מַעֲפֵר *m.* (denom. von עָפָר) eig. der Staubaufwirbler, ein Instrument, dessen man sich beim Würfeln bediente und mittelst dessen man den Staub vom Getreide entfernte. Kel. 13, 7 המעפר, Var., s. מְעַבֵּר.

מַעֲפוֹרֶת *f.* (von עָפַר, arab. غَفَر bedecken) 1) eine Art Hülle, deren oberer, engerer Theil zur Kopfeinhüllung, und deren unterer, vom Halse an weiterer Theil als Ueberwurf diente. — Das bh. אֲפֵר (1 Kn. 20, 38. 41) gehört, mit Wechsel von א und ע, demselben Stw. an und hat dieselbe Bedeutung, welches W. vom Trg. richtig durch מעפרא übersetzt wird und lautet Ez. 24, 17. 12 als trnspon. פְּאֵר. — Kel. 29, 1 הסופונדה והמעפורת der Gurt und die Hülle. Schabb. 9ᵇ מאימתי התחלת הסופורה ... משתניח מעפורת של ספרין על ברכיו ... מאימתי התחלת הגברחץ משערבה מעפרתי von welcher Zeit an beginnt das Haarverschneiden? Wenn man die Hülle der Scheerer auf seine Kniee legt. Von welcher Zeit an beginnt das Baden? Wenn man die Kopfhülle ablegt; die man näml. vor allen anderen Kleidungsstücken abnahm. Tosef. Meg. IV (III) עטוף במעפורת in die Kopfhülle eingehüllt, vgl. פירדום Bd. II, 541ᵃ. Sifre Teze Pisk. 234 בה פרט למעפורת שלא יכסה בה ראשו ורובו das Wort בה (Dt. 22, 12; „Dein Gewand, womit du dich bedeckst") das schliesst den Ueberwurf aus, womit man nicht den Kopf und den grössten Theil des Körpers bedeckt; dass man

näml. daran keine Schaufäden anbringe. j. Ter. VII, 44ᵃ un. גזל מעפרתו של זה ונתן לזה wenn Jem. dem Einen seinen Ueberwurf raubt und ihn einem Andern giebt. Chull. 123ᵇ u. ö. — 2) ein feinlinnenes Staatskleid, Ehrenmantel, eine Art Toga. Pl. Levit. r. s. 2, 146ᵇ משל לזקן שהיתה לו מעפורת והיה מצוה את חלמידו ואומר לו קפלה ונערה אמר לו אדני המלך מכל מַעְפָּרְאוֹת שיש לך אי אחת מצוה אותי אלא על זו אמר לו מפני שאורחה כשהתמניתי זקן ein Gleichniss von einem Saken (Senator) der ein Staatskleid hatte und betreffs dessen er seinem Schüler Befehle ertheilte, indem er zu ihm sagte: Lege es sorgfältig in Falten und schüttle es aus! Der Schüler erwiderte ihm: Mein Herr und Befehlshaber, woher kommt es, dass du mir betreffs deiner anderen Staatskleider nicht ähnliche Befehle ertheilst? Worauf der Andere: Weil ich dieses Gewand trug, als ich zum Saken ernannt wurde. (In der Parall. Pesik. Schek., 17ᵃ dass. mit einigen Abänderungen, z. B. מַעְפָּרְיוֹת [eine bessere hbr. Form], ferner שבה נתעטפתי: darin hüllte ich mich ein u. a. m.) Ebenso sagte Mose zu Gott: Unter allen 70 Völkerschaften ertheilst du mir blos für Israel Gesetze! Worauf ihm Gott antwortete: Dieses Volk war das erste, welches das Joch meiner Regierung übernahm.

מַעֲפָרָא oder מַעֲפוֹרָא, מַעֲפָרְתָּא, מַעֲפוֹרְתָּא *chald.* (syr. ܡܰܥܰܦܪܳܐ=מַעֲפָרְתָּ) Hülle, Ueberwurf; s. TW. — Pl. j. Schabb. VI, 8ᵇ un. wird המעטפות (Jes. 3, 22) übersetzt: קולבין ומעפרן (ein Wort ist wahrsch. eine Var.) Unterkleid mit kurzen Aermeln (τὰ καλάβια), Hüllen.

מַעְפָּרְיָא *m.* Jem., welcher eines hohen Amtes würdig ist; eig. der als Saken (Senator) den Ehrenmantel zu tragen verdient. j. Bic. III g. E., 65ᵈ mit. אבהו ריגלוהירה אתמכי שמעון דמעפריא לא אתמני Abahu, das Fussgestell, wurde zum Saken ernannt, während Simon, der des Amtes mit dem Ehrenmantel würdig ist, hierzu nicht ernannt wurde. Eine bescheidene Aeusserung des R. Abahu selbst dem R. Simon bar Wa gegenüber, der ein grösserer Gelehrter war, als er. — Unser W. מעפריא erscheint im Syr. mit der bei Adjectiven häufig angehängten Silbe יא- als ܝܳܐ, zweifellos contr. aus ܝܢܳܐ (bei Bernstein Lex. Syr. Chrest. unrichtig unter ܦ, p. 405ᵃ gesetzt) und bezeichnet den Titel eines Bischofs oder sonst eines hohen Würdenträgers in der syr. Kirche, der einen solchen Ehrenmantel (מעפור, das im Byzant. in μαφόριον, maforium der griech. Endsilbe -ιον trägt. Dass aber auch dieses neugr., aus dem Semitischen entnommene Wort (Du Cange, Glossar. I, 892: Maforia non mulierum duntaxat, sed et Monachorum etc.) viel-

fach verkannt wurde, bemerkt bereits Sachs, Beitr. I, 88.

מעפרתים j. Schabb. XIV, 14ᶜ un. s. עַפְדִייִם.

מַעֲצֵד m. (=bh., arab. مِعْضَد, von עָצַד, عَضَلَ, hauen) Axt, kleines Beil. Kel. 13, 4 המעצד die Axt und der Kneif. Schabb. 102ᵇ המכה בפטיש ובמעצר wenn Jem. mit dem Hammer oder mit der Axt schlägt. Das. 29, 6; s. לְגִיוֹן. B. kam. 119ᵃ מה שהחרש מוֹצִיא was der Zimmermeister mit dem Beil abschlägt, gehört ihm, vgl. פְּשִׁיל. Pl. Arach. 23ᵇ חרש נותנין לו שני מַעֲצָדִין ושתי מגירות Ar. (Agg. crmp. מעצרין) dem Zimmermeister (der wegen schuldiger Schätzungen, ערכין, gepfändet wird) giebt man zwei Aexte und zwei Sägen.

מַעֲצַרְתָּא m., מַעֲצְרָא f. (syr. ܡܰܥܨܰܪܬܳܐ, von עֲצַר) Kelter, in welcher die Weintrauben gepresst werden. Ab. sar. 60ᵃ מעצרא זיירא eine Kelter, in welcher die Trauben unterhalb des Balkens liegen, ohne gepresst zu werden. Das. 70ᵃᵇ ההוא ארי דהוה נהים במעצרתא ein Löwe, der in der Kelter brüllte. Das. 74ᵇ הב לי גברא דדכי לי מעצרתאי schaffe mir Jemdn., der mir meine Kelter reinigt. j. Ab. sar. IV Ende, 44ᵇ un. הוו ליה קופין גו מעצרתא er hatte Körbe in der Kelter stehen. Erub. 49ᵃ. 60ᵃ ob. מעצרתא דבי ר' חנינא die Kelter der Familie des R. Chanina.

מַעֲקֶה m. (=bh., von עָקָה, arab. عَقَّ zurückhalten) Geländer, Gitter, Einfassung auf dem platten Dach der Morgenländer. M. kat. 11ᵃ עושין מעקה לגג ולמרפסת מעשה הדיוט וכו' man darf (in den Mitteltagen des Festes) ein Gitter am Dache oder am Säulengange nach Art der Nichtsachverständigen, aber nicht nach Art der Meister machen.

מַעֲקוֹצֵי m. (von עֲקַץ) Stich, das Stechen. Khl. r. sv. כי יש דברים 85ᵇ חד מעקוצֵי ein Stich, vgl. אַמְבּוּחֵי.

מְעוֹרָב m. (Part. pass. denom. von עֵרַב); nur שמש מעורב ein Unreiner, der zwar schon das Reinigungsbad genommen, aber noch, um völlig rein zu werden, den Sonnenuntergang abzuwarten hat, טבול יום, s. d. — Pl. Par. 3, 7 מטמאים היו את הכהן השורף את הפרה מפני הצדוקים שהיו אומרים במְעוֹרְבֵי שמש היתה נעשית man verunreinigte den Priester, der die rothe Kuh zu verbrennen hatte (d. h. man veranlasste, dass er einen niedrigen Grad von Unreinheit annähme und liess ihn hierauf baden, Jom. 2ᵃ un. ומטבילין אותו, vgl. auch Tosaf. z. St. sv. להוציא); dies geschah wegen der Saduzäer, die da sagten: Die rothe Kuh darf blos von völlig Reinen, die nach dem Son-

nenuntergang rein geworden sind, zubereitet werden. Die Saduzäer stützten näml. ihre Ansicht auf Lev. 22, 7: „Wenn die Sonne untergegangen ist, so wird er rein"; die Pharisäer hing. verlangten blos einen geringeren Grad von Reinheit, näml. das Reinigungsbad, das den Unreinen befähigt, den Zehnten zu essen. — Fem. Sifra Mezora g. E., cap. 9 שמש מעוׄרֶבֶת eine Frau, die infolge ihrer Unreinheit noch den Sonnenuntergang abzuwarten hat. — מעורב vermischt, vermengt, s. עֵרַב.

מַעֲרָב masc. (=bh. von עָרַב) Ort, wo die Sonne untergeht, Occident, West. B. bath. 25ᵃ R. Akiba sagte: לכל רוח הוא עושה חוץ ממערבה nach jeder anderen Seite der Stadt darf man (in einer Entfernung von 50 Ellen eine Gerberei) anlegen, ausser nach ihrer Westseite, wo man eine solche gar nicht anlegen darf. ר' אבהו אמר שכינה במערב R. Abahu sagte: Die Schechina (Gottheit) ist in der Westseite; wahrsch. eine Opposition gegen die Ansicht der Häretiker, die Schechina sei im Osten, מורו בה מיני, vgl. רוּחָא. Par. 3, 9 ראשה ברורה ופניה למערב הכהן עומד במזרח ופניו למערב der Kopf der rothen Kuh war im Süden, aber ihr Gesicht gegen Westen gerichtet. Der Priester stand im Osten, aber sein Gesicht war nach Westen gerichtet. — Davon Adj. מַעֲרָבִי m., מַעֲרָבִית f. westlich. Seb. 5, 2 יסוד מערבי der westliche Jesod (Untergrund). B. bath. 25ᵃᵇ רוח מערבית die Westseite. Das. קרן מערבית צפונית der nordwestliche Winkel. Seb. 5, 3 fg.

מַעַרְבָא, מַעֲרְבָא ch. (syr. ܡܰܥܪܒܳܐ=מַעֲרָב) Ort des Sonnenunterganges, West. Nid. 51ᵇ un. בני מערבא die Westländer, d. h. die Einwohner Palästina's, welches im Westen Babylons lag; ebenso wie die Meder von den Babyloniern: בני מדינחא, אנשי מזרח Ostländer genannt wurden. Ber. 2ᵇ ob. במערבא in Palästina. Jeb. 117ᵃ un. בעי במערבא man fragte in Palästina. M. kat. 17ᵃ u. ö., vgl. auch בְּרִיתָא. Sot. 41ᵇ ר' יהודה בר מערבא R. Juda, der Palästinenser, viell. N. pr. der Sohn des Maraba. — Adj. מַעֲרְבָאָה (syr. ܡܰܥܪܒܳܝܳܐ) westlich, der Westländer, s. TW.

מְעַרְבְּלָא m. (von עַרְבֵּל, s. d.) Strudel, Ort, wo die Meereswogen wirbeln, s. TW.

מְעָרָה fem. (=bh., von עור, s. d.) Höhle. j. Ber. IV, 7ᵈ ob. מיימך מי מערה dein Wasser ist das Wasser aus einer Höhle, d. h. kein Lustrationswasser, s. מַיָּה. j. Taan. IV, 67ᵈ mit. u. ö.

מְעָרְתָּא ch. (=מְעָרָה) Höhle. Schabb. 33ᵇ R. Simon ben Jochai und sein Sohn אזלו ונשו במערתא gingen und verbargen sich in einer Höhle, näml. aus Furcht vor der römischen Re-

gierung. — Pl. B. bath. 58ᵃ ר׳ בנאה הוה קא
מציין מְעָרְתָא R. Banaah bezeichnete die Höhlen;
d. h. er besuchte die Gräber, um sie der Länge
und Breite nach auszumessen und sie zu bezeichnen, wie weit bis zu ihnen reine Gegenstände
gebracht werden dürften. Das. ... מְעָרְתָא דאברהם
מערתא דאדם הראשון die (Grabes-) Höhle Abraham's, die Höhle Adam's.

מָעֲרוֹךְ *m.* (von עָרַךְ) Walgerholz, Rollholz, ein rundes Holzstück, mittelst dessen man
den Teig rollt. Kel. 15, 2 וכן המעירוך auch das
Rollholz ist (der Mulde gleich) unrein.

מַעֲרָכָה *f.* (=bh.) Ordnung, Aneinander-
gereihtes; insbes. 1) Holzstoss auf dem Altar,
der aus Reihen von anzuzündenden Hölzern
bestand und deren es im Tempel mehrere gab.
Seb. 54ᵃ מקום המערכה die Stelle (auf der Altar-
spitze), wo der Holzstoss sich befand; vgl. מַלְבֵּן.
Tam. 2, 3 החלו מעלין בגיזירין לסדר אש המערכה
die Priester begannen (des Morgens früh)
die Holzkloben hinaufzutragen, um das Feuer des
Holzstosses entflammen zu lassen. Das. Mischna
4.5 סידר המערכה גדולה מזרחה וחזיתה מזרחה
... בררו משם עצי תאינה יפין לסדר המערכה
שניה לקטורת וכ׳ sodann ordnete man den grossen
Holzstoss (auf welchem das Tamidopfer verbrannt
werden sollte) nach Osten zu und seine Vorderseite (Oeffnung) war nach Osten zu gerichtet.
Von dort (jenem Holzstosse) suchte man die
besten Feigenbaumhölzer aus, um den zweiten
Holzstoss zum Verbrennen des Räucherwerkes
zu ordnen. Jom. 43ᵇ. 45ᵃ בכל יום היו שתים
מערכות והיום שלש אחת מערכה גדולה ואחת
מערכה שניה של קטורת ואחת שמוסיפין בו ביום
דבי ר׳ יהודה ר׳ יוסי אומר בכל יום שלש היום
ארבע אחת של מערכה גדולה ואחת מערכה שניה
של קטורת ואחת של קיום האש ואחת שמוסיפין
בו ביום ר׳ מאיר אומר בכל יום ארבע היום חמש
וכ׳ an jedem andern Tage waren zwei Holzstösse
vorhanden, aber an jenem Tage (am Versöhnungsfeste) drei u. zw. der grosse Holzstoss (zum Verbrennen des beständigen, täglichen Opfers, des
Tamid), der zweite Holzstoss zum Verbrennen
des (täglichen) Räucherwerks und ein dritter,
den man am Versöhnungsfeste hinzufügte (von
welchem Kohlen genommen wurden zum Verbrennen des Räucherwerkes im Allerheiligsten);
so nach Ansicht des R. Juda. R. Jose sagte: An
jedem andern Tage waren drei vorhanden, am Versöhnungstage aber vier Holzstösse und zwar der
grosse Holzstoss, dann der zweite Holzstoss zum Verbrennen des täglichen Räucherwerkes, ferner ein
Holzstoss zur Unterhaltung des Feuers, endlich
einer, den man an jenem Tage hinzufügte. Rabbi
Meïr (in der Tosef. steht מאיר nicht; also:
Rabbi) sagte: An jedem andern Tage waren vier,
an jenem Tage aber fünf Holzstösse vorhanden.
Ein Holzstoss soll näml. zum Verbrennen der-

jenigen Opferstücke nöthig gewesen sein, die in
der verstrichenen Nacht nicht verkohlt waren,
וראת לאברים וסידרין שלא נתאכלו מבערב Taan.
28ᵃ. j. Pes. III g. E., 30ᵇ u. ö. — Pl. Tamid
2, 5 הציתו שתי הַמַּעֲרָכוֹת באש man zündete
die zwei Holzstösse mit Feuer an. — 2) Ordnung, Reihenfolge der Tempeldienste
überhaupt. Jom. 14ᵇ. 33ᵃ אבֵי הוה מסדר
מערכה משמיה דגמרא ואליבא דאבא שאול מערכה
גדולה קודמת למערכה שניה של קטורת מערכה
שניה של קטורת קודמת לסידור שני גזירי עצים
וסידור שני גזירי עצים קודם לדישון מזבח הפנימי
וכ׳ Abaji trug über die Ordnung (Reihenfolge der
Tempeldienste) nach der allgemein angenommenen Halacha, die von Abba Saul herrührt, was
folgt, vor: Der grosse Holzstoss geht dem zweiten Holzstoss zum Verbrennen des Räucherwerkes, dieser dem Aufschichten der zwei Holzkloben, letzteres dem Forträumen der Asche
vom innenstehenden Altar vor u. s. w.

מֶעֲרָע *m.* (von מְאָרַע=עֲרַע, s. d.) 1) die
eintreffende Zeit. — 2) Ort des Zusam-
mentreffens, der Zusammenkunft, heilige Stätte, s. TW.

מֶעָרוֹקָא ,מֶעָרוֹקָא *masc.* (von עֲרַק) Flüchtling, s. TW.

מַעֲשֶׂה *m.* (=bh. von עָשָׂה) 1) That, Handlung, Ereigniss. j. Kidd. III, 63ᵈ mit. u. ö.
מעשה בית דין eine That, Abmachung des Gerichtes. Tosef. Jeb. VI Anf. המתן עד שיעשה
אחיך הגדול מעשה warte bis dein älterer Bruder eine Handlung thun wird, näml. durch Leviratsehe oder Chaliza. Keth. 7ᵃ מעשה שהיה
כך היה die hier erwähnte Handlung hat sich
auf diese Weise zugetragen; d. h. daraus ist
noch nicht zu schliessen, dass andere ähnliche Fälle ausgenommen wären. Jeb. 116ᵇ
מעשה שהיה wegen einer vorgekom-
menen Handlung. Snh. 19ᵇ u. ö. Bez. 24ᵃ מעשה
לסתור die referirte Handlung widerspricht ja der
Halacha, die daraus erwiesen werden sollte!
B. bath. 130ᵇ מעשה רב eine Handlung ist bedeutend; d. h. wenn ein Schüler bei seinem Lehrer eine Handlung sieht, so darf er darnach
entscheiden. Ab. sar. 74ᵃ הלכה למעשה eine
Halacha, die für eine Handlung bestimmt ist.
Jeb. 70ᵇ מעשים כרולים בלדבר העבל 's Mnemotechnicum folgender Wörter: מחוסר מעשה
ונעשה בגופו ועכשנו כרת וישנו לפני הדיבור ומילת
זכרונו ועבדדיו מעכבת der Unbeschnittene ist
mangelhaft betreffs einer Handlung und zwar
einer Handlung an seiner Person, eine Unterlassung auf welche die Strafe der Ausrottung
gesetzt ist; das Gebot wurde bereits vor Gottes-
ausspruch (der Gesetzgebung auf dem Sinai,
dem Abraham) anbefohlen; und endlich bewirkt das
Unterlassen der Beschneidung seiner männlichen
Kinder und seiner Sklaven das Verbot, vom

Pesachfleisch zu geniessen. — Pl. B. bath. 173^b מַעֲשִׂים בכל יום Handlungen, die täglich (d. h. oft) vorkommen. Nid. 22^b R. Elasar bar Zadok sagte: שני מעשים העלה אבא מטבעין ליבנה וכ׳ zwei Handlungen (Vorfälle) brachte (zur Kenntniss) mein Vater von Tibeïn nach Jahne, s. מֵדָה. Jalk. zu Khl. 8, 10, II, 187^d וישתכחו בעיר שהם משכחים מעשיהם הרעים דבר אחר וישתבחו בעיר שהם "Sie werden vergessen in der Stadt", d. h. sie bringen ihre Freveltaten in Vergessenheit. Nach der andern Lesung: „Sie werden gepriesen in der Stadt", d. h. man preist sie wegen ihrer tugendhaften Handlung. Vgl. Git. 56^b אל הקרי וישתכחו אלא וישתבחו lies nicht (oder deute nicht:) וישתכחו sondern וישתבחו. Ber. 32^b u. ö. מעשים טובים gute Handlungen, Tugenden. — 2) Praxis, religiöses Leben im Allgemeinen. j. Pes. III g. E., 30^b התלמוד קודם למעשה das Lernen (die Theorie) ist der Praxis vorzuziehen. Aboth 1, 16, s. מִדְרָשׁ. Sot. 49^a משמת ר׳ חנינא בן דוסא בטלו אנשי מעשה mit dem Tode des R. Chanina ben Dosa hörten die Männer der That auf, d. h. die sich durch seltene Tugendhaftigkeit auszeichneten und denen infolge dessen öfter Wunder geschehen sind. — B. bath. 134^a מעשה מרכבה die Geschichte der Merkaba (des Gotteswagens), d. h. die Theogonie, s. מֶרְכָּבָה. j. Chag. II Anf., 77^a u. ö. מעשה המרכבה dass. Chag. 2, 1 u. ö. מעשה בראשית die Schöpfungsgeschichte, Kosmogonie. — Mit nachflg. ל u. ר dient unser W. blos dazu, um einen Satz einzuleiten, z. B. Ber. 2^a מעשה ובאו בניו מבית המשתה וכ׳ einst kamen seine Söhne (es trug sich zu, dass sie kamen) vom Gastmahl. Das. 16^a מעשה ברבן גמליאל וכ׳ einst hat Rabban Gamliel u. s. w. Jeb. 104^a מעשה באחד שׁ einst hat Jemand u. s. w. Das. 116^a. B. bath. 134^a. 151^b u. ö.

מַעְשְׂנָא m. (syr. ܡܰܥܫܳܢܳܐ, von עֲשַׁן) Kräftigung, Stärkung, s. TW.

מַעֲשֵׂר m. (=bh. von עָשַׂר) der Zehnt, dessen es mehrere gegeben hat. Maas. scheni 5, 6 ערב יום טוב הראשון של פסח של רביעית ושל שביעית היה בעור כיצד היה בעור נתונין תרומה ותרומת מעשר לבעליו ומעשר ראשון לבעליו ומעשר עני לבעליו ומעשר שני והבכורים מתבערין בכל מקום die Rüsttage des ersten Pesachfesttages im vierten und im siebenten Jahre der Schemita (des Erlassjahres, vgl. שְׁמִטָּה) fand die Wegschaffung (der zu entrichtenden Gaben) statt. Auf welche Weise wurde letztere vorgenommen? Man gab die Teruma (Hebe), sowie die Teruma des Zehnten (d. h. den zehnten Theil vom Zehnten, der der Levite an den Priester zu entrichten hatte, vgl. Num. 19, 26 fg.) seinem Eigner (dem Priester), den ersten Zehnten seinem Eigner (dem Leviten), den Armenzehnten

seinem Eigner (dem Armen); aber der zweite Zehnt und die Frühlingsfrüchte (die man versäumt hatte, nach Jerusalem zu führen, um sie daselbst zu verzehren) werden gänzlich fortgeschafft. Das. Mischna 10 כיצד היה הודווי בערתי הקדש מן הבית זה מעשר שני ונטע רבעי נתתיו ללוי זה מעשר לוי וגם נתתיו זו תרומה ותרומת מעשר לגר ליתום ולאלמנה זה מעשר עני wie hat das „Bekenntniss" stattgefunden? (d. h. was ist unter den einzelnen Theilen des in Dt. 26, 13 vorgeschriebenen Bekenntnisses oder: der Danksagung zu verstehen?) „Ich schaffte weg das Heilige aus dem Hause", das ist den zweiten Zehnten und die Pflanzung des vierten Jahres der Schemita (welche beide nach Jerusalem gebracht werden müssen, um sie daselbst zu verzehren, Dt. 14, 22 fg. und Lev. 19, 24); „ich gab es dem Leviten, das ist den Levitenzehnten (=dem ersten Zehnten, s. ob.); „auch gab ich es", das ist die Hebe (Teruma) und die Hebe der Zehnten (s. ob.); „dem Fremdling, der Waise und der Wittwe", das ist den Armenzehnten. Das. 1, 1. 2 fg. מעשר בהמה der Zehnt vom Vieh (Lev. 27, 32). Ter. 3, 6 fg. u. ö. — Pl. Maasr. 1, 1 fg. מַעֲשְׂרוֹת die verschiedenen Arten von Zehnten, s. ob. Sot. 9, 13 (48^a) המעשרות נטלו את שומן הדגן das Aufhören der Zehnten verursachte, dass die Fettigkeit (Körnerfülle) des Getreides schwand. — Uebrtr. Dem. 6, 3. 4 u. ö. מעשרות die den Priestern, Leviten u. A. zu entrichtenden Gaben überhaupt. Vgl. auch das. 4, 1 und Heller's Tosaf. z. St. — Davon rührt auch der Name des Talmudtractates מעשרות, Maasroth her, der zumeist von den Zehnten handelt; ferner auch der Name des Tractats מעשר שני Maaser scheni, der zumeist von dem zweiten Zehnten handelt.

מַעֲשְׂרָא od. מַעְסְרָא ch. (syr. ܡܰܥܣܪܳܐ=מַעֲשֵׂר) der Zehnt, s. TW.

מַפְגִּיע m. (von פָּגַע begegnen) Mafgia (nach Bochart: Hieroz. 2, 4. 17, vgl. Lewysohn, Zoologie d. Tlmd. p. 316): die äthiopische Mücke, welche die Augen und die von den Mähnen entblösste Stelle des Löwengesichtes derart empfindlich sticht, dass der Löwe vor diesem lästigen Insekte den ganzen Landstrich verlässt; er fürchtet daher schon das Summen dieser Mücke. Schabb. 77^b אימת מפגיע על הארי der Löwe fürchtet den Mafgia, vgl. חָפְשׁ. Raschi erklärt das Wort: Ein kleines Thier (חיה), das ein lautes Geräusch von sich giebt, das dem Löwen deshalb Furcht einjagt, weil er glaubt, dass er ein grosses Thier vor sich habe. Dieses Thier hält Lewysohn l. c. für den beim Aristoteles vorkommenden Θώς, Thos, welcher ein Bastard von dem Wolf und dem Pantherweibchen sein soll. Ar. hv. hält es für ein kleines Thier, das sich geräuschvoll zwischen die Füsse des Löwen schleicht.

מְפַגְּרוּתָא *f.* (von פַּגַּר) Verwüstung, Zer-störung, s. TW.

מַפָּה *f.* (mappa, μάππα) 1) Mappe, Serviette oder Tuch, dessen man sich oft beim Essen zum Reinigen der Hände, auch zum Bedecken des Tisches oder der Bücher u. dgl. bediente. Ber. 8, 1 (51ᵇ fg.) מקנח ידיו במפה man trock-net sich die (vor dem Mahle gewaschenen) Hände mit einer Serviette. j. Ber. III, 6ᵈ mit. אם היה כרוך במפה wenn die Gesetzrolle in ein Tuch eingewickelt war. j. Kil. IX, 32ᵃ un. 'ר R. Jochanan legte יוחנן יהב מפה על מני וכ' ein Tuch über seine Kleider, damit sie nicht beschmutzt würden. j. Pes. X Anf., 37ᵇ פירוש מפה ומקדש man deckt ein Tuch über die Spei-sen (wenn man kurz vor Eintritt des Sabbats bei der Mahlzeit sitzt) und spricht den Sabbatsegen, קידוש, s. d. W. Pes. 100ᵃᵇ; vgl. auch פְּרַךְ j. Jom. VIII, 44ᵈ mit. ביום הכפורים מרחץ ידיו ומקנחן am Versöhnungs-במפה ומעביר את המפה על פניו tage (an welchem das Waschen des Körpers verboten ist, vgl. עִנּוּי) wäscht man sich die Hände, trocknet sie mittelst eines Tuches und führt das feuchte Tuch über das Gesicht, vgl. auch פְּרָא j. Meg. I, 71ᵈ mit. ספר שאין עליו מפה דוכני על הכתב כדי שלא יתבזה הכתב eine Gesetzrolle, die nicht mit einem Tuche umhüllt ist, legt man auf der Schriftseite nieder, damit die Schrift (durch das Aufgedecktsein) nicht leide. — 2) Fahne der Feldherren. Num. r. s. 2, 183ᵈ (mit Bez. auf Num. 2, 2 fg. „Jeder an seiner Cohorte hatte ein Zeichen" סימנין היה לכל נשיא ונשיא מפה וצבע על (.u. s. w כל מפה ומפה כצבע של אבנים טובות שהיו על לבו של אהרן מהם למדה המלכות להיות עושין מפה וצבע לכל מפה ומפה כל שבט ושבט נשיא שלו צבע מפה שלו דומה לצבע של אבני ראובן אבנו אדם ומפה שלו צבע אדום ומצוירין עליו דודאים וכ' als Zeichen hatte jeder Stammfürst eine Fahne und je eine Fahne war mit einer Farbe versehen, die der Farbe der Edelsteine glich, welche Aharon in dem Brustschilde auf seinem Herzen trug. — Hiervon lernte die römi-sche Regierung den Brauch, dass man zu jeder Fahne je einen Obersten und je eine Fahne trugen, deren jede eine andere Farbe hatte. — Der Fürst eines jeden Stammes trug eine Fahne, deren Farbe der Farbe seines Edel-steines (im hohepriesterlichen Brustschild) ähn-lich war. Rubens Edelstein war אֹדֶם (Ex. 28, 17), seine Fahne war roth gefärbt und darauf waren „Alraune" (Gen. 30, 14) gemalt u. s. w. — Pl. Mechil. Beschallach Par. 2 וירהם עֶרְבְּבָתַם ודהמומה נטל מגפות (מַפּוֹת .l) שלהם ולא היו יודעים מה הם עושים Gott verwirrte die Egypter" (Ps. 18„ 15), das bedeutet: Er brachte sie in Unordnung; er nahm ihnen näml. ihre Fahnen fort, infolge dessen sie nicht wussten, was sie thaten. Ephat Zedek liest מגניות, s. בַּגְנוֹן, vgl. auch Perles Etym. Studien, p. 87. — Davon auch מוּפְסִין, s. d. in מוּ'.

מְפוּקִים *m. pl.* (wahrsch. von פוּק, arab. فَاقَ) das schmerzvolle Verhauchen der Seele. Khl. r. sv. אין אשר, 90ᵇ wenn die Frevler sündi-מה אינון אמרין ,gen, ohne bestraft zu werden הא רומיא עללין לית להון מפוקים was sagen die Menschen dann? Jene gehen stolz (als Angesehene, in Volksversammlungen) hinein, kommen stolz heraus und auch ihr Tod ist schmerzlos. — Mögl. Weise ist מַפּוּקִים (von נסק) zu lesen, was dieselbe Bedeutung hat.

מַפּוּחַ *m.* (=bh. מַפֻּחַ von נָפַח) Blasebalg. Tosef. Jom tob (Bez.) III g. E. אין נופחין במפוח man darf nicht (am Feiertage) das Feuer mit dem Blasebalg anfachen. Bez. 34ᵃ dass.

מְפוּחָא *ch.* (=מַפּוּחַ) Blasebalg. Taan. 12ᵃ Jem., der fastet, ohne sich vorher Fasten auf-erlegt zu haben, דמי למסוחא מליא זיקא gleicht einem Blasebalg, der voll Wind ist; d. h. ein solches Fasten wird nicht als eine verdienstliche Handlung angesehen. Jom. 45ᵃ un. עביד במפוחא er fachte die Kohlen mittelst eines Blasebal-ges an.

מַפָּח *m.* (=bh.) 1) das Blasen, Anfachen. Tosef. B. bath. II g. E. לקח בית מפח מסויירין wenn Jem. ein mit Kalk bestrichenes ומכוייר und getäfeltes Haus der Abkühlung (eig. des Windwehens, ähnlich bh. חֲדַר הַמְּקֵרָה) kauft u. s. w. Mögl. Weise bedeutet בית מפח eine Schmiede. — 2) trop. Verdruss. Tanchuma Schemini g. E., 152ᵃ הלך לו במפח נפש er ging mit Verdruss (eig. Verhauchen der Seele) fort; gew. steht dafür מפחי נפש, s. d.

מַפְּחָא *ch.* (=מַפָּח), ähnlich syr. ܡܰܦܚܳܐ folli-culus) 1) das Aufdunsen. — 2) (mit flg. נפש) das Verhauchen der Seele, s. TW.

מַפְטִיר *m.* (eig. Part. Hif. von פָּטַר) 1) Jem., der die Schüler in das Studienhaus hin-einlässt und sie, nach Beendigung der Lehrvor-träge entlässt, Schulaufseher. Chull. 51ᵃ מפטיר כנסיות der Schulaufseher, vgl. כְּנֶסֶת. — 2) Jem., der den Beschluss der Penta-teuchverlesung (der gew. in einer Propheten-stelle bestand) vorträgt. Meg. 24ᵃ fg., s. פָּטַר.

מַפְטְרָא *m.* (Verbale von פָּטַר) das Verle-sen der Haftara, הַפְטָרָה, s. d. Ber. 53ᵇ un. בדלא עידן מפטרייהו... בדלא עידן מפטרייהו zur Zeit ihres Vorlesens der Haftara, nicht zur Zeit ihres Vorlesens der Haftara.

מַפְטְרָא *f.* eine Geschiedene, s. פָּטַר.

מְפִיבשֶׁת, מְפִיבֹשֶׁת (bh.) Mephibosscheth, *N. pr.* 1) der Sohn Saul's. Ber. 4ᵃ David sagte: Betreffs alles dessen, was ich unternehmen אני נמלך במפיבשת רבי ואומר לו מפיבשת ,will רבי יפה דנתי וכ' ולא בושתי ... תנא לא מפיבשת

שמו אלא איש בשת שמו ולמה נקרא שמו מפיבשת
שהיה מבייש פני דוד בהלכה לפיכך זכה דוד ויצא
ממנו כלאב [שהיה מכלים פני מפיבשת בהלכה]
אמר ר׳ יוחנן לא כלאב אלא דניאל שמו ולמה
נקרא שמו כלאב שהיה מכלים פני מפיבשת בהלכה
Ms. M. (in Agg. fehlt der hier eingeklammerte
Satz) berathe ich mich zuvor mit meinem Lehrer Mephibboscheth, indem ich zu ihm sage:
Mein Lehrer Mephibboscheth, richte ich recht?
verurtheile ich recht? ohne dass ich mich schäme.
(Anspielend auf Ps. 119, 46: „Ich rede von deinen Zeugnissen in Gegenwart der Könige und
schäme mich nicht".) In der Borajtha heisst
es: Nicht Mephibboscheth (מפבשת, 2 Sm. 21, 8),
sondern איש בשת (das. 2, 10 fg.) war sein
Name. Weshalb jedoch wurde er: Mephibboscheth genannt? Weil er den David in der
Halacha beschämte (indem er ihn auf Fehler aufmerksam machte, מבייש: aus dessen
Mund Beschämung kam). Dafür wurde David
belohnt, dass von ihm „Kilab" abstammte, welcher den Mephibboscheth in der Halacha beschämte (כלאב verkürzt von כל־אב: der
Vater, d. h. Meister der Halacha, beschämte).
R. Jochanan sagte: Nicht „Kilab" (2 Sm. 3, 3),
sondern „Daniel" (1 Chr. 3, 2) hiess der Sohn
David's; weshalb jedoch führte er auch den
Namen Kilab? Weil er den Mephibboscheth in
der Halacha beschämte; vgl. bes. פְּלָאב. Tosaf.
in Jeb. 79ᵃ lesen in Ber. l. c. מפיבשת שמו לא
אלא איש בעל שמו der Name des Sohnes Saul's
war nicht מפיבשת, sondern איש בעל
(d. h. אֶשְׁבַּעַל, 1 Chr. 8, 33. 9, 39; איש=אש).
— 2) übrtr. als Appellativ: hervorragender
Lehrer. Erub. 53ᵇ למפיבשת הגביר er ging
nach dem Süden zu dem grossen Lehrer, vgl.
כָּתַר. — 3) der Sohn Jonathan's. Schabb.
56ᵇ וכי מריב בעל שמו ודלא מפיבשת שמו אלא
מתוך שעשה מריבה עם בעליו יצתה בת קול
hiess denn „der Sohn ואמרה נצא בר נצא וכ׳
Jonathan's: מריב בעל" (1 Chr. 8, 34), er hiess
ja: מפיבשת (2 Sm. 4, 4 fg.)? Allein infolge
dessen, dass er mit seinem Herrn Streit führte
(er soll näml. dem David wegen der Schenkung
eines Theiles seiner Güter an Ziba Vorwürfe
gemacht haben), rief ihm die göttliche Stimme
zu: Zänker, Nachkomme des Zänkers! vgl. נְצָא.

מֵיפַך s. אֻפַּך. — crmp. מפכרותא s. מַפְרְבָתָא.

מוּפְלָא m. (eig. Part. Hof. von פָּלָא) 1) etwas
Sonderbares, Wunderbares, dem menschlichen Wissen Unbegreifliches (ähnl. bh.
מִפְלָאָה). Chag. 13ᵃ Ein Ausspruch Ben Sira's lautet: במופלא ממך אל תדרוש ובמכוסה ממך אל תחקור
במה שהורשית התבונן אין לך עסק בנסתרות über
das, was dir unbegreiflich ist, forsche nicht; was dir
verhüllt ist, suche nicht zu ergründen; über das,
was dir erreichbar ist, denke nach; du hast mit den
Geheimdingen nichts zu schaffen! j. Chag. II, 77ᶜ
ob. steht פליאה anst. מופלא. In Genes. r. s. 8, 8ᵈ

---

lautet dieser Satz wie folgt: ר׳ אלעזר בשם בן
סירא אמר בגדול ממך אל הדרוש בחזק ממך בל
החקור במופלא ממך בל תדע במכוסה ממך אל
ר׳ תשאל שהורשת וכ׳ R. Elasar sagte Namens(?)
des Ben Sira: Ueber das, was dir zu gross ist,
forsche nicht; was dir zu mächtig ist, suche
nicht zu ergründen; von dem, was dir unbegreiflich, bemühe dich nicht, Kenntniss zu erlangen;
über das, was dir verhüllt ist, frage nicht; was
dir erreichbar ist u. s. w. — 2) Gelübde, eig.
Abgesondertes, Absonderung (vgl. Num. 6, 2
יפליא). Nas. 29ᵇ מופלא הסמוך לאיש das Gelübde eines (13jährigen Jünglings), dessen Alter
dem eines gereiften Mannes nahe ist. Das. 62ᵃ.
Nid. 46ᵇ u. ö. dass. Wie es scheint wurde in
späterer Zeit (ebenso von den meisten Comment.
und Decisoren) unser Wort, aus Missverständniss, als ein Adj. aufgefasst, näml. מופלא הסמוך
לאיש: ein gelobender Jüngling, dessen Alter
dem des gereiften Mannes nahe ist. Vgl.
Num. r. s. 10, 208ᵃ כי יפליא מי שיודע לפלות
(להפלות richtiger) אמרו מופלא סמוך לאיש נדריו
קיימין die Worte כי יפליא (Num. 6, 2) bezeichnen denjenigen, der ein Unterscheidungsvermögen
hat. Daraus erweisen die Gelehrten, betreffs
eines Jünglings, dessen Alter dem eines gereiften Mannes nahe ist, dass seine Gelübde Giltigkeit haben. — 3) Ausgezeichneter, Vorzüglicher, signatus, und zwar a) ein ord-
entliches Mitglied des Gerichtscollegiums.
Snh. 87ᵃ ob. במופלא שבבית דין הכתוב מדבר
die Schrift spricht hier (Dt. 17, 8 fg., mit Ansp.
auf יפליא) von dem Vorzüglichen im Gerichtscollegium; d. h. nur ein wirklicher Richter
wird, wenn seine Lehren von den Beschlüssen
des Gelehrten-Collegiums abweichen, als ein
dissentirender Gelehrter (זקן ממרא) bestraft;
nicht aber ein Schüler, der, selbst wenn er im
Collegium sitzt, eine dissentirende Lehre aufstellt. j. Snh. XI Anf., 30ᵃ dass. — Insbes. oft
b) der Vorzüglichste, das Oberhaupt im
Gelehrtencollegium. Hor. 4ᵇ לא מופלא
של בית דין שם wenn der Vorzüglichste des Gerichtscollegiums während eines richterlichen Ausspruches nicht anwesend war. j. Snh. I, 19ᶜ ob.
wenn betreffs einer Halacha ein Gelehrter im
Gerichtscollegium anderer Ansicht war, als die
Anderen (היה הוא ומופלא שלהן באין ושואלין),
אותה בבית דין הסמוך לעירו אם שמעו אמרו להן
ואם לא הוא ומופלא שלהן באין ושואלין אותה
בבית דין שבדר הבית וכ׳ so gingen er (der
dissentirende Gelehrte) und der Vorzüglichste
im Collegium, um betreffs jener Halacha bei demjenigen Gerichtshof anzufragen, der sich ihrer
Stadt am nächsten befand; nehmen die Ersteren
Belehrung von ihm an, so wird sie ihnen von
dem Letzteren ertheilt, wo nicht, so gehen jener
dissentirende Gelehrte sammt dem Vorzüglichsten
zu dem hohen Gerichtshof auf dem Tempelberg
(d. h. zu dem grossen Synedrium von 71 Glie-

dern in der Quaderhalle), um da anzufragen;
und die Entscheidung desselben war endgiltig.
j. Hor. I, 45ᵈ un.; vgl. auch Tosaf. zu Snh. 16ᵇ
sv. אחר. Cant. r. sv. הנה העיר, 18ᵈ ומן העיר
לקח סריס אחד זה מופלא בית דין ולמה קורא
אותו סריס שמסרס את ההלכה „Aus der Stadt
nahm er einen סריס" (2 Kn. 25, 19), darunter
ist der Vorzüglichste des Gelehrtencollegiums zu
verstehen; weshalb nennt ihn die Schrift סריס?
Weil er über die Halacha unterhandelte, discutirte,
vgl. סרב und סְרְכֵר. j. Snh. I, 18° ob. dass., wo
jedoch die Worte זה מופלא בית דין fehlen.
Num. r. s. 11, 212ᵃ dass. Genes. r. s. 70, 69ᵈ
„Siehe, ein Brunnen war auf dem Felde" (Gen.
29, 2), זו סנהדרין das bedeutet das Synedrium
u. s. w.; „und ein grosser Stein lag auf der
Mündung des Brunnens", זה מופלא שבבית דין
שהוא מסרס את ההלכה das bedeutet den Vorgesetzten im Gelehrtencollegium, der über die
Halacha unterhandelt.

פְּלָא s. מַפְלִיא.

פְּלַג s. מוּפְלָג.

מַפְּלָה f. (=bh. von נָפַל) das Fallen, Hinstürzen; gew. trop. Sturz, Untergang. Snh.
39ᵇ מפני מה לא נאמרה בהודאה זו כי טוב לפי
שאין הקבה שמח במפלתן של רשעים weshalb
steht bei dieser „Danksagung" nicht כי טוב
(näml. 2 Chr. 20, 21, bei der Kriegführung Juda's
gegen seine Feinde, wo blos הודו לה׳ כי לעולם
חסדו, nicht, wie sonst gewöhnlich: הודו לה׳ כי
טוב וג׳ steht)? Weil Gott bei dem Sturz der
Frevler nicht freudig ist. j. Snh. IV Ende, 22°
dass. Ber. 10ᵃ ראה במפלתן של רשעים ואמר
שירה David sah im Voraus den Untergang der
Frevler, weshalb er im Lobalied anstimmte, näml.
Ps. 104, 35. j. Taan. IV, 69ᵇ mit. אשרי מי
שהוא רואה במפלתה של תרמוד שהיא היתה
שותפת בחרבן הבית הראשון ובחרבן הבית השני
glücklich derjenige, welcher den Untergang Pal-
myras sehen wird, denn dieses Reich hat sich
an der Zerstörung des ersten, sowie an der des
zweiten Tempels betheiligt. Ths. r. sv. בלע, 62ᵇ
dass., vgl. חוּרְבָּן. Genes. r. s. 17, 17° התחלת
מפלה שינה דמיך ליה ולא לעי באורייתא ולא
עבד עבידתא der Anfang des Sturzes ist der
Schlaf; denn schläft Jem., so beschäftigt er sich
nicht mit der Lehre und verrichtet keine Arbeit; mit Ansp. auf ויפל (Gen. 2, 2). Num. r.
s. 15, 230ᵇ u. ö.

מַפַּלְתָּא ch. (=מַפְּלָה), syr. ܡܰܦܽܘܠܬܳܐ vom flg.
מַפּוּלְתָּ) Einsturz. j. Taan. III g. E., 67ᵃ un.
הוה חמן מפלתא dort (in dem Wohnorte des
R. Ada) war ein Einsturz; s. auch TW.

מַפּוֹלֶת f. (syn. mit מַפְּלָה) 1) Einsturz,
Fall, Wurf. Ber. 3ᵃ un. 1 ob. man darf nicht
in eine Ruine gehen מפני המפולת wegen Einsturzes; d. h. die zurückgebliebene Mauer könnte

über den Eintretenden einstürzen. j. Ber. III,
6° un. wenn man säet חטה ושעורה וחרצן
במפולת יד Weizen, Gerste und Weintrauben-
kerne mit einem Wurf, vgl. חַרְצָן. Arach. 25ᵃ
מפולת יד ולא מפולת שוורים (beim „Schätzen
eines dem Heiligthum geweihten Feldes", Lev.
27, 16, berechnet man das Kor Aussaat) nach
dem Wurf der Hand, nicht aber nach dem Wurf
der Rinder. Das Ausstreuen der Saatkörner
pflegte näml. nicht blos mittelst der Hand, sondern auch mittelst der Pflugthiere zu erfolgen.
In letzterem Falle wurden mit Getreide ange-
füllte, aber durchlöcherte Säcke auf die Thiere
gelegt. Beim Führen der Letzteren über das
Ackerfeld fielen die Getreidekörner aus den
durchlöcherten Säcken heraus, welche die Aussaat bildeten. Da aber die auf solche Weise
ausgestreuten Saatenkörner auf dem Felde weit
dichter lagen, als wenn sie aus der Hand ausgeschüttet wurden: so war auch diejenige Strecke
des Feldes, die mit einem Kor Getreide mittelst
der Säcke (der Rinder) besäet wurde, viel kleiner, als ein Feld, das mit einem ähnlichen
Mass Getreide mittelst der Hand besäet wurde.
B. mez. 105ᵇ dass. j. Schabb. XVI g. E. 15ᵈ ob.
so wie man am Sabbat bei Feuersgefahr
retten darf, כך מצילין מיד הגוים ומיד הנהר
ebenso darf ומיד המפולת ומיד כל דבר שאובד
man retten beim Drohen einer wilden Horde,
einer Ueberschwemmung, eines Einsturzes, wie
überhaupt aller Ereignisse, welche Verderben
bewirken. — Selten trop. (=מַפְּלָה). j. Ber.
V Anf., 8ᵈ עד הנה דברי ירמיהו במפולת של
מחריביו חתם לא חתם בדברי תוכחות „So weit
reichen die Worte Jirmeja's" (Jer. 51, 64); mit
dem Untergang der Tempelzerstörer schliesst
der Prophet, nicht aber mit Strafreden gegen
Israel. — 2) eingestürztes Gebäude, Trümmer. j. Keth. I, 25ᵈ mit. נפלה בתוכה מפולת
מפקחין עליו בשביל ישראל ששם wenn in einer
Halle Trümmer eingestürzt sind, so darf man
(am Sabbat) den Schutt wegräumen wegen eines
Israeliten, der sich dort befindet. Pes. 2, 3.
j. Pes. II, 29ᵃ ob. j. Jom. VIII, 45ᵃ ob. u. ö.

מְפוּלָם masc. (viell. Part. pass. von פָּלַם, s.
פִּילוֹמָא, gr. πλήμη=πλησμη) wasserreich,
feucht. Pl. Bez. 24ᵇ דגים המפולמין Fische,
die noch feucht (d. h. soeben aus dem Teich
gezogen) sind. — Fem. Seb. 54ᵃ אבנים מפולמות
feuchte Steine, s. מַלְבֵּן. Chag. 12ᵃ „Gott machte
Finsterniss zu seiner Hülle" (Ps. 18, 12) אלו
אבנים מפולמות המשוקעות בחהום שמהן יוצאין
מים Ms. M. (Agg. המפולמות), das sind die
feuchten Steine, die in den Tehom (Chaos) versenkt sind und aus welchen das Wasser ent-
quillt. Fast unzweifelhaft sind diese „feuchten
Steine" identisch mit den Eis- und Schneemassen (den „glanzreichen Marmorsteinen", אבני
שיש טהור), welche nach der Schöpfungslehre

(Kosmogonie) aus dem Urwasser (ὕλη) entstanden; eine Lehre, die von R. Akiba verworfen wurde, vgl. בֵּי S. 97.

מְפַלֶּצֶת *f.* (bh. von פָּלַץ) eig. Scheusal, Idol. Ab. sar. 44ᵃ מאי מפלצת אמר ר' יהודה ᵇ דהוה מפליא ליצנותא תני ר' יוסף כמין זכרות היתה לה והיתה נבעלת לו בכל יום was bedeutet מפלצת (1 Kn. 15, 13)? R. Juda sagte: Einen Gegenstand, der grosse Lascivität (מפל־לץ) verursachte. R. Josef lehrte in einer Borajtha: Sie („Maacha“) brachte ihm (dem Idol) etwas an, was einem männlichen Gliede ähnlich war, womit sie täglich Unzucht trieb; also Πρίαπος, Priapos (oder? Φάλλος?).

מְפֻלָּשׁ s. פָּלַשׁ.

מִפְנֵי (Verbale von פָּנֵי) das Einkehren, Eintreten. Genes. r. s. 63, 61ᵈ Diokletian שלח כתבים לטבריה מפני רמשא דערובתא וכ' schickte Edicte nach Tiberias kurz vor Freitag-Abend (eig. beim Einkehren des Freitag-Abends) mit dem Befehl, dass die Gelehrten Sonntag früh bei ihm eintreffen sollten u. s. w., vgl. אַרְגִּינִיטוֹן.

מְפַנָּק *m.* (eig. Part. pass. von פַּנֵּק) verweichlicht, verzärtelt. Keth. 67ᵇ un. כולי מפנק האי er ist sehr verweichlicht, d. h. an Wohlleben gewöhnt. B. kam. 84ᵃ mit. דמפנק איהו ליד צערא ספי ואיכא אינ(י)ש דלא צערא מפנק לית ליה Manchen giebt es, der, weil er verweichlicht ist, (infolge einer Verwundung) viel Schmerzen zu erleiden hat; Manchen wiederum giebt es, der, weil er nicht verweichlicht ist, nicht so leicht den Schmerz empfindet. — Pl. Chag. 4ᵃᵇ ob. „Wer nicht mit seinen Füssen gehen kann, braucht nicht zum Feste nach Jerusalem zu wallfahrten“, לאחורי מפנקי das besagt, dass die Verweichlichten (die nicht barfuss gehen können, da man den Tempelberg unbeschuht besteigen muss) von der Wallfahrt befreit sind, vgl. auch פַּנֵּק.

מְפַנְקוּ‎, מְפַנְקוּתָא *f.* (syr. ‎ مَفَنَّقُوثَا) Wohlleben, Bequemlichkeit, Weichlichkeit. Pes. 50ᵇ הכי נשי דמחוזא אף על גב דלא עבדן עבידתא במעלי שבתא משום מפנקותא היא דדא וכ' obgleich die Weiber Mechusa's am Freitag blos der Bequemlichkeit halber nicht arbeiten, da sie auch sonst den ganzen Tag müssig zu gehen pflegen: so wird ihnen dennoch das Nichtsthun am Rüsttage des Sabbats als eine verdienstliche Handlung angerechnet; vgl. Schabb. 32ᵇ, 33ᵃ, s. auch TW.

מֶפִיס (syr. ‎ مَافِيس, gr. Μέμφις) Memphis, Name der bekannten egyptischen Stadt, wofür hbr. מֹף, נֹף, vgl. auch מנסורא, s. TW.

מֵפִיס 1) loosen. — 2) auflösen, s. פּוּס und פִּיס.

מַפְסֶלֶת (מִפְסָלִית) *f.* (von פָּסַל) eine Art Beil oder Hobel. Kel. 13, 4 המפסלת Tlmd. Agg. (Mischnaj. המפסלית) nach Maim.: die Hobel. Tosef. Schabb. XIII (XIV) מטלטלין את המקבת ואת המפסלת . . . ולא יכה במקבת על גבי מפסלת man darf am Sabbat den Hammer und den Hobel (das Beil) von einem Orte zum andern tragen; man darf jedoch nicht mit dem Hammer auf den Hobel schlagen.

מַפְסוֹעִיתָא *f.* (von פָּסַע, hbr. מִפְשָׂעָה von פָּשַׂע) das Beschreiten, s. TW.

מַפָּץ *m.* (von נָפַץ) eig. Ausgebreitetes, Ausgestrecktes, daher eine aus Rohr, Schilf und Binsen geflochtene Matte, als Unterlage; ähnlich מַחְצֶלֶת. B. mez. 113ᵇ wenn der Gläubiger den Schuldner auspfändet, נותן מיטה ומיטה ומצע לעשיר מיטה ומיטה ומפף לעני so muss er dem Reichen zurücklassen ein Sopha (κλίνη), um darauf bei Tische zu liegen) und ein Sopha sammt einem Polster (von grobem Zeuge, zum Nachtlager); dem Armen hing. muss er zurücklassen ein Sopha und ein Sopha sammt einer Rohrmatte, vgl. סְדוּר. Ohol. 8, 1 und Keth. 64ᵇ, s. מַחְצֶלֶת. Meil. 18ᵃ העור והמפ(ף) das Fell und die Matte. j. Schabb. VII Ende, 10ᵈ dass. Kel. 27, 2. 3 u. ö. — Pl. שלשה מפצים הן העשוי לישיבה טמא מדרס של צביעין טמא טמא מת וש(ל) גתות טהור מכלות drei Arten von Rohrmatten giebt es: diejenige, die zum Daraufsitzen bestimmt ist, ist des Sichanlehnens halber unrein (ist die geringe Art der Unreinheit, vgl. מִדְרָס); die der Färber (worauf sie die gefärbten Kleider ausbreiten) sind gleich einem Leichenberührenden unrein (da sie als Geräthe angesehen werden, so nehmen sie einen grossen Grad der Unreinheit an); diejenigen der Kelter (die zum Bedecken der Weintrauben und Oliven dienen) sind überhaupt rein.

מַפְצָא *chald.* (=מַפָּץ) Rohr- oder Schilfmatte. Pl. Ned. 40ᵇ u. ö. Samuel liess für seine Töchter anfertigen מפצי בימי תשרי Schilfmatten in den Tagen des Tischri; d. h. wenn sie im Herbst ein Reinigungsbad im Flusse nahmen, so liess er ihnen Schilfmatten unter die Füsse legen, damit der in der Herbstzeit oft im Wasser sich findende Schlamm an ihren Füssen nicht kleben bleibe; weil ihnen das Bad, da nichts Scheidendes zwischen dem Körper und dem Wasser vorhanden sein darf, sonst nichts nützen würde, vgl. חֲצִיצָה Anf.

מַפְקָא‎, מִיפְקָא *m.* (syr. ‎ مَفُقَا, von נְפַק) der Ausgang, s. TW. — Pl. j. Ter. VIII g. E., 46ᵇ un. ° ob. במפקי שבתא (=hbr. במוצאי שבת) beim Ausgang des Sabbats.

מַפְּקְתָא *f.* (syr. ‎ مَفُقْثَا) Excrement (=hbr.

Left column

צָאָה), eig. was herausgeht, s. TW. — Schabb. 134ᵃ הַאי יְנוּקָא דְלָא יָדִיעַ בֵּי מִפְקְתֵיה לִישִׁייפֵיה מַשְׁחָא וּלוּקְמוּה לְהַדֵי יוֹמָא Ar. (vgl. בֵּי; in Agg. fehlt בֵּי) ein neugeborenes Kind, dessen Mastdarm (Ort des Stuhlganges) unkenntlich ist, bestreiche man (an der Stelle des Mastdarmes) mit Oel und halte es gegen die Sonne.

מְפוּקִים s. מִפּוּקִים in 'מִפר.

מַפְקָנָא m. (syr. ܡܰܦܩܳܢܳܐ) der Ausgang, s. TW. — Uebrtr. Git. 56ᵇ die Mücke מִפְקָנָא לֵית לַה hat keinen Ausgang, Podex, s. מְצַלְצְלָא.

מַפְקָנוּתָא f. (syr. ܡܰܦܩܳܢܽܘܬܳܐ) 1) das Herausgehen, Verlassen eines Ortes. — 2) das, was herausgeht, s. TW.

מַפְרְחָיָיתָא f. pl. (von פְּרַח) die hin- und herflatternden Bänder eines Kleidungsstückes zum Ausputz desselben, ähnlich פְּרוּזֵי, s. d. Schabb. 59ᵇ un. הָאי רְסוּקָא אִי אִית לֵיה מַפְרְחַיְיתָא שְׁרֵי וְאִי לָא אָסִיר den Ledergurt darf man am Sabbat nur tragen, wenn er flatternde Bänder hat (weil er dann als Kleidungsstück anzusehen ist); wenn ihm aber diese fehlen, so darf man ihn nicht tragen.

מַפְרְכָה ,מַפְרֶכֶת fem. (von פְּרַךְ) eig. Zerreibendes, Zermalmendes, insbes. Pressstein in der Kelter; ein' der Länge nach ausgehöhlter, grosser Stein, in dessen Höhlung sich eine Stange befand, mittelst welcher der Stein über die Weintrauben und Oliven gerollt wurde, um dieselben auszupressen. — Pl. B. bath. 67ᵇ wenn Jem. die Kelter verkauft, מָכַר את הַכְּסָרִים ואת הַמַּפְרְכוֹת so hat er die Bretter (d. h. das Brettergestell, das zum Einschliessen der Weintrauben, damit sie nicht zerstreut werden, dient=לִמּוּדִים, s. לִמּוּד nr. 1), die Kufen und die Presssteine mitverkauft. j. B. bath. IV Anf., ₁₄ᶜ steht dafür מִפְרִיכוֹת.

מַפְרְכָתָא ch. (=מַפְרוּכָה) der ausgehöhlte Pressstein. B. bath. 67ᵇ wird das W. מִמַּל der Mischna erklärt durch מַפְרַכְתָא Ar. und R. Samuel ben Meïr z. St. (Agg. crmp. מִפְסַכְתָא), s. נָמָל.

מַפְרִין oder מַפְרִיס s. פְּרַן.

מַפְרוֹנָא m. (denom. vom gr. φερνή) die Morgengabe, die näml. der Bräutigam einer Jungfrau giebt, s. TW.

מַפְרֵעַ eig. Sbst. m. (von פְּרַע. Unser W. ist, nach Fleischer's gef. briefl. Mittheilung, "ein vom arab. فَرَعَ, aufsteigen, nach oben gehen, oben sein; wie مَعَلَّى von عَلَّهـ ,عَلَا von عَلا, gebildetes n. loci et temporis: nach

Right column

oben Gehendes oder Liegendes, aufstieg, daher dann:) hinter dem Ende in Raum und Zeit Zurückliegendes oder davon Rückwärtsgehendes" u. s. w. Nur mit vorgesetztem לְ als Adv. לְמַפְרֵעַ rückwärts, und zwar 1) von der früheren Zeit her. Snh. 27ᵃ ob. נִפְסָל מִפְרֵעַ הוּא was den des Alibi überführten Zeugen (vgl. זָמַם) betrifft, so sagt Abaji: Er ist bereits von der früheren Zeit an als ein untauglicher Zeuge anzusehen (d. h. alle Zeugnisse, die er in der Zwischenzeit, zwischen jenem Zeugniss und seiner Ueberführung abgelegt hat, sind ungiltig; da sich jetzt herausstellt, dass er bereits damals ein "frevelhafter Zeuge", Ex. 23, 1 gewesen war). Raba sagt: Er wird erst von jetzt (von der Zeit der Ueberführung an) als ein untauglicher Zeuge angesehen, vgl. חִידּוּשׁ. B. kam. 72ᵇ dass. Chull. 14ᵇ מִמְצָא שְׁתָחָה תּוֹבְלֹים לְמִפְרֵעַ es würde sich herausstellen, dass Jem. (falls der Weinschlauch, aus dem er Wein in der Absicht trinkt, die Priester- und Levitengaben daraus später zu entrichten, schadhaft geworden) unerlaubten Wein (טֶבֶל, s.d.) getrunken habe. j. Dem. VII, 26ᵇ mit. dass. j. Jeb. I, 2ᵒ un. ᵈ ob. הימנה הַמְצָא. זִיקַת הַמֵּת לְמַפְרֵיעַה חָל עָלֵיה אִיסּוּרוּ שֶׁל מֵת אֵצֶל הָאַחִין sobald Einer der Brüder des kinderlos verstorbenen Mannes der Wittwe die Chaliza (s. חֲלִיצָה) ertheilt hatte, so hörte bereits von der frühern Zeit (eig. von ihrer früheren Zeit) an die Verpflichtung der Brüder gegen den Todten (bei seiner Frau die Leviratsehe zu vollziehen, s. יָבוּם) auf; und infolge dessen trat zu eben jener Zeit das Verbot: die Frau des verstorbenen Bruders zu ehelichen, ein. j. Git. III g. 'E., 45ᵇ נִתְצַל שְׁנֵים שְׁלֹשָׁה יָמִים רָבָא ⁴ וּמִמְצֵאו חוֹמֶץ לְמַפְרֵעַו הוּא נַעֲשָׂה חוֹמֶץ אוֹ מִיכָּן וּלְהַבָּא כו' wenn Jem. zwei oder drei Tage versäumt hatte (den Wein zu prüfen, ob zu sauer geworden, oder nicht), ihn aber dann zu Essig geworden findet; ist dann etwa anzunehmen, dass der Wein von vorn herein (zu Anfang der drei Tage, eig. in seiner Rückzeit), oder erst jetzt zu Essig geworden? j. Schebi. II, 34ᵃ un. j. Meg. II Ende, 73ᶜ u. ö. — 2) von einer Schriftstelle: rückwärts (d. h. das Spätere früher und das Frühere später) lesen. Meg. 2, 1 הַקּוֹרֵא את הַמְגִלָּה לְמַפְרֵעַ לֹא יָצָא wenn Jem. (am Purimfeste) die Estherrolle rückwärts liest, so erfüllt er nicht seine Pflicht. Dieses "Rückwärtslesen" ist, wie es scheint, auf doppelte Weise aufzufassen: a) als das Rückwärtslesen der Wörter, d. h. das Lesen des letzten, sodann des vorletzten, drittletzten u. s. w. Wortes einer Schriftstelle. Wenn Jem. z. B. in der Estherrolle wie folgt liest: זֶרַע לְכָל שָׁלוֹם וְדֻבֵּר וְגו' anst. וְדֹבֵר שָׁלוֹם לְכָל זַרְעוֹ (Esth. 10, 3), oder, was dasselbe ist, wenn er den ersten Vers in Esther liest: מְדִינָה וּמֵאָה וְעֶשְׂרִים שֶׁבַע — b) als

das Rückwärtslesen der Verse; d. h. dass
Jem. die Lesung des Buches mit dem letzten
Verse beginnt, sodann den vorletzten, den drittletzten Vers u. s. w. bis zum Anfange des Buches
hinauf liest; oder, was dasselbe ist, wenn er
zuvor den zweiten, sodann den ersten, den vierten und dann den dritten u. s. w. Vers liest.
Diese letztere Art des Rückwärtslesens wird in
der Borajtha, Meg. 18ᵇ ob. סרוסין (nicht ganz
identisch mit למפרע) genannt, eig. Umge-
wendetes; was von Raschi z. St. richtig durch
למפרע erklärt wird. j. Meg. II Anf., 73ᵃ wird
סרוסין erklärt: חד פרה חד Eines vor (πέρα,
eig. darüber hinaus) dem Andern; was, nach
Alfasi's Erklärung z. St. bedeutet: dass man die
ersten, sodann den dritten Vers, mit Auslassung
des zweiten Verses liest und sodann den übersprungenen zweiten Vers nachholt, was Alfasi ebenfalls
למפרע nennt. Meg. 17ᵃ (mit Bez. auf die oben
citirte Mischna) „Jener Tage soll gedacht und
sie sollen begangen, gefeiert werden" (Esth.
9, 28; unter ersterem wurde das Verlesen der
Estherrolle, unter letzterem das Begehen des
Purimfestes verstanden) אתקש זכירה לעשייה מה
עשייה למפרע לא אף זכירה למפרע das „Gedenken" wird in der Schrift mit dem „Begehen"
verglichen; so wie näml. das Begehen unmöglich rückwärts erfolgen (d. h. so wie der 15.
Tag des Monats Adar nicht vor dem 14. desselben Monats gefeiert werden) kann; ebenso
wenig darf das Gedenken (das Verlesen des
Buches Esther) rückwärts geschehen. (Höchst
auffallend klingt Maimoni's Erklärung in s.
Mischnacomment. z. St. mit Bez. auf den gedachten Bibelvers: „So wie man eine Handlung, die man in der dazu bestimmten Zeit zu
thun verabsäumt hat, nicht mehr in der bereits
verflossenen Zeit verrichten kann; ebenso wenig
darf man die Megilla später, als in der dafür bestimmten Zeit lesen." Sollte dieser Satz etwa gar
zur Erklärung des Ws. למפרע dienen? was noch
weit auffallender wäre! In seinem Comment. zu
Ber. 15ᵃ hing. erklärt er „das Lesen des Schemäabschnittes למפרע richtig: Wenn Jem. den
letzten, sodann den vorletzten und dann den
drittletzten Vers liest.) Meg. 17ᵇ שלא . . . והיה
יקרא das Wort והיה (in dem Schemä-
abschnitt, Dt. 6, 6, vgl. שְׁמַע) bedeutet, dass man
das Schemä nicht rückwärts lesen darf; denn
die Worte dieses Abschnittes müssen (בהויתן
ihrer Beschaffenheit) verlesen werden. — Genes. r. s. 49 g. E. בקש אברהם לירד
לו מחמשים לחמשה אמר לו הקב"ה חזור בך למפרע
Abraham hatte die Absicht, von „Fünfzig" auf
„Fünf" zu kommen (d. h. in seiner Fürbitte für
Sodom, Gen. 18, 28 fg., wollte er, nachdem er
erfahren hatte, dass in Sodom keine 50 Frommen anzutreffen wären, die Fürbitte: Vielleicht
giebt es dort fünf Fromme, aussprechen; ein
Ausspruch jedoch, der ganz vergeblich gewesen

wäre, da wenigstens eine Zehnzahl zum Verschonen der Stadt nöthig war); daher sagte
Gott zu ihm: Wende dich rückwärts! d. h. fange
doch dein Gebet wieder mit der Zahl an, die
du früher erwähnt hast. Infolge dessen sagte
Abraham: „Vielleicht werden von der Fünfzig-
zahl fünf fehlen! vgl. חֲלַסְּסְדְרָה.

מַפְרָעֲתָא f. (von פְּרַע s. d.) eine entblösste
Stelle am Körper des Thieres. Chull. 50ᵇ
רבה בר רב הונא אמר מפרעתא מאי מפרעתא
אמר ר' אויא היכא דפריע טבחי Rabba bar R.
Huna sagte: (Unter dem innenliegenden Bauch,
הכרס הפנימית, s. d., ist zu verstehen) מפרעתא.
Was bedeutet dies? R. Iwja sagte: Die Stelle
am Bauche des Thieres, welche die Fleischer
entblössen; d. h. aufschlitzen, um die Eingeweide
herauszunehmen.

מַפְרֶקֶת f. (=bh. von פְּרַק) Genick, eig. die
Stelle, die aus Knorpeln, Gliedern (פְּרָקִים, s. פְּרָק)
zusammengesetzt ist. Chull. 113ᵃ השובר מפרקתה
של בהמה קודם שתצא נפשה הרי זה מכביד את
הבשר וגוזל את הבריות ומבליע דם באברים
Jem. das Genick des Thieres (nach dem Schlachten), bevor letzteres seinen Lebensodem verhaucht
hat, zerbricht: so macht er das Fleisch schwer
(weil das Blut, das in Stocken geräth, nicht
auslaufen kann), betrügt die Käufer und bewirkt, dass das Blut in den Gliedern stockt.
Der dritte Satz dient entweder zur Erklärung
des zweiten Satzes: das betrügerische Verfahren
beim Verkaufen solchen Fleisches besteht darin,
dass das Blut mitgewogen werde; oder giebt
den Grund an, weshalb solches Fleisch zum
Essen verboten sei; vgl. Gem. das., vgl. auch
יְפָרֵק.

מַפְרֵשׁ m. eig. (Part. von פְּרַשׁ) der sich
vom Festland absondert, entfernt, um
auf der See nach der Ferne zu reisen,
Seefahrer. Git. 65ᵇ מפרש הדרוצא בשיירא
wer eine Seereise unternimmt und wer mit
einer Karawane auszieht. — Oft Pl. מפרשי הים
die Seefahrer. j. Schabb. II Anf., 4ᶜ הזוהרתי על
כל מפרשי הים וכ' ich besuchte die Seefahrer, damit ich die Erklärung des Ws. כלך erfahre.
j. Kil. IX, 32ᵃ ob. dass. (Schabb. 20ᵇ steht dafür נחותי ימא dass. aram.) Genes. r. s. 22, 23ᵈ
u. ö. פְּרַשׁ s. מַפְרֵשׁ.

מַפְשׁוּטָחָא, מַפְשׁוּטִיתָא f. (von פְּשַׁט s. d.)
eig. die Ausbreitung, Ausdehnung; insbes.
die Verlegung eines Festes von einem
Tage auf den andern, das Verschieben
des Neujahrsfestes. j. Ab. sar. IV Anf.,
43ᵈ ob. R. Jochanan sagte zu R. Chija bar
Ba: Babylonier תרין מילין סלקון מן גביכון
מפשוטיתא דתעניתא ורריבתא (ויריבתא l.) דרומא
טביאייא רבנן דיקיסרין אמרין אוף הדא מקזתא
zwei Dinge nahmen wir von euch an, näml. die

Verlegung (des Neujahrstages, דְּחִיָּה) wegen des
Fasttages (Versöhnungsfestes), sowie wegen der
Procession mit der Bachweide am siebenten
Tage des Hüttenfestes. Die Gelehrten Cäsarea's
sagten: Auch jene Abrechnung (Abzug, Verschiebung, s. w. u.) nahmen wir an. — Die Kalenderberechnung näml., die zuerst in Babylonien, namentlich unter dem Astronomen Samuel
(שְׁמוּאֵל יַרְחִינָאָה), gegründet wurde, nahm darauf Bedacht, dass das Neujahrsfest weder auf
Sonntag, noch auf Mittwoch oder auf Freitag träfe und, wenn der neue Mond an einem
dieser Tage sichtbar geworden, das Fest (den
ersten Tag des Monats Tischri) auf den darauffolgenden Tag zu verlegen. (Mnemotechnicum:
לֹא אֲדוּ רֹאשׁ, d. h. auf den ersten, vierten und
sechsten Tag der Woche darf das Neujahrsfest
nicht treffen.) Für diese Verlegung, דְּחִיָּה, hatte
man folgenden Grund: Wenn der erste des
Tischri auf Mittwoch, oder auf Freitag träfe,
so würde der 10. des Tischri (das Versöhnungsfest) auf Freitag, bezw. auf Sonntag fallen;
was jedoch deshalb nicht zulässig ist, weil dann
die Zubereitung von Speisen, sowie, bei vorkommenden Todesfällen, die Beerdigung der Leichen,
in zwei aufeinanderfolgenden Tagen (Versöhnungsfest und Sabbat, bezw. Sabbat und Versöhnungsfest) unmöglich wäre, vgl. יְרָקָא. Ferner musste
vermieden werden, das Neujahrsfest (den ersten
des Tischri) auf einen Sonntag fallen zu lassen.
Denn dann würde der 21. des Tischri (der siebente Tag des Hüttenfestes, an welchem die
grosse Procession mit den Bachweiden, הוֹשַׁעְנָא
רַבָּא, gegen welche Institution die Saduzäer
ebenso, wie gegen die Wasserlibation, den Pharisäern gegenüber protestirten) auf einen Sabbat
getroffen sein, an welchem jene Procession nicht
statthaft gewesen wäre, vgl. נִיסּוּךְ und עֲרָבָה. In
den gedachten drei Verlegungen stimmte, nach dem
oben citirten Satze, R. Jochanan mit den Babyloniern überein. Die cäsareïschen Gelehrten hing.
stimmten ihnen auch darin überein, dass,
selbst in den vier Tagen der Woche, Montag,
Dienstag, Donnerstag und Sonnabend, das Neujahrsfest auf einen, zuweilen sogar auf zwei
Tage verschoben werden müsste, wenn der Neumond an einem Nachmittag מוֹלֵד זָקֵן, sichtbar
geworden; מִקְזַחַ: Verschiebung oder Abzug, s. d. W. j. Schebi. I, 33ᵇ un. und j. Suc.
IV Anf., 54ᵇ dass., wo jedoch מְשַׁוְּשָׁתָא steht.

מִפְתַּח m. (=bh. von פָּתַח) die Oeffnung,
der Eingang. Mikw. 8, 1 .... מִקְוָאוֹת הָעַכּוּ״ם
שֶׁבְּאֶרֶץ יִשְׂרָאֵל שֶׁחוּץ לַמִּפְתָּח כְּשֵׁרִים אַף לְנִדּוֹת
מִלְּפָנִים מִן הַמִּפְתָּח כְּשֵׁרִים לְבַעֲלֵי קְרָיִין וּפְסוּלִים
לְכָל הַטְּמֵאִים von den palästinischen Teichen der
Nichtjuden sind diejenigen, welche sich ausserhalb des Einganges in die Stadt befinden, selbst
zu dem (biblisch gebotenen) Baden der Menstruirenden tauglich; in denjenigen hing., die in-

nerhalb des Einganges sich befinden, dürfen blos
solche baden, die wegen Pollution unrein sind,
alle anderen Unreinen aber dürfen da nicht
baden; weil näml. solche Teiche oft von den
Nichtjuden benutzt werden. — Pl. Ber. 61ᵃ un.
יֵצֶר הָרַע דּוֹמָה לִזְבוּב וְיוֹשֵׁב בֵּין שְׁנֵי מִפְתְּחֵי הַלֵּב
der Trieb zum Bösen gleicht einer Bremse, die
zwischen den beiden Eingängen des Herzens
sitzt.

מִפְתַּח ch. (syr. ‎ܡܶܦܬܰܚ‎=מִפְתַּח) das Oeffnen, die Oeffnung, s. TW.

מַפְתֵּחַ m. (=bh.) Schlüssel, eig. der Oeff-
nende. Kel. 14, 8, s. אַרְכּוּבָה. Tosef. Kel. B.
mez. IV g. E. מַפְתֵּחַ שֶׁל רְכוּבָה der Schlüssel mit
einem knieförmigen Bart. Tosef. Schabb. IV (V)
g. E. 'לֹא תֵצֵא אִשָּׁה שֶׁבְּאֶצְבָּעָה וכו eine
Frau darf nicht am Sabbat mit dem Schlüssel
an ihrem Finger (eine Art Putz) auf die Strasse
gehen. — Pl. j. M. kat. III, 83ᵇ mit. מַפְתְּחוֹת שְׁנֵי
'אֶחָד יוֹרֵד לְאַמַּת הַשֶּׁחִי וכו zwei Schlüssel, mit
deren einem man die Tempelhalle öffnete, indem
man den Arm bis zum Gelenk in die Wand hinein-
streckte und mit deren anderem man sofort öffnete.
Tam. 3, 6 und j. Hor. III, 48ᵇ ob. dass., vgl. פִּירָן I.
— Trop. Bech. 45ᵃ כְּשֵׁם שֶׁמַּפְתֵּחַ לַבַּיִת כָּךְ מַפְתֵּחַ
'לָאִשָּׁה וכו so wie das Haus einen Schlüssel hat,
so findet sich auch ein Schlüssel für das Weib;
mit Ansp. auf וַיִּפְתַּח (Gen. 30, 22). Levit. r. s.
14, 158ᵃ steht dafür שֵׁשׁ מַפְתֵּחוֹת dass.
pl. Taan. 2ᵃᵇ ob. שְׁלֹשָׁה מַפְתֵּחוֹת בְּיָדוֹ שֶׁל הַקָּבָּ״ה
שֶׁלֹּא נִמְסְרוּ בְּיַד שָׁלִיחַ וְאֵלּוּ הֵן מַפְתֵּחַ שֶׁל גְּשָׁמִים
... וּמַפְתֵּחַ שֶׁל חַיָּה וּמַפְתֵּחַ שֶׁל תְּחִיַּת הַמֵּתִים
'בְּמַעֲרָבָא אָמְרֵי אַף מַפְתֵּחַ שֶׁל פַּרְנָסָה וכו drei
Schlüssel sind in Gottes Hand, die keinem
Boten (Engel) übergeben wurden, näml. der
Schlüssel zum Regen, der Schlüssel zur Gebärerin und der Schlüssel zu den Gräbern (zur Zeit
der Auferstehung der Todten). In Palästina
fügte man hinzu: Auch der Schlüssel zur Nahrung; mit Ansp. auf Dt. 28, 12. Gen. 30, 22.
Ez. 37, 12 und Ps. 145, 16; in welchen Stellen:
פָּתַח der r. s. 7, 259ᵇ dass., wo je-
doch מַפְתֵּחַ שֶׁל עֲקָרוּת der Schlüssel zu den Un-
fruchtbaren, anst. חַיָּה שֶׁל steht. Pesik. r. s. 42,
72ᶜ dass. mit einigen Abänderungen.

מַפְתְּחָא, מַפְתֵּחָא ch. (=מַפְתֵּחַ) Schlüssel,
s. TW. j. Bez. I, 60ᶜ un. s. פְּלַמְנַטָר.
— Trop. j. Snh. II Anf., 20ᵃ ob. R. Judan Nasi
sagte: (verk. für אִן דּוּ) רְלָא בֶּן לָקִישׁ אֶלָּא אָנוּ
מַפְתְּחָא wenn Ben (Resch) Lakisch nicht hier
anwesend ist, wo ist da der Schlüssel? d. h.
ohne ihn finden wir keinen Aufschluss in der
Gesetzlehre. j. Hor. III Anf., 47ᵃ (beide Stellen
jedoch sind crmp.).

מְפַתֵּחַ m. (eig. Part. Piel von פָּתַח) Gra-
veur, Sculpturenarbeiter. Pl. Kel. 29, 5
יַד מַקֶּבֶת שֶׁל מְפַתְּחֵי אֲבָנִים der Stiel des Ham-

mers der Graveure in Edelsteine; unterschieden von מקבת של סתתין der Hammer der Stein-metze, s. d. W.

מְפַתְּחָא *masc.* (eig. Part. pass. von פָּתַח) (=hbr. פקח עינים) Jem., dessen Augen ge-öffnet sind, jedoch blos euphemistisch: der Blinde; ein Euphemismus, der namentlich oft bei der Blindheit anzutreffen ist, vgl. בָּרָק. יָאוֹר, נָהֹר u. v. a. j. Kidd. I, 61ᵃ un. לית אנן חשין על שמעתא דר׳ ששת דהוא גברא מפתחא wir nehmen keine Rücksicht auf die Lehren des R. Scheschet, denn er ist ein blinder Mann. (Der-selbe wird auch hbr.: מאור עינים genannt, s. d. W.) j. Schabb. I, 3ᵃ mit. j. Schek. II Ende, 47ᵃ un. dass.

מוֹצָא s. d. in 'מו׳.

מְצָא, מְצִי (=bh., syn. mit מָצָה, aram. מְטָא, מְטָא s. d. Grndw. מץ, מַץ) eig. auf etwas stos-sen, zu etwas gelangen; dah. antreffen, finden. Trop. Genes. r. s. 92 g. E. „Gott fand die Schuld deiner Knechte" (Gen. 44, 16) מצא בעל השטר (בעל חוב) מקום לגבות את חובו der Inhaber des Schuldscheines (der Gläubiger) fand Gelegenheit, um seine Schuld einzufordern. Das. s. 85, 83ᵇ und Jalk. z. St. dass., vgl. auch מְצֵי, מִצָּה. j. Sot. I Anf., 16ᵇ מצא בה דברים כאורין er entdeckte an seiner Frau hässliche (schlechte) Dinge, unkeusches Betragen. Sifra Wajikra cap. 8 Par. 7 ׳מה מצינו בהקטרה הראש לעצמו וכ so wie wir beim „Verdampfen" finden, dass der Kopf besonders und der Rumpf besonders ver-dampfen muss, so auch u. s. w., vgl. מְלִיקָה Part. pass. j. Dem. VI, 25ᵈ un. והוא שיהא מָצוּי מאותו המין בשוק nur dann (ist anzuneh-men, dass die Früchte gekauft und also nicht dem Verzehnten unterworfen seien), wenn Früchte dieser Gattung auf dem Markt anzutreffen sind. Genes. r. s. 85, 83ᵇ „Juda ging fort von seinen Brüdern" (Gen. 38, 1) אמר בואו ונפזר עצמנו der שכל זמן שאנו מכונסין השטר מצוי להגבות sagte: Wir wollen uns zerstreuen, denn solange wir zusammenleben, kann der Schuldschein (we-gen des Verkaufens des Josef) leicht einkassirt werden. Schabb. 151ᵇ עשה עד שאתה מוצא ומצוי ועודן בידך thue Gutes, während du es erreichst (es vermagst) und es erreicht wird und es noch in deiner Gewalt steht, vgl. כְּפַּן. Git. 2ᵇ fg. אין עדים מצויין לקיימו es werden keine Zeugen angetroffen (sie sind nicht leicht zu finden), um es (das Document, den Scheidebrief, der aus überseeischen Landen nach Palästina ge-bracht wird) zu bestätigen, die Richtigkeit des-selben zu bezeugen. B. mez. 18ᵃ fg. מקום שהשיירות מצויות ein Ort, wo oft Karawanen angetroffen werden. Ber. 8ᵃ במערבא כי נסיב אינש אתתא אמרי ליה הכי מצא או מוצא וכ׳ als Jem. in Palästina heirathete, so sagte man folgendes: מָצָא oder מוֹצֵא? d. h. „fand

er ein Weib, so dass er ein Gut fand" (Spr. 18, 22)? oder (kann er sagen:) „Ich finde bit-terer als den Tod das Weib" (Khl. 7, 26)? Nif. נִמְצָא eig. (=bh.) gefunden, ange-troffen werden; d. h. es stellt sich heraus, es ist zu ersehen, dah.: folglich, demnach, es ist erwiesen, zu entnehmen. Chull. 19ᵇ. 22ᵃ. 24ᵃ נמצא כשר בכהנים פסול בלוים כשר בלוים פסול בכהנים es stellt sich heraus, dass das, was die Priester nicht untauglich macht, die Leviten untauglich mache (näml. ein höheres Lebensalter als 50 Jahre, wo dann der Levit „vom Tempeldienst zurücktritt", Num. 8, 25, während der Priester desselben Alters noch im Dienste verbleibt); dass aber das, was die Le-viten nicht untauglich macht (näml. „Leibes-fehler", Lev. 21, 17), die Priester untauglich mache; vgl. auch צירוב, מְלִיקָה u. a. m. Sifre Schoftim § 210 u. ö. נמצינו למדים וכ׳ aus dieser Schriftstelle können wir entnehmen (eig. wir befinden uns lernend), u. s. w. Mechil. Mischpat. Par. 4 Ende: „Von meinem Altar sollt ihr ihn fortnehmen, um ihn zu tödten" (Ex. 21, 14); נמצינו למדים שסנהדרין אצל המזבח daraus können wir entnehmen, dass das Synedrium neben dem Altar (in der Nähe des-selben, in der Quaderhalle) sich befindet. Das. Par. 20 fg. j. Pes. V Anf., 31ᶜ וכ׳ נמצאת אומר daraus kannst du erweisen, dass u. s. w. Schabb. 136ᵃ. Git. 82ᵇ אם תִּמָּצֵא לומר wenn du sagen wirst, eig. wenn du dich befindest, zu sagen. Tosef. Ahil. IV g. E. כשתמצא לומר dass. (Bei den späteren Rabbinen hat נִמְצָא auch die Be-deutung: das Wesen, das Vorhandene, auch von Gott: das Seiende.)

Hif. הִמְצִיא finden machen, Jemdm. etwas zukommen lassen. Chag. 5ᵃ un. הממציא מעות לעני בשעת דוחקו וכ׳ wer dem Armen zur Zeit der Noth Geld zukommen lässt u. s. w., vgl. דֹחַק. Arach. 30ᵇ un. ומצא פרט לממציא עצמו „Er trifft (seinen Nächsten, sodass er stirbt", Dt. 19, 5); davon ist derjenige ausge-schlossen, der sich selbst treffen lässt; d. h. nur derjenige Todtschläger ohne Absicht wird mit Exil bestraft, dessen Axt, Stein u. dgl. Jemdn. treffen und ihn tödten, nicht aber derjenige, welcher einen Stein wirft, während der Andere seinen Kopf hinreicht und infolge dessen ge-tödtet wird. Keth. 60ᵇ un. ממציא ליה תסבי er lässt ihm mehr zukommen. Jom. 87ᵃ un.

מְצָא, מְצִי *ch.* (syr. ܡܨܐ=מְצָא) finden, an-treffen, vermögen. B. mez. 14ᵃ fg. מָצֵי אמר לא מצי אמר ליה וכ׳ . . . ליה er kann zu ihm sagen (d. h. er ist berechtigt, zu ihm zu sagen), er kann nicht zu ihm sagen u. s. w. Das. 114ᵇ Rabba entgegnete dem Propheten Elias, der ihm seine Unkenntniss eines Lehrsatzes in der Tal-mudordnung Toharoth vorwarf: לא בארבעה מצינא בשיתא מצינא in den vier Ordnungen

vermag ich nicht, Alles zu erlernen, wie sollte ich es in allen sechs Ordnungen vermögen? d. h. selbst die ersten vier „Ordnungen“, näml. „Saaten“, זְרָעִים, „Feste“, מוֹעֵד, „Frauen“, נָשִׁים und „Schäden“, נְזִיקִין, welche die gesetzlichen Bestimmungen aller Zeiten, auch nach der Tempelzerstörung, enthalten, kann ich infolge drückender Armuth nicht erlernen; wie wäre es mir möglich, auch die anderen, mir mehr anwendbaren zwei „Ordnungen“, näml. „Opfer“ („Heiligthümer“), קָדָשִׁים, und „Reinheit und Unreinheit“, טָהֳרוֹת zu erlernen? (Raschi zählt „Heiligthümer“ zu den ersten vier, und „Saaten“ zu den letzten zwei Ordnungen; was jedoch nicht einleuchtet.) B. bath. 84ᵃ ob. אלו אונירתן לא הוה מצית הדרת בך השתא דאונירתן מצית הדרת בך hättest du mich (beim Kauf) nicht betrogen, so würdest du vom Kaufe nicht zurücktreten dürfen; solltest du etwa jetzt, weil du mich betrogen hast, davon zurücktreten dürfen? — Ferner mit prosthet. א (wie אִישְׁתֵּי und dgl.). Keth. 62ᵇ לא אימצי כברי לסגויי בהדי ישראל der Nichtjude vermochte nicht, mit dem Israeliten gleichen Schritt zu halten. Ned. 89ᵇ לא אמצא למיתנא er vermochte nicht (es gelang ihm nicht), zu lernen.

מְצִיאָה f. 1) N. a. das Finden. j. Sot. I Anf., 16ᵇ אין מציאה בכל מקום אלא בעדים das „Finden“ (einer Schandthat an der Ehefrau, Dt. 24, 1) bezeichnet hier, wie sonst überall (z. B. das, 22, 22. 25. 28 fg.), ein Antreffen bei Anwesenheit von Zeugen. — 2) öfter: Gefundenes, Fund. Git. 5, 3 (48ᵇ) המוצא מציאה לא ישבע מפני תיקון העולם wenn Jem. etwas findet (was er dem Eigenthümer abgiebt, welcher jedoch behauptet: der Finder hätte ihm nicht alles Gefundene abgegeben), so braucht er hierüber keinen Eid zu leisten und zwar wegen Erhaltung der Weltordnung; d. h. kein Finder würde, wenn er zu gewärtigen hätte, dass ihm infolge der Rückgabe ein Eid zugeschoben würde, das Gefundene abgeben. — Pl. B. mez. 2, 1 (21ᵃ) אלו מציאות שלו ואלו חייב להכריז וכ׳ folgende gefundene Gegenstände gehören dem Finder (die näml. kein Merkmal haben, das der Eigenthümer als Erkennungszeichen angeben könnte); andere aber (die ein Merkmal haben) muss er ausrufen, um näml. den Eigenthümer zu ermitteln. — Trop. Jalk. I, 18° שתי בנותיך הנמצאות שתי מציאות רות המואביה ונעמה העמונית „deine zwei Töchter, die gefundenen“ (Gen. 19, 15); das bedeutet: zwei Findungen, näml. die Moabiterin Ruth und die Ammoniterin Naama, welche beide von Lot abstammten, deren erstere die Stammmutter David's (Ruth 4, 17) und deren letztere die Frau Salomo's war (1 Kn. 14, 21 fg.). In Genes. r. s. 41, 39ᵈ lautet dieser Satz minder richtig, auf אהלים (Gen. 13, 5) anspiel. (Bei den spät. Rabbinen: מְצִיאוּת das Vorhandensein.)

מְצִיאָתָא ch. (=מְצִיאָה) das Finden, Gefundene. — Pl. j. B. mez. II, 8° un. איזהו רמאי עבד גרמיה מחזר מְצִיאָן ועבד חדא רבה ובא . . . חמו ליה בירייתא מחזר מציאין ומסקרידין גביה והוא נסב כולא ואזיל ליה was ist unter „Betrüger“ (in der Mischna) zu verstehen? Jem., der sich dadurch bekannt macht, dass er gefundene Gegenstände abliefert, hierdurch aber einen grossen und ihm einträglichen Betrug bezweckt. Denn, da die Menschen sehen, dass er die gefundenen Gegenstände abliefert: so geben sie ihm ihre Güter in Verwahrung, welche er aber sämmtlich nimmt und damit verschwindet.

מַצֵּבָה f. (=bh. von נָצַב) etwas Aufgerichtetes, bes. Bildsäule. Sifra Kedoschim Anf. eine der zehn schimpflichen Benennungen für die Götzen ist מצבה על שם שהם עומדים Standsäule, weil sie immer still stehen, ohne sich fortbewegen zu können, vgl. מַכֵּבָה, עֲבוֹדָה u. a.

מַצֵּבְתָּא, מַצַּבָא fem. (von נָצַב, vgl. נְצִיב) Pflanzung, s. TW.

מַצּוּבָה f. (von נָצַב) 1) (=חֲצוּבָה s. d.) eig. Hingestelltes, bes. Gestell einer grossen Kanne in Form eines Dreifusses. j. B. mez. II Anf., 8ᵇ° ob. אין הוה כגון אהן מצובה wenn er kein Merkmal hat, wie die Mazzuba, das ein Dreifuss hat. — In bab. B. mez. 25ᵃ un. steht aber חצובה, s. d. W. — 2) Mazzuba oder Mezuba (מַצּוּבָה), Name einer Grenzstadt Palästinas. j. Dem. II, 24ᵈ ob. פי מצובה die Mündung Mazzuba's. Tosef. Schebi. IV steht dafür סורמא ציבא un.

מְצוּבִרְתָּא s. d. in מצר.

מְצוּנָא m. Weinranke. Stw. נצץ vom Aufrechtstehen der Ranke, s. TW.

מָצַד (viell.) niesen. Ab. sar. 70ᵇ, vgl. מִצֵּר im Ithpe.

מְצוֹדְתָּא, מְצָדְתָּא, מְצַדָּא fem. (syr. ܡܨܝܕܬܐ, hbr. מְצוּדָה, von צוּד fangen) Netz. Pl. מְצַדָּן s. TW. — j. Schabb. XIII, 14ᵃ un. מצדתא דשיהוי ein Netz vom Aufzuge des Gewebes. — Trop. Genes. r. s. 7 g. E., 8ᵇ בדא פריש כהנא מצדרתיה על ר׳ שמעון בן לקיש hierdurch (d. h. durch den hier erwähnten Einwand) breitete Kahana sein Netz über Resch Lakisch aus; er nahm ihn gleichsam gefangen. In der Parall. j. Kil. I, 27ᵃ un. steht dafür מצודתיה.

מַצָּה *f.* 1) (=bh.) ungesäuerter Kuchen. Stw. מָצַץ, syn. מָצַץ, אָמַץ, Grndw. מץ (trnspon.), עָצַם, mit Wechsel der Guttur., vgl. auch צוֹם, (צוֹמָת) eig. fest sein; dah. von einem Kuchen aus einer festen, gedrängten, noch nicht in Gährung übergegangenen Teigmasse; im Ggs. zum gesäuerten Brot aus gegohrenem, lockerem Teige. Pes. 37ᵃ מצה היא ein halbgebackener, ungesäuerter Kuchen, vgl. הִינָא I. j. Pes. X Anf., 37ᵇ האוכל מצה בערב פסח כאילו בועל ארוסתו בבית חמיו והבועל ארוסתו בבית חמיו לוקה wenn Jem. das gesäuerte Brot (dessen Genuss am Pesachabend geboten ist) am Rüsttage des Pesach geniesst, so ist es, als ob er seiner Verlobten in seinem schwiegerelterlichen Hause beigewohnt hätte; Derjenige aber, der letzteres thut, wird gegeisselt, weil er näml. seine Begierde nicht zähmen konnte. Das. רבי לא היה אוכל לא חמץ ולא מצה Rabbi ass am Rüsttage des Pesach weder gesäuertes, noch ungesäuertes Brot. Dieses Fasten wird das. nach einer Ansicht erklärt: בגין דהוה בכור weil er ein Erstgeborener war. Die Erstgeborenen sollen näml. am Rüsttage des Pesach fasten; vgl. auch חָמַץ. — 2) (vollständig עור המצה Kel. 17, 15) ein Fell im rohen Zustande, ohne alle Zubereitung (μάζα, ὁ βῶλος, massa) vgl. Du Cange Glossar. I, 849). Schabb. 79ᵃ שלש עורות הן של מצה ושל חיפה ושל דיפתרא מצה כמשמעה LA. des R. Simson in Kel. l. c. (in Agg. fehlen die Worte של) drei Arten von Fellen giebt es u. s. w. Mazza bedeutet das, was sein Wortsinn besagt, näml. ein Fell, das weder mit Salz, noch mit Mehl oder Galläpfelsaft gegerbt wurde. Git. 22ᵃ dass., vgl. auch דיפתרא und חיפה. Sifra Schemini cap. 7 Par. 6 g. E. עור המצה in Ggs. zu האיפה (Rabad liest החיפה). Das Tasria g. E. cap. 13 dass. Mit unserem W. dürfte zusammenhängen מצא (Bd. I, 41ᵃ und zwar von אמץ): rohes Fleisch; eig. Fleisch, das weder durch Salzen, noch durch Kochen oder Braten zubereitet wurde.

מְצוּבִיתָא *f.* (eig. denom. von ציב, צִיבּוּתָא s. d. W). Pl. מְצוּבְיָיתָא 1) die Stäbe, welche auf dem Webstuhl durch die Kreuzung der Gelese gezogen werden. Schabb. 105ᵃ wird קירוס (καῖρος) erklärt durch מצוביתא, s. קירוס. — 2) Stäbe, Stangen. Suc. 29ᵇ ob. Abaji sass in der Festhütte, נשב זיקא וקא מבלבל מצוביתא Ar. (Agg. מייתי צינוכתא) da wehte ein Wind und brachte die Stangen der Bedachung in Unordnung. — מצובה s. d. in מצב.

מְצוּדָה od. מְצוֹדָה *f.* (=bh., von צוד) 1) Fangeisen. Kel. 21, 3, vgl. אָשׁוּת. — 2) Netz. Schabb. 43ᵇ man darf am Sabbat eine Matte über den Bienenkorb ausbreiten; ובלבד שלא ... jedoch darf man sie nicht netzartig auflegen. Esth. r. sv. עבדי וכל, 106ᵈ Israels Gemeinde sagte zu Gott: מצודה פרשו לי אומות העולם להפילני ... משל לזאב שצמא למים ופרשו לו מצודה על פי המעין וכ' die Völker breiteten mir ein Netz aus, um mich zum Falle zu bringen. Ein Gleichniss von einem Wolf, dem man, als er nach Wasser dürstete, ein Netz an der Mündung des Quells ausbreitete. Er dachte bei sich: Steige ich hinab, um zu trinken, so werde ich gefangen, bleibe ich aber, so sterbe ich vor Durst u. s. w.; s. זְאָב; vgl. auch מְצוּלָה. — Trop. Pes. 3ᵇ Heil dir, R. Juda ben Bethera, דאת בנציבין ומצודתך פרוסה בירושלם du wohnst in Nesibis, aber dein Netz ist in Jerusalem ausgebreitet; durch ihn wurde näml. ein Nichtjude entlarvt. Aboth 3, 16 מצודה פרוסה על כל החיים ein Netz (d. h. Krankheiten, Gefahren) ist über alle Lebenden ausgebreitet. — Pl. j. Schabb. XIII g. E., 14ᵇ un. מצודות ... מכמורות Schlingen, Netze. — j. Erub. IV Anf., 21ᵈ un. מצודתא היו לו לרבן גמליאל וכ' (viell.) eingehegte Plätze hatte Rabban Gamliel u. s. w., s. שְׁמֵירָה' Sollte vielleicht מְצָוֹאֹת (von צוֹיץ) zu lesen und etwa Schauplätze, eine Art Sternwarte, oder Instrumente zum Fernsehen, Fernröhre zu verstehen sein? Erub. 43ᵇ steht dafür שפופרת, s. d.

מְצָדְתָּא, מְצוֹדָא *chald.* (=מְצוּדָה) Netz, s. TW.; vgl. auch מְצָרָא.

מִצְוָה *f.* (=bh., von צָוָה) Gebot, Befehl, Gesetz, Vollziehung eines Gebotes, Befehles; Ggs. עֲבֵירָה: Uebertretung eines Gebotes, Verbotes. j. Kidd. I, 61ᵇ un. השוה הכתוב מצוה קלה שבקלות למצוה חמורה מן החמורות ... שילוח הקן ... כיבוד אב ואם ובשתיהן כתיב ימים הארכת die Schrift stellt das geringste der Gebote, näml. das „Fortschicken des Vogelnestes“ (Dt. 22, 6. 7) gleich dem wichtigsten der Gebote, näml. der „Ehrerbietung gegen Vater und Mutter“ (Ex. 20, 12); für die Befolgung des einen, wie des anderen Gebotes verheisst sie die „Verlängerung des Lebens“. Kidd. 39ᵇ אין לך כל מצוה ומצוה שכתובה בתורה שמתן שכרה בצדה שאין תחיית המתים תלויה בה es giebt kein Gebot, das in der Thora niedergeschrieben und an dessen Seite die Belohnung für die Befolgung desselben erwähnt wird, womit nicht auch die Verheissung des ewigen Lebens verbunden wäre; denn sowohl beim Gebote der Ehrerbietung gegen Vater und Mutter, als auch bei dem des Fortschickens des Vogelnestes heisst es: „damit es dir wohlergehe“ (Dt. 5, 16 und 22, 7). Das „Wohlergehen“ wird näml. auf das Jenseits bezogen; vgl. Chull. 142ᵃ שכר מצוה בהאי עלמא ליכא eine Belohnung für

Befolgung eines Gebotes giebt es in dieser Welt nicht. j. Jeb. II, 3ᵈ ob. איסור מצוה עריות מדברי סופרים מצוה מן התורה לשמוע לדברי סופרים ein Verbot als die Folge eines Gebotes sind die Incestverbote, die von den Soferim (den ältesten Schriftauslegern, vgl. סוֹפֵר herrühren); denn ein biblisches Gebot ist es, die Worte der Soferim zu befolgen, vgl. איסור. Suc. 30ᵃ u. ö. מצוה הבאה בעבירה ein Gebot, das infolge Uebertretung eines Verbotes vollzogen wird. Wenn Jem. z. B. ein geraubtes Thier, selbst in dem Falle, dass der Bestohlene bereits die Hoffnung aufgegeben hat, es wieder zu erlangen (s. יאושׁ), als Opfer darbringt, so ist dies dennoch „Gott verhasst" (Mal. 1, 13. Jes. 61, 8). Dasselbe gilt von einem gestohlenen „Palmzweig", den Jem. zum Feststrauss verwendet, vgl. לוּלָב. j. Schabb. XIII, 14ᵃ un. ר' יונה אמר אין עבירה מצוה ר' יוסה אמר אין מצוה עבירה R. Jona sagte: Bei einer Sünde darf man kein Gebot vollziehen (z. B. beim Genuss eines gestohlenen Kuchens nicht den Segen sprechen u. dgl., s. oben). R. Josa sagte: Beim Gebote findet keine Sünde statt! d. h. die Vollziehung eines Gebotes wird nicht als ein Genuss angesehen (לאו מצוה לידהנות ניתנו), den man sonst von einem durch Begehung einer Sünde erlangten Gegenstande nicht haben darf. Git. 14ᵇ. 15ᵃ u. ö. מצוה לקים דברי המת es ist ein Gebot, die Anordnungen eines Verstorbenen zu erfüllen. Seb. 52ᵇ מצוה ein Gebot, im Ggs. zu חובה einer Pflicht, die man unbedingt erfüllen muss. Hor. 8ᵃ איזו היא מצוה שׁשׁקולה כנגד כל המצות זו עבודה זרה welches Gebot wiegt „alle Gebote" (Num. 15, 22) auf? Das ist das Verbot des Götzendienstes. Chull. 141ᵇ u. ö. מצות עשה מצות לא תעשה ein Gebot, ein Verbot, vgl. א. B. kam. 9ᵃᵇ u.m. — Pl. Tosef. Ab. sar. IX שׁבע מצות נצטוין בני נח על הדיינין ועל עבודה זרה ועל ברכת השם ועל גלוי עריות ועל שׁפיכות דמים ועל הגזל ועל אבר מן החי sieben Gesetze wurden den Noachiden (d. h. allen Generationen vor der Gesetzgebung, zu welchen selbst Adam gerechnet wird) anbefohlen, näml. 1) das Gebot der Gerichtsbarkeit; 2) das Verbot des Götzendienstes; 3) das der Gotteslästerung; 4) des Incestes; 5) des Mordes; 6) des Raubes und 7) des Genusses von dem Gliede, das einem noch lebenden Thiere abgeschnitten wurde. Das. werden von einzelnen Autoren noch einige andere Gesetze dazu gezählt, z. B. das Verbot des Genusses vom Blute eines noch lebenden Thieres (דם מן החי) und das der Castration (סירוס), das der Zauberei und dgl., vgl. פְּרַשׁוּף. Snh. 56ᵃᵇ dass. mit Ansp. auf Gen. 2, 16. 17. In Genes. r. s 16 g. E. werden, mit Ansp. auf denselben Bibelvers, von den obenerwähnten sieben Gesetzen nur die ersten „sechs Gesetze", die dem Adam anbefohlen wurden, genannt, צוורהו על שׁשׁ מצות, mit Weglassung

des siebenten Gesetzes (אבר מן החי), für welches in Snh. l. c. sich nur eine sehr geringe Stütze findet, welches jedoch Gen. 9, 4 ausdrücklich dem Noah anbefohlen worden ist. Daher hat auch Genes. r. s. 34, 33ᵇ die sämmtlichen sieben Gesetze, שׁבעה דברים. Erub. 21ᵇ „Altes auch Neues" (HL. 7, 14); אלו מצות קלות ואלו darunter sind die leichten Gebote מצות חמורות und die schweren Gebote zu verstehen. Nach einer andern Ansicht das.: הללו דברי תורה והללו דברי סופרים Ms. M. (Agg. מדברי) letzteres („Altes") bedeutet die biblischen Gebote, und ersteres („Neues") die Gebote der Soferim, die näml. je nach den Zeitbedürfnissen entstanden waren; vgl. auch מַתָּן, נְרָמָא, מָרָה u. a.

מִצְוָתָא, מִצְוָה ch. (=vrg. מִצְוָה) Gebot, Befehl, s. TW. j. Kidd. I, 61ᵇ mit. אתא מצוותא לטחנייא ein königlicher Befehl erging an die Müller. In der Parall. j. Pea I, 15ᵃ un. steht dafür אתת צמותא לטחוניא (viell. richtiger) eine Zusammenberufung erging an die Müller. — Uebrtr. Almosen (צְדָקָה s. d.). Levit. r. s. 34, 179ᵃ אתא אתת כל עמא ופקון ויסלקון מצוה du sagtest (im קאמית אנא למפלגא מצוה וכ' Vortrage), dass Alle gehen und Almosen vertheilen sollten; infolge dessen machte ich mich auf und vertheilte Almosen. — Pl. das. אנא שׁמיע דהוא עביד מצוין ich hörte, dass er (der Galiläer R. Jose) Almosen gäbe. Das. s. 3 Anf. בר מצוותא 147ᵃ der Wohlthäter. Khl. r. sv. טוב מלא, 81ᵇ dass. Cant. r. sv. אל גנת, 29ᵃ תרעא דלא פתיח למצוותא וכ' die Thüre, die nicht für Wohlthaten (d. h. für die Armen) geöffnet ist, wird dem Arzt geöffnet, vgl. אָסֵי, אָסְיָא. j. Ber. IX, 14ᵇ mit. פרוש שׁכמי מחזי טעין מצוה ed. Lehm. (in ed. Ven. fehlt מחזי) der „Schulterpharisäer", das ist derjenige, der sich den Anschein giebt, als ob er die Wohlthaten auf seiner Schulter trüge.

מַצּוֹת f. (=bh. Jes. 41, 12, und מַצָּה, von נָצָה (נָצָה Streit, Zank. j. Nas. IX g. E., 58ᵃ (mit Bez. auf Ex. 21, 18. 22) והלא היא מצות היא מריבה היא מריבה היא מצות מה תלמוד לומר וכי ינצו וכי ירִיבון אלא וכ' da „Zanken" und „Streiten" ein und dasselbe bedeuten, warum steht an der einen Stelle ינצו und an der andern ירִיבּן? Das besagt vielmehr, dass der Thäter ohne Absicht ebenso zu bestrafen sei, wie der Thäter mit Absicht u. s. w. j. B. kam. IV, 4ᶜ ob. und j. Snh. IX, 27ᵃ un. dass. mit einigen Abänderungen. Snh. 79ᵃ „Wenn Männer sich zanken" u. s. w. (Ex. 21, 18) במצות שׁבמיתה הכתוב מדבר die Schrift spricht von einem Zanken mit der Absicht, Jemdn. zu tödten; denn ohne diese Absicht würde der Zankende, „wenn eine Tödtung erfolgt", nicht getödtet worden sein. Exod. r. s. 1, 103ᵇ dass. mit Ansp. auf נצים. Genes. r. s. 50, 49ᵈ מצות גדולה עמדה עמדה

עַל הַמֶּלַח הֲוָה אָמַר לָהּ הַב לְאָלֵין אַכְסַנְיָא קְלִיל מֶלַח וַהֲוָת אָמְרָה לֵיהּ אַף הָדָא סוּנִיתָא בִּישָׁא אַתְּ בָּעֵי מֵילְפָא הָכָא ein grosser Streit entstand betreffs des Salzes. Lot sagte näml. zu seiner Frau: Gieb diesen Gästen ein wenig Salz! Sie aber entgegnete ihm: Willst du etwa auch diese böse Art hier, in Sodom einführen? mit Ansp. auf מָצוֹת (Gen. 19, 4), während bei Abraham עֻגָּה steht. Pesik. Watomer Zion, 133ᵇ (mit Anspiel. auf נֵעוֹר גַם נֵעַר, Klgl. 4, 15) לֹא גֹלוּ עַד שֶׁנַּעֲשׂוּ בַּעֲלֵי מַצוֹת לְהַבָּה nicht eher wanderten sie in das Exil, als bis sie Zänker gegen Gott geworden („weil sie zankten, daher mussten sie auswandern").

נְצוּ=מְצוּתָא, מַצּוּתָא ch. (syr. ܡܲܨܘܼܬ݂ܵܐ=מַצּוּתָא) Zank, Streit, s. TW.

מִצּוּי, מָצוּי s. hinter מֵצֵי.

מָצוּי s. צוּר.

מְצַיְּינָא od. מַצְיָא m. Adj. Zänker, Streitsüchtiger. Schabb. 152ᵃ (bei Gelegenheit des Wortwechsels zwischen R. Josua ben Korcha und dem Häretiker, vgl. הָדָר) אָמַר לֵיהּ קָרְחָא מְצַיְא אָמַר לֵיהּ עִיקְרָא שְׁלִיפָא תּוֹכִיחָא Ms. M. (Agg. תּוֹכַחַת . . . מְצַיְּינָא) der Häretiker rief dem R. Josua zu: Du zänkischer Kahlkopf! (In dem W. קָרְחָה, das Kahlheit bedeutet, wurde wohl auch auf קֹרַח, Korach angespielt, der gegen Mose zankte.) Letzterer entgegnete ihm: Entmannter, der Hoden Beraubter, du begannest ja den Streit! Nach einer Erklärung bedeutet תּוֹכִיחָא (תּוֹכַחַת): dich zurechtzuweisen hatte ich beabsichtigt, nicht aber mit dir zu zanken.

מְצוּלָה f. 1) (=bh. von צוּל) Tiefe, Meerestiefe. B. bath. 67ᵃ, s. חֻלְסִית. Ber. 9ᵇ wird וַיְנַצְּלוּ (Ex. 12, 36, von צוּל=נָצַל) gedeutet: עָשׂוּ אוֹתָם כִּמְצוּלָה זוֹ שֶׁאֵין בָּהּ דָּגִים die Israeliten machten (beuteten aus) die Egypter wie die Meerestiefe, die keine Fische hat (da letztere blos an seichten Stellen des Ufers anzutreffen sind). Nach einer andern Deutung das.: כִּמְצוֹדָה זוֹ שֶׁאֵין בָּהּ דָּג wie ein Netz, das keine Getreidekörner enthält (נָצַל mit Wechsel der Bst. צוּר=נָצֵד). Pes. 119ᵃ dass. Auf ähnl. Weise wird וִירוּשָׁלֵם (in demselben Bibelvers) gedeutet: עָשׂוּ אוֹתָם כְּשֵׁאוֹל Ar. ed. pr. (fehlt in den Tlmd. Agg.) sie machten sie wie eine Gruft, vgl. Exod. r. s. 3, 105ᵈ. —

2) (viell. vom arab. مَضَلَ vilis fuit) Schlechtes, Geringes, daher Abfall von Getreide. Pl. Tosef. Ter. X Anf. הַמְצוּלוֹת וְהַדְּרַקְבּוֹנוֹת שֶׁל תְּרוּמָה die Abfälle und die wurmfrässigen Getreidekörner der Hebe.

מָצוֹק m. (=bh. von צוּק, syn. mit יָצַק) eig. der Pfeiler, übrtr. der Gewaltige, Fromme. Pl. Keth. 104ᵃ אֲרָאֵלִים וּמְצוּקִים die Engel und

---

die Frommen auf Erden, vgl. אֶרְאֶלִּים. Khl. r. sv. טוֹבָה חָכְמָה, 88ᵃ und das. sv. כָּל אֲשֶׁר, 92ᵃ dass. In den Parall. steht יָצוּקִים s. d.

מְצָחָא m. (hbr. מֵצַח) Stirn, s. TW.

מַצְטַבְלָה Genes. r. s. 65 Ende; richtiger Jalk. צֶלֶב, מַצְטֶבְלָה s.

מַצְטוֹבְקָא s. מַסְטִיקִי.

מַצְטְרָא, מָצְטְרָא m. (gr. μύστρον) eine Art Löffel. Levit. r. s. 33 Anf. „Tod und Leben sind in der Gewalt der Zunge" (Spr. 18, 21); תַּרְגַּם עֲקִילַס מַצְטְרָא מְכִירִין מוּתָא מִכָּאן וְחַיִּים מִכָּאן (Jalk. II, 107ᵈ liest מַצְטְרוּ וּמְכִירִין) Aquila übersetzt diese Worte: „Löffel und Schwert" (μύστρον μάχειρι), d. h. der Tod (Schwert) auf der einen und das Leben (Löffel zur Aufnahme von Nahrungsmitteln) auf der andern Seite. Mögl. Weise ist unser W. das neugr. μυστρίον (entsprechend dem μαχέριν) nach Du Cange Glossar. I, 981: Brot, das ausgehöhlt ist, um Nahrungsmittel aufzunehmen.

מַצְטְרוּ s. צְרֵי, צְרָא.

מֵצֵי finden, s. מְצָא und מְצָא.

מָצָה, מָצֵי (=bh., verwandt mit מָצַץ, arab. مَصَّ, Grndw. מַץ) Flüssigkeit ausdrücken, auspressen. Sifra Wajikra cap. 8 Par. 7 (mit Bez. auf וְנִמְצָה, Lev. 1, 15) וְכִי אֶפְשָׁר לוֹמַר כֵּן מֵאַחַר שֶׁהוּא מַקְטִיר הוּא מוֹצֶה וְכוּ׳ kann man denn etwa so sagen (wie es in diesem Verse lautet), dass man, nachdem man den Opfervogel in Dampf hat aufsteigen lassen, das Blut auspressen soll? Das besagt vielmehr, dass, so wie beim Dampfen der Kopf besonders und der Rumpf besonders war u. s. w., vgl. מְלִיקָה. Das. וְנִמְצָה דָּמוֹ דַּם כֻּלּוֹ אֹחֵז בָּרֹאשׁ וּבַגּוּף וּמוֹצֶה מַשְׁעִירָדָם „Sein Blut soll ausgepresst werden" — bedeutet: das ganze Blut des Opfervogels; der Priester näml. erfasste den Kopf und den übrigen Theil des Körpers und presste das Blut aus beiden Theilen. Das. Par. 10 cap. 18: „Den zweiten Opfervogel soll der Priester zum Brandopfer machen nach Vorschrift" (Lev. 5, 10); כְּמִשְׁפַּט חַטָּאת הָעוֹף מַה חַטָּאת הָעוֹף מוֹצֶה וּמַזֶּה אַף עוֹלַת הָעוֹף מוֹצֶה וּמַזֶּה das bedeutet: nach der Vorschrift des Vogels des Sündopfers, dass näml. der Priester, so wie er dem Vogel des Sündopfers das Blut auspresst und wiederholentlich sprengt, ebenso aus dem Vogel des Brandopfers das Blut auspresse und wiederholentlich sprenge.

Pi. מִיצָּה, מִצָּה 1) ausdrücken, auspressen. Bech. 7ᵇ ob. weshalb darf man den Bienenhonig essen (da doch sonst: Alles, was von Unreinem herauskommt, unrein ist, vgl. טְמֵא)? מִפְּנֵי שֶׁמַּכְנִיסוֹת אוֹתוֹ לְגוּפָן וְאֵין מְמַצּוֹת אוֹתוֹ מִגּוּפָן weil die Bienen den Saft der Blumen und

Blüthen in ihren Körper aufnehmen (einsaugen), ihn aber nicht als einen verdauten Bestandtheil ihres Körpers herausdrücken; d. h. weil sie den Honig so wiedergegeben, wie sie ihn eingesogen haben. Seb. 54ᵃ wie verfuhr der Priester mit dem Vogel des Brandopfers? היה מולק את ראשה ממול er ערפח ומובדיל וממצה דמה על קיר המזבח kneipte seinen Kopf an der den Nacken gegenüberliegenden Seite ab, trennte (den Kopf völlig vom Rumpfe) und presste sein Blut auf die Wand des Altars aus. Das. 64ᵇ מיצה את דם הראש ולא מיצה דם הגוף פסולה דם הגוף ולא הראש כשירה מיצה דם הראש wenn er das Blut aus dem Kopfe, aber nicht das Blut aus dem Rumpfe auspresste (da man aus beiden Theilen das Blut auspressen musste und das Auspressen des Rumpfes die Hauptfunction war, vgl. Kal): so ist das Opfer untauglich; wenn er hing. das Blut aus dem Rumpfe, aber nicht aus dem Kopfe ausgepresst hat, so ist das Opfer tauglich. Das. 66ᵃ fg. — Genes. r. s. 85, 83ᵇ (mit Ansp. auf מצא, Gen. 44, 16) כזה שהוא מְמַצֶּה את החבית ומעמיד אותה על שמְמַרְיה wie Jem., der das Fass auspresst (d. h. ihm den ganzen Wein bis zur letzten Neige abzapft) und nur seine Hefe zurücklässt. Das. s. 92 Ende dass., vgl. auch מָצָא. Ter. 11, 8 הרכינה ומיצה wenn man den Krug mit Wein umbiegt und ihn bis zur Neige leert. B. bath. 87ᵃᵇ dass. — 2) trop. die Lehren Jemdes. oder auch seine eigenen gründlich prüfen, bis auf den Grund erforschen. Men. 18ᵃ אמר רבי כשהלכתי למצות מדותי אצל ר' אלעזר ואמרי לה למצות מדותיו של ר' אלעזר בן שמוע מצאתי וכ' (Ar. sv. רצי, s. חב 1 liest im ersten Satze: להרצות, רָצָה) als ich einst ging, um meine Lehrsätze in Gegenwart des R. Elasar ben Schammua zu erörtern (d. h. sie ihm behufs Prüfung, ob ich das Richtige getroffen habe, oder nicht, sowie meine Zweifel vorzutragen); Manche sagen: um die Lehrweise des R. Elasar ben Schammua zu erörtern (um sie als Norm für die meinige anzunehmen), da traf ich den Babylonier Josef bei ihm u. s. w.

Nithpa. und Hithpa. (bh. Nifal נִמְצָה 1) ausgepresst, ausgedrückt werden. Seb. 64ᵇ שירי הדם היה מִתְמַצֶּה על היסוד die Ueberreste des Blutes (von dem Vogel des Sündopfers) wurden über dem Altargrund ausgedrückt. Das. קיר שהשירין שלו מתמצאים ליסוד ואיזה זה קיר התחתון „die Wand" (Lev. 1, 15), über welche die Blutüberreste nach dem Altargrund hin ausgedrückt werden, ablaufen; welche ist es? Die unterste Wand. — 2) bis zum Ende gebracht werden. j. Schek. III Anf., 47ᵇ (mit Bez. auf die Mischna Rosch hasch. 1, 1 R. Meïr sagt: „Am ersten Tag des Monats Elul beginnt das Jahr für das Verzehnten der Thiere") er sei der Ansicht: עד כאן הן מתמצות לילד מיכן ואילך הן מתחילות לילד מן החדשות dass bis dahin

(bis zum 1. des Elul) die trächtigen Thiere ihre letzten Jungen werfen (eig. dass sie zu Ende gebracht werden), dass sie aber von dieser Zeit ab von Neuem werfen (vgl. R. hasch. 8ᵃ סמוך לגמרו עישורין nahe dem Beendigen des Werfens des Thieres erfolgt sein Verzehnten). Trop. Genes. r. s. 92, 89ᶜ כיון טראה יעקב שנתְחַמְצָה als unser Erzvater Jakob sah, dass jede Berechnung (d. h. alle gewöhnlichen Mittel, welche zur Erweichung des egyptischen Herrschers, Josef, geeignet wären) bis zum Ende gebracht, erschöpft war, so begann er, sich im Gebete zu ergiessen: „Der allmächtige Gott verleihe euch Erbarmen" (Gen. 43, 14)! j. Sot. I, 19ᵃ mit. (mit Ansp. auf Khl. 7, 27) wenn Jem. die göttliche Todesstrafe verschuldet hat, מת שורו אבדה תרנגולתו נשברה צלוחיתו נכשל באצבעו והשבון מתמצה so wird dadurch, dass sein Ochs verendet, seine Henne ihm entläuft, sein Glas zerbrochen, oder sein Finger verwundet wird (d. h. infolge der Beschädigungen und Verluste, die ihn nach und nach, seien sie auch noch so unbedeutend, treffen) „die Rechnung", die Strafe geendet. Das. דבר אחר מתארעה לאחת והחשבון מתמצה eine andere Deutung lautet: Eine Sünde trifft mit der andern zusammen, so dass „die Berechnung" (das volle Sündenmass) zu Ende geführt wird, vgl. אָרַע. Aehnlich bab. Sot. 8ᵇ un., vgl. מָדָה. Khl. r. sv. ראה זה, 89ᵇ dass., wo jedoch מערבא crmp. ist aus מערעא, vgl. אָרַע. Pesik. Schuba g. E., 165ᵃᵇ steht blos der zweite Satz, vgl. auch מְקֻצַת.

מְצִיָּה f. N. a. das Ausdrücken, Auspressen. Sifra Wajikra cap. 8 Par. 7 המזבח האמור לענין הקטרה אמור לענין מצייה מה הקטרה למעלן אף מצייה למעלן das W. המזבח „auf den Altar" steht sowohl hinsichtlich des „Dampfens" des Opfervogels, als auch hinsichtlich des „Blutausdrückens" (Lev. 1, 15), woraus Folgendes zu schliessen ist: So wie das Dampfen oberhalb des Altars stattfindet, so findet auch das Blutausdrücken oberhalb des Altars statt. In Seb. 65ᵃ steht dafür: ומלק והקטיר ומצה דמו וכי תעלה על דעתך לאחר שהקטיר חוזר ומוצה אלא לומר לך מה הקטרה בראש המזבח אף מיצוי בראש המזבח „der Priester soll abkneipen ... dampfen und das Blut des Opfervogels soll ausgepresst werden." Könntest du denn denken, dass man das Blut des Vogels auspresst, nachdem man denselben hat dampfen lassen? Diese Schriftstelle besagt vielmehr, dass, so wie das Dampfen auf der Spitze des Altars, so auch das Auspressen der Spitze des Altars stattfinde. — Pl. Chull. 132ᵇ un. הַמְצִיוֹת die verschiedenen Arten des Blutauspressens. In der Tosef. Dem. II steht unser W. nicht.

מִצּוּי ,מֵצוּי m. N. a. 1) das Ausdrücken des Blutes. Seb. 52ᵃ מיצוי חטאת העוף das Ausdrücken des Blutes vom Vogel des Sünd-

opfers. Das. 65ᵃᵇ מצוי דם das Auspressen des Blutes. Das. ö. — 2) übrtr. das Zuletztbleibende, eig. das Ausleeren bis zur Neige. Bez. 29ᵃ (mit Bez. auf die Mischna) הוא כנס שלש מאות גרבי יין מברורי המדות וחבריו כנסו שלש מאות גרבי שמן ממצוי המדות er (Abba Saul) sammelte 300 Fass Wein vom Schaume der Masse (d. h. beim Zumessen des Weines an die Käufer profitirte er dadurch viel Wein, dass in den Gefässen der Schaum hochstand und dieser mitbezahlt wurde); seine Genossen sammelten aber 300 Fass Oel durch den Bodensatz der Masse (d. h. dadurch, dass Oel sich beim ersten Messen an den Wänden, sowie an dem Boden der Gefässe angesetzt hatte, betrug der Inhalt des je später Zugemessenen immer weniger). Tosef. Jom tob (Bez.) III מיצוי המדות dass. — 3) das Zuendeführen, trop. j. Sot. I, 17ᵃ mit (mit Ansp. auf למצא, Khl. 7, 27, vgl. Nithpa.) וכמה הוא מיצוי החשבון עד אחת wie viel beträgt „das Zuendeführen der Sündenberechnung"? Bis zu einer Sünde; d. h. der Sünder wird solange bestraft, bis selbst die letzte Sünde gesühnt ist. Pesik. Schuba 165ᵇ und Khl. r. sv. ראה זה, 89ᵇ dass. Genes. r. s. 49 wird der gedachte Bibelvers anders gedeutet: עד כמה הוא מצוי החשבון לעיר אחת עד אחד וכ' wie viel beträgt das Zuendeführen der Berechnung für eine Stadt? (d. h. wie viel Fromme müssen in jeder Stadt vorhanden sein, damit sie um deren Tugendhaftigkeit willen gerettet werde)? Bis auf Einen, denn ein Frommer rettet die ganze Stadt. Das. s. 92, 89ᶜ „Der Fromme bete zu dir לעת מצא (Ps. 32, 6) לעת מצוי הדין לעת מצוי החשבון das bedeutet: „zur Zeit des Tagesendes" (d. h. im Vespergebet), „zur Zeit des Endes des Gottesgerichts", „zur Zeit des Lebensendes", „zur Zeit des Endes der Sündenberechnung". j. Ber. IV 7ᵇ un. (mit Bez. auf dieselbe Bibelstelle) „Er bete מיצוי לעת יום של zur Zeit des Tagesendes". (Frankel in s. Comment. z. St. erklärt, von dem bh. מצא irre geleitet, מציאותו מיצוי של יום durch Tagesanfang, ebenso Jefe Maree z. St.)

מָצְיָא Zänker, s. מַצּוּיְינָא.

מַצְיָא Mazja, Wort in einem Zauberspruch, der verboten ist; viell.=dem syr. ܡܵܨܝܳ suctus. Tosef. Schabb. VII (VIII) Anf. רמיא ומציא, Var. רמיא ובמצציא.

מֵצִיק m. 1) (eig. Part. Hifil von צוק) Bedränger, Bedrücker, Räuber. Pes. 9ᵃ u. ö. מציק אחד — Pl. B. kam. 116ᵇ מְצִיקִין, s. מֵצִיק. Sifre Haasinu § 317 מציקים שהחזיקו בה בארץ ישראל die Bedrücker (Römer), welche sich Palästinas bemächtigten. — 2) (מִיצֵר s. d.) sich grämend. j. Keth. XII, 35ᵃ mit an jenem Freitag Nachmittag wurden bei der Beerdigung Rabbis

viele Trauerreden gehalten; כיון ששקעה החמה קרא הגבר שריין מְצִיקִין מְצַעֲרין אמרין דילמא דחללינן שובתא וכ' als nun die Sonne untergegangen war und bald darauf der Hahn gekräht hatte (der Sonnenuntergang soll näml. um Rabbi zu ehren, lange nach der gewöhnlichen Zeit eingetreten sein), da begannen die Trauerversammelten sich zu grämen, indem sie sagten: Wir haben vielleicht den Sabbat entweiht! Da ertönte die himmlische Stimme: Wer die Trauer um Rabbis Tod nicht versäumt hat, ist für das ewige Leben bestimmt! Khl. r. sv. טובה חכמה, 88ᵇ steht dafür מציקין crmp. aus מצערין.

מְצִילְתָּא f. (=מְצִלְיָא) eine Art Gabel, furca, s. TW.

מַצְלִיף Part. Hifil von צָלַף s. d., vgl. auch מְנַפְדְּנָא.

מְצַלְצְלִין m. pl. (=צִלְצְלִין s. d., hbr. מְצִלּוֹת von צלל) Castagnetten, Cymbeln, s. TW.

מצלתיא Jalk. zu Dan. II, 156ᵃ: dort nennt man למצלתייא die Könige (wahrsch. crmp. und zu lesen=Levit. r. s. 33, 177ᵒ למלכיא) die Könige (Kaiser): Götter; s. אֶלָהּ.

מִצְמְחָא m. Verbale (syr. ܡܶܨܡܰܚ, von צָמַח) das Aufblühen, Glänzen. Uebrtr. (=זָרַח, דְּנַח) Levit. r. s. 24, 167ᵃ מצמחיה דיומא der Sonnenaufgang, Ggs. ממצמע שמשא: der Sonnenuntergang, vgl. מִצְמֵע.

מִצְמֵץ Pilp. (von מָצַץ) 1) aussaugen. j. Ter. XI, 47ᵈ un. Kerne, מחוזרות למצמץ die man noch aussaugen kann. j. Maasr. II g. E., 50ᵃ un. טבעך שלא ידא מקלף בתאנים ומצמץ בענבים (l. וממצמץ) „bis zu deiner Sättigung (darfst du Trauben in deines Nächsten Weingarten essen", Dt. 23, 25); das bedeutet, dass man nicht die Feigen abschälen und die Weintrauben aussaugen dürfe (um sie dann fortzuwerfen). j. B. mez. VII Anf., 11ᵇ steht dafür: שלא יקלף באתנים וימצמץ בענבים dass. — 2) durchspähen (viell. syn. mit צָמַם trnsp.) Genes. r. s. 60, 58ᵈ wird משתאה (Gen. 24, 21) erklärt: ממצמץ ומסתכל בה ההצליח ה' וכ' er durchspähte und beobachtete sie genau, ob Gott seinen Weg gelingen liesse.

מַצְנַפְתָּא f. (hbr. מִצְנֶפֶת, von צנף) Kopfumhüllung, Turban, bes. als Abzeichen der Würde, s. TW.

מַצָּע m. (=bh. von יָצַע) Polster, eig. ausgebreitete Decke. B. mez. 113ᵇ, s. מַצָּע. Ab. sar. 10ᵇ Antonin sagte zu Rabbi: בעי רתכני מצע o, möchte mich doch Jem. als ein Polster unter dich in der zukünftigen Welt legen! — Pl. Nid. 32ᵇ עשרים מַצָּעוֹת zehn Polster. B. bath. 53ᵇ הציע מצעות בכסכי הגר קנה Ar. (Agg. המַצִּיעַ) wenn Jem. in den Grund

27*

stücken eines Proselyten Polster ausbreitete (und sich darauflegte); so erwarb er hierdurch das Besitzungsrecht derselben, obgleich er darin sonst keine Veränderung, wie Verschliessen, Umzäunen u. dgl. vorgenommen hatte. Schabb. 55^b שתי מצעות בלבל אחת של שכינה ואחת של אביו zwei Polster brachte Ruben in Unordnung, das eine war das der Gottheit und das andere das seines Vaters (mit Ansp. auf יצועי, Gen. 49, 4 = יצועי). — Trop. Chag. 14^b R. Jochanan ben Sakkai erzählte seinen Schülern seinen Traum: מסובין היינו על הר סיני ונהנה עלינו בת קול מן השמים עלו לכאן עלו לכאן טרקלים גדולים ומצעות נאות מוצעות לכם wir waren angelehnt, lagen auf dem Berg Sinai, da ertönte über uns eine göttliche Stimme vom Himmel: Kommet nach hier herauf, kommet nach hier! Grosse Säle (Triklinien) sind für euch bestimmt und herrliche Polster sind für euch ausgebreitet!

מַצְּעָא *ch.* (=מַצָּע) Polster, Lagerstatt, s. TW.

מְצַע (gr. μεσάζω, μεσόω) in der Mitte sein. Gew. Pi. מִיצַע theilen, in die Mitte legen, halbiren, mediare. Hithpa. getheilt, halbirt werden. j. Erub. III, 21^b mit. מוצעין את התחום eig. das Thier theilte das Gebiet; d. h. es stand in der Mitte zwischen dem einen und dem andern Gebiete. Snh. 18^a הממונה ממצעו וכ' der Vorgesetzte lässt den Hohenpriester in der Mitte gehen u. s. w., vgl. מְמוּנֶה. j. Snh. II, 20^a un. dass. j. Ber. VI, 9^d ob. שונים ישראלים ואחד כהן ממצעין אותן בזמן שכולן שוין אבל אם היה אחד מהן תלמיד חכם ממצעין אותו לחבר wenn zwei gewöhnliche Israeliten und ein Priester zusammen gehen, so müssen erstere den Priester in die Mitte nehmen. Das gilt jedoch blos von solchen, die hinsichtlich des Wissens gleich sind; wenn aber einer von ihnen ein Gelehrter ist, so müssen sie den Gelehrten in die Mitte nehmen. Part. pass. das. IV, 8^b ob. גדולה דיעה שהיא ממוצעת בין שני אזכרות die Erkenntniss ist wichtig, denn sie ist inmitten der zwei Gottesnamen gestellt, gesetzt, näml. ה' דעות ה' (1 Sm. 2, 3). In bab. Ber. 33^a dass. mit einigen Abänderungen. Pes. 111^a שלשה אין ממצעין ולא מתמצעין ואלו הן הכלב והחזיר והדקל דראשה ריש אומרים אף החזיר ריש אומרים אף הנחש dreierlei (Wesen) giebt es, die man nicht in der Mitte von Menschen (Männern) gehen lassen und in deren Mitte man nicht gehen soll, näml. der Hund, die Palme und das Weib. Manche sagen dies auch betreffs des Schweines und Manche auch betreffs der Schlange. Sifra Wajikra Par. 5 cap. 7 המזבח ממצע באמצע העזרה וכ' der Altar theilte (befand sich) inmitten der Tempelhalle. Jom. 33^b dass. Genes. r. s. 95 Anf. als Benjamin mit seinen Brüdern nach Egypten reiste, היו ממצעים אותו והיו משמרים

אותו so nahmen sie ihn in ihre Mitte und bewachten ihn. Exod. r. s. 2, 104^c (mit Ansp. auf בתחלה לא ירד אלא מלאך (Ex. 3, 2) בלבת אש אחד שהיה ממוצע ועומד באמצע האש ואחר כך ירדה שכינה ודברה אתו מתוך הסנה zuerst kam blos ein Engel herab, der inmitten, „in der Mitte des Feuers" stand, später aber kam die Gottheit selbst herab und redete mit Mose „aus der Mitte des Dornbusches".

מְצַע *ch.* (=מְצַע) theilen. Syr. Ethpa. ﺍﻟـ getheilt werden. Pes. 111^a הנהו בי תרי דמצעא להו אשה נדה wenn eine Menstruirende zwischen zwei Männern hindurchging; s. auch TW. j. Ter. VIII, 45^d ob. מיצע סכינא גו פוגלא ... גו אתרוגא וכ' ein Messer in einen Rettig oder in eine Orange hineinzustecken, ist gefahrbringend. j. Ab. sar. II, 41^a un. dass., s. אֶתְרוֹגָא.

מִיצְעָא, מִיצַע *m.* 1) (gr. μέσον) die Mitte. B. mez. 108^a un. זבין ליה גריוא דארעא במיצעא דכסידה er verkaufte ihm eine Strecke Landes in der Mitte seiner Güter. Ned. 31^b ob. זבינא מיצעא ein mittelmässiger Kauf; d. h. weder zu theuer, noch zu billig; s. auch זְבַן. — 2) (μέσος, ον) der, das Mittelste, medius, um. Pl. Ber. 18^b un. עילאי ותתאי דידן ומיצעי דיתמי die öbersten und die untersten (Münzen) gehören uns, die mittelsten aber den Waisen. Nas. 56^b קמאי בתראי מיצעאי וכ' die ersten, die letzten und die mittelsten Ueberlieferer der Halachoth, vgl. קַבָּלָה; s. auch TW. — In den Talmudim und Midraschim öfter mit prosthet. א: אֲמִצְעָא, אֶמְצַע s. d. W.

מְצִיעָתָא, מְצִיעָא, מִיצְעָא *m., f.* (syr. ﺍ) die Mitte, s. TW.

מְצִיעָאָה *m.*, מְצִיעָתָא *fem.* (syr. ﺍ *masc.*, ﺍ *f.*) der, die Mittelste, medius, media. B. bath. 107^a מלתא מציעאה etwas, was in der Mitte liegt; d. h. die Mittelzahl, näml. 100 Denare, welche die Mittelzahl zwischen 80 und 120 Denaren bilden. Chull. 94^b u. ö. רישא טיפא ומציעתא der erste und der letzte und der mittelste Fall der Mischna, s. auch TW. — Davon rührt der Name des Talmudtractats בבא מציעא her (für מציעאה) Baba mezia: die mittelste Pforte, Baba, näml. derjenige Tractat, der unter den drei Pforten (בבות), womit die „Ordnung Schäden" (סדר נזיקין) s. d. W., vgl. auch זֶרַע) beginnt, den mittelsten bildet, näml. derjenige zwischen der „ersten Pforte", בבא קמא, und der dritten, „letzten Pforte", בבא בתרא. In der Tosefta, welche den Tractat Kelim (im Mischna-Codex 30 Kapitel enthaltend) auch in drei Tractate theilt, heisst der mittelste derselben ebenfalls בבא מציעא

מִצְעָד, מַצְעֵד Tosef. Kel. B. bath. I und Arach. 23^b crmp., s. מַצְעֵר.

מָצַף ,מָצַף Nid. 19ᵃ, und מָצַף B. mez. 23ᵇ, s. צוף.

מָצַץ (=bh., arab. مَصَّ, vgl. auch מוּץ und מַצִי, Grndw. מץ) 1) von lebenden Wesen: saugen, aussaugen, gew. mittelst des Mundes. Schabb. 133ᵇ Alles, was zur Beschneidung erforderlich ist, darf man auch am Sabbat verrichten: מולין ומוצצין ונותנין עליה אספלנית וכמון Agg. des j. Tlmd. und Ar. (Agg. des bab. Tlmd. מורהלין) man muss die Vorhaut abschneiden und die Eichel entblössen (indem man die dieselbe bedeckende Haut nach unten zieht, vgl. פָרַע); ferner saugt man das Blut aus und legt auf die Wunde ein Pflaster und Kümmel auf. (Die beiden letzteren Operationen wurden behufs Heilung der Wunde vollzogen, s. w. u.) Par. 9, 3 כל העופות פוסלין חוץ מן היונה מפני שהיא מוצצת alle Vögel (die vom Lustrationswasser trinken) machen dasselbe unbrauchbar, mit Ausnahme der Taube, weil sie blos einsaugt (und das eingeschlürfte Wasser nicht wieder in das Gefäss zurückspeit; während die anderen Vögel das eingeschlürfte Wasser in das Lustrationswasser zurückspeien, infolge dessen das letztere, weil damit „eine Arbeit verrichtet wurde", zum Sprengen untauglich ist). Trop. Tosef. Sot. V Anf. יש לך אדם שהזבוב נופל לתוך חמנחוי שלו נוטלו ומוצצו וזורקו ואוכל את מה שבתוכה זו מדת רשע וכ׳ Manchen giebt es, der die Fliege, die in seine Schüssel gefallen, herausnimmt, sie, nachdem er sie ausgesogen, wegwirft und was in der Schüssel sich befindet, aufisst. So ist die Art eines Bösewichtes, der mit seiner Frau, obgleich er überzeugt ist, dass sie ein unsittliches Leben führt, dennoch die Ehe fortsetzt u. s. w. Git. 90ᵃ dass. mit einigen Abänderungen, vgl. זָבוב. — 2) von lebenlosen Wesen: einziehen. Levit. r. s. 15, 158ᵉ Rabbi legte am Sabbat vor Abend einen trocknen Schwamm, סמוג יבש, auf seinen verwundeten Finger! Daraus schloss R. Ismael bar Jose Folgendes: סמוג לא שהוא מוצץ אלא שהוא משמר את המכה der (trockene) Schwamm zieht nicht etwa das Blut der Wunde ein (denn in diesem Falle wäre das Auflegen desselben als ein am Sabbat verbotenes Heilmittel anzusehen), sondern schützt blos die Wunde. (Thr. r. sv. רוח, 68ᵈ steht מרפא anst. מוצץ.) Cant. r. sv. עמודיו, 19ᵇ wird דב מופז (1 Kn. 10, 18) erklärt: דומה לגפרית הזה שמוצצת האש Gold, das dem Schwefel gleicht, der das Feuer an sich zieht; d. h. entflammt und eine bläulichglänzende Flamme verbreitet.

Pilp. מִצְמֵץ s. d. W. — (Im Spätrabbinischen N. a. מְצִיצָה und zwar ausschliesslich: das Aussaugen des Blutes mittelst des Mundes, nach erfolgter Beschneidung, dessen Unterlassen, nach Anschauung der damaligen Aerzte, dem Kinde Gefahr bringen solle; was aber nicht der Fall ist, vgl. אוּמְקָא. Da jedoch מצץ, wie aus den hier zuletzt citirten Stellen zu ersehen, auch von leblosen Wesen gebraucht wird, so könnte jenes „Aussaugen" in Schabb. 133ᵇ auch mittelst eines Schwammes u. dgl. bewirkt werden.)

מְצַץ chald. (syr. ܡܰܨ=مَصَّ) saugen, aussaugen, s. TW.; gew. מוּץ s. d.

מְצוּצָא m. (viell. von מצי?) eig. Starke, Kraft. Uebtr. Midr. Tillim zu Ps. 102, 4: „Meine Tage schwinden מצוצא דתננא wie der Qualm des Rauches" (בעשן)? mas. Text (בעשן). Der Midrasch erklärt näml. das W. עשן in doppelter Bedeut. 1) Rauch und 2) (vom talmud. עשש s. d.=אָשַׁן) stark sein.

מְצוּצָא m. (syr. ܡܰܨܡܨܳܐ extenuatus) eig. kleingemacht, geschwächt. Pl. Keth. 60ᵇ un. בני מצוצי עייני kleinäugige Kinder. Raschi erklärt das W.: „zwinkernde Augen", also von צוץ; s. מְנוֹדֵי.

מְצִיק s. d. in מוּצִק.

מָצַק (=רָצַק, Grndw. צק) giessen. Hor. 12ᵃ מוצקין שמן על ראשו (das. 2 Mal; Ms. M מציקין?) man giesst Oel auf seinen Kopf.

מְצַר I, ch. (syn. mit מְזַר II) spinnen, flechten. j. Sot. VI Anf., 20ᵈ Manche lesen in der Mischna: מוֹצְרוֹת בלבנה (anst. מזהרות, Sot. 6, 1), was das. erklärt wird: מְצָרְן עמר die Frauen, welche beim Mondschein Wolle spinnen, vgl. מְזַר II und מְצָרָא.

מְצַר II (syn. mit צור, צָרַר, ferner אָצַר, אָצַר; Grndw. צר) eig. einengen, einschliessen, daher begrenzen. Mögl. Weise ist unser W. ein Denom. vom flg. מֵצַר: mittelst Grenzen bezeichnen. B. bath. 62ᵇ מְצַר לו מצר אחד ארוך ומצר אחד קצר וכ׳ wenn Jem. (beim Verkaufe seines Feldes, das ein Quadrat von 100 Ellen bildet) dem Käufer eine lange und eine kurze Grenze bezeichnete (d. h. z. B. die östliche Grenze des Feldes auf 100 Ellen und die gegenüberliegende, westliche Grenze desselben auf 50 Ellen angab, ohne Angabe der Grenzen der beiden anderen Seiten): so hat der Käufer, nach Ansicht Rab's nur diejenige Feldstrecke zu beanspruchen, die der kürzeren Grenze gegenüber liegt (לא קנה אלא כנגד הקצר), also ein Rechteck, Oblong, von 100 Ellen Länge und 50 Ellen Breite, d. h. die Hälfte des ganzen Feldes; nach Ansicht des R. Kahana und R. Assi: ein Trapez, dessen östliche, sowie dessen südliche Seite 100 Ellen, dessen westliche Seite 50 Ellen und dessen nördliche Seite etwas mehr als 111 Ellen beträgt; also ausser dem oben angegebenen Rechteck noch ein rechtwinkliges Dreieck; d. h. ³/₄ des ganzen Feldes (כנגד ראש תור), eig. dem Ochsenkopf gegenüber, vgl. תוֹר. Das.

מָצַר לוֹ מֵצַר רִאשׁוֹן וּמֵצַר שֵׁנִי וּמֵצַר שְׁלִישִׁי וּמֵצַר רְבִיעִי לֹא מָצַר לוֹ וכ' wenn Jem. beim Verkauf seines Feldes die erste, zweite und dritte Grenze (d. h. die Grenzfelder von drei Seiten) angab, die vierte Grenze aber nicht angab: so gehört dem Käufer, nach Ansicht Rab's, das ganze Feld, mit Ausnahme desjenigen Beetes, das an der vierten, nicht angegebenen Grenze belegen ist (קָנָה הַכֹּל חוּץ מִמֶּצֶר רְבִיעִי); nach Ansicht Samuel's gehört ihm auch das Beet an der vierten Grenze (אֲפִילוּ מֶצֶר רְבִיעִי); nach Ansicht des R. Assi hing. gehören dem Käufer blos diejenigen drei Beete, die an den bezeichneten drei Grenzen (ohne die Strecke des Mittelfeldes) belegen sind (לֹא קָנָה אֶלָּא חֵלֶם אֶחָד עַל פְּנֵי כּוּלָהּ); d. h. ein Beet, das sich in der Form des hbr. Buchstaben Cheth, ח, an den drei Grenzen erstreckt. Das. ö., vgl. מֵצַר.

מְצַר ch. (=מֵצַר) 1) begrenzen, durch Grenzenangabe bezeichnen. B. bath. 61ᵇ ob. מְצַר לֵיהּ מִצְרֵי אַבְרָאֵי der Verkäufer gab beim Verkaufe seines Hauses die äusseren Grenzen desselben an (=hbr. מֵצַר לוֹ מִצְרֵי הַחִיצוֹנִים, vgl. מֵצַר nr. 3). Das. הֲוָה לֵיהּ לְמִמְצַר לֵיהּ וְלֹא וכ' der Verkäufer hätte seines Hauses dessen Grenzen genau bezeichnen sollen, er bezeichnete sie aber nicht. — 2) ausstrecken, ausdehnen; s. die nächstflg. Stelle.

Ithpe. sich ausstrecken.' B. bath. 5ᵇ und Ab. sar. 70ᵇ Jem., der beim Ausstrecken seiner Hände nach des Nachbars niedrigem Dache betroffen wird, מֵימַר אָמַר אִמְצוּרֵי קָא מַמְצַרְנָא kann sagen: Ich wollte mich blos recken; d. h. hatte nicht die Absicht, das Eigenthum des Nachbars zu berühren. Raschi in Ab. sar. l. c. liest מַמְצַרְנָא קָא אַמְצָרֵי (von מְצַר nr. 1): ich beabsichtige blos den Umriss (die Grenzen) des Daches auszumessen. Namens der Gaonäer citirt Raschi die Erklärung: Ich reckte mich beim Niesen, franz. אַשְׁטֵנְדְּלִינֵיר = eternuer, sternuere; wonach er: אִמְצוֹרֵי קָא מַמְצַרְנָא (mit Daleth) liest; ähnl. Aruch.

מֵצַר I מֵיצָר m. (=bh. מֵצַר) 1) die Enge, enge Stelle. Chull. 50ᵇ מִן הַמֵּיצַר וּלְמַטָּה von der Enge (im Leibe des Thieres) nach unten zu; d. h. unter כֶּרֶס הַפְּנִימִית (von R. Jochanan das. durch מָקוֹם צַר יֵשׁ בַּכֶּרֶס erklärt) ist derjenige Theil des Bauches zu verstehen, der im engen Raume des Leibes (der Brust) bis hinab zur Speiseröhre liegt. (Das Thier wird hier näml. im hängenden Zustande, mit den Füssen nach oben und mit dem Kopfe nach unten, vorgestellt.) — Im Spätrabbinischen gew. מֵיצַר הֶחָזֶה: der enge Raum der Brust. — 2) Engpass, ein schmaler, aber länglicher Fussweg, der das Feld durchschneidet. B. bath. 55ᵃ un. הַמֵּצַר וְהַחֲצָב מְפַסְּקִין בְּנִכְסֵי הַגֵּר der Engpass, sowie das Chazab (ein Kraut, das tief in der

Erde wurzelt u. s. w., vgl. חֲצוּב) bilden die Zeichen der Abgrenzung in den Gütern eines Proselyten. (Die von R. Samuel ben Meïr z. St. gegebene Erklärung: מֵצַר bedeute Grenze, leuchtet nicht ein.) Das. 56ᵃ אֵין שָׁם לֹא מֵצַר וְלֹא חֲצָב מַאי wie ist es, wenn dort weder ein Engpass, noch ein Chazab vorhanden ist? j. B. bath. III Anf., 13ᵈ. — 3) (=bh., pl. מְצָרִים, Klgl. 1, 3) Grenze, Feldmark, Rain zwischen zwei Feldern, eig. was das Gebiet einschliesst, eingengt. B. mez. 107ᵃ אִילָן הָעוֹמֵד עַל הַמֵּצַר וכ' ein Baum, der an der Grenze steht und von dem ein Theil der Zweige und Früchte in des Einen und ein Theil derselben in des Andern Gebiet reicht. M. kat. 6ᵃ מֵצַר אֶחָד מְצוּיָּין eine genau bezeichnete Grenze. B. bath. 53ᵃᵇ שְׁתֵּי שָׂדוֹת וּמֵצַר אֶחָד בֵּינֵיהֶן הֶחֱזִיק בְּאַחַת מֵהֶן לִקְנוֹתָהּ קְנָאָהּ וכ' wenn zwei Felder (die einem ohne rechtmässige Erben gestorbenen Proselyten gehören) durch eine Grenze getheilt sind: so hat derjenige, der (durch irgend eine Handlung, wie Graben u. dgl.) von einem derselben Besitz genommen, selbst wenn er hierbei die Absicht hatte, sich beide Felder anzueignen, dennoch blos das Besitzungsrecht des einen Feldes, in welchem er jene Handlung vorgenommen, erlangt. Das. R. Elasar fragte: הֶחֱזִיק בְּמֵצַר לִקְנוֹת שְׁתֵּיהֶן מַהוּ מִי אָמְרִינַן מֵצַר אַסְפְּסְתָא דְאַרְעָא הוּא וְקָנֵי אוֹ דִלְמָא הַאי דַחְרֵי לְחוֹדֵיהּ קָאֵי וְהַאי לְחוֹדֵיהּ קָאֵי wie ist es, wenn Jem. an der Grenze (durch Umgraben derselben) in der Absicht Besitz ergriffen, um das Besitzungsrecht beider, durch die Grenze getheilter Felder zu erwerben? Sagen wir, dass die Grenze gleichsam der Zaum (arab. اَلزِّمَام) des Feldes ist (dass die Besitzergreifung vom Grenzrain dem Ergreifen des Zaumes gleiche, der mehrere Thiere zusammenhält, so wie dadurch das Erwerbungsrecht sämmtlicher Thiere bewirkt, vgl. Kidd. 27ᵇ מָסַר לוֹ עֶשֶׂר בְּהֵמוֹת בְּאֶסֶר אֶחָד, vgl. auch מוֹסֵרָה), wodurch er den Besitz beider Felder erwerbe, oder, dass der Grenzrain besonders und die Felder besonders seien? dass er also blos den Grenzrain erworben habe? — Pl. B. bath. 61ᵇ הַמּוֹכֵר בַּיִת לַחֲבֵרוֹ בְּבִירָה גְּדוֹלָה אַף עַל פִּי שֶׁמָּצַר לוֹ מְצָרִים הַחִיצוֹנִים מֵצָרִים הַרְחִיב לוֹ wenn A. dem B. ein Haus in einer grossen (mehrere Häuser enthaltenden) Burg verkauft: so wird, selbst wenn er dem Käufer die äusseren Grenzen (d. h. die Häuser oder Felder, welche die ganze Burg begrenzen) bezeichnet hatte, dennoch angenommen, dass er blos die weiteren Grenzen (die den ganzen Complex von Häusern einschliessen) habe angeben wollen, während er ihm blos das eine, näher bezeichnete Haus zu verkaufen beabsichtigt hätte. Hier ist näml. von einem Orte die Rede, dessen Einwohner grösstentheils ein Haus: בַּיִת, eine Burg hing.: בִּירָה, deren einige jedoch auch eine Burg: בַּיִת nen-

nen. Hätte er aber die Absicht gehabt, den ganzen Häusercomplex zu verkaufen, so müsste er sich im Verkaufscontract folgender vorgeschriebenen Formel bedient haben: לא שיירית מן זביני אילין כלום ich behielt mir von diesen verkauften Grundstücken nichts zurück. Dieses Gesetz gilt auch vom Verkaufe eines Feldes innerhalb eines grossen Gütercomplexes; מצרים dass. Das. 106ª ich verkaufe dir ein הרחיב לי Kor Feldes בסימניו ובמצריו mit seinen Bezeichnungen und seinen Marken; d. h. soweit du es bezeichnet und begrenzt siehst. Trop. Schabb. 118ª נחלה בלי מצרים ein Besitzthum ohne Grenzen, d. h. ein endloses Gut, vgl. עָנַג.

מֵצֵר II מֵצַר m. Adj. 1) verdriesslich, sich grämend, eig. beengt, angustus. R. hasch. 25ª (in der Mischna) מיצאו ומצאו הלך, wofür die Borajtha das. deutlicher: הלך ר' עקיבא ומצאו לר' יהושע כשהוא מיצר אמר לו מפני מה אתה מיצר וכ' R. Akiba kam und traf den R. Josua an, als er sich grämte (Letzterer hatte näml. auf Befehl des Nasi Rabban Gamliel an dem Tage, an welchem nach seiner eigenen Berechnung das Versöhnungsfest hätte gefeiert werden sollen, eine weite Reise unternehmen müssen). R. Akiba sagte zu ihm: Weshalb grämst du dich? . . . Die Kalenderfestsetzung des Nasi muss, selbst wenn sie eine irrige ist, befolgt werden, vgl. אַפֵּלוּ. — 2) ein beschränkter, niedriger Mensch, homo angustus. B. bath. 127ᵇ דקארי ליה עבדא מצר מאה (das. erklärt durch מצר עבדא מאה זוזי) Jem., der den Andern: Niedriger Knecht im Werth von hundert Sus! nennt, ist nicht mehr beglaubigt, später betreffs desselben aussagt: Er ist mein Sohn, den ich aber blos deshalb „Knecht" genannt habe, weil er mir Dienste leistet; denn eine so schimpfliche Benennung würde kein Vater seinem Sohne beilegen.

מִצְרָא, מֵצְרָא ch. (=מֵצֵר I nr. 3) Grenze. B. bath. 5ª רוניא זבן ארעא אמיצרא דרבינא כבר B. bath. 5ª רבינא לסלוקיה משום דינא דבר מיצרא וכ' Ronja (der Gärtner des Rabina, שחלא דרבינא, s. d. W.) kaufte ein Feld an der Grenze des Rabina. Letzterer wollte den Käufer beseitigen (den Kauf desselben als ungiltig erklären) wegen des Vorrechtes, das der Grenznachbar (syr. ܡܨܪܢܐ) geniesst u. s. w., vgl. צֶלָּא. B. mez. 107ª 108ᵇ בני מצרא die Grenznachbaren. דינא דבר מצרא das Vorrecht des Grenznachbars. Das. זבן מנכרי ובין לכברי לית ביה דבר משום דינא דבר מצרא זבן מנכרי דאמר ליה ארי אברחי לך ממצרא זבין לכברי נכרי ודאי לאר ור ועשית הישר והטוב הטוב הוא weder findet bei demjenigen, der ein Feld von einem Nichtjuden kauft, noch bei demjenigen, der sein Feld an einen Nichtjuden verkauft, das Vorrecht des Grenznachbars statt. Denn kaufte er das Feld vom Nichtjuden, so kann er zum Grenznachbar

sagen: Einen Löwen vertrieb ich dir von der Grenze (d. h. durch meinen Kauf bist du mir zu Dank verpflichtet, da ich dich von einem Nachbar befreit habe, der zu allen Gewaltthätigkeiten fähig wäre). Verkaufte aber Jem. sein Feld einem Nichtjuden, so liegt ja dem Nichtjuden gewiss nicht die Pflicht ob: „Thue was gut und recht ist in den Augen Gottes" (Dt. 6, 18; ein Gebot, auf welches „das Vorrecht des Nachbars" begründet wurde).

מָצְרָנָא m. (=מִצְרָא mit angeh. Silbe רָנָא, wie יַרְקָא=יַרְקוֹנָא, גִּיסָא=גִּיסְנָא Seite, s. d. W., יַרְקָא=יַרְקוֹנָא Grünkraut u. a. m.) Grenze, Grenzbezeichnung. Gew. Pl. B. mez. 108ᵇ un. בני מָצְרָנֵי die Grenznachbarn. B. bath. 63ª בין מצר ארעא דמוינה סלגא ובין מצר ארעא דמינה פסיקא אי אמר ליה אילין מצרנהא סלגא לא אמר ליה אילין מצרנהא ט' קבין gleichviel, ob Jem. (beim Verkauf eines Theiles seines Feldes, ohne genau anzugeben, wie viel er verkaufe und wie viel er für sich behalte, ausser der Angabe der einen, westlichen Grenze) gesagt hat: Die östliche Grenze bildet das Feld, dessen Hälfte ich verkaufe, oder ob er gesagt hat: Die östliche Grenze bildet das Feld, dessen Theil ich verkaufe; so kommt es lediglich auf folgende Aeusserung an: Wenn er gesagt hat: Das sind die Grenzen des Feldes nach allen Seiten hin, so hat er die Hälfte verkauft; wenn er hing. nicht sagt: Das sind seine Grenzen nach allen Seiten hin, so hat er blos eine sehr kleine Strecke des Feldes verkauft, näml. so viel als zur Aussaat von neun Kab Getreide erforderlich ist. Das. 128ª wenn Jem. erblindet ist, אפשר דמכוון מצרנהא so kann er mögliche Weise die ihm von früherer Zeit her bekannten Grenzen des Feldes treffen. — Dav. Adj. Jom. 18ᵇ גרגירא מָצְרָנָאה die Rauke, die an der Grenze, am Rain wächst. (Bei den Commentt. steht oft מָצְרָנָא, מָצְרָן als Adj.: der Grenznachbar.)

מֵצַר m. (=נֵצַר, mit Wechsel von מ und נ) Reis, Weide. Davon

מִצְרִית, מִצְרִי f. aus Reisern oder Weiden bereitet. Sot. 9ª u. ö. חבל המצרי ein aus Weiden geflochtener Strick, vgl. חָבַל. צֶלְצוּל. Das. 14ª. 19ª כפיפה מצרית ein aus Weiden geflochtener Korb. Kel. 26, 1 u. ö., s. כַּפִּיפָה. B. bath. 58ᵇ, s. חַלּוֹן.

מֵצְרָא, מִצְרָא m. (von מֵצַר I, der Bedeutung nach verwandt mit vrg. מֵצַר) eingeflochtener, dicker Strick, unter welchem ein schmales Brett, eine Latte sich befindet und welcher über einen Fluss gezogen wird, indem man die beiden Enden desselben an Pflöcken, die an den beiden Ufern eingeschlagen sind, befestigt. Ein solcher Strick, an dem man sich beim Gehen auf dem Brette anhielt,

diente nothdürftig als Brücke. Mögl. Weise ist unser W. das syr. مَصْرِ‎, eig. Ausdehnung, pandiculatio. M. kat. 6ᵇ un. וההוא דליכא גישרא והוא דליכא גמלא ודוא דליכא מצרא nur dann (nehmen nicht die Ameisen, die sich an dem einen Ufer des Flusses befinden, den Schutt aus dem Ameisenloch des andern Ufers), wenn weder eine gewöhnliche Brücke, noch eine anderweitige Ueberbrückung, noch auch ein Strick über den Fluss führt. Kidd. 81ᵃ R. Meïr hatte früher über die Sünder gespottet, d. h. den Widerstand gegen die Sünde fur etwas Leichtes gehalten; רומא חד אידמי ליה שטן כאחתא בהך גיסא דנהרא לא הוה מברא נקט מצרא וקא עבר כי מטא פלגא מצרא שבקיה וכו׳ eines Tages jedoch zeigte sich ihm der Satan jenseits des Flusses in Gestalt eines Weibes. Da aber dort keine Fähre war, so nahm er einen Strick mit einer Latte, um darauf überzusetzen. Als er die Hälfte der Strecke mittelst des Strickes zurückgelegt hatte, so verliess ihn die Leidenschaft u. s. w., vgl. דַּם, דְּמָא. Bez. 7ᵇ ob. ואי איכא נהרא לא עברא ואי איכא מברא עברא ואי איכא מיצרא לא עברא הוה עובדא ועברא אמצרא wenn ein Strom (zwischen dem Hahn und der Henne) liegt, so setzt sie nicht über (um sich mit dem Hahn zu begatten); wenn jedoch eine Fähre (Raschi: גשר Brücke?) da ist, so setzt sie über; wenn aber blos ein Strick mit einem Brette da ist, so setzt sie nicht über. Einst jedoch kam es vor, dass eine Henne auch über einen Strick hinübersetzte. B. bath. 167ᵃ אנחית ידאי אמצרא ich legte meine Hände (beim Uebersetzen eines Flusses) auf den ausgespannten Strick, infolge dessen meine Hände, bei der Unterschrift, zitterten.

מַצְרָא m. Adj. (contr. aus מְעַצְּרָא wie מַצְבְּרָא aus מְצַבְּרָא u. a.; Stw. עֲצַר) der den Wein aus den Trauben presst. Ab. sar. 60ᵃ מצרא זיירא Ar. (Agg. מעצרא) Jem. (ein Nichtjude), der den Wein aus den Kernen presst, vgl. זְיָּרָא.

מִצְרַיִם N. pr. dual (=bh., von einem nicht gebräuchlichen singl. מֵצָר, syr. مَصَر) Mizraim, Egypten, und: die Egypter. Cant. r. sv. שיפות עד, 16ᵈ לילן של מצרים die Nacht Mizraims; d. h. die Leiden Israels in Egypten, vgl. לַיִל. — Davon N. gent.

מִצְרִי m., מִצְרִית f. egyptisch, Aegyptius, Aegyptia. Keth. 105ᵃ חנן המצרי Chanan, der Egypter, s. חָנֵן. Par. 3, 5 חנמאל המצרי Chanamel, der Egypter. Jeb. 76ᵇ מצרי ואדומי אינן אסורין אלא עד שלשה דורות אחד זכרים ואחד נקבות ein Egypter und ein Idumäer sind blos bis zu der dritten Generation zur Ehe verboten; das gilt sowohl von den Männlichen, als auch von den Weiblichen (d. h. erst die je drit-

ten Generationen derjenigen, die ins Judenthum übergegangen sind, dürfen sich mit Israeliten verschwägern, vgl. Dt. 23, 8. 9; unterschieden von Ammonitern und Moabitern, deren Frauen auch schon in der ersten Generation von Israeliten geheirathet werden dürfen, vgl. מוֹאָבִי). Nach Ansicht des R. Schimeon jedoch: נקבות מוהרות מיד dürfen die Weiblichen derselben sofort (d. h. auch in der ersten Generation) geheirathet werden. j. Jeb. VIII, 9ᵇ mit. בנימין גר מצרי היה מתלמידיו של ר׳ עקיבא אמר אני גר מצרי נשוי לגיורת מצרית בני בן גר מצרי ואני משיאני לגיורת מצרית נמצא בן בני כשר לבוא בקהל אמר לו ר׳ עקיבא לא בני אלא אף אחת השיאו לבת גיורת מצרית כדי שיהו שלשה דורות מיכן ושלשה דורות מיכן Binjamin (= מינימין Minjamin = בינימין), ein egyptischer Proselyt, der zu den Schülern des R. Akiba gehörte, sagte: Ich, der egyptische Proselyt (in der ersten Generation) bin mit einer egyptischen Proselytin verheirathet; meinen Sohn, als Abkömmling eines egyptischen Proselyten (der also die zweite Generation bildet) will ich mit einer egyptischen Proselytin (in der ersten Generation) verheirathen; infolge dessen wird mein Enkelsohn eine Israelitin heirathen dürfen. (Er war näml. der Ansicht, dass blos die Abstammung von Seiten des Vaters, aber nicht von Seiten der Mutter in Betracht zu ziehen sei.) R. Akiba aber entgegnete ihm: Nicht doch, mein Sohn! verheirathe deinen Sohn mit der Tochter einer egyptischen Proselytin; damit die Kinder derselben sowohl väterlicher-, als auch mütterlicherseits die dritte Generation bilden. Jeb. 78ᵃ und Sot. 9ᵃ dass. mit einigen Abänderungen. Ruth r. sv. ויאמר בעז, 40ᵃ u. ö.

מִצְרָיָא, מִצְרָאָה chald. (syr. مَصْرَاَ=מִצְרִי) egyptisch, der Egypter. j. Schabb. V Anf., 6ᵇ פולא מצרייא die egyptische Bohne, vgl. לוּבְיָ. Genes. r. s. 64 g. E. קורא מצראה das egyptische Rebhuhn.

מְצוֹרָע m. (=bh. מְצֹרָע von צָרַע) der Aussätzige. Pl. Keth. 77ᵇ un. מְצוֹרָעִין מפני מה אין מצורעין בבבל מפני שאוכלין תרדין ושותין שכר ורוחצין במי פרת woher kommt es, dass in Babylon keine Aussätzigen anzutreffen sind? Weil sie Spinat essen, Bier (ein Gebräu von Datteln) trinken und im Wasser des Euphrat baden.

מְצוֹרְעָא ch. (=מְצוֹרָע) der Aussätzige, s. TW.

מִצְתוּתָא f. (syr. مَصْثُوَتَا von צְתָא=צית) das Hören, Vernehmen, s. TW.

מוֹקָא, מוֹק s. d. in מוּר; s. auch מְקַק.

מַקֶּבֶת f. (=bh. von נָקַב) Hammer, eig. wohl: das Instrument, mittelst dessen man ein Loch in etwas macht, z. B. durch Einschlagen eines

Pflocks oder Nagels. Kel. 29, 7 של מקבת של
סתתין der Griff des Hammers der Steinmetzen.
Das. Mischna 5, s. מְקַבַּת. Tosef. Schabb. XIII
(XIV) g. E., s. מַקֶּלֶת. — Pl. Par. 3, 11 מַקָּבוֹת
של אבן Hämmer von Stein.

מַקְבָא ch. (syr. ܡܰܩܒܳܐ, von einer hbr. Form
מַקֶּבֶת=.m מַקָּב) Hammer, s. TW. — Bech.
43ᵇ דמי למקבא einem Hammer ähnlich, s. den
nächstflg. Art.

מַקְבִּילוֹת s. מַקְרִילוֹת.

מַקְבָּן m. Adj. hammerförmig. Bech. 7, 1
(43ᵃ) המקבן, was das. 43ᵇ erklärt wird: מקבן
דדמי ריטיה למקבא Ar. und Raschi (Agg. crmp.
למקבן) unter מקבן ist Jem. zu verstehen, dessen
Kopf die Form eines Hammers hat. Raschi erklärt מקבא auffallender Weise durch קורדום
Axt(?).

מַקְבְּלָא m. Adj. (von קָבַל) Jem., der für
sich gewinnt, einnimmt, s. TW.; vgl. auch
סַבְּלָא, סַבְּלָן.

מוֹקְדָא, מוֹקֵד s. d. in מוֹר. — Ferner מוקדא
crmp. aus מוֹקְרָא s. d. in מר.

מָקְדָה f. (syn. mit קוֹד Stw. קוּד=קָבַד s. d.)
Schüssel, eig. Hohlgefäss; ähnl. syr. ܡܰܩܕܳܐ
Graben, Vertiefung. Sifra Mezora Anf., cap. 1
כלי יכול אחד מן הכלים תלמוד לומר חרס אי
חרס יכול מקידה תלמוד לומר כלי היא כיצד זו
פיילי של חרס unter כלי (Lev. 14, 5) könnte
man irgend ein beliebiges „Gefäss" verstehen;
daher steht חרס; hierunter jedoch könnte man
eine „irdene Schüssel" verstehen, daher steht
כלי. Was ist also darunter gemeint? Eine
„irdene Schale" (φιάλη, phiala). Sot. 32ᵇ ob.
man that der Sota (der des Ehebruchs Verdächtigen) kund, במה היא שוחה במקידה של חרס aus
welchem (verächtlichen) Gefässe sie das Prüfungswasser trinken würde, näml. aus irdener Schüssel, deren Rand gew. abgebrochen war, s. w. u.,
vgl. Num. 5, 17 fg. (Ar. sv. קד 2 hält, irrthümlicher Weise מקידה gleichbedeutend mit פיילי
[was schon nach der hier citirten Stelle aus Sifra
sich als ganz unmöglich erweist]. Die Stelle
Sot. 15ᵇ היה מביא סיילי של חרס, die er für
seine Ansicht, מקירה sei dass. was פיילי, als
Beweis anführt, bedeutet vielmehr: „Der Priester
brachte eine irdene Schale, φιάλη, in welche
er das Wasser aus dem Becken goss und
in welche er Erde schüttete"; das Trinken
der Sota jedoch fand aus einer irdenen Schüssel statt; s. auch die nächstflg. St.) j. Sot. II
Anf., 17ᵈ un. אית תניי תני בכלי חרס לא במקידה
איתתניי תני אפילו במקידה וכ' ein Autor sagt:
(Man giesst das Prüfungswasser in ein ganzes)
irdenes Gefäss, aber nicht in eine Schüssel
(deren Rand zum Theil abgebrochen wurde);

ein anderer Autor sagt: Man darf es auch in
eine Schüssel giessen u. s. w. Sot. 9ᵃ היא השקתו
יין משובח בכוכות משובחים לפיכך כהן משקיה
של חרס מים גרים במקידה של חרס sie (die Sota) gab
dem Buhlen den besten Wein in den schönsten
Bechern zu trinken; daher giebt ihr der Priester das bittere Prüfungswasser in einer irdenen
(auch schadhaften) Schüssel zu trinken; vgl.
מַעֲרָן II. Schabb. 157ᵃᵇ קשרו את המקידה בגמי
man band die Schüssel mittelst Bastes an.

מָקְדֵּחַ m. (von קָדַח s. d.) Bohrer, d. h. Instrument, mittelst dessen man bohrt. Kel. 13, 4
המפסלת והמקדח der Hobel und der Bohrer.
B. kam. 119ᵇ הרי אלו . . . היוצא מתחת המקדח
שלו die Holzstücke (Späne u. dgl.), die mittelst
des Bohrers abfallen, gehören dem Arbeiter.
Kidd. 21ᵇ u. ö., vgl. סֹל. j. Kidd. I, 59ᵈ mit.
so wie unter מרצע (Ex. 21, 6) ein metallenes
Instrument, „Pfrieme" zu verstehen ist, אף כל
דבר שהוא של מתכח זה מקדח גרול so darf auch
ein anderes metallenes Instrument zu dem Bohrer
verwendet werden, näml. der grosse Bohrer.
Ohol. 2, 3 כמלא מקדח גרול ובמלגולות בית שגמאי אומרים
מקדח . . . באיזו מקדח אמרו בקטן של רופאים
דברי ר' מאיר וחכמים אומרים בגרול של לשכה
was den Schädel (einer Leiche hinsichtl. der Schadhaftigkeit) betrifft, so sagt die Schule Schammai's:
Wenn so viel davon fehlt, als der kleine Bohrer ausfüllt, so wird die Leiche als mangelhaft angesehen, infolge dessen sie nicht mehr verunreinigt.
Von welchem Bohrer ist hier die Rede? Von
der kleinen Lanzette der Aerzte; so nach Ansicht des R. Meïr. Die Chachamim sagen: Von
dem grossen Bohrer in der Zelle; s. w. u. Chull.
45ᵃ dass. Kel. 17, 12 ושנעשה בידי אדם שיעורו
כמלא מקדח גרול של לשכה שהוא כסרנדיון
האיטלקי וכסלע הנירונית von einer Luke, die
mittelst Menschenhände angefertigt wurde, ist
das Mass das des grossen Bohrers einer Zelle,
welcher die Grösse eines italienischen Pun-
dions (=zwei Ass), oder die eines Sela hat, der
zur Zeit des Kaisers Nero geprägt wurde.
Tosef. B. bath. III g. E. u. ö. Levit. r. s. 4, 148ᵈ
„Willst du etwa, weil ein Mann gesündigt hat,
über die ganze Gemeinde zürnen?" (Num. 17, 22)
משל לבני אדם שהיו יושבין בספינה נמל אחד
מהן מקדח והתחיל קורח תחתיו אמרו לו חבריהו
מה אחד יושב ועושה אמר להן מה אכפת לכם
לא תחתי אני קודה אמרו לו שהמים עולין ומציפין
עלינו את הספינה וכ' ein Gleichniss von
Menschen, die in einem Schiffe sassen und deren
Einer einen Bohrer nahm, mittelst dessen er anfing, unter seinem Sitz zu bohren. Seine Reisegefähr-
ten sagten zu ihm: Was thust du da? Er entgegnete ihnen: Was schadet es denn euch, dass
ich unter meinem Sitz bohre? Sie aber sagten zu ihm: Das Wasser steigt ja in die Höhe
und überschwemmt uns das Schiff! Ebenso
sagte Hiob (19, 4): „Wenn ich gefehlt habe, so

bleibt ja der Fehler bei mir." — Num. r. s. 9, 202ᵇ מקדח של חרס crmp. aus מקדרה, s. d.

מָקְדּוֹן, מוּקְדּוֹן masc. (griech. Μακεδών, syr. ‎ܡܩܕܘܢ‎; über die Vocalisation vgl. ר) der Macedonier. j. B. mez. II, 8° un. j. Ab. sar. II, 41° un. אלכסנדרוס מקדון Alexander, der Macedonier. In den Parall. steht, wie sonst gewöhnlich, מוקדרון, vgl. אַלְכְּסַנְדְרוֹס. Genes. r. s. 61, 62ᵇ, s. גְּבִיעָה. Jom. 69ᵃᵇ am 25. Tage des Monats Tebeth ist das Fest wegen des Berges Garizim; יום שבקשו כותיים את בית אלהינו מאלכסנדרוס מוקדון להחריבו ונתנו להם וכ' der Tag, an welchem die Samaritaner den Macedonier Alexander baten, unseren Tempel zerstören zu dürfen; was er ihnen auch gewährte. Infolge der Fürbitte Simon's des Gerechten (Tapfern) jedoch wurde der Tempel verschont, und die Juden verfuhren mit dem Garízim ganz so, wie die Samaritaner beabsichtigt hatten, mit unserem Gotteshause zu verfahren. Mechil. Jithro Par. 9 נפלת זו מלכות מקדון "fallend" (Gen. 15, 12), darunter ist das Macedonische Reich zu verstehen; nach einer andern Deutung das.: אימה זו מקדון "Angst" (das.), darunter ist das Macedonische Reich zu verstehen, und zwar mit Ansp. auf Dan. 7, 7 אמתני, worunter das vierte Thier mit den zehn Hörnern verstanden wurde.

מוּקְדּוֹנְיָא, מִקְדּוֹנִיָא (griech. Μακεδονία, syr. ‎ܡܩܕܘܢܝܐ‎) Macedonien, Name der bekannten Landschaft Griechenlands. Jom. 10ᵃ ob. מדי זו מקדוניא "Medien" (Gen. 10, 2), darunter ist Macedonien zu verstehen. Genes. r. s. 37 Anf. ומדי ומקדוניא dass. In den Trgg. jedoch steht מקדוניא für יון Griechenland, s. TW.

מִקְדָּשׁ m. (=bh. von קָדַשׁ) Heiligthum, heiliger Ort, zumeist: der Tempel in Jerusalem. M. kat. 9ᵃ משכן שאין קדושתו קדושת עולם die "Wohnung" (d. h. die Stiftshütte in der Wüste), deren Heiligkeit nicht eine ewige Heiligkeit war (da sie mit dem Einzug der Israeliten in Palästina aufgehört hatte); der "Tempel" hing., dessen Heiligkeit für die Ewigkeit bestimmt war. Erub. 2ᵃᵇ אשכחן מקדש דאיקרי משכן ומשכן דאיקרי מקדש wir finden, dass der "Tempel" in der Schrift: "Wohnung" genannt wird (näml. Lev. 26, 11: "Ich werde meine Wohnung, משכני, in eurer Mitte aufschlagen"; was die der jerusalemischen Tempel bezeichnen kann, da die Stiftshütte damals bereits bestanden hatte) und dass wiederum die Wohnung: "Tempel", "Heiligthum" genannt wird (näml. Ex. 25, 8: "Sie sollen mir machen einen Tempel", מקדש). Jom. 21ᵇ חמשה דברים שהיו בין מקדש ראשון למקדש שני ואלו הן ארון וכפורת וכרובים אש ושכינה ורוח הקדש ואורים ותומים durch fünf Dinge unterschied sich der erste (d. h. der Salomonische) Tempel von dem

zweiten (d. h. dem durch die aus Babylon zurückgekehrten Exulanten erbauten) Tempel (die näml. im ersteren vorhanden waren, im letzteren aber fehlten), u. zwar 1) die Bundeslade sammt dem Gnadendeckel und den Cherubim; 2) das Feuer vom Himmel (das die Opfer verzehrte); 3) die Schechina, Gottheit; 4) der heilige Geist (der mit dem Tode der Ersten Propheten aufhörte, vgl. חַגַּי) und 5) die Urim und Tummim. j. Hor. III, 47° un. — Pl. Meg. 16ᵇ ob. בכה על שני מקדשים שעתידין להיות בחלקו של בנימין ועתידין ליחרב "Josef weinte" wegen der zwei Tempel, die auf dem Gebiete Benjamin's entstehen und die später zerstört werden sollen (mit Ansp. auf צוארי pl., Gen. 45, 14). — Oft בית מקדש, z. B. Ber. 8ᵃ un. המקדש בית שחרב מיום אין לו להקב"ה בעולמו אלא ארבע אמות של הלכה בלבד seitdem der Tempel zerstört wurde, hat Gott in seiner Welt nichts mehr, als die vier Ellen (d. h. die enge Räumlichkeit), innerhalb deren das Gesetzstudium betrieben wird. Cant. r. sv. כמגדל, 22ᵃ (mit Ansp. auf לשבתך מכון, Ex. 15, 17) מכון נגד שבתך זה בית המקדש של מעלה gegenüber deinem Sitze, d. i. dem Tempel im Himmel; vgl. auch בִּנְיָן, לְבָנוֹן u. m. a.

מָקְדְּשָׁא, מָקְדְּשָׁא, מָקְדִּשׁ ch. (syr. ‎ܡܩܕܫܐ‎, מַקְדְּשָׁא=מִקְדָּשׁ) Tempel, Heiligthum, s. TW.

מְקַדַּשְׁתָּא f. (eig. Part. pass. von קְדַשׁ) öffentliche Buhlerin, eig. wohl: Geweihte, die in einem Götzentempel, einer Naturgöttin zu Ehren, ihre Keuschheit opferte; s. TW.

מִקְוָה m. (=bh. von קָנָה, קוֵי) 1) Versammlung, Ansammlung, s. TW. — 2) Teich, in welchem das Wasser gesammelt ist, insbes. die Tauch- oder Badeanstalt, in welcher das Reinigungsbad genommen wird und die wenigstens 40 Seah Wasser enthalten muss, Num. r. s. 18, 236° מקוה כשירה. שיעור ארבעים סאה מקוה בצים וששים בצים וכמה ומכה במקוה של ה' אלפים רז' מאות וששים כל מאה קמל בצים das Mass für das Wasser der rituellen Badeanstalt ist 40 Seah. Wieviel Eiermasse enthält eine solche Badeanstalt? 5760, das Seah beträgt also 144 Eiermasse. Jom. 31ᵃ wird dieses Mass angegeben: אמה על אמה ברום שלש אמות eine Elle im Quadrat bei einer Höhe von drei Ellen; dem Umfange des menschlichen Körpers entsprechend. — Trop. Kidd. 64ᵃ בנות ישראל מקוה טהרה לחללין die israelitischen Töchter bilden das Reinigungsbad für die priesterlich Entweihten d. h. wenn ein Chalal (s. חָלָל) eine Israelitin heirathet, so darf seine von ihr geborene Tochter einen Priester heirathen, obgleich ihr Vater für den Priesterdienst untauglich ist. Das. 77ᵃ כשם שבני ישראל מקוה טהרה so lächelt כך בנות ישראל מקוה טהרה לחללים wie die israelitischen Söhne ein Reinigungsbad für die Chalala's (eig. Entweihten, s. חֲלָלָה) bil-

den, ebenso sind auch die israelitischen Töchter ein Reinigungsbad für die Chalals; d. h. so wie die von einem Israeliten und einer Chalala geborene Tochter einen Priester heirathen darf, ebenso darf die von einem Chalal und einer Israelitin geborene Tochter einen Priester heirathen. j. Jom. VIII Ende, 45ᶜ (mit Ansp. auf מקוה, Jer. 18, 4; eig. „die Hoffnung Israel's ist Gott") מה מקוה מטהר את הטמאים אף הקדוש ברוך הוא מטהר את ישראל so wie das Bad die Unreinen reinigt, ebenso reinigt Gott Israel. — Pl. j. Ter. IV, 43ᵃ un. שני מְקוֹאוֹת zwei Badeanstalten. j. Ab. sar. V, 44ᵈ un. u. ö. Tosef. Par. VII u. ö. מִקְנָאוֹת. — Davon rührt auch der Name des Talmd. Tractats: מקוואות Mikwaoth her (bei den Gaonäern und Ar. מִקְוָת Mikwoth genannt), die zumeist von den rituellen Reinigungsbädern handelt. — 3) (von קרי=קהי, קָהָא, s. d.) Kahm, eig. Angesammeltes. Keth. 75ᵃ מקוה דחמרא Ar. (Agg. מוּסְפִין) der Weinkahm, s. קיוהא).

מָקוֹם m. (=bh., von קום) 1) Ort, Stelle, eig. wo man steht, sich befindet. Ber. 6ᵇ ob. כל הקובע מקום לתפלתו אלהי אברהם בעזרו wenn Jem. einen Ort für sein Gebet bestimmt (d. h. immer an einem und demselben Orte betet, nach der Art, wie es Abraham that), so wird der Gott Abraham's zu seiner Hilfe sein. Ab. sar. 8ᵇ un. „Du sollst nach dem Ausspruche verfahren, den man dir von jenem Orte aus sagen wird" (Dt. 17, 10), מלמד שהמקום גורם das besagt: dass jener Ort zur Befolgung verpflichtet; d. h. dass der richterliche Ausspruch in Criminalangelegenheiten nur dann Giltigkeit habe, wenn er vom Sitz des Synedriums in der Quaderhalle, nicht aber, wenn er von einem Gerichtscollegium ausserhalb des Tempels ausgehe. Snh. 14ᵇ das., wo jedoch auf המקום in Dt. 17, 8 Bezug genommen wird. — Trop. Jom. 38ᵃ un. בשמך יקראוך ובמקומך ישריבוך רכ׳ mit deinem Namen wird man' dich herbeirufen und dich auf deine Stelle (den dir gebührenden Rang) setzen u. s. w., vgl. יָשַׁב. Keth. 103ᵇ. Hor. 11ᵇ, s. מִלָּא. Taan. 21ᵇ, s. כָּבֵד. Git. 69ᵇ u. ö. אותו מקום jener Ort, bildl. für: die weibliche Scham. — 2) übrtr. Ursprung. Schebu. 45ᵃ in der Mischna הין שניהן חשודין חזרה שבועה למקומהדוכ׳ wenn sie beide (Kläger und Beklagter) verdächtig waren (Keiner also den auferlegten Eid leisten kann), so geht der Eid zu seiner Stelle zurück; so nach Ansicht des R. Jose. R. Meïr sagte: Sie theilen die streitige Summe unter einander. Vgl. Gem. das. 47ᵃ zur Erklärung unseres Ws.: רבותינו שבבבל אמרו חזרה שבועה לסיני רבותינו שבארץ ישראל אמרו חזרה שבועה למחוייב לה unsere Lehrer in Babylon (näml. Rab und Samuel) sagten: Der Eid geht zum Sinai zurück (d. h. da bei diesem Processe eine Eidesleistung unmöglich ist, so befasst sich das Ge-

richt gar nicht damit; stellt vielmehr die Bestrafung des Ungerechten Gott anheim, der auf dem Sinai das Verbot des Raubens ausgesprochen hat). Unsere Lehrer in Palästina (näml. R. Abba) sagten: Der Eid kehrt zu dem dazu Verpflichteten zurück (d. h. da nach dem mosaischrabbinischen Gesetze gewöhnlich der Beklagte den Reinigungseid zu leisten hat und nur in dem Falle, wenn er des Meineides verdächtig ist, der Eid dem Kläger zugeschoben wird, was aber hier nicht angeht, weil auch Letzterer des Meineides verdächtig ist: so kehrt der Eid zu dem ursprünglich dazu Verpflichteten zurück, welcher nun, da er zum Eide nicht zugelassen wird, die eingeklagte Summe bezahlen muss). (מתוך שאינו יכול לישבע משלם. — 3) Gott, der Ursprung aller Dinge, der Raum, τόπος, vgl. מָעוֹן, s. auch צוּרָה. Genes. r. s. 68, 67ᶜ (mit Bez. auf ויפגע במקום, Gen. 28, 11) למה מכנין שמו של הקב״ה וקורין אותו מקום שהוא מקומו של עולם אמר ר׳ יוסי בן חלפתא אין אנו יודעין אם הקב״ה מקום עולמו או אם עולמו מקומו ממה דכתיב הנה מקום אתי הוי הקב״ה מקומו של עולם ואין עולמו מקומו Ar. (anders in Agg.) weshalb umschreibt man den Namen Gottes mit מקום? Weil er der Ort seiner Welt ist (der dieselbe in sich fasst). R. Jose ben Chalafta sagte: Wir würden nicht wissen: ob Gott der Ort seiner Welt, oder ob seine Welt sein Ort sei (d. h. ob Gott extramundan oder intramundan sei)! Da es aber heisst: „Siehe, der Ort ist bei mir" (Ex. 33, 21), folglich ist Gott der Ort der Welt, aber nicht die Welt sein Ort. Tanchuma Ki tissa, 118ᵃ הנה אני במקום הזה אינו אומר אלא הנה מקום אתי מקומו טפילה לי ואין אני טפל למקומי nicht (Ex. l. c.): Ich bin an diesem Orte, sondern: „Der Ort ist bei mir"; was besagt: Mein Ort ist mir nebensächlich (Attribut Gottes), ich aber bin nicht meinem Orte nebensächlich; vgl. auch אַתֶּר (woselbst jedoch anst. Genes. r. zu lesen ist: Exod. r.). Ab. sar. 40ᵇ ברוך המקום gelobt sei Gott! Bech. 45ᵃ דבר זה רבינו הגדול אמרו המקום יהיה בעזרו folgende Halacha sagte unser grosser Lehrer (Rab), Gott helfe ihm! Nid. 49ᵇ dass. Ber. 16ᵇ u. ö., vgl. חָסְרוֹן.

מְקוֹמָא ch. (eig. =מָקוֹם) Stand, Bestand; übrtr. (=hbr. יְקוּם) Hab und Gut, Werthgegenstand, substantia. Cant. r. sv. חומה, 33ᵇ ר׳ זעירא נפק ליה לשורקא למזבן מקומא R. Seïra ging auf die Strasse, um einen Werthgegenstand einzukaufen; gew. מְקָמָא s. d.

מָקוֹר m. (=bh. von קור) Quelle, bes. vom Menstruum. j. Nid. IV g. E., 51ᵇ דם נדה מן המקור דם בתולים אינו מן המקור אלא מן הצד das Menstruum kommt aus der Quelle, das Blut der Jungferschaft hing. kommt nicht aus der Quelle, sondern von der Seite.

28*

מָקוֹר *m.* (von נָקַר) Instrument, mittelst dessen man die Zacken der Handmühle, wenn sie stumpf geworden, schleift; etwa Zackenschleifer, vgl. כָּבֵשׁ im Piel. Kel. 29, 6 יד המקור der Griff des Zackenschleifers. Tosef. Kel. B. bath. VII mit. את שדרכו לאחוז בשתי ידיו כגון יד המקור etwas, was man gewöhnlich mit beiden Händen anfasst, wie z. B. der Griff des Zackenschleifers.

מִקּוֹרָא *m.* (syr. ܡܲܩܘܪܐ, ܢܘܩܪܐ rostrum, Stw. נָקַר) eig. Nagewerkzeug, daher Schnabel. Genes. r. s. 64 g. E., 63° אתא הדין קורא מצראה דמקורירה ארוך דהב kam das egyptische Rebbuhn, das einen langen Schnabel hat, steckte seinen Schnabel hinein (in den Rachen des Löwen, der einen Knochen heruntergeschluckt hatte) und zog den Knochen heraus; vgl. גַּלְגֵּל.

מָקוֹת Khl. r. sv. מה שהיה, 73^b כמה מקות crmp. (l.=Ar. sv. כמה נרות כמה קסלפנס סכין) סכין wie viele Lichter und wie viele Lampen! s. d. W.

מְקַזְתָּא *f.* (von נְקַז s. d.) Verlegung, Verschiebung des Neujahrsfestes auf den nächstfolgenden Tag, eig. Abzug. Mögl. Weise ist מְקַזְתָּא zu lesen, näml. von קַז s. d. j. Ab. sar. IV Anf., 43^d ob. מקזתא jene Verschiebung, s. מַמְשׁוּטִיתָא. j: Suc. IV Anf., 54^b und j. Schebi. I, 33^b un. dass.

מְקַזְיָא *m.* Adj. (von קַז, syn. mit קָצָץ) der Verschnittene, Eunuch; daher (=hbr. סָרִיס, chald. קְצוּצָא, s. d. W.) Bediener. — Pl. Pesik. Beschallach, 84^a לאחד שנפלה לו ירושה במדינת הים והיה יורש עצל עמד ומכרה בדבר מועט והלך הלוקח ומצא בה סימא ובנה בה פלטין והיה מהלך בשוק מקזזיי מן קדמוי מזוזרי מן בתרוי התחיל המוכר נחנק ואומר ווי ומקזזיי Ar. ed. pr. sv. קזז (Ag. crmp. מה אבדתיי') in der Parall. Cant. r. sv. נטול, 24^a steht dafür (ועבדים מהלכין אחריי) ein Gleichniss von Jemdm., dem in einem überseeischen Lande ein Erbgut zugefallen war und der das dasselbe, da er ein lässiger Erbe war, für einen geringen Preis verkauft hatte. · Der Käufer aber, der es sorgfältig durchgrub, fand darin einen Schatz, baute darauf einen Palast und ging auf der Strasse mit Bedienern vor ihm und Bedienten hinter ihm. Hierauf fing der Verkäufer an, sich zu grämen (eig. sich abzumartern, vgl. חָנַק nr. 2), indem er ausrief: Wehe, was habe ich verloren! Dasselbe fand bei den Egyptern statt, die beim Anblick der Israeliten in königlichen Schlachtreihen (טכסיס, s. d.), ausriefen: Wehe, „was haben wir gethan, dass wir die Israeliten aus unserem Lande fortziehen liessen!" (Ex. 14, 5).

מִקְזָה *m.* (von קָזָא s. d.) eine ölreiche Baumart. j. R. hasch. II, 58^a ob. wird das

עצי שמן der Mischna erklärt durch מקזנא, das zu Feuerfackeln verwendet wurde.

מִקָּח oder מַקָּח *m.* (=bh. מִקָּח, von לָקַח) 1) das Annehmen, die Annahme. Ueber die Vocalisation unseres Ws. vgl. Heller's Tosafoth zur nächstflg. Stelle: Manche lesen das W. (=bh.) מִקָּח mit Chirek; manche jedoch מַקָּח, mit Patach unter dem Mem; auch diese letztere Lesart ist zulässig, denn die Aussprache der Rabbinen weicht oft von der des biblischen Hebraismus ab, zumal, da die letztgenannte Form auch in biblischen Wörtern anzutreffen ist, wie z. B. מַשָּׂא. מַתָּן u. a. m. Dahing. ist die Lesart מֶקַח, Mem mit Segol, zu verwerfen. — Aboth 4, 22 Gott, ולא שכחה ולא עולה לפניו שאין שלו שוחד מקח ולא פנים משא לו בעל הכל bei dem keine Ungerechtigkeit, keine Vergessenheit, keine Bevorzugung und keine Annahme der Bestechung stattfindet; da Alles ihm gehört (zum Theil aus 2 Chr. 19, 7). — Gew. 2) das Kaufen, der Empfang der Waare, Erwerb; übrtr. das Erworbene, Gekaufte, was zu kaufen ist. Pes. 112^b אל תעמוד על המקח בשעה שאין לך דמים stelle dich nicht zum Kauf, wenn du kein Geld hast! d. h. gieb dir bei feilgebotener Waare nicht den Anschein, als ob du sie kaufen wolltest, wenn du den Preis dafür nicht zu geben im Stande bist; denn hierdurch würde der Verkäufer, da sich Kauflustige fern halten, zu Schaden kommen, vgl. מֶכֶר. B. bath. 69^b מקח טעות ein Kauf, wobei ein Irrthum vorgefallen. Das. 90^a ביטול מקח das Rückgängigmachen des Kaufes. Kidd. 73^b בעל מקח der Verkäufer, Besitzer der Waare. Suc. 40^b דרך המקח die Art des Kaufens. Keth. 17^a ob. מקח רע שלקח מי soll man Jemdm., der einen schlechten Kauf auf dem Markte gemacht hat, מן השוק ישבחנו בעיניו או יגננו בעיניו die Waare loben, oder sie als hässlich schildern? Du wirst doch wohl eingestehen, dass man sie loben soll! Hieraus schliesst die Schule Hillel's, dass man eine Braut an ihrem Hochzeitstage, selbst wenn sie hässlich sei, als eine schöne und liebliche preisen solle. Das. 10^b לך זבה במקחך gehe und nimm deinen Kauf (deine geheirathete Frau) hin; d. h. es liegt kein Grund zur Scheidung vor. j. Keth. I Anf., 24^d יערב עליו המקח möge ihm der Erwerb (seiner Frau) lieb sein! Taan. 31^a die hässlichen Mädchen auf den Versammlungsplätzen riefen aus: קחו מקחכם לשם שמים nehmet euren Kauf um Gottes Willen! d. h. heirathet uns, obgleich wir keine körperlichen Vorzüge aufzuweisen haben. — B. bath. 155^b אם יודעת בטיב משא ומתן מקחה מקח וממכרה ממכר wenn es (das 14jährige Mädchen) der Geschäftsweise kundig ist, so ist sein Einkauf, wie sein Verkauf giltig; vgl. auch פַּעוּט. Sot. 47^a, vgl. חֵן. B. mez. 79^b u. ö. מקח וממכר eig. Einkauf und Verkauf,

d. h. Handel. Num. r. s. 20, 241ᶜ „Bileam und
Balak kamen קרית חצות“ (Num. 22, 39); שעטה
שוֹרקים של מקח וממכר ועשה לו אטלֵיס להראות
לו אוכלוסין לומר ראה מה אלו באין להרוג בני אדם
ותרנוקית שלא חטאו להן das bedeutet: Letzterer
errichtete Handelsplätze („Märkte“, anspielend
auf חצות) und stellte einen Bazar auf, um Jenem
die herbeiströmenden Schaaren zu zeigen und
ihm zu sagen: Siehe da, wie jene (Israeliten)
herbeikommen, um (durch Uebervortheilung)
herangewachsene Menschen und selbst Kinder
zu tödten, die sich gegen sie nichts haben zu
Schulden kommen lassen! — Trop. Exod. r. s.
33 Anf. „Verlasst nicht meine Lehre“ (Spr. 4, 2);
אל תעזבו את המקח שנתחי לכם das bedeutet:
Verlasset nicht den Erwerbsgegenstand, den
ich euch gegeben habe; mit Ansp. auf לְקַח (das.).
Levit. r. s. 30, 174ᵇ במקח ולא בגזל den Feststrauss, den ihr durch Kauf, nicht aber durch
durch Raub erworben habet, dürfet ihr zur Erfüllung des Gebotes verwenden, mit Ansp. auf
מִצְוָה ולקחתם (Lev. 23, 40); vgl.

מַקְטְיָא f. (syr. ܡܰܩܛܰܝܳܐ, von קְטֵי = מִקְטְיָא
s. d.) Gurkenfeld, cucumerarium, s. TW. —
Davon N. pr. j. M. kat. I, 80ᵇ un. בית עלמא
דבר מקטיא der Friedhof des Bar Makteja
(Name eines Mannes oder eines Ortes).

מְקְטָּרָה f. (von קְטַט) Zänkerei, Kränkung,
Quälerei. j. Snh. III Anf., 21ᵃ mit. קינטה
wenn במקטיה דנידקים קיבל עליו יכול לחזור בו
der Richter den Processführenden durch Kränkung
so lange quälte, bis er das Urtel annahm, so
ist letzterer berechtigt, dagegen Widerspruch zu
erheben.

מְקַטְרֵג m. (syr. ܡܰܩܛܪܓ, von קטרג, gew.
קַטְרֵג, κατήγορος, s. d W.) Ankläger, Accu-
sator. Genes. r. s 49 g. E. הקטיגור הזה כל כ
זמן שהסניגור מלמד והדיין מסביר לו פנים ממתין
עומד לו הדיין כשתחק הסניגור והמקטרגא הולך לעשות
שליחותו der Ankläger wartet, so lange der Vertheidiger seine Vertheidigungsrede vorträgt und
der Richter ihr Gehör verleiht; schweigt aber der
der Richter, so schweigt der Vertheidiger und
der Ankläger geht, um seinem Auftrage gemäss
zu handeln; mit Bez. auf Gen. 18, 33 und 19, 1:
„Gott ging als er aufgehört hatte, mit Abraham
(der für Sodom Fürbitte gethan) zu reden . . .
und die beiden Engel kamen in Sodom an.“

מִקְטוֹרָה, מַקְטוֹרֶן m. (lat. amictorium) Kleidungsstück, das übergeworfen wird, die
Brusttuch, Halstuch. Ar. erklärt das W.
durch das arab. برنس, ברלוס Burnus: ein Gewand, das eine Kopfhülle enthält und mit Haken
und Oesen versehen ist. Ad. Brüll: Trachten
der Juden p. 32 versteht darunter bes. die
Brustbinde. Schabb. 120ᵃ אונקלי מקטורן

ופרגודא das Brusttuch, die Aermel (ἀγκάλη) und
der Gurt (funda). j. B. mez. II Anf., 8ᵇ עזל
כריך במקטורה ein Gespinnst, das in eine Hülle
eingewickelt war. Ab. sar. 58ᵇ אדמקטורך עלך
זיל הדר während du noch dein Brusttuch anhast,
kehre um! d. h. warte nicht so lange, bis du
das Reisegewand abgelegt hast, sondern kehre
sofort zurück, um das zu widerrufen, was du unrichtig gelehrt hast; ähnlich אברוך ארחלא, s.
מקטורן II. Tosef. Kel. B. bath. VII Anf.

מוֹק s. in מו׳. — מוֹקיוֹן s. קום. — מוֹקים für מוֹק

מָקִימָה Werthgegenstand, s. מְקָמָא.

מַקֵּל m. (=bh. von מַלֵּל) Stock, Stab. Das
W. dürfte urspr. (ähnl. dem arab. قَاقِلَة cacumen)
den harten, sich über die Aeste und Zweige erhebenden Baumstamm bedeuten (vgl. Gen. 30,
37); sodann übrtr. den harten, festen Stock,
dessen man sich zum Schlagen oder zur Stütze,
Krücke bedient; unterschieden von מַטָּה (von
נָטָה): der dünne, biegsame Stab oder Ast;
vgl. auch קֵילָא. — Kel. 17, 16 מקל שיש בו
בית קבול מזוזה ומרגלית ein Stock mit einem
Behältniss zur Aufnahme einer Mesusa (siehe
מזוזה), welche die Reisenden als Amulet mit
sich zu führen pflegten, oder eines Edelsteines;
welchen letztern näml. die Defraudanten der
Zölle im Stock zu verbergen pflegten. Nach
Bertinoro (vgl. auch Heller's Tosaf. z. St.) hätten die Defraudanten eine Mesusa, die zollfrei
wäre, auf die Edelsteine gelegt, damit sie das
Zollamt frei passiren könnten. Tosef. Kel. B.
mez. VII dass., vgl. auch בָּלַט. Schabb. 66ᵃ un.
מקל של זקנים der Stock, die Krücke der Greise,
vgl. סוּגָּיָא. Ab. sar. 3, 1 (40ᵇ) וחכמים אומרים
אינו אסור אלא כל שיש בידו מקל או שיש או כדור
כדור die Chachamim sagen: Nur eine solche
Statue ist verboten (d. h. als Götze anzusehen),
die einen Stock, oder einen Vogel, oder eine
Kugel in der Hand hat. Vgl. j. Ab. sar. III,
42ᵇ un. מקל שהוא רודה בו את העולם צפור
ותמצא כקן ידי וג׳ כדור שהעולם עשוי ככדור
einen „Stock“ (trägt der Götze in seiner Hand), als
Symbol, dass er damit die Welt regiert; einen
„Vogel“ als Symbol: „Meine Hand erreicht wie ein
Vogelnest das Vermögen der Völker“ (Jes. 10,
14); einen „Ball“ als Symbol (der Weltregierung),
denn die Welt ist wie eine Kugel beschaffen,
כַּדּוּר. In bab. Ab. sar. 41ᵇ ist dieser Satz kakophe-
mistisch umschrieben: מקל שרודה את עצמו תחת
כל העולם כולו ומקל וב׳ wörtlich ein „Stock“
als Symbol, dass er sich der ganzen Welt unter-
werfe, wie ein Stock u. s. w. Genes. r. s. 39, 38ᵇ,
s. מוֹנִיטִין. — Trop. Schabb. 139ᵃ אלו „Gott zerbricht den Stab der Frevler“ (Jes. 14, 5); אלו
הדיינין שנעשר מקל לחזניהם das zielt auf diejenigen Richter hin, welche ihren Aufsehern
(Gerichtsdienern) als Stock, Stütze dienen; welche

letztere näml. im Einverständniss mit den Richtern, den Beklagten nicht vors Gericht vorladen; oder, ihn nach ausgesprochenem Decret nicht eher pfänden, als bis sie von dem Kläger Bestechung erhalten haben. j. Ned. IX Anf., 41ᵇ man fragte einen Gelehrten, der hinsichtlich der Gelübde vielfache Erleichterungen gelehrt hatte: מנא לך הדא אמר להן משרת ר' מאיר הייתי בברחו שנים ואית דאמרי מקל של ר' מאיר היתה בידי ודיא מלמדת לי דעת woher hast du das? Er antwortete ihnen: Ich war der Diener des R. Meïr in den Jahren, als er flüchtig gewesen. Manche sagen, er hätte geantwortet: Den Stock des R. Meïr hatte ich in meiner Hand, welcher mich Wissen lehrte (ähnlich dem Stab der Propheten). Mögl. Weise ist hier מַקֵּל anspielend auf מקל; d. h. die von R. Meïr oft beobachtete Weise, bei Gelübden zu erleichtern, diente mir zur Stütze; vgl. Pes. 52ᵇ (mit Ansp. auf מַקְלוֹ. Hos. 4, 12) כל המיקל לו מגיד לו wer ihm erleichtert, der belehrt ihn; d. h. von dem nimmt man Belehrung an. Tosef. Schabb. VII (VIII) Anf. השואל במקלו ואומר אם אלך אם לא אלך וכ' wer seinen Stock befragt: Soll ich gehen, oder soll ich nicht gehen? übt einen heidnischen Brauch, Aberglauben; ansp. auf Hos. l. c. „Sein Stock verkündet ihm." — Pl. R. hasch. 22ᵃ ואם צורה להן לוקחין בידם מַקְלוֹת wenn man ihnen (den Zeugen, welche zum Gerichtscollegium reisen, um ihm die Verjüngung des Neumondes anzuzeigen) auflauert, so dürfen sie, selbst am Sabbat, Stöcke mitnehmen. j. B. bath. VII g. E., 15ᵈ היה עשוי כמין מקלות wenn das Feld die Form von (nebeneinander liegenden) Stöcken hatte. — Jom. 6, 7 im j. Tlmd. מקלות wahrsch. contr. aus מקלעות, s. מַקְלָעָה.

מִקְלָה f. (von קָלָה, קְלִי) 1) das Brennen, Verbrennen. B. mez. 74ᵃ ודא מחוסר מקלה er (der in den Ofen geworfene Kalk) bedarf doch noch des Brennens, des Herausnehmens aus dem Ofen und des Zerreibens! Weshalb darf also auf ihn ein Kauf abgeschlossen werden? vgl. לִפַּח. — 2) Brandstätte, Herd. Taan. 2, 1 (15ᵃ) das Verfahren am Fasttage war folgendes: Man trug das Vorbeterpult auf die Strasse; ונותנין אפר מקלה על גבי התיבה וברא הנשיא ובראש אב בית דין וכל אחד ואחד נותן בראשו sodann schüttete man Asche vom Herde auf das Pult, sowie auf das Haupt des Fürsten (Nasi) und auf das Haupt des Vorsitzenden des Gerichtscollegiums, und hierauf schüttete jeder Einzelne Asche auf sein Haupt. Das. 16ᵃ נותנין אפר מקלה על גבי ספר תורה Ms. M. (das. 2 Mal; Agg. על גבי התיבה) man schüttet die Asche vom Herd auf die Gesetzrolle. Für die Richtigkeit der LA. des Ms. spricht der Satz das.: R. Sera sagte: מרים כי היד חזינא להו לרבנן דהדבי אפר מקלה על גבי ספר תורה מזדעזע לי כוליה גופאי als ich

zum ersten Mal sah, dass die Gelehrten die Asche vom Herde auf die Gesetzrolle schütteten, so wurde mein ganzer Körper erschüttert; beim Anblick des Ascheschüttens auf das Pult (התיבה Agg.) würde er wohl nicht so erschüttert worden sein. — Das. חד אמר הרי אנו חשובים לפניך כעפר וחד אמר כדי שתחזכור לנו אפרו של יצחק Ms. M. (Agg. כאפר, und der hier eingeklammerte Satz fehlt) ein Autor sagte: (Durch das Streuen der Asche auf das Haupt eines Jeden wollte man gleichsam zu erkennen geben:) Wir gleichen vor Dir, o Gott, dem Staube; ein anderer Autor sagte: (Man gab zu erkennen:) Damit du uns eingedenk seiest der Asche Isaak's (d. h. des anstatt seiner geopferten Lammes, als Symbol für Isaak, vgl. אֵפֶר und עֲקֵדָה) und dich unser erbarmest. Nach Ansicht des ersten Autors darf auch „Staub"; nach der des zweiten Autors darf blos „Asche" hierzu verwendet werden (welche Num. 19, 17 ebenf. עפר genannt wird). Tosaf. das. 15ᵃ sv. ונתני, und 16ᵃ sv. אפר erklären אפר מקלה: Asche von verbrannten Menschenknochen (der Hingerichteten?), wodurch die Asche des geopferten Isaak (des Lammes) in Erinnerung käme. Sie scheinen also מקלה in der Bedeutung „des Verbrannten" aufgefasst zu haben, etwa wie עפר שרפה (Num. 19, 17); eine Erklärung jedoch, die sich schon dadurch als ganz unmöglich erweist, dass in der nächstflg. St. אפר מקלה zur Bezeichnung derjenigen Asche dient, die für die Lustration untauglich ist; während in Num. l. c. die Asche der verbrannten rothen Kuh ausdrücklich: עפר שרפת החטאת genannt wird. Genes. r. s. 49 g. E., (einigermassen abweichend von Taan. l. c.) חד אמר זכותו של אברהם ... ואנכי עפר ואפר ein Autor sagt: (Das Streuen der Asche am Fasttage diene zur Erinnerung an die Tugendhaftigkeit Abraham's: „Ich bin Staub und Asche" (Gen. 18, 27; wonach also auch Staub zum Streuen am Fasttage verwendet werden darf); ein anderer Autor sagt: Die Tugendhaftigkeit Isaak's soll in Erinnerung gebracht werden; wonach also blos Asche verwendet darf, s. ob. — Par. 9, 7 אפר כשר ... אפר מקלה die Asche, die zum Lustrationswasser tauglich ist (d. h. die von der rothen Kuh herrührt, welche in einer kufenartigen Vertiefung, s. גַּת nr. 3, verbrannt wurde); die Asche vom Herde, מִקְלָה=פִּירָה. Tosef. Par. IX Anf. אפר חטאה שנטמא הרי הוא כאפר מקלה die Asche der Lustration, welche verunreinigt wurde, ist ebensowenig brauchbar, wie die Asche vom Herde. j. Ber. IV, 7ᵈ. Ber. 28ᵃ u. ö., s. מַּה.

מַקְלוֹט m. (von קָלַט; =מַלְקוֹט s. d.) Geräth, wie Tasche u. dgl., womit man den Mist der Thiere auffängt, sammelt, etwa Mistauffänger. j. B. kam. II Anf., 2ᵈ wenn das Thier Excre-

mente auszuwerfen und hierdurch Anderer Gegenstände zu beschädigen pflegt, צריך שירא המקלוס בידו (das. 2 Mal) so muss der Besitzer desselben, so oft er es austreibt, den Mistauffänger zur Hand haben. Kel. 16, 7, s. מַלְקוֹס.

מְקוּלִין, מָקוּלוֹן *m.* (gr. μάκελον, neugr. μακελλεῖον, macellum, syr. مَقْبَتَا und مَقْبَتَا) Ort, wo das Fleisch zerhackt und verkauft wird, Fleischladen, Fleischerscharren, laniatorium; gew. als Plur. Chull. 95ᵃ מקולין ורבחי ישראל wenn ein Fleischladen und jüdische Fleischer an jenem Orte vorhanden sind. Das. בשביל שוטה זה שעשה שלא כהוגן אנו נאסור כל המקולין sollten wir etwa wegen dieses Narren, schlechten Menschen, der (dadurch, dass er unerlaubtes Fleisch an einen Nichtjuden zu dem Behufe verkauft hatte, dass letzterer es im Fleischladen wieder verkaufe) auf unerlaubte Weise verfuhr, alle Fleischläden als verboten erklären? j. Chag. I, 76ᵇ ob. ושמחת אפילו ממקולין „du sollst dich freuen (an deinem Feste", Dt. 16, 14) selbst beim Genuss von Fleisch aus dem Fleischladen; d. h. wenn auch nicht von dem der Freudenopfer. Der Fleischgenuss wird vorzugsweise „Freude" genannt, אין שמחה אלא בבשר. — Chull. 92ᵇ ob. die Noachiden, שאין שוקלין בשר הרמה במקולין welche das Fleisch eines gefallenen Thieres (viell.: eines todten Menschen, obgleich sie es sonst nicht im Fleischladen abwiegen. Men. 29ᵇ dem Mose wurde die Grösse des R. Akiba geoffenbart; ראה ששוקלין בשרו במקולין gleichzeitig sah er auch, dass man das Fleisch desselben im Fleischladen abwog, vgl. מַסְרֵק. Genes. r. s. 86 Anf., לפרה שהיו מושכין אותה למקולין ולא היתה 84ᵇ נמשכת מה עשה לה משכו את בנה לפניה והיתה מהלכת אחריו בעל כרחה שלא בטובתה וכ׳ ein Gleichniss von einer Kuh, die, als man sie in den Fleischladen schleppen wollte, sich nicht hinschleppen liess. Wie verfuhr man nun mit ihr? Man schleppte ihr Junges in ihrer Gegenwart dahin, infolge dessen sie ihm, obgleich mit Widerwillen, aus freien Stücken nachfolgte. Auf dieselbe Weise musste Josef nach Egypten gebracht werden, damit sein Vater, Jakob, dessen Bestimmung es war, dahin zu gehen, ihm gutwillig nachfolgte. Sifre Balak § 131 בנו להם מקולים die Moabiter bauten für die Israeliten (um sie heranzulocken) Fleischläden. j. Snh. X, 28ᵈ ob. קנפולין wahrsch. zu lesen מקולין.

מְקוּלָּס denom. von קוֹלָס s. d.

מַקְלָעָה *f.* (von קָלַע) eig. das Geflecht; übrtr. das Aufspannen in die Kreuz und Quer. — Pl. Jom. 6, 7 (67ᵇ) קלען במקלעות (jerus. Tlmd. במקלחת, viell. contr.) man flocht sie in Flechten; (in Gem. das. erklärt קליעה, d. h. man flocht den Farren und den Ziegenbock, die Opfer des Versöhnungstages, auf zwei Stangen, die auf den Schultern

von vier Trägern, zwei vorn und zwei hinten, ruhten. Die Thiere jedoch waren in die Kreuz und quer gelegt und zwar derart, dass jedes derselben mit dem einen Theil oberhalb der einen Stange und mit seinem andern Theil unterhalb der andern Stange sich befand; worauf man sie dann auf die Brandstätte trug.

מַקְלִיעָתָא *ch.* (=מַקְלָעָה) Geflecht, Haarflechte, Locke. — Pl. j. Schabb. VI Anf., 7ᵈ un. die Frau des R. Akiba, מַקְלְיעָתָא דהות מזבנא דרישה וירהבה ליה לעי באורייתא welche die Locken ihres Kopfhaares verkauft hatte, deren Erlös sie ihm gab, damit er sich mit dem Gesetzstudium befasse.

מַקְלוֹפִין *m.* pl. (von קְלַף) Schalen, Hülsen, s. TW.

מָקוֹם Ort, Stand, s. in מְקוֹ׳.

מְקַמָּא *m.*, מְקָמְתָא, מְקָמָה *f. ch.* (eig. = hbr. מָקוֹם, syr. مَقَبَتَا standi locus; insbes. wie das hbr. רְקוּם) 1) Werthgegenstand, substantia, Vermögen, Hab und Gut; (vgl. Pes. 119ᵃ, woselbst היקום, Dt. 11, 6, erklärt wird: זה ממונו של אדם שמעמידו [שמעמידו] על רגליו darunter ist das Vermögen des Menschen zu verstehen, das ihn aufrecht erhält). — j. Ned. XI, 42ᶜ un. דו רב לה מקמה בבא der ihr (beim Einkauf) einen Werthgegenstand giebt. j. Kidd. III, 63ᵈ ob. ich traue dich mir an, על מנת ליתן ליך מקמת פלן (lies=j. Erub. III, 21ᵇ ob. und j. Git. VII G. E., 49ᵃ מקמות) mit dem Versprechen, dass ich dir einen Werthgegenstand geben werde. j. Maas. scheni V, 56ᵇ un. פלן ברי יסב מקמת פלן mein Sohn N. N. soll jenen Werthgegenstand erhalten! Genes. r. s. 73 Anf., 72ᵃ so lange die Frau kinderlos ist, wird jede Schuld ihr zugeschoben; wenn sie aber Kinder hat, so schiebt sie Alles ihnen zu: מאן אכל הדא מקמתא wer hat jene theure Speise aufgegessen? Dein Sohn. בריך מאן תבר הדא מקמתא אלא ברך Wer hat jenes werthvolle Gefäss zerbrochen? Kein Anderer als dein Sohn; mit Anspiel. auf Gen. 30, 23: „Gott tilgte meine Schmach." Levit. r. s. 5, 150ᵃ ליך מקימה פלנית תנין איגר, לי hast du vielleicht jene Werthsache, und möchtest du sie mir leihen? vgl. מְגַר. — 2) Beschäftigung, Erwerbszweig. Exod. r. s. 30, 127ᵈ משל לשנים שירדו למקמא אחד ארגמן ואחד הדיוט מי גרם להדיוט ללקות לפי שלא היה לו מי שילמדנו ein Gleichniss von zwei Menschen, die sich in ein Geschäft (oder: Handwerk) einliessen und von denen der eine sachverständig und der andere unverständig war; woher kam es, dass der Unverständige zu Schaden kam? Weil er Keinen hatte, der ihm die Kunst lehrte. Ebenso sagte Gott: „Meine Hand erfasst das Recht" (Dt. 32, 41). Da sagte David: „Richte mich, o Gott, nach meiner Gerechtigkeit"! (Ps.

7, 9). Da er jedoch ermittelte, dass er, infolge des Mangels an einem Lehrer, öfter leiden musste, so rief er später aus: „Gehe nicht in's Gericht mit deinem Knecht!" (Ps. 143, 2).

מְקַמֵּק Palp. von מָקַק s. d.

מְקַנְיתָא *fem.* (von קְנִי) eig. Gestell von Stangen, namentlich ein viereckiger Untersatz der Bettstelle. j. Maas. scheni IV g. E., 55ᶜ חד כותיי אמר אנא אזיל מפליא בהדין סבא דיהודאי אתא לגברה אמר ליה חמית בחילמאי ארבע ארזין וארבע שיקמין מקניתא אדרא תורתא ודהדוא גברא יתיב מדרך אמר ליה תיסף רוחיה דהדוא גברא לית הדין חלם אפילו כן לית את נפיק ריקן ארבעתי ארזי ארבעתי שיטטתא דערסא ארבעתהי שיקמי ארבעתא כורעתא דערסא מקניתא מרגלתא אדרא ברא [דרא] דתיבנא תורתא אצבעתא והוא גברא יתיב מדרך והוא גברא רביע בגויה לא חיי ולא מיית וכן הוות ליה ein Samaritaner sagte einst: Ich will gehen und mich über jenen Gelehrten der Juden (R. Ismael bar Jose, der als ein Traumdeuter galt) lustig machen. Bei ihm angekommen, sagte er zu ihm: Ich sah in meinem Traume Folgendes: Vier Cedern, vier Sykomoren, ein Gestell auf einer Reihe von Latten und dieser Mann (d. h. ich) sass und trat darauf. Möge dieses Mannes (d. h. dein) Lebensodem schwinden, das ist gar kein Traum! Aber dessen ungeachtet sollst du nicht leer ausgehen: „Die vier Cedern" bedeuten die vier Seitenbretter des Bettes, „die vier Sykomoren" bedeuten die vier Füsse des Bettes, מקניתא bedeutet das Gestell, das auf einer Strohunterlage ruht, תורתא bedeutet die Latten (eig. Finger, über welche die Stricke gezogen werden); „Dieser Mann sass und trat darauf" bedeutet: Du wirst darauf liegen und weder leben noch sterben können! Das traf es ihm ein. In der Parall. Thr. r. sv. רבתי, 53ᶜ lautet dieser Passus ganz anders; z. B. דור דתבן וחורא רכיב עליה ein Gebund Stroh, auf welchem ein Ochs ritt u. dgl. m.

מוֹקְסֵי *m.* pl. (viell. verwandt mit מוֹזְקָא s. d. in 'מו) eine Art Kniehosen, Unterkleider. Musaf. hält das W. für ein griechisches(?) wonach es Mütze bedeuten soll. Genes. r. s. 36, 35ᶜ wird סרבלין (Dan. 3, 21) nach einer Ansicht übersetzt: במוקסריהון „Sie wurden gebunden in ihren Kniehosen." Esth. r. sv. להבוא, 104ᵇ und Jalk. zu Dan. II, 156ᵃ dass. Nach einer andern Ansicht: בגולליהון, s. גּוּלָּתָא; nach einer dritten Ansicht: בפטישיהון, s. פְּטִישָׁא. Ad. Brüll: Trachten der Juden p. 74 citirt Mai script. vel nova collect. I p. 184, wonach σαράβαρα (סרבלין): μώκια bedeuten soll und wovon dann מוקסי abzuleiten wäre.

מַקּוֹף *m.* (von נָקַף I, arab. نَقَفَ) der spitze Theil des Grabeisens, der in die Erde hin-

einbohrt; ähnlich arab. مِنْقَاف rostrum avis. Kel. 13, 3 נשבר מקופו טהור wenn die Spitze des Grabeisens (חַרְחוּר, s. d.) zerbrochen wurde, so ist das Instrument levitisch rein; d. h. es ist nicht mehr als ein brauchbares Geräth anzusehen.

מוּקָף *m.* (eig. Part. Hof. von נָקַף) Daranliegendes, eig. Umringtes. Chull. 7ᵃ לא נחשדו חברים לתרום מן המוקף Gelehrte sind nicht verdächtig, die Hebe für Früchte, die sich an dem einen Orte befinden, von solchen zu ertheilen, die sich anderswo befinden. Bic. 2, 5 die Hebe des Zehnten darf man entrichten שלא מן המוקף selbst von anderswo sich befindenden Früchten. Ter. 4, 3 u. ö.

מַקָּפָא Inf. (von נְקַף s. d.) umringen. j. Sot. I, 17ᵇ ob., s. נְקַף II.

מַקְפָנָא *masc.* 1) Ringmauer. — 2) umringendes Heer, s. TW.

מַקְפָּה *f.* (von קָפָה, bh. מָקְפָּא) eig. Zusammengeronnenes, eine Art Brei, sowie überh. Alles, was als Zukost dient (=ציקי קדרה s. d.). Teb. jom 2, 3 המקפה של תרומה והשום wenn der Brei aus Speisen der Hebe, der Knoblauch aber und das Oel (die dazu verwendet wurden) profan sind, d. h. nicht zur Hebe gehören. Das. Mischna 4, s. חֲלִיטָה. Ned. 53ᵇ מן המקפה מותר בגריסין מן המקפה אסור בשום ור'יוסי מתיר מן השום מותר במקפה (wenn Jem. gelobt:) keinen Brei zu geniessen, so darf er Graupen (zerstossene Bohnen) geniessen (denn, obgleich letztere zuweilen zum Brei genommen und als Zukost verwendet werden, so dienen sie dennoch gewöhnlich als besondere Speise); wenn er gelobt hat: keinen Brei zu geniessen, so darf er auch keinen Knoblauch (weil er gewöhnlich als Zukost gegessen wird) geniessen. R. Jose erlaubt letzteres. Wenn er aber gelobt: keinen Knoblauch zu geniessen, so darf er Brei geniessen. j. Ned. VI Ende, 40ᵃ מקפה של גריסים der Brei von Graupen. Suc. 29ᵃ dass. Chull. 14ᵇ שברי עריבה לצוק לתוכן מקפה die abgebrochenen Theile einer Mulde (die dazu dienen), um Brei hineinzugiessen. Schabb. 144ᵇ u. ö.

מוּקְצֶה *f.* eig. (Part. Hof. von קָצָה) Abgesondertes; daher 1) ein zum Gehöfte gehöriger, umzäunter (abgeschlossener) Raum hinter den Häusern. Erub. 2, 1 (18ᵃ ob.) דיר או סהר או מוקצה או חצר eine Stallung (d. h. ein umzäunter Platz auf dem Felde, wo das Vieh aufgestellt wird, um ersteres zu düngen; eine Stallung, die bald da, bald dort, je nachdem die Feldstrecke zu düngen ist, aufgerichtet wird), oder ein Rondel (ein mit einer Ringmauer versehener Platz, wohin die Thiere der

Stadt ausgetrieben werden), oder ein umzäunter Platz hinter den Häusern, oder ein Hofraum. Das. 101ᵃ ob. הדלת שבמוקצה die Thür eines umzäunten Platzes, die gewöhnlich nicht eingehoben, sondern blos angelehnt war. Schabb. 157ᵇ ob. עצים שבמוקצה die Hölzer, die auf einem umzäunten Platz liegen. — 2) ein lebendes oder ein lebloses Wesen, das zu einem bestimmten Gebrauch abgesondert, geweiht wurde. Sifra Wajikra Anf. Par. 2 מן הצאן להוציא את המוקצה „Von dem Kleinvieh (sollt ihr opfern", Lev. 1, 2), was das einem Götzen Geweihte ausschliesst; d. h. nur einen Theil des Kleinviehes darf man opfern. Nid. 41ᵃ dass. Das. מוקצה ונעבד das einem Götzen geweihte und das als ein Götze angebetete Thier. Tem. 28ᵃ ob. איזהו מוקצה המוקצה לעכו״ם was ist unter מוקצה zu verstehen? Dasjenige, was dem Götzen geweiht wurde. Das. 29ᵃ אין מוקצה אסור אלא עד שיעבדו . . . עד שימסרנו למשתחי עכו״ם . . . עד שיעשו בו מעשה das dem Götzen geweihte Thier ist, nach einer Ansicht, erst dann verboten, wenn man damit eine Arbeit verrichtet hat (d. h. irgend eine nebensächliche Arbeit, die mittelbar zum Götzendienst gehört, wie z. B. das Anspannen an einen Wagen, der Hölzer oder Opfer dem Götzen zuführt u. dgl. m. Nach dieser Erklärung wäre vielleicht אלא zu streichen. Namens Raschi's wird für unseren Satz noch eine zweite Erklärung angeführt, die jener vorgezogen hätte, dass näml. ein dem Götzen geweihtes Thier nur so lange verboten sei, bis man es zu einer Arbeit für die Götzenpriester verwendet habe; wenn letzteres jedoch bereits erfolgt sei, so werde es nicht mehr als Götzenopfer angesehen. Diese Erklärung jedoch passt nicht gut im Zusammenhang). Nach einer andern Ansicht: wenn man einen wirklichen Götzendienst verrichtet, z. B. seine Wolle zu diesem Behufe abgeschoren hat. Das. מין למוקצה מן התורה שנאמר תשמרו להקריב לי במועדו כל שיעושין לי שימור woher ist das Geweihte (d. h. das Gott geweihte Opfer — so nach früherer Auffassung dieser Stelle) aus der Bibel erwiesen? dass man näml. das Thier, bevor man es opfere, dazu weihen müsse? Aus Num. 28, 2: „Ihr sollt es beobachten, um es mir zu seiner Zeit zu opfern"; was bedeutet: Das, was man zum Beobachten bestimmt. Nach späterer Auffassung dieses Satzes bedeutet auch hier מוקצה: ein dem Götzen geweihtes Thier; der Beweis für das Verbot desselben aus der citirten Bibelstelle sei wie folgt: „Ihr sollt mir opfern", d. h. לי ולא לאדון אחר וכ׳ „mir" (לי), aber nicht einem andern Herrn, d. h. einem Götzen. — 3) bes. oft: ein Gegenstand, dessen Benutzung man sich auf einige Zeit begeben, aus dem Gedanken geschlagen hat; insbes. hinsichtl. des Sabbats oder des Festes, an welchen Tagen man nur solche Dinge ge-

niessen oder berühren darf, die man an einem vorangegangenen Wochentage hierzu bestimmt, vorbereitet hat, vgl. הָכָנָה. Alles also, was dieser Vorbereitung entbehrt, ist wegen מוקצה Mukza, verboten. Von den sehr vielen Arten von Mukza, die, nach Meïri in s. trefflichen Comment. zu Beza Anf., beinahe 50 betragen sollen, mögen hier nur die wichtigsten dieser Satzung aufgeführt werden: So z. B. ist (Bez. 2ᵃ fg.) der Genuss eines Eies, das am Feiertage von einer Henne gelegt wurde, die zum Eierlegen bestimmt war, nach Ansicht der Schule Hillel's, am Feiertage wegen Mukza verboten; weil beim Eintritte des Feiertages jenes Ei nicht vorhanden war (נוֹלַד), um daran denken zu können, dasselbe am Feiertage zu geniessen. Demnach wäre ein Ei, das von einer Henne gelegt wurde, die zum Essen bestimmt war, zum Genusse erlaubt; weil es gleichsam als ein, von der Henne losgelöster Theil (אוכלא דאיפרת) anzusehen sei. Schabb. 44ᵃ מוקצה מחמת מיאוס . . . מוקצה מחמת איסור Mukza infolge der Hässlichkeit (des Ekels), Mukza infolge eines Verbotes. So z. B. darf man, nach Ansicht des R. Juda, eine alte bereits benutzte Leuchte, Lampe, selbst wenn sie an diesem Sabbat kein brennendes Licht oder Oel enthielt, nicht von einer Stelle nach der andern schaffen, weil sie, infolge der früheren Benutzung, hässlich geworden (מוקצה מחמת מיאוס); eine neue Lampe hing., die noch gar nicht benutzt wurde, darf man nach einem andern Orte schaffen. Nach Ansicht des R. Meïr hing. darf man blos eine solche Lampe nicht fortschaffen, die am Sabbat selbst ein brennendes Licht enthielt, obgleich es bereits erloschen ist, weil sie infolge des Verbotes des Lichtanzündens und Verlöschens (מוקצה מחמת איסור). Nach Ansicht des R. Schimeon, der das Verbot der Mukza nicht anerkennt (ר׳ שמעון לית ליה מוקצה) darf man eine Lampe blos während das Licht daran brennt, nicht fortschaffen. In einigen Fällen jedoch hält auch Letzterer das Verbot der Mukza aufrecht. Vgl. Schabb. 45ᵃ u. ö. אין מוקצה לר׳ שמעון אלא גרוגרות וצמוקין בלבד R. Schimeon erkennt das Verbot der Mukza nur hinsichtlich der dürren Feigen und Rosinen an; die man näml. vor Eintritt des Sabbats auf das Dach zum Trocknen legt und man weil, sie innerhalb der Zeit des Trocknens ungeniessbar sind, nicht essen oder fortschaffen darf. Das. 157ᵃ מוקצה מחמת חסרון כיס Mukza wegen Geldschadens. Man darf daher, selbst nach Ansicht des R. Schimeon, Geräthe nicht fortschaffen, die leicht schadhaft werden, wie z. B. eine grosse Säge oder ein Grabeisen, deren Zacken leicht abgebrochen werden, da beim Eintritte des Sabbats ihre gewöhnliche Benutzung für diesen Tag aufgehört und man die feste Absicht hatte, sie nicht anderweit zu benutzen.

Bez. 30[b] und Schabb. 45[a] מוּקְצֶה מַחֲמַת מִצְוָה, oder מוּקְצֶה לְמִצְוָתוֹ Mukza infolge eines Gebotes. So z. B. ist jede Verwendung der Utensilien der Festhütte oder der Pflanzen des Feststrausses während der ganzen sieben Tage des Hüttenfestes verboten; weil man dieselben beim Eintritt des Festes zur Vollziehung des betr. Gebotes bestimmt und sich also jeder anderweitigen Verwendung derselben begeben hat. — Pl. Schabb. 43[b] ob. מוּקְצִין Gegenstände, die wegen Mukza verboten sind.

מוּקְצֶה m. (eig. Part. von קָצָה=מְקֻצֶּה) 1) ein Raum, wo eine Masse Früchte, bes. dürrer Feigen und Rosinen behufs völligen Austrocknens gehäuft liegen; und übrtr.: der Haufe dürrer Feigen. Maasr. 3, 2 Arbeiter, die der Arbeitgeber zu ernähren verpflichtet ist, אוכלין אחת אחת מן התאנה אבל לא מן הקופה ולא מן הסל ולא מן המוקצה dürfen von den Feigen (obgleich der Zehnt derselben noch nicht entrichtet ist) einzelweise (eine nach der andern), aber weder aus dem Korbe, noch aus einem ähnlichen Behältniss, noch von dem Haufen dürrer Feigen essen. j. Maasr. III Anf., 50[b] ein Autor sagt: אין אוכלין על המוקצה אלא לא מקומו von dem Haufen dürrer Feigen darf man (wenn man den Zehnten derselben noch nicht entrichtet hat) also zum Aufspeichern derselben bestimmten Raume essen; weil man näml. an diesem Orte erkennt, dass die Früchte noch nicht völlig ausgetrocknet und daher der Verpflichtung des Verzehntens noch nicht unterworfen seien. Ein anderer Autor sagte: אוכלין בין המוקצה בין על מקומו בין על שלא על מקומו man darf von dem Haufen dürrer Feigen sowohl an dem Ort, wo sie aufgespeichert sind, als auch wo sie es nicht sind, essen. Bez. 34[ab] עומד אדם על כו' והמוקצה man darf, wenn man sich in dem Raume, wo Feigen zum Austrocknen liegen, am Rüsttage des Sabbats im Brachjahre befindet, sagen: Morgen will ich von diesem Haufen essen. j. Ter. II g. E., 41[d] ob. R. Ismael bar Jose sagte: אבא היה נוטל עשר גרוגרות על המוקצה תשעים האנים שבכלכלה mein Vater entnahm zehn dürre Feigen vom Trockenplatz, als den Zehnten für die neunzig feuchten Feigen im Korbe. (Men. 54[b] und 55[a] steht dafür שבמוקצה dass.) Bez. 26[b] מוקצה שיבש ein Haufe dürrer Feigen, die völlig ausgetrocknet sind. Maasr. 1, 5 אבטיח משישלק ואם שיעשה עד מוקצה die Melone ist versagt dann dem Verzehnten unterworfen, wenn sie gelblich (ganz reif) geworden; eine solche aber, die nicht gelb wird, erst dann, wenn sie auf den Trockenplatz gebracht wurde. Schabb. 122[a] מעמידין אדם בהמתו על גבי עשבים בשבת אבל לא על גבי מוקצה בשבת man darf das Vieh auf die noch wachsenden Gräser am Sabbat stellen (ohne zu besorgen, dass man dieselben pflücken und das Vieh damit füttern

werde); aber man darf es nicht auf den Trockenplatz der Feigen am Sabbat hinstellen; weil zu besorgen ist, dass man einige Feigen davon fortnehmen und dem Vieh zum Fressen vorlegen könnte; was wegen Mukza (s. vrg. Art.) verboten ist. — 2) übrtr. ein stumpfes Schneidewerkzeug, mittelst dessen man die dürren Feigen (קְצִיעוֹת) von der Masse abhackt. Schebi. 8, 6 תאנים של שביעית אין קוצין אותן במוקצה אבל קוצין בחרבה die Feigen des Brachjahres darf man nicht mittelst des stumpfen Schneidewerkzeuges abhacken, sondern blos mittelst des Rebmessers abschneiden. (Maim. in s. Comment. z. St. erklärt auch hier מוקצה durch: Haufe dürrer Feigen; was jedoch das parall. חרכה nicht zulässt.) j. Schehi. VIII, 38[b] ob. dass. — 3) übrtr. grosser, vornehmer Mann, eig. (=קָצִין) ein vom gewöhnlichen Volke Abgesonderter. — Pl. Sifre Behalotcha § 85: „Das Feuer Gottes verbrannte בִּקְצֵה הַמַּחֲנֶה" (Num. 11, 1), das bedeutet: בַּמֻּקְצִים שֶׁבָּהֶם בִּגְדוֹלִים שֶׁבָּהֶם die „Abgesonderten" unter ihnen, d. h. ihre Grossen.

מַקְצוֹעַ m. (=מוּקְצָה, Stw. קָצַע, syn. mit קָצַץ, קָצָה, Grndw. קָץ, syn. mit גד, גד, קד u. v. a., s. d. W.) 1) abgeschlossener, umzäunter Raum, wo die Feigen zum Trocknen aufgehäuft liegen. Men. 54[b], 55[a], s. מוּקְצָה nr. 1. — 2) (=bh. מַקְצוּעָה f.) stumpfes Schneidewerkzeug zum Abhacken einiger dürren Feigen von der gepressten Masse, stumpfes Messer, Hacke. Schabb. 123[b] בראשונה היו אומרים שלש כלים בשבת ניטלין במקצוע של דבילה וכו' in früherer Zeit sagte man: Drei Arten von Werkzeugen dürfen am Sabbat von einem Orte nach dem andern gebracht werden, näml. die Feigenhacke u. s. w., vgl. מוּקְצָה. Tosef. Schabb. XIV Anf. und j. Schabb. XVII Anf., 16[a] dass. — Pl. j. Dem. I Anf., 21[c] un. אלו הן המכריעות משיקפלו המַקְצוֹעוֹת Spätfeigen sind solche, die beim Zusammenlegen der Feigenhacken noch zurückbleiben; weil man näml. dann nicht mehr beabsichtigt, solche Feigen abzupflücken. (Frankel in s. Comment. z. St. erklärt מקצועות durch Matten, מחצלאות, was jedoch nicht zutrifft, zumal da man auch bei Instrumenten: קפל findet, s. d. W.) Tosef. Dem. I Anf. dass. Ned. 62[b] wenn Jem. sich etwas durch ein Gelübde versagt: עד שיעבור הקיץ עד שיקפילו המקצועות bis der Sommer verstrichen sein wird, so meint er: bis man die Feigenmesser zusammengelegt hat. Das. 62[a] הוקפלו רוב המקצועות die meisten Feigenmesser wurden bereits zusammengelegt.

מַקְצוֹעַ m. (=bh.) 1) Ecke, Winkel. Tamid 3, 3 und Jom. 15[b] מקצוע מערבית צפונית der

nordwestliche Winkel. — 2) bildl. Grundpfeiler. B. bath. 175ᵇ הרוצה שיחכים יעסוק
בדיני ממונות שאין לך מקצוע בתורה יותר מהן
והן כמעיין הנובע wer weise werden will, soll
sich mit dem Civilrechte beschäftigen; denn es
giebt keinen Grundpfeiler in der Gesetzlehre,
der jenes an Grösse überträfe, und es ist einem
sprudelnden Quell vergleichbar. Ber. 63ᵇ dass.
— Pl. Tosef. Chag. I Ende מִקְצוֹעֵי אלו שמנה
גופי הלכות תורה jene acht (Gesetzlehren, näml.
betreffs der Gerichtsbarkeit, der Tempeldienste
u. s. w.) sind die Grundpfeiler der Gotteslehre
und bilden die Hauptgesetze. Tosef. Erub. XI
(VIII) Ende dass.

מְקָצָת f. (=bh., eig.=מן קצת. Stw. קצר,
קצה, s. קְצָת) ein Theil, Einiges, Etwas;
Ggs. zu הַבֹּל: Alles. j. Schebu. VIII Anf.,
38ᵇ נושא שכר והשוכר לפי שההנה מקצת ומהנה
מקצת der für Lohn מקצת ומשלם מקצת
Hütende, sowie der Miether (eines Thieres u. dgl.
zur Arbeit oder zur sonstigen Benutzung) müssen,
da sie beide zum Theil Genuss haben und zum
Theil Genuss gewähren, über einen Theil der
Verluste schwören und einen andern Theil bezahlen; d. h. der Hüter eines Gegenstandes für
Lohn zieht Nutzen durch den Sold, den er erhält, gewährt aber auch dem Eigenthümer des
ihm anvertrauten Gutes Nutzen durch die Hütung
desselben; der Miether eines Gegenstandes zieht
von demselben den Nutzen, dass er ihn zu dem
oder jenem Gebrauch verwenden kann, gewährt
aber auch dem Eigenthümer durch die Miethe-
zahlung Nutzen. Beide, d. h. der Hüter sowohl,
als auch der Miether, werden bei vorgekomme-
nem Verluste, durch ihre beschworene Behauptung,
dass das Thier z. B. gefallen, oder gefangen
worden sei, zu Schadenersatz verurtheilt. Sifra
Schemini Par. 9 cap. 11 טמאת מקצת ומהרת מקצת
erklärst da für unrein,
einen Theil (der Saaten) erklärst da für unrein,
aber einen Theil für rein. Pesik. Schuba, 165ᵃ
מקצת הנפש ככל הנפש ein Theil des Lebens
ist wie das ganze Leben; d. h. der Sünder, der
Schmerzen oder irgend einen Geldverlust erlitten
hat, erlangt dadurch ebenso Versöhnung, als ob er
sein ganzes Leben verloren hätte; vgl. מצי,
מָצָה im Nithpa. j. Ned. III, 38ᵃ un. ביצחק
יקרא זרע „In Isaak (wird dir Same genannt werden", Gen 21, 12), das bedeutet: nur
in einem Theil des Isaak; d. h. nur Jakob
ist, mit Ausschluss des Esau, als der Nachkomme
Abraham's anzusehen. (Snh. 59ᵇ und Ned. 31ᵃ
steht dafür: ביצחק ולא כל יצחק dass.) Schebu.
38ᵇ הודה במקצת הקרקעות . . . במקצת הכלים
wenn der Beklagte eingesteht, einen Theil der
geforderten Grundstücke, einen Theil der Geräthe schuldig zu sein. B. mez. 3ᵃ u. ö. מודה
מקצת הטענה wenn der Beklagte eingesteht,
einen Theil der eingeklagten Summe schuldig
zu sein, vgl. טַעֲנָה. Erub. 18ᵇ un. מקצת שבחו

של אדם אומרים בפניו שלא וכולו כולו בפניו einen
Theil der Belobigung Jemds. spricht man in
seiner Gegenwart aus, sein ganzes Lob hingegen
blos in seiner Abwesenheit! Mit Ansp. auf
Gen. 7, 1: „Dich sah ich als einen Gerechten";
dahingegen heisst es das. 6, 9: „Noah war ein
vollkommener Frommer." Pes. 4ᵃ u. ö. מקצת
היום כולו ein Theil des Tages wird als ein
ganzer Tag angesehen; daher wird näml. einem
Leidtragenden, der eine kurze Zeit des Tages
die rituellen Trauergebräuche beobachtet hat,
diese Zeit als ein ganzer Tag angerechnet. j.
Ber. II, 4ᶜ mit. מקצתן ערומים ומקצתן לבושין
wenn Einige der Badenden nackt, Einige aber
bekleidet sind.

מְקַק (=bh., syn. mit מוג, מוק, Grndw. מק)
zerfliessen, schwinden. — Nif. (=bh.)
schwinden, faulig werden, tabescere. Nid.
69ᵇ ein Schleimflüssiger und ähnliche Personen,
שמתו מטמאין במשא עד שימוק הבשר (in Gem.
das. wird במשא durch באבן מסמא erklärt, vgl.
מְסָמָא), welche starben, verunreinigen so lange
mittelst der Steinplatte, bis das Fleisch der
Leiche in Fäulniss übergegangen ist; weil näml.
bis zu dieser Zeit ein Scheintod, eine
Ohnmacht möglich wäre, שמא יתעלפה, vgl.
הפריש בכוריו נמקו und צָלַף מֵת Bic. 2, 8
וכ׳ wenn Jem. die Frühlingsfrüchte abgesondert
hat, welche aber geplündert oder faulig (wurm-
frässig) geworden sind u. s. w.

Hif. הֵמִיק (=bh.) schwinden (zerfliessen)
machen. j. Ab. sar. II, 40ᶜ un. eine nichtjüdische
Hebamme darf man blos zur Leistung der äus-
serlichen Geburtshilfe einer Jüdin zulassen; לא
תכניס ידה לפנים שלא תמיק את העובר במעיה
man darf ihr aber nicht gestatten, mit der Hand
in das Innere der Wöchnerin zu fahren, damit
sie nicht etwa die Frucht im Leibe der letzteren
schwinden mache, erdrücke. Snh. 92ᵇ, s. מָרַק.

Hithpalp. הִתְמַקְמֵק schwinden; trop. verschmachten. Taan. 25ᵇ un. Samuel, der Kleine,
hat infolge Regenmangels Fasten verordnet; da
regnete es aber erst nach Sonnenaufgang
(לאחר שקיעה Ms. M.; Agg. אחר הנץ החמה
während sonst, bei ähnlicher Gelegenheit,
der Regen schon vor Sonnenaufgang gefallen
war). אמר להם אמשול לכם משל למה הדבר
דומה לעבד שהיה מבקש פרס מרבו ואמר להם
המתינו לו עד שיתמקמק ויצטער ואחר כך תנו לו
Ms. M. (der in Agg. stehende Satz von שמואל
bis לא steht im Ms. nicht) er sagte zu der
Gemeinde: Ich will euch ein Gleichniss vortragen:
Dies ist einem Knechte vergleichbar, der ein
Geschenk (φόρος) von seinem Herrn verlangte,
welcher jedoch zu seinen Dienern sagte:
Wartet bis er verschmachtet und sich abquält,
sodann erst gebet ihm das Verlangte.

מְקַק ch. (=מְקַק). — Ithpalp. 1) zerflies-

sen, sich auflösen. — 2) (=פָּקַק, syr. ـقـفـَ, mit Wechsel der Lippenbuchstaben) sich erschüttern, erschüttert werden, s. TW.

מָקָק m. ein Insekt, das die Bücher beschädigt, Schabe, Schwabe oder Papierlaus. Schabb. 90ᵃ un. מקק דסיפרי die Schabe, welche die Schäbigkeit (tabes) der Bücher bewirkt und die, wenn man sie verschluckt, Gefahr bringt. Dahingegen ist das. anst. מקק ספרים ומקק משפחותיהם zu lesen (=j. Tlm. und Ar. ed. pr.) מְמַקֵּק, s. d. W.

מְקַקֵּי od. מַקְקֵי m. pl. die Erschütterung, das Sichschütteln oder Niesen, s. TW.

מוֹקְרָא — מִקְרֵי s. in מְקוֹרָא, מַקּוֹר u. מָקוֹר s. in 'מוּר.

מֵיקֵר m. (von קָרַר) 1) etwas Kühlendes. Tosef. Schabb. XVII (XVIII) נותנין כלי מיקר 'וכלי מחתות על גבי כרסו של מת וכ man legt ein kühlendes Gefäss (nach Raschi in Schabb. 151ᵇ: Glasgeschirr) und ein metallenes Gefäss auf den Leib einer Leiche, damit er nicht aufschwelle. — Ferner 2) als Adj. oder Part. Jem., der sich kühlt. Schabb. 53ᵇ Jemdn., der an Blutandrang leidet, darf man am Sabbat ins Wasser stellen, damit er die Hitze verliere; נראה כמיקר weil es bei einem Menschen aussieht, als ob er sich zum Vergnügen abkühle; d. h. dies sieht nicht aus, als ob man ein Heilmittel bereite, was am Sabbat verboten wäre. Ein Thier hing., das am Blutandrang leidet, darf man nicht ins Wasser stellen; אין מיקר לבהמה weil man beim Thier ein solches Mittel blos zur Kühlung nicht anzuwenden pflegt. Bez. 18ᵃ dass.

מָקְרָתָא f. (bh. מִקְרֶה) eig. dass., wie vrg.; insbes. Kühlungsort. j. M. kat. I Anf., 80ᵃ מקרתא דצילויא ein schattiger Kühlungsort, s. auch TW.

מִקְרָא m. (=bh. von קָרָא) 1) das Berufen, Einberufung. j. Ber. II, 4ᵈ ob. (mit Ansp. auf מקראך לקבר יהי =מִקוֹרְךָ, Spr. 5, 18) deine Einberufung ins Grab wird gesegnet sein. j. Meg. I, 71ᶜ mit dass. — 2) das Lesen, Verlesen, die Lesung. Meg. 6ᵇ fg. מקרא מגילה das Verlesen der Megilla, der Estherrolle am Purimfeste. Tosef. Ber. II g. E. in dem Zimmer des Badehauses, wo Alle angekleidet sind, יש שם מקרא ותפלה darf man das Verlesen (des Schemâ) und das Beten des Achtzehngebetes stattfinden; in demjenigen Zimmer aber, wo Einige angekleidet und Einige nackt sind, אין שם מקרא ותפלה darf weder das Verlesen des Schemâ, noch das Beten des Achtzehngebetes stattfinden. j. Ber. II, 4ᶜ mit. und Schabb. 10ᵇ dass. Ned. 37ᵇ מקרא סופרים הלכה למשה מסיני ... ארץ שמים מצרים die von den Soferim festgesetzte

Lesung u. dgl. ist eine Tradition des Mose vom Sinai, z. B. ארץ (das bald אֶרֶץ erez, bald אָרֶץ arez), שמים (bald שָׁמַיִם, bald שָׁמָיִם), מצרים-נ (bald מִצְרַיִם, bald מִצְרָיִם) gelesen wird; die je letztere Lesung in Pausa. Anders nach Raschi; vgl. auch כְּתָב und עִיטּוּר. — 3) die Bibel, heilige Schrift, das Buch, das gelesen wurde; im Ggs. zu Mischna, Midrasch und Talmud, welche, wenn sie auch von dem Einen oder dem Andern niedergeschrieben waren, öffentlich blos auswendig vorgetragen werden durften, vgl. כְּתָב. B. bath. 134ᵃ man sagte betreffs des R. Jochanan ben Sakkai, שלא הניח מקרא 'ומשנה גמרא הלכה ואגדות וכ dass er weder die Bibel, noch die Mischna, noch die Gemara oder die Halachoth, Agadah u. dgl. zu lernen verabsäumt hätte. Suc. 28ᵃ dass. Ber. 8ᵃᵇ לעולם ישלים אדם פרשיותיו עם הצבור שנים מקרא ואחד תרגום man soll stets die Wochenabschnitte gemeinschaftlich mit der Gemeinde lesen (d. h. an jedem Sabbat den betreffenden Abschnitt) u. zwar zwei Mal den hebräischen Bibeltext und ein Mal das Targum; d. h. die aram. Uebersetzung; mögl. Weise jede Uebers. in der Umsprachssprache, vgl. Tosaf. z. St. j. Keth. XIII Anf., 35ᶜ ארבע מאות ושושים בתי כנסיות היו בירושלם וכל אחת ואחת היה לה בית ספר ובית תלמוד בית ספר למקרא ובית תלמוד למשנה 460 Synagogen gab es in Jerusalem, deren jede ein Studienhaus und ein Lehrhaus hatte; ein Studienhaus für die Bibel und ein Lehrhaus für die Mischna. Levit. r. s. 2 Anf., 146ᶜ (mit Ansp. auf Khl. 7, 28: „Einen Menschen fand ich unter Tausend“) בנוהג שבעולם אלף בני אדם נכנסין למקרא יוצאין מהן מאה מאה למשנה יוצאין מהן עשרה לתלמוד יוצא מהן אחד gewöhnlich kommt es vor, dass aus tausend Menschen, die sich der Bibel widmen, hundert Kundige hervorgehen, aus hundert, die sich der Mischna widmen, zehn Kundige hervorgehen, aus zehn, die sich dem Talmud widmen, ein Kundiger hervorgeht. Khl. r. sv. אשר עוד, 89ᶜ dass. jedoch unvollständig. Das. sv. כל זו, 88ᶜ u. ö. חזרנו על כל המקרא wir gingen die ganze Bibel durch u. s. w. Levit. r. s. 36, 180ᶜ מה הגפן הזו יש בה ענבים יש בה צמוקים כך ישראל יש בהן בעלי מקרא בעלי so wie der Weinstock theils Weintrauben, theils Rosinen liefert; ebenso hat Israel theils Bibelkundige, theils Mischnakundige, theils Talmudkundige und theils Agadakundige. B. mez. 33ᵇ „Höret das Gotteswort, ihr, die ihr sein Wort fürchtet“ (Jes. 66, 5), אלו תלמידי חכמים אמרו אחיכם אלו בעלי מקרא שנאיכם אלו בעלי משנה מנדיכם אלו עמי הארץ darunter sind die Gelehrten zu verstehen (d. h. die auf dem ganzen Gebiet der Gotteslehre bewandert sind); „es sagen eure Brüder“, das sind die Bibelkenner (die näml. den Gelehrten hinsichtl. des Lehramtes den Vorzug einräumen, zumal auch die letzteren zu

ihren Forschungen der Bibelkenntniss bedürfen); „eure Feinde", das sind die Mischnakenner (welche die Gemarakundigen wegen ihrer Behauptung, dass man aus der Mischna keinen Lehrsatz ziehen dürfe, hassen, vgl. מִשְׁנָה. Das W. שֹׂנְאֵיכֶם wurde auch von שָׁנָה gedeutet: die Mischnalérnenden); „die euch verabscheuen", das sind die Unwissenden (die den grössten Groll gegen die Gelehrten hegen, vgl. עַם הָאָרֶץ). j. Schabb. I, 3ᵇ ob. R. Simon bar Jochai sagte: העוסק במקרא מידה שאינה מידה ורבנין עבדין מקרא כמשנה wenn sich Jem. (blos) mit der Bibel befasst, so ist es eine Art (Lehre), die keine Art ist (d. h. eine mittelmässige Art); die Rabbanin hing. stellen das Studium der Bibel dem der Mischna gleich, מִדָּה. Sifra Haasinu § 317 „Gott liess Israel ersteigen die Höhen der Erde" (Dt. 32, 13), זו תורה das ist die Gesetzlehre; „und es ass die Früchte des Gefildes", זו מקרא das ist die Bibel; „und liess es Honig aus dem Gestein saugen", זו משנה das ist die Mischna; „und Oel aus dem Felskiesel", זה כתוב) =) das ist der Talmud u. s. w. — 4) (= כתוב) Bibelvers. Schabb. 63ᵃ אין מקרא יוצא מידי פשוטו ein Bibelvers darf nicht anders, als nach seinem einfachen Wortsinn erklärt werden. Sot. 5, 1 (27ᵇ) R. Akiba מביא לו מקרא מן התורה שהוא טמא führt einen Vers aus dem Pentateuch als Beweis an, dass es unrein sei. Sifra Schemini cap. 8 Par. 7 dass. Snh. 34ᵃ (mit Bez. auf Ps. 62, 12: „Einen Ausspruch that Gott, zwei vernahm ich, denn die Macht ist Gottes") מקרא אחד יוצא לכמה טעמים ואין טעם אחד יוצא מכמה מקראות ein Vers lässt viele Deutungen zu, aber eine Deutung ist nicht in mehreren Versen enthalten. Das. 101ᵃ מקרא זה מעצמו נדרש eig. dieser Vers wird aus sich selbst erforscht, d. h. die Forschung ist deutlich darin ausgesprochen. Taan. 5ᵃ un. מקרא אני דורש ich habe einen Bibelvers zur Begründung meiner Forschung. Keth. 111ᵃ dass. Midrasch Tillim zu Ps. 19 Anf. מקרא מלא הוא eine Bibelstelle spricht dies deutlich (eig. voll) aus. — Pl. Jom. 52ᵃ חמשה מקראות וכ' fünf Bibelstellen giebt es, bei denen je ein Wort ebenso zu dem vorangehenden, als auch zu dem darauffolgenden Verse gezogen werden kann, vgl. הָכְרֵעַ. Sot. 14ᵇ und Seb. 63ᵇ כל מקום שאתה מוצא שני מקראות אחד מקיים עצמו ומקיים חבירו ואחד מקיים עצמו ומבטל חבירו מניחין זה שמקיים עצמו ומקיים חבירו ומבטל חבירו ותופשין זה שמקיים עצמו ומקיים חבירו וכ' überall, wo du zwei Schriftstellen (d. h. zwei Ausdrücke in einem Verse) findest, deren eine für sich selbst sowohl, als auch für die andere zutreffend ist, deren anderer blos für sich selbst, nicht aber für die andere zutreffend ist: so beseitigt man die Stelle, die blos für sich selbst, nicht aber für die andere zutreffend ist, und hält an der Stelle fest, die sowohl für sich selbst, als auch für die andere zutreffend ist.

So z. B. heisst es von dem Mehlopfer: „Die Söhne Aharon's sollen es darbringen vor Gott, vor dem Altar" (Lev. 6, 7). Nur würde der Ausdruck „vor Gott" blos die Westseite des Altars bezeichnen (da die Gottheit an der Westseite ist, vgl. מַעֲרָב), welche Seite aber nicht „die Vorderseite des Altars" bildet, da der Altar an der Nordseite des Vorhofes stand (dessen Vorderseite also die Südseite ist). Daher musste man das Mehlopfer an der südlichen Altarecke darbringen. Diese Ecke war „vor Gott", da sie dem Eingange in die Tempelhalle (also dem Allerheiligsten im Westen) gegenüber gelegen war, die aber gleichzeitig „die Vorderseite des Altars" bildete. Im Sifra Zaw cap. 2, woraus unsere Stelle entnommen ist, steht שני מקראות anst. שני מקריות כתובים. j. Keth. XIII Anf., 35ᶜ רבי זירה דרש ג' מקריות לשבח ותשב בפתח עינים ... שתלתאה עינוהי לפתח שכל עינים מצפות לו ... וישכבן ישכבון כתיב רב אמר רב שהיו הנשים מביאות קיניהן ליטהר לבעליהן והיו משהין אותן ומעלה עליהן הכתוב כאלו הן שוכבין עמהן ... ולא הלכו בניו בדרכיו שהיו נוטלין מעשר לדינן Rabbi hat drei Schriftverse (die dem einfachen Wortsinne nach Schlechtes bedeuten) zum Guten gedeutet: „Tamar sass am Scheidewege" (Gen. 38, 14), d. h. sie erhob ihre Augen nach der Pforte hin, auf welche aller Augen harren (d. h. zu Gott). Ferner: „Die Söhne Eli's wohnten den Frauen bei", (1 Sm. 2, 22, ישכבן) zu deuten וַישְׁכְּבוּן; Rabbi sagte näml.: Die Frauen, welche die Vogelpaare als Opfer brachten, um sich, nach erfolgter Geburt, für ihre Männer zu reinigen, wurden von Jenen hingehalten, was die Schrift ihnen anrechnet, als ob sie ihnen beigewohnt hätten. Endlich: „Die Söhne Samuel's neigten sich dem Gewinn zu" (1 Sm. 8, 3), das bedeutet: Sie nahmen den Zehnten und richteten; vgl. auch ר' מַבְרַכְתָּא. Das. IV, 28ᶜ ob. תני זה אחד משלשה מקריות שנאמרו בתורה במשל אם יקום והתהלך בחוץ על משענתו ... על בוריו אם זרחה השמש ונ' בזמן שהוא יודע שהוא שלום ממנו והרגו הרי זה חייב ופרשו השמלה שהתחוורו הדברים כשמלה R. Ismael lehrte: Dieser Vers (Dt. 22, 17) ist einer der Verse, die im Pentateuch bildlich aufzufassen sind, näml. 1) „Wenn er (der von Jemdm. geschlagen worden) aufsteht und auf der Strasse einhergeht an seiner Krücke, so ist der Schläger frei" (Ex. 21, 19); das bedeutet: in seiner Gesundheit (d. h. wenn er von der Krankheit, die eine Folge der Schläge war, genas, so wird der Schläger auch in dem Falle freigesprochen, wenn der Geschlagene wieder erkrankt und infolge dessen stirbt). — 2) „Wenn über ihm (dem beim Einbruch Betroffenen) die Sonne scheint" u. s. w. (Ex. 22, 2), das bedeutet: Wenn der Hauseigenthümer weiss (wenn ihm sonnenklar ist), dass sein Leben von Seiten des Diebes nicht gefährdet ist (vgl. מַחְתַּרְתָּא) und er letzteren

dennoch getödtet hat, so wird er mit dem Tode bestraft. — 3) „Man soll das Gewand ausbreiten" (Dt. l. c.), das bedeutet: Die Angelegenheiten sollen (durch Untersuehungen) so klar dargelegt werden wie ein Gewand. j. Snh. VIII g. E., 26° dass. Vgl. auch Mechil. Mischpat. Par. 13 und Snh. 72ᵃ un. j. Ter. I, 40ᵈ mit. בתורה ובא מחוורין מקריות dieser Vers (Dt. 14, 29) ist einer der drei Bibelverse, die deutlich abgefasst sind, näml. „Der Levit wird kommen, da er keinen Besitz und kein Erbe mit dir hat" u. s. w. Das besagt, dass du ihm blos von dem zu geben brauchst, was du hast, er aber nicht hat; davon ist also das freigegebene Gut (הבקר) ausgeschlossen, da es ihm ebenso gut wie dir gehört, vgl. auch מִדְרָשׁ. j. Chag. II Anf., 77ᵃ זה אחד משששה מקריות שהיה רבי קורא אותן ובוכה בקשו את ה' וג' dieser Vers gehört zu den sechs Versen, bei deren Lesung Rabbi weinte, näml. „Suchet Gott.... vielleicht werdet ihr am Tage des Gotteszornes verschont bleiben" (Zeph. 2, 3); ferner: „Hasset das Böse und liebet das Gute ... vielleicht begnadigt Gott den Ueberrest Josef's" (Am. 5, 15) u. s. w. Chag. 4ᵇ dass. mit einigen Abänderungen u. zw. mit dem Schlusse: כולי האי ואולי soviel (verlangt Gott) und dennoch blos „vielleicht"! Vgl. auch Levit. r. s. 26, 170ᵃ u. a. Davon Denom.

מַקְרִי m. Bibellehrer. B. bath. 21ᵇ מקרי דרדקי Bibellehrer der Jugend. Das. ינוקא dass. Keth. 103ᵇ u. ö.

מְקוּרְזַל m. (eig. Part. pass. von קרזל, verwandt mit arab. قَرْزَل, vilis) leicht und weich; nur von Erdschollen oder Steinen, deren man sich gew. zur Bereinigung im Abtritte bediente. Tosef. Schabb. XIII (XIV) Ende צרור המקורזל כזית כאגוז וכביצה eine weiche Erdscholle, welche die Grösse einer Olive, einer Nuss oder eines Eies hat, darf man am Sabbat zum Abreiben der Füsse verwenden. — Pl. fem. Schabb. 43ᵃ. 81ᵃ אבנים מקורזלות weiche Steine, zu demselben Gebrauch.

מַקְרִילוֹת u. מַקְבִילוֹת m. pl. (denomm. von מַקּוֹר und מַקָּב s. d., Wörter, bei denen es weniger auf eine richtige Formbildung, als vielmehr auf einen Wortanklang abgesehen war; ähnlich חילק וביליק, s. d.) die Bohrer und die Hämmerer, Arbeiter in den Bergwerken. j. B. kam. VIII g. E., 6° R. Abahu hatte in Gegenwart des R. Jochanan zwei ganz unbegründete Lehrsätze vorgetragen. אמר ליה דן תניתה אילין למקרילות ולמקבילות R. Jochanan rief ihm zu: Woher (bei wem) hast du diese Sätze gelernt? Für die Bohrer und die Hämmerer; d. h. für ungebildete Handwerker passen solche Lehren, nicht aber für einen Gelehrtenkreis!

מָקְרוֹלִיפָארוֹס, מַקְרוֹלְפְרוֹס m. (gr. μακρό-λαφρος, contr. aus μάκρος und ἐλαφρός) schnellfüssiger Riese. Genes. r. s. 65, 64ᵇ „Isaak rief Esau, seinen grossen Sohn" (Gen. 27, 1) למדינה שהיתה מכתבת כנקמון למלך והיתה שם אשה אחת והיה לה בן נס ורהיה קורא אותו מקרוא לפרוס (מקרולפרוס l.) אמרה בני מקרולפרוס ואין אתם מכתבין אותו אמרו אם בעיניך מקרולפרוס בעיננו הוא נס שבננסים כך אבר קורא אותו גדול וכ' ein Gleichniss von einer Stadt, die einen vollkräftigen Knappen (κναπεύς) für den König eingeschrieben hatte. Daselbst befand sich auch eine Frau, die einen Zwerg (νάννος) geboren und dem sie den Beinamen Makrolaphros (schnellfüssiger Riese) gegeben hatte. Sie sagte nun: Wie, meinen Sohn, den Makrolaphros verzeichnet ihr nicht als den Knappen! Sie aber antworteten ihr: Wenn er auch dir als Makrolaphros vorkommt, so erscheint er uns blos als der Kleinste der Zwerge! Dasselbe fand auch bei Esau statt, Sein Vater nannte ihn „seinen grossen Sohn"; seine Mutter nannte ihn „ihren grossen Sohn". Gott jedoch sagte: Wenn er auch euch gross erscheint, „ich mache ihn dennoch zum kleinsten der Völker" (Obad. 2). Cant. r. sv. אחזו, 16ᵇ ואין בני מקרוליסארוס אתם עושין אותו אספתרין mein Sohn ist der schnellfüssige Riese, ihr aber stellt ihn nicht als einen Spatelträger (σπαθάριος) an! vgl. אַסְפַתְרִין.

מַקְרָן m. Adj. (denom. von קֶרֶן) gehörnt, mit Einem Horn versehen. Chull. 60ᵃ שור שהקריב אדם הראשון קרן אחת היה לו במצהו מקרן כתיב ... der Stier, den Adam geopfert hat, hatte blos ein Horn an seiner Stirn; denn es heisst (Ps. 69, 32: „Wohlgefälliger wird es Gott sein, als der Stier" u. s. w., welcher, nach der Deutung, auf das Opfer Adam's bezogen wird) מקרן, ohne Jod, anst. מקרין. Schabb. 28ᵇ dass. Ab. sar. 8ᵃ ist מקרן anst. מקרין zu lesen.

מַקְרִין oder מוֹקִירוֹס (?) Name eines Reiches (Babylonien?), das dem römischen Reiche vorangegangen sein soll; wahrsch. mit vrg. מקרן zusammenhängend. Genes. r. s. 76, 75ᵇᶜ: „Ein anderes kleines Horn erhob sich unter ihnen" (Dan. 7, 8) זה נצר וחלת מן קדמיא קריא קדמיא אתעקרו מן קדמיהון זה שנתנו להם מלכותם מקרין וקירוס וקרדידוס darunter ist Ben Nezer zu verstehen, „und drei von den früheren Hörnern wurden vor ihm ausgerissen", darunter sind diejenigen zu verstehen, deren Herrschaft ihnen (den Römern) übergehen sollte, näml. Makrin, Kiros und Kardidos (wahrsch. das babylonische, das medisch-persische und das griechische Reich, vgl. קֶרֶן). In Jalk. II, 146° steht dafür מוקירוס וקירוס וקרדירוס.

מָקְרָעַן m. pl. (viell. = hbr. קְרָעִים, von קרע) Fetzen, Lappen. j. Maas. scheni IV, 55ᵇ un.

,רבתי tri עשר מקרעין zwölf Lappen. Thr. r. sv.
‏53ᵇ מרקעין, s. d. W.; vgl. auch מֵרְדְּעָא.

מַקְרֶצֶת *f.* (von קְרַץ, arab. قَرَص, syn. mit קצץ u. a. Grndw. קץ mit eingeschalt. ר) Ab-getrenntes, bes. ein von einer Teigmasse abgelöstes Stück; ähnlich arab. قُرْصَة, frustrum panis. Tosef. Tohar. XI Anf. הקריץ מקרצת מן העיסה ונמצא שרץ במקרצת העיסה טהורה בעיסה טמאה דברי רבי וחכמים אומרים נמצא בעיסה אינו טמא אלא עיסה במקרצת אינו טמא אלא מקרצת נמצא בתוכה של מקרצת הכל טמא wenn Jem. ein Stück von der Teigmasse abhackt und ein Reptil sich an dem Teigstück findet, so ist die Teigmasse rein (weil angenommen wird, dass das Reptil sich erst später, nach dem Abhacken des Stückes hier eingefunden habe); wenn es aber am Teige gefunden wird, so ist auch das abgehackte Stück unrein; so nach Ansicht Rabbi's. Die Chachamim hing. sagen: Wenn das Reptil im Teige angetroffen wird, so ist blos der Teig, wenn es an dem Stücke gefunden wird, so ist blos das Stück unrein; wenn es aber im Innern des Teigstückes gefunden wird, so ist Alles unrein; vgl. מַצָּן Tohar. 1, 8 מקרצת שהיתה חלה והשיך לה אחרת כולן חחלה wenn man an ein Teigstück, das den ersten Grad der Unreinheit hatte (חחלה=ראשון s. d.), andere Teigstücke festanklebte (eig. daran beissen machte); so bilden sie sämmtlich den ersten Grad der Unreinheit. — Pl. Tobar. 1, 7 מַקְרָצֹת נושכות זו בזו Teigstücke, die fest aneinanderkleben. Teb. jom 1, 1 dass. Tosef. Chall. I Ende משהעשה מקרצת von der Zeit ab, wenn der Teig in Stücke getrennt worden ist, muss von ihm die Hebe (חלה) entnommen werden. j. Chag. III Anf., 59ᵇ ob. steht dafür משהעשה מקרצות מקרצות dass.

מְקַרְקְעָא *m.* (verstärkt von קְרַע. Stw. arab. قَعَّر tief sein, wovon redupl. קערקע, ע elidirt; davon auch bh. שְׁקַעֲרוּרֹת) Grundstück, so-wohl Erdboden (קרקע), als auch Gebäude, welche letztere sich auf dem Erdboden befinden; überh. unbewegliche Güter, Immobilien, im Ggs. zu מטלטלא, pl. מטלטלי: bewegliche Güter, Mobilien. Daher werden auch Sklaven, deren Hauptbeschäftigung der Landbau ist und die also zum Lande gehören, in den meisten Rechtsfällen den Grundstücken gleichgestellt (עבדים הוקשו לקרקעות), s. die nächstflg. Stellen. Unser W. scheint in jerus. Gem. nicht vorzukommen. — B. bath. 150ᵃ שאני מקרקעא דניד ממקרקעא דלא ניד es ist ein Unterschied zwischen einem beweglichen und einem unbeweglichen Grundstück. Dah. hat Jem., der eine Stadt, ohne den Zusatz: sammt Allem, was sich darin befindet, verkauft, blos die Gebäude, Gräben u. dgl., nicht

aber die in ihr sich befindenden Sklaven mitverkauft. Denn obgleich letztere sehr oft den Grundstücken gleich behandelt werden, so sind sie dennoch, als bewegliche Güter in dem Ausdruck: עיר, Stadt, nicht mitbegriffen. Das. כתובה אשה מקרקעא היא die Kethuba (Heiraths-verschreibung) der Frau wird als ein Grundstück angesehen; weil näml. eine solche hypothekarische Verpflichtung blos auf den Grundstücken haftet. Pl. B. mez. 11ᵇ רבן גמליאל מטלטלי אגב מְקַרְקְעֵי הקנה להם Rabban Gamliel hat ihnen (den Gelehrten, die mit ihm auf dem Schiffe waren, die verschiedenen Zehnten, vgl. עִרוּב) als bewegliche Güter auf Grund der unbeweglichen Güter zum Eigenthum übermacht. Das. ö. Git. 39ᵃ עבדא כמקרקעי דמי ein Sklave ist den Grundstücken gleichgestellt. B. bath. 150ᵇ die Kethuba אמקרקעי תקינו רבנן אמטלטלי לא תקינו רבנן haben die Rabbinen blos auf Grundstücke, nicht aber auf bewegliche Güter gelegt; dass näml. nur die ersteren, nicht aber die letzteren hierzu hypothekarisch verschrieben werden können.

מְקְשָׁה *f.* (=bh. für מִקְשָׁאָה, arab. مَقْثَأَة, denom. von קִשָּׁא) Gurkenfeld. Tosef. Ter. I Anf. קטן שהניחו אביו במקשה ein Kind, das sein Vater in einem Gurkenfeld gelassen hat. j. Ter. I, 40ᵇ mit. dass. — Pl. Tosef. Schabb. XVIII Ende מִקְשָׁאֹות מפני החיה . . . המשמר wenn Jem. die Gurkenfelder vor wilden Thieren bewacht. Erub. 104ᵃ steht dafür ומדלעין, so nach einer LA. (Ms. M. מקשאין ומדלעין (in Agg. fehlt unser W.) seine Gurkenfelder und seine Kürbisfelder. Schebi. 2, 1. 2 מקשאות. — Uebrtr. Pes. 6ᵇ מקשות ומדלעות die Ranken, woran die Gurken und die Kürbisse hängen; vgl. Raschi.

מְקִשָּׁיָא *ch.* (=מִקְשָׁה) Gurkenfeld, s. TW., vgl. מְקִטְבָּיָא.

מוּקְשֶׁה *m.* (zu ergänzen שָׂדֶה u. dgl.; eig. Part. Hof. denom. von קִשָּׁא) eine mit Gurken bepflanzte Strecke, oder Beet innerhalb eines Baum- oder Gemüsegartens. j. Schebi. II, 33ᵃ un. לא כוף דבר שיש בו מקשה (מוקשה l.) ומודלה אלא אפילו מאחר שבני אדם עתידין ליטע במקשיות ובמדלעיות מוחר nicht blos, wenn in dem Felde bereits Gurken- und Kürbisbeete vorhanden sind, sondern auch, wenn man beabsichtigt, dort erst später Gurken- und Kürbisfelder anzulegen; ist kurz vor Eintritt des Brachjahres das Pflügen in dem Felde gestattet. j. Kil. III, 28ᵇ un. גובל מה שיציל את הירק מיד מוקשה kann der Rain (der sich zwischen dem Gemüse- und dem Gurkenfeld zieht) das Gemüse vor dem Gurkenbeet retten? d. h. dass die beiden verschiedenen Arten von Pflanzen nicht als „Mischpflanzen" (כלאים) verboten seien. Das. מוקשה עצמו מה שיציל בראש מה גובל

kann das Gurkenbeet selbst, wenn es sich an der Spitze des Rains befindet, die neben dem Rain gepflanzten Saaten (vor dem Verbot der Mischpflanzung) retten? — Pl. Das. 28ᵈ mit. הַמְּקוּשְׁיוֹת בֵּין מוקשה ein Gurkenbeet unter mehreren Gurkenbeeten.

מְקוּשָׁה m. Adj. (von נָקַשׁ) der Klopfer, insbes. derjenige Beamte, der vor der Synagoge mittelst eines Hammers klopfte (eine Art Glöckner), um die Gemeinde zum Gebet zu versammeln; mögl. Weise: der zu diesem Zwecke an die Häuser der Gemeindeglieder klopfte, nach der Art, wie es noch gegenwärtig in manchen jüdischen Gemeinden zu geschehen pflegt. j. Bez. V, 63ᵃ un. R. Sam. bar Jizchak sagte: כבא מקושה דכנישתא חדתא הוה (vgl. die Randglosse in ed. Krotoschin; Agg. סבר crmp.) mein Grossvater war der Klopfer an der neuen Synagoge.

מְקוּשָׁה fem. (von קשי, קָשָׁה hart sein) die harte Schweinsborste, die näml. auf dem Rücken des Schweines wächst, woselbst die Borsten am härtesten sind. Schabb. 90ᵇ מקשה של חזיר אחת von der harten Schweinsborste genügt eine einzige; d. h. wenn Jem. selbst nur eine solche Borste am Sabbat von einem Gehöfte in das andere trägt, so ist er straffällig, weil man sich einer solchen Borste zum Fegen bedient. In Tosef. Schabb., X Anf. steht zwar זיף I, vgl. זְפִין מִן הַקְּשׁה שבחזיר; aber dessen ungeachtet verbietet der Zusammenhang, das מ in מקשה als einen Servilbuchstaben anzusehen.

מַקְשָׁי, מַקְשְׁאָה, מַקְשְׁיָא m. Adj. (=hbr. מַקְשָׁה, von קשי, קָשָׁא s. d.) Jem., der Fragen aufstellt, ein Disputirender, eig. der Schwierigkeiten, Einwände gegen einen vorgetragenen Lehrsatz erhebt. Hor. 14ᵃ חָרִיף ומקשי scharfsinnig und disputirend, vgl. חָרִיף. Genes. r. s. 48, 47ᶜ אפרים מקשאה תלמידו דר׳ מאיר Ephraim, der Disputirende, ein Schüler des R. Meïr (die Schüler des Letzteren waren wegen ihrer Sucht zum Disputiren verrufen; vgl. Kidd. 52ᵇ, s. סַנְתְּרָן). Das. s. 85, 83ᵈ dass. — Pl. j. Kil. III Anf., 28ᶜ ר׳ יצחק ור׳ אימי הוון יתבין מַקְשָׁיֵי R. Jizchak und R. Imi sassen, Einwände gegen die vorgetragene Halacha erhebend. — Davon Part. pass. j. Maasr. scheni III, 54ᵇ un. ואמרי לבית הלל לית היא מַקְשְׁיָא selbst gegen die Halacha der Schule Hillel's ist kein Einwand zu erheben, d. h. sie ist nicht durch Disputationen widerlegt. j. Schebu. VIII, 38ᵈ ob. משכח מקשייא du wirst den vorgetragenen Lehrsatz als schwierig, widerlegt finden.

מַקְשְׁיָתָא f. pl. (von שקץ trnsp.) Scheusale, s. TW.

מֹזר s. d. in מו׳.

מַר I (verk. aus אָמַר) sprechen, sagen; wie

es scheint nur in jerus. Gem. Snh. III, 21ᵇ un. מאן דמר . . . . ומאן דמר וכ׳ derjenige Autor, der da sagt . . . der andere Autor aber, der da sagt u. s. w. Schabb. I, 3ᵇ ob. חזר ומר dann sagte er wieder. Ab. sar. II, 41ᵃ mit. אינהר ר׳ R. Ababu erinnerte sich, אבאהו דמר ר׳ יוֹחנן אסור R. Jochanan habe gesagt, dass es verboten sei. Jom. IV, 41ᵈ mit. וכא את מר hier aber sagst du u. s. w. — Ter. VIII, 46ᵃ mit. חמון את אתון מה מָרִין sebet nur, wie ihr sagt u. s. w. Bic. II Ende, 65ᵇ רבנין דינון מרין וכ׳ die Rabbanin, welche sagen, dass u. s. w. Ber. II, 5ᶜ ob. אית דמרין . . . . ואית דמרין וכ׳ Manche sagen . . . Manche aber sagen, dass u. s. w. Maas. V, 51ᵈ un. תריהון מרין Beide sagen. Oft תֵּימַר, נֵמַר u. a., s. אָמַר; vgl. auch רַב, דַּב, אַף, חָד.

מַר II perf. (syr. ܡܰܪ, von מרר) bitter sein. Trop. j. Pea VIII g. E., 21ᵇ mit. R. Abba bar Ba gab seinem Sohne Samuel einige Münzen, die er an Arme vertheilen sollte. נפק ואשכח חד מסכן אכיל קופד ושתי חמר עאל ואמר קומוי אבוי אמר ליה הב יתיר דנפשתיה מדתחה (מרתחה l.) Letzterer ging und traf einen Armen, der Fleisch ass und Wein trank; hierauf ging er und erzählte es seinem Vater. Derselbe aber sagte zu ihm: Diesem Armen gieb mehr, denn seine Seele ist erbittert; d. h. er ist an Wohlleben gewöhnt und kann gute Nahrungsmittel nicht entbehren. — Hif. (von מְרַר) verbittern, bitter machen. Genes. r. s. 98, 97ᵃ (mit Ansp. auf בֵּן שׁחמר לאדוניתו (Gen. 49, 23) וימררדה, „der Sohn" (Josef), der seiner Herrin Bitteres zugefügt hat.

מַר III m. Adj. (=bh.) bitter, amarus. Levit. r. s. 31 g. E., 175ᵈ „Die Taube kam zu Noah mit dem Oelblatt in ihrem Schnabel" (Gen. 8, 11). רמז רמזה לו ואמרה לו מרי נח מזה Die Taube sagte gleichsam zu ihm andeutungsweise: Mein Herr, o Noah, noch weit Bittereres aus dieser (Blatt) aus der Hand Gottes schmeckt besser, als das Süsse aus deiner Hand. Cant. r. sv. הנך יפה, 20ᵇ dass. Pes. 39ᵃ ירק מר bitteres Kraut, vgl. פָּסַח im Hifl. Das. מר ירואר das bittere Kraut Jeruar, s. d. W. (Ms. M. hat das. אלאר 2 Mal anst. ירואר Aloë (?), was zu ירקות nicht passt). — Fem. מָרָה, s. d. W.

מַר IV masc. der Eine, das Eine; insbes. Jemand, der einer andern Person, oder Etwas, das einem andern Ggst. ähnlich ist. Stw. wahrsch. syr. ܡܢ, Pa. assimilatus est, oder: aemulatus est; vgl. Michael. in Cast. Lex. Syr. hv. — Snh. 109ᵇ un. „On ben Peleth" (Num. 16, 1) wurde durch seine Frau vom Untergang gerettet; אמרה ליה מאי נפקא לך מינה אי מר רבה אנת תלמידא ואי מר רבה אנת תלמידא denn sie sagte zu ihm: Was würdest du von

der Empörung des Korach wider Mose gewinnen? Wird der Eine der Fürst sein, so bleibst du doch blos ein Jünger; wird der Andere der Fürst sein, so bleibst du ebenfalls blos ein Jünger. (An מָר, Herr, ist wohl hier nicht zu denken). Viell. gehört hierher auch Snh. 103ᵃ, s. יָדַע. B. kam. 113ᵇ Jem. kaufte ein goldenes Becken דפרזלא במר (richtiger דנחשא, vgl. לְקִנָּא?), das man irrthümlich als ein solches von Kupfer ansah. Chull. 94ᵃ תרנגולת טרפה הואי וידהבה נִיחֲלֵיהּ במר דשחוטה es war eine zum Essen verbotene Henne, die er (der Diener Samuel's dem Fährmann) als eine solche, die rituell geschlachtet wäre, gegeben hat. Bech. 30ᵃ ob. ein Fleischer war verdächtig, das unerlaubte Fett eines Bratens במר דכנתא als ein solches vom Gekröse zu verkaufen. Ar. liest במרבכנתא (ein Wort) oder במרכנתא (näml. von דכי =) טהור): für erlaubtes Fett.

מָר m. (syr. ﻣﺎﺭ, St. c. מָרֵא, מָאֲרֵי, מָרֵי, ﻣﺎﺭ) Herr, Besitzer. Die Grundbedeut. ist wohl: Gebieter, Befehlshaber, der über Jemanden oder über etwas zu befehlen hat, näml. von מַר I; אֲמַר vgl. bes. מַרְבָּל, מַרְבְּלָא. Dan. 2, 47. 4, 16 fg. — Ber. 2ᵃ fg. אמר מר eig. der Herr (d. h. der Autor der Mischna, der Borajtha) sagte. Das. u. ö. מר אמר הדא ומר אמר הדא ולא פליגי der eine (Autor) sagt das und der andere etwas Anderes; sie sind aber nicht verschiedener Ansicht. Pes. 3ᵃ מר כי אתריה ומר כי אתריה der eine Autor nennt sie (die Nacht) nach dem Sprachgebrauch seines Wohnortes und der andere nach dem seines Ortes, vgl. נֶגְהֵי. B. kam. 60ᵇ R. Ammi und R. Assi sassen vor R. Jizchak Mappacha; מר אמר ליה לימא der Eine sagte zu ihm: Möge der Herr (mögest du) Halachisches, und der Andere sagte zu ihm: Möge der Herr Agadisches vortragen u. s. w., vgl. יַלְדָה. j. Pea VIII g. E., 21ᵇ אמר ליה לא יכעוס מרי עלי בגין דהוו לי ארחין ולא בעית מריבעיריא מיברידח דמרי וכ' er sagte zu ihm: Mein Herr möge nicht über mich zürnen (dass ich dich heute, nicht wie sonst, zur Mahlzeit eingeladen hatte); weil ich Gäste hatte, wollte ich nicht, dass die Ehre meines Herrn herabgewürdigt werde u. s. w., vgl. חֲמָא, חֲמָרִי. j. Schek. V g. E., 49ᵈ dass. j. R. hasch. II, 58ᵇ ob. מרה דשמועתא der Autor des Vortrages. j. Ter. VIII, 45ᶜ mit. הא מרי שמועתא ורהא מרי עובדא וכ' da ist der Inhaber von Traditionen und der Mann der religiösen Praxis (näml. R. Josua), so könnt ihr bei ihm anfragen. Schabb. 37ᵇ מרי דעובדא ein Mann der That, der es näml. mit der religiösen Praxis genau nimmt. Chull. 110ᵃ u. ö. dass. Levit. r. s. 29 g. E. אתא מרא דשמעתא ניזיל ונשאל ליה der Mann (Meister) der Lehre (näml. Kahana) ist angekommen; so wollen wir gehen und ihn befragen. Nid. 20ᵇ ר' אלעזר דמרה דארעא

דישראל הוה R. Elasar, welcher der Meister (der grösste Gelehrte) Palästina's war. Sein grosses Wissen soll darin bestanden haben, dass er die Blutabflüsse der Weiber ihrer Farbe nach genau zu unterscheiden wusste. Jom. 9ᵇ dass. j. Schabb. X, 12ᶜ mit. למה נקרא שמו מרכל שהיה יכל מר על הכל warum wurde er ("Elasar, der Sohn Aharon's"): מרכל genannt? Weil er als der Herr, Befehlshaber, über Alle gesetzt war (syr. ﺷ ﻣﻚ, vgl. דוּךְ IV. Levit. r. s. 5, 149ᵈ למה הוא קורא אותו אמרכל שהיה מר לכל darum nannte er den Autor ihn (den "Schebna", Jes. 23, 16) אמרכל? Weil er als Herr über Alle gesetzt war. Genes. r. 58, 57ᵃ (mit Bez. auf גר דייר ותושב, Gen. 23, 4) מאמר חיא מרה דהאבתא גבון וראם מאמרי ביתא das W. גר bedeutet: "einen Einwohner als Fremdling", תושב hing. "den Besitzer eines Ortes"; Abraham sagte näml. zu Efron: Wenn du willst (mir ein Erbbegräbniss geben), so bin ich blos ein Fremdling, wo nicht, so bin ich der Besitzer des Ortes; denn Gott hatte mir verheissen: "Dieses Land gebe ich deinen Nachkommen" (Gen. 12, 7). Jom. 86ᵃ wird חלול השם (Entweihung des göttlichen Namens) erklärt: כגון דקאמרי אינשי שרא ליה מריה wenn z. B. die Menschen betreffs Jemds. sagen: Der Herr (Gott) verzeihe es dem N. N. j. Ber. II, 5ᶜ ob. למחר אתיא מרה דהאבתא גבון אמר לון מרירי אך הדא מצורת וב' Tags darauf kam der Besitzer des Feigenbaumes (unter welchem die Gelehrten in früherer Zeit täglich gesessen, später aber diesen Sitz verlassen hatten) zu ihnen und sagte: Meine Herren auch dieser frommen Handlung habt ihr mich beraubt. j. Ab. sar. V, 44ᵈ mit. R. Simon ben Lasar kam in einem Wohnorte der Samaritaner an und verlangte von dem Gelehrten derselben, der ihn besucht hatte, einen verschlossenen Krug mit Wein אמר ליה הא מבועא קמך שתי (קולא שתהימא). חמתיה מטרח עלוי אמר ליה אין את מריה דנפשך הא מבועא קמך שתי ואין נפשך מרתך נשתך מרתיה דנפשך סכין וב' ג הר samaritanische Gelehrte sagte zu ihm: Da ist eine Wasserquelle vor dir, daraus trinke! Als er jedoch sah, dass Jener immer mehr in ihn drang (ihm Wein zu bringen), so sagte er zu ihm: "Wenn du der Herr deiner Seele bist" (d. h. deine Leidenschaft zu bewältigen kannst), so trinke aus der hier fliessenden Quelle (d. h. aber nicht von dem Wein des hiesigen Ortes, da die Samaritaner davon vor dem Götzen spenden); wenn jedoch deine Seele deine Herrin ist: "so stecke ein Messer in deine Kehle" (Spr. 23, 2). Deut. r. s. 2, 253ᵃ dass. mit dem Zusatz: R. Simon sagte: הוו מרי דנפשי אנא אנא ich war der Beherrscher meiner Seele. Vgl. auch Chull. 6ᵃ. Kidd. 31ᵇ un. מר בר רב אשר כי הוה דריש בפירקא אידחי אמר אבא מרי ואבמורית מר הכי אמר רב אשי Mar, der Sohn des R. Asche sagte

in seinem Vortrag: „So sagte mein Vater und
Lehrer!" während sein Amora sagte: „So
sagte R. Asche." — Pes. 101ᵃ Abaji sagte: כי
הוינא בי מר als ich in der Schule des Herrn
(Lehrers, d. h. des Rabba) war. Das. כל מילי
דמר alle Angelegenheiten des Rabba. Hor. 14ᵃ
und B. bath. 155ᵇ הכל צריכין למרי חיטייא Alle
bedürfen des Weizenbesitzers, d. h. des R. Josef,
des Vielwissers (סיני, s. d.), der aber, als er infolge seiner Krankheit und späteren Erblindung
so manches vergessen hatte, oft ausrief: מריה
דאברהם Herr Abraham's! Schabb. 22ᵃ u. ö.
Erub. 75ᵇ מריה דאברהם רבים ברבי איחלף לי
Herr Abraham's, das W. רבים wurde mir mit
רבי verwechselt! Keth. 103ᵇ un. so oft Josafat,
der König Juda's, einen Gelehrten sah, so rief er
ihm zu מרי רבי רבי mein Lehrer, mein Lehrer!
mein Herr, mein Herr! Snh. 26ᵇ עני מרי ארבעין
בכתפיה וכשר antworte mir, mein Herr, Jem.,
der vierzig Geisselhiebe auf seine Schulter bekommt, sollte Zeuge sein dürfen! Dort als Einwand
gegen den Lehrsatz des R. Nachmann: „Ein des
Incestes Verdächtiger, der die Geisselstrafe zu
erleiden hat, ist als Zeuge giltig." Wie wäre
das denkbar? B. kam. 49ᵇ u. ö. Pes. 25ᵇ מרי
דוראי der Herr meines Wohnortes. j. B. bath.
X g. E., 17ᵈ (=hbr. בעל חוב) מרי חובה der
Gläubiger. Khl. r. sv. שבקו למרי חלף, 96ᶜ תן
חובי דיגבי חוביה lasset den Gläubiger seine
Schuld einkassiern! bildl. für: die Würmer
haben das Recht, an der Leiche zu nagen. B.
mez. 118ᵃ מרי רשותא der Schuldner. — Khl. r.
sv. מאיר כד הוה חמי חד נפיק, 81ᵇ יש אחד
לאסטרטומסה הוה צוח לי דיל שלם מרי מיתה
תרין צוח לון שלם לכון מרי קטטה תלת
צוח לון שלם לכון מרי שלמא als R. Meïr einen
Einzelnen eine Reise unternahmen sah, so rief
er ihm zu: Gehe, sei glücklich, Mann des
Todes! (d. h. du setzest dich vielen Gefahren
aus). Waren es zwei, so rief er ihnen zu:
Seid glücklich, Männer des Streites! (d. h.
ihr könntet euch leicht entzweien). Waren es
drei, so rief er ihnen zu: Seid glücklich, Männer des Friedens! (weil näml. der je dritte
die Streitenden aussöhnen würde). Das. sv. מרב
מלא, 81ᵃ מרי מכילאן, s. d. W. —
Ferner מָר Mar, als Titel (=רַב). Keth. 23ᵃ
u. ö. מר שמואל Mar Samuel. Levit. r. s. 5, 149ᵈ
מר עוקבן Mar Ukban; zuw. auch als N. pr.
z. B. Schabb. 61ᵃ מר בריה דרבנא Rab, der Sohn
des Rabana. מר קשישא מר ינוקא, מר זוטרא
s. ob. und יָנוֹקָא und זוּטָר s. ob.

Pl. מָרְוָתָא (syr. ܡܳܪ̈ܶܐ, emph. ܡܳܪ̈ܰܘܳܬܳܐ; nach
der Form רַעֲוָתָא) אַסְוָתָא, אַבְהָתָא) die Herren, die Besitzer; zuweilen auch als Singl.
(=hbr. בְּעָלִים, אֲדֹנִים): der Herr. Git. 40ᵃ
ההוא דיסקרתא דעבדי דאזדבן לנכרי כלו מרוותא
בתראי אתו לקמיה דרבינא אמר להו זילו אהדרו
אבני מרוותא קמאי וכ׳ ein Dorf, das von Skla-

ven bewohnt war, wurde an einen Nichtjuden
verkauft (infolge dessen die Sklaven die Freiheit erlangen sollten). Als aber kurz nachher
die letzteren Herren ausgestorben waren, kamen
die Sklaven zu Rebina (damit er ihnen erlaube,
israelitische Töchter zu heirathen); er sagte zu
ihnen: Gehet zu den Nachfolgern eurer ersten
Herren (den Juden), damit sie euch ein Dokument der Freiheit ausstellen. B. bath. 3ᵇ un.
קם קטלינהו לכולהו מרוותא ושיירא להההיא ינוקתא
er (Herodes) hat alle seine Herren (die Makkabäer) getödtet, von denen nur jenes Mädchen
(die Prinzessin Mariamne) allein übrig blieb.
Das. 168ᵇ אתו מרוותיהו לקמיה דאביי ihre (der
Felder) Besitzer kamen zu Abaji. B. kam. 103ᵃ
מרוותיה דכיתנא der Besitzer des Flachses. Das.
48ᵃ מרוותא דחצר der Besitzer des Hofes.

מָרָתָא, מָרְתָא f. (syr. ܡܳܪܬܳܐ) 1) Herrin,
Besitzerin. j. Chag. II, 77ᵈ mit מרתה דביתא
die Hausherrin, die uns aufgenommen
hat. Genes. r. s. 52, 51ᶜ מרתא דבעלה die Herrin ihres Mannes, vgl. בַּעֲלָה. Jalk. II, 131ᶜ dass.
mit Bez. auf Spr. 31, 10. — 2) Martha, N. pr.
fem. Git. 56ᵇ מרתא בת ביתוס Martha, die Tochter des Boëthos. Keth. 104ᵃ. Sifre Teze § 281
אפילו היא כמרתא בת ביתוס selbst wenn sie so reich ist
wie Martha, die Tochter des Boëthos; vgl. מִרְיָם.
— 3) Martha, N. pr. masc. Pes. 103ᵃ מרתא
אמר משמיה דר' יהושע Martha sagte eine Halacha Namens des R. Josua. Kidd. 65ᵇ und
Exod. r. s. 51, 142ᵈ שמואל בר מרתא R. Samuel bar Martha. M. kat. 26ᵇ un. אבא בר מרתא
דהוא אבא בר מניומי Abba bar Martha, welcher
Abba bar Minjomi war. Jeb. 120ᵃ. Bez. 22ᵃ
und Schabb. 122ᵇ dass. Snh. 5ᵃ un. מרתא
Martha, Sohn des Abba bar Acha. B. bath. 52ᵃ
die Frau des Rabba bar bar Chana sagte vor
ihrem Tode: הני כיפי דמרתא ובני ברתא diese
Ringe sollen dem Martha und den Kindern seiner Tochter gehören.

מָרוּתָא, מָרוּת f. (syr. ܡܳܪܘܬܳܐ) Herrschaft,
Obergewalt. Ber. 48ᵃ חזית דלא מקבלי מרות
du siehst, dass sie (die Pharisäer) die Herrschaft
der Makkabäer nicht anerkennen. Schabb. 106ᵇ
צפור דרור ... שאינה מקבלת מרות der schnell-
fliegende Vogel, der keine Obergewalt annimmt,
sich nicht zähmen lässt, vgl. דְּרוֹר. Genes. r. s.
55, 54ᵈ אתר מרוותא דעלמא der Ort, der die
Herrschaft (das Vorzüglichste) der Welt ist.
Pesik. r. Bachodesch, 69ᵇ ארץ שמרותו של עולם
לתוכה das Land, das die Herrschaft der Welt
enthält. Das. ואף המקום מרות הוא על כל
המקומות auch jener Ort übt die Herrschaft über
alle Oerter aus, s. מוֹרְיָה.

מְרָא oder מְרֵי (denom. von מָר, מָרָא, oder
=אֲמַר) herrisch sein, befehlen. — Af.
Genes. r. s. 42, 41ᵃ אמרפל שהיתה אמירתו אפילה

דאָמְרִי ואסלי בעלמא דאמרין ואסלי באברהם שאמר שירד לכבשן האש „Amrafel" (Gen. 14, 1) bedeutet: Derjenige, dessen Befehl (s. אֲמִירָה II) Finsterniss war; er befahl und brachte Finsterniss in die Welt, er befahl und brachte Finsterniss über Abraham, indem er sagte, dass er in den Feuerofen geworfen werde; vgl. auch אֲמָרָה Anch I.A. des Ar.

מְרָא f. (syr. ܡܰܪܳܐ, lat. marra, μάῤῥον) Hacke, Grabscheit. Erub. 77ᵇ מרא וחצינא Hacke und Axt. B. kam. 27ᵇ (פדנא) דמרא קדסינא דמרא der Stiel des Grabscheits, die Eisenstange des Grabscheits, vgl. פַּדָּא. Taan. 23ᵇ ob. כי הוה מנקטו ציבי דרא ציבי ומרא בחד כתפא וגלימא כתפא אחד als er (Abba Chilkeja) das Holz nach Hause trug, so trug er das Holz und die Hacke auf der einen, und den Mantel auf der andern Schulter. B. mez. 82ᵇ מרא ופסל וקרדום Hacke, Hobeleisen (Raschi דולי׳דרה = doloire, dolabra) und Axt. Ar. ed. pr. liest פסל מר וקרדום, wonach also מר St. c. zu פסל ist: Hacke zum Aushauen, Meisseln. Seb. 116ᵇ אפיקו נורא ממרא חדתא bringt Feuer hervor (aus den Steinen) mittelst einer neuen Hacke. — Trop. Jeb. 65ᵇ מרא לקבורה eine Hacke für das Grab, bildl. für Sohn; s. חוּמְרָא.

מוּרְאָה f. (=bh. מֻרְאָה, denom. von ראי, s. d.) Kropf des Vogels, eig. (=בית הרעי, בית הראי) der Ort des Mistes. (Von dem W. ראי [wahrsch. auch bh. Nah. 3, 6 ראי in Pause] wurde auch ein Denom. als Part. Hof. gebildet, näml. Zeph. 3, 1 מוּרְאָה העיר היונה „die besudelte und verunreinigte Stadt der Gewaltthätigkeit"). — Sifra Wajikra cap. 8 Par. 7 מראתו זה הזפק das W. מראה (Lev. 1, 16) bedeutet den Kropf. (Einige Erklärer näml. verstanden unter מראה: den fleischigen Magen an der Speiseröhre, קורקבן wonach die j. Trgg. und die Peschita, s. d. W.) Seb. 64ᵇ in der Mischna: nachdem der Priester den Kopf des Opfervogels abgekniffen hatte, באו לו לגוף והסיר את המוראה ואת הנוצה ואת בני מיעיין היוצאין עמם והשליכם לבית הדשן so kam er zu dem Rumpf, entfernte den Kropf sammt dem Miste und den Därmen, die sich innen nachziehen und warf sie auf den Ascheplatz. Jom. 21ᵇ מוראה ונוצה ודישון מזבח הסנימי ודישון המנורה נבלעין במקומן der Kropf und der Mist, sowie die vom innenstehende Altar und vom Leuchter enthobene Asche wurden an ihrer Stelle verschlungen, d. i. verschwanden. Seb. 64ᵃ. — Pl. Tam. 1, 4 מוראות העוף die Kröpfe des Geflügels. Sifra Wajikra Par. 7 cap. 9 dass.

מַרְאֶה m. (=bh., mit Suff. מַרְאָיה, מַרְאָיו; von ראי, רָאָה) das Aussehen, Gesicht, der Anblick. Sifra Neg. cap. 2 כהה ממראהו der Grund wurde dunkler, als sein früheres Aussehen war. Bech. 44ᵇ wird מרוח אשך (Lev. 21, 20)

nach einer Ansicht erklärt: כל שמראיו חשוכין Jem., dessen Aussehen finster, schwarz ist, d. h. ein Mohr. Sifra Emor cap. 2 Par. 3 dass.; vgl. נָרַע und חָשַׁךְ. Jom. 74ᵇ un. מראה עינים באשה der Anblick, das genaue Betrachten eines Weibes. j. Jom. VI, 43ᶜ ob. משובח בגופו משובח במראיו משובח בגופו קודם wenn (bei der Anschaffung der zwei Ziegenböcke als Opfer am Versöhnungstage) ein Ziegenbock zu erlangen ist, der wohlbeleibt und ein anderer, der wohlgestaltet ist, so wird der wohlbeleibte vorgezogen. j. Dem. IV, 18ᵇ un. במראה crmp., l. במראיא. — Tosef. Neg. I Anf. מראה גבוה במראה. כמראה צל בחמה מראה עמוק שבה במראה השאת מובהקת מראה הצל שהם גבורים ממראה השני ממראה החמה בצל das „erhabene" Aussehen (bei Aussätzen) ist wie das Aussehen des Schattens in der Sonne; das „tiefe" Aussehen derselben ist wie das Aussehen der Sonne im Schatten; d. h. die Ausdrücke שאת und עמק, deren sich die Schrift bei Aussätzen bedient (Lev. 13, 2. 3 fg.) bezeichnen nicht etwa ein wirkliches Hochsein und Tiefsein, sondern blos die Farben, die den Anschein der Höhe und Tiefe haben, und zwar ähnlich dem Anblick, den Schatten und Sonne gewähren. Die schattige Stelle auf dem sonnigen Platz scheint höher als der letztere und dieser also tiefer als die erstere zu liegen. Sifra Neg. cap. 1 Anf. מהו לשון החמה מה הצל עמוק עמק כמראה החמה שהם עמוקים מן הצל מה לשון ספחת טפילה וכו׳ (das Prädicat steht im Plur. auf ähnliche Weise, wie das Suff. gew. im Plur. steht) was bedeutet שאת? Ein schimmernder Fleck wie der Anblick des Schattens (der schattigen Stelle), welcher höher zu sein scheint als der Anblick der Sonne (des sonnigen Platzes). Was bedeutet עמק? So tief wie der Anblick der Sonne, welcher tiefer zu sein scheint, als der Schatten. Was bedeutet ספחת? Anschluss, mit Bez. auf 1 Sm. 2, 36. — Pl. (mit fem.-End.) Neg. 1, 1 und Schebu. 1, 1 מראות נגעים שנים שהם ארבעה וכו׳ die Farben der Aussätze sind, zerfallen in zwei (Hauptklassen), welche (mit den Unterklassen) vier ausmachen, näml. 1) בהרת der Glanzfleck, der schneeweiss ist, und 2) שאת das erhabene Mal (s. ob.), das der Haut eines Eies ähnlich ist, mit einer Unterklasse, die der weissen Wolle ähnlich ist; so nach Ansicht des R. Meïr. Nach Ansicht der Chachamim hing. ist die Hauptklasse von בהרת der weissen Wolle, und die Unterklasse desselben der Haut eines Eies ähnlich. Das Mischna 4 und Tosef. Neg. I Anf. werden 16, 32 und noch mehr Arten von Aussätzen erwähnt, welche jedoch in den gedachten zwei, bezw. vier Arten, enthalten sind.

מַרְאָה f. (=bh.) Spiegel, Gegenstand, worin man sich ansieht. Kel. 14, 6 כסוי טני של מתכת שעשה בו מראה וכו׳ ein metallener

30*

Deckel eines Korbes, in welchem man einen
Spiegel angebracht hat. j. Bez. I Ende, 61ᵃ und
Tosef. Schabb. XIII (XIV) מטלטלין . . . את
המראה לכסות בה הכלים man darf am Sabbat
den Spiegel von einem Orte nach dem andern
tragen, um damit die Geräthe zu bedecken
(=אבן מסמא, s. d.). Das. אין רואין במראה
בשבת ואם היתה קבועה בכותל מותר man darf
sich am Sabbat nicht im Spiegel ansehen;
wenn er jedoch in der Wand befestigt ist, so
ist es gestattet. Nach Schabb. 149ᵃ ist hier
die Rede במראה שׁל מתכת von einem metallenen Spiegel. Das. מפני מה אמרו מראה שׁל
מתכת אסורה מפני שעשוירה להשיר בני נימין
המדולדלין weshalb hat man das Sichansehen in
einem metallenen Spiegel (am Sabbat) verboten?
Weil man sich mittelst (der Zacken) desselben die
herabhängenden Haare loszureissen pflegt. Tosef.
Ab. sar. III ישראל המסתפר מן הגוי רואה במראה
מן הכותי אין רואה במראה התירו לבית רבן
גמליאל להיות רואין במראה מפני שׁהן זקוקין
למלכות ein Israelit, der sich von einem Nichtjuden das Haar verschneiden lässt, darf sich
während dieser Zeit im Spiegel ansehen; wenn
er sich aber von einem Samaritaner das
Haar verschneiden lässt, so darf er sich nicht
im Spiegel ansehen. (Man hatte näml. in späterer Zeit das Sichansehen im Spiegel auch am
Wochentage verboten, weil es eine Art weiblichen Putzens ist, vgl. Dt. 22, 6; gestattete dies
jedoch dem Juden, während er sich vom Nichtjuden das Haar verschneiden lässt, damit er
letzteren genau beobachten könne, dass er ihm
nicht den Hals abschneide; was jedoch beim
Samaritaner nicht zu befürchten war.) — Den
Familiengliedern des Nasi Rabban Gamliel hing.
gestattete man, sich zu jeder Zeit im Spiegel
anzusehen, weil sie mit der römischen Regierung
verkehrten. Ab. sar. 29ᵃ steht blos der erste
Satz. Der Grund, den Raschi z. St. angiebt:
Wenn der Jude, während er sich vom Nichtjuden das Haar verschneiden lässt, im Spiegel
sich ansehe, so würde der Nichtjude ihn für vornehm halten und infolge dessen sich fürchten,
ihn zu tödten, leuchtet nicht ein; vgl. auch
Tosaf. z. St. j. Schabb. VI, 7ᵈ un. שלשה דברים
התירו לבית רבי שׁידהו רואין במראה ושׁידהו
מסתפרין קומי ושׁידהו מלמדין את בניהן יונית
למלכות שׁזקוקין מפני drei Dinge erlaubte
man den Familiengliedern Rabbi's (Enkel des
Nasi R. Gamliel): Sich im Spiegel anzusehen,
ferner: sich das Haar (χόμη, coma, nach
Art der Vornehmen, vgl. קוֹמִי) zu scheeren,
und endlich: ihre Kinder im Griechischen zu
unterrichten (vgl. יְוָנִי); weil sie der Regierung verkehrten. — Pl. Genes. r. s. 4, 5ᵈ
מראות גדולות . . . מראות קטנות Vergrösserungs-
spiegel, Verkleinerungsspiegel, siehe בבואה.
Das. s. 73 g. E. מראות לבנות weisse Spiegel,
s. כושׁי.

מַרְאִית f. (=bh. רְאִית, Khl. 5, 10 Keth.)
1) das Ansehen, der Anblick. Bech. 43ᵇ
שׁנשׁרו ריסי עיניו פסול מפני מראית עין . . .
ושׁנשׁלו שׁיניו פסול משׁום מראית עין ein Priester,
dessen Augenbrauen ausgefallen sind, ist zum
Priesterdienst untauglich, wegen des Anblicks
(d. h. weil ein solcher Anblick einen schlechten
Eindruck auf das Auge des ihn Sehenden macht).
Wenn seine Zähne ausgefallen sind, so ist er
ebenfalls wegen des Anblicks untauglich. Levit.
r. s. 26, 170ᵇ Saul nahm seine Söhne mit sich
in den Krieg, trotzdem er bereits von Samuel
erfahren hatte (1 Sm. 28, 19 fg.), dass er mit
ihnen fallen würde; da rief Gott den Engeln zu:
בנהג שׁבעולם אדם הולך לבית המשׁתה אינו
מוליך בניו עמו מפני מראית העין וזה יוצא
למלחמה ויודע שׁנהרג ונוטל בניו עמו ושׁמח על
מדת הדין שׁפוגעה בו der gewöhnliche Brauch in
der Welt ist, dass Jem., der zu einem Gastmahl geht, seine Söhne nicht mitnimmt, um
den Anblick (den bösen Blick, Aufsehen und
Neid) zu vermeiden; dieser (Saul) hing. zieht
in den Krieg und nimmt seine Söhne mit sich,
obgleich er weiss, dass er dem Tode entgegen
gehe; weil er sich freut über die gerechte göttliche Strafe, die ihn treffen würde. — 2) Schein,
Anschein. Bez. 9ᵃ u. ö. כל מקום שׁאסרו חכמים
מפני מראית העין אפילו בחדרי חדרים אסור Alles,
was die Gelehrten des Scheines halber verboten
haben, darf man selbst in den heimlichsten Ge-
mächern nicht thun. So z. B. darf man, nach
einer Ansicht, Kleider, welche vom Regen
durchnässt wurden, am Sabbat oder Feiertage,
wenn es Niemand sieht, zum Trocknen legen;
dahing. darf dies nicht öffentlich geschehen, weil
Jem., der es sieht, glauben könnte, die Kleider
wären heute gewaschen worden. Nach der oben
angegebenen Ansicht jedoch darf dies, weil es
öffentlich zu thun verboten ist, auch heimlich
nicht geschehen. j. Dem. VIII Ende, 25ᵇ. j.
Dem. VI, 25ᵇ un. j. Kidd. II g. E., 63ᵇ. j. M.
kat. I, 80ᵇ mit. u. ö. dass. auf ähnliche Fälle
angewandt.

מוֹרְנָא ,מְרָאָנָא m. Made, Wurm. Ab. sar.
26ᵇ ישראל מל את העכום לשׁום גר לאפוקי
משׁום מראנא דלא Ar. (Agg. מורנא) der Israelit
darf den Götzendiener, der ein Proselyt werden
will, beschneiden; dahing. darf er ihn der Maden
(im Präputium) wegen, behufs Heilung, nicht
beschneiden. Chull. 49ᵃ מראנא סליגי בה ר' יוסף
בר דוסאי ורבנן וכ' Ar. (Agg. מורנא) betreffs
einer Made, die sich auf der Lunge eines geschlachteten Thieres vorfindet, sind R. Josef bar
Dosai und die Rabbanan getheilter Ansicht;
nach der einen Ansicht darf das Thier nicht
gegessen werden, weil anzunehmen ist, dass die
Made bereits vor dem Schlachten, aus der
Lunge herausgekrochen und sie durchlöchert
habe; nach der andern Ansicht darf das Thier

gegessen werden, weil anzunehmen ist, dass die Made erst nach dem Schlachten herausgekrochen sei. — Pl. Das. 67ᵇ מְרָאֲנָה דבישׂרא אכירן Ar. (Agg. הולעים דרני (?) ersteres W. wahrsch. eine Randglosse zur Erklärung des letzteren) die Würmer, die sich im Fleische finden, dürfen nicht gegessen werden; diejenigen aber, die sich in den Fischen finden, dürfen gegessen werden. In den Trgg. מורני, s. TW. II, 70ᵇ.

מְרָאָשׁוֹת fem. pl. (=bh. denom. von ראשׁ) Kopfseite, Gegend des Kopfes. Jom. 78ᵃ am Rüsttage des 9. des Ab (Trauertag wegen der Tempelzerstörung) darf man ein Tuch anfeuchten, ומניחה תחת מראשותיו ולמחר מקנה ורגליו דסדו פניו dasselbe unter sein Kopf (-Kissen) legen und sich damit Tags darauf das Gesicht, die Hände die Füsse abreiben, vgl. פְּדָא. Schabb. 12ᵃ un. שׁכינה למעלה מראשׁותיו שׁל חולד die Gottheit ist oberhalb der Kopfseite des Kranken; mit Ansp. auf Ps. 41, 4. — Uebrtr. j. Ber. III, 6ᵈ un. . . . מרגלות מראשות המטה die Kopfseite des Bettes (d. h. die Stelle des Bettes, wo der Kopf liegt), die Fussseite des Bettes.

מְרָבָּה oder מְרַבָּה m. (=נְרְבָּך, מִדְבָּך, s. d. Wörter. Stw. רבך, רְבַג, wahrsch. trnspon. von arab. رَجَبَ: aufhäufen, zusammentragen, vgl. רֶבֶג) Haufe von Baumaterialien. Ohol. 3, 7 מרבג שׁל אבנים Ar. (Var.=Agg. מרבך) ein Haufe von Steinen. Suc. 20ᵇ dass.; vgl. auch מַרְבִּית nr. 2.

מְרוּבָּה m. (eig. Part. Pual von רבּה); insbes. מרובה בגדים ausschliessliche Benennung jedes Hohenpriesters zur Zeit des zweiten Tempels (theils auch derjenigen, die während der Zeit des ersten Tempels, näml. vom Könige Josia an, fungirten, unter dessen Regierung das heilige Salböl verborgen worden sein soll, vgl. גֶּנַז und Jom. 52ᵇ), indem des Ersteren Auszeichnung, Weihe lediglich darin bestand, dass er vier priesterliche (dem Hohenpriester eigene) Gewänder mehr trug, als der gewöhnliche Priester. מרובד בגדים jedoch bedeutet nicht etwa: der Mehrbekleidete, sondern vielmehr: Der durch das Tragen der vier hohepriesterlichen Gewänder zum Hohenpriester Geweihte. Dah. führte auch ein solcher Hohepriester, obgleich er nicht mit dem heiligen Oel gesalbt worden war, zuweilen den Namen מָשִׁיחַ; weil nach rabbinischem Sprachgebrauch, wonach auch die Trgg., das bh. מָשַׁח, wo es von den Priestern und den Tempelgeräthen vorkommt, nicht durch salben, sondern durch „erheben", „weihen" erklären und übersetzen; vgl. רַבִּי, רְבוּתָא. — Sifra Zaw Par. 2 cap. 5 משיח אין לי אלא משוח בשׁמן המשׁחה מרובה בגדים מנין תלמוד לומר והכהן

unter משׁיח (Lev. 6, 15) könnte man nur denjenigen Hohenpriester verstehen, welcher mit Salböl gesalbt wurde (dass nur er das vorgeschriebene „Mehlopfer" täglich darbringen müsse); woher ist aber erwiesen, dass dies auch von dem, durch das Tragen der hohepriesterlichen (acht) Gewänder Geweihten gelte? Daher, dass והכהן dabei steht. Auf diese Borajtha stützte R. Meïr, Hor. 12ᵃ un., seine Ansicht: מרובה בגדים מביא פר וכ׳ der durch das Tragen der hohepriesterlichen Gewänder Geweihte bringt bei Uebertretungen einen „Farren" als Sündopfer, näml. gleich dem „gesalbten Hohenpriester", Lev. 4, 3. Sifra selbst jedoch, Wajikra cap. 1 Par. 2 bemerkt ausdrücklich, mit Bez. auf den hier zuletzt genannten Bibelvers, dass nur der mit dem Oel gesalbte, nicht aber der durch die Gewänder geweihte Hohepriester einen Farren als Sündopfer darbringe. Seine Worte das. lauten wie folgt: משׁיח יכול זה המלך תלמוד לומר הכהן אי הכהן יכול מרובה בגדים תלמוד לומר משׁיח משׁיח unter משׁיח könnte man den „König" verstehen (der ebenf. gesalbt wurde, vgl. כי I), daher steht הכהן; unter כהן könnte man „den durch die hohepriesterlichen Gewänder Geweihten" verstehen, daher steht משׁיח. — Demnach stellt die Sifra diese beiden Arten von Hohenpriestern nur insofern gleich, als der Eine ebenso, wie der Andere das tägliche Mehlopfer darbringen musste (Lev. 6, 15); nicht aber hinsichtl. des Farren als Sündopfers (das. 4, 3); indem letzterer blos von dem gesalbten, nicht aber von dem durch die Gewänder geweihten Hohenpriester dargebracht wurde. Derselben Ansicht sind die Chachamim, Hor. 11ᵇ fg. אין בין כהן המשׁוח בשׁמן המשׁחה למרובה בגדים אלא פר הבא על כל המצות zwischen dem mit dem Salböl gesalbten und dem durch Kleider geweihten Hohenpriester herrscht blos hinsichtl. des Farren, der wegen Uebertretung dargebracht wurde, ein Unterschied. Meg. 9ᵇ u. ö.

מְרוּבָּה fem. (von רבּה) Vieles, viel, eig. Etwas, was aus vielen oder mehreren Dingen zusammengetragen ist; im Ggs. zu מועט: Weniges. R. hasch. 4ᵇ u. ö. תפסת מרובה לא תפסת תפסׂת מועט תפסׂת wörtlich: Ergreifst du Vieles, so ergreifst du nichts; ergreifst du aber Weniges, so ergreifst du etwas; d. h. wenn du einen Lehrsatz vernimmst, der zwei Deutungen zulässt, deren eine viel und deren andere wenig besagt: so halte die Letztere fest, die Erstere aber beseitige. Vgl. Suc. 5ᵃ das Mass aller Tempelgeräthe, wie z. B. der „Bundeslade" des „Tisches" u. dgl. ist nach Länge, Breite und Dicke angegeben; eine Ausnahme hiervon macht der „Gnadendeckel", von dem es blos heisst: „Zwei und eine halbe Elle sei seine Länge und ein und eine halbe Elle seine Breite" (Ex. 25, 17);

wobei aber die Dicke oder „Höhe" desselben nicht angegeben ist. Da wir jedoch finden, dass die „Leiste" des Tisches — als das kleinste der Geräthe — eine „Handbreite" war (טֶפַח, das. V. 25): so schliessen wir daraus, dass auch die Dicke des Gnadendeckels ebenfalls eine Handbreite war; also nicht etwa ein und eine halbe Elle, wie die Dicke der Lade und des Tisches. Vollständiger lautet dieser Satz in j. Jom. II g. E., 40ᵃ; vgl. מָעַם im Piel, s. auch מוּעָם.

מַרְבִּית, מוֹרְבִּית f. (von רָבָה, רבי) eig. Anwachs, Zuwachs (ähnl. bh. מַרְבִּית, Zins, Anwachs des Kapitals, Zuschuss); dah. 1) Zweig, Sprössling. — Pl. Suc. 45ᵃ מרבה של ערבה Ar. (Agg. מוֹרְבִיּוֹת) die Zweige der Bachweide. Tamid 2, 1 (29ᵃ) מרביות של זית של אגוז ושל עץ שמן die Zweige eines Feigenbaumes, eines Nussbaumes und eines Oelbaumes. j. Schebi. II, 34ᵃ mit. מדע ממנו שלש מורביות רב׳ wenn Jem. drei Anwüchse der Pflanze (der egyptischen Bohne, die öfter Anwüchse bekommt, welche man gewöhnlich nach und nach abzupflücken pflegt) abzupflücken verabsäumt: so bekundet er hierdurch, dass er das Gewächs zur Fortpflanzung bestimmt habe; לא מדע ממנו שלש מורביות רב׳ wenn er hing. nicht verabsäumt hat, drei Anwüchse zu pflücken, so dient das zum Beweise, dass er die Pflanze zum sofortigen Verzehren bestimmt habe. — 2) eine Reihe zusammengetragener, aufgehäufter Steine, Steinhaufe, eig. Anwachs, Aggregat. Schebi. 3, 5 לא יפתח אדם מחצב בתחלה לתוך שדהו עד שלש מורביות man darf im שהיו בו שלש שלש על שלש ברום שלש Brachjahre nicht einen neuen Steinschacht graben, wenn nicht daselbst bereits drei Steinhaufen von je drei Ellen Länge, drei Ellen Breite und drei Ellen Höhe vorhanden sind. Tosef. Schebi. III Anf. dass. j. Schebi. III, 34ᵈ ob. wird unser W. erklärt durch נדבכין, s. מַרְבָּג.

מָרְוִיתָא, מָרְבִּיתָא ch. (syr. ‏ܡܪܒܝܬܐ‎=מַרְבִּית) nr. 1) Zuwachs, Zweig. j. Schebi. I g. E., 33ᶜ הדא מרביתא דתאינתא אתיא בפירי ein Zweig des Feigenbaums, der bald Früchte trägt. In der Parall. j. Orl. I, 61ᵃ mit. steht dafür מרוויתא (ב in וו erweicht). j. Maasr. I, 49ᵃ ob. מרויות.

מַרְבְּיָנָא masc. (syn. mit מַרְבִּיתָא) der Zuwachs, Anwachs der Pflanze sowohl, als der Familie, soboles, s. TW.

מָרְבְּיָנָא m. (syr. ‏ܡܪܒܝܢܐ‎) der Erzieher, Ernährer, s. TW.

מָרְבְּיָנִיתָא oder מָרְבְּיָנְיָתָא f. (syr. ‏ܡܪܒܝܢܝܬܐ‎) Erzieherin, Ernährerin. Kidd. 31ᵇ Abaji

verlor seinen Vater, als seine Mutter mit ihm schwanger ging, und bald nach seiner Geburt starb auch letztere, vgl. יוֹחָנָן. איני והאמר אביי (מרביניתיה Ar. (Agg. אמרה לי אם מרבנייתא הוא wie ist das möglich, Abaji sagte ja gewöhnlich: „Meine Mutter sagte mir" u. s. w.? Das war seine Erzieherin.

מַרְבָּעָה f. (syn. mit רְבִיעָה, Stw. רָבַע) die Zeit des Regenfalls, eig. des Lagerns. Pl. Tosef. Schebi. II Anf. was das Verzehnten, sowie das Brachjahr bei der egyptischen Bohne betrifft, בשל בעל שמוע הימנו שתי מרבעות דברי ר׳ מאיר וחכמים אומרים שלש מרביעות (Var. wahrsch. crmp.) die auf einem Felde wächst, das vom Regen getränkt wird (dessen Gewächs jedoch man auch mit Brunnenwasser besprengt) so wird sie, wenn man bei ihr, nach Ansicht des R. Meïr, während zweier oder, nach Ansicht der Chachamim, während dreier Zeiten des Regenfalls, das Besprengen verabsäumt hat, wie die Pflanzen des verwichenen Jahres behandelt.

מַרְבִּיעֲתָא, מַרְבְּעֲתָא ch. (eig.=vrg. מַרְבָּעָה) das Lager, Sichaufhalten. B. bath. 73ᵇ ob. (eine der Fabeln des Rabba bar bar Chana): Ich war auf Reisen, ודלינן גלא עד דחזינן בי מרבעתא דכוכבא זוטא da trug uns eine Welle so hoch, dass wir den Aufenthalt des kleinen Sternes sahen. Das. רבי מרבעתא דרישיה פרסא ופלגא der Lagerplatz des Kopfes der Gazelle betrug 1½ Parasangen; s. auch TW.

מַרְבִּיצָא m. Adj. (von רְבַץ) ein Schüler der Akademie (תַּרְבִּיצָא s. d.), s. TW.

מְרַג (=מְנַר trnsp.) niederschleifen, zum Fallen bringen. — Ithpe. אִתְמְרִיג gestossen werden, s. TW.

מֵירוּג masc. N. a. (von אָרַג s. d.) eig. das Weben; übrtr. das Ausreissen eines Theils der Pflanzen, infolge dessen das Feld die Gestalt eines würfelähnlichen Gewebes erhält. Mögl. Weise jed. ist Stw. מְרַג, arab. مَرَج : das Mischen, Buntmachen der Oberfläche des Feldes. — j. Pea III, 17ᶜ ob. המעירוג חייב דתנינן המחליק בצלין לחין לשוק ומקיים יבישין ... כהדא דתהתלח לחוק ואיי דיני מירוג לגורנן רב׳ was das theilweise Ausreissen der Pflanzen betrifft, so ist man sowohl im Anfange, als auch am Ende zur Pea (Zurückclassen der Früchte der Feldecke) verpflichtet. Was ist מירוג? Dasselbe, was die Mischna (das. 3, 3) erwähnt: Wenn Jem. die feuchten Zwiebeln behufs Verkaufens auf dem Markt ausreisst, die trocknen aber stehen lässt, um sie aufzuspeichern: so muss er von den ersten Zwiebeln besonders und von den letzteren besonders die Eckpflanzen als Armengaben stehen lassen. (Tosef. Pea I g. E.

hat המארג als Verbum. Die Bemerk. Frankel's in s. Comment. zu j. Pea l. c., die LA. der Tosef. sci unrichtig, ist ebensowenig zutreffend, wie seine Erklärung: מירוג bedeute dasselbe, was hbr. שָׁמַט, weil die Trgg. letzteres W. durch מרג übersetzen.)

מוֹרַג, מוֹרִיג   Pl. מוֹרִיגִים und מוֹרִגִים m. (=bh. Stw. מרג syn. mit מרק, מרק; Grndw. מג, syn. mit מח, מק, reiben; s. den nächstflg. Art.) Dreschwalze, Dreschmaschine, die, aus einer Anzahl von Walzen bestehend, von Stieren über das Getreide gezogen wurde, um es zu zermalmen. Seb. 116ᵇ wird מורגים (2 Sm. 24, 22) erklärt מטה של טורבל, tribulum, vgl. טַרְבָּל. Tem. 18ᵃ חשא ובאא . . . אפילו ממוריגייהו „Du sollst die gelobten Opfer aufnehmen und gehen" (Dt. 12, 26), selbst von ihrer Dreschwalze fort; d. h. wenn die Thiere von selbst auf die Tenne und an die Dreschmaschine zum Dreschen gingen: so musst du sie beim Herannahen der Festzeit fortnehmen, um sie nach Jerusalem behufs Opferns zu führen. Nach einer andern LA. das. אפילו ממרעייהו: selbst von ihrer Weidetrift musst du sie fortführen.

מוֹרַג m. Gaumen, faux, fauces. Die Verwandtschaft unseres Ws. mit vrg. מוֹרַג liegt in dem Zermalmen der Speisen, oder auch: in der Aehnlichkeit des oberen und des unteren Gaumens mit der Dreschwalze. — Pl. Ber. 55ᵃ ob. האוכל . . . מוֹרִיגֵי בהמה בלא מלח וכ' Ms. M. (=Schabb. 81ᵃ; in Agg. fehlen die hier eingeklammerten Worte) wer den Gaumen eines Thieres ohne Salz isst, zieht sich Unterleibsleiden zu. Raschi erklärt unser W.: Alle Fleischtheile des Thieres, die, einer Dreschwalze gleich, reibeisenförmig aussehen, wie z. B. der nicht glatte Theil der Zunge, des Gaumens oder der harte Theil des Darmes, heisst: מורַג, מוריג. Es scheint ihm entgangen zu sein, dass das Trg. überall מוֹרִיגָא für das hbr. חֵךְ setzt.

מוֹרִיגָא ch. (=מוֹרִיג) Gaumen, s. TW.

מַרְגּוּאָן Marguan, Name einer Stadt; nach Neub. Géogr. du Tlm. p. 380: Die Provinz Margana zwischen dem Oxus und der Provinz Aria. Ab. sar. 32ᵇ ר' שמואל בר ביסנא איקלע למרגואן R. Samuel bar Bisna traf in Marguan ein.

מַרְגְּזָאוֹת fem. pl. (von גְּזַר=רְגַז) Befehle, Edikte. Midr. Tillim zu Ps. 12 Anf. Hadrian erfuhr, dass das Gesetzstudium den Israeliten beistehe; מיד גזר והטילו מרגזאות בארץ שלא יעסקו בתורה alsbald befahl er, Edikte im Lande zu erlassen, dass jene sich nicht mehr mit der Gesetzlehre befassen sollten.

מַרְגְּזָיָּה f. (von רְגַז=hbr. גְּרַז, wovon גַּרְזֶן) Schneidewerkzeug, wie Holzaxt oder Ras-

pel. j. Schabb. VII, 10ᵃ un. כד מבחת במרגזייה משום דש Jem., der (am Sabbat das Farbeholz, סיקורה, s. d.) mit der Raspel zerschlägt, begeht die Sünde des Dreschens.

מַרְגְּזָנִיתָא f. Adj. (syr. ‎ܡܪܓܙܳܢܝܬܐ, von רְגַז) zornig, aufbrausend, iracundā, s. TW.

מַרְגְּלוֹת f. pl. (=bh. denom. von רֶגֶל) die Seite der Füsse. Uebrtr. j. Ber. III, 6ᵈ un. מרגליות המטה die Seite des Bettes an den Füssen; Ggs. zu מְרַאֲשׁוֹת s. d.

מַרְגְּלָתָא ch. (=מַרְגְּלוֹת) die Seite des Bettes an den Füssen. j. Maas. scheni IV g. E., 55ᵉ wird מקניתא (Rohrgestell, in dem angeblichen Traume des Samaritaners) von R. Ismael bar Jose gedeutet: מרגלתא die Seite des Bettes an den Füssen, vgl. מֵקְנִיתָא.

מַרְגְּלָא I m. (von רְגַל s. d.;=רְגִילוּת) eig. etwas, woran man gewöhnt ist, insbes. 1) gewöhnlicher Ausspruch, Wahlspruch, Sentenz. Ber. 17ᵃ מרגלא בפומיה דר' מאיר וכ' R. Meïr führte gewöhnlich den Wahlspruch im Munde u. s. w. Das. מרגלא בפומיה דרבנן דיבנה die Gelehrten Jabne's hatten zum Wahlspruch . . . Abaji hatte den Wahlspruch u. s. w. — 2) im Lehrsatz, den Jem. gewöhnlich im Munde führt. Snh. 50ᵇ מרגלא בפומיה דר' יוחנן וכ' R. Jochanan führte gewöhnlich folgende Halacha (die in der Tosef. Snh. XII steht) in seinem Munde. Vgl. die richtige Bemerk. Raschi's z. St.: Er trug diese Halacha gewöhnlich so vor, wie er sie von seinem Lehrer vernommen, ohne dass er sie in einer Mischna oder Borajtha gefunden hatte. Seb. 36ᵇ מרגלא בפומיה דר' דימי וכ' R. Dimi trug gewöhnlich folgende Halacha vor.

מַרְגְּלָא II m. (gr. μαργέλλιον) Edelstein, selten in der eig. Bedeutung von margarita: Perle, מַרְגְּלִין, s. TW.

מַרְגָּלִית f. zumeist (gr. μαργαρῖτις, sc. λίθος) Diamant, Edelstein. Zuw. (gr. μαργαρῖτης, margarita) Perle, wofür oft מרגליות oder auch מרגליות טובה (plurale Form mit singl. Bedeutung=bh. פְּנִינִים). Ab. sar. 8ᵇ die Römer liessen bei den Griechen anfragen: מרגלית ואבן טובה אי זו מהן יעשה בטים לחבירו שלחו להו מרגלית לאבן טובה wenn eine Perle (viell. Halbedelstein) und ein Edelstein da ist, wer soll dem andern untergeordnet (eine Basis) sein? Die Letzteren liessen ihnen sagen: Die Perle dem Edelsteine; d. h. der letztere hat einen grösseren Werth als die erstere. Genes. r. s. 31, 29ᵇ wird צהר (Gen. 6, 16) nach einer Ansicht erklärt durch מרגלית: Diamant; nach einer andern Ansicht durch חלון: Fenster. B. bath. 16ᵇ מרגליות (Var. אבן טובה). j. Schek. II Anf., 46ᶜ (mit

Bez. auf die Mischna: „Man wechselt die Sekels in Dareiken um") ויעשה אותן מרגלית שמא תזיל המרגלית ונמצא הקדש מפסיד möge man sie doch in Diamanten umtauschen! Der Diamant könnte (da er dem Curse unterworfen ist) billiger werden, infolge dessen das Heiligthum zu Schaden kommen würde. j. Ber. IX Anf., 12ᵈ מרגלית דלית לה טימי ein Edelstein, der unschätzbar ist; vgl. טימי. Nid. 41ᵇ טיפי מרגלית die Tropfen der Perle. Jom. 75ᵃ das Manna עגול war rund wie Koriander und weiss wie eine Perle; mit Bez. auf גד לבן (Ex. 16, 31) oder Bdellion (?) Genes. r. s. 11, 11ᵈ הלך וקרע אותו וזיון לו הקבה בתוכו מרגלית וכ׳ טובה er (der Schneider, der, um den Sabbat zu ehren, einen Fisch für einen hohen Preis gekauft hatte) riss den Fisch auf, da liess ihn Gott darin eine Perle finden; s. auch מְכַבֵּר. — Trop. Chag. 3ᵃ un. מרגלית טובה היתה בידכם ובקשתם לאבדה ממני einen Edelstein (viell.: Perle; d. h. eine treffliche Schriftforschung, wofür gew. מרגניתא aram.) hattet ihr in Händen, die ihr mir vorenthalten wolltet. — Pl. Cant. r. sv. צאנה, 19ᵈ מה העטרה הזו מקובעת באבנים טובות ומרגלית כך היה האהל מועד מצוין בתכלת ושש ובארגמן ובתולעת השני so wie „die Krone" mit Edelsteinen und Diamanten besetzt ist, ebenso war die Stiftshütte mit „blauer Wolle, Purpur, Karmesinfaden und Linnen" verziert. Num. r. s. 12. 215ᵈ dass. Genes. r. s. 20, 21ᵃ die Gewänder Adam's und Eva's כתנות עור, Gen. 3, 21) חלקים היו כצפורן ונאים כמרגליות waren so glatt wie ein Fingernagel und so schön wie Diamanten. Cant. r. sv. שני שדיך, 22ᵃ למלך שהיה לו שתי מרגליות טובות ונתנן בכף מאזנים לא זו גדולה מזו ולא זו גדולה מזו כך משה ואהרן שוים in der Gleichniss von einem Könige, der zwei Edelsteine besass und sie auf die Wagschale legte; da sah er, dass keiner von beiden schwerer als der andere war; ebenso waren Mose und Aharon ganz gleich. Daher sagt die Schrift bald: „Mose und Aharon", bald auch: „Aharon und Mose" (Ex. 6, 26. 27).

מַרְגָּלִיתָא, מַרְגָּלִי ch. (=מַרְגָּלִית) 1) Diamant, Edelstein. j. Dem. I, 22ᵃ ob. מרגלי מן דמלכא סרקיא נפלת לו ein Diamant fiel einem Saracenenkönig herunter, vgl. גַּב. j. Ned. III, 38ᵃ ob. ביעה ומרגליתא ein Ei und ein Diamant, vgl. בּיעא II. j. Snh X, 28ᵃ ob. und Esth. r. sv. הור, 102ᵈ, s. חּורא II. — 2) trop. etwas Kostbares, dah. auch die Seele (hbr. כָּבוֹד). j. Kil. IX g. E., 32ᶜ אנא מובד נפשיחי גו ארעא מסאבתא ich würde (falls ich ausserhalb Palästinas sterbe) meine Seele auf unheiligem Boden verlieren. j. Ter. VIII, 45ᵈ ob. אין קטע קטא מסתחר ואין מרגליתא אובד אובד profitirt man, so profitirt man blos eine Kohle, verliert man, so verliert man einen Diamant; d. h. das Geniessen solcher Getränke, die unbedeckt standen (vgl. גילּוּי), gewähren dem Trinkenden nur einen augenblick-

lichen Genuss; wenn es aber schadet, so kostet es ihm das Leben. j. Ab. sar. II, 41ᵃ un. dass. Thr. r. sv. טומאתה, 56ᵈ מכן שבבקתוניה אילו לא מרגליתא דא שמעין הויון hättet ihr ihn (jenen Greis) nicht vortragen lassen, woher hätten wir diesen Diamant (eine so kostbare Schriftdeutung) gehört?

מַרְגָּלִיטִים m. (μαργαρίτης=מַרְגָּלִית mit griech. Endung) Edelstein. Exod. r. s. 38 g. E., 139ᵃ מרגליטים בנימין der Edelstein Benjamin's auf dem hohepriesterlichen Brustschilde war der Stein Margarita.

מַרְגְּנִיתָא f. (syr. ܡܰܪܓܳܢܺܝܬܳܐ, مَرْجَان, μαργαρίτης, arab. مَرْجَان) 1) Perle. B. bath. 146ᵃ מאן לימא לן דלא שחקי ליה מרגניתא דשריא אלפא זוזי ואשקיה wer sagt uns denn, dass er (der Schwiegervater für seinen Eidam) nicht eine Perle, im Werthe von tausend Sus, zerstossen und ihm zu trinken gegeben hat? — Pl. R. hasch. 23ᵃ דבי פרסאי מסקן מרגנייתא die Taucher der Perser bringen Perlen aus dem Meeresgrund herauf, vgl. כְּסִיתָא. — 2) übrtr. etwas Kostbares. Kidd. 18ᵃ נקט מרגניתא בידיה וכ׳ er besitzt etwas Kostbares (d. h. eine treffliche Sklavin) u. s. w., vgl. חֲסַף III. Ferner übertr. Schabb. 140ᵇ un. מרגניתא der weibliche Busen, s. כּוּרָא III. — 3) übrtr. kostbares Gebetstück, köstlicher Lehrsatz. Ber. 33ᵇ Rab und Samuel, דהקינו לן מרגניתא בבבל ורהדרינך וכ׳ welche uns etwas Kostbares in Babylon eingeführt haben, näml. das bekannte Gebet ורהדרינך וכ׳ („Du thatest uns kund, o Gott, deine gerechten Lehren" u. s. w.), das am Sabbatabend, mit welchem ein Feiertag beginnt, gesagt wird. Jeb. 94ᵃ הוה ליה לר׳ אלעזר למדרש מיניה R. Elasar hätte ביה מרגניתא ודרש ביה חספא aus dem Bibelvers eine Perle (einen trefflichen Lehrsatz) ausfindig machen können, aber er fand blos eine Scherbe darin. Das. 92ᵇ u. ö. לאו אי דדלאי לך חספא מי משכחת מרגניתא תותיה würdest du etwa, wenn ich dir nicht die Scherbe aufgehoben (dir den wahren Grund einer Halacha dargethan) hätte, die Perle darunter gefunden haben? j. Maasr. V Ende, 52ᵃ R. Jochanan sagte zu R. Chija: בבלייא מן דגליית לך חספא אשכחת מרגניתא Babylonier, dadurch, dass ich dir die Scherbe aufgehoben, fandest du eine Perle.

מַרְגְּנִין m. pl. 1) (gr. ἡ μάραγνα, syr. ܡܰܪܓܳܢ) Peitschen, Karbatschen, s. TW. — 2) (viell. verwandt mit neugr. μαργώνιον, μαργόνιον, saccus) Hütten, die mit Zelttuch behangen sind, oder: Binsenhütten. Tosef. Ahil. XVIII המרגנין והבורגנין ed. Wien (und R. Simson zu Ohol. 18, 10; ed. Solkiew המגולין) die Binsenhütten und die Thurmhütten. (In der Mischna

Ohol. l. c. steht dafür הצריקין, ὁ σάρκος; was mit unserem W. verwandt ist.)

מַרְגּוֹעָא m. (hbr. מַרְגֵּעָה fem., von רגע) Ruhe, Gemächlichkeit, s. TW.

מוֹרָאגוּרִי s. in מו'.

מָרַד (=bh., arab. مَرَدَ, Grndw. מרד) unge-horsam, widerspenstig sein. j. Maas. scheni I, 52ᵈ ob. מטבע שמרד die Münze desjenigen, der widerspenstig war, d. h. die von dem Re-volutionshäuptling Bar Kochba geprägte Münze. Keth. 63ᵃ המורדת על בעלה פוחתין לה מכתובתה וכ' einer Frau, die gegen ihren Mann widerspenstig ist, zieht man von ihrer Kethuba (der Hochzeitsverschreibung) sieben Denare wöchentlich ab. Das. וכן המורד על אשתו מוסיפין על כתובתה וכ' ähnlich bei einem Manne, der gegen seine Frau widerspenstig ist, indem man zu ihrer Kethuba drei Denare wöchentlich zulegt. Nach einem Autor das. besteht diese Widerspenstigkeit im Verweigern der ehe-lichen Pflicht; nach einem andern Autor im Versagen der Arbeit (die Frau hat näml. die Verpflichtung, einige Arbeiten für ihren Mann zu machen und Letzterer, sie zu ernäh-ren). j. Jom. VIII, 45ᵇ un. במורד ביום הכפורים וכ' wenn Jem. am Versöhnungstag selbst widerspenstig ist (d. h. ihn durch Arbeit u. dgl. ent-weiht), so bringt der Versöhnungstag ihm keine Sühne, vgl. Schebu. 13ᵃ. das. Meg. 13ᵃ „Das sind die Söhne Bijtha's, der Tochter Pharao's, die Mered genommen" (1 Chr. 4, 18). וכי מרד שמו והלא כלב שמו אלא הקבה יבא כלב שמרד בעצת מרגלים וישא את בת פרעה שמרדה בגלולי בית אביה hiess er denn Mered, er hiess ja „Kaleb" (das. V. 15)? Allein Gott sagte: Es komme Kaleb, der sich dem Rathe der „Kundschafter" widersetzte (Num. 13, 30 fg.) und heirathe die Tochter Pharao's, welche sich den Götzen ihres väterlichen Hauses widersetzte, vgl. בתיה. — 2) von leblosen Dingen: rebel-lisch werden. Ab. sar. 28ᵇ עין שמרדה מותר לכוחלה בשבת ein Auge, das rebellisch wurde (herauszuspringen droht), darf man am Sabbat, behufs Heilung, schminken. j. Ab. sar. II, 40ᵈ ob. steht dafür עין שמרדה מרפין אותה בשבת ein Auge, das rebellisch wurde, darf man am Sab-bat heilen.

Hif. הִמְרִיד ungehorsam machen, zum Ungehorsam verleiten. j. Keth. V, 30ᵇ mit. eine Menstruirende, die ihrem Manne den ehe-lichen Umgang versagt, התורה המרידתה עליו hat die Schrift gegen ihn ungehorsam gemacht; d. h. da hierüber ein Verbot obwaltet, so wird sie nicht als eine Ungehorsame angesehen. Genes. r. s. 23, 24ᵃ (mit Ansp. auf רזה החלום Gen. 11, 6) קימח על ראשו של נמרוד ואמר זה המרידין עלי Gott schlug den Nimrod auf den

Kopf und sagte: „Dieser hat die Menschen gegen mich widerspenstig gemacht"; vgl. מֶרֶד.

מְרַד ch. (syr. ܡܪܰܕ=מְרַד) 1) ungehorsam, widerspenstig sein. Esr. 4, 19; s. auch TW. — Mit prosthet. א (wie אָמְרֵי, אֶשְׁתֵּי u. a.). Keth. 63ᵇ כלתיה דר' זביד אימרדה die Schwieger-tochter des R. Sebid widersetzte sich ihrem Manne. B. mez. 84ᵇ ob. die Frau des R. Ela-sar אימרדה אזלת לבי נשא widersetzte sich und ging in ihr elterliches Haus zurück. — 2) ver-wirrt werden. Ber. 44ᵃ ob. Resch Lakisch היה אכיל עד דמריד ass so viele Feigen, bis er (durch deren Süssigkeit) verwirrt, berauscht wurde.

מָרוֹדָא, מָרוֹד m. Adj. 1) (syr. ܡܳܪܽܘܕܳܐ) Em-pörer, Widerspenstiger. Genes. r. s. 23 Anf. המרוד Ar. sv. המרוד (richtiger Agg. und Jalk. s. הברור). — 2) (=עָרוֹד) wilder Esel, Waldesel. — 3) Abfall, Abtrünnig-keit, s. TW.

מֶרֶד m. (=bh.) Abfall, Widerspenstig-keit. Keth. 64ᵃ כותבין אגרת מרד על ארוסה ואין כותבין אגרת מרד על שומרת יבם man schreibt dem Manne ein Dokument über die Widersetz-lichkeit seiner Angetrauten (wenn sie näml. nach vollzogener Trauung, Verlobung nicht hei-rathen will); aber man schreibt nicht ein Doku-ment über die Widersetzlichkeit der zur Levi-ratsehe Verpflichteten; (wenn sie näml. die Chaliza (s. חֲלִיצָה) verlangt; so kann der Levir sie nicht zur Ehe zwingen. j. Keth. V, 30ᵇ un. und j. Kidd. I, 59ᵃ un. dass. Genes. r. s. 23, 24ᵃ בשלשה מקומות נאמר בלשון הזה לשון מרד אז הוחל ... כי החל ... הוא החל וג' an drei Stellen der Schrift bedeutet החל: Widersetz-lichkeit, näml. הוחל (Hofal, Gen. 4, 26), החל (das. 6, 1) und החל (das. 10, 8). Das. s. 42, 41ᵃᵇ נמרוד שהעמיד מרד בעולם er hiess „Nimrod", weil er die Widerspenstigkeit in die Welt brachte. Das. R. Jose erklärt die Stelle Gen. 14, 4. 5: „Zwölf Jahre dienten sie dem Kedorlaomer und dreizehn Jahre widersetzten sie sich ihm" (zu-sammen also fünfundzwanzig Jahre). R. Simon ben Gamliel erklärt: Die zwölf Dienstjahre mit dem Jahre der Widersetzlichkeit be-trugen zusammen dreizehn Jahre. Hier-auf wird fortgefahren: ומנה מקיים רשׁב בארבע ובארבע רשׁבנ (anst.) עשרה שנה אלא בארבע עשר למרדן ist höchst wahrsch. ודכי ר' zu lesen) wie erklärt R. Jose die Worte: „Am vierzehnten Jahre kam Kedorlaomer" u. s. w. (da nach seiner An-sicht jenes Jahr das sechsundzwanzig-ste Jahr nach der Unterwürfigkeit war)? „Am vierzehnten Jahr nach der Widersetzlich-keit." — Pl. Jom. 36ᵇ פשעים אלו הַמְּרָדִים „Missethaten" (Lev. 16, 16, die nach der Mischna das. der Hohepriester in seinem Sündenbekennt-

31

niss erwähnt), darunter sind die Empörungen zu verstehen, vgl. חָטָא II.

מֵירְדָּא ,מֵרְדָּא ch. (syr. ‎ܡ݂ܪ݂ܕ݂=מִירָד) Widersetzlichkeit, s. TW.

מְרִידָה f. N. a. das Sichwidersetzen, Sichempören. Num. r. s. 18 Anf. (mit Ansp. auf זה קרח שחלק כנגד משה (19 ,18 .Spr, אֶח נפשע ומרד וירד מן הכבוד שהיה בידו ואין נפשע אלא מרידה וכ׳ darunter ist Korach zu verstehen, der gegen Mose stritt und sich ihm widersetzte und der infolge dessen der Ehre, die er früher hatte, beraubt wurde; denn נפשע bedeutet nichts anderes als Widersetzlichkeit (näml. =פשע, 2 Kn. 3, 7).

מָרִדְתָּא ,מָרִד f. Adj. (syr. ‎ܡ݁ܪ݂ܘܕ݂ܐ, Pesch. Spr. 7, 11) ungehorsam, widerspenstig, rebellisch. Esr. 4, 12. 15; s. auch TW. — Pl. Thr. r. Einleit. sv. דרכך, 46ᵃ אורחותיך בישׁתא ועובדיך מָרִידָאתָא וכ׳ „deine bösen Wege und deine widerspenstigen Handlungen verursachten dir dies" (eine Uebersetzung von דרכך ומעלליך ellipt., Jer. 4, 18). — j. Nas. VII, 56ᵃ mit. u. ö. מרדתא crmp. aus כנישׁתא, s. d. — Chull. 59ᵃ מרדיתא l. מרריתא.

מָרְדוּת I f. (=bh.) Widerspenstigkeit, Ungehorsam. Genes. r. s. 57 Ende כולהון לשׁון מרדות (die Namen in Gen. 22, 24) bedeuten Widerspenstigkeit, wie z. B. מטבח: der Menschenschlächter, s. טַבָּחוֹן u. a. — Ferner מרדות: Züchtigung, s. hinter מַרְדִּין.

מַרְדּוּתָא ,מָרְדּוּ ch. (syr. ‎ܡܪܕܘܬܐ=מַרְדּוּת) Ungehorsam, Widerspenstigkeit, s. TW.

מוֹרֶד m., מוֹרֶדֶת f. (eig. Part. von מָרַד nr. 2) vorstehend, oder: (=syr. ‎ܡܪܘܕܐ von רדי) fliessend, eiternd; vgl. auch Marc. 5, 25 ‎ܡܪܕ݂ܘ Blutfluss. Insbes. vom Aussatz, Grind u. dgl., über welchen noch keine gesunde Haut gebildet hat, Ggs. zu צלקת, s. d. W. Maim. zu Neg. 6, 8 erklärt מורד: ein Grind, der, weil er noch keine feste Haut hat, infolge des Antastens aufspringt und eitert. Ar. und Maim. citiren eine Var. מורר (von דיר) eiternd. — Sifra Neg. Par. 3 cap. 6 שׁחין יכול מורד תלמוד לומר ונרפא könnte man einen vorstehenden, eiternden Grind, ohne Hautbezug verstehen, daher steht ונרפא: „er wurde heil". Das. Par. 4 cap. 7 מכות אש יכול מורדת תלמוד לומר מחית המכוה unter „Brandwunde" könnte man auch eine eiternde Wunde verstehen, daher steht מחית, d. h. eine Wunde, die sich schon im Genesungszustande befindet. j. Pes. VII, 34ᵃ un. מגרדת crmp. aus מורדת. j. M. kat. I, 80ᶜ un. שׁחין המורד der eiternde Grind. — Pl. masc. Neg. 6, השׁחין

והמכוה והקדח והמורדין אינן מטמאין בנגעים der trockene Grind, die Brandwunde, die Hitzblatter und die eiternden Grinde verunreinigen nicht als Aussätze. Das. 8, 5. 9, 2 היו מורדין wenn die Aussätze eiternd waren, so sind sie rein. Sifra Neg. Anf. cap. 1 המורדין.

מָרוֹדָנִית f. Adj. vorstehend, oder: eiternd. Pl. Tosef. Bech. V Anf. עיניו מרוֹדָנִיוֹת Jem., dessen Augen vorstehend (eiternd) sind, ist, als ein mit einem Leibesfehler Behafteter, zum Priesterdienst untauglich.

מַרְדָּא I מַרְדָּה f. (eig. wohl Part. von רדי) 1) Schaufel, mittelst welcher man das Gebäck aus dem Ofen schiebt. Taan. 25ᵃ ob. היא אף (Var. מרדא) להביא מרדה נכנסה (מרדא) auch sie (die Frau des R. Chanina) war bereits gegangen, um eine Schaufel zu holen, vgl. מַבָא. Tosef. Kel. B. mez. III מרדה נטל הרודה טמא מפני מרדה הצינורה נטלה הצינורה טמא מפני הרודה die (aus zwei Bestandtheilen zusammengesetzte) Schaufel ist, wenn der Brotschieber fehlt, wegen der Gabel unrein, wenn die Gabel fehlt, wegen des Schiebers unrein. — 2) ausgebreitet, ausgedehnt, s. TW.

מַרְדָּה II מַרְדָּא ,מָרֵדָא masc. Name eines Vogels. Chull. 62ᵇ מרדה Ar. (Agg. מורדא); von dem es zwei Arten geben soll, näml. 1) der Rohrhahn, תרנגולא דאגמא, und 2) die Rohrhenne, תרנגולתא דאגמא. Von der ersteren Art (wofür das auch מורדו galt anfänglich als zweifelhaft, ob sie genossen werden dürfe, oder nicht; die letztere Art hing., die man früher für erlaubt gehalten hatte, hielt man später ebenfalls für verboten. Das. R. Papa sagte: מרדו זגיר ואכיל שׁרי סגיד ואכיל אסור (Raschi liest hier מרדה, da מורדו kurz vorher als verboten bezeichnet wurde) der Vogel מרדו, der beim Essen aufrecht steht (s. זְגַר), ist erlaubt; derjenige aber, der sich beim Essen bückt, ist verboten; vgl. auch Lewis. Zool. d. Tlm. p. 179 und 186, welcher jedoch irrthüml. מרדו von מורדא unterscheidet.

מֶרְדָּה f. (wahrsch. lat. merda) eine mit Rinderexcrement vermischte Erdmasse. Ab. sar. 75ᵇ מנא דמרדה ein Gefäss von einer solchen Masse. Scheïltoth des R. Acha § 137 liest דפתרא.

מַרְדְּיָא ,מוֹרְדְּיָא f. (von רדי) Steuerruder, eig. das Werkzeug, mittelst dessen man den Strom (syr. ‎ܪܕܝ) beherrscht, bewältigt. B. mez. 87ᵃ un. האלהים צריכה ול׳ כי מורדיא דלברות bei Gott, das Waw ist hier nöthig (d. h. man muss וקטגית, aber nicht קטגית schreiben), wie das Steuerruder im Strome Labruth. Die Form des Ruders hat näml. mit dem Bst. Waw (Haken) Aehnlichkeit. Meg. 16ᵇ das Waw der Ws. ויזתא

Name eines der zehn Söhne Haman's, Esth. 9, 9) muss man so lange dehnen, כמרדיא דלברות bis es dem Steuerruder von Labruth ähnlich ist.

מַרְדְּיָא m. pl. (von רדי pflügen) Hacke, sarculum. (Die Pluralform rührt von der Zusammensetzung dieses Instrumentes aus zwei Stücken her), s. TW.

מוֹרְדְּיָתָא oder מוֹרְדְּוָותָא f. pl. Furchen, die mittelst der Hacke, Pflugschar gemacht werden, suici, s. TW.

מַרְדִּין m. Tod, Todesstrafe. Hai Gaon in seinen „Pforten" (שערים, vgl. Raschi zur nächstflg. St.) leitet das W. mit Recht aus dem Persischen ab; vgl. auch מָרָת, μόρος, mors, Mord u. a. — B. mez. 39ᵇ בורח מחמת כרגא ... מחמת מרדין וכ' Jem., der wegen Steuerschuld (كَرَاج) landesflüchtig wird, ist nicht so sehr ängstlich, weshalb das Gericht keinen Verwalter für seine Güter ernennt; denn hätte er einen solchen haben wollen, so würde er ihn vor seiner Fluchtergreifung ernannt haben. Jem. aber, der aus Furcht vor Todesstrafe landesflüchtig wird, ist ängstlich, infolge dessen er vor seiner Fluchtergreifung keine Anordnung trifft, aus Furcht, dass er verrathen und verhaftet werden könnte; weshalb das Gericht einen Verwalter für seine Güter ernennt. Raschi erklärt מחמת מרדין: weil er einen Mord begangen hat; was jedoch weniger einleuchtet. B. bath. 38ᵇ בורח מחמת ממון ... בורח מחמת מרדין Jem., der wegen Geldschulden landesflüchtig wird; Jem., der aus Furcht vor der Todesstrafe landesflüchtig wird. B. kam. 117ᵃ Rab sagte zu R. Kahana, der einen Denuncianten eigenmächtig getödtet hatte: עד האידנא הוו יונאי דלא קפדי אשפיכות דמים ודהשתא איכא פרסאי דקפדי אשפיכות דמים ואמרי מרדין מרדין קום קום לארעא דישראל וכ' (so richtig in B. bath. l. c.; Agg. יונאי ... פרסאי) bisher herrschten hier die Griechen, Römer, welche sich um verübte Mordthaten wenig kümmerten; jetzt aber herrschen hier die Perser, welche den Mord bestrafen und rufen: Tod, Tod! (d. h. der Schuldige muss unbedingt getödtet werden); so mache dich auf und flüchte dich nach Palästina. Genes. r. s. 71, 70ᵈ מרדין Tod, s. גַּד II.

מַרְדּוּת II f. (von רָדָה, רדי) 1) Züchtigung. (Ar.'s Ableit. von מרד ist nicht stichhaltig.) Ber. 7ᵃ mit. טובה מרדות אחת בלבו של אדם יותר ממכה מלקיות vortheilhafter ist eine Züchtigung im Innern des Menschen (d. h. Gewissensbisse, Reue fördern weit eher die Sühne), als viele Geisselhiebe. Genes. r. s. 23 Anf., 23ᵇ כולן לשון מרדות הן עירר עירדן אני מן העולם מחייאל מוחן מן העולם מתושאל מחישאל אני מן העולם alle hier erwähnten Namen (der Nachkommen Kaïn's,

Gen. 4, 18) bedeuten, Züchtigung, Vernichtung, näml. Irad: ich vertilge sie aus der Welt (s. עָרַד); Mechujaël: ich verwische sie aus der Welt; Methuschaël: ich entwurzele sie aus der Welt. Exod. r. s. 42, 137ᵃ מרדות הם צריכים sie bedürfen der Züchtigung; לך רד (Ex. 32, 7) wird näml. gedeutet: „Gehe und züchtige sie." — Insbes. 2) מַכַּת מַרְדּוּת: die Strafe der Züchtigung, Züchtigung durch Geisselung; d. h. die Geisselung wegen Nichtbefolgung eines Gebotes, oder auch wegen Uebertretung einer rabbinischen Satzung; in welchen beiden Fällen die biblisch anbefohlene Geisselung mit 40 (39, vgl. מַלְקוּת) Hieben nicht stattfindet. Diese Züchtigungsstrafe scheint blos dann erfolgt zu sein, wenn Jem. sich öfter eine Uebertretung zu Schulden kommen liess; also wenn man ihm z. B. befiehlt, ein Gebot zu befolgen, was er aber zu wiederholten Malen unterlässt; oder wenn er ein rabbinisches Verbot wiederholentlich übertritt; denn sonst würde ja die Bestrafung wegen Uebertretungen rabbinischer Satzungen strenger gewesen sein, als die wegen Uebertretungen biblischer Gesetze. — Nas. 23ᵃ R. Juda sagte: Wenn eine Frau ein Nasirat gelobt, das aber ihr Mann vereitelt hatte und es, ohne von dessen Vereitelung Kenntniss zu haben, durch Weintrinken u. dgl. entweiht: אם אינה סופגת את הארבעים הספוג מכה מרדות so soll sie, obgleich sie die vierzig Geisselhiebe nicht zu erleiden hat (weil der Mann das Nasirat vereitelt hatte), gleichwohl die Züchtigungsgeisselung erleiden, weil sie die Absicht hatte, das Nasirat zu übertreten. j. Nas. IV Anf., 53ᵇ ob. מלקות תורה ארבעים אסר אחת אם יש מלקין אותו ואם לאו אין מלקין אותו מכה מרדות חובטין אותו עד שיקבל או עד שתצא נפשו die biblisch vorgeschriebene Geisselung besteht in vierzig weniger eins (39) Geisselhieben; kann der Schuldige diese Hiebe (nach vorgenommener Schätzung) aushalten, so geissel man ihn, wo nicht, so geisselt man ihn nicht vollzählig. Mit der Züchtigungsgeisselung hing. straft man ihn so lange, bis er Besserung verspricht, oder bis er sein Leben einbüsst. Schabb. 40ᵇ u. ö.

מַרְדּוּ, מַרְדּוּתָא ch. (syr. ܡܰܪܕܽܘ) Züchtigung, s. TW.

מָרְדְּכַי Mardechai, Name eines Amoräers, Zeitgenossen des R. Asche. Keth. 87ᵃ u. ö.

מַרְדְּכִיתָא f. (von רְדַךְ) Stab, Krücke, s. TW.

מַרְדֵּעַ m. (von רְדַע, syn. mit מַרְצֵעַ von רְצַע) Ochsenstachel; übertragen Ochsenstecken. Ohol. 16, 1, s. אִיכָּר. Kel. 25, 2 werden die drei Bestandtheile dieses Ackergeräthes genannt, näml. דרבן, חרחור, מרדע der Ochsen-

31*

stecken (d. h. die lange Holzstange), das breite Grabeisen (mittelst dessen man beim Pflügen die Wurzeln zerschneidet) und der spitze, eiserne Ochsenstachel (der, am oberen Theil des Ochsensteckens angebracht, das Ackervieh antreibt, stimulus, βούκεντρον). Tosef. Kel. B. bath. III dass. j. Snh. X, 28ª mit מרדע שהוא מורה דעה בפרה der Ochsenstecken heisst מורדע, weil er der Kuh (mittelst des Stachels) Verständniss beibringt, vgl. מִלְמָד. Levit. r. s. 29, 173ᵇ u. ö. dass. Num. r. s. 14, 223ᵈ קראה אותו מרדע ודמקרא קרא אותו דרבן ומלמד die Mischna nennt den Ochsenstecken: מרדע; die Schrift hing. nennt ihn: דרבן und מלמד B. bath. 27ᵇ der Besitzer eines Baumes, dessen Aeste und Zweige in des Nachbars Feld hineinragen, קוצץ מלא מרדע על גבי המחרישה muss von ihnen soviel abhacken, als der Ochsenstecken oberhalb der Pflugschar reicht; damit näml. der Landbebauer mit seinem Ackergeschirr ungehindert pflügen könne. — Pl. j. R. hasch. II, 58ª un. זה אומר מלא מרדע אחד וזה אומר מלא שני מרדעים וכ׳ wenn Einer (der Zeugen, die das Sichtbarwerden des Mondes bekunden) aussagt: Die Höhenentfernung desselben von der Erde erschien, wie die Länge eines Ochsensteckens; der Andere aber sagt: Sie betrug die Länge von zwei Ochsensteckens. Tosef. R. hasch. I und bab. R. hasch. 24ª מרדעים crmp. Schabb. 12ᵇ שני מרדעות l. שתי מרדעות'

מַרְדַּעַת f. (von רְבַע) Decke aus grobem Zeuge, bes. Eselsdecke. Der Esel leidet vorzugsweise an Kälte, weshalb er stets eine Decke nöthig hat, vgl. חֲמָר. חֲמָרָא. Schabb. 52ᵇ חמור יוצא במרדעת בזמן שהיא קשורה בו der Esel darf am Sabbat mit einer Decke, wenn sie an ihm befestigt ist, ausgetrieben werden. Das. 53ᵇ fg. j. Bicc. III, 65ᵈ ob. מרדעת של חמור die Eselsdecke, vgl. טָלָה.

מַרְדַּעָא ch. (syr. ܡܪܕܥܬܐ=מַרְדַּעַת) eig. Eselsdecke, übrtr. die Hülle eines niedrigen Menschen. Thr. r. sv. רבתי, 53ᵇ (eine der Traumdeutungen des R. Ismael) ההוא גברא מרדעא אית ליה ובה עשרים וארבע מרקעין חיים ליה מן הכא ומתבזע מן הכא jener Mann hat (d. h. du hast) eine grobe Hülle, mit vierundzwanzig Fetzen; nähet man sie an der einen Seite, so zerreisst sie an der andern Seite. In der Parall. j. Maas. scheni IV, 55ᵇ un. steht dafür: אסטוריא דההוא גברא אית בה הרי עשר מרקעין deine Decke hat zwölf Fetzen.

מוֹרְדְּקָא s. מוּדְרְקָא.

מָרָה f. (=bh. von מָרַר) 1) Bitteres, Bitterkeit. Trop. Cant. r. sv. כמגדל, 22ª wird המורה (Gen. 22, 2) nach einer Ansicht gedeutet: שממנו יוצא מרה לעולם der Ort, von dem

Bitteres in die Welt kam; d. h. die Bestrafung derjenigen, welche die Gesetze, die von jenem Orte ausgingen, nicht befolgten, vgl. מוֹרְיָה. — Ferner übrtr. Bitterkeit=Strenge. Keth. 103ᵇ un. Rabbi sagte vor seinem Tode zu seinem Sohne und Nachfolger im Nasiat, R. Gamliel: זרוק מרה בתלמידים beobachte Strenge (eigentl. wirf Bitteres, oder: Galle) gegen die Schüler! — 2) Gift; alles Bittere galt bei den Alten als tödtliches Gift. Ter. 8, 5 שיעור המים המגולין עד שתאבד בהן המרה das Mass für unbedeckt stehendes Wasser (welches zu trinken verboten ist, weil eine Schlange davon getrunken und ihr Gift hineingeworfen haben könnte, vgl. גִּילּוּי) ist von der Grösse, dass das Gift sich darin verlieren, wirkungslos werden kann; d. h. wenn das Gefäss ein so grosses Mass vom Wasser enthält, so darf letzteres getrunken werden, weil das etwa hineingefallene Gift unschädlich geworden ist. Ab. sar. 20ᵇ, s. טִיפָה. — 3) (=bh. מְרֵרָה) die Galle. Chull. 3, 1 (42ª) ניקבה המרה טריפה wenn die Haut der Galle durchlöchert ist, so darf das Thier nicht gegessen werden. Das. 43ª מרה שניקבה וכבד סתמתה כשרה wenn die Haut der Galle durchlöchert ist, die Leber jedoch die schadhafte Stelle verstopft, so ist das Thier zum Essen erlaubt. B. mez. 107ᵇ מחלה זו מרה ולמה נקרא שמה מחלה שהיא מחלה כל גופו של אדם unter (Ex. 23, 25) ist die Galle zu verstehen; weshalb wird sie: מחלה genannt? Weil sie den ganzen Körper des Menschen krank macht", מְחַלָּה. — 4) Mara, eig. Bitterkeit, Name eines Ortes (an einem salzigen, bitteren Brunnen), Station der Israeliten in der Wüste Schur (Ex. 15, 23). Snh. 56ᵇ עשר מצות נצטוו ישראל במרה שבע שקיבלו עליהן בני נח והוסיפו עליהן דינין zehn Gesetze wurden den Israeliten in Mara ertheilt; man fügte näml. zu den sieben Geboten, welche die Noachiden bereits angenommen hatten (vgl. מִצְוָה), noch folgende hinzu: die Gerichtsbarkeit, den Sabbat und die Ehrerbietung gegen Vater und Mutter. Dieser Autor ist näml. der Ansicht, dass die Gerichtsbarkeit nicht zu den „Naochidischen Gesetzen" gehöre, u. zw. mit Bez. auf Ex. 15, 25: „Dort (in Mara) gab er ihm Gesetz und Recht". Ferner erweist er die letzteren zwei Gesetze aus Dt. 5, 12 und 16: כאשר צוך במרה „wie dir Gott anbefohlen", näml. in Mara. Hor. 8ᵇ dass. — 5) (von מרי) Ungehorsam, Widerspenstigkeit. Thr. r. sv. נחפשה, 66ᵇ נחנו פשענו ומרינו כמרינו אחד לא סלחת כמרותך „Wir begingen Missethaten und waren ungehorsam", gemäss unserer gewöhnlichen Widerstigkeit; „du aber verziehest nicht", gemäss deiner Herrschaft (Klgl. 3, 42). — 6) Mara, Name eines Vogels. Chull. 62ᵇ מרה Raschi (Agg. מרדו), s. מַרְדָּה II.

מָרָה straff, stark sein, s. מרי.

מַרְהַבְיָא f. (von רְהַב) Stolz, Uebermuth, s. TW.

מָרוּא m. (viell. gr. μάρον, marum) ein stark riechendes Kraut. Schabb. 109ᵇ ob. wird das bibl. אֵזוֹב erklärt: מרוא חיורא weisses Marum.

מָרְוָא, מָרְוֵי, מַרְוְיָא f. (von רְוִי) 1) berauschendes, starkes Getränk, das zu Honig oder Datteln zubereitet wurde. — 2) Cement oder Lehm (mit Wasser befeuchtet), s. TW.

מַרְוִיתָא, מַרְוְוֹתָא s. מַרְבִיתָא.

מֵרוֹם, מֵרוֹן, מֵירָם Merom, Meron, Name eines Häretikers, der ähnliche Schriften wie die des Ben Lana und Ben Sira abgefasst hat. Stw. מרי; der Name bedeutet (ähnl. לענה und סירא) Ungehorsam, oder: Bitteres. Jad. 4, 6 die Saduzäer sagten: Wir klagen euch, Pharisäer an, שאתם אומרים כתבי הקדש מטמאין את הידים וסספרי המירום אין מטמאין את הידים Ar. ed. pr. (Agg. המירם) dass ihr sagt: Die Heiligen Schriften verunreinigen die Hände, die Bücher des Merom hing. verunreinigen nicht die Hände. Das. ספרי המירום שאינן חביבין אין מטמאין את הידים die Bücher des Merum, welche nicht kostbar sind, verunreinigen nicht die Hände, vgl. טָמֵא im Piel. Chull. 60ᵇ הרבה מקראות יש שראויין לישרף לספרי מרום ודין דין הן גופי תורה Ar. ed. pr. (fehlt in den Tlm. Agg. En Jakob liest כספרי מינין) viele Bibelstellen giebt es, die dem Anscheine nach, aus den Büchern des Meron gleich, verbrannt zu werden verdienen; aber sie sind dessen ungeachtet Hauptbestandtheile der Schrift. j. Snh. X, 28ᵃ ob. ספרי המירם. An Homer ist hier nicht zu denken, vgl. המירס Bd. I, 476ᵃ.

מָרוֹם m. (=bh. von רוּם) Höhe, Erhabenheit, dah. auch: Himmel. Levit. r. s. 5, 149ᵈ (mit Ansp. auf Jes. 22, 16) ממרום נחצב עליו שלא תהיה לו קבורה בארץ ישראל im Himmel wurde über ihn (Schebna) beschlossen, dass er keine Grabstätte in Palästina habe. Pl. Nid. 16ᵇ המושב שבת „drei Personen hasse ich ... במרומי קרת denjenigen, der seinen Sitz auf den Anhöhen der Stadt einrichtet" u. s. w. Citat aus Ben Sira.

מְרוֹמָא ch. (syr. ܡ̈ܪܘܡܐ=מרום) Höhe, Erhabenheit, s. TW.

מָרוֹן m. (von מָר mit adj. End. וֹן-, arab. آمَرُ, vgl. auch syr. ܡܪܢܐ dominicus) Mann, Herr. R. hasch. 18ᵃ „Am Neujahrsfeste gehen alle Weltbewohner vor Gott vorüber כבני מרון (Mischna das. 16ᵃ) מאי כבני מרון הכא תרגומו

כבני אימרנא ריש לקיש אמר כמעלות בית מרון was רב יהודה אמר שמואל כחיילות של בית דוד bedeutet מרון ? Man erklärte es: „wie die Kinder des Herrn" (آمَرُ). Resch Lakisch erklärt letzteres: wie die Stufen des Herrnhauses (d. h. so wie die, welche die Tempelstufen betreten, einzeln, reihenweise, nach und nach in die Höhe steigen [nach Midd. 2, 3 war näml. die Breite einer jeden Stufe blos ½ Elle]; ebenso treten auch die Menschen zum Gerichte vor Gott einzeln hin). R. Juda erklärte es Namens Samuel's: wie die Heere des Davidhauses (d. h. so wie der König, der Herr, מרון, seine Truppen insgesammt überschaut; ebenso schaut Gott auf die Gesammtheit der Menschen, die er vors Gericht führt). Für die letztere Ansicht wird in der Mischna, sowie in der Tosef. I g. E. der Bibelvers citirt: „Der Schöpfer erblickt die Gesammtheit ihrer Gedanken und prüft alle ihre Handlungen" (Ps. 33, 15; so nach der Deutung in R. hasch. 18ᵃ). Die Erkl. der Commentt., בני אימרנא und בני אימרנא bedeute: junge Lämmer, ist nicht zutreffend, weil weder im Hebr., noch im Aram. solche Wörter in dieser Form und Bedeutung anzutreffen sind. Erub. 22ᵇ מעלות בית מרון dass.; viell. ist hier jedoch בית חדרין zu lesen. — j. R. hasch. z. St. I, 57ᵇ mit. erklärt כבני מרון durch כהדרין דירין (wahrsch. arab. رَاج) Atrium, oder: Platz, wo viele Gebäude stehen; die Rabbanan sagen כהדא במגנגרמין (viell. mit gr. μέγιω, μέγγνμι zusammenhängend): Gemisch. — j. Taan. IV, 68ᵈ mit. יהוריריב גברה מירון (l. מירון) קרחה מסרביי מסר בייה לטנאאיה Jehojarib hiess der Mann (d. h. derjenige Oberste des Priesterpostens, während dessen Funktionirung der Tempel zerstört wurde). Ferner ist יהוריריב wie folgt zu deuten: Der Herr der Stadt (d. h. Gott, מרון) überlieferte den Tempel (מסרביי, ביי=בֵּירְתָא, s. מַרְבֵּי) den Feinden; d. h. יהוריריב ist ein abgekürztes Compositum יתיעיריבי. (Für die Richtigkeit der LA. מָרוֹן, sowie der gegebenen Erklärung spricht ein in dem Rituale des Neunten des Ab sich findendes Klagelied Kalirs, das mit ... איבה anfängt und den Satz: כנמסר הבית במסרבי מרון [„als der Tempel wegen der Ungehorsamen gegen den Herrn ausgeliefert wurde"] enthält; wobei מרון zum Reim zu אָרוֹן angewandt wurde. Kalir verbindet näml. mit der oben erwähnten Deutung auch die des R. Berechja das., dass מרון [von סרב]: die Ungehorsamen bedeute.) Die gew. Erkl. קרחתה מירון: die Stadt Meran ist keineswegs zutreffend, vgl. auch יהוֹיָרִיב.

מֵרוֹן (ähnlich bh. מֵרוֹם) Meron, Name eines Ortes, der reich an Olivenbäumen war und der gew. neben גוש חלב, Gusch Halab (Giskala), genannt wird. j. Schebi. IX, 38ᵈ un. Cant. r.

sv. ‏מעשה בשני אחים שהיו אחד‏ ,32$^{\rm b}$,‏מי יתנך‏
‏בגוש חלב ואחד במירון וכ׳‏ einst ereignete es
sich bei zwei Geschwistern (d. h. Bruder und
Schwester), der Eine war in Giskala und die
Andere in Meran u. s. w. Exod. r. s. 5 Anf.,
106$^{\rm d}$ dass. mit einigen Abänderungen.

מְרוֹנִי m. N. gent. Einwohner Merons,
Meronäer. B. bath. 156$^{\rm b}$ ‏מעשה במרוני אחד‏
‏שהיה בירושלם‏ einst trug es sich zu, dass ein
Meronäer in Jerusalem anwesend war. Das.
‏היה מרוני בריא‏ der Meronäer war zur Zeit
seines Testirens gesund, bei vollem Bewusstsein.
Kidd. 26$^{\rm b}$. j. Pea III, 17$^{\rm d}$ mit. u. ö. steht dafür
‏מדוני‏, s. d. W.

מְרוֹנָאָה ch. (=מְרוֹנִי) Einwohner Merons,
Meronäer. Pl. Khl. r. sv. ‏הן חלק‏, 96$^{\rm bc}$ ‏וכיון‏
‏דמדמך אתיהב בהדא גוש חלב והוה ר׳ שמעון‏
‏מתגלי על מרונאי ואמר לון חד עין דימין דהות‏
‏לי לית אתון יהבין יתיה גבי והוון מרונאי אזלין‏
‏בעיין מיתוניניה וגוש חלב אנפקון בתריה בחוטרי‏
‏ובמורניהא וכ׳‏ als R. Elasar bar Simon gestorben war, so wurde er in Giskala beigesetzt.
Hierauf erschien R. Simon (sein Vater) den Me-
ronäern und sagte zu ihnen: Mein einziges rechtes Auge (d. h. meinen Sohn R. Elasar) habt ihr
nicht neben mich gelegt! Die Meronäer gingen
nun und wollten ihn herholen, aber die Einwohner von Giskala verfolgten die Leiche mit
Stöcken und Speeren. Das.‏׳‏ ‏אייתוניניה ורהבוניה‏
‏גבי אבוי מן ההיא שעתא לא אתגלי ר׳ שמעון‏
‏על מרונאי‏ man brachte die Leiche herbei und
begrub sie neben der seines Vaters; von dieser
Zeit ab erschien R. Simon nicht mehr den Me-
ronäern. Pesik. Beschallach, 94$^{\rm ab}$ steht dafür
‏מרוליניא‏ dass. B. mez. 84$^{\rm b}$ dass. mit einigen
Abänderungen; für ‏גוש חלב‏ steht ‏בני עכבריא‏
s. d. W.

מְרוּצָה f. (=bh. von ‏רוץ‏) das Laufen.
Ruth r. sv. ‏ויהי בימי‏, 35$^{\rm c}$ ‏לבן מלך שיצא לשוק‏
‏ומכה ואינו לוקה מבזה ואינו מתבזה והיה עולה‏
‏אצל אביו במרוצה אמר לו אביו מה את סבור‏
‏שבכבודך אתה מתכבד אין את מתכבד אלא‏
‏בכבודי מה עשה אביו הסליג דעתו ממנו ולא היה‏
‏בריה משגחת עליו כך וכ׳‏ ein Gleichniss von
einem Königssohn, der, als er auf der Strasse
ging, die Menschen schlug, ohne von ihnen geschlagen zu werden, sie beschimpfte, ohne be-
schimpft zu werden und sodann zu seinem Vater
im schnellen Laufe kam. Letzterer aber sagte
zu ihm: Wie, glaubst du etwa, dass du deiner
eignen Würde halber geehrt wirst? Du wirst
vielmehr blos meiner Würde halber geehrt.
Was that nun sein Vater? Er entzog seinem
Sohn seine Aufmerksamkeit, und kein Mensch
kümmerte sich fortan um den Letzteren. Dasselbe fand bei den Israeliten statt, die früher
von den Völkern gefürchtet waren und alle ihre
Feinde besiegten. Als sie jedoch den Sünden

verfallen waren, sagte Gott: „Ich will mein Antlitz ihnen verbergen und sehen, was ihr Ende
sein wird" (Dt. 32, 20).

מָרוֹתָא ,מָרוֹת s. d. W. hinter ‏מָר‏.

מַרְזֵב m. (arab. ‏مِيزَاب‏, von ‏רָזַב‏=‏זרב‏, syr.
‏زَرُوبِثا‏, s. ‏זַרְבּוּבִית‏, Grndw. ‏זב‏; vgl. auch ‏זַרְזִיף‏)
1) Kanal, Rinne. Solcher Rinnen gab es
mehrere auf dem platten Dache, aus welchen
das Regenwasser in ein grosses Becken ablief
und in die Dachrinne, ‏מַזְחִילָה‏, sich ergoss,
s. d. W. — Nach R. Samuel ben Meïr zur
nächstflg. St. bedeutet ‏מַרְזֵב‏: eine kleine Rinne
unterhalb des grossen Wasserbeckens ‏מַזְחִילָה‏,
das sich über die ganze Fläche des Daches er-
streckte und aus welchem das Wasser mittelst
der Rinnen, ‏מרזבות‏, sich auf die Erde ergoss.
— B. bath. 58$^{\rm b}$ in der Mischna ‏המרזב אין לו‏
‏חזקה ויש למקומו חזקה‏ für die Rinne giebt
es kein Besitzungsrecht (d. h. wenn der Besitzer
eines Hauses daran eine Rinne angebracht hat,
die in den Hof eines Andern führt: so ist der
Hofbesitzer berechtigt, selbst wenn die Rinne
bereits drei Jahre, ‏שני חזקה‏, existirt, Einspruch
dagegen zu erheben); aber für die Stelle derselben giebt es ein Besitzungsrecht. In Gemara
das. wird dieser Satz von einem Autor wie
folgt erklärt: ‏המרזב אין לו חזקה מרות אחת‏
‏וכ׳‏ das Besitzungsrecht für die Rinne gilt nicht
für eine bestimmte Seite; d. h. der Hofbesitzer ist berechtigt, die Verlegung der Rinne,
z. B. von der östlichen nach der westlichen
Seite zu verlangen; sie aber ganz fortzuschaffen,
ist er nicht berechtigt. Nach einer andern Ansicht: ‏המרזב אין לו חזקה שאם היה ארוך מקצרו‏
für die Rinne giebt es insofern kein Besitzungsrecht, als man sie, wenn sie lang ist, auf
Verlangen des Hofbesitzers verkürzen muss.
Nach einer dritten Ansicht: ‏המרזב אין לו חזקה‏
‏שאם רצה לבנות תחתיו בונה‏ für die Rinne
giebt es insofern kein Besitzungsrecht, als der
Hofbesitzer, wenn er will, unter derselben bauen
darf. Das. 59$^{\rm a}$. Tosef. B. bath. II und j. B.
bath. III g. E., 14$^{\rm b}$ ‏מקום המרזב בחצר יש לו‏
‏חזקה מקום קילוחו בחצר אין לו חזקה‏ für die
Stelle, welche die Rinne im Hofe einnimmt, giebt
es kein Besitzungsrecht; aber für den Ort des
Ablaufens derselben im Hofe giebt es ein Besitzungsrecht; ähnlich der oben citirten ersten
Ansicht. Schabb. 146$^{\rm b}$ man darf nicht ein
Myrtenblatt auf ein durchlöchertes Weinfass
legen, um das Loch zu verstopfen, ‏גזרה משום‏
‏מרזב‏ weil man es zu besorgen ist, man könnte auch
eine Rinne anbringen, um den Wein ablaufen
zu lassen. — Jeb. 75$^{\rm b}$ ‏כמרזב וכ׳ ... כקולמוס‏
wenn die Spitze des männl. Gliedes so abgeschnitten
ist, dass sein zurückgebliebener Theil in der
Form eines Schreiberohrs zugespitzt ist, schräge
abläuft; ferner wenn das Glied wie eine Rinne

geformt, dass näml. eine Seite desselben abgeschnitten ist.   j. Jeb. VIII, 9ᵇ ob. dass. — 2)
übrtr. rinnenförmige Faltung des Randes
vom Kleide, eine Art gefaltete Schleppe.
Schabb. 147ᵃ אסור לעשות מרזב בשבת man darf
nicht eine rinnenförmige Schleppe am Sabbat
machen; was das. erklärt wird: כישא בבלייתא
s. כִּישָׁא nr. 2. — מַרְזָפְתָא s. מרזובות.

מַרְזִיבָא ch. (=מַרְזֵב) Rinne, Kanal. Chull.
105ᵇ un. Abaji sagte: מריש הוה אמינא האי דלא
יתבי תותי מרזיבא משום אמר לי מר
משום דשכיחי מזיקין früher dachte ich, dass man
deshalb nicht unter einer Rinne sitze, weil
schmutziges Wasser daraus abläuft. Der Lehrer
(Rabba) jedoch sagte zu mir: Weil an einer
solchen Stelle schädliche Dämonen sich aufzu-
halten pflegen. Das. הנהו שקולאי דהוו דרו
חביתא דחמרא בעו לאותפורחיה אחתבוה תותי
מרזיבא פקעה jene Träger, welche ein Fass Wein
trugen, wollten dasselbe sich ausweiten lassen; als
sie es jedoch unter eine Rinne stellten, so zersprang es; näml. durch die Macht eines Dämons,
der dort hauste.   Git. 69ᵃ ניתיב תותי מרזיבא
man setze sich unter eine Rinne u. s. w. כו'
— Pl. M. kat. 25ᵇ un. am Todestage des R. Jose
שפעי מרזבי דצפורי דמא strömten aus der Rinne
von Sepphoris Blut.   Snh. 109ᵃ dass.

מַרְזוּבְלֵי m. pl. (=מַזְבְּלֵי mit eingeschalt. ר)
Matten, die aus Palmzweigen und Blät-
tern angefertigt sind. Suc. 20ᵃ, s. מַזְבְּלֵי.

מַרְזוּבְנָא od. מַרְזְבָנָא m. (pers. مَرْزَبَان, syr.
ܡܰܪܙܒܳܢܳܐ) Vorgesetzter, Präfect, Feldherr.
Vgl. auch de Lagarde.Ges. Abhandl. p. 64: „B. B.
108 ..., wo στραπηλάτης durch מרזבן und
dieses erklärt wird (מרזוא=) דהו נטר מרדא
דהו תחום אתרא דשולטנה" (Einer, der die Mark
[מצר=מרז] bewacht, welche die Grenze von
dem Gebiet des Herrschers ist); also etwa:
Markgraf. — Pl. Meg. 6ᵇ ob. חלת מאה ושיתין
מרזבני איכא ברומי Ar. u. Ms. M. (in
welchem letzteren jedoch ושיתין fehlt; Ms. Oxf.
מַרְזִבְּנָן; Agg. ושיתין וחמשה בבבל) 366 Prae-
fecten (Markgrafen) giebt es in Rom.

מְרַזוּ (Jeb. 47ᵇ u. a.) Afel von רָזָא s. d.

מִרְזַח m. (=bh., arab. مَرْزَح, Stw. רָזַח s. den
nächstflg. Art.) lautes Geschrei, sow. Jam-
mergeschrei, als auch Jubelgeschrei; übrtr.
Lustort, Gastmahl einem Götzen zu Ehren,
kakophemist. Klageort, Trauermahl. — Pl.
Levit. r. s. 5, 149ᵇ wird יסר מרזח (Am. 6, 7)
gedeutet: מרזח מרזיחים eig. der Jubel aller
Jubel; was das. wie folgt erklärt wird: כו'
דימוסיאות היו לכל שבט ושבט ואחד לכולם וכיון
שגרמו העונות ובאו לידי עבירות ומעשים רעים
נטלו כולן ולא נשתייר להן אלא זה בלבד dreizehn

öffentliche Lustplätze (דימוסיאות publicae) hatte
ein jeder Stamm; ein Lustplatz jedoch war
Allen gemein (d. h. jeder Stamm hatte einen
Lustplatz seinem eignen Götzen zu Ehren,
sämmtliche Stämme aber hatten einen solchen
gemeinschaftlichen Lustplatz für den Götzen, den
sie Alle anbeteten; vgl. j. Snh. X, 28ᵇ oh., s.
דִּימוֹסְיָא Anf.). Infolge dessen aber, dass die
Sünden und bösen Thaten überhandnahmen, waren
jene zwölf Lustörter ihnen entzogen worden und
nur der eine (gemeinschaftliche Lustort) war
ihnen zurückgeblieben, welcher jedoch ebenfalls
schwinden soll. Sifre Balak § 131 באחרונה
חזרו לעשות להן מרזחים כו' zuletzt gaben sie
(die Töchter Moab's den verführten Israeliten)
Gastmähler (Num. 25, 2). Khl. r. sv. טוב,
86ᵃ הכל סופדין וטופחין על מיתת הצדיק רזח
הרשע עושה לו מרזחין Alle trauerten und schlugen die Hände über einander wegen des Todes
dieses Frommen (Samuel); währenddess veranstaltete jener Bösewicht (Nabal) Gastmähler.
Esth. r. sv. בימים, 101ᵃ בית המקדש חרב ורשע
זה עושה מרזחיו der Tempel liegt zerstört
darnieder, aber jener Bösewicht (Ahasver) veranstaltet Gastmähler. Das. sv. גם ושתי, 103ᵇ
dass.

מַרְזִיחָא ch. (=מִרְזַח) Klage, Trauer. Keth.
69ᵃᵇ ob. R. Huna liess bei R. Anan anfragen
(um gleichsam sein Wissen zu erproben): מאן
יתיב בי מרזיחא ברישא wer sitzt im Trauerhause
obenan? R. Anan jedoch, dem das W. מרזיחא
unbekannt war, liess sich von Mar Ukba hierüber belehren: מאי מרזיחא אבל was bedeutet
מרזיחא? Trauer; mit Bez. auf מרזח (Jer. 16, 5).
Das. wird eine agadische Etymologie unseres
Ws. mit Bez. auf Am. 6, 7 erwähnt: מרזח רוח זה
שר לסרוחים. Richtiger jedoch in der Parall.
M. kat. 28ᵇ un.: אבל שהוא מרזוח נעשה שר
לסרוחים Ms. M. (Agg. מרזח anst. der ersten drei
Worte) der Leidtragende, welcher „beklagt"
(מְרֻזָּח, Part. Pual) wird, ist der (obenan Sitzende,
eig. Fürst, שָׂר) bei den Grossen (סרוחים=סלכים,
d. h. den Tröstenden). — Pl. j. Ber. III, 6ᵃ mit.
R. Sera verordnete den Seinigen vor seinem
Tode: לא תקבלון יומא הן אבלא למחר מזדרחייא
ed. Ven. u. a. (anst. des letzten Ws. lies מַרְזַחֲיָא
und anst. אבלא l.=ed. Lehm. דרן אכילה ihr
sollt an jenem Tage (an dem ich gestorben sein
werde) keine Speise zu euch nehmen; den Tag
darauf aber nehmet die Trauermahle (סעודה
הבראה) an.

מַרְזְמָא oder מוּרְזְמָא m. ein rother und
länglicher Gegenstand, der, nach Ar., im
Persischen so benannt wird. Chull. 63ᵃ ob.
שיקטנאי אריכי שקי וסומקי שרין וסימנך מרזמא
Ar. ed. pr. (Agg. מורזמא שריא ... שיקיטבא) die
Vögel Namens שיקטבא, welche lange Schenkel
(Stelzfüsse) haben und roth am Körper sind,
dürfen gegessen werden; als Merkmal diene dir

בֻּרזְמָא, mit welchem Ggst. diese Vogelart Aehnlichkeit hat. Nach Raschi wäre מורזמא der Name eines zu jener Zeit als erlaubt bekannten Vogels, der mit dem שקיטנא Aehnlichkeit habe. Gegen diese Erklärung jedoch spricht das das. gegebene Merkmal für eine zweite Art des kurzfüssigen שקיטנא, die nicht gegessen werden darf, näml. כנום (νάννος, nanus): der Zwerg, der als Priester untauglich ist; ein W., das doch wohl nicht den Namen eines Vogels bezeichnet.

מַרְזְפָּא, מַרְזְפְתָא, אַרְזַפְתָא *f.* (=אַרְזַפְתָא) s. d., Stw. רְזַף) Hammer. Ber. 34ᵃ ob. wenn Jem. das Schemā gedankenlos liest במרזפתא ליה מחינן so schlägt man ihn mit dem Hammer וכ' דנפחא des Schmiedes u. s. w. In der Parall. Meg. 25ᵃ במרזפתא Ar. u. Raschi (letzterer citirt auch aus Trg. Ri. 4, 21 מרזפתא; Agg. haben an beiden Stellen ארזפתא). Tanch. Chukkath, 221ᵇ כד הוה שמע קלא דמרזפתא הוה נח כל דהוה עביר קומיה הוה אגיר בד' זוזי ואמר ליה מחי כולידי במרזפתא יומא so oft er (Titus, in dessen Hirnschale sich eine Mücke befunden haben soll, vgl. יתוש) den Hammerschlag vernahm, so hatte er Ruhe. Er miethete daher Jeden, der an ihm vorüberging, für vier Sus und sagte zu ihm: Schlage doch den ganzen Tag mit dem Hammer. (Git. 56ᵇ steht dafür ארזפתא). — Pl. מַרְזְפִין s. TW. Levit. r. s. 27, 171ᶜ die Richter züchtigte Jemdn. במרזבות Ar. (Agg. בנור; בזפת; beides crmp. aus במרזפות) mit Hämmern und Peitschen; s. מְנַגְּבָא.

מָרַח (=bh. arab. مَرَخَ; gew. Piel מָרַח, מֵירַח 1) reiben, abreiben, bestreichen. Tosef. Schabb. V (VI) לא יקנח את האספלנית מפני שבא לידי מירוח והמגמרה בשבת חטא מאם man darf nicht das Pflaster auf die Wunde am Sabbat ausdrücken, weil man hierdurch zum Abreiben kommt; wer aber am Sabbat etwas abreibt, muss (wenn er dies irrthümlich gethan hat) ein Sündopfer darbringen. j. Erub. X g. E., 26ᵇ dass. Schabb. 75ᵇ הממרח רטיה רטבה חייב Jem., der eine eiternde Wunde am משום ממחק Sabbat abreibt, begeht die Sünde des Abwischens. Das. 146ᵃ אם היתה נקובה לא יתן עליה שעוה מפני שהוא ממרח wenn das Fass durchlöchert war, so darf man am Sabbat nicht Wachs darauf legen, weil man damit glättet. j. Schabb. VII. 10ᵃ un., s. פְּסַפֵּס. Sifra Schemini Par. 8 cap. 9 מרח בטיט wenn man den Ofen mit Lehm bestrichen hat. — 2) (vollständig: מירוח כרי) den Getreidehaufen, der unten breit und je höher er war, immer mehr zugespitzt wurde, glätten, die vorstehenden Strohhalme u. dgl. mittelst einer Schwinge oder Wurfschaufel abstreichen. Nach Maimon. und R. Simson zu Pea 1, 6 sei מָרַח syn. mit מָרַק: das Getreide putzen, d. h. dasselbe,

bevor es in die Scheuer gebracht und dort aufgeschüttet wird, säubern. Mit dieser Erklärung stimmt auch der Ausdruck כריא שפר (vgl. Nithpa.) überein. B. kam. 94ᵃ. Mac. 10ᵇ u. ö., vgl. כְּרִי. Maasr. 1, 6 החבואה משתמרח ואם אינו ממרח עד שיגמור כרימה הקטניות ומשיכבור ואם אינו כובר עד שימרח das Getreide (ist von der Zeit an der Verpflichtung des Verzehntens unterworfen), wenn man es gesiebt; glättet man es nicht (so tritt die Verpflichtung des Verzehntens ein), wenn man es zu einem grossen Haufen (in welchem noch Stroh und Spreu sich befinden) aufrichtet (j. Gem. z. St. erklärt: כרימה: ein Getreidehaufe auf dem Dache, גגר בראש); die Erbsen, wenn man sie siebt; siebt man sie aber nicht, wenn man sie glättet. Pea 1, 6. j. Ter. I, 40ᵇ un. הבקיר כריו ומירחו wenn Jem. seinen Getreidehaufen freigegeben und ihn dann geglättet hat. Part. pass. j. Pea I, 16ᶜ mit כרי ממולדה ein geglätteter Getreidehaufe. Tosef. Maasr. II g. E. מצא חבואה ממולרחת העשויה כרי wenn Jem. Getreide findet, das bereits geglättet und zum Haufen aufgeschüttet wurde. Bech. 11ᵃ הלוקח טבלים ממולרחין וכ' Agg. (Ar. מרוחין, minder richtig, da sonst das Kal nicht vorkommen dürfte) wenn Jem. Getreide, das schon geglättet, wovon aber der Zehnt noch nicht entrichtet wurde, von einem Nichtjuden kauft. Das. ö.

Nithpa. geglättet, oder: gesäubert werden. j. Pea I Anf, 15ᵃ עד שלא נָתְמָרַח הכרי j. נתחייב כרי תרומה לא bevor der Getreidehaufe geglättet wurde, braucht man noch nicht die Hebe davon zu entrichten. j. Maasr. I, 49ᵃ un. מן דר ישפ אפוי das. erklärt: החבואה משיתמרח (דכרי) das Getreide ist der Verpflichtung des Verzehntens unterworfen, wenn der Getreidehaufe bereits geglättet, gesäubert wurde.

מָרַח I *ch.* Pa. מָרַח (=מֵירַח) reiben, glätten. j. Taan. IV, 69ᵇ un. .... מרות ומלבוש מרח ומתקנא ein Gewand glätten, plätten und es sofort anziehen; ein Gewand plätten, um es für später zuzubereiten. In bab. Taan. 29ᵇ steht dafür ללבוש וללבכב. — Bech. 11ᵇ ob. דמרחינהו מאן אלימא דמרחינהו עכום .... דמרחינהו ישראל וכ' wer sollte den Getreidehaufen geglättet haben? Sollte ihn etwa der Nichtjude, oder sollte ihn der Jude geglättet haben u. s. w.?

מֵירוּחַ *m.* N. a. das Anstreichen, Reiben; ferner das Glätten, Abstreichen des Getreidehaufens. j. Schabb. XVI g. E., 15ᵈ mit Bez. auf die Mischna (das. 16, 7): „Man darf am Sabbat ein Gefäss nehmen, um damit die Excremente eines Kindes zu bedecken." Worauf gefragt wird: ולא מאכל תרנגולין אינון היתהר באילין רכיכה שלא יבואו לידי מירוח da solche Excremente den Hühnern zum Frasse dienen,

so darf man sie selbst und also auch das Gefäss, womit man sie bedecken will, am Sabbat von
einer Stelle zur andern bringen; wozu braucht
die Mischna Letzteres zu erwähnen? R. Ukban
antwortete: Hier ist die Rede von weichen
Excrementen (die Hühner pflegen näml. nur
trockene zu picken), wobei zu besorgen ist,
dass man sie aufstreichen werde (um sie für die
Hühner geniessbar zu machen). Durch diese
Erkl. in jerus. Gem. ist die in bab. Schabb. 121ᵇ
vorgeschlagene Abänderung der Mischna unnöthig. — Tosef. Schabb. V (VI) und j. Erub.
X, 26ᶜ, s. מָרַח. j. Pea IV, 18ᵇ un. ולמה תניתה
זו הרין זמנין ... אחת למירוח ואחת לשלים וכ'
welchem Behufe erwähnt die Mischna (die Halacha: „Wenn Jem. sein Getreide bevor die
Verpflichtung des Verzehntens eintrifft" u. s. w.)
zwei Mal, näml. hier, in Pea und im Tractat
Challa? Die eine Stelle handelt von dem Glätten (Säubern) des Getreidehaufens, die andere
aber von der Zeit, dass das Getreide den dritten Theil der Reife erlangt hat; von welcher
Zeit näml. die Verpflichtung des Verzehntens
ebenfalls abhängt. j. Challa III, 59ᵃ un. dass.
j. Ter. I Ende, 41ᵃ. Men. 66ᵃ מירוח הקדש פוטר
das Abstreichen des dem Heiligthum geweihten
Getreidehaufens, das von Seiten des Einkassirers
erfolgte, entbindet von der Verpflichtung des
Verzehntens. Das. מירוח עכום das Abstreichen,
das vom Nichtjuden erfolgte.

מְרַח II (syr. ‏ܡܪܰܚ‎) kühn, verwegen sein.
— Davon מָרִיחַ, מָרִיחָא m. (syr. ‏ܡܰܪܺܝܚܳܐ‎) kühn,
verwegen, übermüthig, audax, s. TW.

מְרַחֲמָנָא, מְרַחֲמָא masc. Adj. (syr. ‏ܡܪܰܚܡܳܢܳܐ‎)
von רְחַם) der Freund, der Barmherzige.
— Pl. Schabb. 32ᵃ אחי ומְרַחֲמַי Brüder und
Freunde, vgl. רְבֵב; s. auch TW.

מֶרְחָץ m., zuw. f. (von רָחַץ) Bad, Badehaus, Badestelle. Ar. sar. 44ᵇ מרחץ של
אפרודיטי das Badehaus der Aphrodite, s. אַפְרֹדִיטִי.
j. Ber. IX, 14ᵇ ob. תפלת המרחץ das Gebet vor
und das nach dem Baden. Das. מרחץ שהיא
נסוקת ... מרחץ שאינה נסוקת ein Badehaus,
das geheizt, und ein solches, das nicht geheizt
wird. Tractat Derech erez X הנכנס למרחץ אינו
מתעמל ואינו מתגרר ואינו משתטח של הטיש
Jem., der ein Bad besucht, soll sich nicht (vor
dem Baden) müde arbeiten, nicht übermässig
essen oder trinken und sich nicht auf einer
Marmorplatte (über welche Oel gegossen wurde)
umherwälzen. Snh. 17ᵇ u. ö. בית המרחץ Badehaus.
Schabb. 25ᵇ נשיתי טובה זו בית המרחץ „Ich
vergass, vernachlässigte dàs Gute" (Klgl. 3, 17),
das ist das Badehaus, den Besuch des Bades. —
Pl. Schabb. 33ᵇ תקנו ... מֶרְחֲצָאוֹת לדון בהן
עצמם die Römer errichteten Badehäuser (nicht
zum allgemeinen Wohl, sondern blos), um sich

selbst Vergnügen zu verschaffen. Levit. r. s. 26
Anf. u. ö. דימוסאות ומרחצאות öffentliche Bäder
und Badehäuser, s. דִימוֹסְיָא. j. Maasr. III Ende,
51ᵃ מַרְחֲצָיוֹת.

מְרַחְקָא od. מְרַחֲקָא, מְרַחֲקָתָא f., מְרַחֲקָא m.,
(von רְחַק) was zu entfernen oder zu verwerfen ist, s. TW.

מַרְחֶשְׁוָן Marcheschwan, Name des achten
Monats der Hebräer, von Nisan an gerechnet,
ungefähr November. R. hasch. 11ᵇ R. Elieser
sagte: אותו היום י"ז במרחשוון היה jener Tag
(„der 17. des Monats", an welchem die Sündfluth begonnen hat, Gen. 7, 11) war der 17. des
Monats Marcheschwan. R. Josua sagte: אותו
היום י"ז באייר היה jener Tag war der 17. des
Monats Ijar, vgl. מְנִי, מָנָה.

מַרְחֶשֶׁת f. (=bh. von רְחַשׁ) 1) Pfanne,
Gefäss zum Braten. Men. 65ᵃ, s. מַחֲבַת. —
2) Maresa, eine Grenzstadt Palästina's. j.
Schebi. VI, 36ᶜ mit.

מָרַט (=bh.) raufen, rupfen, ausrupfen.
Schabb. 74ᵃ התולש את הכנף והקוטמו והמורטו
חייב שלש חטאות Jem., der von dem Flügel (eines
Vogels, am Sabbat) die Federn abrupft, die Spitzen
des Ersteren (welche weiche Federn haben) abschneidet und (die kleinen Federn desselben am
unteren Theile) ausrauft, muss drei verschiedene
verbotene Arbeiten. B. mez. 68ᵇ שמין את העזים
מפני שחולבות ואת הרחלים מפני שגזזות ושובטות
ומורטות Ar. ed. pr. (Agg. שובזות) man darf die
Ziegen abschätzen (d. h. sie Jemdm. für den
gegenwärtigen Marktpreis anrechnen, der zur
Verabredung, dass die Betheiligten nach einer bestimmten Zeit sich in den Gewinn sowohl, als auch
in den Verlust theilen würden), weil die Ziegen
gemolken und die Lämmer geschoren werden;
weil ihnen ferner die Wolle beim Baden
oder beim Passiren der Dornhecken abfällt; d. h.
da diese Thiere schon gegenwärtig Nutzen
gewähren, so wird der zu niedrige Kaufabschluss,
falls sie im Preise sinken sollten, nicht als Wucher
angesehen.

Pi. מֵירַט dass., raufen, ausraufen. Nas.
39ᵇ תלש מירט טיפסם כל שהוא wenn der Nasiräer sich das Haar bis zur Wurzel ausriss, wenn er es ganz ausraufte, oder wenn er
es blos zuspitzte, d. h. die Haarspitzen abschnitt.
Nach Ar. sv. כסם bedeutet תלש: das Haar mit
der Wurzel ausreissen, מרם: das Haar mittelst
einer Salbe entfernen, כסם: einen Theil
des Haares ausreissen und den andern Theil
stehen lassen. Num. r. s. 10, 209ᵃ dass. Schabb.
74ᵇ ממרט חייב משום ממחק wer die Federn
eines Flügels am Sabbat rauft, ist wegen Abstreichens schuldig. j. Meg. I, 72ᵇ mit. מירוטה
פשט ר' לעזר כל צפור כל כנף פרט למירוטה ist

ein Geflügel, dessen Federn man abgerupft hat (zum Opfern tauglich, oder nicht?) R. Lasar antwortete: Die Schriftstelle: „Alle Vögel, alles Gefieder" (Gen. 7, 14) schliesst diejenigen Vögel aus, deren Federn man abgerupft hat, weil näml. zum „Geflügel" das „Gefieder" gehört. — Part. pass. Nas. 46ᵇ מְמוֹרָט נָזִיר ein Nasiräer, dessen Kopfhaare ausgerauft wurden. Jom. 61ᵇ dass. Tosef. Nas. I g. E. הַמּוֹרָט (für מְמוֹרָט; ebenso bh. Jes. 18, 2. 7, vgl. auch מוֹרָט u. m.) der Kahlköpfige. j. Nas. VI g. E., 55ᵈ נָזִיר וּמְרִיט crmp., l. מורט dass.

Nif. eig. ausgerauft werden, bes.: das Haar verlieren. Sifra Tasria Par. 5 cap. 10 נִמְרַט רֹאשׁ מֵחֲמַת חוֹלִי wenn Jem. sein Kopfhaar infolge einer Krankheit verlor.

מְרוּטָה m. (eig. Part. pass. für מָרוּט, syr. ܡܪ̈ܝܛܐ) Kahlkopf, Jem., dessen Haare ausgefallen sind. Exod. r. s. 24, 123ᵇ Jem., der die Wüste Kub bereiste, erblickte das. eine ungeheuer grosse Schlange; ומרוב שנכנסה בו חרדה נתבהל ונשר שערו קורין אותו מרוטה dadurch aber, dass ihn Angst überfiel und er erschrak, fiel ihm sein Haar aus, infolge dessen man ihn: Kahlkopf nannte; vgl. כבב in 'כב.

מְרַט ch. (syr. ܡܪܛ=מָרַט) raufen, ausraufen. Dan. 7, 4. — Ithpe. ausgerauft werden, sich das Haar ausraufen. Khl. r. sv. לֵךְ, 95ᵃ „da starb das Kind dieser Frau" (1 Kn. 3, 19), דְּאִיתְמְרַטַת עֲלָוִי die sich um seines Todes willen das Haar ausgerauft hat; d. h. das kann als Kennzeichen dienen, dass sie die Mutter des verstorbenen Kindes sei; s. auch TW.

Palel מָרֵיט etwas ganz und gar mit der Wurzel ablösen, jede Spur oder Faser davon entfernen. Chull. 92ᵇ רבא ממרט ליה R' יוחנן ממרט ליה Raba sowohl, als auch R. Jochanan lösten das verbotene Fett der Nieren von denselben ganz ab; indem sie näml. auch das in das Fleisch hineingewachsene Fett ausgruben; im Ggs. zu נְאֵים ליה blos das über dem Fleische angewachsene Fett losschälen.

Ithpal. enthaart sein, werden. Ab. sar. 69ᵃ ob. הַהוּא אִיפַּרְטוּטֵי אִיפַּרְטוּט jene (in dem Essig vorgefundene Maus) war ganz enthaart; weshalb man näml. den Essig nicht trinken durfte, weil anzunehmen ist, dass auch einzelne Fleischtheile derselben im Essig geblieben seien. Nid. 56ᵇ אם איתא דהכי הוה אימרטוטי הוא מימרטט Ar. (Agg. אימרטוט אמרטוט) wäre das der Fall gewesen (dass das Wasser auf ein getrocknetes Reptil gefallen), so würde letzteres enthaart worden sein.

מָרְטָא, מָרַט m. (syr. ܡܪܛܐ) 1) kahle Glatze am Kopfe, dass., was hbr. מָרְחָה, s. TW. — 2) Ausgeruptes. Schabb. 49ᵃ מרטא דביני

אֻמְרֵי die aus den Hüften eines Thieres ausgerupfte Wolle, die näml. wegen des Schweisses, sowie des stets darauffallenden Urins feucht ist, gewöhnlich ausgerauft wird.

מַרְטוֹט, מַרְטוֹטָא m. (syr. ܡܪ̈ܛܘܛܐ) eig. Zerfetztes, Charpie, dann überh. Lappen, Fetzen. j. Kil. IX Ende, 32ᵈ דהב טיפלני דמרטוט עמר על חדא וסיפלני דמרטוט כיתן על חדא Jem. legt das Pflaster eines wollenen Lappens auf die eine und das Pflaster eines leinenen Lappens auf die andere Wunde. j. Schabb. IV Ende, 7ᵃ אִילּוּ מָאן דְּנָסַב מַרְטוּט וִיהַב לֵיהּ עַל רֵישֵׁיהּ בְּשַׁעַת צִינָּתָה דִּילְמָא לָא כָּבִישׁ צִינָתֵהּ wenn Jem. einen Lappen nähme und ihn auf seinen Kopf in einer kalten Jahreszeit legte, würde er hierdurch nicht die Kälte bewältigen? Ein Beweis dafür, dass selbst die unbedeutendsten Mittel eine heilsame Wirkung hervorbringen. j. Jom. VIII, 44ᵈ mit. s. בָּרָא. — Pl. (mit eingeschob. כ, wie מַרְטוֹטִיפָן u. m. a.). j. Maas. scheni I, 52ᵈ un. עַד כְּדוֹן ר' שְׁמוּאֵל בַּר יִצְחָק קַיִים וְאַתּוּן תָּלוּן בֵּיהּ מַרְטוֹטִיכִין noch lebt R. Samuel bar Jizchak, und ihr hängt ihm Lappen an! bildl. für: Ihr schreibt ihm geschmacklose Lehrsätze zu. Diese Phrase lautet in der bab. Gemara gew.: „Ihr hängt ihm leere Kannen an", בּוּקֵי סְרִיקֵי, s. בּוּקָא. — Mit vorges. ס als Safel: סַמַרְטוּט, s. d. W.

מוֹרְטַנְיָא, מַרְטַנְיָא Mauritanien, Provinz im nordwestlichen Afrika. Jeb. 63ᵇ בְּנֵי מֹרטניא 'כו die Einwohner Mauritaniens, welche nackt auf der Strasse gehen. Sifre Haasina § 320 מוֹרטניא dass., vgl. בַּרְבָּרְיָא. — מוֹרְטִינוֹס die Mauritanier, s. TW.

מַרְטִימָסָה m. eine Art kleiner, eingesalzener Heuschrecken. j. Ab. sar. II, 42ᵃ ob. מרטיסה אין בו משום בשולי גוים וויוצאין בו משום עירוב התבשילין bei dieser Heuschreckenart findet das Verbot des Genusses der von Nichtjuden gekochten Speisen nicht statt (weil man sie auch ungekocht essen kann); ferner darf sie als Erub, das die Erlaubniss des Zubereitens der Speisen am Feiertage für den Sabbat bewirkt, verwendet werden, vgl. עֵרוּב. — Unser מרטיסה entspricht dem חוֹרְמוֹס: eine Art eingesalzener Fische.

מַרְטָקָא m. abgestorbenes Fleisch. Chull. 121ᵇ und Jalk. II, 149ᶜ, s. מוֹדַרְקָא.

מָרִי Mari, N. pr. eig. (=מָר) Herr. Schabb. 154ᵃ רבא אחוה דר' מרי בר רחל ואמרי לה אבוה דר' מרי בר רחל Raba, der Bruder (Manche sagen: der Vater) des R. Mari bar Rachel. Das. רב אכשריה לר' מרי בר רחל ומנייה בפורסיה דבבל (richtiger in B. bath. 149ᵇ רב אשר אכשריה 'וכו) R. Asche erklärte den R. Mari bar Rachel als legitim und stellte ihn als Ephorus in Babylonien an. Sein Vater war näml. der Proselyt Issur, איסור גיורא, weshalb er eig. kein

Amt bekleiden durfte, vgl. מְשִׁינֵה. B. mez. 110ᵃ
ר' מרי ברה דבת שמואל R. Mari, der Sohn der
Tochter Samuel's; wahrsch. derselbe. Die Töchter Samuel's waren näml. in Gefangenschaft gerathen und deren eine wahrsch. den Issur zum
Manne nahm.

מָרָה, מרי (=bh. מָרָא, arab. مَرَى) eig. straff,
stramm, stark sein. — Hif. הִמְרָה 1) gegen
Jemdn. trotzig verfahren, straff auftreten. Genes. r. s. 42 g. E. שהמרה .... ממרא
פניו באברהם וכ' er hiess „Mamre", weil er dem
Abraham mit trotzigem Gesichte entgegentrat,
vgl. מַמְרֵא. Snh. 14ᵇ מצאו אבית פגי והימרה עליהן
וכ' wenn ein Gelehrter die Synedristen in Beth
Phage antrifft und gegen ihre Ansicht lehrt u. s. w.
Sot. 45ᵃ dass. j. Kidd. IV Anf., 65ᵇ שהמרי לאל
במעשיהם הרעים „Immër", אָמֵר, Neh. 7, 61, eine
der Familien, die ihre legitime Abstammung
nicht nachweisen konnten) bedeutet: Diejenigen,
welche durch ihre bösen Handlungen gegen Gott
trotzig verfuhren. Snh. 25ᵇ wird יונים מפריחי
erklärt: אלו שממרים את היונים diejenigen, welche
die Tauben gegen einander reizen, dass die eine
die andere im Fluge übertreffe, um dadurch die
eingegangene Wette zu gewinnen; vgl. יון. —
2) wetten, eig. seine Ansicht gegen die eines
Andern mit Trotz behaupten. Schabb. 31ᵃ ob.
מעשהב בשני בני אדם שהמרו זה את זה אמרו
כל מי שילך ויקנים את הלל וכ' einst trug es
sich zu, dass zwei Personen eine Wette eingingen,
indem sie sagten: Wer da geht und den Hillel
ärgerlich macht, soll 400 Sus bekommen u. s. w.
— 3) mästen, eig. kräftig, gross machen.
Schabb. 24, 3 (155ᵇ) אין ממרין את העגלים
Mischnaj., j. Tlmd. und Ar. (vgl. אָמַר II) man
darf nicht die Kälber am Sabbat mästen, s.
בִּמְרָאֵה.

מָרָא, מרי ch. (=מָרָה) widerspenstig, ungehorsam sein; gew. mit prosthet. א. B. mez.
77ᵇ u. ö., s. אַמַר; vgl. auch מָרָא.

מָרִיא m. (Stw. vrg. מְרָה) eig. der Kräftige, Starke; dah. (=שֵׁד) Dämon — Pl.
Genes. r. s. 7 g. E., 8ᵇ „Gott erschuf die Land-
thiere, das Vieh, das Gewürm" u. s. w., Gen. 1,
24; (während das in V. 23 vorkommende חיתו
ארץ hier fehlt) אלו המריאים שברא הקבה את
נפשותם רבא לבראות גופם וקדש היום ולא בראו
Ar. (Agg. השדים) das sind die Dämonen, deren
Geister Gott bereits erschaffen hatte; als er
jedoch dazu kam, auch ihre Leiber zu erschaffen, da trat der Sabbat ein (eig. wurde der
Tag heilig), weshalb er sie nicht erschuf. Das.
s. 11 g. E., 12ᵇ בששי ברא שש אדם וחוה ורמש
ובהמה וחיה ומריאים am sechsten Schöpfungstag (Freitag) erschuf Gott sechs Schöpfungen,
näml. Adam, Eva, das Gewürm, das Vieh, das
Gethier und die Dämonen.

מוֹרְיָא Part. Af. von ירי, אוֹרֵי, s. d.

מָרִיבַג m. Name eines Edelsteines, der
den Stamm Josef bezeichnete, s. TW.

מְרִיבָה f. (=bh. von רִיב) Zank, Streit.
j. B. kam. IV Ende, 4ᶜ u. ö., s. מַצּוּת. Num. r.
s. 3, 188ᵃ וכן בני גד ובני שמעון זה הם היו
בעלי מריבה ebenso waren die Söhne Gad's und
die Söhne Simon's (die mit Ruben die südliche Cohorte bildeten, Num. 2, 10 fg.), gleich
ihm Männer des Streites. Das. „Gott richte
ביני ובינך" (Gen. 16, 5, woselbst über dem zweiten י ein diakritischer Punkt sich befindet),
שלא אמרה לו אלא על הגר בלבד ויש אומרים
המטילים מריבה בינו לבינה Sara meinte blos
die Hagar (d. h. die sich zwischen mich und
dich stellt); Manche sagen, sie hätte diejenigen
bezeichnet, die zwischen ihr und ihm Zank stif-
teten.

מרייה j. Erub. VII Anf., 24ᵇ כר מרייה crmp.
aus בדמרייה: in Demarja.

מוֹרִיטִינוֹס s. מַרְבַּנְיָא.

מָרִיוּטָאֵי m. pl. die Einwohner von Mareotis, dem Bezirke um den See Mareotis in
Unteregypten, s. TW., vgl. das. II, 569ᵃ.

מָרִיוֹלָא s. מַרְיְרוּאַר.

מִרְיָם Mirjam, N. pr. fem. Sot. 11ᵇ „die
zwei hebräischen Hebammen, Schifra und Puah"
(Ex. 1, 15) waren יוכבד ומרים Jochebed und
Mirjam; vgl. פועה und שִׁפְרָה. Cant. r. sv. שני
מרים ויוכבד הן הן חיותיהן של ישראל, 22ᵇ שידך
וכ' Mirjam und Jochebed waren die Hebammen
Israels, welche die letzteren pflegten, vgl. —
Thr. r. sv. על אלה, 58ᵇ מרים בת ביהוס
Mirjam, die Tochter des Boëthos, Frau des
Hohenpriesters Josua ben Gamla. Fast unzweifelhaft dieselbe, die in Git. 56ᵃ u. ö. מרתא בת
ביהוס Martha, die Tochter des Boëthos genannt
wird. Wie es scheint wurden die Frauen, deren
hebr. Name מרים, Mirjam lautete, oft in der
aram. Volkssprache: מרתא, Martha genannt,
weil die beiden Namen in ihrer Anfangssilbe
מר: Herrin, Gebieterin bedeuten (was für die
Richtigkeit der griech. Aussprache Μαριάμ,
Mariam sprechen dürfte). Man vgl. auch Git.
34ᵇ ההיא דהוו קרי לה מרים ופורחא שרה es
gab eine Frau, welche die Meisten: Mirjam,
Mariam, Einige aber auch: Sara nannten; auch
für diesen Namenswechsel dürfte der Grund sein,
dass auch שרה=מרים=aram. מָרְתָא: Herrin,
Gebieterin bedeutet. Eine andere Ableitung dieses
Namens s. in מֵרִירוּר. — Die Handlungen jedoch
während der Hungersnoth in Jerusalem, die,
nach Git. 56ᵃ bei Martha, der Tochter des Boë-

32*

thos, sich zugetragen haben sollen, erzählt Thr. r. l. c. von נקדימון של בתו מרים Mirjam, der Tochter des Nikodemos, ebenso Pesik. r. s. 29 g. E. Thr. r. l. c. נחתום בת מרים Mirjam, die Tochter des Nachtom (Bäckers) sammt ihren sieben Kindern widersetzten sich dem Kaiser, der ihnen anbefohlen hatte, den Götzen zu dienen; in Git. 56ᵇ wird dies betreffs einer Frau mit ihren sieben Söhnen erzählt, ושבעה אשה בניה. Chag. 4ᵇ, s. גָּדַל. Suc. 56ᵇ בילגה בת מרים שהמירה דתה Mirjam, die Tochter Bilga's, welche ihre Religion gewechselt (d. h. den jüdischen Gesetzen zuwider gehandelt) hat, vgl. כָּלְבָּה. Nas. 47ᵃ התרמודית מרים Mirjam, die Palmyrenserin. Keth. 87ᵃ מרים אמה בן שאול אבא Abba Saul, der Sohn der Imma (Emma) Mirjam. j. Chag. II, 77ᵈ u. ö.

מְרִימָה f. (von רום) Anhöhe, Sonnenplatz. Pl. Cant. r. sv. תרואני אל, 8ᵇ „Die Sonne verbrannte mich" (HL. 1, 6), מְרִימוֹת שעשיתי על לשמש הכוסין weil ich Anhöhen (=Altäre) anfertigte, wo die Sonnenpferde standen; mit Bez. auf 2 Kn. 23, 11, woselbst jedoch השמש מרכבות: die Sonnenwagen, steht.

מָרֵמָר Mremar, Name mehrerer Amoräer. Chull. 62ᵇ. B. bath. 3ᵇ u. ö.

מָרְיוֹן Marjon, N. pr. M. kat. 11ᵇ מריון רבא דברי Marjon, der Sohn Raba's. B. bath. 12ᵇ מריון בר בי die Familienglieder des Bar Marjon. B. mez. 84ᵇ מריון לבני שדרינהו Ar. ed. pr. sv. מרן 2 (Agg. בירי לבני) sie schickten sie zu den Nachkommen des Marjon; wahrsch. jedoch ist מרונאי zu lesen, s. d. W.

מָרְיָנוֹס s. d. in מרנ׳.

מוֹרָיִים s. d. in מוֹ׳.

מָרִיצָה f. (von רִצַץ=רִיץ, s. jedoch w. u.) die Hacke, womit man die Todtengebeine zerschlug. Schek. 8, 2 והמריצה והמגריפה המורדין לבית הקברות der Korb, die Schaufel und die Hacke, die für den Begräbnissplatz bestimmt sind, vgl. מַגְרֵפָה nr. 1. — j. Schek. z. St. VIII Anf., 51ᵃ האבן את מריצה שהיא לבית הקברות dieses Geräth wird מריצה genannt, weil es den Grabstein nach dem Begräbnissplatz führt, eig. laufen macht, also: Karren. Demnach wäre unser W. von הֵרִיץ, Hifîl von רוץ: laufen, gebildet.

מָרִיוֹאָר m. viell. Majoran (maiorana, vgl. N. Brüll, Jahrb. I, 205). Pes. 39ᵃ דרואר מר (l. ein W.), Musaf. liest מריולא: eine Art bitterer Kräuter.

מָרַך (Grndw. מך, syn. mit מג, מק, vgl. מוּך, מוּק, מג u. a., s. auch מוֹרַג, מָרָה u. a. Mögl. Weise jedoch ist unser W. denom. vom bh. מֶלֶך, Stw. רָכַך=רַך); nur Nithpa. erweicht werden,

zerfliessen. Chull. 45ᵇ נְתְמָרֵך פסיל wenn das Mark im Rückgrat erweicht ist, so darf das Thier nicht genossen werden; was das. erklärt wird: כקיתון שנשפך wenn das Mark dermassen erweicht ist, dass es sich wie aus einem Schlauch, Becher ergiesst, vgl. הַנְּמְרָכָה und בּוֹמְסָה.

מַרְכּוֹב s. מַרְכּוֹף.

מֶרְכָּבָה f. (=bh. von רָכַב) Wagen, Wagensitz. Insbes. die Merkaba, eig. der Gotteswagen, der in Ez. cap. 1 geschildert wird; dah. übrtr. Theogonie, im Ggs. zu בראשית מעשה: Kosmogonie. Chag. 2, 1 (11ᵇ) במרכבה ולא ומובין חכם היה כן אם אלא ביחיד über die Merkaba darf man auch einem einzelnen Schüler nicht vortragen, es müsste denn sein, dass er gelehrt ist und aus eignem Wissen prüfen kann. Das. 13ᵃ R. Jochanan sagte zu R. Elasar: ליה אמר מרכבה במעשה ואגמרך תא קשאי לא komme, ich will dich in die Theogonie unterrichten! Letzterer erwiderte: Ich bin noch nicht alt genug. Das. מעשה גמיר הוה יוסף ר׳ בראשית במעשה תנו הוו דפומבדיתא סכי המרכבה להו אמר מרכבה מעשה מר לן ליגמר ליה אמרון ליה אמרו דאגמרון בתר בראשית מעשה לי אגמרון וכ׳ מרכבה במעשה מר לי ליגמרון R. Josef erlernte die Theogonie, die Gelehrten Pumbeditha's hing. befassten sich mit der Kosmogonie. Jene sagten zu Ersterem: Lehre uns (Herr) die Theogonie! Worauf er zu ihnen sagte: Lehret ihr mich die Kosmogonie! Nachdem sie ihn unterrichtet hatten; sagten sie zu ihm: Nun, so lehre du uns die Theogonie u. s. w., vgl. פָּבוֹלִין. Schabb. 80ᵇ man sagte in einem Galiläer, der nach Babylon gekommen war: במעשה לנו דרוש קום מרכבה auf, trage uns über die Theogonie vor. Ber. 21ᵇ. Suc. 28ᵃ u. ö., vgl. מַעֲשֶׂה. Tosef. Meg. III (IV) g. E. R. Juda sagte: Wer noch nie das Licht gesehen hat (d. h. wer blind geboren ist), soll das Schemâ mit seinen Benedictionen (welche den Preis Gottes wegen der Schöpfung des Lichtes enthalten) nicht vortragen. לו אמרו מימיהן אותה ראו דלא במרכבה דרשו הרבה man entgegnete ihm: Wie Viele trugen Forschungen über die Merkaba vor, welche sie doch niemals gesehen haben! Meg.24ᵇ dass. Levit. r.s. 16, 159ᶜ מרכבה סדרי die Ordnungen der Merkaba. Genes. r. s. 82, 80ᵇ המרכבה הן הן האבות die Erzväter bildeten die Merkaba; mit Ansp. auf Gen. 17, 22. 28, 13 u. a. „Gott stieg empor von Abraham", „Gott stand über ihm" u. a. Cant. r. sv. הביאני, 7ᶜ Ezechiel wird kommen המרכבה חדרי להם ורגלה und wird ihnen die Gemächer der Merkaba offenbaren. — Pl. Pesik. Bachodesch, 107ᵇ (mit Bez. auf Ps. 68, 18) ורבותים עשרים הקבה עם שירדו מלמד אלף מֶרְכָּבוֹת וכל מרכבה ומרכבה כמראה שראה יחזקאל diese Schriftstelle besagt, dass 22,000 Merkaboth mit Gott herabkamen; und jede Mer-

kaba glich der Erscheinung, die der Prophet Ezechiel gesehen hatte. — Uebrtr. Num. r. s. 12, 214ᵇ אגרת בת מחלת ומרכבתה Agrath bath Machlath (eine Dämonenfürstin) sammt ihrem Wagen.

מַרְכְּבְתָא *m.*, מַרְכַּבְתָּא *f. ch.* (syr. ‏ܡܰܪܟܒܬܳܐ‎ =מִרְכָּב, מֶרְכָּבָה) der Wagen, Wagensitz. B. bath. 78ᵃ מרכבתא דנשא der Frauensitz (Sattel) beim Reiten, s. פּוּמְני. — Uebrtr. der Gotteswagen, Theogonie, s. TW.

מַרְכְּבָנָא *m.* Adj. der Wagenlenker, auriga, s. TW.

מוֹרְבְּיָא *m.* Trinkgefäss, Eimer, woraus man trinkt. Stw. wahrsch. רְבָא, etwa arab. ‏ركا‎ aushöhlen, s. TW.

מרכבא j. Jeb. XV, 13ᵃ ob., s. רְכַב.

מַרְכּוֹל, מַרְכֵּל *m.* Adj. (zusammengesetzt aus אָמַר=מַר und כֹּל, כָּל) eig. der Befehlshaber über Alle, der aber im zweiten Tempel dem Katholikos untergeordnet war; insbes. Markol, ein priesterlicher Ehrentitel, etwa Tempelherr, Präfect. j. Schabb. X, 12ᵃ mit. „Elasar, der Fürst der Fürsten der Leviten" (Num. 3, 32), ר' יהודה בר ר' אמר מרכל היה תני ר' חייא ולמה נקרא שמו מרכל שהיה מר על הכל שאין גדולה בפלטין של מלך R. Juda bar Rabbi sagte: Er war ein Markol. R. Chija lehrte in einer Borajtha: Weshalb wurde er: Markol genannt? Weil er über Alle zu befehlen hatte; aber im Palaste des Königs (in Gottes Tempel) giebt es keine Grösse. (Hor. 13ᵃ steht dafür: אמר כולא.) j. Schek. V, 49ᵃ mit. וחותם וניהני לקתליקוס המרכל der Markol bescheinigte (das Schriftstück, worauf das Opfer verzeichnet war) mit seinem Siegel und übergab es dann dem Katholikos. — Pl. Schek. 5, 3 (im j. Tlmd.) אין פוחתין משבעה מרכולין ושלשה גזברין; in j. Gem. das. 49ᵃ mit. תני משני קתוליקין wird hinzugefügt: Auch nicht weniger als zwei Katholikin (Allherren). Diese zwölf Beamten finden sich näml. 2 Chr. 31, 13; von den ersteren zehn, näml. von „Jechiel-Bnajahu", waren die ersten drei die Schatzmeister und die letzten sieben die Präfecten (das. פְּקִידִים genannt). Als höhere Beamte werden das. „Konanjahu und Schimëi" genannt, welche die Katholikin waren. — In bab. Gem. gew. אֲמַרְכּוֹל, אֲמַרְכַּל s. d. W.

מוּרְכָּנִין *m. pl.* (eig. Part. Hof. von רָכַן, Hif. הִרְכִּין) hingeneigt, gesenkt. j. Schebi. VI g. E., 37ᵃ לא אמרתי אלא במורכנין ich sprach blos von solchen Pflanzen (Zwiebeln), deren Köpfe bereits zur Erde gesenkt sind.

מַרְכְּבָנְתָא s. מַר IV.

מַרְכּוּף od. מַרְכּוֹב *m.* (von רָכַב, רָכָף) 1) ein hölzernes Pferd, auf welchem die Possenreisser oder Sänger sassen. Nach Einigen (von רְכָב s. d., vgl. Hai in s. Comment. zur nächstflg. St.): ein Spielinstrument, das aus Cedernbrettern zusammengesetzt ist; oder auch: ein Bestandtheil der Harfe, worüber die Saiten gezogen werden, vgl. Ar. — Kel. 15, 6 המרכוף טהור (Ar. Var. המרכוב) das hölzerne Pferd (oder: das Spielinstrument) ist levitisch rein. — 2) Kel. 16, 7 זמר של המרכוף (המרכוב) der Griff an der Sichel der Winzer. Vgl. Tosef. Kel. B. mez. V מרכוף של טהור זמר טהור שלא נעשה אלא לשמש עם הקרקע עשה בראשו מסמר להיות תופס בו ממקום הדריש טהור der Griff an der Sichel (an dem Rebmesser) des Winzers (זמר) ist levitisch rein, weil man sich desselben blos auf dem Erdboden bedient (d. h. der Winzer den Griff niedersenkt, um das Rebmesser besser hantiren zu können); wenn man an dessen Spitze einen Nagel anbrachte, um ihn an dem Ort des Niederdrückens (des Messers) anzufassen, so ist er ebenfalls levitisch rein. — Nach den meisten Comment. wäre das מרכוף in den beiden hier erwähnten Mischna's identisch; wogegen schon die Wiederholung und noch mehr die eben citirte Tosefta spricht. Heller in seinen Tosaf. z. St. bezeugt, dass er in einem alten punktirten Mischnacodex מַרְכּוּף (mit Zere) gefunden habe.

מְרוֹם, מָרוֹם s. d. in מרום'.

מוּרָם *m.* (eig. Part. Hof. von רוּם) das Enthobene. Seb. 5, 6 u. ö., s. in מ'. Kidd. 69ᵇ un. (als Uebers. des hbr. תְּרוּמָה): „Wenn die Tochter eines Priesters einen Fremden (gewöhnlichen Israeliten) heirathet, so soll sie nicht essen בתרומת הקדשים" (Lev. 22, 12), במורם מן הקדשים לא תאכל das bedeutet: Sie soll das „von den Opfern Enthobene" (näml. Brust und Schenkel) nicht essen. Keth. 25ᵃ dass.

מְרוּמָה *m.* (eig. Part. Pual von רָמָה) betrügerisch. Snh. 32ᵇ דין מרומה... דין שאינו מרומה ein betrügerischer Process (wenn näml. der Richter die Klage als eine trügerische befindet, oder: wenn er den Kläger als einen Betrüger kennt); ein nicht betrügerischer Process. Schebu. 30ᵇ un. מניין לדיין שיודע בדין שהוא מרומה שלא יאמר הואיל והעדים מעידים אחתכנו ויהא קולר תלוי בצוארן עדים תלמוד לומר מדבר שקר תרחק woher ist erwiesen, dass ein Richter, der einen Process als einen trügerischen (d. h. aus dem abgelegten Zeugnisse die Unwahrheit des Bezeugten) erkennt, nicht sagen dürfe: Da die Zeugen es bezeugen, so werde ich das Urtel gemäss ihrem Ausspruch fällen und die Schuld (Verantwortlichkeit, eig. das Halseisen, collarium)

möge auf den Zeugen ruhen? Weil es heisst: „Von einer lügenhaften Sache halte dich fern" (Ex. 23, 7). — j. Erub. IV g. E., 22ᵃ מרומה crmp. Tosef. Erub. IV (III) steht dafür בדרומה in Daroma.

מַרְמְהוֹן *m.* Marmehon, Name eines harten Holzes. Git. 69ᵇ ob. גרוזא דמרמהון das Holz des Marmehon. Das. zwei Mal.

מַרְמוֹטָא *f.* (gr. μαρμαρωτός, marmorata, ר clidirt) eig. marmorn; übrtr. fester Schlaf, wodurch der Mensch gleichsam wie ein Marmorstein wird, Erstarrung (vgl. Hbk. 2, 19). Genes. r. s. 17, 17ᶜ שלש תרדמות הן תרדמת שינה ותרדמת נבואה (מרמוטא) תרדמת מרמוטא drei Arten von Betäubungen (Lethargie) giebt es: die Betäubung des Schlafes (mit Bez. auf Gen. 2, 21), die Betäubung der Prophetie (das. 15, 12) und die Betäubung der Erstarrung (mit Bez. auf 1 Sm. 26, 12: „Niemand sah, Niemand wusste und Niemand erwachte, weil eine Betäubung Gottes sie überfallen hatte"). Das. 44, 43ᵇ dass. Richtiger jedoch scheint die LA. des Jalk. II, 20ᵃ mit Bez. auf Sm. l. c. תרדמת דרמיטא (das. zwei Mal) die Betäubung der Lethargie (dormitio).

מרמוסא Levit. r. s. 30, 174ᶜ התיר להם שליש מרמוסא שלהם (דימוסיא, דְּרִמוּסְיָא crmp. aus s.) der König erliess ihnen den dritten Theil ihrer Steuern.

מַרְמְצָא *f.* (eig. Part. pass. von רְמַץ) Einfassung, Gegenstand, in welchem Edelsteine eingefasst sind, s. TW.

מַרְמוּצֵי od. מַרְמוּצֵי *f.* (von רָצַץ) Verwundung. Khl. r. sv. כל הדברים, 85ᵇ wenn Jem. Steine aus seinem Felde auf die Strasse hinwirft, מה הנייה אית ליה או חד תוקלא או חד מרמוצי welchen Gewinn hat ריש אומרים מרמוצי er hiervon? Entweder hat es einen Anstoss oder מרמוצי, (manche lesen מרצומי, eine bessere Form von רָצַץ) eine Verwundung zur Folge.

מַרְמֵר Pilp. von מָרַר s. d. — j. B. bath. X, 17ᶜ mit. מרמר הונא crmp. aus מרמד: da Huna sagte u. s. w.

מַרְמֵר (arab. مَرْمَرَ oder lat. murmuro) murmeln, unwillig sein, d. h. seinen Unwillen zu erkennen geben, die Behauptung Jemds. als unglaubhaft bekunden. j. Ter. VIII, 45ᵈ un. R. Chija, der Aeltere und R. Simon bar Rabbi חירן (הרון l.) יתבין בחד ביתא אזלו מרמרין אמרין אפשר דמתחמי הכא ואתחמי befanden sich in einem Hause und gingen herum murmelnd (gegen den Ausspruch der Gelehrten, dass die Schlange durch den Erdboden durchdringen könne), indem sie sagten: Wäre es wohl möglich, dass sie sich

hier zeigen könnte? Aber sie zeigte sich. Der Comment. Pne Moseho hält unser W. für einen Plur. vom flg. מַרְמְרָא: Sie gingen auf Marmorsteinen, glaubend, dass die Schlange das Marmorpflaster nicht sprengen könnte.

מַרְמְרָא *m.* (arab. مَرْمَر, gr. μάρμαρος, byz. μάρμαρος) Marmor. Suc. 51ᵇ ... במאי בנייה באבני שישא ומרמרא איכא דאמר באבני שישא וכוחלא ומרמרא mit welchen Baumaterialien baute Herodes den Tempel? Mit Alabaster und Marmor. Manche sagen: Mit Alabaster, Stibium und Marmor. B. bath. 4ᵃ dass. Dafür auch מַרְמִירָא, s. TW.

מוּרָן *m.* (eig. lat. murus) Mauer, insbes. wie turris: der Thurm eines Palastes, etwa: Thurmhäuschen. B. bath. 11ᵃ הטרקלין המורן השובך das Triklinium, das Thurmhäuschen, der Taubenschlag. Maim. in s. Comment. liest מירן.

מֵרָן *m.* Adj. (von מַר) bitter, amarus. Thr. r. sv. נחנו פשענו, 66ᵇ, s. פְּכַנְבַּר; Var. מרידן, vgl. עוּפָרִיתָא.

מָרוֹנֵי ,מֵירוֹן ,יָמְרוֹן s. in מַרו'.

מָרָנָא *m.* (wahrsch. מָר mit angeh. Silbe ־נָא, vgl. syr. ܡܳܪܰܢ) der Herr. Ned. 50ᵃ עביד מרנא עליה möge der Herr es (das Kästchen) durchsuchen. Schwerlich ist unser W.=מָר mit Suff. (syr. ܡܳܪܰܢ) unser Herr. Mit א prosthet. אִימְרָנָא, R. hasch. 18ᵃ, s. מָרוֹן.

מוֹרָנָא Wurm, s. מֻרְאָנָא.

מוֹרָנִית od. מוֹרָנִית *f.* (arab. ارانة, κράνον, κράνεια, κρανία, cornus, ital. cornio, corniolo, franz. cornouiller, Hartriegel, Kornel- [kirsch-] baum, aus dessen hartem, zähem Holze Speerschafte gemacht wurden ... Das Stammwort ist مَنَ, zäh; hart und zugleich elastisch sein" u. s. w. Fleischer Nachtr. im TW. II, 569) Speer, Wurfspiess, Waffen, die aus hartem Holze angefertigt wurden. — Pl. Exod. r. s. 17 g. E., 117ᵇ למה היו הקבה וישראל דומין למלך שבא עם בניו בים וספינות של פירטים מקיפות אותו אמר להם הא לכם מוכנות מורניות שלי womit שאני עובר על גלי הים ונלחם עמהם וכ' ist Gott und Israel (zur Zeit des Auszuges aus Egypten) zu vergleichen? Einem Könige, der mit seinen Kindern auf der See fährt und welchen Schiffe mit Seeräubern (Piraten, ὁ πειράτης) umringen. Da sagte er zu seinen Kindern: Zu eurem Schutz sind hier meine Speere in Bereitschaft, womit ich werde auf den Meereswogen einherschreiten und mit Jenen kämpfen. Ebenso befand sich Gott mit seinen Kindern, welche die ganze Nacht hindurch von den egyptischen Heeren umlagert waren. אמר להם הקבה אי

רשעים על בני אתם מחשבים מורניות שלי מוכנות
הן וכ' den Letzteren aber rief Gott zu: O Bösewichter, wie, gegen meine Kinder schmiedet ihr
Pläne! Meine Speere sind hier bereit! „und er
half ihnen um seines Namens willen" (Ps. 106, 8).

מוֹרְנִיתָא ch. (syr. ܡܘܪܢܝܬܐ=מוֹרְנִית) Speer.
— Pl. מוֹרְנִיִין, s. TW. — Pesik. Beschallach,
94ª וגוש חלבאי נפקין בתריהון בחוטריא ובמוֹרְנִיָיתָא
sie (die Meronäer) mit Stöcken und Speeren.
Khl. r. sv. הן חלק, 96ᵇ dass., vgl. מְרוֹנָאָה.

מוֹרְנוֹס masc. Adj. der mit einem Speer
(מורנית) bewaffnete Kämpfer. Pesik. r.
(Zehngeb.) s. 21, 40ª למורנוס הזה שהוא מראה
פנים מכל צד כך פנים בפנים דבר ה' עמכם wie
der speerbewaffnete Held das Gesicht nach allen
Seiten hin zeigt, ebenso „redete Gott Gesicht
gegen Gesicht mit euch" (Dt. 5, 4); d. h. das
Gesicht bald dahin bald dorthin wendend.
Davon

מָרִינוֹס Marinos (eig. der speerbewaffnete Kämpfer; ähnl. אָבְמַבֹּלֹס, Εὔμαχος) 1)
Name eines Tannaïten. Tosef. Tobar. VII
פירש רבי מרינוס משמו וכ' R. Marinos erklärte
die Halacha Namens des R. Elieser u. s. w. —
2) Name eines Amoräers. B. bath. 56ª פירש
מרינוס משמו וכ' R. Marinos erklärte (beant-
wortete sie) Namens Raba's u. s. w. Thr. r. sv.
תקרא, 64ᵇ אמר ר' אלעזר בר בר מרינוס R. Elasar bar R. Marinos sagte u. s. w. (Bei den späteren Rabbinen מרינוס, Name eines berühmten
hbr. Grammatikers.)

מֵרוֹם od. מֵרוֹס m. pl. (vom gr. ἡμερος, pl.
τὰ ἡμερα, mit Abwerf. des η, ebenso wie im
Byzant. μέρα für ἡμέρα: Tag; und das ס dient
bei griech. Wörtern oft als Zeichen des Plurals,
z. B. בוקינוס u. m. a.) zahme Hausthiere.
Tosef. B. kam. I Anf. במה דברים אמורים בזמן
שבאו מן המדבר אבל אם דיר מרום מועד משלם
נזק חצי die oben erwähnte Halacha (wonach, wenn
wilde Thiere, wie z. B. ein Löwe, ein Wolf
u. dgl., Schaden angerichtet haben, obgleich diese
Beschädigung blos das erste oder das zweite
Mal stattgefunden hat, der Besitzer derselben
zu vollem Schadenersatz verurtheilt wird
=מוּעָד s. d. W.) gilt blos betreffs solcher Thiere,
die erst kurz aus der Wüste angekom-
men (also noch nicht hinlänglich gezähmt) sind;
wenn sie hing. schon gezähmt sind, so zahlt der
Besitzer eines solchen Thieres, das zum dritten
Mal beschädigt hat, den ganzen, beim ersten
oder zweiten Mal hing. blos den halben Schaden; vgl. מוּעָד. In der Mischna B. kam. 1, 4
steht dafür בני תרבות dass.

מָרַס (ähnl. arab. مَرَث macerare, Grndw. רס,
רסס, رَشّ) eig. sprengen, daher auch: etwas

durch eine Flüssigkeit weich machen;
nur

Pi. מֵירַס 1) umrühren, z. B. Staub, den man
mit Wasser getränkt hat, oder Blut, das ohne
Umrühren gerinnen würde. Schebi. 2, 10 ממרסין
באורז בשביעית man darf im Brachjahre Erde
mit einer Flüssigkeit umrühren, um damit die
Reisstauden (behufs Förderung ihres Wachs-
thums) zu tränken. j. Schebi. II, 43ᵈ mit dass.
Jom. 43ᵇ der Hohepriester schlachtete den Farren ומרסו בו und übergab es
(das Blut in der Schale) demjenigen, der es umrührte; damit es näml. nicht geronne, in welchem
Falle es zum Sprengen untauglich gewesen wäre.
Das. 53ᵇ נטל את הדם ממי שהיה ממרס בו er nahm
das Blut von demjenigen, der es umrührte.
Tosef. B. kam. X mit. u. ö. Meg. 12ᵇ (mit Ansp.
auf die Namen der persischen Magnaten, Esth.
1, 14) Die Engel sagten vor Gott: מרס כלום
מירתו בדם לפניך מרסכא כלום מירכתו לפניך
„Meres", haben sie etwa (gleich den Priestern
Israels) das Opferblut vor dir umgerührt?
„Marsena", haben sie etwa die (mit Oel be-
spritzten) Mehlopfer vor dir umgerührt? —
2) (רס) syn. mit רץ, רָצַע) zerreiben, zerdrücken. Esth. r. sv. והקרב אליו, 104ᵈ (mit
Ansp. auf dieselben Namen) מרס שהיה ממרס
את העופות מרסנא זה שהיה ממרס את הסלתות
„Meres" war derjenige, der die Vögel (in der
Küche des Palastes) zerdrückte (ihnen die Köpfe
abkneipte), „Marsena" war derjenige, der die
Mehlgebäcke zerstampfte. Die Engel jedoch
sagten: Wenn der Plan des Ahaswer, die Israeliten zu vernichten, in Erfüllung gehen sollte,
מרס מי ממרס לפניך את העופות מרסנא מי ממרס
לפניך את הסלתות „Meres", wer würde vor
dir den Opfervögeln (die Köpfe) abkneipen?
„Marsena", wer würde vor dir die Mehlopfer
zerstückeln? Das. Gott sagte: ממרסכן ממוחכן
ממרס אני ממרס וממוחך את נפשם בתוך מעיהם
„Meres", „Marsena", „Memuchan" ich werde zerdrücken, zerschneiden und zerquetschen ihre
Seele in ihrem Leibe. Levit. r. s. 12, 156ᵇ נפקין
מן גופנא עבבין מן עבבין חמר לומר לך מה עכבים
הללו שאתה ממרסן אחד במרסן מהן כל מה
שבעותה כך כל מי שיותה יין הרבה סוף שמוקיא
כל מה שבמעיו vom Weinstock kommen die
Trauben und aus den Trauben der Wein; was
sie besagen soll: So wie du aus den Trauben,
je mehr du sie drückst, ihren ganzen Inhalt
herausbringst, ebenso speit auch derjenige, der
viel Wein trinkt, Alles, was er im Leibe hat,
aus.

מָרַס ch. (syr. ܡܰܪܶܣ=מֵרַס) 1) umrühren,
zusammenrühren. Git. 69ª un. (ein Heilmittel gegen Zahnschmerzen כבא) ליתי תומא יחידאה
בשׁחא ומלחא וניגביה אטופרא דאלירנא דההיא
גיסא דכייב ליה man bringe Knoblauch, der blos
eine Staude hat, rühre ihn mit Oel und Salz

zusammen und lege ihn auf den Nagel des Daumens von derjenigen Seite, von welcher der Schmerz ausgeht. — 2) Part. Peil מְרִיס zer-drückt, s. TW.

מוּרְסָא f. (von רסס) Blatter, in welcher sich Materie gesammelt hat. Keth. 6ᵇ המפיס מורסא בשבת אם לעשות לה פה חייב אם להוציא ממנה לחה פטור wenn Jem. am Sabbat eine Blatter aufsticht, so ist er, wenn er die Absicht hatte, in ihr eine Oeffnung zu machen, strafbar; wenn aber, den Eiter aus ihr herauszubringen, nicht straf-bar. Schabb. 107ᵃ und j. Ber. II, 5ᵇ ob. dass. Git. 69ᵇ ob. למורסא אנפסא דחמרא באהלא הולענא (od. תולנא) als Heilmittel gegen Blattern trinke man einen Becher (Anpak) Wein mit purpur-rother Aloë.

מוּרְסָן masc. grobe Kleie, etwa: Schrot-kleie. Stw. מרס nr. 2: zerstossen, zermahlen. j. Sot. I, 17ᵇ mit. בראשונה היתה סאה ארבלית מוציאה סאה סולת סאה קמח סאה קיבר סאה סובין סאה מורסן וכדון אפילו חדא בחדא לא קיימא in früherer Zeit brachte ein Seah Weizen aus Arbela: ein Seah feines Mehl, ein Seah grobes Mehl, ein Seah Hülsen (κυρβίσιον), ein Seah Kleie, ein Seah Schrotkleie; jetzt aber (ist der Weizen so schlecht), dass ein Seah auch nicht einmal ein Seah beim Mahlen ausgiebt. In der Parall. j. Pea VII, 20ᵃ un. kommt zu den letzteren Kleiearten noch eine gröbere Art hinzu: סאה גנינין, s. d. j. Schebi. IX, 39ᵃ mit. הצבעין והפטמין לוקחין מורסן מכל מקום ואינן חושׁשׁין die Färber und die Apotheker dürfen Schrot-kleie von allen Orten kaufen, ohne zu besorgen, dass sie von den Früchten des Brachjahres komme. Tosef. Schebi. V dass. Chall. 2, 6 חמשה רביעים קמח חייבין בחלה הן ושאורן וסובן ומורסן וכ' fünf Viertel (Kab, d. h. fünf Log) Mehl sammt der Sauerteig, ihrer dünnen Kleie, ihrer Schrotkleie u. dgl. sind der Verpflichtung, die Teighebe davon zu entnehmen, unterworfen; d. h. alle Bestandtheile des Teiges werden zu der gedachten Masse gerechnet. Schabb. 76ᵇ. Ter. 11, 5. j. Chall. II g. E., 58ᵈ. Tosef. B. kam. X Anf.

מוּרְסְתָא f. (von מרס nr. 2) Unterdrückung, s. TW.

מוּרְסִינְטוֹן m. (viell. gr. μυρσίνιτης) Myr-tensaft. j. Schebi. VII Anf., 37ᵇ.

מוֹרָע m. (von יָרַע, od. bh. רַע von רעע) das Schlechte, Böse. j. Jom. VIII Ende, 45ᶜ (Formel eines Sündenbekenntnisses:) רבונו חטאתי ומורע עשיתי ובדרך רעה הייתי הייתי עומד ובדרך רחוקה הייתי מהלך וכשם שעשיתי איני עושה יהי רצון מלפניך ה' אלהי שתחפר לי על כל פשעי ותמחול לי על כל עונותי והסלח לי על כל חטאתי mein Herr (o Gott), ich sündigte, that Böses, hatte schlechte Gedanken und ging auf (von Tugen-

den) entferntem Wege; aber wie ich bisher gethan, werde ich nicht mehr thun. Es sei dein Wille, o Herr, mein Gott, dass du mir vergiebst alle meine Missethaten, mir verzeihst alle meine Sünden und sühnst alle meine Fehler!

מְרַע (syr. ܡܪܰܥ, arab. مَرِضَ) krank sein. — Ithpa. אִתְמְרַע mit Krankheit behaftet wer-den. — Af. und Pa. krank machen, s. TW.

מְרַע, מָרְעָא m. Adj. (syr. ܡܪܺܝܥ, arab. مَرِيض) krank, leidend, der Kranke, aegro-tus. Insbes. oft שכיב מרע: der krank Dar-niederliegende, der schwer Kranke; Ggs. בְּרִיא: ein Gesunder, Kräftiger. Diese Be-zeichnung für Kranke ist, weil sie im Munde des Volkes sehr geläufig war, trotz ihrer äch aramäischen Form, auch im Hebr., näml. in den Mischna's und Borajthoth, häufig anzutreffen, vgl. אַבָּא, אִמָּא und ähnl. Wörter. B. bath. 9, 6 (146ᵇ. 153ᵃ) שכיב מרע שכתב כל נכסיו לאחרים ושייר קרקע כל שהוא מתנתו קיימת קיימא ואם לא שייר קרקע כל שהוא וכ' wenn ein Kranker, der alle seine Güter an einen Andere verschrieben, für sich ein kleines Grundstück zurückbehalten hat, so ist seine Schenkung (selbst wenn er später genas) giltig. Denn durch das Zurückbehalten eines Theils seiner Güter gab er zu erkennen, dass er, weil er zu genesen hoffte, sich etwas zu seinem Lebensunter-halte zurückbehalten, und dass er dessenunge-achtet die Schenkung aufrecht erhalten wollte. Wenn er sich hing. nichts von seinen Gütern zurückbehalten, so ist die Schenkung, falls er genas, ungiltig; weil näml. anzunehmen ist, dass er bei diesem Vermächtniss vorausgesetzt habe, dass er sterben würde. Vgl. das. 147ᵇ fg. מתנת שכיב מרע das Vermächtniss eines Kranken. Das. 151ᵃ u. ö. דברי שכיב מרע ככתובין וכמסורין דמו die Worte (das mündliche Vermächtniss) eines Kranken sind ebenso giltig, als ob sie niedergeschrieben und die Schenkungsurkunde eingehändigt worden wäre. — Pl. R. hasch. 16ᵇ כמאן מצלינן האידנא אקצירי ואמריעי וכ' nach wessen Ansicht beten wir jetzt für die Kranken und die Leidenden u. s. w.? Vgl. damit Ned. 49ᵇ ob. מדאמר קצירי ומריעי שמע מינה קצירי קצירי ממש מריעי מריעי רבנן da in dem vorgehenden Satz: קצירי ומריעי steht, so ist daraus zu entnehmen, dass unter קצירי: die wirklich Kranken, unter מריעי aber: die Ge-lehrten zu verstehen seien, welche näml. infolge ihrer angestrengten Studien oft leidend sind.

מַרְעָא m. (syr. ܡܪܰܥ, arab. مَرَض) Krank-heit. B. bath. 153ᵃ ההיא מתנתא דהוה כתב בה בה כד הוה קציר ורמי בערסיה וכ' וגמר מרעיה איפטר לבית עולמיה וכ' betreffs einer Schenkungsurkunde (die nach dem Tode

des Erblassers ausgefertigt wurde), welche die übliche Formel: „Als er leidend war und auf dem Krankenlager sich befand" enthielt, in der aber die Formel: „Infolge seiner Krankheit ist er verschieden" fehlte (diese letztere Formel war deshalb nöthig, um zu bezeugen, dass der Testator nicht etwa zwischen der Abfassung des Testamentes und seinem Tode genas, sodass er jenes Vermächtniss hätte widerrufen können), sagte Rabba: Jetzt ist er ja todt, was auch sein Grab bezeugt! d. h. aus dem gegenwärtigen Befund ist zu schliessen, dass der Tod unmittelbar nach seiner Krankheit eingetreten sei. Abaji hing. sagte: Da viele (die meisten) Kranken genesen, so müssen wir das Eintreffen des Todes auf die möglichst spätere Zeit annehmen, wofür auch das Fehlen der obengedachten Formel spricht. — Pl. B. bath. 58ᵇ בריש כל מַרְעִין אנא דם an der Spitze aller Krankheiten stehe ich, das Blut! d. h. von dem Blute rühren die meisten Krankheiten her.

מְרוֹעָא f. 1) Krankheit. — 2) Last, s. TW.

מַרְעוּתָא, מַרְעִיתָא f. Krankheit, s. TW.

מַרְעִית f. (=bh. von רעי, רָעָה) die Weide, Weideplatz. B. mez. 86ᵇ ob. wird ברברים (1 Kn. 5, 3) nach einer Ansicht erklärt: מביאין תור ממרעיתו בדלא אניס ותרנגולת מאשפחה בדלא אניסא man bringt einen Ochsen von seiner Weide, der nicht zum Arbeiten angehalten wird, und eine Henne von ihrem Misthaufen, die nicht zur Arbeit (zum Ernähren der Küchlein) angehalten wird. Cant. r. sv. שני שדיך, 22ᵇ (mit Ansp. auf HL. 4, 5) והיכן היתה מרעיתן של ישראל במצרים על ים סוף wo war die Weide Israels in Egypten? An der Binnensee.

(מְרָעִית m., מַרְעִיתָא f. (syr. ‏ܡܰܪܥܺܝܬܳܐ‎=) Weide, Weideplatz, s. TW. - Tem. 18ᵃ אפילו ממרעייהו וכ' selbst von ihren Weideplätzen muss man die Thiere fortnehmen u. s. w. Var. ממורייגיירדו, s. מוֹרֵג.

מַרְעֵלָא m. (von רֵעַל, arab. رَعَلَ schweben, schwanken) Korb oder Sack, der am Sattel des Esels befestigt war und an beiden Seiten desselben herabhing; ähnlich arab. أَرْعَلُ: laxus et deorsum dependens. Levit. r. s. 25, 168ᵈ אנתתא דמגדרא הוות ברת פחין אמרה לבעלה בר קבלוי חמי דהדא מלכא רחמא תינין ומפרגא בדינרין מה עביד מלא מרעליה תינין ואזל וקם קדם פלטין אמרו ליה מה עיסקך אמר לון שמעית דמלכא רחמא תינין ומפרגא בדינרין עלין ואמרין למלכא חד סבא קאים על תרע פלטין טעין מלא מרעליה תינין וכ' die Frau des Nachbars (eines Greises, der beim Kaiser Hadrian in hohen Ehren stand und der von Letzterem beim Ueberreichen von Feigen viele

Golddenare erhalten hatte) war von niedriger Herkunft und sagte zu ihrem Manne: Du thörichter Mensch, siehe da, der König (Kaiser) liebt die Feigen und tauscht sie um Golddenare ein. Was thut er nun? Er füllte seinen Korb mit Feigen, ging hin und stellte sich vor dem königlichen Palaste auf. Die Diener sagten zu ihm: Was ist dein Verlangen? Er entgegnete ihnen: Ich hörte, der König liebe die Feigen und tausche sie für Denare ein. Sie gingen zum König und sagten ihm: Ein Greis steht am Thore des Palastes mit einem Korb voll Feigen beladen. Als wir ihn nach seinem Verlangen fragten, antwortete er uns: Ich hörte, dass der König die Feigen liebe und sie um Denare eintausche. Der König (Kaiser) sagte: Man halte ihn fest am Thore des Palastes und jeder Vorübergehende soll ihm ins Gesicht spucken. (Ar. liest קרע בליליא ומלא מרעלא ורטען על חמרא er stand früh, als es noch Nacht war, auf, füllte den Korb mit Feigen und lud sie auf seinen Esel u. s. w.; was jedoch in den Agg. nicht steht). Khl. r. sv. וסכתי אני, 76ᵈ dass., wo aber מַרְעִילָא steht.

מַרְפָּא m. (=bh. von רָפָא) Heilung, Genesung. Tosef. Schabb. VII (VIII) מרפא האומר הרי זה מדרכי האמורי ר' אלעזר בר צדוק לא אמר מרפא מפני בטול תורה של בית רבן גמליאל לא היו אומרים מרפא wer (Jemdm. beim Niesen): zur Genesung! zuruft, begeht einen heidnischen Brauch. R. Elasar bar Zadok sagte nicht: Zur Genesung! wegen Störung des Gesetzstudiums. Die Familienglieder des Rabban Gamliel sagten nicht: zur Genesung! Nach Ber. 53ᵃ לא היו אומרים מרפא בבית המדרש וכ' hätten Letztere blos im Studienhaus wegen Störung nicht: zur Genesung! gerufen, vgl. auch זם und ריט.

מְרוּפָּט Part. von רָפַט s. d.

מַרְפִּיחָה f. pl. Name von Früchten, die den Pfirsichen ähnlich sind. j. Maasr. I, 48ᵈ un. (mit Bez. auf die Mischna das. 1, 3: Alle weissen Baumfrüchte sind der Verpflichtung des Verzehntens unterworfen, wenn ihre Härchen abfallen) כגון אילין מרפייחה wie z. B. jene Früchte.

מַרְפִּיס (=מַפִּיס mit eingesch. ר) Memphis, s. מָפִיס.

מַרְפֶּסֶת f. (von רָפַס: treten, steigen) Gittererker oder Balkon; ein offener Lustplatz am Obertheile des Hauses, von dem Treppen in den Hofraum führen, etwa Veranda. Erub. 83ᵇ אנשי חצר ואנשי מרפסת die Bewohner des Hofes und die Bewohner des Gitterkers. Das. 83ᵇ. 84ᵃ in der Gem. קא סלקא דעתך מאי מרפסת בני עלויה ומאי קרו לה מרפסת דסלקי במרפסת ... לאוהין הדדים במרפסת anfänglich war man der Ansicht, dass unter

בני מרפסת: die Bewohner des Söllers zu
verstehen seien, welche Räumlichkeit deshalb
מרפסת heisse, weil man dahin von dem Gittererker aus gelange u. s. w. Worauf entgegnet
wird: Hier ist die Rede von den Bewohnern
des Gittererkers, Balkons. Das. 85ᵇ בית
מרסדרה שער אכסדרה der offene Platz am Thor-
wege, die Halle (der bedachte Gang vor dem
Hause) und der Balkon. M. kat. 11ᵃ. j. Erub.
VIII g. E., 25ᵇ. j. Sot. VIII, 22ᵈ mit. u. ö.

מַרְפֵּק m. eig. (arab. مِرْفَق von רָפַק, رَفَق,
nächstverwandt mit رفغ und رفع, mit der
Grundbedeutung sublevare; vgl. Fleischer im TW.
II, 569ᵇ) übrtr. das Gelenk am
Ellbogen. Ohol. 1, 8 שנים בקנה ושנים במרפק
אחד בזרוע zwei Glieder (von den 248 Gliedern
des Menschen) sind im Ellbogen (eig. Stange
an der Hand), zwei im Gelenk und eines im
Oberarm. (Aus der hiererwähnten Aufeinander-
folge ist zu ersehen, dass unser W. nicht קודה,
קובדו, span. codo, cobdo, lat. cubitum bedeute;
vgl. auch R. Simson z. St.) Schabb. 10, 3 (92ᵃ)
המוציא ... בפריו ובמרפקו wenn Jem. etwas in
seinem Munde oder in seinem Gelenk hinausträgt. (Raschi: אישילא, aisselle, Achsel;
nach Tosaf. z. St.: קודא Ellbogen.) Arach. 5, 1
(19ᵇ) ממלא חבית מים ומכניסה עד מרפקו וכ'
man füllt ein Fass mit Wasser und steckt die
Hand hinein bis zum Gelenk. Das. 19ᵇ hat die
Borajtha dafür עד האציל dass. Genes. r. s. 44,
42ᵉ als Isaak zu Jakob gesagt hatte: „Ich will
dich betasten, mein Sohn" (Gen. 27, 21), da
ergoss sich des Letzteren Wasser über seine
Schenkel, והיה לבו רפה כשעוה וזימן לו הקבה
שני מלאכים אחד מימינו ואחד משמאלו והיו אוחזין
אותו במרפקו כדי שלא יפול und sein Herz wurde
so weich „wie Wachs" (mit Ansp. auf השעוה
Jes. 41, 10). Da stellte ihm Gott zwei Engel,
einen an seiner Rechten und einen an seiner
Linken, welche ihn an seinem Gelenke erfassten,
damit er nicht falle. Das. s. 65, 65ᵃ dass. —
Pl. Nas. 52ᵇ מפריקו (l. ידים ורגלים) die
Gelenke der Hände und Füsse.

מַרְפְּקָא ch. (=מַרְפֵּק) Gelenk, s. TW.

מוֹרִיפַת Morifath, Name in einem Zauberspruch gegen einen Dämon. Schabb. 67ᵃ, s.
אָסְטַמְנִיתָא.

מְרִיצָה s. d. in מרי; mögl. Weise ist מְרִיצָה
(von רָצַץ) zu lesen.

מַרְצוּמִי s. מַרְמוּצִי.

מַרְצֵע m. (=bh. von רָצַע, arab. رَصَع) Pfrieme.
Kidd. 21ᵇ מה מרצע מיוחד של מתכת אף כל
של מתכת דבר אחר המרצע להביא המרצע הגדול
so wie „die Pfrieme" (Dt. 15, 17) bestimmt ist,

näml. aus Metall, so kann auch jedes andere
ähnliche metallene Instrument hierzu angewendet werden. Nach einer andern Ansicht besagt
המרצע, dass man auch die grosse Pfrieme
(z. B. den Bohrer, מקדח, s. d., Pesch. ܡܒܕܩ)
hierzu anwenden dürfe. — Pl. das. מיוחד
שבמרצעין die ausgezeichnete der Pfriemen,
näml. der grosse Bohrer.

מַרְצְעָא ch. (=מַרְצֵע) die Pfrieme, s. TW.

מַרְצֵעָה f. (=רְצוּעָה, s. d.) Riemen. Trop.
j. Maas. scheni V, 56ᵇᶜ ob. מרצעה דעקיבה בן
יוסף באה לכאן der Riemen (bildl. für Machtspruch) des Akiba ben Josef traf hier ein.

מַרְצוּף m. (gr. μάρσιπος, dimin. μαρσύπιον,
marsupium); nur pl. מַרְצוּפִין grosse Beutel,
Taschen, Säcke. Kel. 20, 1 השיקין והמרצופין
die Säcke und die grossen Beutel. B. bath. 67ᵇ
לא מכר לא את wenn Jem. die Kelter verkauft,
העבירין(העבירין) ולא את השיקין ולא את המרצופין
so hat er weder die hohlen Presssteine, noch
die Säcke, noch die grossen Beutel mitverkauft.
j. B. bath. IV Anf., 14ᵉ dass. B. bath. 5, 1 (73ᵃ)
לא מכר לא את wenn Jem. ein Schiff verkauft,
העבדים ולא את המרצופין so hat er weder die
Knechte, noch die Beutel mitverkauft. Schabb.
80ᵇ אדמה כחותם המרצופין Erde so viel, als
zum Siegeln der Beutel erforderlich ist. Nach
Raschi: grosse, aus Bast oder Baumrinde
geflochtene Säcke, die bei Schiffsladungen
verwendet werden. Ohol. 17, 5 dass. j. Schabb.
X Ende, 12ᵈ להריק בה את ... סקיא הטעונה
המרצופין wenn Jem. einen Gurt anfertigt, um
darin die Beutel (viell. sing. marsupium) auszu-
leeren.

מָרַק (=bh., arab. مَرَق, Grndw. מר, fliessen,
ablaufen; vgl. bh. מר, Jes. 40, 15: Tropfen, und
Sbst. מָרָק, Ri. 6, 19: Brühe. Mögl. Weise jedoch
ist das Grndw. מרק, syn. mit מג fliessen) ein
Gefäss mit heissem Wasser ausspülen,
oder: mit kaltem Wasser stark abreiben
(vgl. הֲדָקָה); im Ggs. zu שָׁטַף: mit Wasser begiessen oder abspülen. Sifra Zaw Par. 3 cap. 7
(mit Bez. auf Lev. 6, 21) מלמד שמבשל ושונה
ומשלש ומבאדרונה מורקו ושוטפו diese Schriftstelle besagt, dass man in dem kupfernen Gefäss das Opferfleisch ein-, zwei- auch dreimal
kochen dürfe und dass man es zuletzt ausspüle
und begiesse. Seb. 94ᵇ כלי נחושת שיצא חוץ
לקלעים נכנס ומורקו ושוטף במקום קדוש נטמא
חוץ לקלעים פרחוה ונכנס ומורקו ושוטף במקום
קדוש ein kupfernes Gefäss, das nach ausserhalb
der Tempelvorhänge getragen wurde, muss
man zurücktragen und ausspülen und begiessen im heiligen Orte; wenn es aber ausserhalb
der Vorhänge verunreinigt wurde, so bricht
man ein Stück davon ab, trägt es dann zu-

rück, spült es aus und begiesst es im heiligen
Orte. Tosef. Korbanoth X g. E. הֵיכָן מוֹרְקָן
ושוטפן בפנים פניו יצא לחוץ מכניסן מורקן ושוטפן
בפנים נטמאו בחוץ מטהרן ומכניסן מורקן ושוטפן
בפנים wo spült man die Gefässe aus und begiesst sie? Innerhalb der Vorhänge. Wenn sie
nach aussen gebracht wurden, so trägt man sie
zurück, spült sie aus und begiesst sie im Innern;
wenn sie ausserhalb verunreinigt wurden, so reinigt man sie zuvor, sodann trägt man sie zurück, spült sie aus und begiesst sie im Innern.
Pi. מֵירַק (1 (=גָּמַר) eine bereits begon-
nene Handlung beendigen, eig. wohl ausgiessen. Jom. 31ᵇ הֱבִיאוּ לוֹ אֶת הַתָּמִיד קְרָצוֹ
ומירק אחר שחיטתה על ידו man brachte ihm (dem
Hohenpriester am Versöhnungstage) das Tamidopfer, er schnitt in den Hals desselben (nach
Gem. das.: er zerschnitt den grössten Theil der
Halsgefässe) und ein Anderer vollendete für ihn
die Schlachtung. Das. 32ᵇ. 33ᵃ וכי מאחר דאמרו
פסולא דרבנן ליכא למה לי למרק מצוה למרק
da nicht einmal ein rabbinisches Verbot vorhanden ist (wenn man den kleineren Theil der
Halsgefässe nicht durchschnitten hat), wozu soll
Jem. die Schlachtung vollenden? Es ist ein Gebot,
zu vollenden; d. h. obgleich die Unterlassung
desselben nicht schadet. Chull. 29ᵃᵇ dass. j.
Jom. V, 43ᵃ mit. הַקְּרָנוֹת מְמָרְקוֹת אֶתֶן die Ecken
des Altars vollenden die Sprengung der Blutreste. Tamid 4, 2 מֵירַק אֶת הַהֶפְשֵׁט er vollendete das Abziehen des Fells. Ohol. 13, 3 הֵגִיפָהּ
ולא מירקהּ wenn man die Oeffnung der Thür
gesperrt, jedoch nicht ganz verschlossen hat.
Mikw. 10, 1 wenn man die Griffe an den Gefässen angebracht אוֹ מֵרְקָן אוֹ שֶׁמֵּרְקָן ונשברו
sie jedoch nicht gut befestigt, oder wenn man
sie auch befestigt hat, sie aber abgebrochen
sind. j. Jeb. VIII, 9ᵃ mit. Jem., der am Sabbat die Vorhaut des Gliedes abgeschnitten, die
andere Haut aber nicht heruntergezogen hat
(vgl. פְּרִיעָה), ist, weil die Beschneidung nicht
rituell vollzogen wurde, wegen Sabbatentweihung
straffällig. הֲדָא דתימר בשאין ביום כדי למרק
אבל אם יש ביום כדי למרק ממרק ואינו חושש
das gilt blos in dem Falle, wenn am Tage nicht
mehr so viel Zeit ist, die Beschneidung zu vollenden; wenn aber am Tage noch so viel Zeit ist,
dass er die Beschneidung vollenden (die Eichel von
der Haut entblössen) kann, so vollendet er sie,
ohne einen Nachtheil zu besorgen. j. Schabb. XIX,
17ᵇ un. dass. — Trop. j. R. hasch. I Ende, 57ᶜ
מכיון שהתחיל במצוה לו מרק wenn Jem.
begonnen hat, ein Gebot zu vollziehen, so sagt
man zu ihm: Vollende es! Das. מכיון שהתחיל
(l. שלא התחיל) במצוה אין אומרים לו מרק wenn
Jem. aber die Vollziehung eines Gebotes noch
nicht begonnen hat, so sagt man nicht zu ihm:
Vollende es. j. Bez. I, 60ᵇ un. j. Pes. X g. E.,
37ᵈ mit. dass. (Tosaf. in Chull. 29ᵃ citiren eine
ähnliche Phrase aus einem Midrasch (?) מי

שהתחיל... מרוק; ähnlich Ar. hv., ohne Angabe
der Quelle; wozu R. Jes. Berlin in s. Haflaah
bemerkt, dass diese St. ihm unbekannt sei. Diesen
Gelehrten insgesammt waren also die hier aus dem
j. Tlmd. citirten Stellen unbekannt.) — 2) übrtr.
ganz vernichten, z. B. den Körper aufreiben, entkräften, ferner: die Sünden
vernichten, d. h. die völlige Sühne bewirken. Ber. 5ᵃ un. יסורין שממרקין כל גופו של
אדם die Schmerzen, die den ganzen Körper des
Menschen aufreiben. Das. כל ממרקין יסורין
die Schmerzen vernichten alle Sünden עונותיו של אדם
des Menschen. Jom. 86ᵃ עבר על כריתות
ומיתות בית דין ועשה תשובה תשובה ויום הכפורים
תולין ויסורין ממרקין... אבל מי שיש חלול השם
בידו אין כח בתשובה לתלות ולא ביום הכפורים
לכפר ולא ביסורין למרק אלא כולן תולין ומיתה
ממרקת וכ' wenn Jem., der Gesetze übertrat, worauf die Strafe der Ausrottung oder des gerichtlichen Todes gesetzt ist, Busse gethan hat: so schweben Busse und Versöhnungstag, bis durch Schmerzen Sühne erlangt worden (mit Bez. auf Ps. 89,33:
„Mit der Zuchtruthe werde ich ihre Missethaten
ahnden und durch Plagen ihre Sünden"). Wenn
Jem. jedoch „die Entweihung des göttlichen
Namens" sich zu Schulden kommen liess (חלול
השם, s. d.), so hat weder die Busse die Kraft,
die Sünde schwebend zu halten, noch vermag der
Versöhnungstag zu sühnen, noch die Schmerzen die Sünde ganz zu sühnen; sondern sie
sämmtlich schweben, und nur der Tod allein
versöhnt (mit Bez. auf Jes. 22, 14: „Diese Sünde
soll euch nicht vergeben werden, bis ihr sterbet"),
vgl. כַּפָּרָה. j. Snh. X Anf., 27ᶜ. j. Jom. VIII
g. E., 45ᶜ dass. j. Hor. II g. E., 46ᵈ un. מה
חטאת מכפרת וממרקת אף אשם מכפר וממרק יצא
אשם תלוי שהוא מכפר ומשייר so wie das Sündopfer sühnt und vernichtet, so sühnt und vernichtet,
ebenso sühnt das Schuldopfer (Ascham, vgl.
אָשָׁם) und vernichtet die Sünde; ausgeschlossen
jedoch ist das Ascham bei einer zweifelhaften Sünde, welches zwar ebenfalls sühnt,
einen Theil der Sünde jedoch ungesühnt lässt.
Genes. r. s. 62 Anf. die früheren Frommen litten gewöhnlich an Unterleibsschmerzen, לאמר שהחולי
ממרק was besagt, dass die Krankheit die Sünden vernichtet, vgl. auch יָסַר. — Trop. Schabb.
33ᵃ un. כל הממרק עצמו לעבירה פצעיות וחבורות
ממרק בו שנאמר... יוצאות בו Ms. M. und
Ar. ed. pr. (Agg. חבורות ופצעין) wenn Jem. sich
der Buhlerei ganz hingiebt (ausschweifend lebt),
so kommen Wunden und Striemen über ihn; mit
Ansp. auf Spr. 20, 30: „Wunden und Striemen
bewirkt das Ausschweifen im Laster". — Khl.
r. Anf., 70ᶜ ומירקה wahrsch. crmp. aus וכרכמה
=Cant. r. Anf., 2ᵇ, s. כַּרְכֵּם.

Hof. übergossen werden, sich ergiessen. Snh. 92ᵇ un. sechs Wunder geschahen an
dem Tage, als Nebukadnezar die drei Männer
in den Kalköfen werfen liess (Dan. 3, 19 fg.),

33*

Left column

ואלו הן צף הכבשן וגפרץ הכבשן והוּמְרַק סורו
ורב' Ar. sv. סר 3 (Var. וניֹמק סורו) näml. folgende: Der Kalkofen erhob sich in die Höhe
(damit cr gesehen würde; er war näml. urspr.
in einer Vertiefung), ferner: Der Kalkofen sprang
auseinander (d. h. ein Theil der Wände stürzte
ein, damit das, was darin vorgehe, gesehen
würde), ferner: Der Gischt (vgl. סור) des Kalkofens ergoss sich u. s. w. (Var. הומרק סורו
dass.). Raschi liest (=Agg.) הומרק סורו der
Grund (יסוד=סור) des Kalksofens löste sich auf.

מְרַק ch. (syr. ܡܪܩ) bestreichen,
oder: abgestrichen. — Ithpe. abgestrichen
werden. — Af. wegwischen, s. TW. — Pa.
מְרֵק eig. etwas vollenden, dah. ganz auszahlen. j. Keth. VI Anf., 30° הורי ר' יצחק בדן
דמטבין אתחתיה ולא ממריק לה פרניה שהוא
מעלה לה מזוניה עד שעה שהוא ממרקה R. Jizchak lehrte betreffs Jemds., der sich von seiner
Frau geschieden, ihr aber noch nicht die ihr
verschriebene Hochzeitssumme (φερνή) ausgezahlt
hat, dass er ihr so lange Beköstigung zu geben
habe, bis er ihr jene Summe auszahlt. Genes.
r. s. 69, 68ᵈ diejenigen, welche dich quälen,
ממרקין ליד מן חוביך verringern dir einen Theil
deiner Schuld. B. mez. 15ᵃ (Formel eines Dokumentes, das der Verkäufer eines Feldes dem
Käufer ausstellt:) אנא איקום ואשפי ואדכי ואמריק
זביני אילין אינון ועמליהון ושבבחיהון ואיקום קדמך
וצבי זביגא דין וקביל עלוהי ich werde dafür
aufkommen, jeden Gegner zu besänftigen, jeden
erhobenen Einwand zu beschwichtigen und diese
verkauften Güter dir ganz, unversehrt zuzustellen,
sie sammt ihrem Kostenaufwand und ihren Ver-
besserungen, und werde es dir übergeben. Der
gedachte Käufer willigte ein und nahm .den
Kauf an.

מֵירוֹק m. N. a. die Ergiessung, die Ausleerung. Jeb. 55ᵇ ביאת המירוק der Coitus
mit Ergiessung des semen virile. Das. מירוק
הגיד dass.

מְרִיקָה f. N. a. das Ausspülen eines Gefässes, nach einer Ansicht: mittelst heissen
Wassers, s. w. u. Sifra Zaw Par. 3 cap. 7.
Seb. 96ᵇ. 97ᵃ מריקה ושטיפה בצונן דברי רבי
וחכמים אומרים מריקה בחמין ושטיפה בצונן sowohl das Ausspülen, als auch das Abspülen erfolgt mit kaltem Wasser; so nach Ansicht
Rabbi's. Die Chachamim sagen: Das Ausspülen geschieht mit heissem, das Abspülen aber mit kaltem Wasser. Das. מריקה
כמריקת הכוס שטיפה כשטיפת הכוס das Ausspülen geschieht wie das Ausspülen eines Bechers
und das Abspülen wie das Abspülen eines Bechers.
Tosef. Korbanoth X g. E. ר' שמעון אומר קדשים
קלים אין טעונין מריקה ושטיפה אלא הדחה משום
נותן טעם R. Schimeon sagt: Bei geringeren
Opfern (wie z. B. Freuden- und Dankopfern,

Right column

deren Fleisch von den Eigenthümern verzehrt
wird) bedürfen die zum Kochen derselben ver-
wendeten kupfernen Gefässe nicht des Ausspülens
und Abspülens, sondern blos des Abschweifens,
Begiessens wegen des Geschmackgebens; d. h.
um die zurückgebliebenen Theile des früher darin gekochten Fleisches zu entfernen, damit es
nicht dem darauf jetzt zu kochenden Fleisch
einen Beigeschmack gebe. Nach den Chachamim jedoch in Seb. 95ᵇ קדשי קדשים ואחד
קדשים קלים טעונין מריקה ושטיפה sowohl die hochheiligen (z. B. Sünd- und Schuldopfer, deren Fleisch blos von den Priestern ver-
zehrt wird), als auch die geringeren Opfer (d. h.
die Kochgefässe derselben) des Ausspülens und
Abspülens.

מְרִיקָה f. (von מְרַק, wovon auch bh. הַמְרוּק)
1) Salbenbrei. j. Bez. I, 60ᵈ ob. העושה
אלונתין בשבת חייב משום מריקה wer am Sabbat
ein Liniment zubereitet, ist wegen Anfertigens
eines Salbenbreies straffällig. Nach einer andern Ansicht das. ביום טוב אסור משום מריקה
darf man ein Liniment selbst am Feiertage nicht
zubereiten wegen Anfertigens eines Salbenbreies.
— 2) Kitt, Lehm mit Eiweiss umgerührt.
Mikw. 9, 2 ר' יוסי מטהר בשל יוצרין ומטמא בשל
מריקה R. Jose hält denjenigen, dem, während er
ein rituelles Bad genommen, Töpferlehm anklebte, für rein (d. h. Letzterer wird nicht als
Scheidung zwischen dem Körper und dem Wasser angesehen, vgl. חציצה); hält aber einen solchen, an dem Kitt (der fest ansitzt) klebte,
für unrein. Vgl. Tosef. Mikw. VII Anf. ר' יוסי
מטמא בשל מריקה מפני ששפין בה סדקי כלים
R. Jose hält denjenigen, dem während des Ba-
dens Kitt anklebte, deshalb für unrein, weil man
damit die Ritzen der Gefässe zusammenklebt,
derselbe also fest ansitzt.

מְרַקָא m. (lat. meracum) unvermischt.
Jeb. 80ᵃ ob. wenn Jem. beim Uriniren keinen
Bogen machen kann, so rührt es davon her,
Ar. רפיא אימיה בטרהרא ושתיא שכרא מרקא
dass seine Mutter (während ihrer Schwangerschaft) in der Mittagssonne ass (arab. زَرَ) und
ungemischtes starkes Getränk trank. (Agg.
דאפא אימיה רב', nach Raschi: dass seine Mutter Brot im Ofen zur Zeit, als die Sonne brannte,
backte; was jedoch nicht zutrifft.) Git. 69ᵇ
man esse Gerstenbrote u. s. w. ונשתי אבתרייהו
חמרא מרקא und trinke darauf ungemischten
Wein; als Heilmittel gegen Herzklopfen, סירדא
דליבא, s. d. Erub. 29ᵇ un. חמרא מרקא, s.
פכא.

מָרוֹקָא, מוֹרִיקָא m. 1) Dattelkern. B. mez.
47ᵇ ob. קונין במוריקא Ar. (Agg. במרוקא, das.
aber auch מוריקא) auch mittelst eines Dattel-
kerns, den man dem Käufer übergiebt, kann man

den Kauf abschliessen; d. h. jener wird als ein
Werthgegenstand angesehen, weil man sich desselben zum Glätten der Nähte des Pergamentes
bedient, vgl. Tosaf. z. St. Nach Raschi bedeutet מוריקא: ein Gefäss, das aus Rinder-
koth angefertigt wird; mögl. Weise aber
auch das lat. amurca: Oelschaum. — 2) Crocus, s. d. in מור. Davon

מוֹרִיקָאָה *masc.* Adj. Jem., der Crocus
pflanzt. Pl. Ab. sar. 22ᵃ הנהו מוריקאי jene
Crocuspflanzer.

מִרְקַחַת *f.* (=bh. von רָקַח) Salbe. Genes.
r. s. 10, 10ᶜ בר סירא אמר אלוה ברא סמים מן
הארץ בהם הרופא מרפא את המכה ובהם הרוקח
מרקח את המרקחת Bar Sira sagte: Gott erschuf
Specereien aus der Erde, womit der Arzt die
Wunde heilt und womit der Apotheker die Salbe
zubereitet.

מְרְקַחְתָּא *chald.* (=מִרְקַחַת, מִרְקָחָה) Salbe.
Thr. r. Einleit. sv. אוי עיר, 44ᵈ (mit Bez. auf
את מוצא בשעה שולו Ez. 24, 10) המרקחה
ישראל בגולף גופן חוסס כהדא מרקחתא du findest,
dass, als die Israeliten in Gefangenschaft gingen,
ihr Körper, gleich der Salbe, aufwallte. Jalk.
II, 72ᵃ dass. Ar. sv. חטס citirt diese St. aus
Meg. Anf., die jedoch das. nicht steht.

מַרְקוּלִיס *m.* (lat. Mercurius = gr. Ἑρμῆς)
Merkur, der bekannte Götze der Griechen und
Römer; insbes. die Merkurstatue, Standsäule. Snh. 60ᵇ in der Mischna הזורק אבן
למרקוליס זו היא עבודתה Jem., der einen Stein
gegen die Merkurstatue wirft (ist straffällig),
weil hierin die Anbetung dieses Götzen besteht.
Das. 64ᵃ R. Menasse befand sich in Be Torta;
אמרו ליה עכו״ם היא דקאי הכא שקל קיפא שדא
ביה אמרו ליה מרקוליס היא als man ihm sagte:
Hier steht ein Götze! so nahm er eine Erdscholle und warf sie gegen ihn (in der Absicht,
ihn dadurch zu schänden); hierauf sagte man
zu ihm: Es ist der Merkur. j. Snh. V Anf., 22ᵈ
ob. Das. X, 28ᵈ ob. Ab. sar. 4, 1 (49ᵇ) ר׳
ישמעאל אומר שלש אבנים זו בצד זו בצד מרקוליס
אסורות ושתים מותרות וחכמים אומרים וכ׳
R. Ismael sagt: Drei Steine, die nebeneinander
und an der Seite des Merkur liegen, dürfen
nicht zu irgend einem Nutzen verwendet werden; zwei solcher Steine hing. dürfen zum Nutzen
verwendet werden. Die Chachamim sagen: Diejenigen Steine, die mit der Merkurssäule zusammengesehen werden, sind verboten, die aber nicht
mit ihr zusammengesehen werden, sind erlaubt.
Vgl. Gem. das. 50ᵇ ר׳ ישמעאל סבר עושין מרקוליס
קטן בצד מרקוליס גדול שלש שלש דמיין למרקוליס
אסורות ושתים מותרות רבנן סברי אין עושין
מרקוליס קטן בצד מרקוליס גדול לא שנא שלש
ולא שנא שתים נראה עמו אסורות שאין נראה
עמו מותרות R. Ismael ist der Ansicht, dass die

Merkuranbeter eine kleine Merkurstatue (die gew.
aus zwei nebeneinanderliegenden Steinen, über
welchen ein Stein lag, bestand) neben einer
grossen Merkurstatue anfertigen; drei Steine
also (die nebeneinander an der Seite der
grossen Merkurstatue liegen) sind, weil sie mit
der kleinen Statue Aehnlichkeit haben, verboten,
zwei Steine hing. sind erlaubt. Die Rabbanan
(Chachamim) hing. sind der Ansicht, dass man
nicht eine solche kleine Statue neben einer
grossen errichte. Daher sind drei Steine sow.
als auch zwei Steine, wenn sie das Aussehen
der Zusammengehörigkeit haben (dass sie näml.
von der grossen Merkurstatue herabgefallen sein
könnten) verboten; wenn sie hing. dieses Aussehen
nicht gewähren, so sind sie erlaubt. Nach j.
Ab. sar. IV Anf., 43ᶜᵈ ob. verbieten die Chachamim deshalb die an der Statue liegenden Steine,
משום רגלי מרקוליס weil sie das Podium (oder:
Piedestal) des Merkur bilden. Ab. sar. 50ᵃ
יצאו מלכא חרוב אתו נכרים אוקימו ביה מרקוליס בר
אתו נכרים אחריני דלא פלחו למרקוליס שקלינהו
וחיפר בהן דרכים וסטרטאות איכא רבנן דפרשי
ואיכא רבנן דלא פרשי Be Jannai Malka (Name
eines Ortes, der vom König Jannai erbaut war)
wurde zerstört; da kamen Nichtjuden (Götzendiener) und errichteten daselbst eine Merkurstatue; hierauf aber kamen andere Nichtjuden
(wahrsch. Christen), welche den Steine der Statue nicht
anbeteten, rissen die Steine der Statue auseinander und pflasterten damit die Wege und die
Strassen. Manche Gelehrten hielten sich von
den letzteren fern (d. h. wollten sie nicht betreten, um nicht einen Nutzen von ihnen zu
haben); manche aber hielten sich nicht von
ihnen fern. Das. אלו הן אבני בית קוליס אחת
מכאן ואחת מכאן ואחת על גביהן das ist die
Form der kleinen Merkurstatue: Ein Stein auf
der einen und ein Stein auf der andern Seite,
oberhalb welcher noch ein Stein liegt. B. mez.
25ᵇ dass. (Die Verkürzung des מרקוליס in קוליס
sollte wohl zur Bezeichnung der kleinen Statue dienen. Die Erkl. der Tosaf. z. St.: מרקוליס
wäre ein Compositum [von מַר IV und קִילוֹס:
Lob] und bedeute eig. der Gegensatz des
Lobes, d. h. Schande, קָלָס, ist blos agadisch.)
Ber. 57ᵇ וכ׳ הרואה מרקוליס in Agg., steht im
Ms. M. nicht; was wohl richtig, da die Tosef.
Ber. VI Anf. dafür הרואה עכו״ם hat: wer einen
Götzen sieht u. s. w. — Tosef. Ab. sar. VII Ende
(mit Ansp. auf Spr. 26, 8) כשם שזורק אבן
במרקוליס עובד עבודה זרה כך כל המכבד רשע
כאלו עובד ע״ז so wie derjenige, der einen Stein
an den Merkur wirft, Götzendienst treibt; ebenso
ist jeder, der dem Frevler Ehre erweist, als ob
er Götzendienst triebe. Nach einer zweiten
Deutung: כך המשתמש ביצרו מחחויב בנפשו
ebenso hat derjenige, der seiner Leidenschaft
fröhnt, sein Leben verwirkt; nach einer dritten
Deutung: כך השונה לתלמיד רשע כעובד ע״ז

ebenso ist derjenige, der einen frevelhaften Schüler unterrichtet, dem Götzendiener gleichzustellen; vgl. auch Chull. 133ª.

מַרְקוֹעַ, מַרְקְעָא masc. (arab. رُقْعَة, von רקע, رقع) 1) der Flecken, Fetzen eines Kleides. j. Snh. IV Anf., 22ᵇ ob. מרקועֵךְ ... איתקלח eig. dein Fetzen wurde abgerissen; d. h. durch deine unbesonnene Frage kam deine Blösse, deine Unwissenheit zum Vorschein. — Pl. Thr. r. sv. רבתי, 53ᵇ du hast eine Decke, ובה עשרים וארבע מַרְקוֹעִין welche vierundzwanzig Flecken hat. In der Parall. j. Maas. scheni IV, 55ᵇ un. הרי עשר מַרְקְעָן ed. Amst. (in einigen Agg. מקרעין), s. מַרְדְּעָא. — 2) übrtr. Brotstück. j. Taan. IV, 69ª mit. טור שמעון הוה מפיק חלת מאוון דגרבין דמרקוע der Berg Simon (vgl. טור) brachte 300 Fass Brotstücke (oder sonstige Nahrungsmittel) hervor.

מַרְקְפָא Levit. r. s. 5, 150ª ליה מרקפא Ar. (Agg. מדסקא, was richtiger zu sein scheint) sie klopft an, s. רַקַף.

מַרְקוֹשׁ m. Krug. Tosef. Schabb. XIV (XV) Anf., so in einigen Agg., s. חַרְקוֹשׁ.

מָרַר perf. מַר (=bh.) bitter sein, s. מַר.
Pi. מָרֵר bitter machen. Hithpa. bitter werden. Cant. r. sv. צרור המור, 11ᵇ wie die „Myrrhe" das vorzüglichste aller Gewürze ist, ebenso war Abraham der Vorzüglichste aller Frommen; ומה המור הזה כל מי שלִיקטו ידיו מִתְמָרְרוֹת כך אברהם עצמו ומסִכף עצמו ביסורים und so wie bei der Myrrhe einem Jeden, der sie sammelt, die Hände bitter werden; ebenso hat Abraham sich selbst Bitteres bereitet und sich durch Schmerzen gequält. Das. sv. מר זאת, 17ᵈ dass.
Hif. bitter machen. Schabb. 88ᵇ (mit Ansp. auf HL. 1, 13) Israels Gemeinde sagte vor Gott: אעפ דמֵימר לי שמֵימצר וּמֵימצר בין שדי ילין gleich „mein Lieber" (d. h. Gott) „mich bedrängte und mir Bitteres zufügte" (mich wegen der Anbetung des goldnen Kalbes bestrafte), so „weilt er doch zwischen meinen Brüsten", bildl. für die Stangen der Bundeslade.

Pilp. מְרְמֵר (=bh., arab. مَرْمَرَ) bitter machen. Hithpalp. sich erbittern, erbittert werden. Dan, 8, 7. — Pesik r. s. 29 g. E., als die Feinde Jerusalem belagerten, עלה אביקה לראש החומה וכשהיו משלחים את האבן בליסטראה כיון שאביקה רואה אותה באה אל החומה מיד מִתְמַרְמֵר ובעט אותה ברגליו וכ' Abika (ein Held Jerusalems) auf die Spitze der Mauer; als nun die Feinde ihr Wurfgeschoss gegen die Mauer schleuderten und Abika sah, dass dasselbe der Mauer nahete, so wurde er alsbald erbittert, stiess es mit seinen Füssen

fort u. s. w. Das. אביקה היה סבור שהייתה באה בחוזקה נתמרמר לצאת להחותה עליהם ברגלו וכ' Abika glaubte, dass das Geschoss mit Macht herannahte, infolge dessen war er erbittert und ging hinaus, um dasselbe mit seinem Fusse gegen die Feinde zu schleudern; aber er stürzte zwischen den Mauern herab.

מְרַר perf. מַר und מְרִיר ch. (syr. ܡܪ) bitter sein. — Ithpe. אִתְמְרַר sich gegen Jemdn. erbittern. — Pa. מָרֵר und Palp. מַרְמֵיר (syr. ܡܪܡܰܪ) bitter machen, betrüben, verbittern (das Leben). — Af. אַמְרַר und אַמַּר (syr. ܐܡܰܪ) dass., s. TW.

מְרִירָא, מְרִיר m. (syr. ܡܪܺܝܪܳܐ, ܡܪ) 1) Adj. bitter, erbittert, amarus, acerbus. Trop. Ber. 56ª מריר עיסקך כי חסא deine Waare wird bitter wie Lattich werden. Schabb. 127ᵇ un. כיון דמריר לא אכלה da die trockne Lupine bitter ist, so frisst das Vieh sie nicht. B. mez. 113ᵇ, s. אָהִינָא. — Pl. M. kat. 8ª כד הדר כפדנא so במרבא אמרו יבכון עמיה כל מְרִירֵי לִיבָא oft der Trauerredner in Palästina herumging, so rief man aus: Mögen mit ihm alle diejenigen trauern, die erbitterten Herzens sind! — 2) Sbst. Bitteres, Erbitterung, amarum, s. TW. — Fem. B. bath. 20ª מְרִירְתָּא Bitteres.

מוֹרַר s. מוֹרֶר.

מָרַר m. Erbitterung. Esth. r. sv. אם על המלך, 107ᵇ als Israel in die Gefangenschaft ging, sagte der Prophet Elias zu den Erzvätern: כל צבא המרום בוכים במרר ואתם עומדים מנגד ואין אתם משגיחים alle Himmelsheere weinen bitterlich (in Erbitterung), ihr aber steht dabei und kümmert euch nicht darum. — Pl. Cant. r. sv. וירדי נטפו מור מָרָרִים דגזר, 25ᵇ קמתי כורש ואמר דעבר פרת דלא עבר לא יעבור „meine Hände träufelten „מור" (HL. 5, 5), d. h. Erbitterungen (Bitterkeiten); denn Cyrus erliess das Edikt: Wer über den Euphrat (nach Palästina) gezogen, der ist hinüber; wer aber noch nicht hingezogen, der darf nicht mehr ziehen!

מֵירוּר m. N. a. das Bittersein, Erbitterung, Bitteres. Cant. r. sv. הנה הכהו, 15ª die grösste Leidenszeit der Israeliten in Egypten währte 86 Jahre, näml. seit der Geburt Mirjam's; שלכך נקראת מרים על שם וימררו וג' כי מרים לשון מירור הוא denn deshalb wurde sie: Mirjam genannt, weil „die Egypter das Leben der Israeliten verbitterten" (Ex. 1, 14); und der Name „Mirjam" bezeichnet: Das Bittersein. Pesik. r. s. 15, 31ª und Jalk. II, 178ª dass. Num. r. s. 3 g. E., 188ª לכך נקרא מררי על שם הנה הכהו, 15ᵇ deshalb wurde die Levitenfamilie: Merari genannt, wegen der Bitterkeit, d. h. der bitteren Lasten halber, die Merari zu tragen

hatte: „Die Bretter, Riegel, Stangen" und dgl. (Num. 3, 36).

מְרִירוֹת ,מְרִירָה f. N. a. (syr. ܡܪܺܝܪܽܘܬ) die Bitterkeit, das Bittere. Exod. r. s. 43, 138ª Mose sagte zu Gott: חלי מריותן של ישראל ורפא „mache süss" (anspiel. auf וירחל, Ex. 32, 11) d. h. lindere das Bittere Israels und heile sie! Das. בימי משה היה לנו מי שיחלה המרירות שלנו הוי וריחל משה אבל בימי דניאל לא היה לנו מי שיחלה המרירות שנאמר ולא הלינו וג' zur Zeit des Mose hatten wir Einen, der „unser Bitteres süss machte, linderte", denn es heisst וירחל; zur Zeit des Daniel hing. hatten wir Keinen, der das Bittere süss machte, denn es heisst ולא הלינו (Dan. 9, 13). Levit. r. s. 12, 156ª die Früchte, die Adam ass, waren Weintrauben; הללו הביאו מרירות לעולם denn sie brachten (durch Berauschung) Bitteres in die Welt; mit Ansp. auf Dt. 32, 32. Esth. r. sv. אל תרא, 105ᵇ dass.

מָרוֹר m. (bh. מְרֹרִים pl.) Bitterkraut, πικρίς, eine specielle Art der bitteren Kräuter. Pes. 39ª in der Mischna: Fünf Arten von Kräutern giebt es, von denen am Pesachabend das eine oder das andere gegessen werden muss (vgl. Ex. 12, 8), dazu gehört מרור. In Gem. das. erklärt: מרירתא דאגמא Ms. M. (Agg. blos מרירתא) das Bitterkraut der Wiese.

מָרוֹרָא ,מְרָרָא ch. (syr. ܡܪܳܪܳܐ=מרור) das Bittere. Ab. sar. 31ᵇ מרירא דכשותא das Bittere des Hopfens. Trop. Snh. 19ª אגב מרירי דילמא מקרי ואתי ונגע infolge seiner Erbitterung, seines bitteren Schmerzes (wegen des Todes eines nahen Verwandten) könnte der Hohepriester (falls er sich aus dem Tempel entfernt) auch die Leiche berühren, wodurch er unrein werden würde. — Pl. j. Meg. IV, 74ᵈ mit. ר' יונה ר' ירמיה הד מתור מנא וחרינה מחזר עם ירקונין נאמר פטיורין עם מרולרין R. Jona sowohl, als R. Jirmeja traf Entscheidung betreffs Uebersetzens biblischer Wörter. Der eine Autor tadelte מנא (d. h. den Dolmetscher, der für das hbr. טנא, Dt. 26, 4, das W. מנא setzte, weil das letzte W.: „Gefäss" bedeutet, was unrichtig ist; er befahl ihm, dafür: סלא, „Korb" zu setzen). Der andere Autor tadelte einen Dolmetscher, der die Worte מצות ומרים, Ex. 12, 8 durch פטירין עם ירקונין übersetzte: „ungesäuerte Kuchen mit Kräutern", was falsch ist, weil das betr. W. blos „bittere Kräuter" bedeutet. Er befahl ihm daher zu übersetzen: פטירין עם מרירין „ungesäuerte Kuchen mit Bitterkräutern." j. Bic. III, 65ᵈ mit. dass. (Die im Wörtrb. sv. בָּרְקוֹן, Bd. II, 269ª gegebene Erklärung ist danach zu berichtigen.) Erub. 18ᵇ, s. מְתוֹק.

מְרָרִיתָא f. (syr. ܡܪܳܪܺܝܬܳܐ) Bitterkraut. Suc.

13ª מרירתא דאגמא das Bitterkraut der Wiese. Pes. 39ª, s. מָרוֹר. Chull. 59ª ob. עיקרא דמרירתא (l. דמרירתא) die Wurzel des Bitterkrautes.

מְרָרְתָּא f. ch. (syr. ܡܪܳܪܬܳܐ; =hbr. מְרֵרָה, wofür gew. מָרָה s. d.) die Galle. Keth. 50ª מאי אסותיה מרירתא דדיה חיורתא בשיכרא נשפייה ונשקייה was bewirkt die Heilung (für ein sechsjähriges Kind, das von einem Skorpion gebissen wurde)? Die Galle einer weissen Weihe (oder Geier) in starkem Getränk, womit man das Kind einreibe und ihm davon zu trinken gebe. Pes. 39ª מרירתא דכוסיא die Galle des Fisches כוסיא, Makrele.

מְרִירִי m. Meriri, Name eines Dämons (eig. =bh. bitter, giftig). Num. r. s. 12, 214ᵇ מרירי שלים מי"ם בתמוז ועד ט' באב der Meriri waltet vom 17. Tag des Tammus an bis zum 9. des Ab; vgl. מְתַּנְי. Nach Ber. 5ª und Pes. 111ᵇ heisst dieser Dämon קטב מרירי.

מָרֵישׁ m. Balken, Bohle, Pfahl; überh. festes, starkes Bauholz. Die eigentl. Bedeutung ist (=arab. مَرَسٌ robur, von مَرَسَ), Grndw. مَرَسَ רשׁ: fest sein. Git. 5, 5 R. Jochanan ben Gudgeda bezeugte: על המריש הגזול שבנאו בבירה betreffs eines ליטול את דמיו תקנת השבין geraubten Balkens, den der Räuber in einen Palast eingebaut hat, dass der Beraubte blos den Werth desselben verlangen kann und zwar wegen des Vortheils des Büssenden; d. h. wenn jeder Räuber zur Zurückgabe des geraubten Gutes im Naturzustande verurtheilt werden sollte, so würde er sich, wenn ihm dadurch grosser Schaden erwüchse, von der Busse abhalten lassen. Vgl. das. 55ᵇ בית שמאי אומרים מקעקע כל בירה ומחזיר מריש לבעליו ובית הלל אומרים אין לו אלא דמי Jem., der einen מריש בלבד משום תקנת השבין Balken geraubt und ihn in einen Palast eingebaut hat, muss, nach Ansicht der Schule Schammai's, selbst wenn er den ganzen Palast niederreissen müsste, den Balken dem Eigenthümer zurückgeben. Nach Ansicht der Schule Hillel's jedoch hat Letzterer blos den Werth des Balkens, wegen Vortheiles des Büssenden, zu verlangen. j. Git. V, 47ª un. und j. B. kam. IX Anf., 6ᵈ dass. Taan. 16ª „Die Einwohner Ninewe's gaben das sich in ihren Händen befindende, geraubte Gut zurück" (Jon. 3, 8); אפילו גזל מריש ובנאו בבירה מקעקע כל הבירה ומחזיר מריש לבעליו selbst wenn Jem. einen Balken geraubt und ihn in einen Palast eingebaut hatte, so riss er letzteren nieder und gab den Balken seinem Eigenthümer zurück; obgleich er näml. gesetzlich hierzu nicht verpflichtet war. B. kam. 66ᵇ מריש דאיכא שינוי השם דמעיקרא כשורא והשתא טללא die Bohle hat durch ihre Ver-

wendung zu einem Bau eine Namensveränderung erlitten; denn früher wurde sie Balken, jetzt aber wird sie Bedachung . — Pl. das. 67ᵃ wird העבים (Ez. 41,26 הָאֲבִים) erklärt: אלו המֲרִישׁוֹת darunter sind die Bohlen (wahrsch. Schwellen) zu verstehen. j. B. bath. I Anf., 12ᵈ מרישיו seine Balken.

מָרִישָׁא ch. (=מָרִישׁ) Balken, Bohle, s. TW.

מוֹרְשָׁא m. (verwandt mit hbr. רֹאשׁ, aram. רֵישָׁא, Grndw. רש) Spitze, Kante, von Steinen, Messern u. dgl. B. bath. 3ᵃ מורשא דקרנתא die Spitze der Ecksteine eines Gebäudes. Erub. 76ᵇ und Suc. 8ᵃ dass. Schabb. 77ᵇ מורשא דכחית קמא die obere Spitze der Wunde, im Ggs. zu הוּכַדְנָא s. d., vgl. auch פְּתִיה nr. 2. Das. 100ᵇ un. והא מורשא אית לה das Schiff hat ja eine Spitze, puppis u. s. w. Ber. 24ᵃ ob. מורשא דכובע die Spitze der Kopfbedeckung. Men. 94ᵇ להו עביד מורשא man machte an den Schaubroten beim Backen derselben eine Spitze, woran die Stangen angebracht waren. Chull. 17ᵇ mit einem Schlachtmesser, das eine zweispitzige Scharte hat, darf man nicht schlachten; בוֹז בתרא מחליש קמא מורשא ומורשא erstere Spitze (d. h. die zuerst an die Haut und das Fleisch des Thieres anstösst) lädirt, beschädigt dieselben, und die letzte Spitze ritzt die Halsgefässe.

מָרוֹשָׁא m. (Stw. רשׁ, arab. رَسَّ, verwandt mit רסם: befeuchten, sickern) Becken, Behältniss mit Wasser. Pl. j. Ter. VIII, 45ᵈ un. ר' ינאי הוה מירחל מיניה סגין והוה יהיב ערסיה על מָרוֹשִׁין דמיין R. Jannai fürchtete sich sehr vor der Schlange (dass sie ihn im Schlafe beschädigen könnte); deshalb setzte er sein Bett (die vier Füsse desselben) in vier Wasserbehältnisse; damit näml. die Schlange seinem Körper zu nahen verhindert würde.

מָרְשׁוּתָיה fem. pl. (denom. von מָרִישׁ s. d.) Sägemühle zum Zersägen der Balken und Bohlen. j. B. bath. II Anf., 13ᵇ un. R. Jizchak bar Chakola lehrte: מרחקת אילין מרשותיה מכותלדה ד' אמות man darf die Sägemühle (viell.: die Sägeanstalt) nur in einer Entfernung von vier Ellen, von des Nachbars Wand aufstellen; weil näml. letztere durch das Mühlengeklapper erschüttert werde.

מוֹרְשָׁא m. eine Bohnenart. j. Kil. I Anf., 27ᵇ ob. wird סול הלבן erklärt durch מורשיא (LA. des R. Simson zu Kil. 1, 1) Agg. פַּרְפּוּזְנָא s. d.

מָרוֹשַׁנְיָא od. מָשׁרוֹנִיָא Meruschanja oder Mischrunja, Name eines Ortes in der Nähe eines Waldes. Neub. Géogr. du Tlmd. p. 394 identificirt diesen Ort mit Maschur (Ritter, IX,

158 und 162). B. mez. 107ᵇ R. Nathan bar Hoschaja liess die Bäume, die 16 Ellen in der Nähe jenes Ortes waren, fällen; אתו עליה בני מרושניא דפנוהו Ar. (Agg. משרוניא)infolge dessen fielen die Einwohner Meruschanjas (Mischrunjas) über ihn her und schlugen ihn.

מְרַת s. מֵירְתָא in 'מִי.

מָרְתָא 1) Herrin. — 2) Martha, s. d. in מָר. — מרתהן Exod. r. s. 51, 142ᵈ crmp. aus מרתה Martha.

מָרְתְּחָא f. (von רְתַח) Gefäss zum Backen, worin die Speise aufbrodelt, wie Pfanne, Tiegel, dass., was hbr. מַרְחֶשֶׁת, s. TW.

מָרְתְּכָא od. מָרְתְקָא m. (von רְתַךְ, s. d.; vgl. de Lagarde Ges. Abhandl. p. 64: „מרדך und מורדך=p. murdah ...; doch ist auch murtak vorhanden") eine Mischung von Blei und Silber, oder: Silber- und Bleiglätte, λιθάργυρος. Git. 69ᵇ un. מרתכא als Heilmittel gegen Unterleibsleiden, רושחתא, s. d. Das. 86ᵃ גינברא ומרתכא וכברייתא וכ' Ingwer, Silber- und Bleiglätte, Schwefel u. s. w., als Heilmittel gegen Aussatz.

מַרְתַּף m. (von רְתַף s. d., verwandt mit arab. مَرْتَبَّةٌ, von رَتَبَ, ordo, classis, specula) Vorrathskammer; insbes. zum Aufbewahren, Aufschichten der Wein- und Oelfässer, Weinkeller u. dgl.; eine Räumlichkeit, die oft besucht wird, um z. B. den Tischwein u. dgl. herbeizuholen; unterschieden von ושמן יין אוצר: Magazin, in welchem die Wein- und Oelfässer aufgespeichert werden und welches man nur selten besucht. Pes. 1, 1 (2ᵃ) jeder Ort, wohin man nichts Gesäuertes bringt (wie z. B. Wein- und Oelmagazine u. dgl.) bedarf vor dem Pesachfeste nicht des Nachsuchens nach Gesäuertem (vgl. בְּדִיקָה, בָּעֵר u. a.). ובמה אמרו שתי שורות במרתף מקום שמכניסין בו חמץ בית שמאי אומרים שתי שורות על פני כל המרתף ובית הלל אומרים שתי שורות החיצונות שהן עליונות betreffs welcher Räumlichkeit jedoch sagten die Gelehrten (in einer frühern, alten Mischna), dass man „zwei Reihen im Weinkeller" durchsuchen müsse? Betreffs eines Ortes, wohin man Gesäuertes bringt. Die Schule Schammai's sagt: Jene „zwei Reihen" (bedeuten die Weinfässer), die an der ganzen Vorderseite des Weinkellers liegen. Die Schule Hillel's sagt: Jene „zwei Reihen" bedeuten die äusseren, welche zugleich die oberen Fässer bilden. Vgl. das. 8ᵇ nach Ansicht des R. Juda bedeuten die von der Schule Schammai's erwähnten zwei Reihen: Die ganze, vom Fussboden an liegende bis zur Decke reichende vorderste und die hinter derselben liegende Reihe von Fässern, קורה שני ועד הארץ מן. Nach Ansicht des R. Jochanan bedeuten jene „zwei

Reihen": die ganze vorderste, der Thür gegenüberliegende Reihe von Fässern und die ganze
oberste, der Kellerdecke gegenüberliegende Reihe,
näml. in der Form des griech. Bstbn. Gamma,
Γ, כמין גא׳ם שורה אחת. Ferner bedeuten die
von der Schule Hillel's erwähnten „zwei Reihen",
nach Ansicht Rab's: die eine oberste, der
Kellerdecke und der Thür gegenüberliegende
und die unmittelbar unter derselben liegende
Schichte von Fässern, עליונה ושלמטה הימנה.
Nach Ansicht Samuel's bedeuten jene „zwei
Reihen": die oberste (hier bereits bezeichnete)
und die hinter derselben, nach einwärts zu
liegende Schichte, עליונה ושלפנים הימנה. j. Pes.
I, 27ᵇ mit. מרתף של יין צריך בדיקה בדיקה של
בדיקה אין צריך שמן ein Weinkeller bedarf
des Nachsuchens (nach Gesäuertem, weil, da man
näml. aus demselben während der Mahlzeit Wein
holt, man viell. dort Gesäuertes hingelegt hat);
der Keller, die Vorrathskammer des Oels
hing. bedarf nicht des Nachsuchens (weil man
den Oelbedarf schon vor der Mahlzeit herbei-
schafft). In bab. Pes. 8ᵃ wird diese Borajtha
citirt: אוצר של יין אוצר של שמן, was jedoch
ungenau ist, da wie oben bemerkt, אוצר unterschieden ist von מרתף. Snh. 108ᵇ מרתף של חומץ
die Vorrathskammer des Essigs. Levit. r. s. 24
g. E. משל למלך שהיה לו מרתף של יין והושיב
בו שומרים מהם נזירים ומהם שכורים לעת ערב
בא ליתן שכרם נתן לשכורים שני חלקים ולנזירים חלק
אחד וכ׳ ein Gleichniss von einem Könige, der einen
Weinkeller hatte, in welchem er Wächter, theils
Enthaltsame, theils Trunkenbolde setzte. Als er
gegen Abend kam, um ihnen den Lohn auszuzahlen,
so gab er den Trunkenbolden zwei Theile, den
Enthaltsamen aber blos einen Theil. Hierüber
zur Rede gestellt, sagte der König: Die Trunkenbolde verdienen wegen der Zähmung ihrer Leidenschaft einen grösseren Lohn, als die Enthaltsamen, die auch sonst mässig leben. Daher wird
bei den Irdischen, weil sie einen Trieb zum
Bösen haben, die Heiligkeit verdoppelt (Lev.
20, 7: „Haltet euch heilig, so werdet ihr heilig
sein"); von den Himmlischen hing. heisst es
blos ein Mal (Dan. 4, 14): „Die Heiligen".

מַרְתְּפָא ch. (=מַרְתֵּף) Vorrathskammer,
s. TW.

מַרְתּוֹקָא, מַרְתָּק masc. (von רְתַק, s. d.) 1)
Schlag. Genes. r. s. 51, 50ᵈ: „Gott liess herabfallen Schwefel und Feuer von Gott aus dem
Himmel" (Gen. 19, 24), כמרתק מן גבר das bedeutet: wie der Schlag, der vom Menschen ausgeht;
d. h. so wie der Mensch mittelst des Prügels schlägt,
ebenso liess Gott das von ihm ausgehende Verderben mittelst des Menschen herabfallen. j. M.
kat. III, 83ᵇ mit. Resch Lakisch hörte einen
Samaritaner Gotteslästerungen aussprechen; נחת
ליה מן חמרא וידה ליה חד מרתוקא גו ליביה

er stieg vom Esel herab und versetzte ihm einen
Schlag aufs Herz. j. Snh. VII, 25ᵇ ob. dass.
כל מאן דעליל יהב ליה חד מרתוקא
וכ׳ wer hereinkam (in das Badehaus, in welchem
der Häretiker durch einen Bannspruch des R.
Josua festgehalten worden war), versetzte ihm
einen Schlag aufs Herz u. s. w., vgl. בַּנְתִּיקָה
(woselbst jedoch: j. Snh. anst. j. Schek. zu lesen
ist). — 2) Schlägel, Prügel, s. TW.

מַשָּׂא m. (=bh. von נְשָׂא) 1) das Tragen;
dahing. steht für Last gew. מַשּׂוֹא, s. den
nächstflg. Art. Kel. 1, 1. 2. 3 ממאין במגע
ובמשא sie verunreinigen sowohl durch das Berühren, als auch durch das Tragen derselben;
d. h. derjenige, der die dort erwähnten unreinen
Gegenstände berührt oder trägt, wird unrein.
Das. מגע למשא משכב ששוה das Lager (Polster des Schleimflüssigen), dessen Berühren dem
Tragen desselben gleich ist. Schabb. 9, 1 (82ᵃ)
R. Akiba sagte: מנין לעבודה אלילים שמטמאה
במשא שנאמר תזרם וג׳ מה נדה מטמאה במשא
אף עבורת אלילים מטמאה במשא woher ist erwiesen, dass der Götze durch das Tragen
(seinen Träger) verunreinigt? Daher, dass es
heisst: „Entferne sie (die Götzenbilder) einer
Menstruirenden gleich" (Jes. 30, 22); so nun,
wie die Menstruirende durch ihr Tragen (den
sie Tragenden) verunreinigt, ebenso verunreinigt
der Götze durch das Tragen desselben. — Insbes. oft 2) משא ומתן eig. die Empfangnahme (das Forttragen) der Waare und
das Geben des Preises derselben, daher:
Handel, Geschäft. Kidd. 35ᵇ un. דבר איש
משא ומתן וכ׳ ein Mann, der gewöhnlich Handel betreibt, im Ggs. zur Frau. Schabb. 120ᵃ
כאן בדברי תורה כאן במשא ומתן hinsichtlich
der Gelehrsamkeit (rühmten sich die Jerusalemer
nicht des Wissens, wenn sie keines hatten);
aber hinsichtl. des Geschäftes waren sie nicht
glaubhaft. Ber. 17ᵃ u. ö. — 3) übrtr. Beschäftigung, Unterhaltung. Kidd. 30ᵇ
wenn du dich nicht mit der Gesetzlehre be-
fassest, כל משא ומתנו בך so wird alle seine
(des Triebes zum Bösen) Beschäftigung mit dir
sein; mit Bez. auf Gen. 4, 7: „Nach dir wird
sein Gelüste sein". Jom. 86ᵃ „Du sollst lieben
deinen Gott" (Dt. 6, 5), שיהא שם שמים מתאהב
על ידך שיהא אדם קורא ושונה ומשמש תלמידי
חכמים וידבר ויודע משאו ומתנו בנחת עם הבריות Ms.
M. (ganz anders in Agg.) das bedeutet: Der
Gottesname soll durch dich beliebt werden; dass
der Mensch sich mit Bibel und Mischna befasse,
den Umgang mit Gelehrten geniesse und dass
er sich eine sanftmüthige Unterhaltung mit Menschen aneigne. Das. ואינו יודע משאו ומתנו
Ms. M. (Agg. ואין משאו ומתנו באמונה) wenn
er den Umgang mit Menschen nicht versteht.

מַשּׂוֹא, מַשּׂוֹי, מַשּׂוֹי zuw. מַסּוֹי masc. (bh.

מַשׂוֹא, von (נָשָׂא) 1) Last. j. Dem. II, 22ᵈ ob. משׂוי אחד של צימוקין eine Last Rosinen. Das. מסוי של צמוקים dass. j. Ned. VIII g. E., 41ᵃ dass. Schabb. 92ᵃ המוציא משׂאוי wenn Jem. eine Last hinausträgt. Das. 127ᵇ ob. משׂוי שלשה משׂוי חמורים eine Last für drei Esel. Ber. 9ᵇ ob. 29ᵇ wird der Satz קבע הפלתה העושה nach einer Ansicht erklärt: כל שהפלתו דומה עליו כמשׂוי Jem., dem sein Gebet wie eine Last erscheint. Erub. 22ᵃ „Gott vergilt seinen Feinden ins Angesicht, um sie zu vernichten" (Dt. 7, 10). אלמלא נקרא כתוב אי אפשר לאומרו כביכול כאדם שנושא משׂוי על פניו ומבקש להשליכו ממנו stände dieser Schriftvers nicht, so hätte man nicht so sagen dürfen; es ist gleichsam, als ob Jem. eine Last trüge und sie gern wegwerfen wollte (das Suff. in פניו wird näml. auf Gott gedeutet). Midr. Tillim zu Ps. 38 g. E. „Unsere Sünden stiegen über unseren Kopf" (Esr. 9, 6) למה הדבר דומה לאדם שהיה עובר בדרך והיה רגליו שוקעות והמשׂוי עליו אמרו לו העבר המשׂוי מעליך ואתה שולף את רגליך וכ' wem ist das zu vergleichen? Einem Menschen, dessen Füsse, als er durch einen Fluss ging, in den Schlamm versanken, während er eine Last auf sich trug. Man rief ihm zu: Wirf doch die Last von dir ab, sodann wirst du deine Füsse herausziehen können! Ebenso sagte Gott: Warum ruft ihr: „Wenn du, o Gott, die Sünden bewahrst, wer kann bestehen" (Ps. 130, 3)! Lasset von euren bösen Handlungen fahren, so werde ich mich eurer erbarmen. — Pl. j. Dem. II, 22ᶜ mit. הביא שלשה משׂואין כאחת אין זה תגר זה אחר זה הגר Jem., der drei Last Getreide auf einmal zum Verkauf bringt, wird noch nicht als Händler angesehen (denn es wäre ja möglich, dass er diese drei Last von einem Menschen abgekauft; wenn daher die Einwohner jenes Ortes dafür bekannt sind, dass sie ihre Früchte nicht verzehnten, so ist betreffs jenes Getreides mit Bestimmtheit anzunehmen, dass der Zehnt desselben noch nicht entrichtet wurde, רַדַּאי, s. d.); wenn er hing. die Lasten nach und nach herbeibringt, so ist er als ein Händler anzusehen. — 2) übrtr. Obliegenheit, Verpflichtung. j. Ber. III Anf., 5ᵈ un. למה מפני כבודו של מת או משׂום כבודו של מי שישׁא משׂואו מה נפיק מביניהון היה לו מי שישׁא משׂואו אין תימר מפני כבודו של מת אסור ואין תימר מפני שאין לו מי שישׁא משׂואו הרי יש לו מי שישׁא משׂואו weshalb (darf derjenige, der die Leiche eines nahen Verwandten zu bestatten hat, die Gebote, wie z. B. das Schemâ zu verlesen u. dgl., nicht erfüllen)? Ist es wegen der Ehre des Todten (weil es gleichsam als eine Verletzung der Ehrerbietung gegen denselben besteht, dass er Gebote vollziehe, die er nicht zu vollziehen brauche), oder, weil er Keinen hat, der seine Obliegenheit (die Leichenbestattung) übernehme? Was ist der Unterschied? Wenn er Jemnd. hat, der seine

Obliegenheit übernimmt; so darf er, wenn der Grund ist wegen der Ehre des Todten, die Gebote nicht erfüllen; wenn aber der Grund ist, weil er Keinen hat, der seine Obliegenheiten übernehme: so darf er die Gebote, wenn er will, vollziehen, da er Jemdn. hat, der seine Obliegenheit übernimmt? Num. r. s. 1 Anf., 182ᵇ מלך בשר ודם יש לו מדינה והוא מושלה בני אדם גדולים לתוכה שיהו נושאים משׂיאריהם ועושים משפטים מי צריך להיות זקוק למזונותיהם לא בני מדינה צריכין להיות זקוקים להם אבל הקבה לא וכ' wenn der menschliche König eine Stadt besitzt, wohin er grosse Männer absendet, welche die Obliegenheiten der Stadtbewohner übernehmen und die Gerichtsbarkeit vollstrecken sollen; wer ist wohl verpflichtet, dieselben zu verpflegen, sind denn nicht die Stadtbewohner hierzu verpflichtet? Gott hing. verfuhr nicht also; denn er sandte Mose, Aharon und Mirjam, aber um deren Tugenden willen erlangte Israel alle Güter. — Ferner übrtr. Jeb. 79ᵇ משׂא פנים Parteilichkeit, eig. das Bevorzugen, Erheben des Gesichtes. j. Snh. VI g. E., 23ᵈ. 24ᵃ ob. u. ö., vgl. auch מְקָּ.

מַסְעָה ,מַסְאָה ,מַשׂוֹאָה f. (=bh. מַשָּׂאָה, von (נָשָׂא) aufsteigende Flamme (vgl. bh. מַשָּׂאָת הֶעָשָׁן: der aufsteigende Rauch); bes. Fackel als Signal. Pl. R. hasch. 22ᵇ in der Mischna בראשונה היו משׂיאין משׂיאות משׁקלקלו הכותים התקינו שיהו שלוחין יוצאין כיצד היו משׂיאין משׂיאות מביאין כלונסאות של ארז ארוכין וקנים ועצי שמן ונעורת של פשתן וכורך במשיחה ועולה לראש ההר ומצית בהן אש מוליך ומביא ומעלה ומוריד עד שהוא רואה את חבירו שהוא עושה כן בראש ההר השני וכן בראש ההר השלישי ומאין היו משׂיאין משׂיאות מהר המשחה לסרטבא וכ' in früherer Zeit hat man Signalfackeln angezündet (d. h. wenn das Gelehrtencollegium am 30. Tag eines Monats den Neumond festsetzte, so verkündigte man am nächstfolgenden Abend durch Signalfackeln, dass der verflossene Monat blos 29 Tage gezählt habe und dass also der eben verwichene Tag der erste Tag des neuen Monats sei. Wenn hing. der verwichene Monat ein Schaltmonat von 30 Tagen war, so zündete man keine Signalfackel an. Hierdurch wussten nun die von Jerusalem Entfernwohnenden, ohne dass man ihnen die Festsetzung des Neumondes verkündet hatte, ob ein Monat ein Schaltmonat war, oder nicht). Seitdem aber die Samaritaner eine Verwirrung bewirkten (indem sie näml. um die Fernwohnenden zu täuschen, am 30. Tage eines Monats des Abends Signalfackeln anzündeten, während das Gelehrtencollegium an selben Tage noch nicht den Neumond verkündet hatte): so verordnete man, dass Boten ausgeschickt werden sollten, um den Neumond zu verkünden. Auf welche Weise zündete man die Signalfackeln an? Man brachte lange

Kloben von Cedernholz, ferner Stangen und Hölzer von Oelbäumen und Werg von Flachs, die man sämmtlich mittelst eines Strickes zusammenband. Hiermit ging Jemand auf eine Bergspitze, zündete die Fackel an, schwang sie hin und her, auf und ab, bis er sah, dass der Andere auf der zweiten Bergspitze und ebenso ein Anderer auf der dritten Bergspitze dasselbe thue. Von welchem Orte aus gab man diese Signale? Vom Oelberg nach Sartaba u. s. w. Man hörte nicht eher auf, diese Signale hin und her, auf und ab zu schwingen, als bis man die ganze Gola wie eine Feuerflamme vor sich sah. (In Gem. das. מאי משמא דמשיאין לישנא דיקרוי הוא דכתיב וישא וג' ומתרגמינן ואוקדינן דוד woher ist erwiesen, dass וישיאין: anzünden bedeutet? Da es heisst וישאם [2 Sm. 5, 21], das wir übersetzen: „David verbrannte sie“. Dieser Satz jedoch steht im M. M. u. a. nicht, vgl. Dikduke z. St.; was wohl richtig ist, da in Ab. sar. 44ᵃ das W. וישאם anders erklärt wird; worauf bereits R. Jes. Berlin in seinen Talmud-Glossen aufmerksam machte.) — Tosef. R. hasch. II Anf. (I g. E.) בראשונה היו משיאין משואות בראשי הרים הגבוהים (Varr. מאואות und מסאות) in früherer Zeit hat man Signalfackeln auf den hohen Bergspitzen angezündet. j. R. hasch. II, 28ᵃ ob. מי ביטל את המשואות רבי ביטל המשואות ... אמר ר' אבהו אף על גב דאמר את המשואות לא ביטול מים טבריה וכ' wer hat die Institution der Signalfackeln aufgehoben? Rabbi hat sie aufgehoben. R. Abahu sagte: Obgleich du sagst (in der Mischna), dass man die Signale aufgehoben, so hat man sie dennoch an der Meeresküste von Tiberias (weil dort keine Samaritaner wohnen) nicht aufgehoben.

מְשָׁא, מְשִׁי 1) (=מוש) betasten, befühlen, s. TW. — 2) (mit ידא) die Hände waschen; urspr. wohl: die Hände mit einem Reinigungsmittel abreiben; mögl. Weise zusammenhängend mit arab. مَسَّ: die Hände reinigen. Pes. 112ᵃ ob. דמסובר ולא משי ידיה מפחיד שבעה יומי דשקיל מזיזי ולא משי ידיה מפחיד תלתא יומי דשקיל טופריה ולא משי ידיה מפחיד חד יומא ולא ידע מאי קא מפחיד Ar. (Agg. דמסרבר anst. דמסובר) wer sich zur Ader lässt und seine Hände nicht wäscht, ängstigt sich sieben Tage; wer sich das Haar verschneidet und seine Hände nicht wäscht, ängstigt sich drei Tage; wer sich die Nägel abschneidet und seine Hände nicht wäscht, ängstigt sich einen Tag, ohne zu wissen, wovor er sich ängstigt. — Insbes. oft von der Händewaschung vor der Mahlzeit, namentlich vor dem Genuss des Brotes. Chull. 107ᵃ R. Akiba sagte zu den Bewohnern der Ebene von Araboth: כגון אתון דלא שכיחי לכו מיא משו ידיכו מצפרא ואתנו עלייהו לכוליה יומא ihr z. B., die ihr oft kein

Wasser habet, möget euch die Hände des Morgens früh waschen und euch dabei denken, dass diese Waschung für den ganzen Tag genügen solle. Das. 107ᵇ Samuel erzählte weinend seinem Vater, sein Lehrer hätte ihn geschlagen. אמאי דאמר לי קא ספית לברא ולא משיח ידי ראמאי לא משיח אמר ליה הוא אכיל ואנא משינא weshalb (schlug er dich, fragte der Vater)? Er sagte zu mir: Du gabst meinem Sohne Brot zu essen, ohne dir vorher die Hände zu waschen. Aber, fragte der Vater, weshalb wuschest du dir nicht die Hände? Samuel entgegnete: Wie, wenn der Knabe isst, sollte ich mir die Hände waschen? vgl. מחא Ned. 91ᵃ eine Frau pflegte jedesmal nach Vollziehung ihrer ehelichen Pflicht, מיקדמא משי אדירה לגברא יומא חד אתיא ליד מיא למשיא וכ' Tags darauf ihrem Manne die Hände zu waschen. Eines Tages jedoch brachte sie ihm Wasser zu waschen u. s. w. B. kam. 17ᵃ.

Af. אַמְשֵׁי in das Wasser bringen, eintauchen. B. bath. 153ᵇ אמשינהו למניה דרבא במיא וכ' man tauchte die Gewänder Raba's ins Wasser; man glaubte näml. dadurch die Verwünschung eines Weibes abzuwenden, was jedoch nicht gelang, vgl. טבעא nr. 1.

מְשָׁן, מֵשָׁן (viell.=bh. מֵשָׁא) Mesa, Mesan. Genes. r. s. 37 Ende מישא מיתה Ar. (Agg. מישא) Mesa ist todt; d. h. die meisten Bewohner jenes Ortes stammen aus illegitimen Ehen, vgl. in מי'. — Davon N. gent. fem. מֵישָׁנָיא Kidd. 71ᵇ un. וסימניך דסלוקתא הא דמשתעיא מֵישָׁנִית Merkmal diene dir (hinsichtl. Apamea's, dessen Einwohner theils legitim, theils illegitim sind) folgendes: Illegitim ist derjenige Theil, der, weil er an Mesan grenzt, die Sprache Mesans spricht.

משׁא Pes. 111ᵇ s. כְּרוּמְשָׁא.

מְשָׁאר m. (=שְׁאָר) Ueberrest, reliquum, s. TW.

מְשָׂאר s. מֵישָׂר und מֵשָׂר.

מְשָׁב m. (von נָשַׁב) Blasebalg, s. TW.

מְשׁוּבָן contr. aus מְשׁוּעְבָּד s. d.

מוּשְׁבָּנָא m. (wahrsch. pers.) Lederbezug, Polster. Chull. 124ᵃ קא בעי ליה למושבזג Ar. ed. pr. (Agg. crmp. זב למושב) man braucht das Leder zur Ausbesserung eines Stuhlpolsters.

מְשַׁבְּקָא, מְשַׁבְּקְתָּא f. (eig. Part. pass. von שָׁבַק) die Entlassene, Geschiedene. Genes. r. s. 17, 17ᵇ die von R. Jose geschiedene Frau führte ihren zweiten Mann in der Stadt herum (vgl. חַבַּל), um zu betteln. Aber in der Nachbarschaft des R. Jose angelangt, kehrte sie um. אמר לה למה את לא מובלת לי לשכונתיה דר' יוסי הגלילי דאנא שמע דהוא עבד מצרה אמרה ליה משבקתיה אנא ולית בי דלמאן סבר אפורי ihr Mann sagte zu ihr: Warum führst du mich

nicht in die Nachbarschaft des Galiläers R. Jose, da ich gehört habe, dass er Wohlthaten ausübe? Sie antwortete ihm: Ich bin die von ihm Geschiedene und vermag nicht, sein Angesicht zu sehen. Levit. r. s. 34, 179ᵈ dass.

מְשַׁבֵּר *m.* (=bh., von שָׁבַר) Gebärstuhl, Geburtsstelle. (Im Bhebr. bedeutet das W. mögl. Weise: matrix, Muttermund). Kel. 23, 4 משבר של חיה der Gebärstuhl der Wöchnerin. Genes. r. s. 72 g. E. יושבת על המשבר sie sitzt auf dem Gebärstuhl. Das. ö.

מְשַׁבֶּשְׁתָּא *f.* (eig. Part. pass. von שָׁבֵשׁ) fehlerhaft, bes. eine fehlerhafte, corrumpirte Borajtha. Git. 73ᵃ כיון דקשיא רישא אסיפא לא איתמר בי מדרשא היא זיל בתר כברא da der erste Fall der Borajtha mit dem letzten derselben im Widerspruch steht, so wurde sie im Studienhause nicht vorgetragen und ist als fehlerhaft anzusehen; du musst daher nach eigenem Ermessen urtheilen. Schabb. 121ᵇ מאן נימא לן דהא מתרצתא היא דלמא משבשתא היא wer sagt uns denn, dass diese Borajtha richtig, zuverlässig ist, vielleicht ist sie fehlerhaft? nach dem Grundsatze näml., dass eine Borajtha, die nicht von R. Chija oder R. Hosohaja redigirt wurde, nicht zuverlässig sei, vgl. מַתְנִיתָא. Pes. 99ᵇ. 100ᵃ dass.

מְשַׁג (viell.) abspülen. j. Schek. VII Anf., 50ᵇ un. אסקופתיה בעי משיגא er wollte seine Schwelle abspülen. Richtiger jed. in Agg. des bab. Tlmd. משיג, s. שָׁגַ. — שָׁגַ s. נָגַשׁ.

מְשַׁדְּרְתָּא *fem.* (von שָׁדַּר) das Senden, Schicken, s. TW.

מֹשֶׁה (bh.) 1) Mosche, Mose, Μωσῆς, Sohn Amram's, der Gesetzgeber. Kidd. 38ᵃ בשבעה באדר מת משה ובשבעה באדר נולד am siebenten Tag des Adar starb Mose und am siebenten des Adar war er auch geboren. anspiel. auf Dt. 31, 2: „120 Jahre alt bin ich heute"; מלמד שהקבה יושב וממלא שנותיהם של צדיקים מיום ליום ומחדש לחדש das besagt, dass Gott die Jahre der Frommen von Tag zu Tag und von Monat zu Monat voll macht. Sot. 12ᵃ בשעה שנולד משה נתמלא כל הבית כולו אור zur Zeit, als Mose geboren wurde, füllte sich das ganze Haus mit Licht. Suc. 5ᵃ ob. מעולם לא ירדה שכינה למטה ולא עלו משה ואליהו למרום וכו׳ niemals kam die Schechina (ganz) nach unten und ebensowenig stiegen Mose und Elia (ganz) in den Himmel; mit Bez. auf Ps. 115, 16: „Der Himmel ist Gottes Himmel, die Erde aber gab er den Menschen." Schabb. 89ᵃ בשעה שעלה משה למרום מצאו לקבה שהיה קושר כתרים לאותיות אמר לו משה אין שלום בעירך אמר לפניו כלום יש עבד שנותן שלום לרבו אמר לו היה לך לעזרני אמר לו ועתה יגדל נא וכו׳ als Mose in die Höhe gestiegen war, traf er Gott, Krönchen

an den Buchstaben anbringen. Gott sagte zu ihm: Mose, in deinem Wohnort ist wohl die Begrüssung nicht üblich! Letzterer entgegnete ihm: Darf etwa ein Knecht seinen Herrn begrüssen? Aber, sagte Gott zu ihm: Du hättest mir Hilfe leisten sollen (Gedeihen meiner Werke wünschen). Alsbald rief jener aus: „Möge nun die Kraft Gottes sich erhaben zeigen!" (Num. 14, 17). Jeb. 72ᵇ R. Jochanan sagte: ראיתי לבן פדת שיושב ודורש כמשה מפי הגבורה ich sah den (R. Elasar) ben Pedath sitzen und Schriftforschungen vortragen, wie Mose aus dem Munde Gottes (der Allmacht). — Aboth 1' 1 משה קבל תורה מסיני ומסרה ליהושע וכו׳ Mose empfing die Gesetzlehre vom Sinai und überlieferte sie dem Josua u. s. w., vgl. סִינַי. Pea 2, 5 אמר נחום הלבלר מקובל אני מר׳ מיאשה שקבל מאבא שקבל מן הזוגות שקבל מן הנביאים הלכה למשה מסיני וכו׳ Nahum, der Schreiber (libellarius) sagte: Ich habe eine Ueberlieferung von R. Measa, welcher eine Ueberlieferung von meinem Vater, dieser von den Suggoth (Gelehrtenpaaren, vgl. זוּג), diese von den Propheten, als eine Halacha des Mose vom Sinai hatten, dass u. s. w. Tosef. Jadaïm II g. E. R. Elieser sagte: כך מקובלני מר׳ יוחנן בן זכאי שקבל מן הזוגות והזוגות מן הנביאים והנביאים הלכה מסיני וכו׳ so erhielt ich eine Ueberlieferung von R. Jochanan ben Sakkai, dieser von den Suggoth, diese von den Propheten, diese von Mose als eine Halacha vom Sinai u. s. w. j. Schabb. I, 3ᵃ mit אם יכול אתה לשלשל את השמועה עד משה שלשלה ואם לאו תפוס או ראשון ראשון או אחרון אחרון wenn du eine Tradition kettenartig bis zu Mose hinaufführen kannst (wie in den hier zuletzt genannten Stellen), so thue es; wo nicht, so fasse entweder den je ersten (der Ueberlieferer, d. h. sage, es sei eine Halacha des Mose vom Sinai), oder den je letzten, d. h. den Autor, von dem du sie gehört hast. Jom. 4ᵃ sieben Tage vor der Versöhnungsfeste befand sich der Hohepriester abgesondert; ושני תלמידי חכמים מתלמידיו של משה לאפוקי צדוקים מוסרין לו כל שבעה כדי לחנכו בעבודה und zwei Gelehrte von den Jüngern des Mose — von denen die Saduzäer ausgeschlossen sind — stellte man ihm während dieser sieben Tage zur Seite, damit sie ihn an den Tempeldienst gewöhnten. (Vgl. Matth. 23, 2: „Ἐπὶ τῆς Μωσέως καϑέ- δρας ἐκάϑισαν οἱ γραμματεῖς καὶ οἱ φαρισαῖοι: auf dem Stuhle Mosis sollen die Schriftgelehrten und die Pharisäer"; wo also die Saduzäer ebenf. ausgeschlossen sind.) Daher wurde auch jede Satzung, womit die Saduzäer nicht übereinstimmten, sei es, dass sie ausdrücklich dagegen polemisirten, oder dass sie wenigstens nicht nach ihrem Geiste war, הלכה למשה מסיני eine Halacha des Mose vom Sinai genannt, vgl. הֲלָכָה. Nid. 45ᵃ כשם שכל התורה הלכה למשה מסיני so wie die ganze Gesetzlehre eine Tra-

dition des Mose vom Sinai ist, so ist auch jene Satzung, dass ... eine Tradition des Mose vom Sinai. Erub. 15ᵇ הכי אגמריה רחמנא למשה so lehrte Gott den Mose. Chull. 28ᵇ u. ö. הכי אמר רחמנא so sagte Gott zu Mose. — 2) übrtr. Mose, d. h. hervorragender Gelehrter. Chull. 93ᵃ R. Juda sagte Namens Samuel's: Die Adern der Vorderfüsse dürfen wegen des Blutes nicht gegessen werden. אמר רב ספרא משה מי אמר רחמנא לא תיכול בישרא אמר רבא משה מי אמר רחמנא אכול דמא R. Safra sagte hierauf: Mose (Gelehrter), hat denn Gott etwa gesagt: Du darfst kein Fleisch essen? (d. .h. diese Erschwerung ist übertrieben). Raba dagegen sagte zu Letzterem: Mose, hat denn Gott etwa gesagt: Du darfst Blut essen? Schabb. 101ᵇ. Suc. 39ᵃ u. ö. משה שפיר קאמרת Mose (Gelehrter), sagst du da recht? Bez. 38ᵇ dass. (Raschi erklärt hier, abweichend von den parall. Stellen: משה er schwur bei der Ehre des Gesetzgebers Mose: Hast du denn etwa recht gesagt?) j. Taan. IV Anf., 67ᵇ R. Chaggai sagte u. s. w. משה דאנא מסתכללא ולא מסבות דעתי Mose! (d. h. ich schwöre bei der Ehre Mosis; viell.: o Gelehrter), ich betrachte die Priester während sie den Segen sprechen, ohne dass ich meine Gedanken an dem Anhören des Segens abwende. j. Snh. II Anf., 19ᵈ אמר ר' חגיי משה אין מחזירין ליה די קטל לך R. Chaggai sagte: Mose (bei seiner Ehre schwöre ich), dass man ihn (einen Fürsten), der wegen einer Gesetzübertretung bestraft worden ist) nicht wieder in sein Amt einsetzt; denn sonst könnte er uns tödten; d. h. sich an uns wegen der erlittenen Schmach rächen. j. Dem. IV, 24ᵃ ob. על ר' חגיי אמרין בדין הוא מימר משה דאנא אמר טעמא אמר משה דאנא אמר טעמא וכ' R. Chaggai trat in das Studienhaus ein (gerade zur Zeit, als die Gelehrten eine Frage aufwarfen, wofür sie keinen Ausgleich, Grund anzugeben vermochten); sie sagten (spöttisch): Würde er wohl auch hier (in diesem schwierigen Falle, wie sonst gewöhnlich) sagen: Mose, ich werde dafür einen Grund angeben? Aber er sagte wirklich: Mose, ich werde dafür einen Grund angeben. — 3) Arach. 23ᵃ משה בר עצרי Mose bar Azri, Vater des R. Huna.

מְשֵׁהוּ m. Etwas, Weniges. Das W. ist contr. aus מַה־שֶּׁהוּ und bedeutet eig. was es auch sei. Pes. 11ᵇ nach Ansicht des R. Meïr: אדם טועה משהו irrt man sich in der Zeitangabe um ein Weniges; nach Ansicht des R. Juda: שעה ומשהו irrt man sich nach Ansicht des R. Juda um eine Stunde und ein Weniges. Chull. 102ᵃ במשהו בשר גידין ועצמות wenn ein wenig Fleisch, Sehnen und Knochen zusammen die Grösse einer Olive ausmachen. Jom. 31ᵇ היאך משהו jenes Wenige. Men. 59ᵇ. 60ᵃ משהו שמן ein wenig Oel. Nid. 66ᵃ u. ö. משהו בעלמא irgend etwas. — Pl. Erub. 87ᵃ שני מַשֵּׁהוּיִּין zwei sehr kleine Theile.

מְשׁוֹט m. (=bh. von שׁוּט) Steuerruder. Sabim 4, 3 הקיש על המשוט ... wenn der Schleimflüssige auf das Steuerruder klopfte. — Pl. B. bath. 73ᵃ wird המנהיגין der Mischna erklärt: אלו המשוטין שלה (Ar. liest המשוטות) darunter sind die Steuerruder des Schiffes zu verstehen.

מְשׁוּנִית f. (von שׁוּן syn. mit שִׁנֵּן, wov. שֵׁן) Felsengrotte, Bergschlucht, eig. wohl: Felsenspitze, Klippe. Tosef. Ahil. XVIII mit. הכוכות והמשונית ed. Solkiew (Var. המשוכבות) die Hütten und die Bergschlucht; vgl. auch שׁוּנִית.

מְשׁוּנִיתָא ch. (=מְשׁוּנִית) Felsengrotte, Bergschlucht, Felsenspitze, Klippe. Genes. r. s. 10, 10ᵈ R. Jizchak הוה קאים ומטייל על משוניתא דימא דקיסרין befand sich und ging auf und ab auf der Felsenspitze des Meeres von Cäsarea. Taan. 23ᵃ אהדרא ליה משוניתא die Felsengrotte umgab ihn. Midr. Tillim zu Ps. 126ᵃ dass. B. mez. 108ᵇ un. אסיק משוניתא wenn eine spitzige Klippe ein Feld vom andern trennt. Das. 109ᵃ אחדר ליה משוניתא er umgab das Feld mit einer Felsengrotte. Erub. 100ᵃ דמו כמשוניתא sie (die Baumwurzeln) gleichen einer Felsengrotte, oder: Klippe. Raschi סלע שׁן.

מְשַׁוְורָא m. Adj. (syr. ܡܫܰܘܪܐ, von שׁוּר, Pa.) der Herumspringende. Pl. Ab. sar. 70ᵃ רוב מְשַׁוְורֵי ישראל Ar. sv. שׁור (Agg. גנבי) die meisten, die hin- und herspringen (um zu plündern), sind Juden.

מְשַׁוְורָתָא f. (von שָׁוַור) Ort des Herumspringens, Springplatz. Snh. 64ᵇ היכי דמי אמר אביי שרגא דליבני במצעי נורא מהאי גיסא ונורא מהאי גיסא וכ' אמר כמשוורתא דפוריא auf welche Weise (geschah das Durchführen der dem Molech geweihten Kinder, vgl. הַעֲבָרָה)? Abaji sagte: Eine Reihe von Ziegeln stand in der Mitte, und an der einen Seite derselben sowohl, als auch an der andern brannte das Feuer (und in der Mitte dieser Feuer, näml. auf der Ziegelreihe, wurde das Kind durch das Feuer geführt). Raba sagte: Diese Opferstätte hatte mit dem Springplatze am Purimfeste Aehnlichkeit. Ar. sv. שׁור et pr. sv. שׁור bemerkt Folgendes: In Babel und Elam herrscht am Purim der Brauch (פוריא הם ימי הפורים מנהג בבבל ובעילם וכ', spät. Ar. Agg. crmp.), dass die Jünglinge vier oder fünf Tage vor dem Feste eine Hamanfigur anfertigen und sie auf den Dächern hängen lassen. Am Purim selbst aber errichten sie einen brennenden Holzstoss, auf welchen sie jene Figur werfen und den sie unter Absingen von Liedern umringen. Oberhalb dieses Holzstosses aber ist ein Ring oder Reifen angebracht, משוורתא genannt (eig. Stelle des Springens), woran die Jünglinge sich anhängen und von der einen Seite der Flamme nach der andern Seite

derselben springen. Denselben Namen führe auch der Ring, Reifen, den die Possenreisser an Eseln oder Pferden anbringen, um sich hin und her zu tummeln. Der Molechpriester nun, der das Kind als Opfer darbrachte, liess dasselbe wiederholentlich am Ringe springen, bis es kraftlos niederfiel. — Raschi erklärt משוורתא: Das Kind sprang mit seinen Füssen über die Flamme nach Art der Jünglinge am Purimfeste, an welchem sie in einer Erdvertiefung eine Feuerflamme anzündeten und von der einen Seite derselben nach der andern sprangen. Nach dieser Erklärung ist wahrsch. מְשַׁוַּרְתָּא zu punktiren: das Springen.

מְשֵׁיזֵב s. in מֵשׁי׳.

מָשַׁח (=bh. Grndw. מש, eig. mit der Hand über etwas fahren, vgl. מוש und מָשָׁא; verwandt mit מָשַׁע, s. d.) 1) bestreichen, bes. mit Oel salben. Hor. 11ᵇ. 12ᵃ כיצד מושחין את המלכים wie salbt man die Könige? vgl. כ׳ I. j. Sot. VIII, 22ᶜ mit. יהואחז מפני יהויקים אחיו שהיה גדול ממנו שתי שנים והלא יאשיהו גנז הדא אמרה באפרסמון משחו den König Jehoachas salbte man (obgleich man sonst einen Königssohn nicht salbt, vgl. מֶלֶךְ und מְשִׁיחָה) wegen seines Bruders Jojakim, welcher zwei Jahre älter als er war. Aber, Josias hatte ja das Salböl verborgen; wie konnte man also jenen salben? Das besagt vielmehr, dass man ihn mit Balsam gesalbt habe. Das. אין מושחין את המלכים אלא מן הקרן שאול ויהוא מושחו מן הפך שהיתהו מלכותן עוברת דוד ושלמה נמשחו מן הקרן שהיתה מלכותן מלכות קיימת man salbt die Könige blos aus dem Horn. Saul und Jehu wurden aus der Flasche gesalbt, weil ihre Regierung eine vorübergehende Regierung (d. h. als eine solche bestimmt) war; David und Salomo hing. wurden aus dem Horn gesalbt, weil ihre Regierung eine beständige, bleibende Regierung war; vgl. auch מֶלֶךְ im Nifal. j. Hor. III, 47ᶜ mit dass. j. Bic. II Anf., 64ᵈ mit. „Die Heiligthümer Israels gebührt dir‟ (Num. 18, 8). למשחה לגדולה למשחה להדלקה למשחה לסיכה למשחה das W. למשחה bedeutet: „zur Erhabenheit‟ (vgl. מְשִׁחָה), ferner bedeutet es: „zum Salben‟ und endlich bedeutet es: „zum Verbrennen‟ (Oel, s. שִׁחְדָה). (Vgl. auch Raschi zu Ex. 29, 29: למשחה bedeutet nichts Anderes als „durch das Anziehen der Priestergewänder geweiht, erhaben zu werden‟; ferner bedeutet auch משיחי 1 Chr. 16, 22: „meine Vornehmen, Fürsten‟). — Part. pass. Meg. 9ᵇ משיח בשמן המשחה der mit dem Salböl gesalbte, geweihte Hohepriester. Jom. 72ᵇ. 73ᵃ משוח מלחמה der zur Kriegführung geweihte Priester; der geweihte, aber verabschiedete Hohepriester (=כהן שעבר, s. d., vgl. auch מְרוּבֶּה). Hor. 11ᵇ מלכי בית דוד מושחין ואין מלכי ישראל משוחין die Könige aus

dem Davidischen Hause wurden gesalbt; aber die Könige Israels (des Zehnstämmereiches) wurden nicht gesalbt. — 2) messen, eig. die Hand über etwas führen, vgl. מְשִׁיחָה nr. 2.

Nif. gesalbt werden. Hor. 11ᵇ fg. j. Sot. VIII, 22ᵃ mit. מפני מה נמשח שלמה מפני מחלוקתו של אדוניה weshalb wurde Salomo gesalbt? Wegen der Widersetzlichkeit des Adonija, vgl. מַחֲלוֹקֶת.

מְשַׁח ch. (syr. ܡܫܰܚ=מָשַׁח) 1) salben, s. TW. — 2) messen. Schabb. 19ᵃ un. Jem., der einem Walker ein Kleidungsstück übergiebt, נמשחה וניתיב ליה משקול מיניה וכו׳ soll es bei der Uebergabe sowohl, als auch bei der Abnahme messen, vgl. טפי III בָּסָא. B. mez. 107ᵇ R. Juda sagte zu dem Feldmesser R. Ada: ארבע אמות דאיגרא ולדיזל בהד דאבהרא (l. תמשחינה=תמשחנו) כלל לא mit den vier Ellen an dem Wasserkanal nimm es nicht sehr genau (die Adjacenten eines Kanals, der zur Berieselung ihrer Felder diente, pflegten näml. eine Strecke von vier Ellen ganz brach liegen zu lassen, weil das Wasser sie so oft überschwemmte. Der Feldmesser hatte daher nicht nöthig, darauf zu achten, ob die Entfernung eines jeden Saatenfeldes vom Kanal genau vier Ellen betrage, da durch eine geringere Entfernung des einen oder des andern Feldes zumeist blos dem Besitzer durch Ueberschwemmung Schaden erwachsen konnte, obgleich zuweilen das Wasser von seinem Felde in des Nachbars Feld eindringen würde.) Die vier Ellen Entfernung von einem Strom brauchst du gar nicht abzumessen. (Die Adjacenten eines Stromes pflegten näml. ebenfalls eine Strecke von vier Ellen am Ufer brachliegen zu lassen, weil die Schiffer, die bald da, bald dort landeten, die Saaten zertreten würden. Lässt nun ein Adjacent eine kürzere Strecke brach liegen, so hat er lediglich allein den hierdurch erwachsenden Schaden zu tragen; ohne dass weder die Schiffer, noch die Grenznachbarn auf irgend eine Weise benachtheiligt würden); anders nach den Commentt.

מָשִׁיחַ m. (=bh. eig. Part. pass.) der Gesalbte, Geweihte; insbes. 1) der Hohepriester, Priesteroberste, u. zw. sowohl derjenige, der mit dem heiligen Oel gesalbte, als auch der durch das Bekleiden mit den vier hohepriesterlichen Gewändern geweihte Hohepriester, vgl. מְרוּבָּה; (während מָשִׁיחַ auch den gewöhnlichen Priester bezeichnet, der gesalbt wurde). Tosef. Meg. I g. E. . . . כהן משיח המשמש der functionirende Hohepriester, . . . כהן משיח שעבר der verabschiedete Hohepriester, vgl. כֹּהֵן Anf. Hor. 6ᵇ. 7ᵇ fg. המשיח der Hohepriester. Das. 8ᵃ יחיד נשיא ומשיח der Einzelne (Privatmann), der Fürst und der Hohepriester.

j. Hor. II Anf., 46ᶜ fg. — 2) der Messias,
der erhabene, Gott geweihte Fürst
(מָשִׁיחַ ה'), der von den Juden, besonders
seit der Tempelzerstörung erhoffte Erlöser, der aus dem Davidischen Königshause
abstammen sollte (vgl. Jes. 45, 1 und 1 Sm. 2,
10 fg.), vollständig מְשִׁיחַ בֶּן דָּוִד. Zu diesem Messias, dem Erlöser Israels wurde ein Vorgänger
in der Person eines untergeordneten Messias,
der angeblich ein Abkömmling des Stammes
Josef sein sollte, erdacht, der zur Führung grosser
Kriege Geweihte, und in denselben später unterliegen sollte, woher auch sein Name: מִלְחָמָה
מְשׁוּחַ der zum Krieg Geweihte, herrührt,
im Ggs. zu dem eigentlichen Messias, dem Erlöser, מָשׁוּחַ לְמֶלֶךְ עַל יִשְׂרָאֵל dem zum König
Israels Geweihten, s. w. u. Die Sage von
dem kriegführenden Messias verdankt wohl
ihr Entstehen dem Aufstande der Juden zur Zeit
des Kaisers Hadrian, unter Anführung des Re-
volutionshäuptlings Bar Kochba, dem sich ein
grosser Theil der Juden anschloss und den R.
Akiba ausdrücklich als den erhofften Messias
proklamirte, vgl. מְשִׁיחָא. Damit nun die Juden,
infolge ihrer Enttäuschung und des schmählichen
Unterganges jenes Häuptlings und seiner Anhänger, den Messiasglauben nicht ganz verwerfen sollten, theils auch, um die Ehre des R.
Akiba, des grössten Gesetzlehrers jener Zeit, zu
retten, behauptete man, die Messianität jenes
Häuptlings hätte darin bestanden, dass er, als
der Vorgänger des eigentlichen Erlösers, jene
grossartigen Kriege geführt, aber selbst im Kampfe
als Held unterlegen sei und dass erst nach diesen
Vorgängen das Erscheinen des Davidischen Messias ermöglicht werden wäre. — Pes. 54ᵃ שְׁמוֹ
שֶׁל מָשִׁיחַ וכ' der Name (d. h. Beruf) des Messias, eines der sieben Dinge, welche der Weltschöpfung vorangegangen sind. Levit. r. s. 14
Anf., 157ᶜ „Der Geist Gottes schwebte über dem
Wasser" (Gen. 1, 2), זֶה רוּחוֹ שֶׁל מֶלֶךְ הַמָּשִׁיחַ
das ist der Geist des Königs Messias. Snh. 99ᵃ
„Tyrus wird vergessen werden 70 Jahre, wie
die Lebensdauer eines Königs" (Jes. 23, 15);
אֵיזֶהוּ מֶלֶךְ הַוֵי אוֹמֵר זֶה מָשִׁיחַ wer ist
dieser einzige (hervorragende) König? Das ist der
Messias. Nach einer andern Ansicht das. יְמוֹת
הַמָּשִׁיחַ אַרְבָּעִים שָׁנָה währt die Messiaszeit vierzig Jahre u. dgl. m. Das. 93ᵇ בַּר כּוֹזִיבָא מֶלֶךְ
תַּרְתֵּין שְׁנִין וּפַלְגָּא אֲמַר לְהוּ לְרַבָּנָן אֲנָא מְשִׁיחָא
אָמְרוּ לֵיהּ בְּמָשִׁיחַ כְּתִיב דְּמוֹרַח וְדָאִין וכ' Bar
Koseba (Kochba) regierte 2½ Jahr; er sagte
zu den Gelehrten: Ich bin der Messias! Sie
aber entgegneten ihm: Betreffs des Messias heisst
es, dass er mittelst „des Geruches richte" (anspiel. auf וַהֲרִיחוֹ, Jes. 11, 3), so lasst uns prüfen, ob er das vermöge; da er aber dies nicht
vermochte, so tödteten sie ihn. Das. 94ᵃ בִּקֵּשׁ
הַקָּדוֹשׁ לַעֲשׂוֹת חִזְקִיָּהוּ מָשִׁיחַ וּסַנְחֵרִיב גּוֹג וּמָגוֹג
אָמְרָה מִדַּת הַדִּין לִפְנֵי הַקָּדוֹשׁ רִבּוֹנוֹ שֶׁל עוֹלָם

וּמַה דָּוִד מֶלֶךְ יִשְׂרָאֵל שֶׁאָמַר כַּמָּה שִׁירוֹת וְתִשְׁבָּחוֹת
לְפָנֶיךָ לֹא עֲשִׂיתוֹ מָשִׁיחַ חִזְקִיָּה ... תַּעֲשֶׂה מָשִׁיחַ
Gott hatte die Absicht, den Chiskija zum Messias
und den Sanherib gleich dem Gog und Magog (den
Völkern, die in der Messiaszeit unterliegen sollen)
zu machen. Da sagte die göttliche Eigenschaft
der Gerechtigkeit vor Gott: Herr der Welt,
wenn du den David, Israels König, trotzdem er
so viele Lobgesänge und Hymnen auf dich angestimmt hat, nicht zum Messias gewählt
hast, wie willst du den Hiskias, der, trotz der
vielen Wunder, die du ihm erwiesen hast, dir
keinen Lobgesang angestimmt hat, zum Messias
erwählen? Das. 99ᵃ רַבִּי הִלֵּל אוֹמֵר אֵין לָהֶם
מָשִׁיחַ לְיִשְׂרָאֵל שֶׁכְּבָר אֲכָלוּהוּ בִּימֵי חִזְקִיָּה R. Hillel (ein Amoräer) sagte: Israel hat nunmehr
keinen Messias zu erwarten (d. h. Gott wird
unmittelbar der Erlöser sein), denn sie haben
die messianischen Verheissungen bereits zur Zeit
Hiskias genossen. Ber. 34ᵇ כָּל הַנְּבִיאִים כֻּלָּם
לֹא נִתְנַבְּאוּ אֶלָּא לִימוֹת הַמָּשִׁיחַ אֲבָל לָעוֹלָם הַבָּא
עַיִן לֹא רָאֲתָה אֱלֹהִים זוּלָתְךָ die Propheten insgesammt weissagten blos auf die messianische
Zeit; aber was die zukünftige Welt betrifft, „sah
sie kein Auge, ausser du, o Gott" (Jes. 64, 3).
Tanch. Toldoth g. E., 34ᵇ מַהוּ עֲנָנִי זֶה מָשִׁיחַ
was bedeutet עֲנָנִי: Anani, (der Wolkensohn,
1 Chr. 3, 24)? Das ist der Messias; dav. auch
בַּר נִפְלֵי, s. d. Thr. r. sv. מִמְּרוֹם, 57ᶜ R. Abba
bar Kahana sagte: אִם רָאִיתָ סַפְסָלִין מְלֵאִים בַּבְלִיִּים
מוּנָחִים בְּאֶרֶץ יִשְׂרָאֵל צַפֵּה לְרַגְלָיו שֶׁל מָשִׁיחַ wenn
du Stühle mit babylonischen Herrschern besetzt,
in Palästina siehst, so hoffe auf die Ankunft
(die Füsse) des Messias. R. Simon bar Jochai
sagte: אִם רָאִיתָ סוּס פַּרְסִי קָשׁוּר בְּאֶרֶץ יִשְׂרָאֵל צְפֵה
לְרַגְלָיו שֶׁל מָשִׁיחַ wenn du das Pferd eines Per-
sers (an die Särge) in Palästina angebunden
siehst, so hoffe auf die Ankunft des Messias;
d. h. wenn die Leiden so sehr überhandnehmen,
vgl. Snh. 98ᵇ in אֶרֶז. Snh. 96ᵇ fg. Ausführliches über die Messialogie. — Suc. 52ᵃ „Das
Land wird familienweise trauern" (Sach. 12, 12);
חַד אָמַר מָשִׁיחַ בֶּן יוֹסֵף שֶׁנֶּהֱרַג ein Autor
sagt: Das bezieht sich auf den Messias, Sohn
Josefs (s. oben), welcher erschlagen werden wird.
Das. מָשִׁיחַ בֶּן דָּוִד שֶׁעָתִיד לְהִגָּלוֹת בִּמְהֵרָה בְּיָמֵינוּ
אוֹמֵר לוֹ הַקָּדוֹשׁ שְׁאַל מִמֶּנִּי ... וְכֵיוָן שֶׁרָאָה מָשִׁיחַ
בֶּן יוֹסֵף שֶׁנֶּהֱרַג אוֹמֵר לְפָנָיו רִבּוֹנוֹ שֶׁל עוֹלָם אֵינִי
מְבַקֵּשׁ מִמְּךָ אֶלָּא חַיִּים וכ' zum Messias, Sohn
Davids — der sich bald in unsern Tagen offenbaren möge — wird Gott sagen: Verlange etwas
von mir, so werde ich es dir gewähren! (mit
Bez. auf Ps. 2, 8). Wenn er aber sieht, dass
der Messias, Sohn Josef's, getödtet wird, so wird
er sagen: Herr der Welt, ich verlange von dir
nichts mehr, als das Leben! Worauf Gott ihm
entgegnen wird: Betreffs des Lebens hat bereits
dein Urahn David geweissagt: „Leben verlangt
er von dir, du gewährst es ihm" (Ps. 21, 5).
j. Suc. V, 55ᵇ mit. steht für die hier citirte

erstere St. blos הכפדו של משיח die Trauer um
den erschlagenen Messias. Num. r. s. 14 Anf.,
222ᵇ לפי שיש מחלוקות הרבה על המשוחים יש
אומרים שבעה ויש אומרים שמנה ... ואינו אלא
מה שמפורש ארבעה ... ואלו הן ארבעה חרשים
דוד בא ומפורש לי גלעד זה אליהו שהיה מתושבי
גלעד לי מנשה זה משיח שעומד מבניו של מנשה
... אפרים מעוז ראשי זה משוח מלחמה שבא
מאפרים ... ויהודה מחוקקי זה הגואל הגדול
שבא מבני בניו של דוד betreffs der Messiase (oder:
der Geweihten) sind die Ansichten sehr verschieden; Manche sagen, es wären ihrer sieben
und Manche, es wären ihrer acht (Mich. 5, 5:
„Sieben Hirten und acht Fürsten"); das Richtige jedoch ist, wie es ausdrücklich heisst, dass
ihre Zahl vier betrage (näml. „die vier Schmiede",
Sach. 2, 3). Diese vier Schmiede bezeichnet auch
David (Ps. 60, 9): „Mein ist Gilead", das ist
Elias , von den Einwohnern Gilead's (1 Kn.
17, 1); „mein ist Menasse", das ist der Messias vom Stamme Menasse („vor Ephraim,
Benjamin und Menasse errege deine Kraft",
Ps. 80, 3); „Ephraim ist die Macht meines
Hauptes", das ist der zum Krieg Geweihte,
der von Ephraim abstammt („der Erstgeborene seines Stieres, sein ist der Glanz",
Dt. 33, 17); „aber Juda ist mein Gesetzgeber",
das ist der grosse Erlöser, der aus dem
Nachkommen David's abstammen wird. — Pl.
Pesik. r. s. 8, 13ᶜ „Die zwei Oelbäume am Leuchter" (bildl. für Israels Gemeinde, Sach. 4, 3),
אלו שני המשיחים אחד משוח מלחמה ואחד משוח
למלך על ישראל darunter sind die zwei Messiase zu
verstehen, deren Einer (der Messias, Sohn Josef's)
zur Kriegführung geweiht und deren Anderer
(der Messias, Sohn David's) zum Könige über
Israel geweiht ist, s. oben. — j. Schabb. VII,
10ᵇ u., s. כילוס.

מְשִׁיחָא ch. (syr. ‎ܡܫܺܝܚܳܐ=מָשִׁיחַ) 1) der gesalbte Hohepriester oder König, der Geweihte, s. TW. — 2) der Messias. j. Ber.
II, 5ᵃ ob., s. דָּוִד. Das. הא יליד מלכא משיחא
siehe, der König Messias wurde bereits geboren,
vgl. מְנַחֵם. j. Taan. IV, 68ᵈ un. ר' עקיבא כד
הוה חמי בר כוזבה הוה אמר דין הוא מלכא
משיחא אמר לו ר' יוחנן בן תורתה עקיבא יעלו
עשבים בלחייך ועדיין בן דוד לא בא als R. Akiba
den Bar Koseba (Kochba) sah, so rief er aus:
Das ist der König Messias! Aber R. Jochanan
ben Torta sagte zu ihm: Akiba, Gräser werden
bereits auf deinen Kinnbacken wachsen (d. h. du
wirst längst begraben sein), aber noch immer wird
der Sohn David's nicht eingetroffen sein. Thr.
r. sv. בלע, 61ᵇ dass., vgl. auch מוֹעֵד. Sot. 49ᵇ
בעקבות משיחא חוצפא יסגי beim Herannahen des
Messias (eig. der Ferse; = hbr. רַגְלֵי של משיח, s.
מָשִׁיחַ) wird die Frechheit überhandnehmen. —
Uebrtr. Snh. 51ᵇ למשיחא הלכתא die Halacha ist
für die Messiaszeit; d. h. deine Mittheilung, die

Halacha sei wie die Ansicht jenes Autors N. N.
ist nicht von Belang, da sie blos nach erfolgter
Ankunft des Messias anwendbar ist. Seb. 45ᵃ
dass.

מְשִׁיחָה f. N. a. 1) das Salben, Weihen,
bes. zum Hohenpriester oder König. j.
Hor. III, 47ᶜ mit. מלך בתחלה טעון משיחה מלך
בן מלך אין טעון משיחה שנאמר קום משיחהו כי
הוא זה זה טעון משיחה ואין בניו טעונין משיחה
אבל כהן גדול בן כהן גדול ואפילו עד עשרה
דורות טעון משיחה ein König von Anfang an
(d. h. dessen Vater nicht König war) bedarf
des Salbens, aber ein König, der ein Königssohn
ist, bedarf nicht des Salbens; denn es heisst:
„Auf, salbe ihn, denn dieser ist es" (1 Sm. 16,
12); was bedeutet: „Dieser bedarf des Salbens,
aber seine Söhne bedürfen nicht mehr des Salbens." Dahingegen bedarf der Hohepriester,
Sohn eines Hohenpriesters, selbst in der zehnten
Generation, des Salbens. j. Sot. VIII, 27ᵇ mit.
dass.; vgl. Sifra Zaw, Milluïm Par. 1. Hor. 11ᵇ
u. ö. Sifre Korach § 117 למשחה אין משיחה
אלא גדולה שנאמר זאת משחת וג' ר' יצחק אמר
אין משיחה אלא שמן המשחה שנאמר כשמן
הטוב וג' unter משיחה (Num. 18, 8 למשחה) ist
nichts Anderes als die Erhebung zur Würde,
Weihe zu verstehen; ebenso wie משחת אהרן
ומשחת בניו (Lev. 7, 35): „Die Weihe Aharon's
und die Weihe seiner Söhne" bedeutet. R. Jizchak sagt: משיחה bedeutet nichts Anderes, als
„Salben mit dem Salböl"; mit Bez. auf Ps.
133, 2: „Wie das köstliche Oel" u. s. w., vgl.
auch מָשַׁח. j. Genes. r. s. 71, 71ᵃ (mit Ansp. auf
המעם, das ebenso bei der Geburt Lewi's, wie
bei der Geburt Juda's vorkommt, Gen. 29, 34.
35, und auf מטה, Num. 17, 17 fg.) עלו
בהם שני שבטים שבט כהונה ושבט מלכות את
מוצא שכל מה שכתוב בזה כתוב בזה בזה משיחה
ובזה משיחה בזה מטה ובזה מטה וכ' von ihnen
(Lewi und Juda) stammten zwei Scepter ab,
näml. das Scepter des Priesterthums und das
Scepter des Königthums. Du findest, dass Alles,
was bei dem Einen (dem Hohenpriester) vorkommt, auch bei dem Andern (dem Könige)
vorkomme; bei dem Einen steht „Salben" und
bei dem Andern ebenf. „Salben", bei dem Einen
„Stab" und bei dem Andern ebenf. „Stab"
u. s. w. Num. r. s. 12, 216ᵈ כיצד משיחת אהרן
כל שבעת ימי המלואים היה משה מפשיט את אהרן
את בגדיו ומרחיצו וסכו בין עיניו auf welche Weise
fand das Salben Aharon's statt? Während der
ganzen sieben Einweihungstage zog Mose dem
Aharon seine Kleider aus, wusch ihn und bestrich ihn mit Oel zwischen seinen Augen. Das.
(mit Bez. auf ומשחת, Num. 7, 1) ומשבח
חד אמר משהיה מושח כל אחד ואחד היה מושח
כולם כאחד וחד אמר אמר מושחם משיחה בעולם הזה
ומשיחה לעולם הבא שבמשיחתן של אלו הוקדשו
כל הכלים לעולם לעתיד לבא ein Autor sagt: Nachdem

Mose jedes einzelne Tempelgeräth gesalbt hatte, salbte er noch einmal alle Tempelgeräthe zusammen; ein anderer sagt: וימשחם bedeutet das Salben in dieser Welt, das gleichzeitig ein Salben für die Zukunft ist; denn durch das Salben jener Geräthe wurden alle Geräthe für die Zukunft geheiligt.

2) Seil, Messschnur. Kel. 21, 3 . . . הנוגע בחוט ובמשיחה wenn Jem. einen Faden oder ein Seil berührt. Tosef. Kel. B. mez. IV. Das. VII u. ö. Genes. r. s. 93 Anf., 90° „Tiefes Wasser ist der Rath des Mannes Herzen, aber der Verständige schöpft es heraus" (Spr. 20, 5). לבאר עמוקה מליאה צונן והרי מימיה צוננין ויפין ולא היתה ברידה יכולֵה לשתוח הימנה ובא אחד וקשר חבל בחבל וגימה בגימה ומשיחה במשיחה ודלה הימנה ושתה התחילו הכל דולין הימנה ושותין כך לא זז זה יהודה משיב דבר על דבר עד שעמד על לבו (Ar. liest נניא בניא anst. נימה בנימה) ein Gleichniss von einem tiefen Brunnen, der voll von Eis war und dessen Wasser zwar kalt und schön war, aus welchem aber (wegen seiner Tiefe) Niemand trinken konnte. Da kam Jemnd., der Strick an Strick, Faden an Faden, Seil an Seil band und daraus schöpfte und trank; hierauf fingen Alle an, zu schöpfen und zu trinken. Ebenso hörte Juda nicht auf, dem Josef Wort gegen Wort zu erwidern, bis er seine Gedanken zu ergründen vermochte. Cant. r. Anf., 3ᵇ dasselbe Gleichniss, jedoch mit Bez. auf Khl. 12, 9 und mit dem Schlusssatz: כך מדבר לדבר ממשל למשל עמד שלמה על סודה של תורה כתחיב על ידי משלותיו של שלמה עמד על דברי תורה ebenso kam Salomo von einem Ausspruch auf den anderen, von einem Gleichniss auf das andere, bis er das Geheimniss der Gesetzlehre ergründete. Daher heisst es (Spr. 1, 1): „Die Gleichnisssprüche Salomo's"; denn durch seine Gleichnisse ergründete Salomo die Gesetzlehre. R. hasch. 22ᵇ, s. מְשׁוּאָה. Chull. 65ᵃ wenn betreffs eines Vogels ein Zweifel obwaltet, ob er rein oder unrein sei, מותחין חוט של משיחה אם חולק את רגליו כו' so spannt man ein dünnes Seil auf; wenn er seine Füsse (Zehen) theilt u. s. w., vgl. חֶלֶק. — Pl. Kil. 9, 9 משיחות של ארגמן geflochtene Seile aus Purpur (dafür auch לשנות, s. d.). Tosef. Kel. B. mez IV המשיחות והרצועות die Seile und die Riemen.

מִשְׁחָה f. (=bh., s. w. u.) Oel; insbes. oft המשחה הר (הר הזיתים bh.) der Oelberg. R. hasch. 22ᵇ u. ö., s. מְשׁוּאָה. Schabb. 56ᵇ „Die Anhöhe vor Jerusalem", אשר מימין לחר המשחה welche zur rechten Seite des Oelberges ist" (Citat aus 2 Kn. 23, 13, woselbst der massoret. Text המשחית hat; Kennikot jedoch citirt aus einigen Bibelcodices המשחה, wovon המשחית eine kakophemistische Umwandlung zu sein scheint).

מְשַׁח I מִשְׁחָא ch. (syr. ܡܶܫܚܳܐ=מְשִׁחָה) Oel,

Fett. j. Maas. scheni IV Anf., 54ᵈ un. מ'א ר'. הוה ליה משה ואחתיה לעכו R. Mana hatte Oel, das er nach Akko zum Verkauf führte. Das. ההוא מישחא (ed. Krot. crmp. מישחף) jenes Oel. Ab. sar. 37ᵃ בי דינא דטרו משחא das Gelehrtencollegium, welches (unter Vorsitz des R. Judan Nasia) das Oel der Nichtjuden, das früher als verboten galt, erlaubte. Uebrtr. das. 28ᵃ (ein Heilmittel gegen Mundkrankheit) משחא דארוזא בגדמא das Fett einer Gans, das man mit einer Gänsefeder umrührt. B. bath. 73ᵇ נחלי דמשחא Bäche von Gänsefett. Das. מלאו מחד גילגלא חלת מאה גרבי משחא man fullte von seinem (des fabelhaft grossen Fisches) einen Augapfel 300 Fass Fett. — Uebrtr. Git. 69ᵇ un. משחא דכופרא der Bodensatz vom Pech, vgl. טופתא.

מְשִׁיחוּת f. N. a. die Würde, das Amt des Hohenpriesters, eig. das Geweihtsein. Hor. 3, 1 (9ᵇ) משיח שעבר ממשיחותו הנשיא שעבר מגדולתו der Hohepriester, der seiner Priesterwürde entkleidet ist; ein Fürst, der seiner Fürstenwürde entkleidet ist.

מְשַׁח II מְשָׁחָא m., מְשַׁחְתָּא f. (syr. ܡܫܽܘܚܬܳܐ) Ausdehnung, Mass, Längenmass, s. TW. — B. mez. 107ᵇ, s. מְשׁוּחָאָה. Schabb. 74ᵇ ob. אי קפיד אמשחתא wenn Jem.' (beim Holzspalten) mit dem Masse der zu spaltenden Hölzer genau darauf sieht, dass sie ein gewisses Mass haben u. s. w. Trop. B. bath. 145ᵇ עתיר משח reich an Ausdehnung, s. כְּמַס (Bd. II, 541ᵇ Zusatz).

מְשָׁחְתָּא ch. (=מְשִׁיחָה nr.2) Seil, Strick. j. Kil. IX, 32° ob. R. Chaggai übernahm es, die Leiche des R. Huna in der Gruft des R. Chija beizusetzen und sagte zu den Gelehrten, die hiergegen Bedenken trugen: הבון משיחתא ברגליי וארן עניניה אתון גרשין (גדשין l.) leget einen Strick an meine Füsse an, mittelst dessen ihr mich, wenn ich rufe, aus der Gruft ziehet, vgl. נְדַל II. In der Parall. j. Keth. XII, 35ᵃ un. steht dafür: בריגליי משיחתא dass. (woselbst jedoch עמיר crmp. ist aus עניריה). j. Kil. IX, 32° un. ר' מאיר הוה אידמיך ליה באסייא אמר אמורין לבני ארעא דישראל הא משחכון דידכון אפילו כן אמר לון ויהבו טרכי על גיף ימא כו' als R. Meïr in Asia (einem Orte ausserhalb Palästinas) dem Tode nahe war, sagte er: Saget den Palästinensern: Da ist euer Strick (den er an seinen Füssen anbringen liess und mittelst dessen man zur Zeit der Auferstehung seine Leiche nach Palästina ziehen sollte)! Aber dessen ungeachtet fügte er noch hinzu: Setzet meinen Sarg an das Ufer des Meeres, das näml. an Palästina grenzte. Ueber mehrfache unrichtige Erklärungen unseres Wortes, s. אֲמַר. j. Keth. XII, 35ᵇ mit. dass.; vgl. auch חֲבָלָא.

מְשׁוֹחוֹת m. pl. (n. d. Form לְקוּחוֹת) die

Feldmesser. Erub. 4, 11 (52ᵇ) betreffs Jemnds., der am Freitag vor Abend sich weiter als 2000 Ellen (Sabbatgebiet, תחום שבת) von seinem Wohnorte entfernt befindet, sagt R. Simon: אפילו חמש עשרה אמות יכנס שאין המשוחות. ממצין אה המדורות מפני הטועין selbst wenn er fünfzehn Ellen weiter, als das Sabbatgebiet beträgt, von der Stadt entfernt ist, so darf er dennoch in die Stadt gehen; weil näml. die Feldmesser bei der Abgrenzung der Strecken, wegen derjenigen, die sich irren, das Mass nicht genau angeben; d. h. sie pflegen eine Strecke, die weniger als ein Sabbatgebiet beträgt, für ein solches auszugeben; damit die Reisenden, die sich die Abgrenzung nicht genau merken, sich am Sabbat nicht zu weit entfernen. Kel. 14, 3 יתדות המשוחות die Pflöcke der Feldmesser, die sie näml. einschlagen, um daran die Messstricke oder Ketten zu befestigen. Das. שלשלת של משוחות die Kette der Feldmesser. Tosef. Kel. B. mez. II Anf. dass.

מְשׁוֹחֲאָה ch. m. dass. der Feldmesser. B. mez. 107ᵇ אמר ליה ר' יהודה לר' אדא משוחאה לא תזלזל במשחתא דכל פורתא חזי לכורכמא רישקא R. Juda sagte zu dem Feldmesser R. Ada: Verfahre nicht leichtfertig mit dem Messen (d. h. miss genau)! denn das kleinste Stückchen Feld ist zum Bepflanzen mit Gartensafran zu verwenden. Das. 2 Mal.

מְשַׁחֲבִיב m. gänzliches Zerfliessen, oder: Zerstörung. Stw. wahrsch. arab. شَكَبَ detersit, s. auch TW.

מַשְׁחֶזֶת f. (von שָׁחַז, arab. شَحَذَ schärfen, Grundwort חז=חד scharf sein) Holzstück zum Glätten oder Poliren der Geräthe; ähnlich dem Schleifstein. Kel. 17, 17 משחזת שיש בה בית קבול שמן (Ar. liest משחז) das Polirholz, in dem sich ein Behältniss zum Aufbewahren des Oeles befindet. Tosef. Kel. B. mez VII g. E. dass.

מִשְׁחָן ,מִשְׁחָנָא m. (=מִשְׁחָא mit adject. Nun, wie יַרְקוֹנָא ,גִּיסָנָא u. a.) Oel, Fettigkeit. Suc. 40ᵇ עצים דמשחן Kienhölzer, eig. Hölzer, die eine Fettigkeit haben. Ar.'s Etym. von שָׁחַן, anzünden, leuchtet nicht ein. — Pl. מִשְׁחָנִין Oele, s. TW.

מוֹשְׁחָן (viell.=מֵישָׁן) Mesena. j. Jeb. VIII, 9ᵈ ob. עירי דמושחן die Einwohner Mesena's, vgl. עירי jedoch.

מְשָׁחֵף j. Maas. scheni IV Anf., 34ᵈ crmp. aus משחא s. d.

מְשׁוּחֲרָר m., מְשׁוּחֲרֶרֶת f., s. שָׁחֲרֵר.

מַשְׁחִית m. (=bh., eig. Part. Hif. von שָׁחַת) das Verderben; übrtr. Maschchith, Name eines

der fünf verderbenbringenden Engel. Deut. r. s. 3, 254ᵇ אף ואף קצף משחית ומכלה Af, Chema, Kezef, Maschchith und Mechalle. Khl. r. sv. קצף ומשחית רב' , 80ᵈ ורובץ משניהם. In den Parallelen steht dafür השחת, s. אַף II.

מִשְׁטָח ,מִשְׁטֵחַ m. (=bh., מִשְׁטוֹחַ ,מִשְׁטָח von שָׁטַח s. d.) Platz, wo etwas, bes. Weintrauben, ausgebreitet liegen, Trockenplatz. Toh. 10, 4. 5 . . . . המשטח של אדמה (Agg. המשטח) Ar. (המשטחה של עלים der Platz, wo die Weintrauben auf der blossen Erde, der Platz, wo sie auf einer Unterlage von Blättern zum Trocknen ausgebreitet liegen. Tosef. Toh. XI g. E. החולק משטיח של אדמה מישראל לעשות wenn Jem. einen offenen Platz zum Ausbreiten der Weintrauben einem Israeliten abkauft, um daselbst Rosinen zuzubereiten. Das. ö. Jelamdenu zu Num. cap. 7 (citirt vom Ar.) ממלא את הכלכלה אחר כך ממלא את הסל אחר כך משטחו man füllt zuvor den Kasten mit Trauben, sodann füllt man den Korb, sodann füllt man dessen Trockenplatz. — Pl. Jom. 75ᵇ (mit Bez. auf שטוח, Num. 11, 32) מלמד שירד להם משטיחין diese Schriftstelle besagt, dass ihnen die Wachteln mehrere Ausstreuungsplätze füllten. Sifre Balak § 98 משטיחין משטיחין dass.

מַשְׁטְחָא ,מַשְׁטֵיחָא ch. (syr. ܡܶܫܛܚܳܐ=מִשְׁטָח) Platz, worauf man etwas ausstreut, s. TW.

מַשְׁטֵר m. (von שָׁטַר=סָטַר) ein Schlag, Hieb. Num. r. s. 20 g. E., 243ᵇ „Der Zorn des Königs sendet Todesboten; aber ein weiser Mann versöhnt ihn" (Spr. 16, 14). משל למלך שהיה עובר וראיה של נערים עומדים וקלל אחד מהן את המלך נתמלא המלך עליהן חמה בא חושב אחד שהיה ביניהן ונתן משטר אחד לאותו שקלל את המלך מיד נתקררה חמתו של מלך כך רב' ein Gleichniss von einem König, dem, als er vorüberzog, Einer aus der ihn umstehenden Rotte von Jünglingen geflucht hatte; worüber der König mit Zorn erfüllt wurde. Da kam ein angesehener Bürger, der sich unter ihnen befand, herbei und versetzte demjenigen, der dem König geflucht hatte, einen Schlag und infolge dessen beruhigte sich der Zorn des Königs. Ebenso „beruhigte Pinchas durch das Erschlagen des Israeliten und der Midianiterin Gottes Zorn" (Num. 25, 7. 8).

מְשַׁי s. מָשָׁא.

מְשַׁיזְבָא ,מְשֵׁיזְב m. (syr. ܡܫܰܝܙܒܳܐ, von שֵׁיזֵב, s. d.) Jem., der befreit, gerettet, entronnen ist, liberatus. — מְשַׁיזַבְתָּא f. (syr. ܡܫܰܝܙܰܒܬܐ) Rettung, Befreiung, s. TW.

מְשַׁיְלֵי m. pl. (von שְׁיֵיל=hbr. מִשְׁאָלוֹת von שָׁאַל) die Bitte, das Verlangen, s. TW.

מְשִׂימָה *f.* (von שִׂים, שׂוּם) das Ansetzen, Anstellen, Amtsverleihung. Pl. Jeb. 45ᵇ (mit Bez. auf שׂום תשים, Dt. 17, 15) כל מְשִׂימוֹת שאתה משים אל יהו אלא מקרב אחיך alle deine Anstellungen (Verleihungen von Obrigkeits-Aemtern) dürfen blos aus der Mitte deiner Brüder erfolgen. Daher darf näml. weder ein Proselyt, noch der Abkömmling eines Proselyten, wenn nicht seine b eiden Eltern jüdischer Abstammung sind, ein Amt als Ephorus oder Richter bekleiden; vgl. auch Tosaf. z. St. Kidd. 77ᵇ dass.

מְשִׂיפָה *f.* (von שׁוּף, שִׂיף) Einreibung, d. h. Pflaster zum Einreiben einer Wunde. Schabb. 77ᵇ המוציא ... חלב של אשה כדי ליהן מְשִׂיפה LA. Ascheri's (vgl. auch Raschi; Agg. ולובן של ביצה כדי ליהן במשׂיפא של קילור) wenn Jem. am Sabbat so viel Milch eines Weibes hinausträgt, als zum Hineingiessen in eine Einreibung erforderlich ist.

מְשִׂיתָא Meschitha, *N. pr.* Genes. r. s. 65, 65° יוסי משׂיחא Jose Meschitha, s. יוֹסֵי.

מוֹשֵׁךְ *m.* (syr. ܡܽܘܫܟܳܐ) Moschus, s. מוּסְקִין.

מָשַׁךְ (=bh., syn. mit מָשַׁח, Grndw. משׁ) eig. sich dehnen; insbes. 1) ziehen, an sich ziehen, an sich nehmen. B. mez. 47ᵇ fg. משך wenn הימנו פירות ולא נתן לו מעות וכ' der Käufer von dem Verkäufer das Getreide an sich genommen, ihm aber noch nicht den Preis dafür gegeben hat, vgl. מְשִׁיכָה. B. kam. 52ᵃ מְשוֹךְ וקני לך gehe, ziehe die Heerde an dich und erlange dadurch das Besitzungsrecht derselben. Das. 113ᵃᵇ מנין לגזל נכרי שהוא אסור תלמוד לומר אחרי נמכר גאלה תהיה לו שלא ימשכנו ויצא woher ist erwiesen, dass der Raub eines Nichtjuden verboten ist? d. h. dass man ihm nichts auf unrechtmässige Weise fortnehmen darf? Daher, dass es heisst (Lev. 25, 48): „Nachdem er (der Israelit als Sklave) sich verkauft hatte, soll eine Auslösung für ihn stattfinden"; was besagt, dass man den an einen Nichtjuden verkauften Sklaven nicht gewaltsam fortziehe, damit er frei werde. Mechil. Bo Par. 11 משכו לו וקחו מי שאין לו מי שׁ ehet" (holet euch ein Lamm, Ex. 12, 21), derjenige, der ein solches besitzt, „und nehmet (לקח) nach talmud. Sprachgebrauch: kaufet), wer nicht ein solches besitzt. Exod. r. s. 52, 143ᵈ התחילה מושׁכת דינרי זהב das Thal fing an, Golddenare herbeizubringen, vgl. דִּינָר un., s. בְּקָעָה. Part. pass. j. Erub. I, 19ᵃ ob. wenn die Wand מָשׁוּךְ יותר מארבע mehr als vier Faustbreiten in die Länge gezogen ist. Das. ö., vgl. auch מָשׁוּךְ. Meg. 13ᵃ. Chag. 12ᵇ, s. חָסָד und יַחֲרַק. — Trop. Tosef. Sot. XIV משרבו מוֹשׁכי הרוק כתנמטו התלמידים ובטל כבוד התורה seitdem diejenigen überhandnahmen, welche den Speichel langziehen (eine Art stolzen oder hämischen Gebahrens),

nahmen die Schüler ab und schwand die Ehrerbietung gegen die Gelehrsamkeit. Aehnlich Sot. 47ᵇ. Schebu. 12ᵇ und Seb. 6ᵇ קרבנות צבור סכין מושכתן למה שהן die Gemeindeopfer zieht das Schlachtmesser dazu hin, was sie sein sollen; d. h. wenn betreffs eines Thieres ein Zweifel obwaltet, ob es für diese oder für jene Opfergattung bestimmt werden solle, so ist, infolge des Schlachtens insofern als Opfer anzusehen, als es, wenn es auch nicht für die eine Opfergattung passt, doch für die andere verwendbar ist. Chag. 14ᵃ „Die Stütze des Wassers" (Jes. 3, 1), אלו בעלי אגדה שמושכין לבו של אדם כמים באגדה darunter sind die Meister der Agada zu verstehen, welche das Herz des Menschen mittelst der Agada, wie das Wasser an sich ziehen. — j. Pea I, 16ᵇ mit. המפר ברית זה שהוא מושך לו עְרלה „wer den Bund zerstört (hat keinen Antheil am zukünftigen Leben", Aboth 3, 11), das ist derjenige, welcher sich die Vorhaut über das beschnittene Glied zieht, um nicht als Jude erkannt zu werden, vgl. מָלַל. — 2) (mit flg. מן) sich entziehen. Pes. 89ᵃ, s. מָנָה. מנֵי im Nifal. Mechil. Bo Par. 11 Anf. R. Jose, der Galiläer sagte: משכו מחמנכם ודהבקר das W. משכו (Ex. 12, 21) bedeutet: Ziehet euch von den Götzenbildern zurück und hänget den Geboten an (לקח) in der Bedeut. Lehre, s. d. W. Eine andere Deutung s. oben). Git. 70ᵃ סעודתך שהנאתך ממנה משוך ידך ממנה von dem Mahle, das dir vorzüglich schmeckt, ziehe dich schnell zurück; um dich nicht zu überladen. Cant. r. sv. באחרי לגני, 25ᵃ „Esset ihr Freunde" (HL. 5, 1); למלך שעשה סעודה רזמין האורחים ונפל השרץ לתוך התמחוי שאילו משך המלך את ידו היו הכל מושכין את ידיהם פשט המלך את ידו ופשטו הכל את ידיהם ein Gleichniss von einem Könige, der ein Gastmahl gab und Gäste einlud; und wobei während der Mahlzeit ein Reptil in die Schüssel fiel. Würde der König seine Hand zurückziehen, so würden auch alle Gäste ihre Hände zurückziehen; langt aber der König nach den Speisen, so langen auch Alle darnach. — j. Jeb. VIII, 9ᵇ ob. ומנשכין crmp. aus ומנשכין s. נָשַׁךְ und נָכָה.

Hif. הִמְשִׁיךְ (=Kal) ziehen, an sich ziehen, leiten. j. Kil. VIII, 31° ob. הנדיונה המשיכה קרא לה ובאה אחריו וכ' wenn Jem. das Thier führt, oder es an sich zieht, oder wenn das Thier ihm auf sein Rufen folgt u. s. w. j. Kidd. I, 60ᵃ mit. dass. j. Schebi. II Ende, 34ᵇ המשיך המעיין להשקות das Feld zu berieseln, das Wasser zu leiten. j. M. kat. I, 80ᵇ ob. המשיך המעיין לתוכה wenn Jem. die Quelle in den Teich leitet.

Nif. נִמְשַׁךְ sich lange hinziehen, andauern. Hor. 12ᵃ אין מושחין את המלכים אלא על המעיין כדי שתִּמָּשֵׁךְ מלכוחן man salbt die Könige nur an einer Wasserquelle, damit ihre Regierung lange andauere, sich lange hinziehe. Das. דוד ושלמה שנמשחו בקרן נמשכה מלכותן שאול ויהוא

35*

שנמשחו בפך לא נמשכה מלכותן die Regierung des David und Salomo, welche aus dem „Horn" gesalbt wurden, hielt lange an; aber die Regierung des Saul und Jehu, welche aus der „Flasche" gesalbt wurden, hielt nicht lange an; vgl. auch מָשַׁח. — j. Jeb. VIII, 8ᵈ un. משך לו אחד ערלה שנמשכה מאליה אי wenn Jem. ihm die Vorhaut über das beschnittene Glied gezogen, oder wenn sie sich selbst hinübergezogen hat.

מְשַׁךְ ch. (syr. ‎=מָשַׁךְ) sich ausdehnen, ziehen. Hor. 12ᵃ R. Mescharcheja sagte zu seinen Söhnen u. s. w. גרסיתו גרסו על וכי להרא דמיא דכר היכי דמשכן מיא משיך שמעתתייכו wenn ihr lernet, so lernet an einem Wasserstrom; damit eure Lehren sich ebenso lange hinziehen, dauern, wie das Wasser sich hinzieht. Das. משיך אי נהוריה wenn sein Licht sich ausdehnt; d. h. so lange noch Oel in der Lampe ist. Pes. 8ᵃ. Ab. sar. 2ᵇ משכו מלכותייהו ihre Regierung hält lange an, dehnt sich aus. B. mez. 48ᵃ u. ö. Seb. 53ᵃ וסימניך משכו גברי לגברא als Mnemotechnicum (behufs Verhinderung der Verwechslung der hier erwähnten Autoren) diene dir Folgendes: Die Männer zogen den Mann nach sich; d. h. die vielen Schüler des R. Ismael zogen den R. Schimeon nach sich, dass auch er ihrer Ansicht beipflichtete. Das. 119ᵃ und Jom. 59ᵃ dass.

Ithpe. sich hinziehen lassen, dah. anhängen. Trop. Schabb. 147ᵇ un. R. Elasar ben Arach בתרייהו אימשיך liess sich von ihnen (dem Weingenusse und dem öfteren Baden) hinziehen; d. h. er genoss Beides im Uebermasse. Ab. sar. 27ᵇ שאני מינות דמשכא דאתי למימשך בתרייהו das Minäerthum (die Häresie) ist etwas Anderes, weil man sich leicht zu den Häretikern hingezogen fühlen könnte; weshalb man sich näml. von ihr soviel als möglich fernhalten muss.

מָשׁוּךְ m. (eig. Part. pass.) Jem., der die Vorhaut über das beschnittene Glied auf künstliche Weise gezogen hat, oder dasselbe von Andern verrichten liess; infolge dessen die Beschneidung unkenntlich gemacht wurde, Epispast (1 Korinther 7, 18), vgl. auch מוּל. Jeb. 72ᵇ דבר תורה משוך אוכל בתרומה ומדבריהם גזרו עליו מפני משוך שנראה כערל nach biblischem Gesetze darf ein Epispast (wenn er ein Priester ist) die Teruma geniessen; nach rabbinischem Gesetze jedoch hat man dies verboten, weil er wie ein Unbeschnittener aussieht. Das. את בריתי הפר לרבות את המשוך „Meinen Bund hat er zerstört" (Gen. 17, 14); das bezieht sich auch auf den Epispasten. Tosef. Schabb. XV (XVI) ר׳ יהודה שימול צריך המשוך אומר משוך לא ימול מפני שהוא מסוכן לו הרבה מלו בימי בן כוזיבא והיו להם בנים ולא מתו der Epispast muss sich noch einmal beschneiden lassen. R. Juda sagte: Der Epispast soll sich nicht beschneiden lassen, weil er hier-

durch in Lebensgefahr käme; worauf man ihm entgegnete: Viele derselben liessen sich zur Zeit des Ben Koseba (Bar Kochha) beschneiden, sie zeugten Kinder und starben nicht. (Die Worte המשוך אם in ed. Zuckerm. scheinen eine Corruptel zu sein). j. Jeb. VIII, 9ᵇ ob. המורשך לא ימול שלא יבא לידי סכנה דברי ר׳ יהודה אמר לו ר׳ יוסי הרבה מְשׁוּכִין היו בימי בן כוזיבא וכולן מלו וחיו והולידו בנים ובנות der sich selbst die Vorhaut übergezogen, s. Kal) soll sich nicht noch einmal beschneiden lassen, damit er nicht in Gefahr komme; so nach Ansicht des R. Juda. R. Jose sagte zu ihm: Viele Epispasten gab es zur Zeit des Ben Koseba, welche sämmtlich sich beschneiden liessen, am Leben blieben und Söhne und Töchter zeugten. — Wie es scheint hat man, um diese Unsitte zu verhindern, die פריעה: das gänzliche Entblössen der Eichel, eingeführt; infolge dessen jene Manipulation unmöglich vorgenommen werden konnte. Nach rabbinischer Anschauung jedoch bildet diese Operation einen integrirenden Bestandtheil der Beschneidung, vgl. מִילָה.

מְשַׁךְ ziehe, ein Mnemotechnicum. Meg. 31ᵃ משך תורא קדש בכספא פסל במדברא שלח בוכרא eig.: Ziehe den Ochsen herbei, traue dir ein Weib an mittelst Silbers, behaue in der Wüste, schicke den Erstgeborenen fort! Ein Merkmal für die Pentateuchabschnitte, die an den acht Pesachtagen (einschliesslich des achten, des rabbinischen Festes) verlesen werden und deren Anfänge die obengenannten Wörter in chald. Form bilden. Am ersten Pesachtage näml. liest man: משכו (Ex. 12, 21 fg.); am zweiten Tage: שור (Lev. 22, 26 fg.); am dritten: קדש (Ex. 13, 1 fg.); am vierten: כסף (Ex. 22, 24 fg.); am fünften: פסל (Ex. 34, 1 fg.); am sechsten: במדבר (Num. 9, 1 fg.); am siebenten: בשלח (Ex. 13, 17 fg.); am achten: הבכור (Dt. 15, 19 fg.). Eine Ausnahme von dieser Reihenfolge findet dann statt, wenn der erste Pesachtag auf Donnerstag trifft, vgl. Tosaf. z. St.

מְשִׁיכָה f. N. a. das Herbeiziehen, Ansichbringen einer Person oder einer Sache. B. mez. 47ᵇ. 49ᵇ כדרך שתיקנו משיכה במוכרים כך תיקנו משיכה בלקוחות auf dieselbe Weise, wie die Gelehrten das Herbeiziehen der Waare für die Verkäufer als bindend, als Abschluss des Kaufes, festgesetzt haben (dass letztere näml. so lange der Käufer die Waare noch nicht an sich genommen, obgleich er sie bereits bezahlt hat, vom Kaufe zurücktreten dürfen); ebenso haben sie auch für die Käufer das Herbeiziehen der Waare als Abschluss des Kaufes festgesetzt; dass näml. auch sie, bevor sie die Waare an sich gebracht haben, vom Kaufe zurücktreten dürfen. Den Grund hierfür s. in

מָעָה nr. 4. Dieser Lehrsatz wird das. u. a. auch auf folgenden Rechtsfall angewandt: Jem. kaufte einen Esel und bezahlte den Kaufpreis, nahm ersteren jedoch noch nicht in Empfang. Als er aber später erfahren hatte, dass der Esel von den königlichen Beamten confiscirt werden sollte, so verlangte er vom Verkäufer das Kaufgeld zurück; was R. Chisda aus dem angegebenen Grunde billigte. Das. 48ᵃ מחסרא משיכה das Ansichbringen der Waare fehlt noch. Kidd. 25ᵇ u. ö. זו רוז נקנית במשיכה ר' שמעון אומר זו רוז במסירה das Eine sowohl, wie das Andere (d. h. sowohl Kleinvieh, als auch Grossvieh) wird durch das Ansichbringen gekauft (d. h. durch die Uebernahme des Viehes von Seiten des Käufers wird der Kauf abgeschlossen). R. Schimeon sagt: Das Eine sowohl, wie das Andere wird durch die Uebergabe gekauft; wenn näml. der Verkäufer dem Käufer den Zaum, den Sattel oder das Haar (wie z. B. die Mähne des Pferdes) des Viehes übergiebt, vgl. מְסִירָה und הַגְבָּהָה. Nach der Mischna das. jedoch בהמה דקה נקנית במשיכה wird das Kleinvieh durch Ansichziehen gekauft. Vgl. auch Mechil. Bo Par. 11 R. Jizchak sagte: בא הכתוב ללמד על בהמה דקה שנקנית במשיכה die Schrift besagt (durch den Ausdruck משכו, Ex. 12, 21), dass das „Kleinvieh" (צאן) durch „Ansichziehen" im Kaufe erworben werde. j. B. kam. X g. E., 7ᶜ מלא משיכה המחט so viel Faden, als man mittelst der Nadel zieht. — Trop. Tanch. Korach Anf., 215ᵃ אין ויקח אלא משיכה דברים רכים ob. שמשך כל גדולי ישראל והסנהדראות אחריו das W. ויקח (Num. 16, 1) bedeutet nichts Anderes, als das Anlocken durch sanfte Reden, durch welche Korach alle Grossen Israels und die Synedristen an sich gezogen hat. Num. r. s. 18 Anf., 234ᵃ dass.

מְשָׁאבָא m. (von מָשַׁך in der eigentl. Bedeut., s. מָשַׁך Anf.) die Ausdehnung, Länge. B. bath. 73ᵇ ob. משאבא דצואריה דהלא פרסי (viell. zu lesen משחתא?) die Länge seines (des Jungen der Gazelle) Halses betrug drei Parasangen.

משיכותא Chull. 47ᵇ crmp., s. מְשִׁיכְלָא.

מְשָׁךְ, מַשְׁכָא, מִשְׁכָא m. (syr. ܡܰܫܟܳܐ) Haut, sowohl von Menschen, als auch von Thieren, Fell; eig. was man vom Fleische abzieht. j. Ned. III Anf., 37ᵈ דחיוי משך das Fell einer Schlange. B. kam. 66ᵇ מעיקרא קרו לה משכא ול' früher, im rohen Zustande, nannte man es Fell u. s. w., s. אֲבָרְזִין. Snh. 100ᵇ משכיה seine (des Fisches) Haut, s. גִּלְדָּנָא. Jom. 84ᵃ ob. משכא דאפא דיכרא Ms. M. (Agg. דדיכרא) man bringe die Haut einer männlichen Otter u. s. w. Das. ö. Tanch. Breschith 4ᵃ הדין ערקא מן הדין dieser Riemen kommt von diesem Fell; bildl. mit Bez. auf Gen. 11, 4. 5 „Sie sagten: Wir wollen eine Stadt und einen Thurm

bauen! Da kam Gott, um die Stadt und den Thurm zu sehen!"

מְשָׁכֵב s. hinter nächstflg. Art.

מַשְׁכּוֹכִית m. (von מָשַׁך מְשַׁך n. d. Form עֲפְרוּרִית) Leithammel (so nach einer Ansicht, s. w. u.), eig. was die Heerde nach sich zieht. B. kam. 52ᵇ המוכר עדר לחבירו כיון שמסר לו משכוכית קנה wenn Einer dem Andern eine Heerde verkauft, so hat letzterer, sobald jener ihm die משכוכית übergeben, die Heerde als sein Eigenthum erworben. Das. כיון שמסר לו משכוכית sobald der Verkäufer dem Käufer die משכוכית übergab, so ist das so gut, als ob er zu ihm gesagt hätte: Gehe, ziehe die Heerde an dich und erwirb sie als dein Eigenthum! Das. wird unser W. nach einer Ansicht erklärt: קרקשתא Klingel, Schelle (vgl. פַּרְכְּשְׁתָּא); nach einer andern Ansicht: עירא דאזלא בריש עדרא der Ziegenbock, welcher an der Spitze der Heerde geht. j. Kidd. I, 60ᵇ ob. מהו משכוכית אית דאמרין קנה was ist משכוכית? Manche sagen: der Hirtenstab; Manche sagen: die Pfeife (oder: Klingel); Manche sagen: der Leithammel. j. B. bath. III Anf., 13ᵈ מאי משכוכית אית דמרין חוטרא ואית דמרין פרזדורא ואית דמרין תרישא רבא was ist משכוכית? Manche sagen: der Hirtenstab; Manche sagen: die Klingel (πανδοῦρα, pandura, musikalisches Instrument); Manche sagen: der grosse Ziegenbock, Leithammel.

מַשְׁכּוֹכִיתָא ch. (=מַשְׁכּוֹכִית) Leithammel, s. TW.

מִשְׁכָּב masc. (=bh. von שָׁכַב) 1) Lager, Lagerstatt. Kel. 1, 3. 5 fg. u. ö. משכב ומושב die Lagerstatt und der Sitz eines Unreinen. — 2) das Liegen, Beiwohnen. Pl. Snh. 54ᵃ שני משכבות באשה zwei Arten des Beiwohnens bei einem Weibe, näml. auf natürliche und auf unnatürliche Weise; mit Bez. auf משכבי, Lev. 20, 13.

מִשְׁכְּבָא, מַשְׁכְּבָא ch. (syr. ܡܰܫܟܒܳܐ =מִשְׁכָּב) Lager, das Beiwohnen, s. TW.

מוֹשְׁכֵי Moschchi, Name eines Ortes (nach Neub. Géogr. du Tlmd. p. 377) an der Südseite von Colchis. Kidd. 72ᵇ מושכי לחוד ומושכני לחוד Moschchi bezeichnet einen andern Ort, als Moschchani. Ersterer soll zu den Wohnorten des Zehnstämmereiches gehören.

מְשִׁכְלָא m., מְשִׁכְלָתָא f. (von שְׁבַל, arab. شَكَل) eig. wohl: geflochtenes Drahtwerk, Korb; dann überh.: Becken. Schabb. 77ᵇ (ein agad. Etymon) משיכלא מאשי כולא משיכלתא משיא כלתא Ms. M. (Agg. משכילתא) משיכלא

bedeutet: ein Gefäss, worin man Alles, Vieles wäscht (d. h. ein grosses Becken); מְשִׁיכְלָתָא bedeutet: ein Gefäss, worin sich die Braut (oder sonst vornehme Frau) wäscht (d. h. ein kleines, zierliches Becken). Sollte hier viell. auf die Bedeut. des arab. شَكَل: kokettiren, schönthun, angespielt sein? Die Bedeut. jedoch des מְשִׁיכְלָתָא: kleines Becken erweist sich aus den nächstflg. Stellen als fast unmöglich. Chull. 46ᵇ מְיִיתִין מְתִיכְלָתָא דְמַיָא פְּשׁוּרֵי וּמוֹתְבִינָן לָהּ בְּגַוָּוהּ, und in der Parall. das. 47ᵇ מְשִׁיכְרְתָא (beides wahrsch. crmp. aus מְשִׁיכְלָתָא; vgl. jedoch מְתִיכְלָא) man bringt ein Becken mit lauem Wasser und legt die schadhafte Lunge hinein, um zu probiren, ob ihre Haut durchlöchert sei, oder nicht u. s. w. Ab. sar. 51ᵇ (l. מְשִׁיכְלָתָא) דְּסָחֵיפָא לֵיהּ מְשִׁיכְלָתָא אַרֵישֵׁיהּ wenn ein Korb (oder Becken) über den Kopf des Götzen gestülpt ist. Levit. r. s. 23, 167ᵇ wird בִּשְׂמִיכָה (Ri. 4, 18) nach einer Ansicht erklärt: בְּמַשִׁיכְלָא „Sie bedeckte ihn mit einem Korb"; nach einer andern Ansicht בִּסְדוֹדְרָא „mit einem Tuche". — Pl. Ab. sar. 39ᵃ מְשִׁיכְלֵי חִיוְרֵי weisse Becken, worin man die leinenen Gewänder wäscht. B. mez. 84ᵇ ob. נְגַדֵי מְתוּתֵיהּ שִׁיתִין מְשִׁיכְלֵי דְמָא man zog unter ihm (R. Elasar bar Schimeon) 60 Becken voll Blut hervor. Git. 69ᵇ u. ö.

מַשְׁכּוֹן m. (von שָׁכַן, arab. شَكَنَ) eig. Ruhendes, d. h. Niedergelegtes, Depositum; dah. Pfand, vgl. מַשְׁכַּנְתָּא. Anf. B. mez. 80ᵇ. 81ᵇ הַמַּלְוֶה אֶת חֲבֵרוֹ עַל הַמַּשְׁכּוֹן וְאָבַד הַמַּשְׁכּוֹן יִשָּׁבַע וְיִטּוֹל מְעוֹתָיו דִּבְרֵי רַ' אֱלִיעֶזֶר רַ' עֲקִיבָא אוֹמֵר יָכוֹל לוֹמַר לוֹ כְּלוּם הִלְוִיתַנִי אֶלָּא עַל הַמַּשְׁכּוֹן אָבַד הַמַּשְׁכּוֹן אָבְדוּ מְעוֹתֶיךָ אֲבָל הִלְוָהוּ אֶלֶף זוּז בִּשְׁטָר וְהִנִּיחַ לוֹ מַשְׁכּוֹן עָלֶיהָ דִּבְרֵי הַכֹּל אָבַד הַמַּשְׁכּוֹן אָבְדוּ מְעוֹתָיו wenn Einer dem Andern Geld auf ein Pfand lieht und das Pfand verloren geht, so schwört der Gläubiger (dass dasselbe ihm ohne sein Verschulden abhanden gekommen) und erhält sein Darlehn zurück; so nach Ansicht des R. Eliezer. R. Akiba sagt: Der Schuldner ist berechtigt, zum Gläubiger zu sagen: Du hast mir das Geld nur auf das Pfand geliehen; da nun das Pfand verloren ist, so ist dein Geld verloren! Wenn Jem. hing. dem Andern 1000 Sus gegen einen Wechsel leiht und der Schuldner bei ihm ein Pfand niederlegt: so stimmen alle Autoren darin überein, dass, wenn das Pfand verloren ging, das Geld des Gläubigers verloren ist. Als Grund für letzteren Satz dient Folgendes: Da der Wechsel ohnedies eine hypothekarische Verpflichtung enthält, so diente das Deponiren des Pfandes lediglich dazu, als Zahlungsobject zu gelten. Das. 82ᵃᵇ R. Jizchak sagte: מִנַּיִן לְבַעַל חוֹב שֶׁנֶּאֱמַר וּלְךָ תִּהְיֶה צְדָקָה אִם אֵינִי קוֹנֶה מַשְׁכּוֹן צְדָקָה מְנָא לֵיהּ מְכָאן לְבַעַל חוֹב שֶׁקּוֹנֶה מַשְׁכּוֹן woher ist erwiesen, dass der Gläubiger das Pfand als Eigenthum erwirbt? Daher,

dass es heisst (Dt. 24, 13: „Du sollst ihm das Pfand bei Sonnenuntergang abgeben), was' dir als Tugend angerechnet werden wird." Wäre der Gläubiger nicht der Eigenthümer des Pfandes, woher käme da die Tugend? Daraus ist erwiesen, dass der Gläubiger das Pfand erwirbt. Schebu. 44ᵃ u. ö. dass., vgl. מַשְׁכֵּן. — Pl. Exod. r. s. 31, 130ᵃ מַשְׁכְּנֵיהֶן יִשְׂרָאֵל שְׁנֵי מַשְׁכּוֹנוֹת וּנְקָרְאוּ כְשֵׁהֵם בְּנוּיִּין וּמַשְׁכְּנוֹתֵיךָ כְשֵׁהֵם חֲרֵבִים לֹא מִפְּנֵי שֶׁאֲנִי חַיָּיב לְאוּמּוֹת אֲנִי מְמַשְׁכֵּן לָהֶם מַשְׁכּוֹן אֶלָּא עֲווֹנוֹתֵיכֶם „deine Wohnungen Israel" (מִשְׁכְּנֹתֶיךָ, Num. 24, 5), das bedeutet „die zwei Pfänder" (d. h. der erste und der zweite Tempel, vgl. מִשְׁכָּן); sie werden „deine Zelte", אֹהָלֶיךָ, genannt, so lange sie aufgebaut, „deine Wohnungen" מַשְׁכְּנוֹתֶיךָ, wenn sie zerstört (verpfändet) sind. Nicht etwa, weil ich den Völkern etwas schulde, verpfändete ich ihnen meine Wohnung, sondern eure Sünden waren die Veranlassung, dass ich ihnen mein Heiligthum verpfändete. Das. „Wenn du Silber leihest" u. s. w. (Ex. 22, 24. 25) וְאִם תַּעַבְרוּן עַל הַמִּצְוֹת הָאֵלּוּ אֲנִי מְמַשְׁכֵּן שְׁנֵי מַשְׁכּוֹנוֹת שֶׁנֶּאֱמַר אִם חָבֹל תַּחְבֹּל אָמַר לוֹ מֹשֶׁה וּלְעוֹלָם הֵם מְמוּשְׁכָּנִים אָמַר לוֹ לֹאו אֶלָּא עַד בָּא בַר שׁוֹבָא מְשִׁירָה wenn ihr jedoch diese Gebote übertreten werdet, so werde ich „die zwei Pfänder" (s. ob.) verpfänden; denn es heisst חָבֹל תַּחְבֹּל (das. Inf. und Verb. finit.). Mose sagte zu Gott: Werden sie ewig verpfändet bleiben? Worauf ihm Gott antwortete: Nein, sondern „bis die Sonne kommt", d. h. bis der Messias kommt. — Dav. denom.

מִשְׁכֵּן pfänden, auspfänden, ein Pfand nehmen. B. mez. 81ᵇ. 82ᵃ מַשְׁכְּנוֹ שֶׁלֹּא בִּשְׁעַת הַלְוָאָתוֹ ... מַשְׁכְּנוֹ בִּשְׁעַת הַלְוָאָתוֹ wenn der Gläubiger den Schuldner nicht zur Zeit des Leihens (d. h. ihn infolge eines richterlichen Ausspruches) auspfändete, so erwirbt er das Pfand als sein Eigenthum; wenn er hing. zur Zeit des Leihens das Pfand nimmt, so erwirbt er es noch nicht als sein Eigenthum. Das. 113ᵇ שְׁלִיחַ בֵּית דִּין שֶׁבָּא לְמַשְׁכְּנוֹ לֹא יִכָּנֵס לְבֵיתוֹ לְמַשְׁכְּנוֹ אֶלָּא עוֹמֵד מִבַּחוּץ וְהַלָּה מוֹצִיא לוֹ wenn der Gerichtsbote kommt, um den Schuldner zu pfänden: so darf er nicht in dessen Haus gehen, um ihn zu pfänden, sondern muss auf der Strasse stehen bleiben und jener bringt ihm das Pfand heraus; mit Bez. auf Dt. 24, 11, vgl. מָשַׁע. Pes. 31ᵇ u. ö. Part. pass. B. mez. 73ᵇ אִי הֲוָה יָדַעְנָא דַּהֲוָה מְמוּשְׁכָּן לֵיהּ לְמָר לֹא הֲוָה זַבֵּינְנָא לֵיהּ hätte ich gewusst, dass das Feld dir (dem Herrn) verpfändet ist, so würde ich es nicht gekauft haben. j. Pea VIII g. E., 21ᵃ un. הָיוּ מְמוּשְׁכָּנִין wenn die Güter an die Frau Jemds. zur Sicherstellung ihrer Hochzeitsverschreibung (Kethuba) oder an seinen Gläubiger verpfändet waren. j. Schek. II Anf., 46ᶜ un. מִכֵּיוָן שֶׁבַּת דִּין רְאוּיִין לְמַשְׁכֵּן וְלֹא מִישְׁתַּכְּנוּ כְמִי שֶׁנִּשְׁנָה da das Gelehrten-Collegium (als Verwal-

ter der Opfer, denjenigen, der etwas dem Heiligthum gelobt, aber noch nicht gegeben hat) hätte pfänden können, ihn aber nicht ausgepfändet hat; so ist es, als ob er davon einen Genuss hätte. Trop. Exod. r. s. 35, 133ᵇ מה לַמִּשְׁכָּן אמר ר' הושעיה על שום שהוא עומד לְמַשְׁכֵּן שאם נתחייבו שונאיהן של ישראל כליייה ירא מתמשכן עליהן אמר משה לפני הקב"ה והלא עתידים שלא יהיה להם לא משכן ולא מקדש ומה תהא עליהם אמר הקב"ה אני נוטל מהם צדיק אחד וממשכני בעדם ומכפר אני עליהם על כל עונותיהם was bedeutet למשכן (Ex. 26, 15)? R. Hoschaja sagte: Die Wohnung, die zum Verpfänden bestimmt ist; denn, wenn Israel (die Feinde Israel's, euphemist., vgl. כּוֹל) den Untergang verschuldet haben wird, so wird jene Wohnung dafür verpfändet werden. Da sagte Mose vor Gott: Die Israeliten werden ja einst weder jene „Wohnung" (das Heiligthum in der Wüste), noch einen „Tempel" (in Jerusalem) haben, wie wird es ihnen dann ergehen? Gott sagte: Dann nehme ich ihnen einen Frommen als Pfand fort und sühne ihnen alle ihre Sünden.

Nithpa. gepfändet werden. Exod. r. s. 51 Anf., 142ᵈ. 143ᵃ (mit Ansp. auf המשכן משכן, Ex. 38, 21) „die Wohnung" שנתמשכנה שני פעמים, welche zweimal um ihrentwillen gepfändet wurde. Das. ö. Num. r. s. 12, 216ᶜ אל תקרי מַשְׁכְּנוֹתֶיךָ אלא מַשְׁכּוֹנוֹתֶיךָ שהמשכן ומקדש יתמשכנו על ישראל בעת שחטאו lies, d. h. deute nicht מִשְׁכְּנֹתֶיךָ (Num. 24, 5), deine Wohnungen, sondern מַשְׁכּוֹנוֹתֶיךָ deine Pfänder, Israel; denn sowohl „die Wohnung" (in der Wüste), als auch „der Tempel" (in Jerusalem) werden um Israel's willen, zur Zeit, wenn sie sündigen, gepfändet werden. Tanch. Naso, 198ᵃ משכנותיך crmp. aus משכונותיך.

מִישְׁכּוֹן, מַשְׁכּוֹן, מִישְׁכּוֹנָא, מִישְׁכּוֹנָא ch. (syr. ܡܰܫܟܢܳܐ=) vrg. (מַשְׁכּוֹן) Pfand, s. TW. — Pl. j. Pes. IV, 31ᵇ un. in den Tagen des R. Mana waren Kriegsheere in Sepphoris, והוון בניהון מישכונין גבון und die Kinder jenes Ortes waren bei ihnen als Pfänder. Genes. r. s 70 g. E. „Laban versammelte alle Stadtleute und gab ihnen ein Gastmahl" (Gen. 29, 22 fg.). Er sagte zu ihnen: Da um des frommen Jakob willen euch so viel Segen gekommen, so will ich ihm die Lea anstatt der von ihm geliebten Rahel zur Frau geben, damit er infolge dessen noch fernere sieben Jahre hier verweile. אמרון ליה עביד מה דהני לך אמר להון הבו לי משכון דלית חד מנכון מפרסם וריהבון ליה מַשְׁפוּנִין וכ' sie sagten zu ihm: Thue, was dir beliebt. Er sagte hierauf zu ihnen: Nun, so gebet mir ein Pfand, dass keiner von euch dies bekannt machen werde! Und sie gaben ihm Pfänder u. s. w. — Davon denom.

מַשְׁכֵּן (syr. ܡܰܫܟܶܢ) pfänden. B. mez. 68ᵃ

הכירי נרשאי דכתבי הכי משכין ליה פלניא ארעיה לפלניא והדר חכריה מיניה die Pächter von Narasch stellen ein Dokument wie folgt aus: „Der N. N. (Schuldner) verpfändete sein Feld dem N. N. (Gläubiger); hierauf hat Ersterer vom Letzteren das Feld in Pacht genommen!" — Ein solches Verfahren ist deshalb wegen Wuchers verboten, weil der Gläubiger nie im eigentlichen Besitz des Feldes gewesen und das Pachtgeld, das er, gleichviel ob das Feld viel oder wenig bringt, erhält, lediglich als Zins des Darlehns anzusehen ist, vgl. auch יַרְשָׁא. Das. 73ᵇ ר' מרי בר רחל משכין ליה דהוא נכרי ביתא וכ' dem R. Mari bar Rahel verpfändete ein Nichtjude ein Haus u. s. w. Das. 109ᵇ u. ö. Part. pass. Khl. r. sv. עת ללדת, 77ᵇ ולמה אינון צווחין לה מחבלתא דהיא מְמַשְׁכְּנָה בידוי דמיתה weshalb nennt man die Wöchnerin מחבלתא? Weil sie der Gewalt des Todes verpfändet (d. h. der Gefahr desselben ausgesetzt) ist; mit Ansp. auf Ex. 22, 25; חבל in doppelter Bedeutung genommen.

מִישְׁכְּנָתָא f. die Verpfändung, das verpfändete Gut. B. mez. 68ᵃ אמר ר' אשר אמרו לי סבי דמתא מחסיא כתם משכנתא שתא למאי נפקא מינה דאי אכיל ליה שתא מצי מסליק ליה ואי לא לא מצי מסליק ליה ואמר ר' אשי אמרו לי סבי דמתא מחסיא מאי משכנתא דשכונה גביה R. Asche sagte: Die Aeltesten von Matha (Stadt) Mechasja sagten zu mir: Die Gewöhnliche, ohne Zeitangabe erfolgte Verpfändung dauert ein Jahr. Was ist daraus zu entnehmen? Wenn der Gläubiger die Nutzniessung von dem verpfändeten Felde ein Jahr hatte, so kann der Schuldner ihn durch Abzahlung des Darlehns abfinden, wo nicht, so kann er ihn nicht abfinden. Ferner sagte R. Asche: Die Aeltesten von Matha Mechasja's sagten zu mir auch Folgendes: Was bedeutet das W. משכנתא? Das, was bei Jemdm. ruht, deponirt ist. Was besagt dies? Das Anrecht des Grenznachbars; d. h. wenn der Schuldner das Feld verkaufen will, so geniesst der Gläubiger das Vorrecht. Das. 67ᵃᵇ דכתבי בה דכי במשלם שניא אילין תיפוק ארעא דא בלא כסף die Verpfändungsurkunde in Sora lautet wie folgt: Nach Ablauf dieser (verabredeten) Jahre geht das Feld an den ursprünglichen Besitzer ohne irgendwelche Vergütigung zurück. Das. 73ᵇ. 108ᵇ. B. bath. 35ᵇ. 38ᵃ.

מִשְׁכָּן m. (=bh. von שָׁכַן, שָׁבֵן) die Wohnung, insbes. der Wohnort Gottes in der Wüste, die Stiftshütte. Erub. 2ᵃ u. ö., s. מְקַדָּשׁ; vgl. auch מַשְׁכּוֹן.

מַשְׁכְּנָא chald. (syr. ܡܰܫܟܢܳܐ=מִשְׁכָּן) Wohnung, s. TW.

מִישְׁכְּנוּתָא f. N. a. das Sichaufhalten in

der Wohnung, insbes. das Thronen Gottes an einem Orte. Cant. r. sv. מושכני, 6ᵈ
R. Jochanan erklärte die St. IIL. 1, 4 wie folgt:
ממה שהכנסתנו לארץ טובה ורחבה אחריך נרוצה
לארעא טבתא דאיתקריאת מישכנותא infolge dessen,
dass du uns in ein gutes und geräumiges Land
geführt hast, „laufen wir dir nach" in das
gute Land, welches: Aufenthaltsort genannt wird.
R. Josua ben Lewi erklärte sie wie folgt: ממה
שנתת לנו ארעא טבתא רבתא דאיתקריאת מישכנותא
אחריך נרוצה infolge dessen, dass du uns ein
gutes und grosses Land, welches Aufenthaltsort
genannt wird, gegeben hast, „laufen wir dir
nach".

מוֹשְׁכְּנֵי Moschkani, Name eines Grenzortes
Babel's; nach Neub. Géogr. du Tlmd. p. 331:
Moexene. Kidd. 71ᵇ Babels nördliche Grenze
des Tigris giebt Samuel nach einer Ansicht
an: עד מושכני ולא מושכני בכלל bis ausschliesslich Moschkani; nach einer andern Ansicht:
עד מושכני ומושכני בכלל bis einschliesslich Moschkani; vgl. auch מוֹשְׁכֵי.

מָשַׁל (=bh., arab. مَثَل, nach Fleischer in
Delitzsch' Spr. 43 fg., vgl. Gesenius, Hbr. Wörterbuch 8. Aufl.) eig. stehen, gerade stehen (wie
z. B. der Diener, امَاثِل, vor seinem Herrn),
oder trans. stellen, hinstellen, daher weiter: es
oder etwas als etwas hinstellen, darstellen, es
repräsentiren; oder auch: etwas neben etwas
hinstellen und so vergleichen u. s. w. Daher
1) ähnlich sein und übrtr. (als denom. von
מָשָׁל) etwas mit etwas Anderem vergleichen. Nid. 47ᵃ משל חכמים באשה die
Gelehrten haben betreffs des Weibes (d. h. der
Pubertätszeichen desselben) in einem Gleichniss
gesprochen; indem sie näml. die verschiedenen
Stadien der Reife der Jungfrau durch Benennungen ausdrückten, die der Fruchtreife entlehnt
sind, vgl. בּוֹחַל. j. Schabb. XIV, 14ᶜ ob. למה
הוא משל כל באי עולם כחולדה 'וכ weshalb
vergleicht der Psalmist alle Weltbewohner dem
Wiesel u. s. w.? s. חֻלְדָּה. Cant. r. sv. אחזו, 16ᵃ
כשהוא משל המלכות מושלן בחיות . . . כשהוא
מושל המצריים מושלן בשועלים וכ' wenn die
Schrift „die vier Reiche" (vgl. מַלְכוּת) vergleicht,
so vergleicht sie dieselben mit den „vier Thieren" (Dan. 7, 3 fg.); wenn sie die Egypter vergleicht, so vergleicht sie dieselben mit den „Füch-
sen" (HL. 2, 15). Das. R. Elasar bar Simon
sagte: ערומין היו המצריים לפיכן הוא מושלן
בשועלים מה שועל זה מביט לאחריו כך היו
המצריים מביטין לאחוריהם ודוי אומרים במה
נדונם וכ' die Egypter waren verschmitzt, listig,
deshalb vergleicht sie die Schrift mit den Füch-
sen; denn so wie der Fuchs hinter sich schaut,
so schauten auch die Egypter auf die Vergangenheit zurück. Sie sagten näml.: Womit sollen wir
die Israeliten bestrafen? Sollten wir sie mit Feuer

oder Schwert strafen? Aber „es richtet ja Gott
mit Feuer und Schwert" (Jes. 66, 16). Wir
werden sie daher mit Wasser strafen; da Gott
bereits geschworen hat, dass er nun keine Sündfluth mehr bringen werde. Part. pass. Meg. 16ᵃ
un. (mit Ansp. auf נפול הפול, Esth. 6, 13) שתי
נפילות הללו למה אמרו לו אומה זו משולה
לעפר ומשולה לכוכבים כשהן יורדין יורדין עד עפר
וכשהן עולין עולין עד לכוכבים wozu steht hier
„das Fallen" doppelt? Die Freunde Haman's
sagten zu ihm: Diese Nation ist „dem Staube"
verglichen (Gen. 13, 16), aber auch „den Sternen" verglichen (das. 15, 5). Sinken die Israeliten, so sinken sie bis in den Staub; steigen
sie, so steigen sie bis zu den Sternen. — 2)
herrschen, regieren. Jad. 4, 8 אמר צדוקי
גלילי קובל אני עליכם פרושים שאתם כותבין את
המושל עם משה בגט אומרים פרושים קובלנין אנו
עליך צדוקי גלילי שאתם כותבים את המושל
השם בדף ולא עוד אלא שאתם כותבין את המושל
מלמעלן ואת השם מלמטן וכ' ein Saduzäer aus
Galiläa sagte: Wir klagen euch Pharisäer an,
dass ihr den Namen des Herrschers mit dem
des Mose im Scheidebrief zusammenschreibet
(dessen Anfang näml. lautet: „Im Regierungsjahre des Fürsten N. N." und zu Ende: „Nach
dem Gesetz des Mose"). Die Pharisäer entgegneten: Wir klagen dich, Saduzäer aus Galiläa,
an, dass ihr den Namen des Herrschers mit dem
Gottesnamen auf einer und derselben Columne
schreibt; dass ihr sogar den Herrscher voran
und Gott später schreibt; es heisst näml.:
„Pharao sprach: wer ist Gott u. s. w.?" B.
kam. 38ᵇ וכבר שלחה מלכות הרשעה שני סרדיוטות
אצל חכמי ישראל וכ' einst schick-
ten die Herrscher der frevelhaften Nation (Roms)
zwei Feldherren zu den Gelehrten Israel's: Lehret
uns eure Gesetzlehre u. s. w. B. bath. 78ᵇ על
כן יאמרו המשלים אלו המושלים ביצרם באו
חשבון 'וכ„des-
halb sprechen המשלים" (Num. 21, 27), das sind
diejenigen, welche ihre Leidenschaft „beherrschen": באו חשבון, das bedeutet: „Kommet,
wir wollen die Berechnung der Welt bedenken",
näml. den Nachtheil, der durch die Tugend entsteht, ihrem grossen Vortheil gegenüber, sowie
den kleinen Vortheil der Sünde ihrem Nachtheil
gegenüber! — Trop. Jom. 46ᵇ משלה בהן האור
das Feuer erfasste die zu verbrennenden Opferstücke. Gew. steht dafür שלט בהן האור.

Nif. נָמְשַׁל (=bh.) verglichen werden. Taän.
7ᵃ un. למה נמשלו דברי תורה לשלשה משקין
הללו במים וביין ובחלב לומר לך מה שלשה
משקין הללו אין מתקיימין אלא בפחות שבכלים
אף דברי תורה אין מתקיימין במי שדעתו
שפלה weshalb sind die Worte der Gesetzlehre
folgenden drei Getränken verglichen, näml. „dem
Wasser", „dem Wein" und „der Milch" (Jes.
55, 1)? Um dir zu sagen, dass, so wie diese
Getränke sich blos in den geringsten (d. h. irde-

nen) Gefässen erhalten, ebenso die Worte der Gesetzlehre sich blos bei demjenigen erhalten, der ein gebeugtes Gemüth hat; d. h. der demuthsvoll ist. Sot. 11ᵇ un. (mit Ansp. auf חַיּוֹת, Ex. 1, 19) אוּמה זו כחיה נמשלה וכ׳ diese Nation, Israel, ist dem Thiere verglichen, näml. Juda „dem Löwen“, Josef „dem Stier“ u. s. w. (Gen. 49, 9 fg.). Tract. Soferim XV נמשל המקרא כמים והמשנה כיין והשׁ׳ כקונדרימון וכ׳ die Bibel wird dem Wasser, die Mischna dem Wein und der Talmud dem gewürzten Getränk verglichen; die Welt kann sich nicht ohne Wasser, ohne Wein und ohne gewürztes Getränk bestehen, aber der Begüterte pflegt sich mit allen diesen; ebenso wenig kann die Welt ohne die Bibel, ohne die Mischna und ohne den Talmud bestehen; vgl. auch מֶלַּח.

מָשָׁל m. (=bh., arab. مَثَل) eig. Darstellung, darstellende Rede; insbes. 1) Vergleichung, und 2) Gleichniss, vergleichende Parabel, Maschal; vgl. מְשָׁל. Vollständig lautet die Form R. hasch. 17ᵇ אמשול לך משל למה הדבר דומה לאדם שנושה בחברו מנה וכ׳ ich will dir ein Gleichniss vortragen: Womit ist das zu vergleichen? Einem Menschen, der von Jemdm. 100 Sus zu fordern hat u. s. w. Ber. 13ᵇ משל למה הדבר דומה לאדם שהיה מהלך בדרך ופגע בו זאב וניצל והיה מספר והולך מעשה זאב מעשה בו ארי וניצל והיה מספר והולך מעשה ארי פגע בו נחש וניצל שכח מעשה שניהם והיה מספר והולך מעשה נחש אף כך ישראל צרות אחרונות משכחות את הראשונות וכ׳ ein Gleichniss: Wem ist das zu vergleichen? Einem Menschen, der, als er auf seiner Reise von einem Wolf überfallen und ihm glücklich entkommen war, immerfort das Ereigniss mit dem Wolfe erzählte. Als er hierauf, von einem Löwen überfallen, ihm ebenfalls glücklich entkommen war, so erzählte er dann immerfort das Ereigniss mit dem Löwen. Als er aber endlich auch von einer Schlange überfallen und ihr glücklich entkommen war, so vergass er die beiden früheren Ereignisse und erzählte fortan nur das Ereigniss mit der Schlange. Ebenso verhält es sich mit Israel: die späteren Leiden bringen die ersteren in Vergessenheit. Daher sagt die Schrift (Jes. 43, 18. 19): „Der ersteren Vorfälle werdet ihr nicht gedenken“ זה שעבוד מלכיות das ist: der Unterjochung der weltlichen Reiche; „die noch früheren werdet ihr nicht beachten“, זו יציאת מצרים das ist der Auszug aus Egypten; „nun aber erschaffe ich Neues, schon spriesst es hervor, dieses merkt euch“, זו מלחמת גוג ומגוג das ist die Kriegführung gegen Gog und Magog, auf welche näml. die Messiaszeit unmittelbar folgen wird. Tosef. Ber. I g. E. wird dasselbe mit משלי משל eingeleitet. — Sehr oft steht ein solches Maschal ohne למה הדבר דומה (Abkürz. למה׳), also blos משל לאדם משל למלך (למה׳) u. dgl. LEVY, Neuhebr. u. Chald. Worterbuch. III.

Ebenso oft beginnt ein Satz blos mit dem Verglichenen, wo also משל למה׳ zu ergänzen ist, z. B. למדינה למלך, למלך לאדם ein Gleichniss von einem Menschen, von einem König, von einer Stadt u. dgl. — Pes. 49ᵃ un. der Mensch soll alles Seinige verkaufen, um die Tochter eines Gelehrten zu heirathen, und ebenso, um seine Tochter an einen Gelehrten zu verheirathen. משל לענבי הגפן בענבי הגפן דבר נאה ומתקבל ולא ישא בת עם הארץ משל לענבי הגפן בענבי הסנה הסכה דבר כעור ואינו מתקבל eine solche Heirath gleicht Weintrauben, die sich mit Weintrauben vermischen; das ist schön und zueinander passend. Man heirathe aber nicht die Tochter eines Idioten; das ist Weintrauben vergleichbar, die sich mit Dornenbeeren vermischen; was hässlich ist und nicht zusammenpasst. Exod. r. s. 18 g. E., 118ᵃ. Num. r. s. 14, 228ᵇ u. ö. Cant. r. Anf., 3ᵇ אל יהי המשל הזה קל בעיניך שעל ידי המשל הזה אדם יכול לעמוד בדברי תורה das Maschal erscheine dir nicht als unbedeutend; denn oft versteht man erst durch das Maschal die Gesetzlehre, vgl. מְשִׁיחָה nr. 2. Erub. 21ᵇ un. מלמד „Salomo redete“ u. s. w. (1 Kn. 5, 12) שדבר שלמה על כל דבר ודבר של תורה שלשה אלפים משל על כל דבר ודבר של סופרים חמשה ואלף טעמים diese Schriftstelle besagt, dass Salomo für jeden Satz der Gesetzlehre „dreitausend Gleichnisse“ und für jeden Satz der Soferim (der ältesten Gesetzlehrer) „tausend und fünf Gründe“ vortrug. — B. bath. 15ᵃ un. איוב לא היה ולא נברא אלא משל היה Hiob war nie vorhanden und nie erschaffen, sondern blos ein Gleichniss; d. h. eine vom Dichter fingirte Person, eine lehrreiche Dichtung; so nach einer Ansicht. j. Keth. IV, 28° ob. ופרשו השמלה הכל „man soll das Gewand ausbreiten“ (Dt. 22, 17), das ist alles ein Bild, vgl. מִקְרָא. — Pl. Sot. 49ᵃ un. משמת ר׳ מאיר בטלו מושלי מְשָׁלִים mit dem Tode des R. Meïr hörten die Gleichnissredner (Fabeldichter) auf, vgl. מְמַלֵּא und מַתְלָא. Cant. r. Anf., 3ᵇ מְשׁוֹחִירוֹ של שלמה die Gleichnisse Salomo's, vgl. מְשִׁיחָה. Num. r. s. 14, 228ᵇ משה היה מדבר עמו פנים בפנים. ועם בלעם לא היה מדבר כי אם במשלים „mit Mose redete Gott Gesicht gegen Gesicht“ (Ex. 33, 11); mit Bileam redete er blos „in Gleichnissen“, Num. 23, 7 fg.

מַשְׁלְהֵי ermüdet, müde, s. שַׁלְהֵי.

מְשׁוּלַחַת f. eig. (Part. Pual von שָׁלַח) eine Entlassene, Geschiedene; insbes. eine von Jemdm. geschiedene Frau, die der erste Mann, nachdem sie anderweit verheirathet, hierauf aber geschieden oder verwittwet worden war, auf unerlaubte Weise (vgl. Dt. 24, 4) wieder geheirathet hat. Nid. 69ᵇ die Alexandriner fragten den R. Josua ben Chananja: בת משולחת מה היא לכהן darf

36

die Tochter einer auf diese Weise Geschiedenen von einem Priester geheirathet werden, oder nicht? Er antwortete: היא תועבה ואין בניה תועבין „Sie ist ein Gräuel" (Dt. l. c.), das bedeutet, dass nur sie, ihre Kinder nicht ein Gräuel sind.

מְשֻׁלַחַת f. (=bh. von שָׁלַח) 1) das Senden, Schicken. Num. r. s. 14, 226cd Naftali, שהיה אביו שולחו לכל מקום ⸱שירצה והיה זריז במשלחתו ומצא קורת רוח ממנו והיו אמריו נעימים עליו ולכך בירכו אביו באילה שלוחה שהיה רץ כאיל welchen sein Vater überall hinschickte, wohin er wollte und war hurtig seine Sendung ausführte, — wodurch sein Vater Wohlgefallen an ihm fand — und dessen Worte ihm auch lieblich waren: deshalb segnete sein Vater ihn als „eine gesandte Hindin" (Gen. 49, 21), weil er bei seiner Sendung so schnell wie ein Hirsch lief. — 2) das Loslassen, Fortschicken. j. Schehi. IV, 35b ob. שעת משלחת זאבים die Zeit, wenn (auf Befehl der Regierung) die Wölfe losgelassen werden, um die Menschen anzufallen. B. kam. 93b und j. Ter. IX g. E., 48b dass.

מְשַׁלְיָא oder מְשַׁלְיָא fcm. (arab. سَلٌّ, von سَلَّ) ein grosser, krummgebogener Haken zum Heraufziehen von Fässern u. dgl. Tosef. Schabb. XIV (XV) Anf. משלשלין את המשלייא להעלות בה דלי או קיתון (ed. Wilna המשלייא) man darf am Sabbat einen Haken mittelst eines Strickes herunterlassen, um damit einen Eimer oder einen Krug heraufzuziehen.

מְשַׁלְיָא (מְשַׁלְיָיתָא=) ch. (syr. ܡܫܰܠܝܳܐ) od. מְשַׁלְיָא Gabel, womit man das Fleisch aus dem Kessel holt, s. TW.

מְשַׁלֵּם m. (von שָׁלֵם) das Vollenden, Ende, Ablauf. B. mez. 67ab, vgl. מְשַׁלְּמַנְתָּא, s. auch TW.

מְשֻׁמָּד, מְשׁוּמָּד masc. (Part. Pual von שָׁמַד) ein Abtrünniger, Gesetzübertreter, Apostat; d. h. Jem., der gewohnheitsmässig ein oder mehrere Gesetze muthwillig oder aus Begierde übertritt; eig. wohl = dem arab. سَمَدَ: re inutili occupatus lusit; über diese passive Form, vgl. מוּמָר. Nachmani in s. Comment. zu Ex. 12, 43, irregeleitet von Onkelos' Uebers. des נתכר לאביר בן נכר durch דאשתמד=Mechil. שׁוּשְׁמִים (Jem., der sich durch seine bösen Handlungen seinem Vater im Himmel entfremdet hat), hält משומד als eine Abkürz. von משומדע (vgl. אָשְׁתְּמוֹדַע) der Erkannte (?); was keineswegs richtig ist. Ebenso unrichtig ist Hai's Etymologie: משומד sei verkürzt von משתעמד (von עמד, syr. ܥܡܰܕ): der Getaufte; was schon aus den nächstflg. Stellen als widerlegt angesehen wer-

den dürfte; ganz abgesehen davon, dass man in der alttalmudischen Zeit in der Taufe kein Symbol des Religionswechsels erblickte. — Snh. 27a משומד אוכל נבלות לתיאבון דברי חכמים זה כל פסול להכעיס אביי אמר פסול רבא אמר כשר Ar. ed. pr. (Agg. מומר) ein Apostat, der unerlaubtes Fleisch aus Begierde isst (d. h. Jem., dessen Apostasie darin besteht, dass er unerlaubtes Fleisch, weil es billiger oder schmackhafter, als das erlaubte ist, geniesst), ist nach Aller Ansicht als Zeuge ungiltig (denn, da er sich durch Gewinn verführen lässt, so wird er einem „Frevler hinsichtl. des unerlaubten Gutes" [רשע דחמס, vgl. Ex. 23, 1] gleichgestellt). Wenn er aber unerlaubtes Fleisch zum Trotz (aus Widersetzlichkeit) isst, so ist er, nach Ansicht Abaji's ein ungiltiger Zeuge, nach Ansicht Raba's dagegen ein giltiger Zeuge. Der erstere Autor betont das W. רשע in Ex. lc. „Ein Frevler darf kein Zeuge sein"; der letztere betont das W. חמס; nur Raub oder unrechtmässiger Erwerb bewirkt die Untauglichkeit des Zeugen. j. Snh. III, 21b ob. חד משומד הוה אירבר בשביעתא (בשביעתא l. od. בשביתתא) ein Apostat ging in einem Brachjahre (dessen Gesetze er geringschätzte) an einem Felde vorüber u. s. w. j. Schebi. IV, 35a mit dass. j. Snh. X g. E., 29d מידלין בהן משום קדשי משומד Jem., der von den Gütern einer zum Götzendienst verleiteten Stadt einen Genuss hat, begeht eine „Treulosigkeit" (מְעִילָה s. d.), und zwar ebenso wie bei den Opfern eines Gesetzübertreters; von denen näml., obgleich sie nicht geopfert werden dürfen, jeder Genuss verboten ist. j. Erub. VI Anf. 23b משומד בגילוי פנים הרי הוא כגוי לכל דבר der Apostat, welcher frech ist, wird in jeder Beziehung wie ein Nichtjude angesehen (Erub. 69a steht dafür מומר בגילוי פנים). j. Pes. VII, 34c un. משומד בהורייה ein Apostat betreffs des Lehramtes. j. Hor. I, 45d un. (Agg. crmp. המש ומר). Levit. r. s. 2, 146c (mit Bez. auf Lev. 1, 2) ניכאן אמרו מקבלין מיני זבחים מרשעי ישראל כדי להכניסן תחת כנפי השכינה חוץ מן המשומד והמנסך את היין ומחלל שבתות בפרהסיא aus dieser Schriftstelle erwies man Folgendes: Man darf einige Arten der Opfer (d. h. gelobte Freuden, aber nicht Brandopfer, עולות) von frevelhaften Israeliten annehmen, um sie der Gottheit wieder zuzuführen. Ausgeschlossen hiervon ist der Apostat, ferner der den Wein vor Götzen spendet und endlich wer die Sabbate öffentlich entweiht. j. Hor. III, 48b un. גר ומשומד משומד קודם מפני מעשהו שאריץ wenn ein Proselyt und ein Apostat da sind, so wird der Apostat vorgezogen und zwar wegen eines Vorfalles, der sich einst ereignete (wahrscheinl. trat ein Apostat, welcher den Judenchristen angehörte, infolge seiner Zurücksetzung als ein Denunciant auf. In Agg. des bab. Tlmd. steht מומר anst. משומד). j. Schek. I, 46b ob. dass. — Pl. Sifra Wajikra Anf. Par. 2

אדם לרבות את הגרים מכם להוציא את הַמְשׁוּמָּדִים „Jemand, (der opfern wird)", Lev. 1, 2), dies W. schliesst die Proselyten mit ein; „von euch", dies W. schliesst die Apostaten aus. Als Grund hierfür wird das. hinzugefügt: מה ישראל מקבלי ברית אף הגרים מקבלי ברית שהרי הפרו ברית so wie die Israeliten den Bund halten, so halten ja auch die Proselyten den Bund (daher werden von ihnen, obgleich sie nicht Nachkommen der Bundesgenossen sind, Opfer angenommen); ausgeschlossen hing. sind die Apostaten, weil sie den Bund nicht halten, ihn vielmehr zerstören (weshalb von ihnen keine Opfer angenommen werden). Chull. 5ᵃ steht dafür הַמּוּמָר; wie überb. in den Agg. des babyl. Tlmd. zumeist מומרים מומר anst. משומד. משומדים gesetzt wurde; weil man näml. in späterer Zeit unter משומד ausschliessl. den getauften Juden verstand und das W. von שמד: vertilgen ableitete; weshalb man aus Furcht vor der Censur das W. in מומר, ebenso wie שַׁמְדָּא, (Apostasie) in גְּזֵרָה umwandelte; vgl. auch den nächstflg. Art. Daïng. erhielt sich unser W. im jer. Tlmd. und in den Midraschim, weil dieselben von den Censoren nicht durchgestöbert wurden, vgl. auch רְשׁוּ. R. hasch. 17ᵃ הַמְשׁוּמָדִים Ms. M. Exod. r. s. 19, 118ᶜ dass.

מְשׁוּמָדוּת f. N. a. die Apostasie, Abtrünnigkeit. Pes. 96ᵃ בו משומדות פוסלת ואין המרת Ms. M. (Agg. משומדות פוסלת בתרומה) הָרָה (von ihm" (dem Pesachopfer zu essen, Ex. 13, 43) hindert die Apostasie; בֶּן נכר; aber am Genuss der Hebe hindert die Apostasie nicht. Jeb. 71ᵃ dass. Jalk. Bo I, 63ᶜ משומדות פסולה (פוסלת l. בפסח ואין משומדות פסולות בתרומה) dass.

מְשַׁמְהִיג m. (wahrsch. pers., viell. mit arab. سمهج zusammenhängend) Regierung. R. hasch. 23ᵃ פרוותא דמשמהיג (vgl. Raschi: נמל של מלוכה) der Hafen der Regierung. Jom. 77ᵃ dass. in Ms. M., Ar. und En Jakob (fehlt in Agg.). Sollte viell. unser W. Name eines Ortes sein? vgl. לוּלִשְׁפָּט.

מִשְׁמָשׁ m. (von שָׁמַשׁ) Hecke, Schlupfwinkel, s. TW. sv. מְלוֹתְחָא.

מְשַׁמְטָּנָא masc. Adj. (von שָׁמַט) ein wegelagernder Räuber, der die Vorübergehenden überfällt, um sie ihrer Habseligkeiten zu berauben, ohne die Absicht, sie zu ermorden. Ab. sar. 15ᵇ un. הכא במאי עסקינן במשמטנא בעלמא hier ist blos die Rede von einem wegelagernden Räuber.

מִשְׁמָע m. (= bh., von שָׁמַע) 1) das, was man hört, vernimmt, Vernehmung, das Entnehmen, Gehorchen. Sifre Beracha § 357 g. E. וישמעו אליו בני ישראל אין לך משמע גדול

מזה שנאמר ויעשו כאשר צוה ה' וג' „die Israeliten gehorchten dem Mose" (Dt. 34, 9); ein grösseres Gehorchen als dieses findest du nicht; denn es folgt darauf: „Sie thaten wie Gott dem Mose befohlen hat." — j. Erub. III, 21ᵇ ob. ממשמע לאו אתה שומע הין eig. aus dem Vernehmen der Verneinung kannst du (im umgekehrten Fall) eine Bejahung entnehmen. (In bab. Gem. steht gew. dafür מכלל לאו וכ'), vgl. לָאו. B. mez. 113ᵃ ממשמע שנאמר בחוץ תעמד איני יודע שהאיש אשר אתה נושה בו יוציא וג' אלא מאי תלמוד לומר והאיש שליח לרבות בית דין da es heisst (Dt. 24, 11): „Du sollst draussen stehen", so weiss ich ja (eig. weiss ich denn nicht) von selbst, dass „der Mann, bei dem du ein Darlehn hast, dir das Pfand auf die Strasse bringen" soll; wozu also steht dieser Nachsatz? Das besagt vielmehr, dass dies auch beim Gerichtsboten (der den Schuldner zu pfänden kommt) stattfinde, vgl. שְׁלִיחַ. B. bath. 110ᵃ ממשמע שנאמר בת עמינדב איני יודע נחשון היא וכ' מכאן שהנושא אשה צריך שיבדוק באחיה da es heisst (Ex. 6, 23): „Elischeba, die Tochter Aminadab's", so weiss ich ja von selbst, dass sie „die Schwester Nachschon's" war! wozu also der Zusatz? Er besagt vielmehr, dass Jem., der eine Frau heirathen will; sich genau nach ihren Brüdern erkundigen soll; weil näml. die Kinder zumeist den Letzteren nachgerathen, רוב בנים הולכין אחר אחי האם u. ö. Schabb. 63ᵇ u. ö. — 2) übrtr. der Wortlaut, das, was aus dem Schriftausdruck zu entnehmen ist. Jom. 61ᵃ הכהנים כמשמעו מזבח כמשמעו „den Altar" (soll der Hohepriester sühnen, Lev. 16, 33), nach seinem Wortlaut, „die Priester", ebenf. nach dem Wortlaut u. s. w. Das. 80ᵃ שינה הכתוב במשמעו die Schrift ändert an dem Wortlaut; d. h. betreffs des Fastens am Versöhnungstage heisst es: „Die Person, die sich nicht kasteien wird" אשר לא תענה, Lev. 23, 29, anst. (אשר תאכל) Sot. 16ᵇ ורכי עפר הוא והלא אפר הוא שינה הכתוב במשמעו וכ' ist denn hier (Num. 19, 17, מעפר) „Staub" gemeint, es soll ja „Asche" genommen werden, näml. von der „verbrannten rothen Kuh"; weshalb also steht nicht מאפר? Die Schrift ändert u. s. w., vgl. מִקְלָה. Jom. 42ᵇ כל הפרשה כולה משמע מוציא מיד משמע ומשמע ממילא der ganze Abschnitt (der von der rothen Kuh handelt, Num. cap. 19) enthält Deutungen, die theils den Wortsinn ausschliessen, theils auch denselben enthalten; z. B. „Ihr sollt sie dem Elasar geben" (das. V. 3), das bedeutet: אותה לאלעזר ולא לדורות diese in der Wüste zuzubereitende Kuh übergebe man dem Elasar, nicht aber in den späteren Generationen einem Elasar (Elasar war näml. der Stellvertreter Aharon's, סגן, s. d.; später aber soll die rothe Kuh, nach einer Ansicht, vom Hohenpriester, nach einer andern Ansicht von einem gewöhnlichen Priester zubereitet werden); ferner: „Man führe sie hinaus", שלא יוציא אחרת עמה das

bedeutet, dass man mit ihr nicht noch eine andere Kuh hinausführe; „Man schlachte sie",
שלא ישחט אחרת עמה das bedeutet, dass man
nicht noch eine andere mit ihr zusammen schlachte
u. dgl. m. — משמע, bes. קא משמע לן, Nid. 20ᵃ
u. ö., s. שָׁמַע.

מְשַׁמְעָא ch. (syr. ܡܶܫܬ݁ܰܡܰܥ, מִשְׁתְּמַע).
das, was man hört; ferner: Gehör, s. TW.

מַשְׁמְעוּתָא f. (syr. ܡܰܫܡܰܥܬ݁ܳܐ, hbr. מַשְׁמַעַת) 1)
das Hören, Gehorchen, Audienz, s. TW.
— 2) das Gehörte, die vernommene Ha-
lacha. Nid. 20ᵃ כמה נפיש גברא דליביה כמשמעתיה wie gross ist jener Mann, dessen
Verfahren nach eigener Ansicht der von ihm ver-
nommenen Halacha entspricht!

מַשְׁמָעוֹת f. das Entnehmen, Erweisen
eines Lehrsatzes aus einer Schriftforschung. B. mez. 27ᵃ משמעות דורשין איבכא
ביניירהו מר נפסקא ליה מאשר האבד ומר נפקא
ליה מומצאתה zwischen ihnen (den Chachamim
und R. Juda, welche beide darüber übereinstimmen, dass der Finder eines Gegenstandes, dessen
Werth geringer, als eine Peruta ist, ihn behufs
Ermittelung des Eigenthümers desselben nicht auszurufen brauche) herrscht nur die Verschiedenheit
hinsichtl. des Erweisens der Forschenden; Erstere
erweisen diese Halacha aus dem Wortlaut אשר האבד
(„was Jemdm. verloren geht", Dt. 22, 3; da ein
Gegenstand von so geringem Werthe nicht als ein
Verlust anzusehen sei); der andere Autor erweist es aus dem W. ומצאתה („du findest ihn";
da ein Ggst. von so geringem Werthe nicht als
Fund anzusehen sei). Snh. 76ᵇ משמעות דורשין
איכא ביניירהו סבר אותו ואתהן אותו
ואת אחת מהן שכן בלשון יוני קורין לאחת הינא
ואם חמותו מדרשא אתיא ר' עקיבה סבר אותו
ואתהן אותו ואת שתיהן ואם חמותו אם כתיבא
die Erweisung der Forschenden bildet hier zwischen
den Autoren einen Unterschied (ohne dass hinsichtl.
der gesetzlichen Bestimmung eine Verschiedenheit
der Ansichten zwischen ihnen anzutreffen ist). R.
Ismael ist näml. der Ansicht: die Worte ואתהן
(Lev. 20, 14) bedeuten: „ihn (der eine Frau und
ihre Mutter heirathet) und Eine von den beiden
Frauen verbrennt man"; denn im Griechischen
bedeutet הן: ἕν, ἕνα eine (אתהן, d. h. die Schwiegermutter; denn unmöglich kann אתהן bedeuten:
die Frau sammt ihrer Mutter, da erstere nichts
verbrochen hat); aber die Mutter der Schwiegermutter (dass wenn Jem. eine Frau, sodann ihre
Mutter, näml. seine Schwiegermutter und hierauf
die Mutter derselben heirathet, auch die letztere
mit dem Verbrennungstode bestraft werde) ist
aus einer anderweitigen Schriftforschung erwiesen. R. Akiba ist der Ansicht: Das W. ואתהן
bedeutet (wie gew. im Hebr.): „sie beide"; da
aber die erstere Frau nicht darunter gemeint

sein könne, so ist hierunter blos die Schwiegermutter und die Mutter derselben zu
verstehen. Schebu. 19ᵃ. Jom. 60ᵇ u. ö. dasselbe
auf verschiedene Schriftforschungen angewandt.
j. Jom. V, 43ᵃ ob. steht dafür blos משמעות
בינידהו dass.

מִשְׁמָר m. (= bh., von שָׁמַר). Pl. מִשְׁמָרוֹת
Wache, Wachposten, von Personen,
namentl. Priesterposten im Tempel. Taan.
4, 2 (26ᵃ) אלו הן מעמדות וכ' התקינו נביאים
הראשונים עשרים וארבעה משמרות על כל משמר
ומשמר היה מעמד בירושלם של כהנים של לוים ושל
ישראלים das ist das Verhältniss der Opferbeistände u. s. w. (vgl. מַעֲמָד). Die ältesten Propheten verordneten die Institution der vierundzwanzig Priesterposten (verzeichnet in 1 Chr.
24, 7—18; vgl. יֵשׁוּעַ und מַכְבַּר); jedem Priesterposten war in Jerusalem ein Beistand angereiht,
der aus Priestern, Leviten und Israeliten zusammengesetzt war. Tosef. Taan. II Anf. ארבעה
משמרות עלו מן הגולה ידעיה ופשחור וחרים
ואימר עמדו נביאים שבירושלם ועשאום ארבע
משמרות ועשרים וכ' vier Priesterposten
kamen aus dem Exil, näml. Jedaja, Charim,
Paschchur und Immer; die Propheten in Jerusalem jedoch reihten an diese vier Posten noch
zwanzig an; d. h. die ersteren vier Priester bildeten die Stammpriester, deren jedem sich noch
je fünf Priester anschlossen. Taan. 27ᵃᵇ und
Arach. 12ᵇ dass. (Der Comment. in Taan. l. c.
findet die Herzählung von Paschchur und
Immer auffallend, da sie in 1 Chr. l. c. nicht
erwähnt seien; vgl. jedoch Esr. 2, 37. 38 und
Neh. 7, 40 u. 41, wo sie als Priesterhäupter angeführt werden.) Hor. 13ᵃ גזבר קודם לגזבר ראש
בית אב ראש בית אב קודם לכהן הדיוט
der Amarkol (Tempelherr) steht höher als der Schatzmeister des Tempels, der Schatzmeister steht
höher als das Oberhaupt des Priesterpostens, das
Oberhaupt des Priesterpostens höher als das
Oberhaupt der Priesterfamilie, das Oberhaupt
der Priesterfamilie höher als der gewöhnliche
Priester. Jeb. 100ᵇ. 101ᵃ. j. Snh. X, 28ᵃ mit.
u. ö., vgl. מַסָּנָר. Num. r. s. 3, 187ᵈ אמר רבותינו
אלו ח' משמרות שהעמיד משה מפי הקבֹה עד
שעמד דוד ועשה אותן כֹל לכהונה ולויה unsere
Lehrer sagten: Diese acht Posten (näml. die
Söhne von Gerson, Kehath und Merari, Num.
3, 18—20) setzte Mose auf Befehl Gottes ein;
bis David kam und in 24 Posten die
Priesterschaft und die Levitenschaft umwandelte.
Vgl. damit Taan. 27ᵃᵇ משה תיקן להם לישראל
שמנה משמרות ארבע מאלעזר וארבע מאיתמר
Mose führte bei den Israeliten acht Priester-
posten ein, näml. vier von Elasar und vier von
Ithamar. Khl. r. sv. וישב העפר, 97ᵈ: „Am
Tage, wenn die Wächter des Hauses wanken"
(Khl. 12, 3), אלו משמרות כהונה ולויה das sind

die Posten der Priesterschaft und der Levitenschaft.

מִשְׁמָר (מִשְׁמַר) f. (=bh. אַשְׁמוּרָה **st. c.** אַשְׁמֹרֶת) Pl. מִשְׁמָרוֹת **Wache, Nachtwache, vigilia,** φυλακή. Tosef. Ber. I Anf. רבי אומר ארבע משמרות בלילה ... ר' נתן אומר שלש משמרות בלילה וכ' Rabbi sagt: Die Nacht hat vier Wachen; R. Nathan sagt: Die Nacht hat drei Wachen. Letzterer fuhrt als Beweis an Ri. 7, 19: „Die mittelste Wache"; eine Bezeichnung, die blos zu drei Wachen passt. Ber. 3ᵇ dass. Bei den Römern jedoch wurde die Nacht ebenfalls in vier Wachen eingetheilt. Das. 3ᵃ R. Elieser sagt: שלש משמרות הוי הלילה ועל כל משמר ומשמר (משמר ומשמרה?) יושב הקבה ושואג כארי וכ' die Nacht hat drei Wachen und am Anfang einer jeden Wache „schreit Gott einem brüllenden Löwen gleich", näml. wegen des zerstörten Tempels; mit Ansp. auf Jer. 25, 30, woselbst drei Mal שאג steht. Das. auch משמרה ראשונה, שניה, שלישית die erste, zweite, dritte Wache. Das. איכא משמרות ברקיע ואיכא משמרות בארעא die Nachtwachen im Himmel entsprechen den Wachen auf der Erde; vgl. auch אַשְׁמוּרָה.

מִשְׁמֶרֶת f. (eig.=bh.) was zu beobachten ist, Gesetz, Brauch; übrtr. rabbinische Satzung zur Verhütung einer Uebertretung des mosaischen Gesetzes, gleichsam Bewachung desselben. M. kat. 5ᵃ un. ושמרתם את משמרתי „Beobachtet mein Gesetz" (Lev. 18, 30); das bedeutet: Füget eine Bewachung (rabbinische Satzung) zu meinem Gesetze hinzu (=עשו סיג לתורה, s. סְיָג). Jeb. 21ᵃ dass.

מִשְׁמֶרֶת f. (eig. Part. von שָׁמַר) 1) Seiher, der näml. die Flüssigkeit ablaufen lässt und das Compacte, die Hefe u. dgl. zurückbehält, eig. bewahrt. j. Ter. VIII, 45ᵈ mit. משמרת של יין der Weinseiher. Schabb. 20, 1 (137ᵇ) ר' אליעזר אומר תולין את המשמרת ביום טוב ונותנין לתלויה בשבת וחכמים אומרים אין תולין את המשמרת ביום טוב וכ' R. Elieser sagt: Am Feiertage darf man den Seiher aufhängen, befestigen (d. h. ihn in ein Gefäss derart thun, dass man seinen umgefalteten Rand über die Oeffnung des Gefässes aufspannt und in ihn Wein giesst; obgleich diese Aufspannung dem Aufspannen eines Zeltes ähnlich ist); am Sabbat hing. darf man blos in den bereits aufgespannten Seiher Wein giessen. Die Chachamim sagen: Am Feiertag darf man nicht den Seiher aufspannen, sondern blos in den bereits aufgespannten Seiher Wein hineingiessen; am Sabbat hing. darf man selbst in den bereits aufgespannten Seiher nicht Wein hineingiessen. Das. 138ᵃ, s. גּוֹד. j. Schabb. XX Anf., 17ᶜ משמרת חדשה ein neuer, noch nicht benutzter Seiher. — 2) bildl. Aboth 5, 15 משמרת der Seiher, d. h. ein Schüler, der das

Nützliche fahren lässt und blos das Unnütze zurückbehält, vgl. מַשְׁפֵּךְ.

מִשְׁמֵשׁ Pilp. (von מָשַׁשׁ, s. d.) 1) befühlen, betasten. Schabb. 81ᵃ אסור למשמש בצרור בשבת man darf nicht am Sabbat mittelst eines weichen Steines oder einer Erdscholle (den Unterleib, behufs Beförderung des Stuhles) nach der Art reiben, befühlen, wie man dies am Wochentage thut, vgl. Raschi. Nach Ar.: den Stein oder die Erdscholle, die zur Bereinigung des Mastdarms dient (vgl. מְקוֹרְזָל), durch Reiben glätten, damit er den Körper nicht verletze. Vgl. das. 82ᵃ Jem., der nicht leicht Stuhlgang hat, ימשמש בצרור באותו מקום soll sich mit einer Erdscholle (Stein) an jenem Ort, After, reiben. Das. 147ᵃᵇ. Ber. 62ᵃ un. משמש ואחר כך תשב ואל תשב ואחר כך תמשמש Ms. M. (Agg. שאפילו עושין כשפים באספמיא באין עליו משמש ושב וכ') reibe den After (behufs Förderung des Stuhlganges) und setze dich dann nieder; aber setze dich nicht früher, um dann zu reiben, denn diejenigen, der das thut, beschädigt das gegen ihn, selbst in dem fernen Spanien zubereitete Zauberwerk. B. mez. 21ᵇ אדם עשוי למשמש בכיסו בכל שעה ושעה der Mensch pflegt öfter seinen Geldbeutel zu betasten; um näml. zu untersuchen, ob er nicht das Geld verloren habe. Men. 36ᵇ חייב אדם למשמש בתפלין כל שעה man soll seine Tefillin zu jeder Zeit betasten; damit man näml. stets an sie denke. Erub. 54ᵇ ob. למה נמשלו דברי תורה כדד מה דד זה כל זמן שהתינוק ממשמש בו מוצא בו חלב אף דברי תורה כל זמן שהאדם הוגה בהן מוצא בהן טעם weshalb sind die Worte der Gesetzlehre „der weiblichen Brust" verglichen (Spr. 5, 19)? So wie bei der Brust das Kind, so oft es dieselbe befühlt, darin Milch findet; ebenso findet der Mensch in der Gesetzlehre, je mehr er darüber nachdenkt, immer mehr Geschmack. — 2) übrtr. (mit folgendem בא als Adv.) langsam herannahen, auch von leblosen Wesen. j. Pea VIII Anf., 20ᵈ הן ממשמשין ובאין eig. sie tasten und 'kommen; d. h. sie kommen langsam, trippeln herbei; vgl. מְשׁוּשׁוֹת. j. Ned. III, 38ᵃ mit. ראה קצירות המלך ממשמשין ובאין ראה דליקה ממשמשת ובאה וכ' wenn Jem. merkt, dass die königlichen Winzer (Beamte, welche die Pflanzen oder die Früchte den Besitzern für den Staatsschatz gewaltsam fortnehmen), oder wenn er sieht, dass ein Feuer allmälig herannaht u. s. w. — 3) trop. Handlungen untersuchen, prüfen. Erub. 13ᵇ un. עכשיו שנברא ... ימשמש במעשיו (Var. יפשפש) da der Mensch nun geboren ist, so untersuche er seine Handlungen; d. h. prüfe er sich, dass er vor Begehung einer Sünde in Acht nehme. Nach Raschi: Bei einer sich darbietenden Tugend erwäge man den grossen Vortheil gegen den geringen Nachtheil, den sie gewährt; bei einer

sich darbietenden Sünde erwäge man ihren grossen Nachtheil gegen ihren Vortheil. Keth. 12ᵃ בירהודה בראשונה היו נעמידין להם שני שושבינין אחד לו ואחד לה כדי למשמש את החתן ואת הכלה בשעת כניסתן לחופה in Judäa hat man in früherer Zeit dem Brautpaar zwei Hochzeitskameraden zur Seite gestellt, einen als Anwalt für den Bräutigam und einen als Anwalt für die Braut, um die letzteren bei ihrem Eintritt in das Hochzeitsgemach zu untersuchen; d. h. ihre Verfahrungsweise hinsichtl. der Virginität zu prüfen, ob nicht der eine oder der andere Theil trügerisch verfahre. Das. מִשּׁוּמֵשׁ שלא כל (Part. pass. verk. aus ממושמש, vgl. מְרָט‎, מְסָם‎ u. a.) wenn der Bräutigam nicht untersucht wurde (j. Keth. I, 25ᵃ un. steht dafür מפשמשין u. s. w.), s. auch שָׁבְשֵׁב‎.

מְשַׁמֵּשׁ Palp. ch. (=מִשֵּׁמֵּשׁ) befühlen, betasten. B. mez. 21ᵇ אגב דחשיבי משמושי ממשמשין בהו darum, dass solche Gegenstände (wie Purpurbündel u. dgl.) werthvoll sind, so pflegt man sie (beim Tragen) öfter zu befühlen, ob sie nicht verloren gingen. Das. auch betreffs köstlicher Früchte dass. — Uebrtr. Erub. 41ᵇ למשמושי להו זוודתא um für die Kranken Sterbekleider zuzubereiten, vgl. זָוְדָא‎.

מִשְׁמוּשׁ m. N. a. das Betasten, Befühlen; übrtr. tastbarer Gegenstand. j. Ber. III g. E., 6ᵈ un. צואה אפילו עשרה כעצם אסורה שממשושה קיים מים אין משמושין קיים ed. Lehm. (ed. Ven. u. a. משמושה und das W. צואה fehlt) an einem Orte, wo Koth vorhanden, darf man, selbst wenn er so hart wie ein Knochen ist und also keinen übeln Geruch verbreitet, das Gebet nicht verrichten; weil der fühlbare Gegenstand (der Koth) vorhanden ist; an einem Orte aber, wo Urin war, darf man, wenn derselbe in die Erde eingezogen und also nichts Fühlbares davon geblieben ist, das Gebet verrichten.

מְמַשְׁמֶשֶׁת‎, מְשַׁמְשָׁנִית f. Adj. die Betastende, Alles Befühlende. Genes. r. s. 74, 73ᵇ למה באדל רחל שני פעמים שהיה מכירה שהיא משמשנית weshalb untersuchte Laban das Zelt der Rahel zweimal (Gen. 31, 33: „Das Zelt Jakob's" war näml. gleichzeitig das der Rahel)? Weil er sie dafür kannte, dass sie Alles betastete. — Das. s. 18, 18ᵃᵇ Gott sagte u. s. w. ולא מן היד שלא תהא ממשמשנית ich will die Eva nicht aus der Hand Adam's erschaffen, damit sie nicht Alles betaste, befühle. Das. ולא מן היד והרי היא ממשמשנית שנאמר ותגנב רחל וג׳ wiewohl er die Frau nicht aus der Hand Adam's erschuf, so betastet sie dennoch Alles; denn es heisst (Gen. 31, 19): „Rahel stahl die Hausgötter" u. s. w.

מְשׁוּמְשָׁנָא m. Adj. (syr. ﻣﺸﻤﺸﻨﺎ‎, von שַׁמֵּשׁ) der Bediente, Diener, s. TW. — Pl. Levit.

r. s. 28, 172ᵇ und Khl. r. sv. מה יהרון‎, 71ᵇ אמר רבי לבְנֵי שַׁמְּשָׁנֵי רו Rabbi sagte zu seinen Dienern u. s. w., s. מְגִרְסָא (wos. jedoch למשמשני zu lesen ist).

מְשׁוּמָּת m. (eig. Part. pass. denom. von שַׁמְּתָא) vertilgt, verbannt. Schabb. 67ᵃ (in einem Verwünschungsspruch gegen die Dämonen) ליט חביר ומשומת Ms. M. (Agg. חבור ליטא) verwünscht, zerschlagen und vertilgt (verbannt)!

מִשְׁנָה f. (von שני‎, שָׁנָה) eig. die zweite Lehre und zwar 1) die nächst der Bibel (mündlich) gegebene Gesetzlehre, δευτέρωσις, die Mischna, die als eine Tradition bis auf Mose zurückgeführt wird und die an, nachdem er die Heilige Schrift, gemeinschaftlich mit der Gesammtheit Israel's von Gott erhalten hatte, ausserdem noch als eine mündliche, den Gesetzlehrern aller Zeiten zu überliefernde Lehre empfing (unterschieden von dem bh. מִשְׁנֵה masc., wovon תורה משנה Deuteronomium, das 5. Buch Mosis. Genes. r. s. 3, 5ᵇ ה תורה משנה ספר das Buch Deuteronomium). — Ber. 5ᵃ ob. „Ich werde dir geben die steinernen Tafeln" u. s. w. (Ex. 24, 12) לוחות אלו עשרת הדברות תורה זו מקרא והמצוה זו משנה אשר כתבתי אלו נביאים וכתובים להורותם זה תלמוד (גמרא) מלמד שכולם ניתנו לו למשה בסיני „die Tafeln", das sind die Zehngebote; „die Lehre", das ist der Pentateuch (dessen Lesung die vorzüglichste Pflicht ist); „das Gesetz", das ist die Mischna; „was ich geschrieben", das sind die Prophetenbücher und die Hagiographen; „sie zu belehren", das ist der Talmud: das besagt, dass sie sämmtlich (alle Bestandtheile der Gesetzlehre) dem Mose auf dem Sinai überliefert wurden. Erub. 54ᵇ כיצד סדר משנה משה למד מפי הגבורה נכנס אהרן ושנה לו משה פירקן נסתלק אהרן וישב לשמאל משה נכנסו בניו ושנה להן משה פירקן נסתלקו בניו אלעזר ישב לימין ואיתמר לשמאל אהרן ר׳ יהודה אומר לעולם אהרן לימין משה חוזר נכנסו זקנים ושנה להן משה פירקן נסתלקו זקנים נכנסו כל העם ושנה להן משה פירקן נמצא ביד אהרן ארבעה ביד בניו שלשה וביד הזקנים שנים וביד כל העם אחד נסתלק משה ושנה להן אהרן פירקן נסתלק אהרן שנו להן בניו פירקן נסתלקו בניו שנו להן זקנים פירקן נמצא ביד הכל ארבעה שני auf welche Weise wurde die Mischna (die mündliche Lehre in der ersten Zeit) gelehrt? Mose lernte sie aus dem Munde Gottes (der Allmacht); Aharon trat ein (setzte sich als Schüler vor Mose nieder; dasselbe fand auch bei den folgenden statt, dass die je Lernenden vor ihren Lehrern sassen), und Mose lehrte ihm seinen Lehrabschnitt (Pensum), worauf Aharon sich entfernte und diese sich zur Linken des Mose niedersetzte. Sodann traten Aharon's Söhne ein, welchen Mose ihren Abschnitt lehrte, worauf die

Söhne sich entfernten, Elasar sich zur Rechten
des Mose und Ithamar sich zur Linken des Aharon
niedersetzte. — R. Juda sagt: Aharon trat immer
an die Rechte des Mose zurück. — Sodann traten die „Aeltesten" ein, welchen Mose ihren
Abschnitt lehrte. Als sich hierauf die Aeltesten
entfernten, traten die Einzelnen aus dem Volke
ein, welchen Mose ihren Abschnitt lehrte. Demnach stellte sich heraus, dass Aharon viermal,
seine Söhne dreimal, die Aeltesten zweimal
und alle Uebrigen aus dem Volke einmal die
Mischna lernten. — Sodann entfernte sich Mose,
worauf Aharon seinen Abschnitt Allen (den hier
Versammelten) lehrte; Aharon entfernte sich,
worauf seine Söhne ihren Abschnitt ihnen lehrten; seine Söhne entfernten sich, worauf die
Aeltesten ihren Abschnitt ihnen lehrten. Folglich hatte ein Jeder die Mischna viermal gelernt. — Chag. 14ª משעין אלו בעלי מקרא
משעין בעלי משעין unter (Jes. 3, 1) משעין בעלי משעה
sind die Bibelkundigen, unter משענה (das., anklingend an משנה) die Mischnakundigen zu verstehen. Das. „In meinem Hause ist kein Brot
und kein Gewand" (Jes. 3, 7); שאין בידי לא
(גמרא) מקרא ולא משנה ולא תלמוד d. h. ich
besitze weder Bibel-, noch Mischna-, noch Tal-
mudkenntniss. Erub. 21ᵇ נשכימה לכרמים אלו
בתי כנסיות ובתי מדרשות נראה אם פרחה הגפן
אלו בעלי מקרא פתח הסמדר אלו בעלי משנה
הנצו רמונים אלו בעלי תלמוד „wir wollen am
frühen Morgen die Weingärten besuchen"
(HL. 7, 13), das sind die Synagogen und die
Studienhäuser; „lasset uns sehen, ob der
Weinstock blüht", das sind die Bibelkundigen; „ob die Knospe aufgebrochen", das
sind die Mischnakundigen; „ob die Granatäpfel Kelche tragen", das sind die Talmud-
kundigen; vgl. auch מִקְרָא und מִדְרָשׁ. — 2)
die Mischna, d. h. die Sammlung der überlieferten Gesetze, deren jedes gew. ebenf.:
משנה (im j. Tlmd.: הלכה, Halacha) genannt
wird. Insbes. führt das Sammelwerk des R.
Jehuda hannasi (Rabbi), das einen Auszug aus
den älteren Halachasammlungen seiner Vorgänger
enthält, den Namen משנה; ein Werk, das eine
Art Kanonicität erhalten hat j. Tlmd. wurden auch die sogenannten Borajtoth (d. h. die
von dem Redacteur der Mischna nicht aufgenommene Gesetzsammlung) משנה genannt. Esth.
r. sv. בימים, 101ᵇ u. ö. שתא סדרי משנה (abgek.
ש״ס) die sechs Ordnungen, Abtheilungen der
Mischna, näml. 1) Saaten, זְרָעִים; 2) Feste,
מוֹעֵד; 3) Frauen, נָשִׁים; 4) Schäden, נְזִיקִין;
5) Heiligthümer, קָדָשִׁים; 6) Reinheit, טָהֲרוֹת
(für טֻמְאוֹת, Unreinheit); vgl. זֶרַע. Cant. r. sv.
יפה את, 27ᵈ ו' כנגד ו' ערכי המשנה das Waw
(in והוא, Ps. 9, 9) entspricht den sechs Ordnungen der Mischna. Meg. 28ᵇ un. חנינא ארבעה
סדרי משנה ich lernte die vier Ordnungen der
Mischna; die letzteren zwei, näml. קדשים und

נהרות, wurden, weil sie Gesetze enthalten, die
nach der Tempelzerstörung nicht mehr gebräuchlich sind, in den Schulen weniger vorgetragen,
vgl. מָצָא, מצני· Git. 5, 6. Ned. 91ª משנה
ראשונה die Mischna aus ... משנה אחרונה
der älteren Zeit und die Mischna aus
der jüngeren Zeit; in der letzteren wurde
näml. infolge der veränderten Zeitverhältnisse
die Halacha anders als früher festgesetzt. j.
Ned. XI Ende, 42ᵈ. j. Nas. VI, 55ª ob. j.
Schebi. II Anf., 33ᶜ dass. j. Keth. V, 29ᵈ un.
מתניתין לא כמשנה הראשונה ולא כמשנה האחרונה
אלא כמשנה האמצעית דתניא רכ' unsere (von
Rabbi aufgenommene) Mischna entspricht weder
der ersteren Mischna, noch der letzteren Mischna,
sondern vielmehr der mittelsten Mischna,
die näml. in der dort folgenden Borajtha enthalten sind u. s. w. Jeb. 49ᵇ flg. משנה ר' אליעזר
בן יעקב קב ונקי die Mischna des R. Elieser ben
Jakob ist klein (füllt nur ein Kab), aber rein,
geläutert. Das. 50ª כאן שנה רבי משנה שאינה
צריכה hier lehrte Rabbi eine Mischna, die unnöthig, überflüssig ist. Keth. 82ª זו אינה משנה
das ist keine (zu rechtfertigende) Mischna. Chull.
82ª. j. Jeb. III, 4ᵈ un. u. ö. ר' הושעיה אבי המשנה
R. Hoschaja, der Hauptlehrer, Redacteur der
Mischna, d. h. der Tosefta. Num. r. s. 18,
236ᶜ משנה החיצונה (=aram. בָּרַיְתָא) die aussenstehende, in den Kanon Rabbi's nicht aufgenommene Mischna. Sot. 22ª תנאים מבלי עולם
שמורין הלכה מתוך משנתם die Mischnastudiren-
den richten die Weltordnung zu Grunde, wenn
sie Gesetze nach ihrer Mischna lehren; ohne
näml. die Normen, logischen Regeln des Talmud
zu Hilfe zu nehmen, vgl. מִדָּה. — Pl. Khl. r. sv.
רבטלו הטוחנות אלו מִשְׁנָיוֹת, 97ᵈ וישב העם
גדולות כגון משנתו של ר' עקיבא ומשנתו של
„ר' חייא ור' הושעיא ומשנתו של בר קפרא
die Mühlen hörten auf" (Khl. 12, 3), das sind die
grossen Mischnasammlungen, wie z. B. die Mischna
des R. Akiba, die Mischna des R. Chija und
R. Hoschaja und die Mischna des Bar Kappara.
j. Hor. III g. E., 48ᶜ לעולם הוי רץ אחר המשנה
יותר מן התלמוד הדא דת מר עד שלא שיקע בו
רבי רוב משניות אבל משמשיקע בו רבי רוב משניות
לעולם הוי רץ אחר התלמוד יותר מן המשנה bestrebe dich stets, die Kenntniss des Talmud
mehr, als die der Mischna zu erwerben! Dies
galt jedoch blos in der früheren Zeit, bevor
Rabbi die meisten Mischnas in den Talmud versenkt niedergelegt hatte; seitdem jedoch Rabbi die
meisten Mischnas dort niedergelegt hat, bestrebe
dich mehr, die Kenntniss des Talmud, als die der
Mischna zu erlangen! Das. ואינו חסר לפשט מכל ר'
אשר יחאויה אלו משניות גדולות כגון משנתו של ר'
חונא (חייא l.) משנתו של ר' הושעיא ומשנתו של בר קפרא
„Nichts fehlt ihm, wonach er gelüstet"
(Khl. 6, 2), das sind die grossen Mischnasammlungen, wie z. B. die Mischna des R. Chija,
des R. Hoschaja und die des Bar Kappara

Levit. r. s. 7, 151ᵈ אין כל הגליות מתכנסות אלא בזכות משניות שנאמר גם כי יתנו וג' die Exulanten werden blos infolge der verdienstlichen Mischnastudien gesammelt werden; denn es heisst (Hos. 8, 10 יתנו, תני, תָּנָה wird nach talmudischem Sprachgebrauch gedeutet: lernen): „Auch wenn sie unter den Völkern das Mischnastudium betreiben, so werde ich sie sammeln.“ Uebtr. j. Ter. VIII, 46ᵇ un. משנת החסידים die Lehre der Frommen, vgl. מָסוֹר. — Davon denom.

מִשְׁנֶה m. der Mischnalehrer, δευτερωτής. Pl. j. Chag. I, 76ᶜ mit. wenn du israelitische Städte zerstört siehst, דע שלא החזיקו בשכר סופרים ומשנים so wisse, dass deren Einwohner die Belohnung den Bibel- und den Mischnalehrern nicht verabfolgt haben. Thr. r. Einleit. Anf., 44ᵃ מאן אינון נטורי קרתא אלו סופרים ומשנים שהם הוגים ומשנים ומשמרין את התורה ביום ובלילה wer sind „die Wächter der Stadt“ (vgl. חָרוֹבָא)? Das sind die Bibel- und die Mischnalehrer, welche die schriftliche Lehre erforschen, die Mischna lehren und die Gesetzlehre des Tages und des Nachts überwachen. Exod. r. s. 47, 141ᵃ man lerne die Gotteslehre des Tages und des Nachts (mit Ansp. auf Ex. 34, 28: „Mose weilte bei Gott 40 Tage und 40 Nächte“); לכך התקינו חכמים שרה המשנין יושבין בבקר ובערב וכ' deshalb haben die Gelehrten angeordnet, dass die Mischnalehrer früh und abends sitzen u. s. w. Levit. r. s. 8, 152ᵉ ושם דרך וג' אלו סופרים ומשנים שהן מלמדין את התינוקות באמונה „wer den Weg bahnt“ u. s. w. (Ps. 50, 23); das sind die Bibel- und die Mischnalehrer, welche die Jugend pflichttreu unterrichten. Dafür aram. מַתְנֵי s. d.

מְשׁוּגְתָּא ,מְשׁוּגָּא s. in משו'.

מְשַׁנְיוּתָא ,מְשַׁנְיָא f. (von שָׁנֵי) Veränderung, Abweichung; insbes. veränderte Stellung der Augen, wenn z. B. die Augen zu sehr nach oben, oder zu sehr nach unten stehen, oder auch: das Schielen. Bech. 44ᵃ כל מחמת כהויתא אתיא מאיש מחסורייתא מדק המשחה מתבלול משנויותא (das. auch משניותא) die völlige Erblindung (jede dazu gehörige Art) ist erwiesen aus איש (Lev. 21, 18 עור; d. h. dass ein völlig Erblindeter nicht Priesterdienste verrichten darf); eine Mangelhaftigkeit des Gesichtes ist erwiesen aus דק (das. V. 20); ferner die Vermischung des Schwarzen des Auges mit dem Weissen desselben ist aus תבלול erwiesen (das.; d. h. das Auge muss die gewöhnliche Lage haben).

מְשׁוּעֶבֶד Part. pass. von שִׁעְבֵּד s. d.

מְשׁוּעְבָּן m. (eig. Part. pass., Denom. von

שַׁעְבֵּן, s. d.) Jem., der ungewöhnlich lange Hoden hat. Bech. 44ᵇ in der Mischna המשועבן Ar. sv. שעבן (Agg. ובעל הגבר), wird das. in Gemara erklärt: משועבן בבצים ובעל הגבר בגיד Ar. (Agg. crmp. משרבן; viell. zu lesen משועבן contr.) unter משועבד ist Jem. zu verstehen, der ungewöhnlich lange Hoden hat; unter בעל הגבר: Jem., der ein übermässig langes Glied hat.

מָשְׁפּוּ f. (Stw. שׁוּף, arab. سَفَّ) der Schluck, Trunk. Genes. r. s. 38, 36ᵈ האי משפו jener Schluck u. s. w., vgl. מְכָּתוֹ.

מִשְׁפָּחָה f. (=bh., von שָׁפַח) Familie, eig. was zu einem und demselben Stamm gehört. Sifra Kedoschim cap. 8 Par. 9 וכי מה חטאה המשפחה אלא ללמדך שאין לך משפחה שיש בה מוכס שאין כולה מוכסין שיש בה ליסטיס שאין כולה ליסטים מפני שמחפים עליו was hat denn „die Familie (des Molechdieners“ verbrochen, dass die göttliche Strafe auch sie treffen wird, Lev. 20, 5)? Das will dich vielmehr Folgendes lehren: Es giebt keine Familie, in deren Mitte ein Zöllner ist, deren nicht alle Mitglieder Zöllner wären; keine, in deren Mitte ein Räuber ist, deren nicht alle Räuber wären; weil sie seine Sünde beschönigen, eig. bedecken; d. h. sie sind infolge dessen als Mitschuldige anzusehen. Schebu. 39ᵃ dass., vgl. auch מִילָה I. B. bath. 109ᵇ. 110ᵇ (mit Bez. auf Num. 1, 2 und 27, 11) משפחת אב קרויה משפחה אם אינה קרויה משפחה die Familie von väterlicher Seite wird „Familie“ genannt; aber die Familie von mütterlicher Seite wird nicht Familie genannt; weshalb näml. nur die Brüder von Vaterseits, nicht aber die von Mutterseits erbberechtigt sind. — Pl. Tosefta Nesir. I Anf. אגלה לא אם נזיר הרני משפחות הרי זה נזיר ולא יגלה משפחות wenn Jem. sagt: Ich will ein Nasiräer sein, wenn ich nicht Familien bekannt machen (d. h. die Illegitimität solcher Familien, welche als legitim gelten, nachweisen) werde: so soll er ein Nasiräer sein, aber die Familien nicht bekannt machen. Kidd. 71ᵃ dass., vgl. טָמֵעַ und מָכַר.

מִשְׁפָּט m. (=bh., von שָׁפַט) das Recht, Gericht, Richten; dah. auch: Bestrafung. Meg. 21ᵃ u. ö. משפט ביום das Richten muss am Tage stattfinden. Edij. 2, 10 משפט רשעים בגיהנם י"ב חדש die Bestrafung der Frevler im Gehinnom dauert zwölf Monate.

מַשְׁפֵּךְ m. (von שָׁפַךְ) der Trichter, aus welchem die hineingegossene Flüssigkeit abläuft. Kel. 3, 8 משפך של עץ וחרס ein hölzerner und ein irdener Trichter. Tosef. Kel. B. mez. III g. E. u. ö. Tosef. Ter. III g. E. מביא משפך man bringt einen Trichter, dessen Oeffnung nicht so gross ist, dass ein Ei durchgeht, legt ihn auf

die Mündung des Fasses u. s. w. Ab. sar. 5, 7 נטל את המשפך ומדד לתוך צלוחיתו של נכרי wenn Jem. den Trichter nahm und den Wein in das Glas des Nichtjuden mass. — Pl. Tosef. Kel. B. mez. II מכמר שהוא תולה בו את המַשְׁפְּכִים der Nagel, woran man die Trichter aufhängt, ist levitisch rein, die Trichter aber sind unrein. — Trop. Aboth 5, 15 ארבע מדות ביושבים לפני חכמים ספוג ומשפך משמרת ונפה ספוג שהוא סופג את הכל משפך שמכניס בזו ומוציא בזו משמרת שמוציאה את היין וקולטת את השמרים ונפה שמוציאה את הקמח וקולטת את הסולת vier Arten von Hörern giebt es, die den Unterricht der Gelehrten geniessen, näml. Schwamm, Trichter, Seiher und Sieb. 1) der Schwamm, der Alles einsaugt (bildl. ein Schüler, der viele Lehren aufnimmt, aber kein Sichtungsvermögen hat, um das Unnütze vom Nützlichen abzusondern). 2) der Trichter, der dasjenige, was er von der einen Seite aufnimmt, von der andern Seite durchlaufen lässt (ein Schüler, der Alles, was er lernt, sofort vergisst). 3) der Seiher, der den Wein ablaufen lässt, aber die Hefe zurückbehält (ein Schüler, der die nützlichen Lehren durch Vergesslichkeit verliert, aber die unnützen im Gedächtniss behält). 4) das Sieb, welches das grobe Mehl (die Schrotkörner) ausschüttet, aber das feine Mehl behält (ein Schüler, der die unnützen Lehren fahren lässt, die nützlichen aber wohl verwahrt).

מַשְׁפֵּךְ ch. (eig. = מַשְׁפֵּךְ) Ergiessungsort, ein Ort, wo Sturzbäche sich ergiessen, s. TW.

מַשְׁפֶּלֶת f. (von שָׁפַל) Hohlgefäss, Korb u. dgl., ein Gefäss, dessen Mass gleich dem eines Lethech ist, s. w. u. Ar. bemerkt: Der Korb heisst im Arab. אלמשפל (ähnlich مِشْفَل, nach Freytag: ingluvies u. dgl.). Kel. 19, 10 משפלת שנפחתה מלקבל רמונים ein Korb, welcher dermassen schadhaft wurde, dass er die (in ihn hineingelegten) Granatäpfel durchfallen lässt; vgl. רְמוֹן. Tosef. Kel. B. mez. VI משפלת שאמצעיתה ein בגובה וזויותיה יורדות ונפחתה מצד אחד Korb, dessen Boden in der Mitte erhaben, dessen Winkel abschüssig sind und welcher an der einen Seite schadhaft wurde. — Pl. Kel. 24, 9 שלש מַשְׁפֵּלוֹת הן של זבל ... והפתילע ושל גמלים drei Arten von Körben giebt es: Den zum Austragen des Mistes (dessen man sich zuw. auch zum Daräufsitzen bedient), den zum Austragen des Strohes und den Balg der Kamele (der näml. netzartig geformt ist und grössere Löcher als der letztgenannte hat), vgl. פוֹחְלָץ. j. Chag. III Ende, 79ᵈ dass. Ohol. 8, 4 חבלי המטה והמשפלות die Stricke einer Bettstelle und die Körbe. Schebi. 3, 2 עד כמה

מזבלין עד שלש שלש אשפתות לבית סאה של עשר עשר משפלות של לתך לתך wie viel Mist darf man im Brachjahre aufs Feld führen (ohne dass es als Düngen desselben angesehen werde, was im Brachjahre verboten ist)? Bis je drei Misthaufen auf ein Feld, das eine Strecke von einer Seah Aussaat umfasst, von je zehn Körben, deren jeder ein Lethach misst. j. Schebi. III Anf., 34ᶜ ob. עם הגוי ועם הכותי אפילו בשביעית ובלבד שלא יפרוק את המשפלות mit einem Nichtjuden und einem Samaritaner (darf der Jude auch im Brachjahre den Mist aufs Feld führen); jedoch darf er nicht die Körbe ausleeren, um den Mist auszustreuen. Das. ö., vgl. auch j. M. kat. I, 80ᵇ mit. Cant. r. sv. שׂרך, 30ᵇ כשם שאין בעל הבית של תבן ולא על הקש ולא על המוץ למה שאינן נחשבין לכלום כך אין הקב"ה משגיח על אומות העולם וכ' so wenig wie der Grundbesitzer die Körbe mit Mist, die Körbe mit Stroh, oder die Stoppeln und die Spreu beachtet und zwar deshalb, weil sie werthlos sind; ebensowenig beachtet Gott die Völker (mit Bez. auf Jes. 40, 17: „Alle Völker erscheinen ihm als Nichts"). Aber auf Israel wendet Gott sein Augenmerk; daher heisst es Ex. 30, 12: „Wenn du die Köpfe Israels zählen wirst". Levit. r. s. 19, 162ᵃ und Cant. sv. ראשו כתם, 25ᵇ, s. תְּלוֹלִית.

מְשׁוּפָּשׁ m. eig. (Part. Pual von שָׁפַשׁ = שָׁבַשׁ, s. d.) verwirrt, verflochten; übrtr. krummgebogen. Men. 27ᵇ אל פני הכפרת למעוטי דרך משופש „vor den Gnadenstuhl (darf der Priester nicht zu jeder Zeit kommen", Lev. 16, 2); das schliesst einen krummgebogenen Weg aus; d. h. Jem., der nicht durch die Thür, „gegenüber dem Gnadenstuhl", sondern auf einem Hohlwege (לול, s. d.) oder auf einem Seitenwege in das Allerheiligste eingetreten ist, ist nicht straffällig; vgl. Tosaf. z. St. Seb. 82ᵇ dass.

מַשְׁקֶה m. (=bh. von שׁקי, שָׁקָה) Getränk. Sifra Schemini cap. 9 Par. 8 משקה זה היין unter „Getränk (Lev. 11, 34) ist der Wein zu verstehen. Das. nach einer Ansicht אשר ישתה פרט למשקה סרוח „was getrunken wird"; davon ist ein überriechendes Getränk ausgeschlossen, weil es näml. gew. nicht trinkbar ist. Pes. 20ᵇ. — Pl. das. מַשְׁקִין. Machsch. 6, 4 שבעה משקין הן הטל המים והיין והשמן והדם והחלב ודבש דברים sieben Arten von Getränken giebt es (durch deren Benetzung „Saaten" u. dgl. zur Annahme der Unreinheit fähig gemacht werden, vgl. Lev. 11, 38 und den Art. כָּשַׁר im Hifil nr. 2), näml. das Thau, das Wasser, der Wein, das Oel, das Blut, die Milch und der Bienenhonig. (Der Talmudtraktat Moëd katan kommt bei Ar. und den älteren Rabbinen unter der Benennung מַשְׁקִין Maschkin vor, mit welchem W. dieser Traktat beginnt, näml. Part. pl. „man tränkt, befeuchtet".)

37

מַשְׁקֵי ,מַשְׁקְיָא ch. (=מַשְׁקֶה) Getränk, s.
TW. Khl. r. sv. והרוה פיילן, 78ᵇ מה יתהרון מד, der Ein-
מצתיד ליה חד משקירי דמים בכל יום
schenker (s. פיילי) hielt für Resch Lakisch an
jedem Tage einen Wassertrunk bereit.

מְשְׁקוֹלָת f., מַשְׁקוֹלָת m. (=bh. מִשְׁקֶלֶת, מִשְׁקוֹל,
von שֶׁקֶל) eig. Gewicht, sodann: Senkblei,
Perpendikel. Kel. 29, 3 חוט המשקולת das
Seil, woran das Senkblei der Baumeister angebracht ist. B. bath. 27ᵇ כנגד המשקולת בתרוב ובשמקולת
die Zweige אבא שאול אומר כל אילן סרך כנגד המשקולת
des Johannisbrotbaumes und der Sykomore (die
in des Nachbars Feld hineinragen, müssen, weil
ihr Schatten den Saaten schadet) in der Richtung des Senkbleis (d. h. alle Zweige, die sich
in gerader Linie oberhalb des Feldes befinden)
abgehackt werden; in einem Felde, das auf künstliche Weise berieselt wird, müssen die Zweige
aller Bäume in der Richtung des Senkbleis abgehackt werden. Abba Saul sagt: Die Zweige
aller derjenigen Bäume, die keine Früchte tragen, müssen in der Richtung des Senkbleis abgehackt werden. Tosef. B. bath. I Ende dass.
— Pl. Kel. 12, 8 המִשְׁקָלוֹת die Gewichtsteine.
Tosef. Kel. B. mez. II g. E. משקלות שנתחברו
Gewichtsteine, welche zerbrochen wurden. Tanch.
Balak, 233ᵃ משל לשולחני שהיה משקר במשקולת
בא בעל השוק הרגיל בו אמר לו מה אתה עושה
מעול ומשקר במשקול אמר לו כבר שלחתי דורון
לביתך כך בלעם וכ' ein Gleichniss von einem
Geldwechsler, der mit den Gewichtsteinen (beim
Abwiegen der Werthsachen) trügerisch verfuhr
und zu dem ein Kaufmann, der mit ihm bekannt war, kam und sagte: Was begehst du
da für Unrecht und Betrug beim Gewichte?
Ersterer aber entgegnete ihm: Schweige, ich
habe dir bereits ein Geschenk nach Hause geschickt! Ebenso verstich es sich mit Bileam,
als „Gott sich zu ihm verfügte" und ihm zurief:
Bösewicht, was thust du hier? und er ihm entgegnete: „Die sieben Altäre habe ich errichtet"
(Num. 23, 4); vgl. auch אִפְסְנִין.

מַשְׁקָלָתָא ,מַשְׁקוֹלָתָא ch. (=מִשְׁקוֹלָת) Gewicht, Senkblei, s. TW.

מוֹשְׁקִין Moschus, s. מוּסְכִּין.

מְשֻׁקָּע (Bech. 38ᵇ u. a.) Part. pass. von שָׁקַע
s. d.

מַשְׁקוֹף m. (=bh. מַשְׁקוֹף, von שָׁקַף) Oberschwelle. Trop. Aboth de R. Nathan XXVI
Ende אל תהא כמשקוף העליון שאין אדם יכול ליגע
וכ' sei nicht wie die Oberschwelle, zu der
Niemand reichen kann (d. h. dünke dich nicht
zu erhaben gegen Jedermann); sondern sei wie
die Unterschwelle, auf die man tritt, אַסְקוּפָּה
s. d., vgl. auch פַּרְצוּף.

מַשְׁקוֹפִי od. מַשְׁקוֹפִי f. (von שָׁקַף) Striemen,
Verwundung durch Schläge, s. TW.

מַשְׁקְרֵי m. pl. (gr. μυΐσκα) eine Muschel-
art. Ab. sar. 28ᵇ ob. משקרי חלזוני Ar. (Agg.
מסקרי) Miesmuscheln, vgl. חַלְזוֹנָא.

מִישׁוֹר s. d. in מִי'.

מֵישָׁרָא ,מֵישָׁרָא ,מֵשָׁרָא m. (von וָשֵׁר) Plan,
Ebene, s. מִישׁוֹר in מִי'. Bech. 8ᵇ un. (bei Gelegenheit der witzigen Discussionen zwischen den
griechischen Weisen und R. Josua ben Chananja,
vgl. סָבָא) משרא דסכיני במאי קטלי ליה בקרנא
דחמרא ומי איכא קרנא לחמרא ומי איכא משרא
דסכיני womit, fragten die Ersteren, mäht man
eine Ebene (ein Beet), wo Messer wachsen?
Mit dem Horn eines Esels, antwortete Letzterer.
Hat denn aber der Esel ein Horn? Giebt es
denn, erwiderte R. Josua, eine Ebene mit Messern? — Pl. Genes. r. s. 42, 41ᵇᶜ מֵישָׁרֵי דפארן
משריא דממרא ... die Ebenen Parans, die Ebenen
Mamre's.

מֵישָׁרֵי ,מֵישְׁרָא m. (syr. ܡܲܫܪܳܐ, von שְׁרָא)
Lagerstatt, Ort, wo man sich aufhält, oder
wo sich etwas befindet, s. TW.

מְשִׁרְיָיתָא ,מַשְׁרִיתָא ,מַשְׁרֵי f. (syr. ܡܲܫܪܝܼܬܐ)
Lager, Nomaden- und Kriegslager, castra;
dann übrtr. Trupp, Heer, exercitus, s. TW.
— Snh. 26ᵃᵇ ob. Schebna hatte an den Assyrer-
könig geschrieben: שבנא וסיעתיה השלימו וכ'
Schebna mit seinem Anhange würden gerne Frie-
den schliessen, Hiskias jedoch verhindert es (vgl.
Jes. 22, 15 fg.). כי הוה נפק איהו אתא גבריאל
אחדיה לדשא באפי משרייותיה אמרו ליה משרייותך
היכא אמר הדרו בי וכ' als Schebna nun aus der
Stadtmauer hinausgegangen war, kam der Engel
Gabriel und verschloss das Thor vor seinen
Kriegsheeren. Die Assyrer fragten den Schebna:
Wo sind denn deine Heere? Er antwortete:
Sie fielen von mir ab. Sie sagten nun: Du
triebst wohl gar Scherz mit uns. Sie banden
ihn dann an die Hufen ihrer Pferde und schleif-
ten ihn über Dornen und Disteln.

מִשְׁרָה f. eig. (=bh. von שָׁרָה ,שׁרי) maceratio; insbes. Teich, wo man die Wäsche,
namentlich Flachs, Garn u. dgl. weicht und
wäscht, Waschteich. B. bath. 25ᵃ מרחיקין
את המשרה מן הירק man darf den Waschteich
nur in einiger Entfernung von dem Krautfeld
des Nachbars halten; weil näml. die übeln
Gerüche eines solchen Teiches den Kräutern
schaden. Das. 18ᵃᵇ משרה וירקא Waschteich und
Grünkraut. M. kat. 11ᵇ פשתנו להעלות מן המשרה
den Flachs des Leidtragenden (darf man während seiner Trauerzeit) aus dem Teiche heraufholen; weil ersterer näml., wenn er zu lange im
Teiche liegt, verdirbt, דבר האבד s. d. B. kam.

102ᵃ הכבוסה . . . המשרה der Teich, wo die Wäsche weicht, und der Teich, wo sie gewaschen wird. Khl. r. sv. עת בכל, 91ᵇ: „Zu jeder Zeit sollen deine Gewänder weiss, rein sein" (Khl. 9, 8). Ein Gleichniss von einem König, der seine Diener zu einem Mahle eingeladen, ihnen aber nicht die Zeit, wann es stattfinden würde, angegeben hatte u. s. w. Die Trägen dachten bei sich: Giebt es denn eine Mahlzeit ohne Vorbereitung? והלך הסריד לסרידו ויוצר לטטיטו נפת לסחמו כובס לבית המשרה שלו פתאום אמר המלך יבאו הכל לסעודה מהרום וכ׳ da ging der Kalkstreicher zu seiner Kalkgrube, der Töpfer zu seiner Lehmgrube, der Schmied zu seiner Schmiede, der Walker zu seinem Waschteich (d. h. ein Jeder ging seiner täglichen, schmutzigen Arbeit nach, ohne daran zu denken, sich zu säubern, um bei einem etwaigen Herbeirufen zum Mahle vorbereitet zu erscheinen). Plötzlich rief der König: Mögen sie Alle zur Mahlzeit erscheinen! Holet sie schnell herbei u. s. w., s. זמן.

מָשְׁרוּנְיָא Mischrunja, s. מְרוּשְׁנָיָא.

מָשְׁרוֹעָא m. (von שְׁרַע) schlüpfriger Ort. — מַשְׁרוֹעִיתָא f. (syr. ‎ܡܰܫܪܽܘܥܺܝܬܳܐ‎) eig. schlüpfrige oder zackige Stelle; übrtr. Maschroïtha, Name eines Felsens, s. TW.

מַשְׁרוֹקִיתָא fem. (von שְׁרַק) Pfeife, Rohrpfeife. Dan. 3, 5. 7 fg.

מָשְׁרַשְׁיָה Mescharscheja, Name eines Amoräers. Hor. 12ᵃ. Snh. 63ᵇ u. ö.

מְשָׁרֵת m. (=bh., eig. Part. von שָׁרַת) der Bediente, Diener. j. Ned. IX Anf., 41ᵇ משרתו ‎ר׳ מאיר הייתי‎ ich war der Bediente des R. Meïr u. s. w., vgl. מַקֵּל. — Pl. Snh. 63ᵇ (wird Hos. 13, 2 wie folgt erklärt:) שהיו מְשָׁרְתֵי עלום נותנין עירדהם בבעלי ממון ומרביבים את העגלים ועושין דמות עצבים ומעמידין בצד אבוסידן ומוציאין אותן לחוץ כיון שראו אותן רצין אחריהן וממשמשין בהן אומרים לו עלום חפץ בך יבא וריבא עצמו לו die Götzenpriester (Diener) richteten ihr Augenmerk auf die Begüterten, liessen den Götzen geweihten Kälber hungern und fertigten Abbildungen jener Begüterten an, die sie an der Seite der Krippen der Kälber aufstellten und nach der Strasse brachten. Sobald nun die Kälber die Reichen (die ihnen durch jene Abbildungen bekannt waren) vorübergehen sahen, liefen sie ihnen nach und beleckten sie. Infolge dessen sagten die Priester zu jedem derselben: Der Götze verlangt nach dir; komme und lasse dich ihm opfern!

מָשַׁשׁ (=bh., arab. مَسَّ, vgl. auch מוש und מְנָשָׁא, Grndw. מש) betasten, befühlen, mit der Hand berühren, über etwas strei-

chen, vgl. מָשַׁח und מָשָׁךְ. — Pilp. מִשְׁמֵשׁ, s. d.

מְשׁוֹשׁוֹת m. pl. (nach der Form לְקוֹחוֹת u. a.) die Tastenden, Herbeischleichenden. j. Pea VIII Anf., 20ᵈ אבא שאול היה קורא אותן משושות Abba Saul nannte sie (diejenigen, die das Feld besuchen, um die vergessenen Garben einzusammeln, nicht נמושות, sondern:) משושות. Das. אית תני תני משושות . . . שהן ממשמשין ein Autor liest משושות, weil sie (infolge ihrer Altersschwäche) trippeln und langsam herbeikommen; vgl. מוש.

מְשַׁשׁ ch. (=מָשַׁשׁ) Peal ungebr., s. מוש und מְשָׁא. — Pa. מַשֵׁשׁ betasten, befühlen, s. TW.

מְשָׁשָׁא m. (=מִשּׁוּשׁ, מַמָּשָׁא) eig. Tastbares, Fühlbares, dah. etwas Wesentliches. Ab. sar. 55ᵃ Sonan sagte zu R. Akiba: לבו ולבך ידע דע׳ לית בה מששא והא קחזינן גברי דאזלי כי מתברי ואתי כי מצמרי ich weiss ebenso gut wie du, dass am Götzen nichts Wesentliches ist; woher jedoch kommt es, dass wir Menschen, die verkrüppelt dahin wallfahrten, gesund zurückkehren sehen? Pes. 4ᵇ מידי ממש בה אית ist denn etwas Wesentliches daran? näml. an der Aussage der Unmündigen, denen doch kein Glauben zu schenken ist? Jeb. 102ᵇ dass. Ned. 91ᵇ במלה בה משש לית an ihrer Aussage ist nichts Wesentliches; d. h. sie ist nicht beglaubigt. Ber. 59ᵃ הני ענני דצפרא לית בהו מששא an den Wolken des frühen Morgens ist nichts Wesentliches; d. h. sie bringen keinen Regen. Schabb. 152ᵇ משששא in Agg. (ebenso Jalk. I, 10ᵃ משששא), s. מַמָּשָׁא. B. kam. 70ᵃ.

משתתן wahrsch. crmp. aus מִשְׁתָּתֵן m. Adj. (denom. von מִשְׁתוּתָא s. d.) eig. was trinkt, übrtr.: was Flüssigkeit einsaugt. Khl. r. sv. הריאה משתתן 88ᵃ (das. 2 Mal, l. משתתא) die Lunge saugt die Getränke ein. In der Parall. Levit. r. s. 4, 148ᵉ steht dafür הריאה לשתיה dass.

מְשְׁתָּאֵל m. (eig. Part. Ithpa. von שְׁאַל) Jem., der das Orakel um Rath befragt, s. TW.

מִשְׁתֶּה masc. (=bh. von שָׁתָה) das Trinken, Getränk, Gelage, συμπόσιον, zumeist jedoch: Hochzeitsmahl. Ber. 2ᵃ u. ö. בית המשתה das Haus des Gastmahls, der Hochzeit. j. Keth. I, 25ᵉ mit., s. מַגְּרוֹס. Keth. 8ᵇ Juda bar Nachmani, der Trostredner (Dolmetscher des R. Chija מתורגמניה) sagte bei Gelegenheit eines Todesfalles: רבים שתו ישתו כמשתה ראשונים כך משתה אחרונים Viele tranken, Viele werden trinken (d. h. Viele kosteten den Kelch der Leiden durch Todesfälle der Angehörigen und Viele werden ihn auch ferner kosten); dem Mahle der Vorvorderen gleicht das Mahl der

Späteren (d. h. Alle erliegen dem harten Schicksal). Abaji jedoch tadelte diesen Trauerredner, indem er ihm vorwarf: רבים שתו לימא רבים ישתו לא לימא כמשתה ראשונים לימא משתה אחרונים לא לימא „Viele tranken" durfte er sagen, aber „Viele werden trinken" hätte er nicht sagen sollen; „wie das Mahl der Vorvordern" durfte er sagen, aber „das Mahl der Spätern" hätte er nicht sagen sollen; man soll näml. den Mund zum Bösen öffnen, vgl. שָׁטָן. Nach Raschi bedeutet משתה ראשונים: das Mahl, das Abraham bei der Beschneidung Isaak's gab(?). — Pl. B. bath. 91ª מַשְׁתָּאוֹת 120 Gastmähler veranstaltete Boas (Ibzan) bei der Verheirathung seiner Kinder, vgl. פּוּרְנָא. j. Keth. I, 25ᵇ mit. „Boas nahm zehn Männer aus den Aeltesten der Stadt und sprach: Setzet euch hier nieder! und sie setzten sich" (Ruth 4, 2); דין שתן ממנין זקנים בבתי מַשְׁתָּיוֹת שלהם ed. Amst. (ed. Krot. u. a. crmp. לבית הזה) daraus ist erwiesen, dass das Gelehrtencollegium zu Hochzeitsmahlen die Aeltesten beordert; damit näml. keine lascieven Redensarten vorkämen. Ruth r. sv. ויקח בועז, 42ᵈ dass. j. Sot. IX, 24ᵇ ob. מטבטלו הסהדרין בטל השיר מבית המשתאות seitdem das Synedrium aufgehört hat, hörte auch der Gesang in den Hochzeitshäusern auf.

מַשְׁתֵּי, מַשְׁתְּיָא ch. (syr. ܡܰܫܬܝܳܐ, ܡܰܫܬܝܳܐ = מִשְׁתֶּה) das Trinken, Gelage. Dan. 5, 10 עד ארבעין שנין מיכלא Schabb. 152ª משתיא מעלי bis zum 40. Lebensjahr ist das Essen dem Körper vortheilhaft, aber von dieser Zeit an ist das Trinken vortheilhafter. Pes. 103ᵇ עקר דעתיה ממשתיא er schlug sich das fernere Trinken aus den Gedanken.

מַשְׁתִּיתָא, מַשְׁתּוּתָא f. (syr. ܡܰܫܬܘܬܐ) das Trinken, Gelage; insbes. Hochzeitsmahl. Thr. r. sv. זכרה, 56ᵇ כד הסכון כלה מדכרא שבעת יומיא דמשתותא wenn man die junge Ehefrau züchtigt, so gedenkt sie der sieben Tage ihres Hochzeitsmahles, vgl. חֻפָּה. Genes. r. s. 3, 5ᵇ כאינש דאמר כן וכן אנא מפקד לשבעת יומיא דמשתותי wie Jem., der da sagt: Das und jenes (Getränk, Speise) will ich für die sieben Tage meines Hochzeitsmahles aufbewahren; obgleich es näml. blos auf zwei bis drei Tage ausreicht. Auf dieselbe Weise sagt die Schrift: „Wie das Licht der sieben Tage" (Jes. 30, 26), obgleich das Urlicht (das hier gemeint sein soll) blos in den drei ersten Schöpfungstagen, näml. bis Mittwoch, den Schöpfungstag der Lichtkörper, leuchtete. j. Ber. VI, 10ᶜ un. R. Jona und R. Jose חנינא דר למשתיתיר סלקון gingen zu dem Hochzeitsmahl des R. Chanina. j. Schebi. IV g. E., 35ᶜ משתותא אביל פרוטגמיא דאכל wer in den ersten Tagen nach der Hochzeit (πρωτογαμία)

etwas geniesst, hat das Hochzeitsmahl genossen. Khl. r. sv. עת ללדת, 77ᶜ Einer der Magnaten von Sepphoris gab bei Gelegenheit der Beschneidung seines Sohnes ein Gastmahl, wozu er die Gelehrten des Ortes eingeladen hatte. רהוה אבוי דמינוקא משקי לון חמר עתיק ואמר להון מן הדין חמרא טבא דאנא רחיץ במאריה דשמיא דמיניה אנא משקי לכון במשתותיה ונגו בתריה כשם שהכנסתו לברית כך תכניסהו לתורה ולחופה der Vater des Kindes gab ihnen alten Wein zu trinken und sagte: Trinket von diesem trefflichen Wein; denn ich vertraue auf den Herrn des Himmels, dass ich euch von demselben Wein zum Hochzeitsmahl des Neugeborenen zu trinken geben werde! Hierauf stimmten sie ein: So wie du jetzt das Kind in den Bund der Beschneidung gebracht hast, so mögest du es auch einführen in das Gesetzstudium und unter den Hochzeitsbaldachin! Das. 2 Mal.

מַשְׁתִּיתָא, מַשְׁתֵּי f. (syr. ܡܰܫܬܝܬܐ von שְׁתִי weben) das Gewebe, Gespinnst, dass., was hebr. מַסֶּכֶת. Stw. שתי hat die doppelte Bedeutung: trinken und weben, ebenso wie נָסַךְ die doppelte Bedeut. giessen und weben hat. — Trop. Exod. r. s. 42 g. E., 137ᶜ משתי בישמא לדריא אשתיתון ein böses, schädliches Gewebe habet ihr (durch die Anfertigung des goldenen Kalbes) für die späteren Generationen gesponnen, vgl. מַסֶּכֶת. Nid. 58ª דאי אתתא דאשתהכח לה דמא במשתיתא ein Weib, in dessen Gewebe sich Blut vorfand, s. auch TW. — Dav. denom.

מַשְׁתִּיָא m. Adj. eig. den Aufzugsfäden ähnlich, στημόνιος. Pl. Thr. r. sv. גיא מטא, 47ᵈ (mit Ansp. auf שת שתו, Jes. 22, 7) מַשְׁתָּיֵי אזלין ומשתויי אתיין ומתחמאין סגין die Reiter sprengten den Aufzugsfäden ähnlich hin und den Aufzugsfäden ähnlich zurück (in die Kreuz und in die Quer); infolge dessen sie den Anblick einer grossen Menge gewährten.

מַשְׁתִּית f. (denom. vom bh. שָׁתוֹת pl. von שָׁת; im Neuhbr. שִׁית, pl. שִׁיתִין; Stw. שות, Grndw. שׁו, wovon שׁוּנָה, ch. שַׁוִי: setzen, legen) Grundfeste, Pfeiler, Genes. r. s. 71, 71ᵇ (mit Bez. auf בָּא גָד בְּגָד, Gen. 30, 11) בא מי שעתיד לנגד משתיתן של אומות העולם ומי אליה angekommen ist derjenige, welcher einst die Grundfeste der Völker niederreissen wird; und wer ist es? Elias. Vgl. Midrasch Tillim zu Ps. 90 Anf. אל נקמות ה׳ כנגד משתיתו של גד שאולידו זכור לטוב עומד ממנו שהוא משתיתו של עולם „Der Gott der Rache, der Herr" (Ps. 94, 1), das zielt auf den Stamm Gad hin, von welchem der Prophet Elias (sein Gedenken sei zum Guten), welcher die Grundfeste der Welt ist, abstammen wird. Genes. r. s. 75, 74ᵈ (anspiel. auf רבון העולמים Ps. 11, 3) David sagte: אם רחקת ונטשת את יעקב שהוא משתיתו ויסודו של עולם שנאמר וצדיק יסוד עולם צדיק מה פעל

Herr der Welt, wenn du verstösst und verlässt den Jakob, welcher der Grundpfeiler und die Feste der Welt ist, wie es heisst; „Der Fromme ist die Grundfeste der Welt" (Spr. 10, 24); „was bewirkte der Fromme"? Khl. r. sv. ופסניהם אם יאמר לך אדם יכול אני לעמוד על 76ᵃ, אני משתיתו של עולם אמור לו אחרי מלך בשר ודם וכו' wenn Jem. zu dir sagen sollte: Ich vermag die Grundfeste der Welt zu ergründen! so entgegne ihm: „Die Gedanken des menschlichen Königs kannst du nicht ergründen" (Khl. 2, 12), wie willst du Gottes Pläne ergründen? Midrasch zu Samuel cap. 26 חפר אמות מאות ורחמש אלף David grub דוד לעמוד על משתיתה של ארץ וכו' 1500 Ellen, um bis zu dem Grunde der Erde zu gelangen; vgl. Suc. 53ᵃ un., s. שִׁית.

מַשְׁתִּיתָא ch. (=מַשְׁתִּית) Grundpfeiler, Feste. Esth. r. sv. גם ושתי, 103ᵇ (mit Ansp. auf משתיהם, Jer. 51, 39) אמר הקכֿלֿ כשהן באין להתחמם במלכות אשית את משתיהם אנא מגרר ית משתותיהן (l. מגדל) Gott sagte: Wenn sie kommen werden, um sich in der Regierung zu erwärmen (d. h. derselben froh zu werden), אשית את משתיהם, d. h. so werde ich ihre Grundfeste niederreissen (משיח) wird als שִׁית gedeutet; vgl. בור I, בְּיָיר. Das. 104ᵃ משתותהא של ושתי הגיע זמנה של ושתי ליגמם ge- kommen war die Grundfeste Waschti's (ihre Er- habenheit), gekommen ist nun die Zeit Waschti's, dass sie niedergehauen werde; ansp. auf משתה und גם.

מִשְׁתַּחֲוִיתָם (bh. Ez. 18, 16, als Compositum aus מִשְׁתַּחֲוִים und מַשְׁחִיתִים) sich bückend und verderbend. j. Suc. V g. E., 55ᶜ, s. חָתַר.

מְשַׁתְּמוֹדֵעַ s. אִשְׁתַּמוֹדַע.

מִשְׁתְּמִידָה Mischtemiha, Name eines Ge- fässes. j. Erub. X g. E., 26ᵈ, vgl. דִיוּבְרִין.

מַשְׁתּוּקָא m. (von שְׁתַק) das Schweigen, die Schweigsamkeit. j. Ber. IX Anf., 12ᵈ סמא דכולא משתוקא die Hauptsache von Allem ist „Schweigsamkeit", mit Bez. auf דמיה (Ps. 65, 2), s. דְּמַע. Khl. r. sv. של תתן, 82ᵇ. Meg. 18ᵃ dass. Das. מלה בסלע משתוקא בתרין wenn ein Wort einen Sela werth ist, so ist das Schweigen zwei Sela werth. Levit. r. s. 16, 159ᵈ dass., vgl. auch מִלָּא.

מֵת m. (=bh. eig. Part. von מות, s. d.) ster- bend, todt, moriens, mortuus. Mit Suff. Git. 72ᵃ wenn ein Mann zu seiner Frau sagt: זה גיטיך אם מתי . . . לא אמר כלום מהיום אם מתי מעכשיו אם מתי הרי זה גט das sei dein Scheide- brief, wenn ich sterbe, so besagt er nichts (d. h. dieser Ausspruch wird nicht als eine Scheidung angesehen; weil in diesem Wortlaut der Sinn liegt, dass die Scheidung erst nach des Mannes Tode eintreten solle, was unmöglich ist). Wenn

er hing. sagt: von heute ab, wenn ich ster- ben werde, so gilt die Scheidung. Vgl. Gem. das. אם מתי שתי לשונות משמע משמע כמעכשיו ומשמע כלאחר מיתה אמר לה מהיום כמאן דאמר לה מעכשיו דמי לא אמר לה מהיום כמאן דאמר לה לאחר מיתה דמי der Ausdruck אם מתי ent- hält zwei Begriffe, näml. 1) soviel als: von jetzt ab (d. h. wenn ich sterbe, soll die Scheidung schon jetzt eintreten) und 2) so- viel als: nach dem Tode (soll die Scheidung eintreten). Fügt also der Mann bei Uebergabe des Scheidebriefes hinzu: von heute ab, so ist das eben soviel, als ob er sagen möchte: von jetzt ab (zur Zeit der Uebergabe des Scheide- briefes); fügt er aber nicht hinzu: von heute ab, so ist es, als ob er ausdrücklich sagen wurde, dass die Scheidung erst nach seinem Tode ein- treten solle, was unmöglich ist. — מת מצוה ein Pflichttodter, zumeist (s. w. u.) zur Be- zeichnung eines solchen Todten, von dem kein naher Verwandter anwesend ist, der sich mit seiner Leichenbestattung befassen sollte und des- sen Bestattung daher Jedermann (im Ggs. zu den nächstflg. מתי מצוה) als eine Pflicht obliegt. Sifre Naso § 26 לאביו ולאמו אינו מטמא אבל מטמא הוא למת מצוה „bei seinem Vater und seiner Mutter darf sich der Nasiräer nicht ver- unreinigen" (um ihre Leichen zu bestatten, Num. 6, 7); aber bei Bestattung des Pflichttodten soll er sich verunreinigen. Dasselbe gilt von dem Priester, auch von dem Hohenpriester (Lev. 21, 2. 11): מטמא הוא למת מצוה bei einem Pflicht- todten muss er sich verunreinigen. Nas. 47ᵇ fg. Meg. 3ᵇ u. ö. מת מצוה עדיף die Verpflichtung, einen solchen Todten zu bestatten, geht jeder anderen Pflicht (wie z. B. der Beschneidung des Sohnes, oder der Darbringung des Pesachopfers u. dgl.) vor. — Pl. M. kat. 20ᵃ במה דברים אמורים בחמשה מֵתֵי מצוה אבל על אביו ואמו שבעה ושלשים das hier Gesagte (dass näml. Jem., der den Tod eines nahen Verwandten erst nach Ablauf von 30 Tagen erfährt, blos einen Tag der Trauergebräuche zu beobachten braucht) gilt blos von den fünf Todten, deren Bestat- tung den nächsten Verwandten als eine Pflicht obliegt (näml. „Frau, Sohn, Tochter, Bru- der und Schwester"); aber bei „Vater und Mutter" muss man stets die sieben Tage der grossen und die 30 Tage der kleinen Trauer beobachten. Das. 20ᵇ dass. in Betreff einer ähn- lichen Halacha. (Diese „sieben nahen Ver- wandten" sind in Lev. 21, 2. 3 erwähnt; שְׁאֵר bedeutet näml. die Frau, s. d. W.). Tosef. Schabb. VI (VII) Anf. wenn Jem. sagt: הדליחו נר על הארץ כדי שיצטערו המתים אל תניחו נר על הארץ שלא יצטערו המתים . . . הרי זה מדרכי האמורי stellet das Licht auf die Erde, damit die Todten Schmerz empfinden; oder: Stellet nicht das Licht auf die Erde, damit die Todten nicht Schmerz empfinden! so begeht er einen heidnischen

Brauch. Tractat Semachoth VIII Anf. יוצאין לבית הקברות ופוקדין על המתים עד ג' ימים ואין חוששין משום דרכי האמורי מעשה שפקדו אחד כך מת ואחר שנים וחמש שנים ואחר כך מת והוליד חמשה בנים ואחר כך מת man geht auf den Begräbnissplatz und untersucht die Todten (die in einer Höhle beigesetzt waren, vgl. כּוּךְ) drei Tage lang (um sich zu vergewissern, dass kein Scheintod vorgekommen sei, vgl. auch מְפַק); ohne zu besorgen, dass dies als ein heidnischer Brauch angesehen werden könnte. Einst kam es vor, dass ein solcher, den man (nachdem man ihn, in der Meinung, er wäre todt, beigesetzt hatte) untersuchte, noch fünfundzwanzig Jahr lebte und erst dann starb; ein Anderer (der ebenf. scheintodt war) zeugte fünf Kinder und starb erst dann. Tanch. Haasinu Anf., 275ᵇ לכך רגילין להזכיר המתים בשבת שלא ישובו לגיהנם שכן איתא בתורת כהנים(?) כפר לעמך ישראל אלו החיים אשר פדית אלו המתים מכאן שהמתים פודין את המתים לכך אנו נדונין להזכיר את המתים ביום הכפורים ולפסוק עליהם צדקה deshalb pflegt man der Todten in einem Gebete am Sabbat zu gedenken, damit sie (beim Ausgang des Sabbats) nicht wieder in die Hölle zurückkehren sollen. Denn so heisst es im Torath Kohanim (d. h. im Sifra; höchst wahrsch. jedoch hat der Copist crmp. בספרא anst. בספרי; denn das nächstflg. Citat findet sich in Sifre Abschn. Schoftim § 210, vgl. כַּפָּרָה Anf.): „Vergieb deinem Volk Israel" (Dt. 21, 8), darunter sind die Lebenden, „die du erlöst hast", darunter sind die Todten zu verstehen; woraus zu entnehmen, dass die Lebenden die Todten auslösen. Daher herrscht bei uns der Brauch, der Todten am Versöhnungstage zu gedenken und Almosen für sie zu geloben. — Uebrtr. j. Suc. III Anf., 53ᶜ היבש סכול על שם לא המתים יהללו יה „der verdorrte Palmzweig darf nicht zum Feststrauss verwendet werden (Mischna das.), denn es heisst: «Die Todten» (abgestorbenen Pflanzen) preisen nicht Gott" (Ps. 115, 17). — Snh. 55ᵃ משמש מת בעריות פטור Jem., der mit schlaffem Gliede unerlaubten Beischlaf vollzieht, ist nicht straffällig. Jeb. 55ᵇ u. ö.

מֵיתָא ,מִיתָא ,מֵית s. in מִי.

מָתָא St. c. מַת fem. (syr. ﻣﺎﺗﺎ) Stadt, bewohnter Ort. Grndw. מת verwandt mit arab. مَتَّ und מד, אמר ימדד, eig. das Massseil ausdehnen, wonach unser W.: abgemessener Bezirk bedeuten würde. Das W. dürfte im j. Tlmd. nicht vorkommen. — Men. 85ᵃ למת רקא מתא Ar. ed. pr. (Agg. למתא, worauf דירקא folgen müsste) nach dem Ort, wo viel Gemüse vorhanden ist, trage das Gemüse zum Verkauf, vgl. יוֹחָנִי I. B. kam. 113ᵇ בר מתא אבי מתא מיעבט ein Stadtbewohner wird für den andern Stadtbewoh-

ner (seiner rückständigen Steuern halber) gepfändet. Schabb. 145ᵇ un. במתא שמאי שלא במתא Ms. M. (Agg. בלא מתא) in meinem Wohnort werde ich nach meinem Namen, ausserhalb meines Wohnortes nach meinen Kleidern geschätzt, vgl. כָּבֵד Anf. B. bath. 8ᵃ. 22ᵃ. Snh. 112ᵃ בני מתא . . . die Stadtbewohner, die Stadtleute, vgl. יְהוֹבֵי (Bd. II, 540ᵇ Zusatz). B. mez. 75ᵇ דבריש ליה בהאי מתא ולא אזיל למתא אחריתי וכ' wem es in seinem Wohnorte schlecht geht und der nicht nach einem andern Orte zieht, der wird von Gott nicht erhört. — Pes. 114ᵃ. Ker. 6ᵃ u. ö. מתא מחסיא Matha Mechasja, Ort unweit Sora, eig. die Stadt Mechasjas. Ber. 17ᵇ בני מתא מחסיא אבירי לב דקא חזו יקרא לאורייתא תרי זמני בשתא ולא מגייר גיורא מינייהו die Einwohner Matha Mechasja's sind starrsinnig; denn, obgleich sie zweimal im Jahre die Verehrung der Gesetzlehre sehen (näml. in den Monaten Adar und Elul, an welchen die akademischen Vorträge der Gelehrten in grossen Versammlungen abgehalten wurden, vgl. כַּלָּה), so gieht doch keiner von ihnen zum Judenthum über. Pes. 111ᵇ u. ö., s. בר קשא. — Pl. Git. 7ᵃ מְתָנִיָתָא דארץ ישראל die Städte Palästina's, näml. Jos. 15, 22. Erub. 21ᵃ הנהו מתוותא דמבלען בשיעורא jene (zerstörten) Städte, welche zu den 70 Ellen und einem Plus (d. h. 70³/₄ Ellen) eines Ortes gehören.

מתאכלי B. bath. 86ᵃ, s. מְסַבְּלָא.

מְתָאִים m. (von תְּאַם) eig. was zwei Dinge vereinigt, Zwillingspaar; insbes. 1) das oberste Blatt des Palmzweiges, das aus zwei Blättern zusammengewachsen ist. j. Suc. III Anf., 53ᶜ נחלק המתאים כמי שנפסרדו העלין wenn das obere Blatt des Palmzweiges aus einander getheilt ist, so ist es, als ob die anderen Blätter vom Stamm getrennt sind; im Ggs. zu כסרצו, s. פָּרַץ d. h. ein solcher Palmzweig darf zum Feststrauss verwendet werden (in bab. Suc. 32ᵃ steht dafür נחלקה התיומת). — 2) מַתְאֵימוֹת f. pl. die Backzähne des Thieres, deren jeder wie aus zwei Theilen zusammengewachsen aussieht, Doppelzähne. Sifra Emor cap. 6 Par. 7 R. Chanina ben Antigonos sagt: אין בודקין מן המתאימות ולפנים אף לא המתאימות man untersucht nicht bei einem erstgeborenen Thiere weder von den Doppelzähnen einwärts, noch an den Doppelzähnen selbst, ob näml. ein Fehler in dem Maule vorhanden sei. Bech. 39ᵃ in Mischna und Gem. steht dafür התיומות; Raschi jedoch liest auch hier המתאימות. Nach dem Comment. des R. Abr. ben David in Sifra l. c. bedeutet הדמתאימות: die Stelle im Maule des Thieres, wo die Ober- und die Unterlefze zusammenschliessen.

מַתְבֵּן m. (=bh. denom. von תֶּבֶן) Stroh-

behältniss, Scheuer, wo das Stroh aufgehäuft liegt. Pes. 8ᵃ לולין ומתבן ואוצרות
וכ׳ ירין Hühnersteige, Strohbehältniss und Wein-
magazine. Erub. 79ᵃ מתבן שבין שתי חצרות
ein Strohbehältniss, das sich zwischen zwei Höfen
befindet. j. Erub. VII, 24ᶜ ob. dass.

מַתְבְּרָא m. (syr. ܡܰܬܒܪܐ, von חָבַר=hbr. חָבַר שְׁבַר,
s. d.) Geburtsstuhl. — מִתְבְּרָא m. (hbr. מִשְׁבַּר)
die brechende Woge, Brandung, s. TW.

מְתַג Pi. מִתֵּג (denom. von מֶתֶג) den Zaum
anlegen, zäumen. Pesik. Sachor, 24ᵇ הסום
הזה את ממתגג והוא בולם וכ׳ wenn du das
Pferd zäumst, so schlägt es aus, s. בָּלַם.

מְתַגָּא m. (=hbr. מֶתֶג) Zaum, s. TW. Schabb.
51ᵇ מתגא Ms. M. (Agg. מיתגא wahrsch. richtiger, s. d. W.). — Bei den Accentuatoren bezeichnet מתג Metheg: ein unter dem Bst. per-
pendiculär gezogenes Strichelchen, wo im Lesen
anzuhalten ist.)

מְתַגְרָא wahrsch. crmp. Khl. r. sv. וידעתי כל
79ᵇ הורה עלול מן המתגרא (?) viell.: er kam von
einem Handelsplatz.

מִתְדַּמְּרוּ s. דְּמַר im TW.

מִיתוֹן, מִיתְוֵי s. d. in מוּ׳.

מַתְוָא, מַתְוֵי m. (für מתאוי, von אוי, verwandt mit תְּאָב) heftiges Verlangen, s. TW.
hv., vgl. Fleischer das. 569ᵇ.

מִתּוֹךְ eig. (von תָּוֶךְ mit vorges. מ) aus der
Mitte, aus; jedoch als technischer Ausdruck, Mittoch (=aram. מִיגוֹ Miggo, s. גּוּ):
aus dem Grunde, z. B. Schebu. 49ᵇ u. ö. מתוך
שיכול לומר לו וכ׳ da er hätte zum Tagelöhner
sagen können u. s. w., vgl. II, s. auch תָּוֶךְ.

מְתַח (=bh. Grndw. מת, syn. mit מד; verwandt mit מָשַׁח) ausdehnen, ausspannen. Kil. 6, 9 המותח זמורה מאילן לאילן
wenn Jem. eine Rebe von einem Baume zum
andern ausspannt. Kel. 21, 3 כל זמן שהיא
מתוחה so lange das Seil des Pfeilbogens ausgespannt ist. — Trop. Genes. r. s. 35, 34ᵈ da
bereits erwähnt ist: „Der Engel Gottes zog hinter einher", wozu steht: „Die Wolkensäule stand hinter ihnen" (Ex. 14, 19)? אלא
אותה מדת הדין שהיתה מתוחה כנגד ישראל הפכה
הקבֿל נun jene Eigenschaft
der Gerechtigkeit (Strafgericht), welche früher
gegen Israel ausgespannt war, wandte Gott um
und spannte sie gegen die Egypter. j. M. kat.
III g. E., 83ᶜ ob. כל אותה השנה הדין מתוח כנגד
כל המשפחה das ganze Jahr hindurch (nach
dem Ableben eines nahen Verwandten) ist das
Strafgericht gegen die ganze Familie ausgespannt.
Pesik. r. s. 37 g. E., 67ᵇ so lange Hiob und
seine Freunde mit einander stritten, מדת היתה

מתוחה הדין war die Eigenschaft, Standpunkt
des Rechtes (Streites) ausgespannt, geltend gemacht; er nannte sie „Jünglinge" (Hiob 30, 1),
sie wiederum sagten: „Greise und Hochbetagte
sind unter uns" (das. 15, 10).

Pi. מִתַּח dass. ausspannen. j. Schabb. XII
Anf., 14ᵃ צדדיו הממתח wenn Jem. seine (des
Gewebes) Seiten ausdehnt. j. Kil. IX Ende, 32ᵈ
חד אמר מסרגין שתי וערב M. kat. 10ᵃ וכ׳ שתי
וממתחין בלא ערב וחד אמר מסרגין שתי
בלא ערב וממתחין שאם היה רפוי ממותחו ein
Autor sagt: Das W. מסרגין (in der Mischna das. 8ᵇ)
bedeutet: Den Aufzug und den Einschlag der
Stricke des Bettes machen (sie in die Kreuz und
die Quer ziehen); ממתחין hing.: den Aufzug
ohne den Einschlag machen. Ein anderer Autor
sagt: מסרגין bedeutet: den Aufzug ohne den
Einschlag machen; ממתחין bedeutet: Die Stricke,
die schlaff herunterhängen, ausspannen, befestigen. j. M. kat. I, 80ᵈ un. steht dafür סירוג
מירתח . . . N. a. dass.

Nif. ausgedehnt, ausgespannt werden,
sich ausdehnen. Snh. 38ᵇ ob. שעה ראשונה
הוצבר עפרו שנייה נעשה גולם שלישית נמתחו
אבריו וכ׳ in der ersten Tagesstunde (am sechsten Schöpfungstag, als Adam erschaffen werden
sollte) wurde der Staub für ihn zusammenge-
häuft, in der zweiten Stunde wurde er zu einer
ungeformten Masse gebildet, in der dritten Stunde
dehnten sich seine Gliedmassen aus u. s. w. j.
Ber. I, 2ᶜ un. wird ידי רקיע (Gen. 1, 6) erklärt:
ימתח הרקיע das Himmelsgewölbe dehne sich,
s. auch כָּלַד. R. hasch. 22ᵇ ימתח על העמוד
השוכרך wer dich (zur Ablegung eines falschen
Zeugnisses) gemiethet hat, soll an den Pfahl
aufgespannt werden. j. Hor. II, 46ᵈ mit נמתחה
הקשת וכ׳ der Bogen dehnte sich, bildl. vgl.
קֶשֶׁת.

מְתַח ch. (syr. ܡܬܰܚ=מָתַח) ausdehnen,
ausspannen, s. TW. — Part. Peil Chull. 51ᵇ
גלימא מתיחא ein aufgespannter Mantel. Tanch.
Teze, 268ᵇ זורתיד מתיחתא לקבליה seine Spanne
war gegen ihn ausgestreckt. Genes. r. s. 63, 81ᵇ
u. ö., זַרְקָא. — Pa. מַתַּח dass. B. mez. 107ᵇ
un. ממתחי אשלידהו ומסתגי להו wenn sie ihre
Stricke ausdehnen, so wird es ihnen genügen.
— Das. Af. אַמְתּוּחֵי אשלידהו ihre Stricke ausdehnen.

מִיתוּח m. N. a. die Ausdehnung, Ausspannung. Kel. 13, 5 מחט . . . של מיתוח die
Nadel zum Ausspannen des Gewebes. Das. אם
התקינה למיתוח wenn man sie zum Ausspannen
angefertigt hat. Tosef. Kel. B. mez. III dass.
Orl. 1, 4, vgl. jedoch מַתַּח und מִיתְוֵי. j. M. kat.
I, 80ᵈ un. מיתוח das Ausspannen der Stricke
einer Bettstelle, s. מְתַח im Piel.

מְתִחָא ch. (syr. ܡܬܺܝܚܐ=מיתוח) 1) die Aus-

dehnung, Ausspannung. — 2) übrtr. Pflock,
s. TW.

מְתַחְתָּא f. (syr. ܡܶܬܚܰܬܐ) die Ausdehnung.
Git. 88ᵃ ob. מתחתא דמגילתא die Ausdehnung der
Buchrolle.

מִתְחֲלָא m. (von תְחַל s. d.) eine harte,
kelchförmige Rinde, die Schale der Dattel. Keth. 77ᵇ סומקא דדיקלא מתחלא die rothe
Rinde der Dattel. — Pl. Pes. 52ᵇ הני מתחלי
וכ׳ דערלה die kelchförmigen Schalen der Datteln
in den ersten drei Jahren nach der Pflanzung
sind zum Genusse verboten, weil sie als Hüter
(שומר) der Frucht anzusehen sind.

מָתַי (=bb., arab. مَتَى, von מת, מָתָה, syn.
mit מְתַח) eig. Ausdehnung; Adv. der Frage:
wann? Ber. 1, 1 ממתי קורין וכ׳ Ar. ed. pr.
(Agg. מאימתי) von welcher Zeit ab liest man
das Schemā des Abends?

מַתְיָא ,מַתְיָה ,מַתְאֵי ,מְתִי (syr. ܡܰܬܝ, verk.
aus מַתִּתְיָה) Mattai, Matthaeus, N. pr. Schek.
5, 1 מתיה בן שמואל על הפריסות Ms. M. (Agg.
מתתיה) Mattai ben Samuel (ein Tempelherr)
war über die Loose gesetzt. Edij. 2, 5 ר׳ יהושע
בן מתיה Agg. (Ms. M. יהושע בן מתתיה) R. Josua
ben Mattai. Jom. 84ᵃ. 86ᵃ ר׳ מתיא בן חרש
R. Mattai ben Charasch. — Snh. 43ᵃ חמשה
תלמידים היו לו לישו מתאי (מתי) נקאי נצר ובוני
ותודה אתיוהו לישו מתי להו יהרג הכתיב
מתי אבא וראראה פני אלהים אמרו לו אין מתי
יהרג דכתיב מתי ימות וכ׳ Mss. und ält. Agg.
(fehlt in der spät. Agg.) fünf Jünger hatte Jesus,
näml. Mattai (Matthaeus), Nakai, Nezer, Boni und
Tadai (Taddeus). Man brachte den Mattai vor's
Gericht, welcher aber zu den Richtern sagte: Wie,
Mattai soll getödtet werden, es heisst ja: „Mattai,
ich werde kommen und vor Gott erscheinen!“
(Ps. 42, 3; anspiel. auf מתי, eig.: „wann werde
ich kommen“ u. s. w.). Sie aber entgegneten
ihm: Jawohl, Mattai soll getödtet werden; denn
es heisst: „Mattai wird sterben und sein Name
wird untergehen“ (Ps. 41, 6; eig. „wann
wird er sterben“ u. s. w.), vgl. auch בּוּנִי.

מְתִיבְתָּא fem. (von תִיב=תּוּב=יָתַב) 1) der
Sitz, insbes. Gelehrtensitz, Schule, Akademie (=hbr. יְשִׁיבָה s. d.). B. bath. 85ᵃᵇ
גדל יהיב במתיבתא דרבי als er (R. Elasar bar
Simon) älter geworden, sass er in der Akademie
Rabbi's. Jeb. 105ᵇ אתא רבי למתיבתא Rabbi
kam in die Akademie. B. bath. 12ᵇ u. ö. ריש
מתיבתא das Oberhaupt der Akademie. Ber. 18ᵇ
סליק למתיבתא דרקיעא er stieg hinauf in die Akademie des Himmels (man dachte sich näml. ein Lehrhaus im Himmel, das dem Gelehrtensitz auf Erden
entspricht, vgl. מִקְדָּשׁ u. a.). Taan. 21ᵇ אבא
אומנא הוה אתי ליה שלמא ממתיבתא דרקיעא כל
יומא der Aderlasser Abba erhielt (infolge seiner

Frömmigkeit) jeden Tag einen Gruss von der
himmlischen Akademie. Sot. 7ᵇ. Erub. 21ᵃ. B.
mez. 85ᵇ u. ö. — Uebrtr. B. kam. 117ᵃ Resch
Lakisch דיתיב וקא מסיים מתיבתא דיומא לרבנן
welcher sass und am Tage in der Akademie gehaltenen Vortrag (des R. Jochanan) wiederholte. — Pl. Git. 6ᵃ (מְתִיבְתָּא=מְתִיבָאתָא)
בגירסייהו טרידי die Akademieen (näml. die zwei
Schulen zu Sora und zu Nehardea) sind mit
ihren Studien beschäftigt. B. mez. 86ᵃ כולהו
מתיבתא דרקיעא alle Gelehrtensitze im Himmel. — 2) (=hbr. תְּשׁוּבָה) Widerlegung. j.
Git. VIII, 49ᶜ mit. כל אילין מתיבתא דהוה ר׳ זעירא
משיב וכ׳ alle Widerlegungen (Einwände), die
R. Seïra vor R. Jisa vortrug u. s. w.; s. auch
TW.

מַתָּכָא m., מַתָּכָא f. (von נָתַך, syn. mit נְסַךְ)
1) Guss, Gegossenes, Metallguss. — 2)
gegossenes Bild, s. TW.

מַתֶּכֶת ,מַתְּכוֹת f. (von נָתַך; =bh. מַסֵּכָה von
נָסַךְ) eig. Giessbares, Schmelzbares, dah.
Metall. Kel. 13, 6 vgl. חָתַף. Das. טבעת של
מהכת וחותם שלה של אלמוג טבעת של מתכת
וחותם שלה של מתכת ein metallener Ring, dessen
Siegel aus Korallen besteht; ein korallener Ring,
dessen Siegel aus Metall besteht. Das. Mischna 7
עשאן של מתכת wenn man sie (die Zähne eines
Kammes) aus Metall anfertigte. Pes. 74ᵃ שפוד
של מתכת ein metallener Spiess. Insbes. oft
כלי מתכת metallenes Geräth. Kel. 14, 1.
Chull. 1, 6. Schabb. 63ᵇ u. ö.

מְתִיכְלְתָא ,מְתִיכְלָא f. (von תְכַל =מְשִׁיכְלָא)
Hohlgefäss, Becken u. dgl., s. TW. Chull.
46ᵇ מְשִׁיכְלָא s. מתיכלתא.

מְתוכִילְתָּא f. (viell. von אֲכַל) Zukost. Pes.
43ᵃ מירי קריב לי מתוכילתא Ar. ed. pr. (Ms. M.
מתוכילתא Agg. מתכילתא) bringet mir Zukost.
(Ar. Var. איכא מירי דמיכלא ביה ריפתא: ist
etwas da, womit man das Brot essen könne?)
Schabb. 77ᵇ (ein witziges Etymon unseres Ws.,
vgl. אֲסִיתָא, מְשִׁיכְלָא u. a.) מתוכילתא אימתי
תכליא דא Ar. (Agg. מתוכליתא מתי תכלה דא)
die Zukost heisst: als ein Compositum: wann wird das Ende derselben sein?
d. h. da man nur wenig davon braucht, so wird
sie gegessen u. s. w. Nach Hai Gaon bedeutet
unser W. in letzterer St.: Spinnrocken, wobei
man fragt: Wann wird das Gewebe fertig sein?
— Genes. r. s. 60, 58ᶜ מתכלתא crmp. aus מְחַבְלְתָא,
s. d.

מְחַל I ch. (arab. مَثَل, syr. ܡܬܠ, Af. أَمْثَلَ
=hbr. מָשַׁל nr. 1) 1) gleichen, ähnlich sein,
s. TW. — 2) vergleichen. j. Dem. I Anf.,
21ᵈ ob. מן מתל לך עם תבליא wer vergleicht
dich mit den Gewürzen? Das. מתחליף עם
התבליא dass. Part. Peil Chull. 59ᵇ אלהכון כאריה
תבליא

מְתִיל euer Gott ist dem Löwen verglichen.' Snh. 94ᵇ un. לבוכדנצר דמתיל כאריה Nebukadnezar, welcher dem Löwen verglichen wird. B. mez. 83ᵇ לאו כחיותא מתילי sind denn die Diebe nicht den wilden Thieren gleich? — 3) ein Gleichniss, Sprichwort vortragen, para-bolizare. Pes. 114ᵃ מתלא מתלין במערבא man trug in Palästina folgendes Sprichwort vor; s. flg. Art.

Ithpe. verglichen werden. Snh. 95ᵃ כנסת ישראל ליונה אמרתילא die Gemeinde Israels wird der Taube verglichen. In der Parall. Ber. 53ᵇ steht dafür מתלי Peal.

מְתַל II מָתְלָא, מַתְלָה ch. (arab. مَثَل, syr. ‎ مثل=hbr. מָשָׁל s. d.) 1) Gleichnissspruch, Parabel, Sprichwort, überh. Bilderrede. j. Dem. I Anf., 21ᵈ ob. מן מה דמחלין לה מתל וכ׳ מן מה דמחלין לה מתל בדרומה בגלילא daraus, dass man für diese Frucht in Galiläa (in Daroma) das Gleichniss anführt ... ist zu entnehmen, dass u. s. w. j. Snh. IV, 22ᵇ un. מתלא אמר וכ׳ das Sprichwort lautet u. s. w., vgl. אֲרֵי. Genes. r. s. 48 Ende u. ö. dass. — Pl. Snh. 38ᵇ un. R. Meïr lehrte in seinen Vorträgen תילתא שמעתא תילתא אגדתא תילתא מַתְלֵי ein Drittel Gesetzliches, ein Drittel Agadisches und ein Drittel Sprichwörter. Levit. r. s. 28, 172ᵃᵇ תלת מאוון דמתלין dreihundert Sprichwörter, vgl. מְגִרְסָא. — 2) Ausrede, passender Einwand für eine gethane Aeusserung, eig. Gleichstel-lung. j. Jom. III Ende, 41ᵇ מצאו מתלא לדבריהון sie fanden eine Ausrede (Entschuldigung) für ihr Verfahren. j. Keth. II, 26ᵈ un. הביאה מתלא לדבריה sie brachte eine Entschuldigung für ihre Worte. Im bab. Tlmd. gew. אֲמַתְלָא, s. d.

מְתוּלָא, מָתוּלָא m. Adj. der Parabeldich-ter, s. TW.

מתלנה (viell. von נְתַל) geben. j. Pes. III, 30ᵃ ob. s. תְּלָא!

מַתְמְהָא Adj. (von תְּמַהּ s. d.) schwach. Pes. 74ᵇ un. חלא מתמהא Essig, der noch schwach ist, s. חַל III.

מְתַן I (Grndw. תן, syn. mit מן, שָׁנָן s. d.) weich, feucht werden. Tohar. 9, 5 המניח זיתים בכותים (בכופש) שימתונו שידא נוח ליכתש וכ׳ wenn Jem. die Oliven behufs Erweichens auf ein umrändertes Gefäss legt, damit sie leicht zerstossen werden können. Das. שימתונו שימלחם behufs Erweichens, damit man sie einsalzen könne. Tosef. Toh. X dass. Ar. liest שימתורו Hifil(?). Machsch. 6, 2 u. Tosef. III Anf. המעלה אגרדות בשביל שימתינו (שימתונו) wahrsch. zu lesen שימתונו) wenn Jem. Gebunde Datteln aufs Dach trägt, damit sie dort weich werden. Schabb. 151ᵃᵇ ob. מטילין אותו Ar. ed. pr. (Agg. שימתן) על החול בשביל שימתן man darf am Sabbat die Leiche auf den Sand

legen, damit sie feucht werde; d. h. damit sie nicht trocken werde und einen übeln Geruch verbreite.

מְתַן ch. (=מְתַן) feucht sein, werden. Pes. 111ᵇ un. אדמתנא כרעיה Raschi (Agg. crmp. ארדמייתניה) während seine Füsse nach dem Bade noch feucht sind.

מָתוּנָא m. die Feuchtigkeit. B. bath. 18ᵃ מתונא קשי לכותל Ar. (Agg. מתונא) die Fench-tigkeit (der Pflanzen u. dgl.) ist der Wand schäd-lich. Das. 19ᵃᵇ הזיקא דמתונא der Schaden, der durch Feuchtigkeit entsteht. Pes. 47ᵇ טינא בר זריעה הוא Ar. (=Ms. M. 2, Ms. M. 1 במתונא; Agg. במתונא) Lehm ist ja zum Darauf-säen tauglich! ... Hier ist die Rede von fench-tem Lehm.

מָתַן II, nur Hif. הִמְתִּין abwarten, auf etwas warten, harren; eig. wohl (=arab. ‎ متن fest sein. Chull. 32ᵇ un. המתין לה עד שמתה er wartete, bis das Thier verendete. Das. 47ᵇ R. Nathan erzählte: Als ich in den Küstenlän-dern war, kam eine Frau zu mir, deren erstes und zweites Kind infolge der Beschneidung ge-storben waren; שלישי הביאתו לפני ראיתיו שהיה Als ich ferner in Kappadocien war, kam eine אדום אמרתי לה בתי המתיני לו עד שיבלע בו דמו המתינה לו ומלה אותו וחיה וכ׳ beim dritten Kind, das sie mir brachte, bemerkte ich, dass es ausser-gewöhnlich roth war. Ich sagte zu ihr: Meine Tochter, warte mit seiner Beschneidung, bis sein Blut in den Körper eingezogen sein wird! Sie wartete ab, liess dann das Kind beschneiden und es blieb am Leben; infolge dessen nannte man es mit meinem Namen: Nathan, der Babylonier. Als ich ferner in Kappadocien war, kam eine Frau u. s. w. שלישי הביאתו לפני ראיתיו שהוא ירוק הצצתי בו ולא היה בו דם ברית אמרתי לה בתי המתיני לו עד שיפול בו דמו המתינה לו ומלה אותו וכ׳ beim dritten Kind, das sie mir brachte, bemerkte ich, dass es sehr gelb (grün) war, und als ich es sorgfältig beobachtete, sah ich, dass es kein Bundesblut hatte. Ich sagte zu ihr: Meine Tochter, warte mit seiner Beschneidung, bis es Blut bekommen wird. Sie wartete, liess es dann beschneiden und nannte es ebenfalls Nathan, der Babylonier. Snh. 64ᵃ כיון שהגיעה לפעור (עכו״ם אחת) Götzendienerin. אמרה לו המגן עד שאכנס ואצא לאחר שיצאת als sie an dem Götzentempel des Peor angelangt war, sagte sie zu ihm: Warte, bis ich hinein-gehe (um den Cult zu vollziehen) und heraus-komme. Nachdem sie herausgekommen war, sagte er zu ihr: Warte auch du, bis ich hinein-gehe und herauskomme ü. s. w., vgl. פְּעוֹר. j. Pes. X g. E., 37ᵈ mit. אילו ממתין עד קרות הגבר

38

וכ' wenn er bis zum frühen Morgen (bis zum Hahnenschrei) warten möchte u. s. w.

מְתַן, מְתִין ch. (syr. ܡܬܰܢ, Ethpa. ܐܶܬܡܬܰܢ=מתן) warten auf etwas, abwarten. Jeb. 63ᵃ קְמֵיע מתון נכב ארעא זבון beeile dich, ein Feld zu kaufen, warte ab (sei vorsichtig), eine Frau zu heirathen; s. auch TW. — Af. dass. Jeb. 91ᵇ איבעי ליה לַאֲמְתוּנֵי er hätte warten müssen. Das. ö.

מְתוּן m., מְתוּנָה f. (syr. ܡܬܝܢܐ) 1) zuwartend, dah. langsam, gelassen, vorsichtig. Hor. 14ᵃ Rabba bar Mathna ומסיק מתון war im Gesetzstudium zwar langsam, aber gründlich (eig. das Richtige treffend, hervorbringend); im Ggs. zu R. Sera, חריף ומקשה dem Scharfsinnigen und Disputirenden, der infolge dessen eine Halacha nicht grundlich erlernen konnte. Tosef. Schabb. VII (VIII) g. E. R. Nehorai sagte: אין לך בכל הכרכים יותר מתון מן הסרומיים מציעו שחזר לו על כל המקומות ולא מצא מתונה כסרום es giebt unter allen Städten keine gelassenere (sanftmüthigere) als die sodomische; denn wir finden, dass Lot, der viele Ortschaften besucht hatte, keine so gelassene Stadt wie Sodom gefunden hat. R. Simon ben Gamliel sagte: אין לך בכל העממין מתון יותר מן האמורי וכ' unter allen Völkern findest du kein so gelassenes Volk wie das emoritische; denn die Emoriten waren gläubig, wichen vor den Israeliten und wanderten nach Afrika (od.: Phrygien) aus, woselbst Gott ihnen ein Land gab, das dem ihrigen gleich war; vgl. jedoch אמרי. Ber. 20ᵃ R. Adda bar Ahaba riss einer Frau, die er für eine Jüdin hielt, den Helm פַּרְבַּלְתָּא (s. d.) vom Kopfe herab. אגלאי מלתא דגויה היא וקריבא דמלכא הות שיימוה ארבע מאה זוזי ופרעו מיניה ארבע מאה זוזי אמר להו היינו דאמרי מתון מתון ארבע מאה זוזי שוי Ms. M. u. Ar.: später stellte sich heraus, dass sie eine Nichtjüdin und eine Verwandte des Königs war. Man schätzte jene Beschämung auf 400 Sus ab und liess sich diese Summe von ihm zahlen. Er sagte hierauf: Gelassen, gelassen hat einen Werth von 400 Sus; d. h. die Nichtbeachtung der Gelassenheit, die Voreiligkeit kostet mich diese Summe; anspielend auf מֵאָה, מָתָן, pl. מָאתַן, 2 mal 200. (Agg. אמרה ליה מה שמך 'וכ er sagte zu ihr: Wie ist dein Name? Sie sagte: Mathun, u. s. w.; diese LA. jedoch scheint unrichtig zu sein; denn sie dürfte nicht מתון geheissen haben.) — Pl. Aboth 1, 1 הם אמרו שלשה דברים הוו מְתוּנִים בדין והעמידו תלמידים הרבה ועשו סיג לתורה sie (die Männer der grossen Synode) sagten drei Lehren: Seid gelassen im Urtheil! Unterweiset viele Schüler! Machet eine Umzäunung für die Gesetzlehre! Drei Hauptnormen, die theils zur Begründung und Kräftigung des Judenthums durch die münd-

liche Lehre, theils auch zur Abwehr der Feindseligkeiten von Innen und Aussen und zur Richtschnur dienen sollten. — 2) Mathun, N. pr. ר' מהתון בעא קומי ר' יוחנן j. M. kat. III, 83ᵇ ob. ומאלישע אנו לנדין תורה אמר לו מהתון מתון מה המת משהוא מסתלק אין עוד רואהו כך זה R. Mathun fragte den משנסתלק עוד לא ראוהו R. Jochanan (mit Bez. auf die Borajtha, wonach die Trauer um den Tod eines Lehrers aus 2 Kn. 2, 12 erwiesen wird): Sollten wir etwa von Elisa eine gesetzliche Lehre entnehmen? Er antwortete ihm: Mathun, Mathun (wahrsch. anspielend auf מת), so wie der Todte von der Zeit ab, dass er von der Welt scheidet, nicht mehr gesehen wird, ebenso war es bei Elischa, der den Elias, nachdem er sich ihm entzogen, nicht mehr gesehen hatte; vgl. bab. M. kat. 26ᵃ. B. kam. 96ᵇ ob. ר' מהתון R. Mathun, Schüler des R. Josua ben Lewi. — j. Sot. I Anf., 16ᵇ מהתון מתון, wahrsch. crmp. aus מדון: Zank. Tosaf. Sot. 2ᵇ sv. מאי lesen גאות.

מְתִינָה, מְתִינוּת f. das Abwarten, Langsamkeit, Ueberlegung. Genes. r. s. 10 Anf., 10ᵉ משהוא סרבכן דרך ארוכה ובמתינות nachdem Adam gesündigt hatte, führte Gott die Planeten auf Umwegen und in Langsamkeit, Ggs. zu דְּרִירוּך, vgl. דְּרִירוּך. Das. s. 67, 66ᵈ בא לו עשו במתינה וכ' Esau kam mit Ueberlegung, indem er bei sich dachte: Wozu sollte ich meinen Vater durch die Ermordung Jakob's betrüben? „Wenn die Trauertage meines Vaters nahen, so werde ich ihn tödten" (Gen. 27, 41).

מְתִינָתָא ch. (syr. ܡܬܝܢܘܬܐ=מתינות) das Abwarten, Zuwarten, s. TW.

מַתָּן m. (=bh., von נָתַן) das Geben, die Gabe, Schenkung. Ber. 58ᵃ un. זו והתפארת מתן תורה „die Herrlichkeit" (1 Chr. 29, 11), das ist die Gesetzgebung. Genes. r. s. 22, 22ᵉ und das. s. 34, 33ᵉ אתפלוגון ר' ינאי ור' חייא רבה ר' ינאי אמר קודם מתן תורה בא יתרו ר' חייא רבה R. Jannai und R. Chija, אמר לאחר מתן תורה בא der Aeltere sind verschiedener Ansicht; der Erstere sagt: Jithro kam zu Mose vor der Gesetzgebung; der Letztere sagt: Er kam erst nach der Gesetzgebung (d. h. die in Ex. cap. 18 erzählte Begebenheit fand erst im zweiten Jahre nach dem Auszuge aus Egypten statt und hängt also mit Num. 10, 29 fg. zusammen. Der letztere Autor gründete seine Ansicht darauf, dass in Ex. 18, 12 von „Freudenopfern", זבחים, erzählt wird, während die Noachiden [d. h. die vor der Gesetzgebung Lebenden] blos „Brandopfer", עולות, darbringen durften, vgl. חדוש. Der erstere Autor jedoch ist der Ansicht, dass die Noachiden auch Freudenopfer, שלמים, זבחים, darbringen durften; vgl. auch Aben Esra zu Ex. l. c. der, gegen die Ansicht Saadia's, fast unumstössliche Beweise beibringt, dass die An-

kunft Jithro's erst nach der Gesetzgebung stattgefunden habe). Seb. 116ᵃ und Ab. sar. 24ᵃ dass.
Aboth 2, 16 מתן שכרן של צדיקים לעתיד לבא
die Belohnung der Frommen findet in der zukünftigen Welt statt. Schabb. 120ᵃ u. ö. נושא
ונותן eig. das Nehmen und das Geben, d. h.
Handel, Geschäft, s. מַשָּׂא. R. hasch. 28ᵇ un.
מתן דמים die Blutsprengung auf den Altar. Das.
מתן ארבע . . . מתן אחת (zu ergänzen הזאה
הזאות . . .) eine Sprengung (d. h. vom Pesachopfer oder einem erstgeborenen Thiere), vier
Sprengungen (vom Sündopfer u. dgl., vgl. Seb.
5, 8). Erub. 190ᵃ. j. Erub. X Ende, 26ᵈ u. ö.,
vgl. auch den nächstflg. Art.

מַתָּנָה f. (von מַתָּן=bh.) Gabe, Geschenk.
Schabb. 10ᵇ „Sie sollen wissen, dass ich,
Gott, sie heilige" (Ex. 31, 13); אמר הקב"ה למשה
מתנה אחת יש לי בבית גנזי ושבת שמה ואני
מבקש ליתנה לישראל לך והודיעו Gott sagte zu
Mose: Eine Gabe besitze ich in meiner Schatzkammer, deren Name: Sabbat ist und die ich
den Israeliten geben will; so gehe und thue es
ihnen kund. Das. Rab sagte (mit Bez. auf
die gedachte Bibelstelle) הנותן מתנה לחברו צריך
להודיעו wenn Jem. einem Andern eine Gabe
zukommen lässt, so soll er es ihm kundthun.
Kidd. 6ᵇ מתנה על מנת להחזיר שמה מתנה eine
Schenkung, die mit der Bedingung der Rückgabe geschieht (von welcher der Empfänger einen
zeitweisen Nutzen ziehen soll), führt den
Namen Schenkung. B. bath. 147ᵃ fg. מתנת שכיב
מרע die Schenkung eines schwer Erkrankten, s.
מָרַע. Snh. 100ᵇ Ben Sira sagte: אשה רעה
מתנה רעה בחיק רשע תנתן Ms. M. (fehlt in Agg.)
ein böses Weib ist ein böses Geschenk, das in
den Schoss des Bösewichts gelegt wird. R. hasch.
28ᵇ u. ö. הניתנין במהנה אחת וכ' diejenigen
Opfer, bei denen blos eine Sprengung stattfindet, vgl. מַתָּן. — Pl. Seb. 5, 3. 4 fg. מתְּאות
הצבור והיחיד . . . ודמן טעון ארבע מַתָּנוֹת על
ארבע קרנות . . . העולה קדשי קדשים . . . ודמה
ארבע מתנות שהן שתי שטעון die Sündopfer der
Gemeinde und die eines Einzelnen . . . ihr Blut
bedarf vier Sprengungen auf die vier Altarecken. Das Brandopfer ist hochheilig, dessen
Blut bedarf zwei Sprengungen, welche vier
bilden, näml. auf die nordöstliche und die schräg
gegenüberliegende südwestliche Ecke des Altars,
deren jede Sprengung wie zwei aussieht. j.
Kidd. IV, 65ᶜ mit. שלש מתנות טובות נתן הקב"ה
לישראל רחמנין וביישנין וגומלי חסדים
drei schöne
Gaben schenkte Gott Israel, die sie mitleidsvoll, schamhaft und mildthätig seien. j. Snh. VI,
23ᵈ mit. dass. Ber. 5ᵃ un. שלש מתנות טובות
נתן הקב"ה לישראל . . . אלו הן תורה וארץ ישראל
והעולם הבא drei schöne Gaben schenkte Gott
Israel, näml. folgende: Die Gesetzlehre, Palästina
und die zukünftige Welt. B. kam. 110ᵇ u. ö.
כ"ד מתנות כהונה die 24 Priestergaben, vgl.

כהונה. Chull. 131ᵃ ארבע מתנות שבכרם הפרט
והעוללות והשכחה והפאה vier Armengaben giebt
es im Weingarten, näml. das Vereinzelte, die
Nachlese, das Vergessene und die Früchte des
Eckbaumes.

מַתְנָא, מַתְנָתָא ch. (=מַתָּנָה) Gabe, Geschenk. Pl. מַתְנָא, מַתְנָתָא. Dan. 2, 6. 48. 5,
17, s. auch TW. — Uebrtr. B. bath. 153ᵃ fg.
ההיא jene Schenkungs-Urkunde, vgl.
מַרְעָא. Das. 40ᵃ fg. מתנתא טמירתא eine Schenkungs-Urkunde, die insgeheim abgefasst wurde,
vgl. מוֹדְעָא. — Schabb. 10ᵇ מַתְנָתָא דהורא
zwei Priestergaben von einem Ochsen. Chull.
131ᵃ ההוא ליואה דהוה חטיף מתנתא ein Levit,
der die Gaben (die man den Priester entrichten wollte) gewaltsam an sich riss. j. Snh. II
g. E., 20ᵈ Jose aus Maon hielt in der Synagoge
zu Tiberias folgenden Vortrag: שמעו זאת הכהנים
למה לית אתון לעין באורייתא לא יהבית לכון כ"ד
מתנתא אמרין ליה לא יהבין לן כלום ושקשיבו
בית ישראל למה לית אתון יהבין כ"ד מתנתא
דפקידית יתכון בסיני אמרו ליה מלכא נסב כולא
ורבית המלך האזינו כי לכם המשפט לכם אמרתי
וגו' "Höret dies ihr Priester" (Hos.
5, 1), warum befasst ihr euch nicht mit der Gesetzlehre? Habe ich euch denn nicht die 24
Priestergaben verliehen? Sie entgegneten ihm:
Man giebt uns nichts. „Merke nun auf, du
Haus Israel", warum gebet ihr nicht die 24
Priestergaben, die ich euch auf dem Sinai anbefohlen? Sie entgegneten ihm: Der König nimmt
Alles fort. „Vernimm es nun, du Königshaus,
denn euch geziemt es, des Rechtes zu walten";
euch insbesondere hat er gesagt: „Das sei das
Recht der Priester" u. s. w. (Dt. 18, 3); gegen euch
werde ich zu Gericht sitzen und euch hart bestrafen! Eine Strafrede gegen das Fürstenhaus
des R. Judan Nesia, welches das Volk mit Abgaben überbürdet hatte. Vgl. auch Genes. r. s.
80 Anf. — Ferner מתנא Mattena, N. pr.
Chull. 42ᵇ u. ö. — Auch מַתַּנְיָה Mattanja.
j. Keth. X g. E., 34ᵃ.

מוֹתְנֵי f. pl. (syr. ܡܰܬ̈ܢܶܐ, hbr. מָתְנַיִם. Stw.
מתן, arab. مَتَنَ stark, fest sein, Grndw. מת, s. d.)
die Hüften und zwar die Stelle, wo man den
Gürtel anlegt; unterschieden von יָרֵךְ s. d. Chull.
51ᵃ un. כי שדו להו אמורתייהו שדו להו כי היכא
דלידהטו קמייהו wenn die Räuber die geraubten Thiere niederwerfen, so werfen sie dieselben auf ihre Hüften hin; damit sie sich leicht erheben und vor ihnen (den Räubern) einherlaufen
können; s. auch TW.

מַתְנָא, מִיתְנָא, מִתְנָא masc. Strick, festes
Seil. Stw. מתן, s. vrg. Art. Schabb. 102ᵃ, s.
לְבַתָּא. j. Ned. III Anf., 37ᵈ מותנא (l. מיתנא), s.
חֲנַר. Men. 35ᵇ ob. מתנא במכותא כל היכא דמיכלי
Raschi (Agg. crmp. במותנא) wo die Tefillin

38*

mittelst des Seiles (Riemens) hängen. B. bath.
89ª קנה ומתנה der Balken und der Strick der
Wage, vgl. נְפַשׁ. B. mez. 113ᵇ Samuel sagte:
Für alle Kranken kenne ich ein Heilmittel,
לבר . . . מאן דאסר מיתחנא רטיבא אחרציה
וכ' mit Ausnahme dreier Arten von Kranken, näml.:
wenn Jem. einen feuchten Flachsstrick um seine
Lenden gürtet u. s. w. Erub. 34ª כורחא ומתנא
ein Fenster und ein Strick. Schabb. 51ᵇ כני
בעלמא ליה במיתחנא es genügt (zum Zähmen des
Thieres) ein gewöhnlicher kleiner Strick.

מתנונא Ar. u. A. stellen irrthümlich dieses
W. als einen besondern Art. hierher; s. גְּנַן und
גַּוַן.

מַתְנִיתָא f. (von תְּנָא, תְּנִי; =hbr. מִשְׁנָה) eig.
die zweite Lehre, die, nächst der Bibel
mündlich gegebene Gesetzlehre, Deute-
rosis; s. ausführlich in מִשְׁנָה. Insbes. oft bezeichnet מתניתא: die Gesetzlehren in dem Sammelwerk der Halachoth der ältesten Autoren,
das von R. Chija und R. Hoschaja (Oschaja)
redigirt wurde und welches nächst dem R. Jehuda banuasi redigirtem Mischnacodex eine gewisse Autorität erhielt. Hierzu gehören namentlich Sifra, Sifre, Tosefta u. a. mit der Bezeichnung משנה החיצונה (=aram. בָּרַיְתָא): die
ausserhalb des Kanons stehende Mischna.
In geringerem Ansehen standen diejenigen Hala-
chothsammlungen, die sich im Besitz einzelner
Amoräer vorfanden und welche von Letzteren
ebenf. für Borajthoth ausgegeben wurden. In
der babyl. Gemara wird die zu dem Mischna-
codex des R. Juda gehörende Halacha: מַתְנִיתִין
„unsere Mischna", eine Halacha der Borajtha
hing. schlechtweg: מַתְנִיתָא „Mischna" genannt.
(Dasselbe Verhältniss findet beim Citiren von
Targumstellen statt; bei dem des babyl. Trg. ist
die stehende Form: מתרגמינן „wir übersetzen",
oder: תרגום דילן „unser Targum"; von den j.
Targumim hing. heisst es gew. אילין דמתרגמין
„jene, welche übersetzen"). — Taan. 21ª ob.
Ilfa sagte: אי איכא דשאיל לי במתניתא דר' חייא
דר' אושעיא ולא פשטנא ליה ממתניתין נפילנא
מאסקריא דספינתא ובצלנא wenn Jem. hier mir
sollte, der an mich eine Frage betreffs einer Mischna
(Borajtha) des R. Chija und R. Oschaja stellen
würde und ich sie ihm nicht aus unserer Mischna
(des R. Juda) erörtern könnte, so würde ich mich
von dem Schiffsmast hinabstürzen und versinken.
Keth. 69ᵇ dass. Chull. 141ᵃᵇ ob. R. Sera sagte
zu R. Mamel: לאו אמינא לכך כל מתניתא דלא
תניא בי ר' חייא ובי ר' אושעיא משבשתא היא
ולא תותבו מינה בי מדרשא sagte ich euch denn
nicht schon, dass jede Borajtha, die nicht in
dem Lehrhause des R. Chija und in dem des
R. Oschaja gelehrt wurde, fehlerhaft sei und dass
ihr aus einer solchen in dem Studienhause keine
Frage stellen sollt? Git. 73ª u. ö., vgl. מְשַׁבַּשְׁתָּא
B. mez. 48ª בדקה לוי במתניתיה ואשכח וכ' Lewi

suchte jene Halacha in seiner Borajthasammlung
(in welcher er näml. einige Zusätze gemacht und
aus welcher er gew. Vorträge hielt), und fand
u. s. w. Jeb. 72ᵇ R. Jochanan rühmte die Vorträge des Bar Pedath. אמר ליה ריש לקיש דידיה
היא מתניתא היא היכא תני לה בתורת כהנים
hierauf sagte Resch Lakisch zu ihm: Rührt
denn diese Lehre von ihm her, es ist ja eine
Borajtha! Wo befindet sie sich? Im Sifra
(Leviticus-Commentar). Seb. 96ᵇ ob. R. Jizchak
bar Jehuda, der früher die Vorträge des Rami
bar Chama, später die des R. Schescheth besucht
hatte, sagte zu Ersterem, der ihn deshalb zur
Rede stellte: לאו משום הכי מר כי בעיא מילתא
פשיטנא לי מסברא כי משכחנא מתניתא פרכא לה
רב שטה כי בעיא מילתא מיניה פשיט לי ממתניתא
דכי כמי משכחת מתניתא ופרכא מתניתא ומתניתא
היא nicht etwa deshalb (d. h. der Grund für die
Verabsäumung deiner Lehrvorträge liegt nicht etwa
in meinem Stolz, oder in der Geringschätzung
derselben; sondern darin) dass, wenn ich an dich
(Herr) eine Frage stellte, du sie mir aus
eigener Ansicht erörtertest, welche aber beim
Auffinden einer ihr widersprechenden Borajtha
als widerlegt beseitigt werden musste (denn die
Ansicht eines Amoräers muss vor einer anders
lautenden Borajtha weichen). Wenn ich hing.
an R. Schescheth eine Frage stelle, so erörtert
er sie mir gew. aus einer Borajtha, und
selbst in dem Falle, dass sich eine derselben
widersprechende Borajtha vorfinde, so steht eine
Borajtha der andern gegenüber; wodurch näml.
erstere noch nicht als widerlegt anzusehen ist.
Keth. 104ª un. מתניתא דבי בר קוא die Borajtha
aus der Schule des Bar Kasa. Pes. 101ᵇ מתניתא
דבי ר' הינק die Borajtha aus der Schule des
R. Hinak. Schabb. 138ᵇ מתניתין היא כתהנן
וכ' diese Halacha ist aus einer Mischna erwiesen, wie wir gelernt haben u. s. w. (חנן steht
bekanntlich blos bei einem Citat aus der Mischna.)
Ned. 33ᵇ מוקים לה למתניתין כדברי הכל er erklärt
die Mischna nach der Ansicht aller Autoren. j. M.
kat. II Anf., 81ᵇ צריכא לרך חייא דר' חייא צריכה למתניתין
unsere Mischna bedarf derjenigen
(der Borajtha) des R. Chija, und die des R. Chija
bedarf unserer Mischna; d. h. sie ergänzen sich
gegenseitig. Das. מתניתיה דר' חייא die Mischna
(Borajtha) des R. Chija. Bez. 28ᵇ מתניתיה
ומתניתא die Mischna und die Borajtha, vgl.
מִלְפִּיָא. j. Ber. II, 5ᵇ un. כיני מתניתא ed. Lehm.
(ed. Ven. מתניתיך) so ist die Mischna. Zuw.
auch in bab. Gem. משנה. B. kam. 88ᵇ אנא
מתניתא ידענא דתנן וכ' ich kenne eine Mischna,
denn wir lernten u. s. w., näml. B. bath. 136ª.
— Pl. Ber. 25ᵇ un. מתנייתא קשיין אהדדי die
Borajthoth widersprechen einander. Nid. 33ᵇ
R. Samuel מתנייתא תני trug Borajthoth vor. —
Davon denom.

מַתְנֵי, מַתְנָן m. (=hbr. מִשְׁנָה) Lehrer der

Mischna's oder Borajthoth. Keth. 8ᵇ ob. R. Chija bar Abba מוקרי בניה דריש לקיש הוה ואמרי לה מתני בניה דריש לקיש הוה war der Bibellehrer des Sohnes des Resch Lakisch; manche sagen: Er war der Mischnalehrer des Sohnes des Resch Lakisch. j. Chag. I, 76ᶜ mit. R. Judan Nesia schickte Gelehrte nach den palästinischen Dörfern, welche die Gemeindeangelegenheiten derselben untersuchen sollten. עלון לחד אתר ולא אשכחון לא ספר ולא מתניין kamen in einer Ortschaft an, woselbst sie weder einen Bibellehrer, noch einen Mischnalehrer fanden. — Pl. das. die Gelehrten gingen, למתנקא um ihnen Bibel- und Mischnalehrer einzusetzen. Das. emph. ספרייא ומַחְנָיָינָא dass., vgl. מַשְׁנָה. Num. r. s. 12, 214ᵇ ר' יוחנן הוה מפקד לספריה ולמַתְנָיָינָה בְּאֵילֵין יומיא דלא יהון טעינין טרקא על מינוקיה ר' שמואל בר יצחק הוה מפקד לספריה ולמתנייניה באילין יומיא דיהרון מפטרין טליה בד' שעין R. Jochanan befahl den Bibel- und den Mischnalehrern, dass sie in jenen heissen Tagen (vom 17. des Monats Tammus bis zum 9. des Monats Ab, an welchen Tagen der Dämon Meriri, מְרִירִי, waltet), keinen Zuchtriemen an die Kinder anlegen sollten. R. Samuel bar Jizchak befahl den Bibel- und den Mischnalehrern, dass sie in jenen Tagen die Schulkinder in der vierten Tagesstunde (vor 10 Uhr Vormittags) aus der Schule entlassen sollten. j. Ned. IV Anf., 38ᶜ un. (l. מתנויתין) וכן חמיי מתניתין so sehen wir auch, dass die Mischnalehrer die Besoldung für ihren Unterricht nehmen; nur die Bibellehrer dürfen keine Bezahlung annehmen.

מַתְנַן (=בּוּתְנַן) Basan, Name einer Gegend jenseits des Jordan, s. TW.

מַתְנְנָא m. rauchend, s. תְּנַן.

מָתַק (=bh. Grndw. מת syn. mit מץ; מצץ; eig.=aram. מְצַק: saugen, mit Wohlgefallen geniessen; übrtr., da man das Süsse gern saugt) süss sein. Genes. r. s. 85, 83ᵇ יערב לכם יבושם לכם ימתק לכם möge er (der Wein) euch lieblich, angenehm und süss schmecken! Ukz. 3, 4 die Blätter des Lauchs verunreinigen nicht eher, עד שימתוקו als bis sie (durch Weichen) süss geworden.

Pi. מִיתֵק 1) saugen machen. Genes. r. s. 33, 32ᵈ wird רמה מתקן (Hiob 24, 20) erklärt: שמיתק רמה מדם Gott lässt den Wurm an ihnen saugen. Jalk. II, 151ᵃ das. — 2) süss, schmackhaft machen. Schabb. 134ᵃ אין ממתקין אותו בגחלת man darf den Senf am Sabbat nicht durch eine (Holz-)Kohle süss, schmackhaft machen. Nach einer andern Borajtha das. ממתקין אותו בגחלת man darf ihn mit einer Kohle, d. h. einem glühenden Metallstück süss machen. j. Bez. IV, 62ᶜ un. wird der Widerspruch zwischen diesen zwei Borajthoth auf folgende Weise

beseitigt: מאן דאמר ממתקין כשנתנו על גבי גחלת ומאן דאמר אין ממתקין כשנתן את הגחלת עליו derjenige Autor, der da sagt: Man darf den Senf am Sabbat süss machen, spricht davon, dass man ihn auf die Kohle legt; derjenige aber, der da sagt: Man darf ihn nicht süss machen, spricht davon, dass man die Kohle auf den Senf legt. Num. r. s. 13, 219ᵃ חרדל צריך למתק den Senf muss man (um ihn geniessen zu können) süss machen. Schabb. 90ᵃ למתק את הקדרה die Speisen süss zu machen. — Trop. Ber. 5ᵃ un. (mit Bez. auf das W. ברית, das sowohl beim Opfer, Lev. 12, 13, als auch bei Androhungen der Leiden, Dt. 28, 69, steht) מה ברית האמורה במלח מולח ממתקת את הקרבן אף ברית האמורה ביסורין יסורין ממרקין כל עונותיו של אדם Ms. M. (Agg. הבשר anst. הקרבן) so wie betreffs des „Bundes", der beim „Salze" erwähnt wird, das Salz das Opfer süss, tauglich macht; ebenso verhält es sich betreffs des Bundes, der bei den „Schmerzen" erwähnt wird, dass die Schmerzen alle Sünden des Menschen läutern. j. Ab. sar. II, 42ᵃ ob. R. Jochanan sagte zu R. Chija betreffs des R. Mana: אדם גדול הוא והוא יודע למתק את הים הגדול אמר לו לאו בר בני חשבון מים הוא יודע ובשעה שהמים מקלסין את בוראן הן מְתַמְתְּקִין das ist ein grosser Mann, denn er versteht, das grosse Meer süss zu machen. Jener entgegnete ihm: Nicht doch, mein Sohn, er kennt die Wasserberechnung; denn zur Zeit, wenn das Wasser seinen Schöpfer lobt, wird es süss. j. Meg. III, 74ᵇ un. תמר תמרורים בתמרורירה היא עומדת ובקשנו למתקה ולשוא צרף צרף Tamar, die Lasterhafte (eig. die des Bittern voll ist), verharrt in ihrer Lasterhaftigkeit; wir versuchen wohl, sie zu bessern (eig. süss, tauglich zu machen), jedoch „vergeblich bemüht sich der Schmelzer" (Jer. 6, 29).

Hif. süss, lieblich machen. Trop. Cant. r. sv. חכו, 27ᵃ als die Israeliten auf dem Sinai hörten: „Ich bin der Herr" u. s. w., so entschwand ihr Lebensodem und sie sagten: „Wenn wir ferner Gottes Stimme hören, so müssen wir sterben" (Dt. 5, 22). חזר והַמְתִּיק להם הקבה את הדבור קול ה' בכח קול ה' בהדר infolge dessen machte Gott den Ausspruch wieder lieblich; dah. heisst es: „Gottes Stimme erschallt mit Kraft, Gottes Stimme erschallt mit Herrlichkeit" (Ps. 29, 4). Num. r. s. 10, 205ᵇ dass.

מְתַק ch. (syr. ܡܬܰܩ=מָתַק) 1) saugen. Ab. sar. 18ᵇ ob. R. Meïr טמש בהא ומתק בהא tauchte einen (seiner Finger) in die verbotene Speise und saugte an dem andern; er gab sich näml. den Anschein, als ob er die verbotene Speise ässe. Khl. r. sv. טובה חכמה, 87ᵈ dass., vgl. auch טְמַשׁ. — 2) süss sein. Meg. 6ᵃ ob. ולמה נקרא שמה כנרת דמיתקן פירה ככינרא weshalb wird sie (die Stadt Genezaret): כנרת genannt? Weil ihre Früchte so süss sind, wie die des Lotos-

baumes („Rhamus lotus oder Zizyphus lotus";
vgl. Fleischer, Nachtr. zu Bd. II, 453ᵃᵇ).

מָתוֹק *m.*, מְתוֹקָה *f.* (=bh.) 1) süss, angenehm, dulcis, suavis. Cant. r. sv. חכו ממתקים,
27ᵃ (mit Bez. auf Am. 5, 4: „Suchet mich, so
werdet ihr leben") יש לך חיך גדול מתוק מזה
findest du etwa einen Gaumen (Mund), der süsser
wäre, als dieser? Das. ö. mit Bez. auf ähnliche
Schriftstellen. — Pl. *m.* Erub. 18ᵇ (mit Bez. auf
Gen. 8, 11) die Taube sagte: רבונו של עולם
ידיו מזונותי מרורין כזית ומסורין בידיך ואל יהו
מתוקין כדבש ותלויין ביד בשר ודם Herr der Welt,
mögen meine Nahrungsmittel so bitter wie die
Olive sein, wenn sie nur aus deiner Hand kommen,
aber nicht so süss wie Honig und von der Hand
eines Menschen abhängig sein! vgl. auch מר III.
Num. r. s. 13, 217ᵈ היו עוסקים בתורה המתוקה
מדבש beschäftigt euch mit der Gotteslehre, die
süsser ist als Honig. — 2) Name einer
Frucht. Schehi. 3, 1 המתוק משייבש wenn die
süsse Frucht (die Koloquinte) vertrocknet
ist. Maim. erklärt das W. durch das arab. חנצל
und lateinische (קולוקינטידא l. קולוקילטידא), d. h.
حَنْظَل, κολοκυνϑίς, colocynthis; wonach also
die Bezeichnung מתוק euphemist. stände für: מר:
die bittere Frucht. Ebenso j. Schebi. III
Anf., 34ᶜ, wo unser W. durch פקועה erklärt
wird, dass., s. d. W. — Nach R. Simson z. St.
bedeutet hier מתוק: der Mist, der die Früchte
süss macht.

מְתִיקָה *fem.* (=bh. מֶתֶק *m.*) Süssigkeit,
Süsses. j. Ber. V, 9ᵃ ob. כשם שהפכת את מי
המרה למתיקה ומי ירידחו על ידי אלישע למתיקה
'וכ so wie du umgewandelt hast das Bitterwasser
„Mara's" (durch Mose) in Süssigkeit und das
Wasser „Jericho's" durch Elisa in Süssigkeit, so
mögest du auch meine bösen Träume in Segen
umwandeln! B. mez. 7, 1 (83ᵃ) מקום שנהגו לזון
יזון לפסף במתיקה יפסף in dem Orte, wo der
Brauch herrscht, dass der Arbeitgeber die Tagelöhner speist, muss er sie speisen; wo der Brauch
herrscht, dass er sie mit Süssigkeit versorgt,
muss er sie damit versorgen. Raschi erklärt
unser W. hier durch לפתן: Zukost, Gemüse.
Jom. 83ᵇ מי שאחזו בולמוס מאכילין אותו
דבש וכל מיני מתיקה שהדבש וכל מיני מתיקה
מאירין מאור עיניו של אדם demjenigen, der vom
Heisshunger überfallen wurde, giebt man Honig
und verschiedene Arten von Süssigkeit zu essen;
denn der Honig, sowie alle Arten von Süssigkeit
erhellen das Augenlicht des Menschen; mit Bez.
auf 1 Sm. 14, 29. B. kam. 85ᵃ הרי שעבר על
דברי הרופא ואכל דבש או כל מיני מתיקה מפני
'שדבש וכל מיני מתיקה קשין למכה וכ wenn der
Kranke den Befehl des Arztes übertrat und Honig
oder andere Arten von Süssigkeit ass; denn Honig
und alle Arten von Süssigkeit sind für die Wunde

schädlich u. s. w. j. Orl. II, 62ᵇ ob. מיני מתיקה
מיני מתוקים Das. ö. Esth. r. sv. ושתי גם, 104ᵃ
crmp. aus מתיקה. j. Ned. VII Anf., 40ᵇ הנודר
מן התירוש אסור בכל מיני מתיקה ומותר ביין
Jemdm., der gelobt: תירוש nicht zu geniessen,
ist der Genuss jeder Art von Süssigkeit verboten, der des Weines jedoch gestattet; weil
näml. in der Volkssprache (welche für die
Gelübde massgebend ist, vgl. נדר) תירוש blos:
etwas Süsses, nicht aber: Wein bedeutet.

מתקהא (viell. zusammenhängend mit arab.
قَهَس) schnell sein, sich beeilen. Pesik.
Wajhi bejom, 4ᵃ wird מתלקחת (Ex. 9, 24) gedeutet:
מיתה מתקהא לעשות שליחותיה Ar. und Jalk. I, 57ᵃ
der Tod beeilte sich, seine Sendung zu vollziehen. (Pesik. Ag. מתקריא, vgl. auch Buber
z. St. Cant. r. sv. צאנה, 19ᵈ steht dafür מיתה
ומתקלהא מיתה ומתקלהא wahrsch. crmp.)

מְתָקַל *m.* (von תְּקַל) Anstoss, etwas, woran man strauchelt und fällt; dass., was
hbr. מִכְשֹׁל, s. TW.

מָתְקְלָא, מַתְקַל *masc.* (syr. ܡܰܬܩܳܠܐ von תְּקַל
wägen; =hbr. מִשְׁקָל) Gewicht, Gewichtstein.
j. Schabb. XX, 17ᶜ un. מאן דאכל מתקל זוזא מיניה
מסתכבן וערורו נחליץ ר'בא אכל מתקל זוזא מיניה ופרש
להבריא wer von dem stinkenden Asant so viel
isst, dass das Gewicht eines Sus beträgt, kommt
in Lebensgefahr und seine Haut fällt ab. R. Ba
ass von ihm so viel, als das Gewicht eines Sus
betrug, ging aber dann (zur Heilung) in den
Fluss. — Pl. Bech. 50ᵃ עשרין מתקלי במתקלא
'דדינרא וכ zwanzig Gewichte (Münzen) nach
dem Gewichte des tyrischen Denars.

מַתְקוּלָתָא *f.* (=מַשְׁקוּלָתָא) Gewicht, Setz-
wage. Pes. 50ᵇ מתקולתא אשתו הר' der Verdienst seiner Frau (der gering und unehrenhaft
ist), besteht in der Wage; dass sie näml. damit
hausirt und sie zum Abwiegen verleiht; s. auch
TW.

מְתוּקָן *m.* (eig. Part. Pual von תָּקַן) geordnet, zubereitet; eig. befestigt. Dem. 4, 7 שלי
אינו מתוקן ושל חברי מתוקן mein Getreide ist
noch nicht zubereitet (d. h. dessen Zehnt
noch nicht entrichtet); das meines Freundes
aber ist schon entrichtet. Nid. 15ᵇ u. ö. חזקן
על חבר שאינו מוציא מתחת ידו דבר שאינו מתוקן
betreffs eines Gelehrten (socius, Chaber, s. חָבֵר)
ist mit Bestimmtheit anzunehmen, dass von ihm
nichts hervorgeht, was nicht zubereitet wäre.
Wenn daher im Nachlasse eines Chaber sich ein
Speicher voll Getreide vorfindet, so ist anzunehmen, dass er die Priester- und Levitengaben
davon entrichtet habe. — Pl. das. מְתוּקָּנִין. Trop.
Jom. 71ᵃ die Gelehrten Pumbeditha's pflegten

einander bei ihrem Abschiede Folgendes zuzu-
rufen: מחיה חיים יתן לך חיים ארוכים טובים
ומתוקנין der die Lebenden am Leben erhält, verleihe dir ein langes, glückliches und geordnetes
Leben!

מְתַקַּנְתָּא od. מְתַקְּנָתָא f. (syr. ‎ܡܶܬܩܰܢܬܳܐ‎ von
תַּקֵן) eig. befestigt, firmata, d. h. richtig;
ähnlich מְתַרְצָתָא s. d. Jom. 70ᵃ
לא משכחת לה מתקנתא אלא אי לר' אליעזר וכ'
du findest die
Halacha nicht anders gerechtfertigt, als entweder
nach der Ansicht des R. Elieser u. s. w.

מַתִּיר m. (eig. Part. Hifil von נָתַר: aufbinden,
auflösen; übrtr. sehr oft מַתִּירִין מַתִּיר der Autor
erlaubt, sie erlauben, im Ggs. zu אוֹסֵר, אוֹסְרִין:
er verbietet, sie verbieten, s. נָתַר); insbes. etwas,
was die Erlaubniss bewirkt. Seb. 2, 3. 4
(29ᵇ) ובלבד שיקריב המתיר כמצותו dass man
jedoch das die Erlaubniss Bewirkende (d. h. das
Opferblut) nach Vorschrift darbringe. Das. כיצד
קרב המתיר כמצותו . . . כיצד לא קרב המתיר
כמצותו auf welche Weise wird das die Erlaubniss Bewirkende nach Vorschrift geopfert?
Auf welche Weise wird es nicht nach Vorschrift
geopfert? Das. 6, 7 dass.

מוּתָר m. (Pass. des vrg.; immer plene mit
Waw geschrieben) es ist erlaubt. Pl. מוּתָּרִים
מוּתָּרֹת f. u. s. w., s. נָתַר. Pes. 48ᵃ ob. das
Erlaubte, licitum. Pes. 48ᵃ ob. ממשקה ישראל
מן המותר לישראל וכ' „Von dem Getränk Israels"
(zum Opfer, Ez. 45, 15); das bedeutet: von dem,
was dem Israeliten zu geniessen erlaubt ist.
Man darf daher keine Trankopfer von solchen
Flüssigkeiten darbringen, von denen die Priester-
und Levitengaben nicht entrichtet wurden, מֶבֶל
weil der Genuss derselben dem Israeliten verboten ist. Chull. 90ᵇ u. ö. dass. — Schabb.
108ᵃ un. „Die Gotteslehre soll in deinem
Munde sein" (Ex. 13, 9); מדבר המותר בפיך
das bedeutet: von dem, was für deinen Mund
erlaubt ist. Man darf daher die Tefillin nicht
auf Felle unreiner Thiere schreiben, weil die
letzteren nicht genossen werden dürfen.

מְתַר (viell. arab. مَتَرَ od. denom. von יְתָרָא
hbr. יָתַר, מִיתָר) aufspannen (das Lager), dah.
lagern, wohnen. Khl. r. sv. מה יתרון 78ᵃ
כל איניש ואיניש לא מתרין אלא עם בעלי אומנותיה
Jedermann lagert (schlägt sein Zelt auf) blos
mit seinen Zunftgenossen; mit Ansp. auf מה־יתרון
(Khl. 3, 9). Das. steht auch dafür משרין, wahrsch.
crmp.

מְתָאָרָה od. מְתַוָּארָה m. (syr. ‎ܡܬܐܪܐ‎, ‎ܡܬܘܐܪܐ‎)
Schürholz, rutabulum, womit man das Feuer
anfacht=אוּד. Chag. 4ᵇ un. הות נקיטא מתוארה
Ar. (Agg. הות נקיטא ושארג ומתריא בנורא

(מתארא בידה והות קא שגרא ומתריא תנורא
sie nahm ein Schürholz, heizte und fachte das
Feuer an.

מְתוֹרָא m. (syn. mit פָּתוֹרָא, מ und פ verw.)
Brett. Git. 69ᵇ un. ונייתי מתורא וניח עלויה
Ar. (Agg. עילוייהו . . . סתורא) man bringe ein
Brett und stelle die Becken darauf.

מְתוּרְגְּמָן m. Adj. (=תּוּרְגְּמָן, von תִּרְגֵּם) der
Dolmetscher. Chull. 142ᵃ ר' חוצפית המתורגמן
R. Chuzpith, der Dolmetscher. Tosef. Kel. B.
bath. II Anf. dass. Meg. 23ᵇ. 24ᵃ לא יקרא למתורגמן
man darf (aus der Pentateuch-
rolle) dem Dolmetscher nicht mehr als einen
Vers (zum Uebersetzen) vorlesen. Das.: in den
Prophetenrollen darf der Vorleser soviel überspringen, עד כדי שלא יפסוק המתורגמן dass der
Dolmetscher nicht aufzuhören braucht. Thr. r.
sv. ממרום, 57ᵇᶜ bevor Ahasver gewusst hatte,
dass Esther eine Jüdin sei, redete er mit ihr
öffentlich; nachdem er sie aber als eine Jüdin
erkannt hatte ויאמר למתורגמן אחשורוש ויאמר
המתורגמן לאסתר המלכה „so sprach Ahaswer zum
Dolmetscher und der Dolmetscher sprach zur Königin Esther" (Esth. 7, 5; zur Erklärung des wiederholten ויאמר). — Pl. Pes. 50ᵇ שכר מְתוּרְגְּמָנִין
וכ' der Lohn der Dolmetscher bringt keinen bleibenden Gewinn. Khl. r. sv. טוב לשמוע, 86ᶜ: „Besser
ist, zu hören das Drohen des Weisen", אלו
הדרשנים das sind die vortragenden Gelehrten; „als zu hören den Gesang der Thoren"
(Khl. 7, 5), אלו המתורגמנין שמגביהין קולם בשיר
להשמיע את העם das sind die Dolmetscher,
welche ihre Stimme laut singend ertönen lassen,
um von der Gemeinde gehört zu werden. Das.
sv. דברי חכמים, 93ᵇ „Die Worte der Weisen
werden mit Sanftmuth gehört", אלו הדרשנים das
sind die vortragenden Gelehrten; „besser
als das Lärmen des Herrschers unter den Thoren" (Khl. 9, 17), אלו המתורגמנין שעומדין על
הצבור das sind die Dolmetscher, die vor
der Gemeinde stehen.

מְתוּרְגְּמָנָא ch. (syr. ‎ܡܬܘܪܓܡܢܐ‎=מְתוּרְגְּמָן) der
Dolmetscher. Keth. 8ᵇ ob. R. Chija דבריה
ליהודה בר נחמני מתורגמניה וכ' bevollmächtigte
seinen Dolmetscher Juda bar Nachmani, eine
Trauerrede zu halten; s. auch TW.

מְתָרוּתָא f. ch. (von תְּרֵי;=hbr. מְשִׁירָה) die
Auflösung, maceratio, s. TW.

מְתוֹרִין s. מִיתוֹרִין in ינמו richtiger מִיתוֹרִין
מִיבְּתָרין s. d.

מְתָרְבְּתָא fem. (von תְּרַךְ) die Entlassene,
Geschiedene, s. TW.

מְתַרְצְתָא f. (eig. Part. pass. von תרץ) eine richtige, insbesondere fehlerlose Borajtha. Schabb. 121ᵇ. Pes. 99ᵇ fg., Ggs. zu מִשַׁבְּשָׁתָא s. d. W.

מִתַרְמָרְמוּתָא f. (Ithpalp. Form רַמְרֵם, von

(רְמָא) רָמֵי das Verachtete, die Verachtung, eig. Verworfenes, s. TW.

מַתִירקְנָה j. Ab. sar. I, 39ᶜ mit. s. מוֹדְהָרִין.

מְתוּשָׁע m. Pl. מְתוּשָׁעִים j. Schebi. I, 33ᵇ mit. denom. von חָשַׁע, s. d. W.

Nachträgliches zu dem Buchstaben מ

von
Prof. Dr. H. L. Fleischer.

S. 7, Sp. 1, Z. 38 u. 39 „מאסרא פסיליא μισητή ψιλότης, Verhasstes, Nacktes“ in Widerspruch mit des Herrn Vfs. eigenem wohlbegründeten Verwerfungsurtheile über Sachs' Ableitung von סבל aus dem Griechischen, TW, II, S. 278, Sp. 1. Wie פְּסִילַיָא Plural von פְּסִיל, so ist מְאִיסַיָא Plural von מְאִיס=מְאִים, das Unwort „מְאִסְיָא“ aber, angeblich μισητή, einfach zu streichen.

S. 9, Sp. 1, Z. 9 „بَان Baum“ das genus nach Freytag's „Arbor“, aber ohne die differentia specifica: „cujus fructus جوز البان Nux unguentaria dicitur“, d. h. die Moschusweide, Hyperanthera Moringa, als Ben und Behen auch in unsere botanische Kunstsprache übergegangen.

S. 11, Sp. 2, Z. 33—35. Unterstützt wird diese Ableitung des Aruch durch مِحَّاب, nach dem Kâmûs: eisernes Werkzeug zum Schüren des Feuers, eiserne Feuerschaufel.

S. 12, Sp. 1, Z. 9 v. u. Das מִנְאַר, מִנְגַּר des Aruch möchte ich auf den Stamm مَصَّ (مَصَح), مَصَّ zurückführen, — von einer Pflanze, einer Frucht u. dgl.: von selbst oder durch Einweichen oder Pressen ihren Saft von sich geben, مِجَاج solcher Saft. Daher „مُصَيِّح“ insipidus, eig. exsuccus, saftlos.

S. 13, Sp. 2, Z. 28 u. 29 „מְגִידוֹנִית eine Macedonierin“ nach Buxtorf, angeblich statt מַקְדוֹנִית, S. 218, Sp. 1, Z. 3. Aber das Wort ist richtig geschrieben und bedeutet eine Frau aus Megiddo oder Megiddon, der bekannten Stadt des Stammes Manasse.

S. 14, Sp. 1, l. Z. Meines Wissens ist μαγάς nur der Steg, über welchen die Saiten der κιθάρα gespannt sind, nicht diese selbst, auch nicht gleichbedeutend mit der μάγαδις (nicht

μαγάδις“), dem nachher beschriebenen Saiteninstrument. Ferner sehe ich nicht ein, wie die „Spiesse“ — d. h. die Spitzen derselben — in „Spielinstrumente“ statt in Winzermesser, מַזְמְרוֹת umgewandelt werden können, und warum der Targumist dieses Wort Jes. 2 V. 4 von זמר „spielen“ abgeleitet haben soll, während sein מיגזירין offenbar von גזז herkommt und Wollscheren bedeutet, wie auch die Glosse dazu bei Buxtorf Sp. 414 כלי שגזיזין בו צמר hat.

S. 15, Sp. 2, Z. u. 33 „Beil“, als Bedeutung von מַגְּלָא neben Sichel, ist zu streichen. — Z. 17 v. u. „μούχλα“ sehr. μούχλα.

S. 18, Sp. 1, Z. 25 „جَبَّانَا“ sehr. جَبَّانَا.

S. 18, Sp. 2, Z. 3 v. u. „μιγαδήν“ sehr. μιγάδην.

S. 19, Sp. 1, Z. 18 „עושין“ sehr. עושין.

S. 20, Sp. 1, l. Z. „מִנְפַּיִים plur.“ wohl mit Buxtorf Sp. 467 und 1169 מִנַפַּיִם zu schreiben, als Dualis: Beinschienen(paar), von גפן=גוף; vgl. جَفَاف, eine den ganzen Körper einschliessende Rüstung.

S. 23, Sp. 1, Z. 13 „זִמְזָמَة“ schr. زَمْزَمَة. Z. 13 u. 14 „eig. von den Kamelen“ ist zu streichen.

S. 24, Sp. 1, Z. 24 „מְדַבְּרוֹת“, Deuter. 33 V. 3, als einfaches Wort zu fassen ist allerdings möglich; im andern Falle ist מִן in dem Worte ebenso partitiv, wie vielleicht in dem hier angeführten מְדַבְרוֹתֶיךְ und כַּלֵּה und wie z. B. in حَفَّضْ مِنْ غُلَوَائِكَ وَحَلَّ بَعْضَ خِيَلَائِكَ, Zamachśarî's goldene Halsbänder, Nr. 2 zu Ende: „Schlage deinen Hochmuth wenigstens etwas nieder und lass deinen Dünkel wenigstens zum Theil fahren!“ (eig. etwas von deinem Hochmuthe, — einen Theil deines Dünkels).

S. 29, Sp. 1, Z. 19 v. u. Gegen die Meinung, מָדוֹר, Wohnort, Wohnstatte, sei „eig. Ort, wo man sich hin- und herbewegt", s. Nachtr. zum 1. Bd. S. 440, Sp. 1 u. 2.

S. 29, Sp. 2, Z. 9 „זְּהַוֹּי: Flamme" näml. insofern sie eine Rundung bildet oder etwas umkreist; Hoffmann's Bar Ali Nr. 3101: شَوْبَذ بُطَمِشَا لهب النار اذا ارتفع حول القدور „die Flamme des Feuers, wenn sie sich rings um die Kochtöpfe erhebt". (Die Pluralpunkte über صُوبَتا fordern statt القدر bei Hoffmann القدور, wie bei Bernstein, Wörterbuch zu Kirsch' Chrestomathie S. 104.)

S. 31, Sp. 2, Z. 20 v. u. Die Annahme eines von דַף, Brett, abgeleiteten mit ihm gleichbedeutenden מַדָף verstösst gegen den Gang der Form- und Bedeutungsbildung. Für mich ist die Herkunft des Wortes in allen seinen Gebrauchsweisen vom Stamme נדף ebenso zweifellos, wie die des formell entsprechenden מִנְדָף von نَدَف mit der Grundbedeutung pellere, impellere, propellere, dispellere. Daher المِنْدَف der Holzschlägel, mit dem der Wollkrämpler, النَدَّاف, die Sehne des Fachbogens schlägt und in schwingende Bewegung setzt, um dadurch die Wolle auseinander zu schnellen. Hiernach möchte ich die Angabe des Maim. und Aruch unter 1) für wahrscheinlicher halten als die des Hai, das „Fallbret" unter 2) aber aus einer passivischen Wendung der Grundbedeutung erklären: eine Vorrichtung wie eine Klappe, welche angestossen zu- oder herunterfällt. Was die Bedeutung des מ (wahrsch. מָדֵף, aram. Infinitivform) unter 3) betrifft, so finde ich ihre Ableitung von „نَدَف: leicht einhergehen" nicht „höchst wahrscheinlich"; denn nie geht im Arabischen selbst die dadurch ausgedrückte leichte Vorwärtsbewegung, wie etwa bei خَفَّ, in ein „leicht sein" von Gewichten und Stärkegraden über. Dagegen entspricht die auf das intransitive נדף, sich verbreiten, ausduften, von Gerüchen, zurückgehende Etymologie des Maimonides der im Arabischen üblichen Uebertragung von Begriffen wie Duft, Geruch, Hauch, auf eine quantitative oder qualitative Wenigkeit, einen geringen Grad von Stärke, Aehnlichkeit u. s. w., ein „Merkchen", wie unsere Volkssprache so etwas nennt, engl. a smack. So im Commentar zur 1. Ausg. von de Sacy's Ḥariri, S. 57, Z. 1—2 في هذا راحة من قولهم الخ „Hierin

ist ein Duft von ihrer Redensart" u. s. w., d. h. dieser Ausdruck hat einige Aehnlichkeit mit der altarabischen Redensart u. s. w. Auf derselben Uebertragung beruht das Schulwort الإِشْمَام, eig. das Riechenlassen, von dem bis zur Unhörbarkeit schwachen Nachtönenlassen eines u nach dem Endconsonanten eines Wortes. Das Object dieses Riechenlassens ist der Endconsonant selbst: man giebt ihm gleichsam nur einen Anhauch von jenem Vocale. Ebenso ist إِشْمَام الخِتَان diejenige Art des Beschneidens, bei welcher nur ein sehr kleiner Theil der Vorhaut weggeschnitten, die Vorhaut von der Beschneidung gleichsam nur angehaucht wird.

S. 39, Sp. 1, Z. 22 v. u. „מוֹהֵל oder מוֹחַל" arab. مُهْل: jede dicke, zähflüssige Materie animalischen, vegetabilischen oder mineralischen Ursprungs; laut- und sinnverwandt mit מוּגְלָא فَمْه, und dem neugr. μοῦχλα, S. 15, Sp. 2, Z. 17 v. u., wo د und χ sich ebenso zu einander verhalten wie in מוּגְלָא und μοχλός, مُهْل, S. 17, Sp. 2, Z. 6 v. u.

S. 40, Sp. 2, Z. 32 „كُمُهْزا" sehr. كُمُهْزا, entsprechend dem arab. مَهْز.

S. 41, Sp. 1, Z. 12 v. u. folg. Von den uns bekannten parsischen Festen hat nur das zu Herbstesanfang gefeierte مِهْرِكَان, arab. المِهْرَجَان, einige Lautähnlichkeit mit מוּדַרְנְקִי und מוֹדַרִין; dies sollen aber zwei verschiedene Feste und überhaupt „die Feste der Perser", also entweder die beiden einzigen oder wenigstens die beiden Hauptfeste sein. Dagegen ist מיתרקנה Z. 3 v. u. unverkennbar מיהרקנה Mithrasfest, Sonnenfest, d. h. jenes مهركان in älterer Form. S. Abulf. Hist. anteisl. S. 152, Z. 3 u. 4 Cazwini, I, S. ٨١ l. Z. und ٨٢ flg., Ideler's Handbuch der Chronologie, II, S. 545.

S. 41, Sp. 2, Z. 8 „denn" sehr. dann. Z. 15 „أَوَارَج" sehr. أَوَارَج.

S. 43, Sp. 2, Z. 20 v. u. מוֹזָא und מָאַש haben nichts mit einander gemein; das erstere bedeutet überhaupt eine gewisse Quantität, — nach Raschi eine Handvoll, — von verschiedenen Gemüsearten oder Küchengewächsen; das letztere aber ist der ursprünglich persische Name von Phaseolus Mungo L., syr. فُنِيَه, arab.

مَتَمِ; genau beschrieben in de Sacy's Abdallatif S. 32, Z. 17—20; S. 39, Z. 6 u. 7; S. 119
Anm. 108. Nach Imm. Löw, Aramäische Pflanzennamen S. 245 unter غِذْما, erklärt Maim. auch
das jerusalem. פִירסונא durch مَاش. Auch Mungo
ist persischen Ursprungs; Burhân-i gâmî: „مُنْك
ist der Name einer Gartenfrucht (غَلَّه)", und
ebendaselbst: بُنُومَاش ist eine Gartenfrucht,
welche man مَاش nennt, und eine Art davon,
die man auch Mung nennt." Wenn der Herr
Verf., wie es scheint, das „rotundi" in Freytag's Erklärung von مَاش seiner eigenen Deutung von מוֹזָא II als „Kopf vom Gemüse"
zu Grunde gelegt hat, so ist dies nach dem
oben Gesagten sprachlich nicht zulässig, und
was soll ferner „ein Gemüsekopf" und „ein
Zwiebelkopf" im Gegensatze zu einem „Gebunde Kraut" sachlich bedeuten? — Mit
Buxtorf Sp. 1175 ist übrigens statt des zweiten
מוזא Z. 18 v. u. במוזא zu schreiben.

S. 48, Sp. 2, Z. 3 v. u. „מוּלְגָּנְיָה"; S. 124,
Sp. 1, Z. 33 „מוּלְגָּנְיָה"; S. 52, Sp. 2, Z. 4 v. u.
voll geschrieben, wie bei Buxtorf Sp. 1228,
מולינגא, Sp. 1207 bei demselben מוּלְיָנְגָא in
dieser Form dem Etymon μαλακία (s. d. Anm.
zu S. 133, Sp. 1, Z. 23) am nächsten stehend.
— מְלוּגְמָא, hier dem מוּלְגָּנְיָה gleichgestellt, ist
S. 124, Sp. 1 richtig davon geschieden.

S. 52, Sp. 2, Z. 6 v. u. „μανιακον" schr. μα-
νιάκιον, neugr. μανιάκι.

S. 55, Sp. 1, Z. 8 v. u. und S. 56, Sp. 1,
Z. 11 v. u. „μώκοι" schr. μωκοί.

S. 55, Sp. 2, Z. 1 u. 2. Dem מָצַץ=מֹיְצֵץ saugen, aussaugen, entspricht nur مَصَّ, nicht
مَاص, und dieses letztere bedeutet nicht „zerreiben" (nach Freytag's „confricuit manu"), sondern einfach: mit der Hand reiben دلك باليد.
(Schlimmer ist, beiläufig bemerkt, ein zweiter
Fehler in demselben Artikel bei Freytag, wonach مَاصَ الهَبِيدَ bedeuten soll „colocynthi-
dem paravit melle" statt grana colocynthidis
aquâ eluit, durch Verwechslung von بالغسل
in der Erklärung بالغسل مع عالجه mit بالغسل
Dieses Auswässern der Koloquintenkerne, um
ihnen ihre Bitterkeit zu benehmen, worauf sie
zerstossen und gekocht werden, heisst الاهتباد;
s. bei Freytag selbst den Artikel هَبَدَ.)

S. 56, Sp. 2, Z. 23 „مَاز verkaufen" unrichtig

nach Dietrich auch in der achten Aufl. von Gesenius' Handwörterbuch beibehalten. مَار med. je,
und أَمَار und (Sur. 12 V. 65) mit dem Acc.
einer Person: ihr anderswoher مِيرَة, d. h.
Lebensmittel und Mundvorrath, zuführen; auch
von Orten, welche Personen oder andere Orte
mit dergleichen versorgen, wie Jâkût, IV, S. ٣,
Z. 18: هذه الارباض تمير القيروان بأصناف
الفواكه „Diese Vorstädte versorgen Kairowân
mit allen Arten von Edelobst." Auch mit doppeltem Accusativ, Jâkût, III, S. ٨٧٨, Z. 10: هى
اول قرية مارت اسمعيل وامّه التمر بمكّة „Das ist
der erste Flecken, welcher Ismael und seine Mutter
in Mekka mit Datteln versorgte." Das Reflexivum
ist امْتَار; Gauharî: الميرة الطعام يمتاره لانسان
„Mîrah sind die Lebensmittel, die man anderswoher für sich bezieht"; Jâkût, IV, S. ٨٣٩,
Z. 14: يصير ملحا يمتار منه اكثر نواحى الشام
„(Dieses Wasser) wird zu Salz, von dem die
meisten Gegenden Syriens ihren Bedarf beziehen." Dabei ist von „Verkaufen" an und
für sich so wenig die Rede, dass im rhetorischen
und dichterischen Ausdruck nicht nur Wohlthaten und Geschenke, sondern auch willkürliche
und gewaltsame Aneignungen u. s. w. unter diesen Begriff fallen, wie Makkarî, I, S. ٧٣١, Z. 18:
فَمِنّى الرِّيَّ تَمْتَار „Darauf sollst du von mir (für
deine Erzählungen) den Genuss eines vollen
Ehrentrunkes davontragen"; ebendas. S. ٣٨٤,
S. 8: راحة الريح تمتار نَفْحَة الريحان „Die Hand
des Windes nimmt (im Vorüberstreichen) den
Dufthauch des Basilikums mit sich hinweg."
Noch mehr vergeistigt ist der Begriff bei Ḥa-
rîrî, 1. Ausg. S. ٣٤٧, Z. 5: إنْ كنتَ ممّن
إفادة, d. h. يَرْغَب منّا فى مَيْر „wenn du von
uns Geistesnahrung (Belehrung) zugeführt zu erhalten wünschest."

S. 58, Sp. 2, Z. 4 v. u. „μαυρον" schr. nach
neugriechischer Accentuation μαῦρον.

S. 62, Sp. 1, Z. 16 v. u. Dem מֵזֶג in dieser
Bedeutung entspricht مَزَج und مِزَاج, nach
welcher doppelten Analogie vielleicht מֵזֶג mit
Kamez impurum zu schreiben ist.

S. 63, Sp. 1, Z. 9 v. u. Auch kann nur מזור,

مِزْوَد, geschrieben haben, wie unter זורא richtig angegeben ist.

S. 64, Sp. 2, Z. 32 „מַזְיָא das Haar, gew. Kopfhaar" nicht von „מֵז saugen, also eig. das die Säfte saugende Haar", sondern von مَزَى يَمْزِى مَزْيًا, sich absondern, von Andern fern halten, daher auch hochmüthig sein; مَزَى mit dem Acc. einer Person: sie über Andere erheben, lobpreisen; مَازِيَة und مَزِيَّة, auszeichnende Eigenschaft, Vorzug. Der ursprüngliche in der Wurzel مز liegende sinnliche Begriff der Trennung, Scheidung, Sonderung, tritt noch unmittelbar hervor in مُتَمَازِبًا oder قَعَدَ عَنِّى مَازِيًا er setzte sich von mir hinweg an einen anderen Platz. Dieselbe Bedeutungsentwicklung findet statt in den beiden andern aus jener Wurzel erwachsenen Stämmen: 1) مَزَّ يَمِزُّ مَزَازَةً, sich vor Andern auszeichnen; Adj. مَزِيز, Subst. مِزّ = 2) مَزِيَّة, مَازَ يَمِيزُ مَيْزًا und مَيَّزَ يُمَيِّزُ تَمْيِيزًا, räumlich scheiden und absondern; unterscheiden; bevorzugen, vorziehen. מַזְיָא ist demnach etymologisch: das in einzelne Fäden von einander Getrennte oder Trennbare, wie מִזָּן, cirri, und das von demselben Grundbegriffe der Trennung ausgehende בִּינָתָא, einzelnes Haar, aber auch einzelnes Korn; vgl. פְּרֵדוֹת Saatkörner, صُرْدَة einzelnes Korn, von פָּרַד trennen, absondern.

S. 66, Sp. 1, Z. 15 v. u. Die als „wahrsch." gegebene Ableitung des Wortes מַזְמוּטִין von μειδιάσματα ist, wie manche andere aus dem griechischen Wörterbuche entnommene, sowohl was die Form als was die Bedeutung betrifft, mehr als unwahrscheinlich. Einen sichern Anknüpfungspunkt bietet das gemeinarabische زَمَطَ, gleiten, schlüpfen, entgleiten, entschlüpfen; durchschlüpfen; Muḥiṭ al-Muḥiṭ: العامّة تقول زمط من بين القوم اى افلت نافذًا وزمط الخاتم من الخنصر اى سقط مُمَلَّسًا „Der gemeine Mann sagt: zamaṭ min bein el-ḳaum, er ist zwischen den Leuten hindurch entschlüpft, und zamaṭ el-hâtem min el-hinṣir, der Siegelring ist von dem kleinen Finger abgeglitten". Vgl. dazu Cuche's Dict. und Dozy's Supplément unter زَمَطَ. Aus dem Entschlüpfen ent-

wickelt sich dann der Begriff: sich des Zwanges oder der Zurückhaltung entledigen, sich gehen lassen, ausgelassen sein, sich rückhaltslos belustigen; daher מזמוטין solche Belustigungen. Der Bedeutungsübergang ist derselbe wie bei خَلَع und seinen Derivaten; s. meine Diss. de glossis Habicht. S. 95, und Lane und Dozy unter خَلَع. Aehnlich s'échapper in der Bedeutung von s'oublier, s'emporter.

S. 67, Sp. 2, Z. 6—4 v. u. Die Stämme דור und זור sind nicht bedeutungsverwandt, und wie sollte man darauf gekommen sein, gerade die „Behältnisse des Nordwindes" schlechthin „Wohnung, Station" zu nennen? Viel wahrscheinlicher ist die schon von Kimchi gegebene Ableitung dieses מְזָרִים von זרה, umsomehr da sie mit dem Gebrauche von الذَّارِيَات übereinstimmt; s. Gesen. unter זָרָה.

S. 68, Sp. 1, Z. 19 v. u. „مِمْزَر" schr. مِبْزَر. Z. 18 v. u. „قَصْمَأَؤْا, قَصْمَأَؤْا" schr. قَصْمَأَؤْا, قَصْمَأَؤْا.

S. 70, Sp. 1, Z. 21 v.u. Buxtorf hat dieses מָחוֹג richtig unter חוג gestellt, als ursprünglich bedeutend: (mit den Fingern in der Luft gezogene) Kreislinie, also wie das Subst. חוג zurückgehend auf den Stamm حوج, über dessen Grundbedeutung s. Bd. 1, S. 556, Sp. 2, u. S. 557, Sp. 1.

S. 70, Sp. 2, Z. 13 „אלבינאק" ist weder arabisch noch persisch und an „بَتَيْهَقَة" nicht zu denken. Der Bedeutung nach ist zu schreiben אלדינאק, الزُّنَاق, nicht الرُّنَاق, wie bei Freytag nach dem Ḳâmûs; s. Lane unter زَنَقَة. Die volle Schreibart mit י bei Hai bestätigt diese Berichtigung.

S. 70, Sp. 2, Z. 5 v. u. „מְחוֹזָרְיתָא" schr. מְחוֹזַרְיָתָא, قَصْمَأَؤْمَأَ, arab. مَاحُوزِيَّة; s. de Goeje's Belādsorī S. ٢٩٨ Z. 7 und Sachau's Ġawâliḳī S. ١٢٢, Z. 11—16 mit der Anm. dazu S. 64. Die Araber haben in الْمَاحُوزَة und الْمَاحُوز die hebräisch-aramäische Form mit langem Vocale der ersten Sylbe, wie ein فَاعُولَة und فَاعُول vom Stamme حوز, beibehalten.

S. 72, Sp. 1, Z. 1. Dieses מַחֲטֵם ist خَطَّ, خَطَا, unser schnäuzen, franz. moucher, im Ara-

bischen auf die Nase, im Hebräischen auf das
Licht bezogen.

S. 72, Sp. 1, Z. 3. Mit خَفَض kann dieses
מחט nicht verwandt sein; denn das arab. Wort,
mit der Grundbedeutung gewaltsamen Schüttelns
und Rüttelns, bedeutet nicht eine Fehlgeburt
haben, abortiren, sondern kreissen, Geburts-
schmerzen empfinden, ὠδίνειν; dieses מחט
hingegen ist jedenfalls eine Neubildung von
נחמא, Fehlgeburt, vom Stamme נחט=חטא; s. TW,
I, S. 424, Sp. 2, Z. 31 flg.

S. 72, Sp. 1, Z. 12. Dieses מחט, st. emph.
מחטא (wie Z. 4 v. u. statt מחנא zu schreiben
ist), مِسَلّة, hat wiederum mit خَطّ als n. instr.
von خَطّ الجِلَد ebensowenig gemein wie mit
خَطّ durchbohren, sondern kommt von חטט=
חוט nähen (s. Buxtorf unter חֲטַט), arab. خَاطَ,
يَخِيطُ, und entspricht somit dem n. instr. مِخْيَط,
مِخْيَاط, Nähnadel.

S. 72, Sp. 2, Z. 17 u. 18 „arab. خَفَّى abstinuit". Dieses Wort ist, wie die Quellenwerke
selbst unter تَخَفَّى andeuten, denominativ von
مُخّ, מֹחַ, Mark, in der übertragenen Bedeutung
خَالِصُ كُلِّ شَيْءٍ وَنِقَاوَتُهُ, das Reinste und
Feinste von jeder Sache; wie das Knochenmark
selbst نَقِى heisst; خَفَّاهُ mit عَنْ und مِنْ einer
Sache ist daher eigentlich: er hielt ihn davon
rein; تَخَفَّى, er hielt sich selbst davon rein;
dasselbe Medium auch wie أَخَفَى mit الى eines
Anderen: er wusch sich ihm gegenüber rein,
d. h. rechtfertigte sich bei ihm. מחה und
מוחה dagegen er hat gestrichen, Streiche
gegeben, geschlagen, geht über in die Bedeutung: er hat durch Verbot, Zwang oder
Strafe gewehrt, Einhalt gethan, zurück-
gehalten. Das speciell ausmalende מיחה בידו
entspricht genau dem arab. ضَرَبَ عَلى يَدِهِ
oder عَلى يَدَيْهِ, Gesen. Thes. S. 782, Sp. 1,
und Lane S. 1779, Sp. 1, Z. 32 flg.; ähnlich
unser: er hat ihm auf die Finger geklopft,
franz. il lui a donné sur les doigts.

S. 75, Sp. 1, Z. 23, und S. 76, Sp. 1, Z. 22
u. 23. Die Angabe, dass خَلَا mit dem Accu-

sativ freimachen bedeute, ist irrig; erst خَلَّى
und أَخْلَى sind unmittelbar transitiv. Ueberhaupt aber erscheint unter den verschiedenen
Bedeutungswendungen des Stammes خَلَا und
seiner Derivate nirgends ein Erlassen von Schuld
oder Strafe, und ich möchte daher dieses מחל
eher auf die Wurzel حل mit der Grundbedeutung lösen und los sein zurückführen.
Dieses Lossein bedeutet dann einerseits gesetzlich erlaubt oder freigestellt sein
(vgl. מותר, Gegensatz von אסור), andererseits
einer Verbindlichkeit oder Verantwortlichkeit entbunden sein; s. Lane unter حَلّ
S. 620, Sp. 1, Z. 8 flg. Zunächst scheint man
von חלל ein Hif'il und Af'el אָחִיל, אֲחָל, הֵחָל
(s. S. 76, Sp. 1, Z. 22 flg.) und aus dessen Participium מַחִיל, מָחָל, מֵחָל weiter einen secundären Stamm מחל gebildet zu haben.

S. 76, Sp. 2, Z. 34. מִיחֲלָא, eine an und für
sich unzulässige Form, könnte wenigstens nicht
von einem mittelvocaligen Stamme wie חול oder
חיל abgeleitet werden. Buxtorf hat unter חיל
S. 747 nur die Form מחיילא und zweifelt an
der Richtigkeit der Erklärung durch מַחְלָא.

Welche Bedeutungswendung von „حَالَ" dieser
Erklärung zu Grunde gelegt werden könnte,
sehe ich nicht ab. Nur wenn man חַיֵּל, stärken, kräftigen, auf die Urbedeutung drehen,
winden, fest schnüren, zurückführen dürfte,
liesse sich מְחַיְילָא als substantivisch gebrauch-
tes Part. pass. von Pael auffassen.

S. 78, Sp. 2, Z. 16 u. 17. Das zur Erklärung
des zweifelhaften מַחְסָא und חַסְיָא TW, I, S. 270
u. 271, und hier, Bd. II, S. 86, Sp. 1, Z. 1 u. 2,
als Nachbildung von χάζω in der Bedeutung
von „berauben, beeinträchtigen, privare"
gestellte חֲסָא, חֲסִי, hat ausser dem analogie-
widrigen Uebergange von ζ in ס hauptsächlich
den wiederum nicht beachteten Umstand gegen
sich, dass ein der griechischen Gemeinsprache
fremdes altdichterisches Wort wie χάζω nicht
in das Semitische jener Zeit übergegangen sein
kann. Aber selbst die Existenz eines solchen
Stammes חס mit jener Bedeutung angenommen,
wäre doch die Entstehung eines מָחֹסָא, מָחֹסָא
aus demselben formell unmöglich.

S. 78, Sp. 2, Z. 24 „מַחְסֹור̇דָּרְיָיתָא" schr. מַחְסֹור̇דָּרְיָיתָא,
Abstractum von מַחְסֹור, wie die syrischen und
arabischen Abstracta auf ـُوثُا und ـِيّة gleich-
lautend den weiblichen Formen der concreten
Relativnomina auf ـִי, ـֶאָה, ـٌ, ـֻّמٌ, ـٌي.

S. 78, Sp. 2, Z. 12 v. u. „מַחַץ von חָץ, arab.
خَصّ". Formell möglich ist diese Ableitung

nicht nur bei der Schreibart des Herrn Vfs., מֶחָץ als Segolatform wie מֵמֵר von מרר, sondern auch bei der Buxtorf's S. 1189, מָחָץ, wo das Wort aber einfach als פֶּעֶל unter dem Stamme מחץ steht. In der That lässt sich die Bedeutung Schöpfgefäss leichter vom Schütteln, Herumschütteln, Umrühren (מחץ=خفض, Ps. 68 V. 24), als von irgend einer der Bedeutungswendungen des Stammes חצץ, חֵץ, حَضَّ, حَظَّ, خَصَّ ableiten, besonders bei Vergleichung mit خَفَضَ

خَفَضَ بالدَلْوِ فى البِئْر oder خَفَضَ الدَلْوَ فى البِئْر, er rührte, um Wasser zu schöpfen, den Eimer oder mit dem Eimer im Brunnen herum.

S. 85, Sp. 2, Z. 8 u. 7 v. u. Nach der von Buxtorf Sp. 857 aus einer Glosse beigebrachten Erklärung ist מְטְהֲרת nicht eine Umstellung von מְרְהֶטֶת, Wasserrinne, sondern, der natürlichen Ableitung von טהר gemäss, ein Reinigungsgefäss, d. h. ein Gefäss für das kalte Wasser zum Waschen des Körpers nach dem warmen Bade. Das entsprechende مَطْهَرَةٌ oder مِطْهَرَةٌ ist nach dem Kâmûs: „ein Gefäss für das Wasser zur gesetzlichen Reinigung, wie ein Krug oder eine Kanne mit einem Ausgussrohr,

اِبْرِيق, oder eine Gelte mit einem Henkel, سَطْل". Dieses letztere Wort, aus dem lat. situla durch das gemeingriech. und kopt. σίτλα in das Semitische gekommen (s. Buxtorf Sp. 1463 unter סטלא und Dozy, Suppl. aux dict. ar. I,

S. 653, Sp. 1 unter سَطْل), wird nach Lane S. 1359, Sp. 2 heutzutage gebraucht von „a kind of pail, of tinned copper, which the women take with them to the hot bath, containing the water that they require for washing after the other operations of the bath", also im Wesentlichen übereinstimmend mit der obigen Erklärung von מְטְהֲרת. — Beachtenswerth ist ferner der auch vom türk. Kâmûs am Ende seiner obigen Erklärung bemerkte Uebergang dieses مَطْهَرَةٌ, gewöhnlich synkopirt مَطْرَةٌ, in die Bedeutung von سَطِيحَةٌ, رَكْوَةٌ, إِدَاوَةٌ, d. h. eine lederne (nach Bocthor unter Gourde auch hölzerne) beutelförmige Feldflasche für Wasser (gelegentlich wohl auch für Wein, s. Meninski unter مطر), — in dieser Bedeutung auch im Persischen und Türkischen üblich, aber von den Persern متارة geschrieben, s. Meninski unter مطر und مار. (Die ursprüngliche Identität dieser

beiden Wörter verbürgt Zamachśari's Mukaddima, ed. Wetzst., S. ٥٣ Z. 1 u. 2, und Farhang-i Rashídí, Calc. 1875, II, S. ٢٢٧: متارة ظرف كه بدان وضو كنند وبعربى مطهره كويند وظاهرا كه در أصل مطهره است ومتار و بتغير لهجة خوانك ه انك.) Dozy, Suppl., II, S. 65 Sp. 1, bringt aus Burkhardt's Reisen in Nubien das: „مَطْهَرَه petite bouteille en cuir pour l'eau". Das vom Kâmûs unter dem Stamme مطر gesetzte und kurzweg durch قِرْبَة erklärte مَطَرَةٌ — wonach Freytag: „مَطْرَةٌ uter coriaceus. Kam." — ist nichts anderes als das hier besprochene Wort. S. weitere Nachweisungen bei Dozy, Suppl., II, S. 600, Sp. 1, wo aber مَطَرَةٌ zu مطر μετρητής gezogen ist.

S. 88, Sp. 1, Z. 26 „מְטֻלַּלְתָּא" schr. אלתא, wie S. 89, Sp. 1, Z. 36.

S. 89, Sp. 1, Z. 16 flg. v. u. Dieser von Gesenius im Thes. unter מֵטָל angedeuteten Ableitung fehlt nur der Nachweis eines Wortes von diesem Stamme, das jemals in einer semitischen Sprache auch nur annäherungsweise die allgemeine frühere oder spätere Bedeutung von μέταλλον gehabt hätte. Das nächstverwandte μεταλλάν ist ursprünglich nach etwas suchen, forschen, bei μέταλλον durch Graben und Wühlen. Noch allgemeiner ist das in der älteren Bedeutung dem μέταλλον entsprechende مَعْدِن: ursprünglich überhaupt Fundort irgend welches Naturerzeugnisses, wo dasselbe heimisch und stets vorhanden ist, sei es auf oder in der Erde oder im Wasser.

S. 89, Sp. 2, Z. 30—32 „σπίκουλα, spicula, Spiesse, um die grossen Verbrecher zu tödten." Das erste Wort existirt weder im Alt- noch im Neugriechischen, und das lateinische spiculum ist ein rein dichterisches Wort, welches nie die ihm beigelegte Bedeutung von Spiessen zur Hinrichtung von Verbrechern gehabt hat, wie denn auch das unrichtige spiculator (s. die Bemerkung Bd. I, S. 281, Sp. 2, Z. 21) überall in speculator zu verwandeln ist. In der fraglichen Stelle hat ספקולא, specula, die ihm nach dem Gebrauche von speculator beigelegte Bedeutung: der Dienst der speculatores, die von ihnen zu vollstreckende Todesstrafe, wie richtig die von Buxtorf Sp. 1533 beigebrachte Glosse: ארנש מיתה.

S. 92, Sp. 2, Z. 2 u. 3 „מנטיל, Mantel" schr. mantile, مَنْدِيل, Handtuch, Wischtuch. Auch die Neugriechen sprechen ihr μαντίλι nach der allgemeinen Regel, dass die Liquida n

die unmittelbar darauf folgende tenuis t in die media d erweicht, wie mandili aus. S. unten die Anm. zu S. 116, Sp. 1, Z. 34 u. 43, S. 151, Sp. 2, Z. 3 u. 2 v. u. und zu S. 154, Sp. 1, Z. 36.

S. 95, Sp. 2, Z. 19—21. Die Ableitung dieses מְטַרְתָא von μετρητής, lat. metreta, wird bestätigt durch das gemeinarabische مَطَر, pl. أَمْطَار, als Name eines Gefässes und Masses für flüssige, später auch für trockene Dinge, in den arab. Uebersetzungen des Evang. Joh. Cap. 2 V. 6 für sein griechisches Original stehend; s. Diss. de gl. Hab. S. 44 u. 45, de Sacy zu Abdallatif S. 284 in d. Anm., Dozy's Suppl. aux dict. ar., II, S. 600, Sp. 1. Nur ist „Tonne, Fass" nach feststehendem deutschen Sprachgebrauche ebenso wenig anwendbar, wie, nach einer hier oft wiederholten Bemerkung, auf irgend eine der altmorgenländischen und griechisch-römischen irdenen oder steinernen Gefässarten. Erst das neuere Morgenland hat vom Abendlande kleinere und grössere hölzerne Fässer, Tonnen, Bütten und Bottiche angenommen: بَرْمِيل ital. barile, span. barril, franz. baril, neugr. βαρέλι, und بَتِّيَّة, بَتِّيَّة, ital. botte, neugr. βουτζί, türk. فوجى.

S. 99, Sp. 2, Z. 5 v. u. Der hier gegebenen Ableitung und Erklärung des zweifelhaften מיימוס entspricht weder die Form noch die Bedeutung von μαίευμα: das Werk und das Ergebniss der Geburtshülfe, das von der Hebamme gebrachte Kind. Wäre in jenem Worte überhaupt ein Derivat von μαιεύω zu suchen, so läge es näher, einen Schreibfehler st. מייסיס, μαίευσις, anzunehmen. Dasselbe gilt von יומוס S. 100, Sp. 1, Z. 5 u. 6, das, wenn hier ein Derivat von ἰᾶσθαι vorläge, eher auf ייסיס, ἴασις, rathen liesse. Aber ich wage keine Vermuthung.

S. 100, Sp. 1, Z. 9 flg. Es sind hier, auch von de Lagarde, zwei verschiedene Bäume mit einander vermischt: 1) die Eiche, syr. nach Bar Bahlûl شَجَرَة تَحْمِل بَلُّوطًا وَعَفْصًا قِنَمًّا „ein Baum, der Eicheln und Galläpfel trägt", türk. مِيشَه; besonders die Kermes-Eiche, Quercus coccifera L.; denn Bar Bahlûl fügt hinzu: „und man sagt, der Kermeswurm, اسدزونل, falle mit dem Thau herab und setze sich auf diesen Baum; man sammelt und trocknet ihn dann." 2) der Zürgelbaum, Elsbeerbaum, Celtis australis L., kopt. mês, arab. المَيْس, span.

aimez, franz. alizier; s. meine Anm. zur Zeitschrift der D. M. G. vom J. 1862, S. 588, und Dozy, Glossaire des mots espagnols et portugais dérivés de l'arabe, S. 163 u. 164. Hiernach ist „2) die Frucht dieses Baumes" (Z. 27 u. 28) nicht, wie man nach der Bedeutungsangabe unter 1) glauben möchte, von „Eicheln und Galläpfeln", sondern von einer Art Elsbeeren zu verstehen.

S. 101, Sp. 1, Z. 5 v. o. und Z. 9 v. u. مَال med. je als Verbalstamm hat mit מִיל, مِيل nichts zu thun und dieses Wort ist überhaupt nicht „ursprünglich semitisch", sondern griechisch: das vom Herrn Vf. selbst Z. 6 v. u. erwähnte μήλη, später μήλιον, μήλι, Sonde zur Untersuchung von Wunden, wie zunächst auch مِيل im arabischen Sprachgebrauche, mit dem einheimischen مِسْبَر, مِسْبَار gleichbedeutend; dann wegen der Aehnlichkeit: der Augenschminkstift, sonst مِكْحَال und مِكْحَل, مِرْوَد genannt (Bd. I, S. 563, Sp. 1, Z. 21 flg.), ferner der eiserne Stift, der glühend gemacht und vor den Augen vorübergeführt zum Blenden dient, und andere ähnliche Werkzeuge zu verschiedenem Gebrauche. Daher vielleicht auch eine obeliskenförmige Wegsäule und die Strecke zwischen je zwei solchen Säulen; vgl. مَنْزِل, Station, Poststation, in den beiden entsprechenden, auch bei uns gewöhnlichen Bedeutungen. Wahrscheinlicher jedoch liegt diesem Gebrauche von מִיל, مِيل, das lat.-griech. miliarium, μίλιον, μίλι zu Grunde.

S. 104, Sp. 1, Z. 31. Μανία, mit syrischen Buchstaben خذانل geschrieben, wird dadurch nicht „syr." Oder nimmt der Herr Vf. zwischen μαίνεσθαι, rasen, wüthen, mit seinen Derivaten und مَيْن, lügen, wirklich einen etymologischen Zusammenhang an? Für mich wäre dies ebenso unwahrscheinlich, wie die schon von Andern versuchte Ableitung des מין in dieser Bedeutung von jenem seltenen altarabischen مَان يَمِين مَيْنًا, Ich sehe in מין III dasselbe Wort wie in מין II, nur in besonderer Anwendung auf Theilungen, Spaltungen (Schismata), Sekten. Die Grundbedeutung der Wurzel من zeigt sich noch in dem altarabischen مَان الأَرْضَ =شَقَّها للزراعة „er hat den Erdboden (durch Pflügen u. dgl.) gespalten, aufgerissen, um ihn

zu besäen". Wahrscheinlich ist auch das „Lügen", wie in خَرَصَ und اِفْتَرَى, nur eine tropische Anwendung derselben Grundbedeutung.

S. 107, Sp. 1, Z. 13 v. u. „neugr. μίσος" ist zu streichen, und das lat. „missūs" (Gen. missūs, Verbalnomen von mitto) bedeutet nicht „Speise, Nahrungsmittel" schlechthin, sondern eine Sendung, d. h. eine gleichzeitig auf die Tafel gesendete Anzahl Gerichte, einen Gang, eine Tracht. Das Neugriechische hat nur μισός für das altgriech. ἥμισυς.

S. 107, Sp. 2, Z. 19 „Ahorn" schr. Platane, nicht nach meiner „Ansicht" (TW, I, S. 176, Sp. 2, Z. 35 u. 36), sondern nach den Originalquellen; s. de Lagarde, Ges. Abh. S. 31, Z. 12 flg., Semitica, I, S. 60 unter דלב, und Löw, Aram. Pflanzennamen, S. 107 unter d. Art. 73: ܕܘܠܒܐ ܦܠܛܢܘܣ Platanus orientalis L. Platane.

S. 107, Sp. 2, Z. 33 „μυριαδῶν" sehr. μυριάδων.

S. 110, Sp. 1, Z. 5 „μίτον" schr. μίτος.

S. 110, Sp. 2, Z. 4 u. 5. Mit Löw, Aram. Pflanzennamen, S. 119, Z. 6 flg., leite ich מכבד nicht von כָּבֵד, schwer sein, sondern von כָּבַד, fegen, kehren, ab und schreibe daher auch mit ihm nicht כַּבֵּד, sondern מְכַבֵּד. Die natürliche Aehnlichkeit des Palmenastes mit einem Kehrwedel oder Kehrbesen und der entsprechende Gebrauch, den man davon macht, rechtfertigen diese Annahme, wogegen nicht einleuchtet, warum man gerade Palmenäste, unter denen es, wie unter allen andern, schwerere und leichtere giebt, vom Schwersein benannt haben sollte. Auch erlaubt der Sprachgebrauch nicht, die הוּצֵי, d. h. die Blätter und Blättchen des Palmenastes (Bd. I, S. 557, Sp. 1 u. 2, und Löw, Aram. Pflanzennamen, S. 116, Z. 5 flg.) „Stauden" zu nennen.

S. 115, Sp. 1, Z. 32. Um „wahrsch." zu sein, müsste die Ableitung des dunkeln מכסירין von μυχός, μύχιος wenigstens noch die Entstehung des ר vor der Endung ין erklären. Letztere könnte einem ιον oder ειον entsprechen, aber woher das ר?

S. 115, Sp. 2, Z. 7 u. 8. Die in der achten Auflage von Gesenius' Handwörterbuch unter מחר und מכר ebenfalls angenommene Stammbildung durch Einsetzung eines festen Consonanten, ה, כ, ס, zwischen die beiden Bestandtheile einer zweiconsonantigen Wurzel oder die Verwandlung eines diese Stelle einnehmenden schwachen Consonanten, א, ה, ו und י, in einen starken kann ich bis auf Weiteres nicht für richtig halten und verzichte vor der Hand lieber auf eine Erklärung des Ursprungs der Bedeutung von מכר ,מסר ,מרד ,מר, als sie mit מור und

מהר in Verbindung zu bringen, bin aber im Allgemeinen mit Dietrich für die secundäre Stellung des מ in jenen Stämmen als eines Vorsatzlautes.

S. 116, Sp. 1, Z. 34 u. 43 „μαχέριν" sehr. μαχαίριον, μαχαίρι. — Z. 37 „κονδὸς μαχέριν" ist, um nicht ganz barbarisch zu sein und um daneben dem קונדא מכירין möglichst getreu zu bleiben, in κοντὰ μαχαίρια zu verwandeln. Ueber die Aussprache des τ nach ν wie d s. Anm. zu S. 92, Sp. 2, Z. 2 u. 3. Das neugriechische κοντός erklärt schon Auch richtig durch קָצָר.

S. 123, Sp. 1, Z. 12—10 v. u. Die bei Buxtorf und Cast.-Michaelis durch Beispiele vollkommen festgestellte Bedeutung des aramäisch-hebräischen מלג, rupfen, ab- und ausrupfen, entfiedern, enthaaren, ist nach dem Herrn Vf. eine „Uebertragung" von einer angeblich im Arabischen erhaltenen Grundbedeutung „melken", die auch dem chald. מְלַג geradezu beigelegt wird.

Aber اِمْتَلَجَ ,مَلِجَ ,مَلَجَ werden im eigentlichen Sinne nur von Kindern und jungen Thieren gebraucht, die an den Brustwarzen und Zitzen saugen; der Spottname مَلْجَان aber bezeichnet einen Erzgeizhals, dem man nachsagt, um ja keinen Schluck Milch mit einem Gaste oder Nachbar theilen zu müssen, lege er sich selbst an die Zitzen seiner Kamelin und sauge sie mit den Lippen aus. Also auch hier ist kein eigentliches Melken zu finden. Die speciell arabische Bedeutung ist vielmehr umgekehrt eine Entwicklung aus der allgemeinen Grundbedeutung der Wurzeln מל und מר, streichen, streifen, welche durch den Zutritt der dreifach abgestuften Gaumenlaute ג, ך und ק entsprechend modificirt wird. Laut- und sinnverwandt sind allerdings ἀμέλγειν, mulgere, melken, sowie mulcere, aber nicht gleichbedeutend.

S. 127, Sp. 1, Z. 13 v. u.„מְלַחְתָא" nach Analogie der Orts-Denominativa خَمَّارَة ,كَلَّاسَة ,مَلَّاحَة u. s. w. wäre מַלְחְתָא zu schreiben. (Das wunderliche „خَمَارت Tabernae, in quibus vinum venditur" b. Freytag ist in خَمَّارَةٌ Pl. خَمَّارَات Taberna, in qua vinum venditur, zu verwandeln.)

S. 128, Sp. 2, Z. 7 u. 6 v. u. und S. 133, Sp. 1, Z. 12—10 v. u. Ueber die wirkliche Grundbedeutung der Wurzel מל s. die Anm. zu S. 123, Sp. 1, Z. 12 u. 10 v. u., und über die des Stammes מלך die achte Auflage von Gesenius' Handwörterbuch.

S. 132, Sp. 2, Z. 35 „מַלְפְּתָנוּתָא" sehr. מַלְפָתָנוּתָא

S. 133, Sp. 1, Z. 23. Nicht „viell.", sondern gewiss ist dieses מלכיא das griech. μαλακία. Vgl. oben die Anm. zu S. 48, Sp. 2, Z. 3 v. u.

S. 134, Sp. 1, Z. 18—20. Die Bedeutung von מְלִילָה ist, nach Dietrich's Bemerkung, schon von Buxtorf richtig bestimmt: „מְלִילָה Fricatio, Confricatio: Spica, a confricando." Die bei ihm und dem Herrn Vf. selbst angeführten Verbindungen von מלל mit שבלין (שובלין) und מלילות als Objecten lassen darüber keinen Zweifel bestehen: מְלִילָה zerreibbare oder zerriebene Aehre, nach Form und Bedeutung entsprechend dem arab. فَرِيك von

ملל=فَرَكَ reiben, zerreiben; s. dieses Wort und das gleichbedeutende مَفْرُوكَة bei Freytag und Lane. Bistânî im Muḥîṭ al-Muḥîṭ hat ausserdem فَرِيكِيَّة als ein Gericht aus فَرِيك, d. h. zerriebenen Weizenkörnern, wie auch schon فَرِيك selbst ein solches Gericht bedeutet. Daher מלל הקדירה und schlechthin מלל, S. 133, Sp. 2, Z. 23 flg.: ein solches Gericht kochen; wonach S. 134, Z. 22—25 zu übersetzen ist: wenn Jem. Aehren (שובלין) in sein Haus bringt, um daraus Reibähren (מלילות) zu machen, d. h. um sie zu zerreiben und zu kochen.

S. 134, Sp. 1, Z. 10 v. u.. Die Wörter מללא, مَلَّة, glühende Kohlen, Kohlengluth, im Arab. auch heisse Asche, und مَلّ, etwas an Kohlenfeuer schmoren, rösten, oder unter heisser Asche backen und braten, sind nicht mit מִלֵּל in die hier versuchte Verbindung zu „bringen", denn dieser Gebrauch des Stammes مل ist nur eine neue Wendung der oben angegebenen Grundbedeutung der Wurzel مل, indem die Einwirkung äusserer oder innerer Hitze auf einen Körper, weiterhin auch auf den Geist, als eine Art Reiben und Drücken gedacht wird.

S. 134, Sp. 1, Z. 3 u. 2 v. u. Nicht der Schacht heisst nach Aruch arab. אלהבר, d. h. التِّبْر, sondern, wie richtig bei Buxtorf, das Edelmetall selbst in natürlichem Zustande, wie es aus dem Schachte kommt.

S. 135, Sp. 1, Z. 4. „Wullers" sehr. Vullers, wie schon Bd. II, S. 453, Sp. 2, Z. 29. Uebrigens war zu bemerken, dass dieses مَلْمَل nicht ursprünglich „pers.", sondern hindustanisch ist.

S. 141, Sp. 2, Z. 10 „מְמִיקָנָא sehr. מְמִרקָנָא oder קְנָא, jenes, wenn das Wort vom Partic. Af'el, dieses, wenn es vom Partic. Pa'el gebildet ist, wie im Syr. ܡܡܝܩܢܐ. Das Kamez der Bildungssylbe ân ist durchaus urlang und kann

weder in Patach noch in Schwa mobile verkürzt werden. Daher ist auch מְמִרקְנוּתָא oder מְמַרקְנוּתָא, ܡܡܝܩܢܘܬܐ zu schreiben. Ein „denom." Verbum מְמִיקַן, spotten, giebt es nicht.

S. 147, Sp. 2, Z. 30 „מַנַּגְדָנָא" schr. מְנַגְדָנָא, wie b. Buxtorf, von נַגֵּד.

S. 148, Sp. 2, Z. 14. Die beiden arabischen Wörter können zur Erklärung der Form und der angegebenen Bedeutung von מַנְדְיָאן nichts beitragen.

S. 151, Sp. 1, Z. 29 flg. Diese Erklärung des schwierigen Wortes wäre nur dann wahrscheinlich, wenn sich für den Stamm נוב im Aramäischen dieselbe Bedeutung wie im Arabischen nachweisen liesse, und auch dann würde die Formenanalogie statt מְנוּבְיָתָא verlangen מְנֻבְיָתָא, wie wenn man von مَتَاب als Verbalnomen von نَابَ يَنُوب ein Relativnomen مَنَابِيّ fem. مَنَابِيَّة in der Bedeutung von نَائِب fem. نَائِبَة gebildet hätte.

S. 151, Sp. 2, Z. 3 u. 2 v. u. Da das lat. manuale selbst nicht Handschwenken bedeutet, so kann sie diese Bedeutung auch nicht auf sein angebliches Derivat מנדל, Pl. מנדלין, übertragen. Die Glosse b. Buxtorf Sp. 1226: סודרים של ראשם weist darauf hin, dass dieses מנדל eine Nebenform von מנדיל ist, lat. mantile (s. d. Anm. zu S. 92, Sp. 2, Z. 2 u. 3), arab. مِنْدِيل, مِنْدَل, welches Wort ebenfalls, wie סודר, sudarium, von einem Kopftuche oder Kopfbunde gebracht wird. Indessen kann dieses מנדלין mit seiner Variante סודרין, S. 152, Sp. 1, Z. 30, auch Taschen- oder Schweisstücher bedeuten. Bemerkenswerth ist derselbe Consonantenwechsel in دَكَل und נול, schmutzig sein.

S. 152, Sp. 1 u. 2. سُهَّل bedeutet nur „sehr wachsam", ursprünglich: schlaflos, wenig schlafend, — keineswegs aber: „das Haupt stolz erhebend." Auch dass diese Bedeutung dem Worte מָדוֹן, Spr. 29, 21, zu Grunde liege, ermangelt des Beweises. So lange aber nicht feststeht, wie die Schüler des R. Acha bar Chanina das מדון gedeutet haben, lässt sich weder über den Sinn, noch über Grund oder Ungrund ihrer Behauptung: „im Arabischen ist סהדה gleichbedeutend mit מדון" etwas Sicheres sagen.

S. 154, Sp. 1, Z. 36 „מַנְטוֹלִין"=מנטיל, מִנְדִיל, in der Anm. zu S. 151, Sp. 2, Z. 3 u. 2 v. u.

S. 154, Sp. 1, Z. 47. Die Vermuthung, das unsichere מְנַדְרוֹמִין sei „etwa gr. ὁ μονο-τολμη-ρός mit Wechsel der liquidae: die sehr Verwegenen, Tollkühnen" könnte wohl selbst, —

wäre nur das Compositum überhaupt griechisch, — μονο-τολμηρά genannt werden. Verfalle ich aber vielleicht in denselben Fehler, wenn ich, nach der Glosse מגיסטי מלחמה, als magistri belli gefasst, und dem „docentes bellica" bei Buxtorf Sp. 1169, in dem מִנְטְרוֹסִין (?) מִנְטְרוֹמִין) ein hebraisirtes monitores vermuthe?

S. 158, Sp. 1, Z. 33 „חד" sehr. umgekehrt דח oder vielmehr דַּח, pers. دَهٔ mit wurzelhaftem gutturalem h, entsprechend dem griech.-lat. x, c, in δέχα, decem.

S. 160, Sp. 1, Z. 13 v. u. „مِنْف" sehr. مَنْف.

S. 162, Sp. 1, Z. 8 v. u. Statt מַטָּא schreibt Buxtorf מְטָא. Nach dieser Aussprache könnte man vermuthen, das Wort sei eine Hebraisirung des pers. مَاشَهٔ, Feuerschaufel, Ofenschaufel, wodurch die gewagte Ableitung von נסח wegfallen würde.

S. 162, Sp. 2, Z. 12 „מַטָּאמְטָא" sehr. מַטָּאמְטָא nach dem syr. ܐܛܡܛܐ, von נטא ܢܛܐ, wie richtig schon Cast.-Mich. S. 511 und Bernstein's WB. zu Kirsch' Chrestomathie S. 315.

S. 163, Sp. 1, Z. 24 „מְטָסָא, מְטָסָא" sehr. מַטְאסָא, מְטָסָא, Cast.-Mich. richtig ܡܛܣܐ, wie Hoffmann's Bar Ali S. 242 Nr. 6233 vorschreibt, n. instr. vom Reduplicationsstamme ܛܣ in der Bedeutung von كَسَّ „propulit camelum,"=مِنْسَأَةٌ „baculus, instrumentum quo propellitur pecus." Eine Ableitung von سَاقَ (nicht „سَاَ") ausdehnen, ist nicht nur der Form, sondern auch der Bedeutung nach unmöglich, da jenes altarabische Zeitwort nicht vom Ausstrecken eines Stockes u. dgl., sondern vom Zerreissen eines Stoffes durch zu starkes Ausdehnen gebraucht wird. Das erste Alef von מטאסא ist nicht ursprünglich consonantisch und wurzelhaft, wie das Alef hamzatum von سَاق, sondern nur scriptio plena zur Bezeichnung des Kamez impurum in der zweiten Sylbe der Form מַטְבְּלָא. Die regelmässige Schreibart ist die des Aruch: מטסא, wie syr. ܡܛܣܐ. Das Wort ist auch in das Arab. übergegangen; s. Dozy's Supplément aux dictionnaires arabes, II, S. 588, Sp. 2, unter مَمْسَاس.

S. 163, Sp. 2, Z. 13 v. u. Gegen das beliebte „wahrscheinlich" muss ich auch hier wieder Einsprache erheben. Zwischen den Stämmen شَبَا und סבב besteht weder formelle noch ideelle Verwandtschaft, und wozu auch aus dem arabischen Wörterbuche auf's Gerathewohl ein seltenes altes Wort zur Erklärung eines neuhebräischen herbeiziehen, dessen ursprüngliche Bedeutung: um die Tafelrunde Gelagerte, im Gegensatze zu den stehenden aufwartenden Dienern, sich ganz natürlich zu dem Begriffe Herrn, vornehme Leute verallgemeinert? — Als „Part. Pual von סבב" müsste das Wort eine Zusammenziehung von מְסוֹרְבִין sein; woher dann aber die Endung הִ_ und הִ_ in der hebr. und chald. Singularform מְסוּבָּה und מְסוּבָּה? Die erstere Form ist gebildet wie von einem denominativen Piel סִבָּה, an der מְסִבָּה Platz nehmen lassen, Pual סִבָּה, da seinen Platz angewiesen erhalten. Dieses Pual hat dann sein u auch in der hebr.-aramäischen Zwitterform מְסוּבָּי st. מְסוּבָּר, Pl. מְסוּבָּרִין (S. 164, Sp. 1, Z. 7, 9 u. 24) beibehalten.

S. 164, Sp. 2, Z. 17 „Speise, Nahrungsmittel" s. die Anm. zu S. 107, Sp. 1, Z. 13 v. u.

S. 164, Sp. 2, Z. 7—5 v. u. Diese Ableitung mit der darauf gegründete Bedeutungsbestimmung ist ebenso unzulässig wie die des Wortes מְסוּבָּה von شَبَا. Weder im Hebräischen noch im Aramäischen existirt ein סרב, שׁוב, in der allgemeinen Bedeutung von شَوْب, mischen, und in der besonderen Bedeutung: Wein mit etwas Anderem mischen, wird gerade dieses arab. Wort nicht gebraucht, sondern مَرَج, wie im Hebr. מזג und מסך. Sollte מסרביתא nicht das Femininum des soeben besprochenen מְסוּבָּה st. מְסוּבָּר und demnach מְסוּבְּיתָא zu schreiben sein?

S. 165, Sp. 1, Z. 4 v. u. „מטאמטא" sehr. מַטְאמְטָא; s. Anm. zu S. 162, Sp. 2, Z. 12.

S. 166, Sp. 1, Z. 15 und S. 181, Sp. 1, Z. 7 v. u. „μυστήρεον" sehr. μυστήριον.

S. 169, Sp. 1, Z. 5. Alle diese Formen zeigen das ursprüngliche u des von den Arabern in مشك verwandelten persischen مشك.

S. 169, Sp. 1, Z. 34 u. 35. Dieser mit den Formableitungsgesetzen unvereinbaren Etymologie von מִסְכֵּן glaube ich diejenige gegenüber stellen zu dürfen, welche, im Wesentlichen schon von Gesenius und Dietrich unter מסכן angegeben, von mir begründet und ausgeführt worden ist zu Delitzsch' Jesaia-Commentar, 3. Ausg., S. 421 u. 422, Anm.

S. 170, Sp. 2, Z. 22 flg. Buxtorf unter אֶבֶן schreibt מַסְכָּתָא אֶבֶן „Lapis positionis", — wie mir scheint, durchaus sprach- und sachgemäss; אֶבֶן statt אֶבֶן ist, wie so oft dergleichen Segolatformen in diesem Sprachgemisch, aus dem Hebräischen herübergenommen und מַסְכָּתָא das unanfechtbare Verbalnomen von סום, der ebenso unanfechtbaren aramäischen Schreibart für das hebr. שׂוֹם; s. Bernstein's WB. zu Kirsch' Chre-

stomathie, S. 334, Sp. 1 und S. 336, Sp. 1 u. 2. Was Z. 34 flg. weiter dagegen eingewendet wird, die Wurzel von מסמא sei nicht סרם, sondern סמי oder סמם, ist ein reiner Zirkelbeweis: das erst zu Beweisende wird als bewiesen vorausgesetzt. Dagegen bezweifle ich stark die Möglichkeit der angenommenen Bedeutung „Blendstein, d. h. Spiegelstein, Marienglas, womit man Betten u. dgl. bedeckte.“ Von סַמֵּי, er hat geblendet, könnte Blendstein im Sinne von blendender Stein doch nur מְסַמְּיָא lauten; und wie ist das Bedecken von Betten mit Marienglas zu denken? — Widersprechen muss ich ferner dem „Mögl. Weise“, mit dem eine Ableitung des Wortes „vom arab. سمّ, einen Gegenstand auf etwas legen“ eingeführt wird. Woher diese Bedeutungsangabe? Freytag ist daran unschuldig, würde auch nicht zugegeben haben, dass sein سَمّ, Stratum ex foliis palmae contextum, quod sub palma expanditur, ut in id decidant dactyli, von jenem angeblichen „legen“ herkomme. Die Bedeutung dieses Wortes geht vielmehr von dem Begriffe dicht und fest machen aus, der sich neben dem Begriffe durchdringen im Reduplicationsstamme سم nach verschiedenen Seiten hin entwickelt hat. Durch ihn ist سَمّ mit صَمّ auch begrifflich verwandt; so سَمَّ القارُورَة =صَمَّ القَارُورَةَ, er hat die Glasflasche verstopft, zugestöpselt.

S. 180, Sp. 2, Z. 20 flg. מִכְסָה fَضْهِ, st. constr. מְכַס فَضْهَ, Mass, Grössen- und Zahlenmass, Quantität, Betrag, قَدْر, مِقْدَار, Thom. a Nov. S. 342; dann Hinreichendes, Genüge, genug, كِفَايَة, قَدْر حَسْب, Hoffmann's Bar Ali Nr. 6268. Nach dem Herrn Vf. soll das Wort eigentlich bedeuten „was deckt“, vom „Stw. מסס, arab. مَسّ“. Da nun מסס weder im Hebr. noch im Aram. diese Bedeutung hat, so muss sie wohl aus dem Arabischen herübergenommen sein; aber Freytag schreibt richtig: „مَسّ — Tetigit“, nicht Texit, und das Wort, entsprechend dem hebr. משש, hat auch nie etwas anderes bedeutet als betasten, angreifen, berühren. Ich glaube ebenfalls jenes מְסָתָא auf die Wurzel מס, משש zurückführen zu müssen, möchte aber aus der Grundbedeutung streichen den Begriff messen, Mass entwickeln, — zunächst allerdings Längenmass, wie מְשַׁחְתָּא, مِسَاحَك, von משח; مسح; aber schon das althebr. מְשֻׂחָה,

מְשׂוּחָה, Zugemessenes, Antheil, Portion, zeigt eine Verallgemeinerung dieses Begriffes.

S. 181, Sp. 1, Z. 32 flg. מוּרְסְתָּא ist weder, wie der Herr Vf. vermuthet, semitischer Herkunft, noch, wie Raschi will, aus מַטְשִׁירְבִי, μαστ(ε)ρα verderbt, sondern, mit Wechsel der Lippenlaute ב und מ, das ursprünglich persische, Bd. I S. 287, Sp. 1, Z. 25 flg. erklärte בּוּסְתְּקָא, also wiederum kein occidentalisches „Fass“.

S. 185, Sp. 2, Z. 3 v. u. „מְעֵזֵי oder מַעֲזֵי“. Die herkömmliche Ableitung dieses Wortes von עֵז, Pl. עִזִּים, ist auch bei der Schreibart מְעַזֵי unmöglich. Wo gäbe es ein zweites so gebildetes Denominativum? — מַעֲזֵי, st. emphat. מַעֲזַיָא oder מַעֲזַיָא, ist die aramäische Form des arab. مَعْزَى, pecus caprinum, eines Gattungs-Collectivums für beide Geschlechter, ursprünglich Masculinum, مَعْزً, daneben aber auch Femininum, مَعْزَى und مَعْزَاءُ, nie, wie bei Freytag, مُعَزً (s. meine Beiträge z. arab. Sprachkunde, 4. Stück, S. 269), gleichbedeutend mit مِعَازً, مَعَزً, مِعَاز und أَمْعُوزً und مَعِيزً. Das Einheitswort zu allen diesen Collectivwörtern ist مَاعِزً, theils für beide Geschlechter, theils nur für den Bock, und مَاعِزَةً für die Ziege (gemeinarabisch مَعْزَةً und مَعْزَايَةً). Nach ihrer Herkunft von مَعَزً, durus fuit, gehen diese Wörter entweder auf den im Vergleich mit dem andern Kleinvieh, den Schafen, mehr straffen und sehnichten Körperbau der Ziegen, oder auf die verhältnissmässige Härte und Steifheit ihres Haares, شَعَرً, شَعْرً (vgl. שֵׂעָר), im Gegensatze zu der Schafwolle und dem weichen Kamelhaare. Wie nun der Pl. עִזִּים, so steht der collective Singular מַעֲזֵי für Ziegenhaar; die in TW, II, S. 56, Sp. 2 angeführten Stellen zeigen in dieser Bedeutung מְעַזֵי für das indeterminirte עִזִּים, מַעֲזַיָא für das determinirte הָעִזִּים. Aehnlich steht مَاعِزً speciell für Ziegen- oder Bocksfell, جِلْك مَعَزً.

S. 189, Sp. 2, Z. 4 „מַעֲטָף“ sehr. مِعْطَف.

S. 190, Sp. 1, Z. 9 flg. מְעִיסָה ist die Form פְּעִילָה von מעס, معس, eig. stark Geriebenes oder zu Reibendes, wie חֲלִימָה von חלם. Wie ferner beide Wörter in der Stelle des jerusalemischen Talmud b. Buxtorf Sp. 761

1. Z., so sind auch ihre beiden Nebenformen מעסה und חלטה in den Stellen I, S. 462, Sp. 1 und S. 478, Sp. 1 unter החלטה und המעסה, mit dem Artikel verbunden, also jedenfalls nicht, als wären es hifilische Verbalnomina, הַחְלָטָה und הַמְעָסָה zu schreiben. Die Realerklärungen der beiden Wörter im jerusalemischen und im babylonischen Talmud sind einander allerdings gerade entgegengesetzt; hier aber waren sie, in Uebereinstimmung mit den angeführten Stellen und mit II, S. 56, Sp. 2 unter חֲלִיטָה, sowie b. Buxtorf a. a. O. zu erklären.

S. 193, Sp. 1, Z. 33 „מְעַצְּרִי" sehr. מְעַצְּרִי.

S. 194, Sp. 2, Z. 34 „καλάβια" sehr. κολόβια.

S. 200, Sp. 2, Z. 15 u. 14 v. u. Schon nach Form und Laut ist פילומא nicht πλήμη=πλήσμη, sondern (s. TW, II, S. 573, Z. 12 u. 11 v. u.) πήλωμα. Hierzu kommt, dass jene beiden Wörter, als altgriechisch-dichterische Benennungen der Fluth im Gegensatz zur Ebbe, weder zur materiellen Ableitung, noch zur Erklärung der Bedeutung von פילומא und seinen Derivaten geeignet sind. Dagegen stellt πήλωμα, als concretes Verbalnomen von πηλόω, Schlammmasse, ganz passend das als Urschlamm, Chaos gedachte תהום dar; vgl. TW, I, S. 6, Sp. 1, Z. 12 flg. In keinem Falle kann πλήμη, nach TW, II, S. 270, Sp. 2, Z. 31 u. 32, einen „morastigen Teich" bedeuten.

S. 201, Sp. 1, Z. 14. „Φάλλος" sehr. Φαλλός. Was bedeutet das Fragezeichen hinter diesem Worte? An eine etymologische Verwandtschaft von מְפָלְצָה mit Πρίαπος oder Φαλλός ist doch nicht zu denken.

S. 202, Sp. 1, l. Z. „עֲלָא" schr. עֲלָא. Sp. 2, Z. 1 „aufstieg" schr. Aufstieg. Z. 2 „dem Ende" sehr. einem Punkte. Dieser Gebrauch von מפרע entspricht vollkommen dem dem ἄνω und ἐπάνω in οἱ ἄνω τοῦ χρόνου und οἱ ἐπάνω, eig. die oben in der Zeit, d. h. die früher Lebenden.

S. 207, Sp. 1, Z. 1 flg. Diese Ableitung versetzt das מַצָּה, einer angeblichen Grundbedeutung zu Liebe, vom Boden des einfachen Reduplicationsstammes מצץ auf fremdes Stammgebiet. Bei der von Gesenius aufgestellten und von seinen Fortsetzern beibehaltenen Bedeutungsangabe: „pr. dulcedo, concr. dulce, i. e. non fermentatum, ἄζυμον" ist dies zwar nicht der Fall, aber die Grundbedeutung saugen, aussaugen, erhält eine, vielleicht durch Luther's „süsse Brode" für ἄζυμα (Matth. 26, V. 17) beeinflusste Wendung im Widerspruch mit dem wirklichen Geschmacke der jüdischen Mazzen, bei denen die geschichtlich-religiöse Bedeutung für das fehlende Würze für die Zunge ersetzen muss. Ich glaube vielmehr, dass מַצָּה, entsprechend dem مَصَّ, ausgesogen, saft-

los, dürr, die durch den Mangel eines Gährungsbeisatzes und durch scharfes Backen bewirkte Trockenheit und Härte der Mazzen bezeichnet.

S. 209, Sp. 1, Z. 8 v. u. „مَصَّل" ist, nach der versuchten Ableitung, aus مَصَل entstellt; aber die Originalquellen geben weder diese Form, noch die angebliche Bedeutung „vilis fuit".

S. 209, Sp. 2, Z. 14 u. 18 „μαχέριν" d. h. μαχαίριν, st. μαχαίριον, μαχαίρι. — Z. 24 „مَصَّى" ist ein unberichtigt gebliebener Schreibfehler von Gesenius, Thes. S. 814, Sp. 2, Z. 7 v. u., statt مَصَل.

S. 214, Sp. 2, Z. 35 „arab." sehr. persisch; s. TW, I, S. 418, Sp. 2, Z. 15 u. 16.

S. 221, Sp. 2, Z. 14 flg. „قَلَّة cacumen" bietet der hier versuchten Etymologie von מַקֵּל keine Stütze; denn das durch قَلَّة bezeichnete „cacumen" ist nicht ein „sich über die Aeste und Zweige erhebender Baumstamm", sondern kann, von Bäumen gebraucht, seiner allgemeinen Bedeutung nach nur einen runden oder rundlich gewölbten, von den belaubten Aesten und Zweigen selbst gebildeten Wipfel bedeuten, ähnlich einem so gestalteten stumpfen Berggipfel, dem Obertheile eines Kamelbuckels, eines Menschen- oder Thierkopfes u. s. w. Die Abstammung und Grundbedeutung von מַקֵּל bleibt mir noch räthselhaft.

S. 230, Sp. 1, Z. 34 „قَرْزَل, vilis". Nicht diese bildliche Bedeutung des arabischen Wortes, — in den Originalwörterbüchern لَئِيم, filzig, geizig; überhaupt niedrig und gemein denkend und handelnd, — kommt hier in Betracht, sondern die eigentliche: zusammengedrückt, gedrungen und gerundet (nicht „leicht und weich"). Auf diese Gestalt (nicht auf die „Grösse") geht die Vergleichung mit Olive, Nuss und Ei. Daher قَرْزَل noch jetzt, von einer Frau gesagt, „rassembler sa chevelure et la nouer en haut de la tête" d. h. die Haare oben auf dem Kopfe in einen rundlichen Wulst, قُرْزُل, zusammenknüpfen; aber auch allgemein „retrousser, ramasser (ses habits)" nach Cuche, eig. zusammenballen.

S. 230, Sp. 2, Z. 2 „μάκρος" sehr. μακρός.

S. 231, Sp. 1, Z. 4 „Grndw. קץ mit eingeschalt. ר." In Beziehung hierauf wiederhole ich den in Bd. II, S. 455, Sp. 1, Z. 17 flg. gegen die Annahme von Stammbildung durch Einschal-

40*

tung eines ר zwischen zwei Wurzelconsonanten erhobenen Widerspruch. — Z. 6 u. 7 „frustrum" sehr. frustum.

S. 232, Sp. 2, Z. 10 v. u. flg. Dieses מַר IV versucht zwei wesentlich verschiedene Wörter auf eine und dieselbe Grundbedeutung zurückzuführen; dass aber diese, — das angebliche „assimilatus est", — überhaupt nicht existirt, hat Michaelis selbst in dem angeführten Artikel nachgewiesen und dadurch auch dem „מַר, der Eine, das Eine; insbes. Jemand, der einer andern Person, oder Etwas, das einem andern Gegenstande ähnlich ist" den Grund und Boden entzogen. In der sprüchwortähnlichen Stelle aus Snh. 109ᵇ stehen einander gegenüber מַר, Lehrherr, und תַּלְמִיד, Lehrling: „Mag ein Meister obsiegen, oder ein anderer: du bleibst (was du bist:) der Lehrling." In den folgenden Stellen aber ist „בְּמַר, vom Stamme מור, wie תְּמוּרַת mit Genetivanziehung, dasselbe was בְּחָלוּף, חֲלוּף: in Vertauschung mit —, d. h. anstatt, für, wie richtig Buxtorf Sp. 1246.

S. 233, Sp. 1, Z. 20 flg. Die richtige Ableitung dieses מָרֵי, מָרֵא, abgekürzt מַר, st. emphat. فُنزُغ, von مَرَّ geben Gesenius und seine Fortsetzer, desgl. Bernstein im Wb. zu Kirsch' syr. Chrestomathie S. 298.

S. 234, Sp. 2, Z. 3 v. u. flg. Es giebt kein „מָרָא oder מְרָא herrisch sein, befehlen". Die etymologisirende Deutung von אֲמַרְפֶּל in Genes. r. ist, von allem Andern abgesehen, auch insofern ächt morgenländisch, als sie, unbekümmert um den innern Widerspruch, oder wie zu beliebiger Auswahl, den fremden Eigennamen einmal mit אָמַר und אֲפֵל, das andere Mal mit אַמְרֵי und אַפְּלִי, hebr. הֶמְרָה und הִפְלִיא oder הֶפְלָא, in Verbindung setzt: „Sein Machtspruch war Finsterniss (unheilbringend): er haderte mit der (ganzen) Welt und handelte an ihr ungeheuerlich; ebenso verfuhr er mit Abraham, den er in den Feuerofen zu werfen befahl."

S. 235, Sp. 1, Z. 27. Wenn unsere hebräischen Wörterbücher Recht haben, מֵרְאָה in Hinsicht auf Abstammung und Bedeutung mit مَرِى, oesophagus, zusammenzustellen (s. Hyrtl, das Arabische und Hebräische in der Anatomie, S. 172, wo „Vescet" d. h. رشت, nicht „arabisch", sondern neuhebräisch ist, syr. مصل), so ist מֵרְאָה nicht von einem an und für sich und besonders in den weiteren Anwendungen auf das biblische Hebräisch sehr unwahrscheinlichen, angeblich aus dem neuhebr. רעי, Mist, erweichten ראי, sondern vom Stamme مرأ=מרא abzuleiten. Der türk. Ḳâmûs: „المَرى ist auch der

Gang in der Kehle, von welchem das eine Ende in den Magen*) hinabreicht und durch welchen Speise und Trank in denselben**) gelangen. Es ist der an der Luftröhre anliegende obere Eingang des Menschen- und Thiermagens, beziehungsweise des Kropfes (معدةلك وقورساغلك) ياشبك). Weiterhin heisst es, die Speiseröhre werde so genannt, weil sie die Verdauung, هضم, vermittle; denn مرأ bedeutet: leicht verdaulich, nahrhaft und gedeihlich sein. Hiernach wird man auch die Angaben unserer hebr. Wörterbücher über die Bedeutungsentwicklung von מֵרְאָה zu ändern haben.

S. 236, Sp. 2, Z. 16 v. u. Es scheint für dieses מוֹרָנָא, Made, Wurm, keine Ableitung aus dem Semitischen zu geben. Ist vielleicht an ein vom pers. مار, Schlange, gebildetes Relativnomen ماران zu denken?

S. 237, Sp. 1, Z. 26 flg. Bei der Unsicherheit der Lesart, ob מרבך oder מרבך, ist es schon gewagt, ein anderes arabisches Wort als das zu TW, II, S. 509, Sp. 2, Z. 11 v. u. nachgewiesene مدماك zur Vergleichung herbeizuziehen; aber das ר als richtig angenommen, warum sollen רבך רבך wahrsch. transpon. von arab. رَجَبَ sein, das die Bedeutungen „aufhäufen, zusammentragen" nicht einmal hat? Viel näher liegt es, bei der Wurzel רב mit der Urbedeutung dick, dicht, stehen zu bleiben, die ja auch den altarabischen Derivaten des Stammes رجّ mit ihren theils auf materielle, theils auf geistige crassitudo, παχύτης, gehenden Bedeutungen und dem alt- wie neuarabischen رَبَّك, in einander mengen und wirren, verwirren, zu Grunde liegt.

S. 238, Sp. 1, vorl. Z. Diese Derivate von رَبِّي, erziehen, lassen keine andere Form zu als מְרַבְּיָנִיתָא oder מְרַבְּבָנְתָא.

S. 239, Sp. 1, Z. 8 u. 9. Gegen die Annahme einer Wurzel מג für den Stamm מרג s. die Anm. zu S. 231, Sp. 1, Z. 4.

S. 239, Sp. 1, Z. 9 v. u. Eine Umstellung der Stammconsonanten von גזר zu רגז mit Erhaltung der Bedeutung von גזר muthet dem Sprachgefühle Unmögliches zu: Die lautlichen Zeichen

---

*) Durch ein sonderbares Versehen steht hier جكر „in die Lunge", — als ob von der Luftröhre die Rede wäre.

**) Hier richtig معده „in den Magen".

eines bestimmten Begriffes zu hören, aber etwas Anderes herauszuhören. מרגזאת sind nach dem Zusammenhange allerdings im Allgemeinen „Befehle, Edikte", aber nach ihrer Abstammung von רגז ,הרגיז, insbesondere schreckenerregende.

S. 241, Sp. 2, Z. 19 u. 20. „3) Abfall, Abtrünnigkeit" gehört nicht unter מְרוֹד ,מְרוֹדָא mit Kamez impurum der ersten Silbe, da diese Form keinem abstracten Begriffe zukommt, sondern unter einen besonderen Artikel מְרוֹד, מְרוֹדָא nach der Form פְּעוֹל ,פָּעוֹל.

S. 242, Sp. 1, Z. 15. מֶרֶד entspricht der Form nach nicht dem syr. ܡܶܪܕܳܐ=מָרוֹדָא, sondern steht statt מֶרֶד, daher mit Kamez impurum der ersten und zweiten Silbe, fem. מִרְדָּא Esr. 4, 15, st. emph. mit ostaramäischer Verkürzung in der zusammengesetzten Silbe מַרַדְתָּא Esr. 4, 12, nach anderer Lesart mit Beibehaltung der ursprünglichen Länge מָרָדְתָּא. — Z. 19 „מָרִידָאתָא" wie von מְרִיד statt מָרִיד, arab. مَرِيد. Von einer dem arab. مَرِيد entsprechenden schwächern Form מְרִיד wäre zu schreiben מְרִידָאתָא.

S. 242, Sp. 2, Z. 12 „מַרְדָּא, מֶרְדָּה" in der Bedeutung Schaufel nicht „eig. wohl Part. von רדי", sondern n. instr. von der ersten Form dieses Zeitwortes in derjenigen Bedeutung, von welcher TW, II, S. 408, Sp. 2, Z. 5 v. u. flg. Beispiele giebt; daher mit Buxtorf Sp. 2214 מֶרְדָּה zu schreiben.

S. 242, Sp. 2, Z. 14 v. u. „מֶרְדָּה f. (wahrsch. lat. merḍa) eine mit Rinderexcrement vermischte Erdmasse". Warum sollte man gerade so unsauberes Material zu Gefässen genommen haben? Ohne Zweifel ist zu schreiben מֶרְדָּה nach dem syr. ܡܶܕܪܐ, arab. مَدَر; s. Buxtorf Sp. 1173 unter מְדַר, und oben S. 32, Sp. 2 unter מְדַר.

S. 242, Sp. 2, Z. 9 v. u. „מְרְדְּיָא, מַרְדְּיָא sehr. nach der scr. plena מוּרְדְּיָא und dem davon entlehnten ârab. مُرْدِي, ebenso aus מָרְדְּי ,מוּרְדְּי wie פַּרְסֵי ,פּוּרְסֵי aus كُرْسِي gebildet, — mit der Nebenform مِرْدَى als n. instr., eigentlich überhaupt Werkzeug zum Schiffen, vom aram. רְדָא, ṭi, aller par eau, eine besondere Wendung der allgemeinen Bedeutung gehen, laufen, fahren, fliessen u. s. w.; s. Buxtorf Sp. 2213 unter מוּרְדְּיָא. Im Arabischen bedeutet das Wort blos Staken, franz. croc, d. h. eine mit krummer eiserner Spitze versehene Stange zum Fortbewegen eines Kahnes. Die Gemeinsprache hat sich jenes

مِرْدَى durch Umkehrung in مِذْرَى, wie von ذَرَأَ, stossen, fortstossen, etymologisch zurechtgelegt; s. Lane unter مِذْرَأ S. 866 und unter مِرْدَى (zu Ende) S. 1072.

S. 243, Sp. 1, Z. 4 „מְרְדְּיָא" wäre als Plural eines von רדי gebildeten n. instr. gegen alle Analogie. Wahrscheinlich ist das Wort, wie schon Buxtorf Sp. 2213 vermuthet, falsch vocalisirter Singular und als solcher מַרְדְּיָא zu lesen, — der Form nach dasselbe Wort wie das eben besprochene, aber von einer andern Bedeutung des Stammes: Werkzeug zum Pflügen, wahrscheinlich also Pflugschar. Für den dunkeln Vocal in der ersten Silbe spricht das ו in dem folgenden passiven Nomen מוּרְדְּיָהָא.

S. 243, Sp. 1, Z. 11 „מָרְדִּין" kann nach der Erklärung Hai Gaon's in der unten angeführten Stelle aus B. kam. nicht wohl etwas anderes sein als مَرْدَن, sterben, wäre also mit möglichster Annäherung an die heutige Aussprache מָרְדִּין zu vocalisiren.

S. 245, Sp. 1, Z. 4. Ueber מַרְוָא, Origanum Maru, s. Löw. Aram. Pflanzennamen, S. 251 u. 252, Nr. 193. Mit מות, eig. langgestreckt sein (s. meine Beiträge z. arab. Sprachkunde, 1. Stück v. J. 1863, S. 175 u. 176 und Gesenius' Handwörterbuch, 8. Aufl., unter חיה und מות) und μόρος, eig. Zugetheiltes, hat dieses مُرْدَن nichts gemein.

S. 245, Sp. 1, Z. 5 u. 4 v. u. und Sp. 2, Z. 4. Die altarabische Nominativendung von أَمْرُو, مَرْو ist als blosse Casusbezeichnung grundverschieden von der Nominalableitungssilbe וֹן.

S. 247, Sp. 1, Z. 11 v. u. مِرْزَح wird von den Originalwörterbüchern übereinstimmend erklärt als الخشب يُوضَع به الكرم عن الارض, „ligna quibus vites supra terram tolluntur", was n. instr. ein uns in der entsprechenden Bedeutung tollere, sublevare, nicht überliefertes رَزَح voraussetzt. Ebenso fehlt uns zu „مِرْزَح, lautes Geschrei" der entsprechende Verbalstamm رَزَح im Alt- wie im Neuarabischen, und Josef Kimchi steht mit seiner Versicherung, derselbe werde von den Arabern „de elatione voeis, sive ad laetitiam sive ad fletum" gebraucht (s. Gesen. Thes. unter רָוַח), meines Wissens bis jetzt allein. Aber ich zweifle nicht, dass der dem gewöhnlichen arabischen رَزَح verloren ge-

gangene Begriff der Erhebung den genannten beiden Bedeutungen zu Grunde liegt. Dabei ist jedoch zu bemerken, dass Freytag und nach ihm auch Gesenius a. a. O. das شديد des Kâmûs unrichtig so verstanden haben, als hiesse es الصوت الشديد, während es als uneigentliche Annexion bedeutet: der eine starke Stimme hat oder mit starker Stimme ruft, schreit. Zweitens ist die von Firuzabadi als irrig bezeichnete Angabe Ġauhari's, مرزّج habe diese persönlich-concrete Bedeutung, allem Anschein nach im Rechte gegen des letztern eigene Behauptung, es bedeute nur الصوت, vox oder vociferatio; wie auch Bistânî im Muḥiṭ al-Muḥiṭ unter diesem Worte sagt: „Firuzabadi zieht den Saḥâḥ eines Irrthums, aber vielleicht ist er selbst der Irrende; denn diese Form kommt mehr den Eigenschaftswörtern zu, wie

معطير, مسكين und ähnliche.“ Wo gäbe es in der That ein مفعيل als blosses Sachwort oder Verbalabstractum? مرزّج wird weder von Ġauhari noch von Firuzabadi, sondern erst im Tâǧ al-ârûs (s. Lane) als Synonym von مرزّج angegeben; aber auch von der Form مفعل (s. de Sacy, Gramm. arabe, I, S. 323 § 744) gilt das soeben Gesagte.

S. 247, Sp. 2, Z. 8 — 6 v. u. Von einem „rothen und länglichen Gegenstand“, der nach Aruch im Persischen מרזנמא oder מורזמא genannt wird, ist in unseren Quellenschriften nichts aufzufinden.

S. 250, Sp. 1, Z. 17. „מרוטה“ woher das Segol in der letzten Sylbe? Das Femininum מרוטה macht den männlichen Kahlkopf dadurch lächerlich, dass es ihn in eine kahlköpfige Frau umwandelt, die durch den Verlust ihres natürlichen Haarschmuckes ungleich mehr verunziert wird als ein Mann.

S. 252, Sp. 1, Z. 4 v. u. flg. Da die Bildung dreibuchstabiger Stämme durch Einschiebung eines ר zwischen zwei Wurzelconsonanten zur Zeit bloss eine unbewiesene Vermuthung ist, so verdient die Stellung des Nithpa. נתמרך, als Denominativ von מרך, unter dem Stamm רכך unzweifelhaft den Vorzug.

S. 253, Sp. 1, Z. 11. Die beispiellose Form מרבבנא, auch bei Buxtorf, ist in מרבבנא zu verwandeln.

S. 253, Sp. 1, Z. 13. מורפיא scheint allerdings, wie كبّة, Wasserbrunnen, zum Stamme

زكّ zu gehören, aber durch mehrere Stellen gesichert ist das Wort nur als Uebersetzung des hebr. רהט in der Bedeutung Tränkrinne für das Vieh. „Trinkgefäss, Eimer, woraus man trinkt“ beruht blos auf der in TW, II, S. 70, Sp. 2, Z. 5 — 7 angeführten Stelle des jerusalemischen Targum Gen. 24, 20, wo es für das hebr. כד steht. Buxtorf Sp. 1256 hält das Targum dort für „omnino corruptum“, und es ist in der That schwer zu glauben, dass eine Tränkrinne für Thiere und ein Trinkgefäss für Menschen dieselbe Benennung gehabt haben sollten.

S. 254, Sp. 1, Z. 9 flg. Ich gestehe, dass es mir schwer wird, an die Richtigkeit der gezwungenen, vom Herrn Vf. angenommenen Erklärung zu glauben, die der Aruch von dem räthselhaften מרמוטנא giebt. Nach allen Umständen nur ein neckisches Spiel des Zufalls ist der verlockende Gleichklang dieses Wortes mit den romanischen Namen des auch bei uns durch seinen langen Winterschlaf sprüchwörtlich gewordenen Murmelthieres: marmota, marmotta, marmotte, wovon die Franzosen neuerdings auch das Wort marmotterie, Ratzenschlaf, gebildet haben.

S. 255, Sp. 1, Z. 12 u. 21. מורינוס und מרינוס sind keine zwitterhaften Afterbildungen mit Anhängung einer lateinischen Endung an ein semitisches Eigenschaftswort, das übrigens in dieser Art gar nicht existirt, sondern einfach Eigennamen römischer Herkunft. — Z. 14 „למורנוס“ Druckfehler st. במורנוס.

S. 255, Sp. 1, vorl. Z. und Sp. 2, Z. 6 v. u. מרס, מרס, nicht von רס, רש, sondern umgekehrt von der oben besprochenen Wurzel מר; daher auch nicht „eig. sprengen“, sondern streichen, drücken, reiben, rühren u. s. w.

Sp. 256, Sp. 1, Z. 11 v. u. מורסינוטון, griechisch geschrieben μυροσινητόν, giebt keine mögliche Form. Wahrscheinlich ist nach Analogie anderer Stoffadjective dieser Art zu schreiben מורסינוון, μυρσίνινον, näml. ἔλαιον, Myrtenöl; s. Löw, Aram. Pflanzennamen, S. 50, Z. 16.

S. 258, Sp. 2, Z. 10. מרצעה n. instr. wie מרצע und mit diesem gleichbedeutend, nur in bildlicher Anwendung. „Riemen“ ist רצועה, eig. Passivparticip, so genannt von den mit der Pfrieme hineingestochenen Löchern.

S. 258, Sp. 2, Z. 35 — 38. Verkennung der schon von Gesenius richtig entwickelten Bedeutung der in מרך, wie in vielen andern Stämmen mit denselben zwei Anfangsconsonanten, vorliegenden Fortbildung der Wurzel מר, wobei die als zweite Möglichkeit hingestellte Bildung des Stammes מרך aus dem „Grndw. מך“ das Rich-

tige noch stärker verfehlt. Der Uebergang von abreiben, glatt und blank reiben, poliren in vollenden, vollziehen, fertig machen, ist derselbe wie im pers. بِرْدَاخْتَن, nicht etwa durch Hineinspielen von הֲרִיק zu erklären.

S. 260, Sp. 2, Z. 14 v. u. Schon die Verschiedenheit der Stammform von רפי, רפא und von رق verhindert die Herbeiziehung dieses Wortes zur Erklärung des hinsichtlich seiner Schreibart an und für sich unsichern רסא; aber noch mehr der ganz idiomatische Charakter des altarabischen Wortes, dessen Grundbedeutung ist: beim Saugen, Küssen, Essen und Trinken die Lippen zuckend auf- und abbewegen, woraus sich dann die im Wörterbuche aufgezählten verschiedenen Bedeutungen und Anwendungen entwickelt haben.

S. 263, Sp. 2, Z. 21—23. Die Herkunft und Grundbedeutung dieses מְרִיש ist unsicher; jedenfalls ist das hier Gesagte zur Aufhellung derselben nicht geeignet. Freytag's „مِرَاس robur“ ist aus der Glosse des Kâmûs geflossen: فَحْل ذُو مِرَاس اى ذُو شِدَّة, d. h. ein Hengst, welcher der Stute bei der Bespringung gewaltig zusetzt, sie stark mitnimmt; also nicht schlechthin robur, sondern valida subactio, unmöglich anwendbar auf Widerstandskraft und Haltbarkeit von Balken und Bohlen. Zweitens hat wiederum der aus der Wurzel مر erwachsene Stamm مَرَس mit رَسَا ebensowenig gemein wie مَرَس mit רס, רש, רסא u. dgl.

S. 264, Sp. 1, Z. 30 „arab. رَس“ soll nach den folgenden Worten: „verwandt mit רס: befeuchten, sickern“ jedenfalls رَش heissen. Dass aber aus dieser Zusammenstellung etwas für die etymologische Erklärung von מְרְדֹשָׁא zu gewinnen sei, möchte ich bezweifeln.

S. 264, Sp. 2, Z. 14. Wenn dieses מְרְחְבָא, arab. مَرْتَك, wie schon TW, I, S. 418, Sp. 1, Z. 32 flg. nachgewiesen wurde, das pers. مَرْتَك, d. h. die ältere Form des heutigen سَرَدَهْ ist und demnach eigentlich im Allgemeinen Abgestorbenes bezeichnet, was soll dann „von רְמַך“ bedeuten?

S. 267, Sp. 1, Z. 18 u. 17 v. u. Ohne Zweifel ist dieses מְשָׁא und das arab. مَسَى dasselbe

Wort mit der Grundbedeutung streichen, wischen, wie מִשָׁה, مسح; nur mit dem Unterschiede, dass מָשָׁא, abwischen, als Object die Hand oder die Hände selbst zu sich nimmt, مَسَّى aber bedeutet: etwas mit der Hand abwischen, مَسَحَ الشَّيْءَ بِيَدِهِ.

S. 267, Sp. 2, Z. 14. Für dieses „wahrsch. persisehe“ מוּשְׁבֵּז finde ich keine Erklärung, halte aber die Lesart der Ausgaben זָב זָב für לְמוֹשֵׁב auch nicht für „crmp.“; s. Buxtorf S. 989 unter dem vom Herrn Vf. übergangenen מוֹשָׁב, in Verbindung mit זוּב, I, S. 517, Sp. 1, und b. Buxtorf Sp. 650. Das „crmp.“ gilt also vielmehr von dem Unworte מוּשְׁבֵּנֵּז.

S. 268, Sp. 1, Z. 34 „Μωσῆς“ schr. Μωϋσῆς; desgl. Sp. 2, Z. 11 v. u. „Μωσέως“, sehr. Μωϋσέως, und „οἴ“ zweimal οἱ.

S. 274, Sp. 1, Z. 34. Von שׁחז, شَحَذ, wetzen, schärfen, wie von شَحَب, ist die Wurzel שׁח, wie شَح mit der Grundbedeutung schaben, reiben; s. Ges. Hdwbch. unter שׁחל, שׁוֹחַ, שׁחק.

S. 274, Sp. 2, vorl. Z. „מְשַׁוְיֵלָי“ schr. מְשַׁוְיַלְי.

S. 275, Sp. 1, Z. 23 u. 24 „מָשַׁךְ eig. sich dehnen“, vielmehr urspr. transitiv und dann erst intransitiv ziehen und sich ziehen, s. Ges. Hdwbch. u. d. W.

S. 278, Sp. 1, Z. 28 „שָׁכֵן“ schr. سَكَن.

S. 280, Sp. 1, Z. 26 „אמאיֵל“ schr. المَائِل.

S. 282, Sp. 1, Z. 24 flg. Das von „מְשׁוֹלְיָא oder מְשׁוֹלְיָא“ getrennte und von „שׁלל, سَلّ“ abgeleitete „מְשׁילְיָא oder מְשׁוֹלְיָא“ ist mit jenem identisch, nach „ضُمْكُمْ“ (nicht „ضُمْكُمْ“) מַשִׁילְיָא zu schreiben als n. instr. von שָׁלָא, سَلّ, extraxit, im Allgemeinen Werkzeug zum Heraus- und Heraufziehen. שׁלל, سَلّ ist mit diesem שָׁלָא wurzel- und bedeutungsverwandt, aber das Jod in משׁליא weist bestimmt auf das letztere hin, und „مِسَلَّة“, grosse viereckige Packnadel, passt weder zum „Haken“, noch zur „Gabel“. Buxtorf hat unter שָׁלָה Sp. 2407 die richtige Ableitung und Form, mit der Bemerkung, dass statt „מְשׁילְיָא“ zu schreiben sei מְשׁוֹלְיָא (oder מְשׁוֹלְיָא). Ebenso wird das abnorme „המשׁליה“ durch das „המשׁליא“ der Wilnaer Ausgabe zu ersetzen sein.

S. 282, Sp. 1, Z. 13 v. u. Auf Bildung des neuhebräischen מְשֻׁפָּד in seiner confessionellen

Sonderbedeutung hat das altarabische سَمَك mit seinem Bedeutungsvielerlei gewiss nicht den mindesten Einfluss ausgeübt, wogegen das althebr. הֻשְׁמִיד in Verbindung mit مُصْدَرُ٭, maledictio, dirae, unmittelbar auf die allgemeine etymologische Bedeutung: dem Verderben geweiht, diris devotus oder devovendus, hinführt.

S. 283, Sp. 1, Z. 31 flg. Das Richtige trifft der Herr Verfasser mit der ersten und dritten Vermuthung, dass das Wort persisch und dass es ein Ortsname sei. מֵשְׁמָהִיג ماشْماهِيك, arabisirt سَمَاهِيج, ist eine Insel des persischen Meerbusens zwischen 'Omân und al-Baḥrein; s. Jâḳût, III, S. ١٣١ Z. 30 flg. Der Name ist zusammengesetzt aus ماش von unbekannter Bedeutung und مَاهِيك, Fisch, neupers. mit der gewöhnlichen Abstreifung des Final-Gaumenlautes مَاهِى, wie denn auch Jâḳût S. ١٣٢ Z. 4 als die persische Form ماش ماهى angiebt.

S. 289, Sp. 1, Z. 23 v. u. Das משׁפל des Aruch, angeblich auch arabisch in der Bedeutung Korb, ist ebensowenig anderswoher bekaunt, wie Schindler's „מספל canistrum, cista magna", das ebenfalls arabisch sein soll (Buxtorf Sp. 2498). Das wirklich vorhandene, dem althebr. סֵפֶל, simpulum, entsprechende سِفْل lässt sich wegen der Verschiedenheit des ersten Stammconsonanten und der Bedeutung nicht wohl hierher ziehen. Letzteres Wort, welches Jehuda b. Koreisch bei Dozy, Supplément aux dictionnaires arabes, I, S. 659, Sp. 2, durch قصريّة erklärt (s. diese Nachträge zu I, S. 435, Sp. 2), war auch im orientalischen Gemeinarabisch in Gebrauch; ich fand es in einer das Leben des h. Saba enthaltenden Tischendorf'schen Hand-

schrift: كلّ ما كان يفضل من بقل او قطنية او غير ذلك كان ياخذه ويضعه فى السفل وكان ياكل كلّ يوم من ما فى ذلك السفل تليل ويكتفى به „Alles was von grünem oder trocknem Gemüse oder andern Dingen übrig blieb, nahm er und that es in den Napf und ass jeden Tag von dem, was in dem Napfe war, ein wenig und begnügte sich damit."

S. 290, Sp. 2, Z. 3 „μυΐσκα" schr. μυῖσκα.

S. 291, Sp. 2, Z. 3 „מְשׁוּשׁוֹּת" die Formenanalogie verlangt מְשׁוֹשׁוֹת mit unveränderlich langem a der ersten Sylbe, wie in ܒ݁ܬ݂ܘܢ݂ܳܐ, ܡܰܫ̈ܕ݁ܳܐ und allen andern dergleichen Verbalderivaten mit intensiv activer Bedeutung.

S. 291, Sp. 2, Z. 22. Das vermuthete מְשָׁתָן, als denom. Adj. von מִשְׁתּוּתָא, Trinkgelage, angeblich „was trinkt, übrtr. was Flüssigkeit einsaugt", weiss ich weder hinsichtlich der Form, noch hinsichtlich der Bedeutung mit den Ableitungsgesetzen zu vereinbaren.

S. 297, Sp. 2, Z. 17. Die Wurzel von מתן II ist מה; s. S. 295, Sp. 1, Z. 21 v. u. Der Begriff strecken und spannen geht hier, wie in تَوَى, קְוָה, קוּה, قصب, einerseits in straff, stark, fest sein, andererseits in harren, aushar-ren, warten über.

S. 302, Sp. 1, Z. 1. „Rhamus" sehr. Rhamnus.

S. 302, Sp. 2, Z. 11 u. 12. Ein Zusammenhang des unsichern מתקהא mit قَهْوَس wird dadurch mehr als zweifelhaft, dass das altarabische vierconsonantige Zeitwort durch Einsatz eines verstärkenden ى vom Stamme قوس abgezweigt ist und daher, wie auch der Kâmûs besonders die Medialform تَقَهْوَس erklärt, eigentlich bedeutet: mit lang vorgebogenem Leibe rennen. Das somit zum Stamme gehörende س aber fehlt in מתקהא ganz.

נ

נ, Nun, der vierzehnte Buchstabe des Alphabets, hat eine doppelte Gestalt und zwar 1) das oben und unten gebogene Nun, נון כפופה, zu Anfang und in der Mitte eines Wortes und 2) das geradgestreckte Nun, נון פשוטה, das zum Schluss eines Wortes steht. Der Name des Bst. bezeichnet eig. Fisch (s. נון), womit namentlich die Form des Schlussnun, ן, übereinstimmt. — נ wechselt oft mit ר, ל und מ, s. d., ferner mit ר, wie z. B. hbr. בֶּן, aram. בַּר: Sohn, פְּסַע=פְּנַע: hinknieen, זְרַח engverwandt mit זָנַח, aram. דְּבַח: verlassen, s. d. W., שְׁנַיִם, חֲרֵין: zwei u. v. a.

Oft wird נ eingeschaltet, wie רַקְלֹנָא (von רַקְתָּא): Grünkraut, זַרְעוֹנִים (von זֶרַע) Pflanzen, לוּדָאה=לוּדְנָא der Lydier; zuw. auch den Wörtern vorgesetzt, wie z. B. נִירְהוּ für רִינְהוּ, אִינְהוּ, אִירְהוּ: er, sie (illi) u. m.

Nun wird dem Verbum behufs Bildung der Nifalform (=bh.), und noch öfter die Silbe נת־ (die auch contr. wird) behufs Bildung der Nithpaelform, gleichbedeutend mit Hithpael, vorgesetzt; z. B. נִתְאָכֵל (von אָכַל), נִתְאַבֵּל (יָכֵל) gegessen, verzehrt werden; נִתְגַּלָּה (von גלי), נִתְגַּלֶּה aufgedeckt werden; נִתְפַּלֵּל (von פלל) beten u. v. a. (Im bibl. Hebraismus kommt zuweilen das Nithpa. contr. vor, z. B. נְכַפֵּר für נִתְכַּפֵּר, (Dt. 21, 8): gesühnt werden; נִדָּרְשׁוּ für נִתְדָּרְשׁוּ (Ez. 23, 48): gezüchtigt werden; anst. נִגְאַל (Jes. 59, 3 und Klgl. 4, 14) ist wohl נְגֹאַל für נִתְגָּאַל: besudelt werden, zu lesen.) — Zuweilen wird Nun dem Suffix angehängt, z. B. אוּלְפָּנָתִין mein Unterricht s. אוּלְפָּן, בְּנָתִי meine Töchter, s. בְּרָא.

נָה I (verkürzt aus אֲנָה אֲנָא) Pron. (verkürzt aus אֲנָה אֲנָא) Dan. 2, 23 fg., ich. j. Ber. IV Anf., 7ᵃ רנא אמרית טעמא und ich gab den Grund dafür an. j. Ter. V, 43ᶜ un. ואוף נא סבר כן ich bin dieser Ansicht. j. Pes. V, 32ᶜ un. עגון בתרי מה דנא אמר saget mir das nach, was ich vorbeten werde. j. Pes. V, 32ᶜ un. u. ö., s. אַבָּרְיָה. — דְּנָה s. דֵּן. — Mit vorges. Partikel: לְרִינָא (contr. aus לֵרי־נָא=לֵית אֲנָא) s. d. W. — Pl. אֲנַן (für אֲנַן) wir. j. B. kam. II, 2ᵈ un. u. מה נן אמרין was sagen wir? vgl. דַּל. j. Maasr. I, 48ᵈ un. u. ö. מה נן קיימין was behaupten wir?

נָא II m. Adj. (=bh.) halbgar. Stw. ניא, arab. نَيِّئ med. Je: roh, halbgekocht sein. Pes. 41ᵃ s. אַבָּרִין. Tosef. Mac. IV (III) Anf. האוכל

מן הפסח כזית חי כזית נא וכ' wenn· Jem. vom Fleisch des Pesachopfers soviel wie eine Olive roh, oder halbgebraten isst. Men. 50ᵇ תיראפה (so nach einer Ansicht zur Erkl. des Ws. תפיני als Compositum) das Mehlopfer soll halbgar gebacken werden, vgl. בֵּינָן. Mit vorges. הֵי s. הֵינָא דָּי. — Pl. fem. Tosef. B. bath. VI Anf. קנקנים מקבל עליו עשר פיטסרות נָאוֹת מגופרות (in einigen Agg. fehlt למאה) auf je 100 Krüge (die Jem. verkauft) muss der Käufer sich gefallen lassen, dass 10 beschwefelte halbgebrannte Gefässe sich darunter befinden, vgl. מְאָרָן. — Denom. Tosef. Kel. B. kam II Ende הסקן ורהנא wenn Jem. die Gefässe, die er brennen wollte, halbgebrannt liess.

נִיאוּב m. Schöpfgefäss, Krug u. dgl. viell. verw. mit אוֹב: Schlauch. j. Nas. I g. E., 51ᶜ רועה m. Agg. הייתי בעירי והלכתי למלאות את הניאוב מים u. Ar. (ed. Amst. השאוב wahrsch. crmp.) ich war ein Hirt in meiner Stadt und ging an die Quelle, um den Krug mit Wasser zu füllen. Num. r. s. 10, 208ᵈ dass. In den Parall. Sifre Naso § 22, Tosef. Nesir. IV, Nas. 4ᵇ und Ned. 9ᵇ steht unser W. nicht.

נָאנָא f. Kohle, verbranntes Holz. Stw. arab. نَأَى: brennen, verbrennen. Thr. r. sv. חשך 67ᵈ „Schwärzer ist ihre Gestalt משחור" (Klgl. 4, 8); ר' אבא בר כהנא אמר כהדא חרתא חרוא ור' לוי אמר כהדא נאגא R. Abba bar Kahana erklärt es: wie die Tinte (d. h. שחור bedeutet Tinte). R. Lewi erklärt es: wie die Kohle.

נָאֲדֵי weichen, s. נוד.

נָאָה נאי (=bh., syn. mit נָוָה s. d.) schön sein. — Pi. (=נִוָּה s. d.) schön machen, putzen. Suc. 10ᵃ לְנָאוֹתָהּ sie (die Festhütte) zu putzen. — Hithpa. sich schön zeigen, sich durch eine schöne Handlung beliebt machen. Schabb. 133ᵇ (mit Ansp. auf ואנוהו Ex. 15, 2) התְנָאֶה לפניו במצות עשה לפניו סוכה נָאֶה לולב נָאֶה וכ' zeige dich vor Gott schön (mache dich ihm beliebt) durch Geboterfüllungen; mache vor ihm eine schöne Festhütte, einen schönen Feststrauss u. s. w. Mechil. Schira Par. 3 steht dafür אתנאה לפניו ich will vor ihm schön erscheinen (dem bibl. W. mehr entsprechend). Nas. 2ᵇ אֲנָאֶה לפניו dass. R. hasch. 26ᵃ חומא בל יתנאה der Sünder soll sich nicht putzen; d. h. nicht mit einem Gegenstand ge-

schmückt erscheinen, der eine Sünde in Erinnerung bringt. Daher darf näml. der Hohepriester am Versöhnungstage nicht mit seinen Goldgewändern bekleidet, in das Allerheiligste des Tempels gehen, weil das Gold an das goldene Kalb erinnert. Dahing. ist das. 11ᵃ anst. להתנאות מהן zu lesen (=Ms. M.) להתנאות בהן davon einen Genuss zu haben. Schabb. 147ᵃ מתנאה בסרדינו sich mit seinem Kleide putzend. — Tosef. Nesir. IV נתנאות להתנאות das. ö. in ed. Zuckerm. crmp. aus נתנאות, להתנאות u. s. w., vgl. נָאֶה.

נָאֶה m., נָאָה f. schön, pulcher, pulchra. Schabb. 133ᵇ, s. vrg. Art. — Pl. m. das. שיראין נָאִין schöne seidene Gewänder. Ber. 57ᵇ שלשה מרחיבין דעתו של אדם אלו הן דירה נָאָה ואשה נָאָה כלים נאים drei Dinge erfreuen den Menschen (heben seinen Muth), näml. folgende: eine schöne Wohnung, eine schöne Frau und schöne Kleider. — Fem. pl. Ned. 66ᵃᵇ R. Ismael sagte: בנות ישראל נָאות הן אלא שעניות מנוולתן die Töchter Israels sind schön, aber die Leiden machen sie hässlich, vgl. נָוָה. Das. נאות עיניה שמא ... שמא אזניה נאות ... שמא רגליה נאות vielleicht sind ihre Augen schön, vielleicht sind ihre Ohren schön, vielleicht sind ihre Füsse schön u. s. w., vgl. לְכלוכית. — Ferner נָאֶה als Adv. schön, pulchre. Tosef. Jeb. VII Ende: Ben Asai verurtheilte den Cölibat, vgl. דמות אמר לו ר' אליעזר נאין דברים כשהן יוצאין מפי עושיהן יש נאה דורש ואין נאה מקיים בן עזאי נאה דורש ואין נאה מקיים אמר לו מה אעשה נפשי חשקה בתורה ויתקיים העולם על ידי אחרים R. Elasar sagte zu ihm: Schön klingen die Lehren, wenn sie aus dem Munde desjenigen kommen, der sie selbst befolgt; Mancher trägt Schriftforschungen schön vor, die er selbst aber nicht hält; so trägt auch Ben Asai Forschungen schön vor, die er selbst aber nicht hält (R. Simon ben Asai war näml. nie verheirathet). Letzterer erwiderte ihm: Was soll ich machen, wenn meine Seele dem Gesetzstudium anhängt; die Welt kann durch Andere erhalten werden! Vgl. auch דָבַל.

נָאוֹת, נָיאוֹת, im j. Tlmd. auch נְיָיוֹת, s. אוֹת I.

נוֹאִי Schönheit, s. נוֹי.

נָאלָא, נָאלָה masc. (vgl. syr. ܢܘ incubus) 1) Nala, Name eines Dämons, der den Menschen beunruhigt und zum Wahnwitz bringt. Bech. 44ᵇ רוח קצרית נאה עליו מאי נידהו נאלא Ar. ed. pr. und Raschi (Agg. בן נפלים) der Dämon Kazrith überfällt ihn (den Wassersüchtigen). Wer ist es? Der Nala, d. i. der zum Wahnwitz bringende Dämon. Snh. 59ᵇ ירדד נאלא, s. יָרַד II. — 2) (viell. gr. νεαλής, ἐς) Jugend, s. TW.

נָאַם sprechen, s. נום.

נֶאֱמָן m. (=bh., eig. Part. Nif. von אָמַן) beglaubigt, der Beglaubigte. Schabb. 104ᵃ נאמן כפוף פשוט der Beglaubigte (Recht-

liche) muss gebeugt, der Rechtliche wird gerade sein, s. כָּפַף. j. Meg. I, 71ᵈ mit. מנאמן לנאמן von dem Glaubhaften (Gott) zu dem Glaubhaften (Mose), s. מנצפך. — Insbes. נאמן: Jem., der, obgleich nicht dem Gelehrtenbunde angehörend, dennoch beglaubigt ist, dass er die Priester- und Levitengaben entrichte, infolge dessen das von ihm herrührende Getreide ohne Besorgniss gegessen werden darf und selbiges nicht als Demai angesehen wird, vgl. דְמַאי. Dem. 2, 2 המקבל עליו להיות נאמן wenn Jem. die Verpflichtung übernimmt, ein Beglaubigter zu sein, damit er näml. den Ruf eines solchen geniesse u. s. w. Das. 4, 1 fg. אינו נאמן על המעשרות er ist hinsichtlich der Entrichtung der Zehnten nicht beglaubigt.

נַנַי, נָאנַאי masc. (wahrsch. pers.) 1) Hund. Sot. 42ᵇ (mit Ansp. auf הכלבים איש 1 Sm. 17, 4. 22) Goliath, בר מאה ספרי ודהד נאנאי Ar. sv. בן 4 (welcher auch נני liest, ebenso En Jakob und Jalk. z. St.; Agg. נאנאי וחרא) der Sohn von 100 Vätern und Einem Hund (d. h. 100 Männer und ein Hund hatten seiner Mutter beigewohnt; vgl. Ruth. r. sv. ותשאהו 38ᵇ anspielend auf כלב, das. V. 43); vgl. auch גוּרָיה. Raschi erklärt נאנאי (nach dem Pers.) durch Vater; d. h. seine Mutter wurde von Einem der 100 Männer, die ihr beigewohnt hatten, schwanger. — 2) נאנאי ברידה דר' יוסף Jeb. 66ᵇ Nanai, N. pr. Nanai, der Sohn des R. Josef.

נָאוֹסָה Nausa, Name eines Ortes. Erub. 83ᵃ מודיא דקונגרוס דמן נאוסה ein Modius Artischocken aus Nausa. Neub. Géogr. du Tlmd. p. 395 irrthüml. „lieu natal de R. Modia", vgl. מוֹדִיעָא.

נָאַף (=bh. Grndw. כף syn. mit נב, s. נוב) buhlen, ehebrechen. Levit. r. s. 23, 147ᵇ נואף בעיניו נקרא כואף wer mit seinen Augen buhlt, wird Ehebrecher genannt; mit Ansp. auf Hiob 24, 15. Pi. נאף dass. Exod. r. s. 31 g. E. מנאסא בתפוחים וחולקת לחולין sie buhlt für Aepfel, welche sie an Kranke vertheilt. Dafür in aram. Form: גִּירָא, s. גור II. Pes. 113ᵇ הדעה סובלתן ואלו הן דל גאה ועשיר מכחש ורקן מנאף וכו' המתהגא על הצבור בחכם vier Klassen von Menschen sind dem Verstande unleidlich, näml. folgende: ein stolzirender Armer, ein sich armstellender Reicher, ein buhlerischer Greis und ein Gemeindevorsteher, der sich unverdientermassen über die Gemeinde überhebt. Sot. 47ᵃ משרבו המנאפים בטלו המים המרים seitdem die Ehebrecher überhand nahmen, hörte die Wirksamkeit des bittern Prüfungswassers auf. Hif. zur Buhlerei verhelfen, veranlassen. Schebu. 47ᵇ אזהרה לעוקב אחר הנואף מנין woher ist ein Verbot für den Begleiter eines Buhlen erwiesen? תלמוד לומר לא תנאף לא תנאיף Verbot für den Begleiter eines Buhlen erwiesen?

Es heisst (Ex. 20, 14) לֹא תִנְאָף lies, deute לֹא תַנְאָף du sollst nicht zur Buhlerei verhelfen!

נָאַף *ch.* Pa. נָאֵף (=נַצֵּת) buhlen, ehebrechen, s. TW.

נִיאוּף *m.* N. a. (bh. נַאֲפִים pl.) Ehebruch, Buhlerei. Sifre Waëtchan. § 26 דומה שנמצא es scheint, dass bei ihr Ehebruch oder Zauberei entdeckt wurde. Ned. 20ᵇ אל תרבה שיחה עם האשה שכופך לבא לידי ניאוף sprich nicht zu viel mit einem Weibe, denn sonst wirst du schliesslich Buhlerei begehen. Pesik. r. s. 21, 39ᵇ Gott fragte die Ammoniter, ob sie die Gesetzlehre annehmen wollten; אמרו לו מה כתיב בה אמר להם לא תנאף אמרו לו וכל עצמם של אותם האנשים אינן באין אלא מניאוף דכתיב ותהרין וג' sie fragten ihn: Was steht darin? Und auf die Antwort: „Du sollst nicht ehebrechen", sagten sie: Entstanden ja diese Menschen (wir) überhaupt blos durch Ehebruch, denn es heisst: „Die beiden Töchter Lot's wurden von ihrem Vater schwanger" u. s. w. (Gen. 19, 36); wir können ja nicht die Gesetzlehre annehmen. Num. r. s. 9, 199ᶜᵈ ניאוף אשת איש der Ehebruch eines verheiratheten Weibes. — Pl. *fem.* Tosef. Schebu. III Anf. הרציחות והנאפות (l. והניאופות) die Mordthaten und Buhlereien.

נאפון j. Schabb. IX, 11ᵈ ob. ונאפון crmp., s. אָזֵן.

נָאֵץ (=bh.). Pi. נִאֵץ verschmähen. Keth. 8ᵇ (mit Bez. auf Dt. 32, 19) דור שאבות מנאצים להקב״ה כועס על ביניהם ועל בנותיהם ומתים כשהם קטנים in einem Zeitalter, in welchem Eltern Gott schmähen, zürnt er über ihre Söhne und Töchter, sodass diese jung sterben.

נִיאוּץ *m.* N. a. (bh. נְאָצָה *f.*) das Schmähen. Git. 56ᵇ מי כמוך חסין וקשה שאתה שומע ניאוצו וגדופיו של אותו אדם ושותק „wer gleicht dir, mächtiger und starker Gott" (Ps. 89, 9); da du das Schmähen und Lästern dieses Menschen (des Titus) hörst und schweigst.

נִיאָצָא *ch.* (=נִיאוּץ) das Schmähen, s. TW.

נָאַק (hbr. נָאַק) ächzen, weheklagen, s. TW.

נָאקְתָא, f. (arab. نَاقَة) weibliches Kamel. Schabb. 51ᵇ, s. נָקָה.

נָאתָה oder **נְעָתָא** *fem.* Abscess, Entzündungsgeschwulst. Stw. wahrsch. arab. نَأَى discessit. B. kam. 85ᵃ un. wird גרגותני erklärt durch נאתה כריכתא Ar. (Agg. נעתא כריכתא, s. פְּרַבְיָתָא) ein verderblicher Abscess.

נְבָא *m.* Ei der Laus, Nisse. Nas. 39ᵃ

מנבא חייא Ar. (welcher jedoch auch אבא=אבבא Agg. liest) aus dem lebenden Nissen ist zu erweisen, dass u. s. w., s. אַנְבָּא II.

נְבָא, נבי (=bh. syn. mit זוב, Grndw. זב, eig. hervorragen, aufsprossen; vgl. arab. نَمَا und نَبَا: sich erheben, aufsteigen); übtr. sprechen, reden, vgl. זוב und זיב; insbes. als Prophet, נָבָא, reden, weissagen, prophezeien. — Piel und Nif. (=bh.). Hithpa. הִתְנַבֵּא (=bh.) und Nithpa. weissagen, prophezeien. Exod. r. s. 4 g. E., 106ᶜ שלא ירמיהו כמה בקש שלא להתנבאות ונתכרבו שלא בטובתו wie sehr bestrebte sich Jeremias, nicht zu prophezeien, musste jedoch wider seinen Willen prophezeien. Levit. r. s. 6, 150ᶜ בארי לא נתנבא אלא שני פסוקים ולא היו בהם כדי ספר ונטפלו לישעיה ואלו הן וכי יאמרו ותהבר Beëri (der Vater des Propheten Hosea) weissagte blos zwei Verse, welche, da sie nicht ein besonderes Buch bilden konnten, dem Buche Jesaias einverleibt wurden, näml. (Jes. 8, 19 und 20): „Wenn sie sagen" u. s. w. und den darauffolgenden Vers. Sot. 12ᵇ מתנבאה ואינה יודעת מה מתנבאה הילוכי דא שליכי die Tochter Pharao's weissagte, ohne zu wissen, was sie weissagte הילוכי (Ex. 2, 9) bedeutet näml.: Das ist das Deinige, d. h. dein Sohn.

נְבָא, נבי *ch.* (=נְבָא). Ithpa. אָתְנַבֵּי (syr. ﻧﻗﺒﺒﺍ=hbr. הִתְנַבֵּא) prophezeien, weissagen, s. TW. — Esr. 5, 1 הִתְנַבִּי dass.

נְבִיא *m.* (=bh., pass. Form in activ. Bedeut., wie עָרִיץ, לְקִיט, לְקוּחוֹת pl. u. m. a.) Prophet, bes. Verkünder des Gotteswortes. Levit. r. s. 6, 151ᵃ R. Jochanan sagte: כל נביא שנתפרש שמו ונתפרש שם אביו נביא ובן נביא וכל נביא שנתפרש שמו ולא נתפרש שם אביו הוא נביא ואביו אינו נביא jeder Prophet, bei dessen Namen zugleich der Name seines Vaters genannt ist, war ein Prophet und der Sohn eines Propheten; jeder Prophet aber, bei dessen Namen nicht auch der Name seines Vaters genannt ist, war ein Prophet, sein Vater aber war nicht ein Prophet. Meg. 15ᵃ ob. lautet dieser Satz minder correct. j. Hor. III, 48ᵇ mit כהן גדול קודם לנביא נביא קודם למשוח מלחמה der Hohepriester steht höher als der Prophet, der Prophet höher, als der zum Kriege geweihte Priester; vgl. auch B. bath. 12ᵃ חכם עדיף מנביא שנאמר ונביא לבב חכמה מי נתלה במי הוי אומר קטן נתלה בגדול der Weise ist mehr als der Prophet; denn es heisst ונביא וג' (Ps. 90, 6, eig. „wir bringen", gewinnen, jedoch nach der Deutung:) „Der Prophet, נביא, hat die Gedanken der Weisheit"; wer wird von einem Andern abhängig? Sage: der Kleinere vom Grössern; d. h. der Prophet ist dem Weisen untergeordnet. Pes. 66ᵇ, s. דָּבַר. Snh. 90ᵃ בכל מקום אם יאמר לך נביא עבור על דברי תורה שמע לו חוץ מע״ז

41*

שאצילו מיצמיד לך חמה באמצע הרקיע אל תשמע לו in allen Stücken, wo der Prophet zu dir sagt: Uebertritt die Worte der Gesetzlehre, musst du ihm gehorchen; eine Ausnahme hiervon macht der Götzendienst, da darfst du ihm, selbst wenn er dir die Sonne inmitten des Himmels stillstehen lässt (ein ähnliches Wunder wie Josua ausübte), kein Gehör geben. Schabb. 104ᵃ אלה המצוֹת שאין נביא רשאי לחדש דבר מעתה „dies sind die Gesetze" (Lev. 27, 34), das besagt, dass von jetzt (der Zeit Mosis) ab kein Prophet irgend etwas Neues anbefehlen darf. Aboth de R. Nathan XXXIV g. E. נביא נקרא שמות עשר אלו הן ציר נאמן עבד שליח חוזה צופה רואה חולם נביא איש האלהים zehn Benennungen hat der Prophet in der Schrift, näml. folgende: Gesandter, Beglaubigter, Diener, Bote, Seher, Wächter, Schauer, Träumer, Prophet, Gottesmann. Num. r. s. 14, 228ᵇ, vgl. בִּלְעָם. — Pl. j. Schabb. XIX, 17ᵃ ob. הניחו להן לישראל אם אינן נְבִיאִין בני נְבִיאִין הן lasset die Israeliten, wenn sie auch selbst keine Propheten sind, so sind sie die Nachkommen der Propheten; d. h. sie werden schon das Richtige treffen. Pes. 66ᵇ u. ö., vgl. יִנַּח Snh. 89ᵃ, vgl. סִגְנוֹן, Sot. 9, 12 (48ᵃᵇ u. ö.) נביאים הראשונים die ersten Propheten, vgl. אַגּוּר. — Uebertr. die Prophetenbücher. Meg. 21ᵇ u. ö. תורה נביאים וכתובים der Pentateuch, die Propheten und die Hagiographen. B. bath. 14ᵇ סדרן של נביאים יהושע ושופטים שמואל ומלכים ירמיה ויחזקאל ישעיה ושנים עשר die Ordnung der Propheten(-Bücher) ist folgende: Josua, Richter, Samuel, Könige, Jeremias, Ezechiel Jesaias und die zwölf kleinen Propheten; vgl. חוּרְבְּנָא — Pl. fem. Meg. 14ᵃ נביאים ושבע נְבִיאוֹת נתנבאו להם לישראל ולא פחתו ולא הותירו על מה שכתוב בתורה חוץ ממקרא מגילה achtundvierzig Propheten und sieben Prophetinnen prophezeiten Israel, ohne etwas abzunehmen, noch hinzuzufügen zu dem, was in der Thora steht, mit Ausnahme der Verlesung der Megilla, vgl. כָּתַב. Ueber diese Prophetenzahl, die mit Abraham beginnt, vgl. Raschi z. St.

נְבָיָיא ch. (syr. ܢܒܺܝܳܐ=נָבִיא) Prophet. Git. 57ᵇ ob. die Israeliten sagten zu Nebusaradan: נביא הוה בן דקא מוכח לן במילי דשמיא ein Prophet lebte unter uns (näml. Sacharja), den wir, weil er uns über göttliche Dinge zurecht gewiesen hatte, tödteten. In den Parall. Thr. r. sv. בלע, 62ᵃ u. ö. steht dafür נביא כהנא Prophet und Priester, vgl. מִסְרֵיקָא, s. auch TW.

נְבִיאוּת f. N. a. die Prophezeiung, Weissagung, Prophetie. Snh. 39ᵇ מפני מה זכה עובדיה לנביאות מפני שהחביא מאה נביאים במערה infolge welcher Tugenden erlangte Obadja die Prophetie (den prophetischen Geist)? Weil er 100 Propheten in der Höhle versteckt hatte (1 Kn. 18, 13). Bech. 45ᵃ עשר דבריהן כדברי

נביאות die Gelehrten stellten ihren Ausspruch gleich den Worten der Prophetie hin; d. h. für diese Halacha ist keine Begründung zu ermitteln, das eigne Nachdenken spricht vielmehr dagegen. Erub. 60ᵇ und B. bath. 12ᵃ אין אלו אלא דברי נביאות das sind blos Worte der Prophetie; was nach Tosaf. in Erub. hv. bedeutet: Nur ein erhabener Prophetengeist, nicht aber der gewöhnliche Menschenverstand vermag eine so treffliche Lehre aufzustellen.

(נְבִיאוּת=נְבִיאוּתָא, נְבִיוּתָא ch. (syr. ܢܒܺܝܽܘܬܳܐ Prophezeiung, Weissagung, s. TW.

נְבוּאָה f. (=bh. eig. Pass. von נָבָא) das durch Reden, Weissagen, Hervorgebrachte; dah. die Prophezeiung, Prophetie. j. Hor. III, 48ᵈ un. נבואה אלא מופח אין das W. מופת, דרך מה דתימר ותתן ... מופת (Sach. 3, 8) bedeutet nichts Anderes, als Prophezeiung (u. zw.=מופת, Dt. 13, 2). Demnach bedeutet אנשי מופת in Sach. l. c.: „Männer der Prophetie". (Hor. 13ᵃ steht dafür אין מופת בעשר 17ᵃ כמעט אלא נביא crmp.) Cant. r. sv. לשורות נקראת הנבואה חזון נבואה הטפת דיבור אמירה משא משל אמירה חידה mit folgenden zehn Ausdrücken wird die Prophetie bezeichnet, näml.: Erscheinung (Gesicht), Prophezeiung, Weissagung, Rede, Ausspruch, Befehl, Vortrag, Gleichniss, Parabel, Räthsel. Schabb. 138ᵇ דבר ה' זו נבואה „das Gotteswort" (Am. 8, 12), ist die Prophetie. Sifre Beracha § 357: „Kein Prophet erstand in Israel wie Mose" (Dt. 34, 10); aber unter den Völkern erstand Einer, das ist Bileam. אלא יש הפרש בין נבואתו של משה לנבואתו של בלעם וכ' es war jedoch ein Unterschied zwischen der Prophetie des Mose und der des Bileam: Mose wusste nicht, wer mit ihm redete, Bileam aber wusste es wohl u. s. w. Num. r. s. 14, 228ᵇ dass. Khl. r. Anf., 70ᵃ שלשה נבואות על ידי שהיתה נבואתן דברי קנתורא נתלה נבואתן בצמצן ואלו הן דברי קהלת דברי עמוס דברי ירמיהו drei Propheten gab es, denen ihre Prophetie, weil sie Strafreden enthielt, selbst zugeschrieben wurde, näml.: „Die Worte des Koheleth", „die Worte des Amos", „die Worte des Jeremias". B. bath. 12ᵇ R. Abdimi sagte: מיום שחרב בית המקדש ניטלה נבואה מן הנביאים וניתנה לחכמים seitdem der Tempel zerstört ist, wurde die Prophetie den Propheten weggenommen und den Gelehrten gegeben. Das. 12ᵇ R. Jochanan sagte: מיום שחרב בית המקדש ניטלה נבואה מן הנביאים וניתנה לשוטים ולתינוקות seitdem der Tempel zerstört ist, wurde die Prophetie den Propheten fortgenommen und den Narren und Kindern gegeben. — Ferner die Prophetie personificirt=Prophet. j. Mac. II, 31ᵈ un. שאלו לנבואה חוטא מה עונשו אמרה להן הנפש החוטאת היא תמות man fragte die Prophetie: Was soll

die Strafe des Sünders sein? Sie antwortete: „Die Person, die gesündigt hat, muss sterben" (Ez. 18, 4). In Pesik. Sehuba, 158ᵇ fehlt dieser Satz, vgl. Buber Anm. z. St. — Pl. Levit. r. s. 10 Anf., 153ᵉ Gott sagte zu Jesaias: חייך כל הנביאים קבלו נבואות נביא מפי נביא ... אבל את מפי הקב״ה רוח ה׳ וג׳ חייך שכל הנביאים מתנבאים נבואות פשוטות ואת נחמות כפולות עורי עורי התעוררי התעוררי so wahr du lebst, alle anderen Propheten erhielten Prophezeiungen, ein Prophet aus dem Munde des andern (Num. 11, 25 u. m.); du hing. empfingst sie aus dem Munde Gottes: „Gottes Geist ruht auf mir", „Gottes Geist redet in mir" (Jes. 61, 1 fg.). So wahr du lebst, alle anderen Propheten weissagten einfache Prophezeiungen, du hing. weissagst doppelte Tröstungen: „Erwache, erwache!" „Ermuntere dich, ermuntere dich!" (Jes. 51, 17. 52, 1 fg.).

נְבוּאָה, נְבוּאֲתָא, contr. נְבוּתָא ch. (= vrg. נְבוּאָה) Prophezeiung, Prophetie. Esr. 6, 14, s. auch TW. — B. bath. 14ᵇ fg. נבואתיה seine Prophetie.

נְבַג (syr. ܢܒܰܓ, syn. mit נְבַע, Grndw. נב, s. נָבָא, viell. für נָפַק) hervorgehen, hervorquellen. Suc. 53ᵇ ob. הדא קא חזינן דאיכרו ונפק Ar. ed. pr. (Agg. פרדתא וקא נבני מיא Ms. M. ׳ונבא; Tosaf. in Bech. 44ᵇ sv. לא citiren ונבני) wir sehen ja, dass, wenn in der Erde ein wenig gegraben wird, das Wasser hervorquillt! Snh. 82ᵃ man fand einen Schädel in Jerusalem hingeschleudert; קברה והדר נבנ קברה והדר נבנ man begrub ihn, er kam jedoch wieder zum Vorschein, man begrub ihn abermals und er kam wieder zum Vorschein; es war näml. der Schädel des Königs Jojakim, vgl. אֲחֵרַת. Das. 104ᵃ steht dafür קברה ולא איקברה קברה ולא איקברה.

נַבְגָּא m. (syr. ܢܰܒܓܳܐ). 1) eig. was hervorsprosst, dah. Trieb, Spross, Zweig. Pes. 74ᵇ נבגא דנ לית ביה קטרי ׳ה (eig. was vom Baume hervorkommt), der ein Jahr alt ist und keine Knoten hat. — 2) Pokal. Ber. 51ᵇ ob. כל האי נבגא דברכתא היא dieser ganze Pokal (der Inhalt desselben) rührt von dem Weine her, worüber der Segen gesprochen wurde.

נִיבְרְקוֹס (נִיבְדְקוֹס) m. (wahrsch.) nubischer Esel. j. Kil. VIII, 31ᶜ mit ניבדקוס Ar. sv. לבדקס (in einigen Agg. ניברקוס) so nach einer LA. anst. לורבדקוס, s. d. W.

נָבָה · נבי Pi. נִיבָּה (arab. نَبَا Conj. IV, Grndw. נב) eig. bewegen, vom Feuer: anfachen, zum Aufflammen bringen. Tosef. B. kam. VI mit. ניבה וניבתה הרוח אם יש בשלו כדי לנבות הרי זה חייב ואם לאו הרי זה פטור

wenn Jem. das Feuer (das Schaden anrichtete) angefacht und der Wind es ebenfalls angefacht hatte: so ist er, wenn in seinem Blasen so viel Kraft war, um das Feuer anzufachen, zu Schadenersatz verpflichtet; wo nicht, so ist er nicht dazu verpflichtet. B. kam. 6, 4 steht dafür ליבה ... ליבתה; ebenso in Gem. das. 60ᵃ, woselbst auch die LA. ניבתה ... ניבה angeführt wird. j. B. kam. VI, 5ᶜ ob. dass.; vgl. ausführlich in לבי, לָבָה.

נִבּוּב m. Obergewalt. Cant. r. sv. מה יפית, 30ᵈ נבוב ראשה, s. den nächstflg. Art.

נְבוּכַדְנֶאךְ m. Adj. der Oberbefehlshaber. Stw. בוז, Palp. בַּזְבֵּז, arab. نَبُوكُ: Gewalt ausüben. N. Brüll, Jahrb. I, 128 citirt nach Vullers (S. 156) eine Erkl. aus dem pers. baghban: Zolleinnehmer; was jedoch im Zusammenhang nicht passt. — Cant. r. sv. מה יפית, 30ᵈ (zur Erkl. von נבוכדיתך, Dan. 5, 17) נבוב ראשה חמן הינון צוחין ליה לאפרכא נבוכדנאך das W. נבוב bedeutet: Obergewalt; denn dort (im Morgenlande) nennt man den Eparchen: נבוכדנאך. Demnach wäre der Sinn in Dan. l. c.: „Deine Obergewalt verleihe einem Andern."

נְבוּכַדְנֶאצַר, נְבוּכַדְנֶצַּר (bh.) Nebukadnezar, König von Babylon. Levit. r. s. 33 g. E. und Cant. r. sv. יונתי, 15ᶜ, s. מֶלֶךְ. מַלְכָּא.

נְבִזְבְּתָא, נְבִזְבָּן ,נְבִזְבֵּז. Pl. נָבָא, נְבוּזְבִּין (wahrsch. pers. Ursprungs) Geschenk, Gabe. Dan. 2, 6. 5, 17, s. auch TW.; vgl. auch נְבוּזְבָּתָאךְ.

נִיבְיָן m. Loos, eig. was hingeworfen wird. Die samarit. Bibelübersetzung hat für das hbr. גּוֹרָל überall נבי; vgl. Kirchheim, Karme Schomron p. 53. Stw. arab. نَبَلَ werfen (vgl. גּוֹרָל הִפִּיל). j. Snh. VI Anf., 23ᵇ mit. Achan sagte zu Josua, der ihn, infolge des auf ihn gefallenen Looses zum Geständniss veranlassen wollte (Jos. 7, 19): מה בגורל אתה תופשני לית בכל הדן דרא כשר אלא את ופינחס אסקון ניבזין ביניכון פנטכון דמחפיס חד מיכון wie, durch das Loos willst du mich fassen? In dieser Generation giebt es doch sicherlich Keinen, der so fromm wäre wie du und Pinchas; werfet nun ein Loos zwischen euch: so wird unbedingt (durchaus, πάντως) Einer von euch gezogen. In bab. Snh. 43ᵇ steht dafür אהה ואלעזר הכהן ... אם אני מפיל עליכם גורל וכ׳ du und der Priester Elasar ... wenn ich über euch das Loos werfe u. s. w.

נָבַח (=bh., arab. نَبَحَ, Grndw. בח, arab. بَحَ, davon בחבח, s. מַחֲבַח, vgl. נָבָב im Pael) bellen. j. Jom. VIII, 45ᵇ ob. die Zeichen eines tollen Hundes sind u. s. w. והכלבים נובחין בו ויש אומרים אף הוא נובח ואין קולו נשמע

die Hunde bellen ihn an. Manche sagen: Wenn er auch bellt, so wird seine (heisere) Stimme nicht gehört. Jom. 83ᵇ un. steht der erstere Satz nicht; woselbst auch blos fünf Merkmale eines tollen Hundes erwähnt werden. Exod. r. s. 20 g. E., s. כֶּלֶב.

נָבַח ch. (syr. ܢܒܚ=נְבַח) bellen. Pes. 113ᵃ ob. לָא הָדוּר בְּמָתָא דְלָא צָנִיף בַּהּ סוּסְיָא וְלָא נָבַח בַּהּ כַּלְבָּא wohne nicht in einer Stadt, in welcher kein Pferd wiehert und kein Hund bellt; indem Beides einen Schutz gegen Diebe gewährt. Levit. r. s. 33 g. E. Nebukadnezar נָבַח כְּכַלְבָּא bellte wie ein Hund. Cant. r. sv. יוֹנָתִי, 15ᶜ dass., s. מַלְכָּא, מֶלֶךְ. Trop. Men. 63ᵃ s. מַחֲבָה. Erub. 86ᵃ נְבָחָא גּוֹרַיְיתָא wenn die Hündin dich anbellt, bildl. für das Anschreien eines bösen Weibes, s. גּוּר III.

Pa. (=arab. نَبَّحَ) eine heisere, dumpfe Stimme ertönen lassen. Bez. 14ᵃ תַּבְלִין נַבּוּחֵי מְנַבַּח קָלֵיהוּ Gewürze verbreiten (wenn sie zerstossen werden) einen dumpfen Schall; Ggs. צָלֵיל קָלָא hell ertönen.

נַבְחָן oder **נַבְחָן** m. Adj. (letztere Form oft bei Adjectiven, wie נַבְחָן, דַּרְשָׁן, גַּזְלָן u. m.) der Bellende, latrator, das Idol der Awwäer. Snh. 63ᵇ wird נבחן und תרחק (2 Kn. 17, 31; die Bibelcodices variiren zwischen נבחן und תרחק) erklärt: כֶּלֶב וַחֲמוֹר Hund (der Bellende) und Esel.

נָבַט (=bh., arab. نَبَطَ) hervorquellen (vom Wasser), hervorsprossen (von Pflanzen, s. נָבַט), Grndw. בט, vgl. בָּטָא: sprechen; für sprudeln und sprechen wird in vielen Sprachen ein und dasselbe Wort gebraucht, vgl. נָטַף, נָגַר, נָבַע u. a. m. Mögl. Weise jedoch ist Grndw. בב, s. נָבַב.

Pi. **נִיבֵּט** (=bh. נָבַט) hinblicken, wobei man blos einen Schimmer wahrnimmt, ohne genau zu sehen, wofür רָאָה. Snh. 101ᵇ „Jeroboam, der Sohn des Nebat" (1 Kn. 11, 26 fg.) בֶּן נְבָט וכ׳ das bedeutet: der Sohn desjenigen, der hinblickte, ohne genau zu sehen. Das שְׁלֹשָׁה נִיבְּטוּ רָאוּ וְלֹא רָאוּ הֵן וְאֵלּוּ הֵן אַשׁ שֶׁיָּוְצֵאת מֵאַמָּתוֹ וְאַצְטַגְנִינֵי פַּרְעֹה נָבַט רָאָה אֵשׁ הִיא וְלֹא הִיא יָרָבְעָם הוּא דַּנְפִיק מִינֵיהּ וכ׳ drei Personen blickten hin, ohne genau zu sehen, näml. Nebat, Achitofel und die Sternkundigen Pharao's. Nebat schaute Feuer aus seinem Gliede hervorgehen; dachte nun, dass er selbst regieren würde; was sich aber nicht bestätigte, denn Jerobeam war es, der von ihm hervorgehen sollte u. s. w. (Im Spätrabb. wird בט im Bedeut. schauen, sehen, gebraucht, z. B. in dem Rituale des Morgengottesdienstes am Neujahrsfest, das mit אֶבֶן חוּג beginnt: הָאַדְמוֹנִי כְּבַט שֶׁלֹּא חָלָה als der Rothe, Esau, sah, dass Rahel nicht schwanger wurde.)

נְבַט ch. (=נָבַט s. d.) sprossen, aufsprossen, zum Vorschein kommen. Taan. 4ᵃ ob. הַאי צוּרְבָא מֵרַבָּנָן דָּמֵי לְפַרְצִידָא דְּתוּחֵי קְלָא כִּיוָן דְּנָבַט נָבַט der Gelehrte gleicht dem Kern der Weinbeere unter der Erdscholle, der, wenn er einmal aufschiesst, immer mehr in die Höhe schiesst; d. h. wenn der Gelehrte einmal einen Ruf erlangt, so wird dieser sich immer mehr verbreiten. — Uebrtr. M. kat. 18ᵇ un. וְלָא אָמְרַן אֶלָּא דְּלָא הָדַר נָבַט אֲבָל הָדַר נָבַט לָא nur in dem Falle sagen wir (dass ein übles Gerücht, das einmal aufgehört hat, als nichtig zu betrachten sei, vgl. רוֹמִי), wenn es nicht wieder auftaucht (zum Vorschein kommt); wenn es sich aber wieder auftaucht, so ist es nicht als nichtig zu betrachten.

נְבָט (bh. נְבָיוֹת) Ναβαταῖα, Nabatea, Name eines zu Arabien gehörigen Landes, s. TW.

נְבָטִי, נְוָטִי, נְוָתִי, נְוָתָאָה, נְבָטִי m. N. patr. (arab. نَبَطِيّ) der Nabatäer, Nabathaeus, nabatäisch. Genes. r. s. 48, 47ᵃ אֶחָד נִדְמָה לוֹ בִּדְמוּת סָרָקִי וְאֶחָד נִדְמָה לוֹ בִּדְמוּת נוֹטֵי וְאֶחָד בִּדְמוּת עַרְבִי der Eine (der drei Engel, die sich dem Abraham offenbarten, Gen. 18, 2) erschien ihm in der Gestalt eines Sarazenen, der zweite in der eines Nabatäers und der dritte in der eines Arabers. Ab. sar. 36ᵃ נְוָתָאָה אֲבִימִי Abimi, der Nabatäer. Schabb. 17ᵇ סְנוֹתָאָה (l. נְוָתָאָה oder ס vorges.). Das. 121ᵇ פַּעַם אַחַת נָפַל אֶחָד בְּבֵית הַמִּדְרָשׁ וְעָמַד נְוָתִי אֶחָד וְהָרְגוֹ einst zeigte sich eine Schlange im Studienhause; da erhob sich ein Nabatäer und tödtete sie (Ar. sv. נוות citirt diese beiden Stellen ungenau). j. Schabb. XVI g. E., 15ᵈ נַפְתֵּי dass. j. Ned. VIII, 41ᵃ ob. der Ausdruck עַד לִפְנֵי (in der Mischna, vgl. נָבַע im Hif.) לָשׁוֹן נִיוְתֵי (נוֹוְתֵי) הוּא עַד לִפְנֵי פִּסְחָא ist nach nahatäischem Sprachgebrauch: bis vor Pesach. j. Kidd. III, 64ᶜ ob. dass. — Pl. j. Schebi. VI Anf., 36ᵇ wird הַקַּדְמוֹנִי (Gen. 15, 19) übersetzt: נְבָטַיָּיא die Nabatäer. j. Kidd. I g. E., 61ᵈ ob. נְבָטַיָּיא Genes. r. s. 44 g. E. steht dafür נְוָטַיָּיא dass. j. Ned. I g. E., 37ᵃ und j. Nas. I Anf., 51ᵃ אִילֵּין נִיוֹתָאֵי (נִיוְתָאֵי) jene Nabatäer, vgl. פַּכְסָּא.

נְבִי I prophezeien, נָבִיא Prophet u. s. w. s. in נָבָא. — II bewegen, anfachen, s. נָבָה, Piel נִיבָּה.

נְבִיָּה fem. (von נבי, s. נָבָא Anf.; ähnlich נוֹב m.) Spross, Blüthe, Blatt. Ab. sar. 48ᵇ R. Jose sagte: אַף לֹא יַרְקוּת בִּימוֹת הַגְּשָׁמִים מִפְּנֵי שֶׁהַנְּבִיָּה נוֹשֶׁרֶת עֲלֵיהֶן וַהֲוָה לְהֶן לְזֶבֶל man darf auch im Winter keine Kräuter in dem Götzenhaine pflanzen, weil die Blüthe der Bäume auf sie herabfällt und ihnen als Dünger dient (das Wachsthum der Kräuter also durch den Götzenhain gefördert wird; was aber deshalb verboten ist, weil man vom Götzen keinen Genuss haben darf)

Das. in Gem. die Rabbanan, die dies erlauben, sind der Ansicht: מה שמשביח בנכרים סוגם בצל der Nutzen, den der Hain durch seine Blüthen gewährt, wird durch den Schaden aufgewogen, den sein Schatten im Winter veranlasst. Meïl. 14ᵃ wenn die Schatzmeister Hölzer für das Heiligthum anschaffen, מועלין בעצים ואין מועלין לא בשיפוי ולא בנביה Ar. (Agg. בנכריא) so begehen sie eine Veruntreuung, wenn sie die Hölzer, nicht aber, wenn sie die Sägespäne oder die Blätter zu ihrem eignen Nutzen verwenden. Tem. 31ᵇ un. שיפוי, ונריבא (l.=Raschi ונכביא) dass.

נֶבֶל‎, גֶבֶל m. (=bh. Grndw. נב: hervorragen, bauchig sein) eig. Schlauch, bes. eine Art Lyra, gr. ναβλα, nablium. — Pl. Arach. 10ᵃ אין פורחתין משני נבלים ולא מוסיפין על ששה man darf zur Tempelmusik nicht weniger als zwei Lyras (für zwei Leviten) und nicht mehr als sechs derselben anwenden. Kel. 15, 6 נבלי השרה ונכלי בני לוי die Lyras der Sänger und die Lyras der Leviten. Das. 24, 14 dass. Ueber Kinnim 3, 6 s. מֵעָה.

נִיבְלָא ch. (=נֵבֶל) die Lyra, s. TW.

נֶבֶל m. (=נַוְלָא‎, נַוְלָא s. d., ב in וו verw., arab. نَبْل) das Gewebe, Gespinnst. j. Kil. IX, 32ᵃ ob. R. Samuel bar Jizchak befahl seinen Hausleuten, דלא מיקמי נבל דעמר מקמא נבל דכיתן בגין פיסה dass sie ein Gewebe von Wolle nicht an ein Gewebe von Flachs hinstellen sollen und zwar wegen des Einschlages (ἐφυφή); d. h. sie sollen sich betreffs des Verbotes der Mischstoffe (כלאים) soviel als möglich in Acht nehmen; durch das Nebeneinanderstehen der verschiedenen Gewebe könnten sich die Bestandtheile des einen leicht mit denen des andern verwickeln. Mögl. Weise jedoch ist פיסה verk. aus לפיסה: das Sichverwickeln, s. לְפָם.

נָבֵל (=bh., syn. mit נָפַל; Grndw. בל, wovon בול) herabfallen und welken; insbes. von den Blüthen und den vor der Reifezeit herabfallenden Früchten, die nach dem Herabfallen welken. j. R. hasch. I, 56ᵈ un. ירח בול שבו העלה נובל „der Monat Bul" (1 Kn. 6, 38, heisst der Monat Marcheschwan, ungef. November), weil an ihm die Blätter abfallen. Erub. 54ᵇ בני אדם דמין לעשבי השדה הללו נוצצין והללו נובלין die Menschen gleichen den Feldblumen, die einen blühen auf und die anderen fallen ab.

Pi. נִבֵּל 1) abwerfen. j. Schebi. I Anf., 33ᵃ עד כאן הוא יפה לפרי מכאן ואילך הוא מנבל פירותיו das Pflügen bis dahin (bis zum Wochenfeste) ist den Früchten dienlich; später aber wirft der Baum seine Früchte ab. Das. IV, 35ᵇ un. אילן שהוא מנבל פירותיו ein Baum, der seine Früchte abwirft (Schabb. 67ᵃ steht dafür משמיר פירותיו dass.), vgl. בְּהָת im Pael. — 2) hässlich, schmutzig machen, verunstal-

ten. Dieser Begriff schliesst sich an das Abfallen und Welken der Früchte, die hierdurch schmutzig, hässlich werden. j. Schabb. IX, 11ᵈ mit. נבליהו mache ihn (den Götzen) zum Unrath, mache ihn hässlich. Das. שקצרהו נבליהו mache ihn zum Scheusal, mache ihn hässlich. j. Ab. sar. III, 43ᵃ un dass. Cant. r. sv. חכר, 27ᵇ בנוהג שבעולם אדם עושה מלאכה עם בעל הבית על ידי שהוא מנבל את עצמו בטיט הוא נותן לו שכרו אבל הקב״ה אינו כן אלא מזהיר לישראל ואומר להם אל תנבלו עצמיכם בדבר רע ואני נותן לכם שכר טוב וכ׳ gewöhnlich geschieht es, dass der Hausherr dem Arbeiter, der bei ihm arbeitet, dafür, dass er sich durch Arbeiten im Lehm schmutzig macht, den Lohn giebt. Gott hing. verfährt nicht also; sondern er verwarnt die Israeliten, indem er zu ihnen sagt: Macht euch nicht schmutzig durch hässliche Dinge und eben dafür werde ich euch guten Lohn geben! „Verunreinigt nicht eure Leiber durch Gewürm" u. s. w. Num. r. s. 10, 205ᵇ dass. Das. s. 10, 208ᶜ המנבלבת עצמה sie macht sich hässlich, d. h. sie putzt sich hässlich. — Trop. Ber. 63ᵇ (mit Ansp. auf Spr. 30, 32) כל המנבל עצמו על דברי תורה סופו להתנשא ואם זמם יד לפה wer sich wegen der Worte der Gesetzlehre hässlich macht (d. h. seine Unkenntniss eingesteht und sich vor einem Gelehrten demüthigt, um von ihm zu lernen), wird später hochgestellt werden; wer aber schweigt (vgl. זָמַם, d. h. sich schämt, seine Unwissenheit einzustehen und dadurch unwissend bleibt), wird später die Hand an den Mund legen müssen; weil er näml. die an ihn gestellten Fragen nicht wird beantworten können; s. auch w. u. — 3) hässliche, d. h. unkeusche Reden führen. Schabb. 33ᵃ הכל יודעין כלה למה נכנסה לחופה אלא כל המנבל פיו אפילו חותמין עליו גזר דין של שבעים שנה לטובה הופכין עליו לרעה Alle wissen, zu welchem Zwecke die Braut unter den Hochzeitsbaldachin tritt; aber wenn Jem. unkeusche Redensarten führt, so verwandelt sich sein Verhängniss, selbst wenn es auf 70 Jahre zum Guten beschlossen war, dennoch zum Bösen; mit Ansp. auf Jes. 9, 16. In der Parall. Keth. 8ᵇ steht dafür כל המנבל פיו ומוציא דבר נבלה מפיו וכ׳ wer seinen Mund zu Schändlichem braucht und Schändliches ausspricht u. s. w. Schabb. l. c. כל המנבל את פיו מעמיקין לו גיהנם Jemdm., der seinen Mund zu Schändlichem aufthut, macht man (wird) die Hölle tief; mit Ansp. auf Spr. 22, 14.

Hithpa. und Nithpa. 1) hässlich gemacht werden, verächtlich erscheinen. j. Jeb. XII g. E., 13ᵃ (mit Bez. auf Spr. 30, 32, s. Piel) מי גרם לך להתנבל בדברי תורה על שנישאת בהן עצמך was war die Veranlassung, dass du, hinsichtlich der Gesetzlehre, als verächtlich, unwissend erschienest? Weil du dich früher um ihretwillen überhoben hast; d. h. wegen deines

vermeintlichen Wissens stolz thatest. Genes. r.
s. 81 Anf. dass. nach Ansicht des R. Akiba. —
2) (denom. von נְבֵלָה) vom Fleische eines Thieres, das nicht rituell geschlachtet wurde: verdorben, zum Essen untauglich sein, werden. Chull. 81ᵇ. 85ᵃ fg. השוחט ונתבבלה בירו
wenn Jemand ein Thier schlachtet, das unter
seiner Hand durch nicht rituelles Schlachten
(wenn bei letzterem näml. Unterbrechungen stattgefunden, oder wenn man mit dem Schlachtmesser auf den Hals des Thieres geschlagen,
ohne es hin- und herzuführen u. dgl., s. שְׁהִיָּיה
דְּרָסָה u. a.) untauglich wurde. j. Ber. IX, 14ᵃ
un. שמא תתנבל שחיטתו das Schlachten des
Thieres könnte untauglich werden.

נְבֵל ch. (=נָבֵל) eig. herabfallen, daher:
beschmutzt werden. j. Kil. IX, 32ᵃ un. R.
Jochanan legte ein Tuch über seine Kleider,
דלא יבבלון מאנוי damit seine Kleider nicht beschmutzt würden, s. auch TW. Pes. 111ᵇ נבל, s. קְפָד.

נוֹבֶלֶת f. (eig. Part.) Abfallendes, Abgefallenes; insbes. 1) eine vor der Reife abgefallene Frucht. j. Maasr. I, 48ᵈ un. אם
בשיהתמלא החרץ נובלת היא אם משתפרוש גרעינה
מתוך האוכל בשילה היא כל צורכה wenn die
Runzeln an der Schale der Dattel ausgefüllt
sind, so ist sie als eine abgefallene Frucht anzusehen; wenn aber der Kern im Fleische
der Frucht abgesondert ist, so ist letztere ja
als völlig reif anzusehen! — Pl. Ber. 40ᵇ wird
נובלות (Dem. 1, 1) von einem Autor erklärt durch תמרי זיקא Datteln, die vor der Reife
durch heftigen Sturm abgeworfen wurden; von
einem andern Autor durch בשולי כמרא Datteln,
die erst dann reif werden, wenn sie lange in
der Erde verscharrt liegen. Dahing. bedeutet
הנובלות ohne Zusatz (Ber. l. c.) nach Ansicht
aller Autoren: בושלי כמרא. j. Ber. VI, 10ᶜ ob.
הנובלות dass. j. Dem. I, 21ᶜ un. הנובלות המנכרות
עם התמרים die abgefallenen Datteln, die mit
den anderen Datteln (vermischt und) zusammen
verkauft wurden. Num. r. s. 3 Anf., s. נִימָלִיּוֹס.
— 2) Abfall, bildl. für etwas, was einem Anderen zwar ähnlich ist, ihm jedoch nicht-
steht, ebenso wie die abgefallene Frucht der
reifen ähnlich ist. Genes. r. s. 17, 17ᶜ שלש
נובלות הן נובלת מיתה שינה נובלת נבואה חלום
נובלת עולם הבא שבת drei Arten von Abfällen
giebt es: der Abfall des Todes ist der Schlaf
(der mit jenem am meisten Aehnlichkeit hat),
der Abfall der Prophetie ist der Traum, der Abfall des zukünftigen Lebens ist der Sabbat.
Das. s. 44, 43ᶜ dass. mit dem Zusatz: ר׳ אבין
מוסיף חרתני נובלת של מעלה גלגל חמה
נובלת חכמה של מעלה תורה R. Abin fügt noch
folgende zwei hinzu: Der Abfall des himmlischen
Lichtes ist die Sonnenkugel (das Licht, das in
den ersten Schöpfungstagen geleuchtet, soll für

die Weltbewohner zu hell gewesen sein, weshalb
es verheimlicht wurde und an dessen Stelle die
Sonne gesetzt worden, vgl. אוֹרָה), der Abfall
der himmlischen Weisheit ist die Gesetzlehre.

נִיבְלָא ch. (od. נוֹבְלְתָּא=נוֹבְלָא) die vor der
Reife abgefallene Frucht, s. TW.

נְבֵילָה, נְבֵלָה fem. (eig. =bh.) gefallenes
Thier, Aas; insbes. das Fleisch eines Thieres,
dessen Schlachtung nicht rituell war und welches
deshalb zum Genusse untauglich ist, Nebela. Chull.
2, 4 (32ᵃ) כל שתפסכלה בשחיטתה נבלה כל ששחיטתה
כראוי ורבר אחר גרם לה ליפסל טרפה jedes
Thier, das während des Schlachtens unbrauchbar wurde (wenn letzteres z. B. durch Pausen unterbrochen wurde, oder wenn man mit dem Schlachtmesser auf den Hals geklopft und letzteren gespalten hat u. dgl.) ist Nebela; ein Thier hing.
dessen Schlachten rituell war, aber ein anderer
Umstand die Unbrauchbarkeit desselben veranlasst hat (wenn z. B. die Eingeweide, die Lunge
u. dgl. durchlöchert waren) ist Trefa. Vgl. Maim.
Titel Maachal. Asuroth cap. 4 § 8: Die Thora
verbietet zwei Arten von todten Thieren, näml.
1) das verendete, gefallene Thier, Nebela (Dt.
14, 21) und 2) ein Thier, das, obgleich noch
nicht verendet, infolge seiner Schadhaftigkeit
dem Verenden nahe ist, Trefa (Ex. 22, 29). Ebensowenig wie du hinsichtl. eines todten Thieres
einen Unterschied machen kannst, ob das Thier
von selbst verendete, oder ob es infolge des
Hinstürzens, oder des Erwürgens verendete,
oder ob ein wildes Thier es erdrosselt hat, sodass es infolge dessen verendete: ebensowenig
darfst du bei einem dem Verenden nahen
Thiere einen Unterschied machen, ob ein
wildes Thier es geschlagen und verwundet hat,
ob es infolge des Herabfallens vom Dach Rip-
penbrüche oder Erschütterung der Glieder erlitten hat, oder ob sein Herz oder seine Lunge
oder der grösste Theil seiner Rippen von einem
abgeschossenen Pfeil verwundet wurde, oder ob
diese Verwundungen infolge einer Krankheit eingetreten sind. Da das Thier in allen diesen Fällen
dem Verenden nahe gebracht wurde, so ist es Trefa
u. s. w., vgl. auch טְרָפָה. — Ab. sar. 67ᵇ. 68ᵃ (mit
Bez. auf Dt. 14, 21) נבלה הראויה לגר קרויה נבלה
ושאינה ראויה לגר אינה קרויה נבלה ein gefallenes Thier, das für den Fremdling (den Nichtjuden) tauglich (d. h. das noch nicht in Verwesung übergegangen und also noch geniessbar)
ist, führt den Namen Nebela; ein solches aber,
das (infolge seines übeln Geruches) für den
Fremdling nicht geniessbar ist, führt nicht mehr
den Namen Nebela. Daraus ist auch erwiesen,
dass jede verbotene Speise, die ungeniessbar
wurde, nicht mehr als zum Genusse verboten anzusehen ist, נותן טעם לפגם, vgl. טַעַם. — Trop.
Genes. r. s. 81 g. E. R. Ismael bar Jose sagte

zu einem Samaritaner, der ihn aufgefordert hatte, auf dem Garizim sein Gebet zu verrichten: אומר לכם למה אתם דומים לכלב שהיה להוט אחר הנבלה וכ' ich will euch sagen, wem ihr gleichet: einem Hunde, der nach dem Aas gierig ist; weil Jakob die Götzen bei Sichem verborgen hat (Gem. 35, 4), deshalb sucht ihr sie da auf. — Pl. j. Ab. sar. II, 41ᵃ un. מעשה בטבח אחד בצפורין שהיה מאכיל את ישראל נבילות וטרפות ... התחילו הכלבים מלקקין את דמו אתר שאלון לר' חנינה מהו מיעברתיה מן קומיהון אמר לון כתיב לכלב תשליכון את הכלבים הראכיל את ישראל נבילות וטרפות ארסון לון מדידהון אינון אכלין einst ereignete es sich, dass ein Fleischer in Sepphoris, der den Israeliten Nebeloth und Trefoth zu essen gab, am Rüsttage des Versöhnungsfestes, nachdem er sich betrunken hatte, vom Dache herabfiel und starb. Da fingen die Hunde an, sein Blut aufzulecken; man fragte deshalb den R. Chanina: Soll man den Leichnam von den Hunden entfernen? Er antwortete ihnen: Es heisst: „Das gefallene Thier sollt ihr dem Hunde vorwerfen" (Dt. 14, 21); da aber dieser dadurch, dass er den Israeliten das Fleisch gefallener und zerrissener Thiere zu essen gegeben hat, die Hunde beraubte, so lasset letztere, von dem ihrigen fressen. j. Ter. VIII, 45ᵃ un. dass. — Ferner: Leichname der Menschen. Exod. r. s. 24, 123ᵃ (mit Ansp. auf נָבֵל, Dt. 32, 6) על דורו של ירמיה נאמר הפסוק הזה עם נבל שנאמר נְבֵלָה שנאמר נכרי נבלה וכ' dieser Vers wurde in Bez. auf das Zeitalter des Jeremias gesagt; עם נבל bedeutet: das Volk, das Leichname (Erschlagene) gehäuft hat; mit Bez. auf Ps. 79, 2.

נְבֵילָא, נְבֵילְתָּא ch. (=נְבֵלָה) Leichnam, von Menschen, Aas, von Thieren; s. TW. — j. Schebi. IV, 35ᵃ un. u. ö. בשר דנבילה Fleisch von gefallenem Thier, s. אַרְמָאֵי. B. bath. 110ᵃ נטוש (Ar. נשוט) נבילתא בשוקא ושקיל אגרא ולא תימר גברא רבא אנא וזילא בי מלתא ziehe das Fell eines Aases auf offener Strasse ab und nimm den Lohn dafür; sage nicht etwa: Ich bin ein grosser Mann und eine solche Arbeit gereicht mir nur zur Schande! Pes. 113ᵃ dass.

נָבוֹלָא m. Adj. ch. (=bh. נָבֵל) schlechter, verworfener Mensch. Pl. j. Mac. I g. E., 31ᵇ אית נְבוֹלִין סגין מאן אילין חמין חבריהון נפקין מיקטלא ולא אמרין כלום es giebt viele Verworfene, welche, wenn sie ihre Nebenmenschen auf den Richtplatz führen sehen (und von der Unschuld derselben überzeugt, sie durch ihr Entlastungszeugniss vom Tode befreien könnten), dennoch) nichts sagen.

נְבָלָה f.(=bh.) Schlechtigkeit, Verworfenes, Verderben. Genes. r. s. 38, 37ᵃ משפתם אעשה נבלה von ihren eignen Lippen werde ich ihnen Verderben bereiten; mit Ansp. auf Gen.

11, 7, vgl. פּוּלָב. Tract. Derech erez II מדברי נבלה diejenigen, welche Verworfenes sprechen. Das. הדר בנבלה עם אשתו wer in Schlechtigkeit mit seiner Frau zusammenwohnt.

נִבְלְתָא ch. (=נְבָלָה) Schlechtigkeit, s. TW.

נַבְלוּת fem. (=bh.) Schlechtigkeit, unkeusche Redensart. Schabb. 33ᵃ בעון נבלות פה צרות רבות וגזירות קשות מתחדשות וכ' wegen der Sünde unkeuscher Redensarten nehmen die Leiden zu und unglückliche Verhängnisse erneuern sich u. s. w. Levit. r. s. 5, 149ᵇ (mit Ansp. auf הַנָּבֵל, Am. 6, 5) שהיו פורטים פיהם בדברי נבלות וכ' sie öffneten ihren Mund in unkeuschen Redensarten.

נִיבוּל, נָבוּל m. N. a. 1) Hässliches, eig. das Hässlichmachen; wofür jedoch öfter נִוּוּל (mit Wechsel von ב und וו) steht. j. Ab. sar. I, 39ᵇ un. ר' יהודה אומר אשה לא תסוד מפני שניבול הוא לה dort (näml. in der Mischna M. kat. 1, 7) lesen wir Folgendes: R. Juda sagte: Eine Frau darf sich am Feste nicht mit Kalk einreiben (eine Art Schminke, als Verschönerungsmittel des Körpers), weil es ihrem Gesichte Hässlichkeit verursacht; d. h. das Einreiben verursacht augenblicklich einen Schmerz, wodurch das Weib hässlich wird, obgleich später die Verschönerung des Körpers eintritt. (In M. kat. l. c. steht sowohl im babyl., als auch im jerus. Tlmd. in Mischna und Gemara נוול). j. Ab. sar. l. c. כמה דר' יהודה אמר תמן ניבול שעה ניבול כן הוא אמר צרה הכא צרת שעה auf dieselbe Weise, wie R. Juda dort sagt, dass eine Hässlichkeit, die für den Augenblick eintritt (obgleich ihr die Verschönerung später folgt) als eine Hässlichkeit anzusehen sei; ebenso sagt er hier, dass ein Gram, der für den Augenblick eintritt, als ein Gram anzusehen sei. Es gestattet daher auch dem Juden, sich von dem Götzendiener an seinem Feste die Schuld bezahlen zu lassen; denn obgleich der Götzendiener später froh ist, dass er die Schuld bezahlt habe, so verursacht es ihm doch gegenwärtig eine Qual, das Geld zur Bezahlung auftreiben zu müssen. Das. III Ende, 43ᵃ מפני מה זה מכל פורשין ממנו מפני שניבול הוא weshalb entziehen sich Alle einem Götzen, der das Eigenthum eines Israeliten ist? Weil seine Hässlichkeit bösartig ist. — 2) hässliche, unkeusche Redensart. Levit. r. s. 24, 168ᵃ (anspiel. auf ערות דבר, Dt. 23, 15) ערות דבר זה נבול הפה „die Blösse des Sprechens", d. i. die unkeusche Redensart. — 3) Hässlichkeit, kakophemist. für Verherrlichung, bes. Götzenfest. Genes. r. s. 87, 85ᵇ „Keiner von den Hausleuten war im Hause" (Gen. 39, 11); יום נבול של נילוס היה והלכו הכל לראות והוא לא הלך es war der Festtag des Nil, da waren Alle gegangen, um das Fest zu sehen, Josef aber

war nicht gegangen. Cant. r. Anf., 2ᵃ steht dafür היה וזבול נבול יום es war der Fest- und Opfertag. (Sot. 36ᵇ hat היה חגם ויום.)

נָבַע (= bh. Grndw. בע, בוע s. d.) sprudeln, quellen. Ned. 41ᵇ der am Durchfall Leidende הנובע כמעין gleicht einem sprudelnden Quell.

נְבַע ch. (syr. ﻧﺒﻊ) sprudeln, quellen; übrtr. sprechen, s. TW.

Af. אַבַּע sprudeln lassen. Taan. 25ᵇ אבע מימך lasse dein Wasser sprudeln, vgl. דִירָא. Keth. 91ᵃ un. דמא מבע דלא בסילוא לכו מחינא ich werde euch mit einem Dorn schlagen, der kein Blut spritzen lässt; d. h. ich werde euch in den Bann thun. B. bath. 151ᵇ dass. Schabb. 88ᵃ אצבעתיה מבכן דא aus seinen Fingern spritzt (eig. sie lassen spritzen) Blut.

נִבְעָה f. Name eines Krautes, ähnlich מסרולה, s. d. j. Ned. VII Anf., 40ᵇ.

נָבַר eig. (= arab. نَبَرَ) aufgraben, aufwühlen, eig. in die Höhe treiben, erheben. Grndw. בר s. נָבָא. Tosef. B. kam. I g. E. חזיר ובחוטמו והזיק הובר שהיה ein Schwein, das im Koth wühlte und mit seinem Rüssel Schaden verursachte. B. kam. 17ᵇ נובר באשפה dass.

נְבַר ch. (syr. ﻧﺒﺮ = נָבַר) aufgraben, aufwühlen, s. TW.

נְבָרָא, נְבָארָא m. die Rinde, der Bast der Palme, der gleichsam zur Bekleidung derselben dient. Stw. בר: was draussen ist, einen Gegenstand umgiebt. Hängt viell. unser W. mit syr. ﻧﺒﺮ juncus zusammen? Schabb. 30ᵇ un. נברא קורא בר der Bast, der die weiche Spitze der Palme umgiebt; entsprechend dem מילת כלי, s. d. Das. 90ᵇ נברא דחד דיקלא Ar. (Agg. נבארא) eine Palme, die blos einen einzigen Bastbezug hat. Erub. 58ᵃ wird נרגילא (nach einem Autor אפסקימא, s. d. W.) erklärt durch דחד נברא יומא Bast, der blos einen Tag alt ist. Chull. 51ᵇ an. נברא חיישינן bei einem Thier, das auf die abgelöste und getrocknete Rinde der Palme gefallen ist, ist zu besorgen, dass seine Glieder erschüttert wurden (אברים ריסוק, s. d.). Diese Rinde wurde näml. durch das Trocknen in der Sonne sehr hart.

נִבְרָה f. (viell. arab. نِبْرٌ) Schober, Behältniss von Früchten oder Waaren. Pl. j. Erub. V Ende, 23ᵃ לה וחוצה כולה את מהלך נברות ידי על er geht die ganze Höhle hindurch und ausserhalb derselben durch die Schober, d. h. von einem Schober zu dem andern. Nach Korban haëda: kleine Palmen.

נְבִירוֹ (נמורי) Nebiro, Name einer grossen Stadt. j. B. bath. III, 14ᵃ ob. s. אַבְטַלְיָא. In Bech. 55ᵃ steht dafür נמורי.

נְבַרְזָא Ar. ed. pr. (od. נַבְרָא) s. כַּפַּרְזָא.

נְבוּרְיָא Neburja, Name eines Ortes, viell. identisch mit vrg. נבירו. j. Ber. IX Anf., 12ᵈ איש נבורריא כפר יעקב j. (= j. Bic. III, 65ᵈ ob.) נבורריא כפר Jakob, der Einwohner des Dorfes Neburja.

נִבְרֶכֶת f. (syn. mit בְּרֵיכָה, Stw. בָּרַךְ) grosser Teich. B. bath. 19ᵃ הכובסין נברכת der Teich der Wäscher. j. M. kat. I, 80ᵈ mit. עושין נברכת במועד זה הבקיע in den Mitteldagen des Festes darf man einen Teich herstellen; es ist dass., was בקיע. In bab. M. kat. 8ᵃ hing. wird נברכת durch גיהא erklärt und zwar unterschieden von בקיע s. d. W.

נִבְרָקוֹס s. ניבדקוֹס.

נִבְרֶשֶׁת f. die Leuchte. Das W. ist aus נבר, נֹבָר (= נור) leuchten, und אֵשׁ (aram. אֶשָּׁתָא, أَشّ Feuer, zusammengesetzt; vgl. Bernstein, Lex. Chrest. p. 304. — Jom. 3, 10 (37ᵃ) אמר הילני Helena, עשתה נברשלם של זהב על פתחו של היכל seine (des Monobaz) Mutter liess eine goldne Leuchte am Eingang in die Tempelhalle anbringen. j. Jom. III, 41ᵃ mit., vgl. מְנָרְתָּא.

נִבְרַשְׁתָּא ch. (syr. ﻧﺒﺮﺷﺘﺎ, arab. نِبْرَاس = נִבְרֶשֶׁת) Leuchte. Dan. 5, 5, s. auch TW. — j. Jom. III, 41ᵃ mit. למפדס ... עקרילם תרגם Aquila übersetzt das W. in Dan. 1. c. durch לַמְפְּדִם (λαμπάς, ἀδος), s. d. W.

נְגָאנָא m. (syr. ﻧﺠﻨﺎ) Erdritze, Erdsprung. Stw. נגא syn. mit נקע: spalten, s. d. W. — Pl. Arach. 25ᵃ שדרי דארעא מיקרו דארעני נגאני הנדא מיקרו solche (Gräben), בקעים, die zehn Faustbreiten tief sind) werden Erdritzen, sowie solche (hügelige Stellen, die nicht zehn Faustbreiten hoch sind) Erdadern genannt; daher werden näml. derartige flache Vertiefungen oder niedrige Hügelchen mit dem Felde zusammengemessen. B. bath. 103ᵃ und Kidd. 61ᵃ dass. Jalk. I, 199ᵇ liest מיכגני. B. kam. 62ᵇ ob. נגאני דארעא מיקרו Ar. (Agg. באגני) sie werden Feldritzen genannt.

נָגַב (Grndw. viell. גב, s. d.) austrocknen, intrns. trocken sein, werden. Part. pass. Chag. 20ᵇ un. נגובין אוכלים trockne (nicht benetzte) Speisen. Das. 24ᵃᵇ נגובה יד eine trockne Hand.

Pi. נִיגֵב trocknen, trocken machen. Chag. 20ᵇ. 21ᵃ מתיר ומנגב ומטביל בקדש betreffs der Heiligkeit (d. h. eines unreinen Kleides, das man levitisch rein machen will, um es beim Speisen des Opferfleisches tragen zu dürfen), muss man

seine Knoten auflösen, es (wenn es feucht geworden) trocknen und dann erst in's Wasser tauchen; weil näml. die Knoten und die Fenchtigkeit als eine Scheidung zwischen dem Kleide und dem Wasser angesehen werden, חֲצִיצָה s. d. Levit. r. s. 28 Anf., 172ᵃ בנורהׄ שבעולם אדם מכבס כסותו בימות הגשמים כמה יגיעות הוא יגע עד שלא ינגבת ודהבריות ישנין על מיטותיהן ורקבׄה מוצרא רוח ומנגב את הארץ gewöhnlich kommt es vor, dass der Mensch, der sein Kleid im Winter wäscht, sich viel Mühe geben muss, bis es trocknet. Während aber die Menschen auf ihren Betten schlafen, bringt Gott ein wenig Wind hervor, der die Erde trocknet. Ab. sar. 74ᵇ גת של אבן שזפתה נכרי מנגבה והיא טהורה ושל עץ רבי אונמר ינגב וכ' eine steinerne Kufe, welche der Nichtjude verpicht hat (wozu man in der Regel etwas Wein verwendete, von dem vielleicht vor dem Götzen gespendet war), trocknet man ab, worauf sie gebraucht werden darf, rein wird. Eine hölzerne Kufe (die der Nichtjude verpicht hat) trocknet man ebenf. ab; so nach Ansicht Rabbi's; die Chachamim hing. sagen: Man muss das Pech abkratzen. Das. בדה מנגבן רב אמר במים ... רבה בר בר חנה אמר באפר womit trocknet man sie (die vom Nichtjuden benutzten Gefässe der Kelter)? Rab sagte: Mit Wasser (d. h. man spült sie ab und lässt sie trocknen), Rabba bar bar Chana sagte: Mit Asche, die man darauf streut. Das. 75ᵃ, vgl. בְּצִבּוּץ, בְּטִבּוּט.

Nithpa. trocken gemacht werden. j. Taan. III, 67ᵃ ob. Choni Maagal betete, dass die vielen Regengüsse aufhören möchten. מיד נשבה הרוח ונתפזרו העבים וזרחה החמה ונתנגבה הארץ alsbald wehte ein Wind, die Wolken zerstreuten sich, die Sonne schien und infolge dessen wurde die Erde getrocknet. Levit. r. s. 35, 180ᵃ (mit Bez. auf Lev. 26, 4) בימי הורדוס המלך היו גשמים יורדין בלילה בשחרית נשבה הרוח נתפזרו העבים זרחה החמה ונתנגבה הארץ וכ' während der Regierungszeit des Königs Herodes fielen die Regen des Nachts; am frühen Morgen aber wehte der Wind, die Wolken zerstreuten sich, die Sonne schien und die Erde wurde trocken; als Zeichen eines fruchtbaren Regens.

Hif. הִנְגִיב (denom. von נֶגֶב=דְּרוֹם, s. דָּרַם; bh. הֵימִין) nach dem Süden wandern. Erub. 53ᵇ הנגיב למפיבשת er ging nach dem Süden zu dem grossen Lehrer, vgl. מְפִיבֹשֶׁת und פָּתַר.

נָגוּב, נָגֵב ch. (syr. ܢܓ݂ܰܒ=נָגֵב) trocken sein, werden, im Ggs. zu רָטֵב, s. TW. j. Schabb. V Anf., 7ᵇ ob. כד נגיב אינון צווחין ליה פולא מצרייא wenn die Bohne trocken ist, so nennt man sie egyptische Bohne, vgl. לוּב, לוּבִי. j. Kil. VIII, 31ᶜ mit dass. j. Git. VII g. E., 49ᵃ חד בר נש אקדים פרטוט לאילפא ונגב נהרא אתא עובדא קומי ר' נחמן בר יעקב [אמר] הא אילפא אייתי נהרא אבא בר הונא בשם ר'

אבא הוה מצלי דייגב נהרא בגין דניכב פריטורי Jem. gab einem Schiffer Geld im Voraus, damit er ihm ein Schiff zur Verfügung stelle; der Strom jedoch war ausgetrocknet, d. h. unfahrbar geworden. Als diese Processsache vor R. Nachman bar Jakob kam, so sagte er: Das Schiff steht ja bereit, schaffe den Strom! (d. h. der Schiffer braucht das ihm im Voraus gezahlte Geld nicht zurückzuerstatten, da er seiner Verpflichtung nachgekommen und der Wassermangel ihm nicht zur Last gelegt werden könnte). Abba bar Huna hing. sagte Namens der R. Abba: Der Miether des Schiffes könnte (nachdem er das Geld für das Schiff gezahlt, später aber das Miethsverhältniss rückgängig machen wollte) gebetet haben, dass der Strom austrocknen solle, damit er sein Geld zurückbekäme. Das wäre also der Grund, weshalb der Schiffer das Geld nicht zurückzuzahlen brauche. B. mez. 24ᵃ der fromme Mar Sutra sah einen Gelehrtenschüler, דמשי ידיה ונגיב בגלימא דחבריה אמר הייני האי דלא איכפת ליה בממונא דחבריה וכ' der seine Hände, nachdem er sie gewaschen, am Mantel seines Nächsten abtrocknete. Er sagte nun: Das ist derjenige, dem am Vermögen seines Nächsten nichts gelegen ist! Infolge dessen brachte er ihn zu dem Geständniss, dass er den fehlenden silbernen Becher gestohlen habe.

נִיגּוּב m. N. a. das Abtrocknen. Ab. sar. 74ᵇ דוקא זפתה אבל דרך בה לא סגי לה בניגוב nur wenn der Nichtjude die Kufe verpicht hat (genügt, dass man sie abtrocknet, s. das Verbum); wenn er aber die Trauben darin getreten hat, so genügt das Abtrocknen nicht. Das. ö. Sot. 4ᵇ כל האוכל פת בלא ניגוב ידים כאלו אוכל לחם טמא wenn Jem. Brot ohne Abtrocknen der Hände isst, so ist es ebenso, als ob er unreines Brot äße, vgl. נְטִילָה.

נִיגוּבָא m. (syr. ܢܓ݂ܽܘܒ݂ܳܐ) Trockenheit, Dürre, s. TW.

נָגֵד, נָגַד (syr. ܢܓ݂ܰܕ, Grndw. גד) eig. lang sein, sich hinziehen, sich in die Länge ziehen; dah. 1) ziehen, fortziehen, leiten, ausdehnen. B. bath. 13ᵃᵇ גרד או אגוד ziehe (das jetzt uns gemeinschaftlich gehörende Gut) an dich, oder ich werde es an mich ziehen, als mein Eigenthum erwerben! so nach Ar. sv. גד 2; richtiger jedoch zu גָּדַד s. d. Das. 111ᵇ אמר ליה לשמעיה גור ליה דין צבי למילף R. Jannai sagte zu seinem Bedienten, R. Samlai: Ziehe mich von hier fort (viell. ziehe ihn, den R. Juda fort; d. h. veranlasse ihn, fortzugehen); denn der will nichts lernen, sondern mich blos mit unnutzen Fragen belästigen. Pesik. Beschallach, 90ᵃ גור חמי לי gehe (ziehe dich fort) und zeige mir den Leichnam. Git. 68ᵇ ob. נגוריה מינה מיכלא entzieht ihm die Speise. B. mez. 74ᵃ die Weintrauben למידש ומנגד zu pressen und den Wein in die

Kelter zu leiten. Das. 84ᵇ s. מִשִׁיכְלָא. Bech. 44ᵇ נגדו ליה גלימא man breitete vor ihm (dem Samuel, der sich in einer Volksversammlung befand und ein Bedürfniss zu verrichten hatte) einen Mantel aus, der ihm als Scheidewand diente. Erub. 94ª ob. שקולו גלימא נגדו בה nehmet einen Mantel und spannt ihn als Scheidewand aus. Trop. Aboth 2, 13 נגד שמא אבד שמיה wenn Jem. seinen Namen zu verbreiten sucht, so geht sein Name ganz unter, vgl. גְּדוּלָה Anf. — 2) schlagen, geisseln, eig. mit dem Riemen streichen, Streiche geben. Keth. 33ᵇ אילמלי נגדוה לחנניה מישאל ועזריה פלחו לצלמא hätte man den Chananja, Mischael und Asarja gegeisselt, so würden sie den Götzen angebetet haben; d. h. den Tod vermochten sie zwar als Märtyrer zu erdulden (Dan. 3, 20 fg.), nicht aber eine körperliche Züchtigung. Kidd. 12ᵇ נגדיה רב . . . דרב מנגיד וכ׳ על דמקדש בשוקא geissele ihn (der sich auf offener Strasse eine Frau angetraut hat) u. zw. nach der Ansicht Rab's; denn Rab liess denjenigen geisseln, der sich ein Weib auf der Strasse antraute u. s. w. Das. חמרא חתנא ההוא ששת ר' ונגדיה חמרא דבי אבבא einen Eidam, der öfter an der Thür seines schwiegerelterlichen Hauses vorüberging, liess R. Schescheth geisseln; weil er nämlich eines unzüchtigen Verhältnisses mit seiner Schwiegermutter verdächtig war. Pes. 52ª Nathan bar Asia ging am zweiten Feiertage des Wochenfestes (am rabbinischen Feste) aus der Schule nach Pumbeditha. שמתיה ר' יוסף מנגדיה ניגרידניה מר נגדיה ליה דעריפא מינה עבדי ליה דבמערבא אנגרא Ar. (anders in Agg.) דבי רב ולא מימנו אשמתא deshalb legte ihn R. Josef in den Bann. Abaji sagte zu ihm: Hättest du (Herr) ihn lieber gegeisselt! Worauf jener ihm erwiderte: Ich that ihm das, was ihm vortheilhafter ist; denn in Palästina hielten die Gelehrten eine Abstimmung, wenn es sich um die Geisselung, nicht aber, wenn es sich um den Bann in der Gelehrtenschule handelte; d. h. wenn irgend ein Gelehrter einsah, dass ein anderer Gelehrter eine sträfliche Handlung begangen, so legte er ihn ohne Hinzuziehung der anderen Gelehrten in den Bann; wenn er hing. einsah, dass ein Gelehrter die Geisselung verschuldet hatte, so vollzog er diese Strafe nicht ohne Abstimmung der Gelehrten (daraus ist also zu entnehmen, dass die Strafe des Bannes leichter sei, als die der Geisselung, daher habe ich die erstere über ihn verhängt; anders nach Ar. und den Commentt.). Das. איכא דאמרי נגדיה ר' יוסף אמר ליה אביי נשמתיה מר . . . אמר ליה הני מילי אינש דעלמא הכא צורבא מרבנן הוא דטבא ליה עבדי דבמערבא ממונין (מימנו .l) אנגרודא דבר בי רב ולא ממנין ממונין אשמתא manche referiren wie folgt: R. Josef geisselte den R. Nathan. Abaji sagte zu ihm: Mögest du (Herr) ihn in den Bann thun; denn

Rab und Samuel sagten übereinstimmend: Man thut wegen Uebertretung des rabbinischen Festes in den Bann! R. Josef entgegnete ihm: Das gilt blos von einem gewöhnlichen Menschen, hier aber, bei einem Gelehrten, verfährt man nach der leichtern Art. Denn in Palästina tritt ein Gerichtscollegium wegen der Geisselung, nicht aber wegen Verbannens eines Gelehrten zusammen; d. h. sie sprechen nie den Bann über ihn aus, weil er weit nachtheiliger als die Geisselung ist. — 3) fliessen, eig. sich hinziehen, gehen. Dan. 7, 10. — j. Pea VII, 20ª un. קצית חד חרוב ונגד מלא ידיי דבש ich schnitt ein Johannisbrot ab, woraus so viel Honig floss, dass meine beiden Hände davon voll waren. j. Sot. I, 17ᵇ mit. dass. B. bath. 91ᵇ נגיד חוטא דדובשא . . . ונגיד חוטא דמשחא ein Strahl von Honig, ein Strahl von Oel strömte. (Dav. auch bh. Hifil הִגִּיר sprechen, wie הִבִּיעַ von נָבַע von נָטַף u. m. a., deren eigentliche Bedeut. Fliessen auf Sprechen übertragen wurde, vgl. גָּלַד, עָוֹד.)

Af. אַנְגֵּד schlagen lassen, geisseln lassen. Kidd. 12ᵇ s. Peal nr. 2. Jeb. 63ª כתיב כסגרו וקרינן כניגרו(?) זה כנגדו לא זכה מנגדתו geschrieben ist כנגדו (Gen. 2, 18), was wir jedoch כניגרו lesen; d. h.: ist der Mann tugendhaft, so ist die Frau ihm entsprechend (behilflich, ihn ergänzend); wenn er aber nicht tugendhaft ist, so ist sie „wie seine Geisselung“, geisselt sie ihn, vgl. auch זָר. — Pes. 87ª שמגדרות, richtiger שאוגדרות s. אֻגַּד.

Ithpe. אִתְנְגֵד, contr. אִינְּגֵד eig. fortgezogen werden, dah. 1) sterben, verscheiden (vgl. bh. מָשַׁךְ, Hiob 21, 33, ferner הָלַךְ und aram. אֲזַל). Pes. 50ª חלש ואתנגיד er wurde krank und verschied. B. bath. 10ᵇ steht dafür ואינגיד. — 2) geschlagen, gegeisselt werden. Mac. 11ᵇ Tobia beging die Sünde מינגיד ודיגור, wofür Sigod gegeisselt wird, vgl. זִיגוֹד. Pes. 113ᵇ dass.

נָגִיד masc. hinschwindend, schlaff, vom Vieh. Pl. B. kam. 67ᵇ (mit Bez. auf Ex. 21, 35) יכול גנב שור שוה מנה ישלם תחתיו חמשה נְגִידִים וכ׳ Ar. (in Agg. fehlt חמשה) man könnte denken, dass Jem., der einen Ochsen, im Werth von einer Mine gestohlen, dafür auch fünf schlaffe (hinfällige) Ochsen zahlen könne (wenn es nur fünf Stück für einen Ochsen sind)! Daher steht תחת . . . תחת; d. h. von den fünf zu zahlenden Thieren muss jedes dem Werth des gestohlenen Thieres entsprechen.

נָגוֹד m. Adj. der Führer, Leiter. Sifra Achre cap. 11 Par. 9 תשמרו זו המשנה ללכת בהם זו המעשה תשמרו ללכת בהם לא המשנה נגוד אלא המעשה נגוד (Rabad in s. Comment. z. St. liest נגוד) „Meine Gesetze sollt ihr beobachten“ (Lev. 18, 4), das ist die Mischna (die Erlernung der Gesetze), „um darnach zu wandeln“, das ist

die Handlung (religiöse Praxis); „ihr sollt sie beobachten, um darnach zu wandeln", das besagt: Nicht die Erlernung ist der Führer (zum ewigen Leben), sondern vielmehr die religiöse Handlung ist der Führer; da näml. erstere blos als Mittel zur Ausübung der letzteren dienen soll; vgl. auch מִדְרָשׁ.

נְגוֹדָא, נְגִידָא ch. (syr. ܢܳܓܽܘܕ֞=נָגוֹד) Führer, Leiter. B. kam. 52ᵃ כדרגיז רעיא על עניה עבד נגודא סמותא Ar. (Agg. לנגדא) wenn der Hirt über seine Herde zürnt, so macht er den Führer (Leithammel) blind, s. auch TW.

נְגִידָא od. נֶגְדָּא m. 1) Führer, Leiter. B. mez. 107ᵇ un. מכריז ר׳ אמי מלא כתפי נגדי בתרי עברי נהרא קוצו R. Ammi liess ausrufen: Soweit die Schultern der Schiffsführer (Schiffer) an den beiden Ufern des Stromes reichen, fället (die dort wachsenden Bäume oder Sträucher; weil sie die Schiffsführung beschränken). Das. behufs Ausspannens der Schiffstaue כמלא כתפי נגדי סגי genügt das Fällen der Bäume in der Strecke, soweit die Schultern der Schiffer reichen. Sot. 48ᵃ דנגרי s. זְמָרָא. — 2) Werkzeug, dessen man sich beim Geisseln bediente. Jom. 23ᵃ מאי עקרא נגדא was bedeutet עקרא? Der Riemen zum Geisseln. — 3) Negada, Nagda, N. pr. Levit. r. s. 25, 169ᵃ נגדא אמר כו׳ Negada brachte einen Beweis dafür, dass die Beschneidung am männlichen Gliede stattfinde u. s. w., vgl. מול. Das. מסתברא טעמא דנגדא die Beweisführung des Negada ist einleuchtend. Dieser Autor war ein Tannaïte, da er neben R. Ismael und R. Akiba genannt wird. Nach der Parall. Genes. r. s. 46, 45ᶜᵈ soll dieser Autor: מקרא Makra geheissen haben. Indessen scheint der eine, wie der andere Name eine bildliche Benennung zu sein.

נְגִידְתָּא f. 1) der Führende (eig. die Führung), Leithammel. j. Kidd. I, 60ᵇ ob., s. מַשְׁפּוּלְיָא. — 2) die Geisselung. Pes. 52ᵃ, s. נֶגֶד nr. 2. Schebu. 41ᵃ זמן נגידתיה der Termin, an dem man ihn geisseln soll.

נְגִיד m., נְגִידָא f. 1) Drechslerarbeit, eig. Part. pass. gedrechselt, geschlagen; (ebenso dürfte das hbr. מְקֻשָּׁה, wofür unser W. gew. steht, von קָשָׁה=נְקַשׁ: schlagen, abzuleiten sein). — 2) Führung, Leitung, s. TW. — 3) (viell.) Nekromantie. Schabb. 152ᵇ. Git. 56ᵇ נְגִירָא.

נְגִירָא m. (syr. ܢܳܓܽܘܪܳܐ) Drechslerwerk, s. TW.

נְגִידָא, נַוְגְדָא m. 1) das, was gezogen, getragen wird, Last, dass., was hbr. מַשָּׂא. — 2) Länge (im Syr. steht für diese Bedeut. ܢܶܓ֞), s. TW.

נְגִידִין, נְגִידִין m. pl. 1) weit ausgedehnte,

hingestreckte Ebenen. — 2) Ströme, Bäche, s. TW.

נֶגֶד eig. Sbst. (=bh., vom vrg. נָגַד) das, was einer Person oder einer Sache gegenüberliegt, dorthin zieht. Nur als Präpos. 1) vor, gegenüber. Tam. 1, 1 כנגד המנורה der Flamme gegenüber. Ber. 30ᵃ ein Blinder u. s. w. יכוון לבו כנגד אביו שבשמים וכ׳ richte seine Gedanken (im Gebete) gegen seinen Vater im Himmel. Das. ó. — Insbes. oft 2) כנגד (=bh. Gen. 2, 18. 20) entsprechend. Ber. 26ᵇ תפלות חמידין תקנום die Gebete (des Morgens und des Nachmittags) verordnete man als den zwei beständigen Opfern entsprechend, vgl. אב II. Meg. 21ᵇ אסי ר׳ אמר מי כנגד מי שלשה הני כנגד תורה נביאים וכתובים רבא אמר כהנים לוים וישראלים wem entsprechen jene „drei Personen" (denen man am Montag, Donnerstag, und Sabbat-Nachmittag einzelne Stücke aus der Thora vorliest)? R. Assi sagte: Sie entsprechen den drei Abtheilungen der Bibel, näml. Pentateuch, Propheten und Hagiographen. Raba sagte: Sie entsprechen den Priestern, Leviten und Israeliten. Das. 23ᵃ הני שלשה חמשה ושבעה כנגד מי ... חד אמר כנגד ברכת כהנים כנגד שלשה שומרי הסף חמשה מרואי פני המלך כנגד שבעה רואי פני המלך wem entsprechen jene „drei, fünf und sieben Personen" (denen man aus der Thora, näml. am Montag, Donnerstag und Sabbat-Nachmittags vor drei, am Feiertag vor fünf und am Sabbat des Morgens vor sieben aufgerufenen Personen vorliest)? Ein Autor sagt: Sie entsprechen dem Priestersegen (näml. Num. 6, 24—26; von welchen drei Versen der erste drei, der zweite fünf und der dritte sieben Worte enthält). Ein anderer Autor sagt: Sie entsprechen den „drei Wächtern an der Tempel-Palastschwelle" (vgl. 2 Kn. 12, 10 und Jer. 52, 24, vgl. auch Esth. 1, 14), den fünf Fürsten, die zu denjenigen gehören, welche des Königs Antlitz sahen, und den (höheren) sieben Fürsten, die wirklich des Königs Antlitz sahen (vgl. 2 Kn. 25, 19 und Jer. 52, 25). Das. der Minäer Jakob fragte den R. Juda: הני ששה ביום הכפורים wem entsprechen jene כנגד מי אמר ליה כנגד ששה שעמדו מימינו של עזרא וששה משמאלו וכ׳ sechs Personen, denen man am Versöhnungsfeste sechs Stücke aus der Thora vorliest? R. Juda antwortete ihm: Den sechs Personen, „die zur Rechten des Esra und den sechs, die zu seiner Linken standen" (Neh. 8, 4; „Secharja und Meschullam" sollen eine und dieselbe Person bezeichnen), vgl. auch סָפַר.

נָגַה (arab. خَبَ, syn. mit הָגַה s. die nächstflg. Stelle). Hif. הִנִּיה (für הִנְגָּה, wov. מוּגָּה, s. w. u.) eig. verscheuchen, entfernen; insbes. die Schreibfehler eines heiligen Buches beseitigen, dasselbe corrigiren (mit bh. נכה

leuchten, glänzen hängt unser W. schwerlich zusammen). j. Schabb. VII, 10ᵇ un. . . . דיו הוציא אות אחת כדי להגיה אם להגות wenn Jem. am Sabbat von einem Gehöfte in das andere Tinte zu dem Behufe trägt, um damit ein Buch zu corrigiren, so ist das Mass derselben (um dadurch strafbar zu sein), dass man damit e i n e n Buchstaben corrigiren kann. Meg. 17ᵃ היה כותבה דורשה ומגיהה wenn Jem. die Estherrolle schreibt, oder Forschungen beim Lesen derselben anstellt, oder sie corrigirt. Ber. 13ᵃ קורא להגיה Jem. liest den Schemâabschnitt der Thora in der Absicht, sie zu corrigiren. Keth. 106ᵃ מגיהי ספרים שבירושלם היו נוטלין שכרן מתרומת הלשכה die Büchercorrectoren in Jerusalem erhielten ihren Lohn aus der Hebe der Tempelhalle. j. Schek. IV, 48ᵃ mit. steht dafür ספר העזרה מגיהין die Correctoren der Pentateuchrolle in der Tempelhalle. j. Snh. II, 20ᶜ un. מסֵפר העזרה אותו מגיהין man corrigirt die Pentateuchrolle des Königs aus dem Buche der Tempelhalle. M. kat. 18ᵇ un. אין מגיהין אות אחת אפילו בספר (בספרי) העזרה man darf in der Festwoche auch nicht einen Buchstaben, selbst in der Pentateuchrolle des Tempels, corrigiren, vgl. עָזְרָה und עֶזְרָא Part. pass. Pes. 112ᵃ כשאתה מלמד את בנך למדהו בספר מוּגָּה wenn du deinen Sohn unterrichten willst, so unterrichte ihn aus einem correcten (bereits corrigirten) Buche. Keth. 19ᵇ ספר שאינו מוגה וכ' ein heiliges Buch, das incorrect ist, darf man nicht länger als 30 Tage im Hause behalten, denn es heisst: „Lasse nicht Unrecht in deinem Hause weilen" (Hiob 11, 14).

נְגַהּ ch. 1) (denom. von נֶגְהָא s. d.) spät sein, sich verspäten, eig. bis zum Anbruch der Nacht verweilen. Taan. 24ᵃ ob. נגה להו ולא איתיה להו ריפתא es wurde ihnen (den Arbeitern) spät und man brachte ihnen kein Brot. Das. טרחנא דנגהנא אמצוה האי dass ich mich verspätete, geschah, weil ich mich bemühte, eine Wohlthat auszuüben. Jom. 28ᵇ u. ö. נגה ליה טובא es wird ihm viel zu spät. — 2) übrtr. M. kat. 16ᵇ לא נגה לך וכ' genügt es dir etwa nicht, dass ich dich begleitet habe u. s. w.?

נוֹגַהּ masc. eig. (=bh. נֹגַהּ von נָגַהּ) Glanz; übrtr. der Planet Venus. Schabb. 156ᵃ האי מאן דבכוכב נוגה יהי גבר עתיר וזנאי יהי מאי טעמא דאיתיליד ביה נוגא wer in der Stunde des Planeten Venus geboren wurde, wird ein reicher, aber auch ein wollüstiger Mann sein. Woher kommt das? Weil in dieser Stunde das Licht erschaffen wurde; vgl. das. מזל שעה die Stunde ist für das Geschick entscheidend, s. auch מַזָּל. Num. r. s. 21, 245ᵃ נוגה שזיוו מבהיק מסוף העולם ועד סופו die Venus, deren Glanz von einem Ende der Welt bis zum andern Ende strahlt. Pesik. r. s. 20, 38ᵇ כוכב זה האיש ונוגה זה האשה der Merkur, das ist der Mann, aber die Venus, das ist die Frau.

נֹגְהָא, נֶגְהָא chald. (syr. ܢܘܓܗܐ=בֹּגַהּ) 1) Glanz, Licht. Dan. 6, 20. — 2) der Planet Venus, s. TW.

נַגְהֵי Adv. (nach d. F. לֵילֵי) eig. die Lichtzeit; insbes. die letzte Zeit der Nacht, welche an die Frühe, an den anbrechenden Tag grenzt; unterschieden von אוּרְתָּא: der erste Theil der Nacht, der an den verwichenen Tag grenzt, vgl. אוּר nr. 6. (Cast. عِشَاء vespera prima?) — Pes. 2ᵃ מאי אור רב הונא אמר נגהי ור' יהודה אמר לילי קא סלקא דעתך דמאן דאמר נגהי נגהי ממש ומאן דאמר לילי לילי ממש וכ' was bedeutet das W. אור in der Mischna? R. Huna sagte: נגהי; R. Jehuda sagte: לילי. Anfangs war man der Ansicht, dass der Autor, der נגהי sagt, die Lichtzeit selbst meine, ebenso wie der Autor, der לילי sagt, den Abend selbst meine u. s. w. Hierauf folgen Beweisstellen ebenso für die eine, wie für die andere Ansicht, bis endlich das. 3ᵃ geschlossen wird: דכולי עלמא אור אורתא ולא פליגי מר כי אתריה ומר כי אתריה באתרא דר' הונא קרו אור אורתא ובאתרא דר' יהודה קרו לילי das W. אור in der Mischna bedeutet nach Aller Ansicht: Nacht; die gedachten Autoren sind nicht getheilter Meinung, sondern jeder derselben richtet sich nach dem Sprachgebrauch seines Wohnortes: in dem Orte des R. Huna nennt man die Nacht: אור, und in dem Orte des R. Jehuda nennt man sie: לילי. Das. 4ᵃ אורתא דחליקר דנגהי ארביסר die Nacht vom 13. des Nisan zum Tagesanbruch des 14. des Nisan. Men. 68ᵇ אורתא דשיתסר דנגהי דשבסר . . . אורתא דשבסר דנגהי דחמניסר die Nacht des 16. des Monats zum Tagesanbruch des 17. desselben; die Nacht des 17. zum Tagesanbruch des 18. des Monats. — Die Erklärung des Ar., נגהי sei euphemist. aufzufassen, ebenso wie man den Blinden: סגי נהור den Vielsehenden nennt, leuchtet nicht ein.

נִגְהָקָא m. (pers. nigâh, nigâ, vgl. Schorr, Hechaluz VIII, 114) Aussicht, Anblick. Das W. hängt mit vrg. נֶגַהּ (נָגַהּ) zusammen. Pl. B. bath. 68ᵇ הא דנגהקיהו לגאו והא דנגהקיהו לבר Ar. (Agg. crmp. דנגיח קאיהו) wenn die Vorderseiten (Mündungen) der Thierbehältnisse nach innen (nach der Stadt zu gerichtet) sind, so sind sie beim Verkauf der Stadt mit inbegriffen; wenn aber ihre Mündungen nach dem Felde zu gerichtet sind, so sind sie beim Verkaufe der Stadt nicht inbegriffen.

נַגְוָון oder נַגְוָן, נַגְוָתָא fem. pl. Festlande, Eilande, und übrtr. Festlandbewohner, jenseits des Meeres wohnende Völker. Stw. נגב=נגוב (ו in ר verwandelt) trocken sein; s. TW.

נָגַח (=bh. Grndw. נָח s. גִּיחַ) stossen, von gehörnten Thieren. — Pi. dass. Chull. 51ᵃ זכרים המנגחין זה את זה Widder, die einander stossen.

— Trop. (von Menschen). Exod. r. s. 41 g. E. (mit Bez. auf Dt. 9, 19: „Ich fürchte Af und Chema"; personificirt, vgl. אַף כמה ‏בא וראה‏ ‏גדולים העונות אתמול מנגח בהם ועתה מתירא‏ ‏מהם‏ siehe doch, von welchem grossen Einflusse die Sünden sind! Gestern stiess Mose sie (jene verderbenbringenden Engel) fort, heute aber „fürchtet" er sie. Tanch. Balak, 230b (mit Bez. auf ‏בלחך השור‏, Num. 22, 4 und auf Dt. 33, 17) ‏מה שור מנגח בקרניו אף אלו מנגחים בתפלתם‏ so wie „der Ochs mit seinen Hörnern stösst", ebenso stossen die Israeliten mit ihren Gebeten ihre Feinde fort. Ber. 56b ‏מנגחים בתורה‏ im Gesetzstudium heftig disputirend, eig. aneinander stossend. — Genes. r. s. 32 Ende ‏כונגחים‏ crmp. s. ‏נָבַח‏.

‏נְגַח‏ ch. (=‏נגח‏) stossen, s. TW. — Pa. ‏נַבַּח‏ dass. Trop. B. kam. 21a Mar bar Asche sagte: ‏לדידי חזי לי ומנגח כי תורא‏ mir erschien er (der Dämon ‏שָׁאֵיה‏) er stösst wie ein Ochs. Sot. 48a dass.; s. auch TW. Nid. 65b ‏דמגחי‏ s. ‏נְגַח‏.

‏נְגִיחָה‏ f. N. a. das Stossen mit dem Horn. B. kam. 2b ‏אין נגיחה אלא בקרן‏ das Stossen (das Verb. ‏נָגַח‏) bedeutet blos: mittels des Hornes (mit Bez. auf 1 Kn. 22, 11 und Dt. 33, 17). Das. ‏פתח בנגיפה וסיים בנגיחה לומר לך זו היא‏ ‏נגיחה זו היא‏ jene Schriftstelle beginnt mit ‏נגף‏ (Ex. 21, 35 ‏וכי יגף‏), schliesst aber mit ‏נגח‏ (das. V. 36 ‏נָגַח‏); um dir zu sagen, dass die beiden Ausdrücke ein und dasselbe bedeuten, näml. das Stossen mit dem Horn; da, wie oben zu ersehen, nur diese letztere Art des Stossens unter ‏נגח‏ gemeint ist; dass also unter ‏נגף‏ hier nicht etwa das Stossen (Anstossen) des Ochsen mit seinem Körper oder mit seinen Füssen gemeint sei, vgl. ‏דְחִיפָה‏ und ‏בְּעִיטָה‏. Den Grund aber dafür, dass es in V. 35 ‏יגף‏, während in V. 28 ‏יגח‏ heisst, s. in ‏מַדְעָלָא‏. j. B. kam. I Anf., 2a ‏נגיחה נגיפה‏ das Stossen und das Anstossen. j. Schabb. VII, 9d un. ‏השור זה הקרן נגיחה ונגיפה‏ „der Ochs" (B. kam. 1, 1, die von ihm zugefügte Beschädigung, als einer der Hauptschäden gezählt ‏נזיקין‏ s. d.), darunter ist das Horn gemeint; das Stossen und Anstossen sind die Hauptschäden, denen näml. andere untergeordnet sind; ‏תולדות‏ s. d. B. kam. 23b ‏נגיחה‏ ‏רביעית‏ das Stossen zum vierten Male.

‏נוֹגֵחַ‏, ‏נַגְחָן‏ m. Adj. (die 2. Form im j. Dialekt, vgl. ‏בּוֹיְשָׁן‏, ‏בַּיְשָׁן‏ u. a.) der Stösser. B. kam. 46a ‏המוכר שור לחברו ונמצא נגחן רב‏ wenn Einer dem Andern einen Ochsen verkauft, der später als ein stössiger befunden wurde; so sagt Rab: ‏הרי זה מקח טעות‏ es ist ein betrügerischer (und daher ungiltiger) Kauf. Samuel hing. sagt: ‏יכול לומר לו לשחיטה מכרתיו לך‏ der Verkäufer ist berechtigt zu sagen: Ich habe ihn dir zum Schlachten verkauft. B. bath. 92a dass. j. Schebi. V, 36a mit. ‏נוגחא‏ steht dafür. B. kam. 40a fg. ‏הכיר בו שהוא נגחן‏ er kennt den Ochsen, dass

er ein Stösser ist. — Pl. B. kam. 39a ‏אם הוחזקו‏ ‏נַגְחָנִין‏ wenn die Ochsen als Stösser gekannt sind. — Fem. B. mez. 80a ‏פרה זו נַגְחָנִית היא‏ diese Kuh ist stössig. Tosef. B. bath IV Anf. dass.

‏נַגְחָנָא‏ ch. (=‏נַגְחָן‏) der Stösser. B. kam. 24b fg. ‏תורא נגחנא‏ ein stössiger Ochs, s. ‏יְעַד‏.

‏נְגוּטָא‏ m. Becher. Ab. sar. 38b ‏אשקיוה‏ ‏נגוטא דחלא ומית‏ die Diener des Exilarchen gaben ihm (dem R. Sebid, weil er eine erschwerende Satzung vorgetragen hatte) einen Becher mit Essig zu trinken, wovon er starb.

‏נָגַן‏; gew. Pi. ‏נִגֵּן‏ (=bh. syn. mit. ‏נָגַע‏, s. d., Grndw. ‏נג‏) eig. berühren, insbes. die Saiten rühren, dah. spielen. j. Ber. I, 2d mit. ‏הַכְּמוֹר‏ ‏הרה מנגן מאליו‏ die Zither spielte von selbst, s. ‏כְּנוֹר‏. Ber. 63b ob. ‏חנניא ינגן בכנור‏ Chananja möge auf der Zither spielen, s. ‏אֲחָיָה‏.

‏נַגֵּן‏ ch. Pa. ‏נַגֵּן‏ (=‏נִגֵּן‏) spielen, s. TW.

‏נִיגּוּן‏ masc. N. a. das Spielen auf einem Saiteninstrument. j. Suc. III, 54a ob. das Psalmenbuch hat in seinen Ueberschriften zehn Ausdrücke für Lob, ‏בניגון וכ׳‏ ‏באשור‏ näml. Preis (‏אשרי‏), Vorgesang (‏למנצח‏), Saitenspiel (‏נגינות‏) u. s. w. j. Meg. I, 72a ob. dass. Pes. 117a ‏בניצוח בניגון במשכיל‏ dass. Cant. r. sv. ‏נפ׳ וכ׳ בעינוגו ובעינוגי‏ 23d ‏אך הקורא מקרא‏ auch betreffs desjenigen, der einen Bibelvers mit der ihm entsprechenden Modulation und Gesang liest, sagt die Schrift: „Honig und Milch ist unter deiner Zunge" (HL. 4, 11).

‏נִיגוּנָא‏ ch. (=‏נִיגוּן‏) das Saitenspiel, s. TW.

‏נְגִינְתָא‏ f. pl. (=hbr. ‏נְגִינוֹת‏) Saiteninstrument, s. TW.

‏נַגְנִּר‏, ‏נֶגְנַּר‏ Nagninar, Negangar, Wohnort des R. Jochanan ben Nuri. j. Kil. IV, 29b mit. ‏נַגְנִירִי‏. j. Erub. I. 19c. ob. ‏נגנּר‏. j. Suc. I, 52a mit. ‏נגיר‏ wahrsch. crmp.

‏נָגַס‏ (=‏גוס‏ II; viell. arab. نَجَسَ: mit den Zähnen beissen, vgl. hbr. ‏בְּשָׂנִיר‏) ‏נָגַשׁ‏ abbeissen, bes. essen, speisen. Teb. jom 3, 6 ‏טהור‏ ‏מאכל שנגס‏ ein Reiner, welcher von der Speise abiss.

‏נְגַס‏ ch. (=‏נָגַס‏) abbeissen, essen. j. Ber. VII, 11b mit. ‏מן דיתבין נגסין‏ ed. Lehm. (ed. Ven. u. a. ‏אכלין‏) als sie sassen, um zu essen. In der Parall. Genes. r. s. 91, 88a ‏יתבין נגסין‏ sie sassen, um zu speisen an der Tafel des Königs Jannai. Das. s. 14 g. E., s. ‏כָּדַן‏. Levit. r. s. 34, 177d und 178a der Reiche sagt zum Armen: ‏לית את אזל לעי ונגיס‏ warum gehst du nicht arbeiten, damit du zu essen habest? Khl. r. sv. ‏ואכב העשר‏ dass. Das. sv. ‏טוב מלא‏ 81a dass. ‏רעותיה דמותקרי לעי ונגיס‏

seine Freude ist, dass er arbeitsam und der zu essen hat, genannt wird.

נְגוּסְטְרִי *m.* Messer zum Scheren, Schermesser. M. kat. 18ᵃ und ö. נגוסטרי Ms. M. und Ar., s. נְגוּסְטְרִי. Tosef. Kel. B. mez. III אנגוסטור dass. mit prosthet. Alef. — Ar. hv. erklärt Namens des Hai Gaon folgende, einander ähnliche fünf Werkzeuge, die im Talmud für Schermesser u. dgl. vorkommen: 1) מלקט (s. d., W.), dessen Form bekannt ist, besteht aus einem Stück Eisen, das 4 bis 5 Finger lang und ungef. ½ Finger breit und dessen Spitze sehr scharf ist; ein Werkzeug, das man an die Haare, welche man mit dem Daumen festhält, legt und sie ausrauft. — 2) רהיטוני (aram. צוציפתא, arab. מנקאוש, viell. مِنْقُوش) aus zwei Klingen bestehend, die entweder ursprünglich ein Stück bilden, oder aus zwei Theilen zusammengesetzt sind. — 3) זוג (arab. ,الغلم جَلَم) aus zwei Theilen bestehend, deren einer in die Oeffnung des andern gebracht wird und womit man das Haar abzwickt. — 4) נגוסטר (aram. שקיל טופרי: Nägelabschneider, Nagelschere; arab. אלמקרץ und אלמקראע, مِقْرَاض), ein Werkzeug, dessen sich auch die Schneider beim Anfertigen von Kleidungsstücken bedienen (viell. das gr. ὀνυχιστήριον, wofür das oben citirte אנגוסטר sprechen dürfte). — 5) מספרים, wenig unterschieden von dem bh. תער, für welches es gesetzt wird, ist das arab. אלמוס, مُوسَى. Dieses Werkzeuges bedient man sich sowohl zum Abschneiden, als auch zum Entwurzeln des Haares; dasjenige aber, welches das Haar nicht ganz vernichtet, wird im Rabbinischen: תער genannt. Mit der hier gegebenen letztern Unterscheidung stimmt Ar. nicht überein, da an einigen Stellen מספרים als ein Werkzeug genannt wird, welches das Haar nicht vernichtet, vgl. מִסְפֶּרֶת.

נָגַע (= bh. Grndw. נג verwandt mit נך, נק u. a. mit der Grundbedeut. stossen) berühren, dah. auch schlagen. Num. r. s. 14, 225ᵇ יוסף ידע שעתיד ליתן את הדין אלו נגע . . . באשת פוטיפר לפיכך פירש ממנה Josef wusste, dass er, falls er die Frau des Potifar berühre, Strafe erleiden würde, deshalb hielt er sich von ihr fern. — Trop. j. Kidd. I, 58ᵈ ob. עד שלא בא מעשה אצל הלל היה בית שמאי נוגעין בה משבא מעשה אצל הלל לא היה בית שמאי נוגעין bevor die Anfrage (betreffs einer Angelegenheit, worüber die beiden Schulen Schammai's und Hillel's verschiedener Ansicht waren) der Schule Hillel's vorgetragen worden war, befasste sich die Schule Schammai's damit; wenn aber die Anfrage bereits der Schule Hil

lel's vorgetragen worden war, befasste sich die Schule Schammai's nicht mehr damit. j. Pea VIII, 21ᵃ un. u. ö. זה מכה פרושים נגעה בו diesen da traf die Plage der Pharisäer, vgl. מַכָּה. Snh. 34ᵃ u. ö. נוגע בעדותו eig. es berührt sein Zeugniss; d. h. die Aussage des Zeugen betrifft sein eigenes Interesse, weshalb ihm kein Glauben zu schenken ist, vgl. עֵדוּת.

Pi. נִגַּע Jemdn. mit Aussatz behaften, bes. von göttlicher Strafe. Part. pass. Erub. 82ᵇ בית המנוגע ein mit Aussatz behaftetes Haus. Tosef. Neg. VI Anf. בית המנוגע לא היה ולא עתיד להיות ולמה נכתב לומר דרוש וקבל שכר ein aussätziges Haus kam nie vor und wird auch nie vorkommen; weshalb jedoch wird es in der Schrift (Lev. 14, 34 fg.) erwähnt? Das besagt dir vielmehr: Stelle darüber gesetzliche Forschungen an, um göttliche Belohnung dafür zu erhalten. Snh. 71ᵃ dass., vgl. auch כָּרַח, כָּרַר u. a. Tosef. Neg. l. c. אבנים מנוגעות mit Aussatz behaftete Steine, vgl. auch אָבֶן. j. Chag. II, 78ᵇ ob. u. ö. — Nithpa. Ker. 9ᵇ נִתְנַגֵּעַ נגעים הרבה er wurde mit vielen Aussätzen behaftet.

Hif. הִגִּיעַ (=bh.) 1) eig. berühren machen, übertr. wohin reichen, Jemdn. treffen. B. mez. 10, 5 (117ᵇ. 118ᵃ ob.) מי שהיה כותלו סמוך לגינת חברו ונפל ואמר לו פנה אבניך ואמר לו הגיעוך אין שומעין לו wenn Jemandes Wand, die nahe dem Garten eines Andern gestanden, einstürzte und Letzterer zu ihm sagte: Räume deine Steine fort, worauf jener entgegnete: Sie sollen dir gehören (d. h. ich schenke sie dir), so hört man nicht auf ihn. Wenn näml. der Gartenbesitzer die Steine nicht annehmen will, so muss er sie forträumen. Arach. 8, 1 (27ᵃ) wenn Jem. auf ein dem Heiligthum angehörendes Feld einen Kaufpreis bietet, אמר לו הגיעתך und der Schatzmeister zu ihm sagt: Es soll dir angehören! Tosef. B. bath. VI Anf. הגיע . . . הגיעו der Kauf gilt, die Waare fällt ihm zu. Trop. j. Erub. V, 22ᵈ mit. und j. Ber. II, 5ᵃ un. הגיעוך וכ׳ eig. sie treffen dich, d. h. du erlangst die Ueberzeugung, dass sie u. s. w., s. חָנַר. — 2) eintreffen, gelangen. Ned. 8, 1 (60ᵃ) עד הפסח אסור עד שיגיע עד שידא אסור עד שיצא עד לפני הפסח ר׳ מאיר אומר אסור עד שיגיע ר׳ יוסי אומר אסור עד שיגיע (wenn Jem. gelobt, das oder jenes nicht zu geniessen) bis zum Pesachfest! so gilt das Verbot, bis das Fest eintrifft. Wenn hing. sagt: Bis das Fest sein wird! so gilt das Verbot bis zum Ausgange desselben. Wenn er sagt: Bis vor Pesach! so sagt R. Meïr: Das Verbot gilt bis zum Eintreffen des Festes; R. Jose sagt: Bis zum Aufhören desselben. Ueber den Sprachgebrauch עד לפני vgl. נָבַן.

נְגַע *ch.* (=נָגַע) berühren. Snh. 19ᵃ לא אתי למנגע er wird (da hier ein Kennzeichen vorhanden ist) die Leiche nicht berühren. Das.

דלמא מקרי ואתי ונגע er könnte sie, ohne es zu beabsichtigen, berühren. Ithpa. aussätzig werden. Chull. 60ᵃ die Kaisertochter אִינְגְּעָא wurde aussätzig. Das. כל דמִנְגַּע ברומי וכ׳ wer in Rom aussätzig wurde u. s. w., vgl. מַסְתּוֹרִיתָא. Af. berühren machen. Snh. 33ᵇ אַנַּע ביה שרץ er brachte ein Reptil mit Früchten in Berührung, infolge dessen sie unrein wurden.

נֶגַע m. (= bh.) eig. Schlag, ferner: Mal, Aussatz. Neg. 2, 4 fg. כיצד ראיית הנגע וכ׳ auf welche Weise findet das Besichtigen des Aussatzes statt? d. h. welche Stellung muss der Aussätzige, während der Priester ihn besichtigt, einnehmen? vgl. מַסֵּק. — Pl. Neg. 1, 1 מראות נְגָעִים die Farben der Aussätze, s. מַרְאֶה. Tosef. Neg. VI היה בא אצל כהן אמר לו בני צא ופשפש במעשיך וחזור בך שאין הנגעים באים אלא על לשון הרע wenn der Aussätzige zum Priester kommt, so sagt Letzterer zu ihm: Mein Sohn, gehe und untersuche deine Handlungen und bessere dich; denn die Aussätze kommen nur als Strafe für Verleumdung. Das. R. Simon ben Elasar sagte: אף על גסות הרוח נגעין באין שכן מצינו בעוזיהו auch wegen Uebermuth kommen die Aussätze; denn so finden wir es bei Usijahu (näml. 2 Kn. 15, 5, nach dem massoret. Text עזריה Asarja, nach Kennikot עזריהו welche beide Namen auch anderswo verwechselt sind). — Davon rührt auch der Name des Talmudtractats: נְגָעִים, Negaïm her, der zumeist über Aussätze handelt. j. M. kat. II g E., 81ᵇ u. ö. נגעים ואהילות Negaïm und Achiloth, die zu den schwierigsten Talmudtractaten gehören, vgl. אֲהִילָה.

נְגָעָה fem. Hässlichkeit, Nachtheiliges (verwandt mit נגע; viell. jedoch crmp. aus גנות). Num. r. s. 14, 225ᵇ דבר כאן בנגעת יוסף שלשה דברים נער שונא עבד שאינו ראוי למלכות „der Oberschenkmeister“ sprach hier (Gen. 41, 12) drei Dinge zum Nachtheile Josef's: „Ein Jüngling“, d. h. ein Narr (mit Bez. auf Spr. 22, 15); „ein Hebräer“, d. h. ein Feind; „ein Knecht“, d. h. unfähig zur Regierung; vgl. כְּלִידְרִין. — j. Maasr. V, g. E., 52ᵃ, vgl. נגעה s. פְּנִעָה.

נֶגַף (=bh. verw. mit נָגַע und נָקַף, Grndw. נג) stossen, bes. von einem gehörnten Thier, das ein anderes Thier mit seinen Hörnern stösst. B. kam. 2ᵇ, s. נְגִיחָה und מַזָּלָא, vgl. auch נָקַף.

נְגַף ch. (=נָגַף) stossen, plagen, s. TW. — Ithpe. Jom. 53ᵃ un. מינגפן, s. נָקַף.

נְגִיפָה f. N. a. das Stossen. Mechilta Mischpat. Par. 12 (mit Bez. auf נגף, Ex. 21, 35) בכלל נגיפה דהוה רביצה בעיטה נשיכה zu dem Stossen (d. h. zur Hauptklasse der Beschädigung mit den Hörnern gehören auch folgende Unterarten:)

1) das Anstossen (wenn das Thier dadurch Schaden verursacht, dass es mit seinem Körper Gegenstände anstösst); 2) das Sichhinwerfen auf Gegenstände, wodurch sie beschädigt werden; 3) das Ausschlagen, Stossen mit den Füssen; 4) das Beissen mit den Zähnen (ohne davon einen Genuss zu haben), vgl. נְשִׁיכָה. So nach Ansicht des R. Josia; nach einem andern Autor gehört die letztere Art der Beschädigung nicht hierher. B. kam. 2ᵇ. j. Schabb. VII, 9ᵈ un. s. נְגִיחָה.

נֶגֶף ס Mikw. 4, 3 von Ar. irrthüml. als besonderer Art. hierher gesetzt, s. פֶּס.

נְגַר (syr. ܢܓܰܪ, Grndw. גר s. גְּרַר; syn. mit נְגַד) 1) lang sein, lange anhalten, dauern. — 2) (hbr. נָגַר) fliessen, strömen. — 3) sägen, s. TW.

נְגִיר m., נְגִירָא f. (syr. ܢܓܺܝܪܳܐ, ܢܓܺܝܪܳܐ) lang; נגיר (syr. ܢܓܺܝܪܳܐ =hbr. רוח ארך (ארך רוח langmüthig, s. TW.

נוֹגְרָא m. (syr. ܢܳܓܽܘܪܳܐ), נְגִירוּתָא f. (syr. ܢܓܺܝܪܽܘܬܳܐ) Länge, Verlängerung, s. TW.

נֶגֶר m.; nur pl. נָגָרִין, נְגָרִין Wasserrinnen, d. h. Vivarien, Thierbehälter, in denen sich Wasserkanäle befinden, aus welchen die Thiere trinken. Tosef. Jom tob (Beza) III Anf. שוחטין מן הנגרין ולא מן המצודרות ולא מן המכמורות המכמורות man darf am Feiertage Thiere aus solchen Thierbehältern schlachten, aber nicht aus Netzen und Fischergarn. j. Bez. III Anf., 62ᵃ und Bez. 24ᵇ dass.

נִיגְרָא ch. (=נֶגֶר) 1) Fluss, Wasserkanal. Pes. 113ᵃ לא תשוור ניגרא springe nicht über einen Fluss; (nach einigen Comment. Schritt; d. h. mache nicht zu grosse Schritte beim Gehen, weil dies dem Augenlicht schadet). B. mez. 107ᵇ ארבע גרמידי דאניגרא דבני ניגרא דאנהרא un. (ד׳ אמות . . . דבני אניגרא דכולי עלמא Ar. Agg.) die vier Ellen Landes an einem Wasserkanal gehören den Adjacenten des Kanals (die Feldbesitzer pflegten näml. eine Strecke von vier Ellen, die das Ufer des Kanals bildete, den sie aus einem grossen Strome zur Berieselung ihrer Felder hineinleiten, unbesaet zu lassen, damit das Ufer von den Saaten nicht beschädigt werde); diejenige Strecke aber, die am Strome liegt, ist das Gemeingut Aller; vgl. auch מֵשַׁח. — Pl. B. bath. 12ᵇ תרתי ארעתא אתרי נִיגְרֵי zwei Felder an zwei Wasserkanälen. — 2) Schritt, Gang. B. kam. 57ᵃ כיון דקטני להו ניגרא ברירתא יתירותא נטירותא da bei den Thieren das Gehen nach Aussen (ausserhalb ihrer Stallung) gewöhnlich vorkommt, so bedürfen sie einer grössern Ueberwachung. Das. 118ᵇ und B. bath. 88ᵇ dass. — Pl. Schabb. 51ᵇ ניגרֵי דמרא שטרי

die Schritte des Esels richten sich nach der
Gerste; d. h. je mehr Gerste er als Futter be-
kommt, desto mehr beschleunigt er seinen Gang.
Das. 66ᵇ קל נִיגְרִי das Geräusch der Schritte.
Das. 152ᵃ s. דָּקַק. Pes. 111ᵃ לא חליף עלייהו
שיתין נִיגְרִי Ar. (Agg. עבר) wenn er nicht 60
Schritte vor dem Wasser vorüberging. — Trop.
Ber. 41ᵇ מאן יהיב לן נגרי דפרזלא ונשמעינך
möchte uns doch Jem. eiserne Füsse geben,
damit wir dir stets als Diener folgen könnten;
d. h. immer Gelegenheit hätten, deine trefflichen
Lehrsätze zu hören.

נֶגֶר m. 1) Riegel, Querholz zum Verbinden
der Bretter sowohl, als auch zum Verschliessen
der Thür, eig. Durchläufer, dass., was hbr.
בְּרִיחַ. j. Schek. II g. E., 47ᵃ נגר שיש בראשו
גלובטרא ein Riegel, an dessen Spitze ein Verschluss (Kopf) ist. Erub. 101ᵇ dass. s. גְּלוֹסְטְרָא.
j. Erub. X, 26ᶜ ob. Sahim 4, 3 u. ö . . . . הנגר
המנעל der Riegel und der Verschluss, vgl. מַנְעוּל.
Erub. 102ᵃ נגר הנגרר ein Riegel, der herabhängt, nachgeschleppt wird. Schabb. 126ᵃ und
j. Schabb. XVII g. E., 16ᵇ dass., s. גְּרַר. Tamid
3, 7 der Priester, der des Morgens früh den
Tempel zu öffnen hatte, העביר את הנגר ואת
הפותחות ופתחו schob den Riegel und die
Schlösser zurück und öffnete die Halle. B.
bath. 101ᵃ דעביד להו כמין נגר er stellte die
Gräber (פגכין) wie einen Riegel auf, der näml.
längs der Thür bis in die Erde hinabläuft.
Men. 33ᵃ עשאה כמין נגר פסולה wenn man die
Mesusa (מזוזה, s. d.) wie einen Riegel angebracht hat (d. h. das eine Ende derselben in
die Wand und das andere Ende in die Thür
steckte), so ist das nicht rituell; weil sie näml.
längs der Wand angebracht sein muss. Vgl.
jedoch j. Meg. IV. g. E., 75ᶜ un. בית מזוזתו של
נגר רבי היה עשוי כמין die Einfassung der Mesusa Rabbi's war riegelförmig angebracht. —
Trop. Num. r. s. 15, 229ᵈ נגרה של ארץ וירחו
ישראל וכ׳ Jericho war der Riegel Palästinas;
d. h. nach der Eroberung dieser Stadt war das
ganze Land leicht einzunehmen; daher hatten
sich alle sieben Völker dorthin versammelt. —
2) Handwerker, Künstler, insbes. Zimmermeister. Tosef. Kel. B. mez. IV חולץ של נגר
וכ׳ die Zange des Zimmermeisters, womit er
die Nägel auszieht, vgl. חוֹלֵץ Bd. II, 24ᵃ. Tosef.
B. kam. VI נכנס לחנותו של נגר שלא ברשות
יצתה בקעה וטפחה לו פטור wenn Jem. in den
Laden des Zimmermeisters ohne dessen Erlaubniss geht und ein Stück Holz abspringt, das
ihn ins Gesicht schlägt, so ist der Zimmermeister nicht strafbar.

נֶגְרָא נַגָּרָא ch. (=vrg. נֶגֶר) 1) Riegel, Querholz, s. TW. — Pl. j. Schabb. XVII Ende, 16ᵇ
נַגְּרַיָּא דר׳ לעזר וכ׳ die Riegel des R. Lasar
u. s. w. — 2) (syr. ܢܰܓܳܪܳܐ, ܢܓܳܪ) Handwerker,

Künstler, Zimmermann. j. Schabb. VI, 8ᶜ
ob. eine Frau, die einen eingesetzten Zahn (שן
תותבת) hat, darf nicht am Sabbat damit ausgehen;
עד היא מבהתא מימור לנגרא עביד לי חורי היא נפלא
ליה ומחזרא denn, da sie sich schämen könnte,
zum Zahnkünstler zu sagen: Mache mir einen
andern Zahn! so wird sie ihn, wenn er ausfällt,
sich selber wieder einsetzen. B. bath. 73ᵇ בר נגרא
ein Zimmermeister, im Tlmd. auch Gelehrter,
s. d. W.). j. Maas. scheni
I, 52ᵈ mit., s. חוֹתָל. Pes. 28ᵃ, s. חַרְדְּלָא. — Pl.
Pes. 108ᵇ שולייא דְּנַגָּרֵי der Lehrling der Meister.
Snh. 106ᵃ un. נגרי בריה, mögl. Weise zu lesen
נגר גבר: Der Zimmermann, worunter Josef, der
Mann der Maria, zu verstehen sei, s. זְנָא זבי.
Vgl. Tract. Soferim XIII נגר Naggar, eig. der
Zimmermann; einer der Ahnen Haman's, d. h.
Jesu, vgl. יוֹסוֹם. Pes. 111ᵇ דבי נגרי רישפי Ar.
sv. רשף (Agg. אנגרי wahrsch. crmp.) die
Dämonen der Schmiede heissen Feuerfunken.
— 3) trop. Gelehrter (ebenso bedeutet חָרָשׁ
eig. Zimmermeister, im Tlmd. auch Gelehrter,
s.d. W.). Ab. sar. 50ᵇ ob. לית נגר בר נגר דיספרקינה
Ar. (Agg. חבר) es giebt keinen Gelehrten, Sohn
(Schüler) eines Gelehrten, der die gegen diese
Borajtha zu erhebenden Einwände beseitigen
könnte. R. Schescheth sagte hierauf: אנא לא
נגר אנא ולא בר נגר אנא ומפריקנא לה ich bin
weder ein Gelehrter, noch der Schüler eines
Gelehrten und vermag dennoch sie zurecht zu
stellen. j. Jeb. VIII, 9ᵇ un. מלה דנגר בר נגרין
לא מפרק לה ein Ausspruch, den ein Gelehrter,
Schüler von Gelehrten nicht zu rechtfertigen
vermag. j. Kidd. I, 66ᵃ un. dass. — 4) נגר
טורא: Auerhahn oder Berghahn, eig. der
Berg bemeistert, oder sich auf Bergspitzen
aufhält. Git. 68ᵇ wird in dem Sagenkreise Salomo's erzählt, man hätte den תרנגול auf
einen Berg gesetzt, wodurch letzterer Risse bekommen habe; ודרינן דמתרגמינן נגר טורא deshalb nennen wir diesen Hahn in der Uebers.:
נגר טורא; eine Uebersetzung, welche die Trgg.
für דוכיפת haben, wofür Pesch. ܕܘܟܝܦܬܐ.

נַגָּרוּת f. N. a. Kunstfertigkeit, bes. das
Zimmern, fabricatio. j. R. hasch. I, 57ᵇ mit
לנגר שהיו לו כלי נגרות כיון שעמד בנו מסרה
לו וכ׳ ein Gleichniss von einem Zimmermeister,
der Zimmerwerkzeug hatte, das er seinem Sohne,
als dieser an seine Stelle trat, übergab; ebenso
übergab Gott den Israeliten die Kunst, Wunder
zu verrichten. Ruth r. sv. כימון ר, 37ᵇ die
Kundschafter, die Josua schickte (Jos. 2, 1),
כלי נגרות היו בידם hatten Zimmerwerkzeuge bei
sich; חָרָשׁ=חָרָם gedeutet.

נַגָּרוּתָא ch. (syr. ܢܰܓܳܪܘܬܐ=נַגָּרוּת) die Kunstfertigkeit zu zimmern, s. TW.

נְגִירָא (נגידא) f. (viell. pers. nirengh: incan-
tatio, fascinatio praestigiae, Vullers II, S. 1385,

vgl. N. Brüll, Jahrb. I, 214) Zauberei, Nekromantie. Git. 56ᵇ. 57ᵃ ob. Onkelos bar Klonikos, der Schwestersohn des Titus, wollte zum Judenthum übertreten. ... אסקיה בלכום בנגירא ... אסקיה לטיטוס בנגירא אסקיה ליושר בנגירא Ar. ed. pr. (Agg. בנגירא, ferner לפרשע ישראל 'רכ anst. ליושר) er brachte den Bileam, Jesus und Titus durch Nekromantie herauf; um näml. ihren Rath einzuholen, ob er Proselyt werden solle, oder nicht. Schabb. 152ᵇ בנגירא Ar. (Agg. בנגדרא), s. אובא.

נָעַשׁ (=bh. Grndw. נג, s. נָעַ) nahen, eig. berühren. — Hif. הָגַּישׁ vorbringen, nahe bringen. B. kam. 46ᵇ wer einen Process hat, ראיה ראיה אליהם soll ihnen (den Richtern) Beweise herbeischaffen; mit Ansp. auf יגש, Ex. 24, 14. Snh. 35ᵃ dass.

נְגִישָׁה f. N. a. das Nahen, Sichnähern. j. Sot. VIII Anf., 22ᵇ נאמר כאן נגישה ונאמר להלן נגישה מה הכהנים רג' בלשון הקדש אף כאן בלשון הקדש hier (beim Auszuge zum Kriege, Dt. 20, 2) kommt „Nahen" vor (ונגש הכהן) und weiter unten (das. 21, 5) steht ebenfalls „die Priester sollen nahen"; woraus Folgendes zu schliessen: So wie das Sprechen bei dem weiter vorkommenden Nahen in der heiligen (hebr.) Sprache geschehen soll (was anderswo erwiesen wurde), ebenso soll das Sprechen bei dem hier vorkommenden Nahen, in der heiligen Sprache geschehen. Nach einem andern Autor das. נאמר כאן נגישה ונאמר להלן ונגש משה מה נגישה שנאמר להלן בלשון הקדש אף כאן בלשון הקדש hier (Dt. 20, 2) steht „Nahen" und anderswo (Ex. 20, 21) steht „Mose nahte"; so wie das Sprechen bei dem hier zuletzt erwähnten Nahen (näml. der Gesetzgebung) in der heiligen Sprache geschah, ebenso soll das Sprechen bei dem hier erwähnten Nahen in der heiligen Sprache geschehen.

נָעַשׁ (=עָנַשׁ, syn. mit נָגַח) stossen, s. TW. — Genes. r. s. 80 Anf., 78ᵃ לית תורתא נגישה עד דברתה בעגתה Raschi (vgl. jedoch עָנַשׁ) wenn die Kuh stösst, so schlägt ihre Tochter (das Kalb) aus.

נַגְשָׁן m. Adj. (=עַנְשָׁן) stössig, der Stösser, s. TW.

נְדָא s. נדי. — נְדָא Ab. sar. 28ᵇ, s. נְרָא, vgl. auch אורדא.

נָדַב (=bh. arab. نَدَبَ, syn. mit נָדַף, Grndw. נד, s. נדי und נָדַר) eig. antreiben, zu etwas bewegen; insbes. aus freiwilligem Antriebe geloben, ohne irgendwelche äusserliche Veranlassung, weder infolge glücklicher Ereignisse, noch wegen eingetretener Leiden, im Ggs. zu נָדַר, vgl. bes. נְדָרִים. Ned. 9ᵇ נדב בנזיר ובקרבן er gelobte freiwillig, ein Nasiräer zu sein, oder

das Darbringen eines Opfers. Das. 10ᵃ נודב ומקיים er gelobte freiwillig und erfüllt das Gelübde.

Hithpa. (=bh.) eine gottgefällige Handlung oder eine freiwillige Gabe geloben. Arach. 6ᵇ עכו״ם שהתנדב מנורה או נר לבית הכנסת 'רכ ein Nichtjude (Götzendiener), welcher einen Leuchter oder ein Licht für eine Synagoge gelobt hat. Snh. 43ᵃ die würdigen Frauen in Jerusalem היו מתנדבות ומביאות וכ' brachten aus freiwilligem Antriebe betäubende Nahrungsmittel u. s. w., vgl. יָקָר. Tosef. Ned. I Anf. כנדבת (in einigen Agg. כנדרי) רשעים לא אמר כלום שאין הרשעים מתנדבים wenn Jem. sagt: Gleich der freiwilligen Gabe der Frevler (soll der sich hier befindende Gegenstand für mich sein)! so sagt er gar nichts; denn die Frevler geloben nicht freiwillig (Gelübde hing. thun auch Frevler; dah. ist die LA. כנדרי unrichtig). Ned. 10ᵃ R. Juda sagte: מה היו עושין צומרין ומתנדבין נזירות למקים וכ' was thaten sie (die früheren Frommen, die gern ein Sündopfer dargebracht hätten, das sie aber, da sie keine Sünde begangen hatten, nicht bringen durften)? Sie gelobten freiwillig ein Nasirat, nach dessen Beendigung sie ein Sündopfer bringen müssen (vgl. ר' שמעון אומר לא נדרו בנזיר Num. 6, 14 fg.). אלא הרוצה להביא עולה מתנדב ומביא שלמים מתנדב ומביא תודה וארבעה מיני לחמה מתנדב ומביא אבל נזירות לא התנדבו כדי שלא יקראו חוטאין וכ' R. Schimeon sagte: Sie haben kein Nasirat gelobt; sondern derjenige, der ein Brandopfer darbringen wollte, gelobte es freiwillig und brachte es dar, der da Freudenopfer darbringen wollte, gelobte sie freiwillig und brachte sie dar, und der da einen Dankopfer sammt seinen vier Brotarten (vgl. Lev. 7, 12) darbringen wollte, gelobte sie freiwillig und brachte sie dar; ein Nasirat hing. gelobten sie nicht freiwillig, damit sie nicht „Sünder" genannt würden. Der Nasiräer wird näml. Sünder genannt, weil er sich den Weingenuss versagt, vgl. נָזִיר. Sifra Zaw, Miluïm Par 1 (mit Bez. auf Lev. 8, 15) שצוה ארון העולם להתנדב בדבר המקום דחקו ישראל איש איש ורביאו שלא בטורבחם תהא כפרה זו שלא יתנדב אדם גזל למקדש infolge dessen, dass auf Befehl des Herrn der Welt, freiwillige Opfer für das Heiligthum darzubringen, die Israeliten insgesammt sich drängten, um, selbst über ihre Vermögensverhältnisse zu opfern, (sagte Mose:) Die Versöhnung erfolgt nur dann, wenn Niemand ein geraubtes Gut dem Heiligthum als freiwilliges Opfer darbringt.

נְדַב ch. (=נָדַב) bereitwillig sein. — Ithpa. אִתְנַדַּב aus freiem Antriebe geloben. Esr. 7, 13. 15. 16; s. auch TW. — Pes. 50ᵃ wird Sach. 14, 20 erklärt: דמהעתרי ישראל ומתנדבין ומייתי die Israeliten werden reich werden und freiwillige Geschenke in den Tempel bringen.

43*

Arach. 6ᵇ שעזרק טייעא אִינַדַב שרגא לבי כנישׁתא דר' יהודה der Araber (Taite) Schasrek gelobte freiwillig ein Licht für die Synagoge des R. Juda.

נְדָבָה *f.* (=bh.) freiwillige Gabe, ein Geschenk, das blos aus religiösem Antriebe, ohne irgendwelche Veranlassung gelobt wird. Kinnim 1, 1 fg. החובה ... הנדבה das Pflichtopfer (bes. das Vogelpaar, dessen Darbringung vorgeschrieben ist, vgl. Lev. 5, 7. 12, 8 u. a.) und das freiwillige Opfer (das beim Geflügel nur als Brandopfer darzubringen ist; denn freiwillige Gaben können nur als Brand- oder als Freudenopfer dargebracht werden; während letztere Opfergattung beim Geflügel nicht stattfindet). Das. u. ö. איזהו נדר האומר הרי עלי עולה was ist unter „Gelübde" zu verstehen? Wenn Jem. sagt: Ich übernehme die Verpflichtung, ein Brandopfer darzubringen; was unter „freiwilliger Gabe?" Wenn Jem. sagt: Dieses Thier soll ein Brandopfer sein. Men. 1, 1 מנחת נדבה ... מנחת חוטא das Mehlopfer eines Sünders (das er zur Sühne darbringt), das freiwillige Mehlopfer. Das. 2ᵃ in Gem. (mit Bez. auf נדרים ... Dt. 23, 24) נדבה נדר הוא קרי ליה נדר וקרי ליה אלא אם כמו שנדרת עשית יהא נדר ואם לאו יהא נדבה weshalb nennt die Schrift das Opfer hier נדבה, da in dieser ganzen Stelle blos von einem Gelübde, נדר, die Rede ist? Warum also bald נדר, bald נדבה? Nun, wenn du gemäss deinem Gelöbniss verfuhrst (d. h. das Opfer in der Absicht darbrachtest, um das Gelübde zu erfüllen), so ist es ein נדר; wo nicht, so ist es eine נדבה; d. h. als eine freiwillige Gabe anzusehen, ohne dass das Gelübde erfüllt wäre. Seb. 2ᵃ. 4ᵇ dass. — Pl. Ned. 9ᵃ fg. נְדָבוֹת freiwillige Gaben.

נִדְבְתָא, נִדְבָא *chald.* (=נְדָבָה) freiwillige Gabe. j. Pes. IV g. E., 31ᵇ un. חד זמן צריכין רבנן נדבא zu einer Zeit hatten die Gelehrten eine freiwillige Gabe nöthig; s. auch TW.

נְדִבוּתָא *f.* (hbr. נְדִיבָה) Willigkeit, Hingebung, s. TW.

נִדְבָּךְ *m.* (=מִדְבָּךְ, Stw. דבק=דבך) Bauschichte, Steinlage. Kel. 20, 5 כופס שקבעו בנדבך ein Holzkloben, den man in einer Bauschichte befestigte. Maim. in seinem Comment. z. St. bemerkt Folgendes: Die Baumeister stellen gewöhnlich an den beiden Seiten der aufzuführenden Wand zwei Tafeln (Bretter) auf, deren Länge beinahe sechs Ellen und ihre Höhe beinahe zwei Ellen beträgt. Die Entfernung dieser beiden Tafeln von einander, die mittelst zweier Hölzer, Sparren, auseinandergehalten werden, richtet sich nach der Dicke der aufzuführenden Wand, die dadurch entsteht, dass man zwischen

jenen Tafeln Schutt aufhäuft, den die Arbeiter mittelst Hämmer stampfen, bis die Wand fertig ist. Diese letztere wird von den Baumeistern: طَبَقٌ²?) und jede der gedachten Tafeln: נדבך genannt. Diese Worterklärung jedoch dürfte in einigen der hier folgenden Stellen als nicht zutreffend erscheinen. — Sabim 5, 2 אצבעו של זב תחת הנדבך wenn der Finger des Schleimflüssigen unterhalb der Bauschichte (oder: Tafel) war. Ber. 2, 4 (16ᵃ) בראש ... האומנין קורין הנדבך die Baumeister dürfen das Schemá auf der Anhöhe der Bauschichte lesen; d. h. sie brauchen nicht herunterzugehen, damit sie sich nicht zu lange in der Arbeit stören. Schabb. 115ᵃ אמר ליה R. Gamliel sagte זה שקעתהו תחת הנדבך zu dem Baumeister: Versenke es (das Targum zu Hiob) unter die Bauschichte. j. Schabb. XVI, 15ᶜ ob. steht dafür: אמר לבנאי וגנזו תחת הנדבך er sagte zu dem Baumeister und dieser verbarg es unter der Bauschichte. j. Schebi. III, 34ᶜ un. זה שהוא מקבל נדבך מחבירו .ob ᵈ und welcher von dem Andern die Bauschichte übernimmt. — Pl. das. נְדְבָּכִין שלשה drei Bauschichten. Ohol. 14, 1 dass. — Esr. 6, 4 נדבכין. — Ferner נדבך, Nidbach, *N. pr.* Men. 29ᵃ un. אשיאן בר נדבך Assian, der Sohn des Nidbach.

נִדְבָּכָה *f.* Nidbacha, Name eines heidnischen Festes zu Ehren eines Idols, eig. wohl: Jahrmarkt, ähnlich יָרִיד. Ab. sar. 11ᵇ נדבכה שבעכו die Nidbacha in Akko. Das. Manche lesen: נדבכה שבעין בכי die Nidbacha zu En Bechi; manche jedoch lesen נתברא שבעכו Nithbara in Akko.

נָדַד (=bh., arab. نَدَّ, Grndw. נד) weichen, von der Stelle, wackeln. Tosef. B. kam. IX g. E. 'הכהו על עינו וכהתה על שינו ונדדה וכו wenn der Herr seinen kananitischen Sklaven auf sein Auge schlägt, wodurch es trübe wurde, oder auf seinen Zahn, wodurch er wackelt: so zieht der Sklave, wenn er sich dieser Gliedmassen noch bedienen kann, nicht frei aus; wenn er sich ihrer aber nicht mehr bedienen kann, so zieht er frei aus (vgl. Ex. 21, 26. 27). Das. היתה עינו כהה נדודה נדודה ועקרה וכו' wenn das Auge des Sklaven trübe war und der Herr es blendete, sein Zahn wacklig war und der Herr ihn ausriss: so zieht der Sklave, wenn er sich dieser Gliedmassen früher bedienen konnte, frei aus; wo nicht, so zieht er nicht frei aus. Kidd. 24ᵇ dass.

Pi. נָדַד weichen machen. B. bath. 10ᵃ (mit Bez. auf Ps. 17, 15) אלו תלמידי חכמים שמנדדין שינה מעיניהם בעולם הזה והקב"ה משביען מזיו השכינה לעולם הבא darunter sind die Gelehrten zu verstehen, welche (infolge ihres Gesetzstudiums) in dieser Welt den Schlaf aus ihren Augen weichen machen und die Gott in der zukünftigen Welt („beim Erwachen") des Glanzes der Schechina

(Gottheit) satt werden lässt. Num. r. s. 15, 230ᵃ (mit Bez. auf Ps. 57, 19) die Schüler David's, die, trotz ihrer Müdigkeit מנדדים שינה מעיניהם והוגין בתורה עד עמוד השחר den Schlaf aus ihren Augen weichen machten und sich des Studiums der Gotteslehre bis zum frühen Morgen befleissigten. Keth. 62ᵃ (mit Bez. auf Ps. 127, 2) אלו נשותיהן של תלמידי חכמים שמנדדות שינה מעיניהן בעולם הזה ובאות לחיי העולם הבא darunter sind die Frauen der Gelehrte zu verstehen, welche (da sie auf die Rückkehr ihrer Männer aus dem Studienhause warten) in dieser Welt den Schlaf aus ihren Augen weichen machen und die, infolge dessen des ewigen Lebens im Jenseits theilhaftig werden. — Pilp. נִדְנֵד, Sbst. נִדְנוּד s. d. W.

נַד, נְדַד *ch.* (=נָדַד) weichen von einer Stelle, entfliehen, s. TW.; vgl. auch נוד.

נִידְדְתָא *f.* (bh. נְדֻדִים *m.* pl.) das Weichen (vom Schlafe), Entfliehen, s. TW.

נְדִיָא *m.* Kahn, kleines Fahrzeug der See; vom Schaukeln, sich Hin- und Herbewegen so benannt. — Pl. j. Schabb. IV g. E., 7ᵃ נְדִידַיָא דאשקלון (ed. Krot. crmp. נדירייא) die Kähne von Askalon, die beim Abladen der Waare theils im Wasser, theils auf dem Lande stehen, מקצתן בים ומקצתן ביבשה.

נִדָּה *fem.* (=bh., von נָדַד) eig. was sich vom Körper losmacht, entfernt; insbes. 1) das Menstruum. Schabb. 31ᵇ. 32ᵃ נדה וחלה והדלקת הנר das Menstruum (d. h. das Beobachten des dasselbe betreffenden Reinheitsgesetzes), die Entrichtung der Teighebe und das Anzünden der Sabbatlichter; drei Gebote, die besonders den Frauen obliegen. Genes. r. s. 17 Ende מפני מה ניתן לה מצות נדה מפני ששפכה דמו של אדם הראשון ומפני מה ניתן לה מצות חלה על ידי שקלקלה את אדם הראשון שהיה גמר חלתו של עולם ומפני מה ניתן לה מצות נר שבת על ידי שכיבתה נשמתו של אדם הראשון weshalb wurde der Frau das Reinigungsgebot des Menstruums gegeben? Weil sie (Eva) infolge ihres Geniessens vom Baume der Erkenntniss) das Blut Adams vergossen hatte. Weshalb wurde ihr das Gebot der Teighebe gegeben? Weil sie den Adam, welcher die vollendete Masse der Welt war, (vgl. חַלָּה), zu Grunde gerichtet hatte. Weshalb wurde ihr endlich das Gebot des Anzündens der Sabbatlichter gegeben? Weil sie die Seele, das Lebenslicht Adam's verlöscht hatte. — 2) übtr. die Menstruirende. Nid. 11ᵃ fg. אשה נדה, הנדה das menstruirende Weib. — Pl. das. 31ᵇ fg. נִדּוֹת. — Dav. rührt auch der Name des Talmudtractats: נדה, Nidda her, der zumeist von diesen Reinheitsgesetzen handelt.

נָדָה s. נדי.

נָדַח (=bh. Grndw. דח s. דחי; mögl. Weise jedoch eine verstärkte Form von נָדָה, wie זָבַח von זָנָה u. v. a.) stossen.

Hif. הִדִּיחַ (=bh.) eig. verstossen, übrtr. verleiten, verführen, bes. zum Götzendienste. Snh. 67ᵃ fg. המדיח זה האומר נלך ונעבוד עבודה זרה „der Verführer" ist derjenige, der da sagt: Wir wollen gehn und Götzendienst treiben. j. Snh. VII, 25ᵈ ob., s. מֵסִית. Sot. 16ᵇ מדחת, richtiger מדחת, נידוחת dunkel machen, dunkel werden, s. דִּיהַ.

Nif. verleitet, verführt werden; insbes. oft עיר הנדחת (vgl. Dt. 13, 14 fg.) eine Stadt, deren Einwohner zum Götzendienst verleitet wurden. Snh. 71ᵃ עיר הנדחת לא היתה ולא עתידה להיות ולמה נכתבה דרוש וקבל שכר . . . אמר ר' יונתן אני ראיתיה וישבתי על תלה eine zum Götzendienst verleitete Stadt gab es nie und wird es nie geben (weil näml. zu viele Nebenumstände dazu gehören, bevor der als eine solche zu behandeln wäre). Weshalb wird sie demnach in der Schrift erwähnt? Das besagt: Stelle darüber gesetzliche Forschungen an, um göttliche Belohnung dafür zu erhalten. R. Jonathan jedoch sagte: Ich habe eine solche Stadt gesehen und auf ihrem Schutthaufen gesessen; vgl. auch נָגַע und סָרַח.

נְדַח *ch.* (=נָדַח) stossen. — Af. verstossen, s. TW.

נָדָה, נדי (=bh., arab. نَدَا und نَدِيَ, Grndw. נד). — Pi. נִדָּה eig. stossen, fortstossen, insbes. aus der Gemeinde verstossen, excommuniciren, in den Bann thun. — Hithpa. und Nithpa. הִתְנַדָּה in den Bann gethan werden. Ber. 19ᵃ בכל מקומות בית דין מנדרין על כבוד הרב וכ' an 24 Stellen (in Mischna's und Borajthoth) wird erwähnt, dass ein Gelehrtencollegium wegen Ehrenverletzung eines hervorragenden Lehrers in den Bann thue. Das Akabja sagte: דיכבוהו (od. richtiger השקוהו s. d. W.) וגרדוהו ומת בנדויו וסקלו בית דין את ארונו ihr und ähnliche Männer gaben ihr zu trinken (d. h. Schemaja und Abtaljon, welche Proselyten und also heidnischer Abstammung waren, gaben einer befreiten Sklavin, die eine Sota war, das Prüfungswasser zu trinken); infolge der Schmähung dieser grossen Gelehrten) legte man jenen (den Akabja) in den Bann; er starb auch in dem Bann, worauf das Gelehrtencollegium seinen Sarg mit Steinen bewerfen liess. R. Juda jedoch sagte: חס ושלום שעקביא בן מהללאל נתנדה . . . אלא את מי נדו את אלעזר בן חנך שפקפק בנטילת ידים וכשמת וב' ללמדך שכל המתנדה ומת בנדויו בית דין סוקלין את ארונו fern sei der Gedanke, dass Akabja ben Mahalalel in den Bann gethan worden wäre, denn die Tempelhalle schloss in ihren Mauern keinen grösseren Mann, als den Akabja ein! Wen aber hat man in den Bann gethan?

Den Elasar ben Chanach, weil er gegen das Gesetz der Händewaschung sein Bedenken geäus-
sert, und als er gestorben war u. s. w.; was dich
belehrt, dass wenn Jem., der in den Bann gethan worden, während der Zeit des Bannes stirbt,
das Gelehrtencollegium seinen Sarg mit Steinen
bewerfen lässt. Pes. 52ᵃ מנדין על שני רמים man legt in den Bann wegen
Uebertretung des je zweiten Feiertages, der für
die Exulanten eingeführt wurde, vgl. כְּבַד. Das.
113ᵇ (l.) od. שבעה מנדין לשמים אלו הן יהודי׳(אדם מי׳
וכ׳ שאין לו אשה sieben Klassen von Menschen
sind von Gott verbannt, näml. wer unverheirathet bleibt u. s. w. M. kat. 15ᵃ fg. מנדין לאלתר
man ושונין לאחר שלשום ומחרימין לאחר ששים
legt in den Bann bald nach Uebertretung
einer rabbinischen Verordnung, wiederholt es
nach Ablauf von 30 Tagen und spricht den
schweren Bann nach 60 Tagen aus. Das. 17ᵃ
באושא היתקינו אב בית דין שסרח אין מנדרין אותו
אלא אומרין לו הכבר ושב בביתך חזר וסרח מנדרין
אותו מפני חלול השם in Uscha verordnete man
Folgendes: Den Vorsitzenden des Gelehrten-
collegiums legt man wegen Uebertretung nicht
in den Bann, man sagt ihm blos: Halte dich in
Ehren in deinem Hause! Wiederholt er dieselbe,
so legt man ihn in den Bann wegen Entweihung
des göttlichen Namens; d. h. damit sich nicht
Andere ein Beispiel an ihm nähmen, vgl. חִלּוּל.
Resch Lakisch hing. sagt: תלמיד חכם שסרח אין
מנדין אותו בפרהסיא וכ׳ einen Gelehrten, der
sich etwas zu Schulden kommen liess, legt man
nicht öffentlich in den Bann; mit Ansp. auf
Hos. 4, 5: „Der Prophet wird mit dir fallen des
Nachts", das bedeutet: כסהו בלילה verhülle
ihn wie die Nacht. Ned. 7ᵇ fg. u. ö.

נְדָא , נְדִי ch. (syr. ܢܕ̣ܳ =נָדָה, נְדָה und יְרָה) 1)
spritzen, intrns., springen, s. TW. — 2) aus-
sprengen, verbreiten. Kidd. 49ᵃ לא נידוא
לי דשקלא מילי מינאי ואזלא נדרא בר קמי שיבבתי
es ist mir unlieb, dass sie (deine Tochter, die
eine Haarflechterin ist) meine Aeusserungen er-
lausche und sie vor meinen Nachbarn verbreite, aussprenge, vgl. דְּלַת. — 3) (denom. von
נידוי) in den Bann gethan werden. Ned.
7ᵃ מנודה אני לך (ähnlich נדירא מייך) ich will
von dir verbannt sein.
Af. אַדֵי sprengen, werfen, s. TW. — Snh.
7ᵃ אדייה er warf ihn. B. kam. 22ᵃ. Bez. 39ᵃ,
viell. von אֲדֵי s. d., vgl. auch זִיּאַן.

נִדוּי , נִדוּי m. N. a. 1) das Entferntsein,
Abgesondertsein. Num. r. s. 10, 208ᶜ (mit
Bez. auf ורהדרה בנדרה, Lev. 15, 33) שהיא דרה
בנדורי כל הימים alle Tage, während welcher sie menstruirend ist, soll sie in Absonderung sein, d. h. von ihrem Manne entfernt leben.
j. Git. IX Ende, 50ᵈ. Schabb. 64ᵇ u. ö. steht
dafür תהא בנדרה. — Insbes. oft 2) der Bann,

Excommunication, infolge deren der Ver-
bannte von anderen Menschen abgesondert, entfernt leben muss. Ber. 19ᵃ Schimeon ben Schetach liess dem Choni Maagal sagen: אלמלא חוני
אתה גוזרני עליך נדוי wärest du nicht Choni (ein
so grosser Mann), so würde ich über dich den
Bann verhängt haben! Das. אלמלא תורדוס אתה
גוזרני עליך נדוי wärest du nicht Thodos (Theodoros, תורדרוס), so würde ich über dich den
Bann verhängt haben! Taan. 19ᵃ. j. Taan. III,
67ᵃ ob. (mit Bez. auf Choni) כל המבוא את
הרבים לידי חלול השם צריך נידוי wer die Menge
von der Ausübung einer Wohlthat abhält, muss
in den Bann gethan werden. Das. כל המעכב את
הרבים לעשות מצוה צריך נידוי wer die Menschen
von der Ausübung einer Wohlthat abhält, muss
in den Bann gethan werden. M. kat. 16ᵃ אין
נידוי פחות מל׳ יום ואין נזיפה פחות מז׳ ימים
der Bann währt wenigstens 30 Tage, der Verweis wenigstens 7 Tage (letzteres mit Bez. auf
Num. 12, 14). Das. R. Chisda sagte: נידוי שלנו
כנזיפה שלהן der Bann bei uns (Babyloniern) gilt
dasselbe, was bei ihnen (den Palästinern) gilt der Verweis, d. h. 7 Tage. Das. 17ᵃ fg. Schebu. 36ᵃ
ארור בו נידוי בו קללה בו שבועה das W.
bedeutet sowohl Bann, als Verfluchung, als auch
Schwur. Erub. 18ᵇ s. לְיָלְיִת. Exod. r. s. 42,
136ᵈ.137ᵃ נתנדה משה ונזעף ואין רד אלא נדוי
Mose wurde (nachdem die Israeliten das goldene
Kalb angefertigt hatten) in den Bann gethan
und ihm ein Verweis ertheilt; denn das W. רד
(Ex. 32, 7) bezeichnet nichts Anderes als den
Bann. Das. (mit Bez. auf וירד, Gen. 38, 1) dass.
Juda wurde von seinen Brüdern in den Bann
gethan; weil sie ihm die Schuld, dass Josef verkauft wurde, zugeschrieben hatten.

נִדוּיָא ch. (=נִידּוּי) Bann. Ned. 7ᵇ der Ausspruch מנודה אני לך ist nach Ansicht des R.
Akiba, ליֹשׁנא דנידּוּיא ein Ausdruck für Bann.

נַדְיָין I m. Waschteich, worin die Zeuge
gewaschen, geschwenkt und gewalkt werden.
Stw. נדי: hin- und herschwenken; mögl. Weise
jedoch ist unser W. das arab. نَدًى Feuchtigkeit. B. bath. 19ᵃ הנדיין im Ggs. zu מַחְמְצָן,
s. d. W.

נַדְיָין II m. eine Heuschreckenart, wahrsch.
das Heupferd, niedersächs. Sprenger. Stw.
נדי springen. Sifra Schemini Par. 3 cap. 5 חגב
זה הנדיין unter החגב (Lev. 11, 22) ist das Heupferd zu verstehen. Chull. 65ᵃ נדיין Ar. (Agg.
crmp. גריאן). Die Trgg. haben dafür נדורא,
viell. zu lesen נַדְיָא; s. TW.

נוֹדְיָין m. eine vorzügliche Olivenart;
viell. das arab. نَدٍ feucht; d. h. eine saft-
reiche Olive; ähnlich אֲבְרוֹטִי s. d. j. Pea VII,

20ᵃ mit. אמר ר׳ יוסי בזית נודיין היא מתניתא
אמר ר׳ יוסי (יוחנן .l) לא סוף דבר נודיין אלא
אפילו שאר כל הזתים מכיון שדרכן ליבחן כנודיין
וכ׳ R. Jose sagte: Die Mischna (das. 7, 2, wonach die Olive, die sich zwischen drei Reihen
befindet, welche von zwei Beeten eingeschlossen
sind [vgl. מַלְבֵּן Ende], nicht als eine vergessene,
d. h. nicht als eine Armengabe anzusehen ist)
spricht blos von jener vorzüglichen Olive (weil
man sie zu wiederholten Malen aufzusuchen
pflegt). R. Jochanan sagte: Das gilt nicht blos
von dieser vorzüglichen Olivenart, sondern auch
von allen anderen Arten, dass sie, wenn man
sie mehrfach aufzusuchen pflegt, wie jene Olive
behandelt wird.

נָדָל m. Vielfuss, multipeda, ein Gewürm,
das an beiden Seiten viele Füsse hat. Stw. viell.

arab. نَكَل transtulit de loco in locum; hier von
dem Schleichen, sich Fortbewegen des Reptils. Aus
dem syr. ܢܡܠܐ, ܢܡܠܐ (=נדל: multipeda) liesse sich
viell. auf die Wurzel נד, auch für נדל schliessen.
Nach Sachs, Beitr. II, 93 wäre unser W. das
gr. κνώδαλον mit Abwerfung des K-Lautes, was
jedoch nicht einleuchtet. — Sifra Schemini Par.
10 cap. 12 מרבה זה רגלים מרבה unter
רגלים (Lev. 11, 42) ist der Vielfuss zu verstehen.
Chull. 67ᵇ dass. Raschi z. St.: קורין רגלים מאה
לו man nennt dieses Gewürm: Hundertfüssler. Mikw. 5, 3, s. מְעֵיָין. Erub. 8ᵇ, s. מְבוֹי.

נְדָל ch. (syr. ܢܡܠܐ, vgl. auch Smith, Thes. Syr.
Col. 925: נְדָל=נְמָל) Vielfuss. j. Schabb. I,
3ᵇ mit. נדל מחעבד דנוגא שיזרתא der Rückgrat
des Fisches verwandelt sich (nach siebenjähriger
Metamorphose) in einen Vielfuss; s. auch TW.

נִדְמֶה m. (eig. Part. pass. von דָּמָה) Aehnliches, ähnlich Gestaltetes; insbes. das
Junge eines Ziegenbockes und einer
Ziege, das einem Lamme, sowie das Junge
eines Widders und eines Lammes, das
einer Ziege ähnlich ist. Jede dieser zwei
Arten von Missgeburten ist auch einem Jungen
aus zweierlei Gattungen ähnlich. Sifra
Emor cap. 7 Par. 8 לכלאים פרט כשב או שור
למדנה פרט עז או (als Opfer,
Lev. 22, 27), das schliesst ein Junges aus zweierlei Thiergattungen aus (dass ein solches Thier
zum Opfer nicht tauglich sei, indem das Opfer
entweder der einen oder der andern Gattung
ganz angehören muss); „oder eine Ziege", das
schliesst dasjenige Thier aus, das zwar der Ziegen- oder der Lammgattung ganz angehört, aber
dennoch der je andern Gattung ähnlich sieht,
und also einer Mischgattung ähnlich gestaltet
ist. Raschi in Chull. 38ᵇ versteht hierunter die
oben genannte erste, in B. kam. 77ᵇ hing. die

oben genannte zweite Art der Missgeburt. Bech.
12ᵃ u. ö. dass.

נָדָן m. (=bh.) Scheide, Futteral. Grndw.
נד, wovon auch נאד: Schlauch; die Aehnlichkeit der Scheide mit dem Schlauch liegt in dem
sich Hin- und Herbewegen dieser beiden Gegenstände, wenn sie ihrer Füllung baar sind. Trop.
der menschliche Körper gleichsam als Futteral des Geistes. Genes. r. s. 26, 26ᵃ (mit Bez.
auf ידון לא, Gen. 6, 3) בשעה שאני מחזיר הרוח
לנדנה איני מחזיר רוחן לנדניהן zur Zeit (der
Auferstehung), wenn ich den Geist in seinen
Körper zurückbringe, werde ich ihre Geister
nicht in ihre Körper zurückbringen. Snh. 108ᵃ
steht dafür: שלא תהא נשמתן חוזרת לנדנה dass
ihre Seele nicht in ihren Körper zurückkehren
werde.

נַדְנָה ch. (=נָדָן) Scheide, bildl. Körper.
Dan. 7, 15. — In den Trgg. auch נִדְנָא (=לִדְנָא)
Scheide, s. TW.

נָדוֹנָא od. **נָדוֹנָא** s. נַרְיין II.

נִרְנֵד Pilp. (von נָדַד s. d.) bewegen, schütteln. Genes. r. s. 53, 53ᵃ (mit Bez. auf Num.
21, 34) לא נדנדה עריסה תחלה אלא בביתו של
אברהם אבינו du Og, hast deine Wiege (עֶרֶשׂ,
Dt. 3, 11) zuerst nur im Hause unseres Erzvaters Abraham bewegt. Nach der Sage
sollen näml. nach der Geburt Isaak's alle Fürstinnen ihre Söhne — zu welchen auch Og gehörte — in ihren Wiegen in das Haus Abraham's gebracht haben. Trop. Levit. r. s. 18, 161ᵉ
(mit Ansp. auf קציר נד, Jes. 17, 11) נדרתם
מלבוים קצירין של עליכם קצירין של מלאך המות
(Ar. liest נדרתם) ihr habt (infolge eurer Sünden) über euch herbeigeführt die
Ernte der heidnischen Reiche, die Ernte des
Leiden, die Ernte des Todesengels; so dass näml.
alle diese ihre Gewalt gegen euch ausüben.

Nithpalp. sich schütteln, sich bewegen.
Exod. r. s. 20 g. E., 120ᵇ יוסף צווח משה התחיל
נתנדנד רג׳ מיד שאמרת השבעה הגיעה יוסף
משה ונטל הארון Mose fing an, zu rufen (als
er mit den Israeliten aus Egypten ziehen sollte):
Josef, Josef, die Stunde ist nun gekommen, von
der du sagtest: „Wenn Gott euer gedenken wird,
so nehmet meine Gebeine von hier mit euch"
(Gen. 50, 25). Alsbald bewegte sich der Sarg
und Mose nahm ihn auf, vgl. פֶּלֶך. Cant. r. sv.
מי זאת, 28ᵈ (mit Ansp. auf כבדגלות, HL. 6, 4.
10 als Compositum כד־גלות gedeutet) כדור
שנתנדנד ליגלות איזה זה זה דורו של חזקיה wie
die Generation, die sich bewegte (anschickte),
auszuwandern. Welche war es? Die Generation
des Hiskias (das Zehnstämmereich). Nach einer
andern Deutung das. כדור שנתנדנד ליגלות ולא
גלה ואיזה זה זה דורו של משיח wie das Zeitalter, welches sich anschickte, auszuwandern, aber

nicht auswandern wird. Welche ist es? Es ist das Zeitalter des Messias.

נְדְנוּד *m.* N. a. 1) das Sichhinundherbewegen, Sichschütteln, Umherirren. Genes. r. s. 39, 38ᵃ (mit Bez. auf נדד אַרְחִיק, Ps. 55, 8) נדנוד אחר נדנוד טלטול אחר טלטול ein Umherirren nach dem andern, ein Umherschweifen nach dem andern. — 2) Annäherung, etwas, was mit einer Handlung Aehnlichkeit hat, eig. was sich dahinneigt. Pes. 50ᵇ בכל מקום שיש נדנוד עבירה Ar. (Ms. M. נדנוד, Agg. שם שיש) überall, wo eine Annäherung zu einer Sünde ist.

נְדוּנְיָא *m.* die Aussteuer, die der Vater der Braut bei ihrer Verheirathung seinem Schwiegersohn giebt, die Mitgift lähnlich bh. נְדָן und נֵדֶה, Ez. 16, 33: Buhler-(ohn). Stw. נָדַן: נָתַן geben. Mögl. Weise jedoch bedeutet unser W. eig. (=שִׁלוּחִים): die Summe, die der Vater seiner Tochter bei ihrem Fortschicken aus seinem Hause in das Haus ihres Ehemannes. giebt, wonach das Grndw. נד (=שָׁלַח): fortbewegen, entfernen bedeuten würde. — Keth. 54ᵃ un. ההוא דאמר להו נדוניא לברת זל נדוניא וכ' ein Kranker sagte zu seinen Rechtsnachfolgern: Die Aussteuer vermache ich meiner Tochter! Diese Aussteuer jedoch sank im Preise u. s. w. Taan. 24ᵃ יומא חד הוה סליק לשוקא למזבן נדוניא לברתיה eines Tages ging er (Elasar) auf den Markt, um die Aussteuer für seine Tochter einzukaufen. B. mez. 74ᵇ ההוא גברא דיהיב זוזי לנדוניא דבי חמוה לסוף זל נדוניא וכ' Jem. gab das Kaufgeld für die Aussteuer von Seiten des Schwiegervaters (d. h. der Bräutigam kaufte die Aussteuer mit dem Bemerken, dass sein Schwiegervater dieselbe am Hochzeitstage abholen werde; oder auch: Der Schwiegervater übergab dem Bräntigam Geld, um dafür die Aussteuer einzukaufen; was letzterer auch gethan; vgl. Nimuke Josef zu Alfasi a. l.); später aber verlor die Aussteuer am Werth, weshalb der Schwiegervater sich weigerte, sie abzunehmen u. s. w.

נָדַף eig. (=bh., syn. mit נָדַב, s. d. Grndw. נד) treiben; übrtr. getrieben werden, sich verbreiten, bes. vom Geruche: duften. Genes. r. s. 39 Anf. „Gott sagte zu Abram: Gehe aus deinem Lande und ich werde deinen Namen gross machen" u. s. w. (Gen. 12, 1 fg.) לצלוחית של אפופלסמון מוקפת צמיד פתיל ומונחת בזוית ולא היה ריחו נודף כיון שהיתה מיטלטלת היה ריחו נודף das ist einem Kruge mit Balsam vergleichbar, der, mit einem Deckel verschlossen, im Winkel liegt, so dass sein (des Balsams) Geruch sich nicht verbreitete; der sich aber, sobald der Krug hin- und hergetragen wurde, verbreitete. Ber. 51ᵃ מי שאכל שום וריחו נודף יחזור ויאכל שום אחר וריחו נודף sollte etwa Jem., der Knoblauch

gegessen und dessen übler Geruch sich verbreitet, noch einmal Knoblauch essen, sodass sich sein Geruch noch mehr verbreite? bildl. für: Wenn Jem. einmal ein Gebot übertreten hat, sollte er wohl deshalb noch mehr Gebote übertreten dürfen? Snh. 108ᵃ „Noah war ein frommer Mann in seiner Zeit" (Gen. 6, 9). R. Jochanan deutet diesen Vers: In seiner Zeit (בדרותיו) galt er als fromm; hätte er aber in einer andern (frommen) Zeit gelebt, so würde er nicht als fromm gegolten haben. לחבית של יין שהיתה מונחת במרתף של חומץ במקומה ריחה נודף שלא במקומה אין ריחה נודף ein Gleichniss von einem Fass mit Wein, das in einem Essigkeller lag; an dieser Stelle (unter Gefässen mit Essig) verbreitet es einen angenehmen Geruch, aber nicht an dieser Stelle liegend, verbreitet es nicht einen angenehmen Geruch. Resch Lakisch hing. deutet jenes בדרותיו: Selbst in seiner Zeit (der Frevler) war er fromm, um wieviel mehr wäre er es, hätte er in einer andern, einer frommen Zeit gelebt. לצלוחית של פלייטון שהיתה מונחת במקום הטנופת במקומה ריחה נודף וכל שכן במקום הבוסם ein Gleichniss von einer Schale mit wohlriechendem Oel, die an einem schmutzigen Orte lag; wenn sie an diesem Orte Wohlgeruch verbreitet, um wieviel mehr würde sie es an einem gewürzreichen Orte gethan haben!

נְדַף *ch.* (=נָדַף) duften, einen Geruch verbreiten, s. TW.

נְדַר I abschüssig sein. Grndw. דר, wov. Pilp. דִּרְדֵּר s. d. — Hif. abschüssig machen. B. bath. 22ᵇ במדיר את כותלו wenn er sein Wand abschüssig machte. Dav. מוּדְרוֹן, מוּגְדְּרוֹן; s. נָדַר.

נְדַר *ch.* (syr. ‎ܢܕܪ=vrg. נָדַר). Pa. נַדַּר und mit vorges. Gimel גִּנַדֵּר: herabwälzen, s. TW.

נָדַר II (=bh.) geloben, ein Gelübde thun, etwas zu thun oder zu unterlassen, Ggs. zu נָדַב s. d., vgl. auch נְדְרָא. Grndw. דר, syn. mit זר (wovon נָזַר s. d.), arab. نَذَرَ absondern, نَذَرَ sich von etwas zurückziehen. Ned. 9ᵃ (mit Bez. auf Khl. 5, 4) טוב מזה ומזה שאינו נודר כל עיקר דברי ר' מאיר ר' יהודה אומר טוב מזה ומזה נודר ומשלם „Besser als der Eine und der Andere (d. h. nicht blos als derjenige, der etwas gelobt und sein Gelübde nicht erfüllt, sondern auch als derjenige, der sein Gelübde erfüllt) ist Jem., der gar nicht gelobt; so nach Ansicht des R. Meïr. R. Juda sagte: „Besser als der Eine und der Andere ist derjenige, der etwas gelobt und sein Gelübde erfüllt"; d. h. das Nichtgeloben ist nur besser, als das Nichterfüllen des Gelübdes. Das. 22ᵃ und 77ᵇ כל הנודר אף על פי שמקיימו נקרא חוטא wer ein Gelübde

thut, wird, selbst wenn er es erfüllt, Sünder genannt; mit Bez. auf Dt. 23, 23: „Wenn du unterlässest, zu geloben, so wird keine Sünde an dir haften"; was dahin gedeutet wird: Wenn du aber gelobst, so haftet eine Sünde an dir. Die sich selbst auferlegte Enthaltsamkeit vom Geniessen nothwendiger Lebensbedürfnisse wird näml. als sündhaft angesehen, vgl. נָדָב. Das. 49ᵃ fg. הנודר מן המבושל . . . הנודר מן הירק wenn Jem. gelobt, keine gekochte Speise, kein Grünkraut zu essen u. s. w. j. Ned. IX Anf., 41ᵇ ר׳ יצחק סחח אילו היית יודע שהנודר כאילו נוטל חרב ודוקרו בלבו נודר היית R. Jizchak gab demjenigen, der ein Gelübde gethan, die Veranlassung, darüber seine Reue zu äussern (um dem Gelehrten die Auflösung des Gelübdes zu ermöglichen, vgl. הֵתֵּר), indem er zu ihm sagte: Wenn du gewusst hättest, dass Jem., der etwas gelobt, so anzusehen sei, als ob er ein Schwert nehme und damit sein Herz durchbohre, — würdest du auch dann das Gelübde gethan haben? (ansp. auf Spr. 12, 18). Das. mehrere ähnliche Auskunftsmittel zum Auflösen von Gelübden. Snh. 24ᵃ דור לי בחיי ראשך gelobe mir bei deinem Leben! Kidd. 41ᵃ כל שאינו לא במקרא ולא במשנה ולא בדרך ארץ דור הנאה ממנו betreffs desjenigen, der sich weder mit Bibel, noch mit Mischna, noch mit weltlichen Kenntnissen (gesittetem Umgange) befasst, gelobe, nichts von dem Seinigen geniessen zu wollen, seinen Umgang zu meiden.

Nif. נִידַּר gelobt werden, d. h. durch ein Gelöbniss dem Heiligthum geweiht werden. Arach. 5ᵃ סחות מבן חדש נידר אבל לא נערך ein Kind, das jünger als einen Monat ist, kann gelobt, aber nicht geschätzt werden: d. h. wenn Jem. sagt: Ich gelobe, den Werth dieses Kindes dem Heiligthum zu zahlen (das Kind wird gelobt, geweiht), so ist er zur Zahlung dieses Werthes verpflichtet; weil das Kind ja einen Werth hat. Wenn er hing. sagt: Die „Abschätzung", die abgeschätzte Summe dieses Kindes (vgl. Lev. 27, 2 fg.) weihe ich dem Heiligthum, so ist diese Aussage ungiltig; weil die „Abschätzung" erst von dem, einen Monat alten Kinde beginnt; vgl. das. V. 6. Arach. 6ᵇ נידר היוצא ליהרג לא נידר ולא נערך der in Todeszuckungen Daniederliegende oder der zur Hinrichtung Geführte kann weder gelobt (sein Werth weiht werden), noch abgeschätzt werden; weil näml. Beide, da ihr Tod bald bevorsteht, keinen Geldwerth haben. Das. 2ᵃ fg. הכל נודרין ונידרין Alle können geloben und gelobt (geweiht) werden; wenn Jem. näml. sagt: Den Werth des N. N., oder wenn er sagt: Meinen eignen Werth gelobe ich dem Heiligthum. Ned. 12ᵃ והוא שנדור רבא מאותו היום ואילך dort ist davon die Rede, dass Jem. sich ein Gelübde von jenem Tage an und weiter auferlegt hat.

Hif. הִדִּיר Jemdm. ein Gelübde aufer-

legen, dies oder jenes zu thun, dies oder jenes zu unterlassen. Ned. 3, 3 (27ᵃ) הדירו חבירו שיאכל אצלו wenn A. den B. durch ein Gelöbniss veranlasst; bei ihm zu speisen; d. h. er zu ihm sagt: Wenn du nicht bei mir speisest, so gelobe ich, dir von dem Meinigen keinen Genuss zukommen zu lassen. Das. 23ᵃ fg. Nas. 28ᵇ האיש מדיר את בנו בנזיר ואין האשה מדרת את בנה בנזיר der Mann kann seinen Sohn durch ein Gelübde zum Nasirat zwingen (indem er näml. zu ihm sagt: Wenn du nicht ein Nasiräer sein willst, so gelobe ich, dass du nichts von dem Meinigen geniessen darfst); die Frau hing. kann ihren Sohn nicht durch ein Gelübde zum Nasirat zwingen. Keth. 7, 1 (70ᵃ fg.) המדיר את אשתו מליהנות לו . . . המדיר את אשתו שלא תתקשט באחד מכל המינין wenn Jem. seine Frau durch ein Gelübde zwingt, dass sie von dem Seinigen nichts geniesse; wenn er sie durch ein Gelübde zwingt, dass sie sich keiner Putzart bediene u. s. w.

Hof. הוּדַּר Pass. vom Hifil, gelobt (ein Gelübde ausgesprochen) werden; unterschiede vom Nifal, wobei eine Person gelobt, geweiht wird. Git. 36ᵇ u. ö. הלכתא אפילו למאן דאמר נדר שהוּדר ברבים יש לו הפרה על דעת רבים אין לו הפרה die Halacha ist, dass selbst nach der Ansicht desjenigen Autors, der da sagt (vgl. das. 35ᵇ u. ö.): Für ein Gelübde, das in Gegenwart einer Menge (von zehn Personen) gethan wurde, giebt es eine Auflösung; so doch für ein Gelübde, das nach der Gesinnung der Vielen gethan wurde (indem sie näml. zu ihm sagten: Nicht nach deiner eignen, sondern nach unserer Gesinnung soll das Gelübde haften), keine Auflösung, Annullirung von Seiten eines Gelehrten giebt. Ned. 42ᵃ fg. המוּדָר הנאה מחברו wenn Jemdm. von einem Andern, irgend einen Genuss von dem Seinigen zu haben, durch ein Gelübde untersagt wurde. Das. 47ᵇ fg. wenn Jem. sagt: הריני עליך חרם המודר אסור הרי את עלי חרם הנודר אסור ich (das Meinige) soll dir ein Bann sein! so darf derjenige, dem das Gelübde auferlegt wurde, nichts, was jenem gehört, geniessen; wenn er aber sagt: Du sollst für mich ein Bann sein! so darf der Gelobende nichts von dem geniessen, was dem Andern gehört.

נְדַר ch. (syr. ܢܕܰܪ = נָדַר) geloben. Ned. 9ᵃ כנדר vielleicht hatte er die Absicht, zu sagen: רשעים לא נדרנא nach der Art, wie das Gelübde der Frevler lautet, will ich nicht geloben? Das. 22ᵇ 23ᵃ fg. נדרת אדעתא דהכי wurdest du, selbst wenn du den nun eingetretenen Fall vorausgesehen hättest, dennoch dies Gelübde gethan haben?

Af. אַדַּר (= הִדִּיר). Jemdm. ein Gelübde auferlegen, durch ein Gelübde untersagen. Ned. 21ᵇ ההיא אתתא דאדרתה לברתה jene Frau, welche ihrer Tochter das oder

jenes durch ein Gelübde untersagte. Das. 24ᵃ מי כברת דאדריה מזמנא לזמנא לא דזמינא אדריה למזמנא meinst du etwa, dass hier davon die Rede sei, dass der Gastgeber dem zum Mahle geladenen Gaste ein Gelübde auferlegt habe? Hier ist vielmehr die Rede davon, dass der Gast dem Gastgeber ein Gelübde auferlegt hat. Git. 36ᵃ wenn eine Gott gefällige Handlung bezweckt wird, kann ein Gelübde, selbst wenn es nach der Gesinnung Vieler gethan wurde (vgl. Hofal) aufgelöst werden; כי ההוא מקרי דרדקי דאדריה ר' אחא על דעת רבים דהוה פשע בינוקי ואהדריה רבינא דלא אשתכח דדיק כוותיה wie z. B. bei jenem Bibellehrer der Jugend, dem R. Acha durch Ausspruch eines Gelübdes das Unterrichten, weil er sich gegen die Schulkinder etwas zu Schulden hatte kommen lassen (sie zu sehr geschlagen), untersagte; welchen jedoch Rebina, weil sich keiner fand, der ebenso gründlich und gut unterrichtet hätte, wieder in sein Amt einsetzte. Keth. 70ᵇ eine Frau kann zu ihrem Manne, der ihr früher nur knappe Nahrung verschafft, später aber auch diese ihr durch ein Gelübde entzogen hat, sagen: עד האידנא דלא אדרתן גלגילנא בהדך השתא דאדרתן לא מציגא דאיגלגל בהדך bis jetzt, bevor du mir die Nahrung durch ein Gelübde untersagt hast, quälte ich mich bei dir; jetzt aber, da du sie mir durch ein Gelübde untersagt hast, kann ich mich nicht mehr bei dir quälen.

נֶדֶר נֶדֶר m. (=bh.) Gelübde, Gelöbniss; unterschieden von נְדָבָה s. d. Ned. 8ᵃ האומר אשכים ואשנה פרק זה אשנה מסכתא זו נדר גדול נָדַר לאלהי ישראל wenn Jem. sagt: Ich will früh aufstehen und dieses Kapitel der Mischna, diesen Talmudtractat lernen: so hat er dadurch ein grosses Gelübde vor dem Gott Israels ausgesprochen. Genes. r. s. 70 Anf. „David, der dem Mächtigen Jakob's gelobt hat" (Ps. 132, 2); תחלה את הנדר ר' שפתח בו er legte das Gelübde demjenigen bei, der damit begonnen, der Erste war, der ein Gelübde gethan hat (Gen. 28, 2). Daher heisst es nicht: dem Mächtigen Abraham's oder dem Mächtigen Isaak's. j. Ned. VIII g. E., 41ᵃ פתיחת נדר die Veranlassung, die der Gelehrte Jemdm. giebt, um sein Gelübde zu bereuen und hierdurch die Auflösung desselben zu erlangen, vgl. פְּתַח, s. auch נֶדֶר. Uebertr. j. Schabb. II, 5ᵇ un. R. Josua besuchte den R. Elieser, über den die Gelehrten den Bann ausgesprochen hatten, kurz vor seinem Tode; והיה מגפף ומנשקו ובוכה ואמר רבי הותר הנדר רכב ישראל ופרשיו er umarmte, küsste ihn und weinte, indem er ausrief: Rabbi, das Gelübde (der verhängte Bann) ist nunmehr gelöst, „o Kriegswagen Israels und seine Reiterei" (2 Kn. 2, 12)! Nach Snh. 68ᵃ hätte R. Josua ausgerufen: הותר

הנדר הותר הנדר das Gelübde ist gelöst, das Gelübde ist gelöst! und R. Akiba: אבי אבי רכב „mein Vater, Vater, Kriegswagen Israels und seine Reiterei"! — Pl. Ned. 3, 1 (20ᵇ fg.) ארבעה נְדָרִים התירו חכמים נדרי זירוזין ונדרי הבאי ונדרי שגגות ונדרי אונסין vier Arten von Gelübden giebt es, welche die Gelehrten als nicht bindend (keiner besondern Auflösung, Erlaubniss bedürfend) erklärten und zwar 1) Gelübde der Anspornungen, die von vorn herein nicht ernst gemeint waren (wenn z. B. der Verkäufer einer Waare sagt: Ein Gelübde, dass ich sie nicht billiger als für einen Sela [=4 Denaren] verkaufe; der Käufer hing. sagt: Ein Gelübde, dass ich sie nicht mehr als ½ Sela gebe! so ist anzunehmen, dass Beide den Kauf für 3 Denare abschliessen würden). 2) Gelübde, die auf Uebertreibung, Erdichtung beruhen (wenn Jem. z. B. sagt: Ein Gelübde, wenn ich nicht eine Schlange von der Grösse des Pressbalkens in der Kelter gesehen habe; was unmöglich ist). 3) Gelübde, die auf Irrthum oder Vergessenheit beruhen (wenn Jem. z. B. sagt: Ein Gelübde, dass ich nicht gegessen und getrunken habe! sich jedoch später erinnert, dass er gegessen und getrunken hat; oder wenn Jem. sagt: Ein Gelübde, dass meine Frau von dem Meinigen nichts geniessen dürfe, weil sie mir Geld gestohlen und meinen Sohn geschlagen hat; sich aber später herausstellt, dass sie weder gestohlen, noch geschlagen hat). 4) Gelübde, deren Erfüllung infolge eingetretener Verhältnisse unmöglich geworden ist (wenn A. z. B. den B. durch ein Gelübde veranlasst, zu der von ihm zu gebenden Mahlzeit zu kommen; B. aber infolge einer Krankheit, oder weil ihm die Fähre fehlt, um über den Strom überzusetzen, am Erscheinen verhindert ist). Aboth 3, 13 לפרושית סיג נדרים Gelübde bilden die Umzäunung für die Enthaltsamkeit; d. h. die ersteren bilden den Uebergang zu den letzteren. Ned. 51ᵇ fg. בנדרים הלך אחר לשון בני אדם betreffs der Gelübde ist die Umgangssprache massgebend. Wenn Jem. z. B. sagt: Ich gelobe, דגה nicht zu essen! so sind ihm blos kleine, nicht aber grosse Fische zum Genusse verboten; weil man in der Umgangssprache unter דגה blos kleine Fische versteht, wiewohl in der Bibel dieses W. auch grosse Fische bezeichnet. R. hasch. 12ᵇ dasselbe hinsichtlich des Jahresanfangs, worunter man in der Umgangssprache den Monat Tischri, in der Bibel hing. den Monat Nisan versteht, vgl. auch מַתִּיקָה. Chag. 1, 8 (10ᵃ) היתר נדרים פורחין באויר ואין להם על מה שיסמוכו das Auflösen der Gelübde (dass näml. der Gelehrte die Macht besitze, dieselben zu annulliren) schwebt in der Luft, denn in der Bibel findet sich dafür keine Stützung; es ist dies näml. blos eine tra-

ditionelle Lehre. — Davon rühlt auch der Name des Talmudtractates her: נדרים Nedarim, der zumeist über Gelübde handelt.

נֶדֶר, נִדְרָא ch. (syr. ‎ܢܶܕܪ‎=נֶדֶר) Gelübde, Gelöbniss. Ned. 8ᵇ, vgl. נֵאלֵי Das. רבינא הוה ליה נדרא לביתהו die Frau des Rebina hatte ein Gelübde gethan. Das. 24ᵃ fg. Genes. r. s. 81, 79ᶜ בשעת עקתא נדרא בשעת רווחה שיטפא zur Zeit der Noth wird ein Gelübde ausgesprochen; sobald aber Erleichterung kommt, so tritt die Ausgelassenheit ein. j. Ned. IX Anf. 41ᵇ לאחד שנדר מן הככר ווי דייכול ווי דלא אכיל חטי ייכול אין אכיל עבר על נדריו אין לא die Schrift (Spr. 12, 18 במדקרות pl., vgl. נֶדֶר) zielt auf denjenigen hin, der gelobt, ein Brot nicht zu essen; isst er es, so übertritt er sein Gelübde; isst er es nicht, so zieht er sich eine Sünde zu. Das Geloben, sich der nothwendigen Lebensbedürfnisse zu enthalten, gilt als sündhaft, vgl. נָזַר, נָזִיר u. ö.

נַדְרָנִית, נַדְרָנִיתf.Adj. ein Weib, das leichtfertig im Aussprechen von Gelübden ist und dieselben leichtsinnig übertritt. j. Keth. VII, 31ᵇ un. אי אפשי אשה נדריית שהיא קוברת את בניה ich mag nicht eine Frau, die betreffs der Gelübde leichtsinnig verfährt; denn sie begräbt ihre Kinder; mit Ansp. auf Jer. 2, 30: „Umsonst schlug ich eure Kinder, sie nahmen keine Zucht an", welche Stelle, ebenso wie Khl. 5, 5, auf das Uebertreten der Gelübde angewandt wird. In bab. Keth. 71ᵃ und 73ᵇ steht dafür אי אפשי באשה נדרנית dass.

נדיריא crmp., s. נְדִירָא.

נָהַג (=bh.) führen, insbes. sich führen, üblich, gebräuchlich sein, verfahren, einen eingeführten Brauch beobachten, ihn einführen. Grundwort höchst wahrsch. הג, vgl. arab. ‎هَجَّ‎ Conj. X: suum consilium sequi, vgl. auch הַךְ und דָּלַךְ, דָּלַ gehen. — Keth. 103ᵇ הנהג נשיאותך ברמים führe dein Nasiat mit Würde! vgl. jedoch נְשִׂיאוּת Sifra Zaw Par. 11 cap. 18: das W. לדורות (Lev. 7, 36) besagt: שינהג הדבר לדורות dass dieses Gebot für alle Zeiten gebräuchlich sei. Meg. 5ᵇ u. ö. דברים המותרים ואחרים נהגו בהן איסור אי אתה רשאי להתירן בפניהן Dinge, die erlaubt sind, welche aber Andere als verboten betrachten (eig. ein Verbot darin einführten), darfst du nicht in deren Gegenwart erlauben. Pes. 4, 1 (50ᵃ) מקום שנהגו לעשות מלאכה בערבי פסחים עד חצות עושין מקום שנהגו שלא לעשית אין עושין in dem Orte, wo es Brauch ist, an den Rüsttagen der Pesachfeste bis Mittag zu arbeiten, darf man arbeiten; wo es aber Brauch ist, nicht zu arbeiten, darf man nicht arbeiten. Das. 53ᵃ fg. B. mez. 7, 1 (83ᵃ) s. מְתִיקָה. Ab. sar.

54ᵇ s. מִנְהָג. Jeb. 102ᵃ s. אֲלִיהוּ. Pes. 113ᵇ un. wenn Jem. weiss, dass sein Nächster einen höheren Rang einnehme als er, צריך לנהוג בו כבוד so muss er gegen ihn Ehrerbietung beobachten; mit Bez. auf Dan. 6, 3. — Sot. 13ᵃ ob. (mit Bez. auf Gen. 50, 7. 8 und 14) בתחלה עד שלא ראו בכבודן של ישראל לא נהגו בהן כבוד ולבסוף שראו בכבודן נהגו בהן כבוד anfangs, bevor die Egypter die Ehre Israel's gesehen hatten, beobachteten sie nicht Ehrerbietung gegen sie (daher „gingen die Diener Pharao's, die Aeltesten seines Hauses" ihnen folgten); später aber, als sie (in Kanaan) die Ehre Israel's wahrgenommen hatten, beobachteten sie Ehrerbietung gegen Israel (daher „kehrte Josef mit seinen Brüdern und erst dann alle Anderen zurück"). Keth. 12ᵃ u. ö.

Hif. הִנְהִיג 1) führen, einführen, leiten. Kil. 8, 2 mit Thieren verschiedener Gattung אסורין לחרוש למשוך ולהנהיג darf man (eig. sie dürfen) nicht ackern, den Wagen, oder eine Last ziehen und sie nicht antreiben. Das. Mischna 3 המנהיג סופג את הארבעים der Antreibende wird mit 40 (39) Geisselhieben bestraft, vgl. סָפַג. B. mez. 8ᵇ ומנהיג der Reiter und der Antreiber. B. bath. 5, 1 (73ᵃ) מכר את התורן wenn Jem. ein Schiff verkauft, ואת כל המנהיגין אותה . . . (in Gem. das. durch משוטין erklärt) so hat er den Mastbaum und alle seine Steuerruder (eig. die das Schiff lenken) mitverkauft. — 2) trop. von einem Oberhaupt: Menschen führen, leiten. Snh. 92ᵃ פרנס ein der המנהיג את הצבור בנחת מנהיגין לעולם הבא Vorsteher, der die Gemeinde mit Sanftmuth leitet, wird sie auch in der zukünftigen Welt anführen. B. bath. 91ᵃᵇ als Abraham gestorben war, klagten alle Grossen der Welt: אוי לו לעולם שאבד מנהיגו ואוי לה לספינה שאבד קברניטה wehe der Welt, die ihren Anführer verloren, und wehe dem Schiff, das seinen Steuermann (κυβερνήτης) verloren hat! Genes. r. s. 39 Anf. „Gott sprach zu Abram: Gehe aus deinem Lande" u. s. w. (Gen. 12, 1 fg.) משל לאחד שהיה עובר ממקום למקום וראה את בירה דולקת אמר תאמר שהבירה הזו מנהיג אציץ עליו בעל הבירה אמר לו אני הוא בעל הבירה כך לפי שהיה אבינו אברהם אומר תאמר שהעולם הזה בלא מנהיג הציץ עליו הקב"ה ואמר לו אני הוא בעל העולם ein Gleichniss von Jemdm., der von einem Orte nach dem andern reisend, einen Palast brennen sah und bei sich dachte: Könnte man denn nicht meinen, dass dieser Palast keinen Leiter (Besitzer) häbe; auf den aber der Besitzer des Palastes hinblickte und ihm zurief: Ich bin der Herr des Palastes! Dasselbe galt von Abram, auf den, als er bei sich dachte: Könnte man nicht denken, dass die Welt keinen Führer habe, Gott hinblickte und ihm zurief: Ich bin

44*

der Herr der Welt! — 3) einen Brauch einführen. Bez. 23ᵃ תרדוס איש רומי הנהיג את בני
רומי לאכול גדי מקולס בלילי פסחים der Römer
Todos (Theodoros) führte bei den Römern den
Brauch ein, das mit allen seinen Theilen ge-
bratene Ziegenböckchen an den Pesachabenden
als Pesachopfer zu essen, vgl. קְלַס. Tosef. Jom
tob II und j. Bez. II, 61ᶜ un. dass. mit einigen
Abänderungen.

Hithpa. geführt, erhalten werden, sich
führen. j. B. kam. VI, 5ᵈ ob. רוח שהעולם
מִתְנַהֵג בו וכ׳ der Wind, durch den die Welt
erhalten wird.

נְהַג ch. (=נָהַג) sich führen, einen Brauch
beobachten. j. Pes. IV Anf., 30ᵉᵈ נשיא דנהיגין
die Weiber, welche den Brauch beobachten,
dass sie u. s. w., s. מִנְהָג. j. Ber. I, 3ᵈ un. היך
הוה נהיג אבוך וכ׳ wie führte sich dein Vater
u. s. w.? Das. II, 4ᵇ mit. כך אינון נהגין גביהון
שאיל בשלמא דרבא וכ׳ das ist bei
ihnen (den Babyloniern) Brauch, dass der Geringere den Vornehmen nicht grüsst; denn sie
beherzigen die Schriftstelle (Hi. 29, 7): „Jünglinge, die mich sahen, versteckten sich." j.
Schek. II, 47ᵃ ob. dass. j. R. hasch. II, 58ᵇ ob.
הכין אתון נהיגין גבירכון מציערין רברביכון
auf diese Weise verfährt man also bei euch, dass
ihr eure Grossen belästigt!

נוֹהַג m. die Führung, d. h. das gewöhnliche Verfahren; insbes. oft בנוהג שבעולם
וכ׳ eig. im Verfahren in der Welt liegt es, d. h.
gewöhnlich kommt es vor, dass u. s. w.
j. Ber. I, 2ᵈ ob. בנוהג שבעולם אדם מוחה אהל
על ידי שהוא רפה וכ׳ gewöhnlich kommt
es vor, dass ein Zelt, das der Mensch aufspannt,
nach und nach an Festigkeit verliert, vgl. אִנְקֵר.
j. R. hasch. I, 57ᵇ ob. בנוהג שבעולם אדם יודע
שיש לו דין וכ׳ gewöhnlich kommt es vor, dass
ein Mensch, der da weiss, dass er einen Prozess
vorhabe, sich schwarz kleidet u. s. w. Genes.
r. s. 70 g. E. בנוהג שבעולם פועל עושה מלאכה
עם בעל הבית שתים ושלש שעות באמונה לסוף
מתעצל וכ׳ gewöhnlich kommt es vor, dass der
Arbeiter, der bei seinem Brotherrn eine Arbeit
zu verrichten hat, zwei oder drei Stunden fleissig
(treu) arbeitet, später aber nachlässig wird;
Jakob hing. hat während seiner ganzen Dienstzeit bei Laban bis zu Ende treu gearbeitet.

נְהָא I נְחָא (hbr. נָהָה). Itphe. אִתְנְהִי
sich versammeln, sich schaaren, eig. wohl:
zusammengerufen werden, convocari. s. TW.

נְהִי II (verk. aus נֶהֱוֵי von הוי, s. d.; syr.
ܢܶܗܘܶܐ) Schulausdruck in bab. Gem. eig. es sei!
dah. sei es, dass . . . selbst wenn, auch
in dem Falle, oder: zugegeben dass u. s. w.
B. kam. 76ᵃ נהי דסבר ר׳ שמעון וכ׳ wenn auch.
R. Schimeon der Ansicht ist, dass u. s. w. Jeb.

61ᵃ נהי דמיעטינהו קרא מאטמויי באהל ממגע
רמשא מי מיעטינהו קרא wenn die Schrift sie
auch vom Verunreinigen durch das Zelten
(vgl. אֹהֶל) ausgeschlossen hat, hat sie etwa
dieselben auch von der Verunreinigung durch
Berühren und Tragen ausgeschlossen? Ab.
sar. 65ᵃ נהי דלגין דינא הוא לאותוביה וכ׳ wenn
er auch von Rechtswegen die Weinflasche zu-
rückerstatten soll u. s. w. Snh. 35ᵃ, s. לָבָא.
Jom. 64ᵃ u. ö.

נָהַל (=הוּל, arab. هَالَ, oder נָהַל=מִהַל,
Grndw. הל, vgl. מְהוֹלָה II) sieben, cribro, Staub
od. Mehl. Bez. 29ᵇ דר׳ . . . יוסף דביתהו דר׳ יוסף
אשי נהלא קמחא וכ׳ die Frau des R. Josef . . .
des R. Asche, siebte Mehl in den Mitteltagen des
Festes, s. מְהוּלְתָּה. Keth. 62ᵇ הות יתבא דביתהו
קא נהלה קמחא seine (des R. Chananja) Frau
sass und siebte Mehl. Part. pass. Chull. 51ᵇ un.
קיטמא דְנִהֲלָא חיישינן לא נהילא לא חיישינן bei
einem Vogel, der auf gesiebte Asche fällt,
haben wir zu besorgen (dass seine Glieder erschüttert wurden, infolge dessen er nicht gegessen
werden darf; denn die gesiebte Asche wird gew.,
wenn sie einige Zeit liegt, zu einer festen, harten
Masse); bei nicht gesiebter Asche hing.
haben wir dieses nicht zu besorgen. Ber. 6ᵃ
נייהו קיטמא נהילא man bringe gesiebte Asche,
vgl. פּוּרְיָא. — Uebertr. (als Sbst.) Taan. 9ᵇ נהילא
דמקמי מיטרא אתי מיטרא . . . וסימנך מהולתא
wenn ein Sprühregen (in kleinen Tropfen) den
Regen beginnt, so wird ein heftiger Regenguss
folgen; als Merkmal diene dir das Sieb, aus
welchem näml. zuerst das feine Mehl, sodann
die Schrotkörner herabfallen.

נִיהֲלָךְ, נִיהֲלָךְ u. s. w. s. in בי.

נָחַם (=bh., arab. نَهَمَ u. نَهِمَ, Grndw. הם,
s. הֲמַם und הָמָה) brummen, toben. Ber. 32ᵃ
ob. אין ארי נוהם מתוך קופה של תבן אלא מתוך
קופה של בשר der Löwe brummt nicht vor einem
Korb mit Stroh, sondern blos vor dem Fleisch-
korb; bildl. für: Nur im Wohlstande artet der
Mensch aus.

Pi. נִחֵם dass. brummen, lärmen. Ber. 3ᵃ
R. Jose erzählte: Einst ging ich in eine der
Ruinen Jerusalems, an deren Eingang der Prophet Elias mich erwartete. שמעתי בחורבה זו
שמעתי בת קול
שמנהמת כיונה ואומרת אוי לבנים שבעונותיהם
החרבתי את ביתי וכ׳ er sagte zu mir: Mein
Sohn, was für eine Stimme hast du in dieser
Ruine vernommen? Ich antwortete ihm: Einen
Widerhall der Gottesstimme vernahm ich, welche,
einer Taube ähnlich, brummte und rief: Wehe
den Kindern, um deren Sünden willen ich meinen
Tempel zerstört und sie unter die Völker getrieben
habe u. s. w. (vgl. Nah. 2, 8 מנהגות כקול יונים
[wofür Trg. מנהמן,] sie summten wie die Tauben", vgl. Pael); s. auch נָהִימָה.

נְהַם ch. (syr. ܢܗܰܡ=נָהַם) brummen, toben. Chull. 59ᵇ der fabelhafte Löwe (l. נְהִים ,נֵיהֹם, נהים קלא אחרינא ... חד קלא lärmte ein Mal, lärmte zum zweiten Mal. — Pa. נַהֵם dass.; übrtr. Levit. r. s. 6 g. E. 151ᵃ המצפצפים אילין המנהגים (l. המצייצין) והמהגים דמנהמין unter המצפצפים (Jes. 10, 14) sind die Zauberer zu verstehen, welche zwitschern, pipen, unter והמהגים: diejenigen, welche summen; s. auch TW.

נְהִימָה fem. N. a. das Brummen, Lautsprechen. Pesik. r. s. 21, 42ᵃ הנהימה סיניהמתם לפני בהר סיני ואמרתם כל אשר דבר ה' נעשה mit Rücksicht auf das Lautrufen (l. נחממכם הוא ונשמע אנכי אנכי), das ihr mir vor mir auf dem Sinai kund gethan, indem ihr vor mir sprachet: „Alles, was Gott geredet, wollen wir thun" (Ex. 24, 7); infolge jenes אנכי (der Zehngebote) werde ich euch trösten (Jes. 51, 12, נחם anklingend an נהם). Pesik. Anochi, 140ᵃ נחמה שנחמתם crmp. aus שניהמתם נהימה, vgl. auch Buber, Anm. z. St.

נְהָמָה od. **נְהָמָה** f. (=bh.) das Brummen, Gestöhne. Thr. r. sv. שנחמה, 56ᶜ wenn Jem. seinen Sohn dem Götzen opferte, נותנין אותו לתוך פס של נחושת ומסיקין את הכירה תחתיו ודיו מקלסין לפניו ... כדי שלא ישמעו נהמת בניהם ויחזרו בהן so legten die Priester den als Opfer geweihten Sohn in einen kupfernen Behälter, heizten den Herd unter ihm und sangen vor ihm Loblieder, damit die Eltern das Gestöhne ihrer Kinder nicht hörten und infolge dessen sie vom Opfern abliessen.

נִיהָמָא ch. (syr. ܢܗܡܘܬܐ ,נַהֲמוּתָא (syr. ܢܗܡܐ =נִיהָמָה) das Stöhnen, Gestöhne, s. TW.

נִיהוּמֵי ,נְהוּמֵי f. 1) das Tosen, Brausen des Meeres. Jalk. II, 123ᶜ מגערתו לא חד מנהומי רינהא וג' אלא ein Autor sagt: Das W. ויגער (Ps. 106, 9) bedeutet nicht etwa „Drohen, Anschreien", sondern vielmehr: ein Brausen, Tosen (u. zw. mit Bez. auf וינהם, Jes. 5, 30); d. h. der Untergang Pharao's im Meere geschah gleich dem des Sanherib durch Tosen des Meeres. Midr. Tillim z. St. steht dafür מנהמה כהומה יַם er tobte gegen sie wie das Tosen des Meeres. — 2) das Brummen, Brüllen des Löwen, s. TW.

נַהֲמָא m. (viell. pers. nân) Brot. Ber. 35ᵇ un. (mit Bez. auf Ps. 104, 15) חמרא אית ביה תרתי סעיד ומשמח נהמא מסעד סעיד שמוחי לא משמח „der Wein" hat zwei Eigenschaften, er sättigt und macht heiter, „erfreut (das Menschenherz"); „das Brot hing. „sättigt" zwar, macht aber nicht heiter. Bez. 16ᵃ u. ö. Die närrischen Babylonier, דאכלי נהמא בנהמא welche Brot zum Brot (näml. Hirsen) zuessen. Schabb. 140ᵇ האי מאן דאיפשר ליה למיכל נהמא דשערי ואכיל

Jem., der Brot von Gerstenmehl verträgt, aber dennoch Weizenbrot isst, übertritt das Verbot: „Du sollst nicht verderben" (Dt. 20, 19; ein Verbot, das im übertr. Sinne auf das Verderben aller Werthgegenstände angewandt wurde). B. mez. 113ᵇ Samuel sagte: מאן דאכל נהמא ולא מסגי ארבעה גרמידי וכ' (für denjenigen weiss ich kein Heilmittel), der, nachdem er Brot gegessen, nicht wenigstens vier Ellen weit geht, vgl. auch מְרֵחְתָּא. Keth. 39ᵇ נהמא אקושא hartes Brot. Git. 12ᵃ עבדא נהם כריסיה לא שוי וכ' Ar. (Agg. דנהמא crmp.) ein Knecht, der nicht so viel werth ist, als das Brot seines Leibes kostet u. s. w., vgl. כְּרֵיסָא. — 2) übertr. Beischlaf (ebenso wird הלחם, Gen. 39, 6 gedeutet, vgl. אֲכַל). Nid. 17ᵃ פקולין דנהמא Ar. sv. פקל 2 (Agg. בנהמא crmp.) Baumwollen-Bündel (φάκελος) zur Reinigung nach dem Beischlaf. — j. Snh. II g. E., 20ᶜ un. מנהם טלמא nach dem Commentt. „von dem Laib Brot"; was jedoch unrichtig, da unser W. meines Wissens in j. Tlmd. nicht vorkommt. Es ist vielmehr מנהם טלמיא zu lesen: der Bäcker Menachem, s. טַלְמָיָא.

נְהָפְכְוָנוּתָא f. (syr. ܢܗܦܟܘܬܐ, von הֲפַךְ) Verkehrtheit, s. TW.

נְהַק (=bh., viell. syn. mit נָאַק od. Grndw. נק) rudere, schreien, vom hungrigen Esel. Cant. r. Anf., 3ᶜ „Salomo erwachte חֲלֹום והנה היה חלום וכ' חמור נוהק (1 Kn. 3, 15) ודהוא ידע מה נוהק צפור מצוצי (od. מצוצי) ידע מה מצוצי (מצוין) „er war gekräftigt", d. h. kam auf den Grund der Dinge; wenn der Esel schrie, so wusste er, wonach er schrie; wenn der Vogel zwitscherte, so wusste er, wonach er zwitscherte. Khl. r. Anf., 70ᵃ dass. mit einigen Abänderungen.

נְהַק ch. (=נְהַק) schreien, vom Esel. j. Dem. I, 21ᵈ un. die Eselin des R. Pinchas ben Jaïr אזלת וקמת על תרעא דמרה שריית מנהקה וכ' ging hin, stellte sich vor die Thür ihres Besitzers und fing an zu schreien. j. Schek. V Anf., 48ᵈ dass.

נְהִיקָא m. das Schreien des Esels, s. TW.

נְהַר (=bh., syn. mit נוּר, s. d.) leuchten. Die Grndbedeut. ist (=מָשַׁךְ s. d.): sich ziehen, ausströmen; vgl. Hor. 12ᵃ משכו מיא das Wasser zieht sich hin, und das. נהורא משיך das Licht dehnt sich, strömt aus, vgl. מְשַׁךְ und נָהוֹר Anf.; dav. auch נָהָר s. d.

Hif. הִנְהִיר erleuchten; bildl. Erub. 13ᵇ מנהיר עיני חכמים der die Augen der Gelehrten erleuchtet, s. נְהוֹרָאַי.

נְהַר I ch. (syr. ܢܗܰܪ=נָהַר) leuchten, hell werden. Taan. 10ᵃ ob. מוהי נָהוֹר ענני זעירין (Ar. crmp. סגיאין) wenn die Wolken hell sind,

so enthalten sie wenig Wasser, vgl. חֲשַׁל. Pesik. Echa, 123ᵃ מרי ינהור דינא קדמך וכ׳ mein Herr möge doch das Recht vor dir leuchten u. s. w., vgl. כפי, כְּפָה. — Oft Part. Peil נְהִיר (syrisch ܢܰܗܺܝܪ, نَهِم) 1) leuchtend, hell, heiter. Levit. r. s. 19, 162ᵃ Resch Lakisch sagte zu seinen Schülern: לית אהרן חמין אולפני מה נהיר באפי ולמה דהוא דלילי רימגא sehet ihr nicht, wie meine Lehre mir auf dem Gesiehte leuchtet (d. h. mein Gesicht durch die Gesetzkunde strahlt, erleuchtet ist)! und woher kommt das? Weil sie von den Nacht- und Tagesstudien herrührt, vgl. j. Schabb. VIII Anf., 11ᵃ eine Matrone sah sein (des R. Juda bar Ilai) Gesicht strahlen. Das. חמתדה חדא מטרונא אפוי נהירין ר' אבהו נחת לטבריא חמוניה תלמידוי דר' יוחנן אפוי נהירין אמרון קומי ר' אבהו אשכח כימה אמר לון למה אמרו ליה אפוי נהירין אמר לון דילמא אורייתא חדתא שמעתה וכ׳ als R. Abahu nach Tiberias gekommen war und die Schüler des Jochanan sein Gesicht strahlen sahen, sagten sie zu R. Jochanan: R. Abahu hat wohl einen Schatz gefunden! Woraus entnehmt ihr das? fragte er sie. Sie antworteten ihm: Sein Gesicht strahlt. Er sagte zu ihnen: Vielleicht hat er einen neuen Lehrsatz vernommen; denn „die Weisheit des Menschen macht sein Gesicht strahlen" (Khl. 8, 1). j. Schek. III, 47ᶜ ob. dass. Khl. r. sv. ראה זד 89ᵃ dass. Das. man fragte den R. Juda: ועל מה אפיך נהירין אמר להו אורייחא היא דמנהרא אפיר woher kommt es, dass dein Gesicht strahlt? Er begegnete ihnen: Die Gesetzlehre ist es, welche mein Gesicht strahlen macht. j. Pes. X, 37ᶜ un., dass. — Ber. 58ᵇ Samuel sagte: נהירין לי שבילי דרקיעא כשבילי דנהרדעא לבר מכוכבא דשביט דלא ידענא מאי ניהו mir sind die Strassen des Himmels (durch die Astronomie) ebenso, wie die Strassen Nehardea's bekannt, mit Ausnahme des strahlenden Planeten, dessen Beschaffenheit ich nicht kenne. — 2) sich erinnernd, denkend (μνήμων); unterschieden von זכור, das sich blos auf eine bestimmte Handlung bezieht. Schabb. 156ᵃ האי מאן דבארבע בשבא יהא גבר נהיר ונהיר wer am Mittwoch geboren ist, wird ein kluger und ein denkender (d. h. mit Gedächtniss begabter) Mann sein; weil näml. an diesem Tage die Lichtkörper befestigt wurden. j. Meg. I, 64ᵃ mit. נהיר את כד הוינן קיימין קומי תנוחא דר' הושעיא חביבך וכ׳ erinnerst du dich, dass, als wir vor dem Kramladen deines Oheims R. Hosaja standen u. s. w.? j. Keth. V, 30ᵃ ob. R. Jose sagte zu R. Jakob bar Acha: נהיר דהויתין אמרין את ור' ירמיה וכ׳ ich erinnere mich, dass ihr, du und R. Jirmeja sagtet u. s. w. j. Orl. III g. E., 63ᶜ ob. steht dafür את נהור אתית אמר את crmp. aus את אמר נהיראת dass. j. Nas. V g. E., 54ᵇ נהירין הוינן דהוה חד גבר סב וכ׳ wir erinnern uns, dass es einen alten Mann gab u. s. w.

Chull. 54ᵃ ולא נהירת ליה לאותו תלמיד וכ׳ erinnerst du dich nicht jenes Schülers? Das. 93ᵃ נהירנא כד הוו מאכרין בבי מדרשא Ar. ed. pr. (Agg. דהכי הוו אמרי בי) ich erinnere mich, dass, als sie im Studienhause sagten u. s. w. B. bath. 91ᵇ R. Jochanan sagte: נהירנא כד הוו קיימין ארבע כאין בסלע ודהוו נפישי נפותי כפן בטבריא מדלית איסר ich erinnere mich, dass, als man vier Mass (Sea) Getreide für einen Sela bekam (trotz dieses Ueberflusses an Getreide), es viele Hungerleidende (vom Hunger Aufgedunsene) in Tiberias gab, weil das Geld (der Assar) fehlte.

Af. אַנְהַר 1) leuchten, intrnst. j. Jom. III Anf., 40ᵇ und j. R. hasch. II Anf., 57ᵈ s. מַנְהֲרָא. j. Taan. III, 66ᵈ un. אמרון ליה שמעינן דהוה עליל לעזרה דהיא מנהרה עאל ואנהרת zu ihm (Choni Maagal, dem man anfänglich nicht glauben wollte, dass er es sei): Wir hörten, dass die Tempelhalle, wenn er hineinging, leuchtete. Er ging hinein und sie leuchtete. — 2) trnst. erleuchten, strahlen machen. Cant. r. sv. ראשו, 25ᵈ Resch Lakisch sagte כד הורינא לעי בארורייתא ביממא ובליליא הות מנהרא לי infolge dessen, dass ich mich mit der Gesetzlehre Tag und Nacht befasste, erleuchtete sie mich, vgl. Part. Peil. Sot. 6ᵃ R. Schescheth אנהר לן עיינין ממתניתין erleuchtete uns die Augen aus der Mischna; d. h. wies die Richtigkeit einer sonst schwierigen Borajtha durch eine gründliche Auffassung der Mischna nach. B. bath. 53ᵇ dass. — 3) sich erinnern. j. Pea III g. E., 17ᵈ un. אנהר ר' אמי רחזר עובדא R. Ammi erinnerte sich (eines Lehrsatzes) und machte die von ihm getroffene Entscheidung rückgängig. Genes. r. s. 33, 32ᵃ (mit Bez. auf Khl. 9, 15: „Niemand gedenkt des Armen" אמר הקב״ה אהרן לית אהרן מנהרין ליה אנא מנהר ליה Gott sagte: Ihr gedenkt seiner (des Armen) nicht; aber ich werde seiner gedenken", „Gott gedachte des Noah" (Gen. 8, 1). j. Kidd. I, 61ᵃ un. אנהר ליה ונפק מן דימוסיא er erinnerte sich (eines Vorhabens) und ging aus dem Bade. Cant. r. sv. הנך יפה, 20ᵇ אתנהרתון crmp. s. נָהַר Bd. I Zusatz S. 567ᵇ.

נְהוֹרָא, נְהוֹר m. (bh. נְהֹרָה f.) 1) Licht, sow. Tageslicht, als auch künstlich hervorgebrachtes Licht, Leuchte. Dan. 2, 22 im Keri. — Pes. 2ᵃ קרייה רחמנא לנהורא ופקדיה Gott (der Barmherzige) rief das Licht und ertheilte ihm Befehle hinsichtl. des Tages, vgl. חֲשׁוֹךְ. Das. 7ᵇ (mit Bez. auf Zeph. 1, 12) קולא הוא דקאמר רחמנא לא בדיקנא לה בירושלם בנהורא דאבוקה דנפיש נהורא טובא אלא בנהורא דשרגא דזוטר נהורא משתכח ועון זוטר לא משתכח darin liegt eine Milde, dass Gott sagte: Ich werde Jerusalem nicht beim Lichte der Fackel, deren Licht sehr stark ist (wobei auch die geringsten Sünden

zum Vorschein kämen) durchsuchen, sondern vielmehr blos beim Lichte eines brennenden Lichtes, das nur sehr wenig Licht verbreitet und wobei nur die grosse, nicht aber die kleine Sünde aufgefunden werde. Das. 8ᵃ משך נהורא das Licht eines brennenden Lichtes zieht, dehnt sich; im Ggs. zum Lichte einer Fackel (אֲבוּקָה), deren Licht abgebrochen wird, מיקטף אקטופי. Thr. r. sv. רבתי, חד כותאי, 53ᵃᵇ Jem. erzählte einem Samaritaner, der sich für einen Traumdeuter ausgab: חמית בחלמא זיתא משחה משחא אמר ליה כותאה זיתא נהור ומשחא נהור את חמי נהור בנהור סגיא ich sah in meinem Traume eine Olive, die das Oel tränkte. Der Samaritaner sagte zu ihm: Die Olive deutet auf Licht (viell. mit Ansp. auf Gen. 8, 11, dass Noah aus dem Olivenblatt die Abnahme des Wassers erkannte) und das Oel deutet ebenf. auf Licht; du wirst daher viel Licht im Lichte sehen. R. Ismael bar Jose jedoch deutete diesen Traum wie folgt: אימרה הוא חכים jener Mensch hat seiner Mutter beigewohnt (d. h. die Olive tränkte das Oel, das von ihr bestammte). Nach der Parall. j. Maas. scheni IV, 55ᵇ un. wäre dieser Traum blos dem R. Ismael vorgetragen worden, mit den Worten וזית. Thr. r. l. c. dass. werden mehrere Träume mit Bez. auf Licht dem Samaritaner erzählt. — Pl. Ber. 52ᵇ שמאי בית סברי חדא נהורא איכא בנורא ובית הלל סברי טובא נְהוֹרֵי איכא בנורא die Schule Schammai's ist der Ansicht, das Feuer enthalte blos ein Licht (dah. sage man in der Benediction: מאורי האש sing. das Licht des Feuers); die Schule Hillel's hing. ist der Ansicht, das Feuer enthalte viele (verschiedene) Lichtfarben (daher sage man: מאורי האש plur.). Trop. Pesik. r. s. 21, 42ᶜ die Zehngebote entsprechen den „zehn Aussprüchen“ in der Schöpfungsgeschichte (s. מַאֲמָר) u. s. w. כבד כנגד יהי מאורות אמר הקב"ה דא ברייתי לך חרין נְהוֹרִין אביך ואמך הוי זהיר ביקירהון das Gebot: „Ehre deinen Vater und deine Mutter“ (Ex. 20, 12) entspricht dem Ausspruch: „Es seien Lichter“ (Gen. 1, 14). Gott sagte: Sieh, ich habe für dich zwei Lichter erschaffen, näml. deinen Vater und deine Mutter; sei daher ermahnt, sie zu ehren. — 2) das Augenlicht. B. kam. 83ᵇ (wird gegen die buchstäbliche Auffassung des Satzes: „Auge um Auge“ [Dt. 19, 21] der Einwand erhoben: Wenn der Eine der Prozessirenden ein grosses und der Andere ein kleines Auge hätte, so würde die Bestrafung nicht der Beschädigung entsprechen, vgl. מָמוֹן). מאי קושיא דילמא נהורא שקיל מיניה נהורא אמר רחמנא נשקיל מיניה was ist das für ein Einwand? Vielleicht meint die Schrift, dass man demjenigen, der dem Andern das Augenlicht genommen, ebenfalls das Augenlicht nehme! d. h. dass es gar nicht darauf ankomme, ob des Einen Auge grösser und des Andern Auge kleiner sei, dass man

vielmehr denjenigen, der den Andern geblendet hat, ebenfalls blenden solle; woher ist also erwiesen, dass die Bestrafung für die Beraubung des Augenlichtes in einer Geldentschädigung bestehe? Kidd. 24ᵇ נהורא בריא . . . נהורא כהישא ein starkes Augenlicht, ein schwaches Augenlicht, vgl. נָכָד. — 3) Licht euphemist. für Blindheit, vgl. בְּרַק, מָאוֹר, מְפַתְחָא u. m. a. j. Pea V g. E., 19ᵃ „Verrücke nicht עוֹלָים“ (Spr. 22, 28, woselbst im massoret. T. עֹלָם steht, in Mischna und Gem. jedoch überall עוֹלָים citirt wird). חד אמר אלו עולי מצרים וחרנא אמר אלו סירדו מנכסיהן לכמיא סגיא נְהוֹרַיָּא אמר ר' יצחק ועניים מרודים תביא בית ein Autor sagte: Darunter sind diejenigen zu verstehen, die aus Egypten nach Palästina zogen (d. h. die von Mose und Josua festgesetzte Länder_ eintheilung darf nicht geändert werden). Ein anderer Autor sagte: Darunter sind diejenigen zu verstehen, die ihr Vermögen verloren; denn den Blinden nennt man: den Vielsehenden (d. h. „die Aufsteigenden“, עולים, steht euphemist. für: „die Gesunkenen“, יורדים, Verarmten, vgl. יָרַד und נָחַת). R. Jizchak sagte: „Die Armen, מרודים, bringe in das Haus“ (Jes. 58, 7; d. h. מרודים ist von רָדָה zu deuten: „die Herrschen_ den“ euphemist. für die Unterjochten. Den Commentt. entging diese Ansp., vgl. z. B. Frankel u. A.). Vgl. Levit. r. s. 34, 178ᵈ. j. Pea VIII Ende, 21ᵇ ר' הושעיה רבה הוה רבה בדבריה חד סגיא נהורא דיה דסגיא נהורא R. Hoschaja, der Aeltere, war der Lehrer des Sohnes eines Blinden, vgl. נָכָר. Das. על חד דסגיא נהורא לקרתיה, der blind war, kam nach seinem (des R. Elieser ben Ja_ kob) Wohnort. j. Schek. V g. E., 49ᵇ dass. j. Keth. XI, 34ᵇ un. אתנחת מן נכסוי ואתעבדי כסגיא נהורא er verlor sein Vermögen, infolge dessen war er wie ein Blinder.

נְהָרָא, נְהוֹר m. (syr. ܢܘܼܗܪܵܐ) Licht, s. TW.

נְהִירָא m. (eig. Part. pass.) der Erleuchtete; übertr. Nehira, bildlicher Name des Messias. Thr. r. sv. אלה על g. E., 59ᶜ ר' ביבא סנגוריא אמר נהירא שמו שנאמר ונהורא וג' נהירא (l. נהירא). R. Beba Sangorja sagte: Nehira ist des Messias Name; denn es heist ונהורא (Dan. 2, 22), das jedoch נהירא geschrieben ist. Der Sinn wäre demnach: „Nehira wohnt bei Gott“. In Snh. 98ᵇ steht diese Deutung nicht, vgl. יִנּוֹן. In Genes. r. s 1 Anf. lautet dieser Satz: נהורא עמיה שרא זה מלך המשיח „das Licht (oder Nehira?) wohnt bei ihm“, das ist der König Messias.

נְהִירוּ f. Erleuchtung, Weisheit. Dan. 5, 11. 14.

נְהוֹרַאי Nehorai 1) N. pr. masc. gew. eines Tannaiten; etwa Lucius. Erub. 13ᵇ . . . תנא ולא רבי נהוראי שמו אלא ר' נחמיה שמו ואמרי

לה ר' אליעזר בן ערך שמו ולמה נקרא שמו נהוראי
שמנהיר עיני חכמים בהלכה in der Borajtha
steht: Nicht R. Nehorai war der Name dieses
Tannaten, sondern vielmehr: R. Nechemja; manche
sagen: R. Elasar ben Arach war sein Name.
Weshalb jedoch wurde er: Nehorai genannt?
Weil er die Augen der Gelehrten in der Halacha erleuchtete. Dahing. steht in dem dort
vorangehenden Satz in Bez. auf R. Meïr im
Ms. M. מיישא anst. נהוראי in Agg.; was viell.
richtig ist. Vgl. dag. Nas. 9, 8 (66ᵃᵇ) נהוראי 'ר
als ein Gegner von יר' יוסי R. Jose, was blos
auf R. Meïr passt. — Schabb. 147ᵇ dass. Deut.
r. s. 3, 254ᵇ hing. wird נהוראי ר' R. Nehorai als
ein Gegner des R. Nechemja erwähnt. Ber. 53ᵇ
u. ö. — Zuw. Name eines Amoräers. Chull.
55ᵇ un. פריש ר' נהוראי משמיה דשמואל וכ' R. Nehorai erklärte Namens Samuel's u. s. w. —
2) N. pr. fem. etwa Lucia. j. Ber. III, 6ᵃ un.
נהוראי אחתיה דר' יהודה נשיאה Nehorai, die
Schwester des R. Juda Nesia, vgl. jedoch וְהוּדִיָּנִי.

נְהוֹרִיתָא f. (syr. ‏ܢܘܗܪܝܬܐ‎) eig. Erleuchtung; dah. 1) euphemist. für Erblindung,
Staar. B. mez. 78ᵇ wird das W. הבריקה der
Mischna nach einer Ansicht erklärt durch
נהוריתא: die Eselin bekam den Staar, sie erblindete, vgl. בְּרַק. — 2) Nehoritha, bildliche
Benennung einer der sieben Dienerinnen der Esther,
welche die letztere am Mittwoch (dem Schöpfungstage der Lichtkörper) bediente, s. TW.

נָהָר m. (=bh.; über die Etym. des Ws. s.
נָהַר) Strom, Fluss. — Pl. Bech. 55ᵇ un. כל
הנהרות למטה משלשה נהרות ושלשה נהרות
מטה מנהרות alle anderen Ströme liegen tiefer
als die (in Gen. 2, 11 fg.) genannten drei Ströme,
näml. Pischon, Gihon und Chiddekel, aber diese
drei Ströme liegen tiefer als der Euphrat. —
Ferner wird נהר vielen Ortsnamen vorgesetzt,
z. B. Schabb. 140ᵇ נהר אבא Nehar Abba,
vgl. בִּיתוֹבָא. Snh. 17ᵇ נהר בלאי, s. בְּלוֹרִי. Erub.
82ᵇ נהר פפיאתא Ms. M. (Agg. פפיתא) Nehar
Papiatha; wahrsch. נהר פפא=Nehar Papa.
j. Snh. I, 19ᵃ ob. כי מבבל תצא תורה ודבר ה'
מנהר פקוד „denn von Babel geht die Lehre
aus und das Gotteswort aus Nehar Pekod;"
eine ironische Ansp. auf Jes. 2, 3, vgl. הַנְכָנִי.

נָהָר II נַהֲרָא, נַהֲרָה chald. (syr. ‏ܢܗܪܐ‎=נָהָר)
Strom, Fluss. Dan. 7, 10. Esr. 4, 10. 16 fg,
s. auch TW. — Git. 60ᵇ בני נהרא die Adjacenten des Flusses. Das. ליזיל נהרא das
der Fluss gehe seinen Lauf fort; d. h. wir wollen ihn nicht eindämmen. Trop. Chull. 18ᵇ
נהרא ופשטיה d. h. der eine strömt heftig, der andere langsam; bildl. für: jeder Ort befolgt seinen eignen
Brauch. Das. 57ᵃ dass. — Pl. j. Schabb. VII,
9ᶜ ob. עברת בידך תלתא נַהֲרִין וכ' du reistest
durch drei Flüsse u. s. w., vgl. עֲבַר.

נְהַרְדְּעָא Nehardaa, 1) Name eines Ortes
im Stamme Ruben, s. TW. — 2) Name eines
Ortes in Babylonien, woselbst sich die Akademie Samuel's und seiner Nachfolger befand.
Ber. 58ᵇ u. o., s. נָהָר I. Snh. 17ᵇ דייני דנהרדעא
אמוראי דנהרדעא . . . die Richter Nehardaas,
die Amoräer Nehardaas.

נְהַרְדְּעָא m. N. gent. der Nehardaënser.
j. Pes. V, 32ᵃ un. את נהרדעאי ודר בדרום du bist
ein Nehardaënser (Babylonier) und wohnst in
Daroma, vgl. מַסלַֽרָֽה. — Pl. Schabb. 133ᵇ u. ö.
נַהַרְדָּעֵי (für נַהַרְדְּעָאֵי) die Nehardaënser.

נוּ Pron. (=נִיהוּ, ‏ܐܪܗܘ‎, und ה elidirt) er, es.
j. Ned. III g. E., 52ᵈ un. הוי די נו כולל והיי די
נו מונה was versteht man unter (eig. was ist
das) כולל, und was unter מונה? In der Parall.
steht הַיְדֵנוּ, s. d. j. Kil. IX Ende, 32ᵈ והדן
נו נשוך eig. ist denn das etwa angebissen, verflochten? d. h. sollte etwa, wenn Einer wollene
und ein Anderer, der neben ihm steht, leinene
Kleider trägt und diese Kleider mittelst eines
Seiles verbunden sind, dies wie ein Gewand von
Mischzeugen (כלאים) angesehen und verboten sein? Das. 3 Mal. R. Simson zu Kil.
9, 10 liest an allen diesen Stellen בו (?).

נוֹא I (=bh. נֹא) No, Name eines ägyptischen
Ortes. Pesik. Wajhi bachzi, 63ᵇ ואלו הן חמש
ערים נוא ונוף תפנחס (תחפנחס). (l.) ועיר הדרס ועיר
(das sind die „fünf ägyptischen Städte" (Jes.
19, 18): No, Nof, Taphne (Daphne), die Stadt
des Einsturzes und die Sonnenstadt (Heliopolis);
No ist Alexandrien, Nof Memphis u. s. w. In
Pesik. r. s. 17, 33ᵇ steht נורן für נוא wahrsch.
crmp.

נוֹא II נוֹאַי, öfter נוֹי m. (von נוה, נוֹאָה=נוי,
נאי, s. d.) Schönheit, Zierde. Khl. r. sv.
והוא נואי דהוא שבחוי 76ᵇ, ופסירתי das (näml.
die Nase des Menschen, die einem Kanal ähnlich
ist) bildet seine Schönheit und seinen Vorzug.
In der Parall. Genes. r. s. 12, 12ᶜ והוא נאוֹ Ar.
ed. pr. (für נואי; Agg. crmp. נאה) dass., s. נִיב I.
j. Jeb. I Anf., 2ᵇ לשום נוי או לשום wenn Jem. seine Jebama
(die Wittwe seines kinderlos verstorbenen Bruders) wegen Schönheit oder wegen anderer Umstände (d. h. nicht um die Pflicht der Leviratsehe zu vollziehen, vgl. יבום) ehelicht, so ist eine
solche Ehe als Buhlerei anzusehen. j. Keth. VII
g. E., 31ᵈ דבר שהוא נוי בזה ומום בזה etwas,
was für den Einen eine Schönheit, für den Andern aber ein Fehler ist. Das. הרי זקן הרי נוי
באיש ומום באשה d. der Bart z. B., der bei dem Mann
eine Schönheit, bei der Frau aber als ein Fehler
anzusehen ist; ferner die Brüste, die bei der
Frau als Schönheit, bei dem Manne aber als
Fehler anzusehen sind. j. Maasr. III g. E., 51ᵃ

נטעה לנווייה של חצר Jem. setzte eine Pflanze zur Verschönerung des Hofes ein. Edij. 2, 9 האב זוכה לבן בנוי וכ׳ der Vater vererbt wegen seiner Tugendhaftigkeit an seinen Sohn die Schönheit u. s. w., vgl. מְסֻפָּר. j. Kidd. I, 61ᵃ mit. dass. mit Bez. auf Ps. 90, 16: „Deine Schönheit kommt auch auf ihre Kinder". Levit. r. s. 26, 170ᶜ למה נקרא שמו כהן גדול שהוא גדול weshalb wird er: „der grosse (Hohe-) Priester" (Lev. 21, 10) genannt? Weil er in fünf Dingen gross (grösser als die anderen Priester) sein soll, nämlich an Weisheit, Kraft, Schönheit, Reichthum und Alter. Genes. r. s. 17, 17ᶜ עשה הקב״ה לו נוי וכ׳ Gott brachte an Adam eine Verschönerung an, s. אַפּוֹדִרִין. Das. s. 45, 44ᶜ und Cant. r. sv. יונתי, 16ᵃ s. פָּרְקֵד. Das. sv. מה השדים הללו נויה של אשה 22ᵃ שני שדיך so wie die „Brüste" die Schönheit des Weibes bilden, so bildeten auch Mose und Aharon die Zierde Israels. Esth. r. sv. בשנת שלש, 101ᵈ עשרה חלקים של נוי בעולם תשעה במדי ואחד בכל העולם zehn Theile von Schönheit giebt es in der Welt, neun Theile derselben finden sich in Medien und ein Theil in der ganzen übrigen Welt. Pesik. r. s. 31, 58ᵇ בעלות נוי schöne Frauen. Seb. 54ᵇ (mit Bez. auf בניות ברמה Keth. s. 1 Sm. 19, 18. 19) וכי מה ענין נוויות אצל רמה אלא שהיו יושבין ברמה ועוסקין בנווי של עולם wie passt Nojoth zu Rama? (d. h. Samuel und David befanden sich doch entweder in dem einen, oder in dem andern Orte!) Das bedeutet vielmehr: Sie sassen in Rama und befassten sich mit der „Schöne der Welt"; d. h. sie forschten nach einer Andeutung in der Bibel, an welchem Orte der Tempel aufzubauen wäre. — Pl. Thr. r. sv. את כל נאותיו של בלע, 61ᵇ „Gott vernichtete (נ׳אותיו ל.) יעקב כגון רבי ישמעאל ורבן גמליאל alle Zierden Jakob's", wie z. B. R. Ismael und Rabban Gamliel (Ansp. an נאות, Klgl. 2, 2). Men. 35ᵇ. Ab. sar. 44ᵇ u. ö., vgl. אַפּרוֹדִינִי.

נוֹב m. (Stw. נוב s. נבא) 1) Frucht, s. TW. — 2) Nob, Name einer palästinischen Stadt. j. Dem. II, 22ᵈ ob.

נוֹגִי m. pl. (eig. bh. Part. Nif. von יָגָה) betrübt; übrtr. Verderben, Unglück. Mögl. Weise dachte man an das syr. ܢܰܘܓܳܐ (ναυάγιον, naufragium) eig. Schiffbruch, trop. Unglück. Ber. 28ᵃ un. מאי משמע דהאי נוגי לישנא דחברא וכ׳ כדכתיב חברא אתי וכ׳ woher ist erwiesen, dass נוגי (Zeph. 3, 18): Unglück bedeutet? Daher, dass R. Josef diesen Vers übersetzt: „Unglück kommt über Israel" u. s. w. Das. מאי משמע דהאי נוגי לישנא דצערא הוא וכ׳ woher ist erwiesen, dass נוגי: Schmerz bedeutet? Wofür das W. תוגה (Ps. 119, 28), von einem andern Autor das W. נוגות (Klgl. 1, 4) angeführt wird. נוגי ממועד וג׳ נוגי ממועד wird dahin gedeutet: „Weil sie die Gebetzeit verabsäumten, gehen sie zu Grunde."

נוד (=bh., syn. mit נדד und נדי, s. d.) sich hin- und herbewegen, schwanken. Schabb. 63ᵇ כבר נד ולד das Kind senkte sich bereits; d. h. infolge des Schreckes steht ein Abort bevor, vgl. חִיזְקָא.

נוד ch. perf. נָד und נָאד (syr. ܢܳܕ=vrg. נוד) sich bewegen, fortbewegen. Dan. 4, 1. — Sot. 45ᵇ גופיה בדוכתיה נפיל רישיה דקאזיל ונפיל sein (des aufgefundenen Leichnams) Rumpf fiel an der Stelle nieder, wo er aufgefunden wurde; sein Kopf hing bewegte sich fort, bis er niederfiel. Erub. 46ᵃ מיא בעברא מינך נייד das Regenwasser bewegt sich in den Wolken hin und her. Keth. 15ᵇ הני ניידי ורהני קביעי וקיימי jene (die Durchreisenden, die Karawane, סיעא) bewegen sich, sind unstät; aber diese (die Stadtbewohner) bleiben an dem Orte. Seb. 73ᵇ ונכבשינהו דניידי möge man die Thiere zusammentreiben, damit sie sich jetzt fortbewegen, vgl. קבוץ. Ber. 59ᵇ האי דניידי עיניידי משום דדיירי בבית אפל dass die Augen der Bewohner Mechosa's sich hin- und herbewegen (zwinkern), rührt davon her, dass letztere in finstern Häusern wohnen, vgl. בְּתַר. Kidd. 72ᵃ s. דובא. B. bath. 25ᵇ un. הוה נייד אפסריה sein Palast wankte. Das. 26ᵃ, s. נִבְתְּמָא. Uebrtr. Ned. 16ᵃ ר׳ אשי נָאֵי מן טעמא דאבני R. Asche weicht von dem von Abaji gegebenen Grunde ab, d. h. giebt einen andern Grund an.

Af. schütteln, stark bewegen. Snh. 95ᵃ קם ומניד ברישיה er erhob sich und schüttelte den Kopf.

נוֹד m. (bh. נֹאד, Stw. נוד. Das Grndw. נד zeigt sich auch im bh. נֵד: aufgethürmte Woge) Schlauch, eig. (=bh. נוד, syr. ܢܰܘܕܳܐ: motio, motus, Bewegung, vgl. נד s. auch w. u. und נֹדֶן. — Chull. 14ᵇ שמא ירבע הנוד der Schlauch mit Wein könnte Risse bekommen, springen, vgl. בָּקַע. — Pl. Levit. r. s. 6, 150ᶜ מפני מה משביעין האדם בספר תורה ומביאין לפניו נודות נפוחים לומר אתמול היה הנוד הזה מלא גידים ועצמות וכבשיו הוא רק מכולן כך המשביע את חבריו לשקר סוף שירצא ריקם ממונו weshalb beschwört man den Menschen bei der Gesetzrolle und bringt aufgeblasene (mit Luft gefüllte) Schläuche vor ihn? Um Folgendes anzudeuten: Gestern war dieser Schlauch (bildl.: der menschliche Körper) נוד in der Bedeut. von נֹדֶן mit Adern und Knochen gefüllt (gleich der Gesetzrolle, die das göttliche Wort enthält); heute aber ist er ganz entleert (wie der aufgeblasene Schlauch, der blos mit Wind gefüllt ist). Ebenso wird derjenige, der Jemdn. auf eine falsche Forderung schwören lässt, später seines ganzen Vermögens baar werden. j. Taan.

IV, 69ᵇ ob. (l. נסורחות) נודות נפורחים aufgeblasene Schläuche. Ab. sar. 2, 4 u. ö.

נוֹדָא *ch.* (=נוֹד) Schlauch, s. TW.

נָוָה‎, נוי‎ (arab. نَوى‎, syn. mit נָאָה‎ s. d.). Das W., aus אור‎ אָנָה‎ mit vorges. נ entstanden, hat die Grundbedeutung: nach etwas streben; dah. 1) (=אָבָה) von dem Schönen, wonach man strebt, in dessen Besitz man zu gelangen wünscht und 2) von dem Ort, wohin man zu gelangen sucht (vgl. bh. אָוָה‎ und aram. אַוְנָא‎: Herberge; vgl. ferner נָאוֹת *f.* pl. schöne, pulchrae und bh. נָאוֹת st. constr.= נָוֹח‎: Wohnörter) — schön sein. — Pi. eig. schön machen, schön darstellen, dah. verherrlichen. — Nif. sich schön zeigen, dah. sich beliebt machen. j. Pea I, 15ᵇ mit. (ansp. auf ואנוהו‎, Ex. 15, 2) לאדם‎ לו‎ אפשר וכי‎ לנוֹת את בוראו אלא אֶנָוֶה לפניו במצות אעשה לפניו סוכה נאה לולב נאה וכ׳ kann denn etwa der Mensch seinen Schöpfer schön, herrlich machen? Der Sinn dieses Wortes ist vielmehr: „Ich will mich vor ihm durch Pflichterfüllungen schön zeigen"; ich will vor ihm einen schönen Feststrauss, eine schöne Festhütte machen u. s. w. Die Parall. s. in נָאָה‎.

Nithpa. schön, zierlich thun, sich putzen. Sot. 1, 8 נְתָנָאֶה בשערו לפיכך נתלה בשערו אבשלום j. Tlmd. Agg. (im bab. Tlmd und Mischnaj. נתנאה). Absalom that zierlich (putzte sich) mit seinem Haare, deshalb wurde er an seinem Haare aufgehängt. j. Sot. I, 17ᵇ ob.

נָוֶה‎, נָוֶה *m.*, נָוָה *fem.* Adj. (=נָאָה‎, נָאֶה) schön, pulcher, pulchra. Arach. 13ᵇ נוֹרה בישראל‎ Ggs. zu כָּאוּר Ar. ed. pr. (Agg. הנאה). ein Schöner unter den Israeliten. Nas. 1, 1 נזיר‎ נוה אהא האומר‎ (im j. Tlmd. נאוה) wenn Jem. (während er sein Haar anfasst) sagt: Ich will schön, geputzt sein! so ist er ein Nasiräer; denn aus seinem Ergreifen des Haares ist zu schliessen, dass die Schönheit in dem Wachsenlassen des Haares nach Art der Nasiräer bestehen solle. — Pl. *fem.* Ned. 66ᵃ בנות ישראל הן‎ נָוֹת Ar. (Var.=Agg. נאות) die israelitischen Töchter sind schön u. s. w.

נָוֶה *f.* (oft für נָוֶה *m.*) 1) (=bh.) Wohnung, Wohnort. Keth. 13, 9 הרעה‎ מנוה מוציאין מוציאין רעה יפה לנוה היפה מנוה אבל היפה לנוה ר׳ שמעון בן גמליאל אומר אף לא מנוה רעה לנוה יפה היפה שמהנוה‎ מפני בורק der Mann darf seine Frau zwingen, aus einer schlechten in eine gute Wohnung, nicht aber aus einer guten in eine schlechte Wohnung zu ziehen. R. Simon ben Gamliel sagt: Selbst aus einer schlechten in eine gute Wohnung zu ziehen, kann er sie nicht zwingen, weil das Wechseln der Wohnung, auch wenn die letztere besser als die frühere ist, dem Körper schadet; indem man näml. aus der frü-

heren Gewohnheit kommt. Genes. r. s. 50 Ende כשם שהנוה הרעה בודק כך הנוה היפה בודק so wie der Umzug in eine schlechtere Wohnung schadet, ebenso schadet auch der Umzug in eine bessere Wohnung. Dieser Satz wird das. aus Gen. 19, 19 erwiesen: „Lot, der im Thale wohnte, fürchtete sich auf den Berg zu flüchten (obgleich die Lage des Berges gewöhnlich der Gesundheit zuträglicher ist, als die des Thales), weil Krankheit und Tod ihn heimsuchen könnten." j. Keth. XIII Ende, 36ᵇ dass. Sot. 9ᵃ un. (mit Ansp. auf נאוה‎, Ps. 33, 1) נוה תהלה‎ זה משה ודוד שלא שרגאיהם במעשי דירהם „ruhmreich blieb die Wohnung den Redlichen", näml. Mose und David, über deren Händewerk (die Stiftshütte und den Tempel in Jerusalem) ihre Feinde keine Macht ausübten. Diese beiden heiligen Wohnstätten sollen näml., bevor die Feinde Hand an sie gelegt hatten, in die Erde versunken seien. Das. 47ᵇ „der Uebermüthige" wird selbst von seinen eignen Hausleuten nicht gern gesehen; אפילו בנוה‎ ינוה לא‎ שלו „er wohnt nicht" (Habk. 2, 5), selbst in seiner eignen Wohnung. B. bath. 98ᵃ dass. Arach. 3ᵇ u. ö. — 2) übrtr. Nawa, Name eines Ortes. Levit. r. s. 23, 166ᵈ לנוה‎ חלמיש Chalmisch (eine feindlich gesinnte Nachbarin) von Nawa. Ruth r. sv. דנוה לה‎ 41ᵇ, ותאמר ר׳ שילה דנוה‎ R. Silo aus Nawa. In der Parall. Levit. r. s. 34, 178ᶜ דנוהרא‎ l. דנוה‎.

נָז‎ nur Part. pass. נוז‎ (vgl. jedoch נַזַז) gesponnen, gezwirnt. Sifre Teze § 232 (mit Bez. auf Dt. 22, 11) ורק צמר ואניצי‎ גידי לבתם לא יכול פשתן תלמוד לומר שעטנז דבר שהוא שוע טווי ונוז aus dieser Schriftstelle könnte man schliessen, dass man sich nicht in Stücke von geschorener Wolle und Flachsbündeln einhüllen dürfe; daher heisst es שעטנז‎, was (als Abbreviatur) besagt: Nur ein solches Kleidungsstück ist zum Anziehen verboten, welches, aus Mischzeugen bestehend, geglättet (gekrempelt), gewebt und gezwirnt ist. Aus Sifra Kedoschim Par. 2 cap. 4 (vgl. לְבַד‎) dürfte zu entnehmen sein, dass ein Kleidungsstück aus Mischzeugen, bei welchem eine der drei oben gedachten Verfahrungsweisen stattgefunden habe, verboten sei; vgl. Rabad in s. Comment. z. St., welcher die richtige Bemerkung macht, dass zwei gekrempelte und gesponnene Zeugstücke, das eine von Wolle und das andere von Leinen, die. zusammengeknüpft wurden, durch dieses Zusammenknüpfen als Mischzeuge verboten wären, weil sie infolge dieses letzteren Verfahrens als „gekrempelt, gewebt und gesponnen" (שוע‎ וטווי ונוז) anzusehen seien. (Hierdurch wird der in. Nid. 61ᵇ Tosaf. z. St. erhobene Einwand beseitigt.) Kil. 9, 8. j. Kil. IX g. E., 32ᵈ ניתני‎ שעם ולא ניתכי נוז אלא חנינין שעם ולא חנינין נוז הווינן אמרין הא לנוז (l. נוד) מרתר וכ׳ die Mischna hätte blos שעם‎ (contr. aus שוע‎ טורי geglät-

tet und gewebt), nicht aber נוז angeben sollen!
Wäre das der Fall, so hätten wir gesagt, dass
Zeuge, die blos gesponnen sind, zum Anziehen
erlaubt seien; was jedoch unrichtig ist, vgl. פִּיךְ.
Jeb. 5ᵇ. — Das. j. Trg. hat dafür נִיר Part. Peil.

נוּחַ perf. נָח (=bh., ähnlich רָבַץ und נָחַם,
Grndw. נח) 1) sich niederlassen, an einer
Stelle ruhen. Trop. Meg. 25ᵇ ינוחו לו ברכות
על ראשו Segnungen mögen auf sein Haupt kommen, vgl. בְּרָכָה. — 2) ruhen, sich beruhigen. j. Schabb. III, 6ᶜ ob. תנוח דעתך möge dein
Sinn beruhigt sein. Schabb. 152ᵇ תנוח דעתך
שהנחת את דעתי mögest du Seelenruhe haben,
da du meine Seele beruhigtest. Das. 121ᵃ ein
Amoräer trug vor Rabba bar Huna folgende
Borajtha vor: ההורג נחשים ועקרבים בשבת אין
רוח חסידים נוחה הימנו אמר ליה ואותן חסידים
אין רוח חכמים נוחה מהן wenn Jem. Schlangen
oder Skorpionen am Sabbat tödtet (um Schaden
zu verhindern), so finden die Frommen an
ihm keine Beruhigung, Wohlgefallen (d. h. sie
nehmen sein Verfahren, trotzdem er durch die
Tödtung schädlicher Thiere sich keine Sabbatentweihung zu Schulden kommen liess, dennoch
nicht wohlwollend auf. Aber, entgegnete Rabba,
das Verfahren jener Frommen nehmen die Gelehrten nicht wohlwollend auf. Aboth 3, 10
כל שרוח הבריות נוחה הימנו רוח המקום נוחה
הימנו וכל שאין רוח הבריות נוחה הימנו אין
רוח המקום נוחה הימנו an jedem, an welchem
die Menschen Wohlgefallen finden, findet auch
Gott Wohlgefallen; an wem aber die Menschen
kein Wohlgefallen finden, findet auch Gott kein
Wohlgefallen. Schebi. 10, 9 ü. ö.
Nif. eig. beruhigt werden; übtr. j. Ber. V
g. E., 9ᵈ בטוח אני שינוחה בנו של רבן גמליאל
מחליו ich halte mich versichert, dass der Sohn
des Rabban Gamliel von seiner Krankheit Ruhe
bekam, ruhig wurde, d. h. dass sie nachge-
lassen habe. Cant. r. sv. צוארך, 10ᶜ (mit Bez.
auf Sach. 9, 1) Jerusalem wird sich in der messianischen Zeit ausdehnen, וגלויות באות וניוחות
בתוכה die Exulanten werden herbeikommen und
da Ruhe finden.
Hif. הֵנִיחַ (=bh.) beruhigen. Schabb. 152ᵇ
u. ö. s. Kal. Genes. r. s. 25, 25ᵃ (mit Bez. auf
Gen. 5, 29) לא המדרש הוא השם ולא השם הוא
המדרש לא היה צריך קרא למימר אלא נח זה
יניחנו או נחמן זה ינחמנו אלא כיון שעמד
נח נחם die Deutung, Erklärung des Namens
נח von (נחם) entspricht nicht dem Namen und
der Name nicht der Erklärung; die Schrift hätte
entweder sagen müssen: נח, Noah wurde er genannt, weil man gesagt hatte: Dieser wird uns
Ruhe verschaffen (von נוּחַ), oder: נחמן,
Nachman wurde er genannt, weil man gesagt
hatte: Dieser wird uns Trost verschaffen (von
נָחַם). Aber vor der Geburt Noah's hatten die
Zeitgenossen auch in den Gräbern keine Ruhe,

weil die Fluthen sie überschwemmten; als jedoch
Noah geboren wurde, ruhten die Fluthen; d. h.
mit dieser Ruhe trat gleichzeitig Trost für
die Hinterbliebenen ein; vgl. auch נִיחָ.

נוּחַ, נָח ch. (syr. ܢܳܚ=vrg. נוח) ruhen, beruhigt sein. Keth. 104ᵃ נח נפשיה דרבי Rabbi's
Seele erlangte Ruhe, d. h. er starb. Ber. 18ᵃ.
Nid. 36ᵇ. 37ᵃ u. ö. כי קא נח נפשיה als er starb.
Trop. Part. Peïl. Meg. 28ᵃ לא ניחא לי es ist mir
nicht lieb, eig. es ist für mich keine Beruhigung.
Schabb. 132ᵇ דאי תנא מעיקרא מאי ניחא ליה
ולבסוף מאי קשיא ליה woher kommt es, dass
dieser Autor (hinsichtlich der dort erwähnten
Halacha) anfänglich damit zufrieden war und
damit unzufrieden war? — Sehr oft תִּינַח (contr.
aus תהא נח (הוא נח) das wäre annehmbar, richtig, eig. damit könnte man sich beruhigen, aber
u. s. w., z. B. Schabb. 132ᵇ תינח גדול . . . קטן
נמי . . . בריניה מבלן das wäre hinsichtl. eines
Erwachsenen, auch hinsichtl. eines Kindes richtig . . . woher aber lässt sich dies betreffs eines
halberwachsenen Menschen erweisen? Das.
תינח נגעים טמאים נגעים טהורים מאי איכא למימר
das wäre hinsichtlich reiner Aussätze (d. h.
unschuldiger Hautausschläge) richtig; was aber
liesse sich hinsichtlich unreiner Aussätze sagen?
B. bath. 129ᵃ u. ö. Jom. 20ᵇ נינח מר eig. möge
der Herr sich ruhig verhalten; d. h. höre auf,
mein Dolmetscher zu sein, da dies deiner Würde
nicht angemessen ist.
Af. beruhigen. Ber. 28ᵇ ob. בעא אביי לאנוחי
דעתיה דר' יוסף Abaji wollte den R. Josef beruhigen. — Ithpe. Jemdm. zur Beruhigung
gereichen, lieb sein. Kidd. 46ᵇ מדשתיק אתנוחי
אתנוחא ליה daraus, dass er schwieg, ist zu entnehmen, dass es ihm lieb war.

נוֹחַ m. 1) als Adj. od. Part. ruhig, sanft,
milde; oft mit flg. לְ. Aboth 3, 12 נוח לתשחורת
sanft gegen die Herrschaft, vgl. jedoch תִּשְׁחֹרֶת.
j. Taan. II, 65ᵇ un. dass. Eruh. 13ᵇ während
2¹⁄₂ Jahre herrschte eine Meinungsverschiedenheit zwischen der Schule Schammai's und der
Schule Hillel's; הללו אומרים נוח לו לאדם שלא
נברא יותר משנברא והללו אומרים נוח לו לאדם
שנברא יותר משלא נברא נמנו וגמרו נוח לו לאדם
שלא נברא משנברא וכו' die Einen sagten: Es
wäre sanfter (besser) für den Menschen, wenn
er nicht erschaffen worden wäre, als (in dem
Zustande), dass er erschaffen wurde; die Anderen
sagten: Es ist sanfter für den Menschen, dass
er erschaffen wurde, als wenn er nicht erschaffen worden wäre. Sie stimmten ab und beschlossen: Sanfter wäre für den Menschen, wenn
er nicht erschaffen worden wäre, als dass er
erschaffen worden, dass es aber, da er erschaffen ist, einen tadellosen Lebenswandel führen müsse. j. Ber. I, 3ᵇ mit. הלומד שלא
לעשות נוח לו אילו נהפכה שליתו על פניו ולא

45*

יצא לעולם wenn Jem. die Gesetzlehre lernt, ohne die Absicht zu haben, sie zu befolgen, so wäre es für ihn vortheilhafter gewesen, dass seine Nachgeburt sich über sein Gesicht gelegt hätte, damit er nicht in die Welt gekommen wäre. Levit. r. s. 35, 179ᵈ dass. — Pl. j. Erub. III Ende, 21ᶜ נפש נוֹחֵי אבותיכם eure Väter seligen Andenkens, eig. deren Seele beruhigt sei, vgl. מוֹעֵר. j. Taan. I, 64ᵈ mit. dass. — Fem. Genes. r. s. 17, 17ᵈ man fragte den R. Josua: מה מפני האיש רוח להתפתות ואין האשה נוֹחָה להתפתות אמר להן אדם נברא מאדמה ... וחוה נבראת מעצם וכ' woher kommt es, dass der Mann sich leicht besänftigen lässt, die Frau sich aber nicht leicht besänftigen lässt? Er antwortete: Adam wurde aus der Erde erschaffen, die, wenn ein Tropfen Wasser auf sie kommt, bald erweicht wird; Eva hing. wurde aus einem Knochen erschaffen, der, wenn er auch noch so lange im Wasser liegt, nicht erweicht wird. — 2) als Sbst. (=bh.) Ruhe. Sot. 47ᵇ ואין נוח בעולם es ist keine Ruhe in der Welt. Tosef. Sot. XIV g. E. dass.

נוֹט (syn. mit נוד und מוט=bh.) wanken, schwanken, s. TW.

נַוְוֹט m. (gr. ναύτης, nauta) Steuermann, Schiffer. Pl. Genes. r. s. 12 g. E., 13ᶜ wenn ein menschlicher König ein Schiff bauen will, מביא ... הוגנין ואחר כך מביא הַנַוְוֹטִין אבל הקב״ה ברא הן ומנהיגיה ... בורא השמים ונוטודהם וּנוֹטוֹדֵהם כתיב Ar. (vgl. הוֹגִין) so schafft er zuvor die Balken u. s. w., hierauf die Anker und dann erst die Steuermänner herbei; Gott hing. erschuf sie und ihre Führer (die Schiffsleute); denn es heisst: „Er erschuf die Himmel וּנוֹטֵידֶהם" (Jes. 45, 5), deute es וּנְוְוּטֵידֶהם: ihre Steuermänner.

נַוְוֹטָא ch. (=נַוְוֹט) Steuermann, Schiffer. Pl. Khl. r. sv. עת לבכות, 77ᵈ שמע קלהון דנַוְוֹטַיָא אמרין כד עללין אנא (אנן l.) לפלגוס אנן קטלין לון וכ' er hörte die Schiffer sagen: Wenn wir auf der hohen See (πέλαγος, pelagus) anlangen, so werden wir sie tödten.

נְוְוֹטִי der Nabatäer, s. נַבָּטִי.

נוֹטִימִי f. (etwa nota, notum) eine Bemerkung, die wohl zu merken ist. j. Maas. scheni II, 53ᶜ mit. R. Jona sagte: נוטימי ודהן נוֹטֵר jene Bemerkung (des R. Jizchak) muss man sich wohl merken, d. h. sie ist vortrefflich; ansp. auf כמטמא das.

נוֹטְרִין m. pl. 1) (lat. notaria sc. scripta) Verzeichnisse, schriftliche Bemerkungen, Angaben. Exod. r. s. 31, 130ᵇᶜ משל למי שרצה ורהיבאורה לסני השלטון כיון שקרא את נוֹטְרִין שלו אמר עד עכשיו הוא חי כך כל מי שנוטל רבית וכ' ein Gleichniss von Jemdm., den man, weil

er gemordet hatte, dem Herrscher vorführte. Kaum hatte Letzterer das Verzeichniss der Anklage gelesen, als er ausrief: Dieser da hat nur bis jetzt gelebt! Dasselbe gilt von einem Menschen, der Zinsen nimmt, was Gott ihm als viele Sünden anrechnet und sagt: „Der um Zins sein Geld giebt und Wucher nimmt, sollte am Leben bleiben? Er wird nicht am Leben bleiben; alle diese Gräuel that er" u. s. w. (Ez. 18, 13). — 2) (notarii) die Schreiber, Abschreiber. Sot. 35ᵇ R. Juda sagte: Man schrieb die Gesetzlehre auf Steine, die man mit Kalk bestrich (vgl. Dt. 27, 2 fg.) אמר לו ר' שמעון לדבריך היאך למדו אומות של אותו הזמן תורה אמר לו בינה יתירה נתן בהם הקב״ה ושיגרו נוטרין שלהן וקילפו את הסיד והסיאורה Ar. (Agg. crmp. נוֹטִירִין) R. Schimeon sagte zu ihm: Auf welche Weise hätten nach deiner Ansicht die Völker jener Zeit das Gesetz lernen können (da die Schrift auf den Steinen mit Kalk bestrichen war)? R. Juda antwortete ihm: Gott verlieh ihnen ein vorzügliches Verständniss, indem sie ihre Abschreiber dorthin schickten, welche den Kalk losschälten und abtrugen. j. Sot. VII, 21ᵈ mit. lautet diese Phrase Namens des R. Jose: בכל יום ויום אומות העולם שולחים נוטריהן ומשיאין את התורה שהיתה כתובה בשבעים לשון an jedem Tage schickten die Völker ihre Abschreiber, welche die Gesetzlehre, die in den 70 Sprachen geschrieben war, abtrugen. Sifre Matoth § 157 מקום שהיו נוטרים שלהם (viell.) der Ort, wo ihre Schreiber, Notare standen; vgl. jedoch טְירִיוֹן.

נוֹטָרִיקוֹן m. (notaricum=notarium) eig. das, das Geschwindschreiben Betreffende; übrtr. die Abkürzung der Wörter, für welche einzelne (gew. die Anfangs-) Buchstaben gesetzt werden. Schabb. 104ᵇ כתב אות נוטריקון Ms. M. (Agg. אחת אות) Jem. schrieb einen Buchstaben als Abkürzung; vgl. Raschi z. St.: einen Punkt auf den Bst., wodurch letzterer als ein ganzes Wort erkannt wurde. Das. 105ᵃ מניין ללשון נוטריקון מן התורה שנאמר כי אב המון וג' in welcher Bibelstelle findet sich eine Andeutung für die Abkürzungsschrift? Es heisst אב המון („zum Vater der Völkermenge mache ich dich", Gen. 17, 5), als von welchen Wörtern der Name אברהם eine Abkürzung ist. (Hinsichtl. des ר vgl. Raschi in Gen. l. c.: „Der frühere Name, אברם, war eine Abkürz. aus אַבְ-אֲרָם: Vater Aramäa's; in dem späteren Namen jedoch, als einer Abkürzung aus אַבְ-הֲמוֹן: Vater der Menge, wurde das ר, wiewohl es überflüssig geworden, deshalb beibehalten, um dasselbe gleichsam nicht zu beschämen, vgl. ידל"); vgl. auch Genes. r. s. 46, 45ᵈ. Schabb. l. c. נואף נוטריקון נמרצת Ms. M. (Agg. רוצצת anst. מאבי רשע צורר תועבה נמרצת ferner הוא נואף .u. s. w.) das W. נמרצת (1 Kn. 2, 8) ist eine Abkürzung: Ehebrecher, Moabiter, Bösewicht, Feind, Gräuel. Das.

werden mehrere Wörter als ein Notaricum gedeutet, vgl. אָזְכִּר. Exod. r. s. 5, 106ᵈ: „Alle
Wunder, die ich in deine Hand lege" (Ex. 4,
21), זה המטה שהיו כתובין עליו עשר מכות
נוטריקון דצ״ך עד״ש באח״ב darunter ist der Stab
zu verstehen, auf welchem die zehn Plagen durch
Abkürzung verzeichnet waren, nämlich דם צפרדע
כנים ערוב דבר ארבה חשך שחין ברד בכורות
(Blut, Frösche, Mücken, Ungeziefer, Pest, Blattern, Hagel, Heuschrecken, Finsterniss, Tod der
Erstgeborenen). Das. s. 8 g. E. dass. Das. s.
42, 137ᵃ זיר שדי רחום פרש נוטריקון פרשז מהו
was bedeutet פרשז עננו עליו (Hi. 26, 9)? Das
W. ist eine Abkürzung: „Ausgebreitet hat der
Barmherzige, der Allmächtige den Glanz seiner
Wolke über ihn". j. Orl. I g. E., 61ᶜ wird
ענבקפלות erklärt: Weintrauben, die, bevor sie
noch den dritten Theil der Reife erlangt hatten,
missriethen; לשון נוטריקון הוא ענבין דלקו
הלתיהון (ein ק wurde ausgelassen) das W. ist
eine Abkürzung: Trauben, die vor dem dritten
Theile ihrer Reife missriethen.

נוֹי 1) Schönheit, s. נאה. — 2) Noj, Name
eines Ortes. Schabb. 30ᵃ ר׳ תנחום דמן נוי
R. Tanchum aus Noj. Mögl. Weise crmp. aus
נורה, Nawa, dem Wohnort vieler Gelehrten.

נוֹך m. der Ohrenknorpel, der in der
Mitte der Ohrenhöhlung liegt. Stw. נוך,
ähnlich arab. ناغ med. Je vom Zusammenschliessen
der Augenlider. Sifra Mezora Par. 3 cap. 3 יכול
על תוך דדאי תלמוד לומר על תנוך או על תוך
יכול על גובה של אוזן תלמוד לומר תוך דך הא
כיצד זה גדר האמצעי man könnte unter תנוך
(Lev. 14, 14) die wirkliche Mitte verstehen (d. h.
תוך sei; תנוך; der Priester sprenge das Blut in
die Ohrenhöhlung); daher heisst es תנוך (unterschieden von תוך). Unter תוך könnte man: den
oberen Ohrenknorpel verstehen; dah. heisst
es תוך (wovon תנוך ein Compositum sei).
Was ist also darunter zu verstehen? Der mittelste Ohrenknorpel; der näml. beides, Erhöhung
und Mitte in sich vereinigt. Dahing. wird in
Sifra Zaw, Millu'im Par. 1 das W. תנוך (Lev.
8, 23) blos durch זה גדר האמצעי erklärt: der
mittelste Ohrenknorpel.

נְוַול od. נָוַול (=נָבֵל und רו verw.) hässlich, eig. hinfällig sein, werden.
Pi. נִוֵּל hässlich machen, verunstalten,
schänden. B. bath. 154ᵃᵇ betreffs Jmds., der
einen Theil seiner ererbten Güter verkauft hatte
und kurze Zeit darauf gestorben war, worauf-
teten seine Verwandten, er wäre zur Zeit des
Verkaufes noch unmündig gewesen, weshalb
letzterer ungiltig sei. באו ושאלו את ר׳ עקיבה
מהו לבודקו אמר להם אי אתם רשאים לנוולו
man kam und fragte den R. Akiba: Darf man seine
Leiche untersuchen (um zu sehen, ob er bereits die
Pubertätszeichen habe)? Er antwortete ihnen:

Ihr seid nicht berechtigt, ihn (durch Ausgraben
oder durch Entkleiden der Leiche) zu schänden.
Ned. 66ᵃ העניות מנוולתן die Armuth verunstaltet die israelitischen Töchter, vgl. נָאֶה. — Part.
pass. j. Pes. VI, 33ᵃ un. מנוול verunstaltet, vgl.
מיחוי. — j. M. kat. III Anf., 81ᵇ man verbot das
Haarschneiden in der Festwoche, שלא יכנסו
לרגל מנוולין damit man nicht verunstaltet das
Fest antrete. Cant. r. sv. לסוכתי, 9ᶜ (mit Bez.
auf Ps. 106, 20) אין לך מנוול ומשוקץ כשור בשעה
שהוא אוכל עשב es giebt nichts so Hässliches
und Abscheuliches wie „den Ochsen während er
Kraut frisst"; dah. wird der Götze mit ihm verglichen. Nas. 28ᵃ אי אפשר באשה מנוולת mein
mag nicht eine Frau, die sich (durch Enthaltsamkeit vom Weingenusse und vom Haarverschneiden) verunstaltet. — Trop. Kidd. 30ᵇ בני אם
פגע בך מנוול זה משכהו לבית המדרש וכ׳
Sohn, wenn jener Hässliche (d. h. der Trieb zum
Bösen) dir begegnet, so ziehe ihn in das Studienhaus u. s. w.

נְוַול ch. (=נָבֵל) hässlich sein, werden;
übrtr. das Ansehen verlieren. Sot. 47ᵇ un.
seitdem die Bestechlichkeit der Richter über-
handnahm (vgl. מוב III), השפלים הוגבהו ורגברהים
הושפלו ומלכותא אזלא ונוולא wurden die Niedrigen erhaben und die Erbabenen erniedrigt,
und die Regierung (der israelitischen Fürsten)
verlor immer mehr an Ansehen. Tosef. Sot.
XIV dass.

Pa. נַוֵּל (=נִוֵּל) hässlich machen, verunstalten. Sot. 8ᵇ (mit Bez. auf die Mischna:
„Wenn die Sota goldnes Geschmeide trug, so entzog
man es ihr") פשיטא השתא נוּוּלֵי מנוויל לה הני
מבעיא das ist ja selbstverständlich (wozu braucht
die Mischna das zu erwähnen?), da man sie
verunstaltet (durch Auflösen des Haares, Umbinden eines Strickes u. dgl.), um wie viel mehr, dass
man sie des Putzes entkleide! — Ithpa. verunstaltet, geschändet werden. B. bath. 8ᵇ
האי קא מיפוֵל ודהאי לא קא מינוול jener (der
durch das Schwert Getödtete) wird geschändet;
aber dieser (der Verhungerte) wird nicht geschändet. Das. 154ᵇ ליתוול ולינוול möge er
immerhin geschändet werden! Chull. 11ᵇ wird
aus dem Umstande, dass man den Mörder tödtet,
erwiesen, dass man sich in allen Angelegenheiten nach der Mehrheit (רוב, s. d.) richte;
denn wie könnte man sonst den Mörder tödten,
da man bedenken müsse, dass der Ermordete einen
inneren Leibesfehler gehabt haben könnte, woran
er ohnedies gestorben wäre (vgl. טָרֵפָה nr. 2). וכי
תימא דבדקינן ליה הא קא מינוויל וכי תימא
משום איבוד נשמה דהאי נינוולה ניחוש שמא
במקום סייף נקב הוה wenn du etwa sagen wolltest, man secire die Leiche und untersuche sie
(ob sie einen Fehler habe), so wird sie ja dadurch geschändet. Wenn du aber einwenden wolltest: Da es sich hier um ein Menschenleben

handelt, dürfe man die Leiche schänden! so müsste man doch bedenken, dass der Ermordete vielleicht an derselben Stelle, wo das Schwert ihn getroffen, schon früher eine tödtliche Wunde gehabt haben könnte. Taan. 6ᵇ s. מְנַוַּלְתָּא.

נִוּוּל, נִיוּוּל m. N. a. (=נבול) das Hässlichmachen, die Hässlichkeit, Schändung. Snh. 52ᵇ מצות הנהרגין מתיזין את ראשו בסייף ר' יהודה אומר ניוול הוא לו וכ' . . . die Todesstrafe der zur Tödtung mit dem Schwert Verurtheilten besteht darin, dass man den Kopf des Verbrechers mittelst des Schwertes abschlägt, nach der Art wie die römische Regierung verfährt. R. Juda sagt: Das wäre eine Schändung für ihn; man legt vielmehr seinen Kopf auf einen Holzblock u. s. w. j. Sot. III Ende, 19ᵇ איש על דרי שאין ניוולו מרובה לפיכך נסקל ערום אבל אשה שניוולה מרובה לפיכך אינה נסקלת ערומה der Mann wird, da seine Schändung, wenn er vor der Hinrichtung entkleidet werde, unbedeutend ist, nackt gesteinigt; die Frau hing. wird, da ihre Schändung (wenn sie vor der Hinrichtung entkleidet werden sollte) gross, bedeutend sein wird, nicht nackt hingerichtet. Das. 18ᵈ un. was bedeutet ובהורה היא (Num. 5, 28)? אלא סוף המקום פורע לה תחת ניוולה שאם היתה עקרה נפקדת וכ' dass Gott ihr (der Sota, die das Prüfungswasser getrunken, aber unschuldig war) Vergeltung für ihre Schändung erstatten werde, dass sie, wenn sie bisher kinderlos war, mit Kindern würde bedacht werden u. s. w. Nas. 28ᵃ כיון דאית לה ניוול מצי מיפר לה da der Frau (welche ein Nasirat gelobt, infolge dessen ihr das Weintrinken verboten ist) eine Hässlichkeit entstehe, so darf ihr Mann ihr Nasirat vereiteln. Sifre Teze § 212 R. Akiba sagte: ועשתה (Dt. 21, 12) bedeutet: „Die Kriegsgefangene soll sich die Nägel wachsen lassen“. נאמרה עשיה בראש ונאמרה עשיה בצפרנים מה עשיה ברראש ניוול אף עשיה בצפרנים ניוול denn betreffs des Kopfhaares wird eine Handlung erwähnt („sie soll sich das Haar abscheeren“), und ebenso wird betreffs der Nägel eine Handlung erwähnt; woraus Folgendes zu schliessen ist: So wie betreffs des Kopfhaares durch das Gebot des Abscheerens eine Hässlichkeit anbefohlen wird; ebenso wird betreffs der Nägel eine Hässlichkeit anbefohlen, näml. sie wachsen zu lassen. Nach Ansicht des R. Elieser hing. bedeuten beide Handlungen: העברה „das Entfernen“, das Abschneiden des Haares sowohl, als auch das der Nägel. Jeb. 48ᵃ dass., woselbst für letztere Ansicht der Beweis aus 2 Sm. 19, 24. beigebracht wird, da hier רגליו עשה, שפמו עשה ebenf. „die Nägel der Füsse abschneiden“, „das Haar des Bartes abschneiden“ bedeutet. Ned. 80ᵃ ניוול דחד יומא לא שמיה ניוול eine Hässlichkeit, Verunstaltung, die blos einen Tag anhält (wenn z. B. eine Ehe-

frau gelobt: sich einen Tag nicht zu waschen), ist nicht als eine Hässlichkeit anzusehen. Daher darf der Mann ein solches Gelübde nicht auflösen, weil es nicht eine „Kasteiung“ genannt werden kann. j. M. kat. I, 80ᵈ un. u. ö., s. נִיבּוּל.

נִוּוּלָא ch. (=נִיוּוּל) Hässlichkeit. Ned. 80ᵃ לא תרחץ אית לה ניוולא wenn die Frau (infolge ihres Gelübdes) sich nicht wäscht, so entsteht ihr eine Hässlichkeit; s. auch TW.

נְוָלוּ f. Esr. 6, 11 und נְוָלִי Dan. 2, 5 Misthaufe, Kloak.

נְוַל, נְוֹל (syr. ‎) spinnen, weben. Snh. 95ᵃ un. Abischai חזייה לצרפה אימיה דהוה נוולא sah, dass seine Mutter Orpa spann. Git. 34ᵃ אשכחה דהוות יתבא ונוולא er traf sie, als sie sass und spann. B. bath. 13ᵇ חדא ידעא סלכא ונוולא die eine (der Mägde) verstand zu weben und zu spinnen. (Ar. liest נוולא בסתרקי: sie webte Polster).

נַוְולָא, נַוְול masc. (syr. ‎) Gewebe, Gespinnst, s. TW.

נַוְולָא, נַוְל m. (arab. ‎) der Webebaum, jugum textoris. Pl. j. B. bath. II Anf., 13ᵇ un. אילין ציפוראי ממחין אילין לאילין מסמורים דנוולייה הורי ר' אבימי בר טובי מיחן חד נוול בין כותל לכותל jene Einwohner von Sepphoris verbieten einander die Pflöcke der Webebäume einzuschlagen (d. h. wenn Einer seinen Webebaum an dem Hause des Grenznachbars befestigen wollte, so gäb es der Letztere, aus Missgunst, nicht zu). Infolge dessen verordnete R. Abimi bar Tobi, dass sie blos je einen Webebaum zwischen zwei benachbarten Häusern aufstellen dürften, wodurch jeder der betreffenden Nachbarn an dem Befestigen des Webebaumes gleiches Interesse haben würde (der Comment. Pne Mosche erklärt das W. unrichtig [=נְוָלִי] durch אשמא: Kloak); vgl. auch נְבָל.

נַוְלָה m. Adj. der Weber, Spinner. Meïl. 18ᵃ ein kleines Stück Zeug wird als ein Kleidungsstück angesehen, שכן עומד לנוולה weil es für den Weber brauchbar ist. Dieser pflegte näml. kleine Zeugstücke um seine Finger zu wickeln, damit letztere vor dem Einschneiden der Fäden geschützt wären. Ar. sv. טל 2 liest עומד ונוולא, vgl. בְּלָא.

נַוְולָא m. und f. (wahrsch.=arab. ‎) munificus et liberalis vir) der, die Freigebige, Wohlwollende, Edle. B. mez. 67ᵃ Jem. war von einer Frau beauftragt, von ihrem Verwandten ein Feld für sie zu kaufen, was er auch that. אמר ליה אי הוו לי זוזי מהדרא לה ניהולי אמר ליה ההוא ונוולא אחי אמר רבה בר רב הונא כל את ונוולא אחי אמר סמכא דעתיה da fragte ihn der Verkäufer: Würde sie mir, wenn ich

zu Geld komme, das Feld wieder abtreten? Worauf jener erwiderte: Du und jene Edle, ihr seid ja verwandt (verschwistert); d. h. unzweifelhaft würde sie es thun. Rabba bar R. Huna entschied hierauf: Wenn man sich eines Ausdruckes, wie: „Du und jener (jene) Edle, ihr seid ja verwandt", bedient, so stützt sich der Verkäufer darauf; d. h. rechnet er mit Bestimmtheit auf den event. Rückkauf des Feldes. — Namens der Gaonäer citirt Raschi· folgende Worterklärung: נוולא bedeute sowohl jener, als auch jene. Raschi selbst hält das Wort für ein N. pr. Nawla.

נוֹלָד m. (eig. Part. Nif. von יָלַד, jedoch oft als Sbst. gebraucht) Geborenes, Entstandenes; insbes. 1) Etwas, woran man vor seinem eben erfolgten Entstehen nicht gedacht hat, ähnlich מוּקְצֶה, s. d. W. Bez. 2ᵃ קא סלקא דעתינו אפילו מאן דשרי במוקצה בנולד אסיר Anfangs war man der Ansicht, dass selbst derjenige Autor, der das Verbot der Mukza (für Sabbat und Feiertag, z. B. R. Schimeon, vgl. מוּקְצֶה) nicht anerkennt, dennoch das Verbot eines eben Entstandenen anerkenne; dass man z. B. ein am Feiertag gelegtes Ei an demselben Tage weder essen, noch von der Stelle fortbewegen dürfe, weil es beim Eintritt des Feiertages nicht zubereitet" war (vgl. הֲכָנָה) und man damals an die Benutzung desselben nicht gedacht haben konnte. R. Nachman jedoch sagte: מאן דאית ליה מוקצה אית ליה נולד ומאן דלית ליה מוקצה לית ליה נולד derjenige Autor, der der Mukza für verboten hält, hält auch das eben (am Feiertage) Entstandene für verboten; wer jenes für verboten hält, hält auch dies nicht für verboten. Erub. 46ᵃ ob. das Regenwasser נולד הוו להו ist (da es in den Wolken gesammelt ist, מבלע בליעי) als eben Entstandenes anzusehen. — 2) ein Umstand, der erst später eingetroffen ist. Ned. 64ᵃ. 65ᵃ fg., s. יָלַד im Nifal.

נוּם I perf. נָם und נוּם (=bh. Grndw. נם. Das W. ist syn. mit נוּב, נָבָא, Mem und Beth verw.) sprechen, sagen. Cant. r. Anf., 4ᵃ und Khl. r. Anf., 70ᵈ שכם, s. לְמוּאֵל. Tosef. Ahil. IV Ende נם לו ר' אליעזר אל תבוז לו בקי היית ביהושע בן ממל נם לו הן ובעל מלאכה היה R. Elieser sagte zu R. Meïr: Verachte ihn (den Jehuda ben Pethora) nicht. Kanntest du den Josua ben Mamel? Jener erwiderte: Ja wohl, er war ein Handwerker u. s. w. j. Schek. V, 49ᵃ mit נומיתי לו· 'וכו· j. Jeb. XII Anf., 12ᶜ ob. ונמתי לי וכו' . . . ונמה לו (ed. Krot. ונימה) ich sagte zu ihm; er sagte zu mir u. s. w. Sifre Naso § 22 נמתי לו· וכם לי . . . dass. Jeb. 122ᵃ נומיתי לו כן הדברים ich sagte zu ihm: So verhalten sich die Angelegenheiten. Git. 66ᵇ נומינו לשליח (Ar. liest נמינו) wir sagten zu dem Boten.

נוּם II (=bh.) schlummern. Pilp. נִמְנֵם s. d.

נוּם III ch. (syr. ܢܰܡ, arab. نَامَ=vrg. נום) schlummern, schlafen. Erub. 65ᵃ die Töchter des R. Chisda sagten zu ihrem Vater: לא בעי מר מינום פורתא אמר להו כמה נינום וכ': möchtest du (Herr) nicht ein wenig am Tage schlafen? Er antwortete ihnen: Wie viel werden wir schlafen u. s. w., s. נוֹם, רוֹמָא. Pes. 120ᵇ אביי הוה יתיב קמיה דרבא אמר ליה מינם קא נאים מר אמר ליה מינם קא נאימנא Ms. M. II (Ms. Oxf. מינומי; אין נמנומי קא מנמנמי Agg. קא מנמנמא crmp.) Abaji sass vor Raba und sagte zu ihm: Du schlummerst wohl! Letzterer antwortete: Ja, ich schlummere. Meg. 18ᵇ היכי דמי מתנמנם אמר ר' אשי נים ולא נים תיר ולא תיר דקרו ליה ועני ולא ידע לאהדורי סברא וכי מדכרו ליה מדכר was ist unter כתנמנם zu verstehen? R. Asche sagte: Jem., der nicht ganz schlafend und nicht ganz wachend ist (syrisch ܚܡܶܐ semisomnis; עיר=תיר) und der, wenn man ihn ruft, zwar antwortet, aber nichts Vernünftiges zu erwidern weiss; wenn man ihn jedoch an etwas erinnert, dessen sich erinnert. Taan. 12ᵇ u. ö. dass. In Pes. l. c. hing. steht dieser Satz im Ms. M. nicht. Trop. B. kam. 65ᵃ ū. ö. כי ריים ושכיב רב אמר לה שמעתא diese Halacha sagte Rab wohl halb schlafend, halb schlafend; d. h. sie ist nicht zutreffend. Snh. 7ᵃ היא גירומא לה 'וכו sie schlummerst und der Korb schwimmt fort, vgl. דִּיקוּלָא.

נוּמְתָא f. (syr. ܢܰܘܡܬܳܐ, hbr. נוּמָה) Schlummer, s. TW.

נוֹמִי od. נָמִי fem. (gr. νομή, nome, syrisch ܢܽܘܡܰܐ, ܢܶܡܣܰܐ) ein um sich fressendes Geschwür. Ab. sar. 10ᵇ (l. שעלתה) שעצתה וכו' Ar. (Agg. crmp. לו נמי ברגלו יקטעה ויחדיה וכו' שעלה לו נימא (soll Jem. ein Geschwür, das er am Fusse bekam, abschneiden, um am Leben zu bleiben, oder es stehen lassen und sterben? bildl. für die Vorhaut, die der Proselyt abschneiden lassen muss. Genes. r. s. 46, 45ᵈ (mit Ansp. auf ונמלתם, Gen. 17, 11) כנומא היא תלויה בגוף sie (die Vorhaut) hängt wie ein Geschwür am männlichen Gliede, vgl. גְּוִיָּה nr. 2. Das. 46ᵃ כיון שהרגישה אמם הלכה ואמרה לאביהם בניך עלתה נמי בבשרם וגזר הדרופא שימולו אמר לה ימולו als die Königin Helena merkte (dass ihre beiden Söhne, Monobaz und Izatus sich heimlich hatten beschneiden lassen), ging sie zu deren Vater und sagte zu ihm: Deine Söhne bekamen ein Geschwür am männlichen Gliede und der Arzt verordnete, dass sie beschnitten würden. Der König erwiderte: Mögen sie sich beschneiden lassen. Sifre Ekeb § 45: „Leget diese Worte an euer Herz und an eure Seele"

(Dt. 11, 18). Ein Gleichniss von einem König, der seinem Sohne, nachdem er ihn heftig geschlagen hatte, ein Pflaster auf die Wunde legte. אמר לו בני כל זמן שרטיה זו על מכתך אכול ושתה מה שהנאתך ורחוץ בין בחמין בין בצונן ואי אתה ניזוק ואם אתה מעבירה הרי אתה. er sagte zu ihm: Mein Sohn, מעלה נומי כך וכ׳ solange du dieses Pflaster auf deiner Wunde liegen hast, darfst du essen und trinken, was dir nur schmeckt und sowohl in warmem, als in kaltem Wasser baden, ohne Schaden zu befürchten; nimmst du aber das Pflaster ab, so bekommst du ein bösartiges Geschwür am Leibe. Ebenso sagte Gott zu Israel: Solange ihr euch mit der Gesetzlehre befasst, so bildet sie ein Pflaster (Heilmittel) gegen den Trieb zum Bösen; lasset ihr aber davon ab, so wird dieser seine Herrschaft über euch ausüben. Kidd. 30ᵇ dass.

נוֹמֹוס (gr. νόμος) Gesetz, s. נִימֹוס.

נוּמִירִין od. נוּמִין̇ f. (neugr. νούμερα, νούμερον, numerus=σπεῖρα; vgl. Du Cange Glossar. I, 1006) Abtheilung von Soldaten, Cohorte, Legion. Mechil. Beschallach Par. 1 R. Simon ben Gamliel sagte: בא וראה עושרה וגדולתה של מלכות הרין נומירין אחת בטלה שכולם רצות ביום וכלילה וכנגדם של מצרים עומדות בטלות (Jalk. I, 67ᵈ liest נומירון) komme und betrachte den Reichthum und die Grösse der römischen Regierung, bei der nur eine einzige Cohorte müssig steht; denn sie insgesammt marschiren die Tage und die Nächte hindurch; während hing. die sämmtlichen Cohorten der Egypter müssig stehen; mit Bez. auf Ex. 14, 6. 7: „Pharao nahm die besten Kriegswagen und sein ganzes Volk mit sich, um also der Israeliten zu verfolgen"; er hatte also jene zur Hand. Tosef. R. hasch. I am Neujahrsfeste gehen alle Weltbewohner vor Gott vorüber נומירין Ms. Wien (ed. Zuckerm. u. a.=R. hasch. 16ᵃ 18ᵃ כבני מרון) wie die Legionen. Demnach dürfte auch anst. כבני מרון zu lesen sein: כבנומירין (ein W.) und ebenso in der Erkl. in Gem. l. c. anst. כבני אימרנא zu lesen sein: כבנומרנא, wozu die das. gegebene Uebersetzung של כחיילות דבית דוד „wie die Legionen des Hauses David" recht gut passt, vgl. auch מְרוֹן.

נוּנָא , נוּן m. (syr. ܢܘܢܐ, جَبَل) 1) Fisch. Stw. נון: sobolescere, wov. bh. יָנוֹן s. d., und נִין: soboles; hier von der Fruchtbarkeit der Fische. Genes. r. s. 11, 11ᵈ an einem Rüsttage des Versöhnungsfestes ereignete es sich in Rom, והוה תמן חד חייט ואזל דיזבן ליה חד נון וכ׳ dass ein Schneider beim Markt ging, um einen Fisch zu kaufen und dafür einen höheren Preis (12 Denare) gab, als der Diener des Feldherrn, der ebenf. einen Fisch kaufen wollte. בענתא דאריסטון אמר איפרכוס לטליא למה לא אתיית לי נון ... מה הווה בעי דניתיה לך בתרין נון עשר דינרין

זמנא אתמהא וכ׳ zur Zeit des Mahles sagte der Feldherr zu seinem Diener: Warum brachtest du mir nicht einen Fisch? Der Diener erzählte ihm den ganzen Vorfall ... Wolltest du etwa, dass wir dir einen Fisch für 12 Denare gebracht hätten? Das sollte mich wundern. Das. s. 13 g. E., 14ᵈ עובדא הוה בחדה עכו וצד חד נון ושמין יתיה ש׳ ליטרין ורקיילו יתיה מאתן ליטרין וכ׳ in der Umgegend von Akko ereignete es sich, dass Jemand einen Fisch fing, den man auf 300 Litra an Werth abschätzte und dessen Gewicht 200 Litra betrug. Ned. 54ᵇ Samuel sagte: נו̇ן סמ̇ך Nun, Samech, Aïn (diese drei, im Alphabet auf einander folgenden Buchstaben sind wie folgt zu deuten:) Der Fisch (נו̇ן) ist ein Heilmittel (סמ̇א) für die Augen (עי̇ן). Ab. sar. 39ᵃ שפר נונא אסור קדש נונא שרי וסימנך קדש ישראל לה׳ וארכא דאמרי קבר נונא שרי וסימנך קברי נכרים אינם מטמאין באהל LA. des R. Chananel (vgl. Tosaf. z. St.) der Schefarnuna (eig. Schönfisch) darf nicht gegessen werden; der Kodeschnuna (eig. Heiligfisch) darf gegessen werden; als Merkmal (zur Vermeidung einer Verwechslung dieser beiden Fischarten) diene dir: „Heilig ist Israel dem Herrn" (Jer. 2, 3; d. h. Gott erlaubte den Heiligfisch seinem Volk). Manche sagen: Der Kebernuna (eig. Grabfisch) darf gegessen werden; als Merkmal diene dir: „Die Gräber der Nichtjuden verunreinigen nicht im Zelte" (Citat aus einer Mischna; d. h. dieser Fisch ist nicht unrein). Agg. nach LA. Raschi's: שפר נונא שרי קדש נונא אסור וסימנך קדש לה׳ אבכא דאמרי קבר נונא אסור וסימנך קברי נכרים (ebenso Ms. M. קדש נונא אסור וסימנך קדש ישראל לה׳ כל אכלי (אבכלי der Schefarnuna erlaubt, der Kodeschnuna verboten; als Merkmal diene dir: „Heilig dem Herrn" (d. h. das Heilige ist gewöhnlich dem Herrn verboten). Richtiger der Zusatz im Ms.: „Heilig ist Israel dem Herrn, wer es aufreibt [bildl. auf den Fisch bezogen: wer ihn isst], den trifft die Schuld". Für die LA. des R. Chananel spricht der dort folgende Satz: R. Asche kam nach einem Orte, איתיה לקמיה נונא דהוה דמי לשפרנונא וכ׳ man setzte ihm einen Fisch vor, der Schefarnuna-ähnlich sah und den er deshalb anfänglich nicht essen wollte, bis er später an ihm einige Schuppen bemerkte. — Nach Lewysohn, Zool. d. Tlm. p. 268 fg. wäre 1) שפרנונא: der Hammerfisch. 2) קדשנונא: der Meerpfau, der heilige Fisch; Heiligenbutt. 3) קברנונא: der Schlammbeisser, Grundel, Schmerl. Jede der hier genannten drei Fischgattungen habe mehrere Unterarten, deren einige mit Schuppen und deren andere mit solchen nicht versehen seien, wodurch die oben genannten verschiedenen Ansichten betreffs des einen und des andern Fisches entständen. — Pl. j. Nas. IX, 57ᵈ mit. wird קמצוץ (s. d. W.) wie folgt

erklärt: כגון אילין נוּנְיָא רישיה דהן גבי עוקצוה wie jene Bratfische, bei welchen der Kopf des einen am Schwanze des andern und der Schwanz des einen am Kopf des andern liegend, aufgespiesst werden. — 2) Nun, Name eines Mannes. Meil. 19ᵃ כלתיה דנון die Schwiegertochter des Nun, eines zu jener Zeit bekannten, sehr reichen Mannes, vgl. כַּלְּתָא. — 3) Nun, der Name des Buchstaben im Alphabet, s. נ.

נוּן , נְוָן Pi und *ch.* נַוֵּן Pa. (verwandt mit arab. ‏غَابَ‎); nur Hithpa. הִתְנַוֵּן hinsiechen, hinschwinden, schwindsüchtig werden, abmagern. Part. B.kam. 91ᵃ אמדוהו והיה מִתְנַוְּונֶה ודולך אֵין נותנין לו אלא כמו שאמדוהו wenn man ihn (der von Jemdm. verwundet worden, hinsichtl. des infolge der Körperverletzung erlittenen Schadens) abschätzte, sein Körper aber nach und nach hinschwindet; so giebt man ihm blos den Schadenersatz, wie man ihn abgeschätzt hat. Tosef. B. kam. IX Anf. ed. Amst. u. a. dass. (In einigen Agg. נתגוינה crmp.) Chull. 57ᵇ un. R. Simon ben Gamliel sagte: משבחת והולכת בידוה כשרה שהיא מִתְנַוְּונֶה והולכת בידוע שהיא טריפה wenn ein Thier immer mehr an Beleibtheit zunimmt, so ist es mit Bestimmtheit als gesund und daher zum Genusse erlaubt anzusehen; wenn es aber immer mehr hinsiecht, so ist es mit Bestimmtheit als schadhaft, zum Genusse verboten anzusehen. (Tosef. Chull. III g. E. steht dafür: אם ... היתה מכחשת אם היתה מכחשת : wenn der Thier nicht abmagerte, wenn es abmagerte.) Sot. 22ᵇ רבי אומר הזכות תולה במים המאררים ואינה יולדת ואינה משבחת אלא מתנוונוה והולכת לסוף היא מתה מיתה Rabbi sagte: Die Verdienste tugendhafter Handlungen (welche die Sota früher ausgeübt hatte) hält die schädliche Wirkung des Verwünschungs-(Prüfungs-) Wassers schwebend (d. h. hält die Strafe auf, so dass sie nicht sofort erfolgt); sie gebärt keine Kinder, nimmt nicht an Beleibtheit, an gutem Aussehen zu, sondern sie sieht immer mehr hin, bis sie schliesslich daran stirbt. Vgl. das. 6ᵃ ר' ששת סבר בין לר' ובין לרבנן הויא מתנוונגא ור' יוסף סבר לר' הויא מתנוונגא לרבנן לא הויא מתנוונוא R. Schescheth ist der Ansicht, dass (eine Sota, die verdienstliche Handlungen aufzuweisen habe) sowohl nach der Ansicht Rabbi's, als auch nach der der Rabbanan hinsieche; R. Josef hing. ist der Ansicht, sie, nach der Ansicht Rabbi's hinsieche; aber nach der der Rabbanan nicht hinsieche. Das. 26ᵃ (mit Bez. auf die Mischna: „Die Ehefrau [Sota] eines Priesters trinkt das Prüfungswasser und darf, wenn dasselbe wirkungslos bleibt, mit ihrem Manne die Ehe fortsetzen") פשיטא אמר ר' הונא במתנוונה מתנוונוה לא בדקוה מיא במתנוונה selbstverständlich (darf sie die Ehe fortsetzen; denn daraus, dass das Prüfungs-

wasser wirkungslos war, ist ja zu schliessen, dass sie unschuldig sei)! R. Huna sagte: Hier ist die Rede davon, dass sie hinsieht. Aber, wird entgegnet, wenn sie hinsieht, so wirke ja das Prüfungswasser (d. h. dieser Umstand ist doch ein hinlänglicher Beweis ihrer Schuld! Denn dass die in Num. 5, 21 angedrohten Strafen nicht erfolgten, ist blos ihren früheren verdienstlichen Handlungen zuzuschreiben; immerhin müsste sie doch für ihren Mann verboten sein; worauf geantwortet wird:) Hier ist davon die Rede, dass sie an den anderen Gliedmassen (nicht an „Leib und Hüfte") hinsiecht. Da könnte man denken, dass ein solches Hinsiechen den theilweisen Beweis ihrer Schuld liefere; dass sie näml. zur Buhlerei gezwungen wurde, infolge dessen sie für den Priester verboten sei! Dah. sagt die Mischna, dass sie die Ehe mit dem Priester fortsetzen darf. j. Sot. III, 19ᵃ un. המתנוונה מותרת לביתה die hinsiechende (Priesterfrau) ist für ihren Mann erlaubt, dass. Als Grund dieses Hinsiechens wird das angegeben: Selbst wenn sie als unschuldig befunden wurde, so leidet sie dennoch bis zu ihrem Tode, weil sie Veranlassung zu einem so grossen Verdacht gegeben hat, vgl. מֶסְפָּק.

נוּון Pesik. r. s. 17 s. לֹא I. — נוונא Git. 69ᵇ wahrsch. crmp. aus נְוָרְנָא od. בַּוְּנָא, s. צִיקְמָא.

נָוּוֹם *m.* (gr. ναός, syr. ‏ܢܳܘܣܐ‎) Tempel. Pl. Genes r. s. 16, 16ᵈ בשלשה דברים קדמה מלכות יון למלכות הרשעה הזאת בנוומין ובפסינקטין ובלשון Ar. (Agg. בנמוסין ובפסלקוסין in drei Dingen hatte das griechische Reich einen Vorzug vor diesem frevelhaften (römischen) Reiche, näml. hinsichtl. der Tempel, ferner der Pinakotheken (Bilderniederlagen) und endlich der Sprache.

נוּע (=bh.) sich bewegen. Pilp. נִעְנַע s. d.

נוּעָדן Cant. r. 12ᵉ crmp., s. נַצְּרָן.

נוּף (=bh.) Grndw. כָּף, wov. auch נָפַף, נָפָה, verstärkt von נוּב (s. d.) eig. aufschiessen, sich erheben, s. das nächstflg. נוּף und נוֹף; vgl. arab. ‏نَاقَ‎: sich erheben, hoch sein.

Hif. הֵנִיף (=bh.) heben, in die Höhe schwingen. Levit. r. s. 28, 172ᵉ כיצד היה מניף ... מוליך ומביא מעלה ומוריד וכ' wie schwang man die Omergarbe? Man schwang sie dahin und dorthin (d. h. nach allen vier Seiten, Weltgegenden), ferner nach oben und unten. Die erstere Schwingung soll andeuten, dass die ganze Welt Gott gehöre, die letztere, dass Gott der Herrscher sowohl der Himmlischen als auch der Irdischen sei. B. mez. 86ᵃ הניפי עלי וכ' schwinge deinen Fächer über mir, vgl. חלון שהוא ארבע אמות על j. Jom. I, 38ᵉ mit. מְנָפָא ein Fenster von vier Ellen im Geviert, wo die

Diener sitzen und vor ihren Herren die Fächer schwingen. Suc. 51ᵇ וכיון שהגיעו לעבות אמן‎ הלה מניף בסודר‎ als man (in der grossen Synagoge zu Alexandrien) an der Gebetstelle angelangt war, wo die Gemeinde „Amen" sagt, so schwang jener (der Aufseher, חַזָּן‎) ein Tuch, eine Fahne.

Pilp. נְפַנֵּף‎ fächern, hin und hertreiben, heftig blasen. j. Ber. I, 2ᵈ mit. der Nordwind מנשבת בלילה ומנפנפת בו‎ wehte in der Nacht und blies gegen die Zither, vgl. כִּנּוֹר‎. Jalk. II, 106ᵃ (mit Ansp. auf נוּף‎, Ps. 48, 3) מנסנפת את‎ רגליה וכ׳‎ er treibt ihre Füsse auf. — Hithpalp. Pass. davon. Ohol. 8, 5 טלית המֻנַפְנֶפֶת‎ ein Mantel, der vom Winde hin und hergetrieben wird, wodurch er wie ein Zelt aussieht; s. auch נָפַח‎ und נָסָה‎. — Hithpol. dass. Ab. sar. 24ᵇ התנוספי ברוב הודך‎ erhebe dich ob deiner grossen Herrlichkeit, s. אַרְמוֹן‎ II. Genes. r. s. 54, 54ᵃ dass.

נוּף‎ ch. (=vrg. נוּף‎) sich erheben, sich schwingen. Jeb. 63ᵃ רב על לביני שיבלי חזנדהו‎ דקא נייפן נייפא להו אי נייפת אחנופי הפורכי בעיסקא‎ טב ממך‎ (Ar. liest אי במנסה תתנוספי‎) als Rab zwischen Aehren ging und sah, dass sie sich hin und herschwangen, sagte er: Schwinge dich nur immer fort, ein Geschäftsverkehr ist dir vorzuziehen; d. h. letzteres bringt weit mehr Gewinn, als das Besitz eines Getreidefeldes. M. kat 16ᵇ, s. חוּשְׁלָא‎.

נוֹף‎ m. (eig.=bh., arab. نَوْف‎ was sich erhebt, Erhebung) Wipfel, Ast, Zweig des Baumes. j. Schebi. II, 33ᵈ mit. die Schule Schammai's sagte: משקין על הנוף ורבית הלל‎ man אומרים משקה בין על הנוף ובין על העיקר‎ begiesse (kurz vor Eintritt des Brachjahres) den Wipfel des Baumes, von welchem die Flüssigkeit auf den Stamm läuft; die Schule Hillel's hing. sagte: Man darf sowohl den Wipfel, als auch den Stamm begiessen. Kidd. 40ᵇ למה‎ צדיקים נמשלים בעולם הזה לאילן שכולו עומד‎ במקום טהרה ונופו נוטה למקום טומאה נקצץ‎ נופו כולו עומד במקום טהרה . . . ולמה רשעים‎ דומים בעולם הזה לאילן שעומד במקום טומאה‎ ונופו נוטה למקום טהרה נקצץ נופו כולו עומד‎ במקום טומאה וכ׳‎ wem sind die Frommen in dieser Welt zu vergleichen? Einem Baume, der im Ganzen an reinem Orte steht, dessen Gezweige aber sich einem unreinen Orte neigt und der, sobald sein Gezweige abgeschnitten wird, ganz an reinem Orte steht. So sucht Gott die Frommen in dieser Welt deshalb mit Leiden heim, damit sie des ewigen Lebens theilhaftig werden. Von ihnen heisst es: „Dein Anfang wird gering, dein Ende aber sehr gross sein" (Hi. 8, 7). Wem sind die Frevler in dieser Welt zu vergleichen? Einem Baume, der an unreinem Orte steht, dessen Gezweige aber sich nach einem reinen Ort neigt und der, sobald sein Gezweige

abgeschnitten wird, ganz an einem unreinen Orte steht. So lässt Gott den Frevlern viele irdische Güter zukommen, um sie auf die niedrigsten Stufen (מדרגה התחתונה‎) im zukünftigen Leben sinken zu lassen. Von ihnen heisst es: „Manchen geraden Weg giebt es vor dem Menschen, dessen Ende die Wege des Todes sind" (Spr. 14, 12). — Pl. Num. r. s. 20, 242ᵇ (mit Bez. auf Num. 23, 9: „Vom Gipfel der Felsen sehe ich es".) למה הדבר דומה לאדם שבא לקוץ את‎ אילן מי שאינו בקי קוצץ את הנופים כל ענף‎ וענף ומחריגע והפקיק מגלה את השרשין וקוצץ‎ וכ׳‎ wem ist das zu vergleichen? Jemdm., der einen Baum umhauen will; wer das Umhauen nicht versteht, haut die Zweige einzeln ab, wodurch er müde wird; der Kundige hing. legt die Wurzeln bloss und haut sie nieder. Ebenso sagte jener Bösewicht, Bileam: Wozu sollte ich jeden Stamm besonders verfluchen? Ich will ihre Wurzeln vernichten. Aber, da angekommen, fand er sie fest wie die Felsen. Jalk. II, 106ᵃ יפה נוף‎ (Ps. 48, 3) bedeutet: יפה נופה שלה בהקפת המזבח‎ er verherrlichte ihre Zweige beim Umringen (bei der Prozession) des Altars.

נוֹפָא‎ ch. (=נוֹף‎) Zweig, Ast, s. TW.

נוֹף‎ Memphis, und נוֹפֶת‎ s. in נף׳‎.

נוץ‎ (syn. mit נָצַץ‎; arab. نَاصَ‎, Grndw. ניץ‎, verwandt mit נץ‎) sich erheben.

Hif. 1) blühen machen, aufblühen lassen, Blüthen treiben. Schebi. 4, 10 הזיתים‎ משיניצו‎ (משיניצו‎) (Pes. 53ᵃ) die Olivenbäume (darf man am Brachjahre nicht umhauen) von der Zeit ab, wenn sie Blüthen treiben. B. bath. 147ᵃ der Nordwind קשה לזיתים משיניצו‎ ist für die Oelbäume von der Zeit ab schädlich, wenn sie blühen. Khl. r. sv. העפר וישב‎, 97ᵈ (mit Ansp. auf השקד‎, Khl. 12, 5) וינאץ כבואתו זה‎ של רמיהה שנאמר מקל שקד רג׳ מה השקד הזה‎ משעת שינוץ עד שהוא גומר פרותיו כ׳א יום כך‎ כל גזרה לא היתה אלא מי׳ז בתמוז עד ט׳ באב‎ darunter ist die Prophezeihung des Jeremias zu verstehen, in der es heisst: „Einen Mandelbaum-Stock sehe ich" (Jer. 1, 11). So wie beim „Mandelbaum" die Dauer von der Zeit seines Blüthentreibens bis zum Zeitigen seiner Früchte 21 Tage ist; ebenso dauerte die ganze Leidenszeit (durch Nebukadnezar) blos vom 17. Tage des Monats Tammuz bis zum 9. des Ab; d. h. die 21 Tage von der Belagerung Jerusalems an bis zum Verbrennen des Tempels. Genes. r. s. 28, 27ᵃ מהיכן הקב׳ה מניץ‎ Hadrian fragte den R. Josua: את האדם לעתיד לבא אמר לו מנץ השדרה‎ Ar. (Agg. מלוז . . .) (מציץ‎) von welchem Gliede aus lässt Gott den Menschen in der zukünftigen Welt wieder aufblühen? Er antwortete ihm: Aus der Blüthe (einem vorstehenden Knorpel) des Rückgrats. — 2) schimmern, leuchten,

eig. Strahlen werfen, das Licht ausströmen lassen. Für Blühen und Schimmern hat die Sprache oft ein und dasselbe Wort, vgl. אוֹר, נָצַץ u. a. j. Ber. I, 2° mit. משי־אור המזרח עד שחנץ החמה. ארבעה מילין ומניין... דכתיב וכמו השחר עלה רג' וכתיב השמש יצא רג' ומן סדום לצוער ד' מילין von dem Hellwerden des Ostens bis zum Leuchten (Strahlen-Auswerfen) der Sonne kann man eine Strecke von vier Mil reisen. Woher ist das erwiesen? Daher, dass es heisst: „Als das Morgengrauen eintrat, drangen die Engel in Lot" u. s. w. (Gen. 19, 15); und hierauf heisst es (V. 23) „Die Sonne ging über der Erde auf und Lot kam nach Zoar." Von Sodom nach Zoar sind vier Mil. Genes. r. s. 50, 50ᵃᵇ dass. — Pilp. נְצַנֵץ s. d.

נוּץ ch. (=vrg. נוץ) blühen, j. R. hasch. II, 58ᵇ ob. בכיר לקיש באדר מינץ die Frühsaat und die Spätsaat blühen im Monat Adar gleichzeitig. Snh. 18ᵇ אם בכיר ולקיש כחדא יינץ דין הוא אדר וכ' wenn die Frühsaat und die Spätsaat gleichzeitig blühen, so ist das der Monat Adar; wenn das nicht der Fall, so ist die Verkündigung eines Schaltjahres nöthig.

נוֹצָה f. (=bh. נוֹצָה, נֹצָה. Stw. wahrsch. vrg. נוץ: sich erheben) 1) Feder, nur collect. Gefieder, die kleinen Federn der Vögel. (Im bh. viell.: Schwungfeder, penna.) Chull. 56ᵇ R. Juda sagte: אם נטלה הנוצה פסולה wenn die kleinen Federn des Vogels ausgerissen sind, so darf Letzterer nicht gegessen werden; dahing. נמרטו כנפיה וכ' wenn die Schwungfedern ausgerupft sind, so darf der Vogel gegessen werden. Vgl. Raschi z. St. כנפיה היינו נוצה גדולה היא הדקה הסמוכה לבשר unter כנפים ist die grosse Schwungfeder, unter נוצה hing. das kleine Gefieder, das dem Fleische anliegt, zu verstehen. Das 57ᵇ dass. Tosef. Chull. VI בנוצה לא... אין מכסין man darf (das Blut des geschlachteten Vogels, vgl. כסוי) weder mit den kleinen Federn, noch mit den Schwungfedern der Taube bedecken. Sifra Wajikra cap. 8 Par. 7 יכול יעקור בסכין וטולנה תלמוד לומר בנצתה יטלנה עם הנוצה man könnte denken, dass man den Kropf mittelst eines Messers losschäle und abnehme! Daher steht בנצתה (Lev. 1, 16), was bedeutet: Man nehme den Kropf sammt der Federn hinweg (Abba Jose hing. erklärt בנצתה: sammt dem fleischigen Magen, קרקבין, s. d., wonach נצה: den Mist bedeutet, s. auch TW.). Seb. 64ᵇ, 65ᵃ un. dass. Das. בנוצתה שלה קודרה (l. קודרה בסכין) Das. כמין ארובה das W. בנצתה bedeutet: „sammt ihren Federn"; man schneidet näml. die den Kropf gegenüberliegende Haut (woran die Federn bleiben) nach Art einer Luke aus. (Darnach ist zum Theil das in מוּראָה Gesagte zu berichtigen.) Ebenso LXX: σὺν τοῖς πτεροῖς.

Vulg.: et plumas. — 2) die Haare der Thiere. Schabb. 28ᵇ ob. נוצה של עזים die Ziegenhaare.

נוּר, נוֹרָא m. (syr. ܢܘܼܪܵܐ, Stw. נור, arab. ‏نَار‎: leuchten) Licht; nur vom brennenden, angezündeten Licht, Feuer; unterschieden von נְהוֹר s. d. Dan. 3, 6. 11 fg., s. auch TW. — M. kat. 12ᵇ, s. מְדוּרָא. Ned. 62ᵇ שרי ליה לצורבא מרבנן למימר עבדא דנורא אנא לא יהיבנא אכרגא der Gelehrte darf, um sich der Besteuerung zu entziehen, sagen: Ich bin ein Diener des Feuers (näml. des parsischen Cultus) und zahle keine Steuer. Das. R. Asche הוה ליה ההוא אבא זבניה לבי נורא hatte einen Wald, den er zum Gebrauch der Feuercultus verkaufte. Khl. r. sv. וראיתי את כל, 90ᵈ R. Josua ben Chananja sagte zum Kaiser Hadrian, welcher behauptete, er überträfe den Gesetzgeber Mose: יכיל את לגזור דלא ידלק בר נור תלתא wärst du wohl, ein יומין אמר ליה אין וכ' vermagst du wohl, ein Edikt zu erlassen, dass Niemand drei Tage hindurch Licht anzünde? Jener sagte: Allerdings. Kaum jedoch war ein solches Edikt erlassen, als man aus einem Hause Rauch aufsteigen sah; der kranke Feldherr hatte näml. warmes Wasser nöthig. Infolge dessen sagte R. Josua zu ihm: עד דאת בחיים בטלה גזרתך ומשה רבינו משעה דגזר עלינו לא תבערו אש וג' לא מדליק יהודאה נור בשבתא מיומדהו וכ' während deines Lebens wird dein Befehl nicht beachtet; der Befehl unseres Lehrers Mose hing.: „Ihr sollt kein Feuer anzünden am Sabbattag in allen euren Wohnungen" (Ex. 35, 3) wird noch jetzt befolgt; denn niemals hat ein Jude am Sabbat Licht angezündet! — Levit. r. s. 27, 171° בנור ובזפת crmp., s. מַרְזַפְתָּא.

נוּר urbar machen, ausroden, s. נִיר.

נוֹרָה f. ein dem Fönnkraut ähnliches Küchengewächs. Tosef. B. kam. VII mit. der המערב את הנורה בתלתן betrügerische Verkäufer, (ed. Zuckm. הגרדה) welcher dieses Küchengewächs mit (dem theuren) Fönnkraut vermischt. In den Parall. (vgl. כְּלַבְקֵי) steht dieser Satz nicht.

ר' יוחנן בן נורי נוֹרִי Nuri, N. pr. bes. oft R. Jochanan ben Nuri. Erub. 45ᵇ u. ö.

נִיוָתִי, נְוָותִי der Nabatäer, s. נַבְטֵי.

נוֹתָר masc. (eig. Part. Nif. von נָתַר, יָתַר) das Uebriggebliebene; insbes. das Opferfleisch, das, nach den Schlachten, bis zum dritten Tage bei Freudenopfern, oder bis zum zweiten Tage bei Sündopfern zurückgeblieben ist und das nicht mehr gegessen werden darf, sondern verbrannt werden muss (vgl. Lev. 19, 6). j. Schabb. VII, 9ᵈ ob. u. ö. פגול ונותר das Fleisch eines verworfenen Opfers (vgl. פגול) und das zurückgebliebene

46*

Opferfleisch. — Pl. Sifra Achre Par. 5 cap. 7 הַנּוֹתָרִים וְהַפִּגוּלִים. Cant. r. sv. גלילי ידיר, 26° כמה פיגולים כמה נותרות כתובים בתורת כהנים wie oft kommen die Verbote betreffs der verworfenen und der zurückgebliebenen Opfer-Fleischstücke in Leviticus vor. Das. sv. שרדך, 30ᵃ dass. — Tosef. Schabb. VII (VIII) Anf. האומר יתיר ונותר הרי זה מדרכי האמורי ר׳ יהודה אומר לא יהא לו בביתו יתיר ונותר wenn Jem. (bei allen seinen Unternehmungen, abergläubisch) ausruft: Mehr und Uebriges! so ist das ein heidnischer Brauch. R. Juda sagt: Er wird (zur Strafe) in seinem Hause nicht Mehr und Uebriges haben.

נְזָה (syr. ܢܙܐ trnspon., verwandt mit arab. نَزَأَ: antreiben) anschreien. Schabb. 48ᵃ נזהיה רבה Rabba schrie ihn an. Das. 2 Mal, s. auch TW.

נְזִיהָתָא f. N. a. das Anschreien, Drohen. Snh. 41ᵇ מטיבותא דמר אמרינן בה ולא חדא טובא מנזיהתיה דמר לא אמרינן בה ולא חדא (Ms. M. und Ar. מנזיוחתיה) infolge deines (des Herrn) Wohlwollens vermögen wir betreffs dieser Halacha Vieles zu sagen; bei deinem Anschreien hing. (d. h. wenn du hart gegen uns verfahren wolltest) vermöchten wir auch nicht einen Ausspruch zu thun.

נִיזְהָא masc. (syr. ܢܙܗܐ trnspn.) das Anschreien, Lärmen. Pes. 112ᵇ ניזהא דתורא הן הן ניזהא דאריה זה זה ניזהא דגמלא הא הא ניזהא דארבא הילני היא וכ׳ das Anschreien des Ochsen (um ihn von sich abzuwehren, oder: um ihn anzutreiben) lautet han, han! Das Anschreien des Löwen lautet se, se! Das Anschreien des Kamels lautet da, da! Das Schreien des Schiffes (d. h. der Schiffer wenn sie letzteres schleppen) lautet hilni, haja, hila u. s. w.

נָזַז (verw. mit arab. نَزَّ und نَزَا, vgl. נְזָי eig. springen, aufspringen; übrtr. sich überheben, übermüthig werden. Levit. r. s 10, 153ᵈ משל לבן מלכים שגז עליו לבו וכ׳ Ar. (Agg. שנתגאה) ein Gleichniss von einem Königssohn, der übermüthig wurde und ein Schwert ergriff, um seinem Vater den Kopf abzuschneiden u. s. w. Mögl. Weise hängt das Part. pass. נזוז mit unserm W. zusammen: von den übersprungenen Stichen.

נָזַז spalten, viell. urspr. springen, vom Geschirr; dieses Falls wäre unser W. die chald. Form vom vrg. נָזַז. Part. pass. Jom. 78ᵇ das Spiel der herangewachsenen Kinder besteht im Zerbrechen des Geschirrs; כי הא דרבא זבן נזיזי ותברינהו לבריה ותבריניהו Ar. מאני דפחרא (Ms. M. II נזיזי ומתברי, Agg. גזיזי ומתברי) so z. B. kaufte Raba gesprungene irdenes Ge-

schirr und gab es seinem Sohne, welcher es zerschlug.

נָזָה, נָזַי, Hif. הִזָּה (=bh.) sprengen. Part. pass. s. d. W. Part. pass. Tosef Tohar. XI, g. E. אם הזה מזה wenn der Priester auf ihn (das Lustrationswasser) gesprengt hat, so gilt die Sprengung, eig. wurde er besprengt.

נְזִי m. pl. Körner einer Schoten tragenden Pflanze. M. kat. 12ᵇ שרמטמי למאי חזי (R. Ascher liest כזיי דאית בהו wozu ist der Sesam zu verwenden? Hinsichtlich der Körner, die in seinen Schoten enthalten sind, aus welchen man näml. Oel bereitet. (Maim. Jad hachsaka Tit. Schechita cap. 6 § 7 hat unser W. in hbr. Form כזיי: der Kern, dass., was talmud. קשייתא.)

נְזְיִיתָא fem. (wahrsch. vom arab. نَزَّ: ausschwitzen) 1) das Brauen des Bieres, eines starken Getränkes, das gew. aus Datteln bereitet wurde; und übrtr. das Gebräu, das gebraute Getränk. Ab. sar. 31ᵇ גילוי דנזייתא das Offenstehenlassen (Nichtzudecken) des Gebräu's, vgl. גילוי. Pes. 20ᵃ רסימניך נזייתא als Merkmal diene dir: das Bierbrauen; d. h. die Brauer bringen zuerst „das Gefäss" (den Bottich), sodann „die Speise" (Gerste oder Datteln) und zuletzt „die Flüssigkeit" (das Wasser); dem entsprechend ist auch die Ordnung der in der Borajtha erwähnten Bestandtheile hinsichtlich der Reinheitsgesetze. Das. 113ᵃ Ar. (der auch סרנא liest, s. d. W.) die Bierbrauerei, vgl. הִילוֹ. — 2) der Bottich, worin gebraut wird. Suc. 20ᵇ die Matten חזו לנזייתא sind zum Bedecken des Bierbottichs zu verwenden. Keth. 6ᵃ u. ö. מסוכריא דנזייתא der Stöpsel des Bottichs, s. מְסוֹכְרַיָא. B. kam. 35ᵃ der Ochs des R. Papa, den an den Kinnladen Schmerzen hatte, עייל ופתקיה לנזייתא ושתי שיכרא ואתסי ging in die Brauerei, stiess einen Bottich um und trank das Bier, wodurch er genas.

נָזִיד m. (=bh. Stw. זוד) Gericht, Speise. Tohar. 2, 3. 4. 5. נזיד הקדש . . . . נזיד התרומה ein Gericht, welches einen Beisatz von der Teruma, Hebe enthält (vgl. דֶּמַע); ein Gericht, welches einen Beisatz von heiligen (Opfer-) Speisen enthält. j. Sot. V, 20ᵃ un. und Chull. 34ᵇ dass.

נָזִיק, נָזִיחַ Nasiach, Nasik, Nebenbenennungen oder Verstümmelungen des Ws. נָזִיר Nasir. Ned. 10ᵃ; ähnlich חָרֵק, חָרֶף für חֵרֶם, s. d. W.

נְזַל chald. (hbr. נָזַל, Grndw. זל, vgl. אַזַל) fliessen, s. TW.

נָזַף (verstärkte Form von נזה, s. d. Grndw. זז; mögl. Weise זף, s. זוּף I) anschreien;

Jemdm. einen Verweis ertheilen. Genes. r. s. 12, 13° משל למלך שזף בעבדו ועמד לו תמיה רב׳ ein Gleichniss von einem König, der seinen Diener anschrie, wodurch letzterer entsetzt dastand; mit Bez. auf Hi. 26, 11. Oft Part. pass. Chull. 133ᵃ רבא נזוף הוה דריר dem Raba wurde ein Verweis ertheilt (nach Taan. 24ᵇ zog er sich denselben dadurch zu, dass er zur Unzeit um Regen gebetet hatte). Schabb. 115ᵃ s. הִלֵּץ. Exod. r. s. 41, 136ᵇ כל מי שאינו עוסק בתורה הרי זה נזוף להקבה תדיר wer sich nicht beständig mit der Gesetzlehre befasst, dem wird von Gott ein Verweis ertheilt. Tanch. Ki tissa 115ᵃ dass. Taan. 1, 7 (12ᵇ) wenn der Regenmangel trotz vieler Gebete lange anhält, so verfahre man כבני אדם הנזופין למקום wie Menschen, denen von Gott ein Verweis ertheilt wurde. Jeb. 72ᵃ den Israeliten war während ihres 40jährigen Aufenthaltes in der Wüste נזופין למקום von Gott ein Verweis ertheilt worden. In der Parall. steht נְזָדָה, s. נרי, s. מנודין.

נְזַף ch. (=נָזַף) anschreien, einen Verweis ertheilen, s. TW.

נְזִיפָה f. N. a. das Anschreien, Drohen, Verweisertheilen, Nesifa, ein geringerer Grad des Bannes als נירוי. M. kat. 16ᵃᵇ אין נזיפה פחות משבעה ימים der Verweis, den ein Gelehrter ertheilt, übt eine Wirkung auf mindestens sieben Tage aus; indem man näml. während dieser Zeit mit demjenigen, dem der Verweis ertheilt wurde, nicht in Berührung kommen darf; mit Ansp. auf Num. 12, 13. M. kat. l. c. נזיפת נשיא ל׳ יום . . . . נזיפה דידן חד יומא der Verweis, den der Nasi (Fürst) ertheilt, währt 30 Tage; in unserer (d. h. spätern) Zeit währt der Verweis einen Tag. Schabb. 31ᵃ גער בו והוציאו בנזיפה Schammai schrie ihn (einen Heiden, der von ihm verlangt hatte, ihm das ganze Gesetz in kurzer Zeit zu lehren) an und entfernte ihn mit einem Verweis. Das. 79ᵃ נזיפה בעלמא רכ׳ ein blosses Anschreien (nicht ein wirklicher Verweis) wurde dem Aharon ertheilt (mit Bez. auf בם, Num. 12, 8, das sich auf Mirjam und Aharon bezog). Genes. r. s. 33, 32ᵇ, s. כָּלָא. Snh. 68ᵃ R. Elieser גער בו ויצא בנזיפה schrie ihn (seinen Sohn Hyrkan) an und letzterer entfernte sich beim Verweis. Arach. 16ᵇ עד נזיפה bis zum Verweis, vgl. תוֹכֵחָה.

נְזִיפוּתָא ch. (=נְזִיפָה) das Anschreien, der Verweis, Nesifa. M. kat. 16ᵃᵇ Rabbi rief dem Bar Kapra zu: . . . איני מכירך מעולם נהג בר קפרא בנפשיה חלתין יומין ich habe dich nie gekannt! Infolge dessen beobachtete Bar Kapra eine Nesifa von 30 Tagen. Dass. fand auch betreffs des R. Chija statt, vgl. עיריא. — In den Trgg. steht dafür auch כְּזוּפָא, s. TW.

נְזִיחָ נָזִיק s. נְזַק.

נְזַק Schaden leiden, Kal ungebr. Hif. הִזִּיק beschädigen, Schaden zufügen, sow. von der Beschädigung der Person, als auch von der des Vermögens eines Andern. B. kam. 1, 1 (2ᵃ) die vier Hauptarten von Schäden (Schadenverursachenden, vgl. נֶזֶק) sind folgende: der Ochs, die Grube, das abweidende Thier und das Feuer; הצר השוה שבהן שדרכן להזיק ושמירתן עליך וכשהזיק חב המזיק לשלם תשלומי נזק במיטב הארץ das haben die gedachten vier Arten mit einander gemein, dass sie Schaden zuzufügen pflegen, und dass deshalb ihre Ueberwachung dir als eine Pflicht obliegt. Wenn also eines dieser (und anderer ihnen ähnlicher) Dinge einem Andern Schaden verursacht, so ist der Beschädigende zu Schadenersatz „vom besten seiner Felder" (vgl. Ex. 22, 4) verpflichtet. (Unter מַזִּיק: „der Beschädigende", ist hier, sowie in den nächstflg. Stellen zumeist der Besitzer von Dingen zu verstehen, die einem Andern Schaden verursachten; zuweilen bezeichnet מזיק denjenigen, der in eigner Person einen Andern beschädigt, oder auch seinem Vermögen Schaden zufügt und endlich auch denjenigen, der sein eignes Vermögen oder auch seine Gesundheit [wie z. B. durch übermässigen Genuss, vgl. מַזִּיק] beschädigt. Unter נִזָּק: „der Beschädigte" ist gew. derjenige zu verstehen, dessen Eigenthum durch Gegenstände, die einem Andern gehören, beschädigt wurde.) Das. Mischna 2 (13ᵇ) בכל מקום חוץ מרשות המיוחדת למזיק ורשות הניזק והמזיק an allen Orten (wo nur die gedachten Gegenstände Jemdm. Schaden zufügten, ist der Besitzer derselben zu Schadenersatz verpflichtet, mit Ausnahme eines Gehöftes, das dem Beschädigenden als sein Eigenthum, sowie des Gehöftes, das dem Beschädigten und dem Beschädigenden gemeinschaftlich angehört. Wenn z. B. der Ochs des A. in die Besitzung des B. ging und daselbst beschädigt wurde, so ist B. nicht zu Schadenersatz verpflichtet, weil er berechtigt ist, zu A. zu sagen: Was hat dein Ochs in meinem Gehöfte zu suchen? — Einige Arten von Schäden jedoch bilden hiervon eine Ausnahme, vgl. Raschi z. St. — Wenn B. hing. in seiner Besitzung den A. verwundet, so muss er den Schaden der Verwundung zahlen; weil der Verwundete zu ihm sagen kann: Mich aus deiner Besitzung zu verweisen, hast du allerdings das Recht, nicht aber mich körperlich zu verletzen. Endlich hat der Beschädigte, wenn der Schaden in einer Besitzung vorgefallen ist, die ihm und dem Beschädigenden gemeinschaftlich gehört, keinen Anspruch auf Schadenersatz; da der Eine ebenso, wie der Andere das Recht hat, seine Thiere dahin zu treiben. — Das. 32ᵃ fg. wenn zwei Menschen auf der Strasse gingen, deren Einer schnell, und deren Anderer langsam ging והזיקו זה את זה שניהם פטורין und sie einander beschädigten (הזיקו) ungenau

für הֻזְּקוּ: sie wurden von einander unabsichtlich beschädigt, vgl. Raschi das. 48ᵇ sv. חייבין),
so sind sie Beide freizusprechen. B. mez. 117ᵃ
wenn der Söller eines Hauses, das zwei Besitzern
gemeinschaftlich gehört, dermassen schadhaft
geworden, dass das Wasser, das im obern
Stockwerk ausgegossen wird, in den untern Stock
herabläuft: so sind hinsichtl. der vorzunehmenden Reparatur (vgl. מַעֲזִיבָה) zwei verschiedene
Ansichten. למאן דאמר העליון מתקן קסבר על
המזיק להרחיק את עצמו מן הניזק ולמאן דאמר
התחתון מתקן קסבר על הניזק להרחיק את עצמו
מן המזיק derjenige Autor, der da sagt: Der
Besitzer des obern Stockwerkes muss die Reparaturkosten bestreiten, ist der Ansicht, dass
der Beschädigende (Schadenverursachende,
s. ob.) die Verpflichtung habe, sich von dem
Beschädigten zu entfernen (d. h. Alles, was
Schaden verursacht, ihm fern zu halten). Derjenige Autor, der da sagt: Der Besitzer des
untern Stockwerkes muss die Reparaturkosten
bestreiten, ist der Ansicht, dass der Beschädigte die Verpflichtung habe, sich von dem
Beschädigenden zu entfernen. — Ferner מַזִּיק
Dämon, schädlicher, böser Geist, s. d. W.
Ber. 43ᵇ לאחד נראה ומזיק לשנים נראה ואינו
מזיק לשלשה אינו נראה כל עיקר einem sich
allein befindenden Menschen zeigt sich der
Dämon und beschädigt ihn, zwei Menschen
zeigt er sich zwar, beschädigt sie aber nicht,
drei Menschen zeigt er sich überhaupt nicht.
Hof. הֻזַּק beschädigt werden. B. kam.
3, 1 (27ᵃ) wenn Jem. einen Krug auf offener
Strasse (einem Platz, der Allen gehört) hinstellt,
ובא אחר ונתקל בה ושברה פטור ואם הוזק בה
בעל החבית חייב בנזקו und ein Anderer, der
dahin kommt, daran strauchelt und ihn zerbricht,
so ist er von Schadenersatz frei; wenn er aber
durch den Krug beschädigt wurde, so ist der
Eigenthümer des letztern zu Schadenersatz verpflichtet. Das. 30ᵃ. 31ᵇ fg. הוזקו כלים בכלים
wenn Gefässe durch andere Gefässe beschädigt
(durch Zusammenstossen zerschlagen) wurden.
Tosef. B. kam. II und sehr oft.
Nif. נִזּוֹק, נִזַּק 1) (=Hof.) beschädigt
werden. Part. נִזָּק der Beschädigte, Jem.
dem durch Gegenstände eines Andern Schaden
zugefügt wurde, Ggs. von מַזִּיק. B. kam. 13ᵇ fg.,
s. Hifil. Das. 31ᵇ הַנִּזָּקִין die Beschädigten. Tosef.
B. kam. II fg. Git. 48ᵇ fg. — 2) trop. Schaden
leiden, einen Unfall haben, wofür gew. die
Form נזוק steht. Ber. 9ᵇ כל הסומך גאולה לתפלה
אינו נזוק כל היום wer die Geulla (d. h. die
Eulogie, worin der Erlösung Israels Erwähnung
geschieht, vgl. גְּאוּלָּה) mit dem Achtzehngebet
zusammen ohne Unterbrechung sagt, hat den
ganzen Tag hindurch keinen Unfall. Das. 40ᵇ
אחר כל אכילתך אכול מלח ואחר כל שתייתך
שתה מים ואי אתה נזוק nach all deinen Speisen
iss Salz und nach allen deinen Getränken trinke

Wasser, sodann wirst du keinen Schaden leiden,
d. h. gesund bleiben. Pes. 8ᵇ שלוחי מצוה אינן
ניזוקין diejenigen, die da gehen (eig. abgesandt
sind), um eine Gott gefällige Handlung zu verrichten, leiden keinen Unfall; Chull. 142ᵃ dass.;
vgl. auch הִיזֵק.

נְזַק ch. (=נָזַק) Schaden leiden. Part.
נָזֵק Dan. 6, 3. — Ithpe. אִתְנְזַק beschädigt
werden, s. TW.
Pa. נַזֵּק und Af. אַנְזֵיק, אַזֵיק beschädigen,
in Schaden bringen. Esr. 4, 13 fg. הַנְזַק,
s. auch TW. — B. kam. 13ᵇ un. אזקיה תורא
דמשאיל לתורא דשואל der Ochs desjenigen, der
dem Andern etwas geliehen hat, beschädigte
den Ochsen des letzteren. Das. 28ᵃ הוא אזיק
נפשיה er (der das Geschirr eines Andern zerschlug und sich hierdurch eine körperliche Verletzung zuzog) bereitete sich selbst den Schaden.
B. mez. 117ᵃ כי משי מיא עילאי אזלי ומזקי לתתאי
als der Bewohner des obern Stockwerkes (dessen
Gebälk schadhaft geworden) sich wusch, floss
das Wasser herab und fügte dem Bewohner
des untern Stockwerkes Schaden zu, vgl. מַעֲזִיבָה.
Git. 53ᵃ fg. לְאַזּוּקֵי קא מכוון er beabsichtigt,
dem Andern Schaden zuzufügen.
Itpa. אִתְנְזַק, Ittaf. אִתְּזַק beschädigt werden,
einen Unfall haben. Ber. 9ᵇ R. Sera sagte
(mit Bez. auf den oben im Nif. angeführten
Satz, dass, wer die Geulla mit dem Achtzehngebet ohne Unterbrechung spreche, keinen Unfall
habe): איני והא אנא סמכי ואיתזקי אמרי ליה
במאי איתזקת וכ׳ ist denn dem so? Ich wurde
ja, trotzdem dass ich diese beiden Gebetstücke
zusammen, ohne Unterbrechung sprach, dennoch
beschädigt! Man entgegnete ihm: Inwiefern
wurdest du beschädigt? etwa dass u. s. w.
Levit. r. s. 24, 167ᵈ ein böser Geist sagte zu
Abba Jose: אתון ידעין כמה שנין אנא שרי הכא
ולית אתון מתנזקין וכ׳ ... ihr wisset, dass ich
schon so viele Jahre hier hause, aber dessen
ungeachtet werdet ihr nicht beschädigt u. s. w.,
vgl. מְאוּם. Kidd. 29ᵇ, s. מְזִיק. מָזִיקָא Chull.
142ᵃ u. ö.

נֵזֶק, נֶזֶק m. (=bh.) Schaden, Beschädigung. B. kam. 1, 1 תשלומי נזק Bezahlung des
Schadens, Schadenersatz. Oft übertr. Schadenersatz. Das. 83ᵇ החובל בחבירו חייב עליו משום
חמשה דברים בנזק בצער בריפוי בשבת ובושת וכ׳
wenn Einer den Andern verwundet, so hat er
fünf Arten von Entschädigungen zu zahlen u. zw.
1) Beschädigung (wenn z. B. A. den B. geblendet oder ihm eine Hand abgehackt hat, so
wird letzterer wie ein Sklave abgeschätzt, der
zum Verkaufen feilgeboten wird; die Summe
nun, die er in dem gegenwärtigen Zustande
weniger werth ist, als in dem früheren, muss
ersterer zahlen). 2) Schmerz (wenn z. B. A.
den B. mit glühendem Eisen gebrannt, ohne

sodass dadurch eine bleibende Wunde entstand, so wird abgeschätzt, wie viel Jem., der dem letztern ähnlich ist, nehmen würde, um einen solchen Schmerz zu erleiden; welche Summe ersterer zahlen muss). 3) Heilung (die Kosten für ärztliche Behandlung). 4) Versäumniss (man berechnet, wie viel der Verwundete, wenn er hätte ausgehen können, als Wächter eines Gurkenfeldes, verdient haben würde; welche Summe jener zahlen muss) und 5) Schande (die der Verwundete erlitten hat; bei dieser Entschädigung werden die speciellen Umstände, wie Rang, Beschaffenheit u. dgl., des Beschämenden, sowie des Beschämten in Betracht gezogen). Das. 86ᵇ נפל מן הגג והזיק וביישׁ חייב על הנזק ופטור מן הבושת עד שׁיהא מתכוון Jem., der vom Dache auf einen Andern fällt, wodurch er ihm Schaden und Schande verursachte, ist wegen des Schadens, aber nicht wegen der Schande schuldig; weil zur Entschädigung der letzteren die Absicht erforderlich ist. Das. 15ᵇ. 16ᵃ fg. חצי נזק . . . . נזק שׁלם der volle Schadenersatz, der halbe Schadenersatz, vgl. מוער. — Pl. B. kam. 1, 1 ארבעה אבות נזקין die vier Hauptarten der Beschädigungen, vgl. נזק im Hifil. Das. 31ᵃ נזקי ממונו . . . . נזקי גופו die Beschädigungen der Person, die Beschädigungen des Vermögens eines Andern. Das. 83ᵇ. 84ᵃ fg. steht oft נזיקין oder נזקין crmp. aus נזקין. Git. 5, 1 (48ᵇ fg.) הניזקין שׁמין להן בעידית für Beschädigungen schätzt man ihren Ersatz von den besten Grundstücken des Schadenverursachenden ab; mit Bez. auf Ex. 22, 4. B. mez. 117ᵃ u. ö.

נִזְקָא, נִיזְקָא ch. (=נֶזֶק) Schaden, Schadenersatz. B. kam. 15ᵃ פלגׁא נזקא ר' פפא אמר ממונא ר' הונא בריה דר' יהושׁע אמר קנסא וכ' (in einigen Agg. פלגא minder richtig) der halbe Schadenersatz, sagte R. Papa, ist als Geld, d. i. als Entschädigung; R. Huna, Sohn des R. Josua sagte: Er ist als Strafe anzusehen. Nach ersterer Ansicht erhebt das Gericht auch ausserhalb Palästinas (in Babel) den halben Schadenersatz; nach letzterer Ansicht hing. ist ein ausserpalästinisches Gericht hierzu nicht ermächtigt, weil in Strafsachen die Gerichtsbarkeit in Babel abgeschafft wurde, vgl. קְנָס. Das. 84ᵃ fg. שׁומו ליה ניזקיה schätzet ihm seinen Schaden ab. j. Ab. sar I, 40ᵃ mit. (Nichtjuden darf man keine wilden Thiere, wie überhaupt Nichts verkaufen, wodurch der Menge Schaden entstehen könnte", Mischna das.) הא דבר שׁאין בו ניזקא daraus ist erwiesen, dass man Dinge, לרבים מותר durch welche der Menge nicht Schaden entstehen könnte, den Nichtjuden verkaufen darf.

נְזָקִין Nesikin (eig. Beschädigungen) Name einer der sechs Ordnungen, Hauptabtheilungen des Talmuds, die zumeist über Schäden, sowie überh. über Alles, was Mein und Dein

betrifft, handelt und welche mehrere Tractate (deren erste die drei „Pforten", Baboth, vgl. בָּב, bilden) umfasst. Schabb. 31ᵃ יׁשׁועׁות זה סדר נזיקין „Hilfe" (Jes. 33, 6), darunter ist die Ordnung Nesikin zu verstehen, vgl. זְרַע. Levit. r. s. 19, 162ᵇ נזיקין ל' פרקים Nesikin enthält 30 Capitel, vgl. תְּלִילָא. B. kam. 102ᵃ כולה נזיקין חדא מסכתא היא ganz Nesikin wird wie ein Tractat angesehen. Taan. 24ᵃᵇ ob. Rabba sagte: אי מׁשׁום תנויי אנן עדיפׁן מיניייהו בׁשׁני דר' יהודה כל תנויי בנזיקין הוה ואנן קא מתנינן בׁשׁׁיתא סדרין was das Lernen anbelangt, so übertreffen wir unsere Vorgänger; denn zur Zeit des (Amoräers) R. Juda bestand ihr ganzes Lernen blos in Nesikin, während wir die sämmtlichen sechs Ordnungen lernen. Snh. 106ᵇ dass. mit einigen Abänderungen.

נְזַר (arab. نَذَرَ absondern, نَذَرَ sich absondern; als Denom.) ein Nasirat geloben; ähnlich bh. הִזִּיר Hifil. Ned. 9ᵇ Simon der Held (der Gerechte) erzählte, er hätte einen Jüngling mit schönen Locken u. s. w. gesehen (vgl. נִיאֹב). אמרתׁי לו בני כמׁוך ירבו נוזרי נזירות בישׂראל ich sagte zu ihm: Mein Sohn, deines Gleichen mögen Viele in Israel ein Nasirat geloben. Das. כׁׁשׁהן תׁחׁין נוזׁרין וׁכׁׁשׁהן מׁׁטׁמׁאׁין ורבין עׁלׁיׁהן ימׁי נׁזׁירׁות מׁתׁחׁרׁטׁין וׁכׁ' wenn die Menschen eine Sünde bereuen, geloben sie ein Nasirat; wenn sie aber dann unrein werden, infolge dessen sie längere Zeit im Nasirat verbleiben müssen (vgl. Num. 6, 9 fg.), bereuen sie ihr Gelöbniss; deshalb beanstandete Simon, die von den Nasiräern gebrachten Opfer zu geniessen. Nas. 4ᵇ. 8ᵃ wenn Jem. sagt: הׁרׁיני נׁזׁיר מׁלׁא הׁבׁיׁת או מׁלׁא הׁקׁופׁה בׁודׁקׁין אׁותׁו אׁם אׁמׁר אׁחׁת גׁדׁולׁה גׁדׁולׁה נׁזׁרׁתׁי נׁזׁיר שׁׁלׁׁׁׁשׁׁים יׁׁׁום ואׁם אׁמׁר סׁתׁם נׁזׁיׁרׁ רׁׁׁׁואׁין אׁת הׁׁׁקׁׁׁופׁׁׁה כׁׁׁׁׁׁׁׁׁׁׁׁׁׁׁאׁׁׁׁׁׁׁׁׁׁׁׁׁׁׁׁׁׁׁׁׁׁׁׁׁׁׁׁׁׁלׁׁׁ מׁׁ ונׁׁׁׁׁׁדׁׁׁ ר כל ימׁׁׁ ich will ein Nasiräer sein, so lange wie ein Haus, oder wie ein Korb enthält: so prüft man ihn (was er sich dabei gedacht habe); sagt er: Ich habe ein langes Nasirat gelobt, so ist er 30 Tage ein Nasiräer (da unter einem Nasirat gewöhnlich eine Zeitdauer von 30 Tagen zu verstehen ist); wenn er aber sagt: Ich habe ein Nasirat von unbestimmter Zeit gelobt, so betrachtet man den „Korb" als ob er voll Senf wäre, wonach er sein ganzes Leben hindurch als Nasir leben muss. Das. 19ᵇ 20ᵃ fg. נזר שׁׁ חׁמׁשׁ . . . . שׁׁתׁׁׁ תׁׁ שׁׁ תׁׁׁ תׁׁ שׁׁ תׁׁׁ wenn Jem. ein zweifaches Nasirat (von je 30 Tagen), wenn er ein fünffaches Nasirat gelobte.

נְזַר ch. (syr. ܢܙܪ Etphe. ܐܬܢܙܪ =נָזַר) sich enthalten, sich weihen, ein Nasirat geloben, s. TW.

נָזִיר m. (=bh.) eig. ein Abgesonderter; insbes. 1) ein Enthaltsamer, Mässiger. Pl. Levit. r. s. 24 g. E. נְזִירִים Mässige, Ggs. שׁכׁורׁים Trunkenbolde, vgl. מְרֻחָּף. — 2) Nasir, Nasiräer, der gelobt: keinen Wein zu trinken, sich das

Haupthaar abzuschneiden, keine Leiche zu berühren u. dgl. Nas. 4ᵃ מה בין נזיר עולם לנזיר כו׳ שמשון נזיר עולם הכביד שערו מיקל בתער וכ׳ was ist der Unterschied zwischen einem lebenslänglichen Nasir und einem Nasir nach Art des Simson? Der lebenslängliche Nasir darf sich das Haar, wenn es ihm zu lästig geworden, mittelst eines Schermessers etwas leichter machen und bringt die vorgeschriebenen Opferthiere. Der Nasir nach Art des Simson hing. darf sich das Haar, wenn es ihm lästig geworden, nicht abscheren und bringt keine Opfer. Das. 4ᵃ fg. Ned. 10ᵃ Simon, der Held und mehrere Autoren כולן שיטה אחת הן דנזיר חוטא וכ׳ sind sämmtlich der Ansicht, dass der Nasir ein „Sünder" sei; mit Ansp. auf Num. 6, 9: „Der Priester sühne ihn, der an einer Person sündigte"; er sündigte dadurch gegen seine eigne Person, dass er sich quälte, keinen Wein zu geniessen. — Pl. j. Nas. V g E., 54ᵇ נזירין עלו שלש מאות בימי שמעון בן שטח 300 Nasiräer kamen zur Zeit des Simon ben Schetach nach Jerusalem. Das. Simon sagte zu dem König Jannai: איח הכא תלת מאוון נזירין בעיר תשע מאוון קרבנין es sind 300 Nasiräer hier, welche 900 Opferthiere bedürfen. Genes. r. s. 91, 88ᵃ dass. — *Fem.* נזירה Nasiräerin. Ned. 19ᵇ der Sohn der Königin Helena war in den Krieg gezogen; ואמרה אם יבא בני בי מן המלחמה בשלום אהא נזירה שבע שנים sie sagte: Wenn mein Sohn unversehrt aus dem Kriege zurückkehren wird, so will ich sieben Jahre hindurch eine Nasiräerin sein. Nas. 2, 1 הרני זו פרה אמר נזירה אם עמדה הדלת הזה הריני נזירה אם נפתח אני כו׳ wenn Jem. sagt: Diese Kuh spricht: Ich will eine Nasiräerin sein, wenn ich aufstehen sollte; diese Thür spricht: Ich will eine Nasiräerin sein, wenn ich geöffnet werden sollte u. s. w. Diese Mischna wird in Gem. das. 10ᵃ wie folgt erklärt: Jem., der eine Kuh hingestreckt sah, die, dem Anscheine nach, sich nicht erheben konnte, ferner eine Thür fest verschlossen sah, die nicht leicht geöffnet werden konnte, legte seine eigne Uebernahme des Nasirats diesen Wesen bei, falls wider Erwarten diese Kuh sich erheben und diese Thür geöffnet werden sollte, als ob sie hätten sprechen können; vgl. Maim. Comment. z. St. Ferner נזירה N. a., s. d. — Von unserm W. rührt auch der Name des Talmudtractats her: נזיר, Nasir, der zumeist über Nasirat handelt. Weit passender jedoch führt die Tosefta den Namen נזירות, Nesiruth, als N. abstr., vgl. רבמות.

נְזִירָא *ch.* (syr. ܢܙܝܪ=נָזִיר) 1) Nasir. Pes. 40ᵇ לך לך אמרינן נזירא סחור סחור לכרמא לא תקרב gehe fort, gehe fort, sagen wir, o Nasir, nähere dich nicht der Umgebung des Weingartens! Bildl. für: Der Mensch muss jede Gelegenheit meiden, die eine Annäherung zur Sünde darbietet. Schabb.

13ᵃ u. ö. dass. In Num. r. s. 10, 208ᶜ lautet dieser Satz: מתלא אמר נזירא וכ׳ das Sprichwort lautet: Nasir u. s. w. — 2) Nesira, *N. pr.* Genes. r. s. 82 g. E. ר׳ לוי בשם ר׳ נזירא וכ׳ R. Lewi sagte im Namen des R. Nesira. Pesik. Dibre Jirmeja, 111ᵃ ר׳ שמעון בן נזירה R. Simon ben Nesira.

נְזִירוּת *f.* N. a. Nasirat, Nasiräat. Nas. 5ᵃ סתם נזירות שלשים יום ein Nasirat ohne Zeitbestimmung währt 30 Tage. Das. 13ᵇ. 14ᵃ fg. נזירות אריכתא . . . נזירות מועטת ein kurzes Nasirat, ein langes Nasirat. j. Sot. II Anf., 17ᵈ הקפת נזירות על ראשה mit. eig. die Schuld des Nasirats auf ihrem Kopfe; d. h. die Verpflichtung, die ihr als einer Nasiräerin obliegt, die vorgeschriebenen Opfer darzubringen. — Pl. Nas. 3, 2 שתי נזירות so im j. Tlmd. (in bab. Nas. 16ᵃ נזירות crmp.) zwei Nasirate. j. Nas, V Ende, 54ᵇ ט נזירות neun Nasirate. — Ferner: Absonderung, Enthaltsamkeit, s. nächstflg. נזירה.

(נְזִירוּת=) נְזִירוּ, נְזִירוּתָא *ch.* (syr. ܢܙܝܪܘܬ) Nasirat. Nas. 14ᵇ חדא נזירותא ein Nasirat. In den Trgg. gew. apocop. נזירו, s. TW.

נְזִירוּת, נְזִירָה *f.* N. a. das Sichenthalten, die Enthaltsamkeit. Sifra Emor Par. 4, cap. 3 (mit Bez. auf וינזרו, Lev. 22, 2) אין נזירה אלא הפרשה וכן הוא אומר וינזר מאחרי ואומר וינזר אחור das W. נזר bedeutet nichts Anderes als Sichabsondern; so heisst es auch וינזר מאחרי („er sonderte sich von mir ab", Ez. 14, 7), ferner וינזר אחור („sie sonderten sich von mir ab, nach Rückwärts gehend", Jes. 1, 4). Jalk. I, 181ᵇ hat richtiger פרישה anst. הפרשה. Das. werden auch mehrere Citate für diese Bedeut. angeführt, näml. מיין ושכר יזיר („des Weines und starken Getränkes soll er sich enthalten", Num. 6, 3), ferner ענבי נזירך („die Weintrauben, deren du dich enthalten sollst", Lev. 25, 5), ferner וינזרו לבשת („sie sonderten sich [von Gott] ab für den Götzen", Hos. 9, 10) und endlich הנזר („sich der Speisen und Getränke enthalten", Sach. 7, 3). Der Schluss das. lautet: הא אין נזירות בכל מקום אלא פרישה daraus ist also zu entnehmen, dass das W. נזר nirgends etwas Anderes, als Enthaltsamkeit bedeutet. Sifre Naso § 23 dass. = der La. des Jalkut. Num. r. s. 10, 208ᵈ dass.

נְזָרָא *m.* (hbr. נֵזֶר) die Weihe des Nasir, und übertr. das geweihte Haupt desselben, Meton., s. TW.

נֹחַ (bh.) Noah, Noach. Schabb. 103ᵃ נח מנחור Jem., der am Sabbat die Absicht hatte, das W. נחור, Nachor, zu schreiben, hiervon jedoch blos die ersten zwei Buchstaben, נח geschrieben hat, ist straffällig; weil auch letzteres ein selbständiges W. ist, näml. שם משה שם קטן שם גדול ein kleiner Name

von einem grossen Namen. — Insbes. בן נח, pl. בני נח: Nachkommen Noah's, Noachiden, worunter alle Menschen, mit Ausschluss der Israeliten von der Zeit der Gesetzgebung auf dem Sinai an, zu verstehen sind, als welche der letzteren nicht theilhaftig wurden. Tosef. Ab. sar. IX u. ö. שבע מצות נצטוו בני נח sieben Gesetze wurden den Noachiden (zu welchen selbst Adam, der Urahn Noah's gehört) anbefohlen; s. מִצְוָה, vgl. auch פְּשׁוּרָה. Snh. 59ª R. Jose bar Jehuda sagte: כל מצוה שנאמרה לבני נח ונשנית לזה ולזה נאמרה לבני נח ולא נשנית בסיני לישראל נאמרה ולא לבני נח ואנו אין לנו אלא גיד הנשה ואליבא דר׳ יהודה alle Gesetze, die den Noachiden ertheilt und auf dem Sinai wiederholt (d. h. die sieben noachidischen Gesetze, die nach der Offenbarung, in der Gesetzlehre gegeben) wurden, gelten für die Einen sowohl, als auch für die Anderen, (d. h. für die Noachiden ebenso, wie für die Israeliten. Als Beweis hierfür werden die Verbote des Götzendienstes und des Incestes angeführt, welche die Schrift ausdrücklich als „die Gräuelthaten erwähnt, um derentwillen die kanaanitischen Völker bestraft worden" seien; vgl. Dt. 18, 12 und Lev. 18, 27). Jedes Gesetz aber, das blos den Noachiden ertheilt, aber am Sinai nicht wiederholt wurde, gilt nur für die Israeliten, nicht aber für die Noachiden. Ein solches finden wir blos bei dem Gebot der Spannader u. zwar nach Ansicht des R. Juda. — Dieser Autor behauptet näml. (Chull. 100ᵇ), dass das Verbot, die „Spannader" zu essen (Gen. 32, 33) bereits an „die Söhne Jakob's", welche damals ebenfalls Noachiden waren, ergangen sei. Nach Ansicht der Rabbanan hing. wäre dieses Gesetz erst nach der Offenbarung an die Israeliten ergangen, das aber von dem Gesetzlehrer bei der Erwähnung der Begebenheit des Ringens Jakob's mit dem Engel, um derentwillen das Gesetz ergangen war, niedergeschrieben wurde. Das aber ist nicht denkbar, dass das Gesetz betreffs der Spannader blos für die Noachiden, nicht aber für die Israeliten Giltigkeit habe; da es sonst kein ähnliches Gesetz giebt, wobei der Israelite dem Noachiden nachstehen sollte. Jeb. 47ᵇ u. ö., s. הַשָּׁבוֹן.

נַחְבִּי (bh. Num. 13, 14) Nachbi, einer der Auskundschafter Palästinas. Sot. 34ᵇ נחבי שההחביא דבריו של הקב״ה וספּי שסּטּע על מדותיו של הקבּלה „Nachbi" hiess der Kundschafter, weil er die Worte Gottes verheimlichte, „Sohn des Wafsi", weil er die göttlichen Eigenschaften übergangen; d. h. die Wahrheit unterdrückt hatte.

נָחֵל m. (Stw. viell. חגל, arab. خَالَ: sich im Kreise drehen) Schwarm. j. Schabb. XIII Ende, 14ᵇ wenn Jem. ein Kind aus dem Flusse zog

והעלה נחיל של דגים עמו und einen Schwarm Fische mit heraufbrachte. — Gew. jedoch Bienenschwarm. j. Bez. V Anf., 62ᵈ u. ö. נחיל של דבורים B. kam. 114ª נאמנת אשה או קטן לומר מכאן יצא נחיל זה ומהלך בתוך שדה חברו להצילו נחילו eine Frau oder ein Kind ist beglaubigt zu sagen: Von da ging dieser Bienenschwarm aus; man darf, um seinen Bienenschwarm zu retten, in die Besitzung eines Andern gehen. — Pl. B. bath. 80ª wenn Jem. kauft פירות כורת נוטל שלשה נחילין ומסרס die junge Brut eines Bienenkorbes, so nimmt er drei Schwärme (deren jeder in je neun oder zehn Tagen ausfliegt); worauf aber der Käufer berechtigt ist, zu bewirken, dass die Bienen (indem er ihnen Senf u. dgl. zu essen giebt) nicht mehr brüten, damit sie die Waben mit Honig füllen. Ar. bemerkt, dass נחיל im Arab.: Bienenschwarm bedeute.

נַחַל m. (=bh. Grndw. חל: hohl sein) Fluss, Bach, eig. Thal, Flussbett. Pl. Ber. 16ª ob. למה נסמכו אהלים לנחלים דכתיב כאהלים . . . כנחלים לומר לך מה נחלים מעלין את האדם מטומאה לטהרה אף אהלים מעלין את האדם מכף חובה לכף זכות warum steht אהלים neben נחלים (näml. Num. 24, 6)? Um dir folgende Lehre zu geben: So wie „die Bäche" den Menschen (durch Baden) aus dem unreinen Zustande in den reinen bringen, ebenso bringen „die Zelte" (bildl. für Studienhäuser, vgl. אֹהֶל) aus der Schuld zur Tugendhaftigkeit. Gegen diese Erklärung Raschi's z. St. erheben die Tosaf. den richtigen Einwand: אֲהָלִים bezeichne ja blos eine Gewürzart, Aloë (dass. bemerkt bereits auch Raschi selbst zu Num. l. c., ohne unsere Talmudstelle zu erwähnen); nach den Tosaf. wäre unter אהלים hier zu verstehen das W. אהליך (Num. 24, 5).

נָחַל (=bh.) besitzen, erben. Uebrtr. Kidd. 1, 10 (39ᵇ) wenn Jem. (ausser seinen gewöhnlichen Tugenden) ein göttliches Gebot erfüllt, מטיבין לו ומאריכין לו ימיו ונוחל את הארץ so erweist man ihm Gutes, verlängert ihm das Leben und er wird das Land (des Lebens) d. h. das ewige Leben erlangen. — Hif. הִנְחִיל in Besitz geben, Erbschaft hinterlassen. B. kam. 81ᵇ man darf den Mist austragen u. s. w. שעל מנת כן הנחיל יהושע את הארץ denn mit dieser Bedingung vertheilte Josua Palästina an die Stämme, vgl. חָלַשׁ und תָּנָאֵי j. Keth. XIII, 36ᵇ ob. u. ö. dass.

נַחֲלָה f. (=bh.) das Erbe, Erbschaft, Besitz. Bech. 46ª fg. בכור לנחלה der Erstgeborene hinsichtl. der Erbschaft, von welcher er näml. zwei Theile erhält, vgl. Dt. 21, 17. Uebrtr. Tosef. Korbanoth XIII g. E. נחלה זו ירושלם unter Nachla (Dt. 12, 9) ist Jerusalem zu verstehen; nach einer andern Ansicht: נחלה זו שילה unter Nachla ist Schilo zu ver-

stehen, s. מְנוּחָה. Seb. 119ᵃᵇ u. ö. — Pl. B. bath. 8, 2 (115ᵃ) בן ... סדר נַחֲלוֹת כך הוא קודם לבת לבת כל יוצאי יריכו של בן קודמין לבת בת קודמין לאחין יוצאי יריכה של בן קודמין לאחין אחין קודמין לאחי האב יוצאי יריכן של אחין קודמין לאחי האב זה הכלל כל הקודם בנחלה יוצאי יריכו קודמין לאב כל קודם לכל יוצאי יריכו die Ordnung der Erbschaften (d. h. der Erbberechtigten hinsichtl. ihrer Bevorzugung, vgl. Num. 27, 7 fg.) ist folgende: Der Sohn wird vor der Tochter und ebenso werden seine Descendenten vor ihren Descendenten bevorzugt; die Tochter wird vor den Brüdern des Erblassers und ebenso werden ihre Descendenten vor den Brüdern des Erblassers bevorzugt; die Brüder desselben werden vor den Brüdern des Vaters desselben und ebenso werden die Descendenten der Ersteren vor den Letzteren bevorzugt. Folgendes gilt als Regel: Die Descendenten desjenigen, der hinsichtl. des Erbrechtes den Vorzug geniesst, werden, gleich ihm, ebenf. vor den Anderen bevorzugt; der Vater des Erblassers geniesst den Vorzug vor allen seinen Descendenten.

נָחַם (=bh. Grndw. נח: ruhig sein).

Pi. נִחֵם, נָחַם eig. Jemdn. beruhigen, dah. trösten. Midd. 2, 2 dem Priester, der wegen eines Trauerfalles auf ungewöhnlichem Wege (zur linken Seite) in den Tempel eintritt, ruft man zu: השוכן בבית הזה ינחמך der in diesem Hause thront, tröste dich! Erub. 65ᵃ לא כברא יין אלא לנחם אבלים der Wein ist blos dazu da, um die Trauernden zu trösten; mit Bez. auf Spr. 31, 6. j. Ab. sar. I, 39ᶜ un. ניחמים אבלי גוים ואבלי ישראל מפני דרכי שלום man tröstet (=מנחמים) die Leidtragenden der Nichtjuden ebenso wie die jüdischen Leidtragenden, um ein friedliches Einvernehmen zu wahren. (In bab. Git. 59ᵃᵇ, 61ᵃ steht dieser Satz nicht.) Keth. 8ᵇ (der Schluss einer Trostrede an die Leidtragenden lautet:) אחינו בעל נחמות ינחם אתכם ברוך מנחם אבלים unsere Brüder, der Herr der Tröstungen tröste euch! Gelobt sei er, der die Trauernden tröstet, vgl. auch מְנֻחָה. M. kat. 27ᵃ בית האבל ... בית המנחמין das Haus, wo der Leidtragende sass, das Haus, wo die Tröstenden sassen. Das. 28ᵇ אין המנחמין רשאין לומר דבר עד שיפתח האבל die Trostredner dürfen nicht eher sprechen als bis der Leidtragende begonnen hat; mit Bez. auf Hi. 3, 1.

נְחַם ch. Pa. נַחֵים (=נִחַם) trösten. Keth. 8ᵇ אתי לנחומיה צעורי קא מצער ליה er kam, um ihn zu trösten, aber (durch seine unpassende Ansprache) erregte er seinen Schmerz. j. Schek. V, 48ᵈ mit. die Tochter des Nechunja ertrank; והרון כל עמא עללין לגביה בעיין מנחמתיה ולא קביל עלוי מתנחמא da kamen Alle zu ihm und suchten ihn zu trösten, aber er verweigerte es

sich trösten zu lassen. j. Dem. I, 22ᵃ mit dass. Snh. 19ᵃ s. נַחְשָׁא.

נֶחָמָה fem. (=bh.) 1) Trost, Tröstung. Taan. 11ᵃ כל המצער עצמו עם הצבור זוכה ורואה בנחמה של צבור jeder, der den Schmerz der Gemeinde mitfühlt, sieht den Trost der Gemeinde. — Pl. Levit. r. s. 10 Anf. נֶחָמוֹת כפולות doppelte Tröstungen, s. נְבוּאָה. j. Ber. V Anf., 8ᵈ der Abschied vom Nächsten finde blos in Unterhandlungen betreffs der Gesetzlehre statt; לכן מצינו בנביאים הראשונים שהיו חותמין את דבריהן בדברי שבח ובדברי נחמות deshalb finden wir auch, dass die alten Propheten ihre Reden mit Worten des Preises und der Tröstungen schlossen, vgl. auch מָפוֹלָא. Das. beim Abschiede des Elias von Elisa בנחמות ירושלם היו עוסקין befassten sie sich mit den Tröstungen Jerusalems. Keth. 8ᵇ u. ö. — 2) (syr. ܢܘܚܡܐ, resurrectio) das ewige Heil, die Todtenauferstehung. Pes. 54ᵇ ob. יום המיתה ויום הנחמה der Todestag und der Tag der Todtenauferstehung, vgl. כְּסָא, פְּסָא. j. Snh. IV, 22ᵇ un. Simon ben Schetach sagte: אראה בנחמה אם לא ראיתי רודף אחר אחד נכנס לחורבה ... אמרתי לו אראה euphemist. anst. לא אראה (das erstere אראה בנחמה שזה הרגו וכ' möge ich nicht das ewige Heil erblicken, wenn ich nicht (d. h. ich schwöre, dass ich, wie gew. bei hbr. Eidesformeln) Jemdn. gesehen habe, der Einen, welcher in eine Ruine gegangen war, verfolgte und welchen ich, als ich ihm nachging, erschlagen gefunden habe; während Ersterer mit bluttriefendem Schwerte aus der Ruine kam. Ich sagte zu ihm: So wahr möge ich das ewige Heil erblicken, dass du (er) ihn getödtet hast, jedoch was soll ich machen, da ich dich (in Ermangelung von Zeugen) nicht tödten darf; aber der die Gedanken kennt, möge dich bestrafen. Tosef. Snh. VIII Anf., Snh. 37ᵇ und Schebu. 34ᵃ dass. Mac. 5ᵇ Juda ben Tabbai sagte: ... אראה בנחמה אם לא הרגתי עד זומם אמר לו שמעון בן שטח אראה בנחמה אם לא שפכת דם נקי וכ' möge ich nicht das ewige Heil erblicken, wenn ich nicht einen des Alibi überführten Zeugen u. s. w. getödtet habe. Simon ben Schetach sagte zu ihm: Möge ich nicht das ewige Heil erblicken, wenn du nicht unschuldiges Blut vergossen hast! Chag. 16ᵇ und j. Snh. VI Anf., 23ᵇ un. dass. — Die Erkl. der Tosaf. z. St. נחמה bedeutet die Tröstung Zions, נחמה ציון ist unrichtig, da diese beiden Autoren lange vor der Tempelzerstörung lebten. Sollte viell. נחמה hier euphemist. für אֵבֶל aufzufassen sein: Möge ich die Trauer (den Untergang des Staates) erblicken, wenn u. s. w.? was jedoch in der oben citirten St. j. Sanh. IV, 22ᵇ un. zu dem אראה בנחמה im zweiten Satze nicht passen würde. Dahing. ist in Thr. r. sv. חשך, 67ᵈ, wo R. Elasar bar Zadok, der nach der Tempelzerstörung lebte, sagte: אראה בנחמה וכ' einfach zu nehmen:

Möge ich den Trost (d. h. den Wiederaufbau des Tempels) sehen u. s. w. Eine andere Erkl. dieser Phrase s. in נַחְשָׁא.

נֶחְמְתָא *ch.* (=נֶחָמָה) Trost, Tröstung. B. kam. 38ᵃ מאי אית לי גבי נחמתא דבבלאי וכ' was habe ich mit der Tröstung der Babylonier zu schaffen u. s. w? s. גְרוּפָא. B. bath. 14ᵇ סמכינן חורבנא לחורבנא ונחמתא לנחמתא wir reihen (bei der Zusammenstellung der Prophetenbücher) Zerstörung an Zerstörung und Trost an Trost, vgl. חוּרְבָּנָא. — Pl. נֶחָמָתָא, נֶחָמָן, s. TW. — j. Snh. X, 28ᵇ un. טבן ונחמן Gutes und Tröstungen, vgl. טַב I. (Im Likkute Pardes ed. Amst. 7ᵇ wird Namens Raschi's folgende Erklärung des Ws. ונחמתא [über welches in jüngster Zeit so viele unglückliche Conjecturen vorgebracht wurden] in dem bekannten Kadischgebet citirt: Nach Ber. 3ᵃ sagte der Prophet Elias u. R. Jose: Drei Mal des Tages stöhnt die Gottesstimme [vgl. נָהֹם] wegen der Tempelzerstörung; so oft aber die Israeliten in den Synagogen und Studienhäusern das Kaddisch anstimmen: „Der Gottesname sei hoch gepriesen", da beruhigt sich Gott und ruft aus: Heil dem Könige, den man in seinem Hause also preiset! Was bleibt [=wehe] dem Vater, der seine Kinder vertrieben, wehe den Kindern u. s. w. Auf diese „Tröstung" bezieht sich das W. ונחמתא.)

נִחוּמִין *m.* pl. (hbr. נִחוּמִים) Tröstungen, s. TW.

נִיחוּמָא, **נִיחוּמֵי** Nichuma, Nichumi, *N. pr.* Jom. 28ᵇ ob. ניחומא בן אפקשיון Nichuma ben Afkaschjon, ein Tannaïte, neben R. Ismael und R. Akiba genannt. Bez. 16ᵇ ר' ניחומי בר זכריה R. Nichumi bar Secharja. j. Nas. VII, 56ᵃ ob.

נֶחֶמְיָה Nechemja, Name eines Tannaïten. j. Jeb. I, 3ᵃ un. u. ö. s. דְּרֵיבֵי הֹלָא u. m., vgl. auch נְהֹדָאר.

נַחְמָן Nachman, eig. der Tröster. Genes. r. s. 25, 25ᵃ, s. נוּם im Hifil. — Ferner Name mehrerer Amoräer; insbes. oft נחמן ר' R. Nachman, Schwiegersohn des Exilarchen, der namentl. als Richter berühmt war. Keth. 94ᵇ u. ö., s. דַּיָּינָא. j. Schek. V, 48ᵈ mit. שמואל בר נחמן ר' R. Samuel bar Nachman. Pes. 49ᵇ steht dafür שמואל בר נחמני ר' R. Samuel bar Nachmani.

נַחְמָנִי Nachmani, eig. mein Tröster, insbes. Beiname des Abaji, s. אַבַּיֵי. Schabb. 33ᵃ. 74ᵃ u. ö., vgl. auch כְּפֵין. Pes. 112ᵇ die Dämonin Agrath sagte zu Abaji: אי לאו דמכרזי עלך ברקיע הזהרו בנחמני ובתורתו הוה סכנתיך hätte man nicht in betreff deiner im Himmel ausgerufen: Nehmet euch in Acht vor Nachmani (ihn zu beschädigen) und vor seiner Gesetzkunde, so würde ich dich in Lebensgefahr gebracht haben.

נְהַנָא Pron. 1. Pers. pl. (hbr. נַחְנוּ verk. aus אֲנַחְנוּ) wir, s. TW.

נְחוּנְיָה Nechunja, *N. pr.* Keth. 30ᵃ u. ö. נחוניה בן הקנה ר' R. Nechunja ben Hakana, ein Tannaïte. Ferner j. Schek. V, 48ᵈ mit. נחוניה חופר שיחין ומערות Nechunja, der Gräber von Teichen und Höhlen, s. שָׁרַבְּבֵב, vgl. auch חוּנְיָא.

נְחוּנְיוֹן Nechunjon, Dimin. für נְחוּנְיָה (ähnl. bh. אֲמֵינוֹן für אַמְנוֹן) =חוֹנְיוֹ Onias, der den nach ihm benannten Tempel in Alexandrien erbaute. j. Ned. VI g E., 40ᵃ mit. Rabbi erliess ein Sendschreiben an Chananja, der die Kalenderfestsetzung im Exil vorgenommen hatte: אם אין אתה מקבל עליך צא לך למדבר האטד ותהא שוחט ונחונין זורק wenn du meine Verwarnung (von deinem Unternehmen abzustehen) nicht annimmst, so ziehe in die Wüste Atad; da kannst du die Opfer schlachten und Nechunjon das Blut sprengen; d. h. dein Verfahren gleicht dem des in früherer Zeit lebenden Dissidenten Onias. j. Snh. I, 19ᵃ ob. dass., vgl. חָנַנְיָה und אָחֵיר.

נְחִיצָה *f.* N. a. (von נָחַץ, arab. לָחַץ=כַּבֵּס) das Drängen, Unterdrücken. Num. r. s. 10, 206ᵃ (mit Bez. auf לָחַץ, Ri. 4, 3) לפי שהיה מחרפם ומגדפם בנחיצה לכך מת מיתה גרופה וכ' weil Sisera die Israeliten durch Unterdrückung geschmäht und gelästert hatte, deshalb starb er auf schmähliche Weise, näml. mittelst eines Weibes.

נָחַר (arab. ﻧَﺤَﺮَ, syn. mit חָרַר, Grndw. חר) 1) durchbohren, durchlöchern, insbes. ein Thier dadurch tödten, dass man ein spitzes Instrument, einen Dolch u. dgl. in seine Nase oder Kehle steckt; Ggs. שָׁחַט: schlachten, schächten, d. h. die Halsgefässe durch Hin- und Herführen des Schlachtmessers durchschneiden. Chull. 81ᵇ הנוחר והמעקר פטור משום אותו ואת בנו wenn Jem. ein Thier durchbohrt oder ihm die Halsgefässe ausreisst, so ist er des Verbotes: „Das Thier sammt seinem Jungen sollt ihr nicht an einem Tage schlachten" (Lev. 22, 28) entbunden; d. h. wenn eines derselben durchbohrt wurde, so darf man das andere an demselben Tage schlachten und ebenso umgekehrt. Das. 85ᵃ הנוחר והמעקר פטור מלכסות Jem., der ein Thier (d. h. „Geflügel oder Wild") durchbohrt oder ihm die Halsgefässe ausreisst, braucht das Blut desselben nicht zu bedecken, weil näml. dieses Gebot blos beim „Schlachten" anbefohlen ist (vgl. Lev. 17, 13). Das. 85ᵃ כיצד יעשה או נוחרו או עוקרו wie soll. Jem. (der das Blut eines Vogels zu irgend etwas verwenden will, das er aber, wenn er das Thier schlachtet, bedecken müsste) verfahren? Er durchbohre es oder reisse ihm die Halsgefässe aus (Raschi

47*

z. St. erklärt נוחרו ungenau durch חונקו: erwürgen). Das. 86ᵃ fg. — Uebertr. Pes. 49ᵇ עם
הארץ מותר לנוחרו אפילו ביום הכפורים שחל
להיות בשבת einen Idioten (rohen Menschen,
der näml. alles Wissens und aller Sitte baar ist)
darf man, selbst am Versöhnungstage, der auf
einen Sabbat trifft, durchbohren. — 2) denom.
von (נְחִיר) das Blut aus einer Oeffnung
ausfliessen lassen. Nid. 64ᵇ R. Juda sagte
Namens des Rab: כל זמן שנוחרת וכ' so lange
das Weib das Blut (in einer bestimmten Körper-
stellung, z. B. blos während des Stehens, nicht
aber während des Sitzens) ausströmen lässt, so
ist mit Bestimmtheit anzunehmen, dass die infolge des ersten Coitus entstandene Wunde noch
nicht geheilt ist.

Pi. נִחֵר 1) (=בּה) ein Thier durchbohren.
Chull. 17ᵃ, s. נְחִירָה. — 2) (denom. von נְחִיר)
schnauben, eig. durch die Nase einen Ton
hervorbringen. Snh. 94ᵃ שסח . . . כנחריב
ויניחר דברים כלפי מעלה der Assyrerkönig hiess
Sancherib (als Composit. סח־ניחר), weil er gegen den Höchsten Worte (Schmähungen) ausgestossen und verächtlich geschnaubt hat.

נְחַר ch. 1) (=נָחַר nr. 1) ein Thier mittelst
eines spitzen Instrumentes durchbohren,
s. TW. — 2) (syr. نَحَر) schnauben, durch
die Nase einen Ton von sich geben. Git.
68ᵇ נחר ליה ר' חסדא מאחוריה R. Chisda schnaubte
nach ihm hinter seinem Rücken. Das. דנחר לי
מר וכ' dass du mich angeschnaubt hast u. s. w.
Schabb. 152ᵇ נחר בן גברא . . . נחר בהו ר' אחאי
R. Achai schnaubte gegen sie; d. h. gab ihnen
seinen Unwillen zu erkennen. Ein Mann schnaubte
gegen uns. R. hasch. 34ᵇ כי נחרינא לך תקע לי
(Agg. crmp. נחירנא) Ar. wenn ich dir durch
Schnauben ein Zeichen geben werde, so blase
für mich. Ber. 62ᵇ נחר ליה אבבא R. Abba
schnaubte ihn am Eingange des Abtrittes an,
um zu ermitteln, ob sich Jem. darin befände.
Tam. 27ᵇ dass. — Uebtr. Kidd. 81ᵇ ob. נחרו
ביה נפל נקט נפשיה בשיכבא Ar. (anders in Agg.)
man schrie ihn an, er stürzte um und gewährte einen Anblick, als wäre er todt.

נְחִירָה f. N. a. 1) das Durchbohren eines
Thieres, d. h. das Tödten desselben mittelst
eines Dolches oder ähnlicher spitzer Instrumente.
Chull. 17ᵃ R. Akiba sagte: לא בא הכתוב אלא
לאסור להן בשר נחירה שבתחלה הותר להן בשר
נחירה bezweckt die Schriftstelle (Dt. 12, 21: „Du sollst schlachten" u. s. w.) blos, das Fleisch eines
durchbohrten Thieres den Israeliten zu verbieten;
denn früher (in Egypten und in der Wüste) war
ihnen gestattet, solches Fleisch zu essen, das
ihnen aber nach dem Einzuge in Palästina verboten wurde. R. Ismael hing. sagte: בשר נחירה
לא אשתרי כלל וכ' Fleisch eines durchbohrten

Thieres zu geniessen, war nie gestattet; jene
Schriftstelle erlaubt vielmehr den Genuss des
Fleisches eines solchen Thieres, das nicht geopfert wurde בשר האוה, eig. Fleisch des
Gelüstes, vgl. Dt. l. c.: „wenn dich gelüsten wird,
Fleisch zu essen". Das. wird gegen die erstere
Ansicht der Einwand erhoben: ישחט להם ניחר
להם מיביא anstatt dass es (Num. 11, 22) heisst:
„Wenn Schafe und Rinder ihnen geschlachtet
werden", müsste es ja heissen: „wenn man
durchbohrt"; da die Israeliten in der Wüste
die Thiere nicht zu schlachten brauchten. (Richtiger wäre יְנַחֵר Nifal.) Das. 86ᵃ man könnte
denken, dass man Geflügel nach biblischem Gesetze nicht zu schlachten brauche, ונחירתו זו
שחיטתו und dass dah. das Durchbohren desselben
als sein Schlachten anzusehen sei u. s. w. Ker.
5, 1 (20ᵇ) דם נחירה das Blut, das von einem
durchbohrten Thiere abläuft. — 2) (von נָחַר
nr. 2) der Bluterguss. Nid. 64ᵇ נחירה זו
איני יודע מה היא was dieser Bluterguss bedeuten
soll, weiss ich nicht.

נְחִירָא m. (syr. ܢܚܝܪܐ, hbr. נְחִיר, blos Dual
(נְחִירַיִם die Nase, eig. Part. pass. durchbohrter
Körpertheil; vgl. arab. نَحِير: foramen nasi. Snh.
67ᵇ שדא כריכא דשידארי מנחיריה er warf Bündel seidner Zeuge aus seiner Nase, ein Zauberwerk, vgl. פְּרִיכָא. Git. 69ᵃ ein Heilmittel לדמא
דאתי מנחיריה gegen Nasenbluten. Das. ניהיב
בנחיריה וכ' man steckte zwei wollene Dochte
in seine Nase. j. Jeb. XVI Anf., 15ᶜ. j. Sot.
IX, 23ᶜ un., s. אַסְפְּלָנֵי und חָבָם.

נְחִרְתָּא f. das Schnauben vor Wuth; die
Nase als Sitz des Zornes, vgl. אַף II; dah. überh.
Wuth. Genes. r. s. 67 g. E., 67ᵃ (mit Bez. auf
Am. 1, 11) עוברתיה ונחרתיה לא זיעא מפומיה
sein Grimm und seine Wuth wich nicht aus
seinem Munde.

נָחֵשׁ (=bh., syn. mit לָחַשׁ, Grndw. חש, חָשָׁה
s. d.) zischeln, flüstern, bes. Zauberformeln, überh. zaubern. Part. od. Adj. נוֹחֵשׁ
od. נַחֵשׁ (syr. ܢܚܫ). Pl. Ab. sar. 18ᵇ wenn Jem.
ein Stadion oder einen Cirkus besucht וראה שם
את הנחשים ואת התחברין כגון בוקיון וכ' Ar. ed.
pr. (vgl. בוקיון; Agg. הנחשים=Tosef. Ab. sar. II)
und daselbst die Zauberer und die Thierbändi-
ger sieht, wie z. B. Trompeter u. s. w.
Pi. נָחֵשׁ dass. zaubern. Snh. 65ᵇ un. מנחש
זה האומר פתו נפלה מפיו מקלו נפל מידו בנו
קורא לו מאחריו עורב קורא לו צבי הפסיקו בדרך
נחש מימינו ושועל משמאלו אל תחזל בו שחרית
מנחש unter מנחש (Dt. 18, 10) ist Jem. zu verstehen, der folgende
Aeusserungen thut: Sein Brot ist ihm aus dem
Munde gefallen, der Stock ist ihm aus der Hand
gefallen, der Sohn ruft ihm von hinten zu, ein

Rabe ruft ihm zu, eine Gazelle durchschneidet ihm den Weg, eine Schlange befindet sich zu seiner Rechten, ein Fuchs zu seiner Linken; (verlangt ein Steuereinnehmer oder ein Gläubiger von ihm Geld, so ruft er ihm zu:) Fange nicht bei mir an, es ist noch am frühen Morgen, heute ist Neumond, heute ist Sabbatausgang, Sonntag; alles dieses galt näml. als ein böses Omen. Tosef. Schabb. VII (VIII) dass. Snh. 66ª ob. לא תנחשו אלו המנחשים בחולדה בעופות ובדגים Ms. M. „Ihr sollt nicht zaubern" (Lev. 19, 26), darunter sind diejenigen zu verstehen, welche mittelst der Wiesel, Vögel oder Fische Zauberei treiben. j. Schabb. VI g. E., 8ᵈ כל המנחש סוף לבא עליו ומאי טעמא כי לא נחש ביעקב לו wer da zaubert (an ein böses Omen glaubt), den wird es schliesslich treffen (ihm schaden). Woher ist das erwiesen? Es heisst לא נחש (Num. 23, 23, eig. „Nicht trifft Zauberei den Jakob") was zu deuten: ihn, לו, trifft die Zauberei. Ned. 32ª wird dem obigen Satz noch hinzugefügt: והא בלמ״ד אל״ף כתיב משום מדה כנגד מדה in der citirten Schriftstelle steht ja, לא Lamed, Alef (also: nein, nicht)! Der Grund ist vielmehr wegen Mass gegen Mass; d. h. das worin Jem. etwas Schädliches erblickt, schadet ihm. (Vgl. jedoch Sot. 31ª, wo aus Jes. 63, 9 צר לא erwiesen wird, dass לא dieselbe Bedeutung habe wie לו. Der Sinn dieser Bibelstelle sei näml.: „Gott hat Leid, wenn·Israel leidet"; vgl. אָנֵי und יָכוֹל). Num. r. s. 26, 242ᵇ (mit Bez. auf Num. 23, 23) הרי את מוחר ומנחש ומקסם באידה מקום תשלוט בהם du, Bileam, gehst hin und her, zauberst und weissagst, an welchem Ort du den Israeliten beikommen kannst u. s. w.

נְחַשׁ chald. (syr. ܢܚܫ und ܢܚܫ Pa.=נִחֵשׁ) zaubern. Chull. 95ᵇ דנחיש er zauberte, hatte eine Vorbedeutung, s. auch TW.

נִיחוּשׁ m. N. a. das Flüstern der Zauberformeln, Zaubern. j. Snh. VII, 24ᶜ ob. והלא ניחוש והעידכון בכלל היו ויצאו מן הכלל וכ׳ da das Verbot des Flüsterns von Zauberformeln und das des Wahrsagens in dem allgemeinen Verbot der „Zauberei" (מכשף), Dt. 18, 10) enthalten ist, so besagt die Specificirung dieser beiden Verbote, dass u. s. w. j. Schabb. VII, 9ᶜ un. dass.

נֶחֶשׁ m. (=bh.) 1) Zauberei. j. Schabb. VI g. E., 8ᵈ. Ned. 32ª, s. נָחַשׁ. Num. r. s. 20, 241ᵈ (mit Bez. auf Num. 22, 41: „Balak führte den Bileam auf die Anhöhe des Baal") בלק היה בעל קסמים ובעל נחש יותר מבלעם שהיה נמשך אחריו כסומא Balak war ein grösserer Meister der Wahrsagerei und der Zauberei, als Bileam, da letzterer sich, wie ein Blinder gleich, von dem ersteren führen liess. — 2) übrtr. Vorahnung, Omen. j. Schabb. VI, 8ᶜ un. אף על פי שאין

נחש יש סימן בלבד ובלבד לאחר שלשה סימנין obgleich das Omen werthlos ist, so ist es dennoch als eine Vorbedeutung zu beachten; aber nur dann, wenn die Vorbedeutung sich dreimal wiederholt; wie z. B. Gen. 42, 36: „Josef ist nicht da, Simon ist nicht da und den Benjamin wollt ihr fortnehmen". Chull. 95ᵇ בית תינוק ראשה אף על פי שאין נחש יש סימן . . . ודהוא דאתחזק תלתא זמני Haus, Kind und Frau sind zwar nicht als ein zuverlässiges Omen, aber dennoch als eine Vorbedeutung zu beachten (d. h. wenn Jem. kurz nachdem er ein neues Haus gebaut, ein Kind bekommen oder eine Frau geheirathet hatte, ein Geschäft unternahm, worin er Glück oder Unglück hatte, so kann ihm das als Vorbedeutung für fernere Unternehmungen gelten); aber nur dann, wenn es sich dreimal bewährt hat. Das. כל נחש שאינו כאליעזר jedes עבד אברהם וכיונתן בן שאול אינו נחש Omen, das dem Verfahren Elieser's, des Knechtes Abraham's („Das Mädchen, das mir zu trinken geben wird, hast du für Isaak bestimmt", Gen. 24, 14 fg.), sowie dem des Jonathan, Sohnes Saul's („Wenn die Philistäer sagen werden: Kommet über uns, so werden wir sie überfallen", 1 Sm. 14, 8. 9) nicht entspricht, ist nicht als ein Omen anzusehen.

נַחְשָׁא ch. (syr. ܢܚܫܐ=נַחַשׁ) 1) Zauberei, Omen, Vorbedeutung. Genes. r. s. 87, 85ª wenn Jem. unter den Völkern Sklaven kaufen wollte, היה הולך לו אצל אסטרולוגוס ואמר לו הנה טבא נחשא טבא so ging er zu den Astrologen, welcher zu ihm sagte: Das Geschäft ist gut, denn das Omen ist günstig. Thr. r. sv. על על רגליה נחשירה 59ᵇ auf seinem (des Menachem) Fuss folgt sein böses Omen, vgl. חֲשַׁל. Snh. 19ª כי מנחם הוא אחריני היכי אמר להו תא שמע ודהוא אומר תתנחמו היכי דמי אילימא כי מנחמי אחריני לדידיה אמר להו תתנחמו נחשא קא רמי להו אלא כי מנחם לאחריני וכ׳ was sagt der Hohepriester, wenn er Andere (d. h. Leid-tragende) tröstet? Komme und vernimm die Antwort: Es heisst: Er ruft ihnen zu: Möget ihr getröstet sein! (In der Mischna steht: תתנחמו anst. תתנחמו). Von welchem Falle sollte hier die Rede sein? Etwa davon, dass, wenn Andere ihn trösten, er ihnen zurufe: Möget ihr getröstet sein? Dann würde er ihnen ja ein böses Omen auferlegen (dass sie, von Leid betroffen, Trost empfangen sollen). Die Rede ist also hier davon, wenn er Andere tröstet. (Ar. erklärt die Phrase אראה בנחמה, s. נֶחָמָה, aus unserer Stelle: Ich möge Trost erleben, d. h. möge mir Leid begegnen, sodass ich Trost empfange, wenn ich u. s. w.) — Ferner 2) N. pr. Nachscha. Num. r. s. 12, 214ᶜ נחשא בר פרוזדק ר׳ R. Prosdak bar Nachscha.

נָחָשׁ m. (=bh.) 1) Schlange, vom Zischeln

so benannt, vgl. נָחָשׁ. Ter. 9, 3 R. Gamliel sagte: אַף הַנָּחָשׁ מְפִיגוֹ שֶׁהוּא מְקָרְא auch die Schlange (die vom Lustrationswasser מֵי חַטָּאת, trank, macht dasselbe unbrauchbar), weil sie das Getrunkene zurückspeiet. Chull. 9ᵇ dass. Arach. 15ᵇ. Levit. r. s. 26, 169ᶜ, s. לָשׁוֹן. j. Ter. VIII, 45ᶜᵈ אֶרֶס מְגִינַת נֶחֶשׁ das Gift der Schlange tödtet, s. גִּילּוּי und אֶרֶס. Bech. 8ᵃᵇ נֶחֶשׁ לְשֶׁבַע שָׁנִים die Schlange gebärt Junge nach siebenjähriger Trächtigkeit. Genes. r. s. 20, 20ᵇ dass. Das. s. 54 Anf. נָחָשׁ שֶׁל בַּיִת die (zahme) Hausschlange, im Ggs. zu נָחָשׁ אֶחָד שֶׁיָּרַד מִן הָהָר לְבַיִת eine Schlange, die vom Berg ins Haus kam. j. Ter. VIII, 46ᵃ mit. steht dafür mit chald. Ausdruck חִוְיָא דְּבֵיתָא die Hausschlange, die חִוְיָא דְּטוּרָא Bergschlange. B. kam. 16ᵃ שִׁדְרוֹ שֶׁל אָדָם לְאַחַר שֶׁבַע שָׁנִים נַעֲשָׂה נָחָשׁ der Rückgrat des Menschen wird, nach siebenjähriger Metamorphose, eine Schlange, vgl. חָר. Exod. r. s. 20, 119ᵉ הָיָה הַפַּרְעֹה הַנָּחָשׁ מִתְחַכֵּם עֲלֵיהֶם Pharao, „die Schlange" (הַתַּנִּים, Ez. 29, 3) überlistete die Israeliten. Aboth de R. Nathan XXXIX g. E. שְׁמֹנָה שֵׁמוֹת נִקְרָא נָחָשׁ שָׂרָף תַּנִּין צִפְעוֹנִי אֶפְעֶה עַכְשׁוּב die Schlange hat acht Namen, näml. Schlange, Brandschlange (καῦσος), Drache, Basilisk, Otter, Natter. — 2) der Nachasch (Schlange), der in Gestalt eines Menschen gedacht wurde und das erste Menschenpaar zur Sünde verleitete. Genes. r. s. 22, 23ᶜ נָחָשׁ הַקַּדְמוֹנִי der Nachasch in der Urzeit. Das. s. 20 Anf. נָחָשׁ זֶה רָשָׁע בַּעַל תְּשׁוּבוֹת dieser Nachasch ist ein Bösewicht, der leicht Einwände macht; daher hatte Gott sofort Strafe über ihn verhängt, ohne ihm seine That vorzuhalten, wie er dies bei Adam und Eva gethan. Deut. r. s. 5, 257ᵇ הַנָּחָשׁ הָרִאשׁוֹן הָיָה מֵסִיר כָּבְנֵי אָדָם כֵּיוָן שֶׁלֹּא הָיָה אָדָם וְחַוָּה מְבַקְּשִׁין לֶאֱכֹל מֵאוֹתוֹ הָאִילָן הִתְחִיל לוֹמַר לְשׁוֹן הָרַע עַל בּוֹרְאוֹ וכו' der erste Nachasch konnte ebenso wie die Menschen sprechen. Als Adam und Eva von der Frucht jenes Baumes nicht essen wollten, so begann er Verleumdungen gegen seinen Schöpfer vorzubringen, indem er sagte: Gott selbst vermochte nur dadurch die Welt zu erschaffen, dass er von der Frucht dieses Baumes genossen, und daher verbot er euch diesen Genuss, damit ihr nicht eine andere Welt erschaffet. Jeb. 103ᵇ s. זוּהֲמָא. — 3) eine Art Augenkrankheit, wobei der Augapfel sich mit einer schlängelnden Haut überzieht. Sifra Emor cap. 2 Par. 3 חִלָּזוֹן נָחָשׁ עִינָיו (Rabad z. St. liest עֵנָב) wenn der Augapfel mit einer schneckenartigen, einer schlangenartigen oder traubenartigen Haut überzogen ist. nach Bech. 45ᵃᵇ jedoch wäre חִלָּזוֹן=נָחָשׁ, s. d. W. Tosef. Bech. IV Anf. נָחָשׁ כְּמַשְׁמָעוֹ unter נָחָשׁ ist das zu verstehen, was sein Wortsinn besagt; d. h. ein Augapfel mit Schlangenartiger Haut. — 4) Bestandtheil einer Zwiebel, von der, namentl. wenn sie um als Samen zu dienen, längere Zeit in der Erde liegt, ein langer Stengel sich schlangen-

artig zieht und der eine schädliche, giftige Substanz enthält. Erub. 29ᵇ ob. לֹא יֹאכַל אָדָם בָּצָל מִפְּנֵי נָחָשׁ שֶׁבּוֹ וּמַעֲשֶׂה בַּר' חֲנִינָא שֶׁאָכַל חֲצִי בָּצָל וַחֲצִי נָחָשׁ שֶׁבּוֹ וְחָלָה וְנִטָּה לְמוּת man soll nicht eine Zwiebel (im Ganzen) wegen des darin befindenden schlangenartigen Stengels essen. Einst kam es vor, dass R. Chanina dadurch, dass er eine halbe Zwiebel mit ihrem halben schlangenartigen Stengel gegessen hatte, schwer erkrankte und dem Tode nahe war.

נְחָשָׁא ,נְחָשׁ m. (syr. ܢܚܳܫܳܐ=hbr. נְחֹשֶׁת s. d.) Kupfer, Erz. j. Kidd. I, 58ᵈ mit R. Mana sagte: כַּסְפָּא בְּאַתְרֵיהּ קָיֵים קָרֵי נְחָשָׁא אָזֵיל die Silbermünze behält ihren Preis, die Kupfermünze hing. wird bald theuer, bald billig, vgl. יָקִיר. Levit. r. s. 12 Anf. und Esth. r. sv. עֶזְרִיד ,ר', s. d. קִידְרָא דִּנְחָשָׁא ... קִיתוֹנָא דִּנְחָשָׁא ein kupfernes Trinkgeschirr, ein kupferner Topf, s. מֵישְׁרָא. Denom. eine Münze mit Kupfer belegen. Pesik. Echa, 122ᵇ (mit Bez. auf Jes. 1, 22: „Dein Silber wurde zu Schlacken"). וְהוּדָא חַד מִנְּהוֹן אָזֵיל לְגַבֵּי צוֹרְפָא וַהֲוָה שְׁמַע קָלֵיהּ אָמַר לְבַר בֵּיתֵיהּ אֲנַחֲשׁ לִי, lies אֲכַּדְּשׁ ,אַכְמִישׁ (Jalk. II, 41ᵃ אִיזֵיל הַנְחֵשׁ לִי, vgl. auch מְהַל nr. 2) einer jener Betrüger ging zum Goldschmied; da hörte er den letzteren seinem Lehrling zurufen: Gehe und belege mir die Münze mit Kupfer (anst. mit Silber).

נְחֹשֶׁת ,נְחוֹשֶׁת f. (=bh. arab. جَاس von حَسَّ hart, fest sein) 1) Kupfer, Erz. Jom. 38ᵃ נְחֹשֶׁת מַצְהֶבֶת das Kupfer (der Nikanor-Tempelpforten) glänzte. R. Elieser ben Jakob sagte: נְחֹשֶׁת קְלוֹנִיתָא הָיְתָה וַהֲוָה מַאִירָה כְּשֶׁל זָהָב es war geläutertes Kupfer, welches wie Gold glänzte. Keth. 77ᵃ מְצָרֵף נְחוֹשֶׁת Jem., der das Kupfer schmiedet und daraus Kessel verfertigt; oder: Jem., der das Erz aus dem Schacht gräbt, מַתֶּכֶת נְחוֹשֶׁת, s. צָרֵף. — 2) das Unterste, der unterste Theil eines Gegenstandes. Grndw. wahrsch. חָס, ähnlich arab. حَسَى : terra plana, in qua restagnat aqua. Kel. 8, 3 ein Krug voll reiner Getränke, וּנְתוּנָה לְמַטָּה מִנְּחוּשְׁתּוֹ שֶׁל תַּנּוּר der unterhalb des untersten Randes des Ofens hingestellt wurde. Der Ofen (das Heizgefäss) stand näml. oberhalb einer Erdvertiefung, sodass sein unterer Rand, Boden auf den Saum der Vertiefung gesetzt wurde. R. Simson z. St. erklärt das W. richtig durch שׁוּלַיִם. Schabb. 41ᵃ אַף עַל פִּי שֶׁגְּרוּפָה וּקְטוּמָה אֵין שׁוֹתִין הֵימֶנָּה מִפְּנֵי שֶׁנִּחוּשְׁתָּהּ מִתְחַמֶּמֶת aus einem Kochgeschirr (אַנְטִיכִי, s. d.) darf man das darin gewärmte Wasser am Sabbat nicht trinken, weil der Boden (unterste Theil) des Gefässes das Wasser erwärmt, vgl. Raschi z. St. (Fast unzweifelhaft gehört נְחוּשְׁתֵּךְ, Ez. 16, 36 ebenf. hierher, näml. in bildl. Bedeut.: die weibliche Scham u. zw.=שׁוּלַיִם Klgl. 1, 9. Vgl. auch Nid. 41ᵇ, woselbst für das hier gedachte bibl. Wort richtig מְקוֹר gesetzt wird.)—

3) Unterdecke, Unterlage. j. Keth. X, 33ᵈ un. נרהגין בסוריא להיות גובין מן הנחושת ומן הצרעות in Syrien herrscht der Brauch, dass man (behufs Zahlung der Kethuba, s. כְּתוּבָה) selbst die Unterdecke und die Polster pfändet.

נְחוּשְׁתָן m. (=bh. נְחוּשְׁתָן, syr. ‍ܢܚܫܐ von נְחֹשֶׁת nr. 2 in der bildl. Bedeut.) Schande, Scheusal, s. TW., woselbst auch eine andere Bedeutung.

נַחֲשׁוֹל m. (von חָשַׁל s. d.) Sturm, Unwetter, heftige Woge. Jom. 38ᵃ עמד עליו נחשול לטובעה eine heftige Meereswoge (oder ein Unwetter) erhob sich gegen ihn (Nikanor), um ihn versinken zu lassen. Git. 56ᵇ dass. gegen Titus. B. mez. 59ᵇ dass. gegen R. Gamliel. B. kam. 116ᵇ עמד עליה נחשול לטובעה והקילו לפי ממשא מחשבין לפי משאוי ואין מחשבין לפי ממון wenn ein Unwetter gegen ein Schiff sich erhob und man einen Theil der Schiffsladung (um es leichter zu machen) in die See wirft, so berechnet man den Schaden nach der Last, nicht aber nach dem Werth der Ladung (wenn z. B. der Eine einen Centner von seiner Goldladung in die See wirft, so braucht auch der Andere blos einen Centner von seiner Eisenladung in die See zu werfen). Tosef. B. mez. VII hat לפי ממון anst. ואין מחשבין לפי נפשות man repartirt nicht den Schaden auf die Personen, die Inhaber der Ladungen. j. B. mez. VI g. E., 11ᵃ steht dafür מחשבין לפי משאוי אבל לא לפי נפשות ולפי ממון man berechnet den Schaden (die in das Meer zu werfende Ladung) theils nach der Last und theils nach dem Werthe der Waaren, nicht aber nach der Personenzahl. Pesik. r. s. 32, 60ᵃ אחזה נחשול ורהיתה מיטרפת בים ein Unwetter erfasste das Schiff und es wurde hin und her auf der See getrieben. Num. r. s. 13, 219ᵇ למה נקרא שמו נחשון על שם שירד תחלה לנחשול שבים weshalb wurde der Stammfürst Judas Nachschon genannt? Weil er der Erste war, der sich in die stürmische Meereswoge stürzte. Vgl. das. 218ᵈ als die israelitischen Stämme, am Ufer des Schilfmeeres stehend, mit einander stritten, wer zuerst in das Meer gehen sollte: קפץ נחשון לתוך גלי הים וירד so sprang Nachschon in die Meereswogen und stürzte sich hinein. Vgl. auch Sot. 37ᵃ.

נַחֲשׁוֹלָא ch. (syr. ‍ܟܫܘܠܐ=נַחֲשׁוֹל) Unwetter, heftige Meereswoge. Genes. r. s. 10, 11ᵇ כיון שירד מחאיה נחשולא בימא אמר דומה אין כחה של אלרה של אומה זו אלא במים als Titus in das Schiff gestiegen war, so schlug ihn eine heftige Meereswoge. Er sagte: Die Kraft des Gottes dieser (israelitischen) Nation scheint sich blos im Wasser zu zeigen; denn die Egypter liess er ins Meer versinken u. s. w. Levit. r. s. 22, 165ᵉ und Khl. r. sv. ויתרון ארץ, 83ᵃ dass.

נַחֲשִׁירְכָן m. Adj. (syr. ‍ܢܚܫܝܪܟܢ, Pesch. Gen. 10, 9, welches W. nach Ephräm Syr. persisch ist) Jäger, Jagdkundiger, s. TW.

נְחוּשָׁתָן, נְחוּשָׁת s. hinter נְחָשׁ.

נָחֵת, נְחַת ch. (syr. ‍ܢܚܬ, hbr. נָחַת, Grndw. חת, mögl. Weise jedoch נח, s. נוּח) hinab-, herabsteigen, descendere, Ggs. סְלִיק. Dan. 4, 10. 20. — Schabb. 41ᵃ כי... קא נחית וכ׳ wenn er in den Fluss geht, um zu baden; wenn er herauskommt. Chag. 15ᵇ עמר דנחית ליורה וכ׳ Wolle, die in den Färbekessel fällt, gebracht wird, vgl. יוֹרָה. Snh. 5ᵃ כי הוה נחית רבה בר חנא לבבל... כי הוה נחית רב לבבל als Rabba bar Chana nach Babel ging; als Rab nach Babel ging, vgl. דִּין I. B. bath. 133ᵃ מיגו דנחתא לדקלא נחתא נמי לכולהו ניכסי (=hbr. יורד לכסיר) da die Frau von dem Dattelbaum (den der Mann für sich zurückbehalten hatte) die Kethuba, כְּתוּבָה, einkassiren kann, so ist sie auch berechtigt, dieselbe von allen anderen (anderweitig vertheilten) Gütern einzukassiren. Ber. 45ᵇ u. ö. Meg. 25ᵃ ההוא דנחית קמיה דרבה... ההוא דנחית קמיה דר׳ חנינא Jem. trat vor das Vorbeterpult (das gew. in einer Vertiefung stand,=hbr. יורד לפני התיבה) in Gegenwart Rabba's, um das Vorbeteramt zu verrichten; Jem. trat in Gegenwart des R. Chanina hin. B. kam. 39ᵃ R. Jose bar Chanina דיינא הוא ונחית לעומקא דדינא ist ein Richter und dringt in die Tiefe des Rechtes ein.

Ithpe. אִתְנְחַת eig. hinabgestürzt werden, dah. auch: tief liegen. Schebu. 6ᵃ מינחתא מיניה טובא der eine Hautausschlag liegt viel tiefer als der andere; d. h. wegen der Farbe desselben erscheint er tiefer liegend, vgl. מַרְאָה. Trop. j. Pea VIII, 21ᵃ un. נכסוי אתנחתת מן נכסוי er verlor sein Vermögen (= hbr. ירד מנכסיו). j. Keth. IX, 34ᵇ un. dass., s. נָחוּל לְפָסָא u. m.

Af. אַנְחֵית, ö. contr. אַחֵית 1) hinabstürzen, trnst., herabbringen. Pesik. Beschallach, 91ᵃ כד אסיק להון אסיק חד חד וכד הוה מַנְחֵית להון הוה מנחית תרין תרין als er sie (die Brote) hinaufbrachte, d. h. in den Ofen schob, so schob er sie einzeln hinein; als er sie aber herunterbrachte (aus dem Ofen schob=hbr. את רדה הפת), so schob er sie je zwei und zwei aus dem Ofen. Schabb. 101ᵃ אחית מחיצתא drücke die Wand nieder; Ggs. zu אסיק, vgl. מְחִיצָּתָא. Taan. 21ᵇ un. der Aderlasser Abba גברי מחית הוה לחוד ונשי לחוד setzte die Männer besonders und die Weiber besonders nieder. Schabb. 58ᵃ מחית ליה אכחסידו er legte das Kleidungsstück auf seine Schulter. Part. pass. Ned. 14ᵃ מחתא אורייתא על ארעא die Gesetzrolle lag, eig. wurde gelegt, auf die Erde. Das. 91ᵇ u. ö. — Trop. Kidd. 64ᵇ ר׳ מאיר סבר מחית אינש נפשיה לספיקא ור׳ יוסי סבר לא מחית אינש נפשיה לספיקא R. Meïr ist der Ansicht: Der Mensch lässt sich in einen

Zweifel ein; R. Jose hing. ist der Ansicht: Der Mensch lässt sich nicht in einen Zweifel ein. Dort mit Bez. auf die Mischna: „Wenn Jem., der zwei Partien Töchter von zwei Frauen hat, sagt: Ich habe meine ältere Tochter an Jemdn. verheirathet, weiss aber nicht, ob es die Aelteste der ersten, oder die Aelteste der zweiten Partie, oder auch die Jüngste der ersten Partie war, welche älter ist, als die zweite Partie: so sagt R. Meïr: Auf allen seinen Töchtern, mit Ausnahme der Jüngsten der zweiten Partie, ruht der Zweifel, ob sie nicht bereits verheirathet seien. R. Jose hing. sagt: Alle, mit Ausnahme der allerjüngsten Tochter, dürfen sich anderweit verheirathen." Der erstere Autor ist also der Ansicht, dass, wenn Jem. sich in seinem Ausspruch nicht deutlich ausdrückt, er Alles, was nur irgend möglich, darunter verstanden wissen will; der Ausdruck גְּדוֹלָה passt also auf alle seine Töchter, mit Ausnahme der allerjüngsten. Der letztere Autor hing. ist der Ansicht, dass, wenn Jem. in seinem Ausspruch sich nicht deutlich ausdrückt, er blos das verstanden wissen will, worüber kein Zweifel obwaltet; unter גְּדוֹלָה sei also blos die Alleräleste zu verstehen. Das. wird diese Controverse auch auf andere, ähnliche Fälle angewandt. j. Taan. III, 66ᵇ un. R. Josua ben Lewi מחית מטרא לדרומאי brachte (infolge seines Gebetes) den Daromäern den Regen. —

2) (=נוּחַ, אָנִיחַ von) beruhigen. B. bath. 129ᵃ Abaji sagte zu Rabin: אנחתת לן חדא ואתקפת לן חדא durch einen deiner Aussprüche beruhigtest, befriedigtest du uns, durch einen anderen hing. erregtest du unsere Unzufriedenheit. — Hof. הֻנַּח herabgestürzt werden. Dan. 5, 20; s. auch TW.

נַחַת f. (=bh. von נוּחַ) 1) das Niedersetzen, Sichniederlassen. Genes. r. s. 33, 32ᵒ R. Jose bar Chanina sagte: לשם נחת התיבה נקרא שנאמר ותנח וג' der Name Noach rührt von dem „Sichniederlassen der Arche" her (Gen. 8, 4). R. Elieser sagte: רוח הניחת ... נקרא קרבנו der Name Noach rührt von dem von ihm dargebrachten Opfer, „der angenehme Geruch" (das. V. 21). Chag. 26ᵇ עץ העשוי לנחת ein hölzernes Geräth, das zum Niederlassen, zum Daraufsetzen bestimmt ist, wie z. B. ein Tisch, wie überh. Alles, was nicht leicht fortbewegt und worauf man gew. andere Gegenstände setzt. Jom. 21ᵇ u. ö. dass. Jeb. 103ᵇ סנדל של נחת אלילים Ar. (Agg. blos על) eine Sandale, die zum Daraufsetzen eines Götzen bestimmt ist. — 2) Bequemlichkeit, Gemächlichkeit, Ruhe. Erub. 77ᵃ כל לזה בנחת ולזה בקשה נותנין אותו לזה שתמשמישו בנחת Alles, dessen Benutzung dem Einen bequem (eig. mit Bequemlichkeit) und dem Andern umständlich ist, giebt man dem Erstern, welchem dessen Benutzung bequem ist; z. B. eine abschüssige Wand zwischen zwei Gehöften, deren höhere Seite in dem einen und deren niedrige Seite in dem andern Gehöfte belegen ist, wird dem Besitzer des letzteren Gehöftes zugeschlagen, weil dieser die Benutzung weit bequemer hat, als jener. Das. 83ᵇ dass. Ber. 56ᵇ un. הרואה סוס לבן בחלום בין בנחת בין בריהוט יפה לו wenn Jem. ein weisses Pferd im Traume sieht, sei es, dass es gemächlich oder dass es schnell geht, so ist ihm das eine gute Vorbedeutung; wenn aber ein rothes Pferd, so ist es ihm, wenn es gemächlich geht, eine gute, wenn es aber schnell läuft, eine schlechte Vorbedeutung. Chag. 16ᵇ man gestattete den Frauen das Handauflegen, סמיכה, auf die Opfer כדי לעשות נחת רוח לנשים um den Frauen eine Annehmlichkeit (Beruhigung) zu erweisen. Keth. 95ᵃ יכולה היא שתאמר נחת רוח עשיתי לבעלי אהם מה לכם עלי berechtigt zu sagen: Ich habe (bei diesem verschiedenartigen Verkauf) meinem Manne einen Gefallen erwiesen; was habt ihr mir zu schaffen? Snh. 92ᵃ בנחת mit Sanftmuth, s. נָהַג im Hifil.

נְחוֹתָה, נָחוֹתָא masc. Adj. (syr. ...) der Hinabsteigende. j. Schek. VIII Anf., 51ᵃ ר' אבודמא נחותא (oft אבדימא Abdima) der Hinabsteigende, der näml. von Palästina nach dem tiefliegenden Babylon reiste. j. Kidd. I, 60ᵈ ob. und j. B. bath. III Anf. 13ᵈ. j. Suc. IV, 54ᵉ mit נחותא derselbe. j. Keth. XII, 35ᵇ mit נחותה (l.=den Parall. j. Kil. IX, 32ᵉ u. a. עולא) Ulla, der nach Babylon reiste. — Pl. Schabb. 20ᵇ נְחוֹתֵי ימא (=hbr. יורדי הים) die Seefahrer. Das. 90ᵃ u. ö. dass. B. mez. 85ᵃ נחותי ימא l. נחיתי.

נְחִיתַת, נְחִיתָת chald. (=נחת) das Ruhen, Liegen, s. TW.

נַחְתּוֹם m. Bäcker, Backmeister. Stw. נחת, also eig. der die Brote in und aus dem Ofen schiebt (=רודה סת, vgl. auch Afel Anf.) mit angeh. Mem, wie גְּרָהוֹם u. a. m. Challa 1, 7 נחתום שעשה שאור לחלק ein Bäcker, der Sauerteig zubereitete, um ihn an die Käufer zu vertheilen. Das. נשים שנתנו לנחתום לעשות שאור Weiber, welche dem Bäcker Mehl gaben, damit er ihnen daraus Sauerteig anfertige. Das. 2, 7 u. ö. Tosef. Chall. I Anf. אמר ר' יהודה מפני מה אמרו בעל הבית אחד מכ"ד מפני שעינו יפה בעיסתו ונחתום אחד ממ"ח מפני שעינו צרה בעיסתו וחכמים אומרים לא מן השם הוא זה אלא בעל הבית עיסתו מרובה ואין בה כדי מתנה לכהן נחתום עיסתו מרובה ויש בה כדי מתנה לכהן R. Juda sagte: Weshalb bestimmten die Gelehrten, dass der Privatmann (von seinem Teige) den 24. Theil für den Priester entrichte? Weil er von seinem Teige mit Wohlwollen (gern) fortgiebt. Weshalb aber soll der Bäcker blos den 48. Theil entrichten? Weil er missgünstig auf seinen Teig sieht (den er blos des Verdienstes halber ein-

rührt). Die Chachamim hing. sagten: Das ist nicht der Grund, sondern vielmehr folgendes: Der Privatmann würde, da er nur wenig Teig zubereitet, bei der Entrichtung eines kleinen Theils desselben, dem Priester keine nennenswerthe Gabe zukommen lassen; der Bäcker hing., der eine grosse Masse Teig auf einmal zubereitet, würde auch bei Entrichtung eines kleinen Theils desselben, dem Priester eine ansehnliche Gabe zuertheilen. j. Chall. II g. E., 58ᵈ dass., jedoch crmp. j. Chag. II, 77ᵇ un. ר' יהודה הנחתום R. Juda, der Bäcker. Ruth r. sv. ליני, 42ᵇ dass., vgl. jedoch לְטוֹן Anf. — Pl. Dem. 2, 4 כירת הנחתומין die Bäcker. B. bath. 20ᵇ כירת הנחתומים der Herd der Bäcker. Jalk. I, 261ᵃ (mit Bez. auf Dt. 2, 9. 19: „Belagere nicht Moab, nicht Ammon"). משל למדינה שכצטרכה ללחם צעקו הבריות על החשבון עמדו שני נחתומין והיו טוחנין כל הלילה בקש לעשות עיסתן כבה הנר ולא היו רואין מה עשו בללו את העיסה ואפו אותה והוציאוה ומלאו את השוק בא החשבון וראה הפת מעורבת קיבר אמר להם ראוין הייתם ליתן הקופיץ בצואריכם וכו' ein Gleichniss von einer Stadt, deren Einwohner, da das Brot dort knapp war, sich über den Rechnungsrath (der für die Beschaffung der Lebensmittel Sorge zu tragen hatte) beklagten. Da erhoben sich zwei Bäcker und mahlten die ganze Nacht hindurch. Schon waren sie daran, den Teig zu kneten, als die Lampe erlosch und sie nicht sehen konnten, was sie thaten. Sie rührten den Teig mit allem Gemengsel ein, verbackten ihn, trugen das Gebäck zum Verkauf und füllten damit den Markt. Als nun der Rechnungsrath kam und das Brot mit Schrot vermischt sah, so sagte er: Wohl hättet ihr es verdient, dass man euch das Beil an den Hals legte und euch damit in der ganzen Stadt herumschleppte; aber wie könnte ich gegen euch so verfahren, da ihr zur Zeit der Noth die Stadt mit Lebensmitteln versehen habet! Ebenso sagte Gott betreffs der zwei Töchter des Lot: Nach der Zerstörung Sodoms verübten sie allerdings eine That, die derentwillen sie den Untergang verdient hätten. Da ihre Absicht jedoch die Erhaltung der Welt war, darum sollen sie (ihre Nachkommen) verschont bleiben.

נַחְתּוֹמָא od. נַחְתּוֹמָא chald. (syr. ‎ﻼﺴ‎ﻣﻮﺧ‎=) Bäcker, s. TW. (נַחְתּוֹם)

נַחְתּוֹמָר m. Bäckerladen oder: Werkstatt des Bäckers. j. B. bath. II Auf., 13ᵇ חד בר נש זבין פלגא דדרתיה שייר בה חד נחתומר וכו' Jem., der die Hälfte seines Gehöftes verkaufte, behielt einen Bäckerladen für sich zurück u. s. w.

נְטוֹסָא Natosa, N. pr. j. Ter. VIII, 45ᶜ un. בר נטוסא. j. Ab. sar. II, 41ᵃ mit dass.

נְטִי s. d. in נטר.

נָטָה, נטי (bb. Grndw. נט=) ausstrecken, ausbreiten, neigen. Ned. 4, 5 (42ᵃ) wenn Jem. gelobt, nichts von dem Vermögen eines Andern zu geniessen, לסני שביעית לא יורד לתוך שדהו ואינו אוכל מן הנוטות ובשביעית אינו יורד לתוך שדהו אבל אוכל הוא מן הנוטות so darf er vor Eintritt des Brachjahres weder das Feld des Andern betreten (דריסת רגל s. d.), noch die Früchte der sich nach Aussen hin (ausserhalb des Gartens) neigenden Zweige geniessen; am Brachjahre hing. darf er zwar nicht das Feld des Andern betreten, aber die Früchte der nach Aussen sich neigenden Zweige darf er (da sie für Jedermann frei sind) geniessen. j. Ned. IV, 38ᵈ ob. dass. Kidd. 40ᵇ, s. נוף. — Trop. Chuil. 90ᵇ נוטה דעת der Sinn, der wahrscheinlich richtig ist, eig. der sich zu dem Richtigen hinneigt, vgl. דֵעָה.

Hif. wohinneigen. Trop. Keth. 84ᵇ und Erub. 46ᵇ מר סבר הלכה אתמר ומר סבר מטין חד אתמר ור' יוסי ברבי חנינא אמר נראין ein Autor ist der Ansicht: Man hätte die Halacha ausdrücklich (wie R. Akiba) entschieden; der andere Autor ist der Ansicht: Man hätte sich jener Meinung blos zugeneigt (ohne eine Entscheidung zu treffen). R. Jose bar Chanina hing. sagte: Man hatte jene Meinung als die wahrscheinlich richtige befunden. j. Snh. I Anf., 18ᵃ אף הקב״ה אינו דן יחידי שנאמר וכל צבא וג' אלו מטין לכף זכות ואלו מטין לכף חובה selbst Gott richtet nicht als ein Einzelrichter; denn es heisst: „Alle Himmelsschaaren standen vor ihm zu seiner Rechten und zu seiner Linken" (1 Kn. 22, 19); das bedeutet: Einige Engel neigten, veranlassten (die göttliche Entscheidung betreffs des Königs Josafat) zu einem günstigen, einige gaben zur einem ungünstigen Urtheil; vgl. auch יָמִן im Hifil.

Hof. sich neigen, geneigt, gebeugt werden. Part. Jeb. 103ᵃ ob. בין עומד בין יושב בין מוטה sei es, dass er (der Levir während des Chalizaactes) stand, oder dass er sass, oder gebeugt (zur Erde geneigt) war. Kel. 4, 3 היתה מוטה על צדה wenn das Gefäss seitwärts gebeugt war. — Ferner מוטה als Sbst., s. d.

נְטָה, נְטָא ch. (נָטָה=) neigen, sich zuwenden. j. B. bath. II g. E., 13ᶜ הוה לר' יונתן חד אילן נטה גו דהוא רומיי R. Jonathan hatte einen Baum, der (d. h. dessen Gezweige) sich in das nachbarliche Gebiet eines Römers hinneigte. Das. פוק קוץ מה דנטה גו רומיי gehe und hacke dasjenige ab, was in das Gebiet des Römers hineinragt. Trop. Snh. 26ᵃ un. Chiskija fürchtete sich, דילמא חס ושלום נטייה דעתיה דקבלה בחר רובא וכו' vielleicht neigte sich, Gott verhüten möge, der Wille Gottes der Menge zu, welche sich dem Assyrerkönig ergeben hatte. Af. (Hif.=) hinneigen. R. hasch. 12ᵇ u. ö. אמר ר' יוחנן ומטו בה משמיה דר' יוסי הגלילי

48

R. Jochanan sagte, manche neigten es dem Galiläer R. Jose zu; d. h. schrieben ihm diese Ansicht zu, dass u. s. w.

נְטִיָּיה *f.* N. a. das Neigen, Ausbreiten. Genes. r. s. 76 Anf., 75ᵃ (mit Bez. auf Jes. 51, 13) מנטייית שמים וארץ לא היה לכם ללמוד וכ׳ vom Ausspannen des Himmels und der Erde habet ihr nicht lernen können, dass u. s. w.; vgl. auch הַטָּיָיה. Ohol. 7, 2.

נָטַל (=bh. Grndw. טל, wov. auch טִלְטֵל, טוּל, s. d. W.) 1) erheben, in die Höhe heben; ferner: nehmen, erhalten, empfangen. j. Sot. I, 16ᵈ un. מה שכר נטלו על כך welche Belohnung erhielten sie dafür? Ber. 16ᵇ לא כל מי שירצה ליטול את השם יטול nicht Jeder, der sich (durch aussergewöhnliche Frömmigkeit) einen Namen erwerben will, darf es thun. Sifra Achre Par. 1 Anf. בני אהרן לא נטלו עצה מאהרן נדב ואביהו לא נטלו עצה ממשה „die Söhne Aharon's", die jedoch (bei ihrem Opfern) nicht den Rath Aharon's eingeholt hatten; „Nadab und Abihu", die nicht den Rath von ihrem Lehrer Mose eingeholt hatten. Schabb. 40ᵇ נָטַל בכלי שני וחתן (n. d. Form דּוֹר von נָטַר) eig. nimm, d. h. giesse das Wasser in ein zweites Gefäss und stelle das Glas mit Oel hinein (כלי שני eig. das zweite Gefäss, worunter im Rituale besonders ein Gefäss zu verstehen ist, dessen Inhalt nur mittelbar vom Feuer gewärmt wurde, wie z. B. Schüssel, Teller, in welche man kochendes Wasser aus einem Kessel, der vor dem Feuer steht, giesst; das hier zuletzt genannte Gefäss aber, das unmittelbar die Hitze des Feuers erhält, wird כלי ראשון eig. das erste Gefäss, genannt). Das. 151ᵇ der Leib einer Leiche, der drei Tage nach dem Ableben des Menschen aufspringt, ruft letzterem zu: טול מה שנתת בי nimm das (den Mist), was du in mich gebracht hast. Arach. 16ᵇ R. Tarpon sagte: תמיהני אם יש בדור הזה מי שמקבל תוכחה אם אמר לו טול קיסם מבין עיניך אמר לו טול קורה מבין שיניך (in einigen Agg. unrichtig auch im letzten Satz: מבין עיניך) mich sollte es wundern, wenn es in unserer Zeit Jemdn. gäbe, der eine Zurechtweisung annähme. Denn sagt Einer zum Andern: Nimm den Splitter aus deinen Augen! so entgegnet letzterer: Nimm du den Balken zwischen deinen Zähnen fort! j. Jom. III, 40ᵈ ob. טול לך מה שהבאת nimm dir das zurück, was du gebracht hast. Git. 24ᵇ טלי גיטיך (o Weib), deinen Scheidebrief. Das. ö. Pesik. r. s 26 g. E. נטלתי עיני ich erhob meine Augen. — 2) נָטַל צפורנים die Nägel abschneiden, eig. sie von den Fingern fortnehmen. M. kat. 17ᵇ. 18ᵃ אסור ליטול צפורנים במועד man darf sich in der Festwoche (in den Mitteltagen des Festes) nicht die Nägel abschneiden. Nach einer andern Ansicht: מותר ליטול צפורנים וכ׳ darf man sie in der

Festwoche abschneiden. — 3) נטל ידיו (ellipt. für נטל מים על ידיו, wofür auch נטל לידיו und oft blos נטל) die Hände waschen, eig. das Wasser auf die Hände tragen, giessen; u. zw. blos von der rituell vorgeschriebenen Händewaschung vor und nach der Mahlzeit (vgl. נְטִילָה; für das gewöhnliche Waschen hing. steht ידיו רָחַץ, Sbst. רְחִיצַת ידים. — Chull. 105ᵃ מים ... ראשונים נוטלין בין בכלי בין על גבי קרקע אחרונים אין נוטלין אלא בכלי ואמרי לה אין נוטלין על גבי קרקע bei der Händewaschung vor der Mahlzeit darf man das Wasser sowohl in das Gefäss als auch auf den Erdboden giessen; bei der Händewaschung nach der Mahlzeit hing. darf man es blos in ein Gefäss giessen; manche sagen: Man darf es nicht auf die Erde giessen. (Der Unterschied zwischen diesen beiden Ansichten ist der, dass man nach der ersteren das Wasser blos in ein Gefäss giessen darf, nach der letzteren hing. man es nur nicht unmittelbar auf die Erde giessen darf, dahing. darf man es auf Späne u. dgl. die auf der Erde liegen, giessen. Das Verbot des Giessens solchen Wassers auf die Erde rührt davon her, dass ein böser Geist auf solchem Wasser ruhen soll.) Das. 106ᵇ נוטל אדם שתי ידיו שחרית ומתנה עליהן כל היום כולו man darf sich die beiden Hände des Morgens früh waschen und dabei bemerken, dass diese Waschung für den ganzen Tag genügen solle. Das. ö. Ber. 51ᵃ אל תטול ידיך ממי שלא נטל ידיו lasse dir nicht die Hände von Jemdm. waschen, der sich nicht selbst gewaschen hat. — Part. pass. Snh. 21ᵇ נְטוּלֵי טְחוֹל Menschen (d. h. Schnellläufer), deren Milz ausgeschnitten wurde. Ab. sar. 44ᵃ dass., s. טְחוֹל. — Ned. 90ᵇ נְטוּלָה אני מן וכ׳ היהודים יפר חלקו ותהא משמשתו ותהא נטולה מן היהודים wenn eine Ehefrau sagt: Ich will den Juden entzogen sein (d. h. ich gelobe, keinen ehelichen Umgang mit irgend einem Juden zu pflegen), so kann ihr Ehemann das Gelübde, soweit es seine Person betrifft, annulliren; sie darf dann mit ihm den ehelichen Umgang pflegen, während das Gelübde betreffs aller anderen Juden giltig ist.

Nif. נִיטַּל genommen werden. Schabb. 43ᵃ אין כלי ניטל אלא לדבר הניטל בשבת ein Gefäss darf am Sabbat nur zur Benutzung für einen Gegenstand fortgenommen (von der Stelle gerückt) werden, welcher selbst fortgenommen werden darf. Es ist daher nicht gestattet, ein am Sabbat gelegtes Ei mit einem Gefäss zu bedecken, weil das Ei selbst wegen des Verbotes von Mukza (s. מוּקְצָה) an diesem Tage weder gegessen, noch von der Stelle genommen werden darf. Bez. 36ᵇ u. ö. Chull. 42ᵃ ניטל הכבד ולא נשתייר הימנה כלום wenn die Leber eines Thieres fehlt und nichts (nach das. 54ᵃ: כזית, weniger als die Grösse einer Olive) übrig geblieben, so ist das Thier trefa, zum Essen verboten. Das.

54ᵃ ניטל הטחול ניטלו הכליות ניטל לחי התחתון
'ניטלה האם שלה וכ wenn die Milz fehlt, wenn
die Nieren fehlen, wenn die unterste Kinnlade
fehlt, wenn der Muttermund (matrix) des Thieres
fehlt, so ist letzteres zum Essen erlaubt. Ohol.
2, 3. Bech. 31ᵃ s. בַּקְדֵּם.

Hif. הִטִּיל (=bh. הֵטִיל von נטל), 1) werfen,
legen, giessen (von einer Flüssigkeit). Schabb.
62ᵇ (mit Bez. auf וברגליהם תעכסנה, Jes. 3, 16)
'מלמד שמטילות מור ואפרסמון במנעליהן וכ das
besagt, dass „die Töchter Zions" Myrrhe und
Balsam in ihre Schuhe legten, um die Jünglinge
herbeizulocken; vgl. auch כָּעֹם. Maasr. 1, 2
התמרים משיטילו שאור משיטילו גידים
die Datteln (sind hinsichtl. des Zehnten von der
Zeit an als reif anzusehen), wenn sie den Saft
ausschwitzen (eig. werfen, vgl. auch שָׂאֹר), die
Pfirsiche, wenn sie Adern bekommen. Pes. 9ᵃ
הטילה נפל לבור die Magd warf die Frühgeburt
in die Grube. — Git. 61ᵃ משהטיל את המים
wenn die Frau Wasser in das Mehl giesst, um
den Teig einzurühren. Jom. 3, 2 (28ᵃ) המטיל
מים wenn Jem. das Wasser lässt, urinirt. Schabb.
42ᵇ תרנגולת עשויה להטיל ביצתה באשפה ואין
עשויה להטיל ביצתה במקום מדרון die Henne
pflegt ihr Ei auf den Mist zu legen, sie pflegt
aber nicht das Ei auf eine abschüssige Stelle
zu legen. B. kam. 92ᵃ (mit Bez. auf Gen. 26, 18)
אפילו תרנגולת של בית אבימלך לא הטילה ביצתה
selbst die Henne im Hause Abimelech's legte
nicht ihr Ei. — 2) הטיל שלום Frieden stiften.
Khl. r. sv. גם מגבוה, 97ᵇᶜ (mit Bez. auf ורחק
מביונה, Khl. 12, 5) זה התאוה שמטלת שלום
בין לאשתו שהיא בטילה darunter ist zu
verstehen, dass die Wollust, die zwischen Mann
und Frau Frieden stiftet, aufhören wird. Das.
מטיל שלום בטל der Friedensstifter ist gestört,
dass. (In Schabb. 152ᵃ steht dafür משים שלום.)

Hof. הֻטַּל eig. gelegt werden, liegen.
Ber. 17ᵇ מי שמתו מוטל לפניו Jem., dessen Todter
vor ihm liegt. Trop. das. 18ᵃ כל זמן שמוטל דמו
עליו לקוברו כמוטל לפניו so lange Jemdm.
die Pflicht obliegt, seinen Todten zu begraben,
so ist das ebenso, als ob letzterer vor ihm läge.
M. kat. 23ᵇ u. ö. — Kidd. 82ᵇ הרי הוא מוטל
ברעב er (der Handwerker, der an Alterschwäche
leidet) unterliegt dem Verhungern.

נְטַל ch. (=נטל; im Syr. ‏ܢܛܰܠ‎: schwer sein,
wiegen, intrust.) heben, nehmen. Dan. 4,
31. 7, 4, s. auch TW.

נְטִיל, נְטוֹל masc. (syr. ‏ܢܛܺܝܠ‎, hbr. נֵטֶל) die
Schwere, Last, s. TW. — j. Snh. VI g. E.,
23ᵈ un. wird das W. כלני der Mischna, nach
einer Ansicht euphemist. erklärt: לית הוא אלא
נטיל das bedeutet nichts Anderes, als eine Last,
eig. Leichtigkeit.

נְטִילָה f. N. a. 1) das Heben, Erheben,
Nehmen. Seb. 34ᵃ נטילת נשמה eig. das Nehmen

---

der Seele, d. h. das Tödten eines lebenden
Wesens. j. Schabb. VII. g. E., 10ᶜ. Mac. 14ᵇ u. ö.
Pesik. r. s. 10, 16ᶜ das W. תשא (Ex. 30, 12)
לשון נטילת ראש bedeutet: Wegnehmen des
Hauptes, Enthaupten; vgl. מֹזְגְּרֵינֹם. In Pesik.
Sehek. 10ᵇ steht dafür הרמת ראש dass., s. d. W.
— Meg. 2, 5 (20ᵇ) נטילת לולב das Nehmen des
Palmzweiges, d. h. des Feststrausses am Hüttenfeste, vgl. לוּלָב. — j. Ber. II, 5ᶜ un. נטילת רשות
das Urlaubnehmen. Levit. r. s. 17, 160ᶜ dass.
j. M. kat. III, 82ᵃ mit. נטילת צפרנים das Abschneiden der Nägel. Das. ö., s. נֶטֶל. — 2)
נטילת ידים (wofür zuw. blos נטילה) das Waschen
der Hände vor oder nach der Mahlzeit, eig.
das Wassergiessen auf die Hände, s. d. Verb.
Chull. 106ᵃ נטילת ידים לחולין מפני סרך תרומה
ורוד משום מצוה . . . מכאן סמכו לנטילת ידים
מן התורה die Händewaschung ist wegen Annäherung an die Hebe anbefohlen (d. h. infolge
dessen, dass die Priester vor dem Essen der
Teruma sich die Hände waschen müssen, hat
man diese Waschung auch vor dem Genusse
profaner Speisen anbefohlen; denn sonst würden die Priester auch die Teruma, ohne sich die
Hände zu waschen, geniessen, ferner auch wegen
eines Gebotes. Worin besteht dies? Es ist ein
Gebot, die Verordnung der Gelehrten zu befolgen. Nach einer andern Ansicht besteht das
Gebot darin, dass man die Deutung des R. Elasar
ben Arach befolge, welcher (mit Bez. auf Lev. 15,
11) sagte: In dieser Schriftstelle fand man eine
Andeutung für die Pflicht der Händewaschung.
Das. לא אמרו נטילת ידים לפירות אלא משום
נקיות das Händewaschen vor dem Genuss der
Früchten hat man blos behufs der Reinlichkeit angeordnet. Das. ö. Sota 4ᵇ המזלזל בנטילת ידים
נעקר מן העולם wer das Gebot der Händewaschung gering schätzt, wird aus der Welt
vertilgt. Num. r. s. 20, 242ᶜ נטילת ידים
שנו רבותינו unsere Lehrer lehrten: Die Händewaschung vor der
Mahlzeit ist freigestellt (d. h. nicht unbedingt
anbefohlen), aber nach der Mahlzeit ist sie eine
Pflicht; vgl. bes. מַי II Anf.

נְטִילוּתָא ch. (=נְטִילָה) das Händewaschen.
Ber. 22ᵃ בטלה לנטילותא man hat die Pflicht
des Händewaschens vor dem Gebete aufgehoben.

נְטֵלָא m. Gefäss, wie Glas u. dgl., dessen
man sich bes. zur Händewaschung bediente. Unser W. (=נטל, s. w. u.) ist jedoch
wahrsch. das gr. ἀντλίον, eig. Schöpfgefäss; vgl.
auch syr. ‏ܢܛܠܐ‎, haustus. Chull. 107ᵃ R. Jakob
aus Nehar Pakod führte ein נטלא בת רביעתא
das (Glas-) Gefäss zum Händewaschen, das ¹/₄
Log enthält. (Das. wird auch כוזא erwähnt, ein
irdenes Gefäss, welches dasselbe Mass enthält.
In B. bath. 58ᵇ wird das erstere Gefäss bezeichnet: אנטל זו רביעית של תורה dass. Mögl.

48*

Weise ist auch der Sprachgebrauch נטל ידיו von unserm W. entlehnt, um die Halacha, dass das Mass des Wassers zum Händewaschen ¼ Log sein müsse, dadurch einzuschärfen; ähnlich כרך רפתא, s. d. W.) j. Schabb. III, 6ᵃ un. הבא גו נטלא giesse das Wasser in das Gefäss, Glas. Git. 69ᵃ un. מלי נטלא ein Glas voll u. s. w. — Pl. Ber. 51ᵃ un. ר' חסדא מעטר ליה בנטלי R. Chisda umkränzte, umgab den Becher, worüber er das Tischgebet sprach, mit Gläsern.

נְטִילְיָתָא richtiger מַלְטִיתָא s. d.

נְטַע (=bh. syn. mit נָטָה, Grndw. נט) 1) einsetzen, aufspannen. j. Schabb. XX Anf., 17ᶜ הנוטע אוהלין בשבת חייב משום בונה der am Sabbat Zelte aufspannt (eig. die Pflöcke einsetzt, einschlägt und das Zelttuch darüber spannt), ist wegen Bauens straffällig. — 2) pflanzen, Schösslinge einsetzen (vgl. das chald. נָצַב=נָטַע). Maasr. 5, 1 העוקר שתלים מתוך שלו ונוטע לתוך שלו wenn Jem. Setzlinge aus einem seiner Felder ausreisst und sie in sein anderes Feld pflanzt. Das. 3, 9 fg. גפן שהיא נטועה בחצר eine Weinrebe, die im Hofe gepflanzt ist. Meg. 5ᵃᵇ fg. רבי נטע נטיעה בפורים Rabbi setzte am Purimfeste Pflanzen ein. — 3) übertr. Kinder erzeugen. j. Jeb. I Anf., 2ᵇ u. ö., s. נְטִיעָה.

נֶטַע m. (=bh.) die Pflanze, Pflanzung. Maas. scheni 5, 4. 5 נטע רבעי die Pflanzung im vierten Jahre; d. h. die Früchte eines Baumes im vierten Jahre, die (vgl. Lev. 19, 24) nach Jerusalem gebracht, oder ausgelöst werden müssen; ähnlich כרם רבעי, s. d. Cant. r. sv. הנך יפה, 19ᵈ הנך יפה בנטע רבעי „schön bist du" bei der Beobachtung des Gebotes betreffs der Pflanzung im vierten Jahre. Khl. r. sv. טוב מלא, 81ᵃ als die Stämme Gad und Ruben in Palästina angekommen waren, וראו כמה בית זרע יש בה כמה בית נטע יש בה וכ' und sahen, wie viele Felder zur Getreideaussaat und wie viele Gärten zur Baumpflanzung da waren, sagten sie: „Besser ist eine Handvoll mit Ruhe in Palästina, als viele Hände voll mit Mühsal" jenseits des Jordans (Khl. 4, 6).

נְטִיעָה f. (=bh.) N. a. 1) das Pflanzen, die Pflanzung. Snh. 68ᵃ R. Elieser sagte: Ich habe viel gelernt und viel gelehrt u. s. w. ולא עוד אלא שאני שונה שלש מאות הלכות ואמרי לה שלשת אלפים הלכות בנטיעת קשואין ולא היה אדם שואלני בהן דבר מעולם חוץ מעקיבא בן יוסף פעם אחת אני והוא מהלכין היינו בדרך אמר לי רבי למדני בנטיעת קשואין אמרתי דבר אחד נתמלא כל השדה קשואין אמר לי ר' למדתני נטיעתן למדני עקירתן אמרתי דבר אחד נתקבצו כולן למקום אחד nicht blos das, sondern ich lerne 300 Halachoth (manche referiren: 3000 Halachoth) betreffs der Gurkenpflanzung (beim

Pflanzen der Gurken, wie bei ihrem Ausreissen wurden oft Zauberformeln angewandt, ähnlich wie beim Alraun, vgl. יָבְרוּחַ. Die in unserer Stelle befolgte Anwendung der Zaubergesetze, Halachoth, gehörte jedenfalls zu denjenigen הלכות כשפים, die nach Snh. 67ᵇ gestattet sind) — worüber Niemand, mit Ausnahme des Akiba ben Josef, irgend eine Frage an mich gestellt hatte. Einst näml. waren wir beide, ich und er, unterwegs. Er sagte zu mir: Rabbi, lehre mich die Gurkenpflanzung. Ich sprach ein Wort, infolge dessen das ganze Feld sich mit Gurken füllte. Hierauf sagte er zu mir: Rabbi, du lehrtest mich die Pflanzung derselben, nun lehre mich auch ihr Ausreissen! Da sprach ich wiederum ein Wort, infolge dessen alle Gurken sich an einer Stelle sammelten. Meg. 5ᵇ איזו היא נטיעה של שמחה זה הנוטע אבורנקי של מלכים was nennt man „eine Pflanzung der Freude"? Dass Jem. eine königliche Plantage anlegt. Taan. 14ᵇ dass., vgl. אֲבוּרַנְקִי. — 2) die Pflanze, Setzling. j. Ber. II, 5ᶜ ob. ein König, der seinen Sohn wegen dessen wohlgefälliger Handlungen sehr liebte, היה מחזר בכל העולם כולו ורואה איזו נטיעה יפה בעולם ונוטעה בתוך פרדסו ובשעה שהיכעיסו היה מקצץ כל נטיעותיו וכ' reiste in der ganzen Welt herum und wo er irgend eine schöne Pflanze sah, da holte er sie und pflanzte sie in den Garten des Sohnes; als letzterer jedoch ihn kränkte, so hieb er alle seine Pflanzen ab. Ebenso verfährt Gott: Wenn Israel seinem Willen gemäss handelt, so bringt er jeden Frommen unter den Völkern und gesellt ihn zu Israel; wenn letzteres ihn aber kränkt, so entfernt er auch jeden Frommen aus Israel's Mitte. Bez. 25ᵇ נטיעה מקטע רגליהון דקצביא ודבועלי נדות die Pflanze haut die Füsse der Fleischer, sowie derjenigen ab, welche den Menstruirenden beiwohnen; d. h. wenn Jem. einen Baum pflanzt, so wartet er mit dem Genuss der Früchte desselben, bis die ersten drei Jahre vorüber sind (vgl. Lev. 19, 23 fg.); während die Fleischer das Fleisch der Thiere bald nach dem Schlachten derselben geniessen, ohne abzuwarten, ob sich nicht beim Abziehen der Haut und dem Zerlegen des Thieres ein Leibesfehler desselben vorfinden werde. Dasselbe gilt von den Ehemännern, die nicht die Reinigungszeit ihrer Frauen abwarten. Der Erstere stellt also die Schuld der Letzteren klar dar. — Pl. Suc. 34ᵃ עשר נטיעות ערבה וניסוך המים הלכה למשה מסיני die zehn Pflanzen (um derentwillen man ein grosses Feld, auf welchem sie zerstreut stehen, bis zum Eintritt des Brachjahres pflügen darf, vgl. Schebi. 1, 6), ferner die Bachweide (bei der grossen Procession im Tempel am 7. Tage des Hüttenfestes) und endlich die Wasserspende (an den sieben Tagen des Hüttenfestes, vgl. מי II) sind sämmtlich eine Halacha des Mose vom Sinai. Das. 44ᵃ. M.

kat. 3ᵇ u. ö. dass. Nach j. Suc. IV Anf., 54ᵇ sind blos die letzteren zwei, näml. ערבה וניסוך המים, eine Halacha des Mose; nach einer anderen Ansicht das. wären die sämmtlichen hier genannten Gegenstände eine Anordnung der Propheten, vgl. יכור. j. Schehi. I, 33ᵇ un. dass. Taan. 5ᵇ un. ein Wanderer, der sich an den Früchten eines herrlichen Baumes u. s. w. gelabt hatte, sprach über ihn folgenden Segen aus: יהי רצון שכל נטיעות שנוטעין ממך יהיו כמותך möge es der göttliche Wille sein, dass alle Pflanzen, die man von dir'zieht, dir gleichen! Dort auch bildl. auf die Kinder eines Gelehrten angewandt. Schebi. 1, 6. 8 fg. — 3) übrtr. Pflanze s. v. a. Abkömmling, Sprössling, Sohn. j. M. kat. III Anf., 81ᶜ deine Eltern, sagte R. Chanina zu Simon bar Ba, der von Palästina nach Babylon gehen wollte, würden mir den Vorwurf machen: נטיעה אחת של חמדה שהיתה לנו בארץ ישראל התרת לה לצאת לחוצה לארץ dem einen Sprössling der Lust, den wir in Palästina hatten, erlaubtest du, nach einem ausserpalästinischen Lande zu gehen. j. Jeb. I Anf., 2ᵇ R. Jose bar Chalafta vollzog die Leviratsehe; חמש חריוסות חרש וחמש נטיעות נטע וכ' er pflügte fünf mal und pflanzte fünf Pflanzen, näml. den R. Ismael bar Jose u. s. w.; d. h. er wohnte der Jebama, seiner Schwägerin (vgl. יְבָמָה) fünf mal bei, die ihm fünf hervorragende Gelehrte gebar. — 4) übrtr. Abzweigung, d. h. metaphysische Betrachtungen über Dinge, die gleichsam einen Ausfluss aus der höheren göttlichen Weisheit bilden. j. Chag. II, 77ᵇ ob. vier Gelehrte traten in den Garten (פרדס, d. h. sie vertieften sich in Forschungen über die göttlichen Dinge) u. s. w. אחר קיצץ הציץ בנטיעות Acher (Elischa ben Abuja) schaute hinein, hieb aber die Abzweigungen ab; d. h. durch falsche Vorstellungen verwarf er das Ceremonialgesetz, den Ausfluss aus der höheren göttlichen Weisheit. Chag. 14ᵇ dass.

נָטַף (= bh.) 1) tropfen, tröpfeln, träufeln. Grndw. טף, wov. פָּטַם (ähnl. arab. طَفَّ): trippeln, langsamen Schrittes gehen, eig. den Fuss nach und nach hinstellen. Ker. 6ᵃ הצרי אינו צרי (= bh. נָטָף, Ex. 30, 34) ist nichts Anderes zu verstehen, als der Saft, der von den Balsamstauden herabträufelt. Mikw. 5, 5 הזוחלין כמעין והנוטפין כמקורה das (ohne Unterbrechung vom Quell in den Bach) herabfliessende Wasser wird wie ein Quell, das tröpfelnde aber (das mit Unterbrechung) tropfenweise herabfallende Wasser wird wie ein Teich behandelt. Ersteres führt näml. den Namen fliessendes Wasser (מים חיים); daher dürfen auch Schleimflüssige und Aussätzige, die zu ihrem Reinigungsbad fliessendes Wasser bedürfen, darin baden, obgleich die Badestelle nicht 40 Sea Wasser an einem Orte

enthält; ebenso darf solches Wasser zum Lustrationswasser (מי חטאת) verwendet werden. Wenn aber das Wasser sich nur tropfen- oder stossweise ergiesst, so ist es für alles Obengenannte untauglich und andere Unreine dürfen nur dann darin baden, wenn das Mass der Mikwa (40 Sea, vgl. מְקָוֶה) an einer Stelle vorhanden ist; vgl. Maim. Comment. z. St. Nach R. Simson und Ar. hing. bedeutet נוטפין: das tröpfelnde Regenwasser. Schabb. 65ᵇ Samuel's Vater סבר ... ירדו גימי ניסן עביד לחו מקוה Samuel's Vater liess für seine שלא ירדו הנוטפין על הזוחלין Töchter in den Tagen des Monats Nisan (zu welcher Zeit das Wasser nicht ununterbrochen vom Gebirge herabströmt; oder auch: weil dann heftiger Regen fällt) einen Teich als eine Badestelle bereit halten; denn er dachte: das tröpfelnde Wasser könnte mehr als das fliessende sein, in welchem Falle näml. nach Mikw. 5, 5 das Baden nicht rituell ist, vgl. auch מְצָא. — 2) (= bh. הִטִּיף Hifil) sprechen. Schabb. 30ᵇ wenn ein Schüler vor seinem Lehrer sitzt, ואין שפתותיו נוטפות מור תביונה ohne dass seine Lippen das von dem Lehrer Vernommene ("Gesagte", מר) nachsprechen, so mögen letztere verbrannt werden, vgl. Ar. sv. טף I; eine andere Erkl. s. in כור, פָּנָה. — 3) herabhängen. Bech. 43ᵇ un. חוטמו נוטף wenn die Nase eines Priesters übermässig lang ist, so dass sie über die Lippen herabhängt, so ist er zum Tempeldienst untauglich; einer der Leibesfehler der Nase, die in חָרֻם (Lev. 21, 18) enthalten sind. Sifra Emor cap. 2 Par. 3 dass. (Dav. auch bh. נְטִיפוֹת, Ri. 8, 26. Jes. 3, 19: Ohrgehänge. — j. Ber. I, 3ᶜ mit. נטפו crmp. s. טָנַף im Nithpha.)

Pi. נִטֵּף tröpfeln, triefen, in starken Tropfen fallen. j. Snh. IV, 22ᵇ un. זה יוצא וסיים מנטף דם וסייף der Eine kam heraus und sein Schwert triefte von Blut, vgl. חָתַם. Ohol. 3, 5 המת מנטף eine Leiche, deren Blut tröpfelt. Taan. 19ᵃ התחילו הגשמים מנטפין die Regen fingen an, zu tröpfeln, tropfenweise zu fallen. Exod. r. s. 46, 140ᶜ בא וראה היוצר הזה אם עושה חבית ויניח בה צרור כיון שיוצאת מן הכבשן אם יתן אדם בה משקה מנטפה היא ממקום הצרור ומאבדת את המשקה שבתוכה מי גרם לחבית לנטף ולאבד מה שבתוכה היוצר וכ' siehe nur, wenn der Töpfer beim Anfertigen eines Kruges ein Steinchen in den Lehm hineinlegt und der Krug aus dem Kalkofen kommt, so wird das Getränk, das man in das Gefäss giesst, von der Stelle aus, wo das Steinchen liegt, immer tröpfeln (sickern) und das Getränk wird nach und nach ganz auslaufen. Wer veranlasste es, dass der Inhalt des Kruges tröpfelt und zu Grunde geht? Der Töpfer, der das Steinchen im Kruge anbrachte. Ebenso sagte Israel zu Gott: Du gabst dem Menschen schon „in seiner Jugend den Trieb zum Bösen" (Gen. 8,.21), dieser ist es, der uns zu Sünden verleitet, ohne dass du diesen Ver-

führer (הַחֲטַייא) fortschaffest; o entferne ihn von uns, damit wir deinem Willen gemäss handeln.

Hif. הִשִּׁיף (=bh.) träufeln, herabtröpfeln lassen. j. Git. II, 44ᵇ ob. וכתב לא מַשִּׁיף „er soll schreiben (den Scheidebrief", Dt. 24, 1), aber nicht die Buchstaben herabtröpfeln lassen, vgl. פ׳כתב. j. Schabb. XII g. E., 13ᵃ dass. j. Pes. V g. E., 32ᵇ un. ישׁפך לא יטיף „das Blut deiner Opfer soll auf den Altar ausgegossen werden" (Dt. 12, 27), das bedeutet, dass man es nicht tröpfeln lässt. Tosef. Schabb. XV (XVI) R. Schimeon ben Elasar sagte: צריך להטיף ממנו דם ברית על הנולד כשהוא מהול מפני שערלה כבושה היא על מה נחלקו על גר שנתגייר כשהוא מהול שבית שמאי אומר צריך להטיף ממנו דם ברית ובית הלל אומר אינו צריך man muss bei demjenigen, der beschnitten (d. h. ohne Vorhaut) geboren wurde, das Bundesblut der Beschneidung triefen lassen (d. h. das Glied ritzen, damit Blut daraus trieft), weil die Vorhaut in das Fleisch hineingewachsen ist; eine Meinungsverschiedenheit waltet blos hinsichtlich eines Proselyten ob, der als ein Beschnittener zum Judenthum übergeht, indem näml. die Schule Schammai's sagt: Man muss von ihm das Bundesblut triefen lassen, die Schule Hillel's hing. sagt: Man braucht es nicht triefen zu lassen. Schabb. 135ᵃ. Jeb. 71ᵇ. Genes. r. s. 46 g. E. u. ö. dass. — j. Taan. IV, 68ᵈ un. מטיפי אצבע, und Keth. 60ᵇ מטיפי עינא, wahrsch. zu lesen מְטִיפֵי s. in טוף.

נְטַף chald. (=נָטַף) 1) tropfen, träufeln. B. bath. 73ᵇ er goss aus einem Becher in den andern, ולא נטף ניטופתא לארעא ohne dass ein Tropfen auf die Erde fiel, träufelte; vgl. מִזְגָּא, s. auch TW. — 2) herabhängen, oder: hin- und herschweifen lassen. Keth. 60ᵃ נטף בריך דרי קום עיניך lasse deine Augen herabhängen (od. erhebe sie), auf und trage deinen Sohn.

נְטָפָא, נְטוֹפָא m. (syr. ܢܛܘܦܐ gutta, hbr. נָטָף) ein tröpfelndes wohlriechendes Harz; s. TW. — Git. 69ᵇ ob. ein Heilmittel gegen Brustfellentzündung (oder: Schnupfen, vgl. פַּרְסֵם) man בנטפא ורנגבול חיוורא דכלבא נפקא ליתי bringe das Excrement eines weissen Hundes, rühre es mit Harz ein u. s. w.

נְטוֹפָה m. (n. d. Form קְטוֹלָא, פְלוֹיָא u. a.) träufelnd, tropfend. Pea 7, 1. 2 jeder Oelbaum, der in dem Garten einen besonderen Namen führt אפילו כזית הנטופה בשעתו selbst wie der Baum einer Olive, die nur zeitweise (wenn auch nicht beständig) träufelt; Ggs. שפכוני: eine Olive, die eine grosse Masse Oel ausgiebt. Vgl. j. Pea VII Anf., 20ᵃ נוטף שמן נטופה unter נטופה ist eine Olive zu verstehen, deren Oel träufelt. Das. נטופה שדין כל היו ... היתה Das. שדה נטופה wenn zwei Olivenbäume des Gartens

träufelnd sind; wenn der ganze Garten trau. felnde Oelbäume enthält. Nach Ar. und Maim. z. St. soll ebenso wie in der nächstflg. St. נְטוֹפָה (=bh. Esr. 2, 22 und Neh. 7, 26) zu lesen und also Netofa, Name eines Ortes unweit Bethlehem; hierzu passt jedoch das W. נטופתו nicht. — Genes. r. s. 79, 78ᵃ בהדא עבר בבקעתא דבי נטופה er reiste durch das Thal von Netofa.

נְטוֹפָא ch. (eig.=vrg. נְטוֹפָה) Herabfliessen-des, Tröpfelndes. Pl. B. bath. 6ᵃ ר׳ אמר נחמן אחזיק לנטפי אחזיק לשפכי לא אחזיק לנטפי ר׳ יוסף אמר אפילו אחזיק לשפכי אחזיק לנטפי R. Nachman sagte: Jem., der das Besitzungsrecht für tröpfelndes Regenwasser hat, hat dasselbe auch für herabströmendes Wasser (d. h. wenn die Dachrinne des dem A. gehören-den Hauses in das Gehöfte des B. hineinragt und sie mehrere kleinere Oeffnungen hat, durch welche das Regenwasser der ganzen Länge des Daches nach tropfenweise herabfällt: so ist A. berechtigt, anstatt der früheren Rinne eine an-dere, mit einer grossen Oeffnung [מרזב] anzubringen, durch welche das Regenwasser stromartig herabfällt, weil die letztere Rinne dem Hofe weniger schadet, als die erstere); wenn er aber das Besitzungsrecht für eine Rinne, durch welche das Wasser sich stromartig ergiesst, hat, so hat er noch nicht das Besitzungsrecht für eine (grösseren Schaden verursachende) Rinne, durch welche das Wasser tropfenweise her-abfällt. R. Josef hing. sagt: Selbst wenn er blos das Besitzungsrecht für eine Rinne hat, durch welche das Wasser sich stromartig ergiesst, so hat er es auch für eine solche, durch die das Wasser hindurch tröpfelt.

נִיטוֹפְתָא f. (arab. نُطْفَة) der Tropfen. B. bath. 73ᵇ, s. נְטַף. — Pl. Git. 69ᵇ un. תלת ניטופייני משחא דכופרא ותלת ניטופייני איצרא דכרתי וכ׳ drei Tropfen vom Bodensatz des Pechs, drei Tropfen vom Saft des Lauchs u. s. w.; als Heilmittel gegen Uriubeschwerden, s. צוִמִרְדָּא.

נֶטֶף m. (von נָטַף nr. 3) etwas, was her-abhängt. Pea 7, 4 ונטף כתף. Vgl. Tosef. Pea III g. E. המחוברות (בסיגין) פסיגין כתף איזהו בשדרה זו על גב זו נטף המחוברות בשדרה ויורדות was ist unter כתף zu verstehen? Trauben, die an der Rebe haufenweise übereinander liegen. Was unter נטף? Trauben, die an der Rebe nach unten zu hängen. Aehnlich j. Pea VII, 20ᵃ un., s. כָּתֵף.

נַמְפִּיק m. (nach Fleischer's gef. Mittheilung „eine ältere Relativform vom neupers. نَفْت, Naphtha, Bergöl, mit Versetzung des zweiten und dritten Consonanten und mit Verwandlung des pers. ش in das emphatische semitische ﻁ, ט,

wic es auch im arab. نَفْط, نَفَط geschieht, nur dass die Araber die Ordnung der Consonanten beibehalten haben, wie Griechen, Lateiner und wir selbst in νάφθα, naphtha, Naphtha. Das Relativnomen نفطى, arab. نفطى, als Subst. aus Naphtha Gemischtes, hier also Naphthaprä-parat, Naphthasalbe od. Naphthapflaster. Naphthapflaster, stellt in dem Final-p, wie gewöhnlich, den ältern persischen Gaumenlaut g oder k dar, der die Wörter auf ā, ī und ū schloss. Dass als Heil-mittel besonders das weisse Naphtha geschätzt war, bezeugt das Liber fundamentorum Pharma-cologiae, aus dem Persischen übersetzt von Dr. Seligmann, Wien 1830, Pars II p. 97") Naphtha-salbe oder Naphthapflaster. Git. 86ª משחא דזיתא ונטפיק חיורא וכ׳ Olivenöl, weisse Naphtha-salbe u. s. w.; als Heilmittel gegen einen bös-artigen Hautausschlag; vgl. auch נַפְט.

נָטַר (=bh. verw. mit נָצַר s. d.) bewachen, bewahren im Innern, nachtragen, grol-len. Jom. 23ª ob. כל תלמיד חכם שאינו נוקם נוקם ונוטר כנחש אינו תלמיד חכם ein Gelehrter, der sich nicht rächt (an Jemdm., der ihm eine Beleidi-gung zugefügt hatte) und den Groll nicht wie eine Schlange nachträgt, ist nicht als Gelehrter anzusehen; d. h. er muss seine Würde behaup-ten; was sich jedoch in Geldangelegenheiten nicht zeigen darf, vgl. נְטִירָה.

נְטַר ch. (syr. =נָטַר) bewachen, be-wahren, warten, s. TW. — B. bath. 74ª נטר עד למחר er wartete bis auf den andern Tag. B. mez. 65ª אגר נטר ליה der Lohn dafür, dass der Gläubiger mit dem Einkassiren der aussen-stehenden Schulden wartet. Pa. dass. Keth. 37ª גירות לא מְנַטְרָא נפשה שבויה מנטרא נפשה eine Proselytin bewachte sich nicht selbst (d. h. da sie früher als Nicht-jüdin lebte, so lässt sich annehmen, dass sie sich nicht des unerlaubten fleischlichen Umganges enthalten habe); eine gefangene Israelitin hing. bewachte sich selbst. — Ithpa. bewacht, behütet werden. Bez. 15ª ein Gegenstand; דמינטרא ממחמת כלבי ולא מינטרא מחמת גנבי der vor Hunden geschützt, vor Dieben aber nicht geschützt war.

נְטִירָה f. N. a. das Bewahren, bes. des Zornes, Grollen, Groll. Sifra Kedoschim Par. 2 cap. 4 (mit Bez. auf Lev. 19, 18) עד היכן כוחה של נקימה אמר לו השאילני מגלך ולא השאילו למחר אמר לו השאילני קרדומך אמר לו איני משאילך כשם שלא השאלת לי מגלך ... עד היכן כוחה של נטירה אמר לו השאילני קרדומך ולא השאילו למחר אמר לו השאילני מגלך אמר לו הא לך איני כמוהך שלא השאלת לי קרדומך was ist unter „Rachenehmen" zu verstehen? Wenn A. zu B. sagt: Leihe mir deine Sichel, was Letzterer jedoch verweigert. Tags darauf

sagt B. zu A.: Leihe mir deine Axt; worauf Letzterer ihm erwidert: Ich leihe sie dir nicht, ebenso wie du mir deine Sichel nicht geliehen hast. Was ist unter „Grollen" zu verstehen? Wenn A. zu B. sagt: Leihe mir deine Axt, was Letzterer ihm verweigert. Tags darauf sagt B. zu A.: Leihe mir deine Sichel; worauf ihm Letzterer erwidert: Hier hast du sie, ich bin nicht wie du, dass du mir deine Axt nicht ge-liehen hast. Aehnlich Jom. 23ª.

נְטִיר m. Beobachtung, was zu beobach-ten ist, s. TW.

נְטוֹרָא m. Adj. (syr. ...) Wächter, Hüter, Beschützer. Jalk. II, 188ª אמר ליה מה מד קשי לענא דחריף בין שבעין דובין אמר ליה חציף דהוא נטורא נטר ליה מן כולהון er (der Kaiser Hadrian gelegentlich der dem R. Josua ben Chananja gegen-über aufgestellten Behauptung, dass seine Edicte sorgfältiger beobachtet würden, als die mosaischen Gesetze, vgl. נגר) sagte zu Letzterem: Wie schwer ist es für das Lamm, unter 70 Bären zu wei-den (bildl. für Israel unter den Völkern)! Jener entgegnete ihm: Frecher ist der Wächter, der es bewacht, als sie insgesammt! — Pl. j. Chag. I, 76ᶜ mit. die von R. Juda Nasi abgesandten Gelehrten, welche die Gemeindeangelegenheiten ordnen sollten, kamen in einem Orte an, wo sie weder Bibel- noch Mischnalehrer vorfanden. אמרון לון אייתו לן נטורי קרתא אייתו לון סנטורי קרתא אמרון לון אילין אינון נטורי קרתא לית אילין אלא חרובי קרתא אמרון לון ומאן אינון נטורי קרתא אמרון לון ספרייא ומתנייניא sie sagten zu den Ortsbewohnern: Führet uns die Wächter (Beschützer) der Stadt vor! Und man führte ihnen die Vögte der Stadt vor. Die Ge-lehrten aber sagten zu ihnen: Wie, die sollten die Wächter der Stadt sein, sie sind ja weiter als die Zerstörer der Stadt. Aber, sagten jene, wer sind die Wächter der Stadt? Worauf die Gelehrten erwiderten: Die Bibel- und die Mischnalehrer. Thr. r. Anf., 44ª dass. Levit. r. s. 12, 155ᵈ לא פתחנא לך דהיא חשוכא וצדי מן נטוריא ich öffne dir nicht die Thür, denn es ist finster und ich habe Angst vor den Wäch-tern. Esth. r. sv. עזריה ר׳, 105ᵇ dass.

נָטְרָא m. (=נְטוֹרָא) Wächter, Beschützer, s. TW.

נְטִירוּתָא f. (syr. ..., eig.=נְטִירָה) das Bewahren, Bewachen, die Bewachung. B. kam. 48ª קביל עליה נטירותא er übernahm die Bewachung der schädlichen Thiere. Das. ö. Das. 57ᵇ נטירותא יתירתא eine ausserordentliche Bewachung, vgl. נִיגְרָא. Das. 116ᵇ נטירותא דחד מנטירותא דבי תרי שאני die Bewachung, die von einer einzelnen Person ausgeht, ist anders, als die Bewachung, welche von zweien ausgeht. B. mez. 93ᵇ u. ö. B. bath. 7ᵇ רבנן לא צריכי נטירותא

die Gelehrten bedürfen nicht der Beschützung ihres Wohnortes.

נַטְרוֹנָא m. Adj. (arab. ناطر) Helfer, Vertheidiger; viell. (=syr. ...) Beschützer. Pesik. r. s. 16 g. E., 32ᵈ (mit Bez. auf משמרת, Ex. 12, 6) מי פורע לכם מעולם נטרונא wer wird euch an den Heiden rächen? Der Helfer; d. h. Gott, oder: der Messias. Pesik. Hachodesch, 56ᵃ dass. in Ms. Oxf. (Ag. נטירותא). Jalk. z. St. dass.

נַטְרוֹן m. (gr. νίτρον, oder λίτρον, hbr. נֶתֶר) Natron, das mineralische Alkali, Laugensalz. j. Schabb. IX g. E., 12ᵇ נטרון das hbr. נתר bedeutet Natron.

נוֹטָרִין ,נוֹטָרִיקוֹן s. in נו'·

נָטַשׁ (=bh. Grndw. נטש) 1) ausdehnen, ausbreiten, ausstrecken. Snh. 95ᵇ Gott sagte zum Engel Gabriel: גבריאל כלום מגלך נטושה אמר לפניו רבונו של עולם כבר נטושה ... Ar. (in Agg. fehlen die ersten zwei Worte) Gabriel, ist etwa deine Sichel ausgestreckt? Letzterer sagte zu ihm: Herr der Welt, sie ist bereits von den ersten Schöpfungstagen her ausgestreckt; mit Ansp. auf Jes. 21, 15. Schabb. 67ᵇ חרב שלופה וקלע נטושה das Schwert ist gezückt und die Schleuder ist ausgestreckt u. s. w.; ein Zauberspruch. — 2) verlassen, von etwas ablassen. j. Snh. I, 18ᵇ mit. (mit Ansp. auf Spr. 17, 14) עד שלא נתגלע הריב אתה רשאי לנוטשו משנתגלגל הריב אין אתה רשאי לנוטשו bevor die Streitsache (der Process) vor dir klar dargelegt wurde, darfst du das Recht verlassen (d. h. einen gütlichen Vergleich zu Stande bringen); wenn sie dir aber bereits klar dargelegt wurde, so darfst du das Recht nicht mehr verlassen; d. h. musst du das Urtel nach dem stricten Recht aussprechen, vgl. בְּצוּעַ und פְּשָׁרָה. Snh. 6ᵇ dass.

נְטַשׁ ch. (=נָטַשׁ) ausbreiten, verlassen; s. TW. — B. bath. 110ᵃ und Snh. 100ᵇ, s. נְטַשׁ, vgl. jedoch גִּילְדָּנָא. — j. Schek. V Anf., 8ᵇ im bab. Tlmd. נטשנוה רלא תימות גבן נטשוה וכ' Ms. M. (Agg. אפסקנא) führet die Eselin fort, damit sie nicht bei uns verende! Man führte sie fort u. s. w.

נָטוּשׁ m. der Fortgegangene, der seinen Wohnort verlassen hat. Pl. B. mez. 38ᵇ נכסי נטושים (viell. נְטוּשִׁים) Güter der Fortgegangenen, die näml. nach überseeischen Landen gegangen, ohne dass man weiss, ob sie noch am Leben seien, oder nicht. Das. 39ᵃ נטושים בעל כרחו unter „Fortgezogenen" sind diejenigen zu verstehen, welche zwangsweise fortgegangen sind; und als Beweis für diese Bedeut. wird das. das W. נטש

(Ex. 23, 11) angeführt: Früchte des Brachjahres, die auf göttlichen Befehl verlassen werden müssen; Ggs. נכסי רטושים: Güter, deren ehemalige Besitzer aus freien Stücken nach der Ferne zogen und dort starben. j. Jeb. XV, 15ᵃ ob. dass. Das. R. Schimeon ben Gamliel sagte: שמעתי הוא שבויים הוא נטושים ich hörte, dass Gefangene dasselbe bedeute, was Fortgezogene. Samuel hing. sagte: שבוי זה שיצא שלא לדעת ... נטוש זה שיצא לדעת וכ' unter שבוי (Gefangener) ist Jem. zu verstehen, der, wenn er freiwillig fortgezogen wäre, ein Testament gemacht hätte; unter נטוש hing. Jem., der freiwillig fortgezogen ist. j. Keth. IV, 29ᵃ mit. dass.

נְטִישָׁה f. N. a. das Verlassen, Ueberlassen; d. h. das Sichbegeben eines Besitzungsrechtes. j. Pea VI Anf., 19ᵇ (mit Bez. auf die Mischna das.: „Die Freigebung, הבקר, eines Gutes, die blos für die Armen bestimmt wurde, ist, nach Ansicht der Schule Schammai's giltig, aber nach der Schule Hillel's ungiltig) לעמירתי רבית תשמומנה ומה תלמוד לומר ונטשתה יש לך נטישה אחרת כזו וכ' der Grund für die Ansicht der Schule Hillel's ist folgender: Da hinsichtl. der Schemita bereits תשמטנה (Ex. 23, 11) steht, wozu wird noch das W. ונטשתה hinzugefügt? Das besagt, dass es noch ein ähnliches Verlassen giebt, näml. die Freigebung eines Gutes, und dass also wie das Freigeben der Feldfrüchte während des Brachjahres sowohl für Reiche als auch für Arme gelte, ebenso auch jenes andere Freigeben nur dann Giltigkeit habe, wenn es sowohl für Reiche, als auch für Arme geschieht. Der Grund für die Ansicht der Schule Schammai's ist folgender: נטשתה מיעוט זו בין לעניים בין לעשירים אבל מה שנאמר במקום אחר לעניים אבל לא לעשירים das „Verlassen" (das W. ונטשתה, das betreffs des Brachjahres steht) bezeichnet eine Beschränkung, dass näml. diese Freigebung der Feldfrüchte im Brachjahre sowohl für Arme als auch für Reiche stattfinde, dass hing. das Freigeben, das anderswo steht (das Sichbegeben seines Besitzungsrechtes) auch dann giltig ist, wenn es blos für Arme und nicht für Reiche geschieht.

נִי־ Vorschlagssilbe, wie z. B. iu נִירְהוּ, נִינְהוּ für אִינְהוּ, אִירְהוּ für: נִיסְלָא, סָלָא; viell. gehört hierher auch נִיאוֹב s. d. W., vgl. auch נִיקוֹן u. v. a.

נִיא m. (von נוּא, arab. ناء = ניע von נוע) das Sichheben der Aeste eines Baumes, oder: das Sichbewegen, Hin- und Herschütteln derselben. j. B. bath. II g. E., 13ᶜ ob. „Einen Baum darf man blos 25 Ellen von der Stadt entfernt einsetzen" (Mischna das.) משם שעומד דמאפיל או משם שנויאר רע מה מפקדה מביניהון היה עומד בתוך שלו אין תימר משש

שעומד ומאפיל בתוך שלו מותר ואין תימר משם
שניאר רע אפילו בתוך שלו אסור ist der Grund
dieser Verordnung, dass der Baum Schatten (Finsterniss) verbreitet, oder weil sein Sichhin- und
Herbewegen den Gebäuden (oder: der Einwohnerschaft) schädlich ist? Was ist der Unterschied?
Wenn Jem. einen Baum in seiner eignen Besitzung pflanzt: Wäre der Grund, weil er Schatten verbreitet, so würde ein solches Pflanzen gestattet sein; wenn aber, weil sein Sichhin- und
Herbewegen den Gebäuden schädlich ist, so würde
es auch in diesem Falle verboten sein. In bab.
B. bath. 24ᵇ wird als Grund dieser Verordnung
angegeben: משום נווי העיר dass zur Verschönerung der Stadt ein freier, von Bäumen nicht
bepflanzter Raum gehört. Sollte viell. נוי aus
Missverständniss für ניא gesetzt worden sein?

גִיאָב‎, גִיאוֹב‎ s. in נ'א Schöpfgefäss.

גִיאָקָה‎ od. גֵייקָא‎ f. (gr. νίκη) Sieg. B. mez.
46ᵇ דינרא ניאקה Ar. (der auch ניייקה liest;
Agg. אנקא) der Denar des Sieges, als Gedenk-
münze, vgl. אֲנִיגְרָא II.

נִיב‎ I od. נוּב‎ (=bh., syn. mit נוף, vgl. auch
נוּם) eig. sich erheben, bewegen, wachsen,
vgl. נוּב. — Hif. הֵנִיב sich bewegen. Levit.
r. s. 16 g. E., 160ᵃ (mit Bez. auf Jes. 57, 19)
אם הניבו שפתותיו של אדם בתפלה ידא מובטח
שנשמעת תפלתו וכ' wenn die Lippen des Menschen sich im Gebete bewegten, so kann er versichert sein, dass sein Gebet erhört werde; ansp.
auf 1 Sm. 1, 13: „ihre Lippen bewegten sich".

נִיב‎ II m. eig. Vorstehendes, Wulstiges;
insbes. 1) die vorstehende Lefze eines
Thieres. Git. 56ᵃ ob. Bar Kamza בעי שדא
מומא בגיב שפתים וכ' brachte dem Thiere einen
Fehler an der vorstehenden Oberlefze bei; was
nur bei den Israeliten, nicht aber bei den Römern
als ein Fehler galt. Chull. 128ᵇ כוליא וגיב
שפתים die Niere und die Oberlefze. — 2) Erub.
79ᵇ גיב של תבן Ar. (Agg. גוב) eine zusam-
mengebundene, wulstige Strohmasse.

נִיבָא‎ ch. (=vrg. נִיב) 1) eine starke Sehne
im animalischen Körper. Chull. 54ᵇ אי
איפסיק ניבתא טריפה (אתעכבול) (das. erklärt durch
wenn die Sehne der Flanke (des Dickbeins, das
von seiner Stelle entrückt ist) faulig geworden,
so ist das Thier zum Essen verboten. — 2) (syr.
نَاب‎, arab. نَابٌ) der spitze Backzahn oder
Hundezahn; gew. Pl. die Hauer. Chull. 59ᵇ גמל
ניבי אית ליה das Kamel hat blos Hauer, d.h. nicht
die anderen Zähne. Schabb. 63ᵇ שקילו ניבתא
seine (des Hundes) Hauer fehlen. B. kam. 23ᵇ
אפסיק לניבתיה er riss ihm (dem Hunde) die
Hauer aus. Genes. r. s. 86 g. E., 89ᶜ משל לדוב
שהיתה משכלת בבני אדניה אמר פכרון ניבתיה וכ'
ein Gleichniss von einer Bärin, welche die Kin-

der ihres Herrn tödtete; da sagte Letzterer:
Zerschlaget ihre Hauer. Dasselbe war der Fall
bei Potifar, der entmannt, סריס, wurde, weil er
den Josef zu unnatürlichem Umgange gekauft
hatte. Das. 89ᵈ מסתכלין אתון במה דעלה ואנא
מסתכל בניביה ihr sehet auf den Putz, den die
Bärin trägt, ich aber beobachte ihre Hauer;
bildl. für: je mehr die Frau des Potifar den
Josef zu verleiten gesucht hatte, desto mehr entfernte er sich von ihr, aus Furcht vor der göttlichen Strafe.

נִיהוּ‎ m. Pron. (=איהו mit vorges. נ:) er, es.
Ber. 58ᵇ לא ידענא מאי ניהו ich weiss nicht,
was dieser (Stern) bedeute, vgl. נָהֵר. Taan. 24ᵃ
ob. אנא ניהו ich bin es; d. h. derjenige, von
dem du sprichst. B. kam. 53ᵇ מאי ניהו was ist
das u. s. w.? Pes. 104ᵇ מאן ניהו בנן של קדושים
wer ist der Sohn der Heiligen? Chull. 43ᵇ.
Ab. sar. 50ᵇ u. ö. — Pl. נינהו (=אינהו) sie,
illi. Chull. 38ᵃ מאי נינהו דברים וכ' was sind
das für Worte u. s. w.? Das. 79ᵃ כולהו חדא
מינא נינהו sie allesammt (die verschiedenen
Thiere) gehören zu einer und derselben Gattung.
Arach. 3ᵇ בני עבודה נינהו die Priester sind für
den Opferdienst bestimmt. Genes. r. s. 82, 80ᵈ
תרי גברי נינהו (=אנהו) es sind zwei Personen. B.
mez. 24ᵇ נינהו dass. — Fem. ניהי (=איהי) sie,
illa. Ber. 44ᵃ un. מאי ניהי ברכה אחת וכ' was
ist zu verstehen unter einem Segensspruch u.s.w.?

נִיהֲלָך‎, נִיהֲלָך‎, נִיהֲלֵיה‎ u. s. w. (vrg. ניהו mit
angeh. Prtkl. לֵי, לָך, לֵיה) mir, dir, ihm
u. s. w. Chull. 59ᵇ בעינא דמחזית ליה ניהלי ich
wünsche, dass du ihn mir zeigst. Das. 142ᵃ
ליקנינהו ניהלך möge er diese Gegenstände dir
käuflich überlassen. Ber.54ᵇ un. בריך רחמנא דיהבך
ניהלן ולא יהבך לעפרא gelobt sei Gott, der dich
uns, aber nicht der Erde gegeben hat! ein
Segenspruch beim Anblick eines Freundes, der
eine gefährliche Krankheit glücklich überstand.
Nid. 68ᵇ את אמריתה ניהלן ואהא אמריתה נהדלך
du sagtest uns diesen Lehrsatz, und zwar bei
folgender Gelegenheit sagtest du ihn uns. Keth.
92ᵃ מגבי להו נהדלייהו ארעא man lässt ihnen
ein Feld zukommen u. s. w. B. bath. 172ᵃ.
Sot. 18ᵇ u. ö.

נִיחָה‎ m. (für נָוָה, s. d.) Wohnung, das
Wohnen. j. Schebi. VI, 36ᶜ un. גררינקו שנויה
רע der Ort Gerar, in welchem das
Wohnen ungesund, Asa, in welchem das
Wohnen gesund ist. In der Parall. Genes. r. s.
64 Anf. steht dafür נוה.

נִיוְלִי‎ Niwli, Name eines Amoräers; viell.
zusammenhängend mit נַוְלָא s. d. Chull. 45ᵇ אמר
ניולי אמר רב הונא Niwli sagte Namens des R.
Huna u. s. w.

נִיוְמָא‎ m. Adj. (von נום, s. d.) der Schlum-

mernde, Träge. — נְיוּמְתָא *f.* (=נוּמְיתָא) der Schlummer, s. TW.

נִיַח I ruhen, s. נוּח. — Af. denom. (vom nächstflg. נִיַח) Seelenruhe wünschen. Exod. r. s. 48, 141^d u. ö. מדכרין ומניחין man gedenkt (der Frommen) und wünscht ihnen Seelenruhe, s. דְכַר I.

נִיַח II נִיחָא *m.* Adj. (syr. ܢܺܝܚܳܐ, נִיַח) (1) ruhig, sanft, lieb, quietus, mitis. Taan. 3^b אתא רזיא ... אתא ניחא wenn der Regen sanft, wenn er heftig kommt. Meg. 28^a לא ניחא לכו דאחיי es ist euch mit lange lebe. Pes. 4^b ניחא ליה לאיניש לקיומי מצוה בגופיה ... es ist dem Menschen lieb, dass er mit seiner eignen Person; es ist ihm lieb, dass er mit seinem Geld eine Tugend ausübe. B. bath. 172^b עבדו רבנן מלתא דניחא ליה למלוה וניחא ליה ללוה die Rabbinen bestimmen eine Verordnung, die dem Gläubiger ebenso, wie dem Schuldner lieb ist, zum Vortheil gereicht. B. mez. 16^a u. ö. — 2) übrtr. richtig, im Ggs. zu: schwierig, Schwierigkeit. j. Pes. I Anf., 27^b ob. ניחא העליונים ורהתחתונים וכ׳ das wäre hinsichtl. der oberen und der unteren Räume richtig, aber u. s. w. j. Jom. III, 40^d ob. ברם ... ניחא של משה וכ׳ das wäre hinsichtl. der vom Mose angefertigten Tempelgeräthe richtig, allein betreffs derjenigen des Salomo u. s. w. Das. 40^c un. מיד תימר אין ניחא ואין תימר וכ׳ wenn du sagst, dass dies bald stattfinde, so ist es richtig, wenn du aber sagst u. s. w. j. Taan. II, 65^d un. — Im bab. Talmd. steht gew. dafür הָיְינָא (=הָא־נִיחָא) z. B. Chull. 56^b הניחא למאן דאמר ... אלא למאן דאמר וכ׳ das wäre nach der Ansicht des einen Autors richtig, aber u. s. w. — Cant. r. sv. אל תראי, 8^a Gott sagte zu Jesaias: כי איש טמא שמא אנכי ניחא שמתם וכ׳ wenn du sagtest: „Ich bin ein Mann mit unreinen Lippen" (Jes. 6, 5), das gienge an; aber „ich wohne unter einem Volk mit unreinen Lippen", das ist auffallend! — Ferner als Sbst. Snh. 45^a ניחא דגופא die Erleichterung, Schmerzlosigkeit des Körpers.

נְיָיחָא *m.* (syr. ܢܝܳܚܳܐ) Ruhe, Gemächlichkeit. j. Taan. I, 64^a mit. בשובה ונייח התפרקון „durch Busse und Sanftmuth werdet ihr erlöst werden" (Jes. 13, 15). Genes. r. s. 87 Anf., 84^d (als Uebers. von Ps. 125, 3) אין לו ניחא בצד צדיקים וכ׳ Frevler findet keine Ruhe in der Gesellschaft der Frommen", sondern nur unter den Bösen. Khl. r. sv. רעה יש, 94^b der Sohn der R. Josua ben Lewi liess sich von einem Häretiker heilen. Sein Vater sagte hierauf: רוהה נייח ליה דקבריה ולא הוה עלוי הדין פסוקא es wäre ihm eine weit grössere Beruhigung, wenn

er ihn begraben hätte, als dass jener Mann diesen Bibelvers als ein Heilmittel angewendet; d. h. ich würde ihn lieber begraben haben, als dass seine Genesung auf solche Weise erfolgt ist.

נְיָיחָה *f.* dass. Ruhe, Beruhigung. Genes. r. s. 30 Anf., 28^a (mit Ansp. auf נח Gen. 6, 9) נייחה לו נייחה לעולם לאבות נייחה לבנים נייחה לעליונים נייחה לתחתונים נייחה בעולם הזה נייחה לעולם הבא „Ruhe" für ihn (Noah) selbst, „Ruhe" für die Welt, Ruhe den Vätern, Ruhe den Kindern, Ruhe den Himmlischen, Ruhe den Irdischen, Ruhe in dieser Welt, Ruhe für die zukünftige Welt. Das. s 25, 25^a (mit Bez. auf ינחמנו, anst. ינחנו, Gen. 5, 29, vgl. נאמר כאן נייחה ונאמר להלן נייחה מה נייחה האמורה להלן נייחת קבר אף נייחה האמורה כאן נייחת קבר hier steht „Ruhe" (נח) und an einer andern Schriftstelle steht ebenfalls „Ruhe" („der Friede komme und ruhe auf seiner Lagerstatt" Jes. 57, 2); so wie das Ruhen in letzterer Stelle von der Ruhe im Grabe spricht, so spricht auch die Ruhe in unserer Stelle von der Ruhe im Grabe. Nach einer andern Deutung das.: נאמר כאן נייחה ונאמר להלן למען ינוח מה נייחה שנאמר להלן נייחת שור אף נייחה שנאמר כאן hier steht „Ruhe", aber auch an einer andern Stelle steht „Ruhe" (Ex. 23, 12: „damit dein Ochs und dein Esel ebenso ruhen wie du"); so wie das Ruhen in letzterer Stelle von der Ruhe des Ochsen spricht, ebenso spricht das Ruhen in unserer Stelle von der Ruhe des Ochsen. — Die Pflugthiere sollen näml. dem Adam infolge des Sündenfalles nicht gehorcht haben; aber nach der Geburt Noah's diese Ruhe (der Gehorsam) wieder eingetreten sein.

נְיחוּתָא *f.* (syr. ܢܝܳܚܘܬܐ) Ruhe, Sanftmuth. Arach. 17^a תוקפא וניחותא Heftigkeit und Sanftmuth. Taan. 4^a מיבעי לו לאיניש למילך בניחותא der Mensch muss sich an Sanftmuth gewöhnen; mit Bez. auf Khl. 11, 10. B. bath. 25^b אתיא מיטרא בניחותא der Regen fällt langsam, sanft, s. נִיַח Anf. Schabb. 34^a צריך למימרינהו בניחותא man muss sie (die Aufmunterung der Hausleute, die Vorrichtungen zum Sabbat zu treffen) sanft aussprechen. Git. 7^b ob. dass. Snh. 30^b מאי ניחותא וכ׳ woher die Beruhigung, Zufriedenstellung des R. Nachman, da hiergegen sich ein Einwand erheben liesse? Pes. 32^b dass., vgl. נִרְפָּא.

נֵילוֹם *masc.* (gr. Νεῖλος, syr. ܢܺܝܠܘܣ) der Nilstrom. Sot. 13^a Serach, die Tochter Ascher's sagte zu Mose: ארון של מתכת עשו לו מצריים וקבעוהו בנילוס הנהר כדי שיתברכו מימיו הלך משה ועמד על שפת הנילוס אמר לו יוסף יוסף הגיע העת וכ׳ einen metallenen Sarg verfertigten die Egypter für Josef, den sie in den Nilstrom versenkten, damit das Wasser des letzteren ge-

segnet würde. Da ging Mose, stellte sich an das Ufer des Nils und rief: Josef, Josef, gekommen ist die Zeit, dass der Schwur Gottes, Israel zu erlösen, und dass auch deine Beschwörung Israels, deine Gebeine von hier fortzunehmen, erfüllt werden solle! Alsbald schwamm der Sarg Josef's nach der Höhe. Genes. r. s. 87, 85ᵇ, vgl. כְּיבּוּל. Cant. r. Anf., 2ᵃ, vgl. נְיָאֲרִין. Num. r. s. 12, 214ᵃ מה בירכו יעלה נילוס לרגליך womit „segnete Jakob den Pharao" (Gen. 47, 10)? Der Nil soll dir entgegen strömen.

נִים schlummernd, Part. Peïl von נום III, s. d.

נִימָא I perf. (=נָם, von נום I, s. d.) sprechen, sagen. j. Nas. I g. E., 51ᶜ נימא לי רבי וכ' er sagte zu mir: Rabbi u. s. w. — Ferner רַיבְּמָא von אֲמָא: sprechen. s. d. W.

נִימָה II נִימָא f. (gr. νῆμα) eig. das Gesponnene, insbes. 1) Faden, Saite. j. Kil. IX, 32ᵃ mit. die Gelehrten verboten Mischzeuge als Unterlage, שלא תהא נימא נכנס על בשרו damit sich nicht ein Faden um seinen Körper wickele. Jom. 69ᵃ, vgl. כָּרַךְ im Nifal. j. Schabb. VI Anf., 7ᵈ ob. קשר נימא Jem. knüpfte einen Faden an den andern. j. Sot. I, 16ᶜ un. כדי שיקשור גוררי את הנימה während welcher der Weber den Faden anknüpft. Tosef. Sot. I Anf. הנימא dass. Genes. r. s. 93, 90ᶜ, vgl. מְשִׁיחָה. — Pl. Schek. 8, 5 נִימִין נִיר s. III. Pesik. r. s. 21 Anf. . . . . ארבע נימין יש בכנור בזמן הזה ליימות המשיח הם שמונה על השמונית ר' נימא שמיני' לעתיד לבא הם עשרה וכ' sieben Saiten hat die Zither in dieser Zeit (Ps. 119, 164); in der messianischen wird sie acht Saiten haben; denn על השמינית (Ps. 6, 1) bedeutet: auf die achten Saite; in der zukünftigen Welt hing. wird sie zehn Saiten haben, mit Bez. auf Ps. 92, 4. Erub. 102ᵇ נימה כנור שנפסקה wenn die Saite einer Zither zerriss. — 2) übrtr. Blutegel, wegen der Aehnlichkeit mit einem Faden so benannt. Ab. sar. 12ᵇ נימא של מים eig. Faden des Wassers, d. h. der Egel im Wasser. — 3) einzelnes Haar. B. bath. 16ᵃ Gott sagte zu Hiob: הרבה נימין בראתי באדם וכל נימא ונימא בראתי לה גומא בפני עצמה וכ' viele Haare erschuf ich am Menschen und für jedes einzelne Haar erschuf ich ein besonderes Grübchen, damit nicht zwei Haare aus einem Grübchen den Saft ziehen, wodurch der Mensch erblinden würde. Schabb. 30ᵃ כמלא נימא wie ein Haar breit, vgl. מַלְכוּת. Ruth r. sv. קטן וגדול, 38ᵈ steht אַרְכִי für מלכות. — 4) (neugr. νῆμα, vestis, Du C. Gl. I, 996) Bekleidung. Genes. r. s. 93, 90ᵈ נימא אחת היתה לו בלבו כיון שהיה כועס קורע את כולם Juda hatte um sein Herz ein Kleidungsstück, das, so oft er in Zorn gerieth, hervorsprang und alle seine Kleider zerriss. — Ab.

sar. 10ᵇ. Genes. r. s. 46 u. ö. נימא crmp. aus נומי, s. d. — Jom. 38ᵇ s. נְתִימָה.

נִימוֹלִין j. Jeb. VIII, 9ᵇ mit., s. in נמ'.

נִימוֹס, selten נוֹמוֹס, m. (gr. νόμος) Gesetz, Sitte, Brauch, eig. Zugetheiltes. j. R. hasch. I, 57ᵃ un. נומוס s. אַנְרִימוֹס. Levit. r. s. 7 g. E., 152ᵃ נומוס הוא וקילוסין הוא שכל שמתגאה לפני Ar. ed. pr. (Agg. הקב"ה אינו נידון אלא באש נימוס קלוסים) ein Gesetz und Befehl ist es, dass jeder „sich vor Gott Ueberhebende im Feuer gerichtet werde" (ansp. auf העולה Lev. 6, 2). Meg. 12ᵇ, s. פָּתַר. Git. 65ᵇ עשו לה כנימוס verfahret mit ihr nach dem Gesetz, eine dunkle Redensart, die ebenso gut: gebet ihr einen gesetzlich giltigen Scheidebrief, als auch: verabfolgt ihr die ihr gebührenden Nahrungsmittel, bedeuten kann. Exod. r. s. 15, 116ᵃ Gott brachte die zehn Plagen über die Egypter בנימוס המלכות entsprechend der Einrichtung der weltlichen Regierung. In der Parall. steht טכסיס, s. d. — Pl. Num. r. s. 14, 234ᶜ (mit Bez. auf Num. 16, 7) אמר להם בדרכי הגוים יש נימוסין הרבה וכומרין הרבה כולן מתקבצין בבת אחת ואנו אין לנו אלא ה' אחד אחד ותורה אחת וכ' Mose sagte zu ihnen: Zu den Bräuchen der Heiden gehört es, dass sie viele Gesetze (von verschiedenen Göttern) und viele Geistliche haben, die sich Alle auf einmal versammeln; wir hing. haben blos einen Gott, eine Gesetzlehre, ein Recht, einen Altar und einen Hohenpriester; ihr aber, 250 Mann, wollet Alle Hohepriester werden! — Genes. r. s. 16, 16ᵈ האומות נָנֶס, s. נימוסין. Exod. r. s. 25, 124ᵃ רואין מנהגם ונימוסין וכ' die Völker werden die Sitten und die Bräuche der Israeliten sehen u. s. w. Das. s. 15, 113ᶜ הנימוסין וכ' הוציא (richtiger wäre הנימוסות) Pharao zog die Gesetzsammlung hervor u. s. w. — Ferner נימוס: Mal am Körper, s. נְמוֹל.

נִימוֹסָא ch. (syr. ‎ـܢܳܡܽܘܣ=נימוס) Gesetz, Sitte, Brauch. Genes. r. s. 48, 47ᵈ עלת לקרתא הלך בנימוסה וכ' kommst du nach einer Stadt, so verfahre nach ihrer Sitte; Mose, der in den Himmel stieg, hat weder gegessen, noch getrunken (Dt. 9, 9); die Engel, die auf die Erde kamen, assen und tranken (Gen. 18, 2 fg.) j. Ber. V, 9ᵃ mit. בנימוסא דבריה הוא עסיק ed. Lehm. (ed. Ven. u. a. נימוסָיָא pl.) er befasst sich mit dem Gesetz seines Schöpfers.

נִימוֹסוֹת f. (ähnlich gr. νόμισις, vgl. auch syr. ‎ـܢܳܡܽܘܣܽܘܬܳܐ legalitas) Gesetzsammlung, Gesetzcodex. Genes. r. s. 67, 66ᵈ את יש לך נימוסות והוא יש לו נימוסות du (Esau, Rom) hast einen Gesetzcodex, aber auch Jakob hat einen Gesetzcodex. Num. r. s. 8, 196ᵈ und 197ᵃ als Gott die ersten Befehle der zehn Bundesworte verkündete: „Ich bin dein Gott", Du

49*

sollst keine anderen Götter neben mir haben";
„Du sollst bei meinem Namen nicht falsch
schwören"; „Du sollst den Sabbat heilig halten":
sagten die Könige der Völker: Der spricht
gerade so wie wir; welcher König will nicht
von seinem Volke verehrt werden; wer würde
sich einen Nebenbuhler gefallen lassen, oder
dass man seinen Namen missbrauche, oder das
von ihm eingesetzte Fest entweihe? אבל בשעה
שאמר כבד אמרו בנימוסות שלנו כל מי שכתב
את עצמו סיגרון למלך הוא כופר באבותיו וזה
מכריז ואומר כבד את אביך וג' als Gott jedoch
fortfuhr: „Ehre deinen Vater und deine Mutter",
so sagten jene Könige: Nach unserem Gesetzcodex muss jeder, der sich als einen Waffenträger (etwa σαγαριός von σάγαρις: die Waffe)
für den König einschreiben lässt, seine Eltern
verleugnen; während jener da befiehlt: „Ehre
deinen Vater und deine Mutter". Infolge dessen
erkannten sie die Erhabenheit Gottes an. בשעה
שאמר הקב"ה את אשר חטא מן הקדש ישלם אמרו
בנימוסות שלנו כל דאכיל ציגורא מן קיסר זהב
ביה סכין דפין וזה מכריז ואומר את אשר חטא
וג' ולא עוד אלא שהחמיר בהדיוט יותר מגבוה
... ולא עוד לישראל אלא אפילו בגזל הגר כן
מי הוא אלוה כזה האוהב את האודהב ומקרב
רחוקים כריאים הבאים לשמו עמדו מכסאותם
והדרו לו als Gott ferner verkündigte: „Was
Jem. an dem Heiligthum veruntraut, muss er
ersetzen" (Lev. 5, 21 fg.), sagten jene Könige:
Nach unserer Gesetzsammlung steckt man jedem,
der nur das Geringste von 'dem Vermögen des
Kaisers verzehrt, ein zweischneidiges Schwert
in die Kehle; während der da bekannt macht,
dass wer etwas von den Heiligthümern Gottes
veruntreut, es blos zu ersetzen brauche; nicht
blos das, sondern die Entwendung von dem
Vermögen eines Privatmannes wird als eine
grössere Sünde bezeichnet, denn die Veruntreuung von den Heiligthümern Gottes
(von Ersterem heisst es חטא: „sündigen", von
letzterem hing. מעל: „treulos handeln",
vgl. B. bath. 88b); das gilt auch nicht blos von
dem, der einem Israeliten, sondern auch
von dem, der einem Proselyten etwas ent-
wendet. Wo giebt es einen Gott wie diesen,
der seine Freunde liebt und auch die Entfernten
sich nähert, die zu seinem Namen herbeikommen?
Sie erhoben sich sämmtlich von ihren Thronen
und erkannten die Erhabenheit Gottes an. Vgl.
Kidd. 31a, s. נָבַר im Nifal.

נִינְפִּי s. **גִּימְפִּי**.

נִימוֹקִי od. **נִימוֹקִי** f. (gr. νομική sc. ἐπιστήμη)
Rechtskunde, Rechtswissenschaft. Git.
67b ר' יוסי נימוקו עמו (Ar. liest נמוקו) R. Jose
hat die Rechtskunde bei sich; d. h. er ist ganz
von der Gesetzlehre durchdrungen, weshalb
näml. die Halacha immer nach seiner Ansicht

entschieden wird (vgl. syr. ‏ܢܳܡܘܿܣܳܐ‎:
legis peritus, scriba). Das. Schweige, mein Sohn,
du hast den R. Jose nicht gesehen; אלמלי ראיתו
נימוקו עמו denn hättest du ihn gesehen (so
würdest du wissen), dass die Rechtskunde bei
ihm ist. Aboth de R. Nathan XVIII g. E. לר'
יוסי נימוקו עמו den R. Jose (nannte Isi ben
Jehuda): einen Mann, der die Rechtskunde bei
sich hat. Erub. 51a dass. (Raschi z. St. hat
das W. nicht richtig aufgefasst). Bech. 37a
נימוקו lies נימוקי.

נִימוֹרֶת fem. Kriegsheer. Stw. מור vom
Wechseln der Truppen, die bald hier, bald
dort stehen. j. Pes. IV, 31b un. מנא דר' ביומיר
הות נימורת בציפורין in den Tagen des R. Mana
war ein Kriegsheer in Sepphoris, vgl. מָשְׁבּוֹן.

נִינְהוּ pl. von נְיהוּ s. d.

נִינְוֵה Ninewe, die bekannte assyrische Stadt.
j. Schabb. XIV Anf., 14b צרעה שבנינוה die
Hornisse in Ninewe, ein sehr gefährliches Thier.

נִינְיָא f. (syr. ‏ܢܝܢܝܳܐ‎) ein Seil aus Hanf.
Genes. r. s. 65 g. E., 65c הביא קורה ונעצה
בארץ וקשר בה נינוא ונחנק Ar. ed. pr. (Agg.
נימא) Jakim, der Schwestersohn des Jose ben
Joëser, brachte einen Pfahl, den er in der
Erde befestigte, knüpfte ein Seil daran und er-
würgte sich. Das. s. 93 Anf. Jem. band ניבא
Ar. (Agg. נימה בנינוא) Seil an einem Seil, vgl.
מְשִׁיחָה nr. 2. Levit. r. s. 22 Anf. כיבוא מסרך
נינוא Bast (dient dazu), um ein Seil (oder נִינְיָא
pl. Seile) daraus zu drehen. Khl. r. sv. ויהרין,
84d ניבא crmp. aus נינוא dass. — Ferner נִינְיָא
Münze, s. נִינְיָא.

נִינְפִּי, **גִּימְפִּי** f. (gr. νύμφη) Braut, junge
Frau. B. hasch. 23a R. Simon ben Lakisch
erzählt: כשהלכתי לתחום סן נשרייא היו קורין
לכלה נינסר רב als ich nach dem Bezirk Kan
Nischraya (oder: Kinnesrin, s. d. W.) ging, (da
hörte ich), dass man die Braut: Nymphe nannte.
Das. wird angesp. auf יפה נוף (Ps. 48, 3). Exod.
r. s. 36 Anf. (mit Bez. auf dasselbe נוף) לשון
יוני קורין לכלה נימפי das Wort ist griechisch,
nach welcher Sprache man die Braut: Nymphe
nennt. Das. s. 52 g. E. werden die Worte יפה
נוף gedeutet: קלי נימסי ed. Constant. (fehlt in
anderen Agg.): καλή νύμφη schöne Braut.
Genes. r. s. 71, 71b Rahel sagte: נינפי היה לי
להכנסת לפני אחותי ich hätte vor meiner Schwester
Braut werden können; s. auch TW.

נִיסָא I m. (gr. νῆσος) Insel, Eiland. Pl.
Tosef. Chall. II Ende הניסין שבצדדין die ab-
seitsliegenden Eilande. Das. שבים (א
האניסין prosthet., in einigen Agg. הנסין) die Inseln im
Meere. j. Chall. IV, 60a mit. und j. Schebi. VI,
36d mit. הניסין שבים. Git. 8a הנסין, richt.

הניסין. — Ferner: Nisa, Name eines Amoräers. j. Ter. IV Ende, 48ᵇ ר' ניסא R. Nisa.

ניסא II oder נסא m. (für ניסתא von נסס) Betrübniss, Trauer. Pl. j. Maas. scheni IV Ende, 55ᶜ ניסין od. נִיסִין Betrübnisse, vgl. נִיסָן. — Ferner ניסא Wunder und נִיסִין s. in נס.

ניסה f. N. a. (von נוס) das Fliehen, die Flucht. Sot. 44ᵇ in der Mischna (mit Bez. auf 1 Sm. 31, 1) שחתילת ניסה נפילה (in der Mischna des j. Tlmd. richtig שחתלת נפילה ניסה; vgl. auch das. VIII Ende, 23ᵃ = bab. Gem. l. c.) der Anfang des Fallens ist die Flucht; d. h. mit der letzteren beginnt die Niederlage.

ניסלא m. (=סלא אסלא s. d. W., neugr. σέλα =σέλλα, sella, vgl. Du Cange Gloss. II, 1349; mit Vorschlagssilbe ני s. d.) Sessel, Stuhl. Tosef. Snh. IV Anf. אין יושבין על ניסלו man darf sich nicht auf des Königs Sessel, Thron setzen; aus Ehrerbietung. j. Snh. II, g. E., 20ᶜ un. dass. Das in der Tosef. hinzugefügte W. סלבו ist ebenso, wie die Var. כסאו in der hier citirten St. aus j. Snh., nichts Anderes als ein späteres Glossem zur Erklärung unseres Ws.

ניסן m. (=spät. bh. syr. ليسٔں) Nisan, der erste Monat der Hebräer, ungef. April. Stw. ניס, נוס: blühen: R. hasch. 11ᵇ R. Josua sagte: בניסן נברא העולם בניסן נולדו אבות בניסן מתו אבות im Nisan wurde die Welt erschaffen, im Nisan wurden die Erzväter geboren und im Nisan starben die Erzväter. Nach Ansicht des R. Elieser hing. hat alles dies im Tischri stattgefunden, vgl. תּשׁרי. Das. (nach Ansicht des ersteren Autors) בניסן נגאלו עתידין ליגאל בניסן im Nisan wurden die Israeliten aus Egypten erlöst und im Nisan werden sie auch durch den Messias erlöst werden. Nach Ansicht des R. Elieser hing. wird letzteres im Tischri stattfinden. Für die Weltschöpfung im Nisan führt der erstere Autor folgenden Beweis: Die Feld- und Baumfrüchte kommen ja blos im Frühlingsmonat zur Reife; vgl. auch זִינָא und זִיוָתָן דִיזְתָן Levit. r. s. 20 Ende מתו בניר של אהרן באחד בניסן am ersten Tage des Nisan starben die Söhne Aharon's. j. Maas. scheni IV Ende, 55ᶜ ein Schüler erzählte seinen Traum dem R. Akiba: בּאדר את מיית וניסן לית את חמי (eig. im Adar wirst du sterben und den Nisan nicht mehr sehen), was jener Lehrer zum Guten deutete: בהדרא דאוריתא את מתרוממא וניסן לית את חמי in der Herrlichkeit (הדר=אדר) der Gesetzlehre wirst du erstarken und keinerlei Betrübnisse erleben. ניסן also=ניסין, ניסן Trauer gedeutet, vgl. נסא II. In den Parall. Ber. 56ᵇ und Thr. r. sv. רבתי 63ᶜ wurde, wie es scheint, aus Missverständniss des Ws. ניסין dafür ניסיון, ניסיונין: Prüfung, Versuchung

gesetzt (vgl. אדריותא und אדר); was jedoch nicht zutrifft. Genes. r. s. 21, 22ᵇ u. ö.

ניסנא m. (denom. vom vrg. ניסן). Pl. נִיסְנֵי eine Art harter Datteln, die gew. vor ihrer Reife, schon im Monat Nisan gepflückt und erst durch längeres Liegen in einem Gefäss weich wurden. Pes. 53ᵃ ר' אילא בר ניסני קץ Ar. (Agg. בדניסחני; beide LA. jedoch crmp. aus בדניסני od. בדניסאני) R. Ila pflückte einige dieser Nisandatteln, die weit eher zu Essen tauglich sind als die Steindatteln כפיתית Erub. 28ᵇ dass.

נִיסְרְדֵי Nisrede, Name medischer Feste. j. Ab.sar. I, 39ᶜ mit. במדי ניסרדי ותחריסקי ומחרדרקנד in Medien werden gefeiert die Feste u. s. w. In bab. Ab. sar. 11ᵇ werden als persische Feste genannt מוטרדי (Ar. וטורייסקי מוּטְרְדֵי und מוֹהַדְרִין, vgl. מוֹדַהֲדַין ומוּהַדְרֵין.

ניסרפו Nisrepo. Snh. 22ᵃ und Cant. r. sv. כמוש 17ᵃ, als eine Transposition von ופרסין (Dan. 5, 25), s. אאלרן und אבם.

נִיע m. (von נוע) der Schleim, der durch Räuspern, Schütteln, aus der Brust herauskommt. Nid. 54ᵇ הניע ודהרוק der Schleim und der Speichel. Gew. כיחו וניעו. B. kam. 3ᵇ. Nid. 55ᵇ. 56ᵃ, s. פיח in פח.

נֵיעָא, נִיעָא od. נֵעָא f. (syr. ﻧﻌﺎ) die Brust (vom Thiere), s. TW. Ar. liest נעא.

ניפול m. (lat. pullus mit der Vorschlagssilbe ני) ein Junges, insbes. junge Taube. B. bath. 23ᵇ ניפול הנמצא בתוך חמשים אמה הרי הוא של בעל השובך eine junge Taube, die innerhalb von 50 Ellen vom Taubenschlag angetroffen wird, gehört dem Besitzer des Taubenschlages. נִיפוֹלִין, נִיפָּלָא ,נִיפּוֹל, s. d. in נם'.

ניפרא od. ניפוֹרָא m. (wahrsch. gr. ἔμφορος) der Wachthabende, od. ἔφορος: der Aufseher, mit Vorschlagssilbe ני; Epithet eines Würdenträgers. Ab. sar. 11ᵃ ניסרא נקיט נורא קמי אפטירופא Ar. (Agg. ניפורא . . . סיפורירא) der Wachthabende (Aufseher) trägt das Opferfeuer vor dem Würdenträger ἐπίφορος, vgl. אַפטרופֹא.

נֵיע m. (gr. ἐννεάς) Enneas, eig. die Neunzahl, insbes. Name einer Münze in der Bedeut. ¹/₉ Sesterz; vgl. auch הִינָע. — Pl. j. Kidd. I, 58ᵈ mit. שני ניצעא דרוסה zwei Enneen gehen auf ein Hordeum (eig. Gerstenkorn), vgl. הָדְרָב.

נֵיץ Blume, Blüthe, s. נֵץ.

נִיצוֹץ m. (=bh. Stw. נוץ [vgl. Khl. 12, 5 וְיָנֵאץ] oder נָצַץ, verwandt mit צוץ, mit der Grundbedeut.: glänzen und blühen, vgl. אור) 1) Funke,

Strahl. Pl. j. Jom. III, 41ᵃ mit. die Königin Helena liess eine goldene Platte anfertigen, worauf der Abschnitt der Sota geschrieben war; שבשעה שהיתה החמה זורחת היו הניצוצות מנתזין ממנה והיו יודעין שזרחה החמה von welcher Platte, sobald die Sonne strahlte, die Funken sprühten, wodurch man wusste, dass die Sonne strahlte. Jom. 37ᵇ dass. In der Parall. j. Sot. II, 18ᵃ ob. steht הַנִּיצוֹצִים. Num. r. s. 5 Anf., מכאן אחד דורש שהיו שני ניצוצין מקדמין 192ᵃ לפניהם הוא ישמידם והוא יכניעם מפניך וכיון שהיו הניצוצין יוצאין היתה האש שפה בטועני הארון והיו נשרפים ומתמעטים aus diesen beiden Schriftstellen (Num. 4, 18 und Dt. 9, 3) kannst du deuten, dass zwei Strahlen (oder: Funken) vor den Israeliten einhergingen. „Er (d. h. der eine Strahl) wird sie vertilgen und er (der zweite Strahl) wird sie demüthigen vor dir." Als nun die Strahlen ausliefen, so rieb das Feuer an die Träger der Bundeslade, infolge dessen Erstere verbrannt und an Zahl verringert wurden. j. Ab. sar. V Ende, 45ᵇ הליבון צריך שיהו ניצוצות מנתזין ממנה das Glühen (eines zu unerlaubten Speisen benutzten Gefässes), wie es benutzen zu dürfen, vgl. (לֵבוּן) muss derart sein, dass die Funken davon sprühen. Ab. sar. 76ᵇ מה בולעו בניצוצות אף פולטו בניצוצות so wie das Gefäss bei seiner früheren Benutzung die unerlaubte Speise mittelst Funken eingezogen hat, ebenso giebt es dieselbe mittelst Funken von sich heraus; d. h. Kessel, Spiesse u. dgl., die zum Garmachen unerlaubter Speisen unmittelbar am Feuer standen, können blos durch Glühen im Feuer wieder gereinigt werden. Dahing. bedürfen metallene Gefässe, wie z. B. Schüsseln, Messer, Gabeln u. dgl., deren Benutzung nicht unmittelbar am Feuer geschieht, behufs ihrer Reinigung des Abspülens mit kochendem Wasser, vgl. גִּיעוּל und הַגְעָלָה. Tosef. Schabb. VI (VII) Anf. נפל הימנו ניצוצות וכ׳ wenn Funken vom brennenden Lichte herabfielen. j. Schabb. III g. E., 6ᶜ. Schabb. 42ᵇ. 43ᵃ. 47ᵇ fg. — Trop. Schabb. 88ᵇ (mit Ansp. auf Jer. 23, 29) מה פטיש זה נחלק לכמה ניצוצות אף כל דבר ודבר שיצא מפי הקב״ה נחלק לשבעים לשון so wie „durch den Hammerschlag auf den Felsen" viele Funken sprühen, ebenso theilte sich jeder Ausspruch, der aus dem Munde Gottes hervorging, in 70 Sprachen. Die Erklärungen der Commment. z. B.: Der Fels wird in Stücke zerschlagen u. dgl. sind nicht zutreffend. — 2) (arab. نَضَّ von نَضِيضٌ) Wassertropfen. Schabb. 139ᵇ והאיכא ניצוצות es fallen ja ניצוצות לבי ר׳ פפא לא חשיבי Tropfen (von dem Getränke, das man aus einem Gefäss in das andere giesst; weshalb also gestattete R. Papa ein solches Ausleeren am Sabbat, da es dem Seihen gleichkommt)? Im Hause des R. Papa waren solche Tropfen nicht geachtet. Nid. 13ᵃ ניצוצות ניחזין על רגליו Urin-

tropfen fallen auf seine Füsse. — 3) בית הניצוץ Name einer Tempelhalle, vieil. Funkenhalle. Tam. 1, 1. Midd. 1, 1 fg. Die Commment. wissen keinen Grund für diese Benennung.

נְיָאקְא s. נִיאָקָה.

דִּיקְלוֹגוֹס, נִיקְלוֹגוֹס m. Adj. (gr. νικολόγος=) s. d.) Anwalt, Advokat, der Jemds. Prozess führt. Pesik. Bachodesch (R. hasch.), 153ᵇ ein Gleichniss von einem Königssohn, der bei seinem Vater angeklagt war; אמר לו אביו אם מבקש אתה לזכות לפני בדין פלוני מנה לך ניקלוגוס פלן ואת זוכה בדין כך וכ׳ Ar. u. m. Mss. (Ag. ניקלוגוס) da sagte sein Vater zu ihm: Wenn du in jener Anklage von mir freigesprochen werden willst, so wähle dir den Advokaten N. N., sodann wirst du unbestraft ausgehen. Ebenso sagte Gott zu Israel: Wollet ihr von Sünden freigesprochen werden, so gedenket vor mir der Tugendhaftigkeit eurer Väter. In der Parall. Levit. r. s. 29, 173ᵇ ניקלוגוס (Ar. liest דִּיקְלוֹגוֹס).

נִיקְלִיטְן, נִיקְלִי, נִיקְלָיוֹס s. in נִק׳.

נִיקוֹמְכִי Nikomachos, Name eines Amoräers. j. M. kat. I, 80ᵈ ob. תנא ניקומכי קומי ר׳ Nikomachos trug eine Borajtha in Gegenwart des R. Seïra vor.

נִיקוֹן, נִיקְיוֹן m. Lanze, Waffe mit Eisenbeschlag. Stw. קון, arab. قَانٌ, mit der Vorschlagssilbe נִ, s. d., vgl. Hai in s. Comment. zur nächstfg. Stelle, der unser W. durch das bh. קַיִן (2 Sm. 21, 16) erklärt; ebenso Maim. durch das arab. אלמכה, welcher jedoch ניק für eine Transposition von קין hält, was aber unwahrsch. ist; vgl. קֵינִי. Kel. 11, 8 הכידון והניקון (Hai liest והניקון) der Speer und die Lanze. Tosef. Kel. B. mez. II Anf. הניקיון (ed. Zuckerm. חניגיון, wahrsch. crmp.), vgl. auch כִּידוֹן.

נִיקְנוֹר Nikanor, Militairbefehlshaber des Antiochus Epiphanes, der gegen Juda rückte und von den Juden besiegt wurde. Midd. 2, 5 שער ניקנור das Nikanor-Thor im Tempel; vgl. Meg. taan. XII. j. Taan. II, 66ᵃ ob. יום תלת עשר ביה יום ניקנור וכ׳ am 13. Tage des Monats Adar ist das Nikanorfest; näml. zur Erinnerung an den Tag, an welchem dieser Feldherr von den Makkabäern besiegt wurde. j. Meg. I, 70ᶜ un. dass. Jom. 37ᵇ. 38ᵃ ניקנור נעשתה ניסים לדלתותיו bei den Nikanorthüren ereigneten sich Wunder, vgl. דְּבַב.

נְיָיר m. (eig. wohl arab. نَوْر: flos arboris) insbes. das Blatt der glatten und weissen Papierstaude, Papier. Aboth 4, 20 Elischa ben Abuja sagte: הלומד ילד למה הוא דומה לדיו כתובה על נייר חדש והלומד זקן למה הוא דומה לדיו כתובה על נייר מחוק womit ist Jem., der in seiner Jugend lernt, zu vergleichen? Der

Tinte, die auf neuem Papier geschrieben ist; womit aber ist Jem., der in seinem Alter lernt, zu vergleichen? Der Tinte, die auf verwischtem Papier geschrieben ist; eine Geisselung gegen R. Akiba, vgl. אֱלִישָׁע. Git. 9ᵇ עדים שאין יודעין לחתום מקרעין לדן נייר חלק וממלאים את הקרעים דיו für Zeugen, die des Schreibens unkundig sind, macht man in glattem Papier (durch Linienziehen) Einschnitte, welche sie mit Tinte ausfüllen. Das. 19ᵇ נתן לה נייר חלק ואמר לה הרי זה גיטיך אם היה כהן אסורה לו שמא במי מילין כתבו Ar. ed. pr. sv. נרא (Agg. מגורשה) (חיישינן) wenn Jem. seiner Frau ein glattes (unbeschriebenes) Papier giebt und zu ihr sagt: Hier hast du deinen Scheidebrief, so darf er, wenn er ein Priester ist (dem eine Geschiedene zur Ehe verboten ist) mit ihr nicht die Ehe fortsetzen; denn er könnte die Schrift mit Gallapfelsaft darauf gesetzt haben; welche näml. blos durch eine besondere Vorkehrung lesbar wird, vgl. מִילָה III. Meg. 17ᵃ. Schabb. 78ᵃᵇ נייר כדי לכתוב עליו קשר מוכסין ... נייר מחוק כדי לכרוך על צלוחית קטנה Papier von der Grösse, dass man das Zeichen der Zöllner darauf schreiben kann (letztere pflegten näml. beim Verzollen der Waaren einige grosse Buchstaben auf ein Stück Papier zu zeichnen zum Beweis, dass die Waare bereits verzollt sei); verwischtes Papier von der Grösse, dass man eine kleine Flasche damit umwickeln kann. Bez. 32ᵇ u. ö. Deut. r. s. 3 g. E. למלך שנשא אשה והביא הנייר והלבלר משלו וכ׳ ein Gleichniss von einem Könige, der, als er eine Frau heirathete, das Papier und den Schreiber (behufs Ausfertigung der Ehepacten) von seinem Gelde bezahlte u. s. w., vgl. פְּלַרְיָה. — Pl. Pes. 42ᵇ der Leim... שהסופרים מדבקין בהן נְיָירוֹתֵידֶן womit die Schreiber ihre Papiere zusammenkleben. — Kel. 2, 5 חביות נְיָירוֹת Krüge, die mit Papier (Pappdeckel) bedeckt sind; nach einer anderen Erklär. in Haï Comment. z. St.: Krüge aus dem Orte Nejar; ähnlich חביות דלוריה Krüge aus Lydda. Nach einer LA. ורֵחיירוֹת und die Pappdeckel. Tosef. Kel. B. kam. II dass. Vgl. das. VII g. E. עור הדג הנייר שהלבישן בו את החבית die Fischhaut und das Papier, womit man den Krug bekleidete, überzog.

נִיר I od. נוּר (=bh.) urbar machen, aufroden, lirare, eig. licht machen; vgl. בְּרַק leuchten und חריץ מַבְרִיק ein tiefer, lichter Graben. Arach. 9, 1 (29ᵇ) נירה או הבירה Ar. (Agg. נִרָהּ) er machte das Feld urbar, oder liess es brach liegen. Tosef. B. mez. IX Anf. השוכר שדה מחבירו לא יהא נר שנה וזורעה שנה אלא נאר חציה וזורע חציה שנה וכ׳ wenn Jem. ein Feld von Einem pachtet, so darf er es nicht in einem Jahr urbar machen und in dem andern besäen, aber er darf die eine Hälfte des Feldes urbar machen und die andere Hälfte

desselben besäen. Das. g. E. wenn er zwei Felder pachtet, נאר אחת וזורע אחת (m. Agg. נר ,נייר) so darf er das eine urbar machen und das andere besäen. — Part. pass. Men. 85ᵃ שדות (ל) הַמְנוּנְגְרות eingeschaltet, um einer Verwechsel. mit מנוררוּת: Leuchter, vorzubeugen) Felder, die aufgerodet wurden.

נִיר II m. (=bh.) 1) das Urbarmachen des Feldes. Tosef. B. mez. IX g. E. שעת הניר die Zeit des Urbarmachens. — 2) das urbar gemachte Feld, Neubruch, novale. Pea 2, 1 הבור והניר das brachliegende und das urbar gemachte Feld. j. Nas. VII, 56ᵇ ob. שדה das urbar gemachte Feld. — Pl. Schebi. 4, 3 חוכרין נירין מן העכום בשביעית וכ׳ man darf am Brachjahr urbar gemachte Felder von einem Nichtjuden, aber nicht von einem Juden pachten.

נִירָא ch. (=vrg. נִיר) urbar gemachtes Feld, s. TW.

נִיר III m. (arab. نِير von نور, syn. mit נול, vgl. auch bh. מְנוֹר) Weberfaden. Genes. r. s. 94 u. ö., s. w. un. — Pl. נִירִין, נְיָרִין das Trumm, licium, d. h. die Enden der Aufzugs, oder die Fäden von den alten Gewebe, woran die Fäden des neuen Aufzugs oder Gewebes angeknüpft werden. B. kam. 119ᵇ אין לוקחין מן הגרדי לא אירין (Ar. ולא נירין ולא פונקלין ולא שיירי פסקיות פונקין .... עירין) man darf nicht vom Weber kaufen weder die Wollreste am Webebaum (vgl. אירין), noch das Trumm, noch die Tuchläppchen (panniculi), noch die Knäule (Rollen), die Reste des Aufzugs; weil näml. diese sämmtlichen Gegenstände dem Lohngeber gehören. Schabb. 13, 1 (105ᵃ) העושה שתי בתי נירין וכ׳ wenn Jem. zwei Fäden zieht u. s. w., vgl. פּרָא II und מְצוֹבִיתָא. Kel. 21, 1, s. כִּירוֹם. j. Schabb. VII, 10ᵃ mit. שני נירין בדף אחד ושני חפין בניר אחד zwei Fäden an einem Zacken und zwei Zacken an einem Faden. Schek. 8, 5 פרכת עביה טפח ועל שבעים נירין היתה נארגת Ar. (Agg. נימין) der Tempelvorhang war eine Faustbreit dick und wurde auf 72 Fäden (Enden des Aufzugs) gewebt. Exod. r. s. 50 g. E., 142ᶜ עב נירים dass. Genes. r. s. 94, 92ᵃ ורבי נפתלי שדן מופחלין על שבעים נירים ניר שהיו פותלין את עבודה הניר „die Söhne Naftali's" (Gen. 46, 24), die verkrümmt waren betreffs der 72 Weberfäden, indem sie die Arbeit jener Fäden schlecht anwandten. Die Nachkommen Naftali's werden das. näml. als lasterhaft geschildert, die auch für die Götzen ein dem Tempelvorhange ähnliches Gewebe anfertigten.

נִירָא ch. (=vrg. נִיר) 1) das Trumm, der Weberfaden. Schabb. 105ᵃ בת נירא der krummgebogene Stab am Weberstuhl, vgl. מוֹרְא II. — Pl. j. Schabb. XIII Anf., 14ᵃ mit. נִירְיָא

die Fädenenden des Aufzugs. — 2) übertr. geflochtenes Haar. Schabb. 67ᵃ נירא ברקא
Haarzopf, vgl. בַּרְקָא II.

נִיר IV נִירָא ch. (syr. نَيِرٌ) 1) Joch, jugum
j. Schabb. V g. E., 7ᶜ ob. בר נירא ein kleines
Joch. Schabb. 54ᵇ dass., s. בַּר. — 2) übertr.
Joch, s. v. a. Knechtschaft, s. TW.

נִירוֹן Nero, der bekannte römische Kaiser.
Git. 56ᵃ נירון קיסר der Kaiser Nero, der, von
Rom zur Bekämpfung der Juden abgesandt,
zum Judenthum übergetreten und der Stammvater des R. Meïr gewesen sein soll. Thr. r. sv.
אתח בשורתא ובשורוה מית נירון 55ᵈ, הוו צריה
ואמלכוניה בני רומי die Botschaft traf in Jerusalem ein, Nero sei gestorben und die Römer
hätten ihn (den Vespasian) zum Kaiser ernannt.
Davon

נִירוֹנִית fem. neronisch, von Nero herrührend. Kel. 17, 2 הנירונית סלע der Sela
(Münze), der zur Zeit der Regierung Nero's
geprägt wurde, vgl. בַּמְדַּב. Bech. 37ᵇ. 38ᵃ dass.
B. mez. 25ᵇ נירונית היא diese Münze ist eine
neronische.

נכי s. נָכָה, נְכָא, נְכָא.

נָכוֹן s. פִּידוֹן.

נַכְוְרָיָא m. Adj. (von פְּזַר) grausam, der
Grausame. — נַכְוָרַיְתָא f. die Grausamkeit, s. TW.

נָכָה, נכי (=bh. Grndw. נך syn. mit נג und
נק; arab. نَكَى: stossen, stechen, verletzen; dav. auch נָבֵשׁ, נָבַם s. d. W.)
Schaden leiden, beschädigt, verletzt
werden. Levit. r. s. 33, 177ᵃ (mit Ansp. auf
הירורד הזו אין מעמידה אלא נכה Am. 7, (7 אֵנָךְ
כך אמר הקב״ה לישראל אנככם אני ביסורין בעולם
הזה וכ׳ der Kessel (der vor dem Feuer steht),
behält nicht seine Masse, sondern nimmt nach
und nach ab, verliert an Stoff; ebenso sagte
Gott zu Israel: Ich werde euch durch Züchtigungen in dieser Welt verringern (אנככם contr.
aus מנכה=הריני מנככם, Ar. liest מנככם אתכם,
אתכם, ed. pr. מהנככם), um euch für das künf-
tige Leben makellos zu erhalten.

Pi. נִכָּה verringern, abziehen von etwas.
B. kam. 115ᵃ מנכה לו מן הדמים er zieht dem
Verkäufer einen Theil des Kaufgeldes ab.
Chull. 132ᵃ. 138ᵃ dass. B. bath. 103ᵇ fg. 106ᵃ
in der Mischna פחות משתות הגיעו עד שתות יוכה
wenn von dem verabredeten Masse (eines
mit genauer Angabe seiner Grenzen gekauften
Feldes) weniger als ein Sechstel (oder auch:
ein Sechstel) fehlt, so bleibt der Geschäftsver-
trag ohne Abzug am Kaufgelde; wenn aber
mehr als ein Sechstel des Masses fehlt, so zieht

der Käufer den Betrag des Fehlenden vom Kaufgelde ab. In Gemara das. sind verschiedene Ansichten, ob im letzteren Falle ein Sechstel inclusive
oder exclusive zu verstehen sei. Num. r. s. 20,240ᵇ
„Balack sagte: Vielleicht könnte ich נכה בו"
(Num. 22, 6), das bedeutet כמי שמנכה אחד
מעשרים וארבעה לסאה כך מן כל כל אלף מישראל
הסר אלף אלף wie Jem., der den 24sten Theil vom
Sea (Masse) abzieht, ebenso fehlten auch (vgl.
Num. 25, 9) von je 24,000 Israeliten je 1000
(Tanch. und Jalk. z. St. haben richtig den Zusatz חד חסר: Eines fehlt; d. h. der 24. Theil
von den 600,000 Mann, die aus Egypten zogen,
wäre genau 25,000; es starben jedoch blos
24,000). Trop. Cant. r. sv. כמעט, 17ᶜ wird
נכבה (Jes. 39, 2) gedeutet: שנכבה מסנחריב das,
was Hiskias dem Sanherib entzogen (fortgenommen) hatte, zeigte er den Gesandten. j.
Schabb. III, 6ᵃ un. Jem. fragte: אם ראית סריס
מהבק את אשתך שמא אין רע לך אמר לו אין
אמר לו ומכי הוא לה כלום אמר לו שלא תחפריר
(das W. ומכי für ומנכי od. ומנכה) wenn du
siehst, dass ein Eunuch deine Frau umarmt,
würde es dich nicht verdriessen? Jener antwortete: Ja. Aber, sagte Ersterer, schadet er
ihr denn etwas? Worauf jener antwortete: Damit
sie nicht ausgelassen werde. j. Bez. II, 61ᶜ mit.
dass.

Hif. הִכָּה (=bh.) schlagen, verletzen.
Trop. j. Pea I, 16ᵃ un. (mit Bez. auf Ps. 120,
4.5) כל כלי זיין מכין במקומן וזה מכה מרחוק
alle Waffen schlagen blos an ihrer Stelle (die
Anwesenden), jener (der Verleumder) hing.
schlägt auch von der Ferne. — Part. Hof.
Keth. 77ᵃ מופה שחין mit Aussatz behaftet. j.
Jeb. VI, 7ᶜ ob. מופת עץ durch Holz verletzt;
d. h. eine Unverheirathete, welche die Virginität
durch Anstossen an Holz oder dgl. verloren
hat, die, nach einer Ansicht, eine Hochzeitsverschreibung, Kethuba, von blos 100 Minen
(während eine Jungfrau 200 Minen) erhält,
welche auch von einem Priester nicht geheirathet werden darf, vgl. Jeb. 59ᵃ. Keth. 11ᵃᵇ
דרוסת עץ im Ggs. zu מוכת איש: diejenige, der
ein Mann beigewohnt hat. Das. 13ᵃ fg. j. Keth.
I, 25ᵇ un. u. ö. Par. 8, 9 und Mikw. 1, 8 המים
המופרין verdorbenes Wasser.

נְכָא, נכי chald. (syr. نَكَا =נָכָה) Schaden
leiden, verletzt werden. j. Ab. sar. II, 41ᵃ
ob. Arbeiter befanden sich auf dem Felde, wo
ein Gefäss mit Wasser unbedeckt stand (welches
letztere zu trinken verboten ist, weil eine Schlange
davon getrunken haben könnte, vgl. גִּלּוּי;
אשתרן קמיריא ולא מיתחין ואנכון תנייני ומיידין
א) prosthet.) Einige, die zuerst davon getrunken
hatten, starben zwar nicht, litten aber Schaden, erkrankten;
diejenigen jedoch, die später davon getrunken
hatten, starben. Das. 2 Mal. j. Dem. I, 22ᵃ ob.
der Fluss Ginai (גִּינַי, s. d.) theilte sich auf

Befehl des R. Pinchas ben Jaïr, sodass letzterer trocknen Fusses durch ihn gehen konnte. אמרו ליה תלמידיו יכלין אנן עברין אמר לון מאן דידע בנפשיה דלא אקיל לבר נש (מן ישראל) מן יומוי יעבור ולא מנכי (die hier eingeklammerten Worte scheinen ein späteres Glossem zu sein) seine Schüler fragten ihn: Werden auch wir durch den Fluss ziehen können? Worauf er ihnen antwortete: Derjenige, der bei sich selbst weiss, dass er noch niemals in seinem Leben irgend Jemdn. beleidigt habe, der kann durchziehen, ohne Schaden zu leiden. j. Kil. IX, 32ᶜ ob. יעקב כל הן דהוא מהו מנכי (ed. Krot. crmp. מנכי) was hätte Jakob für Schaden gehabt, wenn er anderswo begraben worden wäre? d. h. weshalb befahl er, dass seine Leiche nach Palästina gebracht werden sollte (Gen. 47, 30)? j. Keth. XII, 35ᵇ ob. dass., vgl. נב.

Pa. נְכַּי (=נִכָּה) abziehen, in Abzug bringen, sparen. j. Ber. IX, 14ᵇ un. „der Pharisäer der Sparsamkeit" (vgl. נְכַיְתָא nr. 2) sagt: מאי דאית לי אנא מנכר ואנא עביד מצוה von Allem, was ich besitze, spare ich etwas ab, um von den Ersparnissen eine Gott gefällige Handlung auszuüben. j. Sot. V, 20ᶜ un. dass. Schabb. 140ᵃ דלמא מנכי לי מזכותא דעלמא דאתי man könnte mir (das, was ich hienieden genossen habe) von meinem Tugendlohn im zukünftigen Leben abziehen. B. kam. 97ᵇ. 98ᵃ.

נְכַי, נְבָאי m. Abschlag, Abzug, Abrechnung, d. h. das Abgezogene, Abgerechnete; vgl. syr. ܢܸܟܝ damnum, detrimentum. B. kam. 59ᵃ ר׳ יוסי אומר נכי חיה בן עזאי אומר נכי מזונות R. Jose sagte: Die Kosten für die Hebamme werden in Abzug gebracht (d. h. wenn Jem. eine schwangere Frau stösst, infolge dessen ihr die Kinder abgehen, so muss er ihrem Ehemanne den Werth der Letzteren zahlen; vgl. Ex. 21, 22. Da aber der Ehemann diejenigen Kosten, die er bei einer gewöhnlichen Entbindung der Hebamme hätte zahlen müssen, erspart, so kann der Beschädigende diese Kosten abziehen). Ben Asai sagt: Er bringt ihm die Zehrkosten in Abzug (d. h. bei einer gewöhnlichen Entbindung hätte der Ehemann seiner Frau einige Zeit vor ihrer Niederkunft bessere Nahrungsmittel geben müssen; die Kosten nun, die der Ehemann bei der vorzeitigen Entbindung erspart, zieht ihm der Beschädigende ab). j. B. kam. VIII Anf., 6ᵇ Ben Asai sagt: Wenn Einer den Andern körperlich beschädigt, נותנין נכאי מזון מאי נכאי מזון בקדמיתא הורגא אכיל טלופחין וירק וכדון לית בר מיכל אלא ביעין ותרנגולין so gewährt man Letzterem den Abzug der Nahrungsmittel (d. h. der Erstere muss ihm die ganzen Zehrkosten geben, wovon blos die Summe abgezogen wird, welche die billigsten Lebensmittel kosten). Was bedeutet der „Abzug der Nahrungsmittel"? Der Erkrankte ist berechtigt zu

sagen: Früher, im gesunden Zustande ass ich Linsen und Grünkraut, jetzt aber kann ich nichts Anderes als Eier und Hühner essen. Ersterer muss ihm also die Mehrkosten der theureren Lebensmittel erstatten. Tosef. B. kam. IX Anf. נכי מזון (so richtig in einigen Agg.; die LA. דמי נזוק oder זכי מזון ist crmp.) dass. — Git. 15ᵇ wenn einer der zwei Zeugen, die ein Dokument unterschrieben hatten, starb, so ist der Ueberlebende blos berechtigt, seine eigne Unterschrift, nicht aber, gemeinschaftlich mit einem andern Zeugen, die Unterschrift des Verstorbenen zu bestätigen (d. h. es sind hierzu zwei fremde Zeugen erforderlich); קא נפיק נכי ריבעא דממונא אפומא דחד סהדא da sonst die ganze Summe der Schuldforderung mit Abzug eines Viertels (d. h. ³/₄ der Summe) durch die Aussage eines einzigen Zeugen würde erhoben werden (näml. eine Hälfte durch die Bestätigung seiner eignen Unterschrift und ein Viertel durch seine Bestätigung der Unterschrift des Verstorbenen, da zu letzterer noch ein zweiter Zeuge nöthig ist); während doch die Aussage eines jeden der zwei Zeugen nur die Hälfte der Schuldforderung bezeugen sollte. B. bath. 57ᵃ. — j. Dem. II, 22ᵈ ob. נכי צור crmp. aus תחום צור: die Grenze von Tyrus. Ker. 3ᵇ ביניהון; richtiger בבנהידהון, s. פכה.

נְבָיְתָא f. (des vrg.) 1) Abzug von einer Schuldforderung; wenn näml. der Gläubiger die Nutzniessung eines ihm verpfändeten Feldes hat, wofür er alljährlich einen Theil des Darlehns vom Schuldner abziehen lässt. B. mez. 62ᵃ un. משכחנא בלא נכייתא die Verpfändung ohne Abzug. Das. 67ᵃ האי משכנתא באתרא דמסלקין לא יכול אלא בנכייתא וצורבא מרבנן אפילו בלכרייתא לא יכול במאי ניכול בקרציתא bei der Verpfändung eines Feldes darf der Gläubiger an einem Orte, wo der Brauch herrscht, sich mit ihm abzufinden (ihn zu beseitigen), den Feldertrag nur dann geniessen, wenn hierdurch ein Abzug von der Schuld stattfindet, in diesem Falle ist die Nutzniessung, selbst wenn sie einen grösseren Werth hat, als wie der Abzug beträgt, deshalb nicht als Wucher anzusehen, weil der Gläubiger sich ja auch Missernten u. dgl. gefallen lassen müsste, wobei er beim Abzug zu Schaden käme). In einem Orte jedoch, wo der Brauch herrscht, dass der Gläubiger während der ganzen verabredeten Zeit der Verpfändung sich mit ihm abzufinden berechtigt ist, darf Letzterer die Nutzniessung auch ohne Abzug von der Schuld haben (denn während dieser Zeit ist das Feld als ein von ihm gekauftes anzusehen). Der Gelehrte jedoch darf, selbst bei Abzug von der Schuld die Früchte nicht geniessen. Auf welche Weise jedoch ist ihm die Nutzniessung gestattet? Bei einer Terminfestsetzung. Das. היכי דמי קיצותא דאמר ליה

עד חמש שנין אכילנא לה בלא נכייתא מכאן
ואילך שיימנא לך כולהו פירי איבא דאמרי כל בלא
נכייתא אסור אבל היכי דמי קיצותא דאמר ליה עד
חמש שנין אכילנא בנכייתא מכאן ואילך שיימנא
לך כולהו פירי was ist unter „Terminfestsetzung“
zu verstehen? Wenn der Gläubiger zum Schuldner sagt: Bis fünf Jahre will ich den Feldertrag
ohne Abzug vom Darlehn geniessen, nach dieser Zeit hing. werde ich dir die sämmtlichen
Felderträge abschätzen (und den Betrag derselben
von der Schuld abziehen). Manche sagen: Ohne
Abzug von der Schuld ist jede Nutzniessung verboten; was aber ist unter Terminfestsetzung zu
verstehen? Wenn der Gläubiger sagt: Bis fünf
Jahre werde ich die Felderträge gegen Abzug von
der Schuld geniessen, später aber werde ich die
sämmtlichen Felderträge dir abschätzen. Keth.
95ᵇ ההוא גברא דמשכן ליה פרדיסא לחבריה לעשר
שנין בנכייתא וקש לחמש שנין וכ׳ Ar. (in Agg. fehlt
unser W.) Jem. verpfändete seinem Nächsten
einen Garten auf zehn Jahre mit der Verabredung des Abzuges vom Darlehn; der Garten
jedoch alterte (versagte die Früchte) nach fünf
Jahren u. s. w., vgl. מְרִדָּא. — 2) Sparsamkeit, Abzug, Absparung vom Vermögen.
j. Ber. IX, 14ᵇ un. נכייתא מה פרוש (ed. Ven. u. a. הנכייתא מה) der Pharisäer der
Sparsamkeit. Das. דאית מה נכייתא מה פרוש
(הנכייתא) לי אנא מנכי ואנא עביד מצוה der
Pharisäer der Sparsamkeit ist derjenige, der da
sagt: Von dem winzigen Vermögen, das ich besitze, spare ich etwas, um davon eine gottgefällige Handlung auszuüben.

נְבִיָּה f. (=נְקִיָּה, נְקִיּוּת, von נקי s. d.) Reinheit, Reinlichkeit. j. Kidd. IV, 66ᵇ un. wenn
ein Proselyt sagt: Ich liess mich beschneiden,
habe aber nicht gebadet, אתו ומטבילין נאמן
so ist er beglaubigt משום מה בנכייה בשבת
und man lässt ihn am Sabbat der Reinlichkeit
halber baden; d. h. wäre das Baden des Proselyten unbedingt nothwendig, so hätte er dieses Bad am Sabbat nicht nehmen dürfen אכשורי
גברא); da es aber nicht unbedingt nothwendig
ist, so wird es als etwas Gleichgiltiges (das.
erklärt: מה בכך משם), als ein gewöhnliches
Reinigungsbad angesehen, das am Sabbat genommen werden darf.

נְבֵיל (syr. ܢܒܠ, hbr. נָבֵל, Grndw. נך, eig.
Jemdn. schlagen) arglistig, hinterlistig handeln, s. TW.

נְבֵיל m., **נְבִילָא** f. **נְבִילְתָא** (syr. ܢܒܝܠܐ,
ܢܒܝܠܬܐ) arglistig, hinterlistig, trügerisch.
— **נְבָאלָא** m. Adj. (syr. ܢܒܐܠܐ) der Hinterlistige, Arglistige. — **נֵבֵל** m. (syr. ܢܒܠ,
hbr. נָבֵל), **נְבִילוּ**, **נְבִילוּתָא** f. (syr. ܢܒܝܠܘܬܐ) Arglist, Trug, s. TW.

נְבַס ,נְבַיַם (syr. ܢܒܣ) schlachten, Thiere
tödten. Stw. נכס (=נָכַס, פָּנַם trnsp., hbr.
אָסַף; vgl. auch נָגַד im Ithpe.): einsammeln,
hinraffen, den Lebensodem hinwegnehmen.
Davon auch das nächstflg. נְבְסָא, נִבְסָא: das Ein-
gesammelte, das verscharrte Vermögen,
Schätze, wovon Stw. גָּנַז=גָּנַד. Bei diesen beiden Bedeutungen ist Grndw. גן): bedecken,
verhüllen. — j. Schebi. V g. E., 36ᵃ mit. ליה
אורחא דבר נשא מיכוס תורא רדייא der Mensch
pflegt nicht einen zum Pfluge tauglichen Ochsen
zu schlachten, vgl. נִבְסָא I. Khl. r. sv. וישם
העפר, 97ᵈ (mit Bez. auf Ez. 21, 26) כהדין
ערבייא דנכם אמרא וחזי בכבדא wie jener Araber, der ein Lamm schlachtet und (behufs Wahrsagerei) die Leber beschaut. Imper. Pes. 61ᵃ
u. ö. כום (viell. von נְבַם, wie דור נְדר von נָדַר,
נמל u. a.) schlachte! Chull. 37ᵇ כום כום
schlachte, schlachte! vgl. כסם Bd. II, 308ᵇ. (Tract.
Kuthim I ed. Kirchheim hat כוסכוס ein W.)
Trop. Snh. 25ᵇ un. der Statthalter נכם אבא
לפום ברא וברא לפום אבא schlachten den Vater in
Gegenwart des Sohnes und den Sohn in Gegenwart des Vaters; d. h. überbürdet die sämmtlichen Ortsbewohner mit Steuern.
Ithpe. אִתְנְכֵים geschlachtet werden; s.
TW. Contr. j. Keth. XII, 35ᵃ mit. ולמה
חמיא חד זמן הוה עבר חמא חד עיגל מזגין
געה אמר ליה רבי שיזבני אמר ליה לכך נוצרת
infolge welcher Sünde litt Rabbi an Zahnschmerzen? Eines Tages sah er beim Vorübergehen ein Kalb, das geschlachtet werden sollte
und das ihm entgegenbrüllte: Rabbi, rette mich!
Er jedoch rief ihm zu: Dazu wurdest du erschaffen, vgl. כָּשַׁם. j. Kil. IX, 32ᵇ mit. dass.,
vgl. auch B. mez. 85ᵃ.

נְכוֹסָא m. Adj. der Schlächter, der Menschen hinschlachtet. j. Jom. III, 40ᶜ ob. חד
אמר נכוסה וחורנא אמר נסורתא מאן דאמר נכוסה מן
הדא הבראו ... קרצו ומאן דאמר נסורתא מגליינא
ומחמר קורטמי רג ein Autor erklärt (das hbr.
קָרְדֹּם, Jer. 46, 20) durch Menschenschlächter,
ein anderer Autor aber erklärt es durch Vertreiber; derjenige, der es durch Menschenschlächter erklärt, erweist es aus der Mischna:
„Man führte das Tamidopfer vor den Priester,
der es schlachtete u. s. w. Der Andere aber,
der es durch Vertreiber, Fortrückender erklärt,
erweist es aus Hi. 33, 6: „Vom Thone wurde
auch ich abgelöst.“

נִבְסָא I **נִבְסְתָא** fem. (syr. ܢܟܣܬܐ) 1) das
Schlachten, mactatio. B. kam. 46ᵇ גברא דזבין
נכסתא (l. לנכסתא) ein Mann, der Thiere zum
Schlachten (Schlachtvieh) kauft. Das. נחזו אי
דמי רדיא לרדייא אי דמי נכסתא לנכסתא mögen
wir's doch sehen: wenn der gezahlte Preis dem
des Ackerviehs entspricht, so hat man es zum
Ackern gekauft; wenn er aber dem des Schlacht-

viehs entspricht, so hat man es zum Schlachten
gekauft (das Ackervieh war näml. gew. theurer,
als das Schlachtvieh); weshalb also obwaltet hierüber eine Meinungsverschiedenheit? vgl. נֶגְחָן. —
2) das, was geschlachtet wird, Schlachtvieh, s. TW.

נֶכֶס m.; nur Pl. נְכָסִים (=spät. bh.) Güter,
Vermögen; urspr. Herde, s. den nächstflg.
Art. Ueber die Etymologie dieses Ws. s. נָכַס
Anf. Tanch. Mattoth g. E., 243 b wird ein
witziges Etymon unseres Ws. gegeben: נכסים
שנכסין מזה ונגלין לזה die Güter heissen deshalb נכסים, weil sie dem Einen verborgen, aber
vor dem Andern offen liegen, s. זוז III. Num.
r. s. 22 g. E. dass. Suc. 29 ab על ארבעה דברים
נכסי בעלי בתים נמסרין למלכות על משהדי שטרות
פרועים ועל מלוי ברבית ועל שהיה בידם למחות
ולא מיחו ועל פוסקי צדקה ברבים ואינן נותנין
Ms. M. (Agg. פסק, בשביל, שפוסקים) wegen vier
Menschenklassen wird das Vermögen der Begüterten infolge Denunciation an die weltliche
Regierung ausgeliefert, näml. wegen derjenigen,
welche bereits bezahlte Wechsel zurückbehalten
(um das Darlehn noch einmal einzufordern),
ferner wegen der Wucherer, sodann wegen derjenigen, die Gewaltthaten hätten wehren können,
dies aber unterliessen und endlich wegen derjenigen, welche sich öffentlich zu Almosen verpflichten, ohne es zu geben, vgl. auch פָּסַק. B.bath.
54 b, s. נִבְרֵי; vgl. auch דַּיְרָא. Kidd. 26 a fg.
נכסים שיש להם אחריות . . . נכסים שאין להם
אחריות Güter, d. h. Grundstücke, Immobilien,
die dem Gläubiger als Zahlungsobject verschrieben werden können; Güter, d. h. Mobilien, die
dem Gläubiger nicht als Zahlungsobject verschrieben werden können, vgl. אַחֲרָיוּת. Jeb. 38 ab
נכסים הנכנסין ויוצאין עמה Güter, welche die
Frau in die Ehe mitbringt und die sie (wenn
sie geschieden oder verwittwet wird) wieder mitnimmt; d. h. von denen der Mann nur die Nutzniessung hat=נכסי מלוג, im Ggs. zu נכסי צאן
ברזל: Güter des eisernen Fonds, vgl. מְלוֹג. B.
bath. 158 a dass. B. kam. 1, 2 (9 b) נכסים המיוחדין
Güter, die das Eigenthum eines Einzelnen sind;
d. h. die man nicht freigegeben hat, הָפְקֵר, s. d.

נִבְסָא H ch. Pl. נִכְסִין (syr. ܢܶܟ݂ܣܳܐ, pl. ܢܶܟ݂ܣ̈ܶܐ)
1) Herde, Viehstücke, peculia, s.
TW. — 2) (=נְכָסִים) Vermögen, Güter, die
bei den Alten zumeist in Thieren bestanden, wie
lat. pecunia von peculia. B. kam. 93 a בתר מרי
נכסי ציבי משך wer dem Wohlbegüterten folgt,
trägt die Holzspäne, Stäbe davon; d. h. das
Gefolge des Reichen wird ebenfalls begütert;
ein Sprichw. mit Ansp. auf Gen. 13, 5, ähnlich
דְּדָן, s. d. Bech. 48 ab ניכסי דבר אינש אינון
ערבין ביה (auch נכסוהי) die Güter des Menschen bürgen für ihn. Das. נכסי טובא viel
Vermögen. B. bath. 58 a u. ö.

נִכְפֶּה m. (eig. Part. Nif. von כָּפָה) Epilep-
ticus, den sich die Alten als von einem Damon
bewältigt dachten. Bech. 44 b u. ö. — Pl. נִכְפִּין.
Pes. 112 b. Jeb. 64 b, s. כְּפָה. — Fem. B.
mez. 80 a שפחה זו שוטה היא נִכְפֵּית היא וכ'
diese Magd ist wahnsinnig, sie ist epileptisch
u. s. w.

נָכַר (=bh. Grndw. כַּר, arab. نَكَرَ) eig. Jemdn.
fixiren, genau ansehen; dah. bewundern,
etwas oder Jemdn. feindlich, als fremd
ansehen.

Hif. הִכִּיר 1) betrachten, erkennen, kennen. R. hasch. 2, 1 (22 a) אם אין מכירין אותו
wenn der Gerichtshof den Zeugen (der das Sichtbarwerden des Neumondes bezeugt) nicht kennt.
Das. seitdem die Boëthosäer Täuschungen veranlasst hatten, התקינו שלא יהו מקבלין אלא
מן המכירין verordnete man, dass man ein Zeugniss betreffs des Sichtbarwerdens des Neumondes
nur von denen annehme, die man kennt. Keth.
21 b דיינין המכירין חתימות ידי עדים Richter,
welche die Unterschrift der Zeugen kennen.
— 2) mit doppeltem Object: Jemdn. Anderen bekannt machen, sie ihn erkennen
lassen. Sifre Teze § 217 יכיר יכירנו לאחרים
מלמד שנאמן לומר זה בני בכורי וכ' das W.
יכיר (Dt. 21, 17) bedeutet: Er kann ihn Anderen bekannt machen; das besagt, dass Jem.
beglaubigt sei, zu sagen: Das ist mein erstgeborener Sohn, sodass er also ein doppeltes Erbe
vom väterlichen Nachlass erhalte. Nach Ansicht
des R. Juda ist der Vater auch beglaubigt, zu
sagen: Diesen Sohn hat mir eine Geschiedene
u. dgl. geboren, sodass er also, wenn der Vater
ein Priester ist, die Priesterschaft untauglich
ist. Jeb. 47 a u. ö. dass. jedoch mit einiger Abänderung. — 3) (=bh. יָדַע und aram. חָכַם,
γιγνώσκω, cognosco) beiwohnen. j. Jeb. IV,
6 b mit. wenn die Frau Jemds. gestorben ist und
ihm kleine Kinder zurückgelassen hat, so darf
er noch während der Trauerzeit eine andere
Frau heirathen כהדא מעשה שמחה אשתו של
ר' טרפון עד כשהיא בבית הקברות אמר לאחותה
היכנסי וגדלי את בני אחותיך אף על פי כן לא
נזקק ולא הכירה עד שעברו עליה שלשים יום
wie bei jener Begebenheit, als R. Tarfon, dessen
Frau gestorben war und er sich noch auf dem
Begräbnissplatze befand, zu der Schwester derselben sagte: Gehe in das Haus und erziehe
deiner Schwester Kinder. Aber dessen ungeachtet heirathete er sie noch nicht und wohnte ihr
nicht eher bei, als bis die 30 Tage (die kleine
Trauer) verstrichen waren. In M. kat. 23 a dass.
Factum betreffs des Priesters Josef, יוסף
הכהן, woselbst לא בא עליה anst. לא הכירה
steht.

Hof. הוּכַּר erkannt werden, kenntlich
sein. Kidd. 62 ab fg. הוכר עוברה ihre Schwanger-

schaft (eig. das von ihr getragene Kind) ist kenntlich, ihr anzusehen.

Nif. נִיכַּר (=bh. נִכַּר) erkannt, gekannt werden. Ber. 28ᵇ מכותלי ביתך אחד ניכר שפחמי אתה durch die (schwarzen) Wände deines Hauses wirst du erkannt, dass du ein Schmied bist. Kidd. 31ᵃ מסוף דברך ניכר שראש דברך אמת aus deinen letzten Worten wird erkannt, dass auch „deine ersten Worte wahr" sind (Ps. 119, 160); d. h. aus den letzten Geboten in den zehn Bundesworten („Ehre deinen Vater und deine Mutter" u. s. w.) erkannte die Völker, dass auch die ersten Bundesworte („Ich bin dein Gott" u. s. w.) Wahrheit enthielten; während sie früher behauptet hatten, dass die Gesetze blos die Alleinherrschaft Gottes verkündeten, vgl. נִמּוּלְכוּת. Sot. 9ᵇ ניכרין דברי אמת die Worte der Wahrheit sind leicht kenntlich, finden Glauben. Daher „wusste näml. Delila, dass Simson ihr die volle Wahrheit gesagt habe" (Ri. 16, 17. 18). Git. 53ᵃᵇ Chiskija sagte: היזק שאינו ניכר שמיה היזק eine Beschädigung, die nicht kenntlich (nicht sichtbar) ist, ist als eine Beschädigung anzusehen. Daher ist Jemd., der einem Andern dadurch Schaden zufügt, dass er die heiligen Speisen desselben verunreinigt, indem er z. B. ein Reptil mit ihnen in Berührung gebracht hat, auch nach biblischem Gesetze zu Schadenersatz verpflichtet. R. Jochanan hing. sagte: היזק שאינו ניכר לא שמיה היזק eine Beschädigung, die nicht kenntlich ist, ist nicht als eine Beschädigung anzusehen. Dah. ist Jem., der einem Andern auf die gedachte Weise, ohne Absicht Schaden zugefügt, freizusprechen. Wenn er jedoch die Speisen eines Andern absichtlich verunreinigt, so ist er nach rabbinischem Gesetze den Schaden zu ersetzen; denn sonst würde jeder Uebelwollende dem Andern solchen Schaden zufügen, vgl. auch נְסָךְ im Piel. Schabb. 91ᵇ. Erub. 50ᵇ u. ö.

Pi. נִכֵּר (denom. von נָכְרִי) entfremden, entfernen, als einem Fremden behandeln. Snh. 7ᵇ un. (mit Ansp. auf תכירו לא, Dt. 1, 17) R. Elasar sagte: לא תנכרהו du sollst ihn (den Processführenden, wenn er dein Feind ist) nicht als einen Fremden, Nichtjuden behandeln, um ihn zu verurtheilen. R. Juda sagte: לא תכירהו du sollst ihn (wenn er dein Freund ist) nicht wohlwollend behandeln. Schabb. 82ᵇ (mit Bez. auf תזרם, Jes. 30, 22) נכרהו מינך כזר entfremde (d. h. entferne) dir den Götzen wie einen Fremdling.

נְכַר ch. Af. אַכַּר (=הִכִּיר) erkennen, s. TW. — Ithpa. erkannt, gekannt werden. B. kam. 97ᵃ fg. מִיעַבְּרָא לא הזיקא der Schaden ist nicht kenntlich.

נָכְרִי m. Pl. נָכְרִים; נָכְרִית f. Adj. (=bh.) fremd; insbes. einer andern Religion an-

gehörend, Nichtjude, Nichtjüdin. Schabb. 31ᵃ נכרי אחד שבא לפני שמאי וכו' ein Nichtjude (Heide), der zum Judenthum übertreten wollte, kam vor Schammai u. s. w., vgl. חַבְרָא. Jeb. 16ᵇ נכרי שקדש בזמן הזה חושׁשׁין לקדושׁין שמא הוא מעשרת השׁבטים wenn ein Nichtjude in unserer Zeit sich eine Jüdin angetraut hat, so muss man auf diese Trauung Rücksicht nehmen; denn er ist vielleicht ein Abkömmling des Zehnstämmereichs. Das. 17ᵃ. 23ᵃ הנכרית מן הבא בנך וכו' dein Sohn, der von einer Nichtjüdin abstammt, wird nicht dein Sohn genannt, s. בֵּן. Das. בנך מן הנכרי הבא בתך בן der Sohn deiner Tochter, der von einem Nichtjuden abstammt, dein Sohn (Enkelkind) genannt. Das. 62ᵇ להו חיים נתעיררו חיים איח נכרי בהדיותו solange er ein Nichtjude ist, hat er eine legitime Abstammung (dass näml. seine Kinder als seine rechtmässigen Nachkommen, hinsichtl. der Erbschaft u. dgl. anzusehen sind); sobald sie aber Proselyten werden, so hört diese legitime Abstammung auf; näml. nach dem Grundsatz: דמי שׁולל כקטן שׁנתגייר גר ein Nichtjude, der Proselyt wurde, ist wie ein neugeborenes Kind anzusehen, vgl. auch חָיַים. Ab. sar. 3ᵃ R. Meïr sagte: נכרי שׁאפילו מניין אשׁר לומר תלמוד גדול כהן שׁהוא בתורה ועוסק נכרי שׁאפילו למדת הא . . . האדם אותם ועשׂה גדול ככהן הוא הרי בתורה ועוסק woher ist erwiesen, dass selbst der Nichtjude, der sich mit dem Studium der Gesetzlehre befasst, dem Hohenpriester gleiche? Daher, dass es heisst: „Meine Gesetze und meine Rechte sollt ihr beobachten, die der Mensch ausübe, damit er am Leben bleibe" (Lev. 18, 5); da heisst es nicht: „Priester, Leviten und Israeliten", sondern „der Mensch"; daraus ist zu schliessen, dass auch ein Nichtjude, der sich mit dem Studium der Gesetzlehre befasst, dem Hohenpriester gleich sei. Das. 52ᵇ (4, 4 in der Mischna) חברו ושׁל שׁלו זרה עבודה מבטל נכרי וכו' der Nichtjude (Götzendiener) kann den Götzen, der ihm oder einem andern Nichtjuden gehört, vernichten (nämlich durch irgend eine Schändung, vgl. בְּטֵל im Piel) u. s. w. Diese Relation rührt von der von Rabbi in seinem spätern Alter vorgenommenen zweiten Redaction der Mischna her, vgl. Gem. z. St. Im j. Tlmd. hing. lautet dieser Satz: ישׁראל ושׁל שׁלו ע'ז מבטל נכרי der Nichtjude kann seinen eignen, sowie eines Juden Götzen vernichten, näml. nach der ersten Redaction Rabbi's, vgl. auch זָהָב. Chull. 13ᵇ נכרים שׁבחוצה לארץ לאו עובדי ע'ז אלא מנהג אבותיהן בידיהן die Nichtjuden ausserhalb Palästinas sind, selbst wenn sie Götzen anbeten, nicht als Götzendiener zu behandeln, sie beobachten blos den überkommenen Brauch ihrer Eltern. B. bath. 54ᵇ נכסי נכרים הרי הן כמדבר כל המחזיק בהן זכה בהן מאי טעמא נכרי מכי מטא זוזי לידיה אסתלק ליה ישׁראל לא קני עד דמטא שׁטרא לידיה וכו' die Grundstücke der Nichtjuden gleichen

einer Wüste (d. h. ein Grundstück, das ein Jude dem Nichtjuden abgekauft und ihm das Kaufgeld bezahlt, aber den Kaufschein noch nicht erhalten hat, wird wie ein freigegebenes Gut angesehen, הַפְקֵר=מֻדְבָּר, s. d.); und wer zuerst den Besitz davon ergreift, erwirbt es als sein Eigenthum. Was ist der Grund? Der Nichtjude ist, sobald er das Kaufgeld erhalten hat, abgefunden, der Jude aber erlangt nicht eher das Eigenthumsrecht, als bis er den Kaufschein erhält; daher ist das Grundstück ein Freigut. (Buxtorf sv. נכס hat unsere Stelle weniger aus Missverständniss als vielmehr absichtlich falsch übersetzt, und namentlich den Nachsatz, der die Stelle erklärt, weggelassen.) Git. 61ᵃ מפרנסים עניי נכרים עם עניי ישראל חולי נכרים עם חולי ישראל וקוברין מתי נכרים עם מתי ישראל מפני תקון העולם man ernähre nichtjüdische Arme ebenso wie jüdische Arme, man besuche nichtjüdische Kranke ebenso wie jüdische Kranke und begrabe nichtjüdische Leichen ebenso wie jüdische Leichen wegen Aufrechthaltung der allgemeinen Weltordnung; vgl. auch נָחַם Taan. 27ᵇ vgl. נוֹצְרִי. — Trop. Chull. 19ᵇ קרי עליה נכרי נכרי R. Jochanan rief betreffs des R. Elasar aus (der verschiedene Arten der Schlachtungen mit dem Schlachten eines Nichtjuden verglich): Nichtjude, Nichtjude! d. h. du hörst gar nicht auf, das W. נכרי anzuwenden, das aber durchaus nicht hierher passt; ähnlich גיסא גיסא s. d. Erub. 75ᵃ dass.

נוֹכְרִי, נוֹכְרָא, נוֹכְרָאָה ch. (syr. ܢܘܼܟ݂ܪܵܝܵܐ =נָכְרִי) fremd, ein Fremder, Anderer, Nichtjude. Schabb. 65ᵇ גופא נוכראה ein fremder Körper, vgl. גוּפָא. — Fem. נוּכְרִיתָא (syr. ܢܘܼܟ݂ܪܵܝܬܵܐ=נָכְרִית) eine Fremde, Nichtjüdin, s. TW.

נָבַשׁ (syn. mit נָכָה, Grndw. נך: stechen, graben; ferner: schlagen, beissen, s. Hifil; insbes. syn. mit קֶטַּשׁ) die Pflanzen mit den Wurzeln ausreissen, danach graben; ähnlich arabisch نَكَشَ, unterschieden von قَصَحَ: abmähen, abschneiden. Gew.

Pi. נִכֵּשׁ gäten. Kil. 2, 5 תלתן שהעלה מיני צמחים אין מחייבין אותו לנכש אם נכש או כסח אומרים לו עקור את הכל חוץ ממין אחר wenn am Fönnkraut verschiedene Gewächse (Mischsaaten) hervorsprossen, so verpflichtet man nicht den Gartenbesitzer, sie zu gäten (weil er jene, die das Wachsthum des Fönnkrautes verhindern, ohnedies ausreissen wird); wenn er aber einige derselben gegätet oder abgemäht hat, so sagt man ihm: du musst sie sämmtlich, mit Ausnahme einer einzigen Gattung, ausreissen; weil er durch das theilweise Gäten zu erkennen gab, dass ihm das Zurück-

bleiben der anderen Gewächse lieb wäre. Tosef. Kil. I g. E. הזרע והמחפה והמנכש וכ' (Var. החוסר anst. המנכש) Jem., der Mischsaaten säet, oder sie mit Erde bedeckt, oder sie gätet, übertritt ein Verbot. B. mez. 89ᵃ המנכש בשומים ובבצלים wenn Jem. Knoblauch oder Zwiebeln gätet. Schabb. 103ᵃ. 105ᵃ u. ö. Ter. 9, 7 המנכש עם העכו"ם בחסיות wenn Jem. mit einem Nichtjuden Laucharten gätet. Ned. 58ᵇ dass. j. Schek. I, 46ᵃ mit. בראשונה היו עוקרין ומשליכין לפניהן והיו שמחין שתי שמחות אחת שהיו מנכשין שדותיהן ואחת שהיו נהנין מן הכלאים משרבו עוברי עבירה היו משליכין על הדרכים אף על פי כן היו מנכשין שהיו מנכשין שדותיהן וכ' in früherer Zeit hat man (die Mischsaaten auf Anordnung der Gelehrten) ausgerissen und sie vor die Feldbesitzer hingeworfen, infolge dessen die Letzteren eine doppelte Freude hatten, die eine, dass man ihre Felder gätete und die andere, dass sie von den Mischsaaten einen Genuss hatten. Seitdem aber die Gesetzübertreter überhandnahmen, so warf man die ausgerissenen Pflanzen auf die Strasse hinaus. Da jene aber dessenungeachtet fröhlich waren, weil man ihre Felder gätete, so erklärte man solche Felder als ein Freigut, הֶבְקֵר, s. d. — Trop. j. Schek. V Anf., 48ᵉ וזרעו ניכשו כיסחו עידרו קצרו עימרו דשו זרו בררו טחנו הרקידו לשו קיטפו ראפו ואנו אין לנו פה לוכל Ms. M. im bab. Tlmd. (m. Agg. מה anst. פה, einige Agg. פת) die Alten pflügten, gäteten, mähten, behackten, ernteten, banden Garben, droschen, wurfelten, reinigten das Getreide, mahlten, siebten, kneteten, rollten den Teig und backten ihn; uns aber fehlt der Mund, um zu geniessen; d. h. trotz aller Sorgfalt, welche die Alten auf das Ordnen, Klassificiren und Erklären der Gesetzlehren verwandten, haben wir kein hinlängliches Verständniss, um die letzteren benutzen zu können.

Hif. הִכִּישׁ 1) schlagen. Genes. r. s. 30 Anf., 28ᵃ נח כשהוא יוצא מן התיבה הכישו ארי ושבר ולא היה כשר להקריב והקריב בנו תחתיו als Noah aus der Arche ging, so schlug ihn ein Löwe und verwundete ihn, infolge dessen er untauglich war, die Opfer darzubringen; daher brachte sein Sohn Sem anstatt seiner die Opfer dar. B. bath. 54ᵇ, s. מֵפִילוֹ. Das. 88ᵃ הכישה ein Thier war das Vieh geschlagen hat. B. mez. 30ᵇ u. ö. — 2) נָשַׁךְ=נְכַת) beissen. j. Ber. V, 9ᵃ un. בא חברבר והכישו ein Chabarbar (eine buntgefleckte Schlange) kam und biss ihn, vgl. חַבְרָבָּר. j. Snh. IV, 22ᵇ un. נחש הכישו Schlange biss ihn. B. bath. 16ᵇ ob. אילה זו רחמה צר בשעה שכורעת ללדת אני מזמין לה דרקון שמכישה בבית הרחם ומתרפאה ומולידה die Hindin hat eine enge Gebärmutter, weshalb, wenn sie gebären will, ich für sie (spricht Gott) einen Drachen bestimme, der sie am Muttermund beisst, infolge dessen sie vom Gebären genest. B. mez. 78ᵃ. Snh. 78ᵃ, s. נָשַׁךְ.

נְבַשׁ *ch.* Af. אַבֵּישׁ (=הִבֵּישׁ) nr. 1) schlagen. Genes. r. s. 44, 43[b] הוה מכיש להון er schlug die Thiere, vgl. בֵּשׁ.

Pa. נַבֵּשׁ beissen, abbeissen. Genes. r. s. 91, 89[a] משל לגדי שברח מן המרעה ונכנס אצל אשה אלמנה מה עשתה עמדה ושחטתהו והפשיטתהו ונתנתה בתוך המטה וכסת עליו סדין בין ליה מן גבה אמרה כן תהא ההיא אתתא מנכשא מבשרא דין ואכלה אם יודע ביה כך חי פרעה אם תצאר מזה ein Gleichniss von einem Ziegen-böcklein, das von der Herde entfloh und bei einer Wittwe einkehrte. Was that sie nun? Sie machte sich auf, schlachtete es, zog ihm das Fell ab und bedeckte es mit einem Laken (um glauben zu machen, dass es ihr Sohn wäre). Als man nun gekommen war, um das Böcklein bei ihr zu suchen, so sagte sie: So wahr möge dieses Weib (ich) von dem Fleisch dieses da abbeissen und essen, wenn ich davon etwas weiss! Ebenso lautete der Schwur Josef's: „So wahr Pharao lebt, dass ihr von hier nicht fort-gehen werdet" (Gen. 42, 15).

נִבּוּשׁ, נְבוּשׁ *masc.* N. a. das Gäten. Kel. 29, 7 יד הקרדום של נכוש der Griff der Hacke zum Gäten (Maim., wonach Berten., erklärt נכוש: das Klopfen auf Steine; was jedoch nicht einleuchtet). j. Meg. I, 71[b] ob. dass., im Ggs. zu בקוע של קורדום: die Hacke zum Holz-spalten. Tosef. B. mez. VII Anf. נכושו גמר בחצות היום וכו' wenn Jem. mit dem Gäten zur Mittagszeit fertig war. M. kat. 3[a] עידוד ניכוש כסוח das Gäten, Behacken und Mähen. Genes. r. s. 39, 38[a] als Abraham am Abhange von Tyrus angekommen war ראה אותן עסוקין בניכוש בשעת הניכוש בעידור בשעת העידור אמר הלוואי יהא חלקי בארץ הזאת und gesehen hatte, dass die Einwohner sich mit dem Gäten zur Zeit des Gätens und mit dem Behacken zur Zeit des Behackens beschäftigten, so rief er aus: O, möchte ich doch einen Antheil an diesem Lande haben! Pesik. r. s. 31, 57[b] lies קטה כמין ניכוש (=Jalk. II, 61[d] כווי קטנה), vgl. כּוָּבָה.

נְבַת, נְבֵית (syr. ‎ܢܒ, hbr. נָשַׁךְ, Grndw. נך, s. נכי) 1) beissen, zumeist von den Schlangen. j. Pea I, 16[a] un. (mit Bez. auf Khl. 10, 11) man fragte die Schlange, zu welchem Zwecke sie beisse, da sie hiervon keinen Genuss habe? Worauf sie erwiderte: אילולא אתאמר לי מן שמיא נבֵית לא חיויא נבֵית hätte man mir nicht vom Himmel zugerufen: Beisse! so würde ich nicht gebissen haben. Cant. r. Anf., 5[a] מתלא אמר דנכִית ליה חיויא חבלא מדחיל ליה das Sprichw. lautet: Demjenigen, den eine Schlange gebissen hat, jagt ein Strick (weil er mit ihr Aehnlichkeit hat) Angst ein. Genes. r. s. 98, 95[b] למלך שהיה לו בן וצפה המלך שהנחש עתיד ליושך את בנו ידע חויא דבעי למיכת ית ברי כך בא לקללן וקלל את אפם ein Gleichniss

von einem König, der einen Sohn hatte und der, als er voraussah, dass die Schlange seinen Sohn beissen würde, ausrief: Verflucht sei die Schlange, welche meinen Sohn beissen will! Ebenso hat Jakob, der da die Absicht hatte, sie (Simon und Lewi) zu verfluchen, ihren Zorn verflucht: „Verflucht sei ihr Zorn, der mächtig ist" u. s. w. (Gen. 49, 7). — 2) übrtr. beissen s. v. a. verletzen, beschädigen. B. mez. 60[b] wird das hbr. נָשַׁךְ wie folgt erklärt: דקא נכיב ליה דקא שקיל מיניה מורי דלא יהיב der Gläubiger beisst den Schuldner, indem er ihm etwas ab-nimmt, was er ihm nicht gegeben hat. Git. 67[b] wird אחזו קורדיקוס (καρδιακός) erklärt: דנכתיה חמרא חדתא מעצרתא Jem., den der junge Wein aus der Kelter gebissen (d. h. der davon zu viel getrunken) hat; infolge dessen ihm solches Herzleiden entsteht.

Pa. dass. abbeissen. Ab. sar. 35[b] un. איבו מנבֵּית ואכיל פת אבי מצרי Aibo biss von dem Brot der Nichtjuden ab und verzehrte es zwischen den Grenzen, auf dem Rain.

Af. beissen machen, zum Beissen ver-anlassen. Jeb. 76[a] ein Heilmittel für ein Loch im männlichen Gliede: מייתינן שומשמא גמלא ומנכתינן ליה ופסקינן ליה לרישיה וכו' man bringe eine grosse Ameise, die man das Glied anbeissen lässt (d. h. deren Kopf man in das Loch bringt), sodann haut man ihr den Kopf ab; damit näml. durch das Welken des letzteren die Wunde zuheile. j. Jeb. VIII, 9[b] mit. steht dafür in hbr. Phrase: מביא נימולין ומשכין וקוצץ man bringe Ameisen, lasse sie anbeissen (מַשְׁכִין Hif. von נָשַׁךְ) und haue ihnen die Köpfe ab.

נוּכְהָתָא *f.* Zins, Wucher; dass., was hbr. נֶשֶׁךְ (im Syr. bedeutet ‎ܢܘܟܬܐ Biss, arab. ‎نُكْتَة punctum), s. TW.

נְבַהְתְּמָא *masc.* (von כתם) Holzdeckel zum Bedecken der Gefässe. Bez. 30[a] תכסייה בנכתמא soll sie den Krug mit dem Deckel zudecken, so könnte er herabfallen u. s. w. Pes. 112[a], s. חַצְבָּא. B. bath. 26[b] ob. כדניד נכתמא soviel als der Deckel auf der Mündung des Kruges sich hin- und herbewegen kann. Schabb. 105[b] ר' אבא חבר נכתמא R. Abba zerschlug (als er über seine Hausleute aufge-bracht war) einen Krug, um glauben zu machen, dass er zürne.

נִלּוֹם s. d. in ני.

נַם, נָמְתִי sprechen, s. נוּם.

נְמִיסָה, נְמִיגָה *f.* Nomm. a. (Denom. des Nifal von מסג, מָסַס) das Zerfliessen. Trop. Ver-zagen. Mechil. Beschallach Par. 9 אין נמיגה אלא נמיסה d. W. נמוג (Ex. 15, 15) bedeutet nichts Anderes als Zerfliessen aus Furcht, Ver-zagen; d. h. das W. נמג ist bildl. aufzufassen

wofür נמס כל לב und למוג לב (Ez. 21, 12 und 20) als Beweis angeführt wird.

נְמוּשׁוֹת m. pl. eig. Part. Nif. von מושׁ s. d.

נַמְטָא‎ masc. (arab. نَمَط) wollene Decke. Jom. 69ᵃ נמטא גמרא דנרש die feste, dichte Decke, die im Orte Narasch angefertigt wird. Bez. 15ᵃ dass. — Pl. B. mez. 64ᵇ ob. באורתא הוו מייכי ליה שחין נַמְטֵי am Abend breitete man für R. Elasar 60 wollene Decken als Unterlagen aus. B. kam. 119ᵇ מאי בגדים נמטי was ist unter „Gewändern" (die man dem Arbeiter abkaufen darf, vgl. נָיַר) zu verstehen? Wollene Decken, die näml. nicht gesponnen wurden. Das. 93ᵇ צמר ושׁאן בגדים ebenf. erklärt: נמטי wenn Jem. Wolle stiehlt und daraus Decken zur Bekleidung anfertigt.

נְמִי Geschwür, s. נוֹמִי in נוּ'.

נַמִי Prtkl., eig. Sbst. (arab. نَمَى von نَمَى) Hinzufügung; insbes. als Adv. auch, et, etiam; ein in babyl. Gem. sehr häufig anzutreffender Schulausdruck. Jom. 64ᵃ u. ö. נמי הדי wenn auch, zugegeben, dass auch, vgl. הֲדָי. B. mez. 98ᵃ u. ö. נמי אי wenn auch, oder auch. R. hasch. 4ᵃ. 22ᵃ חניא נמי הכי (abgek. תַּנְיָא) auch eine Borajtha lehrt dies. Insbes. oft הכי נמי (abgek. הָכִי), z. B. Chull. 11ᵇ דאי לא תימא הכי לר' מאיר דחייש למעוטא הכי דלא אכל בשרא דכי תימא הל' פסח וקדשׁים מאי איכא למימר denn wenn du etwa das nicht annehmen wolltest (dass man sich in solchen Fällen, wo es nicht anders möglich ist, auf die Mehrheit verlässt, vgl. רוֹב), so hätte ja R. Meïr, der auch auf die Minderheit Bedacht nimmt (vgl. מיעוּטָא), überhaupt kein Fleisch essen dürfen (da es doch einige Thiere giebt, die wegen Schadhaftigkeit zum Genusse verboten sind)! Wenn du aber dagegen einwenden wolltest, dass das auch wirklich der Fall war; würde sich denn dies auch hinsichtl. des Pesach und anderer Opfer (deren Fleisch zu essen Pflicht ist) sagen lassen? Das. 12ᵃ fg. 51ᵃ und sonst oft.

נְמִיָּה, נְמִיָּה‎ f. der Marder. Ar. erklärt das W. durch חיה קטנה וכ' ein kleines Thier, das mit der Katze Aehnlichkeit habe. Chull. 52ᵃ דרוסת חתול ונמיה בגדיים וטלאים das Erdrosseln (Treten, vgl. דְּרוּסָה) der Katze und des Marders ist schädlich, bringt Ziegen und Lämmern ein Gift bei. (Raschi z. St.: חיה קטנה מרטלירא‎ =martre; in Widerspruch mit Schabb. 146ᵇ ob., wo er ריחשא כגון נמייה וכ' erklärt durch שׁרץ ein Reptil wie die נמייה, welche die Hühner tödtet.) B. bath. 22ᵇ man darf eine Leiter von dem Taubenschlag eines Andern nur in einer Entfernung von vier Ellen aufstellen, כדי שׁלא תקפוץ הנמיה damit der Marder nicht hineinspringen könne. Schek. VII, 12ᵃ נמיה Agg. des bab. Tlmd.; richtiger in Agg. des j. Tlmd. דייתא,

s. d. j. Ber. III, 6ᵈ ob. צואת הנמיה das Excrement des Marders, als sehr übelriechend. Genes. r. s. 20, 20ᵇ הנמיה לשבעים יום die Trächtigkeit des Marders dauert 70 Tage. Das. s. 45, 44ᵈ, s. חָמַס. — Tosef. Meïl. I g. E. נמייה crmp. aus נְבֵרָה, s. d.

נָמוּךְ m. (eig. Part. Nifal von מוּךְ s. d.; mögl. Weise jedoch ist נָמֵךְ eine Nebenform von מוּךְ, wie נָמֵל von מוּל) niedrig, gebeugt. Kil. 4, 7 גדר שׁהוא נמוך מעשׂרה טפחים ein Zaun, der niedriger ist als zehn Faustbreiten. j. Maas. scheni V g. E., 56ᵈ u. ö. קול נמוך eine niedrige, tiefe Stimme, Ggs. zu גבוה: eine hohe Stimme. j. Jom. III, 40ᵈ un. j. Sot. IX, 24ᵃ un. u. ö., vgl. מָסִיק. Trop. Seb. 11ᵇ גבוה ונמוך Hochheiliges und Minderheiliges. — Pl. Num. r. s. 19, 237ᶜ „Salomo redete über die Hölzer" u. s. w. (1 Kn. 5, 13). Kann denn etwa Jem. über die Hölzer sprechen? אלא אמר שׁלמה מפני מה מצטרע נטהר בגדור שׁבגבוהים ובנמוך שׁבנמוכים בעץ ארז ובאזוב וכ' nun Salomo dachte bei sich: Weshalb wird der Aussätzige durch die Höchste und die Niedrigste der Pflanzen gereinigt, näml. durch „die Ceder und den Isop" (Lev. 14, 4)? Damit der Mensch, der sich früher erhaben, der Ceder gleich, hoch dachte, infolgedessen er aussätzig wurde, sich nun, um rein zu werden, dem Isop gleich, erniedrige. Sot. 5ᵇ בא וראה כמה גדולים נמוכי רוח לפני הקלב'ה וכ' komme und siehe, wie sehr diejenigen, die gebeugten Gemüthes sind, von Gott hochgestellt werden! Denn früher, zur Zeit des Tempelbestandes, hatte Jem., der ein Brandopfer u. dgl. dargebracht, das Verdienstliche dieser oder jener Opfergattung; demjenigen aber, „der gebeugten Gemüthes ist, wird diese Eigenschaft so angerechnet, als ob er alle möglichen Opfer" dargebracht hätte (Ps. 51, 19). — Fem. j. Snh. I, 19ᶜ mit. רוח נְמוּכָה ein gebeugtes Gemüth. j. Ber. IV, 7ᵈ un. dass. — Davon

נָמֵךְ gebeugt sein. — Hif. הִנְמִיךְ niederbeugen. Sifre Behalothcha § 83 הגבוה מנמיכו והנמוך מגביהו die Wolke beugte die hüglige Stelle in der Wüste nieder, aber die tiefe hob sie in die Höhe.

נָמֵל m. (trnsp. aus לִימֵן, gr. λιμήν) Hafen. Erub. 41ᵇ פעם אחת לא נכנסו לנמל עד Hafen. einst fuhren sie (die Gelehrten auf ihrer Rückreise von Rom) erst Freitag am späten Abend in den Hafen ein. Das. 43ᵇ fg. j. Erub. IV Anf., 21ᵈ u. ö. Jom. 38ᵃ ob. נמילה שׁל עכו Ar. (Agg. נמלה) der Hafen Akkos. Ab. sar. 34ᵇ dass. Jalk. II, 186ᵃ משׁל לשׁתי ספינות שׁהיו פורטות לים אחת נכנסת לנמל ואחת יוצאת מן הנמל וכ' ein Gleichniss von zwei Schiffen, die auf der hohen See fuhren, deren eines in den Hafen einfuhr und deren anderes aus dem Hafen kam u. s. w. In der Parall. steht למין, s. לִימִין.

נְמָלָה f. (=bh. Stw. נָמַל=מול: abrupfen)
Ameise, eig. die Abrupfende. Auf dieselbe
Weise wie eine specielle Heuschreckenart: גֵּזָם
genannt wird, eig. die Abschneidende, wird auch
von der Ameise: כֹּרֵם gesagt (von קָמַם: abschneiden, s. d. Plur.). Chull. 63ᵃ u. ö. Jalk.
II, 134ᵇ הנמלה שלשה בתים יש לה ואינה כונסת אלא
בעליון מפני הדלף ולא בתחתון מפני הטינה אלא
באמצע . . . ואינה חיה אלא ששה חדשים וכל
מאכלה אינו אלא חטה ומחצה וכ׳ die Ameise
hat drei Gemächer (eines über dem andern);
ihren Speisevorrath sammelt sie weder in dem
obersten Gemach, wegen des Regens, noch im
untersten, wegen der Feuchtigkeit, sondern blos
im mittelsten Gemach. Sie lebt nicht länger
als sechs Monate und die von ihr aufgenommene Speise beträgt blos 1½ Weizenkörner
u. s. w. — Pl. Men. 71ᵇ קרסמוה נְמָלִים die Ameisen
nagten das Getreide (am Stiele) ab. Pea. 4, 11.
j. Maasr. V g E., 52ᵃ s. חוֹר. — j. Jeb. VIII, 9ᵇ
mit. נימולין (für נמלין od. daraus crmp.), s. רָבַת.

נִמְנֵם Pilp.(von נום) schlummern. — Nithpalp.
dass. einschlummern. Meg. 17ᵃ . . . קראה
מתנמנם יצא Jem., der die Megilla schlummernd
(halbschlafend) liest, erfüllt seine Pflicht. Das.
18ᵇ u. ö., היכי דמי מתנמנם וכ׳ was bedeutet
„schlummernd"? s. נום. Pes. 120ᵇ נתנמנמו יאכלו
נרדמו לא יאכלו wenn die Tischgenossen beim
Verzehren des Pesachopfers schlummerten, so
dürfen sie, beim Erwachen, weiter essen; wenn
sie hing. fest (betäubt) schliefen, so dürfen sie
nicht mehr davon essen; weil das Weiteressen
nach einer solchen Unterbrechung ähnlich wäre
dem Essen an verschiedenen Orten, was
beim Pesach unstatthaft ist. Jom. 19ᵇ בקש
להתנמנם וכ׳ wenn der Hohepriester schlummern
wollte, s. צְרָדָה.

נְמְנֵם ch. Palp. (=נִמְנֵם) 1) schlummern.
Pes. 120ᵇ חזא דקא נמנם רבא Abaji sah, dass Rabba
schlummerte. Das. מינומי קא מנמנמא ich
schlummerte blos, vgl. נום. M. kat. 28ᵃ חזייה
דהוה קא מנמנם dass. Keth. 17ᵇ wird das W.
קריתא von einem Autor erklärt: כדמנמנמין
בה כלתא ein Schleier, in welchem die Braut
schlummert, vgl. נְמנּוּפָא. — 2) übrtr. (=דָּמַך)
sterben. Kidd. 72ᵇ un. כי הוה קא מנמנם רבי
Ar. (Agg. נפשיה נייחא) als Rabbi sterben sollte;
d. h. kurz vor seinem Tode.

Ithpalp.(=Nithpalp.) schlummern. j. Jeb.
I g E., 3ᵇ un. die Gelehrten, welche von R. Dosa
eine ihnen nicht einleuchtende Halacha vernommen hatten, שריין מתנמנמין אמר להון מה
אתון מתנמנמין fingen an zu schlummern; er
sagte zu ihnen: Weshalb schlummert ihr u. s. w.?
j. Meg. II Anf., 73ᵃ un. ר׳ קומי יתיב הוה מנשה
זעורה ואינַמנֵם Menasse sass vor R. Seüra und
schlummerte. Genes. r. s. 22, 22ᵈ אית כלבנא
ברומי דידעין למשתדלא אזיל ויתיב קמי סלטירא

(פרטירא od.) ועביד גרמיה מתנמנם וגזרי סלטירא
(פרטירא) מתנמנם והוא שמיט עיגולא ארניא עד
דהונינא מצמת לון דא משתכר עיגול ומהלך ביה
es giebt Hunde in Rom, die sich auf schlaue
Weise Nahrung zu verschaffen wissen. Einer
derselben geht, lässt sich vor einem Bäckerladen (πρατήριον, Verkaufsladen) nieder und
giebt sich den Anschein, als ob er schlummere.
Der Besitzer des Ladens schlummert ebenfalls
ein (weil er sich näml. sicher glaubt); inzwischen
kippt jener das Brett mit den Broten um. Während
man nun die Brote aufliest, erhascht der Hund
eines derselben und läuft damit fort. Khl. r. sv.
מחוקון, 83ᵈ עבדא דרמי ליה (נתנמנם l.) נתמנם der
Sklave Rabbi's schlummerte und schlief fest ein.

נְמָנוּמָא m. (arab. غَنَام) Gegenstand, wie
Schleier u. dgl. zum Schlummern, dormi-
torium, etwa Schlummerrolle. j. Keth. II
Anf., 26ᵃ הא אמרין במנומא dort (in Babylon)
erklären sie das W. הינומא durch Schlummerrolle, vgl. הִינוּפָא.

נִימוּם m. 1) (νόμος) Gesetz, Brauch, s.
in נִיר. — 2) (wahrsch. νομαῖος von νομός) von
der Weide, Weidethier. Tosef. Men. XIII
Anf. wenn Jem., der da sagte: הרי עלי קירון
והביא נימוס נימוס והבים מה שהביא מה קירון
הבא וכ׳ ich verpflichte mich, ein Thier aus
der Stallung als Opfer darzubringen, ein Weidethier darbrachte; oder wenn er sagte: Ich verpflichte mich, ein Weidethier darzubringen, aber
ein Hausthier brachte: so ist das Opfer, das
er dargebracht hat, giltig, seine Pflicht jedoch
hat er nicht erfüllt.

נִמוֹם od. נִימוֹס m. (wahrsch. arab. نَمَش) ein
Mal am Körper des Sklaven als Zeichen
des Eigenthumsrechtes, oder: Zahlungstermin,
s. w. u. Git. 43ᵇ לוה עליו מן הנכרי כיון שעשה ר׳
לו נכרי נמוסו יצא לחירות מאי נמוסו אמר ר׳
הונא בר יהודה נשקי wenn der Jude auf ihn
(seinen Sklaven, den er als Zahlungsobject angiebt) von einem Nichtjuden ein Darlehn nimmt,
so erhält der Sklave, sobald der Nichtjude ihm
ein Zeichen angebracht hat, die Freiheit (weil
das Anbringen des Zeichens ebenso viel ist, als
ob er den Sklaven an den Nichtjuden verkauft
hätte). Was bedeutet נמוסו? R. Huna bar Juda
sagte: נשקי ein Mal. R. Scheschet sagte: זמן
נימוס Ar. (in Agg. fehlt das erstere W.) נימוס
bedeutet Zahlungstermin; d. h. der Nichtjude
setzte dem Juden einen Termin fest, dass der
Sklave, falls die Zahlung der Schuld in der
verabredeten Zeit nicht erfolge, ihm als sein
Eigenthum verfallen solle; vgl. auch נשקי.

נִמְפָּה, נִמְפִי (νύμφη) Braut, junge Frau,
s. נינפי in נִיר.

נִמְפִיוֹן m. (nympheum, von νύμφη, lympha)

Wasserteich, Bach. Tanch. Mischpatim, 94ᵇ „Josua war voll des Geistes der Weisheit" u. s. w. (Dt. 34, 9). למה הדבר דומה לנמפירון המשקה את כל המדינה והיו הכל משבחין אותו אמר לחן אחד שבחו למעיין שמספיק לו וכ' womit ist das zu vergleichen? Mit einem Bach, der die ganze Stadt mit Wasser versah, weshalb ihn Alle priesen. Einer jedoch sagte zu ihnen: Preiset den Quell, der dem Bach das Wasser zuführt! Dasselbe galt von Josua, den Alle wegen seiner weisen Leitung Israels rühmten. Daher sagte die Schrift: Josua's Weisheit rührt von Mose her, der „seine Hände auf ihn gelegt hatte". Exod. r. s. 31, 129ᶜ steht dafür גפיון, s. d. W.

נָמוֹק s. נִימוֹק in 'כי.

נָמוֹק (eig.=נָמַק, Nifal von מָקַק, Grndw. מק) zerfliessen, faulig werden. j. Nid. III g. E., 51ᵃ נימוקה שליא ... נימוק הולד wenn die Nachgeburt faulig wurde; wenn die Geburt faulig wurde; in bab. Nid. 26ᵃ steht dafür נמוח dass. — Dav. denom.

נְמָקִים m. pl. in Fäulniss übergegangene Körpertheile. Schabb. 62ᵇ (mit Bez. auf מק, Jes. 3, 24) מקום שהיו מתבשמות בו נעשה נמקים an den Stellen, wo „die Töchter Zions sich parfümirt hatten, entstanden faulige Flecken"; vgl. auch נְקָפִים.

נָמֵר masc. (=bh.) 1) Parder. — 2) Namer, Name eines Ortes. Bech. 55ᵃ שתי אבטליאות כגון נמר ונמורי zwei benachbarte Ortsbezirke, wie Namer und Nemori. Pea 4, 5 של בית נמר die Einwohner von Beth Namer (bh. נמרה Beth Nimra), s. לָקַט. j. Pea IV, 18ᵇ. Nach Ar. bedeutet נמר, Namer, den Namen eines Mannes.

נָמֵר, נִמְרָא, נִמְרָה chald. (syr. ܢܶܡܪܳܐ =נָמֵר) Parder. Dan. 7, 6, s. auch TW. — j. Pea III, 17ᵇ ob., s. den nächstflg. Art.

נָמֵר Pi. (denom. von נָמֵר) eig. etwas fleckig, dem Fell eines Parders ähnlich machen, daher verschiedenfarbig, sprenklig machen. Pea 3, 2 המנמר את שדהו wenn Jem. sein Feld fleckig macht, d. h. die Kräuter stellenweise herausreisst, wodurch das Feld ein buntes, fleckiges Aussehen erhält. Vgl. j. Gem. z. St., 17ᶜ ob. כהדין נימרה מקום הזבלין עולין חחלה נמרירה קריי לה (Agg. crmp. נמרירה) wie der Parder (d. h. einen solchen Anblick gewährt das Feld durch stellenweises Ausreissen der Pflanzen). So nennt man auch das Feld, das nicht überall auf gleiche Weise gedüngt ist und wo auf den besser gedüngten Stellen die Pflanzen früher aufschiessen: Parderartiges. Men. 71ᵇ מנמר לאוצר ... מנמר לקליות Jem. pflückte das Getreide streckenweise ab, um die Aehren zu rösten; er pflückte das Getreide, um

es einzuspeichern. Part. pass. B. kam. 119ᵇ בגד ein buntgeflecktes Kleidungsstück, das מנומר näml. aus Wollen von verschiedenen Farben gewebt ist. Git. 54ᵇ eine Gesetzrolle, die mit verschiedenen Tinten geschrieben ist und in welcher auch Rasuren vorkommen, מיחזי כמנומר sieht wie buntgefleckt aus. Men. 29ᵇ un. dass. von einer Gesetzrolle, auf deren jeder Seite einige Buchstaben oder Wörter fehlen, in der nichts verbessert werden darf. j. Maas. I, 49ᵃ mit. מנומר ein gesprenkelter Paradiesapfel. j. Suc. III, 53ᵈ un. dass.

נָמוֹר m. Adj. kleinfleckig, gesprenkelt, s. TW.

נִמְרִין (bh. נִמְרִים) Nimrin, Name eines Ortes (viell.=נמרה בית), Thr. r. sv. בלע, 62ᵃ). j. Keth. II, 26ᵈ ob. עד מקום ששלוחי מגיעין עד נמרין so weit bis die Boten, welche den Sichtbarwerden des Neumondes bezeugen sollen, nach Nimrin gelangen. j. R. hasch. I, 57ᵇ un. אילין דאזלין לנמרירין (l. לנמרין) diejenigen, welche nach Nimrin gehen.

נִמְרִית f. N. gent. aus Nimra, oder: aus Beth Nimra. j. Jom. VIII, 44ᵈ un. כותבת נמרית die Dattel aus Nimra, s. כְּוֹתֶבֶת.

נִמְרָיְנָה f. Parderartiges. j. Pea III, 17ᶜ ob., s. נָמֵר.

נוֹמָרִין s. d. in 'נו.

נומרקין Khl. r. sv. מה יתרון, 78ᵃ נומרקין Musaf., m. Agg. גורהקין; beides crmp. aus גוֹדְרִקָא s. I.

נָן Pron. m. (für אֲנַן) wir. Pl. von נָא s. d. j. Maas. I Anf., 48ᶜ. j. Maas. scheni IV, 55ᵃ ob. j. Ter. VII Ende, 45ᵃ und sehr oft.

נִגְנֵי od. נִיגְנֵי, נִיגְנֵי m. pl. Verzeichnisse, Register. Mögl. Weise hängt unser W. mit arab. خَفِيَ (mit vorges. כי) zusammen: arcanum, secretum. Ab. sar. 4ᵃ (mit Bez. auf Sach. 12, 9) אבקש ביניגני שלהם אם יש להם זכות אפדם וכ' Ar. (Agg. בניגני, Trg. ניגמי s. TW. hv.) „Ich werde untersuchen" die Verzeichnisse ihrer Handlungen und werde sie, wenn ich sie als tugendhaft befinde, „erlösen; wo nicht, so werde ich sie vertilgen".

נָנְהוּ für נינהו pl. von נִיהוּ s. d.

נָנַי Nani, Bestandtheil des Ws. חָנָנֵי, ähnlich חנן Abkürzung desselben Ws. j. B. bath. X, 17ᶜ un, vgl. חָנָן.

נַנַאי, נַנַי 1) Hund, s. נאנאַ. — 2) N. pr. Nanai. Jeb. 115ᵇ חבי בר נני ורנואי בר חבי במחוזא שכיחי טובא die Namen Chabi bar Nanai,

sowie Nanai bar Chabi sind in Mechosa oft anzutreffen.

נְנָיָא, נִינְיָא, נַנְחָא, נַעֲנָא m. (syr. ܢܰܥܢܳܐ, arab.
نَعْنَع) Münze, Minze, mentha, ein Kraut.
Ab. sar. 29ᵃ נינייא Ar. (Agg. נינייא רב׳ ואגדנא Ar. (Agg.
Münze, Absinth u. s. w., als Heilmittel gegen
Asthma. Schabb. 140ᵃ s. אֲמִיתָא. Das. הַאי ננחא
נינייא מעלְיא לחלי Ar. ed. pr. (Agg. נינייא) die Münze
ist schmackhaft mit Kresse. Git. 69ᵇ לצירחא
לליבא ליכול ג׳ ביעי בנינא וכמונא ושומשמי Ar.
(Agg. ליחי חלת ביעי נינִיא) gegen Herzklopfen esse
man, als Heilmittel, drei Eier mit Münze, Kümmel und Sesamum. j. Ned. IV Anf., 39ᶜ החל
מן נינייא der Saft der Münze. j. Schabb. VII,
10ᵃ mit. ... נעֲנָא חייב משום דהתן דגז כוסבר
קוצר ומשום זורע Jem., der Koriander, Minze
u. dgl. am Sabbat abmäht, begeht die Sünde des
Erntens und des Säens; weil näml. durch das
Abmähen dieser Pflanzen ihr Wachsthum gefördert wird. — j. Maasr. V g. E., 52ᵃ und j.
Schebu. III, 34ᵈ mit. נעה l. פְּנַעֲה, s. d. W. —
Ferner נינִיא Seil, s. d. in 'נִי'.

נַנָס, נַנוֹס m. (gr. νάννος, νάνος, nanus) 1)
Zwerg, kleingewachsen, sowohl von Menschen als von Thieren. Nid. 24ᵇ und Num. r.
s. 9, 202ᵈ שמא תאמר אבא שאול ננס היה לאו
אלא אבא שאול ארוך בדורו היה du könntest
etwa denken, dass Abba Saul ein Zwerg war;
das war nicht der Fall, er war vielmehr die
Längste seiner Zeit, vgl. אָרוּךְ. Ber. 58ᵇ הקפח
הננס der Riese oder der Zwerg. j. Ber. IX, 13ᵇ
un. vgl. כְּפַח. Sifra Emor Par. 3 cap. 3 הקפח
ein Priester, der ein Riese oder ein Zwerg
ist, darf nicht den Opferdienst verrichten; dahingegen dürfen Thiere mit solchen Leibesfehlern
geopfert werden. Cant. r. sv. אֲחוֹר, 16ᵇ בן ננס
ein Sohn, der ein Zwerg ist. Das. pl. ננס
שבכנסים der allerkleinste Zwerg. Genes. r. s.
65, 64ᵇ dass., vgl. גיצי Chull. 63ᵇ מקרולַסרוס
וסרומקי אסירי וסרומניך ננוס פסול die kleinen und
rothen Vögel (der Gattung שקיטנא s. d.) dürfen
nicht gegessen werden, als Merkmal dient der:
der Zwerg ist als Priester untauglich, vgl. מֶרְןָמָא.
Pesik. r. s. 31, 58ᵃ die Leviten in der babyl.
Gefangenschaft sagten: עכשיו אנו עומדים להקיש
בכבורותינו לפני הננס הזה jetzt sollten wir dastehen, um unsere Zither zu schlagen vor
diesem Zwerg, d. h. vor Nebukadnezar, vgl.
נַנָס. — Pl. Genes. r. s. 37, 36ᵃ נַנָסִים Zwerge,
Pygmäen, vgl. פַּתּוֹר nr. 2. — Fem. Bech.
45ᵇ נַנֶסֶת Zwergin, vgl. אֶצְבָּעִי. Par. 2, 2 הננסת
כשרה die kleingewachsene rothe Kuh darf als
Opfer verwendet werden. Sifra Wajikra Par. 11
cap. 20 הננסת ein kleingewachsenes Thier darf
geopfert werden. — 2) zwergförmig, klein,
von leblosen Gegenständen. Tam. 3, 5 עמודים ננסין
kleine Steinsäulen. Midd. 3, 5 dass. Das. 5, 2

מן השלחנות לגנסין ארבע מן הגנסין לכותל העזרה
שמונה אמות von den Tischen der Tempelhalle
bis zu den kleinen Säulen war ein Zwischenraum
von vier Ellen, von den kleinen Säulen bis zur
Wand der Halle acht Ellen. Jom. 16ᵇ. — 3)
Nannos, N. pr. Schebu. 45ᵃ fg. בן ננס Ben
Nannos.

נַנָסָא, נַנוֹסָא ch. (= נַנָס, נַנוֹס) Zwerg. Pesik.
Dibre Jirmeja, 112ᵃ Gott sagte: חמון מה דעביד
לי ננסא דבבל וב׳ (Ms. Parma נננסא, vgl. Buber,
Anm. z. St.) sebet nur, was mir der Zwerg von
Babel (Nebukadnezar) gethan! vgl. יָקַד. Jalk. II,
156ᵃ „Den Niedrigsten (Kleinsten) der Menschen
erhebt er zur Regierung" (Dan. 4, 14); זה
נבוכדנצאר ננסא קטר, נא פושטא das ist der Zwerg
Nebukadnezar, der eine Elle (Faustbreite?) lang
war. Nach einer andern Deutung ware unter
dem „Kleinsten der Menschen" Pharao zu verstehen, der (vgl. M. kat. 18ᵃ) eine Elle gross
und dessen Bart, sowie sein männliches
Glied je eine Elle lang war. (Aus der hier erwähnten zweiten Deutung erweist sich die Annahme [vgl. Brüll, Jahrb. II, 210], dass ננסא
hier, s. auch נאוא, von נאוא „Hund" abzuleiten
sei, weil „der Hund eine typische Bezeichnung
für Nebukadnezar" wäre [vgl. מַלְכָּא, מֶלֶךְ] als
nicht zutreffend; vgl. auch Pseudoraschi zu
Genes. r. s. 16 g. E.: jener Nebukadnezar war
ein Zwerg.)

נַנְקִפִי Abbreviatur. Snh. 22ᵃ und Cant.
r. sv. כמעט, 17ᵃ; s. אַאלרן.

נָס, נְסָא (verk. aus נָסַב ב, נָסַב abgew.) nehmen. j. Maas. scheni IV Anf., 54ᵈ mit. נסתון
נסב בר קסריא וקרטבה קמוי Bar Kapra nahm sie
(die Gurken) und zerspaltete sie in seiner Gegenwart. Das. 55ᵃ un. חזר ... אר בעי מינס נסא
מינה will er es nehmen, so möge er es
nehmen; er nahm es dann von ihm u. s. w. j.
M. kat. III Anf., 81ᶜ נסתיה ונפק ליה לברא R.
Elieser nahm ihn (den R. Akiba) und führte ihn
auf die Strasse hinaus. j. Taan. IV, 69ᵇ mit.
zwischen Gabbat und Antipharos lagen in früherer
Zeit 60 Myriaden Städte; ורבדון אין אין מבצע
l. מנצע) לה קנייה לא נסריה) jetzt aber würde
dieser Raum nicht einmal eine solche Anzahl
von Stangen (eig. wenn du ebensoviel
Stangen hineinsteckst, נצע = נעץ) aufnehmen,
fassen. In der Parall. Thr. r. sv. בלע, 62ᵃ
lautet diese Phrase: ובדר כד את נצעיתהון בשיתין
ריבוון דקניי לא נסיין להון dass., vgl. Git. 57ᵃ.
Levit. r. s. 6, 150ᶜ נסתיה לקנייה er nahm das
Rohr, vgl. קָנְיָא. j. B. mez. I, 8ᵃ ob. אשכח גוזלין
ונסתון er fand junge Tauben und nahm sie fort.
Das. II, 8ᶜ ob. ונסתיה er nahm den Esel. j.
Erub. III, 20ᵈ un. und VII g. E., 24ᵈ נסתיה
ונפסתיה ונשקתיה sie nahm ihn (den Sohn ihrer
Feindin), umarmte ihn und küsste ihn. Das.
V, 22ᶜ ob. ונסי לון er nahm sie, die Sandalen.

Das. V g. E., 23° dass. j. Keth. IX, 33ᵃ mit. אתי מרי חובה ונסחה der Gläubiger kam und nahm die Ziege fort. Genes. r. s. 67, 66° נסתיה לשליחא Ar. (Agg. נסבתיה) er nahm den Boten. Levit. r. s. 34, 179ᵇ נסאתיה וחמאי ליה וכ׳ er nahm ihn, zeigte ihm u. s. w.

נַס m. (von נָסַס s. d.) Betrübniss. Dan. 2, 12 בנס in Betrübniss; so nach Dunasch ibn Labrat, LXX und Vulg. Nach Menachem ben Saruk u. A. lautet das Verbum בְּנַס s. d.

נֵס m. 1) (=bh. Stw. נסס, arab. نَصّ, verwandt mit נָסָה, נָשָׂא, נָסַע, Grndw. נס: erheben, sich emporheben) Flagge eines Schiffes. B. hath. 73ᵃ wenn Jem. ein Schiff verkauft, מכר את התורן ואת הנס so hat er den Mast und die Flagge mitverkauft; in Gem. das. wird נס durch אדרא erklärt, s. d. Genes. r. s. 55 Anf. s. נָסָה im Piel. — 2) Wunder, eig. etwas Unbegreifliches, Erhabenes, Hohes. Jom. 21ᵃ כרובים בנס היו עומדין die Cherubim im Salomonischen Tempel standen durch ein Wunder. Denn da nach 1 Kn. 6, 24 fg. die Flügelweite der an den beiden Seiten der Lade stehenden Cherubim zwanzig Ellen betrug und die Enden der Flügel die nördliche und die südliche Wand des Allerheiligsten berührten, so blieb für die Körper der Cherubim kein Raum übrig; vgl. Raschi z. St. Schabb. 104ᵃ, vgl. מלּ. Nid. 31ᵃ אפילו בעל הנס אינו מכיר בנסו derjenige, dem ein Wunder geschieht, erkennt selbst nicht einmal sein Wunder. Schabb. 97ᵃ: „Der Stab Aharon's verschlang der Zauberer Stäbe" (Ex. 7, 12) נס בתוך נס Wunder über Wunder! dass näml. der Stab, in welchen sich die Schlange wiederum verwandelt hatte, jene Stäbe verschlang. Sot. 47ᵃ ob. „Zwei Bären kamen aus dem Walde" u. s. w. (2 Kn. 2, 24). Rab und Samuel sind verschiedener Ansicht: חד אמר נס וחד אמר נס בתוך נס מאן דאמר נס יער הוה דברים לא הוו ומאן דאמר נס בתוך נס יער הוה ולא דובים הוו der Eine sagt: Dort fand ein einfaches Wunder und der Andere sagt: Dort fand ein doppeltes Wunder. Derjenige Autor, der da sagt, es habe ein einfaches Wunder stattgefunden, ist der Ansicht, dass dort der Wald, aber nicht die Bären schon früher vorhanden waren. Der andere Autor aber, der da sagt, es habe hier ein doppeltes Wunder stattgefunden, ist der Ansicht, dass dort früher weder der Wald, noch die Bären vorhanden waren. Pes. 118ᵃᵇ ob. Jorkami, der Engel des Hagels hatte das Feuer im Ofen, wo die drei Männer waren (Dan. 3, 19 fg.) löschen wollen. Allein Gabriel sagte zu ihm: אין גבורתו של הקב״ה בכך שאתה שר של ברד והכל יודעין שהמים מכבין את האש אלא אני שר של אש ארד ואקרר מבפנים ואקדיח מבחוץ ואעשה נס בתוך נס hierdurch würde die Kraft Gottes nicht besonders erkannt werden; denn du

bist der Engel des Hagels und Alle wissen, dass das Wasser das Feuer löscht. Ich hing., der Engel des Feuers, werde hinuntergehen und werde den Ofen von innen kalt, von aussen aber glühend machen; wodurch ich ein Wunder über das andere ausüben werde. Chull. 127ᵃ u. ö. Ned. 41ᵃ גדול כס שנעשה לחולה יותר מן הנס וכ׳ שנעשה לחנניה מישאל ועזריה וכ׳ das Wunder, das am Kranken (bei seiner Genesung) verübt wird, übertrifft das Wunder, das an Chananja, Mischael und Asarja bei ihrer Rettung im Feuerofen verübt worden; denn letzteres Feuer, das von Menschen herrührte, konnten auch Menschen löschen; wer aber vermag das Feuer (Fieber), das vom Himmel kommt, zu löschen? Taan. 20ᵇ u. ö. — Pl. Ber. 60ᵃ מעשה נכים Wunderthaten. Chull. 43ᵃ u. ö. Jom. 29ᵃ אסתר סוף כל הנסים Esther (d. h. die wunderbare Rettung Israels zu jener Zeit) bildete den Schluss aller biblischen Wunder. Taan. 21ᵃ Nahum aus Gimso, דמלומד בניסין an welchem öfter Wunder geschahen. Das. 25ᵃ ob. die Frau des R. Chanina ben Dosa, שמלומדת בניסין dass. Ber. 16ᵇ fg. u. sehr oft.

נִסָּא ch. (=נֵס nr. 2) Wunder. Ber. 54ᵃ ניסא דרבים . . . . ניסא דיחיד ein Wunder, das sich bei einer Gesammtheit, ein Wunder, das sich bei einem einzelnen Menschen zugetragen hat. Das. אתעביד ליה ניסא es wurde ihm ein Wunder erwiesen. Pes. 50ᵇ לאו בכל יומא מתרחיש ניסא nicht an jedem Tage ereignet sich ein Wunder. Meg. 3ᵇ פרסומי ניסא das Wunder bekannt machen; d. h. durch das Verlesen der Estherrolle am Purimfeste die wunderbare Rettung der Israeliten jener Zeit Allen in Erinnerung rufen. Schabb. 23ᵃᵇ, 33ᵇ fg. Ab. sar. 18ᵃ אי לא אתעביד בה איסורא מתעביד ניסא אי עבדה איסורא לא אתעביד בה ניסא wenn sie (die Tochter des R. Chananja, die im Gefängniss sass) nicht zur Unzucht verleitet worden, so wird ein Wunder geschehen (d. h. so wird sie auf wunderbare Weise gerettet werden); wenn sie aber Unzucht trieb, so wird ihr kein Wunder geschehen. Das. 17ᵃ u. ö. Zuw. נָסָא ohne Jod. j. Pes. V g. E., 32° un. הוה נסא es war ein Wunder. — Pl. Jom. 21ᵃᵇ ניסי . . . . ניסֵי דגואי דבראי Wunder, die innerhalb des Tempels, Wunder, die ausserhalb desselben stattfanden. Das. ניסי דקביעי beständige Wunder. j. Ter. VIII g. E., 46° euer Schöpfer עביד לכון ניסין וכ׳ wird an euch Wunder thun, vgl. אַרְגְּנִיטוֹן — Ferner נָסָא, נָסָה N. pr. Nissa. j. B. bath II Anf., 13ᵇ u. ö. נסה ר׳ R. Nissa.

נָסָא, נסי (=נָשָׂא) nehmen; gew. Nif. נִיסֵת (=נִשֵּׂאת) genommen, d. h. geheirathet werden, sich an einen Mann verheirathen. Unser W. ist nicht zu verwechseln mit נִיסַת Nif. von סות s. d. — Jeb.

ניסת לראשון ומת לשני ומת לשלישי לא תנשא 64ᵇ
'דברי רבי וכ eine Frau, die sich an einen Mann
verheirathet hat, welcher starb und sich an einen
zweiten Mann verheirathet hat, welcher ebenfalls
starb, soll sich nicht an einen dritten Mann verheirathen (weil auch dieser sterben könnte, vgl.
מזל); so nach Ansicht Rabbi's. Nach Ansicht
des R. Simon ben Gamliel darf sie auch
einen dritten, nicht aber einen vierten Mann
heirathen. Der erstere Autor wendet die Norm
der „Präsumtion" (חזקה, s. d.) schon auf den
dritten, der letztere Autor hing. erst auf den
vierten Fall an. Nid. 64ᵃᵇ ... וניסת תינוקת
ein sehr junges Mädchen, das verheirathet wurde.
Das. 66ᵃ fg. Tosef. Schabb. XV (XVI) נסאת
(in einigen Agg. נשאת) sie verheirathete sich.
Snh. 51ᵃ 'ניסת לכהן ניסת ללוי וכ wenn sie sich
an einen Priester verheirathet, wenn sie sich
an einen Leviten, Israeliten u. s. w. verheirathete.
Das. ö.

Hif. anzünden, eig. das Feuer in die Höhe
steigen lassen (vgl. bh. העלה את הנרות). Tosef.
R. hasch. II Anf. (I g. E.) בראשונה היו מסיאין
'משואות וכ (in m. Agg. משיאין) in
früherer Zeit zündete man die Signalfackeln an,
vgl. משואה.

נְסֵב ,נְסַב (syr. ‏نسب‎=hbr. נָשָׂא) Grndw.
נס, s. vrg. נָסָא, vgl. auch (נָסַב) nehmen. j. B.
mez. II, 8ᶜ un. הוה נָסֵיב כולא er nahm Alles.
Das. אמר סימנא ונסב לה der Eigenthümer des
gefundenen Gegenstandes giebt ein Zeichen an
und nimmt ihn, vgl. מציאתא. Genes. r. s. 77,
76ᵇ נסבין ויהבין בפרגמטיא sie unterhandel-
ten wegen einer Waare; eig. sie nahmen und
gaben, vgl. יהב. — s. auch נָשָׁא. Cant. r. sv. מי
18ᵃ זאת, לדין עם מאן נסיב ויהיב לינא מידע ich
will diesem da nicht kundthun, mit wem er unterhandelt, Unterredung führt. Genes. r. s. 84
Anf. גזור דיסב מאה מגלבין befiehl, dass Jem.
mit 100 Peitschenhieben geprügelt werde, eig.
dass er nehme, vgl. קלף, s. auch Afel. Das. s.
78 g. E. u. ö. Snh. 100ᵇ, vgl. לחם, לחמא. Men.
83ᵃ u. ö., s. פרי. Thr. r. sv. רבתי, 51ᵈ. 52ᵃ תא
סב מובלא דקיסין komm und nimm das Bündel
Reiser. Das. ö., vgl. פריגא; j. Maasr. IV, 51ᵇ
un. הוון סבין מיניה sie nahmen davon. — נְסַב
אתתא, wofür auch blos נָסַב (syr. ‏نسب‎,
hbr. נָשָׂא אִשָּׁה, auch blos נָשָׂא) eine Frau
nehmen, heirathen. Ber. 8ᵃ במערבא כי נסיב
'אינש אתתא וכ wenn Jem. in Palästina eine Frau
heirathete u. s. w., vgl. מָצָא. j. Kidd. IV, 66ᵃ
un., s. דרגא. Mac. 11ᵃ und Genes. r. s. 80, 78ᵈ,
s. מבנאי. Seb. 11ᵇ אגררה נסבה er erwähnt
es blos beiläufig, vgl. גְּרָרָא.

Ithpe. genommen werden, geheirathet
werden. Snh. 51ᵃ משום דאינסיבא להו להני
'וכ sollte sie etwa deshalb, weil sie sich an jene
(Nichtpriester, oder Nichtjuden u. dgl.) verheirathet hat, nunmehr keine „Priestertochter" sein?

Jeb. 43ᵇ אינסובי(?) sich verheirathen, Ggs. zu אתרווסי:
sich verloben, sich antrauen lassen. — Cant. r.
sv. דודי לי, 16ᶜ אתנסיב נפש ich würde Ruhe,
Linderung bekommen.

Af. אַנְסֵיב, contr. אַסֵיב 1) eig. nehmen
lassen, bringen. B. mez. 105ᵃ קא מנסבת
שם רק לארעאי du bringst mein Feld in übeln
Ruf; d. h. durch deine Nachlässigkeit wird es
am Werth verlieren. — 2) eine Frau an
Jemdn. verheirathen, ihr die Erlaubniss
zu heirathen ertheilen. Jeb. 120ᵃ מנסבינן
לה man verheirathet sie. Das. ö. Das. 121ᵃ
ob. אנסבה ר' דימי מנהרדעא לדביתהו R. Dimi
aus Nehardaah erlaubte der Frau Jemds., der
ertrunken war u. s. w. sich anderweit zu verheirathen. — 3) übrtr. (=סָמָא קָלַט) schlagen,
Schläge geben. Keth. 10ᵃ אסכובהו כופרי gebet
ihm Streiche, vgl. כופרא. Schabb. 123ᵃ אסובי
ינוקא die verrenkten Glieder eines Kindes in
Ordnung bringen; vgl. jedoch אסב.

נְסָבָא ,נְסִיבְתָא ,נְסִיבָא f. Abgabe, freiwillige Gabe, Tribut, s. TW.

נְסָבָא f. (=נְצָבָא) Setzling, Schössling,
ein dem Baum entnommener Zweig, s. TW.

נְסַח s. נסי.

נְסַח (=bh., syn. mit נָסַע, s. נַס) fortrücken.
— Hif. dass. Trop. j. Ber. VI Ende, 10ᵈ הסיח
דעתו er zog seine Gedanken von etwas ab; d. h.
es entfiel ihm aus dem Sinne. Schabb. 82ᵃ יסיח
דעתו מדברים אחרים er schlage sich andere
Dinge aus seinem Sinne, d. h. er denke nicht
daran.

נְסַח ch. (=נָסַח) fortrücken. Genes. r. s.
86 Anf. wird הוברך (Gen. 29, 1 gedeutet wie
נסחון(?)הורך Josef rückte, brachte sie (seinen Vater
und seine Brüder von ihrem Wohnorte) fort; dass
sie ihm näml. nach Egypten folgen mussten;
vgl. מקופלין. Cant. r. sv. ידיו גלילי, 26ᵇ R. Elasar
bar Simon sass am Backofen; והוא נסחא אימרה
אכל עד דאכיל כל נסחא והוא אימרה אכל
אצוורא seine Mutter schob die Brote aus
dem Ofen und er ass, sie schob sie wiederum
und er ass; bis er das ganze Gebäck aufgegessen
hatte. In der Parall. Pesik. Beschallach, 91ᵃ
steht dafür נשא ... נשא; vgl. auch נָחַת im
Afel. Thr. r. sv. ממרום, 57ᶜ wird וירדנה (Klgl.
1, 13) nach einer Ansicht erklärt: נסחה er
rückte sie von ihrer Stelle fort (mit Bez. auf
רדה, Ri. 14, 9); nach einer andern Ansicht:
נצחה er besiegte sie, bemächtigte sich ihrer
(mit Bez. auf רדה, 1 Kn. 5, 4). — Ithpe. אתְנְסַח
herausgerissen, fortgenommen werden.
Esr. 6, 11, s. auch TW.

Af. אַסַח (=Hif.) fortrücken, entziehen;
insbes. trop. Seb. 20ᵇ אסוחי מסח דעתיה er
zieht seine Gedanken von etwas ab, d. h. e
vergisst es. Das. ö. Git. 53ᵃ אסח דעתיה dass.

Schabb. 82ᵃ u. ö. In j. Gem. steht dafür אַכַּב, vgl. דִּיּוּכָא.

נְסוֹחָא, נְסוֹחָה m. Adj. Jem., der die Einwohner aus ihrer Heimath fortreisst, vertreibt, Vertreiber. j. Jom. III, 40ᶜ ob. חורגא אמר נסוחה וכ' ein anderer Autor erklärt das W. קרע (Jer. 46, 20) durch Vertreiber, vgl. כְּבוֹסָא. (Das im Spätrabbin. oft vorkommende נוסח: eine Lesart, bes. נוסחא אחרינא: eine andere Lesart, Variante, dürfte von unserem W. abzuleiten sein=העתק (העתקה).

נִיסחני Erub. 28ᵇ und Pes. 53ᵃ בדניסחני crmp., vgl. נִיסָנָא.

נָסָי, נָס (= bh. syn. mit נָשָׂא, Grndw. נס, s. d.) eig. heben, emporheben; sodann: auf die Wage heben, abwiegen.

Pi. נִסָּה 1) hochheben und 2) prüfen. Genes. r. s. 55 Anf. wird נסה (Gen. 22, 1, mit Bez. auf Ps. 60, 6) nach den beiden Bedeutungen erklärt: נסיון אחר נסיון וגדולין אחר גדולין בשביל לנסותן בעולם בשביל לגדלן בעולם כנס הזה של ספינה eine Prüfung nach der andern, eine Vergrösserung, Erhebung nach der andern, um sie („die Gottesverehrer") in der Welt hochzuheben", d. h. um sie in der Welt gross zu machen wie jene Schiffsflagge. Das. fol. 54ᵇᶜ R. Jose, der Galiläer, erklärt das W. נסה: גדלו כנס הזה של ספינה Gott erhob den Abraham wie jene Schiffsflagge hing. R. Akiba das. אין אותו בודאי Gott prüfte ihn wirklich. Das. הקב׳ה מנסה את הרשעים ... אלא מנסה את הצדיקים Gott prüft nicht die Frevler, sondern vielmehr blos die Frommen. Mechil. Beschallach, Wajjassa Par. 1 wird נסהו (Ex. 15, 25) erklärt: נסה המקום את ישראל Gott prüfte Israel, näml. gegen die Erklärung des R. Josua: נשא לו גדולה Gott brachte ihm Erhebung, erhob es. Gegen letztere Erklärung dort eingewendet: והלא גדולה אינו אלא בשין וכאן לא כתיב אלא בסמך für Erheben steht das W. mit Sin, נשא, hier jedoch ist es mit Samech geschrieben, נסה. Aboth 5, 4, vgl. Arach. 15ᵃ עשרה נסיונות ניס׳ לקב׳ה וכ' את אבותינו mit zehn Prüfungen prüften unsere Väter Gott u. s. w. Tanch. Mischpat., 94ᵇ (mit Bez. auf Khl. 5, 12) העשירים אם ידיהם פתוחה לעניים אוכלין נכסיהם בעולם הזה ... וצדקה שעושין הקרן קיימת להם לעולם הבא העניים מנסה אותן ואין מבעטים בעולם הזה נוטלין שכרן לעתיד לבוא וכ' Gott prüft die Reichen; wenn sie eine offene Hand für die Armen haben, so geniessen sie ihre Güter hienieden und das Grundkapital für ihre Wohlthaten bleibt ihnen für die zukünftige Welt aufbewahrt (mit Bez. auf Jes. 58, 8 und Ps. 41, 2). Die Armen aber prüft er; wenn sie nicht in dieser Welt aus Verdruss entarten, so erhalten sie Belohnung in der zukünftigen Welt (mit Bez. auf Ps. 18, 28).

Nithpa. geprüft, versucht werden. Aboth 5, 3 עשרה נסיונות נתנסה אברהם אבינו עליו השלום וכולם בכולם mit zehn Prüfungen wurde unser Erzvater Abraham s. A. geprüft, die er sämmtlich bestand.

נְסָא, נְסִי ch. (=נָסָה) hoch sein, hoch halten, s. TW.

Pa. נַכִּי (=נִסָּה) 1) erheben, hochstellen. — 2) (syr. ‎نَسِّي) prüfen, versuchen, s. TW. — Ab. sar. 15ᵇ נסייה חא גיהלי gehe und untersuche mir das Thier, ob es gut geht. Snh. 107ᵃ מנסינא s. Ithpa.

Ithpa. geprüft, versucht werden. Snh. 107ᵃ ob. David sagte zu Gott: Warum sagt man: Gott Abraham's, Isaak's und Jakob's, aber nicht: Gott David's? אמר אינדהו מינכסי לי ואת לא מינכסית לי אמר לפניו רבונו של עולם רנכסני אמר מנסינא לך ובעידנא מילתא בהדך דלדידהו לא הודעתינהו ואלי אנא קא מודענא לך במנכסינא לך בדבר ערדוה וכ' Gott erwiderte ihm: Jene wurden von mir erprobt, du aber wurdest noch nicht von mir erprobt. David entgegnete: Nun, „so prüfe mich" (Ps. 26, 2). Worauf Gott zu ihm sagte: Ich werde dich also prüfen und an dir etwas vollziehen, was ich an jenen (den Erzvätern) nicht vollzogen habe; denn dir allein habe ich es vorbehalten, dich durch die Versuchung des Incestes zu prüfen, näml. mit Bath Seba, vgl. נִסָּיוֹן Anf.

נְסִיא j. Meg. II, 73ᵇ un. נסייא אתא crmp., s. אַתְכַּנַּס.

נִיסָיתָא f. das Versuchen, Prüfen; ferner (=hbr. מַסָּה) Name eines Ortes, s. TW.

נִיסָיוֹן, נִסָּיוֹן m. die Versuchung, Prüfung, Probe. Snh. 107ᵃ ob. לעולם אל יביא אדם עצמו לידי נסיון שהרי דוד מלך ישראל הביא עצמו לידי נסיון ונכשל der Mensch wünsche sich nicht, in Versuchung zu kommen (auf die Probe gestellt zu werden); denn selbst David, der sich gewünscht hatte, in Versuchung zu kommen (s. das Verb. im Ithpa.), strauchelte daran, näml. durch Bath Seba, die Frau des Urias. Ber. 60ᵇ u. s. w. לא לידי ניסיון ולא לידי בזיון וכ' führe uns nicht in Versuchung, noch zur Schande u. s. w. Genes. r. s. 55 Anf. u. ö., s. נָכָה. j. Ab. sar. I, 39ᵈ un. Grossvieh darf man einem פעמים שמוכרה לו Nichtjuden nicht verkaufen; denn לניסיון והוא מחזירה לאחר ג' ימים וכ' manchmal verkauft man ihm ein Thier zur Probe und der Nichtjude giebt es nach drei Tagen zurück; hierdurch würde letzterer das Vieh des Juden am Sabbat haben arbeiten lassen. — Pl. נִסְיוֹנוֹת (wie זְכְרוֹנוֹת von זְכָרוֹן) Prüfungen. Aboth 5, 3. 4 u. ö., s. das Verb.

נִיסְיוֹנָא, נִיסָיוֹן ch. (syr. ‎نَسِيُونَا= vrg. נִסָּיוֹן) Versuchung, Prüfung. j. Ter. VIII Ende, 46ᶜ לניסיון הוא מתחמי er (der) אַרְגִּינִיטוֹן s. d. W.)

zeigt sich behufs Prüfung. Ab. sar. 15ᵃ גזירה
משום נסיוני (das. ö., wahrsch. jedoch zu lesen
נסיונא=der Parall. in j. Gem. ניסיון, s. vrg. Art.)
man könnte das Thier zur Probe verkaufen.

נְסִיָּיא *masc.* von נָסָא (=נְשִׂיָּיא) der Nasi,
Fürst. j. Frub. VII g. E., 24ᵈ ר' ירדן נסייא
R. Judan, der Nasi. j. Ber. VI, 10ᶜ mit נסיהד.,
s. מַכְלוּם.

נְסִיּוּתָא *f.* (=נְשִׂיאוּתָא s. d.) das Nasiat,
die Nasiwürde; übrtr. die Familie des
Nasi, Fürsten. j. Sot. IX Ende, 24ᵉ חד מן
אילין דבי פזי הוון בעי מחתנתיה לנסיותא ולא
ולא הוה מקבל וכ' Einer aus der Familie des
Pasi, den man zu veranlassen suchte, sich mit
dem Hause des Nasi zu verschwägern, verweigerte dies; weil er sagte: Sie könnten sich
später meiner schämen.

נְסִיוּבָא *m.* (Stw. wahrsch. נָסַב) Molke, ab-
gesahnte Milch, von der man den Rahm und
den Käse herausgenommen hat. Genw. Pl.
נְסִיוּבֵי B. mez. 68ᵇ נסיובי וחותרי Ar. (Agg.
נסיובא) Molke und die schlechten Bestandtheile
der Wolle, die sich näml. an den Füssen der
Lämmer befinden und von den Excrementen
besudelt werden. Diese beiden Gegenstände
sind als werthlos anzusehen. Pes. 42ᵃ נסיובי
דחלבא. Ab. sar. 35ᵇ auch bei der Milch reiner
Thiere איכא נסיובי דלא קיימי giebt es Molke,
die nicht gerinnt, zusammenläuft, vgl. קָמַד.

נְסִיוּטָאֵי N. gent. pl., s. TW.

נָסַךְ (=bh. arab. نَسَكَ, syn. mit מָסַךְ, Grndw.
סך, ähnlich צק, wov. יָצַק und מָצַק s. d. W.)
giessen, bes. schmelzen; wofür gew. Piel.
— j. Ber. I, 2ᵈ ob. (l. בולים) אדם נוסך כלים
אנכי wenn Jem. ein Stück Metall in Eile
schmelzt u. s. w., vgl. אֲנַכְ‍כִי.

Pi. נִיסֵךְ, נָסַךְ 1) giessen, spenden, Wein
oder Wasser, bes. Gott zu Ehren. Suc.
4, 9 (48ᵇ) ר' יהודה אומר בלוג היה מנסך כל
שמונה ולמנסכה אומרים לו הגבה ידיך שפעם
נסך אחד על גבי רגליו ורגמוהו כל העם באתרוגיהם
R. Juda sagte: Mittelst des Log spendete man
das Wasser im Tempel während der ganzen
acht Tage des Hüttenfestes und dem spendenden
Priester rief man zu: Erhebe deine Hand (damit
man sich überzeuge, dass er auf den Altar
spende); denn einst kam es vor, dass Jem.
(d. h. ein Saduzäer, der das Gesetz der Wasserspende nicht anerkannte; vgl. Gem. das. צדוקי
אחד) das Wasser über seine Füsse goss, infolge
dessen die ganze Gemeinde ihn mit ihren Paradies-
äpfeln verschüttete. Nach Ansicht der Chachamim
hing, fand die Wasserspende blos in den ersten
sieben Tagen des Hüttenfestes statt. Das. 49ᵇ
u. ö. Jom. 71ᵃ הרוצה לנסך יין על גבי המזבח
ימלא גרונן של תלמידי חכמים יין Jem., der Wein
auf den Altar spenden (d. h. eine ähnliche Tugend

ausüben) will, fülle die Kehle der Gelehrten mit
Wein. — 2) Wein (auch: Wasser, vgl. נֶסֶךְ)
dem Götzen spenden; ein Götzendienst, der
darin bestand, dass man das Getränk dem
Götzen zu Ehren mit der Hand umrührte,
schwenkte. Ab. sar. 56ᵇ man darf mit dem
Götzendiener gemeinschaftlich die Weintrauben
in der Kelter treten. רהא קא מנסך בידיה
דצרינא להו לידיה והא קא מנסך ברגל ניסוך
דרגל לא שמיה ניסוך der Götzendiener könnte
ja mittelst seiner Hände den Wein dem Götzen
zu Ehren spenden (weshalb also ist das Keltern
mit ihm gestattet)? Man bindet ihm die Hände.
Könnte er denn nicht mittelst des Fusses spenden?
Das Spenden mittelst des Fusses ist nicht als
Spende anzusehen. Das. 70ᵇ fg. s. פְּנַאי. Suh.
62ᵇ fg. זיבח וקיטר וניסך וכ' wenn Jem. einem
Götzen zu Ehren Thiere schlachtet, Räucherwerk
anzündet oder Getränke spendet, vgl. נִיסֵךְ.
Git. 5, 4 וכ' המנסך wer den Wein eines Andern
durch Spenden unbrauchbar macht, ist, wenn
er dies aus Versehen gethan, nicht zu Schadenersatz verpflichtet; wenn er es hing. absichtlich gethan, so ist er zu Schadenersatz verpflichtet. Vgl. das. 52ᵇ Rab sagt: Das מנסך
der Mischna bedeutet: Jem., der wirklich den
Wein des Andern behufs Götzendienstes spendet,
umrührt. Samuel sagt: Es bedeutet Jemdn., der
des Andern Wein mit gespendetem Wein zu-
sammenmischt, מערב, und ihn hierdurch unbrauchbar macht; vgl. auch עָבַר.

Hithpa. gegossen, gespendet werden.
Pes. 22ᵃ מים המתנסכין על גבי המזבח Wasser,
das auf den Altar gespendet wird. Das. auch
Nifal מים הנוסכין dass. Ggs. zu מים הנשפכין:
Wasser, das weggegossen wird. — Nithpa. dass.
j. Ab. sar. IV, 44ᵃ un. נתנסך . . . . נְתְנַסֵּךְ הבור
הקלוח wenn der ganze Wein in der Grube gespendet wurde, wenn ein Strahl desselben gespendet wurde.

נְסָא, יַסַךְ *ch.* (syr. ܢܣܰܟ =נָסַךְ) giessen,
spenden. — Pa. נַסֵּיךְ dass. Dan. 2, 46; s. auch
TW. — Schabb. 41ᵃ כיון דבעיתו לא מנסכי weil
sie (die Belagerer eines Ortes, vgl. Keth. 27ᵃ)
ängstlich sind, so spenden sie nicht. — Ithpa.
Pass. davon. Ab. sar. 71ᵇ קמא קמא אינסיך ליה
der je erste Tropfen Wein, der vom Gefäss
herabfällt, wird wegen des Spendens unbrauchbar.

נְסִיכָה *f.* N. a. das Spenden. Tosef. Meïl.
I mit. das geronnene Blut, das aus dem Grunde
des Altars heraufgeholt wurde, musste man an
heiliger Stelle verbrennen; denn es heisst
הסך נסך (Num. 28, 7), was besagt: כשם שנסכתו
בקדש כך שרפתו בקדש dass, so wie das Spenden
des Blutes an heiliger Stelle (auf dem Altar)
geschieht, ebenso das Verbrennen desselben an
heiliger Stelle geschehen müsse.

נִיסֵךְ *m.* N. a. 1) das Darbringen der

Trankopfer, das Spenden, Gott zu Ehren. Seb. 63ᵃ ניסוך היין והמים das Spenden des Weines und des Wassers. Suc. 4, 1 (42ᵇ fg.) ניסוך המים שבעה das Spenden des Wassers fand in den sieben Tagen des Hüttenfestes statt; nach Ansicht des R. Juda: in acht Tagen, vgl. נֶסֶךְ. j. Suc. IV Anf., 54ᵇ ניסוך המים הלכה למשה מסיני das Wasserspenden ist eine Halacha des Mose vom Sinai her; nach Ansicht des R. Akiba ניסוך המים דבר תורה ist das Wasserspenden ein biblisches Gesetz. Suc. 34ᵃ u. ö., vgl. נְטִיעָה; s. auch יסוד und מי (woselbst jedoch S. 96ᵇ Z. 10. v. u. ersten anst. zweiten zu lesen ist). — Pl. Taan. 2ᵇ R. Akiba sagte: בשני ניסוכין הכתוב מדבר אחד ניסוך המים ואחד ניסוך היין die Schrift besagt (durch das Suff. pl. ונסכיה, Num. 29, 31) zwei Spendungen, die Wasserspende und die Weinspende. Das. 3ᵃ ob. R. Nathan erweist diese zwei Spendungen aus הסך נסך, Num. 28, 7. Genes. r. s. 78 Ende מי כל' שהוא יודע כמה טפות ניסך אבינו יעקב בבית אל יודע לחשב את מי טבריא jeder, der die vielen Spendungen, die unser Erzvater Jakob in Beth El gespendet hat, aufzählen kann, weiss auch die Wassertropfen des Meeres von Tiberias zu berechnen; d. h. sowenig Jem. letzteres kann, ebensowenig vermag er ersteres. — 2) das Spenden, d. h. Umrühren des Getränkes mittelst der Hand einem Götzen zu Ehren. Ab. sar. 56ᵇ, s. נָסַךְ im Piel. Snh. 62ᵃ. 63ᵃ fg. זיבוח וקיטור וניסוך והשתחואה das Schlachten des Götzenopfers, das Verdampfen des Räucherwerkes, das Spenden von Wein oder Wasser und das Niederknien; die vier Hauptarten des Götzendienstes, welche dem Cult im Tempel entsprechen, כעין עבודות פנים. Tosef. Snh. X dass.

נֶסֶךְ m. (= bh.) eig. das Trankopfer im Gottestempel, das Gespendete; insbes. oft Wein oder Wasser, das der Götzendiener mittelst seiner Hände umrührte und dem Götzen weihte. Ab. sar. 56ᵇ fg. bis zu Ende, des Tractats. Das. 73ᵃ ואוסר ואוסר בכל כל' שהוא יין בכל יין במים ומים בנותן טעם der dem Götzen gespendete Wein ist zum Genuss verboten und auch in geringer Theil desselben bewirkt dieses Verbot. Wenn näml. gespendeter Wein in andern Wein oder gespendetes Wasser in anderes Wasser fällt, so wird die ganze Mischung, selbst wenn nur eine sehr geringe Quantität vom Verbotenen sich darin befindet, ebenf. verboten. Wenn hing. gespendeter Wein in Wasser oder gespendetes Wasser in Wein fällt, so ist die Mischung nur dann verboten, wenn darin ein Geschmack des Verbotenen zu verspüren ist, vgl. טָעַם. j. Snh. IV, 22ᵇ mit. ר' יהודה אומר [גרים] אין מקדקין ביין נסך (vgl. Pne Mosche z. St., in m. Agg. fehlt גרים) R. Juda sagte: Die Proselyten (sind deshalb zum Richteramte untauglich), weil sie

es mit dem Genuss des gespendeten Weines nicht genau nehmen. — Pl. (nur von Trankopfern, die Gott zu Ehren gespendet werden). Seb. 64ᵇ fg. נְסָכִים. Men. 15ᵇ . . . הזבח מפגל את הנסכים הנסכים אינן מפגלין את הזבח וכ' das Schlachtopfer macht die Trankopfer verwerflich, wenn letztere bereits in ein heiliges Gefäss gegossen wurden; so nach Ansicht des R. Meir. Die Trankopfer hing. machen das Opfer nicht verwerflich. Wenn Jem. z. B. beim Schlachten des Opfers die Absicht hatte, das Fleisch desselben am zweiten (resp. am dritten) Tage zu geniessen, so ist ausser dem Fleischopfer auch das dargebrachte Trankopfer verworfen; wenn er hing. die Absicht hatte, nur das Trankopfer später zu opfern, so ist blos letzteres, nicht aber ersteres verworfen, vgl. פִּגֵּל.

נִיסְכָּא I נִסְכָּא ch. 1) (= נֶסֶךְ) Trankopfer, das Gespendete, s. TW. — 2) (s. נָסַךְ im Kal) Geschmolzenes; insbes. gegossenes Metall, Silberbarren. B. kam. 96ᵇ האי מאן דגזל נסכא מחבריה ועביד זוזי לא קני מאי טעמא הדר עביד להו נסכא ועבדינהו נסכא קני מאי אמרת הדר עביד להו זוזי פנים חדשות באו לכאן wenn Einer vom Andern einen Silberbarren raubte und daraus Münzen anfertigte, so hat er (durch diese Veränderung) nicht das Besitzungsrecht erlangt; was ist der Grund? Er könnte ja daraus wiederum einen Silberbarren anfertigen, vgl. שִׁינּוּי. Wenn er aber Münzen gestohlen hat, aus denen er einen Silberbarren anfertigte, so erlangt er das Besitzungsrecht (sodass er blos den Werth des gestohlenen Gutes zu ersetzen braucht). Was würdest du einwenden, etwa, dass man daraus wieder Münzen anfertigen könnte? Letztere wären ja ganz andere Dinge als die ersteren, eig. neue Gesichter würden hier zu Tage gekommen sein, vgl. פָּנִים. Das. 98ᵃ לעינין נסכא betreffs des Silberbarrens. Keth. 110ᵇ כתוב בו כסף סתם מה שירצה לוה מגבירהו וארמאי נסכא אמר ר' אלעזר שכתוב בו מטבע (Ar. liest überall נסכא, Agg. נסכא) wenn in einem Wechsel der Vermerk steht, dass die Zahlung in Silber schlechtweg erfolgen solle (z. B. מאה כסף), so darf der Schuldner in jeder beliebigen Münze zahlen. (Worauf gefragt wird:) Vielleicht soll unter כסף: Silberbarren zu verstehen sein? R. Elasar antwortete: Hier ist die Rede davon, dass das Wort: Münze hinzugefügt ist! Men. 107ᵃ dass. Schebu. 32ᵇ. 47ᵃ ההוא גברא דחטף נסכא מחבריה אתי לקמיה דר' אמי וכ' A. hatte dem B. einen Silberbarren geraubt und diese Processsache kam vor R. Ami. B. brachte einen Zeugen, dass A. ihm diesen Gegenstand geraubt habe; worauf jener erwiderte: Allerdings habe ich ihn dem B. gewaltsam fortgenommen, er war aber mein Eigenthum. R. Ami sagte: Welche Entscheidung soll das Gericht in diesem Falle treffen? Soll man

den A. zur Zahlung verurtheilen? Es sind
ja nicht zwei Zeugen da (denn in Geldangelegenheiten ist ja das Zeugniss zweier Zeugen
erforderlich). Soll man ihn freisprechen? Es
ist ja ein Zeuge da, der den Raub bekundet.
Ihm einen Eid aufzuerlegen (dass der fortge-
nommene Silberbarren sein Eigenthum war,
da bei ähnlichen Processen der Beklagte durch
einen Eid die Aussage eines Zeugen annulliren
kann), ist deshalb nicht möglich, weil er selbst
eingesteht, dass er den Barren dem B. gewaltsam
entrissen habe und er infolge dessen (nach dem
Grundsatz, dass Alles, was Jem. hinter sich
hat, als sein Eigenthum anzusehen sei, חֲזָקָה
שלו הוא אדם יד תחת שיש מה כל), als ein
Räuber zu betrachten ist, dessen Eid man keinen
Glauben schenkt! R. Abba, der hier anwesend
war, sagte hierauf: יכול ואינו שבועה מחוייב הוי
מִשָּׁלֵם לישבע יכול ואינו שבועה המחוייב וכל לישבע
da A. einen Eid hätte leisten müssen, zu
dessen Ableistung man ihn nicht zulassen darf,
so muss er, wie jeder Andere in einem ähnlichen
Fall, Zahlung leisten. B. bath. 33ᵇ u. ö. הַיְינוּ
אבא דר' ניסכא dieser Process ist dem Process
betreffs des Silberbarrens, worüber R. Aba die
Entscheidung aussprach, ähnlich.

נְסְבָּא II נִיסְבָּא m. (von נָסַד bh. נָסַד, s. auch
מָסָד) Gewebe. Schabb. 59ᵇ אסר רב בילא
דאסיר סליגי לא עלמא כולי דאניסכא שרי ושמואל
סבר ומר עיקר ניסכא סבר מר דארוקתא פליגי כי
רוקתא עיקר וכ' (Agg. אניסכא Ms. Oxf. u. a. (Agg.
עיקר) das Diadem, eine weibliche Putzsache um
den Kopf, verbietet Rab, am Sabbat zu tragen;
Samuel erlaubt es. Auf dem Gewebe (אֲנִיסְבָּא)
das Diadem zu tragen, verbieten beide Autoren
(denn, da das Gewebe eine Putzsache für sich
ist, so könnte das Weib letztere, um sie Anderen
zu zeigen, vom Kopf abnehmen und sie dann in
der Hand tragen; was am Sabbat verboten ist); die
Meinungsverschiedenheit findet blos hinsichtl.
des Tragens des Diadems über einem Stück Zeug
statt. Der eine Autor hält näml. das Gewebe für
den Hauptputz; der andere Autor aber hält das
Stück Zeug für eine Hauptputz. R. Asche sagt
umgekehrt u. s. w. Das. קמרא שרי איכא דאמרי
אמרי ואיכא מוזהבת אטלית דהוה מידי דארוקתא
מלכים של אבבנט דהוה מידי דאניסכא den Leibgurt darf man am Sabbat tragen; nach einer
Ansicht gilt dies von einem Gurt auf einem
Zeugstück, da man ihn auch auf einem gold-
gestickten Mantel tragen dürfe; nach einer
andern Ansicht gilt dies von einem Gurt auf
einem Gewebe, da man ihn auch über einer
Leibbinde der Fürsten tragen dürfe. (Raschi
erklärt auch unser ניסבא=נִיסְבָּא I: Gold- oder
Silberplatte, was jedoch nicht zutrifft.) Das.
96ᵇ בתרא בניסכא betreffs des letzten Gewebes,
wobei näml. der Weber das Webeschiffchen
herunterfallen lässt.

נִיסָּא ,נִיסָן, נִיסְלָא s. d. in נִי'.

נְסַס (syr. ܢܣ, Ethpa. ܐܬܢܣ) unwillig,
betrübt sein, werden. — Ithpa. sich betrüben. — Pa. נַסֵּס betrüben, s. TW.

נְסִיס m., נְסִיסָא f. 1) Adj. (eig. Part. Peil)
betrübt, missmuthig. — 2) Sbst. Betrübniss, Trübsal, Missmuth, s. TW. — Tem.
16ᵃ (mit Bez. auf עצבי, 1 Chr. 4, 10) יורד הרני
לשאול בנסיסי Raschi (Agg. לנסיסי, Ar. סיסי בר,
s. סיס) ich würde in meiner Betrübniss in die
Gruft fahren. In Mechil. Jithro Abschn. Wajischma
g. E. סיסי כבן (Ephath zedek emend. בנסיסי)
dass. — Pl. Khl. r. sv. ושנאתי, 76ᶜ נְסִיסִין תלת
בישין drei bösartige Trübsale, d. h. ein drei-
faches Leid. — 3) נסיס Geschwür, eig. Krank-
haftes, s. TW.

נָסַע (=bh., syn. mit נָסַח, Grndw. נס) fortziehen, eig. die Zeltpflöcke ausreissen.
Tosef. Sot. VIII Anf. הירדן את ישראל עברו כיצד
ודהרים דגלים שני נוסע הארון היה יום בכל
וכ' תחלה נסע ההוא auf welche Weise zogen
die Israeliten über den Jordan? An jedem andern Tage zog die Bundeslade hinter zwei Cohorten (Num. 2, 12 fg.); aber heute (vgl. Jos.
3, 11) zog sie voran. Sot. 33ᵇ dass. (Im Spätrabbin., namentl. im Rituale, lautet das Perf.
oft נָסַע; נָסְעוּ: er zog fort, sie zogen fort, wonach
das Grndw. viell. סע wäre, vgl. auch סְרִיעַ und
סְרִיעָה.)

Hif. הִסִּיעַ 1) ziehen lassen, entfernen,
fortnehmen. Kel. 5, 7 להסיעו צריך man muss
ihn (den Ansatz vom Ofen) fortnehmen. Sot. 8ᵃ
למקום ממקום העדים את מסיעין היו דין בית
der Gerichtshof zog die Zeugen (die bei einem
Criminalprocess vernommen wurden) von einem
Orte zum andern; damit sie beunruhigt würden
und, wenn sie sich nicht sicher fühlten, von
ihrem Zeugniss zurückträten. Snh. 32ᵇ dass.
Trop. B. bath. 8ᵇ die Stadtbewohner dürfen
hinsichtl. der Masse, Marktpreise und Löhne
Verordnungen festsetzen, קיצתן על ולהסיע sowie
betreffs dieser ihrer Verordnungen (je nach Bedürfniss) Abänderungen treffen. Nach Raschi:
Die Uebertreter ihrer Anordnungen bestrafen, eig. sie von dem gesetzlichen Rechte
entfernen. Genes. r. s. 38, 36ᵈ (mit Bez. auf
Gen. 11, 2) אמרו עולם של מקדמונו עצמן הסיעו
באלהותו ולא בו אפשינו לא אי sie zogen sich
von demjenigen zurück, welcher vor der Welt
war, indem sie sagten: Wir mögen weder ihn,
noch seine Gottheit, Herrschaft. Das. s. 41, 40ᵃ
(mit Bez. auf Gen. 13, 11) dass. von Lot. Tosef.
R. hasch. II Anf. (I g. E.) מסיעין s. מַשּׂוּאָה. —
2) מלבו הסיע (= aram. אסח, oder דעתו הסיע (=
דעתיה, s. נָסַח) sich etwas aus dem Sinne
schlagen, seine Gedanken von etwas entfernen. Erub. 86ᵃ מלבו הסיע כבר er hat es

sich bereits aus den Gedanken geschlagen, er denkt nicht mehr daran. Exod. r. s. 20, 121ᵇ (mit Ansp. auf וַיִּסְעוּ, Ex. 14, 15) יסיעו דבר מלבן mögen sie es (das Sichängstigen) sich aus dem Sinne schlagen. j. Ber. V, 9ᵈ mit. und VI g. E., 10ᵈ הטיע דעתו וכ' wenn Jem. seine Gedanken vom Wein abwendet, d. h. ihn nicht mehr trinken will. j. Taan. IV Anf., 67ᵇ s. מֹשֶׁה. Das. I, 64ᵇ un. fg.

Hof. הוּסַע entzogen, entfernt werden. j. Hor. III, 47ᵈ ob. הוסע מכהונה גדולה er (Ben Elam) wurde aus dem Hohenpriesterthum entfernt, dieses Amtes entsetzt. j. Meg. I, 72ᵃ un. dass.

נְסִיעָה f. N. a. das Fortziehen. j. Erub. V, 22ᶜ un. und Men. 95ᵃ, Ggs. zu חֲנָיָיה: das Lagern, s. d. W. Mechil. Jithro Par. Bachodesch (mit Bez. auf Ex. 19, 2) הקיש נטיעתם מרפידים לביאתם למדבר סיני מה ביאתם למדבר סיני בתשובה אף נטיעתם מרפידים בתשובה die Schrift vergleicht ihr „Fortziehen aus Refidim mit ihrem Eintreffen in der Wüste Sinai"; so wie ihr Eintreffen in der Wüste Sinai unter frommem Vorsatz (die Gotteslehre zu empfangen) geschah, ebenso geschah auch ihr Fortziehen aus Refidim unter frommem Vorsatz. Nach einer andern Ansicht das. מה נטיעתם מרפידים מכעיסים למקום אף ביאתם למדבר סיני וכ' ... so wie sie bei ihrem Fortziehen aus Refidim Gott kränkten, ebenso kränkten sie Gott bei ihrem Eintreffen in der Wüste Sinai. — Khl. r. sv. זכרון אין 73ᵈ crmp. l. [=Levit. r. s. 11 Ende] ענתה נסיעה, ἀϑανασία, Unsterblichkeit, s. אַתְנַסְיָא.

נְסַק (=bh. Ps. 139, 8, und נָשַׂק: נְשַׁק: zünden, brennen, wie אֵשׁ עָלָה) aufsteigen, in die Höhe gehen. Grndw. סָק, wovon auch סָלַק, s. d.

Hif. הִסִּיק (=bh. הִשִּׂיק, wie הֶעֱלָה אֶת הַנֵּרוֹת, eig. die Flamme in die Höhe treiben) anzünden, heizen. Pes. 27ᵃᵇ הסיק בהן את התנור wenn man mit den Hölzern eines Götzenhaines den Ofen heizte. Das. ö. הַמַּסִּיק der Heizer. Das. 36ᵇ. 37ᵃ fg. j. Schek. V, 48ᵈ un. בית גרמו היו מסיקין מבפנים ורודין מבחוץ ולא היתה מתעפשת ואילו היו מסיקין מבפנים ורודין מבפנים והיתה מתעפשת die Familienglieder Garmo's (Kunstbäcker der Schaubrote) heizten den Ofen von innen und schoben die Brote nach der Aussenseite desselben hin (d. h. sie backten sie an den glühenden Kacheln von aussen), infolge dessen das Brot nicht schimmlig wurde; jene aber (die alexandrinischen Bäcker) heizten den Ofen von innen und schoben die Brote hinein, infolge dessen es schimmlig wurde. j. Jom. III, 41ᵃ mit. dass. (In bab. Jom. 38ᵃ steht ואופין anst. ורודין, wozu jedoch der Satz: ולא היו יודעין לרדות כמותן nicht passt.) j. Snh. X, 28ᶜ un. היו מסיקין תחתיו man heizte das metallene Maulthier durch Feuer von unten, s. מוּלָא. Bez. 32ᵃ. 33ᵃ s. אוּד. Trop. Schabb.

הנצרך לנקביו ואכל דומה לתנור שהסיקוהו 41ᵃ על גבי אפרו וזהו תחלת ריח זוהמא רחץ בחמין ולא שתה מהן דומה לתנור שהסיקוהו מבחוץ ולא הסיקוהו מבפנים wenn Jem., der seine Nothdurft zu verrichten nöthig hat, zuvor isst, so gleicht er einem Ofen, den man über seiner Asche heizte; und davon rührt der üble Geruch (aus dem Munde) her. Wenn er im warmen Wasser badet, ohne aber davon zu trinken, so gleicht er einem Ofen, den man von aussen, aber nicht von innen heizte.

Hof. geheizt werden. Pes. 30ᵃ ob. הוּסַק התנור wenn der Ofen geheizt wurde. — Nif. dass. j. Ber. IV, 8ᵇ ob. מרחץ שהיא נסוקת ein Badehaus, das geheizt wurde. Das. IX, 14ᵇ ob., s. מֶרְחָץ.

נְסַק ch. (syr. ‎نَـﺴَـق‎=נָסַק) hinaufsteigen, nach einem höher gelegenen Orte gehen. Kidd. 50ᵃ Jem. verkaufte sein Grundstück, למיסק לארעא דישראל um nach Palästina zu gehen (wofür auch im Hbr. עָלָה). Das. öfter abwechselnd mit סלק, s. d. M. kat. 22ᵃ אוכי ואיסק וכ' wenn ich so glücklich sein werde, nach Palästina zu gehen, vgl. זכי, דְּבָא. Schabb. 41ᵃ u. ö.

Af. אַסֵּיק 1) heraufbringen, erheben. Dan. 4, 24 לְהַנְסָקָה. Das. Hof. הֻסַּק heraufgebracht werden.—Git. 56ᵇ.57ᵃ אסקיה לבלעם וכ' ... אסקיה לישו וכ' ... er brachte den Bileam, er brachte den Jesus u. s. w. durch Nekromantie herauf. Schabb. 152ᵇ u. ö., s. נְגִירָא. Genes. r. s. 11, 12ᵃ אסקיה dass. B. kam. 97ᵇ מסיק לירושלם er führt das für den zweiten Zehnten eingetauschte Thier nach Jerusalem. j. Maas. scheni IV g. E., 55ᶜ כרמיה דההוא גברא מסיק dieses Mannes (dein) Weingarten bringt חסין Lattich hervor. Git. 69ᵃ un. לאסוקי ליתי עפרא וכ' um die Krankheit zu heben (oder: um gesundes Fleisch hervorzubringen) nehme man Staub von einer schattigen Stelle des Abtrittes u. s. w. — 2) vollenden, einen angefangenen Satz schliessen. Jeb. 106ᵇ אסוקי Ar. (Agg. אפסוקי) היא ואסוקי מילתא לית לן בה hier handelt es sich darum, dass man einen angefangenen Satz schliesse, vollende; daher schadet das Anfangen des Satzes, den man abgebrochen, später aber vollendet hat, nicht. Wenn daher der Levir den Satz לא חפצתה לקחתה (Dt. 25, 8) mit Unterbrechung gesprochen, dass er näml. hinter dem W. לא pausirt hat, so geben die zwei später ausgesprochenen Worte חפצתי לקחתה nicht etwa den Sinn: „Ich will sie ehelichen", da sie blos den Schluss des angefangenen Satzes bilden. Suc. 39ᵃ אסוקי מילתא dass. in einem ähnlichen Fall. — 3) übrtr. (ähnlich hbr. נשא) benennen, den Namen aussprechen. Jom. 38ᵇ לא מסקינן בשמייהו wir benennen Niemanden mit ihren (der Frevler) Namen, vgl. רַקְבּוּבִית. Git. 11ᵇ דוקא לוקוס ולוס וכ' דלא שכיחי ישראל דמסקי בשמהתיהו אבל שמהתא

אחריני דשכיחי ישראל דמסקי בשמהתיידהו לא dann (ist ein Scheidebrief mit den Unterschriften nichtjüdischer Zeugen giltig), wenn letztere Namen wie Lukos und Lus führen; denn da Juden solche Namen nicht zu führen pflegen (so wird man auf die Zeugenunterschriften sich nicht verlassen, sondern jüdische Zeugen bei der Uebergabe des Scheidebriefes zuziehen, עדי מסירה, vgl. מְסִירָה); aber ein Scheidebrief mit anderen Namen nichtjüdischer Zeugen, welche auch Juden zu führen pflegen, ist nicht giltig; weil man zu besorgen hat, dass man sich auf die unterschriebenen Zeugen allein verlassen könnte. Erstere sind מובהקין שמות ausgezeichnete, leicht kenntliche Namen, letztere aber שמות שאינן מובהקין nicht ausgezeichnete Namen, vgl. בָּהַק und לוּקוֹס. — 4) ein Darlehn von Jemdm. zu fordern haben; eig. die Schulderheben=נְבָה, tollere. Schebu. 41ᵇ. 42ᵃ fg. הב לי מאה זוזי דמסקינא בך giebt mir die 100 Sus, die ich von dir zu fordern habe, die du mir schuldest. B. kam. 97ᵃ דהו חקיף עבדי דאינשי דמסק בהו זוזי ועבדו בהו מלאכה bemächtigten sich der Sklaven derjenigen, von denen jener eine Schuld zu fordern hatte und hielten sie zur Arbeit an, um sich näml. dadurch bezahlt zu machen. — 5) einen hohen Preis bieten, in die Höhe treiben. j. Kidd. I, 61ᵇ ob. אסקוניה למאתים אסקוניה לאלף die Gelehrten boten für ihn (den Edelstein, den Dama ben Nethina besass) den hohen Preis von 200, sie boten dann den Preis von 1000 Denaren u. s. w. j. Pea 1, 15ᶜ mit. dass., vgl. נְפִּיק.

נִסְקָא od. נִקְצָא m. (syr. ܩܶܣܛܳܐ transp.) Stück, sectum, segmentum. Stw. נסק: spalten, abhauen; vgl. die samarit. Uebers. Gen. 22, 3 ורבקע für hbr. ונסקע; s. TW.

נְסַר (arab. نَشَر, bh. שׁוֹר und נָשׁוֹר, wovon מַשּׂוֹר, Grndw. סר, vgl. auch כוּר) sägen, Holz u. dgl. spalten. Genes. r. s. 6, 7ᵈ die Sonne כמסר הזה שהוא נוסר בעץ gleicht einer Säge, die in den Baum sägt, vgl. מַסָּר. Das. s. 8 Anf. und Levit. r. s. 14 Anf., s. בָּא.

Pi. נִסֵּר dass. sägen. Jom. 20ᵇ wodurch wird das Geräusch am Tage weniger gehört als des Nachts? מפני גלגל חמה שמנסר ברקיע כחרש המנסר בארזים wegen der Sonnenscheibe, welche im Himmel ebenso sägt, wie der Zimmerer an Cedern sägt, s. Kal. j. Ber. I, 2ᶜ mit. steht dafür החמה נוסרת Kal. Genes. r. s. 65 g. E. מה עשו לו נתנו אותו בחמור רוי היו מנכסרים בו ודהה מצורת ואומר רוי רוי אוי שהבעסתי את בוראי wie verfuhren die Römer mit ihm (dem Jose Meschita, zur Strafe dafür, dass er den Tempel nicht wieder ausplündern wollte)? Sie warfen ihn in einen Esel der Zimmerleute (vgl. חֲמוֹר) und zersägten ihn; da schrie er: Wehe, wehe, dass ich meinen Schöpfer erzürnt habe.

נְסַר ch. (syr. ܢܣܰܪ=נָסַר) sägen, zersägen. Jeb. 49ᵇ Jesaias wurde von einer Ceder verschlungen, um den Nachstellungen des Menasse zu entkommen; אתייה לארזא ונסרוה letzterer liess die Ceder herbeibringen und sie durchsägen. — Pa. dass. B. bath. 75ᵃ ein Schüler des R. Jochanan חזא מלאכי השרת דיתבי וקא מנסרי אבנים טובות ומרגליות וב׳ sah Engel, welche sassen und Edelsteine und Diamanten von 30 Ellen Länge und 30 Ellen Breite durchsägten u. s. w. Dieselben sollten näml. an den Thoren Jerusalems aufgestellt werden.

נְסַר m. Brett, abgesägte oder: abgeschnittene Tafel. j. Schek. VI, 49ᵈ un. בין נסר לנסר zwischen einer Tafel (der Bundeslade) und der andern. j. Chag. II, 78ᵇ un. אוכסר בכסר man sammelt (die Asche der rothen Kuh, rafft sie zusammen) mit einem Brett. — Pl. Kel. 22, 10 הַנְּסָרין שבמרחץ die Bretter im Badehause, womit man die marmornen Fussboden bedeckt. B. bath. 67ᵇ wenn Jem. ein Badehaus verkauft, לא מכר את הנסרין so hat er die Bretter nicht mitverkauft. j. Schabb. III, 6ᵃ mit. Schabb. 40ᵃ חמין שלו מחופין בנסרין die heissen Stellen im Badehaus waren mit Brettern bedeckt.

נִסְרָא, גִּסְרָא ch. (syr. ܢܣܪܐ=נְסַר) Brett, Tafel, s. TW. — Schabb. 98ᵇ das W. קרשים (Ex. 26, 24) besagt, דליתא שלמין ולא ליתו דניסרא dass man zum Bau der Stiftshütte ganze Bretter, nicht aber zusammengesetzte Tafeln verwende.

נְסֹרֶת f. Abgesägtes, Sägespäne oder abgehobelte Holzstücke. Schabb. 49ᵃ נסורת של חרשין die Sägespäne der Zimmerleute. j. Schabb. IV, 6ᵈ un. אין תנינן נסורת תני דבית wir lesen in der Mischna: נסורת; in der Schule Rabbi's jedoch liest man: נעורת; daraus ist erwiesen, dass beide Wörter eine und dieselbe Bedeutung haben. Chull. 88ᵇ. M. kat. 12ᵇ נסורת שלו die Sägespäne der Palme. — Pl. B. kam. 10, 10 (119ᵃ) אף הנסרות של בעל הבית Ar. ed. pr. (Mischna Agg. הנכסרות, Tlmd. Agg. הנסרים crmp.) auch die Sägespäne gehören dem Arbeitgeber.

נְסֹורְתָא ch. (ähnl. נְסֹרֶת; viell. jedoch von נְסַר=נָשַׁר) der Abfall. j. Schebi. VII Anf. 37ᵇ mit. הדא נסורתא jener Abfall, d. h. die abgefallenen Blüthen.

נִיסְרִי m. pl. (viell. verw. mit hbr. שָׂרַן transp.) Herrschaft, Regierung; mögl. Weise=נִיסְלָא: Thron, Sessel, s. TW.

נְסָתֵיה, נַסְתֵּיה u. s. w. für נסבתיה, נסבתה, s. נְסַב.

נְעָא (=יְצָא, hbr. יָצָא) herauskommen, übrtr. blühen, s. TW.

נְעָא die Brust, s. נִיצָא.

נְעָוָא, נְעָוָה f. Keltertrog oder Kufe. Ab. sar. 74ᵇ נערה ארחתו spült die Kufe mit kochendem Wasser aus; s. auch TW. Vgl. Sachs' Beitr. II, 27: Voss (etymol. fol. 339) aus Festus: „Navia est ex ligno exsculpto, ut navis, quo utuntur alveo in vindemia, Graecis dicitur σκάφη; also ausgehöhlter Balken, schiffsähnlich, dessen man sich beim Keltern bediente."

נְעָוֹת s. נָאוֹת, vgl. אוֹת I.

נָעַל (=bh. Grndw. על) 1) verschliessen, einschliessen. B. kam. 6, 1 (55ᵇ) נעל בפניה er verschloss die Thür des Stalles vor dem Thiere. — Uebrtr. j. M. kat. III g E., 83ᶜ mit. R. Chija bar Ba lehrte, לנעול בר ביום dass man an demselben Tage (an welchem man sich die Kleider wegen eines Todesfalles zerrissen hat) die zerrissene Stelle zumachen dürfe. Das öfter ינעול dass. Mechil. Mischpat. Par. 18 hätte sich Abraham in seinem zwanzigsten oder dreissigsten Lebensjahre beschneiden lassen, so hätten die Gibeoniter, die ein höheres Alter erreicht hatten, zum Judenthum übergehen können; לפיכך גלגל המקום עמו עד שהגיע לתשעים ותשע שנה שלא לנעול דלת בפני הגרים deshalb zog Gott diese Handlung hin (eig. er bemühte sich mit ihm, vgl. נִּלְגֵּל) bis jener das Alter von 99 Jahren erreicht hatte, um den Gibeonitern die Möglichkeit, ins Judenthum einzutreten, nicht zu benehmen; eig. die Thür vor ihnen nicht zu verschliessen. Snh. 3ᵃ. 32ᵃᵇ weshalb verordnete man, dass bei Civilprocessen nicht, ebenso wie bei Criminalprocessen, das Ausforschen und Prüfen der Zeugen nöthig sei? כדי שלא תנעול דלת בפני לווין אלא מפתה טער לא ישלמו כל שבן שהנעול דלת בפני לווין damit du nicht vor den Leihenden die Thür verschliessest (d. h. damit man nicht dadurch, dass man den Gläubigern Schwierigkeit verursacht, den Credit schwächt). Demnach sollten die Richter, wenn sie sich im Urtelspruch geirrt haben, den Schaden nicht zu ersetzen brauchen (da sie sagen könnten, sie würden durch ein näheres Prüfen der Zeugen das Richtige getroffen haben)? Dadurch würdest du aber den Credit noch mehr schwächen, indem näml. Niemand sein Geld verleihen würde aus Furcht, dass er es durch unwissende Richter verlieren könnte. Keth. 88ᵇ u. ö., vgl. דְּלָת. — j. Nas. VIII, 57ᵃ mit. (mit Bez. auf die Mischna: R. Josua sagte: „Auf diese Weise würde er seine Opfer zur Hälfte darbringen") רבא קרבנותיו חצים שלא תנעול תשובה מבית המועד möge er doch seine Opfer zur Hälfte darbringen (d. h. was würde denn das schaden? Worauf die Antwort: R. Josua wusste diese Ent-

gegnung selbst, that aber dessenungeachtet jenen Ausspruch, damit man den Einwand in der Akademie nicht abschneide, verschliesse; d. h. um den Scharfsinn der Schüler zu üben; ähnlich in bab. Gem. לחדורי דבעי הוא ... vgl. חָדַד. Ruth r. sv. 40ᵈ ויאמר לה בעז, אמר להם אם איני מקבלו בתשובה הריני נועל דלת בפני כל בעלי תשובה Gott sagte zu den Engeln (welche von der Annahme der Busse des Götzendieners Menasse abgerathen hatten): Wenn ich ihn trotz gethaner Busse nicht aufnähme, so würde ich die Thür vor jedem Büssenden verschliessen; d. h. dann würde Niemand mehr Busse thun, da sie ihm nichts nützen würde. — Tosef. Sot. V Anf. Manchen giebt es u. s. w. (vgl. מֹצֵץ und זָבוּב) כגון פפוס בן יהודה שנועל דלת בפני אשתו wie z. B. Papos ben Juda, welcher die Thür vor seiner Frau zuschliesst, sie einsperrt. j. Kidd. IV, 66ᵃ mit. כיהודה בן פפוס crmp. aus כפפוס בן יהודה. — 2) beschuhen, die Schuhe anziehen, eig. den Fuss einschliessen. Tosef. Schabb. IV (V) לא ינעול אדם סנדל המסומר man ziehe nicht eine mit Nägeln beschlagene Sandale an, vgl. סַנְדָּל. Schabb. 61ᵃ כשהוא נועל נועל של ימין ואחר כך 'וכ נועל של שמאל וכשהוא חולץ וכ beim Anziehen der Schuhe ziehe man zuerst den Schuh vom rechten und dann den vom linken Fusse an; beim Ausziehen hing. ziehe man zuerst den Schuh vom linken und dann den vom rechten Fusse aus. B. bath. 53ᵇ כיצד בחזקה נעל לו מנעל לו התיר לו מנעלו או שהוליך כליו אחריו לבית המרחץ והפשיטו והרחיצו סכו גרדו והלבישו והגעילו והגבהו קנאו (das Hifíl von נעל wurde als dem הלביש entsprechend gewählt) auf welche Weise erwirbt man das Besitzungsrecht des Sklaven? Wenn letzterer dem Herrn den Schuh anzog oder ihn den Schuh losmachte, oder ihm die Wäsche ins Badehaus nachtrug; wenn er ihn entkleidete, badete, salbte, kämmte, ihm die Kleider anzog, die Schuhe anlegte, oder ihn in die Höhe hob (um z. B. auf einen hochgelegenen Ort steigen zu können, oder wenn er sonst des Hebens bedurfte): — so hat der Herr ihn als sein Eigenthum erworben.

Nif. נִנְעַל eingeschlossen werden. Schabb. 67ᵃ s. נָעַץ. Trop. B. kam. 80ᵇ דלת הננעלת וכ' eine Thür, die verschlossen wurde; bildl. s. דְּלָת. B. mez. 59ᵇ כל השערים ננעלין חוץ משערי אונאה alle Himmelspforten werden geschlossen, mit Ausnahme der Pforte des Quälens; d. h. für jedes gethane Unrecht nützt die Busse, aber für die Anklage eines Beleidigten, gekränkten Menschen bleibt der Himmel stets geöffnet, vgl. אוֹנָאָה.

נְעַל ch. (=נָעַל nr. 2) beschuhen. — Af. אַנְעֵיל dass., s. TW. — Dan. 2, 25. 6, 19 הַנְעֵל Af. von עֲלַל für הֶעֱל (Dag. f. implicit.) hereinbringen.

נְעִילָה f. N. a. 1) das Verschliessen, Zu-

schliessen. j. Erub. III, 21ᵃ mit. היא קשירה das Verknüpfen (Zubinden der Thür היא נעילה eines Stalles mittelst eines Strickes, damit die Thiere nicht herauslaufen) ist dasselbe, was das Verschliessen. Num. r. s. 14, 222ᶜ (mit. Ansp. auf נעלי, Ps. 60, 10) על המן האדומי השלכתי נעלי über den בחנק בנעילת גרונו שהמתי אותו Idumäer Haman brachte ich mein „Verschliessen"; denn ich tödtete ihn durch Erwürgen, durch Zuschnüren (Zusammenschliessen) seiner Kehle. — Insbes. oft 2) Neïla, das Schlussgebet. Taan. 4, 1 (26ᵃ) בשלשה פרקים בשנה כהנים נושאין את כפיהן ארבעה פעמים ביום במוסף במנחה ובנעילת שערים בתעניות ובמעמדות וביום הכפורים (über die Erklärung dieser Mischna vgl. Gem. das. 26ᵇ) zu drei Zeiten im Jahre, näml. an Fasttagen, ferner in den Gebeten der Opferbeistände (vgl. מעמד) und endlich am Versöhnungstage sprechen die Priester bei jedem Gebete ihren Segen; am Versöhnungstage viermal des Tages, näml. im Morgen-, Musaf-, Mincha- und Neïlagebet. j. Ber. IV, 7ᶜ ob. אימתי היא נעילה ... רב אמר בנעילת שערי שמים ור' יוחנן אמר בנעילת שערי היכל wann ist die Zeit des Neïlagebetes? Rab sagte: Beim Schliessen der Himmelspforten (d. h. beim Eintreten der Nacht); R. Jochanan sagte: Beim Schliessen der Tempelpforten (d. h. am Tagesschluss). Das. Rab sagte am Versöhnungstage zu seinem Bedienten: כד חזית שמשא בריש דקלי תיחב לי גולתא דנצלי נעילת שערים sobald du die Sonne auf den Spitzen der Palmen erblickst, so reiche mir meinen Mantel, damit wir das Neïla (Thoresschluss-) Gebet verrichten. j. Taan. IV, 67ᶜ mit. dass. Jom. 87ᵇ נעילה מנחה מוסף שחרית ערבית das Abend-, Morgen-, Musaf-, Mincha- und Neïlagebet; die fünf Gebete am Versöhnungsfeste, in deren jedem das Sündenbekenntniss, וידוי, gesprochen werden soll. Das. werden verschiedene Ansichten betreffs des Inhaltes des Neïlagebetes erwähnt. j. Jom. VIII g. E., 45ᶜ. — 3) das Beschuhen, Schuheanziehen. Jom. 8, 1 (73ᵇ) נעילת הסנדל das Verbot des Anziehens der Sandalen am Versöhnungstage. Das. 74ᵃ fg. M. kat. 15ᵇ נעילת הסנדל dasselbe Verbot für Leidtragende und Excommunicirte. Genes. r. s. 100, 99ᵇ נעילת רשות das Anziehen der Schuhe während der Trauerzeit ist freigegeben; d. h. das Verbot desselben ist nicht unbedingt.

נַעְלָא *m.* eine zum Genuss erlaubte Heuschreckenart, viell. Heupferd, s. TW.

נָעֵם (=bh., eig. wie arab. نَعِمَ: weich, zart sein, daher) angenehm, lieblich sein. Hif. הִנְעִים lieblich, angenehm machen. j. Scheck. V, 48ᵈ un. man sagte betreffs des Leviten Hugdas, שהיה מנעים את קולו בזמר ובשהיה נועע גרולו לתוך פיו היה מוצא כמה מיני זמר וכו' dass er im Gesang seine Stimme

---

lieblich ertönen liess und dass er dadurch, dass er seinen Daumen in den Mund steckte, verschiedene Tonarten hervorbrachte, vgl. זָקַר im Nifal; s. auch נְעִימָה. Snh. 24ᵃ חכמים שבארץ ישראל שמנעימין זה לזה בהלכה „Noam" (Sach. 11, 7), das sind die palästinischen Gelehrten, die im Disputiren betreffs einer Halacha, einander milde, lieblich begegnen; Ggs. zu den babyl. Gelehrten, s. חָבַל; vgl. auch נַעֲמָה.

נָעִים *m.*, נְעִימָה *fem.* Adj. (=bh.) lieblich, angenehm. Ruth r. sv. ויאמר בעז, 40ᵃ כיון שראה אותה נעימה ומעשיה נאים (נעימים .l.) בתחילת שאל עליה als Boas bemerkte, dass Ruth lieblich und ihr Benehmen lieblich war, so begann er, sich über sie zu erkundigen: „Woher ist dieses Mädchen?" (Ruth 2, 5). j. Sot. III, 18ᵈ un. נעים, l. נאים, פָּאר.

נְעִימָה *fem.* (=bh.) 1) Lieblichkeit, Annehmlichkeit; oft auch (=syr. ܢܥܝܡܬܐ) Melodie, modulatio dulcis. j. Schek. V, 48ᵈ un. נעימה יתירה היתה בו er (der Levite Hugdas, נַעַם) besass eine vorzügliche Lieblichkeit im Gesange. Jom. 38ᵇ ob. steht dafür: כשהוא נותן קולו בנעימה מכניס גודלו לתוך פיו ומניח אצבע בין הנימין וכו' als er seine Stimme mit besonderer Lieblichkeit, Melodie hervorbringen wollte, so steckte er seinen Daumen in seinen Mund und seinen Zeigefinger in die Falte zwischen der Oberlippe und der Nasenkuppe u. s. w. Kidd. 71ᵃ den zwölfbuchstabigen Gottesnamen שבכהונה הצנועים מבליעים אותו בנעימת אחיהם הכהנים machten die Frommen in der Priesterschaft unvernehmbar durch den lieblichen Gesang ihrer priesterlichen Brüder, vgl. שֵׁם. Khl. r. sv. 79ᵇ und Num. r. s. 11 g. E. dass. Meg. 32ᵃ, s. זְמָרָה. j. Suc. V g. E., 55ᵃ, s. אֶרְדַּבְּלִיס. Cant. r. g. E., 34ᵃ בשה שישראל קורין את שמע בפה אחד בקול אחד בנעימה אחת קולך השמיעיני ואם לאו ברח דודי wenn die Israeliten das Schemâ gleichsam mit einem Munde, mit einer Stimme und einer Melodie verlesen, so „lasse mich deine Stimme vernehmen", wo nicht, so „entfliehe mein Lieber" (HL. 5, 13. 14). Mechil. Jithro Bachodesch Par. 4 (mit Bez. auf Ex. 19, 19) והיה הקול
 מסייע בקול ובנעימה שהיה משה שומע בה היה משמיע את ישראל Gott half dem Mose mit der Stimme und mit derselben Lieblichkeit, Melodie, womit er das Gotteswort vernommen hatte, liess er es die Israeliten hören. — 2) das Finden des Wohlgefallens, der Geschmack. Aboth d. R. Nathan IV g. E. Gott gab den Menschen drei Dinge, wodurch sie sich von einander unterscheiden: בקול בנעימה ובמראה שאלמלא לא שינה הקולה נעימות נעימות היו היו מתחזקין זה בזה ... נעימתו של זה אינה דומה לזה וכו' durch die Stimme, den Geschmack und das Aussehen ... Hätte Gott den Geschmack der Menschen nicht verschieden gestaltet, so würden

sie einander beneidet haben; so aber gleicht
der Geschmack des Einen nicht dem des Andern.
Snh. 38ᵃ steht דעת נעימה für נעימותה.

נְעִימְתָא ch. (syr. ܢܥܝܡܬܐ=נְעִימָה) Lieblichkeit, s. TW.

נַעֲמָה (bh.) N. pr. f. Naama. Genes. r. s.
23, 23ᵈ R. Abba bar Kahana sagte: נעמה אשתו
של נח היתה למה היו קורין אותה נעמה שהיו
מעשיה נעימים ורבנן אמרי נעמה אחרת היתה
ולמה היו קורין אותה נעמה שהיתה מנעמת בתוף
לע׳׳ז die „Naama" (Gen. 4, 22) war die Frau des
Noah; weshalb nannte man sie Naama? Weil
ihre Handlungen lieblich waren. Die Rabbanan
sagten: Das war eine andere Naama (nicht die
Frau des Noah); weshalb aber nannte man sie
Naama? Weil sie auf der Pauke vor den Götzen
liebliche Töne hervorbrachte.

נַעֲמִית od. **נְעֶמִית** f. (arab. نَعَامَة; über die
Punktation vgl. TW. hv. und das. Fleischer's
Nachtr. II, 570ᵃ) der Strauss, struthiocamelus;
dass., was bh. יַעֲנָה. Stw. נעם sanft, zart sein.
Kel. 17, 14 ביצת הנעמית המצוחצת das glasirte
Straussenei, das man als Gefäss benutzte. Tosef.
Kel. B. mez. VII mit. dass. Tosef. Para III (IV)
לקדש בה ביצת הנעמית כשירה (in ed. Solkiew
fehlt dieser ganze Satz) in dem Straussenei darf
man das Lustrationswasser zubereiten. j. Schabb.
I, 3 mit., s. בִּיצָה. — Pl. Schabb. 128ᵃ Glasstücke
מאכל לנַעֲמִיּוֹת dienen den Straussen als Futter.
j. Schabb. XVIII Anf., 16ᶜ und Genes. r. s. 31, 30ᵇ
dass. Num. r. s. 12, 215ᵃ. j. Jom. IV, 41ᵈ ob.
geläutertes Gold, das man in Stücke zerschnitt
und mit Teig beklebte, ומאכילין אותן לנעמיות
ורהן מסננות אותן gab man den Straussen zu essen,
welche sie säuberten. Pesik. Schek., 25ᵇ מה עשו
לו היה מחמד מבשרו זתים חתים ומאכיל לנעמיות
wie verfuhr man mit ihm (dem „Agag", 1 Sam.
15, 33)? Man schnitt seinen Körper in Stücke
(eig. von der Grösse einer Olive, vgl. זַיִת), die
man den Straussen zu essen gab. Thr. r. sv.
תשיב להם, 66ᵈ dass., wo jedoch חתירכות
זתים steht. Jalk. II, 17ᵇ dass. Diese Angabe
jedoch hält Lewis. Zool. d. Tlmd., 189 für ungenau, da die Straussen blos von Vegetabilien
leben.

נְעֶמָא, **נְעֶמְתָא** oder **נַעֲמָא** ch. (syr. ܢܥܡܐ,
arab. نَعَامَة=נַעֲמִית) (נַעֲמִית=) Strauss. Schabb.
110ᵇ ביעתא דנעמיתא das Straussenei. j. M. kat.
III, 83ᵇ un. חונא דר׳ תפילוי חטפת נעמיתא אתת
ein Strauss kam und raubte die Tefillin des
R. Chona. M. kat 26ᵃ steht dafür בת נעמיתא
schwerlich richtig. — Pl. נַעֲמִיּין s. TW.

נַעֲנָא m. Minze. j. Schabb. VII, 10ᵃ mit.,
s. בַּנָּא.

נַעֲנַע Pilp. (von נוע) schütteln. Ber. 28ᵇ

---

un. נענע ראשו וכ׳ seinen Kopf beim Gebete
schütteln. Jeb. 121ᵃ R. Akiba sagte: דף של
ספינה נזדמן לי וכל גל ושבא עלי נענעתי לו
ראשי מכאן אמרו חכמים אם יבאו רשעים על אדם
ein Brett des Schiffes רנענע לו (l. להם) ראשו
(das gescheitert war) kam mir zu Händen und
vor jeder Welle, die über mich kam, schüttelte,
beugte ich mein Haupt. Daraus entnahmen
die Gelehrten den Lehrsatz: Wenn Frevler Jemdn.
überfallen, so schüttele, beuge er vor ihnen sein
Haupt. Pesik. r. s. 37, 66ᵈ die Völker מנענעים
בראשיהם ומפטירים בשפתותיהם schütteln mit
ihren Köpfen und sperren ihren Mund weit auf;
mit Bez. auf Ps. 22, 8. Bez. 10ᵃ. Tosef. Jom
tob I הַמְנַעֲנֵעַ wenn Jem. die Tauben schüttelt.
Part. pass. das. הַמְנוּעֲנָעִין die geschüttelten
Tauben. j. Schabb. XX Ende, 17ᵈ שינענעו מהו
דרך אצולי ידיו darf man am Sabbat das Stroh
mittelst seiner Handgelenke schütteln? j. Suc. I,
52ᵇ un. Suc. 29ᵇ לולב שיש בו שלשה טפחים כדי
ein Palmzweig, der eine Länge von לנענע בו כשר
drei Faustbreiten hat (entsprechend der Länge
der an ihn gebundenen Myrten und Bachweiden,
und welcher die letzteren um eine Faustbreite
überragt, d. h. im Ganzen vier Faustbreiten lang
ist), um ihn schütteln zu können, darf als Feststrauss verwendet werden. Das. 37ᵇ והביא
מנענעין בהודו לה׳ תחלה וסוף ובאנא ה׳ הושיעה
נא . . . שבכל העם היו מנענעין את לולביהן ורהן
מנענעין (anst. לא נענעו אלא באנא ה׳ הושיעה נא
at den Mischna im j. Tlmd. richtiger הושיעה לול׳׳)
מטרפין בלולביהן, vgl. auch טָרַף im Piel) bei
welchen Psalmstellen schüttelt man den Palmzweig am Hüttenfeste? Beim Aussprechen des
Verses: „Danket dem Herrn" u. s. w. zu Anfang
und zu Ende (des Psalmes 118, d. h. V. 1 und
V. 29), sowie bei dem Hemistichon der Vs. 25:
„O Herr hilf doch"! so nach der Ansicht der
Schule Hillel's; nach der Ansicht der Schule
Schammai's auch beim Sprechen des 2. Hemisti-
chons: „O Herr beglücke doch"! R. Akiba sagte:
Ich beobachtete den Rabban Gamliel und R.
Josua, dass, als die ganze Gemeinde ihre
Palmzweige (während des ganzen Verses? oder
des ganzen Kapitels?) an einander klopfte, sie
blos beim Aussprechen des Satzes: „O Herr hilf
doch", ihre Palmzweige schüttelten. j. Suc. III,
53ᵈ un. Jem., der des Morgens früh fortreisen
will, נוטל לולב ומנענע nehme den Feststrauss
und schüttele ihn. Das. צריך לנענע ג׳ פעמים
man muss dreimal schütteln. (Dav. bh. מְנַעְנְעִים,
2 Sm. 6, 5: ein musikalisches Instrument;
viell. die σεῖστρα, sistra der Alten.)

נִעֲנוּעַ m. N. a. das Schütteln. Suc. 37ᵇ
נענוע מאן דכר שמיה וכ׳ wo war denn überhaupt die Pflicht des Schüttelns des Feststrausses
erwähnt?

נָעַץ (syn. mit דעץ s. d.) stechen, stecken.
j. Ber. IV, 7ᵇ mit. während die Römer Jerusalem

belagerten, warfen ihnen die Juden mittelst Ketten zwei Körbe mit Gold zu, wofür die Ersteren ihnen zwei Lämmer zum Opfern zukommen liessen; ובסוף שלשלו להן שחי קופות של זהב והעלו להן שני חזירין ולא הספיקו להגיע לחצי החומה עד שנעץ החזיר צפרניו בחומה ונזדיעזעה וכ׳ ed. Lehm. (in ed. Ven. u. a. fehlt צפרניו) später aber haben die Römer für die zwei Körbe mit Gold, welche die Juden ihnen zugeworfen hatten, zwei Schweine über die Mauer zukommen lassen. Kaum aber waren letztere bis zur Hälfte der Mauer angelangt, als eines der Schweine seine Klauen in die Mauer steckte und letztere erschüttert wurde u. s. w. j. Taan. IV, 68° mit. dass., ähnl. Men. 64ᵇ. j. Schek. V, 48ᵈ un., s. נֵעֵם. j. Kil. VII, 31ᵇ un. s. חָרִיק. j. Schabb. VII, 9ᵈ un. u. ö. Part. pass. Bez. 7ᵇ דקר נָעוּץ eine Hacke (δίκελλα), die in die Erde hineingesteckt wurde. j. Schabb. I, 2° un. Erub. 34ᵇ. j. Erub. III, 21ᵃ mit. eine Stange, תלוש ונעוץ die aus der Erde gerissen, aber wieder hineingesteckt wurde. Schabb. 17ᵃ נעצו חרב בבית המדרש אמר הנכנס יכנס והיוצא אל יצא man pflanzt ein Schwert in der Akademie auf (als dem Anhange Schammai's eine günstige Gelegenheit sich dargeboten hatte, jene erschwerenden Satzungen desselben gegen die Ansicht Hillel's, der gedemüthigt dastand, durchzusetzen) und rief aus: Hereinkommen darf, wer da will, Niemand aber darf hinausgehen! Man hatte näml. beabsichtigt, jene Erschwerungen durch den Beschluss einer Stimmenmehrheit mit Zwang durchzusetzen.

Nif. נֶעֶץ hineingesteckt werden. Schabb. 67ᵃ un. לאדרא לימא הכי נעצתך כמחט נעצלתה Ar. (Agg. לאדרא) beim Verschlucken einer Fischgräte sage man folgenden Geheimspruch: Du wurdest hineingesteckt wie eine Nadel, du wurdest eingeschlossen wie mit einem Schild u. s. w.

נְעַץ ch. (=נָעַץ) stechen, stecken, s. TW.

נֶעֶץ m. spitzzulaufender Graben; nach Ar.: Loch, das infolge des Losreissens eines Baumstammes entstanden ist. — Pl. Mikw. 5, 6 und B. kam. 50ᵇ נְעִיצִין, s. חָרִיץ.

נַעֲצוּצָא m. (hbr. נַעֲצוּץ) Stechdorn, s. TW.

נָעַר I (=bh. arab. نَعَرَ, syr. ܢܥܰܪ; Grndw. ער, syn. mit נָחַר) einen Ton ausstossen, schreien (von Thieren). Ber. 3ᵃ חמור נוער .in der ersten Nachtwache schreit der Esel משמרה ראשונה vgl. מְשַׁמֵּר. Das. 56ᵃ ein Esel, דקא אוסרן נוער der uns zu Häupten schreit.

Pi. נִיעֵר 1) (das Vieh) durch Schreien antreiben. Tosef. Schebi. II Ende אין מותר להושיב שומר ולנער את צאנם וכ׳ (vgl. M. kat. 12ᵃ) man darf nicht ihnen (den Nichtjuden, die an Sabbaten oder Festtagen ihr Vieh auf Felder

der Juden behufs Düngung getrieben haben) einen Wächter stellen, um ihre Schafe von einem Orte nach dem andern zu treiben. Wenn aber der Nichtjude ein Miethling auf eine Woche, einen Monat oder ein Jahr war, מוסרין להן שומר לנער את צאנם so darf man den Nichtjuden einen Wächter stellen, um ihre Schafe anzutreiben. Vgl. j. Schebi. III, 34° un. מהו לנערה מולכבה ממקום למקום was bedeutet לנערה? Das Vieh von einem Orte nach dem andern treiben. — 2) wachen, rege, munter sein. B. bath. 74ᵇ R. Elieser und R. Josua reisten einst auf einem Schiff; והיה ר׳ אליעזר ישן ור׳ יהושע ניער נזדעזע ר׳ יהושע R. Elieser schlief und R. Josua wachte. Aber (infolge einer wunderbaren Erscheinung auf dem Meere) wurde R. Josua erschüttert und R. Elieser geweckt. Kidd. 44ᵇ ניער s. נֵיעוֹר.

Nif. נִנְעַר geweckt, geistig rege werden, sich ermuntern. B. bath. 74ᵇ, s. Piel nr. 2. Exod. r. s. 1, 102ᵇ לא חלאה ונערה הואי אלא מרים היתה ולמה נקראה חלאה ונערה שחלתה נוערה מחליה והחזירה הקב״ה לנעירותה nicht „Chelah und Naarah" sind etwa (unter den „zwei Frauen des Aschchor", 1 Chr. 4, 5, welcher nach der Agada „Kaleb" gewesen sein soll) zu verstehen, sondern vielmehr eine Frau, näml. die Mirjam. Weshalb jedoch führte letztere diese beiden Namen? Sie war „krank" (חלאה), wurde aber wieder „munter (sie genas) und Gott verlieh ihr dann ihre Jugendkraft" wieder (נערה). j. Ber. III, 6ᵈ ob. מצערויו כתיב משעה שהוא נוער es heisst ויוצא מנעוריו (Gen. 8, 21 anst. מנעוריו), das bedeutet, dass „der böse Trieb des Menschen" schon von der Zeit herrühre, als letzterer sich regte, anschickte, um auf die Welt zu kommen, vgl. יָצֵר. Genes. r. s. 34, 33° steht dafür משעה שהוא נוער לצאת ממעי אמו von der Zeit an, als er sich regte, den Mutterleib zu verlassen. Chull. 51ᵇ נערה לעמוד Raschi (Agg. ניערה) das hingestürzte Thier regte sich (raffte sich zusammen) um aufzustehen.

Hif. הִנְעִיר wachsam, geistig rege machen. Erub. 53ᵇ die Gelehrten sagten zu R. Abahu: הצטנינו היכן ר׳ אלעזר צפון להן עלץ בעירה אהרונית אחרונית עירנית והנעירתנו וכ׳ lasse uns schauen, wo R. Ilai sich verborgen hält. Er erwiderte ihnen: Er lebt vergnügt mit einer aharonidischen Jungfrau, welche die spätere ist; sie ist geistig rege und macht ihn munter, erheitert ihn (eine witzige Redensart, לשון חכמה. Einige verstanden נערה אהרונית אחרונית: ein Weib (אשה) aus dem Priesterstamme, das er in zweiter Ehe geheirathet hat. Andere verstanden darunter: Er war fröhlich wegen des Beschliessens des letzten Talmudtractats (מסכתא), der über Opfer, Priesterdienste handelt und der tiefsinnig עירנית ist und ihn scharfsinnig macht. Nach Ar. sv. עלץ bedeute עירנית: eine aussenstehende (eig. zum Dorf ge-

hörende) Mischna, משנה חיצונה, die. er im
späteren Alter (אחרונית) studirte.

Hithpa. sieh ermuntern. Seb. 116ª (mit
Ansp. auf HL. 4, 16) תתנער אומה שמעשיה בצפון
ובדרום והביא אומה שמעשיה בצפון ובדרום „möge sich
ermuntern" das Volk (das römische Reich), dessen
Opfer blos in der „Nordseite" des Altars zubereitet wurden, um dasjenige Volk, Israel,
dessen Opfer „im Norden und im Süden" zubereitet werden, dem Messias zuzuführen. Dieser
Autor ist näml. der Ansicht, dass die Noachiden
blos „Brandopfer", deren Blut auf die Nordseite des Altars gesprengt wurde, darbringen
durften und dass erst den Israeliten nach der
Gesetzgebung gestattet wurde, ausser den Brand-
opfern auch „Freuden- und Dankopfer", deren
Blut auf die Südseite des Altars gesprengt
wurde, darzubringen, vgl. חדוש. Raschi erklärt
תתנער von נָעַר II, was jedoch nicht einleuchtet.

נְעַר ch. (=vrg. נָעַר) wachen, munter sein.
Genes. r. s. 75 Anf., 74ª ינער בישא möge der
Böse (d. h. der Räuber) erwachen; s. auch TW.

נִיעוֹר m., נִיעוֹרָה f. wachsam, munter.
Aboth 3, 4 הנעור בלילה wenn Jem. in der Nacht
wacht. Nid. 63ª ניעור כל הלילה הרי זה רוק
תפל wenn Jem. die ganze Nacht hindurch wacht,
so ist sein Speichel als ein nüchterner anzusehen, vgl. רוק. Git. 78ª wenn der Mann seiner
Frau, während sie schläft, den Scheidebrief in
die Hand legt, ניעורה קוראה והרי הוא גיטה
וכ' den sie aber, wenn sie erwacht, liest und
daraus sieht, dass er ihre Scheidung enthalte, so
ist die Scheidung nicht eher giltig, als bis der
Mann zu ihr sagt: Hier hast du deinen Scheidebrief. Das. wenn der Mann den Scheidebrief
für seine Frau ihrem Sklaven in die Hand giebt;
ישן ומשמרתו הרי זה גט ניעור אינו גט וכ'
ist die Scheidung in dem Falle, dass der Sklave
schläft und die Frau ihn bewacht, giltig; wenn
er aber wach ist, ungiltig. Im ersteren Falle
näml. wird der Sklave, da er infolge des Schlafens
keinen Willen hat, wie ihr Gehöfte angesehen;
im wachenden Zustande hing., wo der Sklave
einen freien Willen hat und sich hierdurch selbst
bewacht, ist er nicht wie das Gehöfte der Frau
anzusehen. — Uebrtr. Ab. sar. 73ª מצא מין את
מינו וניעור Dinge, die zu einer und derselben
Gattung gehören, treffen zusammen und die
Mischung wird rege; d. h. wenn verbotener (den
Götzen gespendeter) Wein in eine grosse Grube
mit erlaubtem Wein fällt, so ist der ganze Wein
zum Genusse verboten, vgl. נסך. Selbst wenn
nachher eine grosse Quantität Wasser dazu kommt,
so bleibt dennoch jenes Verbot bestehen. Wäre
hing. das Wasser früher und der verbotene Wein
später hineingefallen, so würde die ganze
Mischung erlaubt gewesen sein. Bech. 22ª u. ö.
dass.

נָעַר II (=bh., syn. mit עָרָה, Grndw. ער)
schütteln, ausschütten, ausleeren. Machsch.
1, 4 הנוער אגודה של ירק wenn Jem. ein Gebund
Grünkraut schüttelt, die Regentropfen abschüttelt.
Das. הנוער את הקלח wenn Jem. den Strunk
schüttelt, die Erde davon abschüttelt.

Pi. 1) ausschütteln. Levit. r. s. 2, 146ᵇ
und Pesik. Schek., 17ª קפלה ונערה lege den
Mantel in Falten und schüttle ihn aus, vgl.
מעפרת. B. mez. 29ᵇ מצא כסות מנערה אחד
לשלשים יום wenn Jem. ein Kleid findet, so muss
er es (damit es nicht verderbe) in je 30 Tagen
einmal ausschütteln. Schabb. 147ª ob. המנער
טליתו בשבת חייב חטאת Jem. der am Sabbat seinen
Mantel ausschüttelt (d. h. die Thau- oder Regentropfen davon abschüttelt), muss ein Sündopfer
darbringen; weil dies eine Art Waschen ist, vgl.
R. Chananel; nach Raschi: wer den Staub abschüttelt. Vgl. j. Schabb. VII, 10ᵇ ob. Wenn
Wasser auf Jemds. Kleid gefallen, חד אמר מנערה
שרי וכ' sagt ein Autor: Man darf es abschütteln;
ein anderer Autor sagt: Man darf es nicht abschütteln. Schabb. 143ª. 157ª u. ö. — Uebrtr.
Kel. 28, 2 ein Lappen, den man zurechtmacht,
לנער בו את הקדרה um mit ihm den Topf beim
Ausgiessen anzufassen. j. Schabb. II, 4ª das.
Tosef. Kel. B. mez II, vgl. יתר. — 2) umrühren. Tohar. 2, 1 היתה טבולת יום מנערה
את הקדרה בידים מטואבות wenn eine levitisch
unreine Frau bereits gebadet, aber behufs völliger
Reinheit noch den Sonnenuntergang abzuwarten
hat, so darf sie die heiligen Speisen im Topfe
auch mit unreinen Händen umrühren. Chull.
108ªᵇ fg. ניער את הקדרה wenn Jem. den Topf
umgerührt hat. Das. ö. וכיסה er rührte
ihn um und bedeckte ihn; infolge dessen selbst
eine kleine Quantität Milch, die in den Topf
mit Fleischspeisen hineingefallen war, einen
Geschmack darin verbreitet, vgl. טעם. j. Ab.
sar. I, 39ᵈ mit. אין חוששין שמא ניער הגוי בקדרה
man braucht nicht zu besorgen, dass der Nichtjude die Speise im Topfe umgerührt haben könnte.

Nif. נָעַר und Pual נוֹעַר ausgeleert, aus-
geschüttelt werden. j. Schabb. II Anf., 4°
wird das W. חוכך in der Mischna erklärt: פשתן
שלא ננערה Flachs, der nicht geschüttelt, gehechelt wurde. (In bab. Schabb. 20ᵇ wird חוכך
anfänglich erklärt durch עבורת של פשתן Werg
von Flachs; was jedoch das. widerlegt und
später durch כיתנא דדיק ולא כפיץ erklärt wird:
Flachs, der dünn geschlagen, aber nicht gehechelt
wurde; also dass. was in j. Gem. l. c.) j. Ber.
IV, 7ᵇ un. זו בבל ולמה נקרא שמה שנער ed. Lehm. (in
ed. Ven. u. a. fehlt זו בבל) „Schinar" (Gen. 11, 2)
ist Babel; weshalb jedoch wird es Schinar genannt? Weil diejenigen, die in der Generation
der Sündfluth starben, dort hineingestürzt wurden.
Nach einer andern Ansicht: שנער שהן מנוערין
מן המצות בלא תרומה ובלא מעשר Babel wird

Schinar genannt, weil seine Einwohner die Gebote entbehren, nämlich der Hebe und des Zehnten, deren Verpflichtung blos für Palästina gilt. In Genes. r. s. 37, 36ª und Khl. r. sv. השב העפר, 98ª steht blos der erstere Satz, vgl. auch תַשְׁנִיק. Chag. 14ª בני אדם המנוערין מן המצות das W. נעורים (Jes. 3, 5) bedeutet: Menschen, die der Gesetze bar (d. h. die zügellos) sind. Sot. 46ᵇ dass. mit Bez. auf נעורים 2 Kn. 2, 23. Das. 5ª אדם שיש בו גסות רוח אין עפרו ננער wenn ein Mensch Stolz besitzt, so wird sein Staub (zur Zeit der Todtenauferstehung) nicht abgeschüttelt; mit Ansp. auf שכני עפר (Jes. 26, 19): „die im Staube bleiben". Snh. 92ᵇ s. קְשׁת.

נְעַר ch. (=vrg. נָעַר). Pa. ausschütteln, abschütteln. Jalk. II, 85ª (mit Ansp. auf נָעוֹר, Sach. 2, 16) כהדא תרגגולתא דמנגרא גרמא מן קיטמא wie jene Henne, welche sich den Staub abschüttelt, vgl. פַּפָּש. Genes. r. s. 75 Anf. דמנגערא, Var. דמעָרא, beides crmp. aus דמנערא. Schabb. 142ª וליכערינדהו נעורי möge man doch den Korb schütteln, damit der Stein hinausfalle!

נִעוּר m. N. a. das Ausschütteln. B. mez. 29ᵇ (mit Bez. auf die Mischna: Jem., der ein Kleid gefunden hat, muss es ausschütteln u. s. w., vgl. Piel) למגומרא דניעור מעלי לה והאמר וכ' daraus wäre zu entnehmen, dass das Ausschütteln des Kleides (das Säubern vom Staube) demselben nützlich sei, R. Jochanan sagte ja u. s. w.

נְעֹרֶת f. (=bh.) Werg, Abfall vom Flachs. Chull. 88ª un. נעורת פשתן דקה das verdünnte Werg vom Flachse. Ueber Schabb. 20ᵇ vgl. נָעַר II im Nifal. j. Schabb. l. c. נְסֹרֶת. Snh. 37ª אפשר אש נעורת וכ' wäre es möglich, dass Feuer im Werg nicht zünden soll? bildl., vgl. הָבְהָב. Sot. 48ª, s. עָמֶר.

נְעֲרוּתָא f. (syr. ‎ܢܥ̈ܐ‎ von נָעַר s. נָעַר I) das Schreien des Kamels. Jeb. 120ᵇ Rabba bar bar Chana erzählte: חזי לי ההוא טייעא לדידי דשקיל ספסירא וגיידיה לגמליה ולא אספסקיה לנערותיה (Agg. אספיקתיה) Ar. (Agg. אפסיקתיה) ich sah einen Araber (Taïten), der ein Schwert ergriff und damit seinem Kamel die Sehnen zerschnitt, ohne dass letzteres bis zu seinem Verenden sein Schreien unterbrochen hätte.

נַעַר m. (=bh.) Knabe, Jüngling; übrtr. Naar, eig. Diener, παῖς, Name eines Engels. B. bath. 75ᵇ wird הנער (Sach. 2, 8) erklärt: der Engel. Jeb. 16ᵇ den Vers נער הייתי וג' (Ps. 37, 25) sagte der Fürst der Welt (eine Art Demiurg, vgl. שׂר). Tofaf. z. St. citiren aus der Pesik. (?) dass zu den acht Namen des Engels Metatron auch der Name נער gehört. Die von denselben citirte St. aus dem Rituale השר המשרת נער וכ' der dienstthuende Engel, Naar u. s. w. findet sich im Rituale des Thorafestes nicht. Vgl. auch

Tosaf. zu Chull. 60ª sv. פסוק, wonach Metatron nach Josippon sieben Namen führe, darunter Naar.

נֵעֲרָה f. (=bh. von נַעַר I Piel nr. 2) Mädchen. (Im ältern bibl. Schriftthum bedeutet נַעַר sow. Knabe, Jüngling, puer, als auch Mädchen, puella, παῖς; wo jedoch das Keri für letzteres immer נֵעֲרָה hat. Die Grndbedeut. ist [=עֶלֶם, עַלְמָה]: der, die Kräftige, Geistigrege.) — Insbes. נערה: Mädchen, Jungfrau im Alter von 12—12½ Jahren, im Ggs. zu קטנה: Kleine, Kind unter 12 Jahren, und zu בוגרת: Mannbare von 12½ Jahren an, vgl. נֵעֲרוּת. Kidd. 2, 1 (41ª fg.) האיש מקדש את בתו כשהיא נערה בו ובשלוחי der Mann ist berechtigt, seine Tochter, solange sie im Jungfrauenalter ist, an einen Mann anzutrauen, zu verloben, sowohl er selbst, als auch durch seinen Bevollmächtigten. Ein Kind, קטנה, das der Vater selbstverständlich zu verloben berechtigt ist, soll man jedoch, da es noch kein Erkenntnissvermögen hat, nach rabbinischem Gesetze nicht verloben. Das. 43ᵇ נערה המאורסה היא ואביה מקבלין את גיטה eine angetraute (verlobte, aber noch nicht verheirathete) Jungfrau ist berechtigt, sowohl selbst, als auch ihr Vater, ihren Scheidebrief anzunehmen, vgl. יָד. Das. 43ᵇ u. ö., s. auch נַעֲרָן. — Uebrtr. scharfsinniger Talmudtractat. Erub. 53ᵇ, s. נַעַר I im Hifil.

נֵעֲרוּת f. eig. Kräftigkeit, Stärke; insbes. 1) Jugendkraft, das kräftige Mannesalter, Frauenalter. Exod. r. s. 1, 102ᵇ, s. נַעַר I im Nifal. Git. 70ª R. Jochanan sagte: הן הן החדורין לנערותי nur jene (dort erwähnten Heil- und Kräftigungsmittel) brachten mir meine Jugendkraft wieder; eig. sie führten mich zu meiner Jugendkraft zurück; er war näml., trotz seines hohen Alters, noch kräftig genug, um Kinder zu erzeugen. Schabb. 111ª dass. — 2) (bh. נַעַר m., pl. נעורים, fem. נְעוּרוֹת, Jer. 32, 30) Jugend, d. h. Jugendzeit, Jünglings- (Mannes-) Alter, sowie Mädchen- (Jungfrauen-) Alter; Ggs. zu זִקְנָה, זְקֵנָה: hohes Alter, Greisenthum. Kidd. 82ª משנתורנו מכל רע בנערותנו ונותנה die Gesetzlehre לו אחרית ותקוה בזקנותו וכ' beschützt den Menschen in seiner Jugend und verleiht- ihm eine gute, glückliche Zukunft und Hoffnung in seinem spätern Alter; denn betreffs der Jugend heisst es: „Die auf Gott harren, gewinnen neue Kraft" (Jes. 40, 31), und betreffs des Alters heisst es: „Sie blühen noch im Greisenalter" (Ps. 92, 15). j. Kidd. IV Ende, 66ᵈ גידלו וברוכו בנערותו ונתן לו אחרית ותקוה בזקנותו בנערותו והו אומר וכ' Gott liess den Abraham gross werden und segnete ihn in seiner Jugend, gab ihm aber auch eine gute Zukunft und Hoffnung in seinem Alter; denn betreffs seiner Jugend heisst es: „Abraham war sehr beladen mit Vieh,

mit Silber und Gold" (Gen. 13, 2); betreffs seines Alters heisst es: „Abraham war alt und hochbetagt und Gott hatte ihn mit Allem gesegnet" (Gen. 24, 1). In bab. Kidd. 82ᵇ steht ילדות für נערות. Deut. r. s. 8 g. E. זה שלא למד תורה בנערותו ומבקש ללמוד תורה בזקנותו ואינו יכול וזהו ושאל בקציר וג' auf denjenigen, der in seiner Jugend die Gesetzlehre nicht erlernt hat, sie aber in seinem Alter zu erlernen sucht, zielt das Schriftwort hin: „Der Träge, der im Herbst zu pflügen verabsäumt hat, sucht vergebens zur Erntezeit" (Spr. 20, 4). In Jeb. 62ᵇ steht ילדותו für נערותו. Genes. r. s. 84, 81ᵈ Josef wird, obgleich er bereits 17 Jahre alt war, נער genannt (Gen. 37, 2)! אלא שהיה עושה מעשה נערות וכ' allein er übte jugendliche Streiche, schminkte seine Augen, putzte sein Haar u. s. w. — 3) bes. das Jugendalter eines Mädchens, einer Jungfrau, im Alter von 12—12¹/₂ Jahren. Kidd. 4ᵃ ימי נערות das Jungfrauenalter, Ggs. zu ימי בגרות die Das. סימני נערות Pubertätszeichen des Jugendalters. Nid. 65ᵃ אין בין נערות לבגרות אלא ששה חדשים בלבד zwischen dem Alter der Jungfrau und dem der Mannbaren liegt blos ein Zeitraum von sechs Monaten. Kidd. 79ᵃ u. ö., vgl. בַּגְרוּת.

נַעֲרָן (=bh.) Naaran, Name einer Stadt. Levit. r. s. 23, 166ᵈ: „Die Feinde Jakob's ringsherum" (Klgl. 1, 17) ירידה לנערן ... כגון wie z. B. Jericho zu dem benachbarten, ihm feindlich gesinnten Naaran. In den Parall. Cant. r. sv. פרשה 12°, לנערדן, und Thr. r. sv. פרשה 59ᵈ לנערין crmp. aus לנערד. Chull. 5ᵃ נערה לה קרי וקרי לה קטנה אמר ר' פדת קטנה דמן נערן (נערן) die Schrift nennt hier (in 2 Kn. 5, 2) das Mädchen: נערה, aber bald darauf קטנה! R. Pedath sagte: קטנה נערה bedeutet: „ein Kind aus Naaran"; d. h. נערה ist ein Patron. für נערנית. Sot. 46ᵇ dass.

נָאתָא s. גֵעֲתָא.

נוֹף s. d. in נו.

נָפָה I נפי, Pi. נְפָה denom. (vom nächstflg. נָפָה) sieben, cribrare. B. bath. 94ᵃ der Käufer muss sich gefallen lassen, dass das Getreide ein Viertel Kab Abfälle auf je ein Seah enthalte (vgl. מְנוֹפָת); ואם בא לנפות מנופה את כולו wenn er sich jedoch genöthigt sieht, das Getreide zu sieben (weil er merkt, dass sich zuviel Abfälle darin vorfinden), so ist er berechtigt, das ganze zu sieben; d. h. von dem Verkäufer gutes Getreide für die sämmtlichen Abfälle zu verlangen u. zw. als Strafe für das trügerische Verfahren des Letzteren. Maasr. 4, 5 מנפה מיד ליד ואוכל ואם נפר ונתן חייב לתוך חיקו man darf die Weizenkörner (die man röstet) von einer Hand in die andere sieben (um die Abfälle zu entfernen) und sie essen, ohne den Zehnten davon zu entrichten; wenn er sie aber gesiebt und in ein Hohlgefäss gelegt

hat, so ist er verpflichtet, den Zehnten zu entrichten. j. Maasr. IV, 51ᵇ un. שלא ינפה בקנון dass. — Part. pass. Men. 66ᵃ הוציאו ממנו עשרון שהוא מנופה בשלש עשרה נפה man zog davon (von der Omergarbe, die in die Mühle gebracht worden) einen Issaron, der in 13 Sieben gesiebt worden ist. Das. 76ᵇ סולת מנופה כל צרכה feines Mehl, das soviel als möglich gesiebt wurde. Levit. r. s. 28 Anf. dass. Trop. Pesik. r. s. 3, 5ᵇ (mit Bez. auf כברת ארץ, Gen. 48, 7) zwischen Pesach und dem Wochenfeste, שהארץ מנופה והולכת ובאה ככברה als die Erde gesiebt (d. h. der Sand infolge der Trockenheit) sich hin- und herschüttelte wie in einer Schwinge.

נָפָא, נְפִי ch. Pa. נַפִּי (=נִפָּה) sieben. j. Schabb. VII, 10ᵃ un. כד מְנַפְיָא משם זורה wenn die Frau am Sabbat das Getreide siebt, so ist sie wegen Wurfelns straffällig.

נָפָה II f. (=bh. Stw. נוף) Sieb, Schwinge. j. Keth. VII, 31ᵇ un., s. בְּרָרָה. Men. 66ᵃ u. ö. Bildl. Aboth 5, 15, s. מַשְׁפֵּךְ. — Pl. Men. 76ᵇ שלש עשרה נפות היו במקדש זו למעלה מזו וכ' 13 Siebe gab es im Tempel, eines über dem andern, deren oberstes Schrotkörner, Kleie, deren unterstes aber das feinste Mehl ausschüttete.

נְפִיתָא, נְפִיא chald. 1) (=vrg. נָפָה) Sieb, Schwinge. B. kam. 97ᵇ אפילו כי נפיא selbst eine so kleine Münze, die durch das Sieb fällt. Chull. 124ᵃ אפילו כנפיא selbst wenn das Fleisch so verdünnt ist, dass es durch das Sieb fällt. Das. 45ᵃ וסימניך נפיא als Merkmal diene dir (um eine Verwechslung mit einer andern, ähnlichen Halacha zu vermeiden) das Sieb. Dort wurde näml. gefragt: ניקבה כנפה מהו wie' ist es, wenn ein Theil der Gurgel siebartig durchlöchert ist? Worauf die Antwort lautete: Man lege das durchlöcherte Stück auf die Mündung der Gurgel, wenn jenes nun die grösste Hälfte derselben bedeckt, so ist das Thier trefa u. s. w. Das Verfahren des Darauflegens ist der Anfertigung des Siebes ähnlich. Git. 69ᵃ un. סארי דריש נפיא die grobe Kleie, die im Siebe obenauf liegt. Jeb. 114ᵇ איספר בהדוא פורתא דנספירתא דשבקת הוה חיי Ar. (Agg. דנפירתא) wäre es denn möglich, dass er von dem wenigen Mehl, das du ihm im Siebe zurückgelassen hast, hätte leben können? — Pl. j. Schabb. VII, 10° ob. נָפָן ומחצלן Siebe und Matten. B. mez. 74ᵃ נַפָּרוֹתָא die Siebe, vgl. נַפָּח; s. auch כְּסָפָא. Suc. 20ᵇ פרסי ונפוותא Vorhänge und Siebe. — 2) eine erlaubte Fischart. Tosef. Chull. III g. E. Fische, die jetzt zwar keine Schuppen haben, die ihnen jedoch später wachsen, כגון הסולתנית ונפיא כשר wie z. B. der Hering und die Sardelle, sind zum Genusse erlaubt. In den Parallelen steht אפירין oder עפירין (ἀφύη), s. d. W. Ab. sar. 39ᵃ עפירין crmp. aus עפירין.

נָפַח (=bh. arab. نَفَخَ, Grndw. פח, vgl. פּוּחַ, und פִּיחַ) blasen, aufblasen, wehen. j. Schabb. VII g. E., 10ᵈ הנופח כלי זכוכית חייב משם בונה wer am Sabbat eine Glaskugel bläst (um ein Gefäss daraus anzufertigen), ist wegen Bauens straffällig. Schabb. 75ᵇ steht dafür המנפח, Piel dass. Machsch. 1, 5 הנופח בעדשין אם יפות הן wenn Jem. auf die Linsen bläst, um sie zu prüfen, ob sie gut seien. j. Schabb. XVIII g. E., 16ᶜ מביא יין ונופח לתוך חוטמה וכ׳ man bringt Wein und bläst ihn (dem Thiere, vor seinem Gebären) in seine Nase, damit es leicht gebäre. B. mez. 60ᵇ אין נופחין בקרביים man darf nicht die Eingeweide eines Thieres aufblasen, damit sie beim Verkauf schöner aussehen und theuer bezahlt werden.

Pi. נִפַּח anblasen, aufblasen, fortblasen. j. Pea VIII, 21ᵇ ob. המנפח את שוקיו וכ׳ eig. wenn Jem. seine Schenkel anbläst; d. h. ausstopft, um sie recht stark erscheinen zu lassen, oder um das Mitleid der Menschen zu erregen, so wird er später diesen Leibesfehler bekommen. Tosef. Pea IV steht dafür המעבה, in einigen Agg. המקפח dass. Nid. 57ᵃ. Ber. 19ᵇ u. ö. מנפח אדם בית הפרס והולך Jem., der sich auf dem Wege, behufs Ausübung eines Pflichtgebotes befindet, darf auf einem Felde, in welchem die Stücke von Todtengebeinen durch die Pflugschar hin- und hergetrieben wurden, gehen, indem er den Schutt wegbläst, mit dem Fusse zerstreut; denn hätten sich da Knochen einer Leiche befunden, so würde er sie gesehen haben. Da näml. eine solche Unreinheit blos nach rabbinischen Gesetze verboten ist, so hat man diese Art von Erleichterung gestattet. — Bez. 13ᵇ. 14ᵃ wird das W. מנפח (Maasr. 4, 5) erklärt: מנפח מקטרי אצבעותיו ולמעלה man weht, wirft die Aehren mittelst der oberen Fingerspitzen u. s. w. Richtiger jedoch ist die LA. מְנַפֶּה s. נָפָה I.

נָפַח ch. (syr. ܢܦܰܚ=נָפַח) wehen, blasen, einblasen. j. Bez. II g. E., 62ᵇ מינפורה שרי das Fleisch am Feiertage aufzublasen (damit es beim Verkauf schön aussehe), ist gestattet. j. Taän. II, 65ᵇ ob. נפח צפורנא wenn der Nordwind weht, s. רָצַף. j. R. hasch. II, 58ᵇ ob. und j. Snh. I, 18ᶜ un., vgl. לוּחָא u. פּוּם. Git. 69ᵃ un. als ein Heilmittel gegen Geschwüre: לינפח ליה חבריה וכ׳ blase ihm Jem. Samen der Kresse ein u. s. w. Snh. 96ᵃ בהדי דקא נסף ליה נורא אתחלי ביד בדיקנא וכ׳ während er das Feuer anblies, ergriff es seinen Bart. — j. Ber. IX, 14ᵇ un. תיסף רוחא דההוא גברא dieses Mannes (dein) Geist schwinde, verhauche. j. Maas. scheni IV g. E., 55ᵇᶜ u. ö. dass. Das. תהוי נסף בפומך du wirst mit deinem Munde anblasen. Levit. r. s. 33 g. E., s. מַלְאָכָא, מֶלֶךְ, Chull. 46ᵇ נפחינן לה man bläst die Lunge auf,

um zu sehen, ob sie schadhaft ist. — Part. Peil das. 47ᵇ איכא דאמרי דנָפִיחָא (syr. ܢܦܺܝܚܳܐ) manche sagen, dass unter einer „holzähnlichen Lunge“, דמיא לאורסתא, zu verstehen sei: die Lunge ist aufgedunsen, wodurch das Thier trefa ist. Vgl. Maim. Jad chasaka Tit. Schechita cap. 8 § 8: נפיחתה כמו עיקר חריות של דקל sie ist aufgedunsen, wie der Stamm der Palmzweige. Die Erkl. Raschi's z. St.: „Sie wurde weiss wie ein Stück Holz“, leuchtet nicht ein.

Ithpe. angefacht werden, anschwellen, aufquellen. Schabb. 26ᵃ אינפח בה נורא ואכלתה (viell. אִינַּפַּח Ithpa.) das Feuer wurde angefacht (entzündete sich) und verbrannte sie. j. Maasr. scheni IV g. E., 55ᶜ אינפחון die Weizenkörner waren (durch den Regen) aufgequollen.

Pa. (=bh. Hifil, Mal. 1, 13) wegblasen, d. h. verwerfen, verachten. Thr. r. sv. רַבְתִי, חד כואתי, 53ᵇ ich sah im Traume, דכל עמא מנפחין לי בלועיהון וכ׳ dass alle Menschen mir ihren Kinnbacken mir entgegenbliesen. Das. (in der Deutung des Traumes) וכר הוו מנפחין ליה dass die Menschen ihm mit ihren Kinnbacken verächtlich entgegenbliesen (war eine Folge dessen, dass die Getreidekörner durch heftigen Regen) aufgequollen waren. — Trop. Snh. 43ᵃ מנפח ר׳ ששת בידיה R. Schescheth blies ihn mit seiner Hand fort; d. h. er gab dem Fragenden zu verstehen, die aufgeworfene Frage sei so nichtig, dass sie gleichsam mittelst eines Hauches fortgeblasen werden könnte. B. bath. 134ᵇ dass.

נְפִיחָה f. N. a. (syr. ܢܦܺܝܚܳܐ) 1) das Anblasen, Einhauchen. j. Schabb. II, 5ᵃ un. הבעיר וכיבה בנפיחה אחת חייב שתים Jem., der am Sabbat durch einmaliges Blasen die Gluth entzündete und gleichzeitig verlöschte, begeht eine doppelte Sünde. Genes. r. s. 14 g. E., 15ᶜ לפי שבעולם הזה בנפיחה מת אבל לעתיד בנתיכה וכ׳ weil der Mensch in dieser Welt den Lebensodem durch „Einhauchen“ erlangte (Gen. 2, 7 ויפח), deshalb stirbt er; in der zukünftigen Welt hing. erlangt er ihn durch „Geben“ (Ez. 37, 6 ונתתי), deshalb wird er ewig leben. — 2) übrtr. Athemzug. j. Meg. III, 74ᵇ un. die zehn Namen der Söhne Haman's (Esth. 9, 7—10) צריך לאומרן בנפיחה אחת ועשרת בני המן עמהן muss man beim Lesen der Megilla in einem Athemzug lesen und dazu auch die Worte עשרת בני המן. In bab. Meg. 16ᵇ steht dafür נשימה, s. d. W.

נִיפּוּחַ m. N. a. Piel (syr. ܢܦܽܘܚܳܐ) das Anfachen, Anblasen. B. bath. 79ᵃ אש שאינה צריכה ניפוח Feuer, das nicht des Anfachens bedarf; d. h. das Höllenfeuer; mit Ansp. auf נֶפַח, Num. 21, 31, vgl. נְקוּדָה.

נֶפַח m. das Aufgeblasensein, das An-

geschwollene, grosses Volumen. B. mez.
80ᵃ הנפח קשה כמשאוי (Mischnaagg.; למשאוי;
im j. Tlmd. fehlt dieser ganze Satz; wodurch
die Controverse in bab. Gem., s. den nächstflg.
Art., erklärlich wird) das grosse Volumen ist
ebenso schwer zu transportiren wie eine schwere
Last, vgl. נפחא. B. kam. 47ᵃ נפחה Ar. (Agg.
נפחא) die Beleibtheit eines Thieres, infolge deren
letzteres theurer bezahlt wird, Ggs. פיטומה: die
Fettigkeit des Thieres, s. פיטום.

נִפְחָא ,נִיפְּחָא ch. (=נֶפַח) das Aufgeblasene, Angeschwollene, grosses Volumen.
B. mez. 80ᵃ (mit Bez. auf die Mischna: „Wenn
Jem., der einen Esel miethet, um ihn mit Weizen zu beladen, ihn mit Gerste von gleichem
Gewichte beladet, so ist er bei einem Unfall
des Esels zu Schadenersatz verpflichtet; weil
die Gerste, die leichter als der Weizen ist, ein
grösseres Volumen hat" u. s. w., s. vrg. Art.)
אביי אמר קשה כמשאוי חנן נפחא כי תקלא ואי
מוסיף שלשה קבין חייב רבא אמר קשה למשאוי
חנן תקלא כי תקלא ונפחא הוי תוספת Abaji sagt:
der Wortlaut in der Mischna ist קשה כמשאוי,
d. h. ein Volumen von grossem Umfange ist
ebenso schwer fortzuschaffen wie ein kleines
Volumen von ähnlichem Gewichte. Wenn er
daher der Miether drei Kab mehr als ein Lethech
(das Mass der Ueberbürdung eines Esels) auf
den Esel gelegt, so muss er bei etwaigem Unfall den Schaden ersetzen. Raba sagt: Der
Wortlaut in der Mischna ist קשה למשאוי; d. h.
ein Gewicht gleicht dem andern, und der grössere
Umfang hing. ist das Hinzukommende. Wenn
daher der Miether die Schwere der Gerste gleich-
gemacht hat der Schwere des Weizens (z. B.
den Esel mit einem Lethech und einer Seah
Gerste beladen hat), so ist er schuldig, trotzdem dass diese Ladung nicht mehr Gewicht hat
als die Ladung eines Lethech mit Weizen; weil
der grosse Umfang die Fortschaffung erschwert.
Ab. sar. 34ᵇ גבי עגלו עז ניחא ליה בנפחא
אבל גבי שור הנסקל לא ניחא ליה בנפחא bei
den, einem Götzen geweihten Kälbern ist der
grössere Umfang derselben dem Besitzer lieb
(daher darf selbst der Mist derselben nicht ver-
werthet werden); bei einem Ochsen hing., der
gesteinigt werden muss, ist der grössere Umfang
desselben dem Besitzer nicht lieb (da jeder Genuss von ihm verboten ist). Tem. 30ᵃ dass.

נֶפָח m. Adj. Schmied, faber, eig. der das
Feuer anfacht. Genes. r. s. 84, 81ᶜ „Das Haus
Jakob's wird Feuer und das Haus Josef's eine
Flamme sein" u. s. w. (Obad. 8) משל לנפח שהיה
פתוח באמצע פלטיא ופתח בנו זהבי פתוח כנגדו
וראה חבילות חבילות של קוצים נכנסו למדינה וכ׳
ein Gleichniss von einem Schmiede, dessen Werkstatt inmitten der Strasse und dessen Sohnes,
eines Goldschmiedes, Thür ihm gegenüber ge-

öffnet war und der, als er so viele Gebunde von
Dornen in die Stadt fahren sah, ängstlich ausrief: Wo sollen alle diese Dornen Platz finden?
Ein Weiser jedoch, der anwesend war, rief ihm
zu: מאלו אחד מתחיירא גץ אחד יוצא משלך וגץ
אחד משל בנך ואתה שורפן וכ׳ wie, diese furch-
test du? Ein Funken wird aus deiner und ein
Funken aus deines Sohnes Werkstatt kommen,
und du wirst sie verbrennen. Dasselbe galt von
Jakob und seiner Furcht vor den Stammfürsten
Esau's u. s. w., s. גץ I. Khl. r. sv. בכל 91ᵇ
הלך נפח לפחמן וכ׳ der Schmied ging in seine
Schmiede u. s. w.; vgl. Schabb. 153ᵃ, s. נְפַשׁ. j.
B. bath. II Anf., 13ᵇ כבון קיני או כנפח verzeihe
Metallschmelzer oder wie ein Schmied. j. R.
hasch. II, 58ᵇ ob. u. ö. בן הנפח der Sohn des
Schmiedes, R. Jochanan; s. den nächstflg.
Art. — Pl. j. B. bath. II Anf., 13ᵇ (mit Bez. auf
die Mischna das.) ולא של נַפָּחִין auch die Werk-
statt der Schmiede darf man nicht unter dem
Magazin eines Andern errichten.

נַפְחָא ch. (=נֶפַח) der Schmied. Git. 69ᵇ
ניתי ביניתא ein Heilmittel gegen Milzschmerzen:
ונטוורייה בי נפחא וניכליה במיא דבי נפחא ונשתי
ממיא דבי נפחא man bringe einen Fisch, brate
ihn in der Werkstatt des Schmiedes, verzehre
ihn mit dem Wasser aus der Schmiede und trinke
vom Wasser der Schmiede. Schabb. 25ᵇ u. ö.
ר׳ יצחק נפחא R. Jizchak, der Schmied. Chull.
77ᵇ ר׳ יצחק בר נפחא crmp. B. mez. 85ᵃ בר
נפחא der Sohn des Schmiedes (R. Jizchak). Snh.
96ᵃ טבא דנפחא מדבר נפחא besser ist die Sentenz des Schmiedes (des R. Jizchak Nappacha)
als die des Sohnes des Schmiedes (R. Jochanan).
— Ferner בר נפחא Name eines Vogels, s. בַּר.

נַפְט m. (arab. نَفْط, نَفْط, neupers. نَفْت,
vgl. נַפְטְרִיק) νάφθα, Naphtha, Bergöl. Ar. erklärt das W. durch פיטרוליאו, Petroleum.
Schabb. 24ᵇ u. ö., s. עֲבָרָן. Das. 26ᵃ אין מדליקין
בנפט לבן בחול ואין צריך לומר בשבת . . . מפני
שהוא עֵף weisses Bergöl darf man auch nicht
am Wochentage und noch weniger am Sabbat
brennen, weil es flackert, sich leicht entzündet
und Feuersgefahr zu befürchten ist. Das. (mit
Bez. auf den Ausspruch des R. Tarfon u. A.,
dass man am Sabbat blos Olivenöl u. dgl.
brennen dürfe:) מה יעשו אנשי קפוטקיא שאין
להם לא כך ולא כך אלא נפט was sollen die Einwohner Kappadociens machen, die weder die
eine, noch die andere Oelsorte, sondern blos
Naphtha haben? Jom. 38ᵇ. 39ᵃ (mit Ansp. auf
Spr. 3, 34) משל לאדם שהיה מוכר נפט ואפרסמון
בא למדוד נפט אומר לו מדוד לעצמך בא למדוד
אפרסמון אומר לו המתן עד שאעמוד עמך כדי
שנתבסם אני ואתה ein Gleichniss von Jemd.,
der Naphtha und Balsam zu verkaufen hat. Soll
er (das überriechende) Naphtha messen, so spricht
der Käufer zu ihm: Miss es für dich allein;

soll er hing. Balsam messen, so sagt er zu ihm: Warte bis ich kommen werde, um mit dir gemeinschaftlich zu messen, damit wir beide der lieblichen Geruch einsaugen. j. Snh. VII Anf., 24ᵇ un. פתילה של נפט ein mit Naphtha geschwängerter brennender Docht, den man dem zum Verbrennungstode Verurtheilten in den Mund steckte. j. Sot. VII Anf., 22ᵇ אש כנגד הנפט שלהן „Feuer (Blitze schleudert Gott gegen seine Feinde", Ps. 18, 13) ihrem Naphthageschoss entsprechend. — Schabb. 73ᵇ המנפט crmp. aus המנפס, s. נָפַס.

נַפְטָא, נַפְטָא ch. (syr. ﻧﻔﻄﺎ=נַפְטָא) Naphtha. Schabb. 46ᵃ שרגא דנפטא ein Licht von Naphtha. Das. ö., s. auch TW.

נַפְטוֹיָא m. Adj. der Naphthahändler. Pl. Ned. 91ᵇ הלין כבריא נפטוֹיָי jene Nichtjuden, die Naphthahändler.

נְפִיָא, נְפִי s. hinter נְפָה. — נְפִילוֹרָא s. d. in נ'.

נוֹפֵך m. Hinzugefügtes, Zuschuss = arab. نَوْف (von נוף): augmentum; mit angeh. Kaf, wie שֶׁלָּך u. m. a. Ar.'s Erklärung vom bh. נֹפֶך (vgl. auch Tosaf. zu Kidd. 9ᵇ sv. והדלכתא): Edelstein, ist nicht zulässig. Kidd. 48ᵇ wenn Jem. zu einer Frau sagt: Du sollst mir angetraut sein für den Lohn der Arbeit, die ich bei dir verrichtet habe, oder die ich bei dir verrichten werde, ואם הוסיף לה נופך אינה מקודשת so ist sie ihm nicht angetraut; משלו מקודשת wenn er ihr aber eine Zugabe aus eigenem Vermögen hinzugefügt hat, so ist sie ihm angetraut. Das. zwei Mal. B. kam. 99ᵇ dass. auf einen ähnlichen Fall.

נְפַל (=bh., syn. mit נְבַל; Grndw. פל, בל) 1) fallen, herabfallen, unterliegen. j. Schabb. XVI g. E., 15ᵈ mit. נפלה דליקה בכפר Feuer war im Dorfe ausgebrochen, eig. hineingefallen. Genes. r. s. 62 Ende נפל הכא את אמר ולהלן את אמר ישכן אלא כל הימים שהיה אברהם קיים ישכן כיון שמת אברהם נפל hier (Gen. 25, 18) sagst du, sagt die Schrift נפל: „Vor seinen Brüdern fiel, unterlag er"; dort hing. (Gen. 16, 12) וישכן: „er ruhte!" Allein solange Abraham am Leben war, ruhte er; nachdem er Abraham gestorben war, fiel er. Nach anderen Deutungen das.: עד שלא פשט ידו בבית המקדש ישכון כיון שפשט בו ידו נפל בעולם הזה ישכון אבל לעתיד לבא נפל solange er nicht Hand an den Tempel angelegt hat, ruhte er; als er aber Hand daran gelegt hatte, fiel er; in dieser Welt ruht er, aber in der zukünftigen Welt wird er fallen. — Trop. j. Sot. VII, 21ᵈ ob., s. חָזָן. Genes. r. s. 18, 18ᵇ. Das. s. 31, 29ᵃ u. ö. לשון נופל על לשון das eine Wort ist ähnlich dem andern, eig. es trifft mit zusammen, deckt es, s. לָשׁוֹן Bd. II, 528ᵇ. — 2) anheimfallen,

verfallen. Tosef. B. kam. X u. ö. יפלו דמיו לנדבה das Geld, das man für das geweihte Thier bekommt, fällt dem Heiligthum als eine freiwillige Gabe anheim. B. bath. 144ᵇ האחין השותפין שנפל אחד מדהן לאומנות נפל לאמצע wenn Einer der Brüder, die ihr Vermögen gemeinschaftlich verwalten, als Zolleinnehmer ausgehoben wurde (dem Zöllneramt anheimgefallen ist; Gem. das. אומנות המלך· Es herrschte näml. der Brauch, dass die Regierung allmonatlich je Einen aus einer Familie als einen solchen Beamten ernannte), so fällt der Gewinn desselben der gemeinschaftlichen Kasse zu. Tosef. Dem. VI Anf. אדם לחבירו הילך מאתים זוז ופול תחתי לאומנות (in einigen Agg. אלא אומר לו פוטרני מן האומנות Agg. וערל crmp. aus רפול) der Eine darf nicht zum Andern sagen: Hier hast du 200 Sus und lasse dich anstatt meiner anstellen (eig. falle) für das Regierungsamt; aber er darf zu ihm sagen: Löse mich von dem Amte ab. j. Dem. VI Ende, 27ᵇ לא יאמר אדם לגוי פול תחתי לטרצר (Ar. sv. פל fehlt in Agg.) man darf nicht zu einem Nichtjuden sagen: Stelle dich (falle) anstatt meiner beim Herrscher behufs Uebernahme eines Amtes u. s. w. Ned. 65ᵇ כל הנופל אינו נופל לידי גבאי תחלה wer da fällt (in Armuth geräth), fällt nicht sogleich in die Hände des Almosenvertheilers; weil er näml. in der ersten Zeit seiner Verarmung bei seinen Verwandten Unterstützung findet.

Hif. הַפִּיל 1) hinwerfen, niederwerfen. Trop. Genes. r. s. 54 Anf. der böse Trieb, der dem Menschen von seiner Jugend an innewohnt, אם מצא בתוך שבעים הוא מפילו בתוך שמנים הוא מפילו bringt ihn, wenn irgend möglich, auch noch in seinem 70. und selbst in seinem 80. Lebensjahre zum Fallen. — 2) missgebären, einen Missfall haben. Pes. 3ᵃ. 9ᵇ der Priester untersuchte, אם רוח הפילה אם השילה נפל ob sie (die Magd, die einen Abortus in den Brunnen geworfen hatte) mit einer aufgeschwollenen Masse oder mit einer Fehlgeburt abortirt hatte. Nid. 21ᵃᵇ המפלת חתיכה wenn sie mit einem Fleischklumpen abortirte. Das. 22ᵃ fg. u. ö.

נְפַל ch. (syr. ﻧﻔﻞ=נְפַל) fallen, herabfallen, niederfallen. Dan. 7, 20. 4, 28. Esr. 7, 20 u. ö., s. auch TW. — Chull. 51ᵃ אי נפול לארעא wenn das Thier auf die Erde niedergefallen ist. Das. 52ᵇ und Schabb. 66ᵇ, s. פְּרִיסָא. Das. 22ᵃ בזרא דנפל נפל B. mez. 105ᵃ u. a. Trop. פוּרְתָא die Aussaat, die einmal hinfiel, ist für immer hingefallen; d. h. wenn das Feld einmal mit Unkraut besäet wurde, so wird letzteres, trotz alles Pflügens weiterwuchern. Ned. 65ᵇ כל דמימעני לאו עלי נפיל wer da verarmt, fällt nicht mir allein zur Last.

Af. אַפִּיל 1) fallen machen, hinwerfen, s. TW. — 2) abortiren. Chull. 42ᵃ ob. אימור

אפילי אסיר man nimmt an, dass sie abortirt habe. Snh. 109ᵇ ein Rechtsspruch der vier Trugrichter Sodoms (vgl. שֶׁקְרָאֵי) lautete wie folgt: דמחי ליה (לה .l.) לאתתא דחבריה ומפלא wenn ליה אמרי ליה יהבה ניהליה דניעברה ניהלך Jem. seines Nächsten Frau geschlagen hatte, infolge dessen sie abortirte, so sagten sie zu dem Ehemanne: Gieb jenem deine Frau, damit er sie für dich beschwängere (die Erklärung in מחי Bd. II, 74ᵃ, ist danach zu berichtigen).

נְפִילָה f. N. a. das Fallen, Herabfallen. B. kam. 54ᵇ נפילה הבור das Hereinfallen eines Thieres in Jemds. Grube. Sot. 44ᵃ und j. Sot. VIII Ende, 23ᵃ, s. נִיסָה . j. Pes. I, 27ᵇ mit. u. ö. — Trop. j. Ber. I, 3ᵈ ob. תסמכנו מנפילתנו mögest du uns stützen bei unserem Fallen, s. כְּפִיפָה, vgl. auch נְפָלָה.

נִיפּוּל m. N. a. 1) das Abfallen, Sichablösen. Chull. 73ᵃᵇ. 74ᵃ מיתה עושה ניפול שחיטה אינה עושה ניפול das Verenden eines Thieres bewirkt das Abfallen, aber das Schlachten desselben bewirkt nicht das Abfallen; d. h. wenn das Glied eines Thieres lose an ihm hängt (אבר המדולדל, vgl. דָּלַל), so wird es beim Verenden des letzteren als etwas von ihm Abgefallenes betrachtet, weshalb es hinsichtl. der Unreinheit nicht als ein Stück vom Aase, sondern als ein Glied, das sich von einem lebenden Thiere abgelöst hat, angesehen wird. Wenn das Thier hing. geschlachtet wurde, so wird das an ihm lose hängende Glied nicht als bereits abgefallen behandelt. Nach einer Ansicht s. שחיטה עושה ניפול wird der lose hängende Theil eines Thieres auch bei dessen Schlachten als abgefallen betrachtet (mit Ansp. auf Lev. 11, 38: יפל . . . . במותם Das. 129ᵃ dass. Das. 123ᵇ ראשון עושה ניפול ראשון jedes Stück des vom Thiere nach und nach abgezogenen Felles wird als abgefallen betrachtet; da es doch nicht mehr an das Fleisch anwachsen kann. — 2) das Hinfallen, Sichniederwerfen. Deut. r. 2 Anf. ניפול ופלול וכ' das Sichniederwerfen und das Beten gehören zu den zehn Benennungen für das Gebet; mit Bez. auf ואתנפל (Dt. 9, 25) und ויפלל (Ps. 106, 30). — Pl. B. bath. 93ᵇ פת ניפולין Brot, das (weil es schlecht gebacken ist) in Brocken zerfällt. B. kam. 99ᵇ dass.

נִיפּוּל m. eine zum Genuss erlaubte Heuschreckenart, eig. das Hinfallende; viell. das Heupferd. Sifra Schemini Par. 3 cap. 8 החרגל unter (Lev. 11, 22) חרגל זה ניפול ist diese Heuschrecke zu verstehen. Chull. 65ᵇ החרגל זה ניפול Ar. (Agg. סלעם זה ניפול) dass.

נִיפּוּלָא ch. (=נִיפּוּל) eine Heuschreckenart, s. TW.

נִיפּוּל junge Taube, s. d. in ני'

נִיפְלָה , נִיפְלָה f. 1) das, was herabfällt. Pea. 5, 1 נתן לעניים נפלה (so im j. Tlmd., im bab. Tlmd. und in Mischnajoth: כדי נפילה) man giebt den Armen (von den Garben, die der Wind zerstreut hat, bevor jene die Nachlese, לקט, hielten) so viel Getreide, wie sonst gewöhnlich herabfällt. — 2) Aussaat, herabfallender Samen. B. mez. 9, 5 אם יש בה כדי נפילה j. Tlmd. (im bab. Tlmd. נפילה); vgl. j. Gem. z. St. IX Anf., 12ᵃ כדי נפלה כדי זרע הנופל בה die Worte כדי נפלה in der Mischna bedeuten: Wenn der Ertrag so viel ausgiebt, als die Aussaat, die darauf gefallen ist. j. Pea V Anf., 18ᵃ wird unsere Stelle (B. mez. l. c.) ebenf. כדי נפילה citirt und erklärt: בנופל לה כדי לזורעה dass. Frankel in s. Comment. z. St. hat aus Missverständniss unrichtige Emendationen gemacht. R. Simson zu Pea l. c., der zwar die richtige Bedeut. getroffen, liess sich jedoch von der LA. des bab. Tlmd. irre leiten.

נֶפֶל m. (=bh.) unzeitige Geburt, Frühgeburt, Abortus. Pes. 9ᵇ u. ö., s. כָּסַל . j. Jeb. XI g. E., 12ᵇ R. Simon ben Gamiel sagte: כל המתקיים בארם שלשים יום נפל . . . ובבהמה שמנה ימים אין זה נפל וכ' jedes Neugeborene der Menschen, das bereits 30 Tage am Leben blieb, ist nicht mehr als eine Frühgeburt anzusehen (mit Bez. auf Num. 18, 16: „Von einem Monate an sollst du sie auslösen“); und dasjenige der Thiere, das bereits acht Tage am Leben blieb, ist nicht mehr als eine Frühgeburt anzusehen (mit Bez. auf Lev. 22, 18: „Vom achten Tage an soll es als Opfer tauglich sein“). Schabb. 135ᵇ dass., woselbst jedoch המתקיים anst. המתקרים steht. — Pl. j. Nid. III, 50ᵈ un. נפלים s. שִׁילְיָא . Schabb. 32ᵇ infolge des Hasses ohne Ursache נפלים מפלת אשתו abortirt die Frau mit Frühgeburten. Genes. r. s. 20, 20ᵈ בעצב זה צער הנפלים „Mit Trübsal (wirst du gebären“, Gen. 3, 16), das bedeutet den Schmerz der Frühgeburten. j. Schebi. IV Ende, 35ᶜ אפילו נפלים selbst die Frühgeburten werden des zukünftigen Lebens theilhaftig werden, vgl. נָצִיר . Pesik. r. s. 36, 66ᵃ dass.

נְפַלָא , נֶפַל , נִיפְלָא ch. (=נֶפַל) Frühgeburt, s. TW. — Pl. B. bath. 101ᵇ. 102ᵇ בנפלי betreffs der Gräber, die zum Begraben der Frühgeburten dienen. — נַפָלָא m. Embryo, s. TW.

נָפִיל m.; nur Pl. נְפִילִים 1) (bh.) Riesen. Delitzsch vergleicht unser W. treffend mit gr. οἱ ἐπιπίπτοντες=βίαιοι: die Starken. — 2) Name eines Dämons, eig. wohl: Ueberfallender. Bech. 44ᵇ רוח בן הנפילים באה עליו (in einigen Agg. הנפלים crmp.) der Geist dieses Dämons überfällt den, der sich den Urin zurückhält, vgl. auch רוח קצרית . Ar. sv. קצרית erklärt unser W. durch שידה Dämonin. — 3) בן הנפלים eig. der Riesensohn, Name eines

Amphibiums, etwa der Sking, den man sich aus den Eiern des gewaltigen Krokodils entstanden dachte; vgl. Lewis. Zool. d. Tlmd. p. 220 fg., nach Voigt, Lehrb. d. Zool. — Sifra Schemini cap. 6 Par. 5 wird בן הנפילים als eine Eidechsenart (הצב, Lev. 11, 29) erklärt. Chull. 127ᵃ ורבן הנפילים Ar. (Agg. crmp.). Exod. r. s. 15 g. E., 116ᵃ בא זעזע את הימים והראהו את בן כחב ה' קול שנאמר הנפילים Gott erschütterte die Meere und zeigte dem Mose den Sking; denn es heisst „Gottesstimme in Kraft" (כח, Ps. 29, 4, wohl eine Anspiel. auf הכח, Lev. 11, 30, ebenfalls eine Eidechsenart).

נְפִיל m., ch. (=נְפִילָא), נְפִילָא f. Riese, Riesin. Ruth r. sv. 39ᶜ ולנעמי לנפילא מה נפול ob' וכו גבורי חיל מגכודין הם wenn ein Riese eine Riesin heirathet, was setzen sie in die Welt? Kräftige Helden. „Boas, der starke Held" (Ruth 2, 1) heirathete die anmuthige Ruth, aus welcher Ehe „David, der Held und Wohlgestaltete" (1 Sm. 16, 18) abstammte. — Ferner das Sternbild Orion s. TW.

נִיפְלִי od. נְפְלִי f. (gr. νεφέλη) Wolke. בר נפלי eig. der Wolkensohn, etwa Nubigena, bildl. Benennung des Messias; vgl. Dan. 7, 13, und bes. Trg. עני אנון מלכא משחא 1 Chr. 3, 24 דעתיד לאתגלאה „Anani (Nubigena), das ist der König Messias, der sich offenbaren wird". Snh. 96ᵇ un. R. Nachman fragte den R. Jizchak: מי שמיע לך אימת אתי בר נפלי אמר ליה מאן בר נפלי אמר ליה משיח בר נפלי קרית ליה הנפלת ... אמר ליה אין דכתיב אקים hast du vielleicht vernommen, wann der בר נפלי kommen wird? Der Andere entgegnete: Wer ist denn der בר נפלי? Worauf jener: der Messias. Also, sagte R. Jizchak: den Messias nennst du בר נפלי? Worauf jener: Wohl! denn es heisst (Am. 9, 11): „An jenem Tage werde ich die verfallene (הנפלת) Hütte Davids aufrichten." וכו' Die Babylonier mochten wohl von den griechisch kundigen Palästinern das Wort ניפלי überkommen haben, für das sie, da ihnen die eigentliche griech. Bedeutung fremd war, nach ihrer Weise (vgl. z. B. דיונגמא u. v. a.) eine Erklärung aus der Schrift beibrachten; eine Auslegung, die nicht einmal agadisch zutrifft, da man den Namen des Messias wohl nicht aus der „hingefallenen", sondern vielmehr aus der „aufgerichteten" oder „aufzurichtenden" Hütte David's hätte entlehnen können.

נִיפּוֹלִין, נִיפּוֹלִיה Neapolis (Neustadt), Nablos oder Nabolos, Name eines Wohnortes der Samaritaner, der an der Stelle des früheren Sichems, nach dessen Zerstörung, neugegründet wurde. j. Ab. sar. V, 44ᵈ mit. ר' ישמעאל בר ר' יוסי אזל להדא ניפוליה אתון כותייה לגבריה אמר לון אנא מחמי לכון דלית אתון סגדין לאהין הורא אלא לצלמייא דתחתוהי דכתיב ויטמן וג' R. Ismael

bar Jose ging nach Neapolis und sagte zu den Samaritanern, die zu ihm gekommen waren: Ich werde euch beweisen, dass ihr euch nicht vor jenem Berge (Garizim), sondern blos vor den unter ihm liegenden Götzenbildern bücket; denn es heisst: „Jakob verbarg die Bilder unter der Terebinthe bei Sichem" (Gen. 35, 4). Derselbe R. Ismael verglich (nach Genes. r. s. 81 g. E., vgl. נבלה) die Samaritaner mit ihrem Beten auf dem Garizim einem Hunde, der nach dem Aas gierig ist; wahrsch. auf den Anklang von נבלה auf ניפולין Nablos anspielend. Num. r. s. 23 g. E., 247ᶜ נפולין זהו אפרים שכם בהר „Sichem auf dem Berge Ephraim" (Jos. 20, 7), das ist Neapolis. Deut. r. s. 3, 254ᵃ R. Jonathan ging einst אצל ניפולין של כותיים וכו' unweit Neapolis der Samaritaner u. s. w.

נְפַנֵּף Pilp. von נוף s. d., vgl. auch נָפַף.

נָפַס (syn. mit נָפַץ s. d.) Pi. נִיפֵּס eig. streuen, insbes. hecheln, die Wolle ausschütteln, sie vom Staube reinigen. Schabb. 13, 4 (105ᵇ) המלבן והמנפס j. Tlmd. u. Ar. (Agg. des bab. Tlmd. והמנפץ) wenn Jem. die Wolle wäscht oder sie hechelt. Das. 7, 2 (73ᵃ) (המנפצר) המנפסו dass. Das. 73ᵇ כולן מלאכה אחת הן חדש ורהמנפיץ והמנפס Ar. (Agg. והמנפסו wahrsch. crmp.) wenn Jem. am Sabbat das Getreide drischt, die Körner aus dem Staube säubert und die Aehren zerreibt (um ihre Hülsen zu entfernen), so verrichtet er durch alle diese Handlungen blos eine Arbeit; vgl. Ar. sv. פץ 1 Namens des Hai Gaon. Nach Raschi z. St. bedeutet מנפץ: die Flachsstengel dreschen, ferner מנפס: die Knollen aus der Baumwolle schlagen. Vgl. j. Schabb. VII, 10ᵃ un. מנפס משה מפלג כד wenn Jem. am Sabbat die Flachsstengel zerschlägt, ist er wegen Hechelns straffällig. j. Ber. IX, 13ᶜ ob. wie viel Mühe hatte Adam, um ein Kleid anzufertigen! גזז ורחץ וטורה וניפס וליבן וכו' er schor die Wolle, wusch sie, hechelte sie, färbte sie, spann sie u. s. w. Ber. 58ᵃ וכו' ניפס Ar. (Agg. ניפץ) dass.

נְפַס ch. (syr. ܢܦܰܣ=)נַפֵּס (=נִיפֵּס) Pa. hecheln, (Wolle u. dgl.) klopfen. j. Schabb. VII, 10ᶜ ob. מנפס משום חייב גומא הוצין סיב דנפיס הדין Jem., der am Sabbat Bast, Baumrinde oder Grashalme schlägt, ist wegen Hechelns straffällig. B. kam. 93ᵇ דנפסיה נפוסי ... דסריקיה סרוקי Ar. (Agg. דנפצי דנפצה) wenn man die Wolle mit der Hand hechelt; wenn man sie mit dem Kamm kämmt.

נַפָּסָא m. Adj. Jem., der die Wolle hechelt, Wollehecheler. Jeb. 118ᵇ תיקרי גברא דנפסא Ar. (Agg. דנפצא) eine Frau, deren Mann die Wolle hechelt, ruft ihn an der Schwelle des Hauses und setzt sich mit ihm nieder; d. h. sie ist auf ihn, trotz seines niedrigen

Handwerks, stolz. Keth. 75ᵃ dass. Mögl. Weise jedoch ist נְפוֹסָא zu lesen (chald. Form vom nächstflg. נְפוֹס): deren Mann so klein und dick wie eine Steckrübe ist (entsprechend dem dort vorangehenden Satz: דְשׁוּמשׁמְנָא גַברָא וכ': deren Mann so klein wie eine Ameise ist). Nach Ar. wäre נָפוֹסָא Adj. zu lesen: deren Mann ein Wächter der Steckrüben ist (entsprechend dem שׁוֹמֵר קִשׁוּאִין: Wächter der Gurken), oder: Steckrüben-Verkäufer, vgl. auch קוֹלָסָא.

נָפוֹס (נְפוֹץ) *masc.* (lat. napus) Steckrübe. Kil. 1, 3 הלפת והנפוס וכ' j. Tlmd. und Ar. (bab. Tlmd. והנפיץ) die Rübe und die Steckrübe bilden keine Mischpflanzung; כלאים; vgl. j. Gem. z. St. 27ᵃ un.: Weil die Blätter dieser Pflanzen gleich sind. Das. Mischna 5 הצנון והנפוס (והנפיץ וכ') der Rettig und die Steckrübe bilden eine Mischpflanzung; vgl. j. Gem. z. St.: weil der Geschmack derselben verschieden ist. Ukz. 1, 2 הנפוס; vgl. auch den vrg. Art.

נָפֵעַ (syn. mit נָפַח, mit Wechsel von ע u. ח) einflössen. Exod. r. s. 1, 101ᵈ פועה שהיתה נופחת יין בחינוק אחר אמו deshalb „Puah" (Ex. 1, 15), weil sie dem Kinde, nachdem es die Mutterernährung erhalten hatte, Wein einflösste. — Hif. einhauchen. Das. nach einer andern Deutung מפרעה שהיתה את התינוק כשהיו אומרים מת sie hiess desshalb „Puah", weil sie dem neugeborenen Kinde, wenn man es für todt hielt, Luft einhauchte.

נָפַע (=נָפַץ mit Wechsel von ע u. צ). Pa. נַפַּע sprengen, zerschlagen, s. TW.; s. auch פַּקְפַּע.

נָפַף (verstärkte Form von נוּף) aufschiessen. Pi. נַפֵּף in die Höhe treiben, hoch wachsen lassen. Pesik. r. s. 41, 70ᵇ (mit Bez. auf Ps. 48, 3) היפה כטל שהוא מתוצא ומנפף את הדגנים schön wie der Thau, der von Palästina aus sich verbreitet und das Getreide in die Höhe treibt. — Pilp. נִפְנֵף s. in נוף.

נָפַף *ch.* (verw. mit נָפַח), insbes. schwingen. Schabb. 134ᵃ, s. nächstflg. Art.

נְפָפִיתָא, נְפַפְיָא (=נַפְיָא) *f.* Schwinge. Schabb. 134ᵃ (l. לִינפפיה) האי ינוקא דלא מנשתין לכספפיה Ms. M. (Agg. דלא מנשתדה בנפפא ולינשׁתין מיא (לינפפיה בנפוותא ומנשׁתדה) wenn ein neugeborenes Kind nicht uriniren kann, so schwinge man es in einer Schwinge, wodurch es uriniren wird. Jeb. 114ᵇ נפפיתא, s. נַפְיָא.

נָפַץ (=bh. Grndw. פוץ s. d.) zerstreuen, ausstreuen. Biccur. 1, 8 נטמאו בעזרה נופץ וּאִינו קורא wenn die Erstlingsfrüchte in der Tempelhalle levitisch unrein wurden, so streut er (der die Früchte gebracht hatte) sie aus, ohne den Abschnitt Dt. 26, 5 fg. zu lesen. Nidd.

66ᵃ ממלאה ונופצת sie ist voll Blut, das sie während des Coitus ausschüttet, verliert. Keth. 72ᵃ wird die Mischna: „Wenn Jem. seiner Frau durch ein Gelübde befiehlt, שתהא ממלאה ומערה לאשפה, nach einer Ansicht wie folgt erklärt: שתמלא ונופצת dass sie das semen virile, nachdem sie es empfangen, durch schnelles Gehen u. dgl. wieder um sich gebe, damit sie nicht schwanger werde. Nach einer andern Erklärung: שתמלא עשרה כדי מים ותערה לאשפה dass sie zehn Krüge mit Wasser fülle und sie wieder auf den Misthaufen ausgiesse, leere s. נָפַס. Vgl. j. Gem. z. St. VII, 31ᵇ תמן אמרין כגון מעשה ער ורבנין dort (in Babylonien) דהכי אמרי דברים של בטלה erklärt man die Mischna: wie das Verfahren des 'Er (des Sohnes Juda's, Gen. 35, 6, 7; wonach ער als ein Denom. von ער genommen wurde. Sie soll ebenso verfahren wie 'Er verfuhr); die Gelehrten von hier (Palästina) erklären die Mischna: die Frau soll unnütze Dinge thun (d. h. entsprechend der oben erwähnten zweiten Ansicht in bab. Keth. l. c., welche demnach aus j. Gem. hierher übertragen wurde). Pi. נִפֵּץ zerstreuen, ausschütten. Kil. 5, 7 wenn ein Wind Getreidekörner in einen Weingarten hineinweht, אם עשבים יופף ואם אביב ינפץ und hiervon Gräser (Halme ohne Körner) wachsen, so wendet man den Erdboden um, umackert ihn; wenn die Körner schon sprossen (aber noch nicht den dritten Theil der Reife erlangten), so schüttet man die Körner aus den Halmen (indem dann die Halme und die Aehren zum Genuss erlaubt sind); wenn die Körner aber schon theilweise gereift sind, so muss Alles verbrannt werden (Dt. 22, 9 תקריב, von der Tradition wie תוקד אש erklärt: „es soll verbrannt werden"). Vgl. j. Kil. V g. E., 30ᵃ. Schabb. 73ᵇ המנפץ s. נָפַס. Levit. r. s. 19 g. E. (mit Bez. auf Jer. 22, 28) כעצם הזה של מוח שמשמנפצר אין בו מאומה „wie ein Markknochen (עצם=עצב gedeutet), an dem, wenn man sein Mark ausschüttet, nichts Brauchbares bleibt. Oft ist נפץ crmp. aus נָפַס s. d.

נְפַץ *ch.* (syr. ܢܦܨ=נְפַץ) ausschütten, abschütteln, s. TW. — Nid. 31ᵃ פרוץ מלחא schüttele das Salz ab; bildl. s. מִלַּח. Jom. 20ᵇ נפץ עמרא schüttele, klopfe die Wolle aus, s. נְפַץ. Genes. r. s. 36, 35ᵇ (mit Ansp. auf נפוצה, Gen. 9, 19) לרגה גדולה דנפוצה עוברה ומלאה ארעא einem grossen (weiblichen) Fisch gleich, der seinen Rogen ausschüttet und das Land damit füllt. Part. Peil. Chull. 51ᵇ כיתנא דרייק ונפיץ Flachs, der geklopft und gehechelt wurde. Pa. נַפֵּץ 1) ausschütteln. Schabb. 147ᵃ Ulla חזא רבנן דקא מנפצי גלימייהו וכ' sah, dass die Gelehrten ihre Mäntel am Sabbat ausschütteln, worauf er sagte: Die Gelehrten entweihen den Sabbat! R. Juda hing. rief ihnen zu: נפוצו

ליה באפיה אנן לא קפדינן מידי schüttelt sie ihm ins Gesicht aus, wir halten das für ganz unbedeutend. Chull. 76ᵇ. 113ᵃ מנפיר ליה er schüttelte das grobe Salz vom Fleische ab. — 2) losreissen, losmachen. B. bath. 45ᵃ wenn ein Jude seinen Esel einem andern Juden verkauft hatte, ואתי נכרי ואניס ליה מיניה דינא 3 פץ Ar. ed. pr. sv. הוא דמנפצי ליה (Agg. דמפצי) und ein Nichtjude kommt, der dem Käufer den Esel gewaltsam fortnimmt, so gebührt es sich, dass der Verkäufer den Esel von dem Räuber losmache. Keth. 91ᵇ אי אתיא אמא מערערא לא מנפיצנא לך Ar. ed. pr. wenn meine Mutter kommen und gegen den Verkauf ihrer Kethuba Einwand erheben wird, so werde ich dir dafür nicht aufkommen, eig. dich nicht losmachen.

נָפוֹיִן s. נָסוֹס.

נְפִיצָה f. N. a. das Zerstreuen. j. Orl. I, 60ᵈ un. שבירה היא נפיצה היא Zerbrechen ist dasselbe, was Zerstreuen: d. h. die Verba שבר und נפץ sind synonym. In einigen Agg. steht נתוצה (anst. נפיצה) das Niederreissen;

נְפַק (syr. ܢܦܩ, Grndw. פק, syn. mit נפץ, vgl. פק) 1) herausgehen, hervorgehen. Dan. 2, 14. 3, 26 fg. — j. Ber. 1, 2ᶜ ob. נלפינה מדרך הארץ שרי מלכותא נפק אף על גב דלא אמרינן די נפיק שרי עליל לא אמרין דעאל עד שעתא דייעול wir erlernen es (dass, der Tag nicht blos vom Sonnenaufgange bis zum Sonnenuntergange, sondern vom Sichtbarwerden des Morgensterns bis zum Sichtbarwerden der Abendsterne gerechnet werde) aus dem üblichen Sprachgebrauch: Wenn der König (die Sonne) sich anschickt, auszugehen, so sagt man, obgleich er noch nicht ausgegangen ist,. dass er ausgeht; wenn er sich aber anschickt, zurückzukommen, so sagt man nicht eher, dass er angekommen, als bis er bereits eingetroffen ist. j. Taan. IV, 69ᵇ mit. מנסקין (=מן נפקין), vgl. מי II) als sie hinausgegangen waren. Khl. r. sv. חופר גומץ, 94ᶜ מינסק ליה als er hinausgegangen war. j. Chag. II Anf. 77ᵃ mit. כלום חסרתניך לא רוחא היא דנפקא habe ich denn ihnen (den Kamelen dadurch, dass ich ihnen eine zu schwere Last aufgelegt habe) etwas mehr entzogen, als den Lebensodem, der von ihnen geschwunden ist? Eine Beweisführung, dass die Luft das Lebensprincip der Welt bilde. Chull. 56ᵇ. 57ᵃ, s. פְּרִיסָא; vgl. auch נְבָאי u. a. Khl. r. sv. חן חלק, 97ᵇ (א prosthet.) sie gingen ihm nach. Schabb. 106ᵃ פוק תני לברא וכ' gehe und verbreite die Lehre nach Aussen, allgemein. Ber. 45ᵃ פוק חזי מאי עמא דבר gehe und beobachte, welcher Brauch allgemein herrsche, wie sich die Menschen führen. — 2) aus etwas hervorgehen, bewiesen werden, freikommen. j. Ber. VI, 10ᵇ un. נפיק אנא ידי חובתי (=hbr. יָצָא s. d.)

erfülle ich meine Pflicht? Dafür auch blos נפק. Suc. 36ᵇ u. ö., s. טְבַל. — Keth. 72ᵃ מאי נפקא לה מינה תיעבד was liegt ihr daran (was schadet es ihr, wenn sie, laut Befehl ihres Mannes, zehn Krüge mit Wasser füllt und sie wiederum leert, vgl. פץ)? Möge sie es doch thun! j. Schabb. VI, 8ᵃ ob. מה נפיק מן ביניהון was ist der Unterschied zwischen ihnen? Bez. 6ᵇ u. ö. למאי נפקא מינה in welcher Beziehung ist das anzuwenden? Snh. 109ᵇ s. מַר IV. Chull. 42ᵃ. 43ᵃ. 60ᵇ u. ö.

Af. אַפֵּק (syr. ܐܦܩ; bib. chald. הַנְפֵּק. Dan. 5, 2. 3. Esr. 5, 14 fg.) 1) herausbringen, hervorbringen. Ber. 38ᵃ מפיק דמפיק der hervorgebracht hat, der hervorbringt, s. יצא im Hifil. Schabb. 41ᵃ פתחו פומייכו ואפיקו הבלא . . . דאמר שמואל הבלא מפיק הבלא öffnet (beim Baden) euren Mund, damit ihr Ausdünstung bewirket; denn Samuel sagte: Hauch vertreibt Hauch; d. h. der eingeathmete Dampf treibt die Dünste aus dem Körper. B. mez. 74ᵃ, s. מְקֵלָה. Chull. 42ᵇ הנך תרתי דאפקת לא תפיק jene zwei Halachoth, die du aus jener Zahl ausgeschlossen hast, sollst du nicht ausschliessen. — 2) etwas von Jemdm. erhalten, ihm abnehmen. Keth. 76ᵇ התם מייתי אב ראיה ומפיק dort (in dem Falle, dass die Verlobte, Angetraute noch in ihrem väterlichen Haus befindet und der Verlobte sie wegen ihrer Leibesfehler nicht heirathen will) bringt der Vater Beweise, dass die Fehler erst nach der Trauung entstanden seien und erhält dann vom Manne die Kethuba (Hochzeitsverschreibung) seiner Tochter. Das. אי ידעי טבח דמי בעי לאתויי ראיה ומפיק wenn der Fleischer bereits das Kaufgeld (für das Thier, an dem sich nach dessen Schlachtung eine Schadhaftigkeit vorgefunden) gegeben hat, so muss er Beweise beibringen, dass das Thier vor dem Verkauf keinen Fehler hatte und erhält das Geld zurück. (Dav. auch im Spätrabbinischen, bes. bei den Grammatikern: מפיק Mappik, z. B. הא מפיק He mappikatum, pronuncirtes He, wenn dieser Bst. einen Punkt in der Mitte hat).

נָפָק, נַפְק m., נַפְקָא f.; nur נפק בר נפקת ברא eig. Herumläufer, Herumläuferin, d. h. Unzüchtiger, Unzüchtige, s. TW.

נִפְקָא m. 1) (=hbr. צֵאָה) eig. was herausgeht, bes. Excrement. Git. 69ᵇ ob. נפקא דכלבא חיורא das Excrement eines weissen Hundes, vgl. טוֹפָה. — 2) hervorragendes Gitter, Gesims. Pl. Erub. 87ᵇ עביד לה ארבעה נפקי אפומיה Ar. (in Agg. fehlt ארבעה, in einigen Agg. ניפקא crmp.) er brachte vier Gitter an den Seiten an. Nach Raschi: Ausgänge; מוצאות wonach unser W. ähnlich wäre dem syr. ܢܦܩܐ, Hiob 28, 1, für hbr. מוֹצָא.

נְפִיקָא, נְפִיק *m.* Adj. 1) schmutzig. Levit. r. s. 26, 169ᵈ wird בגדים אחרים („andere Kleider, 1 Sm. 28, 2) erklärt durch מאנויין נפיקא (richtiger מאני צאין=נפיקין, s. צָאָה) schmutzige, hässliche Kleider. — 2) Angebot, eig. was aus dem Munde gegangen (hbr. מוצא פה). Pesik. r. s. 23 g. E., 48ᵇ בעו למיתן ליה כנפיק בתרייתא die Gelehrten wollten ihm (dem Dama ben Nethina für den Edelstein) so viel geben wie das letzte Angebot, der verlangte Kaufpreis gelautet hat. j. Pea I, 15ᶜ ob. כפסיקו ליה, j. Kidd. I, 61ᵇ ob. כד פסקו פיק לאחרייה dass. 3) כד נפיק ביה od. כנפיק ביה (hbr. כיוצא בו, s. יָצָא) ihm entsprechend, ihm ähnlich, s. TW.

נִפְקְוּתָא *f.* (syr. ܢܦܩܘܬܐ) Verausgabung, Kostenaufwand. Ned. 7ᵃ והדין לנפקותא die-ses (Geld u. s. w.) diene zur allgemeinen Aus-gabe. Tosef. B. mez. IX mit. בעמלי ובנפקות ידיי für meine Mühe und für meinen Kostenaufwand. B. mez. 105ᵃ dass., s. פַּרְיָא. — Esr. 6, 4. 8 נְפַקְתָּא dass.

נִיפְקִין s. בְּנִיפְקִין.

נִיפַּר Nippar, Name eines Ortes. Jom. 10ᵃ כלנה (ניפר נינפי Ar. (Agg. „Kalne" (Gen. 10, 10) bedeutet Nippar; das W. נינפי ist wohl anspielend an כלנה von כלה νύμφη, Braut. — נִיפְרָא s. d. in ני׳.

נִפְרָא *m.* Hyäne, die gestreifte Hyäne. Stw. wahrsch. נפר, arab. نَفَر: feige sein, fliehen, da dieses Thier, trotz seiner Stärke, oft die Flucht ergreift. Vgl. auch Michael. in Cast. Lex. Syr. sv. نفر „citato gradu (cursu) fugit." — B. kam. 16ᵃ מאי ברדלס אמר ר׳ יהודה נפרזא מאי נפרזא אמר ר׳ יוסף אפא אפא בברדלס? R. Juda sagte: נפרזא? Was bedeutet נפרזא? R. Josef sagte: אפא, ὕαινα ὄφις. Das. wird auch צבוע durch אפא erklärt: die weib-liche Hyäne, צבוע נקבה. Dass aber unser W. nicht Natter oder Otter bedeuten kann, bezeugt die Zusammenstellung in der Mischna mit an-deren wilden Thieren, „Wolf, Löwe und Tiger".

נָפַשׁ (syn. mit פוש, hbr. פָּשָׁה, Grndw. פש) eig. ausgedehnt sein, dah. viel sein, s. TW. — Dav. נָפִישׁ, נְפִישָׁא Part. oder Adj. viel, gross. B. bath. 73ᵇ כמה נפיש חילויה דאילנא! wie gross war die Kraft jenes Baumes! Keth. 66ᵇ s. זְרִיזָא. Snh. 52ᵃ s. הוֹגְנָא. Jeb. 50ᵇ u. ö. הנך נפישין diese Halachoth sind mehr. Sot. 40ᵃ נְפִישׁי ליה בעלי חובות er hatte viele Gläubiger. Af. אַפֵּישׁ vermehren, viel oder gross machen. Men. 23ᵇ אפיש לה תבלין er hat mehr Gewürze in das Brot gethan. Bez. 7ᵃ eine auf rabbi-nischer Satzung beruhende Unreinheit vermehrt,

dehnt man nicht aus auf ähnliche Dinge. Sot. 26ᵃ מאפשי פסולין mehr illegitime Nachkommen (wie Bastarde u. dgl.) in die Welt setzen. B. hath. 12ᵇ בעינא דאפיש אריסי ich will viele Gärtner haben; d. h. durch den Umstand, dass mein Feld von dem deinigen eingeschlossen ist, habe ich den Vortheil, dass, indem du mehrere Gärtner anstellen musst, mein Feld mit beauf-sichtigt wird; ich will daher nicht mein Feld gegen eines der deinigen umtauschen.

נְפַשׁ (=bh. Nif., arab. نَفَس Conj. V) ruhen, eig. aufathmen. Das W. ist syn. mit פוּחַ, Grndw. נף, wov. auch נוּף: wehen. Exod. r. s. 5, 108ᵃ (mit Bez. auf Ex. 5, 9) „Pharao sagte: Mögen die Israeliten schwer arbeiten", אל יהו משתתעין ואל יהו נפשוין damit sie nicht nach Vergnügungen haschen und am Sabbat-tage nicht ruhen.

נֶפֶשׁ *f.* (=bh.) Lebenshauch, Odem; insbes. 1) die Seele, ψυχή, anima des Men-schen oder des Thieres; übertr. Person. Genes. r. s. 14 g. E. חמשה שמות נקראו לה נפש נשמה Ar. (Agg. נפש רוח נשמה חיה יחידה וכ׳, ebenso im Rituale am Musaf des Versöhnungsfestes; welche Ordnung jedoch rich-tiger scheint) die menschliche Seele hat fünf Namen: 1) נפש das animalische Leben, dessen Sitz im Blute ist (Dt. 12, 23: „Das Blut ist die Seele"). 2) נשמה (erklärt durch אומי, φωνή od. εὐφυΐα) die Naturanlage, vgl. אוֹפִי. 3) חיה die Lebende, denn während alle Glieder absterben, lebt sie fort. 4) רוח Geist, der sich im Raume auf und ab bewegt. 5) יחידה die Einzige; denn während die meisten Glieder des Körpers doppelt sind (und selbst die verein-zelten Glieder, wie z. B. Kopf und Herz, hinsichtl. des Denkens mit einander Aehnlichkeit haben) ist sie einzig. Nid. 65ᵇ בעל נפש ein Frommer, der sein Seelenheil wahrt. Chull. 6ᵃ u. ö., s. בַּעַל. Ber. 44ᵇ כל נפש משיב את הנפש וכל קרוב לנפש משיב את הנפש alles Lebende erquickt das Le-bende (d. h. der Fleischgenuss ist dem Menschen am dienlichsten); Alles, was dem Leben am nächsten ist (d. h. der Hals des Thieres, welcher der Schlachtstelle, oder was dem Herzen und den Eingeweiden am nächsten ist) erquickt das Lebende. j. Keth. V, 30ᵇ ob. דברים שהן קרום נפש Dinge, welche den Lebensunterhalt bilden, näml. Nahrungsmittel, מזון. Jom. 74ᵇ עינוי שיש בו נפש ein Kasteien, das einen Verlust (d. h. Schwächung) der Lebenskraft zur Folge hat, näml. Fasten; mit Ansp. auf Lev. 23, 30 והאבדתי את הנפש Ohol. 7, 6, s. דְחָה. Genes. r. s. 6, 7ᵈ s. יוֹם. j. Jom. VIII, 45ᵃ un. u. ö. Sifre Haasinu § 306 כל הבריות שנבראו מן השמים נפשם וגופם מן השמים וכל בריות שנבראו מן הארץ נפשם וגופם מן הארץ חוץ מן האדם הזה שנפשו מן השמים וגופו מן הארץ

54

וכ' alle Wesen, die vom Himmel abstammen (z. B. die Engel), haben ihre Seelen sow., als auch ihre Körper vom Himmel; alle Wesen hing., die von der Erde abstammen (die Thiere), haben ihre Seelen sow., als ihre Körper von der Erde; eine Ausnahme jedoch bildet der Mensch, dessen Seele vom Himmel, dessen Körper aber von der Erde abstammt. Handelt er gemäss dem Willen seines Vaters im Himmel, so gleicht er den Himmlischen (Ps. 82, 6); wo nicht, so gleicht er den Irdischen (das. V. 7). — Pl. Snh. 2ᵃ u. ö. נְפָשׁוֹת דִּינֵי Kriminalprozesse. Schabb. 129ᵃ סָפֵק נפשות להקל wenn ein Zweifel betreffs einer Lebenserhaltung obwaltet, so muss man das Gesetz erleichtern, beseitigen; so z. B. muss man am Sabbat sonst verbotene Arbeiten verrichten, wenn durch deren Unterlassung nur die entfernteste Möglichkeit einer Lebensgefahr vorhanden ist. Jom. 83ᵃ u. ö. Levit. r. s. 17, 160ᶜ אין בעל הרחמים נוגע בנפשות תחלה der Barmherzige schlägt (berührt) nicht die Personen, Menschen zuerst; mit Bez. auf Hi. 1, 15 fg.: zuvor wurden die Thiere sammt den Knappen, sodann Hiob's Söhne und Töchter erschlagen und später erst wurde Hiob selbst mit Aussatz geschlagen. — 2) Wille, das Denken, Gemüth, Funktion der Seele. j. Taan. III Anf., 66ᵇ מכיון שנתנו בית דין נפשן לעשות כמי שעשוי sobald das Gelehrtencollegium seine Gedanken auf etwas richtet, Willens ist, es zu thun, so ist es, als ob es bereits gethan wäre (mit Bez. auf Dan. 10, 12 לבך). j. Hor. I Ende, 46ᵇ וכ' נפשך מה eig. was denkst du? u. s. w. s. מָה. j. Ber. I Anf., 2ᵇ u. ö. Sifra Mezora Par. 3 cap. 6 לומר נפשך אם wenn du etwa Willens bist, zu sagen, d. h. einen Einwand zu erheben; gew. ellipt., worauf blos eine Beweisführung folgt, weshalb jeder etwaige Einwand zu beseitigen wäre. In bab. Gemare pflegt hierauf zumeist die Phrase zu folgen: לומר נפשך אם מאי וכי תימא וכ' welcher Einwand wäre dagegen zu erheben, etwa der, dass du sagtest u. s. w.? Schebu. 30ᵃ u. ö. — 3) Grabmal, Monument, dem ψυχή entlehnt, eig. Schmetterling, den die Griechen wegen der Verwandlung desselben aus einer Raupe, als Sinnbild des Lebens und der Unsterblichkeit auf Grabmälern abbildeten. Schek. 2, 5 מותר המת בונין לו נפש על קברו von dem, was von einer Sammlung zur Bestattung eines Todten zurückgeblieben ist, baut man ein Monument an seinem Grabe. Ohol. 7, 5 נפש אטומה ein geschlossenes Denkmal am Grabe, d. h. das keine Oeffnung zum Eingange hat. — Pl. Erub. 5, 1 (53ᵃ) גשרים ונפשות של שיש בהן בית דירה Ueberbrückungen und Grabmäler, welche ein Wohnzelt (für die Wächter der Brücken und Gräber) haben. Das. 55ᵇ. Tosef. Erub. VI (V). j. Schek. II, 37ᵃ ob. אין עושין נפשות לצדיקים דבריהן הן זכרונן für die Frommen errichtet man keine Grabmäler, denn ihre Worte, Lehren

bilden ihre Denkmäler. Genes. r. s. 82, 80ᶜ dass. Tosef. Achil. XVII Anf. חזקת נפשות שבארץ ישראל טהורות חוץ מן המצויינות בלבד die gewöhnlichen Grabmäler in Palästina, mit Ausnahme derjenigen, die als Gräber bezeichnet sind, sind rein; weil man in der ersteren die Leichen blos niederlegte, um sie später fortzuschaffen. — 4) übrtr. das, was einen Gegenstand zusammenhält und einen Hauptbestandtheil desselben bildet. B. bath. 89ᵃ נפש מאזנים die Stange (das Zünglein) der Wage. Nach R. Sam. ben Meïr z. St.: das hohle Eisen, in welchem das Zünglein sich befindet. Kel. 21, 1 נפש המסכת die Fäden, die durch das Gewebe gehen, vgl. מַסֶּכֶת. j. Schabb. XIII Anf., 14ᵃ dass. — 5) Nid. 62ᵃ נפש חלוקת, vgl. חֲלוּקָה. Nach einer Erkl. in Ar. sv. חלף 3 bedeutet unser W. Nüchternheit, d. h. Bohnen, die man nüchtern verzehrt. Schönhak im Hamaschbir sv. erblickt in unserem נפש das gr. νῆψις: die Nüchternheit.

נַפְשָׁא, נֶפֶשׁ ch. (syr. ‍ܢܰܦܫܳܐ‎, ‍ܢܶܦܶܫ‎ = נֶפֶשׁ) 1) der Odem, halitus, die Seele, Person. Schabb. 129ᵃ רב אמר בשר נפשא חלף נפשא ושמואל אמר יין סומקא חלף סומקא Rab sagte: Fleisch (geniesse man nach dem Aderlass), denn Leben ersetze das entzogene Leben. Samuel hing. sagte: Wein, denn Rothes ersetze das entzogene Rothe (Blut). Pes. 68ᵇ נפשאי חדי freue dich, meine Seele, freue dich! Das. 68ᵇ אדעתיה דנפשיה nach seiner Ansicht. Nid. 36ᵇ u. ö. נפשיה נח קא er starb. Genes. r. s. 100, 99ᵇ s. נום. j. B. bath. I g. E., 13ᵃ נפש רעה (= hbr.) מנבש בישא לא בעי מערבא wegen Missgunst will er nicht den Erub legen, s. ערוב. Sot. 16ᵇ לא תפיק נפשך לבר מהילכתא begieb dich nicht über die Halacha hinaus; d. h. habe keine Nachgedanken über die Worte der Gelehrten. — 2) Grabmal, Monument am Grabe. Pesikta Beschallach Anf., 79ᵇ einst hatten Hirten Milch gemolken, worauf eine Schlange herbeikam und davon trank. חמתיה כלבא דיחבון שרי נבח בהון ולא אתבוננון לסופיה קם ואכל נמית וקברונו ועבדון ליה נפשא עד כדון מתקריא נפשא דכלבא als der Hund sah, dass jene Leute sich niederliessen, um die Milch zu trinken, so bellte er sie an (als Zeichen der Warnung), was sie jedoch nicht verstanden. Später aber sprang er in die Höhe und trank die Milch, infolge dessen er verendete. Man begrub ihn und setzte ihm ein Grabmal, das noch gegenwärtig: das Grabmal des Hundes genannt wird. j. Ter. VIII, 46ᵇ mit dass., wo jedoch der hier citirte Nachsatz fehlt. — 3) Nafscha Name einer Nachbarstadt von Bethscheon. j. Dem. II, 22ᵈ ob. נפשה דפנוטיה Nafscha (eig. wohl: Grabmal) von Penotja.

נֶפֶשׁ f. (syr. ‍ܢܶܦܫܳܐ‎) Beruhigung, Linderung, eig. Aufathmung. Cant. r. sv.

דודי לי, 16° als R. Jochanan schwer erkrankt war, הוה סליק ר' חנינא אמר עלוי מלה והוה נכב נפש לבתר יומין אתנש ר' חנינא סליק ר' יוחנן למבקריה ... אמר ליה למד לית את אמר ההיא מילתא דהוית אמר עלי ואתרסב נפש אמר ליה כד הוינא מלבר וכ' so kam R. Chanina und sagte einen Spruch über ihn, infolge dessen jener Linderung erlangte. Mehrere Tage darauf erkrankte R. Chanina und R. Jochanan, der ihn zu besuchen gekommen war, sagte zu ihm: Warum sagst du nicht jenen Spruch, den du damals über mich gesagt hast, infolge dessen ich Linderung fand? R. Chanina entgegnete ihm: Als ich draussen (d. h. nicht selbst krank) war, konnte ich für Andere Heilsames sprechen, jetzt aber, wo ich drinnen (selbstleidend) bin, bedarf ich Anderer Hilfe. Aehnlich Ber. 5ᵇ אין חבוש מתיר עצמו בבית האסורים der Gebundene kann nicht seine eignen Fesseln im Gefängnisse lösen.

נִיפָשׁ masc. (syr. ܢܝܦܫܐ) Raum, Zwischenraum, Leere, s. TW. — B. bath. 121ᵃ und Ned. 78ᵃ אתי לנהרדעא נפיש (Agg. ולא אשכחיה) er kam nach Nehardea, fand aber das Haus leer.

נוֹפָת, נֹפֶת f. (=bh. נֹפֶת. Stw. arab. نَفَتَ und نَفَثَ: sieden, sich ergiessen) Honigseim. Genes. r. s. 71, 71ᵇ wird der Name נפתלי, Naftali, gedeutet: נפת לי היא לא שלי היא נופת עצמה gehört denn „der Honigseim" דברי תורה וכ' selbst, d. h. die Gesetzlehre (vgl. Ps. 19, 11), nicht mir? Sot. 48ᵇ nach der Tempelzerstörung schwand מאי נופת צופים (Mischna das. 48ᵃ) צופים אמר רב סלתא שצפה על גבי נפת דודמה לעיסה שנילושה בדבש אמר ר' יהושע בן לוי זה דבש הבא הנדבקות בתנור מן הצופים Rab sagte: נפת צופים was bedeutet? Mehl (von fettem Weizen), das am Siebe kleben bleibt und das einem Teige gleicht, der mit Honig eingerührt wurde. Lewi sagte: Zwei Brote, die im Ofen an einander kleben (d. h. wenn man ein Brot an die eine Wand des Ofens und ein anderes an die gegenüberliegende Wand desselben von innen klebte — die gewöhnliche Art des Brotbackens bei den Orientalen — so berührten die beiden Brote infolge des starken Gährens einander). R. Josua ben Lewi sagte: Honig, der aus dem Orte Zofim kommt. j. Schebi. IX, 24ᵇ un. werden nur die erste und die dritte Erklärung erwähnt.

נִפְתִּי, נִפְתָּיָה, נִפְתָיָא m. N. patron. (=נְבָטִי s. d.) der Nabatäer. j. Schabb. XIV Anf., 14ᵇ ההוא נפתיה Das. XVI g. E., 15ᵈ un. jener Nabatäer. j. Jom. VIII, 45ᵇ mit. נפתייא.

נַפְתְּחָאָה m. N. patron. (wahrsch. =נִפְתָּיָה) Nabatäer, der Volksstamm Nabataä. B. bath. 56ᵃ נפתחאה ערבאה ושלמאה Ar. (Agg.

als Uebersetzung von קני קנזי וקדמני (Gen. 15, 19). In der Parall. wird קדמני übersetzt durch נְבָטְיָא die Nabatäer, vgl. נְבָט.

נֵץ m. (=bh. von נָצַץ od. נוּץ: in die Höhe schiessen) 1) Blume, Blüthe an den Köpfen einiger Früchte. Ukz. 2, 1 הנץ שלה die Blume der Gurke. Das. Mischna 3 הנץ שלו die Blume des Granatapfels, vgl. מַכְרָף. Schebi 7, 1 נץ החלב, wofür in j. Gem. z. St. VII Anf., 37ᵇ פרח לבן: die weisse Blüthe, vgl. חַלְבָּץ. Schebi 8, 3 und Ukz. 3, 2 dass. j. Schebi IV g. E., 35ᵉ נץ שהוא עושה רובע זיתים Blüthen, welche ein Viertel Kab Oliven tragen. Cant. r. sv. כתפות, 12ᵈ Israel wird dem „Apfelbaum" verglichen התפוח הזה מוציא ניצו קודם לעליו (HL. 2, 3); כך ישראל שבמצרים הקרימו האמונה לשמיעה der Apfelbaum bringt seine Blüthe vor seinen Blättern; ebenso schickten die Israeliten in Egypten „das Glauben" „dem Hören" voran (Ex. 4, 31). Tosef. Par. XI Anf. איזוב אימתי כשר להזות von welcher Zeit ab ist der Ysop tauglich, um damit zu sprengen? Wenn משתשיר את נצו er seine Blüthen abgeworfen hat. M. kat. 6ᵃ u. ö. — 2) Habicht oder Sperber, nisus, von seinem hohen Flug, dem Aufschiessen so benannt. Chull. 3, 1 (42ᵃ) דרוסת הנץ das Treten, Erdrosseln eines Habichts, vgl. דְּרוּסָה. Das. 52ᵇ fg. — 3) übrtr. נץ ein Engel in der Gestalt eines Habichts. Git. 31ᵇ אלמלא בן נץ מעמידו מחרבא כל העולם כולו wenn einer dieser Engel ihn (den heftig wehenden Südwind) nicht beschwichtigen möchte, so würde letzterer die ganze Welt zerstören. B. bath. 25ᵃ dass.; mit Bez. auf Hi. 39, 26 ויאבר: er bemächtigt sich.

נְצָא od. נְצָא ch. 1) (=נֵץ nr. 1) Blume, Blüthe. — 2) (syr. ܢܨܐ=נֵץ nr. 2, vgl. auch נֵצָצָא) Habicht, Sperber, s. TW.

נְצָא I od. נְצִי darniederliegen, niedergeschlagen sein, s. TW.

נְצָא II נְצִי (syr. ܢܨܐ, hbr. נָצָה blos in Hif. und Nif.) zanken, hadern, s. TW. Ithpe. dass. sich mit Jemdm. zanken, streiten. Ber. 56ᵃ un. הוו קמנצו בהדי הדדי sie zankten mit einander. B. mez. 84ᵇ יומא חד הוה קא מינצא רביתהו בהדי שיבבתה eines Tages zankte seine (R. Elasar) Frau mit ihrer Nachbarin. Das. 85ᵇ. Keth. 103ᵇ u. ö. Kidd. 71ᵇ כי מינצו בי תרי בהדי הדדי חזו תרי מיניירהו דקדים ושתיק וכ' wenn (in Palästina) zwei Personen betreffs der legitimen Herkunft mit einander zankten, so hielt man denjenigen, der zuerst schwieg, für würdiger, legitimer Abstammung. Das. 76ᵇ נטי דכי מינצו בהדי הדדי בעריות הוא דמינצו ... גברי דכי מינצו בהדי הדדי ביוחסין הוא דמינצו וכ' wenn Weiber mit einander zanken, so zanken sie gewöhnlich betreffs unzüchtiger Umganges (den sie einander vorwerfen); wenn aber

Männer mit einander zanken, so zanken sie gewöhnlich betreffs der Herkunft. Meg. 24ᵃ אתו לאינצויי sie würden sich (betreffs einer Bevorzugung in Synagogen-Angelegenheiten) zanken. — Selten in hbr. Form, Hithpa. Num. r. s. 18, 236ᵈ ראה שני צפרים מְתְנַצִּין זה עם זה er sah zwei Vögel, die mit einander stritten.

נְצָא m. (syr. ܢܶܨܳܐ, ܢܶܨܳܝܳܐ) Zänker, Haderer. Schabb. 56ᵇ נצא בר נצא Nachkomme des Zänkers! d. h. Mephiboscheth, Enkelsohn Saul's; mit Ansp. auf 1 Chr. 8, 34 und 1 Sm. 15, 5, vgl. מְפִרבְשֶׁת. — B. bath. 54ᵃ נצא, s. נִצְאָיָא.

נְצֵב, נְצִיב (syr. ܢܨܰܒ, eig.=hbr. נָצַב im Hif. und arab. نَصَب, Grndw. צב) pflanzen, Setzlinge, Reiser einsetzen. j. Orl. I, 61ᵃ ob. ר' יאשיה מייתי נטיעות מחוצה לארץ בגושיהן ונצב לון בארץ R. Josia brachte Pflanzen mit ihren Erdschollen von ausserhalb Palästina und pflanzte sie in Palästina; damit er die Früchte derselben bald geniessen dürfe, ohne erst drei Jahre (Orla) warten zu müssen. Levit. r. s. 25, 168ᵈ Hadrian sagte zu einem Greise in Tiberias, welcher Pflanzen einsetzte: ואת בר מאה שנין רקאם וחצב חצרונין למנצב נציבין סבר דאת אכיל מנהון וכ' du, ein hundertjähriger Greis, stellst dich hin und gräbst Furchen, um Pflanzen einzusetzen! Glaubst du etwa, dass du ihre Früchte geniessen würdest? Der Greis aber erwiderte ihm: Wenn ich lange lebe, so werde ich noch ihre Früchte geniessen; wo nicht, so mühe ich mich für meine Nachkommen ab, auf dieselbe Weise wie meine Eltern sich für mich abgemüht haben. Khl. r. sv. וסבתי, 76ᵈ dass., vgl. auch חָצַב.

נְצִיב m. (syr. ܢܨܺܝܒ) eig. gesetzt, gestellt; daher 1) Pflanze, Setzling, s. TW. — Pl. נְצִיבִין Pflanzen. Levit. r. s. 25 und Parall., s. נְצַב. — 2) (=bh.) Vorgesetzter, Statthalter. Trop. Snh. 12ᵃ בקשו לקבוע נציב אחר וכ' man wollte einen Statthalter (d. h. Schaltmonat) einsetzen, s. זוג H. — 3) נְצִיבִין (syr. ܢܨܺܝܒܺܝܢ) Nesibis, Nezibin, Name einer assyrischen Stadt (vgl. Jos. 15, 43 נציב Stadt in Juda). Genes. r. s. 37, 36ᵃ נצבין für hbr. אכד (Gen. 10, 10), s. auch TW. Snh. 32ᵇ אחר ר' יהודה בן בתירא לנציבין dem R. Juda ben Bethera folge nach Nesibis, um die berühmte Schule zu besuchen. Pes. 3ᵇ, s. מְצִידָה. j. Schabb. I, 3ᵈ mit. u. ö.

נְצַבְתָּא, נִצְבָא f. (syr. ܢܶܨܒܳܐ, ܢܶܨܒܬܳܐ) 1) das Pflanzen. Thr. r. sv. רבתי, 53ᶜ דין חמי בשעת נצבא ודין בשעת חבטא der Eine sah (im Traume, die Olivenbäume) zur Zeit ihres Pflanzens (daher gab ich ihm eine gute Deutung); der Andere hing. sah sie zur Zeit ihres Abschüttelns (daher gab ich ihm eine schlechte Deutung). Das. öfter.

In der Parall. j. Maas. scheni IV, 55ᵇ un. steht dafür: בנצביא . . . בנציא lies בנצבא oder בנצביא. — 2) Pflanze, Setzling, s. TW. — 3) נְצַבְתָּא, נְצִיבָה Standhaftigkeit, Härte (von Eisen). Dan. 2, 41.

נוֹצָה Schwungfeder, s. d. in נר.

נָצַח (=bh., arab. نَصَح, Grndw. נץ, s. d. W.: glänzen, in die Höhe schiessen, s. נצא; mögl. Weise jedoch ist Grndw. צח: lauter, klar sein, glänzen, wov. auch צמח) insbes. siegen, besiegen, eig. (=זָכָה) strahlen, überragen, sich über Jemd. erheben. — Piel. dass. B. mez. 59ᵇ Gott sagte: נצחוני בני meine Kinder besiegten mich, meine Kinder besiegten mich! Die Gelehrten, die Gegner des R. Elieser hatten näml., trotz aller Wunder, die Letzterer für die Richtigkeit seiner Lehre gethan, die Halacha gegen seine Ansicht entschieden, indem sie sagten: „Die Gesetzlehre ist nicht im Himmel" (Dt. 30, 12). Das. R. Josua rief den Wänden des Studienhauses, die dem R. Elieser zu Ehren einzustürzen drohten, אם תלמידי חכמים מנצחין זה את זה בהלכה אתם מה טיבכם wenn die Gelehrten einander in der Halacha zu bekämpfen suchen, was habt ihr damit zu schaffen? Pes. 119ᵃ בשר ודם מנצחין אותו ועצב אבל הקב"ה נוצחין אותו ושמח der Mensch ist, wenn man ihn besiegt (seine Kraft schwächt), betrübt; Gott hing. ist, wenn man ihn besiegt (d. h. durch Busse an der Ausübung seiner Strafe verhindert) fröhlich. Snh. 91ᵃ Gebia (oder Gebiha, vgl. גְבִיהָה) ben Pesisa übernahm es, die Juden gegen die Egypter, Araber u. a. in Gegenwart des Alexander Magnus zu vertheidigen. Er sagte zu den Gelehrten: אם יצחוני אמרו הדיוט שבנו נצחתם ואם אני אנצח אומרם אמרו להם תורת משה נצחתכם werden jene mich besiegen, so saget zu ihnen: Einen Idioten unter uns habt ihr besiegt; werde ich aber sie besiegen, so sagt zu ihnen: Die Gesetzlehre Mosis besiegte euch. Erub. 53ᵇ u. ö. Nif. besiegt werden. j. Schabb. II, 5ᵇ ob. (mit Bez. auf במשפט, Num. 27, 21) בשעה שישראל ויוצאין למלחמה בית דין של מעלה יושבין עליהן אם לנצוח להנצח wenn Israel in den Krieg zieht, so sitzt das himmlische Gericht, um über sie zu urtheilen, ob sie siegen oder besiegt werden sollen. Snh. 105ᵃ תשובה נצחת השיבה כנסת ישראל לנביא וכ' eine trotzige Antwort gab Israels Gemeinde dem Propheten. Als er sagte: „Wo sind denn eure Ahnen, die gesündigt haben" (Jer. 8, 5)? so entgegneten sie: Wo sind denn eure Propheten, die nicht gesündigt haben?

נְצַח ch. (syr. ܢܨܰܚ=נָצַח) 1) glänzen, hochaufschiessen, s. TW. j. Ter. VIII Ende, 46ᶜ נפק ראובצא קדמיהון er (der אנגיטרוס, s. d. W.) ging hinaus und erhob sich vor den Gelehrten

u. s. w. — 2) siegen, besiegen. j. Sot. IX, 24ᵇ mit. נצחו טליא die Jünglinge siegten u. s. w., vgl. נְרַח. Sot. 33ᵃ. Thr. r. sv. ממרום, 57ᶜ נצחת er besiegte sie, s. נְכַח. — Ithpa. (syr. ‏ܢܶܬ݂ܢܰܨܰܚ‎) Dan. 6, 4 מִתְנַצַּח siegen.

נֵצַח m. (=bh.) Ewigkeit. Erub. 54ᵃ, s. הֶפְסֵק.

נִיצּוּחַ m. N. a. das Ueberstrahlen im Gesang, Vorgesang. j. Suc. III, 54ᵃ ob. j. Meg. I, 72ᵃ ob. und Pes. 117ᵃ, s. נִיגּוּן.

נִצּוּחוֹת masc. pl. (nach der Form לְקוּחוֹת, מְשׁוּחוֹת u. a.) die Glanzvollen, illustres, Gewaltigen (vgl. syr. ‏ܢܰܨܺܝܚܳܐ‎ illustris, clarissimus; im NT für das gr. κράτιστος, vgl. Michael. in Cast. Lex. Syr. hv.). Cant. r. sv. התאנה, 15ᵇ (mit Ansp. auf הנצנים, HL. 2, 12) הנצוחות נראו בארץ . . . ארבעה חרשים ואלו הן אליהו ומלך המשיח ומלכי צדק ומשוח מלחמה „die Glanzreichen zeigen sich im Lande", das sind „die vier Schmiede" (Sach. 2, 3), näml. Elias, der König Messias, Malchizedek und der zur Kriegsführung geweihte Messias, vgl. מָשִׁיחַ.

נְצוֹחָא ch. eig. (=vrg.) glanzvoll, bes. der Jemnd. überstrahlt, der Sieger. Levit. r. s. 30, 174ᵃ משל לשנים שנכנסו אצל הדיין ולית אנן ידעין מאן הוא נצוחא אלא מאן דנסב באין בידיה אנן ידעין דהוא נצוחא (נצוחייא l.) כך ישראל . . . ולית אנן ידעין מאן נצח אלא במה שישראל יוצאין מלפני הקב״ה ולולביהן ואתרוגיהן בידן אנן ידעין דישראל אינון נצוחָיָא ein Gleichniss von zwei Menschen, die vor den Richter treten, ohne dass wir wissen, wer der Sieger sei. Wenn wir jedoch sehen, dass Einer der Herauskommenden die Siegespalme (βάϊον) in seiner Hand trägt, so wissen wir, dass er der Sieger sei. Dasselbe gilt von Israel und den Völkern, die am Neujahrsfeste vor Gott erscheinen und einander anklagen; da wissen wir nicht, wer der Andern besiegt habe. Da jedoch Israel von Gott ausgeht und (am Hüttenfeste) die Palmenzweige und die Paradiesäpfel in den Händen trägt, so wissen wir, dass die Israeliten die Sieger seien; vgl. בָּאיִין und בְּרִימִין.

נַצְחָן m. Adj. der Sieger, s. TW.

נִצָּחוֹן m. der Sieg; übrtr. Siegesgewissheit, Vertrauen auf den Sieg. Sot. 8, 1 (42ᵃ) הן באין בניצחונו של בשר ודם ואתם באים בניצחונו של מקום פלשתים באים בנצחונו של גלית עמון באו בניצחונו של שובך מה היה סופו וכ׳ die Völker ziehen in den Krieg mit dem Vertrauen auf den Sieg eines Menschen; ihr (Israeliten) aber gehet mit dem Vertrauen auf den Sieg Gottes. Die Philistäer kamen, auf den Sieg des Goliath vertrauend; was jedoch war sein Ende? Er fiel und sein Volk fiel mit ihm (1 Sm. 17, 22 fg.). Die Ammoniter kamen vertrauend auf den Sieg des „Schobach" (2 Sm. 10, 16 fg.); was jedoch war sein Ende? Er fiel und sein Volk fiel mit ihm. „Mit euch aber geht Gott, um für euch den Krieg zu führen" (Dt. 20, 4).

נִצְחָנָא ch. (syr. ‏ܢܶܨܚܳܢ‎=נִצָּחוֹן) der Sieg, Triumph. — נִצְחָנוּתָא f. (syr. ‏ܢܶܨܚܳܢܽܘܬ݂ܐ‎) das Siegen, s. TW.

נִצְחָנָה Nizchana, Name eines Ortes. Khl. r. sv. כנסתר, 76ᵈ אייתי פלפלין מן נצחנה er brachte Pfeffer aus Nizchana.

נְצֵי zanken, s. נְצָא.

נִיצּוּי m. das Zanken, Streiten. Meg. 24ᵇ ob. ניצויי אביו וניצויי רבו das Streiten seines Vaters und das Streiten seines Lehrers, wegen Ehrenverletzung.

נִצָּיָא m. (viell. von נְצִי=נוּץ) das Blühen. j. Maas. scheni IV, 55ᵇ un.; richtiger jedoch נְצָבָא, s. d.

נוּצְיָא od. נָצְיָא m. (von נְצָא I) Erdvertiefung, eig. niedergedrückter Erdboden. B. bath. 54ᵃ und M. kat. 10ᵇ, s. מִלְיָא in מוּל.

נִיצְיָנָא m. Erdvertiefung, s. TW.

נָצַל (=bh., arab. ‏نَصَل‎, syn. mit נָשַׁל, Grndw. שׁל=שׁל) 1) eig. abfallen, herabfallen. — 2) flüssig, feucht werden. j. Nas. VII, 56ᵇ mit., s. נְזַל.

Hif. הִצִּיל (=bh.) lostrennen, herabfallen machen, z. B. etwas dem Rachen eines Löwen entreissen (vgl. Am. 3, 12); dah. beschirmen, schützen, retten. Schabb. 16, 1 (115ᵃ) כל כתבי הקדש מצילין אותן מפני הדליקה alle heiligen Schriften darf man am Sabbat bei Feuersgefahr retten. Snh. 73ᵃ ואלו שמצילין אותן בנפשן הרודף אחר חברו להרגו וכ׳ folgende Verbrecher rettet man (d. h. wehrt das Vorhaben der Sünde ab), selbst wenn sie ihr Leben dabei einbüssen, näml. Jemdn., der einen Andern verfolgt, um ihn zu ermorden, Jemdn., der eine angetraute Jungfrau verfolgt, um sie zu verzüchtigen u. dgl. m. d. h. wenn man die Sünde nicht auf andere Weise verhüten kann, als wenn man die Verfolger tödtet, so ist das Tödten derselben gestattet. Diese beiden hier erwähnten Fälle werden aus Dt. 22, 26. 27 erwiesen, woselbst der Mörder und der Nothzüchtigende gleichgestellt sind, mit dem Zusatz: „Niemand kann ihr helfen"; woraus zu entnehmen, dass wenn eine Hilfe möglich ist, diese, selbst mit dem Tode des Verbrechers erzielt werden darf. — Trop. Chull. 55ᵇ כל העור כולו מציל בגלודה וכ׳ das ganze Fell, mit Ausnahme der weichen Haut an den Knien, beschützt bei einem enthäuteten Thiere; d. h. wenn ein kleiner Theil

von der Grösse eines Sela am enthäuteten Thiere gesund (mit Haut überzogen) geblieben ist, so wird auch das übriggebliebene Schadhafte wieder gesund werden. Sifre Chuckath § 126 חרם כלי . . . irdene Gefässe beschützen, wenn sie einen „festschliessenden Deckel" haben (Num. 19, 15) im Zelte einer Leiche, das, was sie enthalten; dass letzteres nicht unrein werde. Ohol. 5, 3 fg. u. ö.

נְצַל ch. (=נָצַל) abfallen. — Af. אַצֵל retten. Snh. 72ᵇ דלא מצי אצוליה wenn er ihn nicht retten kann. Schabb. 115ᵃ fg. השתא אצולי 'מצילין וכ da man sie (die heiligen Schriften vom Brande) retten darf, um wieviel mehr u. s. w. Ittaf. gerettet werden. Ab. sar. 18ᵃ un. אימא אלהא דמאיר ענני ואיתצלת sprich: Gott Meir's erhöre mich! sodann wirst du gerettet werden.

נְצוּלָה f. (eig. Part. pass.) 1) Abgesondertes, insbes. Schlechtes, Abgeworfenes. Pl. Genes. r. s. 67, 66ᶜ „Du hast mir wohl abgesondert (zurückbehalten) einen Segen" (Gen. 27, 36), näml. מן הנצולות Ar. (Agg. הניצולת) von den Abgesonderten, d. h. geringeren Segnungen; mit Ansp. auf אצלת Das. s. 74, 72ᵃ (mit Ansp. auf ויצל, Gen. 31, 9) כזה שהוא מציל מן הנצולות wie Jem., der einige von den schlechteren Thieren absondert. — 2) (=מְצוּלָה) Meerestiefe, eig. wohl: was von dem Festlande getrennt ist. Ber. 9ᵇ (mit Ansp. auf כצולה שאין בה דגה Ex. 12, 36) כנצולה Ar. ed. pr. (Var. כמצולה; spät. Ar. Agg. crmp.) wie eine Meerestiefe, in welcher keine Fische sind.

נָצֵל m. (wahrsch. syr. ܢܨܠ, von ܢܨܠ=hbr. זָחַל) Zerflossenes, Erweichtes; insbes. Fleisch einer Leiche, das erweicht, faulig geworden ist. Nas. 49ᵇ in der Mischna נצל כזית erweichtes Fleisch von der Grösse einer Olive. Vgl. j. Gem. z. St. VII, 24ᵇ mit. איזהו נצל ניצל (נצל?) בשר המת שנצל והנצחל שקרש Ar. (Agg. שנתוק) was ist unter נצל zu verstehen? Das Fleisch einer Leiche, das erweicht, faulig wurde, sowie der Saft derselben, der geronnen ist, vgl. מוֹחַל. In bab. Nas. 50ᵃ steht dafür minder zutreffend: איזהו נצל בשר המת שהרתיח was bedeutet? שקרש ומרהל einer Leiche, das geronnen (nachdem es zerflossen war) und den Saft, welcher siedet, d. h. zu gerinnen beginnt. Ohol. 2, 1.

נְצוּרִין s. נַצְבַּמְין.

נִצָּנָא m. (hbr. נֵץ von נצץ, syn. mit נוץ) Blume, Blüthe, s. TW.

נְצַע, ch. נַצַּע s. נָצַע und נָצַץ.

נָצַע (trnsp. von נָצַץ) hineinstecken. Thr. r. sv. בלע, 62ᵃ 'כד את נצעהון וכ wenn du dort soviel Stangen hineinsteckst u. s. w. j. Taan.

IV, 69ᵇ mit לה קנייה (l. מגבע Pa.) את מבצע dass. s. בַּס.

נָצֵיף, נְצַף (syr. ܢܨܦ) pipen, zischen, wimmern, s. TW.

נִצְפָּה fem. die Kaperfrucht. Dem. 1, 1 הנצפה wird Ber. 40ᵇ un. erklärt durch פרחה s. d. Das. 36ᵇ 'על מיני נצפה וכ beim Genuss verschiedener Arten der Kaperfrucht spricht man den Segen: „der die Erdfrüchte erschaffen hat"; unterschieden von קפריסין, s. d. j. Schabb. XV g. E., 15ᵇ זימן לו סוף אחת של נצפה ועלה 'לתוכה וכ Gott liess ihm (dem Frommen als Belohnung seiner tugendhaften Handlung) einen Kapernstrauch zu Theil werden, der seinen ganzen Garten umgab, und von dem er sein ganzes Leben hindurch Nahrungsmittel erhielt. Levit. r. s. 34, 179ᵇ steht dafür אילן של נצפה Kapernbaum.

נָצַץ (=bh. syn. mit נוץ) blühen, schimmern. Trop. Erub. 54ᵃ 'הללו נוצצים וכ die Einen blühen u. s. w., vgl. נָבַל. — Pilp. נִצְנֵץ schimmern. Cant. r. sv. מי זאת, 28ᶜ Israel's Erlösung gleicht der aufgehenden Sonne: בתחלה היא באה קימעה קימעה ואחר כך היא מנצנצת ובאה ואחר כך פרה ורבה ואחר כך 'מרתבת מרתבת והולכת כך בתחלה ומרדכי וג anfangs kommt sie nach und nach, sodann schimmert sie und steigt auf, sodann wächst sie und wird grösser und hierauf dehnt sie sich in weitem Raume aus. Ebenso heisst es: „Mardechai sass im Thore des Königs" (Esth. 2, 21); sodann: „Mardechai kam vom König heraus in königlichen Gewändern", und hierauf: „Den Juden war Licht und Freude" u. s. w. (das. 8, 15). j. Ber. I, 2ᶜ un. dasselbe Gleichniss von demselben Autor herrührend, jedoch nicht so ausführlich. — Trop. Genes. r. s. 84, 82ᵈ ניצנצה בו רוח הקדש der heilige Geist schimmerte in ihm. Das. s. 85, 83ᵈ und Cant. r. sv. כר שהמלך, 10ᶜ dass.

נְצַץ ch. (=נָצַץ) blühen, schimmern. — Palp. נַצְנֵץ schimmern, leuchten, s. TW.

נִיצוֹץ Funke, Strahl, s. d. in ניר.

נִיצָא, נִצָּא m. (=נֵצָא nr. 2) Habicht oder Sperber, s. TW.

נִיצוֹצָא f. (=hbr. נוֹצָה, s. d.) Schwungfeder, s. TW.

נִיצוֹק, נָצוֹק m. (eig. Part. Nif. von צוק, syn. mit יָצַק; n. d. Form דָּלוֹן, זָבוֹן, nh. gew. נִידוֹל, נִירוֹן, s. דּוּן und זוּן) das Gegossene, insbes. Strahl einer Flüssigkeit. Machsch. 5, 9 כל הנצוק טהור חוץ מדבש הזיפין והצפחת jeder Strahl ist rein (d. h. wenn man Getränke aus einem reinen Gefäss in ein unreines, das sich in einiger Entfernung von ersterem befindet, giesst, so ist blos derjenige Theil des Getränkes,

der den Boden des unreinen Gefässes berührt, unrein; der Strahl selbst jedoch bleibt rein. Würde man hing. sagen: נצוק חבור der Strahl bildet die Verbindung, so würde selbst das Getränk im reinen Gefäss unrein geworden sein); ausgenommen hiervon ist der Honig aus Sif und der mit Honig angerührte Mehlbrei; weil näml. diese beiden compakten Speisen zurückspritzen. Jad. 4, 7 אומרים צדוקים קובלין אנו עליכם פרושים שאתם מטהרים את הנצצוק אומרים הפרושים...שאתם מטהרים את אמת המים הבאה מבית הקברות die Saduzäer sagten: Wir klagen euch, Pharisäer, an, dass ihr den Strahl als rein erklärt. Die Pharisäer entgegneten: Wir klagen euch, Saduzäer, an, dass ihr (bei ähnlichem Falle dasselbe lehrend) den Wasserkanal, der aus einem Begräbnissplatze strömt, als rein erklärt. Ab. sar. 71b. תנן התם הנצוק והקטפרס... אינו חיבור 72a לטומאה ולא לטהרה אמר ר' הונא נצוק... חיבור לענין יין נסך dort (Tohar. 8, 9) heisst es: „Der Strahl und die Strömung von einem abschüssigen Orte (καταφερής) bilden weder hinsichtl. der Unreinheit, noch hinsichtl. der Reinheit eine Verbindung." Aber, fügte R. Huna hinzu: Hinsichtl. des dem Götzen gespendeten Weines bildet der Strahl eine Verbindung. Wenn Jem. näml. einen Strahl des erlaubten Weines in gespendeten Wein strömen lässt, so wird auch der im Gefässe zurückgebliebene Wein zum Genusse verboten. j. Ab. sar. IV, 44a un. בכל אחר ליה את עביד הניצוק חיבור והכא את עבד ניצוק חיבור in jeder anderen Beziehung behandelst du den Strahl nicht als eine Verbindung, aber hier (hinsichtl. des gespendeten Weines) behandelst du ihn als eine Verbindung. Git. 16a. Nas. 50b u. ö.

נָצַר (= bh. syn. mit נָצַר, Grndw. צר, טר) הרוצרים bewahren, beobachten. B. bath. 91b אלו בני יונדב בן רכב שנצרו שבועת אביהם unter רוצרים (1 Chr. 4, 23) sind die Nachkommen des Jonadab ben Rechab zu verstehen, welche den Schwur ihres Vaters (keinen Wein zu trinken) bewahrten. Ber. 17a R. Maïr's Wahlspruch lautete wie folgt: גמור בכל לבבך ובכל נפשך לדעת את דרכי ולשקוד על דלתי תורתי נצור תורתי בלבך ונגד עיניך תהיה ראתי שמור פיך מכל חטא וטהר וקדש עצמך מכל אשמה ועון ואני אהיה עמך lerne das Gesetz mit deinem ganzen Herzen und deiner ganzen Seele, um meine (Gottes) Wege zu erkennen und um die Pforten meiner Lehre sorgfältig zu besuchen. Bewahre meine Lehre in deinem Herzen und die Ehrfurcht vor mir sei stets deinen Augen gegenwärtig. Ueberwache deinen Mund vor jeglichem Vergehen und reinige und heilige dich von jeder Schuld und Sünde; sodann werde ich mit dir sein. Das. אלהי נצור לשוני מרע וכ' mein Gott, bewahre meine Zunge vor Bösem u. s. w.; ein Gebet, das im Rituale als der

Schluss des Achtzehngebetes aufgenommen wurde. Tanch. Benidbar, 188b (mit Bez. auf יצרנהו, Dt. 32, 10) בא וראה היאך חבבן היאך נצרן וכ' komme und siehe, wie sehr Gott die Israeliten liebte, wie sehr er sie bewahrte u. s. w.

נָצַר (=arab. صَمْصَمَ mit vorges. ن) zirpen. Levit. r. s. 38 g. E. נצר כצרצרא zirpe wie eine Grille, s. מָלַךְ. Cant. r. sv. יונתי, 15° dass. Davon

נְצָר I m. die Grille, eine Heuschreckenart. Pl. Tosef. Chull. III g. E. שיש כנצָרין ולא כהן סימנים אלו nicht wie die Grillen, welche diese Zeichen (vier Füsse u. s. w.) haben. Chull. 65b steht dafür צרצור, s. d.

נֵצֶר II m. (= bh. Stw. arab. نَضَرَ: glänzen, schön grünen) 1) Sprössling, Zweig, Weide. Erub. 58b ein Strick של נצר aus Weiden, vgl. חֶבֶל. Pl. Das. נְצָרִים. Kel. 20, 2 כלי נצרים Geräthe aus Weiden. j. Schabb. VIII, 11b mit. dass. Bicc. 3, 8 כלי נצרים Körbe aus Weiden. Nid. 65b u. ö., vgl. auch מֵצֶר. — 2) Nezer, N. pr. Snh. 43a אתו נצר אמר להו נצר יהרג הכתיב ונצר משרשיו יפרה אמרו ליה אין נצר יהרג דכתיב ואתה השלכת מקברך כנצר נתעב Ms. M. u. ält. Agg. (fehlt in spät. Agg.) man führte den Nezer (Einen der angeblichen fünf Jünger, Apostel Jesu, vgl. מַתַּי) vors Gericht. Er sagte zu den Richtern: Wie, Nezer soll getödtet werden? Es heisst ja: „Nezer (ein Spross) wird aus seinen Wurzeln emporblühen" (Jes. 11, 1)! Sie aber entgegneten ihm: Ja wohl, Nezer soll getödtet werden, denn es heisst: „Du wurdest aus deinem Grabe geworfen wie der verabscheute Nezer (Spross", Jes. 14, 19). Keth. 51b und Genes. r. s. 76, 75b בן נצר Ben Nezer, Name eines Räuberhäuptlings, s. בֶּן.

נִצְרָא ,נִצְרָא ,נִצְרָא ch. (= נֵצֶר nr. 1) 1) Weide, Zweig, s. TW. — 2) Weidenkorb. j. Maasr. IV, 51b mit. אזיל נצרה selbst ein Weidenkorb, Ggs. כלכלה s. d. — Pl. j. Ab. sar. IV, 44a un. אייתון ניצרין וכ' bringt Weidenkörbe u. s. w.

נָצִיר masc. (eig. Part. pass.) Gebildetes, Sprössling, bes. Frühgeburt. Pl. j. Schebi. IV Ende, 35c R. Lasar sagte: Auch die Frühgeburten (נפלים, s. נֶפֶל) werden des zukünftigen Lebens theilhaftig werden; denn es heisst: וּנְצִירֵי ישראל להשיב lies וּנְצִירֵי (=Kethib, Jes. 49, 6) „auch die Sprösslinge (Fehlgeburten) Israels bringt Gott zurück"; d. h. ruft er wieder ins Leben, vgl. מוּל.

נְצוֹרִין m. pl. (von נָצַר, syr. ܢ modulatus est) Werkzeug der Zimmerleute, wie Schraubstock u. dgl., s. TW. נצורים: Var. נצמין (von נצם syn. mit צָמֵם: festzusammenhalten), s. d. W.

נוֹצְרִי *m.* N. patron. (syr. ܢܳܨܪܳܝܳܐ, arab. نَصْرَانٌ)
Nazaräer, Nazarenus, Beiname Jesu aus
Nazareth (syr. ܢܳܨܪܰܬ, vgl. die Elegie Kallirs sv.
איכה ישבה im Rituale: משמרת נצרת der Priesterposten von Nazareth); und übrtr. die Anhänger
seiner Lehren, Christen. Snh. 43ᵃ ישו
הנוצרי Ms. M. (das. ö., in spät. Agg. fehlt unser
W.) der Nazarener Jesus. Ab. sar. 17ᵃ dass.,
s. מינות. — Pl. Taan. 27ᵇ בראשון אין מתענין
מפני הנוצרים Ms. M., Ar. Ms. u. ed. pr. (Agg.
מפני שהוא שלישי ליצירה: weil der Sonntag
der dritte Tag nach der Schöpfung des Menschen
ist; Trakt. Soferim XVII Anf. מפני הנכרים) am
Sonntag fasteten die Opferbeistände nicht (vgl.
מעמד) u. zw. wegen der Nazaräer; was in Sofer.
l. c. erklärt wird: damit letztere nicht etwa
sagen: Die Juden fasten, weil wir Feiertag
haben. Das. jedoch wird der richtige Einwand
erhoben: בזמן המעמדות לא היו חוששין לאיבת
הנוצרים zur Zeit der Opferbeistände
(des Tempelbestandes) kümmerte man sich nicht
um die Anfeindung der Nazaräer.

נְצְרְפִי od. **נְצְרְפִי** Nozrefi, Nizrefi (wahrsch.
mit. vrg. נוצרי zusammenh.); bes. בי נצרפי Ver-
sammlungsort der Nazaräer, Judenchristen, wo die Ortsangelegenheiten gesprochen und auch Religionsdisputationen geführt wurden) בי אבידן hing. ein Versamm-
lungsort der Anhänger des parsischen
Cultus. Schabb. 116ᵃ un. רב לא אזל לבי אבידן
וכל שכן לבי נצרפי שמואל לבי נצרפי לא אזיל
לבי אבידן אזיל Rab besuchte nicht das Be
Abidan, um wie viel weniger das Be Nozrefi;
Samuel hing. besuchte das Be Nozrefi nicht,
aber das Be Abidan besuchte er.

נָקָא weibliches Kamel, s. נָקָה.

נָקַב (=bh. Grndw. נק syn. mit נך s. d.,
vgl. syr. ܢܩܰܒ jugulavit; vgl. נָקַר, נֶקֶב, נָקָר u. a.)
eig. stechen, insbes. 1) bohren, durch-
bohren, durchlöchern. Part. pass. Kil. 7, 8
עציץ נקוב ein Napf, der durchlöchert ist. j.
Schabb. VII, 10ᵃ mit. u. ö., s. עָצִיץ. — j. Kil. IX,
32ᵃ ob. Rabbi befahl in seinem Testamente:
תהא ארוני נקובה בארץ mein Sarg soll nach der
Erde zu durchlöchert sein. j. Keth. XII, 35ᵃ ob.
dass. Genes. r. s. 100, 98ᵇ steht anst. נקובה
dass., s. נָקַף I. — 2) trop. durchdringen.
Snh. 97ᵇ מקרא זה נוקב ויורד עד תהום dieser
Bibelvers (Hbk. 2, 3 „Säumt er auch" u. s. w.)
dringt immer mehr bis in die Tiefe; d. h. er
widerlegt alle Berechnungen, die über die Ankunft des Messias angestellt worden sind. Jeb.
92ᵇ יקוב הדין את ההר eig. das Recht durch-
dringe den Berg; d. h. man bringe keinen gütlichen Vergleich zu Stande, sondern verfahre
nach dem stricten Rechte. j. Snh. I, 18ᵈ ob.
dass.

נִקַּב Nif. נִקַּב durchlöchert werden. Chull.
3, 1 (42ᵃ) הריאה שניקבה וכ' ... ניקב הלב
wenn das Herz durchlöchert, wenn die Haut
der Lunge u. dgl. durchlöchert ist, so darf das
Thier nicht gegessen werden, vgl. טְרֵפָה. Das.
54ᵃ. 56ᵇ fg. וכ' ניקב הזפק ... ניקבה הגרגרת
wenn die Gurgel durchlöchert ist, wenn der
Vormagen der Vögel u. dgl. durchlöchert ist,
so darf das Thier gegessen werden.

נְקַב *ch.* (syr. ܢܩܰܒ=נָקַב) durchlöchern,
s. TW. — Part. Peil Chull. 48ᵃ אי האי נקיב
טריפה ואי האי נקיב טריפה wenn dieser Lappen
der Lunge durchlöchert ist, so ist das Thier
trefa; wenn jener Lappen durchlöchert ist, so
ist das Thier ebenf. trefa. — Ithpe. (=Nif.)
durchlöchert werden. Chull. 45ᵃ. 46ᵃᵇ
אינקריב עילאה ולא אינקיב תתאה תתאה מגין
wenn die oberste Haut (des Gehirns, der Lunge)
durchlöchert, die untere aber nicht durchlöchert
ist, so schützt die untere Haut.

נֶקֶב *m.* (=bh.) Loch. Pl. נְקָבִים. Chull.
45ᵃ fg. וכ' ובגלגלת שיש בה נקב אחד ארוך d. h. in der Hirnschale, wenn
in der Hirnschale, d. h. in der Hirnschale der-
selben, ein längliches Loch ist u. s. w. Das.
נקבים שיש בהן חסרון ... נקבים שאין בהן חסרון
Löcher, wobei ein Theil der Haut fehlt; Löcher,
wobei nichts fehlt. Genes. r. s. 1 Anf., 3ᵇ נקבים
נקבים ואין רורו יוצאה ממנו so viele Löcher
(hat der Mensch), ohne dass sein Lebensodem
entschwindet, vgl. מְחִצָּה. B. bath. 75ᵇ u. ö.,
s. auch TW.

נוּקְבָּא, **נִיקְבָּא**, **נְקַבָּא** *ch.* (syr. ܢܩܰܒ=נֶקֶב)
Loch, s. TW. — Levit. r. s. 12, 155ᵈ ein Trun-
kenbold, der um Mitternacht in die Schänke
Einlass verlangt hatte, dem aber der Schänker
(קפילא, κάπηλος), aus Furcht vor den Wächtern,
nicht öffnen wollte, תלה עיניה וחזא נוקבא
בתרעא אמר ליה הב' לי מיניה נוקבא דא
מפני מלגאו ואנא שתי מלבר erhob seine Augen
und bemerkte ein Loch in der Thür. Er sagte
zu dem Schänker: Reiche mir doch von dem
Wein durch dieses Loch; du wirst ihn von Innen
giessen und ich werde ihn draussen trinken.
Schabb. 90ᵃ נוקבא דמרגניתא das Loch der Perle,
durch welches sie aufgezogen wird. — Pl. Nid.
62ᵃ נקבי מרגניתא die Löcher der Perle, s. אַטְבְּלָא.
j. Ned. VII g. E., 40ᵈ אילין ערסיתא קיסרייתא
דאית להון ניקבין jene cäsareische Betten, welche
Löcher haben.

נְקוּבָה *f.* (eig. Part. pass., jedoch als Sbst.
n. d. Form דְּרוּסָה u. a.) das Durchlöchert-
sein, die Durchlöcherung. Chull. 42ᵃ נקובת
הוושט das Durchlöchertsein des Schlundes, infolge
dessen das Thier nicht gegessen werden darf.
Das. 43ᵇ נקובה וסמרכינ וכ' das Durchlöchertsein,
das Gespaltensein. Pes. 7, 1 (74ᵃ) בית נקובתו
die Stelle am Thiere, wo es durchlöchert ist,

d. h. der After. j. Pes. VII Anf., 34ᵇ אית תני ein Autor lehrt (in der Mischna): Man steckt den Bratspiess (aus Holz) durch den After, bis er zum Maule des Thieres dringt. — Pl. (gew. in maso. Form) נְקוּבִים. j. Meg. I, 71ᶜ mit. צריך לנקביו (in bab. Gem. gew. צריך לנקביו) er muss seine Nothdurft verrichten; eig. er hat nöthig, die Funktion seiner Löcher auszuüben. Das. 71ᵈ un. זכר ונקביו בראם „den Mann sammt seinen Löchern erschuf er"; angeblich eine Ab-änderung der 70 Dolmetscher in Gen. 1, 26, anst. ונקבה (findet sich in der LXX nicht; nach bab. Meg. 9ᵃ soll diese Abänderung gelautet haben בראו anst. בראם?) Pes. 118ᵃ נקביו die Verrichtung seiner Nothdurft.

נְקוּבְתָּא ch. (=נְקוּבָה) das Durchlöchert-sein. Pl. Chull. 42ᵇ. 54ᵇ fg. נקובי die ver-schiedenen Arten des Durchlöchertseins der Ein-geweide.

נְקֵבָה f. (=bh.) Weib, Weihen, von Men-schen sow. als von Thieren. Das W. ist dem cha-rakteristischen Merkmal des Geschlechts entnom-men. Nid. 31ᵇ נקבה באה das Weibchen heisst נקבה, weil es leer in die Welt kommt; ein agad.Etymon, vgl. זָכָר. — Pl. trop. Suc. 12ᵇ חיצין נְקֵבוֹת die weiblichen Schäfte der Pfeile, die näml. an der Spitze eine Oeffnung haben, in welche die Pfeile hineingesteckt werden, im Ggs. zu חיצין זכרים männliche Schäfte. j. Taan. I, 64ᵇ ob. u. ö., s. זָכָר.

נוּקְבָּתָא ,נוּקְבָה ,נוּקְבָא chald. (syr. ‏ܢܩܒ‎; נְקֵבָה=‏ܢܩܒܐ‎) eig. wohl =נְקֵבָה s. d., bes. 1) Weib, Weibchen. j. Taan. IV, 69ᵃ un. כפר דכריא ... אי לא הות חדא מנהון נפקא מן תמן לא הות ילדה נוקבא Kefar Dichraja (Männer-dorf) war der Name eines Ortes, weil alle Frauen daselbst nur Knaben gebaren. Wäre nicht eine der dortigen Frauen aus dem Orte fortgegangen, so würde sie nicht ein Mädchen geboren haben. Nach Git. 57ᵃ jedoch hätten sie blos zuvor Knaben und zuletzt Mädchen geboren, vgl. כְּפָר. j. B. mez. II, 8ᶜ un. ברת נוקבה eine Tochter, vgl. סִינָא. j. Nid. III, 50ᵈ mit. die Frau ist beglaubigt, wenn sie sagt: ילדתי ולא ילדתי ואינה נאמנת לומר דכר הוא נוקבא היא ich habe geboren, ich habe nicht geboren; sie ist aber nicht beglaubigt, zu sagen: es war ein Knabe, es war ein Mädchen. — Pl. Keth. 4, 11 (52ᵇ) בנין נוקבן Töchter, vgl. דְּכַר II. j. Jeb. XV, 14ᵈ un. dass. j. Kil. IX, 32ᵇ mit. Rabbi sagte: Käme der Exilarch R. Huna hierher, so würde ich ihn als mein Oberhaupt anerkennen; דהוא מן יהודה ואנא מבנימין דהוא מן דכריא ואנא מן נוקבתא denn er stammt von Juda, ich aber von Benjamin ab, er von den Männlichen (Judas), ich aber blos von den Weiblichen. j. Keth. XII,

35ᵃ mit. dass. — 2) Nukbetha, N. pr. eines Ortes. j. Schehi. VI, 36ᵃ mit. נוקבתא דעיון eig. die Oeffnung: der Eingang des Ortes Jjon.

נְקֵבוּת ,נַקְבוּת f. (syr. ‏ܢܩܒ݂ܘܬܐ‎) die Weib-lichkeit, das Weibliche. Jeb. 83ᵇ זכרות שלו ... נקבות שלו die Männlichkeit, die Weib-lichkeit des Zwitters. j. Jeb. VIII Ende, 9ᵈ un. steht dafür צד זכרותו ... צד נקיבותו seine männliche Seite (d. h. sein männliches Wesen), seine weibliche Seite. Das. מקום נקבות die weibliche Stelle. Snh. 82ᵇ נקבות של אשה das Zeugungsglied des Weibes, s. זְכָרוּת. — Uebtr. Bez. 31ᵇ זכרות שלו ... נקבות שלו seine (des Dolches, קוֹפִיץ) Spitze, seine breite Seite.

נָקַד (arab. ‏نَقَدَ‎, Grndw. נק, s. נָקַב, נָקַז) 1) eig. stechen; übrtr. beunruhigen, Gewissens-bisse, Skrupel verursachen. j. Keth. II, 26ᵇ un. נוקדני לבי mein Herz beunruhigt mich; d. h. es ist mir wahrscheinlich, dass ich durch das Genossene eine Sünde begangen habe. Das. ö. (ähnlich נוקפו לבו, s. d.) j. Pea X, 11ᵃ ob. נוקדני לבי, richt. נוקרני. — 2) glänzen, rein, klar sein. Diese Bedeut. hängt mit nr. 1 ebenso zusammen, wie im arab. ‏زَكَا‎, ‏زَكَّ‎: stechen, glänzen, nitere, sodann hervorleuchten, rein sein, vgl. זָכָה. Git. 56ᵃ Einer der drei Magnaten in Jerusalem נקדימון בן גוריון שנקדה לו חמה בעבורו hiess Nakdimon (eig. Nikodemos) ben Gorjon, weil um seinetwillen die Sonne länger als gewöhnlich schien. Nach Taan. 19ᵇ. 20ᵃ hätte näml. Nikodemos Gebete im Tempel ver-richtet, dass die Sonne an jenem Tage, an wel-chem er sein einem Herrscher gegebenes Ver-sprechen zu erfüllen hätte, länger scheinen möchte, damit er den Termin pünktlich einhalten könnte, vgl. auch בּוּנִי. Das. שלשה נקדה להם חמה בעבורן וכ׳ (Agg. crmp. נקדמה, auch נקדרה; wonach die unrichtige Erklärung der Comment.) dreier Männer halber schien die Sonne länger als gewöhnlich, näml. des Mose, Josua, und Nakdimon, Nikodemos wegen. — 3) punktiren, d. h. dia-kritische Punkte oberhalb eines Buch-staben oder eines ganzen Wortes setzen; eig. mit dem Griffel einen Punkt in den Stein oder in die Wachstafel stechen, eindrücken, pungere. Aboth de R. Nathan XXXIV כבר נקדתי עליהן ich habe bereits jene Buchstaben (Wörter) mit diakritischen Punkten versehen. Das. ö. וכ׳ על נָקוּד es wurden Punkte darüber gesetzt, s. נְקֻדָּה.

Nif. punktirt werden, Punkte bekom-men, bes. von einigen Fruchtarten beim Beginn ihrer Reife. Maasr. 1, 3 החרובים משינקדרו וכל השחורים משינקדרו die Johannisbrote (werden hinsichtl. des Verzehntens als reif angesehen), wenn sie Punkte bekommen; ebenso alle schwar-zen Früchte (z. B. die Beeren der Myrten und

der Dornsträuche), wenn sie Punkte bekommen. Vgl. j. Gem. z. St. I, 48ᵇ un. משיעשו נקודות נקודות שחורות wenn sich mehrere schwarze Punkte daran bilden.

Pi. נִקֵּד reinigen. Chull. 41ᵇ הרוצה לנקר חצרו וכ' Ar. (Agg. crmp. לנקר) wenn Jem. seinen Hof reinigen will u. s. w. Das. 3 Mal. Sot. 11ᵇ הקב״ה שולח משמי מרום מי שמנקיר (l. שמנקדת) ומספר אותן כחיה זו שמשפרת את הולד Gott sandte Jemd. aus der Himmelshöhe, der sie (die neugeborenen Israeliten in Egypten) reinigte und putzte, wie die Hebamme, welche das Kind putzt; mit Ansp. auf Ez. 16, 4. Exod. r. s. 1, 101ᶜ steht מנקה anst. מנקד. — Die Verschiedenheit der Lesarten נקד und נקר (vgl. auch מְנַקְדוּתָא) ist wohl zunächst durch die Gleichheit der ursprünglichen Bedeut. dieser Wörter: stechen; sodann aber auch durch die ähnliche Schreibung von ד und ר und endlich dadurch entstanden, dass diese beiden Buchstaben, nach Ansicht der ältesten hebr. Grammatiker Zungenbuchstaben, דטלנ״ת, sind; weshalb sie auch sonst oft mit einander wechseln.

נְקַד ch. (syr. נסּב=נקד nr. 2). Ithpe. (syr. ננسّب) rein sein, werden. B. mez. 103ᵇ בעינא דתנקיר אראעי Ar. (Agg. crmp. דתנסקר) ich will, dass mein Land gereinigt werde, s. auch TW.

נְקִיד, נְקִידָא m. Adj. (syr. נסּb) rein, der Reine, purus, mundus. Pes. 111ᵃ un. שרא דמזוני נקיד שמיה דעניותא נבל שמיה Ar. (Agg. איסרא) der Engel, der über die Nahrung gesetzt ist, heisst Nakid (der Reine, die Reinlichkeit); der Engel, der über die Armuth gesetzt ist, heisst Nabel (der Schmutzige, Schmutz). Git. 69ᵃ un. חמרא נקידא reiner, klarer Wein. — Pl. Schabb. 110ᵇ מזוניני נְקִידֵי Ar. (Agg. נקירי) gereinigte Fischbrühe, s. מזוני.

נוֹקֵד m. 1) (=bh. נקד, arab. نَقَّاد) Viehhirt. Pesik. Sohek., 12ᵇ מהו נוקר רועה was bedeutet נקר (2 Kn. 3, 4)? Viehhirt. Tanch. Ki tissa, 110ᵇ dass. — 2) (ähnlich arab. نَقَد) eine gewisse Gattung von Kleinvieh. Par. 1, 3 בן עזאי קורהו נוקר Ben Asai nannte es (ein 13 Monate altes Lamm): נוקר; vgl. פלגס und פרכדיגנוס.

נְקוֹדוֹר m. Verpfleger der Heerden. Levit. r. s. 1, 145ᵇ „Gott redete zu Mose" (Lev. 1, 1); ועם נח לא דבר אלא אין גנאי למלך לדבר עם נקודדו hat er denn nicht bereits auch mit Noah geredet? (Gen. 8, 15; worin bestand also die Bevorzugung des Mose?) Nun, es ist keine Schande für den König, mit dem Verpfleger seiner Heerden zu sprechen; d. h. mit Noah, dem während der Sündfluth die Verpflegung aller

Thiere oblag; was daher Letzterem noch nicht als eine besondere Ehre anzurechnen ist, vgl. auch אָרֵיס u. פונדקר.

נְקוּדָה f. (=bh. נְקֻדָּה, arab. نُقْطَة) 1) Punkt. j. Schabb. VII g. E., 10ᵈ ob. יש שהוא כותב נקודה אחת וחייב עליה משום כותב ומשום מוחק ויש שהוא מוחק נקודה אחת וחייב עליה משום כותב ומשום מוחק היך עבדיא היה דלא ועשאו ריש Manchen giebt es, der, weil er am Sabbat einen Punkt schreibt, wegen Schreibens und wegen Verwischens straffällig ist; manchen wiederum giebt es, der, weil er einen Punkt wegwischt, wegen Schreibens und wegen Verwischens straffällig ist. Auf welche Weise ist das zu nehmen? Wenn jener aus einem Daleth ein Resch wegwischt (indem er den Winkel des Daleth wegwischt), oder wenn er aus dem Resch ein Daleth macht (indem er einen Punkt über den Winkel setzt), so ist er wegen Schreibens eines neuen Buchstaben und wegen Wegwischens des früheren Buchst. (wenn näml. noch ein zweiter Buchst. dastand, wodurch diese beiden Buchstaben ein Wort bilden) straffällig. j. Chag. II, 77ᶜ mit. אומרין לבי״ת מי בראך והוא מראה להן בנקודה ואומר זה שלמעלן ומה שמו והוא מראה להן בנקודה שלאחריו ואומר ה' שמו אדון שמו man fragt das Beth (den ersten Buchstaben in der Bibel): Wer hat dich erschaffen? Da zeigt es auf den Punkt (das vordere Ende des Querstriches) hin und sagt: dieser da, der oben ist. Wie ist sein Name? Da zeigt es auf den hinteren Punkt hin und sagt: Gott ist sein Name, Herr ist sein Name. Pesik. r. s. 21, 43ᵇ dass. — Pl. j. Git. II, 44ᵇ ob. „Man soll schreiben den Scheidebrief, aber nicht die Buchstaben auftröpfeln" (vgl. כָּתַב und נָטַף im Hif.) חד אמר שלא עירב את הנקודות וחרנה אמר אפילו עירב את הנקודות ein Autor sagt: Wenn man die Punkte, Tintentropfen hat vermischt, zusammengezogen (dann ist der Scheidebrief untauglich); ein anderer Autor sagt: Selbst wenn die Tropfen zusammengezogen hat, ist der Scheidebrief untauglich. j. Schabb. XII d. E., 13ᵈ dass. — 2) die diakritischen Punkte über den Buchstaben. j. Pes. IX, 36ᵈ mit. רבין אמרי בשעה שהכתב רבה על הנקודות אתה דורש את הכתב ומסלק את הנקודה וכ' die Rabbanin sagen: Wenn die Schrift (d. h. die Buchstaben ohne diakritische Punkte) mehr als die punktirten Buchstaben ist, so musst du blos die unpunktirten deuten und die punktirten ausser Acht lassen u. s. w. vgl. כְּתָב und דלא. Genes. r. s. 48, 47ᶜ. Das. s. 78, 77ᵃ. Cant. r. sv. שרדך, 30ᵇᶜ dass., jedoch mit einigen Abänderungen. Aboth de R. Nathan XXXIV (vgl. auch Tractat Soferim VI) עשר נקודות בתורה אלו הן בין ביני וביניך על ה' שביניך נקוד . . . אליו ארה נקוד על אריו . . . ובקומה נקוד על ו"ו שבקומה הראשון . . . וישקהו כולו נקוד לרעות את

נקוד על את ... משה ואהרן נקוד על אהרן ...
בדרך רחקה נקוד על ה' שברחוקה ... נופח אשר
נקוד על ר'ש שבאשר ... ועשרון עשרון נקוד על
עשרון בל'ו ... נקוד על לנו ולבנינו ועל ע' שבעד
למה אלא כך אמר עזרא אם יבא אליהו ויאמר
לי מפני מה כתבת כך אומר אני לו כבר נקדתי
עליהן ואם יאמר לי יפה כתבת כתבת אעביר הנקודה
מעליהן אסלק נקדותי (Ar. ed. pr. liest) anst. der
letzten drei Worte) zehn Stellen im Pentateuch
haben diakritische Punkte und zwar folgende:
1) ביני וביניך (Gen. 16, 5), das (zweite) Jod
in וביניך ist punktirt (wahrsch. um anzudeuten, dass das W.: וביני, was richtiger wäre,
lauten müsste)! Das besagt, dass Sara blos die
Hagar, oder auch: Alle, die den Streit zwischen
ihr und dem Abraham veranlassten, gemeint habe.
2) אליו איה (Gen. 18, 9), die Buchstaben
איו in אליו sind punktirt. Das besagt, dass
die Engel auch die Sara fragten: איו wo ist
er, Abraham? (So richtig in Genes. r. s. 48,
46°; in unserer St. minder zutreffend). 3) ובקומה,
das Waw im ersten ובקומה (d. h. Gen. 19,
33) ist punktirt. Das besagt, dass Lot blos
das „Aufstehen" der jüngsten Tochter gemerkt
habe. 4) וישקהו (Gen. 33, 4), das ganze Wort
ist punktirt. Das besagt, dass Esau den Jakob
nicht aus ganzem Herzen geküsst habe (nach
Genes. r. s. 78, 77ᵃ jedoch: dass Esau zu jener
Zeit liebevoll war und ihn mit ganzem Herzen
geküsst habe). 5) לרעות אֹת (Gen. 37, 12), das
ganze W. את ist punktirt. Das besagt, dass sie
(Josef's Brüder) nicht etwa die Schafe, sondern sich
selbst weiden, gütlich thun wollten (vgl. Genes. r. s.
84, 82ᵇ; לרעות את עצמן; wahrsch. nach der Regel
des Nahum aus Gimso: את לרבות, vgl. אֶת; wonach also hier der Sinn wäre: die mit den
Schafen waren, d. h. sich selbst). 6) וְאַהֲרֹן
(Num. 3, 39), das W. ואהרן ist punktirt (so
nach der Massora, vgl. auch Raschi z. St. In
unserer St. hing. und ebenso in Tractat Soferim
VI heisst es blos נקוד על אהרן?) Das besagt,
dass Aharon nicht zur Zahl (od.: zum Zählen?)
gehörte. 7) רחקה (Num. 9, 10), das He in
dem Worte רחקה ist punktirt (vgl. den
Grund hierfür in הא. Nach einigen Agg. und
an anderen Stellen wäre Cheth, ח, punktirt,
was unrichtig). 8) נפח אשר (Num. 21, 30),
das Resch in אשר ist punktirt. Das
besagt, dass sie nicht die Völker, sondern
blos die Städte zerstörten (der wahrsch. Grund
des diakritischen Punktes jedoch ist der, damit
der Sinn sei: „Wir verheerten durch «Feuer-
anfachen», אש נפח, bis nach Medba hin", vgl.
נפוח). 9) ועשרון עשרון (Num. 29, 15), das
Waw in עשרון ist punktirt (ebenso im Tr.
Soferim l. c.; nach der Massora jedoch ist das
zweite Waw in ועשרון punktirt). Das besagt,
dass dort blos ein Issaron war. 10) לנו ולבנינו
עד (Dt. 29, 28) die Worte לנו ולבנינו, sowie das y in עד sind punktirt. (Der Grund

hierfür wird in Snh. 43ᵇ angegeben; näml. nach
einem Autor: Die Israeliten wurden wegen der
„Geheimsünden", הנסתרות, erst nach ihrem
Uebergang über den Jordan bestraft; nach einem
andern Autor: Sie wurden nicht blos wegen
der „Geheimsünden", sondern auch wegen der
„öffentlichen Sünden" nicht vor ihrem Uebergange bestraft, הנכסתרות ... והנגלה.) Was bedeuten diese diakritischen Punkte? Nun, Esra
dachte bei sich: Wenn Elias kommen und zu
mir sagen wird: Warum hast du also geschrieben? So werde ich ihm entgegnen: Ich habe
ja jene Buchstaben (Wörter) mit Punkten versehen. Wird er aber sagen: Du hast richtig
geschrieben, so werde ich jene Punkte entfernen. Pes. 93ᵇ. B. mez. 87ᵃ u. ö. — 3) Punkte
an den Früchten, Zeichen ihrer beginnenden
Reife. j. Maasr. I, 48ᵈ un. נקודות נקודות. j.
im Nifal. (Im Spätrabbinischen bedeutet נקודה,
pl. נקדות: Vocalpunkte, Vokalzeichen;
ferner נקוד: Punktation, das Setzen der
Vokalzeichen und endlich נַקְדָן: Punktator,
Meister der Punktation).

נִיקּוּדִים, נְקוּדִים m. pl. (=bh. נְקֻדִים) Brotkrumen, mica. Ter. 5, 1 wenn Teruma in
levitisch unreines Getreide gefallen ist, יאכל
נקודים או קליות so soll letzteres als Brotkrumen
oder als geröstete Aehren gegessen werden.
Das. Mischna 2 und 3 dass. Vgl. j. Ter. V Anf.
43° ob. והדין ניקודים כהדא חצירי ביצים jenes
נקודים bedeutet: kleine Brötchen von der Grösse
je eines halben Eies; ebenso Maim. Comment.
z. St. Nach einer Erklärung Ars.: Brote,
die Schimmelflecke haben (ähnlich נקודות
nr. 3). Bech. 22ᵇ dass.

נקדים j. Ber I, 3° un. s. נִקְרִים.

נַקְדִּימוֹן Nakdimon, Nikodemos, N. pr.
Git. 56ᵃ. Taan. 20ᵃ, s. נָקַד nr. 2. Genes. r. s
42 Anf. Thr. r. sv. כל אלה 58°.

נַקְדָּן, נֹקְדָן m. Adj. eig. Nachgrübler, d. h.
1) Jem., der in weltlichen Dingen pein-
lich, kleinlich ist, der Alles tadelt. Trakt.
Derech erez suta VI לא יהא אדם לא נוקדן ולא
עומקן ולא גרגרן der Mensch soll nicht tadel-
süchtig, nicht tückisch und nicht gierig sein.
— Pl. j. Snh. X, 28ᵈ un. Pinchas durchbohrte
die Buhlen derart, dass ihre Schamtheile gesehen
wurden (vgl. נִכְרִיּוּת). הנוקדנין (l. הנוקדנין)
מפני שלא ידו אומרים וכ' der Nachgrübler wegen,
dass sie nicht verdächtigten u. s. w. Num.
r. s. 20 g. E. dass. Sifre Balak § 131 התנוקדנים
crmp. aus הנוקדנים oder הנוקדנים. Jalk. I, 239ᵇ
והיו הנוקדנים (הנוקדנים) אומרים אי אתם יודעים
וכ' die Tadelsüchtigen sagten: Wisset ihr denn
nicht, dass der Sohn Amrams, der ein Hirt
Jithros war, die Wasserstellen kennt und uns
dahin führen will, wo viele Bäche sind u. s. w.?

— 2) scrupulös, kleinlich in religiösen Dingen. Toscf. Ber. V gleichviel, ob Jem. das Tischgebet mit נברך oder ברוך הוא („wir wollen segnen", „gesegnet sei er") beginnt, אין תופסין אותו על כך ודהנוקרנין תופסין אותו על כך (Var. הנקרנין; im jerus. Dialekte jedoch ist die erstere Form gewöhnlich, vgl. בַּדְּזָן, בּוּרְשָׁן, גּוּדְזָן u. a.): so tadelt man ihn deshalb nicht, die Kleinlichen jedoch tadeln ihn deshalb. j. Ber. VII, 11ᶜ ob. הנוקרנין ed. Ven. u. a. (ed. Lehm. הנוקרנין) dass. Ber. 50ᵃ ob. steht dafür ודהנוקדנין Ar. liest הנוקרנין mit dem Bemerken, das W. laute im arab. مِنْقَار, אלמנלקאר (eig. rostrum avis) wie ein Huhn in den Misthaufen pickt, vgl. נָקַר.

נוּקְדָּנָא, נָקְדָּנָא ch. (=נַקְדָּן) Jem., der kleinlich ist, Tadler. j. Ber. VII, 11ᶜ ob. ובאיש לר' זעירא בגין דצווחא ר' יעקב בר אחא נוקדנא ל'חייא בר אבא ed. Ven. u. a. (ed. Lehm. נוקרנא) = Ar. sv. נקר 1; Ar. ed. pr. נוקרינא) den R. Seïra verdross es, dass R. Jakob bar Acha den R. Chija bar Abba: Tadler nannte. — Pl. Ned. 49ᵇ ob. הלין נַקְדְּנֵי דהוצל וכ' jene Kleinlichen in der Stadt Huzal, welche näml. in der Auswahl der Speisen kleinlich verfahren.

נָאקְתָא, נָאקָת, נָקָא fem. (arab. نَاقَة) weibliches Kamel. Ar. hv. bemerkt: Das Kamel hat im Arab. drei ‚Namen; bald nach der Geburt nennt man es אלקעוד (richtiger אלקעוד, القَعُود), nachdem es herangewachsen, heisst das männliche: בקר, l. بَكْر) und das weibliche: בכרה, بَكْرَة); wenn es schon Lasten tragen kann, so heisst das männliche: גמל, جَمَل) und das weibliche: נקה, نَاقَة); vgl. TW. sv. יָנְקָא und Fl. Nachtr. das. S. 427ᵇ. — Kel. 23, 2 נאקה Ar. (Agg. אכוף של נקה der Sattel des weiblichen Kamels. Sifra Mezora, Sabim Par. 2 cap. 3 dass. Tosef. Kel. B. bath. II g. E. הנאקה. Schabb. 5, 1 נקה בחטם Ar. (Agg. נאקה, Ms. M. אנקה, א prosthet.) wird in Gemara das. 51ᵇ erklärt: נאקתא חידרתי בזממא דפרזלא das weisse weibliche Kamel mit einem eisernen Zaum. j. Bez. II, 61ᶜ un. הנקה dass. Thr. r. sv. רבתי, 52ᵈ נקא חדא קומינין אית גמלא, Var. in Ar. ed. pr. ודהיא סמיא Ar. (גמלא, جَمَالَ; Agg. אנקא) vor uns geht ein weibliches Kamel, welches blind ist.

נָקַז (syn. mit נָקַד) Grndbed. stechen, insbes. mit der Lanzette stechen. Hif. הִקִּיז (gew. mit darauffolg. דם, zuw. auch blos הקיז) zur Ader lassen. Bech. 33ᵇ in der Mischna בכור שאחזו דם אפילו מת אין מקיזין לו דם וכ' einem erstgeborenen Thier, welches

---

Blutandrang bekam, lässt man nicht zur Ader, selbst wenn es hierdurch verenden würde; so nach Ansicht des R. Juda u. s. w. Gem. das. מקיזין לו את הדם במקום שאין עושה בו מום man lässt ihm an einer Stelle zur Ader, wo man ihm keinen Leibesfehler macht. Men. 56ᵃ. Sifra Emor cap. 6 Par. 7 und j. Pes. I, g. E., 28ᵃ dass. Pesik. Sehuba, 163ᵃ „wie werthloses Geschirr" (Jer. 22, 28), d. h. ככלי של מקיזי דם wie das Gefäss der Aderlasser. Schabb. 129ᵃ הקיז דם ורצטנין עושין לו מדורה אפילו בתקופת תמוז für Jemdn., der sich zur Ader gelassen hat und sich erkältet fühlt, muss man selbst zur Wendezeit des Tammuz (d. h. im heissesten Sommer) Feuer zum Erwärmen machen. Ab. sar. 29ᵃ wenn Jem. sich zur Ader gelassen hat, so darf er bald darauf weder Milch noch Käse geniessen. Ned. 54ᵇ אין מקיזין דם על דגים ולא על עופות ולא על בשר מליח man darf sich nicht, kurz nachdem man Fische, Geflügel oder einge- pökeltes Fleisch gegessen hat, zur Ader lassen. Ber. 60ᵃ un. הנכנס להקיז דם אומר יהי רצון מלפניך שיהא עסק זה לרפואה ותרפאני רפואה שלמה שאין דרכי של אדם לרפאות אלא שנהגו Ms. M. wenn Jem. geht, um sich zur Ader zu lassen, so sage Jem.: Dein Wille, o Gott, sei es, dass diese Handlung mir zur Genesung gereiche und du mich vollständig heilest! Denn die Macht der Menschen reicht nicht hin, um zu heilen, allein man pflegt dennoch diese Hand- lung vorzunehmen.

נְקַז ch. (=נָקַז) stechen (dav. syr. ܢܩܰܙ; punktum). Af. אַקִּיז (=הִקִּיז) 1) zur Ader lassen. j. Ber. II, 5ᵃ un. אזל אקיז דם er ging und liess sich zur Ader. — 2) abziehen, in Abzug bringen. j. Ber. IX, 14ᵇ mit. wird פרוש קוזאי erklärt: עביד חדא תובה וחדא מצוה ומקז חדא בדא ed. Lehm. (ed. Ven. ומקז) derjenige Phari- säer, der, wenn er eine Sünde und eine Tugend ausübt, die eine von der andern abzieht; d. h. der da sagt, die Sünde sei durch die tugendhafte Handlung beseitigt. In der Parall. j. Sot. V, 20ᶜ mit. מקזו (etwa von קֵזַז s. d. Sot. 22ᵇ jedoch steht dafür פָּרוּש, s. נ. j. Chag. II, 77ᵈ un. die Zauberin Mirjam, חד יום חר יום ומקז ליה תרי welche einen Tag fastete und zwei Tage sündigte, eig. davon abzog; ähnlich dem פרוש קוזאי.

נְקַט (syn. mit לָקַט) nehmen. — Pi. nehmen lassen. Exod. r. s. 1, 101ᶜ ומנקט להם שני Gott liess עגולין אחד של שמן ואחד של דבש ihnen (den israelitischen Kindern in Egypten) zwei Strahlen zukommen, den einen von Oel und den andern von Honig; mit Bez. auf Dt. 32, 13. Sot. 11ᵇ steht dafür ומלקטם dass.

נְקַט ch. 1) (=נָקַט) nehmen, etwas halten.

Schebu. 38ᵇ un. נקיט חפצא בידיה er nahm einen Werthgegenstand (d. h. Gesetzrolle und dgl. behufs Eidesleistung) in seine Hand. Ab. sar. 30ᵃ הוה נקיט חמרא בהדיה er nahm den Wein mit sich. Snh. 5ᵃ נקיט רשותא er nahm die Erlaubniss, das Lehramt zu verwalten; Trop. Git. 56ᵃ un. נקוט נפשך בקצירי eig. halte dich wie einen Kranken; d. h. verbreite, dass du krank seiest. Schabb. 116ᵇ ... ההוא סילוסופא jener Philosoph (Judenchrist) hatte den Ruf, dass er keine Bestechung annehme, vgl. כפי und בְּטֵשׁ. Chull. 53ᵇ fg. u. ö. נקטינן וכ׳ wir haben die traditionelle Lehre erhalten, u. s. w. Suc. 47ᵃ u. ö. נקוט האי כללא בידך halte diese Regel fest. B. bath. 107ᵇ. Ab. sar. 30ᵃ s. סִירְכָּא. Chull. 87ᵃ נקוט לי זימנא תלתא יומין gewähre mir eine Frist von 3 Tagen. — 2) (=bh. נָקַט, Hi. 10, 1) Ekel, Verdruss erregen. Part. Peil Pesik. Dibre Jirmeja Anf., 111ᵃ wenn Jem. kleine Fische (צהו:ה s. d.) zwei bis dreimal isst, ולנפשור נְקִיטָה עלוי ואתם כמה שנים עובדין אותה ... ואין נפשותיכם נקיטה הימנה so ekelt sich seine Seele; ihr aber dient den Götzen („Koth“, צֹא, Jes. 30, 22) so viele Jahre, ohne dass ihr davor Ekel empfindet. — Sifra Kedoschim Anf. Par. 2 לא תגנבו על מנת לְמִקַּט „Ihr sollt nicht stehlen“ (Lev. 19, 11), auch nicht, um Jemdm. Verdruss zu machen; d. h. selbst in der Absicht, das Gestohlene wiederzugeben. B. mez. 61ᵇ und j. Snh. XI Anf., 30ᵃ לא תגנב על מנת למקט „Du sollst nicht stehlen“ u. s. w. (Ex. 20, 15); was jedoch minder richtig, da nach der Tradition dieses Verbot auf Menschenraub bezogen wird, בגונב נפשות וכ׳ vgl. נְנַב.

Af. אַנְקִיט eig. nehmen lassen, dah.: verschaffen. B. kam. 85ᵇ Jem., der einem Andern auf dessen Wunde ein Pulver gestreut hat, infolge dessen ein Aussatz entstanden, דצריך muss מאוהבי ליה סמא לאנקוטיה גוונא דבישריה ihm ein heilsames Pulver auflegen, damit er ihm seine frühere Fleischfarbe wieder verschaffe.

Pa. (=Pi.) 1) nehmen lassen, reichen. Pes. 110ᵃ מנקיט ליה אימיה תרי כסי בתרי ידיה seine (Abaji's) Mutter reichte ihm zwei Becher in seine beide Hände. Das. ö. — 2) sammeln. Jeb. 42ᵇ R. Nachum, der Diener des R. Abbabu, מְנַקִּיט ואזיל הלכתא מיניה sammelte oft die Halachoth vom Letztern.

נְקוּמָאֵי m. pl. (=לָקוּמָאֵי) Zusammengelaufene, Einwanderer, die sich aus verschiedenen Orten eingefunden haben (vgl. bh. הַתְלַקֵּט, Ri. 11, 3). B. mez. 83ᵇ ob. וניחזי מהיכא קא אתו בנקוטאי (Ar. Var. בלקוטאי) mögen wir doch sehen, aus welchem Orte die Arbeiter gekommen sind (um den Brauch ihres früheren Wohnortes hinsichtl. der Arbeitsstunden bei ihnen anzuwenden)! Hier ist die Rede von Zusammengelaufenen; bei welchen näml. die

Arbeitszeit nicht zu constatiren ist, da in dem einen Orte dieser und in dem andern Orte jener Brauch herrscht.

נְקוֹמָא m. (gr. νικητής) der Sieger. Levit. r. s. 22, 165ᶜ נקוטא ברבריא o du Besieger der Barbaren! Thr. r. s. Einleit., 47ᶜ und Khl. r. sv. ויתרון, 83ᵃ dass., vgl. בַּרְבְּרָאֵי und בָּרְבְּרוֹן. Vgl. Du Cange Glossar. I, 997: „νίκα, acclamatio populorum imperatoribus fieri solita, qua iis adprecarentur.“

נְקְטָמוֹן m. (=אָנְקְטְמִין, s. d.) eine Eselsfigur, welche die Possenreisser u. dgl. auf ihren Schultern trugen, und welche ihnen zuweilen zum Sitze diente. Infolge des letzteren Umstandes ist dieses Instrument levitisch unrein, während das in Schabb. 6, 8 erwähnte אנקטמין levitisch rein ist. (Durch die hier gegebene Erklärung dürfte die Bemerkung des R. Simson z. St. und des R. Abraham ben David zu Maim. Tit. Kelim cap. 5 § 3 beseitigt sein). Kel. 15, 6 הבטנון והנקטמון וכ׳ die Cither und die Eselsfigur sind unrein.

נָקַה, נָקַק (=bh. Grndw. נק, davon syr. ܢܩܐ) stechen, ausstechen, ferner (=זכי, זָכָה): glänzen, rein sein, vgl. bes. נָקַר.

Pi. נִקָּה reinigen, rein machen; übrtr. schuldlos, straflos machen. Jom. 86ᵃ (mit Bez. auf לא ינקה, Ex. 34, 7, als zwei Sätze gedeutet, vgl. מִדָּה) מנקה הוא לשבין ואינו מנקה לשאינן שבין Gott reinigt, lässt unbestraft die Reuigen, Büssenden, er lässt aber nicht unbestraft diejenigen, welche die Sünde nicht bereuen. Schebu. 39ᵃ dass. Tem. 3ᵃᵇ ob. (mit Bez. auf Ex. 20, 7) בית דין של מעלה הוא דאין מנקין אותו אבל בית דין של מטה מלקין ומנקין אותו nur das himmlische Gericht (Gott) reinigt ihn, den Meineidigen nicht, aber das irdische, weltliche Gericht geisselt ihn und reinigt ihn. — Part. Pual. Snh. 49ᵃ un. „Joab's Haus glich einer Wüste“ (1 Kn. 2, 34) מה מדבר מְנוּקֶּה מגזל ועריות אף ביתו של יואב מנוקה מגזל ועריות so wie die Wüste von Raub und Incest frei ist (wo sich näml. hierzu keine Gelegenheit darbietet), ebenso war das Haus Ioab's frei von Raub und Incest. Jeb. 101ᵃ כשם שבית דין so מְנוּקִים בצדק כך בית דין מנוקין מכל מום wie die Richter durch Gerechtigkeit rein sein müssen, ebenso müssen die Richter frei von allen Leibesfehlern sein. Kidd. 76ᵇ u. ö.

נָקָא chald. (=נָקָה) rein sein. — Pa. נַקֵּי reinigen, s. TW.

נָקִי m. (=bh.) rein, von etwas entblösst. Pes. 22ᵇ wird das W. נקי (Ex. 21, 28) erklärt: כאדם שאומר לחברו יצא פלוני נקי מנכסיו ואין לו בהם הנאה של כלום wie Einer zum Andern sagt: Der N. N. ist von seinen Gütern frei (seines

Vermögens verlustig) ausgegangen, ohne davon irgend einen Genuss zu haben; d. h. der Eigenthümer des gesteinigten Ochsen darf von demselben keinen Genuss haben. B. kam. 41ᵃ dass. Ar. sv. הנקי erklärt hiernach die schwierige St. in Kidd. 62ᵇ הנקי כתיב es heisst הנקי (Num. 5, 19). Nach Ansicht des R. Meïr müssen näml. bei bedingungsweisen Versprechungen, Schenkungen u. dgl. beide Fälle, die Bejahung sowohl als die Verneinung ausdrücklich erwähnt werden (und zwar=Num. 32, 20—23, vgl. בָּא Anf. und חֲנָאִי). Da aber im Num. 5, 20 der Ausspruch der Strafe im Falle der Schuld fehlt, so bezieht R. Meïr das W. הנקי in V. 19 auch auf V. 20 und zwar in entgegengesetzten Bedeutungen, als Segen und als Fluch. Demnach wäre der Sinn der ber. Bibelstelle wie folgt: „Wenn dir Niemand beigewohnt hat, . . . so wirst du rein, d. h. unbestraft sein", הִנָּקִי. „Du wirst aber, falls du Treulosigkeit begangen hast, deines Lebens entledigt, beraubt werden", הֻנָּקֵי; d. h. dein Körper wird von der Seele entblösst werden. — j. Meg. I, 71ᶜ mit (mit Ansp. auf Khl. 3, 2) שמור עצמך כשהוא נקרא אל בית האלהים שתהא מהור ונקי „Nimm dich in Acht, dass du, wenn du abgerufen wirst in das Gotteshaus (in den Himmel) rein und schuldlos seiest." Das. (mit Ansp. auf Khl. 3, 2) אשרי אדם ששעת מיתתו כשעת לידתו מה שעת לידתו נקי אף בשעת מיתתו יהא נקי Heil dem Menschen, dessen Todesstunde der Stunde seiner Geburt gleicht; so wie er in der Stunde seiner Geburt rein, schuldlos ist, so soll er auch in seiner Todesstunde rein sein. j. Chall. IV Anf., 59ᵈ נקי וקיבר feines (reines) Mehl und Kleie. — Pl. Genes. r. s. 98, 95ᵈ die Gelehrten שהן יושבין וסודרין דברי תורה בשיניו עד שהן מוציאין אותן נְקָיִין כחלב welche sitzen und die Gesetzlehre ordnen mittelst der Zähne (des Mundes), bis sie dieselben rein wie Milch hervorbringen; mit Ansp. auf Gen. 49, 12. Ruth r. Anf., 37ᵃ steht dafür בנקיון: mit Reinheit. j. Git. IX g. E., 50ᵈ נְקֵיי הדעת diejenigen, welche reine Gesinnung haben. — Fem. j. Maasr. II, 49ᵈ mit נְקִיָּה דעתו R. Josua war von reiner Gesinnung. j. Chag. II, 77ᵇ ob. מיכן ואילך אין דעתן נקיה von jener Zeit (des R. Akiba) an hatten die Gelehrten nicht mehr reinen Sinn. Pes. 3ᵃ לשון נקיה reinlicher Ausdruck, d. h. Euphemismus, vgl. לָשׁוֹן. j. Keth. I, 25ᶜ un. dass. — j. Schek. V, 48ᵈ un. פת נקייה reines (weisses) Brot.

נְקֵא, נְקֵי ch. (=נָקִי) rein. Dan. 7, 9 נקא. — Chag. 15ᵇ כל מאן דהוה נקי מגב אמו וכ׳ was von der Mutter (von der Geburt) an rein ist, s. יוֹרָה. — Pl. j. Taan. I, 64ᶜ ob. מאנין נְקִיִּין reine Gewänder, Ggs. צאין: schmuzige Gewänder. Levit. r. s. 23, 167ᵃ wird Ex. 24, 10 übersetzt: „wie die Himmel, כד אינון נקיין מן ענני wenn sie von den Wolken rein

(unbewölkt) sind." — Fem. j. Schehi. VI Anf., 36ᵇ פיתא נְקִיָּא reines, weisses Brot, s. לְחַם.

נְקַי, נְקָאִי, נֵקַם Nekai, Nekis, N. pr. 1) j. Maas. scheni V, 56ᵃ ob. נקיי הוה שמש Nekai war ein Bedienter in Migdal Zibaja. — 2) Snh. 43ᵃ אתיוה לנקאי אמר להו נקאי יהרג הכתיב ונקי וצדיק אל תהרג אמרו ליה אין נקאי יהרג דכתיב במסתרים יהרג נקי Ms. M. und ält. Agg.: man führte den Nekai (Einen der fünf angeblichen Jünger Jesu, vgl. מַתַּי) vors Gericht; er sagte zu den Richtern: Wie, Nekai soll getödtet werden, es heisst ja: „Den Unschuldigen (den Nekai) und den Gerechten sollst du nicht tödten" (Ex. 23, 7)! Sie aber entgegneten ihm: Ja wohl, Nekai soll getödtet werden; denn es heisst: „Im Geheimen tödtet er (tödte man) den Unschuldigen" (den Nekai; Ps. 10, 8). — 3) Git. 11ᵃ נקיס Nekis ein Name, den nur Nichtjuden führten.

נִקָּיוֹן masc. (=bh.) Reinheit, Unschuld. Ruth r. Anf., 37ᵃ, s. נָקֵי.

נְקִיוּת f. 1) Reinheit, Reinlichkeit. j. Schek. III g. E., 47ᶜ זרירות מביאה לידי נקיות Hurtigkeit führt zur Reinlichkeit, נקיות מביאה לידי מהרה וכ׳ Reinlichkeit führt zur religiösen Reinheit, זְרִיזוּת. j. Schabb. I, 3ᵇ ob. Cant. r. Anf., 3ᵇ u. ö. נקיות בעלמא gewöhnliche Reinlichkeit. j. Pes. VII, 35ᵇ un. וכ׳ צואה טומאה היא והלא אינה אלא משום נקיות denn dem Koth eine verbotene levitische Unreinheit (sodass man sich davon fern halten müsse, um nicht levitisch unrein zu werden)? Es ist ja blos wegen Reinlichkeit! — 2) Reinheit des Lebenswandels, Schuldlosigkeit. Genes. r. s. 99, 98ᵃ האכילו פרנסתו בנקיות ונתפרנסה וכ׳ Gott gab dem Stamme Levi seine Nahrung in Reinheit (Ehrenhaftigkeit, dadurch, dass er die Zehnten u. dgl. von allen Israeliten erhielte); hierdurch war der Ausspruch Jakob's („Ich will sie vertheilen unter Jakob" u. s. w.; Gen. 49, 7) in Erfüllung gegangen. Sifra Kedosch. Par. 2 cap. 4 נמצא מתפרנס בנקיות er würde sich dann anständig (eig. schuldlos) ernähren. Num. r. s. 9, 204ᵈ (mit Anspiel. auf ונקתה, Num. 5, 28) אלו הלוים שזכו לעבודת הקדש das sind die Leviten, die den heiligen Tempeldienst erlangten und deren ganze Beschäftigung in Reinheit bestand. Sifra Mezora Par. 9 cap. 6 (mit Bez. auf ורחצו, Lev. 15, 48) מה רחיצתו בנקיות אף רחיצתה בנקיות so wie das Baden des Mannes (des Schleimflüssigen) in Reinheit geschehen muss, ebenso muss auch das Baden des Weibes in Reinheit (in reinem Zustande) geschehen. Tem. 3ᵇ וארמא לא הוי ליה נקיות כלל וכ׳ vielleicht meint die Schrift, dass der Meineidige gar keine Reinheit (Straflosigkeit) erlange? s. das Verbum.

נוֹקֵל m. (=קַל mit vorges. נו, ähnlich der Form נוֹקְשֶׁה, s. d.) Leichtes, Erleichterung. j. Jeb. X, 11ᵃ un. והדון נוקל אינו אלא חומר wie, das sollte eine Erleichterung sein? Das ist ja vielmehr eine Erschwerung! vgl. חוֹמֶר.

נִיקְלוֹגוֹם s. d. in נר׳.

נִיקְלָבָם ,נְקָלְבָם ,נִיקְלָוֹם od. נְקָלְוֹם masc. (neugr. νικόλαος, nicolaus; vgl. Du Cange Append. ad Glossar. II, 141, ein W., das ursprünglich arab. sein soll) eine Art harter Datteln und Palmen, die harte Datteln tragen. j. Ab. sar. I, 39ᵈ un. ניקלבם, vgl. חָצָב und קוּרְיָיטֵי. j. Schabb. XIV, 14ᵈ mit. dass. — Pl. j. Maas. scheni IV Anf., 54ᵇ ob. אילין נְקָלְוֹסַיָא jene harten Datteln in Rom. j. Ber. VI, 10ᶜ mit. ר׳ חנינא בר סיסיי הוון אילין דסייריא ליה נקלוסין וכו׳ Ar. ed. pr. (Agg. ...דנשיאה אמר ר׳ חנינא) dem R. Chanina bar Sisai schickten jene Familienglieder des Nasi harte Datteln; er ass diese Früchte und sprach sowohl vor, als nach dem Genusse derselben den Segen. j. Dem. II, 22ᶜ ob. אילין ניקלווֹסין דהכא jene harten Datteln von hier, Palästina. j. Ab. sar. II, 40ᵈ mit. מה התמר הזה עושה נקלָבִיסִין. Num. r. s. 3 Anf. תמרים רוטבים ניקלווסין נובלות ועושה סולין כך ישראל וכו׳ so wie die Palme saftige Datteln, harte Datteln, abfallende (d. h. schlechte, vgl. נוֹבֶלֶת) Datteln und auch Dornen hervorbringt, ebenso hat Israel: Gelehrte, Unwissende und Wüstlinge.

נִיקְלִי ,נְקְלִי f. (verk. aus אוּנְקְלִי ,אוּנְקְלָה gr. ἀγκάλη eig. Ellenbogen, Arm; übrtr. Aermel, Kniehosen, ein Kleidungsstück, das blos die Arme oder die Kniee umhüllt. j. Schabb. XVI, 15ᵈ ob. ניקלי דסוברא Aermel und Beutel (funda). j. Jom. IV, 43ᵈ ob. Simon sagte aus Neid gegen seinen Bruder Onias, der das hohepriesterliche Amt bekleiden sollte, zu den Gelehrten: Sehet nur, was dieser da seiner Geliebten gelobt · hat: לכשאשמש בכהונה גדולה אלבש נקלה שליך ואחגור בצלצל שליך wenn ich das Amt des Hohenpriesters bekleiden werde, so werde ich deine Kniehosen anziehen und mir deinen Gurt umbinden. R. Juda sagte: לא כי אלא מינו את שמעון וקיר45 בו נחינירן אחיי ודלך והלבישו נקלה וכו׳ das war nicht der Fall, sondern, nachdem ihn der Simon zum Hohenpriester ernannt hatte, beneidete ihn sein Bruder Onias und bekleidete ihn mit Kniehosen u. s. w. — Das. steht dafür auch אוגקלה. — Ad. Brüll: Trachten der Juden p. 34 identificirt unser W. mit dem bei Ferrarius: De re vestiaria II, 38 erwähnten ἀνάκωλος, Untergewand, tunica.

נִיקְלִיטִין ,נְקְלִיטִין m. pl. (gr. τὰ ἀνάκλιτα) eig. angelehnte Gegenstände; bes. die zwei Stangen, die zu Häupten und zu Füssen des Bettes angebracht sind, deren eine läng-lich und deren andere kürzer war und über welche eine Querstange mit einem von beiden Seiten herabhängenden Vorhang gelegt wurde. Kel. 12, 2 נקליטין. Das. 18, 3 נקליטי המטה die beiden Stangen des Bettes. Suc. 10ᵃᵇ נקליטין שנים die am Bette zu Häupten und zu Fussen angebrachten zwei Stangen und zwei ihre מקינורות ארבעה וכו׳ und die vier Stangen an den (nicht daran befestigten) vier Ecken des Bettes, über welche eine Decke, Baldachin (τὸ κωνωπεῖον, conopeum) gezogen wurde. j. Ned. VII g. E., 40ᶜ מטה שנקליטיה עולין ויורדין בה ein Bett, dessen zwei Stangen mit demselben aufgestellt und mit demselben niedergelegt werden. j. M. kat. III, 83ᵃ ob. j. Ber. III Anf., 5ᵈ. j. Suc. I, 52ᵇ un. נקליטי.

נָקַם (=bh. Grndw. נקם) rächen, Rache nehmen. Schabb. 63ᵃ u. ö., s. נָטַר.

נְקַם ch. (=נָקַם) rächen. — Ithpa. אִתְנְקַם (syr. ܐܬܢܩܡ) gerächt werden, s. TW.

נְקִימָה f. N. a. 1) das Sichrächen, Rachenehmen. Sifra Kedosch. Par. 2 cap. 4 עד היכן כחה של נקימה וכו׳ was ist unter Rachenehmen zu verstehen? Jom. 23ᵃ, s. נְטִירָה. — 2) die Bestrafung des Verbrechers. j. Snh. VII Anf., 24ᵇ ob. נאמר כאן נקימה ונאמר להלן חרב נקמת וג׳ מה נקימה האמורה להלן חרב אף נקימה האמורה כאן חרב woher ist erwiesen, dass die Todesstrafe חרב (s. d. W.) mittelst des Schwertes erfolgen soll? Hier (Ex. 21, 20) steht נקם und dort (Lev. 26, 25) steht ebenf. נקם: „Das Schwert, welches den Bund rächt." So wie die Bestrafung, das Rächen, das dort erwähnt ist, mittelst des Schwertes erfolgt, ebenso muss auch die Bestrafung, die hier erwähnt wird, mittelst des Schwertes erfolgen. Das. 24ᵇ un. יכול אם הרגו בסייף יהרגגו בסייף במקל יהרגגנו במקל נאמר כאן נקימה ונאמר להלן וכו׳ man könnte (aus den Worten ירצה את הרצח Num. 35, 30 schliessen, dass die Strafe dem Verbrechen entsprechen soll), dass man also den Mörder, der Einen mit dem Schwert ermordet hat, ebenfalls mit dem Schwert tödte, dass man ihn aber, wenn er Jemdn. mit einem Stock ermordet hat, ebenfalls mit einem Stock tödte! Da aber hier נקם steht u. s. w. Snh. 52ᵇ.

נְקָמְתָא ,נְקָמָא f. (syr. ܢܩܡܬܐ, hbr. נְקָמָה) Rache, s. TW.

נַקְמָן m. Adj. der Rächer. Genes. r. s. 99 g. E., 98ᵇ כשם שהנחש נקמן כך היה שמשון וכו׳ so wie „die Schlange" (Gen. 49, 17) ein Rächer (den Groll nachtragend) ist, ebenso übte Simson, der von Dan abstammte, Rache aus (Ri. 16, 28).

קַמְזוֹ s. קְמַזוֹ.

נִיקוֹן Kel. 11, 8, s. d. in נר׳. Nach N. Brüll,

Jahrb. I, 196 wäre נִיקוּן das gr. νἰϰων: Mauer-brecher.

נוּקְנִיקָא od. נְקוּנְיָא f. (lat. lucanica, lucania) Fleischwurst. j. Schek. VII Anf., 50° un. נוּקְנִיקָא אשתכח בכנישתא דבולי (Agg. des bab. Tlmd. נקאני, Ms. M. נקוניא) eine Fleischwurst wurde in einer Rathsversammlung gefunden.

נְקוּסָה, נְקוֹסָא Nekosa, N. pr. j. Ber. II g. E., 5ᵈ ר' יהודה בן נקוסא ed. Lehm. (das. 2 Mal, ed. Ven. u. a. בן פסוס) R. Jehuda ben Ne-kosa. B. kam. 81ᵇ steht dafür בן קנוסה trnsp. Khl. r. sv. כל הדברים, 73ᵇ רבי בן יהודה נקוסא l. נקוסא. Das. sv. אני ומוצא, 89ᵇ ר' יהודה בן נקוסא dass.

נֶקַע m. (syn. mit נֶקַב; syr. ‎ ‎, von נֶקַע, Grndw. נק, s. נֶקַב und den nächstflg. Art.) Erd-vertiefung. Kil. 5, 4 גפן שהיא נטועה... בנקע ein Weinstock, der in einer Erdvertiefung ge-pflanzt ist. Erub. 15ᵃ נקע שהוא עמוק עשרה eine Erdvertiefung, die zehn Faustbreiten tief ist. Suc. 25ᵃ. j. Erub. I, 19° un. — Pl. B. bath. 7, 1 (102ᵇ) היו שם נקעים עמוקים עשרה wenn dort Erdvertiefungen von zehn Faustbreiten Tiefe waren. Das. 103ᵇ נקעים un-terschieden von נגאני: Erdritzen, Sprünge. j. Schabb. VII, 10ᵃ ob. הממלא את הנקעים שחחת הזים wenn Jem. die Vertiefungen unter den Oelbäumen mit Schutt ausfüllt. Kidd. 61ᵃ u. ö.

נָקַף I (=bh., ähnlich arab. ‎ ‎, syn. mit נֶקַב, נֶקַד, נֶקַע, נֶקַב, Grndw. נק eig. durch-bohren; insbes. 1) stechen, verwunden, stossen, schlagen. Chull. 7ᵇ אין אדם נוקף אצבעו מלמטה אלא כן מכריזין עליו מלמעלה der Mensch verwundet sich nicht den Finger auf Erden, ohne dass man es im Himmel be-stimmt (ausgerufen) hat. Maas. scheni 5, 15 אף הנוקפים ... הוא ביטל את er (der Hohepriester Jochanan) schaffte auch die Verwundenden ab; d. h. diejenigen Priester, welche das Opferthier vor dem Schlachten zwischen den Augen ver-wundeten, damit es durch das herablaufende Blut nichts sehe, infolge dessen es leichter gebunden und geschlachtet werden könnte. Anstatt dessen liess er im Schlachthause Ringe anbringen, in welche man den Hals der Thiere steckte; vgl. auch עוּף. Sot. 47ᵇ un. j. Sot. IX, 24ᵃ un. Genes. r. s. 100, 98° נקופה, s. נָקַב. — 2) trop. ver-wunden, d. h. beunruhigen. Ber. 7ᵇ מי שלבו נוקפו (=נוקדו לבו, s. נָקַד) Jem., dessen Herz ihn (wegen einer Sünde) beunruhigt. Meg. 6ᵇ. Nid. 3ᵇ u. ö. dass.

Pi. נֶקֵף 1) verwunden, schlagen. Sot. 22ᵇ המנקף את רגליו der seine Füsse verwundet, s. נָקַף. — 2) abschlagen, Früchte, Pflanzen. Git. 59ᵇ עני המנקף בראש הזית ein Armer, der die Oliven an der Spitze des Oelbaumes abschlägt. j. Git. V g. E., 47° dass. Tosef. B. kam. XI g. E.

מנקפי דיגין diejenigen, welche Dornen ab-schlagen.

נְקַף I ch. (=vrg. נָקַף) schlagen, stossen. Erub. 53ᵇ עלה נקפה בכד וכ' das Schöpfgefäss stösst an den Boden des Weinkruges, vgl. כלח. Ithpe. gestossen, verwundet werden. Ber. 6ᵃ הני כרעי דמנקפן מינייהו הוו dass die Füsse der Gelehrten verwundet werden, rührt von den Dämonen her. Jom. 53ᵃ מינקפן כרעיה Ar. (Agg. מיזגפן) seine Füsse wurden verwundet.

נִיקוּף, נָקוּף m. N. a. 1) das Verwunden, die Verwundung. Chull. 7ᵇ דם ניקוף מרצה כדם עולה das Blut der Verwundung (d. h. wenn Jem. an seinem Körper beschädigt wurde) sühnt ebenso wie das Blut eines Brandopfers. — 2) (ähnlich bh. נָקַף) das Abschlagen der am Oelbaum zurückgebliebenen Oliven und den Armen gehörigen Oliven, die man beim Besteigen des Baumes abfallen macht. Pea 8, 3 זיתי ניקוף Oliven, die man abschlägt. Chall. 3, 9 u. ö. Ggs. zu זיתי מסיק: abge-pflückte Oliven, s. מָסִיק. j. Pea VIII Anf., 20ᵈ מקום שנהגו להיות מוקפין זיתי ניקוף העני הוא (יהא) נאמן לומר שמן זה של זיתי ניקוף an dem Ort, wo der Brauch herrscht, dass man die abzuschlagenden Oliven abpflückt, ist der Arme beglaubigt, zu sagen: Dieses Oel rührt von abgeschlagenen Oliven her; dass man näml. den Zehnten davon nicht zu entrichten brauche; aus den abgeschlagenen Oliven presste man gew. kein Oel.

נְקוֹפָא od. נְקוּפָּא chald. (=ניקוף) das Ab-schlagen der Oliven, s. TW.

נְקָפִים masc. pl. Verwundungen, wunde Stellen am Körper. Schabb. 62ᵇ wird נָקְפָה (Jes. 3, 24) erklärt: מקום שהיו חוגרות בצלצול נעשה נקפים an der Stelle, „wo die Töch-ter Zions sich mit dem Leibgurt umgürteten, entstanden viele Verwundungen".

נָקַף II (=bh. syn. mit קוּף s. d.) kreisen, reihumgehen. Hif. הִקֵּף 1) anreihen, aneinanderrücken. Nid. 71ᵇ eine Frau, die noch nicht völlig rein geworden ist, קוצה לה חלה ומקפת וקורא לה שם schneidet ein Stück vom Teige ab, das sie später als Hebe (Challa) zu bestimmen beabsichtigt, legt es in ein Gefäss, welches sie an den Teig rückt und wodurch jenes Teigstück zur Hebe. Letztere soll näml. von dem Darangereihten, מוקף s. d., entrichtet werden. Teb. jom 4, 2. 3 u. ö. Bez. 32ᵇ אין מקיפין שתי חביות וכ' man darf nicht am Feiertage zwei Krüge aneinander-rücken (und in deren Mitte Feuer anzünden), um auf dieselben ein Kochgeschirr zu stellen. Chull. 46ᵇ. 50ᵃ מקיפין בריאה וכ' man rückt Theile der Lunge an einander; d. h. wenn die

Lunge eines Thieres als schadhaft vorgefunden wird und man nicht weiss, ob die Schadhaftigkeit vor oder nach dem Schlachten eingetreten ist: so ritzt man eine andere Stelle in der Lunge auf; sind dann die beiden Stellen einander ähnlich, so darf das Thier gegessen werden. Dasselbe gilt von der Gurgel und von den Eingeweiden, (2 — .מְקִיפִין בְּקָנֶה, מַקִּיפִין בִּבְנֵי מֵעַיִן umringen, umgeben. Erub. 53ᵇ אוֹתָהּ מַקִּיפִין גִּנּוּת וּפַרְדֵּסִין man umringte die Stadt mit Gemüse- und Baumgärten. Ellypt. (vgl. Lev. 19, 27) הַמַּקִּיף פְּאַת רֹאשׁוֹ וכ׳ Jem., der das Aeusserste seines Haupthaares ringsherum scheert. Das. אֶחָד הַמַּקִּיף וְאֶחָד הַנִּיקָּף לוֹקֶה sowohl derjenige, der auf diese Weise das Haar Jemds. abscheert, als auch derjenige, der sich scheeren lässt, wird mit Geisselhieben bestraft. — Zuw. intrnst. Snh. 68ᵇ. 69ᵃ זָקָן הִקִּיף wenn der Bart (d. h. das Haar án den Schamtheilen) ringsherum gewachsen ist. Das. ö. — 3) leihen, borgen (von dem Herumgehen, Hausiren des leihenden Kaufmannes entnommen). B. kam. 79ᵃ גָּנַב וְהִקִּיף wenn Jem. etwas stiehlt und das Gestohlene verleiht. Aboth 3, 16 מַקִּיף הַחֶנְוָנִי der Krämer leiht; bildl. für Gott, vgl. חָנוּת. Kidd. 40ᵃ, s. חִלּוּל.

נְקַף II ch. (syr. ܢܩܦ=vrg. נָקַף) anhängen, zusammenhängen.

Af. אַקֵּיף 1) zusammenfügen, aneinanderreihen. Chull. 50ᵃ אַקְּפִינְהוּ וְלָא אִדְּמוּ er reihte die beiden schadhaften Stellen der Eingeweide (vgl. נָקַף) zusammen, sie waren aber einander nicht ähnlich. — Intrnst. Snh. 69ᵃ אַקִּיף זָקָן wenn das Haar der Schamtheile ringsherum gewachsen ist. — 2) borgen, leihen. j. Ber. IX, 14ᵇ mit., s. den nächstflg. Art.

נִיקְפֵי, נִקְפֵּי f. das Darlehnnehmen. j. Ber. IX, 14ᵇ mit. נקפי פָּרוּשׁ der Pharisäer des Darlehnnehmens; was das. wie folgt erklärt wird: אקיף לִי וְאֹנָא עֲבֵיד מִצְוָה derjenige scheinheilige Pharisäer, der (zu Jemdm., der etwas von ihm verlangt, sagt:) Leihe mir, d. h. warte einige Zeit, denn ich muss zuvor ein gottgefälliges Werk ausüben. j. Sot. V, 20ᶜ mit. ניקפי dass. — In bab. Sot. 22ᵇ wird unser W. von נָקַף I erklärt: הַמְנַקִּיף אֶת רַגְלָיו der Pharisäer, der, weil er mit niedergeschlagenen Augen hereingeht, sich die Füsse verwundet.

נְקִיפְתָּא Nekifta, Name eines Ortes von Palästina. Tosef. Schebi. IV Anf. נקיפתא דְעָיוֹן Nekifta (eig. wohl Umgebung) von Ijon.

נְקוֹצָא s. נְסָקָא.

נְקִיק m. (=bh., syn. mit נָקַע s. d.) Felsenspalte. Pl. Pes. 81ᵇ נְקִיקֵי הַסְּלָעִים die Felsenspalten.

נָקַר (=bh. syn. mit נָקַב, נָקַד u. a. Grndw.

נקר) 1) eingraben, stechen, ausstechen, die Augen blenden. Sot. 9ᵇ שִׁמְשׁוֹן הָלַךְ אַחַר עֵינָיו לְפִיכָךְ נִקְּרוּ פְלִשְׁתִּים אֶת עֵינָיו Simson folgte der Lust seiner Augen (Ri. 14, 3), deshalb stachen ihm die Philister seine Augen aus (das. 16, 21). Insbes. oft von Vögeln oder Schlangen: picken, benagen. Tosef. Ter. IV Anf. הַתּוֹרֵם ... אֲבַטִּיחַ wenn Jem. eine Melone als Teruma entrichtet, welche jedoch als durchstochen (von Vögeln angebohrt) befunden wird. Das. VII g. E. רָאָה צִפּוֹר שֶׁנִּקֵּר בְּתָאֵנָה וְעַכְבָּר שֶׁנִּקֵּר בְּאַבַטִּיחַ הֲרֵי אֵלּוּ אֲסוּרִין שֶׁאֲנִי אוֹמֵר שֶׁמָּא נְקוּרֵיהֶן הָיוּ wenn Jem. sieht, dass ein Vogel an einer Feige pickt, oder dass eine Maus an einer Melone pickt, so dürfen diese Früchte nicht gegessen werden, weil ich besorgen muss, dass sie bereits früher von einer Schlange benagt waren. j. Ter. III Anf., 42ᵃ כְּשֶׁרָאוּ אוֹתוֹ נוֹקֵר wenn man sah, dass der Vogel an der Melone pickte. Das. VIII, 45ᶜ ob. u. ö. — Uebrtr. j. Jeb. X, 11ᵃ ob. לִבִּי נוֹקְרֵנִי mein Herz verwundet, beunruhigt mich, s. נָקַד. — 2) meisseln. M. kat. 10ᵃ נוֹקְרִין רֵחַיִם בַּמּוֹעֵד man darf in der Festwoche die Mühlsteine meisseln, sie durch Eingraben zackig machen. Sot. 46ᵇ ob. אֲבָנִים לִנְקוֹר שָׁם um dort die Steine zu meisseln. Sifra Achre cap. 13, s. צִיצִית.

Nif. נִקַּר ausgegraben werden. Tosef. Ter. VII g. E. אֲבַטִּיחַ שֶׁנִּיקַּר eine Melone, die ausgegraben, benagt wurde. j. Ter. VIII, 45ᶜ ob. אֲנָבִים וַעֲנָבִים שֶׁנִּיקְּרוּ אָסוּר לְשַׁהוֹתָן Feigen oder Trauben, die bepickt (von einer Schlange benagt) wurden, darf man nicht im Hause behalten, weil deren Genuss Gefahr bringt.

Pi. נִיקֵּר (=Kal) eingraben, picken. Pes. 8ᵇ תַּרְנְגוֹלְתָּךְ מְנַקֶּרֶת בְּאַשְׁפָּה וכ׳ deine Henne wird in den Misthaufen picken u. s. w. Tohar. 4, 3 הָיוּ מְנַקְּרִין בָּהֶן עַל הָאָרֶץ wenn Wiesel und Hunde an dem Aas u. dgl., die auf der Erde liegen, picken.

נָקַר ch. (syr. ܢܩܪ=נָקַר) 1) stechen, ausgraben, meisseln, picken. Kidd. 80ᵇ ob. אִם אִיתָא דִּנְקַרָהּ מִידַע יְדִיעַ wenn die Henne daran gepickt hätte, so wäre die Stelle kenntlich. Pesik. Beschallach, 93ᵇ חֲדָא תּוֹלַעְתָּא דְּעָתִידָא דִּנְקָרָא אַחוֹרֵי אוּדְנִי ein Wurm, der mich hinter meinem Ohre stechen wird. j. Schabb. XII Anf., 13ᶜ הָהֵן דְּנָקַר כִּיפִין וכ׳ Jem., der am Sabbat Steine ausgräbt, ist wegen Meisselns straffällig. — Pa. dass. j. Ter. VIII, 45ᶜ ob. חִוְיָא מְנַקְּרָא בְּתָאֵנְיָא die Schlange benagte die Feigen. M. kat. 10ᵃ מְנַקֵּר רֵיחַיָא die Mühlsteine meisseln.

נִיקּוּר, נָיקוֹר m. N. a. 1) das Ausstechen der Augen, Blenden. Pesik. Achre, 168ᵇ „Ein Geschick trifft den Schwörenden, sowie den, der den Schwur fürchtet" (Khl. 9, 2). Ersteres zielt auf Zidkija, der dem Nebukadnezar Treue geschworen (2 Chr. 36, 13); letzteres

auf Simson, der von den Philistäern einen Schwur abverlangt hatte (Ri. 15, 12). זה מת בניקור ' עינים וזה מת בניקור עינים וכ' der Eine starb durch Ausstechen der Augen, Blenden (2 Kn. 25, 7) und der Andere starb ebenf. durch Ausstechen der Augen (Ri. 16, 21). Levit. r. s. 20 Anf. und Tanch. Waëtchan. Anf., 103ᵃ dass. — 2) das Picken, Benagen der Vögel oder der Schlangen, und übrtr.: benagte Speisen. Ab. sar. 35ᵃ die Milch, die aufgedeckt gestanden hat, darf man nicht trinken, גזירה משום ניקור נחש Ar. (in Agg. fehlt נחש) weil man das Benagen der Schlange zu befürchten hat. — Pl. Ter. 8, 6 ניקורי האנים וענבים וכ' die benagten Feigen, Weintrauben u. dgl. sind, wenn sie noch saftig sind, zum Genusse verboten, weil eine Schlange sie benagt haben könnte, deren Gift sich mit dem Safte vermischte; wenn die Früchte hing. trocken sind, so braucht man blos die benagte Stelle auszuschneiden und darf das Uebrige geniessen. j. Ter. VIII, 46ᵇ ob. דג ניקור חי אסור ein lebender Fisch, der von einer Schlange benagt wurde, darf nicht gegessen werden. Das. ö. נִקּוּרִין s. אֶסָף. Tosef. Ter. VII g. E. ניקורי תבשיל benagte gekochte Speisen. Kidd. 80ᵇ ob. wenn in Teig sich in einem Hause befindet נקורים ונמצאו בעיסה חולין וכ' und mehrere benagte Stellen sich im Teige vorfinden, so ist letzterer als zweifelhaft anzusehen; weil näml. möglicher Weise die Hühner mit ihren Schnäbeln, nachdem sie dieselben in eine unreine Flüssigkeit eingetaucht haben, den Teig gepickt haben könnten. j. Maasr. I, 48ᵇ un. u. ö. — 3) das Meisseln. Sot. 46ᵇ ניקור אבנים das Meisseln der Steine. (Bei den späteren Rabbinen bedeutet ניקור das Herausnehmen der wegen Fett oder Blut verbotenen Adern aus dem Fleische, eig. das Ausstechen derselben; ferner מנקר: derjenige, der diese Adern entfernt).

נִיקוּרָא ch. (=נִיקוּר) 1) das Benagen, die benagte Stelle. — Pl. Ab. sar. 30ᵇ אי איח ביה ניקורי חיושינך wenn die Mehlspeise benagte Stellen hat, so besorgt man, dass letztere von Schlangen herrühren. Chull. 59ᵃ לא חייש אבא לניקורי Ar. (Agg. מר) besorgt denn Abba (d. h. Rab) nicht, dass diese Stellen von Schlangen benagt sein könnten? — 2) Chull. 57ᵃ ob. צנא דנקורי Ar. (Agg. דאינקורי) ein Korb mit Vögeln, deren Füsse abgehackt waren. Raschi z. St. citirt eine Erklärung der Gaonäer: eine Art schwarzer Vögel.

נְקָר m. das Benagen. j. Ter. VIII, 46ᵃ ob. wenn man einen Vogel an einer Feige oder eine Maus an einer Melone picken sieht, so sind die Früchte zum Genusse verboten; אני אומר מקום הנקר אכלו denn ich nehme an, dass jene an der Stelle, die eine Schlange benagt hat, gepickt haben. Das. מת נוטל מקום הנקר von einem todten Fische nimmt man blos die be-

nagte Stelle fort und das Uebrige darf gegessen werden.

נְקָרָא ch. (syr. ‏ـܢܩܰܪ‎=נָקַר) 1) Höhlung, das Aushöhlen, die Spalte, s. TW. — 2) das Ausgegrabene. Ab. sar. 28ᵃ ליתי נקרא וכ' man bringe (behufs Heilens einer Wunde) das aus dem Misthaufen Ausgegrabene (d. h. die Würmer, die durch das Picken der Hühner ausgegraben wurden) u. s. w. — 3) (=כתיתין) Fetzen, Charpie. Schabb. 134ᵃ un. האי ניקרא מסו Ar. (Agg. מסי) die Charpie ist für die Wunde heilsam. — Pl. Jalk. II, 18ᵈ ניקורים של ברוקלי (od. נְקָרִים) Fetzen von Beinkleidern, zur Erkl. von תרפים, vgl. בַּדְקִין.

נְקָרָה f. das Ausgehöhlte, Ausgegrabene, Ausgemeisselte (ähnlich bh. נקרת הצור: die Felsenhöhlung). Tohar. 3, 8 בצק שיש בו נקרת Ar. (Agg. תרנגולין) ein Teig, an welchem eine von Hühnern ausgepickte Stelle sich befindet. Chull. 88ᵇ נקרה פסולין der ausgemeisselte Schutt, z. B. der aus einem Mühlstein gemeisselte Staub.

נְקָרָתָא, נְקִרְתָּא ch. (=bh. נְקָרָה, arab. نَقْرَة) ausgegrabener Ort, unterirdischer Gang, Erdschlucht. Ab. sar. 10ᵇ ההיא נקרתא דהות עיילא מביתיה לבית רבי jener unterirdische Gang, der aus seinem (des Antonin) Hause in das Haus Rabbi's führte. Diese Beiden hatten näml. heimliche Zusammenkünfte. — Pl. Ber. 54ᵇ ob. als die Emoriter den Uebergang Israels über den Jordan erfahren hatten, עבדי להון נקירתא ונטשו בה וכ' so machten sie sich Erdschluchten, worin sie sich in der Absicht versteckt hielten, um jene bei ihrem Vorüberziehen zu tödten.

נְקוּרוֹת m. pl. (nach der Form לְקוּחוֹת u. a.) diejenigen, welche die Mühlsteine, um sie zackig und zum Mahlen tauglich zu machen, ausmeisseln, die Steinmetzen. Kidd. 82ᵃ הסריקין והנקורות Ar. (Agg. הסריקין) die Wollehechler und die Steinmetzen. Tosef. Kidd. V g. E. הכובסין והנקורות die Walker und die Steinmetzen.

נוֹקְרָנָא, נוֹקְרָן ch. pl. נוֹקְרָנִין s. נוֹקְדָנָא, נוֹקְדָן.

נָקְרִים m. (für נָקְרִידִים, vom arab. نَقَرَ) was an einem und demselben Orte unbeweglich steht, Statue, unbewegliche Figur. j. Ber. I, 3° un. „Salomo betete, während seine Hände gen Himmel gefaltet waren" (1 Kn. 8, 54); כגון הדין נקריס היה עומד ed. Lehm. (a. Agg. נקדיס crmp.) wie jene unbewegliche Figur hatte er gestanden.

נָקַשׁ (arab. نَقَشَ, syn. mit נָשַׁק, Grndw. קשׁ, vgl. קרשׁ und קשׁקשׁ) schlagen, stossen. Bech. 45ᵃ ob. העיקל כל שהוא מקיף פרסותיו ואין

נוּשְׁקוֹת) ארכובותיו נוקשות זו לזו liest עקל .sv .Ar)
„der Krummbeinige" ist derjenige, dessen Kniee,
wenn er seine Fusssohlen neben einander stellt,
nicht zusammenstossen. **Hif.** הִקִּישׁ 1) schlagen, anstossen, an-
klopfen. Bech. 7, 6 (44ᵇ un.) המקיש בקרסוליו
ובארכובותיו Jem., der beim Gehen seine Knöchel
oder seine Kniee an einander stösst; ersteres
geschieht dadurch, dass die Kniee nach aussen
hin krumm, letzteres, dass die Knöchel nach
aussen hin krumm sind, dass., was קִרְסָן s. d.
Sabim 4, 1. 2. 3 הקיש על המרים ... הקיש על
הדלת וכ׳ wenn der Schleimflüssige an den Balken,
wenn er an die Thür klopfte. Trop. Genes. r. s.
18, 18ᵇ זאת היא שעתדרה להקיש עלי כזוג „diese"
(das Weib) ist es, welche an mich wie eine
Schelle klopft, mich beunruhigen wird; mit
Ansp. auf הפעם (Gen. 2, 23=פעמון gedeutet).
Meg. 12ᵇ un. בן קיש שהקיש על דלתי רחמים
Ar. (Agg. שערי) „der Sohn des Kisch"
(Esth. 2, 5), d. i. derjenige, dem die Thüren der
Barmherzigkeit, als er daran klopfte, geöffnet
wurden. Tam. 7, 3, s. צְלְצֵל. Midr. Tillim zu
Ps. 137 Nebukadnezar sagte zu den gefangenen
Leviten: אני מבקש שתעמדרו ותקישו לפני ולפני
עז׳ בכנורות שלכם כדרך שהייתם מקישין לפני
אלהיכם ich verlange, dass ihr dastehet und vor
mir und vor dem Götzen eure Zither schlaget
auf dieselbe Weise, wie ihr sie vor eurem
Gotte geschlagen habet! vgl. auch נָקַם. —
2) vergleichen, gleichstellen, eig. Eines
auf das Andere schlagen. Kidd. 5ᵃ. 9ᵇ מקיש
הויה ליציאה die Schrift vergleicht das Schliessen der Ehe (vgl. הָוָיָה) mit der Scheidung.
Mac. 14ᵇ מקיש קדש למקדש die Schrift
(Lev. 12, 4) vergleicht „das Heilige" mit
dem „Heiligthum". Snh. 60ᵇ זביחה בכלל
היתה ולמה יצאת להקיש אליה וכ׳ „das Schlachten der Götzenopfer" gehörte zu den allgemein
verbotenen Götzendiensten; weshalb also wird
jenes besonders erwähnt (Ex. 22, 19)? Um damit zu vergleichen, dass näml. so wie auf das
Schlachten, welches gleichfalls zu den Arten des
Gottesdienstes im Tempel gehört, die Todesstrafe gesetzt ist, so auch alle Arten des Götzendienstes, welche dem Tempeldienste ähnlich
sind, mit dem Tode bestraft werden. Seb. 5ᵇ
הקישן הכתוב לשלמים וכ׳ die Schrift (Lev. 7, 37)
vergleicht alle Opfer den Freudenopfern u. s. w.
Das. 13ᵃ. Ker. 2ᵃ. 4ᵇ u. ö.
Hof. הוּקַשׁ verglichen werden. Ker. 2ᵇ.
3ᵃ׳ הוקשה כל התורה כולה לעבודה זרה וכ׳ die
sämmtlichen Gesetzübertretungen (Num.
15, 29. 30) dem Götzendienste verglichen; woraus
Folgendes zu entnehmen ist: So wie beim Götzendienst nur die Bestrafung von Verboten möglich ist, ebenso betreffs aller Gesetze nur die
Uebertretung der Verbote, nicht aber die Nichtbefolgung der Gebote bestraft werden. Schebu.
10ᵃ׳ הוקשו כל המועדות וכ׳ alle Feste sind mit-

einander verglichen. Das. ö. B. mez. 61ᵇ un.
הוקשו מלוי ברבית לשופכי דמים וכ׳ die Wucherer werden
(Ez. 18, 13) den Mördern verglichen. (Von dem
Hif. nr. 2 ist das Sbst. הֶקֵּישׁ, הֶקֵּשׁ, ch. הֶקְּישָׁא:
Der Vergleich, das Vergleichen, gebildet,
s. d. W., nicht aber, wie irgendwo irrthml. angegeben
wurde, vom arab. قاس, قِيَاس, obwohl letzteres
bei den arab. Philosophen dieselbe Bedeut. wie
הֶקֵּישׁ hat. Das Grndw. von נקש ist allerdings,
wie oben erwähnt, קשׁ.)

נְקַשׁ ch. (syr. ܢܩܫ=נָקַשׁ) klopfen, anschlagen. Dan. 5, 6. — Snh. 25ᵇ ob. אנא
ידענא למנקש טפי Ar. sv. קש 1 (Agg. לנקושי Pa.)
ich verstehe (bei der Wette des Taubenfluges,
vgl. יוֹן und מרי, מָרָה) besser zu klopfen, um
den Flug der Tauben zu fördern. B. kam. 52ᵇ
איבעי ליה למיזל ומנקש עליה er hätte gehen
und darauf klopfen sollen. Trop. B. mez. 59ᵃ
נקשו ואתי תגרא der Zank klopft an und tritt
ein, vgl. כַּדָּא.
Af. אַקֵּישׁ 1) schlagen, klopfen. j. B. bath.
IV g. E., 15ᶜ מקשין על גרבא sie klopfen an
das Fass, s. גְּרָבָא. j. Git. III Ende, 45ᵇ dass.
j. Bez. I, 60ᶜ ob. מקש על שובכה er klopfte an
den Taubenschlag. Levit. r. s. 6, 150ᶜ er nahm
das Rohr ואקשיה לארעא und klopfte damit auf
die Erde. מאי 2) vergleichen. Seb. 5ᵇ
חזית דאקשת לשלמים אקשיה לחטאת woraus ent-
nimmst du den Grund, die sämmtlichen Opfer den
„Friedensopfern" zu vergleichen, vergleiche sie
dem „Sündopfer", das näml. in demselben Verse
steht (Lev. 7, 37), s. Hifil.
Ittaf. (=Hofal) verglichen, gleichgestellt
werden. Pes. 61ᵇ איתקש מאכלין למנויין die
Verzehrenden des Pesachopfers (Ex. 12, 4) sind
den Dazugezählten verglichen. Snh. 15ᵇ עבד
איתקש לקרקעות der Sklave ist den Grundstücken
verglichen, vgl. מְקַרְקְעָא und מַרְקַע. Das. 63ᵃ
איתקושי איתקוש das Sichbücken vor dem Götzen
wird dem Schlachten der Götzenopfer gleichgestellt, näml. Ex. 32, 8: „Sie bückten sich vor
ihm und schlachteten ihm Opfer". Schebu. 9ᵇ.
10ᵃᵇ. Mac. 11ᵃ fg.

נִיקוּשָׁא, נְקָשָׁא m. (syr. ܢܩܫܐ) das Klopfen.
Snh. 25ᵇ בנקשא תליא מילתא (Ar. liest בנקישא)
die Wette beim Taubenflug hängt vom Klopfen
ab, vgl. נְקַשׁ. Die Trgg. haben ניקושא, s. TW.

נוּקְשָׁא, נוּקְשָׁה m. (von קשׁי, קָשָׁה, arab. قَسَا
mit vorges. Silbe נ, vgl. נוּקְבָּל) etwas Hartes,
Schlechtes, Verdorbenes. Men. 54ᵃ wenn
man einen Apfel der Hebe zerstückelt und ihn
in einen Teig gelegt hat, so darf letzterer nicht gegessen werden; נהי דחמץ גמור לא הוי נוקשה מיהא
הוי (Ar. liest überall נוקשא) denn wenn auch
der Teig durch den Apfelsaft keine gute Säure
bekommt, so erhält er dennoch hierdurch wenigstens eine verdorbene, schlechte Säure. Pes.

56*

43ª נוקשה בעיניה schlechtes Gesäuertes ohne Vermischung, z. B. Kleister u. dgl. Das. ö.

נֵר m. (=bh. von נור) 1) Leuchte, Lampe. Kidd. 78ᵇ wird die Stelle 1 Sm. 3, 3 als eine Metathesis erklärt: ונר אלהים טרם יכבה בהיכל ה' ושמואל שוכב במקומר „Bevor noch die Lampe Gottes im Tempel des Herrn verlöscht war und als Samuel an seiner Stelle lag"; da näml. nur die Davidischen Könige berechtigt waren, sich im Tempel nieder zu lassen. Schabb. 122ª נר לאחד נר למאה eine Leuchte für Einen ist eine Leuchte für Hundert; d. h. die Benutzung des Lichtes von Seiten einer grossen Menge verursacht keine grössere Mühe, als wenn ein Einzelner das Licht benutzt. Genes. r. s. 20, 20ᵈ נר של חרס eine irdene Leuchte; bildl. vgl. לְוָיָם und מְנוֹרָה (woselbst jedoch irdenes Licht verschrieben ist für „irdene Leuchte"). Men. 86ᵇ נר מערבי שנותנין בו שמן כמדת חברותיו Ar. (Agg. בה. ומומנו היה מדליק ובו היה מסיים חברותיה...) die nach der Westseite des Tempels zu stehende Leuchte (d. h. die zweite Leuchte des Leuchters, der zwischen Ost und West stand) in welche man ebenso viel Oel goss wie in die anderen Leuchten; von dieser zündete der Priester die anderen Leuchten an und an dieser endigte er das Putzen der Lampen; d. h. trotzdem, dass diese Leuchte nicht mehr Oel als jede der anderen Leuchten am Leuchter hatte, so brannte sie dennoch die ganze Nacht und den ganzen Tag hindurch, während die anderen Leuchten gewöhnlich blos die längste Winternacht brannte. Von dieser den ganzen Tag hindurch brennenden Leuchte zündete der Priester die anderen Leuchten an. Schabb. 22ᵇ dass. — Pl. Tam. 6, 1 שני נֵרות מזרחיים die zwei östlich stehenden Leuchten, s. ob. Das. 3, 9 נרות שתי crmp. — 2) trop. Leuchte s. v. a. Licht, Heil. Ber. 28ᵇ נר ישראל o Leuchte Israels! näml. R. Jochan. ben Sakkai (vgl. 2 Sm. 21, 17). Arach. 10ª אמר ליה כן נר ישראל כן הוה Rabbi sagte zu seinem Sohn, R. Simon: Leuchte Israels, so hat es sich wirklich zugetragen! j. Schabb. II, 5ᵇ un. אדם הראשון נרו של עולם היה שנאמר נר מצוה לו חרה ליפיכך וגרמה מסרו מצות הנר לאשה Adam war die Leuchte der Welt, denn es heisst: „Die Leuchte Gottes ist die Seele des Menschen" (Spr. 20, 27), dem aber Eva den Tod verursachte; deshalb gab man das Gebot des Anzündens der Sabbatlichter dem Weibe, vgl. נִדָּה. Exod. r. s. 31, 175ᵇ Gott sagte: ידא נר בירך ונרי בידי וכ' mein Licht („die Gesetzlehre, Spr. 6, 22) ist in deiner Hand, aber dein Licht („die Seele", Spr. 20, 27) ist in meiner Hand; lässt du mein Licht leuchten, so lasse auch ich dein Licht leuchten u. s. w. Levit. r. s. 31, 175ᵇ u. ö. j. Schebi. II Ende, 34ᵈ an einer St. (1 Chr. 8, 33) heisst es: „Ner zeugte den Kisch und Kisch zeugte den Saul";

anderswo hing. (1 Sm. 9, 1) heisst es: „Kisch der Sohn des Abiel"; והלא אביאל היה שמו אלא על ידי שהיה מדליק נרו לרבים נקרא שמו נר nach letzterer Stelle hiess also Saul's Grossvater: Abiel; allein weil letzterer seine Leuchte für die Menge anzündete, deshalb wurde er: Ner genannt.

נְרָא m. blaue oder violette Farbe. Das W. ist wahrsch. das arab. نِوَرٌ, نَوَرٌ (von نَارَ, نور) Indigo od. Waid, glastum, vitrum. Nach R. Chananel bei Ar. hv. bedeute נרא: Saft aus der Rinde des Granatbaumes; was nach Perles' Etym. Studien p. 37 vom pers. nâr od. anâr: Granatbaum abzuleiten sei. — Nach Letzterem sei auch das nächstflg. נְרְגִילָא von unserem נְרָא abzuleiten u. zw. pers. nârgil (zus. gesetzt mit nâr): die Frucht der Cocuspalme, Cocusnuss. — Git. 19ᵇ מיא דנרא Wasser mit violetter Farbe, (Indigo) welches man näml. auf eine Schrift, die man mit dem Safte der Galläpfel geschrieben und welche unkenntlich war (vgl. מִילָּה III) goss, wodurch sie leserlich wurde. Ab. sar. 28ᵇ אורדא דנרא Ar. (Agg. דנדא) Werg, das mit violetter Farbe gefärbt ist.

נַרְגָּא m. (syr. ܢܰܪܓܳܐ) 1) Keule, Knüttel, wahrsch. mit einem an der Spitze angebrachten Hammer oder Axt. Ber. 54ᵇ Og שקל נרגא בר עשר אמין וכ' nahm einen Knüttel, der zehn Ellen lang war u. s. w. Keth. 10ᵇ תמרי מקמי נהמא כי נרגא לדיקלא Datteln vor der Mahlzeit genossen, sind dem Leibe eben so schädlich, wie der Knüttel für die Palme. — Pl. Jom. 37ᵇ נַרְגֵּי. — 2) trop. Einwand. R. hasch. 13ª הא מילתא הוה בדין ואתא ר' חנינא שדא בה נרגא diesen Lehrsatz hielten wir anfänglich für richtig, bis R. Chanina kam und dagegen einen Einwand erhob, eig. eine Keule hineinwarf. Snh. 30ᵇ und Pes. 32ᵇ dass., vgl. נְרוּחְיָתָא.

נְרְגִּילָא m. (arab. نَارْجِيل: cocus) Cocusnuss, bes. Cocuspalme. Erub. 58ª ... מאי נרגילא נרגילא? Die Palme דיקלא דחד כברא was bedeutet mit einer Bastlage. Nach einer Var. das. wird אפסקימא (s. d. W.) von einem Autor erklärt durch נרגילא (Cocuspalme), von einem andern Autor durch דיקלא דחד כברא Palme mit einer Bastlage, vgl. Raschi; nach Ar.: Palme mit einem Ast; s. auch vrg. נְרָא.

נַרְגָּן oder נִרְגָּן m. (von רָגַן, רָגֵן) Herumläufer, Jem., der ein Haus öfter besucht; ähnlich bh. נִרְגָּן. Nid. 16ᵇ Ben Sira sagte: שלשה שנאתי וארבעה לא אהבתי שר הנרגל בבית המשתאות ואמר לה שר הנרגן וכ' drei Klassen von Menschen hasse ich und die vierte liebe ich nicht, näml. den Vornehmen, der die Trink-

häuser öfter besucht. Manche lesen נרגן (anst. נרגל); viell. Ohrenbläser u. s. w.

נֵרְגַּל (bh. 2 Kn. 17, 30) Nergal, Name eines Götzen der Kuthäer. Snh. 63ᵇ נרגל ומאי ניהו תרנגול was bedeutet „Nergal"? Einen Hahn; d. h. Stw. נגל mit hinzugefügt. ר, vgl. תַּרְנְגוֹל. j. Ab. sar. III, 42ᵈ ob. wird נרגל erklärt: ריגליה die Folge Jakobs und דיעקב וריגליה דיוסף וכ' die Folge Josefs (d. h. von נרגל ist das Stw. רגל); denn betreffs des Ersteren heisst es: „Gott segnete mich um deinetwillen" (Gen. 30, 27; לרגל=בגלל) und betreffs des Letzteren: „Gott segnete das Haus des Egypters um Josefs willen" (Gen. 39, 5).

נֵרְדְּ m. (=bh.) Narde, νάρδος, ein wohlriechendes Bartgras, das in Indien zu Hause ist; sanskr. nalada, pers. und arab. nârdîn, nardin. Ker. 6ᵃ שבולת נרד die Aehre der Narde. j. Jom. IV, 41ᵈ mit. dass.

נִרְדָּא ch. (syr. ﻧ) Narde, s. TW.

נַרְדִּינוֹן m. (gr. νάρδινον sc. ἔλαιον) Nardenöl. Cant. r. sv. נרד, 24ᵉ נרדיינון Nardenöl, als Uebersetzung von נרד.

נַרְדְּשִׁיר m. (pers. arab. نَرْد) eine Art Spiel auf einem Brett oder einer Tafel, Schachspiel. Keth. 61ᵇ eine Müssiggängerin, דמיטללא בגורייתא קסנוריתא Agg. (בגורייתא ונרדשיר) welche mit hölzernen Hündchen (Puppen) und Schach spielt. Raschi z. St. אישקקיש (=échecs) Schach.

נַרְוִוד masc. 1) Todtenbahre oder Sarg. Tosef. Ahil. VII Anf. vier Personen, שהיו נושאין את הנרווד Ar. (Agg. הנרובד) welche den Sarg trugen. — 2) Narwad, Name eines Ortes. Neg. 7, 4 הולכין לנרווד Ar. (Agg. לגדווד) sie gingen nach Narwad.

נוּרִיתָא f. (viell. verwandt mit נוּרָה s. d. in נו') eine Art Bitterkraut. Chull. 59ᵃ ob. עיקרא דנוריתא Ar. (Agg. דמרירתא) die Wurzel dieses Bitterkrautes; zur Erklärung von חזיה, s. d.

נַרְמָק m. (=מוֹק, מוֹקָא, s. d. W.) Halbstiefel. Pl. Jeb. 102ᵇ ob. חמשה זוגי נַרְמְקֵי Ar. (Agg. מורקי) fünf Paar Halbstiefel.

נֹרְפִּים (bh. Ex. 5, 17) s. חָרַק I.

נָרוֹק m. (eig. Nifal von רוק) giessbar, schlammig. Mikw. 7, 1, s. טִיט. j. Ber. VII Anf., 11ᵃ טיט הנירוק schlammiger Lehm.

נַרְקוֹס, נַרְקֶס m. (pers. نَرْكِس, syr. ﻧﺮﻗﺲ) Narcisse, νάρκισσος, eine stark riechende Blume, deren es mehrere Arten gab. Ber. 43ᵇ ob. נרקום דגנוניתא . . . דדברא die Gartennarcisse, die an

Stengeln wächst; die Feldnarcisse, eine Blume, s. auch TW.

נָרֵשׁ Neresch, Name einer Stadt in Babylon. B. mez. 93ᵇ דנרש גמלא die Brücke von Neresch. Bech. 29ᵃ. Jeb. 110ᵃ u. ö.

נַרְשָׁאָה, נַרְשָׁאֵי m. der Einwohner von Neresch, Narschäer. Chull. 127ᵃ, s. כַּפָּא. Schabb. 140ᵃ נרשאה ארא Ada aus Neresch. B. kam. 115ᵃ ר' כהן נרשאי R. Kohen aus Neresch. — Pl. B. mez. 28ᵃ חבירי נַרְשָׁאֵי die Pächter zu Neresch, s. חֲכִירָא.

נַרְתֵּק, נַרְתִּיק m. (gr. νάρθηξ, ναρθήκιον, narthecium, syr. ﻧﺮﺛ) 1) Kästchen, Büchse, insbes. Behältniss zum Aufbewahren der Salben und Arzneien. j. Ber. V, 9ᵇ ob. לאחד שנגב נרתקו של רופא עם כשהוא יוצא נפסח בנו חזר אצלו ואמר לו אדוני הרופא רפא את בני אמר לו לך והחזר את הנרתיק שבכל מיני רפואות נתונים בו ואני מרפא את בנך כך וכ' ein Gleichniss von Jemdm., welcher die Arzneibüchse des Arztes gestohlen und bei dessen Fortgehen sein Sohn lahm wurde. Er kehrte nun zu jenem zurück und sagte: Mein Herr, o Arzt, heile meinen Sohn! Worauf der Arzt erwiderte: Gieb mir zuvor die Büchse zurück, in welcher die verschiedenen Arzneien aufbewahrt sind, sodann werde ich deinen Sohn heilen. Dasselbe fand bei Elias statt, zu welchem Gott, als er von ihm den Schlüssel zum Thau der Wiederbelebung der Todten (vgl. מַפְתֵּחַ und טַל) verlangt hatte, um „den todten Sohn der Wittwe wieder ins Leben zu rufen" (1 Kn. 17, 20), sagte: Zuvor musst du jenen Eid, dass überhaupt kein Thau fallen solle (das. V. 1), aufheben, sodann werde ich den Sohn der Wittwe wieder ins Leben rufen. j. Taan. I Anf., 63ᵈ ob. dass. j. R. hasch. I, 57ᵇ mit. נרתיק של רפואות die Büchse mit Arzneien, vgl. נַרְתָּה. Pesik. r. Hachod., 32ᵃ dass. — 2) Scheide, Futteral. j. Jom. IV, 41ᵈ בכל יום לא היה בה נרתיק והיום וב' Var. נשתיק, an jedem anderen Tage hatte sie (die Kohlenpfanne zum Räucherwerk) kein Futteral, aber heute (am Versöhnungsfeste) hat sie ein Futteral; damit sich näml. der Hohepriester die Hände nicht verbrenne. Jom. 44ᵇ steht dafür ניאושתיק, M. M. ניאושתיק, nach Raschi: ein grosser Ring, welcher Geräusch macht; was jedoch nicht einleuchtet. Tosef. Jom. II (III) נשתיק, Var. נשתיק. Genes. r. s. 6, 7ᵒ גלגל חמה יש לו נרתיק die Sonnenkugel hat ein Behältniss zum Aufbewahren (mit Bez. auf Ps. 19, 5 אהל). Das. לעתיד לבא הקב"ה in der zukünftigen Welt wird Gott die Sonnenkugel von ihrem Futteral entblössen und mit ihr die Frevler verbrennen. Git. 76ᵇ un. חמה מנרתיקה wenn die Sonne aus ihrem Futteral herauskommt. j. Erub. I, 19ᵇ un. נרתיקו (=נקבות)

die hohle Seite des Hornes, Ggs. זכרורו. Cant. r. sv. נפח, 23ᵈ u. ö., s. חִלָּזוֹן. — Pl. Cant. r. sv. כמגדל, 21ᵇ היו נראין מתוכה כמין שתי נרתיקין sie (die goldenen Ketten des hohenpriesterlichen Brustschildes) wurden durch dasselbe hindurch gesehen, wie zwei Büchsen.

נֵשׁ, נָשָׁא m. (=אֱנָשׁ; אֵינָשָׁא, syr. ‏ܢܫ‎, ‏ܐܢܫ‎, Stw. נֵשׁ, syr. ‏ܢܫ‎: schwach, kraftlos sein) Mensch; gew. בר נש, pl. בני נש, בני נשא Menschen. j. Dem. I, 22ᵃ ob., s. וכי, s. נָבָא. j. Taan. II Anf., 65ᵃ אית בר נש וכ' giebt es denn etwa Jemdn., der u. s. w.? vgl. שֵׁירֵי. Thr. r. sv. וחסושה, 66ᵇ dass. j. Taan. II, 65ᵇ ob. אית הכא בני נש וכ' es giebt hier Menschen u. s. w. Genes. r. s. 60, 59ᵃ אין הדון קדמאי מלאכין אנן בני נש וכ' ואין הדון בני נש אנן חמרין וכ' wenn die Vorderen Engel waren, so sind wir Menschen; wenn sie aber blos Menschen waren, so sind wir Esel. In den Parall. steht מלאכין בני, s. חֲמָר.

נְשָׁא f. Weib, Frau, s. TW. — Pl. נְשִׁין, נָשֵׁי (syr. ‏ܢܫ̈ܐ‎, hbr. נָשִׁים) Weiber, Frauen. Schabb. 32ᵇ un. הני נשי דמחוזא דאכלן ולא עבדן jene Weiber Mechosa's, welche essen, aber nichts thun, vgl. auch מַפַּקְרוּתָא B. mez. 97ᵃ, vgl. גְּבַר II. M. kat. 28ᵇ נשי דשכנציב die Weiber von Schechanzib, welche wegen ihrer sinnigen Sprichwörter berühmt waren. Tamid 32ᵃᵇ Alexander Magnus auf seiner Reise in Afrika מטא לההוא מחוזא דכוליה נשי בעי למיעבד קרבא בהדייהו אמרו ליה אי קטלת לן יאמרו נשי קטל ואי קטילנא לך יאמרו מלכא דקטלה נשי traf in einer Stadt ein, deren Einwohnerschaft nur aus Weibern bestand. Als er mit ihnen Krieg führen wollte, sagten sie zu ihm: Würdest du uns tödten, so würde man sagen: Weiber tödtete er; würden wir dich tödten, so würde man sagen: Jenen König tödteten Weiber. Das. Alexander schrieb bei seinem Abzuge auf die Thore jener Stadt: אנא אלכסנדרוס מוקדון הוייתי שטיא עד דאתיתי למדינת אפריקי דנשיא ולפית עיצה מן נשיא ich Alexander, der Macedonier, war ein Narr, bis ich nach der Weiberstadt Afrikas gekommen bin, woselbst ich von den Weibern Vernunft lernte. — בֵּי נָשָׁא (pl. בֵּי נָשֵׁי) eig. das Haus der Frau, woher sie stammt; dah. Schwiegervater, Schwiegereltern des Mannes; zuw. auch: das elterliche Haus des Mannes, dessen Vater bereits gestorben ist. B. bath. 12ᵇ Jem. kaufte ein Feld אמצרא דבי נשא Ar. (Agg. נשיה) an der Grenze des Feldes seines Schwiegervaters, vgl. Ar. Nach Raschi: שדה אביו, das Feld seines Vaters, vgl. Tosaf. z. St. Schabb. 23ᵇ R. Chisda ging oft vorüber אפתחא דבי נשא דר' שיזבי an der Thüre des schwiegerelterlichen Hauses des R. Schesbi. (Aus dem Nachsatze das. scheint jedoch die Erklärung: das elterliche Haus, richtiger zu sein.)

Das. 156ᵃ, s. גַּבְלָא (Ms. M. רבי נשיאה). Chull. 110ᵃ אי לאו דשמיע לה מבי נשא לא הות עבדא hätte sie das nicht aus ihrem elterlichen Hause gehort, so würde sie nicht so verfahren sein. Jeb. 35ᵃ un. תרומה דבי נשיהו die Teruma, die sie (die Frauen) im elterlichen Hause genossen haben.

נָשִׁים f. pl. (=bh.) Weiber, Frauen. Ber. 48ᵇ, s. דָּבְרָן. Exod. r. s. 25 Anf. פעמים עושה הקב"ה מלאכים בדמות נשים manchmal lässt Gott die Engel in Gestalt der Weiber erscheinen; mit Bez. auf Sach. 5, 9. — Davon נשים, vollständig סדר נשים (Schabb. 31ᵃ u. ö.) die Talmudabtheilung, Ordnung, die über Frauen handelt, vgl. זֶרַע. — Mit Suff. oft נָשׁוֹת (arab. نِسْوَة, bh. אִשָּׁה), Ez. 23, 44. Keth. 62ᵃ נשותיהם של תלמידי חכמים die Frauen der Gelehrten, vgl. יָנַד. Kidd. 71ᵇ נשותיהם מחליפין לזה sie wechseln die Frauen mit einander. Das. 72ᵃ u. ö. Pesik. r. s. 21, 42ᶜ die Horden der Ortschaften Gader und Susitha, אלו היו מגנבים נשותיהם של אלו ואלו של אלו jene raubten die Frauen dieser und diese raubten die Frauen jener Einwohner.

נָשָׁה, נָשָׁא (=bh.) vergessen. j. Schebu. I g. E., 33ᶜ Gott ist infolge seiner Liebe zu Israel zum Vergessen geneigt; denn es heisst: „Wer ist ein Gott wie du, (Mich. 7, 18) "נושא כתיב נֹשֵׂא עון deute נֹשֶׁא: der die Sünde vergisst. Part. pass. Pesik. r. s. 48, 76ᵈ אשרי נשוי פשע אל תהי קורא כצ"ל אלא שׁין . . . אנשי חובינו קדמיי וכ' heil dem נשוי פשע (Ps. 32, 1) deute das Wort nicht mit Samech, sondern mit Schin (נָשׁוּי): dessen Sünde vergessen wurde); da Gott unsere Sünden am Versöhnungstage in jedem Jahre in Vergessenheit bringt.

נְשָׁה, נְשָׁא ch. (syr. ‏ܢܫܐ‎=נָשָׁא) vergessen, s. TW. — Ithpe. אִתְנְשֵׁי, אִתְנְשָׁא, contr. אִינְּשֵׁי dass. vergessen. j. Schek. VII Anf., 50ᶜ Jem. spülte Fleischstücke (אסקופתא, s. d.) in einem Flusse ab ואינשינהו (Agg. des bab. Tlmd. אינשייתא) und vergass es. j. Dem. IV, 24ᵃ ob. דילמא מתנשא דאנשיתיה du vergassest vielleicht, das Getreide zuzubereiten; d. h. die Priester- und Levitengaben davon zu entrichten. Das. VII Anf., 26ᵃ. j. Schabb. XIX Anf., 16ᵈ un. משחזק קונדיטון לא אנשיתון ומיתי ארזמל אנשיתון die Gewürze (am Freitag) zu stossen, habet ihr nicht vergessen, aber das Messer zur Beschneidung vor dem Sabbat zu bringen, habet ihr vergessen. Keth. 20ᵃ wenn zwei Zeugen ein Zeugniss wussten ומנשי חד מיניהו מדכר חד לחבריה und Einer derselben es vergessen hat, so darf der Andere es ihm in Erinnerung rufen. Genes. r. s. 77 Anf. „Nachdem Jakob alles Seinige über den Strom Jabbok gebracht hatte" (Gen. 32, 24), אמר נחזור ונחמי דלמא אנשינן כלום sagte er: Gehen wir noch einmal zurück, um zu sehen, ob

wir nicht etwas vergessen haben! Ber. 53ᵇ
אנשאי יונה דדהבא ich vergass eine goldene
Taube; bildl. für das Vergessen des Segenspruches
nach der Mahlzeit.

Af. אַנְשֵׁי (hbr. הִשָּׁה) vergessen machen.
Chull. 93ᵇ un. אנשיוה לדר׳ יהודה man hat die
Halacha des R. Juda in Vergessenheit gebracht;
s. auch TW.

נְשָׁא (=נָשַׁב) wehen. Taan. 24ᵃ, s. נָשָׁב.

נְשָׁם, נְשָׁא m. (=סַם, סַמָּא mit vorges. נ; im
ersteren W. ist מ apocopirt) ein Pulver, das,
wenn man es isst oder auf den Körper schüttet,
das Wachsthum der Haare verhindert. B.
kam. 86ᵃ סכו נשא דלא הדר wenn man Jemdn. mit
diesem Pulver bestreicht, wodurch der Haarwuchs
verhindert wird. Mac. 20ᵇ סך חמש אצבעותיו
נשא וראותביניחו בבת אחת er bestrich seine fünf
Finger mit diesem Pulver und legte sie auf verschiedene Stellen des Körpers. Nas. 40ᵃ סך נשא.
— Neg. 10, 10 אכל נשם סך נשא er ass dieses
Pulver, oder er bestrich sich mit diesem Pulver.

נְשָׂא (=bh. syn. mit נָסָה, Grndw. נש=נס)
1) heben, erheben, tragen. Sifra Schemini
Par. 1 נשא את כפיו וביבדך את העם Aharon erhob seine Hände und segnete das Volk (Lev.
9, 22). Gew. ellypt. Meg. 24ᵃᵇ נשא כפיו er
sprach den Priestersegen. Das. 26ᵃ u. ö. Meg. 9ᵃ
„Mose nahm seine Frau und ihre Kinder וירכבם
על נושא בני אדם und liess sie reiten auf einem
Thier, das Menschen trägt", Reitpferd u. dgl.;
eine Abänderung der 70 Dolmetscher anst. חמור;
damit die Griechen nicht hätten sagen können:
Mose hätte wohl ein Pferd oder ein Kamel,
näml. ein edleres Thier, als einen „Esel" zum
Reiten nehmen sollen! (übereinstimmend mit LXX:
ἐπὶ τὰ ὑποζύγια: auf Zugthieren). Ber. 3, 1 (17ᵇ)
נושאי המטה die Träger der Todtenbahre; vgl.
die vortreffliche Lesart und Erkl. der Mischna
von R. Salom. Sirillo. Trop. Chag. 14ᵃ wird
נשוא פנים (Jes. 3, 3) gedeutet: שנושאין פנים
לדורו בעבורו ein Mann, um dessenwillen man
seine Zeitgenossen hochachtet. — 2) nehmen.
B. mez. 48ᵃ fg. u. ö. נשא ונתן eig. er nahm
die Waare und gab das Geld; daher überhaupt Handel treiben, ein Geschäft abschliessen, etwas kaufen. Das. הנושא
ונתן בדברים לא קנה wenn der Käufer durch
Worte (Versprechen, den Kaufpreis zu zahlen)
ein Geschäft abschliesst, so hat er die Waare
noch nicht käuflich erworben. Schabb. 31ᵃ un.
die erste Frage, die man an den Menschen im
Jenseits richtet, lautet: נשאת ונתת באמונה hast
du der redliche Weise Handel getrieben? vgl.
die aram. Form נְסַב, s. auch מַשָּׁא. — 3) נשא
אשה, auch blos נשא eine Frau nehmen,
heirathen, die Ehegattin heimführen,
Ggs. zu אֵרַס vgl. נְשׂוּאִין. B. bath. 110ᵃ הנושא
אשה צריך שיבדוק באחיה wenn Jem. eine Frau

heirathen will, so soll er zuvor die Eigenschaften ihrer Brüder zu ermitteln suchen; weil näml.
die meisten Kinder den Brüdern ihrer Mutter
nachgerathen, רוב בנים הולכין אחר אחי האם
(mit Bez. auf Ex. 6, 23 „Aharon nahm Elischeba
... die Schwester des Nachschon"). j. Sebehi.
VI, 36ᶜ ob. Bech. 45ᵇ u. ö., vgl. נָכַח, גָּבֹהַּ,
כַּם u. m. a. Part. pass. m. נָשׂוּי verheirathet,
beweibt. (Diese Form ist um so merkwürdiger,
als man blos נשא אשה oder נשא, nicht aber vom
Weibe: נשאה איש oder נשאה sagen kann; ähnlich
jedoch לָקַח vom intrnst. לָקְחָה.) Keth. 90ᵃ· 91ᵃ fg.
מי שהיה נשוי שתי נשים wenn Jem. mit zwei
Frauen verheirathet war. Tosef. Jeb. VI נָשׂוּי.
Jeb. 26ᵇ fg. ארבעה אחין שנים מהם נְשׂוּאִין שתי
אחיות וכ׳ wenn von vier Brüdern zwei mit zwei
Schwestern verheirathet waren. — Fem. j. Jeb.
I, 3ᵃ mit. u. ö, נְשׂוּאָה, pl. נְשׂוּאֹת verheirathet,
s. חֲצוּצָה. Jeb. 107ᵃ fg.

Nif. (gew. von der Frau) נִישָּׂא, נָשֵּׂאת (selten
vom Manne, s. w. u.) genommen, verheirathet werden, sich verheirathen. Keth. 2ᵃ
fg. בתולה נשאת ליום הרביעי וכ׳ eine Jungfrau
wird am Mittwoch verheirathet u. s. w. Das. 2ᵃ
נישאו לאחרים wenn sie (die Wittwen) sich an
Andere verheiratheten. Jeb. 35ᵃ ליאָרֵם וליניסא
angetraut und geheirathet zu werden. Keth. 67ᵇ
ob. יתום ויתומה שבאו לִינָּשֵׂא משיאין את היתומה
ואחר כך משיאין את היתום wenn eine männliche
und eine weibliche Waise verheirathet werden sollen (heirathsfähig sind), so verheirathet man
zuvor die weibliche und dann die männliche
Waise (die passive Form für den Mann, wegen
יתרומה gewählt). — Oft auch נָסָב, נִיסְּבָא für
נָשָׂא s. נָשָׂא.

Hif. הִשִּׂיא 1) heben, erheben, anzünden,
die Flamme in die Höhe steigen lassen.
R. hasch. 22ᵇ היו משיאין משואות sie erhoben
Fackeln (zündeten sie an) als Signale, dass das
Gelehrtencollegium einen Schaltmonat festgesetzt
habe, vgl. מַשּׂוּאָה. j. R. hasch. II, 58ᵇ ob. אין
משיאין לילי זמנו אלא לילי עבורו לילי זמנו אין
משיאין מפני יום טוב וכ׳ man zündet die Signalfackeln nicht an dem Abend der gewöhnlichen
Zeit, sondern an dem Abend des darauffolgenden
Tages an (d. h. am 29. des Monats Elul Abends);
weil es das Neujahrsfest ist, sondern am Abend,
der auf das Fest folgt. Tosef. R. hasch. I G. E.
מאימתי משיאין על החדש לאור עבורו warum zündet
man bei einem gewöhnlichen Schaltmonat die
Signalfackeln an? Am Abend des verstrichenen
Schalttages, vgl. אוֹר nr. 6. — 2) nehmen, fortnehmen. Tosef. Snh. IX Anf. משיאין את העדים
ממקום למקום man nimmt (rückt fort) die Zeugen von einem Orte zum andern (=מסיעין s.
im Hifil). Cant. r. sv. השבעתי, 14ᵇ נָסַע אשיא
כתיב שהיה משיאים נטשים על קדושת שמו של
הקב״ה es steht אשיא (Ps. 25, 1, אשא als Hif.
zu deuten, und auf die Zeit der Religionsverfolgung
bezogen), d. h. die Feinde entzogen durch Marter-

werkzeuge den Glaubenstreuen ihr Leben auf qualvolle Weise wegen der Heiligkeit des Gottesnamens, vgl. כָּדוֹד und דּוֹד II. — 3) abtragen, übertragen. Sot. 35ᵇ. j. Sot. VII, 21ᵈ mit. die Völker schickten ihre Abschreiber, ומשיאין את התורה וכ' welche die Gesetzlehre von den mit Kalk bestrichenen Steinen abtrugen, vgl. נוֹטְרִין. — 4) Jemds. Gedanken auf etwas lenken, eig. ihn wohin tragen. Tosef. Par. IX R. Ismael legte dem R. Josua eine Frage betreffs eines Reinheitsgesetzes vor; השיא לדבר אחר אמר לו ישמעאל אחי האיך אתה קורא וכ' Letzterer lenkte die Gedanken desselben auf etwas Anderes, indem er zu ihm sagte: Mein Bruder Ismael, wie liest du u. s. w.? Ab. sar. 29ᵇ und Cant. r. sv. כי טובים, 5ᶜ dass. mit Bez. auf eine andere Frage, vgl. דּוֹד· j. Ab. sar. II, 41ᶜ un. (mit Bez. auf die das. citirte Mischna) אם להפליגו בדברים היה מבקש היה לו להשיאו וכ' ארין בחמש השאות שבתורה‎ (Ar. liest השיאו) hätte R. Josua blos beabsichtigt, des R. Ismael Gedanken auf andere Dinge zu lenken, ihn von seiner gestellten Frage abzubringen, so hätte er ihn ja auf die fünf zweifelhaften Stellen im Pentateuch hinführen können, näml. שאת ארור u. s. w. vgl. הָשִׂיאָה und הָכְרֵב. — 5) Jemdn. verheirathen, sowohl vom Manne, als auch von der Frau. Keth. 67ᵇ, s. Nifal. Das. 90ᵃ. 111ᵇ המשיא בתו לתלמיד חכם wer seine Tochter an einen Gelehrten verheirathet. Kidd. 29ᵃ der Vater ist verpflichtet, להשיא אשה seinem Sohne eine Frau zu geben. Snh. 76ᵃᵇ u. ö. — 6) ein Gefäss über das andere führen, reiben, um es zu glätten, zu schärfen. Bez. 28ᵃ אין משחיזין את הסכין ביום טוב אבל משיאה על גבי חברתה man darf nicht am Feiertage ein Messer schleifen, aber man darf es an einem anderen Messer reiben, um es zu schärfen. j. Meg. I, 71ᵃ mit. dass.

נְשָׁא ch. (=נָשָׂא) nehmen, wegnehmen. Esr. 5, 15. Dan. 2, 35.

נִשּׂוּאִין, נִשּׂוּאָין m. pl. Hochzeit, Heirath, das Eingehen der Ehe, die Heimführung der Ehefrau (bei einer Jungfrau gew. 12 Monate, bei einer Wittwe gew. 1 Monat nach vollzogener Trauung); ähnlich לְקוּחִין s. d., Ggs. zu אֵרוּסִין Trauung, Verlobung, s. d. W. Keth. 11ᵃ eine Wittwe u. s. w. מן הנישואין nach der Hochzeit. Das. 54ᵇ נתארמלה או נתגרשה בין מן האירוסין בין מן הנישואין wenn sie nach der Trauung oder nach der Hochzeit verwittwet oder geschieden wurde. Jeb. 23ᵃ אהובה אהובה בנישואיה „die eine Frau ist geliebt" (Dt. 21, 15. 16); das bedeutet: Geliebt betreffs ihrer Heirath (auf welcher näml. kein Verbot haftet); „die andere ist gehasst", das bedeutet: gehasst betreffs ihrer Heirath (d. h. auf welcher ein einfaches Verbot לאו, haftet, wo-

bei jedoch die Ehe giltig ist, vgl. לָאו). Die Schrift würde ja sonst nicht erwähnt haben, dass das Vorrecht der Erstgeburt von der Liebe oder von dem Hasse des Mannes gegen seine Frau nicht abhängig sei. Das. 64ᵇ un. ניסואין ומלקיות hinsichtl. der Heirathen, sowie der Geisselungen wird die Halacha nach der Ansicht Rabbi's entschieden; dass näml. eine Frau, die zwei Männer durch den Tod verloren hat, nicht einen dritten Mann heirathen soll, weil auch dieser sterben könnte; sonst wird näml. die Präsumtion (חֲזָקָה s. d.) erst nach dreimaliger Wiederholung angenommen; vgl. מַלְקוּת, נָסָא im Nifal u. m.

נָשִׂיא m. eig. (=bh. Part. pass.) der Hochgestellte, elatus; insbes. Fürst, Nasi, ein Titel, den namentlich die Oberhäupter der Akademie von der Zeit des zweiten Tempels an führten. Kidd. 32ᵃᵇ, vgl. מָחַל. Taan. 15ᵃ fg. vgl. מְקִלְּה. Pes. 66ᵃ Hillel, der Babylonier, trug Gesetzforschungen vor, מיד הושיבוהו בראש alsbald setzten die Gelehrten ihn an die Spitze und ernannten ihn zum Nasi über sich. Tosef. Pes. IV g. E. בו ביום מינו את הלל נשיא an eben jenem Tage ernannten sie den Hillel zum Nasi, vgl. מִדָּה. Von Hillel an erbte sich das Nasiath (נְשִׂיאוּת) auf seine Nachkommen, R. Simon, R. Gamliel u. fg. fort, welche bis ausschliesslich des R. Jehuda Nasi zugleich den Titel רַבָּן Rabban, der Lehrer, Meister führten. R. Jehuda Nasi und seine Nachfolger wurden: רַבִּי Rabbi, eig. mein Lehrer genannt. Ab. sar. 36ᵃ יהודה הנשיא R. Jehuda, der Nasi, welcher gew. aram.: נשיא ר' יודן R. Judan Nasi genannt wurde, R. Juda II, Enkelsohn des R. Juda I. — Pl. Chag. 2, 2 היו נשיאים והשניים אבות בית דין j. Tlmd. (Agg. אב בית דין crmp.) die je Ersten (der dort genannten Gelehrtenpaare, זוגות, von Jose ben Joëser an bis Hillel) waren die Nesiim, diese Zweiten aber waren die Häupter der Gelehrtencollegien. Das. 16ᵇ, vgl. auch j. Chag. II, 77ᵈ mit., herrschen verschiedene Ansichten darüber, ob Schimeon ben Schetach (wofür auch die Mischna spricht) oder ob Jehuda ben Tabbai der Nasi war, s. auch den nächstflg. Art.

נָשִׂיָּא ch. (=נָשִׂיא) I נְשִׂיאָה der Fürst, Nasi, gew. die palästinischen Nachkommen Hillel's. j. Chag. II, 77ᵇ un. Schimeon ben Schetach sagte: אין אנא מתעביד נשיא אנא מקטל חרשייא sollte ich Nasi werden, so würde ich die Zauberer tödten. j. Meg. II, 74ᵃ mit. ר' יודן נשייא R. Judan II, der Nasi. j. Taan. II Anf., 65ᵃ. j. Ab. sar. II, 41ᵈ un. u. ö. — Chull. 98ᵃ. Snh. 7ᵇ u. ö. בי נשיאה das Haus, die Schule des Nasi. — Zuw. bedeutet נְשִׂיאָה der Exilarch in Babylon. Chull. 124ᵃ ר' נחמן חתניה דבי נשיאה R. Nachman, der Eidam des Exilarchen. Viell. auch Meg. 28ᵃ.

נְשִׁיאָה II. f. N. a. 1) das Erheben, Tragen. Taan. 26ᵇ נשיאת כפים eig. das Erheben der Hände, um den Priestersegen zu sprechen, sodann überh. das Sprechen des Priestersegens. Das. ö., vgl. נְשָׂא. — 2) das Belasten, die Last. Exod. r. s. 4 Anf. (mit Bez. auf נשאתי Num. 16, 15) אין נשיאה אלא לשון עמיסה der Ausdruck נשא bedeutet hier nichts Anderes als Belasten: „Nicht einen ihrer Esel habe ich belastet“ u. zw. =Gen. 44, 13. Trop. Num. r. s. 3, 187ᶜ Samuel לא נשא נשיאן (נשיאן) של ישראל אלא עשר שנים trug die Last (d. h. bekleidete das Amt) Israels blos zehn Jahre.

נְשִׁיאוּת f. 1) (=vrg. נְשִׁיאָה) das Erheben, Tragen. Num. r. s. 6, 193ᵈ בבני קהת ובבני גרשון נאמר בהן נשיאות ראש שחלק להם הקב׳׳ה כבוד וכ׳ bei den Söhnen Kehath's und bei den Söhnen Gerson's kommt das „Erheben des Hauptes“ נשא את ראש, Num. 4, 1. 22) vor, weil Gott ihnen Ehre ertheilt hatte, näml. dem Kehath wegen des Tragens der Bundeslade und dem Gerson, weil er der Erstgeborne war; bei Merari hing., der blos schwere Lasten, die Bretter u. dgl. zu tragen hatte, steht nicht „Erheben des Hauptes“. Das. s. 16, 232ᵇ נשיאות יד כנגד נשיאות קול das Erheben der Hand (der Schwur, Israel in der Wüste fallen zu lassen“, Ps. 106, 26) entsprechend dem „Erheben der Stimme beim Murren“ (Num. 14, 1 fg.). — Uebertr. j. Ter. I, 40ᶜ un. und das. II g. E., 41ᵈ נשיאות עון das Tragen, Büssen der Sünde. j. Schebi. I, 33ᵃ un. dass. — 2) die Erhabenheit, bes. das Nasiat, Amt des Nasi. Schabb. 15ᵃ, vgl. הְלֵל. Keth. 103ᵇ un. נכנס רבן גמליאל אצלו ומסר לו סדרי נשיאות Rabban Gamiel trat bei ihm (dem R. Juda Nasi, als er sterben sollte) ein und letzterer übergab jenem die Lehren (Verwaltungsregeln) des Nasiats. Num. r. s. 4, 189ᵇ es heisst nicht סְקוד sondern נשא (Num. 4, 2) לשון נשיאות כשנתמנו להתמנות על מלאכת הקדש קבל נשיאות מתוך בני לוי ein Ausdruck für Erhabenheit; denn als die Söhne Gerson's gezählt wurden, um über den heiligen Dienst gesetzt zu werden, erlangten sie die Erhabenheit, den Vorrang über die anderen Leviten.

נְשִׁיוּתָא ,נְשִׁיאוּתָא ch. (=נְשִׂיאוּת) das Nasiat, insbes. oft: die Familie des Nasi. j. Pes. VI, 33ᵃ un. זקני בתירה דשרין גרמון מן נשיותא ומנוניה נשיא die Aeltesten Betheras, welche so ausserordentlich demüthig waren, dass sie auf das Nasiat verzichteten und ihn (den Hillel) zum Nasi ernannten. j. Schabb. XII, 13ᶜ un. אזלון אילין דבר פזי ואתחתנון בנשיאותא jene Familienglieder des Bar Pasi gingen und verschwägerten sich mit der Familie des Nasi, vgl. jedoch נְסִיוּתָא. j. Pea VIII, 21ᵃ un. חד מן אילין דנשיותא אתנהון מן כסכוי eines der Familienglieder des Nasi verlor sein Vermögen. j. Ab.

sar. III, 42ᶜ mit. חד מן אילין דנשיתא דמך Einer von den Leuten des Nasi starb. Das. הוון אילין דנשיתא חדיין jene Leute des Nasi freuten sich. Das. הוריין אילין דנשיתא בעי מחתנותיה וכ׳ die Leute des Nasihauses wollten sich mit einem Familiengliede des R. Pasi verschwägern (s. oben). j. Kil. IX, 32ᵃ un. Rabbi verordnete in seinem Testamente, dass seine Wittwe in seinem Hause verbleibe; דלא יימרון ביתא דנשיותה הוא משועבד לנשיותה damit man nicht etwa sage: Das Haus (d. h. die Frau, vgl. בֵּית) des Nasi ist von dem Hause (der Familie) des Nasi abhängig. In den Parall. j. Keth. XII, 35ᵃ ob. נשיאותא, lies נשיותא. Genes. r. s. 100, 98ᶜ steht dafür נשיאותא.

נְשַׁב (=bh. verw. mit נָשַׁף, נָשַׁב, Grndw. שב) wehen, vom Winde. Ber. 3ᵇ באה רוח צפונית ונושבת בו der Nordwind kam und wehte an die Cyther. Aboth 3, 17 vgl. זוז. Taan. 20ᵃ das Rohr, das am Wasser wächst, אפילו כל הרוחות שבעולם באות ... ונושבות בו אין מזיזין אותו ממקומו ... ארז כיון שנשבה בו רוח דרומית עוקרתו והופכתו על פניו können alle Winde in der Welt, wenn sie es anwehen, nicht von der Stelle rücken. Die Ceder hing. ... sobald der Südwind sie anweht, entwurzelt er sie und wirft sie nieder.
Pi. dass. wehen, blasen. Keth. 111ᵇ הקב׳׳ה מביא רוח מבית גנזיו ומנשבה עליה ומשרה את כללתה Gott bringt (in der zukünftigen Welt) den Wind aus seinen Vorrathsbehältnissen, welcher über den Weizen weht und das Mehl aus den Körnern schüttet. Cant. r. sv. לפי עורי, 24ᵈ שבעולם הזה כשרוח דרומית מנשבת אין רוח צפונית מנשבת וכשרוח צפונית מנשבת אין רוח דרומית מנשבת וכ׳ in dieser Welt geschieht es gewöhnlich, dass, wenn der Südwind weht, der Nordwind nicht weht und dass, wenn der Nordwind weht, der Südwind nicht weht u. s. w., vgl. אַנְרְפָּסְטוֹס. Jom. 21ᵇ, s. נָשַׁר.

נְשַׁב ch. (syr. ܢܫܒ =נְשַׁב; נָשַׁב) wehen. Taan. 24ᵃ un. ein Vorbeter sagte: משיב הרוח ומשב Ms. M. (das. 2 Mal; Agg. in ersterer St. ונשא, nach den Comment. =נשב) „Gott, der den Wind wehen lässt“! Da wehte der Wind. Das. 25ᵇ und B. mez. 85ᵇ dass.

נִישׁוֹבֶת f. eig. was fortgeweht wird, d. h. Spreu, Hülsen. B. bath. 94ᵃ שעורים מקבל עליו רובע נישוברת לסאה (Ar. liest נישופת) beim Kauf der Gerste muss sich der Käufer gefallen lassen, dass in einem Seah (Getreidemass) ein Viertel Kab Spreu sich vorfindet, vgl. נְשׁוֹפֶת, צַפְרוּרִית u. m.

נְשַׁב m.; gew. Pl. נְשָׁבִים, נִשְׁבִּים (Stw. arab. نَشَبَ Conj. II u. IV) Netz, Schlinge zum Fangen der Thiere, bes. des Geflügels. j. Schabb. XIII, 14ᵃ un. כל שהוא מחוסר נשבים

מחוסר צידה ושאינו מחוסר נשבים אינו מחוסר
צידה alles Geflügel, das, um es einzufangen, der
Schlingen bedarf, bedarf des Fangens (wenn
Jem. also am Sabbat solches Geflügel mittelst
der Schlinge gefangen hat, so ist er straffällig);
dasjenige aber, das nicht der Schlingen bedarf,
bedarf auch nicht des Fangens. j. Bez. III Anf.,
62ᵃ ob. dass. Schabb. 90ᵇ die Haare der Pferde-
und Kuhschwänze, שמצניעין אותן לנישבין die
man zum Anfertigen der Netze aufbewahrt. Tosef.
Schabb. IX (X) Anf. dass. (Var. לכשפים crmp.)
B. kam. 79ᵇ in der Mischna אין פורסין נשבין
ליונים אלא אם כן היה רחוק מן הישוב שלשים
ריס (so richtig im j. Tlmd., vgl. auch das. 6ᵃ;
im bab. Tlmd. נישובין crmp.) man darf nicht
Schlingen für die Tauben ausbreiten, ausser in
einer Entfernung von 30 Ris (Stadium) von bewohnter Gegend.

נִישְׁבָּא ch. (syr. ‎ܢܸܫܒܳܐ‎=נֶשֶׁב) Netz, Schlinge,
s. TW. Dafür auch רִישְׁבָּא, s. d. W. — Pl.
B. mez. 85ᵇ R. Chija rühmte sich, er hätte für
die Erhaltung der Gesetzlehre gesorgt; אזילנא
ושדינא כיתנא וגוילנא נִישְׁבֵּי וְציירדנא טבי וכ'
ich gehe und spinne Flachs, zwirne Schlingen, womit ich Gazellen fange, gebe das Fleisch derselben den Waisen zu essen und schreibe auf
ihre Felle die Gesetzlehre. Keth. 103ᵇ dass.

נִישְׁדוֹר m. Ammoniak, Gummiharz oder
Kochsalz. Git. 69ᵃ un. ein Heilmittel gegen
Brustfellentzündung (oder: Schnupfen); man
nehme כי פיסתקא דנישדור וכ' Gummiharz von
der Grösse des Kernes einer Frucht u. s. w.
Das. וכי בשיל נישדור לֵיה כוליה sobald
das Ammoniak gar ist, so ist die ganze Arznei
gar.

נָשֶׁה m. (=bh.), nur גיד הנשה die Spannader oder: Nerv der Hüftgegend, wofür
auch blos גיד, s. d. W. Chull. 89ᵇ fg., s. auch כַּח.

נַשְׁיָא ch. (=נָשֶׁה), nur גידא דנשיא (syr. ‎ܢܰܫܝܳܐ‎,
‎ܓܝܕܐ‎, mit vorges. ג, s. d. Bstn.) die Spannader. Chull. 97ᵇ, s. auch TW.

נָשׁוֹרָא s. נָשׁוּרָא.

נְשַׁט (syr. ‎ܢܫܰܛ‎) enthäuten, das Fell eines
Thieres abziehen. Pes. 113ᵇ נשוט נבילתא
בשוק ושקיל אגרא וכ' Ar. (Agg. פשוט) ziehe
das Fell eines Aases auf offener Strasse ab, um
dafür Lohn zu erhalten und sprich nicht: Dazu bin ich zu vornehm. B. bath. 110ᵃ dass.
Ar. (Agg. נבוש). Snh. 100ᵇ, s. גְּלַדְנָא.

נְשֵׁי vergessen, s. נְשָׁא. — נְשַׁיָא s. hinter
נָשָׁא.

נָשַׁךְ (=bh. Grndw. שך syn. mit שק: an etwas stossen, vgl. נָשַׁק; das aram. נְכַת hat dieselbe Bedeut.) 1) beissen, abbeissen. Genes.

r. s. 74 Anf. die Morgenländer, נושכין שאינן
אוכלין אלא חורכין ואוכלין welche ein Stück
vom Brote nicht abbeissen und essen, sondern
es abschneiden und essen. Part. pass. Ter. 8, 6
נשוכת הנחש אסורה מפני סכנת נפשות die von
einer Schlange angebissene Speise ist, wegen
Lebensgefahr, zum Genusse verboten. — 2) übrtr.
von leblosen Gegenständen fest aneinander hängen, kleben. j. Kil. IX Ende, 32ᵈ
etwas von einem Zeuge an dem andern
hängen bleibt, vgl. נג. Chall. 2, 4 kleinere Teigmassen, die einander berühren, הַחַלָּה
פטורים מן החלה שישוכך שישוכות עד dürfen ohne Entrichtung der Teighebe genossen werden, ausser wenn sie an ein-
ander festkleben, sodass wenn man sie auseinander reissen will, je ein Stück von der einen
Masse an der andern kleben bleibt. Pes. 48ᵇ
כברות של בבל שנושכות זו מזו die babylonischen Brote, die (weil sie breit und rund geformt sind, beim Backen derselben infolge des
Gährens) von einander abreissen; im Ggs. zu
כעכין: längliche und schmale Brote, die beim
Backen nicht an einander kleben. Schabb. 17ᵃ
הנושכות die Traubenkämme, die einander drücken,
infolge dessen der Saft der einen auf die anderen fällt. Teb. jom 1, 1 fg. j. Chall. I, 57ᵇ
mit. II, 58ᶜ un. III g. E., 59ᶜ עיסת הנשוך Teig,
der fest zusammenklebt. — 3) wuchern, eig.
(=Nr. 2) sein Geld mit dem Gelde des
Andern (des Schuldners) in Berührung
bringen, so dass dasselbe von dem letzteren Gelde etwas an sich reisst, gleichsam
abbeisst. B. mez. 5, 1 (60ᵇ) איזהו נשך המלוה
סלע בה' דינרין סאתים חטים בשלש אסור מפני
שהוא נושך was heisst Wucher? Wenn Jem.
einen Sela (dessen Werth 4 Denare ist) für fünf
Denare, oder zwei Seah Weizen für drei Seah
verleiht: so ist das verboten, weil er abbeisst;
eig. das von ihm verliehene Geld oder Waare,
bei der Abzahlung einen Theil von dem Vermögen des Schuldners an sich reisst.

Hif. הִשִּׁיךְ 1) beissen lassen, von den
Schlangen. Snh. 76ᵇ השיך בו את הנחש Jem.
veranlasste, dass die Schlange Einen beisst; er
setzte sie näml. an des Andern Körper. Das.
78ᵃ R. Juda ist der Ansicht: ארס נחש בין שיניו
הוא לפיכך מכיש (משיך l.) בסייף ונחש פטור das
Gift der Schlange liegt zwischen ihren Zähnen;
deshalb wird derjenige, der sie Einen beissen lässt
(da er die Veranlassung zur Entleerung ihres Giftes
gewesen), mit dem Schwert hingerichtet, während
aber die Schlange vom Gerichtshof nicht getödtet
wird. Die Chachamim. hing. sind der Ansicht:
ארס נחש מעצמו הוא מקיא נחש בסקילה
והמשיך (והמשיך) פטור die Schlange speit von
selbst das Gift aus, daher wird sie (nach Art der
schädlichen Thiere) vom Gerichte durch Steinigung
getödtet, während derjenige, der sie zum Beissen
veranlasste, frei ausgeht. — 2) übertr. leblose

Gegenstände aneinander fest anschliessen. Tohar. 1, 8 השיך לה אחרות wenn Jem. reine Teigmassen an einen levitisch unreinen Teig fest anklebte. Das. ö. j. Chall. III g. E., 59ᵇ⁰ מביא ארבעה רובעין ומשיך man bringt vier Teigstücke von je einem Viertel Kab und klebt sie an einander.

נְשִׁיכָה f. N. a. das Beissen mit den Zähnen. Mechil. Mischpat. Par. 12, s. נְגִיפָה. B. kam. 2ᵇ und j. B. kam. I Anf., 2ᵃ dass. — j. Ter. VI g. E., 44ᵇ נשיכת פיאה crmp. aus קמה שכחת was vom stehenden Getreide vergessen wird. — Trop. Aboth 2, 10 נשיכתן נשיכת שועל ihr (der Gelehrten) Biss ist ebenso schädlich wie der Biss des Fuchses; dessen dünne Zähne näml. tief einschneiden.

נֶשֶׁךְ m. (=bh.) Zins, Wucher. B. mez. 60ᵇ fg., s. das Verb.; unterschieden von רִבִּית (תרבית), s. d. W.

נְשְׁכָנִית f. Adj. beissend, d. h. ein Thier, das oft beisst. Tosef. B. bath. IV diese Kuh נשכנית היא ist eine beissende. B. mez. 80ᵃ dass.

נָשַׁל (=bh., arab. نَسَلَ; syn. mit נָשַׁר, Grndw. נשל, שׁר) abfallen, ausfallen. — Pi. נִישֵּׁל abwerfen, abfallen lassen. Mac. 7ᵇ רבי סבר יש אם למסורת ונישל (ונִשַּׁל) כתיב ורבנן סברי יש אם למקרא ונשל קרינן Rabbi ist der Ansicht: Die überlieferte Schreibung ist massgebend, die וְנִשַּׁל lautet (d. h. die St. Dt. 19, 5 bedeutet: „Das Eisen, die Axt, wird von dem Baume ein Stück Holz herabwerfen." Daher werde nur derjenige, der Jemdn. auf diese Weise ohne Absicht tödtet, mit Exilirung bestraft; nicht aber, wenn dio Axt vom Stiele abfällt und Jemdn. tödtet). Die Rabbanan hing. sind der Ansicht: Die Lesung ist massgebend, näml. וְנָשַׁל. (Die Stelle bedeutet demnach: „das Eisen, die Axt wird von dem Stiele herabfallen.") Dah. werde nur derjenige, der auf solche Weise Jemdn. ohne Absicht tödtet, mit Exilirung bestraft. Der erstere Autor führt für seine Ansicht folgenden Beweis: Das. W. העץ in unserer St. bedeutet dasselbe, was das in demselben V. ihm unmittelbar vorangehende העץ („den Baum fällen"); vgl. אֵם s. auch נָשְׁלָה. Levit. r. s. 22, 165ᶜ כיון דקריב להדהוא חויא מיד נשלו אבריו als er die Schlange berührte, so fielen seine Glieder sofort ab. Genes. r. s. 10, 10ᵈ steht dafür נשרו. Khl. r. sv. ויתרון, 83ᵃ dass.

Nif. abgeworfen werden, abfallen. Levit. r. s. 37 Ende יפתח נישׁל אבר אבר ונקבר במקומות הרבה von Jiftach fielen die Glieder einzeln herab; so dass er an vielen Orten begraben wurde; daher heisst es näml. „Er wurde in den Städten Gileads begraben". Num. r. s. 9, 202ᵇ יהא בשרה נישׁל das Fleisch der Sota wird stückenweise herabfallen.

Hif. herabwerfen. Bez. 5, 1 מַשִּׁילִין פירות דרך ארובה ביום טוב וכ׳ man darf die Früchte (wenn man befürchtet, dass sie beregnet werden könnten) durch die Luke des Daches am Feiertage, aber nicht am Sabbat herabwerfen. In Gem. das. 35ᵇ werden verschiedene Lesarten der Mischna angeführt 1) משילין und 3) מנשירין; 2) משירין dass., 4) משילין: entschlüpfen lassen, und 5) משחירין auf einen niedrigen Ort fallen lassen.

נְשַׁל ch. (=נָשַׁל). — Af. אַשֵּׁיל herauswerfen, s. TW.

נְשִׁילָה f. N. a. das Abfallen, Herunterfallen. j. Mac. II Anf., 31ᶜ (mit Bez. auf die Mischna das., vgl. נָשַׁל נאמר מאי טעמוֹן דרבנין נאמר כאן נשילה ונאמר להלן כי ישׁל זיתך מה נשירה שנאמר להלן נשירה אף כאן נשירה מאי טעמוֹן דרבי נאמר כאן נשילה ונאמר להלן ונשל מה מכה נשילה שנאמר להלן מכה אף כאן מכה (so nach LA. des Korban haëda z. St., die wahrsch. richtig ist; in den Agg. מאי טעמא דרבי . . . מאי טעמוֹן דרבנן וכ׳) was ist der Grund der Rabbanin (dass Dt. 19, 5 bedeute: „das Eisen wird vom Stiele herabfallen", worauf die Strafe der Exilirung, wenn Jem. hierdurch getödtet wurde, erfolge)? Hier steht נשל und dort steht ebenf. נשל (Dt. 28, 40: „Deine Oliven werden abfallen"). So wie in letzterer St. ein Herabfallen gemeint ist, ebenso ist auch in ersterer St. ein Herabfallen gemeint. Was ist der Grund Rabbi's (dass Dt. 19, 5 bedeute: „Das Eisen, die Axt, wird ein Stück vom Baume herabwerfen", worauf die Strafe der Exilirung erfolge)? Hier steht נשל und anderswo steht ebenf. נשל (Dt. 7, 1: „Gott wird viele Völker wegwerfen vor dir"). So wie in letzterer St. ein Abschlagen, Abwerfen gemeint ist, ebenso ist auch in unserer St. ein Abschlagen, Abwerfen gemeint. Khl. r. sv. נשל, 92ᵈ R. Simon ben Jochai sagte: בנשילת אברים מתו . . . מה מגפה האמורה להלן בנשילת אברים אף מגפה האמורה כאן בנשילת אברים die „Kundschafter" starben vom Abfallen der Glieder; denn hier (Num. 14, 37) steht מגפה und dort (Sach. 14, 12) steht ebenf. מגפה; so wie in letzterer St. das Abfallen der Glieder („sein Fleisch wird schwinden" u. s. w.) gemeint ist, ebenso ist auch in ersterer St. das Abfallen der Glieder gemeint.

נָשַׁם (=bh., arab. نَسَمَ, syn. mit נָשַׁב, נָשַׁף, Grndw. נש) hauchen, athmen. Genes. r. s. 14 g. E., s. נְשִׁימָה.

נְשַׁם ch. (syr. ܢܫܰܡ=נָשַׁם) athmen; übrtr. wiederaufleben, genesen. Pesik. Beschallach, 93ᵇ (l. צבחר) צצחר למנשמא את בעי willst du vielleicht ein wenig athmen, dich erholen? Ithpe. אתְנְשַׁם, contr. אינְשַׁם aufathmen, genesen, gesund werden. Thr. r. sv. כלו, 63ᶜ

כתולי מן כחלי ואת מנשמא schminke dich mit meiner Schminke, sodann wirst du genesen. j. Schabb. XIV, 14ᵈ mit. er raunte ihm ein u. s. w. ואינשם und er genas, vgl. לְחַשׁ. j. Ab. sar. II, 40ᵈ mit. dass. j. Kil. IX, 32ᵇ mit. Rabbi litt an Zahnschmerzen; וכרסיה איך אינשמה wodurch wurde der Zahn später gesund? Das. R. Chija erschien nach seinem Tode in der Gestalt des Elia's; ואינשמה עלה אצבעתיה יהב er legte seinen Finger auf den Zahn Rabbi's und er wurde gesund. j. Keth. XII, 35ᵃ mit. Genes. r. s. 33, 32ᵇ dass., s. auch יָכַם. Levit. r. s. 9, 152ᵇ s. לְחַשׁ. j. Kidd. I, 59ᵃ un. אילו הוית גבאי בפריך אינשמת wärest du bei mir gewesen, so würdest du schnell gesund geworden sein. Schabb. 134ᵃ ein Kind, דלא מנשתם das nicht athmen kann, vgl. Raschi; richtiger jedoch ist die LA. im Ms. M. מנשתין מיא s. שְׁתַן.

נְשִׁימָה f. N. a. das Athmen, Hauchen, der Athemzug. Meg. 16ᵇ עשרת בני המן ועשרת die Namen der zehn Söhne Haman's, sowie das W. עשרת muss man beim Lesen der Estherrolle am Purimfeste in einem Athemzuge sprechen. (Nach j. Gem. jedoch muss man auch die Worte בני המן dazu lesen), vgl. נְפִיחָה. Das. מאי טעמא כולם (בנשימה אחת) Ms. M. (in Agg. fehlen die hier eingeklamm. Worte) was ist der Grund dafür? Sie verloren sämmtlich in einem Athemzug ihr Leben. Genes. r. s. 14 g. E., 15° על כל נשימה ונשימה שאדם נוטש צריך לקלס לבוראו' jeden Athemzug, den der Mensch athmet, muss er seinen Schöpfer loben; mit Ansp. auf הנשמה (Ps. 150, 6) הנשמה gedeutet. Deut. r. s. 2 g. E. dass.

נְשָׁמָה f. (=bh.) eig. Hauch, insbes. Lebensodem, das belebende Princip. Genes. r. s. 14 g. E., s. נָפֶשׁ. Nid. 31ᵃ drei sind bei der Geburt des Menschen betheiligt: Gott, Vater und Mutter; Letztere bilden den Körper aus, והקב'ה נותן בו רוח ונשמה וקלסתר פנים וראיית העין ושמיעת האוזן ודבור פה והלוך הרגלים ובינה והשכל Gott hing. verleiht ihm: Lebensathem, Seele, Gesichtszüge, Sehkraft, Hörkraft, das Sprechen, das Gehen, Vernunft und Verstand. Chag. 12ᵇ, s. אֲרָבוֹת. Snh. 108ᵃ, s. לָדַן. Das. שרש זו נשמה ועגף זה הגוף "Wurzel" (Mal. 3, 19), das ist die Seele "und Ast", das ist der Körper. j. Git. VII Anf., 48ᵉ un. wenn Jem., der gekreuzigt war, sagte: כתבו גט לאשתי כותבין ונותנין בחזקת שהנשמה תלויה בו schreibet einen Scheidebrief für meine Frau! so darf man ihn einige Zeit darauf schreiben und ihn ihr übergeben in der festen Annahme, dass ihm noch das Leben innewohnt. (In bab. Gem. שהוא קיים dass.) j. B. kam. VII g. E., 6ᵃ דבר שהנשמה תלויה בו etwas am Thiere, woran' das Leben hängt, wie z. B. Kopf, Leber u. dgl., bei deren Fehlen das

Leben schwindet; Ggs. דבר שאין הנשמה תלויה בו etwas, woran das Leben nicht hängt, z. B. die Wolle und sonstige Glieder, bei deren Fehlen das Thier noch am Leben bleibt. Nas. 21ᵇ. Keth. 46ᵃ u. ö. Snh. 52ᵃ der Verbrennungstod שרפה besteht in dem Verbrennen des Lebensodems, wobei jedoch der Körper unversehrt bleibt; indem man näml. dem Verbrecher שורף נשמה ולא בגדירדם קיים glühendes Blei in den Mund giesst, vgl. שָׂרְפָה. Sifra Schemini Par. 1 "Feuer kam von Gott und verzehrte sie" (Nadab und Abihu, Lev. 10, 2); נשמתם נשרפה ולא בגדיהם nur ihr Lebensodem wurde verbrannt, nicht aber ihre Gewänder. Als Beweis hierfür wird das W. בכתנח (das. V. 5) beigebracht בכתונות ולא הנושאים "in den Leibröcken der Getragenen" nicht der Träger.

(נְשָׁמָה) נִשְׁמָתָא, נִשְׁמָא ch. (syr. ﻧﻪﻣﺘﺎ) Athem, Athemzug. Pl. Suc. 26ᵇ כמה שינת הסוס שיתין נשמי wie lange dauert der Schlaf des Pferdes? Sechzig Athemzüge. — 2) Lebenshauch, Seele. Dan. 5, 23, s. auch TW.

נְשַׁם Neg. 10 10, s. נָשָׁא.

נָשַׁף (=bh. Grndw. שף); das W. hat eine doppelte Bedeut. 1) (syn. mit נָשַׁב und נָשַׁאֲף): wehen, hauchen; und 2) (arab. نَشَف =שׁוּף: weichen, von der Stelle rücken, intrnst. Dav. נְשָׁפָּא und נָשֶׁף s. d. W. — Num. r. s. 20, 241ᵇ וכי לא חיה יכול המלאך לנשוף בו ויוצא רוחו אלא אם כן שלף חרבו וכ' hätte denn der Engel dem Bileam nicht anhauchen können, so dass Letzterer sein Leben verlöre, ohne dass jener nöthig hätte, "sein Schwert zu zücken"? Esth. r. Anf., 99° "Stützt Jem. die Hand an die Wand, so beisst ihn die Schlange" (Am. 5, 19), זה המן שהרב נושף עמא כנחש das zielt auf Haman hin, der, einer Schlange gleich, das Volk anhauchte, anschnaubte.

נְשַׁף ch. (=נָשַׁף nr. 2) weichen, von der Stelle fortrücken, intrnst. Ber. 3ᵇ s. נְשָׁפָּא. Meg. 3ᵃ un. לינשוף מדוכתיה ארבעה גרמידי er rückte von seiner Stelle vier Ellen. Snh. 94ᵃ dass.

Ithpe. fortgerückt werden. B. mez. 23ᵃ כריכות דמינשתמא . . . . Garbenbunde, welche (durch den Fuss) fortgerückt werden. — Men. 54ᵇ s. נָשַׁב. אנשתמא

נֶשֶׁף m. (=bh.) Morgendämmerung. Keth. 111ᵇ un. קדמתי בנשף ich stand des Morgens früh auf.

נִשְׁפָּא, נְשַׁף ch. (=נֶשֶׁף) 1) Morgendämmerung und 2) Abenddämmerung. Pl. Ber. 3ᵇ תרי נשפי הוו נשף ליליא ואתי יממא נשף יממא ואתי ליליא es giebt zweierlei Dämmerungen; die eine, wenn die Nacht weicht und der Tag

anbricht (Morgendämmerung), die andere, wenn der Tag weicht und der Abend kommt (Abenddämmerung). Auf dieselbe Weise wird אָמַשׁ gebraucht, von מוּשׁ weichen; s. auch TW.

נְשׁוֹפֶת *f.* was weggeweht wird, Spreu u. dgl. s. נְשׁוֹבֶת.

נָשַׁק (=bh. Grndw. שׁק; arab. نَسَقَ, reihen, órdnen, verw. mit سَاقَ Conj. IV) 1) auf Jemdn. stossen, auf einander folgen, zusammen treffen. Trop. j. Jeb., XV, 14ᵈ mit. wird נשק ביום (Ps. 140, 8) gedeutet: ביום שהקיץ נושק את החורף ... דבר אחר ביום שהני עולמות נושקין זה את זה וכ׳ am Tage, wenn der Sommer auf den Herbst stösst (d. h. wenn auf den Sommer der Herbst folgt, zu welcher Zeit gew. viele Krankheiten herrschen, „beschützest du mich"). Nach einer andern Deutung: am Tage, an welchem die zwei Welten auf einander stossen, wenn dieses Leben aufhört und das zukünftige Leben beginnt. Nach einer dritten Deutung: זה נשקו של גוג das ist die Kriegszeit (Waffenrüstung) des Gog; d. h. in der messianischen Zeit. — 2) küssen, mit den Lippen auf den Mund oder auf sonst einen Körpertheil. Genes. r. s. 70, 70ᵃ מה כבה שראה האנשים מלחמות אלו לאלו מפני שנשקו מה בא זה לחטו עלינו דבר ערוה וכ׳ weshalb „weinte Jakob" (Gen. 29, 11)? Weil er bemerkte, dass die Leute, die da sahen, dass er die Rahel geküsst hatte, einander zuraunten: Welche neue Unkeuschheit will der da bei uns einführen? Denn von der Zeit der Sündfluth an wurden die Morgenländer keusch. Ber. 8ᵇ כשמנשקין אין נושקין אלא על גב היד wenn sie (die Morgenländer) küssen, so küssen sie blos auf die Hand. Genes. r. s. 74 Anf. dass. Das. s. 90 Anf. wird ישק (Gen. 41, 40) erklärt: שלא יהא אדם נושקיני חרף ממך dass Niemand ausser dir mich küssen soll. Sot. 42ᵇ בני הנשיקה ... (richtiger Jalk. II, 24ᵉ הַנְשִׁיקָה הַדְּבַקָה) die Nachkommen der Küssenden, d. h. der Orpa, vgl. דָּבַק (woselbst jedoch 42ᵇ anst. 40ᵇ zu lesen ist).

Pi. נִשֵּׁק küssen. Snh. 60ᵇ המנשק ... לעבודה זרה wenn Jem. einen Götzen küsst, eine Sünde, worauf keine Todesstrafe gesetzt ist, vgl. זבוח. ניסוך u. m. Cant. r. sv. ישקני, 5ᵇ אם עסקת בדברי תורה שששפתיך מנושקות סוף שהכל מנשקין לך על פיך wenn du dich mit solchen Gesetzlehren (d. h. den Geheimlehren oder schwierigen Schriftstellen, vgl. חָשׁ) beschäftigst, bei welchen deine Lippen geschlossen (an einander gedrückt) bleiben müssen, so werden später Alle dich auf deinen Mund küssen.

Hif. הִשִּׁיק an einander stossen, zusammenrücken. Cant r. sv. ישקני, 5ᵉ wird Jes. 33, 4 erklärt: כאדם שהוא משיק שני גבין זה על זה והוא מדביקן „wie Jem., der zwei Wasserbehälter an einander rückt" und sie zusammenbringt.

man מַשִּׁיקִין את המים בכלי אבן לטהרן Bez. 17ᵇ rückt levitisch unreines Wasser in einem steinernen Gefäss an anderes Wasser, um ersteres rein zu machen; d. h. man stellt jenes Gefäss mit Wasser in einen Teich (מקרה), so dass das Wasser des letzteren über das unreine Wasser hinwegströmt, infolge dessen es rein wird, vgl. הַשָּׁקָה. Mikw. 6, 8. Chull. 26ᵇ u. ö. j. Ab. sar. II, 41ᵈ ob. יש דברים שמשיקין עליהן את הפה es giebt Stellen in der Schrift, über welche man den Mund schliessen (die Lippen an einander fügen) muss; d. h. schwierige Stellen, die nicht leicht erklärlich sind, namentl. ob ein Wort zu dem vorgehenden, oder zu dem nachfolgenden Satze gehöre, vgl. הָשָׁיאָה, הָרְבָע u. a., mit Ansp. auf ישקני (HL. 1, 2).

נְשַׁק *ch.* (syr. ܢܫܩ=נָשַׁק) 1) an einander stossen, einander berühren. M. kat. 25ᵇ un. als Rabba und R. Josef starben, נשוק כיסי דפרת אהדדי stiessen die Ufer des Euphrat an einander. Als Abaji und Raba starben, נשוק כיסי דדגלת אהדדי stiessen die Ufer des Tigris an einander. B. bath. 74ᵃ תא אחוי לך היכא דנשקא ארעא ורקיעא אהדדי komme, ich will dir die Stelle zeigen, wo Erde und Himmel einander berühren. j. Maas. scheni IV, 55ᵇ un. Jem. sagte zu R. Ismael bar Jose: חמית בחילמי עיני נשקה חבירתה ich sah in meinem Traume, dass eines meiner Augen das andere berührte; was der Gelehrte ihm dahin deutete: לאחתיה הוא חכם er wohnte seiner Schwester bei. — 2) küssen. j. Kidd. I, 61ᶜ ob. Jem. kam ונשק רגלוי דר׳ יונתן und küsste die Füsse des R. Jonathan. j. Pea I, 15ᵈ mit. dass. Git. 57ᵇ u. אינשקיה פרתא ich will ihn (meinen Sohn)nein wenig küssen.

נְשִׁיקָה *f.* N. a. 1) das Aneinanderschlagen, Einanderberühren. Jeb. 55ᵇ הערואה das W. הערה (Lev. 20, 18) bedeutet: Das Aneinanderbringen des männlichen Gliedes an die weibliche Scham; nach einer andern Ansicht: הכנסה s. d. Das. 56ᵃ. Sot. 26ᵇ. Snh. 73ᵇ u. ö. — 2) (=bh.) das Küssen, der Kuss. Genes. r. s. 70, 70ᵃ כל נשיקה לתפלות בר מן תלת נשיקה של גדולה נשיקה של פרקים ר׳ תנחומא אמר אף נשיקה של קריבות וכ׳ das Küssen im Allgemeinen dient der Unsittlichkeit; drei Arten jedoch sind hiervon ausgenommen, näml. das Küssen bei erlangter Ehre („Samuel küsste den Saul", 1 Sam. 10, 1), ferner das Küssen bei seltenem Wiedersehen („Aharon küsste den Mose", Ex. 4, 27) und das Küssen beim Abschiede („Orpa küsste die Noomi", Ruth 1, 14). R. Tanchuma sagte: Auch das Küssen der Verwandtschaft („Jakob küsste die Rahel", Gen. 29, 11) ist hinzuzufügen. Exod. r. s. 5 Anf. dass. Trop. Deut. r. s. 11 Ende באותה שעה נשקו הקבלה ונטל נשמתו זו בנשיקת פה zu jener Zeit (als Mose sterben sollte,

küsste ihn Gott und nahm seine Seele beim Küssen des Mundes (viell.: beim Zusammenschlagen der Lippen). B. bath. 17ᵃ מרים auch Mirjam starb bei solchem מתה בנשיקה נמי Küssen. M. kat. 28ᵃᵇ dass. Ber. 8ᵃ גיחא שבכולן נשיקה die leichteste unter allen Todesarten ist die beim Küssen, vgl. אַסְכָּרָא und בִּינְתָא II.

נוּשְׁקְתָא ch. (syr. ܢܘܫܩܬܐ=נְשִׁיקְה) Kuss, das Küssen, s. TW.

נָשְׁקֵי m. pl. (hbr. נֶשֶׁק) Waffen, Rüstung. Git. 43ᵇ, s. נְמֹּוס. Nach Raschi: Siegel als Zeichen der Knechtschaft.

נְשִׁיקְא Neschikja, Name eines babyl. Ortes. Schabb. 121ᵃ אבין דמן נשיקיא Abin aus Neschikja.

נָשַׁר (syn. mit נָשַׁל, Grndw. שר=של; ch. נְתַר s. d.) abfallen, herunterfallen. Pea 7, 3 איזהו פרט הנושר בשעת הבצירה was bedeutet פרט (Lev. 19, 10)? Was von den Trauben bei ihrem Abschneiden herabfällt. Bez. 2ᵇ פירות הנושרין Früchte, die vom Baume abfallen. j. Bez. I Anf., 60ᵃ ob. ספק מדירום ספק מאתמול נשרו wenn gezweifelt wird, ob die Früchte heute (am Feiertag), oder ob sie gestern vom Baume abgefallen sind. Jom. 21ᵇ כשהרוח מנשבת בהן נושרין wenn der Wind (die Früchte der Bäume, die Salomo im Tempel gepflanzt haben soll) anwehte, so fielen sie herab. Sot. 9ᵃ ob. die Sota winkte dem Buhlen mit ihrem Finger, לפיכך ציפורניה נושרות deshalb fallen ihre Nägel ab. Num. r. s. 9, 202ᵇ dass. Schabb. 63ᵇ eine Familie gab es in Jerusalem, שהיו פסיעותיהם גסות ובחולותיהן נושרות וכ' deren Töchter grosse Schritte machten, infolge dessen ihre Jungfrauschaft abfiel u. s. w. Ab. sar. 49ᵇ נשרו ממנו die Steine von der Merkursäule fielen herab. Genes. r. s. 10, 10ᵈ u. ö. s. נָשַׁל. Git. 58ᵃ un. היו דמעות נושרות דמנו die Thränen fielen von ihm herab. Thr. r. sv. רמעתה, 54ᵇ נושרות על לחייהן die Thränen fielen auf ihre Wangen. Chull. 16ᵇ שיניו נושרות seine Knorpel am Mastdarm fallen ab, vgl. שֵׁן.

Hif. הִנְשִׁיר, הִשִּׁיר abwerfen, abfallen machen. Schabb. 67ᵃ אילן המשיר פירותיו סוקרו בסקרא ומעגנו באבנים וכ' einen Baum, der seine Früchte abwirft, färbt man mit Farbe, belastet ihn mit Steinen u. s. w., vgl. בְּחַה im Pael. Cant. r. sv. עמדיר, 19ᶜ die Bäume im Salomon. Tempel היו פירותידם משירין ihre Früchte ab. Nas. 42ᵃ der Nasir לא ירוץ באדמה מפני שמשרת את השער darf seinen Körper nicht mit Erde reiben, weil das Haar ausfallen macht. Pes. 43ᵃ, s. אַפְּקִינֹון. Keth. 6ᵇ משיר צרורות er wirft Schollen ab; bildl. s. פִּרְצָה. j. Ber. II, 5ᵇ mit. משיר צרורות Bez. 35ᵇ נשל .s ,מנשירין nach einer andern LA. s. נָשַׁל.

Pi. dass. Ab. sar. 11ᵃ ob. 13ᵃ אידהו עיקור מְנַשֵּׁר פרסותיו מן הארכובה ולמטה was ist unter Lähmen des Thieres zu verstehen? Wenn man seine Hufe vom Schenkel unterm Knie abwirft, losreisst.

נְשִׁירָה f. N. a. das Abfallen, Herabfallen. j. Mac. II Anf. 31ᶜ wird das hbr. נשל erklärt durch נשירה, s. נְשִׁילָה. j. Pea VII, 20ᵃ un. הדא אמרת פרט בנשירתו קדש diese Mischna (Pea 7, 3, s. Kal) besagt, dass die abgefallenen Trauben bei ihrem Herabfallen heilig (d. h. ein Eigenthum der Armen) werden. Ilfa fragte: לקט בנשירתו מהו wird auch die Nachlese (ebenf. eine Armengabe) beim Herabfallen heilig? j. Ter. VI g. E., 44ᵇ dass. Tem. 25ᵃ נשירת רובי das Abfallen des grössten Theils der Aehren.

נָשָׁר m. das Herabfallende, was abfällt. Suc. 10ᵃ פירם ... תחתיה מפני הנשר wenn Jem. eine Decke unterhalb des Laubes der Festhütte wegen der Herabfallenden (d. h. damit die abfallenden Blätter oder Späne nicht auf die Speisen fallen) ausbreitet. j. Suc. I, 52ᵇ mit. dass. Pes. 56ᵃ die Einwohner Jerichos פורצין פרצות בגנותיהן ומאכיל נשר לעניים וכ' (Ar. sv. שר liest נשירה) durchbrachen die Zäune ihrer Gemüse- und Baumgärten, um an den Sabbaten und Festtagen in den Jahren der Hungersnoth den Armen den Zutritt zu den abgefallenen Früchten zu gewähren. — Pl. Tosef. Pes. II (III) g. E. היו עניי ישראל אוכלין נְשָׁרִים die israelitischen Armen assen die abgefallenen Früchte. Das. 2 Mal.

נִשְׁרָא ch. (syr. ܢܫܪܐ=נָשָׁר) das Abfallende. Ber. 8ᵃ אסכרא דמיא כחידא בגבבא דעמרא ולאחורי נשרא der Erstickungstod gleicht dem Dorn in einem Bündel Wolle, von dem das Abfallende zurückbleibt. — Davon collect. נְשׁוֹרָא Brotkrumen, eig. die abfallenden Brosamen. Pes. 111ᵇ נשורא בביתא קשי לעניותא Brotkrumen (die umhergestreut liegen) im Hause fördern die Armuth. Chull. 105ᵇ der über die Armuth gesetzte Engel verfolgte Jemdn., dem er aber nicht beikommen konnte; זהיר דקא אנשורא טובא weil Letzterer sich mit den Brotkrumen sehr in Acht nahm, vgl. auch מְבַקְדִּיתָא.

נָשֶׁר m. (=bh.) Adler, im gemeinen Leben auch der Geier, dah. ihm (vgl. Mich. 1, 16 u. ö.) Kahlköpfigkeit, das Ausfallen der Federn, zugeschrieben wird. Der hier zuletzt erwähnte Umstand dürfte viell. die Ableit. unseres Ws. vom vrg. נָשַׁר: abfallen, wahrscheinlich machen. Chag. 13ᵇ מלך שבעופות נשר der König unter dem Geflügel ist der Adler. Chull. 61ᵃ נשר מה לי ... נשר מיוחד כיוצא בו טמא „der Adler" (Lev. 11, 13, als ein einer, zum Genuss verbotener Vogel erwähnt), das besagt, dass alle Vögel, die, dem Adler gleich, gewisse Merkmale der Unreinheit (vgl. פֶּרֶק u. a.) haben, unrein seien. j. Pea I, 15ᵈ mit. (mit Bez. auf Spr. 30, 17) יבא נשר שהוא רחמן ויאכלנה ממנה es komme „der Adler", welcher erbarmungsvoll ist, picke es (das Auge des Grausamen) aus und habe einen Genuss davon, vgl. לָעַג. j. Kidd. I, 61ᶜ

ob. dass. Khl. r. sv. כי מי, 77ª נשר גדול היה לשלמה והיה רוכב עליו וכ' Salomo besass einen grossen Adler, auf dem er ritt und nach Palmyra in der Wüste an einem Tage hin und zurückkam. — Trop. Snh. 12ª תפסו נשר der Adler (d. h. die römische Regierung) griff das Gelehrtenpaar auf, s. זוג II.

נְשַׁר, נִשְׁרָא ch. (syr. ‎ܢܶܫܪܳܐ=נָשָׁר) 1) Adler, Geier. Dan. 7, 4 נשר. — Pl. das. 4, 30 נִשְׁרִין, s. auch TW. — 2) trop. Ab. sar. 11ᵇ נשרא שבערביא der Adler in Arabien; nach Hai Gaon soll es daselbst eine Moschee geben, worin sich ein Stein befände, in welchem ein Adler eingegraben wäre, welcher abgöttisch verehrt worden sei. — Erub. 53ᵇ עלת נקפת בכד ידאון נִשְׁרַיָא לקיניהון (Ar. Var ‎ובעון) das Schöpfgefäss stösst bereits an den Boden des Weinkruges (d. h. der Wein ist bis zur Neige geleert); darum mögen die Adler (Gelehrtenschüler) in ihre Nester schweben, eilen; d. h. die Mahlzeit schliessen. — 3) N. pr. R. hasch. 26ª קין נשרייא, s. d.

נִשְׁרָתָא fem. viell. Adler- oder Geierschwarm. Midrasch Tillim zu Ps. 78, 45 wird צֵלָב von R. Juda erklärt durch נשרייא Adlerschwarm. Jalk. z. St. liest פורייתה s. d.

נַשְׁתָּה Pesik. r. s. 22, 44ª für נסתה (=נסבתה) er nahm sie; s. נַס־.

נִשְׁרְתוֹת f. pl. (=עֲשָׁתוֹת von עֶשֶׁת) Metallstangen oder Eisenplatten. j. Erub. VIII, 25ᵇ mit. אפילו טבלא אפילו נשתות selbst eine Tafel oder auch Metallplatten u. s. w. Erub. 86ª steht dafür עשתיות, s. d.

נִשְׁתְּוָן m. (bh. u. ch.) Brief. Esr. 4, 7. 18 fg. Stw. pers. نوشتن, vgl. Gesen. hbr. Wrtb. sv.

נַשְׁתִּיק m. (=נַרְתֵּיק) Kästchen, Behältniss, Büchse. Tosef. Jom. II (III) u. ö., s. נַרְתֵּיק. — Davon denom. (=כַּרְמֵל) Khl. r. sv. זורח השמש הקלבה ... מהשתקו (=מהשתקו) מנרתיקו 72ª Gott zieht die Sonnenscheibe aus ihrem Behältniss.

נְתַב ch. (=hbr. נָשַׁב s. d.) wehen, blasen. — Pa. נַתֵּיב wehen lassen, s. TW.

נָתִיב m. (=bh. Stw. arab. نَتَبَ eminuit; Grndw. נת) Steig, Pfad. Trop. Keth. 8ᵇ נתיב הוא מששת ימי בראשית er (der Tod) ist ein Pfad von den sechs Schöpfungstagen an, d. h. den Alle betreten müssen.

נְתִיבְתָא f. (=hbr. נְתִיבָה) Weg, Pfad, s. TW.

נִתְבְּרָא Nithbara, Name eines heidnischen Festes und zu Ehren eines Idols abgehaltenen Jahrmarktes. Ab. sar. 11ᵇ נתברא שבעכו נתברא

שבעין בכי Ar. ed. pr. (Agg. נרבכה, s. d.) die Nithbara in Akko und die Nithbara in Enbechi.

נְתַז (=bh. תוז, arab. نَتَزَ, und נָזָה) abspringen, eig. (=זוז) von der Stelle weichen. Pi. נִתֵּז dass. j. Sot. II, 18ª ob. הניצוצים die Funken sprangen, sprühten von ihr (der Platte). j. Jom. III, 41ª mit. j. Ab. sar. V Ende, 45ᵇ u. ö. s. נִיצוֹץ. B. kam. 17ª. 19ª היו צרורות מנחזין מתחת רגליה וכ' wenn Erdschollen unter den Füssen des Thieres hervorsprangen, welche die Gefässe zerschlugen. — Das. auch trnst. מנתזת ועמה das Thier machte die Schollen springen und trat darauf. Nid. 61ᵇ u. ö.

Hif. הִתִּיז (=bh. הִתַּז; über die Form vgl. נָטַל, Hif. הִטִּיל, bh. טוּל von נָטַל) 1) abspringen lassen, abschlagen. Chull. 30ᵇ התיז את הראש בבת אחת ... התיז ב' ראשין בבת אחת wenn Jem. den Kopf des Thieres mit einem Male abgeschlagen hat; wenn er zwei Köpfe mit einem Male abgeschlagen hat. Snh. 52ᵇ, s. כיווג. j. Ber. IX, 13ª mit. als Pharao den Mose festgenommen hatte, חייבו להתיז את ראשו וקרה החרב מעל צוארו של משה ונשברה so verurtheilte er ihn, dass man seinen Kopf abschlage; allein das Schwert glitt von dem Halse des Mose ab und zerbrach. Cant. r. sv. שורך, 30° נתזה החרב מצוארו של משה והתיזה צוארו של קוסטינר הרשע das Schwert sprang von dem Halse des Mose ab und schlug den Hals des Züchtigers ab. B. kam. 17ᵇ fg. התיז והזק das Schwein schlug mit seinem Rüssel Erdschollen ab und richtete Schaden an. j. B. kam. II Anf., 2ᵈ. Levit. r. s. 12, 156ª der König, der über seinen Hausverwalter erzürnt war, התיז את ראשו בשתיקה schlug ihm den Kopf schweigend (d. h. ohne vorangehende Verwarnung) ab. Snh. 102ᵇ „Jarobeam verleitete (eig. stiess fort) Israel von Gott" (2 Kn. 17, 21), כשתי מקלות המתיזות זו את זו wie zwei Stöcke, die einander abspringen lassen; d. h. wie Jem. mit seinem Stocke einen andern Stock schlägt und ihn fortschleudert, ebenso stiess Jarobeam Israel mit Gewalt von Gott fort; wahrsch. auf das Kethib וידא anspielend. — 2) etwas durch Drücken hervortreten lassen. Schabb. 62ᵇ die unzüchtigen „Töchter Zions" (Jes. 3, 16 תעכסנה) füllten ihre Schuhe mit Balsam; וכיון שמגיעות אצל בחורי ישראל ברגליהם בקרקע ומתיזות עליהם וכ' und wenn sie an den israelitischen Jünglingen vorbeikamen, so stampften sie auf die Erde und liessen den Balsam auf sie spritzen; um näml. die Leidenschaft derselben zu erregen. Trop. j. Ber. II, 4ᵈ mit. צריך להתיז ז'י'ן ed. Lehm. (in ed. Ven. u. a. fehlt ז'י'ן) man muss beim Verlesen des Schemäabschnittes das Sain in תזכרו (Num. 15, 40) deutlich aussprechen, pronunciren; damit es sich nicht etwa wie תשכרו (verdienen) anhöre.

Tosaf. zu Ber. 16ᵇ sv. בין הדבקים kennen unsere Stelle blos aus Alfasi. — Git. 70ᵃ un. מתיזין wahrsch. crmp. aus מתישין s. נָתַשׁ.

Nif. נִתַּז, נִיתַּז abspringen, spritzen, eig. abgeschlagen, gespritzt werden. Chull. 87ᵇ. 88ᵃ דם הניתז Blut, das beim Schlachten umher spritzt. Das. 93ᵃ fg. Seb. 92ᵃᵇ ניתז מבגד לבגד das Blut spritzte von einem Kleid auf das andere. Das. ö. j. Meg. I, 72ᵃ un. נתחזה צינורא של רוק מפיו על בגדיו ein Strahl vom Speichel eines Unreinen spritzte aus seinem Munde auf Jemds. Kleider. j. Chag. II g. E., 79ᵈ u. ö., vgl. צינורא. Nid. 13ᵃ u. ö. — Oft von festen Dingen: abspringen. Tosef. Mac. II Anf. ניתזה בקעת מן העץ וכ' ein Stück Holz sprang (wurde abgeschlagen) vom Baume und traf einen Menschen. j. Mac. II Anf., 31ᶜ dass. j. Ber. IX, 13ᵃ mit. נתחזה החרב מעל צוארו וכ' das Schwert sprang von dem Halse des Mose ab u. s. w.; mit Ansp. auf HL. 7, 5, vgl. auch Hifil. — Hof. dass. Genes. r. s. 9 g. E. wer das Mahl des Königs geniesst, ohne Letzteren zu segnen, יותז ראשו בסייף dessen Kopf soll mittelst des Schwertes abgeschlagen werden!

נְתַז ch. (=נָתַז) abspringen. — Af. אַתֵּיז (=הִתִּיז) abspringen lassen, ablösen, s. TW.

Pa. springen lassen. B. kam. 19ᵃ קמנתזה צרורות das Thier lässt beim Gehen Erdschollen umherspringen. Das. ö.

נְתַזָה Nithsa, Name eines Mannes. Snh. 74ᵃ עלית בית הנתחזה der Söller im Hause des Nithsa, woselbst die Gelehrten sich versammelten und gesetzliche Bestimmungen trafen (ähnlich עלית חזקיה). j. Snh. III, 21ᵇ ob. dass.

נְתוֹזָר od. נְתוֹזָאי Nithsor, Nithsoj, Name eines berühmten Kaufmanns. Erub. 59ᵃ דסקרתא דנתחזור Ar. ed. pr. (Agg. דנשואר; Ms. M. דנתזואר) die Ortschaft des Nithsor, Nithsoj.

נָתַח (=bh. syn. mit נָתַר, נָתַק, נָתַז) u. a. Grndw. (נת). — Pi. zerlegen, zerstückeln. Chull. 28ᵇ ein Thier, דמנתחה אבר אבר das man in seine einzelnen Glieder zerlegte.

נְתַח ch. (eig.=נָתַח). Pa. נַתַּח losreissen, lostrennen, abnehmen. B. mez. 113ᵃᵇ שליח בית דין מנתח תפורן וכ' der Gerichtsbote darf (dem Schuldner) nur wenn er ihn auf der Strasse trifft) etwas als Pfand fortreissen, nicht aber in sein Haus gehen, um zu pfänden. Das. לא ינתחנו וכ' (Piel) er darf ihm nur beim Gerichte ein Pfand fortnehmen (als Erkl. des בית דין in der Mischna). Part. pass. Bez. 10ᵇ un. גוזלות מנתחיה Ms. M. (Agg. מהדדי כיסין לא מנתחי מהדדי אהדדי) Tauben (die man zusammengebunden hat) können sich von einander losreissen, Geldbeutel aber können sich nicht von einander losreissen.

Git. 51ᵃ שוורים מנתחי מהדדי וכ' Ochsen (die zusammengebunden wurden) können sich von einander losreissen.

נְתּוּחַ m. N. a. (von נָתַח) das Zerstückeln, Zerlegen eines geschlachteten Thieres. Seb. 50ᵇ. 53ᵇ fg. u. ö. הפשט וניתוח das Enthäuten eines Opferthieres und das Zerstückeln seiner Glieder, vgl. הַפְשֵׁט. j. Meg. I, 72ᵇ un. wird שְׁלֵימִים (Ex. 24, 5) von einem Autor erklärt: שְׁלֵימִין בגופן בלא הפשט ובלא ניתוח Brandopfer, die „ganz" blieben, d. h. ohne Enthäuten und ohne Zerstückeln; da näml. die Noachiden „Friedensopfer" nicht darbringen durften, vgl. חדוּשׁ. Genes. r. s. 34, 33ᵇ steht dafür שְׁלֵמִים בעורן בלא הפשט וניתוח ganz in ihrem Felle ohne Enthäuten und ohne Zerstückeln.

נְתַךְ (=bh. s. נָתַח) auseinandergehen, zerfliessen, sich auflösen. Nif. dass. Seb. 104ᵇ ניתך הבשר אין השורף מטמא בגדים wenn das Fleisch (der zu verbrennenden Farren und Ziegenböcke, vgl. Lev. 16, 28) zerflossen ist, so werden die Kleider des sie verbrennenden Priesters nicht unrein. Das. 106ᵇ dass. Hif. הִתִּיךְ schmelzen, flüssig machen, löthen. j. Schabb. VII, 10ᵇ un. המתיך אבר חייב Jem., der am Sabbat Blei giesst, ist wegen Kochens straffällig. Tosef. Ahil. IV mit. חלב המת התיך שלם והתיכו טמא היה מפורד והתיכו טהור wenn Jem. das Fett einer Leiche, das ganz (nicht zerstückelt) war, geschmolzen hat, so ist derjenige, der es berührt, unrein; wenn er es aber, nachdem es zerstückelt war, geschmolzen hat, so ist er rein. Nas. 50ᵇ. j. Nas. VII, 56ᵇ un. j. Ab. sar. III, 43ᵇ mit. המתיך כוס לעל wenn Jem. einen Becher für einen Götzen löthet. Das. IV, 44ᵇ ob. dass., s. auch יָתַךְ.

Hof. zerschmolzen werden. Schabb. 21ᵃ u. ö. חלב מוּתָּךְ Ar. ed. pr. sv. תך I (Agg. überall מהותך) zerschmolzenes Fett. Meïl. 9ᵃ עד שיתוך הבשר Ar. (Agg. שיתיך crmp.) bis das Fleisch aufgelöst ist.

נְתַךְ ch. 1) (=נָתַךְ). Af. אַתֵּיךְ schmelzen, hingiessen. — 2) (syr. ܢܬܰܟ) Schaden zufügen, s. TW. — 3) (=נָתַק) losmachen, zurückhalten. Pesik. r. s. 31, 58ᵇ מנתכיה לאחוריה er zog seine Hand zurück.

נְתַל (syr. ܢܬܰܠ=נָתַן) geben, s. TW.

נָתַן (=bh. Grndw. תן s. d.) geben, auf etwas legen. Uebrtr. B. mez. 48ᵃ u. ö. נשא ונתן eig. er nahm und gab, d. h. trieb Handel, s. נָשָׂא. B. mez. 19ᵃ נתן עיניו לגרשה er beabsichtigte (richtete sein Augenmerk darauf), sich von seiner Frau zu scheiden. Ned. 90ᵇ שלא תהא אשה נותנת עיניה באחר וכ' damit die Ehefrau ihr Augenmerk nicht auf einen andern

Mann richte und gegen ihren Mann treulos handle, deshalb verordnete man u. s. w. Sot. 9ᵇ ob. סוטה נתנה עיניה במי שאין ראוי לה מה שבקשה לא ניתן לה ומה שבידה נטלוהו הימנה שכל הנותן עיניו במה שאינו שלו מה שמבקש אין נותנין לו ומה שבידו נוטלין הימנו der Sota (der des Ehebruchs Verdächtigen), welche ihr Augenmerk auf Jemdn. gerichtet hat, der ihr nicht gebührt, wurde das, was sie verlangt hatte, nicht gegeben und das, was sie hatte, fortgenommen. Denn Jedem, der sein Augenmerk auf etwas richtet, was ihm nicht gehört, wird das, was er verlangt, nicht gegeben und das, was er besitzt, fortgenommen. Keth. 71ᵃ u. ö., s. צָבַע. j. Ber. III Anf., 5ᵈ נותן תפילין er legt die Tefillin an. Chull. 96ᵇ fg. u. ö. נותן טעם eine Speise verleiht einer andern Speise, mit der sie vermischt wurde, einen Geschmack, vgl. טַעַם. — Trop. Bech. 59ᵇ הדין נותן die logische Norm spricht dafür. Das. היא הנותנת das eben spricht dafür, eig. giebt die Begründung an.

נְתַן ch. (=נָתַן) geben, s. TW. j. Pes. III, 30ᵃ ob., s. טְרִיטוֹן.

נְתִין m. Pl. נְתִינִים (=bh.), f. נְתִינָה eig. Part. pass. der, die Gegebene; insbes. Nathin, Nethina, d. h. die Nachkommen der Gibeoniter, die Josua als Sklaven zum Verrichten niedriger Dienste, als Holzhauer und Wasserschöpfer für die Gemeinde und den Gottesaltar bestimmt, gegeben hatte (Jos. 9, 21. 23. 27 ויתנם), und mit welchen legitime Israeliten keine Ehe eingehen dürfen. Mac. 3, 1 (13ᵃ fg.) נתין ... Jeb. 78ᵇ ממזירין ונתינין אסורין ואיסורן איסור עולם אחד זכרים ואחד נקבות die Bastarde und die Nethinim sind zur Ehe verboten und dies Verbot ist für alle Zeiten (Nachkommen), sowohl hinsichtl. der Männlichen, als der Weiblichen giltig. Das. נתינים גזר עליהם das Verbot des Schliessens einer Ehe mit den Nethinim hat David verordnet; mit Ansp. auf 2 Sm. 21, 2: „Die Gibeoniter sind nicht von den Söhnen Israels"; d. h. man soll sich nicht mit ihnen ehelich vermischen. Das. 79ᵃ fg. Keth. 29ᵃ fg. Tosef. Kidd. V Anf. נתינין וממזירין טהורין לעתיד לבא דברי ר' יוסי וכ' die Nethinim und die Bastarde werden in Zukunft (d. h. in der messianischen Zeit) rein, zur ehelichen Vermischung erlaubt werden; so nach Ansicht des R. Jose. Nach Ansicht des R. Meïr hing. wird dieses Verbot nie aufgehoben werden. j. Keth. III Anf., 27ᵃ.

נְתִינָא ch. (=נְתִין) 1) der Nathin, s. TW. — Pl. Esr. 7, 24 נְתִינַיָּא. Kidd. 4, 1 (69ᵃ) ממזירי נתיני וכ' die Bastarde, die Nethinim u. s. w. (die aram. Form in der Mischna kommt daher, dass sie von dem Babylonier Hillel herrührt). Das. 70ᵇ wird דרנוניתא erklärt durch דרא דנתינאי das Dorf der Nethinim. — 2) Nethiha, N. pr. Ab. sar. 23ᵇ נתינה דמא בן Dama ben Nethina,

ein Nichtjude in Askalon. j. Kidd. I, 61ᵇ ob. u. ö., vgl. נָפִיק, נָסַק u. a.

נְתִינוּת f. Nethinuth, das Verbot der ehelichen Vermischung mit den Nethinim. Keth. 14ᵃᵇ fg. נתינות ... ממזרות das Verbot betreffs der Bastarde und der Nethinim, vgl. עִיסָה. Tosef. Kidd. V Anf. אזהר אתכם אפילו מן הנתינות „Ich werde euch reinigen" (Ez. 36, 25), das bedeutet: auch von den Verboten betreffs der Nethinim und der Bastarde; so nach Ansicht des R. Jose, s. נָתִין.

נְתִינָה f. N. a. 1) das Geben, Schenken, die Uebergabe. Pes. 21ᵇ (mit Bez. auf Dt. 14, 21) אחד גר ואחד נכרי בין במכירה בין בנתינה ר' יהודה אומר דברים ככתבן לגר בנתינה ולנכרי במכירה sowohl einem „Proselyten" als auch einem „Nichtjuden" darf man das Fleisch eines gefallenen Thieres ebenso durch „Verkaufen", als auch durch „Schenken" überlassen. R. Juda sagte: Der Satz ist nach seinem Wortlaut zu fassen: „dem Proselyten durch Schenken, aber dem Nichtjuden durch Verkaufen". B. mez. 19ᵃ u. ö. שעת נתינה die Zeit der Uebergabe des Scheidebriefes. — 2) das Legen, Anlegen. j. Ber. III Anf., 5ᵈ נתינה das Anlegen der Tefillin auf Kopf und Hand; Ggs. חליצה: das Ablegen, s. d. W. j. M. kat. III 82ᵇ mit. und Genes. r. s. 100, 99ᵇ dass.

נָתָן Nathan, Name mehrerer Tannaïten und Amoräer. Hor. 13ᵇ u. ö. רבי נתן, auch ר' נתן הבבלי R. Nathan, der Babylonier, Sohn eines Exilarchen und Oberhaupt der Gelehrten in der palästinischen Akademie. Die Halachoth desselben wurden gew. mit der Bezeichnung יש אומרים Manche sagen, angeführt, vgl. אַחֵר. — אבות דר' נתן Aboth des R. Nathan, eine Erweiterung des bekannten Tractates Aboth, אבות. Schabb. 56ᵇ un. נתן דצוציתא Nathan, der ein Büssender gewesen und den ein feuerstrahlender Engel als einen frommen Reuigen aufgenommen haben soll. Nach einer Ansicht rührt dieser Beiname davon her, dass er zur Busse ein härenes Kleid am blossen Körper getragen haben solle, vgl. צוֹצִיתָא.

נָתַץ (=bh. Grndw. נת s. נָתַח) etwas Gebautes niederreissen. — Hof. niedergerissen werden. Pes. 27ᵃ הסיק בהן את התנור חדש יותץ ישן ירוצץ wenn man mit ihnen (den Hölzern eines Götzenhaines, wovon man keinen Gewinn haben darf) einen Backofen geheizt, so muss er, wenn er neu ist (und das Heizen auch zur Festigung des Ofens diente) niedergerissen werden; wenn er aber alt ist, ausgekühlt werden. Ab. sar. 49ᵇ u. ö.

נְתִיצָה f. N. a. das Niederreissen eines gebauten Gegenstandes. Sifra Schemini

58

Par. 8 cap. 10 (mit Ansp. auf טמאים Lev. יהע,
את שיש לו נתיצה יש לו טומאה את (35 ,11'
וכ' שאין לו נתיצה אין לו טומאה bei einem
Gegenstand, wobei das „Niederreissen" stattfindet,
findet auch die Unreinheit statt; bei einem Gegenstande aber, wobei das Niederreissen nicht stattfindet, findet auch keine Unreinheit statt. Daher
sind näml. steinerne oder metallene Oefen
und Herde, welche nicht niedergerissen, sondern
blos auseinander genommen werden, von jener
Unreinheitsart ausgeschlossen. j. Orl. III, 63ª un.
j. Schabb. IX Anf., 11ᵈ נתיצה נתיצה מבית המנוגע
וכ' das Niederreissen der Götzentempel (Dt. 12,3)
wird mit dem Niederreissen eines mit Aussatz
behafteten Hauses (Lev. 14, 45) verglichen u. s. w.
j. Ab. sar. III, 43ª un. dass. Tosef. Neg. VI g. E.
חומר בחליצה מבנתיצה ובנתיצה מבחליצה וכ'
in mancher Beziehung findet bei dem „Losreissen
(der Steine eines aussätzigen Hauses", Lev. 14, 40)
eine grössere Erschwerung statt, als bei dem
„Niederreissen (eines solchen Hauses", das. V.45);
in mancher Beziehung findet bei dem Niederreissen eine grössere Erschwerung statt, als bei
dem Losreissen u. s. w., vgl. auch נְפִיצָה.

נָתַק (=bh. Grndw. נת) losreissen, ablösen.
j. Schebi. IV, 35ᵇ un. מקום שנהגו לקרץ יְתוֹק לִתוֹק
יקוץ an dem Orte, wo der Brauch herrscht, dass
man die Stämme im Olivengarten abschneidet,
soll man sie im Brachjahr (in welchem man bei
den Arbeiten einige Veränderung vornehmen
muss) mit der Wurzel ausreissen; in dem Orte,
wo der Brauch herrscht, dass man sie mit der
Wurzel ausreisst, soll man sie im Brachjahr abschneiden. Tosef. Schebi. III g. E. steht dafür
ענבים רכות לחתוך crmp. Tosef. Ter. III
ורנתהקין את היין זיתין וזיתין ואינן נותקין את
השמן die Weintrauben sind weich und geben
daher den Wein (ohne grosse Mühwaltung)
von sich; die Oliven hing. sind hart und geben
daher das Oel nicht leicht von sich. j. Ter. III, 42ᵇ
ob. dass., wo jedoch דידהות anst. רכות steht. Cant.
r. sv. שימעו, 32ᶜ wird אתקעך (Jer. 22, 24) erklärt:
ממש אני נותק מלכות בית דוד von da werde ich
das Reich des Davidhauses losreissen, vgl. נְתִיקָה.
Bech. 33ᵇ (mit Bez. auf Lev. 22, 24: „In eurem
Lande sollt ihr das nicht thun") אם על כורת
חייב על נותק לא כל שכן אלא להביא נותק אחר
כורת שהוא חייב wenn Jem., der die Hoden
eines Thieres ausschneidet (obgleich sie nicht
in dem Hodensack liegen bleiben), straffällig
ist, um wie viel mehr, wenn er die Hoden aus
dem Sack herauswirft! Das besagt
vielmehr, dass auch derjenige, der die Hoden
herauswirft, nachdem ein Anderer sie ausgeschnitten hat, ebenf. straffällig sei.

Nif. נִיתַק 1) losgerissen, abgerissen
werden. Chull. 123ᵇ שומר הפשוי לינתק מאליו
das Schützende (d. h. das Fell eines krankhaften
Thieres), das von selbst losgehen wird. Nid.

כיון שנתקו שניו של אדם נתמעטו מזונותיו 65ª
sobald die Zähne des Menschen (infolge des
hohen Alters) ausfallen, losgerissen werden, so
werden auch seine Nahrungsmittel geringer, d. h.
es fällt ihm dann schwer, sie zu beschaffen; mit
Ansp. auf Am. 4, 6 וחסר לחם ... נקיון שנים.
— Trop. Seb. 5ᵇ אשם שנתק לרעייה ein Schuldopfer, das von seiner ursprünglichen Bestimmung
abgelöst und zur Weide bestimmt wurde; wenn
näml. der Eigenthümer desselben starb, oder bereits ein anderes Opfer darbrachte, infolge dessen
jenes so lange weidet, bis es untauglich wird,
vgl. סָאַב. j. Nas. IV g. E., 53ᶜ משניתק מלא תעשה
לעשות eig. da es von einem Verbot losgerissen
wurde und zu einem Gebot überging; d. h. das
Haarverschneiden, das dem Nasir während seines
Nasirats verboten war, wird ihm, wenn die Zeit
des Letzteren verstrichen ist, als eine Pflicht
geboten; vgl. Num. 6, 5. 18. — Oft elliptisch
in ähnlichem Sinne. Chull. 141ª לאו שניתק
לעשה ein Verbot, das in ein Gebot überging;
eig. das sich von einem Verbote losgemacht und
in ein Gebot überging, z. B. das Verbot: Die
Vogelmutter sammt den Jungen zu nehmen, geht
in ein Gebot über: „Du sollst die Mutter, wenn
du sie genommen hast, fortschicken" (Dt. 22; 6. 7)
u. dgl. m., vgl. לֹא. Jom. 85ᵇ. Pes. 84ª u. ö. —
Sifra Achre Par. 9 cap. 13 ed. weiss: Gott wusste,
שסופן לינתק בעריות לכך בא עליהן בגזירה ...
רכן מצינו שניתקו בעריות שנאמר וישמע רג' dass
Israel sich später der Buhlerei ergeben (eig. sich
von ihm losreissen und derselben anschliessen)
würde; deshalb trat er gegen sie mit einem Befehl auf: „Ich bin der Herr, euer Gott" (Lev.
18, 2), der dies verbietet! So finden wir auch
an einer andern Stelle, dass sie der Buhlerei
ergeben waren; denn es heisst: „Mose hörte,
dass das Volk weinte" u. s. w. (Num. 11, 10).
Nach der Tradition soll näml. dieses „Weinen"
wegen des Verbotes des Incestes stattgefunden
haben, vgl. Jom. 75ᵇ, s. בָּכָה. — 2) (denom. von
נֶתֶק) mit bösen Grinden behaftet werden.
Neg. 10, 9 מי שהיה בו נתק כגריס כל ראשו
וטהור wenh Jem. einen Grind von der Grösse eines
Granpenkornes (einer gespaltenen Bohne) hatte
und später sein ganzer Kopf mit bösem Grind
behaftet wurde (infolge dessen das ganze Kopfhaar ausgefallen ist), so ist er rein; vgl. Lev.
13, 40. 41. Sifra Tasria, Neg. Par. 5 Anf. ואיש
das W. ראש נתק שניתק להביא נתק בתוך נתק
(Lev. 13, 29) besagt, dass Jem., der einen Grind
inmitten eines andern Grindes bekam; ebenf.
unrein ist; trotzdem, dass der innen liegende
Grind von natürlichem Haar unterwachsen ist,
vgl. Rabad z. St. Das. cap. 9 „Der böse Grind
ist geheilt" (Lev. 13, 37), נתק בתוך נתק לא
נתק nicht aber, wenn sich ein Grind inmitten
eines andern Grindes gebildet hat; d. h. da ist
der Aussätzige unrein, obgleich am ersten Grind
„schwarzes Haar" gewachsen ist.

נְתַק ch. (=נָתַק) abreissen, losreissen.
— Af. אַתְּיק absondern, ablösen, s. TW.
Pa. נַתֵּק losreissen, losmachen. Trop.
Mac. 15ª דההוא לנתוקי לאו הוא דאתא jenes
(das Gebot, das auf ein Verbot folgt, s. Nifal)
bewirkt blos, das Verbot aufzuheben, abzuschwächen. B. kam. 9b, s. נְתַר.
Ithpa. oder Ithpe. losgemacht, fortgenommen werden. Jom. 46b Jem., der eine Kohle
vom Altar fortnimmt und sie auslöscht, ist straffällig (Lev. 6, 5), da sie לא אינתיקה למצותה
nicht behufs Erfüllung des Gebotes fortgenommen
wurde. Erub. 13ª der Abschnitt der Sota (vgl.
Num. 5, 23), der für die eine bestimmte Frau geschrieben wurde, darf nicht für eine andere Frau
verwendet werden; כיון דאינתיק לשם רחל לא
הדרא מינתקא לשום לאה denn, da dieser Abschnitt für die Rahèl (N. N.) geschrieben (abgelöst) wurde, so kann er nicht wieder für die
Leah bestimmt werden. Seb. 3ª אינתיק ליה
לשם גרושין דההיא der Scheidebrief wurde behufs Scheidung jener Frau geschrieben, eig. losgemacht; daher darf man ihn nicht zur Scheidung einer andern Frau anwenden; wenn näml.
die beiden Männer, ebenso wie die beiden Frauen
gleiche Namen führen, vgl. Git. 24ª.

נְתִיקָה fem. N. a. das Losreissen. Pesik.
Schuba, 163ª (mit Bez. auf Jer. 22, 24) אם ינתקך
אין כתיב כאן אלא אתקנך ממקום נתיקתא
הקנתו es heisst nicht אנתקך (Piel von נָתַק s. d.),
sondern אתקנך (das auch von תָּקַן gedeutet werden kann); das besagt: Von seinem (des Jechonja,
Konjahu) Losreissen wird auch seine Besserung,
sein Bestand ausgehen. Cant. r. sv. שמני, 32e
steht dafür: אתקנך בתשובה ממקום שנתיקתך שם
תהא הקנתו ich werde dich festmachen durch
Busse; von dem Orte deines Losreissens wird
auch deine Befestigung ausgehen.

נֶתֶק m. (=bh.) böser Grind, eine Art
Hautausschlag, am Kopf oder Bart, wodurch
das natürliche Haar ausgefallen (נתק) und gelb-
liches Haar (שער צהב) an dessen Stelle gewachsen ist, vgl. Maim. zu Neg. 10, 1. — Pl.
Neg. 10, 6 fg. נְתָקִין.

נִתְקָא ch. (=נֶתֶק) böser Grind, s. TW.

נְתַר (=bh., syn. mit נָשַׁר s. d.) eig. abfallen, sich ablösen. — Nif. 1) sich losmachen, losgemacht werden. j. Taan. II,
65d ob. „Abraham sah den Widder" (Gen. 22,
13) נאחז באילן זה וניתור ויוצא נאחז בחרש זה
וניתור ויוצא נאחז בסבך זה וניתור ויוצא וכ׳
der, von jenem Baume erfasst, sich aber losmachte und entkam, von jenem Gebüsch erfasst,
sich losmachte und entkam, von jenem Wald-
dickicht erfasst, sich ebenfalls losmachte und
entkam; da sagte Gott u. s. w., s. אָחַז. Genes.
r. s. 56, 55d und Levit. r. s. 29 g. E. steht da-

für נתוש מן החרוש, von נָתַשׁ s. d. — 2) trop.
erlaubt werden, von einem Verbote entbunden, gelöst werden. j. Jeb. IV, 6b un.
(mit Bez. auf Dt. 25, 10) בית שהוא ניתר בחליצה
אחת „ein Haus", d. h. eine Frau, welcher durch
eine Chaliza erlaubt wird, einen andern Mann
zu heirathen; d. h. dass sie nicht an zwei
Schwägern die Chaliza zu vollziehen brauche.
Hif. הִתִּיר 1) losmachen, ablösen. Schabb.
20, 5 (141ª) ר׳ ... מכבש של בעלי בתים מתירין
יהודה אומר אם היה מותר מערב שבת מתיר את
כולו ושומטן die Maschine (Mange) der Privatleute darf man am Sabbat losmachen, ausein-
andernehmen (indem man näml. den Pflock, der
sie zusammenhält, herauszieht), aber nicht die
der Walker. R. Juda sagte: Wenn sie bereits
am Freitag zum Theil lose war, so darf man sie
am Sabbat ganz losmachen und auseinander-
nehmen. Das. 22ª Rab sagte: אין מתירין ציצית
מבגד לבגד man darf nicht die Schaufäden von
einem Gewande losmachen, um sie an einem anderen Gewand anzubringen. Samuel sagte: מתירין
ציצית מבגד לבגד man darf sie von einem Gewand abnehmen und an einem anderen anbringen.
Pes. 55b u. ö., s. מִנְזַה. — 2) freigeben, preisgeben, eig. losmachen. j. Pea I, 16ª mit עילא דיר
מבקשין להתיר דמן של בעלי מחלוקת sie suchten
(durch das Verlangen, dass Abischag dem Adonija
gegeben werde, 1 Kn. 2, 20 fg.) einen Vorwand,
um das Blut der Streitsüchtigen (gegen die Regierung Salomo's) freizugeben. Genes. r. s. 32
Anf. u. ö., s. ניטוריטם. Chull. 41ª התיר עצמו
למיתה Jem. gab sich dem Tode preis; d. h. er
beging eine Sünde trotz der vorangegangenen
Verwarnung, dass hierauf die Todesstrafe gesetzt
sei. Snh. 40b. 41ª יומת המת עד שיתיר עצמו
למיתה die Worte יומת המת (Dt. 17, 6) besagen,
dass die Sünder nicht eher mit Tode bestraft
werde, als bis er zu den ihn verwarnenden
Zeugen gesagt habe: Ich begehe die Sünde trotz
der darauffolgenden Todesstrafe. — 3) (=ch.
שְׁרָא) erlauben, eig. von einem Verbote losmachen, entbinden, Ggs. אָסַר: verbieten, eig. binden. Chull. 6b fg. התיר רבי את בית שאן Rabbi
erlaubte, die Früchte von Beth Schan zu geniessen, ohne sie zu verzehnten. Schabb. 3b fg.
Das. 29b fg. ר׳ יהודה מתיר ... חכמים מתירין וכ׳
R. Juda erlaubt, die Chachamim erlauben, dass
u. s. w. Bez. 3b u. ö. כל דבר שיש לו מתירין
Alles, was gegenwärtig ver-אפילו באלף לא בטל
boten ist, wofür es aber später eine Erlaubniss
giebt, wird, selbst wenn es mit 1000 anderen
Dingen vermischt wurde, nicht erlaubt. Wenn
z. B. ein Ei, das heute, am Sabbat oder am
Feiertage gelegt wurde und deshalb nicht gegessen werden darf (vgl. מוקצה), mit vielen anderen Eiern vermischt wurde, so ist heute die
ganze Mischung verboten, weil dieselbe am
Wochentage ohnedies erlaubt sein würde. Ned.
52ª; vgl. bes. die treffliche Abhandlung des R.

Nissim z. St., welcher übrigens einen andern Grund für dieses Verbot angiebt. — Zuw. מַתִּיר als Sbst., s. d. W. — Pl. Meïl. 10ᵃ כל שיש לו מַתִּירִין שאין לו מתירין ... Alles, was Erlaubniss-bewirkende, tauglichmachende Bestandtheile hat (z. B. Schlachtopfer, deren Fleisch und Fett durch das Sprengen des Blutes theils für den Altar, theils auch zum Genusse der Opferer fähig gemacht werden); Alles, was nicht solche fähigmachende Bestandtheile hat (z. B. die Handvoll vom Mehlopfer oder der Weihrauch, die selbst geopfert werden).

Hof. הוּתַּר 1) **aufgelöst werden.** Part. B. kam. 9ᵇ שור מוּתָּר ein nicht angebundener Ochs. Schabb. 141ᵃ u. ö. — 2) **erlaubt, gelöst werden.** j. Schabb. II, 5ᵇ un. הותר הנדר das Gelübde (der verhängte Bann) ist nunmehr gelöst. Snh. 68ᵃ u. ö., s. נָדָר. Chull. 17ᵃ, s. נְחִירָה. Part. pass. Bez. 22ᵇ אַף בשבת מותר לעשות כן auch am Sabbat ist es erlaubt zu thun. Das. 23ᵃ fg., vgl. auch מוּפָּר.

נְתַר **chald.** (syr. ܢܬܲܪ=נְשַׁר) **abfallen, herabfallen.** Dan. 4, 11 vom Laube. — B. mez. 21ᵇ תאינה מידע ידיע דנתרא betreffs der Feige weiss man, dass sie abfällt. נתרין זיתי die Oliven fallen ab. Kidd. 29ᵇ s. מַזִּיק. Schabb. 33ᵇ un. er weinte נתרן דמעא עיניה רקא und die Thränen seiner Augen fielen herab. Ber. 56ᵇ חזאי ככי ושיני דנתור ich sah im Traume, dass meine Backzähne und die anderen Zähne ausfielen. Sot. 13ᵃ מחייה ארישיה תתרן עיניה man schlug ihn auf den Kopf, wodurch seine Augen ausfielen. Git. 61ᵃ u. ö.

Af. אַתִּיר **abwerfen.** j. Kil. VII Anf., 30ᵈ את אתרין דמתרין טרפיהון אפילו בקייטא es giebt Orte, wo die Bäume ihre Blätter auch im Sommer abwerfen. Thr. r. Einleit. sv. משא גיא, 48ᵈ u. ö. Nas. 42ᵃ אדמה דלא מתרא manche Erde, die (wenn man den Körper damit abreibt) das Haar nicht ausfallen lässt, vgl. נָשַׁר im Hifil.

Pa. נַתֵּר **hinabfallen.** B. kam. 9ᵇ שור דרכיה לנתורי der (angebundene) Ochs pflegt sich loszureissen; in die Grube (die nicht fest zugedeckt ist) pflegen Gegenstände hineinzufallen; dah. ist näml. das Anbinden des Ochsen, ebenso wie das leichte Zudecken der Grube, keine genügende Beschützung, vgl. נְתַח. j. Jeb. XVI, 15ᵈ mit. wenn Jem. betreffs eines Menschen, der

nicht **aufzufinden ist**, bezeugt: אנא סלוני נתרי und der N. N. so ist אמר אתרין סלוני מאכל daraus noch nicht zu schliessen, dass er todt hingefallen wäre, sondern vielmehr, dass der Zeuge meine, man hätte jenem die Nahrungsmittel entzogen, infolge dessen er schlaff geworden sei.

נִתְרָא I **ch.** (syr. ܢܵܬ݂ܪܵܐ=נְתָרָא) **der Abfall, das, was abfällt**, s. TW. — Genes. r. s. 73, 72ᵈ נתרת כתיב מנהון בישין מנהון עקרן מנהון קרוסרין es heisst נתרת (Gen. 30, 36 anst. נוֹתָרת, massoret. Text הנותרת), das bedeutet: Einige jener Schafe waren kranke, einige unfruchtbare, einige hinfällige (causariae).

נֶתֶר **m.** (=bh.) **Natron**, νίτρον od. λίτρον, das mineralische Alkali, s, נְטָרוֹן. Nid. 61ᵇ. 62ᵃ נתר אלכסנדרית ... נתר אנטיפטרית das alexandrinische Natron, das antipatrinische Natron. Schabb. 90ᵃ dass. Kel. 2, 1. 10, 1 u. ö. כלי נתר wird in Ab. sar. 33ᵇ erklärt durch כלי מחפורת של צריף Gefässe aus einem Alaunschachte. Schabb. 41ᵃ u. ö.

נִתְרָא II **ch.** (=נֶתֶר) **Natron**, s. TW.

נָתַשׁ (=bh., ähnlich arab. نَتَشَ, Grndw. נת, s. נָתַח) **ausreissen, losreissen.** — Nif. נִתּוֹשׁ **sich losreissen.** Genes. r. s. 56, 55ᵈ und Levit. r. s. 29 g. E., s. נָתַר.

Hif. 1) **ausreissen, ausrotten.** Genes. r. s. 23 Anf. מתושאל מתרין אני מן העולם "Methuschaël" (Einer der Nachkommen Kains, Gen. 4, 18) bedeutet: „Ich werde sie aus der Welt ausrotten." 2) (=Hif. von תָּשַׁשׁ) **schwächen.** Snh. 26ᵇ למה נקרא שמה תושיה מפני שהיא מתשת כחו של אדם weshalb wird die Gesetzlehre תושיה (Jes. 28, 29) genannt? Weil sie die Kraft des Menschen schwächt. Khl. r. sv. זורח, 72ᵃ הקב"ה מתיש כחו במים כו' דהשמש Gott schwächt ihre (der Sonne) Kraft durch Wasser; damit sie nicht die Welt verbrenne, vgl. שַׁלְהָב. Git. 70ᵃ un. drei Dinge גופו (l. מתישין) מחרין שׁל אדם schwächen den menschlichen Körper u. s. w.

נָתַשׁ **ch.** (syr. ܢܬܲܫ=נְתַשׁ) **ausreissen, ausrotten, entwurzeln**, s. TW.

ס

ס Samech, der fünfzehnte Buchstabe des Alphabets, ist, seiner Aussprache nach, gleich dem שׂ (Sin) und steht im rabbinischen Schriftthum oft in solchen Wörtern, die im bibl. Hebraismus ein שׂ haben, wie z. B. נָסָא (bh. נָשָׂא) nehmen, heirathen; סָאֵב (bh. שִׂיב) grau, alt werden; סְאוֹר (bh. שְׂאוֹר) Sauerteig; namentl. öfter in aram. Wörtern, z. B. סֵב (hbr. שָׂב) Greis, סָנֵא (hbr. שָׂנֵא) hassen, סְעַר (hbr. שֵׂעָר) Haar, סַעְרָתָא und contr. סַרְתָּא (hbr. שַׂעֲרָה) Gerste u. v. ä. — Zuw. steht ס für hbr. שׁ (Schin), wie z. B. סָמַר (hbr. שָׁמַר) hüten; vgl. hbr. כָּנַס (aram. כְּנַס und כְּנַשׁ) sammeln u. a. — ס wechselt oft mit ז und צ, s. diese Bstbn, vgl. auch סַהֲרָא, סִיהֲרָא=זַהֲרָא, זִיהֲרָא Mond; צְחַק (שְׂחַק)=סְחַק lachen u. v. a. — ס am Ende urspr. griech. Wörter bezeichnet den Plural, z. B. אַתִינַס Athenae, קָלֶנְדַּס Calendae, vgl. auch בּוּקִינוֹס u. m. a.

Besonders beachtenswerth ist das ס in solchen Wörtern, in denen es dem eigentlichen Stamme als Präformation vorgesetzt wird und ein Safel (ähnlich dem Schafel) bildet. So ist ס z. B. סָרֵיק, סְרַק leer sein, ein Safel von רֵיק, סַרְהָב anregen, eilen, von רָהַב, סָקְבַל begegnen, von קְבַל (denom. von גַּרְגַּר) סַגְרֵג kernig werden und sehr v. a. — Zuw. wird infolge der Vorsetzung des ס als Safel, der erste Wurzelbst., wenn er ein Guttural ist, abgeworfen. So z. B. ist סְהַד bezeugen, urspr. nichts anderes als ein Safel des ungebr. עהד (aram. Form für das hbr. עוּד, wie רָהַט, בְּהַת für hbr. בּוּשׁ רוּץ u. a.), סְבַל rund sein (=עגל), Pa. עַגֵּל, סַבְלְגֵּל umringen, Palp. Adj. סַבְלְגֵּל u. s. w., סַרְבֵּל (von עֲרְבֵּל) vermischen, סַגִּיף (Parel שַׁגִּיף)=סְרְנֵק, שׁוֹרְנֵק (vom Stw. אֲנַק od. חֲנַק) ersticken, erwürgen. So dürfte auch סַרְכָן Fürst, von אַרְכוֹן ἄρχων abzuleiten sein; vgl. ferner סַנְוֵרִים (bh. Sbst. סַנְוֵרִים) blenden; mit vrgs. Silbe אֲסַ-, סֵ- s. d. (Die Vorsetzung des Sibilus findet sich bekanntlich auch in den klassischen Sprachen häufig, z. B. ἅλς, sal, ὁλκός, sulcus; ferner μάργαδος, σμάργαδος, στέγω, tego u. v. a.)

סָאֵב I (=bh. שִׂיב, arab. شَابَ med. Je) grau, alt werden. — Hithpa. eig. sehr alt werden, dah. hinfällig, mit Leibesfehlern behaftet werden. Tem. 8ᵃ wenn das Kind einer Priesterfrau mit dem Kinde ihrer Magd ver-

wechselt wurde, בכורן ירעו עד שיסתאבו ויאכלו במומן so sollen ihre erstgeborenen Thiere so lange weiden, bis sie alt (hinfällig) geworden, sodann dürfen sie infolge ihrer Fehler von jenen gegessen werden. Das. 22ᵃ ותמכר וריבא בדמיה אחרת וכ׳ תרדה עד שתסתאב das Thier (nach dessen Weihung zum Opfer der Eigenthümer gestorben ist u. dgl.) soll weiden bis es hinfällig geworden, worauf es dann verkauft wird und man für den Erlös desselben ein anderes Opfer darbringt. Das. 26ᵃ u. ö. (Sifra Bechukkothai cap. 9 Par. 4 erweist die Erlaubniss, die zu Opfern bestimmten, aber mit Leibesfehlern behafteten Thiere, פסולי המוקדשין, auszulösen, aus בהמה טמאה [Lev. 27, 11], wonach also unser יסתאב ein Hithpa. wäre vom nächstflg. סָאֵב: unrein, d. h. als Opfer verworfen werden.)

סָאֵב ch. (syn. mit שִׂיב, syr. ܣܐܒ=vrg. סָאֵב) alt sein, werden. j. Dem. III, 23ᶜ un. כד תסאבון אנא אמר לכון מה הוה מימר לכון (להון l.) wenn ihr älter sein werdet, so werde ich euch mittheilen, was ich ihnen hätte sagen können (die Emendation תסבאון ist unrichtig); s. auch TW.

סָאֵב II levitisch unrein sein. — Pi. verunreinigen. Part. Pual Chall. 2, 2 eine Teigmasse, die mit dem Safte von Früchten eingerührt wurde, חייבת בחלה ונאכלת בידים מסואבות ist der Verpflichtung, die Teighebe (Challa) davon zu entrichten, unterworfen, sie darf aber auch mit levitisch unreinen Händen gegessen werden; weil näml. solcher Saft nicht für Herbeiführung levitischer Unreinheit fähig macht, vgl. כָּשֵׁר im Hifil. Chull. 33ᵃ Thiere, von welchen beim Schlachten kein Blut abgelaufen ist, כשרים ונאכלין בידים מסראבות וכ׳ sind zum Genusse erlaubt und sie dürfen mit levitisch unreinen Händen gegessen werden, weil sie, da kein Blut von ihnen abgelaufen ist, zur Herbeiführung der Unreinheit nicht fähig gemacht wurden.

סָאֵב ch. (=סָאֵב) unrein sein. — Pa. סָאֵיב (syr. ܣܐܒ=Piel) verunreinigen, unrein machen. Taan. 11ᵃ un. der Nasir wird „Sünder“ genannt (Num. 6, 11), דסאיב נפשיה weil er sich (durch Berühren einer Leiche) verunreinigt hat. j. Maas. scheni III, 54ᵇ mit. ר׳ פנחס מסאב לה ופרי לה R. Pinchas veranlasste,

dass sie (die Früchte des zweiten Zehnten, die man nach Jerusalem brachte) unrein wurden und löste sie dann aus. j. Snh. I, 18ᵇ ob. חזר בר נש סאב לחד כהן Jem. verunreinigte einen Priester.

Ithpa. verunreinigt werden, s. TW. Edij. 8, 4 Jose ben Joëser bezeugte דיקרב במיתא מסתאב ... dass Jem., der eine Leiche berührt, unrein werde. Richtiger jedoch ist die LA. im Ms. M. (=Ab. sar. 37ᵃ) על דיקרב למיתא מסאב Die beiden Fragen der Gem. in Ab. sar. 37ᵇ: 1) weshalb wird dieser Satz als ein „Zeugniss des Jose" angeführt, da es doch eine biblische Satzung (Num. 19, 11) sei? und 2) weshalb nannte man ihn: „Jose, den Erlaubenden", er hätte: „der Verbietende" (אסראב Ms. M., Agg. אסרא) genannt werden sollen? wären nach der citirten LA. des Ms. wie folgt zu beseitigen: Nach der traditionellen Lehre der Rabbinen gilt derjenige, der eine Leiche berührt, als der erste Grad der Unreinheit, אב הטומאה (die Leiche selbst heisst אבי אבות הטומאה, vgl. טומאה), durch dessen Berührung auch Andere unrein werden. Demnach lasen sie anst. des schwierigen Ws. וְטָמֵא in Num. l. c.: וטמא (ebenso in vielen Bibelcodices nach Kennicot). יְטַמֵּא wird aber (vgl. Sifra Schemini cap. 8 Par. 7 und Sot. 27ᵇ mit Bez. auf Lev. 11, 33) von R. Akiba als ein Piel וְטִמֵּא gedeutet: „Er macht Andere unrein". Nach dem Zeugniss des Jose hing. ist derjenige, der eine Leiche berührt, unrein (מְסָאָב, hbr. טָמֵא), verunreinigt aber nicht Andere. Die Bemerk. im TW. hv. ist danach zu berichtigen.

סוֹאָבָא, סָאוֹב m. (syr. ܣܘܐܒ) Unreinheit, pollutio. — סוֹאַבְתָּא, סָאוֹבִתָא (contr. סוֹבְתָא) f. 1) Unreinheit, unreiner Zustand. — 2) übrtr. unreine Person. — סוֹאַבוּתָא f. Unreinheit, eig. das Unreinsein, s. TW.

סָאבָא der Greis, s. סָב, סָבָא.

סְאָה f. (=bh.) Seah, ein bestimmtes Getreidemass, das auch zum Messen flüssiger Dinge diente und das den dritten Theil eines Epha betrug. Stw. arab. سأى ausdehnen und das Ausgedehnte abschneiden; dah. auch (=מָדַד) messen; vgl. auch סוי. Men. 12, 4 (103ᵇ) כל מדות חכמים כן בארבעים סאה הוא טובל ובארבעים סאה חסר קורטוב אינו יכול לטבול בהן alle Masse, welche die Gelehrten bestimmt haben, sind so (d. h. ganz genau); so z. B. darf der levitisch Unreine in einem Teiche, der 40 Seah Wasser enthält, baden; wenn hing. von den 40 Seah ein kleines Mass (der vierte Theil eines Log) fehlt, so darf er nicht darin baden. B. mez. 62ᵃ un. סאה בסאה Seah gegen Seah; d. h. das Verleihen eines Masses Getreide mit der Bedingung, dass man ebensoviel Getreide zurückerhalte, ist, wenn das Getreide zur Zahlungszeit theurer geworden,

verboten, weil dann die Rückgabe dem Wucher ähnlich ist. Trop. Tosef. Sot. III. Anf. מדד בסאה Jem. mass mit dem Seah, einem grossen Mass; d. h. er beging eine grosse Sünde. j. Sot. I, 17ᵃ mit. und Sot. 8ᵇ dass., vgl. מָדַד. Sot. 9ᵃ אין מדד Gott הקב״ה נפרע מן האדם עד שתתמלא סאתו bestraft den Menschen nicht eher, als bis sein Sündenmass gefüllt ist. — Pl. j. Sot. l. c. (mit Ansp. auf סאן, סאון, Jes. 9, 4) סאון כאן ריבה הרבה die Schrift deutet hier auf viele kleine Sündenmasse hin. — Gew. סָאין (=bh. סָאים). Men. 8, 1 (76ᵇ) חמש סאין ירושלמיות שהן שש מדבריות fünf jerusalemische Seah's, welche sechs Seah's der Wüste (die in dem Pentat. erwähnt sind) ausmachen. Das. 77ᵃ (mit Bez. auf Ez. 45, 11: „Das Epha und das Bath haben gleiches Mass") מה בת שלש סאין אף איפה שלש סאין só wie das Bath 3 Seah beträgt, so beträgt auch das Epha 3 Seah. Das. ö. — Dual (=bh.) סָאתַים. Ter. 10, 8 u. ö., s. גָּרֵב. Schebi. 3, 3. 4 u. ö. בית סאה, בית סאתים ein Feld, worauf man ein Seah Getreide, ein Feld, worauf man zwei Seah Getreide aussäen kann.

סָאתָא, סָאתְא, סְאָה ch. (syr. ܣܐܬܐ, سأة)=vrg. סְאָה Seah. j. Ter. X, 47ᵃ mit. כמה סאתא עבדא wie viel enthält ein Seah? 24 Log. j. Snh. X, 27ᵈ mit. Jem., der für eine ausgeübte Tugend sofort Belohnung erwartet, כאינש דאמר דא סקא ודא סלעא ודא סאתא קום כיל gleicht demjenigen, der da sagt: Hier ist der Sack, hier der Sela (das Kaufgeld) und hier das Seah (zum Einmessen); auf und miss ein! Ruth r. Anf., 35ᵇ und Levit. r. s. 36, 180ᵉ dass., vgl. כיל. — Pl. Pes. 113ᵃ תלתא סאוי Ms. M. (Agg. crmp.) drei Seah. M. kat. 12ᵃ שית סאוי sechs Seah.

סָאט bewegen, rütteln, s. סוט.

סָאמָא m. (=סִימָא s. d., syr. ܣܐܡܐ) Silber, s. TW.

סָאנָא m. (=זָאנָא s. d.) Reis, Aehre, bes. die Spitze derselben. Sot. 5ᵃ und Chull. 17ᵇ, s. זָאנָא und סָא. Thr. r. sv. סלה, 57ᵈ בבר גמזא צווחין לסאתא (l. לסאנא) סרקי in Bar-Gimso nennt man die Spitze der Aehre: Kamm. Das. 77ᵃ סתי l. סָאתֵי od. סָנֵי pl. — Pl. Khl. r. sv. שבתי, 92ᵇ worin bestand die „Schnellfüssigkeit des Asael" (2 Sm. 20, 18)? שהיה רץ על שאסי שיבוליא ואינון משתברין (l. סָאסֵי) dass er über die Aehrenspitzen hinglief, ohne dass sie zerbrochen wurden.

סִיאוֹר, סָאוֹר m. (=bh. שְׂאֹר; Chirek mit י wird oft für Schewa mobile gesetzt, vgl. סִירְפָּא u. a. Stw. arab. سأر eig. etwas, was hinaustreibt, in die Höhe treibt; dah. 1) Sauerteig, sowie der gährende Saft der Früchte. Maasr. 1, 2

הצמרים מטיטילו סאור סאור (שְׂאוֹר) Ar. (Agg. die
Datteln sind (behufs des Verzehrntens als reif
anzusehen), wenn sie gährenden Saft ausschwitzen. Chall. 2, 6 'וכ וסיאורן הן Ar. (Agg.
וסאורן) sie (die fünf Viertel Kab Mehl) und
ihr Sauerteig, s. מוּרְסָן. — 2) der böse Trieb
im Menschen, und übrtr. die Sündhaftigkeit. j. Ab. sar. II, 41ᵇ ob. גר שחזר לסיאורו
ein Proselyt, der wieder zu seiner Sündhaftigkeit (d. h. zum Heidenthum) zurückgekehrt ist.
Das. einen Proselyten gab es, der ein Haarverschneider war und der viele Israeliten, die sich
von ihm das Haar verschneiden liessen, tödtete;
ובסוף נתפללו עליו וחזר לסיאורו später jedoch
betete man betreffs seiner, dass er wieder zu
seinem Heidenthum zurückkehre. Khl. r. sv.
אילולי כן חזר הפרסי לסיאורו ,57ᵇᶜ טוב אחרית
wäre das nicht der Fall (dass Samuel gegen
einen Proselyten so sanftmüthig verfahren), so
wäre der Perser zu seinem Heidenthum zurückgekehrt. Das. אילולי כן חזר לסיאורו wäre
R. Josua nicht so sanftmüthig gegen den Proselyten Akilas (Aquila) verfahren, so würde
letzterer wieder zu seinem Heidenthum zurückgekehrt sein; vgl. auch שְׂאוֹר, שְׂיאוֹר.

סִיאוּרָא ch. (=סִיאוּר) der böse Trieb, die
Sündhaftigkeit, s. TW.

סֹאוּר s. סוֹנֵר.

סַב Imper. von נְסַב nehmen, s. d. W. — j.
Dem. I, 22ᵃ ob. סבון שעריהון sie nahmen die
Gerste. j. Maasr. IV, 51ᵇ un. הוון סבין מיניה
sie nahmen Gerste von ihm. Levit. r. s. 34, 178ᵈ
וסבחינון er nahm sie. j. R. hasch. II Anf., 58ᵃ
ob. מִסְבִּין Af. von נְסַב: nehmen lassen.

סָב ,סָבָא ,סָאבָא m., **סָבָא** f. (syr.
ܣܳܒܳ ,ܣܳܐܒ, Stw. סִיב oder סָאב 1) alt,
Greis, Greisin. j. Jeb. XII, 12ᵈ un. אין הדה סב
'אין הות סבחא ... wenn er alt war, wenn sie
alt war u. s. w., vgl. סַלָּבָא. Arach. 19ᵃ ob.
בביתא סבחא בביתא (Var. פתחא) סאחא בביתא
סבחא בביתא ein Greis im Hause ist ein Verderben im Hause, eine Greisin im Hause ist ein
Schatz im Hause; weil näml. ersterer stets verdriesslich und launisch und zur Arbeit untauglich,
letztere hing. im Hauswesen behilflich ist. j.
Maas. cheni III, 54ᵇ ob. אמר לון חד סבא (wahrsch.
zu lesen סבא הדא לון אמרה, syr. ܣܳܒܬܳ fem.)
eine alte Frau sagte zu ihnen; vgl. das. סבתא
הות סברה die alte Frau u. s. w. Chull.
6ᵃ ob. אשכחיה חד סבא ein Greis traf ihn.
(Tosaf. z. St. citiren die Ansicht, dass überall,
wo חד סבא steht, der Prophet Elias gemeint
sei, was jedoch aus Schabb. 34ᵃ widerlegt ist).
j. Pea VI, 19ᶜ mit. אתא חד סב ein Greis kam.
j. Bic. III, 65ᶜ un. 'ר מאיר חמי אפילו סב עם
so oft R. Meïr einen הארץ ומקים ליה מן קומוי
Greis, selbst wenn dieser ein Idiot war, sah, so

stand er vor ihm auf. Genes. r. s. 56, 55ᶜ סבא
o Alter, Alter! s. אבד im Afel. Das. s. 74,
73ᶜ, s. מַנֵּן. j. Maas. V, 56ᶜ ob. und Parall.
סבא crmp., s. סָפָא. — Pl. j. Pea VIII g. E., 21ᵇ
mit. אית הוון סבין ברימנא es giebt in unseren
Tagen Greise u. s. w. Kidd. 33ᵃ un. ר' יוחנן
הוד קאי מקמי סבי דאראמאי R. Jochanan erhob
sich selbst vor nichtjüdischen Greisen. Snh. 102ᵇ
u. ö., s. בְּדָבָן. — 2) übrtr. (=זָקֵן, זְקֵנָה) Ahn,
Grossvater, Grossmutter. Cant. r. sv. מי זאת,
18ᵃ הדא מילא מן יעקב סבא dies lernen wir von
dem Verfahren des Urahns Jakob. Genes. r. s.
74, 73ᶜ סבא ישראל der Ahn Israel. j. Ned. X
g. E., 42ᵇ לא תיעבד לי כמה דעבדת לסבי verfahre nicht mit mir, so wie du mit meinem
Grossvater verfuhrst. Dafür auch סב אבא s. d.
B. bath. 125ᵃᵇ ככסי לסבתא mein Vermögen soll
meiner Grossmutter gehören. Das. ö. 'סָב). סָבָא (=זָקֵן
Gelehrter. j. M. kat. III, 83ᶜ
ob. תנא חד סב קומי ר' זעירא ein Gelehrter trug
eine Borajtha in Gegenwart des R. Seïra vor.
— Pl. j. Bic. III Anf., 65ᵇ un. der König Chiskija setzte sich vor dem Studienhause nieder,
בגין מיחמי סבין ומיקם ליה מן קומידהון um Gelehrte zu sehen und vor ihnen aufzustehen. Das.
סיעתא דסבין die Genossenschaft der Gelehrten.
Snh. 17ᵇ סבי דסורא ... סבי דפומבדיתא die Gelehrten Sura's, die Gelehrten Pumbeditha's. B.
bath. 58ᵇ סאבי דיהודאי die Gelehrten der Juden.
Pes. 118ᵇ u. ö. — Bech. 8ᵇ סבי דבי אתונא die
Gelehrten des Athenaeums in Rom, wo sich
die Lehrer der freien Künste und Wissenschaften versammelten und auch mit R. Josua ben
Chanania mehrere Disputationen über Natur-
wissenschaften führten; so nach einer gef. Mittheilung des Hrn. Prof. Grätz. Danach ist die
St. sv. אַתִּינָה zu berichten. — 3) Nid. 61ᵃ
כפר סבא wahrsch. N. pr.: das Dorf Saba,
oder Seba.

סִיב s. d. in סִי.

סָבוּתָא f. (=סִיבוּתָא s. d.) Greisenthum,
s. TW.

סָבָא (=bh.) übermässig trinken, saufen. Das W. dürfte mit dem arab. ضَبَّ ,صَبَّ:
fliessen, zusammenhängen, wofür namentl. die
nächstflg. St. spricht. Part. pass. Nid. 24ᵇ השותה
יין חי עצמותיו שרופין מזוג במים יותר מדאי
Ar. עצמותיו סבואין מזוג כראוי עצמותיו משוחין
(Agg. סכוויין) wenn Jem. rohen, ungemischten
Wein trinkt, so werden seine Gebeine ausgedorrt, verbrannt; wenn Wein mit zuviel Wasser gemischt, so werden sie von Feuchtigkeit durchzogen,
wässerig; wenn aber Wein mit gebührender Mischung, so werden sie markig. In dem Nachsatz
das. wäre demnach zu lesen: כל מי שאכילתו מרובה
משתיתו עצמותיו שרופין שתיירתו מרובה מאכילתו
עצמותיו סבואין (in den Agg. umgekehrt) wenn

Jem. mehr isst, als wie er trinkt, so werden seine Gebeine ausgedorrt; wer mehr trinkt, als wie er isst, dessen Gebeine werden von Feuchtigkeit durchzogen. ·

סְבָא ch. (=סָבָא) trinken, saufen, s. TW. Pa. סַבֵּי Wein ausschänken. B. bath. 98ᵃ האי מאן דזבין ליה חביתא דחמרא לחנואה אדעתא לְסַבּוּיֵיה וחקיף וכ' wenn Jem. einem Krämer einen Krug mit Wein verkauft, um letzteren auszuschänken, welcher aber sauer wird u. s. w.

סָבוֹיְתָא , סָבוֹאָתָא fem. Weinverkäuferin, Ausschänkerin. Pl. Ab. sar. 71ᵇ אמר רב להנהו סְבַוָּאָתָא כי זביתו חמרא לנכרים וכ' Ar. (Agg. סַבּוּיָאֲתָא) Rab sagte zu jenen Weinverkäuferinnen: Wenn ihr den Nichtjuden Wein verkauft u. s. w. Das. 72ᵇ R. Chisda sagte להנחו סביתא (l. סבוייתא) וכ' zu jenen Schänkerinnen u. s. w.; dav. auch מסובייתא, welches ebenf. von סַבֵּי abzuleiten und מְסוֹגִיְתָא (mit Dag.) zu punktiren wäre.

סְבָא (=bh.) Seba, Name eines von Kusch abstammenden Volkes und Landes, s. TW.

סביא Khl. r. sv. טובה חכמה, 93ᶜ crmp. aus סברא s. d.

סוּבִּין m. pl. dünne Kleie oder: Hülsen. Stw. סָבַב eig. was in der Mühle gedreht, hin- und hergeschüttelt wird, um daraus Mehl zu gewinnen. Keth. 112ᵃ סאה סובין סאה מורסן ein Seah dünne Kleie, ein Seah grobe Kleie. j. Sot. I, 17ᵇ mit. u. ö., s. מוּרְסָן. B. bath. 98ᵇ Ben Sira sagte: הכל שקלתי בכף מאזנים ולא מצאתי קל מסובין וקל מסובין חתן הדר בבית חמיו וכ' Alles habe ich auf der Wagschale abgewogen und habe nichts gefunden, was leichter wäre als Kleie; etwas jedoch giebt es, das leichter ist als Kleie (d. h. der Leichtsinnige unter den Menschen ist) der Eidam, der in seinem schwiegerelterlichen Hause wohnt; welcher näml. öfter Gelegenheit hat, mit seiner Schwiegermutter allein zu sein. — Mit Suff. Chall. 2, 6 סובָּן ומורסנן ihre dünne Kleie und ihre grobe Kleie. Schabb. 76ᵇ dass. Raschi z. St.: סובין bedeutet die Hülsen.

סָבַב (=bh.) drehen, winden, sich winden.

Pi. סִבֵּב ringsherum gehen, die Runde machen. Ruth r. Anf., 36ᵈ כל ישראל מסבבין פתחו alle Israeliten umringten seine (des Reichen) Thür, um von ihm Nahrungsmittel zu erhalten. Tosef. Pea IV Anf. אין הפתחים על החזיר (=על הפתחים) aram. נזקקין לו לכל דבר vgl. הֵבַר und חָזַר für einen Armen, der betteln geht, ist man in keinerlei Beziehung verpflichtet, aus Gemeindekassen anständige Nahrungsmittel zu beschaffen. j. Pea I, 15ᵇ ob. und j. Kidd. I, 61ᵇ un. בין שיש לך הון בין שאין לך הון כבד את אביך וג' ואפילו את

מסבב על הפתחים gleichviel, ob du Vermögen besitzest, oder ob du kein Vermögen besitzest, „ehre deinen Vater und deine Mutter" (Ex. 20, 12), selbst wenn du genöthigt bist, betteln zu gehen. Dahing. heisst es betreffs der Ehrerbietung gegen Gott: „Ehre Gott mit deinem Vermögen" (Spr. 3, 9). Tanch. Wajchi, 57ᵃ (mit Bez. auf Gen. 49, 7) כל מי שמסבב על הפתחים הוא משבט שמעון אמר הקב״ה אף לוי יֵרֵד מסבב וכ' wer betteln geht, ist ein Abkömmling vom Stamme Simon. Gott sagte: Auch Lewi soll herumgehen, um Gaben einzufordern, damit die Prophezeiung Jakob's erfüllt werde; er soll näml. in die Scheunen gehen, um sich den Zehnten zu holen. Tosef. Kel. B. kam. I Ende מסבבין בתוכן המת man trägt die Leiche in den Städten herum.

Hif. הֵסַב 1) umringen, insbes. an der Tafelrunde auf Sophas angelehnt liegen (=aram. אַסְחַר. s. סְחַר). Ber. 42ᵃ un. היו יושבין כל אחד מברך לעצמו הסבו אחד מברך לכולן wenn die Tischgenossen bei der Mahlzeit sitzen, so spricht Jeder das Tischgebet für sich; wenn sie hing. an der Tafelrunde angelehnt liegen, so spricht Einer das Tischgebet für Alle. Das. 43ᵃ fg. הסבו, vollständig: הסבו לאכול sie lagen an der Tafelrunde, um zu essen. Tosef. Ber. V כיצד צד (Var. כיצד) סדר הסיב בזמן שהן שתי מטות גדול מיסב בראשה של ראשונה והשנוה לו למטה הימנו ובזמן שהן שלש מטות גדול מיסב בראשה של אמצעית שני לו למעלה הימנו שלישי לו למטה הימנו auf welche Weise geschieht das Lagern an der Tafelrunde? Wenn zwei Sophas da sind, so lagert sich der Vornehmste an der Spitze des ersten Sophas und der, welcher nächst ihm den zweiten Rang einnimmt, unter ihm (d. h. auf dem zweiten Sopha). Wenn drei Sophas da sind, so lagert der Vornehmste an der Spitze des mittelsten Sophas, der, welcher nächst ihm den zweiten Rang einnimmt, über ihm (d. h. auf dem höher stehenden Sopha) und der dritte im Range unter ersterem. Ber. 46ᵇ dass. mit einigen Abänderungen, vgl. סְעוּדָּה Pes. 10, 1 (99ᵇ) אפילו עני שבישראל לא יאכל עד שיסב selbst der Aermste unter den Israeliten soll (am Pesachabend zum Zeichen der Freiheit) nicht eher essen, als bis er sich am Tisch angelehnt lagert. Das. 108ᵃ fg. Ber. 47ᵃ אין המסובין רשאין לאכול כלום עד שיבצע הבוצע (eig. die zur Tafel Geladenen, gewöhnlich als Plural von מֵיסָב) die Tischgenossen (die sich auf den Sophas lagern) dürfen nichts essen, bevor derjenige, der das Brot schneidet, es angeschnitten hat. Exod. r. s. 25, 124ᵃ והיו האומות רואין את ישראל מסובין ואוכלין ומקלסין להקב״ה die Völker sahen die Israeliten angelehnt sitzen, speisen und Gott preisen. — 2) transt. zu Tische setzen, lagern lassen. Exod. r. s. 25, 124ᵃ מה עשה הקב״ה הסיבן תחת ענני וג' was that

Gott (als die Völker sagten: „Kann denn Gott
einen Tisch in der Wüste bereiten" Ps. 78, 19)?
Er liess sie unter den Wolken der Herrlichkeit
lagern, gab ihnen das Manna zu essen u. s. w.;
mit Ansp. auf ויסב (Ex. 13, 18).

Poel umringen. Ab. sar. 18ᵃ (mit Bez. auf
Ps. 49, 6) die Sünden, die Jem. in dieser Welt
mit seinen Füssen fortstösst (d. h. für unbedeutend hält), מסובבין אותו לעולם הבא Ms. M. (Agg.
מסורבין לו ליום הדין) umringen ihn in der zukünftigen Welt.

סוֹבֵב m. eig. Umgebendes; Umringendes, Rand; insbes. 1) Reifen. Kel. 11, 3
הסובב של גלגל der Reifen (eiserne Beschlag)
des Wagenrades. Das. 14, 5 dass. — 2) der
Sobeb, d. h. der Rand an der mittelsten Schichte
des Opferaltars zwischen dem Grunde (Jesod,
יסוד) und der obersten Platte (מַעֲרָכָה s. d.), die
30 Ellen im Geviert mass, dass., was bh. כַּרְכֹּב,
vgl. מֵלְבֵּן. Midd. 3, 1 עלה חמש וכנס אמר זה ה״
הסובב wenn man fünf Ellen vom Jesod aufwärts
und eine Elle einwärts stieg, so war das, traf man
auf den Sobeb. Seb. 5, 3 (53ᵇ) עלה בכבש ופנה ל״
לסובב ובא לו לקרן דרומית מזרחית וכ׳ der Priester
bestieg die Treppe, wandte sich dem Sobeb zu
und gelangte an die südöstliche Ecke des Altars.
Das. 62ᵇ שני כבשים קטנים יוצאין מן הכבש שבהן
פונים ליסוד ולסובב zwei kleine Treppen gingen
von der Haupttreppe des Altars aus, auf deren
östlicher man sich zum Jesod und auf deren
westlicher man sich zum Sobeb wandte. Kel.
17, 10 u. ö.

סוֹבְבָא ch. (=סוֹבֵב) der Rand, Sobeb, s.
TW.

סִיבָה f. (ähnlich bh., סִבָּה, Stw. סָבַב) das
Zuwenden des Erbes. B. bath. 159ᵇ נאמרה
סיבה בבן ונאמרה סיבה בבעל וכ׳ das „Zuwenden des Erbes" steht (Num. 36, 7. 9) betreffs
des Sohnes und ebenso betreffs des Mannes
u. s. w. (Bei den späteren rabbinischen Philosophen bedeutet סבה: die Ursache; ferner סבת
הסבות: causa causarum, d. h. Gott.)

סָבְחֵי s. בַּחֲרֵי.

סַבְהְלוֹם m. (= bh. יַהֲלֹם) ein Edelstein,
s. TW.

סַבְטָא Sibta, N. pr. Snh. 64ᵃ מעשה בסבטא
אחת בן אלס שהשכיר חמורו לעכו״ם einst vermiethete Sibta ben Alas seinen Esel an eine
Götzendienerin u. s. w. Sifre Balak § 131 steht
dafür סבטא מאולס Sebatja aus Ulas. j. Snh.
X, 28ᵈ mit. סובתה מאולס. Jalk. I, 245ᵇ steht
dafür מעשה בסינתא וכ׳ einst vermiethete Sinta
u. s. w. — Snh. 112ᵃ Pflock, richtiger
סיכתא, s. d.

סַנְבַּטְיוֹן, סִימְבַּטְיוֹן, סַבַּטְיוֹן m. (gr. σαββα-

τεῖον) Sabbation, Sambation, Sanbation
(ם oder נ eingeschaltet) eig. die Stätte, wo der
Sabbat (σάββατον, שַׁבָּת) gefeiert wird; insbes.
der Sabbatfluss, von welchem man glaubte,
dass er die Sabbatruhe beobachtete. Schon der
griechische Name dieses Flusses bezeugt, dass
derselbe einem nichtjüdischen Sagenkreise sein
Entstehen zu verdanken habe. Plin. Hist.
nat. XXXI, 2 erwähnt diesen Fluss, und seine
Mittheilungen hierüber stimmen so ziemlich
mit denen der Talmudim und Midraschim
überein; wovon Joseph. Jüd. Kriege VII, 1
in manchen Stücken abweicht; vgl. auch Neub.
Géogr. du Tlmd. p. 33. — Snh. 65ᵇ Tyrannus
Rufus sagte zu R. Akiba: מי יימר דהאידנא שבתא
אמר ליה נהר סבטיון יוכיח wer bezeugt es, dass
heute der Sabbat ist? Worauf jener: Der Fluss
Sabbation beweist es. Genes. r. sct. 11, 11ᵇ steht
dafür הרי נהר סבטיון יוכיח שמושך אבנים כל ימות
ימות השבת ובשבת הוא נח sieh, der Fluss Sambation beweist es, der in den Wochentagen Steine
auswirft, am Sabbat aber ruht. Pesik. r. s. 23,
46ᵈ dass. Genes. r. sct. 73, 72ᵇ עשרת השבטים
גלו לפנים מן נהר סבטיון שבט יהודה ובנימין
מפוזרים בכל הארצות das Zehnstämmereich wurde
nach der Gegend, die vom Sanbationfluss eingeschlossen ist, vertrieben; die Stämme Juda
und Benjamin aber sind nach allen Ländern hin
zerstreut. j. Snh. X g. E., 29ᶜ un. לשלש גליות
גלו ישראל אחת לפנים מנהר סבטיון ואחת לדפני
של אנטוכיא ואחת שירד עליהם הענן וכיסה אותם
לאמר לאסורים צאו אילו שגלו לפנים מנהר ...
סבטיון וכ׳ nach drei verschiedenen Wander-
schaften wurden die Israeliten vertrieben; die
eine nach der vom Sabbationfluss eingeschlossenen
Gegend, die andere nach Daphne von Antiochien
und über die dritte kam eine Wolke und verhüllte sie. „Den Gefangenen zu sagen: Gehet
hinaus" (Jes. 49, 9), d. h. denjenigen, die nach
der vom Sanbationfluss eingeschlossenen Gegend
vertrieben wurden u. s. w.; vgl. auch TW. sv.
סַנְבַּטְיוֹן.

סָבַךְ (=bh., arab. شَبَكَ mischen, Conj. II
flechten. Grndw. בך, syn. mit בך, s. אָבַק und אָבַךְ
Bd. I, 565ᵃ) verflechten, ausfüllen. Schebi.
3, 8 ולא יסברך בעפר Ms. M. u. Ar. (Agg. יסמוך)
man darf nicht kurz vor Eintritt des Brachjahres die aus aneinandergereihten Steinen angefertigte Wasserrinne mit Schutt ausfüllen.

Nif. und Hithpa. verflochten, verwickelt
werden, sich verwickeln. Levit. r. sct. 29,
173ᶜ Gott zeigte dem Abraham den Widder,
ניתוש מחורש זה ונסבך בחורש אחר אמר הקב״ה
לאברהם כך עתידין בניך להיות נאחזים בעונות
וכ׳ als er sich von einem Ge-
büsch losmachte, von einem andern Gebüsch erfasst, verwickelt wurde. Hierauf sagte Gott zu
Abraham: Auf dieselbe Weise werden deine Kinder einst von Sünden erfasst und in Leiden

verwickelt werden, bis sie zuletzt durch das Horn
dieses Widders (durch „die grosse Posaune", Jes.
27, 13) werden erlöst werden. Das. ö. Genes. r. sct.
56, 55ᵈ steht dafür: ניתוש מן החורש הזה והולך
ומסתבך בחורש אחר . . . כך עתידין בניך להסתבך
למדי וכו׳ למלכיות מבבל der Widder machte sich
von dem einen Gebüsch los und verwickelte sich
in einem andern Gebüsch . . . So werden sich
einst deine Kinder mit den heidnischen Reichen
verwickeln, von Babel nach Medien auswandern
u. s. w. Das. ö. Das. sct. 65, 64ᶜ עלה המוץ בקורץ
בשערו ונסתבך die Spreu kam auf den Locken-
köpfigen und verwickelte sich mit seinem Haare,
vgl. קורץ. j. Schabb. VII, 10ᵃ un. נסתבכו בגדיו
בקוצים seine Kleider verwickelten sich in
Dornen.

Pi. סִבֵּךְ verflechten. j. Kil. II g. E., 28ᵇ
(מסבכין) אין מסבכין אותן על גבי זרעים (Var.)
man darf sie (die griechischen Kürbisse) nicht
mit Pflanzen (die nicht zu derselben Gattung
gehören) verflechten. Das. ö. Tosef. Kil. I Anf.
steht dafür לסבך, אסורה Var. בסירוך Sbst.; die
LA. jedoch scheint richtiger zu sein. Part.
pass. Chull. 30ᵇ צמר מסובך Wolle, die verwickelt, verflochten ist. M. kat. 6ᵃ מסובכין
Bäume, die nicht in gerader Linie, sondern zerstreut (eig. verflochten) stehen. — Hof. Pass.
des vrg. Pea 7, 3 בעלים הוּסבך wenn die vom
Baume abgefallene Olive an den Blättern hängen
blieb, eig. sich mit ihnen verwickelte. Sifra
Kedosch. Anf. cap. 3 dass.

סְבַךְ ch. (=סָבַךְ) verflechten. Part. Peil
Chull. 48ᵃ סָבִיךְ בבשרא wenn die Lunge mit
dem Fleisch verwachsen ist. Das. ö.

Pa. סַבֵּךְ (syr. ‏ﺸَﺒَﻚ) umgarnen, umspin-
nen, s. TW.

סִיבּוּךְ m. N. a. das Verflechten, Umschlingen. j. Kil. II g. E., 28ᵇ (סירוך) סיבוך
שאמרו בנוגע das Verflechten (der griech. Kürbisse mit anderen Pflanzen, s. Piel) haben die
Gelehrten nur dann verboten, wenn die Pflanzen
die ersteren berühren. Das. ö.

סוֹבֶךְ m. eig. die Verflechtung, insbes. die
Wade, die wulstige, von Adern durchflochtene
Stelle an dem hinteren Theile des Schienbeines;
vgl. צוֹמֶת. Ar. erklärt das W. durch פולפא
ital. polpa: Wade, vielleicht jedoch Waden-
bein. Chull. 134ᵇ שוק מן הפרק של ארכובה
עד סובך של רגל „der Unterschenkel" reicht von
dem Gelenk des Knies bis zur Wade des Fusses.
j. Jeb. XII, 12ᵃ un. מהסרך עד הסובך „den Fuss
(wasche der Priester", Ex. 30, 21) bis zur
Wade.

סָבִיכָא m. (hbr. סְבַךְ) Verflochtenes, Gezweig, s. TW.

סִיבְכָא m. knotiger oder mit Aesten be-
wachsener Knüttel, s. TW.

סְבָךְ m. (ähnlich bh. שׂוֹבֶךְ) Netz, Gewebe,
eine Putzsache des Weibes. Tosef. Kel. B. bath.
VII Anf. אם יש בהן סבך כל שהן wenn sie (die
Halstücher oder Gürtel) ein Netz haben, so wird
letzteres, wenn es auch noch so klein ist, als
ein Kleidungsstück angesehen. Das. סבך עולה
למדה שלשה על שלשה וכו׳ das Netz wird zu
dem Masse von drei Faustbreiten im Geviert
mitgerechnet.

סִיבְכָא ch. (syr. ‏ﺴِﺒَﻚ =סְבַךְ) Netz. Pl.
סִירְבְּכַיָא, s. TW.

סְבָכָה f. (=vrg. סְבַךְ, arab. شَبَكَة, ähnlich
bh. שׂוֹבֶכָה) Netz, ein Kopfputz des Weibes, mittelst dessen das Haar zusammengehalten wird.
Kel. 28, 9 סבכה של זקנה das Kopfnetz eines
alten Weibes. Das. חלוק של יוצאת החרץ הטשוי
כסבכה das Hemd einer feilen Dirne, welches netzartig angefertigt ist, durch welches näml. der Körper
hindurchgesehen werden kann. Das. Mischna 10
סבכה שנקרעה אם אינה מקבלת רוב השער טהורה
ein Netz, das zerrissen wurde, ist, wenn es nicht
mehr den grössten Theil des Kopfhaares fasst,
levitisch rein; d. h. ist nicht mehr als ein Kleidungsstück anzusehen. j. Ter. VIII, 45ᵈ mit.
ארם צומר כסבכה מלמעלה das Gift einer Schlange
steht auf dem Getränk flor- oder netzartig. j.
Schabb. VI, 8ᵇ un. שביס של סבכה das Stirnband
des Netzes. Schabb. 57ᵇ סבכה המוזהבת ein mit
Gold gesticktes Netz. Das. 65ᵇ. 111ᵇ u. ö. —
Pl. Kel. 24, 16 שלש סבכות הן של ילדה drei mit.
זקנה . . . ושל יוצאת החרץ drei Arten von Kopf-
netzen giebt es, näml. das des jungen Weibes
(welches das Weib oft auf das Polster legt, um
sich darauf zu setzen), das des alten Weibes
(auf welchem man seiner Beschaffenheit nach
nicht sitzen konnte) und das der feilen Dirne
(das gar nicht als ein Kleidungsstück anzusehen
ist).

סַבְכְתָא ch. (=סְבָכָה) Netz, Kopfputz des
Weibes. B. bath. 146ᵃ, s. רִיכָא.

סְבָךְ m. Adj. Jem., der Netze od. sonstige
Flechtwerke anfertigt. Erub. 72ᵇ ob. ר׳
יהודה הסבך R. Chananel und Ar. (Agg. הסכר)
R. Juda, der Netzverfertiger.

סַבְכָא f. die Sambuca, gr. σαμβύκη, ein der
Harfe ähnliches, helltönendes und mit vielen
Saiten bespanntes, dreieckiges Saiteninstrument.
Dan. 3, 5. Das. V. 7. 10. 15 שַׂבְּכָא. Die Sam-
buca wird (vgl. Gesen. Hbr. Wrtbch. hv.) eine
Erfindung der Syrer genannt, und daher dürfte
auch der Name semitisch sein, viell. von der
Aehnlichkeit dieses Instrumentes mit einem Netze,
سبكثا, شَبَكَا.

סְבַל (=bh.) tragen; trop. erhalten, er-

tragen, dulden. Levit. r. sct. 4 g. E., 148ᵈ הנפש הזאת סובלת את הגוף והקלבה סובל את עולמו ... חבא הנפש הסובלת את הגוף והקלם שהוא סובל את עולמו die Seele trägt (erhält) den Körper, Gott aber trägt seine Welt; denn es heisst: „Ich habe erschaffen, ich trage und dulde" (Jes. 46, 4). So komme nun die Seele, welche den Körper trägt und preise Gott, der seine Welt trägt. Pes. 113ᵇ ארבעה אין הדעת סובלתן רב' vier Klassen von Menschen giebt es, welche die Vernunft nicht leiden kann; vgl. נָאַף.

סְבַל *ch.* (syr. ‎ܣܒܠ‎=סְבַל) tragen, dulden, s. TW.

סַבָּל *m.* Adj. (=bh.) Träger, Lastträger. Tosef. Kidd. V g. E. R. Simon ben Elasar sagte: הראית מימיך ארי סבל צבי קייץ שועל חנוני זאב מוכר קדרות רב' hast du jemals in deinem Leben einen Löwen als Lastträger, einen Hirsch als Feigentrockner, einen Fuchs als Krämer, einen Wolf als Topfhändler gesehen, während sie dennoch ihre Nahrung kummerlos finden! Um wieviel mehr müsste dies beim Menschen der Fall sein; aber u. s. w. Kidd. 82ᵇ dass. mit einigen Abänderungen. j. B. mez. X g. E., 12ᶜ סתת לסבל הסבל חייב רב' wenn der Steinmetz die Bausteine dem Lastträger übergab (und Jem. durch sie beschädigt wird), so ist der Lastträger zu Schadenersatz verpflichtet. Das. ö., vgl. auch סַתּוּת und סַתָּת. B. mez. 118ᵇ steht dafür פָּתָּח s. d. — Pl. Kel. 28, 9 סַבָּלִין s. סְבָּתָא.

סַבּוֹלָאָה *ch.* (=סַבָּל) der Lastträger. B. mez. 93ᵇ בר אדא סבולאה Bar Ada, der Lastträger.

סְבִילָה *f.* N. a. das Lastentragen; übrtr. drückende Arbeit. R. hasch. 11ᵇ am Neujahrsfeste hörte die Arbeit bei unsern Vätern in Egypten auf; אתיא סבילה Ms. M. (Agg. וג') כתיב הכא והוצאתי סבל (Ex. 6, 6 סבלת) ist mit סבל (Ps. 81, 7, welche Stelle vom Neujahr spricht) zu vergleichen.

סְבָלָה *f.* (=bh.) Last, drückende Arbeit. Pl. Levit. r. sct. 37, 181ᵇᶜ (mit Bez. auf Ex. 2, 11) „Mose sah, dass die Lasten", die für den Mann passten, die für die Weibe und die für den Jüngling passten, dem Greise auferlegt wurden; ישב ריישב להם סבלותם בין איש לאשה ... אמר לו הקלבה אחד ישבת לבני סבלותם חייב שאתה תחד לייושב ולפרש לבני נדרידהם רב' da liess er sich nieder und ordnete ihnen ihre Arbeiten, diejenigen, die für den Mann passten, dem Manne und die für das Weib passten, dem Weibe zuertheilend. Gott sagte dann zu ihm: Du ordnetest meinen Kindern ihre Arbeiten; deshalb sollst du, bei deinem Leben geschworen, die Gesetze der verschiedenen Ge-

lübde ordnen „zwischen Mann und Frau, zwischen Greis und Jüngling" (Lev. 27, 2 fg.)

סִבְלוֹן *m.* das Lastentragen. Sifra Wajikra Ânf. (Borajtha des R. Ismael) יצא המרכב שהוא עשוי לסירבלון אחר „der Wagensitz" ist (von gewöhnlichem „Sitz und Lager", מושב ומשכב Lev. 15, 9 fg.) ausgeschlossen, weil er zu einem andern Lastentragen bestimmt ist; d. h. nicht blos zum Reiten, sondern auch zum Daraufliegen und Fortschaffen von Lasten.

סַבְלוֹן *m.* (arab. شَبَل mit Wechsel der liquidae); gew. Pl. סַבְלוֹנוֹת die Verlobungs-, Trauungsgeschenke, die der Bräutigam an seine Braut schickt, dona sponsalitia. Die Ableit. der Commentt., Maim. u. A., vom vrg. סָבַל: was getragen wird, ist ebenso wenig, wie die des Musaf. vom gr. σύμβολον, τὰ σύμβολα (etwa סבלון für סמבלון) Handgeld, zutreffend. — Kidd. 2, 6 (50ᵃ) wenn Jem. sich eine Frau antraut, indem er ihr behufs der Trauung einen Gegenstand übergiebt, der nicht den Werth einer Peruta (kleine Münze) hatte, אף על פי שושלח סבלונות לאחר מכן אינה מקודשת רב' so ist die Frau, selbst wenn er ihr später werthvolle Brautgeschenke überschickt, nicht angetraut; denn die Einsendung der letzteren geschah blos in der Voraussetzung, dass die Trauung giltig war; was aber nicht der Fall ist, da hierzu die Uebergabe eines Gegenstandes erforderlich ist, der wenigstens den Werth einer Peruta hat, vgl. קדושין. Dasselbe gilt von einem Unmündigen (קטן), der sich eine Frau antraut, ihr aber später, als er ein Mündiger, Brautgeschenke eingeschickt hat. Das. 50ᵇ אימא כי קא משדר ר' סבלונות אדעתא דקדושי קא משדר רב' man könnte denken, dass er die Brautgeschenke, die er einsendet, behufs Vollziehung der Trauung einsende; daher stehen diese beiden Fälle in der Mischna. ר' הונא אמר חוששין לסבלונות וכן אמר רבה Das. חוששין לסבלונות R. Huna sagte: Man nimmt auf die eingesandten Brautgeschenke Rücksicht (dass Jem. die Brautgeschenke, welche er an eine Frau, um die er sich beworben hat, einsendet, behufs Trauung einsendete; die Frau muss also, wenn sie eine andere Ehe eingehen will, sich zuvor von jenem Manne scheiden lassen). Ebenso sagte Rabba: Man nimmt auf die eingesandten Brautgeschenke Rücksicht. Nach Tosaf. R. bedeutet חושששין לסבלונות: Wenn eine Einsendung von Brautgeschenken stattfindet, so vermuthet man, dass ihr eine wirkliche Trauung vorangegangen sei. Dasselbe sei auch unter מקדשי זהדר מסבלי zu verstehen, s. d. Verbum. Tosef. Kidd. IV Anf. Pes. 49ᵃ סעודת ארוסין וסבלונות die Mahlzeit nach vollzogener Trauung und die nach Einsendung der Brautgeschenke. B. bath. 9, 5 (146ᵃ) השולח סבלונות לבית חמיו שלח שם מאה מנה ואכל שם סעודת חתן רב' wenn Jem.

59*

Brautgeschenke im Werthe von 100 Minen in sein schwiegerelterliches Haus geschickt und hierauf daselbst das übliche Mahl des Bräutigams gegessen hat, so brauchen die ersteren in Scheidungs- oder Todesfällen vor der Hochzeit, selbst wenn das Mahl blos einen Denar kostete, nicht zurückerstattet zu werden. Wenn er hing. das Mahl des Bräutigams nicht gegessen hat, so müssen die Geschenke zurückerstattet werden. Das. שלח סבלונות מרובין שיחזרו עמה לבית בעלה הרי אלו נגבין סבלונות מועטין שנשתמש בהן בבית אביה אין נגבין wenn der Bräutigam Geschenke von grossem Werth der Braut überschickt, damit erstere von ihr in das Haus ihres Mannes mitgenommen würden, so können sie bei Scheidungs- und Todesfällen vor der Hochzeit, von dem Manne zurückverlangt werden; wenn die Geschenke aber nur einen geringen Werth haben, so können sie nicht zurückverlangt werden. Gem. das. סבלונות העשויין ליבלות אין נגבין ושאינן עשויין ליבלות נגבין Brautgeschenke, die durch Benutzen oder längeres Liegen werthlos zu werden pflegen, können nicht zurückverlangt werden; solche aber, die nicht werthlos werden, können zurückverlangt werden. Das. (wird mit Bezug auf die Halacha des Raba, dass Brautgeschenke nur in dem Falle nicht zurückerstattet werden, wenn das vom Bräutigam genossene Mahl wenigstens einen Denar werth war, gefragt:) מדה שישלש בסבלונות Ar. (nach LA. des R. Chananel; Agg. שישלש מדה שבת סבלונות) berechnet man die Brautgeschenke verhältnissmässig (eig. theilt man sie etwa in drei Theile)? d. h. wenn das Mahl des Bräutigams z. B. ein Drittel Denar kostete, während die Geschenke 300 Minen werth waren, werden dann 200 Minen oder die ganzen 300 Minen zurückerstattet? Dav. denom.

סֵבֶל Pa. (arab. شَبَرَ) die Brautgeschenke verabreichen, überschicken. Kidd. 50ᵇ באתרא דמקדשין והדר מסבלי חיישינן מסבלי והדר מקדשי לא חיישינן in einem Orte, wo der Brauch herrscht, dass man zuvor die Trauung vollzieht und sodann die Brautgeschenke verabreicht, müssen wir auf die Trauung Bedacht nehmen (dass näml. wenn Jem. um eine Frau geworben und sie ihre Einwilligung gegeben hat, die Verabreichung der Geschenke behufs Vollziehung der Trauung erfolgt sei); wo hing. der Brauch herrscht, dass zuvor die Brautgeschenke verabreicht und dann erst die Trauung vollzogen wird, nehmen wir auf die Einsendung der Brautgeschenke keinen Bedacht; weil näml. zu erwarten ist, dass die Vollziehung der Trauung erst später stattfinden werde. (Nach Tosaf. z. St., vgl. סַבְלוֹן, besteht das Bedachtnehmen in der Vermuthung, dass bereits früher die Trauung vollzogen worden sei.) Das. רובא מקדשי והדר מסבלי ומיעוטא מסבלי והדר מקדשי וכ׳ wenn der

grösste Theil der Ortsbewohner zuvor die Trauung vollzieht und hierauf die Brautgeschenke einsendet, der kleinere Theil aber zuvor die Brautgeschenke einsendet und sodann die Trauung vollzieht u. s. w.

סִיבּוֹלִית, סְבוֹלָת f. (für סְמְבּוֹלָת, gr. συμβολή) oder סָבוֹל, סִינְבּוֹל m. (gr. σύμβολον) Beitrag, Beisteuer; insbes. (=συμβολαί) die Geldbeiträge derer, die auf gemeinschaftliche Kosten eine Mahlzeit halten, ein Pikenik veranstalten wollen, collectae. Tosef. Pes. VII mit. wenn unter den Mitgliedern einer Genossenschaft (die sich zum Verzehren des Pesachlammes vereinigt hatten) ein Gefrässiger ist, so dürfen die Anderen zu ihm sagen: טול חלקך. ויצא ולא ערב אלא אף בני חבורה שעשר סיבולת והיה בהן אחד אחד שויהה (שויו l.) ידיו רפות רשאין לומר לו טול חלק שלך ed. Zuckerm. (das. 2 Mal סבול a. Agg. ידיו רפות, s. יָפָה; m. Agg. סבול j. Pes. VIII, 36ᵃ mit. סינבול anst. (סרבולת nimm deinen Antheil und scheide aus. Nicht blos das, sondern auch, wenn die Genossen Beiträge zum Pikenik eingesammelt hatten und ein Gefrässiger (eig. Jem., dessen Hände dahin und dorthin langten, flatterten) unter ihnen ist, so sind sie berechtigt, zu ihm zu sagen: Nimm deine Portion, so viel auf dich kommt! Pes. 89ᵇ dass. mit einigen Abänderungen, so z. B. auch im letzten Satz: טול חלקך ויצא, was minder correct ist. Das. סיבולת נמי לצוורתא בעלמא וכ׳ beim Pikenik, das blos zur Geselligkeit veranstaltet wurde u. s. w. j. Maas. scheni IV, 55ᵇ mit. סיבולית עשר ביניהן sie veranstalteten ein Pikenik unter einander.

סוּבַלְתָּא f. (bh. סִבֹּלֶת, gew. שִׁבֹּלֶת) Aehre, s. TW.

סָבְנָה, סָבָנָה m. (=סִיב mit angeh. Silbe נָה) Staude oder Bast. j. Schabb. VI, 8ᵃ un. ר׳ אחא כרך סבניה עליהון ed. Sitom. (a. Agg. סבניה) R. Acha wickelte Bast um die Sandalen am Sabbat. In der Parall. j. Jeb. XII, 12ᵈ ob. סבנה.

סְבָנִיתָא, סָבְנִיָּי, סוּבְנִי fem. (gr. σάβανον) feines, leinenes Tuch. Git. 59ᵃ סובני וחומס סרבני Ar. (Agg. סרבני) ein feines Tuch von Leinen, das, zusammengerollt, in einer Nussschale, und ein desgleichen noch feineres Tuch, das in einer halben Nussschale Raum hat, vgl. חומס. Schabb. 147ᵇ סבניתא צריך לקשר שני ראשיה למטה Ar. (Agg. סבניתא crmp.) beim Umschlagetuch muss man (um es am Sabbat tragen zu dürfen) die beiden Enden nach unten zusammenbinden; damit es nicht herunterfalle und man es in der Hand tragen würde. Pesik. Beschallach g. E., 93ᵇ אפילו סבניתא לא הוה יכיל Ar. (Ag. סבניתיה) selbst ein leinenes Tuch vermochte er nicht (wegen seiner Schwäche) zu

tragen. j. Schebu. VI g. E., 37ᵇ חד בר נש קם עם חבריה בשוקא וארים סביניתיה אמר לית הדין סדינא נפיק מן ידיי עד דתתן לי מה דאית לי בידך אתא לקמיה דשמואל אמר ליה הב ליה סביניתיה וזיל דון עמיה Jem. stand mit einem Andern auf der Strasse und riss ihm sein leinenes Tuch fort, indem er zu ihm sagte: Dieses Tuch kommt nicht eher aus meinen Händen, bis du mir das giebst, was ich von dir zu fordern habe. Als diese Prozesssache vor Samuel kam, sagte er zu Ersterem: Gieb ihm zuvor sein Tuch und fordere ihn dann vor's Gericht. — Pl. j. Schabb. VI, 8ᵇ un. wird המסחות (Jes. 3, 22) übersetzt: סְבָנְיָין רברבן „grosse Umschlagetücher".. Genes. r. sct. 19, 19ᶜ (l. סְבָנְיָין) צילצלן קולסין סכיין Gürtel, Kopfhelme und Umschlagetücher; Putzsachen des Weibes.

סְבַסְטּוֹם m. Adj. (gr. σεβαστός) verehrt, ehrwürdig, heilig = augustus; Fürst. Pl. Tanch. Bemidbar Anf., 185ᵃ ihr waret Sklaven in Egypten; והוצאתי אתכם משם והרבצתי אתכם כְּסְבַסְטִין (Var. סיגמטין, s. d.) ich führte euch von da hinaus und liess euch an Tischen gleich den Fürsten lagern; mit Ansp. auf ויסב (Ex. 13, 18). Vgl. den Nachsatz das. מלמד שהרביצם das besagt, dass Gott sie lagern liess auf dieselbe Weise, wie die Könige angelehnt auf ihren Sophas lagern.

סְבַסְטִי, סָנוֹסְטִי (in וד ב erweicht, s. ו; Σεβάστεια, syr. ‏ܣܒܣܛܝܐ‎) Sebaste, Name einer fruchtreichen Stadt, welche Herodes an Stelle des zerstörten Samariens erbaut und der er den Namen Sebaste zu Ehren des Kaisers Augustus (σεβαστός) beigelegt hat. Num. r. s. 10, 206ᶜ „Die da sicher wohnen auf dem Berge Samariens" (Am. 6, 1) אלו עשרת השבטים שיושבים לבטח בסבסטי das sind die zehn Stämme, welche sicher in Sebaste wohnen. Arach. 14ᵃ פרדסות סבסטי (Ar. liest סרוסטי = Sifra Bechukk. Par. 4 cap. 10) die Gärten Sebaste's.

סָבִיסְק m. Alraun; vgl. Lagarde Ges. Abhandl. p. 67: סביסק ... סיבריסיק, s. יַבְרוּחַ — Pl. Snh. 99ᵇ R. Jonathan erklärte das hbr. דודאים durch סָבְרִיסְקֵי (Var. סיבסוך, Ar. liest סבריסי); Lewi erklärte es durch סיגלי, Rab durch יברוחי; s. d.

סְבַע (syr. ‏ܣܒܥ‎ = שָׂבֵע, hbr. שָׂבֵע) satt sein, werden. — סְבַע m., סָבְעָא f. satt, gesättigt, satur, satura, s. TW.

סוֹבְעָא, סִיבְעָא m. (syr. ‏ܣܘܒܥܐ‎, hbr. שֹׂבַע) Sättigung, Fülle, Ueberfluss. — סוֹבְעָא m. (hbr. שֹׂבַע) Fülle, s. TW.

סְבְקִין m. pl. (lat. sebacei) Talglichter. Exod. r. sct. 36, 133ᵈ „Eine Leuchte ist das Ge-

bot" u. s. w. (Spr. 6, 23) דולק אפילו אלף אלפים קרינין וסכבין מדליקין הימנו אורר במקומו כך כל מי שיחן למצודה אינו מחסר את נכסיו so wie bei der Leuchte, die, wenn sie brennt und man an ihr selbst tausend mal tausend Wachs- und Talglichter (cerei et sebacei) anzündet, ihr Licht behält; ebenso wenig verliert derjenige, der sein Geld zu Wohlthaten verwendet, etwas von seinem Vermögen.

סָבַר eig. (= bh. שָׂבַר, syn. mit סָבַל) tragen, erheben, dulden; insbes. meinen, der Ansicht sein, vertrauen. Ruth r. sv. ויהי בימי, 36ᵈ היו בני המדינה סוברין עליו die Einwohner der Stadt vertrauten ihm; d. h. hofften auf Elimelech wegen seines grossen Reichthums. Git. 49ᵃ fg. ר' עקיבה סבר לה כר' שמעון בן מנסיא ור' ישמעאל סבר לה כרבנן R. Akiba ist derselben Ansicht wie R. Simon ben Menasja; R. Ismael ist der Ansicht wie die Rabbanan. Oft Part. pass. mit act. Bedeutung. Git. 56ᵇ Titus durchstach den Tempelvorhang, aus welchem Blut herausspritzte וכסבור הרג את עצמו er glaubte nun, er hätte Gott (eig. sich selbst, euphemist.) getödtet. j. Mac. II, 31ᵈ mit. סבור היה יואב Joab שקרנות המזבח קולטות ואינו יודע אלא גגו (der sich zum Altar flüchtete und seine Ecken erfasste, 1 Kn. 2, 28) glaubte, dass „die Ecken des Altars" den Schuldigen schützten, während jedoch blos das Dach desselben schützt. Keth. 77ᵃ יכולה היא שתאמר סבורה הייתי שאני יכולה לקבל ועכשיו איני יכולה לקבל die Frau (die einen mit einem Leibesfehler behafteten Mann u. dgl. geheirathet hat) ist berechtigt zu sagen: Ich glaubte, ich würde es ertragen können, aber ich kann es nun nicht ertragen.

Hif. eig. hochheben, bes. פנים הָסְבִּיר (= נשא פנים, πρόσωπον λαμβάνειν) das Angesicht gegen Jemdn. erheben, d. h. ihm ein freundliches Gesicht zuwenden, ihm gnädig sein, dah. bevorzugen. j. Jom. VI Anf., 43ᵇ „Die beiden Männer, welche die Streitsache haben, sollen stehen vor Gott" (dem Richter, Dt. 19, 17); שלא ידא הדיין מסביר פנים כנגד אחד ומעיז פנים כנגד האחד das besagt, dass der Richter nicht dem Einen ein freundliches Gesicht, dem Andern aber ein trotziges Gesicht zuwende. (Schebu. 30ᵃ steht das. mit.) Midr. Tillim zu Ps. 137 Anf. die Schaaren des Nebukadnezar, welche die Israeliten aus Palästina vertrieben hatten, אמרו אלודיהן של אלו רחמן הוא וכיון שמסבירין לו פנים הוא חוזר ומרחם עליהם וכ' sagten: Der Gott Jener (der Israeliten) ist barmherzig und wird, sobald sie ihm ein freundliches Gesicht zeigen (ihre Sünden bereuen) werden, sich ihrer wiederum erbarmen; daher gestatteten sie ihnen keine Rast. Pesik. r. sct. 28, 53ᶜ dass. Khl. r. sv. קהה אם, 94ᵃᵈ אין הרב מסבר פנים לתלמיד וכ' der Lehrer wen-

det dem Schüler kein freundliches Gesicht zu. Das. אין הקב״ה מסביר פנים לדור Gott wendet der Generation kein freundliches Gesicht zu. Ber. 63ᵇ (mit Ansp. auf פנים אל פנים, Ex. 33, 11) Gott sagte zu Mose: משה אני ואתה נסביר פנים להלכה Mose, ich und du, wir beide wollen das Gesetz freundlich, liebevoll behandeln. Nach einer andern Deutung: כשם שאני הסברתי לך פנים כך אתה הסבר פנים לישראל והחזר האהל למקומו so wie ich dir freundlich war (deinem Willen gemäss handelte, die Sünde des goldenen Kalbes verzieh), ebenso sei du freundlich gegen Israel und bringe „das Zelt" nach seinem früheren Orte zurück.

סְבַר ch. (syr. ‏ܣܒܪ‎=סְבַר) 1) (mit flg. אַפִּין) Jemdm. ein freundliches Gesicht zuwenden, ihm gnädig sein, s. TW. — 2) etwas, woraus entnehmen, meinen, denken, glauben. Dan. 7, 25. — Keth. 87ᵇ fg. סבר רמי בר חמא למימר Rami bar Chama war Ansicht der Ansicht, zu sagen u. s. w. j. B. kam. II g. E., 3ᵃ הוינן סברין מימר wir dachten Anfangs zu sagen, dass u. s. w. Git. 57ᵃ סבור רבנן לקרובה סבור למקטליה דלא ליזול ולימא ... die Gelehrten waren Anfangs der Ansicht, das Thier, das der römische Kaiser auf Veranlassung des Bar Kamza zum Opfern eingesandt hatte, trotz seines Leibesfehlers zu opfern. Sie waren ferner der Ansicht, den Bar Kamza zu tödten, damit er nicht zurückkehre und ihn denuncire. Chull. 48ᵃ u. ö. Keth. 77ᵃ הא סבירא וקבילא sie wusste ja (dass der Mann jenen Leibesfehler habe) und war damit zufrieden. Ber. 24ᵇ u. ö. לא סבירא לי es ist mir nicht einleuchtend. j. Keth. IV, 28ᵇ ob. מיסבר סבר er war Anfangs der Ansicht. B. bath. 65ᵃ u. ö. סבור מינה sie entnahmen daraus. Schabb. 63ᵇ סבר verstehen, Ggs. גמר lernen, s. d. W. Jeb. 72ᵇ R. Jochanan תנייה בתלתא יומי וסברה בתלתא ירחי erlernte den Sifra (dessen Vorhandensein er von Resch Lakisch erfahren hatte) innerhalb dreier Tage und verstand ihn erst nach drei Monaten. — Tanch. Pekude, 126ᵃ wenn nach erfolgtem Zeugenverhör Jem. zum Tode verurtheilt werden soll, so ruft der Vorsitzende des Gerichts den Beisitzern zu: סברי מרנן דהם אומרים אם לחיים לחיים ואם למיתה למיתה ... וכן שליח צבור כשיש בידו כוס של קדוש או של הבדלה והוא אומר סברי מרנן ואומר הקהל לחיים וכ׳ wie ist eure Ansicht, ihr Herren (d. h. stimmt ihr für nichtschuldig oder für schuldig)? Worauf sie, wenn sie den Angeklagten für nichtschuldig halten, ausrufen: Für das Leben! wenn sie ihn aber für schuldig halten, ausrufen: Für den Tod! Aehnliches geschieht, wenn der Gemeindevorbeter den Becher mit Wein in seiner Hand hält, um darüber den Segen beim Eintritt oder beim Ausgang des Sabbats zu sprechen (und Verdacht hat, dass etwas Schädliches darin ent-

halten sei), so ruft er aus: Was denkt ihr, Herren? Worauf die Gemeinde antwortet: Zum Leben! d. h. wohl bekomme es!

Af. אַסְבַּר 1) Jemdm. etwas zuwenden. — 2) hoffen machen, s. TW. — 3) zu verstehen geben, belehren. Chull. 48ᵃ ob. רבין בר שבא אסברה לי Rabin bar Scheba gab mir zu verstehen, auf welche Weise man zu verfahren habe u. s. w. B. mez. 33ᵃ, s. זוּמְלִיסְטְרוֹן. j. Erub. V Ende, 23ᵃ וכ׳ אסברי ר׳ זעירא R. Seïra belehrte mich u. s. w. Das. X Anf., 26ᵃ. Erub. 21ᵇ u. ö.

Pa. סַבַּר (syr. ‏ܣܰܒܰܪ‎, bh. שִׂבֵּר) hoffen, s. TW. Ferner: zur Ader lassen, s. Poel.

Ithpa. אִסְתַּבַּר 1) (=Pa.) hoffen, s. TW. — 2) einleuchten, annehmbar sein. R. hasch. 31ᵇ un. אמר מילתא ואיסתבר טעמיה er sagte einen Lehrsatz und dessen Grund leuchtete ein, gefiel den Gelehrten. j. Ab. sar. I, 40ᵇ mit., s. סְבָרָא. Ber. 36ᵇ un. כוותיה דר׳ כהנא מסתברא die Ansicht des R. Kahana leuchtet ein. Das. 40ᵇ. Schabb. 76ᵃ u. ö.

Poel סוֹבַר 1) (syr. Paiel ‏ܣܳܒܰܪ‎) tragen, ertragen, erdulden, Jemdn. erhalten, unterhalten. j. B. bath. II Anf., 13ᵇ. — 2)(=Pael) hoffen, s. TW. — 3)(ähnl. arab. ‏سبر‎) zur Ader lassen; wofür auch zuw. סַבַּר Pael. Pes. 112ᵃ ob. דמסובר ולא משי ידיה מפחד שבעה יומין Ar. (Agg. דמסוכר) überall Jem., der, nachdem er sich zur Ader gelassen, seine Hände nicht wäscht, ängstigt sich sieben Tage hindurch. Jeb. 72ᵇ ob. לא מסוכרינן ביה וכ׳ an einem wolkigen Tage (מסוכרינן) darf man sich nicht zur Ader lassen, s. מְדָהֵל. Meïl. 20ᵇ דמסובר ואכיל צפרי פרח (דמסוכר, Ar. liest סבר) Jem., der, nachdem er sich zur Ader gelassen, Vögel isst, dessen Herz klopft, flattert wie ein Vogel. Ned. 54ᵇ dass.

סְבַר m. 1) (=bh. שֵׂבֶר) Hoffnung. Genes. r. sct. 91, 98ᵇ אל תהי קורא יש שֵׁבֶר אלא יש סבר וכ׳ שראה באספקלריא שסברו במצרים d. h. deute nicht יש שֵׁבֶר (Gen. 42, 1), sondern סבר, שֵׂבֶר: „es ist Hoffnung vorhanden"; denn Jakob sah durch prophetische Vision, dass seine Hoffnung in Egypten sei, näml. Josef. Sifra Achre g. E. cap. 13 שמא תאמר אבד סברי ובטל סכוויי תלמוד לומר אני ה׳ אני סברך ועלי בטחונך du könntest vielleicht denken: Meine Hoffnung ist geschwunden und meine Aussicht ist dahin! Daher heisst es: „Ich bin Gott" (Lev. 18, 4), d. h. ich bin deine Hoffnung, ich bin deine Aussicht und auf mich setze dein Vertrauen. Jom. 72ᵃ שמא תאמר אבד סברם ובטל סכוויי תלמוד לומר עמודים וכ׳ du könntest vielleicht denken, dass ihre Hoffnung (näml. der Bretter des Tempels mit der Zerstörung desselben) geschwunden und ihre Aussicht dahin sei! Da-

her heisst es (Ex. 26, 15) עמדים‎, d. h. sie bleiben ewig bestehen. Erub. 21ᵇ ob. dass. mit Bez. auf die Frevler. j. Ber. IV, 7ᵈ un. beim Erwachen aus dem Schlafe bete man Folgendes: Dein Wille, o Gott, sei es, שתתן לי לב טוב‎ חלק טוב יצר טוב שם טוב סבר טוב וכ׳‎ dass du mir verleihst ein gutes Herz, ein gutes Loos, eine gute Gesinnung, einen guten Ruf u. s. w.! — 2) (mit darauffolg. פָּנִים‎, syn. mit סֵבֶל‎) eig. das Entgegentragen, Zuwenden des Gesichtes, dah. Wohlwollen. Aboth 1, 15 והוי מקבל את כל האדם בסבר פנים יפות‎ nimm Jedermann mit freundlichem Wohlwollen auf! Ein Lehrsatz Schammai's, der im spätern Leben zu der Einsicht gelangt sein mochte, dass sein sprichwörtlich gewordenes Aufbrausen (vgl. קָפְדָן‎) nachtheilig wirke. Cant. r. sv. סמכוני‎, 14ᵃ (ein Abschiedsgruss der Gelehrten bei ihrem Fortgange aus Uscha, woselbst ihnen liebevolle Gastfreundschaft zu Theil geworden war): „Heute wurdest du deinem Gotte zum Volke" (Dt. 27, 9). Israel hatte ja bereits 40 Jahre vorher die Gesetzlehre empfangen! אלא מלמד כיון שטנה להם‎ משה את התורה וקבלוה בסבר פנים יפות העלה‎ להם הכתוב כאלו קבלוה היום מהר סיני ... ואתם‎ אחינו בני אושא שקבלתם רבותינו בסבר פנים יפות‎ diese Schriftstelle besagt על אחת כמה וכמה‎ vielmehr, dass die Schrift, als Mose die Thora noch einmal gelehrt und die Israeliten dieselbe mit liebevollem Wohlwollen aufgenommen hatten, dies ihnen so angerechnet habe, als ob sie die Gesetzlehre erst an jenem Tage empfangen hätten. Im höheren Masse lässt sich das auf euch, Einwohner Uscha's, anwenden, die ihr unsere Lehrer mit so freundlichem Wohlwollen bewirthet habt; vgl. bes. אֲמַמְרָה‎.

סָבְרָא‎, סִיבְרָא‎, סְבַר‎ ch. (syr. ‎=סְבַר) 1) Hoffnung, s. TW.; vgl. מֵאֲסָה‎. — 2) (mit flg. אַפֵּי‎) das Zuwenden des Gesichtes, Wohlwollen. Genes. r. sct. 35 Anf. der Prophet Elias sagte betreffs den R. Josua ben Lewi: אם נראתה‎ הקשת בימיו לית הוא כראי למחמי סבר אסאי‎ wenn in seiner Zeit der Regenbogen gesehen wurde, so ist er nicht würdig, mein freundliches Gesicht zu schauen. Zur Zeit der ausserordentlich Frommen soll näml. der Regenbogen nie sichtbar geworden sein, vgl. קֶשֶׁת‎. Levit. r. sct. 5, 149ᶜ מן‎ יורן‎ יכיל למחמי סבר אפי דאבא יודן‎ wer vermag das liebevolle Gesicht des Abba Judan zu schauen? d. h. er ist zu vornehm, als dass er sich Jemdm. zeigen sollte. — 3) (=סְבָרָא‎) Ansicht, Meinung. j. Ab. sar. I, 40ᵃ mit. לא מסתברא כאהין‎ סברא דלא אסיר וכ׳‎ jene Ansicht, dass es nicht verboten wäre, leuchtet nicht ein.

סָבְרוֹן‎ masc. Hoffnung, d. h. Jemd., auf den man seine Hoffnung setzt. Pesik. Beschallach, 83ᵃ ברוני סברונוי‎ mein Sohn, meine Hoffnung! Cant. r. sv. גן נעול‎, 94ᵃ dass., vgl. סָבֵר‎ und בְּרוּנָא‎.

סָבָר‎, סָבְרָא‎ masc. (syr. ‎) Vernunft, Scharfsinn; übrtr. Vernünftiges, scharfsinnige Lehre. j. Ber. III, 6ᶜ mit. R. Seïra sagte: כל סבר קשי דהוה לי חמן סבירתחיה‎ über jede schwierige Lehre, die mir vorlag, habe ich selbst dort (in einem Aborte) nachgedacht; er war näml. der Ansicht, dass an einem unreinen Orte nur das Sprechen, nicht aber das Nachdenken (הִרְהוּר‎, s. d.) verboten sei. Das. R. Elasar bar Simon sagte: כל ההוא סברא קשיא‎ דטבול יום חמן סבירתחיה‎ über jenen ganzen schwierigen Lehrsatz des Tebul jom (desjenigen Unreinen, der bereits gebadet, aber noch bis Sonnenuntergang behufs völliger Reinheit abzuwarten hat, s. טָבַל‎, vgl. bes. Seb. 102ᵇ) habe ich dort nachgedacht. Meg. 18ᵇ u. ö. לא ידע לאהדורי‎ סברא‎ er weiss nicht, etwas Vernünftiges zu erwidern, vgl. חום‎ III. — Insbes. oft סברא‎ im Ggs. zu גמרא‎: etwas Erlerntes, Tradition. Git. 6ᵇ מילתא דתליא בסברא‎ etwas, was von der Ansicht abhängig ist. Jom. 33ᵃ גמרא גמירנא סברא לא ידענא‎ ich habe diesen Lehrsatz als eine Tradition erlernt, weiss aber nicht, einen Vernunftgrund dafür anzugeben. Suc. 29ᵃ ob. Raba und Rami מרהטי בגמרא בהדי הדדי מעייני בסברא‎ gingen das von R. Chisda Erlernte mit einander schnell durch, sodann erst dachten sie über die Begründung nach, was dafür und was dagegen sprechen würde. Ab. sar. 19ᵃ un. הני מילי סברא‎ אבל גמרא מרב אחד עדיף‎ nur um den Scharfsinn zu üben (soll man sich bestreben, mehrere Lehrer zu besuchen), aber behufs der Erlernung der Tradition ist der Besuch eines Lehrers vorzuziehen. B. bath. 77ᵃ R. Asche sagte zu Amemar: גמרא או סברא אמר ליה גמרא אמר‎ ‎ר׳ אשי סברא נמי הוא וכ׳‎ ist die Halacha (dass ein Schriftstück durch Einhändigung käuflich erworben werde, מְסִירָה‎) eine Tradition oder eine Ansicht? Letzterer entgegnete: Es ist eine Tradition. R. Asche sagte hierauf: Auch eine vernünftige Begründung lässt sich hierfür beibringen u. s. w. Ab. sar. 34ᵇ u. ö. איבעית אימא‎ ‎סברא ואיבעית אימא קרא‎ wenn du willst, so sage ich, dass für diese Halacha ein Vernunftgrund, wenn du aber willst, so sage ich, dass ein Bibelvers dafür beizubringen sei.

סִיבְרָתָא‎, סוֹבְרוֹתָא‎, סוֹבְרָא‎ f. Hoffnung. — סְבָרְתָא‎ f. Vernunft, Verständniss, TW. — j. Taan. IV, 68ᵇ mit. סוברא דקיסא‎ eine Last Holz.

סִיבּוּרָא‎, סִיבּוּר‎ m. 1) Hoffnung, s. TW. — 2) Aderlass. Ab. sar. 29ᵃ ob. חלא לסיבורא‎ ומוניני לתעניתא וחילופא סכנתא תחלו וסיבורא‎ סכנתא אישתא וסיבורא סכנתא כאיב עינא וסיבורא‎ סכנתא‎ Essig ist nach dem Aderlass und kleine Fische nach abgehaltenem Fasten dienlich, aber das Gegentheil (d. h. der Genuss kleiner Fische nach dem Aderlass und des Essigs nach dem Fasten) bringt Gefahr; unmittelbar nach dem

Verspeisen unreifer Datteln bringt der Ader-
lass Gefahr; bei hitzigem Fieber bringt der
Aderlass Gefahr; bei Augenschmerzen bringt der
Aderlass Gefahr.

סַבָּר *m.* Adj. ein Scharfsinniger in der
Gesetzlehre, s. TW. — Erub. 72ᵇ ob. הסבר,
s. סַבֵּךְ.

סָבוֹרָא *ch.* (=סַבָּר) ein Scharfsinniger,
der vermöge seines Scharfsinnes viel zu disputiren versteht, ohne aber gründliches Wissen zu
besitzen. j. Schabb. III, 6ᵃ mit. מה יעביד הדין
שמש סבורא דלא יליף ולא was vermag jener
Scharfsinnige, der weder die Halachoth erlernt,
noch den Gelehrtenumgang genossen hat? (Die
Erkl. des beigedruckten Comments.: Aderlasser
ist unrichtig.) j. Kidd. III, 63ᵈ un. קבל חגרי
דחגרי אינשא סבורא הוא וכ' wehe Chaggai,
Chaggai ist ein Mann, der blos scharfsinnig zu
disputiren versteht. Denn als Chananja, der
Genosse der Gelehrten, einst die Ansicht des
R. Chaggai anzunehmen geneigt war, sagte R.
Samuel bar Ini zu ihm: לא יאות הדין ר' הילא
הוא אמר לך קבל לחגרי דחגיר אינשא סבורא הוא
denn nicht bereits R. Hila ganz richtig zu dir
gesagt: Wehe Chaggai, denn Chaggai ist blos ein
disputationssüchtiger Mann. Ueber die Disputir-
sucht des Chaggai, dem auch die babylonischen
Gelehrten alles Verständniss für die Gelehrtenunter-
handlungen absprachen, vgl. מָשֵׁה u. תִּרוּבָתָא. (Die
Commentt. z. St. und Frankel in s. Mebo, 80ᵃ
haben unsere Stelle nicht richtig aufgefasst.
Darnach ist auch das im Art. חַגֵּי Gesagte zu
berichtigen.) — Davon rührt auch der Titel
רבנן סבוראי oder סָבוֹרָאֵי her: die Saboräer, die unmittelbaren Nachfolger der Amoräer, welchen letzteren der Abschluss des babyl. Talmud
beigelegt wird. Die Zeit der Saboräer soll,
nach übereinstimmenden Berichten der ältesten
jüdischen Geschichtsschreiber (vgl. Schalscheleth
hakabbala, Seder hakabbala u. A.) eine Leidenszeit für die Juden gewesen und ihnen damals jede
Lebensfrische und schöpferische Kraft im Gesetzstudium abhanden gekommen sein. Die Aufgabe
der Saboräer bestand vorzüglich darin, die von den
Amoräern überlieferten Halachoth zu ordnen,
durch Controversen manche erhobene Schwierigkeit zu beseitigen u. dgl. m. Manche ihrer Dis-
kussionen wurden sogar in das Sammelwerk des
bab. Tlmd. aufgenommen. So z. B. sollen Stellen wie Keth. 2ᵇ. 47ᵃ u. ö. פְּרִיךְ ר' אַחַאי
ר' אַחַאי R. Achai erhób folgenden Einwand, R.
Achai widerlegte, R. Achai aus Schabcha, der
Verfasser der Scheëltoth, der Autor solcher
Stellen gewesen sein.

סְבֵרִינִיוֹת *f.* pl. von Severus herrührend.
j. Keth. I, 25ᵇ ob. סלעים סבריניות Sela's (Münzen), die unter der Regierung des Severus geprägt wurden.

סְפָרִיקִין od. סוֹרִיקִין, סַבְרִיקִין *m.* pl. (gr. τα
περισκελή) eig. die Schenkel umgebend,
eine Art Kniehosen. Hai Gaon erklärt das
W. durch טובי אדרא'ן Hand- oder Ellen-
bogen-Bekleidung, die bis zur Achsel
reicht; was viell. richtig ist, da in der nächstflg.
St. unser W. neben אברוקין (βράκαι, bracae)
steht. j. Schabb. XVI, 15ᵈ mit. שני סברוקין
zwei. Kniehosen; zu den 18 Kleidungsstücken
gehörend, die man am Sabbat bei Feuersgefahr
retten darf. Schabb. 120ᵃ steht dafür ספרקין.
Kel. 29, 2 סברוקין, Var. סורוקין, vgl. R. Simson z. St.

סוֹבְתָא s. סְבְנָא.

סְגָא gehen, wachsen, s. סְגִי.

סְגַד, סְגִיד, סָגֵד (syr. ‏ܣ‎=hbr. סָגַד) niederfallen, sich bücken, den Oberkörper gegen die
Erde beugen, bes. um anzubeten. Dan. 2, 46.
3, 6. — Genes. r. sct. 38 g. E. נסב ומסריה לנמרוד
אמר ליה נסגוד לנורא אמר ליה אברהם ונסגוד
למיא דמטפין נורא. אמר ליה נמרוד נסגוד למיא
וכ' רוחא דסביל למיא ונסגוד ... Terach
nahm den Abraham (der keines der Götzenbilder seines Vaters anbeten wollte) und überlieferte ihn dem Nimrod. Letzterer sagte zu
ihm: Wir wollen nun das Feuer anbeten! Abraham entgegnete ihm: Beten wir doch lieber das
Wasser an, welches das Feuer verlöscht! Nun,
sagte Nimrod, so wollen wir das Wasser anbeten! Aber, entgegnete Jener, so müssten wir
die Wolken anbeten, die das Wasser tragen;
wir müssten den Wind anbeten, der die Wolken
vertreibt! So müssten wir ja den Menschen
anbeten, der den Wind (den Lebensodem) trägt.
Ich, sagte hierauf Nimrod, bete nur das Feuer
an; ich werde dich in den Feuerofen werfen
lassen und der Gott, den du anbetest, möge
dich davon retten. Cant. r. sv. סמכוני, 13ᶜᵈ u. ö.

סָגִיד *m.* eig. Part. (arab. ‏ساجِل‎) sich beugend, hinkniend. Chull. 62ᵇ סגיד ואכיל
אסיר der Vogel, der beim Essen hinkniet, darf
nicht genossen werden, vgl. זָנֵר.

סָגָדָא *m.* das Hinknieen, Anbetung der
Götzen. — סִינְדָּתָא, סִינְדָּא *f.* (syr. ‏ܣ‎,‎) Ehrerbietung, Verehrung. — סְגִירוּ, סְגִדוּ *f.*
(syr. ‏ܣ‎,‎) der Gegenstand der Anbetung, Götze, s. TW.

סָגְדִים Tosef. Bech. V Anf. (in einigen Agg.
crmp. סגרים), s. זגָנְדֶּם.

סְנָא, סְנִי (syr. ‏ܣ‎, hbr. שָׂנָה שָׂנָא) Grndw.
סג (wov. auch סוֹג, סִיג, s. d. W.), syn. mit
סך (wovon נָסַך, פָלַך, vgl. auch סך). Die Grundbedeut. ist: sich ausdehnen, ausweiten;
dah. 1) gehen, sich fortrücken. j. Snh. VI,

23ᶜ mit. הוה סגי באורחא er ging auf dem Wege. Taan. 24ᵃ ob. עד השתא הוא דקאי bis jetzt ging ich, d. h. beschäftigte ich mich mit jener Wohlthat. Ber. 61ᵃ nach der Ansicht desjenigen Autors, der da sagt, dass Adam ursprünglich mit einem Doppelgesicht (einem männlichen und einem weiblichen, vgl. פַּרְצוּף) erschaffen wurde, הי מיניידהו סגי רגברא סגי ... מסתברא ברישא welches von den beiden Gesichtern ging voran? R. Nachman bar Jizchak sagte: Wahrscheinlich ging der Mann voran, da man nicht hinter einem Weibe gehen soll. Snh. 95ᵃ אורחא דבעא לסגויי בעשרה יומי סגא בחד יומא einen Weg, den man gewöhnlich in zehn Tagen zu gehen pflegt, ging er (Sanherib) an einem Tage. Keth. 62ᵇ לא אימצא נכרי לסגויי בהדיה der Nichtjude vermochte nicht mit ihm zusammen zu gehen. — Trop. Schabb. 88ᵇ ob. אנן דסגינן בשלימותא wir, die wir in Aufrichtigkeit wandeln u. s. w., s. צְלִילוּתָא. — 2) wachsen, gross werden, eig. an Zahl oder Umfang zunehmen, s. TW. Esth. r. Anf., 99ᵈ מן דסגון דייני שיקרא סגון סהדי שיקרא מן דסגון דילטוריא סגון ממונהון דברייתא מתבזזא מדסגו אפיא חציפתא אתנסיב הודא ודהדא מן בריישא seitdem die falschen Richter zunahmen, nahmen auch die falschen Zeugen zu; seitdem die Angeber (delatores) zunahmen, wurde das Vermögen der Menschen immer mehr ausgeplündert; seitdem die frechen Gesichter zunahmen, wurde die Pracht, die Würde und die Herrlichkeit den Menschen entzogen. — 3) genügen, genug sein, möglich sein, eig. angehen, hinreichen. Snh. 6ᵃ תסגי בתרי מֶגֶן mögen zwei Richter genügen? Suc. 56ᵃ un. כיון דהני לא סגי דלא מיתחרו והני לא סגי דלא קדמי וכו׳ Ar. ed. pr. (Agg. דהני מקדמי והני מאחרי) da es nicht anders möglich ist, als dass die Einen früher und die Anderen später kommen u. s. w. Keth. 95ᵇ un. לא סגי דלא יהבי לה es ist unmöglich, dass sie ihr nicht geben; d. h. sie müssen ihr ihre Nahrungsmittel geben. Tam. 32ᵃ לא סגי דלא אזילנא ich muss gehen. — 4) (=סגר) סְרֵג umzäunen, begrenzen, s. TW.

Af. אַסְגֵּי 1) gehen. B. kam. 60ᵇ כיון דיהיבנא ליה רשותא מסכי בהדיא da ihm (dem Todesengel zur Zeit der Pest) die Erlaubniss zu tödten ertheilt wurde, so geht er öffentlich einher. Das. מאי טעמא עיזי מסגן ברישא והדר אימרי וכו׳ er versteckt sich und geht dann. Schabb. 77ᵇ weshalb gehen die Ziegen voran und dann die Lämmer? Auf dieselbe Weise wie die Weltschöpfung stattgefunden hat, dass näml. die Finsterniss dem Lichte vorangegangen ist; d. h. die Ziegen, die gew. schwarz sind, gehen vor den weissen Lämmern. Das. 53ᵇ, s. דְּנָא דּוֹרי. B. mez. 81ᵇ הנהו בי תרי דהוו קא מסגי בארחא וכו׳ zwei Personen, welche auf dem Weg gingen. — 2) vermehren. Jom. 88ᵃ מפשי חיי סגי ומסכי er lebt lange, gedeiht und hat viele Nachkommen.

Ithpe. 1) gehen. B. bath. 74ᵃ ob. לא הוה מסתגי לן das Thier (auf dem wir ritten) wollte nicht gehen. Das. אהדרתיה והדר מסתגי לן ich gab das (was ich genommen hatte) zurück, sodann ging das Thier. B. mez. 107ᵇ. 108ᵃ ob. אי מגמחזי להו אשליידהו מסתגי להו ואי לא wenn sie ihre Stricke ausdehnen, verlängern, so werden sie gehen können, wo nicht, so werden sie nicht gehen können. Schabb. 7ᵃ כיון דלא מסתגי להו בהדיא וכו׳ da sie nicht öffentlich gehen u. s. w. — 2) sich vermehren, s. TW.

סַגְיָא, סַגִי m. 1) Adj. (syr. ..., ..., hbr. שַׂגִּיא) viel, zahlreich, gross. j. Snh. VI, 23ᶜ un. סגי הוא עינוון er ist sehr demuthsvoll. Thr. r. sv. רבתי, 53ᵃᵇ נהור סגיא viel Licht. j. Pea V g. E. I 19ᵃ. Das. VIII Ende, 21ᵇ סגי נהורא eig. Jem., der viel Licht hat; ein Euphemismus für Blindheit. j. Keth. XI, 34ᵇ un. u. ö., s. נְהוֹר. — Pl. B. bath. 65ᵃ u. ö. זימנין סַגִּיאָן vielmal, öfters. — 2) (סַגִּי) סוגין als Adv. viel, genug, sehr, multum, valde. j. Jom. IV, 41ᵈ ob. u. ö. הוא חסר סגין es fehlt ihm viel, vgl. s. auch TW. Khl. r. sv. שמש, 84ᵈ נוח לי סגין מינך mir ist viel wohler als dir. j. B. mez. II, 8ᶜ un. ולמה אתון רחמין דהב סוגין warum esst ihr das Gold so sehr, da ihr es doch nicht esset? Das. סוגר lies סוגין od. סגין. Das. der König von Indien אחמי ליה דהב סגין כסף סגין zeigte dem Alexander M. Gold und Silber in Menge. j. Schabb. XV g. E., 16ᵃ משתעיא סגין sie sprach viel.

סוּגְיָא f. 1) der Gang, Lauf, das Gehen. Schabb. 66ᵇ ob. der Stock der Greise, לתירוצא סוגייא עבידא dient dazu, um sie beim Gehen sicher zu machen. Trop. Num. r. sct. 12, 214ᵇ סוגייה דיומא der Lauf des Tages, s. בְּזַ II. Thr. r. sv. ומרבה, 55ᵇ dass. — 2) (syn. mit הֲלָכָה, דֶּרֶךְ) die Entscheidung in einer Controverse (vgl. die richtige Bemerk. Ar.'s sv. הֲלָךְ, der das W. mit dem arab. אלסולרה vergleicht: die Sura, von ... gehen). Snh. 6ᵃ סוגיא דשמעתתא Ar. (Agg. דעלמא) die gesetzliche Entscheidung. — 3) (syr. ...) Menge, Vielheit, Fülle. Genes. r. sct. 50, 49ᵈ Lot sagte zu den Engeln, die bei ihm übernachteten: כל אתר אית טבין ובישין ברם הכא סוגייה בישין jeder Ort hat gute und schlechte Einwohner, hier, in Sodom, aber sind die Meisten schlecht. Thr. r. sv. שרתי, 54ᵃ Gott sagte zu Jeremias: סוגיהון בישיי die Meisten derselben sind schlecht (mit Bez. auf Jer. 11, 15).

סִיגוּ, סְגִיוּתָא, סַגְיאוּתָא fem. (syr. ...) 1) die Menge, Fülle. — 2) (von סְגֵי nr. 4) das Umzäunen, die Umzäunung, s. TW.

סַגְיָא m. (=סְיָגָא) der Zaun, s. TW. —

Pl. Tanch. Ki tissa Anf., 109ᵇ (mit Bez. auf HL. 7, 3) die Felder umgiebt man gewöhnlich בשיחין ובסגיין mit Gräben und Zäunen.

סַגְיָינָא *m.* Blatt oder Span. Pl. Erub. 29ᵇ un. סְגִיָינֵי דערבתא Ar. (Agg. סגיייני; Ms. M. סוגיתני) die Blätter (nach Raschi: Späne) einer Bachweide, vgl. כְּבָא.

סָגַל (Grndw. גל mit vorgesetzt. ס, s. diesen Bstbn.) häufen, zusammentragen.

Pi סִגֵּל, סִרְגֵּל 1) Vermögen häufen, Geld erwerben. j. B. bath. IX, 17ᵃ ob. בן שנראה חלוק בחיי אביו מה שטיגל סיגל לעצמו ein Sohn, der sich schon beim Leben seines Vaters abgesondert zeigte, sich selbstständig machte (d. h. aus eignen Mitteln, ohne etwas vom väterlichen Vermögen zu beanspruchen, Geschäfte betrieb) hat das Vermögen, das er erworben, für sich selbst erworben; d. h. er braucht seinen Brüdern nichts davon abzugeben, vgl. נָפַל. Thr. r. sv. לאחד שהיה לו מקל וצנית עמד וסיגל 59ᵉ פרשה, וקנה לו צאן ונכסכ זאבים ובקעום אמר אותו הרועה אחזור לאותו מקל ולאותה צנית וכ' ein Gleichniss von Jemdm., der einen Stock und eine Palme hatte und der durch Fleiss sich Geld erwarb, wofür er Schafe kaufte. Als jedoch die Wölfe kamen und die letzteren zerfleischten, sagte eben jener Hirte: Nun will ich zu jenem Stock und zu jener Palme zurückkehren. Cant. r. sv. הדורא־ם, 32ᵇ לאשה כשרה שהיתה לה בעלה מעט חפצים ומעט יציאות כיון שבא בעלה אמרה לו ראה מה עליהם לך וכ' ein Gleichniss von einer tüchtigen Frau, welcher ihr Mann bei seiner Abreise nur wenige Werthsachen und wenig Ausgaben zurückgelassen hatte. Als ihr Mann zurückkehrte, sagte die Frau zu ihm: Siehe nur, wie wenig du mir zurückgelassen und wie viel ich dir erworben, dass ich sogar das zurückgelassene Vermögen vergrössert habe! Pesik. r. sct. 1 Anf., 1ᵈ כל זהב וכסף שטיגל מימיו וכל ממון שהיה לו מסר לו וכ' Gold, das er (Jakob) in seinem ganzen Leben erworben und alles Geld, das er hatte, übergab er dem Esau, damit letzterer nicht mit ihm ein gemeinschaftliches Grab habe. Jalk. Ekeb, 273ᵃ משל לשני אחים שהיו מסגלין אחר אביהם אחד מצרף דינר ואוכל ואחד מצרף דינר ומניחו וכ' ein Gleichniss von zwei Brüdern, welche den Nachlass ihres Vaters zu verwerthen suchten; der Eine gewann einen Denar, den er bald zu Genüssen verwendete, der Andere aber gewann einen Denar, den er wohl verwahrte, welcher letztere sehr vermögend wurde. — 2) trop. geistige, unvergängliche Güter sammeln, Wohlthaten häufen. Genes. r. sct. 9 g. E., 10ᵃᵇ כל מי שהוא מסגל במצות ומעשים טובים הרי חיים וכל מי שאינו מסגל במצות ומעשים טובים הרי מלאך מות Jeder, der durch Tugenden und Wohlthaten Güter ansammelt, hat den Engel des

Lebens; wer aber nicht durch Tugenden und Wohlthaten Güter ansammelt, der hat den Todesengel zu erwarten. Das. sct. 39 Anf., 37ᵈ. sct. 44, 42ᶜᵈ Abraham sagte: עמדתי וסיגלתי מצות ומעשים טובים יותר ממני ודחתה בריתי לבריתו דאמר שאחר עומד וכל (ומסגל .l) מצות ומעשים טובים יותר ממני ותדחה בריתי לבריתי וכ' ich stand auf und häufte mehr Tugenden und Wohlthaten als er (Noah), infolge dessen mein Bund den seinigen verdrängte. Wäre es denn aber auch nicht möglich, dass ein Anderer kommen und mehr Tugenden und Wohlthaten ausüben werde, als ich, infolge dessen sein Bund den meinigen verdrängen würde! Daher sagte Gott: „Fürchte nicht, Abram, ich bin dein Schild" (Gen. 15, 1); von dir lasse ich Fromme als Schilde entstehen, was ich bei Noah nicht gethan. Cant. r. sv. אשכל, 11ᵈ dass. Exod. r. sct. 1, 102ᵇ ענב סיגל מעשים „Anub" (1 Chr. 4, 8, nach der Agada der Beiname des Kaleb) häufte Wohlthaten, als die Kundschafter den Traubenkamm brachten (ענב wird näml. im Aram. durch סגל übersetzt, s. d. W.). Levit. r. sct. 4, 148ᵇ. Num. r. sct. 8, 198ᶜ „Geniessest du deiner Hände Arbeit, Heil dir" (Ps. 128, 2); das bezieht sich auf den Proselyten; כדי שלא יאמר אוי לי שאין לי זכות אבות לי מעשים טובים שאסגל אין לי שכר אלא בעולם הזה וכ' dass er nicht etwa sage: Wehe mir, dass ich keine verdienstlichen Handlungen der Ahnen aufzuweisen habe und dass ich für alle tugendhaften Handlungen, die ich häufe, blos in dieser Welt Belohnung erhalte u. s. w. Deut. r. sct. 1, 248ᵉ מה הדבורה הזאת כל מה שהיא מסגלת לבעליה מסגלת מה שישראל מסגלין מצות ומעשים טובים הם מסגלים לאביהם שבשמים so wie die Biene Alles, was sie ansammelt, nur für ihren Besitzer sammelt, ebenso sammeln die Israeliten Alles, was sie an Tugenden und Wohlthaten ansammeln, nur für ihren Vater im Himmel. Khl. r. sv. יתרון 71ᵃ u. ö. — Part. Pual Mechil. Jithro Par. 2 (mit Bez. auf סגלה, Ex. 19, 5) כשם שהאשה מסוגלת אחר בעלה והבן אחר אביו והעבד מאחר רבו ושמפחה מאחר גבירתה אף אתם מסוגלים לי so wie die Frau ihrem Manne, der Sohn seinem Vater, der Knecht seinem Herrn, die Magd ihrer Gebieterin zugeeignet ist, ebenso seid ihr mir zugeeignet (d. h. so wie die Ersteren keinen Andern haben, so sie besitzt; ebenso sollt ihr keinem anderen Gott angehören). Da könnte man glauben „hinter mir" (d. h. dass ich sonst keinen andern Besitz habe); daher heisst es: „Mein ist die ganze Erde." Pesik. r. sct. 11 g.E., 20ᵇ dass. jedoch crmp.

סְגַל *ch.* (= סֶגֶל, ס dem Grndw. גל vorges., wobei das ע elidirt wurde, vgl. סָמֵי, סְהַר u. v. a.) rund sein. Peal ungebr. Pa סַגֵּל umringen, umgeben. — Palp. סַגְלֵּל

dass. — Ithpalp. sich ringeln, sich im Kreise drehen, s. TW.

סְגוּלָּה f. (= bh. סְגֻלָּה, von סָגַל s. d.) 1) Erworbenes, Eigenthum, Besitzthum, eig. Angehäuftes, ϑησαυρός, thesaurus. Mechilta Jithro Par. 2 (mit Bez. auf סגלה, Ex. 19, 5) מה סגולתו של אדם חביבה עליו כך תהיו חביבים עלי so wie das Eigenthum des Menschen ihm lieb ist, ebenso werdet ihr mir lieb sein. B. bath. 52ᵃ כב׳ wenn Jem. etwas von einem Unmündigen aufzubewahren nahm (das letzterer vielleicht gefunden hat und das man ihm nicht zurückgeben darf, weil er es verlieren könnte), so schaffe er ihm dafür eine Segulla an. R. Chisda erklärte das W. durch ספר תורה: man kaufe dafür eine Gesetzrolle, deren Capital ihm verbleibt und wovon er durch das Lernen aus ihr Nutzen zieht; Rabba bar Huna erklärte es durch דיקלא דאכיל מיניה תמרי eine Palme, deren Datteln er geniesst. B. kam. 87ᵃ החובל בבנו גדול גדול יתן לו מיד בבנו קטן יעשה לו סגולה wenn Jem. seinen erwachsenen Sohn verwundet, so soll er ihm die Entschädigung für die Wunde bald zahlen; wenn er aber seinen unmündigen Sohn verwundet, so soll er ihm dafür eine Segulla (wie oben). anschaffen. Tosef. B. kam. IX Anf. dass. j. Keth. IV, 28ᵇ ob. של בתו יעשה בהן סגולה wenn Jem. die Tochter eines Andern verwundet, so soll er dafür eine Segulla anschaffen. — 2) köstliches Kleinod, bildl. für einen trefflichen Menschen. Deut. r. sct. 11, 262ᶜ משנתייגע הרבה משה בב סגעה בו סגולה ראתה משה שהיה עיף מן היגיעה וכ׳ nachdem Mose sich sehr abgemüht hatte (um den Sarg Josef's ausfindig zu machen), begegnete ihm jene Segulla (d. h. Serach, die Tochter Aschers), die, als sie sah, dass Mose schon sehr ermüdet sei, ihm die Stelle im Nil, wo jener Sarg eingesenkt war, zeigte, s. נִילוֹס; vgl. Sot. 13ᵃ und Tract. Derech erez suta I.

סְגוּל, סְגוּלָא m. (syr. ܣܶܓܽܘܠܐ) Traube, racemus, der Kamm, woran Beeren od. Blüthen (eig. runde Dinge) traubenförmig wachsen, s. TW. — j. Pea VII, 20ᵇ ob. Rabbi sagte zu R. Periri לית את חמי לי ההוא סגולה דגי כרמך... הדין חורא הוא סגולה ראת סבר דהוא סגולה möchtest du mir nicht jenen (allgemein gerühmten) Traubenkamm in deinem Weingarten zeigen! Worauf ihm der Andere entgegnete: Das, was du für einen Ochsen hältst, das eben ist jener Traubenkamm. (Bei den rabbinischen Punktatoren bedeutet סגול od. סגולתא Segol, Segulta: die drei traubenähnlich zu einander gesetzten Punkte, welche, wenn sie unter einem Bst. befinden, als das Vocalzeichen e, und wenn sie über einem Bst. stehen, einen disjunctiven Accent bezeichnen.)

סִנְלָא od. סִגְלָא m. ein wohlriechendes Kraut,

die dreiblättrige Viole (ähnlich der vrg. סְגוּל), vgl. Raschi zur nächstflg. St. — Pl. Schabb. 50ᵇ סִגְלֵי Ar. (Agg. סִיגְלֵי). Ber. 42ᵇ מברכין עליהו בורא עשבי בשמים beim Riechen an den dreiblätterigen Violen spricht man den Segen: der die wohlriechenden Kräuter erschaffen hat. Snh. 99ᵇ wird דוראים nach einer Ansicht erklärt durch סיגלי, vgl. סָבִיסָק.

סַנְלְגַל, סַנְלְגְלָן m. Adj. (= bh. עָגֹל, vgl. גַּל) rund. Schabb. 31ᵃ מפני מה ראשן של בבליים סגלגל ... מפני שאין להם חיות פקחות Raschi (Ms. M. עיים crmp. aus בבליים; Agg.... ראשידהן; סַגְלְגְלוֹת pl.) woher kommt es, dass der Kopf der Babylonier rund ist? Weil sie keine verständigen Hebammen (die den Kopf des Kindes bald nach der Geburt zu formen verstehen) haben. Ned. 66ᵇ שמא ראשה נאה אמרו לו סגלגל (Ar. ed. pr. liest סגלגלן) vielleicht ist ihr Kopf schön! Man entgegnete ihm: Er ist rund, vgl. לִכְלוּכִית.

סִגְלָרְיָה, סִגְלָרִין pl. (viell. lat. sigillaria) das Bilderfest in Rom, das am Schlusse der Saturnalien sieben Tage hindurch gefeiert wurde, und an welchem man einander Bilderchen als Geschenke schickte, ferner: der um diese Zeit abgehaltene Bildermarkt; vgl. Sach's Beitr. I, 123. j. Ab. sar. I, 40ᵃ mit. סגלרין סגלריה וכ׳ das Anwohnen des Bilderfestes und des Bildermarktes ist ein „Sitz der Spötter", vgl. בוּקְלִין u. a. Mögl. Weise bedeutet סגלרין: die Aussteller der Bilder. Ab. sar. 18ᵇ סגלרין וסגלריון, סגלריין סגלריה Ar. (Ms. M. סגלריה וכ׳ Agg. סלגורין crmp.).

סַגְמַטִין m. pl. (gr. τὰ σάγματα) Decken, Polster. Num. r. sct. 1 Anf. הרבצתי אתכם בסגמטין ich liess euch auf Polstern lagern. Tanchuma Bemidbar Anf. dass.; Var. סבסטין s. d.

סִגְמוֹס m. (gr. σίγμα) die Tafel. Jelamd. zu Num. Anf., s. מִגָּס.

סֶגֶן m. (= bh. wo jedoch nur pl. סְגָנִים vorkommt; Grndw. סג, eig. viel, gross, vornehm sein) Vorgesetzter, Statthalter des Fürsten; insbes. Segen, ein priesterlicher Titel, vollständig סגן הכהנים: Oberster der Tempelherren, welcher, nächst dem Hohenpriester, das höchste priesterliche Amt bekleidete: Priesterfürst. Jom. 3, 8 (37ᵃ) u. ö. j. Jom. III, 41ᵃ ob. חמשה דברים היה הסגן משמש הסגן אומר לו אישי כהן גדול הגבה ימינך סגן מימינו וראש בית אב משמאלו הניף הסגן בסודרין אחז הסגן בימינו והעלהו לא היה כהן גדול מתמנה כהן גדול עד שנעשה סגן der Priesterfürst hatte fünf Functionen: 1) Der Priesterfürst sagte zum Hohenpriester (als letzterer am Versöhnungsfeste die Loose zog, vgl. Lev. 16, 8 fg.): Mein Herr, o Hoherpriester, erhebe deine Rechte! 2) Der Priesterfürst stand zur rechten Seite des Hohenpriesters und der

60*

Oberste der Priesterfamilie zu seiner linken Seite. 3) Der Priesterfürst schwang die Tücher (als Signal für die Priester, dass die Weinspenden begonnen hatten, damit sie den Gesang anstimmten). 4) Der Priesterfürst nahm den Hohenpriester (wenn Letzterer die Altartreppe bestieg) an seiner rechten Hand und führte ihn hinauf. 5) Nicht eher konnte Jem. ein Hohepriester werden, als bis er zuvor ein Priesterfürst geworden war. Sifra Zaw, Abschn. Milluïm Par. 1: „Mose bekleidete den Aharon mit dem Hemd, umgürtete ihn" u. s. w. (Lev. 8, 6 fg.) מלמד שנעשה משה סגן הכהנים לאהרן והוא היה מפשיטו והוא היה מלבישו וכשם שנעשה לו סגן בחייו כך נעשה לו סגן במותו שנאמר קח וגו׳ diese Stelle besagt, dass Mose ein Priesterfürst für Aharon wurde, der ihm die Kleider auszog und sie ihm wiederum anzog. Auf dieselbe Weise, wie er ihm bei seinem Leben ein Priesterfürst wurde, ebenso wurde er ihm bei seinem Tode ein Priesterfürst; denn es heisst: „Nimm den Aharon ... ziehe ihm die Kleider aus" u. s. w. (Num. 20, 25 fg.). Pes. 14ᵃ u. ö. חנינא סגן הכהנים ר׳ R. Chanina, der Priesterfürst. Men. 100ᵇ u. ö. שמעון בן הסגן Schimeon, der Sohn des Priesterfürsten. Pl. Exod. r. sct. 1, 103ᵇ נעשו כל הסנקליטין שהיו יושבין לפני פרעה מהן אלמים ... מי שם הסנגרים אלמים חרשים וסומין שלא הביאורך ומי שעשך פקח שובחרבת וגו׳ alle Senatoren (συγκλητικοί), die vor Pharao im Rathe sassen, wurden theils stumm, theils taub und theils blind. Pharao fragte die Stummen, wo sich Mose aufhalte, sie antworteten nicht; er fragte die Tauben, sie hörten nicht; er fragte die Blinden, sie sahen nicht. Daher sagte Gott (Ex. 4, 11) zu Mose: „Wer gab dem Pharao den Mund", dass er sagte: Führet den Mose auf den Richtplatz (בימה βῆμα)? „Und wer machte die Fürsten „stumm, taub und blind", dass sie dich nicht herbeiführen konnten? Oder wer machte dich „klug", dass du entflohest? „Ich, der Herr", der mit dir war und der dir auch ferner beistehen wird! Cant. r. sv. לא ידעתי, 29ᵇ נעשו סגנים על כל באי עולם sie (die Israeliten wurden nach ihrer Erlösung aus Egypten) Fürsten über alle Weltbewohner. Num. r. sct. 18, 234ᵇ die Feinde des Mose machten das Volk aufrührerisch, indem sie sagten: ואהרן ואחר כהן גדול ורבגיו סיגגי כהונה Mose ist der König, sein Bruder Aharon der Hohepriester und die Söhne des letzteren die Priesterfürsten. Snh. 110ᵃ steht dafür in aram. Form סיגני דכהונא. Levit. r. sct. 20, 163ᵇ שני בניה שני סיגני כהונה der Elischeba zwei Söhne (Nadab und Abihu) sind die zwei Priesterfürsten. Cant. r. sv. מי זאת, 18° dass.

סְנָא, סָנֵי ch. (= סָנֵן) Fürst, Statthalter, s. TW. — Pl. סְנַגְיָא Dan. 2, 48. 3, 2 fg. — Snh. 106ᵃ un. מסיגני ושליטי הואי וכו׳ sie stammt von Fürsten und Herrschern ab, s. זְנָא und נַגַּר.

Esth. r. sv. שלש שלש, 101ᵈ בשנת סגגיה בני die Fürstensöhne. — Genes. r. sct. 52, 51ᵇ סגגים, s. סינים.

סוּגְנוֹי m. (für סוּגֵי, Nun zum Ersatz des Dagesch) Fülle, s. TW.

סַגְנוֹם, סִיגְנוֹן m. (gr. σίγνον, signum = „sententia judicis", vgl. Du Cange Glossar. I, 1365) 1) Sentenz, Sinn, Gedanke. Snh. 89ᵃ סיגנון אחד עולה לכמה נביאים ואין שגי נביאים מתנבאין בסיגנון אחד ein Gedanke kommt vielen Propheten ein, aber zwei Propheten können nicht eine und dieselbe Gedankenäusserung haben; d. h. der von Gott ausgehende prophetische Geist manifestirt sich bei mehreren Propheten auf eine und dieselbe Weise; die Kundgebung (Worte) jedoch, die von dem Propheten ausgeht, kann bei dem Einen nicht ebenso lauten wie bei dem Andern. Daraus nun, dass jene 400 Propheten Achabs eine glückliche Kriegsführung durch einen gleichen Wortlaut verkündet hatten (1 Kn. 22, 6 fg.), erkannte Josaphat, dass sie sämmtlich von einem Lügengeist bethört wären. Genes. r. sct. 97 g. E. (mit Bez. auf Gen. 48, 21) drei Kennzeichen gab hier Jakob seinen Kindern: הבא סיגנון שלו אוכי ... זה הוא דו הגאול derjenige Gottgesandte, der sich in seiner Sentenz gewöhnlich des Ws. אוכי, „ich" bedienen wird, der ist der wahre Erlöser. So wandte auch Mose in allen seinen Sendungen an Pharao und an Israel das W. אוכי an. — 2) (σίγνον, signum = vexillum) die Fahne, das ausgebreitete Tuch, das auf des Feldherrn Zelt aufgesteckt wurde, zuw. auch als ein Zeichen, dass die Armee marschiren sollte. Jalk. I, 109° „Mose nahm das Zelt und pflanzte es ausserhalb des Lagers auf" (Ex. 33, 7). משל למלך שהיה לו לגיון אחד מרדד במלך מה עשה שר צבא שלו נטל סיגגון של מלך וברח וכו׳ ein Gleichniss von einem Könige, der eine Legion hatte, welche gegen ihn ungehorsam wurde. Was that da sein Feldherr? ׳Er nahm die königliche Fahne und entfloh. Ebenso nahm Mose, nach dem Sündenfall Israels, das Zelt fort. Exod. r. sct. 45, 139° נטל סגגום dass. Ar. citirt diese Stelle zu Jelamdenu zu Num. 10, 2 wie folgt: נטל סגגון וברח (Plur. σίγνα, signa) was thaten die Fahnenträger (ὁ σιγνοφόρος)? Sie nahmen die Fahnen und entflohen. — Pl. (gew. mit fem. End.) Jalk. I, 68ᵃ (mit Bez. auf וירדם, Ex. 14, 24 und וירדמום, Ps. 18, 15) נטל סיגניות המצרים ערבבם שלהם ולא היו יודעין מה הם עושין Gott verwirrte die Egypter und brachte sie in Unordnung"; er nahm näml. ihre Kriegsfahnen fort, infolge dessen sie nicht wussten, was sie thaten. Jalk. II, 25ᵃ und Cant. r. sv. לסוסתי, 9ᵈ dass. Tanch. Beschallach, 84ᵇ נטל סגניריות 1. סגנירות dass. In Mechil. Beschallach Par. 2 steht dafür מגגירות, Var. מגפרת (s. מַטָּה und מַגְנוֹן), wahrsch.

ebenso zu lesen סְגְנִירִת.—3) übrtr. Fahne, Panier. Genes. r. sct. 6 g. E. ספר משנה תורה היה סיגנון ליהושע וכ' (Ar. liest סגנוס) das Buch Deuteronomium war das Panier (die Richtschnur) für Josua. Denn als Gott ihm geoffenbart und ihn mit der Erklärung dieses Buches beschäftigt fand, sagte er zu ihm: „Sei tapfer und kräftig, Josua, dieses Gesetzbuch weiche nicht aus deinem Munde" (Jes. 1, 7. 8). — סיגנין Tosef. Ab. sar. V (VI) Anf. הסיגנין, richtiger הסיגנין die Tigel, s. סִיגָן.— סגנירית Kel. 16, 5, richtig סרגנירית s. d. in 'סרֹ.

סְגוֹס m. (gr. σάγος, syn. mit σάκος, sagum sc. pallium) grober Mantel, Mantelsack, dessen man sich gew. als einer Unterlage bediente. Nach einer Ansicht Ar.'s: Bettdecke. Sifre Teze § 234 הכסה פרס לסגוס „womit du dich einhüllest" (Dt. 22, 12), davon ist der Mantelsack ausgeschlossen; d. h. dass man an ihm keine Schaufäden anzubringen brauche. Kel. 29, 1 נימי סגוס die Fasern des Mantelsackes. Ohol. 11, 3. 15, 1 עבה סגוס ein dichter, grober Mantel. Neg. 11, 11 נגע בו שנראה סגוס ein Mantel, an dem sich ein Aussatz zeigt. Sifra Mezora, Sabim cap. 1 הסיגוס, l. הסוס. — Pl. Tosef. Kel. B. bath. VII Anf. הסגוֹסִין die Mantelsäcke.

סְנִיע, סְנָע (= סָגָא, א in ע verwandelt, vgl. בְּקִיא, ähnlich bh. פָרָה=פָרַע) viel sein, sich vermehren. — סַגִּיעָא m. Adj. (=סַגִיא viel, gross, multus.—סַגִּיעָתָא,סַגִּיעָתָא, f. (=סַגִיאותָא) סַגִּיאותָא Menge, Fülle, s. TW.

סָנַף (Grndw. סג, arab. ڝغى) betrübt, traurig, unglücklich sein. Part. pass. Sifra Debarim § 24: „Ihr murrtet in euren Zelten" (Dt. 1, 27); das bedeutet: Sie weinten in ihren Wohnungen, als ob sie einen Todten vor sich liegen hätten; ונוטלין את בניהם ואומרים להם אי לכם דווים וכ' לכם סגופים למחר יהיו צולבים מכם על הצלוב ונוטלין את בנותרהם ואומרים להן אוי לכן דווים אוי לכן סגופים למחר יהיו הורגים מכם וטביעין מכם ומעבידים בקלון ושבועין sie nahmen ihre Söhne und sagten zu ihnen: Wehe euch, ihr Betrübten, wehe euch, ihr Unglücklichen; morgen wird man einen Theil von euch am Kreuze kreuzigen! Hierauf nahmen sie ihre Töchter und sagten zu ihnen: Wehe euch ihr Betrübten, wehe euch ihr Unglücklichen; morgen wird man einen Theil von euch tödten, einen Theil in Gefangenschaft führen und im Hause der Unzucht ausstellen; vgl. auch Jalk. z. St. Genes. r. sct. 74, 73ᵈ דווים וסגופים היו sie waren betrübt und unglücklich. Jeb. 47ᵃ u. ö. סחופים crmp. aus סגופים. Pi סָגֵף quälen, peinigen. Taan. 22ᵇ על כולן יחיד רשאי לסגף את עצמו בתעניה ר' יוסי אומר אין היחיד רשאי לסגף את עצמו בתעניה שמא יצטרך לבריות ואין הבריות מרחמין עליו wegen aller (dort erwähnten Unglücksfälle, um derentwillen allgemeines Fasten nicht stattfindet)

darf der Einzelne sich durch Fasten peinigen, kasteien. R. Jose sagte: Der Einzelne darf sich nicht durch Fasten peinigen, denn er könnte hierdurch der Unterstützung der Menschen bedürfen, während sie sich seiner nicht erbarmen würden.

Hithpa. sich quälen. Genes. r. sct. 60, 59ᵃ אִצְטֵעֵרַבְיָא s. מִסְתַּגֵּף. Exod. r. sct. 26, 124ᵈ: „Mich und mein Vieh durch Durst zu tödten" (Ex. 17,3); מהסגף יוצא אדם לדרך אם אין בהמתו עמו wenn Jem. eine Reise unternimmt und sein Zugvieh nicht mit sich führt, so quält er sich.

סְגֵף, סְנַף ch. (syr. ܣܓܦ = סָגַף) schwach werden, sich schwächen.—Pa. סַגֵּף quälen, peinigen, s. TW.

סִיגוּף m. N. a. das Sichquälen, die Qual, Pein. Khl. r. sv. אמרתי אני, 80ᵇ (mit Ansp. auf דברת, Khl. 3, 18) מדברות שהצדיקים מדברים בעולם הזה בסיגוף ובתעניות וביסורין וכ' die Aufführung, wie die Frommen sich in dieser Welt führen durch Qual, Fasten und Schmerzen u. s. w.

סִיגוּפָא ch. (= סיגוף) Qual, Pein, s. TW.

סְגַר (= bh.) schliessen, verschliessen. Grndw. סג (wov. auch סוג, סיג s. d. W.), syn. mit סך (wov. סְכַר, סָכַר) סָבַר umzäunen, begrenzen. Hof. eingeschlossen werden. Part. Meg. 1, 7 fg. מצורע מוּסְגָּר ein einzusperrender Aussätzer, der nach je sieben Tagen vom Priester besichtigt wurde; Ggs. מצורע מוחלט ein als unheilbar erklärter Aussätziger, s. חָלַט.

סְגַר ch. (syr. ܣܓܪ = סָגַר) einschliessen, verschliessen, einsperren. Dan. 6, 23. Part. Peil סָגִיר, סְגִירָא m., סְגִירָתָא f. eig. eingeschlossen, der, die Einzusperrende, dah. übrtr. aussätzig, leprosus, leprosa, s. TW.— Tosef. Neg. VI Anf. סגירתא חורבתא die Ruine eines mit Aussatz behafteten Hauses. Snh. 71ᵃ dass. — B. kam. 40ᵇ אסתגר, richt. אָסְתְּגִיד s. d. W.

סְגִירוּתָא, סָגִירוּ f. Aussatz an Menschen sow., als auch an Häusern und Kleidern, s. TW.

סְגִירָה f. N. a. das Einschliessen, Verschliessen. Num. r. sct. 13, 221ᶜ die beiden „Tempelvorhänge" (מסך, Ex. 26, 36 und 27, 16), שהם היו משלימים לסגירת האהל מצדדיו וסגירת החצר מכל צדדיה welche die Verschliessung des Zeltes von seiner Seite und die Verschliessung des Hofes von allen seinen Seiten vollständig machten.

סְגוֹר m. (= bh.) der Verschluss, s. TW.

סוֹגֵר m. (ähnlich bh.) Halseisen oder Kette, womit man das Thier festhält. Schabb. 51ᵇ אין חיה יוצאה בסוגר חנניה אומר יוצאה בסוגר ובכל דבר המשתמר ein wildes Thier darf nicht am Sabbat mit einem Halseisen ausgetrieben werden. Chananja sagte: Es darf mit einem Halseisen,

sowie mit Allem, wodurch es gehütet wird, aus-getrieben werden. j. Schabb. V Ende, 7° כלב יוצא בסוגר שלו der Hund darf mit seiner Kette ausgetrieben werden. j. Bez. II g. E., 61ᵈ dass.

סְנַרְגַּר Pa. denom. (= נַרְגַּר mit vrges. ס, s. diesen Bst.) kernig werden, Kerne od. Kör-ner bekommen, s. TW.

סִיגְרוֹן m. (wahrsch. σαγαριός von σάγαρις: die Waffe) 1) der Waffenträger. Num. r. sct. 8, 196ᵈ וכ׳ מי שכתב עצמו סיגרון למלך wer sich dem Könige als Waffenträger verschreibt, s. נימוסות. Pesik. r. sct. 23, 47ᵇ steht dafür שרגיון crmp. aus סיגרון. — 2) Sigron, Beiname des Engels Gabriel. Snh. 44ᵇ שרב אינו פותח er heisst Sigron, weil die Himmels-pforten, wenn er sie verschliesst, Niemand öffnen kann. Diese Deutung ist blos agadisch; vgl. auch אימזון (woselbst jedoch: 44ᵇ anst. 45ᵇ zu lesen ist). — j. Meg. II Anf., 73ᵃ סירוגין סיגרון crmp. aus סירוגין s. d.

סגרים Tosef. Bech. V. Anf., s. סַגְדִּיס.

סַגְרִיר m. (=bh. Grndw. גר mit vrges. ס, Safel; vgl. Hiob 28, 4 גֵּר, der Bedeutung nach = arab. ‏خَرِير‎) Wasserschwall, Regenstrom, der geräuschvoll herabfällt. Nach Aben Esra zu Spr. 27, 15 und Kimchi Schorachim hv. von סגר: sich wegen heftigen Regens ein-schliessen; ähnlich aram. סְגִיר: der eingesperrte Aussätzige. NachSimonis u.Gesen. hbr. Wörterb. vom arab. ‏جَشَّ‎ für das Anschwellen des Wassers. — j. Meg. I, 71ᵈ mit. מעשה ביום סגריר וכ׳ einst trug es sich an einem Tage heftiger Regengüsse zu, dass u. s. w., vgl. מנצצ׳דך. j. Chag. II, 77ᵈ un. עמד שמעון בן שטח ביום סגריר וכ׳ Schimeon ben Schetach erhob sich an einem Tage heftiger Regengüsse u. s. w. j. Snh. VI, 23° un. dass.

סַגְרִירָא ch. (syr. ‏ܣܓܪܝܪܐ‎) = (סַגְרִיר) Regen-strom, s. TW.

סַד m. (= bh. Stw. סָדַד, arab. ‏سَلَّ‎: ver-schliessen) Holzblock, in welchen die Füsse der Gefangenen hineingezwängt und eingeschlossen wurden. Pl. Tosef. Ab. sar. II Anf. אין מוכרין להן לא סדין ולא כבלין וכ׳ man darf den Nicht-juden weder Holzblöcke, noch Fesseln und ähn-liche Marterinstrumente verkaufen, vgl. כְּבָל.

סַדָּא ch. (syr. ‏ܣܕܐ‎ = סַד) Holzblock; סַדָּאָה m. Adj. der Verfertiger des Holzblockes. Pes. 28ᵃ סראה בסדיה יתיב וכ׳ (Var. סדנא) der Verfertiger des Holzblockes sitzt in seinem Holz-block; mittelst seines eignen Werkzeuges wird er bestraft, vgl. דְּיִל.

סְדָה ,סַדָּא f. eig. (= arab. ‏سَدَّ‎) Erhöhung,

Holzgerüste; insbes. (= bh. רְפֻלֹדוֹת pl.) Floss aus kreuz und quer gelegten Hölzern, die aufgethürmt und als Fahrzeug benutzt wurden. Ber. 4, 6 (28ᵇ) היה יושב בספינה או בסדה Ar. (Agg. באסדה) Jem. sass im Schiff oder auf einem Floss, s. אַסְדָּא.

סדרין Tosef. Kidd. V, richtig סדרין, s. d.

סַדְיָא f. (syr. ‏ܣܕܝܐ‎, verwandt mit סַדָּה); insbes. בי סדיא Polster, das zu Häupten liegt, Kopfkissen, vgl. אִיסָדְרָא. Schabb. 118ᵃ סוריא בי סדיא Bett und Kopfkissen. B. bath. 9ᵃ dass. Keth. 61ᵃ un. רבא אבי סדיא dem Raba (stellte seine Frau während ihrer Reinigungs-zeit den Becher) zu Häupten, auf das Kopf-kissen. — Pl. Schabb. 124ᵇ ר׳ מרי הוו ליה הנהו (ההוא בי סריתא Ar. ed. pr. (Agg. דסרנוותא בשמשא R. Mari, der Kopfkissen in der Sonne liegen hatte, fragte, ob er sie am Sabbat fortrücken dürfe.

סַדְיָן m. (= סָדָן) Block. Khl. r. sv. ויתרון ארץ, 83ᵃ חד סדרין; richtiger in den Parall. סדן s. d.

סְדוֹם (=bh. סְלָם, Grndw. סד) Sedom, Sodom, Name der bekannten Stadt unweit des todten Meeres. Stw. סָדַם, arab. ‏سَكَّ‎, syn. mit סָתַם: verschliessen, verstopfen. Schabb. 108ᵇ הפוכה סדום וכ׳ Sodom ist verkehrt u. s. w., s. הָפַךְ. Aboth 5, 10 u. ö. מדת סדום eine sodomitische Art, vgl. מִדָּה. B. bath. 114ᵇ הלכתא כר׳ יוסף בסדום קנין ומחצה Ar. (Agg. בשדה עניין ומחצה) die Halacha wird nach Ansicht des R. Josef entschieden (während sonst in Controversen die Halacha überall nach der Ansicht Rabba's entschieden wird) in folgenden drei Fällen: 1) Sodom (man verfährt hinsicht-lich eines Nachbarsfeldes zwangsweise gegen eine sodomitische Art, B. bath. 12ᵇ, vgl. כפר, כֻּפָּה). 2) Erwerbungsrecht (solange man be-treffs der Angelegenheit unterhandelt, das. 114ᵃ) und 3) Halbirung (Jem. sagte zu seiner Frau: Mein ganzes Vermögen soll dir und deinen Kindern gehören; wobei R. Josef entschied, dass die Frau die eine Hälfte und die Kinder die andere Hälfte des Vermögens bekommen sollten, vgl. מֶחֱצָה).

סוֹדְמִי ,סְדוֹמִי m. N. patron. der Sodomite; die Form סרדמי entspricht der LA. der LXX: Σόδομα, Sodoma. Genes. r. sct. 41, 40ᵃ אין לך בכרכים רע מסדום ריע כשאדם רע קורין אותו סרדמי es giebt unter den Städten keine, die schlechter wäre als Sedom; denn wenn Jem. schlecht ist, so nennt man ihn: Sodomiter. Tosef. Schabb. VII (VIII) R. Jose sagte: אין לך מן הכרכין רע יותר מן הסודומי שכל זמן שאדם רע קורין אותו סרדומי es giebt unter den Städten keine, die schlechter wäre als die sodomitische, denn wenn Jem. schlecht ist, so nennt man ihn: Sodomiter. R. Nehorai sagte: אין לך בכרכין יותר מהון מן

'הסורדמי וכ es giebt unter den Städten keine sanftmüthigere als die sodomitische; denn Lot wählte sich diese Stadt zu seinem Wohnorte. Aehnliches in אָמוֹרִי, s. d. — Pl. Genes. r. sct. 19, 19° סְדוֹמְיִים die Sedomiter. Das. sct. 26, 25ᵈ und sct. 28, 27ᵇ. — Fem. Chull. 105ᵇ u. ö. מלח סְדוֹמִית sedomitisches Salz, s. מֶי.

סוֹדְמִין m. pl. Verschliessung, Verstopfung. j. B. bath. II, 13° ob. כותל סורדמין eine Wand, die von Pallisaden eingeschlossen ist; ähnlich כותל אטום das.

סַדָן m. (= סַד mit angeh. Nun) 1) Holzblock, Klotz; insbes. (pers. sindân) ein harter, fester Baumstamm; namentl. oft סדן של שקמה oder סדן השקמה der starke Stamm der Sykomore, auf dem man zuw., wenn man seinen obern Theil abgeschnitten, Kräuter u. dgl. pflanzte. Kil. 1, 8. B. bath. 71ᵈᵇ. Arach. 14ᵃ. j. B. bath. IV Anf., 14ᵃ fg. — Pesik. r. sct. 1, 2ᵇ עץ הסדן העושה בארץ שש מאות שנה der Baum, der Stamm des (Sykomoren-) Klotzes, der 600 Jahre in der Erde sitzt. Num. r. sct. 13,219ᵈ כשקמה steht dafür. Exod. r. sct. 1, 101ᵈ אין אבנים אלא 'הזה וכ dass. Exod. r. sct. 1, 101ᵈ סדן דבר קשה . . . סימן גדול מסר להם מה יוצר זה ירך מכאן וירך מכאן וסדן באמצע אף אשה אבנים W. ירך מכאן וירך מכאן והולך באמצע das W. אבנים (Ex. 1,16 und Jer. 18, 3) bedeutet nichts Anderes als einen Holzblock, etwas Hartes. Pharao gab den Hebammen ein zutreffendes Merkmal: So wie „der Töpfer" die eine Lende an der einen und die andere Lende an der anderen Seite des inmitten liegenden Blockes herabhängen lässt, ebenso hat das Weib die eine Lende an dieser und die andere Lende an jener Seite des inmitten liegenden Kindes herabhängen. Sot. 11ᵇ dass., wo jedoch der erste Satz fehlt. Snh. 7, 3 (52ᵇ) מניחין את ראשו על הסדן וקוצץ בקופיץ man legt seinen (des zum Tode mit dem Schwert verurtheilten Verbrechers) Kopf auf einen Holzblock und schlägt den ersteren mittels eines Beiles ab, vgl. כָּבּוּל. — Pl. Genes. r. sct. 42, 41ᵃ שהוא wird (Gen. 14, 3) übersetzt: עמק השדים מגדל סַדָּנִים das Thal, wo (Sykomoren-) Klötzer wachsen. — 2) Amboss, eig. der Block des Ambosses. Schabb. 12, 1 (102ᵇ) מכה בקורנס Jem., der mit dem Hammer auf den על הסדן Amboss schlägt. Tosef. Schabb. XII u. ö. Genes. r. sct. 10 g. E. „Gott vollendete am siebenten Tage".u. s. w. (Gen. 2, 2) אתמהא אלא כזה שהוא מכה בקורנס על גבי הסדן הגביהה מבעוד יום והורירה לאחר משתחשך (anst. והורידה liest Pseudoraschi richtiger והורדה) wunderbar (dass Gott am Sabbat gearbeitet haben sollte)! Das ist vielmehr so aufzufassen, als wenn Jem., der mit dem Hammer auf den Amboss schlägt, den er am Tage in die Höhe hebt und der beim Beginn der Nacht herabfällt. Das. sct. 28 Anf. der Mensch blüht im zukünftigen Leben aus dem Knorpel des Rückgrats

נתנו על הסדן והתחיל מכה (vgl. לוז) auf u. s. w. עליו בפטיש נחלק הסדן ונבקע הפטיש ולא חסר כלום einst legte man jenen Knorpel auf einen Amboss und fing an, mit dem Hammer darauf zu schlagen; da wurde der Amboss gespalten und der Hammer zersprang, aber von jenem Knorpel fiel nichts ab. Levit. r. sct. 18, 161ᵃ und Khl. r. sv. גם מגבה 97ᵇ dass. Pesik. r. sct. 32, 60ᵇ wird dasselbe von einem Edelsteine (סנפרינון) berichtet.

סָדְנָא ,סַדָן ch. (syr. ܣܕܢܐ = vrg. סַדָן) 1) Holzblock, Klotz. Levit. r. sct. 22, 165ᵈ R. Simon hatte einen Garten, ההוה ביה חד סדן חמא חדא דוכיפת דעבד ליה קן בגויה וכ' in welchem ein Klotz lag. Er sah nun, dass ein Berghahn sich darin ein Nest baute u. s. w. Khl. r. sv. ויתרון ארץ 83ᵃ steht dafür סדריין, wahrsch. ebenf. סדן zu lesen. — 2) übrtr. Holzblock als Walze oder Axe in einem Maschinenwerk. Chull. 16ᵃ סדנא דפחרא . . . סדנא דמיא der Holzblock, den der Töpfer beim Anfertigen des Geschirrs dreht; der Holzblock, der vom Wasser getrieben wird. Pes. 94ᵇ כסדנא דריחיא Ar. und Ms. M. (Agg. כברצינא) wie die Axe der Mühle, die näml. festsitzen bleibt, während das Mühlenrad sich um die erstere bewegt; auf dieselbe Weise findet der Planetenumlauf statt. Das. 28ᵃ סדנא דארעא .s ,בסדנא — סָדָא. — 3) übrtr. Kidd. 27ᵇ חד הוא die Axe (oder: die Oberfläche) der Erde ist eine und dieselbe; wenn dah. Jem. mehrere Felder in verschiedenen Provinzen besitzt, so werden sie sämmtlich als ein Besitzthum angesehen. B. kam. 12ᵇ dass. — 4) Bottich, ausgehöhlter Klotz. Pes. 113ᵃ תמרי בהילוזך Ar. (welcher auch die LA. נוייתא לבי סדנא רהוט citirt; Agg. סודנא) wenn du Datteln in deiner Truhe hast, so laufe schnell in die Brauerei, wo der Bottich steht, s. הִילוּז. Die dort angegebene Etymol. unseres Ws. סוד נאה schöner Gewinn, Wohlthat, ist blos agadisch; ähnlich סודר von 'ה סוד s. d. W. Nach Raschi bedeutet סוֹדְנָא: der Brauer, vgl. auch סוּדְנִי.

סָדִין m. (= bh., arab. سَكَن, von سَدَن, سِلَك, Grndw. סד; nach d. Form פְּתִיל von פָּתַל) leinene Hülle, Tuch (bh. viell. leinenes Unterkleid, Hemd). Jom. 3, 4 (30ᵃ) bevor der Hohepriester am Versöhnungstag badete, פרסו סדין של בוץ ביגו לבין העם breitete man eine leinene Hülle, Vorhang zwischen ihm und der Gemeinde aus. j. Kil. IX, 32ᵇ ob. נקבר רבי בסדין אחד in einer leinenen Hülle wurde Rabbi begraben. j. Keth. XII, 35ᵃ ob. dass. j. Jeb. I Anf., 2ᵃ R. Jose bar Chalafta בעל סדין דרך beging den Coitus mittelst einer Hülle, um seine Leidenschaft zu bezähmen. Genes. r. sct. 85, 83ᵉ dass. Men. 37ᵇ סדין בציצית eine leinene Hülle mit (wollenen) Schaufäden. Das. 38ᵇ. 40ᵃ fg. dass. — Pl. Nid. 61ᵇ 'הביא לו סדינין וישראן במים ופרשן עליהם וכ

man brachte dem R. Josua Tücher, die er, nachdem er sie im Wasser geweicht hatte, auf diejenigen Stellen, worüber Zweifel obgewaltet hatten, ob Todtengebeine sich da befänden, ausbreitete. An den reinen Stellen wurden die Tücher trocken, an den unreinen hing. (deren Erde infolge des Begrabens der Leichen locker war) blieben sie feucht. j. Pes. I, 27ᵈ mit. 'שני סדינין וכ zwei Tücher lagen am Rüsttage des Pesach auf einer Anhöhe des Tempelberges als Merkmal, um die Zeit anzugeben, bis wie lange man Gesäuertes essen dürfe (in der Mischna steht dafür שתי חלות zwei Brote). Kel. 24, 13 שלשה 'סדינין הן השמשי לשכיבה ... לוילון ושל צורות וכ drei Arten von Tüchern giebt es, näml. das, welches als Unterlage (Bettlaken), das, welches als Vorhang dient und das, worauf Figuren angebracht sind. Genes. r. sct. 19, 19ᶜ סדינים Hüllen, als Kleidungsstücke des Mannes. Tosef. Kel. B. mez. I. g. E. סדינין לצורות וסדינין לאוהלין Tücher, worauf man Figuren anbrachte und Tücher zum Bedachen der Zelte.

סְדִינָא ch. (syr. ܣܶܕܽܘܢܳܐ = סָדִין) leinene Hülle, Tuch. Men. 40ᵇ שרא ר' זירא לסדיניה R. Sera nahm die Schaufäden seiner leinenen Hülle ab. Das. 41ᵃ מלאכא אשכחיה לר' קטינא דמיכסי סדינא אמר ליה קטינא קטינא סדינא בקייטא וסרבלא בסיתוא ציצית של תכלת מה הדא עליה ein Engel traf den R. Ketina (קטינא = זעירא, contr. זירא, eig. der Kleine, Paulus; also wahrsch. der R. Sera in der vorangehenden Stelle) als er mit einer Hülle eingehüllt war. Er sagte zu ihm: o Ketina, Ketina, eine leinene Hülle (Nachtkleid) trägst du im Sommer und einen weiten Ueberwurf (der keine Ecken hat) im Winter, was soll aus dem Gebot der Schaufäden von blauer Wolle werden? j. Bez. I, 60ᶜ un. R. Jirmeja erlaubte dem Arzt Bar Giranti, מטענא בסדינא מיעול מבקרא בישיא בשובתא sich am Sabbat in einer Hülle (einer Art Baldachin) tragen zu lassen, um die Kranken zu besuchen. Das. Maischa, der Enkelsohn des R. Josua bar Lewi מיטען בסדינא מיעל מירדרוש בצבורא בשובתא liess sich in einer Hülle am Sabbat tragen, um zu gehen und einen Vortrag vor der Gemeinde zu halten. — Pl. j. Schabb. VI, 8ᵇ un. wird הסדינים (Jes. 3, 23) übersetzt: סְדִינַיָּא die Hüllen.

סוּדָּנֵי s. d. in 'סו

סָדָס od. סָדָד m. ein Kleid mit sechs Zipfeln. Stw. arab. سَدَسَ sechsfach sein. Sifre Teze § 234 ארבע כנפות כטומא פרט לסדרסין ed. Ven. (in den späteren Agg. crmp. לסדין) ebenso falsch ist die Emendation (לסדדרין) „an den vier Zipfeln deines Gewandes (sollst du Schaufäden anbringen“, Dt. 22, 12); davon sind die sechszipfligen Gewänder ausgeschlossen.

סְדַק (= bh. שָׂטַע; Grndw. דק mit vrgcs. ס) spalten, auseinanderreissen. Part. pass. Chull. 59ᵃ wenn Jem. in der Wüste reist und ein Thier findet, dessen Maul abgeschnitten ist, (er also nicht ermitteln kann, ob das Thier wiederkäuend sei, oder nicht), אם בודק בפרסותיה פרסותיה סדוקות בידוע שהיא טהורה ואם לאו בדוק שהיא טמאה ובלבד שיכיר חזיר so untersuche er die Klauen desselben, wenn diese gespalten sind, so ist das Thier bestimmt ein reines, wo nicht, so ist es bestimmt ein unreines; aber nur in dem Falle, wenn er das Schwein kennt. Es wurde näml. mit Bestimmtheit angenommen, dass das Schwein das einzige Thier sei, das hufgespalten, aber nicht wiederkäuend ist. Cant. r. sv. מה חטה, 30ᵇ Israel ist dem „Weizen“ verglichen, זו כדרכה אף ישראל סדוקה מילתן so wie das Weizenkorn gespalten ist, so sind auch die Zeugungsglieder der Israeliten (infolge der Circumcision) gespalten. Nid. 25ᵇ שעורה סדוקה ein gespaltenes Gerstenkorn.

Nif. gespalten werden. B. kam. 96ᵇ גזל מטבע ונסדק wenn Jem. eine Münze raubte und sie wurde gespalten. Das. 97ᵃ wird var W. nach einer Ansicht erklärt: נסדק ממש sie wurde wirklich gespalten; nach einer andern Ansicht sei unser W. bildl. zu fassen: פסלתו מלכות die Regierung hat die Münze als ungiltig erklärt. j. B. kam. IX Anf., 6ᵈ שמואל אמר בשנסדק ודאי Samuel sagte: נסדק bedeutet, die Münze wurde wirklich gespalten. (In bab. B. kam. l. c. wird diese Ansicht dem R. Huna beigelegt, während R. Juda sagte: פסלתו מלכות, was in jer. Gem. l. c. dem R. Huna beigelegt wird).

Pi. סִדֵּק spalten, aus einander reissen. Cant. r. sv. מי זאת, 18ᵃ סדקה כדג der Engel spaltete die Hüfte Jakob's wie einen Fisch. Das. Anf., 2ᵇ סידקה, richtig סירקה, s. סָרַק.

סְדַק ch. (syr. ܣܕܰܩ = סָדַק, vgl. auch סְתַק) spalten, zerreissen (von Kleidern). — Pa. סַדִּיק (syr. ܣܰܕܶܩ) spalten, s. TW.

סִידּוּק m. N. a. das Gespaltensein, Gespaltenes. Pes. 48ᵇ סידוק יושב ein Teig, der infolge der Gährung gespalten ist, muss (am Pesachfeste) verbrannt werden. Nach einer Ansicht das. סידוק בקרני חגבים besteht das Gespaltensein darin, dass die Spalten so gross wie die Fühlhörner der Heuschrecken sind; Ggs. שיאור: ein geringerer Grad der Gährung, s. d. W. Nach einer andern Ansicht das.: סידוק שנתערבו סדקין זה בזה besteht dieser Grad des Gespaltenseins darin, dass die Spalten unter einander vermischt sind, ineinanderlaufen.

סֶדֶק m. Spalt, Ritze. Bech. 37ᵇ הסדק die Ritze des Ohrs. Das. ö. Khl. r. sv. כל הדברים, 73ᵇ „die Propheten sehen Gottes Rathschluss“ (Am. 3, 7) כמבין סידקו של פתח wie durch eine

Thürritze. — Pl. Pes. 45ᵃ סִדְקֵי עֲרִיבָה die Spalten einer Mulde. Das. 48ᵇ R. Meïr ist der Ansicht: אֵין לָךְ כָּל סֶדֶק וְסֶדֶק מִלְמַעֲלָה שֶׁאֵין לוֹ כמ״ה סְדָקִין מִלְמַטָּה es giebt keinen Spalt im Teig von der äusseren Seite desselben, der nicht auch nach unten zu (d. h. in dem Innern der Teigmasse) viele Spalten hätte.

סִדְקָא ch. (=סֶדֶק) Spalt, Gespaltenes, Zerrissenes, s. TW.

סִדְקִית f. 1) das Spalten, Oeffnung. Erub. 53ᵃ R. Jochanan sagte: לִבָּן שֶׁל רִאשׁוֹנִים כְּפִתְחוֹ שֶׁל אוּלָם וְשֶׁל אַחֲרוֹנִים כְּפִתְחוֹ שֶׁל הֵיכָל וְאָנוּ כִּמְלֹא מַחַט סְדָקִית das Herz der Vorvordern war so weit geöffnet (d. h. viel umfassend) wie der (20 Ellen weite) Eingang der Tempelhalle; das der Späteren wie der (10 Ellen weite) Eingang des Tempels; unser Herz aber hat blos die Oeffnung eines Nadelöhrs; vgl. נֶב. — 2) übrtr. Häkelarbeit, Putzsache, welche die Frauen durch Nadelarbeit verfertigen. Sota 40ᵃ R. Abahu hatte bei seinen agadischen Vorträgen viele Zuhörer, während R. Chija bar Abba bei seinen halachischen Vorträgen nur wenige Zuhörer hatte. Ersterer sagte zu letzterem, um ihn zu besänftigen: אֶמְשׁוֹל לָךְ מָשָׁל לְמָה הַדָּבָר דּוֹמֶה לִשְׁנֵי בְּנֵי אָדָם אֶחָד מוֹכֵר אֲבָנִים טוֹבוֹת וְאֶחָד מוֹכֵר מִינֵי סְדָקִית עַל מִי קוֹפְצִין לֹא עַל זֶה שֶׁמּוֹכֵר מִינֵי סְדָקִית ich will dir ein Gleichniss bringen. Das ist zweien Menschen zu vergleichen, deren Einer Edelsteine und deren Anderer Häkelarbeiten zu verkaufen hatte. Wer hat einen grössern Zudrang von Käufern? Wohl derjenige, der die Häkelarbeiten feilbietet (ein ähnliches Gleichniss s. in חָצָב); vgl. auch סָתְקִית.

סַדְקָאִים m. (viell. vom vrg. סְדָקִית mit gr. Adj. Endung) Künstler im Anfertigen von Häkelarbeiten. Wahrsch. jedoch zu lesen סִירְקָאִים (=סִירְקֵי s. d.) Seidenspinner. Cant. r. sv. כֶּרֶם, 33ᵈ ein Gleichniss von Jemdm., der einen Sohn mit abgehackten Fingern hatte (vgl. אֶצְבַּע) מָה עָשָׂה הוֹלִיכוֹ אֵצֶל סַדְקָאִים לְלַמֵּד אוּמָנוּת הִתְחִיל מִסְתַּכֵּל בְּאֶצְבְּעוֹתָיו אָמַר כָּל עַצְמָהּ שֶׁל אוּמָנוּת זוֹ אֵינָהּ נִקְנֵית אֶלָּא בָּאֶצְבָּעִים הֵיאַךְ זֶה יִלְמַד was that er nun? Er führte den Sohn zu einem Künstler, der Häkelarbeiten anfertigte (oder: zum Seidenspinner) damit er ihn diese Kunst lehre. Ersterer jedoch sagte, als er angefangen hatte, die Finger des Letzteren zu beobachten: Diese Kunst wird ja einzig und allein durch Fingerfertigkeit erworben; wie sollte nun dieser da sie erlernen? Ebenso sagte Gott zu den Engeln, welche, als er den Israeliten die Gesetzlehre geben wollte, sprachen: „Gieb doch deine Herrlichkeit, die Gotteslehre, im Himmel" (Ps. 8, 2): Die Gesetze sollen blos die menschlichen Leidenschaften und Begierden zähmen, euch aber fehlt ja jede Leidenschaft! Vgl. auch Schabb. 88ᵇ fg.

סִדְקָן f. (für סִבְדְּקָן, gr. σιτοδόκη) eig. Getreidebehälter, übrtr. Getreidemarkt. j. Schebi. VI, 36ᶜ mit. יוֹרְדִין הָיִינוּ לִסְדָקֵי שֶׁל אַשְׁקְלוֹן וְלוֹקְחִין חִטִּין וְעוֹלִין לְעִירֵנוּ וכ׳ wir reisten nach dem Getreidemarkt zu Askalon, kauften dort Weizen ein und kehrten nach unserer Stadt zurück. j. Ned. IX, 42ᶜ un. בְּסִדְקֵי wenn das Getreide dort auf dem Markt aufgehäuft lag. j. Schabb. VIII Anf., 11ᵃ un. „Dein Leben wird dir gegenüber schweben" (Dt. 28, 66); זֶה הַלּוֹקֵחַ חִטִּים לְשָׁנָה . . . זֶה הַלּוֹקֵחַ מִן הַסִּדְקֵי . . . זֶה הַלּוֹקֵחַ מִן הַפַּלְטֵר das zielt auf denjenigen hin, der (weil er kein eigenes Feld hat) den Weizen auf je ein Jahr einkauft; „du wirst du Nacht und Tag ängstigen", der vom Getreidemarkt (σιτοδόκη) das Getreide einkauft; „du wirst an deinem Leben verzweifeln", der das Brot vom Bäckerladen (πρατήριον) kauft. j. Schek. VIII Anf., 51ᵃ und Esth. r. Anf., 99ᵃ dass. Ruth r. sv. וַיְהִי בִּימֵי, 36ᵈ הֲרֵי שֶׁפְּתָחוּ עוֹמֶדֶת בְּסִדְקֵי וְקוּפָּתָהּ בְּיָדָהּ siehe, seine Magd steht auf dem Getreidemarkt und hat ihren Korb in der Hand. Thr. r. sv. הֵעִיר, 51ᶜ לַבִּיר שֶׁהָיָה עוֹמֵד בְּסִדְקֵי וְהָיוּ הַכֹּל בָּאִין לִשְׁעָרוֹ וְלֹא יָכְלוּ וכ׳ ein Gleichniss von einem Getreidehaufen, der auf dem Markt stand und den Niemand von Allen, die, um ihn abzuschätzen, herbeigekommen waren, berechnen konnte u. s. w.

סָדַר (=bh. עָרַךְ) zusammenreihen, ordnen. Grndw. דר, wov. דּוּר: Reihe. Pes. 54ᵃ ob. סוֹדְרָן עַל הַכּוֹס man ordnet sie (d. h. man spricht am Sabbatabend die verschiedenen Benedictionen über Licht, Gewürze u. s. w. der Reihe nach) beim Becher. Das. אַף עַל פִּי שֶׁרְבִּי מְפַזְּרָן חוֹזֵר וְסוֹדְרָן עַל הַכּוֹס obgleich Rabbi diese Benedictionen schon einmal zerstreut (nicht der Reihe nach) gesprochen hatte, so sprach er sie noch einmal beim Becher der Reihe nach. Jom. 45ᵇ ob. die Opferstücke. שִׁסַּדְּרוּן עַל גַּבֵּי הַמִּזְבֵּחַ welche man auf dem Altar geordnet hat. B. bath. 69ᵃ אֲבָנִים הַסְּדוּרוֹת לְגָדֵר Steine, die zusammengereiht (aufgeschichtet) liegen, um daraus einen Zaun zu machen. — Trop. Ber. 57ᵇ עֲרֻנְתִי סְדוּרִין, wird das. erklärt: סְדוּרִין לוֹ לִמְחָל seine Sünden sind geordnet, damit sie verziehen werden. Jom. 88ᵃ dass. Taan. 8ᵃ מִשְׁנָתוֹ סְדוּרָה לוֹ seine Mischna (das von ihm Erlernte) ist bei ihm geordnet.

Pi. סִדֵּר 1) ordnen, reihen. Jom. 24ᵇ סִדֵּר אֶת הַמַּעֲרָכָה . . . סִדֵּר שְׁנֵי גִּזְרֵי וכ׳ man ordnete den grossen Holzstoss, man ordnete die zwei Holzkloben u. s. w. Das. 27ᵇ fg. — Trop. der Ordnung, der Reihe nach sprechen. Ber. 32ᵃ un. לְעוֹלָם יְסַדֵּר אָדָם שִׁבְחוֹ שֶׁל הַקָּבָּ״ה וְאַחַר כָּךְ יִתְפַּלֵּל der Mensch soll stets zuvor den Preis Gottes der Reihe nach vortragen und sodann beten; mit Bez. auf Dt. 3, 23 fg.: „Du begannst deine Grösse u. s. w. zu zeigen." Das. 34ᵃ רִאשׁוֹנוֹת דּוֹמֶה לְעֶבֶד שֶׁמְּסַדֵּר שֶׁבַח לְרַבּוֹ אֶמְצָעִיוֹת

דומה לעבד שמבקש פרס מרבו אחרוגות דומה לעבד
שקבל פרס מרבו ונפטר והולך לו in den ersten
drei Benedictionen des „Achtzehngebetes" (vgl.
שמנה עשרה) gleicht der Betende einem Knechte,
der die Lobeserhebungen seines Herrn ordnet;
in den mittelsten Benedictionen gleicht er einem
Knechte, der von seinem Herrn ein Geschenk
(φόρος) erbittet; in den drei letzten Benedictionen
gleicht er einem Knechte, der, nachdem er bereits das Geschenk erhalten hatte, sich verab-
schiedet und fortgeht. — 2) übrtr. ordnen,
d. h. ordnungsmässig verfahren, vertei-
len, berechnen. B. mez. 113ᵇ כדרך שמסדרין
בערכין כך מסדרין בבעל חוב auf dieselbe Weise
wie man bei gelobten Schätzungen ordnet (d. h. so
wie der Priester das Vermögen desjenigen, der den
Werth seiner Person dem Heiligthum gelobt, zu
taxiren hat: ob näml. dem Gelobenden nach Entrichtung der gelobten Summe noch so viel, als er zu
seinem Lebensunterhalt nöthig hat, zurückbleibe,
והעריך, Lev. 27, 8); ebenso ordnet man bei
der Pfändung des Schuldners, indem man ihm
näml. die nothwendigsten Utensilien, wie Bett,
Polster u. dgl. nicht abpfänden darf, vgl. מַפֵּץ.
Das. 114ᵃ מה ערכין מסדרין אף הקדש מסדרין
so wie man bei „Schätzungen" ordnet, ebenso
ordnet man beim Heiligthum. Ebenso näml.
eine seine Vermögensverhältnisse übersteigende
Geldsumme dem Heiligthum gelobt hat, so nimmt
man von ihm blos soviel, als er entbehren kann.
Ar. und Raschi z. St. citiren eine Var. מסרדין
(denom. von סָרִיד, bh. שָׂרִיד) zurücklassen,
übriglassen. Ned. 65ᵇ R. Akiba sagte: „Selbst
wenn du das Haar deines Kopfes verkaufen
solltest, so musst du ihr die Kethuba auszahlen."
שמע מינה אין מסדרין לבעל חוב daraus kannst
du entnehmen, dass man betreffs eines Schuldners das Vermögen nicht nach den Verhältnissen
ordnet. j. B. kam. IX g. E., 7ᵃ האומר ערכי עלי
על מנת שלא לסדר מחפץ פלוני אין פלוני לו
מאותו החפץ wenn Jem. sagt: Meine Schätzung
(den Werth meiner Person) will ich mit der
Bedingung geben, dass man von jenem Werthgegenstand nichts entrichte, so entrichtet man
von jenem Gegenstand nichts.

Hif. ordnen, etwas der Reihe nach erwähnen. Ber. 28ᵇ un. שמעון הפקולי הסדיר
שמנה עשרה ברכות לפני רבן גמליאל על הסדר
ביבנה Simon, der Bündelverfertiger, ordnete die
Benedictionen des Achtzehnergebetes in Gegenwart des Rabban Gamliel in Jabne, nach der
Ordnung; d. h. nach logischer Reihenfolge. Meg.
17ᵇ dass. Sifra Zaw, Milluïm Par. 1 מסדרין
הבגדים . . . הסדיר את הקרבנות וכ' die Schrift
stellt die Reihenfolge der priesterlichen Gewänder, sie stellt die Reihenfolge der Opfer auf,
vgl. סֵדֶר.

סְדַר ch. (syr. ܣܕܪ=סָדַר) ordnen, reihen,
s. TW.

Pa. סַדַּר 1) ordnen. Ber. 13ᵇ נביא הוא דקא
מסדר שבחיה דרחמנא der Prophet ordnet (in
Neh. 9, 7) die Lobpreisung Gottes wegen Begebenheiten, die sich früher zugetragen. Jom.
38ᵇ ein Gelehrter, דהוה מסדר אגדתא קמיה der
in seiner (Rebina's) Gegenwart die Agada's der
Ordnung nach vortrug. Taan. 8ᵃ ריש לקיש הוה
מסדר מתני' ארבעין זמנין . . . ר' אדא בר אהבה
מסדר מתני' עשרין וארבע זמנין וכ' Resch Lakisch
ordnete die Halachoth 40 Mal, bevor er vor
R. Jochanan hintrat; R. Ada bar Ahaba ordnete
sie 24 Mal, bevor er vor Rabba hintrat. Schebu.
30ᵇ לא ליקדום צורבא מרבנן וליתיב משום
דמיחזי כמאן דסדר לדיניה ein Gelehrter (der mit
einem Idioten einen Prozess zu führen hat) soll
nicht vor dem Letzteren zum Richter gehen
und sich hinsetzen; weil es den Anschein hat,
als ob er dem Richter seine Prozesssache aus-
einandersetzte. — 2) abschätzen, berechnen. B. mez. 113ᵇ סדורי מסדרינן ליה sollte
man dem Schuldner die nothwendigen Utensilien
abschätzen? — 3) aus einander legen, forträumen. j. Ab. sar. V, 44ᵈ mit. נסדר לאילין
כובייא wir wollen jene Dornen forträumen; bildl.
für Menschen tödten; vgl. כּוּבָּא I.

סִידוּר, סְדוּר m. N. a. 1) das Ordnen, die
Ordnung, das Geordnete, Zuertheilte.
Jom. 24ᵇ סדור שני גוזרין . . . סדור אברים das
Ordnen der Opferstücke auf dem Altar, das Ordnen der zwei Holzkloben. Das. 33ᵃ fg., vgl. מַעֲרָכָה.
Schabb. 123ᵇ סדור הקנין das Ordnen der Röhren oder Stangen, die man zwischen die Schaubrote legte, damit sie nicht schimmlig würden.
Chag. 26ᵇ נס גדול נעשה בלחם הפנים כסדורו
כך סלוקו ein grosses Wunder geschah bei dem
Schaubrot, indem es beim Fortnehmen ebenso
wie bei seinem Hinlegen (Ordnen) beschaffen
war. Es soll näml., nachdem es sieben Tage gelegen
hatte, noch warm gewesen sein; mit Ansp. auf
1 Sm. 21, 7. j. Meg. IV, 75ᵃ un. סדורו של יום
die Ordnung des Tages; d. h. man liest den
Bibelabschn. „Amalek" (Ex. 17, 8 fg.) am Purim,
obgleich er blos neun Verse enthält, weil an das
Ereigniss des Tages (Amalek, Urahn des Haman)
enthält; sonst bilden gew. wenigstens zehn Verse
einen zu verlesenden Abschnitt. — Pl. Levit.
r. sct. 5, 149ᵈ משל לשוטשה של דוב שהיה אוכל אוכל
סדורים של דוב אמר המלך הואיל והוא אוכל
סדורים של דוב האכלנו הדוב וכ' ein Gleichniss
von einem Bärentreiber, der die Portionen (das
Zuertheilte) des Bären aufass; der König sagte
hierauf: Da er die Portionen des Bären aufass,
so soll ihn der Bär auffressen. Ebenso sagte
Gott: Denjenigen Priester, der die für den Altar
bestimmten Feueropfer isst, soll das Feuer
verzehren; mit Ansp. auf לאשמת (Lev. 4, 3
לאש-מת). — 2) das Berechnen, Ordnen
beim Zählen der Einschätzung, s. d. Verb.
B. mez. 113ᵇ עיקר סידורו בערכין הוא דכתיב das

eigentliche Abschätzen steht in der Schrift bei Ein-
schätzungen für das Heiligthum. j. Nas. II Anf.,
51ᵈ Anf., אמר לאדם ... סידורו עלי וכ׳ wenn Jem. betreffs
eines Menschen übernimmt: Sein Ordnen, Einschätzen
übernehme ich! so muss er die vorgeschriebenen
Schätzungen (Lev. 27, 2 fg.) entrichten. — 3)
Siddur, N. pr. j. Chall. II, 58ᶜ ob. ר׳ חנא
סידור R. Siddur trug eine Borajtha vor. Tosef. Kel.
B. mez. II g. E. הסדור wahrsch. crmp. aus החמור.
(Im Rituale bezeichnet סדור, Siddur: das Gebetbuch (die darin geordneten Gebete) der Juden
für die Wochentage, während מחזור [s. d. W.]:
das Gebetbuch für die Festtage).

סִידּוּרָא ch. (=סִדּוּר) das Ordnen, Berechnen, s. TW.

סֵדֶר m. (=bh.) 1) die Ordnung, Reihe,
Abtheilung. Erub. 54ᵇ סדר המשנה die Ordnung der Mischna; d. h. die Lehrweise, wie die
traditionelle Lehre in der frühesten Zeit, von
Mose an, vorgetragen wurde, s. מִשְׁנָה. B. bath.
14ᵇ סדרן של נביאים ... סדרן של כתובים die
Ordnung, Reihenfolge der Propheten (-Bücher),
die Ordnung der Hagiographen, vgl. נָבִיא und
כָּתוּב. R. hasch. 17ᵇ מלמד שנתעטף הקב״ה כשליח
צבור והראה לו למשה סדר תפלה אמר לו כל זמן
שישראל חוטאין יעשו לפני כסדר הזה ואני מוחל
להם die Schriftstelle (Ex. 34, 6) besagt, dass
Gott sich, einem Gemeindevorbeter gleich, ein-
hüllte und dem Mose die Gebetordnung zeigte,
indem er zu ihm sagte: So oft die Israeliten
sündigen werden, so sollen sie vor mir nach
dieser Ordnung verfahren, worauf ich ihnen dann
vergeben werde. Das W. ויעבר in Ex. l. c. wird
näml. transt.=ויעבר gedeutet; vgl. auch Maim.
More nebuch. I, 21. — Ber. 48ᵇ סדר ברכת המזון
die Reihenfolge der Stücke im Tischgebete.
Das. 31ᵃ un. סדר ודוי של יום הכפורים die
Reihenfolge im Sündenbekenntnisse am Versöhnungsfeste. Sifra Zaw, Abschn. Millu'im Par. 1
„Mose legte den Turban auf Aharo's Kopf"
u. s. w. (Lev. 8, 9 fg.) ולא כסדר האמור/
להלן אמור כאן להלן הסדיר את הקרבנות
כסדרן וכאן הוא מסדר את הבגדים להלן הסדיר
את הקרבנות תחילה ואחר כך הסדיר את הבגדים
וכאן הסדיר הבגדים תחילה ואחר כך הסדיר
את הקרבנות nicht die Reihenfolge, die dort
(Ex. 29, 1 fg.) steht, ist hier anzutreffen (indem
dort zuerst „Turban und Stirnblech" und dann
„Gurt" steht, während hier „Gurt", sodann
„Turban, Oberkleid und Ephod"); ferner: dort
ordnet die Schrift die Opfer nach der natur-
gemässen Ordnung (so z. B. wird dort erwähnt
„das Zerlegen des Brandopfer-Widders in Stücke,
das Abwaschen, das Dampfen derselben"; während hier, in Lev. l. c. auf „das Zerlegen der
Opferstücke und das Dampfen derselben unmittelbar das Sprengen des Blutes und des Oels
auf Aharon und seine Söhne, dann aber erst das

Dampfen der Opferstücke" u. s. w. folgt); und
endlich: dort stellt die Schrift das Verfahren
mit dem Opfern und dann das der Bekleidung
der Priester, nach der Ordnung gemäss, während hier
zuvor das Bekleiden der Priester mit ihren Gewändern und dann das Verfahren mit dem Opfern
erwähnt wird. Jom. 73ᵇ דוד שאל שלא כסדר
והחזירו לו כסדר וכיון שידע שאל שלא כסדר
חזר ושאל כסדר David befragte das Orakel nicht
der Ordnung gemäss, man antwortete ihm aber der
Ordnung gemäss („Werden mich die Einwohner
Keïla's dem Saul ausliefern? Wird Saul her-
kommen?" 1 Sm. 23, 11 fg. — während die
zweite Frage v o r der ersten hätte stehen müssen
— „Gott antwortete: Er wird kommen"). Da
aber David nun einsah, dass er nicht der Ordnung gemäss gefragt hatte, so fragte er wiederum
nach der Ordnung: „Werden die Einwohner
Keïla's mich und meine Mannschaften dem Saul
ausliefern? Gott antwortete: Sie werden ausliefern." Meg. 29ᵃ in der Mischna בחמישית
חוזרין לכסדרן am fünften Sabbat (der näml.
auf die vier ausgezeichneten Sabbate: Schekalim, Sachor, Para, Hachodesch folgt)
kehrt man in der Schriftlesung zur gewöhnlichen
Ordnung zurück; was das. 30ᵇ nach einer Ansicht erklärt wird: לסדר פרשיות הוא חוזר man
kehrt zur Ordnung der Pentateuch-Wochen-
abschnitte zurück (die man näml. an den gedachten vier Sabbaten unterbrochen hatte; indem man an denselben blos die auf sie bezug-
nehmenden Pentateuch-Abschnitte las); nach einer
andern Ansicht: לסדר הפטרות הוא חוזר man
kehrt zu der Ordnung der Verlesung der Haf-
taroth zurück (welche man an jenen Sabbaten
unterbrochen hatte und zwar gemäss unserem
Verfahren im Rituale). — Pl. j. Erub. III g. E.,
21ᶜ סדרי מועדות die Ordnungen der Feste, s.
מוֹעֵד. Keth. 103ᵇ נכנס ר׳ שמעון אצלו ומסר לו
סדרי חכמה ... נכנס רבן גמליאל אצלו ומסר
לו סדרי נשיאות R. Simon kam zu ihm (seinem
Vater, R. Jehuda Nasi, kurz vor seinem Tode),
dem er die Ordnungen, das Handhaben der Gelehrsamkeit überlieferte; sodann kam Rabban
Gamliel zu ihm, dem er die Ordnungen, das
Handhaben des Nasiats überlieferte. Pesik. r.
sct. 23, 46ᵈ die Frevler sagen: Am Sabbate haben
wir im Grabe Ruhe שבת עד שהסדרים
ובמוצאי שלמין und am Sabbatabend, bis die Gebet-
ordnungen beendigt sind. — 2) Ordnung, s. v. a.
Abtheilung von Lehrsätzen, Gesetzsammlung. Schabb. 31ᵃ ... סדר מועד סדר זרעים
die Ordnung Seraïm, die Ordnung Moëd u. s. w.,
s. זָרַע. Esth. r. sv. בימים, 101ᵇ u. ö. ששה סדרי
משנה die sechs Ordnungen, Abtheilungen der
Mischna. Meg. 29ᵇ תניא ארבעה סדרי משנה
ich lernte vier Ordnungen der Mischna; d. h.
das ganze Sammelwerk der Mischna mit Ausschluss von Kodaschim und Toharoth, vgl. מָצָא.
Keth. 106ᵃ סדר אליהו רבה סדר אליהו זוטא die

61*

grosse Ordnung (Talmudabtheilung) des Elias, die kleine Ordnung des Elias, s. זוּטָא. Levit. r. sct. 3 Anf. Das. sct. 16, 159° סדרי מרכבה die Ordnungen der Merkaba, Theogonie, s. מֶרְכָּבָה. — Zuw. Bibelabschnitt. Esth. r. sv. גם ושתי, 103° R. Chanina kam nach einem Orte, ואשכח 'הדין פסוקא ראש הסדר והנותרת וג woselbst er das Verlesen jenes Verses, der den Abschnitt והנותרת (Lev. 2, 3) beginnt, antraf.

סִדְרָא, סִידְרָה *ch.* (syr. ܣܶܕܪܳܐ = סֵדֶר) 1) Ordnung, Reihe, s. TW. — 2) Abtheilung von Lehrsätzen, Bibel- oder Talmudabschnitt. Jom. 87ª un. רב הוה פסיק סידרא קמיה דרבי Rab erklärte eine Bibelstelle nach der traditionellen Lehre in Gegenwart Rabbi's. Chull. 137ᵇ מאן הוא ריש סידרא בבבל ... אבא אריכא wer ist das Oberhaupt der Bibelerklärung in Babel? Abba Aricha, der Lange, d. h. Rab, vgl. auch סְפְרָא. j. Taan. I, 64° mit. עד דייתיסבר סידרא bis die Gebetordnung im Rituale am Sabbatausgang beendigt ist, s. מִנְהַג. j. Pes. IV, 30ᵈ ob. dass. Schabb. 116ᵇ בנהרדעא סידרא בכתובים במנחתא דשבתא in Nehardaa verlas man einen Abschnitt in den Hagiographen (d. h. die Haftara) am Sabbatnachmittag. Sot. 49ª, s. קְדוּשָׁה. — Pl. Keth. 103ᵇ un. מתניא שיתא סִידְרֵי לשיתא ינוקי ich lehre die sechs Mischnaordnungen sechs Kindern. — 3) übrtr. Studienhaus, Lehrhalle. j. Ber. III, 6ᵇ ob. כד הוו מסקין ליה לסדרא als man ihn (den Leichnam des R. Samuel) in das Studienhaus brachte. j. Nas. VII, 36ª un. dass. j. Bez. I, 60° un. סדרה דבר עולא die Lehrhalle des Bar Ulla, vgl. סָבְלָא und מְסוֹיבָא. j. Schabb. VI, 8ª mit. מן סדרא רובא עד חנותא דר' הושעיה von der grossen Lehrhalle (Hochschule) an bis zu dem Laden des R. Hoschaja. j. Snh. X, 28ª un. dass. j. Schabb. IX, 12ª ob. 'אשתאלית לר' סדרה חונה ספרא Bibellehrer im Studienhause. Das. XIX Anf., 16ᵈ מפתחייה דסדרא רובא die Schlüssel der grossen Lehrhalle. j. Suc. I g. E., 52° ob. דוררי ר' יוסא R. Josa lehrte im grossen Studienhause. Genes. r. sct. 63, 61ᵈ R. Samuel bar Menachem חמיתיה לרבי דהוה קאים קומי סדרא רבא 'וכ sah den Rabbi, der vor der grossen Lehrhalle stand u. s. w. j. Meg. IV, 75ª ob. 'ר' יונתן הוה עבר קומי דסדרא R. Jonathan ging an der Lehrhalle vorüber.

סָדְרָן, סוֹדְרָן *m.* Adj. Ordner der traditionellen Gesetzlehren. j. Hor. III g. E., 48° ob. הסודרן קודם לפילפלן der Ordner der Halachoth ist dem scharfsinnig Disputirenden vorzuziehen. In den Agg. des bab. Talmud j. Hor. III g. E. steht dafür הסדרן, minder richtig im j. Dialecte, vgl. בּוֹיְנָן, לוֹקְדָן u. a. Midr. Tillim zu Ps. 87 g. E. חמי סדרן טב מייתי ליה חמי תנאי טב מייתי ליה als er (Chiskija) einen tüchtigen Ordner der Gesetzlehren sah, so brachte ihn in sein Haus;

als er einen tüchtigen Kenner der Lehren sah, so brachte er ihn ebenf. in sein Haus; vgl. סָב, סָבָא nr. 3.

סַדְרָנָא *ch.* (= סָדְרָן) Ordner der traditionellen Lehren. Pes. 103ᵇ גמרנא וסדרנא אנא ich habe viele Traditionen inne und bin ein Ordner der Gesetzlehren, vgl. חוֹזְאָה.

סָדָר *m.* Adj. der Haarkräusler; viell. eig. der Ordner der Haare; vgl. arab. سَدَكَ dimisit mulier comam. — Pl. Tosef. Kidd. V g. E. wer sich mit Frauenarbeiten beschäftigt, soll nicht mit Frauen abgesondert, allein bleiben, כגון הַסָדָרִין והסרוקות וכ' ed. Zuckerm. (a. Agg. הסרדין od. הסרירין) wie z. B. die Haarkräusler und die Haarkämmer (od.: Wollehechler). — Jom. 85ª סדר, s. סָדָר.

סָדְרִיוֹט j. Suc. V Ende, 55ᵈ, s. סָרְדִיוֹט.

סָדְרוֹנַנְיָא Sadronanja, Name eines Ortes. Num. r. sct. 14, 223ᵈ ר' אבא סדרוננגיא R. Abba aus Sadronanja; wahrsch. jedoch derselbe, der in j. Suc. IV, 54° ob. 'ר' בא סרוגניא heisst.

סְהֵיד (syr. ܣܗܶܕ, arab. شَهِدَ) Zeuge sein. Part. סָהִיד, סָהֵד (hbr. צוֹהֵד, Hi. 16, 19), s. TW. — Das W. ist ein Safel von עהד (hbr. עוּד), da ר öfter im Aram. in ה übergeht, s. ה, und das ע gew. hinter ס elidirt wird, vgl. סְמַי, סְגַל u. a., s. ס. Levit. r. sct. 6 Anf., s. סָהֲדוּתָא.

Af. אַסְהֵיד (syr. ܐܰܣܗܶܕ = hbr. הֵעִיד) bezeugen, Zeugniss ablegen. B. bath. 29ª מאן מסהיד אבתי שיבבי וכ' wer bezeugt das Besitzungsrecht (Bewohnen) der Häuser? die Nachbarn u. s. w. Das. 'ליתי תרי סהדי לאסהודי ליה וכ' möge er zwei Zeugen bringen, die ihm das Besitzungsrecht bezeugen u. s. w. Schebu. 30ᵇ fg. Mac. 6ª man fragt die untauglichen Zeugen, die gemeinschaftlich ein Zeugniss ablegen: למיחזי אתיתו או לאסהודי אתיתו אי אמרי לאסהודי אתו נמצא אחד מהן קרוב או פסול עדותן בטילה 'אי אמרי למיחזי אתו וכ seid ihr in der Absicht gekommen, um mit dem zuzusehen? oder um darüber ein Zeugniss abzulegen? Sagen sie: wir sind zu dem Behufe gekommen, um darüber ein Zeugniss abzulegen, so ist das Zeugniss, wenn ein Verwandter oder sonst ein untauglicher Zeuge sich dabei befindet, ungiltig; wenn sie aber sagen: wir sind blos gekommen, die Handlung mit anzusehen, so ist das Zeugniss giltig. Nach Tosaf. z. St. richtet man diese Frage an die tauglichen Zeugen: Seid ihr in der Absicht gekommen, um mit den untauglichen Zeugen gemeinschaftlich ein Zeugniss abzulegen, oder um die Handlung ohne die untauglichen Zeugen, zu sehen? Ber. 30ᵇ חזי מאן גברא רבא דקמסהיד עליה siehe, welcher grosse Mann diese

Handlung bezeugt! Keth. 21ᵃ מאי דקא מסהיד
סהדא לא קא מסהיד דיינא ומאי דקא מסהיד דיינא
לא קא מסהיד סהדא das, was der Zeuge bezeugt,
bezeugt nicht der Richter und das, was der Richter
bezeugt, bezeugt nicht der Zeuge. Der Zeuge
bezeugt näml. die Richtigkeit seiner Unterschrift
in einem Dokumente; der Richter hing. bezeugt,
dass das Gericht die Bestätigung des Dokumentes
ertheilt habe: daher werden sie Beide nicht zur
Ablegung eines gemeinschaftlichen Zeugnisses zugelassen.

סָהֲדָה ,סַהֲדָא m. Adj. (syr. ‎ﺷﻬ‌ﺪﻩﺍ Part. emph.
von ﺷﻬﺪ; s. auch den nächstflg. Art.) Zeuge.
B. bath. 33ᵇ. 34ᵃ fg. אייתי חד סהדא er brachte
einen Zeugen. Das. סהדא לאדרועי קאתי der
Zeuge kommt zum Nachtheil dessen, der ihn
vorführt. Trop. Schabb. 65ᵇ u. ö. מטרא במערבא
סהדא רבה פרת wenn in Palästina Regen fällt,
so ist der Euphrat in Babylon ein wichtiger Zeuge
dafür; weil dieser Strom näml. vom herabfliessen-
den Regenwasser anschwillt. — Pl. B. bath. 30ᵃᵇ
הא אית לי סַהֲדֵי דאתאי וכ' ich habe ja Zeugen, dass
ich angekommen war. Das. 31ᵇ fg. u. ö. Snh.
29ᵛ, vgl. אֲגַר II im Afel. Esth. r. Anf., 99ᵈ
סָגֵי falsche Zeugen, s. סַגֵי. Kidd.
65ᵇ לַשֶׁקְּרֵי אלא איברו סהדי die Zeugen sind
blos für Lügner da, welche näml. Thatsachen
ableugnen. — Uebertr. Ber. 17ᵇ u. ö. אנן סהדי
וכ' eig. wir sind Zeugen; d. h. wir sind überzeugt, nehmen mit Bestimmtheit an, dass u. s. w.

סַהֲדוּתָא ,סָהֲדוּ ,סַהֲדוּתָא f. (syr. ‎ﺷﻬ‌ﺪﻭﺛﺍ,
bibl. ch. שָׂהֲדוּתָא, Gen. 31, 47; Kennik. citirt aus
einigen Bibelcodd. סהדוותא; s. vrg. Art. Anf.)
Zeugniss, Beweis (= hbr. עֵדוּת, s. d.). Mac.
5ᵇ הני ידעי בסהדותא והני לא ידעי בסהדותא die
Einen wissen von dem Zeugniss, die Anderen
aber wissen nicht von dem Zeugniss. Schebu.
30ᵇ האי צורבא מרבנן דידע בסהדותא וזילא ביד
מלתא למיזל לבי דינא דזוטר מיניה לאסהודי קמיה
לא ליזיל wenn es einem Gelehrten, der ein
Zeugniss weiss, als eine Geringschätzung erscheint, vor ein Gericht, das niedriger steht als er, hinzugehen und vor demselben etwas zu bezeugen,
so braucht er nicht hinzugehen. Keth. ‎' R. Asche
אשר הוה ידיע ליה בסהדותא לר' כהנא
wusste ein Zeugniss für R. Kahana abzulegen
u. s. w. B. kam. 113ᵇ. Chag. 22ᵃ u. ö. Levit.
r. sct. 6 Anf. ראובן הוה ידע לשמעון סהדו אמר
לי' וכ' אתי סהדר לי הדא סהדותא Ruben (N. N.)
wusste ein Zeugniss für Simon (N. N.); letzterer
sagte zu ihm: Komme, um für mich jenes Zeugniss abzulegen u. s. w. j. Snh. III g. E., 21ᵈ mit.
לעזר סהדר דלא באפוי וכ' R. Lasar nahm
ein Zeugenverhör in Abwesenheit der Partei
vor. — Pl. סָהֲדָוָון Zeugnisse; insbes. (=bh.
בְּתוּלִים) Zeichen, Beweise der Jungfrauschaft, s. TW., vgl. עֵדוּת.

סְהַר m. (=bh. Stw. סהר syn. mit סָחַר umringen, umkreisen) eig. Rundung, etwas Rundes, bes. Rondel, ein mit einer Ringmauer
umgebener Platz, wohin die Thiere der Stadt
ausgetrieben werden. Erub. 2, 1 (18ᵃ) דיר או
סהר (Ms. M. סחר) eine Stallung oder Rondel,
vgl. מוּקְצָה nr. 1. Das. 22ᵃ und j. Erub. IV,
21ᵈ mit. dass. Schebi. 3, 4 המדייר את שדהו
עושה סהר לבית סאתים וכ' (Ms. M. סחר) wenn
Jem. sein Feld (durch das Dahintreiben des
Viehs, am Brachjahre) düngen will, so mache
er ein Rondel in einem Platze, worauf man
zwei Seah Getreide aussäen kann u. s. w. Das.
(הסחר) מוציא מן הסהר וכ' er trägt den Mist
aus dem Rondel und wirft ihn über das ganze
Feld. Vgl. jedoch Tosef. Schebi. II g. E. עוקר
מתוך סהר זה ונותן לתוך סהר אחר וכ' er treibt
das Vieh aus dem einen Rondel nach dem andern. — Pl. Tosef. das. בכל עושין סְהָרִין
aus allen Dingen darf man die Rondele anfertigen, aus
Steinen, Matten, Stroh, Rohr und Strunken. j.
Schebi. III, 34ᵛ un. dass. Das. ö.

סָהֲרָא ,סְהָרָה ,סִיהֲרָא m. (syr. ‎ﺳﻬ‌ﺮﺍ, eig.
=vrg. סְהַר) etwas Rundes, insbes. der
Mond. Ber. 53ᵃ דליכא סהרא ... דאיכא סהרא
wenn der Mond scheint, wenn der Mond nicht
scheint. Cant. r. sv. שודרך, 30ᵃ אית אתרין דצוותין
לסיהרא סהרה es giebt Orte, in welchen man
den Mond: סִיהֲרָה nennt; d. h. das hbr. סַהַר
(HL. 7, 3) bedeutet Mond; (ebenso nach der
Erkl. des Menachem ben Saruk in s. hebr. Lex.
Demnach bedeute viell. זהר=סהר: glänzen,
scheinen). Pesik. Hachodesch, 53ᵇ סיהרא על
מליא ... סיהרא על פיגמה der Vollmond, der
abnehmende Mond, bildl. für die früheren frommen Ahnen und für die späteren frevelhaften
Könige Israels. R. hasch. 20ᵇ עשרים וארבעה
שעי מיכסי סיהרא in den ersten 24 Stunden des
Neumondes ist der Mond verhüllt. Das. 21ᵃ כי
חזיתו סיהרא דמשלים ליומא וכ' wenn ihr sehet,
dass der Mond so lange sichtbar ist, bis die
Sonne scheint, so diene das als ein Merkmal,
dass es der 14. des Nisan (d. h. Vollmond) ist.
Erub. 65ᵃ Resch Lakisch sagte: לא איברי סיהרא
אלא לגירסא (Ms. M. לילא), was richtiger zu
sein scheint, vgl. אֲמְטִין und לילא) der Mond
(d. h. die Nacht, in welcher der Mond scheint)
ist blos für das Studium der Gesetzlehre erschaffen. — Pl. B. bath. 74ᵃ un. דמיין עייניה
כתרי סִיהֲרֵי seine (des fabelhaften Fisches)
Augen glichen zweien Monden.

סַהֲרֹנָא masc. pl. (syr. ‎ﺳﻬ‌ﺮﻭﻧﺍ, hbr. שַׂהֲרֹנִים)
runde Zierrathen, die man um den Hals gebunden trug und die viell. wie kleine Monde
aussahen, s. TW. — j. Sot. IX g. E., 24ᵉ סהרוני
זהב goldene Zierrathen.

סוֹבִין od. סוֹפִין ,סוֹפִינֵי f. (gr. ξυβύνη=pers.

zopin, zôpín, auch ζυβίνη, zúbin, vgl. Lagarde: Ges. Abhandl. p. 67. 68) eig. eine kleine Lanze mit zwei Zacken; übrtr. eine Stukkatur zur Verzierung von Gebäuden. Tosef. Kel. B. mez. II mit. הסובין והסוגיון שלהן (ed. Solkiew הסופין) טהורין מפני שאינן לנוי ihre (der Thürme und Himmelbetten, vgl. אקובנאה) Stukkatur und andere Verzierung sind levitisch rein, weil sie blos als Ornamente dienen. Das. V mit. תלוי זיני וסופיני ed. Solkiew (m. Agg. ספטני) Waffengehenk und kleine Lanze.

סוג I perf. סג (=bh. Grndw. סג, syn. mit סך, wov. סכך s. d.) 1) absondern, begrenzen, umzäunen. j. Ab. sar. IV Anf., 43° איזהו מרקוליס כל שהוא סג את הים ואת הדרכים wie weit erstreckt sich das Verbot hinsichtl. der Merkursteine (von denen man keinen Genuss haben darf, vgl. מרקוליס? Selbst auf das, was das Meer und die Wege begrenzt; d. h. wenn man solche Steine zu Brücken und Zäunen verwendet hat, so darf man auch von ihnen keinen Genuss haben. j. M. kat. I, 80° mit. כל פרצה שהיא סגה את העפר אסור לגודרה בשביעית בשאינה מכשלת את הדרבים אבל אם מכשלת הרבים אף על פי שהיא סגה את העפר מותר לגודרה jede Gartenmauer, die zwar Risse bekommen, aber noch immer den Schutt einschliesst (von der blos die Mauersteine herausgefallen sind), darf man im Brachjahr nicht umzäunen, ausbessern; wenn sie aber auch den Schutt nicht mehr einschliesst, so darf man sie im Brachjahre ausbessern. Das gilt jedoch blos von einer solchen schadhaften Mauer, welche die Vorübergehenden (eig. die Menge) nicht beschädigt; wenn sie hing. die Vorübergehenden beschädigt, so darf man sie, selbst wenn sie noch den Schutt einschliesst, im Brachjahre ausbessern. j. Schebi. III g. E., 34ᵈ ist unsere St. crmp. — 2) trop. umzäunen = umfügen, insbes. etwas verbieten, was urspr. erlaubt war, um das eigentliche Verbot vor Uebertreten zu schützen. Aboth de R. Nathan I mit. זו (לאכילה)? מי גרם לנגיעה שסג אדם הראשון לדבריו מכאן אמרו אם סג אדם לדבריו אין יכול לעמוד בדבריו וכ' was hat jene Uebertretung veranlasst (dass Adam und Eva die Frucht des Baumes der Erkenntniss gegessen haben)? Die Umzäunung, womit Adam seine Worte umzäunt hat (indem er näml. der Eva gesagt hat, Gott habe auch das Berühren des Baumes verboten). Daraus schlossen die Gelehrten, dass, wenn Jem. zu seinen (Gottes) Worten etwas hinzufügt, er auch den urspr. Anbefohlene nicht halten würde, vgl. סיג.

סוג II ch. (syr. ‎ܣܘܓ‎=vrg. סוג) umzäunen, begrenzen, s. TW. — Trop. j. Kidd I g. E., 61ᵇ u. ö. וסייגין סייגא wird man etwa einen Zaun, umzäunten Platz noch mehr umzäunen? s. סייגא.

j. M. kat. III, 83° mit. יסוג תורעתך möge Gott deinen Riss umzäunen! d. h. die Wunde, die du durch einen Todesfall erlitten hast, heilen; vgl. יסוג תורעך nr. 2. Genes. r. sct. 100, 99° dass., s. תורקא.

סוג III masc. eig. was einschliesst, bes. Korb, der aus Blättern oder Stauden geflochten ist. j. B. kam. II, 3ᵃ mit. סוג שנתון בפתח החנות ein Korb, der an die Thür eines Ladens gestellt ist. Dem. 5, 6 wenn Jem. Früchte in zwei Parten vom Händler kauft, אפילו מאותו הסוג אפילו מאותר המין וכ' so darf er, selbst wenn die beiden Partien von einem und demselben Korb und selbst von einer und derselben Gattung herrühren, nicht von der einen Partie für die andere den Zehnten entrichten. — Pl. Kel. 16, 3 הסוגין הגדולים die grossen Körbe (Hai in s. Comment. liest סואים, s. סוי). j. Schabb. XVII Anf., 16ᵃ dass. — Mit eingeschalt. נ: Kel. 16, 5 סוגניות של עלין Körbe aus Blättern. (Im Spätrabbin. bedeutet סוג: Gattung, Species.)

סוגה f. Zaun, Umzäunung. Snh. 37ᵃ (mit Ansp. auf HL. 7, 3 סוגה, Part. pass.) אפילו לא שומרים של ישראל לא סרגו בה פרצות selbst wenn die Umzäunung aus Rosen bestände (die leicht zu durchbrechen ist), so durchbrechen sie dieselbe dennoch nicht; bildl. für: Selbst ein kleines rabbinisches Verbot genügt, um vor Uebertretung zu schützen, vgl. נעורת.

סוגא Suga, 1) Name eines Vogels, betreffs dessen gezweifelt wird, ob er gegessen werden dürfe oder nicht. Chull. 62ᵇ. Lewysohn, Zool. p. 178 muthmasst darunter den Zaunkönig, vom vrg. סוג. — 2) Name eines Mannes. B. bath. 90ᵇ R. Jose bar Chanina sagte לסוגא שמעיה Ms. M. (Agg. לפורגא) zu seinem Diener Suga.

סוד 1) mit Kalk übertünchen. 2) schminken, s. סיד.

סוד m. (=bh. abgek. aus יסוד, arab. ‎وِسَاد‎) eig. Zusammengedrängtes; dah. 1) Grund. Snh. 92ᵇ un. הומרק סודו der Grund des Kalkofens löste sich auf, vgl. מרק. — 2) Geheimniss, Rath. Erub. 65ᵃ, s. יין. R. hasch. 20ᵇ חניא בסוד העיבור וכ' in der Borajtha, die über das Geheimniss der Kalenderberechnung handelt (eine Borajtha, welche nur den hierzu berufenen Gelehrten bekannt war und welche die Regeln über den Kalender in gedrängter Kürze enthielt) heisst es, dass u. s. w. j. R. hasch. II, 58ᵇ ob. ובסוד עמי לא יהיו זה סוד העיבור "zum Rathe meines Volkes werden sie nicht gehören" (Ez. 13, 9); darunter ist das Geheimniss der Kalenderbestimmung zu verstehen, vgl. מכוי. In der Parall. j. Snh. I, 18° mit. fehlt סוד Exod. r. sct. 15 g. E., 116ᵃ Israel, als der erstgeborene Sohn Gottes,

hat ein doppeltes Erbe (Ex. 4, 22 und Dt.
21, 17), besitzt diese Welt und die zukünftige Welt; ולכך מסר הקב״ה סוד הלבנה לישראל
שרדו הם מונים בה והגוים מונים לחמה וכ׳
deshalb überlieferte Gott das Geheimniss des
Mondes (d. h. der Berechnung nach dem Monde),
Israel, damit es darnach zähle. Die Völker
hing. zählen nach der Sonne, was besagt, dass
ebenso wie die Sonne nur am Tage herrscht,
auch sie nur in dieser Welt herrschen.

סוֹדְנִי *m.* Adj. Mann des göttlichen Rathes
oder Geheimnisses. Ber. 44ᵇ un. Abaji sagte
zu R. Papa סודני כגון אתון דלא שכיח לכו חמרא
(אנן תברינן לה וכ׳ .Ms. M. (Agg. וכ׳ o Mann
des göttlichen Rathes, ihr z. B., die ihr selten
Wein habet u. s. w. Raschi erklärt hier סודני
=סודנא (Pes. 113ᵃ): Bierbrauer, da R. Papa
ein Bierbrauer war, vgl. jedoch סַדָן, סַדְנָא·
Men. 71ᵃ und Nid. 12ᵇ אמר ליה סודני Raba
sagte zu R. Papa: סודני. In diesen beiden Stellen hat Raschi die beiden oben erwähnten Bedeutungen unseres Wortes.

סוֹדָר *masc.* eig. (gr. σουδάριον, sudarium)
Schweisstuch; übrtr. Tuch um den Hals
oder den Kopf, Turban. Schabb. 120ᵇ סודר
שבצוארו das Tuch um seinen Hals; vgl. Raschi:
ein Tuch mit dessen herabhängenden Zipfeln
man sich den Mund und die Augen abwischt.
Suc. 51ᵇ, s. נוף im Hifil. Snh. 7, 3 (52ᵇ) נותן
סודר קשה לתוך הרכה וכורך על צוארו man legt
ein hartes Tuch in ein weiches und wickelt es
um den Hals des Verbrechers, behufs Vollziehung
des Erwürgungstodes (חנק). — Pl. j. Schabb.
XVI g. E., 15ᵈ mit. סודרין שעל זרועותיו die
Tücher, die man um die Arme wickelt; zu den
18 Kleidungsstücken gezählt, die man am Sabbat bei Feuersgefahr retten darf. j. Jom. III,
41ᵃ ob., s. סָנַן.

סוּדְרָא *ch.* (syr. ܣܘܼܕܪܵܐ=סוּדָר) Tuch, Turban, Schleier u. dgl. Schabb. 77ᵇ סודרא כור
ה׳ ליראיו unser W. bedeutet: Gottes Geheimniss für seine Verehrer; ein witziges Etymon,
weil näml. die Gelehrten gew. einen Turban
trugen, vgl. גְלִימָא u. m. a. Pes. 111ᵇ סודרא דמר
כדרבנן Ar. (Agg. כי צורבא מרבנן) dein (des
Herrn) Turban gleicht dem der Gelehrten. Ber.
51ᵃ ר׳ אסי פריס סודרא על רישיה וכ׳ R. Assi
hüllte ein Tuch um seinen Kopf bevor er das
Tischgebet sprach. Erub. 84ᵇ u. ö., s. פּוּמְבָּא·
Levit. r. sct. 23, 167ᵇ wird שמיכה (Ri. 4, 18)
nach einer Ansicht übersetzt durch סודרא, vgl.
מְשִׁיכְלָא. Ab. sar. 4ᵃ רמו ליה סודרא בצואריה
 וקא מצערי ליה die Häretiker warfen ihm (dem
R. Safra) ein Tuch um den Hals und quälten
ihn; d. h. zerrten ihn hin und her. Sot. 49ᵃ
u. ö.

סוֹחַ (=שׂוֹחַ) sprechen, sagen. Schebu.

49ᵃᵇ איני יודע מה אתה סח ich weiss nicht, was
du sprichst; d. h. ich verstehe deine Forderung
nicht, da ich dir nichts schulde. Ber. 51ᵃ R.
Josua ben Lewi sagte: שלשה דברים סח לי מלאך
המות אל תטול חלוקך שחרית מיד השמש ותלבש
ואל תטול ידך ממי שלא נטל ידיו ואל תעמוד
לפני הנשים בשעה שחוזרות מן המת מפני שאני
מרקד ובא לפניהן וחרבי בידי ויש לי רשות לחבל
drei Dinge sagte mir der Todesengel: Nimm
nicht des Morgens das Hemd aus der Hand des
Bedienten, um es dir anzuziehen (sondern hole
es dir selbst); lasse dir nicht die Hände zur
Mahlzeit von Jemdm. waschen, der sich selbst
noch nicht gewaschen hat; bleibe nicht vor den
Frauen stehen, wenn sie vom Todtengeleite zurückkehren, weil ich vor ihnen hüpfend einher-
gehe, das Schwert in meiner Hand und die Erlaubniss habe, zu beschädigen; vgl. auch סוּרִיאֵל·
Jom. 38ᵃ סח לי ר׳ ישמעאל R. Ismael erzählte mir.
Chull. 27ᵃ אל תקרי ושחט אלא ושחם ממקום שסח
חבהמ lies nicht ושחט (Lev. 1, 5) sondern (d. h.
deute das W. wie) ושחם; was besagt: An der
Stelle, von wo aus das Thier schreit, brüllt,
sollst du es reinigen; d. h. das Schlachten muss
an den Halsgefässen stattfinden, vgl. סִימָן nr. 4.
Hif. dass. sprechen, erzählen. Ber. 51ᵇ
אין מסיחין על כוס של ברכה man spricht nicht
bei dem Becher, der für das Tischgebet bestimmt ist; d. h. man muss letzteres unmittelbar nach der Mahlzeit sprechen. Git. 28ᵇ· 29ᵃ
כל מסיח לפי תומו דימוני מהימני in allen Dingen,
wo ein Nichtjude etwas gesprächsweise (eig.
in seiner Einfalt) erzählt, ist er beglaubigt.
Wenn er z. B. beiläufig erzählt: N. N. ist gestorben, ohne die Absicht zu haben, hierüber
ein Zeugniss abzulegen, so darf die Frau des
N. N. sich anderweit verheirathen; hätte jener
hing. die Absicht bekundet, die Aussage eines
Zeugen zu thun, so würde man ihm dies nicht
geglaubt haben. Jeb. 121ᵇ u. ö. dass. j. Git.
IX g. E., 50ᵇ, s. סִיחָה. Pesik. r. sct. 30, 59ᵇ
„Zur Zeit des Wohlwollens erhöre ich dich"
(Jes. 49, 8), עמד ומסיח במלך המשיח diese Stelle
spricht vom König Messias. Deut. r. sct. 1,
249ᵉ u. ö. Schabb. 13ᵇ היתה מְנַּסֶחָה כל אותו
מאורע sie erzählte den ganzen Vorfall.

סוּח *ch.* (=סוּם) sprechen. — Pa. überreden, zureden, verleiten. Levit. r. sct.
26, 169ᵉ der Mann belauschte seinen Vater, den
die Frau bei ihm verleumdet hatte, וחמא יתיה
קאים גחין וסְכַיַח יתה וכ׳ und jener sah ihn, wie
er sich bückte, ihr zuredete u. s. w., vgl. לָשָׁן·

סוֹחָא *m.* (=סִיחַ s. d.) Gespräch, s. TW.

סוֹחֲתָא s. סְתִיתָא.

סְוַותִי *masc.* Adj. (von סְחִי=סוּחַ s. d.) der
Schwimmer. Jom. 77ᵇ was bedeutet סָוְתֵּי (Ez.
47, 5)? שייטא שכן קורין לשייטא סוורחי Ar. (Agg.

סייחא) Schwimmer; denn den Schwimmer nennt man סוויחי.

סוט, gew. Hif. הֵסִיט rütteln, fortbewegen. Sabim 5, 1 המסיט את הזב או שהזב הסיטו wenn Jem. den Schleimflüssigen rüttelt, oder wenn der Schleimflüssige ihn rüttelt. Tosef. Sab. I Anf. המסיט את הראיה wenn Jem. den Schleimfluss rüttelt. Das. ö. Chull. 124ᵃᵇ אֶת הנוגע ואחד המסיט sowohl derjenige, der das gefallene Thier berührt, als auch derjenige, der es fortbewegt. Das. הסיטן er rüttelte die Fleischstücke. Tosef. Toh. IV Ende הסוטחו, richtiger הרוטיהו, s. רָטי. — Ferner הֵסִיט הַטִיבׂ (=סוט) von סוט) schweben machen. Levit. r. sct. 16, 159ᵉ u. ö. הסוטה er machte sie schweben. Dav. סְיָמָא, סְיִמָן, s. d. W.

Nif. נִסוֹט gerüttelt, bewegt werden. Tosef. Sab. IV g. E. אם היו ניסוטין wenn die Gegenstände gerüttelt wurden. Tosef. Tohar. X mit. שירהו ניסוטין מחמת המחיצה dass sie (die Oliven, die man hinter einer Scheidewand liegen hat) mittelst der Wand bewegt werden.

סוט ch. perf. סָט, סָאט 1) (=vrg. סוט) rütteln, bewegen. — 2) (=סְטָא) abtrünnig sein, s. TW.

Ithpe. sich ängstigen. Ned. 41ᵃ מטא חיתורא אסְפְּרַיִם וכ׳ als das Maulthier an der Brücke angelangt war, so ängstigte es sich und warf den Reiter herunter.

סוי (syr. ‏سَوٰى‎, arab. ‏سَلَا‎) sich nach etwas sehnen, etwas im Geiste verlangen. Keth. 62ᵇ כי עיגא חזיתיה סוי לבה ופרח רוחה sie (die Frau des R. Chanina, welcher nach längerer Abwesenheit nach Hause zurückgekehrt war) erhob ihre Augen und als sie ihn erblickte, so wurde ihr Herz von Sehnsucht ergriffen und ihr Lebensodem entschwand.

Af. Jemdn. sehnsuchtsvoll anstarren. Keth. 60ᵃ eine geschiedene Frau, die noch ein Kind hat, welches der Mutternahrung bedarf und seine Mutter zu erkennen vermag, darf sich nicht anderweit verheirathen, wenn nun eine solche Frau von Samuel die Erlaubniss zu heirathen verlangte, אוחבה בדרא דנשי ושקליה לברה וקמהדר ליה עלייהו כי מטא לגבה הוה קא מסוי לאפה כבשתחוה לעיניה מיניה וכ׳ liess er sie in einer Reihe von Frauen niedersetzen; hierauf nahm man ihren Sohn und trug ihn an den Frauen vorüber. Als er nun an ihr (seiner Mutter) angelangt war und ihr Gesicht anstarrte, so wandte sie ihren Blick von ihm ab. Samuel sagte zu ihr: Erhebe doch deine Augen und trage deinen Sohn fort, vgl. נָבַט; d. h. du darfst dich noch nicht verheirathen.

סוי m. (syn. mit סְאָה s. d.) Seah, grosser Korb. B. kam. 20ᵃ סוי מקצרו בפסיו ומקצרו LA. Hai's (in s. Comment. zu Kel. 16, 3; בחרץ

Agg. משוי crmp., vgl. auch סוג III) ein Korb, der theils innerhalb und theils ausserhalb des Ladens steht. — Pl. Kel. 16, 3 הסואים הגדולים Hai (Agg. הסוגין) die grossen Körbe. Tosef. Kel. B. mez. V Anf. הסאין, l. הסוֹאין.

סוך (=bh. verw. mit נָסַך und סָכַךְ, Grndw. סך) salben, bestreichen. Dem. 1, 3 הלוקח שמן לסוך בו את הכלים ... wenn Jem. Oel kauft, um damit die Gefässe zu bestreichen. Das. Mischna 4 שמן שהגרדי סך באצבעותיו das Oel, womit der Weber seine Finger bestreicht. — Nif. gesalbt werden. Tosef. Ter. X mit. נִסָךְ הימנו er wird mit dem Oel gesalbt.

סוך ch. (=vrg. סוך) salben, bestreichen. — Ithpe. אִתְּסָךְ gesalbt werden, s. TW., vgl. auch סיכה.

סוֹךְ m., סוֹכָה f. (=bh. שׂוֹךְ, שׂוֹכָה, Ri. 9, 49. 48. Stw. סוך, s. סָכַךְ) Ast, Zweig, Gezweige. — Pl. masc. Suc. 13ᵇ סוֹכֵי תאנים ובדן תאנים Zweige der Feigenbäume, an welchen noch Feigen hängen. Tosef. Maasr. III Anf. dass. j. Bez. IV, 62ᶜ mit. steht dafür סוכות תאנים fem. dass. Erub. 101ᵃ סוכי קוצים Dorngesträuch. — B. kam. 10, 2 (114ᵃ) לא יקוץ את וכ׳ Ar. ed. pr. (Agg. סוכו, סוכי וכ׳ darf nicht den Zweig eines Andern, auf welchem seine Bienen sitzen, abschneiden. Machsch. 1, 3 המרעיד את האילן וכ׳ ... או סוכה וכ׳ wenn Jem. einen Baum oder einen Zweig schüttelt. j. Schabb. XV g. E., 15ᵇ, s. נָצָא. B. mez. 105ᵇ ob. סוכה שוכותה ein Zweig, der schlechte Säfte hat. Pesik. r. Hachodesch, 30ᵇ (mit Bez. auf HL. 2, 9) מה הצבי הזה מדלג ומקפץ מאילן לאילן ומסוכה לסוכה ומגדר לגדר כך הקלבה וכ׳ so wie der Hirsch hüpft und springt von Baum zu Baum, von Zweig zu Zweig und von Zaun zu Zaun, ebenso hüpfte auch Gott von Egypten nach der Binsensee und da nach dem Sinai. Cant. r. sv. דומה דודי, 14ᵈ מככה לסככה crmp. aus מסוכה לסוכה. Aboth de B. Nathan XXXIX die Frommen in dieser Welt לאילן שעומד במקום טהור וסוכה יוצאה ממנו למקום טמא מה הם אומרים gleichen einem Baume, der auf reinem Orte steht und dessen Gezweige sich nach einem unreinen Orte ausbreitet. Was sagt man da? Schneidet das Gezweig vom Baume ab, sodann wird letzterer ganz rein dastehen. Die Frevler in dieser Welt לאילן שעומד במקום טמא וסוכה יוצאה ממנו למקום טהור מה הם אומרים קוצו סוכה זו מן האילן וכ׳ gleichen einem Baume, der an einem unreinen Orte steht und dessen Gezweige sich nach einem reinen Orte ausbreitet. Was sagt man da? Schneidet das Gezweige vom Baume ab, sodann wird letzterer nach seiner Weise ganz rein dastehen. Kidd. 40ᵇ steht dafür נופר, s. נוֹף. — Pl. j. Bic. I, 63ᵈ un. תאנים סוכות מנוקבות Feigen, die noch an den Zweigen hängen und von Dornen durch-

löchert sind. Mögl. Weise ist סוכות zu lesen, Part. pass. (Nach Musaf. das gr. συκέα: eine schlechte Feigenart, was jedoch den Nachsatz ענבים מאובקות ומעושנות, vgl. אָבַק, nicht entspricht.)

סוֹבְכָא m., **סוֹבְכְתָא** f. ch. (syr. ܣܘܼܒ݂ܟ݁ܳܐ =סוֹךְ, סוֹכָה) Zweig, Gezweige, s. TW.

סוֹכוֹ (=bh. שׂוֹכֹה) Socho, Name zweier Städte in Juda. Aboth 1, 3 אנטיגנוס איש סוכו Antigonos aus Socho, der berühmte Lehrer von Zadok und Boëthos.

סוֹכְיָה m. N. gent. der Sochäer. j. Jom. VIII, 45ᵇ un. לוי סוכייה Lewi, der Sochäer.

סוֹל masc. (arab. سَلَّ, syn. mit סִלְוָא s. d., Grndw. סל) spitzes Holz, Stechdorn, speciell von den Stacheln der Dattelpalme. j. Kidd. I, 59ᵈ ob. קוץ ... סרל Stechdorn, Dorn. Bech. 37ᵇ הסרל והסירה dass. Schabb. 4ᵇ u. ö. — Pl. Num. r. sct. 3 Anf. die Palme עושה רובלות ורטשה סוֹלִין trägt abfallende Datteln und bringt Stacheln zur Reife, vgl. נַקְלָבָס.

סוֹלָא ch. (=סוֹל) Stechdorn. Trop. Cant. r. sv. עד שיפול, 16ᵈ die messianische Zeit wird erst dann eintreten, כד חסב מלכותא בתר סולא wenn die Regierung dem Stechdorn zufallen wird; d. h. Esau, Rom, das wegen seiner Belastung mit Steuern dem Dorn verglichen wird, vgl. אַרְנוֹן und סִירְכָּתָא.

סוֹלְגִיתָא oder **סַלְגִיתָא** fem. (gr. σαργάνη) Flechtwerk, Korb. Wahrsch. ist Stw. סרג=סלג s. d. flechten, mit Wechsel der liquidae. Genes. r. sct. 65, 64ᶜ der Blinde isst, ohne satt zu werden לא דמי ההוא דחמי סולגיתא סניא וכפן (vgl. סומא); ההוא דחמי סולגיתא מליא ושבע denn derjenige, der den Brotkorb leer sieht und hungert, gleicht nicht demjenigen, der den Brotkorb voll sieht, wodurch er schon theilweise gesättigt wird. Khl. r. sv. ברבות, 83ᵇ steht dafür סלגיתא. In hbr. Form: פת בסלו, s. סַל.

סוֹלְיָס m. (mit griech. pl. End., vgl. ס; lat. soleae pl.) Schnürsohle, Bänderschuh, der nur die Fusssohle bedeckte und oberhalb mit Riemen und Bändern geschnürt wurde. Jeb. 103ᵇ und Kidd. 14ᵃᵇ ob. נעלו ... פרם לסוליים שאין לו עקב Ar. (Agg. מסוליים, s. d.) „sein Schuh" (Dt. 25, 9), davon ist die Schnürsohle, die keine Ferse hat, ausgeschlossen. Kel. 26, 4 סנפסק סוליים ein Bänderschuh, der aufgetrennt ist. — Trop. j. Schabb. I, 3ᶜ ob. מה שעשה חכמה לראשה עטרה עשה ענוה עקב לסוליסה וב׳ das, was die Weisheit als eine Krone für ihr Haupt machte, machte die Demuth als eine Ferse für ihren Bänderschuh; mit Ansp. auf Ps. 111, 10: „Das Haupt der Weisheit ist die Gottesfurcht" (d. h. die letztere ist die Hauptsache), und Spr.

22, 4: „Die Ferse (Folge) der Demuth ist die Gottesfurcht." Tanch. Anf., 1ᵇ לפי שהתורה סוליחה ענוה וכתרה יראה סוליחה ענוה שנאמר עקב ענוה וג׳ weil die Gesetzlehre die „Demuth" zur „Folge" (eig. Bänderschuh) und die „Gottesfurcht" zur „Krone" hat, denn es heisst u. s. w., deshalb hat Mose der „Demuthvolle" und der „Ehrfurchtsvolle" (Num. 12, 4 und Ex. 3, 6) sie empfangen. Jalk. II, 142ᵃ סולייח dass.

סוֹלְיְמָה ch. (=סוֹלְיָיס) Schnürsohle, Bänderschuh. j. Jom. VIII, 44ᵈ un. R. Nachman kam zu R. Josüa ben Lewi am Versöhnungsfeste, נסק לגביה לבוש סוליימה letzterer kam ihm entgegen, Schnürsohlen anhabend (während man Schuhe nicht anhaben darf, vgl. נְעִילָה). Dasselbe that er am Fasttage des 9. Ab. Das. ein Schüler des R. Mana מן קריבוי דנשיא הורי לחד מלבש סוליימה erlaubte Einem von den Verwandten des Nasi, Schnürsohlen am Fasttage anzuziehen. j. Taan. I, 64ᶜ un. dass.

סוּם I סִים, **סוּם** (arab. سَامَ=bh. שׂוּם, שׂים) setzen, legen.

Pi. סִיֵּם 1) bestimmen, begrenzen, kennzeichnen, auszeichnen, eig. einsetzen. j. Pea VII Anf., 20ᵃ היד עומד בצד הדקל הדקל מסיימו wenn die Palme an der Seite einer Palme sich befindet, so kennzeichnet die Palme jene Olive; dass näml. letztere nicht als „vergessen" anzusehen ist. Das. היו שנורים נטופה זה מסיים את זה וזה זה מסיים את זה wenn zwei Oliven träufelnd sind (die träufelnde Olive, die im Garten zurückbleibt, wird näml. nicht als „vergessen" angesehen, vgl. נְטוֹפָה), so kennzeichnet diese Olive jene und jene kennzeichnet diese. Part. pass. das. היה מסויימין בדעתו כמי שהוא מסויים wenn eine Olive in den Gedanken des Gartenbesitzers ausgezeichnet ist (die er sich besonders gemerkt hat, weil sie sehr gut ist u. dgl.), so ist es ebenso, als ob sie überhaupt ausgezeichnet wäre. j. Keth. XI, 34ᵇ ob. במסיים ואומר חנו שדה פלוני לפלוני wenn er (der Kranke) die Schenkung genau bezeichnet, indem er sagt: Gebet dieses Feld dem N. N. B. bath. 54ᵃ שדה המסויימת במצריה ein Feld, das durch seine Grenzen bezeichnet ist. Cant. r. sv. שובר, 29ᵇ das W. אומה שמטיימים השולמית (HL. 7, 1) bedeutet: לה שלום בכל יום die Nation, der man jeden Tag Heil beilegt, wünscht; d. h. im Priestersegen: „Gott verleihe dir Heil" (Num. 6, 26). — Trop. j. Meg. I, 71ᵈ mit וסיימו אותן חכמים die Gelehrten zeichneten aus, merkten sich genau jene Jünglinge ועמדו כולן בני אדם גדולים (welche, trotz ihrer Jugend, scharfsinnige Forschungen betreffs der Doppelbuchstaben u. dgl. vorgetragen hatten, vgl. מנצפ״ך), und jene Jünglinge wuchsen sämmtlich als hervorragende Männer heran. Genes. r. sct. 1, 4ᵈ dass. j. Jeb. XV,

15ª mit. אדם מסויים ein ausgezeichneter Mann.
Tanchuma Wajescheb, 44ª „Der Mann Mose"
(Num. 12, 3), das bedeutet: האיש המסויים
באנשים der Mann, der unter den Männern ausgezeichnet war. j. Ber. V g E., 9ᵈ. j. Dem. V,
24ᶜ un. j. Chall. III g. E., 59ᶜ. j. Schek. I, 46ᵇ
ob. דבר המסויים etwas, was kenntlich, bleibend
ist. Genes. r. sct. 44, 42ᵈ מה איים הללו מסויימים
בעולם so wie בים כך היו אברהם ושם מסויימין
jene „Eilande" (Jes. 41, 1) im Meere gleich bezeichnet sind, ebenso waren Abraham und Sem
in der Welt ausgezeichnet. — 2) schliessen,
einen Lehrsatz, eig. begrenzen. Arach. 10ᵇ
פתח בחליל ומסיים באבוב die Mischna beginnt
den Satz mit חליל, schliesst ihn aber mit אבוב;
d. h. anfangs nennt sie die Flöte: חליל, bald
darauf: אבוב. B. kam. 27ª פתח בכר וסיים בחבית
der Autor der Mischna beginnt den Satz mit
כר und schliesst ihn mit חבית! vgl. כַּד. Men.
97ª פתח במזבח וסיים בשלחן die Schrift beginnt
den Vers (Ez. 41, 22) mit dem „Altar" und
schliesst ihn mit dem „Tisch"! j. Ber. 10ª ob.,
vgl. פָּרָשָׁה. j. Bez. I, 60ᵇ ob. בהמה יולדת
לחדשים מסויימין ein Thier wirft Junge nach
beendigten (vollzähligen) neun Monaten.

Nithpa. 1) begrenzt, bezeichnet werden.
j. Ter. III, 42ᵇ ob. אמר תרומת הכרי הזה רוז
בזה אמר ר' יוחנן מקום שנסתיימה תרומתו של
ראשון שם נסתיימה תרומתו של שני wenn Jem.
(der zwei Getreidehaufen vor sich liegen hatte)
sagte: An jener Stelle (die er genau bezeichnete)
soll die Teruma dieses einen Haufens bestimmt
sein und die des andern Haufens soll ebenfalls
dort in dem ersten Haufen (ohne genaue Angabe
der Stelle) liegen, so sagt R. Jochanan: Es ist
anzunehmen, dass an derselben Stelle, wo die
Teruma des ersten Haufens bezeichnet wurde,
auch die Teruma des zweiten Haufens bezeichnet sei. j. Schebi. VIII, 38ª mit., s. פְּרָשָׁה.
— 2) geschlossen, beendigt werden. B.
bath. 125ᵇ דבר זה נפתח בגדולים ונסתיים בקטנים
dieser Lehrsatz wurde von grossen Männern er-
öffnet und von kleinen geschlossen; d. h. der
eigentliche Autor jener Halacha war ein grosser
Gelehrter (R. Huna) und der, welcher dafür
einen Beweis beigebracht hat, war ein kleiner
Gelehrter (d. h. ich, R. Elasar). Schabb. 31ᵇ
u. ö. ein Autor that diesen Ausspruch und ein
anderer Autor that jenen Ausspruch; ohne dass
man wusste, welcher Ausspruch von dem einen
und welcher von dem andern herrühre; תסתיים
תסתיים ... דר' אלעזר הוא דאמר aus dem Umstande jedoch, dass R. Elasar auch anderswo
einen ähnlichen Ausspruch gethan, ist zu schliessen, dass derselbe Autor auch jenen der beiden
Aussprüche gethan habe; so ist zu schliessen!
d. h. dieser Beweis ist unumstösslich. Das. 75ª
תסתיים ... דאמר הוא דרב es ist zu
schliessen, dass Rab jenen der beiden Aussprüche
gethan habe, so ist zu schliessen!

סום II סִים ch. (syr. ‎ﺳﺎﻡ=vrg. שום) 1) thun,
machen, setzen, legen, s. TW. — 2) anlegen, tragen, bes. die Schuhe, Sandalen. — Pa. סַיֵּם dass. legen, anlegen, ferner: ausziehnen, s. TW. Git. 56ᵇ Vespasian,
der während der Belagerung Jerusalems eine
frohe Nachricht aus Rom vernommen hatte, הוה
סיים חד מסאנא בעא למסיימא לאחרינא לא עייל
hatte einen Schuh an; als er aber auch den
andern Schuh anziehen wollte, so passte er ihm
nicht. Taan. 12ᵇ הא קא חזינן רבנן דמסיימי
מסנייהו ואתו לבי תעניתא wir sehen ja, dass die
Gelehrten ihre Schuhe anlegen und damit in die
Versammlung, wo Fasten abgehalten wird, eintreten, vgl. auch אַפַּנְתָּא. Das. 22ª חזא להדוא
גברא דהוה סיים מסאני אוכמי er sah Jemdn.,
der schwarze Schuhe trug, vgl. מְסָאנָא. — 3)
schliessen, beendigen. Meg. 25ᵇ R. Chanina sagte zu einem Vorbeter, der im Gebete
mehr Epitheta Gottes vorgetragen, als man dafür bestimmt hatte: סיימתינהו לשבחא דמרך hast
du nun die Lobpreisungen deines Herrn ganz
beendigt? d. h. eine solche Ueberhäufung göttlicher Eigenschaften ist einer Schmähung gleich.
Ber. 12ª פתח ומברך אדעתא דשכרא וסיים בדחמרא
Jem. begann den Segenspruch über ein Getränk,
da er glaubte, es sei Bier wäre, schloss aber
mit dem Segen über den Wein. Das. ö. Das.
17ª כי הוה מסיים צלותיה als er sein Gebet
beendigte. B. mez. 76ᵇ לא סיימוה קמיה ראיכא
דאמרי סיימוה קמיה וכ' man hatte jene Borajtha
in seiner (Rab's) Gegenwart nicht bis zum Ende
angeführt; manche jedoch sagen, man habe sie
in seiner Gegenwart bis zu Ende angeführt
u.s.w. Git. 6ᵇ. Jeb. 43ª s. דַּוְקָנָא. Uebrtr. j. Schabb.
VI, 8ᵇ un. וסיימון וכן הוות ליה sie verzeichneten (d. h. merkten sich genau jenen Ausspruch,
jene Zeit); so traf es auch ein. B. mez. 32ª un.
לא מסיימי קראי die Schriftstellen hinsichtl. des Be-
ladens eines Thieres sind nicht genau gezeichnet, vgl. טְעַן und צָעַן.

Ithpa. bezeichnet werden. Ab. sar. 16ᵇ
מינאי ומינך תסתיים שמעתא von mir und dir
(d. h. von uns gemeinschaftlich) wird die Halacha bezeichnet, Namens ihres wirklichen Autors
angeführt werden. Pes. 88ᵇ u. ö., vgl. פְּתָא.

סום III (=סְמֵי s. d.) erblinden. — Nif.
geblendet werden. Taan. 21ª meine Augen
יסומו ... mögen erblinden. In den Parall.
steht in chald. Form יסתמיין, s. סְמֵי. — Pa.
סַיֵּם blenden, blind machen, s. TW.

סוּמָא I m. ein Blinder. Sifra Emor cap. 2
Par. 3 עור בין סומא בשתי עיניו בין סומא אפילו
בעינו אחת unter עור (Lev. 21, 18) ist sowohl
derjenige zu verstehen, der auf seinen beiden
Augen, als auch derjenige, der blos auf einem
Auge blind ist. Das. cap. 6 Par. 7 mit Bez.
auf עורת: „ein blindes Thier" (Lev. 22, 22)

dass. סומא באחת מעיניו פטור מן Chag. 2ᵃ הראיה שנאמר יראה כדרך שבא לראות כך בא ליראות מה לראות בשתי עיניו אף ליראות בשתי עיניו der auf einem Auge Erblindete braucht nicht zu den drei Festen im Tempel zu erscheinen; denn es heisst יֵרָאֶה (Ex. 23, 17), welches W. auch יִרְאֶה zu deuten ist; d. h. auf dieselbe Weise wie Gott kommt, um zu sehen (יִרְאֶה), ebenso kommt er auch, um gesehen zu werden (יֵרָאֶה). So wie nun Gott kommt, um mit seinen zwei Augen den Menschen zu sehen, ebenso kommt er auch, um von zwei Augen des Menschen gesehen zu werden. (Höchst wahrsch. las man im Bibeltext: יִרְאֶה, Kal; daher wird auch in der Deutung das Kal dem Nifal vorangeschickt. Hierdurch wäre der Einwand der Tosaf. z. St. zu beseitigen.) Nach Tosaf. wäre der Sinn wie folgt: So wie der Mensch von den zwei Augen Gottes gesehen wird (יֵרָאֶה), ebenso soll der Mensch mit seinen zwei Augen Gott sehen (יִרְאֶה). Das. 4ᵃᵇ fg. Mac. 9ᵇ בלא ראות פרט לסומא דברי רבי יהודה ר׳ מאיר אומר לרבות את הסומא „ohne zu sehen" (Num. 35, 23), das schliesst den Blinden aus (denn jener Ausdruck bezeichnet nur einen Menschen, der blos bei jener That nicht sah, sonst aber sieht; ein Blinder, der Jemanden ohne Absicht getödtet hat, wird dah. nicht mit Exil bestraft); so nach Ansicht des R. Juda. R. Meïr sagte: Jener Schriftausdruck schliesst den Blinden ein, der „niemals sieht". Snh. 90ᵇ, vgl. חָגַר. Das. 105ᵃ un. בלעם סומא באחת מעיניו היה Bileam war auf einem seiner Augen blind; mit Ansp. auf שתם העין (Num. 24, 3), vgl. רָמְצָבָא. Exod. r. sct. 36, 133ᵈ משל לפקח וסומא שהיו מהלכין אמר הפקח לסומא בא ואני סומכך והדה הסומא מהלך כיון שנכנסו לבית אמר הפקח לסומא צא והדלק לי את הנר וכו׳ ein Gleichniss von einem Sehenden und einem Blinden, welche auf der Strasse gingen. Der Sehende sagte zu dem Blinden: Komme und stütze dich auf mich, wodurch der Blinde ging. Als sie jedoch in einem Hause angekommen waren, sagte der Sehende zum Blinden: Auf, zünde mir ein Licht an, damit du dich nicht gegen mich zu sehr zu Dank verpflichtet fühlest, weil ich dich bis hierher geführt habe. Dasselbe gilt vom Gott, dem Sehenden, dessen „Augen auf der ganzen Erde herumschweifen" (2 Chr. 16, 9) und von den Israeliten, die „den Blinden gleich, hin- und hertasteten" (Jes. 59, 10), welchen aber Gott „mit der Feuersäule leuchtete und auf dem Wege voranging" (Ex. 13, 21) und der, in der Stiftshütte angelangt, dem Mose zurief: „Möge mir Israel eine beständige Leuchte anzünden" (Ex. 27, 20)! — Pl. Jom. 74ᵇ סומין שאוכלין ואינן שבעין die Blinden essen, ohne satt zu werden, vgl. סולגירתא. Snh. 34ᵇ מה נגעים שלא בסומין אף ריבים שלא בסומין . . . so wie „Aussätze" (Dt. 21, 5) nicht von blinden Priestern beurtheilt

werden dürfen (mit Bez. auf Lev. 13, 12 מראה כיני הכהן), ebenso dürfen auch „Processsachen" nicht von blinden Richtern entschieden werden. Das. 71ᵃᵇ. Genes. r. sct. 65, 64ᶜ u. ö. — Trop. Genes. r. sct. 53, 53ᵇ הכל בחזקת סומין עד שהקב׳׳ה מאיר את עיניהם Alle sind als blind anzusehen, bis Gott ihnen die Augen erleuchtet; d. h. die Menschen sehen oft das nicht, was ihnen so nahe liegt, wenn der göttliche Wille fehlt; ebenso wie Hagar den Brunnen, der schon vorhanden war, erst dann sah, als „Gott ihre Augen öffnete" (Gen. 21, 19). B. bath. 12ᵇ wenn Jem. einen trefflichen Lehrsatz aufstellt, so ist das noch immer kein Beweis für seine grosse Begabung; דילמא כסומא בארובה wäre es denn nicht möglich, dass er auf diese Idee ebenso gekommen ist, wie ein Blinder, der durch die Luke hinabsteigt, auf die er zufälliger Weise gestossen ist! Nid. 20ᵇ dass. — Fem. j. Schabb. VIII, 11ᵇ un. אשה סומה באחת מעיניה eine Frau, die auf einem ihrer Augen blind ist. j. Sot. II Ende, 18ᵇ היא סומה wenn sie blind ist. Oft סומא für סומה. j. Keth. II, 26ᵈ mit. ברחה משם סומא אחת eine Blinde entfloh von dort. Keth. 17ᵃ. 60ᵃ u. ö. Chull. 139ᵇ סומא blinde Taube, s. כירי I. — Das Verbum lautet gew. סמי, wie סָמָן von סִימָן.

סוּמָא II f. 1) (=שׁוּמָא s. d.) ein Mal, als veränderte Hautfarbe oder Geschwulst. — 2) Suma, Name einer Stadt im Stamme Ruben, s. TW.

סוּמְבָּק m. (lat. sebaceus, vgl. מ סְבְּקִין eingeschaltet) Talglicht. Midr. Tillim zu Ps. 90 Anf. כשעלה למעלה נקרא איש מה בוצין סב Anf. קומוי מה סומבק טב קומוי וכו׳ als Mose in den Himmel stieg, wurde er „Mann, Mensch" genannt; denn wie gering ist der Werth einer Leuchte, wie gering ist der Werth eines Talglichtes vor ihm, vor Gott, der ganz Feuer ist und dessen Engel Feuer sind! Als Mose aber wieder herabstieg, so wurde er „Gott" (האלהים) genannt.

סוּמְנָא m. (=סִימָנָא s. d.) Zeichen, Grenzzeichen, s. TW.

סוּמְכּוֹס Sumchos, Symmachos, ein Tannaïte und höchst scharfsinniger Schüler des R. Meïr, der ebenfalls durch seinen Scharfsinn berühmt war. Kidd. 52ᵇ s. מֵאִיר. Erub. 13ᵇ תלמיד היה לו לר׳ מאיר וסומכוס שמו שהיה אומר על כל דבר ודבר של טומאה מ׳׳ח טעמי טומאה ועל כל דבר ודבר של טהרה מ׳׳ח טעמי טהרה R. Meïr hatte einen Schüler, Namens Sumchos, welcher für jeden unreinen Gegenstand 48 Begründungen der Unreinheit, sowie für jeden reinen Gegenstand 48 Begründungen der Reinheit vorzubringen im Stande war. Die Gesetzlehre kann näml. nach 49 Arten erforscht wer-

den, vgl. פָּנִים. B. kam. 35ᵇ u. ö. סומכוס אומר ממון המוטל בספק חולקין Sumchos sagte: Geld, worüber ein Zweifel obwaltet (ob der Kläger oder der Beklagte im Rechte sei) theilt man. B. bath. 73ᵃ, 78ᵇ u. ö.

סִמְפֹוֹנְיָה‎, סוֹמְפֹנְיָה f. (gr. συμφωνία) Sackpfeife, Doppelflöte. Dan. 3, 5. 10. 18. — Kel. 11, 6 סומפוניה של חליל של מתכות eine Sackpfeife und eine metallene Flöte. Das. סומפוניה אם יש בה בית קבול כנפים וכ' eine Sackpfeife, die eine Stelle zur Aufnahme der Tasten hat u. s. w. Das. 16, 8 תיק סרמפוניא das Futteral der Sackpfeife. Tosef. Kel. B. mez. I, vgl. auch סְרִמְפֹון.

סָוֶן m. (=סְיָן s. d.) Lehm, Koth, s. TW.

סוּנְבָּא m. (gr. τὸ συμβάν od. σύμβαμα) Zufall, zufälliges Ereigniss. Pesik. r. sct. 29, 56ᵃ als der Held Abika während der Belagerung Jerusalems von der Mauer herabgestürzt war und die Juden sich deshalb ängstigten (vgl. מרך im Pilpel), אמר להם אביקה אל תיראו סונבא היא לא הזיקתני כלום rief ihnen Abika zu: Fürchtet euch nicht, es war ein blosser Zufall und ich wurde nicht im Geringsten beschädigt.

סוּנַיְתָא f. (viell. arab. شَيْن von شَانَ, oder סני=סון) Hässlichkeit, Schändlichkeit. Genes. r. sct. 50, 49ᵈ הדא סונייתא בישא diese bösartige Hässlichkeit, d. h. schlechte Gewohnheit, vgl. מָצוּת. Mögl. Weise ist סוּנַיְתָא (mit dageschirt. Nun) zu lesen (arab. سُنَّة von سَنَّ): Lebensart. Schwerlich dürfte unser W. das gr. συνήθεια: Gewohnheit sein, da der Satz ganz aramäisch ist.

סוּס m. (=bh. Stw. סוס springen, vgl. auch סְסָא) Pferd, Ross. Pes. 113ᵇ ששה דברים נאמרים בסוס וכ' sechs Dinge werden betreffs des Pferdes gesagt: es ist geil, kampflustig, stolz, verachtet den Schlaf, frisst viel und hat wenig Excremente; manche sagen: Es sucht auch seinen Eigenthümer im Kriege zu tödten. Suc. 26ᵇ, s. נָשְׁמָא. Cant. r. sv. אם חומה, 33ᵈ סוס פרסי ein persisches Pferd, s. מְשִׁירָא. Genes. r. 95 g. E. u. ö.

סוּסָה f. (=bh.) weibliches Ross, Stute, לְסוּסָתִי. Cant. r. sv. לסוסתי, 9ᶜ אמר פרעה מה הטֹס זכר הזה הורג בעלזיו במלחמה אלא נקבה Pharao sagte: Wozu sollte ich auf einem männlichen Pferd reiten, das seinen Besitzer im Kriege tödtet? Ich werde lieber auf einer Stute reiten. — Pl. Exod. r. sct. 23 g. E., 122ᵈ הרני רוכב על סוסה „dem weiblichen Rosse am Kriegswagen Pharao's vergleiche ich dich, meine Freundin" (HL. 1, 9); שנדמו גלי הים לסוּסִיֹת נקבות ומצריים הרשעים לסוסים זכרים ומודמני ורהי רצים אחרידהם עד שנשתקעו בים denn die

Meereswogen wurden den weiblichen Rossen und die frevelhaften Egypter den männlichen, geilen Pferden ähnlich; die Egypter liefen nun jenen so lange nach, bis sie ins Meer versanken.

סוּסָא‎, סוּסְיָא ch. (syr. ܣܘܣܝܐ=סוס) Pferd, Ross. Pes. 113ᵃ, s. צְנִיעַ. Chag. 9ᵇ סוסיא חיורא ein weisses Pferd, s. בַּרְזָא II. Snh. 105ᵇ, s. רַמְבָּ. Ab. sar. 4ᵃ die Häretiker sagten zu R. Safra (mit Bez. auf Am. 3, 2: „Euch allein liebe ich, darum ahnde ich an euch eure Sünden"): מאן דאית ליה סוסיא ברחמיה מסיק ליה Ms. M. (Scheilt. Abschn. Ki tissa: סוסיא בישא, Tlmd. Agg. סיסיא, s. d. W.) würde denn etwa Jem. sein bösartiges Pferd gegen seinen Freund reizen? Vgl. auch Raschi's zweite Erkl. z. St.; nach der ersten Erkl. desselben und der LA. סיסיא: würde denn Jem. seinen Zorn (od. Betrübniss) gegen seinen Freund auslassen? — Pl. Cant. r. sv. לסוסתי, 9ᵈ סוֹסְוָן פגיין Pferde, welche die Farbe wechseln. j. Kidd. I, 60ᶜ un. מייתי תרי סוסוון שטיי מ' man bringt zwei rasende Pferde u. s. w., vgl. רַכְשָׁא.

סָוֹס m. Sewas, Name eines Bitterkrautes. Pes. 39ᵃ R. Meïr sagte: אף סוס וסורא . . . אמרו Ms. M. (Agg. עכֹוס) לו סוס וסורא אחד הוא (וטורא) auch Sewas und Sura dürfen am Pesachabend als bittere Kräuter genossen werden. Man entgegnete ihm: Sewas und Sura sind die Namen eines und desselben Krautes.

סְוֹסְטֵי Sebaste, s. סְבַסְטֵי.

סוֹסְיָא m. (hbr. סוֹס) Schwalbe, s. TW.

סוֹסִיתָא‎, סוּסִיתָא Susitha, Name eines Ortes unweit Tiberias, welcher gegen letzteres feindlich gesinnt war. Stw. סוס Ross; nach einer Vermuthung von Neub. Géogr. du Tlmd. p. 239 wäre unser Ort identisch mit Hippos bei Josephus. j. Dem. II, 22ᵈ ob. j. Schebi. VI, 36ᶜ un. ארץ טוב זו סוסיתא „ein gutes Land" (Ri. 11, 3), das ist Susitha. Das. VIII, 38ᵃ mit. אילין קורדיקיא דסלקין ומזדבנין מן סוסיתא לטבריה jene Schuhe, welche von Susitha nach Tiberias gebracht und daselbst verkauft werden. j. Jom. III Anf., 40ᵇ עד ששמשא הות על סוסיתה die Sonne ist auf dem hochgelegenen Susitha sichtbar. j. R. hasch. II Anf., 57ᵈ dass. j. Keth. II, 26ᶜ ob. עיר שרובעה גוים כגון כפר סוסיתא eine Stadt, deren meiste Einwohner Nichtjuden sind, wie z. B. jenes Susitha, welches gegen Tiberias feindlich gesinnt ist. Genes. r. sct. 31, 30ᵇ. Das. sct. 32, 31ᵇ u. ö. — Dafür auch in hbr. Form כִּירָם. Tosef. Ahil. XVIII Anf., vgl. כִּירִין.

סוֹסְגִנְיָתָא s. סְבַגוֹנִיתָא.

סוּסְרְגָה s. d. in סֹס' — סוטריא, Bech. 49ᵇ, s. סוּרְקָיָא.

סוּע 1) (=שׁוּע) kleben, anstreichen, s.

TW. — 2) Jemanden begleiten, ihm nach-folgen, s. בְּיַע.

סוּף I *m.* (=bh.) Schilf, s. TW.

סוּף II (=bh., syn. mit אָכַף, כָּפָה u. a. Grndw. סף) enden, aufhören.

Pi. סְיֵּיף ein Ende machen, vernichten. Genes. r. sct. 100, 99ᵈ „Josef tröstete seine Brü-der" (Gen. 50, 21), indem er zu ihnen sagte: Ihr seid „dem Staube der Erde", ferner „den Thieren des Feldes" und endlich „den Sternen" verglichen; מי . . . . מי יכול לסייף את עפר הארץ יכול לסייף את חית השדה . . . מי יכול לסייף את הכוכבים wer vermag den Staub der Erde zu vernichten? wer vermag die Thiere des Feldes zu vernichten? und wer vermag die Sterne zu vernichten? Part. pass. j. Dem. I Anf., 21° הבכורות והמסויפות (Tosef. Dem. I Anf. הסיפות, s. d.) die Frühfeigen und die Spätfeigen, eig. die ver-späteten. Das. ö. j. Schebi. IV g. E., 35ᶜ. Genes. r. sct. 42 g. E. Eschkol sagte zu Abra-ham, der sich mit ihm berathen hatte, ob er sich beschneiden lassen solle, oder nicht: מה את הולך ומסייף את עצמך בין שונאיך sollst du gehen und dich selbst vernichten (dem Schmerz der Beschneidung erliegen) unter deinen Feinden? vgl. auch מַמְרָא.

Nithpa. beendigt werden. j. Dem. I Anf., 21° un. נִסְתַּיְּיפוּ התאנים wenn die Feigenernte beendigt ist.

סוּף *ch.* perf. סָף (syr. ܣ̇ܳܦ=vrg. סוּף) en-den, aufhören. — Pa. סַיֵּיף beendigen, ein Ende machen. — Af. אַסִּיף schwinden machen, vernichten, s. TW.

סוֹף *m.* (=bh.) Ende, Schluss. Kidd. 31ᵃ סוֹף דברך das Ende deines Ausspruches, s. בְּךָ im Nifal. j. Erub. V, 22ᵈ mit. und j. Ber. II, 5ᵃ un., s. חָזַר. B. bath. 138ᵃ הוכיח סופו על תחלתו die Gesinnung, die Jem. am Ende einer Handlung bekundet, giebt Aufschluss über seine Gesinnung, die er beim Anfang der Handlung hegte. Sifra Kedosch. cap. 3 Par. 2: „Ihr sollt nicht stehlen" u. s. w. (Lev. 19, 11. 12) הא אם גנבת סוֹף לכחש סוֹף לשקר לשקר להישבע בשמי das besagt, dass du, wenn du „gestohlen" hast, später „ableugnen", später „lügen" und später „bei meinem Namen falsch schwören" wirst. j. Git. I g. E., 43ᵈ mit. u. ö. Genes. r. sct. 71 Anf. לא ראשו של הפסוק הזה סופר ולא סופר ראשו כו' der Anfang des Bibel-verses (Ps. 69, 34) entspricht nicht seinem Ende und das Ende nicht seinem Anfange; es hätte näml. stehen müssen entweder . . . אבוינים אסורים (beide Wörter ohne Suffix), oder אבוינירי אסריריו . . . (beide W. mit Suffix) u. s. w. — Insbes. beachtenswerth ist die Phrase לא סוֹף דבר אלא כו' eig. nicht das ist das Ende hiervon, denn es giebt auch u. s. w., d. h. nicht

blos das, sondern auch. j. Schebi. III g. E., 34ᵈ לא סוֹף דבר שזעזעתן המחרישה אלא אפילו מחרישה עתידה לזעזען כו' nicht blos, wenn die Pflugschar die Steine bereits fortgerückt hat (gilt jene gesetzliche Bestimmung), sondern auch, wenn die Pflugschar sie fortrücken wird. j. Kidd. I Anf., 58ᵇ לא סוֹף דבר בכדרכה אלא אפילו שלא כדרכה nicht blos auf natürliche Weise, sondern selbst auf unnatürliche Weise u. s. w. Genes. r. sct. 38, 36ᶜ לא סוֹף דבר משיב רעה תחת טובה אלא אפילו משיב רעה תחת רעה תמוש רעה מביתו nicht blos „wenn Jem. Böses für Gutes", sondern selbst wenn Jem. Böses für Böses „vergilt, so wird das Böse nicht aus seinem Hause weichen" (Spr. 17, 13). j. Dem. I Anf., 21° u. ö. — Pl. Pes. 6ᵇ, s. סוֹפָה. j. Jeb. XII, 12ᵈ mit. של סוֹפִין כו' (l. בנוסף) קידש בגופר wenn Jem. sich eine Frau mittelst des Zweiges, woran (werthlose) Spätfeigen hängen, antraut u. s. w.

סוֹף, סוֹפָא *ch.* (syr. ܣܘܳܦܳܐ=vrg. סוֹף) Ende, Schluss. j. Snh. X, 29ᵃ un. ייא סוֹפיה מתחנקה er soll später erwürgt werden. Das. ö., vgl. חָנַק, s. auch TW. Vgl. auch סֵיפָא, סֵייפוֹת u. a. in 'סי.

סוֹפִין, סוֹפִינִי s. סוּבִּין.

סוֹפֶת *f.* (nach der Form צוֹמֶת u. a.) das Beendigen, die Schlusszeit. Tosef. Maasr. III mit. סופת תאנים משמר את שדהו מפני ענבים *m.* Agg. (ed. Zuckerm. אסיפת; Pes. 6ᵇ סוֹפי) wenn der Feld-besitzer zur Schlusszeit der Feigenlese sein Feld noch wegen der Weintrauben bewacht; oder wenn er zur Schlusszeit der Weinlese sein Feld noch wegen der Kräuter bewacht.

סוֹפִיסְטָא, סוֹפִיסְטָה *m.* Adj. (gr. σοφιστής) Sophist, gewandter Redner, Rechen-meister. j. Schebi. IX, 38ᵈ mit. אמר ליה סוֹפיסטה לא אזלון לון ואין אזלין לון חזרין לון der Sophist sagte zu ihm (Diocletian, welcher befürchtete, dass die Einwohner von Paneas, weil sie ihn bedrängt hatte, fortziehen würden): Sie werden nicht fortgehen und sollten sie auch fortgehen, so werden sie zurückkommen. Pesik. r. sct. 21, 40ᵈ viele Myriaden, עד מקום שאין יכול לחשב (סוֹפיסטוס l.) סוֹפיסטוס so dass der Rechenmeister sie nicht berechnen kann. Pesik. Bachodesch ed. Buber, 107ᵇ שהספיסטוס (שאין הסספיסטוס l.) dass., vgl. פִּילֵי. Khl. r. sv. אתצידון יהודאי מהוראה בהדין ספסרא, 95ᵈ שלח למחך (סוֹפיסטא l.) die Juden wurden wegen jenes Sophisten gefangen genommen. Das אוטיסטא (סוֹפיסטא l.) ערום עולה מהוכה ערום (wahrsch. zu lesen) der Sophist kam nackt aus dem Schiff.

סוֹפַפְתָּה Sofafta, Name eines Ortes. j. Snh. II, 20ᵃ un. שמואל דכוסופתה 'ר R. Samuel

aus Sofafta. j. Ber. III, 6ᵇ mit. steht dafür תוספתה Tosafta.

סוֹזֵר od. סוֹאָר m. (Stw. סוור=צוור=צבר, vgl. צִוּוּרְנָא) Haufe, Schichte von Baumaterialien u. dgl., die übereinander geordnet liegen. Ohol. 3, 7 סוור של קורות Ar. (Agg. zumeist סראו) eine Schichte von Balken. Suc. 20ᵇ. Bez. 31ᵇ und Schabb. 125ᵇ dass. Tosef. Kel. B. mez. V Anf. סוור של נחתומין m. Agg.: die an einander gereihten Latten, worauf die Bäcker die Teigstücke legen. Richtiger jedoch scheint die LA. in ed. Solkiew סרוו=Kel. 15, 2.

סוּר I (=bh. Grndw. סר, vgl. סְבַר) weichen. Hif. הֵסִיר weichen machen, zum Abfall bringen, verleiten. Kidd. 68ᵇ שאר אומות מנא לן אמר קרא כי יסיר לרבות כל המסירים woher ist das Verbot des Sichverschwägerns mit den anderen (nicht kanaanitischen) Völkern erwiesen? Daher, dass als Grund dieses Verbotes angegeben wird: כי יסיר (Dt. 7, 4); was besagt, dass das Sichverschwägern mit Allen, die zum Abfall verleiten könnten, verboten sei. Nach Ansicht des R. J. Tamm in Tosaf. z. St. bezieht sich das W. יסיר auf den Schwiegervater, החתן. Demnach wäre der betr. Bibelstelle „Seine Tochter sollst du nicht nehmen für deinen Sohn, denn er (sein Schwiegervater) wird deinen Sohn (seinen Eidam) von mir abtrünnig machen." (Der einfache Sinn dieser St. jedoch ist: „Deine Tochter sollst du nicht geben seinem Sohn und seine Tochter nicht nehmen für deinen Sohn; denn er [der nichtjüdische Theil der Ehegatten] wird dein Kind [בְּנֵך, d. h. deinen Sohn, resp. deine Tochter] von mir abtrünnig machen.") Jeb. 23ᵃ u. ö. dass. Ab. sar. 36ᵇ steht dafür כל המסירות, was jedoch, namentl. nach der Erkl. des R. Tamm, unrichtig ist. Snh. 21ᵃ (mit Bez. auf Dt. 17, 17) der König darf nicht mehr als achtzehn Frauen heirathen ר' יהודה אומר מרבה הוא לו ובלבד שלא יהו מסירות את לבו ר' שמעון אומר אפילו אחת ומסירה את לבו הרי זה לא ישאנו R. Jehuda sagte: Er darf auch mehr Frauen heirathen, jedoch nicht solche, die ihn „abtrünnig machen" ולא יסור לבבו das.). R. Schimeon sagte: Selbst eine einzige Frau, die ihn abtrünnig machen könnte, darf er nicht heirathen; das Verbot bezieht sich selbst auf sehr fromme Frauen, wenn sie auch der Abigaïl gleichen. Hof. הוּסַר abgewandt, beseitigt werden. Mac. 7ᵃ die Zeugen werden nicht eher als Ueberführte bestraft עד שתוסר גופה של עדות Ar. (Agg. שתסרה) bis die Hauptsache des Zeugnisses beseitigt wird; d. h. bis die Zeugen durch Alibibeweis überführt werden; mit Ansp. auf סרה (Dt. 19, 16), vgl. זָמַם.

סוּר II m. (=bh., vom vrg. סוּר: weichen, sich absondern) Sur, N. pr. j. Erub. V, 22ᶜ

mit. das Ostthor des Tempels hatte sieben Namen; שער סור ששם היו טמאין פורשין וכ' es hiess „das Thor Sur" (2 Kn. 11, 6), weil daselbst die Unreinen sich entfernten; mit Ansp. auf סרו (Klgl. 4, 15), vgl. יְסוֹד u. a.

סוּר III (=סָעַר s. d., ר zum Ersatz für ע) besuchen, untersuchen. Schabb. 12ᵇ מנין שהקב״ה סר את החולה שנאמר ה' יסעדנו קרי ביה Ar. ed. pr. (Ms. M. סועד dass.; Agg. crmp. ושכינה סועד, und der Satz קרי ביה וכ' fehlt) woher ist erwiesen, dass Gott den Kranken besucht? Daher, dass es heisst יסעדנו ה' (Ps. 41, 4), deute es יסערנו: Gott besucht ihn. (Ueber den Wechsel von ד und ר s. נֶקַד.) Erub. 63ᵇ ob. רבינא סר סכינא בבבל Rebina untersuchte das Schlachtmesser (ob die Schlächter es rituell geschliffen haben) in Babel. Chull. 18ᵃ האי טבחא דלא סר סכינא קמי חכם משמתינן ליד einen Fleischer (Schlächter), der sein Schlachtmesser nicht in Gegenwart eines Gelehrten untersucht, legt man in den Bann. Taan. 20ᵇ R. Huna סייר לה לכולה מתא untersuchte das Schlachtmesser für die ganze Stadt; d. h. für alle dort wohnenden Schlächter. Chull. 105ᵃ Samuel sagte: In manchen Dingen stehe ich meinem Vater nach; דאילו אבא הוה סייר נכסיה תרי זמני ... מאן ביומא ואנא לא סיירנא אלא חדא זמנא Ar. (Agg. דסאיר נכסיה כל יומא מרווח אסתירא (משכח) denn mein Vater untersuchte seine Güter zwei Mal des Tages, ich aber untersuchte sie blos ein Mal des Tages. Wer seine Güter jeden Tag untersucht, verdient einen Stater. B. mez. 76ᵇ. 77ᵃ סיירא לארעיה (Ar. liest סרא) er durchsuchte sein Feld. Das. ö. Git. 38ᵇ דסייר נכסיהו בשבתא וכ' diejenigen, welche ihre Güter am Sabbat durchsuchen, verlieren ihr Vermögen. — Oft סייר crmp. aus סייד, z. B. סיירה וכיירה, s. סרד.

סוֹר m. (contr. aus בָּאוֹר=כִּיאוֹר, s. d.) 1) Gischt, Aufwallendes. Snh. 92ᵇ un. סוֹרוֹ (Var. נימק סורו) der Gischt des Kalkofens ergoss sich, s. מָרַק. — 2) der böse Trieb des Menschen, und übrtr. die Schlechtigkeit. B. mez. 59ᵇ un. an vielen Stellen verbietet die Schrift, den Proselyten zu kränken, מפני שטורורוע weil sein Trieb böse ist; d. h. weil er leicht zum Heidenthum zurückkehren könnte. Cant. r. sv. כיון שמת דוד חזר לסורו 13ᵈ, סמכוני als David gestorben war, ging Jonathan, Sohn des Gersom, zu seiner Schlechtigkeit (zum Götzendienst) zurück. Genes. r. sct. 70, 69ᵇ חזר לסורו, wofür in den Parall. לסיאורו steht, s. כָּאוֹר. Kidd. 82ᵃ כל שעסקיו עם הנשים סורו רע Jeder, dessen Beschäftigung mit den Weibern ist (d. h. der weiblichen Putz anfertigt oder damit handelt, infolge dessen er oft von Frauen besucht wird), dessen Art ist böse (Raschi's Erkl. z. St. vom hbr. סור: weichen, nahen, Gewohnheit, ist nicht zutreffend). Hor. 13ᵃ סורן רע der Trieb der Mäuse ist

bösartig, vgl. נְגְמֵי. Genes. r. sct. 74 g. E. „Laban kehrte zurück למקומו" (Gen. 32, 1) das bedentet לסרחו zu seiner Schlechtigkeit. Das W. מקום wurde näml. nach rabbinischem Sprachgebrauch gedeutet: zu seinem Gott, Götzen. Der Nachsatz das. 'מלמד שבכנס לסטים וכ, ist aus Missverständniss unseres Ws. entstanden.

סוּרָא I m. Sura, Name eines Bitterkrauts. Pes. 39ᵃ, s. סָרוּס.

סוּרָא II Sura, Name eines in Babel am Euphrat gelegenen Ortes, der wegen der daselbst von Rab gegründeten Akademie berühmt war. Der Name rührt wohl von der Nachbarschaft Syriens her. M. kat. 24ᵇ דפרת סורא Sura am Euphrat. Chull. 110ᵃ בסורא . . . . בפומבדיתא in Sura, in Pumbeditha; im ersteren Orte, wo Rab seine Akademie hatte, beobachtete man viele rituelle Erschwerungen, die im letztern Orte, wo Samuel, R. Juda u. a. Gelehrte der Schule vorstanden, nicht beobachtet wurden, vgl. פְּחָלָא u. m. a. B. bath. 89ᵃ יהודה מסורא 'ר R. Juda aus Sura. B. mez. 67ᵃ fg., vgl. מֶשְׁפַּנָתָא. — j. Sehehi. VI, 36ᵈ mit. כסורא crmp. aus כסוריא.

סוּרָאָה m. N. gent. aus Sura. Keth. 39ᵇ בת אבא סוראה die Tochter des Abba aus Sura, die Frau des R. Papa. Das. 52ᵇ ר' פפא איעסק ליה לבריה בי אבא סוראה R. Papa verheirathete seinen Sohn mit der Tochter des Abba aus Sura. Snh. 14ᵇ.

סוּרְיָא (griech. Συρία, syr. ܣܘܪܝܐ) Syrien (=ארם‎, Aramäa), worunter im Talmudischen Aram, das zwischen Tigris und Euphrat liegt, Mesopotamien, ארם נהרים und ארם צובה, zu verstehen ist. Diese Länder, die David ohne ausdrücklichen göttlichen Befehl erobert hat (vgl. 2 Sm. 10, 6 fg.), werden deshalb in vielen Stücken Palästina nicht gleichgestellt, weil sie als „die Eroberung eines Einzelnen", כבוש יחיד, angesehen wurden, vgl. כָּבַשׁ und כְּבוּשׁ. — Pesik. Schimëu, 118ᵃ, s. חַלָּה. Levit. r. sct. 26, 169ᵉ und j. Pea I, 16ᵃ un. s. לְשׁוֹן Bd. II, 529ᵃ. j. Dem. VI Anf., 25ᵇ ob. מקום שאין ישראל מצויין כהדא סוריא ein Ort, wo Israeliten nicht oft anzutreffen sind, wie z. B. in Syrien. j. Schek. IV Anf., 47ᵈ אין העומר בא מן הסוריא die Omergarbe wird nicht aus Syrien gebracht; weil sie näml. nicht Palästina gleichgestellt ist. j. Keth. II, 26ᵈ ob. בסוריא נשאות . . . . . כסורא אבל לא חילוק גרנות ובבל כסוריא in Syrien ist der Priestersegen massgebend, aber die Ertheilung der Teruma in den Scheunen nicht massgebend; Babel wird Syrien gleichgestellt; d. h. Jemd., der in diesen Ländern den Priestersegen spricht, ist infolge dessen mit Bestimmtheit als ein legitimer Priester anzusehen; denn die Gelehrtencollegien jener Länder würden ihn, hätten sie nicht seine Legitimität

genau geprüft und als richtig befunden, zu dieser priesterlichen Function nicht zugelassen haben. Wenn man hing. sieht, dass Jemd. in jenen Ländern die priesterliche Gabe, die Hebe erhält, so beweist dies noch nicht seine Legitimität als Priester; denn die Ertheilung der Priester- und Levitengaben in Syrien geschieht blos nach einer rabbinischen Verordnung, weshalb die Gelehrten mit der Prüfung der Legitimität der Empfänger es nicht so genau nahmen. Dieser Autor ist näml. der Ansicht, dass das von David eroberte Syrien nicht zu Palästina zugeschlagen wurde. Ohol. 18, 7 u. ö.

סוּרִיאֵל, סְוִירָא s. hinter סוּרִיסְטִין.

סוּרְסִי m. N. gent. (gr. σύρος) syrisch=אֲרָמֵי, aramäisch. Sot. 49ᵇ בארץ ישראל לשון סורסי 'למה וכ wozu soll in Palästina das Syrische als Umgangssprache? B. kam. 83ᵃ dass., s. לָשׁוֹן Bd. II, 529ᵃ. j. Sot. VII, 21ᶜ ob. R. Samuel bar Nachman sagte Namens des R. Jochanan: אל יהא לשון סורסי קל בעיניך שבתורה ובנביאים ובכתובים הוא אמור die syrische Sprache soll dir nicht unbedeutend erscheinen; denn sowohl im Pentateuch, als auch in den Propheten und in den Hagiographen ist sie anzutreffen; näml. Gen. 31, 47; Jer. 10, 11 und Dan. 2, 4 ארמית. Genes. r. sct. 74, 73ᶜ סורסי לשון .l סורסי dass. j. Sot. l. c. סורסי לאיליא die syrische Sprache eignet sich zum Klagelied, vgl. לָבַד. j. Meg. I, 71ᵇ un. dass. Esth. r. sv. וישלח, 105ᵃ לאליה פרסי, l. סורסי dass.

סוּרְסָיָא ch. (syr. ܣܘܪܣܝܐ=סוּרְסִי) syrisch. Bech. 49ᵇ (l. אסתירא סרסיא (סורסיא der syrische Stater. Raschi liest סורסייתא fem. (wohl crmp. aus סוּרְסִיתָא, syr. ܣܘܪܣܝܬܐ) dass. Da jedoch אסתירא masc. ist, so ist die LA. סורסיא vorzuziehen. Raschi's Erkl.: סלעים מיוושנים antiquirte Sela's, leuchtet nicht ein; vgl. auch Tosaf. z. St.

סוּרִיסְטָין Adv. (gr. συριστί) auf Syrisch, nach syrischer Sprache. j. Ned. X g. E., 42ᵇ un. jene Frau, דלא הוות חכמה מישמע סוריסטין (LA. des R. Salom. ben Adrat und R. Nissim, vgl. Korban haëda z. St.; Agg. crmp. סוריבטין) welche unkundig war, das Syrische zu verstehen.

סְוִירָא m. (viell. arab. سُوَرَة) die Bewältigung des Weines, Fieber vom Weinrausch, s. TW.

סוּרִיאֵל Suriel, Name eines Engels. Ber. 51ᵃ R. Ismaël ben Elischa sagte: שלשה דברים סח לי סוריאל שר הפנים אל תטול חלוקך וכ' drei Dinge sagte mir Suriel, der Fürst, der vor dem Angesicht Gottes weilt (d. h. ein Erzengel, gleich dem מִיטַטְרוֹן, s. d. W.): Nimm nicht dein Hemd des Morgens früh aus der Hand des Bedienten, um es anzuziehen u. s. w. Aehnliche

Lehren ertheilte der Todesengel dem R. Josua ben Lewi, s. סוּם.

סוּרְסִין j. Pes. II, 29ᵇ un., s. in כר׳.

סַוְרִיק s. כַּבְרִיק.

סוּרְתָּא Surta, Name eines Ortes. Midrasch Tillim zu Ps. 12 ר׳ חייא צפוראה אזל למזבן חיטי מסורתא יב׳ R. Chija aus Sepphoris ging einst, um in Surta Weizen zu kaufen. Mögl. Weise ist unser W.=סורא Sura.

סוּת I (=bh. Grndw. סו, arab. سَاتَ: sich nach etwas sehnen, vgl. סְוָה) Kal ungebr. Hif. הֵסִית 1) verlocken, verführen, reizen, eig. die Sehnsucht, den Reiz Jemds. erregen. — Nif. נִיסַת, נִיסָּב verlockt, verführt werden. j. Jeb. XVI, 15ᵈ un. המן תנינן המסית זה הדיוט והניסית זה ההדיוט הא חכם לא מכיון שהוא ניסת אין זה חכם מכיון שהוא מסית אין זה חכם dort (in der Mischna Snh. 7, 10. 16) lernten wir: „Der Verlockende", darunter ist ein gewöhnlicher Mann, „der Verlockte" darunter ist ebenfalls ein gewöhnlicher Mann zu verstehen (abweichend von der LA. der Mischna, vgl. מֵסִית). Sollte denn etwa ein Gelehrter hiervon ausgeschlossen sein? (Antwort:) Da er sich verlocken lässt, so ist er nunmehr kein Gelehrter; da er Andere verlockt, so ist er ebenfalls kein Gelehrter. j. Snh. I, 25ᶜ un. dass. Snh. 61ᵃᵇ מסית לעצמו er verlockt Andere, dass sie ihn als einen Gott anbeten sollen. האחד sei es, dass ein Einzelner sich verlocken lässt, oder dass Mehrere sich verlocken lassen. Cant. r. sv. כי הנה הסתיר עבר זו מלכות כותיים (l. 15ᵇ רומים) שמסיתה את העולם ומטעא אותו בכזביה היך מה דאת אמר הסתיר עבר „Siehe da, יסתיר עבר וג׳ (HL. 2, 11), darunter ist das römische Reich zu verstehen, welches durch seine Truglehren die Welt verlockt und verführt; so wie es heisst: „Wenn dein Bruder (Esau, Rom) dich verlocken wird" u. s. w. Der Sinn der Deutung wäre demnach: „Der Verlockende ist geschwunden." Pesik. Hachodesch, 51ᵃ dass. — Chag. 5ᵃ (mit Bez. auf ותסיתני, Hi. 2, 3) עבד שמסיתין עליו רבו וניסת מה תקנה Ms. M. II (Agg. מסיתינ לו) giebt es etwa einen Knecht, gegen den man seinen Herrn verlockt, reizt und welcher sich reizen lässt, irgend einen Bestand? B. bath. 16ᵃ stände dieser Vers (Hi. l. c.) nicht, so wäre nicht erlaubt, so zu sprechen; כאדם שמסיתין אותו וניסת es ist wie Jem., den man reizt und er sich reizen lässt. — 2) übrtr. gut zureden, Jemdn. durch gute Worte an sich ziehen. Sot. 35ᵃ ויהס כלב ... שהיסתן das W. ויהס (Num. 13, 30) bedeutet: Kaleb redete ihnen gut zu; indem er näml. Anfangs mit dem Volke so sprach, als ob er dem Murren beigestimmt hätte. — Ferner נִיסַת Nif. von נָסָא s. d.

סוּת II m. die Verlockung, Verführung. Tanch. Wajchi, 57ᵃ אין סוחו אלא מסות שנאמר כי יסיתך וג׳ אם יטעו בהלכה מתכבסת בחתומו das W. סוחו (Gen. 49, 11) bedeutet nichts Anderes, als einen Irrthum, Verlockung (=יסיתך, Dt. 13, 7); d. h. wenn die Gelehrten sich im Gesetze irren werden, so sollen sie in seinem (des Messias) Gebiete rein gewaschen werden. Vgl. Genes. r. sct. 98, 95ᵈ שהוא מחוור להן טעיותיהן der Messias wäscht ihnen ihre Irrthümer rein.

סוּת III m. od. סוּתָה f. (=bh. für כּוּת, Stw. סור) Kleid, Gewand. Pl. Kel. 16, 7 אמום של עושה סותות die Form des Kleiderverfertigers, vgl. אְמוֹם. — Die Richtigkeit dieser LA. jedoch muss überhaupt bezweifelt werden, da es hierfür so viele Varianten giebt, näml. Var. in Mischnaj. Agg. סיאגוס (=כְּנוֹס, s. d.). Hai in s. Comment. zu Kel. l. c. liest סיאבכת, Var. הסיאות. R. Simson in s. Comment. zu Kel. l. c. citirt סיאגרת, Var. סבאות. Dazu kommt noch, dass die Tosef. in Kel. B. mez. unser W. nicht hat.

סָחָא baden, schwimmen, s. כחי; s. auch מְסַוָּתָא.

סְחָוָא f. (syr. ܣܚܘ, سَحْو, hbr. שָׂחוּ) das Schwimmen, s. TW.

סוּחְתָּא , סְחִיתָא , סְחוּתָא f. (syr. ܣܚܬ, hbr. סוּחָה, כְּחִי, Grndw. סח) eig. Fortgestossenes, dah. Auskehricht, Unrath. j. M. kat. II, 81ᵈ ob. R. Lieser ging einst auf der Strasse; ודמת הדא איתא סחותא דביתא וטלקת ונפלת גו רישיה als nun eine Frau den Unrath des Hauses aus, so warf sie ihn dermassen, dass sie auf den Kopf jenes Gelehrten fiel. Schabb. 121ᵇ הוה שרי סחותא קומי ריש גלותא איירה מנא טריחנ עילויה Ar. sv. סחף (Agg. רוקא) Jem. warf das Kehricht vor dem Exilarchen hin; man brachte ein Gefäss und stürzte es darauf. Thr. r. sv. כלה, 57ᵈ Ar. ed. pr. sv. סח 2 בבוראגיא צוורחין לסחותא סלותא (Agg. לסאאת סרקי) in den Landstädten nennt man den Unrath: סלותה, Schlacken, s. d. W.

סָחַט (=bh. שָׁחַט, Grndw. סח, s. vrg. Art.) ausdrücken, auspressen. Schabb. 22, 1 (143ᵇ) אין סוחטין את הפירות להוציא מהן משקין man darf nicht am Sabbat die Früchte pressen, um Getränke daraus zu ziehen. Das. 144ᵃᵇ fg. j. Schabb. VII, 10ᵇᶜ חתום זיתם הסוחט חייב מאבידין משום קוצר wenn Jem. Oliven an den Zweigen am Sabbat auspresst, so begeht er die Sünde des Erntens. Das. הסוחט והמכבס מלאכה אחת הן wenn Jem. die Wäsche auswindet und sie wäscht, so wird das als eine

Arbeit angesehen. Das. ö. j. Ter. XI Anf., 47ᶜ Bez. 3ª u. ö. Chull. 27ª סחט s. סרח.

סְחַט *ch.* (=סָחַט) ausdrücken, auspressen. B. mez. 114ᵇ סחט גלימא ריחא man presste aus dem Mantel den Duft, den er eingezogen hatte.

סְחִיטָה *f.* N. a. das Auspressen. Schabb. 143ᵇ. 144ª . . . תאנים וענבים דבני סחיטה נינדהו Feigen und Weintrauben, die zum Auspressen bestimmt sind; תותים ורמונים דלאו בני סחיטה נינדהו Maulbeeren und Granatäpfel, die nicht zum Auspressen bestimmt sind. j. Schabb. VII, 10ᶜ ob. הצבעים שבירושלם היו עושין סחיטה מלאכה בפני עצמה die Färber in Jerusalem behandelten das Auspressen (Auswinden der gewaschenen Kleider) als eine besondere Arbeit; sie wuschen näml. die Zeuge und wanden sie aus, sodann färbten sie dieselben.

סְחָא, סְחָה (syr. ﺳﺤﺎ) 1) baden. j. Schabb. VII, 10ª un. הדן דסָחֵי Jem., welcher badet. Das. R. Abba לזירא ר' עם מיסחי עאל ging baden mit R. Seïra. j. Pes. X Anf., 37ᵇ ר' יודן נשייא סחה וצחא R. Judan Nasi badete und war durstig. j. Ter. VIII g. E., 46ᶜ למסחי בדימוסין דטיבריא die Gelehrten gingen baden in den Warmbädern von Tiberias. Das. Diocletian sagte: לא יחמון אפיר עד דאינון סחיין sie sollen nicht eher mein Gesicht sehen, als bis sie gebadet haben. Ruth. r. sv. תאמר לה dass. — Das. Af. כי קיימין מַסְחָוִין יתה חמותה als sie sich erhoben, um die Leiche zu waschen. Pes. 118ᵇ נחתין למסחוי נפשן Ms. M. (Agg. לאקרורי) sie gingen in den Fluss, um sich zu baden. B. mez. 84ª u. ö. — 2) (hbr. שָׂחָה) schwimmen, s. TW.

סִיחוּי *m.* N. a. (bh. שָׂחוּ *f.*) das Schwimmen. Jom. 77ᵇ un. יכול יעבירנו בסיחוי תלמוד שחו . . . לומר גאו man könnte meinen, dass man durch jenen „Strom" (Ez. 47, 5) durch Schwimmen hindurchziehen könnte; daher heisst es: „Das Wasser wuchs, dass es zum Schwimmen (unmöglich gewesen) wäre."

סְחַן (arab. ﺳﺤﻦ) füllen, ausfüllen, enthalten. — Af. dass. j. Snh. X, 29ᵇ ob. „Unser Wohnort ist uns zu eng" (2 Kn. 6, 1); לא אסחין אובלוסיא דתלמידייא דהוון תמן d. h. er umfasste nicht die Menge der Schüler, die sich dort aufhielten. — j. Dem. I, 22ª mit. crmp. aus סחיין, s. d.

סְחוּס *m.* (=הִסְחוּס und חֲסִיסָה, s. d. W.) Knorpel, insbes. Ohrknorpel über dem Ohrläppchen. Nach Ar.: die obere Spitze des Ohrs. Mechil. Mischpat. Par. 2 ר' מאיר אומר מן הסחוס שהרי ר' מאיר אומר אין כהן נרצע R. Meïr sagt: Das Durchbohren des Skla-

ven am Ohre (Ex. 21, 6) findet am Knorpel statt; denn R. Meïr hatte gesagt, dass ein Sklave, der ein Priester ist, am Ohr nicht durchbohrt werden darf (weil er hierdurch einen Leibesfehler erhalte; fände also das Durchbohren am Ohrläppchen statt, so würde hierdurch kein Leibesfehler entstanden sein). j. Kidd. I, 59ᵈ ob. dass. Nach Ansicht des R. Juda hing. findet das Durchbohren am Ohrläppchen statt, vgl. מִילָת; worauf das. gefragt wird: וייַרְצע הסחוס סחות מן הכרשינא möge doch der Ohrknorpel (des Priesterslaven selbst nach Ansicht des R. Meïr) in einem geringeren Masse, als dass eine Wicke hindurchgehen könnte, durchbohrt werden! vgl. פַרְשִׁינָא (wos. jedoch „Ohrknorpel" anst. Ohrläppchen zu lesen ist). Bech. 6, 1 (37ª) נפגמה אזנו מן הסחוס Mischnaj. u. Ar. (Tlmd. Agg. החסחוס) wenn das Ohr des Thieres am Knorpel verletzt ist; ein Leibesfehler. — Pl. Pes. 84ª ראשי כנפים הסְחוּסִין Ms. M. (=j. Ter. XI, 47ᵈ un.; Agg. והסחוסין, minder richtig) die weichen Spitzen an den Schultern der Thiere, sowie die anderen Knorpel derselben, welche sämmtlich zum Essen tauglich sind.

סְחַף eig. (=arab. ﻛﺴﺢ) fortschaffen, abrasiren, z. B. die Haare vom Felle, so dass von ihnen nichts übrig bleibt. Insbes. syn. mit סָחַב (Grndw. סח) stossen, wegstossen, s. סְחַף. Jeb. 47ª u. ö. סחופים crmp., s. כַנַף. Nithpa. (=bh. Nif., Jer. 46, 15) weggerafft, abrasirt werden. Keth. 1, 6 (12ᵇ) נִסְחֲפָה שָׂדֵך Mischnaj. u. Ar. (Tlm. Agg. שדרה) dein Feld wurde abrasirt, d. h. verlor seine Aehren; bildl. für eine genothzüchtigte Verlobte, ארוסה, vgl. Ar. Nach Raschi: dein Feld wurde überschwemmt (vgl. Spr. 28, 3). Das. 2ª dass.

סְחַף *ch.* (syr. ﺳﺤﻒ=כָּחַף) stürzen, trnst., auf etwas legen, werfen. Uebrigens dürfte auch das bh. סחף מטר (Spr. 28, 3) bedeuten: „ein heftiger, mit Vehemenz fallender Regen"; ebenso Menachem ben Saruk in s. hebr. Lex. Snh. 104ª אובלא דקצרי סחף ארישיה וחלף Ar. (Agg. אובלא) eine Mulde der Walker stürzte er über seinen Kopf und ging fort. Ned. 51ª ob. Bar Kapra שקל דיקולא רבא חפייה כופרא וסחפיה על רישיה nahm (um Rabbi zum Lachen zu bringen) einen grossen Korb, beklebte ihn mit Pech und stürzte ihn über seinen Kopf. Schabb. 110ª. Chull. 8ᵇ, vgl. כַפְלָא. Ab. sar. 51ᵇ דסחיפא ליה משיכלתא ארישיה ein Waschbecken wurde ihm über seinen Kopf gestürzt. Chag. 15ª das Oberwasser ruht auf dem Unterwasser כתרי גלימי דפריסי אהדדי ואמרי לה כתרי כסי דסחיפי אהדדי (Ar. גלימי דסחיפי minder richtig) wie zwei Mäntel, die über einander ausgebreitet sind; manche sagen: wie zwei Becher, die über einander gestürzt sind. Pes. 40ª חצבא דאבישונא סחיפא שרי זקימא אסיר Agg. (Ar. סיחפא) wenn

das Becken, worin man die Aehren röstet, umgestürzt (d. h. mit der Oeffnung nach unten zu) liegt, so dürfen die Aehren am Pesach gegessen werden (weil die infolge des Röstens entstehende Flüssigkeit abläuft); wenn das Becken aber aufrecht, mit der Oeffnung nach oben zu, steht, so dürfen die Aehren nicht genossen werden.

Pa. סְחִיף dass. stürzen, auf etwas legen. Schabb. 66ᵇ סחופי כסא אשיבורא einen Becher auf den herausgetretenen Nabel stürzen, damit letzterer zurücktrete; so nach Ar., vgl. jedoch שִׁיבּוּרָא. Das. 121ᵇ, s. כְּחוּרְתָּא. Bez. 23ᵃ סחופי כסא אשיראי בידמא טבא אסור einen mit Wohlgerüchen gefüllten Becher auf Seidenzeuge am Feiertage zu stürzen (damit letztere den Duft anziehen) ist nicht erlaubt.

סִיחוּפָא *m.* N. a. das Anschlagen, Anstossen (ähnlich syr. ‎ܣܚܘܦܐ). Ab. sar. 16ᵃ das Pferd ist im Kriege als eine Waffe anzusehen, דקטיל בסיחופיה weil es mit seinem Anschlagen die Feinde tödtet. Chull. 52ᵇ die Katze מחייה לדשא בסיחופיה zerschlug mit ihrem Anstossen die Thür.

סְחָק (=bh. שָׂחַק syn. mit צָחַק) lachen, spielen. Tosef. B. kam. II Anf. סחק בין הבקר der Ochs spielte unter den Rindern. Suc. 7ᵃ טפח שחק Ms. M. und Ar. (Agg. שוחק) eig. eine lachende Handbreite, deren Finger näml. etwas entfernt (den Lippen des Lachenden ähnlich) aus einander stehen, d. h. reichliches Mass; Ggs. עצב טפח: knappe Handbreite, deren Finger an einander gedrückt, eig. betrübt sind, vgl. טָפַח. Erub. 3ᵇ הללו סוחקות והללו עצבות Ar. (Agg. שוחקות) die einen Handbreiten nach reichliebem und die anderen nach knappem Masse. — Uebrtr. das. 83ᵃ ob. סוחקות ביצים Ms. M. u. Ar. (Agg. שוחקות) Eier von reichlicher Grösse.

Pi. סיחק verlachen. Tosef. B. kam. IX g. E. wenn ein Sklave zu seinem Herrn, der ein Arzt ist, sagt: Heile mein Auge, meinen Zahn! der Herr aber durch ungeschickte Operation das Auge blendet oder den Zahn ausschlägt, סיחק בו ויוצא בן חורין so verlacht er ihn der Sklave (macht sich über ihn lustig) und zieht frei aus (vgl. Ex. 21, 26. 27). Kidd. 24ᵇ steht dafür שיחק.

סְחָר (=bh. Grndw. סח, vgl. סָבַר) eig. ringsherumgehen; übrtr. Handel treiben, mit der Waare herumziehen. Snh. 107ᵃ למה דוד דומה לסוחר כותי ... שגיאות מי יבין אמר ליה שביקי לך מנסתרות נקני שביקי לך גם מזדים חשוך עבדך שביק לך אל ימשלו בי אז איתם וכ' שלא יכתב סרחונו אמר לו אי אפשר וכ' Ms. M. (anders in Agg.) wem ist David zu vergleichen? Einem samaritanischen Handelsmann, der, wenn ihm bereits der verlangte Preis verwilligt wurde, immer mehr, auch noch um andere Dinge bettelt (nach Raschi: der nach und nach den Preis für seine Waare herabdrückt). Zuvörderst bat

er Gott: „Irrthümer, wer merkt diese" (Ps. 19, 13. 14)? Gott erwiderte ihm: Sie sollen dir verziehen sein! Hierauf bat jener: „Befreie mich von den Geheimsünden"! Auch diese sollen dir verziehen sein! „Auch von den muthwilligen Sünden befreie mich." Auch diese sollen dir verziehen sein! „Mögen jene keine Macht über mich ausüben, damit ich schuldlos erscheine", wenn meine Sünde nicht niedergeschrieben wird! Hierauf entgegnete ihm Gott: Das ist unmöglich u. s. w. Aehnlich Levit. r. sct. 5 g. E. Das. wird auch das Betteln des Samaritaners wie folgt geschildert: Er bittet zunächst um einen Zwiebel; giebt man sie ihm, so sagt er: Kann man denn eine Zwiebel ohne Brot essen? Giebt man ihm letzteres, so sagt er: Kann man denn essen ohne zu trinken? vgl. auch חָבַר. Schek. 7, 2 u. ö. סוחרי בהמה Viehhändler. Schabb. 147ᵃ סוחרי כסות Kleiderhändler. — Num. r. sct. 13, 218ᶜ סוחרת crmp. aus סוֹרַחַת, s. סְרַח.

סְחַר *ch.* (=סְחָר, syn. mit חֲזַר, הֲדַר s. d. W.) 1) ringsherumgehen, umringen, umkreisen, s. TW. — 2) übrtr. Handel treiben, hausiren. Genes. r. sct. 52, 51ᵈ (mit Bez. auf Gen. 20, 16) Abimelech sagte zu Abraham: אזלת למצרים וסחרת בה אורח להכא וסחרת בה אם ממון את בעי הא לך ממון וכסי עיניך מינה du gingst nach Egypten und triebst Handel mit der Sara, du kamst hierher und triebst ebenfalls Handel mit ihr; du verlangst also nur Geld, „hier hast du Geld und verdecke deine Augen" (wende deinen Blick ab) von ihr.

סָחַר Rondel, s. סַבַר·

סָחוֹר *m.* eig. Sbst. (=hbr. סָבִיב) Umkreis; gew. jedoch verdoppelt als Adv., s. TW. Schabb. 13ᵃ u. ö. סחור סחור לכרמא וכ' ringsherum, in der Umgebung des Weingartens, s. זֵירָא·

סְחוֹרָה *f.* (=bh. סְחוֹרָה) Handel, Tauschhandel, Waare, eig. das, was von dem Einen zum Andern gebracht wird. Aboth 2, 5 לא כל המרבה בסחורה מחכים Jem., der sehr viel Handel treibt, kann nicht gelehrt werden. B. mez. 35ᵇ כיצד הלה עושה סחורה בפרתו של חברו wie sollte Jem. mit der Kuh eines Andern Handel treiben dürfen? Wenn näml. der Pächter der Kuh, die bei demjenigen, dem er sie geliehen hat, verendete, dafür Zahlung erhalten, während er dem Eigenthümer der Kuh nichts zu zahlen brauchen sollte! j. Kidd. I, 60ᵇ un. dass. Sifre Naso § 23 זיר שומע אני מסחורתו ומרפואתו תלמוד לומר לא ישתה בשתיה הוא אסור ומותר הוא בסחורתו וברפואתו „Des Weines und starken Getränkes soll er sich des Nasir enthalten" (Num. 6, 3). Daraus könnte man schliessen, dass er sich auch des Handelns und Heilens mit Wein enthalten müsse! Daher wird hinzugefügt: „Er darf ihn nicht trinken"; was besagt, dass ihm

nur das Trinken des Weines, nicht aber das
Handeln und Heilen mit demselben verboten
ist. Num. r. sct. 10, 208ᵈ dass. — Ferner
Sechora, *N. pr.* eines Amoräers. Ab. sar. 19ᵃ
רב סחורה R. Sechora. B. mez. 33ᵃ u. ö.

סְחוֹרָא, סְחוֹרְתָּא *chald.* (syr. ‎=סְחוֹרָה)
Handel, Hausirhandel. Thr. r. sv. רבת, 53ᵃ
סחורתא דסנדליא der Handel mit Sandalen. Das.
אין אתינא לגביכון בהדא סהורתא וכ׳ wenn ich
zu euch mit dieser Waare käme u. s. w. —
סְחַרְתָּא *f.* 1) der Umkreis, die Umgebung,
s. TW. — 2) Secharta, Name einer Grenzstadt
Palästinas. Tosef. Schebi. IV mit. סחרתא דיתיר
Secharta von Jattir; vgl. מְחַרְתָּא.

סַחְרָן *masc.* Adj. der Hausirer, der seine
Waare von einem Orte nach dem andern führt;
unterschieden von תגר: Händler, der in seinem
Wohnort die Waare verkauft. — Pl. Erub. 55ᵃ
„Nicht jenseits des Meeres ist die Gotteslehre"
(Dt. 30, 13); לא תמצא בסַחְרָנִים ולא בתגרים
das bedeutet: Sie ist weder bei den Hausirern,
noch bei den Händlern anzutreffen.

סַחְרָנֵי *masc.* pl. das, was umgiebt (hbr.
סָבִיב, סְבִיבוֹת) u. zwar 1) die Nachbarn,
die ringsherum wohnen. 2) die umliegenden, benachbarten Gegenden, die
Umgebungen. — סַחְרָנוּתָא *f.* die Umgebung,
s. TW.

סָט s. סִיט.

סְטָא, סְטָי (syr. ‎, hbr. שָׂטָה, verw. mit
שׁוּט) 1) weichen, abweichen von dem früher betretenen Wege; mit flg. לְ oder לְוַת
sich wohin wenden (wie hbr. אֶל, סוּר). —
2) bildl. im moralischen Sinne, abweichen
vom Tugendwege, abtrünnig, treulos
werden. Schabb. 104ᵇ u. ö., s. flg. Art. —
Af. אַסְטֵי zum Weichen bringen, ablenken,
s. TW.

סוֹטְדָא, סְטְדָא (zusammengesetzt aus דָא-סְטַיָּא,
דָא-סוֹטָי, s. w. u.) Sateda, Soteda, Beiname
der Mutter Jesu, deren eigentlicher Name: Mirjam oder Marjam, Maria war. Tosef. Schabb.
XI (XII) g. E. Jem., der am Sabbat Buchstaben
auf seinen Körper einritzt, tätowirt (vgl. סָרַט),
ist nach Ansicht der R. Elieser strafbar, nach
Ansicht der Chachamim nicht strafbar. אמר
להם ר׳ אליעזר והלא בן סטדא לא למד אלא בכך
אמרו לו מפני שוטה אחד נאבד את כל הפקחין
R. Elieser sagte zu letzteren: Der Sohn Sateda's
(d. h. Jesus) erlernte ja die Zauberei (brachte
sie aus Egypten) nur durch solche Schrift! Worauf sie ihm entgegneten: Sollten wir etwa wegen
des einen Narren alle Vernünftigen verderben?
j. Schabb. XII g. E., 13ᵈ dass., woselbst jedoch
בן סטדא בן פנדירא. Das. הביא כשפים ממצרים
Schabb. 104ᵇ dass. Das. בן סטדא בן פנדירא

הוא אמר רב חסדא בעל סטדא בועל פנדירא בעל
פפוס בן יהודה הוא אלא אמו סטדא אמו מרים
מגדלא [שער] נשיא הואי אלא כדאמרי בפומבדיתא
סטיא דא מבעלה Mss. und ältere Agg. (fehlt in
den späteren Agg.) Sohn Soteda's (nennst du ihn),
er war ja der Sohn Pandera's? (Man hatte
näml. aus Missverständniss unter Sateda den
Vater Jesu verstanden.) R. Chisda antwortete:
Der Mann der Maria hiess Sateda, ihr Buhle
aber Pandera. Der Mann war ja Papos ben
Jehuda! Allein, seine Mutter hiess Sateda. Wie,
seine Mutter war ja Mirjam, Maria, die Flech-
terin der Frauenhaare! Allein (unter Sateda
ist allerdings die Mutter Jesu zu verstehen,
welcher Name jedoch blos ihr Beiname war);
so wie man in Pumbeditha sagte: Diese wurde
abtrünnig (סטיא דא) von ihrem Manne. Snh.
67ᵃ וכן עשו לבן סטדא בלוד ותלאוהו בערב פסח
בן סטדא בן פנדירא הוא וכ׳ Mss. und ältere
Agg. ebenso verfuhr man mit dem Sohne Sateda's in Lydda (dass man Zeugen im Hinter-
halt aufstellte, welche seine Irrlehren behor-
chten) und man hängte ihn am Rüsttage des
Pesach. Wie, war er denn der Sohn Sateda's
u. s. w. wie oben. In letzterer St. steht richtiger: אמו מרים מגדלא שער נשיא, sowie סטת
anst. סטיא. j. Snh. VII, 25ᵈ ob. dass., wo jedoch סוטדא steht. j. Jeb. XVI g. E., 15ᵈ s.
פַּמָן.

סוֹטָה *f.* (eig. Part. von שָׂטָה) die Abtrünnige, Untreue, insbes. ein Weib, das des
Ehebruchs verdächtig ist, die Sota; vgl.
Num. 5, 12 fg. — Sot. 2ᵃ למה נסמכה פרשת נזיר
לפרשת סוטה לומר לך שכל הרואה סוטה בקלקולה
יזיר עצמו מן היין weshalb steht der Bibelabschnitt
des Nasir (Num. 6, 1 fg.) unmittelbar hinter dem
Abschnitt der Sota (Num. 5, 11 fg.)? Um dir
zu sagen, dass jeder, der die Sota in ihrem
Verderben sieht, sich des Weines enthalten soll.
Das. 7, 1 (32ᵃ) פרשת סוטה der Bibelabschnitt
der Sota, d. h. die Ansprache des Priesters an
dieselbe, näml. Num. 5, 19—22. Jeb. 85ᵇ סוטה
ודאי eine Sota, deren Ehebruch erwiesen ist.
Das. מחזיר ספק סוטה Jem., der seine, des Ehebruchs verdächtige Frau (die sich, trotz seiner
Verwarnung, mit einem fremden Manne heimlich
aufgehalten, und mit der er, obgleich der Ehebruch nicht erwiesen ist, die Ehe zweifelshalber
nicht fortsetzen darf) zurücknimmt. — Pl. Sot.
1, 5 (7ᵇ) שם משקין את הסוטות woselbst man den Sotas das Prüfungswasser zu trinken gab. Das. 8ᵃ. 9ᵃ fg.
Jeb. 48ᵃ u. ö. — Davon rührt auch der Name
des Talmudtractats סוטה, Sota her, der zumeist
über die gesetzlichen Bestimmungen der Sota
handelt.

סְטִיתָא *ch.* (=סוֹטָה) die Abtrünnige, die
des Ehebruchs Verdächtige, Sota. —
סְטוּתָא *f.* die Abtrünnigkeit, s. TW.

סָטְיָא _f._ (hbr. שֵׂטִים, שֵׂטִים pl.) Abtrünniges, Abfall von Gott, dass., was hbr. סָרָה, s. TW. — Kidd. 72ᵃ un. בירתא דסטיא איכא בבבל היום סרו מאחרי המקום eine Stadt Satia (der Abtrünnigkeit) giebt es in Babel, deren Einwohner von Gott abgefallen sind.

סְטַטִיוֹנָר _m._ (lat. stationarius) eig. das Stillstehen betreffend; bes. stationarii (στατιο-νάριοι, vgl. Du Cange Glossar. II, 1430) Soldaten, die auf Posten ausgestellt sind, auf der Wache stehende Posten. Genes. r. sct. 26, 25ᶜ in dieser Welt hatten Pharao, Sisera und Sanherib die Obergewalt; אבל לעתיד לבא עושה מלאך המות סטטיונר שלהן aber in der zukünftigen Welt macht Gott den Todesengel zu ihrem wachehabenden Posten. Exod. r. sct. 51, 143ᵇ אמר הקב״ה אם יבא מלאך המות ויאמר לי למה נבראתי אני אומר לו סטטיונר בראתיך על האומות ולא על בני Gott sagte: Wenn der Todesengel zu mir kommen und sagen will: Wozu bin ich erschaffen (da der Tod aufhört)? so werde ich ihm antworten: Zum wachestehenden Posten machte ich dich für die Völker, nicht aber für meine Kinder; vgl. auch אִסְטַטְיוֹן.

סְטַטִירִין _m._ (etwa gr. σταδερός = στερεός) eig. feststehend; übrtr. Starker, Mächtiger, Gott. Cant. r. sv. יפה את, 27ᵈ die Frauen zu Tirna gaben nicht ihr Goldgeschmeide zur Anfertigung des goldenen Kalbes. אמרו מה ליסטטירין הקשה שברו הקב״ה ליטיטירין הרך כמה וכמה על אחת denn sie sagten: Wenn Gott den harten Götzen (d. h. die steinernen Götter Egyptens) zerschlug, um wie viel mehr wird er bei dem weichen (metallenen) Götzen so verfahren! Sachs, Beitr. II, 105 hält unser W. für das gr. στηθάριον: Brustbild; was jedoch nicht einleuchtet.

סְטָיו _m._ (gr. στοά) 1) Säulengang, Gallerie. Schabb. 5ᵇ המוצא מחנות לפלטיא דרך סטיו חייב רבן עזאי פוטר wenn Jem. am Sabbat einen Gegenstand aus dem Kramladen nach der Strasse durch einen Säulengang hindurchträgt, so ist er straffällig; Ben Asai hält ihn nicht für straffällig. Das. 91ᵇ dass. Pes. 13ᵇ u. ö. הר הבית היה כפול סטיו der Tempelberg war eine Doppelgallerie; vgl. auch אִסְטְוָנִית. j. Suc. V Anf., 55ᵇ die Synagoge zu Alexandrien כמין בסילקי גדולה היתה ואסטיו לפנים מסטיו hatte die Form einer grossen Basilika, eine Gallerie innerhalb einer andern. Suc. 51ᵇ dass. Mit vorges. א s. אַסְטְיָו. — 2) Estrich, gepflasterter Fussboden, weil die Säulengänge gew. getäfelten Fussboden hatten, s. TW.

סִיטְיוֹן _m._ eine Verzierung der Thürme u. dgl. Tosef. Kel. B. mez. II; ed. Solkiew סטיין, s. סוּבִּין.

סְטַבְטוֹן _m._ eig. (gr. στακτόν sc. ἔλαιον) ungepresst auslaufendes Oel; jedoch = σταχτή: Stakte, Myrrhenöl, Zimmtöl, vgl. אַסְטַכְטוֹן, אַסְקַטְוֹלִין. Levit. r. sct. 28 g. E., 172ᵈ Mardechai sagte zu Haman, der ihm das Haar verschneiden sollte: לא אנא חכים לך ולאבוך מכפר קרינוס דהוא כפר ובלנאי [והוא עביד סטבטון] ורהדנא זוגא דיליה Ar. (in Agg. fehlen die hier eingeklammerten Worte) kenne ich denn nicht dich, sowie deinen Vater aus dem Dorfe Krinos, welcher ein Haarverschneider und ein Bader war, welcher auch die Stakte zubereitete und das ist seine Scheere?

סְטַבְת _f._ (gr. σταχτή) Stakte, Myrrhenöl. Zimmtöl. Pes. 43ᵃ מאי שמן המור ר׳ הונא אמר סטכת was bedeutet שמן המור (Esth. 2, 12)? R. Huna sagte: Stakte. Meg. 13ᵃ Ms. M. dass. (in Agg. steht dafür ר׳ חייא). M. kat. 9ᵇ und Men. 86ᵃ dass. Im Trg. טכבת crmp. od. trnsp., s. TW.

סְטְלָא _m._ (arab. سَطْل, pers. سَطْل) kleiner Napf mit Einem Henkel. j. Schabb. III, 6ᵃ un. ר׳ יצחק רובא על מיסחי עם רבי אמר ליה מהו ליתן צלוחיתא גו עגלתא אמר ליה תנה גו סטלא Ar. (Agg. נטלא) R. Jizchak, der Aeltere, welcher mit Rabbi baden ging, fragte den letzteren: Darf man am Sabbat eine Schale mit Oel in ein Becken (mit warmem Wasser) stellen, um das Oel lau zu machen? Er antwortete ihm: Setze sie in den Napf und diesen in das Becken.

סָתַם (syr. ܣܛܰܡ, arab. سَطَم, Grndw. טם; s. טום und טמם; = כתם, כתם) versiegeln, durch Siegel verschliessen, s. TW.

סִיטוּמְתָא _f._ Siegel, das, womit man siegelt, Petschaft (ähnl. syr. ܣܛܽܘܡܬܐ claustrum). B. mez. 74ᵃ האי סיטומתא קניא das Siegel vollendet den Kauf. Der Käufer pflegte näml. die angekauften Fässer mit Wein, die er vorläufig bei dem Verkäufer stehen liess, zu siegeln und sie nach und nach in seine Behausung zu schaffen, s. auch TW.

סָמֵן (= bh. שָׂטֵם, Grndw. סט s. כָּסָה) verhindern, ein Hinderniss in den Weg legen.

Hif. anklagen. Pesik. r. sct. 36, 66ᵃ die Feinde des Messias und die Fürsten der Reiche sagten: בעולם ונסטגן על דורו של משיח שלא יברא לעולם אמר להם הקב״ה אין אתם מסטינים על הדור ההוא שהוא חמור ונאה ואני שמח בו וכ׳ kommet, wir wollen die Generation des Messias anklagen, dass sie niemals erschaffen werde. Aber Gott entgegnete ihnen: Wie wollt ihr jene Generation, die so lieblich und schön ist und deren ich mich freue, anklagen?

סְטַן ch. (=שָׂטַן) verhindern. — Af. אַסְטֵין
anklagen, eig. denom. von סָטָנָא, s. d. Jom.
20ᵃ der Zahlenwerth des Ws. השטן beträgt 364;
תלת מאה ושיתין וארבעה יומי אית ליה רשותא
לאסטוני בידמא דכפורא ליה לית ליה רשותא לאסטוני
364 Tage hat der Satan die Erlaubniss, anzuklagen, am Versöhnungstage aber hat er nicht
die Erlaubniss, anzuklagen, s. auch TW.

סִטְנָא, סָטָן m. (hbr. שָׂטָן) Widersacher,
Gegner, z. B. im Kriege, ferner Ankläger
vor Gericht. Der st. emph. סָטָנָא (syr. ܣܵܛܵܢܵܐ,
hbr. הַשָּׂטָן): der Satan, der böse Engel, der
den Menschen zur Sünde verleitet, ihn aber auch
dann anklagt, s. TW. — Tam. 32ᵃ Alexander M.
sagte zu den Weisen des Südens; מה דין אתריסתון
לקבלי אמרו ליה סטנא נצח warum habt ihr
euch gegen mich zum Kriege gerüstet? Sie
antworteten ihm: Der Satan siegte; d. h. er verleitete uns zu dieser Kriegführung; oder: Der
Satan verhalf dir zum Siege über uns, trotzdem
wir dir an Macht überlegen sind.

סִיטוֹן, סיטנא, סיטוֹסִימָה s. d. in סר׳.

סִטְנָה (Anfeindung, Hinderniss) Sitna,
Name eines Brunnens, s. TW.

סִימָן m. (gr. σθένος) Körperkraft, Macht,
Stärke. Tanch. Schoftim, 261ᵇ אלמלא סימנו
שֶׁל יואב לא היה דוד יכול לעשות את הדין וכ׳
wäre nicht die Macht Joab's gewesen, so hätte
David nicht das Recht vollziehen können; mit
Ansp. auf 1 Chr. 18, 14. 15: „David sprach das
Recht; denn Joab befehligte das Heer."

סִימוֹנָא m. (pers. ܣܬܘܢܐ=) Säule,
spitzer Pfahl, s. TW.

סָטִיס f. (אַסְטִיס=, gr. ἰσάτις, isatis tinc-
toria) Waid, eine Farbepflanze zum Blau-
färben. B. kam. 101ᵇ. Meg. 24ᵇ סטיס; Ar.
liest אסטיס.

סְטַף (arab. شَطَفَ syn. mit شَطَبَ, syrisch
ܣܛܦ) spalten. Part. pass. j. Schabb. IX
g. E., 12ᵇ der Vogel der Weingärten (צפורת
כרמים s. d.) dient zur Heilung; שכן אשה מַצְטֵפָה
מושחת ממנה והיא מתרפאה denn eine Frau,
deren Gesicht aufgesprungen (gespalten) ist, bestreicht sich mit dem Fett jenes Vogels, wodurch
sie geheilt wird; davon מוּצְטְסוֹת, s. d. Mögl.
Weise jedoch ist unser W. das arab. شَطَبَ
fliessen; אשה סטיפה würde also bedeuten:
eine Frau, die an Fluss leidet, und מוּסטסות
Feigen, die infolge der Ueberreife den Saft verlieren.

סָטַר (=סְתַר s. d.) niederreissen, zerstören, eig. bedecken, unsichtbar machen.
— Af. אַסְטַר verhüllen, s. TW.

סָטַר schlagen, insbes. mit der Hand aufs
Gesicht schlagen, also eig. (סְתַר, s. vrg.
Art.) Jemds. Wangen bedecken, ohrfeigen.
Vgl. bes. B. kam. 8, 6 (90ᵃ) התוקע לחברו נותן לו
סלע ... סטרא נותן לו מאתים זוז לאחר ידו נותן
לו ארבע מאות זוז wenn Einer den Andern mit
geballter Faust schlägt, so muss er ihm
einen Sela geben; wenn er ihn mit der fla-
chen Hand aufs Gesicht schlägt (was zwar
weniger schmerzlich, aber mehr beschämend ist),
so muss er ihm 200 Sus geben; wenn er ihn mit
der Rückseite der Hand schlägt (was noch
mehr beschämend ist), so muss er ihm 400 Sus
geben, vgl. סְטוֹמָרָא. Sifra Kedoschim Par. 2 cap. 4
19, (17); „Du sollst nicht hassen deinen Bruder" (Lev.
יכול לא תקללנו לא תכנו ולא תסטרנו
תלמוד לומר בלבבך לא אמרתי כי אם בשנאה
שבלב darunter könnte man verstehen: Du sollst
ihm nicht fluchen, du sollst ihn nicht schlagen,
du sollst ihn nicht ohrfeigen; dah. heisst es:
„in deinem Herzen"; was besagt, dass hier blos
der Hass im Herzen gemeint sei. Snh. 58ᵇ
הסוטר לועו של ישראל כאלו סוטר לועו של שכינה
wenn Jem. den Kinnbacken eines Israeliten
schlägt, so ist es als ob er den Kinnbacken der
Gottheit schlüge; mit Ansp. auf ילע קדש (Spr.
20, 25). ילע als ein Denom. von לוֹעַ gedeutet.
Nid. 25ᵇ. 30ᵇ בא מלאך וסטרתו על פיו ein Engel
kommt und schlägt auf seinen (des neugeborenen
Kindes) Mund. Ab. sar. 43ᵃ u. ö.

Piel schlagen. j. Pea I, 15ᶜ ob. פעם
אחת היתה אמו מסטרתו בפני כל בולי שלו einst hat
seine (des Dama) Mutter ihn in Gegenwart seiner
ganzen Rathsversammlung aufs Gesicht geschlagen. j. Kidd. I, 61ᵇ ob. und Deut. r. sct. 1 Anf.
dass. Esth. r. sv. ויאמר ממוכן, 104ᵈ היהד
מסטרתו בקורדקין שלה על פניו לכאן ולכאן
Waschti schlug mit ihrem Schuh den Memuchan
(Haman) auf sein Gesicht dahin und dorthin.
Uebrtr. Exod. r. sct. 15, 115ᵇ סטרן הקלבה מסטר
Gott peitschte das Wasser.

סִטְרָא, סְטַר m. (syr. ܣܛܪܐ) 1) Seite,
latus, sow. lebender, als lebloser Wesen. j. Keth.
XII, 35ᵃ ob. R. Jirmeja verordnete in seinem
Testament: Bekleidet mich mit weissen Kleidern
u. s. w. ויחבוני על סיטרא אין אחי משריחא ואנא
מתחא legt mich auf die Seite, damit ich, wenn
der Messias kommt, bereit dastehe. j. Kil. IX,
32ᵇ ob. dass. j. Ab. sar. IV Anf., 43ᵈ ob. ר׳ יונה
רבע על סיטרייה ר׳ אחא רבע על סיטריה R. Jona
senkte sich (beim Fasten, im Gebethause) auf
seine Seite. R. Acha senkte sich ebenfalls auf
seine Seite. Man darf näml., ausser im Tempel, nicht auf das Gesicht fallen, um nieder-
zuknieen (Lev. 26, 1). j. Snh. VII, 24ᶜ ob. Kahana
fragte vor Rab: חמן את מר זה מושך הילך רזה
מושך הילך וכא את זה מושך אצלו רזה מושך
אצלו אמר לו חמן זה מלפניו רזה מלאחריו ברם
הכאדין מן דין סיטרא ורין מן דין סיטרא dort (Sabim

3, 2) heisst es (eig. sagst du, s. אַתְּ) in der Mischna: Der Eine zieht den Strick dahin und der Andere zieht ihn dorthin, während es hier (beim Erwürgungstode) in der Mischna heisst: Der Eine zieht das Tuch, das man um den Hals des Verbrechers windet, an sich und der Andere zieht es an sich (woher also diese Veränderung im Ausdruck?) Rab antwortete ihm: Dort (in Sabim, wo die zwei Personen in gerader Richtung, die eine hinter der andern stehen) zieht der Eine den Strick seinem Gesichte zu und der Andere seinem Rücken zu; hier hing. steht der Eine an dieser Seite und der Andere an jener Seite des Verbrechers. — 2) Saum, Rand, Seite eines Gegenstandes. j. Bez. I, 60ᵈ ob. סיטרא דמודכתא die Seite des Mörsers, vgl. מודך־ Schabb. 134ᵃ דהסכינוהו לסיטריה אבראי Ar. (Agg. לסיטרא לעילאי) man wende den Saum der Bekleidung (d. h. des Stück Zeuges, das man nach erfolgter Beschneidung an das Glied des Kindes zog, um es vor Luftzug zu schützen) nach aussen zu; damit näml. die Fasern nicht ankleben, die beim Losmachen derselben das Glied verwunden könnten. Nid. 56ᵇ ein Menstruum, דאשכחא בסטרא וכ' das im Saume des Kleides gefunden wurde. — 3) übrtr. was abseits ist. — Pl. Schebu. 42ᵃ A. verlangte von B. die Zahlung einer Wechselschuld; worauf letzterer entgegnete: Diese habe ich dir bereits bezahlt. אמר ליה הנהו סְטְרָאֵי נינהו A. jedoch sagte: Jene Zahlung erfolgte zur Tilgung einer andern Seitenschuld. Keth. 85ᵃ u. ö.

סוֹטְרָא m. Lohn, Sold, eig. was der Arbeit zur Seite ist, ihr folgt; vgl. die Phrase מתן שכרה בצדה eine Tugend, an deren Seite die Belohnung steht, s. TW.

סוֹטֵר (=זוּטֵר) eig. der Kleine, Paulus; insbes. Sutar, N. pr. j. Ber. I, 2ᶜ ob. ר' שמואל בר סוטר R. Samuel bar Sutar.

סְטְרַטִיגוֹס masc. (gr. στρατηγός) Strateg, Feldherr, Schlosshauptmann; gew. mit prosthet. א, s. אַסְטְרָטִיג. Exod. r. sct. 37, 134ᵃ משל לאוהבו של מלך קומיס ורמוסא בקש לעשות סטרטיגוס לאחד והודיעו לו וכ' ein Gleichniss von einem Freunde des Königs, der sein Vertrauter (comes) und sein Kriegsrath (rufus, s. Livius 7, 5) war und dem er, als er Jemdn. zum Schlosshauptmann ernennen wollte, dies zuvor mittheilte, indem er zu ihm sagte: Der zu Ernennende ist dein Bruder! Dasselbe war bei Mose der Fall, dem Gott zum comes ernannt hatte; „Nicht also mein Knecht Mose, in meinem ganzen Hause ist er beglaubigt" (Num. 12, 7), ferner zum Rufus: „Mose sass, um das Volk zu richten" (Ex. 18, 13). Als er nun den Aharon zum Hohenpriester zu ernennen beabsichtigte, sagte er zu Mose: „Nähere dir deinen Bruder Aharon" (Ex. 28, 1).

סָטְרַטִיוֹט masc. (gr. στρατιώτης) Krieger, Soldat, bes. Kriegsoberster; zuw. auch mit prosthet. א, s. אָסְטַרְטִיוֹט. — Pl. Exod. r. sct. 15, 115ᵃ בשר ודם מכתיב לו סְטְרַטִיוֹטִין גבורים בריאים כדי ללבוש קסדה ושריון וכלי זיין והלבשה הכתיב סטרטיוטין שלו שאינן נראין וכ' der menschliche König verzeichnet sich kräftige Helden als Kriegsoberste, die im Stande sind Helm (cassida), Panzer und Waffen zu tragen; Gott hing. verzeichnet unsichtbare Wesen zu seinen Obersten; denn es heisst: „Die Winde macht er zu seinen Engeln" (Ps. 104, 4).

סְטַרְטִיוֹת f. pl. (verk. aus סְטַרְטִיוֹת, s. אָסְטַרְטְיָא) Strassen. Tanchuma Pekude, 127ᵇ das Kind, שהוא מהלך בסטרייות welches auf den Strassen einhergeht u. s. w.

סְטְרְמוֹסִין m. pl. (gr. στρώματα) Teppiche, Polster, Decken u. dgl., um darauf zu liegen. Khl. r. sv. מה יתרון, 78ᵃ ein König, der ein Gastmahl gab, befahl den eingeladenen Gästen: כל אינש ואינש ייט לי מה דירבע ית דאייתי טפטין ואית דאייתי פסתיני ואית דאייתי סטרמוסין וכ' ein Jeder bringe mir etwas mit, worauf er sich bei Tisch lagern könne! Da brachte der Eine Teppiche, der Andere Matratzen, der Dritte Polster u. s. w.

סָטֶרְנַלְיָא ,סָטֶרְנָלְיָיה ,סָטֶרְנֵלָייָא m. pl. (lat. saturnalia) das Saturnfest der Römer. Ab. sar. I, 2 (3) אלו אידיהן של גוים קלנדס וסטרנליא וקרטסיס וכ' j. Tlmd. und Ar. ed. pr. (Mischna Agg. קלנדא וסטרנורא, Ms. M. סטרנוניא) das sind die Feste der Heiden: die Calendae, Saturnalia und κρατίστα (od. τὰ κράτιστα, s. d. W.). Ab. sar. 8ᵃ קלנדא (קלנדס) ח' ימים אחר תקופה סטרנורא (סטרנלייא) ח' ימים לפני תקופה וסימנך אחור וקדם צרתני die Calendae werden acht Tage nach der Winterwende, die Saturnalia acht Tage vor der Winterwende gefeiert; als Merkmal diene dir: „Rückwärts und vorwärts bildetest du mich" (Ps. 139, 5); d. h. die Mischna erwähnt das spätere Fest früher und das frühere Fest später, ähnlich wie in dem citirten Bibelverse zuerst die Rückseite und dann die Vorderseite erwähnt wird. j Ab. sar. I, 39ᶜ mit' dass. Das. סטרנליה שנאה ממונה שונא נוקם ונוטר דכתיב ג' das W. סטרנלייה ist zu deuten: versteckte Feindschaft, Feind, Rächer und Grollender, wie es heisst: „Esau grollte dem Jakob" (Gen. 27, 41). Das. R. Jizchak bar Lasar sagte: ברומי צווחין ליה דעטב' d. h. in Rom nennt man ihn (den Herrscher): Senator; d. h. grollender Feind Esau's, vgl. סַנְטֵרָא. Deut. r. sct. 7, 257ᵉ ein Heide sagte zu R. Jochanan ben Sakkai: Wir haben Feste und ihr habet ebenfalls Feste; אנו יש לנו קלנדא סטרנליא וקרטסיס ואתם יש לכם פסח עצרת וסכות וכ' wir haben die Calendae, Saturnalia und κράτιστα, und ihr habet das Pesach,

das Wochenfest und das Hüttenfest u. s. w. Esth. r. sv. ויאמר המן, 107° Haman sagte: „Die Gesetze des Königs beobachten die Juden nicht" (Esth. 3, 8) שאין משמרים לא קלנדס ולא סטרנליא denn sie feiern weder die Calendae, noch die Saturnalia.

סִיאָה I f. eine Ysopart. Tosef. Schabb. XIV (XV) איזוב והסיאה והקורנית wird in Schabb. 128ᵃ wie folgt erklärt: סיאה צתרי אזוב אברתא unter סיאה ist Saturei, unter אזוב abrotonum, unter קורנית חשי حاشا: Thymian zu verstehen, vgl. חַשָּׁאי und אַבְרָתָא (woselbst jedoch nach hier zu berichtigen ist). Nid. 51ᵃ. Maasr. 3, 9. Maim. in s. Comment. z. St. erklärt unser W. durch das arab. فَنْثُن, פונדנ (?) Schebi. 8, 1 erklärt er es durch סידרג und in Ukz. 2, 2 durch אלפודננ, wahrsch. crmp. j. Dem. I Anf., 21°. Tosef. Schebi. V g. E. j. Schebi. VII Anf., 37ᵃ. j. Schabb. VIII, 11ᵇ mit.

סִיאָה II f. (= סִיעָה s. d.) Versammlung, Gesellschaft. Arach. 18ᵃ ראה סיאה של בני אדם עומדין er sah eine Versammlung von Menschen sehen. Schebu. 35ᵃ steht dafür סיעה.

סִיאָנְקָא m. Adj. (= syanica) von Sijân. Pl. Keth. 67ᵇ דינרי סיאנקי sijanische Münzen; vgl. Fleischer Nachtr. Bd. I, 562ᵇ. Ar. liest סְרִינְקָא. Lagarde, Ges. Abhandl. p. 71 citirt aus Ananias . . .‚ „sing sink sig sik im werthe von 5 κρατίοις."

סִיב I m. (= צִיב s. d.) Faser, Bast, Fäserchen an Bäumen und Früchten. Ukz. 1, 2 הסיב שלו die Faser des Rettigs. Tosef. Ukz. I Anf. wenn Jem. berührt בסיב ובשער die Faser oder die Härchen von Zwiebeln u. dgl. Ohol. 8, 1 אוחז את המגל בסיב man ergreife die Sichel mittelst Bastes (der nicht levitisch unrein wird). Pes. 115ᵇ כרכן בסיב ובלין Jem., der am Pesachfeste die Mazza und das Bitterkraut mit Bast umwickelte und sie verschlang. j. Chag. III, 79ᵃ ob. Sot. 18ᵃ השקה בסיב wenn man der Sota (s. סוֹטָה) das Prüfungswasser mittelst einer Faser zu trinken gab; d. h. man feuchtete die Faser mit dem Wasser, welches sie aussaugte, vgl. Ar. Nach Raschi: Man goss das Wasser mittelst der hohlen Faser in ihren Mund. j. Suc. I, 52ᵇ un. חבלים של סיב Stricke aus Bast. j. Schabb. VII, 10° ob. Suc. 37ᵃ u. ö. — Pl. Genes. r. sct. 41 Anf. „Die Frommen sind der Palme verglichen" (Ps. 92, 13); so wie die Palme nichts Unnützes hat, חריות לסכוך סיבין לחבלים וכ׳ denn die verdorrten Zweige verwendet man zur Bedachung, die Fasern zu Stricken u. dgl.; ebenso besitzen selbst die mittelmässigen Israeliten verschiedene Tugenden.

סִיבָא ch. (= vrg. סִיב) Faser, Bast. Levit. r. sct. 22 Anf. סיבא למעבר חבלא Ar. (Agg. סיבא

crmp.) der Bast dient dazu, um daraus einen Strick zu machen. Khl. r. sv. ויתרון, 82ᵈ שיבא, l. סיבא dass.

סִיב II סָב (syr. ܣܐܒ, hbr. שׂיב) alt, ein Greis sein, werden. j. R. hasch. II, 58ᵇ ob. צלי עלוי וזקד למיסב וכ׳ R. Chija betete für ihn (R. Kahana, der vom Priester Eli abstammte), wodurch jener alt wurde. — Part. (od. Adj.) סִיב 1) alt, ein Greis, s. TW. — 2) Gelehrter. j. Schabb. VI, 8ᵃ un. פוק חמי חד סיב וסמוך עלוי gehe und siehe dich nach einem Gelehrten um (der dies erlaubt) und stütze, verlasse dich auf ihn.

סִיבָא m. (hbr. שׂיב) graues Haupt, dann überh. hohes Alter. — סֵיבְתָא f. (hbr. שֵׂיבָה) graues Haupt, Greisenalter, s. TW.

סֵיבוּ, סִיבוּתָא f. (syr. ...) das graue Haupt, und übrtr. das Greisenalter. Cant. r. sv. מים רבים, 33ᵃ R. Chija sagte zu R. Jochanan: בכי אנא דלא שבקת לסיבוחך כלום ich weine, weil du (durch den Verkauf aller deiner Besitzthümer) für dein Greisenalter nichts zurückbehalten hast. Levit. r. sct. 30 Anf. dass., s. auch TW.

סִיב Pa. (denom. von סָבָא s. d., arab. ساب) beschenken, Geschenk geben. Genes. r. sct. 78, 76° אמר לו שייצת סיבנא לא אשלחך וג׳ Jakob sagte zu dem Engel (der so viele Vorwände vorgebracht hatte, um sich zu entfernen): Vollende deine Reden und beschenke mich mit deinem Segen; „ich entlasse dich nicht eher, als bis du mich gesegnet hast" (Gen. 32, 27). Das. 2 Mal.

סִיבָא fem. (arab. سِيبَة) Geschenk, Gabe. Pl. j. Bic. II, 65ᵈ mit. שלח ליה ר׳ אבהו חדא איגרא ויהב ליה מן סַרְבְּחֵיה בגוה בגין סַרְבָּחָא קום אתהלך לארעא דישראל R. Abahu schickte ihm (dem Simon bar Wa, welcher sehr arm war) einen Brief, in welchen er einige Geschenke hineinlegte; indem er dazu schrieb: Durch diese Geschenke mache dich auf und reise nach Palästina! Diesen Zweck gab er deshalb an, weil er befürchtet hatte, dass Simon die Geschenke sonst zurückweisen würde.

סִיבָא oder סִיאָה m. Adj. (vom arab. شَايِبَة sordes, macula) schmutzig, hässlich. Nid. 20ᵃ לבוש סיבא Ar. (Agg. סיואה, R. Chananel liest סירנא) ein schmutziges (schwarzes) Kleid.

סִיג m. (= bh., von סונ) eig. Abgang, recedanea, dah. Schlacke, unedles Metall. Bech. 51ᵃ „Du sollst das Silber in deine Hand nehmen" u. s. w. (Dt. 14, 25), שלא יביא סיג לעזרה Ar. (Agg. סיגה) das bedeutet, dass man nicht Schlacken in die Tempelhalle bringe. Uebrtr.

Ukz. 1, 2 הסיג של רצפות der Blüthenstaub auf den Kräutern. Tosef. Ukz. I (Teb. jom III) Anf. סיג של אשכול וסיג של רצפות der Blüthenstaub des Traubenkammes und der Blüthenstaub der Kräuter. — Pl. j. B. kam. VI g. E., 5ᶜ חד בר חד נש אפקד גבי חבריה חד שק צרור וארעו אונס אהן אמר סיגין הוה מלא ואהן אמר מטקסין הוה מלא וכ' Jem. gab einem Andern einen zugebundenen Sack in Verwahrung, welcher ihm aber auf unverschuldete Weise abhanden kam. Jener sagte nun: Der Sack war mit Abfällen (von Kleidungsstücken, Lappen oder unedlem Metall) gefüllt; der Andere aber sagte: Er war mit Seidenzeugen gefüllt u. s. w. Trop. Num. r. sct. 14, 223ᵃ (mit Ansp. auf Spr. 14, 14) אתו חלב שהוא מלא סיגים מדרכיו עתיד להשתבע jenes Herz, das mit unedeln Gedanken gefüllt ist, wird, infolge eines bessern Wandels, des Guten satt werden. Deut. r. sct. 3, 253ᵈ die Schrift vergleicht „den Segen der Leibesfrucht" mit dem „der Erdfrüchte" (Dt. 7, 13); מה פרי אדמתך סיגים אף פרי בטנך סיגים so wie unter deinen Erdfrüchten manches Unbrauchbare entsteht, ebenso entsteht auch unter deinen Leibesfrüchten manches Unedle; wie z. B. Ismael von Abraham und Esau von Isaak abstammte. — Sifra Schemini cap. 7 סיגים, richt. סוגים s. d.

Denom. סָגַם zu Schlacken werden. Levit. r. sct. 18, 161ᶜ (mit Ansp. auf תשגשגי, Jes. 17, 11) ביום שנטעתך אתכם לאומה נעשיתם פסולה אפיא (l. סגיסתרון) אתכם סגיסתון Ar. (Agg. שוגישתון; Jalk. zu Jes. l. c. שגישתון) אורחא an dem Tage, an welchem ich euch zur Nation gepflanzt hatte, wurdet ihr Verworfenes; תסגסגי (תשסגי) bedeutet: Eure Gestalt wurde unedel.

סִיגָא ch. (eig.=סִיג) Abgang; insbes. Gestrüpp, Gesträuch. Levit. r. sct. 22 Anf. סיגא למסב גינין Ar. (vgl. jedoch גִּירָיָא) das Gestrüpp dient dazu, um die Gärten damit zu umzäunen.

סְיָג, סְיָג m. (von סוג s. d.) 1) Zaun, eig. was einschliesst; dass., was arab. سِيَاج‎ sow. ein Zaun aus Dornen, als auch aus übereinander gereihten Steinen, sepes, murus. Orl. 1, 1 הנוטע לסייג ולקורדום wenn Jem. Pflanzen einsetzt, um sie zum Zaun oder zu Balken zu verwenden. j. Orl. I Anf., 60ᶜᵈ לסייג מקום הסייג betreffs des Pflanzens zum Anfertigen מוכח עליו eines Zaunes beweist der Ort des Zaunes; d. h. wenn Jem. am äussersten Ende des Weingartens pflanzt, so giebt er hierdurch seine Absicht zu erkennen, dass die Pflanzen ihm zum Zaune dienen sollen. — 2) trop. Umzäunung = Hinzufügung, hinzugefügtes Verbot, um das ursprüngliche Verbot vor Uebertretung zu schützen. j. Nid. I Anf., 49ᵈ die Chachamim sagen weder wie Schammai, noch wie Hillel; לא כשמאי שלא

nicht wie Schammai, welcher זתן סייג לדבריו וכ' für seine Worte keine Umzäunung angab; d. h. zu viel erlaubte. Aboth de R. Nathan I אדם הראשון עשה סייג לדבריו וכ' Adam machte eine Umzäunung zu seinen Worten; indem er näml. als er das göttliche Verbot, die Frucht des Baumes der Erkenntniss nicht zu essen, der Eva mittheilte, noch hinzugefügt hat, man dürfe ihn auch nicht berühren (vgl. Gen. 2, 16 und 3, 3); vgl. jedoch סוג Inr. 2. Das. משה עשה סייג לדבריו וכ' die Gesetzlehre machte eine Umzäunung für ihre Worte; Mose machte eine Umzäunung für seine Worte u. s. w., vgl. מְשׁמֶרֶת. Aboth 1, 1 עשו סיג לתורה machet eine Umzäunung für die Gesetzlehre, s. מָחוּן. Das. 3, 13 סייג לחכמה שתיקה ein Zaun für die Weisheit ist das Schweigen; vgl. auch נֶדֶר, מְסוֹרֶת u. v. a. — Davon denom.

סְיֵג Pi. (=נָדַר s. d.) umzäunen. Part. pass. Khl. r. sv. כאשר יצא, 84ᵇ der Weingarten היה מסוּיָג מכל פנותיו war von allen seinen Seiten umzäunt, vgl. פַּרְנָּא.

סְיָג, סְיָנָא, סְיָנָה chald. (syr. ܣܝܳܓܳܐ=סְיָג) Zaun, Umzäunung. j. Dem. III Anf., 23ᵇ un. אין אתו כל בר נש מיעבד כן דא הוא אזל סייגא דגובֿרא wenn Jedermann so verfahren möchte (sich aus dem Gartenzaun einen Span als Zahnstocher zu holen, vgl. חֵצָי.., חָצָי), so würde dieses Mannes (mein) Zaun vernichtet werden, vgl. אֲזַל. — Pl. j. Ab. sar. V, 44ᵈ un. זמנין דו חמי סייגין כוביֿן זדוא סבר דינון כו נש ומהביֿא manchmal sieht der Nichtjude Zäune aus Dornen, die er für Menschen hält, wovor er sich ängstigt. — Trop. j. Snh. X Anf., 27ᶜ וסריגא סייגא ותרעין תריעא וכ' wird man etwa einen Zaun (umzäunten Platz) noch mehr umzäunen und einen Mauerriss noch mehr erweitern? Dort mit Bez. auf einige Bibelstellen, welche besagen, dass Gott den Frommen beschütze und den Frevler verstosse (z. B. Spr. 3, 34. 35. 13, 6. 21 u. m.); wie sollte dies mit der Gerechtigkeit Gottes zu vereinbaren sein? Worauf das. geantwortet wird: וכיני סייגין סייגה ותרעין תריעה אלא כיני וכ' allerdings verhält es sich so, dass man den Zaun umzäunt und den Riss erweitert; was jedoch folgendermassen aufzufassen ist: Nimmt sich der Mensch ein-, zwei- auch dreimal vor Sünden in Acht, so beschützt ihn Gott, dass er weiterhin die Sünde nicht mehr begehe (mit Ansp. auf Hi. 33, 29); der Frevler hing., der des göttlichen Schutzes entbehrt, verfällt von selbst in Sünden. j. Pea I, 16ᵇ un. dass., wo jedoch der Nachsatz fehlt. j. Kidd. I g. E., 61ᵈ und j. Schebu. I g. E., 33ᶜ dass. Jalk. II, 133ᵃ steht dafür סגיי סוגיא ותרעי תרעא dass.; ähnlich bab. Schabb. 104ᵃ, vgl. סְיַע. Die Comment. haben unsere St. missverstanden, vgl. TW. hv. — Davon denom.

סַיֵּג Pa. (=סִיֵּג) umzäunen, s. TW.

סִיוּגָא m. N. a. das Umzäunen, die Umzäunung, s. TW.

סוּד סִיד, סָד perf. (=bh. שׂוּד, שׂוֹר, arab. شَاد) mit Kalk oder Gyps überziehen, übertünchen, bestreichen. Grndw. סד: ausbreiten, vgl. סָדָה, סָדְיָא u. a. — Sot. 7, 5 (32ᵃ) nachdem die Leviten die Segnungen und die Flüche auf den Bergen Garizim und Ebal ausgesprochen hatten, הביאו את האבנים ובנו את המזבח וסדוהו בסיד וכתבו עליו את כל דברי תורה בשבעים לשון שנאמר באר היטב ונטלו את האבנים ובאו ולנו במקומן brachten sie die Steine (Dt. 27, 2 fg.), aus welchen sie den Altar bauten, den sie mit Kalk überzogen und auf den sie die ganze Gesetzlehre in den 70 Sprachen aufschrieben; denn es heisst: „deutlich erklärt". Sodann nahmen sie die Steine (des Altars, den sie, nachdem die Opfer darauf dargebracht worden, auseinander genommen hatten), gingen und übernachteten in ihrer Lagerstatt (in Gilgal, woselbst die Steine aufgerichtet wurden). Das. 35ᵇ R. Juda sagte: ... על גבי אבנים כתבוה ואחר כך סדו אותן בסיד auf die Steine schrieb man die Gesetzlehre, denn es heisst: „Du sollst auf die Steine schreiben" und hierauf überzog man sie mit Kalk; vgl. jedoch נוֹמְרִין nr. 2, s. auch Piel. Das. 36ᵃ. Schabb. 78ᵇ, s. die nächstflg. Artikel.

Pi. סִיֵּד (=Kal) mit Kalk bestreichen, überziehen. Tosef. Sot. VIII mit. R. Simon sagte: על הסיד כתובה (כתובה l.) כיצד כיירודהו וסיירודהו בסיד וכתבו עליו את כל דברי התורה וכ' auf den Kalk (d. h. auf den mit Kalk überzogenen Altar) schrieb man die Gesetzlehre. Auf welche Weise geschah es? Man täfelte ihn (den Altar), übertünchte ihn mit Kalk und schrieb darauf die ganze Gesetzlehre; vgl. das. 35ᵇ. Thr. r. sv. כלה, 68ᵃ ein Gleichniss von einem Könige, (l. וסיירה) שעשה בית חופה לבנו וסיירה וכיירה וציירה für seinen Sohn anfertigte, das er mit Kalk bestrich, täfelte, bemalte u. s. w. Genes. r. sct 28, 27ᶜ dass. Ab. sar. 47ᵇ נוטל מה שסייד וכייר ומורתח wenn Jem. einen Stein einem Götzen zu Ehren übertüncht und getäfelt hat, so nimmt man das, was jener übertüncht und getäfelt hat, ab, sodann darf man den Stein anderweit verwenden.

סִיד m. (=bh. שׂיד) 1) Kalk, Gyps. Sifra Tasria, Neg. cap. 2 בהרת עזה כשלג שניה לה כסיד ההיכל der „weisse Fleck" (eine Art Hautausschlag) ist weiss wie Schnee, der ihm zunächst stehende Fleck ist wie der Kalk des Tempels; so nach Ansicht des R. Meïr. R. Ismael sagte: הפתוך שבסיד כדם המזוג בחלב die Mischfarbe des Kalks ist wie Blut mit Milch gemischt. R.

Akiba sagte: של שלג עזה ושל סיד דיהא הימנה die Farbe des Schnees ist stark (sehr weiss), aber die des Kalks ist dunkler als die erstere. Neg. 1, 1 u. ö. Bez. 34ᵃ, s. שָׁפַל Anf. B. bath. 3ᵇ הן וסידן sie (die Steine) sammt ihrem Kalk, ihrer Uebertünchung. — 2) eine Art Schminke, deren sich die Frauen oft bedienten, theils um eine röthliche Farbe zu erhalten, theils auch, um das sie verunstaltende Haar am Körper zu verlieren. Die Zubereitung dieser Schminke soll, nach Ar., auf folgende Weise stattgefunden haben: Man hängte ein Behältniss mit Hefe in einem bleiernen Krug auf, wodurch die Masse weiss wurde und welche ירלוסא (ital. gersa) heisst. Den Bodensatz hiervon vermischte man mit Salz und liess ihn, ohne Beisatz von Wasser, längere Zeit vor dem Feuer stehen, wodurch er roth wurde und den Namen מיליאר (minium, Mennig, eig. rothe Bleiasche) erhielt. — Schabb. 78ᵇ סיד כדי לסוד קטנה שבבנות soviel man braucht, um ein sehr kleines Mädchen zu schminken. Das. 80ᵇ ob. in der Borajtha סיד כדי לסוד אצבע קטנה שבבנות Schminke so viel, als man braucht, um den Finger eines sehr kleinen Mädchens zu bestreichen, damit er roth werde. Das. בנות עניים טופלות אותן בסיד die Töchter armer Leute schminken sich mit Schminke; vgl. טָפַל, s. auch כִּלְכּוּל.

סִידָא ch. (=סיד) Kalk, Gyps, s. TW.

סִיוּד m. N. a. das Bestreichen mit Kalk. B. bath. 53ᵇ סד בהן סיור אחד או כיור אחד wenn er in den Schlössern einen Kalkanstrich oder eine Täfelei vorgenommen hat u. s. w., s. כִּיּוּר.

סַיָּיד m. Adj. (syr. ܣܰܝܳܕܐ) der Kalkanstreicher. Khl. r. sv. בכל עת, 91ᵇ הלך הסייד יוצר da ging der Kalkanstreicher zu seinem Kalk, der Töpfer zu seinem Lehm, der Schmied an seine Schmiede u. s. w.; לטוטר ונפח לפחמו וכ' d. h. jeder ging seiner alltäglichen Beschäftigung nach, vgl. שָׁפַל. — Pl. Schabb. 80ᵇ כף של סיידין die Kelle der Kalkanstreicher. Das. 66ᵃ סנדל של סיירין die Sandale der Kalkanstreicher (oder: Kalkhändler), die gew. aus Holz war, weil der Kalk das Leder verbrennt. Tosef. Kel. B. bath. IV dass.

סִידְקִי s. in סד.

סִיוָאָה Nid. 20ᵃ, s. סַיְיבָא.

סִיוָן m. (=bh.) Siwan, der dritte Monat der Hebräer, ungef. Juni. Stw. סִיו=זִיו, eig. der Monat des Sonnenglanzes. Schabb. 87ᵇ ריש ירחא דסיון חד בשבת der Neumond des Siwan (nach dem Auszuge aus Egypten) traf auf einen Sonntag. Nach einer andern Ansicht das. ריש ירחא דסיון שבתא traf jener Neumond des Siwan auf einen Sabbat. Das. 88ᵃ fg.

סִיחַ sprechen, s. סוּחַ. Davon

סִיחָה *fem.* (=bh. שִׂיחָה) Gespräch, Rede. B. bath. 78ᵇ סיחה נאה schönes Gespräch, sanftes Zureden. Kidd. 71ᵇ ob. כל שסיחתו בבבל jedem, der die in Babel übliche Sprache führt, darf man eine Frau zur Gattin geben; d. h. er wird als legitim angesehen, da die Illegitimen in Babel gekennzeichnet waren, vgl. בָּבֶל und עִיסָה. Snh. 94ᵃ סנחריב שסיחתו רִיב er hiess Sanherib, weil sein Gespräch aus Zank bestand, vgl. auch נָחַר. — Pl. j. Git. IX g. E., 50ᵈ er hörte סיחות בני אדם מסיחין die Gespräche der Menschen, welche sagten u. s. w. Das. ö.

סִיחַ, סַיָּח *m.* Füllen vom Esel. Stw. סוח viell. brüllen, vgl. סוּחַ Kal g. E. B. bath. 78ᵇ in der Mischna המוכר את החמור מכר את הסיח wenn Jem. einen Esel verkauft, so hat er das Füllen mitverkauft. Gem. das. אמאי קרי ליה סיח שמהלך אחר סיחה נאה weshalb nennt man das Füllen: סיח? Weil es dem sanften Zureden folgt; der alte Esel bedarf näml. der Peitsche zum Antreiben; ein agad. Etymon. R. hasch. 3ᵃ הוא סיחון הוא ערד הוא כנען סיחון שדומה לסיח במדבר כנען על שם מלכותו ומה שמו ערד שמו „Sichon" (Dt. 1, 4), „Arad" und „Kanaan" (Num. 21, 1) sind die Namen einer und derselben Person; er hiess Sichon, weil er (an Schnellfüssigkeit) dem Füllen in der Wüste glich, ferner Kanaan nach seinem Reiche, sein eigentlicher Name jedoch war Arad. (Vgl. jedoch Num. 21, 1 mit. das. V. 21 fg., wonach כנעני mit סיחון unmöglich identisch sein könne; vgl. ferner Tosaf. z. St.: ערד bezeichnet nach dem einfachen Schriftsinn das Land oder den Wohnort jenes Königs.) Raschi z. St. erklärt סיחון durch עִיר בֶּן סוס: Pferdefüllen. — Pl. j. Taan. II, 65ᵇ mit. die Einwohner Nineves machten eine trügerische Busse, העמידו סייחים מבפנים ואמותיהן מבחוץ סיה והדוו אילין גירי מן הכא ואילין גירי מן הכא וכ׳ sie stellten die Füllen innerhalb der Stallungen und ihre Mütter ausserhalb derselben; infolge dessen die Einen von hier und die Anderen von dort brüllten. Jene sagten nun: Wenn sich Gott nicht unser erbarmt, so erbarmen wir uns dieser Thiere; vgl. Taan. 16ᵃ. j. Kidd. IV, 65ᵈ un. עגלים וסייחין Kälber und Füllen. j. B. mez. II, 8ᵉ un. (mit Bez. auf die Mischna das.: Wenn Jem. Thiere gefunden hat, die nichts arbeiten, so verkaufe man sie u. s. w.) שלא יאכל (ויאכל) l. das עגל לעגלים וסיח לסייחין ותרנגול לתרנגולין bedeutet, dass man sich ein Kalb den Kälbern, ein Füllen den Füllen, oder einen Hahn den Hähnen zu essen gebe; d. h. den Werth eines der gefundenen Thiere zur Fütterung des andern verwende. Levit. r. sct. 20, 163ᵈ u. ö. הרבה סייחים מתו ונעשו עורותיהן שטיחין על גבי אמותיהן viele Füllen starben, deren Felle ihren Müttern

als Decken dienen; bildl. für Eltern, die ihre Kinder überleben. — Trop. Pesik. Echa, 122ᵇ fg. סיח של זהב ein goldnes Füllen. Das. כפה סיח את המנורה das Füllen stiess den Leuchter um, vgl. כָּפָה, כְּפִר. j. Jom. I, 38ᶜ un. u. ö. dass.

סִיחָה *f.* weibliches Füllen. Esth. r. sv. משל לאדם שהיתה לו סיחה, 106ᶜ אחד הדברים ein Gleichniss von Jemdm., רחמורה וחזירה וכ׳ der ein Füllen, eine Eselin und eine Sau hatte u. s. w., s. חֲזִירָה (woselbst Füllen anst. Stute zu lesen ist; vgl. jedoch סַיָּה nach Ansicht Raschis: Pferdefüllen).

סְיָיחָא *m.* der Schwimmer. Jom. 77ᵇ, s. סָנוּחִי.

סִיחוֹן (bh.) Sichon, N. pr. des Emoriterkönigs. R. hasch. 3ᵃ, s. סִיחַ. Chull. 60ᵇ u. ö. עמון ומואב טיהרו בסיחון Ammon und Moab wurden rein durch Sichon; d. h. Israel durfte die Länder jener beiden Völker durch Krieg nicht erobern (Dt. 2, 9. 19). Da sie aber bereits von Sichon erobert waren (vgl. Num. 21, 26 und Jos. 13, 27), so wurde nun den Israeliten gestattet, diese Länder dem Sichon zu entreissen.

סִיט *m.* (syr. ܣܺܝܛܳܐ, wahrsch. arab. سَوْط) Sit, ein Längenmass, soviel die Entfernung zwischen dem Daumen und dem Zeigefinger beträgt. Kallir in s. Rituale zu Sabbat Schekalim giebt das Mass desselben wie folgt an: רהזרת מוחתת על שתים וארבע אצבעות הטפח וסיט „die Ausdehnung einer Spanne ist gleich zwei Sit, und vier Fingerbreiten (d. h. Daumenbreiten; vgl. Bech. 39ᵇ und Men. 41ᵇ) gleichen einer Handbreite und einem Sit." Ar. schwankt zwischen der LA. סיט und סט. — Orl. 3, 2. 3 wenn Jem. färbt oder webt מלא הסיט ein Stück Zeug von der Grösse eines Sit. Maim. in s. Comment. z. St. erklärt סיט durch ⅙ der Spanne (wahrsch. סיט, כפוף, s. w. u.); fügt aber hinzu, er hätte zwar verschiedene Massangaben für סיט gefunden, habe aber die hier erwähnte deshalb vorgezogen, weil sie von einem sehr alten Commentator herrühre. Schabb. 105ᵇ כמלא רוחב הסיט כפול wie die Weite eines Doppelsit. Vgl. Gem. das. 106ᵃ ר' יוסף: מחוי מחוי כפוף ר' חייא בר כפוף Ar. sv. כף 7 (Agg. פשוט אמר מחוי פשוט anst. כפוף; die LA. Ar.'s ist vorzuziehen, da auch sonst כפוף den Ggs. von פשוט bildet) R. Josef zeigte ein krummgebogenes Sit (d. h. die kleine Entfernung von der Daumenspitze bis zu dem gegenüberliegenden Theil des Zeigefingers); R. Chija bar Ami zeigte das geradgestreckte Sit (d. h. die grössere Entfernung zwischen den beiden Fingerspitzen). Nach einer Erkl. Ar.'s bedeutet סיט כפוף: das Mass von der Wurzel des Daumens an bis zur Spitze des ihm anlie-

40

genden Zeigefingers. Tosef. Schabb. VIII (IX)
Anf. j. Schabb. VII, 10ᵇ un. j. Ab. sar. V, 45ᵇ
mit. Num. r. sct. 18, 236° הדר פרצוף שברא הקב״ה ...
בבני אדם מלא הסיט יש בו כמה מעינות ...
רמה מלא הסיט יש בו כמה מעינות הים הגרול
וכמה כמה אחת עַל siehe da, das Gesicht (πρόσωπον), das Gott dem Menschen erschuf und
dessen Fläche blos das Mass eines Sit beträgt,
enthält in einigen Quellen verschiedene Flüssigkeiten, näml. das salzige Augenwasser, die fette
Ohrenflüssigkeit, die überliechende Flüssigkeit
der Nase und die süsse Flüssigkeit des Mundes,
die nicht miteinander vermischt werden. Wenn
also die Fläche eines Sit (d. h. das Gesicht) so
verschiedene Quellen hat, um wie viel mehr das
grosse Weltmeer! — Zuckerm.: Das jüd. Masssystem p. 23. 24 hält das סיט, mit Hinweis auf
Heron's Einleit. zur Messkunst, für identisch mit
dem gr. δίχας = ²/₃ Spanne; was jedoch blos auf
eine Art des סיט ziemlich passt.

סִיוּמָא m. N. a. (von סוט) die Erschütterung, das Rütteln. Jom. 22ᵇ un. ר׳ חזא
אחזיאו ליה R. (Agg. נחמן סיוטא בחלמיה
Nachman sah eine Erschütterung (nach Raschi:
beängstigende Engel) in seinem Traume, näml.
zur Strafe dafür, dass er die Manen des Königs
Saul beleidigt hatte. Das. 2 Mal. B. kam. 37ᵇ
ein Ochs, der dreimal, jedesmal nach dem Hören
eines Posaunenschalls gestossen hat, wird als ein
stössiger (Muad, s. מועד) behandelt. מדהו פשיטא
דתהיא האי שופר קמא סיוטא בעלמא הוא דנקטיה
קא משמע לן selbstverständlich! (wozu hätte Raba
nöthig, diese Halacha zu lehren?) Man könnte
denken, dass das Stossen nach dem Vernehmen
des ersten Posaunenschalls, blos dadurch erfolgte, weil den Ochsen eine Erschütterung überfallen hätte (was also noch nicht für seine Sucht
zu stossen beweise); daher lasst uns der Autor
diese Halacha hören. — R. Nissim zu Ned. 41ᵃ
citirt aus B. kam. l. c. סטמא הוא דנקטיה (wahrsch.
crmp. aus סיוטא) eine Raserei überfiel ihn.
Davon erklärt er auch das W. אסתרויט: das Thier
wurde rasend, vgl. jedoch סוט.

סִיָּמָא m. (von סוט=צוט) eig. das Schwebende, bes. Name eines Vogels (hbr. עַיט) s.
TW., vgl. auch בְּיָיסָא.

סִיָּטָן masc. Adj. (von סוט) Jem., der an
Allem etwas auszusetzen hat, daran rüttelt; viell. jedoch von (סוט=סְטָא) Jem., der
vom graden Wege abirrt. j. Nas. VII,
56ᵇ mit. משום דהוא סייטן LA. mehrerer Commentt. (vgl. Korban haëda z. St.; Agg. סייטן
crmp., viell. zu lesen, gleich der Parall., טייסן
s. d. W.) weil er an Allem etwas auszusetzen
hatte.

סִיטוֹן m. (gr. σιτώνης) eig. Getreidekäufer;
übrtr. Grosshändler, Verkäufer von Ess-
waaren und Getränken, Ggs. חנוני: Klein-

krämer. B. bath. 88ᵃ הסיטון מקנח מדותיו אחד
לשלשים יום וכ' der Grosshändler muss seine
Masse zu flüssigen Dingen in je 30 Tagen ein
Mal reinigen; weil bei dem öfteren Messen sich
viel von den Getränken daran reibt; der
Privatmann hing. braucht sie blos ein Mal im
Jahre zu reinigen. B. mez. 48ᵃ. 56ᵃ לא התירו
למכר דמאי אלא לסיטון בלבד Demai zu verkaufen, gestattete man blos dem Grosshändler;
weil näml. derjenige, der das Getreide vom
letzteren kauft, voraussetzt, dass derselbe
von Vielen, auch von solchen, die nicht den
Zehnten entrichten, einkaufe und daher das Getreide verzehnten würde. Tosef. Dem. III und
j. Dem. II, 23ᵃ ob. dass. — Pl. Dem. 2, 4
הסיטונות ומוכרי תבואה die Grosshändler und
diejenigen, die das Getreide im Einzelnen verkaufen. Kel. 2, 1 שלשלת של סיטונות die Kette
der Grosshändler, mit deren einem Ende die
Masse befestigt wurden und deren anderes Ende
an die Ladenthür und Fenster angebracht wurde,
damit die ersteren nicht gestohlen werden. Nach
Maim. diente die Kette zum Verschliessen des
Ladens. Tosef. Kel. B. mez. II Anf. dass. —
Midr. Tillim zu Ps. 23 הסיטון crmp., s.
אַמְּרִינְטוֹן.

סִיטְנָא Tosef. Kel. B. mez. II mit. כסיטנא של
מחבות ed. Zuckerm. crmp. (l.=ed. Solkiew כסוי
:סכי der Deckel eines Korbes). Tosef. Jom
tob I g. E. סיטני crmp. aus טיסני s. d.

סִיטוֹסִיָּמָה f. (gr. σιτισμός) Nahrung, reichliche Beköstigung. Jelamdenu zu Gen. cap.
37 (citirt vom Ar.) אמר דוד אפילו יהו לי פטומות
וסיטוסימה בחוץ לארץ ולא יהא לי סיפוף של
חרובין בחרתי בחרתי הסתוופא בבית אלהי David sagte:
Selbst wenn ich gemästete Vögel und reichliche
Beköstigung ausserhalb Palästinas, in Palästina
aber nicht einmal spärliche Nahrung von Johannisbroten (od.: einen Korb mit Johannisbroten)
hätte, so „würde ich wählen, an der Schwelle
meines Gotteshauses zu weilen" (Ps. 84, 11).

סִיבְתָּא, סִיבָא s. סְבָא. — סיכוא, סיכא, Levit.
r. sct. 22 Anf., s. סִיבָא.

סִיכָה f. N. a. (von סוּך) das Salben, Bestreichen des Körpers mit wohlriechendem Oel. Jom. 8, 1 (73ᵇ fg.). Das. 76ᵇ סיכה
מנא לן דאיקרי עינוי דכתיב ... וסוך לא סכתי
woher ist erwiesen, dass die Unterlassung des
Salbens: Kasteiung genannt wird (weshalb das
Salben am Versöhnungsfeste verboten sei)? Da
es (Dan. 10, 3) heisst: „Ich salbe mich nicht",
näml. infolge der Trauer um die Zerstörung
Jerusalems, vgl. ענוי. Schabb. 86ᵃ מנין לסיכה
שהיא כשתיה ביום הכפורים דכתיב ותבא כמים בקרבו וג'
woher ist erwiesen, dass das Salben dem Trinken
gleichzustellen sei, weshalb es am Versöhnungsfeste verboten sei? Da es heisst (Ps. 109, 18):

„Es komme wie Wasser in seinen Leib und wie Oel in sein Gebein." Edij. 4, 6 Oel, כדי סיכה אבר קטן soviel als zum Salben eines kleinen Gliedes nöthig ist. j. Ter. V, 43ᵈ ob. למשׁחה לסיכה das W. למשׁחה (Num. 18, 8) bedeutet: „zum Salben." j. Bic. II Anf., 64ᵈ u. ö. dass., s. משׁח. — Pl. Tosef. Schabb. IV Anf., כל סכין מיני סיכות וכ׳ man darf am Sabbat alle Arten des Salbens vornehmen.

סִיכְנִין, סִכְנִין Sichnin, Name eines Ortes. j. Ber. IV, 7ᵇ un. יהושׁע דסיכנין ר׳ R. Josua aus Sichnin, Schüler des R. Lewi. j. Jom. IV Anf., 41ᵇ u. ö. Pesik. Beschallach, 85ᵃ u. ö. סכנין.

סִיכְרָא s. in סכ׳.

סִילֵי oder סִילְיֵי m. (gr. σκίλλη, scilla oder squilla) Krebs. j. Schek. VI, 50ᵃ ob. בקרני סילי wie die Taster (Fühler) des Krebses. Genes. r. sct. 51 Anf., סיליי כיליי, s. כיליי פילי.

סִילְבָּא Silka, Name eines damals bekannten, sehr reichen Mannes. Levit. r. sct. 5, 149ᶜ הוה תמן חד בר נשׁ מן בנוי דסילכא dort, in Tiberias, lebte ein Mann von den Nachkommen des Silka.

סִילְיוֹן, סִילוֹן s. d. in סל׳.

סִילוֹן I m. (neugr. σελλίον, σελίον=נִסְלָא, סֵלָא s. d., vgl. Du Cange Gloss. II, 1349) Sessel, Stuhl. Levit. r. sct. 25, 168ᵈ Hadrian sagte: קלווזאניך אנא תתנון סילוֹן דדהבא ויתיב ליה וכ׳ ich befehle, dass ihr einen goldenen Sessel hinstellt, worauf jener Greis, der die Feigen gebracht hat, sich setzen soll; vgl. מַרְבָּלָא.

סִילוֹן II m. (arab. سَيَل von سَال) eig. rinnend, s. nr. 2; übrtr. 1) Rinne, Kanal. Kil. 7, 1 הבריכה בדלעת או בסילון wenn Jem. ein Reis in einen Kürbiss oder in eine Rinne gepflanzt hat. j. Kil. VII Anf., 30ᵈ סילון שׁל חרס ... ein irdener Kanal, ein bleierner Kanal. j. Bic. I Anf., 63ᵈ ob. סילון שׁל צונן ein Kanal mit kaltem Wasser. j. Ab. sar. VI (VII) u. ö. Tosef. Machsch. II Anf. שׁנתנה סדין על גבי סילון להטן בה wenn Jem. eine Hülle über eine Rinne legte, um darin seinen Weizen anzufeuchten. — Pl. Tosef. Erub. IX (VI) g. E. סילוֹנוֹת שׁבעיירות מחזיקין סאתים אף על פי שׁנקובין שׁופכין לתוכן מים בשׁבת der Grossstädte, welche zwei Seah fassen, darf man, selbst wenn sie durchlöchert sind, am Sabbat Wasser giessen. j. Erub. VIII g. E., 25ᵇ dass., wo jedoch מחזיקין סאתים nicht steht. — 2) Wasserstrahl, sowie andere Flüssigkeiten, die sich aus einem Körper ergiessen; vgl. צינור, צינורא, welche Wörter ebenf. diese beiden Bedeutungen haben. Bech. 44ᵇ u. ö. סילון החוזר der zurückgetretene Urin, vgl. יַרְקוֹן. Genes. r. sct. 32, 31ᵃ הם קלקלו סילונות שׁלהם אף המקום שׁינה להם סדורו שׁל עולם sie (die

Zeitgenossen der Sündfluth) verderbten ihre Samenergüsse (Snh. 108ᵇ, vgl. קִלְקֵל), deshalb veränderte Gott ihnen die Ordnung der Welt. Mögl. Weise bedeutet hier סילוֹן: das männliche Glied, vgl. גובתא Rohr und die Vene des männlichen Gliedes. — 3) übrtr. Feuerstrahl. Num. r. sct. 14, 228ᵃ „Mose hörte die Stimmen" (Num. 7, 80); מגיד הכתוב שׁהיה נכנס משׁה ועומד באהל וקול יורד מן השׁמים כמין סילון שׁל אשׁ לבין שׁני הכרובים והוא שׁומע את הקול מדבר אליו מבפנים diese Schriftstelle besagt, dass, nachdem Mose in das Zelt getreten und dort verweilt hatte, eine Stimme vom Himmel in Form eines Feuerstrahls zwischen die zwei Cherubim herabkam; auf diese Weise hörte Mose die Stimme, die vom Innern des Zeltes aus, mit ihm redete. Das. sct. 14 Ende steht dafür: מגיד הכתוב שׁהיה יוצא הקול מפי הקב״ה כמין סילון לתוך אזנו שׁל משׁה וכ׳ diese Schriftstelle besagt, dass die Stimme aus dem Munde Gottes wie ein Strahl in das Ohr des Mose drang.

סִילוֹנָה ch. eig. (=סילוֹן) Rinne, Kanal; übrtr. hohles Rohr; oder: eine längliche, kanalförmig gebogene Tasche. j. Schabb. VI, 8ᵇ ob. מהו מיחתנותה בהֹהן סילוֹנה darf man das Amulet in ein hohles Rohr (od. längliche Tasche) legen und damit am Sabbat ausgehen?

סִילָנִי Silani, Name eines sehr reichen Mannes. j. Hor. III, 48ᵃ un. הוה תמן חד מן אילין דבר סילָני dort (in Tiberias) lebte eines der Familienglieder des Bar Silani.

סִילִיקְרָאוֹת f. (=סִירִיקִית mit Wechsel der liquidae=gr. σηρική sc. τέχνη) Seidenspinnerei, die Kunst der Seidenstickerei. Pesik. r. sct. 25 g. E., 50ᵃ משׁל למלך שׁהלך (מקוטעות) ראה אותו רבו ואמר לו לך למד את בנך אומנות אחרת שׁכל אומנות הזו איכה מתּנקשׁת אלא באצבעות ובאת ללמוד סילִיקְרָאוֹת כך וכ׳ ein Gleichniss eines Königes, der da ging, um seinen Sohn in der Seidenspinnerei unterrichten zu lassen, dessen Finger aber abgehackt waren, um den Meister ihn genau betrachtet, sagte er zu dem Vater desselben: Gehe und lasse deinen Sohn eine andere Kunst lehren, denn diese Kunst (der Seidenspinnerei) kann blos durch Fingerfertigkeit erlangt werden; und du willst diesen da in der Seidenspinnerei unterrichten lassen! Ebenso sagte Gott zu den Engeln, welche die Gesetzgebung verlangt hatten u. s. w., vgl. סְדְקָארִים. In der Parall. Jalk. II, 92ᵇ steht dafür: הלך אבי ללמוד סרקי ... את מבקשׁ שׁילמוד סרקי וכ׳ sein Vater ging, um seinen Sohn in der Kunst der Seidenspinnerei (σηρική sc. τέχνη) unterrichten zu lassen; du verlangst, dass er die Seidenspinnerei erlerne u. s. w. Demnach ist anst. סרקארים zu lesen סריקארים, eine

Nebenform des gr. σηριχοδιαστής: Seiden-
Spinner, Stricker.

סִים Pi. סַיֵּם, Pa. סַיֵּם s. סוּם.

סִים m. N. a. (von סַיֵּם nr. 2) das Schliessen, der Schluss. Tanch. Haasinu, 277[b]
הלֹא רחוקה מן השם למה שהיא סיום חתימתהו
של משה ... כאדם שמסיים ספרו וחותם את שמו
בסיום ספרו das He steht entfernt vom Gottesnamen (Dt. 32, 5, vgl. הֹא), weil dieser Buchstabe den Schluss des Namens משה bildet (der
Zahlenwerth der Anfangsbuchst. von das. V. 1—
V. 5 beträgt näml. = dem W. משה: 345); wie
Jem., der, wenn er sein Buch beendet hat, seinen Namen am Schluss seines Buches zeichnet.

סִיוּמָא ch. (=סִיוּם) das Beendigen, der
Schluss. B. bath. 22[a] R. Papa und R. Huna fragten den R. Ada: wie erklärte Raba jene Halacha in
Bechoroth? דלֹא הוו בסיומא denn sie waren bei
dem Schluss des Vortrages, den Raba erklärt hatte,
und in welchem er jene Halacha erklärt hatte,
nicht anwesend; vgl. Raschi. Nach einer andern
Erklärung bedeutet סִיוּמָא (von סַיֵּם nr. 2): die
Auszeichnung, Ernennung zu einem
hohen Amte. Demnach würde בסיומא
bedeuten: Sie waren bei der Ernennung des
R. Nachman zum Oberhaupte der Akademie nicht
anwesend.

סִימָה, סִימָא f. (von סִים סוּם) eig. Niedergelegtes, Aufbewahrtes, dah. Schatz, thesaurus. Cant. r. sv. גן נעול, 24[a] Jem. kaufte
ein Feld, וחפר ומצא בה סימה ובנה בה פלטין הדיא
גדול ... ועבדיו מהלכין אחריו מן הסימה ההיא
וכ' er grub daselbst und fand darin einen Schatz;
aus dessen Erlös baute er ein grosses Schloss
und kaufte auch Diener aus dem Erlös jenes
Schatzes, welche hinter ihm gingen u. s. w. In
der Parall. Pesik. Sachallach, 84[a] steht סימא,
vgl. חַבָּק und מַקזוּזָא. j. Hor. III, 48[a] un. האיר
הקבלֹה עיניו ומצא סימא Gott erleuchtete seine
Augen, dass er einen Schatz fand. j. Ab. sar.
II, 41[d] ob. (mit Ansp. auf חשים, Ex. 21, 1) הסימה
הזאת אינך גגלות לבלֹ בריה כך אין לך
רשות לשקע עצמך בדברי תורה אלא לפני בני אדם
כשרין so wie der Schatz nicht vor Jedermann
entdeckt wird, ebensowenig ist dir gestattet,
dich in die Geheimnisse der Gotteslehre zu versenken (um sie allgemein zu verbreiten), sondern
blos in Gegenwart würdiger Männer. Levit. r.
sct. 17, 160[c] u. ö.

סִימָא I סִימְתָא chald. (syr. ﺳﻴﻤﺜﺎ=סִימָה)
Schatz. j. Schek. III, 47[c] ob. אשכח ר' אבהו
סימא R. Abahu fand einen Schatz; bildl., vgl.
נָהַר. j. B. mez. II, 8[c] un. Alexander M. war
beim König von Indien, als dieser folgenden
richterlichen Ausspruch that: Jem. hatte von
einem Andern ein Feld, Schutthaufen gekauft,

וחספחה ואשכח בה סימא דדינרי אדון דזבן הוה
מר קיקילתא זבניה סימא לא זבנית אדון דזבין הוה
מר קיקילתא וכל דאית בה זבנית וכ' letzterer
hat es umgegraben und fand darin einen Schatz
von Denaren. Derjenige, der das Feld gekauft
hatte, sagte: Den Schutthaufen kaufte ich wohl,
den Schatz aber kaufte ich nicht; derjenige
aber, der das Feld verkauft hatte, sagte: Den
Schutthaufen sammt Allem, was darin ist, habe
ich verkauft. Der König entschied wie folgt:
Da du einen Sohn und du eine Tochter hast,
אסבון דין לדין וסימא יהוי לתרויהון so verheirathet den Einen mit der Andern und der Schatz
soll ihnen Beiden gehören! Alexander sagte
hierauf: Wenn ein solcher Process in unserem
Lande vorkäme, קטלין דין לדין וסימא עלת למלכא
so würde man den Einen wie den Andern tödten
und der Schatz würde dem Könige anheimfallen! Levit. r. sct. 27, 170[d] dass., jedoch mit
einigen Abänderungen, z. B. סב סימתיך דחרובא
זבנית לא זבנית וסימא לא זבנית nimm deinen Schatz, denn
die Ruine habe ich gekauft, den Schatz aber
habe ich nicht gekauft u. dgl. m. Genes. r. sct.
33, 31[d] dass., wo jedoch überall סימתא anst.
סימא steht. Pesik. Sachor, 74[b] dass.

סִימָא II masc. (syr. ﻛﺴﻔﺎ=קָאמָא, pers.
سيم) Silber, Gold, s. TW.

סִימָא III סִימָנָא f. (arab. ﺷﺎﻣﺔ=שוּמָה s. d.)
1) Zeichen, Mal auf dem Körper. — 2)
Kriegszeichen, Panier, s. TW.

סִימְוָתָא, סִימְוָאתָא f. pl. (gr. αἱ σημαῖαι, bei
Joseph.) Bilder, Bildsäulen. Meg. taan. IX
Anf. בתלתא בכסלֹיו אתנטילו סימואתא מן דרתא
am dritten Tage des Monats Kislew wurden
die Bildersäulen aus der Tempelhalle entfernt.
Vgl. das Scholion z. St. מפני שבני יוונים סימואה
סימואות בעזרא וכשגברה יד בית חשמונאי בטלֹום
והוציאום weil die Griechen verschiedene Bildersäulen in der Tempelhalle aufgestellt
hatten; als nun die Hasmonäer (Makkabäer) die
Obermacht erlangten, vernichteten sie jene Bildsäulen und warfen sie hinaus, und jenen Tag
setzte man zum Festtage ein.

סִימַי, סִימָאי Simai, N. pr. Keth. 29[b] fg.
רבי סימאי R. Simai, ein Tannaite. — Pesik.
Wattomer Zion, 134[a] ר' סימאי בר קוסי auch
סימיר R. Simai bar Kosi, wahrsch. ein Amoräer.
Das. 133[b] סימאי 1. ר' סימאי.

סִימְטָא I fem. (lat. semita) Fussweg, Fuss-
steig, schmaler Weg. j. B. mez. II Anf., 8[b]
R. Jochanan fragte Jemdn., der etwas gefunden
hatte: הן אשכחתיניה בסימטא בפלֹטיא wo hast
du jenen Gegenstand gefunden einen Fussweg (semita) oder auf einer breiten Strasse
(πλατεῖα)? Keth. 34[b] Rab und Samuel sagten:
הוא שצבורין ומוינחין ברשות הרבים אבל בסימטא

לא nur dann, wenn die Feldfrüchte auf offener Strasse aufgehäuft liegen (behält sie derjenige der zurückgebliebenen Gläubiger, der sich beeilt und sie fortgenommen hatte); nicht aber, wenn sie auf einem Fussweg liegen. R. Jochanan und Resch Lakisch sagten: אפילו בסימטא das gilt selbst von solchen Früchten, die auf dem Fusswege liegen. Das. ö. Pes. 50ᵇ תגרי סימטא Händler, die auf einem Fusswege ihre Waare verkaufen. — Pl. j. Schabb. I, 2ᵈ un. סימטיות שבין העמודים die Fusswege, die zwischen Säulen sich befinden. Mit prosthet. א: אַסְמַטָּא.

סִימְטָא II f. Grind, Geschwür. Ab. sar. 28ᵃ un. דהאי סימטא פרוונקא דאישתא היא das Geschwür ist der Vorbote des hitzigen Fiebers. Das. 28ᵇ un. סימטא ובי בני סכנתא Ms. M. und Ar. (Agg. וסמטא ודכאיב וכ׳) mit dem Grinde zu baden ist gefährlich. Schabb. 67ᵃ לסימטא לימא הכי וכ׳ zur Vertreibung des Geschwürs wende man folgenden Zauberspruch an.

סִימוֹן Simon (=hbr. שִׁמְעוֹן), Name mehrerer Amoräer in j. Gem. und in den Midraschim. j. Schek. VIII Anf., 51ᵇ ר׳ סימון בשם ר׳ יהושע בן לוי R. Simon sagte Namens des R. Josua ben Lewi. Das. wird er auch שמעון genannt. j. Ber. II Anf., 5ᵉ mit. כד דמך ר׳ סימון בר זבדי als R. Simon bar Sabdi gestorben war. Das. IV, 7ᵇ ob. u. ö. Genes. r. sct. 48, 46ᵈ ר׳ יהודה בר סימון R. Juda bar Simon.

סִימוֹנְיָא Simonia (Σιμωνιάς bei Josephus), Name eines Ortes. Genes. r. sct. 81 Anf. רבינו הוה עבר על סימוניא ויצאו אנשי סימוניא לקראתו אמרו לו רבי תן לנו אדם אחד שידהא מקרא אותנו ושונה אותנו ודיינ את דיננו נתן להם ר׳ לוי בר סיסי וכ׳ als unser Lehrer (R. Juda Nasi) un-weit Simonias reiste, kamen die Einwohner von Simonia ihm entgegen und sagten zu ihm: Rabbi, besorge uns einen Mann, der uns Bibel und Mischna lehrt, unsere Rechtsangelegenheiten ver-waltet u. dgl. m. Er empfahl ihnen den R. Lewi bar Sisi, vgl. בִּינָה und דָּם. j. Jeb. XII g. E., 13ᵃ dass., in einigen Agg. crmp. כימוניא.

סִימוֹנְיָא oder **סִימָנָא** m. Ried, ein Schilf-rohr, das in Sümpfen wächst und womit man, wenn es getrocknet ist, Gegenstände zerschnei-den kann. Chull. 16ᵇ פפא בסימוניא דאגמא Ar. (Agg. בסימונא) R. Papa erklärte das קרומה קנה של (s. d. W., womit man schlachten darf) durch Ried, das auf der Wiese wächst. Var. in Ar. ed. pr. סימנוחא: ein breites Blatt, dessen eine Seite scharf ist. — Buxtorf sv. hält unser W. für simonianum trifolium= acutum trifolium. Im. Löw, Aram. Pflanzen-namen p. 344 erblickt in unserem W. das arab. سامان Sâmân, was viell. richtig ist. Irrthüml. jedoch schreibt er das. dem Ar. die Erklärung zu: „Ein Rohr, das כבה heisst“. In Ar. ed. pr.

lautet die betr. Erkl. Namens des Gaon: סימוניא דאגמא קניא שבאכא שמו וכ׳ das Ried der Wiese heisst Rohr שבאכא, s. d. W. Ein hebr. rela-tives ש ist in einem aram. Satz unmöglich.

סִימָן masc. (arab. سِيمَا und سِيمَآ, Stw. סים, סום, arab. سَام) 1) Zeichen, Merkmal. B. mez. 22ᵇ סימן העשוי לידרס רבה אמר לא הוי סימן ורבא אמר הוי סימן ein Zeichen, das zer-treten zu werden pflegt (z. B. ein Gebund Ge-treide, an dessen Kanten ein Kennzeichen ange-bracht ist, auf welches aber, da das Gebund auf der Erde liegt, die Vorübergehenden treten) ist nach Ansicht Rabba's nicht als ein Zeichen anzusehen, nach Ansicht Raba's aber als ein Zeichen anzusehen; d. h. wenn ein solches Ge-bund gefunden wurde, so genügt nach ersterer Ansicht die Angabe des Zeichens am Knoten von Seiten des sich als dessen Eigenthümer Meldenden nicht, um es zurückzuhalten; nach letzterer Ansicht genügt die Angabe eines sol-chen Zeichens. Das. 23ᵃ fg. B. bath. 172ᵃ יעשו ישלשו אם היו משולשין יכתבו סימן ואם היו מסמנין יכתבו כהן (Ms. M. סימנין anst. מסומנין) auf welche Weise sollen sie verfahren? (d. h. wenn bei zwei in einer Stadt wohnenden Männern, Beider Namen, sowie die Namen ihrer Väter gleich lauten; wenn sie z. B. beide: Josef ben Simon heissen, wie sollen sie auf Documen-ten u. dgl. von einander unterschieden werden?) Man schreibe die Namen dreifach (d. h. man füge auch den Namen des Grossvaters hinzu, z. B. Josef ben Simon ben Jacob); wenn aber auch diese dreifachen Namen gleich lauten, so schreibe man ein Merkmal (d. h. den Stamm-oder Familiennamen; oder: der Grosse, der Kleine). Wenn aber auch die letzteren Bezeich-nungen übereinstimmen, so füge man hinzu: Kohen; d. h. wenn Einer dieser Beiden ein Kohen und der Andere ein Israelit ist und der Eine etwas von dem Andern leiht, so schreibe man: Josef ben Simon, der Kohen nahm ein Darlehn von Josef ben. Simon, dem Israeliten. Dasselbe auch der Fall, wenn einer dieser beiden Männer von einem dritten etwas leiht oder abkauft. — Pl. B. mez. 27ᵃᵇ סִימָנִין דאוריתא die Angabe der Zeichen ist auch nach biblischem Gesetze zuverlässig. Daher giebt man nicht blos einen gefundenen Gegenstand demjenigen zurück, der sich als dessen Eigenthümer auf Grund der von ihm angegebenen Zeichen documentirt, sondern dies gilt auch in rituellen Angelegenheiten, dass man z. B. Jemdm., der einen Scheidebrief, den er einer Frau übergeben sollte, verloren hat, auf Angabe der Zeichen zurückgiebt. Das. סימן מובהק . . . סימנין מובהקין deutliche, ganz genaue Zeichen. — 2) übrtr. Zeichen, Merk-mal=Vorbedeutung. Ber. 24ᵇ רע . . . סימן סימן יפה eine böse Vorbedeutung, eine gute

Vorbedeutung. Das. 34ᵇ u. ö. Suc. 29ᵃ fg., s. לְפִי, לָקָה. Chull. 95ᵇ. j. Schabb. VI, 8ᶜ un., s. נַחַשׁ. Taan. 12ᵇ. 30ᵇ סימן ברכה . . . סימן קללה eine Vorbedeutung des Segens, eine Vorbedeutung des Fluches. Genes. r. sct. 48, 46ᵈ ישב סימן כתיב בקש לעמוד אמר לו הקב׳ה שב אתה לבניך מה אתה יושב ושכינה עומדת כך בניך es heisst ישב יושבין ושכינה עומדת על גבן (def., Gen. 18, 1); das besagt: Abraham wollte aufstehen, aber Gott sagte zu ihm: Bleibe sitzen; du sollst eine Vorbedeutung für deine Kinder sein, dass, so wie du sitzest, die Schechina (Gottheit) aber bei dir steht, auch deine Kinder sitzen werden, während die Schechina bei ihnen steht, vgl. Ps. 82, 1 u. m. Num. r. sct. 11, 211ᵇ dass. Levit. r. sct. 29 Anf. אמר הקב׳ה לאדם זה סימן לבניך כשם שעמדת לפני בדין ביום הזה ויצאת בדימוס כך עתידין בניך לעמוד לפני בדין ביום הזה ויוצאין בדימוס Gott sagte zu Adam (als er ihm den Sündenfall vergeben hatte): Das sei eine Vorbedeutung für deine Kinder, dass, so wie du vor mir heute, am ersten Schöpfungstage des Menschen, vor mir zu Gericht standest und mit einem Freispruch entkamst, auch deine Kinder an diesem Tage (d. h. am Neujahrsfeste) vor mir zu Gericht stehen und mit einem Freispruch entkommen werden. — 3) Kennzeichen, durch welche eine Person sich von einer andern unterscheidet und die, namentlich in einem gewissen Alter oder infolge einer eignen Körperbeschaffenheit eintreten. Kidd. 4ᵃ סימני נערות die Pubertätszeichen eines Mädchens gew. vom 12. Lebensjahre an. Das. 14ᵇ. 16ᵃᵇ בן י׳ג שנים ויום אחד דבריו הכל סימן bei einem Jüngling im Alter von 13 Jahren und einem Tage ist das Wachsthum der Haare am männlichen Gliede nach Aller Ansicht ein Pubertätszeichen. Nid. 42ᵃᵇ סימני בגרות die Kennzeichen einer mannbaren Jungfrau von 12½ Jahren an. Das. שלשה סימנין נתני חכמים באשה מלמטה וכנגדן מלמעלה drei Kennzeichen der Reife gaben die Gelehrten beim Weibe am oberen Körpertheile (Busen) an und denen entsprechend drei am unteren Körpertheile, vgl. פָּנָה, בּוֹחַל u. a. Das. 48ᵃ fg. Jeb. 80ᵃ סימני סריס ואיילונית ובן שמנה die Zeichen des Impotenten (vgl. לְקָה, לְפִי), ferner die der Impotentin (vgl. אַיְלוֹנִית) und die eines im achten Monate der Schwangerschaft geborenen Kindes. j. Kidd. I, 59ᵇ mit. ויצאה חנם אלו ימי הבגרות אין כסף אלו סימני הסימנין „die Sklavin soll frei fortgehen" (Ex. 21, 11), das bedeutet: im Alter der Mannbarkeit „ohne Geld", das bedeutet: beim Eintritt der Pubertätszeichen. — Kidd. 4ᵃ steht dafür סימני נערות. — Ferner vom Wachsthum der Pflanzen. j. Snh. I, 18ᵈ ob. על שלשה סימנין מעברין את השנה על האביב ועל התקופה ועל פירות האילן beim Nichteintreffen dreier Zeichen setzt man ein Schaltjahr ein, näml. der Getreidereife, der Frühlingswende und der Reife

der Baumfrüchte; d. h. wenn einer dieser drei Fälle in der Mitte des Monats Nisan voraussichtlich noch nicht eintreten wird, so verkündet man ein Jahr von 13 Monaten. — 4) Unterscheidungszeichen, Kennzeichen, durch welche die zum Genusse erlaubten Thiere von den nichterlaubten unterschieden werden. Chull. 59ᵃ סימני בהמה וחיה ועוף לא נאמרו אבל סימני מן התורה וסימני עוף die Kennzeichen des reinen Viehes und des Wildes sind in der Schrift angegeben (Lev. 11, 2 fg.), während die Kennzeichen des reinen Geflügels in der Schrift nicht angegeben sind. Aber die Gelehrten sagten: Jeder Vogel, der die Speise von der Erde aufhebt (oder: erdrosselt, vgl. דָרַס), ist unrein; ferner: Jeder Vogel, der einen überspringenden Zeh und einen Kropf hat, und dessen fleischiger Magen doppelhäutig ist, ist rein. Das. 61ᵃ עוף הבא בסימן אחד טהור לפי שאינו דומה לנשר וכ׳ ein Vogel, der ein Reinheitszeichen hat, ist zum Genuss erlaubt, weil er nicht dem Adler gleicht, vgl. נָשָׁר, זָפָק u. a.; d. h. wenn man weiss, dass dieser Vogel nicht zu den in Lev. 11, 13 fg. aufgezählten, unreinen Vögeln gehört; denn diese dürfen, obgleich sie ein, auch mehrere Kennzeichen der Reinheit haben, dennoch nicht gegessen werden. Das. 63ᵇ. 64ᵃ סימני דגים die Kennzeichen der erlaubten Fische, näml. Flossfedern und Schuppen (vgl. Lev. 11, 10). Das. אלו הן סימני ביצים folgende Zeichen giebt es für die Eier, welche gegessen werden dürfen. Ab. sar, 40ᵃ fg. dass., vgl. פָּרַד. — 5) die Halsgefässe, Gurgel und Schlund, an denen das Schlachten stattfinden muss; eig. die für letzteres bezeichneten, bestimmten Bestandtheile des Thieres. Chull. 27ᵇ דרש עובר גלילאה בהמה שנבראת מן היבשה הכשרה בשני סימנים דגים שנבראו מן המים הכשרן בולא כלום עוף שנברא מן הרקק הכשרו בסימן אחד jener galiläische Durchreisende trug folgende Forschung vor: Das Vieh, welches aus der Erde (dem trocknen Lande) erschaffen wurde, erhält die Tauglichkeit, genossen zu werden, durch das Zerschneiden beider Halsgefässe; die Fische, die aus dem Wasser erschaffen wurden, dürfen ohne jedes rituelle Schlachten gessen werden; das Geflügel, das aus dem Sumpf erschaffen wurde (vgl. Gen. 1, 20 mit das. 2, 19, s. רָקָק), erhält diese Tauglichkeit durch das Zerschneiden eines der Halsgefässe. Das. 28ᵃ fg. Das. 44ᵃ עיקור סימנין das Losgerissensein der Halsgefässe vom Kinnbacken. — 6) diakritisches Zeichen in der Schrift. Pl. (mit fem. End.) Schabb. 115ᵇ פרשה זו עשה לה הקב׳ה סימניות מלמעלה ולמטה un. bei jenem Bibelabschnitt לומר שאין זה מקומה (Num. 10, 35 und 36) machte Gott am Anfang und am Schluss Zeichen (näml. ein umgekehrtes Nun, נון הפוכה), um zu erkennen zu geben, dass er nicht am richtigen Orte stehe. j. Schabb.

XII, 13° un. steht dafür סימיונות dass. — Das Verbum lautet סָמֵן, ähnlich סָמֵי von סוּמָא s. d.

סִימָנָא ch. (=סִימָן) 1) Zeichen, Kennzeichen. Chull. 95ᵇ אית לך סימנא בגויה hast du ein Kennzeichen an dem gefundenen Gegenstand? Das. 96ᵃ R. Jizchak sagte: הרע דאילו אתו בי תרי ואמרי פלניא דהאי סימנא והאי סימנא קטל נפשא לא קטלינן ליה ואילו אמרי ליה את לן בטבועיה עינא בגויה קטלינן ליה du kannst aus folgendem Umstande schliessen (dass das Wiedererkennen durch Besichtigung, טבועות עינא, s. d. W., der Angabe von Kennzeichen vorzuziehen sei); denn wenn zwei Personen kämen und bezeugten: Der N. N., der dieses und jenes Zeichen hat, tödtete Jemdn., so würden wir jenen infolge dieses Zeugnisses nicht mit Tode bestrafen; wenn sie hing. sagten: Wir erkennen den N. N., der die Mordthat beging, so tödten wir ihn. Das. ö. j. Chag. II, 77ᵈ un. Erub. 54ᵇ vgl. צִיּוּן. — Besonders beachtenswerth ist der Ausdruck וסימנא רכ' oder וסימנא als ein Merkmal, um einer Verwechslung vorzubeugen, diene dir Folgendes; z. B. Chull. 46ᵃ R. Simon, der Sohn Rabbis, erlaubt ein Thier mit schadhafter Leber, während R. Chija es verbietet; וסימנך עשירים מקמצין als Merkmal diene dir: Die Reichen sind sparsam, karg; d. h. Simon, der Sohn des reichen Nasi, ist der Erlaubende. Schabb. 66ᵃ wird gezweifelt, ob in der Mischna zu lesen sei: R. Meïr verbietet und R. Jose erlaubt, oder umgekehrt; worauf R. Nachman: וסימנא סמך סמך als Merkmal diene: Samech, Samech; d. h. es ist zu lesen יוסר אוסר, in welchen beiden Wörtern ein ס vorkommt. Ab. sar. 8ᵃ, s. סְטַרְבְּלָיָא Chull. 63ᵃ, s. מוּרְזְמָא. Bez. 28ᵃ u. ö. s. מַלְכְּיָא u. m. — Arach. 10ᵇ סימנא הוא וכ' das Blasen behufs Versammelns der Gemeinde (Num. 10, 7) war blos ein Merkmal, nicht etwa ein Gebot. — 2) Vorbedeutung. Ker. 6ᵃ ob. השתא דאמרת סימנא מילתא היא וכ' da du nun sagst, dass eine Vorbedeutung etwas Wesentliches enthält, so soll man am Neujahrsfeste Dinge geniessen, deren Namen Segen bedeuten; z. B. רוּבִיא: Mehren, von רבי: mehr, gross, viel werden u. dgl. m. Hor. 12ᵃ dass. — 3) Andenken, zurückgebliebene Spur. j. Snh. I, 18° un. בעיין מיעקר אף אהן סימנא וכ' man hatte die Absicht, auch dieses Merkmal zu entziehen; d. h. die Bevorzugung Judäa's, dass daselbst die Verkündigung des Jahresanfanges nicht mehr stattfände u. s. w. — Pl. סִימָנַיָא, s. TW. Erub. 21ᵇ un. „Koheleth lehrte Wissen dem Volke" (Khl. 12, 9), דאגמריה בסימני טעמים ואסברריה במאי דמי ליה das bedeutet, dass er es durch Merkmale der Begründungen des Gesetzes belehrte und ihm durch Aehnlichkeiten, Gleichnisse Verständniss beibrachte. Schabb. 89ᵃ nach einer Ansicht wird סיני gedeutet: Der Berg, der eine

gute Vorbedeutung für Israel wurde; wogegen eingewandt wird: הר סימנאי מיבעי dann hätte er: der Berg der Vorbedeutungen heissen müssen!

סִימְנְטוֹרִין, סִימַנְטִירִין m. (gr. σημαντήριον) Zeichen, Siegel, Stempel. Pesik. Beschallach, 82ᵇ die zwei Königstöchter waren an Männer verheirathet; והייתה כל אחת ואחת נוטלת חותמו של בעלה וסימנטירין שלו וכ' jede der Ersteren nahm das Siegel und den Stempel ihres Mannes. Das. ö. Cant. r. sv. גן נעול, 23ᵈ זה חותם שלי וזה סימנטירין שלי das ist mein Siegel und das mein Stempel. j. Ber. 1, 3ᵇ un. נבוא וזקן למה הן דומין למלך ששלח שני פלמנטורין שלו למדינה על מהן כתב אם אינו מראה לכם חותם שלי וסימנטורין שלי אל תאמינו לו ועל אחד מהן כתב אף על פי שאינו מראה לכם חותם שלי האמינוהו בלא חותם ובלא סימנטורין כך בנביאים כתיב ונתן אליך אות וג' ברם הבא על פי התורה אשר יורוך וג' ed. Lehm. und Ar. (ed. Ven. פלמנטורין anst. פלמנטורין crmp.) womit ist der Prophet und der Gelehrte zu vergleichen? Einem Könige, der zwei Notare des Kriegsheeres (gr. πόλεμιος und νοτάριος, notarius) nach einer Stadt absendet und der betreffs des Einen schreibt: Wenn er euch nicht mein Siegel und meinen Stempel zeigt, so glaubt ihm nicht. Betreffs des Andern aber schreibt er: Obgleich er euch nicht mein Siegel zeigt, so traut ihm dennoch ungeachtet, selbst ohne Vorzeigung des Siegels und des Stempels! Ebenso heisst es betreffs des Propheten: „Wenn er dir ein Zeichen oder ein Wunder geben wird" (Dt. 13, 2). Dahing. heisst es hier, betreffs der Gelehrten: „Gemäss der Lehre, die sie dir lehren, sollst du verfahren" (Dt. 17, 11). Cant. r. sv. כי טובים, 5ᵈ. j. Ab. sar. II, 41° un. dass., wo jedoch סימנטורין crmp. ist aus פלמנטורין. Exod. r. sct. 19, 118° ein Gleichniss von einem König, der seinen Freunden ein Gastmahl giebt, אמר המלך אם אין אין סינטרי (סימנטירי l.) כל כל המסוברין אל יכנס אחד מהן לכאן und der König sagt: Wenn nicht alle Gäste meinen Stempel tragen, so soll Keiner von ihnen hier eintreten! Ebenso sagte Gott: Wer nicht das Siegel Abraham's (d. h. der Beschneidung) an sich trägt, soll zum Genusse des Pesachopfers nicht zugelassen werden (Ex. 12, 48). — Midr. Tillim zu Ps. 18 סימנטרא crmp., s. טָרְמָנְטוֹן.

סִימְסָרִיקִין m. pl. (gr. σημισηρικά, semiserica) halbseiden. Khl. r. sv. הנחלים, 72ᵈ יומא דין סימיסריקין an dem einen Tage halbseidene Kleider, vgl. אוֹלוֹסִירִיקִין.

סִמְפוֹן, סִימְפוֹן m. (gr. τὸ σύμφωνον) 1) Vergleich, Vertrag, Document über einen zu Stande gekommenen Vergleich. j. Erub. III, 21ᵇ ob. סדר סימפון כך הוא אנא אנא פלוני בר פלוני מקדש אותך וכ' die Formel eines Vergleiches lautet wie folgt: Ich N. N., Sohn des

N. N. traue dich mir an u. s. w., vgl. כְּנַס. Das. ירדו לסימפון sie liessen sich in einen Vergleich ein. j. Git. VII g. E., 49ᵃ dass. j. B. bath. X, 17ᶜ mit. סימפון כתוב מלעיל וסימפון מחיק מלרע wenn im Documente oben ein Vergleich geschrieben und derselbe, unten wiederholte Vergleich verwischt war u. s. w. — 2) eine Art Codicill, ein Schriftstück, worin einige Punkte des ursprünglichen Documentes aufgehoben sind. B. mez. 20ᵃ אם יש עמדן סימפון מה שבסמפונן pr. (Agg. שבסמפונות . . . סמפונות pl.) wenn unter den Documenten sich ein Codicill vorfindet, so richtet man sich nach dem Inhalt ihres Codicills. Das. 20ᵇ. 21ᵃ סמפון שיש עליו עדים ein Codicill, worauf Zeugen unterschrieben sind. Das. ö. — 3) etwas, was ein contractliches Verhältniss aufzuheben geeignet ist, wie z. B. ein Leibesfehler, der sich an einer Frau nach erfolgter Verlobung (Trauung) herausgestellt hat, infolge dessen die Heirath annullirt, oder ein Leibesfehler an einem Thiere, wodurch der Kauf rückgängig gemacht werden kann. Keth. 57ᵇ. 58ᵃᵇ eine Israelitin, die mit einem Priester verlobt ist, darf nicht die Teruma essen, משום סימפון weil sich vielleicht ein Leibesfehler an ihr herausstellen würde, wodurch die Heirath annullirt werden würde. Das. סימפון בעבדים ליכא וכ׳ bei Sklaven giebt es keinen Leibesfehler, wodurch der Kauf annullirt werden könnte; denn äussere Fehler hätte der Käufer sehen müssen und an inneren Fehlern liegt ihm nichts, da sie nicht der Arbeit stören. Kidd. 11ᵇ. B. bath. 92ᵇ u. ö. — 4) סִימְפּוֹנְיָה ,συμφωνία(=). Doppelflöte. j. Meg. I, 71ᶜ un. היה עשוי כמין סימפון wenn die Mesusa (der Bibelabschnitt an der Thürpforte, s. מזוזה) in der Form einer Doppelflöte geschrieben war, deren Zeilen näml. die Gestalt eines Dreiecks haben. — 5) (viell. das gr. σίφων) Röhre, bes. oft die Blutader, Vene der Lunge. Chull. 45ᵇ. 49ᵃ סמפון גדול die grosse Vene der Lunge. — Pl. das. 42ᵇ בית הסמפונות wird das. 45ᵇ erklärt: ליכא דשפכי סמפונות כולהו die hohle Stelle in der Lunge, wo hinein die sämmtlichen Venen sich ergiessen.

סִימְפּוֹנָא ch.1)(=סִימְפּוֹן nr. 5) Röhre, Vene. Chull. 48ᵇ סימפונא דריאה die Vene der Lunge. Das. סמפונא רבה die grosse Vene der Lunge. Das. 49ᵃ סימפונא רבה דכבדא die grosse Vene der Leber. Das. der Kern, der sich in der Galle vorfand, הא ודאי סמפונא נקט ואתאי ist sicherlich durch die Röhre in die Galle hineingekommen. — Pl. das. 47ᵇ דקיימי סִימְפּוֹנְיָהא והוא Ar. (Agg. סמפונות crmp. in einem chald. Satz) nur dann (ist die Lunge, die erweicht ist, nicht als schadhaft anzusehen), wenn ihre Venen ganz geblieben sind. — 2) (=סִימְפּוֹן nr. 3) Makel, Fehler. Midr. Tillim zu Ps. 12 עוסקים בהדא

סִימְפּוֹנַיְיָא sie unterhielten sich von den Fehlern der Menschen.

סֵינָא ,סֵן m. (syr. ‎ܣܝܢܐ‎, s. auch סְיָן) Lehm, Koth, s. TW.

סֵינָא masc. (syr. ‎ܣܐܢܐ‎, hbr. סְאוֹן) Schuh, Sandale, die man um den Fuss bindet. Dav. מְסָאנָא ,מָסֵן eig. Beschuhung, s. TW. — Jeb. 39ᵇ ושרת סיניה מעל רגלוהי; richtiger j. Jeb. XII g. E., 13ᵃ ושלפה סיניה מעילוי רגלא דימינא sie (die Jebama, die zur Leviratsehe Verpflichtete) zog den Schuh des Levirs von seinem rechten Fusse. j. Snh. I, 19ᵃ un. dass.

סֵינָא m. Mütze, Kopfbedeckung. Nach Ar.: eine Art Mütze mit Klappen oder Krämpen, die ungef. die Länge einer Handbreite hatten und welche über das Gesicht fielen, um es vor der Sonne zu schützen. Stw. wahrsch. (ebenso vom vrg. סֵינָא: סֵאן einen Körpertheil verhüllen. — Schabb. 119ᵃ Josef, der Sabbatverehrer, זבינהו לכולהו ניכסי זבן בהו מרגניתא ארוחבה בסיניא וכ׳ verkaufte alle seine Güter und kaufte für deren Erlös einen Edelstein, den er in seine Mütze legte u. s. w. Das. 138ᵇ (סיינא (סייאנא) שרי ודאאמר האי אסיר לא קשיא הא דאית ביה שפה הא דלית ביה mit einer Klappenmütze darf man am Sabbat ausgehen. Es wurde ja gesagt, dass man nicht damit ausgehen darf? Das ist kein Einwand; wenn die Mütze die Länge einer Handbreite hat, so darf man nicht damit ausgehen (weil sie eine Art Zelt bildet, das man am Sabbat nicht tragen darf); wenn sie hing. nicht eine Handbreite lang ist, so darf man sie tragen. Erub. 102ᵇ dass. — Ferner סיינא, Nid. 20ᵃ s. סַיְיבָא.

סִינְבּוּל s. סִיבֹלֶת.

סִינוֹדְיָא fem. (gr. συνοδία) gemeinschaftlicher Gang, Begleitung. Jelamd. zu Num. 3, 40 (citirt vom Ar.) Gott sagte: אני כביכול ומלאכי נעשינו סינודיא שלך ich und meine Engel, wir werden gleichsam deine Begleitung bilden.

סִינְטוֹמוֹס Adv. (gr. συντόμως) kurz! kurzweg! Cant. r. sv. שהמלך 10ᵈ, סינטומוס כל ערל לא יאכל בו kurzweg! „Kein Unbeschnittener darf vom Pesachopfer etwas essen" (Ex. 12, 48). Das. sv. מצתו הנה, 18ᵈ und Num. r. sct. 11, 211ᵈ dass.; vgl. auch סִימַנְטִירִין.

סִינַי (=bh.) 1) Sinai, Name des bekannten Berges, worauf die Gesetzgebung stattgefunden hat. Das W. bedeutet viell.: Berg der Wüste Sin. Nach Schrader A. B. K. p 22 vom Mondgott Sin. Schabb. 89ᵃᵇ מאי הר סיני הר שירדה שנאה לאומות העולם עליו was bedeutet Berg Sinai? Der Berg, auf welchen der Hass (שנאה, vgl. סְנָא) gegen die Völker kam; d. h. durch die

Offenbarung der Gotteslehre wurde das Götzenthum verabscheut. R. Abahu hing. sagte: הר סיני שמו ולמה נקרא הר חורב שירדה חורבה לאומות העולם עליו der Berg hiess Sinai; weshalb jedoch wurde er auch Horeb genannt? Weil auf ihm die Verheerung für die Völker kam; vgl. auch סִימָנָא. Schebu. 47ᵃ חזרה שבועה לסיני der Schwur kehrt zum Sinai zurück, vgl. מָקוֹם. — 2) Sinai, bildl. für Vielwisser, der die Gesetzlehre Sinai's inne hat. Hor. 14ᵃ ר' יוסף סיני רבה עוקר הרים שלחו לתמן איזה מהם קודם שלחו להו סיני עדיף דאמר מר הכל צריכין למרי חטייא R. Josef war ein Sinai (Vielwisser), Rabba ein Bergentwurzler (d. h. sehr scharfsinnig). Man schickte dorthin, nach Palästina, um anzufragen: Wer von Beiden verdient den Vorzug? Worauf die Palästinienser ihnen sagen liessen: Der Sinai ist vorzuziehen; denn ein Autor sagte: Alle bedürfen des Weizenbesitzers; d. h. des Inhabers vieler Halachoth. Ber. 64ᵃ dass. — 3) übrtr. Sinai, s. v. a. Gott, der Allwissende, der Gesetzgeber auf dem Sinai. Aboth 1, 1 משה קבל תורה מסיני Mose empfing die Gesetzlehre vom Sinai, Gott. j. Chag. II, 77ᵇ mit. היו הדברים שמחין כנתינתן מסיני die Worte (die angestellten Forschungen über die Gesetzlehre) waren so heiter, wie damals, als sie vom Sinai gegeben wurden. Sot. 21ᵃ דרשיה ר' מנחם בר יוסי להאי קרא כי סיני R. Menachem bar Jose trug über diesen Vers Forschungen vor, wie Sinai, Gott. Arach. 30ᵇ dass. (vgl. Jeb. 72ᵇ Ben Pedath trug eine Schriftforschung vor, כמשה מפי הגבורה wie Mose aus dem Munde Gottes). Dav. הלכה למשה מסיני eine Halacha des Mose vom Sinai, s. מֹשֶׁה.

סִינִים m. pl. Süden. Genes. r. sct. 52, 51ᵇ שבע שמות נקראו לו דרום . . . וסינים (Var. וסנים) der Süden hat sieben Namen: Darom, Sinim u. s. w. Das. sct. 94, 92ᵇ.

סִינְפוֹן m. (etwa gr. σύμφυσον für σύμφυτον) Zusammengewachsenes. j. Pea VI, 19ᶜ un. היו עשויין כמין סינפון וכ' wenn die zwei Aehren an der Wurzel zusammengewachsen sind.

סִינְקְלִיטִין s. d. in סנ'.

סִינָר m. (verwandt mit arab. سَنَّر) ein weibliches Kleidungsstück, eine Art Leibbinde, von der ein Latz an der Vorderseite und einer an der Rückseite des Weibes herabhing, welche beiden Lätze am untern Theile des Leibes angeschnürt wurden. Die Comment. erklären das W. annähernd richtig durch מכנסים Unterbeinkleider, womit jenes Kleidungsstück viel Aehnlichkeit hatte, Maim. ung. ungenau: הוגרה. Mit זוני (ζωνάριον) Gürtel ist unser W. blos sachlich nahe verwandt, keineswegs aber damit identisch. — j. Meg. IV, 75ᵃ mit. הוא התקין שתהא אשה חוגרת בסינר בין מלפניה

בין מלאחריה er (Esra) verordnete, dass ein Weib sich mit der Leibbinde umgürte, sowohl von der Vorderseite, als auch von der Rückseite; eine Keuschheits-Massregel, um einen unehelichen Umgang zu verhindern. B. kam. 82ᵃ dass., wo jedoch die letzten vier Worte fehlen. Vgl. Schabb. 92ᵇ. j. Sot. I, 16ᶜ un. התרת הסינר das Auflösen der Leibbinde. j. Keth. VII, 31ᶜ ob. ראו אותה חוגרת בסינר וכ' wenn man sieht, dass die Ehefrau sich mit der Leibbinde umgürtet und ein fremder Mann aus dem Hause fortgeht, so ist das ein Verdachtsgrund. — Schabb. 13ᵇ סינר מפסיק בינו לבינה eine Leibbinde lag zwischen ihm und ihr.

סִיס I (syn. mit שׁוּם שׂוּת). Af. אֲסִיס אָסִיס gründen, aufbauen. Pes. 4ᵃ אבין ימא אסיסנא ברירתא Ar. sv. כח 2 (Agg. אסיסכי) am Meeresufer werde ich meinen Palast aufbauen; vgl. auch אָסְיָסָנָא.

סִיס II m., gew. Pl. סִיסִין (verw. mit gr. σιούρα, vgl. סִיסָרָנוֹן) Zotten oder Fasern am Gewebe. Men. 42ᵇ R. Juda sagte Namens Rab's: אמר שמואל כי שרדה . . . מן הסיסין Rab's: עשאן wenn man die Schaufäden aus Zotten machte, so sind sie tauglich, d. h. dem Gebote entsprechend. Als jedoch diese Halacha dem Samuel vortrug, so sagte er: Sie sind auch wenn sie aus Zotten angefertigt sind, untauglich. Suc. 9ᵃ dass.

סִיסָא ch. (=vrg. סִיס) Fasern, Zotten, Knoten. Men. 41ᵇ ר' חנינא עבד להו סיסא R. Chanina machte die Schaufäden (eines Mantels, den er zu waschen gab) zu Knoten; d. h. er rollte sie so zusammen, dass sie nicht losgehen konnten. — Pl. emph. סִיסַיָּא, s. TW.

סִיסַי, סִיסִי Sisai, N. pr. j. Jeb. XII g. E., 13ᵇ לוי בר סיסי Lewi bar Sisai. Genes. r. sct. 81 Anf. u. ö. dass. j. Schabb. VI, 7ᵈ un. ר' אינייני R. Injani bar Sisai. — Git. 6ᵇ כפר סיסאי das darf Sisai.

סִיסְיָא f. (für נְסִיסְיָא von נָסַס s. d. כ abgew.) Betrübniss, Zorn. Ab. sar. 4ᵃ, s. סִיסָא. Tanch. Haasinu, 277ᵇ גדי בן סיסי שהטיח דברים כלפי מעלה והטיל סיסוי Einer der Auskundschafter hiess גדי בן סוסי (Num. 13, 11), weil er Schmähungen gegen Gott ausstiess und dessen Zorn erregte; indem er näml. Palästina schändete. Tem. 16ᵃ בר סיסי ein Betrübter, s. נָסַס.

סִיסְמָא m. (gr. σύσσημον) verabredetes Zeichen. Midr. Samuel Anf. סיסמא אילולי ביניהם וכ' wäre nicht ein Zeichen unter ihnen verabredet u. s. w.

סִיסִין masc. (viell. gr. σίσων) 1) Sison, ein syrisches Gewächs, dessen Samen als

Gewürz und als Heilmittel diente. Ar. erklärt das W. durch פולילי, ebenso Raschi. Ber. 44ᵇ מי סיסין der Saft des Sison, als ein vorzügliches Heilmittel, vgl. הרת. Das. 57ᵇ מי סיסין יבשין Ms. M. (Agg. סיסין יבשין) der Saft des trocknen Sisons. Ab. sar. 29ᵃ dass. — Git. 69ᵇ למיכר סיסין רטיבא במיא למישרא יבישתא במיא um den Durchfall zu stillen, trinke man den Saft vom feuchten Sison; um den Stuhl zu fördern, trinke man den Saft des trocknen Sison. — 2) N. pr. Sisin. B. bath. 30ᵃ ö. ניכסי דבי סיסין Ms. M. u. Agg. (Ar. liest בר סיסין) die Güter der Familie des Bar Sisin. Das. 159ᵇ dass. — 3) Sisin, Name einer Stadt. j. Schebi. VI, 36ᶜ un. ולא מבעלי סיסין היא וכ' stammen denn nicht jene Einwohner Susithas von den Einwohnern Sisins ab? d. h. in Susitha muss man die Früchte verzehnten, da in Sisin diese Verpflichtung obwaltet. Vgl. Tosef. Ahil. XVIII Anf. עיירות מובלעות בארץ ישראל כגון סיסית וחברותיה m. Agg. (ed. Zuckerm. כוסיתא) Städte, die in Palästina hineinragen, wie z. B. Sisith (Susitha) und die benachbarten Oerter.

סִיסְנָא ch. (=סיסין) 1) Sison. Git. 69ᵇ un. als ein Heilmittel gegen Steinleiden nehme man u. s. w. דכי משתין נשתין אסיסנא יבישתא וכ' und wenn der Leidende uriniren will, so urinire er auf trocknen Sison. — 2) Korb (=צינא oder צנא, hbr. טֶנֶא, vgl. syr. ‏ܣܰܢܳܐ‎ Zweig od. Rispe). — Pl. B. mez. 67ᵇ ואי אגבהנהו בסיסני קנדהו wenn der Gläubiger die Datteln mittelst der Körbe in die Höhe gehoben hat, so hat er sie als sein Eigenthum erworben, vgl. הַגְבָּהָה. Schabb. 110ᵇ וסימניך סיסני Ms. M. (Agg. סיסני) als Merkmal diene dir das W. סיסני (Körbe); d. h. R. Josef gab als ein Medicament die Gerste an, יוסף שערי סערי genommen) also 'ס 'ס wie in dem W. סיסני, vgl. סִימָא.

סִיַּין s. בַּיְּין.

סִיסַרְטֵי Sisartai, N. pr. j. Schabb. III, 5ᵈ ob. ר' שמואל בר סיסרטיי R. Samuel bar Sisartai; s. auch den nächstflg. Art.

סִיסְרָנָן m. (gr. σίσυρνον=σίσυρνα, σισύρα, syr. ‏ܣܰܣܢܳܐ‎) zottiger Rock, an dem die Wolle nicht abgeschoren ist, Flaus, bes. Ziegenpelz. Genes. r. sct. 20, 21ᵇ ר' יוסי בר חנינא אמר סיסרנון Ar. (Agg. סיסרנון) R. Jose bar Chanina übersetzte die W. כתנות עור (Gen. 3, 21) durch Schafpelz; vgl. אַגְנְיָיה u. a. — Pl. j. Ned. VII g. E., 40ᶜ כגון אילין סיסרנין wie z. B. jene Flause mit Ziegenhaaren; deren Felle näml. zur Bekleidung verwendet werden, die Ziegenhaare aber zu nichts verwendet werden können: Ggs. שלחים Felle, Häute, womit man sich einhüllen und die von ihnen geschorene Wolle ebenf. zu Kleidern verwendet werden kann.

סוּע, סִיַּע (arab. ‏شَاعَ‎) Jemdm. folgen, ihn begleiten. Pi. סִיַּיע eig. sich Jemdm. anschliessen, dah. zur Seite stehen, helfen, behilflich sein. Sifra Kedoschim cap. 2 לא תלקט לעני „Du sollst nicht auflesen für den Armen“ (Lev. 19, 10; das W. לעני zum vorangehenden Satz gezogen); das bedeutet: Du sollst dem Armen beim Auflesen der Früchte nicht behilflich sein; weil näml. hierdurch die anderen Armen zu Schaden kämen. Das. cap. 8 Par. 10 מניין אם אין בבית דין כח יפה שם יד האריץ מסייעים אותו וכ' woher ist erwiesen, dass, wenn das Gericht nicht die hinlängliche Macht besitzt (den Götzendiener zu tödten) das gewöhnliche Volk ihm zur Bestrafung behilflich sein müsse? Daher, dass es heisst: „Das Volk des Landes soll ihn steinigen“ (Lev. 20, 2). Bez. 22ᵇ un. מסייע אין בו ממש der Hilfleistende thut nichts Wesentliches. Daher gestattete Amemar, sich am Sabbat von einem Nichtjuden die Augen schminken zu lassen, obgleich der Jude durch das Schliessen und Oeffnen der Augen dabei Hilfe leistet (עמיץ ופתח s. d.). Mac. 20ᵇ במסייע ודברי הכל Jem., der bei dem Ringsherumscheeren seines Haupthaares behilflich ist (indem er näml. seinen Kopf zum Verschneiden des Haares hinreicht) übertritt nach Ansicht aller Autoren das Verbot (Lev. 19, 27). Diese St. steht nicht im Widerspruch mit der vorangehenden St.; denn dort in Beza 1. c. die Hilfeleistung ganz unwesentlich, da man auch sonst die Augen zu schliessen u. zu öffnen pflegt. Das Hinreichen des Kopfes hing. ist eine wesentliche Hilfeleistung zum Haarverschneiden; vgl. auch Schabb. 93ᵃ. Das. 104ᵃ בא לטמא פותחין לו בא לטהר מסייעין אותו schickt sich Jem. an, sündhaft zu leben, so hält man ihm den Weg hierzu offen (d. h. lässt ihm die freie Wahl): schickt er sich aber an, tugendhaft zu leben, so ist man ihm hierzu behilflich, vgl. סִיעָא. Snh. 91ᵇ Rabbi sagte: דבר זה לימדני אנטונינוס ומקרא מסייעו diesen Satz lehrte mich Antonin und ein Bibelvers spricht dafür, steht ihm zur Seite. j. Snh. IV Anf., 22ᵃ בא חברו וסייעו der Andere kommt und stimmt Ersterem bei. Bech. 8ᵇ. Num. r. sct. 14, 223ᵇ u. ö.

סוּע, סִיַּע ch. Pa. סָרַיע (=סִיַּע) Hilfe leisten, behilflich sein, beistehen. Chull. 49ᵃ, s. פְּהָנָא. Jom. 22ᵇ, s. חֲלֵי. Bez. 22ᵃ מר קא מסייע בהדיה du leistest ihm Hilfe u. s. w. Snh. 95ᵃ un. סייע בהדן leiste uns Hilfe. B. mez. 4ᵇ קא מסייע ליה שטרא der Wechsel ist ihm behilflich, unterstützt seine Behauptung. Chull. 4ᵃ. 50ᵃ u. ö. תניא דמסייע לך eine Borajtha giebt es, die dir behilflich ist, d. h. die deinem Lehrsatz entspricht. Git. 48ᵃ קרא ומתניתא מסייע ליה דריש לקיש ein Bibelvers, sowie eine Bo-

rajtha sprechen für die Ansicht des Resch La-kisch. B. mez. 48ᵃ u. ö. dass. j. B. mez. IV, 9ᵈ un. אית מתניתא מסייעא לדין ואית מתניתא לדין es giebt eine Borajtha, die für die Ansicht des einen Autors spricht, es giebt aber auch eine Borajtha, die für die Ansicht des andern Autors spricht. Snh. 71ᵇ u. ö. לימא מסייעא ליה wir könnten für den Ausspruch jenes Autors eine Borajtha anführen, die für ihn spräche; eine solche Phrase involvirt eig. die Frage: Wozu hatte jener Amora nöthig, diese Halacha zu sagen, da bereits eine Borajtha dasselbe besagt?

Ithpa. eig. Hilfe geleistet werden, dah. gelingen. B. mez. 85ᵇ un. Rabbi gab sich Mühe, den Samuel zu autorisiren, ולא הוה מסתייעא allein es gelang ihm nicht, eig. es wurde ihm hierzu vom Himmel keine Hilfe geleistet. Ber. 25ᵇ un. dass. in ähnlicher Bedeutung. Chull. 7ᵇ לא מסתייעא מילתיך dein Vorhaben, o Weib, wird dir nicht gelingen.

סִיעָה f. (arab. شِيعَة) 1) Schaar, Gesell-schaft, Versammlung. Keth. 15ᵃ סיעה של בני אדם eine Versammlung von Menschen. Das. רוב סיעה der grösste Theil der Versammlung. Dafür auch סִיאָה s. d. Tosef. Ter. VII Ende dass. j. Keth. I, 25ᵈ mit. סיעה של כהנים עוברת eine durchreisende Gesellschaft von Priestern. Genes. r. sct. 46 g. E. סיעה של פסטון eine Versammlung der Auflauerer. — Pl. j. Dem. IV g. E., 24ᵇ סיעות של בני אדם Versammlungen von Menschen. Das. סיעות חברים . . . סיעות עמי הארץ Versammlungen von Gelehrten, Versammlungen von Idioten. j. Ter. VIII, 46ᵇ mit. dass. — 2) Anhang, Menschen von gleicher Gesinnung. Git. 76ᵇ R. Judan Nasi lehrte eine Halacha ולא הודו לו כל סיעתו aber sein ganzer Anhang (die Gesellschaft von Gelehrten) stimmte ihm nicht zu. Ber. 17ᵇ ob. (mit Ansp. auf Ps. 144, 14 וג׳ אין פרץ) David betete: . . . . שלא תהא סיעתנו כסיעתו של שאול וכו׳ שלא תהא סיעתו כסיעתו של אלישע möge unser Anhang (Gelehrten-, Schülergenossenschaft) nicht dem Anhang des Saul gleichen, aus dessen Mitte „Achitofel" ausging; möge ferner unser Anhang nicht dem des Elischa gleichen, aus dessen Mitte „Gechsi" ausging! vgl. auch רשׁוּ.

סִיעָא, סִיעְתָא ch. (syr. ܣܝܥܬܐ=סִיעָה) Schaar, Gesellschaft, Versammlung. j. Pea VIII, 21ᵃ mit. אתא חד סיע eine Gesellschaft kam herbei. Das. ö. Genes. r. sct. 64, 63ᵇ R. Nechemja übersetzt אחוזת מרעהו (Gen. 26, 26 = Onk.) durch סיעת מרחמוהי „die Gesellschaft seiner Freunde". R. Juda hing. hält אחוזת für ein N. pr. „Achusath".

סִיוֹעַ m. N. a. (syr. ܣܝܘܥܐ) Hilfe, Beistand, Gehilfe. j. Schabb. XVIII g. E., 16ᶜ איזהו

הסיוע מביא יין ונופח וכו׳ worin besteht der Beistand (den man dem Thiere bei seinem Gebären am Sabbat leisten darf, vgl. סָעַד)? Man bringt Wein, flösst ihm durch die Nase u. s. w. Levit. r. sct. 24, 167ᵈ ומה אם הרוחות שלא נבראו לשום סיוע צריכין סיוע אנו שנבראנו לסיוע על אחת כמה וכמה wenn nun die Geister, die, ihrer Beschaffenheit nach, der Hilfe nicht bedürfen sollten, dennoch der menschlichen Nachhilfe bedürftig sind (מַכּוֹשׁ); um wie viel mehr bedürfen wir der Hilfe Anderer, da wir unserer Beschaffenheit nach auf Hilfe angewiesen sind. Das. עזרה וסיוע מציון Hilfe und Beistand geht von Zion aus; mit Bez. auf Ps. 20, 3. Esth. r. sv. וירהי רימי, 100ᵈ (mit Bez. auf Jes. 63, 3) וכי לסיוען של אומות העולם הקבה צריך bedarf denn etwa Gott der Beihilfe der Völker? Exod. r. sct. 43, 138ᵇ als Gott über Israel wegen der Anfertigung des goldnen Kalbes zürnte, sagte Mose: רבון העולמים עשו לך סיוע ואתה כועס עליהם העגל הזה שעשו יהיה מסייעך וכו׳ Herr der Welten, sie machten dir einen Gehülfen und du zürnst über sie! Das Kalb, das sie anfertigten, wird dir Hilfe leisten, du wirst die Sonne und der Götze wird den Mond scheinen lassen; du wirst den Thau und der Götze wird den Regen fallen lassen u. s. w. Gott sagte hierauf: Mose, wie, auch du bist also der Irrlehre zugethan! Der Götze ist ja wesenlos! Nun, sagte Mose, wenn dem also ist: „Warum entbrennt dein Zorn gegen dein Volk" (Ex. 32, 11)?

סִיעְתָא f. Hilfeleistung, Beistand. B. mez. 48ᵃ אי אהדריה קרא לא תירבתא ולא סייעתא תשומת יד וכו׳ hätte die Schrift die Worte (Lev. 5, 13, vgl. V. 21) wiederholt, so wäre hieraus weder eine Widerlegung, noch eine Hilfe (Beweis für die Richtigkeit jener Halacha) zu entnehmen; jetzt aber u. s. w. Insbes. oft סייעתא דשמיא göttlicher Beistand. B. bath. 55ᵇ s. אַדְּיסְקִי. Meg. 6ᵇ במשא ומתן סייעתא היא מן שמיא im Geschäftsleben ist Alles von der göttlichen Hilfe abhängig; d. h. da kommt es vor, dass Jem., wenn er des göttlichen Beistandes entbehrt, trotzdem er sich viel abmüht, dennoch keinen Gewinn erzielt; sowie andererseits, dass Jem. ohne sich viel abzumühen, grossen Gewinn erstrebt; im Ggs. zur Gelehrsamkeit, die man ohne Anwendung vieler Mühe nicht erlangen kann, die aber, wenn man Mühe anwendet, unbedingt erlangt wird, vgl. יְגַע. Das. ö.

סַיִיף m. (arab. سَيْف) Schwert. Stw. סוף, Pi. סַיֵיף, אָסַף סָפָה vernichten; vgl. חָרֶב Schwert von חָרֵב zerstören; und מַאֲכֶלֶת Messer, von אָבַל und סָבֵן verzehren, hinraffen. — Kel. 13, 1. 14, 5 הסיף מאימתי מקבל טומאה משישופנו משהסכין משישחיזנה von welcher Zeit ab nimmt das Schwert Unreinheit an (d. h. ist es als ein fertiges Instrument anzusehen)? Wenn man es

geglättet, polirt hat; und das Messer? Wenn man es geschliffen hat. Tosef. Kel. B. mez. III mit.; vgl. auch Tosaf. in B. mez. 84ᵃ sv. הסכין. Sifre Ekeb § 40 עט וסייף ירדו מן השמים וכ׳ Ar. (Agg. ספר וסייף) Schreibgriffel, calamus und Schwert fielen vom Himmel und Gott sagte zu Israel: Wenn ihr die Gesetzlehre, die mit dem ersteren geschrieben ist, beobachtet, so werdet ihr von dem letzteren verschont bleiben; wo nicht, so werdet ihr mit demselben gezüchtigt werden; mit Bez. auf Jes. 1, 19. 20 und Gen. 3, 24: „Das blitzende Schwert bewacht den Weg zum Lebensbaum" (der Gotteslehre); vgl. auch פְּכָר. Levit. r. sct. 35, 179ᵈ dass. j. B. mez. IV, 9ᵈ un. סייף וסוס וחריס במלחמה אין להן betreffs des Schwertes, des Rosses und des Schildes giebt es zur Kriegszeit keine Uebervortheilung; d. h. der Käufer dieser im Kriege unentbehrlichen Dinge kann, selbst wenn er übervortheilt wurde, den Kauf nicht rückgängig machen, vgl. אוֹנָאָה. j. Ab. sar. III, 42ᶜ un. הוכרתו עליהן הסייף והעטרה והטבעת הסייף שהודרג בו והעטרה שמתעטר man fügte hinzu בה טבעת שחותם בה (zu den in der Mischna erwähnten Utensilien der Götzen, die man schon früher zum Genusse verboten hatte) das Schwert, die Krone und den Siegelring; „das Schwert" (als Symbol), womit der Götze tödtet, „die Krone", womit er sich schmückt; „der Siegelring", womit er Todesurtheile besiegelt. Vgl. bab. Ab. sar. 41ᵃ סייף מעיקרא סבור לסטיס בעלמא ולבסוף סבור שהוורג את עצמו תחת כל העולם כולו das Schwert (hat man früher für erlaubt, später aber für verboten gehalten), weil man anfänglich den Götzen hierdurch als einen gewöhnlichen Räuber ansah, später jedoch als Jemdn., der die ganze Welt zu tödten vermag (wörtl. der sich selbst unter der Welt tödtet, kakophemist.), vgl. auch אַשְׁתִּימָא. Genes. r. sct. 9, 10ᵃ s. נָתַל. Snh. 52ᵇ fg., s. גוֹדֵל. Tosef. Snh. IX g. E. ארבע מיתות נמסרו לבית דין הרשות לא ניתן לה אלא סייף בלבד vier Arten von Todesstrafen sind dem jüdischen Gerichte überliefert (vgl. מִיתָה), dem römischen Regierung aber wurde blos die Todesstrafe mittelst des Schwertes überliefert. Levit. r. sct. 6, 150ᵈ מלך כשהוא משביע את לגיונותיו אינו משביען אלא בסייף כלומר שכל העובר על תנאים הללו יהא הסייף הזה עובר על צוארו כך וכ׳ wenn ein König seine Legionen auf den Eid der Treue leisten lässt, so lässt er sie nur beim Schwerte schwören; um gleichsam anzudeuten, dass Jedem, der diese Verpflichtungen nicht erfüllen sollte, das Schwert an seinen Hals gelegt werden würde. Auf dieselbe Weise hat Mose den Bund mit dem Volke beim Blute geschlossen (Ex. 24, 6 fg.). Pesik. Bachodesch, 103ᵃ לסקופיטור של מטרונא כשהיא עוברת בשוק משמיטין זיין וסייף מלפניה וזיין וסייף מלאחריה . . . כך היא התורה דינים מלפניה ודינים מלאחריה וכ׳ ein Gleichniss von der Sänfte (σκεπαστής) der Matrone, die durch die

Strasse zieht, sowohl vor ihr zückt man Waffen und Schwert, als auch hinter ihr zückt man Waffen und Schwert. Ebenso gingen der Gesetzgebung „Rechte" voran (Ex. 15, 25), als auch „Rechte" ihr folgten (das. 21, 1).

סַיְיפָא ch. (syr. ܣܰܝܦܳܐ=סַיִיף) Schwert. B. hath. 4ᵃ die Römer sagten zu Herodes: אי אתה עבד מלך סייפך עלך ספרא כאן Ar. (Var.=Agg. זייניך) wenn du auch dein Schwert trägst, so ist doch das Buch (worin deine idumäische Abstammung als eines Sklaven der Makkabäer verzeichnet ist) hier; vgl. זַיִינָא, s. auch TW. — Pl. Taan. 21ᵃ un. כי הוה שדי עפרא הוו סייפי als er (Abraham) Staub gegen seine Feinde warf, so wurden Schwerter daraus; mit Ansp. auf Jes. 41, 2.

סַיָיפָא, סַיִיפִי m. Adj. (arab. سَيَّاف) der mit dem Schwert Bewaffnete. Ab. sar. 17ᵇ R. Elasar ben Perata, angeklagt, er wäre Gelehrter und Dieb zugleich, sagte: אי ספרא לא סייפא אי סייפא לא ספרא ומדדא ליהא הא נמי ליהא Ar. (Agg. סייפי) ist Jem. ein Gelehrter, so ist er kein Waffenträger, wenn aber ein Waffenträger, so ist er kein Gelehrter; da nun das Eine erdichtet ist, so ist auch das Andere erdichtet; d. h. da diese beiden Eigenschaften sich bei Niemandem vereinigt finden, so ist auch die Anklage auf ihn derselben erlogen.

סֵיפָא m. (=סוֹפָא) das Ende, das Letzte. j. Snh. X, 29ᵃ un. סיפיה מתחנקא יהא er wird später erwürgt werden, eig. sein Ende wird sein, dass er u. s. w. Das. ö. סוֹפִיה. Insbes. der letzte Fall einer Mischna oder Borajtha. Chull. 94ᵇ u. ö. רישא סיפא ומציעתא der erste, der letzte und der mittelste Fall, vgl. מְצִיעָאָה j. B. mez. I Anf., 7ᵈ aus der Mischna ist nichts zu erweisen, לא מרישא ולא מסיפא weder aus dem ersten, noch aus dem letzten Fall. Git. 16ᵇ fg. Schabb. 86ᵃ. Ned. 37ᵃ u. ö.

סֵיוֹפָא m. das Letzte, Aeusserste, s. TW.

סִיפוּת f. pl. Spätfeigen. Ter. 4, 6 הבכורות והסייפות die Frühfeigen und die Spätfeigen; s. סוֹף II im Piel. Tosef. Dem. I dass. Genes. r. sct. 22, 22ᵇ „Kain brachte von den Erdfrüchten ein Opfer dem Ewigen" (Gen. 4, 3), מן הפסולות לאריס רע שדיה אוכל את הבכורות ומכבד למלך את הסייפות das bedeutet: von den schlechten; einem bösen Gärtner gleich, welcher die Frühfeigen aufass, dem König aber die (schlechteren) Spätfeigen verehrte.

סִיקְיָא m. pl. (=קִיסָיָא trnspon.) Hölzer, s. TW.

סִיקוֹס m. 1) Gewicht, Mass. Das W. ist wahrsch. das gr. σηκός=σήκωμα. — Pl. Genes. r. sct. 10 Anf. (mit Bez. auf Ps. 119, 96) לכל יש סיקוסים שמים וארץ יש להם סיקוסים חוץ

מדבר אחד שאין לו סיקוסים ואיזו זו התורה וכ׳
für Alles giebt es Masse, für Himmel und Erde
giebt es Masse, mit Ausnahme einer Sache, für
die es keine Masse giebt; welche ist es? Es
ist die Gotteslehre; denn es heisst: „Länger als
die Erde ist ihr (der Weisheit) Mass" u. s. w.
(Hi. 11, 9). Levit. r. sct. 12, 156ᵃ אמר הקב״ה
לקרבנות נתחי סיקוסים ... ולך איני נותן סיקוסים
Gott sagte: Für die Opfer bestimmte ich Masse:
„Die Hälfte eines Hin für den Farren" u. s. w.
(Num. 28, 14 fg.); aber für dich, die Gesetzlehre, bestimmte ich keine Masse. Exod. r. sct.
25, 124ᵃ סיקוסים נתן הקב״ה ליעקב והיה זרעך
כעפר הארץ וג׳ Gott gab dem Jakob Grenzen:
„Deine Nachkommen werden den Staub der
Erde gleichen"; sobald sie aber dem Staube
gleichen (sehr erniedrigt sein) werden, so „wirst
du dich ausbreiten nach West und Ost" u. s. w.
(Gen. 28, 14). Thr. r. sv. כלי, 63ᵇ סיקוסים נתן
לעין דמעה הסם דמעת החרדל וכ׳ dem Auge sind
Grenzen angewiesen, näml. die Thräne beim Geruch wohlriechender Spezereien, die Thräne beim
Geruch des Senfs u. s. w.; d. h. es giebt verschiedene Arten von Thränen, deren einige dem
Auge heilsam und deren andere demselben schädlich sind, vgl. דִּמְעָה. — 2) übrtr. Abtheilungen, Knoten, Auswüchse an Pflanzen.
Genes. r. sct. 41 Anf. die Frommen werden „der
Palme" und „der Ceder" verglichen (Ps. 92, 13);
מה התמרה הזו וארז אין בהם לא עיקומים ולא
סיקוסים כך הצדיקים אין בהם לא עיקומים ולא
סיקוסים Ar. (Agg. לא עקומים) so wie die Palme
und die Ceder weder Vertiefungen noch Auswüchse haben, ebenso haben die Frommen weder
Vertiefungen noch Auswüchse; d. h. ihr Lebenswandel ist, jenen Bäumen gleich, gerade, näml.
ohne Makel und Ränke.

סִיקְרָא s. סְקְרָא.

סִיקוּרָה masc. (griech. σάκχαρ, σάκχαρον,
ursprüngl. arabisch ﺳﻜﺮ saccharum) Zucker,
Zuckerrohr. j. Bez. IV g. E., 62ᶜ un. הדין
סיקורה אסור מיעבד ביומא טבא דהוא מקמע
בגומייה den Zucker darf man nicht am Feiertage zubereiten, weil man hierbei die Rohre zerhackt. j. Schabb. VII, 10ᵃ un. החן סיקורה כד
מכחת (מכחד i. בגרריא בקלופיתיה משום בורר כד
מכחת במרגזירה משום חן כד שחק במדרוכתיה
משום טוחן וכ׳ betreffs des Zuckerrohrs, ist
Jem., der die Scheiden desselben am Sabbat ablöst, straffällig wegen Aussuchens; wenn er es
mittelst der Raspel zerschlägt, wegen Dreschens;
wenn er es im Mörser zerreibt, wegen Mahlens
u. s. w., vgl. מרְגְּזִירָה (woselbst jedoch Zuckerrohr anst. Farbeholz [nach der unrichtigen Erklärung der Commentt.] zu lesen ist). — Dav.
Adj.

סִיקְרִיקוֹן m. Zuckerwerk, etwa gr. σακχα-

ρικόν. j. Bez. I, 60ᵈ mit. R. Seüra fragte den
Sklaven des R. Judan Nasi: (l. מרק) סוחק הוא מרק
קונדיטון ביומא טבא אמר ליה אין וכל מיני
סיקריקון zerreibt dein Herr Gewürzspeisen am
Feiertage? Er antwortete ihm: Ja, ebenso auch
alle Arten von Zuckerwerk.

סִיקוּרְיָא, סִיקוּרָא masc. (gr. σικάριον = μάχαιρα, od. securis) scharfes Messer, Beil,
s. TW.

סִיקָר m. (gr. σικάριος, sicarius). Pl. סִיקָרין,
öfter סִיקְרִיקִין die Sikarier, Banditen, welche
jeden, der sich ihren Räubereien widersetzte,
tödteten; insbes. die römischen Sikarier zur
Zeit der Römerkriege in Judäa (vgl. Joseph. Jüd.
Alterth. 20, 8, 10 und Du Cange, Glossar. II, 1367),
welche sich auch jüdische Wüstlinge anschlossen, s. w. u. Auch später, ca. 100 Jahre nach
der Zerstörung (zur Zeit Rabbi's s. w. u.), gab
es solche Sikarier. — Ferner סִיקְרִיקוֹן 1) jus
sicarium (od. sicaricum): das Gesetz, das
man betreffs der von den Banditen geraubten Güter erlassen hat. — 2) (=σικά-
ριος, sicarius): Bandit, Räuber. — Machsch.
1, 6 die Jerusalemer, שטמנו דבילתן במים מפני
הסיקרין (Hai in s. Comment. liest הסיקריקין)
welche mit ihren dürren Feigen im Wasser verborgen hielten wegen der Sikarier. Bic. 1, 2
האריסין והחכורות והסיקריקין והגזלן וכ׳ die
Gärtner, die Pächter, die Sikarier und der Räuber dürfen nicht ihre Erstlingsfrüchte nach Jerusalem bringen, weil der Erdboden nicht ihr
Eigenthum ist (vgl. Ex. 23, 19, אדמתך). Git.
5, 6 (55ᵇ) לא היה סיקריקון ביהודה בהרוגי
מלחמה מהרוגי מלחמה ואילך יש בה סיקריקון
כיצד לקח מסיקריקון וחזר ולקח מבעל הבית מקחו
בטל מבעל הבית וחזר ולקח מסיקריקון מקחו
קיים ... זו משנה ראשונה בית דין של אחריהם
אמרו הלוקח מסיקריקון נותן לבעלים רביע ... רבי
הושיב בית דין ונמנו שאם שהתה בפני סיקריקון
י״ב חודש כל הקודם ליקח זכה אלא שנותן לבעלים
רביע in Judäa that während der Niedermetzelungen
zur Zeit des römischen Krieges (unter Titus)
das Räubergesetz (jus sicarium, vgl. Gem. das.
דין סיקריקון) noch nicht stattgefunden; sondern
erst nach den kriegerischen Niedermetzelungen
trat das Räubergesetz in Kraft. Worin bestand
letzteres? Wenn Jem. ein Grundstück zuerst
von dem Räuber und dann von dem Grundbesitzer gekauft hat, so war der Kauf ungültig
(weil anzunehmen ist, dass die Einwilligung des
Grundbesitzers nur aus Furcht erfolgt sei. Während der Kriegszeit jedoch, als das Leben des
Eigenthümers gefährdet war, wurde selbst ein
solcher zwangsweiser Verkauf als gültig angesehen, weil der Eigenthümer sein Feld gern hin-
gab, um nur sein Leben zu retten; welcher
Grund jedoch später wegfiel). Wenn er hing.
das Grundstück zuerst von dem Besitzer dessel-

ben und dann von dem Räuber gekauft hat, so ist der Kauf giltig; so nach der älteren Mischna. Ein späteres Gelehrtencollegium jedoch verordnete, dass Jem., der dem Räuber ein geraubtes Grundstück abgekauft hat, dem Grundbesitzer ein Viertel des Werthes zu zahlen habe (weil anzunehmen ist, dass der Räuber um so viel billiger verkauft hatte). Rabbi liess ein Gelehrtencollegium zusammentreten, welches verordnete, dass Jeder, der ein Grundstück, das sich bereits 12 Monate im Besitz des Räubers befand, gekauft hat, das Besitzungsrecht erlangt, dem ursprünglichen Besitzer jedoch ein Viertel des Preises zu zahlen habe. Vgl. j. Git. V, 47ᵇ ob.: In früherer Zeit verordneten die Römer eine völlige Vertilgung Judäas, weil sie eine Tradition ihrer Ahnen hatten, dass Juda den Esau (Stammvater Roms) getödtet habe (vgl. Gen. 49, 8; daher wütheten die Sikarier besonders in Judäa); letztere raubten den Israeliten ihre Felder und verkauften sie. ודהו בעלי בתים באין וטורפין והיתה הארץ חלוטה ביד סיקריקון נמנעו מליקח התקנין שלא יהא משום סיקריקון ביהורדה . . . גליל לעולם יש בו משום סיקריקון וכ׳ die Grundbesitzer kamen dann und entrissen (ihre Grundstücke den Käufern derselben); infolge dessen blieben die Felder, da man unterliess, sie zu kaufen, dem Sikarier verfallen; daher verordnete man, dass das Sikariergesetz in Judäa ungiltig sei. In Galiläa hat das Sikariergesetz immer Giltigkeit; für bewegliche Güter gilt das Sikariergesetz nicht u. s. w. Vgl. auch Tosef. Git. V (III). Tosef. Ab. sar. III (IV) נפל לו בסיקריקון וכ׳ wenn der Sklave eines Juden dem Nichtjuden durch Räubergewalt zugefallen ist, so zieht der Erstere frei aus.

סִיקְרָא ch. (=סִיקְר׳) der Sikarier. Git. 56ᵃ אבא סיקרא ריש ברוני דירושלם Abba, der Sikarier, Schwestersohn des R. Jochanan ben Sakkai, war das Oberhaupt der Wüstlinge Jerusalems. — Pl. j. Sot. V, 20ᵇ un. ר׳ אושעיא משער כהדא דסיקרין R. Oschaja berechnete jenes Mass nach dem der Sikarier, dessen sie sich näml. gew. bedienten.

סִיקוּרָיָיא, סִיקְוִרְיָיא m. pl. die Fleischer, die mit dem Messer (σίκα, sica) das Fleisch zerlegen. j. Schek. VII, 50ᶜ un. man fand eine Wurst נוקניקה s. d., betreffs deren man zweifelte, ob sie von jüdischen oder von nichtjüdischen Fleischern herrühre); אתא עובדא קומי ר׳ ירמיה אמר יחכמון סיקוורייא עבידתהון als diese Angelegenheit dem R. Jirmeja vorgetragen wurde, sagte er: Mögen die Fleischer ihre Waare prüfen, ob sie aus ihren Läden gekommen sei, oder nicht. In Agg. des bab. Tlmd. 12ᵇ steht סיקורייא dass.

סָיִיר Part. von סור, s. d.; ferner crmp. aus סָרִיד, s. סָרִיד.

סָיְיָרָא od. סְיָיאְרָא m. Adj. (von סור III) der Ausspäher, Untersucher. B. bath. 21ᵇ שאני דגים דיתבי סיירא (סייארא) bei den Fischen ist es etwas anderes (d. h. dürfen die Fischer von dem bereits aufgestellten Netz nur in der Entfernung einer Parasange ihre Netze aufstellen), weil die Fische einen Ausspäher bestimmen, etwa einen Majoratsfisch, der eine nahrungsreiche Stelle im Wasser aufsucht und dem alle anderen Fische nachschwimmen. Ar. ed. pr. vergleicht unser W. richtig mit תָּיִירָא, s. d. Alle anderen Erklärungen in Ar. und Raschi, z. B. סיירא bedeutet: das Zeichen, das die Fische einander geben u. dgl. m. sind nicht zutreffend.

סִירָא I סִירְיְנָא m. (hbr. סִרְיוֹן, שִׂרְיוֹן) Panzer, s. TW.

סִירָא II Sira, bes. בן סירא Ben Sira, Jesus Sirach, dessen Buch öfter im rabbinischen Schriftthum citirt wird. Snh. 100ᵇ. Chag. 13ᵃ u. ö., vgl. גִּלְדָּנָא u. m. B. kam. 92ᵇ jener Satz u. s. w. (vgl. עוֹף u. a.) משולש בכתובים kommt, ausser im Pentat. und in den Propheten, auch zum dritten Mal in den Hagiographen vor; worunter näml. das Buch des Ben Sira zu verstehen ist, vgl. Tosaf. z. St., s. auch יָרֵי, יָרֵה. — Genes. r. sct. 73 g. E. „Jakob sah das Gesicht Labans" u. s. w. (Gen. 31, 2) בר סירא אמר לב אדם ישנה ר״ש Bar Sira sagte: Das Herz des Menschen verändert sein Gesicht sowohl zum Guten, als auch zum Bösen. j. Chag. II, 77ᶜ ob. ר׳ לעזר בשם בר סירא וכ׳ R. Lasar sagte Namens(?) des Bar Sira. Genes. r. sct. 8, 8ᵈ dass., vgl. מוּפְלָא. Das. sct. 10, 10ᶜ, s. מְרַקֵּחַ. — j. M. kat. III, 83ᵇ un. סירא crmp., s. אַתְנַסְיָא.

סִירָה I f. (Stw. סור, זוּר; צוּר) eingeengter, eingeschlossener Raum; vgl. auch זִיר, זִירָה. Cant. r. sv. אל גנת 29ᵃ מה אגוז זה עשוי ד׳ מגזרות ודתסירה באמצע כך היו ישראל שרויין במדברב ד׳ דגלים ואהל מועד באמצע so wie die Wallnuss vier Fächer enthält und in deren Mitte ein weiter Raum eingeschlossen ist, ebenso lagerte Israel in der Wüste in vier Cohorten, in deren Mitte sich die Stiftshütte befand. Genes. r. sct. 41 Anf., 39ᶜ Sara sagte, als sie sich im Hause Pharao's befand: אברהם יצא בהבטחה ואני יצאתי באמנה אברהם יצא חוץ לסירה ואני בתוך הסירה Abraham zog aus Charan fort mit der göttlichen Versicherung (des Segens) und ich zog fort mit dem Glauben an die Erfüllung; Abraham ging aus dem Gefängniss (seines götzendienerischen Vaterhauses) hinaus, ich aber bin im Gefängniss (in dem Palaste Pharao's). Das. sct. 52 g. E. dass. Das. sct. 42, 41ᵇ „Sie nahmen den Lot" (Gen. 14, 12); כך עשו ללוט נתנו אותו בסירה נטלו אותו עמהם so verfuhren sie mit Lot, sie warfen ihn ins Gefängniss und nahmen ihn mit sich. Dafür auch אַסִירָא; mögl. Weise ist unser

W. in den hier zuletzt citirten St. davon verkürzt. — Uebrtr. Sifra Emor cap. 2 Par. 3 אידהו תבלול לבן פוסק בסירה ונכנס בשחור was ist unter תבלל (Lev. 21, 20) zu verstehen? Wenn das Weisse des Auges, seinen Raum durchbrechend, in das Schwarze hineindringt (also „Vermischung"). Bech. 38ᵃᵇ dass.

סִירָה II סִירָא, *f.* (=bh. סִיר) Dorn, Dornhecke. Bech. 37ᵇ u. ö. הסירה s. סוֹל. Ker. 15ᵇ ob. תוחבו בסירא וכ' der Arzt befestigt das theilweise abgeschnittene Glied des Aussätzigen an einen Dorn u. s. w. Snh. 49ᵃ (mit Ansp. auf מבור הסירה, massoret. T. הסרה, 2 Sm. 3, 26) בור וכירה גרמו לו לאבנר שיהרג die Cisterne und die Dornhecke waren die Veranlassung, dass Abner getödtet wurde. Ar. sv. בן 7 hat hierfür folgende, wahrsch. von den Gaonäern herrührende Erklärung: Saul war von der Zeit ab, als David ihm „den Spiess und den Wasserkrug" vorgezeigt hatte (1 Sm. 26, 7. 12 fg.), Willens, den David nicht mehr zu verfolgen. Abner jedoch widerrieth ihm, indem er sagte: Den Spiess und den Krug nahm David nicht etwa, wie er angiebt, unter deinen Häupten fort, sondern er holte sie von der Cisterne, wo sie die Knappen, als sie dorthin gegangen waren, um Wasser zu schöpfen, aus Vergessenheit liegen gelassen hatten. Hierauf sagte Saul: Zugegeben, dass David jene Gegenstände aus der Cisterne geholt, auf welche Weise aber erlangte er „den Zipfel meines Mantels" (1 Sm. 24, 5 fg.)? Abner entgegnete: Der Zipfel blieb am Dornbusch, als du an ihm vorübergegangen warst, hängen. Infolge dessen nun, dass Abner die Aussöhnung Saul's mit David verhindert hatte, verfiel er der göttlichen Todesstrafe. — Ar., der diese Erklärung aus j. Pea I und j. Sot. I citirt, hat wohl diese Stellen, die nur eine entfernte Aehnlichkeit mit jener Erklärung haben, blos vom Hörensagen, wahrscheinlich Namens des Hai Gaon, erfahren, da er, wie auch anderweit zu ersehen, den j. Talmud gar nicht gekannt hat. j. Pea I, 16ᵃ un. heisst es näml. אבנר למה נהרג . . . על שלא הניח לשאול להתפייס אמר דוד . . . אמר ליה מה את בעי מן גולגלוי דהדין בסירה הוערה וכיון שבאו למעגל אמר לו הלא תענה אבנר גבי כנך אמרה בסירה הוערה חניה וצפחת בסירה הוערו weshalb wurde Abner getödtet? Weil er den Saul abgehalten hatte, sich mit David auszusöhnen; er sagte zu ihm: Was willst du von dem Geschwätz jenes Menschen? Im Dorngebüsch blieb der Zipfel des Mantels hängen. Als sie jedoch in jener Truppenburg angekommen waren, sagte Saul zu ihm: „Willst du nicht antworten, Abner"? Hinsichtl. des Zipfels sagtest du, er sei am Dorngebüsch hängen geblieben; sind denn aber auch der Spiess und der Wasserkrug am Dorngebüsch hängen geblieben? j. Sot. I, 17ᵇ mit. Pesik. Par.

32 fg. Levit. r. sct. 26, 169ᶜ und Num. r. sct. 19, 237ᵇ dass. Raschi's Erkl. unserer St. in Snh. l. c. leuchtet durchaus nicht ein; so z. B. בור bedeute Wasserkrug, ferner: Abner hätte dem Saul wehren können u. dgl. m. Die oben citirte St. aus j. Tlmd. war, selbstverständlich, Raschi unbekannt. — Pl. Exod. r. sct. 30, 128ᶜ קוצים ודרדרים וסירָאוֹת Dornen, Disteln und Dornhecken.

סִירְתָא *chald.* (=vrg. סִירָה) Dorn, Dornhecke, s. TW. — Pesik. Schek., 11ᵇ „Der Weg des Trägen gleicht der Dornhecke" (Spr. 15, 19); זה עשו הרשע דהוא מדמה להדא סירתא דאת מפשר לה מן הכא והיא מתעריא מן הכא וכ' das zielt auf den Bösewicht Esau (Rom) hin, der, einem Dorn gleich, wenn du ihn hier losmachst, sich dort anhängt; so fordert auch Rom unaufhörlich bald diese, bald jene Steuer, vgl. אַרְכוֹן I. — Pl. Khl. r. sv. כי כקול, 86ᶜ R. Lewi bar Seïra schickte seinem öffentlichen Vortrag folgende Parabel voran (er hatte wahrsch. ein weniger angenehmes Organ, als die anderen Redner, die ihm hinsichtl. des Wissens nachstanden:) כל העצים כשהן דולקין אין קולן הולך ברם הלין סירְדָיָתָא כד אינון דלקן קולן מיזמר אף אנן אינן קיטסין alle anderen Bäume machen, wenn sie brennen, kein Geräusch; jene Dornen jedoch machen, wenn sie brennen, ein Geräusch; denn sie wollen anzuhören geben: Auch wir sind Hölzer! Jalk. II, 186ᵈ dass.

סִירִי, סירוי s. in סרי.

סִירוֹן *m.* (gr. σάρον) Unrath, Kehricht. Levit. r. sct. 16, 159ᵇ מאיר אומר לשון יוני ר' סורין הוא R. Meïr sagte: Die Worte סורין (Klgl. 4, 15) sind griechisch zu deuten: σάρον, σάρον, Unrath, Unräth! Thr. r. sv. סורו, 68ᶜ dass.

סִירוֹנִית *f.* (gr. Σειρήν) die Sirene, die im Mythos bekannte Seejungfrau, welche durch zauberischen Gesang die Seefahrer an sich lockt und tödtet. Sifra Schemini cap. 4 Par. 3 חיה זו חית הים הנפש להביא את הסירונית וכ' unter נפש החיה (Lev. 11, 10) ist das Seethier, unter auch die Sirene zu verstehen. Nach Ansicht des R. Chanina verunreinigt sie sogar durch das Zelten (אֲהִילָה s. d.); eine Unreinheit, die blos bei der Leiche eines Menschen stattfindet. Rabad liest סירוּנִי.

סִירִיקוֹן *m.* (gr. σηρικόν) Seide, seiden, eig. Serisch, von den Serern (Σῆρες), einem indischen Volke, von dem die Alten die erste Seide bekamen. Schabb. 20ᵇ השיראים והכלך והסיריקון die seidenen Kleider (die von der eigentlichen feinen Seide gefertigt sind), die grobe Seide und die faserige Seide. Men. 39ᵇ dass. Chag. 16ᵇ יצא מנחם מעבודה המלך ויצאו עמו שמנים זוגות

הלמידים לבושין סיריקון Menachem schied aus
dem Gelehrten-Collegium, sich dem königlichen
Dienste (des Herodes) widmend und mit ihm
schieden 80 Schülerpaare in Seide gekleidet aus,
vgl. מנחם und m. Aufsatz im Ozar nechmad III,
27 fg. Kidd. 31ᵃ un. פעם אחת היה לבוש סיריקון
של זהב einst war er (Dama ben Nethina) mit
golddurchwebtem Seidengewand bekleidet. — j.
Erub. V Anf., 22ᵇ u. ö. סיריקין, סיריק, s. in
סרק.

סִירִיקִי f. (gr. σηρική sc. τέχνη) die Seidenspinnerei. Jalk. II, 82ᵇ zu Ps. 8 הלך אביו
'ללמדו סיריקי וכ der Vater ging, um seinen
Sohn die Seidenspinnerei lehren zu lassen; s.
סילִיקְרָאות in 'סֹר.

סָךְ I m. (gr., viell. κάσις) Bruder. Ab. sar. 11ᵇ
einmal in 70 Jahren wird in Rom ein Fest in folgender Weise gefeiert: מביאין אדם שלם ומרכיבין
אותו על אדם חגר ... ומכריזין לפניו קירי פלסטר
(פלסתר) אחוה דמרנא זייפנא man bringt einen
gesunden Menschen, den man auf einen Lahmen
setzt (bildl. für Esau's, Roms Obermacht über
Jakob, der lahm wurde, Gen. 32, 32) und ruft
vor ihm aus: κάσις κυρίου πλαστήρ, der Bruder des Herrn ist ein Betrüger! (dieser griech.
Satz wird das. aram. übersetzt, näml. אחוה
דמרנא זייפנא, vgl. מָרָנָא und זייפנא. Wahrsch.
wollte man zu verstehen geben: Die Messianität
Jesu überwand den jüd. Messias.)

סָךְ II masc. (arab. شَكّ) eig. Anhang, Zusammenhang, dah. Summe, Anzahl. B.
hath. 21ᵇ סך מקרי דרדקי עשרין וחמשה ינוקי
die Anzahl eines Jugendlehrers (d. h. der Kinder, für die ein Lehrer genügt) beträgt 25 Kinder. (Kimchi in Schoraschim sv. erklärt davon
auch das bh. סך, Ps. 42, 5: „Volksmenge.") —
Denom.

סָךְ III od. סְכָא, Pa. סַכֵּי zusammenzäh-
len, summiren. B. bath. 166ᵇ אסוכי מסכי
בזוזא להו Ar. (Agg. מסכן) er summirt die einzelnen kleinen Münzen, Perutoth, zu einem Sus,
Denar.

סָבָא I סֵיבָא m. (Stw. סכך, hbr. שׂכך, arab. سَكّ
schneiden) Dorn. — Pl. סְכִּין (bh. שׂבִּים), s.
TW. — j. Taan. II, 65ᵇ mit. ישרא בהון כאילין
סִירָיֵיא „der Rechtliche unter ihnen gleicht jenen
Dornen" (Mich. 7, 4). — Fem. סִיכְּתָא Dornhecke, Gesträuch. j. Dem. I, 22ᵃ mit. die
Tochter jenes Frommen בסירתא אתעריית verwickelte sich, blieb hängen an einer Dornhecke
(=hbr. בסירה הוערה, vgl. סִירָה II. Frankel's
Emend. z. St. סורכא: Zweig ist unzulässig). j.
Schek. V, 48ᵈ un. בסירכא l. בסירתא dass.

סָבָא II סֵיבָא, סִיכְּתָא fem. (arab. سَكّ, syr.
ܣܶܟܬܳܐ, pl. ܣܶܟܶܐ, von سكّ, Grndw. סך, s. vrg.

Lævy, Neuhebr. u. Chald. Worterbuch. III.

Art.) 1) Pflock, eig. was sticht. Git. 32ᵃ אפילו
סיכתא דרפנא רפיא selbst der Pflock in der Wand
wackelte; weil er näml. infolge der Trockenheit
verdorrt war. Snh. 112ᵃ un. בסיכתא דתלי Ms.
M. und Ar. (Agg. בסיכבא) wenn die Locke am
Pflock hängt. Trop. Erub. 53ᵃ אנן כי סיכתא
בגודא לגמרא wir dringen so schwer in den Sinn
der Tradition ein, wie der Pflock in die Wand.
Ab. sar. 38ᵃ האי נכרי דשדר סיכתא לאתונא wenn
ein Nichtjude einen Pflock in den Ofen warf,
vgl. קַבָּר. — Pl. Git. 67ᵃ ob. ז סיכי מז נשורי
sieben Pflöcke von sieben Balken; ein Heilmittel
gegen Fieber. B. bath. 69ᵃ נקוטי בסירכי die
Balken sind an Pflöcke befestigt. — Uebrtr.
Jeb. 80ᵇ סיכי דיקנא Agg. (Ar. סיכא דדיקנא)
eig. die Pflöcke des Bartes, d. h. ein Spitzbart,
an dem einzelne Haartheile pflockähnlich herabhängen. — 2) Pfahl. Levit. r. sct. 22 Anf.
סיכא למסמך ביה גופנא Jalk. (Midr. Agg. סיכוא;
das. auch סיכא crmp. aus סיבא s. d.) der Pfahl,
womit man den Weinstock stützt. Schabb. 123ᵃ
סיכי זיירא die Pflöcke des Pressbalkens, vgl.
זַיָּר. — 3) (arab. سِكّ) Pflugsterze, Grabeisen an der Pflugschar. Thr. r. Einleit.,
50ᵈ תקיף ידיה אסיכתא er stemmte seine Hand
an die Pflugsterze. Davon auch Num. r. sct. 8,
197ᵃ סכן דפדן (viell. jedoch סַכָּן mit angeh.
Nun = arab. سِكّ clavus) die Spitzpfähle oder
Pflöcke der Pflugschar, die man den Staatsver-
brechern in die Kehle steckte, vgl. רימוסכות (woselbst jedoch Pfähle anst. Messer zu lesen ist).
Pesik. r. sct. 43, 47ᵇ סכה דפדן crmp. aus סבא
dass. — 4) das Gepräge auf Münzen, sowie der Stempel, womit man den Münzen
das Bild aufprägt. B. kam. 99ᵇ un. טעו
בסיכתא חדתא דההיא שעתא דנפק מתותי סיכתא
sie irrten sich betreffs des neuen Geprägees,
denn die Münze kam eben von dem Stempel
hervor.

סְכָה סכי (Grundbedeut. ist stechen, vgl.
סְכָא; übrtr.) mit dem Auge fixiren, dah.
sehen, schauen (von dem Grundw. סך, entstand auch סָכַל, vgl. u. m. a.). Meg.
14ᵃ יסכה זו שרה ולמה נקרא שמה יסכה שסכתה
ברוח הקודש unter יסכה (Gen. 11, 29) ist Sara
zu verstehen; weshalb wurde sie auch Jiska genannt? Weil sie mittelst des heiligen Geistes
schaute. Das. nach einer andern Deutung: יסכה
שהכל סכין ביופיה sie wurde Jiska genannt, weil
Alle ihre Schönheit anschauten. Levit. r. sct. 1
Anf., 144ᵈ חבר אבי סוכו שהיה אביהן של
הקודש נביאים שסוכים ברוח „Cheber (nach der
Agada ein Beiname des Mose), der Vater des
Socho" (im massoret. Text שוכו, 1 Chr. 4, 18),
d. i. er war der Vater, Lehrer der Propheten,
welche mittelst des heiligen Geistes schauten,
vgl. סָבָא. Nid. 24ᵇ סכויין richt. s. סבוראין,

סָבָא ,סְבִי *ch.* (syr. ‎, s. Pa. = סָכָה) schen, schauen. Bech. 7, 3 (43ᵇ) in der Mischna סכי שמש eig. ein die Sonne Schauender; euphemist. für eine gewisse Art der Blindheit (vgl. בָּרַק ,נְהוֹר u. m. a.). So nach der Erkl. des R. Josef das. 44ᵃ סכי שמש ein die Sonne Scheuender, Heliophob. Vgl. jedoch Tosef. Bech. V Anf. איזה הוא סכי שמש שרואה את החדר ואת העליה כאחת was ist unter סכי שמש zu verstehen? Jem., der das Zimmer und den Söller zu gleicher Zeit sieht, ein Schielender. Diese letztere Eigenschaft wird in der M. l. c. als eine andere Art von Blindheit angegeben. — Levit. r. sct. 34, 178ᵃ der Arme heisst סכי בר, weil er nach palästinischer Redensart, sagt: אסתכל בי סכי בי מה הוינא ואסתכל בי מה אנא schaue auf mich und betrachte mich! schaue auf mich, was ich früher war (ebenso reich wie du) und betrachte mich, was ich jetzt bin, hilfsbedürftig. j. Taan. IV, 68ᵇ mit. סכון מיעל עד די איממא achtet darauf, dass ihr eintreffet, so lange es noch Tag ist.

Ithpe. אִסְתְּכֵי 1) schauen, s. TW. — 2) hoffen. Snh. 94ᵇ ob. עד הכא לא תיסתכי ליה bis zu jener (dort angegebenen) Zeit hoffe nicht auf die Ankunft des Messias (weil er bis dahin gewiss nicht kommen wird); aber von der Zeit ab hoffe auf ihn.

Pa. סַפֵּי (syr. ‎) auf Jemnd. oder auf etwas schauen, dah. erwarten, hoffen, s. TW. — Keth. 62ᵇ הות מסכיא דביתהו דרב רחומי אתי השתא אתי seine (des R. Rechumi) Frau hoffte, jetzt kommt er! jetzt kommt er! Midr. Tillim zu Ps. 105, 38 „Egypten freute sich, als Israel fortzog." משל לבעל בשר שהיה רוכב על החמור חמרא מסכי אימת נחית ליה מיניה ואיהו מסכי אימת ניחות מן חמרא וכ' ein Gleichniss von einem wohlbeleibten Mann, der auf einem Esel ritt; der Esel sehnte sich darnach, dass jener von ihm absteige und letzterer sehnte sich darnach, dass er vom Esel herabkomme; als er nun abgestiegen war, so freute sich der Mann und es freute sich der Esel.

סוּבָה s. hinter סָבַךְ. — **סוּבָה** s. in סוּ'.

סַבְוָיָא ,סַבְוָאָה *masc.* Adj. Jem., der beobachtet, aufpasst, Wächter, speculator, s. TW. — j. Ber. IX, 13ᶜ ob. (zur Erkl. von שׁוֹכֵר Hi. 38, 36) ברומי צווחין לתרנגולא סבוייא Ar. (Agg. סכוי) in Rom nennt man den Hahn: Wächter. In der Parall. R. hasch. 26ᵃ סכוי Ar. (Agg. שכוי).

סָכוּתָא *f.* 1) das Sehen, die Aussicht. — 2) Hoffnung, s. TW. — 3) Sachutha, Name eines Ortes (vgl. bh. שָׂכוּ, 1 Sm. 19, 22, ebenf. ein Ortsname). j. M. kat. I, 80ᵇ un. כההיא דבני דסכותא וכ' wie jene Badestelle in Sachutha. Var. מסותא minder richtig.

סִיבוּי ,סְבוּ *m.* N. a. 1) Hoffnung, Aussicht. Sifra Achre g. E. cap. 13 אני סכוויך ich, Gott, bin deine Aussicht. Jom. 72ᵃ du könntest denken, בטל סבויין וכ' dass ihre Hoffnung geschwunden sei. Erub. 21ᵇ ob., s. סְבַר. — 2) Sehnsucht, d. h. Jem., nach dem man sich sehnt. Cant. r. sv. גן נעול, 24ᵃ ברוני סברוני סכווי mein Sohn, meine Hoffnung, meine Sehnsucht! Pesik. Beschallach, 83ᵃ steht סברוני סכווי anst. סברוני Ar. sv. ברן 3 סכווי crmp. ‎, vgl. סכיווי ‎.

סְבַוְיָא *ch.* (syr. ‎ = סכווי) Hoffnung, Sehnsucht, s. TW.

סַכְיוֹן *m.* Jem., nach dem man sich sehnt. Pesik. Beschallach, 83ᵃ, s. vrg. Art., vgl. auch סַבְרוֹן.

סַכְיָא *m.* Adj. der Seher, Schauer; dah. (=hbr. צֹפֶה) Prophet. Levit. r. sct. 1, 144ᵈ (mit Bez. auf סוכו, massoret. T. שוכו, 1 Chr. 4, 18, vgl. סָכָא אבר הוא ערבי לשון אמר לוי ר' סכיא לבריא קורין בערביא R. Lewi sagte: Das Wort ist arabisch, denn in Arabien nennt man den Propheten: Seher (?). — Khl. r. sv. טובה חכמה, 93ᶜ wird המזכיר (2 Kn. 18, 18) übersetzt סכיא: der Aufseher (die Emend. סביא ist unrichtig).

סָכַךְ (=bh.) Grndw. סך, bh. שׂוֹךְ, syn. mit סג, vgl. סגג; eig. verwickeln, flechten, einschliessen; dav. auch סָבַר ,סָגַר u. a.; übrtr. bedecken, bedachen, eig. mit geflochtenem Gewebe oder mit Matten zudecken (wov. wohl trnsp. פָּסָה). Ber. 62ᵇ, s. Hif. nr. 2.

Hif. הֵיסֵךְ 1) weben. Schabb. 73ᵃ הצובע והטווה והמיסך Jem., der die Wolle färbt, sie spinnt oder webt. Vgl. j. Schabb. VII, 10ᶜ ob. איתתא דהוה מיסך הדא הות קורנן כד משתריא בקורבא משום מיסכא ... ההן דעביד קופין כד צמר משום מיסך Jem., der Rohrmatten am Sabbat anfertigt, ist wegen Webens (eig. weil er ein Webender ist) straffällig; ein Weib, das den Einschlag in den Aufzug wirft, ist wegen Webens straffällig; wer Körbe anfertigt, ist, beim Anbringen des Randes, wegen Webens straffällig. Das. ö. Tosef. Schabb. VIII (IX) המיסך שלשה חוטין וכ' Jem., der drei Fäden webt u. s. w. — 2) bedecken. Ohol. 8, 2. M. kat. 5ᵇ u. ö. אילן המיסך על הארץ ein Baum, der die Erde bedeckt, vgl. סְכָכָה. — 3) trop. mit nachflg. רגל (=bh. 1 Sm. 24, 4) eig. die Füsse bedecken, euphem. für: seine Nothdurft verrichten. Der Euphemismus dürfte darin bestehen, dass מיסך רגליו für הסך רגליו ‎ פרע seine Schamtheile entblössen, aufdecken, steht (wie בָּרַק ,בְּרֵק ,חַוַּר ,נְהוֹר u. v. a. für blind sein, s. d. W., vgl. auch כָּהָה). Jom. 3, 1 (28ᵃ) כל המיסך רגליו טעון טבילה (neben מים הטיל: uriniren) wer in einem Tempelzelt seine Nothdurft verrichtet hat, muss baden.

j. Ber. IX, 14ᵇ un. המויכך את רגליו הרי זה הופך
פניו כלפי דרום wer seine Nothdurft auf dem
Felde verrichten will, wende sich mit dem Gesichte nach Süden; weil näml. der Tempel im
Süden ist; vgl. Ber. 61ᵇ wo הנסכה für המויכך
steht. Seb. 20ᵇ u. ö. — Ber. 62ᵇ wird לחסך
(1 Sm. l. c.) erklärt: שכסך עצמו כסוכה er bedeckte seinen Körper (viell. seine Füsse, mittelst
seiner Kleider) wie mit einer Hütte. Ar. sv.
סך 2 bemerkt: Die Bibelkundigen erklären unser
W. durch יציקה ונמר „Ergiessen, Ausleeren".
Derselben hbr. Worte hatte sich bereits Menachem ben Saruk in s. hbr. Lex. sv. bedient und
zw.=נָסַךְ.

Pi. סִכַּךְ bedecken, bedachen. Men. 97ᵃ
wird יסך (Ex. 25, 29) erklärt: die Röhren,
שמסככין בהן את הלחם womit man die Schaubrote bedeckt, vgl. סוּכָּה. j. Kil. II g. E., 28ᵇ
אין מסככין אותה על גבי זרעים man darf ihn
(den griechischen Kürbis) nicht über Saaten
ziehen, decken u. zw. wegen Mischpflanzung. j.
Maasr. V, 51ᵈ un. סיכך על גבם er zog eine Decke
über die Saaten; vgl. jedoch סָבַךְ. Part. pass.
Genes. r. sct. 42, 41ᵃ עמק סוכות שהוא מסוּכָּךְ
באילנות „das Thal Sukkoth" (Ps. 60, 8) wurde
so benannt, weil es von Bäumen bedeckt, beschattet ist. Sot. 48ᵃ בית המסוכך בארזים ein
Haus, das mit Cedern bedacht ist. Levit. r. sct.
14 g. E. סככתני אינו אומר אלא תסוככני וכ'
die Schrift sagt nicht: Du bedecktest mich, sondern: „Du wirst mich bedecken" (תסוככני,
Hi. 10, 11), das bedeutet: in der zukünftigen
Welt. Thr. r. sv. פרשה, 59ᵈ (mit Bez. auf בסך
Ps. 42, 5) למשעבר הייתי עולה ואילונים מסככות
על ראשי וכשטיו תלויה לשמש in früherer Zeit
wallfahrtete ich und die Bäume bedeckten,
beschatteten mein Haupt; jetzt hing. bin ich der
Sonnengluth ausgesetzt; vgl. auch סָךְ II. — Insbes.
oft vom Bedachen der Festhütte. Suc.
4ᵇ fg. סיכך על גבן er legte das Laubdach über
die Stangen. Das. 11ᵃ זה הכלל כל שהוא מקבל
טומאה ואין גידולו מן הארץ אין מסככין בו וכל
שאינו מקבל טומאה וגידולו מן הארץ מסככין בו
Folgendes gilt als Regel: Mit allen Dingen, die
Unreinheit annehmen können und deren Wachsthum nicht aus der Erde ist, darf man die Festhütte nicht bedachen (so z. B. sind Rohrmatten,
leinene Gewänder u. dgl., obgleich ihre Stoffe
aus der Erde wachsen, zum Bedachen der Festhütte untauglich; weil sie durch Berühren unreiner Gegenstände unrein werden, vgl. bes. סָבַךְ);
mit allen Dingen aber, die nicht Unreinheit annehmen und deren Wachsthum aus der Erde
ist, darf man die Festhütte bedachen. j. Schabb.
II, 4ᵈ mit . . . . מסככין בו כל היוצא מן העץ
מן הפשתן mit Allem, was vom Baume חוץ
kommt, darf man die Hütte bedachen, mit Ausnahme des Flachses. Suc. 8ᵇ fg. מְסוּפֶּכֶת s. סוּכָּה.

Nithpo. beschattet werden. Trop. Tanch.
Wajakhel, 124ᵇ סוכתים שנִסְתּוֹכְכוּ ברוח הקדש

sie (die Rechabiten) hiessen שׁוֹכְתִים (1 Chr. 2, 55),
weil sie vom heiligen Geist beschattet wurden.
Sifre Behalotcha § 78 steht dafür סוכתים שהיו
יושבין בסוכות sie hiessen שׁוֹכְתִים, weil sie in
Hütten wohnten; vgl. Jer. 35, 7.

Pilp. סִכְסֵךְ (=bh.) anschlagen, anstrei-
fen, anlecken, ansengen. Schabb. 21ᵃ אור
מסכסכת בהן das Feuer schlägt (leckt) an die
Dochte, die aber, weil sie aus schlechten Stoffen bestehen, sich nicht entzünden. B. kam. 6ᵃ
ליחכה נירו וסכסכה אבניו das Feuer leckte
seinen Acker und schlug an seine Steine, infolge
dessen die Beete und der Zaun beschädigt wurden. j. B. kam. VI, 5ᵃ ob. ספסדה אבניו viell.
zu lesen סכסכה. B. kam. 22ᵃ במסכסכת כל
הבירה wenn das Kamel (das mit Flachs beladen war, der zu brennen anfing) den ganzen
Palast, an dem es vorüberging, anleckte. Genes.
r. sct. 67 Anf. (mit Ansp. auf חרך, Spr. 12, 27)
כל אותו היום חלק צבאים וכופתן ומסכסכן
בא ומתירין רעופות ומסכסכן ומלאך בא ומפריחן
während jenes ganzen Tages (als Esau seinem
Vater Wildpret bringen sollte) fing Esau Gazellen und band sie, die aber ein Engel, der herbeikam, losmachte; er fing Vögel und sengte sie
(streifte sie mit Feuer an), die aber ein Engel,
der herbeikam, flügge machte. Chag. 15ᵇ מיד
ירדה אש וסכסכה ספסלו של רבי alsbald kam
ein Feuer vom Himmel herab und leckte an
den Sessel Rabbis; näml. zur Strafe dafür, dass
er den verstorbenen Elischa ben Abuja veräcbt-
lich erwähnt hatte. — Nid. 25ᵇ במה בודקין
אותו . . . מביא קיסם שראשו חלק ומגניע לאותו
מקום אם מסכסכו בידוע שזכר הוא ואם לאו בידוע
שנקבה היא auf welche Weise ermittelt man, ob
das Weib mit einem Knaben oder mit einem
Mädchen schwanger ist? Man nimmt ein Stück
Holz, dessen oberer Theil glatt ist und schüttelt ihn an den Genitalien; wenn jenes an einen
Körper anstösst, so ist es bestimmt ein Knabe
(dessen männliches Glied angestossen wird), wenn
es aber nicht anstösst, so ist es bestimmt ein
Mädchen; vgl. auch מְסַכְסֵכָה.

סִבּוּךְ, סָבוֹךְ m. N. a. 1) das Bedachen,
Bedecken. j. Kil. II Ende, 28ᵇ סיכוך שאמרו
בנגד das Bedachen (d. h. Ziehen des Kürbisses
über Saaten, s. d. Verb.), wovon die Gelehrten
sprachen, ist blos dann verboten, wenn die Pflanzen einander berühren. — 2) Bedachung,
insbes. das Laub- oder Rohrdach der
Festhütte. j. Ber. VII Anf., 11ᵃ. j. Suc. I
Anf., 51ᵈ ob. הרחיק את הסיכוך מן הדפנות שלשה
wenn man das Laubdach drei נפחים פסולה
Faustbreiten von den Wänden entfernt gelegt
hat, so ist die Hütte nicht rituell. Suc. 17ᵃ
בית שנפחה וסיכך על גביו אם יש dass. Das.
מן הכותל לסיכוך ד' אמות פסולה ein Haus,
dessen Dach in der Mitte schadhaft geworden
und man auf die schadhafte Stelle ein Laub-

dach gelegt hat (d. h. die ursprüngliche Decke blieb in der Nähe der Wände ganz und das Laubdach wurde auf den inmitten der Decke befindlichen Riss gelegt), so ist die Hütte, wenn die Entfernung zwischen der Wand und dem Laubdach vier Ellen beträgt, nicht rituell. Das. 11ᵃ. 19ᵇ מחצלת קנים גדולה עשאה ... לסיכוך מסככין בה ואינה מקבלת טומאה mit einer grossen Rohrmatte, die man ursprünglich behufs Bedachung anfertigte, darf man die Festhütte bedachen und jene nimmt auch keine Unreinheit an; weil sie näml. nicht als ein „Gefäss" angesehen wird, vgl. Gem. z. St. Num. r. sct. 3 Anf. חריות לסיכוך die dürren Zweige der Palme werden zur Bedachung verwendet.

סָכָךְ m. die Laub- oder Rohrbedachung, Hüttenbedachung. j. Maasr. V, 51ᵈ un. דרע בבית והעביר הסכך וסיכך על גביו wenn Jem. Saaten im Hause aussäete, sodann aber die Bedachung, die jene Saaten gezogen haben, entfernte und darüber ein anderes Dach legte. j. Erub. I, 19ᶜ un. סוף סכך das Ende der Bedachung, das näml. die Wand berührt. j. Suc. I, 52ᵇ un. מסמולה שבגורן ושביקב את עושה לך סכך nur aus den Abfällen „in der Tenne und der Kelter" (Dt. 16, 13) darfst du die Bedachung der Festhütte anfertigen. Davon sind z. B. Thierhäute, wachsende Pflanzen u. dgl. ausgeschlossen, s. auch das Verb. Dav. Suc. 17ᵃᵇ fg. סכך כשר ... סכך פסול die rituelle Bedachung der Festhütte, die nichtrituelle Bedachung derselben. — Pl. j. Suc. I, 52ᵇ mit. שני סככין זה על זה zwei Bedachungen, eine oberhalb der anderen.

סְכָכָא ch. (=סָכָךְ) die Hüttenbedachung. Snh. 4ᵇ ר' שמעון סבר סככא לא בעי קרא ורבנן סברי סככא בעי קרא R. Schimeon ist der Ansicht, dass die Nothwendigkeit der Bedachung der Festhütte nicht erst aus einem Bibelvers erwiesen zu werden brauche (da es ohne Bedachung keine wohnliche Hütte giebt); die Rabbanan hing. sind der Ansicht, dass für die Nothwendigkeit der Bedachung ein Bibelvers nöthig sei. Dort wird näml. behauptet, dass die gedachten beiden Autoren der Lesung der Schriftworte für massgebend halten, vgl. אם; infolge dessen werden die drei Worte סכת סכת סכות, die beim Hüttenfeste vorkommen, gleich sechs Bezeichnungen angesehen, näml. =סוכות סוכות pl. (2+2+2). Da nun ein W. סוכות nöthig ist, um die Pflicht der Festhütte anzugeben, so bleiben nach Ansicht des R. Schimeon, der für die Nothwendigkeit der Bedachung keinen Bibelvers nöthig hat, vier Bezeichnungen, welche von ihm dazu verwendet werden, dass die Festhütte vier Wände (für die vierte genügt das Mass einer Faustbreite) haben müsse. Nach Ansicht der Rabbanan hing., welche auch für die Be-

dachung eine Bezeichnung nöthig haben, verbleiben blos drei Bezeichnungen, welche dazu verwendet werden, dass die Hütte drei Wände (die dritte mangelhaft) haben müsse. Suc. 6ᵇ und Scb. 38ᵃ סבבה בעיא קרא fem. crmp.

סְכָכָה f. (eig.=סְכָךְ; vgl. bh. סְכָכָה, Jos. 15, 61, Sechacha, ein Ortsname) die Bedachung, die ein wachsender Baum bildet. — Pl. Ohol. 8, 2 הסככות והפרעות wird das. erklärt: אלו הן הסככות אילן שהוא מיסך על הארץ והפרעות das סככות bedeutet einen Baum, der mit seinen herabhängenden Zweigen die Erde bedeckt; פרעות bedeutet Gegenstände (Steine, Hölzer oder auch Dorngesträuche), die vom Zaun (oder der Wand) abstehen und nach der Strasse zu gewendet sind. Man pflegte näml. auf die Gartenmauer Steine oder Gesträuche zu legen, die breiter als die erstere waren und von ihr hervorragten. Nas. 54ᵃᵇ. Tosef. Ahil. IX. Tosef. Nid. IX mit. u. ö. das. — j. Schebu. II, 33ᵈ mit. j. Ab. sar. II Ende, 42ᵃ הן סככות הן פרעות d. h. ihre gesetzlichen Bestimmungen sind gleich.

סוּכָּה f. (=bh. סֻכָּה von סָכַךְ) 1) Hütte, insbes. oft die Festhütte am Sukkothfeste. Maasr. 3, 7 סוכת גנוסר die Hütte zu Genezaret, einem Orte, wo viel Obst wuchs, zu dessen Bewachung mehrere Hütten in den Gärten für die Wächter aufgestellt wurden, in welchen auch die Hausgeräthe und Hausthiere sich befanden. Das. סוכת החג die Festhütte. Suc. 2ᵃ fg. סוכה שחמה מרובה מצלחה פסולה eine Festhütte, in welche mehr Sonne als Schatten eindringt, ist nicht rituell; s. auch דבל. Das. 8ᵇ סוכת גוים סוכת נשים סוכת בהמה סוכת כותיים וכ' die Hütte der Nichtjuden (die gew. zum Sommeraufenthalt diente), die Hütte der Weiber (Toilettenzimmer), die Hütte des Viehs (Stallung), die Hütte der Samaritaner (welche das Gebot des Wohnens in der Festhütte nicht beobachteten). Das. סוכת רועים סוכת קייצים סוכת בורגנין סוכה שומרי פירות סוכה מכל מקום כשרה ובלבד שתהא מסוככת כהלכתה die Hütte der Hirten (in welcher sich, während ihre Schafe weiden, vor der Sonne schützen), die Hütte derjenigen, die ihre Früchte zum Trocknen ausbreiten, die Hütte der Stadtwächter, die Hütte der Wächter der Früchte, sowie überhaupt jede Hütte darf, obgleich sie nicht als Festhütte aufgestellt wurde, am Feste benutzt werden, wenn sie nur rituell bedacht ist, s. vrg. Artt. Das. 9ᵃ סוכה ישנה die alte Hütte, die näml. 30 Tage vor dem Feste aufgestellt wurde. Num. r. sct. 4, 189ᵈ wird ונסכתיו אשר יסך בהן (Ex. 25, 29) erklärt: אלו הקנים ... שהיו מעמידין את הלחם כמין סוכה שכל חלה וחלה נעשית סוכה לזו שהיא תחתיה das sind die Röhren, welche die Schaubrote wie eine Bedachung festhielten; denn jedes Brot wurde eine Bedachung für dasjenige, das

unter ihm lag; vgl. bes. חָיָה. — Pl. Suc. 8ᵇ שתי סוכות של יוצרים וכ' die zwei Hütten der Töpfer, vgl. יָצַר. — Dav. rührt auch der Name des Talmud-Tractats סוכה, Succa her, der in fünf Capiteln von dem Hüttenfeste u. zw. in Cap. 1 und 2 von der Festhütte, in Cap. 3 und 4 vom Feststrauss und in Cap. 5 von der Festfreude handelt. — 2) Snh. 63ᵇ wird der Name des Götzen סכות בנות (2 Kn. 17, 30) erklärt תרנגולת, also eig. die Henne die ihre Küchlein beschattet. j. Ab. sar. III, 42ᵈ ob. steht dafür (ופרחיה) תרנגולתא ואפרוחיה Ar. (Agg. die Henne sammt ihren Küchlein. Mögl., dass man סכות mit סַכְוָיא (Nebenbenennung des Hahnes, s. d. W.) identificirt hat; wofür namentl. die LA. in Snh. l. c. זה תרנגול (vgl. Dikduke z. St.) sprechen würde.

סְכוֹכִית f. (=bh. שְׂכוֹכִית, Hi. 28, 17, chald. וְכוֹכִיתָא; so im Bibel-Ms. der hiesigen Stadtbibliothek, vgl. TW. I, 221ᵇ; ebenso Cod. Complut., nach der Form צלוֹכִית; vgl. Delitzsch' Compl. Varr. und Rückblickende Bemerk. desselben) Glas. Stw. סכך=זכך, זגג, s. זכי, זְכָה: lauter, klar sein. Tosef. Schabb. VIII (IX) (וכוכית) המוציא סכוכית וכ' ed. Zuckerm. (a. Agg. wenn Jem. am Sabbat Glas hinausträgt u. s. w. Schabb. 81ᵃ סכוכית כדי לגרור בה וכ' Ms. M. (Agg. בה . . . וכוכית) Glas von der Grösse, dass man damit die Spitze einer Weberspule abschaben kann. Nas. 53ᵇ אבן הסכוכית (=אבן מסמא s. d.) Glasstein. Nach einer anderen Erkl.: ein Stein, der ein Grab bedeckt (vom vrg. סָכַך. Demnach würde auch אבן מְסַמָּא bedeuten: ein Stein, womit man Gegenstände bedeckt, d. h. unsichtbar macht, eig. blendet). — Pl. Tosef. B. kam. II mit. המצניע קוצים וסְכוֹכִיּוֹת בתוך כותלו של חברו ed. Zuckerm. (a. Agg. וזכוכית) wenn Jem. Dornen und Glasstücke in der Wand eines Andern aufbewahrt.

סָכַל (=bh. שָׂכַל, Grndw. סך, s. סכי, סכך) sehen, schauen. Im bibl. Hebr. hat שׂכל die übrtr. Bedeut.: mit dem geistigen Auge, mit dem Verstande sehen, einsehen.

Hithpa. und Nithpa. 1) auf etwas genau sehen, scharf betrachten. Kidd. 40ᵃ un. המסתכל בקשת wenn Jem. den Regenbogen betrachtet. Snh. 92ᵃ המסתכל בערוה וכ' wenn Jem. auf die weibliche Scham genau hinsieht u. s. w., vgl. קָשָׁה. B. bath. 58ᵃ und Chull. 91ᵇ, s. דִּילָקֵן. Ber. 10ᵃ נסתכל בכוכבים David betrachtete die Sterne, er blickte auf den Todestag hin. — 2) trop. nachdenken. Chag. 11ᵇ כל המסתכל בארבעה דברים וכ' wer über vier Dinge nachdenkt, näml. was oben, was unten, was vor der Schöpfung war und was später sein wird, für den wäre es besser, wenn er nicht in die Welt gekommen wäre, vgl. רָתָה, רתי. Aboth 3, 1 הסתכל בשלשה

denke über דברים ואי אתה בא לידי עבירה וכ' drei Dinge nach, sodann wirst du der Sünde entgehen, näml. woher du abstammst, wohin du gehst und vor wem du einst Rechenschaft abzulegen hast. — Meg. 2ᵃ un. אמר ר' יהודה אימתי בזמן שהשנים כתיקנן וישראל על אדמתם אבל בזמן הזה הואיל ומסתכלין בה אין קורין אותה אלא בזמנה R. Juda sagte: Wann hat das Verlesen der Megilla an den Tagen (Montag und Donnerstag), die dem Purimfeste vorangingen, stattgefunden? Als die Jahre nach der Ordnung festgesetzt wurden und Israel in seinem Lande wohnte (d. h. als die Festsetzung des Kalenders von Jerusalem ausging und das Gelehrtencollegium nach den entferntesten Gegenden hin durch Abgesandte die Einsetzung des Neumondes Nisan verkündigte, wodurch man wusste, wann der 15. Tag desselben Monats trifft, um an ihm das Pesachfest zu feiern). In unserer Zeit hing., in welcher man lediglich auf das Verlesen der Megilla schaut (um sich darnach zu richten, näml. das Pesachfest 30 Tage nach dem Verlesen der Megilla zu feiern), darf man sie blos in der festgesetzten Zeit, näml. am 14. resp. am 15. des Adar, verlesen. Denn würde das Verlesen einige Tage früher stattfinden, so würde man auch das Pesach um so viele Tage früher feiern. — Die Erkl. Alfasi's und Ar.'s, vgl. auch R. Ascher z. St., הואיל ומסתכלין בה bedeute: weil die Armen schauen, hoffen auf das Verlesen der Megilla, zu welcher Zeit ihnen die Armengaben vertheilt werden, leuchtet deshalb nicht ein, weil dieser Nachsatz nicht als Ggs. zu שנים כתיקנן passt. Ueber die LA. ומסתכנין, s. סָכַן.)

סְכַל ch. (=סָכַל) einsehen, erkennen, wissen, s. TW. Im Syr. � nur in der Bedeut. thöricht sein. Das W. dürfte die entgegengesetzten Bedeutungen in sich fassen, wie bh. קָלַס schmähen und nh. קִלֵּס loben; בָּסַם, ch. בְּסִים lieblich, schmackhaft sein, und בְּסִים Essig; vgl. auch Ithpael nr. 2, ferner חַל III u. m.

Ithpa. 1) auf etwas sehen, genau betrachten, und übrtr. verständig werden, zur Einsicht kommen. j. Ter. VIII, 46ᵃ mit. הוה כלבא מסתכל ביה . . . הוה חיוי דביתא מסתכל ביה der Hund schaute auf ihn, die Hausschlange schaute auf ihn, vgl. auch רְפַשׁ, נַפְשָׁא. Genes. r. sct. 86 g. E. מסתכלין אתון במה דעלכון ואתון לא מסתכלין במה דעליכון וכ' ihr sehet auf das, was die Bärin als Putz trägt, ich aber sehe u. s. w., vgl. דֻּבָּא. j. Keth. XII, 35ᵇ ob. תלה עינוי מסתכלא er erhob seine Augen, um zu sehen. j. Kil. IX, 32ᶜ ob. dass. Pes. 113ᵇ אינהי מסתכלא בהו ואינהו לא מסתכלי בהו sie (die Buhlerinnen, die von den Schuhmachern Schuhe kauften) betrachteten die Letzteren; diese aber erhoben nicht ihre Augen, um die Ersteren zu betrachten. —

2) (hbr. נִכְסַל Nif.) thöricht sein, thöricht handeln, s. TW.

Af. אַכְסֵל (hbr. הִשְׂכִּיל, syr. ‏ܐܣܟܠ Pa.) 1) zur Einsicht bringen, belehren. — 2) (hbr. הִסְכִּיל) thöricht handeln, s. TW.

סָכְלָא‏, סַכְלָא m. Adj. (syr. ‏ܣܰܟܠܐ, hbr. סָכָל) thöricht, Thor, Sünder. Uebrtr. B. bath. 126ᵇ בוכרא סכלא eig. ein thörichter Erstgeborener, d. h. der nur der Erstgeborene seiner Mutter, aber nicht seines Vaters ist, vgl. בּוּכְרָא I. — Fem. סַכְלְתָא ein thörichtes Weib, s. TW.

סוּכְלָא m. (syr. ‏ܣܘܟܠܐ, hbr. שֵׂכֶל) Einsicht, Verstand. — סִיבוּלָא m. dass., s. TW.

סוּכְלְתָנָא‏, סוּכְלְתָן m. Adj. (syr. ‏ܣܘܟܠܬܢܐ) 1) verständig, der Verständige, Vernünftige. — 2) Verständniss, Vernünftiges, s. TW.

סוּכְלְתָנוּתָא f. (syr. ‏ܣܘܟܠܬܢܘܬܐ) Verstand, Vernunft. Schabb. 30ᵃ ob. אנת שלמה אן חכמתך אן סוכלתנותך וכ׳ du Salomo, wo ist deine Weisheit, wo deine Vernunft u. s. w.? vgl. סָתַר, s. auch TW.

סַכְלָנוּתָא fem. dass. Vernünftiges, Verständiges. Khl. r. sv. תרתי‏, 75ᶜ wird ולאחז ולאחוז בסכלנותא (Khl. 2, 3) gedeutet: Verständiges zu ergreifen.

סְכוֹלַסְטִיקָא m. (gr. σχολαστικός, scholasticus) Schullehrer, Advokat. Pl. Cant. r. sv. אמרתי אעלה‏, 31ᶜ wird סגניא (Dan. 3, 27) erklärt: סְכוֹלַסְטִיקֵי die Lehrer oder Advokaten. Mit א prosthet. אֲסְכּוֹלַסְטִיקָא d.

סְכַם (Grndw. סך s. d., arab. سَكَّ, dav. auch סְכַן mit angeh. Nun) eig. anhangen, mit etwas zusammenhängen; übrtr. nahe, am nächsten sein. Mac. 22ᵃ in der Mischna מניין שהוא סוכם את הארבעים Ms. M. (ebenso Raschi z. St. und in Gem. das. 22ᵇ; Agg. in ersterer St.=Sifre Teze § 286 סמוך לארבעים) diejenige Zahl, welche der Zahl 40 am nächsten ist, daran grenzt, d. h. 39, vgl. מְכַם.

Hif. הִסְכִּים annähern; übrtr. zusammentreffen, übereinstimmen. Sifra Wajikra cap. 4 Par. 4 R. Tarfon sagte zu R. Akiba: אני הוא ששמעתי ולא היה לי לפרש ואתה דורש ומסכים לשמועה ich habe die Halacha gehört, wusste jedoch nicht, sie zu erklären; du aber stellst Forschungen an und triffst mit der Tradition zusammen, d. h. erräthst sie. Schabb. 87ᵃ שלשה דברים עשה משה מדעתו והסכים הקב״ה עמו וכ׳ drei Dinge hat Mose aus eignem Antriebe gethan und Gott stimmte ihm bei u. zw. 1) er verordnete einen Tag mehr für das Sichheilighalten des Volkes (Ex. 19, 10. 11. 16, vgl.

Raschi zu letzt. St.); 2) er hielt sich fern von einem Weibe; 3) er zerbrach die Bundestafeln. Das. ö. ומנלן דהסכים הקבלה על ידו וכ׳ woher ist erwiesen, dass Gott ihm beistimmte? u. s. w. Jeb. 62ᵃ dass. j. Sot. IX Ende, 24ᶜ והיו שמחין שהסכימה דעתן לדעת המקום sie waren froh, dass ihre Ansicht mit dem Willen Gottes übereinstimmte, näml. hinsicht. der Bevorzugung des R. Elieser.

סְכַם ch. (=סָכַם) nahe sein; übrtr. 1) zählen, summiren. — 2) übereinstimmen, s. TW.

Af. אַסְכִּים (=הִסְכִּים) übereinstimmen. j. Dem. I, 22ᵃ mit. ידע רבי דלית הוא מסכמא עימיה Rabbi merkte, dass R. Pinchas ben Jaïr ihm (betreffs einer Halacha) nicht beistimmte. j. Taan. III, 66ᶜ ob. dass. Git. 6ᵇ R. Ebjathar, דאסכים מריה על ידיה mit dem sein Herr übereinstimmte. Der Prophet Elias soll ihm näml. mitgetheilt haben, dass Gott den Bibelabschnitt Ri. cap. 19 nach seiner (des R. Ebjathar) Ansicht erklärt hätte. Thr. r. sv. אזכרה נגינתי‏, 54ᵃ הא חכילא ורהא מסכמנא וכ׳ es ist vollendet und übereinstimmend.

סְכוֹמָא‏, סְכוֹם m. Summe, Zahl. Genes. r. sct. 73, 72ᵇ wird נקבה (Gen. 30, 28) erklärt: סכום קטע וכ׳‏; richt. Jalk. z. St. I, 37ᵈ פרוש gieb eine bestimmte Summe an! — Tosef. Bez. III מקח סכום ... מניין die Summe der Stücke (das man kauft), die Summe des Kaufpreises. Bez. 29ᵇ. — Pl. Pesik. Schekal., 19ᵇ כל דעבר על סכומיא יתן (Ag. crmp. סטמיא‏, vgl. Buber Anm. z. St.) „jeder, der durch die Zählungen, Gezählten geht, soll geben" (Ex. 30, 13 הפקודים), s. auch TW.

סְכָמוּתָא f. Bestimmung, Verhängniss, s. TW.

סְכַן Grndw. סך s. d., eig. sammeln, anhäufen (davon bh. לָסְכֵן: der Schatzmeister, מִסְכְּנוֹת: Schätze, Sammelplätze); daran schliesst sich die Bedeutung (=פָּכַם‏, אָסַף) einsammeln =hinraffen, vertilgen (vgl. bes. קְרִיךְ); dav. סַכִּין Messer, סַכָּנָה Lebensgefahr. Dahing. ist מִסְכֵּן: der Arme von סָכַל=סָכַן abzuleiten, s. d. W.

Pi. סִכֵּן in Gefahr bringen. Sot. 11ᵃ un. wird ערי מסכנות (Ex. 1, 11) nach einer Ansicht gedeutet: שמסכנות את בעליהן „die Städte, welche ihre Besitzer in Gefahr brachten"; d. h. die Egypter kamen in Gefahr, im Meere zu ertrinken, weil sie den Israeliten die schweren Arbeiten des Baues auferlegt hatten; vgl. den Comment. z. St. Nach einer andern Ansicht: der Bau überhaupt bringt den Baumeister, sowie den Hausbesitzer durch Herabstürzen, Umstürzen u. dgl. in Gefahr. Exod. r. sct. 1, 101ᵇ dass. Cant. r. sv. משכני‏, 7ᵇ מְכַבְּנֵי wenn man mich

in Gefahr bringt u. s. w., s. מְסָבֵן II. Ber. 1, 3
(10ᵇ un.) R. Tarfon sagte: Ich war unterwegs
וסכנתי בעצמי מפני הליסטים וכ' und brachte
mich selbst (wegen Nichtbeachtung der Worte
der Schule Hillel's) in Gefahr, den Räubern in
die Hände zu fallen. Part. pass. מְסוּכָּן, fem.
מְסוּכֶּנֶת gefährlich, gefährdet, in Gefahr
schwebend, s. d. W.
Hithpa. in Gefahr gerathen, gefährdet
werden. j. Schabb. XX g. E., 17ᶜ wer Asant
isst, מְסתכֵּן geräth in Gefahr, vgl. חִלָּתִית. j.
Meg. I, 70ᵈ mit. חני במקום שמסתכנין קורין אותה
בי"ד ר' יוסה בעי אם במקום שמסתכנין אל יקראו
אותה כל עיקר (so nach der richtigen LA. des
Nachmanid., vgl. Pne Mosche z. St.) in der
Borajtha heisst es: In einem Orte, in welchem
man (wegen Verlesens der Megilla) in Gefahr
geräth (d. h. von Seiten der Regierung bestraft
wird), soll man sie blos am 14. Tage des Adar
(d. h. nicht in den dem Purimfeste vorangehenden Tagen, die in der Mischna angegeben sind)
verlesen. R. Josa fragte: In einem Orte, wo
man hierdurch in Gefahr geräth, sollte man sie
ja überhaupt nicht verlesen! (Die Borajtha
jedoch spricht wahrsch. nicht von einer Lebensgefahr, sondern blos von einer Gefahr, in Geldstrafe zu verfallen.) Tosef. Meg. I Anf. הואיל
ומסתכנין אל יסתכנו אלא בזמנה (ed. Zuckerm.
ומתכסין . . . יתכסו wahrsch. crmp.) da man
ohnedies gefährdet ist, so soll man blos in der
festgesetzten Zeit gefährdet werden; d. h. da
das Verlesen der Megilla ob vor, oder am Purimfeste von Seiten der Regierung bestraft wird,
warum sollte man nicht die ursprünglich festgesetzte Zeit innehalten? Meg. 2ᵃ un.: so nach
den Worten des R. Akiba (nach dessen Ansicht
die Mischna das Verlesen der Megilla auch vor
dem Purimfest gestattet); אבל חכמים אומרים
בזמן הזה הואיל ומסתכנין בה אין קורין אותה
אלא בזמנה (so nach einer Var. Hai's und Alfasi's,
vgl. auch סְבַל) aber die Chachamim sagen, dass
man in jetziger Zeit, da man wegen des Verlesens der Megilla ohnedies in Gefahr geräth,
sie blos in der ursprünglich festgesetzten Zeit
verlesen soll. Die Erkl. Ar.'s und R. Ascher's
z. St. leuchtet durchaus nicht ein.

סְבַן od. סְבֵין ch. (=סָכַן) gefährdet sein,
in Gefahr gerathen. j. Ab. sar. II, 40ᵈ un.
חד בר נש רחים בזמנוי דר' לעזר וסכן ein
Mann zur Zeit des R. Lasar liebte eine Frau
so sehr, dass er hierdurch gefährlich krank
wurde. j. Schebi. IV, 35ᵇ mit. באילין תרתין מיליריא
נהג ר' טרפון כבית שמאי וסכן בהדא ובקרית
שמע in jenen zwei Angelegenheiten befolgte R.
Tarfon die Lehren der Schule Schammai's, näml.
in dieser (betreffs des Essens der Feigen, vgl.
סַנְגְּרָא) und hinsichtl. des Verlesens des Schemä
(vgl. סָכַן im Piel), infolge dessen er in Gefahr
gerieth. j. Schabb. XIV, 14ᵈ mit. ישתי ולא יסכן.

möge er trinken, damit er nicht in Gefahr
komme. j. Ab. sar. II, 40ᵈ un. dass. j. Schek.
V, 48ᵈ mit. בינמה סכנת . . . בעיריא סכנת sie war
in Gefahr, das Augenlicht zu verlieren, sie war
in Gefahr, im Meere zu ertrinken, vgl. רָמָה.
j. Ab. sar. III, 42ᶜ mit. die Höhle stürzte ein,
וסכנן נפשתא wodurch Menschen gefährdet
waren.

Pa. סַכֵּין (=סִכֵּן) in Gefahr bringen, Gefahr verursachen. Ber. 25ᵇ un. איכו השתא
אי לא חזאי סכנתון לברי Ms. M. (Agg. אתיא crmp.)
hätte ich es nicht gesehen, so würdet ihr meinen
Sohn in Gefahr gebracht haben. Pes. 112ᵇ
אי לא סכנתיך, vgl. דַם, jedoch דְמָא. Kidd. 29ᵇ
אתרחיש ניסא סכינתין wäre nicht ein Wunder
geschehen, so hättet ihr mich in Gefahr gebracht. Schabb. 116ᵃ un. בעו לסכוניה die Minäer wollten ihn in Gefahr bringen.
Ithpa. in Gefahr gerathen, gefährdet
werden. Pes. 112ᵇ אי יתיב ליה גרמא דחיויא
אברעיה לא נפיק ואסתכין ליה wenn ein Glied
der Schlange auf seinen (des barfuss Gehenden)
Fuss sich ansetzt, so wird es nicht herausgehen
und er wird in Gefahr gerathen. Das. דילמא
מיכריך ליה חויא ולא ידע ומסתכין eine Schlange
könnte sich um ihn, ohne dass er es merkt,
winden, wodurch er in Gefahr käme. Keth. 61ᵃ
ואי לאו דיהבו לי אסתכני hätte man es mir nicht
gegeben, so würde ich in Gefahr gerathen sein.
j. Pea VIII, 21ᵃ mit. עד דהוא מצמית לון מצפן
bevor man mehrere Personen (zum Vertheilen
der Speisen an die Armen) zusammenruft, kommt
der Arme in Gefahr, zu verhungern. Erub. 53ᵇ
und Khl. r. sv. כל הדברים, 72ᵈ s. טור מסכן,
שׁוֹר.

סִימוֹן m. N. a. Gefährdung, Gefahr. j.
Pea I, 15ᵈ mit. סיכון נפשות Lebensgefahr. j.
Kidd. I, 61ᵇ un. dass. — Gew.

סַבָּנָה fem. Gefahr; bes. oft סכנת נפשות
Lebensgefahr. Bez. 22ᵃ u. m. j. Ter. VIII,
46ᵃ mit. חומר בסכנת נפשות wo Lebensgefahr
zu besorgen ist, beobachtete man eine grössere
Erschwerung als bei rituellen Verboten, vgl.
ר' מאיר אמר כל 18ᵃ. j. Pea IV Anf., 18ᵃ
סַכַּנְתָּא האילנות רובנן אמרי אין סכנה אלא הדלית
והדקל בלבד R. Meïr sagte: Bei allen Bäumen (die der Arme besteigen muss, um die
Armengabe, Pea, herabzuholen) ist Lebensgefahr
vorhanden. Die Rabbanan sagten: Gefahr ist
blos beim Besteigen eines Astes oder einer
Palme vorhanden. Taan. 5ᵇ אין מסיחין בסעודה
שמא יקדים קנה לושט ויבא לידי סכנה während
der Mahlzeit darf man nicht sprechen; denn die
Luftröhre könnte dem Schlunde zuvorkommen
(d. h. die Luftröhre, die sich beim Sprechen
öffnet, um die Stimme hervorzubringen, könnte
die Speise, die in den Schlund geleiten sollte,
verschlucken), wodurch man in Gefahr käme.

Pes. 112ᵃ, vgl. שְׁבְרִירֵי. Suc. 26ᵃ שיש בו חולה
סכנה בו שאין חולה ... סכנה ein Kranker, für
den (wenn er in der Festhütte sitzen würde, infolge einer Erkältung) Gefahr zu besorgen ist;
ein leicht Erkrankter, für den keine Gefahr zu
besorgen ist. Ab. sar. 27ᵃ, vgl. רִיפּוּי. — Oft
bedeutet סכנה: die Gefahr, welcher man
zur Zeit der Hadrianischen Religionsverfolgung infolge Beobachtung der jüdischen Gesetze ausgesetzt war. Pes. 112ᵃ
un. R. Schimeon ben Jochai bat den R. Akiba,
der gefangen war, dass er ihn in der Gesetzlehre unterrichte. Ersterer erwiderte ihm: Mehr
als das Kalb zu saugen begehrt, will die Kuh
säugen (bildl. für: Der Lehrer hat eine weit
grössere Lust zu lehren, als der Schüler zu lernen, vgl. רָבַץ); allein er fürchte die Gefahr. אמר
לו ומי בסכנה עגל הלא בסכנה R. Schimeon entgegnete ihm: Wer ist denn in Gefahr? Ist denn
nicht zunächst das Kalb in Gefahr? d. h. die
Strafe würde ja mich treffen! Suc. 14ᵇ R. Jehuda
sagte: מעשה בשעת הסכנה שהביאו נסרים שהיו
ראיה ... אמרו לו אין שעת הסכנה בהן ארבעה וסיככנו
einst kam es zur Zeit der Gefahr (der
Religionsverfolgung) vor, dass man Bretter, die
vier Faust breit waren, brachte und dass, nachdem wir sie über Balken bedacht hatten, wir
darunter sassen (demnach sind also solche Bretter zur Bedachung der Festhütte tauglich). Man
entgegnete ihm: aus der Zeit der Gefahr ist
kein Beweis anzuführen. Keth. 3ᵇ in früherer
Zeit fanden die Hochzeiten rituell nur am Mittwoch statt; ומסכנה ואילך נהגו העם לכנוס בשלישי
וכ' aber von der Zeit der Gefahr an (dass man
jede Befolgung eines religiösen Brauchs hart bestrafte) pflegte das Volk die Heirathen am Dieus-
tag zu vollziehen, was die Gelehrten nicht verboten. Die Erkl. der Gem. z. St. ist sehr gezwungen; vgl. das. 89ᵃ; s. bes. Pineles' Darka
schel Thora p. 46. — Schabb. 21ᵇ das Chanuckal-
licht (vgl. חֲנוּכָּה) soll man an der Hausthür
oder am Fenster niederstellen; ובשעת הסכנה
מניחו על שלחנו ודיו aber zur Zeit der Gefahr
(der Religionsverfolgung) setze man es auf den
Tisch und dies genügt. Die Erklärung der
Comment., dass hier die Rede sei von einer
Gefahr, die von Seiten der Gebern ausginge,
die keine Beleuchtung duldeten (vgl. חַבָּר), leuchtet, wie Pineles l. c. richtig bemerkt, deshalb
nicht ein, weil diese Borajtha in Palästina gelehrt wurde, wo keine Gebern existirten und
weil ferner letztere das brennende Licht auch
„auf dem Tische" nicht geduldet haben würden,
und weil sie endlich das Licht blos entfernt
hätten, ohne dass hierdurch die Juden in Gefahr
gerathen würden. Schabb. 130ᵃ. Erub. 95ᵃ. 97ᵇ u. ö. j.
Schebi. I, 52ᵈ ob. מעות של סכנה Münzen, die
Gefahr verursachten, deren Gepräge näml. aus
Götzenbildern bestand, wodurch die Juden,
welche jene Münzen verachteten, in Gefahr

kamen. j. Meg. IV g. E. 75ᶜ u. ö. סכנה שאין
בה מצוה eine Gefahr, die durch uncorrecte
Vollziehung eines Gebotes entsteht; wenn man
z. B. die Mesusa an der Thüre anstatt an die
Pfoste befestigt u. dgl. m.

סַכַּנְתָּא ch. (=סַכָּנָה) Gefahr, Gefährdung.
Chull. 9ᵇ. 10ᵃ חמירא סכנתא מאיסורא Verbote,
die zur Verhütung einer Gefahr entstanden (z. B.
kein unbedecktes Getränk zu trinken, weil eine
Schlange ihr Gift hineingeworfen haben könnte,
vgl. גִּלּוּי) sind weit sorgfältiger zu beobachten,
als rituelle Verbote. Khl. r. sv. חכמה טובה
87ᵈ לא תרחיב לימא דימא סכנתא fahre nicht auf
dem Meer, denn das Meer bringt Gefahr. Ab.
sar. 29ᵃ fg., s. רִיבּוּי. Schabb. 133ᵇ fg., s. אוּמָּנָא,
מוץ u. m. a.

סַבִּין f. (=bh. שַׂבִּין, von כָּבַן s. d.) Messer,
Werkzeug zum Schneiden, Beschneiden, Schlachten u. dgl. Chull. 8ᵃᵇ סכין ושחט בה wenn
man ein Messer glühend machte und damit
schlachtete. Das. סכין טריפה ... של עז ein
Messer, womit man Götzenopfer schlachtete;
ein Messer, womit man Thiere, die zum Genusse
verboten sind, schlachtete. Das. 17ᵇ. 18ᵃ fg.
נמצאת סכינו יפה wenn sein Messer tauglich
(ohne Scharten) befunden wird, vgl. auch מְכַבְּבָת.
Pesik. Par., 34ᵃ die Morgenländer אין נושכין
בפת אלא חותכין בסכין beissen nicht vom Brot
ab, sondern schneiden mit dem Messer ein Stück
ab, vgl. נָשַׁךְ und שַׁף. Schabb. 141ᵇ u. ö. —
Trop. Kidd. 46ᵃ הרי שלחן והרי בשר והרי סכין
ואין לנו לאכול hier ist der Tisch, hier das Fleisch
und hier das Messer, aber dennoch haben wir
nichts zu essen; d. h. wir haben hier eine Mischna
mit grosser Ausführlichkeit vor uns, die aber
dennoch Widersprüche enthält, die wir nicht zu
beseitigen vermögen. Aehnliches s. in כָּבַשׁ. —
Pl. Chull. 8ᵇ שלש סכינין אחת שטוחטם צריך
בה ואחת (ואחת l.) שמחתך בה בשר ואחת שמחתך
בה חלבים der Fleischer muss drei Messer haben,
eines, womit er schlachtet, eines, womit er das
Fleisch zerlegt und eines, womit er das verbotenen Fettstücke zerschneidet. j. Pes. VII, 34ᶜ un.
טומאת סכינין die levitische Unreinheit der
Messer.

סַבִּינָא ch. (syr. ܣܰܟܝܼܢܳܐ, arab. سِكِّين.
(=סַבִּין) Messer. Schabb. 141ᵃ קתא דסכינא der Stiel
des Messers. Erub. 63ᵃ סר סכינא er untersuchte,
prüfte die Schlachtmesser. Chull. 18ᵃ fg., s.
סור II. Keth. 77ᵇ R. Josua ben Lewi sagte zu
dem Todesengel הב לי סכינך וכ' gieb mir dein
Messer, damit du mich nicht erschreckest u. s. w.
Das. der Todesengel sagte hierauf zu ihm:
הב לי כסכינאי gieb mir mein Messer zurück.
(Im Hebr. steht dafür חֶרֶב, vgl. טִיפָּא, שִׂיפָּא
u. m. a.) Schabb. 67ᵃ ob. לגבתא צמירתא לישקול
סכינא דפרזלא וכ' Ms. M. (Agg. דכולא פרזלא)

gegen hitziges Fieber nehme man ein eisernes Messer u. s. w. — Trop. B. bath. 111ᵇ סכינא חריפא מפסקא קראי ein scharfes Messer, welches die Bibelverse trennt, s. חָרִיף. — Pl. Taan. 9ᵇ צנא דסכינֵי ein Korb mit Messern, s. צָנָא. Das. 24ᵇ un. למחר אשכחיה לפוריא דהוה קא מירשם בסכיני Ms. M. (Agg. רמרשם פורייה) Tags darauf fand Raba, dass sein Bett Spuren von Messern hatte. Die Dämonen hatten näml. die Absicht, ihn zu tödten; da sie ihn aber im Bette nicht antrafen, so zerschnitten sie dasselbe.

סָבְנִין Sichnin, Name eines Ortes. Levit. r. sct. 20, 163ᵈ u. ö., s. סִיבְנִין.

סָבְנָי, סַבְנִי Sichni, Sechanja, wahrsch. dass., was סָבְנִין. Tosef. Nid. III g. E., בקעת סכני das Thal 'Sichni's. Khl. r. sv. שמור רגליך 81ᵈ שמעון איש סכנא Simon aus Sichna. Ab. sar. 27ᵇ יעקב איש כפר סכניא Jakob aus dem Dorf Sechanja, ein Häretiker. Tosef. Chull. II g. E. steht blos איש כפר סכניא. Git. 57ᵃ u. ö.

סכניתא Schabb. 147ᵇ crmp., s. סוּבְנִי.

סָכוֹס m. (=סָנוֹס s. d.) Mantelsack. Ned. 55ᵇ סכוס עבה Ar. (Agg. סגוס) ein grober Mantelsack.

סַבְכָן, סִיבְכָא m. Adj. (wahrsch. arab. شَكِس) bösartig oder beschränkt, dumm. B. bath. 74ᵃ כל אבא חמרא וכל בר בר חנא סיבכא jeder Abba (d. h. Rabba bar bar Chana; רבה contr. aus אבה 'ר) ist ein Esel und jeder bar bar Chana ist von böser Art, dumm. Snh. 100ᵇ עבדקן סכסן (Ms. M. und Ar. sv. דלדקן סכיס) der Dickbärtige ist von böser Art, dumm.

סַבְסִיתָא f. (=פְּסִיתָא s. d., mit vorges. ס) Koralle. Jalk. II, 50ᵃ אלמוגים סכסיתא unter אלמגים sind die Korallen zu verstehen.

סִכְסֵךְ Pilp. von סָכַךְ, s. d.

סָכַף (=סָנַף s. d.) und Pi. סִכֵּף quälen, bes. hungern lassen. B. mez. 93ᵇ un. סכפה ומחה איִנו אונס Ar. (Agg. סגפה) wenn der Pächter einer Kuh diese hungern liess und sie verendete infolge dessen, so ist das Verenden nicht als ein zwangsweises (ohne sein Verschulden) anzusehen; d. h. er ist zu Schadenersatz verpflichtet. Part. pass. Genes. r. sct. 88 Anf. לא היו ראויין אומות העולם שיהיו בהם דווים וסכופין ולמה יש בהן דווים וסכופין אלא שלא יהיו מזנין את ישראל ואומרין להם אומה של דווים וסכופין אתם die Völker der Welt wären nicht dazu angethan, dass Betrübte und Gequälte sich unter ihnen befänden (weil den Wohlleben dieser Welt ihnen beschieden ist); weshalb also sind Betrübte und Gequälte bei ihnen anzutreffen? Lediglich deshalb, damit sie nicht die Israeliten necken und ihnen zurufen: Ihr seid eine Nation der Betrübten und Gequälten! Thr. r. sv. בלע, 61ᵇᵈ רבשעה

שהיו יוצאין למלחמה היה אומר לא חסעדה ולא תסכיף (Ar. liest לא תסעדינן ולא תסכפינן) als die Schaaren des Bar Kochha in den Krieg zogen, so rief er aus: Hilf uns, o Gott, nicht, quäle uns aber auch nicht! d. h. wir verlassen uns auf unsere eigene Kraft, wenn du nur nicht unser Gegner bist. j. Taan. IV, 69ᵃ mit. לא יסעוד . . . ולא יסמוך (l. יסכיף) lasse er uns nicht helfen, wenn er uns nur nicht quält!

סְבוּף m. (=סְגוּף) Qual, Pein. Pl. Thr. r. Einleit. sv. הוי אריאל, 49ᵇ כמּופי כסופים Qualen der Qualen; d. h. ausserordentliche Qualen, grösstes Elend, Jammer; eine Uebers. von האניה ואניה (Jes. 29, 1). Das. sv. 'היה ה, 63ᵃ סכופים crmp. aus סכופים סבופים dass.

סָכַר (=bh., syn. mit סָגַר, Grndw. סג, סך s. d. W.) verstopfen, verschliessen.

סְכַר ch. (syr. ܣܟܰܪ=סָכַר) verstopfen. Git. 60ᵇ מיסכר ואסכורִי die Adjacenten des oberen Theils des Stromes verstopften ihn durch Schleusen (dass er nicht in die Niederung hinabströme), damit sie ihre Felder berieseln. Das. ö. — Pa. dass. Schabb. 109ᵇ נסכרינון לנקבים דידיה er verstopfte seine Nasen- und Ohrenlöcher. — Ferner: zur Ader lassen, s. סְבַר. — Git. 67ᵇ סכורֵי בת תלתא יומי nach erfolgtem Aderlass trinke man einen Becher mit drei Tage altem Wasser.

Ithpa. verstopft werden. B. mez. 106ᵇ אסתכר נחר מלכא סבא der Strom Malka Saba wurde verstopft. Das. נהר מלכא סבא לא עביד דמיכפר der Strom Malka Saba pflegt gewöhnlich nicht verstopft zu werden; s. auch TW.

סָכָר m. Adj. eig. der Verstopfer, Verschliesser; insbes. der Schleusenverfertiger. — Pl. Kel. 23, 5 מצודות הסַכָּרין (=bh. עשר שׂבר) die Netze der Schleusenverfertiger, welche letztere näml. ihre Netze, nachdem sie ihre Schleusen aufgezogen haben, an denselben anbringen, um die Fische zu fangen.

סוֹכֵר Socher, Name eines Ortes. Sot. 49ᵇ un. בקעת עין סוכר das Thal von En Socher; s. auch den nächstflg. Art.

סוּכְרָא, סִכְרָא masc. (=bh. שֶׂכֶר) 1) Verstopfung, namentl. der Flüsse, dah. Schleuse. j. Schabb. XIII, 14ᵃ סכרא דנהרא die Schleuse des Flusses. j. Bez. III, 62ᵃ ob. סוכרא דנהרא dass., vgl. נָהָר. — 2) (syr. ܣܘܼܟܪܐ) Riegel, Verschluss. j. Schek. V, 48ᵈ mit. als einst die ganze Umgegend Jerusalems abgebrannt war, wusste man nicht, woher man die Omergabe bringen sollte. והוה תמן אילים והוה יהיב ידיה על עיניה ורדיה על סוכרא אייתוניריה גבי פתחיה אמר לון אית אתר דמתקרי עין סוכר או סוכר עין daselbst befand sich ein Stummer, welcher seine

eine Hand auf das Auge und seine andere·Hand
auf den Thürriegel legte. Man führte ihn vor
Petachia (ein Tempelherr, der vieler Sprachen
kundig gewesen sein soll, vgl. זִיבָה, יָמָה u. a.);
dieser fragte: Giebt es einen Ort, der En Socher
(Auge-Riegel) oder Socher Ajin (Riegel-Auge)
heisst? d. h. der Stumme wollte andeuten, dass an
jenem Orte die Omergarbe zu bekommen wäre.
Men. 64ᵇ dass. — 3) Grab. Keth. 17ᵃ מאכולא ועד
סיכרא vom Stadtthor bis zum Grabe, vgl. אבולָא (wo
jedoch anst. Das. zu lesen ist: Keth.). — Pl.
Schabb. 67ᵃ ob. als ein Heilmittel für ein drei-
tägiges Fieber nehme man ז' עפרי מז' סירכֵי
sieben Staubtheile aus sieben Gräbern. (Ar.
Var. סורכֵי דבבא Thorriegel. Agg. crmp. סינרֵי.)
— 3) Sichra, Name eines Ortes im Bezirk Mechusa. Ab. sar. 40ᵃ ההוא ארבא דצחונתא דאתי
לסיכרא ein Schiff mit kleinen Fischen, das in
Sichra eintraf. Chull. 18ᵇ שמן מסיכרא ר' Scha-
men aus Sichra. B. mez. 42ᵃ רפרם מסיכרא
Rafram (R. Ephraim) aus Sichra. Das. 83ᵇ אתקין
ר' חייא בר יוסף בסיכרא R. Chija bar Josef
erliess folgende Verordnung in Sichra. — j. Taan.
IV, 68ᵇ mit. סוכרא דקיסא crmp. aus סוכרא eine
Last Holz.

סֵל m. (=bh. Stw. סָלַל schwenken, erheben)
Korb. Kel. 22, 9 הסל והכלכלה שמילאן תבן
ein Korb und ein grosses Behältniss, die man
mit Stroh füllte. Schebi. 1, 2 וסלו הָאורה der
Abpflücker der Feigen mit seinem Fruchtkorb.
j. Kil. IV Anf., 30ᵇ אם יש בה מלא בוצר וסלו
מכאן ומלא בוצר וסלו מכאן וכ' wenn in dem
Weingarten so viel Raum ist, dass der Winzer
des Weines mit seinem Korbe auf der einen,
sowie auf der andern Seite stehen kann, so darf
er mit Getreide besäet werden u. s. w. Das.
R. Jona erklärte dies: אמה בוצר וראמה סלו der
Winzer nimmt den Raum einer Elle und der
Korb nimmt ebenfalls den Raum einer Elle ein.
j. Ab. sar. III, 42ᶜ un., s. כָמִלְּה. Jom. 74ᵃ אינו
דומה מי שיש לו פת בסלו למי שאין לו פת בסלו
wer Brot in seinem Korb liegen hat, gleicht
nicht demjenigen, der kein Brot in seinem Korbe
liegen hat; d. h. wer nach dem Essen noch Brot
zurückbehält, ist beruhigt, da er weiss, dass er
auch morgen was zu essen haben würde, während aber derjenige, dem nichts zurückbleibt,
schon heute nicht satt wird, weil er auf den
morgigen Tag besorgt ist. Jeb. 37ᵃ u. ö. diese
Phrase übrtr. für: der Verheirathete hat weniger
Gelüste als der Unverheirathete. Jeb. 37ᵃ u. ö.
verschieden angewandt; vgl. auch סוּמָא, סוּלְגִיתָא
woselbst für unsere Phrase eine andere Erklärung
gegeben wird. — Pl. Genes. r. sct. 46 Anf. u. ö.
סַלִּים Körbe, vgl. אֲרָה, ארי. .

סִלָא ch. (=סֵל) 1) Korb. j. Meg. IV, 74ᵈ
mit. R. Jona tadelte die Uebers. מנא Gefäss (für
טֶנָא, Dt. 26, 4, vgl. מְרוּדָא); ויאמר סלא denn

---

man muss das W. (=Onk.) mit Korb übersetzen.
j. Bic. III g. E., 65ᵈ כלה crmp. aus סלה. — 2)
Salla, Name eines Amoräers. Ber. 29ᵇ u. ö.
ר' סלא חסידא R. Salla, der Fromme.

סִלְתָא, סִילְתָא f. (arab. سَلَّة =כַּלָּא) 1) Korb.
Ab. sar. 38ᵃ אותביה בסילתא er legte das Brot
in den Korb. B. bath. 74ᵃ אנחי סילתאי אבוותא
דרקיעא Ar. ed. pr. (Agg. שקלתא לסילתאי אחנתה
ich legte meinen Korb am Fenster des Himmels
nieder. Pes. 111ᵇ un. תלא סילתיה תלא מזוניה
Ar. (Agg. סילתא) wer seinen Brotkorb aufhängt,
hängt seine Nahrung auf; d. h. bringt Mangel
in sein Haus. — 2) (syn. mit כְּלִיא s. d.) Dorn,
stachliges Holz. Jeb. 63ᵇ בחברתה ולא בסילתא
durch eine Nebenfrau (wird das böse Weib mehr
gepeinigt) als durch Stacheln. — 3) (syrisch
سَلَّة) Meertang. Nid. 66ᵇ eine Frau, die
beim Baden steht על גבי סילתא auf dem Meertang. Das. סילתא נמי בעיתא auf dem Meertang
stehend, fürchtet sie auch, dass sie ausgleiten
könnte. (Raschi z. St. erklärt das W. durch
בקעת עבה ein dicker Span, und vergleicht damit Jeb. l. c., während er selbst in letzterer St.
das W. durch קוץ, Dorn übersetzt); vgl. jedoch
סִילְתָא.

סְלָא (=bh.) hoch sein, schweben. — Hif.
in die Höhe bringen, zum Vorschein
bringen. Snh. 82ᵇ בן סלא על שהסליא נזרות
משפחתו Simri hiess „der Sohn Salu's" (Num.
25, 14), weil er die Sünden seiner Familie (des
Simon, der eine Kanaaniterin zur Frau hatte,
vgl. Gen. 46, 10) in die Höhe brachte, erneute.
Num. r. sct. 21, 243ᶜ steht dafür אשׁיטא שׁכטל Piel,
dass.

סֵלָא I m. (neugr. σέλα=σέλλα, vgl. ניכלא)
Sessel. Kel. 22, 10 הסלא Ar. sv. אסלא s. d.
Schabb. 138ᵃ וסלא Ar. (Agg. אסלא).

סְלָא II oder סְלִי (syr. ܣܠܐ, hbr. כָּלָה) verachten, verschmähen. — Af. אַסְלִי (syr.
اسلي) schmähen, verwerfen, s. TW.

סוֹלְאָנָא m. (syr. ܣܘܠܐܢܐ) Schlacken, s. TW.

סְלְבוֹנִיתָ m. pl. (etwa gr. αἱ συλλαβαί) was
die Haare zusammenfasst oder -hält, eine
Art Schleier. j. Schabb. VI, 8ᵇ un. wird
השביסים (Jes. 3, 18) übersetzt סלבוניה Ar. (Agg.
שלטוניה, Ar. Var. שרטטא) die Schleier.

סֵלוּג Selug, Name einer Provinz. Snh. 94ᵃ
un. הרי סלוג das Gebirge Selug; wohin Sanherib die zehn Stämme vertrieben haben soll.

סְלָגִיתָא f. Flechtwerk, Korb, s. סוּלְגִיתָא.
Nach Ar. wäre das W. סגג s. d., wonach Grndw.
סג mit eingeschalt. ל.

סלגורין Ab. sar. 18ᵇ s. סָגִילְרִין und סָנְגוֹדרין,
s. סַנְגּוֹרין.

סָלַד (=bb. סָלַד Pi. Hi. 6, 10) aufspringen, in die Höhe springen; insbes. zucken vor Schmerz oder Hitze. Grndw. סל, s. סָלַל; vgl. arab. صَلَكَ in die Höhe steigen, springen, vom Pferd. Machsch. 5, 9 אף המקפה של גריסין ושל פול מפני שהיא סולדת לאחריה auch vom Brei der Graupen und Bohnen (der aus einem reinen Gefäss in ein unreines gegossen wird, ist der Strahl unrein, vgl. נָצוֹק), weil er zurückspringt und also das Getränk, das in dem reinen Gefäss zurückgeblieben ist, berührt, wodurch es unrein wird. Ar. liest שהן סולדין לאחוריהן auf den Honig u. dgl. bezogen. Git. 57ᵃ לובן ביצה סולד מן האור das Eiweiss springt, wenn es vor das Feuer gehalten wird, zurück. Schabb. 40ᵇ אחד שמן ואחד מים יד סולדת בו אסור ... יד סולדת בו מותר ודהיכא דמי יד סולדת בו כל שכריסו של תינוק נכוית sowohl Oel, als auch Wasser darf man am Sabbat nicht so lange vor dem Feuer halten, bis die Hand darin zuckt (wegen der Hitze sich zurückzieht); solange aber die Hand nicht darin zuckt, ist es gestattet. Was bedeutet: Die Hand zuckt darin? (d. h. welchen Grad von Hitze muss das Getränk haben, dass die Hand darin zucke?) Rechaba sagte: Wenn der Leib des Kindes darin verbrüht wird. (סלד bedeutet nicht, wie Kimchi in Schoraschim [vgl. auch Gesenius' Hbr. Wrtb. hv.] irrthümlich meint: verbrüht werden, indem er aus Missverständniss סלד mit נכרית identificirt hat, wonach er auch das W. ואסלדה in Hi. l. c. unrichtig erklärt. Raschi hing. zu Schabb. l. c. erklärt סולדת richtig: נמשכה לאחריה מדאגה שלא תכוה die Hand zieht sich zurück, aus Angst, verbrüht zu werden, wonach er auch das bh. סלד erklärt.) Chull. 105ᵇ ob. dass. — Uebrtr. Sifra Emor cap. 2 Par. 3 wird חָרֻם (Lev. 21, 18) erklärt: חוטמו סולד Jem., dessen Nase nach oben gebogen, eig. gesprungen ist, Stutznase, Ggs. חוטמו נוטף dessen Nase lang herunterhängt; vgl. auch Raschi zu Bech. 43ᵇ un. Tosef. Bech. V Anf. dass. Die Erklärung Rabad's in s. Comment. zu Sifra l. c.: Die Nase ist roth und abgeschält, als ob sie im heissen Wasser verbrüht wäre, ist unrichtig. — Ferner trop. vor Scheu zurückbeben. Pesik. Beschallach, 103ᵃ מפני מה אדם מריח ריח גפרית ונפשו סולדת לאחריה שיודעת שנידונית בה woher kommt es, dass, wenn der Mensch Schwefel riecht, seine Seele vor Scheu zuckt? Weil sie weiss, dass sie einst darin bestraft wird; mit Bez. auf Ps. 11, 6. Genes. r. sct. 51, 50ᵈ dass. Ar. (Agg. crmp. סולדות עליו). Midr. Tillim zu Ps. 11 steht dafür מסללת, s. סָלַל.

Pi. סִלֵּד springen, bespringen, sich schwenken. j. Git. VIII, 49ᶜ un. המסלדת בבנה קטן eine Frau, die sich auf unzüchtige Weise über ihren unmündigen Sohn schwenkt; d. h. dem Beiwohnen ähnlich verfährt. Das. שתי

נשים שהיו מסלדות זו את זו zwei Frauen, die sich übereinander schwenken. In bab. Gem. steht dafür סלל, s. d.

סֶלָה (bh.) Sela, ein W. von dunkler Bedeutung, das sich (ausser in Hab. 3, 3. 9. 13) blos in den Psalmen findet, bedeutet nach talmud. Ansicht: Ewigkeit! ewig! Daher das Trg. unser W. überall mit לעלמין übersetzt. Erub. 54ᵃ u. ö. כל מקום שנאמר נצח סלה ועד überall, wo in der Schrift נצח oder סלה ועד steht, da bezeichnet es einen ewigen Bestand, vgl. הָפְסֵק.

סִילְוָא, סַלְוָא m. (=סוּל, סִלּוֹן s. d. W. „arab. سُلَّاء, n. unit. سُلَّاءَة, vulgär سُلَّى, n. unit. سُلَّايَة, speciell von den Stacheln an den Aesten der Dattelpalme" u. s. w. Fleischer im TW. II, 570ᵇ) Dorn, Stachel mit Widerhaken. Absar. 28ᵇ un. חרודה סלוא wenn ein Dorn ihn gestochen hat. Git. 84ᵃ s. חַרָז. Snh. 84ᵇ ר' פפא לא שביק ליה לבריה למשקל ליה סילוא Ms. M. u. Ar. (Agg. רב) R. Papa erlaubte nicht seinem Sohn, dass er ihm einen Dorn aus dem Körper herausziehe; weil er es näml. als eine Verletzung der Ehrerbietung gegen die Eltern ansah. Pes. 111ᵇ, s. פְּרוּמְשָׁא. Trop. Keth. 91ᵃ מחינא בסילוא דלא מפיק דמא ich werde euch mit einem stachligen Ast schlagen, der kein Blut herausbringt, d. h. mit dem Bann bestrafen. B. bath. 151ᵇ dass. — Pl. Schabb. 67ᵇ ob. שבעה סילוי משבעה דיקלי sieben stachlige Aeste von sieben Dattelpalmen; s. auch den nächstflg. Artikel.

סְלָיו m. (=bh. שְׂלָו) Wachtel. Jom. 75ᵇ כתיב שליו וקרינן סליו צדיקים אוכלין אותו בשלוה רשעים אוכלין אותו ודומה להם כסלוין geschrieben ist das W. שליו (wie שלו zu deuten), wir jedoch lesen es סליו (Selaw); die Frommen assen sie mit Behaglichkeit, den Frevlern aber, welche sie assen, kamen sie als Stacheln vor; d. h. sie waren ihnen schädlich. Das. ארבעה מיני סלוי הן וכו' vier Arten von Wachteln giebt es, vgl. פְּסִיוֹנָא.

סִילוֹן m. (=bh. סַלּוֹן, s. סַלְוָא) Dorn. j. Bic. I Anf., 63ᵈ ob. הברכה בדלעת או בסילון wenn man die Pflanze auf einen Kürbiss oder auf einen Dornzweig gepfropft hat. Levit. r. sct. 4, 148ᵇ כסילון רטוב והפך היוצא מן הוטש wie ein feuchter und umgekehrter Dornzweig, der aus dem Schlund gezogen wird; ebenso schwer und schmerzvoll scheidet die Seele aus dem Körper. Khl. r. sv. ואלו היה, 85ᵃ dass.

סִילוֹן 1) Sessel. — 2) Kanal, s. in סי'·

סָלוֹנִי m. N. patr. aus Salu. Genes. r. sct. 63, 62ᵃ הגמון אחד שאל לחד מן אילין דבית

67*

סלוני ein Feldherr fragte Einen jener Familienglieder des Salu.

סָלוּתָא *f.* (von סְלָא, סְלִי s. d.) eig. Verächtliches, dah. Auskehricht. Thr. r. sv. סלה, 57ᵈ, s. סְחוּתָא.

סְלַח *ch.* (=hbr. סָלַח) verzeihen, vergeben, s. TW.

סְלִיחָה *f.* N. a. (=bh.) Verzeihung, Vergebung. Taan. 30ᵇ בשלמא יום הכפורים יום מחילה וסליחה ... אלא טֹו באב מאי היא וכֹ' Ms. M. (Agg. דראיה ביד סליחה ומחילה) der Versöhnungstag wird allerdings mit Recht (in der Mischna ein ausgezeichnetes Fest genannt, an welchem die jerusalemischen Jungfrauen in geliehenen weissen Kleidern ausgingen), denn er ist der Tag der Sündenvergebung und Verzeihung, der Tag, an welchem die zweiten Bundestafeln gegeben wurden; weshalb wird aber auch der 15. Tag des Ab ein ausgezeichnetes Fest genannt? u. s. w., vgl. חֲזַר. (Die in der Mischna das. 4, 8 erwähnten Tänze und Belustigungen dürften blos am 15. des Ab, nicht aber am Versöhnungsfeste stattgefunden haben; daher beginnt die Mischna mit einem neuen Satz: רבנות ירושלם יוצאות וחולות וכֹ'. Vgl. auch Maim. Comment. z. St.: „Die Jungfrauen wählten hierzu den 15. des Ab" u. s. w. B. bath. 121ᵃ wird blos das Ausgehen in geliehenen weissen Kleidern an diesen beiden Festen erwähnt. (Im Rituale bedeutet סְלִיחָה, pl. סְלִיחוֹת, auch: das Buch, welches die Bussgebete für die Buss- und Fasttage enthält. — Ferner Adj. סָלְחָן der Verzeihende.)

סְלִיחוּתָא ,סְלִיחָתָא *chald.* (=סְלִיחָה) Verzeihung, Vergebung, s. TW.

סַלְמָא *m.* (=סַלְּתָא nr. 1) kleiner Korb, Körbchen. j. Ter. VIII, 45ᵈ un. הדין סלמא אפילו קטן כמה כמה אסור דהוא עליל בהדא ונפיק בהדא das Körbchen (mit Melonen, wobei zu besorgen ist, dass sie von einer Schlange benagt wurden) ist, sei es auch noch so klein, zum Genusse verboten; denn die Schlange geht durch das eine Loch hinein und durch das andere hinaus, vgl. סַלְקוּפְאָ.

סִלְיוֹן *m.* eig. (neugr. σαλία, stulte, vgl. Du Cange Glossar. II, 1329) närrisch; übrtr. j. Maasr. V Ende, 52ᵃ זרע הסיליון של לוף (=לוף שוטה) der Same des närrischen Lauchs, d. h. dessen Blätter breit sind u. s. w., vgl. לוף.

סוֹלְיָם ,סוֹלְיִת s. in סֹ'.

סִלְיְתָא *f.* (hbr. שִׁלְיָה s. d.) Nachgeburt. Schabb. 134ᵃ האי ינוקא דלא מעוי ליתו סליתא דאִמֵּיה ולשרקיה עילויה für ein Kind, das durch die Nase keine Luft bekommen (oder

nicht schreien) kann, bringe man die Nachgeburt seiner Mutter und bestreiche damit das Kind; sodann wird es athmen (schreien). Das. האי ינוקא דקטין לייתו סליתא דאימיה וכֹ' für ein Kind, das sehr klein, dürftig ist, bringe man die Nachgeburt seiner Mutter, bestreiche es damit u. s. w. Ber. 6ᵃ סילתא דשונרא אוכמתא Ar. (l. סלייתא; Agg. שלייתא) die Nachgeburt einer schwarzen Katze.

סָלִיק, סָלִיקָא, סָלִיקוֹס (gr. Σελεύκεια) Seleucia. Jon. 10ᵃ אשור זה סליק Ms. M. (Agg. סילק) unter „Aschur" (Gen. 10, 14) ist Selecien zu verstehen. Keth. 10ᵇ steht dafür סלקא. Mac. 10ᵃ סליקוס ואקרא דסליקוס Seleucien und die darangrenzende Burg von Seleucien. — Die Trgg. haben dafür סְלַוְקִיָּא ,סַלְוּקְיָא Name einer gaulanitischen Stadt für das hebr. סַלְכָה; vgl. Reland's Palästina p. 990.

סֶלְירָא *f.* (neugr. σελάριον, σελλάριον, vgl. Du Cange Glossar. II, 1349; Dimin. von סֶלָּא s. d.) Sessel, Stuhl. Levit. r. sct. 5, 152ᶜ der König sagte: יהבל ליה סלירא וישב עליה gebet ihm (dem Gärtner, der mir Ehre erwiesen) einen Stuhl, auf welchen er sich setze.

סִילְכָּא Silka, N. pr. Levit. r. sct. 5, 149ᶜ חד בר נש מן בני דסילכא ein Mann von den Nachkommen Silka's, eines damals berühmten Mannes.

סָלַל (=bh. Grndw. סל, dav. auch סָלָם, סֶלֶם u. a.; syn. mit. זָלַל, דִּלְדֵל, תִּלְתֵּל u. a.). Pi. סִלֵּל (סָלְדַּ) sich hin- und herschwenken, sich erheben, bespringen, salire. Tosef. Sot. V Anf. המסלסלת בבנה קטן והערה בה (ed. Zuckerm. המסלסלת Pilp.) eine Frau, die sich auf unzüchtige Weise über ihren unmündigen Sohn schwenkte, welcher den Coitus mit ihr begann, vgl. סָלַד. Snh. 69ᵇ נשים המסלסלות das. Jeb. 76ᵃ זו בזו מסלסלות=המסלסלות s. סָלַד. Schabb. 65ᵃ dass. Pilp. סִלְסֵל s. d.

סְלִיל *m.* 1) die aus Röhren zusammengesetzte Spule im Webeschiffchen. Stw. סלל vom Sichdrehen, Sichschwenken dieses Ggsts. Neg. 11, 9 המעלה מן הפקעא לחברתה או מן הסליל לחברי וכֹ' wenn man das Gespinst von einem Knäul auf den andern oder von einer Spule auf die andere hinüberzieht. — 2) Schaft. Tosef. Mikw. III mit. אלו הן קני חמרה זה הסליל unter „Messrohr" (Mikw. 2, 10) ist der Schaft zu verstehen.

סְלִילָה *f.* (Dimin. von סַל) Körbchen. Ab. sar. 39ᵇ החגבים הבאים מן הסלילה Ar. (=Tosef. Ab. sar. IV g. E., Tlmd. Agg. הסלודה) die Heuschrecken, die aus dem Körbchen kommen; d. h. die der Krämer aus diesem Gefäss verkauft. Das. 40ᵇ dass.

סוּלָם *m.* (=bh. סֻלָּם, סֹלָם, Stw. סלל s. d.) 1) Leiter, Steige. B. bath. 59ª סולם המצרי die egyptische (kleine) Leiter, s. חָנוּק. Genes. r. sct. 68, 68ªᵇ R. Chija und R. Jannai sind verschiedener Ansicht; חד אמר עולים ויורדים בסולם וחד der Eine sagt: „Sie אמר עולים ויורדים ביעקב stiegen hinauf und stiegen hinab" (Gen. 28, 12) d. i· an der Leiter; der Andere sagt: „Sie stiegen hinauf und stiegen hinab", d. i. an Jakob. Nach einer Deutung das. סלם זה כיני אורחית דרין הוא ארתית דרין „die Leiter", סלם spielt auf סיני, Sinai an; denn der Zahlenwerth des einen Wortes gleicht dem des andern Ws., näml. 130. Nach dem andern Deutung: הוא סמל הוא סלם וכ׳ die beiden Worte סמל und סלם haben ein und dieselben Buchstaben, näml. auf den „Götzen" im Traume Nebukadnezar's (Dan. 2, 31 fg.) anspielend. — Pl. סוּלָמוֹת j. Erub. VI Ende, 24ᵇ u. ö. Sot. 35ª „Kaleb beschwichtigte das Volk" (Num. 13, 30); אמר להן וכי זו בלבד עשה לנו בן עמרם ... הוציאנו ממצרים וקרע לנו את הים ... אם יאמר עשו סולמות ונעלה לרקיע לא נשמע לו er sagte zu ihnen: Hat denn der Sohn Amram's dies allein uns gethan? Da sie aber dachten, dass er Schmähungen für Mose vorbringen würde, so schwiegen sie. Er fügte jedoch hinzu: Er führte uns aus Egypten, spaltete uns das Meer u. s. w.; wenn er nun sagen sollte: Machet Leitern, damit wir auf den Himmel steigen, wollten wir ihm nicht gehorchen? „Wir werden hinaufgehen" u. s. w. Trop. Genes. r. sct. 68, 67ᵇ „Gott richtet" u. s. w. (Ps. 75, 8) הקבה יושב ועושה סולמות משפיל לזה ומרים לזה ומריד לזה ומעלה לזה Gott sitzt und fertigt Leitern an, „erniedrigt den Einen und erhebt den Andern", er lässt den Einen hinabsteigen und den Andern hinaufsteigen. Levit. r. sct. 8 Anf. Num. r. sct. 22 g. E. u. ö. dass. — 2) übrtr. ein Geflecht, das die Form einer Leiter hat. Schabb. 54ᵇ סולם שבצוארה das Geflecht, das man dem Esel an den Hals bindet; in Gem. das. erklärt durch בר ליעא s. d. Tosef. Taan. IV מהו אומר בני סלמאי הנתוצאבי בשעה שהושיבו מלכי יון פרדיסיאות ... היה נביא שני גיזרי עצים ועושה אתן כמין סולם וכ׳ weshalb wurde jene Familie: Die Nachkommen des Salmai Nethozathi genannt? Als die griechischen (römischen) Herrscher Wachen auf den Strassen, die nach Jerusalem führten, aufgestellt hatten, um die Wallfahrer zu verhindern, ihre Holzspenden für den Altar zu bringen, so hat jeder Fromme jener Zeit zwei Holzkloben genommen, die er in Form einer Leiter sich auf die Schulter legte u. s. w. j. Taan. IV, 68ᵇ un. dass. — Taan. 28ª סולמות pl. j. M. kat. III g. E., 83ᵈ הסולם והקפש zwei Arten von Kleidungsstücken des Weibes, deren Gewebe stufenähnlich geformt war. — 3) Stufengang oder Wasserfall. j. Ab. sar. I, 40ª un. כיון שהגיעו לסולמה של צור als sie am Stufengang von Tyrus angelangt waren. Levit.

r. sct. 37 g. E. Num. r. sct. 18, 236ᵈ u. ö. dass. Schabb. 26ª wird ירגבים (Jer. 52, 16) erklärt: אלו ציירי חלוזן מסולמות של צור ועד חיפה das sind die Fänger des Chilson von den Stufengängen Tyrus' an bis nach Chipa. — 4) trop. hohe Stufe, hoher Rang. Ruth r. g. E., 43ᵉ עד כאן עשו סולמות לנשיאים מכאן ואילך עשו סולמות למלכים bis dahin (näml. שלמן, Ruth 4, 20. 21 und 1 Chr. 2, 11 fg. שלמא, שלמה, wie סלם gedeutet) erzeugten sie hohe Stufen für die Fürsten (näml. von Juda bis Boas); aber von da ab erzeugten sie höhere Stufen für die Könige (näml. von David ab, der ebenf. von der Ruth abstammte).

סוּלָמָא, סוּלְמָא *chald.* (arab. سُلَّم = סֻלָם) 1) Leiter, Steige. j. R. hasch. II, 58ª mit. כאילין דסלקין בסולמא der Planet (d. h. der Engel, der über die Geschicke gesetzt ist) sieht nie denjenigen, der vor ihm ist, sondern die Planeten insgesammt steigen wie diejenigen, die mit umgewandtem Gesichte an einer Leiter hinaufsteigen. Num. r. sct. 12, 215ᵈ dass. mit einigen Abänderungen, vgl. מָזָל. j. M. kat. I Ende, 81ᵇ אתבר עוקא דסולמה die Stufe seiner (des R. Mana) Leiter wurde zerbrochen. j. Suc. V, 55ᵇ mit. כל דתלי מאה אמין בעי בסיס תלתין ותלת סולמא מיכא תלתין ותלת סולמא מיכא jeder Gegenstand (wie Leuchter, Statue u. dgl.), der 100 Ellen hoch ist, bedarf als Basis (Postament) 33 Ellen an der einen Seite des Leuchters (der 100 Ellen hoch gewesen sein soll); es stand also eine Leiter von 33 Ellen Höhe an dieser Seite und an der andern Seite stand ebenf. eine Leiter von 33 Ellen Höhe u. s. w. — 2) Abhang, Stufengang, Wasserfall. j. B. kam. IV, 4ᵇ mit. die römische Regierung schickte einst zwei Feldherren (אסטרטיגוטין) zu R. Gamliel, die von ihm das jüdische Gesetz erlernten; אפילו כן לא מטון לסולמה דצור עד דשכחון כולן aber dessen ungeachtet waren sie kaum am Stufengang von Tyrus (viell. Rom) angelangt, als sie alles Erlernte vergessen hatten. Suc. 53ᵇ סולמא דפרת der Wasserfall des Euphrat.

סַלְמָאי Salmai, eig. Leiterverfertiger. Tosef. Taan. IV הנתוצתי סלמאי. Taan. 28ª הנתופתי, s. סוּלָם.

סַלַמַנְדְּרָא *f.* (gr. σαλαμάνδρα, syr. ܣܠܡܢܕܪܐ) der Salamander, auch Erdsalamander, der gemeine Molch, der auf dem Lande lebt, aber zur Begattungszeit ins Wasser geht; weshalb er im rabbin. Schriftthum als ein Amphibium bezeichnet wird. Derselbe kann soviel Saft aus seinen Rückenwarzen drücken, dass er einige Zeit im Feuer unversehrt bleibt. Der im Alterthum überhaupt verbreitete Glaube, dass

es einen Feuersalamander gäbe, eine Art Ele-
mentargeist des Feuers, entweder unter Moleh-
gestalt oder als ein Genius mit feuerrothen
Schmetterlingsflügeln, dürfte in der nächstflg.
Sage von diesem Molche die nächste Veranlassung gefunden haben. — Exod. r. sct. 15, 116ᵃ
עוּזֵז את האש והראהו את הסלמנדרא Gott erschütterte das Feuer und zeigte dem Mose den
Salamander. Chag. 27ᵃ תלמידי חכמים אין אוּר וּמה
של גיהנם שולטת בהן קל וחומר מסלמנדרא
שולטת בו תלמידי חכמים שכל גוּפן אש על אחת
כמה וכמה über die Gelehrten kann das Feuer
der Hölle keine Macht ausüben; wofür der Salamander einen starken Beweis liefert (eig. aus
dem Leichten auf das Schwere zu schliessen,
vgl. חוֹמֶר). Wenn über denjenigen, der sich
mit dem Blut des aus dem Feuer entstehenden
Salamanders bestreicht, das Feuer keine Macht
ausübt, um wie viel weniger kann irgend ein
Feuer über die Gelehrten eine Macht ausüben,
deren Körper ganz aus Feuer besteht (Jer. 23, 29).
Suh. 63ᵇ אף חזקיהו מלך יהודה בקש לעשות כן
לו אלא שסכתו אמו סלמנדרא auch mit Chiskija, dem König Juda's, wollte sein Vater so
verfahren (ihn den Götzen als Feueropfer darzubringen); allein seine Mutter hatte ihn mit
dem Blut des Salamanders bestrichen. Sifra
Schemini cap. 6 Par. 5 und Chull. 127ᵃ סלמנדרא
der Salamander ist eine Eidechsenart (צב), die
zu den Geschöpfen gehört, welche im Feuer
entstehen (בריות הגדלות באוּר) und die, wenn
sie aufs Land kommen, sofort sterben. Tanchuma Wajescheb, 43ᵇ בריות הגדלות באוּר ואינן
גדלות באוּיר ואיזו זו סלמנדרא כיצד הזגגין
העושין את הזכוכית כשהן מסיקין את הכבשן
שבעת ימים ושבעה לילות רצופין מכוח האוּר
יוצא משם בריה הדומה לעכביש (לא לעכבר)
והבריות קורין אוֹתה סלמנדרא וכ' zu den Geschöpfen, welche im Feuer, aber nicht in der
Luft entstehen, gehört der Salamander. Auf
welche Weise entsteht er? Wenn die Glasbrenner das Glas zubereiten, zu welchem Behufe
sie den Feuerofen sieben Tage und sieben Nächte
hindurch heizen, so kommt aus der Gluth ein
Geschöpf hervor, das der Spinne (Var.: der
Maus) ähnlich ist, welches die Menschen Salamander nennen; vgl. auch TW.

סַלְמַנְטוֹן m. Adj. (von כָּלַם, ט elid., s. d. W.,
mit griech. Adj.-Endung) verdorben (vom Getreide), in Fäulniss übergegangen. Sifra
Behar Par. 3 cap. 4 ואכלתם מן התבואה ישן
לא סלמנטון „Ihr werdet von dem alten Getreide essen" (Lev. 25, 22); das bedeutet: nicht
verdorbenes; da näml. solches Getreide nicht
alt werden kann. B. bath. 91ᵇ steht dafür:
ישן בלא סלמנטון; was das. von R. Nachman
erklärt wird: בלא רצינתא (ohne Fäulniss), von
R. Scheschet: בלא שדיפא (ohne Missrathen).

Von den hier erwähnten Erklärungen der Amoräer, wo בלא richtig ist, liess sich der Copist
irreleiten, auch in dem Citat aus Sifra ב בלא סלמ'
zu schreiben, was durchaus keinen Sinn giebt.
Hai in s. Comment. zu Par. 9, 2 bemerkt, dass
die Rabbinen gew. das W. סלמנטון in B. hath.
l. c. (der Sifra scheint ihm nicht bekannt gewesen zu sein) mit דירה identificiren (was nach
Sachs' Beitr. II, 23 das gr. δμιντς, ιυδλσς wäre)
Kornwurm; was ihm (Hai) selbst jedoch nicht
gefällt, es bedeute vielmehr: Getreide, das durch
Fäulniss verdorben wurde, s. auch TW.

סִלְסֵל Pilp. von סָלַל s. d.) 1) eig. (= bh.)
hoch halten, erheben. Trop. Part. pass.
Cant. r. Anf., 4ᵇ „Das Lied der Lieder" (HL.
1, 1) bedeutet: המעולה שבשירים המסולסל
שבשירים das Vorzüglichste unter den Liedern,
das Erhabenste unter den Liedern. — 2) (vgl.
סָלַל) hin- und herwenden, insbes. das Haar
kräuseln. Meg. 18ᵃ un. die Gelehrten wussten
nicht, was סלסלה (Spr. 4, 8) bedeute, bis sie
einst hörten, dass die Magd Rabbi's Jemdm.,
דהוה מהפך במדיוה . . . עד מתי אתה מסלסל
בשערך der sein Haar hin- und herwendete, zurief: Wie lange wirst du noch מסלסל בשערך
(dein Haar kräuseln)? wonach also das bh.
סלסלה bedeutet: Wende die Gesetzlehre hin und
her, d. h. durchforsche sie nach allen Seiten,
vgl. הֵפֵךְ. j. Ber. VII, 11ᵇ un. בסיפרא דבן סירא
כתיב סלסלה ותרוממך ובין נגידים תושיבך
im Buche des Ben Sira heisst es: „Wende sie nach
allen Seiten, so wird sie dich erheben und dich
unter Fürsten setzen"; (zum Theil aus Spr. l. c.,
vgl. auch יְדִי, יָרָה). Genes. r. sct. 91, 88ᵃ dass.
Vgl. Ber. 48ᵃ. — Nas. 1, 1 (2ᵃ) wenn Jem.
sagt: הרי זה נזיר . . . הריני מסלסל ich will
kräuseln! so ist er ein Nasir; weil näml. die
Nasiräer ihr wildwachsendes Haar gew. kräusel-
ten. Vgl. j. Nas. z. St. I Anf., 51ᵇ הריני מסלסל
כאומר הריני מן המסלסלין wenn er sagt: Ich
will kräuseln, so ist es ebenso, als ob er gesagt
hätte: Ich will zu den Kräuselnden (Nasiräern)
gehören. Tosef. Sot. V Anf., s. סָלַל.

סִלְסוּל m. N. a. 1) Erhabenheit, Vornehmheit. j. Bic. I, 64ᵃ mit. הלכה כר' יוסי
וכהנים נהגו סלסול בעצמן כר' אליעזר בן יעקב
die Halacha ist zwar nach der Ansicht der R.
Jose entschieden (dass ein Priester die Tochter
der Proselyten, deren Geburt nach dem Uebertritt ihrer Eltern zum Judenthum stattgefunden
hat, heirathen darf); allein die Priester beobachten bei sich eine Vornehmheit u. zw. nach der
Ansicht des R. Elieser ben Jakob, dass näml.
nur angestammte Israelitinnen heirathen. Kidd.
78ᵇ und Bech. 30ᵇ dass. — j. Schek. IV, 48ᵃ
un. סילסול הוא בפרה betreffs der rothen Kuh
beobachtete man eine Erhabenheit, Bevorzugung;
dass man näml. so oft eine rothe Kuh geopfert

werden sollte, eine neue Treppe für sie baute. j. Ab. sar. II Anf., 40ᶜ und Pesik. Par., 40ᵇ סלסול פרה dass. — 2) das Hin- und Herwenden, bes. Kräuseln des Haares. Nas. 3ᵃ ממאי דהדין סלסול שערא ... אימא תורה דכתיב סלסלה וג׳ הרי woher ist erwiesen, dass der Ausspruch מסלסל bedeute: Haarkräuseln u. zw. nach dem Ausdruck, dessen sich die Magd Rabbi's bediente (s. vrg. Art.), vielleicht meinte Jener: Ich will die Gesetzlehre hin- und herwenden, durchforschen = Spr. 4, 8? Worauf geantwortet wird: תסרס בשערו Jener that den Ausspruch zur Zeit, als er sein Haar anfasste; vgl. auch מְסַלְסְלָה.

סְלְסְלָה f. ein feingewebtes (eig. gekräuseltes) Gewand. Git. 59ᵃ, s. מַלְמָלָה.

סַלְסְלָה f. Korb. Tanchuma Kedosch., 168ᵇ כבד את המלך בסלסלה של תאנים er verehrte dem König einen Korb Feigen. — Pl. סַלְסִלִּין (=bh. סַלְסִלּוֹת) Körbe, s. TW.

סֶלַע m. (=bh.) 1) Fels, Stein. B. bath. 17ᵃ סלע הבא בידים ein Fels, der mittelst der Hände herausgehoben werden kann, der näml. in lockerem Boden sitzt. — Pl. übertr. Tanchuma Mezora, 159ᵃ הסְלָעִים שהן על הנחש זו צרעתו היא die Schuppen (eig. Steinchen), die sich auf der Schlange befinden, bilden ihren Aussatz. — 2) Sela, Gewichtstein (=bh. אֶבֶן, Dt. 25, 13), Gewicht, das häufig aus Steinen bestand, ähnlich unser Stein im Geschäftsleben. Keth. 5, 9 (64ᵇ) ומה היא עושה לו משקל חמש סלעים שתי בהדורה עשר סלעים בגליל או משקל עשר סלעים ערב ביהודה שהן עשרים בגליל wie viel ist die Frau verpflichtet, für ihren Mann zu arbeiten? Ein Gewebe im Gewichte von fünf Sela Aufzug in Judäa, das in Galiläa zehn Sela wog (ein judäischer Sela = zwei galil. Sela), oder einen Sela Einschlag in Judäa, der in Galiläa zwanzig Sela wog (der Aufzug des Gewebes machte näml. noch einmal so viel Arbeit als der Einschlag desselben). Ter. 10, 8. Tosef. Ter. IX Anf. u. ö. — 3) übertr. Sela, Name einer Münze, deren Werth = dem bibl. Sekel ist; ähnlich unserem Pfund. j. Kidd. I, 59ᵈ un. כל שקלים שכתוב בתורה סלעים ובנביאים ליטרין ובכתובים קינטורין überall, wo im Pentat. Sekel vorkommen, sind: Sela, in den Propheten: Litra und in den Hagiographen: Centinarien zu verstehen. Bech. 50ᵇ ולא תימא סלע ארבע זוזי אלא פלגא דזוזא דקרו אינשי סלע פלגא דזוזא sage nicht, dass unter Sela hier: Vier Sus, sondern vielmehr ein halber Sus zu verstehen sei; denn die Menschen nennen den halben Sus: Sela. Ersterer heisst näml. סלע צורי der tyrische Sela, letzterer סלע מדינה der landläufige Sela; vgl. auch נירונית u. m. Schabb. 65ᵇ סלע של הצינית ein Sela, den man auf die verhärtete Fussohle legte, vgl. בת ארעא. — Uebrtr. Ab. sar. 54ᵇ un. die Frev-

ler, פומבי שעוטין סלע שלי שעטרו welche meinen Sela (Gepräge) als frei erklären; d. h. sie begehen Incest und erzeugen Kinder mit meinem (göttlichen) Gepräge, vgl. חוֹתָם.

סִלְעָא ch. (syr. ‎ܣܠܥܐ‎=סֶלַע) 1) Fels, Stein, s. TW. — Pl. übrtr. Genes. r. sct. 20, 20ᵇ הלין סלעיא דביה צרעין אינון die Schuppen (Steinchen) an der Schlange sind Aussätze, s. vrg. Art. — 2) Sela, Münze. j. Kidd. I, 58ᵈ mit. סילעא ארבעה דינרין der Sela beträgt vier Denare. — Pl. B. bath. 165ᵇ כתב בר זוזין מאה דאינון סלעין עשרין אין לו אלא wenn Jem. in einem Document schreibt: Hundert Sus, welche 20 Sela betragen, so hat der Andere blos 20 Sela zu fordern; d. h. trotzdem, dass 100 Sus gew. = 25 Sela sind, so ist dennoch anzunehmen, dass der Schuldner blos leichte Sela verschrieben habe.

סְלְעֵם Safel (von לעם, trnsp. von עלם; vgl. Nah. 3, 11 Nifal) eig. unsichtbar machen, verschlingen; trop. verderben, vernichten, hinraffen; nur in den Trgg., vgl. auch סַלְעֵמוּטין. — Ithpa. אִסְתַּלְעֵם verdorben, vernichtet werden. — סוּלְעֲמוּתָא fem. Verderben, Vernichtung, s. TW.

סָלְעָם m. (=bh.) eine vierfüssige, geflügelte und zum Genusse erlaubte Heuschreckenart. Stw. vrg. סַלְעֵם, also eig. das Abfressende, Vernichtende, ähnlich גּזָם (ebenf. eine Heuschreckenart, von גּזָז=גּזָם) s. d. W. — Jom. 77ᵇ un. der Quell, der aus dem Allerheiligsten herausströmte, כמין קרני בתחלה דומה סלעם וכ׳ Ar. (Agg. קרני חגב) war anfangs den Fühlhörnern dieser Heuschrecke ähnlich, vgl. Chull. 66ᵃ סלעם זה רשון ... סרחיו. נירסל nach einer Ansicht bedeutet unser W.: רשון, nach einer andern Ansicht: ניסול s. d. W.

סָלַף (hbr. סָלַף) verdrehen, verkrümmen, s. TW.

סַלְפִּידָס, סָרְפִּינָס richt. סָרְפִּינֵס, סַלְפִּידָס f. pl. (gr. ἡ σάλπιγξ, ιγγος; ס als Zeichen des Plur., s. d. Bst.) die Trompeten. Thr. r. Einleit. sv. להרים קול בתרועה סלפידד 47ᵃ וזכר Ar. (Var. סלפינגס, Agg. סרפינג mit Wechsel der liquidae) „die Stimme mit Jubel zu erheben" (Ez. 21, 27), das bedeutet: mit Trompeten. Khl. r. sv. רישב 97ᵈ בסרפינכס crmp. Genes. r. sct. 99, 97ᶜ אלו סרחיו. סלפידרין l. תוקעי קרנים ואלו סלפידרין (סַלְפִּידִנְגֵּי) die Einen stossen in die Hörner und die Anderen blasen mit Trompeten. Pesik. r. sct. 5, 7ᵃ „Gott erhebt sich בתרועה" (Ps. 47, 6), כמלך בשר ודם כשהוא עובר ממקום למקום מביאין סלפודרין ותוקעין לפניו רכ׳ wie beim menschlichen König, vor dem man, wenn er von einem Ort zum andern zieht, Trompeten bringt, um vor ihm zu blasen; mit Bez. auf Ps. 98, 6: „mit

Trompeten" u. s. w. Levit. r. sct. 29, 173ᵇ „Heil dem Volke, יוֹדְעֵי תְרוּעָה" (Ps. 89, 16); וכי אין אומות העולם יודעין להריע כמה קרנות יש להם כמה בוקינוס יש להם כמה סלפירגס יש להם ... אלא שהן מכירין לפתות את בוראן בתרועה verstehen denn die Völker der Welt nicht zu blasen? Haben sie doch so viele Hörner, so viele Blasinstrumente, so viele Trompeten! Allein die Israeliten verstehen, ihren Schöpfer durch Blasen zu besänftigen. Pesik. Bachodesch, 152ᵇ כלפידין. Khl. r. sv. אין אדם, 90ᵇ morgen stirbt er ויהיו בניו תוקעין לפניו בסלפינגס וכ' und seine Kinder blasen mit Trompeten vor ihm.

סַלְפִּירְתָא f. (viell. gr. σάρπη) ein Meerfisch. j. Ab. sar. II g. E., 40ᵃ un. Nathan bar Ba rühmte sich in Gegenwart Samuel's, dass er die unerlaubten Fische von den erlaubten zu unterscheiden wisse; אמרי ליה הדא סלפירתא אמר ליה כזה מהו אמרי ליה טמא אמר ליה לא בוש לי דאמרת על טהור טמא אלא סוף דאומר על טמא טהור letzterer zeigte ihm den Fisch סלפירתא, indem er ihn fragte: Wie verhält es sich mit einem solchen Fisch? Worauf jener sagte: Der ist unrein. Samuel sagte: Weniger ärgert es mich, dass du einen reinen Fisch als unrein erklärst, als vielmehr, dass du später auch den unreinen als rein erklären wirst. — An eine „Schildkröte" (syr. ﻼﺒﺴﻤﻛ u. s. w.), womit Lewysohn, Zool. d. Tlm. p. 374, unser W. identificirt, ist selbstverständlich hier nicht zu denken.

סְלֵק (=bh. Ps. 139, 8.' Grndw. סק; bes. oft im Chald.) hinaufsteigen. Tamid 2, 1 סולקין in Tlmd. Agg., s. סָבַק.

Pi. סַלֵּק eig. entheben, insbes. beseitigen, entfernen, forträumen. Schabb. 140ᵇ מסלקין לצדדין מפני הרעי man räumt am Sabbat das Stroh im Maststall auf die Seite, damit die Ochsen es nicht mit Excrement besudeln. Nid. 39ᵃ un. חרדה מסלקת את הדמים der Schreck beseitigt den Bluterguss. Exod. r. sct. 3, 105ᵉ Mose sagte zu Gott: לשעבר אמרת שמך על אבי ועכשיו סלקת אותו früher nanntest du deinen Namen auf meinen Vater („der Gott deines Vaters", Ex. 3, 6), jetzt aber beseitigst du ihn (Das. V. 15 fg.); vgl. פתוי. Part. Pual j. Keth. IX Anf., 32ᵈ ידיי מסולקות מן השדה הזו רגליי מסולקות מן השדה הזו וכ' meine Hände sollen von diesem Felde beseitigt sein, meine Füsse sollen davon beseitigt sein; d. h. ich will damit nichts zu schaffen haben. Nid. 68ᵇ דמיה מְסוּפְּלָקִין ihr Menstruum bleibt aus.

Hithpa. und Nithpa. 1) beseitigt werden, sich entfernen. Erub. 54ᵇ ... נִסְתַּלֵּק אהרן Aharon entfernte sich, seine Söhne entfernten sich u. s. w., s. מִשְׁנָה. Levit. r. sct. 34, 178ᵃ (mit Bez. auf Gen. 18, 8) נראין כאוכלין ושותין וראשון וראשון מִתְחַלֵּק die Engel gaben sich den Anschein, als ob sie ässen und

tränken, aber Einer nach dem Andern entzog sich den Speisen. Jeb. 64ᵃ un. גרם לשכינה er veranlasst, dass die Gottheit sich von Israel entfernt. Taan. 21ᵇ נסתלקה שכינה ממנו als die Schechina sich vom Sinai entzogen hat. — 2) trop. sterben. Tosef. Chag. II Anf. לא היו ימים מועטים עד שנתחלק es dauerte nicht lange, dass Ben Soma בן זומא (infolge des Irrsinns, vgl. das. וּסְגָא וְהָצִיץ) starb, eig. von der Welt entfernt wurde. Exod. r. sct. 52, 143ᵈ מעשה בר' אבהו שהיה מסתחלק מן העולם als R. Abahu aus der Welt schied.

סְלֵיק, סְלֵק ch. (syr. ﻚﻠﺴ; סָלַק; ein defect. Verb., das die meisten Formen dem פְּסַק entlehnt) 1) heraufsteigen, emporsteigen, Ggs. נָחַת: herabsteigen. Dan. 7, 3. 8 fg. — Levit. r. sct. 13, 157ᵃ u. ö. כד סלקא מן ימא wenn das Thier aus dem Meere steigt. Bez. 38ᵇ u. ö. כי סליק ר' אבא als R. Abba nach Palästina (hinauf) ging. j. R. hasch. II, 38ᵇ mit. כד סלקית להכא als ich hierher, nach Palästina, ging. B. bath. 45ᵃ דסלקין לעילא ודנחתין לתחא וכ' sowohl ihr, die ihr von Babel nach Palästina, als auch ihr, die ihr hierher (von Palästina nach Babel) kommt, sollt wissen, dass u. s. w. B. kam. 113ᵇ dass. Schabb. 141ᵃ ביאן דסקי במיא Jem., der am Sabbat badet, soll sich zuvor (den Oberkörper) ליגנוב ברישא והדר ליסליק וכ' abtrocknen und dann aus dem Wasser steigen. Snh. 108ᵇ כל דהוה סלקא ליה Alles, was ihm begegnet war. B. kam. 85ᵇ u. ö. — 2) trop. in Gedanken aufsteigen, an etwas denken. Pes. 2ᵃ u. ö. קא סלקא דעתך וכ' (für =אדעתך); hbr. עלה על לב, vgl. bh. עלה על דעת; (עלה על רוח du könntest denken, der Ansicht sein, dass u. s. w. Chull. 64ᵇ u. ö. לא סלקא דעתך daran nicht zu denken. B. kam. 92ᵇ un. לא הוה סליק ליד שמעתתא אליבא דהלכתא es gelang ihm nicht, eine Lehre nach der allgemeinen Annahme vorzubringen. — 3) (=hbr. עלה ארוכה) genesen, heilen. Schabb. 134ᵇ סליק בשרא חייא sein Fleisch heilt schnell. B. kam. 84ᵃ u. ö., s. חָיְיָא II. — 4) j. Schabb. V Anf., חמר סלק (=ὄνος βάστα) ein bespringender Esel, vgl. אֲמְבַּטִיס. j. Kil. VIII g. E., 31ᵉ mit. dass. Mögl. Weise ist סְלֵיק (s. d. W. in סלו) zu lesen: ein seleucidischer Esel.

Pa. סַלֵּק entfernen, beseitigen, eig. entheben. Nid. 51ᵇ un. die Palästinenser בתר דסלקין הפיללידד וכ' welche, nachdem sie ihre Tefillin entfernt, abgelegt haben, den Segenspruch: „Der uns durch seine Gebote geheiligt hat, seine Satzungen zu beobachten", sprechen u. s. w. B. mez. 68ᵃ fg. .... מצי מסליק ליה der Schuldner kann den לא מצי מסליק ליה Gläubiger beseitigen, abfinden; er kann ihn nicht beseitigen, vgl. מַשְׁכַּנְתָּא. Das. 67ᵃ, s. זְבִירְתָא. Git. 52ᵇ אפיטרופא דמפסיד מסלקין ליה einen

Vormund, der seinen Mündeln Schaden zufügt, beseitigt man. Kethub. 106ᵃ ob. u. ö. — Ithpa. enthoben werden, sich entziehen. Keth. 106ᵃ der Prophet Elias erschien früher öfter dem R. Anan; כיון דעבד הכי אְסְתַּלַּק nachdem aber letzterer so verfahren hatte, hielt sich jener von ihm fern, vgl. זוּנָא; s. auch TW.

סִילוּק m. N. a. 1) das Fortnehmen, Entfernen. Men. 95ᵃ סילוק מסעות das Fortnehmen (Zusammenrollen der Vorhänge in der Stiftshütte), um die Züge in der Wüste vorzunehmen. Chag. 26ᵇ סלוק das Fortnehmen der Schaubrote, s. סדור. Jom. 24ᵃᵇ עבודה סלוק der Priesterdienst beim Fortnehmen der Asche vom Altar. Nid. 53ᵃ. 68ᵇ עם סלוק ידיה beim Entfernen ihrer Hände. — 2) das Aufgehobenwerden, Sichentfernen, dah. auch: Sterben. Thr. r. sv. על אלה, 59ᵃ „Darob weine ich" על סלוק דעת wegen des Aufhörens, Fernbleibens des Verstandes (des Zidkija, als man ihm die Augen ausstach), sowie des Fernbleibens der Gottheit bei der Tempelzerstörung. Cant. r. sv. מי זאת, 32ᵇ (das עלה, HL. 8, 5 doppelt gedeutet) עלייתו מן המדבר סלוקה מן המדבר das Sicherheben der Gemeinde Israels erfolgte von der Wüste, ihr Untergehen erfolgte ebenf. von der Wüste aus; mit Ansp. auf Num. 14, 3: במדבר הזה יתמו ושם ימרתו „in dieser Wüste werden sie vollkommen werden und dort sterben, untergehen". Genes. r. sct. 62 Anf. בשעת סילוקן של צדיקים הקב״ה מראה להן מתן שכרן zur Zeit, wenn die Frommen aus der Welt scheiden, zeigt ihnen Gott die Belohnung. Exod. r. sct. 52, 143ᵈ dass. Pesik. r. 1 Anf. בשעה סילוקו מן העולם משביע ליוסף als Jakob aus der Welt scheiden sollte, beschwor er den Josef.

סִילְקִי f. breite Strasse, wo man auf Erhöhungen und Vertiefungen (מעלות ומורדות) zu gehen hat. j. B. mez. VI g. E., 11ᵃ mit. בקמנדריא אין חייב להעמיד לו חמור אחר בסילקי חייב להעמיד לו חמור אחר wenn ein gemietheter Esel dem Miether auf Umwegen zum Frohndienste fortgenommen wurde, so braucht der Miether dem Vermiether nicht einen andern Esel zuzustellen; wenn der Esel aber auf breiter Strasse fortgenommen wurde, so muss er ihm einen andern Esel zustellen. סילקי entspricht ganz dem דרך הלוכה in B. mez. 69ᵃ. Die Emendation בסילקי ist unstatthaft.

סְלַק (=שְׁלַק) sieden lassen, einkochen. Git. 69ᵇ un. ונסלקינהו בהדי הדדי Ar. (Agg. ונשלקינהו) man soll diese Medikamente zusammen kochen.

סְלְקִי m. pl. 1) Kochgeschirre, Kessel. j. B. bath. IV Anf., 14ᶜ wenn Jem. ein Badehaus verkauft, מכר בתים הפנימים והחיצונים ובסלקי contr. aus בי סלקי=Tosef. B. בסלקי וקמין וכ׳ contr. aus

bath. III היורות (=בית), so hat er auch die äusseren und die inneren (zum Bade gehörenden) Häuser, sowie die Kessel, den Kamin u. dgl. mitverkauft. — 2) B. mez. 84ᵃ ניתר כסא דכספא מבי סלקי (richtiger סיקלי, s. d.) man bringe einen silbernen Becher aus der Werkstatt des Polirers. — Levit. r. sct. 34, 178ᵈ חבשינן בסלקי crmp. aus בפילקי man hielt sie im Gefängniss eingesperrt, s. פִּילְקִי.

סִילְקָא I m. (=שִׁלְקָא) Eingekochtes. Pl. Ber. 36ᵃ ob. u. ö. מיא דכולהו סילקי Ar. (Agg. שלקי) die Brühe von verschiedenen eingekochten Kräutern. — Ar. citirt auch aus Pes. 39 סְלִיקְתָא Eingekochtes; was jedoch das nicht steht. Ab. sar. 39ᵇ סלוקתי, s. סַלְקָנְדְּרִית.

סִילְקָא II m. (syr. ܣܶܠܩܳܐ=תַּרְדִּין) Mangold, Spinat. Ber. 35ᵇ. 36ᵃ s. אִינְגָּרִי. Jom. 76ᵃ u. ö. Schabb. 74ᵇ ob. דאי מאן דפריס סילקא חייב der am Sabbat das Mangold משום טוחן zerreibt, ist wegen Mahlens straffällig. Erub. 28ᵇ un. סילקא חייא קטיל גברא חייא rohes Mangold (der Genuss desselben) tödtet einen gesunden Mann. Ber. 38ᵇ, s. כְּרוּב II. Git. 69ᵃ, s. בּוּנָא. B. mez. 109ᵃ. Pes. 114ᵇ. Ab. sar. 28ᵇ un. סילקא לציבריא Mangold ist gegen Erkältung, kaltes Fieber ein Heilmittel, vgl. חִמּוּא.

סִלְקוּתָא f. (arab. شَلَاقٌ) ein Ranzen mit Speisevorrath, dessen sich gew. die Armen bedienen. j. Ter. VIII, 45ᵈ un. הדא סלקותא אפילו הדא תליוה כמה אסורה דדוה משתלשל der Ranzen mit Speisen, selbst wenn er noch angebracht, aufgehängt ist, wegen Möglichkeit der Vergiftung, zum Genusse verboten; weil die Schlange hinaufklettert und die Speisen benagt.

סְלְקְטֵירִין od. סְלַקְטֵירִין m. pl. (lat. lictores) Lictoren, die Leibgardisten und Scharfrichter des Fürsten; urspr. die Fascesträger, die vor dem römischen Dictator und Consul einherschritten. Jalk. I, 58ᶜ (citirt aus der Pesikta) מי פורע לכם מהם [שני] סלקטירין מרדכי ואסתר מרדכי מבחוץ ואסתר מבפנים wer bestraft sie (Haman und seine Söhne) für euch? Die zwei Lictoren, näml. Mardechai und Esther, Mardechai draussen, „am Thore des Königs" und Esther drinnen, im königlichen Palaste. Unser W. ist in den verschiedenen Stellen vielfach crmp., und infolge dessen entstanden mehrere verunglückte Etymologien; z. B. Pesik. Hachodesch, 56ᵇ שני דלקטירין, Pesik. r. Eth Korb., 32ᵈ שני בלקטירים u. dgl. (zusammengest. von Buber in Pesik. l. c. Anm. 240). Da der W. שני in diesen Stellen überall anzutreffen ist, so muss im Jalk. l. c. ebenf. שני vor unser W. gesetzt werden. (sodann wäre סלקטירין aus לקטירין, mit vorges. ס entstanden; oder, was wahrscheinlicher ist, dass urspr. ב׳ לקטירין gestanden, woraus der Copist סלקטירין crmp. hat. In Pesik. r. l. c.

wurde wiederum aus לקטירים ב' durch Missverständniss: בלקם (ein W.) gesetzt, welchem das W. שני vorgesetzt wurde. Darnach ist das in Bd. I, 237ᵃ hierüber Gesagte zu berichtigen.

סַלְקַנְדְּרִית oder סַלְקוּנְתִּית, סַלְקַנְדְּרִית *fem.* (viell. gr. ἁλυκίς, ίδος) Salzquelle. Ab. sar. 35ᵇ in der Mischna סלקנדרית מלח Ar. (j. Tlmd. שלקונדרית; Agg. im bab. Tlmd. סלוקנרית) Salz aus der Salzquelle. Sollte viell. unser W. von סֶלַע (s. d. = שְׁלַע) abzuleiten sein und מלח bedeuten: das künstlich aus Salzwasser gewonnene Kochsalz? Musaf. denkt an sal conditum, schmackhaftes Salz. Das. 39ᵇ מאי מלח סלקנדרית שלוקתי רומי אוכלין בה Ar. (Agg. אותה ... סלקנדרי (שבכל was bedeutet מלח סלקנדרית? Das Salz, womit man alle gekochten Speisen Roms isst. Raschi erklärt סלקונדרי: die Köche. Tosef. Ab. sar. IV (V) g. E. מלח סלקנתית שחורה מותרת והלבנה אסורה (Ab. sar. 39ᵇ סלקונדרית וכ'; j. Ab. sar. II g. E., 42ᵃ סלוקנרית) das schwarze Salz aus der Salzquelle (oder: Kochsalz) darf man von Nichtjuden kaufen, das weisse hing. ist verboten (weil die Nichtjuden die Eingeweide unreiner Fische damit vermischen); so nach Ansicht des R. Meïr; nach Ansicht des R. Juda ist das schwarze verboten, aber das weisse erlaubt; nach Ansicht des R. Juda ben Gamliel ist sow. das eine, als auch das andere verboten.

— סְלִיקוּסְתָּא oder סַלְקוּתָא s. חָלִיקוּסְתָּא סילימְרְאות s. d. in סר'.

סְלִירָא s. in סלי'.

סָלָרִין *m.* (lat. salarium sc. argentum) Besoldung, Sold. Levit. r. sct. 34 מעלין לו סלרין Ar. (fehlt' in Agg.) man giebt ihm den Sold.

סוֹלֶת, סֶלֶת *fem.* (= bh. סֹלֶת. Stw. סָלַל schwingen, oder arab. سَلَّ ablösen) 1) feines Mehl. Men. 12, 3 סלת יביא מן wenn Jem. ein Mehlopfer von grobem Mehl gelobt, so muss er feines Mehl bringen (vgl. Lev. 2, 1). Das. 13, 1 מנחה הסלת das Opfer von feinem Mehl. Pes. 76ᵃ סלת רותחת heiss gemachtes Mehl. — Trop. Kidd. 69ᵇ לא עלה עזרא מבבל עד שעשאה כסולת נקיה ועלה Esra ging nicht eher aus Babel fort, als bis er wie feines Mehl gemacht hatte und erst dann zog er nach Palästina; d. h. er sonderte zuvor die illegitim Geborenen von den legitimen Familien ab, vgl. בְּבֵל und סֵרָה j. Jom. I, 38ᵈ ob. סולת feines Mehl, bildl. für einen hervorragenden Mann, vgl. קִימְחָא. — Sifra Haasinu § 315 (mit Bez. auf Ps. 72, 16) שהיו חטים שמרות זו בזו ונושאת סולתן בארץ ואת בא ונוטל דימנוה מלא פיסמא של יד כדי פרנסתך die Weizenhalme werden sich an einander reiben und ihr Mehl auf die Erde ausschütten; sodann wirst du kommen und eine

Handvoll davon aufnehmen, soviel du zur Nahrung nöthig hast. — Pl. Schek. 4, 3. 9 כל המקבל עליו לספק סלחות מארבעה וכ' wenn ein Krämer übernimmt, die verschiedenen, feinen Mehle (zu den Opfern) je vier Seah für einen Sela zu liefern. Die Schatzmeister des Tempels pflegten näml. im Sommer, wenn das Getreide billig ist, den Preis für den nach und nach abzuliefernden Bedarf an Mehl, Wein u. dgl. schon im Voraus festzusetzen. j. Chall. II Anf., 58ᵇ קמחין וסלתורה grobe Mehle und feine Mehle. Ab. 37ᵇ. Pes. 40ᵃ. j. Bic. I g. E., 64ᵇ u. ö. — 2) übrtr. Mehlgebäck. Esth. r. sv. והקרב, 104ᶜᵈ מרסנא זה שהיה ממרס את הסלתות „Marsena" war derjenige, der die Mehlgebäcke zerstampfte. Das. ö., s. מָרֵס.

סוּלְתָּא, סוֹלְתָּא *ch.* (= סֹלֶת) 1) feines Mehl, s. TW. — 2) Speise aus feinem Mehl, als Nachtisch. j. Ber. VI, 10ᶜ un. אהן דאכל גרוזמי רסלת אף על גב דו אכל גרוזמתא בסופא לא פטר סולתא ed. Lehm. (ed. Ven. u. a. רסולת) wenn Jem. Caviar (oder Garonbrei) und Mehlspeise geniesst, so ist er, trotzdem er den Segen über den später genossenen Caviar gesprochen, doch nicht von dem Segensprechen über die Mehlspeise befreit. Das. Rabba fragte: אהן דאכל סלת ובדעתיה מיכול פיתא מהו מיברבא על סולתא בסרפא wenn Jem. Mehlspeise isst und beabsichtigt noch, Brot zu essen, muss er nach dem Genusse der Mehlspeise den Segen sprechen?

סָלֵת Pi. (denom. von סֹלֶת) 1) feines Mehl aus einer grossen Masse groben Mehles ausziehen, sieben. Ter. 11, 5 או המסלת קב wenn Jem. ein oder zwei Kab feines Mehl aus einem Seah (6 Kab) groben Mehls aussiebt. j. Ter. XI, 47ᵃ un. מסלת בחיטין כל שהוא רוצה man darf vom Weizen der Teruma soviel feines Mehl aussieben, als man will; ohne näml. besorgen zu müssen, dass das übrige grobe Mehl verdorben werde. — 2) trop. die feinsten, edelsten Menschen aussuchen. Part. Pual Sifre Debar. § 21 „Ich nahm 12 Männer aus eurer Mitte" (Dt. 1, 23), מן הברורים שבכם d. i. von den Auserwählten unter euch, von den Edelsten unter euch.

סַלָּת *m.* Adj. Jem., der das feine Mehl aus dem groben zieht, aussiebt. Pl. Kel. 15, 3 של סילתים נפה ים (l. סַלָּתִים = Tosef. Kel. B. mez. V Anf.) das Behältniss, in welchem das Sieb der Mehlsiebenden steht, Ggs. zu בעלי בתים das Sieb der Privatleute.

סָלֵת Pa. (arab. سَلَتَ) abschaben, zerschaben. Schabb. 74ᵇ ob. האי מאן דסלית סילתי Jem., der am Sabbat Späne vom Baume abschabt, ist wegen Mahlens straffällig. Nach einer Erkl. Ar.'s: er löst die Knoten der Palme ab, infolge dessen mehl-

ähnlicher Staub ausgeschüttet wird; also eine *chald.* Form vom vrg. סְלָה. — B. kam. 113[b] רבינא זבין דיקלא לְסַלּוּתֵי Ar. (Agg. לצלחא) Rebina kaufte (gemeinschaftlich mit einem Nichtjuden) eine Palme, um sie abzuschaben. Bez. 19[b] השתא סלותי מסלתינן נדרים ונדבות מיבעיא da wir in den Wochentagen des Festes selbst Späne abschaben dürfen, um wie viel mehr ist das Darbringen der gelobten Opfer und der freiwilligen Gaben gestattet!

סִילְתָּא *f.* Span, abgeschabtes Holz. B. kam. 22[b] סילתא ושרגא גרוזא Holz, Span und Licht, s. גְּרוּזָא I. — Pl. Schabb. 150[b] R. Kahana sagte beim Ausgang des Sabbat: המבדיל בין „der da unterscheidet קודש לחול ומסלתינן סִילְתֵי zwischen Heiligem und Unheiligem" u. s. w. (ein Segensspruch, vgl. הַבְדָּלָה, אַבְדָּלָה); sodann schabten wir die Späne. Das. 74[b], s. vrg. Art.

סַלְתָּא, סִילְתָּא Korb, s. hinter סל, s. auch סַלְיתָא.

סוּלְתָּנִיתָא, סִילְתָּנִית oder סַלְתָּנִית *f.* eine Art kleiner Fische, die gegessen werden dürfen. Nach Lewysohn, Zool. d. Tlm. p. 239: der Hering. j. Ab. sar. II, 42[a] mit איזהו סלתניתא אמר רב חלק was ist unter Halek zu verstehen? Rab sagt: סולתניתא der Hering. Ab. sar. 39[a] סלתנית Ar. (Agg. סולתנית), vgl. חִלָּק. Chull. 66[a] אין לו עכשיו ועתיד לגדל אחר זמן כגון הסולתנית ... הרי זה מותר ein Fisch, der keine Flossfedern und Schuppen mit zur Welt bringt, der sie aber später bekommt, wie z. B. der Hering, darf gegessen werden.

סַם *m.* (bh. nur pl. סַמִּים. Stw. arab. شَمّ duften) duftendes Pulver, Spezerei, theils heilsames und wohlriechendes, theils schädliches Pulver, Medicin, Gift. Vgl. Michael in Cast. Lex. syr. h. v.: Bei den Alten bestanden die Medicamente vorzüglich in Giftsubstanzen. Schabb. 104[b] כתב בדיו בסם וכ' wenn Jem. mit Tinte oder mit Pulver schreibt. In Gem. das. wird das *chald.* סמא erklärt; nach Raschi ארס׳מנט auripigmentum. Thr. r. sv. כלו, 63[b] דמעת הסם die Thräne, die durch Riechen eines scharfen Pulvers entlockt wird, vgl. סִיקוֹס. Chull. 58[b] המות סם . . . סם המות דבהמה ראדם Giftpflanze, deren Genuss dem Menschen, und Giftpflanze, deren Genuss dem Thiere schädlich ist. — Uebrtr. Kidd. 30[b] ושמתם סם תם נמשלה תורה כסם חיים וכ' das W. ושמתם (Dt. 11, 18 סם־תם gedeutet) denn die Gesetzlehre ist der heilsamen Medicin vergleichbar, vgl. בּוֹמִי. Jom. 72[b] (mit Ansp. auf שָׂם, Dt. 4, 44) זכה נעשית לו סם חיים לא זכה נעשית לו סם מיתה wenn der Mensch tugendhaft ist, so wird ihm die Gesetzlehre ein Medicament für das Leben; wenn er nicht tugendhaft ist, so wird sie ihm ein schädliches,

tödtliches Gift. Levit. r. sct. 16, 159[c] ein Händler unweit Sepphoris rief aus: מאן בעי למזבן סם חיים וכ' wer will ein heilsames Medicament für das Leben kaufen? Ueber die Beschaffenheit dieses Medicaments von R. Jannai befragt, zeigte er ihm den Psalm 34, 13. 14: „Wer ist der Mann, der das Leben sucht . . . Hüte deine Zunge vor Bösem" u. s. w. B. kam. 85[a] אומדין כמה אדם רוצה ליתן לקטוע לו ידו המוכתב למלכות בין סייף לסם man schätzt ab, wie viel Jem., dem nach einem Befehl der Regierung die Hand abgehackt werden soll, dafür geben möchte, dass man sie mittelst eines Pulvers anstatt mit dem Schwert, ablösen soll. — Pl. Genes. r. sct. 10, 10[c] אלוה העלה סַמִּים מן הארץ וכ' Gott lässt verschiedene Spezereien aus der Erde wachsen u. s. w., s. מֶרְקָחַת. (Ebenso bedeutet bh. קטרת סמים „Räucherwerk von Spezereien"; Gesen. hbr. Wb. sv. irrthümlich „wohlriechendes Rauchwerk"). Vgl. auch סַמְמָן.

סַמָּא *ch.* (syr. ܣܰܡܳܐ=סַם) 1) Pulver, Spezerei. Nid. 30[b] סמא דנפצא ein Pulver, das die Schwangerschaft vertreibt. Das. איכא גברא דלא מקבל סמא es giebt manchen Körper, bei dem dieses Pulver wirkungslos ist. B. kam. 85[b] סמא חריפא ein scharfes Pulver. Chull. 54[b], vgl. סַמְמָנַי. B. mez. 85[b] u. ö. — Trop. Jom. 72[b] דאומן לה סמא דחיי דלא אומן לה סמא דמותא für den, der die Gesetzlehre richtig anwendet, ist sie ein Heilmittel (syr. ܬܶܪܝܰܩܺܐ theriaca, quasi medicina vitae); für den, der sie nicht richtig anwendet, ist sie ein tödtliches Gift. Schabb. 88[b], s. רָמֵן. — 2) Samma, *N. pr.* Ab. sar. 50[b] u. ö. ר׳ סמא R. Samma; ferner j. Ab. sar. II, 40[d] un. u. ö. כפר סמא איש der Einwohner des Dorfes Samma.

סָמָא *m.* (gr. σῶμα) 1) Körper, Leib. j. Keth. VII Ende, 31[d] סמה דמטרונא der Leib der Matrona, Sara, vgl. סַלְמָךְ. In den Parall. crmp. מעולה, מסאבה u. dgl. aus סמה. — 2) übrtr. Hauptsache. j. Ber. IX Anf., 12[d] סמא דכולא משתוקא die Hauptsache von Allem ist die Schweigsamkeit, vgl. סִימֵי. Meg. 18[a] u. ö. — j. Snh. XI, 30[b] mit כל סמא דמילתא לא דא היא אלא לפי מלאת וג' die Hauptsache von Allem ist, dass es sich nicht so (wie nach deiner Berechnung) verhält, sondern „wenn die 70 Jahre der Gefangenschaft Babels verstrichen sein werden, werde ich eurer gedenken" (Jer. 29, 10). j. Taan. IV, 69[a] mit כל סמא דמילתא ניתי כלילא על רישיהון die Hauptsache von Allem ist, dass man eine Krone auf ihre Häupter setze. Khl. r. sv. יש רעה, 84[b]. — Ferner סמא crmp. aus סוס s. d.

סוֹמָא s. d. in סומר; s. auch סַמְיָא.

סַמָּאֵל Sammaël, Name eines Engels des bösen (eig. wohl Gift-) Princips. Sot. 10[b] בא

וריחקן וכ' סמאל Sammaël kam und entfernte die Zeichen der Unschuld Tamars, damit sie verbrannt und David nicht von ihr geboren werde, während der Engel Gabriel jeno Zeichen immer näher brachte. Levit. r. sct. 21, 164° (mit Ansp. auf Ps. 27, 3) אם תחנה עלי מחנה של סמאל לא יירא לבי „wenn auch das Lager Sammaël's mich belagert, so fürchtet sich dennoch mein Herz nicht." Tanch. Wajischlach, 40ª ויאבק איש זה סמאל שרו של עשר rang mit ihm" (Gen. 32, 25), das war Sammaël, der Schutzpatron Esau's. Exod. r. sct. 18, 117ᵈ למה מיכאל וסמאל דומין לסניגור וקטיגור עומדין בדין זה מדבר וזה מדבר וכ' wem sind Michaël und Sammaël zu vergleichen? Einem Vertheidiger und einem Ankläger, welche im Gerichte stehen; der Eine trägt seine Vertheidigung und der Andere trägt seine Anklage vor. Das. sct. 21, 121ª. Genes. r. sct. 56, 55ᵇ, s. אָבַד im Afel. Deut. r. sct. 11 g. E. מלאך סמאל ראש כל השטנים der Engel Sammaël ist das Oberhaupt aller Satane. Das. ö.

סַמְבַּטְיוֹן Sambation, s. סַבָּטְיוֹן.

סוֹמְבָה s. d. in סר'.

סְמִידָא m. (syr. ܣܶܡܺܝܕܳܐ, arab. سَمِيذ) feines Mehl, σεμίδαλις, simila, Semmelmehl. Git. 56ᵇ חוורתא ... סמירא feines Mehl, weisses Mehl, zwei verschiedene Arten, vgl. בְּשִׁקְרָא. Pes. 74ᵇ הדיא בסמירא דמפריך ... הם בחיוורתא דשריר da ist die Rede von einem Teige aus feinem Mehl, der leicht zerbröckelt wird; dort hing. von einem Teige aus weissem (minder feinem) Mehl, der fest zusammenhält. M. kat. 28ª לומא דסמירא Ms. M. (Agg. blos סמירא) Brot von feinem Mehl. Pes. 42ᵇ un. פת נקייה דסמירא reines Brot, d. h. von feinem Mehl. Men. 85ᵇ מזבין להו לחיטי לסמירא er verkauft den Weizen, um feines Mehl daraus zu gewinnen. Taan. 24ᵇ, s. מַלְתָּא.

סְמִידְתָא fem. Knospe od. Blüthe. Stw. סמר, vgl. arab. سَمَدَ das Haupt stolz emporheben; davon auch flg. סְמָדַר. Git. 69ª un. סמירתא רכשוחא die Knospe des Kostus.

סְמָדַר m. (=bh., s. vrg. Art.) die keimende Frucht, nachdem die Knospe aufgebrochen ist; unterschieden von בּוֹסֶר: unreife Frucht. Orl. 1, 7 ר' יוסי אומר הסמדר אסור מפני שהוא פרי וכ' R. Jose sagt: Die aufkeimende Frucht ist (in den ersten drei Jahren der Pflanzung, vgl. Lev. 19, 23) zum Genusse verboten, weil sie als eine „Frucht" anzusehen ist. Die Chachamim hing. vergleichen die aufkeimende Frucht den Blättern der Pflanzen. Ber. 36ᵇ dass. B. kam. 58ᵇ המבכר כרמו של חברו סמדר wenn

Jem. den Weingarten des Andern zerstört, während die Weintrauben aufkeimen. Das. ö.

סְמָדַר chald. (syr. ܣܶܡܕܰܪ=vrg. סְמָדַר) aufkeimende Frucht, s. TW.

סְמַדְרְקוֹס m. Adj. (für סְמַרְדְּקוֹס, gr. σαμάρ-δακος) Gaukler, Betrüger. Vgl. Dufresne Glossar. med. lat.: Samardacus Afris (bei afrikanischen Schriftstellern der späteren römischen Zeit) Impostor, morio, planus; s. Sachs' Beitr. I, 241. — Exod. r. sct. 46, 140ᵇ „Nun, o Gott, ארכיאטרוס שפגע בסמדרקוס והתחיל לשאול בשלומו אמר ליה מרי קירי מרי אבי שמע וכעס עליו אמר לא יראה פני הואיל וקרא לסמדרקוס אבי וכ' ein Gleichniss von dem Sohne eines Hauptarztes (ἀρχίατρος), der einen Gaukler (σαμάρδακος), dem er begegnet war, mit den Worten zu begrüssen anfing: o mein Herr (byz. κῦρ), mein Gebieter, mein Vater! Sein Vater, hiervon benachrichtigt, sagte im Zorne: Er soll sich vor meinem Angesicht nicht mehr zeigen, weil er dem Gaukler: mein Vater, zurief. Später jedoch, als der Sohn erkrankt war und auf sein Bitten von dem Vater besucht wurde, sagte er zu Letzterem: Nun, schaue mich doch an, o mein Vater! אמר לו עתה אני אביך אתמול היית קורא לסמדרקוס אבי עכשיו שנכנסת לצרה אתה קוראני אבי כך וכ' Letzterer sagte zu ihm: Nun bin ich freilich dein Vater, gestern jedoch riefst du dem Gaukler: mein Vater, zu; aber jetzt, in Noth gerathen, rufst du mir: mein Vater, zu! Ebenso sagte Gott: Früher hatte Israel den Götzen angebetet und ihn „mein Vater genannt; nun aber zur Zeit ihrer Noth rufen sie: auf, hilf uns!" (Jer. 2, 27).

סָמוּתָא Blindheit, s. סַמְיוּתָא.

סִימָטָא s. d. in סר'. — סמטיא crmp. s. סְמַרְטָיָה.

סָמָא, סמי erblinden, blind sein. Das W. ist eig. Safel von עמי, s. d., mit Abwerf. des ע, vgl. סָבַר u. a. — Part. pass. 1) geblendet. Kidd. 24ᵇ un. הרי שהייתה עינו סָמוּיָה וחטמה וכ' wenn das Auge des Sklaven geblendet war und der Herr stach es ihm aus, so erlangt Ersterer die Freiheit. Trop. Keth. 105ª כמה סָמוּיוֹת עיניהם של מקבלי שוחד wie geblendet sind doch die Augen derjenigen, die Bestechung annehmen! — 2) unsichtbar. Taan. 8ᵇ אין הברכה מצויה אלא בדבר הסָמוּי מן העין der Segen ist nur in einem solchen Gegenstand anzutreffen, der dem Auge unsichtbar ist; mit Ansp. auf כאסמיך, Dt. 28, 8. B. mez. 42ª dass. Nif. geblendet sein, werden; erblinden. Num. r. sct. 7 Anf. als die Israeliten in Egypten arbeiteten, או הקורה או הטיט כנס בעינו ונהוא נְסְמָא so fiel ein Balken oder ein Stück Lehm in Jemds. Auge, wodurch er blind wurde. Keth.

77ᵃ נְסַמִית עִינוֹ sein Auge wurde geblendet. Bech. 36ᵇ בכור שנסמית עינו ein erstgeborenes Thier, dessen Auge geblendet wurde. Pi. סִמֵּא 1) blenden, blind machen. Kidd. 24ᵇ un. הרי שהושיט ידו למעי שפחתו וסימא עובר שבמעיה wenn der Herr seine Hand in den Leib seiner Magd gesteckt und den Embryo in ihrem Leibe geblendet hat. Das. 91ᵃ. 92ᵃ סַמֵּא את עִינִי blende mein Auge! B. kam. 84ᵃ הרי שהיה סומא וסימא wenn Jem., der blind war, einen Andern geblendet hat. j. Kil. VIII, 31ᶜ ob. טיפח על גבי עינו וסימייה Jem. schlug den Andern aufs Auge und blendete sie. Sot. 36ᵃ die Hornisse warf ihr Gift auf die kanaanitischen Völker, וסימתה עיניהם מלמעלה וסרסתן מלמטה das ihre Augen am Oberkörper blendete und sie von unten kastrirte. Trop. Genes. r. sct. 75 g. E. שלח לו דורון לסמות את עינו „Jakob schickte dem Esau ein Geschenk", um seine Augen zu blenden; d. h. seinen Zorn zu beschwichtigen. — 2) sich als blind ausgeben. Tosef. Pea IV g. E. המסמא את עינו wer sich als blind ausgiebt, den Anschein der Blindheit annimmt. Keth. 68ᵃ dass.

Hithpa. und Nithpa. geblendet werden. Arach. 17ᵇ. 18ᵃ פתח ונִתְחַמָּה wenn Jem., der sehend war, blind wurde. B. bath. 128ᵃ dass. Num. r. sct. 18, 236ᵈ ein Sehender und ein Blinder, die gemeinschaftlich eine Reise machten, פשטו ידיהם לעשבי השדה ואכלו זה שהיה פקח נכהמא וזה שהיה סומא נתפקח streckten ihre Hände nach den Feldkräutern aus, welche sie assen; infolge dessen wurde derjenige, der früher sehend war, geblendet und derjenige, der früher blind war, sehend. Levit. r. sct. 22, 165ᵈ lautet dieser Satz in chald. Form: חר סמי וחד מפתח דין דהוה סמי אתפתח ודין דהוה פתיח אסתמי.

סְמָא ,סְמֵי ch. (syr. ܣܡܐ=סמי ,ܣܡܝ) blind sein, erblinden, s. TW. Pa. 1) blenden, blind machen. j. Ber. II, 4ᵇ mit R. Jakob bar Idi fragte den R. Jochanan, welcher darüber ärgerlich war, dass sein Schüler, R. Elasar, so oft letzterer merkte, dass er hier gehe, sich vor ihm versteckt habe: Ist es erlaubt, vor jenem Götzen vorüber zu gehen? אמר ליה מה את סליג ליה איקר אלא עבור קומוי וסמי עיניה אמר ליה יאות עבד ר' אלעזר דלא עבר קדמוי אמר ליה יעקב יודע את לסייט ed. Lehm. (ed. Ven. u. a. ליה אירפליג crmp.). R. Jochanan antwortete ihm: Was willst du denn Ehre erweisen? Gehe vielmehr an ihm vorüber und blende ihm das Auge (d. h. würdest du dem Götzen ausweichen, so möchtest du ihm gerade hierdurch Ehre erweisen, als ob du ihm einen Werth beilegtest; durch ein trotziges Vorübergehen hing. giebst du ihm die grösste Verachtung zu erkennen, dass du dich gar nicht um ihn kümmerst, ihm gleichsam die Augen aus-

stichst). R. Jakob versetzte hierauf: Also hat R. Elasar Recht, dass er an dir nicht vorübergeht; worauf jener ihm entgegnete: Jakob, du verstehst zu besänftigen. Letzterer hatte ihm näml. schon früher gesagt: Grüssen konnte R. Elasar dich nicht, denn er, als Babylonier, beobachtet die Sitte seines Landes, dass „der Geringere den Vornehmen nicht grüsse" (vgl. זָהָב); sollte er aber, so deutete er ihm jetzt an, an dir vorübergehen, ohne dich zu grüssen, so würde er hierdurch dich beleidigen, da du eben selbst gesagt hast, dass ein trotziges Vorübergehen vor seinem Götzen die grösste Missachtung desselben sei. Die Comment. haben unsere St. ganz missverstanden. j. M. kat. III g. E., 83ᶜ dass. — 2) verwischen, eig. etwas unsichtbar machen (ähnl. gr. σμάω abwischen). R. hasch. 24ᵇ סמי עיניה דין verwische das Bild dieser Figur. Insbes. oft: einen Lehrsatz streichen, ihn als unrichtig erklären. B. bath. 77ᵇ R. Tachlifa fragte den R. Abahu: איסמיריה אמר ליה soll ich diese Borajtha (da sie im Widerspruch mit der Mischna ist) streichen? Letzterer antwortete ihm: Nein, denn der Widerspruch kann auf folgende Weise gehoben werden u. s. w. Das. 78ᵇ. j. B. mez. 27ᵃ u. ö. dass. Schabb. 52ᵃ ומאי חזית דמסמית הא מקמי הא הא סמי הא מקמי הא warum gefällt es dir, diese Borajtha vor jener zu beseitigen, beseitige jene vor dieser! Men. 28ᵇ u. ö.

Ithpa. אִסְתְּמֵי geblendet werden, erblinden. j. Ab. sar. II, 40ᵈ ob. מאן דבעי מסתמיא wer da erblinden will (durch das Schminken der Augen, vgl. כְּחַל), mag erblinden. j. Pea VIII g. E., 21ᵇ Nahum aus Gimso verwies einen Armen, der ihn um eine Gabe angegangen war, auf spätere Zeit; währenddess jedoch starb der Arme. Nahum sagte hierauf: עיני דחמונך ולא יהבון לך יסתמיין meine Augen, die dich gesehen haben, ohne dir etwas zu geben, mögen erblinden. j. Schek. V g. E., 49ᵇ dass. Taan. 21ᵃ steht dafür in hbr. Form יסתמו, vgl. סום III. Khl. r. sv. ויתרון, 83ᵃ יאני אכלת דר' חמרתיה die Eselin des R. Jannai frass ein Kraut, wovon sie erblindete, vgl. auch Hithpael.

סַמְיָה ,סַמְיָא m. Adj. oder Part. (syr. ܣܡܝܐ) blind, ein Blinder. Git. 68ᵇ ob. חזא סמיא דהוה קא טעי בארחא er sah einen Blinden, der auf dem Wege irre ging. j. Pea IV g. E., 19ᵃ צודחני לסמיא סגי נהורא Hellsehender. j. Keth. I, 25ᵃ un. steht dafür לסמייה dass. Dieser Tropus jedoch scheint urspr. auf folgender St. entstanden zu sein. — Pl. Genes. r. sct. 30, 28ᶜ: „Noah war ein frommer Mann in seiner Zeit" (Gen. 6, 9); nur in seiner Zeit war er ein Frommer, hätte er jedoch zur Zeit des Mose oder des Samuel gelebt, so würde er nicht als ein Frommer gegolten haben; בשוק

סַמְיָא צְווֹחִין לְעִיְירָא סַגְיָא נְהוֹר denn in der Strasse der völlig Erblindeten nennt man den Halberblindeten: Vielseher. — 2) Samja, *N. pr.* Jcb. 74ᵃ רַב סַמְיָא R. Samja.

סַמְוִי *m.* N. a. das Blenden, Blindmachen. Levit. r. sct. 6, 151ᵃ (mit Bez. auf Ez. 17, 18) זה סִימּוּר עֵינַיִם שֶׁטִּמֵּא אֶת עֵינֵי מֶלֶךְ יְהוּדָה das zielt auf das Blenden der Augen hin, dass man die Augen des Königs von Juda blendete. Jalk. I, 197ᵃ dass. Jalk. II, 71ᵃ steht dafür סִימוּי עֵינַיִם שֶׁתְּלוּי בְּרֹאשׁוֹ das Blenden der Augen, das auf das Haupt des Nebukadnezar fiel.

סָמְיוּת *f.* eig. Blindheit, Verblendung. Uebrtr. Genes. r. sct. 93, 90ᶜ זוֹ הִיא הֲשׁוֹמַת עַיִן das sollte wohl נִהְפַּךְ הַדָּבָר שֶׁנֶּאֱמַרָה לְסַמְיוּת עֵינַיִם „das Richten des Auges" (Gen. 44, 21, וְאָשִׂימָה עֵינִי) bedeuten! Das, was du sagtest, verwandelte sich nun in Verblendung der Augen! als Paronomasie, סַמֵּי עַיִן = שׂוּם עַיִן. B. mez. 71ᵃ סַמְיוּת עֵינֵיהֶם שֶׁל מַלְוֵי בְּרִבִּית die Verblendung der Wucherer, vgl. כְּפַר· In der Parall. steht כְּמָה סַמְיוּת Part. pass. — Keth. 105ᵃ un. סַמְיוּת הַלֵּב der Stumpfsinn.

סַמְיוּתָא, contr. סָמוּתָא *ch.* (syr. ܣܰܡܝܘܬܐ =) סַמְיוּת Blindheit. B. kam. 31ᵇ חוּטְרָא דְסַמְיוּתָא der Stab der Blindheit; d. h. dessen sich die Blinden beim Gehen bedienen. Das. 52ᵃ כַּד רָגֵיז רִעְיָא עַל עָנָא עָבֵד לְנַגְדָא סַמּוּתָא wenn der Hirt über seine Heerde zürnt, so macht er deren Führer (Leithammel) blind, eig. Blindheit.

סַמְיוֹנָא *m.* (gr. σημεῖον = σῆμα, vgl. סִימָא) Zeichen, Kennzeichen, Spur, s. TW. — Sifra Bechuck. Anf. סַמְיוֹנִים crmp., s. סִמְלוֹן.

סָמַךְ (=bh., syn. mit תָּמַךְ, Grndw. מך, s. מוּךְ, מָכַא u. a.) eig. an einander drücken; dah. 1) dicht machen, verdichten, heranrücken. Schebi. 3, 8 וְלֹא יִסְמוֹךְ בֶּעָפָר (Var. וִיסַבֵּךְ) man darf nicht die Dämme, die man im Brachjahre baut, mit Schutt verdichten. j. Kil. II, 27ᵇ mit. סוֹמְכִין עוּמָרִים בְּצַד גְּפָנִים man darf die Garben an der Seite der Weinstöcke aufstellen, ohne zu besorgen, dass Getreidekörner herabfallen und sich mit dem Wein vermischen würden. Das. III, 28ᶜ un. ᵈ ob. וְאֵין סוֹמְכִין לַגָּדֵר 'סוֹמְכִין לַגּוֹבֵל וכו man darf heranrücken an einen Zaun, Wand (d. h. Pflanzen der einen Gattung an der einen und Pflanzen einer andern Gattung an der andern Seite der Wand pflanzen; was nicht wegen Mischpflanzung verboten ist); man darf aber nicht verschiedene Pflanzen an den beiden Seiten eines Walles pflanzen. Das. ö., vgl. auch סְמִיכָה nr. 1. — 2) auflegen, insbes. die Hand auf das Opferthier legen; ellipt. für עַל רִי סָמַךְ. Sifra Wajikra Anf., Par. 2 בְּנֵי יִשְׂרָאֵל סוֹמְכִין וְאֵין בְּנוֹת יִשְׂרָאֵל סוֹמְכוֹת ר' יוֹסֵי 'וְר שִׁמְעוֹן אוֹמְרִים בְּנוֹת יִשְׂרָאֵל סוֹמְכוֹת רְשׁוּת „Die

Söhne Israels legen die Hand auf das Opferthier" (Lev. 1, 2. 4), nicht aber die israelitischen Töchter. R. Jose und R. Schimeon sagen: Den israelitischen Töchtern ist das Handauflegen gestattet, d. h. wenn auch nicht anbefohlen. Ueber לִסְמוֹךְ . . . שֶׁלֹּא לִסְמוֹךְ das., s. סְמִיכָה. Das. 17ᵃ die Schule Schammai's sagt: מְבִיאִין שְׁלָמִים וְאֵין סוֹמְכִין עֲלֵיהֶם וכו Freudenopfer bringt man am Feiertage dar, darf aber nicht die Hand auf sie legen; Brandopfer hing. bringt man gar nicht dar u. s. w. Bez. 19ᵃ u. ö. — 3) übrtr. einen Gelehrten, Schüler zum Rabbi ernennen, ihm die Erlaubniss zur Ausübung des Lehramtes ertheilen, autorisiren, promoviren, eig. die Hand auf den zu autorisirenden Schüler legen (vgl. Dt. 34, 9), s. סָמַךְ. Snh. 14ᵃ ob. פַּעַם אַחַת גָּזְרָה מַלְכוּת הָרְשָׁעָה שְׁמַד עַל יִשְׂרָאֵל וְעִיר שֶׁסּוֹמְכִין בָּהּ תִּחָרֵב וְחוּמָם שַׁבָּת הַנִּסְמָךְ יֵהָרֵג כַּד יַעֲקֹב מַה עָשָׂה רַבִּי יְהוּדָה בֶּן בָּבָא 'וְסָמַךְ שָׁם חֲמִשָּׁה זְקֵנִים וכו . . . Ms. M. (Agg. גְּזֵרָה הַמַּלְכוּת גָּזְרָה . . . וְתִחוֹמִין 'וכו) einst verordnete die frevelhafte (römische) Regierung eine Religionsverfolgung: dass jeder Promotor, sowie jeder Promotus getödtet, dass jede Stadt, in welcher man promovirte, zerstört, dass jedes Sabbatgebiet (d. h. im Umkreis von 2000 Ellen, vgl. תְּחוּם), innerhalb dessen die Promotion stattgefunden, umackert werde. Was that nun Rabbi Jehuda ben Baba? Er liess sich zwischen zwei hohen Bergen und zwar zwischen zwei grossen Städten, welche zwei Sabbatgebiete von einander entfernt waren, nieder, näml. zwischen Uscha und Scheferam, woselbst er fünf Gelehrte promovirte, näml. den R. Meïr, R. Juda, R. Schimeon, R. Jose und R. Elasar ben Schammua. R. Awja fügte hinzu: auch den R. Nechemja. Ab. sar. 8ᵇ dass. — 4) trop. stützen, anlehnen; d. h. einen biblischen Ausdruck als eine Stützung, Begründung für eine rabbinische Satzung beibringen. j. Schehi. X, 39ᶜ un. מִיכָן סָמְכוּ לְפְרוֹזְבּוּל שֶׁהוּא מִן הַתּוֹרָה וּפְרוֹזְבּוּל דְּבַר תּוֹרָה הִלֵּל סְמָכוּהוּ לְדְבַר תּוֹרָה in der St. (Dt. 15, 9) fand man eine Stützung für den Prosbul (ein Dokument, durch dessen Abfassung das Gesetz des Schuldenerlasses im Schemittjahr ausser Kraft tritt, vgl. פְּרוֹזְבּוּל), dass er biblisch begründet sei. Ist denn aber der Prosbul biblisch? Allein, da Hillel diese Institution festgesetzt hatte, so stützte man sie auf das biblische Wort; d. h. Hillel sah ein, dass infolge des Gesetzes des Schuldenerlasses im Schemittjahr, Einer dem Andern nichts leihen würde aus Furcht, das Darlehn zu verlieren, wodurch das Gesetz: „Hüte dich, Arglist zu haben und deinem Bruder zu zürnen, weil du denkst, das Jahr des Schuldenerlasses nahe" u. s. w., übertreten würde; darauf gestützt, traf er jene Verordnung. Part. pass. סָמוּךְ nahe, eig. nahe gelegen.

Meg. 2ᵇ. 3ᵇ כרך וכל הסמוך לו וכל הנראה עמו נידון ככרך ... סמוך אף על פי שאינו נראה נראה אף על פי שאינו סמוך eine Grossstadt und jeder Ort, der ihr nahe ist, sowie jeder Ort, der mit ihr gesehen wird, wird wie eine Grossstadt behandelt (näml. hinsichtl. des Lesens der Megilla am 15. Tage des Adar, vgl. דֶּרֶךְ und מְגִלָּה); „nahe“, obgleich nicht gesehen (z. B. ein im Thale liegender Ort), „gesehen“, obgleich nicht nahe (z. B. ein auf dem Berge liegender Ort). Uebrtr. Jeb. 4ᵃ סְמוּכִים מן התורה מנין שנאמר סמוכים לעד וג׳ woher ist aus der Bibel erwiesen, dass die Forschung nahe an einander stehender Stellen eine biblische Begründung habe? Denn es heisst: „Nahe (gestützt) für ewig in Wahrheit und Richtigkeit“ (Ps. 111, 8). Daher ist näml. gestattet, „Mischzeuge“ bei „Schaufäden“ zu verwenden u. dgl. m., weil das Gebot der letzteren neben dem Verbot der ersteren steht (Dt. 22, 11 u. 12). Das. ö. Ber. 10ᵃ R. Abahu sagte zu einem Häretiker (מינאה Ms. M.; Agg. צדוקי): אתון דלא דרשין סמוכין ihr, die ihr das Aneinanderstehen der Schriftstellen nicht zur Forschung verwendet, findet eine Schwierigkeit darin (dass der Abschnitt des Absalom neben dem messianischen Abschnitt steht, vgl. Nifal); wir hing., die wir das nahe Aneinanderstehen der Schriftstellen zur Forschung verwenden, finden keine Schwierigkeit darin. — Men. 98ᵃ Rabbi sagte: על בסמוך das W. על (Lev. 24, 7) bedeutet: „nahe daran“; d. h. man brauchte nicht den Weihrauch auf die Schaubrote, sondern blos in ihrer Nähe niederzulegen. Die Richtigkeit dieser Erkl. erweist er aus Ex. 40, 3: וסכת על הארן; man deckte doch nicht den Vorhang auf, über, sondern nahe an der Bundeslade! Ferner bedeutet ועליו מטה מנשה (Num. 2, 20) „neben ihm lagerte der Stamm Menasse“. Pes. 63ᵇ R. Simon ben Lakisch ist der Ansicht: על בסמוך ור׳ יוחנן סבר לא בעינן על בסמוך das W. על (Ex. 34, 35 על חמץ) bedeutet „nahe daran“ (d. h. das Schlachten des Pesachopfers beim Gesäuerten ist nur dann verboten, wenn letzteres sich nahe am Opfer befindet, näml. in der Tempelhalle). R. Jochanan hing. ist der Ansicht, dass zu wohl gerade „nahe daran“ bedeute. Man darf dah. das Pesach auch dann nicht opfern, wenn der Opferer etwas in seiner Behausung hat. Snh. 13ᵇ u. ö. dasselbe auf ähnliche Fälle angewandt.

Nif. נִסְמַךְ 1) nahe sein, nahe aneinander gestellt werden. Ber. 10ᵃ למה נסמכה פרשת אבשלום לפרשת גוג ומגוג וכ׳ weshalb wurde der Abschnitt des Absalom dem Abschnitt des Gog und Magog nahe gestellt (d. h. Ps. 3 „als David sich vor seinem Sohn Absalom flüchtete“ an Ps. 2, der von „dem Aufruhr der Völker gegen Gott und den Messias“ handelt)? Damit

du, wenn Jem. zu dir sagen sollte: Giebt es etwa einen Knecht, der sich gegen seinen Herrn empört (näml. die Völker gegen die prophetischen Verheissungen)? ihm entgegnen könntest: Giebt es etwa einen Sohn, der sich gegen seinen Vater empört (Absalom gegen David)? Aber dennoch geschah es; ebenso wird auch jenes künftig geschehen. M. kat. 28ᵃ ob. למה נסמכה מיתת מרים לפרשת פרה אדומה וכ׳ weshalb steht der Tod Mirjam's nahe dem Abschnitt der rothen Kuh (Num. cap. 19 und 20, 1)? Um dir zu sagen, dass so wie die rothe Kuh sühnt, auch der Tod der Frommen sühne. Das. ö. — s. סָמַךְ. Jom. 87ᵃ הרבה בנים היו לו לכנען שראויין ליסמך כטבי עבדו של רבן גמליאל אלא שחובת אביהן גרמה להם Kanaan hatte viele Söhne, Nachkommen, die würdig wären, autorisirt zu werden, wie Tabi, der Knecht des Rabban Gamliel; allein die Schuld ihres Ahns verhinderte es.

Pi. stützen. j. Maasr. II, 50ᵃ ob. המסמך בגפנים wenn Jem. die Weinstöcke durch Stangen stützt. Part. Pual Kel. 2, 2 kleine, irdene Gefässe יושבין שלא מסומכין welche, ohne an der Seite gestützt zu werden, stehen können. Das. 4, 3. — Hithpa. stützen, sich anlehnen. Genes. r. sct. 45 Ende ein Gleichniss von einer Matrone, welche vor dem Könige vorüberging; והיתה מסתמכת על שפחתה ורמזמה überging; פניה ולא ראתה המלך ושפחתה ראתה sie stützte sich auf ihre Magd und drückte ihr Gesicht zusammen, sodass sie den König nicht sah, während ihre Magd ihn wohl sah. Ebenso sah Hagar den Engel (Gen. 16, 13), Sara hing. sah ihn nicht.

סָמַךְ ch. (syr. ܣܡܟ=סָמַךְ) 1) stützen. Trop. Chag. 20ᵇ מיסמך סמכא דעתיהו sie stützen, verlassen sich darauf. Ab. sar. 71ᵇ u. ö. סמכא דעתיהו eig. sein Sinn stützt sich auf etwas, d. h. er verlässt sich darauf. — 2) einen Gläubiger auf Jemdn. anweisen, der für den Schuldner zahlen wird. j. Kidd. III, 64ᵃ ob. ראובן חייב לשמעון סמכיה גבי לוי A. schuldete etwas dem B., welchen er auf C. anwies, dass letzterer ihm Zahlung leiste. Das. סמכון wie לתנאי קרייתא גבי זבונה קרן זבונה ואזיל ליה bei jener Angelegenheit der Hausirer, welche die Wachshändler (deren sie etwas kauften) auf einen Kaufmann anwiesen, letzterer aber verarmte und entlief. j. B. mez. IV Anf., 9ᶜ, s. טַרְפְזִיטָא. — 3) eig. die Hand auflegen; übrtr. autorisiren, promoviren, d. h. Jemdn. zum Rabbi ernennen. Snh. 13ᵇ מיסמך סבי בשלשה zum Autorisiren der Gelehrten ist ein dreigliedriges Gelehrtencollegium, Promotoren, erforderlich. Das. R. Acha bar Raba fragte den R. Asche: בידא ממש סמכין ליה [או בשמא סמכין ליה] אמר ליה בשמא קרי ליה רבי ויהבי ליה

רְשׁוּתָא לְמֵידַן דִּינֵי קְנָסוֹת‎ Ms. M. (in Agg. fehlen die hier eingeklammerten Worte) autorisirt man den Gelehrten durch wirkliches Handauflegen, oder durch Ernennung (Verleihung des Titels Rabbi)? Letzterer erwiderte: Durch Ernennung; man legt ihm den Titel Rabbi bei und verleiht ihm die Erlaubniss, Strafprozesse zu entscheiden; solche Prozesse durften näml. nur promovirte Richter entscheiden, vgl. קְנַס‎. Das. 14ᵃ ר' זֵירָא הֲוָה מִיטַּמַּר מִלְּמִסְמְכֵיהּ‎ Ms. M. (Agg. לְמִסְמְכֵיהּ‎) R. Sera verbarg sich, damit man ihn nicht autorisire, vgl. auch חֲגָנִים‎. B. mez. 85ᵇ un. הֲוָה קָא מִצְטַעֵר רַבִּי לְמִסְמְכֵיהּ וְלֹא הֲוָה מִסְתַּיְּיעָא מִילְּתָא‎ Rabbi bemühte sich, ihn (den Samuel, der sein Arzt war) zu promoviren; es gelang ihm jedoch nicht. Infolge dessen führte Samuel blos den Titel Gelehrter (חֲכִים‎), nicht aber: Rabbi. Part. Peil Pes. 49ᵃ בְּנֵי סְמִיכֵי‎ promovirte Söhne. — Fem. B. bath. 20ᵃ סְמִיכְתָא‎ ein dichtes, grobes Stück Zeug. Ber. 25ᵇ ob. אַרְעָא סְמִיכְתָא‎ ein fester (nicht lockerer) Erdboden.

Ithpa. sich stützen, sich anlehnen. Jeb. 42ᵇ נָחוּם‎ מִסְתְּמֵיךְ וְאָזֵיל ר' אַבָּהוּ אַכַּתְפֵיהּ דְּר'‎ שַׁמְעִיהּ‎ R. Abahu stützte sich beim Gehen auf die Schulter seines Bedienten R. Nachum. j. Ber. II, 4ᵇ mit. u. ö. ר' יוֹחָנָן הֲוָה מִסְתְּמֵיךְ עַל אִידֵי‎ יַעֲקֹב בַּר אִידֵי ר'‎ R. Jochanan stützte sich auf R. Jakob bar Idi.

Pa. כַּמֵּךְ‎ dicht machen. Pes. 116ᵃ צָרִיךְ‎ לְסַמֵּכֵיהּ‎ man muss den Brei (für den Pesachabend, חֲרֹסֶת‎, s. d.) dicht machen, zur Erinnerung an den Lehm, den Israel in Egypten stampfen musste.

Af. (=סָמַךְ‎ nr. 4) eine Stütze beibringen. j. Ber. II, 4ᶜ mit. כָּל מִילָה דְּאוֹרַיְיתָא דְּלָא מְחַוְּורָא‎ מַסְמְכִין לַהּ מִן אַתְרִין סַגִּין‎ für jeden Lehrsatz, der nicht ganz einleuchtet, bringt man aus vielen Schriftstellen eine Stütze. M. kat. 5ᵃ u. ö. אַסְמְכֵהּ‎ אַקְרָא‎ man stützte jene Halacha auf einen Bibelvers.

סָמֶךְ‎ Samech, Name des fünfzehnten Buchstaben im Alphabet. Meg. 2ᵇ u. ö. וְסָמֶ"ךְ מֵ"ם‎ Mem und Samech, s. מֵ"ם‎. j. Meg. I, 71ᶜ ob. מַאן‎ דְּאָמַר בִּרְעִי נִיתְּנָה הַתּוֹרָה אֵלֵין מַעֲשֵׂה נִיסִּים מַאן‎ דְּאָמַר אַשּׁוּרִין נִיתְּנָה הַתּוֹרָה סָמֶ"ךְ מַעֲשֵׂה נִיסִּים‎ nach Ansicht desjenigen Autors, der da sagt, dass die Thora in samaritanischer Schrift gegeben wurde, stand das Ain (samarit. △ od. phöniz. ◯ =hbr. ע‎) auf den Bundestafeln auf wunderbare Weise (denn da die Buchstaben eingegraben und die Eingravirung auch auf der Rückseite leserlich gewesen sein soll, so hatten die runden Bst. keine Stelle, welche das Ausgegrabene festgehalten hätte); nach der Ansicht desjenigen Autors, der da sagt, dass die Thora in assyrischer, hbr. Schrift (d. h. Quadratschrift) gegeben wurde, erhielt sich das Samech ס‎ (=dem Mem finale) auf wunderbare Weise, vgl. מֵ"ם‎. j. Git. IX g. E.,

50ᵈ רַב חִסְדָּא כָּתַב סָמֶךְ‎ R. Chisda zeichnete anstatt seiner Namensunterschrift ein Samech. Schabb. 66ᵃ u. ö. סָמֶךְ סָמֶךְ‎, s. כְּרֵימְנָא‎. Genes. r. sct. 17, 17ᶜ מִתְחִלַּת הַסֵּפֶר וְעַד כָּאן אֵין כָּתַב סָמֶךְ‎ (וַיִּסְגֹּר‎ כֵּיוָן שֶׁנִּבְרֵאת נְבֵרָא שָׂטָן עַמָּהּ וכו'‎ vom Anfange des Buches der Genesis bis hierher (Gen. 2, 21 וַיִּסְגֹּר‎) steht kein Samech; denn erst als Eva erschaffen wurde, wurde der Satan (שָׂטָן‎ Anfangsbuchstabe ס‎) mit ihr erschaffen. Auf den Einwand das.: Es steht ja הַסּוֹבֵב‎ (V. 14)! wird entgegnet: Dieses W. bezeichnet blos den Lauf des Stromes, aber keine Schöpfung.

סוֹמֵךְ‎ m. eig. Stützendes, ein Theil des Ackergeräths im Joche, in welchem sich ein grosser, messingner oder lederner Ring befindet, durch welchen die Spitzen der Pflugschar und des Wagens gesteckt wurden, welchen letzteren die angespannten Ackerthiere zogen; vgl. Hai Comment. zur nächstflg. St. Kel. 14, 4 הַסֹּמֵךְ‎, s. מַזְרֵחַ‎ (wos. jedoch 14, 4 anstatt 13, 4 zu lesen ist).

סְמוּכוֹת‎ masc. pl. (nach der Form לְקוּחוֹת‎ u. a.) 1) Stützen, Pfeiler. Genes. r. sct. 38, 36ᶜᵈ אָמַר אַחַת לָאֶלֶף וַחֲמֵשׁ מֵאוֹת שָׁנָה הָרָקִיעַ‎ מִתְמוֹטֵט אֶלָּא בּוֹאוּ וְנַעֲשֶׂה אֶחָד סְמוּכוֹת מֵהַצָּפוֹן‎ וְאֶחָד מֵהַדָּרוֹם וְאֶחָד מֵהַמַּעֲרָב וְזֶה שֶׁכָּאן סְמוּכֵר מִן‎ הַמִּזְרָח‎ die Zeitgenossen der Sprachverwirrung sagten: In je 1656 Jahren wankt das Himmelsgewölbe; darum kommt, wir wollen ihm Stützen anbringen, eine an der Nordseite, eine an der Südseite, eine an der Westseite und diejenige, die hier steht (der Thurm) wird ihn an der Ostseite stützen. Das. 2 Mal. — 2) סְמוּכוֹת‎ הָרַגְלַיִם‎ die Fussstützen, d. h. ausgepolsterte Lappen, die derjenige, dessen Füsse abgehackt sind (הַקִּיטֵעַ‎) um seine Schenkel bindet, mittelst welcher er auf der Erde fortrutscht. Jeb. 102ᵇ un. סְמוּכַת הָרַגְלַיִם‎, richtiger das. 103ᵃ סְמוּכוֹת הָרַגְלַיִם‎ die Fussstützen. Das. סְמוּכַת הָרַיִם‎ (l. סְמוּכוֹת‎) ausgepolsterte Lappen, die der Lahme um seine Hände bindet, wenn er sich der letzteren zum Fortrutschen auf unzugängigen Stellen bedient und die Füsse nachschleppt. Schabb. 6, 8 (66ᵃ) סְמוּכוֹת שֶׁלּוֹ טְמֵאִין מִדְרָס‎ וְיוֹצְאִין בָּהֶן בְּשַׁבָּת וְנִכְנָסִין בָּהֶן בָּעֲזָרָה כִּסֵּא וְסְמוּכוֹת‎ שֶׁלּוֹ טְמֵאִין מִדְרָס וְאֵין יוֹצְאִין בָּהֶן בְּשַׁבָּת וְאֵין‎ נִכְנָסִין בָּהֶן בָּעֲזָרָה‎ seine (desjenigen, dessen Füsse abgehackt sind) Fussstützen sind wegen Anstemmens (מִדְרָס‎ s. d., wenn er schleimflüssig ist) unrein; man darf sie beim Ausgehen am Sabbat tragen (weil sie als Kleidungsstücke anzusehen sind), sowie damit die Tempelhalle betreten (während man in Schuhen oder Sandalen dorthin nicht gehen darf). Der Sessel mit seinen Fussstützen (man machte näml. für Jemdn., der seine Schenkel, die vom Schlage gerührt waren, nicht bewegen konnte, ein Gesäss, worauf sein Unterkörper ruhte und bekleidete seine herabhängenden Füsse mit ausgepolsterten Lappen)

sind wegen Anstemmens unrein; man darf sie
beim Ausgehen am Sabbat nicht tragen und
darf damit die Tempelhalle nicht betreten. Maim.
in s. Comment. z. St. erklärt סמוכת שלו וכסא:
der gewöhnliche Sessel mit seinen Un-
tersätzen, auf welchen die Füsse des Sessels
ruhen. j. Schabb. VI, 8ᶜ mit. dass.

סְמִיכָה *f.* N. a. 1) das Aneinanderrücken,
Einandernähern. j. Kil. III g. E., 28ᶜ un.
אסור ישמעאל דר׳ דעתיה על סמיכה בינידהן מה
למסמך מותר אמרין ורבנן למסמך was für ein
Unterschied ist zwischen diesen Ansichten? Das
Aneinanderrücken (der Kürbisse an die Zwiebeln,
wenn zwischen ihnen blos die Entfernung einer
Furche ist) bildet den Unterschied. Nach der
Ansicht des R. Ismael darf man diese verschiedenen Pflanzen nicht aneinanderrücken; die
Rabbanan hing. sagen: Man darf sie aneinanderrücken. — 2) das Handauflegen auf die
Opferthiere, Semicha. Sifra Wajikra Par. 3
cap. 4 ללמד אלא ונרצה וסמך לומר הלמוד מה
כפר לא כאלו מצוה שירי סמיכה עשה שאם
כפר weshalb steht וסמך ... וְנִרְצָה (Lev. 1, 4,
da wir sonst finden, dass die Sühne im Blut-
sprengen bestehe?) Das besagt vielmehr, dass
wenn man das Handauflegen auf einen Ueberrest des Gebotes behandelt (d. h. nicht vollzogen)
hat, dies so anzusehen ist, als ob man die Sühne
nicht vollständig bewirkt, aber sie dennoch
im Allgemeinen bewirkt; d. h. dass man
nicht ein anderes Opfer darbringen muss, vgl.
כָּפַר im Piel. Das. Par. 4 Anf. ושחט וסמך
שחיטה למסמוך שוחטין במקום die da
Worte ושחט ... וסמך (Lev. 1, 4. 5) besagen,
dass man an demselben Orte, wo man die Hand
auf das Opfer legt, dasselbe auch schlachten,
sowie dass das Schlachten unmittelbar auf das
Handauflegen erfolgen müsse. Men. 93ᵃᵇ. j.
Ber. I, 2ᵈ un. u. ö. Tosef. Chag. II mit.
הסמיכה על נחלקו לא מימידהן niemals früher gab es unter den Gelehrten eine Meinungsverschiedenheit, ausser hinsichtl. der Semicha
u. zwar mit Bez. auf die Mischna Chag. 2, 2:
„Jose ben Joeser sagte לסמוך, Jose ben Jochanan sagte שלא למסמוך", welcher Streit sich von
diesem ersten Gelehrtenpaar fünf Generationen
hindurch, bis auf das letzte Gelehrtenpaar, näml.
Schammai und Hillel, fortpflanzte. Tem. 16ᵃ ob.
סמיכה של דופי das Verderben, das durch den
Gelehrtenstreit betreffs der Semicha begonnen
hat. — In der hebr. Zeitschrift Ozar nechmad III,
p. 27 fg. suchte ich nachzuweisen, dass diese
Meinungsverschiedenheit hier nicht, wie gew.
angenommen wird, die Semicha am Feiertage,
sondern dieselbe im Allgemeinen betreffe, ob sie
näml. unumgänglich nöthig sei, oder nicht, dass
hier näml. ein Principienstreit obwalte. Die
Essäer, zu welchen — wie dort ebenf. nachgewiesen wurde — Jose ben Joeser zählte, be-

suchten aus minutiösen Rücksichten (vgl. Joseph.
Ant. 18, 2) nicht den Tempel, sondern schickten
ihre Opfer dorthin. Da aber das Handauflegen
auf die Opfer nach einer alten Tradition unmittelbar dem Schlachten vorangehen musste, so
sahen sie sich, gegen die Ansicht der Pharisäer,
zu der Annahme genöthigt, dass das Handauflegen überhaupt entbehrlich wäre; eine der zurückgebliebenen essäischen Halachoth. Unmöglich hätte auch die Halacha, dass bei einigen
Opfergattungen das Handauflegen am Feiertage
verboten sei — eine Handlung, durch welche
höchstens eine rabbinische Satzung, שבות s. d.
übertreten werde, während sonst rabbinische
Satzungen im Tempel nicht berücksichtigt wurden, במקדש שבות אין — entstehen können,
wäre nicht an dem mosaischen Gesetze
der Semicha überhaupt gerüttelt worden. Die Angabe, dass das Handauflegen einer
grossen körperlichen Anstrengung bedarf, סמיכה
כחו בכל, weshalb sie an Feiertagen verboten
sei, ist wohl nicht so genau zu nehmen. Vgl.
auch Bez. 20ᵃ עצמה הסמיכה über die Semicha
überh., im Allgemeinen herrscht der Streit; von
Raschi freilich anders, aber gezwungen erklärt.
Chag. 16ᵇ dass. Snh. 1, 1 (2ᵃ) ... זקנים סמיכת
וכ׳ das Auflegen der Hände auf den
„Farrn der Gemeinde" (Lev. 4, 15) geschieht
von drei, nach einer andern Ansicht von fünf
Aeltesten. — Pl. Kidd. 36ᵃ הסמיכות die Hand-
auflegungen. — 3) die Promotion, Autorisation, d. h. Ernennung eines Gelehrten
zum Rabbi, s. d. Verb. Snh. 13ᵇ wird הסמיכה
der Mischna erklärt: סבי מיסמך die Autorisation
der Gelehrten. Das. 14ᵃ בחוצה סמיכה אין
לארץ ausserhalb Palästinas findet die Autorisation nicht statt. Das. wird (1 Sm. 2, 32)
erklärt durch סמיכה: „Es wird kein Saken
(vgl. זָקֵן) in deinem Hause sein"; d. h. keiner
der Nachkommen Eli's wird die Autorisation
erlangen.

סְמִיכוּת *f.* N. a. (= סְמִיכָה nr. 3 s. d.) die
Autorisation, Promotion eines Gelehr-
ten. j. Snh. I, 29ᵃ un. s. flg. Art.

סְמִיכוּתָא *ch.* (=סְמִיכוּת) die Autorisation,
Promotion. j. Snh. I, 29ᵃ un. הסמיכות הני
למנויה קריי המן סמיכות היא סמיכות לא בשלשה
סמיכותא die Borajtha, Tosefta lehrt: Zur Autorisation, סמיכה, sind drei Gelehrte erforderlich.
(Worauf gefragt wird:) ist denn סמיכה und
סמיכות nicht ein und dasselbe? (Weshalb setzt
also der Autor der Borajtha סמיכות anstatt
סמיכה in der Mischna? Worauf geantwortet
wird:) Dort, in Babylonien, nennt man die Ernennung zum Rabbi: סמיכותא; welche *chald.*
Form näml. aus dem hbr. סְמִיכוּת gebildet wurde.
Demnach hat die j. Gemara in der Tosefta Snh. I
Anf. סמיכות anst. סמיכה gelesen.

סָמֵךְ, סְמִיךְ *m.* Stütze, das, worauf man sich stützt. — סָמְכָא *m.* (syr. ‎ܣܳܡܟܳܐ‎) Fussgestell, worauf die Säulen oder Bretter angebracht sind; dass., was hbr. אֶרֶן. — סַמְכָּא *m.* (syr. ‎ܣܡܟܐ‎) accubitum, eine Art niedriger Lagerstätte bei Tisch; viell. Gelage, accubitus, s. TW.

סָמְכָא *m.* eig. Stütze. Trop. Git. 6ᵇ בר סמכא ein Mann der Stütze; d. h. ein hervorragender Gelehrter. Jeb. 64ᵇ אבין דסמכא יצחק סומקא לאו בר סמכא Abin ist zuverlässig (hinsichtl. seiner Referate), Jizchak, der Rothe, hing. ist nicht zuverlässig. Kidd. 44ᵃ. — Pl. Kidd. 31ᵇ ob. חמשה בני סמכי הוו ליה לאבימי בחיי אביו וכ׳ Abimi hatte fünf zuverlässige (d. h. herangewachsene) Söhne beim Leben seines Vaters R. Ababu. Aber so oft letzterer bei ihm Eingang verlangte, so öffnete er ihm in eigener Person die Thüre; aus Ehrerbietung.

סוּמְכָא *f.* die Dicke, eig. zusammengepresste Masse. Suc. 53ᵇ סומכא דארעא אלפי גרמידי die Dicke der Erde (bis man zum Wasser gelangt) beträgt 1000 Fuss. Chull. 55ᵇ סומכיה die dicke Stelle der Milz; Ggs. קולשיה ihre dünne Stelle. Schabb. 98ᵃ סומכא דקרש die Dicke des Brettes. — Pl. (von סָמַךְ nr. 1) סומכין, סומכוותא Hilfstruppen, auf die man sich stützt; s. TW.

סַמְכוּ Samko, Name eines Ortes. j. B. bath. V, 15ᵃ mit. ים זה ים של סמכו ודרום זה ים של טבריה „das Meer" (Dt. 33, 23), das ist das Meer von Samko; „und der Süden", das ist das Meer von Tiberias. B. bath. 74ᵇ un. של ימה סכבי wahrsch. dass. mit Wechsel von מ und ב.

סָמָאלָא, סָמְאלָא *m.* (syr. ‎ܣܡܐܠܐ‎, hbr. שְׂמֹאל) linke Seite, linke Hand; s. TW.

סַמְאֵלוֹן Semaleon, Beiname eines Engels. Das W. ist wahrsch. das gr. σημαλέον (eig. anzeigend, verkündend, vgl. N. Brüll Jahrb. IV, 98). Auch im griech. Mythos findet sich Σημαλέος als Beiname des Zeus; vgl. Pausan. I, 32, 2. Sifre Beracha § 357 eine Gottesstimme ertönte im Lager, והיתה מכרזת ואומרת מח משה סמליון אומר וימת שם משה welche ausrief und sprach: Mose starb, Semaleon sagt: „Es starb dort Mose" (Dt. 34, 5 fg.). Jalk. I, 313ᵇ dass. Sot. 13ᵇ steht dafür: R. Nachman sagte u. s. w. אמר וימת שם משה סמליון רבה דישראל Es starb dort Mose, der grosse Lehrer Israels; d. h. die letzten acht Verse des Pentateuchs verkündete ein Engel, vgl. רָמָע, כָּתַב u. a.

סָמְלִים *m.* pl. (arab. ‎ﺳَﻤَﻞ‎) Fetzen, abgeschabte Kleider. j. Ab. sar. III, 42ᶜ un. הסל והסרולין והסמלים דבר של בזיון הוא (ed. Krot.

חרסלים) der Korb, die Stechdornen und die Fetzen sind Gegenstände der Beschimpfung; d. h. wenn Götzenbilder auf diesen Gegenständen sich befinden, so darf man von letzteren einen Genuss haben, da sie zur Beschimpfung der Götzen dienen, vgl. כָּבַד im Piel.

סַמְלוֹן, סִמְלוֹן *m.* ein Stück Holz, das krumm um den Nacken des Ackerviehs gebogen, mit seinen beiden Enden durch das hölzerne Joch ging und das mit Stricken und Lappen (סמלים) umwickelt wurde, damit der Nacken des Thieres nicht verwundet werde, Jochstange. — Pl. Sifra Bechuckothi Anf. cap. 3 ein Gleichniss von einem Viehbesitzer, der seine Kuh einem Vater von zehn Söhnen vermiethete. Jeder derselben pflügte mit der Kuh, bis sie, infolge der Ermattung, nicht nach Hause, in den Stall zurückkkehren konnte. מיד ושבר את העול וקצץ את הסמלונים כך ישראל בעולם הזה שלטון אחד בא ומשעבד . . . אלא מיד הוא בא ושבר את העול ומקצץ את הסימלונים וכ׳ ר׳ Ar. u. Rabed z. St. (Agg. הסמיונים crmp.) der Viehbesitzer kam alsbald herbei, zerschlug das Joch und zerrieb die Jochstangen. Ebenso verhält es sich mit Israel in dieser Welt. Da kommt der eine Herrscher und unterjocht es und, wenn dieser fertig ist, so kommt der andere Herrscher und unterjocht es; denn es heisst: „Auf meinem Rücken pflügten die Pflüger und zogen lange Furchen" (Ps. 129, 3). Künftig aber, zur Zeit der Erlösung, wird Gott nicht etwa den Völkern vorhalten: So und so verfuhr ihr mit meinen Kindern, sondern er kommt alsbald, „zerschlägt das Joch und zerhaut die Jochstangen" (Lev. 26, 13); ferner heisst es: „Gott, der Gerechte, zerhaut die Stricke der Bösewichte" (Ps. 129, 4). Tosef. B. mcz. III g. E. בעול אחר ed. Solkiew u. a. (ed. Zuckrm. crmp. סימלוני) סמנין, סמנוין beim Joch richtet man sich (hinsichtl. der levit. Reinheit) nach seinen Jochstangen. Schabb. 59ᵇ dass. j. Schabb. VI, 8ᵇ mit. ובעול אחר וענעל אחר סמניריר crmp. aus סמלוניו סמלוניו dass.

סַמְלַק *m.* (= יַסְמִין) Jasmin, eine wohlriechende Pflanze. Ber. 43ᵇ ob. האי סמלק מברכין עילויה בורא עצי בשמים beim Riechen des Jasmins spricht man den Segen: Gelobt . . . der die Gewürzhölzer erschaffen hat.

סַמְמִית *f.* (bh. שְׂמָמִית, in einigen Codd. שְׂמָמִית) eine Eidechsenart. Stw. arab. ‎ﺳَﻢ‎ vergiften, oder (nach der LA. שְׁמָמִית) שָׁמֵם verwüsten; vgl. auch Fleischer im TW. II, 577 fg. — Schabb. 77ᵇ אימת סממית על העקרב die Eidechse flösst dem Skorpion Furcht ein. j. Ber. IX, 13ᶜ un. סממית לעקרב dass. Snh. 103ᵇ . . . אמון (שממית) העלה סממית על גבי המזבח Ar. (Agg. der König Amon brachte die Eidechse auf den

Altar; d. h. er liess ihn opferleer stehen, sodass die Eidechsen darauf kamen. Nach Raschi: Spinne. — Pl. Sifre Beracha § 354 מקום בים שמוטל בהרים וסְמָמִיּוֹת מכישות אותו ומת וניומק (וסמומיות) במקומו es giebt eine Stelle im Meere, wo er (der Chilson) auf Bergen liegt und den die Eidechsen beissen, sodass er stirbt und an der Stelle verwest. Jalk. I, 312ᵇ dass. וסממיות.

סְמָמִיתָא ch. (=סְמָמִית) Eidechse, s. TW.

סַמָּן, סַמְמָן m. (=סַם von סַם mit Adj.-End.) 1) wohlriechende Spezerei, die auch als Medicament diente. j. Jom. IV, 41ᵈ un. חצי כל סממן וסממן die Hälfte einer jeden Spezerei zum Rauchwerk. — Pl. Ker. 6ᵃᵇ אחד עשר סַמְמָנִין נאמרו לו למשה בסיני וכ׳ elf Arten von Spezereien für das Rauchwerk wurden dem Mose auf dem Sinai anbefohlen, näml. Ex. 30, 34 fg. Das. öfter סַמְמָנֵי קטרת und סַמְמָנֵי קטרת die Spezereien des Rauchwerks. j. Schebi. V g. E., 36ᵃ ריחים לטחון בו סממנין eine Mühle, in der man die Spezereien mahlt. — 2) Pulver, Färbestoff und dgl. Genes. r. sct. 1, 3ᵈ ein Häretiker (Philosoph) sagte zu Rabban Gamliel: צייר גדול הוא אלהיכם אלא שמצא סממנים טובים שסייעו אותו תהו ובוהו וחשך וכ׳ euer Gott ist allerdings ein grosser Bildner, aber er fand auch gute Stoffe (Mittel) vor, die ihm bei der Schöpfung behülflich waren, näml. „Tohu, Bohu, Finsterniss" u. s. w. Exod. r. sct. 35 g. E. Ein König, der ausserordentlich schöne Gesichtszüge hatte, befahl seinem Hofbedienten (einem Maler), ein Bild von ihm anzufertigen. Als aber letzterer sich dessen weigerte, da er ein so schönes Gemälde nicht herstellen könnte, אמר לו אתה בסממניך ואני בכבודי entgegnete ihm der König: Du mit deinen Farbenstoffen und ich mit meiner Herrlichkeit! d. h. du bist in der Farbenmischung als Künstler ebenso ausgezeichnet, wie ich durch meine natürliche Schönheit, folglich wird das Bild gelingen; mit Bez. auf Ex. 25, 40. B. kam. 101ᵃ כגון דגזל צמר וסַמָּנִין דחד wenn Jem. z. B. Wolle und Farbenstoffe von Einem stiehlt und diese Wolle mit jenen Farben färbt u. s. w.

סַמָּנָא, סַמְנָא ch. (=סַמָּן, סַמְמָן) Spezerei, Pulver, Farbestoff u. dgl., s. TW. — Pl. B. mez. 85ᵇ un. גובא דסַמָּנֵי das Rohr, worin die Pulver (Arzeneien) lagen. B. kam. 101ᵃ הב לי סמנאי דשקלתינהו gieb mir meine Farbenstoffe zurück, welche du genommen hast. — Tosef. Kel. B. mez. III סמנין, סממנין crmp. s. סַמְלוֹן.

סָמַן, Pi. סִימֵן (denom. von סִימָן mit clid. ר, bh. Part. Nif. נִסְמָן Jes. 28, 25; auf ähnliche Weise wurde von אוּנָאָה Uebervortheilung, in Denom. Pi. אִינָה, Nithpa. נִתְאָנֶה gebildet) bezeichnen. Khl. r. sv. וְיוֹתר 98ᵇ שלשה סימנים ...

סימנתי לך וסיימתי לך בקבורתו של משה ... ראף על פי כן ולא ידע איש את קבורתו durch drei Zeichen habe ich dir bezeichnet und genau angegeben die Grabstätte des Mose: „Im Thale, im Lande Moabs, gegenüber dem Peortempel" (Dt. 34, 6); aber dessenungeachtet „kennt Niemand sein Grab". Sot. 13ᵇ un. steht dafür סימן בתוך סימן ein Zeichen über das andere Zeichen (ähnlich כס בתוך כס s. d.). — Part. Pual B. bath. 172ᵃ מְסוּמָּנִין gezeichnet, s. סִימָן.

סַמָּן ch. (=סִימָן) bezeichnen, s. TW. — Uebrtr. Part. pass. B. mez. 27ᵇ כיס וארנקי משום דמְכַמְּנֵי Beutel und Geldsack (pflegt man nicht zu verleihen), weil sie von Vorbedeutung sind; d. h. man hält das Verleihen dieser Gegenstände für ein böses Omen, als ob man mit denselben das Glück aus den Händen gäbe. Kidd. 59ᵃ זבוני לא מזבינא לך דארעא קמייתא היא ולא מסמנא מילתא וכ׳ verkaufen kann ich dir das Feld nicht, denn es ist das erste Feld (das ich jemals erworben habe), weshalb es von keiner guten Vorbedeutung ist; willst du es geschenkt haben, so nimm es.

סִימָן, סִימוֹנָא s. סַמָּנָא — סִימָן, סִימוֹנְיָא s. d. in סי׳.

סָמְנָא, אַמְנוֹס (=אַמְנוֹס) אַמְנוֹן mit vorges. ס) Amanus. Git. 8ᵃ משדרי סמנוס Ar. (Agg. אַמְנוֹן) von den Bergen des Amanus, אַמְנוֹס.

סַמְנַיר j. Schabb. VI, 8ᵇ mit. crmp. s. סַמְלוֹן.

סָמָס m. (gr. ζημίωσις) Schaden, Nachtheil. j. Schek. V, 48ᵈ mit. Ben Achija, ein Tempelherr, behandelte die Priester, die an Leibschmerzen litten; והוה ידע אהיי דין חמר טב למעייא והיי דין חמר סמס למעייא er wusste, welcher Wein dem Leibe dienlich und welcher dem Leibe schädlich ist.

סָמְפּוֹן, סָמְפּוֹנְיָא s. סִימְפּוֹן, סִימְפּוֹנְיָא in סי׳.

סָמְפּוֹנְירֵין m. pl. Spitzen, Nägel; viell. von צָמֵאר, nageln, s. TW.; vgl. auch Fleischer das. Nachtr. S. 570ᵇ.

סַמְפִּירִינוֹן, סַמְפִּירִינוֹן masc. (=סַפִּירִינוֹן gr. σαπφείρινον eig. Adj. lapis sapphirinus: der Sapphirstein, dann überh. (=hbr. הלוחות Sapphir. Tanchuma Ki tissa, 117ᵇ משקל ארבעים סאה היו ושל סמפירינון היו die Bundestafeln hatten ein Gewicht von 40 Seah und sie waren aus Sapphirsteinen. (Vgl. Ned. 38ᵃ Mose wurde reich מפסלתן של לוחות von den [Sapphir-] Abfällen der Tafeln.) Exod. r. sct. 8 g. E. dass. Cant. r. sv. ידיו גלילי 26ᵇ מעשה ניסים היו היו גלגלין היו של סמפירינון ודהיו נגללין die Tafeln wurden auf wunderbare Weise zusammengerollt; denn sie waren aus Sapphirsteinen und wurden dennoch zusammengerollt; vgl. auch מַחְצָב. Tanch. Beschallach, 84ᵃ הארון.

69 *

אמרו של סמפירינון היה ... המטה של סמפירינון
היה die Bundeslade war, wie die Gelehrten sagten, aus Sapphirsteinen; der Mosesstab war aus
Sapphirsteinen. Exod. r. sct. 38 g. E. ישׂשׂכר
סנפירינון der Name Isachars war auf Sapphir
eingravirt (wofür das. auch ספיר = Ex. 28, 18).
Pesik. Anija, 135ᵇ wird ספירים (Jes. 54, 11) erklärt durch סמפירינון. Das. תאמר שהסמפירינון
רך הוא מעשה באחד שירד למכור סמפירינון וכ׳
du könntest vielleicht denken, dass der Sapphir
weich, leicht zerbrechlich sei; aber einst ereignete es sich, dass Jem. einen Sapphir verkaufen
wollte, den man dadurch probirte, dass man ihn
auf einen Amboss legte und mit einem Hammer
darauf schlug; da zersprang der Amboss und
der Hammer wurde zerschellt, der Sapphir jedoch
wurde nicht zerschlagen; vgl. סַדָּן; s. auch Buber
z. St. Anm. 24.

סַמְפּוֹרָיִינָא, סַמְפּוֹרָיִינָא chald. (= סַמְפִּירִינוֹן)
Sapphirstein, s. TW.

סָמֵק (syr. ‏سمِك‏) roth sein. B. bath. 84ᵃ
שמע מינה דאי שימשא סומקתי היא חדע דקא
סמכא צפרא ומניא וכ׳ daraus (dass der Weizen)
שחמתית genannt wird) ist erwiesen, dass die
Sonne von rother Farbe ist, wofür dir als Beweis diene, dass sie des Morgens bei ihrem Auf-
gang und des Abends bei ihrem Untergang roth
erscheint; am hellen Tage jedoch erscheint sie
uns nicht roth, weil unsere Augen zu schwach
sind.

Af. **אַסְמִיק** (syr. ‏اسمك‏) roth werden. Chull.
93ᵇ אומצא דאסמיק ein rohes Stück Fleisch, das
vom Blut roth ist. Pes. 74ᵇ dass.

Pa. **סַמֵּיק** 1) roth machen. Levit. r. sct. 12
Anf. wird יחאדם (Spr. 23, 31) übersetzt: ודאי
מסמניק ליה „er wird wirklich roth", denn der
Wein macht den Trinker roth. — 2) übrtr. beschämen, vgl. סוּמְק. j. Chag. II, 77ᵈ un. בגין
דלא מסמניק אפוי um ihn nicht zu beschämen,
eig. damit sein Gesicht nicht roth werde. j.
Snh. VI, 23ᶜ mit. dass.

סוּמְקָא, סוּמְקָא m. (syr. ‏سموقا‏. arab. ‏سُمّاق‏)
roth, rufus, etwas Rothes. Schabb. 134ᵃ האי
ינוקא דסומק דאכתי לא איבלע ביה דמא וכ׳ wenn
ein neugeborener Knabe roth ist, weil das Blut
noch nicht in ihn eingezogen ist, so warte man mit
seiner Beschneidung, vgl. מְחַן. Pes. 25ᵇ u. ö.
Jem. sagte zu Raba: Der Befehlshaber meines
Wohnortes stellte mir die Wahl frei, entweder
den N. N. zu tödten, oder selbst getödtet zu
werden. אמר ליה ליקטלוך ולא תקטול מאי חזית
דדמא דידך סומק טפי דילמא דמא דההוא גברא
סומק טפי Raba sagte zu ihm: Lass dich tödten,
nur tödte du nicht! Denn woher ist erwiesen,
dass dein Blut röther ist, vielleicht ist das Blut
jenes Mannes röther; d. h. das Leben des N. N.
hat vielleicht einen grössern Werth als das dei-

nige, vgl. auch רַם, דְּמָא. Git. 67ᵇ סומקא בישרא
rothes (d. h. mageres) Fleisch. B. mez. 58ᵇ
wenn Jem. beschämt wird, ואתר סומקא אזיל
חורא so verliert sich bei ihm die rothe Farbe,
an deren Stelle die weisse Farbe kommt, vgl.
אָדָם und לָבָן. j. Schabb. XIV, 14ᵈ ob. ההן
סככה סומקא die Röthe in den Augen (ein rothes
Auge) ist gefährlich. j. Ab. II, 40ᵈ ob. dass.
Git. 70ᵃ sechzig Arten von Wein giebt es, מעליא
דכולהו סומקא ריחתנא der beste von allen ist
der rothe, wohlriechende Wein. Schabb. 129ᵃ
סומקא חלף סומקא Rothes anstatt Rothes; d. h.
unmittelbar nach dem Aderlass trinke man rothen
Wein, der das entzogene rothe Blut ersetze, vgl.
סְמָק. Jeb. 64ᵇ, s. סְמָכָא. — Pl. j. Snh. I,
18ᶜ un. R. Kahana זכה למיסב עד דאתחבבין
טורפנוי סומקין כהדא דקקה erlangte ein so hohes
Alter, dass seine Nägel so roth wie ein nenge-
borenes Kind wurden. j. R. hasch. II, 58ᶜ ob.
dass. Chull. 93ᵇ שורייקי סומקי rothe Fasern,
s. d. W. Schabb. 147ᵃ חיוורי וסומקי weisse und
rothe Kleider. — Uebrtr. Git. 69ᵃ שבעה סומקי
sieben Milze, von der rothen Farbe so benannt. —
Fem. Chull. 46ᵇ אהינא סומקתי eine rothe Dattel,
vgl. אָהִינָא (woselbst jedoch Dattel anst. Feige
zu lesen ist). j. Snh. II, 20ᵇ un. wird דמים אדם
(1 Sm. 17, 1) erklärt: חקל סומקתא rothes Feld.
Ruth r. sv. הוא היה, 40ᵇ wird דמים פס (1 Chr.
11, 13) ebenf. erklärt: חקל סומקתא. B. bath.
84ᵃ סומקתי s. סָמֵק Anf.

סִמּוֹקָא, סִימּוֹק, סָמוֹק m. roth, röthlich,
Rothes. j. Dem. II Anf., 22ᵇ der Reis in Cheltsa
R. Simson (Agg. crmp.) סימוק הוא (טרימק) ist
röthlich; vgl. אַכְתֵּר. j. Ter. I, 40ᵇ mit. zu R.
Jose kam ein erkrankter Weber, דהוון יהבין
ליה סימוק גו אכום רדוא לעי סימוק גר ותרו
ורוא לעי אמר דו הוא קורדייקוס שאמרו חכמים
der, als man ihm Rothes mit Schwarzem (d. h.
mageres Fleisch, בישרא סומקא, s. vrg. Art., mit
Dunklem, d. h. mit Wein, der mit Wasser vermischt war) zu essen gab, davor Ekel empfand
und der, als man ihm mageres Fleisch mit
dunklem Wein zu kosten gab, ebenf. Ekel empfand. R. Jose sagte: Das ist ein von den Gelehrten genannter Melancholischer, s. קוּרְדְיַיקוֹס.
j. Git. VII Anf., 48ᶜ dass., anst. סמוק l. סמוק. —
Pl. Thr. r. sv. תנין גם, 67ᵇ סימוקן die rothen
Jungen der Ungeheuer, vgl. יָרוֹד II. — Uebrtr.
Simmuk, eig. der Rothe. j. Jeb. VIII Anf., 9ᶜ
ר׳ טריפא סמוק R. Tejufa Simmuk. j. Dem. III,
23ᵃ mit. סמוקה derselbe.

סְמָכְתָא, סְמָקָא f. Adj. roth, rufa, s. TW.

סָמוֹקיד eig. Rothhand. Num. r. sct. 3, 187ᵇ
אבא סמוקיד Abba, der Rothhand.

סָמְקָן m. ein rother Edelstein (= hbr.
אֹדֶם). — סוּמְקָנִיתָא f. (syr. ‏سومقنيثا‏) die

Röthe. — סוּמְּקְרִיי, סְמַקְרִיי m. Adj. (syr.
ܣܡܘܩܪܝܐ) röthlich, oder hochroth, s. TW.

סָמְקִי Samki, Name eines Ortes. Jeb. 121ª
אגמו דסמקי die Sümpfe von Samki. Dieser Ort
ist nicht mit סָמְכּוֹ (s. d.) zu identificiren, da
letzterer in Palästina, ersterer aber in Babylonien lag. — Ferner סוּמְקִי Sumki, Name eines
Mannes. Git. 69ª שׁילא בר סרמקי Schila bar
Sumki.

סָמַר (hbr. שָׂמַר, verw. mit arab. سَمَر). —
Ithpa. אִסְתַּמַּר, אִסְתַּמַּר (hbr. נִשְׁמַר Nifal) gehütet, behütet werden, s. TW. — B. kam.
58ᵃᵇ ob. כיון דקחזי דקריבה לה למילד איבעי ליה
לנטרה ולאסתמורי בגוה da er gemerkt hat, dass
das Thier dem Gebären nahe sei, so müsste er
es bewachen und sich mit demselben in Acht
nehmen.

סָמַר annageln, mit Nägeln befestigen
(vgl. מַסְמֵר, arab. مِسْمَار von سَمَر). j. Meg. IV
g. E., 75° un. wenn Jem. den Abschnitt der Mesusa (s. מזוזה) in einen Stock eingegraben und
ihn an ungeeignetem Orte niedergestellt hat,
סכנה שׁאין בה מצוה ... ואפילו לא סמרו ודא
תני ודהא שסמרו לכן ... so kann
das Gefahr verursachen (wenn man sich daran
stösst), ohne dass das Gebot erfüllt werde; selbst
wenn man den Stock nicht angenagelt hat.
(Worauf gefragt wird:) Die Borajtha sagt ja:
Nur wenn man ihn angenagelt hat, ist dies verboten? Hier ist die Rede davon, dass man
jenen Ort für das Anbringen der Mesusa bestimmt hat; daher ist blos durch das Annageln
das Gebot der Mesusa nicht befolgt worden.
Pi. סִימֵר Nägel einschlagen, etwas mit
Nägeln beschlagen. Kel. 14, 2 טמא סימרו
wenn man den Stock mit Nägeln beschlagen hat
(um damit besser schlagen zu können; nach
einigen Comment.: Damit der Stock, wenn man
ihn auf die Erde drückt, nicht abgenutzt werde),
so ist er levitisch unrein. Vgl. jedoch Tosef.
Kel. B. mez. IV Anf. עשה בראשו מסמר לריות
מכה בו er brachte einen Nagel an der Spitze
des Stockes an, um damit schlagen zu können.
Part. Pual Schabb. 6, 2 u. ö. המסוּמָר eine
mit Nägeln beschlagene Sandale, vgl. סַנְדָּל.

סְמַדְרְקוֹס s. סְמַרְדְּקוֹס.

סְמַרְטוּט m. (eine Safelform=סמרטוט s. d.) eig.
Zerfetztes, Charpie; dann überh. Lappen,
Fetzen. Schabb. 21, 2 (142ᵇ) מקנחה בסמרטוט
man wischt den Schmutz mit einem Lappen ab.
Das. 133ᵃ un. s. פָּרַךְ. — Pl. Ber. 51ᵇ ob. סְמַרְטוּטֵי
s. בְּלָמָא. Schebu. 31ᵃ לבוש סַמַרְטוּטִין in Lumpen eingehüllt. Tosef. Bez. II u. ö. Ruth r. sv.
ותלבכנה 39ᵇ, s. מִילָא, מִילַת. Cant. r. sv. כאהלי

אַף על פי שנראין 8ᵃ „wie die Zelte Kedars",
מבחוץ כעורים ושחורים וסמרטוטין ודם מבפנים
מלאים אבנים טובות וכו' welche, obgleich sie
von aussen hässlich, schwarz und wie Lappen
aussehen, dennoch inwendig mit Edelsteinen und
Perlen gefüllt sind; ebenso sind die Gelehrten
äusserlich ohne Ansehen, im Innern jedoch voll
der Gesetzlehre. Deut. r. sct. 2, 252ᵇ סמרטוטין
מלאים דם Fetzen voll Blut.

סָמַרְטְיָה (=מַרְטַנְיָא mit vorges. ס) Mauritanien. Cant. r. sv. קול דודי 14° אחד מכם
גולה לברבריה ואחד מכם גולה לסמטריה
(l.
לסמרטניא; in den Parall. steht מרטניא neben
ברבריא, s. d. W.) der Eine von euch wird nach
der Berberei und der Andere nach Mauritanien
vertrieben. Pesik. Hachodesch, 48ª steht dafür
לסמרטיא ר elid. oder crmp. aus לסמרטיא. An
Sarmatia (Musaf. und Buber Anm. z. St.) ist
nicht zu denken. Dav.

סָמַרְטִין m. pl. die Mauritanier. Jelamd.
zu Num. 8, 6 fg. (citirt vom Ar.) אפילו סמרטין
אפילו ברבריים selbst die Mauritanier und die
Berbern.

סָמַרְטִיקִי Samaria, Samaritanien (mit
gr. Adj.-End. nach der Form בְּרָדִיקִי u. a.). j.
Ab. sar. V, 44ᵈ mit. הדא ערובא שׁובע לא אשׁתכח
חמרא בכל סמרטיקי an jenem Freitag fand sich
in ganz Samaritanien kein Wein.

סָמַרְמוֹרוֹת f. pl. (vom bh. סָמַר Pilp.) Schauer,
Schauern. Nid. 63ᵇ כמין סממוריות אחזין
אותה Ar. (Var.=Agg. צמרמורות s. d. W.) eine
Art Schaudern überfällt sie.

סָמַרוֹן Adv. (gr. σήμερον) heute. j. Keth. II,
26° un. אתמול אמרת טמאה אני סמרון טהורה
Ar. (Agg. שמירון) gestern sagtest du: Ich bin
unrein, und heute sagst du: ich bin rein.

סַמְרוֹסִי od. סַבְרוֹסִי f. (wahrsch.=אַבְרוֹסִי mit
vorges. ס, gr. ἀβρός) schön, glanzvoll. Ber.
39ª ואמרי לה סמרוסי שׁנוֹ (richtiger Ms. M.
סברוסי) manche sagen: Die Olive אגורי heisst
eigentlich: סמרוסי, סברוסי.

סַמְתֵּר, סַמְתֵּירָא m. Pflaster. Stw. wahrsch.:
סמר: was die Wunde schützt. B. mez. 107ᵇ אי
לאו זיקא הוי עבדי לה סמתר וחיי Ar. (Agg. סמא)
wäre keine Zugluft, so hätte man für die Wunde
ein Pflaster aufgelegt, wodurch sie genesen
wäre. — Pl. Jeb. 114ᵇ הנך סָמַתְרֵי וחיה
Jem. hat vielleicht Pflaster auf die Wunde aufgelegt, wodurch jener genas. B. bath. 74ᵇ הנך
עישבי סמתרי הוו Ar. (Agg. עשׁבא ההוא) jene
Kräuter dienten als Pflaster. Der Comment.
R. Sam. b. M. z. St. citirt auch Chull. 54ᵃ עבדי
לה סמתרי (Agg. סמא לה בדרי) man bereitet
dem Thier Pflaster. Denom.

סְמַתֵּר ein Pflaster auf die Wunde legen, s. TW.

סֵן, **סִין** *m.* eig. (=arab. سِنّ, hbr. שֵׁן, vgl. auch bh. סֶנֶה, ein Ortsname) Zahn, Klippe, bes. spitzer Zapfen. — Pl. Kel. 10, 6 עשׂאן בְּסִירִין או בשׁוגמין וכ׳ wenn man sie (die auseinander stehenden Bretter eines Gefässes) mittelst Zapfen ineinandergezapft oder mittelst Korkstücke verbunden hat u. s. w. Manche Comment. halten unser W. für einen Plur. von סְנֵה: Dornsträuche.

סְנָא I **סְנֵי** (syr. ܣܢܐ, hbr. שָׂנֵא) 1) hassen, s. TW. — Keth. 105[b] לא לידון אינש דינא למאן דרחים ליה ולא למאן דסני ליה דרחים ליה לא חזי ליה חובא דסני ליה לא חזי ליה זכוּתא man soll weder gegen Jemnd., der ihn besonders liebt, noch gegen den, der ihn hasst, als Richter fungiren! Denn für den mit ihm Befreundeten wird er keine Schuld und für den mit ihm Verfeindeten wird er keine Rechtfertigung finden. Part. Peil (syr. ܣܢܐ) Schabb. 31[a] דעלך סָנֵי לחברך לא תעביד was dir verhasst ist, thue auch einem Andern nicht an! vgl. חַבְרָא. — 2) hässlich sein. Meg. 14[b] סְנִין שׁמייהוּ ihre Namen waren hässlich, vgl. זְבוּלֵא und יְהִירָא. Das. 25[b] דאי מאן דסני שׁוֹמעניה שׁרי לבזוּיי בג׳ וש׳ Ar. und Ms. M. (Agg. דסאני) Jemnd., der einen hässlichen Ruf hat, darf man verachten durch ג׳ und ש׳; Abbreviatur für שׁפחא בן גוי Sohn eines Nichtjuden und einer Sklavin; oder: בר גיורתא שׁמא סרי Sohn einer Buhlerin von bösem Rufe. Taan. 7[b] אי דור סני טפי הוו גמירי wären sie hässlich, so würden sie grössere Gelehrten geworden sein, vgl. חַמְרָא. M. kat. 17[a].

סְנָא II *m.*, **סִנְוָתָא**, **סַנְאֲתָא**, **סִנְאָה** *fem.* (syr. ܣܢܐܬܐ, hbr. שִׂנְאָה) Hass, Feindschaft, s. TW., vgl. auch סְנִיתָא in 'סני.

סִנְאָה *masc.* Adj. (syr. ܣܢܐ, ܣܢܝܐ, hbr. שׂנא) 1) der Hasser, Feind, s. TW. j. Ber. II, 5[a] ob. סנאהון דישׂראל הוא er (Menachem) ist der Feind der Juden, vgl. מְנַחֵם. — Chull. 43[b] Mar bar Rebina sagte: מהתיבנא תיובתא כלפי סנאה דרבא eig. ich will einen Einwand vortragen gegen die Feinde Raba's; euphemist. für כלפי רבא gegen Raba (auf dieselbe Weise steht oft שׁונאיהם של ישׂראל die Feinde Israels für: Israel, vgl. לקי, לקה). Da er aber auf Raba's Verfahren den Bibelvers anwendete: „Der Thor wandelt im Finstern" (Khl. 2, 14), so bediente er sich dieses Euphemismus. j. Meg. I, 72[d] ob. סנאיו של יוסף die Feinde Josefs, d. h. seine Brüder; mit Ansp. auf סנה (Dt. 33, 16). — 2) Sanah, od. סְנָאָה Senaah (bh. Ortsname) *N. pr.* Taan. 26[a] בני סנאה בן בנימין die Söhne Sanah's des Sohnes Benjamin's. j. Taan. IV, 68[b] un. dass. — Taan.

12[a] סנאב (Ms. M. שׁנאב), viell. ebenf. סנאה zu lesen.

סִנְאָן s. in 'סני.

סִנְבּוֹטִין *m.* Kopfputz des Weibes. Schabb. 6, 1. 5 Mischna im jer. Tlmd. Das. 7[d] mit. dass., s. סַרְבּוֹטִין.

סִינְבַּמְיוֹן s. סַבַּטְיוֹן. — סִינְבּוֹל s. סִיבוֹלַת.

צִינְבְּרִי, **סַנְבְּרַאי** Sennabaris, Name eines Ortes unweit Tiberias; vgl. Neub. Géogr. du Tlm. p. 214. Genes. r. sct. 98, 96[d] wird כנרת (Dt. 3, 17) von R. Juda bar Simon erklärt: סנברא וּבית ירח Sennabaris und Beth Jerach. j. Meg. I, 70[b] mit. steht dafür צינברריי.

סַנְגְלָרִין s. סַנְגָרִין hinter סְנִיגְרוֹן.

סָנֵיגוֹר *m.* Adj. (gr. συνήγορος) Vertheidiger, Anwalt, Fürsprecher; dafür auch פְּרַקְלִיט s. d. R. hasch. 26[a] der Hohepriester darf nicht am Versöhnungsfeste in Goldgewändern im Allerheiligsten erscheinen, לפי שׁאין קטיגור נעשׂה סניגור denn der Ankläger (κατήγορος) kann nicht als Fürsprecher auftreten; Gold erinnert näml. an das goldene Kalb. j. Jom. VII, 44[b] un. dass. Kidd. 5[a] die Ehescheidung kann nicht, gleich der Trauung, durch Geldübergabe vollzogen we͏́rden; יאמרו כסף מכנים כסף מוציא סניגור יעשׂה קטיגור denn sonst würde man sagen: Geld führt in die Ehe und Geld treibt aus der Ehe; der Fürsprecher wird zum Ankläger. Levit. r. sct. 30, 174[c] אי לזה שׁועשׂה סניגורו קטיגורו wehe diesem da, dessen Vertheidiger sein Ankläger wurde! vgl. טִפְּשָׁא. Dort auch auf Jemnd. angewandt, der mit einem geraubten Feststrauss vor Gott erscheint, wobei die Engel ausrufen: Wehe ihm, dass u. s. w. Exod. r. sct. 18, 117[d], s. סָמַאֵל. Levit. r. sct. 21, 164[b] u. ö. — Pl. j. R. hasch. I, 57[b] ob. אמרו בית דין היום ראשׁ השׁנה הקב׳׳ה אוֹמר למלאכים העמידו בימה יעמדו סָנֵיגוֹרִין יעמדו שׁאמרו בני היום ראשׁ השׁנה נמלכו בית דין לעברה למחר הקב׳׳ה אומר למלאכי השׁרת העבירו בימה יעברו סניגורין יעברו קטיגורין וכ׳ sobald die Gelehrtencollegium verkündet: Heute ist Neujahr! so ruft Gott den Engeln zu: Errichtet die Bema (βῆμα Gerichtsstätte), die Vertheidiger (συνήγοροι) sowohl, als auch die Ankläger (κατήγοροι) sollen auftreten! Denn meine Kinder sagten, dass heute Neujahr ist. Sobald aber das Gelehrtencollegium andern Sinnes wird, das Neujahr auf den folgenden Tag zu verlegen, so ruft Gott den Engeln zu: Schaffet die Bema fort, mögen die Vertheidiger sowohl, als auch die Ankläger abtreten; denn meine Kinder verlegten das Neujahr auf den folgenden Tag! Exod. r. sct. 31 Anf., s. קְטֵרֵג; vgl. auch קָטֵיגוֹר.

סָנֵיגוֹרְיָא *f.* (gr. συνηγορία) 1) Vertheidi-

gung, Rechtfertigung. j. Taan. II, 65ᵈ ob. Abraham betete zu Gott: Als du mir befahlst, meinen Sohn zu opfern, habe ich keinen Einspruch erhoben; כן יהי רצון מלפניך ה' אלהי שבשעה שיהיו בניו של יצחק בני ככנסין לידי צרה ואין להם מי ללמד עליהם סניגוריא אתה הוא כ' ראה ה' ואמר so möge es auch dein Wille sein, Herr, mein Gott, dass, wenn die Kinder meines Sohnes Isaak in Noth kommen und Keinen haben werden, der eine Vertheidigung für sie führe, du die Vertheidigung für sie führest; denn es heisst: „Gott wird sehen" (Gen. 22, 14), d. i. du wirst der Opferung Isaak's eingedenk und erbarmungsvoll gegen sie sein. Exod. r. sct. 15 g. E., 116ᵇ מדת בשר ודם שני עומדים בפני המלך אחד מלמד קטיגוריא שלו ואחד מלמד סניגוריא שלו לא כל המלמד סניגוריא מלמד סניגוריא ולא המלמד סניגוריא מלמד קטיגוריא אבל הקב״ה אינו כן הוא מלמד סניגוריא הוא מלמד קטיגוריא הוא הפה שאמר וכ' das Verfahren des Menschen ist folgendes: Wenn zwei Rechtsanwälte vor dem Könige stehen, so trägt deren Einer die Anklage und deren Anderer die Vertheidigung vor. Niemals wird derjenige, der die Anklage führt, die Vertheidigung führen und ebenso wenig derjenige, der die Vertheidigung führt, die Anklage führen. Gott hing. verfährt nicht also, denn er führt ebenso die Anklage, als auch die Vertheidigung. Derselbe Mund, der aussprach: „o sündige Nation"! (Jes. 1, 4), sprach auch: „tugendhafte Nation" (Jes. 26, 2); derselbe Mund, der aussprach: „schuldbelastetes Volk" (Jes. 1, 4), sprach auch: „dein Volk, sie sämmtlich sind Gerechte" (Jes. 60, 21); derselbe Mund, der aussprach: „entartete Kinder" (Jes. 1, 4), sprach auch: „alle deine Kinder sind von Gott belehrt" (Jes. 54, 13); derselbe Mund, der aussprach: „häuft ihr auch Gebet auf Gebet, so höre ich es nicht" (Jes. 1, 15), sprach: „Bevor sie rufen, werde ich sie erhören" (Jes. 65, 24) u. s. w. Das. sct. 38 g. E. משל לבן מלכים (מלך l.) שהיה סדרגוג נכנס אצלו ללמד סניגוריא על בנו והיה מתיירא מן הדעומדים עליו שמא יפענו בו מה עשה המלך הלבישו פורפורא שלו וכ' ein Gleichniss von einem Königssohn, dessen Erzieher zu ihm (dem Könige) kommen wollte, um für des Letzteren Sohn eine Vertheidigung zu führen, der sich aber fürchtete, dass die Umgebung des Königs ihn hart anfahren würde. Was that nun der König? Er bekleidete jenen mit seinem Purpur, damit Alle, die ihn sähen, ihn fürchten sollten. Dasselbe fand bei Aharon statt, er trat oft in das Allerheiligste, von vielem Tugenden begleitet; ·Gott liess ihm aber auch heilige Priestergewänder anlegen, damit er die Engel nicht zu fürchten brauche. — 2) die Vertheidigerin. Levit. r. sct. 6 Anf. הדא רוח הקודש סניגוריא היא מלמד זכות לכאן ולכאן וכ' der heilige Geist ist eine Vertheidigerin, die nach dieser, wie nach

jener Seite das Beste vorträgt; den Israeliten ruft sie zu: „Sei nicht ein unnützer Zeuge wider deinen Nächsten" (Spr. 24, 28); Gott hing. ruft sie zu: „Sage nicht: Wie er mir gethan, so werde ich ihm thun, dem Manne nach seiner Handlung vergelten" (das. V. 29). Das. sct. 5, 149ᵈ s. סוֹדְגְרִיּוֹם. Das. sct. 42 Anf. Cant. r. g. E., 34ᵉ u. ö. — Dafür auch סניגורת f. (gr. ἡ συνήγορος) die Vertheidigerin, Fürsprecherin. Pesik. r. sct. 40 g. E. השופר סניגורת שלהם die Posaune (am Neujahrsfeste) bildet Israels Fürsprecherin.

סָנִיגְרוֹן m. (gr. συνήγορον) die Vertheidigung betreffend. Schebu. 30ᵇ un. מנין לדיין שלא יעשה סניגרון לדבריו וכ' woher ist erwiesen, dass der Richter keine Vertheidigung für seine Worte vorbringen darf (d. h. dass er nicht sein früher geäussertes Urtel, das er später selbst für unrichtig befunden, durch Scheingründe vertheidigen darf, damit er nicht seine einmal kundgethane Meinung zu widerrufen brauche)? Daher, dass es heisst: „Von lügenhafter Rede halte dich fern" (Ex. 23, 7).

סְנִיגוֹרָא Sannigora, Name eines Ortes, s. TW. — j. Schebi. VI, 36ᶜ mit. בר סנגרא ebenf. Name eines Ortes; viell. zu lesen סנגרא dass.

סַנְגְלָרִין od. **סַנְגּוֹרִין** m. pl. viell. sanguinarii, blutgierige Menschen, Trabanten. j. Snh. X, 28ᵈ mit. גירדה בהן סנגורין ודהי מכין ארהן ומפצעין את מוחיהן בגיזרין der Herrscher reizte gegen sie (die Götzendiener) blutgierige Menschen, welche sie schlugen und ihre Hirnschalen mit Holzkloben spalteten. Sifre Balak § 131 steht dafür סנגורים oder סנגגלרין. Jalk. I, 244ᵈ liest הסנגלרין. Ab. sar. 18ᵇ סלגורין (Ms. M. סנגלריין), viell. ebenf. blutgierige Menschen, Stierkämpfer, vgl. auch סְנְגִלָרִין Jelamd. zu Num. 10, 2 הסנגורים, viell. ebenf. Trabanten, vgl. jedoch סְנְגלוֹן.

סָנוֹדְיָא s. d. in 'סי.

סַנְדְּיוֹת od. (סַנְדָּרִיוֹת) **הַנְדִּיוֹת** f. pl. Wicken. Schebi. 9, 5 אוכלין ברגילא עד שיכלו סנדיות מבקעת בית נטופה Agg. des j. Tlmd. (Agg. des bab. Tlmd. סגריות crmp., Ms. M. hat die richtigste LA., näml. הנדיות pl. von הִינְדָּא s. d.) man darf am Brachjahre den Portulak (arab. رُجْلَة) so lange essen, bis die Wicken im Thale Beth Natofa ausgehen, vgl. שְׁבִיעִית. Sifra Behar Par. 2 cap. 3 hat סנדריות; Rabad in s. Comment. z. St. liest richtiger סנדריות; diese letztere Form ist aus הנדיות mit vorges. ס, woraus dann durch eingeschobenes ר: סנדריות entstanden. Ar. liest סנדיות und erklärt das W. durch קרדי דומשאקי cardi domestici, Cardonen oder Artischocken.

סַנְדָּל *m.* (gr. σάνδαλον) 1) Sandale, der nur aus einer Sohle bestehende und mit Riemen oder Bändern befestigte Schuh. Schabb. 60ª לא יצא איש בסנדל המסומר der Mann darf nicht am Sabbat oder Feiertag (an welchen Tagen grosse Volksversammlungen stattfinden) mit einer mit Nägeln beschlagenen Sandale (d. h. deren Nägelspitzen durch die Sohle hindurchdringen) ausgehen. j. Schabb. VI, 8ᵇ ob. werden für dieses Verbot verschiedene Gründe angegeben: 1) Frauen sollen beim Anblick solcher Nagelspitzen abortirt haben; 2) sie sollen durch das Geräusch solcher Sandalen abortirt haben; 3) während der Zeit der Religionsverfolgung sollen die Juden, die sich in einer Höhle versteckt hielten, durch die Angst vor den herannahenden Feinden, im Gedränge mit solchen Sandalen einander getödtet haben. In bab. Schabb. l. c. wird blos der hier zuletzt angeführte Grund erwähnt. Edij. 2, 8. Schabb. 66ª, s. סְיָיר. Jom. 8, 1 u. ö. נעילת הסנדל das Anlegen der Sandale, s. נְעִילָה. Jeb. 103ᵇ סנדל של עץ eine hölzerne Sandale. j. Jeb. XII, 12° ob. אם יבא אליהו ויאמר שאין חולצין בסנדל אין שומעין לו שהרי הרבים נהגו לחלוץ בסנדל והמנהג מבטל את ההלכה selbst wenn der Prophet Elias kommen und sagen würde, dass man mit der Sandale die Chaliza (das Ausziehen des Schuhs des Levirs, vgl. חֲלִיצָה) nicht vollziehen darf, so würde man ihm dennoch kein Gehör geben; weil die Menge die Chaliza mit der Sandale zu vollziehen pflegt, und der Brauch verdrängt die Halacha. — Pl. B. bath. 58ª מטה של תלמיד חכם כיצד כל שאין תחתיה אלא סַנְדָּלִין בימות החמה ומנעלין בימות הגשמים wie ist das Bett eines Gelehrten beschaffen? So, dass unter ihm nur Sandalen im Sommer und Schuhe im Winter liegen; d. h. in jeder Jahreszeit steht blos das Paar Schuhe da, das man in derselben braucht, näml. die leichten Sandalen im Sommer und die schützenden Schuhe im Winter, vgl. מוּרְקָמָא. R. Sam. ben Meïr z. St. erklärt: Man pflegte die Sandalen, die man nur im Regenwetter trug, während des Sommers, und ebenso die Schuhe, die man nur im Sommer trug, während des Winters unter dem Bette aufzubewahren. j. Schabb. VI, 8ª mit. u. ö. — 2) hölzerner oder metallener Untersatz oder Beschlag unter Gegenständen, sowie unter den Füssen der Thiere. Kel. 14, 5 סנדלי בהמה טמאים וכ׳ die metallenen Fussbeschläge eines Thieres sind levitisch unrein. Schabb. 59ª (wo טמא . . . סנדל steht) wird als Grund für diese Unreinheit (dass näml. solche ausgehöhlte Beschläge als Geräthe anzusehen sind) angegeben: weil im Kriege in solchen Gegenständen Trinkwasser oder Oel aufbewahrt wird; oder auch: weil die Kriegsflüchtigen sich derselben, wenn sie durch Dorngesträuche zu laufen haben, als Beschuhung bedienen. Jeb. 103ᵇ סנדל של נחת עבודה זרה Ar.

ed. pr. (in Agg. fehlt נחת) ein hölzerner Untersatz (Postament), worauf ein Götze gestellt ist; (nach Raschi: eine dem Götzen geweihte Sandale). Par. 3, 3 עשה לה סנדל בשביל שלא תחליק er machte dem Thier einen Beschlag, damit es nicht ausglitte. Ohol. 12, 4 סנדל של עריסה der Untersatz einer Wiege; der näml. dazu diente, dass die Füsse der letzteren nicht verfaulen. Nach Ar.: ein Holzstück, das unter die Füsse der Wiege gelegt wird, wenn sie ungleich sind. Uebrtr. Cant. r. Anf., 3ᵈ סנדל לעקבה eine Sandale für ihre (der Demuth) Ferse; in den Parall. steht סוּלְיָים s. d. — 3) der Sandal, Sohlen, zw. a) Name eines Fisches, Zunge (pleuronectes, solea, linguata, vgl. Lewys. Zoolog. 275); b) eine plattgedrückte Missgeburt, welche die Form der Zunge hat, Sandalfötus. Nid. 24ᵇ in der Mischna המפלת סנדל וכ׳ eine Frau, die mit dem Sandal abortirte, muss die vorgeschriebene Reinigungszeit beobachten. j. Nid. III, 50ᵈ mit. איזהו הסנדל שאמרו כל שהוא דומה לסנדל דג שבים ר׳ שמעון בן גמליאל אומר כל שהוא דומה ללשונו של שור was bedeutet der Sandal, den die Gelehrten mit diesem Namen bezeichnen? Jede Missgeburt, die dem Sandal (solea), dem Meeresfisch gleicht. Rabban Simon ben Gamliel sagt: was der Ochsenzunge gleicht. Das. אין סנדל אלא שרצמו חי ואין יוצא עם החי אלא עם המת Sandal ist es nur dann, wenn es lebendig platt gedrückt wurde; es kommt auch nicht mit einem lebenden, sondern mit einem todten Wesen zur Welt. Tosef. Nid. IV. Nid. 25ᵇ. 26ª fg. Levit. r. sct. 14, 157ᵈ הקב׳׳ה משמרו שלא יעשה סנדל Gott beschützt das Kind, dass es nicht zum Sandalfötus werde.

סַנְדְּלָא *chald.* (syr. ܣܲܢܕܵܠܵ=סַנְדָּל) Sandale. Pesik. Asser, 99ª עד דסנדלא ברגלך כבוש כופה lies (=Genes. r. sct. 44, 43ª) דרוס כובא während die Sandale an deinem Fusse ist, tritt auf die Dornhecke, vgl. כּוּבָא. Snh. 7ᵇ R. Huna sagte, so oft er zu Gericht ging: אפיקו לי מאני חנותאי מקל ורצועה ושופרא וסנדלא bringet mir meine Ladengeräthe (bildl. für die richterlichen Strafgeräthe, etwa fasces), näml. Stock, Riemen, Posaune (zur Verkündigung des Bannes) und die Sandale (mit der Sandale pflegte näml. der Richter oder Lehrer zu schlagen, vgl. B. kam. 32ᵇ, s. מַסְפָּא. Nach Raschi z. St. brauchte er die Sandale behufs Entschuhung des Levirs, was jedoch wenig einleuchtet). — Pl. j. Schabb. VI, 8ª ob. לאו אורחיה דבר נשא מידוי ליה תרין סַנְדָּלִין חד לחולין וחד לשבתא pflegt denn nicht der Mensch zwei Paar Sandalen zu haben, eines für die Wochentage und eines für den Sabbat? Thr. r. sv. רבתי, 53ª der Athenienser sagte zu dem Jerusalemer: וכל הדין יקירין סַנְדָּלַיָּא גביכון werden denn die Sandalen bei euch so theuer bezahlt? Das. וכ׳ זבין סהרתה דסנדליא er verkaufte das Sandalengeschäft, um nach Jerusalem zu gehen.

סַנְדְּלָר *m.* Adj. Sandalar, Sandalenverfertiger. Aboth 4, 11 ר' יוֹחנן הסנדלר R. Jochanan, der Sandalar. Tosef. Kel. B. kam. IV u. ö. dass. — Pl. *fem.* סַנְדְּלָרְיָאוֹת (etwa sandalariae) eig. was zu den Sandalen, Pantoffeln gehört; übrtr. Pantoffeln. Jalk. I, 21[d] „Sara peinigte die Hagar" (Gen. 16, 6), דליין למרחץ הוליכה לה וסנדלריאות letztere musste der ersteren die Ueberwürfe und Pantoffeln ins Bad nachtragen. (Midr. Agg. ובנוריות od. וכנורות, s. פַּנּוּרָה.)

סַנְדַּלְבּוֹנִין, סָנְדַלְפוֹנִין oder סַנְדַּלְבִּין *m.* pl. wahrsch. Sandarensus, ein aus Indien und Arabien kommender Edelstein; viell. jedoch hängt unser W. mit dem gr. σανδαράκη, σανδαράκινον zusammen. Snh. 59[b] wäre die Schlange nicht verflucht worden, so wäre jeder Israelit im Besitz zweier willfähriger Schlangen, אחד משגרו לצפון ואחד משגרו לדרום להביא לו סנדלכין וכ' טובים ואבנים טובות וכ' Ar. (Agg. סנדלבונים, Ms. M. סנדלין, mehrere ält. Agg. סנדלפונים) deren eine er nach dem Norden und deren andere er nach dem Süden hätte schicken können, damit sie ihm edle Sandarensen und sonstige Edelsteine brächten. Aboth de R. Nathan I liest סנדילכים. Ar. ed. pr. erklärt unser W. durch מרגלי, margaritae, s. auch TW. — Aboth de R. Nathan XXXVIII R. Ismael ben Elischa betrauerte den ermordeten R. Simon ben Gamliel: פה שמוציא סנדלפונין טובות ואבנים טובות ומרגליות מי הטמינך בעפר o Mund, der du gute Sandarensen, Edelsteine und Perlen (d. h. die trefflichsten Lehren) vorbrachtest, wer hat dich in den Staub verscharrt? vgl. פֶּה.

סַנְדַּלְפוֹן (etwa gr. συνάδελφον) Sandalpon, Name eines Engels. Chag. 13[b] במתניתא תנא סנדלפון שמו וגבוה מחבריו מהלך חמש מאות שנה ועומד אחורי המרכבה וקושר כתרים לקונו in der Borajtha heisst es: Sandalpon ist sein Name (des Engels, der unter אוֹפָן, Ez. 1, 16, zu verstehen sei). Er überragt seine Genossen in einer Strecke von 500jähriger Entfernung, steht hinter der Merkaba (s. מֶרְכָּבָה) und bindet seinem Schöpfer Kronen an (während Metatron vor dem Antlitz Gottes steht, s. מְטַטְרוֹן). Pesik. r. sct. 20, 28[d] der Engel Hedarniel ging dem Mose im Himmel voran, עד שהגיע לאשו של סנדלפון אמר לו הדרניאל למשה עד כאן היה לי רשות מכאן ואילך אין לי רשות להלוך מפני אשו של סנדלפון שלא ישרפני כיון שראה משה את נבדל מפליו וכ' bis er zum Feuer des Sandalpon angelangt war. Hierauf sagte Hedarniel zu Mose: Soweit hatte ich die Erlaubniss zu gehen, weiter aber nicht wegen des Feuers des Sandalpon, das mich verbrennen könnte. Als Mose den Sandalpon erblickte, so erschrak er vor ihm, er vergoss Thränen u. s. w. (Hr. Rabb. Dr. D. Joël hier macht mich freundlichst auf

Pardes Rimonim des R. Mose Corduero in Hechaloth cap. 14 aufmerksam: „Die Gelehrten sagten, Chanoch sei mit Metatron und ebenso Elias mit Sandalpon identisch. Als näml. Elias im Sturm gegen den Himmel stieg, verwandelte sich sein Fleisch in Feuerfackeln, während sein Körper (Gerippe) in der Welt der Sphären zurückblieb. . . . So oft nun Gott dem Elias irgend eine Sendung überträgt, so incorporirt sich Sandalpon, während er sich öfter den Frommen u. s. w. (Aehnlich Emek hammelech in Olam jezira cap. 2" u. s. w.) — סַנְדַלְפוֹנִין s. סַנְדַּלְבּוֹנִין.

סַנְדִּיקוֹס od. סַנְדְּקָנְיָם *m.* (etwa gr. σύντεκνος) eig. der Miterzeugende, bes. Gevatter, d. h. derjenige, der das Kind während der Beschneidung auf den Knieen hält, vgl. Schönhak, Maschbir hv. und Leop. Löw: Die Lebensalter p. 84 und 384. Mögl. Weise jedoch das gr. σύνδικος, syndicus: Repräsentant, Beistand, vgl. Musaf. hv. — Jalk. II, 102[a] „Alle meine Glieder preisen: Gott, wer ist wie du" (Ps. 35, 10). ברכי בהן אני עושה סנדיקוס mittelst meiner Kniee werde ich der Gevatter den Knaben während des Beschneidens und des Entblössens der Eichel, vgl. מִילָה. Im Midrasch Tillim steht dieser Satz nicht, wird jedoch daraus citirt vom Rokeach 108, näml. בברכי אני נעשה סנדקניס ללידים הנמולים עליהם mittelst meiner Kniee werde ich der Gevatter für die Knaben, die auf ihnen beschnitten werden. (Von den späteren Rabbinen wurde auch das Abstractum gebildet: סַנְדְּקָאוּת die Function des Gevatters.)

סַנְדְּרִיאוֹס *m.* pl. (gr. συνεδρία) die Gerichtssitzungen. Exod. r. sct. 15, 113[b] כסדריאוס איס od. כ' die Gerichtssitzungen vor dem Helios u. s. w., vgl. אִילְיוֹס. — סַנְדְּרִי s. סַנְהֶדְרִין. — סַנְדְּרִיוֹת s. סֶדְרִיוֹת; ferner סֶדֶר für כֶּנֶסֶת, s. d.

סַנְדְּרָנָא *m.* Adj. (neugr. σύνεδρος) eig. Beisitzer, assessor; übrtr. Vorsitzender im Gerichte. Cant. r. sv. כמגדל, 20[d] durch wen erfolgte der Sieg über Midjan? על ידי שני שדדי durch „deine beiden Brüste" (HL. 7, 4), durch den Vorsitzenden Mose und durch Pinchas. על ידי סנדרנא משה ופינחס

סַנְהֶדְרִי, סַנְהֶדְרִין *f.* (gr. συνέδριον, συνεδρία) Synedrium u. zw. zunächst das grosse Synedrium (Synode, Senat, Tribunal, höchster Gerichtshof), das, einschliessl. des Vorsitzenden (Oberhauptes, נשיא) 71 Mitglieder zählte. Dasselbe, wahrsch. erst zur Zeit der Makkabäer constituirt, wird jedoch, seinem eigentlichen Ursprunge nach, als γερουσία, auf die Zeit Mosis zurückgeführt (vgl. Ex. 24, 1. 9). In späterer Zeit dachte man sich jeden grossen Mann der Vorzeit als das Oberhaupt seines eignen Syn-

edriums. Für סנהדרין steht oft בית דין הגדול, oder בית דין של שבעים ואחד. — Das grosse Synedrium hatte namentl. die Hauptangelegenheiten des Staates zu bestimmen. So z. B. ergingen die Verordnungen des Synedriums über den Abfall eines ganzen Stammes oder einer Stadt, ferner über einen falschen Propheten, über den Hohenpriester, über Kriegsangelegenheiten, über die Vergrösserung der Stadt Jerusalem und die Tempelräume u. dgl. Vgl. Snh. 1, 1 fg. Das. 45ᵃ u. ö., vgl. auch מְפֻרבֶּסֶת u. a. — Die kleinen Synedrien von je 23 Mitgliedern sassen auf dem Tempelberg, ferner in dem Chel und sonst in verschiedenen, grösseren Provinzialstädten. j. Ned. VI g. E., 40ᵃ, s. כַּת. — Sifre Behalothcha § 92 „Sammele mir siebzig Männer" (Num. 11, 16), שתהא סנהדרין לשמי ... של שבעים das besagt, dass das Synedrium in meinem Namen (nicht etwa wie eine weltliche Obrigkeit) berufen sei; dass es ferner aus 70 Mitgliedern bestehe. Midd. 5, 4 לשכת הגזית שם in היתה סנהדרי גדולה יושבת ורונה את הכהונה der Quaderhalle des Tempels sass das grosse Synedrium und sprach die Gerechtsame der Priesterschaft aus. Zu dieser Function gehörte vorzüglich die Ueberwachung der genealogischen Register der Priester und Leviten. j. Snh. I, 19ᶜ mit. סנהדרין היתה כחצי גורן עגולה והנשיא היה יושב באמצע כדי שיהו רואין אותו ושומעין קולו die Sitzung des Synedriums glich einer halbrunden Tenne und der Nasi sass in der Mitte, damit alle Mitglieder ihn sehen und hören konnten. Snh. 4, 3 (36ᵇ) steht der Nachsatz nicht, sondern blos כדי שיהו רואין זה את זה damit sie einander sehen konnten; ebenso Chull. 5ᵃ. Snh. 1, 6 (2ᵃ) היתה של שבעים ואחד וקטנה של עשרים ושלש ... ר' יהודה אומר שבעים וכ' das grosse Synedrium bestand aus 71 und das kleine aus 23 Mitgliedern. R. Juda sagt: Ersteres bestand aus 70 Mitgliedern. Vgl. jedoch Suc. 51ᵇ, wo R. Juda selbst berichtet: In der grossen Basilica שבעים ואחת (בסילקי גדולה) zu Alexandrien קתדראות של זהב כנגד שבעים ואחד של סנהדרין גדולה standen 71 goldne Katheder, den 71 Mitgliedern des grossen Synedriums entsprechend. (Wahrsch. wird der Hauptlehrer in der Akademie [אב בית דין] der zuw. den Präsidenten, נשיא, vertreten hat, von dem gedachten Autor in der ersteren St. nicht zu der Mitgliederzahl von 70 gerechnet; vgl. Tosaf. z. St. und m. Aufsatz: Die Präsidentur im Synedrium, in Frankel's Monatsschr. IV, 343 fg.) Mac. 7ᵃ R. Tarfon und R. Akiba sagten: אלו היינו בסנהדרין לא נהרג אדם מעולם ר' שמעון בן גמליאל אומר אף הן מרבין שופכי דמים בישראל wären wir im Synedrium gewesen, so würde niemals Jem. getödtet worden sein (sie hätten näml. nebensächliche Fragen an die Zeugen gerichtet, wobei Widersprüche

oder Unkenntniss unumgänglich vorgekommen wären). R. Simon ben Gamliel entgegnete: Sie hätten aber auch (durch die Abschaffung der Todesstrafe als Abschreckungsmittel) viele Mörder in Israel entstehen lassen; vgl. auch חוֹבְלָנִית. R. hasch. 31ᵃ. Ab. sar. 8ᵇ u. ö., s. חָנוּת und מַקְעָ. — Snh. 63ᵃ סנהדרין שהרגו את הנפש Synedristen, die Jemdn. getödtet haben. — Sot. 43ᵃ. 45ᵃ u. ö. — Pl. Snh. 1, 5 (2ᵃ) אין עושין סנהדראות לשבטים אלא על פי בית דין של שבעים ואחד man setzt (kleine) Synedrien für die Stämme nur auf Anordnung des Tribunals von 71 Mitgliedern ein. Sifra Kedosch. cap. 8 Par. 10 מנין אם העלימו בסנהדראות של ישראל שסוף שהסנהדרי גדולה מעלמת ... ואם העלם יעלימו woher ist erwiesen, dass, wenn die (kleinen) israelitischen Synedrien den Blick vom Sünder wegwenden, später auch das grosse Synedrium den Blick wegwenden wird? Denn es heisst העלם יעלימו das Verb. infin. mit dem Verb. finit. (Lev. 20, 4). Cant. r. sv. הנה מטתו, 18ᵉ ר' יוחנן R. Jochanan deutet den Vers (HL. 3, 7) auf die Synedrien; näml. מִטָתוֹ (=שלשלותיו) seine Stämme, משׁוֹתָיו: „des Königs, von dem das Heil ausgeht" (Gott) u. s. w. — Davon rührt auch der Name des Tlmd. Tractats her: סנהדרין Sanhedrin (nicht Synedrin, eine falsche Schreibart, die sich erst vor Kurzem eingebürgert hat; denn das W., obgleich urspr. griech., ist völlig semitisirt worden, wie schon das ה, ferner die Vocalisation in den Trgg. und die traditionelle Aussprache beweisen), welcher zumeist die gesetzlichen Bestimmungen über die Synedrien, wie überh. über die Gerichtshöfe, über Zeugenverhör u. dgl. behandelt.

סַנְדְרֵי, סַנְהֶדְרִין ch. (=vrg. סַנְהֶדְרִין) Synedrium. — Pl. סַנְהֶדְרַיָּיתָא, סַנְהֶדְרַיָּתָא die Synedrien, s. TW. Snh. 16ᵇ u. ö.

סַנְוַר (Safel von נור) eig. sehend machen; euphemistisch für blenden, blind machen, vgl. נְהוֹר u. m. a., s. TW. — Davon bh. סַנְוֵרִים.

סַנְוַאְרְתָא f. (syr. ܣܢܘܪܬܐ) Helm. Stw. vrg. סנור: was bedeckt, verhüllt. Schabb. 62ᵃ wird קסדא, cassida, erklärt: סנוארתא od. סנוורתא Agg. (Ms. M. סניורתא) der Helm.

סַנְוָתָאָה m. Adj. (=בַּרנְתָאָה mit vorges. ס) der Nabatäer. Schabb. 17ᵇ, s. נְבָטִי.

סָנֵט (arab. شَنَطَ mit angeh. ן) verachten, schmähen, necken. Genes. r. sct. 71 Anf., 70ᵈ Leah ging vor ihrer Schwester in die Ehe; והיו הכל סונטין בה מפרשי הים היו סונטין בה מהלכי דרכים היו סונטין בה אף הגתיות מאחורי הקוריים היו סונטין בה וכ' infolge dessen schmähten sie Alle, die Seefahrer schmähten sie, die Wegereisenden schmähten sie, auch

die Keltertreterinnen hinter den Pressbalken schmähten sie; indem sie sagten: Leah ist blos zum Schein fromm; denn wäre sie wirklich fromm, so würde sie nicht ihre Schwester betrogen haben, vgl. גָּלוּי. Das. sct. 68, 68ᵇ אופזים בו קופזים בו סונטים בו Ar. (Agg. אפזים קפזים) die Engel hüpften an ihm (Jakob), sprangen an ihm, neckten ihn. Das. שוטנים בו (l. סונטים) sie schmähten den Götzen.

סוּנְטְמָא *m.* (gr. σύνϑημα) Verabredung, Vertrag. Levit. r. sct. 12, 155ᵈ קבע סונטמא בגו צירא דתרעא והוא מפני מלגיו והוא שתי מלבר Ar. (Agg. הב לי מיניה בהדא נוקבא, und unser W. fehlt) er (der Weinschänker, der aus Furcht vor den Nachtwächtern dem Trunkenbold den Einlass in die Schänke verweigerte) traf mit jenem die Verabredung an der Thürritze; er (der Schänker) goss den Wein von innen durch die Ritze und der Andere trank ihn draussen.

סִינְטוֹמוֹס s. d. in 'סי.

סַנְטֵר, סַנְטֵיר *m.* (gr. ἀνϑερεών mit vorges. ס) Kinn. Ar.'s Ableit. vom aram. סְטַר Seite, mit eingeschobenem נ, wie חִנְגָּא für חַגָּא, קִינְסָא für קִיסָא, leuchtet nicht ein. Ber. 24ᵇ ob. כשהוא מפהק היה מניח ידו על סנטרו (Ms. M. סנטירו) als er (Rabbi) gähnte, so legte er seine Hand an sein Kinn. Raschi: מינ׳טון mentum. Tract. Derech erez letzt. Cap. סנטרו לצדדין וקובעו לאחוריו ... הרי זה מגסי הרוח Jem., der sein Kinn nach der Seite wendet und seine Mütze nach hinten trägt, gehört zu den Stolzen.

סַנְטֵר od. **סַנְטֵיר** *m.* (wahrsch. gr. σημάντωρ od. σημαντήρ, מ elidirt) eig. Jem., der Zeichen giebt, bes. Vogt, der die Grenzen der Felder notirt, Grenzaufseher. Die Ableit. vom hbr. נָטַר bewachen ist unwahrsch. B. hath. 68ᵃ המוכר את העיר מכר את הסנטר wenn Jem. eine Stadt verkauft, so hat er den Vogt mitverkauft. Das. wird unser W. richtig erklärt durch בר מחווניתא: der Grenzangeber. Tosef. B. hath. III g. E. ר׳ יהודה אומר סנטר מכור אונקולמוס אינו מכור R. Juda sagte: Der Vogt ist mitverkauft, aber der Ortsschreiber ist nicht mitverkauft. j. B. hath. IV Anf., 14ᶜ. j. B. mez. VIII, 11ᵈ ob. B. hath. 68ᵇ dass. Tosef. B. mez. IX mit. הסנטר (in einigen Agg. crmp. סנדר). Snh. 98ᵇ (mit Ansp. auf Am. 5, 19) בזמן שאדם יוצא לשדה ופגע בו סנטר דומה כמי שפגע בו ארי נכנס לעיר ופגע בו גבאי דומה כמי שפגעו דוב נכנס לביתו ומצא בניו ובנותיו מוטלין ברעב דומה כמי שנשכו נחש „wenn Jem. aufs Feld geht" und der Vogt ihm begegnet, so ist es, als ob ihm „ein Löwe begegnete"; „tritt er in die Stadt ein" und der Steuereinnehmer begegnet ihm, so ist es, als ob ihm „ein Bär begegnete"; kommt er in seinem Hause an und findet seine Söhne und Töchter vor Hunger verschmachtend, so ist es, als ob ihn „eine Schlange bisse". j. B. mez. V, 10ᶜ mit. Das. IX Anf., 12ᵃ החופר והכייל והסנטר שומרי העיר והאיקונומוס נוטלין שכרן מן האמצע der Teichgräber, der Feldmesser, der Vogt, die Stadtwächter und der Hausverwalter beziehen ihren Lohn aus der Gemeindekasse. Git. 80ᵇ אפילו לא כתב אלא לשם סנטר שבעיר הרי זה מגורשת selbst wenn man im Scheidebrief die Zeitrechnung blos nach der des Stadtvogtes anst. des Herrschers, (des Königs) geschrieben hat, so ist die damit vollzogene Scheidung giltig. Tanch. Beracha, 280ᵃ רוח פסקונית יש לו רשות לדבר לפני הקב״ה כסנטר הזה שמדבר לפני המלך der den göttlichen Zorn beschwichtigende Geist (der Engel Gabriel, vgl. פַּסְקָנִית) hat die Erlaubniss, vor Gott zu sprechen, ebenso wie der Vogt vor dem König spricht.

סַנְטֵירָא, סַנְטְרָא *ch.* (=סַנְטֵר, סַנְטֵיר) Vogt, Grenzaufseher. Levit. r. sct. 34, 179ᵃ die geschiedene Frau des R. Jose אזלת ואתנסיבת לסנטירא דקרתא ging und verheirathete sich mit dem Stadtvogt. Genes. r. sct. 17, 17ᵇ dass. In der Parall. j. Keth. XI, 34ᵇ un. לטסורא crmp., vgl. מְשַׁבְקָא. Pesik. Haomer, 69ᵇ סנטרך אנא ולית את יהיב לי סנטרותי ich bin dein Vogt (der deine Getreidefelder bewacht), aber du giebst mir nicht meine Besoldung des Vogtes; d. h. das erste Getreide, die Omergarbe. Pesik. r. sct. 18, 36ᶜ סנטירך. Levit. r. sct. 28, 172ᵇ und Khl. r. sv. מה יתרון, 71ᵃ dass. Das. sv. יש אחרית, 81ᵇ יום שמת גביני בן חרסון נולד בלשאצר סנטרא דבבל an dem Tage, an welchem Gebini (Gabinius) ben Charson starb, wurde Belsazar, der Vogt Babels, geboren. — Pl. j. Chag. I, 76ᶜ mit. סַנְטֵירֵי קרתא die Stadtvögte, s. נָטוֹרָא. Thr. r. Anf., 44ᵃ dass. j. Schebi. IV, 35ᵇ ob. חמוניה סַנְטֵירַיָּא ושרון חבטין עלוי die Vögte sahen ihn (den R. Tarfon, welcher Feigen aus seinem eignen Felde ass, ohne dass er sich als den Feldbesitzer ausgab, vgl. סָכֵין) und sie begannen, auf ihn loszuschlagen.

סַנְטְרוּתָא *f.* die Besoldung des Vogtes. Pesik. Haomer, 69ᵇ u. ö., s. vrg. Art.

סַנְטוֹרָא, סַנְטְרָא *m.* (lat. senator, vgl. Du Cange, Glossar. II, 1352 „σενάτωρ, ὁ τῶν 'Ρωμαίων ἡγεμών") 1) Senator, Titel eines römischen Herrschers. Für dieses W. jedoch suchte man ein witziges, semitisches Etymon, näml. סנ־נטר; dah. bildete man hiervon ein Denom. סָנְטַר (eig. Safel von נָטַר): grollen. Genes. r. sct. 67, 66ᵈ wird וישטם (Gen. 27, 41) erklärt: נעשה סָנְטְרוֹ לו שונא ונוקם ונוטר עד כדון קריין סַנְטְרוֹי דרומי (Ar. liest סַנְטוֹרֵי, Jalk. z. St., 34ᶜ סַנְטוֹרָאֵי דרומאי) Esau grollte dem Jakob, er wurde ihm ein Feind, racheschnaubend und Hass nachtragend; daher werden noch jetzt (Roms Herrscher): die Senatoren Roms genannt. j. Ab. sar. I, 39ᶜ mit. ברומי צווחין ליה (l. להון) סַנְטוֹרַיָּה דעשו in

Rom nennt man sie: die Senatoren (Grollenden) Esau's, vgl. קְטַרְפְּלָרֵיָא. — 2) übrtr. senatoriae sc. vestes, Senatoren- (d. h. vornehme) Kleider. Genes. r. sct. 100, 99° גרסיה לגבריה Ar. לבוש סנטורי מהר סנטרורי מאנין דלא בזיעין (anders in Agg.) R. Tanchum, der Trauer hatte, kam ihm (dem R. Chanina) mit Senatorengewändern bekleidet, entgegen. Was bedeutet: Senatorgewänder? Kleider, die nicht zerrissen waren (das Zerreissen der Kleider ist ein Zeichen der Trauer, vgl. קְרִיעָה). j. M. kat. III g. E., 83° steht dafür נפם לגביה לביש סנטרייה מהר סנטרייה מאנין דלא חפיחין er kam ihm entgegen u. s. w. Kleider ohne Unterärmel.

סְנֵי ,סְנֵי hassen, ferner: hässlich sein, s. סְנָא. Jom. 9ᵇ un. באלהא דסנינא לכו Ms. M. (Agg. סנינא אלהא, vgl. Dikduke z. St.) bei Gott, schwöre ich, dass ich euch, Babylonier, hasse! Keth. 105ᵇ מיניידהר סנו לי ומיניידהר רחמו לי רב' einige der Stadtbewohner hassen mich und einige derselben lieben mich. Pes. 113ᵇ „der Esel deines Feindes" (Ex. 23, 5); דמי שרי למסניריה והכתיב לא תשנא רג' אלא דאיכא סהדי דעבד איסורא כולי עלמא נמי מיכסי סני ליה רב' ist es denn erlaubt, Jemdn. zu hassen? Es heisst ja: „Du sollst nicht hassen deinen Bruder in deinem Herzen" (Lev. 19, 17)! Sollte etwa der Hass davon herrühren, dass Jem. in Gegenwart von Zeugen eine Sünde begangen habe, so hassen ja ihn auch Andere; weshalb also nennt ihn die Schrift „dein Feind"? Hier ist also die Rede von Jemdm., der blos in Gegenwart eines Einzigen eine Sünde begangen hat, weshalb Letzterer ihn hassen darf.

סְנוּתָא ,סְנִיאֲתָא ,סְנִיתָא fem. (syr. ܣܢܺܝܬܐ, ܣܢܺܝܘܬܐ) Feindseligkeit, Feindschaft, s. TW.

סְנִיוּתָא fem. (syr. ܣܢܺܝܘܬܐ) Feindseligkeit. Nid. 62ᵃ קסבר משום סניותא מלתא הוא דקאמר הדין גברא er glaubte, dass jener Mann aus feindseliger Gesinnung (Bösartigkeit) so gesprochen habe.

סְנָיָא m. (syr. ܣܢܝܐ, gew. אַסְנָא ,אֲסַנָא s. d. W., hbr. סְנֶה) Dorn, s. TW. Cant. r. Anf., 2° מן ורדא סניא auf dem Dorn wächst eine Rose; bildl. für den Frommen, dessen Vater ein Bösewicht war; mit Ansp. auf Jes. 55, 13. — Pl. (viell. סְנֵה) Kil. 8, 5 חולדת הַסְּנָיִים das Wiesel, das sich in Dornhecken aufhält. B. kam. 80ᵃ חולדות הסְּנָאִים pl., vgl. חֻלְדָה. Khl. r. sv. קנים כי יש ,85ᵇ הסנאין dass. B. mez. 117ᵃ Rohre und Dornhecken, s. בַּעֲדִיזָה.

סְנָיָה f.[Hässlichkeit, hässliches Betragen. Khl. r. sv. שמה 97ᵃ עבר חד בר נש פחין ביש סניה ein niedriger Mensch von häss-

---

licher (bösartiger) Gesinnung ging vorüber. Wahrsch. jedoch ist unser W.=סוריתא s. d. in סו'.

סְנָיָא m. (von סְנַן s. d.) Sieb. Chull. 50ᵇ כי דיבי סניא das Schleimsieb, einer der Därme im Bauche des Thieres. — Pl. Chull. 58ᵇ תרתי סַנָיֵי זtwo Schleimsiebe. Nach einigen Commentt. wäre unser W. vom vrg. סְנֵי abzuleiten, also סְנָיֵי (ohne Dagesch): den Wölfen verhasst; d. h. eine sehr magere Stelle des Darmes, vgl. דֵב.

סְנַן (Part. pass. סָנוּן s. w. u.); gew. Pi. סִנֵּן, סִרֵּן (arab. سَنَّ Conj. IV) 1) seihen, durchseihen. Schabb. 20, 2 (139ᵇ) מסננין את היין man darf am Sabbat בסורדין ובכבסיפה מצערית den Wein durch Tücher und durch ein Weidengeflecht seihen. Chull. 67ᵃ ובחושין שתרינן Schlängelchen, die man seiht und die im Seiher zurückbleiben. — 2) übrtr. läutern, reinigen, von Hefe, Schlacken u. dgl. Num. r. sct. 6, 191ᵇ wird מפזז (2 Sm. 6, 16) erklärt: היה David war mit לבוש בגדי זהב סנונין דומה לזה goldenen Gewändern bekleidet, deren Gold geläutert und dem gediegenen Golde ähnlich war. הזהב הַמְסֻנָּן das geläuterte Gold, vgl. פָּזַ s. d. Nithpa. und Hithpo. geläutert, gereinigt werden. Num. r. sct. 7 Anf. (mit Bez. auf Spr. 27, 4) solange die Schlacken im Silber sind, glänzt letzteres nicht; נסתכנית הפסולת ממנו מיד הוא מראה שבחו werden aber die Schlacken aus ihm gesäubert, so zeigt es sich alsbald seinen Glanz. Pesik. r. Para, 25° כשם שהכסף צרוף נכנס לכור כך היא התורה מסתננת ומזוקקת מט פנים so wie das feine Silber in den Schmelztiegel gebracht wird, wo es so lange geläutert und gesäubert wird, bis es in seinem Glanze dasteht; ebenso wird die Gotteslehre geläutert und gesäubert nach 49 Arten; mit Bez. auf Ps. 12, 7. Dav. מְסַנֶּת s. d.

סְנַן ,סְנִין ch. (=סָנַן) läutern, reinigen. Part. Peil סְנִינָא (syr. ܣܢܺܝܢܐ) geläutert, s. TW.

סְנוּנִית f. die Schwalbe. Stw. סְנַן, arab. سن, von der Eigenschaft dieses Vogels: der Kratzende, מְסֹרֵט s. w. u. Sifra Schemini Par. 3 cap. 5 להביא את הסנונית (1. למינהר) die „Rabenart" (Lev. 11, 15), das besagt, dass auch die Schwalbe unrein, zum Genusse verboten ist. Chull. 62ᵃ steht dafür: להביא סנונית לבנה דברי ר' אליעזר רב' darunter ist die weisse Schwalbe zu verstehen; so nach Ansicht des R. Elieser. Man entgegnete ihm: Die Obergaliläer essen ja diese Schwalbenart, weil ihr Magen sich schälen lässt, vgl. זָפַק und קוּרְקְבָן. Das-

עוֹף הַמְסָרֵט כְּשֵׁר לְטַהֲרַת מְצוֹרָע רזז היא סנונית לבנה שנחלקו בה ר' אליעזר וחכמים der Vogel, welcher kratzt, ist als Opfer bei der Reinigung des Aussätzigen (Lev. 14, 4) tauglich; das ist näml. die weisse Schwalbe, betreffs deren R. Elieser und die Chachamim verschiedener Ansicht sind. Letztere halten sie näml. für eine Taubenart. Demnach ist die im Sifra verbotene Schwalbe entweder eine solche, deren Leib gelblich ist (דירוקה כרסה), oder die Mauerschwalbe, Steinschwalbe, die, vgl. Raschi in Chull. l. c., schwarz ist; vgl. auch Lewysohn Zool. d. Tlmd. p. 206 fg. Schabb. 77ᵇ אימת סנונית על הנשר die Schwalbe jagt dem Adler Furcht ein; sie setzt sich näml. unter seine Flügel und verhindert ihn am Fluge.

סְנוּנִיתָא (=סנונית syrisch ﺳﻨﻮﻧﻴﺜﺎ) chald. Schwalbe, s. TW.

סְנָן m. (bh. סַנְסִנִּים pl.) 1) Zweig der Dattelpalme oder Dattelrispe. Stw. סַנ syn. mit סלל, vgl. Trop. Snh. 93ᵃ אמרתי אעלה בתמר אלו ישראל ועכשיו לא עלה בידי אלא סנסן אחת (אחד .l.) של חנניה מישאל ועזריה „Ich dachte, ich werde an der Palme aufsteigen“ (HL. 7, 9), das ist Israel (das lauter Fromme haben werde); jetzt jedoch gelang es mir blos an einem Zweig, näml. Chananja, Mischael und Asarja. — Pl. Num. r. sct. 3 Anf. סַנְסִנִּים לכברה die Palmzweige werden zum Sieb verwendet. — 2) Sansan, N. pr. Genes. r. sct. 19, 19ᵇ ר' חנינא בן סנסן R. Chanina ben Sansan.

סַנְסְנָא chald. (=סַנְסַן) Zweig der Palme, Dattelrispe. Pl. Cant. r. sv. אמרתי אעלה 31ᵇ סַנְסַנַּיָּיא die Zweige. Das. wird בסנסניו übersetzt בסנסנייא.

סְנַף (=צָנַף s. d.) anreihen, verbinden, vereinigen; ähnl. arab. سَنَفَ ein Kamel schnüren. Tosef. B. bath. IV Anf. wenn Jem. eine Sklavin verkauft und dabei bemerkt, sie habe Leibesfehler, sie sei krank, wahnsinnig u. s. w. והיה בה מום אחר (אחד .l) וסספו עם המומין הרי זה מקח טעות sie aber einen Fehler hatte, den jener mit den anderen (von ihm bezeichneten) Fehlern, die der Käufer aber nicht vorgefundenen) Fehlern vereinigt hatte, so ist der Kauf ein trügerischer, dah. ungiltig. Denn der Käufer wurde dadurch vom Verkäufer irre geführt, dass letzterer ihm mehrere Fehler der Sklavin genannt hat, betreffs deren jener beim Abschluss des Kaufes sich überzeugt hatte, dass sie nicht vorhanden waren und also zu glauben berechtigt war, dass die Sklavin ganz fehlerlos wäre. Das. wenn Jem. eine Kuh verkauft und dabei bemerkt, sie habe Fehler, sie sei stössig, bissig u. s. w. היה בה מום אחר (אחד) וסספו עם המומין הרי זה מקח טעות sie aber einen Fehler hatte, den jener mit

den anderen Fehlern vereinigt hatte, so ist der Kauf ein trügerischer, dah. ungiltig. — Höchst auffallend wird der hier citirte erste Fall der Tosefta in B. mez. 80ᵃ Namens des R. Jochanan referirt und für die Richtigkeit desselben der zweite Fall der Tosefta als Beweis angeführt!

סְנַף chald. (=סָנַף) verbinden, anreihen. Wahrsch. hat das syr. ﺳﻨﻒ dieselbe Bedent. — Ithpa. angereiht, zusammengetragen werden. Khl. r. sv. שמח, 97ᵃ חייך עד דאסתנפנזי פריטי כיון דאסתנפנזי פריטייא דיליה אמר ליה איזל לפתחא bei deinem Leben schwöre ich (dass ich den hier liegenden, in Lumpen eingehüllten Menschen nicht eher loslasse), bis meine Münzen (die er mir schuldet) zusammengetragen sein werden. Als die Münzen zusammengebracht waren, sagte jener: Nun gehe, deinem weiteren Verderben entgegen!

סְנִיף m. 1) Anschluss, eig. Part. pass. Angeschlossenes, Angereihtes. Midrasch Tillim zu Ps. 91 g. E. עשה אותה סניף לארץ Gott machte ihn כאדם שהוא נותן סניף לכים (den Stein, den Jakob als Standsäule hingestellt hatte, Gen. 28, 18) als einen Anschluss an die Erde, wie Jem. einen Anschluss (Stützung) einer Wölbung macht. — Uebtr. j. Ber. VII, 11ᵇ mit. קטן עושין אותו סניף לעשרה den Unmündigen darf man als einen Anschluss für die Zehnzahl machen; d. h. wenn neun erwachsene Personen und ein Unmündiger gemeinschaftlich ein Mahl abgehalten haben, so lautet der Formel des Tischgebetes ebenso, als ob zehn erwachsene Tischgenossen anwesend wären, näml. נברך לאלהינו („wir wollen unseren Gott preisen“), während bei einer geringeren Zahl blos נברך gesagt wird. Das. מאימתי עושין אותו סניף ... חד אמר כדי שיהא יודע טיב ברכה וחרנה אמר שיהא יודע למי הוא מברך wie man ihn als Anschluss brauchen darf? Ein Autor sagt: Wenn er so reif ist, dass er die Formel des Tischgebetes kennt. Ein anderer Autor sagt: Wenn er weiss, wem der Segenspruch gilt. Nach Ber. 47ᵇ jedoch עושין אותו סניף לעשרה man macht selbst ein Kind, das noch in der Wiege liegt, als Anschluss für die Zehnzahl; vgl. dag. das. 48ᵃ. — Pl. Hor. 13ᵇ אף בבית המשתה עושין אותם סְנִיפִין auch bei einem Gastmahl macht man sie (die Söhne derjenigen Gelehrten, welche der Gemeinde vorstehen) als Anschlüsse; dass man ihnen näml. neben ihren Eltern eine Stelle anweist. (Der Comment. z. St. erklärt das W. durch das fremdländ., בלע״ז סניף, etwa gr. συναφή oder συνάφεια; was unwahrsch. ist). — 2) Ansatz, Verlängerung. Taan. 25ᵃ mit. סניפין עשאום man hat (durch ein Wunder) Ansätze an jene Balken gemacht. Kel. 21, 3 wenn

Jem. berührt באמה ובסניפין den eisernen Bestandtheil der Säge und die angefügten Hölzer,
welche näml. an den beiden Seiten des Eisens
angebracht sind. Tosef. Kel. B. mez. III g. E.
המסמרין והכניסי שבו die Nägel und die Ansätze des Doppelhebers, דְּיוֹבְרָט s. d. — Men.
11, 6 (96ᵃ) ארבעה סניפין של זהב היו שם מפוצלין
מראשיהן שהיו סומכין בהן שנים לסדר זה ושנים
לסדר זה vier goldene, an ihren Spitzen gezackte
Säulen (eig. Ansätze an den Tisch, auf welchem
die Schaubrote lagen) befanden sich dort, im
Tempel, welche die Schaubrote zusammenhielten
und zwar zwei Säulen an der einen und zwei
Säulen an der andern Reihe der Brote. Diese
Säulen standen näml. nach einer Ansicht auf
der Erde neben dem Tische, nach einer
andern Ansicht auf dem Tische an den beiden Seiten desselben und hatten die Form
von Stangen, von welchen Aeste ausgehen (vgl.
das. 94ᵇ. 95ᵃ כמין דוקרנין), über welche die
Röhren mit den Schaubroten gelegt waren. (Eine
treue Abbildung hiervon giebt Maim. in s. Comment. z. St.) Das. 97ᵃ wird קשותיו (Ex. 25, 29)
erklärt: אלו סניפין das sind die Säulen. Num.
r. sct. 4, 189ᵈ wird קשות הנסך (Num. 4, 7) erklärt durch סניפין. Men. 96ᵇ ר' יוסי אומר לא
היו שם סניפין אלא מסריחו של שלחן מעמדת את
הלחם R. Jose sagte: Es waren dort gar keine
Säulen, sondern der Leisten des Tisches hielt
die Brote zusammen.

סְנִיפָא ch. (=סְנִיף) Anschluss. Pl. B. bath.
4ᵇ סְנִיפֵי דיכי (סינופי דרכי) Ar. (Agg. die Spitzen,
Anschlüsse der Röhren, vgl. דִּיפֵי.

סְנַפִּיר m. (=bh.) Flossfeder. Stw. arab.
نَفَرَ mit vorges. ס, eig. was den Fisch laufen,
schwimmen macht. — Pl. Chull. 59ᵃᵇ בדגים כל
שיש לו כנפיר וקשקשת ר' יהודה אמר שני קשקשין
וסנפיר אחד ואלו הן קשקשין הקבועין בו וסנפירין
הסורח בהן bei Fischen (gilt als Zeichen der
Reinheit) wenn der Fisch eine Flossfeder und
eine Schuppe hat. R. Juda sagt: Wenn er zwei
Schuppen und eine Flossfeder hat. Schuppen
sind diejenigen, die dem Fisch fest ansitzen,
Flossfedern mittelst welcher er schwimmt. Sifra
Schemini cap. 4 Par. 3 המרבה אין לי אלא
בקשקשים ובסנפירים כגין קיפונות מנין וכ'
Lev. 11, 9. 10 könnte man schliessen, dass ein
Fisch nur dann rein ist, wenn er viele Schuppen und viele Flossfedern hat, wie z. B. die
קיפונות (eine grosse Fischart, s. d. W.) woher
ist erwiesen, dass eine Flossfeder und eine
Schuppe genügen? Da es heisst קשקשת, סנפיר
sing. Das. אפיקי מגנים (Hi. 41, 7) חדורי
darunter die Schuppen zu verstehen; חדורי
חרש (das. V. 22) אלו כנפירים שלו das sind die
Flossfedern des Liwjathan. Nid. 51ᵇ.

סַמְפִּירִינוֹן s. סָנְפִּירִינוֹן.

סְנַפְּתָה Senafta, ein Grenzort Palästinas.
j. Schebi. VI, 36ᶜ mit.

סְנַק (syn. mit סְלַק) zusammendrängen,
andrücken; ähnl. aram. שַׁעַ und arab. شَنَقَ,
Grndw. נק. Tam. 2, 1 die Opferstücke, die in
der Nacht nicht ganz verbrannt wurden, סונקין
אותן בצרי המזבח Ar. u. Mischnaj. (Tlmd. Agg.
סולקין minder richtig) drückt man hin nach
der Seite des Altars. — Pi. סְנַק dass. Mikw.
2, 6 כשהמסכן את הטיט לצדרין wenn Jem. den
Lehm nach den Seiten hin drückt.

סְנַק ch. Pa. סַנֵּק (=סְנַק, סְנִק) zusammendrängen, vollstopfen, spicken. Part. pass.
Pes. 3ᵇ zwei Schüler sassen vor Rab; חד אמר
שוויתינן הא שנועתתא כדבר מסנקן ... כדבר אחר
מסנקן (כדבר אחר ...) Ms. M. (Agg. כגדיי Einer
derselben sagte: Du machtest uns diesen Lehrsatz (so schmackhaft) wie ein gespicktes Böcklein; der Andere aber sagte ... wie ein gespicktes Schwein; mit letzterem sprach Rab nicht
mehr. Nach Raschi (vgl. auch Ar.): wie ein
Ziegenbock, der dadurch, dass er die anderen
Böcke stösst, ermattet ist; s. nächstflg. Art.

סִינּוּק m. N. a. Ermattung, Ermüdung.
Schabb. 67ᵇ סינוק לא keine Ermüdung, d. h.
ohne Aufhör, vgl. גַד III.

סְנְקְלִיטוֹן, סְנְקְלִיטוֹס öfter m. (gr. σύγκλητος) Rathsherr, d. h. Oberhaupt der Rathsversammlung. Exod. r. sct. 46, 140ᵉ משל
לסנקליטוס שהיו לו בנים נדבקו לבני אדם רעים
ויצאו להרבות רעה ... כך סנקליטוס זה הקב"ה
נתיעצו באומות וכ' בני אלו ישראל ... ein
Gleichniss von einem Rathsherrn, welcher Söhne
hatte, die sich zu schlechte Menschen gesell-
ten und entarteten; er stiess sie aus und
mochte sich ihrer, als sie in Noth gerieten,
nicht erbarmen. Als nun sein Freund für sie
um Vergebung bat, rief ihm jener zu: Dies sind
nicht meine Kinder u. s. w. Ebenso ist Gott
der Rathsherr, Israel seine Kinder (Dt. 14, 1);
sie mischten sich unter die Völker und lernten ihre Thaten (Ps. 106, 35), er verstiess sie
(Jer. 15, 1) u. s. w. Die Propheten aber sagten: Du sagst, sie seien nicht die Kinder,
weil sie nicht deinem Willen gemäss handeln
(Hos. 2, 4 fg.); „wer sie sieht, erkennt sie als die
von Gott gesegneten Nachkommen" (Jes. 61, 9).
— Insbes. oft סנקליטון Rathsherr = Einer
aus dem Rath. j. Ber. IX, 13ᵈ mit. כיון שמת
דוד עמד שלמה וחילק סנקליטון שלו וחזר לקלקולו
והראשון als David (der den „Jonathan" oder
„Schebuel", Enkelsohn des Mose [1 Chr. 23, 16,
vgl. עֲבֹדָה] durch ein ihm verliehenes Ehrenamt
vom Götzendienst abgehalten hatte) gestorben war
und Salomo seine Rathsherren gewechselt hatte,
da verfiel jener in seine frühere Entartung.

j. Snh. XI, 30ᶜ ob. dass. Levit. r. sct. 13, 157ᵇ מעשה בשלטון אחד שהיה הורג הגנבים והמנאפים והמכשפים גחין ואמר לסנקליטון שלו שלשתן עשיתי באילה אחד Ar. (Agg. לסנקליטין) ein Herrscher, der einst die Diebe, die Ehebrecher und die Zauberer hinrichten liess, bückte sich zu seinem Rathsherrn und raunte ihm ein: Diese drei Verbrechen beging ich in einer Nacht. Midr. Tillim zu Ps. 80 g. E. steht dafür לסנקליט. — Pl. Genes. r. sct. 8, 8ᵈ „Wir wollen einen Menschen erschaffen" (Gen. 1, 26) במלאכת ... נמלך במי השמים והארץ נמלך משל למלך שהיו לו שני סנקליטוס ולא היה עושה דבר חוץ מדעתן mit wem berieth sich Gott? Mit den Schöpfungen des Himmels und der Erde berieth er sich. Ein Gleichniss von einem Könige, der zwei Rathsherren hatte und der ohne ihr Vorwissen nichts unternahm. Levit. r. sct. 29, 173ᵇ. Das. sct. 33, 177ᵃ ויראשו הספים אלו סנקליטין שלו „die Pfosten rauschen" (Am. 9, 1), das sind seine (Gottes) Rathsherren. Exod. r. sct. 1, 103ᵇ, s. סַגָּן. Das. sct. 12, 111ᵈ sct. 35 g. E. Cant. r. sv. צָאֵנָה, 19ᵈ u. ö. Thr. r. sv. רבת, 66ᶜ s. עוּבָּדָא.

סַנְקְלִיטִיקוֹס m. Adj. (gr. συγκλητικός) Einer aus dem Rathe, Rathgeber, Rathsherr. Exod. r. sct. 28, 125ᵈ der König sagte zu dem Eparchen: לך קרא לפלוני סנקליטיקוס ויבא עמך וכ׳ gehe und rufe jenen Rathgeber, dass er mit dir komme. Num. r. sct. 18, 234ᵈ ein Gleichniss von einem Könige, der viele Knechte hatte; רצה לעשות אחד מהן בן חורין וליתן לו זמורה חזר ועשאו אותו סנקליטיקוס וכ׳ er wollte einen derselben frei machen und ihm die Weinrebe übergeben (d. h. ihn zum Centurio ernennen, vgl. זְמוֹרָה), hierauf ernannte er ihn zum Rathgeber.

סַנְקְלִיטוֹר m. (gr. συγκλήτωρ) Rath, der Rathgeber. Pl. Deut. r. sct. 6, 258ᵈ die Matrone תיקרי אומן של סנקליטורי soll fortan die Oberin meiner Räthe genannt werden, vgl. מַטְלוֹן. Pirke de R. Elieser cap. 48 סנקליטורי פרעה die Räthe Pharao's.

סנקליטיקין richt. סַנְקְלִיטִיקִין m. pl. (gr. συγκλητικοί) Rathsherren. Sifre Haasinu § 317, s. הַפַּטָּקוּם.

סָנוֹקֶרֶת f. geballte Faust. Stw. סָנַק zusammendrängen, s. d. W. B. kam. 27ᵇ לרכובה שלש ולבעיטה חמש ולסנוקרת שלש עשרה den Stoss mit dem Knie (bestraft das Gericht) mit drei, den Fusstritt mit fünf, den Schlag mit geballter Faust mit dreizehn Sela. Nach Ar. bedeut. סנוקרת: der Schlag aufs Gesicht mit der Rückseite der Hand; nach Raschi: Sattel eines Esels, womit Jem. geschlagen, hat. — j. B. kam. VIII g. E., 6ᶜ steht dafür סקלונקית, s. d. W.

סַנְקְתָּדרוֹן m. (gr. συγκάθεδρος) Beisitzer,

Rathgeber, dessen Sessel neben dem Throne des Königs, des Richters steht. Genes. r. sct. 8, 8ᵈ משל משל נמלך ויום כל יום מעשה למלך שהיה לו סנקתדרון וכ׳ Gott berieth sich (als er den Menschen erschaffen wollte, vgl. סַנְקְלִיטוֹס) mit der Schöpfung eines jeden vorangegangenen Tages. Ein Gleichniss von einem König, der einen Rathgeber hatte, ohne dessen Genehmigung er nichts unternahm. Das. sct. 49, 48ᵇ למלך שהיה לו סנקתדרון ... כלום עשיתי סנקתדרון אלא שלא לעשות חוץ מדעתו וכ׳ Ar. (Agg. סנקתדרים אחד) ein Gleichniss von einem König, der einen Beisitzer hatte, ohne dessen Rath er nichts unternahm. So oft der König etwas ohne jenen Rath zu hören, thun wollte, sagte er: Zu welchem Behufe sonst habe ich mir einen Rathgeber angeschafft, als dass ich nichts ohne seinen Rath thun werde? Daher sagte Gott: „Sollte ich dem Abraham verheimlichen, was ich thun will?" (Gen. 18, 17). Das. sct. 78 Anf. Exod. r. sct. 43 Anf. משל למלך שכעס על בנו וישב על בימה ודנו וחייבו נטל את הקולמוס לחתום גזר דינו מה עשה סינקתדרון חטף את הקולמוס מתוך ידו של מלך כדי להשיב חמתו וכ׳ כך ein Gleichniss von einem König, der über seinen Sohn zürnte, sich auf den Richterstuhl (βῆμα) niedersetzte, jenen richtete und ihn verurtheilte. Schon ergriff er das Schreibrohr, um das Urtel zu unterzeichnen; was aber that sein Beisitzer? Er entriss das Schreibrohr der Hand des Königs, um ihn zu besänftigen. Ebenso verfuhr Mose, als er nach dem Sündenfall Israels die Bundestafeln zerbrach. Pesik. r. sct. 44, 75ᵇ. Tanch. Mischpat. 92ᵃ סנקדרוס crmp. aus סנקתדרום. Das. ö.

סַנְרִי crmp. s. סְבָרָא. — סִינָר s. d. in סי׳. — סַנְדִּיוֹת s. סַנְרִיוֹת.

סְנָיְתָא Genes. r. sct. 50, 49ᵈ Ar. (Agg. סוניתא s. d.)

סָסְא I masc. das Reis, die Aehre, bes. Spitze derselben. Chull. 17ᵇ und Sot. 5ᵃ s. זָאנָא und סָאסָא.

סָסְא II m. 1) (=bh. סָס, arab. سوس, syr. ܣܳܣܳܐ) Kleidermotte, s. TW. — 2) Holzwurm. j. Bez. II, 61ᶜ ob. ססא דקיסא מיניה ורבה LA. Meïri's (in s. Comment. zu Beza Anf.; Agg. סוא crmp.) der Holzwurm kommt von ihm, dem Holze selbst, nicht von aussen her; ein Sprichwort, dort auf Baba ben Buta angewandt, der, als ein Schüler Schammai's, die Lehre seines Meisters vernichtete, vgl. auch מַלְאָ. j. Maas. scheni V, 56ᵇ ob. und j. Chag. II, 78ᵃ un. dass. (Agg. סבא, סוא crmp.)

סוֹסְבֵּל m. eine Heuschreckenart; nach Lewysohn Zool. d. Tlm. p. 294: die Fangheuschrecke. Ab. sar. 37ᵇ wird איל קמצא nach

einer Ansicht erklärt durch סובל Ar. (Agg. סובּיל). Nach Raschi habe diese Heuschrecke keinen langen Kopf, aber ihre Flügel bedecken nicht den grössten Theil des Körpers; vgl. auch שושְׁבָּא.

סַגְּוּנָא m. (syr. ܣܰܓܽܘܢܳܐ) ein Thier von rothgesprenkelter Farbe, Sasguna, dessen Fell zur Zeltbedachung und zu Schuhen verwendet wurde; s. TW. — Nach Bochart im hieroz. (vgl. Sachs' Beitr. II, 23) das gr. ὕσγινος. — Schabb. 28ᵃ הַיְיר דמתרגמינן ססגונא Ar. (Agg. ששׁש; Ms. Oxf. ששׁשׁ) ששׁ בגוונין הרבה deshalb übersetzen wir (d. h. Onkelos das W. (תחש) durch ססגונא, weil es mit vielen Farben bemalt ist. Nach einer andern Erkl.: weil Mose sich über die mannichfachen Farben dieses Thieres freute.

סַגּוּנִיתָא fem. Scharlach oder: Rötheln. Jeb. 64ᵇ ר' אחא בר הונא אחדתיה ססגונ(י)תא Ar. (Agg. סוכסינתא) den R. Acha bar Huna suchte die Scharlachkrankheit heim. Nach Raschi: ein Steinleiden, wodurch die Impotenz entsteht.

סַסְמְגוֹר m. eig. mottenbenagt, insbes. die vom Baumkäfer stark beschädigte Ceder, ein Baum, der am meisten von den Käfern ausgehöhlt wird. Ar. erklärt das W. als ein Compositum aus סָסָא (s. סָסָא II) Motte, und מגור Aufenthalt. Jom. 9ᵇ (mit Ansp. auf HL. 8, 9) אם עתיחם עצמכם כחומה ועליהם כולכם רימי עזרא נמשלתם ככסף שאין בו עכשיו שעליהם בדלתות [בדלתות] נמשלתח שרקם שולם בו מאר ארז אמר עולא ססמגור מאי ססמגור אמר ר' אבא בת קול וכ' hättet ihr euch wie eine „Mauer“ zusammengethan, dass ihr näml. sämmtlich zur Zeit Esra's aus Babel nach Palästina gegangen wäret, so wäret ihr dem „Silber“ gleich, das von keiner Fäulniss beschädigt wird (d. h. so hätte der heilige prophetische Geist ebenso wie zur Zeit des ersten Tempels, unter euch geweilt); da ihr aber „sehr spärlich“ (בדלתות Ar. ed. pr.) hinauf gezogen seid, so gleicht ihr derjenigen „Ceder“, die durch Fäulniss beschädigt wird. Welche Ceder ist hier gemeint? Ulla antwortete: Die Mottenbenagte. Was ist hier unter Mottenbenagt zu verstehen? R. Abba antwortete: Der Widerhall der Gottesstimme; d. h. so wie von der mottenbenagten Ceder nur wenig gesundes Holz bleibt, ebenso blieb zur Zeit des zweiten Tempels nur ein spärlicher Bestandtheil des heiligen Geistes zurück. Raschi erklärt ססמגור: Holzkäfer, Motte.

סִיסְרָנָה, סִיסָרְנָן u. m. s. d. W. in 'סר.

סָעַד I, ch. סָעַד untersuchen, prüfen, s. סְעַר, סָעַר.

סָעַד II (=bh. Grndw. עד fest sein, s. d.) 1) stützen. j. Taan. IV, 69ᵃ mit. u. ö. s.

סְבַּה. — 2) (=bh. סְעַד לֵב, auch blos סְעַד, 1 Kn. 13, 7) speisen, eine Mahlzeit abhalten, eig. das Herz stützen, kräftigen. Chull. 7ᵇ Rabbi sagte zu R. Pinchas ben Jaïr רצונך סעוד אצלי gefällt es dir, so speise bei mir. Als jedoch letzterer die Maulthiere im Hause Rabbis erblickte, אמר מלאך המות ... so sagte er: Der Todesengel ist in dem Hause dieses Mannes und ich sollte bei ihm speisen! Der Biss dieser Thiere soll näml. unheilbar sein, vgl. כודנתא. Das. 94ᵃ s. סְרָהֵב. Taan. 30ᵃ אם עתיד לסעוד סעודה אחרת מותר לאכול בשר וכ' Jem., der am Rüsttag des Neunten des Ab (Fasttag wegen Tempelzerstörung) ein Mahl abhält, darf, wenn er beabsichtigt, später noch ein Mahl abzuhalten, Fleisch essen und Wein trinken; wenn er aber dies nicht beabsichtigt, so darf er nicht Fleisch essen und Wein trinken, vgl. סְעוּדָה. Das. ö. Erub. 53ᵇ R. Josua erzählte, er traf bei einer Gastwirthin ein und wollte der ihm vorgesetzte Speise nicht essen. אמרה לי ... sie sagte zu mir: Rabbi, weshalb speisest du nicht? Ich antwortete ihr: Ich habe bereits am Tage gespeist u. s. w., vgl. קְדַם. — 3) in lascivischer Redensart (=hbr. אכל לחם) geniessen, beiwohnen. Schabb. 62ᵇ un. die Jerusalemer waren frivol in ihren Unterhaltungen; אדם אומר לחבירו במה סעדת היום der Eine sagte zum Andern: Womit hast du heute die Mahlzeit abgehalten, mit Brot von ungemahlenem Kraftmehl (בפת סעודה עמילה ἄμυλον, amylum), oder mit Brot von gemahlenem Mehl? Bildl. für Beischlaf, אינה מֶבַר, בעולה=עמילה, בתולה=עמילה, vgl. auch und יַיִן. — 4) trnst. Jemndn. ernähren, ihn speisen. Ned. 40ᵃ מנין שהקב'ה זן את woher ist erwiesen, dass Gott den Kranken ernährt? Denn es heisst החולה שנאמר ה' יסעדנו וג' (Ps. 41, 4). Schabb. 12ᵇ שכינה סועד, s. jedoch סור III.

Pi. Hilfe leisten. Schabb. 18, 3 (128ᵇ) אין מילדין את הבהמה ביום טוב אבל מסעדין man darf nicht am Feiertage einem Thiere bei der Geburt behilflich sein; aber man darf ihm sonst Hilfe leisten. In Gem. das. wird מסעדין von R. Juda erklärt: Man hält das neugeborene Junge an, damit es nicht auf die Erde falle; von R. Nachman: Man drückt die Genitalien des gebärenden Thieres ein, damit die Junge leicht durchdringen könne. Für erstere Ansicht wird ein Beleg aus der Tosef. Schabb. XV (XVI) citirt: כיצד מסעדין וכ'. In der Tosef. jedoch steht מסעדין anst. מסייעין (TW. hv. ist darnach zu berichtigen); vgl. auch מִסְעָד.

סְעַד ch. (=סָעַד) stützen, durch Stütze helfen, s. TW. — Uebrtr. Ber. 35ᵇ un. אמרא כעיד משחא לא סעיד Wein nährt (kräftigt das

Herz), Oel aber nährt nicht, vgl. נָהֲמָא. Git.
67ᵇ סעיד (Agg. crmp. סהיר) speisen.

סַעַד *m.* Stützung, Beihilfe. Tosef. Snh.
II Anf. man verkündet nicht ein Schaltjahr, weil
die Ziegen, die Lämmer u. dgl. noch nicht reif
sind; וכולן עושין אותן סעד לשנה dahing. benutzt man diese sämmtlichen Umstände als eine
Stützung für das Schaltjahr; d. h. wenn ausserdem noch ein, wenn auch nicht ganz genügen-
der Grund hinzukommt, so dient jener Grund
mit als Stütze. Snh. 11ᵃ und j. Snh. I, 18ᵈ ob.
dass.

סַעְדָּא *ch.* (=סָעַד) Stütze, Hilfe. Thr. r.
sv. בלע, 61ᵈ ברייא בסעדכון der Schöpfer sei
in eurer Hilfe. j. Taan. IV, 69ᵃ mit. סערדונכון
vgl. סָבָא.

סָעֵיד *m.* dass. Stütze. — **סָעֲדָא** *m.* Adj.
Helfer, Beistand, s. TW.

סַעְדְּתָא *f.* Stütze. Trop. Genes. r. sct. 48,
47ᵇ פתא סעדתא דליבא das Brot ist die Stütze
des Herzens, vgl. לְבָא.

סְעוּדָה *f.* 1) das Mahl, die Mahlzeit. Suc.
26ᵃ סעודה קבע eine festgesetzte Mahlzeit, Ggs.
אכילת עראי beiläufiges Speisen. Jom. 75ᵇ משה
קבע להם זמן סעודה ... Mose setzte den Israeliten bestimmte Zeiten zur Abhaltung des Mahles
fest; dass man näml. nicht zu jeder beliebigen
Zeit essen soll. Schabb. 129ᵇ צרכי סעודה was
zum Mahle nöthig ist, Fleisch, Wein u. dgl.
Ber. 46ᵇ der Exilarch sagte zu R. Schescheth:
אף על גב דרבנן קשישי אתון פרסאי בצרכי סעודה
בקיאי מינייכו וכ' obgleich ihr alte Gelehrte
seid, so sind dennoch die Perser in dem Verfahren bei der Mahlzeit weit tüchtiger als ihr
u. s. w., vgl. סָבַב im Hifil. Pes. 49ᵃ סעודת
ארוסין die Mahlzeit bei der Verlobung (Trauung),
vgl. auch סָבְלוֹן. Das. ... סעודת מצוה die
Mahlzeit bei Gelegenheit einer Gebots-
erfüllung; die gewöhnliche, freiwillig gegebene
Mahlzeit. Schabb. 129ᵃ סעודת הקזה דם die
Mahlzeit nach erfolgtem Aderlass, vgl. נָקַז.
Taan. 5ᵇ s. סְרַח. Tosef. Ber. IV in Jerusalem
herrschte folgender Brauch: מוסרין סעודה לטבח
נתקלקל דבר בסעודה עונשין את הטבח הכל לפי
כבוד בעל הבית והכל לפי כבוד האורחין wenn
man eine Mahlzeit (zu der Gäste eingeladen wurden) einem Koch übergiebt und etwas von der
Mahlzeit verdorben wird: so verurtheilt man den
Koch zum Schadenersatz, wobei sowohl die Ehre
des Gastgebers, als auch die der eingeladenen
Gäste in Betracht gezogen wird. B. hath. 93ᵇ dass.
Ber. 44ᵃ. 51ᵇ u. ö., s. auch יְקָרוּת. Jeb. 107ᵃ u. ö.
אין אדם טורח בסעודה ומפסידה Niemand wird sich
abmühen, um ein Mahl zu bereiten, das er selbst
später verdirbt. Raschi erklärt das W. durch
סעודת נשואין das Hochzeitsmahl; mögl. jedoch
tropisch: Niemand wird sich Kosten und Vor-

bereitungen zur Hochzeit machen, die er später
durch erdichtete Einwände rückgängig machen
wird. B. mez. 7, 1 (83ᵃ) כסעודת שלמה בשעתו
wie die Mahlzeit Salomo's in seiner glücklichen
Zeit, die näml. sehr gross war. j. Ber. II, 5ᵃ
un. אם היו עמו בסעודה wenn die Arbeiter
bei ihm für ihr Essen arbeiteten סעודתן=סעורדן,
vgl. גְּנֻבָּה, אֲהִילָה u. a.). Taan. 30ᵃ סעודה המפסיק
בה die Mahlzeit am Rüsttage des Neunten des Ab,
an welcher man wegen des Herannahens des Fasttages zu essen aufhört; eine Mahlzeit, bei der
man weder Fleisch noch Wein geniessen darf.
(Die spätrabbin. Benennung für diese Mahlzeit:
סעודה מפסקת ist unrichtig. Ferner ist der
Brauch, sich vom Neumond des Ab an, dieses
Genusses zu enthalten, durch einen Irrthum entstanden, s. כָּעַר II Anf., vgl. שָׁתָה, und מִנְהָג). — Pl.
Schabb. 117ᵇ כמה סעודות חייב לאכול בשבת
שלש ר' חדקא אומר ארבע wie viele Mahlzeiten muss
man am Sabbat abhalten? Drei; R. Chidka
sagt: Vier. — 2) übrtr. Aboth 3, 16 והכל מתוקן
לסעודה Alles ist für das Mahl (d. h. die Glück-
seligkeit des ewigen Lebens) zubereitet.
Nach Ar.: Alle sind für den Tod bestimmt;
vgl. Schabb. 157ᵃ, s. טֶבַּח. Pesik. r. sct. 41 Ende
„Israel מקראי" (Jes. 48, 12), מזומני לפיכך
כשהגיע סעודה (גאולה) הוא שמח שהוא מזומן
לסעודה das bedeutet: „mein Eingeladener"; denn
wenn jenes Mahl (d. h. die Erlösung) eintreffen
wird, wird derjenige fröhlich sein, der zum
Mahle eingeladen wurde.

סְעוּדָתָא, סְעוֹרְתָא *chald.* (=סְעוּדָּה) Mahl,
Mahlzeit. Git. 38ᵇ שתי משפחות היו בירושלם
אחת קבעת סעורתא בשבתא ואחת קבעה סעורדתא
בערב שבת ושתיהן נעקרו zwei Familien waren
in Jerusalem, deren eine ihre Mahlzeit am Sabbat (während der Gelehrtenvorträge) und deren
andere sie am Freitag (in den Sabbat hinein)
abhielt; infolge dessen gingen sie beide zu
Grunde; die erstere näml. weil sie die Vorträge
versäumte und die letztere, weil sie die Mahlzeit nicht zu Ehren des Sabbats abhielt. Nach
Raschi bedeutet שבת ערב: Freitagabend und
das Vergehen soll darin bestanden haben, dass
die Hauptmahlzeit am Sabbattag stattfinden
müsste; was jedoch nicht einleuchtet. Das. דקבעי
סעודתייהו בשבתא בערן בי מדרשא וכ' diejenigen, welche ihre Mahlzeiten am Sabbat während
der Lehrzeit im Studienhause ansetzen, verlieren
ihr Vermögen. Jom. 74ᵇ מאן דאית ליה סעודתא
wer ein Mahl zu essen
hat, soll es blos am Tage essen, vgl. אֵימָּא
Keth. 61ᵇ ob. durch dein Berühren der Speisen
mit deiner Hand אפסדת לסעודתא דמלכא hast
du die Mahlzeit des Königs verdorben.

סְעוּתָא *f.* (= סְחוּתָא, s. d. Stw. סער=סחי)
Unrath, Kehricht. Pesik. Asser Anf., 95ᵇ
Efron sagte zu Abraham: אי בעית מיריחן לי

71

קנטרירין דכסף מן סעותיה דביתך את יכיל לי
Ar. (Var. סעותיה, Ag. פחותיה) crmp. aus חרותיה
od. סחותיה) wenn du einwilligst, so bringt man
mir Centenarien von Silber aus dem Kehricht
deines Hauses, die du mir geben kannst.

סֵעַל m. (=תַעֲלָה?) Pflaster, Verband.
Khl. r. sv. כל הדברים, 72ᵈ יש בו סעל לרסאתו
es giebt darin ein Pflaster zum Heilen.

סָעַד (סְעַד) heimsuchen, untersuchen
(vgl. סור III), s. TW. Ar. liest im Trg. auch
סער; über den Wechsel von ד und ר s. bes.
פָּקַד.

סְעַרְנָא, סוֹעֲרָנָא masc. (sy. ܣܘܥܪܢܐ) Heim-
suchung, Ahndung. — סְעָרָא, סַעֲרָא (syr.
ܣܘܥܪܐ) dass., s. TW.

סָעַר, סַעֲרָא, סַעַר m. (syr. ܣܥܪܐ, hbr. שֵׂעָר,
שַׂעֲר) Haar. j. Nas. IX Ende, 58ᵃ הדין סערה
דחיל וכ' das Haar fürchtet das Scheermesser, s.
מוֹרָה I, vgl. auch סַעֲרָה.

סַעֲרָן m. (syr. ܣܥܪܢ) haarig, behaart, s.
TW.

סַעַרְתָּא, contr. סַרְתָּא f. (syr. ܣܥܪܬܐ, hbr.
שְׂעוֹרָה) Gerste, s. TW. — Pl. j. M. kat. I Anf.,
80ᵃ R. Jona und R. Josa lehrten betreffs eines
schattigen Feldes (vgl. מְקָרְתָא) דהות זריעה
סַעֲרָן מיחצדינהו במועדא דלא יספקו ויברזון welches mit Gerste besäet war, dass man sie auch
in den Mitteltagen des Festes ernten darf, damit sie nicht auswachsen und verderben, vgl.
אַבֵּד.

סִיעוּר m. (=שְׂאוֹר, שִׂיאוֹר s. d.) Sauerteig.
j. Pes. V, 32ᵇ un. סיעור וכ' Jem., der das Pesachopfer schlachtet, während er Sauerteig im Hause
hat u. s. w.

סָעַר heftig bewegt sein, toben, stür-
men.
Pi. סִיעֵר (bh. סֵעֵר) forttreiben, aufwir-
beln. Kil. 5, 7 הזורע וסיערתה הרוח לאחוריו
מותר סיערתו הרוח לפניו וכ' wenn Jem. Getreide-
samen ausstreut und der Wind hinter ihm den
Samen (nach dem Weingarten hin) forttreibt,
so ist der Ertrag zum Genusse gestattet (d. h.
wird er nicht als eine Mischpflanzung, Kilaim,
angesehen, weil diese Mischung ohne seine Absicht erfolgt ist); wenn der Wind aber die Aussaat vor den Säemann hin forttreibt und
hiervon Gräser (Halme) wachsen u. s. w., נָפַע.
B. bath. 25ᵃ un. זו רוח מזרחית שמסערת כל העולם
כשעיר unter כשעיר (Dt. 32, 2) ist der Ostwind
zu verstehen, welcher die ganze Welt „aufwir-
belt", „wie ein Dämon"; das bh. W. doppelt
übersetzt. Pesik. r. sct. 32, 59ᵈ ענוה מדברי
חורה סוערה מן המצות ומעשים טובים עניה מן
העולם הצדיקים סוערה מאומות העולם „die Arme" (Jes.

54, 11; מסוֹעֲרָה, סוֹעֲרָה für מוֹרֶט, wie מוֹרֶט für מְמוֹרָט
s. d.) an der Gesetzlehre, „aufgewirbelt" von
Tugenden und Wohlthaten; „arm" an From-
men, „aufgewirbelt" von den Völkern der Welt.
— Selten Hif. dass. Num. r. sct. 9, 204ᵇ (mit
Bez. auf Sach. 7, 14) הסכירה הקב׳ה בין האומות
Gott trieb sie (Israel's Gemeinde) unter die
Völker.

סְעָרָה f. (=bh.) Sturm. j. Chag. II Anf.,
77ᵇ הרוח תלויה בסערה ... וסערה עשה הקב׳ה
כמין קמיע ותליין בזרועו וכ' der Wind hängt
am Sturm; den Sturm rollte Gott zusammen wie
ein Angebinde und hängte ihn an seinen Arm.
Chag. 12ᵇ ... סערה תלויה בזרוע הקב׳ה של
זרוֹע וכ' dass., vgl. זְרוֹעַ (woselbst jedoch
das da Gesagte nach unserer St. zu berichtigen
ist). B. bath. 16ᵃ איוב בסערה חרף ובסערה
השיבוהו ... שמא רוח סערה עברה לפניך ונתחלף לך בין איוב לאויב בסערה השיבוהו
מן הסערה הרבה נימין בראתי באדם וכ' ... Hiob
lästerte mit סערה („Sturm") und man entgegnete ihm mit סערה („Haar"). Er lästerte
mit סערה (Hi. 9, 17, בשערה), indem er sagte:
o Gott, vielleicht zog ein Sturmwind an dir vorüber, infolge dessen dir Ijob mit Ojeh („Hiob
mit Feind") verwechselt wurde! Gott aber entgegnete ihm auch durch סערה (Hi. 38, 1): viele
„Haare" erschuf ich dem Menschen und für
jedes Haar ein besonderes Grübchen u. s. w. (vgl.
נִימָא II); zwischen einem Grübchen und dem andern findet bei mir keine Verwechslung statt;
wie sollte nun איוב mit אויב bei mir verwechselt worden sein? Nid. 52ᵃᵇ dass.

סְעוֹרָם Seoram, Name eines Amoräers. Vgl.
syr. ܣܥܘܪܡ ebenf. N. pr. B. mez. 73ᵇ ר׳ סעורם
אחוה דרבא R. Seoram, der Bruder Raba's. M.
kat. 28ᵃ שערים ר׳ l. סעורם derselbe. Ms. M.
סעורים.

סַף m. (=bh. Stw. סָפַף, s. d.) 1) Schwelle
und 2) Becken. Meihil. Bo Par. 6 „Das Blut,
מלמד שחוקק עוקה בתוך בסף אשר בסף (Ex. 12, 22);
ר׳ ישמעאל אומר אין סף אלא אסקופה וכ' דברי
ר׳ ישמעאל ר׳ עקיבא אומר אין סף אלא כלי וכ'
die Stelle besagt, dass man in der Schwelle eine
Vertiefung grub und dort hinein schlachtete; denn
סף bedeutet hier nichts anderes als Schwelle
(=Ez. 43, 8 und Jes. 6, 4); so nach der Ansicht der R. Ismael. R. Akiba sagt: סף bedeutet hier nichts anderes als Gefäss, Becken
(=1 Kn. 7, 50).

סִיפָא, סְפָא I ch. (syr. ܣܦܐ=סַף) 1) Schwelle.
— 2) Eingang, Ende. — 3) Pfoste, s. TW.
vgl. auch סָפֵּר. Git. 68ᵇ un. סיפא דבבא die
Thürpfoste. Jeb. 118ᵇ, s. בַּסָּפָא.

סְפָא II m. (arab. سَفا) felsige Erde, eig.
von Felsen Abgebröckeltes. Midr. Tillim zu Ps.

תאמר בבתי השיש ובבתי הסריפים לא 105, 30
היו עולין וכ' du könntest denken, dass die
Frösche in Marmorhäuser und in felsige Häuser
nicht gekommen waren u. s. w. Das. zu Ps. 78,
45 die Frösche sagten: Wir sind von Gott gesandt; ורהכיסין נבקעין מפניהם sodann zersprangen
die Felsen vor ihnen.

סְפָא‎, סְפֵי‎ (hbr. סָפָה‎, ספי syn. mit אָסַף‎)
1) sammeln. Cant. r. sv. אל הראני‎, 8ᵇ Resch
Lakisch חלא וריהב בפומיה סבא scharrte Sand
zusammen und warf ihn jenem (dem R. Abahu,
weil er Israel geschmäht hatte) in den Mund. B.
mez. 114ᵇ פשוט גלימך ספי שקול מהני אטרפי סבא
שקל breite deinen Mantel aus, sammle und nimm
einige dieser Blätter! Er sammelte und nahm
sie. — 2) übrtr. aufhören, schwinden, sterben (vgl. hbr. אָסַף‎). Levit. r. sct. 37 g. E.
Jiftach wollte sich gern von dem Gelübde, seine
Tochter zu opfern (vgl. Ri. 11, 30 fg.), durch
einen Gelehrten entbinden lassen, weigerte sich
aber zu diesem Behufe zu Pinchas zu gehen, da er
der Fürst sei. Pinchas wiederum weigerte sich
zu Jiftach zu gehen, da er der Hohepriester sei.
בין דין לדין כפת ההיא עלובתא ושגיהב נתחייבו
בדמיד וכ' während des Streites hin- und her-
über kam die Unglückliche (Jiftach's Tochter) um, und für deren Tod wurden jene Beiden bestraft. Dem Pinchas entzog sich der
heilige Geist (vgl. 1 Chr. 9, 20: „Vormals
war Gott mit ihm") und dem Jiftach fielen
die Glieder einzeln ab, vgl. נָשַׁל‎. Khl. r. sv.
עמל הבסילים‎, 95ᵃ dass. — 3) darreichen,
bes. zu essen geben. (Dav. bh. מִסְפּוֹא Futter.) Pes. 3ᵇ ספו לי מאליה gebet mir von dem
Fett des Schweifes zu essen. Chull. 107ᵇ s.
מְשָׁא‎. Das. 95ᵃ ספו לי מאחר er gab es mir zu.
Das. ö. Keth. 61ᵃ un. מר קדים ספי ומר מאחר
ספי דקרים ספי אליהו משתחני בהדיה ודנמאחר ספי
בהדיה לא משתחני אליהו בהדיה der Eine (jener beiden
Frommen) gab seinem Bedienten von jeder Speise
früher zu kosten (bevor er selbst und die eingeladenen Gäste assen; denn durch das Auftra-
gen der Speisen hätte der Bediente Appetit bekommen können und so lange warten müssen,
bis alle Gäste aufgegessen hatten). Der Andere
aber gab dem Bedienten später zu essen. Mit
demjenigen, der dem Bedienten früher zu essen
gab, sprach der Prophet Elias; mit demjenigen
aber, der dem Bedienten später zu essen gab,
sprach Elias nicht. Ab. sar. 50ᵇ ספח לה צואה
er reichte dem Götzen Koth zum Essen. —
Uebrtr. B. bath. 21ᵃ Rab sagte zu dem Schullehrer R. Samuel bar Schilath: עד שיח לא תקביל
מכאן ואילך קביל וספי ליה כתורא Ar. (Agg.
ראספי Aleph prosthet.) bis zum Alter von sechs
Jahren nimm überhaupt kein Schulkind auf;
wenn es aber älter ist, so nimm es auf und
reiche ihm Lehren zu verdauen wie einem Stier,
d. h. so viel als möglich. — 4) schlagen,

züchtigen, eig. Schläge, Zurechtweisungen
geben, vgl. סָפַף‎, סָפַג u. a. Thr. r. sv. זכרה‎, 56ᵇ
כד חספון כלה וכ' wenn man die Braut züchtigt,
vgl. מַשְׁחוּתָא‎.

Ithpe. אִסְתְּפֵי sich scheuen, sich fürchten. Vgl. Fleischer Nachtr. im TW. II, 471ᵃ
„eig. wie das Hiob 32, 6 damit übersetzte זָחַל‎:
sich auf dem Boden hinzieheln, kriechen; dah. mit
und ohne מן‎: sich vor etwas hinweg oder vor
etwas zurückziehen, zurückkriechen, wie die
Schnecke in ihr Haus, sich davor scheuen, fürchten." — Ber. 20ᵃ לא קא מסתפי מר מעינא בישא
fürchtest du dich nicht vor einem bösen Blick,
Berufen? Das. 62ᵃ לא מסתפיתו furchtet ihr
euch nicht? Nid. 61ᵃ מאי שנא מעוג דקמסתפי
ומאי שנא מסיחון דלא קמסתפי woher kam es,
dass Mose sich vor „Og" fürchtete, vor „Sichon"
aber sich nicht fürchtete (Num. 21, 34)? Snh.
94ᵇ un. der Prophet sagte zu Israel (Jes. 10, 30)
מדאי לא תסתפי אלא אסחפי מנבוכרדנצר דמתיל
לאריה וכ' vor diesem (Aschur) brauchst du
dich nicht zu fürchten, aber fürchte dich vor Nebukadnezar, dem „Löwen" verglichen wird.
Levit. r. sct. 27, 170ᵈ כמה דאת מסתחף מעונש
גזל כך כך מסתחפינא אנא ebenso wie du dich fürchtest vor der Bestrafung wegen Raubes, so fürchte
auch ich mich davor, näml. den Schatz, den du
in dem von mir gekauften Felde gefunden hast,
anzunehmen, vgl. סִימָא‎.

סְפָא od. סָפָה‎, שָׂפָה f. (=bh. שָׂפָה‎) Rand.
Stw. ספי eig. was endet, Endendes. — Pl. Kel.
4, 4 כלי חרש שיש לו שלש סְפָאוֹת (Agg.
שפיות‎) ein irdenes Geschirr, das drei Ränder
hat. j. Ab. sar. II Ende, 42ᵃ ספיות (Kel. 8, 9
שפיות‎) s. אָבְטִנְיָא‎.

שָׂפָא‎, סְפָא ch. (=סְפָא‎) eig. Rand, Kante;
übrtr. Bauschichte, eig. wo die Reihe der
zusammengetragenen Baumaterialien endet. Fleischer, Nachtr. im TW. II, 571ᵃ hält סכפא=arab.
سَاف mit ursprünglichem und festem ס‎, das
nicht mit שׂ zu schreiben sei. Da jedoch Mss.
(vgl. Dikduke zur nächstflg. St.) und Agg. שכפא
haben, so dürfte die hier gegebene Ableitung
die richtige sein. — B. bath. 5ᵇ. 6ᵃ כל סכפא וסכפא
הוא זימניה Ar. (Agg. שכפה‎, שכפא‎) bei jeder Bauschichte ist für die Auszahlung des Arbeitslohnes
die Zeit, Termin. Wenn dah. Einer der Socien
eines Gehöftes in demselben eine Wand aufführ-
ren liess, so ist anzunehmen, dass er, da er den
Arbeitern nach Anfertigung einer jeden Bauschichte ihren Lohn hat auszahlen müssen, sich
die Hälfte der Kosten, soviel auf den Andern
kommt, von diesem zahlen liess. Deshalb
ist er nach Vollendung des ganzen Baues nicht
berechtigt zu behaupten, er hätte von dem andern Socius bisher nichts bekommen. Das. 4ᵃ
an der Aussenwand des Herodianischen Tempels
אפיק סכפא ועייל סכפא (so in einigen Agg., vgl.

71*

Dikduke z. St.; m. Agg. שסה) war eine Schichte auswärts und eine Schichte einwärts gebogen. — Pl. j. Schabb. VII g. E., 10ᵈ ob. ההין דעביד דפין והההין דעביד סָפְיִין חייב משום בונה sowohl derjenige, der die Bretter, als auch derjenige, der die Ränder, Kanten eines Gebäudes am Sabbat anfertigt, ist wegen Bauens straffällig. Das. XII Anf., 13ᶜ dass. (Die Erkl.: Schwellen oder gar Schiffe ist unrichtig).

סִיפְוָא ,סִיפְתָּא (שִׂפָה, כְּפָא=) ch. (syr. ‎ﬞ‎ﬞ‎‎) 1) Lippe, labrum, der äusserste Theil des Mundes; übrtr. Rede, Wort. — 2) Rand, Saum, s. TW.

סְפוֹג m. (gr. σπόγγος) 1) Schwamm. Kel. 9, 4 ספוג שבלע משקין טמאים ein Schwamm, der unreine Getränke eingezogen hat. Schabb. 113ᵃ. j. Schabb. VII, 10ᵃ mit . . . . ההן דגזז ספוג חייב משום קוצר ומשום נוטע Jem., der am Sabbat den Schwamm abschneidet, ist sowohl wegen Mähens als auch wegen Pflanzens straffällig; denn das Abschneiden des Schwammes fördert auch sein Wachsthum, vgl. גּוּפְנָי. Mikw. 6, 4. B. kam. 115ᵇ wenn ein nicht zugedeckter Seiher oberhalb eines Gefässes steht, so hat man beim ablaufenden Getränk nicht zu besorgen, dass eine Schlange davon getrunken haben könnte; לפי שארס של נחש דומה לספוג וצף ועומד במקומו weil das Gift der Schlange, einem Schwamme gleich, obenauf schwimmt und auf der Oberfläche des Getränkes stehen bleibt; (entsprechend j. Ter. VIII, 45ᵈ mit.: „Das Gift der Schlange steht auf dem Getränk florartig“, vgl. דְּבָכָה. Höchst auffallend lautet die Erkl. Ar.’s hv.: „ספוג‎“ bedeutet hier ein schwammartiges Gewächs auf dem Kopfe eines grossen Seefisches, das, so oft letzterer seine Augen erhebt, über sein Gesicht fällt; wäre diese göttliche, wundervolle Vorrichtung gewesen, so würde der Fisch die Schiffe zum Scheitern bringen. Auf ähnliche Weise hätten die Dämonen Israel vor ihren Augen, denn sonst würde der Mensch bei ihrem Anblicke wahnsinnig werden, vgl. פּוּרְמָא). Tosef. Schabb. V (VI) Anf. ספוג שעל גבי המכה ein Schwamm, der auf der Wunde liegt. Levit. r. sct. 15, 158ᶜ, s. מָצָץ. — Uebrtr. Aboth 5, 15 ספוג שהוא סופג את הכל ein Schwamm, der Alles einsaugt; bildl. für einen Schüler mit vieler Fassungskraft ohne Sichtungsvermögen, vgl. מְשַׁפֵּךְ. Maim. in s. Commentar z. St. erklärt unser W. hier: צמר הים שבולע הכל die Wolle (Wassermoos) des Meeres, die Alles aufsaugt. — Pl. j. Jeb. XVI, 15ᵈ ob. רצו לחתור סְפוֹגִים sie wollten im Meere Schwämme abschneiden. — 2) ein Stück Zeug von gehechelter Wolle, ein Lappen, der die Feuchtigkeit aufnimmt, einsaugt. Schabb. 129ᵇ ספוגים של צמר wollene Lappen. Ab. sar. 18ᵃ R. Chanina ben Teradjon wurde mit Reisern umwickelt,

welche angezündet wurden; והביאו ספוגין של צמר ושראום במים והניחו על לבו וכ' man brachte sodann wollene Lappen, die man im Wasser weichen liess und die man auf sein Herz legte, damit er nicht sogleich sterbe. Exod. r. sct. 25 Anf. u. ö.

סְפוֹגָא ch. (=סְפוֹג) Schwamm, s. TW.

סָפַג denom. (von סְפוֹג, ähnlich gr. σπογγίζω) 1) eine Flüssigkeit mit Schwamm oder Lappen aufnehmen, abtrocknen. Schabb. 143ᵃ wenn Jemdm. ein Fass mit Wein oder Oel am Sabbat zerschlagen wurde, so darf er soviel davon retten, als er zu den Sabbatmahlzeiten nöthig hat; ואומר לאחרים באו והצילו לכם ולבד שלא יספוג er darf auch zu Anderen sagen: Kommet und rettet davon für euch; er darf jedoch die Flüssigkeit mit Schwamm (Lappen) nicht aufnehmen; weil man ihn am Sabbat auswinden könnte, vgl. סְחִיטָה. Seb. 64ᵇ סופג במלח man reibt das Fleisch des Opfervogels mit Salz ein. Tosef. Seb. VII Anf. ספג ולא מלח wenn man das Fleisch des Opferthieres besalzen, aber nicht eingerieben, oder wenn man es eingerieben, aber nicht besalzen hat, so ist es tauglich. Schabb. 145ᵃ לכופג במלח Ar. (Agg. לספוחן) das Fleisch mit Salz einzureiben, s. סָפַת. — Uebrtr. Aboth 5, 15, s. סְפוֹג. Cant. r. sv. שרדך 30ᵇ מה חטה זו סופגת dem „Weizen“ verglichen; כך ישראל סופגין נכסיהן של אומות העולם so wie das Weizenkorn (durch seine Spalte) die Flüssigkeit, Regen und Thau einzieht, ebenso wird Israel die Güter der Völker an sich ziehen. — 2) übrtr. geschlagen, gegeisselt werden, eig. (=בָּלַע, קָלַט) Schläge aufnehmen; insbes. oft סופג את הארבעים שמנים Jem. erhält 40 (39) Geisselhiebe, er erhält 80 (78) Geisselhiebe. Kil. 8, 3. Chull. 2ᵃ. 78ᵃ fg. Tem. 2ᵃ u. ö. — Nas. 23ᵇ אם אינה סופגת את הארבעים wenn sie auch nicht die 40 Geisselhiebe erhält, so möge sie doch die Geisselung der Züchtigung erhalten! s. מַרְדּוּת.

Hithpa. und Nithpa. sich mit Schwamm oder Lappen abtrocknen. Schabb. 147ᵃᵇ ונּסְתַּפֵּג אפילו wenn Jem. am Sabbat gebadet hat, בעשר אלונטיאות לא יביאם בידו אבל עשרה בני אדם מסתפגין באלונטית אחת וכ' und sich, wenn auch mit zehn Tüchern abtrocknete, so darf er letztere nicht in seiner Hand tragen; aber selbst zehn Personen dürfen sich mit einem Tuch abtrocknen u. s. w. Jom. 31ᵇ. 34ᵇ ירד וטבל עלה ונסתפג der Priester stieg in das Bad und badete, kam heraus und trocknete sich ab. Das. 70ᵃ fg. u. ö.

Hif. הִסְפִּיג mit Schwamm oder Lappen eine Flüssigkeit aufnehmen, abreiben, abtrocknen. Men. 7ᵇ וטבל בדם ולא מספריג „der Priester soll seinen Finger eintauchen in das Blut“ (Lev. 4, 6), aber nicht das Gefäss

Left column

damit abreiben. Genes. r. sct. 94, 92ᵇ בשרף הזה שאינו מספיק לצאת עד שמספיגין אותו wie jenes Harz, das man, kaum beginnt es zu träufeln, mit Schwämmen, Lappen aufnimmt. Tanch. Bemidbar, 189ᵇ und Jalk. Esr. II, 157ᵃ dass. Num. r. sct. 17, 233ᵇ Abraham zerlegte den Widder; נטלו והספיגו אמר כך חהא רואה כאלו יצחק מחתף לפניך sodann nahm er ihn, wischte sein Blut mit Schwämmen (Lappen) ab, indem er sagte: Mögest du, o Gott, diese Handlung so ansehen, als ob Isaak's Blut vor dir abgewischt worden wäre, vgl. עֲקֵדָה.

סְפַג chald. (=סְפַג) einsaugen, eig. vom Schwamm. Part. Peil Thr. r. sv. רבתי, 52ᵈ חמרא ספיג der Weintropfen wird von der Erde eingesogen, vgl. מַּטְפִּירָתָא.

סְפַג m. Adj. der Badediener, der mit Schwamm oder wollenem Zeug abtrocknet. Kil. 9, 3 מטפחות die Hüllen, womit der Badediener die Gäste nach dem Bade abtrocknet. Ar. liest הסְפוג (also הַסְּפוֹג, s. den nächstflg. Art.) minder richtig, weil das W. dem סַפָּרִים nicht entsprechen würde, s. מְנַפַּחַת.

סִיפוּג, סְפוּג masc. N. a. das Abtrocknen mit Schwamm oder Lappen. Sab. 1, 4 טבילה וסיפוג das Baden und das Abtrocknen. Tosef. Sab. I g. E. dass. — Pl. Snh. 63ᵇ שתי טבילות ושני ספוגין zweimaliges Baden und zweimaliges Abtrocknen.

סְפוֹגְנִית fem. Adj. locker (eig. schwammartig), nicht fest geknetet. Ukz. 2, 8 פת ספוגנית ein locker gebackenes Brot. Ar. bemerkt, es sei das arab. סבנכ(?). Hai liest אִיסְפַּגְנִית dass.

סוּפְגָנִין m. pl. lockere, leichte Speisen. Chall. 1, 4 (3) הסופגנין wird in j. Gem. I, 57ᵈ mit. erklärt durch טריקטא (τὰ ξρωκτα): Backwaaren, die man zum Nachtisch isst. Das. Mischna 5 עיסה שחתלתה סופגנין וסופה סופגנין פטורה מן החלה תחלתה עיסה וסופה סופגנין תחלתה סופגנין וסופה עיסה חייבת בחלה von einem Teige, den man anfangs locker (zu lockeren Speisen) und später ebenfalls locker umgerührt hat, braucht man die Challa (Teighebe) nicht zu entnehmen; wenn der Teig aber anfangs fest und später locker, oder anfangs locker und später fest umgerührt wurde, so muss man die Challa davon entnehmen. j. Chall. I, 57ᵈ un. סופגנין שנעשו באור lockere Speisen, die beim Feuer zubereitet wurden, sind besser ausgebacken, als סופגנין שנעשו בחמה die lockeren Speisen, die bei der Sonne gebacken wurden. Pes. 57ᵇ, vgl. דּוּבְשָׁן. Kel. 5, 8 der Ofen wurde geheizt, כדי לאפות בו סופגנין um darin lockere Speisen zu backen.

סָפַד (=bh.) trauern, Klagegeschrei er-

Right column

heben, bes. um einen Todten trauern. Grndw. ספד, vgl. arab. صَفَدَ lärmen, schreien. Git. 57ᵃ וכ׳ סיפדו לזה trauert um diesen. Jeb. 116ᵇ סְפְדִי בעליך betraue deinen Mann, vgl. מְזָרָא.

Hif. הִסְפִּיד Trauerreden halten, Trauer veranstalten. Meg. 28ᵇ ob. אין מספידין בהן man darf in ihnen (den Synagogen) nicht die Trauer um einen Einzelnen abhalten; aber man darf in ihnen Bibel lesen und Mischna lernen, sowie eine allgemeine Trauer (wegen eines Gelehrten u. dgl.) abhalten. M. kat. 8ᵃ. 21ᵇ als die Söhne des R. Akiba gestorben waren, נכנסו כל ישראל והספידום הספד גדול kam ganz Israel herbei und hielt eine grosse Trauer. Tract. Semach. I mit R. Gamliel, der Aeltere, und R. Elasar ben Asarja מספידין עליו ואומרים על זה נאה לבכות על זה נאה להתאבל hielten Trauerreden über ihn (Samuel, den Kleinen, der gestorben war), indem sie ausriefen: Dieser Mann war werth, dass man ihn beweine und dass man um ihn trauere! Vgl. Sot. 48ᵇ. Das. אין מספידין על ההרוג מלכות über die von der Regierung zum Tode Verurtheilten darf man keine Trauer abhalten. Snh. 47ᵃ u. ö.

Nif. betrauert werden. Snh. 47ᵃ נח לא נָסְפַּד ולא נקבר ... זהו סימן יפה למת wenn Jem., der gestorben ist, nicht betrauert und nicht ehrenhaft begraben wurde, so ist das eine gute Vorbedeutung für den Todten; das Fehlen eines ehrenvollen Leichenbegängnisses bewirkt ihm die Sühne. Jeb. 78ᵇ שלא נספד כהלכה Saul, der nicht nach Gebühr betrauert wurde.

סְפַד chald. (=סָפַד) trauern, klagen um einen Todten. M. kat. 28ᵇ „Der Lebende beherzige" (Khl. 7, 2) דברים של מיתה דיספד die Angelegenheiten des Todes: dass man bei denjenigen trauern wird, der um Andere trauert; dass man denjenigen ehrenhaft begraben wird, der Andere ehrenhaft begräbt u. s. w. j. Keth. VII, 31ᵇ un. steht dafür: עבד דיעבדון ספור דיספדון קבור verfahre so, wie man mit dir verfahren soll, betrauere, begrabe, damit man auch dich betrauere, begrabe, damit man auch dich begraben soll u. s. w. Meg. taan. I fg. דלא למספד dass man jenen (von den Rabbinen eingesetzten Festen) keine Trauer abhalte. Chull. 129ᵇ, s. אֶסְפְּדָא. B. mez. 86ᵇ u. ö.

Af. אַסְפֵּד (=Hif.) Trauerreden abhalten. Meg. 28ᵇ רפרם אספדה לכלתה בבי כנישתא Rafram hielt um seine Schnur eine Trauerrede in der Synagoge. Das. אספריה richt. er betrauerte ihn. M. kat. 25ᵇ ההוא יומא לא אתו למספדיה an jenem Tage (als R. Asche gestorben war) kamen sie nicht, um ihn zu betrauern. — Ferner (viell.=bh. סָפַד, Jes. 32, 12) klopfen,

schlagen. Khl. r. sv. וישב, 98ᵃ והוה מספיד
בחרא יריר וכ' er (Zidkija bei der Nachricht der
Niedermetzelungen in Jerusalem) schlug mit der
einen Hand gegen seine Brust u. s. w.; mit Bez.
auf Ez. 24, 23 תספדו.

סְפִידָא, סִיפְדָּא m. Trauer, Klage, s. TW.

סַפְדָן m. Adj. Trauerredner. M. kat. 8ᵃ בא
ספרן ועמד על פתח ביתו ein Trauerredner kam
und stellte sich an die Thür eines Verstorbenen
nieder, den die Frau reichlich belohnte. — Pl.
Ber. 62ᵃ כשם שנפרעין מן המתים כך נפרעין מן
הַסַּפְדָנִין ומן העונין אחריהן auf dieselbe Weise
wie man die Todten (wegen ihrer Sünden) bestraft, bestraft man auch die Trauerredner (wenn
sie Lobeserhebungen über unwürdige Todte aussprechen) und diejenigen, die ihnen zustimmen.

סַפְדָנָא ch. (=סַפְדָן) Trauerredner. M.
kat. 8ᵃ s. מְרִיר. Das. 25ᵇ als Rebina gestorben
war, פתח עליה ההוא ספדנא תנינו ראש
על צריק כתמאר נשים לילות כימים על משים לילות
כימים stimmte jener Trauerredner folgendes
Klagelied über ihn an: Die Palmen schütteln das
Haupt wegen des Frommen, „welcher der Palme
glich" (Ps. 92, 13); lasst uns die Nächte den
Tagen gleich machen (wir zu Trauer schlaflos
zubringen) über denjenigen, der die Nächte den
Tagen gleich machte (sie wegen des Gesetzstudiums durchwachte). Das. ähnliche Trauerreden. Chag. 15ᵇ als R. Jochanan gestorben
und bald darauf der aus dem Grabe Acher's
emporsteigende Rauch aufgehört hatte, עליה פתח
ההוא ספדנא אפילו שומר הפתח לא עמד לפניך
רביני so stimmte jener Trauerredner folgendes
Klagelied auf ihn an: Selbst der Pförtner an
der Hölle behielt nicht seinen Stand vor dir,
unser Lehrer! d. h. deine Tugendhaftigkeit vermochte jenen Frevler von den Höllenstrafen zu
befreien; vgl. auch אזל u. הָג. Meg.
6ᵃ u. ö. — Pl. Jeb. 121ᵇ כן וכן סַפְדָנֵי הוו התם
so und so viel Trauerredner waren dort anwesend. Taan. 5ᵇ וכי בכרי סכרו סַפְדָנַיָּיא וכ'
haben denn etwa auf unnütze Weise die Trauerredner den Jakob betrauert? Als Entgegnung
auf den Ausspruch: Jakob ist nicht gestorben,
vgl. בָּא und חֲנַט.

שִׁפְוָנִיוֹת, סִיפְוָנִיוֹת f. pl. (ähnl. סְרִיסוֹת; Stw.
ספי enden) die letzten (schlechten) Weintrauben, die im Spätherbst reifen. Tosef.
Schebi. VI mit. סִיפְוְוֹנִיוֹת ed. Zuckerm. (a. Agg.
שׁפרוניות) die Spättrauben. Die Mischna hat
dafür, סְתוֹוָנִיוֹת s. d. Ber. 38ᵃ חומץ ספיוניות
Essig von Spättrauben.

סָפַח 1) (trnsp. von סָחַף) sich ergiessen.
Pi. dass. Genes. r. sct. 13 g. E. על הנהר שמסתפח
למדינה אומר ברוך הטוב והמטיב über einen
Strom, der sich in einem Land ergiesst, spricht
man den Segen: Gelobt . . . der gut ist und

Gutes erweist, vgl. טוב I. j. Ber. IX, 14ᵃ mit.
steht dafür מסְפיק dass. — 2) (=bh. Grndw.
סף s. d.) hinzufügen. Dav.

סְפִיחַ m. (=bh.) und סָפַח eig. Hinzugefügtes, bes. Nachwuchs das, was im zweiten Jahr ohne neue Aussaat aus den ausgefal-
lenen Körnern oder Samen des Vorjahres hervorkommt. — Pl. Sifra Behar Anf. cap. 1 מכאן
סמכו חכמים על הַסְּפָחִים שיהו אסורין בשביעית
aus dieser Schriftstelle (Lev. 25, 5) entnahmen
die Gelehrten eine Stützung für das Verbot der
Nachwüchse im Brachjahr. Vgl. das. Par. 3
cap. 4 R. Akiba sagte: מכאן סמכו חכמים על
הספחים שיהו אסורין בשביעית וחכמים אומרים אין
ספחים אסורים מדברי תורה אלא מדברי סופרים
aus der Schriftstelle (Lev. 25, 20: „Was werden
wir im siebenten Jahr essen?" u. s. w.) entnahmen die Gelehrten eine Stützung für das
Verbot der Nachwüchse am Brachjahre. Die
Chachamim hing. sagen: Die Nachwüchse sind
nicht biblisch, sondern blos soferisch verboten.
Schebi. 9, 1 R. Schimeon sagte: כל הַסְפִיחִין
מוהרין חוץ מספיחי כרוב שאין כיוצא בהם
בירקות שדה וחכמים אומרים כל הספיחין אסורין
alle Nachwüchse darf man (im Brachjahre von
einem Idioten, im Verdacht steht, dass er
das Verbot, die Feldfrüchte aufzubewahren, übertrete, abkaufen; weil anzunehmen ist, dass sie
von freigegebenen Früchten herrühren); mit
Ausnahme der Nachwüchse des Kohls, wie dergleichen unter Feldkräutern nicht anzutreffen ist
(daher sie gewiss von den Privatgärten der
Eigenthümer herrühren). Die Chachamim hing.
sagen: Alle Nachwüchse sind zu kaufen verboten. Das. ספיחי חרדל Senfnachwüchse. Vgl.
hierzu j. Schebi. IX, 38ᵇ ob. Pes. 51ᵇ wird
diese Mischna anders citirt. j. Pea VII, 20ᵇ ob.
j. Schek. IV, 48ᵃ ob. שומרי ספחים בשביעית
נוטלין שכרן מתרומת הלשכה die Wächter der
Nachwüchse im Brachjahr (von welchen man die
Omergarbe nahm) beziehen ihren Wächterlohn
aus der Hebe der Tempelhalle. j. B. bath. IX,
17ᵃ mit. j. Bez. I, 60ᵃ u. ö.

סִיפְטָא, סְפָטָא m. (arab. سَفَط, syr. ܣܦܛܐ)
grosses Behältniss, Kasten. B. mez. 73ᵇ
בסמטא דמלכא Ar. (Agg. בטפסא) in dem Kasten
des Königs, s. מוּדְהַרְקֵי. Jeb. 46ᵃ dass. Taan. 21ᵃ
מלא סיפטא דאבנים טובות ומרגליות ein Kasten
voll Edelsteine und Perlen. Snh. 109ᵃ dass.
Das. 82ᵃ שקלה כרכה בשיראי ואותבה בסיפטא
er nahm den Schädel Jojakims, wickelte ihn in
Seidenzeuge ein und legte ihn in den Kasten.
Das. 104ᵃ בסיטתא crmp. aus בסיפטא dass., s.
אָחֶרֶת.

סְפָטֵנִי fem. (gr. σπαθίον) kleine Spathel,
vgl. Du Cange II, 1415; s. auch אַסְפָּתֵי אסכטר.
Tosef. Kel. B. mez. V, in m. Agg. s. סוּבִּין —

סופיטטוֹ, ספיטוטו crmp. aus סוֹפִיסטטֹס s. d., vgl.
פִילוֹ.

סְפָיָא *m.* (von ספי, s. סְפָא im Ithpe.) Furcht,
Scheu, s. TW.

סֵפֶל *m.* (=bh. eig. סַף mit angeh. ל) Schale,
Becken. Kidd. 31ᵃ הטל להן מים בספל וכ׳
giesse ihnen (den Eltern) Wasser ins Becken.
B. bath. 166ᵇ ספל מלמעלה וקפל מלמטה im
oberen Theil des Documentes stand ספל („ein
Becken" gab A dem B zum Aufbewahren), im
unteren Theile aber stand קפל („Kleid" oder
Name eines anderen Geschirrs) u. s. w. j. Nid.
III g. E., 51ᵇ. Nid. 27ᵃ. Num. r. sct. 10, 217ᵇ
יקא שהתקיא דברי תורה כספל הזה שהוא מתמלא
בין שעתו ומתפנה בין שעתו „Jake" (als Beiname
des Salomo, יקה, Spr. 30, 1), weil er ausspie
die Worte der Gesetzlehre (als er entartete),
wie jenes Becken, das zu seiner Zeit gefüllt,
aber bald darauf ausgeleert wird. — Pl. Schabb.
29ᵇ ספָלִים של שמן Schalen mit Oel. Suc. 48ᵃ
R. Juda sagte שני ספלים של כסף היו שם zwei
silberne Schalen waren dort, im Tempel, zur
Wasserlibation, vgl. קַסְוָה. Ber. 44ᵃ, s. סְוָרִית.
Tosef. Kidd. V g. E. דספלין crmp. aus הספלרין
die Haarverschneider. Tosef. Ab. sar. VI (VII)
הספלין ed. Zuckerm. crmp. aus הספסלין.

סִיפְלָא *ch.* (=סֵפֶל) Schale, Becken, s. TW.

סוּפְלֵי *m.* pl. die Kerne der Früchte. Das
W. ist wahrsch. das arab. سُفَالَة eig. geringe
Bestandtheile, wie קשייתא eig. harte, schlechte
Dinge, das ebenf. Kerne bedeutet. Git. 69ᵇ un.
מיא דסופלי die Flüssigkeit der Kerne, welche
die Impotenz bewirkt. Bez. 21ᵇ הני סופלי לחיותא
היכי שדינן להו ביום טוב weshalb dürfen wir am
Feiertage den Thieren die Kerne vorwerfen, da
sie doch blos von Thieren, nicht aber von Menschen genossen werden? B. bath. 11ᵃ, s. פִּרְכָא.

סִיפְלָנִי *fem.* (gr. σπλήνιον, splenium, gew.
אִסְפְלָנִית s. d.) Verband, Pflaster, Salbe.
j. Kil. IX Ende, 32ᵇ סיפלני דמרטוט Pflaster eines
Lappens, s. מַרְטוֹט. j. Sot. IX, 23ᵈ un. מאן דבעי
דלא מחכמכמא יהב סיפלני על נחיריה והוא לא
תחכם wer nicht erkannt werden will, der lege
ein Pflaster auf seine Nase, so wird er nicht
erkannt werden, vgl. אַרְדְּקָנִם.

סְפָם, סַפְמָא, שְׂפָמָא *ch.* (hbr. שָׂפָם) Lippen-
bart, Lippe, Lefze, s. TW. — Pl. Schabb.
129ᵇ מאה רישי בזוזא מאה סַפְמֵי בולא כלום
רומא דדור מפברו רבנן אמרי האידנא יומא
דסטמסי הוה Ms. M. (Agg. שפמי ולא כלום) hundert Ochsenköpfe kauft man für einen Sus (d. h.
mehr sind sie nicht werth); für hundert Thier-
lefzen hing. zahlt man (da sie ganz werthlos
sind) gar nichts. (Nach Tosaf. z. St.: Für das
Haarverschneiden von hundert Köpfen zahlt man

einen Sus; für das Verschneiden von hundert
Lippenbärten hing. zahlt man gar nichts; weil
dies als eine Zugabe zum Verschneiden des
Haupthaares oder zum Aderlass galt.) Dah.
sagte man von dem Tage, an welchem die Gelehrten Ferien hatten: Heute war ein Tag der
Lefzen (oder: der Lippenbärte); d. h. der Tag
verstrich nutzlos.

צָפוֹן, סָפוֹן *m.* (gr. σάπων, sapo, syr. ܣܵܦܘܿܢܵܐ)
Seife. Nid. 62ᵃ סמון צבע נמי מעבר Ar. (Agg.
צפון) die Seife nimmt auch die Farbe des Kleides fort. Das. העביר עליו ספון וכ׳ er strich
Seife darüber. B. kam. 93ᵇ יכול להעבירו על
(צפון) ידי סמון er kann die Farbe durch Seife
fortbringen.

סָפַן I (verw. mit סְפָא s. סְפָיָא, mit angeh.
Nun) Scheu, Ehrfurcht haben, achten. j.
Snh. X Anf., 27ᶜ הפורק עול זה האומר יש תורה
Jem., der das Joch von sich wirft",
das bezeichnet einen Menschen, der da sagt:
Wohl giebt es eine Gesetzlehre, aber ich achte
sie nicht. j. Pea I, 16ᵇ mit. סובבלה. Tosef. Sot.
III mit. סופכה לא ספנוהו מפני שהוא סופמה.
גולייר man achtete ihn (den Sisera) nicht, weil
er blos ein Galear, Knappe war. Num. r. sct.
9, 202ᶜ dass. Sifre Waëtchan. § 33, s. דיסְנוֹגְנְמָא.
Exod. r. sct. 20, 119ᵈ ein Gleichniss von einem
Königssohn, bei dem Jemdm. war, an den der
König öfter schrieb: Schicke meinen Sohn nach
Hause! Als letzterer nun, dem Willen seines
Vaters gemäss, zu letzterem zurückkehrte, jam-
merte jener: כי כשהיה בנו של מלך
אצלי . . . והיה זקוק לי והייתי ספון בעיניו . . .
כך אמר פרעה כשהיה ישראל אצלי היה הקב״ה
זקוק לי והייתי ספון בעיניו וכ׳ ich hatte Ehre
als der Königssohn noch bei mir war, infolge
dessen der König sich an mich wandte und ich
ward von ihm geehrt. Ebenso sagte Pharao:
So lange Israel bei mir war, wandte sich Gott
an mich und ich war bei ihm geachtet; er liess
mir öfter durch Mose sagen: „Schicke meinen
Sohn fort!" Als nun Gott gekommen war und
Israel fortgenommen hatte, rief Pharao aus:
„Wehe, dass ich Israel aus meinem Lande ziehen
liess;" Mechil. Beschallach Par. 2: „Was sind
wir" u. s. w. (Ex. 16, 7), וכי מה אנו ספורים שאתם
עומדין ומתרעמים עלינו d. h. was sind wir geachtet, dass ihr stehet und gegen uns murrt? Das.
g. E. u. ö. Tanch. Wajescheb, 43ᵇ R. Chija hatte
Recht, dass er jene Spione den Fliegen verglich,
לפי שלגיונין אלו אינן ספונין לכלום weil diese
Legionen gar nicht geachtet sind.

סְפַן *ch.* (=vrg. סָפַן) achten, Ehrfurcht
haben, s. TW. Part. pass. M. kat. 28ᵃ מאן
חשיב מאן ספין מאן רקיע wer ist geschätzt, wer
geachtet und wer gehoben! d. h. in der Todesstunde.

סָפַן II (=bh., syn. mit שָׂפַן und צָפַן) bedecken, begraben. Tosef. Sot. VII Anf. eine
Frau, die sich theilnahmlos zeigt, למחר תהא
סופנה מוטלת ואין כל בריה könnte morgen todt
darnieder liegen, ohne dass Jem. sie begräbt.
Keth. 72ᵃ sind zwei Lesarten סופנה und סופדה.

סָפַן ch. (=vrg. סְפַן) 1) bedecken, ver-
scharren, s. TW. — 2) sich einscharren,
sich in die Erde eingraben. Bez. 7ᵃ un.
אימא ספנא מארעא die Henne hat sich vielleicht
in die Erde eingescharrt, infolge dessen sie
Eier legte. Das. כב היכא דאיכא זכר לא ספנא
מארעא überall, wo ein Hahn anwesend ist,
scharrt sie sich nicht in die Erde ein. Chull.
58ᵃ dass.

סָפְנָא masc. verborgener, tiefliegender
Raum, Hintergrund. Snh. 108ᵇ un. ספנא
דתיבותא אָוְרַשְׁנָא der Hintergrund der Arche, s.

סְפִינָה f. (=bh.) Schiff, bes. grosses, mit
Verdeck versehenes Schiff, Flotte. Stw.
סָפַן II bedecken. Taan. 19ᵃ ספינה המטורפת בים
ein Schiff, das im Meere verschlagen wurde.
B. mez. 59ᵇ u. ö. Men. 94ᵇ die Form der Schaubrote war wie ein sich רוקדת סִפִינָה schaukelndes Schiff. Vgl. Num. r. sct. 4, 189ᵈ אמצעיתה
של חלה תחתונה נוגעת בשלחן לפי שחללו עשויה
כמין ספינה רוקדת חדה מלמטה ונסבה ורחבה
למעלה der mittelste Theil des untersten Brotes
berührte den Tisch; denn das Brot war wie ein
sich schaukelndes Schiff geformt, nach unten zu
kantig und je höher es kam, desto breiter war
es. Nach einer andern Ansicht das. כמין תיבה
פרוצה hatte das Brot die Form eines offen
stehenden Kastens. Genes. r. sct. 12 g. E., s.
נָוְוט. Kel. 15, 1 בור ספינה קטנה der Brunnen
eines kleinen Schiffes, der süsses Trinkwasser
liefert. Ohol. 8, 3 u. ö. vgl. בּוֹר II. Trop. B.
bath. 91ᵇ ob. אוי לה לספינה שאבד קברניטא
wehe dem Schiff, dessen Steuermann (κυβερνήτης)
untergegangen ist; auf den Tod Abraham's angewandt, der die Welt geleitet hatte. — Pl.
Exod. r. sct. 17 g. E. ספינות של פורטין die
Schiffe der Seeräuber, Piraten.

סְפִינְתָּא ,סְפִינָא ch. (syr. ܣܦܺܝܢܬܳܐ=
סְפִינָה) Schiff. Taan. 21ᵃ אסקריא דספינתא die
Segelstange des Schiffes, s. אָסְקַרְיָא. Ned. 50ᵃ
אילא דספינתא der Schiffsbock, s. אַיְלָא. — Pl.
סְפִינָתָא ,סְפִינָן, s. TW.

סַפָּן m. Adj. der Schiffer. Schebi. 8, 5 ספר,
ספן der Haarverschneider, der Schiffer. — Pl.
Schabb. 15, 1. 2 קשר הַסַּפָּנִין der Knoten der
Schiffer, wird das. 111ᵇ erklärt durch אטמרידא
s. d. Kidd. 82ᵃ הספנין רובן חסידים die Schiffer
sind grösstentheils fromm; weil sie näml. oft Gefahren ausgesetzt sind. j. M. kat. III, 82ᵇ un:
גמליו וספניו seine Kameltreiber und seine
Schiffer.

סָפְנָא ,סְפוֹנָא ch. (syr. ܣܰܦܳܢܳܐ=סַפָּן) Schiffer,
s. TW. Bech. 8ᵇ un. אמר ליה לספונא שרי
R. Josua sagte zu dem Schiffer: Löse
dein Schiff und fahre fort! — Pl. B. mez. 84ᵇ
אתו הנך שיתין ספונאי jene 60 Schiffer kamen
an. Ned. 50ᵃ יהיב ד' זוזי לספונאי er gab vier
Sus den Schiffern.

סוֹפִינָא od. סוֹפִנָא m. Schaft, Griff, s. TW.,
vgl. auch סוּבִּין.

סְפוֹנִינָא Kel. 16, 8, s. סומְפוֹנְיָא in 'סר.

סוֹפִיסְטָא s. d. in 'סר.

סַפְסָל m. (gr. σφέλας oder lat. subsellium)
Sessel, Bank, eig. niedriger Schemel,
gegenüber dem כְּסָא oder כִּלָּא: Thron, Stuhl.
Kidd. 70ᵃ R. Nachman sagte zu R. Jehuda bar
Jecheskel, der von jenem zum Termin vorgeladen
war: ליתיב מר אקרפיטא אמר ליה ומי סני ספסל
דאמרי רבנן או אצטבא דאמרי אינשי setze dich
(Herr) auf den קרפיטא (Sessel)! Letzterer entgegnete ihm: Ist dir etwa nicht vornehm genug,
den Sessel ספסל zu nennen, wie das W. in der
Gelehrtensprache, oder: אצטבא, wie es in der
Vulgärsprache lautet? vgl. אָתַרוּנְגָא u. a. Schabb.
23ᵇ כסא וספסל Stuhl und Sessel. Mikw. 5, 2.
j. Suc. II, 53ᵃ ob. ספסל שהוא נתון ברשות הרבים
ein Sessel, der auf der Strasse steht. j. Schabb.
III, 5ᵈ un. j. Erub. III, 21ᵃ ob. j. M. kat.
83ᵇ mit. u. ö. — Pl. j. Ber. IV, 7ᵈ ob. כְּמָּה
סַפְסְלִין היו שם ר' יעקב בר סיסי אמר שמנים
ספסלין וכ' wie viele Sessel standen dort (in
der Akademie, an dem Tage als R. Elasar ben
Asarja den Vorsitz führte)? R. Jakob bar Sisi
sagte: Achtzig Sessel für die Gelehrten ausser
denjenigen, die hinter der Umzäunung standen
(Exoteriker, vgl. חַצְצָבָא). R. Jose bar Aben
sagte: 300 Sessel. j. Taan. IV, 67ᵈ mit. Pes.
51ᵇ יושבין על ספסל של נכרים בשבת man darf
am Sabbat auf den Sesseln der Nichtjuden sitzen
(auf welchen die Letzteren ihre Waaren zu verkaufen pflegen), ohne zu befürchten, dass man
den darauf sitzenden Juden im Verdacht haben
könnte, dass er am Sabbat verkaufe. Tosef.
Kel. B. bath. I mit... הספסלין שבפונדקאות
die הספסלין של מלמדי תינוקות Sessel in den
Wirthshäusern, die Sessel der Jugendlehrer, die
Löcher hatten, in welche man die Füsse hinein-
steckte.

סַפְסְלָא ,סִיפְסָל ch. (=סַפְסָל; vgl. Pesch.
2 Chr. 9, 11 ܣܶܦܣܠܳܐ für hbr. מְסִלּוֹת) Sessel,
Bank. Schabb. 29ᵇ אבון צפוראה גרר ספסלא
'וכ Abbuu aus Sepphoris rückte am Sabbat den
Sessel fort u. s. w. j. Schabb. XV Anf., 15ᵃ.
Das. XVII Anf., 16ᵃ טעינין ספסלה דר' הורון טליא
יודה בר פזי וסבריא מסייעין להון die Jünglinge
trugen den Sessel des R. Juda bar Pasi und die
Alten waren ihnen behilflich. j. Meg. III Anf.,

73ᵈ un. ספסלה וקלטיקה Sessel und Schemel (od. die Bema) als Utensilien der Synagoge. Das. 74ᵃ ob. ספסלה‎. — Pl. Ber. 28ᵃ an dem Tage, an welchem R. Elasar als Oberhaupt der Akademie ernannt wurde, אתוספו כמה סַפְסְלֵי sind (wegen des Zudranges der Schüler) viele Bänke hinzugekommen; s. vrg. Art. j. Sot. I, 16ᵈ un.

סְפַסֵף Pilp. (von סוף) 1) etwas bis zu Ende thun. Nas. 39ᵃᵇ כל שהוא מספסף wenn der Nasir einen sehr kleinen Theil seiner Haare bis zur Wurzel abrasirte. Nach Ar. bedeutet ספסף: einen Theil des Haares ausreissen, vgl. מרט‎. Num. r. sct. 10, 209ᵃ dass. j. Bez. IV, 62ᶜ un. אין מספסין wahrsch. crmp. aus מפספסין‎. — 2) (viell.) einen Theil von etwas erfassen. j. B. kam. VI, 5ᶜ ob. ספספה אבניו das Feuer erfasste (beschädigte) seine Steine. Das. מספסף dass. Mögl. Weise jedoch crmp. aus ספסף Pilp. von סָבַך s. d.

סִיפְסוּף m. Feige, die erst im Spätsommer reift und schlecht schmeckt, ähnlich

קְרְיְפוֹת s. d. (Vgl. arab. سَفْسَاف und bh. אַסַפְסֻף‎ =המחנה קצה: Gesindel, die Hefe des Volkes). j. Pea VII, 20ᵃ un. R. Jochanan sagte: יסה סיפסוף שאכלנו בילדותנו מחרסיקנו בזקנותנו וכ׳ besser schmeckte die Spätfeige, die wir in unserer Jugend assen, als die Pfirsiche, die wir in unserem Alter assen; weil näml. zu seiner Zeit der Erdboden schlechter geworden war. j. Sot. I, 17ᵇ mit und IX, 24ᵇ un. dass., wo jedoch מפספרסין anst. מרסקין steht.

סְפָסוּפָה m. (ähnl. סְפָסוּף) viell. Gefängniss für die schweren Verbrecher, eig. wo sie ihr Ende finden. j. Ter. VIII g. E., 46ᵇ un. ר׳ אימי אתציד בספסופה ... זעיר בר חיננא אתציד בספסופה R. Imi wurde eingesperrt in das Gefängniss; Seër bar Chinna wurde eingesperrt in das Gefängniss. Viell. jedoch crmp. aus: בסופיסטה: durch jenen Sophisten. — Mögl. Weise ist Sifsufa Name eines Ortes.

סִיפוֹסְקָא m. sehr grobes Mehl, Schrotkorn. Git. 56ᵇ רומא קמא אשקידוד מיא דסופוסקא למחר מיא דסופוסקא למחר מיא דקמחא עד דרווח Ar. (Agg. דסיפסא) מיעדה פורחא פורחא am ersten Tage gaben die Aerzte ihm (dem R. Zadok, der infolge des Fastens nichts geniessen konnte) Wasser mit Schrotkorn zu trinken, tags darauf Wasser mit Schrotkorn, am dritten Tage Wasser mit grobem Mehl, bis seine Eingeweide sich nach und nach erweiterten. Pes. 42ᵃ un. סת קובר ריסתא סיפוסקא Ar. (Ms. M. דסיפיקא; fehlt in Agg.) grobes Brot, d. i. Brot aus Schrotkorn.

סְפָסִירָא ,סַפְסֵר masc. (syr. ‎ܣܦܣܝܪܐ; Joseph. Ant. XX, 2. 3 σαμψήρα, מ eingeschaltet, s. TW., pers. شَمْشِير, vgl. Fleischer, Nachtr. TW. II,

571ᵇ) Schwert, Säbel. B. hath. 21ᵇ שקל ספסירא למקטליה Joab nahm das Schwert, um ihn (seinen Jugendlehrer, der ihn schlecht unterrichtet hatte, vgl. שבבותא) zu tödten. Num. r. sct. 9, 203ᵃ als Absalom mit dem Haare hängen blieb, שקל ספסירא בעי למפסקיה so nahm er den Säbel und wollte das Haar abschneiden. j. Ter. VIII, 46ᵇ un. חד סרקיי טעין חד ספסר אמר לון בהדא (בהדין) ספסירא קטל בר ניצור לאחוי ein Sarazene kam, einen Säbel tragend, und sagte ihnen: Mit diesem Säbel tödtete Bar Nizor die Brüder der Königin. Snh. 7ᵃ כי הוות עלל חד סרקיי טעין חד ספסר ... als unsere Liebe so stark war, so lagen wir auf der Breite eines Schwertes und hatten genug Raum; jetzt aber wo unsere Liebe nicht mehr stark ist, so genügt uns ein Bett von sieben Ellen nicht mehr. Hai liest אסותיא דריספא auf der Breite einer Schwelle. Jeb. 120ᵇ, s. נַרְבִיתָא‎.

סְפָסָר ,סַפְסִירָא masc. (pers. سِمْسَار, arab. سِمْسَار) Unterhändler, Makler. B. mez. 51ᵃ בתגר ספסר שנו (wenn die Mischna sagt, dass bei einem Händler das Uebervortheilungsrecht nicht stattfindet), so ist von einem Unterhändler die Rede, der die verkaufte Waare sofort andere kauft. Da er aber für die andere Waare mehr zahlen müsste, so möchte er gern den Verkauf rückgängig machen. Das. 63ᵇ ספסירא s. den nächstfolg. Art. — Oefter סרסור s. d.

סְפָסִירוּתָא f. (syr. ‎ܣܦܣܝܪܘܬܐ?) das Maklerwesen, Unterhandlung. B. mez. 63ᵇ והא בעי למיתב זוזי לספסירא ... זוזי דאינש איגון עבדי ליה ספסירותיה er (derjenige, der das von ihm für spätere Zeit gekaufte Getreide im Voraus bezahlt, hat ja durch die Vorauszahlung den Gewinn), dass er dem Makler keinen Maklerlohn zu geben brauche? (Weshalb also sagst du, dass man durch die Vorauszahlung nichts profitire?) R. Asche antwortete: Das Geld des Menschen führt für ihn die Makelei; d. h. der Käufer bedarf keines Vermittlers, weil die Verkäufer selbst die Geldbesitzer aufsuchen, um ihnen die Waare zu liefern.

סִיפוֹף m. (von סָפַף, wahrsch. arab. سَفَّ) Geflecht, Korb. Jelamd. Wajescheb Anf. סיפוף s. (חרוב=) של חרובים כפיפה של חרובים) ein Korb mit Johannisbroten; mit Ansp. auf הסחוף (Ps. 84, 11), vgl. סיפוסימה‎.

ספפתא Khl. r. sv. שלח‎, 93ᵈ crmp., s. סופיכתה‎.

סָפַק (=bh. סָפַק, שָׁפַק=סָפָה, verw. mit שָׁפַד) eig. überströmen, sich ergiessen; übrtr. genügen, hinreichen.

Hif. הִסְפִּיק 1) strömen lassen, überströmen. j. Ber. IX, 14ᵃ mit., s. סָפַם‎. — 2) genügen, hinlängliche Zeit oder Gelegenheit

darbieten, zur Genüge geben. Aboth 5, 18 כל המחטיא את הרבים אין מספיקין בידו לעשות תשובה wer Andere zu Sünden verleitet, dem lässt man nicht gelingen, Busse zu thun. j. Ber. IX, 14ᵇ un. לא הספיק לומר עד שפרחה נשמתו R. Akiba hatte noch nicht das Schemā beendet, als sein Leben bereits entschwand. Genes. r. sct. 94, 92ᵇ u. ö., s. סְפַג. Taan. 21ᵃ לא הספקתי לפרוק מן החמור עד שיצתה נשמתו ich hatte noch nicht die Last vom Esel abgeladen, als jener (Arme) bereits starb. Mechil. Beschallach Par. 6 g. E. „Israel prüfte Gott" (Ex. 17, 7) אם מספיק לנו צרכינו נעבדנו ואם לאו לא נעבדנו wird er uns unsere Bedürfnisse verleihen, so wollen wir ihm dienen, wo nicht, so werden wir ihm nicht dienen.

Pi. סִפֵּק 1) darreichen, verabreichen. Schek. 4, 9 כל המקבל עליו לספק סלתות וכ' wenn Jem. übernimmt, je vier Seah feine Mehlsorten für einen Sela zu verabreichen u. s. w., s. סֹלֶת. Sot. 11ᵇ die Hebammen in Egypten לא דיין שלא המיתו אותן אלא שהיו מספיקות להם מים ומזון haben nicht nur die Neugeborenen nicht getödtet, sondern sie verabreichten ihnen auch Wasser und Nahrungsmittel. Mac. 11ᵇ אמותיהן של כהנים מספיקות להן מחיה וכסות וכ' die Mütter der Hohenpriester reichten ihnen (den in den Zufluchtsstädten befindlichen Mördern) Nahrungsmittel und Bekleidung, damit letztere nicht für den Tod ihrer Kinder beteten, denn dann würden sie freikommen, vgl. Num. 35, 25. — 2) anreihen, eig. erreichen lassen. j. Schabb. V Anf., 7ᵃ mit. בלמספק חבל על חבל er reiht Strick an Strick, bindet sie an einander. Kil. 6, 9 סיפקה בחבל או בגמי החת הספוק מותר wenn man die Weinrebe an den Zweig eines Baumes mittelst eines Strickes oder Bastes verbunden, vereinigt hat, so darf der Feldstrich unterhalb dieser Verbindung mit Getreide besäet werden; d. h. es ist nicht als eine Mischsaat von Wein und Getreide anzusehen. B. mez. 9, 1 (103ᵇ) ושניהם מספקין את הקנים Beide (der Grundbesitzer und der Pächter) müssen die Stangen, Bohlen (als Stützen der Weinreben) beschaffen. Par. 12, 1 האוב הקצר מספקו בחוט ובכותב einen kurzen Ysopstengel reiht man an einen Faden oder an eine Spindel (um jenen zu verlängern) und taucht ihn ein. j. Orl. I, 61ᵃ un. Levit. r. sct. 19, 162ᵃ u. ö. — 3) (=bh. סָפַק trnsp.) klopfen, mit einer Ggst. an den andern reihen. Tosef. Schabb. VI (VII) Anf. המספק והמטפח והמרקד לשלהבת הרי זה מדרכי האמורי Jem., der vor einer Feuerflamme mit den Händen auf die Schulter klopft, oder die Hände über einander schlägt, oder tanzt, übt einen heidnischen Brauch. Bez. 5, 2 (36ᵇ) אין מספקין man darf nicht (am Feiertage) mit den Händen auf die Schulter klopfen. Das. 30ᵃ dass. Nach j. Gem. z. St. V, 63ᵃ mit. סיפוק שהוא מחמתו das W. ספק bedeutet: das Zusammenschla-

gen der Hände im Zorn oder Aufwallung (u. zw.=Num. 24, 10), vgl. סָפַח.

Hithpa. הִסְתַּפֵּק 1) verabreichen, verkaufen, verwenden. j. Dem. II, 22ᶜ ob. III, 23ᶜ mit. סירקי שהיתה מסתפקת וכ' eine Bäckerin (oder Händlerin), welche einen Tag unerlaubtes Getreide verkaufte. j. Keth. I, 25ᵈ un, vgl. סִירְקִי. — 2) etwas annehmen, zu sich nehmen, dah. geniessen. j. Ab. sar. V, 44ᵇ un. die Samaritaner in Cäsarea sagten zu R. Abahu: אבותיכם היו מסתפקין בשלנו אתם מפני מה אינכם מסתפקין ממנו וכ' eure Vorfahren haben bei uns Speise und Trank (Wein und Fleisch) genossen; warum wollt ihr bei uns nichts geniessen? Er antwortete ihnen: Eure Vorfahren waren keine Götzendiener, ihr aber betet die Götzen an, vgl. נְבֵלָה.

סְפִיק, סְפַק ch. (syr. ܣܦܩ=כָּפַק) 1) überströmen, sich ergiessen. — 2) genug sein, genug thun. — 3) reichen, darreichen. — 4) (verwandt mit פָּלַג trnsp.) eig. theilen, dah. zweifeln, getheilter Ansicht sein, s. TW. Pa. סַפֵּק 1) reichen, darreichen, s. TW. — 2) zweifeln, und übrtr.: etwas zweifelhaft machen. Bez. 4ᵇ ר' אסי ספוק מספקא R. Asse war zweifelhaft (hinsichtl. des rabbinischen, zweiten Feiertags; ob näml. die früheren Gelehrten diesen Feiertag blos im Zweifel eingesetzt haben, weil sie die Kalenderberechnung nicht kannten; sodass daher spätere Gelehrte, die der Kalenderberechnung kundig wären, den rabbinischen Feiertag aufheben dürften; oder ob sie diesen Feiertag für alle Zeiten eingesetzt haben, infolge dessen der erste Feiertag mit dem zweiten gleichsam einen Tag ausmache); daher verfuhr er nach dieser, wie nach jener Seite hin erschwerend; d. h. er feierte den zweiten Tag, trotzdem er genau wusste, dass er ein Wochentag sei; andererseits aber sprach er den Segen (die Habdala, vgl. בְּדַל Hif. nr. 2) beim Ausgang des ersten Feiertages. Pes. 117ᵃ un. מסתפקא ליה er zweifelte hinsichtl. des Ws. הללויה s. d. — Uebtr. Kidd. 39ᵃ ob. Lewi sagte zu Samuel: ספק לי ראנא איכול gieb mir Früchte, betreffs deren ich zweifelhaft sein werde, sodann werde ich sie essen; d. h. da die Früchte ausserhalb Palästinas in den ersten drei Jahren der Pflanzung, Orla, nur dann verboten sind, wenn man sie aufsammeln sieht, so sammle sie in meiner Abwesenheit, infolge dessen werde ich sie essen dürfen. Das. R. Iwja und Rabba bar Chanan מספק ספוק להדדי gaben einander solche Früchte, worüber gezweifelt wurde, zu essen. j. Taan. II, 65ᶜ ob. u. ö.

סָפֵק m. Zweifel, bes. Zustand oder Handlung, betreffs deren ein Zweifel obwaltet, Zweifelhaftes; Ggs. ודאי: Gewissheit. Ker. 17ᵇ fg. חתיכה אחת ספק של חלב ספק של

שומן ואכלה wenn ein Stück Fett daliegt, worüber gezweifelt wird, ob es von unerlaubtem, oder von erlaubtem Fett herrührt und Jemd. es isst. Das. ספק אכל חלב ספק לא אכל wenn ein Zweifel obwaltet, ob Jemd. unerlaubtes Fett gegessen hat, oder nicht, vgl. אֲשָׁם. Schabb. 2, 7 (34ᵃ) ספק חשכה אינו חשכה wenn gezweifelt wird, ob es schon finster (Freitag Abend, also der Sabbat bereits eingetreten), oder ob es noch nicht finster ist. B. bath. 10ᵃ wenn der Mensch dem Könige ein Geschenk darbringt, ספק מקבלין אותו הימנו ספק אין מקבלין אותו הימנו ... ספק רואה פני המלך ספק אינו רואה פני המלך והקב"ה אינו כן וכ' so ist es zweifelhaft, ob man es von ihm annehmen wird, oder ob man es nicht von ihm annehmen wird; selbst wenn man es annimmt, so ist es noch zweifelhaft, ob er zugelassen wird, um das Antlitz des Königs zu sehen, oder ob er nicht zugelassen wird, um das Antlitz des Königs zu sehen. Bei Gott hing. ist das nicht der Fall; denn wenn der Mensch auch dem Armen, sei es auch eine Peruta (kleine Münze) giebt, so erblickt er Gottes Antlitz; mit Bez. auf Ps. 17, 15. Jeb. 35ᵇ wenn ein Levir die Wittwe seines kinderlos verstorbenen Bruders innerhalb der drei Monate nach dem Tode des Letzteren geehelicht und die Frau nach sieben Monaten der Leviratsehe ein Kind geboren hat, ספק בן תשעה לראשון ספק בן שבעה לאחרון so ist es zweifelhaft, ob das Kind von dem ersten Manne nach neunmonatlicher oder vom zweiten Manne nach siebenmonatlicher Schwangerschaft abstamme. Das. 37ᵇ fg. ספק ויבא שבאו לחלק בנכסי־ מיתנא ספק אמר אנא ברא דמיתנא וכ' wenn dieser zweifelhafte Sohn und der Levir die Erbschaft des Verstorbenen antreten wollen; Ersterer behauptet: Ich bin der Sohn des Verstorbenen (meine Mutter hat mich nach neunmonatlicher Schwangerschaft geboren), und bin also der alleinberechtigte Erbe. Der Levir hing. sagt zu ihm: Du bist mein Sohn, von meiner Frau nach siebenmonatlicher Schwangerschaft geboren, du hast also von dieser Erbschaft nichts zu fordern u. s. w. — Ker. 25ᵃ המתן עד שתכנס לבית הספק warte, bis du in das Verhältniss des Zweifels kommst! Baba ben Buta brachte näml. an jedem Tage ein Aschamopfer, wegen eines Zweifels dar (er könnte vielleicht eine Sünde begangen haben, אשם תלויים, s. d.). An dem den Versöhnungstag folgenden Tag jedoch verboten es ihm die Gelehrten, weil da kein Zweifel einer Sünde obwaltet, da an dem Versöhnungstage alle Sünden verziehen werden. — Sehr oft אין ספק מוציא מידי ודאי ein Zweifel ist einer Gewissheit gegenüber nicht zu berücksichtigen; z. B. Chull. 10ᵃ wenn an dem Schlachtmesser nach dem Schlachten eines Thieres Scharten gefunden wurden (vgl. פְּגִימָה), wobei gezweifelt wird, ob letztere beim Schneiden des Felles, also vor dem Schlachten, oder beim Anschlagen

des Messers an den Knochen des Genicks, also nach dem Schlachten entstanden sind: so darf das Thier nach Ansicht des R. Chisda gegessen werden; עצם ודאי פוגם עור ספק פוגם ספק לא סוגם הוי ספק ודודאי ואין ספק מוציא מידי ודאי denn durch den Knochen, woran man mit dem Messer schlägt, entsteht bei letzterem gewiss eine Scharte; durch das Schneiden des Felles hing. ist es zweifelhaft, ob eine Scharte entsteht oder nicht. Da hier also ein Zweifel einer Gewissheit gegenüber steht, so findet der Zweifel der Gewissheit gegenüber keine Berücksichtigung. Pes. 9ᵃᵇ u. ö. dass. auf ähnliche Fälle angewandt. — Nas. 57ᵇ fg. כל ספק טומאה ברשות היחיד ספיקו טמא ... וכל ספק טומאה ברשות הרבים ספיקו טהור jeder Zweifel hinsichtl. einer Unreinheit, der in einem abgeschlossenen Raume entsteht (d. h. an einem Orte, wo nicht drei Personen anwesend sind), wird zweifelshalber als unrein angesehen; jeder Zweifel aber, der in einem öffentlichen Raume entsteht, ist als rein anzusehen. Dieser Satz wird aus Num. 5, 11 fg. erwiesen, da die des Ehebruchs Verdächtige (Sota, vgl. סוֹטָה) mit ihrem Buhlen, also blos zwei Personen, sich in einem abgeschlossenen Raume befinden. Jeb. 72ᵇ u. ö.

סְפֵיקָא ch. (= סָפֵק) Zweifel, zweifelhafter Zustand. Ber. 3ᵇ Keth. מי איכא ספיקא קמי שמיא giebt es denn etwa bei Gott einen Zweifel? Jom. 74ᵃ אצטריך קרא לאתויי ספיקא würde denn die Schrift nöthig haben, etwas, worüber ein Zweifel obwaltet, als verboten zu erklären; da es ja Gott gegenüber keinen Zweifel giebt? — Ab. sar. 70ᵇ ספק ספיקא Zweifel über Zweifel; d. h. wenn ein Zweifel beseitigt ist, so bleibt noch immer ein Zweifel. Wenn z. B. Jem. in einen Weinkeller gekommen, wobei zu besorgen ist, dass er ein Götzendiener war, der den Wein libirt, diesen berührt hatte (vgl. מַגָּע und נֶסֶךְ); so darf der Wein, da hier zwei Zweifel obwalten, getrunken werden; denn 1) vielleicht war der Hereingetretene ein Jude; und 2) selbst wenn es ein Götzendiener war, vielleicht hat er den Wein gar nicht berührt. Kidd. 75ᵇ u. ö. ספק ספיקא לקולא wo ein doppelter Zweifel obwaltet, so wird erleichtert. Dass. auf verschiedene Fälle angewandt. In hebr. Form lautet diese Phrase: ספק ... ואם תמצי לומר ספק וכ' ... ein Zweifel ist u. s. w.; wenn du aber auch sagen solltest, dass ... so ist auch ein Zweifel u. s. w., vgl. auch Keth. 9ᵃ u. ö., vgl. auch סְפֵקָה. — Pl. Chull. 18ᵇ סְפֵיקֵי דגברי die Zweifel hinsichtl. der Autoren einer Halacha, von wem sie herrühre. Das. 95ᵇ ספיקי טריפתא die verschiedenen Thiere, betreffs welcher Zweifel obwalten, ob sie gegessen werden dürfen oder nicht, vgl. טְרֵיפָא.

סְפֵקָה f. Person oder Gegenstand, betreffs deren ein Zweifel obwaltet, Zwei-

felhaftes. — Pl. Kidd. 74ᵃ הַבְּסָקוֹת הֵן וָאֵלוּ שְׁתוּקִי אסופי וכוחי folgende Klassen von Personen sind zweifelshalber zur Ehe verboten: ein Verschwiegenes (d. h. dessen Vater man nicht kennt), ein Findling (dessen beide Eltern unbekannt sind) und ein Samaritaner, vgl. כוחי Tem. 16ᵃ Mose sagte vor seinem Tode zu Josua: שְׁאַל מִמֶּנִּי כֹּל סְפֵקוֹת שֶׁיֵּשׁ לָךְ וכ' über alles dir Zweifelhafte, ich werde es dir erklären. B. mez. 83ᵇ מה ספקות שלכם כך ודאות שלכם על אחת כמה וכמה wenn es bei den, euch zweifelhaften Dingen sich so verhält (dass ich das Richtige getroffen), um wie viel mehr bei Dingen, die ihr für gewiss haltet. — j. Keth. I Anf., 24ᵈ שתי ספיקות מדבר תורה להקל wo zwei Zweifel obwalten, so wird biblisch (?) erleichtert. In aram. Form steht dafür: ספק ספיקא s. d., wobei selbst rabbinisch erleichtert wird.

סְפוֹק m. N. a. eig. (ähnl. bh. שֶׁפַק) Ueberfluss, Menge; übrtr. 1) genügende Kraft. Mechilla Beschallach Par. 3 Anf. Gott sagte: Das Manna gebe ich euch, שֶׁלֹּא תֹאמְרוּ אֵין סִפּוֹק בְּיָדוֹ לִיתְּנוֹ לָנוּ וכ' damit ihr nicht etwa saget, er besitzt nicht die Macht, es uns zu geben. — 2) das Aneinanderreihen, das Gereihte. Kil. 6, 9, s. סָפַק Piel nr. 2. Orl. 1, 5 ספוק הגפנים וסִפּוּק על גבי ספוק אף על פי שהבריכן בארץ מותר die aneinandergereihten Reben (von zwei Weinstöcken, deren einer jung, h. aus einer Pflanzung innerhalb der ersten drei Jahre war, vgl. Lev. 19, 23 fg.), oder wenn eine Aneinanderreihung oberhalb der andern war: so dürfen dennoch ihre Weinbeeren, selbst wenn man die Reben in den Erdboden gepfropft hat (in welchem Falle die jungen Reben in die Erde Wurzel geschlagen haben könnten) gegessen werden. — 3) das Klopfen, Aneinanderschlagen der Hände. j. Bez. V, 63ᵃ mit. סְפוּק שֶׁהוּא מַחֲמוֹ das Aneinanderschlagen der Hände vor Zorn, vgl. סָפַק Piel nr. 3.

סְפִיקָה f. genügende Macht, das Vermögen, etwas zu thun. j. Pea I, 15ᶜ un. ᵈ ob. אֶחָד הָאִישׁ וְאֶחָד הָאִשָּׁה אלא שהאיש ספיקה בידו והאשה אין ספיקה בידה וכ' sowohl der Mann, als auch die Frau (sind verpflichtet, ihre Eltern zu ehren); allein der Mann besitzt das Vermögen, die Frau hin. besitzt es nicht, weil Andere Gewalt über sie ausüben; wenn sie aber verwittwet oder geschieden wurde, so ist es, als ob sie Vermögen hierzu besässe. j. Kidd. I, 60ᵇ un. dass. Kidd. 30ᵇ. 35ᵃ steht dafür סיפק minder richtig. j. Pea I, 16ᵃ un., s. סִירָה. — j. Sot. VII, 21ᵈ ob. הָיָה לָמֵד וּלְלִמֵּד וְשָׁמַר וְעָשָׂה וּדִיהֵת ספיקה בידו להחזיק ולא החזיק הרי זה בכלל ארור לא למד . . . ולא היתה ספיקה בידו להחזיק והחזיק הרי זה בכלל ברוך wenn Jem., der die Gotteslehre selbst gelernt und sie Anderen gelehrt,

sie beobachtet und darnach gehandelt, aber, trotzdem er das Vermögen hat, die Gesetzlehre (durch Unterstützung der Gelehrten) zu erhalten, sie nicht erhält, so bezieht sich auch auf ihn das Schriftwort: „Verflucht ist derjenige, der die Worte dieser Lehre nicht erhält" (Dt. 27, 26). Wenn Jem. hing. nicht gelernt, nicht gelehrt u. s. w.; aber, trotzdem er nicht hinlängliches Vermögen besitzt, die Gotteslehre zu erhalten (die Gelehrten zu unterstützen) sie dennoch erhält, so bezieht sich auf ihn der Ausspruch: „Gesegnet ist derjenige, der die Lehre erhält"! Das. IX, 24ᵃ un. Khl. r. sv. מצות, 74ᶜ.

סוּפְקָנָא m. Ueberfluss, Genüge, s. TW.

סָמְפְּקָא m. grobes Mehl, Schrotkorn. Git. 56ᵇ und Pes. 42ᵃ, s. סִיפּוֹקְקָא.

סוּפְקָא m. (gr. σκύφος trnsp.) Pokal, Becher. Jalk. II, 170ᵃ ומתקרי . . . היה להם כוס גדול וכ' סופקא die Perser hatten einen grossen Pokal, סופקא genannt, aus welchem man bei Gastmählern jedem Tischgenossen zu trinken gab, selbst wenn er hierdurch todt hinfiel oder wahnsinnig wurde. Mit prosthet. א: אַרְסְפָּקָא s. d. Esth. r. sv. ודושתיה, 102ᵈ hat dafür פקחא, das Trg.: פתקא, s. d. W.

סְפִיקְטוֹר s. סְפֵיקַטוֹר.

סְפֵקוּלָה f. (lat. specula) Anhöhe zum Umschauen. j. Schabb. I, 3ᵇ un. man darf am Sabbat bei einem brennenden Lichte nicht lesen, weil man es aus Vergesslichkeit putzen könnte; אפילו נתון בבית אחר אפילו נתון בסמפיקלה וכ' selbst wenn das Licht in einem andern Hause, oder wenn es auf einer Anhöhe steht. — Davon

סְפֵקְלִי m. Adj. Jem., der auf der Warte (specula) steht, Schlosswächter, Schlosshauptmann. Khl. r. sv. טובה חכמה 93ᶜ אליקים אשר על הבית ספקלי ושבנא הסופר סקריפטורי „Eljakim ben Chilkija, der über den Palast gesetzt war" (2 Kn. 18, 18), d. i. der Schlosshauptmann, „und Schebna der Schreiber", d. i. scriptor, der Geschichtschreiber, vgl. auch כתָבָיא.

סְפֵיקוּלָא, סְפֵקוּלָה m. (gr. σφάκελος=φάκελος, fasciculus) eig. Bündel; übrtr. Zuchtruthe oder: Befehl der Züchtigung, Ggs. דימוס Freispruch. Mit vorges. א s. אַסְפֵיקוּלָא Fleischer Nachtr. S. 309ᵇ hält das W. für specula: der Dienst der speculatores, die von ihnen zum vollstreckende Todesstrafe. — Jelamd. Achre Anf. (citirt vom Ar.) נתן להם ספקולא er gab ihnen (die etwas ohne Erlaubniss brachten) Genes. r. sct. 79, 77ᵈ als der Jäger eine göttliche Stimme vernahm: ספיקולה הוה מצבצא φάκελος! so wurde der Vogel gefangen. Pesik. Beschallach, 89ᵃ דימוס ל. ספיקולה, ספיק להו vgl. דימוס III. Khl. r. sv.

חוּפֵר גוּמֵץ 94° und Esth. r. sv. גם ושתי, 103ᵈ dass. j. Ber. IX, 14ᵇ mit. und Levit. r. sct. 24 Anf., s. דִּימוֹס. Num. r. sct. 7, 195ᵃ s. מְנַטְּלִין.

סְפַּקְלָטוֹר *m.* Adj. (lat. speculator, σπεκου-λάτωρ) Spion, bes. waren die speculatores eine Art Trabanten bei den römischen Kaisern, die theils als Leibwache, theils auch zur Ausführung von Executionen dienten. Schabb. 108ᵃ un. ein Boëthusäer fragte den R. Josua: Weshalb darf man die Tefillin auf das Fell unreiner Thiere nicht schreiben (vgl. מוּתָּר), während dies auf die Felle gefallener Thiere gestattet ist? Worauf ihm jener erwiderte: לשני בני אדם שנתחייבו הריגה למלכות אחד הרגו מלך ואחד הרגו ספקלטור איזה מהן משובח וכ׳ Ar. (Agg. אסטקלטור s. d.) ein Gleichniss von zwei Menschen, die von der Regierung zum Tode verurtheilt wurden, deren einen der König selbst und deren anderen der Trabant getödtet hat; wer ist nun vorzuziehen? Doch wohl derjenige, der vom König getödtet wurde! d. h. das gefallene Thier wurde von Gott getödtet. Sifre Behalothcha § 91 „Tödte mich doch, damit ich ihr Verderben nicht sehe" (בְּרָעָתִי, massoret. T. בְּרָעָתִי Num. 11, 15) לאחד שיצא לידרג הוא רבניו אמר לספקלטור הרגני עד שלא תהרוג את בניי das ist Jemdm. zu vergleichen, der, als er sammt seinen Kindern hinausgeführt wird, um hingerichtet zu werden, zu dem Scharfrichter sagt: Tödte mich bevor du meine Kinder tödtest. Num. r. sct. 20, 241ᵇ „Der Engel Gottes stellte sich in den Engpass der Weingärten" (Num. 22, 24) מלך בשר ודם משולח ספקלטור להרוג את האדם מהלך אחריו ימים הרבה וזה שנתחייב מיתה אוכל ושותה והספקלטור מהלך ומטרף אחריו ממקום למקום ולפני הקלבה אינו כן הספקלטור עומד במקומו ומי שנתחייב מיתה בא אצלו ברגליו וכ׳ wenn der menschliche König einen Trabanten ausschickt, um einen Menschen zu tödten, so verfolgt er ihn viele Tage. Während der zum Tode Verurtheilte isst und trinkt, so muss der Trabant von Ort zu Ort gehen, um seine Spuren aufzusuchen. Bei Gott hing. verhält es sich anders: Der Trabant (der Engel) bleibt an seiner Stelle stehen, während der zum Tode Verurtheilte (Bileam) mit eignen Füssen zu ihm kommen muss. Levit. r. sct. 26, 169° der Nachasch (die Schlange) war der Erste, der den Zaun der Tugendhaftigkeit der Welt durchbrach (vgl. גֶּדֶר); לפיכך נעשה ספקלטור לכל פורצי גדרות deshalb wurde er der strafende Trabant für Alle, welche die Zäune der Welt durchbrechen. Thr. r. sv. ולא זכר 61ᵇ שלשה דברים היה, s. זָכַר. אותו מלאך משמש קסנטור ספקלטור וכהן גדול קסנטור דכתיב וקסת הסופר ספקלטור שנאמר החרימנו וכהן גדול לבוש בדים jener (Ez. 9, 11) erwähnte Engel verrichtete dreierlei Dienste; er war Untersuchungsrichter (quaestionarius), Trabant (speculator) und Hoher-

priester. Untersuchungsrichter, denn es heisst: „Das Schreibgefäss trug er an seinen Lenden" (Ez. l. c.); Trabant, denn es heisst: „Er weihte sie der Schlachtbank" (Jes. 34, 2) und Hoherpriester, denn „er war in Leinen gekleidet" (Ez. l. c., verglichen mit Lev. 16, 4). — Pl. Thr. r. Einleit. sv. רזכור, 47ᵃ ברצה סה לפתח ספקלטורים „den Mund mit Niedermetzlung zu öffnen" (Ez. 21, 27), das sind die Trabanten. Khl. r. sv. וישב העפר, 97ᵈ steht dafür לְסַפְקְלָאטוֹרִין.

סְפוּקְלָטוֹרָא (=סְפַּקְלָטוֹר) *ch.* (syr. ‏ܐܣܦܘܩܠܛܪܐ‏‎) Trabant, s. TW.

סְפִּיקְלַרְיָא od. **סְפִּיקְלַרְיָא** *f.* (etwa specula) der Ort, wo die speculatores die Menschen hinrichten, sehr schmutzig war, Richtplatz. j. Ber. IX, 13° un. היה יושב בבית ספיקריא וכ׳ ed. Lehm. (ed. Ven. u. a. סְפִּיקְרִיָא, mit Wechsel der liquidae) wenn Jem. sich in einem Abtritt oder auf einem Richtplatz befindet und das Gebet verrichten soll u. s. w. Musafja's Etym. von specus, Höhle ist unmöglich.

סְפַּקְלַרְיָא *f.* (neugr. σπεκλάριον, specular, speculare) Spiegel, Marienglas, ferner: durchsichtiges, polirtes Metall, dessen man sich oft als eines Spiegels bediente. Kel. 30, 2 u. ö. ספקלריא Ar. (Agg. אספקלריא s. d.). j. Ber. VIII, 12ᵇ un. eine Leuchte בתוך פנס או ספקלריא in einer Laterne (φανός) oder in einem Spiegelgefäss.

סְפִיר *m.* (gr. ὄσπριον) Hülsenfrucht, eine Bohnenart. Kil. 1, 1 הסול והספיר die Bohne und die Hülsenfrucht. j. Kil. I, 27ᵇ ob. erklärt ספיר durch פישונה (πίσον, pisum) die Erbse. Maim. in s. Comment. z. St. durch das arab. מָאש Máš Kichererbse.

סְפִירָה, סְפִירָא *f.* (gr. σφαῖρα) Kugel, Ball. Pesik. r. sct. 3 Anf. כדרבנות (Khl. 12, 10 gedeutet=כדור־בנות) כהדא ספירא דמיינוקרייתא wie der Ball der Töchter, vgl. מְיֵינוּקָתָא. Num. r. sct. 14, 224ᵃ כהדא ספירה של תינוקות wie der Ball der Kinder.

סָפַר (=bh. Grndw. סָף) Grundbedeutung ist (=arab. سَفَرَ) eig. entfernen, fortbringen, ausgraben; dah. 1) (=חָפַר, arab. سَفَرَ, γράφω) schreiben, Buchstaben, Worte eingraben, eingraviren. Kidd. 30ᵃ u. ö., s. סוֹפֵר. 2) zählen, eig. die eingravirten Zeichen an einander reihen. Part. pass. Nid. 30ᵃ. 69ᵃ ספורין דידה die gezählten sieben Tage der Menstruirenden, vgl. סְפִירָה. — 3) das Haar des Körpers entfernen, das scheeren, abrasiren.

Pi. (=סִפֵּר) 1) erzählen, Genes. r. sct. 78, 76ᵃ s. סִיבּוּר. Sot. 42ᵃ מספרי לשון הרע die-

jenigen, welche Verleumderisches erzählen, Verleumder, s. פָּה. — 2) scheeren, abrasiren, gew. von den Haaren des Menschen. j. Schabb. VI, 7ᵈ un. den Familiengliedern Rabbi's gestattete man, קוֹמֵי לִסְפֹּר sich das Haar (κόμη, coma, nach Art der Vornehmen in Rom) zu scheeren. Sot. 49ᵇ u. ö., vgl. קוֹמֵי. Deut. r. sct. 2, 251ᶜ מה המספר קומי זה המספר פאת ראשו ועושה תמיסת קורצין המספר קומי was bedeutet? Wenn Jem. das Eckhaar seines Kopfes abscheert, wodurch er bewirkt, dass man die Haarbüschel der Schläfen (ἡ κόρση) anfassen kann. — j. Meg. I, 70ᵈ ob. einst verkündete man in Lydda Fasten am Chanukkafest ואמרו עליו על ר' אליעזר שסיפר und man erzählte, dass R. Elieser sich an jenem Tage das Haar abrasirte; d. h. er beachtete jenes Fasten nicht. — Uebrtr. Tosef. Jom tob (Bez.) III g. E. מספרין את היֶרֶק במספרת אבל מספרין את הקונרס ואת העכבויות ואין man darf nicht am Feiertage den Kopf oder die Füsse des Thieres abrasiren, ebenso wenig darf man die Blätter des Grünkrauts mit einer Scheere abscheeren (weil es den Anschein hätte, als ob man die abgeschorenen Haare und Blätter benutzen wollte); aber man darf die Stacheln der Artischoken (ἡ κινάρα) und der Distelgewächse abscheeren. j. Kil. VII g. E., 31ᵃ בן עזאי אמר יספר Ben Asai sagte: Man muss die Getreidehalme, die sich unter den Weinstöcken befinden (wegen Mischsaat) abschneiden.

Hithpa. sich das Haar verschneiden lassen. Ab. sar. 27ᵃ. 29ᵃ, יִשְׂרָאֵל הַמִּסְתַּפֵּר מִן 'הכנרי ... נכרי המסתפר מישׂראל וכ' wenn ein Jude sich von einem Nichtjuden rasiren lässt; wenn ein Nichtjude sich von einem Juden rasiren lässt u. s. w., vgl. מַרְאָה. Tosef. Ab. sar. III.

סְפַר chald. (=סָפַר). — Pa. סַפַּר (syr. ﺳﻔﺮ) scheeren, das Haar verschneiden. Levit. r. sct. 28 g. E. כיון דחסיל ... יתיב ומסכר ליה. 'מן מספרא ליה וכ Haman setzte sich nieder und schor dem Mardechai das Haar ab; als er nun aufgehört hatte, ihm das Haar zu verschneiden u. s. w. Part. pass. Das. Mardechai sagte zu Haman: את בר נש יהיב כלילא דמלכא על רישיה ולא מְסַפֵּר würde etwa Jem. die Königskrone auf sein Haupt setzen, wenn ihm nicht vorher das Haar verschnitten wurde? s. auch TW.

סְפַר m. Grenze, an der Grenze gelegener Ort; eig. von einem andern Landstrich oder Staate Abgesondertes. Das W. ist von der Grundbedeut. סָפַר abzuleiten und bedeutet eig. (=חֹק von חָקַק) Grenze, Ziel. Vgl. bh. סְפָרָה (Gen. 10, 30) „nach Sefar", Name eines Ortes; oder: „nach der Grenze des Ostgebirges". — Jeb. 48ᵇ un. עיר הסמוכה לספר eine der Grenze nahe gelegene Stadt. Sot. 42ᵃ un. פעמים מדבר עמם אחת בספר ואחת במלחמה

'וכ zweimal hielt der Priester seine Ansprache an die ausziehenden Kriegsschaaren und zwar einmal an der Grenze (indem er ihnen die Verordnungen des Krieges vorlas, dass Einzelne, die nicht als Krieger geeignet sind, umkehren sollen; vgl. Dt. 20, 5—8) und einmal auf dem Kriegsplatz („Verzaget nicht" u. s. w., das. V. 3 u. 4). Tosef. Erub. IV (III) באו על עיירות הסמוכות לספר אפילו ליטול את התבן אפילו ליטול את הקש יוצאין עליהם בכלי זין ומחללין עליהן השבת wenn die Feinde Städte überfallen, die an der Grenze belegen sind, selbst wenn es blos geschieht, um Stroh oder Stoppeln zu erbeuten, so zieht man mit Waffen gegen sie und entweiht um eines solchen Krieges willen den Sabbat; bei feindlichen Ueberfällen anderer Städte hing. findet es nur dann statt, wenn das Leben der Einwohnerschaft gefährdet ist. Erub. 45ᵇ u. sehr oft. — Pl. j. Chall. II Anf., 58ᵇ un. ספרי חוצה לארץ ... ספרי ארץ ישראל Grenzstädte Palästinas, Grenzstädte ausserhalb Palästinas.

סְפָרָא, St. c. סְפַר ch. (syr. ﺳﻔﺮﺍ, ﺳﻔﺮﺍ) eig. =vrg. סְפַר; insbes. Hafen, Ufer, Küste, eig. die Grenze des Festlandes, s. TW.

סוֹפֵר m. (=bh.) 1) der Schreiber, insbes. Documentenschreiber. Git. 80ᵃᵇ כתב סופר '..גט לאשה וכ wenn der Schreiber einen Scheidebrief für die Frau geschrieben hat u. s. w. Jeb. 91ᵃ u. ö. — Pl. Git. 3, 1 (24ᵃ) שמע קול סוֹפְרִים 'מקרין וכ wenn Jem. die Schreiber ein Document vorlesen hört. N. N. scheidet sich von der N. N. Das. 24ᵇ סופרין העשויין להתלמד Schreiber, die sich im Abfassen von Documenten zu üben pflegen. Seb. 2ᵇ u. ö. — 2) Schriftgelehrter, γραμματεύς, Kenner der heiligen Schrift, Lehrer und Erklärer derselben, der Sofer. j. Schek. V Anf., 48ᶜ „Esra, der Priester הסופר" (Esr. 7, 11); זיכ סופר אלא אם כשם (Esr. 7, 11); שהיה סופר בדברי תורה כך היה סופר בדברי חכמים wozu wird noch hinzugefügt סופר (näml. '?דברי מצות ה' וג) Das besagt vielmehr, dass er, ebenso wie ein Gelehrter im schriftlichen Gesetze, auch ein Gelehrter im mündlichen Gesetze (in den Lehren der Weisen) war. (Die Erkl. der Comment. von סָפַר zählen: er zählte die Wörter und Buchstaben [wie in der nächstflg. St., vgl. auch כְּסוֹרָה] ist schon deshalb unrichtig, weil es dann מן 'ב ספר, nicht 'ב ספר lauten müsste). Kidd. 30ᵃ לפיכך נקראו הראשונים סופרים שהיו ראשׁ סופרים כל האותיות שבתורה סופרים ראשונים אומרים ואו דגחון חציין של אותיות של ספר תורה דרש דרש חציין של תיבות והתגלח של פסוקים מיער ער'ן דיער חציין של תהלים והוא רחום חציין דפסוקים deshalb wurden die Vorvorderen: „Soferim" (סופרים, 1 Chr. 2, 55) genannt, weil sie alle Buchstaben der Bibel zählten; sie sagten: Das Waw in גחון (Lev. 11, 42) bildet die Hälfte der

Buchstaben des Pentateuchs; das W. דָּרַשׁ (das. 10, 16) die Hälfte der Wörter desselben; והתגלח (das. 13, 33) die Hälfte der Verse (in der Massora, jedoch ist Lev. 8, 7 als die Hälfte der Verse angegeben, aber dessen ungeachtet ist das ג in majusculum, was für die talmud. Angabe spricht); das ע in מיער (Ps. 80, 14) ist die Hälfte der Buchstaben der Psalmen; והוא רחום (Ps. 68, 38) ist die Hälfte der Psalmverse (nach der Massora: das. V. 36). — j. Snh. XI, 30 u. ö. דברי סופרים die Verordnungen der Soferim, d. h. der ältesten Gesetzlehrer, die ihre Gesetze unmittelbar an die der Bibel anschlossen. So z. B. befiehlt die mosaische Lehre (Dt. 6, 4 fg.) „Die Erkenntniss des Daseins eines einzigen Gottes sich anzueignen, ihn zu lieben, die Gesetzlehre im Herzen zu tragen, sie auch den Kindern einzuschärfen, davon stets zu sprechen, im Hause und auf Reisen, wenn man sich niederlegt und wenn man aufsteht" u. s. w. Die Soferim verordneten nun, dass man eben diesen Bibelabschnitt, der mit שְׁמַע, Schemá, beginnt und welcher die Grundprincipien der Bibel in sich fasst, Abends und Morgens verlese. Und erst auf diese soferische Verordnung nahmen die späteren Gelehrten, die Autoren der Mischna, Bezug. Vgl. Ber. 1, 1. 2 fg. „Von welcher Zeit ab liest man das Schemá des Abends, des Morgens" u. s. w.? Diese hier zuletzt genannten und ähnliche spätere Satzungen bilden die eig. rabbinischen Halachoth (מדרבנן). Jeb. 20ᵃ. 21ᵇ שניות מדברי סופרים die je zweiten Grade der Verwandtschaft sind soferisch zur Ehe verboten; d. h. die Mutter der Mutter, die Mutter des Vaters u. s. w. Snh. 87ᵃ. 88ᵇ אינו חייב אלא על דבר שעיקרו תורה ופירושו מדברי סופרים וכ' der dissentirende Lehrer (זקן ממרא s. d.) ist nur dann straffällig, wenn seine Widerspenstigkeit ein Gebot betrifft, dessen Ursprung biblisch, dessen Erklärung aber soferisch ist. Als ein solches Gebot gilt das der Tefillin, das ausdrücklich in der Bibel steht (Ex. 13, 9 u. ö.), das aber von den Soferim erklärt wurde, dass z. B. die Kopftefilla aus vier Gehäusen bestehe (vgl. בַּיִת, תְּפִלָּה u. a.), dass Lederriemen daran angebracht werden sollen u. dgl. Lehrt nun jener Lehrer, dass das Gebot der Tefillin gar nicht bindend sei, so ist er nicht straffällig, denn da heisst es: Jeder Lehrer kann dich belehren; wenn er hing. lehrt, dass man nicht vier, sondern fünf oder drei Gehäuse der Tefillin machen müsse, so hebt er das biblische Gebot auf, da letzteres ohne die soferische Erklärung nicht existiren kann. Als eine Stützung hierfür gilt der Ausdruck התורה יורוך ... (Dt. 17, 11) der Dissens betrifft „die biblische Lehre", wie „sie dich lehren". j. Snh. XI, 30ᵇ ob. werden auch das gefallene Vieh und die Reptilien, נבלה ושרץ, genannt, wobei ein solcher Dissens stattfinden kann. — תקון סופרים die Bibelemendationen der Soferim,

vgl. הַקּוּן. Kel. 13, 7. j. Taan. II, 66ᵃ mit. j. Meg. I, 70ᵈ un. חזוק צריכין סופרין דברי die Gesetze der Soferim bedürfen einer Stützung; s. דָּבָר u. m. j. Jeb. I, 3ᶜ mit. סופרי כותים die samaritanischen Gelehrten. — 3) Bibellehrer der Jugend. B. bath. 21ᵃ wenn Jem. ein Haus in einem gemeinschaftlichen Gehöfte besitzt, הרי זה לא ישכירנו לא לרופא ולא לאומן ולא לגרדי ולא לסופר יהודי ולא לסופר ארמאי וכ' so darf er es weder an einen Beschneider (eig. Arzt) noch an einen Aderlasser, noch an einen Weber, weder an einen jüdischen, noch einen nichtjüdischen Schullehrer vermiethen; weil näml. solche Häuser von vielen Menschen besucht und die Nachbarn belästigt werden. Das. סופר מתא der Ortslehrer, d. h. Oberlehrer, der die sämmtlichen Lehrer des Ortes unterweist, wie sie unterrichten sollen. Nach R. Chananel bedeutet סופר מתא: der Stadtschreiber, der alle Documente des Ortes anfertigt. Tosef. Meg. IV (III) g. E. והסופר מלמד כדרכו der Schullehrer darf (auch solche Stellen in der Schrift, die nicht verdolmetscht werden dürfen, vgl. תִּרְגֵּם) nach seiner Weise lehren. j. Chag. I, 76ᵇ mit. סופרים ומשנים die Bibellehrer und die Mischnalehrer. Levit. r. sct. 8, 152ᶜ u. ö. s. מִשְׁנָה. Kidd. 82ᵃ s. רָוַח. — 4) gelehrt, namentl. bibelkundig, kundig der Gebete und Segensprüche. Ber. 45ᵇ אחד סופר ואחד בור סופר מברך ובור יוצא wenn Einer der Tischgenossen gelehrt (d. h. der Segensprüche kundig) und der Andere unwissend ist, so spricht der Gelehrte das Tischgebet und der Unwissende erfüllt durch das Anhören seine Pflicht. Das. בשבשניהם סופרים wenn beide Tischgenossen des Tischgebetes kundig sind. — Davon rührt auch der Name des Tractats Soferim, מסכת סופרים, her, der zumeist von den rabbinischen Verordnungen über die Rechtschreibung der biblischen Bücher, ferner über die öffentliche Verlesung derselben handelt, woran sich auch andere Satzungen betreffs des Rituale überhaupt schliessen.

סָפְרָא, סָפֵר ch. Adj. (=סוֹפֵר); syr. ܣܳܦܪܳܐ vom Part. ܣܳܦܶܪ, ebenso bibl. ch. סָפְרָא, st. c. סָפֵר Esr. 4, 8. 9 fg. Das. 7, 12. 21; eine ähnliche Abweichung des rabb. Chald. vom Syr. s. in סָהֲדָא, כַּהֲדוּתָא) 1) Schreiber, Documentenschreiber. Ab. sar. 9ᵃ אי בעי תנא ולא ידע פרטי כמה הוו לישייליה לספרא כמה כתיב כתב וניטפי עלייהו עשרין שנין ומשכח ליה לחומרא ... ואי בעי תנא נשייליה לתנא כמה חשיב ונבצר מיניייהו עשרין שנין ... וסימנך ספרא בצירא תנא תוספאה wenn der Tannaït (Gelehrter, der nach der Aera der Tempelzerstörung [abgek.: T.], 180 Jahre nach der Seleucidischen Aera [abgek.: S.] zählt, welcher letzteren Aera der Documentenschreiber sich bedient) zweifelhaft hinsichtl. der Einzelzahlen ist (d. h. Einer und Zehner, denn bei den Hunderten pflegt ein Irrthum nicht leicht

vorzukommen): so frage er den Documentenschreiber, wie viel er nach S. zählt und so
wird er nach Hinzufügung von zwanzig Jahren
die gewünschte Zahl finden. (So ist z. B.,
nach Abwerfung der Hunderte, 15 S. + 20 = 35 T.;
also 515 S. = 335 T. u. s. w.) Als Merkmal
diene dir: „zwanzig Jahre bin ich bei dir"
(Gen. 31, 38). Wenn der Documentenschreiber
zweifelhaft ist, so frage er den Tannaïten, wie
viel er zählt, und ziehe von dieser Zahl zwanzig Jahre ab; sodann wird er die gewünschte
Zahl finden (z. B. 230 T. = 610 S.). Als Merkmal diene dir: Der Bibelschreiber verkürzt;
der Tannaït hing. fügt hinzu; d. h. letzterer
schreibt viele Wörter plene, welche ersterer de-
feet schreibt. (Einige Ausnahmen hiervon s. in
זֵית, s. פוֹלָב u. a.) Das 10ᵃ ספרא דוקנא ein sorgfältiger Schreiber. Chull. 64ᵇ. 65ᵃ ob. נרפסק
להו ספרא בתרתי תיבות שמע מינה תרי שמות
בת נינהו וכ' da der Bibelschreiber die Worte
היענה (Lev. 11, 16) als zwei Worte trennt, so
ist daraus zu entnehmen, dass בת היענה etwas
anderes ist, als היענה. Das W. כדר לעמר (Gen.
14, 1) trennt zwar der Schreiber ebenf., näml.
כדר לעמר, schreibt aber nicht כדר zu Ende
einer Zeile und לעמר zu Anfang der darauffolgenden Zeile, während das בת היענה wohl
stattfindet. j. Suc. II, 53ᵃ ob. R. Jochanan, ספרה
דגופתא der Documentenschreiber von Gufta. Git.
80ᵇ u. ö. — 2) Gelehrter, Lehrer. j. Chag.
I, 76ᵇ mit. ספר ... מתנין ein Bibellehrer, ein
Mischnalehrer, vgl. נטוֹרָא. j. Schabb. IX, 12ᵃ
ob., s. סָדָרָא. j. Meg. III, 74ᵃ un. הוד s. סֵפרָא
der Schullehrer war streng. Genes. r. sct.
70 g. E. Jakob machte der Leah Vorwürfe: מאי
רמייתא דא רמאה לאו בליבא לאה קריבא רחל ואת
ענית לי אמרה ליה אית ספר דלית ליה תלמידים
לא כך הוה צוח לך אבוך עשו ואת ענית ליה wie,
du Betrügerin, Tochter des Betrügers (Laban);
habe ich denn nicht dich in der Nacht immerfort gerufen: Rahel und du antwortetest mir?
Sie aber entgegnete ihm: Giebt es etwa einen
Lehrer, der nicht Schüler hätte? Hat dich
denn nicht auch dein Vater immerfort: Esau genannt, worauf du ihm antwortetest? d. h. das
habe ich von dir gelernt. (Mattan. Kehuna
liest כָּפֵּר Rasirer?) j. Ab. sar. V, 44ᵈ mit. אתא
ספרא לגברה ein samaritanischer Gelehrter kam
zu R. Lasar. — Pl. j. Taan. II, 66ᵃ mit. פליטת
סָפְרַיָא der Ueberrest der Gelehrten. Suc. 28ᵇ.
Sot. 49ᵃ, s. חַפִים. Midr. Tillim zu Ps. 91 und
Num. r. sct. 12, 214ᵇ, s. מְתִנָי. — 3) Safra,
N. pr. Schabb. 124ᵃ ר' ספרא R. Safra. Ab.
sar. 4ᵃ u. ö.

סֵפֶר m. (=bh.) 1) Schriftstück, Buch.
Erub. 15ᵇ s. סְפָרוֹת. Edij. 1, 12 u. ö. ספר
כתובה das Schriftstück der Kethuba, s. פְּתוּבָּה.
j. Sot. IX g. E., 24ᶜ משמת ר' אליעזר נגנז ספר
החכמה als R. Elieser starb, wurde das Buch

der Weisheit verborgen; vgl. den Plur. Ende.
Levit. r. sct. 15 Anf. der Messias kommt nicht
eher, als bis alle Seelen, die nach dem göttlichen Willen erschaffen werden sollen, vorüber
(incorporirt) sind; ואלו הן האמורות בספר של
אדם הראשון das sind diejenigen, die in dem
Buch Adam's enthalten sind; mit Bez. auf Gen.
5, 1, vgl. גוּף IV. — 2) Bibel, ein Buch der
heiligen Schrift. B. bath. 14ᵇ. 15ᵃ משה כתב
ספרו ופרשת בלעם ואיוב יהושע כתב ספרו ושמונה
פסוקין שבתורה שמואל כתב ספרו ושופטים ורות
דוד כתב ספרו על ידי עשרה זקנים ... רמידה
כתב ספרו וספר מלכים וקינות ... עזרא כתב ספרו
ויחס דברי הימים עד לו Mose schrieb sein Buch
(d. h. den nach ihm benannten Pentateuch),
ferner den Abschnitt Bileam (Num. cap. 23 u. 24)
und das Buch Hiob; Josua schrieb sein Buch
und die letzten acht Verse des Pentateuchs;
Samuel schrieb sein Buch, ferner Richter und
Ruth; David schrieb sein Psalmenbuch nach der
Ueberlieferung der zehn Aeltesten (Adam, Mose
u. a.); Jirmeja schrieb sein Buch, ferner das
Buch der Könige und die Klagelieder; Esra
schrieb sein Buch und die Genealogie der Chro-
nik bis zu seiner eigenen Abstammung. (Nach
R. Chananel ist unter לו zu verstehen 2 Chr.
21, 2 ולו וג'.) j. Sot. V Ende, 20ᵈ steht für den
hier citirten ersten Satz: משה כתב חמשה סיפרי
תורה וחזר וכתב פרשת בלק ובלעם וכתב ספרו
של איוב Mose schrieb den Pentateuch, sodann
schrieb er auch den Abschnitt von Balak und
Bileam, sowie das Buch Hiob. j. Maasr. III,
50ᵈ mit. בית הספר die Schule, wo Bibel gelehrt
wird. Sifre Haasinu § 307 R. Chananja ben
Teradjon wurde gefänglich eingezogen; נגזרה
עליו גזירה להשרף בספרו אמרו לו גזירה נגזרה
עליך להשרף בספרו וכ' Ms. (Agg. לשרוף ספרו;
Ab. sar. 18ᵃ כרכוהו בספר תורה) es wurde von
der römischen Regierung über ihn das Edict
erlassen, dass er in seinem Buch verbrannt werde
(d. h. dass man ihn in die Gesetzrolle, die
mit Erklärungen, Zusätzen u. dgl. als Randglossen ausgefüllt hatte, einwickele und dann verbrenne, vgl. bes. סָפְרָא nr. 3). Man sagte ihm:
Das Edict wurde über dich erlassen, dass du
in deinem Buche verbrannt werdest. Kel. 15,.6
u. ö. ספר העזרה der Pentateuch in der Tempelhalle. Sab. 5, 12 הספר dass., vgl. גְּמָא. Pes.
112ᵃ s. נָגַה. — Pl. Exod. r. sct. 41, 136ᵇ כל
ספרים die 24 Bücher der heiligen Schrift.
Schabb. 116ᵇ ספרי מינין Ms. M. (Agg. צדוקים
das. überall) die Bücher der Häretiker. Chag.
15ᵇ ספרי מינין Ms. M. (Agg. מוֹעין). Snh.
100ᵇ ספרי מינין Ms. M. (Agg. צדוקים) die
Bücher der Häretiker, als Erklärung von ספרים
החיצונים der Mischna, vgl. חִיצוֹן. — Snh. 68ᵃ
R. Elieser klagte vor seinem Tode: אוי לכם שתי
זרועותי שאתם כשתי ספרי תורה שנגללין Ms. M.
(Agg. שהן) wehe euch, ihr meine beiden Arme,
denn ihr gleicht zwei Gesetzbüchern, die zu-

sammengerollt werden! d. h. da infolge des über
mich verhängten Bannes meine Schüler sich von
mir fern hielten, so wird viel Gelehrsamkeit
mit mir begraben, verdeckt wie die Schrift der
zusammengerollten Bücher. R. Elieser hatte
näml. nicht blos die ganze Gesetzlehre inne,
sondern war auch ein Kenner vieler Geheimlehren, vgl. נְטִיעָה. Daher wurde sein Hinschei-
den als „das Schwinden des Buches der
Weisheit“ (סֵפֶר הַחָכְמָה, s. ob.) betrauert.

סִיפְרָא, סְפְרָא ch. (syr. ܣܶܦܪܳܐ=סֵפֶר) 1) Buch,
Geschriebenes. B. mez. 85ᵇ un. לְדִידִי חֲזִי לִי
סִיפְרָא דְּאָדָם וכ׳ mir wurde offenbart das Buch
Adam's, in welchem gestanden hat, dass Samuel:
Gelehrter, nicht aber: Rabbi genannt werden
soll, vgl. חָכִים. — Pl. j. Maasr. III Ende, 51ᵃ
R. Seïra צֹוּוַח לְהוֹן סִיפְרֵי קוּסְמֵי nannte sie (die
Agadasammlungen, vgl. אַגָּדָה) Zauberbücher.
Meg. 28ᵇ הִי צָנָא דְמָלֵי סִיפְרֵי דַחֲסַר wehe, welch'
ein Korb voll Bücher fehlt nun! bildl. für einen
vielwissenden Gelehrten, welcher starb. — 2)
Bibel. Meg. 22ᵃᵇ Rab traf an einem Fasttage
in Babel ein; קָם קְרָא בַּסִיפְרָא פְּתַח בָּרִיךְ חֲתַם
בָּרִיךְ וְלֹא er stellte sich hin und las in der
Bibel, vor dem Anfange sprach er den Segen;
beim Schluss aber sprach er nicht den Segen.
B. kam. 82ᵃ דִּנִין בְּשֵׁנִי וּבַחֲמִישֵׁי דִשְׁכִיחֵי דְּאָתֵי
לְמִקְרֵי בַּסִיפְרָא am Montag und Donnerstag sind
die Gerichtstage, weil an ihnen das Landvolk
nach den Städten kommt, um in der Bibel zu
lesen.

3) der Sifra, eig. das Buch; d. h. die älteste
und in vielen Beziehungen trefflichste Exegese
(oder Commentar) des Leviticus, dessen Name
תּוֹרַת כֹּהֲנִים auch auf den Sifra übertragen wurde.
Die älteren Bestandtheile desselben rühren von
den Autoren her, die theils im ersten, theils im
zweiten Jahrhundert der üblichen Zeitrechnung
lebten und dessen Redactor war Rab (R. Abba),
das Oberhaupt der Akademie von Sura in Babylon, Anfang des 3. Jahrhunderts. (Sifra Mezora
cap. 1 Par. 2 kommt eine Discussion zwischen
Rabbi und R. Chija, den älteren Zeitgenossen
Rab's vor.) Die Entstehungsgeschichte dieses
merkwürdigen Buches dürfte folgende gewesen
sein: Jeder der Tannaïten, R. Meïr, R. Juda,
R. Jose u. A., die Schüler des R. Akiba, hatte
den Leviticus auf einer Rolle vor, den er mit
Randglossen, Commentarien versah, die er in
seiner Schule den Hörern vortrug. Rab sammelte
diese Commentarien der damals bereits verstorbenen Autoren, legte seinem Sammelwerke den
Comment. des R. Juda zu Grunde und führte bei
Meinungsverschiedenheiten dieselben bisweilen ihrer
Autoren an. Während also der Vorgänger und
Lehrer Rab's, näml. Rabbi, R. Jehuda Nasi, in
seinem Mischnawerk die aus jenen (nur selten
angeführten) Schriftforschungen eruirten Gesetze
wiedergab, unternahm Rab die Sammlung der

Forschungen selber, מִדְרַשׁ תּוֹרָה s. d., vgl. auch
סֵפֶר, מְאִיר u. a. Vgl. bes. Raschi Chull. 20ᵃ
sv. שֶׁן: „Die meisten Borajthoth des Sifra und
der Mechilta wurden in die Mischna aufgenommen.“ — Folgende kurze Proben dieses Buches:
Sifra Par. 1 cap. 1 וַיִּקְרָא וַיְדַבֵּר הַקְּדִים קְרִיאָה
לַדִּבּוּר וכ׳ „Er rief, er redete“ (Lev. 1, 1); dem
Reden schickt die Schrift das Rufen voran. Hiermit werden nun andere ähnliche Schriftstellen,
wie das Reden im Dornbusch (Ex. 3, 4), das
Reden auf dem Sinai (Ex. 19, 20 fg.) u. a. Stellen verglichen, die theils mit einander übereinstimmen,
theils von einander unterschieden sind
u. dgl. m. — Sifra cap. 2 אֵלָיו לְמַעֵט אֶת אַהֲרֹן
וכ׳, „mit ihm“ (redete Gott, Lev. 1, 1), das schliesst
den Aharon aus. Einige Anreden ergingen blos an
Mose, andere an Mose und Aharon gemeinschaftlich u. s. w. — Sifra Par. 2 דַּבֵּר אֶל בְּנֵי יִשְׂרָאֵל
וְסָמְכוּ בְּנֵי יִשְׂרָאֵל סוֹמְכִין וְאֵין הַגּוֹיִם סוֹמְכִין בְּנֵי
יִשְׂרָאֵל סוֹמְכִין וְאֵין בְּנוֹת יִשְׂרָאֵל סוֹמְכוֹת וכ׳ „Rede
zu den Söhnen Israels, dass sie die Hand auf-
legen auf das Opferthier“ (Lev. 1, 2. 4 fg.).
Israels Söhne, nicht aber die Nichtjuden
(die freiwillige Opfer bringen) legen die Hand
auf das Opfer; die Söhne Israels, nicht aber
die Töchter Israels legen die Hand auf das
Opfer. — Das. cap. 3 תַּקְרִיבוּ מְלַמֵּד שֶׁהִיא בָאָה
„Ihr sollt opfern“ (Lev. 1, 2),
das besagt, dass auch zwei Personen eine freiwillige Gabe darbringen dürfen, u. dgl. m. —
Dem Sifra pflegt in den Drucken die Borajtha
des R. Ismael, d. h. die dreizehn Normen desselben, vorangeschickt zu werden, vgl. מִדָּה.

Pl. סִפְרֵי oder סִפְרִין (Dan. 7, 10 סְפָרִין) 1) eig.
die Bücher, s. ob. — 2) insbes. der Sifre
oder Sifri, der Commentar zu den beiden
Büchern Numeri und Deuteronomium, der ähnlich dem Sifra ist, der aber, da die letzteren
Bücher des Pentateuchs weniger Gesetzliches als
der Leviticus enthalten, auch minder gehaltreich
ist. Der Sifre (Sifri), mit dem Beinamen סֵפֶר
וַיְשַׁלְּחוּ: das Buch Wajschalchu, weil der Sifre
mit Num. 5, 1 beginnt, wurde ebenfalls von der
Schule Rab's redigirt. Snh. 86ᵇ u. ö. סְתָם
סִיפְרָא ר' יְהוּדָה סְתָם סִפְרֵי ר' שִׁמְעוֹן וְכֻלְּהוּ אַלִיבָּא
דְּר' עֲקִיבָה die Halachoth im Sifra ohne Angabe
des Autors, rühren von R. Jehuda, und die dergleichen im Sifre rühren von R. Schimeon her,
welche sämmtlich nach den Lehren des R. Akiba
lehrten. Ber. 11ᵇ סִפְרָא דְּבֵי רַב der Sifra aus
der Schule Rab's. Das. 18ᵇ ob. „Bnejahu ben
Jojada“ (2 Sm. 23, 20), הוּא סִיפְרָא דְּבֵי רַב בְּיוֹמָא
דְּסִיתְוָא welcher den Sifra aus der Schule Rab's
„an einem Wintertage“ (בְּיוֹם הַשֶּׁלֶג) lernte, anachronistisch, vgl. auch TW. Jom. 74ᵃ דְּתָנוּ רַבָּה
וְרַב יוֹסֵף בְּשָׁאר סִיפְרֵי דְּבֵי רַב וכ׳ denn Rabba
und R. Josef lernten in den anderen Büchern
aus der Schule Rab's, d. h. im Sifre, vgl. Raschi.
(Höchst auffallend jedoch steht die dort erwähnte
Halacha nicht im Sifre, sondern im Sifra Emor

73

Par. 11 cap. 14.) Meg. 28ᵇ הַהוּא דַהֲוָה תָּנִי
הַלְכְתָא סִפְרָא וְתוֹסֶפְתָּא וְשִׁכֵּב וכ' Jem.,
der die Halachoth (d. h. die Mischna), Sifra,
Sifre und Tosefta gelernt hatte, starb u. s. w.
Kidd. 49ᵇ ob. אֲמַר לֵהּ תָּנָא אֲנָא עַד דִּתְנֵי הִלְכְתָא
סִיפְרָא וְסִיפְרֵי וְתוֹסֶפְתָּא wenn Jem., während er
sich eine Frau antraut, zu ihr sagt: Ich bin ein
Tanna! so gilt die Trauung nur dann, wenn er
die Halachoth (Mischna), Sifra, Sifre und Tosefta
gelernt hat. — Die Mechilta zum Exodus wird,
trotzdem sie dem Sifra und dem Sifre ähnlich
ist, hierher nicht gerechnet, wahrsch. weil sie
von R. Ismael, dem Gegner R. Akiba's, herrührt,
welcher letzterer für alle seine Schüler und
Nachfolger, R. Meïr, Rabbi und Rab, massgebend
war, s. oben.

סְפוֹרָה f. (=bh. סְפוֹרָה) Zahl. Pl. j. Schek.
V Anf., 48ᵈ מַה תַּלְמוּד לוֹמַר סוֹפְרִים אֶלָא שֶׁעֲשֹוּ
אֶת הַתּוֹרָה סְפוֹרוֹת סְפוֹרוֹת חֲמִשָּׁה לֹא יִתְרוֹמוּ וכ'
weshalb werden jene: סוֹפְרִים (1 Chr. 2, 55) genannt? Weil sie die Gesetzlehre nach bestimmten Zahlen angaben; z. B. „Fünf Klassen von
Menschen dürfen nicht die Hebe entrichten"
(Ter. 1, 1); „Neununddreissig Arbeiten sind
am Sabbat verboten" (Schabb. 7, 2); „Vier
Hauptschäden giebt es" (B. kam. 1, 1) u. dgl. m.;
vgl. jedoch סוֹפֵר.

סְפִירָה f. N. a. das Zählen, die Zählung.
j. Pes. VIII g. E., 36ᵇ ob. סְפִירַת שִׁבְעַת
שְׁלֹשִׁים das Zählen der sieben Tage, das Zählen
der dreissig Tage der Trauer, vgl. אֵבֶל. Nas.
7, 3 und j. Nas. VII, 46ᵇ un. יְמֵי סְפִירוֹ
vgl. אֲחִילָה, וְגִנְבָה u. a.) das Zählen der sieben
Reinigungstage des Nasir (Num. 6, 9). Nid. 73ᵃ
סְפִירָה das Zählen der Reinigungstage der Menstruirenden (Lev. 15, 28 fg.). Sifra Emor Par.
10 cap. 12 „Bis zum Tage nach dem siebenten
Sabbat sollt ihr zählen 50 Tage" (Lev. 23, 16);
כָּל סְפִירָתֶם לֹא יְהֵיוּ אֶלָא חֲמִשִׁים יוֹם das besagt,
dass das ganze Zählen blos 50 Tage betragen
soll (d. h. הַשַּׁבָּת bedeutet hier den ersten
Feiertag des Pesach; denn dann ist von
dem zweiten Tag des Pesach, an welchem das
Zählen beginnt, bis zum Wochenfeste einschliesslich 50 Tage. Wenn hing. הַשַּׁבָּת hier wie die
Saduzäer behaupten, den Sabbat bedeuten sollte,
so würde die Zählung in manchen Jahren 51,
52, 53, 54, 55 auch 56 Tage dauern. Das.
R. Jehuda ben Bethera sagte: Es heisst:
„Sieben Tage sollst du dir zählen" (Dt. 16, 9),
סְפִירָה שֶׁהִיא תְּלוּיָה בְּבֵית דִּין יָצָאָה שַׁבַּת בְּרֵאשִׁית
שֶׁאֵינָה תְּלוּיָה בְּבֵית דִּין שֶׁסְּפִירָתָהּ בְּכָל אָדָם
bedeutet ein Zählen, das vom Gelehrtencollegium
abhängt (d. h. das Zählen soll von dem
Tage ausgehen, den du, durch Festsetzung des Neumondes, zum Feiertag
bestimmt hast). Davon ist der Sabbat ausgeschlossen, der nicht „von dir" eingesetzt wurde,

vgl. bes. עֲצֶרֶת. Das. קְצִירָה וּסְפִירָה בְּלַיְלָה
וַהֲבָאָה בַּיּוֹם das Ernten der Omergarbe und das
Zählen findet in der Nacht, aber das Darbringen
der Garbe findet am Tage statt. (Bei den Kab-
balisten, vgl. Sefer Jezira I Anf., עֶשֶׂר סְפִירוֹת
die Zehnzahl; nach einigen Comment. vom
gr. σφαῖρα: die Sphären, nach anderen vom
hbr. סָפִיר: der Abglanz der göttlichen
Emanationen wie im Sapphir.)

סְפִירוּת f. das Schreiben, die Aufschreibung. Erub. 15ᵇ man darf den Scheidebrief
auch auf das Fell eines lebenden Wesens schreiben; מִי כְּתִיב בְּסֵפֶר סֵפֶר כָּתִיב לִסְפִירוּת דְּבָרִים
בְּעָלְמָא הוּא דְּאָתֵי denn steht denn etwa (Dt. 24, 3:
בַּסֵּפֶר), was bedeuten würde, dass man den
Scheidebrief nur auf ein abgezogenes Fell,
eine Rolle schreiben müsse); es heisst ja סֵפֶר,
was blos die Aufschreibung der Worte bedeutet,
vgl. Raschi.

סְפִירוּתָה f. das Amt eines Bibellehrers,
Sofers. Nach Cast. bedeutet syr. ܣܰܦܪܽܘܬ݂ܳܐ:
literatura, scriptura, demnach hätte unser W.
die übrtr. Bedeutung. — j. Meg. IV, 75ᵇ mit.
die Einwohner des Ortes Tarkenath verlangten
von ihrem Jugendlehrer, R. Simon, dass er ihren
Kindern halbe Bibelverse vortrage und über-
setze. R. Chanina jedoch sagte zu ihm: אֵין
קַטְעוּן רֵישָׁךְ לָא תִשְׁמַע לוֹן וְלָא שָׁמַע לוֹן וְשָׁרוֹן
לֵיהּ מִן סְפִירוּתֵהּ selbst wenn sie dir den Kopf
abschlagen sollten, so gehorche ihnen nicht!
Da er ihnen nicht gehorchte, so entliessen sie
ihn aus dem Lehramte.

סַפְרָנָא m. (=סַפָּרָא mit angeh. Adj.-Endung
נָא wie אֱלִימְנָא u. a.) der Schreiber, s. TW.

סִיפּוּר m. N. a. das Aufzählen. Genes. r.
sct. 78, 76ᵃ סִיפּוּר הוּא שֶׁמִּסְפַּר וְאוֹמֵר עַד שֶׁהוּא
בְּאַבְרָם בָּחַרְתָּ בּוֹ) die Schrift (Neh. 9, 7
berichtet blos die Aufzählung der Begebenheit:
Als er noch „Abram" hiess, erwähltest du ihn
schon. Sonst näml. darf man nicht Abram anst.
Abraham sagen; vgl. Ber. 13ᵃ.

סְפוֹרַיָיא Sippurja, Name eines Ortes. j.
Kidd. III g. E., 64ᵈ un. ר' סִימַאי הֲוֵי דָּרֵי כְּפַר
סְפוֹרַיָיא רכ' (בְּכַפָּר?) R. Simai lehrte im Dorf
Sippurja u. s. w.

סַפָּר m. Adj. Haarverschneider, Rasir-
rer, Barbier. Schabb. 1, 2 (9ᵇ) הַסַּפָּר. Schebi.
8, 5 סַפָּן der Rasirer, der Schiffer. — Pl.
Kel. 13, 1 זוּג שֶׁל סַפָּרִים die Scheere der Haarverschneider.

סַפְרָא ch. (syr. ܣܰܦܪܳܐ=vrg. סַפָּר) Haarverschneider, Rasirer, Barbier. Levit. r.
sct. 28 g. E. אָזַל בְּגִין סַפְרָא וְלָא אִשְׁתְּכַח Haman
ging nach einem Barbier (der den Mardechai
barbieren sollte), fand aber keinen. Das. Haman

sagte: Derjenige, der früher Schlosshauptmann (מגיסטר סלטין s. d.) war, wurde nun ein Bader und ein Barbier. Esth. r. sv. מדהר קח, 109ª dass. — Trop. Levit. r. sct. 14 g. E. לית ספר דמספר לגרמיה es giebt keinen Rasirer, der sich selbst rasiren könnte; mit Bez. auf Num. 26, 46: „Der Name der Tochter Aschers war Serach“; d. h. gerade bei einer Tochter wird die Abstammung vom Vater hervorgehoben. Vgl. Nid. 31ª „Die Söhne Lea's . . . und Dina, seine (Jakob's) Tochter“ (Gen. 46, 15), הלה זכרים בנקבות ונקבות בזכרים die Schrift schreibt die Knaben der Lea, die Tochter aber dem Jakob zu.

סְפוֹרָא m. N. a. (syr. ‎ﲬﱢ) das Haarverschneiden, Rasiren. Levit. r. sct. 28 g. E. אפיק מאני ספוריה ויתיב ומספר ליה Haman nahm seine Rasirwerkzeuge heraus, setzte sich nieder und rasirte den Mardechai. Das. Mardechai sagte: אילין אינון מאני ספוריה das sind seine (deines Vaters) Rasirwerkzeuge. Esth. r. sv. מדהר, 109ª מאני ספרא דידיה crmp. aus ספורא dass.

סָפִירָא m. (eig. Part. pass.) das Abgeschorene. Suc. 20ᵇ eine Matte של ספירא von Ziegenhaaren und von den (vom Halse oder vom Schweife des Pferdes) abgeschornen Haaren. Das. 2 Mal.

סְפַרְגּוֹס f. (gr. σφραγίς) das Siegel, mit dem man etwas verschliesst, zusiegelt. Genes. r. sct. 32, 31ᵇ „Gott verschloss vor Noah“ (Gen. 7, 16). Ein Gleichniss von einem Könige, der in einer Stadt eine Niedermetzelung (דרולומוסיא, s. d.) anbefohlen hatte, ונטל אוהבו ותחבשו בבית האסורין נתן ספרגוס שלו עליו der aber seinen Freund nahm, ihn in einem Gefängniss einsperrte und sein Siegel darauflegte. Das. sct. 49, 48ᵇ dass.

סַפִירִינוֹן m. (gr. σαπφείρινον) Sapphirstein, Sapphir, s. TW.; vgl. auch סַפְּפִירִינוֹן.

סָפַרְכִיָא f. (von פרך s. d.) Verkehrtheit, s. TW.

סְפַרְקִין s. סַבְּרִיקִין.

סָפַת (syn. mit שָׁפַת s. d., Grndw. סף; ähnl. arab. ‎ﺷَﻒَ) eig. aneinanderbringen; übrtr. 1) einreiben, eintauchen. Tosef. Tohar. X ספתו במלח wenn man die Olive in Salz eintauchte. Schabb. 145ª wenn Jem. die Oliven aufschnitt, לטובלן במלח um sie in Salz einzutauchen. Tosef. Maasr. II g. E. der Arbeiter לא יספות במלח ואוכל אלא אם כן נתן לו בעל הבית רשות darf nicht die Früchte in Salz eintauchen und sie essen, ausser wenn der Arbeitgeber ihm hierzu die Erlaubniss ertheilt hat. B. mez. 89ᵇ dass. Ab. sar. 50ᵇ un. ספת לה צואה wenn Jem. den Götzen mit Koth einreibt.

Nach Raschi: zu essen gab (näml.=ספי s. d.); vgl. jedoch Tosaf. z. St.: das aram. ספי kommt in der Mischna nicht vor. — 2) essen, vgl. טבל, das ebenf. diese Doppelbedeutung hat. Maasr. 2, 6 סופת ואוכל eig. er reicht die Melone an seinen Mund und isst sie. j. Maasr. II, 50ª ob. אבטיח שכסף בו die Melone, wovon er gegessen hat.

סְפוֹת fem. Ofen der Glasbrenner; vgl. קְדֵרָה שָׁפַת: den Topf auf den Herd setzen. Tosef. Kel. B. bath. VII g. E. משינטלו מן הספות wenn die Glasgeschirre aus dem Ofen genommen werden.

סִיפְתָּקָא m. Adj. stark, herb. B. bath. 96ª אשתכח חלא סיפתקא וכ' der Essig wurde als herb befunden. Das.: wäre der Essig nicht wenigstens seit drei Tagen sauer, לא הוה משתכח חלא סיפתקא so würde er nicht als ein so herber Essig befunden werden.

סַק I Imper. von סְלַק oder סַק s. d. W.

סַק II m. (=bh. שַׂק) Sack aus härenen, groben Zeugen, der auch als Ueberwurf diente. Pl. Tosef. Schabb. V (VI) g. E. הרועים יוצאין בשקין die Hirten dürfen am Sabbat mit Säcken ausgehen.

סַקָּא ch. (syr. ‎ﲬﱢ=סַק) Sack. j. Snh. X, 27ᵈ mit. u. ö. הא סקא וכ' hier ist der Sack u. s. w., s. סְאָה.

סַקָּאָה I m. Adj. Sackarbeiter. Pl. Kel. 13, 5 של סַקָּאִין . . . מחט Ar. (Agg. סָקִּין) die grosse Nadel der Sackarbeiter. Tosef. Kel. B. mez. VII Anf. פיקה גדולה של סקאין ein starker Wulst (Knoten), den die Sackarbeiter beim Zunähen der Säcke anbringen. Bech. 22ᵇ dass.

סַקָּאָה II m. Grille, dass., was hbr. צְלָצַל. Stw. סקק=hbr. שָׁקַק, arab. ‎ﺳَﺎﻕَ: einherlaufen, rennen; s. TW. — Pl. Taan. 6ª der Regen, שמעלה סקאין der die Grillen hervorbringt. Sifre Ekeb § 42 der Spätregen, מעלה סקאי bringt die Grillen hervor.

סְקַב (syr. ‎ﲬﱢ) drücken, verwunden; ähnlich arab. ‎ﺷَﻘَﺐ einschneiden; s. auch den nächstflg. Art. — Pa. dass. Jeb. 120ᵇ לא שיילי אינשי אוכפא דמקַפיב ליה לחמרא einen Sattel verleiht man gewöhnlich nicht, weil er den Esel verwunden könnte; d. h. wenn der Leihende einen grossen Esel hat, so würde er den geliehenen Sattel durch Ausdehnen für seinen Esel passend machen. Wenn hierauf der Verleihende seinen Sattel zurück erhält und ihn auf seinen kleineren Esel legt, so wird letzterer verwundet werden. B. mez. 27ᵇ dass.

סְקָבָא masc. eig. das Drängen, Drücken,

73*

Verwunden. Kidd. 81ᵃ סקבא דשתא ריגלא das Verwunden (d. h. der Nachtheil des Drängens der Volksmasse) im Jahre findet am Feste statt; an welchem näml. Männer und Frauen sich zum Anhören des Festvortrages versammeln, wobei die grösste Ausgelassenheit vorkommt. Schwerlich ist unser W. das lat., nur bei Dichtern vorkommende scabies: Reiz, Begierde zur Unzucht, und סְקַב das lat. scabo!

סְקַבָא od. סְקַבְנָא m. Adj. Jem., der mit Wunden geplagt ist. Pl. Snh. 98ᵃ un. יתיב בין סְקַבְּנֵי דרומי כולהו שרי ואסרי אימרא בחד זמנא וכ' Ar. ed. pr. (spät. Ar. Agg. סְקַבֵּי; Tlmd. Agg. ביני עניי סובלי חלאים) der Messias sitzt unter den an Wunden Leidenden Roms; alle anderen Leidenden lösen und verbinden den Knoten (Verband ihrer Wunden) zu gleicher Zeit, er hing. löst je einen Knoten und verbindet ihn sofort, vgl. אִימְרָא.

סְקוֹטרִין, סְקוֹטרִים Pesik. Achre, 175 und Levit. r. sct. 21 Anf. crmp. aus אַגְרִסְטָרין oder אַבְסִיטוֹרין s. d. W.

סְקַבֵּל Safel von קְבַל; nur Istaf. אִסְתַּקְבֵל (syr. ܐܣܬܩܒܠ) begegnen, entgegenkommen, s. TW.

סְקָבָּם m. (gr. σκοπός, scopus) das Ziel, wonach man schiesst, Zielscheibe. Schabb. 47ᵃ לוחין של Ar. sv. לח (Agg. סקבוס, Ms. M. סקבין) die Täfelchen, die man in den Pfeilbogen steckt, damit die Pfeile in die Zielscheibe treffen. Ar. erklärt das W. durch ארקו בליסטרי arco balestro.

סְקַד, Pa. סַקֵד (arab. سَقَدَ) ein Thier gelehrig machen, leiten. Pesik. Bachodesch, 153ᵃ מסקידנא לך כמא דדהין מאטא (מסא) מסקיד להדא פרחא ich leite dich, wie der Ochsenstecken die Kuh leitet, vgl. מְבָאסָא.

סְקוֹו crmp., s. סַמְרִיסְטוֹרֵי.

סְקוֹסְתָן oder סָקוֹסְתָן Sakwastan, Sekistan, Name einer Provinz, viell. Σκυθία, Scythien. Jom. 10ᵃ wird סכבתא ...... וסכבתא (Gen. 10, 7) von R. Josef erklärt: סקווסתן גוויתא וסקווסתן ברייתא בין חדא מאה פרסי פרסי (סקיוסא Ar. (Agg. והקיפה אלפא אלפא das innere Sakwastan und das äussere Sakwastan; zwischen dem einen und dem andern ist eine Entfernung von 100 Parasangen und der Umfang eines jeden beträgt 1000 Parasangen.

סְקוּת f. (von נְסַק, נ abgew.) Entzündung. Tanch. Mischpat., 98ᵇ היו נעשים פניהם כמו סקות מכבשן האש וכ' die Gesichter der Emoriter wurden (infolge des Bisses der Hornisse) wie vom Feuerofen entzündet; hierdurch wurden sie geschwächt, dass die Israeliten sie tödten

konnten. Sollte viell. unsere St. crmp. sein aus כמוסקות (Part. Hof. von נָסַק)? „Wie entzündet."

סְקוֹטְלָא f. (gr. σκυτάλη, scutella) Schüssel. Sifre Behalothcha § 89 כגליד היה יורד תחלה ונצטבר לארץ כמין סק בקוטלא (crmp. aus סקוטלא; Jalk. liest אסקוטלא, s. d.) „Reifähnliches fiel zuvor" (Ex. 16, 14) und bildete sich auf der Erde wie eine Schüssel, worauf dann das Manna fiel.

סְקוּל od. סְקָל m. (=samarit. אסקל=תְּקַל, תּוּקְלָא) Ungemach, Hinderniss, s. TW.

סְקַל, Pi. סִקֵל (=bh.) 1) steinigen, mit Steinen bewerfen. Tosef. Schabb. VI (VII) Anf. האומר סקלו תרנגול זה שקרא כעורב תרנגולת זו שקראה כזכר... הרי זה מדרכי האמרי ed. Zuckerm. (and. Agg.=Schabb. 67ᵇ שחטו) Jem., der da sagt: Steinigt diesen Hahn, weil er wie ein Rabe krähte, diese Henne, weil sie wie ein Hahn krähte, begeht einen heidnischen Brauch. — 2) (mit privat. Bedeut., wie זִבֵּל, שֵׁרֵשׁ u. a.) von Steinen reinigen, entsteinigen. Schebi. 2, 3 מסקלין עד ראש השנה man darf die Felder bis zum Neujahr des Brachjahres von Steinen reinigen. Tosef. B. kam. II g. E. מסקלין דרך רשות הרבים דברי ר' יהושע ר' עקיבא אומר כדרך שאין לו רשות לקלקל כך לא יסקל ואם סיקל יוציא לים או לנהר או למקום הטרשים... מעשה באחד שהיה מסקל מחוך שדהו ונותן לרשות הרבים היה חסיד אחד רודפו ומפני מה תהא מסקל מתוך שאינו שלך ונותן לתוך שלך וכ' אמר לא לחנם אמר לי אותו חסיד הרי אתה מסקל מתוך שאינו שלך ונותן לתוך שלך man darf die Steine aus seinem eigenen Gebiete auf die Strasse hinauswerfen; so nach Ansicht des R. Josua. R. Akiba sagte: So wenig wie es Jemdm. gestattet ist, auf der Strasse Schaden anzurichten, ebenso wenig darf er Steine dahin werfen; wenn er aber Steine hinausgeworfen hat, so muss er sie nach dem Meer, nach dem Flusse oder nach einem Felsenthale führen. Einst kam es vor, dass Jemdm., der die Steine aus seinem Felde nach öffentlicher Strasse warf, ein Frommer nachlief und ihm zurief: Warum wirfst du die Steine aus einem Gebiete, das dir nicht gehört, in ein Gebiet, das dir gehört? Jener lachte darüber. Als er jedoch später genöthigt war, sein Feld zu verkaufen, sagte er: Nicht umsonst sagte jener Fromme zu mir: Du wirfst die Steine aus einem Gebiete, das dir nicht gehört, in ein Gebiet, das dir gehört! B. kam. 50ᵇ und Khl. r. sv. כי יש, 85ᵇ dass.

Nif. gesteinigt werden. Snh. 2ᵃ u. ö. שור הנסקל ein Ochs, der gesteinigt wird (vgl. Ex. 21, 28). Das. 43ᵃ. 45ᵇ כל הנסקלין נתלין וכ' alle Verbrecher, die gesteinigt werden, werden auch gehängt; so nach Ansicht des R. Elieser. Die Chachamim hing. sagen: Nur der Gottes-

lästerer (מגרף) und der Götzendiener werden
gesteinigt. Das. 53ᵃ fg.

סְקִילָה f. N. a. das Steinigen, der Steinigungstod, eine der vier gerichtlichen Todesstrafen. Snh. 7, 1 u. ö., vgl. הָרַג, חָנַק u. a.
Das. 43ᵇ fg. 45ᵃ בית הסקילה היה גבוה שתי
קומות אחד מן העדים דוחפו על מתניו נהפך
על לבו הופכו על מתניו ואם מת בה יצא ואם
לאו השני נוטל את האבן ונחתנה על לבו אם מת
בה יצא ואם לאו רגימתו בכל ישראל וכ' der
Richtplatz der Steinigung war zwei Mann hoch.
Einer der Zeugen stiess den Verbrecher hinab,
so dass er auf die Lenden fiel; wenn letzterer
sich aber auf das Herz umwandte, so wandte
ihn jener auf seine Lenden zurück. Stirbt er
hierdurch, so ist die Pflicht erfüllt, wo nicht,
so nimmt der zweite Zeuge einen Stein, den er
ihm auf das Herz wirft; wenn er hierdurch stirbt,
so ist die Pflicht erfüllt, wo nicht, so liegt ganz
Israel die Verpflichtung ob, jenen mit Steinen
zu bewerfen; denn es heisst: „Die Hand der
Zeugen soll zuvor an ihn gelegt werden, um ihn
zu tödten" u. s. w. (Dt. 17, 7).

סִיקְלִי m. Adj. (syr. ܣܩܝܠܐ, von ܣܩܠ; arab.
صَبْقَل von صَقَل, wofür auch سَقَل) Künstler, Polirer der Metallgefässe. B. mez.
84ᵃ בי סיקלי Ar. (Agg. סיקלי) Werkstatt des
Polirers.

סְקִילָא masc. (lat. scala f.) Treppe, Stiege.
Tosef. Schabb. XIII (XIV) עשה גוי סקילא וירד
בו וכ' m. Agg. (ed. Zkrm. כבש=Schabb. 122ᵃ)
der Nichtjude machte eine Stiege, woran er vom
Schiffe ausstieg, vgl. כֶּבֶשׁ.

סְקְלִימִין m. Hof oder Palast, eig. wohl:
der Aufenthalt der Vornehmen, Senato-
ren, סְקִילֵיטִין, συγκλητοί; vgl. syr. ܣܩܠܝܛܝܢ (?)
nobilis. Midrasch Wajjakhel (מדרש השכם Ar.
ed. pr.) בא לסקליטין שלה er ging in ihren Palast.

סְקְלוֹנְקְרית f. geballte Faust. j. B. kam.
VIII g. E., 6° לסקלונקרית חמש עשרה den Schlag
mit geballter Faust (oder: Schlag aufs Gesicht mit der Rückseite der Hand) bestraft
das Gericht mit fünfzehn Sela, vgl. כְּנוֹקְרָה.

סְקִילוֹם Siculus. Midr. Tillim zu Ps. 9 „Die
Feinde gingen unter, aber ihre Ruinen bleiben
ewig", כגון סקילום בנה סיצליא . . . wie z. B.
Siculus, welcher Sicilien gründete. Jalk. z. St.
liest סילקוס בנה סליקיא Seleucus, welcher Seleucien gründete.

סְקִימִין m. (wahrsch. für סקיניון von סקן,
arab. شَفَن) kleines, spärliches Geschenk.
Taan. 19ᵇ nach der Tempelzerstörung נעשו
גשמים סקימיון בעולם Ar. (Agg. צמוקין) kamen

die Regen als ein spärliches Geschenk in die
Welt; d. h. nur selten und oft zur Unzeit.

סְקוֹנְדְרֵי m. pl. (gr. χόνδροι, tesserae, tessel-
lae) Steinchen, Spielmarken. Kidd. 21ᵇ
סקונדרי Ar. Var., s. אִסְקוֹנְדְּרֵי; vgl. Fleischer,
Nachtr. I, 281ᵇ.

סִיקוֹס s. d. in 'סי — סקיסאות s. סְקִיפְטֵי.

סְקַתְנָאָה masc. N. patron. aus Sekassna.
Nid. 65ᵃ מנימין סקסנאה Minjamin (Binjamin)
aus Sekassna; viell.: der Schatzmeister, vgl.
גַּנְזָכְרָיא.

סְקַף (=סָפִיק trnsp., verwandt mit שָׁקַף s. d.)
klopfen, bes. mit den Händen. — Pa. סַקֵּף
1) die Hände über einander schlagen. —
2) ein Ggst. über einen andern fallen
lassen. — Ithpa. אִסְתַּקַּף 1) sich auf Jemdn.
werfen, gew. bildl. über Jemdn. herfallen.
— 2) (=חול) sich ereignen, eintreffen. —
3) veranlassen, dass sich etwas (ein Unglück) ereigne, s. TW. Sifre Beracha § 349
סקיפסנטים נסתקפה לו crmp., vgl. תּוּפְסְקָא.

סְקוֹף m. Schwelle, eig. Gebälk, woran die
Thür anschlägt; dah. bald Ober- bald Unterschwelle, s. TW., vgl. אִסְקוּפָה und hbr.
שַׁף.

סְקוּפָה f. Unterschwelle. Levit. r. sct. 34,
178ᵈ מך שהוא מך לפני כל עשוי כמין סקופה
התחתונה der Arme heisst מך, weil er sich vor
Allen „beugt", er gleicht der Unterschwelle, auf
die näml. Alle treten.

סְקוּפְתָּא ch. (=סְקוּפָה) Unterschwelle, s.
TW.

סְקַפַּסְטֵי, סְקַפַּסְטֵי f. (gr. σκεπαστής) Sänfte,
Baldachin. Pesik. Bachodesch, 103ᵃ, s. סְיָרָה.
Levit. r. sct. 14, 147ᵈ בהמה הולכת והולד נתון
לתוך מעיה כמין סקיפסטי וכ' Ar. (Agg. crmp.
כמין שק) wenn das trächtige Thier geht, so
liegt das Kind in seinem Leibe wie in einer
Sänfte; das Weib hing. geht aufrecht, aber Gott
beschützt den Embryo, dass er nicht herunterfalle. — Pl. Thr. r. sv. גלתה 55ᵃ אומות העולם
כשהן גולין בסקפסטיות שלהן אין גלותה גלות וכ'
Ar. (Agg. באסקפסטיות) wenn die Völker der
Welt in ihren Sänften auswandern, so ist dies
keine Auswanderung, Exil; Israel hing. wanderte
nackt und barfuss aus u. s. w., vgl. אִסְקַפְּסַ.
אַסְקַפְּסַטֵי Sifre Naso § 45 אין צב אלא מחופין
וכמין (Var.=Jalk. וכמנסקפי פסקאות היו מחופין
סקיפסאות; beides crmp. aus סקיפפיאות oder
das W. צב (Num. 7, 3) bedeutet nichts Anderes
als bedacht, denn jene Wagen waren wie Sänften bedacht.

סְקיפְטּוֹר m. (wahrsch. exceptor, ἐσκέπτωρ)
Protokollführer; „Exceptor, notarius, ama-
nuensis, qui acta judiciorum describit, judicis

sententiam excipit" (Du Cange Glossar. med. lat. sv., vgl. N. Brüll, Jahrb. I, 178). Sollte viell. unser W. das gr. σκῆπτρον sein? Sodann wäre Pl. סְקִיפְטוֹרִין eig. die Hellebarden oder Beile, welche die Leibgarden des Königs trugen (vgl. Du C. Glossar. II, 1388); übrtr. die Hellebardenträger. — Pesik. Hachodesch, 53b. 54a sobald das Gelehrtencollegium verkündet: Heute ist Neujahr! sagt Gott zu den Engeln: הֶעֱמִידוּ בִּימָה הַעֲמִידוּ סְנִיגוֹרִין וְיַעַמְדוּ סְקִיפְטוֹרִין וכ' Ar. (Ag. וְיַעֲבִירוּ סְקִפְטוֹרִין crmp.; Jalk. I, 58c und II, 116a סְפִיקְטוֹרִין) errichtet die Bema (Gerichtsstätte, βῆμα), stellet die Vertheidiger (συνήγοροι) auf und mögen die Protokollführer (Exceptores) auftreten; denn meine Kinder haben heute das Neujahr verkündigt. Wenn aber das Gelehrtencollegium das Neujahr auf einen Tag verlegt, so ruft Gott wiederum den Engeln zu: הַעֲבִירוּ בִּימָה וְהַעֲבִירוּ סְנִיגוֹרִין וְיַעֲבִירוּ סְקִיפְטוֹרִין וכ' entfernt die Bema, lasset die Vertheidiger und die Protokollführer sich entfernen; denn meine Kinder haben das Neujahr verlegt. Pesik. r. sct. 15, 32b dass. In der Parall. j. R. hasch. I, 57b ob. steht קְטֵיגוֹרִין vgl. סְנֵיגוֹר.

סְקִיפָס od. שְׁקִיפָס *m.* Adj. (von שׂקף, סקף) länglich und krummbogen (ähnl. arab. اَسْقَف). An σκύφος: becherförmig, ist deshalb schwerlich zu denken, weil es dem semit. שקום od. שקע nicht entspricht. Bech. 43b שֶׁרֹאשׁוֹ (Ar. u. Maim. lesen שקום מלפניו וסקיפום מאחוריו (שקיפום) Jem., dessen Kopf שקום (Mischna das.; in Mischnaj.: שקע) ist, das bedeutet: am Vorderkopf gesenkt (d. h. der Kopf fällt auf die Brust, dass der Hals nicht gesehen wird); Jem., dessen Kopf סקיפס (שקיפס) ist, das bedeutet: der Hinterkopf ist krummgebogen. Unser W. wird das. agadisch gedeutet: פִיסָא שָׁקִיל es ist, als ob ein Stück des Kopfes fehlte.

סִיקָר, סִיקְרִיקוֹן, סִיקוֹנְדָּה u. a., s. in סִי׳.

סָקַר (Grndw. סק syn. mit סך, s. סכי, סכה, eig. eindringen, stechen) 1) **blicken**, mit dem Auge fixiren, s. Piel. — 2) **schminken**, die Augenlider mit hellem, bes. rothem, in die Augen stechendem Farbstoff färben. Schabb. 67a סוֹקְרוֹ בְּסִיקְרָא man färbt ihn (den Baum, der seine Früchte abwirft) mit Farbe, vgl. נָבֵל und צָשַׁר. j. Schebi. IV, 35b un. j. Maas. scheni V Anf., 55d und Chull. 77b. 78a dass. Bech. 9, 7 (58b) הַיּוֹצֵא עֲשִׂירִי סוֹקְרוֹ בְּסִיקְרָא das Thier, welches als „das Zehnte" herauskommt (Lev. 27, 32), färbt man mit Farbe. — 3) (=זָקַר s. d.) **springen**, s. Nifal.

Pi. סִקֵּר (=bh. שָׂקַר) schminken, die Augenlider. Pesik. Wattommer Zion, 132a „die Töchter Zions (Jes. 3, 16), שֶׁהָיוּ מְסַקְּרוֹת עֵינֵיהֶן בְּסִיקְרָא Ar. (Ag. סוֹקְרוֹת Kal) welche ihre Augen mit Schminke schminkten". Levit. r. sct. 16 Anf.

dass. Vgl. jedoch סוֹקְרָנְיָה, wonach מַשְׂקְרוּת bedeutet: sich überall umsehen.

Nif. 1) **überschauet, betrachtet werden.** R. hasch. 18a trotzdem, dass die Menschen am Neujahr einzeln vor Gottes Richterstuhl vorüberziehen, כּוּלָּן נִסְקָרִין בִּסְקִירָה אֶחָת so werden sie dennoch allesammt mit einem Blick von Gott überschaut; mit Ansp. auf Ps. 33, 15: „Der Schöpfer überschaut ihre Gedanken zusammen und prüft alle ihre Handlungen." — 2) (=זָקַר) von זָקַר) springen, sich werfen. Cant. r. sv. מַר זֹאת, 18c der Lewite Hugdas brachte solche liebliche Töne hervor, עַד שֶׁהָיוּ כָל אֶחָיו הַלְוִיִּם נִסְקָרִין בַּבַּת רֹאשׁ לְאֲחוֹרֵיהֶם dass alle seine Brüder, die Lewiten, kopfüber rücklings sprangen.

סְקַר *ch.* (syr. ܣܩܰܪ=סָקַר) **schauen, auf** Jemd. oder etwas scharf sehen. (Vgl. Pesch. 1 Sm. 18, 9 „Saul fing an, ܣܳܩܰܪ ܗܘܐ, auf David gehässig oder neidisch zu sehen", Textw. עֹרֵן). — Levit. r. sct. 22, 165c der Schlangenbeschwörer סָקַר בְּהַהוּא חִוְיָא blickte scharf auf jene Schlange. Genes. r. sct. 10, 10d קָם לְמִסְקַר בְּהַהוּא חִוְיָא er stellte sich hin, um jene Schlange genau zu betrachten. Khl. r. sv. לְתוֹך 97a dass. שָׂמַח בָּחוּר, 83a dass. וַיִּתְרוֹן שֶׁהָיָה חָבוּשׁ בְּכֹלוּב וּבָא עוֹף אַחֵר וְעָמַד עַל עַל גַּבֵּיר אָמַר לוֹ אַשְׁרֶיךָ מַה מְזוֹנוֹתֶיךָ מְצוּיִּין לָךְ אָמַר לֵיהּ הַהוּא עוֹף גַּדָּא וּטְמִיעַ מַזְלָא לְמַזּוֹנוֹתִי אַתָּה מִסְתַּכֵּל וּלְחַבּוּשִׁי לֵית אַתְּ סָקַר לִדְלִמְחַר מַפְּקִין וְנִכְסִין לִי כָּךְ וְדַע וג' ein Gleichniss von einem Vogel, der im Käfig eingesperrt war und zu dem ein anderer Vogel kam, sich bei ihm hinstellte und ihm zurief: Glücklicher, dem die Nahrungsmittel stets vorräthig sind! Jener Vogel aber entgegnete ihm: O Unglückseliger, von trübem Geschick, wie, meine Nahrungsmittel betrachtest du wohl, aber auf meine Gefangenschaft blickst du nicht hin! Morgen schon wird man mich herausführen, um mich zu schlachten! So heisst es auch: „Wisse, dass über alles dieses Gott dich zum Gericht führen wird" (Khl. 11, 9).

סְקִירָה *f.* N. a. das **Hinblicken, Ueberschauen.** R. hasch. 18a, s. סָקַר Nif. nr. 1.

סִיקְרָא *masc.* 1) (=syr. ... *f.*) **Augenschminke,** wie überh. helle, bes. rothe Farbe. Pesik. Wattommer Zion, 132a und Levit. r. sct. 16 Anf., s. סָקַר Piel. Schabb. 67a u. ö. man färbt ihn (den Baum mit Farbe, s. סָקַר nr. 2. j. Schabb. XII g. E., 13d wenn Zeugen ihre Namen nicht schreiben können, רוֹשֵׁם לִפְנֵיהֶן בְּדָיוֹ וְהֵן חוֹתְמִין בְּסִיקְרָא so zeichnet man ihnen die Namen mit Tinte vor und sie unterschreiben sich darüber mit Farbe; oder man zeichnet ihre Namen mit Farbe vor und sie unterschreiben sich darüber mit Tinte. Das. וְהוּא שֶׁכָּתַב דָּיוֹ עַל גַּבֵּי

דיו וסיקרא על גבי סיקרא אבל אם כתב דיו על
גבי סיקרא וסיקרא על גבי דיו חייב nur dann
(ist Jem., der am Sabbat über eine Schrift
schreibt, nicht straffällig, vgl. פְּתַב), wenn er mit
Tinte über Tinte, oder mit Farbe über Farbe
schreibt; wenn er hing. mit Tinte über Farbe
oder mit Farbe über Tinte schreibt, so ist er
straffällig. j. Sot. II, 18ᵃ un. wenn Jem. schreibt
בדיו ובסקרא mit Tinte oder mit Farbe. Schabb.
12, 4 u. ö. dass. Midd. 3, 1 וכ׳ הסקרא חוט
ein Streifen (Seil) von rother Farbe umgab den
Altar in seiner Mitte (fünf Ellen von der Platte
entfernt). Seb. 53ᵃ u. ö. Exod. r. sct. 18, 117ᵈ
כשם שהטבח מכניס צאנו וכל שה או כבש שהוא
רוצה לשחוט נוטל הסיקרא ורושם עליה וכ׳ so
wie der Fleischer seine Heerde zusammentreibt
und für jedes Schaf oder Lamm, das er schlachten will, die Farbe nimmt und dasselbe bezeichnet, um sich zu merken, welches er schlachten
und welches er nicht schlachten soll; ebenso
heisst es hier (Ex. 12, 23): „Wenn er das Blut
sehen wird, so wird er die Thür überschreiten"
u. s. w. (Auffallend jedoch ist es, dass hier
gerade das Gegentheil stattgefunden hat, dass
näml. die mit Blut bezeichneten Häuser der
Israeliten zu verschonen waren.) Khl. r. sv.
רעה יש, 84ᶜ der betrügerische Krämer, המערב
סקרא בציר . . . welcher Farbe in Fleischsaft
mischt. — 2) (von סָקַר nr. 3) das Springen.
B. kam. 22ᵃ ורגיא בסיקרא הכלבא der
Hund pflegt durch Klettern, die Ziege hing. durch
Springen (die auf einer Anhöhe liegende Speise
zu erhaschen); hier aber geschah das Umgekehrte. Agg. ורגיא בזקירא כלבא מפיר דאפכי
בסריכא sie verfuhren umgekehrt, von ihrer Art
abweichend, indem der Hund durch Springen
und die Ziege durch Klettern ihre Speise er-
haschte.

סְקַרְתָּא f. N. a. das Zeichnen mit rother
Farbe, das Färben. Bech. 58ᵃ אשר אי
סקרתא משום טוב ביום לעשר am Feiertag kann
man nicht „das Zehnte" der Thiere heraushauen,
weil hierzu das Bezeichnen mit Farbe nöthig
wäre, vgl. סָקַר nr. 2. Chag. 8ᵃ dass. Nas. 39ᵃ
מלתחת עמרא דרפי מסקרתא שמע תא komme
und höre (d. h. ich will dir beweisen, dass das
Haar nicht an der Spitze, sondern vielmehr von
der Wurzel aus wächst, vgl. מִוְּזָא), näml. von
dem Färben der Lämmer, deren Wolle an der
Wurzel auseinander geht, während der obere
Theil der Wolle durch die Farbe zusammenhält.

סָקְרָנִית ,סוֹקְרָנִית f. Adj. ein Weib, das
sich überall umsieht, nach allen Seiten
hinschaut. Genes. r. sct. 18, 18ᵃᵇ הדין מן דלא
סוקרנית תהא שלא והיא סוקרנית Ar. (Agg.
סקרנית) nicht aus Adam's Auge (erschuf Gott
die Frau), damit sie nicht nach allen Seiten

hinschaue, aber dennoch schaut sie nach allen
Seiten hin; mit Ansp. auf וּמְשַׂקְּרוֹת (Jes. 3, 16),
vgl. jedoch סָקַר im Piel.

סָקְרִידִין od. סָקְרִידִין masc. (neugr. σέκρετον,
secretarium, vgl. Du Cange, Glossar. II, 1346)
geheimer, verborgener Ort der Herrscher, Aufbewahrungsort der Geheim-
schriften. Genes. sct. 89 g. E. מוכתב שכך עבד
מולך עבד שאין פרעה של בסקרדין Ar. (Agg.
בסקרידין, l. בסקרדין) „ein Sklave" (Gen. 41,
12, sagte der Oberschenk zum Nachtheile Josef's);
denn in der Geheimschrift Pharao's ist niedergeschrieben, dass ein Sklave nicht regieren darf;
vgl. auch פְּלִידִין.

סָקוֹרְדִּיקוֹן m. (lat. scordiscus, corium crudum)
Lederschuh, vgl. Sachs' Beitr. I, 138. Genes.
r. sct. 45, 45ᵃ פניה על סקורדקין (l. סמחתה) נפתחה
Ar. (Agg. בסקורדקייסין) Sara schlug die Hagar
mit dem Lederschuh aufs Gesicht.

סָקוֹרְטְיָא f. (lat. scortea sc. vestis, τὸ σκυτάριον) Ueberwurf aus Fell, Lederschurz.
Kel. 16, 3 וסקורטיא טבלא חיק die Scheide der
Handpauke und der Lederschurz. Ned. 55ᵇ
wird unser W. erklärt: דצלא כיתונא ein lederner Ueberwurf, vgl. אַסְקוֹרְטְיָא. (Maim. Comment. zu ersterer St. erklärt unser W.: מעור כלי
עליו יאכל אשר ein Geräth aus Fell, worauf
man isst?). Kel. 26, 5 סקורטיא das Fell
des Lederschurzes. Ohol. 8, 1 וקטבליא סקורטיא
der lederne Ueberwurf (σκυτάριον) und die Unterlage (καταβολή). Tosef. Schabb. V (VI) g. E.
j. Ned. VII g. E., 40ᶜ u. ö. dass.

סָקְרִיפְטוֹרִי masc. (scriptor mit semit. Adj.-
Endung) der Schreiber. Khl. r. sv. טובה
חכמה, 93ᶜ סקריפטורי הסופר (Agg. crmp. סקרורי
הסופר) das W. (2 Kn. 18, 18) bedeutet: (פטרי
der Geschichtschreiber, vgl. כְּפַקְלָרִי.

סָר ,סָרָא m. (=שָׂרָא, hbr. שַׂר; mit א prosthet.
(איסְקְרָא) Herr, Fürst. j. Snh. VII g. E., 25ᵈ
un. בקרחותא מן עגל ליה ורגב קרא לַחֲרֵיה der
Häretiker rief seinen Herrn (Schutzengel), welcher aus der Rinderei ein Kalb für ihn stahl;
was jener näml. als ein Zauberwerk ausgab.
Einige Commentt. lesen לַסָּרְיָה (von סרי) einen
schlechten Menschen rief er u. s. w. Ab.
sar. 43ᵃ אפיס סר (einige Agg. סראפיס, Ms. M.
כרסיס, Tosef. Ab. sar. V [VI] Anf. (כרסיס der
Fürst Apis (Σάραπις), d. h. Josef, vgl. אָפִיס.
Fast unzweifelhaft bedeutet שור בכור (Dt. 33,
17) ebenfalls „Fürst-Stier", Apis.

סָרַב nur Pi. סֵרַב (eig. Safel vom Grndw. רב,
wovon רִיב, vgl. auch סָרְהֵב) 1) sich weigern,
widersprechen, eig. streiten; insbes. eine
angebotene Ehre zurückweisen, ableh-
nen. Pes. 86ᵇ לגדול מסרבין ואין לקטן מסרבין
einem unbedeutenden Menschen darf man etwas

abschlagen, einem grossen Manne hing. darf man nichts abschlagen. Ber. 34ᵃ (mit Bez. auf die Mischna: „Wenn ein Vorbeter sich im Gebete geirrt hat, so soll ein Anderer an seine Stelle treten, לא יהא סרבן באותה שעה und in einer solchen Zeit darf man sich nicht weigern") באותה שעה הוא דאינו מסרב אבל בשעה אחרת מסרב חנינא להא דתנו רבנן העובר לפני התיבה צריך לסרב ואם אינו מסרב דומה לתבשיל שאין בו מלח ואם מסרב יותר מדאי דומה לתבשיל 'מהקריחתו מלח דא כיצד פעם ראשונה מסרב ב Ms. M. (ganz anders in Agg.; anst. מהבהב hat j. Gem. richtiger מעמעם, vgl. סירוב) nur „in einer solchen Zeit darf man sich nicht weigern", aber zu einer andern Zeit soll man sich weigern! Das stimmt überein mit dem, was die Rabbanan in einer Borajtha gelehrt haben: Wenn Jem. aufgefordert wird, an das Vorbeterpult zu treten, so muss er sich weigern; weigert er sich gar nicht, so gleicht er einer Speise, die ganz ohne Salz ist; weigert er sich zu sehr, so gleicht er einer Speise, welche vom Salz verdorben wurde. Auf welche Weise soll er nun verfahren? Nach der ersten Aufforderung soll er sich weigern, nach der zweiten sich unentschlossen zeigen, nach der dritten aber soll er seine Füsse ausstrecken und an das Vorbeterpult treten. — 2) (mit nachflg. בְּ, verk. von סְרֵהַב s. d.) in Jemdn. dringen, etwas zu thun oder anzunehmen. j. Dem. IV g. E., 24ᵃ un. לא יסרב אדם בחבירו לארחו בשעה שהוא יודע שאינו רוצה man darf nicht in Jemdn. dringen, ihn zu Tisch einzuladen, wenn man weiss, dass jener die Einladung nicht annehmen würde; eine Art Täuschung, גניבת דעת, s. d. j. Ab. sar. I, 39ᶜ un. dass. Ned. 21ᵇ היה מסרב בחבירו שיאכל אצלו 'וכ wenn Jmd. in den Andern drang, dass er bei ihm speise. Das. 63ᵇ היה מסרב בו לשאת בת אחותו wenn er in ihn drang, seine Schwestertochter zu heirathen.

סְרֵב chald. (syr. ܣܪܒ) Pa. סָרֵיב (=Piel) 1) sich weigern, etwas abschlagen. — 2) ungehorsam, widerspenstig sein. — 3) abweichen machen, s. TW.

סֵירוּב m., סַרְבָנוּת f. das Sichweigern, Ungehorsam, Widerspenstigkeit. j. Ber. V, 9ᶜ un. שלשה דברים רובן ומיעוטן רע ובינוניתן יפה השאור והמלח והסירוב בתחלה מסרב שנייה נמנעם והשלישית רץ ובא bei drei Dingen ist das Zuviel und Zuwenig nachtheilig, das Mittelverfahren aber vortheilhaft, näml. beim Sauerteig, beim Salz und beim Sichweigern (das Vorbeteramt zu verrichten). Beim ersten Auffordern weigere man sich, beim zweiten sei man unentschlossen, beim dritten aber laufe man und trete hin. Ber. 34ᵃ והסירוב Ar. (Agg. וכרבנות) dass. — Pesik. r. sct. 38, 67ᵇ הרי בסרבנו

(=בכרבנותו vgl. סְפִירָה, אֲהִילָה u. a.) er bleibt bei seiner Verweigerung, d. h. er ist unerbittlich.

סַרְבָּנוּתָא ch. (syr. ܣܪܒܢܘܬܐ=סַרְבָּנוּת, סֵירוּב) Verweigerung, Ungehorsam, s. TW.

סַרְבָּן m. 1) Adj. (=bh. סָרָב) sich weigernd, ungehorsam. Ber. 34ᵃ 'לא יהא סרבן וכ er soll sich nicht weigern, s. סָרֵב. — Pl. Exod. r. sct. 7 Anf. (mit Bez. auf Ex. 7, 13, 'ויצום וג) Gott sagte zu ihnen: בני סרבנים הן רגזנים הוטרחנים 'וכ הן על מנת כן הזיו מקבלים עליכם meine Kinder sind ungehorsam, jähzornig und belästigend; aber dessenungeachtet sollt ihr geduldig mit ihnen verfahren, selbst wenn sie euch fluchen und euch mit Steinen bewerfen. Sifre Behalothcha § 91 dass. Levit. r. sct. 10 Anf. dass. mit Bez. auf Jes. 6, 8. Num. r. sct. 19, 238ᵃ wird המרים (Num. 20, 10) übersetzt durch סרבנין. Ruth r. Anf., 35ᶜ Gott sagte: בני סרבנין הן לכלותן אי אפשר להחזירן למצרים אי אפשר להחליפן באומה אחרת איני יכול אלא מה לעשות להם אייסרם ביוסרין ומצרפן ברעבון meine Kinder sind ungehorsam; sie zu vernichten, ist unmöglich, sie nach Egypten zurückzuführen, ist unmöglich, sie mit einer andern Nation zu vertauschen, vermag ich nicht; allein ich werde sie durch Leiden züchtigen und durch Hunger läutern. — 2) (von סָרַב nr. 2) zudringlich. Sot. 13ᵇ „Gott sagte zu mir רב לך (Dt. 3, 26, eig. du hast genug, רב jedoch gedeutet „Lehrer"), שלא יאמרו הרב כמה קשה ותלמיד כמה סרבן damit man nicht etwa sage: Wie hart ist doch der Lehrer und wie zudringlich der Schüler!

סַרְבִּימִין Schabb. 57ᵇ s. סַנְפִּירִין, סורבוטין s. סוריקטין.

סַרְבֵּל denom. (von סַרְבָּל s. d.) mit einem Saraball, Mantel einhüllen. Part. pass. eig. eingehüllt; übrtr. mit Fleisch oder Fett bewachsen. Schabb. 137ᵇ קטן המסורבל בבשר ein Kind, das mit Fleisch bewachsen, beleibt ist. Kidd. 72ᵃ die Perser, מסורבלין כדוב die, einem Bär gleich, beleibt sind. Ab. sar. 2ᵇ dass.

סַרְבֵּל ch. (=סַרְבֵּל) mit weitem Mantel einhüllen, s. TW. — Part. pass. j. Maasscheni IV Ende, 55ᶜ Jem. sagte zu R. Akiba: 'חמית בחלמאי רגלי מסרבלא וכ ich sah in meinem Traume, dass mein Fuss mit Fleisch bewachsen war; was ihm jener dahin deutete: Du wirst am Festtage (רגל s. d.) viel Fleisch zu essen haben. In der Parall. Thr. r. sv. רבתי, 53ᶜ steht dafür סטים: Fussbekleidung; was jedoch zur ersten St. nicht passt.

סַרְבָּל m. (arab. سِرْبَال) weiter, vom Halse herabhängender Mantel, Tunica, Sara-

ball aus wollenem und zottigem Stoff.
Stw. wahrsch. רבל (ähnlich arab. رَبَلَ). Schabb.
101ᵇ חוט הסרבל die Faser (Schnur) des Sara-
balls, womit man letzteren um den Hals bindet.
Chull. 76ᵇ dass.

סַרְבְּלָא ch. (=סַרְבָּל) Saraball, wollener
vom Halse aus herabhängender Mantel;
Ggs. סדינא: leinener Ueberwurf. Das W. ist unterschieden vom bib. chald. סַרְבָּלִין (Dan. 3, 21. 27),
das im Midr. nach einer Ansicht durch מוקסי übersetzt wird, Fussbekleidung, s. d. W.; vgl. auch
Jelamd. Anf. (citirt vom Ar.) הסרבלין שברגליהון
ihre Fussbekleidung. Im Talmd. jedoch bedeutet
unser W. nichts Anderes als Mantel, Hülle.
Ad. Brüll, Trachten d. Juden, p. 87 flg. führt
mehrere Bedeutungen unseres Ws. an. — B.
bath. 52ᵃ u. ö. זוגא דסרבלא die Scheere, womit
man die Zotten des Mantels abschor. Ar. sv.
זור liest זוזא דסרבלי: ein Paar Hosen. Das.
46ᵃ. Men. 41ᵃ, s. בַּדִינָא. Git. 31ᵇ, s. פָּרְחֵי. Snh.
44ᵃ wird שנער אדרת (Jos. 7, 21) übersetzt:
סרבלא דצריפא ein mit Alaun gewaschener (oder:
dicht gemachter) Saraball. B. mez. 81ᵇ zwei
Menschen, deren Einer gross und den Anderer
klein war, reisten zusammen. אריכא רכיב חמרא
והוה ליה סדינא גוצא מיכסי מיכסי וקא מסגי
בכרעיה כי מטו לנהרא שקליה לסרבליה ואותבידד
עילוי חמרא ושקליה לסדינא דהדוא ואיכסי ביה
שטפוה מיא לסדריניה אתא לקמיה דרבא חייביה
der Grosse ritt auf einem Esel und hatte einen
leinenen Ueberwurf neben sich liegen. Der Kleine
aber war in seinen Mantel eingehüllt und ging
zu Fuss. An einem Fluss angekommen, nahm
letzterer seinen Mantel (der wegen seines wollenen Stoffes schwer war und viel Wasser eingezogen hätte, wodurch das Gehen ihm erschwert
worden wäre), warf ihn auf den Esel, nahm den
leichten, leinenen Ueberwurf des Andern und
hüllte sich darin ein. Doch das Wasser schwemmte
den Ueberwurf fort. Als nun diese Prozesssache
vor Raba kam, so verurtheilte er den kleinen
Mann zur Zahlung. Das. 60ᵇ שמואל שרא
למרביא תומי לסרבלא Samuel erlaubte einem
Kleiderhändler, Fransen an einen Saraball anzubringen, um ihm ein besseres Ansehen zu
geben. Sonst wird näml. ein ähnliches Auf-
putzen als Betrug verboten, vgl. פֻּרְקָס, פְּרַקְפָּס. —
Pl. Schabb. 58ᵃ סַרְבְּלֵי חתימי gestempelte Mäntel, welche von den Gelehrten (ähnlich wie von
den Sklaven) getragen wurden, um ihre Unterwürfigkeit unter den Exiliarchen zu bekunden.

סַרְבָּנְוּתָא ,סַרְבָּן s. vor סְרְהֵב.

סַרְבֵּק blinzeln, mit den Augen zwinkern; s. TW. Das W. ist nach Fleischer's
Nachtr. das. II, 571ᵇ wahrsch. Safel von ברק
durch Umstellung der Buchstaben „(neusyr.
مصبض, Nöldeke S. 288 Z. 5) wie برق عينيه

er liess seine Augen blitzen; d. h. warf scharfe,
durchdringende Blicke aus weit geöffneten Augen
... Mit diesem W. übersetzt Saadja das hbr.
Textw. שָׁקַר, Jes. 3, 16; und Abulwalid erklärt
damit das von ihm zur Uebersetzung desselben
gebrauchte أَرْمَقَ, s. Gesen. Thes. u. "שקר.

סָרַג (=bh. שׂוֹרֵג, arab. شَرَّجَ). Grndbedeut.
ist (=אָרַג, von welchem unser W. einen Safel
mit Elision des א bildet) die Maschen in einander bringen; dah.: flechten, verflechten.
Pi. 1) umflechten, mit Stricken u. dgl.
umspannen. Kel. 16, 1 ג' בה משיסרג המטה
בתים die Bettstelle (ist unrein, d. h. als ein
fertiges Geräth anzusehen), wenn man darin drei
Häuschen (d. h. Geflechte mit Zwischenräumen)
geflochten hat. Tosef. M. kat. I g. E. M. kat.
8ᵇ. 10ᵃ u. ö., s. מְתַח. j. Ber. III Anf., 5ᵈ כל
שמסרגין על גופה זהו מטה וכל שאין מסרגין על
גופה זהו דרגש diejenige Lagerstatt, die man von
der Aussenseite mit Stricken umspannt, heisst
מטה (Bettstelle); diejenige aber, die man nicht
von der Aussenseite, sondern blos nach Innen
zu umspannt, heisst דרגש, s. d. W. j. Ned. VII
g. E., 40° und j. M. kat. III, 83ᵃ ob. dass.; s.
auch כַּתָה. — Part. pass. Ber. 57ᵇ דמסורג
הוא דלא מסרבא Ar. (Agg. דמסרַב ch.) wenn Jem.
im Traume einen Elephanten sieht, auf dem ein
Flechtwerk zum Daraufsitzen liegt, so ist das
von schlechter Vorbedeutung; wenn aber kein
Geflecht darauf liegt, so ist es von guter Vorbedeutung. (Mögl. Weise bedeutet מסורג: mit
einer Pferdedecke, arab. سَرْج, versehen.)

— 2) trop. überspringen, etwas in der
Mitte weglassen. j. Git. VII Anf., 48° (mit
Bez. auf die Mischna: „Wenn Jem., der stumm
wurde, auf die dreimal an ihn gerichtete Frage,
ob man für seine Frau einen Scheidebrief schreiben solle, durch Kopfnicken seine Einwilligung zu erkennen giebt, so darf man den
Scheidebrief anfertigen"). ובלבד שמסרגין לו
נכתוב גט לאשתך והוא אומר הין לאמך והוא
אומר לאו לאשתך והוא אומר הין לבתך והוא
אומר לאו לאשתך והוא אומר הין לאחותך והוא
אומר לאו bei diesen Fragen muss man jedoch
überspringend verfahren; man frage ihn näml.:
Sollen wir den Scheidebrief für deine Frau
schreiben? Worauf er bejahend winkt. Für
deine Mutter? Worauf er verneinend winkt.
Für deine Frau? Worauf er bejahend winkt.
Für deine Tochter? Worauf er verneinend winkt.
Für deine Frau? Worauf er bejahend winkt.
Für deine Schwester? Worauf er verneinend
winkt. Genes. r. sct. 85, 83ᵇ der Anachronismus
im Buche Daniel, näml. das. 5, 30 und 6, 1:
„Belsazar wurde getödtet und Darius übernahm
die Regierung"; während das. 7, 1 und 8, 1
Ereignisse „vom 1. und 3. Regierungsjahre des

74

Belsazar" erzählt werden, geschah blos zu dem Behufe, כדי לסרג על הספר כולו שאמרו ברוח הקדש וכ' um das ganze Buch zu umspannen und damit anzuzeigen, dass es durch Eingebung des heiligen Geistes gesagt wurde. Ebenso verhalte es sich mit Gen. cap. 38 und 39, indem näml. „das Führen Josef's nach Egypten" sich an das. 37, 36 hätte anschliessen müssen: „Die Medaniten verkauften den Josef an die Egypter" u. s. w. Mechilta Jithro Par. 6: „Gott ahndet die Sünde der Väter an den Kindern, am dritten und vierten Geschlechte" (Ex. 20, 5); בזמן שהם מסורגים וכ' jedoch blos in dem Falle, wenn sie nicht unterbrochen (übersprungen) wurden; d. h. wenn der Sohn und Enkelsohn des Frevlers ebenfalls Frevler sind; wenn hing. die Reihe der Frevler durch einen Tugendhaften unterbrochen wurde, so fällt die göttliche Ahndung an den spätern, selbst frevelhaften Nachkommen fort, vgl. auch אָחַז und קוֹצֵץ. j. Snh. I g. E., 19° u. m.

סָרֵג ch. (syr. ‎ܣܪܰܓ‎ Ithpe.=סָרֵג) verflechten, umspannen, s. TW. — Pa. dass. B. bath. 73ᵃ un. זימנא חדא הור מְסָרְגָאן ליה תרתי כודנייתא וקיימן אתרי גישרא דרוגנג ושור מהאי להאי ומהאי להאי man stellte einst für ihn (den Dämon Ahriman, אהורמין, s. d.) zwei Maulthiere mit Unterbrechung, näml. auf die zwei von einander entfernten Brücken des Stromes Rongag; aber er sprang von dem einen Maulthier auf das andere und von diesem zurück auf jenes; vgl. auch מִזְגָא.

סֵירוג m. N. a. 1) das Umflechten, Umspannen eines Gegenstandes mit Stricken u. dgl., Ggs. מִיתּוּחַ s. d. j. M. kat. I, 80ᵈ un. סירוג שתי וערב das W. סרג in der Mischna) bedeutet: Den Aufzug und den Einschlag der Stricke des Bettes machen, das Umspannen in Kreuz und Quer. R. Jochanan sagte: שתי או ערב das W. סרג bedeutet: den Aufzug allein oder den Einschlag allein machen. M. kat. 27ᵃ סירוגו מתוכו מטה סירוגה על גבה 27 beim דרגש geschieht die Umspannung von innen (indem man die Stricke durch Löcher an den Seitenbrettern hindurchzieht und die Lagerstätte von innen umspannt); bei der Bettstelle (מטה) hing. geschieht die Umspannung von aussen. — 2) Ueberspringung, Auslassung eines Mittelgliedes. Pl. j. Meg. II Anf., 73ᵃ סירוּגין קטועין סירוסין חד פרה חד wenn Jem. die Estherrolle am Purimfeste liest סירוגין (so erfüllt er seine Pflicht, Mischna das.), das bedeutet: mit Unterbrechung, stückweise; wenn er sie aber liest סירוסין (so erfüllt er nicht seine Pflicht), das heisst: er liest einen Vers (πέρα) über den andern hinweg, indem er näml. den 1. 3. 5. und dann nachträglich den 2. 4. 6. Vers der Megilla liest u. s. w. Das. drei Dinge waren den Gelehrten zweifelhaft, 1) Was bedeutet סירוגין? 2) Was

bedeutet חלגלוגות? und 3) Wer ist zu bevorzugen, der Gelehrtere oder der Aeltere? Die Magd aus dem Hause Rabbis belehrte sie hierüber wie folgt: אמרה להם הככסו לשנים מגרון יעולו סלן קמי ויעול סלן קמי שרון עלין קטעין קטעין אמרה להם למה אתם נכנסין סירוגין סירוגין וכ' sie sagte zu ihnen: Tretet je zwei und zwei ein (d. h. je ein Gelehrter und ein Alter, לִשְׁנָיִם; nach Korban haëda: nach dem Alter, לְשָׂנִים). Da sie aber auch sagten: Der N. N. soll vorangehen, jener N. N. soll vorangehen, und anfingen, in grossen Zwischenräumen (eig. abgehackt) einzutreten, so rief ihnen jene Magd zu: Warum tretet ihr mit Uebersprungen (nicht zusammen) ein? Hierdurch erlernten die Gelehrten die Bedeutung des סירוגין; vgl. auch חַלָּגְלוּגָה. j. Schebi. IX Anf., 38° dass. — Ar. ed. pr. liest umgekehrt: סירוסין קטועין סירוגין חדא פרא חדא, vgl. auch מַפְרֵעַ. Meg. 18ᵃᵇ und R. hasch. 26ᵇ dass., wo סירוגין durch פסקי פסקי stückweise, erklärt und die hier erwähnte dritte Frage und deren Beantwortung ausgelassen wurde. — Jom. 38ᵃ ob. בסירוגין mit Unterbrechung wurde der Abschnitt der Sota (vgl. סוֹטָה) auf die Tafel, welche die Königin Helena für den Tempel anfertigen liess, geschrieben, näml. hinter den Worten אם לא שכב (Num. 5, 19) standen die Anfangsbuchstaben der darauffolgenden Worte bis zu Ende des Verses; ferner hinter den Worten ואת כי שטית (V. 20) standen die Anfangsbuchstaben der darauffolgenden Worte u. s. w. Git. 60ᵃ dass. Man darf näml. nicht einen Bibelabschnitt zur Uebung niederschreiben. B. bath. 62ᵇ ob. בסירוגין מהו wie ist es, wenn Jem. beim Verkauf seines Feldes die Grenzen desselben mit Auslassung bezeichnet? Wenn näml. die benachbarten Felder an der Ostseite dem A. und B., an der Südseite dem C. und D., an der Westseite dem E. und F., an der Nordseite dem G. und H. gehören; und der Verkäufer bei der Bezeichnung der Grenznachbarn blos A., C., E. und G., mit Auslassung der anderen vier Nachbarn angegeben hat — genügt eine solche Grenzangabe, oder nicht? B. kam. 37ᵃ wenn ein Ochs einen Ochsen sieht und ihn stösst, einen zweiten sieht und ihn stösst, einen dritten sieht und ihn stösst, einen vierten und ihn nicht stösst, einen fünften und ihn stösst, einen sechsten und ihn nicht stösst, נעשה מועד לסירוגין לשוורים so wird er bei solchen Uebersprungen der Ochsen als ein Stösser behandelt, vgl. מוּעָד. Tosef. Nid. IX Anf. וסת לסירוגין ein mit Uebersprungen (Auslassung von Tagen) eingetretenes Menstruum.

סוֹרֵג m. ein durchlöcherter Zaun, dessen Latten in kreuz und quer gehen, ähnlich dem Geflechte, der Soreg. Midd. 2, 3 לפנים ממנו סורג גבוה י' טפחים innerhalb der Tempelmauer war der Soreg, der zehn Faustbreiten hoch war.

סָרִיג *m.,* סְרִיגָה *f.* 1) Geflecht, Gitter. —
2) Ueberspringung. Pl. *m.* Chull. 125ᵇ סְרִיגֵי
חלונות die Fenstergitter. — *Fem.* Ohol. 8, 4
הסריגות שבחלונות dass. Trop. Thr. r. sv. נשקד,
57ᵈ wird יִשׁתרגוּ (Klgl. 1, 14) gedeutet: עשאן
עלי סריגות הביא אותן עלי מכופלות בבל
וכשדים מדי ופרס יון ומקדון אדום וישמעאל עשאן
עלי סריגות בבל קשה ומדי מחוגה יון קשה ואדום
מחוגה כשדים קשה ופרס מחוגה מקדון קשה
וישמעאל מחוגה וכ' Gott machte sie (die heidnischen Reiche) für mich wie verschiedene Ver-
flechtungen; er brachte sie über mich verdoppelt (d. h. jedes der vier Reiche bestand aus je
zwei Völkerschaften), Babel und Chaldäa, Medien
und Persien, Griechenland und Macedonien,
Edom (Rom) und Ismael. — (Eine fernere Deutung von nr. 2:) Er machte sie für mich wie
Ueberspringungen, näml. Babel war streng, aber
Medien gelinde; Griechenland streng, aber Edom
gelinde; Chaldäa streng, aber Persien gelinde;
Macedonien streng, aber Ismael gelinde; mit
Ansp. auf Dan. 2, 42: „Ein Theil des Reiches
wird stark, aber ein Theil schwach sein."

סְרִיגָא *m.,* סְרִיגְתָא *f. ch.* (syr. ‎ܣܪܝܓܐ=סריגא,
סריגה)Geflecht, Gitter, Gitterwerk, s. TW.

סָרָג *m.* Adj. Arbeiter der Flechtwerke
oder der Gitter. Pl. Kel. 24, 8 das Sopha
של סָרָגִין der Gitterverfertiger, worauf die
Flechtwerke legen. — Mögl. Weise: der Verfertiger der Pferdedecken (arab. ‎سَرَّج), vgl.
Hai Comment. z. St.

סְרָגִיד *m.* Schlüssel, der mit Zähnen versehen ist (wahrsch. arab. ‎شَرِيحَ). j. Schabb.
VIII, 11ᵇ un. wird חֵק, s. d., nach einer Ansicht erklärt durch סרגיד; nach einer andern
Ansicht das. bedeutet סרגיד: die Zähne im
Schlosse, zwischen welche der Schlüsselbart
gesteckt wird.

סִירְגוּל *m.* das Liniiren. Das W. ist von רגל
lat. regula (Lineal, Richtscheit), mit vorges. ס
entstanden; vgl. Cast. Lex. Syr.: ‎ܡܣܪܓܠ regula,
qua lineae diriguntur. Nach Ar. bedeutet סרגל
im Arab.(?) Linie. Genes. r. sct. 24 g. E. אפילו
סירגול הכוסר אדם הראשון למד שנאמר זה ספר
(סירגלו של ספר) Ar. (Agg. הוא וסירגלו) selbst
das Liniiren des Schreibers erlernte Adam; denn
es heisst זה ספר (Gen. 5, 1, von סָפַר: einschneiden, eingraben gedeutet, das bedeutet: das Buch
sammt seinem Liniiren. Levit. r. sct. 19 Anf.
„Seine Locken sind herabrollend" (HL. 5, 11),
זה הסירגול darunter ist das Liniiren (die Linien)
zu verstehen; Textw. תלחלים wird näml. auf die
Gesetzlehre gedeutet, vgl. תל. Cant. r. sv. ראשו
25ᵈ dass. Das. sv. נקרות הכסף 10ᶜ הורי זהב dass.

זה הסירגול „die Silberpunkte" (HL. 1, 11), das
bedeutet das Liniiren, die Linien. Dav. denom.

סִרְגֵל Linien ziehen, liniiren. j. Schabb.
VII, 10ᶜ un. מסרגלין לון man zog auf sie (die
Felle) Linien. j. Meg. I, 71ᵈ ob. בקנה מסרגלין
man liniirt das Pergament der Tefillin mit einem
Rohr.

סַרְגֵל *ch.* (=סִרְגֵל) Linien ziehen, schich-
ten, s. TW.

סַרְגְלָא *fem.* eig. Pferdedecke (arab. ‎سَرْج
mit angeh. ל); übrtr. Sitz, Fahrzeug. Exod.
r. sct. 15, 115ᵃ מלך בשר ודם עושה סרגלא שלו
חזקה שתהא כל משאו . . . והאלהים ידי שמו
מבורך העכן אין בו ממש ועושה סַרְגְלִין שלי עבים
וכ' der menschliche König macht sein Fahrzeug fest, damit es seine ganze Last trage, und
beschlägt es mit Eisen und Kupfer, mit Silber
und Gold; Gott hing., sein Name sei gepriesen!
„macht die Wolken, an welchen nichts Wesentliches ist, zu seinem Fahrzeug". (Ps. 104, 3.)
Tanch. Chaje Sara, 29ᵃ dass.

סְרוֹד, סְרִיד *m.,* סְרִידָה *fem.* Geflecht, gewebte Matte. Stw. arab. ‎سَرَدَ: zusammennähen oder weben; syn. mit שׂרָג, vgl. auch bh.
שׂרָך. — Kel. 15, 2 כריד של נחתומין Ar. (Agg.
סְרוֹד) Geflecht (eine Art Brotkorb) der Bäcker.
Sifra Mezora (Sahim) Par. 1 cap. 2 הכרוד dass.
Tosef. Kel. B. mez. V צערידה סרוד של Flechtwerk am Rande des Korbes. Das. X של סריד
Flechtwerk der Schneider, worauf sie die
Kleidungsstücke legen. — Kel. 8, 3 כרודה שהיא
נתונה על פי התנור ein Flechtwerk, Gitterwerk,
das vor den Ofen gesetzt ist, Ofenvorsatz.
Pl. Tanch. Beschallach, 83ᵃ הבא עשרה גבורים
וימלאו סְרִידות תבן וכ' bringe zehn kräftige
Männer, welche Flechtwerke mit Stroh füllen
und sie so die Schlange zum Verschlingen hin-
werfen u. s. w. Ar. sv. אדר citirt diese St. aus
Jelamd. u. zw. עורות של בהמות מלאוות תבן
Thierhäute, die mit Stroh gefüllt sind, vgl. אֲדַר I.

סְרָדָא, סָרְדוּתָא *ch.* (=סְרִידָה) Flechtwerk, Gitter. — סְרִיָּא *m.* (arab. ‎سَرِيَّة) geflochtenes Drahtwerk, s. TW. Pl. *fem.*
ר'אבדימא סַרְדְּוָנָיָתָא Siebe. j. B. mez. IV Ende, 9ᵈ
מלחא הוה מפתר סרדוותיה R. Abdima, der Salzhändler, weichte seine Siebe im Wasser, damit
das gesiebte Salz schöner aussahe, vgl. פְּרַקֵם.
Nach Pne Mosche: mageres Fleisch(?). —
סרדה Genes. r. sct. 49, 49ᵇ, s. חֲלַפְסְדָרָה.

סָרָד *m.* Adj. Verfertiger von Netzen oder
Vorhängen. Jom. 85ᵃ לוי הסרד Ar. (Agg.
הסרד s. d.) Lewi, der Verfertiger von Netzen.

סַרְדְיוֹט *masc.* (=סְטְרַטְיוֹט, gr. στρατιώτης)

74*

Krieger, bes. Kriegsoberster, Feldherr.
Suc. 56ᵇ Mirjam, die Tochter Bilga's, שהמירה
דתה והלכה ונשאת לסרדיוט אחד ממלכי יונים
(j. Suc. V Ende, 55ᵈ סְרִדִיוֹט) welche ihre Religion gewechselt hatte, ging und verheiratete
sich an einen Kriegsobersten der griechischen
Könige. Schabb. 32ᵃ דומה כמי שנמסר לסרדיוט
Ar. (Agg. דומה בעיניו) es ist, als ob er dem
Kriegsobersten überliefert worden wäre. Ber.
57ᵃ un. הנמסר לסרדיוט שמירה נעשית לו Ms. M.
(Agg. הנחמס) wenn Jem. (im Traume) dem
Kriegsobersten ausgeliefert wird, so wird ihm
eine Bewachung entstehen. Genes. r. sct. 82, 80ᵇ
פגע בהם סרדיוט אחד ein Krieger traf sie (die
Gelehrten, die ihre Hüllen geändert hatten), vgl.
עֲטִיפָה Num. r. sct. 15, 230ᵇ סרדיוט, geringer
als קומיס, vgl. אִירְפְּכוֹס. Thr. r. sv. על אלה
58ᶜ der Sohn und die Tochter des Priesters
Zadok geriethen in Gefangenschaft; זה נפל
'לסרדיוט אחד וזה לסרדיוט כ die erstere
fiel dem einen Krieger und die letztere fiel
einem andern Krieger in die Hand. Git. 58ᵃ
steht dafür לשני אדונים zwei Herren. — Pl.
B. kam. 38ᵃ שלחה מלכות הרשעה שני סַרְדְּיָאוֹת
אצל חכמי ישראל לימדונו תורתכם Ar. (Agg.
סרדיוטות) die frevelhafte (römische) Regierung
schickte einst zwei Feldherren zu den israelitischen Gelehrten, die zu ihnen sagten: Lehrt uns
eure Gesetzlehre! Sifre Beracha § 344 dass.
Cant. r. sv. עתידות אומות העולם § 344, 22ᵈ אתי מלבנון
להביא אותה סַרְדִּיוֹטוֹת למלך המשיח die Völker
der Welt werden einst Israel als Feldherren (d. h.
als hochachtbare Geschenke) den Könige Messias zuführen. — Exod. r. sct. 42 g. E. לשון
סרדיוטון eine Kriegersprache, d. h. griechisch, vgl. מַפְּכָה.

סְרַהֵב (Sifel von רָהֵב, vgl. auch סָרַב nr. 2)
eig. anregen; übrtr. in Jemdn. dringen,
sehr bitten. Chull. 94ᵇ אל יסרהב אדם לחבירו
(בחבירו l.) לסעוד אצלו ויודע בו שאינו סועד
dringe nicht in Jemdn., bei ihm zu speisen,
wenn man weiss, dass jener nicht speisen wird;
eine Art Täuschung, גניבות דעת s. d. B. kam.
32ᵇ un. רבו מסרהב בו לצאת sein Meister dringt
in ihn, dass er hinausgehe.

סְרַהֵב ch. (syr. ‎=סְרַהֵב) anregen,
beeilen, beschleunigen, s. TW. — Ber. 47ᵃ
הוה קמסרהב ואכיל er beeilte sich zu essen.
Schabb. 10ᵃ. Chull. 7ᵇ השתא מסרהבנא jetzt
beeile ich mich, um fortzugehen.

סַרְהוֹבָא I סַרְהוּבְיָא m. (syr. ‎) An-
regung, Anspornung, Erregtheit. —
סַרְהוּבָא II m. Adj. schnell, eilend, festinans,
s. TW.

סַרְהָבָן‎ ,סוֹרְהָבָן m. Adj. (=סָרְבָן) abtrünnig, widersetzlich. — סוֹרְהַבָנוּתָא fem.

(=סַרְבָנוּתָא) Widersetzlichkeit, Ungehorsam, s. TW.

סַרְוָיָא N. gent. aus Sarwa. Schabb. 45ᵇ
ההוא סבא קרויא ואמרי לה סרויא jener Greis
aus Karwa; manche sagen: aus Sarwa.

סָרַח I (syn. mit צָלַח, mit Wechsel der Buchstaben) schneiden, einschneiden. Kel. 30, 4
צלוחית ... של פלייטון שניטל פיה טהורה מפני
שהיא סרוחה את היד eine Glasschale mit Wohlgerüchen, deren Mündung abgebrochen wurde,
ist rein (d. h. nicht mehr als ein Gefäss anzusehen), weil sie die Hand (mit der man die
Schale zum Riechen reicht) schneidet. Hai und
Maim. z. St. erklären das W. סרח(?). — Erster er
bemerkt, dass es im Arab. כרס laute. —
Tosef. Kel. B. bath. VII g. E. הכוסות הצידונים
החתוכין טהורין מפני שסרוחין את הפה Hai
(anders in Agg.) die sidonischen Becher, welche
abgeschnitten wurden, sind rein, weil sie den
Mund schneiden. — Deut. r. sct. 3, 254ᵃ wird
סריסין ואלונית (Dt. 7, 14) übersetzt עקר ועקרה
castrirte Männer und unfruchtbare Frauen. —
Genes. r. sct. 32, 31ᵃ „Männchen und Weibchen
kamen sie" (Gen. 7, 16); פרט לסרוחין ולמחוסרי
איברים שפסולין לקרב בני נח davon waren die
castrirten, sowie diejenigen Thiere, welchen
einige Gliedmassen fehlten, ausgeschlossen, weil
sie als Opfer der Noachiden untauglich waren.
(Schwerlich bedeutet סרוחין in letzt. St.: Thiere
mit überflüssigen Gliedern, vgl. יָתֵר, näml.
von סָרַח II.)

סָרַח II (=bh., arab. ‎ dimittere) 1) ausgiessen, hinstrecken, übrtr. herabhängen.
Part. pass. Jom. 83ᵇ אזניו כרוּחוֹת seine (des
tollen Hundes) Ohren hängen herunter, vgl. כֶּלֶב.
— 2) übel riechen, stinken; urspr. von in
Fäulniss, Verwesung übergegangenen Speisen, re-
dundare. Part. pass. j. Ter. XI, 47ᵈ ob. אוכל
סרוּחַ ... משקה סרוּחַ eine überlriechende Speise,
ein überriechendes Getränk. Ter. 3, 1. Jeb. 89ᵃ
נמצא סרוח die Frucht wurde als überlriechend
befunden. Aboth 3, 1 מפה סרוחה in verwester
Tropfen, Keim. Trop. Snh. 97ᵃ in der messianischen Zeit חכמת הסופרים תסרח ויראי חטא ימאסו
wird die Weisheit der Schriftlehrer mit übelm
Geruch (d. h. als verächtlich oder als überflüssig erscheinen) und die Sündenscheuen werden verachtet werden. Num. r. sct. 20, 241ᵇ
למשיח סרח vgl. גוֹי. Cant. r. sv. מלבנון, 22ᵈ ריעה
אתי מלבנון סרוחה של אחשורוש die geschmacklose Gesinnung des Ahaswer. — 3) verderben, trnst.
Trop. j. Suc. V g. E., 55ᶜ die Orgel סרח את
הנעימה verdirbt den lieblichen Gesang, vgl.
אַרְדַּבְלִיס. — 4) sündigen (vgl. בָּאַשׁ, ch. סְרַח)
übel riechen, wovon בִּישׁ schlecht). Jom. 75ᵃ
איש ואשה שבאו לפני משה לדון זה אומר היא

סרחה עלי והיא אומרת היא סרח עלי אמר להם
משה לבקר משפט וכ' wenn Mann und Frau
vor Mose zu Gericht kamen; er sagte: Sie verschuldete sich gegen mich, sie aber sagte: Er
verschuldete sich gegen mich! so sagte Mose zu
ihnen: Morgen wird das Urtel verkündet werden! Fand sich näml. am folgenden Tage die
auf die Frau kommende Portion Manna in des
Mannes Haus, so war erwiesen, dass sie sich
gegen ihn verschuldet hatte; fand sich aber ihre
Portion Manna in ihres Vaters Haus, so war
erwiesen, dass er sich gegen sie verschuldet
hatte. Das. 77ᵃ מיכאל סרחה עמך Michael,
dein Volk (Israel) sündigte. Pesik. r. sct. 26,
Dibre Jirmeja Anf. ויהי בעת שסרחה הצאן ולא
שמעה לדברי אדונים שנאה רועיה כבשיה (ראשיה?)
ופרנסיה הטובים ורחקה מהם כצאן אילו ביה
ישראל שנמשלו כצאן . . . שנאה רועים ומיטיבה
עליה (עליה .l). רועים של שקר ואף היא חזרה לבם
מאחר בורא ונפנה לבם אחר החטא ירמיה הנביא
היה מתנבא עליהם ברוח הקודש וכ' es geschah
zur Zeit, als die Schafheerde sich verschuldet
und auf die Stimme der Herren nicht gehört
hatte; damals hasste sie ihre Hirten, ihre Häupter und ihre wohlthätigen Verpfleger und entfernte sich von ihnen nach Art der Schafe.
Das ist die Gemeinde Israels, die der Schafheerde verglichen wird: „Ihr seid meine Weide-
schafe“ u. s. w. (Ez. 34, 31.) Sie hasste die
guten Hirten und setzte über sich Trughirten;
hierauf irrte ihr Herz vom Schöpfer ab und
wandte sich der Sünde zu. Zu eben jener Zeit
weissagte der Prophet Jeremias mit dem heiligen Geiste ihr Verderben. Snh. 71ᵇ דאחר סרחה
כך בגרה wenn eine Jungfrau sich verschuldete
und dann mannbar wurde. Tanch. Ki tissa,
117ᵇ: „Mose verbrannte das Kalb“ (Ex. 32, 20);
מיד דן את הסריותין bald darauf richtete er die
Schuldigen. Das. 118ᵇ מיד שבר את הלוחות וירידה
את הסריותין alsbald zerschlug er die Bundestafeln (das. V. 19) und züchtigte die Schuldigen.
Hif. 1) verwesen, stinkig werden. Genes.
r. sct. 34, 33ᵈ Antonin sagte zu Rabbi, um ihm
zu beweisen, dass die Seele dem Menschen schon
im Mutterleibe gegeben wurde: משל אם תניח
בשר ג' ימים בלא מלח הוא מיד מסריח ein Gleichniss, wenn du Fleisch drei Tage ohne Salz liegen lässt, so wird es alsbald stinkig; d. h. ohne
Seele würde der Fötus keine Entwickelungskraft
haben. Snh. 91ᵇ steht dafür בשר של חתיכה
מסרחת . . . dass. Ber. 60ᵃ. — 2) trnst. übelriechend machen. j. Keth. V, 30ᵃ un. כופר
לעשות בצמר אבל לא בפשתן מפני שהיא מסרחת
את הפה (mögl. Weise מְסָרַחַת Piel) der Mann
darf seine Frau zwingen, ihm Wolle, aber nicht
Lein zu spinnen, weil letzteres den Mund übelriechend macht, vgl. auch שִׁלְבֵּק.
Nif. verwesen. j. Jeb. IV, 5ᶜ un. ᵈ ob. עד
שלא נסרח הזרע האשה מעוברת משני אדם
כאחת משנסרח הזרע אין האשה מעוברת משני בני

אדם כאחת adam bevor der Samen verwest, wird eine
Frau von zwei Männern zugleich schwanger
(Superfœtation); wenn der Same aber schon ver-
west ist, so wird eine Frau nicht von zwei
Männern zugleich schwanger.

סָרַח chald. (syr. ܣܪܚ=סְרַח) 1) herunterhängen, s. TW. — Pa. dass. Part. B. kam.
117ᵃ un. R. Jochanan גבר סבא הוה ומסרחי
גביניה war ein alter Mann und seine Augenbrauen hingen herab. — 2) übel riechen,
verwesen, s. TW.

סֵירוּחַ m. N. a. Uebelriechendes, Stinkiges, übler Geruch. Pl. Levit. r. sct. 14, 158ᵃ
יוצא מלא גילולין וכל הגילולין כל
das Kind bei seiner Geburt
מיני סירוחין kommt aus dem Mutterleibe mit
Mist und allerlei übelriechenden Dingen bedeckt.

סֵרוּחַ ch. (=סֵירוּחַ) übler Geruch, Gestank, s. TW.

סוּרְחָא ,סִירְחָא m. 1) (=bh. סֶרַח) das Herabhängende, s. TW. — 2) übler Geruch.
Suc. 26ᵃ סירחא דגרגישתא der üble Geruch der
Scholle, lockeren Erde. B. kam. 82ᵇ אין עושין
גנות ופרדסין משום סירחא (Var. סירחא) in
Jerusalem darf man keine Gemüse- und Baumgärten anlegen wegen des übeln Geruches, der
aus ihnen aufsteigt.

סֵירְחוֹן ,סִרְחוֹן m. 1) übler Geruch, Verwesung. Pes. 35ᵃ יצאו אילו שאינן באין לידי
חימוץ אלא לידי סירחון ausgeschlossen sind diese
(näml. die Hülsenfrüchte, wie Reis, Hirse u. dgl.,
dass man sie weder zu Mazza am ersten Pesachabend verwenden darf, noch dass sie, wenn bei
dem aus ihnen bereiteten Gebäck einige Zeit
zwischen dem Kneten und Backen verstrichen
ist, am Pesach verboten sind), weil die Hülsenfrüchte nicht in Säure, sondern blos in Verwesung übergehen, vgl. אוֹרֶז. j. Chall. I Anf.,
57ᵃ dass. — 2) Sünde, Schuld. Sifre Behalothcha § 104 „der Zorn Gottes entbrannte gegen
sie und er ging fort“ (Num. 12, 9). מאחר
שהודיעם סרחונם אחר כך גזר עליהם נדוי nachdem er ihnen ihre Schuld kund gethan hatte,
verhängte er den Bann über sie. Genes. r.
sct. 73 Anf. ניתלה הסירחון תלד האשה שלא עד
בה לאחר שתלד תלוי בבנה וכ' bevor die Frau
Kinder gebiert, wird alle Schuld ihr zugeschoben;
nachdem sie aber geboren hat, fällt die Schuld
auf ihren Sohn, vgl. מִקְנָא. Das. sct. 84, 82ᵇ
Ruben sagte: אני בכור ואין הסרחון תלוי אלא
בי ich bin der Erstgeborene, daher wird die
Schuld (des Verlustes Josefs) nur mir zugeschoben werden. Num. r. sct. 20 g. E. Gott
sagte: בעולם הזה על ידי סרחונם הם נמנים אבל
לעתיד לבא והיה מספר וכ' in dieser Welt wird
Israel blos infolge der Schuld gezählt (Num. 25,

9. 26, 1 fg.); aber in der zukünftigen Welt wird „die Anzahl Israel's wie Sand am Meere sein" (Hos. 2, 1). Pesik. r. sct. 44, 75^d ומה מי שאין לו חטא ולא סרחון חס ושלום אמר הנני שב בני אדם על אחת כמה וכמה צריכים לעשות תשובה wenn nun derjenige (d. h. Gott), an dem keine Sünde und keine Schuld haftet — dieser Gedanke sei fern — sagte: הנני שב (Jer. 13, 18, agad. gedeutet: „Ich werde Busse thun"), um wie viel mehr müssen die Menschen Busse thun!

סוֹרְחָן *m.* (=סִרְחוֹן nr. 2) Sünde, Schuld. Jom. 86^b משה אמר יכתב סרחני ... דוד אמר אל יכתב סרחני ... משל לשתי נשים שלקו בבית דין אחת קלקלה ואחת אכלה פגי שביעית וכ' Mose sagte: Möge meine Sünde niedergeschrieben werden! David aber sagte: Meine Sünde möge nicht niedergeschrieben werden! (mit Bez. auf Num. 20, 12 und Ps. 32, 1). Ein Gleichniss von zwei Frauen, die vom Gerichte bestraft wurden, die Eine wegen eines schweren Verbrechens (Buhlerei) und die Andere, weil sie die Früchte des Brachjahres gegessen hatte. Die Erstere bat um Verheimlichung ihrer Sünde, die Letztere hing um Veröffentlichung ihrer Sünde; damit man nicht etwa sage, dass sie ebenso strafbar gewesen, wie jene. Levit. r. sct. 20, 163^d מקומות מזכיר מיתתן של בני אהרן ובכולן מזכיר סרחונן להודיעך שלא היה בידם אלא עון זה בלבד und an vier Stellen erwähnt die Schrift den Tod der Söhne Aharon's und fügt gleichzeitig ihre Schuld hinzu (Lev. 10, 1. 2. Das. 16, 1. Num. 3, 4 und 26, 61); um dir kund zu thun, dass blos die eine Schuld an ihnen haftete. Num. r. sct. 18, 234^c und Pesik. Achre, 172^b dass.

סוֹרְחָנָא, סוֹרְחָנָא *ch.* (syr. ܣܘ̈ܪܚܳܢܳܐ=vrg. סִרְחָן) Sünde, Schuld. Levit. r. sct. 27, 171^c אמרה אין אנא מודעיא סורחנא דהדין ברי להדין דיינא sie (die Frau, die, als sie ihren Sohn bei dem Richter anklagte, die strenge Bestrafung des Letzteren wahrgenommen hatte) dachte bei sich: Wenn ich diesem Richter da die Schuld meines Sohnes vortrüge, so würde er ihn tödten. Sie sagte daher: Schon im Mutterleibe stiess er mich (vgl. בָּטַשׁ und מִגְלָבָּא). אמר לה זיל ליך דלית בהדא מילתא סורחן כלל der Richter sagte hierauf zu ihr: Du kannst fortgehen; denn das ist gar keine Schuld. Cant. r. sv. חכו, 27^a steht dafür סוּרְחָנִין pl.

סוֹרְחָנוּתָא, סָרְחָנוּתָא *f.* Sündhaftigkeit, Schlechtigkeit, s. TW.

סְרָט *m.* (gr. σύρμα) Seil, Strick. Kil. 9, 9 לא יקשור סרט של צמר בשל פשתן לחגור בו את מתניו man darf nicht einen leinenen Strick zusammenbinden, um ihn um seine Lenden zu binden (Ms. M. סרק = Tosef. Kil. V g. E.).

סָרַט (=bh. שָׂרַט s. d., arab. شَرَط) einschneiden, eingraben. Tosef. Schabb. XI (XII) Anf. הסורט סריטה אחת על גבי שני נסרים wenn Jem. einen Einschnitt auf zwei Bretter gleichzeitig einschneidet. Genes. r. sct. 33 Ende: wer sich überzeugen will, dass das Sonnenjahr um elf Tage länger ist, als das Mondjahr, יסרוט לי סריטה בכותל בתקופת תמוז לשנה זו הבאה באחר הזמן אין השמש מגעת לשם עד ולא יום וכ' soll in die Wand zur Zeit der Sonnenwende im Monat Tammus einen Ritz eingraben, und im künftigen Jahr zu derselben Zeit wird die Sonne nicht eher als elf Tage später dorthin kommen; daraus kann man jene Differenz von elf Tagen entnehmen. Exod. r. sct. 12 Anf. „Morgen um diese Zeit werde ich Hagel fallen lassen" (Ex. 9, 18). סרט לו סריטה על הכותל Mose אמר לו כשתגיע השמש לכאן ירד מחר הברד machte dem Pharao einen Ritz in der Wand und sagte zu ihm: Wenn die Sonne hier ankommt, so wird morgen um dieselbe Zeit der Hagel fallen. Pesik. r. sct. 6, 10^d dass.

Pi. סֵרֵט kratzen, einschneiden. Schabb. 53^b die Ziegen in Antiochien hatten starke Brüste, ועשו להן כיסין כדי שלא יסרטו דדיהן deshalb machte man ihnen einen Beutel an, damit sie ihre Brüste nicht zerkratzten. Das. 104^b המסרט על בשרו Jem., der sich in seinem Körper Einschnitte macht, tätowirt, s. מְסָרֵט, Chull. 62^b, s. סְנוּנִית. Tosef. B. mez. III Ende אין משרטבין ומסרטין את הבהמה ed. Amst. u. a. (fehlt in ed. Zkrm.) man darf nicht das Thier kurz vor dem Verkaufen peitschen und kratzen, um es beleibt erscheinen zu lassen. Sot. 48^a wird נוקפים erklärt: אלו שהיו מסרטין לעגל בין קרניו כדי שיפול דם בעיניו diejenigen, welche das Opferkalb (bevor es geschlachtet wurde) zwischen seinen Hörnern zerkratzten, damit das Blut über die Augen fliesse, um es leichter schlachten zu können, vgl. נָקַף I.

סְרַט *chald.* (syr. ܣܪܰܛ und ܣܪܰܛ) (=סָרַט) einschneiden, s. TW. — B. bath. 20^a, s. קְלָנִיתָא.

סְרִיטָה *f.* N. a. das Einschneiden, Eingraben. Tosef. Schabb. XI. Genes. r. sct. 33 Ende u. ö., s. סָרַט.

סִירְטָא *m.* (syr. ܣܶܪܛܳܐ, bh. שֶׂרֶט) Einschnitt. j. Ter. VIII, 45^d ob. אחרים אמרו לא אכרו אלא מקום סירטא פניו כסירטא הם ראשי אצבעות ידיו ורגליו כסירטא הם Andere sagen: (das Waschen des Körpers mit nicht zugedecktem Wasser, in welches eine Schlange ihr Gift hineingeworfen haben könnte) nur an demjenigen Körpertheil, der Einschnitte enthält (weil das Gift da hineindringen kann); das Gesicht ist wegen seiner Falten wie ein Einschnitt, ebenso sind die Fingerspitzen der Hände und Füsse wie

ein Einschnitt zu behandeln. Tosef. Ter. VII und Ab. sar. 30ᵇ dass., jedoch abgekürzt.

סִירְטוּט *m.* das Liniiren, eig. Einschneiden des Griffels. j. Meg. I Anf., 70ᵃ ob. die Estherrolle ist der Pentateuchrolle verglichen; זו מה זו צריכה סירטוט אף זו צריכה סירטוט wie letztere des Liniirens bedarf, ebenso bedarf erstere des Liniirens. Oft שׂוּרְטוּט s. d.

סַרְטְבָא Sarteba, Name eines Ortes unweit vom Oelberg. R. hasch. 22ᵇ, s. מַשּׁוּאָה.

סַרְטָן *m.* (arab. سَرَطَان, syr. ܣܽܪܛܳܢܳܐ) der Krebs, d. h. das Sternbild des Thierkreises zwischen den Zwillingen und dem Löwen, das auf den Monat Tammus (ungef. Juli) trifft, Wendekreis des Krebses oder Sonnenwendecirkel. Stw. סרט kratzen, kneipen. Pesik. r. sct. 20, 38ᵇ ואחריו מה אתה בורא סרטן שאדם מקמיץ מן החורים ומן הסדקים וכ׳ wen erschaffst du dann (nach dem Sternbild der Zwillinge)? Den Krebs; denn der Mensch sammelt von den Löchern und Ritzen u. s. w. Das. sct. 27, 53ᵃ ברביעי עמדה זכותו של משה אמר רבון העולמים הסרטן הזה אינו חי אלא מן המים ואני נמלטתי מן המים am vierten Monat (am Tammus) schützte (vor der Tempelzerstörung) die Tugendhaftigkeit die Mose. Er sagte näml.: Herr der Welten, dieser Krebs lebt ja blos vom Wasser und ich wurde aus dem Wasser gerettet u. s. w., vgl. עֲקֵדָה. (Im Rituale, Musaf des 1. Pesachtages und des letzten Sukkothages, שמיני עצרת, wird dieses Sternbild näher geschildert.)

סְרַטְיָא *f.* (arab. صِرَاط, سِرَاط; mögl. Weise jedoch gr. στρατα, strata, mit elid. ט, s. אִסְטְרַטְיָא) Strasse, offener Weg. Schabb. 6ᵃ סרטיא גדולה eine Strasse und platea, offener Platz (πλατεία). Das. 151ᵇ אסטרטיא (א prosthet.). Erub. 22ᵇ Josua liebte Israel; ותיקן להם דרכים וסרטיאות (wahrsch. zu lesen: וסרטיאות Ms. M. ואסטרטיאות) daher legte er ihnen Wege und Strassen an. — Tosef. Ab. sar. II Anf. סרטיאות של גוים (ed. Zkrm. תרטיאות), wahrsch. = אסטרטיאות s. d. die Theater der Heiden, Götzendiener.

סַרְטוֹן od. **שׂוּרְטוֹן** *m.* (gr. συρτόν) Schlämmung. Ber. 60ᵃ ob. ein Unglück, das dem Glücke ähnlich ist, wenn z. B. ein Wasserströmung sich über das Land Jemds. ergossen hat; אף על גב דטבא היא לדידיה דמסקא ארעא שׂרטון (Agg. שירטון) Ms. M. obgleich es für diesen Feldbesitzer ein Glück ist, denn das Land hat eine Schlämmung bekommen, wodurch es werthvoller geworden, so ist es dennoch gegenwärtig ein Unglück für ihn; vgl. auch שׂוּרְטוֹן.

סַרְטְנָה *m.* (viell.) Stock, Prügel. Jelamd. zu Abschn. Chuckath (citirt vom Ar.) עכשיו אתה רואה סרטנה ואתה אומר לגמול חסד הן באין jetzt siehst du den Stock, und du sagst: Sie kommen, um Gutes zu thun(?).

סָרֵי Zahlw. (=hbr. עֲשָׂרָה) Zehn; nur in der Zusammensetzung. Ber. 29ᵃ תמני סרי achtzehn. Ned. 50ᵃ תרתי סרי שנין zwölf Jahre. Oft contr. חדסרי elf u. s. w.

סָרָא, סָרֵי (syr. ܣܪܳܐ, Grndw. סר, wov. auch סָרָח) 1) verwesen, überriechen, stinken, verderben, intrnst. Suc. 13ᵃ ob. כיון דסרי ריחייהו da die Kräuter übel riechen u. s. w. Ab. sar. 38ᵇ. 39ᵇ der Honig der Nichtjuden darf gegessen werden, אי משום איערובי מיסרא סרי denn sollte er etwa deshalb verboten sein, weil man unerlaubten Wein darunter gemischt haben könnte, so würde jener verderben! Taan. 7ᵃ un. תקוף ואיסר Ms. M. (l. ואיסרי prosthet., fehlt in Agg.) der Wein wurde sauer und verdarb, vgl. חֲמַר. Bech. 8ᵇ ומלחא מי סרי wird denn etwa das Salz faul? vgl. מִלְחָא. — 2) übrtr. erschlaffen, Snh. 22ᵃ חד סרי ולא גנב נפשיה בשלמי נקט Ar. (Var.=Agg. חסריה, s. חֲבָא) nachdem der Dieb schwach geworden und nicht mehr stehlen kann, giebt er sich für einen Frommen aus; bildl. für David, zu welchem seine Pflegerin, Abischag, sagte: Da du alt geworden, so sagst du, dass ich dir zur Ehe verboten sei. Af. אַסְרֵי 1) überriechend, stinkend machen, verderben, trnst. j. B. bath. II Anf., 13ᵇ ריחא דבני מסרי חמריה der Dampf des Bades machte seinen Wein überriechend. j. Dem. I, 21ᵈ un. die Diebe, welche die Eselin des R. Pinchas ben Jaïr gestohlen hatten, denen aber ihnen nichts geniessen wollte, אמרינן נשלחינה למרה דלא תימות גבן ותסרי מערתא sagten: Wir wollen sie ihrem Eigenthümer zurückschicken, damit sie nicht bei uns verende und die Höhle stinkig mache. Genes. r. sct. 60, 58ᵈ dass. — 2) schlecht machen, moralisch verderben, s. TW.

סִירְיָא, סִרְיָא *m.* Adj. (syr. ܣܰܪܝܳܐ) 1) übelriechend, Stinkiges. Git. 56ᵃ un. מידי סריא etwas, was übel riecht. B. bath. 19ᵇ ... חבן סריא übelriechendes, fauliges Stroh. — 2) sündhaft, schlecht. B. mez. 93ᵇ un. גנב סריא du bösartiger Dieb! j. Snh. VII g. E., 25ᵈ לסריה er rief einen Bösewicht, Dieb; vgl. jedoch סַר. Cant. r. sv. עד שהמלך נתן, 10ᶜᵈ סריי ריחו meine Sündhaftigkeit (Anbetung des goldenen Kalbes) verbreitete ihren Geruch; mit Ansp. auf HL. 1, 12.

סִירוּי *m.* (von סרי, mögl. Weise von סגר) Entartung oder Aufwallung. Khl. r. sv. בזילום, 97ᵇ s. וחסר.

סִירִיוֹת, סְרִיוֹת *fem.* übler Geruch, übrtr. übelriechende Pfütze. j. Chag. II, 77ᶜ un. למלך שבנה פלטין במקום ביבים במקום אשפות במקום סריות מי שהוא בא ואומר הפלטין הזו במקום ביבין הוא במקום אשפות הוא במקום סריות הוא אינו פוגם כך וכ׳ ein Gleichniss von einem Könige, der einen Palast an einem Orte, wo Rinnen, Mist und Pfützen sich befanden, aufgebaut hatte; wird nicht derjenige, der da kommt und sagt: Der Palast steht auf einem Ort von Rinnen, Mist und Pfützen, ihn herabwürdigen? Ebenso würdigt man die Schöpfung herab, wenn man sagt, dass sie ursprünglich Wasser in Wasser war; vgl. מָיָם. Genes. r. sct. 1, 3ᵈ dass. Das. sct. 28, 27ᵇ מלאו את כל המדינות סריות sie füllten alle Städte mit stinkigen Dingen. Pesik. Beschallach, 81ᵇ, בּוּרְדְּלָא — Trop. j. Kidd. III, 65ᵇ „der Bastard" u. s. w. סריות . . . מולידכן סריות אצל man führt Uebelriechendes zu Uebelriechendem, vgl. סִינָה. Jalk. I, 244ᶜ מה הנהר (הסיריות) אף יום הכפורים שוטף את הסירות (l.). מכפר עונותיכם so wie der Strom die übelriechenden Gegenstände wegspült, ebenso vertilgt der Versöhnungstag alle eure Sünden. — Exod. r. sct. 42, 137ᵇ (mit Ansp. auf סרו', Ex. 32, 8) כשהיו בסיני היו שושנים ורדין עכשיו נעשו סריות (wahrsch. zu lesen: נעשו כובים סיריות), als Ggs. zu (שושנים ורדין) als die Israeliten am Sinai lagerten, waren sie Lilien und Rosen, jetzt hing. wurden sie Dornen und Disteln, von סִרָה s. d. — Khl. r. 86ᶜ סריותא, l. סִירְתָּא, Dornen, s. סִירְתָּא.

סָרִיוֹתָא (סְרִיוֹת) contr. סְרוּתָא *ch.* (syr. ‎ܣܪܝܘܬ‎) übler Geruch, Gestank, s. TW.

סִרְיוֹן *m.* (=bh. שִׁרְיוֹן) Panzer, s. TW., vgl. סִרְיָא.

סוּרְיָיקֵי Ab. sar. 4ᵇ, s. שׁוּרְיָיקֵא.

סָרַךְ (syr. ‎ܣܪܟ‎, bh. שָׂרַךְ, syn. mit שָׂרַג, שָׂרַךְ, ähnlich arab. شَرَكَ) anhangen, verflochten verwickelt sein. B. bath. 86ᵇ שאני בהמה דסרכא beim Vieh ist es etwas Anderes, denn es klammert sich an, drückt die Füsse an den Erdboden; d. h. selbst beim Kleinvieh kann durch Aufheben desselben der Kauf nicht bewirkt werden, weil es sich mit den Füssen an die Erde drückt; daher kann es blos durch Ansichziehen, משיכה, erworben werden. Das. 51ᵇ איכא הני תרתי אוני דסריכן להדדי zwei Lappen der Lunge, welche (infolge einer Schadhaftigkeit derselben) aneinander festhangen. איכא ליכא מידי דסריך למסרך . . . מידי למסרך wenn etwas da ist, woran die Ziege beim Herunterkommen vom Dache sich anklammern kann; wenn nichts ist, woran sie sich anklammern kann. — Trop. Git. 68ᵇ Salomo ging in seinem spätern Alter

betteln und rief überall, wohin er kam, aus: „Ich Koheleth, war König über Israel in Jerusalem" (Khl. 1, 12). כי מטא גבי סנהדרין אמרו רבנן מכדי שוטה בחדא מלתא לא סריך מאי האי וכ׳ als er zum Synedrium kam, so sagten die Gelehrten: Da ein Wahnsinniger nicht an einer und derselben Thorheit festhält (sondern bald diesen, bald jenen Wahnsinn vorbringt, während dieser da immer jenen Ausspruch wiederholt), was soll das bedeuten? Man schickte nach Benajahu u. s. w.

Pa. fest anhangen, sich anklammern. Ab. sar. 22ᵇ כיון דכי שריא ליה אומצא ומסריך בתרה מימר אמרי אינשי האי דמסריך אבתרה משום אומצא דקא מסריך da der Hund, dem eine Frau ein Stück Fleisch hinwirft, sich ihr anschmiegt (ihr nachläuft), so werden die Menschen sagen: Wenn er sich ihr anschmiegt (so ist dies keine Folge der Unzucht, die sie mit ihm treibt), sondern blos wegen des Stück Fleisches läuft er ihr nach. Chull. 111ᵃ חלב סריך מסריך Milch, die auf Fleisch fällt, bleibt an ihm festsitzen; im Ggs. zu Blut, das von ihm abgleitet, משרק שריק. Jeb. 121ᵇ אי איפשר דלא מסריך ניים פורתא es ist nicht möglich, dass Jem. (der sehr schläfrig ist), sich nicht an etwas anhält und ein wenig schlummert, selbst ohne sich niederzulegen. Bez. 11ᵃ הנך סרוכי סרוך וסליקי jene Tauben klammerten sich an und kletterten von einem Taubenschlag in den andern. B. kam. 20ᵃ ארחידא נמי לסרוכי ולמסק auch die Ziege (die gewöhnlich springt; vgl. סִיקְלָא pflegt zuweilen sich anzuklammern und hinaufzusteigen. — Trop. Pes. 51ᵃ ob. כותאי מאי טעמא משום דמסרכי מילתא הנך אינשי נמי סרכי מילתא weshalb darf man denn in Gegenwart der Samaritaner (nichts erlauben, was sie für verboten halten), weil sie sich daran anhängen (d. h. infolge dieser Erlaubniss sich auch andere, wirklich verbotene Dinge erlauben würden); diese unwissenden Menschen würden sich, an jener Erlaubniss festhaltend, auch andere Dinge erlauben!

סְרוֹךְ *m.* Verdrehung, Verkrümmung, s. TW.

סֶרֶךְ *masc.* eig. Anhang, das Anhängen; übrtr. Nachahmung. Nid. 67ᵇ eine Menstruirende darf, selbst wenn ihre Reinigungszeit schon vorüber ist, näml. am achten Tage, blos des Nachts baden, משום סרך בתה wegen der Nachahmung von Seiten ihrer Tochter; d. h. wenn letztere die Mutter am Tage baden sieht, so wird auch sie am Tage und zwar schon vor Ablauf der Reinigungszeit, am siebenten Tage, baden. Chull. 106ᵃ, s. נְטִילָה. j. Jom. III Anf., 40ᵇ טבילת סרך das Baden, das blos wegen Anhangs geschieht; d. h. um sich zu erinnern, ob auch eine andere Unreinheit vorhanden ist. j. Bic. II, 64ᵈ un. סרך=נטילת סרך die Waschung der Hände vor dem Ge-

nuss profaner Speisen, des Zehnten u. dgl., während eig. diese Waschung blos vor dem Genuss der Teruma anbefohlen ist, s. נְטִילָה. j. Chag. II, 78ᵇ mit. dass.

סִירְכָא, סִרְכָּא chald. (=סֶרֶךְ) 1) das Anhängen, Festansitzen. Bez. 40ᵃ man soll den Thieren kurz vor dem Schlachten zu trinken geben, משום סרכא דמשכא wegen Anhängens des Felles; d. h. es geht sonst schwer abzuziehen. B. kam. 22ᵃ כלבא בסירכא Ar. (Agg. בסריכא) der Hund pflegt durch Klettern, Sichanklammern, emporzusteigen, vgl. סִרְכָא. — 2) übtr. Gewohnheit. Ab. saṛ. 30ᵃ un. טרבא דגברה נקישה סירכא sie (die Wittwe) befolgt die Gewohnheit ihres Mannes. Snh. 51ᵇ נקט סירכא Ms. M. (Agg. בעלמא סירכא) der Autor bedient sich eines Ausdruckes, der gewöhnlich vorkommt; vgl. דְּרוּשָׁא. (Bei den Decisoren bedeutet סִירְכָּא, pl. סִירְכוֹת: das Zusammenwachsen der Lungenlappen mit einander; was gew. mittelst einer aus der Lunge auslaufenden Flüssigkeit erfolgt.)

סַרְכָא m.(?) eine Art Feigenbaum. Cant. r. Anf., 2ᶜ משל סרכא דמוקים האינתא ein Gleichniss (d. h. ein Beweis für die Behauptung, dass ein frommer Vater gew. einen frommen Sohn erzeugt) der Baum סרכא bringt einen Feigenbaum hervor.

סָרְכָא, סַרְכָא m. königlicher Minister bei den Persern. Das W. ist סר mit der pers. End. ך-, wie in בַּנְיָך s. d. Dan. 6, 3 fg., s. auch TW.

סַרְכָן m. (=אַרְכּוֹן, ἄρχων, mit vorges. ס) Fürst, Herrscher, princeps, s. TW.

סַרְכוּנָא m. (=סְרוּךְ) Verdrehung, Verkrümmung, s. TW.

סַרְמִיט masc. Adj. (viell. vom syr. ﺳﻮﻣﺎﻃﺎ verbositas) geschwätzig. Pl. Snh. 14ᵃ לא חתמינו לנא לא מכַרְמיטין ולא מכרמיטין autorisirt für uns kein Oberhaupt weder von den Geschwätzigen, noch von den Verkehrten (סרמיט von סרס mit eingeschobenem מ. Raschi leitet סרמיט von סמרטוט: Lappen ab, mit Umstellung der Bst.) Var. חמיסין סרמיטין, s. d. W. Keth. 17ᵃ dass.

סָרִימִיסִין m. (τριμίσιον) der Tremissis, eine Münze. j. Git. V, 47ᵇ un. קרקע דינר אגרמא (=Git. 58ᵇ nach Ansicht Samuel's: רביע מעות סרימיסין) giebt derjenige, der (רביע בקרקע שהן שליש במעות) vom Sikarier im Feld gekauft hat, dem früheren Besitzer das ihm nach der Mischna zustehende Viertel (רביע), vgl. סִיקָר vom Acker selbst (קרקע), so ist der Massstab (אגרמא, γρύμα) der Denar, als Viertel des Sela; giebt er ihm aber Geld (מעות), so ist der Massstab der Tremissis, d. h. ein Drittel. — Ferner סַרְמִיט s. סרמיטין.

סוּרְמְקִי Surmeki, N. pr., wahrsch.=סומקי mit eingeschobenem ר. Jom. 10ᵃ חביבא בר סורמקי'ר R. Chabiba bar Surmeki.

סְרָנָא masc. (syr. ﺳﻨﻮ) Achse. Chull. 16ᵇ. Kidd. 27ᵇ und B. kam. 12ᵇ וכ' סדנא דארעא (viell. zu lesen סרנא) die Achse der Erde; vgl. סי' s. d. in סירונית — כַּדָּן

סָרוּנְגִין Serongin, Name eines Ortes. j. Kil. IX g. E., 32ᵈ עתיקתא כנישתא דסרונגין die alte Synagoge von Serongin. Khl. r. sv. ויתרון, 83ᵇ דסרונגייא dass. — N. gent. Genes. r. sct. 1, 3ᵈ אבא סרונגייא'ר und j. Suc. IV, 54ᶜ ob. בא'ר דסרונגייא R. Abba (Ba) aus Serongin.

סְרוֹנְבִי f. (von סַרְנֵג=סְרָנֵג s. d.) das Ersticken, die Erstickung. Jom. 84ᵃ מקידין דם לכרונכי בשבת man lässt bei einem Erstickungsanfall, selbst am Sabbat, zur Ader; weil näml. diese Krankheit lebensgefährlich ist. Snh. 37ᵇ מי שנתחייב חנק או טובע בנהר או מת בסרונבי wer den Erwürgungstod verschuldet hat, ertrinkt im Strom oder stirbt an Erstickung (innerlicher Erwürgung), vgl. מִדָּה. Sot. 8ᵇ. Keth. 30ᵇ und Num. r. sct. 14, 225ᵃ dass. (Ar. Ms. liest auch בְּרוֹנְבָּא im Trg. Hi. 7, 15.)

סָרְנֵג Parel (von סַנֵג, oder=שׁוּרְנֵג von שָׁנֵג, s. d. W.) ersticken lassen, innerlich erwürgen. — סָרְנִיקָא, סַרְנִיקָא m. (=שׁוּרְנִיקְמָא, שׁירוּנְקָא) das Ersticken, die Erstickung, s. TW.

סָרַס (vgl. סָרִיס, Pi. סֵרַס (Grndw. רס, s. רָכַס: zerschneiden, zerbrechen; vgl. auch מְרַס nr. 2 und arab. سرّس verschnitten, bes. impotent) 1) castriren. Cant. r. Anf., 2ᵃ סוטיפר שהחשיך Potifar, dem Gott das Gesicht finster machte und ihn castrirte, vgl. סריו. Nithpa. Kidd. 25ᵃ עבד שסרסו רבו בבצים ein Sklave, den sein Herr an den Hoden castrirt hat, vgl. סריוס. Schabb. 110ᵇ הרוצה לסרס תרנגול יטול כרבלתו ומסתרס מאליו wer einen Hahn castriren will, nehme ihm seinen Kamm ab, infolge dessen er von selbst castrirt, impotent wird. Das. 111ᵃ מסרס אחר מסרס ein Castrirender nach einem Castrirenden; d. h. der Eine schnitt Jemdm. die Hoden ab, liess sie in ihrem Sack liegen, worauf sie ein Anderer vom Sacke losriss, vgl. נָתַק. Thr. r. sv. סירסו לפי שהיתה נוטל את המלילה, 66ᵈ חשוב להם כו' Samuel castrirte den Agag, weil letzterer die Vorhäute der Israeliten in die Höhe geworfen, vgl. זְמוֹרָה; mit Ansp. auf סר (1 Sm. 15, 32). Pesik. r. sct. 12, 22ᵈ wird וישסף (1 Sm. 15, 33) erklärt: סירסו ... אמר לו. כשם שעשיתי לישראל במצרים כך עשיתי לך שהיית מסרס אותם מאין עגונות את נשרה Samuel castrirte den Agag; er sagte zu ihm: So wie du mit den Israeliten

75

in Egypten verfuhrst, so verfuhr auch ich mit dir; denn du castrirtest die Männer und liessest ihre Frauen vereinsamt sitzen. Sot. 13ᵇ. 36ᵃ, vgl. סמי, Pi. סֵרֵמָא. Part. Pual Nid. 28ᵃ. 29ᵃ יצא מחותך או מסורס wenn das Kind aus dem Mutterleibe zerstückelt oder umgewendet (mit den Füssen zuerst) herauskommt. j. Nid. III, 50ᶜ mit. dass. — 2) umwenden, umstellen, umkehren, eig. von einer Stelle losreissen. B. bath. 119ᵇ סרס המקרא ודרשהו umstelle den Bibelvers (Num. 27, 2), um ihn zu erklären; d. h. „die Töchter Zelafchad's traten zuerst vor die Gemeinde, sodann vor die Fürsten, sodann vor Elasar und zuletzt vor Mose hin" (gleichsam die letzte Instanz). Denn es wäre nicht gut denkbar, dass sie zuerst an Mose und, nachdem er ihr Vorhaben abgeschlagen hatte, sich an die Anderen wandten. Das. 80ᵃ, s. סריום. Levit. r. sct. 27 Anf. סרס המקרא ודרשהו על צדקתך על משפטיך כהררי אל על תהום רבה Bibelvers (Ps. 36, 7) und sodann erkläre ihn: „Deine Milde steht höher als deine Strafrechte, wie die Gottesberge höher stehen, als die unermessliche Tiefe"; anst. צדקתך כהררי אל וג׳ j. Snh. I, 18ᵉ ob., s. מופסלא. Exod. r. sct. 5, 107ᵈ מי ה׳ סרס אותו ים ה׳ das W. (Ex. 5, 2) umstelle in ים ה׳ „das Meer Gottes". Sifra Schemini (Milluïm) Par. 1 זה מקרא מסורס ואין ראוי לומר אלא וירד ... וישא ... ויברכם der Bibelvers (Lev. 9, 22) ist umgestellt; er müsste vielm. lauten: „Aharon kam herab vom Opfern, sodann erhob er seine Hände und segnete sie". j. Taan. IV, 67ᶜ ob. dass. Mechil. Beschallach Par. 4 הרי מקרא זה מסורס וכי מרחיש ואחר כך מבאיש וכ׳ der Vers (Ex. 16, 20) ist umgestellt (er müsste näml. lauten: Das Mann stank und Würmer krochen davon); krochen denn etwa die Würmer hervor, bevor es stank? So heisst es auch das. V. 24: „Es stank nicht und Würmer krochen nicht daraus." Num. r. sct. 11, 212ᵇ זה מקרא מסורס שבכל מקום שאני אבא אליך וברכתיך שם אזכיר את שמי וכ׳ dieser Bibelvers (Ex. 20, 24) ist umgestellt; da er lauten müsste: „An jedem Orte, wohin ich zu dir kommen und dich segnen werde, dort werde ich meinen Namen (d. h. das Tetragramm deutlich) aussprechen lassen"; d. h. da ich mich blos im Tempel offenbaren werde, so darfst du blos daselbst das Tetragramm deutlich aussprechen, vgl. שֵׁם הַמְפֹרָשׁ. Genes. r. sct. 70, 69ᵃ חד אמר מסורסת היא הפרשה וכ׳ ein Autor sagt: Der Bibelvers (Gen. 28, 20) ist umgestellt; er müsste vor Vers 15 stehen. Denn wie hätte Jakob sagen können: „Wenn Gott mit mir sein wird", da er ihm in V. 15 eben jenes verheissen hatte: „Ich werde mit dir sein!" — Ferner übrtr. Levit. r. sct. 12, 156ᵇ Bath Scheba, die Mutter Salomo's, היתה מסרסתו לכאן ולכאן wandte ihn dahin und dorthin; viell. jedoch zu lesen מסרטת sie schlug ihn, vgl. סָרַט.

סָרַס chald. Pa. סָרֵס (syr. ‎ܣܪܣ) 1) castriren. Chag. 14ᵇ man fragte den Ben Soma: מהו לסרוס כלבא darf man einen Hund castriren? D. h. verbietet das Gesetz blos das Castriren solcher Thiere, die als Opfer dargebracht werden dürfen, in welchem Falle jenes Verbot auf den Hund keine Anwendung fände, da nicht einmal das für ihn eingetauschte Thier geopfert werden darf (vgl. Dt. 23, 19), oder ist das Verbot allgemein aufzufassen? s. auch TW. — 2) umwenden, umstellen. Levit. r. sct. 22, 166ᵃ ריש לקיש הוה מסרס קריא מכה איש וג׳ שוחט השור עורף כלב זובח השה וג׳ Resch Lakisch umstellte den Bibelvers (Jes. 66, 3) (d. h. erklärte ihn nach der Umstellung), näml. „Wer einen Menschen tödtet, schlachtet einen Stier (als Sühneopfer); wer dem Hund (der eines Andern Eigenthum bewacht) das Genick bricht, opfert ein Lamm; wer das Schweineblut trinkt, bringt ein Mehlopfer" u. s. w., anst. שוחט וג׳. j. R. hasch. II Ende, 58ᵇ ר׳ שמעון בן לקיש מסרס הדין קרייא אלופים מסובלים אין כתיב כאן אלא אלופינו מסובלים (מסובלים l.) בשעה שהזקנים סובלים את הגדולים Resch Lakisch wandte jenen Bibelvers (Ps. 144, 14) um: Es heisst nicht אלופים מסובלים (Part. pass. plene, viell. מְסֻבָּלִים zu lesen, was bedeuten würde: „Die Rinder sind belastet, trächtig"), sondern אלופינו מסובלים (def. als Part. act.) מְסַבְּלִים zu deuten): „unsere Lehrer legen den Jüngeren Lasten, Lehren auf"; d. h. wenn die Jüngeren sich geduldig von den Grossen belehren lassen, dann ist „kein Riss, kein Klagegeschrei" u. s. w.

סָרִיס m. (=bh.) Verschnittener, Castrirter, Eunuch. Jeb. 8, 4. 5 סריס אדם סריס חמה ein Eunuch, der von Menschen (d. h. künst-

lich) castrirt wurde, ein Eunuch, dem die Zeugungsglieder schon von seiner Geburt an fehlen.
Letzterer wird j. Jeb. VIII, 9ᵈ mit. erklärt: כל
שלא ראתו החמה בכושר שעה אחת Jem.,
den die Sonne auch nicht eine Stunde in Tüch-
tigkeit beschienen hat. (In bab. Jeb. 80ᵃ שלא
ראה שעה אחת crmp.) Auffallend lautet Ar.'s
Erkl. שנסתרב על ידי קדחת (ed. Landau crmp.
קרחת) Jem., der durch ein hitziges Fieber
impotent wurde. Jeb. l. c. u. ö., s. חָבַק. —
Trop. j. Snh. I, 18ᶜ ob. und Cant. r. sv. הנה
מטתו, 18ᵈ s. מוּפְלָא.

סָרִיסָא ch. (syr. ‎ܣܪܝܣܐ=‎סָרִיס) 1) Eunuch,
Castrirter, s. TW. — 2) Sarisa, N. pr. j.
Schabb. III, 6ᵃ un. אבללו שאל ללוי סריסא Ablet
fragte den Lewi Sarisa. j. Bez. II, 61ᶜ mit.
dass.

סַרְסָיָא m. Adj. der Bediente, Hausverwalter (ähnlich bh. סָרִיס). Bech. 31ᵇ אידי ר'
סרסיא דר' ששת הוה R. Idi war der Bediente
des R. Schescheth. B. mez. 42ᵇ אמר ליה לסריסיה
מהאי רמי אזל רמא מאידך Jem. (dem Hopfen
in Verwahrung gegeben worden war) sagte zu
seinem Verwalter: Wirf von diesem Hopfen in
das Bier! Er jedoch warf von dem andern.
Kidd. 52ᵇ ההוא סרסיא דקירט בפרומא דשיכרא
jener Verwalter, der mit einem Biergefäss sich
eine Frau antraute u. s. w. — Bech. 49ᵇ סרסיא,
s. סוּרְסָיָא in 'סו.

סֵרוּס m. N. a. 1) das Castriren. Schabb.
110ᵇ מנין לסירוס באדם שהוא אסור תלמוד לומר
ובארצכם ... בכם לא תעשו woher ist erwiesen,
dass das Castriren an einem Menschen nicht
vollzogen werden darf? Denn es heisst (Lev.
22, 24): „In eurem Lande sollt ihr es nicht
machen"; d. h. an euch sollt ihr es nicht thun.
Snh. 56ᵇ ob. R. Chidka sagte: אף על הסירוס
auch das Castriren wurde den Noachiden verboten, vgl. מִצְוָה. Kidd. 25ᵃ הסירוס אף אומר רבי
Rabbi sagte: Auch wegen Castrirens, d. h. wenn
der Herr seinen Sklaven castrirt hat, so erlangt
letzterer die Freiheit. Das. סירוס ... סירוס דגד
בבצים das Castriren am Gliede, das Castriren
an den Hoden. — 2) das Umwenden, Ueber-
springen, d. h. Auslassen eines Gliedes in der
Reihe. B. bath. 119ᵇ R. Jochanan erklärt das
W. מסרס in der Mischna: נוטל שלשה נחילין
בסירוס (Ar. ed. pr. במסרס) der Käufer nimmt
drei Bienenschwärme mit Auslassung; d. h. den
1. 3. 5. Bienenschwarm u. s. w. Nach einer
andern Ansicht bedeutet מסרס castriren, s. נָחִיל.
— Pl. j. Meg. II Anf., 73ᵃ סירוסין חד פרא חד
das W. סירוסין in der Mischna bedeutet: Jem.
liest einen Vers der Megilla (πέρα) über den
andern hinaus; d. h. den 1. 3. 5. und dann nachträglich den 2. 4. Vers u. s. w., vgl. סֵירוּג. j.
Schebi. IX Anf., 38ᶜ dass.

סוֹרָס m. die Castrirung. j. Ned. IV, 38ᵈ
ob. wird כוס החוזר erklärt: וקרחין סורס מי מליי
ומהזירין ושחיין ein Becher voll mit einem Trank,
als Heilmittel gegen Castrirung, Impotenz und
Kahlköpfigkeit, den man, nachdem man etwas
davon getrunken hatte, den Anderen reichte.
Nach einer andern Erklärung bedeuten סורס
וקרחין (mit ר) zwei verschiedene Pflanzen.

סוּרְסִין m. feines, eig. herrschaftliches
Brot (von סַר, ähnlich הפתה לחם, Neh. 5, 18),
das näml. aus einem dünn angerührten Brei
zubereitet wird, den man zuvor kocht und dann
bäckt. j. Pes. II, 29ᵇ un. „dürftiges Brot"
(Dt. 16, 3); וכו' המטרה ולחלת לטורסין פרט davon
ist das feine Brot und der Pfannkuchen ausgeschlossen.

סָרְסִין Sarsin, N. pr. B. bath. 30ᵃ כרסין בי
Ar. die Familie des Sarsin; s. סיכין בי בר.

סָרְסוֹר m. (=arab. سِمْسَار) Unterhändler,
Vermittler, Makler. Für das ältere B.
hat die bab. Gem. zuweilen ספסר, s. d. W. B.
bath. 87ᵃ in der Mischna בינידהם סרסור היה ואם
לסרסור נשברה החבית נשברה wenn zwischen
Verkäufer und Käufer ein Unterhändler war und
das Fass zerbrochen wurde, so hat der Unterhändler den Schaden zu tragen. Vgl. Gem. das.
במדה סרסור das Mass (Fass) gehörte dem Unterhändler. Mit Bez. auf diese St. heisst es
Deut. r. sct. 3, 254ᵈ Gott sagte zu Mose: אתה
היית סרסור ביני לבין בני אתה שברת אחת מחלקת
du warst der Vermittler zwischen mir und meinen
Kindern (bei der Gesetzgebung, s. w. u.); da du
die Bundestafeln zerbrochen hast, so musst du
andere beschaffen. j. Schebi. V, 36ᵃ mit. בשנמכר
לסרסור wenn Jemd. den Ochsen dem Unterhändler verkaufte. Trop. j. Ber, III, 6ᵃ ob. und j.
M. kat. III, 83ᵃ mit., כפי כָּפָה nr. 2. j. Meg.
IV, 74ᵈ ob. R. Tachlifa sah, dass Huna in der
Synagoge den Pentateuch ohne Anwesenheit
eines Amora, Dolmetschers vortrug; sagte er
zu ihm אמר ליה: לנהוג בה על ידי סרסור צריכין אנו כך סרסור ידי על שניתנה כשם לך אסור er sagte zu ihm: Das
ist dir verboten; denn so wie die Gesetzlehre
durch einen Vermittler (Mose) gegeben wurde,
ebenso müssen auch wir sie durch einen Vermittler (Amora) fördern. Genes. r. sct. 8, 8ᵈ
משל למלך שעשה לו סחורה על ידי סרסור והפסיד
על מי יש לו להתרעם לא על הסרסור הוי ויתעצב
אל לבו ein Gleichniss von einem König, der
sich durch einen Vermittler Waaren angeschafft,
woran er jedoch Verlust erlitten hatte. Gegen
wen soll er nun unwillig sein? Doch wohl gegen
den Vermittler! Daher „war Gott betrübt gegen
sein Herz" (Gen. 6, 6). Das. sct. 27, 26ᵈ dass.
Cant. r. sv. הנה מטתו, 18ᵈ früher konnten die
Israeliten, ohne Furcht, auch die Engel anschauen; וכיון שחטאו אפילו פני הסרסור לא

היו יכולין להסתכל nachdem sie aber gesündigt hatten, konnten sie nicht einmal das Gesicht des Vermittlers (Mose) anschauen (Ex. 34, 30). Das. 19ᵇ אף הסרסור הרגיש עמהם באותה העבירה auch den Vermittler litt mit ihnen infolge jener Sünde; dass er näml. nicht die Engel anschauen konnte, vgl. גּוּלְיָיר. Num. r. sct. 11, 212ᶜ dass. Tanch. Jithro, 86ᵇ bei der Gesetzlehre ist Alles dreifach (vgl. אוֹרְיָין); הסרסור משולש מרים אהרן ומשה der Vermittler war dreifach, näml. Mirjam, Aharon und Mose. Pesik. r. sct. 6, 10ᵇ. Exod. r. sct. 3, 105ᵇ אמר משה עתיד אני להעשות סרסור בינך וביניהם כשתתן להם את התורה וכ׳ Mose sagte: Ich werde einst zwischen dir und ihnen (zwischen Gott uud Israel), wenn du ihnen die Gesetzlehre geben wirst, der Vermittler sein. Du wirst sagen: „Ich bin dein Gott“, und ich werde ihnen sagen: „Der Gott eurer Väter sendet mich zu euch“ (Ex. 3, 13). Das. sct. 6, 108ᵈ משל למלך שהיה משיא בתו קרא לקרתני אחר להיות סרסור ביניהן התחיל מדבר בסות כנגדו אמר המלך מי הגיס את לבך את הוא שעשיתיך סירסור וכ׳ ein Gleichniss von einem König, der, als er seine Tochter verheirathen wollte, einen Dorfmann herbeirief, dass er den Unterhändler zwischen ihnen machen sollte. Als jedoch letzterer mit Stolz gegen ihn gesprochen hatte, so rief ihm der König zu: Wer brachte dich denn zu solcher Ueberhebung? Ich allein, der ich dich zum Unterhändler ernannt habe! Ebenso „sagte Gott zu Mose“ (Ex. 6, 2): Wer veranlasste dich, so stolz zu sprechen? Ich, der ich dich so sehr gehoben habe! Das. sct. 33 Anf. Das. sct. 43, 137ᵈ למלך ששלח לקדש אשה עם אחד הסירסור שהיה נקי מה שעשה נטל את כתובתה וקריעה וכ׳ ein Gleichniss von einem König, der einen Gesandten geschickt hatte, um mittelst eines Unterhändlers sich eine Frau anzutrauen. Sie jedoch verschuldete sich hierauf mit einem anderen Manne. Was that nun der Unterhändler, der schuldlos war? Er nahm ihre Kethuba (Hochzeitsverschreibung), zerriss sie u. s. w. Ebenso zerbrach Mose die Bundestafeln, um anzudeuten, dass die Israeliten, hätten sie jene Verbote und ihre Bestrafung gekannt, eine solche That (die Anbetung des goldenen Kalbes) nicht begangen haben würden. — Pl. Num. r. sct. 7 Ende הלב והעינים הם סרסורין לגוף וכ׳ „das Herz und die Augen“ (Num. 15, 39) sind die Makler für den Körper, den sie zu Sünden verleiten. Khl. r. sv. אי לך, 95ᵇ u. ö.

סָרְסוֹרָא ch. (=סָרְסוֹר) Vermittler, Makler. — Pl. j. Ber. I, 3ᶜ ob. ליבא ועיני סרסורי דחטאה das Herz und die Augen sind die beiden Makler der Sünde, s. vrg. Art. Num. r. sct. 10, 206ᵃ dass. — Dav. denom.

סִרְסֵר vermitteln, vermakeln. Genes. r. sct. 58, 57ᵇ (vgl. Jalk. z. St.) פגעונייה לי סרסוניה

לי ואם לאו צלו לי עילויה (anst. סרסוניה ist wahrsch. סרסורניה zu lesen, oder ר clid.) das W. סגעו bedeutet: Bringet mich mit dem Felde in Berührung, d. h. vermakelt es mir; wo nicht, so bittet (סגע) den Efron für mich. j. Ab. sar. I, 39ᵈ un. 40ᵃ ob. לסרסור קניס ודהו צווחין ליה ברא דמסרסר לארמאי den Vermittler (der das Vieh eines Juden an einen Nichtjuden vermakelt hatte) bestrafte man und nannte ihn: Sohn, der für Nichtjuden makelt. Pesik. Schuba, 195ᵃ (mit Bez. auf Jer. 29, 23) רמה עבדין חר מנהון אזיל לגבי איתתא ואמר לה חמית בנבראות דייתהי חברי לגבך ואת חמית בישראל והוה דין מסרסר לדין ודין מסרסר לדין was thaten sie? Einer von ihnen ging zu einer Frau und sagte zu ihr: Ich sah im prophetischen Geiste, dass mein Freund zu dir kommen wird und du einen Propheten in Israel zur Welt bringen wirst! Auf diese Weise makelte dieser für jenen und jener für diesen.

סַרְסָרוֹת f. N. a. Unterhandlung, Mäkelei. Genes. r. sct. 72, 71ᵈ „Leah sagte: Zu mir sollst du kommen“ u. s. w. (Gen. 30, 16). מה יפה היתה סרסרותן של דודאים ... שעל ידי דודאים עמדו שני שבטים גדולים מישראל siehe doch, wie trefflich die Mäkelei der „Alraune“ war; denn durch jene Alraune erstanden zwei grosse Stämme von Israel, näml. Isachar und Sebulun.

סְרָף m. (=שְׂרָף. Stw. arab. سَرَق) Saft, Harz, was vom Baume ausgeht. Mikw. 9, 2. 4 סרף הלח Ar. (Agg. שרף) das trockene Harz, das feuchte Harz. Orl. 1, 6 סרף העלין ... סרף העיקרים ... סרף הפגים der Saft der Blätter, der Saft der Wurzeln, dör Saft der unreifen Feigen. — Denom. Tosef. Mikw. VI (VII) סרף (שרפה) wenn man ein Gefäss mit Harz bestrichen hat.

סֵרוּף m. (von סָרַף, שָׂרַף, syr. ܣܪܦ, vgl. Am. 6, 10 מְסָרְף) das Verbrennen. j. Ter. III, 42ᵇ mit. הכרי סירוף das Verbranntwerden des Getreidehaufens.

סַרְפִּיָא m. pl. emph. (syr. ܣܪ̈ܦܐ, hbr. שְׂרָפִים) die Seraphim, eine Engelart, s. TW.

סַרְפִּינַס s. סַלְפִּידַס.

סְרָאפִים, סְרָפִים s. סַר.

סָרַק, שָׂרַק m. hellrothe (viell.: violette) Farbe. Trop. Snh. 14ᵃ לא כחל ולא שרק Ar. sv. כחל (Agg. שרק) weder Schminke noch hellrothe (violette) Farbe. s. כּוֹחָל. — Dav. denom.

סֵירֵק Pi. (vgl. bh. שָׂרָקִים, Sach. 1, 8) hellroth färben. Ar. bemerkt: das W. bedeutet: mit dem סירקון, arab. זרקון (?), (bh. שָׁשָׁר=minio) violett färben. Kel. 15, 2 סירקון או כרכמן (.)

wenn man die Bretter mit hellrother oder mit Safranfarbe gefärbt hat. Das. 22, 9 כיסח שטריקו וכרכמו ein Klotz, den man hellroth oder gelb gefärbt hat. Cant. r. Anf., 2ᵇ Jém. fand einen Stein, וסרדקה וכרכמה (l. וסתחה וכרכמה) den er hellroth färbte, ihn behaute und gelb färbte.

סָרַק (eig. Safelform von רֵק, רֵיק) 1) leer sein. Part. pass. Snh. 43ᵃ גפנים ... סְרוּקוֹת leere, d. h. fruchtlose Weinstöcke, Ggs. טעונות מפירות beladen. das. 70ᵇ שכולה סְרוּקִין Ar. ed. pr. (Agg. סריקין) eine Gesellschaft, die aus lauter Sittenlosen (eig. leeren Menschen) besteht. — 2) (bh. Part. pass. שׁרוּקוֹת, Jes. 19, 9) hecheln, auskämmen, eig. die Haare, Wolle, Flachs u. dgl. vom Staube reinigen, sie leer machen. Sot. 45ᵇ מותר לסרוק שם פשתן man darf dort (wo die Sühnekalbe getödtet wurde) den Flachs hecheln. Kel. 26, 5 הסורק, s. סָרוֹק. j. Pes. I, 27ᵇ ob. נדה חופפת וסורקת eine Menstruirende muss sich (vor dem Reinigungsbade) das Haar abreiben und sorgen (um jeden Schmutz zu entfernen, s. חֲצִיצָה); eine Priesterfrau aber (die vor dem Genusse der Teruma badet) braucht sich nicht das Haar zu reiben und zu kämmen. Schabb. 50ᵇ u. ö. s. חָפַף. Uebrtr. Ber. 61ᵇ סורקין את בשרו man kämmt sein Fleisch, s. מַסְרֵק.

סָרַק I ch. (syr. ܣܪܲܩ=סָרַק) 1) leer, ausgeleert sein. (Die Trgg. übersetzen das hbr. רֵיק, רֵק überall mit סרק.) Part. Peil סָרִיק, סָרִיקָא (syr. ܣܪܝܼܩ) leer. Ab. sar. 37ᵇ u. ö. בוקי סְרִיקֵי leere Kannen, bildl. s. בּוּקָא I. Jeb. 87ᵇ גופא סריקא ein leerer (nicht schwangerer) Leib, Ggs. גופא מליא ein schwangerer Leib.

Pa. סָרַק 1) ausleeren. Taan. 21ᵃ un. סרקינהו לספטי Ar. (Agg. שקלינהו) sie leerten die Kasten aus. — 2) hecheln, kämmen. B. kam. 93ᵇ דסריקה סרוקי wenn man die Wolle mit dem Kamm kämmte, vgl. נָפַט. Levit. r. sct. 5 g. E. der vernünftige Gärtner סריק לב טב מחוור מאנריה ist (wenn er vor seinen Herrn treten soll) wohlgemuthet, er kämmt sich das Haar, wäscht seine Kleider u. s. w. M. kat. 10ᵇ רבא שרא לסרוקי סוסיא Raba erlaubte in den Mitteltagen des Festes, das Pferd zu kämmen. Git. 57ᵇ u. Thr. r. Einleit., 47ᵇ s. מַסְרְקָא.

סָרוֹק m. Adj. Jem., der Wolle oder Flachs hechelt, kämmt. Kel. 26, 5 עור הסורק (neben עור הסורג Part.) der Lederschurz, den der Meister in der Kunst des Hechelns um seinen Leib bindet. Dem. 1, 4 das Oel, שהסרוק נותן בצמר Ar. ed. pr. (Agg. שהסורק) das der Hechler in die Wolle thut. — Pl. Kel. 12, 2 קנה מאזנים של סָרוֹקוֹת die Stange an den Wagschalen

der Wollehechler, die sie beim Verkauf benutzen. Kidd. 82ᵃ הצורבין והסרוֹקין Ar. (Agg. הסריקין) die Goldschmiede und die Flachshechler. Tosef. Kidd. V g. E. הסריקות (l. הסרוקות).

סָרָק II סָרְקָא m. Leerheit, bes. von Bäumen. Kil. 6, 5 איזהו אילן סרק כל שאינו עושה סרק was bedeutet סרק? Jeden Baum, der keine Früchte trägt. B. kam. 91ᵇ אילן סרק, Ggs. מאכל אילן (Dt. 20, 20): ein Baum, dessen Früchte zum Essen dienen. B. bath. 27ᵇ, s. מִשְׁקוֹלָא. Genes. r. sct. 15, 16° אומרים לאילני סרק למה קולכם הולך אמרו להם הלואי נשמיע קולנו ונראה man fragte die fruchtlosen Bäume: Weshalb macht ihr ein solches Gerassel? Sie antworteten: Möchten wir doch wenigstens beim Lärmmachen beachtet werden! vgl. סְרִיתָה — Uebrtr. j. Taan. I, 64ᵇ un. שמעית עליהון דאינון סרקין ich hörte, dass sie (jene Münzen) gestohlen waren. — Kil. 9, 9 und Tosef. Kil. V g. E. סָרֵב s. סרק.

סְרִיקָה fem. N. a. das Hecheln, Kämmen. Sot. 46ᵇ un פשתן סריקת das Hecheln des Flachses.

סְרִיקְתָּא ,סְרִיקוּתָא 1) (syr. ܣܪܝܼܩܘܼ) Leerheit, Nichtigkeit, s. TW. — 2) (syr. ܣܪܝܼܩܘ) Kamm. Nid. 20ᵇ מקטלי קלמי סריקותא der Kamm, auf welchem man das Ungeziefer tödtet. Ar. ed. pr. liest סְרִיקוּסְתָא.

סְרִיקִי od. סָרְקִי m. (syr. ܣܪܝܼܩܝ ,ܣܪܩܝ) Kamm. Thr. r. sv. סלה, 57ᵈ in Bar Gimso צווחין לסתא סריקי (l. לסאסא) nennt man סאסא: Kamm, s. סָאסָא. Ar. liest סרקון.

סְרִיקִין m. pl. eine Art feiner Kuchen, die eingekerbt sind. Stw. סרק (arab. ܫܪܩ) einschneiden, einkerben (syn. mit סרק: spalten; über den häufig vorkommenden Wechsel von ד und ר s. bes. נקד). Tosef. Pes. I (II) g. E. אין יוצאין בסריקין בין מצויירין בין שאינן מצויירין אין עושין סריקין המצויירין בפסח man erfüllt nicht die Pflicht (am Pesachabend „dürftiges Brot" zu essen (לחם עני, Dt. 16, 3) durch das Essen so geformter (gekerbter) Kuchen, gleichviel ob sie mit Figuren versehn sind oder nicht (man pflegte näml. solche feine Kuchen mit aus Zucker gegossenen Figuren zu verzieren). Auch darf man solche verzierte Kuchen am Pesachfeste nicht zubereiten. Das Boëthos ben Sonin fragte die Gelehrten: מפני מה אין עושין סריקין המצויירין בפסח אמרו לו מפני שהאשה שוהא עליהן ומחמצתן אמר להם אם כן יעשו בדפוס אמרו לו יאמרו כל הסריקין אסורין וסריקי ביתוס מותרין ר' יוסי אומר עושין סריקין כמין רקיקין ואין עושין קלוסקאות (גלוסקאות) weshalb darf man solche verzierte Kuchen am Pesachfeste nicht zubereiten? Sie antworteten ihm: Weil das Weib beim Anfertigen der Verzierungen sich

lange aufhält und sie (die Kuchen) zur Säure bringt. Er entgegnete: Demnach könnten sie doch in einer Form zubereitet werden! Sie widerlegten: Man würde dann sagen: Alle anderen verzierten Kuchen sind verboten, aber die des Boëthos (der sich allerdings einer Form bedient, wovon jedoch Andere nichts wissen würden) sind erlaubt! R. Jose sagte: Man darf verzierte Kuchen als dünne Gebäcke, aber nicht als dicke Brote anfertigen. j. Pes. II, 29ᵇᵉ ob. und Pes. 37ᵃ dass.

סִירְקָא ,סָרְקִי ,סָרְקָן masc. N. gent. (syr. ﺳَﺮَﻗَﻰ) der Sarazene. Nach dem Zeugniss des Augustinus (vgl. Reland, Paläst. p. 98) hätten die Midjaniter zu seiner Zeit den Namen Saraceni geführt. j. Bez. V Ende, 63ᵇ, s. כְּמִדְיָם. Genes. r. sct. 48, 47ᵃ s. נִבְטֵר. j. Dem. I 22ᵃ ob., s. מֵרִנְגֵּל. j. B. mez. II, 8ᶜ mit. חד סירקאי und סירקיי ein Sarazener. j. Jeb. XVI, 15ᵈ un. j. Git. III 44ᵈ un. u. ö. — Pl. j. Jom. VI, 43ᶜ un. אותו דסַרְקִרין אובלין die Sarazenen assen ihn, den am Versöhnungsfeste herabgestürzten Sündenbock. Jalk. I, 244ᵉ בקש לעשותו כאהלים של Bileam hatte die Absicht, Israel den Zelten der Sarazenen gleich zu machen (כְּאֹהָלִים), massor. T. כַּאֲהָלִים, Num. 24, 6, vgl. נָחַל, welche hin- und hergetragen und von ihrer Stelle fortgenommen werden. Gott hing. sagte: Israel wird Jenen unvergänglichen Zelten, näml. Himmel und Erde, gleichen.

סִירְקִית ,סִירְקִי f. (zu ergänzen שׁוּק u. dgl.) eig. Handelsplatz der Sarazenen, der Markt, wahrsch. der Markt, der an einem Sarazenenfeste abgehalten wurde; ähnlich הגת הֵטִיעִי, s. d. j. Schebi. V g. E., 36ᵃ ראה אותו מן הסירקי man sah ihn, Getreide vom Markt kaufen. Das. ö. j. Git. VI g. E., 47ᶜ dass. j. Dem. III, 23ᶜ mit. סירקי שהיתה מסחפקה יום אחד מן האסור וכ׳ der Markt, in welchem an einem Tage unerlaubtes Getreide (d. h. dessen Priester- und Levitengaben noch nicht entrichtet waren) zum Verkauf angeboten wurden u. s. w. Das. II, 22ᶜ ob. כורכיא crmp. aus סירקי. (Frankel's Erkl. z. St. durch נחתום Bäcker, näml. von סריקין, ist unrichtig.) j. Keth. I, 25ᵈ un. steht dafür סירקין. j. Kil. II Anf., 27ᶜ אילו יהבתון לי הוינא צרד (צבר l.) לוך בסירקא מה דהוה זבינא הוא ובן חמי hättest du mir das Getreide gegeben (und die Abfälle darin gelassen), so würde ich es auf dem Markt aufgehäuft haben, wo der Käufer das, was er gesehen, gekauft hätte. j. Keth. IX, 33ᵃ mit. בצבורין בסירקי wenn das Getreide auf dem Markt aufgehäuft liegt.

סָרִיקָא ,סִירִיקָן ,סִירִיקָה Sirika, Sirikin, Serika, Name eines Ortes. j. Ab. sar. V, 44ᵈ mit. בירת סיריקה die Burg Sirika, s. בירה II.

Ab. sar. 31ᵃ בירא סריקא dass. j. Erub. V Anf., 22ᵇ נפשה דסירדקין ein Grabdenkmal von Sirikin.

סָרוֹקִיתָא f. Sarazenen-Karawane. Ned. 50ᵃ מן דסרוקיתא von einer Sarazenen-Karawane wurde R. Akiba reich. En Jakob und die Commentt. haben unser W. nicht; aber dessen ungeachtet muss es da gestanden haben, da sonst eines der sechs Dinge, von denen R. Akiba's Reichthum hergerührt haben soll, fehlen würde.

סָרְקָאֲנִי viell. Ostrakane. Pesik. r. sct. 17, 35ᵉ wird עיר ההרס (Jes. 19, 18) übers. כרס אני.

סְרַר (=bh. Grndw. סר syn. mit צר, זר: fest sein) widerspenstig sein. Snh. 68ᵇ fg. Das. 71ᵇ בן סורר ומורה נידון על שם סופו ימות זכאי ולא ימות חייב „der widerspenstige und ungehorsame Sohn" (Dt. 21, 18 fg.) wird wegen seiner Zukunft gerichtet; besser, dass er unschuldig, als dass er schuldig getödtet werde. Vgl. das. 72ᵃ verdient denn Jem., der zu viel Fleisch gegessen und zu viel Wein getrunken hat, hingerichtet zu werden? אלא הגיעה תורה לסוף דעתו של בן סורר ומורה וכ׳ allein die Gesetzlehre nimmt Bedacht auf die spätere Zukunft des widerspenstigen und ungehorsamen Sohnes. Denn er wird später das Vermögen seines Vaters verschwenden und, da er nichts gelernt hat, die Menschen berauben u. s. w. — j. Schabb. XII g. E., 13ᵈ בסררה crmp. aus בסדרה. j. Ber. IV, 8ᵃ mit. לסררא crmp. aus לסדרה.

סָרְרוּתָא f. (=hbr. שְׂרָרָה ,שְׂרָרוּת von שָׂרַר s. d., vgl. שַׂר) Herrschaft, Obrigkeit. Kidd. 76ᵇ R. Ada bar Ahaba, der Proselyt, und R. Bebaj stritten mit einander: נער אמר אנא עבידנא סררותא דמתא ומר אמר אנא עבידנא סררותא דמתא der Eine sagte: Ich werde die Ortsherrschaft verwalten und der Andere sagte: Ich werde die Ortsherrschaft verwalten! Pes. 104ᵇ רברבנותיך דמר וסררותיה דמר גרמה ליה וכ׳ deine (des Herrn) Grossthuerei und dein herrisches Wesen waren die Veranlassung u. s. w.

סַרְוָרְיָא m. pl. Staar, Blindheit. Das W. ist = חרוריא ,חורוריא; über die Verwechslung von ח in ס vgl. חָתַם, syr. ﺳَﺤَﻢ = סתם u. dgl. m., s. TW.

סִתְרַדְיָאוֹת f. pl. (vom gr. σταυροειδής, vgl. אִסְתַּדִירָא ,אֶסְטְוָרָא) Pfahlartiges, Pfähle, Palisaden. Aboth de R. Nathan XXXI alle Gliedmassen des Menschen entsprechen denen der Welt (Mikrokosmos); סתהדראות בעולם סתהדראות באדם זה זרועותיו של אדם Pfähle („Arme", Dt. 33, 27) giebt es in der Welt, Pfähle hat auch der Mensch; das sind die Arme des Menschen.

סִתְוָא ,סִיתְוָא m. (syr. ﺳَﺘَﻮٓﺍ, hbr. סְתָו, Keri סְתָיו) Winter, eig. die Zeit, in welcher der Himmel bedeckt, umwölkt ist. Grndw.

סָת (wovon auch סתר) bedecken. Denom. syr. ‍ hibernare. B. bath. 3ᵇ בי סיתוא Winterhaus. j. Taan. II, 65ᵇ ob. מן עפר קימא לסיתוא aus dem Staube des Sommers bereitet man für den Winter; d. h. aus dem im Sommer angehäuften Staub wird im Winter Lehm gemacht; bildl. für: Die Handlungen des Menschen im Jahresanfange werden am Jahresschluss vergolten. Men. 41ᵃ, s. סַדִּינָא. Ned. 50 u. ö. — סתי Thr. r. sv. סלה, 57ᵈ crmp. s. סָאסָא.

סְתָוָנִית, סְתָוָנִית f., gew. pl. סְתָוָנִיּוֹת hibernae sc. uvae, Trauben, die erst im Winter (סְתָו) reif sind und deren Saft als Essig dient. Schehi. 9, 4. j. Schebi. IX, 39ᵃ ob. סיתווניות Wintertrauben, Ggs. דיפרין, דיופרין Früchte eines Baumes, der zweimal im Jahre Früchte trägt, vgl. דִּיּוֹפְרָא. Ter. 11, 2 חומץ סתוונירת Essig solcher Weintrauben. Ned. 53ᵇ u. ö. dass.

סָתַם (= bh. Grndw. תם = סם = סתם, vgl. כְּסַם, s. auch חָתַם) verstopfen, verschliessen, vgl. auch סַד, סָדוֹם u. a. — Trop. B. mez. 92ᵃ der Arbeiter darf zwar mehr essen, essen als sein Lohn beträgt; אבל מלמדין את האדם שלא יהא רעבתן man belehrt jedoch ויהא סוחם את הפתח בפניו den Menschen, dass er nicht gefrässig sei, damit sich nicht Jedermann weigere, ihn als Arbeiter zu miethen (eig. die Thür vor ihm verschliesse; נעל דלת = סתם פתח, s. d.). Snh. 94ᵃ (mit Bez. auf לסבה, Jes. 9, 6) מפני מה כל מ"ם שבאמצע התיבה פתוח וזה סתום וכ' woher kommt es, dass während sonst jedes Mem in der Mitte eines Wortes offen, dieses geschlossen (Schlussmem) ist? Gott wollte den Chiskija zum Messias machen, was jedoch die Gerechtigkeit verhinderte (vgl. מָשִׁיחַ); לכך נכתם deshalb wurde hier das Mem geschlossen. Genes. r. sct. 96 Anf. למה פרשה זו סתומה מכל הפרשיות weshalb ist dieser Wochenabschnitt של תורה וכ' (näml. Wajchi, Gen. 47, 28, zwischen welchem Verse und dem ihm vorangegangenen V. 27 nur ein ganz unbedeutender Zwischenraum, der eines einzigen Bst. sich befindet) geschlossen, als Ausnahme von allen anderen Pentateuchabschnitten? Weil mit dem Sterben Jakob's Israel's Unterjochung begann. Nach einer zweiten Deutung: מפני שבקש יעקב אבינו לגלות את הקץ ונסתם ממנו weil unser Erzvater Jakob das Ende der Leiden (die Messiaszeit) offenbaren wollte, was ihm jedoch verborgen wurde. Nach einer dritten Deutung: מפני שסתם ממנו כל צרות שבעולם weil Gott dem Jakob alle Leiden, die in die Welt eintreten sollten, verborgen hielt. Meg. 3ᵃ ob. die Propheten bestimmten, סתוחין באמצע וסתומין בסוף תיבה dass die offenen Buchstaben (näml. מנצפ"ך s. d.) in der Mitte (und am Anfange) eines Wortes und die geschlossenen am Ende eines Wortes stehen sollen. Seb. 53ᵃ ein Autor ist der Ansicht: ילמד סתום מן המפורש

das Gesetzliche des Unbestimmten wird aus dem Bestimmten erlernt. So z. B. ist in der Schrift nicht erwähnt, auf welche Seite des Altars die Blutüberreste gegossen werden sollen. Da aber bei den Sprengungen ausdrücklich erwähnt wird, dass sie an der westlichen Seite des Jesod stattfinden sollen, so ist daraus zu schliessen, dass auch das Ausgiessen der Ueberreste an dieser Seite des Altars stattfinden soll. Sifra Achre Anf. הואיל ונאמרו שני דיברות זה בצד זה אחד פתוח ואחד סתום וְלַמֵּד פתוח על הסתום מה פתוח דבר ביד משה שיאמר לאהרן על ביאת הקודש אף סתום דבר ביד משה שיאמר לאהרן על ביאת הקודש וכ' da hier zwei Aussprüche gesagt wurden, einer neben dem andern, der eine deutlich, geöffnet und der andere undeutlich, geschlossen (d. h. Lev. 16, 1 und 2 stehen zwei Anreden Gottes an Mose; während aber in V. 2 die Anrede deutlich gegeben ist: „Er, Aharon, gehe nicht zu jeder Zeit in das Heiligthum", so fehlt in V. 1 der Inhalt der Anrede). Der deutliche Ausspruch giebt nun Aufschluss über den undeutlichen: So wie in ersterem (V. 2) „Gott zu Mose redete, dass er dem Aharon betreffs des Eintrittes in das Heiligthum sage", ebenso enthält letzterer (V. 1) die Anrede Gottes an Mose, dass er dem Aharon betreffs des Eintrittes in das Heiligthum sage; d. h. der in Lev. 10, 8. 9 erwähnte göttliche Ausspruch erging nicht unmittelbar durch Mose, sondern mittelbar durch Mose, „als sie vor Gott hingetreten waren und starben" (Lev. 16, 1). Chull. 43ᵇ מרה שניקבה וכבד כותמתה כשירה wenn die Galle durchlöchert ist, aber die Leber diese Oeffnung verstopft, so darf das Thier gegessen werden. Das. 49ᵇ Rab sagte: חלב טהור סותם טמא אינו סותם reines (d. h. zum Genusse erlaubtes) Fett verstopft die Oeffnung (schadhaft gewordene Eingeweide); unreines, unerlaubtes Fett aber verstopft nicht. R. Schescheth sagte: אחד זה ואחד זה סותם sowohl das Eine als auch das Andere verstopft.

Nif. verstopft werden. Jeb. 76ᵇ ניקב פסול נסתם כשר Jem., dessen Zeugungsglied durchlöchert ist, darf keine Ehe eingehen (vgl. Dt. 23, 2); wenn diese Oeffnung aber später verstopft wurde, so darf er eine Ehe eingehen; vgl. auch קרום. Trop. Genes. r. sct. 96 Anf. u. ö., s. סָתַם.

Pi. סִתֵּם verschliessen, verstopfen. Trop. j. Snh. X, 28ᶜ un. היו מלאכי השרת מסתמין את החלונות שלא תעלה תפלתו של מנשה die Engel verschlossen die Fenster des Himmels, damit das Bussgebet des Menasse nicht hineindränge. Deut. r. sct. 2 u. ö., vgl. חָתַר. — Part. pass. Levit. r. sct. 6 Anf. מוצאות אותן מסוּתָּמוֹת וכ' die Wiesel finden die Löcher verstopft, vgl. חוּלְדָה.

Nithpa. verstopft, verschlossen werden. Kel. 14, 8 נסתמו הנקבים wenn die Löcher des Schlüssels verstopft wurden. Trop. Sot. 13ᵇ

kurz vor dem Tode des Mose נסתתמו ממנו שערי חכמה wurden ihm die Pforten der Weisheit verschlossen; mit Ansp. auf Dt. 31, 2: „Ich kann nicht mehr aus- und eingehen", d. h. im Gesetzstudium. Das. 49ᵇ: mit dem Tode des R. Akiba נסתתמו מעינות החכמה wurden die Quellen der Gelehrsamkeit verstopft, vgl. auch זְרוֹעַ.

סְתַם ·chald. (syn. mit סְתַם s. d., = כְּתַם) verschliessen, verstopfen, s. TW. — Chull. 49ᵇ. 50ᵃ ob. R. Nachman sagte: מיכל אינהו wenn sie, die Palästinenser, jenes Fett (vgl. אכלי לדידן מסתם נמי לא סתים und הֵימְצָא) sogar essen dürfen; sollte es etwa für uns, Babylonier, nicht einmal insofern als rein angesehen werden, dass es eine durchlöcherte Stelle verstopft! vgl. סְתַם. Nach einer andern Ansicht das. (vgl. Tosaf. z. St.) wäre diese Phrase wie folgt zu übersetzen: Die Palästinenser essen jenes Fett, für uns hing., die wir es nicht essen dürfen, ist es nicht einmal zum Verschluss. Trop. Bez. 2ᵃᵇ סתם לן תנא כר׳ יהודה . . . כר׳ שמעון Rabbi stellt die Mischna als geschlossen hin (ohne Meinungsverschiedenheit) nach Ansicht des R. Juda, des R. Schimeon, vgl. סְתַם.

Ithpa. אִסְתְּתִם verschlossen, geschlossen werden, s. TW. — Trop. Keth. 106ᵃ ob. כיון דחזו בעל דינא יקרא דקא עביד ליה איסתתם טענתיה als der Eine der Prozessführenden bemerkte, dass dem Andern solche Ehre erwiesen (und dieser ihm selbst vorgezogen) wurde, so entfielen ihm infolge der Verwirrung die Anklagegründe. Schebu. 30ᵇ הא מסתתמן טענתיה dass.

סְתִימָה fem. N. a. das Verstopfen, Verschliessen. Snh. 47ᵇ u. ö. סתימת הגולל das Verschliessen des Grabes durch die Vorsetzung des Grabsteines, Golel, s. גּוֹלֵל. Kel. 8, 8 מן הכתימה ולפנים von der Verstopfung (Verschluss des Farbenbehältnisses) nach innen zu.

סְתוּם masc. N. a. das Verstopfen, Verschluss. Ab. sar. 69ᵇ סתומו ניכר sein (des Fasses) Verschluss ist kenntlich. — j. Bez. IV, 62ᵉ un. סתומה crmp. aus סתמא s. d.

סְתָם st. c. סְתַם m. eig. Verschlossenes, dah. 1) Unbekanntes. Ab. sar. 74ᵃ סתם יין Wein eines Nichtjuden, wobei unbekannt ist, ob letzterer davon vor Götzen gespendet hat (יין נסך s. d.), oder nicht. j. Ab. sar. III, 43ᵇ un. B. bath. 4ᵃ סתם גינה במקעה ein Garten, ein Thal, betreffs deren keine Verabredung getroffen wurde. Nas. 5ᵃ, fg. vgl. נְזִירוּת. Jeb. 46ᵇ u. ö. — Insbes. 2) eine Halacha in einer Mischna oder Borajtha, deren Autor nicht genannt ist, Verschweigung eines Autors. Chull. 43ᵃ u. ö. הלכה כסתם משנה die Halacha ist wie die Mischna, deren Autor nicht genannt ist; d. h. wo Rabbi eine Mischna ohne Angabe ihres

Autors hinstellt und die Meinungsverschiedenheit, die anderswo betreffs dieser Halacha anzutreffen ist, verschweigt, da muss angenommen werden, dass die Halacha, wie er sie in der Mischna aufgenommen, Gesetzeskraft erlangt habe. Jeb. 42ᵇ u. ö. מחלוקת ואחר כך סתם הלכה כסתם wenn auf eine Mischna, die eine Meinungsverschiedenheit betreffs einer Halacha enthält, eine andere Mischna, welche dieselbe Halacha decisirt, ohne Angabe einer Meinungsverschiedenheit folgt, so ist die Halacha nach der letztern Mischna zu entscheiden; wenn hing. auf eine Mischna in der die Halacha decisirt ist, eine Mischna mit Meinungsverschiedenheit betreffs derselben Halacha folgt, so ist nicht nach ersterer zu entscheiden. Snh. 86ᵃ u. ö. סתם מתניתין ר׳ מאיר סתם תוספתא ר׳ נחמיה וכ׳ eine Mischna ohne Benennung ihres Autors rührt von R. Meïr her; eine Tosefta ohne Benennung ihres Autors rührt von R. Nechemja her u. s. w., vgl. כְּפָרָא.

סְתָמָא ch. (= סְתָם) Verschlossenes, Unbestimmtes. B. bath. 61ᵇ אי אמר ליה ארעתא סתמא מיעוט ארעתא שתים wenn der Verkäufer zum Käufer sagt: Felder schlechtweg (verkaufe ich dir, ohne die Zahl derselben anzugeben), so ist unter „Felder" wenigstens zwei zu verstehen. B. mez. 15ᵃ u. ö. סתמא דמלתא gewöhnlich kommt es vor, dass u. s. w. B. mez. 81ᵇ wenn A. zu B. sagt: Verwahre mir diesen Gegenstand! Worauf Letzterer erwidert: הנח סתמא schlechtweg: Lege ihn nieder! d. h. ohne irgend welche Hinzufügung, weder dass er hierfür die Verantwortlichkeit übernehmen wolle (in welchem Falle er gesagt haben würde: הנח לפני lege ihn vor mich hin!), noch dass er keine Verantwortlichkeit übernehmen wolle. B. hath. 4ᵃ. j. Sot. I, 17ᵇ un. u. ö. Jeb. סתמא בברייתא eine Halacha in einer Borajtha ohne Angabe einer Meinungsverschiedenheit. Snh. 60ᵃ un. סתמא כר׳ עקיבה die hier ohne Benennung des Autors vorkommende Halacha ist nach Ansicht des R. Akiba; vgl. Mac. 5ᵇ.

סְתִימְתָּאָה masc. Adj. der Autor einer Mischna, die weder die Angabe einer Meinungsverschiedenheit, noch die, von wem sie herrührt, enthält. Bech. 30ᵃ זו דברי ר׳ עקיבא סתימתאה diese Mischna rührt von R. Akiba her, als deren Autor er nicht genannt ist; d. h. trotzdem gew. eine Mischna ohne Nennung des Autors von R. Meïr herrührt (vgl. סְתַם g. E.), so ist das bei dieser Mischna nicht der Fall. Meg. 2ᵃ dass. Das. 26ᵇ ר׳ מנחם בר יוסי סתימתאה R. Menachem bar Jose ist der Autor dieser Mischna, in der kein Autor genannt ist. Keth. 101ᵇ dass. Chull. 29ᵇ ר׳ אלעזר בר שמעון סתימתאה R. Elasar bar Schimeon ist der ungenannte Autor. Bech. 51ᵇ.

סָתַק (=סְבַק) spalten. — סְיתְקְתָא f. (syr. حُمُوُمُ) Spalt, Riss, s. TW.

סְתָקִית f. eig. Gespaltenes. Sot. 40ᵃ מיני סתקית Ar. weibliche Putzsachen, Häkelarbeit, s. סְרְקִית.

סָתַר (=bh. Grndw. סת s. סִתְרָא) 1) bedecken, verhüllen. — 2) übrtr. aufheben, d. h. beseitigen, vernichten. Snh. 31ᵃ כל זמן שמביא ראיה סותר׳ את הדין so oft der Processführende Beweise für seine Behauptung beibringt, so stösst er das richterliche Urtel um; d. h. wenn Jem. beim Gerichte Klage geführt hatte, ohne aber Zeugen oder Dokumente, die zu seinen Gunsten sprächen, beizubringen und erst später solche ermittelt hat, so hebt das Gericht das früher ausgesprochene Urtel auf. Nas. 14ᵃ fg. Das. 16ᵃ wenn Jem., der ein Nasirat gelobt hatte, ונטמא יום שלשים סותר את הכל am 30. Tage ר׳ אליעזר אומר אינו סותר אלא שבעה unrein wurde, so hebt er das Ganze auf (d. h. er muss das Nasirat von vorn beginnen [vgl. Num. 6, 12. יפל]); R. Elieser sagt: Es hebt blos sieben Tage auf; er muss noch sieben Tage hinzufügen, um das Opfer im reinen Zustande darzubringen. — 3) niederreissen, z. B. einen Bau u. dgl., eig. etwas mit Schutt u. dgl. bedecken. Ned. 40ᵃ, s. סְתִירָה. Sot. 1, 5 (7ᵃ) סותר את שערה וכ׳ der Priester bringt das Haar der Sota (s. סוֹטָה) in Unordnung, löst es auf. R. Juda sagte: אם היה שערה נאה לא היה סותר wenn sie schönes Haar hatte, so löste er es nicht auf; weil es sie mehr geputzt haben möchte. Schabb. 73ᵃ הבונה והסותר wenn Jem. am Sabbat baut oder ein Gebäude niederreisst, so ist er straffällig. Jom. 10ᵃ גזירה מלך היא שיפלו בונין ביד סותרין es ist ein Beschluss des Königs (Gottes), dass die Aufbauenden (d. h. die Perser, die den Tempel aufgebaut hatten) in die Gewalt der Zerstörer (Römer) fallen sollen. Khl. r. sv. ומוצא אני, 89ᵇ סותרי er reisst die Wand nieder. — 4) widersprechen, widerlegen, eig. des Andern Ansicht od. Ausspruch zerstören. Schabb. 13ᵇ אלמלא הוא גנז ספר יחזקאל שהיו דבריו סותרין דברי תורה wäre er (Chananja ben Chiskija ben Garon) nicht gewesen, so wäre das Buch Ezechiel als apokryph erklärt worden; weil seine Worte denen des Pentateuchs widersprechen; z. B. Ez. 44, 31 „Gefallene Thiere u. s. w. sollen die Priester nicht essen", während nach dem mos. Gesetze auch Israeliten solches Fleisch nicht essen dürfen. Das. 45, 18 werden Opfer für den ersten Tag des Monats Nisan anbefohlen, wovon im mos. Gesetze nichts steht. Vgl. auch das. V. 23 fg. mit Num. 29, 12 fg. u. dgl. m. Schabb. 30ᵃ o Salomo, wo ist deine Weisheit, wo deine Klugheit (vgl. סָכְלְתָנוּתָא)? לא דייך שדבריך סותרין דברי דוד אביך אלא שדבריך סותרין זה את זה וכ׳ nicht genug, dass

LEVY, Neuhebr. u. Chald. Wörterbuch. III.

deine Worte denen deines Vaters widersprechen, sondern sie widersprechen auch einander; z. B. David sagte: „Die Todten preisen nicht Gott" (Ps. 115, 17); du hing. sagtest: „Ich preise glücklich die Todten" u. s. w. (Khl. 4. 2). Dann sagtest du wieder: „Dem lebenden Hund ist wohler, als dem todten Löwen" (das. 9, 4) u. dgl. m. Schabb. 30ᵇ בקשו חכמים לגנוז ספר קהלת מפני שדבריו סותרין זה את זה . . . ואף ספר משלי בקשו לגנוז שהיו דבריו סותרין זה את זה וכ׳ die Gelehrten wollten das Buch Koheleth als apokryph erklären, weil dessen Worte einander widersprechen. Auch das Buch Mischle (Proverbien) wollten sie als apokryph erklären, weil dessen Worte einander widersprechen u. s. w. j. Kidd. I, 61ᵇ un., s. כבוד. — B. mez. 102ᵃ מעשה לסתור der von der Mischna oder Borajtha angeführte Vorfall widerspricht ja der Halacha, anstatt sie zu bekräftigen! Ab. sar. 65ᵇ u. ö.

Pi. סִתֵּר verbergen, verheimlichen. Meg. 13ᵇ אסתר על שם שהיתה מסתרת דבריה sie hiess Esther, weil sie ihre Angelegenheiten verheimlichte, vgl. jedoch אֶסְתִּירָא I. — Hithpa. 1) sich verbergen. Ber. 31ᵇ Channa sagte: אלך ואסתתר ich werde gehen und mich verbergen (mit einem fremden Manne geheimhalten) vor meinem Manne Elkana. Sie hätte näml. dann, wenn sich der Verdacht als unbegründet erwiesen haben würde, Kinder bekommen; vgl. Num. 5,28. Das. יסתתרו sie werden sich verbergen. — 2) sich auflösen. j. Kil. IX Ende, 32ᵈ סחות מכאן הוא מְכַּחַת ein Gewebe, das weniger als drei Fäden enthält, löst sich auf, geht auseinander. j. Schabb. XIII Anf., 14ᵃ dass.

סְתַר chald. (syr. ܣܬܪ=סָתַר) 1) bedecken verhüllen. Dan. 2, 22, s. auch TW. — 2) niederreissen, zerstören. Esr. 5, 12. — Taan. 20ᵇ un. כל אשיתא דהות רעיעתא הוה סתר לה וכ׳ jede Wand, die baufällig war, liess er (R. Huna, als Oberhaupt der Stadt) niederreissen; war der Besitzer vermögend, so musste dieser sie wiederaufbauen; war er unvermögend, so liess er (R. Huna) sie aus eigenen Mitteln wiederaufbauen. B. bath. 3ᵇ לא לסתור איניש בי כנישתא עד דבני בי כנישתא אחריתי . . . אבל חזי בה תיודא סתרי ובני man darf nicht eine Synagoge niederreissen, wenn man nicht früher eine andere gebaut hat . . . Wenn man aber etwas Baufälliges daran bemerkt, so reisst man sie nieder und baut die andere. Das. 4ᵃ Baba ben Buta rieth dem Herodes, einen neuen Tempel anstatt des früheren zu bauen (vgl. עַיִן). Auf den Einwand des Herodes, dass er sich vor der römischen Regierung fürchte, sagte Baba zu ihm: שדר שליחא אזיל שתא ומיעכב שתא והדר שתא אדהכי והכי סתרית ליה ובנית ליה עבד הכי שלחו ליה אי לא סתרת לא תסתר ואי סתרת לא תבני ואי סתרת ובנית עבדא בישא (עבדי בישי?) בתר דעבדין מתמלכין Ms. M. (anders in Agg.) sende

76

einen Boten (nach Rom), der zur Hinreise ein Jahr, zum dortigen Aufenthalt ein Jahr und zur Rückreise ebenfalls ein Jahr nöthig hat; währenddess reisse den früheren Tempel nieder und baue einen andern, was er auch that. Die Römer liessen ihm hierauf sagen: Hast du den Tempel noch nicht niedergerissen, so reisse ihn nicht nieder; hast du ihn aber bereits niedergerissen, so baue keinen andern; hast du ihn jedoch schon niedergerissen und einen andern gebaut — nun so verfahren die bösartigen Knechte, dass sie, nachdem sie etwas gethan, um Rath fragen; vgl. auch פֵּירָא‎. Meg. 26ᵇ. Bech. 8ᵇ u. ö. — Uebrtr. Chull. 60ᵃ סתר דללא‎ er wand das Gewebe auf, s. מֵסְתּוֹדִיתָא‎. B. kam. 97ᵃ ניחא ליה דלא לסתרי עבידה‎ es ist dem Herrn lieb, dass sein Sklave nicht müssig gehe. B. mez. 65ᵃ dass.

Pa. סַתַּר‎ 1) verheimlichen, verbergen, s. TW. — 2) ausreissen. Ned. 50ᵇ Samuel untersuchte seinen Leib so lange, עד דמסתרן‎ אינשי ביתיה עליה שעריהון‎ bis seine Hausleute sich (vor Schmerz) um seinetwillen ihr Haar ausrissen. Jeb. 116ᵇ סתרי מזוייך‎ reisse dir (wegen des Trauerfalles) dein Haar aus. — Ithpa. sich verbergen. Ber. 31ᵇ כיון דמסתתרנא משקו‎ לי מי סוטה וכ'‎ wenn ich mich (mit einem fremden Manne) verbergen werde, so wird man mir das Prüfungswasser zu trinken geben u. s. w., s. סֵתֶר‎.

סֵתֶר‎ m. (=bh.) Verborgenes, Heimliches. B. bath. 9ᵇ העושה צדקה בסתר וכ'‎ wer Almosen im Geheimen spendet, besiegt den göttlichen Zorn. Chag. 16ᵃ כל העובר עבירה בסתר כאלו‎ דוחק רגלי השכינה‎ wenn Jem. eine Sünde im Geheimen begeht, so ist es, als ob er die Füsse der Gottheit verdrängte. Genes. r. sct. 45, 44ᶜ, vgl. גְּלוּי‎. Sot. 1, 2 כבנגשה עמו לבית הסתר‎ wenn die Sota mit einem fremden Mann in einen geheimen Ort ging. — Pl. Schabb. 6ᵇ u. ö. מגלת‎ סתרים‎ Geheimrolle, vgl. מְגִלָּה‎. Sifra Mezora cap. 1 Par. 2 fg. בית הסתרים‎ verhüllte, bedeckte Stellen am menschlichen Körper, z. B. Mund, Ohr u. dgl. Mikw. 9, 2. 3 u. ö. dass. Pes. 119ᵃ סתרי‎ תורה‎ Geheimlehren, vgl. כסי‎, פָּכָה‎. j. Keth. V, 29ᵈ un. סתרי תורה‎ die Geheimnisse der Lehre, vgl. Chag. 11ᵇ עריות סתרי‎ die Geheimlehren betreffs der Incestverbote, d. h. solcher, die nicht ausdrücklich in der Bibel stehen und die blos durch Forschungen eruirt werden, z. B. das Verbot, dass Jem. die Tochter einer von ihm Genothzüchtigten heirathe, ferner das Heirathsverbot der Mutter des Schwiegervaters u. dgl. m. Nach Ar.: die Verbote des theilweisen Incestes, העראה‎, oder betreffs der Päderastie u. dgl. Meg. 3ᵃ als Jonathan ben Usiel das Targum der Propheten abgefasst hatte, יצתה בת קול ואמרה מי הוא זה שגילה סתרי‎ לבני אדם עמד יונתן בן עזיאל על רגליו ואמר‎ אני הוא שגילה סתריך וכ'‎ da wurde eine himm-

lische Stimme vernommen: Wer ist derjenige, der meine Geheimnisse den Menschen entdeckt hat? Jonathan ben Usiel erhob sich und sagte: Ich war es, der deine Geheimnisse den Menschen entdeckt hat. Du weisst es, dass ich dies weder um meiner noch um meiner Väter Ehre willen, sondern blos deshalb gethan habe, damit keine Streitigkeiten in Israel entständen!

סִתְרָא‎ ch. (=סֵתֶר‎) Verborgenes, Heimliches, s. TW.

סְתִירָה‎ fem. N. a. 1) das Sichverbergen. Sot. 2ᵃᵇ קינוי וסתירה‎ das Drohen des Ehegatten aus Eifersucht und das Sichverbergen der Gattin mit einem Buhlen (vgl. Num. 5, 14 fg.). j. Sot. I Anf., 16ᵇᶜ ob. עדי סתירה‎ die Zeugen des Sichverbergens. — 2) das Niederreissen, Zerstören. Meg. 31ᵇ אם יאמרו לך זקנים סתור‎ וילדים בנה סתור ואל תבנה מפני שסתירת זקנים‎ בנין וביניין נערים סתירה וסימן לדבר רחבעם בן‎ שלמה‎ wenn alte Männer dich niederreissen und Jünglinge dich bauen heissen, so ist es besser, dass du niederreisst, als dass du bauest; denn das Niederreissen der Alten kommt dem Aufbauen gleich und das Aufbauen der Jünglinge kommt dem Niederreissen gleich. Den Beweis hierfür lieferte Rechabam, der Sohn Salomo's (1 Kn. 12, 6 fg.). Ned. 40ᵃ dass. mit einigen Abänderungen; vgl. auch Tosef. Ab. sar. I. — j. Nas. II g E., 52ᵇ סתירת הער כסתירת ממש‎ das Aufheben des Nasirats infolge der Unreinheit vor dem Haarabschneiden gleicht einer völligen Aufhebung; dass näml. der Nasir das Nasirat wieder von vorn anfangen muss, vgl. סָתַר‎ Das. VI, 55ᵇ ob.

סָתוּר‎ m. Adj. Zerstörer, Niederreisser. Genes. r. sct. 71, 70ᵈ Einer der Auskundschafter hiess „Sethur“ (סתור‎, Num. 13, 14), d. i. סָתוּר‎ בין סתורין‎ ein Zerstörer unter den Zerstörern. Jalk. I, 37ᵃ hat dafür מסתורין‎ (l. מְסָתְרִין‎). Sot. 34ᵇ hat dafür הקלב‎ שסתור מעשיו של הקב״ה‎ der die Handlungen Gottes zerstörte.

סָתוֹרָא‎ ch. (syr. ‎=סָתוּר‎) Zerstörer. Pl. Jom. 10ᵃ בנויי בידי סתורי‎ (vgl. סָתַר‎ nr. 3) wie, die den Tempel aufgebaut haben (die Perser) sollten der Gewalt der Zerstörer (Römer) unterliegen!

סִיתוּרַיָּיתָא‎ f. (syr. ‎) das Niederreissen. Thr. r. sv. ולא זכר‎, 61ᵃ „Jedermann hatte sein Zerschmetterungsgefäss in der Hand“ (Ez. 9, 2); das bedeutet מאני זייניה‎ „seine Waffengeräthe“, סיתורייתא ומאני גלותא‎ „die Werkzeuge zum Niederreissen und die zur Vertreibung ins Exil“ (mit Ansp. auf Jes. 27, 9 und Jer. 51, 20), vgl. קַפָּקְלְטוֹר‎.

סַתְרִיאֵל‎ Sathriel, N. pr. Bech. 57ᵇ ר'‎

ישמעאל בן סתריאל‎ R. Ismael ben Sathriel, Zeitgenosse Rabbi's.

סָתַת‎, Pi. כְּתַת‎ meisseln, Steine behauen (ähnl. arab. شَتَّ‎ dispersit). Schabb. 12, 1 (102b) המסתת והמכה בפטיש ... חייב‎ Jem., der am Sabbat Steine behaut oder mit dem Hammer daraufschlägt, ist straffällig. j. Schabb. XII Anf., 13c ההן דנקר כיפין ... חייב משום מסתת‎ Jem., der Felsen am Sabbat aushöhlt, ist wegen Meisselns straffällig. B. kam. 93b אבנים ... גזל‎ וסיתתן‎ wenn Jem. Steine raubte und sie behaute. Pesik. Sehuba, 165a „Ich werde das Steinherz aus eurem Fleische entfernen“ (Ez. 36, 26). לצור גבוה שהיה עומד בפרשת דרכים והיו בני‎ אדם נכשלין בו אמר להם המלך סתהו קמעה קמעה‎ עד שתהא תבא (עד שתבא l.) השעה ואני מעבירו‎ מן העולם‎ ein Gleichniss von einem hohen Felsen, der am Scheidewege stand und an dem die Menschen strauchelten. Der König aber sagte zu ihnen: Behauet ihn nach und nach, bis die geeignete Zeit eintritt und ich ihn aus der Welt fortschaffe. Das. Anija, 137b ראה מלאכי השרת‎ מסתתין בו מגלפין בו מסרגין בו‎ er (jener Häretiker, der nicht glauben wollte, dass die Thore des Tempels einst aus Edelsteinen bestehen würden) sah, dass die Engel ihn (einen Edelstein aus dem Meere) behauten, Eingravirungen und Verzierungen daran anbrachten. Pesik. r. Anija, 60a dass., wo jedoch מפליגים‎ crmp. ist aus מגלפים‎. Cant. r. Anf., 2b, s. סְרֵג‎.

סַתָת‎ m. Adj. Steinmetz. j. B. mez. X Ende, 12c מסרה הסתת לכבל והוזק פין בסיתות בין‎ באבן הסתת חייב הסתת לכבל והוזק בסיתות הסתת‎ באבן הסכל‎ wenn der Steinmetz (den Stein sammt dem ausgemeisselten Schutt) dem Lastträger übergab und Jemd. (während der Uebergabe) entweder an dem Ausgemeisselten

oder an dem Stein beschädigt wurde, so wird der Steinmetz zu Schadenersatz verurtheilt (weil er bei der Uebergabe unvorsichtig war). Wenn aber der Steinmetz dasselbe dem Lastträger übergab und Jem. später an dem Ausgemeisselten beschädigt wurde, so ist der Steinmetz straffällig (weil er das Ausgemeisselte unvorsichtig übergeben hatte); wenn Jem. aber am Stein beschädigt wurde, so ist der Lastträger straffällig (weil er bei dem Empfang desselben unvorsichtig war). B. mez. 118b, vgl. חָצֵב‎. Levit. r. sct. 26 g. E. סתת פנחס‎ Pinchas, der Steinmetz, vgl. מַחְצֵב‎. Kel. 22, 8 ישיבת הסתת‎ der Sitz des Steinmetzen. — Pl. Kel. 29, 7 יד מקבת של סַתָתִין‎ der Stiel des Hammers der Steinmetze. j. Sehek. IV, 48a ob. man giebt das Geld (l. לחוצבין (לחצבין‎ den Steinhauern und den Steinmetzen.

סִיתוּת‎, סְתוּת‎ m. N. a. 1) das Meisseln, Behauen der Steine. j. Sehebi. III g. E., 34d צא חצי טפח לסיתות מכאן וחצי טפח לסיתות‎ מכאן וכ׳‎ davon wird abgezogen die Hälfte einer Faustbreite für das Meisseln von dieser Seite und die Hälfte einer Faustbreite für das Meisseln von jener Seite des Steines u. s. w. j. Schabb. IX, 11d un. סיתוחן של אבנים היא גמר מלאכתן‎ das Behauen der Steine bildet den Schluss ihrer Bearbeitung. j. Ab. sar. III, 43b ob. dass. Das. IV, 43d un. מתחרין בו על כל סיתות וסיתות‎ man verwarnt ihn (denjenigen, der einen Felsen ausgräbt, um daraus ein Götzenbild anzufertigen) bei jedesmaligem Meisseln und, wenn der Stein aus der Erde losgerissen ist, so wird jener mit Geisselhieben bestraft. So lange näml. das Götzenbild noch nicht aus der Erde losgerissen ist, so haftet noch kein Verbot darauf, אין קרקע נאסרת‎, vgl. קַרְקַע‎. — 2) das, was beim Meisseln abfällt, Ausgemeisseltes. j. B. mez. X Ende, 12c, s. כְּתַת‎.

ע

ע‎ Ajin (Auge, nach der runden Gestalt dieses Buchstabens im phöniz. Alphabet, ◯, so benannt), der sechzehnte Buchstabe, ist in seiner Aussprache theils dem arab. ع‎, theils dem غ‎ ähnlich und wechselt daher oft 1) mit den anderen Kehlbuchstaben א‎, ה‎ und ח‎ (s. d.); vgl. ferner עֲזַל‎ spinnen, עֲשָׁשִׁית‎ Leuchte, עוּבְשׁ‎ Quitte u. a.) und 2) mit א‎, z. B. גְּרָר‎ (=גְּרָא‎) Gerar, Name eines Ortes (vgl. auch עַזָּה‎, LXX Γάζα, עֲמֹרָה‎, Γόμορρα u. a.). — ע‎ wechselt ferner mit צ‎ und ק‎, z. B. hbr. אֶרֶץ‎, aram. אַרְעָא‎, אַרְקָא‎ Erde, יָצָא‎, יְעָא‎ herausgehen, צֹאן‎, עָן‎, עָאן‎ Kleinvieh, Schafe, צֶלַע‎,

עֲלַע‎ Rippe, עֵץ‎, עָא‎ Holz u. m. a. — 3) ע‎ wird, namentl. oft ein in aram. Wörtern, elidirt, z. B. מוּנָא‎ für מוּעְנָא‎ Last, שׁוּתָא‎ für שׁוּעִיתָא‎ Gespräch u. s. w. — 4) ע‎ (=א‎) prosthetisch, vgl. עַבְטִילֵי‎, עַבְטַעְמָה‎ u. v. a.

אָע‎, oft trnsp. אָע‎ m. (hbr. עֵץ‎) Holz, s. TW.

אָעָתָא‎, אָעָאתָא‎ f. (=עַוְתָא‎, syr. ‎) Unheil, Unrecht, s. TW.

עָאל‎ (von עוּל=עֲלַל‎) gehen, hineingehen, s. TW.

עָאן‎ m. (=עָן‎ s. d.) Kleinvieh, bes. Schafvieh, s. TW.

עָאס (=עֲכִי) zusammendrücken, s. TW.

עַב I m., עָבָה f. (von עָבַב=עוּב, עבי) dick, dicht, crassus, crassa. Men. 22ᵃ בלילתה עבה die Mischung des einen Mehlopfers war fest, dick, Ggs. רכה, vgl. בְּלִילָה. Pes. 36ᵇ. 37ᵃ פת עבה (das. erkl. טפח) Brot, das eine Faust dick ist, welches, nach einer Ansicht, am Pesach nicht gebacken werden darf, weil es nicht hinlänglich durchgebacken werden kann und also Säure enthält. Rab (oder Rabbi) jedoch erklärt עבה פת מרובה durch viel Gebäck. Bez. 22ᵇ dass. — Pl. j. Kil. V Anf., 29ᵈ היו דקות עבות היו ... (ed. Krot. העבות), R. Simson zu Kil. 5, 1 (עבים, l. עבות) wenn die Pflanzen spärlich gesäet waren, wenn sie dicht waren. Mikw. 8, 3 טפין עבות dicke, starke Tropfen.

עַב II masc. (=bh.) eig. Dickicht; übrtr. 1) dickes, dichtes Gewölk. Genes. r. sct. 13, 14ᶜ die Wolke hat fünf Namen, עב שהוא מעבב את פני הרקיע sie heisst עב, weil sie das Himmelsgewölbe dicht (undurchsichtig) macht. j. Taan. III, 66ᶜ mit. steht מעבה anst. מעבב. — Pl. Taan. 3ᵇ העבים והרוחות שניות למטר die Wolken und die Winde sind dem Regen am nächsten; d. h. wenn letzterer ausbleibt, so wird er theilweise durch die ersteren ersetzt. Nach Ar.: die auf den Regen folgenden Wolken und Winde ergänzen denselben. Das. 20ᵃ נתקשרו שמים בעבים der Himmel umzog sich mit Wolken. — 2) ein aus dichtem Zeug oder Leder angefertigtes Futteral. Kel. 26, 6 עב ארגמן ... עב כסות ein Futteral zu Kleidungsstücken, ein Futteral zu Purpur. Maim. in s. Comment. z. St. erklärt das W. durch arab. עיבא (عَيْبَة) lederner Mantelsack; vgl. auch עֲבִי. — Pl. Kel. 28, 8 העבים והרכים die dichten, dicken und die dünnen Kleidungsstücke. Vgl. Tosef. Kel. B. bath. V אלו הן העבין הסגוסין והלבדין הרכים הברסין והברסדין וכ' Ar. (anders in Agg.) unter עבין sind die Mantelsäcke und die groben Matten, unter רכים sind die Hüllen und die dünnen Decken zu verstehen, vgl. בָּרַס. j. Schabb. II, 4ᵈ un. dass. — j. Taan. I, 64ᵇ un. חמר עבין crmp. aus חמש עבידין fünf Handlungen.

עוֹב, עֹב masc. (=bh. עב) Schwelle, Gesimse. Pl. B. kam. 67ᵃ העובים אלו המרוות das W. העבים (Ez. 41, 26) bedeutet Schwellen, dicke Bohlen, vgl. מָרִישׁ.

עוֹבָא ch. (eig. עוֹב) Dickicht, bes. 1) dichtes Gezweige. — 2) (syr. ܚܘܒܐ=חוֹבָא) Schoss, κόλπος, sinus, und übrtr. Busen=Falte des Kleides, s. TW.

עָבַב dick, dicht sein. — Pi. dicht machen, verdichten. Genes. r. sct. 13, 14ᶜ die Wolke מְעַבֵּב את פני הרקיע macht die Himmelswölbung dicht, s. עַב II.

עַבְבִית od. עַבְעֲבִית f. (=אַבְבִית. Stw. עבב syn. mit חבב, הבב, אבב brennen, zünden) brennendes Fieber. Genes. r. sct. 53, 53ᵇ חמה ורעבעבית Ar. sv. אבבית (Agg. crmp. אכאבית) Kälte und hitziges Fieber.

עַבְעִיתָא ch. (=עַבְבִית) Entzündung. j. Schabb. VI, 8ᶜ mit. der Nagel, woran Jem. gekreuzigt wurde, טב לעכבעיתא (l. לעכבעיתא) ist gegen Entzündung heilsam, vgl. צָא .זִירְפָ

עָבַד (=bh. Grndw. עב) eig. (ähnlich חוב) unterworfen, von Jemdm. bedrückt, bedeckt sein; daher 1) dienen, arbeiten. Git. 41ᵃ Jem., der zur Hälfte ein Sklave und zur Hälfte ein Freier ist (wenn z. B. zwei Brüder ihn geerbt haben, deren Einer ihm die Freiheit schenkte), עובד את רבו יום אחד ואת עצמו יום אחד dient je einen Tag seinem Herrn und einen Tag sich selber; so nach Ansicht der Schule Hillel's; nach Ansicht der Schule Schammai's hing. zwingt man seinen Herrn, ihn frei zu lassen. — Oft עבד עבודה er verrichtete den Opferdienst, s. עֲבוֹדָה. Snh. 60ᵇ fg. העובד לעבו״ם wenn Jem. den Götzen anbetet, ihm dient. Das. 61ᵃ האומר בואו ועבדוני wenn Jem. sagt: Kommt und betet mich an, dient mir als einem Götzen! Nif. 1) verehrt, angebetet werden. Sifra Wajikra Anf. Par. 2 מן הבקר להוציא את הנעבד „vom Rindvieh (sollt ihr opfern", Lev. 1, 2, d. h. einige derselben), das schliesst das angebetete Thier aus, vgl. מֻקְצָה. Tem. 28ᵃ איזהו הנעבד כל שעובדין אותו was ist unter נעבד zu verstehen? Alles, was man anbetet, dem man götzendienerische Verehrung erweist. Das. 28ᵇ fg. — 2) (Pass. vom Piel) gegerbt werden. Tosef. B. kam. IX g. E. עורות שאינן נעברין ed. Zkrm. (a. Agg. עבודין) nichtgegerbte Felle. Pi. עִבֵּד eig. bearbeiten; insbes. Felle gerben. Schabb. 78ᵃ המעבד את עורו וכ' Jem., der sein (des Rehes) Fell am Sabbat gerbt, ist straffällig. Das. 75ᵇ Rabba bar Huna sagte: האי מאן דמלח בשרא חייב משום מעבד רבא אמר אין עיבוד באוכלין Jem., der am Sabbat Fleisch besalzt, ist wegen Gerbens straffällig. Raba sagte: Bei Speisen giebt es kein Gerben. Git. 54ᵇ un. גוילין שלו לא עיברתין לשמן die Pergamentstücke der Gesetzrolle habe ich nicht (wie es sonst erforderlich ist) behufs ihrer Benutzung gegerbt. Dav. שִׁעֲבֵּד s. d.

עֲבַד ch. (syr. ܥܒܰܕ=עֲבַד, öfter jedoch=hbr. עָשָׂה) 1) arbeiten, machen, thun. Ber. 60ᵇ un. der Mensch sage stets: כל דעביד רחמנא לטב עביד was Gott thut, thut er zum Guten! Vgl. גַּם I. Tem. 5ᵇ fg. כל מילתא דאמר רחמנא לא תעביד וכ' jede Handlung, betreffs deren Gott gesagt hat: Thue sie nicht! d. h. jedes Verbot u. s. w, vgl. לְקָה, לקי. B. mez. 77ᵃ, s. אָכְלוּשָׁא. — 2) übrtr. verfahren, beschaffen sein,

geschehen. j. Sehebi. VIII, 38ᵇ ob. עבד טמיר במערתא er hielt sich in der Höhle verborgen. j. Ned. XI, 42ᵉ mit. u. ö. dass. j. Snh. X, 29ᵃ ob. Pinchas sagte zu Bileam: לא דבריין עבדת ולא דבלק עבדת לא דבריין דמר לך לא תיזיל עם שלוחי בלק ואזלת ולא דבלק עבדת דאמר לך איזיל ליט ית ישראל וברכתנון weder verfuhrst du nach dem Willen deines Schöpfers, noch nach dem des Balak. Nach deines Schöpfers Willen verführst du nicht, denn er hatte dir gesagt (Num. 22, 12 fg.): „Gehe nicht mit den Gesandten Balak's", du aber gingst; nach dem Willen Balak's verfuhrst du nicht, denn er hatte dir gesagt: „Gehe, fluche Israel", du aber segnetest sie. Levit. r. sct. 5 g. E., 150ᵃ der vernünftige Pächter, der etwas von seinem Herrn verlangt, tritt geputzt vor ihn hin; der Herr begrüsst ihn; דהוא אמר ליה אתי בשלם אריס טב מה את עביד והוא אמר ליה טב ומה ארעא עבדא חזכי חטבע מן פרא מה תורין עבדין חזכי וחטבע מן שמניהון מה עיזיא עבדין חזכי וחטבע מן גדייהון וכ׳ Komme zum Heil, guter Pächter! Was machst du? Worauf jener: Wohl. Wie geht's mit dem Felde? Mögest du glücklich seine Früchte geniessen! Was machen die Ochsen? Mögest du ihre fetten Braten gesund verzehren! Was machen die Ziegen? Mögest du dich an ihren Böcklein weidlich laben! Was ist nun dein Begehr? Könntest du mir nicht, versetzt jener, 10 Denare schenken? Worauf der Herr: Wenn du 20 Denare willst, so nimm sie hin! David glich einem solchen Pächter u. s. w., vgl. קילוס. B. mez. 107ᵇ רב סלוק לבי קיברי עבד מאי דעבד וכ׳ Rab besuchte einst deinen Begräbnissplatz und that, was er that; d. h. er wandte etwas an, um zu ermitteln, an welchen Krankheiten die dort Begrabenen starben. Da stellte sich ihm heraus, dass 99 durch den bösen Blick (בעין הרע) und Einer eines natürlichen Todes (בדרך ארץ) starb. Vgl. Schabb. 34ᵃ עבד מאי דעבד כל היכי דהוה ומי הכי נמי אירדו עבד) Ar. (Agg. קמיט טהריה er that, was er that und erklärte denjenigen Landstrich, der fest war, als rein; d. h. er probirte den Boden, ob da Leichen begraben seien oder nicht: ganz auf ähnliche Weise wie R. Jose verfuhr, vgl. סרין. Die Erkl. Ar.'s und der Commentt. zu ersterer St. leuchtet nicht ein. j. Pea III, 17ᵈ un. היך עבידא eig. wie wurde es gemacht? d. h. auf welche Weise geschah es? R. hasch. 22ᵇ כל מילתא דעבידא לאיגלויי לא משקרי בה אינשי bei Allem, was bekannt zu werden pflegt (eig. was dazu angethan ist, dass) pflegt man nicht zu lügen. M. kat. 24ᵃ u. ö. Jeb. 37ᵃ מי עבוד רבנן תקנתא לכהין וכ׳ haben die Rabbanan eine Vorrichtung getroffen u. s. w. **Ithpe.** אתעֲבֵד, contr. איעֲבֵד gethan, gemacht werden, s. TW. — Thr. r. sv. צדו, 68ᵈ בעית לאיעבדא ארכונטיס willst du zum Archonten ernannt werden? Das. בעית לאירבדא בולירוטיס

(für לאיעברא) willst du Rathsherr werden? — Besonders beachtenswerth ist unser W. in ritueller Beziehung. Seb. 75ᵇ דאיעבד wenn etwas bereits geschehen ist, gethan wurde, Ggs. לכתחלה: von vornherein, was erst gemacht werden soll. Gew. jedoch doppelt contr. דיעבד und בדיעבד was bereits geschehen ist. Chull. 2ᵃ fg. Ber. 15ᵃᵇ fg.

עֶבֶד *m.* (=bh.) Arbeiter, Diener, Sklave. Snh. 58ᵇ (mit Bez. auf Spr. 12, 11) אם עושה אדם עצמו כעבד לאדמה ישבע לחם וכ׳ wenn der Mensch sich wie ein Sklave des Erdreichs ansieht, so sättigt er sich des Brotes. Ber. 34ᵇ s. כָּרָה im Piel. Kidd. 20ᵃ כל הקונה עבד עברי כקונה אדון לעצמו wenn Jem. einen hebr. Sklaven kauft, so ist es, als ob er sich einen Herrn angeschafft hätte; weil er sich in Acht nehmen muss, ihn nicht zu überbürden, zu beleidigen u. dgl. Das. 22ᵇ u. ö. עבד כנעני ein kanaanitischer Sklave. Schabb. 89ᵃ כלום יש עבד שנוהג שלום לרבו darf etwa ein Sklave seinen Herrn grüssen? vgl. קמי, s. auch בָּתַר. Schebu. 47ᵇ עבד מלך כמלך der Diener (Minister) des Königs ist wie der König, vgl. אֲנְטוֹגִינוֹס s. auch Anf. — Pl. Jeb. 48ᵇ מקיימין עבדים שאינן מלין דברי ר׳ ישמעאל ר׳ עקיבה אומר אין מקיימין man darf unbeschnittene Sklaven im Dienste behalten, so nach Ansicht des R. Ismael; R. Akiba sagt: Man darf sie nicht behalten. Kidd. 22ᵇ „Israels Söhne sind meine Knechte" (Lev. 25, 55), ולא עבדים לעבדים nicht aber Knechte der Knechte u. s. w. vgl. הוֹמֶר. Aboth 1, 3 Antigonos, der Sochäer, sagte: אל תהיו כעבדים המשמשין את הרב על מנת לקבל פרס אלא הוו כעבדים המשמשין את הרב שלא על מנת לקבל פרס ויהי מורא שמים עליכם seid nicht wie die Knechte, die den Herrn bedienen, um Lohn zu empfangen, sondern seid wie die Knechte, die, ohne die Absicht, Lohn zu empfangen, den Herrn bedienen; allein die Ehrfurcht vor Gott schwebe euch vor! Nach Aboth de R. Nathan V wären infolge dieses Ausspruchs die beiden Schüler des Antigonos, Zadok und Boëthos, zum epikuräischen Leben verleitet worden.

עֶבֶד (=עֲבַד) *ch.* (syr. ܥܒܕܐ = עַבְדָּא) Knecht, Diener, Sklave. Dan. 6, 21. Esr. 5, 11. — Kidd. 70ᵃ man sagte dem R. Juda: רגיל דקרי לאינשי עבדי אכרוז עליה דעבדא הוא jener Mann (aus Nehardea) pflegt die Menschen: Sklaven zu nennen; infolge dessen liess R. Juda ausrufen, dass jener ein Sklave sei, vgl. מום. Ned. 62ᵇ s. נור. B. bath. 58ᵃ u. ö. Genes. r. sct. 86, 84ᵈ עבדא דבן רבר אממא מזבין ובר חורין עבד לתרויהון der Knecht kauft, der Sohn der Magd verkauft und der Edle ist der Sklave Beider; d. i. (Gen. 39, 1): „Potifar, der Diener Pharao's, ein Egypter (Nachkomme Chams), kaufte den edlen Josef von den Ismaeliten

(den Nachkommen Hagars, der Magd Sarah's). Khl. r. sv. ראיתי עבדים, 94ᵇ dass., woselbst jedoch מזדבן crmp. ist aus עבד. — Bildl. B. hath. 58ᵃ R. Bannaah wurde wegen seiner Rechtspflege von der Regierung gefänglich eingezogen. אלא דביתהו אמרה להו עבדא חד הוד לי פסקו לרישיה ומשטו למשכיה ואכלו בישריה וקא מלו מלו ברה נמא ומשקו ביד לחבריה ולא קא יהבו לי דמי ולא אגריה וכ׳ seine Frau ging (zum Gericht, um in räthselhafter Sprache den Richtern eine Klage vorzutragen, die sie nicht verstehen und damit sie genöthigt sein sollten, ihren Mann, der als ein Weiser bekannt war, zu deren Enträthselung herbeizurufen) und sie sagte zu ihnen Folgendes: Ich hatte einen Knecht, dem man den Kopf abhieb und das Fell abzog; man mit Wasser, das man den Genossen zu trinken gab, ohne dass man mir weder den Geldeswerth, noch irgend eine Belohnung dafür gab. Die Richter, welche die Klage nicht verstanden, beschlossen, den Weisen der Juden, R. Bannaah, herbeizurufen und ihn zu befragen. אמר להו זרנוקא אמרה לכו er sagte zu ihnen: Die Frau sprach zu euch von einem Lederschlauch (d. i. sie hatte einen Ziegenbock, den Räuber ihr gestohlen, ihn geschlachtet und das Fell abgezogen; sie assen das Fleisch und bereiteten aus dem Fell einen Schlauch, aus dem sie den Genossen zu trinken gaben). — Pl. B. kam. 97ᵃ עַבְדֵי דאינשי die Sklaven der Menschen. Git. 86ᵃ שטר זביני דעבדי das Dokument über den Sklavenverkauf, vgl. עֲבַד. B. mez. 86ᵇ u. ö.

עוֹבְדָא m. (syr. ܥܒܳܕ, ܥܒܳܕܐ oft=hbr. מַעֲשֶׂה) Handlung, That, facinus; übrtr. Vorgang. j. Nas. V, 54ᵃ ob. אתא עובדא קומי דר׳ אחא die Handlung kam (wurde vorgetragen) vor R. Acha. Kidd. 79ᵇ עבד עובדא כוותיה דרב er beging eine Handlung (traf eine Entscheidung) nach der Ansicht Rab's. Erub. 11ᵇ u. ö. j. Ter. VIII, 45ᶜ mit. u. ö. מרי עובדא ein Mann der That, s. מָר. j. Bez. II, 61ᵇ ob. R. Simon ben Elasar הוה דרש להון להלכה ואינון סברין לעובדא trug seinen Hörern eine Forschung betreffs der Entscheidung einer Halacha vor, sie aber glaubten, dass man darnach handeln dürfe, vgl. מַעֲשֶׂה. Jom. 71ᵇ Schemaja und Abtaljon begrüssten einen Hohenpriester, welcher jedoch, aus Neid, weil sie beim Volke in grösserer Achtung standen als er, ihnen erwiderte: ייתון בני עממין לשלם mögen die Nachkommen der Heiden (sie waren näml. Proselyten) mit Gruss empfangen werden! Sie aber entgegneten ihm: ייתון בני עממין לשלם דעבדי עובדא דאהרן ולא ייתי בר אהרן לשלם דלא עבד עובדא דאהרן wohl mögen die Nachkommen der Heiden zum Heile gelangen, welche das Verfahren Aharon's befolgen (die Hauptvorzüge Aharon's sollen näml. in Liebe zum Frieden, in Menschenliebe und Verbreiten der Got-

teslehre bestanden haben, Lehren, welche Hillel, der Schüler Schemaja's und Abtaljon's verbreitete, vgl. Aboth 1, 12, s. auch שָׁלוֹם); nicht aber möge der Sohn Aharon's zum Heile gelangen, welcher nicht Aharon's Verfahren befolgt. j. Ab. sar. II, 41ᵃ un. ר׳ יוסי בן שאול משתעי אדן R. Jose ben Schaül erzählte folgenden Vorfall: Einst kam es vor, dass ein Weib, das gern Wohlthaten ausübte u. s. w. j. M. kat. III, 82ᵈ ob. עובדא ליה הוה er hatte einen Trauerfall. — Pl. das. תרין עוֹבְדִין zwei Trauerfälle. j. Taan. IV, 68ᵈ mit. עשרין וארבעה עובדא דרש הוה רבי Rabbi trug 24 Leidensgeschichten (die sich während der Revolution des Bar Kochba zugetragen hatten) vor, an Klgl. 2, 2 anschliessend. Thr. r. sv. רבת ה׳, 66ᵉ עשרין וארבעה סנקליטין ליה אמרין. שלו ליה אנן ידעין מה אילין עובדַי דאת עביד דעאיל בשלומך מתקטיל דלא שאיל בשלומך מתקטיל וכ׳ die Räthe Hadrian's sagten zu Letzterem: Wir begreifen nicht die Handlungen, die du vollziehst; denjenigen Juden, der dich grüsst, lässt du tödten und denjenigen, der dich nicht begrüsst, lässt du ebenfalls tödten! Er aber entgegnete ihnen: Bedarf ich etwa eures Rathes, wie ich meine Feinde tödten soll? — Ferner. j. Ter. XI g. E., 48ᵇ הוה עבד עובדָתָא er verriethete eine Arbeit; s. auch TW.

עֲבִידְתָּא, עֲבִידָא, עֲבָדָא f. (syr. ܥܒܺܝܕܳܐ) Handlung, Vorhaben. Esr. 4, 24. 5, 8 fg. Dan. 2, 19. 3, 12 עבידתא. — B. mez. 91ᵃ בעבידתא שריך er ist mit seinem Vorhaben beschäftigt. j. Taan. IV, 69ᵇ un. הדין קצרה אסר ליה מעיבד jener Walker darf nicht seine Arbeit verrichten. j. Schabb. II, 4ᵈ הוה אזיל ומעיבד עיבידתיה er ging und verrichtete seine Arbeit.

עֲבוֹדָה f. (=bh. עֲבֹדָה) 1) Arbeit, Dienst. Schebi. 3, 1 עובדי עבודה diejenigen, welche die Feldarbeit verrichten. R. hasch. 11ᵃᵇ בראש השנה בטלה עבודה מאבותינו במצרים am Neujahr (d. h. am 1. des Tischri, 6½ Monate vor der Befreiung) hörte bei unseren Vätern in Egypten die Arbeit auf. j. Kidd. I, 59ᵈ mit. עד שהוא בעבודתו während der Sklave noch im Dienste ist. — 2) Gottesdienst, Tempeldienst, Opferdienst. Aboth 1, 2 Simon, der Gerechte (oder: der Siegreiche) sagte: על שלשה דברים העולם עומד על התורה ועל העבודה ועל גמילות חסדים auf drei Pfeilern beruht die Welt, näml. auf der Gotteslehre, auf dem Gottesdienst und auf Liebeswerken. Exod. r. sct. 30, 128ᵃ עבודה קרבנות der Opferdienst. Arach. 11ᵃ איזו היא עבודה שבשמחה ובטוב לבב הוי אומר זה שירה welches ist ein „Gottesdienst in Freuden und Wohlmuth" (Dt. 28, 47)? Das ist der Gesang. Taan. 2ᵃ איזו היא עבודה שהיא בלב הוי זו אמור זו תפלה welches ist der „Gottesdienst im Herzen" (Dt. 11, 13)? Das ist das Gebet. —

Oft הָעֲבוֹדָה Beim Gottesdienst! s. v. a. Bei Gott! Bei der Religion! Das darauffolg. אם hat, wie gew. bei den Verben des Schwörens, die Bedeut.: dass nicht. Eine Eidesformel, die gew. nach der Tempelzerstörung anzutreffen ist, ebenso wie הַמָּעוֹן beim Tempel! während des Tempelbestandes, vgl. מָעוֹן. Jeb. 32ᵇ ר׳ חייא ונשבע העבודה כך שמעתי מרבי שתים קפץ בר קפרא ונשבע העבודה כך שמעתי מרבי אחת R. Chija sprang herbei und schwur: Beim Gottesdienst! so hörte ich von Rabbi: zwei (d. h. dass ein Nichtpriester, der am Sabbat einen Opferdienst im Tempel verrichtet hat, doppelt bestraft wird, zwei Sündopfer darbringen muss). Bar Kapra sprang herbei und schwur: Beim Gottesdienst! so hörte ich von Rabbi: eines (ein Sündopfer u. s. w.). Dort öfter bei ähnlichen Fällen. Sifra Kedoschim Par. 2 cap. 4 R. Tarpon sagte: העבודה אם יש בדור הזה יכול להוכיח beim Gottesdienst! es giebt in unserer Zeit Keinen, der zurechtzuweisen vermag (indem näml. dem Strafredner grössere Sünden vorgeworfen werden können, vgl. נָבַל). R. Elasar ben Asarja sagte: העבודה אם יש בדור הזה יכול לקבל תוכחה beim Gottesdienst! es giebt Keinen in unserer Zeit, der eine Zurechtweisung annehmen würde. R. Akiba sagte: אם העבודה יש בדור הזה יודע היך מוכיחים beim Gottesdienst! es giebt Keinen in unserer Zeit, der da versteht, wie man zurechtweisen soll. Arach. 16ᵇ steht תמרהני anst. העבודה, und auch die Sätze lauten dort anders als hier. Git. 58ᵃ העבודה שאיני זז מכאן עד רק׳ beim Gottesdienst! dass ich von hier nicht eher fortgehe, als bis ich diesen Knaben ausgelöst haben werde. Thr. r. sv. בני ציון, 67ᵇ dass. Cant. r. sv. שרך, 30ᶜ. j. B. bath. VIII, 16ᵇ ob. R. Lasar sagte: העבודה שיכול אלא שאיני רשאי beim Gottesdienst! er kann es, er darf es aber nicht thun. — Uebrtr. die Belohnung des Opferdienstes. B. kam. 109ᵇ. 110ᵃ מנין שעבודתה ועורה שלו רק׳ woher ist erwiesen, dass die Belohnung des Opferdienstes (d. h. das Opferfleisch) und das Fell des Opfers demjenigen Priester gehört, „der aus der Ferne kommt und den Tempeldienst verrichtet" (Dt. 18, 6 fg.)? Daher, dass es heisst: „Jedermann erhält sein Opfer" (Num. 5, 10; vgl. auch das. 18, 7 עבדת מתנה). Das. wenn er alt oder krank war, so überlässt er das Opfern einem Priester, der ihm gefällt, ועבודתה ועורה לאנשי משמר aber das Opferfleisch und das Fell gehören den Mitgliedern des Priesterpostens. Tem. 20ᵇ dass. — Ferner übrtr. עבודה Aboda, d. h. diejenige Benediction im Achtzehngebet, in welcher um die Wiederkehr des Tempeldienstes gebetet wird (d. h. die 16., resp. die 17. Benediction, vgl. שמנה עשרה). j. Ber. IV, 8ᵃ un. כל דבר שהוא לבא אומרה בעבודה jedes Gebet, das für die kommende Zeit bestimmt ist, sagt man in der Aboda. Ber. 29ᵇ

טעה ולא הזכיר של ראש חדש בעבודה חוזר לעבודה wenn Jem. sich geirrt und das Gebet betreffs des Neumondes (יעלה ויבא) in der Aboda nicht erwähnt hat, so citirt er das Gebet noch einmal von der Aboda an. Meg. 18ᵃ וכיון שבאת תפלה באת עבודה . . . וכיון שבאת עבודה באת הודה רק׳ (l. הודה) sobald das „Gebet" kommt, kommt auch die „Aboda"; wenn die Aboda kommt, kommt auch die „Danksagung"; dah. die Ordnung der Benedictionen. Jom. 68ᵃ. 70ᵃ u. ö. Pl. Sifra Schemini Anf. Mose lehrte den Aharon in kurzer Zeit שבעה עבודות שחיטה וקבלה וזריקה והזאה וחיטוי יציקה ובלילה die sieben Tempeldienste, näml. das Schlachten, Aufnehmen des Blutes, das Sprengen auf den Altar, das Besprengen (mit den Lustrationswasser), das Entsündigen, das Begiessen mit Oel und das Umrühren des Mehlopfers. Jom. 47ᵇ fg. עבודות קשות שבמקדש die schwierigen Operationen des Tempeldienstes, vgl. מְלִיקָה, חֲפִינָה, u. a. —

3) עבודה זרה (oft abbrev. ע״ז, wofür auch עבודת אלילים, abbrev. ע״א, vgl. auch עכו״ם) eig. fremder Dienst, d. h. Götzendienst; gew. jedoch (vgl. יִרְאָה) der Götze. Snh. 40ᵇ fg. העובד עבודה זרה wer den Götzen anbetet, ihm dient. Schabb. 82ᵇ fg. עבודה זרה Ms. M. (fast überall; Agg. zumeist עבודת אלילים). Jeb. 48ᵇ R. Akiba sagte: אביה ואמה זו ע״ז וכ׳ „Sie soll beweinen ihren Vater und ihre Mutter" (Dt. 21, 13), das bedeutet: Die Götzen; mit Bez. auf Jer. 2, 27: „Sie sprechen zum Holzblock: Du bist mein Vater" u. s. w. R. Elieser sagte: אביה ממש אמה ממש „ihren Vater und ihre Mutter", nach dem gewöhnlichen Wortsinn. Sifre Teze § 213 dass. Meg. 13ᵇ u. ö., s. יְהוּדִי. Taan. 22ᵇ „der Gott, der mit mir ist" (2 Chr. 35, 21), זו ע״ז das ist der Götze. Ab. sar. 11ᵇ חמשה בתי ע״ז קבועין וכ׳ הן אלו הן בית בל בבבל בית נבו בבורסי וכ׳ fünf feststehende Götzentempel giebt es (d. h. in welchen ununterbrochen Götzendienst getrieben wird), näml. den Beltempel in Babel, den Nebotempel in Bursi u.s.w. Tosef. B. kam. IX g. E. Jem., der in seinem Zorne Geld verstreut, sei in deinen Augen wie ein Götzendiener; שאול אמר לו יצרך לך ועבוד עבודה זרה עובד denn wer seine שכך הוא עבודת הרע יצר הרע Leidenschaft ihm zurufen würde: Gehe und treibe Götzendienst, so würde er es thun; denn das ist die Art der Leidenschaft, den Menschen erst zu kleinen und dann zu grösseren Sünden zu verleiten; vgl. עֲבַרְיָין. B. bath. 110ᵃ (mit Bez. auf Ri. 18, 3. 30: „Jonathan, der Sohn Gersoms des Sohnes des Mose [משה, massoret. Text מנשה, mit darübergeschriebenem נ] war der Götzenpriester"). Man sagte zu ihm: „Wer hat dich hierher gebracht u. s. w.? לאו ממשה קא אתית . . . תעשה כהן לע״ז אמר לו כך מקובלני מבית אבי אדם לעולם ישכיר עצמו לע״ז ואל יצטרך לבריות והוא סבר לעבודה זרה ממש ולא היא אלא עבודה זרה

'וכ' לו stammst du denn nicht von Mose ab; du solltest ein Götzenpriester sein! Er entgegnete ihnen: Ich habe eine Tradition aus meinem gross-elterlichen Hause: Der Mensch soll sich selbst dem Götzen vermiethen, damit er nur nicht der Menschenhilfe bedürfe! Er verstand näml. unter עי den Götzen, was jedoch nicht der Fall ist; vielmehr ist darunter zu verstehen: eine Arbeit, die ihm, dem Vornehmen, fremd ist, als seiner unwürdig erscheint, vgl. נְבָשׁ. Cant. r. sv. סמכוני, 13ᵉᵈ dass. — Davon rührt auch der Name des Tlmd. Tractats עבודה זרה her: Aboda sara, der zumeist über den Götzenkult, seine Tempel, sowie über die verbotenen Spei-sen und Getränke der Götzendiener handelt. — Genes. r. sct. 42, 41ᵇ עבודה viell. crmp. aus עבורה Getreide.

עֲבוֹדָה f. (=bh. עֲבֹדָה) eig. Bearbeitung, insbes. eine Strecke Feldes, die zum Ge-deihen einer Pflanze erforderlich ist. Kil. 7, 3 עבודת הגפן die Strecke Feldes, die zum Gedeihen eines einzelnen Weinstockes er-forderlich ist. Das. 3, 7 wenn man ein Beet auf dem Getreidefeld mit Kürbissen besäen will, נותנין לה עבודתה ששה טפחים ... ר' יוסי אומר נותנין לה עבודתה ארבע so muss man für sie zum Gedeihen, einen freien Raum von sechs Faustbreiten lassen. R. Jose sagt: Man muss für sie einen freien Raum von vier Ellen lassen. Das. 4, 1. 2 fg. B. bath. 83ᵃ ד' אמות שאמרו כדי עבודת הכרם die vier Ellen, wovon die Ge-lehrten sprechen, ist das Mass, das zum Ge-deihen des Weingartens nöthig ist. Tosef. Kil. II עבודת ירק die Strecke, die zum Gedeihen der Kräuter erforderlich ist.

עֲבדוּת f. Knechtschaft, Dienst. Pes. 116ᵇ הוצאנו מעבדות לחירות Gott führte uns aus der egyptischen Knechtschaft zur Freiheit. j. Kidd. I, 59ᵈ mit. „Man führe den Sklaven an die Thür" (Ex. 21, 6), שעל ידי דלה יצא מעבדות לחירות denn wegen der „Thür" (auf die das Opferblut in Egypten gesprengt wurde) zog er aus der Knechtschaft zur Freiheit. Genes. r. sct. 44, 43ᵈ, s. אִסְפַטְיָא. Hor. 10ᵇ ob. עבדות אני נותן לכם eine Knechtschaft lege ich euch (durch Verleihung eines Amtes) auf, vgl. שׂוֹרְרָה.

עַבְדוּ ,עַבְדוּתָא chald. (syr. ‎=עַבְדוּת) Knechtschaft, Dienst, s. TW. — Git. 86ᵃ עבדא דנן מוצדק לעבדות dieser Sklave ist der Sklaverei verfallen, s. חֲרִיר.

עִיבּוּד ,עַבּוּד m. N. a. eig. das Bearbeiten, bes. Gerben der Felle. j. Schabb. VII, 10ᶜ מה עיבוד היה במשכן שהיו משרטטין בעורות un. was für ein Gerben hat beim Aufbau der Stifts-hütte stattgefunden? Dass man die Felle liniirt hat, vgl. סָרְגֵל. Schabb. 75ᵇ s. צָבַד im Piel.

עַבְדָּן m. Adj. Bearbeiter, bes. Gerber.

Kel. 26, 8 עבדן של ... עורות die Felle des Gerbers. Schabb. 1, 8 (17ᵇ) אין נותנין עורות לעבדן וכ' man darf am Freitag vor Abend die Felle dem Gerber nur dann übergeben, wenn sie noch am Tage zubereitet werden können. — Pl. Kel. 15, 1 עריבת הדבָּגין die Mulde der Gerber.

עֲבַדְקָן m. Adj. (zusammengesetzt aus עַבְדְּקָן) Dickbart, der Dickbärtige. Snh. 100ᵇ, s. זַלְדְּקָן und סָקְסָא.

עָבוּ m. Hode, bes. die Stelle der Hoden, Hodensack. Wiewohl sich vorläufig für עבו kein Analogon ermitteln lässt, so ist dennoch die Richtigkeit unseres Ws. sammt seiner Bedeut. gesichert, da von ihm das Schafel, näml. Part. pass. מְשׁוּעְבָּד und das Sbst. שַׁעְבֵּוֹ (s. d. W.) ge-bildet wurden. — Erub. 53ᵇ חנן או אבודו (so in m. Agg., vgl. Dikduke z. St., Ms. M. חנן ד עבודו ... und ז verw., Agg. ... אבודו עבודו) wie in der Mischna Bech. 40ᵃ („man setzt das Thier auf seine Hoden") zu lesen: אבודו? od. עבודו vgl. אֲכִיז. Tosef. Bech. IV מעשה בפרה של בית מנחם שהיו משרתבות על עב זו ed. Wien u. a. (l. עבוּדה) es kam vor bei der Kuh aus dem Hause Menachem's, dass man sie auf die Hoden setzte.

עָבַט (hbr. עָבַט) pfänden. Grndw. עב (vgl. auch עָבוֹת verflochten sein). Ithpe. gepfändet werden. B. kam. 113ᵇ un. בר מתא אבר מתא מיצעוט ein Ortsbewohner wird für den anderen Ortsbewohner (wegen schuldiger Steuern) gepfändet.

עַבְטָא I m. (hbr. עָבַט und עָבוֹט) Pfand. Richtiger wäre wohl עַבוֹטָא, עֲבוֹטיךְ. B. kam. 115ᵃ זיל שרי עביטיך gehe und kaufe dein Pfand los! d. h. schaffe den gestohlenen und verkauften Gegenstand durch Abstandsgeld von dem Käufer zurück. j. B. kam. X g. E., 7ᶜ wenn Jem. für die Schuld eines Andern gefäng-lich eingezogen wurde, יכיל מימר ליה את שׂרי עביטיך מיני so ist, nach der Ansicht Rab's, der Erstere berechtigt, zu Letzterem zu sagen: Du bist verpflichtet, dein Pfand von mir abzulösen; d. h. mir das zu ersetzen, was ich deinem Gläu-biger zahlte.

עָבִיט ,עָבֵט m. (syn. mit arab. ‎إبط, إط) urspr. jede nach innen sich erweiternde Vertie-fung, syn. mit אַבּוּסָא) tiefes Behältniss; insbes. 1) Sattel, bes. des männlichen Kamels. Sifra Mezora Par. 2 cap. 3 und Kel. 23, 2 עבים של גמל (=bh. כר הגמל) Kamelsattel, ein tiefer, mit einem Zelte bedeckter Korb, welcher auf den Rücken des Kamels geschnallt wurde und gew. als Sitz der Frauen diente. — Pl. j. Erub. I, 19ᵇ un. בכל עושין מחיצות אפילו אוכפין אפילו צביטין אפילו גמלים alle Dinge können zu Scheide-

wänden verwendet werden (um innerhalb eines grossen Raumes ein abgeschlossenes Gehöfte zu bilden), selbst die Sättel der weiblichen und die der männlichen Kamele, sowie die Kamele selbst. Erub. 16ᵃ und Tosef. Erub. III (II) Anf. dass. — 2) ein Hohlgefäss, Kufe u. dgl. B. mez. 72ᵇ עבים של ענבים eine Kufe zur Aufbewahrung der Weintrauben. Tosef. Maasr. III mit. j. Dem. VI, 25ᶜ un. und j. Bez. V Anf., 62ᵈ עבט של ענבים dass. j. M. kat. II Anf., 81ᵃ דורכין את עבטו man darf für ihn (den Leidtragenden während seiner Trauerzeit) seine Weintrauben in der Kufe treten. — 3) Ber. 25ᵇ עבים של מימי רגלים das Nachtgeschirr zum Urin. B. bath. 89ᵇ und Keth. 82ᵇ dass. Tosaf. zu letzterer St. lesen richtiger עבים של נחושת ein kupfernes Behältniss zum Aufbewahren der Weintrauben.

עֲבִיטָא II ch. (syr. ܥܒܝܛܐ=עֲבִיט) nr. 1) Sattel. Genes. r. sct. 74, 73ᵇ עביטא דגמלא ein Kamelsattel, s. auch TW.

עוּבטין Tosef. Ter. VII, s. עיוּבָט.

עָבָה (=bh., s. עָבַב) dicht, dick sein. Pi. עִיבָּה, עִבָּה dicht machen, verdichten. j. Pea III, 17ᶜ mit. עיבה על מנת להדל Jem. säete die Pflanzen dicht, um sie später zu verringern, einige derselben auszureissen. Das. VII, 20ᵇ mit. מתוך שהוא מעבן הן עושות יותר לשנה הבאה dadurch, dass er die Pflanzen dicht setzt, gedeihen sie im kommenden Jahre besser. j. Schebi. I Anf., 33ᵃ מעבה את הכורת er macht den Baumstamm dick, vgl. כּוֹרָה. — j. Taan. III, 66ᶜ mit. עָב II. M. kat. 13ᵇ (mit Bez. auf die Mischna מעבין . . . מחפין) זה אמר מחפין אקלושי מעבין מחפין מעבין אסמוכי רחז אסמוכי בין אקלושי כרי אסמוכי מעבין עושה אותן כמין כרי ein Autor sagt: מחפין bedeutet: man bedeckt die dürren Feigen mit aus einander liegenden Stoppeln od. Reisern; מעבין hing. bedeutet: man legt die Stoppeln dicht. Ein anderer Autor sagt: מחפין bedeutet: die Stoppeln sow. dicht, als auch nicht dicht legen; מעבין hing. bedeutet: man legt sie wie einen Haufen. j. Bez. IV, 62ᶜ ob. נתחריון לעבותה er beabsichtigte, sie (die Bedachung der Hütte) dicht zu machen. Part. pass. j. Suc. IV g. E., 54ᵈ מְעוּבָה s. d. j. Sot. II, 18ᵃ ob. dass. Pes. 64ᵇ פסח מעובין das Pesach der gedrängten, dichten Volksmenge; vgl. auch מָצָר. — Uebrtr. Tosef. Pea IV. g. E. את המעבה שוקיו ed. Wilna u. a. (ed. Zkrm. המקפפו) Jem., der sich den Anschein giebt, als ob er dicke Schenkel hätte, vgl. סמי, סָמָא.

עוֹבִי, עֳבִי m. (=bh. עֳבִי) 1) Dicke, Dichtheit, dicke Stelle, Chull. 49ᵃ u. ö. עובי בית הכוסות die dicke Stelle eines Darmes, s. כֹּס. j. Ber. I, 2ᶜ un. כמה שעובריו של רקיע מהלך חמשים שנה כך עוביה של ארץ ועוביה של תהום

מהלך חמשים שנה so wie die Dicke des Himmelsgewölbes eine Reise von 50 Jahren beträgt, ebenso beträgt die Dicke der Erde und die Dicke des Abgrundes eine Reise von 50 Jahren. Nach einer andern Ansicht das. עובריו של רקיע מהלך חמש מאות שנה die Dicke des Himmelsgewölbes beträgt eine Reise von 500 Jahren. j. Schebi. I Anf., 33ᶜ לעוביה betreffs des Dickwerdens der Pflanze. j. Orl. I, 61ᵃ un. j. Sot. II, 18ᵃ ob. u. ö. Ohol. 16, 1 עובי המרדע die Dicke des Ochsensteckens. Genes. r. sct. 42, 41ᵇ „Kedarlaomer kam und die Könige, die mit ihm waren" (Gen. 14, 5); בעל קורה טעין בעוביה der Besitzer des Balkens muss diesen (wenn er getragen werden soll) an der dicken, schweren Seite anfassen; Kedarlaomer wird daher an der Spitze der kriegführenden Könige genannt, vgl. auch הֵיקָף. — 2) (=עָב II) Futteral oder dicke Matte. Tosef. Kel. B. bath. IV g. E. עובי ארגמן . . . עובי כסות das Futteral zum Purpur, das Futteral zu Kleidungsstücken, s. עָב. — Pl. j. B. bath. V Anf., 15ᵇ העוּבְּין die dicken Matten, als Utensilien des Schiffes, vgl. יְצוּעַ.

עָבְיָא f. dick. j. Taan. II, 65ᵇ mit. wird וריבתה (Mich. 7, 3) erklärt: עבודה עביא sie machten die Sünde dick, umfangreich.

עַבְעֵבִית s. בְּבְבָה.

עָבוֹף m., עָבוּפִיָא fem. Adj. dichtbelaubt, frondosus, frondosa. Das W. ist contr. aus עבעבף, zusammengesetzt aus עב und עף, s. TW.

עֲבִי erblassen, s. TW.

עֲבְצָא, עֲבָץ masc. (=פְּרִיץ, אַבְצָא) Zinn, plumbum album, stannum, s. TW.

עָבִין m. (=חָבִיץ mit Wechsel der Guttur., s. d. W.) Mehlspeise, die aus Mehl, Honig, Oel u. dgl. zusammengerührt ist. — Pl. j. Chal. I, 58ᵃ ob. אילין דעבדין צבְּרִצין diejenigen, welche Mehlspeisen zubereiten u. s. w.

עָבַר (=bh., arab. عَبَرَ) Grndw. בר mit der Grundbedeut. draussen, auswärts; wovon die sämmtlichen nachflg. zu diesem Stamm gehörenden Wörter sich mit Leichtigkeit ableiten lassen. Man vgl. ch. בַּר, בְּרָא Feld, freier Raum (syn. mit חוּץ) ausserhalb des Wohnortes; ferner עֵבֶר Jenseits; hbr. בָּר, wov. עָבוּר, ch. עִיבּוּר Getreide, proventus terrae, ferner בַּר Sohn, vgl. בַּר IV; עוֹבָר, ch. עוֹבָרָא Embryo, Reis, Zweig u. s. w. — 1) übergehen, übersetzen, vorangehen. Pes. 7ᵇ. 119ᵇ u. ö. כל המצות מברך עליהן עובר לעשייתן bei allen Geboten, die man zu vollziehen beabsichtigt, spricht man den Segen vor ihrer Vollziehung, eig. vorangehend. Als Beweis für diese Bedeutung des עבר wird angeführt 2 Sm. 18, 23 u. a. j. Snh. IV, 22ᵇ ob. למשבר wenn etwas vorüber, bereits

geschehen ist, Vergangenes, Ggs. לֶהָבָא was erst kommen wird, Zukünftiges. j. Taan. II, 65° un. נוֹתֵן הוֹדָיָה לֶשֶׁעָבַר וְצוֹעֵק לֶעָתִיד לָבֹא man dankt Gott (im Gebet) für das Vergangene und fleht für das Zukünftige. Ber. 34ª fg. הָעוֹבֵר לִפְנֵי הַתֵּבָה וְטָעָה יַעֲבוֹר אַחֵר תַּחְתָּיו wenn Jem. an das Vorbeterpult hingetreten ist (um das Vorbeteramt zu verrichten) und sich geirrt hat, so trete ein Anderer an seine Stelle, vgl. סָרְבָּן Levit. r. sct. 23, 167ᵈ u. ö. dass. Snh. 70ª דְּרַשׁ עוֹבֵר גְלִילָאָה ein galiläischer Durchreisender trug folgende Forschung vor. Chull. 27ᵇ u. ö. dass. (Schabb. 88ª steht dafür blos הַהוּא גְלִילָאָה jener Galiläer.) j. Schebi. III Anf., 34° עוֹבְרִין וְשָׁבִין Durchreisende, eig. die Hin- und Zurückgehenden. j. Dem. I, 22ª mit. u. ö. dass. — Uebrtr. Bez. 26ª u. ö. מוּם עוֹבֵר ein vorübergehender Leibesfehler, Ggs. מוּם קָבוּעַ ein bleibender Fehler. Pes. 3, 1 (42ª) אֵלּוּ עוֹבְרִין בְּפֶסַח וכ' folgende Speisen müssen (weil sie etwas Säure enthalten) am Pesach vom Tisch fern gehalten werden, eig. sich entfernen. (Nach Raschi von עָבַר nr. 2: man übertritt durch das Aufbewahren dieser Speisen ein Verbot.) Midd. 2, 2 wenn ein Priester, über den der Bann verhängt wurde, sich im Tempel befand, so ruft man ihm, nach Ansicht des R. Meïr, zu: Möge Gott, der in diesem Tempel thront, die Gelehrten anderen Sinnes werden lassen, damit sie dich wieder aufnehmen! אָמַר לוֹ ר' יוֹסֵי עָשִׂיתָן כָּאִלּוּ עָבְרוּ עָלָיו אֶת הַדִּין וכ' R. Jose hing. sagte zu ihm (R. Meïr): Auf diese Weise stellst du jene Gelehrten so dar, als ob sie unzweifelhaft ungerecht die Verurtheilung über ihn haben ergehen lassen! Man ruft ihm vielmehr zu: Sei dir in diesem Tempel thront, gebe dir in den Sinn, dass du auf die Worte deiner Genossen hörst, damit sie dich wieder aufnehmen. Mögl. Weise ist עָבְרוּ Piel, zu lesen = Exod. r. sct. 30, vgl. עָבְרוּ nr. 5. — 2) trop. ein Verbot übertreten. Ber. 4ᵇ u. ö. כָּל הָעוֹבֵר עַל דִּבְרֵי חֲכָמִים חַיָּב מִיתָה wer die Worte der Gelehrten übertritt, verdient den Tod. Insbes. oft עֲבֵירָה עָבַר eine Sünde begehen. Jom. 86ᵇ כֵּיוָן שֶׁעָבַר אָדָם עֲבֵירָה נִשֵׂת לוֹ (das. erklärt: וְשָׁנָה בָהּ הוּתְּרָה לוֹ כַהֶיתֵּר) wenn Jem. eine Sünde begangen und sie wiederholt hat, so erscheint sie ihm als erlaubt. Kidd. 20ª u. ö. dass. — Keth. 72ᵇ הָעוֹבֶרֶת עַל דַּת מֹשֶׁה וִיהוּדִית וכ' eine Ehefrau, die das mosaische oder das jüdische Gesetz übertritt, büsst die Kethuba ein. Das. 101ª dass. j. Keth. VII, 31° ob. נָשִׁים הַמַּעֲבִירוֹת עַל דַּת מִצְוָה אֶת (viell. zu lesen הָעוֹבְרוֹת, od. Piel. = Kal) הַכֹּל Ehefrauen, welche das Gesetz übertreten, büssen Alles ein.

Hif. הֶעֱבִיר 1) vorüberführen, fortschaffen. Git. 57ᵇ wird הָאֲמִירֵךָ . . . הֶאֱמַרְתָּ (Dt. 26, 17. 18) erklärt: כְּבָר נִשְׁבַּעְנוּ לְהַקָּבָּ"ה שֶׁאֵין אָנוּ מַעֲבִירִין אוֹתוֹ בְּאֵל אַחֵר וְאַף הוּא נִשְׁבַּע לָנוּ שֶׁאֵין מַעֲבִיר אוֹתָנוּ בָּאוּמָה אַחֶרֶת wir haben be-

reits Gott zugeschworen, dass wir ihn nicht für einen andern Gott vertauschen (fortschaffen) werden; aber auch er hat uns zugeschworen, dass er uns nicht vertauschen (fortschaffen) wird für eine andere Nation. Tosef. Schabb. VII (VIII) g. E. מַעֲבִירִין אֶת הָעַיִן בְּשַׁבָּת ed. Zkrm. (ed. Wilna מֵעַיִן) man darf am Sabbat ein Heilmittel über ein krankes Auge führen. Exod. r. sct. 30, 128ᵇ אִם הָרַג נֶפֶשׁ אַחַת מִיִּשְׂרָאֵל כְּאִלּוּ הֶעֱבִיר אִיקוֹנִין שֶׁל מֶלֶךְ וְהוּא נִידּוֹן וְאֵין לוֹ חַיִּים wenn Jem. eine israelitische Seele getödtet hat, so ist es, als ob er das Ebenbild des Königs fortgeschafft hätte; er wird gerichtet und kommt um das Leben. — 2) intrust. vorübergehen, übergehen. Jom. 33ª אֵין מַעֲבִירִין עַל הַמִּצְוֹת man darf Pflichten nicht übergehen, näml. die eine, weil sie wichtiger zu sein scheint, der anderen vorziehen. Pes. 64ᵇ u. ö. Erub. 64ᵇ u. ö. Erub. 64ᵇ אֵין מַעֲבִירִין עַל הָאוֹכְלִין man darf an Speisen, die auf der Strasse liegen, nicht vorübergehen; d. h. man muss sie aufheben. Das. תְּנָא שְׁלֵמִין מַעֲבִירִין פְּתִיתִין אֵין in der Borajtha heisst es: An ganzen Broten darf man vorübergehen, an Brotstücken aber darf man nicht vorübergehen. Jom. 23ª u. ö. מַעֲבִיר עַל מִדּוֹתָיו eig. er überschreitet seine Eigenschaften, d. h. ist nachsichtsvoll, er verzeiht, vgl. מִדָּה.

Pi. עִבֵּר 1) entfernen, fortführen, s. Pual; ferner überschreiten. Tem. 21ᵇ. 22ª ein Sündopfer, שְׁנָתָהּ שֶׁעִיבְּרָה welches das erste Lebensjahr überschritten hat, älter als ein Jahr ist. — 2) schwanger sein, werden. Kidd. 31ᵇ ר' יוֹחָנָן כִּי עִיבְּרַתּוֹ אִמּוֹ מֵת אָבִיו וכ' als die Mutter des R. Jochanan mit ihm schwanger ging, starb sein Vater u. s. w., vgl. יוֹחָנָן. j. Kidd. I, 61ᵇ mit. (in chald. Form) עִבְּרַתָּה מִיַּה אִמֵּיהּ אֲבוּהִי כַּד יְלִידְתֵּיהּ מִיתַת steht dafür: כֵּיוָן שֶׁנִּתְעַבְּרָה Pesik. r. sct. 23, 48ᵇ בּוֹ אָמְרוּ מֵת אָבִיו וכ' (Nithpa.) als (des R. Abun) Mutter mit ihm schwanger ging, starb sein Vater u. s. w. — Tosef. B. kam. X Anf. wenn Jem. eine Kuh stiehlt וְעִיבְּרָה אֶצְלוֹ und sie in seinem Besitz trächtig wurde. Chull. 58ª בִּשְׁעִירָה עִבְּרָה . . . וּלְבַסּוֹף עִבְּרָה נִטְרְפָה wenn die Kuh zuvor trefa (schadhaft, zum Essen verboten) und dann trächtig wurde; wenn sie zuvor trächtig und dann trefa wurde. — Part. pass. Jeb. 16, 1 (119ª fg.) מְעוּבֶּרֶת eine Schwangere. Das. 36ᵇ fg. לֹא יִשָּׂא אָדָם מְעוּבֶּרֶת חֲבֵירוֹ וּמֵינִיקָה חֲבֵירוֹ man darf die schwangere Frau eines Andern oder die nährende Frau eines Andern nicht heirathen; d. h. eine Frau, deren Mann gestorben oder von dem sie geschieden wurde, darf weder in der Zeit ihrer Schwangerschaft, noch während des Nährens ihres Kindes (24 Monate) vom ersten Manne, sich anderweit verheirathen. Während dieser beiden Zeiten ist näml. der eheliche Umgang mit einem andern Manne für den Fötus und resp. für den Säug-

ling Gefahr drohend. Das. 3 °. fg. u. ö. מְעוּבָּרוֹת schwangere Frauen. Tosef. Nid. II מעוברת שמא תעשה עובר סנדל eine schwangere darf man nicht heirathen, weil sie einen Sandelfötus bewirken könnte. Genes. r. sct. 85, 84ᵈ Tamar sagte: „Wem diese gehören" u. s. w. (Gen. 38, 25) מלכים אני מעוברת גואלים אני מעוברת ich bin mit Königen schwanger, bin mit Erlösern schwanger, d. h. David und der Messias werden von mir abstammen. — Tem. 19ᵃ בהמה מעוברת ein trächtiges Thier. Vgl. auch עוּבָּרָה, עוּבָּרֶת. — 3) übrtr. einzelne Theile einer grossen Masse anschliessen, einverleiben. Erub. 5, 1 כיצד מעברין את הערים וכ׳ (so nach einer LA. in Gem. das. 53ᵃ כאשה עוברה wie eine schwangere Frau, vgl. auch אָבַר) auf welche Weise verleibt man den Städten ausserhalb derselben liegende Theile ein? Wenn einige Häuser einer Stadt vorstehen und andere einwärts gebaut sind, so zieht man die Messschnur von den vorstehenden Gebäuden zu den anderen vorstehenden und schliesst den dazwischen liegenden, leeren Raum ein; so dass dieser mit zum Bereiche der Stadt gehört, vgl. עִיבּוּר. Tosef. Erub. VI (V) Anf. und j. Erub. V Anf., 22ᵇ dass. — 4) intercalare, intercaliren, d. h. ein Schaltjahr oder einen Schaltmonat festsetzen, eig. das Jahr, das gew. 12 Monate zählt, durch Hinzufügung eines ganzen Monats, ferner auch den Monat, der gew. 29 Tage zählt, durch Hinzufügung eines Tages vollmachen. Tosef. Snh. II und Snh. 10ᵃ. 11ᵃᵇ על שלשה דברים מעברין את השנה על האביב ועל פירות האילן ועל התקופה על שנים מהן מעברין ועל אחד מהן אין מעברין wegen dreier Dinge verkündet man ein Schaltjahr u. zw. 1) wegen der Aehrenreife (wenn diese voraussichtlich im Monat Nisan noch nicht eintreffen wird, da das Pesach im „Aehrenmonat" gefeiert werden muss, vgl. Dt. 16, 1); 2) wegen der Baumfrüchte (welche voraussichtlich bis zum Wochenfest, zu welchem „die Erstlingsfrüchte dargebracht werden sollen", Num. 28, 26, noch nicht zur Reife gelangt sein werden) und 3) wegen der Sonnenwende (d. h. wenn der Herbstanfang im Monat Tischri voraussichtlich nach dem Hüttenfeste, oder auch, wenn der Frühlingsanfang voraussichtlich nach dem 16. des Nisan, an welchem Tage die Omergarbe dargebracht werden soll, beginnen wird, vgl. תְּקוּפָה). Wegen solcher zweier Fälle intercalirt man; wegen eines einzigen aber intercalirt man nicht; vgl. auch כָּבַד. Das. 12ᵃᵇ אין מעברין את השנה מפני הטומאה לכתחלה ר׳ שמעון אומר מעברין אלא מפני מה ביקש (חזקיה) רחמים על עצמו שאין מעברין ניסן בניסן אלא אדר והוא עיבר ניסן בניסן man intercalirt nicht das Jahr von vorn herein wegen Unreinheit (wenn z. B. der Fürst, Nasi, krank ist und er muthmasslich kurz vor dem Pesachfeste sterben wird, in welchem Falle Alle durch Leichen-

berührung sich verunreinigen werden; oder wenn am Ende des Adar sehr viele Unreine vorhanden sind, sodass das Lustrationswasser nicht genügen wird). R. Schimeon sagt: In diesem Falle intercalirt man; weshalb aber flehte Chiskija um Vergebung seiner Sünde (Chiskija soll näml. infolge dessen, „dass ein grosser Theil sich noch nicht gereinigt hatte", nicht nach Gebühr das Jahr intercalirt haben), damit Alle das Pesachopfer darbringen könnten und hierauf „gebetet haben: Gott, der Allgütige, möge es verzeihen!" 2 Chr. 30, 18)? Deshalb, weil man blos den Monat Adar intercaliren (d. h. im Adar einen zweiten Adar hinzufügen) darf; während er im Nisan einen zweiten Nisan intercalirt hat. Das. 11ᵇ אין מעברין את השנים אלא ביהודה ואם עברוה בגליל מעוּבָּרָת היד חנניה איש אוני אם עברוה בגליל אינה מעוברת man intercalirt die Jahre blos in Judäa; wenn man jedoch in Galiläa ein Jahr intercalirt hat, so bleibt es intercalirt. Chananja aus Oni hing. bezeugte, dass es, wenn man es in Galiläa intercalirt hat, nicht intercalirt bleibt. j. Snh. I, 19ᵃ ob. בגליל אין מעברין ואם עברוה מעוברת בחוצה לארץ אין מעברין ואם עברוה אינה מעוברת ביכולין לעבר בארץ ישראל אבל בשאינן יכולין לעבר בארץ ישראל מעברין אותה בחוצה לארץ ירמיה עיבר בחוצה לארץ וכ׳ in Galiläa soll man das Jahr nicht intercaliren; wenn man jedoch intercalirt hat, so bleibt es intercalirt. Ausserhalb Palästinas darf man das Jahr nicht intercaliren; wenn man es auch intercalirt hat, so bleibt es nicht intercalirt. Das gilt jedoch blos in dem Falle, dass man in Palästina intercaliren kann; wenn man es aber in Palästina nicht intercaliren kann, so darf man es auch ausserhalb Palästinas intercaliren. Der Prophet Jirmeja, Ezechiel u. A. intercalirten die Jahre ausserhalb Palästinas. Vgl. auch Jeb. 115ᵃ. Ber. 63ᵃ. Snh. 26ᵃ u. ö., vgl. auch Tosaf. zu Snh. 11ᵇ sv. אין. — R. hasch. 19ᵃ u. ö. מימות עזרא ואילך לא מצינו אלא מעוּבָּר von Esra's Zeit an finden wir nicht, dass der Monat Elul intercalirt (30 Tage zählend) gewesen wäre.

Nithpa. und Hithpa. 1) schwanger, beschwängert werden. Genes. r. sct. 45 Anf. אין האשה מתעברת מביאה ראשונה die Frau wird nicht vom ersten Coitus schwanger, vgl. עָבְרוֹת. — 2) einverleibt werden. j. Erub. V Anf., 22ᵇ יכול אני לעשות שתהא בית מעון מתעברת עם טבריא ich kann bewirken, dass Beth Maon der Stadt Tiberias einverleibt werde. — 3) intercalirt werden. j. R. hasch. III Anf., 58ᶜ . . . רבי אמר ניסן לא נתעבר מימיו Rabbi sagte: Der Monat Nisan wurde nie intercalirt (d. h. niemals wurde der Neumond Nisan auf den 31. des Adar festgesetzt, weil der dem Nisan unmittelbar vorangehende Adar immer blos 29 Tage zählen darf.) Rab sagte: Der Monat Nisan רב אמר תשרי לא נתעבר מימיו

Tischri wurde nie intercalirt (d. h. niemals wurde der Neumond Tischri auf den 31. des Elul festgesetzt, weil letzterer Monat immer blos 29 Tage zählt, s. Piel). j. Ned. VI, 40ᵃ ob. u. ö. dass. B. mez. 8, 8 (102ᵃ) המשכיר בית לחבירו לשנה נתעברה השנה נתעברה לשוכר השכיר לו לחדשים נתעברה השנה נתעברה למשכיר wenn Einer dem Andern ein Haus auf ein Jahr verpachtet und das Jahr intercalirt wurde, so kommt der Schaltmonat dem Pächter zu gut; wenn er es ihm aber auf Monate verpachtet und das Jahr intercalirt wurde, so kommt der Schaltmonat dem Verpachter zu gut. R. hasch. 19ᵇ u. ö.

Pual עוּבַּר Pass. vom Piel nr. 1: fortgeschafft, entfernt werden. Trop. Pes. 34ᵃᵇ an der Westseite der Altartreppe befand sich ein Hohlweg, שם היו זורקין פסולי חטאת העוף ותעובר צורתן ויוצאין לבית השריפה wohin man die untauglich gewordenen Sündopfer-Vögel warf, damit ihre Gestalt entfernt werde (d. h. dadurch, dass sie an jenem Orte über Nacht lagen, wurde ihre Fleischfarbe entstellt, s. לינה); sodann wurden sie auf die Verbrennungsstätte getragen. Das. כל שפסולו בגופו ישרף מיד בדם ובבעלים תעובר צורתן ויוצאין לבית השריפה jedes Opfer, dessen Untauglichkeit an seinem Körper haftet (wenn es z. B. einen Leibesfehler hat), wird sofort verbrannt; wenn die Untauglichkeit aber am Blut (das ausgegossen wurde) oder an den Eigenthümern desselben haftet (wenn sie z. B. unrein wurden, sodass sie das Pesachfleisch nicht essen dürfen), so wird die Gestalt der Opfer entfernt und sie werden sodann auf die Verbrennungsstätte getragen. Das. 82ᵃᵇ נטמאו הבעלים או שמתו תעובר צורתן וישרף בששה עשר wenn die Eigenthümer des Pesachopfers unrein wurden oder starben, so soll die Gestalt des Opfers entfernt und dasselbe am 16. des Nisan (nach dem Feiertage) verbrannt werden. Tosef. Seb. VII. Tosef. Pes. VI und j. Pes. VI g. E., 33ᵈ dass.

Nif. נֶעְבַּר denom. (von עֲבֵרָה). Tosef. B. kam. X Anf. בהמה ונעברה בה עברה wenn Jem. ein Thier stahl und es wurde an letzterem eine Sünde begangen durch unnatürliche Begattung. Gew. steht dafür נעבד; jedoch unsere LA. ist richtiger.

עֲבַר ch. (syr. ‎ܥܒܰܪ‎=עָבַר) vorübergehen, reisen, s. TW. j. Schabb. VII, 9ᵃ ob., s. יָדַ. יְדָא j. Snh. X, 29ᵃ ob. עברחה crmp. aus עבדתא du machtest.

Pa. עַבַּר 1) fortführen, entfernen. Ab. sar. 65ᵇ אזל מעבר להו מעברא er ging und führte die Fässer mit Wein über den Fluss. Trop. Jom. 33ᵇ עבורי דדרעא אטומטפחא אסיר Ar. ed. pr. (Agg. דרעא) die Tefilla des Armes anfänglich zu übergehen und zuvor die Kopftefilla anzulegen, ist verboten; vgl. Hif. Nach Ar.: Man darf nicht

die erstere zuvor in das Futteral legen, weil man beim Herausnehmen derselben jene übergehen würde. Ber. 27ᵇ un. ונעברריה חא kommet, wir wollen ihn (den Nasi Rabban Gamliel) absetzen, vom Nasiat entfernen. Das. 28ᵃ ob., s. אֲנַש. Jeb. 63ᵇ ob. die Frau des R. Juda מירחק תקיפא ועבורי מיעברא במלה war zwar heftig, aber durch ein besänftigendes Wort liess sie den Zorn fahren. — 2) schwanger, trächtig machen. Part. pass. B. kam. 47ᵃ פרה מְעַבַּרְתָּא eine trächtige Kuh. — Pl. Chull. 59ᵇ jenes fabelhafte Thier brüllte; אפילו כל מְעַבְּרָתָא ושארא דרומי נפל infolge dessen abortirten alle schwangeren Frauen und die Mauer Roms stürzte ein. — Uebrtr. intercaliren. Snh. 12ᵇ מעברתא שתא ein Schaltjahr.

Ithpe. schwanger werden. Jeb. 45ᵃ איעברא מכותי sie wurde von einem Nichtjuden schwanger. Das. 48ᵃ u. ö.

עִיבּוּר masc. (syr. ‎ܥܒܽܘܪ‎) Reise, Wanderschaft. Ber. 4, 4 Jem., der sich auf Reisen befindet, wo Gefahr vorhanden ist, bete ein kurzes Gebet: Hilf, o Gott, deinem Volke Israel; בכל פרשת העיבור יהיו צרכיהם לפניך auf allen Wegen der Wanderschaft (vieil. der Wanderschaft Israels im Allgemeinen, d. i. Exil) mögen ihre Bedürfnisse dir gegenwärtig sein! — Die von der Gem. in beiden Talmudim gegebenen Erklärungen lauten wie folgt: j. Ber. IV, 8ᵇ ob. leitet das W. von עובר לפני התיבה der Vorbeter an das Pult tritt, um für die Gemeinde zu beten. Ber. 29ᵃ 1) בשעה שאחה מחמלא עברה wenn du vom Zorn erfüllt bist wie eine Schwangere (wonach unser W. doppelt gedeutet ist); 2) עוברים על דברי תורה wenn sie die Gesetzlehre übertreten. Diese Erklärungen leuchten jedoch nicht ein.

עָבוֹרָא m. Adj. 1) (syr. ‎ܥܳܒܽܘܪܳܐ‎) ein Vorüberziehender, Durchreisender. j. Taan. IV, 69ᵃ un. warum wurde jener Ort: כפר בש (böses Dorf) genannt? דלא הוון מקבלין לעבורא weil die Ortsbewohner keinen Reisenden gastlich aufnahmen. — Pl. עֲבוֹרַיָּיא die Durchreisenden, s. TW. — 2) trnst. Fortführender, Entziehender. Pl. B. bath. 133ᵃ לא תהוי כי עבורי אחסנתא אפילו מברא בישא לברא טבא וכל שכן מברא לברתא gehöre nicht zu denjenigen, welche die Erbschaft auf Andere übertragen (den urspr. Erben entziehen), nicht einmal von einem ungerathenen Sohn auf einen gerathenen Sohn, geschweige von einem Sohn auf eine Tochter.

עוֹבָר m. Embryo, Fötus, sow. von Menschen, als auch von Thieren; vgl. עָבַר Anf. Die recipirte Aussprache עוּבָּר, Ubbar, ist, abgesehen von der Punktation in den Trgg. עוּבָּרָא, s. d., schon deshalb unmöglich, weil die Schwangere עוּבָּרָה heisst, s. d. W. — Chull. 4, 1 fg. הוציא העובר את ידו wenn der Embryo (eines Thieres)

seinen Vorderfuss heraussteckte. Das. 58ᵃ u. ö. ר' אליעזר סבר עובר ירך אמו ור' יהושע סבר עובר לאו ירך אמו R. Elieser ist der Ansicht, dass der Embryo ein Theil (eines der Glieder, eig. die Hüfte) seiner Mutter ist. R. Josua ist der Ansicht, dass der Embryo nicht ein Theil seiner Mutter ist. Daher darf nach ersterer Ansicht das Junge eines schadhaften Thieres, ולד טרפה, nicht geopfert werden; nach der letzteren Ansicht hing. darf es geopfert werden. j. Ab. sar. I, 40ᵈ ob. עובר חמורו של נכרי der Embryo eines Esels, der einem Nichtjuden gehört. Tem. 10ᵇ. 19ᵃ. Nas. 51ᵃ u. ö. — Jeb. 37ᵇ כל היולדת לתשעה עוברה ניכר לשליש ימיה an jeder Frau, die nach neunmonatlicher Schwangerschaft gebärt, wird der Fötus bereits im ersten Drittel (nach drei Monaten der Schwangerschaft) kenntlich, vgl. auch נָכַר. — Pl. Snh. 57ᵇ Namens der R. Ismael sagte man: אף על העוברין auch wegen Tödtung der Embryos wird der Noachide getödtet; wenn näml. infolge des Schlagens der Mutter der Abortus erfolgte; denn es heisst: „Wer das Blut des Menschen im Menschen vergiesst" u. s. w. (so nach der Deutung, Gen. 9, 6); איזהו אדם שבאדם הוי אומר זה עובר שבמעי אמו was bedeutet: ein Mensch im Menschen? Das ist der Embryo im Mutterleibe. Genes. r. sct. 34, 34ᵃ dass. Tem. 10ᵃ Bar Peda sagte: אין קדושה חלה על עוברין eine Weihung haftet nicht an den Embryos; R. Jochanan sagte: קדושה חלה על עוברין die Weihung haftet an den Embryos; wenn näml. Jem. einen Embryo dem Heiligthume als ein Opfer weiht, so ist nach ersterer Ansicht die Weihung ungiltig; er darf das Junge daher nur dann opfern, wenn er es nach der Geburt besonders weiht; nach letzterer Ansicht darf er es auch ohne nochmalige Weihung darbringen. — Chull. 64ᵃ סימני עוברי דגים die Reinheitszeichen der Fische ier.

עוֹבְרָא ch. 1) (=עוּבָּר) Embryo, Fötus. — 2) עוּבָּרָא, עוּבַּרְתָּא Reis, Zweig. — 3) עוּבַּרְתָּא Zug, Tross, vom Vieh, s. TW.

עוֹבֶרֶת, מְעוּבֶּרֶת f. (verk. aus מְעוּבֶּרֶת, מְעוּבְּרָה Part. pass., vgl. מְעוּבָּר für מוּכָם, מְעוּלָרם für מוּלָרם) Schwangere. Erub. 53ᵃ אשה עוברה und Ber. 29ᵇ אשה עוברה eine schwangere Frau. Jom. 82ᵃᵇ עוברה שהריחה eine Schwangere, die Speise gerochen hat. Git. 23ᵇ היתה עוברה wenn die Magd schwanger war. Tosef. Nid. VIII Anf. ושאינה עוברה עוברה wenn die eine Frau schwanger und die andere nicht schwanger war. — Pl. j. Keth. XII, 35ᵃ un. אי לכם עוברות שבארץ ישראל wehe euch, ihr Schwangeren Palästinas u. s. w., vgl. auch אִי V. Nid. 60ᵇ היו שתידן עוברות wenn beide Frauen schwanger waren.

עֵבֶר m. (=bh.) eig. Jenseits, Seite, dann

Eber, Heber, Name des Stammvaters der Hebräer. Genes. r. sct. 42 g. E. ר' יהודה אומר כל העולם כולו מעבר אחד והוא מעבר אחד ר' נחמיה אמר שהוא מבני בניו של עבר ורבנן אמרי שהוא מעבר הנהר ושהוא משיח בלשון עברי R. Juda sagt: Abram wird deshalb העברי (Gen. 14, 13) genannt, weil die ganze Welt von der einen Seite und er von der andern Seite war (d. h. er wog alle Weltbewohner auf); R. Nechemja sagte: Weil er von den Nachkommen des Eber abstammte; die Rabbanan sagten: Weil er von jenseits des Stromes kam und weil er hebräisch sprach. Das. sct. 37 g. E. u. ö., s. מָאוֹרֵעַ.

עֶבְרָא, עֵיבְרָא ch. (hbr. עֵבֶר=ܥܶܒܪܳܐ) Seite, Jenseits. B. bath. 40ᵇ זילו איטמרו בעיברא ימינא gehet und verberget euch an der rechten Seite; s. auch TW. — B. bath. 91ᵃ un. עיברא זעירא דכות זה אור כשדים die kleine Seite (Gegend) von Kuth das ist Ur-Chaldäa. Nach R. Samuel ben Meïr: Ibra, Name eines Ortes.

עִבְרִי m., עִבְרִיָּה, עִבְרִית f. (=bh.) ebräisch, hebräisch, der Hebräer, die Hebräerin. Der Beiname עברי, der eig. blos der Jenseitige od.: der Ebersohn bedeutet, wurde von den andern Völkern urspr. dem Abram (Abraham) und später allen seinen Nachkommen (auch Ismael und den Söhnen der Ketura und dem Esau) beigelegt. Der in der Familie Jakob's angenommene Name בני ישראל, um die anderen Nachkommen Abraham's auszuschliessen, blieb den andern Völkern unbekannt. (Vgl. bes. Ex. 5, 1—3, Mose und Aharon, der anfänglich ihre Sendung im Namen des „Gottes Israels" bezeichnet hatten, sahen sich dann genöthigt, als sie von Pharao nicht verstanden wurden, zu sagen: „Der Gott der Hebräer" u. s. w. In Ex. 21, 2 עבד עברי schliesst viell. wirklich alle Nachkommen Abraham's ein; vgl. bes. Aben Esra z. St.) — j. B. bath. X Anf., 17ᶜ עד אחד עברי ועד אחד יוני ein hebräischer und ein griechischer (d. h. griechisch sprechender und schreibender) Zeuge. j. Meg. I, 71ᵇ un. עברי לדיבור das Hebräische eignet sich am besten zum Sprechen. Das. יש עברי לו לשון ואין לו כתב וכו' das Hebräische hatte eine ausgebildete Sprache, aber keine schönen Schriftzeichen u. s. w. Snh. 21ᵇ und Esth. r. sv. וישלם, 105ᵃ, s. אַשּׁוּרִי. Meg. 18ᵃ s. גִּיפְטָא. Pl. Exod. r. sct. 3, 105ᵈ למה קרא אותם עברים על שם שעברו ים warum nennt die Schrift die Israeliten: עברים (Ex. 5, 3)? Weil sie bei ihrem Einzuge in Egypten über das Meer gegangen waren. — Die hebr. Sprache umfasst, ausser den biblischen Schriften (mit Ausschluss einiger chaldäisch geschriebener Capitel und Wörter) auch den verhältnissmässig grösseren Sprachschatz, der sich im rab-

binischen Schriftthum (näml. in den Mischnas, Borajthoth, den sämmtlichen, älteren, halachischen, wie agadischen [haggadischen] Midraschim und dem bei weitem grössten Theil der
beiden Talmudim) befindet. Die biblischen
Bücher wurden schon in der ältesten Zeit, vor
und während des Tempelbestandes niedergeschrieben; das Sprachgut hing., das in dem rein hebr.
abgefassten rabbinischen Schriftthum anzutreffen
ist, rührt zwar ebenf. von jener Zeit, resp. von
der Zeit her, als das Hebräische noch die Umgangssprache bildete, erhielt sich aber mehrere Jahrhunderte hindurch traditionell, bis ein
grosser Theil desselben ebenf. niedergeschrieben wurde. Nur dem früher niedergeschrie-
nen bibl. Hebraismus gegenüber wird das hebr.
rabbinische Schriftthum mit Recht als „Neuhebräisch" bezeichnet, nicht aber etwa einem
Althebr. gegenüber, da diese wie jene Schriften
in sprachlicher Beziehung von einer und derselben Zeit herrühre. Die ersten Mischnas im
Tractat Aboth sind unzweifelhaft einige Jahrhunderte vor der üblichen Zeitrechnung abgefasst und also älter als die letzten biblischen
Bücher; Aehnliches lässt sich auch von vielen
anderen Mischnas und Borajthoth nachweisen.
Die irrige Anschauung, dass die hebr. Sprache
sich lediglich auf die bibl. Bücher beschränkt
(man ging sogar so weit, die rabbinische Literatur, bei spärlicher Kenntniss derselben, als
eine chaldäische zu behandeln), ist blos dem
bisherigen Mangel an einer gründlichen Bearbeitung des rabbinischen Schriftthums zuzuschreiben.

עֶבְרָי ,עֶבְרָא ,עֶבְרָאָה ch. (syr. ܥܶܒ݂ܪܳܝܳܐ =)
hebräisch, Hebräer. — Pl. עֶבְרָאֵי
(עִבְרָי) fem. עֶבְרָיִיתָא die Hebräer, die Hebräerinnen,
s. TW.

עֶבּוּר ,עִיבּוּר m. (=bh. עֲבוּר) Getreide, s.
עֲבַר Anf. Genes. r. sct. 94 Anf. עיבור בר das
W. בר (Gen. 45, 23) bedeutet Getreide. Keth.
112ᵃ mit. ממונה מעיבור קטניות von ihm
(dem kleinen, ererbten Felde) beziehe ich Getreide, von ihm Erbsen. j. Ned. VII g. E., 40ᵉ
ob. דגן מעברודה וכ׳ unter דגן ist blos Getreide
zu verstehen. R. Meïr hing. ist der Ansicht:
דגנה דארעא unter דגן ist Alles zu verstehen,
was die Erde hervorbringt, z. B. Bohnen u. dgl.

עִיבּוּרָא ch. (syr. ܥܒ݂ܽܘܪܳܐ=עִיבּוּר) Getreide,
s. TW. — Pl. j. Dem. I, 22ᵃ ob. מה עיבורייא
עבדין wie stehen die Feldfrüchte, das Getreide?
j. Taan. III, 66ᵉ ob. dass.

עֲבָרָה f. das Hindurchgehen, der
Durchgang. Snh. 64ᵇ אינו חייב עד שיעבירנו
דרך עברה (wofür das. auch: העברה:) das Durchführen) der Molechdiener ist nicht eher straffällig, als bis er den dem Götzen geweihten

Sohn auf die gewöhnliche Art des Durchgehens
hinüberführt. Das. היכי דמי דרך עברה Ms. M.
(in einigen Agg. fehlen die letzten zwei Worte)
auf welche Weise geschieht die Art des Durch-
gangs? u. s. w., vgl. מְשַׁנְוַרְתָּא. Exod. r. sct. 15,
113ᵈ Gott sagte: Ich werde euch sühnen, שהעברה
שאני עובר קשה היא שנאמר ועברתי וג׳ denn
das Durchgehen, das ich vollziehe, ist hart, denn
es heisst ועברתי (Ex. 12, 12, an עֶבְרָה Zorn,
anspielend). Nid. 11ᵃ בשעת עברהּ מלאכול
בתרומה zur Zeit ihres Fortgehens (Aufhörens),
die Teruma zu essen. j. B. kam. II, 3ᵃ mit.
בשעת עברתן zur Zeit, als die Thiere vorüber-
gingen. Seb. 37ᵇ u. ö. כדי עֲבִירַת אדם so viel Raum, wie zum Durchgang eines Menschen erforderlich ist.

עֲבֵירָה ,עֲבֵרָה fem. Gesetzübertretung,
Sünde. Jom. 86ᵃ u. ö. עבר עברה er beging
eine Sünde, Sot. 3ᵃ אין אדם עובר עבירה אלא
אם כן נכנס בו רוח שטות der Mensch begeht
nicht eher eine Sünde, als bis ihn ein närrischer
Geist (Wahnsinn) überfiel; mit Ansp. auf תשטה
(Num. 5, 12=תשטה). Tem. 20ᵇ אין אדם מתכפר
בדבר הבא בעבירה man erlangt nicht die Sühne
mittelst eines Gegenstandes, den man durch
eine Sünde erworben hat. Gew. steht dafur:
מצוה הבאה בעברה s. d. — Oft (=איכורא)
Buhlerei, sowie weibliche Scham. Genes.
r. sct. 90, 87ᵃ פיו שלא נשק בעבירה ... גופו
שלא נגע בעבירה וכ׳ Josef's Mund, der die
Scham nicht geküsst hat, ihn soll „das ganze Volk
küssen"; sein Körper, der die Scham nicht berührt hat, soll „seidene Gewänder tragen" (Gen.
41, 40 fg.) u. s. w. Num. r. sct. 14, 225ᵇ dass.
Snh. 70ᵃ ob. הכל מצויין אצלה בעבירה Alle sind
bei ihr (einer ungehorsamen Tochter) zur sträf-
lichen Handlung da. Jom. 29ᵃ u. ö. הרהור
עברה sündhafte Gedanken, s. הרהור
נתיונה ... u. a. — Pl. B. bath. 164ᵇ שלש עבירות אין אדם
ניצול מהן בכל יום וכ׳ drei Sünden giebt es,
von denen der Mensch keinen Tag verschont
bleibt, näml. sündhafte Gedanken, Unachtsamkeit beim Gebet und Verleumdung; vgl. jedoch
עירון Jom. 85ᵇ vgl. כפור. Das. 86ᵇ עבירות
שבין אדם לחבירו ... עבירות שבין אדם למקום
וכ׳ die Sünden, die ein Mensch gegen den anderen begangen hat, soll man öffentlich bekennen; die Sünden aber, die der Mensch gegen
Gott begangen hat, soll man sich heimlich
bekennen. Schabb. 31ᵇ u. ö.

עֲבֵירְתָּא ch. (=עֲבֵרָה) Gesetzübertretung, Sünde, s. TW.

עֲבַרְיָין m. Adj. Gesetzübertreter, Sünder. Nid 13ᵇ derjenige, der sträfliche Gedanken hegt, נקרא עבריין שכך אומות של יצר
הרע היום אומר לו עשה כך ולמחר אומר לו עשה
כך ולמחר אומר לו לך עבוד ע״ז והולך ועובד
wird Gesetzübertreter genannt; denn das ist das

Verfahren des Triebes zum Bösen: heute sagt er zum Menschen: Thue dies; morgen sagt er zu ihm: Thue das und Tags darauf sagt er zu ihm: Treibe Götzendienst; und er geht hin und thut es.

עֲבַרְיָינָא ch. (= עֲבַרְיָין) Gesetzübertreter, Sünder. Schabb. 40ᵇ דהאי מאן דעבר אדרבנן שרי למקרי ליה עבריינא denjenigen, der rabbinische Gesetze übertritt, darf man: Sünder nennen. (Die Vielen unverständliche Formel im Rituale beim Eintritt des Versöhnungsfestes: „Im Namen Gottes und im Namen der Gemeinde u. s. w. אנו מתירין להתפלל עם העבריינים erlauben wir, gemeinschaftlich mit den Gesetzübertretern das Gebet zu verrichten", findet ihre Begründung im Mardechai Joma I Anf., ed. Pressb. 97°: Am Vorabend des Versöhnungsfestes geht man in die Synagoge und löst den Bann auf, den die Gemeinde über die Uebertreter ihrer Verordnungen verhängt hatte; damit den Excommunicirten der freie Eintritt zum gemeinschaftlichen Gebet gestattet werde.)

עִבּוּר, עֵבוּר m. N. a. 1) die Schwangerschaft, graviditatio. Genes. r. sct. 20, 20ᵈ עצבונך זה צער העבור „deine Beschwerde" (Gen. 3, 16), das ist der Schmerz der Schwangerschaft. Das. sct. 51 g. E. R. Huna deutete den Vers עברתך (Jer. 48, 30) wie folgt: מתחלת עיבורו של מואב לא היה לשם זנות אלא לשם שמים וכ' der Anfang der Schwangerschaft Moab's (d. h. das Beiwohnen der Tochter Lot's mit ihrem Vater, Gen. 19, 33 fg.) geschah nicht in buhlerischer, sondern in gottgefälliger Absicht (um die Welt zu erhalten). „Seine Nachkommen hing., בדיו, verfuhren nicht also", d. h. die Moabiterinnen, welche die Israeliten zur Buhlerei verleitet haben (Num. 25, 1 fg.). R. Simon deutete ihn: מתחלת עיבורו של מואב לא היה לשם שמים אלא לשם זנות וכ' der Anfang der Schwangerschaft Moab's geschah nicht in gottgefälliger, sondern in buhlerischer Absicht. „Seine Nachkommen hing. (näml. die Ruth) verfuhr nicht also" (Ruth 3, 6 fg.); denn sie that es, um Gutes zu bewirken. Das. sct. 38 g. E. u. ö. — Khl. r. sv. כאשר אינך 96ᶜᵈ עיבורה של אשה der Fötus des Weibes. — 2) Einverleibung, Einverleibtes. Erub. 60ᵃᵇ עבורה של עיר der einer Stadt einverleibte Raum. j. Erub. V Anf., 22ᵇ מהו ליתן עיבור לעיבור darf man einem einverleibten Raum einen anderen Raum einverleiben? · — 3) Intercalation, Einschaltung. j. Snh. I, 18° un., s. סוד und מנבר. Snh. 1, 2 (2ᵃ fg.) עיבור החדש בשלשה die Intercalation eines Monats (dass er 30 Tage zähle) erfolgt von einem dreigliedrigen Gerichtscollegium, die Intercalation eines Jahres (dass es 13 Monate habe) erfolgt ebenf. von einem dreigliedrigen Gerichtscollegium. Das. 11ᵃ כמה עיבור השנה שלשים יום wie viel beträgt der einem Jahr eingeschaltete Monat, d. h. Adar I? Dreissig Tage. Das. 12ᵃ fg. B. mez. 102ᵇ ob. חדש העבור der Schaltmonat, d. h. Adar I. Tosef. B. bath. II נציב זה חדש העיבור unter נציב (1 Kn. 4, 19) ist der Schaltmonat zu verstehen, vgl. זוג II. j. R. hasch. III Anf., 58°. j. Snh. I, 18° mit. u. ö. — Pl. Levit. r. sct. 19, 162° wenn eine Menstruirende, die sich wenige Tage von ihrem Manne fernhalten muss: נדה Abgesonderte, genannt wird, אנו שפירשנו מבית חיינו ומבית קדשנו ותאאראתנו כמה ימים וכמה שנים כמה קיצים וכמה עיבורים על אחת כמה וכמה um wie viel mehr müssten wir so genannt werden, die wir aus der Stätte unseres Lebens, aus unserem heiligen und herrlichen Tempel so viele Tage und Jahre, so viele Enden berechnete Erlösungszeiten) und Schaltjahre verwiesen sind! Cant. r. sv. אין הרים וגבעות האמורין כאן אלא 14° קול דודי קיצים ועיבורין מדלג על החשבונות ועל הקיצים ועיבורין „Berge und Hügel", die hier (HL. 2, 8) stehen, bedeuten nichts Anderes, als die Enden (angeblichen Erlösungszeiten) und die Schaltjahre: „er hüpft über die Berechnungen der Enden und Schaltjahre hinweg." (Uebrigens kann עיבורין in den beiden hier citirten Stellen von nr. 2 abgeleitet werden: die zu den berechneten Zeiten der Erlösung hinzugefügten Zeiten.) Genes. r. sct. 72, 71ᵈ wird לעתים בינה (1 Chr. 12, 32) erklärt: „sie verstanden die Schaltjahrberechnungen." Cant. r. sv. את יפה 28ᵃ u. ö. dass. R. hasch. 7ᵃ der erste Tag des Nisan ist das Neujahr לעיבורין, wird das. erklärt: הפסק עיבורין betreffs des Aufhörens der Intercalationen; da man näml. nur im Monat Adar intercaliren darf. — Die Intercalation in der früheren, talmudischen Zeit gründete sich bes. auf die Verkündigung des Monatsanfangs nach dem jedesmaligen Sichtbarwerden des Mondes (קדוש החדש על פי הראיה), wiewohl schon damals eine Berechnung nebenher stattfand (vgl. Snh. 18ᵇ: Die Gelehrten stützten sich auf ihre Berechnung. Es wurden näml. Zeugen vernommen, welche bei der jedesmaligen Verjüngung des Mondes Zeugniss ablegten, dass sie der Mondsichel ansichtig wurden, worauf dann der Neumond verkündet wurde (Calendae). Desgleichen hing auch die Festsetzung des Schaltjahres von bestimmten Zeitverhältnissen ab, vgl. עבר nr. 4. In späterer Zeit jedoch wurde die Kalenderberechnung eingeführt u. zw. dem Wesentlichen nach folgendermassen: Der natürliche Monat (d. h. von einer Verjüngung des Mondes bis zur andern) enthält 29 Tage 12 Stunden 793/1080 St. (die Stunde näml. in 1080 Theile getheilt; Mnemotechnicum: כ"ט י"ב תשצ"ג). Da nun zwei solcher Monate 59 Tage und ein Plus enthalten, so wurde der bürgerliche Monat eingeführt, der zumeist regel-

mässig abwechselnd 30 und 29 Tage zählt. Die Monate Nisan, Siwan, Ab, Tischri und Schebat haben immer je 30 Tage; ferner die Monate Ijar, Tammus, Elul und Adar immer je 29 Tage. Die zwei Monate Marcheschwan und Kislew haben in manchen Jahren beide je 29, in manchen beide je 30 und in manchen Jahren der erstere 29 und der letzter 30 Tage. Um wiederum das Mondjahr mit dem Sonnenjahr auszugleichen (vgl. חַמָּה) hat ein Cyclus von 19 Jahren (vgl. מַחֲזוֹר) sieben Schaltjahre, u. zw. das 3., 6., 8., 11., 14., 17. und 19. Jahr des Cyclus (Mnemotechnicum; גּוּחַ אַדְזַם). Ein solches Schaltjahr hat 13 Monate; der zwölfte Monat Adar wird verdoppelt, in welchem Falle Adar I 30 und Adar II 29 Tage zählt. Ausführliches hierüber Maim. Titel Kiddusch hachodesch; vgl. auch Tur Orach chajim cap. 427 und 428. — 4) das Fortschaffen, Entstellen. Pes. 34ª עיבור צרדה das Verwischen der Gestalt, Form, vgl. Pual. Das. 73ᵇ. 82ᵃᵇ Men. 50ᵇ u. ö. dass. — 5) das Verurtheilen, Aburtheilen, vgl. עֶבַּר nr. 1. Exod. r. sct. 30, 128ᵇ מִי גָרַם לָךְ כָּךְ אֶלָּא עִיבּוּר הַדִּין שֶׁעִיבַּרְתְּ עַל אֲחֵרִים was brachte ihn dazu ("seine Tochter als eine Magd zu verkaufen", Ex. 21, 7)? Nichts Anderes, als die Verurtheilung, womit er Andere verurtheilt hatte.

עִיבּוּרָא, עִיבּוּרָה ch. (=עִבּוּר) 1) Schwangerschaft, s. TW. — Pl. Nid. 40ª תְּרֵי עִיבּוּרֵי zwei Schwangerschaften. — 2) Intercalation, Festsetzung des Schaltjahres. j. Snh. I, 18ᵇ un. ר' אֶלְעָזָר ... כַּד צָאַל לְעִיבּוּרָא אֲמַר דָּא als R. Elasar zur Festsetzung des Schaltjahres einberufen wurde, so sagte er: Nun besitze ich drei Vorzüge, die den babyl. Gelehrten versagt sind, vgl. מְנוּי Anf. j. R. hasch. I, 58ᵇ mit. כַּד הֲוָה נְחַת לְעִיבּוּרָה וכו' als er (R. Samuel bar Nachmani) zur Festsetzung des Schaltjahrs ging u. s. w.

עוּבְרָתָּא fem. (hbr. עֶבְרָה) Zorn, Aufwallung. Genes. r. sct. 67 g. E. עוּבְרָתֵיהּ וְנַחֲרָתֵיהּ sein Zorn und seine Wuth, s. נְחוֹרְתָא.

עֲבְרָא od. עַבְרָא m. (s. TW.) Riegel, repagulum, dass., was hbr. בְּרִיחַ, eig. Durchlaufendes; vgl. bh. עֵבֶר 1 Kn. 6, 21: riegeln. Erub. 102ᵃ הֲוָה תְלֵי בְעַבְרָא דְדַשָׁא Ar. (ohne ר Agg. fast überall עיברא) er klammerte sich an den Riegel der Thür. Pes. 68ᵇ und Chag. 15ᵇ dass. Schabb. 10ᵃ הֲווֹ טַפְחֵי אֵיבְרָא דְדַשָׁא sie klopften an den Riegel der Thür.

עֲבִירִין B. bath. 67ᵇ, s. עֲבִידִין.

עוֹבָשׁ m. (=חוֹבָשׁ mit Wechsel der Guttur.) eine Apfelart, viell. Quitte, Quittenbaum. Tosef. Kil. II g. E. גּוֹי שֶׁהִרְכִּיב פֶּרְסֵק עַל גַבֵּי עובש m. Agg. (ed. Zkrm. עוּנב crmp.) wenn ein Nichtjude ein Pfirsichreis auf einen Quitten-

baum pfropfte. — Pl. Tosef. Ter. VII g. E. עוּבְטִין ed. Wilna u. a. (l. עוּבְשִׁין; ed. Zkrm. חוּבְשִׁין). Tosef. Ukz. I Anf. שוּרְשֵׁי הָעוּבְשִׁין ed. Zkrm. (Var. עוּקְצֵי הָאוּבְשִׁין, ed. Solkiew הָאֲנָכְסַם) die Wurzeln der Quittenbäume.

עֲבוֹת m. (=bh. עֲבֹת, Grndw. עבר: dick, geflochten sein, vgl. גְּדִיל) dick geflochtener Strick, mittelst dessen man das Joch des Ackerthieres an den Ackerwagen befestigt; vgl. Maim. zur nächstflg. St. Nach Hai und anderen Comment.: dicke und lange Holzstange, die durch das Joch gezogen wird. Kel. 21, 2 הַטּוֹנֶג ... wenn Jem. den levitisch unreinen Ring (eine Art Kranz aus Lappen, durch den der Kopf des Ackerthieres gesteckt wird, damit der Hals desselben vom harten Joche nicht verwundet werde) oder den dicken Strick (oder: die dicke Stange), selbst während der Arbeitszeit berührt, ist rein. Vgl. Sifra Schemini Par. 6 cap. 8 יָכוֹל שָׁאֲנִי מַרְבֶּה אֶת הָעֵץ (דַעֵץ l.) וְאֵת הָעֲבָתוֹת תַּלְמוּד לוֹמַר אֲשֶׁר יֵעָשֶׂה man könnte denken, dass (zu „Leder und Sack", Lev. 11, 32, welche verunreinigen), auch der Ring und der dicke Strick gehören! Da es aber heisst: „jedes Geräth, womit (unmittelbar) eine Arbeit verrichtet wird"; folglich sind solche Werkzeuge, die den Arbeitsgeräthen blos angeschlossen sind, ihnen als Vermittlung dienen, ausgeschlossen. — Pl. Suc. 52ª עֲבוֹתוֹת הָעֲגָלָה Wagenstricke.

עוּגָּא f. ch. (=hbr. עֻגָּה. Stw. עגג, syn. mit עוג, s. d.) Kuchen, Brotkuchen. Pl. עוּגִּין, s. TW.

עֶנְבָּה f.; nur Pl. עֲנָבוֹת die Schamtheile des Mannes sowohl, als die des Weibes. Urspr. (=bh. עֶנְבָּה, Ez. 23, 11) Liebeslust, Brunst, dah. übrtr. Ort der Liebe. Grndw. עג, s. die nächstflg. St. Schabb. 152ª הֶחָבוּל אֵלּוּ עֲנָבוֹת das W. הֶחָבוּל (Khl. 12, 5) bedeutet die Schamtheile, das männliche Glied. Vgl. arab.

خَمَّ und خَبَأَ beiwohnen. Gew. jedoch die Hinterbacken. Snh. 38ᵇ ob. עֲנָבוֹתָיו מֵאַקְרָא דְּאַגְמָא die Hinterbacken Adam's (dessen Glieder von den verschiedenen Weltheilen zusammengetragen worden sein sollen) rühren von der Burg Agma her. Nid. 30ᵇ das Kind im Mutterleibe liegt zusammengerollt ... וּשְׁנֵי עֲקֵיבָיו עַל שְׁתֵי seine beiden Fersen liegen auf seinen beiden Hinterbacken. Levit. r. sct. 14, 158ª dass. Ber. 24ª mit Bez. auf die Borajtha: Wenn zwei Männer in einem Bette liegen, so wenden sie, wenn sie das Schemā lesen wollen, einander den Rücken zu (damit ihre Schamtheile einander nicht berühren); worauf gefragt wird:) וְהָאִיכָּא עֲגָבוֹת מַסְרֵיהּ לֵיהּ לַר' הוּנָא עֲגָבוֹת

אֵין בְּהֵן מִשׁוּם עֵרוּה וכ' es sind ja die Hinterbacken, die einander berühren; weshalb dürfen sie das Schemä lesen? Diese Borajtha wäre also eine Stütze für die Ansicht des R. Huna (j. Chall. II, 58ᶜ mit.): die Hinterbacken des Weibes sind nicht als Scham anzusehen! vgl. auch פָּנִים.

עָנָה Snh. 101ᵇ, s. אָנָא.

עָגַל rund sein; Grndw. גל, vgl. כָּגַל, s. jedoch עוג.

Nif. gerundet werden. j. Ab. sar. II, 41ᵇ mit. עַד שֶׁדְּהוּא בְחַיִּים הוּא נְכְלָל וּנֵעְגָּל während das Thier noch am Leben ist (und sein Herz behufs Götzencultus ausgeschnitten wird, vgl. לֵבָב), so faltet sich der Riss und bekommt eine runde Form, vgl. auch Ab. sar. 32ᵇ. j. Bez. IV, 62ᶜ ob. בְּמְגוּרָה מְשֶׁיֵּעְגָּל das aufgehäufte Getreide ist der Verpflichtung des Verzehntens unterworfen, wenn es rund gemacht wurde.

Pi. עִגָּל 1) rollen, im Kreise drehen. Mac. 2, 1 הָיָה מְעַגֵּל בְּמַעְגֵּילָה wenn Jem. mit einer Walze rollt u. s. w., s. מַּעְגֵּילָה. j. Mac. II Anf., 31ᶜ. Tosef. Ter. X mit. סָךְ כֹּהֵן עַצָּמוֹ שֶׁמֶן שֶׁל תְּרוּמָה וּמֵבִיא בֶּן בְּתּוֹ יִשְׂרָאֵל וּמְעַגְּלוֹ עַל גַּבְיוֹ der Priester darf, wenn er sich mit dem Oele der Teruma bestrichen hat, den Sohn seiner Tochter, einen Israeliten, nehmen und ihn an seinen Körper rollen; d. h. obgleich letzterer von der Teruma einen Genuss hat. Das. auch לְהִתְעַגֵּל Hithpa. j. Maasr. scheni II, 53ᶜ ob. dass. — 2) denom. einen Kreis ziehen. Taan. 3, 8 (19ᵃ) חוֹנִי הַמְעַגֵּל Choni, der Kreiszieher, vgl. עוג. j. Taan. III, 66ᵈ un. הָדֵין חוֹנִי הַמְעַגֵּל הֲוָה סָמִיךְ לְחוּרְבָּן בֵּית מוּקְדְּשָׁא וכ' dieser Choni Meaggel war der Enkelsohn jenes (in der Mischna erwähnten) Choni Meaggel, der kurz vor der Tempelzerstörung lebte; beide waren Wunderthäter. Nach Taan. 23ᵃ jedoch hiess jener Enkelsohn des Choni: Abba Chilkija, אַבָּא חִלְקְיָה.

Hithpa. sich rollen. Tosef. Schabb. III (IV) g. E. סָךְ אָדָם אֵת עַצְמוֹ שֶׁמֶן וּמִתְגַּגֵּל עַל גַּבֵּי קַטַבְלָיָא חֲדָשָׁה man darf sich (am Sabbat, nach dem Baden) mit Oel bestreichen und sich auf eine neue Marmorplatte (Unterlage, κατάβολή) rollen, vgl. מָרְדָּע. j. Schabb. VI, 8ᵃ mit. und j. Snh. X, 28ᵃ un. dass. Das. לֹא יִתְּנֶנָּה עַל גַּבֵּי מַרְבֶּלֶת man darf jedoch nicht das Oel auf eine Marmorplatte giessen, um sich darauf zu rollen. Nid. 19ᵇ. 56ᵃ מָה רוֹק שֶׁמִּתְעַגֵּל וְיוֹצֵא אַף כָּל שֶׁמִּתְעַגֵּל וְיוֹצֵא דָּם שֶׁאֵינוֹ מִתְעַגֵּל וְיוֹצֵא so wie der „Speichel des Schleimflüssigen" (Lev. 15, 8), der beim Herauskommen sich rundet, so verunreinigt nur das, was beim Herauskommen sich rundet; davon ist das Blut des Schleimflüssigen ausgeschlossen, das beim Herauskommen sich nicht rundet.

עֲגַל ch. (=עָגַל) rund sein. j. Erub. II, 20ᵃ

mit. בַּהֲין דְּעַגְלִין betreffs solcher Stangen, die rund sind, in der Runde stehen. — Pa. עַגֵּיל (syr. ⟨syr.⟩) rund machen. Men. 94ᵇ דַעְגֵּיל לְהוּ מְעַגַּל man macht die Säulen (סְנִיפִין s. d.) rund; damit sie näml. die Schaubrote umklammern. j. Kil. IX g. E., 38ᵈ נְסַב פִּיסְקֵי דְעַמַּר וְעַגְלָהּ עַל תְּרֵיהוֹן er nahm Stücke Wolle und zog sie in der Runde um die beiden Zeuge.

עָגוֹל m. Adj., עֲגִילָה f. (=bh. עָגֹל, עֲגֻלָּה) rund. Nas. 58ᵇ דָּם עָגוֹל rundes Blut, d. h. das eine runde Masse bildet, Ggs. מָשׁוּךְ דָּם Blut, das sich länglich zieht. j. Pes. VIII, 36ᵃ un. גַּל עָגוֹל ein runder Steinhaufe. j. Snh. I, 19ᶜ mit. u. ö. עֲגוֹלָה s. סַנְהֶדְרִין. j. Erub. II, 20ᵃ mit. עֲגוֹלָה gerundet, Ggs. מְרוּבַּע quadrirt.

עִיגּוּל, עֲגוּל m. etwas Rundes; daher 1) Kreis, Kreisausschnitt. Suc. 8ᵃ כַּמָּה מְרוּבָּע יָתֵר עַל הָעִיגּוּל רְבִיעַ wie viel beträgt ein Quadrat mehr als der Kreisausschnitt aus demselben? Den vierten Theil. Ohol. 12, 8 dass. — 2) runde Masse. B. mez. 2, 1 (21ᵃ) מָצָא עִיגּוּלִין וּבְתוֹכָן חֶרֶס wenn Jem. eine runde Masse zusammengepresster Feigen findet, in welcher eine Scherbe liegt. Maasr. 1, 8 חָלָק dass., vgl. חָלָק im Hifîl. Schabb. 93ᵇ ob. wird כִּכָּר (gew. Brot) erklärt durch עִיגּוּל שֶׁל דְּבֵילָה Feigenmasse von der Grösse, dass sie von zwei Personen getragen werden muss. Nas. 8ᵇ עִיגּוּל Ar. (Agg. עָגוּל), vgl. דִּיגְלוֹן. — Pl. Ter. 8, 4 u. ö. עִיגּוּלֵי דְבֵילָה die runden Massen gedörrter Feigen. Das. הַמּוּלְבָּנִין . . . die rund geformten und die viereckig geformten Feigenmassen, vgl. לָבַּן. j. Chall. I, 57ᵈ un. בְּעִיגּוּלִין עִיגּוּל. — 3) Schabb. 18ᵃ הָגַת עִיגּוּלֵי Walzen, dicke Bohlen der Kelter. Toh. 10, 8 לְדוּגִים הָעִיגּוּלִים בֵּין zwischen den Walzen und den Kernen der Weintrauben. Tosef. Mikw. V g. E. עִיגּוּל שֶׁל שֶׁלֶג Schneeballen. Sot. 11ᵇ שְׁנֵי עִיגּוּלִין zwei runde Massen, Strahlen, vgl. נָקַם.

עִיגּוּלָא, עִיגּוּל chald. (=עָגוּל) etwas Rundes; insbes. 1) Kreis. Suc. 8ᵃᵇ עִיגּוּל דְּנָפִיק מִגּוֹ רִיבּוּעָא . . . רִיבּוּעָא דְּנָפִיק מִגּוֹ עִיגּוּלָא ein Kreisausschnitt aus einem Quadrat; ein Quadratausschnitt aus einem Kreise. Das. ö. — 2) runde Masse, wie ein Laib Brot oder zusammengepresste Feigen. j. Ber. VI, 10ᵃ un. אָדָם דְּנָכֵס עִיגּוּלָא וּמְבָרֵךְ עֲלֵוֹהִי וכ' wenn Jem. ein Brot nimmt und darüber den Segen spricht. j. Schebu. VI, 37ᵇ un. ᶜ ob. תְּרֵין דִּינָרִין נַפְלוּן לָהּ וְאִיעֲכְרוּ גּוֹ עִיגּוּלָא zwei Denare fielen einem Weibe beim Kneten eines Teiges herunter und sie wurden im Brot eingeknetet. קְצוֹן חַד עִיגּוּל וְאַשְׁכְּחוּן תְּרֵין דִּינָרֵי עֲרִיכִין גּוֹ עִיגּוּלָא als man ein Brot aufschnitt, so fand man die zwei Denare im Brot eingeknetet. Levit. r. sct. 6, 150ᵈ dass. j. Bic. III, 65ᵈ mit. שִׁמְעוֹן בַּר וָוא הֲוָה בָּקֵי בְּמַרְגְּלָיָאתָא בְּכָל מִלָּה הֲוָה עִיגּוּל לֵיהּ הֲוָה וְלֹא עִיגּוּל מִיכְלֵיהּ

78

Simon bar Wa (Ba) war der Edelsteine (bildl. für: trefflicher Lehren) in jeder Beziehung kundig, hatte aber kein Brot zu essen. Genes. r. sct. 22, 22ᵈ, s. נַמְנֵם. Das. sct. 49, 48ᵉ חד עיגולא דריפתא בי׳ Ar. ed. pr. (Agg. בעיגול סולר (פלדרין ein Laib Brot für einen Follis. Das. ö. — Pl. Thr. r. sv. ורתזוא 65ᵇ תמנין עיגולין דסיתא Ar. (Agg. מטילקין) 80 Laib Brote. — In den Trgg. oft עֲגֵל 1. עֲגֵל.

עוֹגֵל masc. Becken, eig. etwas Rundes. Chull. 2, 8 (41ᵃ) עוגל של מים Ar. und Raschi Var. (vgl. עוּגָה) ein Wasserbecken, vgl. auch אוֹנֵן. Tosef. Mikw. IV g. E. עוגל ארבעים סאה ein Becken, das 40 Seah fasst.

עוֹגְלְתָא f. ch. (=עוֹגֵל) Becken. j. Schabb. III, 6ᵃ un. מהו ליתן צלוחיתא גו עגלתא וכ׳ darf man am Sabbat eine Schale mit Oel in ein Becken stellen? vgl. סַטְלָא.

עֲגִילָא, עֲגִיל chald. (ähnlich bh. עָגִיל Ring) Schild, eig. (=bh. סֹחֵרָה) Umringendes, s. TW.

עֵגֶל m. (=bh.) Kalb. Stw. עגל viell. vom Herumspringen des Kalbes um die Mutter. Schabb. 54ᵇ fg. s. גימול. j. Schabb. V g. E., 7ᵇ u. ö. Kidd. 8ᵃ עגל זה בחמש סלעים וכ׳ (=Tosef. Bech. VI) dieses Kalb für fünf Sela u. s. w. Ar. liest עגול minder richtig.

עֵיגְלָא, עֵיגֶל ch. (=עֵגֶל syr. ?) Kalb. j. Snh. VII g. E., 25ᵈ ein Häretiker צרור נסב וזרק ליה לרומא והוה נחת ומתעביד עגל nahm einen Stein und warf ihn in die Höhe, der, als er herunterfiel, sich in ein Kalb verwandelte; vgl. auch יא. j. Kil. IX, 32ᵇ mit. Rabbi חמא חד עגל מוכרים וכ׳ sah ein Kalb, das geschlachtet werden sollte. Snh. 65ᵇ. 67ᵃ R. Chanina und R. Hoschaja beschäftigten an jedem Freitag mit dem Buch Jezira, ומיברא להו עיגלא תלתא infolge dessen wurde ihnen erschaffen ein Kalb, das bereits den dritten Theil seiner gewöhnlichen Grösse erreicht hatte, in welchem Alter es sehr schmackhaft sein soll; vgl. Raschi zu Erub. 63ᵇ; nach einigen Commentt.: das drittgeborene Kalb. An ein dreijähriges Kalb ist wohl nicht zu denken. Vgl. Git. 56ᵃ, Tosaf. z. St. Meg. 7ᵃ. Bech. 19ᵃ u. ö. S. auch עֵין גְלָא.

עֶגְלָתָא I עֶגְלָתָא od. עֶגְלָתָא ch. (syr. ?, hbr. עֶגְלָה) weibliches Kalb, vitula, s. TW.

עֲגָלָה f. (=bh.) 1) Wagen, eig. Rollendes, currus. Schabb. 66ᵃ עגלה של קטן Kinderwagen zum Spielen. Uebrtr. Schabb. 54ᵇ אין הזכרים יוצאין בעגלה שתחת האליה שלהן die Widder dürfen am Sabbat nicht ausgetrieben werden mit dem Wägelchen, das sie unter ihrem Schweife tragen; ein solches Wägelchen diente

dazu, damit dieser nicht herabhänge und von der Erde besudelt werde, vgl. חֲמֵם, s. jedoch חָרֵץ. — Pl. Kel. 24, 2 שלש עגלות הן es giebt drei Arten von Wagen, näml. 1) in der Form eines Katheders, 2) eines Sophas und 3) ein grosser und durchlöcherter Wagen zum Transportiren der Steine. — 2) übrtr. der Wagen, ein Sternbild im Thierkreise. Pes. 94ᵇ מעולם לא מציגו עגלה בדרום ועקרב בצפון wir trafen noch nie den Wagen im Süden und den Skorpion im Norden.

עֲגָלָא II עֲגַלְתָּא ch. (syr. ?=עֲגָלָה) 1) Wagen, s. TW. — 2) der Wagen, ein Sternbild. Ber. 58ᵇ un. רישא der Kopf des Wagens. Nach Raschi z. St. gehört unser W. zu עֲגָלָא I: Kalb u. zw. dasjenige Sternbild, das den Namen Stier führt.

עֲגָל, עֲגַל m. (syr. ?) Eile. Stw. arab. عجل eilen; gew. mit vorges. Präposition als Adv. eilend, schnell, cito. Snh. 52ᵃ man soll den zum Feuertode Verurtheilten mit vielen brennenden Reben umgebe, כי היכי דלמשתריף לעגל Ar. ed. pr. (Agg. דליסתרוף) damit er schnell verbrannt werde. Pes. 75ᵃ כי היכי דתרחמות בעגל damit sie alsbald sterbe. Ber. 18ᵇ un. לעגל קא אתית du kommst bald zu den Todten.

עֲנַם 1) (arab. عَجَم etwas ergreifen, festhalten. Part. pass. Num. r. sct. 10, 208ᶜ wenn Jem. den vierten Becher Wein trinkt, יצא כל דעתו ... מבקש לדבר ואינו יכול אלא לשוניו עגום so verliere er seine ganze Besinnung, er versucht zu sprechen, ist es aber nicht im Stande, weil seine Zunge gelähmt, festgehalten ist. — 2) (=bh.) betrübt sein, vgl. אֲנַם. j. Chag. II, 77ᵈ mit. אני יושבת עגומה עליו ich sitze betrübt wegen seiner Abwesenheit, vgl. אַלְבַּסַּנְדְּרָיָּא. j. Snh. VI, 23ᶜ mit. dass. Levit. r. sct. 1, 145ᵇ לפי שהיתה נפשו של משה עגומה עליו וכ׳ weil die Seele des Mose in ihm betrübt war, indem er sagte: Alle Anderen brachten Gaben für den Tempel, ich aber brachte nichts u. s. w. Das. sct. 34, 178ᵈ „Die betrübten Armen" (Jes. 58, 7) אלו אבלים ומרי נפש שנפשן עגומה עליהן das sind die Trauernden und die, welche erbitterten Gemüthes sind, deren Seele betrübt ist. Ber. 55ᵇ הרואה חלום ונפשו עגומה עליו wenn Jem. einen Traum hatte, worüber seine Seele betrübt ist.

עֲגַם ch. (=עֲנַם nr. 2) betrübt sein, s. TW. j. Meg. III, 74ᵃ ob. מן גו דנפשתהון עגומין אינון darum, dass sie betrübt sein werden (dass man ihnen den Pentateuch nicht vorliest, weil die Gesetzrolle verbrannt wurde) werden sie sich eine andere kaufen.

עַגְמָה f., bes. עגמת נפש Betrübniss der

Seele. M. kat. 14ᵇ. 26ᵇ u. ö. Schabb. 115ᵃ עגמת נפש (Ms. Oxf. אגמת), vgl. אֲגְמָה.

עָנַן (=bh.) 1) zurückhalten, einkerkern. Part. pass. j. Git. IV Anf., 45ᶜ den früher herrsehenden Brauch, dass der Mann den von ihm an seine Frau eingeschickten Scheidebrief, bevor ihn die Frau erhalten hat, annulliren dürfe, hob R. Gamliel auf; שלא תהא יושבת עגונה damit sie nicht an ihren Mann gefesselt bleibe; d. h. sie würde sich sonst gefürchtet haben, sich anderweit zu verheirathen, weil der Mann viell. die Scheidung annullirt haben könnte. Git. 33ᵃ תקנות עגונות dass. Das. 26ᵇ u. ö. Levit. r. sct. 20, 163ᵈ הרבה נשים היו יושבות עגונות ממתינות להם וכ' viele Frauen blieben unverheirathet, indem sie auf jene (die Söhne Aharon's) warteten, welchen letzteren keine Frau würdig genug schien, vgl. שֶׁחַץ; s. auch סָרַס. — 2) Tosef. B. kam. VIII mit. man fragte den R. Gamliel, ob man Kleinvieh züchten dürfe? אמר להן מקיימין את העגונה שלשים יום er antwortete ihnen: man hält das je zuletzt gekaufte Thier 30 Tage zurück. B. kam. 80ᵃ שלא ישהא העגונה שבהן שלשים יום (Ar. liest עֲנוּגָה) dass man das zuletzt gekaufte Thier nicht 30 Tage zurückbehalte, vgl. Tosef. z. St.

עָנַן ch. (syr. ܥܰܢ=עָנַן) einkerkern, s. TW. — Pa. eine Frau vereinsamt (ohne Mann) lassen. Git. 26ᵇ wenn der Mann einen Scheidebrief fertig liegen hätte, רתח עלה וזרק ליה נידהלה ומעגן ומחריב לה so könnte er, wenn er über sie zürnt, ihr den Scheidebrief zuwerfen und sie als geschieden zurücklassen. — Ithpa. pass. davon. B. mez. 19ᵃ u. ö. man gab der Frau den ihr abhanden gekommenen und wieder gefundenen Scheidebrief zurück, משום דלא תיעגן ותיתב לה damit sie nicht unverheirathet sitzen bleibe.

עוֹגִינִין, עוֹגִין m. pl. die Anker, Eisen, die das Schiff zum Stehen bringen, eig. zurückhalten. B. bath. 73ᵃ in der Mischna: Wenn Jem. ein Schiff verkauft, מכר את התורן ואת העוגין so hat er den Mastbaum und die Anker mitverkauft. In Gem. wird עוגין von R. Josef erklärt durch עוגינין (in עוגין ist יך ausgefallen). Richtiger jedoch scheint die LA. Ar.'s עַנְגִּינִין in chald. Form, dass. Jalk. II, 72ᶜ liest עוגרנין.

עַנָּנָא m. das Einkerkern, בית עגנא der Kerker, s. TW.

עִיגּוּנָא m. N. a. die Nichtverheirathung; insbes. von einer Ehefrau, die sich nicht anderweit verheirathen darf, weil der Tod ihres Ehemanns nicht constatirt ist. Jeb. 88ᵃ משום עיגונא אקילו בה רבנן um eine Ehelosigkeit einer Frau zu vermeiden, führten die Rabbinen gegen

sie eine Erleichterung (hinsichtlich des Zeugnisses über des Mannes Tod) ein. Git. 3ᵃ u. ö.

עוּנָס m. (=אַנָּס s. d.) Birne. Tosef. Kil. II g. E. עוגס ed. Zuckrm. (crmp. aus עוגס), vgl. auch עוֹבָשׁ. — Pl. Tosef. Schebi. VII g. E. העיגוסים (in m. Agg. העגוסים) die Birnen.

עַגְעַע Palp. (wahrsch. von עוע, s. d.) eintauchen. Part. pass. Pesik Achre, 171ᵇ חמי אפרוחין מעגּעָגין באדמה ושתיק er (Aharon) sah seine Kinder, Nadab und Abihu, in Blut eingetaucht liegen und schwieg; mit Ansp. auf יעלזו (Hi. 39, 30). In den Parall. steht מגעגעין, vgl. גַעַע I.

עַגְרוֹן m. Adj. (=אַגְרוֹן s. d.) weiss. Tosef. Dem. IV g. E. הניח עגרון וכ' (ed. Zkrm. אגרי) er legte weisses Getreide hin u. s. w., vgl. קַבָּר.

עָגַשׁ (arab. عَجَسَ) vom geraden Wege abweichen. Genes. r. sct. 80 Anf., 78ᶜ ליה תורתא עגשׁא עד דברתה בעיטא wenn die Kuh krumme Wege einschlägt, so stösst sie die Tochter (das Kalb) aus; mit Ansp. auf כאמה בחה Ez. 16, 44, vgl. auch עָנַשׁ.

עַד I m. (=bh. von עדי, עָדָה, arab. عَدَا) eig. Fortgang. Als Präp. 1) bis, während. Chull. 106ᵇ fg. עד כאן bis hierher. Kidd. 31ᵃ עד היכן bis wie weit? j. R. hasch. I, 56ᵈ ob. u. ö. עד כדון noch immer, eig. bis dahin. Nid. 58ᵇ ר' הונא סבר עד ולא עד בכלל ר' חסדא סבר עד ועד בכלל R. Huna ist der Ansicht, "bis" (zu dem Masse einer Graupe) bedeutet: ausschliesslich dieses Mass. R. Chisda ist der Ansicht, "bis" bedeutet dieses Mass einschliesslich. Das. R. Huna sagt: איכא עד ועד בכלל ואיכא עד ולא עד בכלל in manchen Fällen bedeutet "bis" einschliesslich, in manchen aber bedeutet "bis" ausschliesslich. Chull. 46ᵃ, Ber. 26ᵇ u. ö. — 2) mit flg. שׁ. Ber. 47ᵃ עד שיכלה אמן וכ' bis man das "Amen" gesprochen hat, vgl. אָמֵן. Esth. r. sct. 26, 170ᵇ עד שהכיר בה שהיא יהודית bis er (Ahasver) erkannt hat, dass es (Esther) eine Jüdin ist. — 3) anstatt dass, eig. bis du dahin kommst. B. kam. 55ᵃ עד שאתה שואלני למה נאמרו בהן טוב שאלני אם נאמר בהן טוב וכ' anstatt dass du mich fragst, weshalb in den letzten Zehngeboten das Wort טוב (näml. Dt. 5, 16 ויטב) steht (während es in den ersten Zehngeboten nicht steht)? Frage mich lieber, ob das W. טוב da steht? da ich auch das nicht weiss.

עַד II ch. (syr. ܥܰܕ=vrg. עַד) während. Dan. 6, 8. 13 fg. — עַד דִי während dass, bis dass. Dan. 6, 25. 4, 30 fg.

עַד III m. (=bh. von עָדַד) Losgerissenes, eig. vom Feinde Geraubtes. B. kam. 11ᵃ Abba Saul erklärte עַד (Ex. 22, 12) יביא

78*

עַד עורה Ar. ed. pr. „er bringe das dem Wilde Entrissene", näml. das Fell des Thieres. Ar. Var. (=Agg.): עֲרוּדָה Part. pass. „das Zerrissene". Ferner Varr. עדורה und ארורה, vgl. עֲדָר nr. 3.

עַד m. (=עַד von עדד, arab. عَدّ Conj. VIII: die monatliche Reinigung haben). Pl. (=bh.) עִדִּים (wie עָתִּים von עֵת) eig. die Katamenien der Frauen, arab. عادّة; insbes. jedoch für עִדִּים: בגד ein Stück Zeug oder Tuch, womit die Frau ihre Scham vor und nach dem Coitus abwischt, um zu sehen, ob ein Menstruum eingetreten ist; vgl. auch עֲדָרָה nr. 2. Nid. 58b עד שהוא נתון תחת הכר ונמצא עליה טהור דם עגול (lies עליו) wenn auf dem Tuch, das unter der Unterdecke liegt, rundlich geformtes Blut sich befindet, so ist es rein; d. h. es rührt nicht von einem Menstruum her. Das. 2a המשמשת בעדים diejenige Frau, welche mit Anwendung von Tüchern (womit sie sich vor und nach dem Coitus untersucht) den ehelichen Umgang pflegt. j. Nid. II, 49d un. משל לשמש ועד שהיו עומדין אחר השקוף יצא השמש ונכנס העד זה הפרוזדאוס ein Gleichniss von dem Gliede und dem Tuch, die hinter der Schwelle stehen; wenn beim Sichentfernen des Gliedes das Tuch eindringt, so heisst es sofort (εὐθέως). Tosef. Nid. III und Nid. 14b dass. mit einigen Abänderungen. Das. 12b עד של צנועות das Untersuchungstuch der Keuschen (Ar.'s Erkl. von עִדָּן Zeit, ist nicht zutreffend), wird das. erklärt: עד שבדקו עצמן בו לפני תשמיש זה אין בודקות בו לפני תשמיש אחר mit dem Tuch, womit sie sich vor dem einen Coitus untersucht haben, untersuchen sie sich nicht vor dem anderen Coitus. Das. 14a. Schabb. 81a u. ö.

עֵד II m. (=bh., eig. Part. von עוד) Zeuge. Snh. 27a u. ö. עד זומם ein des Alibi überführter Zeuge. — Pl. Chag. 16b u. ö. עֵדִים זוממין Zeuge. s. זמם.

עֵדוּת f. (=bh.) 1) Zeugniss. Mac. 7a u. ö. גופה של עדות das Zeugniss selbst, s. סור I im Hofal. j. Keth. II, 26b ob. עדות ברורה ein klares, d. h. zuverlässiges Zeugniss. j. Nid. I, 49b un. אין עדות לקטן das Zeugniss eines Unmündigen ist werthlos. R. hasch. 22b העיד עדותו er legte sein Zeugniss ab. Mac. 6a u. ö. עדותן בטילה ihr Zeugniss ist ungiltig. Edij. 8, 3 קבלנו עדותכם אבל מה נעשה וכ' wir nahmen zwar euer Zeugniss als richtig an, jedoch was sollen wir thun, da u. s. w. — Pl. Tosef. B. bath. II Anf. שלש עֵדָיוֹת drei Zeugnisse. j. Mac. I g. E., 31b שתי עֵדִיּוֹת zwei Zeugnisse. — Davon rührt auch der Name des Tlmd.-Tractats עֵדִיוֹת, Edijoth (nach der Form מַלְכִיוֹת von מַלְכוּת u. a., nicht Edujoth) her, welcher zumeist Halachoth enthält, die verschiedene Autoren als Tra-

ditionen älterer Lehrer bezeugten. Ber. 28a עדיות בו ביום נשנית der Tractat Edijoth wurde an jenem Tage gelehrt, an welchem man das Nasiat des Rabban Gamliel auf R. Elasar ben Asarja übertragen hatte. Derselbe Tractat heisst auch בְּחִירְתָּא die Auserwählte. — 2) (=ch.) עֵדְוָן (סָהֲדָוָן) Zeichen der Jungferschaft. Cant. r. sv. נפת, 23c so wie die Braut in ihrer Sänfte sitzt und sagt: ראו שאני טהורה וזו עדותי מעידה עלי וכ' sehet, dass ich rein bin und diese meine Zeichen bezeugen meine Unschuld! ebenso darf an dem Gelehrten kein Makel haften, vgl. כַּלָּה. — Genes. r. sct. 45, 44c die Töchter Lot's שלטו בעצמן עדותן ונתעברו כמבראה (Ar. (Agg. crmp. aus Unkenntniss שניה) עֵרוֹתָן hatten auf gewaltsame Weise die Zeichen ihrer Jungferschaft hervorgebracht; infolge dessen wurden sie von ihrem Vater schwanger, als ob ihnen zum zweiten Mal beigewohnt worden wäre. Dort wird näml. behauptet, dass vom ersten Coitus keine Schwangerschaft erfolgen kann, vgl. עָבַר Nithpa. Anf. Das. sct. 51, 51a dass. Das. sct. 60, 58a לפי שבכותן של גוים משמרות עצמן ממקום עדותן וממקום אחר מפקירות וכ' Ar. (Agg. עֵרוֹתָן) weil die Töchter der Völker sich an der Stelle ihrer Jungferschaft unverletzt halten, aber an einer andern Stelle sich preisgeben, daher heisst es (Gen. 24, 16) „Ribka war eine Jungfer und kein Mann hatte sie (an einer andern Stelle) erkannt."

עֲדָא f. Pron. (=אֲרָא, הֲדָה) diese, haec. Bech. 45b עדא אמרה das besagt u. s. w. (=hbr. זאת אומרת). Pes. 53b dass. — Pl. masc. Men. 34b עֲדֵי סצִיעָיר das sind seine Pfosten. Git. 45a עדי גברין das sind Männer u. s. w., vgl. גּוּבְרָא. Ueber Ber. 42a s. עֲדָי.

עַדָּא, עָדְוָא, st. c. עֲדַב m. 1) Loos. — 2) das durch das Loos Zugetheilte, s. TW. Grndw. עד. arab. عَلَّ III sortitus fuit.

עַד zerreissen. Part. pass. B. kam. 11a עֲדוּדָה das Zerrissene, s. עַד III.

עֵדָה f. (=bh., von וַעַד) Versammlung, Gemeinde; übrtr. Gerichtsversammlung, Gerichtscollegium. B. kam. 90b. 91a עדה וערים Gerichtscollegium und Zeugen. Snh. 1, 6 (2a) woher ist erwiesen, dass das kleine Synedrium aus 23 Mitgliedern besteht? Aus Num. 35, 24 und 25: עדה שופטת ועדה מצלת הרי כאן עשרים ומנין לעדה שהיא עשרה שנאמר לעדה הרעה הזאת „eine Versammlung (von zwanzig Richtern) soll richten, verurtheilen und eine Versammlung soll retten, freisprechen"; folglich sind zwanzig Richter erforderlich; (d. h. damit zehn verurtheilende und zehn freisprechende Richter sein können). Woher ist aber erwiesen, dass eine Versammlung (עדה) aus zehn Mit-

gliedern besteht? Aus Num. 14, 27: „Diese
böse Versammlung"; d. h. die Kundschafter mit
Ausschluss von Josua und Kaleb ... Dass man
aber zu jenen zwanzig Richtern noch drei Richter hinzufügt, ist aus Ex. 23, 2 erwiesen, vgl.
הַשְׂטָיָה und שְׁקַל j. Snh. IV, 22ᶜ u. ö. — j.
Maas. scheni II Ende, 53ᵈ עדה קדושה ר' יוסי בן
משולם ר' שמעון בן מנסיא die heilige Versammlung, darunter ist R. Jose ben Meschullam
und R. Simon ben Menasja zu verstehen. Khl.
r. sv. ראה חיים, 91ᶜ jene Gelehrten wurden deshalb עדה קדושה genannt, שהיו משלשין היום weil
שליש לתורה שליש לתפלה ושליש למלאכה
sie den Tag in drei Theile eintheilten; ein Drittel verwandten sie auf das Gesetzstudium, ein
Drittel aufs Gebet und ein Drittel auf das Handwerk.

עֶדְתָא ch. (syr. ‎ܥܺܕܬܐ‎ = עֵדָה) Gemeinde, s.
TW.

עֲדָא I עֲדָה ch. (syr. ‎ܥܕܐ‎, arab. عَدَا = hbr.
עדה) gehen, kommen; mit fig. מ: fortgehen,
weichen. Dan. 3, 27. 4, 28. 7ᵇ 14 fg. — Ber.
42ᵃ עדי כפנא der Hunger ist gewichen, gestillt.
(Nach Raschi: diese Brote, עֲדֵי, s. עֲדָא.) Kidd.
33ᵃ wie viele Mühsale עדו עלייהו דהני sind schon
über jene Greise ergangen! R. hasch. 16ᵃ, vgl.
הַרְפַּתְקָא Jom. 53ᵇ das Schlussgebet des Hohenpriesters am Versöhnungsfeste lautete: לא יעדי
עביד שולטן מדבית יהודה nicht möge ein Herrscher weichen aus dem Hause Juda's; s. auch
TW.

Af. אַעֲדִי entfernen, wegnehmen, ferner:
die Gelübde seiner Frau rückgängig
machen. Dan. 5, 20. 7, 26; s. auch TW.
Ittaf. אִתַּעֲדִי, אִתְעֲדִי entfernt, weggenommen werden. — Pa. עֲדִי 1) entfernen. Bez.
32ᵇ לְעַדּוּיֵי חשוכא die Kohle zu entfernen. —
2) erbeuten, plündern. — 3) empfangen,
schwanger werden (diese Bedeutung verhält
sich zum Peal, wie עִיבַּר zu עֲבַר s. d.);
s. TW.

עֲדָא II עֲדָאה m., עֲדִיתָא f. ch. (= עַד III)
Beute, Erbeutetes, Geraubtes, s. TW. —
Thr. r. sv. מה אָיָירָד, 63ᶜ בערביא צווחין לביזתא
עדיתא in Arabien nennt man die Beute: עדיתא
(wohl auf عَاب hostis, zielend). Der Sinn jener
St. (Klgl. 2, 13) wäre demnach: „Wie viele Beute
liess ich dir zutheil werden" am Meere u. s. w.!

עֲדִי III (eig. = bh. Schmuck) Adi, N. pr.
Meg. 12ᵇ un. מרדכי מוכתר בנימוס היה כעדי
Ar. sv. נמס (ebenso in einigen Mss. und älteren
Agg.; in spät. Agg. fehlt unser W.) Mardechai
war mit seiner Religion gekrönt (mit der ganzen Gesetzlehre vertraut) wie jener Adi, ein
zu jener Zeit berühmter Mann, vgl. auch
פָּתַר Ab. sar. 33ᵃ בר עדי טייעא der Araber

Bar Adi (Sohn Adi's). Men. 69ᵇ כדעדי טייעא
wie beim Vorfall des Arabers Adi; viell. jedoch
ebenf. zu lesen בר עדי, vgl. טַיָּיעָא.

עִדּוּי, עִדּוּ m. (von עַד nr. 3) Empfängniss, Conception. Genes. r. sct. 20, 20ᵈ הרונך
זה העדוי das W. הרון (Gen. 3, 16) bedeutet
Empfängniss (unterschieden von עיבור, s. d.). —
Pl. Das. sct. 48, 47ᵈ Sara sagte (Gen. 18, 12):
האשה הזו כל זמן שהיא ילדה יש לה עידויין
ואני וג' das Weib hat gew. nur so lange es jung
ist, Empfängniss; ich hing. hatte, nachdem ich
alt geworden (עדנה = זמני), meine Periode; vgl.
auch עִדָּן.

עֲדִיתָא, עֲדְיָא f. Schorf, eig. was zur Haut
hinzukommt, s. TW.

עֲדַיִין Adv. der Zeit (contr. aus עַד־יִין = bh.
עַד הֵנָה) contr. aus עַד־הֶנָה, עַד־דֶּהֵנָה, vgl. auch
עַדְלַיִין (אַדְיֵין) bis zu der Zeit, bis jetzt, daher:
noch immer. Schabb. 88ᵇ עדיין חביבותא גבן
noch immer hat Gott Liebe zu uns. Chag. 15ᵇ
עדיין יש מזרעו בעולם wie, giebt es noch immer
Einen der Nachkommen Acher's in der Welt?
Cant. r. sv. סמכני, 13ᵇ עדיין לא בא בני בזיוו
noch immer hat mein Sohn nicht seine ehemalige gesunde Farbe! Khl. r. sv. את הכל,
78ᵈ u. ö.

עֲדַיְינָה f. das, womit man eine Grube
zudeckt; ähnlich arab. عَدَّ. Sifra Mezora
(Sabim) Par. 1 cap. 2 משכב ולא עדיינך ולא
הדלת „Lagerstatt" (Lev. 15, 4), aber nicht der
Grubendeckel und die Thür. Das. על שכב
עדיינה er lag auf dem Grubendeckel.

עֲדִישָׁא und פָּטְמָא Chaddischa und Fa-
tima, zwei Frauen des Ali, anachronistisch für
die zwei Frauen Ismael's, des Stammvaters der
Araber, s. TW.

עֲדִית f. (= עֲדִי) Schmuck, Zier, s. TW.
Mögl. Weise jedoch ist עִירִית (ohne Dag.) zu
lesen; das Beste, Vorzüglichste; vgl. עִירִית
in 'ני.

עֲדָל od. אֲדָל m. (= אֲדָל s. d.) Pfefferkraut,
breitblättrige Kresse; s. Löw Aram. Pfl.
p. 37 fg. Ukz. 3, 4 עדל לולבי זרדים ושל (Hai
Var. אדל) die Stauden der Sperberbäume und
die des Pfefferkrauts.

עֲדְלְרִין od. עֲדְלְרִין m. pl. wollene Socken.
Ar. erklärt das W. durch arab. גורב (جَرَاب)
und פרדלאִי (pedalia). Bez. 15ᵃ
עדילרין אין בהן משום כלאים Ar. (Agg. עדלין)
bei den wollenen Socken findet (weil sie sehr hart sind = נמטי,
s. d.) das Verbot der Mischzeuge nicht statt.

עֶדֶן (=bh., arab. غَدَنَ) eig. weich, biegsam sein. Grndw. עד syn. mit עט, s. עטר.
Pi. עִדֵּן 1) biegsam machen. M. kat. 16ᵇ un. עדינו כשהיה יושב ועוסק בתורה מעדן עצמו כתולעת „Adino" (einer der Helden David's, 2 Sm. 23, 8), der, als er sich mit dem Gesetzstudium befasste, sich schmiegte (krümmte) wie ein Wurm. — Gew. 2) übrtr. geschmeidig, vergnügt machen, schmackhaft machen! j. Ber. VI, 10ᵇ ob. אשר ברא מיני מעדנים לְעַדֵּן בהן נפש כל חי Gott, der viele Arten von Genüssen erschaffen, um mit ihnen die Seelen aller lebenden Wesen vergnügt zu machen. Genes. r. sct. 10, 10ᵈ כימה מעדנת את הפירות das Siebengestirn macht die Früchte wohlschmeckend. Das. sct. 16, 16ᵈ (mit Bez. auf עֶדֶן, Gen. 2, 15) עדנו מכל אילני גן עדן Gott machte den Eden (d. h. seine Früchte) schmackhafter, als die aller anderen Bäume des Gartens im Eden. Sifre Haasinu § 306 der König sagte zu den Verwaltern der Stadt: כל זמן שבני עושה לי רצוני היו מעדנים ומענקים אותו וכ׳ wenn mein Sohn meinem Willen gemäss handeln wird, so sollt ihr ihn liebevoll behandeln, ihm Vergnügen und Wohlleben zutheil werden lassen; wenn er aber nicht meinem Willen gemäss handeln wird, so soll er nichts von dem Meinigen geniessen. Das. so wie die Sprühregen, die auf die Kräuter fallen, מעדנים כך דברי תורה מעדנים אותם וכ׳ ... sie schmackhaft machen, ebenso machen die Worte der Lehre den Menschen lieblich u. s. w. Pes. 43ᵃ u. ö. Omphacinum, שמעדן את הבשר welches den Körper geschmeidig macht, vgl. אנפקינון und צָבָר. Cant. r. sv. כי טובים, 6ᵃ מה שמן מְעַדֵּן הראש so wie דהגרוף כך דברי תורה מעדנים הראש וגוף „das Oel" den Kopf, wie überh. den ganzen Körper geschmeidig macht, ebenso machen die Worte der Gesetzlehre den Kopf und den ganzen Körper geschmeidig. Schabb. 33ᵇ die Römer תקנו ... מרחצאות לעדן בהן עצמן legten Badestellen an (nicht etwa zum Nutzen der Welt, sondern blos), um sich selbst Vergnügen zu verschaffen. Part. pass. j. Ned. IX Ende, 41ᶜ אין מעדנין את גוף על כל אלא נאה חבשים eine Putzsache kleidet blos einen wohlaussehenden Körper; mit Bez. auf עדנים, 2 Sm. 1, 24. Mechil. Mischpatim cap. 8 היה מרוכך מעודן מפונק wenn er verweichlicht, schmiegsam und an Wohlleben gewöhnt war.
Nithpa. und Hithpa. geschmeidig, vergnügt werden, sich ergötzen. B. bath. 120ᵃ נִתְעַדֵּן הבשר וכ׳ der Körper der Jochebed (der Frau Amram's, die, als sie schwanger wurde, bereits 130 Jahr alt gewesen sein soll) wurde wieder geschmeidig. Ned. 8ᵇ die Frommen in der zukünftigen Welt מתעדנין בה ergötzen sich an der „Sonne des Heils" (Mal. 3, 20). Pesik. Hachodesch, 102ᵃ der König sagte: יתעדן בני שנים שלשה חדשים וכ׳ möge mein Sohn (der

von seiner Krankheit noch nicht ganz genesen ist) sich noch zwei bis drei Monate durch Essen und Trinken pflegen und dann die Schule besuchen, vgl. אָסְפּוֹלִי. Cant. r. sv. סמכני, 13ᵇ u. ö. dass.

עִידוּן m. N. a. (arab. غَدَنَ eig. Weichlichkeit, mollities, dah. Geschmeidigkeit, Wohlleben. Pl. Taan. 10ᵇ Jem., der an einem Fasttage aus Vergessenheit gegessen und getrunken hat, אל יתראה בפני הצבור ואל ינהיג עידונין בעצמו soll sich nicht öffentlich vor der Gemeinde zeigen (damit man nicht merke, dass er nicht faste), auch soll er sich nicht Vergnügungen anthun; d. h. dass er nicht etwa denke: Da ich nun einmal gegessen habe, so will ich ein Wohlleben führen. Genes. r. sct. 48, 47ᵈ das W. עדנה (Gen. 18, 12) bedeutet nach einer Ansicht: עידונין Geschmeidigkeit, vgl. עָדוּי.

עֵדֶן m. (=bh.) eig. Wonne, Lieblichkeit (bh. עֲדָנִים pl.); insbes. Eden, Name einer Gegend, in welchem sich das Paradies befand und welche als Wohnsitz der Frommen in der künftigen Welt gedacht wurde. Ber. 34ᵇ „Kein Auge hat es erblickt" u. s. w. (Jes. 64, 3) זה עדן שלא שלטה בו עין כל בריה וכ׳ das ist der Eden, welchen kein menschliches Auge gesehen hat; denn Adam war blos im Garten des Eden. Pes. 94ᵇ die Welt bildet den sechzigsten Theil des „Gartens" (גן); וגן אחד ממשים בערן ועדן der Garten bildet den אחד ממשים בגיהנם וכ׳ sechzigsten Theil des Eden und der Eden bildet den sechzigsten Theil des Gehinnom u. s. w.

עֵידָנָא ,עֵידָן ,עִדָּן m. (syr. ܥܶܕܳܢܳܐ, Stw. עדד s. עד III und (עָד־ Zeit. Dan. 2, 8 fg. Uebrtr. (=hbr. יָמִים) Jahr. Dan. 4, 13. 20 fg. — Ber. 15ᵃ עידן צלותא die Zeit des Gebetes. Das. 43ᵇ קביע ליה עידנא er (der Gelehrte) hat eine festgesetzte Zeit für das Studium. Pes. 4ᵃ der Gelehrte לא ליפתח בעידניה וכ׳ soll am 13. des Nisan Abends nicht sein Studium beginnen, weil er das Aufsuchen des Gesäuerten versäumen könnte. Git. 60ᵇ R. Simi bar Asche sagte zu Abaji: לותבן מר בעידנא אמר ליה אית לי עידנין לדידי nimm mich auf für die Studienzeit (lasse mich in der Reihe deiner Schüler sitzen)! Er entgegnete ihm: Ich verwende die Zeit zu meinem eigenen Studium. Chull. 133ᵃ דחקא ליה עידניה seine (Abaji's) Zeit drängte ihn; d. h. er musste seine Lehrvorträge abhalten. Nach Alfasi (vgl. auch Ar. sv. אנם): er litt an Leibbeschwerden, Durchfall. — Pl. עִידָּנִין, auch עִדּוּנֵי s. TW.

עָדַף (=bh.) überhängen, übrtr. übrig, mehr sein. Stw. עדף syn. mit עטף, eig. umbiegen, umlegen, einhüllen. Grndw. עד־, s. עט־. Midd. 4, 7 האולם עודף עליו וכ׳ der Porticus des Tempels war mehr als die Wand u. s. w.

j. R. hasch. II, 58ᵇ ob. אחד עשר יום שהחמה die elf Tage, welche das Sonnenjahr mehr als das Mondjahr beträgt, vgl. חַמָּה und עִבּוּר. j. Snh. I, 18ᶜ mit. dass.
Hif. הֶעֱדִיף etwas mehr (als gewöhnlich) thun. j. Dem. V, 24ᶜ mit. המעדיף על המעשרות wenn Jem. mehr entrichtet, als die Zehnten betragen; wenn er z. B. anstatt ¹/₁₀ der Früchte ¹/₅ derselben giebt. Kidd. 63ᵃ שמא תעדיף עליו יתר מן הראוי die Frau könnte viell. mehr für ihren Mann arbeiten, als sie verpflichtet ist, vgl. סָלַע. Tosef. B. mez. IV wenn Einer dem Andern Geld giebt, um gemeinschaftlich ein Geschäft zu betreiben, אם על פי שמעדיפין זה על זה אין בכך כלום so schadet es nicht (d. h. ist nicht als Wucher anzusehen), wenn der Eine mehr Geschäfte macht als der Andere.

עֲדַף, עֲדִיף chald. (=עָדַף) mehr, vorzüglicher sein. B. mez. 101ᵇ לא עדיפת מינאי du bist nicht besser (hast nicht mehr Berechtigung) als ich. Das. לא עדיפת מגברא דאתרא מיניה du bist nicht besser, als jener Mann, dessen Gerechtsame du übernommen hast. Keth. 103ᵇ לא עדיפנא ממשה רבינו ich bin doch nicht besser, als unser Lehrer Mose; dass ich näml. länger als 30 Tage betrauert werden sollte. Part. Meg. 3ᵇ הי מינייהו עדיף welche von jenen (den beiden zu erfüllenden Pflichten) ist bevorzugt, vorzuziehen? Das. ö. Jeb. 39ᵃ חליצת גדול עדיפא die Chaliza (s. חֲלִיצָה) des älteren Bruders ist der Leviratsehe des jüngeren Bruders vorzuziehen. Nach einer Ansicht das. ביאה קטן עדיפא ist die Leviratsehe des jüngeren Bruders vorzuziehen. Keth. 83ᵃ u. ö. Meg. 3ᵃ „Ich, Daniel, allein sah jene Erscheinung, die Männer aber, die mit mir waren (nach der Agada sollen es Chaggai, Secharja und Malachai gewesen sein), sahen jene Erscheinung nicht" (Dan. 10, 7). אינהו עדיפי מיניה דאינהו נביאי ואיהו לאו נביא איהו עדיף מינייהו דאיהו חזא ואינהו לא חזו sie waren mehr als er, denn sie waren Propheten, während er kein Prophet war; er jedoch war in der Beziehung mehr als sie, denn er sah die Erscheinung, während sie dieselbe nicht sahen.

עוֹדֶף masc. das Zuvielsein, das Ueberflüssige. j. Dem. V, 24ᶜ mit. מעשר שני שבעודף der zweite Zehnt, der in dem Zuvielentrichteten enthalten ist, vgl. Hifil.

עוּדְפָּא ch. (=עוֹדֶף) das Zuvielsein, eig. Ueberflüssiges, Mehrbetrag. Erub. 83ᵃ עודפא דחד שיתין וחלת der Mehrbetrag des einen Masses als das andere ist 63 u. s. w. — Uebrtr. Vorzug. B. bath. 88ᵇ ואלא מאי עודפייהו worin bestand demnach ihre Bevorzugung? d. h. die strengere Bestrafung der Uebertretung dieses Gebotes, als die des anderen Verbotes?

עֲדֵק I m. (=דַּק mit vorges. ע) klein, zart. Git. 78ᵃ s. עוּק. Snh. 11ᵃᵇ אמריא עדקין so in einigen Agg. (m. Agg. ערקין crmp., Ms. M. דעדקין s. d.) die Lämmer sind noch zart, jung.

עֲדֵק II m. (=אֲדָק) eine Art Spritze, die mit kleinen Löchern versehen ist u. s. w., s. אֲדַק. Vgl. arab. عَدَقَ die Hände in ein Wasserbehältniss thun. j. Erub. X g. E., 26ᵈ ob. מוטיפין בעדק לחולה בשבת man darf am Sabbat für einen Kranken Flüssigkeit in die Spritze hinzuthun. Das. מטיפין בעדק man träufelt mit der Spritze. Tosef. Schabb. II g. E. steht dafür מן אדק.

עֲדֵק oder עֲזֵק masc. Wulst aus weichen Stoffen, wie Wolle oder Baumwolle. Schabb. 54ᵇ (עזק) Ar. (Agg. עדק) טומנין לה עדק בשמן וכ' man darf am Sabbat für das geschorene Lamm einen Wulst in Oel legen, den man ihm auf die Stirn legt, damit es sich nicht erkälte. — Pl. das. wenn das Thier dem Gebären nahe ist, טומנין לה שני עדקין (עדקין l.) של שמן ומחזרין לה אחד על פרחתה ואחד על [ביתה] הרחם כדי שתחממם so legt man für dasselbe zwei Wülste in Oel, deren einen man dem Thier auf die Stirn und deren andern man ihm auf die Gebärmutter legt, damit es sich erwärme.

עֲדַקְתָּא ch. (=עֲדֵק) Wulst, s. TW.

עָדַר (syn. mit גָּדַר Grndw. דר) abschneiden, Früchte, ferner: gäten, behacken, das Unkraut mit der Gäthacke entfernen. Neg. 2, 4 כעודר ובמוסק זתים wie Jem., der gätet oder die Oliven pflückt. Levit. r. sct. 15, 158ᵈ, vgl. מָסַק. Tosef. Maasr. II und B. mez. 89ᵇ פועלים שהיו עודרין בתאנים (Ar. ed. pr. אורין, s. אֲרָה, ארד) Arbeiter, welche an den Feigenbäumen gäteten. Das. השוכר את הפועל לדור וכ' wenn Jem. einen Arbeiter miethet, um zu gäten. B. kam. 119ᵇ עודרי ירקות diejenigen, welche die Kräuter behacken. M. kat. 4ᵇ u. ö., s. auch עֲדִירָה.
Pi. dass. Tosef. Maasr. II mit. פועלין שהיו מעדרין . . . Arbeiter, welche im Felde gäteten. Schebi. 2, 2 מזבלין ומעדרין במקשאות man darf die Melonen- und Kürbisfelder bis zum Neujahr des Brachjahres misten und behacken. Genes. r. sct. 82, 80ᵇ מזבלה ומעדרה er mistet und behackt das Feld. j. B. bath. III, 14ᵃ ob. u. ö.
Nif. umgraben, behackt werden. j. Maasr. III g. E., 50ᵈ חצר שהיא נעדרת ein Hof, welcher umgraben wurde.

עֲדַר I ch. (=עָדַר) behacken; übrtr. die Körner aus dem Misthaufen ausgraben, auspicken. Pa. dass. Levit. r. sct. 25, 168ᵈ die Henne sammelt die Küchlein, so lange sie noch klein sind, unter ihren Flügeln, ומשחנא להון ומעדרנא קדמיהון וכ' erwärmt sie und

gräbt für sie die Körner aus; wenn aber eines derselben schon herangewachsen ist, so ruft sie ihm zu: זיל עדור בקיקלתך gehe und picke selbst auf deinem Misthaufen! — j. Schabb. VI, 8ᵇ un. עדרו crmp. aus עד דו während er.

עִידוּר m. N. a. das Behacken, Gäten. M. kat. 3ᵃ. Genes. r. sct. 39, 38ᵃ ראה אותן עסוקין בעידור בשעת העידור וכ' Abraham sah die Leute mit dem Gäten zur Zeit des Gätens beschäftigt, vgl. נִיפּוּשׁ.

עֲדִירָה fem. N. a. das Gäten, Behacken. Pl. Khl. r. sv. כך כל ימיו, 77ᵃ sobald ein Israelite in Egypten mit seiner Arbeit fertig war, היה אומר לו המצרי עדור לי שתי עדירות ובקע לי שתי בקיעות so rief ihm der Egypter zu: Verrichte mir noch ein zweimaliges Gäten (d. h. gäte noch zwei Felder) und spalte mir zwei Holzkloben! Genes. r. sct. 27, 26ᵈ steht dafür עדריות minder richtig.

עֲדַר II ch. (syr. ﻋ=hbr. עָזַר) helfen, s. TW.

עֵדֶר m. (=bh. Grndw. דר ordnen, reihen, wov. auch דור, דיר s. d. W.) 1) Heerde. Meg. 28ᵃ אחד מיוחד שבעדרי das W. אחד (Num. 28, 4 anst. האחד) bedeutet das vorzüglichste Lamm in der Heerde. Jom. 34ᵇ. 70ᵇ dass. Das. 61ᵇ. 62ᵇ Raba fragte den R. Nachman: כמה שעירים משלח אמר ליה וכי עדרו משלח אמר לה וכי עדרו שורף wie viele Ziegenböcke muss man am Versöhnungstage den Asasel fortschicken? (Vgl. Lev. 16, 5 fg.; d, h. da man, wenn das Blut des für Gott bestimmten Opferbockes vor Vollendung der Sprengung vergossen wurde, ein neues Paar Böcke bringen und auf sie „die Loose" werfen muss, und wenn wiederum das Blut vergossen wurde, ein neues Paar bringen muss und so fort: muss man alle die für den Asasel ausgeloosten Böcke an denselben schicken?) R. Nachman erwiderte: Soll man denn etwa eine ganze Heerde abschicken? (d. h. man schickt vielmehr blos den ersten; nach einer andern Ansicht das., blos den Letzten Bock fort). Raba entgegnete hierauf: Soll man denn etwa eine ganze Heerde verbrennen? (mit Bez. auf die Borajtha das.: „Alle Farren und Böcke, deren Blut vor der Sprengung vergossen wurde, werden auf der Brandstätte verbrannt"; d. h. auf dieselbe Weise müssten auch alle Asaselböcke fortgeschickt werden!) — 2) übtr. Heerde = Menschenschaar. Pl. Thr. r. Einleit. sv. תנו לה, 49ᵇ (mit Bez. auf Jer. 13, 17) עד שלא גלו ישראל היו עשויים עדרים עדרי כהונה לבד עדרי לויה לבד עדרי ישראל לבד וכיון שגלו נעשו עדר אחד וכ' bevor Israel ins Exil vertrieben ward, war es in verschiedene Heerden (Abtheilungen) eingetheilt: die Heerden der Priesterschaft besonders, die Heerden der

Levitenschaft besonders, die Heerden der Israeliten besonders; als sie aber in Gefangenschaft gingen, so bildeten sie blos „eine Heerde (Gottes"). Exod. r. sct. 1, 101ᶜ וכיון שמחגדלין עדרים עדרים בבתיהן באין als sie (die israelitischen Knaben in Egypten, welche auf wunderbare Weise in der Erde versteckt waren und dann aufsprossten) herangewachsen waren, so kamen sie schaarenweise in ihren Häusern an; mit Ansp. auf עדרים עדרים (Ez. 16, 7), gedeutet בעדרי עדרים. Cant. r. sv. התאנה, 15ᶜ (mit Ansp. auf נעדרת Jes. 59, 15) הולכת ויושבת לה sie („die Wahrheit" = die Männer der Wahrheit) wanderten aus und liessen sich schaarenweise in der Wüste nieder. — 3) Hürde, aus Weiden oder Zweigen geflochtene Umzäunung, die gew. den Heerden zum Schutze dient; syn. mit דיר. Ohol. 8, 1 עדר בהמה die Hürde für unreines und reines Vieh. Dieses עדר entspricht ganz dem מכוונות das. Zwinger, Käfige. Die Erkl. des Maim. und anderer Commentt. von עדר nr. 1: Heerde, erweist sich aus Tosef. Ahil. IX Anf. als ganz unmöglich. Dort heisst es näml. וכן עדר בהמה חיה ועוף וכן בעלי חיים שהיו מהלכין זה אחר זה ebenso das עדר für Vieh, Thiere und Geflügel, sowie Thiere, welche hinter einander gingen (die Tosef. versteht also unter עדר sowohl: die Hürde des Viehes, als auch die Käfige für Thiere und Geflügel, welche letztere von der Mischna: מכוונות genannt werden). Nach Ar. sv. אדר bedeutet unser עדר: Fell (vgl. אֶדֶר), was jedoch nicht einleuchtet. Nach ihm bedeutet auch עדורה (B. kam. 11ᵃ, so nach einer Var., vgl. עַד III) Fell. Die Erkl. der Tosaf. z. St.: die Vermisste, leuchtet nicht ein. — Selten mit fem. Endung. Tosef. Edij. III Anf. נחרין היו עדרות באסטרטית של מלך וכ' ed. Zkrm. (a. Agg. עסטרטיא crmp.) sie durchbohrten Heerden auf der Königsstrasse u. s. w.

עֶדְרָא od: עַדְרָא ch. (=עֵדֶר) 1) Heerde, s. TW. — 2) Hürde. j. R. hasch. II, 58ᵇ ob. באדר בעדרייה ימות וכ' wenn der Stier im Monat Adar (vor Kälte) in seiner Hürde stirbt u. s. w., vgl. אֲדָר. — Pl. עֶדְרַיָּא, עֶדְרַיָּא die Hürden, dass., was hbr. מִכְלָאוֹת, s. TW.

עוֹדְרָא, richt. עוֹדְרָא (syr. ﻋ, vgl. אוּגְדָּא) Werg, Baumwolle. j. Schabb. VI, 8ᵇ un. ר' ינאי זעירא נפל עדרא (עודרא) דאוניה dem jüngeren, fiel die Baumwolle aus seinem Ohre heraus.

עד״ש Abbreviatur. Exod. r. sct. 5, 106ᵈ und das. sct. 8 Ende, s. רצ״ד.

עֲדָשָׁה f. (arab. ﻋﺪﺳﺔ; bh. nur Plur. עֲדָשִׁים) 1) Linse. Neg. 6, 6, s. מוּבָּאָה. Kel. 17, 8 כעדשה שאמרו לא גדולה ולא קטנה אלא בינונית זו מצרית unter dem Mass der Linse, wovon die

Gelehrten sprechen, ist weder eine grosse, noch eine kleine, sondern eine mittelgrosse zu verstehen; das ist die egyptische Linse. Genes. r. sct. 63, 62ᶜ „Jakob gab dem Esau ein Linsengericht" (Gen. 25, 34; nach der Deutung: ein Trauermahl, weil an demselben Tage Abraham gestorben sein soll); מה עדשה זו עשויה כגלגל כך העולם עשוי כגלגל מה עדשה זו אין לה פה לדבר אבל כך אסור so wie die Linse rund wie eine Kugel ist, ebenso ist die Welt rund wie eine Kugel (d. h. die Geschicke wenden sich, bald zum Glücke, bald zum Unglücke); ferner so wie die Linse keine Mündung hat, ebenso darf der Leidtragende nicht sprechen, ist gleichsam des Mundes beraubt. — Pl. Neg. 6, 1 מקום הגריס תשע עדשות מקום עדשה ד' שערות der Raum einer Graupe (gespaltenen Bohne, das Mass für den Aussatz) nimmt neun Linsen ein, der Raum einer Linse nimmt den Raum von vier Haaren (den diese auf der Haut des menschlichen Körpers, nicht des Kopfes, einnehmen) ein. j. Schebu. III, 34ᵈ mit. dass. — Gew. jedoch (=bh.) mit *masc.* Endung. B. kam. 60ᵇ (zur Lösung des Widerspruches von 2 Sm. 23, 11 עדשים, und 1 Chr. 11, 13 שערים) גדישים רשעורין דישראל הוו וגדישים דעדשים דפלשתים die „Gerstenhaufen" gehörten den Israeliten, aber die „Linsenhaufen" gehörten den Philistäern. j. Snh. II, 20ᵇ un. שהיתה עדשין היו אלא es waren „Linsen", allein (deshalb wurde sie auch „Gerste" genannt), weil jedes Korn derselben so gross war, עבה שלהן יפה כשל שעורין wie das der Gerste. Maasr. 5, 8 העדשים המצריות die egyptischen Linsen. — 2) ein rundes, linsenförmiges Gefäss, lenticula, Becken. Tosef. Schabb. III (IV) עדשה מלאה חמין לא יתן על מעיו man darf nicht am Sabbat ein mit warmem Wasser gefülltes Becken (Wärmflasche) auf den Leib eines Leidenden legen. Genes. r. sct. 80, 79ᵇ עדשה Ar. (Agg. עריבה) dass. Tosef. Erub. XI (VIII) g. E. אין ממלאין בעדשה בשבת man darf nicht am Sabbat ein solches Becken mit warmem Wasser füllen. — Ferner Wagschale. Schabb. 60ᵃ בעדשה הלך אחר שלשלותיו Ms. M. u. Ar. (Agg. בכרסא) bei der Wagschale richtet man sich nach den daran angebrachten Ketten; wenn letztere aus Metall bestehen, so ist jene unrein. — 3) eine Walze, die linsenartig geformt ist und die auch aram. טלופסא, lenticula genannt wird. j. Ab. sar. V g. E., 45ᵇ un. הדפין והעדשה die Bretter und die Walze in der Kelter zum Auspressen der Weintrauben; viell. die linsenförmige Kufe. — Pl. Ab. sar. 75ᵃ העדשין s. לולב.

עוֹב s. עיב.

עוֹג Og (bh.), *N. pr.* des Königs von Basan. Genes. r. sct. 42 g. E. „Der Flüchtling kam" (Gen. 14, 13) הוא עוג הוא פליט ולמה נקרא שמו עוג שבא ומצא את אברם.יושב ועוסק במצות

עוגות Og, das war jener Flüchtling; weshalb wurde er „Og" genannt? Weil er den Abram antraf, als dieser sich mit dem Gebot der Kuchen (zum Pesachfeste) befasste.

עוּג perf. עָג (syn. mit חוג; Grndw. חג=עג s. d., vgl. auch חָגַל und עָגַל) einen Kreis ziehen. Taan. 3, 8 (19ᵃ) Choni עג עוגה ועמד בתוכה zog einen Kreis und stellte sich in dessen Mitte, um zu beten, vgl. עָגָל. Das. 23ᵃ dass.

עוּגָה *f.* 1) Kreis. Taan. 19ᵃ. 23ᵃ, s. עוג. — 2) (=עוקה) Vertiefung, Furche; insbes. ein mit Wasser gefüllter Graben, der um die Pflanze ringsherum gezogen ist. Chull. 2, 8 (41ᵃ) עוגה של מים ein Wassergraben, vgl. auch עָגָל. Tosef. M. kat. I Anf. מוכר אדם עוגתו של מים לנכרי וכ' ed. Wilna u. a. (ed. Zkrm. משכיר עוגתו?) man darf seinen Wassergraben in der Festwoche an einen Nichtjuden verkaufen (oder: vermiethen), weil man besorgt, dass er, da man ihn während des Festes nicht benutzen darf, austrocknen könnte. — Pl. (von עוגית) M. kat. 1, 1 (2ᵃ) אין עושין עוגיות לגפנים man darf in der Festwoche keine Wassergräben für die Weinstöcke anfertigen. Das. 4ᵃ, vgl. בָּרִיד und בָּנֵי. Tosef. Schebi. I. j. M. kat. I, 80ᵇ mit. j. Schabb. VII, 10ᵃ ob. העושה עוגיות לגפנים וכ' Jem., der am Sabbat Gräben für die Weinstöcke macht, ist wegen Förderung der Pflanzen straffällig. Sifra Behar. Anf. עוגיאות בין אילן לחבריו man darf nicht (im Brachjahr) Wassergräben zwischen einem Baum und dem andern anfertigen; s. auch TW.

עוּד 1) (arab. عَاد zu etwas verbinden, zusammentragen. j. Jeb. II Anf., 3ᶜ עדרה את כל הפרשה כולה ליבום (vielleicht עֶדְרָה oder עָדָה zu lesen) die Schrift (Dt. 25, 5 fg.) trägt alles zusammen (legt das Hauptgewicht) auf die Leviratsehe; d. h. dass diese allein, nicht aber die Ansprache des Levirs (מַאֲמָר s. d. W.) die Ehe bewirke. In den Parall. j. Kidd. I, 58ᵈ un. steht dafür עירה; ebenso Sifra Kedoschim Par. 2 cap. 5 (also von ערה vermischen, s. d. W.). Git. 39ᵇ אורעה (von ארע) zusammentreffen lassen; vgl. עוּדָה 2) (syn. mit אוד) fest sein. — Hif. הַעִיד (=bh.) bezeugen, bestätigen, feststellen; vgl. עֵד und עֵדוּת.

עוֹד (= bh.) eig. 1) Sbst. Bestehendes, Fortdauer. Mit vorges. Waw וָעוֹד, *fem.* וְעוֹדָה Zugabe, eig. und noch etwas. Erub. 83ᵃ u. ö., s. וְעוֹדָה. — j. Kil. IX, 32ᵈ ob. R. Chaggai stieg in die Gruft des R. Chija, um die Leiche des Exilhauptes, R. Huna, dort beizusetzen. עאל ואשכח חלת דנין עוד בני אחרין ואין עוד חזקיה בני אחריך עוד אחריך יוסף בן ישראל ואין עוד da angekommen, vernahm er drei Stimmen urtheilen (ob R. Huna würdig

sei, dort beigesetzt zu werden, oder nicht). Sie riefen was folgt: Juda, mein Sohn, komme nach dir, sonst Niemand; Chiskija, mein Sohn, komme nach dir, sonst Niemand (d. h. blos diese beiden Söhne des R. Chija sind so würdig, der eine zur rechten und der andere zur linken Seite ihres Vaters begraben zu werden); nach dir komme Josef ben Israel, sonst Niemand (d. h. es giebt keinen Menschen, der würdig wäre, neben diesen Frommen beigesetzt zu werden; nur da nach Palästina gebrachten Gebeine des Stammvaters Josef hätten eine solche Ehre verdient, nicht aber die aus Babylon gebrachte Leiche des R. Huna. j. Keth. XII, 35ᵇ ob. dass. — Gew. 2) als Adv. während. Schabb. 1, 5. 6 fg. מבעוד יום während es noch Tag ist. Jom. 81ᵇ מתחיל ומתענה מבעוד יום er fängt an zu fasten während es noch Tag ist. Schabb. 151ᵇ עודין בידיך wenn sie noch in deiner Gewalt sind, vgl. כְּפַן und מָצָא. j. Erub. VI, 23ᶜ mit. u. ö. Meg. 6ᵇ u. ö. לא עוד אלא nicht blos das, sondern auch.

עוֹדְרָה f. (arab. عِضْل, von עוד nr. 1) Zusammengenähtes, Bündel. Sot. 46ᵃ הניח עליה עודרה של שקין פסלה wenn man auf die rothe Kuh ein Bündel Säcke gelegt hat, so machte man sie untauglich; weil dens ein „Joch" anzusehen ist (Num. 19, 2). Ab. sar. 23ᵃ dass. Nach einer Erkl. Raschi's: „Spinnrocken, worauf man die Säcke spinnt."

עָז (=עָזַז) stark sein. — Hif. (mit nachflg. פנים=bh. הֵעֵז פנים, von עָזַז) frech sein, eig. das Gesicht hart machen. B. mez. 3ᵃ u. ö. אין אדם מעיז פניו בפני בעל חובו Niemand ist seinem Gläubiger gegenüber so frech, ihm die ganze Schuld abzuleugnen, vgl. חָזָק nr. 4. B. kam. 107ᵃ nur der Schuldner ist nicht so frech, seinem Gläubiger, der durch das Darlehn eine Gefälligkeit erwiesen hat, letzteres ganz abzuleugnen, vgl. אבל בבי סקדרון מעיז ומעיז bei einem zum Aufbewahren empfangenen Gute hing. wird der Empfänger, da ihm durch das Aufbewahren kein Nutzen entstand, immerhin so frech sein, den Empfang ganz abzuleugnen.

עָז m. (=bh. עָזְנִיָּה) eine Adlerart. Kel. 17, 17 כנף העוז der Flügel eines solchen Adlers. Parchon in s. Machbereth sv. bemerkt: Das bh. עזניה (wofür die Trgg. אזא haben, s. d. W.) steht für עזניה mit eingeschalt. Nun, wie in מעזניה (Jes. 23, 11). Nach einigen Commentt. wäre עוז, עָנֶז=אַוָז Gans. Tosef. Kel. B. mez. VII dass.

עַוְיָא, עוֹזָא od. עַוְיָא ch. (=עוז) eine Adlerart, s. TW.

עוּזִיאֵל Usiel, N. pr. B. bath. 133ᵇ. 134ᵃ הטיח עלי בן עוזיאל der Sohn Usiel's (d. h. Jo-

nathan ben Usiel) beschimpfte mich. Meg. 3ᵃ u. ö. vgl. auch עַזָא in עַזָא.

עֲוִי, Pa. עַוִי (arab. عَوَى Conj. HI, syr. ܐܥܝ) schreien, lärmen. Jom. 77ᵇ עיר עיר ולוכא דאשמגא בידה ält. Agg. und En Jakob (vgl. Dikduke z. St. und Raschi zur nächstflg. St.; fehlt in spät. Agg.) er schrie immerfort, wenn Niemand achtete darauf. Jeb. 71ᵇ היכא דמעוי wenn das Kind bei seiner Geburt schreit. Schabb. 134ᵃ, s. סְלִינְתָא. Sot. 12ᵃ so oft die Egypter muthmassten, dass ein neugeborener israelitischer Knabe irgendwo verborgen wäre, ממטו ינוקי so führten sie רחם כי דיכי דלשמעינהו למעוי nach jener Stelle Kinder hin, damit jener Knabe, wenn er sie hört, schreien soll; vgl. auch בָּכָה im Piel. Chull. 53ᵃ אידהו קא מעואי ואינגהו קא מקרקרן wenn er (der Löwe, der in einen Stall, wo die Thiere stehen, gekommen ist) brüllt und sie lärmen u. s. w.

עֲנָה, עָוֵי (=bh., arab. عَوَى), Pi. עִוָּה (=bh. עִוָּה) eig. verdrehen, verkehren; übrtr. zerstören. Chull. 60ᵇ עוים שמם נקרא למה שעיותו Ar. und Raschi (Agg. שעיותו) weshalb wurden jene Völkerschaften: עוים (Dt. 2, 23 und Jos. 13, 3: „die Awwäer") genannt? Weil sie ihren früheren Wohnsitz zerstört hatten. Nach einer andern Deutung: שעיותו לאלהות הרבה Ar. (Agg. שאוו) weil es sie nach mehreren Gottheiten gelüstet hatte (אוי=עוי). Nach einer dritten Deutung: שכל הרואה אותם אורחזתי עוית weil jeden, der sie sah, Krampf vor Schrecken überfiel; was das. erklärt wird: את להו שהסרי דרי שיני לכל חד רחד jeder von ihnen hat 16 Reihen von Zähnen. Genes. r. sct. 26, 26ᵃᵇ wird Namens der R. Elasar bar Simon noch eine vierte Deutung angeführt: שיירו בקיאין weil בעפרות כנחשים בגלילא צורחין לחויא עוריא jene Völker, den Schlangen gleich (beim Kosten der Erde, vgl. חֵו) der verschiedenen Erdarten kundig waren; denn in Galiläa nennt man die Schlange: עוריא.

עַוְיָא m. (=חִוְיָא) 1) Schlange. Genes. r. sct. 26, 26ᵇ, s. vrg. Art. — 2) Iwja, Name eines Amoräers. B. bath. 129ᵇ ר' עויא R. Iwja, vgl. אַוְיָא.

עֲוָיָא m. (=hbr. עָוֹן) Verkehrtheit, Sünde. Pl. Dan. 4, 24 עֲוָיָן; in einigen Codd. עֲוָיָן; s. auch TW.

עֲוִילָא m. (=bh. עֲוִיל, Stw. עול) Knabe, Bube. Genes. r. sct. 36 Anf. (mit Bez. auf עוילרהם, Hi. 21, 11) R. Lewi sagte: בערביא (לינוקא עוילה Ar. (Agg. קורין למינוקא עוילא in Arabien nennt man den Knaben: עוילא (عَيِّل). Levit. r. sct. 5 Anf. dass.

עֲוִית fem. (von עוי, עָנָה; bh. Name eines

idum. Ortes, Awith, Genes. 36, 35) Krampf, eig. Verdrehung des Körpers, der Gesichtszüge. Chull. 60ᵇ, s. עוי, עָוָה. Git. 70ᵃ הנמשמש מטתר עוית מעומד אחותר Jemdn., der den Coitus stehend vollzieht, überfällt der Krampf, Raschi: קרלּא. Tosef. Schabb. VII (VIII) g. E. מבעיתין לעוית ולפיקה לּא מדרכי האמרי ed. Zkrm. (ed. Wilna לעוות ולפוקה) man darf Jemdn., der am Krampf oder an Zittern der Glieder leidet (um ihn zu heilen) erschrecken; was nicht als heidnischer Brauch anzusehen ist. Khl. r. sv. כי ברב ראית גוומריך חמור עוית עלוי גמל עוית עלוי 75ᵈ וכּ' hast du jemals gesehen, dass ein Esel oder ein Kamel mit Krampf behaftet sei? nur der Mensch ist mit solchen Leiden behaftet, vgl. אֶבְבּיה.

עוּל (=עָלַל s. d.) hineingehen, eintreten. R. hasch. 13ᵃ עייל ביד נכרי die Reife der Früchte trat ein, als das Feld noch dem Nichtjuden gehörte. Das. כלל עייל לּא וריליא vielleicht ist die Reife noch gar nicht eingetreten. Das. ö. Suc. 45ᵇ, s. בּר I. j. Kidd. II, 63ᵇ ob. עאל er ging hinein. Jom. 51ᵇ. 52ᵃ fg. ניעיל möge er hineingehen.

Pa. עַייל hineinbringen. Keth. 101ᵃ עיילא ליה גלימא wenn die Frau ihrem Manne einen Mantel als Aussteuer mitbringt. Jom. 47ᵃ נעייל וחדר נעייל ליה וכ' sollte der Hohepriester am Versöhnungstage zuvor den Löffel und dann das Räucherwerk in den Tempel bringen u. s. w. Keth. 57ᵇ u. ö. — Ithpa. Jom. 51ᵇ לּא מְתַיֵּיל ליה er wird sich nicht hineinbegeben lassen.

עוּלָא m., עוּלָתָא fem. (syr. ܥܘܠܐ, hbr. עָוֶל) עַוְלָה (עַוֶל) Unrecht, Ungerechtigkeit. — עַוָּלָא m. Adj. (syr. ܥܰܘܳܠܐ, ܥܰܘܳܠ, hbr. עַוֶל) der Ungerechte, Schlechte, s. TW.

עוֹלָה f. (bh. עוּל m. puer) Mädchen, puella. Esth. r. sv. גם ושוא, 103ᵈ (mit Bez. auf לעוללידם עולה אחת שנשתיירה לו עשרה מלכות Ps. 17, 14) שלה שאירית במלכות אגרטוס das eine Mädchen, das ihm (Nebukadnezar, welcher der Urahn Waschti's gewesen sein soll) übriggeblieben, machtest du zur Augusta, Königin, in einem Reiche, das ihr nicht bleiben sollte. — Der Name des Amoräers עולא (Jom. 9ᵇ. B. bath. 9ᵇ u. m.) ist aram. (syr. ܥܘܠܐ puer) und also Ula (nicht Ulla) zu lesen. j. Keth. XII, 38ᵇ mit. עולא נחותה (ed. Krot. crmp. עללא) Ula, der nach Babylon reiste.

עָוֹן oder עָוֹן m. (eig. Unheil); insbes. עון (gr. εὐαγγέλιον) Evangelium. Schabb. 116ᵃ ר' מאיר קרי ליה און גליון ר' יוחנן קרי עון גליון Ms. M. (fehlt in Agg.) R. Meïr nannte es (das Buch der Häretiker): Awen Gilion; R. Jochanan nannte es: Awan Giljon, vgl. אָוֶן.

עון (=bh. Grndw. עו=אוּ) sich aufhalten,

verweilen, sow. räumlich als zeitlich, andauern, vgl. אָנֵן.

Pol. עוֹנֵן denom. (vom flg. עוֹנָה) die Zeit bestimmen, angeben. Sifra Kedoschim Par. 3 cap. 6 wird לּא תעוננו (Lev. 19, 26) von R. Akiba erklärt: אלו נותני כתים וכ' diejenigen, welche die Zeiten, עונות, angeben: Diese Zeit ist eine glückliche und jene Zeit eine unglückliche. Nach einer andern Ansicht (als denom. von עַין): אלו אוחזים עינים diejenigen, welche die Augen durch Blendwerk täuschen, vgl. אֲחַז. Nach einer dritten Ansicht: זה המעביר על עינים derjenige, der gewisse Zauberwerke behufs Nekromantie über die Augen führt. Sifre Schoftim § 171 und Snh. 65ᵇ dass., vgl. זְכוּרוּ. — Pi. עַיֵּן, s. d. in עין.

עוֹנָה f. 1) Zeit, und übrtr. ein bestimmter Theil der Zeit, die Ona und zwar a) Bruchtheil einer Stunde. Tosef. Ber. I Anf. העונה אחת מעשרים וארבע בשעה והעת אחת מעשרים וארבע בעונה והרגע אחת מעשרים וארבע בעת die עונה ist =24. Theil der שעה; die עת ist =24. Theil der עונה; und der רגע ist =24. Theil der עת. j. Ber. I, 2ᵈ ob. und Thr. r. sv. צעק לבם, 64ᵃ dass. — b) die Hälfte des bürgerlichen Tages =12 Stunden. j. Ab. sar. V g. E., 45ᵇ חצי עונה ... כמה היא עונה יום וחצי לילה ר' חייא אומר או יום או לילה וכ' wie viel beträgt die Ona? Einen halben Tag und eine halbe Nacht. R. Chija sagte: Einen Tag oder eine Nacht. Zwischen diesen beiden Autoren jedoch waltet keine Meinungsverschiedenheit ob; denn ersterer spricht von einer Zeit, in der die Tage oder die Nächte länger sind; letzterer hing. von der Aequinoctialzeit. Ab. sar. 75ᵃ dass. j. Schabb. IX, 12ᵃ ob. R. Ismael sow., als auch R. Akiba sind der Ansicht: יום עונה ולילה עונה der Tag sow., als auch die Nacht bildet eine Ona. Nid. 65ᵇ שלומה ... לילה וחצי יום כמה עונה wie viel beträgt eine vollständige Ona? Eine Nacht und einen halben Tag. — Pl. j. Schabb. IX, 12ᵃ ob. עונות vollständige Ona's. Schabb. 86ᵃᵇ fg. Nid. 64ᵇ wird ד' לילות erklärt durch ארבע עונות vier Ona's. — 2) unbestimmte Zeit u. zw. die Zeit, die für etwas bestimmt ist. Pea 4, 8 עונת המעשרות die Zeit, wenn die Verpflichtung des Verzehntens eintritt; d. h. wenn man den Getreidehaufen glättet, vgl. מָרַח. Maasr. 5, 5 u. ö. j. M. kat. III, 83ᵃ ob. עונה קרית שמע die Zeit des Verlesens des Schema'. Kil. IX, 32ᵃ mit. עונת גשמים die Regenzeit. j. Schek. I Anf., 45ᵈ man verkündet den Anfang des Monats Adar, כדי שיביאו ישראל שקליהן בעונתן damit die Israeliten ihre Sekel in der dafür bestimmten Zeit darbringen. Sifre Haasinu § 307 עונה של כלום eine kurze Zeit. Sifra Bechuk. Par. 2 cap. 8 עונה של מדבר עונה של בעל פעור וכ' die Zeit (der Abtrünnigkeit) in

79*

der Wüste; die Zeit des Peor-Götzendienstes. j. Erub. VIII g. E., 25ᵇ u. ö. j. Ber. II, 5ᵉ ob. בעל התאנה יודע אימתי עונתו של תאנה ללקוט ודהוא לוקטה כך הקב״ה יודע אימתי עונתן של צדיקים לסלק מן העולם ודהוא מסלקן der Besitzer des Feigenbaumes weiss, wann die Zeit ist, dass die Feige abgepflückt werde und so pflückt er sie ab; ebenso weiss Gott, wann die Zeit ist, die Frommen aus der Welt zu schaffen und er schafft sie dann fort. Cant. r. sv. דודי ירד 27ᵉ התאנה זו בזמן שנלקטה בעונתה יפה לה ויפה לתאנה ובזמן שאינה נלקטת בעינתה רע לה ורע לתאנה wenn die Feige zu ihrer Zeit (wenn sie reif ist) gepflückt wird, so ist dies für sie sowohl, als auch für den Feigenbaum dienlich; wenn sie aber vor der Zeit gepflückt wird, so ist das sowohl für sie, als auch für den Feigenbaum verderblich. Dasselbe gilt von dem Lebensende des Menschen. — 3) übrtr. (=bh.) Beiwohnung, ehelicher Umgang, eig. die Zeit. Mechil. Mischpat. Par. 3 R. Josaja erklärt עונתה (Ex. 21, 10) זו דרך ארץ darunter ist die Beiwohnung zu verstehen, vgl. דֶּרֶךְ. R. Jonathan hing. erklärt es: נותן כל אחד ואחד בעונתה der Mann muss jedes Kleidungsstück der Zeit angemessen geben; d. h. statt Sommerkleider im Winter oder Winterkleider im Sommer. Rabbi erklärt es: עונות אלו מזונות unter עונתה sind die Nahrungsmittel zu verstehen. Keth. 47ᵇ, vgl. מְזוֹן. j. Keth. V, 30ᵇ ob. — Ab. sar. 5ᵃ wird לאהליכם (Dt. 5, 27) erklärt: לשמחת עונה „zur Freude des ehelichen Umganges“, vgl. Bez. 5ᵇ. — Men. 64ᵇ לעונתה crmp. aus עינה s. עֵינָה, לעיניתי.

עַנְתָּא ,עוֹנְתָא od. עָנְתָא ch. (=עוֹנָה) Zeit, Stunde, übrtr. Beiwohnung, s. TW. — Genes. r. sct. 33, 32ᵇ Rabbi sagte un R. Chija: מן עונתא דידהוא דרך צלוחי איתנשמת von der Stunde ab, dass du deine Hand auf meinen Zahn gelegt hast, wurde er gesund, vgl. נָשׁ. j. Ber. II, 5ᵃ un. עונא דצלותא die Zeit des Gebetes. Das. III, 6ᵃ un. אתה עונתא דנשיאות כפים ולא שאלון ליה אתה עונתא דמיכלא ושאלון ליה als die Zeit zum Sprechen des Priestersegens eingetroffen war, fragten sie den R. Abahu nicht (ob sie den Priestersegen in dem Studienhause, in welchem sich eine Leiche befand, unterlassen dürfen, oder nicht); als jedoch die Zeit zum Essen kam, fragten sie ihn hierüber. Genes. r. sct. 11, 11ᵈ, s. אֲרִיסְטוֹן I. — Pl. עוֹנָתָא (hbr. עוֹנוֹת) Furchen, s. TW.

עוֹנְרָא Awanja, Name eines Ortes in Babylon. j. Jeb. I g. E., 3ᵇ.

עוּף I 1) ermüden. — 2) verdoppelt sein, s. עִיֵּף.

עוּף II (=bh., syn. mit צוּף, Grndw. עף, צף, s. auch צָפָה) Grndbedeut. ist wohl: obenauf sein; dah. fliegen, schweben, flattern.

Uebrtr. Schabb. 26ᵃ weisses Bergöl darf man auch am Wochentage nicht brennen, מפני שהוא עף weil es flackert, d. h. nicht am Dochte bleibt, und Feuersgefahr zu befürchten ist, vgl. נָטָף. Sot. 45ᵃ sv. עף Ar. עפו עמריו לתוך שדה חברו (Agg. צפו, das. ö.) die Garben Jemds. flogen (wurden vom Winde getrieben) in eines Andern Feld.

Pol. עוֹפֵף hin- und herfliegen, flattern. Chull. 140ᵇ רובצת ולא מעופפת „die Vogelmutter lagert (auf den Küchlein“, Dt. 22, 6), nicht aber, wenn sie flattert. Das. ö. היתה מעופפת wenn sie flatterte. Trop. Ber. 63ᵃ demjenigen, der den Gottesnamen im Gebet anruft, פרנסתו מעורפפת לו כצפור fliegt die Nahrung herbei wie ein Vogel.

עוּף ch. (=vrg. צוּף) fliegen, schweben, s. TW.

עוֹף m. (=bh.) Vogel, Geflügel. B. kam. 92ᵇ (Citat aus Ben Sira) כל עוף למינו ישכון jeder Vogel gesellt sich zu seiner Gattung und der Mensch zu seines Gleichen, vgl. זַרְזִיר II. Pesik. Schuba, 164ᵇ לעוף שהוא נתון בכלוב ובא עוף אחר ועמד על גביו וכ׳ ein Gleichniss von einem Vogel, der im Käfig eingesperrt war und zu dem ein anderer Vogel kam und sich neben ihn hinstellte u. s. w., s. סְפַר. Khl. r. sv. שמח, 97ᵃ dass. mit einigen Abänderungen. Chull. 27ᵇ fg. R. Juda sagte Namens des R. Jizchak ben Pinchas: אין שחיטה לעוף מן התורה שנאמר ושפך בעלמא סגי das Gebot: Geflügel zu schlachten, ist nicht biblisch begründet; denn es heisst: „Man vergiesse sein Blut“ (Lev. 17, 13), was besagt, dass das blosse Vergiessen des Blutes genügt. Kidd. 71ᵃ u. ö. Chull. 113ᵃ R. Jose, der Galiläer, sagte: בחלב אמו יצא עוף שאין לו חלב אם „In der Milch seiner Mutter (darfst du das Böcklein nicht kochen“, Ex. 23, 19 u. ö.); davon ist das Geflügel ausgeschlossen, weil es keine Muttermilch hat. Das. 116ᵃ במקומו של ר׳ יוסי הגלילי היו אוכלין בשר עוף בחלב im Wohnort des Galiläers R. Jose ass man Fleisch des Geflügels, das in der Milch gekocht wurde. — Pl. Chull. 27ᵇ עופות יש לדן קשקשין ברגליהן כדגים die Vögel haben an ihren Füssen Schuppen, ähnlich den Fischen; ein Beweis, dass erstere aus dem Sumpf erschaffen wurden, vgl. סְרָיָן.

עוֹפָא ch. (eig.=עוֹף Geflügel) Opha, Name eines jerusalem. Thores, s. TW.

עוּץ perf. עָץ ch. (=bh., arab. عوض) gew. (יָעַץ) rathen, Rath ertheilen. Kidd. 80ᵇ עָיֵיץ ליה עצתא רעות er ertheilt ihm böse Rathschläge. Jeb. 107ᵇ עייצי לה קרוביה ihre Verwandten würden ihr rathen u. s. w.; s. auch TW.

עוק (arab. عَاقَ צוּק, vgl. עָקָא) drücken,

drängen. Git. 78ᵃ דעייק לה חרציה וכ' Ar.
(vgl. auch שָׁלַח). R. Chananel liest דאדיק; Agg.
(דעדיק) er drückt seine Lenden an sie u. s. w.
Af. drücken = quälen. j. Kil. IX, 32ᵇ mit.
Rabbi sagte: חד שיניר מעיק לי einer meiner
Zähne quält mich. j. Keth. XII, 35ᵃ un. dass.
j. Ber. II, 4ᵈ ob. die Todten (deren Gräber man
schändet) würden sagen: למחר אינגן גבן ראינגן
למחר מעיקין לן morgen werden sie bei uns sein, jetzt
aber quälen sie uns. j. Keth. XI, 34ᵇ un. die
Frau des Galiläers R. Jose ליה מעיקא הות
quälte, ärgerte ihn. Genes. r. sct. 14, 15ᵇ לא
מסתייה להההוא גברא עקתיה אלא דאתית מעאקא
ליה וכ' hat denn dieser Mann (der Leidtragende)
nicht genug an seinem Leide, dass du kommst,
ihn noch mehr zu quälen? vgl. חַסַּךְ III חַסִּפָא.

עֲווּק m. (= חָווּק s. d. von עוק = חוק eingraben) 1) Stufe, zunächst von einer Berg-
höhe, in welcher Stufen eingegraben sind, sodann Stufe überhaupt. Pl. j. B. bath. III g. E.,
14ᵇ (l. ככסא) עד שלשה עֲווּקים בכסא bis drei
Stufen wird die egyptische (kleine) Leiter wie
ein Sessel angesehen; vgl. j. Schabb. III g. E., 6ᶜ.
— 2) trop. Stufe = Rang, Regierungszeit.
Pesik. Bachodesch, 151ᵃ מלמד (Gen. 28, 12) „Jakob träumte, siehe
eine Leiter stand" u. s. w. מלמד
שהראה הקבה ליעקב אברנו שרו של בבל עלה
שבעין עווקין ושל מדי עולה חמשים ושתים עווקין
ושל יון מאה ושמנים ושל אדום עולה ולא יודע
כמה diese St. besagt, dass Gott unserem Erzvater Jakob gezeigt hat: den Schutzengel Babels
70 Stufen steigen, den Mediens 52 Stufen steigen, den Griechenlands 180 Stufen und den
Edoms (Roms) steigen, ohne dass man weiss
wie weit; bildl. für die Regierungsjahre der genannten vier Reiche. Levit. r. sct. 29 Anf.
dass.

עֲווּקָה f. (syn. mit עוּגָּה s. d.) 1) Vertiefung,
Graben. Mikw. 6, 1 עוקת המערה die Vertiefung in der Höhle; d. h. eine mit Wasser gefüllte Höhlung in Felsen, der sich in der Höhle
befindet, eine Art Tränkrinne. Tosef. Mikw. I
Anf. עוקת הטיט ein mit Lehm gefüllter Graben.
Erub. 88ᵃᵇ מקצתן עשו עוקה ומקצתן לא עשו
עוקה וכ' wenn ein Theil der Einwohner einen
Graben anfertigte, ein anderer Theil aber keinen Graben anfertigte u. s. w. Das. ö. Tosef.
Erub. IX (VI) mit. dass. j. Maasr. II, 50ᵃ ob.
השמן משהיא לעוקה das Oel ist der Verpflichtung des Verzehntens unterworfen, wenn es in
den Graben (in der Kelter) fliesst. j. B. mez.
VII Anf., 11ᵇ. j. Erub. VIII g. E., 25ᵇ u. ö. —
2) übrtr. Nid. 9, 7 (62ᵃ) עוקת יפש Hai in s.
Comment. (Agg. חלוקת s. d.) der Schlund im
menschlichen Körper.

עוּר I (= bh.) munter, rege, wach sein.
Part. B. kam. 26ᵃ בין עֵר בין ישן sowohl wachend,
als schlafend, vgl. מוּעָד. Fem. Nid. 12ᵃ בין עֵרָה
בין ישֵׁנָה dass. Das. pl. עֵרוֹת. — Pl. masc. Tract.

Derech erez suta V לא יראה אדם עֵר בין הישנים ולא
ישן בין הַעֵרִים der Mensch soll nicht wachen unter
den Schlafenden und nicht schlafen unter den Wachenden; d. h. man beobachte stets den Brauch der
Nebenmenschen. Trop. Schabb. 55ᵇ „Gott wird
denjenigen vertilgen" u. s. w. (Mal. 2, 12) אם
ישראל הוא לא יהיה לו עֵר בחכמים ולא ענֵה
בתלמידים ואם כהן הוא וכ' wenn er ein Israelite ist, so wird er keinen „Regsamen" unter den
Gelehrten (d. h. keinen Lehrer, welcher scharfsinnige Lehren vorträgt und die Schüler anregt)
und keinen „Beantwortenden" unter den Schülern haben; wenn er aber „ein Priester ist, so
wird er keinen Sohn haben, der Opfer darbringt". — j. B. bath. III, 14ᵃ mit. לעורר für
לעוררו s. Pol.

Nif. aufgeregt, munter gemacht werden. j. M. kat. III, 83ᵃ mit. ניעור בלילה er
wird des Nachts munter sein. Aboth 3, 4 u. ö.;
mögl. Weise jedoch von נָעַר s. d. Khl. r. sv.
דברתי אני, 74ᵈ הלב נעור das Herz ist rege.
Sifre Haasinu § 314 so „wie der Adler" nicht
sofort in sein Nest fliegt, עד שהוא מטרף בכנפיו
עד אילן לחברו בין סוכה לחברתה כדי שיעורו
בניו וכ' bis er mit seinen Flügeln klappert zwischen einem Baum und dem andern, zwischen
einem Ast und dem andern, damit seine Jungen
rege gemacht werden und Kraft gewinnen, ihn
aufzunehmen; ebenso offenbarte sich Gott von
verschiedenen Seiten her, bis er auf den Sinai
kam. יעיר קנו (Dt. 32, 11) bedeute demnach:
„er macht sein Nest rege."

Hif. rege machen, reizen. Snh. 25ᵇ wird
אלו שמעירין מפריחי יונים der Mischna erklärt:
את היונים Ms. M. (Agg. שממרין) diejenigen,
welche die Tauben zum Fluge reizen; eine Art
Hazardspiel, vgl. יוֹן.

Pol. עוֹרֵר 1) wecken, munter machen.
Maas. scheni 5, 15 u. ö. der Hohepriester Jochanan בטל את המעוררין וכ' schaffte die Mun-
termachenden ab; was in Sot. 48ᵃ wie folgt erklärt wird: Den Lewiten, welche an jedem Tage
den Psalm angestimmt hatten: „Erwache, warum schläfst du, o Gott" (עורה), Ps. 44, 24) verbot er dies, indem er ihnen zurief: Giebt es
denn einen Schlaf vor Gott? mit Bez. auf Ps.
121, 4, vgl. auch נַעַם I. j. Ber. IX, 13ᵈ un.
הוא יעורר אתכם er erwecke euch aus dem
Todtenreich, vgl. גלֵי, בּלֵה. Piel. Trop. j. Ter.
V g. E., 42ᵈ מעורר את מינו er macht das,
was zur selben Gattung gehört, rege, vgl.
יעורר. — 2) erregen. M. kat. 8ᵃ לא יעורר
על מתו וכ' man darf nicht 30 Tage vor
einem Feste Trauer wegen eines Todten erregen; d. h. keine Trauerreden halten lassen.
— 3) Einwand erheben, widersprechen.
Git. 2ᵃ u. ö. אם יש עליו עוררים wenn Wider-
spruchserhebende da sind; d. h. die den Scheidebrief als ungiltig erklären. — Pilp. עִרְעֵר s. d.,
vgl. auch עָרַר.

Nithpol. und Hithpol. geweckt, rege gemacht werden, sich ermuntern. Levit. r. sct. 9, 152ᵈ עורי צפון זו עולה שנשחטה בצפון ולמה קורא אותה עורי דבר שהוא ישן וגתעורר „Erwache, o Norden" (HL. 4, 16), das ist das Brandopfer, welches an der Nordseite des Altars geschlachtet wurde. Weshalb bedient sich die Schrift des Ausdruckes: עורי? Weil es etwas Altes war und wieder geweckt wurde; d. h. bereits die Noachiden brachten Brandopfer (nicht Freudenopfer) dar, was später durch die Gesetzgebung wieder erneut wurde, vgl. חִדּוּשׁ. Das. R. Elasar, nach dessen Ansicht die Noachiden Brandopfer nicht darbringen durften, erklärt den gedachten Bibelvers: לכשיתעוררו הגליות הנתונות בצפון יבאו ויחנו בדרום ... לכשיתעורר גוג הנתון בצפון יבא ויפול בדרום wenn die Exulanten, die in den Norden geführt wurden, erweckt werden, so werden sie kommen und im Süden lagern. Nach einer andern Deutung: Wenn Gog, der im Norden lagert, sich regen wird, so wird er nach dem Süden gehen und dort erliegen, mit Ansp. auf Jer. 31, 8 und Ez. 39, 2.

עוּר II עָר ch. (=vrg. עוּר) wachen, munter sein. j. Ber. I, 2ᵈ mit. עד כדון בריתא עֵרִין bis zu der Zeit (d. h. bis zur mittelsten Nachtwache) sind die Menschen munter. Gew. jedoch (=syr. ܥܺܝܪ Pa.) wecken, s. TW.

Ithpe. sich ermuntern, erwachen. j. Ber. I, 2ᵈ mit. אתעַר יקרי מן קומי איקרית דברי meine Ehre (Seele) erwache vor der Herrlichkeit meines Schöpfers; mit Bez. auf עורה, Ps. 57, 9. j. Kidd. I, 61ᵇ ob. כיון דאתעיר אבוי מן שנתיה als sein Vater vom Schlafe erwachte. Levit. r. sct. 12, 155ᵈ אתעַר מן שינתיה er erwachte aus seinem Schlafe. Das. ö. j. Snh. X, 29ᵇ ob. אנא ידע אילו אילו דמיך לא הוה מיתעַר על ידך ich weiss, dass er, wenn er gestorben wäre, durch dich nicht erweckt worden wäre.

Pol. wecken, rege machen. j. Ber. I, 2ᵈ mit. (mit Bez. auf אעירה, Ps. 57, 9 als trnst. erklärt) אנא הויא מְעוֹרַר שחרר שחרה לא הוה מעורר לי הויה יצרו מקטרגו ואומר לו דוד דרכן של מלכים להיות השחר מעוררן ואת אמר שחר אעירה „Ich weckte den Morgen", der Morgen aber weckte mich nicht (d. h. ich stehe auf, bevor der Morgen kommt). Da suchte sein böser Trieb ihn zu verleiten und rief ihm zu: David, die Art der Könige ist, dass der Morgen sie weckt, während du sprichst: „Ich wecke den Morgen!"

עוּר III m. (syr. ܥܽܘܪ pl.) Spreu. Dan. 2, 35. j. Schabb. XIV, 14ᵈ mit. עור דסערין Spreu (Hülsen) der Gerste.

עוֹר m. (=bh.) Haut, Fell, eig. was losgemacht, abgezogen wurde (= שָׁלַח, chald. מַשְׁכָּא). Kel. 26, 5 עור החמור ועור החמור das

Fell, das man auf den Esel legt und das Fell des Eseltreibers, womit er seine Kleider schützt. Das. עור הרופא עור העריסה עור הלב של קטן וכ׳ das Fell des Arztes (womit er beim Aufschneiden der Wunden seine Kleider bedeckt, damit sie nicht beschmutzt werden), das Fell der Wiege (womit man sie bedeckt), das Fell, womit man das Herz eines Kindes umgürtet, damit ihm nicht eine Katze u. dgl. das Herz beschädige, Brustlatz; vgl. פַּחָם, פַּחִין, חָרִים u. a. m. — Pl. Kel. 26, 8 עורות בעל הבית die Felle des Privatmannes, die zu seinen eignen Hausgeräthen verwendet; Ggs. die Felle des Gerbers, die er zu verkaufen pflegt, vgl. בַּרְכָּן.

עוּר od. עֲוַר chald. blind sein, erblinden (arab. عَوِرَ einäugig sein). B. kam. 85ᵃ אסיא רחיקא עינא עוירא wenn der Arzt entfernt wohnt, so erblindet das Auge.; d. h. bevor er kommt; oder auch: er geht fort, ohne sich um den Kranken zu kümmern. — Ithpe. erblinden. Genes. r. sct. 17, 17ᵇ לבתר יומין אתון יסורון עלוהי ואתעַוַּר mehrere Tage darauf wurde er (der Vogt, der die geschiedene Frau des R. Jose geheirathet hatte) vom Schmerz heimgesucht, dass er erblindete. Gew. dafür סמי s. d. — Pa. עַוַּר (syr. ܥܰܘܰܪ, hbr. עִוֵּר) blenden, s. TW.

עֲוִירָא, עֲוִיר od. עֲוִירָא, עֲוִיר m. (syr. ܥܘܺܝܪ, hbr. עִוֵּר; über die Vocalisation, s. TW.) 1) blind, ein Blinder (wofür gew. סַמְיָא s. d.). Git. 69ᵃ ob. als ein Heilmittel gegen Augenschmerzen nehme man sieben Milze u. s. w. ולוחיב איהו מגואי ואריגא אחרינא מבראי ונימא ליה עוירא הב לי דאיכול ונימא ליה האיך פתיחא סב איכול וכ׳ sodann setze sich der Leidende inwendig und ein Anderer (Sehender) auswendig nieder. Der Blinde rufe letzterem zu: Gieb mir etwas zu essen! worauf ihm jener Sehende erwidere: Nimm das und iss! eine Zauberformel. Genes. r. sct. 30, 28ᶜ עוירא s. סַמְיָא. Thr. r. sv. רבתי, 52ᵈ der Athenienser, der in Jerusalem angekommen war, זבן חד עבד והוא עויר kaufte einen jerusalemischen Sklaven, welcher blind war. — Das. fem. עוירא אקמא חדא עוירא ein blindes, weibliches Kamel. — 2) Awira, Name eines Amoräers. Suc. 52ᵃ. Chull. 55ᵃ u. ö. עוירא ר׳.

עֻרְפִילָא, עוּרְפִילָא m. (verw. mit bh. עֲרָפֶל) Sprühregen. Taan. 4ᵃ ob. עורפילא אסילו עורי לפורצידא דתותי קלא מהניא מאי עורפילא עורי פילי Ar. (in Ms. M. und Agg. auch ערפילא) der Sprühregen nützt selbst dem Saatkorn unter harter Scholle. Was bedeutet עורפילא? Regen, der die Erdritzen rege macht.

עֲוָת Awath, N. pr. Snh. 19ᵃ ר׳ מנשיא בר עות R. Menaschja bar Awath.

עוֹת‎ od. עָוֹת‎ (=אָוֹת‎ s. d.) eig. willfährig
sein. j. Ber. VIII, 12ᶜ ob. שמואל אמר יערתו‎
Samuel liest in der Mischna יערתו לאורו‎ (anst.
יאורו‎) wenn man das Licht geniesst; mit Bez.
auf לעות‎ (Jes. 50, 4), vgl. אוֹת‎ I. j. Erub. V
Anf., 22ᵇ und j. Ab. sar. I, 39ᶜ ob. dass.

עָוֹת‎ Grndw. עו‎, s. עוי‎, עָנָה‎ krumm sein. —
Pi. עָוֵּת‎, עָוֵּת‎ (=bh. עִוֵּת‎) 1) verkrümmen,
bes. übrtr. verderben. Nid. 10ᵇ אין בודקין‎
אותן‎ אורחן ביד מפני שמעוותת אותן‎ man untersucht
nicht die Scham der Jungfrauen mit der Hand,
weil man sie verderbt. Trop. Sifre Debar. § 1
למה אתה מעוות עלינו את הכתובים‎ warum ver-
krümmst du uns die Bibelverse? d. h. giebst
ihnen eine unwahrscheinliche Deutung? Dort
auf mehrere Deutungen des R. Juda angewandt,
vgl. מָאוֹרָע‎ u. a., s. auch קֶפַח‎ Num. r.
sct. 10, 208ᵇ מתוך כך משכחין את חתרוה‎
הדין‎ ומעוותין את הדין‎ infolge des Weintrinkens vergessen die Gelehrten die Gesetzlehre und beugen das Recht. Khl. r. sv. מעוות‎, 74ᵃ משאדם‎
מְעַוֵּת עצמו מדברי תורה אין יכול לתקן‎ sobald
der Mensch sich krümmt (d. h. ablenkt) von der
Gesetzlehre, so kann er seinen Wandel nicht
mehr gut machen, mit Bez. auf Khl. 1, 15. Part.
pass. Exod. r. sct. 2 Anf. בשר ודם מדוחתיו‎
ועלילוחתיו מעוּוָהֹות הן‎ . . , אבל מדוחתיו ועלילותיו‎
של הקבה רחמניות הן וכ'‎ des Menschen Eigenschaften und Handlungen sind verkrümmt (Dt.
22, 14); aber Gottes Eigenschaften und Handlungen sind erbarmungsvoll (Ps. 103, 8).
Nithpa. gekrümmt, verdorben werden.
Sot. 41ᵇ seitdem die Heuchelei überhand genommen hat, נתעוותו הדירין‎ wurden die Rechts-
sprüche verkrümmt. Khl. r. sv. מעוות‎, 74ᶜ אין‎
קורירין מעוות אלא למי שהיה מחוקן תחלה ונתעַוֵּת‎
man nennt nur denjenigen verkrümmt (verdorben), der früher rechtlich, gerad war, aber später gekrümmt wurde; d. h. ein Gelehrter, der
das Gesetzstudium vernachlässigt hat.

עָוֵּת‎, Pa. עַוֵּת‎ (=Piel) verkrümmen, verderben, s. TW. — Ber. 14ᵇ שליחא הוא דעוית‎
der Bote hat es verdorben. Keth. 85ᵃ לתקוני‎
שדרתיך ולא לעַווֵּתי‎ um den Auftrag gut zu be-
stellen, schickte ich dich, nicht aber, um ihn zu
verderben. Kidd. 42ᵇ u. ö. dass., vgl. auch
Ned. 36ᵃ.

עָוֵּת‎ m. N. a. das Krümmen, Beugen.
Aboth 5, 8 עווה הדירן‎ das Beugen des Rechtes;
vgl. auch עַוָּרָה‎. Schabb. 33ᵃ, vgl. דִּין‎ III.

עָוְתָא‎, עַוְתָא‎ f. Verkrümmung, Verkehr-
tes. — צַפְתָא‎, עַוְּתָנָא‎ m. Adj. Verkehrter,
s. TW:

עָוְתְנֵי‎, עָוְתְנָאֵי‎ Awthanai, Name eines Ortes
(wahrsch. ähnlich כפר ביש‎ schlechtes Dorf, vgl.
עָבְדְלָא‎). Git. 1, 5 כפר עותנאי‎ j. B. mez VII
g. E., עותני‎ dass.

עַז‎, עָזַז‎ (=bh., vgl. auch עוּז‎) stark, fest
sein. Hif. הֵעֵז‎ 1) (mit flg. פָּנִים‎=bh.) frech
sein, sich erfrechen. B. bath. 131ᵃ Rabbi
sagte: Ich war noch jung ורהעזתי פני בנתן הבבלי‎
und war frech, anmassend gegen den Babylonier Nathan; d. h. widersprach ihm in einer
Halacha, vgl. יַלְדוּת‎. — 2) stark sein, bes.
von der hellen Farbe. Sifra Neg. cap. 2 אם העז‎
הנגע וכהה וכהה כאלו לא העז וכ'‎ wenn der Aussatz früher
hell war, später aber dunkel wurde, so ist es,
als ob er gar nicht hell gewesen wäre, vgl. כהי‎,
כָּהָה‎.

עַז‎ m. (=bh.) stark, fest. Jom. 67ᵇ wird
עזאזל‎ (Lev. 16, 7 fg.) erklärt: שיהא עז וקשה‎ es
soll ein starker und fester Berg sein, näml. zusammengesetzt aus עזז-אל‎. Trop. Aboth 5, 20
הוי עז כנמר וכ'‎ sei stark, muthig wie der Parder, um nach dem göttlichen Willen zu handeln.
Das. עז פנים‎ der Freche, Ggs. בוש פנים‎ der
Schamhafte, vgl. בּוֹשֵׁת‎. — Pl. Bez. 25ᵇ מפני מה‎
ניתנה תורה לישראל מפני שהן עַזִין‎ weshalb
wurde die Gesetzlehre den Israeliten gegeben?
Weil sie stark, unbiegsam sind; d. h. keine
feindliche Macht und keine Ueberredungskunst
vermag, sie von der einmal erkannten Wahrheit
abzubringen. Das. שלשה עזין הן בישראל‎
כלב בחיות תרנגול בעופות וכ'‎ drei Klassen von
Starken, Muthigen giebt es: Israel unter den
Völkern, den Hund unter den Thieren und den
Hahn unter dem Geflügel. Manche fügen noch
hinzu: Die Ziege unter dem Kleinvieh, den
צלף‎, Kapperbaum unter den Bäumen. — Fem.
Neg. 1, 1 u. ö. בהרה עַזָה כשלג‎ der Glanzfleck
(eine Art Aussatz) ist stark, sehr weiss wie
Schnee; stärker als die Kalkfarbe, vgl. סִיד‎.
Ker. 6ᵃ vgl. קַפְרִיסִין‎.

עַזּוּת‎ f. (mit flg. פָּנִים‎) Frechheit. Kidd.
70ᵇ כל כהן ששׁ בו עזות פנים אינו אלא מהם‎
jeder Priester, der Frechheit besitzt, stammt
blos von ihnen ab, näml. von den Sklaven des
„Paschchur" (vgl. Jer. 20, 1 fg.), welche sich
mit den Priesterfamilien ehelich vermischt haben
sollen. Schabb. 30ᵇ Rabbi schloss gewöhnlich
sein Gebet wie folgt: Dein Wille, o Gott, sei
es, שתצילני היום מעז פנים ומעזות פנים‎ dass
du mich heute beschützest vor Frechen (dass sie
keine Gewalt über mich haben) und vor Frechheit (dass sie mir fern bleibe)! Nach Raschi:
dass ich nicht in den übeln Ruf eines Bastards
komme, der gewöhnlich frech ist. Ber. 16ᵇ
dass.

עֵז‎ m., auch als N. epic. (=bh., arab. عَنْز‎
von עָנַז‎) Ziege. Bech. 3, 1 (19ᵇ) עז בת שנתה‎
ורדאי לכהן‎ wenn eine einjährige Ziege ein Junges geworfen hat, so gehört dies unzweifelhaft
dem Priester; d. h. es ist bestimmt ein erstgeborenes, da eine Ziege im ersten Lebensjahr

nicht gebärt. Das. 20ᵃ fg. — Pl. Chull. 113ᵇ
u. ö. עִזִּים, s. גְּדִי.

עִיזָה f. weibliche Ziege. j. Bicc. II g. E.,
65ᵇ צבי עיזה על גבי שעלה ein Hirsch, der eine
weibliche Ziege besprungen hat; gew. תיישה,
s. d.

עִיזָּא ch. (syr. ܥܙܐ=עֵז) Ziege. Esr. 6, 17,
s. auch TW. — Meg. 3ᵃ עיזא דבי טבחי שמינא
מינאי die Ziege in der Fleischerei ist fetter als
ich; ein Zauberspruch gegen Beängstigung. B.
bath. 74ᵃ עיזא דימא die Meerziege. — Pl. B.
kam. 23ᵇ עיזי דשוקא Ziegen, die man bis zum
Jahrmarkt hält, um sie dann den Fleischern zu
verkaufen. Das. עיזי דבי תרבו die Ziegen der
Familie Tarbus. Taan. 25ᵃ עיזי דאייתו דובי
בקרניידו die Ziegen, welche (auf Befehl des R.
Chanina ben Dosa) die wüthenden Bären auf
ihren Hörnern herbeibrachten. Schabb. 77ᵇ, s.
מְרֵי, vgl. auch בְּאָלָא. — Uebrtr. Seb. 116ᵇ u. ö.
עיזא דקורקסא ein ziegenförmiger Holz-
block, s. מַרְבָּל.

עַזָּא, עֻזָּה od. עוּזָה und עֲזָאֵל Asa (Usa)
und Asaël, Namen zweier vom Himmel herab-
gestürzter Giganten. Jom. 67ᵇ עזאזל בא לכפר
על מעשה עזא (עוזה) ועזאל Asasel (d. h. das
am Versöhnungsfeste dem Asasel entsandte
Opfer) diente dazu, um die That des Asa und
des Asaël zu sühnen. Vgl. Raschi z. St.: „Dies
sind die zwei bösen Engel, welche zur Zeit der
Naama (נעמה, Lieblichkeit, Venus), der Schwester des Tubalkain, auf die Erde kamen.“ Das
jer. Trg. zu Gen. 6, 4 nennt sie שמחזאי ועוזיאל
Schamchasai und Usiel. Pesik. r. sct. 34,
64ᵈ ומה עזא ועזאל שגופן אש כשירדו לארץ
חטאו אנו לא כל שכן wenn Asa und Asaël, deren
Körper aus Feuer besteht, als sie auf die Erde
kamen, sündigten, um wie viel mehr wir! Deut.
r. sct. 11 g. E. als Gott der Seele des Mose
aus dem Körper zu scheiden befahl, sagte sie:
רבונו של עולם מאצל שכינתך ממרום ירדו שני
מלאכים עזוד ועזאל וחמדו בנות הארצות והשחיתו
דרכם על הארץ עד שתלית אותם בין הארץ
לרקיע אבל בן עמרם מיום שנגלית אליו בסכה לא
בא לאשתו Herr der Welt, von deiner Schechina
in der Höhe stiegen einst die beiden Engel, Usa
und Asaël, herab, sie gelüstete nach den Töchtern der Erde und sie verderbten ihren Wandel
auf der Erde, bis du sie zwischen Erde und Himmel aufhängtest. Der Sohn Amram's hing.
wohnte seiner Frau, seitdem du im Dornbusch
dich ihm geoffenbart hast, nicht bei!

עָזַב (=bh.) lassen, verlassen. Sot. 12ᵃ
עזובה זו מרים ולמה נקרא שמה עזובה שהכל
עזבוה מתחלתה „Asuba“ (1 Chr. 2, 18) das ist
Mirjam; weshalb jedoch wurde sie: Asuba genannt? Weil Alle sie (wegen ihrer Kränklich-
lichkeit, vgl. חָלָה) verlassen hatten. — Hithpa.

verlassen werden. Genes. r. sct. 45, 44ᶜ היא
מתכערת ומתעזבת וכ׳ sie erscheint ihrem Manne
hässlich und wird von ihm verlassen, vgl. כָּעַר.
Hif. Verlassung, d. h. Scheidung bewirken. Git. 32ᵇ wenn der Mann sagt: גט
זה ... לא יעזיב דבריו קיימין אינו מעזיב לא
אמר כלום dieser Scheidebrief soll die Scheidung
nicht bewirken, so ist sein Ausspruch giltig;
wenn er hing. sagt: Er bewirkt nicht die Scheidung, so besagt er gar nichts, weil der Scheidebrief doch richtig abgefasst ist.

עֲזַב ch. (=עָזַב) verlassen. Part. Peil j.
Kidd. I, 61ᵃ mit. מצורע עזיב das W. מצרע (2 Sm.
3, 29) bedeutet: verlassen, aus dem Lager entlassen.

עֲזִיבָה f. N. a. 1) das Verlassen, Ueberlassen. j. Pea IV g. E., 19ᵃ עזיבה das Ueberlassen der Früchte des Eckfeldes an die Armen.
Das. V Anf., 19ᵇ (mit Bez. auf תעזב, Lev. 19,
10) יש לך עזיבה אחרת כזו וכ׳ es giebt noch
ein anderes Ueberlassen, das diesem (Ueberlassen des Eckfeldes) gleicht; dass näml. so wie
letzteres blos den Armen zugute kommt, ebenso,
nach Ansicht der Schule Schammai's, das Freigeben eines Feldes mit dem Bemerken, dass
blos Arme, nicht aber Reiche es gewinnen dürfen, Giltigkeit hat, vgl. הֶבְקֵר. j. Ned. XI, 42ᶜ
un. מעשר עני ניתן בזכירה ואלו בעזיבה der
Armenzehnt wird durch das Einholen gewährt
(d. h. dass er den Armen ihn vom Eigenthümer einholen); die Armengaben hing. (die vergessenen
Garben u. dgl.) durch das Ueberlassen. Genes.
r. sct. 69, 68ᵈ אין עזיבה אלא פרנסה der Ausdruck „verlassen“ (d. h. die Worte: „Ich werde
dich nicht verlassen“, Gen. 28, 15) bedeutet
nichts Anderes als Nahrung (d. h. du wirst
keinen Mangel an Nahrung haben=Ps. 37, 25).
Levit. r. sct. 35 Anf. dass. Thr. r. sv. למה לנצח,
70ᵇ, s. מֵאֵין. — 2) Ned. 22ᵃ מילין דעזיבה
etwas Hässliches, was man unterlassen sollte.

עִזָּד m. (=אִזְגַּד s. d.) Bote, Gesandter,
s. TW.

עָזַז (=bh.) stark, mächtig sein. — Hif.
הֵעֵז s. עַז. — Hithpa. stark, mächtig werden. Midr. Tillim zu Ps. 9 wird יעז אל (Ps.
9, 20) erklärt: אל יתעזזון במלכותן ואל יתעזזון
בשלוחון sie werden nicht mächtig sein in ihrer
Regierung und sie werden nicht mächtig sein
in ihrem Wohlstande.

עַזִּיז m., עֲזִיזָא f. (syr. ܥܙܝܙ, hbr. עַזּוּז) mächtig, stark, s. TW. — Snh. 7ᵃ כי הוות רחימתין
עזיזא וכ׳ als noch unsere Liebe stark war, s.
סַפְסָר.

עֲזִיזוּתָא f. (=bh. עֱזוּז) Macht, Stärke.
Trop. Thr. r. sv. מגנת לב 66ᵈ חשב להם (Klgl.
3, 65) bedeutet: עזיזות ליבא Starrsinn.

עֲזָזֵיל m. (hbr. עֲזָאזֵל, syr. ܥܙܐܙܝܠ) Asasel und עוּזִיאֵל Usiel, s. TW., vgl. עֵז.

עֲזַל (syr. ܥܙܠ, vgl. אֲזַל II) spinnen, nere. — עֲזִיל 1) Part. pass. gesponnen. Khl. r. sv. אֵל חבהל, 87ᵇ, vgl. מַעֲזְלָא, s. auch TW. — 2) Sbst. (syr. ܥܙܠܐ=עִיזְלָא, s. TW.) Gesponnenes, Gespinnst. j.Ab.sar. I, 39ᶜ mit R. Bebai schickte den R. Seïra, דיזבון ליה עזיל קטן וכ' dass er ihm ein kleines Gespinnst kaufe. j. B. mez. II Anf., 8ᵇ עזיל אשכח er fand ein Gespinnst, s. אַנְפּוּרְקָא.

עֲזַם (=חֲזַם, Grndw. עז=גז, s. נְזַם) abschneiden, ablösen, s. TW.

עֲזַק (arab. عَزَقَ, bh. עָזַק Piel) 1) umgraben, Furchen um die Pflanzen rings herum ziehen. Stw. עזק=חזק=חשק s. d. W.: umgeben. Men. 85ᵇ מצאו שהיה עוזק תחת זיתיו er traf ihn, als er unter seinen Olivenbäumen Furchen zog. Ohol. 18, 5 העוזק בית הפרס wenn Jem. einen Begräbnissplatz mit einem Graben umringte. Maim. in s. Comment. z. St. bemerkt: Es sei das arab. אל העזיק(?). Tosef. Ahil. XVII g. E. עזקו אין לך בדיקה גדולה מזו wenn man den Begräbnissplatz umgraben hat, so giebt es keine bessere Untersuchung; d. h. so sind daselbst gewiss keine Todtengebeine mehr. — 2) einschliessen. Chull. 94ᵃ der Vater des Kindes (dem die eingeladenen Gäste die ihnen vorgelegten Brote gegeben hatten) kam herbei; מצאו שעורק אחת בפיו ושתים בידו und traf das Kind, als es ein Brot mit seinem Munde und zwei Brote mit seiner Hand umschloss, festhielt. Trop. j. R. hasch. II, 58ᵃ ob. בית יעזק ... ששם Beth Jaasek (hiess der grosse Hof in Jerusalem, woselbst das Zeugenverhör betreffs des Sichtbarwerdens des Mondes stattfand), weil man dort die Halacha (die Kalenderbestimmung) עוזקין את ההלכה abgeschlossen hat.

עֲזֵק m., עֲזֵקָה f. von Gräben eingeschlossenes Feld. Tosef. Dem. I Anf. פירות עזק הם m. Agg. (ed. Zkrm. עֲזֵיקָה) die Früchte kommen von einem mit Gräben umgebenen Felde her. Jeb.122ᵃ עזיקה. Nach Ar.: Die Früchte rühren nicht von einem unbebauten, sondern vielmehr von einem im Brachjahr gepflügten Felde her, weshalb man sie nicht essen darf. Nach einer Erklärung der Tosaf. zu Men. 84ᵃ wäre עֲזֵיקָה (=bh. עֲזֵקָה, Jos. 10, 10 fg.) Aseka, Name eines Ortes, wo gute Früchte wuchsen. — Ferner עזק: Wulst aus Baumwolle, s. עֶזֶק.

עִזְקָא m., עִזְקְתָא f. (syr. ܥܶܙܩܐ) 1) Ring. Dan. 6, 18. — Git. 68ᵃ יהב ליה שושילתא דחקיק עלה שם וכ' Salomo übergab ihm (dem Benjahu, um dem Dämonen-Obersten beizukommen) eine Kette, in welche

LEVY, Neuhebr. u. Chald. Worterbuch. III.

der Gottesname eingegraben war und einen Ring, in welchen ebenf. der Gottesname eingegraben war. Midr. Tillim zu Ps. 78, 45 dass. Das. ö. Levit. r. sct. 13, 156ᵈ עזקתא דומקתא ein rother Ring, Kranz, vgl. מֶסְפְּנִיתָא j. Ab. sar. IV, 44ᵇ ob. Bar Kapra אשכח חד עזקתא fand einen Ring. — Pl. j. Schabb. VI, 8ᵇ un. wird טבעת (Num. 31, 50) übersetzt: עִזְקַנְיָא die Ringe; vgl. auch חיזקא. — 2) übrtr. (=hbr. טַבַּעַת, s. d.) der Mastdarm, von der runden Form so benannt. Khl. r. sv. החכמה, 88ᶜ עִיזְקְתָא, s. בַּנְתָא I. — 3) Kette, Fessel, s. TW.

עֶזְרָא Esra, N. pr. 1) der Priester und Schriftlehrer, vgl. סוֹפֵר. Num. r. sct. 3 g. E. כך אמר עזרא וכ' so dachte sich Esra bei dem Setzen der diakritischen Punkte, vgl. נְקוּדָה. Aboth de R. Nathan XXXIV u. ö.; vgl. auch עֲזָרָה. — 2) Men. 53ᵃ ר' עזרא בר בריה דר' R. Esra, der Enkelsohn des R. Abtolos (Ptolemäus), welcher das zehnte Glied des R. Elasar ben Asarja war, welcher letztere das zehnte Glied des biblischen Esra war.

עֻזְרָד m. Pl. עִזְרָדִין od. עֲזַרְדִין Spierling, verwandt mit זְרָדְתָא s. d. Syr. ܙܪܕ dass. Ar. sowohl, als auch die Agg. und Mss. haben עזרדין; Ar. ed. pr. auch עזרדין (mit Daleth), das er durch das arab. אלועֵרור erklärt. Wo Löw' Aram. Pflanzen, p. 287 fg. עזרדין gefunden hat, ist mir unbekannt. — Kil. 1, 4 העוזרדין, neben עוזרדין s. d. Maim. z. St. erklärt das W. durch arab. עזרוד und שורלבֵֿש (lat. sorbus). Maasr. 1, 3. Dem. 1, 1. Ukz. 1, 6. Ber. 40ᵇ, s. טוּלְשָׁא. Schabb. 38ᵃ un. הביאו לפנינו ביצים Ms. M. man brachte uns Eier, die eingekocht, so klein wie die Spierlinge waren, vgl. jedoch חַזְרָד.

עֻזְרָד m. Pl. עֲזַרְדִין (verwandt mit זְרָד זָרָד) verdorrtes Rohr, das dem dürren Baumzweig gleicht. Erub. 34ᵇ כאן בעזרדין כאן בשאינין עזרדין Ar. (Agg. עוזרדין; Ms. M. עוזרדין, Var. עוזרדין; diese beiden Lesarten wohl durch Verwechslung mit vrg. עוזרד) die Mischna spricht von dürren Rohren, die, weil sie unbiegsam sind, leicht abgebrochen werden könnten; R. Nachman hing. spricht von nicht dürren Rohren.

עֶזְרָה f. (=bh. von עָזַר) Hilfe. Taan. 14ᵃ. 19ᵃ wenn Räuberhorden oder Ueberschwemmung drohen, so darf man am Sabbat Lärm rufen (oder: blasen); לעזרה אבל · לא לצעקה jedoch blos, um Hilfeleistung zu bewirken, nicht aber zum Gebet. Nach einer Erkl. bedeutet לעזרה: Gebet um göttliche Hilfe; לצעקה hing.: Klagegeschrei.

עֲזָרָה f. (=spät. bh.) Tempelhalle. Stw.

80

עֲזַר=עצר einschliessen. St. constr. עֲזָרָה, so nach der traditionellen Aussprache und in älteren, punktirten Mischnacodd., vgl. Lipman Heller zu Midd. 2, 6 (wie von עֲזָרָה, weil auf עזרת, Ps. 46, 2 angespielt wurde). Midd. 1, 4 ז' שערים היו בעזרה ג' בצפון וג' בדרום וא' במזרח sieben Thore hatte die Tempelhalle, näml. drei an der Nordseite, drei an der Südseite und eines an der Ostseite. Das. 2, 5. 6 עזרת הנשים die Frauenhalle, die 135 Ellen lang und 135 Ellen breit war. Das. עזרת ישראל עזרת כהנים . . . die Halle der Israeliten, die Halle der Priester, deren jede 135 Ellen lang (von Norden nach Süden) und 11 Ellen breit war. Das. 5, 1 כל העזרה היתה ארך מאה ושמונים ושבע על רחב מאה ושלשים וחמש וכ' die Tempelhalle im Ganzen hatte (von Osten nach Westen) eine Länge von 187 Ellen (näml. die Frauenhalle 135, die Israelitenhalle und die Priesterhalle je 11 Ellen, wozu noch ein leerer Zwischenraum kam) und eine Breite von 135 Ellen. Suc. 51ᵇ. Kel. 1, 8 u. ö. — M. kat. 18ᵇ ספר העזרה Ms. M. (Agg. עזרא) die Pentateuchrolle der Tempelhalle, vgl. שָׁמָּא. Kel. 15, 6 u. ö., vgl. auch נְגָה.

עֲזַרְתָּא ch. (=עֲזָרָה) die Tempelhalle, s. TW.

עֲזַרְיָה Asarja, N. pr. 1) Sot. 21ᵃ שמעון אחי עזריה Simon, der Bruder des Asarja. Vgl. Levit. r. sct. 25, 168ᶜ על ידי שהיה עזריה עוסק בפרקמטיא ונותן בפיר של שמעון לפיכך נקראה ההלכה על שמו weil Asarja mit Geschäften sich befasste und seinem Bruder Simon (der dem Gesetzstudium oblag) Nahrung reichte, deshalb wurde auch sein Name bei den Halachoth seines Bruders genannt. — 2) das. sct. 10 Anf. u. ö. ר' עזריה R. Asarja, als Autor vieler Agadoth. — Sehr oft עזריה בן אלעזר ר' R. Elasar ben Asarja, s. אֶלְעָזָר.

עֵט I m. (=bh.) Griffel. Stw. עט=חט, חטט eingraben, eingraviren; s. TW.

עֵט II m. (=חֵט mit Wechsel der Guttur.) Sünde. Schabb. 55ᵇ ארבעה מתו בעטיו של נחש וכ' vier Männer starben infolge der Sünde des Nachasch (d. h. es haftete an ihnen keine andere Sünde, als die durch die Verleitung der Schlange) und zwar Benjamin, Sohn Jakob's, Amram, Vater des Mose, Jischai, Vater David's und Kileb, Sohn David's. Das. „Abigail" wird (2 Sm. 17, 25) genannt: בת נחש, während sie (1 Chr. 2, 16, 17): die Tochter Ischai's (Jischai's) genannt wird! אלא בת מי שמת בעטיו של נחש allein: sie war die Tochter (Jischai's), desjenigen, der durch die Verleitung des Nachasch starb. B. bath. 17ᵃ dass. עטיו של נחש ist ähnlich חטיו של עגל, s. חֵט. — Die Erkl. Ar.'s und der Commentt. 1) (vom vrg. עט) Grif-

fel, Verzeichniss und 2) (vom nächstflg. עטא) Rath, Plan, leuchten nicht ein.

עֵטְמָא ,עֵיטָא ,עֵטָא f. ch. (von יָעַט; = hbr. עֵצָה) Rath, Verstand. Dan. 2, 14 עטא s. auch TW. — j. B. bath. VI g. E., 15ᵉ בר עיטין eig. Sohn der Rathschläge, als N. pr. Bar Etjan.

עֲטָא ,עֲטִי (syr. ܐܛܐ, hbr. עָטָה) einhüllen, s. TW. Grndw. עט, biegen, sodann: verhüllen, dav. עָטַר ,עָטַף; vgl. auch עֲטַן.

עֲטִילָא od. עֲטֵילָא m. Adj. (=hbr. עָצֵל) der Träge. Stw. arab. عَطَلَ Conj. V otiosus fuit, s. TW. — Dav. N. pr. Esth. r. sv. ובמלאת, 102ᵇ ר' חנינא בן עטל R. Chanina, Sohn Atals.

עַטְלוּתָא f. (=hbr. עַצְלוּת) Trägheit, s. TW.

עַטְלִין m. (=קַטְלִיס, s. d., gr. κατάλυσις, ק in ע verw.) Jahrmarkt, Bazar, eig. Wirthshaus, wo die Thiere losgespannt und wo auch für die Reisenden im Orient die Märkte abgehalten wurden, vgl. אַטְלִיס ,אַטְלִין. Ab. sar. 11ᵇ עטליוה של עזה Ar. sv. אטלס (Agg. עטלווה, das 2 Mal) der Jahrmarkt zu Gaza.

עֲטַלֵּף m. (=bh. Stw. עטל, arab. عَطَلَ finster) Fledermaus, eig. die Nächtliche. Snh. 98ᵇ un. „Wehe euch, die ihr nach dem Tage Gottes gelüstet; wozu euch der Gottestag? Er bringt Finsterniss und nicht Licht", Am. 5, 18; auf die heidnischen Völker und bes. auf die Häretiker angewandt. משל לתרנגול ועטלף שהיו מצפין לאור אמר לו תרנגול לעטלף אני מצפה לאורה שאורה שלי הוא ואת למה לך אורה ein Gleichniss von einem Hahn und einer Fledermaus, die auf das Licht, den Tagesanbruch, harrten. Da sagte der Hahn zur Fledermaus: Ich hoffe auf das Licht, denn das Licht gewährt mir Nutzen; was aber nützt dir das Licht? Bech. 7ᵇ, s. יָעַב im Hifil.

עֲטַלֵּיפָא chald. (=עֲטַלֵּף) Fledermaus, s. TW.

עֵטְמָא ,עֲטָמָא m. (syr. ܐܛܡܐ=אִיטֵם ,אֵטְמָא s. d.) Flanke, Braten. Grndw. עם fest, dicht sein, vgl. אָטַם und עָטַם. j. Meg. I, 70ᵈ mit. R. Judan Nasi schickte R. Hoschaja, dem älteren, als ein Geschenk am Purimfeste חד עטמא ורחד לגין דחמר einen Braten und einen Krug Wein. Meg. 7ᵃ steht dafür אטמא דעיגלא תילתא einen Braten von einem fetten Kalb, vgl. עֵגֶל; s. auch TW.

עֲטַן (arab. عَطَنَ) einlegen, bes. die Oliven unter die Presse oder in den Bottich, מַעֲטָן, Grndw. עט biegen, s. עֲטִי. Men. 86ᵃ

שלישי עוטבו בבית הבד וכ' die je dritte Olive
legt man so lange in der Kelter nieder, bis sie
weich wird u. s. w., s. פָּתַשׁ. Tosef. Tobar. X
העוטן זיתיו בין שני בדין wenn Jem. seine Oliven
zwischen zwei Pressbalken einlegt. Das. העוטן
זיתים בתוך ביתו wenn Jem. Oliven in seinem
Hause einlegt. Tosef. Chall. II ובלבד שלא יהא
הוא ... מוסק ודהן עוטבין על ידיו ... אלא הן
ועוטבין (ed. Zkrm. מוסקין והוא עוטן על ידידם
ועוטן ...) jedoch nicht, dass er (der Pächter)
die Oliven pflückt und sie nach ihm dieselben
einlegen; sondern vielmehr sie sollen sie pflücken
und er sie einlegen. Tosef. Schebi. IV g. E.
man darf nicht Oliven von ausserhalb Palästina
nach Palästina bringen, ועוטבין אותן בארץ um
sie daselbst einzulegen. Part. pass. j. Dem. VI,
25ᶜ un. דרך בני אדם לוכל זיתידן עטובין pflegen
denn etwa die Menschen, ihre unter die Presse
eingelegten Oliven (bevor sie ganz erweicht sind)
zu essen?

עָטִין od. עָטִן m. (eig. Part. pass.) die unter den Pressbalken oder in den Bottich
eingelegte Olive. Pl. j. M. kat. II Anf., 81ᵃ
מתחין בעטינים מה דתני ר' חייא בגרגרין die
Mischna ("wenn Jem. seine Oliven umgewandt
hat" u. s. w.) spricht von Oliven, die bereits
unter der Presse eingelegt sind; R. Chija hing.
in der Borajtha spricht von Oliven, die noch
ganze Beeren (nicht unter der Presse) sind. —
Das bh. עטונים (Hi. 21, 24: עטיניו מלאו חלב)
bedeutet höchst wahrsch.: "Seine Brüste, in denen
gleichsam die Milch oder der Saft [חָלָב von
der Milch in der weiblichen Brust entlehnt,
vgl. הזכר חָלָב der Saft aus der Brust eines
Mannes] wie die Oliven im Bottich verarbeitet
wurden], sind voll Saft, Fett"; Parall. מח
עצמותיו: "Das Mark in seinen Knochen." Nach
Delitzsch in s. Comment.: "Tröge (Milcheimer)";
eine Erklärung jedoch, die bereits Kimchi in
s. hbr. Lex. widerlegt hat. — j. Maasr. V
Anf., 51ᵇ עטונין. Richtiger Tosef. Maasr. III
אטונין (so in m. Agg.; ed. Zkrm. עטונין),
entsprechend den שתלים והרוגזי פשתן, vgl.
אטונא.

עֲטַמָעמָה f. (=טְעִימָה s. d., ע [=א] prosthet.)
was gekostet wird. j. Snh. II g. E., 20ᶜ un.
איירת עטמעמה bringe etwas zu kosten. Sollte
viell. מטעמה (s. d. W.) zu lesen sein?

עָטַף (=bh. Grndw. עט s. עטי) eig. (=arab.
عَطَفَ) umbiegen, dah. umhüllen, einhüllen. j. Ned. III g. E., 38ᵃ עתיד עשר הרשע
לעטוף טליתו וכ' der Bösewicht Esau wird in
der zukünftigen Welt sich mit seinem Mantel umhüllen, um als fromm zu erscheinen u. s. w.,
d. h. Roms Herrscher werden ihre Togas tragen,
vgl. טַלָּא und כַּבָלָא. Part. pass. j. Ab. sar. I
g. E., 40ᵃ לא מסוריו נדרים מהלכין אלא עֲטוּפִין

ויושבין man löst die Gelübde nicht während man
geht, auf, sondern eingehüllt und sitzend. Num.
r. sct. 20, 240ᵇ כשהיו ישראל נראים לעמוהם
נראין עטופים לשלום ולמוהבים נראין מזויינין
למלחמה als die Israeliten sich den Ammonitern
zeigten, so zeigten sie sich eingehüllt zum Frie-
densschluss; als sie sich aber den Moabitern
zeigten, so zeigten sie sich gewaffnet zur Kriegführung; vgl. Dt. 2, 9 fg.

Nithpa. und Hithpa. sich einhüllen. Schabb.
31ᵃ נתעטף ויצא לקראתו וכ' Hillel hüllte sich
ein und ging ihm (jenem Heiden, der ein Proselyt werden wollte) entgegen. j. Ab. sar. I
g. E., 40ᵃ R. Gamliel kam vom Berge herab,
נתעטף וישב לו והתיר את נדרו hüllte sich ein,
setzte sich nieder und löste jenem das Gelübde
auf. Schabb. 10ᵃ die Gerichtsverhandlung beginnt, משיתעטפו הדייניד wenn die Richter sich
einhüllen; nach einer andern Ansicht: משיפתחו
בעלי דינין wenn die Processführenden ihre An-
träge eröffnen. Das. 25ᵇ das Verfahren des
R. Juda bar Illaj am Freitag war folgendes:
מביאין לו עריבה מלאה חמין ורוחץ פניו ידיו
ורגליו ומתעטף ויושב בסדינין המצוייצין ודומה
למלאך ה' צבאות man brachte ihm eine Mulde
voll warmen Wassers, worin er sein Gesicht,
seine Hände und Füsse wusch; sodann hüllte er
sich ein und sass in Ueberwürfen, die mit
Schaufäden versehen waren; sodass er einem
Engel Gottes ähnlich aussah. Keth. 66ᵇ נתעטפה
בשערה sie (die Tochter des Nakdimon) hüllte
sich in ihr Haar ein. — Trop. Ber. 16ᵇ תתעטף
בחסידותך mögest du, o Gott, dich in deine
Liebe einhüllen. R. hasch. 17ᵇ, s. סֵדֶר.

עֲטַף ch. (=עָטַף, syr. ܥܛܰܦ Pael) einhüllen, umhüllen, s. TW. — Trop. M. kat. 28ᵇ
ein Klagelied bei einem verstorbenen grossen
Mann: עטוף וכסו טורי דבר רברבי וכר רמי הוה
verhüllet und bedecket euch, ihr Berge (oder
grosse Männer; d. h. leget Trauerkleider an),
denn jener Verstorbene war der Sohn grosser
und erhabener Ahnen!

Ithpa. אִתְעַטַּף, contr. אִיעַטַּף (syr. ܐܶܬܥܰܛܰܦ) sich
einhüllen. Schabb. 10ᵃ R. Kahana kleidete sich an
ומתעטף ומצלי und hüllte sich ein, um zu beten. Das.
119ᵃ R. Chanina ומיעטף וקאי בפניא דמעלי שבתא
וכ' hüllte sich ein und stand am Freitag vor
Abend, um den Sabbat zu begrüssen, vgl. כַּלָּה.
B. kam. 32ᵃ u. ö.

עִיטוּף m. N. a. das Einhüllen. Ber. 51ᵃ
der Becher zum Segenspruch beim Tischgebet
bedarf עיטור ועיטוף der Bekränzung und der
Einhüllung. Letzteres wird das. erklärt: R.
Papa מעטף ויהב hüllte sich ein und setzte sich.
R. Asse hing. פריס סודרא על רישיה breitete ein
Tuch über seinen Kopf. Vgl. j. Ber. VII Ende,
11ᵈ אבל מסב מתעטף ומברך wenn Jem. an der

Tafelrunde gegessen hat, so hülle er sich ein und spreche den Segen.

עֲטֵף‎, עֲטוּף‎ m. (arab. عِطَاف) Hülle, Ueberwurf. Pl. j. Pea VIII, 21ᵇ ob. צריך אדם שיהו לו שני עטיפין אחד לחול ואחד לשבת der Mensch muss zwei Hüllen haben, eine für die Wochentage und eine für den Sabbat. Ruth r. sv. ורהצת‎, 41ᵇ steht dafür שני עטפים.

עֲטִיפָה‎ f. N. a. 1) das Einhüllen, Umhüllen. M. kat. 24ᵃ כל עטיפה שאינה כעטיפת ישמעאלים אינה עטיפה eine Einhüllung, die nicht dem Einhüllen der Araber gleicht, ist nicht als eine Einhüllung anzusehen. Das. erklärt: עד גובי דרוקני d. h. der Leidtragende muss sich bis zum Grübchen des Bartes einhüllen. — 2) (=syr. ܥܛܝܦܬܐ, bh. מֵעֲטָפָה) Hülle, Ueberwurf. j. Pea VIII, 21ᵇ ob. diejenigen, welche den Vortrag des R. Samlai gehört hatten, dass man am Sabbat einen andern Ueberwurf tragen müsse, als am Wochentage (vgl. עֲטֵף), klagten ihm: כעטיפתנו בחול כן עטיפתנו בשבת וכ' unser Ueberwurf am Sabbat gleicht (infolge unserer Armuth) dem des Wochentages. Der Lehrer erwiderte ihnen: Nun, so ändert wenigstens die Art des Einhüllens. Ruth r. sv. ורהצת‎, 41ᵇ dass. Genes. r. sct 12 Anf. בירכו כעטיפה Gott segnete den Sabbat, dass man an ihm eine bessere Hülle trage. Das. sct. 82, 80ᵇ zwei Schüler des R. Josua וכ' שינו עטיפתם בשעת השמד änderten ihre Hülle zur Zeit der Religionsverfolgung, um nicht als Juden erkannt zu werden, vgl. סְרַדְיוֹן. Cant. r. sv. מה דודך, 25ᵈ מלך בשר ודם מעטיפתו ניכר ברם הכא הוא אש ומשרתיו אש der menschliche König wird an seiner Hülle erkannt, hier (bei Gott) hing. ist er Feuer und seine Diener sind ebenf. Feuer. Tract. Derech erez suta V durch vier Dinge sind die Gelehrten kenntlich, בכיסן בכוסן בכעסן ובעטיפתן durch ihren Beutel (Mässigkeit im Geldausgeben), durch ihren Becher (Mässigkeit im Trinken), durch ihren Zorn (Mässigung desselben) und durch ihre Hüllen (Erub. 65ᵇ steht letzteres nicht, vgl. פוס).

עֲטִיפָא‎, עֲטִיפָא‎ m. (=עיפא) sinus, κόλπος, eig. wohl: was umhüllt, bedeckt, dass., was hbr. חֵיק u. zw. 1) der Busen eines Kleides. — 2) Schoss, Busen eines Menschen, s. TW.

עֲטֵף‎ Af. (=אֲטֵיף von טוף) schwimmen machen, ertränken. Suc. 53ᵃ על דעטפת עטפוך ורעטפוך יטעפון Ms. M. und Ar. (Agg. דאטפת וכ'‎=Aboth 2, 6) weil du ertränktest, hat man auch dich ertränkt; später aber wird man auch diejenigen, die dich ertränkt haben, ebenf. ertränken, vgl. טוף.

עֲטַר‎ (=bh. Grndw. עט s. עטי) eig. neigen, biegen, dah. auch: umgeben, umringen, bekränzen. Part. pass. Pesik. r. sct. 9 Anf. כוס של ברכה מצנורהא מורדה ושירהא עטור ושירהא מלא der Becher, worüber man den Segen beim Tischgebet spricht, soll ausgespült, bekränzt und voll sein, vgl. עיטור.

Pi. עִטֵּר‎ bekränzen, mit Kranz oder Krone umgeben, und übrtr. schmücken. Bic. 3, 9 מעטרין את הבכורים man bekränzt die Erstlingsfrüchte; d. h. man umringt sie mit schönen Früchten. j. Bic. III Anf., 65ᵉ mit מי שהיו לו בכורים גרוגרות היה מעטרן האנים וצמוקים ענבים wer dürre Feigen als Erstlingsfrüchte hatte, umringte sie (wenn er sie nach Jerusalem führte) mit frischen Feigen; wenn er Rosinen hatte, so umringte sie mit frischen Weintrauben. j. Taan. IV, 68ᵇ un. Bez. 5ᵃ. Exod. r. sct. 5, 107ᵈ und das. sct. 42, 137ᵃ, s. פרוֹזבּוּטִיס. Ber. 51ᵃ s. עיטור. Part. pass. Ab. sar. 12ᵇ. 13ᵃ חניות מעוטרות bekränzte Läden zu Ehren der Götzen. j. Ab. sar. I, 39ᵈ mit במה מעוטרות . . . בהדס . . . בשאר כל המינין womit waren sie bekränzt? R. Jochanan sagte: Mit Myrten; Resch Lakisch sagte: Mit verschiedenen Verzierungen.

Nithpa. und Hithpa. sich schmücken, zieren, geziert werden. Genes. r. sct. 52, 51ᶜ בכלה נתעטר בה והיא לא נתעטרה בבעלה der Mann der Sara (Abraham) wurde geziert, sie aber wurde nicht durch ihren Mann geziert; mit Ansp. auf בעל בעלה (Gen. 20, 3=) gedeutet, vgl. auch מרכּתא. j. Snh. II, 20ᵇ ob. הוא ירחמאל קדמאי אלא שנשא אשה גויה וכ' "Jerachmel" (1 Chr. 2, 26) ist derselbe, der oben (V. 9) erwähnt wird; allein er heiratete eine Heidin (עטרה, eig. die "Atara"), um sich durch sie "zu verherrlichen". Sie soll näml. eine Königstochter gewesen sein. Ruth r. g. E., 43ᶜ dass., vgl. auch עֲטָרָה.

עֲטַר‎ I ch. (=עֲטַר) umringen, umgeben. — Pa. עַטַּר bekränzen, umhängen, zieren. Sot. 5ᵃ der Gelehrte muss einen kleinen Theil Stolz besitzen; ומעטרא ליה כי סאסא לשובלתא dieser ziert ihn wie die Aehre den Halm. — Ithpa. umringt, bekränzt sein, werden, s. TW.

עֲטַר‎ II 1) (Grndw. עט, wov. syr. ܚܦܐ, Pesch. für hbr. מָחָה Dt 9, 14. 25, 19 u. ö.) eig. verdecken, verhüllen (hbr. עָטָה, vgl. Michael. in Cast. Lex. Syr.) verwischen (vgl. עטור nr. 2); intrust. weichen, aufhören, s. TW. — Uebrtr. Part. Peil Git. 86ᵃ דיסער ורבנר wurde freigegeben und vom Dienste entlassen, vgl. עֲבַד. j. Nid. II g. E., 50ᵇ עטיר חמיתיה מיניה sähst du ein Menstruum, das von dem jetzt vorgezeigten Blut abweichend (eine hellere Farbe habend) war? — 2) (syr. ܥܛܪ) rauchen. Adj. עֲטִיר rauchend, s. TW.

עִטּוּר, עִטּוּר m. N. a. 1) das Umgeben,
Umkränzen, Bekränzung. Bic. 3, 10 עיטור
הבכורים das Bekränzen der Erstlingsfrüchte,
s. עִטֵּר. j. Bic. I g. E., 64ᵇ dass. j. Ber. VII
g. E., 11ᵈ der Becher, worüber man das Tischgebet spricht, צריך עיטור bedarf der Bekränzung, d. h. Verzierung mit verschiedenen Blumen
(mit Ansp. auf שבע, Dt. 33, 23); eine griechische
Sitte bei Trinkgelagen, στεφανοῦν, vgl. Frankel
Comment. z. St. In Babylon hing. war diese
Sitte unbekannt; daher heisst es Ber. 51ᵃ מעטרהו
בתלמידים R. Juda umgab den Becher (d. h. sich)
mit Schülern; R. Chisda בנטלי ליה מעטר umgab ihn mit kleinen Bechern. — Pl. j. Suc. I,
51ᵈ un. וכ' עיטורין בה תולה wenn man in der
Festhütte Verzierungen anbringt. j. Bez. I, 60ᵇ
ob. עיטורי סוכה die Verzierung der Festhütte.
— 2) (von עֲבַר II, syr. ﻋﻄﺮ) das Verwischen,
Entfernen, Fortschaffen. Ned. 37ᵇ עיטור
סופרים . . . הלכה למשה מסיני das von den
Soferim herrührende Entfernen mancher Buchstaben (insbes. des Waw's) aus der Bibel ist
eine Tradition des Mose vom Sinai her. So
z. B. soll in Gen. 18, 5 und 24, 55. Num. 12,
14. Ps. 68, 26 — in allen diesen Stellen die
frühere LA. gelautet haben ואחר; die Soferim
emendirten es in אחר; ferner anst. רמשפטך
Ps. 36, 7, setzte man später משפטיך (Die Um-
wendung des letztgenannten Verses, vgl. פָרַס,
wäre nach der LA. משפטיך unmöglich gewesen.) Ar. hv. bezeugt: Die Dörfler hätten
noch bis kurz vor seiner Zeit: ישמע ולא (Ex.
23, 13) fälschlich für לא ישמע gelesen (Kennicot citirt mehrere Codices, die ולא haben).

עֲטָרָה f. St. c. עֲטֶרֶת. Pl. עֲטָרוֹת (=bh.) 1)
Krone, Kranz. j. Ab. sar. III, 42ᶜ un. s. סָרִיח.
Das. IV, 43ᵈ mit. עטרות שיבולים דבר סוף לא
זורד אף עטרות nicht blos sind Kränze
von Aehren (welche gefunden wurden, zum Genusse verboten, weil sie zum Götzencult gehören, Mischna das.), sondern auch Rosenkränze
sind verboten. j. Bic. I g. E., 64ᵇ ob. Sot.
49ᵃ, s. עִיר. j. Sot. IX g. E., 24ᵇ un. R. Jirmeja עטרה של זית לבש setzte sich einen Kranz
von Olivenzweigen auf das Haupt, שֶׁבְּצֵב.
Thr. r. sv. נפלה, 69ᵈ und Khl. r. sv. רעה יש,
94ᵇ dass. Trop. j. Dem. II, 22ᶜ un. Rabbi
erlaubte mehrere Dinge, womit die Gelehrten
nicht einverstanden waren. Er`sagte zu ihnen:
„Chiskija entfernte die eherne Schlange, weil sie
götzendienerisch verehrt wurde“ (2 Kn. 18, 4).
Sollte denn von Mose an bis Chiskija kein
Frommer erstanden sein, der sie schon früher
entfernt hätte! הקלבה הניח העטרה אותה אלא
להתעבר בה ואנן העטרה הזאת הניח הקלבה לנו
להתעבר בה allein jene Krone hat Gott ihm
(dem Chiskija) zurückgelassen, um dadurch verherrlicht zu werden; ebenso hat Gott diese
Krone uns zurückgelassen, um dadurch verherr-

licht zu werden; vgl. Chull. 6ᵇ. 7ᵃ. Aboth 4, 5
בהם להתגדל עטרה תעשם אל verwende nicht
die Worte der Gesetzlehre zu einer Krone, um
hierdurch hohes Ansehen zu erlangen, vgl. קָנָה.
Jom. 69ᵇ, s. יוֹשֵׁן. Levit. r. sct. 13 g. E. s. חָזַר.
Meg. 15ᵇ צדיק כל בראש עטרה להיות הקבה עתיד
וצדיק Gott wird einst eine Krone auf dem
Haupte eines jeden Frommen sein; mit Ansp.
auf Jes. 28, 5. Exod. r. sct. 21, 120ᶜ der Engel,
der über die Gebete gesetzt ist, sammelt alle
Gebete Israels, בראש ונותן עטרות אותן ועושה
ישראל של בתפלותיו מתעטר שהקבה . . . הקלבה של
macht aus ihnen Kronen und setzt sie auf das
Haupt Gottes; denn Gott schmückt sich mit den
Gebeten Israels; mit Ansp. auf Jes. 49, 3. Ber.
17ᵃ in der zukünftigen Welt צדיקים יושבים
השכינה מזיו ונהנין בראשיהם ועטרותיהם werden
die Frommen sitzen, Kronen auf ihren Köpfen
tragen und an dem Glanze der Gottheit
laben. Tosef. Sot. XV mit dem Tode des R.
Elasar ben Asarja שעטרת חכמים עטרת בטלה
חכמים עטרה hörte die Krone der Gelehrten
auf, denn die Krone der Gelehrten ist ihr Reichthum. Sot. 49ᵇ steht dafür עטרות בטלו pl.
Sifra Schemini Anf. und Schabb. 87ᵇ היום אותו
וכ' עטרות עשר נטל jener Tag (näml. der erste
Tag des Monats Nisan, nach dem Auszuge aus
Egypten, Ex. 40, 17) erlangte zehn Kronen,
Vorzüge; er war der erste Schöpfungstag, Sonntag, der erste Tag, an dem die Fürsten ihre
Opfer darbrachten, der erste, an dem der Priesterdienst begann u. s. w. Genes. r. sct. 4 Ende
u. ö. — 2) (=זֵר) eig. Umringendes, Ein-
schliessendes, dah. Leisten, Gitter. Kel.
5, 3 עטרה das Gitter, die Umkränzung
des Herdes. Ohol. 14, 1 העטרות die Gitter
oder Gesimse, die an den Häusern oberhalb der
Thür angebracht sind. Midd. 3, 8 העטרות die
Fenstergitter. — 3) der Eichel oder das
Präputium des männlichen Gliedes, nach der
runden Form so benannt. Jeb. 55ᵇ s. הֶכָּרָה.
j. Jeb. XI Anf., 7ᵇ dass. j. Schabb. XIX g. E.,
17ᵇ עטרה של גובה die obere Stelle der Eichel.
— 4) übrtr. die Warze der weiblichen
Brust. Nid. 47ᵃ העטרה משהקיף wenn die
Brust die Warze umrändet, einschliesst, so ist
das ein Zeichen der Mannbarkeit, בגרות. Das.
52ᵇ. Tosef. Nid. VI Anf. dass.

עִטְרָא, עַטְרָא od. אִיטְרָא m. eig. das Cir-
culiren (vgl. arab. ﺇﻃﻼﺭ circulum); insbes.
Theilungspact zweier Socien, die gemein-
schaftlich im Besitz von Sklaven oder Gegen-
ständen sind, wonach letztere an dem einen
Tage diesem und an dem andern Tage jenem
Socius gehören sollen. B. bath. 29ᵇ Rami und
R. Ukha kauften gemeinschaftlich einen Sklaven,
von welcher der Eine sich am 1., 3. und 5.
Jahre und der Andere sich am 2., 4. und 6.

Jahre bedienen liess. Bei erhobenem Einwand gegen den rechtmässigen Besitz der Sklavin sagte Raba, dass ein solches abwechselndes (nicht drei Jahre ununterbrochenes, s. חֲזָקָה) Innehaben der Sklavin den Besitz derselben nicht beweist. ולא אמרן אלא דלא כתוב עיטרא אבל כתוב עיטרא קלא אית ליה Agg. (Ar. דלא עביד עיטרא; Ms. M. und m. ält. Agg. ורהני מילי דלא (כתיב עיטרא אבל כתיב עיטרא איטרא קלא וכ׳ das ist blos in dem Falle gesagt, dass kein Theilungspact geschrieben war; wenn aber ein Theilungspact geschrieben war, so wird ein solches Document allgemein bekannt; d. h. in letzterm Falle ist der Einwand-Erhebende mit seinem Anspruch zurückzuweisen. Denn, da er von der Besitzergreifung, wie vorauszusetzen ist, Kenntniss erhielt, so hätte er früher seinen Einwand erheben müssen. B. mez. 39ᵃ dass. hinsichtl. der Grundstücke (Agg. crmp.). Die Etymologie der Commentt.: von עָטַר weichen, leuchtet ebensowenig ein, wie die Erkl. Ar.'s: עטרא sei = שטרא Document.

עִטְרָן masc. ein übelriechendes Brennmaterial, ähnlich dem Naphtha. Vgl. Schwarz, Das heil. Land, S. 318 „al Katrân (قَطْرَان) heisst ein gewisses Harz, welches vom Zinnoberbaum, einer Art Fichte, ausfliesst". ק ging in ע über (nach Sachs' Beitr. II, 48 wurde ע abgeworfen). Schabb. 24ᵇ R. Ismael sagte: אין מדליקין בעטרן מפני כבוד השבת man darf das Katrân am Sabbat nicht brennen wegen der Ehre des Sabbats; d. h. weil es einen übeln Geruch verbreitet. Die Chachamim sagen: מדליקין בעטרן ובנפט man darf sowohl Katrân, als auch Naphtha brennen. Das. 26ᵇ fg.

עִטְרָנָא chald. (= עִטְרָן, syr. ﺎﻧﺮﻄﻋ) übelriechendes Harz, Katrân. Schabb. 20ᵇ עטרא פסולתא דזיפתא dieses Harz ist der Abfall vom Pech, vgl. מֹשֶׁח I.

עָמַשׁ (arab. عَطَسَ) niesen, durch die Nase, ferner: Blähungen haben, Erschütterung haben, sternuere. j. Ber. III, 6ᵈ un. העוטש בתפלתו סימן רע הוא לו דהא דאת אמר מלמטה לא מלמעלה אבל wenn Jem. Erschütterung hat während seines Gebetes, so ist es für ihn von böser Vorbedeutung; das gilt jedoch blos vom unteren Körpertheil (Blähungen), nicht aber vom oberen Körpertheil (Niesen). Jelamd. zu Gen. cap. 27 (citirt vom Ar.) עד ימי יעקב היה אדם עוטש וכ׳ ומה תדע לך שכן הוא אדם עוטש ואומר לו חיים טובים וכ׳ bis zur Zeit Jakob's starb der Mensch sobald er nieste; ein Beweis dafür, dass es sich so verhielt: Wenn Jem. niest, so ruft man ihm zu: Wohlzuleben; woraus zu entnehmen, dass man früher beim Niesen gestorben ist. Als aber Jakob kam, so schaffte er diesen plötzlichen Tod durch sein Gebet ab; vgl. auch Hithpa.

Pi. dass. niesen, Blähungen haben. j. Ber. III, 6ᵈ un. מפהק ומעטש gähnend und niesend. Nid. 63ᵃ מפהקת ומעטשת gähnend und Blähungen habend, von einem Weibe, gew. kurz vor Eintritt des Menstruums. — Hithpa. dass. Ber. 24ᵇ המחעטש בתפלתו [מלמטה] סימן רע לו ... המתעטש בתפלתו [מלמעלה] סימן יפה לו wenn Jem. während seines Gebetes Blähungen hat, so ist es ihm von böser Vorbedeutung; wenn er aber während seines Gebetes niest, so ist es ihm von guter Vorbedeutung. Das. 24ᵃ un. ונתעטש Nithpa. dass. Das. 62ᵃ ובבקעה כל זמן שמתעטש ראין ברירר שומע im Thale muss sich (Jem., der seine Nothdurft verrichten will, so weit entfernen), dass, wenn er Blähungen haben wird, ein Anderer es nicht hören soll. Num. r. sct. 9, 202ᵃ das Trinken des Prüfungswassers bewirkte, תהא מתעטשת תהא מתרפקת אברים dass die Sota Blähungen hatte und dass ihre Glieder erschüttert wurden. j. Suc. V, 55ᵇ un. R. Lasar ben Dalgai erzählte: Mein väterliches Haus hatte im Gebirge Achwar Ziegen stehen, דהיו מתעטשות מריח פיטום הקטרת welche durch den Geruch des in Jerusalem zubereiteten Rauchwerkes niesten. Jalk. zu Hi. 41, 10 מיום שנבראו שמים וארץ לא נמצא אדם עוטש וחיה מחליר ... לפיכך חייב אדם להודות כשמתעטש שנהעטש מן מות לחיים seitdem Himmel und Erde erschaffen wurden, gab es keinen Menschen, der, wenn er geniest hatte, am Leben geblieben wäre. Daher muss der Mensch, wenn er niest, Gott danken, dass er vom Tode ins Leben gekommen ist.

עֲמַשׁ chald. (= עָטַשׁ) niesen, Blähungen haben. j. Ber. IV, 10ᵈ ob. אדן דעטיש גו מיכלא Jemdm., der während des Essens niest, אסור למימר ריט מפני סכנתא דנפשא darf man nicht: Zur Genesung! (ἴησις) zurufen, weil es Lebensgefahr verursachen könnte, vgl. כַּפְנָה. j. Jom. III, 40ᵈ un. עטש ושמע קליה der Sohn des R. Chanina nieste und R. Injani hörte sein Geräusch. Khl. r. sv. את הכל, 79ᵃ steht dafür עטיש ההוא ינוקא dass.

עֲמוּשׁ m. N. a. (bh. עֲטִישָׁה f., syr. ﺎﺷﻮﻄﻋ) das Niesen. Ber. 57ᵇ ששה דברים סימן יפה sechs Dinge sind לחולה אלו הן עטוש זיעה וכ׳ für den Kranken von guter Vorbedeutung, näml. Niesen, Schwitzen u. s. w. Pesik. Anochi, 140ᵃ und Genes. r. sct. 20, 21ᵇ dass.; mit Ansp. auf Hi. 41, 10.

עֲטוּשִׁיָּיא N. gent. aus Atusch. j. M. kat. III, 82ᵇ ob. ר' יצחק עטושייא R. Jizchak aus Atusch.

עִיָּא (= חִיָּא mit Wechsel der Guttur.) Ija, urspr. eine verächtliche Nebenbenennung für den aus Babylon abstammenden R. Chija bar Abba, mit Ansp. auf seinen babyl. Dialekt, vgl. עַיָּאן.

Aehnlich arab. عَيِيَ⁹ blaesus, impeditus sermone.

M. kat. 16ᵇ עייא נוי קורא לך בחוץ Ija, Jemand ruft dich draussen. Ker. 8ᵃ צריכין לדברי עייא man hat noch nöthig die Worte des Ija (R. Chija, den Bar Kapra kurz vorher: בבלי nannte).

עֵיָיבָא m. Adj. 1) vom Pa. עֵיֵיב (arab. عَابَ =חַיָּיב) schuldig, straffällig. Thr. r. sv. איכה יעיב, 60ᶜ wird יעיב (Klgl. 2, 1) gedeutet: איכה חייב ה' ברוגזיה ... אית אתרין דצווחין לחייבא עייבא wie hat Gott die Tochter Zion bestraft! Denn es giebt Orte, wo man den Straffälligen: עייבא nennt. — 2) (=פַיִיבָא) schmerzhaft. Das. איך כייב ... אית אתרא דצווחין לכייבא עייבא wie hat Gott die Tochter Zion mit Schmerzen erfüllt! Denn es giebt einen Ort, wo man den Schmerzerfüllten: עייבא nennt.

עֵיבָא chald. m. (syr. ܥܵܝܒܵܐ=hbr. עָב s. d.) Wolke, dickes Gewölk. Ber. 59ᵃ הא דקטיר בעיבא הא דקטיר בעננא wenn der Himmel des Morgens früh mit dickem Gewölk umzogen ist, so hält der Regen lange an; wenn er hing. mit durchsichtiger Wolke umzogen ist, so wird er alsbald erhellt. Jom. 28ᵇ un. יומא דעיבא כוליה שמשא der wolkige Tag ist ganz sonnig; d. h. die Schwüle eines solchen Tages wärmt mehr als die heitere Sonne. Taan. 3ᵇ עיבא דבתר מיטרא כמיטרא dickes Gewölk, das auf den Regen folgt, gleicht dem Regen, vgl. עָב. Das. 20ᵇ fg.

עֵיד m. eig. (arab. عِيد) was wiederkehrt, dah. Fest =רֶגֶל s. d. — Pl. j. Ab. sar. I, 39ᶜ ob. עיידיהן של גוים (so nach einer LA. in der Mischna das. 1, 1. 2; Var. אידיהן s. d.) die Feste der Heiden. j. Erub. V Anf., 22ᵇ. Ab. sar. 2ᵃ u. ö. dass. Die Ansp. auf עֵדֹה (Jes. 43, 9); ihr Zeugniss, ist blos agadisch.

עֵידָא ch. (syr. ܥܝܺܕܳܐ=עֵיד) Fest, s. TW.

עֵידִית f. Adj. gut, das Beste; insbes. als Epitheton eines Feldes: עידית בינונית זבורית das beste, das mittelmässige und das schlechte Feld. Stw. עוד verw. mit arab. عَادَ fest sein. Git. 5, 1 (48ᵇ) הנזקין שמין להם בעיידית bei Schäden schätzt man den zu leistenden Ersatz vom besten Felde dessen, der zur Zahlung verpflichtet ist. Das. 49ᵃᵇ fg. u. ö., vgl. זְבוּרִית. — עידרא Tosef. Sebebi. V g. E., s. עִידָרָא.

עֵיָים m. (=פֵים) der wulstige Rand eines Gewebes. Stw. עום=עני biegen, umbiegen. Tosef. Kil. V g. E. עיים של צמר שתחנו במשותן ed. Zkrm. (Var. עיט und עיסר) der wollene Rand eines Gewebes, den man an Leinen angebracht hat. Kil. 9, 9 steht dafür פים s. d.

עִילָה, עִילָא, עֵיל s. in עֵל.

עִילָא I עִילִיתָא f. (=עַוְלָא) Unheil, Unrecht, s. TW.

עִילָא II m. (syr. ܥܺܝܠܳܐ=hbr. עַיִר) eig. Junges, pullus (=עול); insbes. junger Esel, Eselfüllen, s. TW. — Pl. Schabb. 155ᵃ כילי זוטרי kleine Füllen.

עִילִיש Ilisch, Name eines Amoräers. B. bath. 133ᵇ. Git. 45ᵇ עילוש ברח עילוש ברח Ilisch entfliehe! Ilisch entfliehe! vgl. עֵיָיר.

עַיֵּם Pa. (von עום, ähnlich arab. عَامَ) fortbewegen. j. Jeb. IV g. E., 6ᵇ R. Chama sagte zu Jemdm., dessen Mutter ihn von einem Nichtjuden geboren hatte: הן דעיימך רגלך עד דלא ייתי שמואל ריפסליניך siehe, dass deine Füsse dich von hier fortbringen, bevor Samuel kommt, der dich als illegitim verstossen würde.

עַיְמָא masc. (vom vrg. עום) das Zittern, Sichhin- und herbewegen, von einem krankhaften Auge. j. Ab. sar. II, 40ᵈ mit. אהן עיימא דעינא das Zittern des Auges; ähnlich עין שמרדה s. מְרַד. Mögl. Weise jedoch ist Stw. עום=עמם: Dunkelheit.

עַיִן fem. (=bh.) 1) Auge. Kil. 9, 2 u. ö. מראית העין der Anblick des Auges, s. Schabb. 108ᵇ יד לעין תקצץ die Hand, die man des Morgens vor dem Waschen aufs Auge legt, möge abgehackt werden; d. h. es ist sehr schädlich. j. Ned. IX g. E., 41ᶜ עשה לה של עין של זהב wenn man der Frau ein goldenes Auge eingesetzt hat. — Uebtr. Aboth 2, 9 עין טובה eig. ein gutes Auge, ein besseres Auge; d. h. Zufriedenheit, Unzufriedenheit. B. mez. 107ᵇ עין רעה ein böser Blick, Berufung, s. עָבַד. Das. „Gott wird von dir fernhalten jede Krankheit" (Dt. 7, 15), זו עין (=עין רעה) das ist: den bösen Blick. Genes. r. sct. 91, 87ᶜ (mit Ansp. auf תחראו, Gen. 42, 1) אל תכנסו כולכם Jakob sagte zu seinen Söhnen: בפתח אחד מפני העין gebet nicht Alle nach Egypten durch ein Thor, wegen des bösen Blickes. Das. sct. 97, 94ᵇ Josua sagte zu den Söhnen Josef's (Jos. 17, 14): אין אתם מתייראין מן העין fürchtet ihr euch denn nicht vor dem bösen Blick? vgl. עָלָה. — B. bath. 64ᵇ עין רעה ... יסה ein günstiges Auge (das Anderen Gutes gönnt), ein missgünstiges Auge, vgl. מֵבַר. Schabb. 140ᵇ u. ö. נתן עיניו בו er richtete seinen Blick auf ihn, infolge dessen letzterer bestraft wurde. j. Hor. III Ende, 48ᶜ u. ö. נתנו עיניהם בשמואל הקטן רכ' sie lenkten ihr Augenmerk auf Samuel, den Kleinen, vgl. auch קָטָן. — Schabb. 108ᵇ צר עין eig. Jem., der betreffs seines Auges beschränkt ist; d. h. der in allen seinen Handlungen nur

seinen eignen Vortheil sucht; dah.: der Eigen-
nützige, Engherzige. Sot. 38ᵇ עפרת אפילו
מכירין בצרר כין selbst die Vögel erkennen die
Eigennutzigen, die ihnen näml. Futter vorstreuen,
um sie zu fangen. — B. kam. 79ᵇ. Mechil.
Mischpat. Par. 15 u. ö. עין ... עין של מעלה
של מטה das Auge Gottes, das Auge der Menschen, vgl. יָכוֹל. B. hath. 4ᵃ Baba ben Buta
sagte: הוא סימא עינו של עולם ... ילך ויתעסק
בעינו של עולם er, Herodes, hat „das Auge der
Welt" geblendet, verlöscht (d. h. die Gelehrten,
„die Augen der Gemeinde", Num. 15, 24, getödtet); darum soll er sich mit „dem Auge der
Welt" (d. h. mit dem Tempelbau, „eurer Augen-
lust", Ez. 24, 21) beschäftigen. j. Taan. IV, 69ᵃ
ob. הרגת את ר' אלעזר המודעי זרועם של ישראל
ועין ימינם וכ' du hast den R. Elasar aus Modin
getödtet, „den Arm Israels und ein rechtes
Auge" u. s. w. (Sach. 11, 17). j. Ab. sar. III,
43ᵃ ob. עין כוס קורין אותה עין קרן den Götzen,
der früher: „Auge des Kelches" genannt wurde,
nennt man (schimpflich): „Dornauge". Ab.sar. 46ᵃ
steht כל עין „das Auge des Alls", anstatt עין כוס.
Genes. r. sct. 42, 40ᵉ עין s. d. — Pl. j. Snh.
VII g. E., 25ᵈ u. ö. האוחז את העינים Jem., der
durch Blendwerk die Augen täuscht, vgl. אָחַז.
— 2) etwas, was einem andern in Ggst.
gleicht, wie ein Auge dem andern. B.
bath. 5, 11 (88ᵇ) היה שוקל לו עין בעין wenn
der Verkäufer dem Käufer die Waare mit gleich
herabhängenden Wagschalen zugewogen hat, wobei näml. die Schale, in welcher die Waare
liegt, der andern Schale, in welcher das Gewicht
liegt, gerade gegenüber sich befindet, wie ein
Auge dem andern. B. kam. 83ᵇ fg. עין תחת עין
מָמוֹן „Auge für Auge" (Lev. 24, 20), darunter
ist die Geldentschädigung zu verstehen,
d. h. das, was dem Auge gleich, ähnlich ist,
vgl. מָמוֹן. — Dav. בְּעֵין, St. c. בְּעֵין, öfter
בְּעֵיְין eig. im Auge, d. h. in der ursprünglichen,
natürlichen Beschaffenheit. j. Ber. VI, 10ᵃ
mit. בעיינן הן אם wenn die Früchte in ihrer
natürlichen Beschaffenheit (nicht gepaart) sind.
j. Bic. II, 65ᵃ ob. עירובין בעיינין הן Früchte, die
mit einander vermischt wurden, sind in ihrer
natürlichen Beschaffenheit da, Ggs. גידולין Gewächse, die aus jenen entstanden sind. — בְּעֵין
eig. wie das Auge, d. h. Gleiches, Aehnliches. Ber. 58ᵃ מלכותא דארעא כעין מלכותא
דרקיעא die irdische Regierung ist der himmlischen Regierung ähnlich. — מֵעֵין eig. aus dem
Auge, d. h. theilweise Gleiches, Aehnliches. Snh. 105ᵇ מעין קאמר ליה er sagte zu
ihm: theilweise ähnlich. d. h. das מ in ממשמך
מכסאך (1 Kn. 1, 47) ist nicht als מ comparа-
tionis aufzufassen, wonach der Sinn wäre:
„Salomo's Name möge grösser sein, als dein
Name, sein Thron grösser als dein Thron"; da
ein solcher Wunsch in Gegenwart des Vaters
unschicklich wäre; der Sinn sei vielmehr: Sein

Name und sein Thron sei theilweise (von)
deinem Namen und deinem Thron gleich. Auf
dieselbe Weise sei Ri. 5, 24 aufzufassen: „Theilweise ähnlich den Erzmüttern im Zelte sei
Jaël gesegnet." B. hath. 16ᵃ ob. 17ᵃ מעין כולם
הבא der zukünftigen Welt ähnlich. Ber. 4, 3
(28ᵇ) מעין שמנה עשרה dem Achtzehngebete
ähnlich. Vgl. j. Ber. IV, 8ᵃ un. איה הנאי תני
שבע מעין ר'ח ואית תנאי הני ר'ח מעין ר'ח וכ' ein
Autor lehrt: Sieben Benedictionen inhaltlich des
Achtzehngebetes (d. h. man betet die drei ersten
und die drei letzten Benedictionen vollständig
und aus den mittelsten 12 Benedictionen eine
Benediction inhaltlich, näml. רב'); übereinstimmend mit der Ansicht Samuel's). Ein
anderer Autor lehrt: Man betet 18 Benedictionen
inhaltlich des Achtzehngebetes (d. h. jede der
mittelsten Benedictionen wird abgekürzt; so nach
Ansicht Rab's, vgl. auch Ber. 29ᵃ). Ber. 9, 3,
s. סַרְטוֹן, vgl. מָאוֹרַע, דּוּגְמָא u. a. Ab. sar. 3ᵇ.
Genes. r. sct. 51. Sot. 10ᵃ u. ö. — 3) Gegenstand, der dem Auge ähnlich aussieht.
Kel. 8, 7 עין של חנור עין של כירה עין של כופח der
der Rauchfang (Esse) eines Ofens, eines Herdes,
eines Kochbehältnisses. Das. 21, 2 עין, Hai
erkl. das W. durch arab. חלקה (خَلَقٌ) trita
vestis, vgl. עֲבֹת. Das. של מחכת עין ein metallener Ring. Tosef. Kel. B. bath. I העין
שבמעצד והעין שבמחרישה der Ring am Beil
und der Ring an der Pflugschar. — 4) Quelle,
die gleichsam als das helle, thränende Auge der
Erde angesehen wird. j. Keth. I, 25ᵇ mit. עָכָר.
Keth. 14ᵇ תינוקת שירדה למלאות מים מן העין
ein Mädchen, das hinabstieg, um aus der
Quelle Wasser zu schöpfen. — Oft bei Ortsnamen. עין בול En Bul Tosef. Nid. V g. E.
Tosef. Ahil. II. — Chull. 57ᵇ steht dafür עכברול.
— עין טב En tab R. hasch. 25ᵃ (Ar. liest
עכנוב). j. R. hasch. III g. E., 59ᵃ עיינוב
Taan. II g. E., 66ᵃ un. עיין טב Das. IV, 67ᵉ
un. dass. — עין יערים En Jarit Tosef. Schebi.
IV. — עין כושין En Kuschin j. Sehehi. V, 36ᵃ
ob. Ab. sar. 31ᵃ עין כושי dass. — עין סוכר
En Socher Sot. 49ᵇ. j. Schek. V, 48ᵈ mit., s.
סָכְרָא und עין סוכר — עין עיטם En Etam Seb.
54ᵇ. — עין תאנה En Teëna Khl. r. sv. עה
— עין תרע En Tera j. Dem. II,
22ᵈ ob.

עֵינָא, עַיְינָא ch. (syr. ܥܰܝܢܳܐ = עַיִן) 1) Auge.
Ber. 20ᵃ עינא בישא ein böser Blick. Pes. 50ᵇ
שלטא בהו עינא bidder böse Blick übt Gewalt über
sie. B. mez. 30ᵃ. j. Ned. X Ende, 42ᵇ u. ö. —
Pl. j. Maasr. scheni IV, 55ᵇ un. Jem. sagte zu
R. Ismael bar Jose: חמית בחלומאי אית לי חלמא
עיינין אמר ליה חגורין את עביד תרתין עיניך
ich sah in meinem Traume, dass
ich drei Augen hatte. R. Ismael deutete ihm
den Traum: Du wirst Oefen anfertigen, deine zwei

Augen und der Rauchfang (Esse, vgl. עַיִן nr. 3) des Ofens. עינא בת בב s. d. — Uebrtr. Ned. 50ᵃ an jedem Schiff עברין ליה מין עינא (Var. אילא) bringt man ein Kästchen an. עין עיגלא eig. Kalbsauge, Name eines Edelsteines, s. TW. — 2) Quelle. Pl. עֵינָן, עֵינְתָא (hbr. עֲיָנֹת, St. c. עֵינֹת), s. TW. — Bech. 55ᵇ צֵינָתָא דמידליון Quellen, die auf Anhöhen entspringen.

עֵינָה f. (Nebenform von עַיִן) 1) das Auge. 2) die Quelle. j. Schek. V, 48ᵈ mit. אחת אומרת לעינתי . . . זו שאמרה לעינתי שוֹרסת מימר שוֹרסת מימר במעיין אמר לון בעיינה סכנה die eine der Frauen, welche ihre Opfer in den Tempel brachten, sagte: Das Opfer bringe ich לעינתי. Die Priester verstanden darunter, sie hätte einen Blutfluss gehabt, der einer Quelle gliche. Der Tempelherr Petachja hing. (welcher in Sprachen gewandt war, vgl. בְּלֶשָׁן, s. בִּיל) sagte zu ihnen: Sie war in Gefahr, das Augenlicht zu verlieren. Men. 64ᵇ לעינתי crmp., vgl. זִיבָה und רָמָה.

עִיֵּן, עַיֵּן Ajin (eig. Auge) Name des 16. Bstbn. im Alphabet, s. y. Cant. r. sv. כמען, 17ᵃ u. ö. עין תלויה das y (in מיער, Ps. 80, 14) ist über die Zeile hinausgehängt, vgl. יאור. j. Meg. I, 71ᶜ ob., s. לטך. — Pl. j. Ber. II, 4ᵈ mit. die Einwohner Chepha's sprechen עיילין אאין die Ajin's wie die Aa's (Alefs), vgl. א. Meg. 24ᵇ.

עַיֵּן Pi. denom. von עַיִן 1) nachdenken, nachsinnen, eig. mit dem geistigen Auge scharf blicken; ähnlich arab. اَعْيَنَ. B. bath. 115ᵃ עיין עליו, und Kidd. 4ᵃ עיין לה (mit Ansp. auf אַיִן, Num. 27, 8 und Lev. 22, 13) forsche nach, ob noch irgendwelche Nachkommen (von ihm, von ihr) vorhanden sind. Die Beweisführung für diese Bedeut. in letzt. St.: das bibl. W. hätte lauten müssen, da auch אָן מַאַן (Num. 22, 13 u. ö.) ohne Jod stehe, ist durch Missverständniss entstanden oder blos agadisch, vgl. auch אָן. Ber. 55ᵃ ob. מעיין בה er denkt über das Gebet nach; d. h. hält sich der Wirkung desselben versichert, vgl. עִיּוּן. — 2) (von עַיִן nr. 2) mit gleicherabhängenden Schalen wiegen, sodass sie einander gegenüberstehen, wie ein Auge dem andern; d. h. genau wiegen. B. bath. 89ᵃ מעיינין man darf nicht genau wiegen an שמכריעין וכ' einem Ort, wo der Brauch herrscht, einen Ueberschlag zu geben, vgl. פָּרַע. Das. הריני מעיין ich will genau wiegen. Part. pass. מְעוּיָּן Jem., dem mit gleichen Wagschalen gewogen wird. Trop. j. Snh. X Anf., 27ᶜ היה מעויין נושא עונות אין כתב כאן אלא נושא עון וכ' Jem., dessen Sünden ebensoviel wiegen, wie seine Tugenden, als ein Tugendhafter oder als ein Sünder zu beurtheilen? R. Jose ben Chanina erwiderte: Es heisst (Mich. 7, 18) nicht: Gott

hebt die Sünden (macht sie leichter, vgl. כָּבַשׁ nr. 2 und פָּרַע), sondern: „Er hebt die Sünde"; d. h. er nimmt eine der Sünden fort, infolge dessen die Tugenden den Ausschlag geben. j. Pea I, 16ᵇ un. dass. in ed. Krakau, Krotoschin. (Frankel in s. Comment. z. St. hält mit Unrecht diese LA. für crmp., weil in ed. Ven. die Worte היה מעויין fehlen, ohne welche aber der ganze Satz keinen Sinn giebt). j. Kidd. I g. E., 61ᵈ מחציין crmp. aus מעויין. Vgl. auch Jalk. II, 109ᵈ zu Ps. 62 כף מאזנים מעויין עונות מכאן וזכיות מכאן die Wagschalen sind gleichhängend, da die Sünden und dort die Tugenden. Num. r. sct. 10 g. E. (mit Ansp. auf עין בעין, Num. 14, 14) Mose sagte zu Gott: הרי מאזנים מעויין אתה אומר אבנו בדבר ואני אומר סלח נא נראה של מי קיום שנאמר ויאמר ה' סלחתי כדברך die Wage ist gleichwiegend; du sagst: „Ich will das Volk mit Pest schlagen"; ich aber sage: „Vergieb die Sünde dieses Volkes"; wir werden sehen, wessen Ausspruch bestehen wird! Daher heisst es: „Gott sprach: Ich vergebe nach deinem Worte" (Das. V. 12. 19 u. 20). Deut. r. sct. 5, 257ᶜ dass. Pesik. r. sct. 5 Anf. Mose hatte die Absicht, die Mischna ebenso, wie die Bibel niederzuschreiben; da aber Gott im Voraus sah, dass die Völker die Gesetzlehre ins Griechische übertragen würden, so sagte er: משה עדרין האומות להיות אומרים אנו הם ישראל אנו הם בניו של מקום וישראל אומרים אנו הם בניו של מקום וכשיר המאזנים מעויין וכ' Mose, die Völker werden einst sagen: Wir sind Israel, wir sind die Kinder Gottes; Israel hing. wird sagen: Wir sind die Kinder Gottes; sodann würde die Wage gleich herabhängen; d. h. man wird nicht wissen, wessen Behauptung die richtige sei, vgl. מְסַתְּרִין. Tanch. Ki tissa, 120ᵃ dass.

עַיֵּן Pa. ch. (syr. ܥܰܝܶܢ=עַיֵּן) nachdenken, nachsinnen. Ber. 25ᵃ. 58ᵇ עד דמעייני ביה während sie über jenen Process nachdachten. Snh. 18ᵇ der König entfernt sich von der Gerichtssitzung, ומעייניכן ליה אנן בדיניה und wir denken nach (urtheilen) über seinen (des Hohenpriesters) Process. Git. 60ᵃ R. Jochanan und Resch Lakisch מעייני בספרא דאגדתא בשבתא dachten am Sabbat über ein Agadabuch nach. Meg. 30ᵇ עד פלגא דיומא מצפרא במילי דמתא מעיינינן (des) Fasttages) an bis zum Mittag denken wir über die Stadtangelegenheiten nach. Mac. 8ᵃ. R. hasch. 16ᵃ u. ö.

עִיּוּן m. N. a. (von עַיֵּן) 1) das Nachdenken. Ber. 55ᵇ ob. עיון תפלה das Nachdenken beim Gebet; d. h. die Zuverlässigkeit Jemds., dass sein Gebet erhört werden würde. B. bath. 164ᵇ dass. Mögl. Weise jedoch bedeutet hier עיון תפלה die Unachtsamkeit, eig. das Nachdenken über andere Dinge, Zerstreutheit während

des Gebetes, vgl. עֲבָרָה. — 2) Ijun, Name eines Grenzortes Palästinas. j. Dem. II, 22ᵈ ob. עיון.

עַיְיָן masc. Adj. grossäugig, Jem., der grosse Augen hat. j. Nas. VII, 56ᶜ ob. Abba bar Nathan fragte den R. Jose u. s. w. והוה עיינן ואתחמי גחיך וכ' da jener aber grosse Augen hatte, so schien es dem R. Jose, als ob er ihn verlachte, weshalb er ärgerlich wurde. — Pl. Keth. 61ᵃ ob. דאכלה ביעי הוו לה בני עיינני eine Frau, die während der Schwangerschaft viel Eier isst, gebiert Kinder mit grossen Augen.

עֵינוּתָא f. Quelle. — עֵינוּתָא Winkel, s. TW.

עֵינוּנָא f. (für אוֹנִיתָא, gr. ὤνησις) Kaufbrief. Thr. r. sv. צדו, 68ᵈ שדר עיינותיה לבר ביתיה er schickte den Kaufbrief an seine Hausleute. In der Parall. steht אוניתיה, s. אוֹנֵי I.

עֵינוֹשׁ Ajnosch, Grenzort Palästinas. j. Dem. II, 22ᵈ ob.

עִיסָה f. (für עֲרִיסָה von עָרַס: mischen, kneten, s. d. W., ר elidirt, ähnlich בְּלִילָה = בִּילָּה u. a.; vgl. Num. 15, 20. 21 עריסה, LXX: φύραμα) 1) Teig, Mehlteig. Vgl. bes. Erub. 83ᵇ ראשית ערסתכם כדי עיסותיכם וכמה עיסה עיסותיכם וכ' "das Erste ערסתכם (Num. l. c.), das bedeutet: soviel das Mass eurer Teige ist; wie viel betragen eure Teige? Soviel wie der Teig in der Wüste betrug, näml. "ein Omer, den zehnten Theil des Epha" (Ex. 16, 36); d. h. von einem Teige dieser Grösse muss die Hebe (Challa, חַלָּה s. d.) entrichtet werden. — Einigen Stellen, vgl. auch Ar. sv., lautet das W. minder richtig: עסה. — Machsch. 2, 8 פת עיסה Brot von Mehlteig, Ggs. פת קיבר Brot von Kleien. Tosef. Chall. I Anf. בעל הבית מרובה ... נחתום עיסתו מרובה der Privatmann hat einen kleinen Teig; der Bäcker hing. hat einen grossen Teig, vgl. נַחְתּוֹם. Keth. 86ᵇ jede Frau ist schon beim Leben ihres Ehemannes die Vormündin על פילכה ועל עיסתה wenigstens über ihren Spinnrocken und ihren Teig. — Pl. Ab. sar. 68ᵃ עִיסוֹת s. חָמֵץ. Sot. 30ᵃ שתי עיסות zwei Teige. — j. Chall. I, 57ᵇ mit. עירם ראשי עיסיות Jem. knetete die Spitzen verschiedener Teige zusammen. Maas. scheni 2, 4 לעיסיות Agg. des j. Tlmd. (Ms. M. u. Ar. לעסיות; Agg. des bab. Tlmd. לעסות). Chull. 6ᵃ. j. Chall. II g. E., 58ᵈ u. ö. — 2) der Trieb zum Bösen, das Herz des Menschen aufwühlt, wie der Gährungsstoff den Teig. Genes. r. sct. 34, 33ᶜ עלובה עיסה שהיה עליה מעיד שנחתומה unglücklich ist der Teig (der böse Trieb im Menschen), dessen Bäcker (Schöpfer) bezeugt, dass er „böse ist von Jugend auf" (Gen. 8, 21). Num. r. sct. 13, 218ᵈ dass. Ber. 17ᵃ gern möchten wir dem göttlichen Willen gemäss handeln; ומי מעכב

שאור שבעיסה ושיעבוד מלכיות wer aber verbindert es? Der Sauer im Teige und die Unterjochung von Seiten der weltlichen Regierungen; d. h. der böse Trieb und der Druck der Machthaber. — 3) übrtr. eine Familie, in der eine Vermischung, Vermengung von illegitimen Ehen vorgekommen ist, die Isa. So vergleicht auch der Midrasch die blutschäuderische Handlung Lot's mit seinen beiden Töchtern dem Mischen des Teiges mit Schrot und Kleie; vgl. Jalk. I, 261ᵃ עמדו בנות לוט ועירבו את העיסה die Töchter Lot's kamen und vermischten den Teig, s. נֶחְתּוֹ. Daher werden die Mischehen mit Ammonitern und Moabitern, den Nachkommen Lot's, in Neh. 13, 3 vorzugsweise עֵרֶב genannt, die man zu entfernen suchte; vgl. auch Esr. 9, 1. 2. Als Ggs. wird eine Familie oder eine Provinz, welche von solcher Mischung gereinigt wurde: סלת נקירה reines und feines Mehl genannt. — Kidd. 69ᵇ כל הארצות עיסה לארץ ישראל וארץ ישראל עיסה לבבל alle anderen Länder sind Palästina gegenüber als eine Isa anzusehen (d. h. in jenen war die Legitimität der Familien zweifelhaft; in Palästina hing., wo die Gelehrtencollegien öfter Prüfungen der Priester, bevor sie zum Opfern zugelassen wurden, hinsichtl. ihrer legitimen Abstammung anstellten, war die Legitimität der priesterlichen Familien unzweifelhaft; Palästina ist Babel gegenüber auch eine Isa (weil näml. Esra vor seinem Fortgang aus Babel die Legitimität aller babyl. Familien trennte und nur ganz makellose Familien, „reines und feines Mehl" zurückgelassen hatte, vgl. סֹלֶת. Raschi's zweite Erkl. des Ws. עיסה in Kidd. 71ᵃ: כפסולת „wie die Trestern der Trauben, aus denen der Saft ausgepresst worden", עיסה od. עסה also von עסס erkl.: Ausgedrücktes, Ausgepresstes, ist nicht zutreffend. Edij. 8, 3 R. Josua und R. Juda ben Bethera bezeugten: על אלמנת עיסה שהיא כשירה לכהונה dass שהעיסה כשירה לטמא ולטהר לרחק ולקרב die Wittwe aus einer Isa mit einem Priester eine Ehe eingehen darf (d. h. wenn ein Mann N. N., betreffs dessen ein Zweifel obwaltet, ob er ein legitimer Priester oder ein Chalal sei, כסף חלל s. חָלַל, eine Frau aus einer Familie geheirathet hat und in derselben Familie ein Mann gestorben ist, ohne dass man weiss, ob er jener zweifelhafte Chalal sei oder nicht, so darf die Wittwe dieses Mannes von einem Priester geheirathet werden; da hier ein doppelter Zweifel obwaltet כסף ספיקא s. d., vgl. Kidd. 75ᵃ: näml. 1) vielleicht war jener N. N. kein Chalal und 2) vielleicht war diese Wittwe gar nicht mit dem N. N., sondern mit einem andern Manne verheirathet. Denn eine solche Isa ist fähig, Unreinheit und Reinheit, sowie Entfernung (vom Priesterstande) und Annäherung zu bewirken; d. h. die Mischfamilie, von der hier die Rede

ist, betrifft blos ein priesterliches, nicht aber ein allgemeines Eheverbot. Wenn näml. ein Mann aus dieser Mischfamlie sich mit einer legitimen Israelitin verheirathet, so darf die aus dieser Ehe abstammende Tochter einen Priester heirathen. Wenn er hing. einer, auch für den Israeliten Illegitimen (z. B. einem weiblichen Bastard, einer Nethina u. dgl.) beiwohnt, so ist das Kind ebenf. illegitim. Nur aus einer wie der zuerst erwähnten Mischfamilie ist die Wittwe, bei der ein doppelter Zweifel obwaltet, fähig, sich mit einem Priester zu verheirathen. Aus einer Familie, die mit Bastarden, Nethinim u. dgl. vermischt ist, darf eine Wittwe, trotzdem mehrere Zweifel bei ihr obwalten, sich nicht mit einem Priester verheirathen; da eine Familie, bei der nicht blos keine priesterliche, sondern nicht einmal eine israelitische Reinheit vorhanden ist, nicht den Namen עיסה führt. Vgl. Tosef. Edij. III Anf. בית דין שלאחריהם אמרו נאמנת עיסה לטמא ולטהר לרחק ולקרב אבל באלמנת עיסה לא נגעו ein späteres Gelehrtencollegium sagte: Die Isa ist beglaubigt u. s. w. Aber die Isawittwe berührte man gar nicht, d. h. von ihr war keine Rede. Hier fehlt offenbar der erste Satz der oben citirten Mischna, wonach jenes „Zeugniss" auf die Isawittwe sich bezogen hätte, wozu die Tosefta bemerkt, dass die Tannaiten, deren Decision R. Josua und R. Juda referirten, nicht die Isawittwe, sondern blos die Isa selbst betraf. Rabbi hing., der Redacteur der Mischna, hat, wie Dr. Rosenthal (in s. lehrreichen Aufsatz über עיסה in Grätz' Monatsschr. Jahrg. 1881 p. 38 fg) richtig bemerkt, beide Relationen verbunden; d. h. er hielt das Zeugniss jener Tannaiten für richtig, fügte aber auch den Satz betreffs der Glaubhaftigkeit der Isa hinzu. Tosef. Kidd. V Anf. איזהו עיסה כל שאין בה לא משום נתינות ולא משום ממזרות ולא משום עבדי מלכים . . . מפני מה אמרו עיסה פסולה לכהונה מפני שספק חללין נטמעו בה ′וכו was ist unter Isa zu verstehen (die nach der oben citirten Mischna und Tosefta für die Priesterschaft rein, nach Ansicht des R. Gamliel hing. in Edij. l. c. nicht rein ist)? Eine Familie, bei der weder eine eheliche Vermischung mit Nethinim (s. נְתִינָה), noch mit Bastarden, noch mit den „Sklaven Salomo's" (in Neh. 7, 57 zu den Nethinim gezählt; vielleicht: die Nachkommen des Herodes, Sklaven der Makkabäer) stattfand. R. Meïr sagte: Ich habe eine Tradition, dass eine Familie, bei der kein hier erwähnter Verdacht vorhanden ist, für die Priesterschaft tauglich sei. R. Simon ben Elasar hing. sagte Namens des R. Meïr, und dasselbe sagte auch R. Simon ben Menasja: Weshalb sagten die Gelehrten, dass die Isa für die Priesterschaft untauglich ist? Weil zweifelhafte Chalals mit ihr vermischt sind. j. Keth. I, 25ᵈ ob. wird diese Tosef. citirt: איזהו עיסה

כשרה, was jedoch minder richtig, da es in dem oben citirten Schluss lautet: עיסה פסולה. Die Worte in j. Gem. l. c. כל שאין בה לא חלל sind unzweifelhaft falsch; denn worin sollte dann die עיסה bestehen? Keth. 14ᵃᵇ, s. auch Tosaf. z. St. — 4) עיסה (=אִירְכָּא), אִירְכָּה) Gift. Levit. r. sct. 13, 157ᵃ „Der Name des zweiten Flusses war Gichon" (Gen. 2, 13), זה מדי שהעמידה את המן הרשע שמש עיסה כנחש das ist Medien, welches den Bösewicht Haman erzeugt hat, der Gift verbreitete wie eine Schlange (גיחון) an גחון ansp.: Kriechendes). Genes. r. sct. 16, 16ᵈ שך crmp. aus עיסה.

עִיף od. עוּף (syr. ـ) doppelt sein. Ber. 56ᵃ mit. כחסא עסקך עיף dein Geschäft wird doppelt (vervielfältigt) sein wie Lattig. Chull. 51ᵇ גלימא . . . עיף מיעף Ar. (Agg. עיף ומעטף) ein Mantel, der doppelt, zugefaltet ist.

Pa. verdoppeln. Schabb. 134ᵃ חרף ליה לעילאי man lege den Lappen nach oben zu doppelt, gefaltet. Keth. 67ᵇ un. עייפינהו ושדרינהו וזילוה er verdoppelte die Summe Geldes und schickte sie ihm; d. h. er schickte ihm die doppelte Summe. Erub. 96ᵇ. Men. 42ᵃ עייף להו ומעיף er legte die Schaufäden doppelt zusammen. (Ber. 63ᵃ wird auch das bh. תועפות, Hi. 22, 25 erklärt: das doppelte Silber.) — Ferner עִיף m. (von עָיַף) Ermüdung, Ermattung, s. TW.

עִיפָּא m. 1) Schleier, s. TW. — 2) Efa, N. pr. Schebu. 28ᵇ עיפא, Bruder des Abimi.

עֵיצָא m. (von עיץ oder עוץ; = bh. עֵצָה von יָעַץ) Rath, Plan, consilium. Pl. עִיצִין s. TW.

עָקָא m. (von עיק od. עוק s. d.; syr. ܐܩܬܐ f.) Bedrängniss, Angst. — עִיוּק m. N. a. Bedrückung, Beängstigung. — עִיקָא I m. (eig. Part.) Bedränger. — II fem. bedrängt, angustata, s. TW.

עָקְתָא f. Bedrängniss, Leid. Genes. r. sct. 49, 48ᵇ מאן דהוה חמי ההיא עיקתא דהוה עקי ליה wer jene Bedrängniss mit angesehen hat, den ihn bedrängte u. s. w. Das. sct. 94 Anf. נפש עיקת Seelenangst.

עִיר m. (=bh.) Eselfüllen, s. TW., vgl. auch עֵילָא II. Stw. עור wach, munter, rege sein, s. d. Dav. auch

עִיר I m. (syr. ܥܺܝܪ) Engel, eig. der Wachende, Muntere. Dan. 4, 10. 20. — Pl. das. V. 14 עִירִין; vgl. auch עור II. — Snh. 29ᵇ עירי ושכבי לידהו עלך סהדי sollen die Wachenden und die Schlafenden als Zeugen deiner Aussage gelten? Mögl. Weise ist עֵירֵי zu lesen, s. עוּר.

עִיר II f. (=bh.) Stadt. Chag. 13ᵇ בן עיר Stadtbewohner, Städter, Ggs. בן כפר Dörfler, s. כָּפָר. Uebrtr. Schabb. 5, 1 (57ᵃ) עיר של זהב

81*

was das. erkl. wird: ירושלם דדהבא ein goldner Kranz, worauf die Stadt Jerusalem eingravirt war; eine Putzsache der Frauen. Sot. 49ᵇ u. ö. — Pl. עיִירוֹת (bh. עָרִים, selten עֲיָרִים) Städte. Meg. 1, 1 (2ᵃ) עיירות גדולות grosse Städte, kleiner als Grossstädte, כרכים, und grösser als Dörfer, כפרים. Das. 7ᵇ fg., vgl. בְּטָלָן. Keth. 103ᵇ ob. Rabbi hinterliess in seinem Testamente: אל הספדוני בעיירות betrauert mich nicht in kleinen Städten.

עִירָה f. (=אִירָא) Stück Wolle. Kel. 21, 1 Jem. berührt בעירה עתיד להחזירה ein Stück Wolle, das er nicht wieder in das Gewebe bringen wird. Tosef. Kel. B. bath. I חולדה שגררה את העירה ein Wiesel, das ein Stück Wolle fortgeschleppt hat. — Pl. B. kam. 119ᵇ עיִירין Ar., s. אִירָא. — עירה j. Kidd. I, 58ᵈ un., s. עוּד, vgl. auch עָרָה?.

עִירִי od. עִירוּ Iri, Iru, Name eines Ortes. j. Jeb. VIII, 9ᵈ ob. עירי דמושן (in einigen Agg. עירו) Iri (Iru) von Mesene, vgl. jedoch מוֹשָׁן.

עִירוֹנִי, עִירָנִי m. Adj. (von עִיר II) Städter, bes. Kleinstädter. Genes. r. sct. 50 g. E. eine Grossstadt hatte zwei Patrone אחד עירוני ואחד מן המדינה einen Kleinstädter und einen aus der Grossstadt, vgl. מְדִינָה. j. Ned. VII g. E., 40ᶜ בעירוני betreffs eines Kleinstädters, der gew. eine kleine Wohnung, nicht Stube und Söller gleichzeitig, bewohnt. Genes. r. sct. 19, 19ᵇ משל לעירוני שהיה עומד לפני חנותו של זגג וכ׳ ein Gleichniss von einem Kleinstädter, der vor dem Laden eines Glasers stand. Levit. r. sct. 4, 148ᵇ משל לעירוני שהיה נשוי בת מלכים ein Gleichniss von einem Kleinstädter, der mit einer Königstochter verheirathet war. — Pl. j. Snh. V, 22ᵈ un. העירנין הללו jene Kleinstädter, welche näml. von der Intercalation des Monats nichts erfahren. — Fem. Thr. r. sv. בני ציון, 67ᵃ ירושלמי שנשא עירונית ein Jerusalemer, welcher eine Kleinstädterin geheirathet hat, vgl. קְרָיָה. j. B. bath. IX Anf., 16ᵈ un. עירנית. — Pl. Schabb. 80ᵃ עירניות Kleinstädterinnen, die gew. keusch sind. Ber. 32ᵃ wird חירוניות אלפסין erklärt durch עירניות Ar. (Agg. crmp. ערניות) und dies wiederum durch צעי חקליאתא erklärt: Schüsseln der Dörfler, Kleinstädter.

עִירָנִית f. Adj. (von עִיר s. עוּר) geistig rege. Erub. 53ᵇ עירנית eine geistig rege Frau, oder: eine tiefsinnige Halacha, Massechta. Ar. liest עירנית (s. vrg. Art.): eine draussenstehende, eig. zum Dorfe gehörende Mischna, vgl. נֵעֹר im Hifil.

עִירָנְיָתָא f. Adj. (von עִירָה s. d.) Bast, der sich, ähnlich der Wolle, fasert und aus dem man Dochte bereitet. j. Schabb. II Anf., 4ᶜ wird אירן erkl. durch עירניתא, wofür in babyl. Gem. עמרניתא dass., s. d.

עִירִית od. עִירִת f. eine Lanehart. Tosef. Sebehi. V g. E. עירית שלקטה למאכל בהמה ed. Zkrm. (a. Agg. עירית) Lauch, den man als Futter für das Vieh pflückte.

עָיִשׁ m. (=bh.) Bärengestirn, der grosse Bär, s. TW.; vgl. auch Gesen. hbr. Wrtrb. sv. עָיִשׁ.

עֲיֵיתָלוֹ Ijtelu, Name eines Ortes. j. Nid. I Anf., 48ᵇ מעשה בריבה בעייתלו einst ereignete es sich, dass ein Mädchen zu Ijtelu 9ᵇ u. ö. steht היתלו s. d.

עָכַב (syn. mit עָקַב), Pi. עִכֵּב (arab. عَكَبَ, Grndw. عَكَّ) zurückhalten, abhalten, verhindern. Ber. 17ᵃ ומי מעכב wer hält ab? vgl. עִירְסָה. Seb. 5, 1 (47ᵃᵇ) מתנה אחת מעכבת eine (ausgelassene) Sprengung hält die Sühne zurück. Das. אם לא נתן לא עכב wenn der Priester die Blutreste nicht (der Vorschrift nach) auf den Jesod ausgegossen hat, so hält dies die Sühne nicht zurück. Das. 48ᵃ לעכב die Sühne zu verhindern, Ggs. למצוה was blos geboten ist, vgl. עִבּוּב. Das. 52ᵃ. 39ᵃ fg. u. ö. j. Pes. V, 31ᵈ un. die Blutsprengung מעכבת שהיא welche (wenn sie nicht vollzogen wurde) die Sühne verhindert. Men. 4, 1 (38ᵃ fg.) התכלת אין מעכבת את הלבן והלבן אין מעכב die blaue Wolle hält die weisse nicht zurück, die weisse Wolle hält die blaue nicht zurück; d. h. trotzdem, dass eigentl. die Schaufäden aus weisser und blauer Wolle bestehen sollen, so bringt man dennoch, wenn man blos eine dieser Wollen hat, dieselbe als Schaufäden an. Das. 27ᵃ fg. j. Sot. II Anf., 17ᵈ u. ö. — Hithpa. sich lange aufhalten. Khl. r. sv. לשחוק, 75ᶜ מה טיבו שבני מתעכב woher kommt es, dass mein Sohn sich so lange aufhält? j. Pes. VI, 33ᵇ un. נמצא מתעכב מן המצוה würde dann vom Ausüben der Gebote abgehalten werden.

עֲכַב ch. Pa. עַכֵּב (=עִכֵּב) verhindern, abhalten, s. TW. (syr. ܥܰܟܶܒ in ders. Bedeut. Grndw. עך). — B. bath. 4ᵃ ליעכב שתא er wird sich ein Jahr aufhalten, vgl. כְּתַר. Das. 12ᵇ עכביה גביה er hielt ihn bei sich zurück.

עִכּוּב, עִבּוּב m. N. a. das Verhindern, Abhalten. j. Pes. II, 29ᵇ un. לעיכוב אתאמרת jene Halacha (dass die Mazza, die am Pesachabend genossen wird, ohne Getränke zubereitet sein muss) wurde zur Verhinderung gesagt; d. h. dass, wenn Getränke darin enthalten sind, die Pflicht des Mazzagenusses nicht vollzogen wird; Ggs. למצוה אתאמרת jene Halacha wurde blos festgesetzt, wie es eigentlich sein soll; die Nichtbefolgung derselben bildet jedoch kein Hinder-

niss. Das. VII, 34ᵇ ob. שנה עליו הכתוב לעיכוב die Schrift besagt durch den veränderten Ausdruck („nur am Feuer gebraten" Ex. 12, 9) eine Verhinderung; d. h. dass, wenn man das Pesachopfer nicht am Feuer brät, sondern anderweit zubereitet (z. B. im Topf schmort, צלי קדר u. dgl.) man die Pflicht verletzt. j. Jom. II, 39ᶜ un. Das. V, 43ᵃ ob. dass. auf ähnliche Fälle angewandt. j. Meg. III, 74ᵇ un. מאי כדון למצוה או לעיכוב wie ist es nun, ist jene Halacha als ein blosses Gebot (wie es eigentlich sein soll), oder im Falle der Nichtbefolgung als ein Hinderniss anzusehen? — Tem. 32ᵃᵇ עכוב הגזברים das Zurückhalten des Darbringens eines Opfers, bis die Schatzmeister des Tempels kommen.

עֲכוּבָא ch. (=עיכוב) das Verhindern, Abhalten. Jom. 5ᵃᵇ כךה עכובא הוא der Ausdruck: „so (sollst du thun", Ex. 29, 35) bezeichnet eine Verhinderung, dass näml. jede Abweichung von der Vorschrift eine Pflichtverletzung ist. Das. „Ihr sollt beobachten" . . . „so wurde mir anbefohlen" (Lev. 8, 35), עכובא bezeichnet eine Verhinderung.

עֲכָבָה f. 1) Verhinderung, Abhaltung. Jeb. 107ᵇ עכבה מן האיש עכבה שאינה מן האיש eine Verhinderung, die vom Manne ausgeht; eine Verhinderung, die nicht vom Manne ausgeht; vgl. das. 108ᵃ. j. Ned. VIII g. E., 41ᵃ עכבה שאינה ממנה eine Verhinderung, die nicht von der Frau ausgeht. — 2) das Sichaufhalten. Meg. 21ᵃ אין ישיבה אלא לשון עכבה der Ausdruck „Sitzen", „Verweilen" bedeutet nichts anderes als Sichaufhalten, längere Zeit an einem Orte bleiben; wofür Dt. 1, 46 als Beweis dient. Uebrtr. Ab. sar. 71ᵇ עכבת יין (Ar.) eig. das Zurückbleiben des Weines, d. h. eine Stelle im Gefäss, Trichter, wo ein Theil des Weines beim Durchgiessen zurückbleibt. Das. 72ᵃᵇ dass.

עֲכָבְיָא ,עֲכוּבִיָתָא masc. 1) Spinne (hbr. עֲכָבִיש, von עכב mit angeh. ש). — 2) (syr. ‎, bh. עַכְשׁוּב) Otter, Natter, s. TW.

עֲכָבִית fem. (arab. عَكُوب) eine essbare Distelart, die im heissesten Sommer blüht, gr. σκόλυμος, scolymos. Genes. r. sct. 20, 21ᵃ אלו זו עכבית Ar. ed. pr. (Agg. עכביות pl.) קוץ (Gen. 3, 18) bedeutet: die essbare Distel. Nach einer andern Erklärung das. דרדר זו עכבית (עכביות) bedeutet die essbare Distel. — Pl. Ukz. 3, 2 עֲכָבִיּוֹת zu ירקות שדה den Feldkräutern gezählt. Bez. 34ᵃ . . . מתקנין את העכביות man darf diese Disteln am Feiertage zubereiten, damit sie einen guten Geschmack bekommen.

עֲכוּבִיתָא ,עַכָּבִיתָא ch. (syr. ‎=עַכָּבִית) Distel, s. TW.

עֲכְבּוֹנִית fem. dass. Distel. Genes r. sct. 63, 62ᵃ „Die Knaben wuchsen heran" (Gen. 25, 27); משל להדס ועכבונית שהיו גדלים זה על גבי זה וכיון שהגדילו והפריחו זה נותן ריחו וזה חוחו Jalk. z. St. (Midrasch Agg. crmp. ועכבונית) ein Gleichniss von einer Myrte und einer Distel, die neben einander wuchsen; als sie aber grösser wurden und blühten, so verbreitete ihre die erstere ihren lieblichen Geruch, die andere aber brachte ihren Dorn zur Reife. — Pl. (in chald. Form) Thr. r. sv. בחרבן הראשון שהיו מתים 67ᵈ טובים היו ,מריח עכבנין אבל בחרבן האחרון לא היו עכבנין וכ' bei der Zerstörung des ersten Tempels, als die Israeliten vom Geruch der Disteln starben („waren die vom Schwert Getödteten glücklicher, als die durch Hunger Sterbenden", Klgl. 4, 9); bei der Zerstörung des zweiten Tempels hing., als in Jerusalem keine Disteln mehr wuchsen, starben sie vom Geruch der Böcke, welche von den Feinden an der Westseite der Stadt gebraten wurden und deren Geruch in die Stadt drang.

עֲכְבָּר masc. (= bh.) Maus. Stw. wahrsch. כְּבָר: stark, zahlreich sein. Chull. 126ᵇ עכבר שחציו בשר וחציו אדמה eine Maus, die zur Hälfte Fleisch und zur Hälfte Erde ist. Das. עכבר שבים die Seemaus. Das. 127ᵃ fg. Hor. 13ᵃ, s. חָתוּל. — Pl. das. עַכְבָּרִים, vgl. נַבְּמִי und כּוֹר.

עֲכְבְּרָא ch. (syr. ‎, כ und ק verw.= עכברא) 1) Maus. Ab. sar. 68ᵇ עכברא דדברא die Feldmaus, die Stadtmaus; ... עכברא דמתא erstere wird selbst für die königliche Tafel zubereitet, vor letzterer ekelt man sich. j. Schabb. I, 3ᵇ mit. עכברא דטורא מתהביד חזיר die Bergmaus metamorphosirt sich in ein Schwein. Trop. Snh. 29ᵇ עכברא דשכיב אדינרי eine Maus, die auf Denaren liegt; bildl. für einen Reichen, der selbst keinen Genuss von seinem vielen Gelde hat, das ihn vielmehr drückt und von dem auch Andere nichts geniessen. — Pl. j. B. mez III g. E., 9ᵇ אילין עכבריא רשיעיא כד חמיי פירי וכ' die Mäuse כגון קריין לחבריהון ואכלין עמהון sind bösartig, denn, wenn sie viele Früchte sehen, so rufen sie ihre Genossen herbei, damit sie mit ihnen essen! — Fem. Bez. 36ᵇ הדא אכברתא jene weibliche Maus. — 2) Achbera, Name eines Ortes. j. Ter. X, 47ᵇ mit. הורי ר' יוסי בי ר' בון בעכברא חד לאלף R. Jose bar Bun lehrte in Achbera, dass, wenn ein Mass Teruma mit tausend Mass profanen Früchten vermischt wurde, die Mischung auch den Nichtpriester zum Genusse erlaubt sei; vgl. R. Ascher zu Chull. 100ᵇ. B. mez. 84ᵇ בני עכברא die Einwohner Achberas, s. מְרוֹנָאָה.

עֲכְבְּרִי Achberi, 1) (=עֲכְבְּרָא) Name

eines Ortes. j. Erub. VIII, 25ᵃ un. סלקין ליעכברי sic gingen nach Achberi. Das. zwei Mal. — 2) Name eines Mannes. j. Ter. XI g. E., 48ᵇ ר' חנניה בר עכברי R. Chananja, Sohn des Achberi. j. Schabb. II, 4ᵈ ob. dass.

עַכּוֹ (=bh.) Akko, eine Grenzstadt im Norden Palästinas. Git. 1, 1 (2ᵃ) עכר כצפון וכ' Akko wird hinsichtl. der Scheidebriefe, wie die Nordgegend Palästinas behandelt. Das. 7ᵇ u. ö. Wie es scheint, war daselbst ein grosser Fischfang. Exod. r. sct. 9, 110ᵃ כלום מביאין ... דגים לעכו trägt man etwa Fische nach Akko? vgl. יוֹחֲנִי. Genes. r. sct. 5, 5ᵈ „die Meere" (Gen. 1, 22); אינו דומה טעם דג העולה מעכו לעולה מצידן ולעולה מאספמיא der Fisch, der in Akko herausgezogen wird, hat einen anderen Geschmack als der, welcher in Sidon oder in Apamäa herausgezogen wird. — Mech. Mischp. Par. 2 כפר עכו wahrsch. zu lesen עכוס das Dorf Akos.

עָכוֹז s. עָבוּז.

עַכּוֹם Akkum, Abbreviatur 1) (für עבודת כוכבים ומזלות) eig. Dienst, Anbetung der Sterne und Planeten, Götzendienst; öfter jedoch (=יִרְאָה, s. auch עֲבוֹדָה) Abstractum für das Concretum: der Götze. Seb. 40ᵇ fg. שעירי עכום die Ziegenböcke, die man wegen Götzendienstes opfern muss. Das. 47ᵃ u. ö. השוחט לעכום wenn Jem. dem Götzen ein Opfer schlachtet. Snh. 53ᵃ fg. העובד עכום wenn Jem. den Götzen anbetet. Das. 63ᵇ fg. משרתי עכום die Bedienten, Priester der Götzen. — 2) (für עובד כוכבים ומזלות) der Götzendiener. Snh. 59ᵇ עכום ועוסק בתורה וכ' ein Götzendiener, der sich mit dem Gesetzstudium befasst. Ab. sar. 3ᵃ steht dafür אשכנזי, s. d. Das. l. c. דאיתנסו עכום עליויה wir finden, dass die Götzendiener wegen Uebertretung dieses Verbotes bestraft wurden. — 3) (für עובדת כוכבים ומזלות) Götzendienerin. Snh. 64ᵃ עכום אחת eine Götzendienerin. Das. ö., s. מֵחָן.

עֲכַל (=אָכַל. Grndw. כל vernichten). Pi. עִיכֵּל verzehren, aufreiben, oft vom Feuer. Part. pass. Tam. 1, 4 הַמְעוּכָּלוֹת Tlmd. Agg.: die verbrannten, angebrannten Opferstücke, s. אָכַל. — Nithpa. und Hithpa. verzehrt, verbrännt werden. Ber. 51ᵇ, s. אָכַל. Num. r. sct. 14, 222ᶜ לכך קרוא סיר מה הבסיר מִתְעַבֵּל בסיר כך נתעכלו שם וכ' deshalb nennt David den Moab: „Kessel" (Ps. 60, 10), weil, wie das Fleisch im Kessel (in welchem kein Wasser ist) verbrannt wird, ebenso auch David's Mannschaften dort aufgerieben wurden, da der König Moabs sie sämmtlich getödtet hat, vgl. 1 Sm. 22, 3 fg.

עֲכַל, Pa. עַכֵּיל (=עִכֵּל) verzehren, s. TW.

עִיכּוּל m. N. a. eig. das Verzehren, Ver-

brennen; übrtr. Verzehrtes, Verbranntes. Pl. Seb. 83ᵇ עיכולי עולה ... עיכולי חטאת Ar. (Agg. קטרת) anst. חטאת) die angebrannten Stücke des Brandopfers, die des Sündopfers. Jom. 45ᵇ dass. Chull. 90ᵃ עיכולי בשר ... עיכולי בשר גידים ועצמות die angebrannten Fleischstücke, die angebrannten Adern und Knochen.

עוּכְלָא m. (=אוּכְלָא für כְּלָא, כָּלָה s. d. W., mit prosthet. ע oder א) Hohlmass, und übrtr. Uchla, Name eines Masses. B. bath. 90ᵃ כמה עוכלא היא אחד מחמשת ברובע wie viel fasst die Uchla? Ein Fünftel des Roba (d. h. 20. Theil eines Kab = ⅕ Log). Tosef. Sot. III Anf. und Sot. 8ᵇ עוכלא Uchla, ein sehr kleines Mass, kleiner als der הומן (⅛ Kab). Der Comment. z. St. hält das W. ungenau für ein Gewicht. Num. r. sct. 9, 202ᵇ dass. Erub. 29ᵃ עוכלא תבלין eine Uchla (=⅛ Litra) Gewürze und eine Litra Kraut. — Pl. trop. B. bath. 85ᵇ מחו לה מאה עוכלי בעוכלא eig. man schlug darauf 100 Uchlas (Masse) für eine Uchla; d. h. jener Ausspruch wurde vielfach widerlegt. Keth. 53ᵃ dass. Nach Raschi: Man gab ihr 100 Schläge mit einem Riemen, woran ein Stück Eisen vom Gewicht einer Uchla angebracht war.

עִיכְלָה m. gewebter Vorhang, Laken oder Mappe am Eingange des Zimmers (ähnlich arab. عِكَال funis). j. Ab. sar. I, 39ᶜ un. ובירושלם היה הופך עיכליה דימינא לשמאלא in Jerusalem herrschte der Brauch, dass man (wenn Jem. Gäste zum Mahle eingeladen hatte, der Speisesaal aber bereits gefüllt war) die rechte Seite des Vorhanges nach links umkehrte; ein Zeichen, dass nunmehr keine Gäste eintreten sollten. In der Parall. j. Dem. IV, 24ᵃ un. הוה מפיך פילכיה man kehrte das Gewebe um, dass. Vgl. Tosef. Ber. IV זה מנהג גדול היה היה פורטין משתמשים על גבי הפתח כל זמן שהמטפחת פרוסה אורחין נכנסין war das ein schöner Brauch in Jerusalem; man breitete einen Vorhang vor der Thür aus; solange der Vorhang ausgebreitet hing, traten die Gäste ein; sobald aber der Vorhang entfernt war, so war den Gästen der Eintritt nicht mehr gestattet. B. bath. 93ᵇ steht מנטפחת anst. מפה.

עַכְמַאי Achmai, N. pr., wahrsch. עֲבְמַאי. j. Ter. XI g. E., 48ᵇ יונתן בן עכמאי Jonathan ben Achmai. j. Schabb. II, 4ᵈ ob. dass.

עֶכֶן, Pi. עִיכֵּן (syn. mit עֵכֵל, עֵכַם) umringeln. Trop. Snh. 44ᵇ זמרי שמו ולמה נקרא שמו עכן שעיכן עונותיהם של ישראל „Simri" war der Name des Sohnes des „Serach" (1 Chr. 2, 6). Weshalb jedoch wird er (Jos. 7, 24) „Achan" genannt? Weil er Israel mit Sünden umringelte.

עָכָן od. עָכָן m. Schlange, eig. die Sichringelnde. Thr. r. sv. עבן 55ᵇ, ומרב עבודה בירח die Hausschlange, die unschädlich ist. — Pl. Sifre Haasinu § 321 wird זחלי עפר (Dt. 32, 24) erklärt: אלו עָכָנִין שאין סלטונן אלא בעפר das sind die Schlangen, deren Gewalt blos im Staube ist. Jalk. I, 308ᵃ liest עֲכִינִין.

עֲכִינָא ,עֲכִנָא chald. (=עָכָן; syr. ܐܟܢܐ, gr. ἔχιδνα, vgl. auch חֲכִינָא) Schlange. B. mez. 84ᵇ אשתכחה לעכנא דהדירא לה למערתא אמרו לה man fand eine Schlange, welche die Höhle (in der sich das Grab des R. Simon ben Jochai befand und wohin man die Leiche seines Sohnes, R. Elasar, bringen wollte) umringelte. Man sagte zu ihr: Schlange, Schlange, öffne dein Maul, damit der Sohn zu seinem Vater komme! Das. 85ᵃ dass. von R. Jose, dem Sohne des R. Elasar. Deut. r. sct. 6, 258ᶜ לעכינא שהיה יושב על פרשת דרכים ein Gleichniss von einer Schlange, die am Scheidewege lag, vgl. דֻּרְבֹּן. Levit. r. sct. 16 Anf. wird העכסכה (Jes. 3, 16) als Denom. von עכס, s. d., erklärt: „Die Töchter Zions" trugen ein Balsambüchschen an ihren Fersen, auf welches sie beim Anblick von Jünglingen traten; והיה אותו הריח מפעפע בהן כארס של עכנה infolge dessen drang jener Geruch in letztere ein, wie das Gift der Schlange. Schabb. 62ᵃ steht dafür: ומכניסות בהן יצר הרע כארס של עכנה Ms. Oxf. (vgl. Dikduke z. St., Agg. כארס בעכוס) jene erweckten in den Jünglingen die Leidenschaft wie das Gift der Schlange.

עֲכְנַאי Achnai, N. pr. Kel. 5, 10 תנורו של עכינאי (Ar. ed. pr. עֲכִינַאי Achinai) der Ofen des Achnai, Name des Besitzers, wie בן דיגאי das. Ber. 19ᵃ למה נקרא שמו עכנאי שהקיפוהו דברים M. M. (anders in Agg.) זו כעכנא בדברים weshalb wurde er: Achnai genannt? Weil man ihn mit Disputationen umringte gleich der Schlange. B. mez. 59ᵇ dass. Diese Erkl. jedoch ist blos agadisch, vgl. חֲכִינַאי.

עְכָס masc. (arab. عِكَاس, gr. ἔχις) Otter, Viper. Mechil. Wajjassa Par. 2 אין אפעא אלא עכס אמרו שהעכם הזה רואה צל עוף שהוא פורח באויר מיד מת ונושר אברים אברים das W. אפעה (Jes. 30, 6) bedeutet nichts anderes als Viper. Man sagte, dass wenn die Viper den Schatten eines Vogels, welcher in der Luft fliegt, erblickt, letzterer alsbald stirbt und gliedweise herabfällt. Tanch. Beschal. 83ᵃ dass. Jalk. II, 60ᶜ; s. auch עֲכָנָא.

עַכְסֵלוֹ m. (=פְּכְסְלֵי mit ע [=א] prosthet.) Kislew, der 9. Monat der Hebräer, ungefähr December. Der Name dieses Monats rührt davon her, weil in ihm die Sonne in das Sternbild des Schützen (Beiname des Nimrod, Orion,

vgl. כְּסִיל) eintritt. Genes. r. sct. 98, 97ᵃ „Es sass fest קשתו" (Gen. 49, 24), זה עכסילו סהוא עושה במזל קשת das ist der Kislew, welcher im Sternbild des Bogen (Schützen) herrscht.

עָכַר (=bh.; arab. عَكَرَ trübe sein, vom umgerührten Wasser) trübe machen, in Unordnung bringen; Ggs. צָלַל: klar sein. Sot. 5ᵃ כל אדם שיש בו גסות הרוח אפילו רוח קמעה עוכרתו ... ומה ים שיש בו כמה רביעיות רוח קמעה עוכרתו אדם שאין בו אלא רביעית אחת על כמה וכמה jeden Menschen, der Hochmuth besitzt, macht selbst ein unbedeutender Wind trübe (d. h. selbst geringe Leiden treiben ihn in Verwirrung und Verzweiflung). Denn es heisst: „Die Frevler gleichen dem aufgewühlten Meer, das nicht ruhen kann und dessen Wasser Koth und Schlamm heraufftreibt" (Jes. 57, 20). Wenn nun das Meer, das so viele Viertel Log (Wasser) enthält, ein wenig Wind trübe macht, um wie viel mehr verwirrt das Wehen des Windes den Menschen, der nur ein Viertel (Blut) enthält! Vgl. דָּם und מִן II. j. Keth. I, 25ᵇ mit. Jem., der einer Unmündigen beiwohnt, לעוכר את העין וחוזרת וצוללת gleicht demjenigen, der eine Quelle (viell.: das Auge) trübe macht, die dann wieder klar wird. Ber. 25ᵇ. Chull. 41ᵇ ob. j. Ter. V g. E., 43ᵈ יין עָכוּר trüber Wein. — Trop. Genes. r. sct. 80 g. E. Jakob sagte (Gen. 34, 30): צלולה היתה החבית ועכרתם אותה das Fass Wein (bildl. für die Familie) war klar, ihr aber habt es (durch das Tödten der Sichemiten) trübe gemacht. Das. Simon und Lewi entgegneten: עכורה היתה החבית וצללנו אותה das Fass war trübe (d. h. durch die That Sichem's hätte die Ausgelassenheit leicht zugenommen), wir aber haben es klar gemacht. Snh. 44ᵇ Josua sagte zu Achan הזה אתה עכור ואי אתה עכור לעולם (Jos. 7, 25): „heute (d. h. in dieser Welt) bist du trübe gemacht, unglücklich", aber in der zukünftigen Welt wirst du nicht trübe sein; d. h. du wirst ihrer theilhaftig werden. Levit. r. sct. 9, 152ᶜ dass. Sifre Ekeb § 48 „Trinke Wasser ממים של בורך ואל תשתה" (Spr. 5, 15); מבורך מים עכורים ותמשך אחר דברי המינים d. h. das Wasser deines Schöpfers (die Gotteslehre), trinke aber nicht die trübe Wasser (die Irrlehre), damit du dich nicht von den Worten der Häretiker hinreissen lässt; ähnlich מים הרעים, Aboth 1, 11.

Nif. trübe gemacht werden. Nid. 9ᵃ דם נֶעְכָּר ונעשה חלב das Blut der Schwangern wird trübe und geht in Milch über. Bech. 6ᵇ u. ö. dass. j. Sot. IV, 19ᶜ un. אין החלב נעכר אלא לאחר שלשה חדשים die Milch einer nährenden Frau wird erst nach den ersten drei Monaten ihrer Conception trübe, zum Nähren untauglich. j. Nid. II g. E., 50ᵇ. — Uebrtr. Men. 9, 5 (90ᵃ)

הלח נעכר והיבש אינו נעכר Mischnaj. und Ar. (Tlmd. Agg. נעקר) etwas Flüssiges wird im Masse aufgerührt, wodurch es trübe wird; Trocknes hing. wird nicht aufgerührt.

עֲכַר *ch.* (=עָכַר) trübe sein, s. TW. — Chull. 55ᵇ עֲכִירֵי trübe Flüssigkeiten. Trop. Men. 53ᵃ חזייה דהוה עֲכִירָא דעתיה er sah ihn, dass er (seine Gesinnung) betrübt war.

עֲכִירָה *f.* N. a. das Trübesein. Exod. r. sct. 22 g. E. das Gebet eines Menschen, dessen Hände mit Raub besudelt sind, erhört Gott nicht; למה שתפלתו בעכירה weshalb? Weil sein Gebet bei getrübtem Sinn gesprochen wird.

עֲכִירִין od. עֲכִירִים *m. pl.* (=עָכִירִים s. d., mit vrgs. ע) grosse und runde Steine, die zum Auspressen der Oliven dienen. Tosef. Kel. B. bath. VII g. E. עכירים. B. hath. 67ᵇ עכירין Hai in s. Comment. zu Kel. 12, 8 (Agg. עבירין). Das. erklärt durch כבשי, vgl. עכירים und מרצוף.

עַכְשׁוּב *masc.* eine Spinnenart, wahrsch. Tarantel. Stw. עכש, arab. عَكَشَ sich zusammenziehen. Tosef. Par. VIII g. E. נפל עכשוב להתוכן wenn eine Tarantel in das Lustrationswasser fällt. Dass hier blos ein Insekt gemeint sein kann, ergiebt sich aus dem Zusammenhang שובב כובא u. a. Das bh. עכשוב, Ps. 140, 4, das gew. durch Natter übersetzt wird, erklärt Raschi z. St. ebenf. durch Spinne, עכביש; vgl. auch Lewys. Zool. d. Tlmd. p. 309.

עַכְשְׁמוֹנִיתָא, עַכְשְׁבוֹנִיתָא *ch. f.* eig. (=vrg. עכשוב) Spinne, aranea; insbes. Geschwür in Form einer Spinne (ähnlich ערדענא s. d.); viell. Krebs, cancer. j. Ab. sar. II, 40ᵈ mit הדא עכשבוניתא סכנה jene Spinne, jenes Geschwür ist gefährlich. j. Schabb. XIV, 14ᵈ ob. עכשמוניתא dass. mit Wechsel von ב und מ.

עַכְשָׁיו *Adv.* (etwa zusammenges. aus עד כשעה היא jetzt, nun. Aboth 1, 14 ואם לא עכשיו אימתי wenn nicht jetzt, wann denn? Git. 72ᵃ זה גיטיך... מהיום אם מתי מעכשיו אם מתי hier hast du deinen Scheidebrief, der schon heute giltig sein soll, falls ich sterbe, schon jetzt, falls ich sterbe. j. Dem. I, 21ᵈ ob. עכשיו jetzt, Ggs. בראשונה vormals. Uebrtr. Genes. r. sct. 12, 13ᵃ עכשיו העליונים רבים על התחתונים jetzt (d. h. in dem Falle) würden die Himmlischen (die geistigen Schöpfungen) mehr sein als die Irdischen; andernfalls würden die Irdischen mehr sein u. s. w. j. Ab. sar. I g. E., 40ᵇ u. ö.

עוֹל *m.* (=bh. על, einmal עוֹל Stw. עָלַל s. d.) 1) Joch, ein krummes Holz, das auf den Hals der Zugthiere gelegt wird, um sie zusammen zu spannen. Kil. 2, 6 העול השרוני das Joch, dessen man sich in Saron (einem tiefliegenden Orte, oder: in der Saronebene) bedient, das breiter ist als das Joch, dessen man sich beim Pflügen eines bergigen Ortes bedient. — 2) trop. Obliegenheit, Verpflichtung. Aboth 3, 5 כל המקבל עליו עול תורה מעבירין ממנו עול מלכות ועול דרך ארץ וכל הפורק ממנו עול תורה נותנין עליו עול מלכות ועול דרך ארץ demjenigen, der die Obliegenheit der Gesetzlehre (d. h. fleissiges Studium derselben) übernimmt, nimmt man die Obliegenheit der weltlichen Regierung und der Beschäftigung mit weltlichen Dingen ab (vgl. חֵירוּת); demjenigen aber, der die Obliegenheit der Gesetzlehre von sich abwälzt, legt man die Obliegenheit der weltlichen Regierung und der weltlichen Beschäftigung auf. Ber. 2, 2 (13ᵃ) weshalb wird beim Lesen des Schema der Bibelabschnitt Dt. 6, 4—9 zuerst und dann der Abschnitt Dt. 11, 13—21 gelesen? כדי שיקבל עליו עול מלכות שמים תחלה ואחר כך מקבל עליו עול מצות וכו' damit der Mensch zuvor die Obliegenheit der Gottesregierung auf sich nehme ("Der Herr, unser Gott, ist einzig". "Du sollst lieben deinen Gott" u. s. w.); und sodann die Obliegenheit der Gebote übernehme ("Wenn ihr auf meine Gebote, die ich euch befehle, hören werdet" u. s. w.)

עַל (=bh., von עָלָה, עַל) eig. Sbst. Höhe; öfter als Präp.: auf, über. — על יד eig. auf, oder zur Hand. Nid. 1, 1 על יד על יד das Eine verringert durch, infolge des Andern. Schabb. 156ᵃ ob. על יד על יד nach und nach, einzelweise. Arach. 21ᵇ un. אשה דשקלה על יד על יד eine Frau, welche Zahlungen ein und nach, ratenweise annimmt. (Ar. citirt diese St. irrthüml. aus Keth. fol. 100, vgl. auch Haflaah z. St.)

עַל *ch.* (syr. ܥܠ =vrg. עַל) auf, über. Dan. 3, 19. Esr. 4, 15 fg., s. auch TW. — Ferner עַל gehen, s. עֲלַל.

עֵילָא, עֵיל *m.* (syr. ܥܠ, hbr. עַל) das Obere, Höchste, die Höhe; gew. jedoch als Adv. u. zw. mit flg. מָן höher als, oberhalb. Dan. 6, 3 עֵלָּא s. auch TW. j. Taan. II Ende, 15ᵃ חדא מלעיל וחדא מלרע eines von oben und eines von unten. — Mit vrges. לְ (=hbr. לְמַעֲלָה) oben, hoch. B. bath. 45ᵃ דסלקין לעילא die nach oben (d. i. nach Palästina) wandern, vgl. כְּלַל. Schabb. 30ᵃ שאל שאילה זו לעילא נמ' תנחום eig. diese Frage fragte man oberhalb des R. Tanchum, d. h. die Schüler fragten. Da näml. dieselben in der Akademie vor dem Lehrer, welcher sass, standen, so ragten sie über ihn hervor. Chull. 51ᵃ dass., vgl. בִּנְכָּא II, 4ᵃ un. אינון עֵילָוֵי sie (die Tefillin) liegen auf ihm. — Pl. st. constr. עֵילָוֵי oder עֵילָוֵי (syr.

ܥܠܒ, ܥܠܒ, vgl. Bernst. Lex. Syr. hv., hbr.
עֲלֵי .(עֲלֵי). Chull. 8ᵇ s. פְּמָלָא. Das. 111ᵃ עילוי בשרא
auf dem Fleische, s. פְּחָלָא. j. Ab. sar. V, 44ᵈ
mit. אין הוה עילוויה קיר לא אתפחחת wäre es auf
dem Fasse Wachs (=קיר, cera) gewesen, so
würde es nicht geöffnet worden sein. — Keth.
99ᵃ לא ניחא לי דליפשו שטרי עילואי es ist mir
unlieb, dass viele Wechsel auf mich im Um-
laufe sind.

עִילָא, עִילָאי, emph. עִילָאָה, עִילָאָא m. Adj.
(syr. ܥܠܝܐ=hbr. עֶלְיוֹן) erhaben, hoch, der
Erhabene, Oberste. j. Maas. scheni V, 36ᶜ
ob. בני גלילא עילאה die Einwohner Obergali-
läas. Snh. 14ᵇ dass. Sot. 40ᵃ עילאה der
Höchste, d. h. Gott, vgl. מֵין, מִין und פַּסְּ. —
Pl. B. mez. 107ᵇ עילָאֵי ותחאי die Bäume, die
oben und diejenigen, die unten am Flusse stehen,
Das. 108ᵃ s. פְּרָיָא. Taan. 10ᵃ וסימנך עילאי
בער מיא תהאי לא בער מיא als Merkmal diene
dir: Die Oberen bedürfen des Regenwassers, die
Unteren bedürfen nicht des Regenwassers. Dort
mit Bez. auf die Controverse zwischen Rab und
Samuel; nach Ersterem, dessen Wohnsitz in
Sura am Untereuphrat war, fängt man das Gebet um Regen erst später an (am 61. Tage nach
der Tekufa); nach Letzterem hing., dessen Wohnsitz in Nehardaa am Obereuphrat war, fängt
man das Gebet um Regen früher (am 60. Tage)
an; worauf das Merkmal: Samuel und Nehardaa brauchten den Regen später als Rab und
Sura (so nach der LA. Ar.'s, vgl. auch Haflaah; anders nach dem Comment. z. St.). j. Kil.
IX g. E., 32ᵈ עד] לא שלח עילָנַיָא [עד] לא שלח
ארייא bevor man die Oberschuhe ablegt, kann
man doch nicht die Unterschuhe ablegen. Trop.
Thr. r. sv. אלה על, 58ᵇ Trajan liess die israelitischen Männer von seinen Legionen morden
und drohte hierauf den Frauen, sie ebenfalls
morden zu lassen. אמרו ליה עביד בארעאי מה
דעבדת בעילאי sie sagten zu ihm: „Verfahre
mit den Niedrigen (d. h. den Frauen) wie
du mit den Oberen (den Männern) verfuhrst."
Das. sv. קלים, 68ᵈ dass. j. Suc. 55ᵇ mit. steht
dafür מה דעבדת בארעייא עביד בעילייא crmp.
— Ferner עילאי Illai, N. pr. Schabb. 25ᵇ
u. ö., Vater des R. Juda. — עילא Ursache,
Vorwand, s. עִלָּה.

עֲלֵב (arab. عَلَبَ. Grndw. עָל) Jemdn. übertreffen, demüthigen, niederdrücken. —
Nif. נֶעֱלַב gedrückt, gedemüthigt werden.
Schabb. 88ᵇ הנעלבין ואינן עולבין השומעים
חרפתן ואינן משיבין וכ׳ Ms. M. u. Ar. (=Git.
36ᵇ; Agg. עלובין וכ׳) auf diejenigen, welche gedemüthigt werden, ohne Andere zu demüthigen,
die ihre Schmähung anhören, ohne die Schmähung
zu erwidern, die aus Liebe zu Gott handeln und
die Leiden geduldig ertragen; auf sie ist die

Schriftstelle anzuwenden: „Die Gott lieben gleichen der strahlenden Sonne am Firmament"
(Ri. 5, 31).

עֲלַב ch. (syr. ܥܠܒ=עֲלַב) Jemndn. niederdrücken, bedrängen. — Ithpa. אִתְעֲלֵיב
sich bedrängen, beleidigen lassen, s.
TW.

עֲלוּב m., עֲלוּבָה f. (eig. Part. pass.) bedrückt, gedemüthigt, unglücklich. Pesik.
r. sct. 40, 69ᶜ der Satan sagte zu Isaak, der bereit war, sich opfern zu lassen: Genes. הא עלוב בנה
עלובה של o Unglücklicher, Sohn der Unglücklichen! Sifre Haasinu § 306 Anf. עלוב היה אדם
זה שצריך ללמוד מן הנמלה אלו למד רעשה עלוב
היה וכ׳ wie gedemüthigt ist doch der Mensch,
dass er nöthig hat, „von der Ameise zu lernen"
(Spr. 6, 6). Würde er vor ihr gelernt und darnach gehandelt haben, so wäre er gedemüthigt;
allein er hätte von ihrem Verfahren lernen müssen,
aber er lernt nicht. Trop. Pesik. r. sct. 34, 33ᵃ
עלוב הוא השאור שמי שבראו אותו מעיד עליו
שהוא רע . . . עלובה הנטיעה שמי שנטעה מעיד
עליה שהיא רעה וכ׳ unglücklich ist der Sauerteig, da der, der ihn zubereitet, bezeugt, dass
er schlecht ist; unglücklich die Pflanze, da der,
welcher sie gepflanzt hat, bezeugt, dass sie
schlecht ist; bildl. für den Trieb zum Bösen;
mit Bez. auf Ps. 103, 14 und Jer. 11, 17; vgl.
auch עִישָׂה. Cant. r. sv. מי זאת, 32ᶜ עלובה היא
הכלה שמקלקלת בתוך חופתה unglücklich die
Braut, die in ihrem Hochzeitsgemach unzüchtig
wurde; bildl. für Israel, das am Sinai das goldene Kalb angebetet hat. Schabb. 88ᵃ steht
מקלקלה anst. מזנה. Taan. 16ᵃ un. „Die Einwohner Ninewes riefen zu Gott mit Stärke" (Jon.
3, 8); sie sagten: Herr der Welt עלוב ושאינו
עלוב צדיק ורשע מי נדחה מפני מי wenn ein Gebeugter und ein Nichtgebeugter, ein Frommer
und ein Frevler da sind, wer wird da vor dem
Andern zurückgesetzt? Doch wohl der Fromme
vor dem Frevler! — Pl. Erub. 13ᵇ מפני שנוחין
ועלובין היו וכ׳ weil sie (die Schüler Hillel's)
sanftmüthig und demüthig waren, deshalb wurden sie gewürdigt, dass die Halacha nach ihrer
Ansicht entschieden wurde.

עֲלוּבָא, עֲלִיבָא ch. (syr. ܥܠܝܒܐ=עֲלוּב) gebeugt, gedemüthigt, unglücklich. j. Taan.
III Anf., 66ᶜ מה נעביד עליבא was soll der Unglückliche machen? j. Kidd. III, 64ᵇ mit. ולניאי
עליבא את שאיל מילה בקדושין wie, den niedrigen Jannai (d. h. mich, den Unwissenden) fragst
du etwas in Trauungsangelegenheiten! Das. ö.
j. Ber. IX, 13ᵇ mit. ein Schiff, in welchem sich
viele Heiden und ein jüdischer Jüngling befanden, drohte zu scheitern. Erstere beteten vergeblich ihre Götzen an, aber das Gebet des
Letzteren wurde erhört; sie wurden gerettet,

stiegen aufs trockene Land, besorgten da ihre
Einkäufe und forderten jenen Jüngling auf, ein
Gleiches zu thun. אמר להון מה אתון בעין מן
הדין אכסניא עלובה אמרו לו את אכסניא עלובה
אינון אכסניא עלובה אינון הכא וטעוותהון בבבל
וכ' er entgegnete ihnen: Was wollt ihr von
(mir) dem gebeugten Fremdling? Sie aber sagten: Wie, du solltest ein gebeugter Fremdling
sein! Jene (d. h. wir) sind gebeugte Fremde,
denn sie sind hier, ihr Gott aber in Babel, der
Anderen Gott in Rom; und selbst wenn ihre
Götter bei ihnen wären, so nützten sie ihnen
nichts. Du hing., wo du gehst, geht dein Gott
mit dir und erhört dich (Dt. 4. 7). — Pl. Levit.
r. sct. 32 g. E. עֲלוּבַיָּא אִלֵּין jene Unglücklichen.
— Fem. Levit. r. sct. 37 g. E. u. ö. הַהִיא
עֲלֵיבְתָּא jene Unglückliche, d. h. die Tochter
Jiftach's, vgl. כפי. Genes. r. sct. 56, 55ᵇ ברא
דַעֲלוּבְתָא der Sohn der Unglücklichen, der Sara.
Pesík. Achre, 170ᵇ dass. j. Schek. V Anf. 48ᵈ
u. ö. הדא עליבתא jene Unglückliche, d. h. die
Eselin des R. Pinchas, die keine Nahrung zu
sich nehmen wollte. Levit. r: sct. 5, 149ᵈ. Das.
sct. 34, 177ᵈ u. ö.

עֶלְבּוֹן masc. Bedrängniss, Bedrückung,
Demüthigung. Genes. r. sct. 45 g. E. Hagar
sagte (Gen. 16, 12): אתה הוא רואה בעלבון של
עלובים „du siehst" die Bedrängniss der Be-
drückten. Das. sct. 60, 59ᵇ Hagar, „die am
Brunnen sass" (Gen. 24, 62) ואמרה לחי העולמים
ראה בעלבוני und zu dem „Ewiglebenden" sagte:
Siehe meine Bedrückung! Das. sct. 98, 95ᵃ
עלבון אמו תבע וכ' er (Ruben, Gen. 49, 4) ahn-
dete die Demüthigung seiner Mutter; weil die
Lagerstatt Jakob's stets neben dem Lager Rahel's
stand. Schabb. 55ᵇ dass. Ab. sar. 18ᵃ R. Chanina ben Teradjon, der verurtheilt wurde, mit
der Gesetzrolle zusammen verbrannt zu werden,
sagte: מי שמבקש עלבונו של ספר תורה הוא
יבקש עלבוני derjenige (d. h. Gott), der einst
die Bedrückung, Beschimpfung des Gesetzbuches
ahnden wird, wird auch meine Bedrückung ahnden. Uebrtr. Exod. r. sct. 41, 136ᵇ עלבונה של
תורה die Vernachlässigung des Gesetzstudiums.

עוֹלְבָּן ,עוֹלְבָּנָא ch. (syr. ܥܘܠܒܢܐ =עֶלְבָּן)
Bedrückung, Demüthigung, s. TW. — Git.
36ᵇ der Prosbol (s. פרוזבול) עולבנא
Das. wird gefragt: עולבנא לישנא דחוצפא הוא
הוא או לישנא דניחותא bedeutet unser W. Anmassung (d. h. „der Prosbol ist eine Anmassung
der Richter", eig. Niederdrückung des Rechtes)
oder: Sanftmüthigkeit?

עָלָה hinaufsteigen, s. עלי. Davon

עָלֶה m. (=bh.) Blatt, eig. Aufschies-
sendes. Pl. Schabb. 109ᵃ עָלִין אִין בָּדֵן משום
רפואה das Auflegen von Blättern auf ein krankes
Auge ist nicht als ein Medicament anzusehen,

weshalb es am Sabbat gestattet ist. Nach
Raschi: עלין Name eines Krautes: das Essen
desselben heilt nicht die Augenkrankheit; vgl.
dag. Tosaf. z. St. j. Sebehi. V Anf., 35ᵈ מן צאת
עלין ועד הפגין ג' יום die Zeit vom Aufschiessen
der Blätter bis zum Blühen der Knospen dauert
50 Tage.

עָלָא ch. (=עָלֶה.) Blatt. Pl. j. Sebebi. V
Anf., 35ᵈ שיתין יומין שיהא עֲלֵיי יומין
שיתין עליי in den ersten 60 Tagen nach der
Pflanzung wachsen 6 Blätter, in den darauffolgenden 6 Tagen wachsen 60 Blätter. Trop.
Chull. 92ᵃ אילמלא עליא לא מתקיימין איתכלייא
wären nicht die Blätter, so könnten sich die
Weintrauben nicht erhalten; d. h. ohne die Unterstützung seitens der gewöhnlichen Menschen
können die Gelehrten nicht bestehen, vgl.
אִיתְכָּלָא.

עוֹלָה f. (=bh. עֹלָה) Ganzopfer, Brandopfer, eig. das ganz zu Gott emporsteigende
Opfer (vgl. Chag. 6ᵃ עולה כולה לגבוה כלפס),
סֹאλάγעστον. j. Jom. VIII, 45ᵇ un. העולה מכפרת
על הירהור הלב das Brandopfer sühnt die
schlechte Gesinnung. Levit. r. sct. 7, 151ᵉ dass.,
mit Ansp. auf Ez. 20, 32 העלה על רוחכם „was
in eurer Gesinnung aufsteigt". j. Schebu.
I, 33ᵇ un. dass. Seb. 7ᵇ עולה דורון הוא das
Brandopfer ist ein Geschenk, vgl. חַטָּאת. Chag.
6ᵃ die Schule Hillel's ist der Ansicht: עולה
שהקריבו ישראל במדבר עולה תמיד הואי das
Brandopfer, das Israel in der Wüste opferte
(Ex. 24, 5), war das beständige Opfer. Die
Schule Schammai's ist der Ansicht: עולה ראיה
הואי es war ein Brandopfer des vor Gott Er-
scheinens; ähnlich dem Festopfern der Wallfahrer, vgl. רְאָיָה, s. auch חַדוּש.

עֲלָתָא ch. (syr. ܥܠܬܐ=עֹלָה; über die Vocalisation s. TW.) Brandopfer. Pl. עֲלָוָן.
Esr. 6, 9.

עִלָּא ,עִילָה ,עִילָּה fem. (=עֲלִילָה, Stw. עלל
s. d.) eig. Einwirkung, Bewirkung; daher
Bewirkendes, Ursache, Vorwand. Dan.
6, 5. 6 עלה. — j. Pea I, 16ᵃ mit. עילא היו
מבקשין sie suchten einen Vorwand. j. Jeb. XV,
15ᵇ ob. עילה היה רוצה להבריחו מנכסיו er
suchte einen Vorwand, um ihn aus seinen Gütern
zu verjagen. j. Keth. III g. E., 28ᵃ R. Gamliel
sagte: טבי עבדי מצאתי עילה לשחררו bei meinem Sklaven Tabi fand ich (dadurch, dass er
ihm einen Zahn ausgeschlagen) eine Ursache, um
ihn zu befreien. j. Ned. XI. 42ᵈ mit. j. Ter.
X, 47ᵇ mit. Genes. r. sct. 20, 20ᵉ und das. sct.
45 g. E., vgl. זָקַף im Nifal. Pesik. r. sct. 28,
53ᵉ נפלו עלתהם בעילה die Babylonier warfen
sich auf die Exulanten mit einem Vorwand.
Keth. 20ᵇ עילה מצאו וטהרו ארץ ישראל man
fand irgend einen Vorwand (d. h. eine geringe

Veranlassung), infolge dessen man Palästina als rein erklärte, vgl. Raschi: עלילה בעלמא. Nas. 65ᵇ dass. Nach einer Erklärung Ar.'s wäre unser W. hier verk. aus עלמא: Seite. — St. emph. עִילָּאָ (syr. ܥܶܠܳܝܐ, arab. عِلَّة). j. Kil. IX, 32ᶜ ob. עילתה את בעי du suchst einen Vorwand. j. Keth. XII, 35ᵃ ob. steht dafür עילא. — j. Maasr. V, 51ᵈ mit. עילא, crmp. aus עולא Ula, N. pr.

עִילָּוֵי, עִילָּוֵי St. constr. von עִיל s. d.

עֲלִיזָה f. N. a. (von עָלַז) das Frohlocken. Pesik. Ronni, 141ᵇ zehn Benennungen giebt es für Freude: עליסה עליזה ורב׳ das Jauchzen, Frohlocken u. s. w.

עֲלָטָה f. (=bh. von עָלַט, arab. غَلَظَ dick sein) dichte Finsterniss. Erub. 53ᵇ עשו לי שני מגידי בעלטה bereitet mir zwei Verkünder im Finstern zu; eine witzige Redensart für: zwei Hähne, welche zu Ende der Nacht den Tag verkünden.

עלה, עָלָה (=bh. Grndw. על) 1) aufsteigen, hinaufgehen. j. Pea V g. E., 19ᵃ, s. נָהוֹר. Exod. r. sct. 1, 101ᵇ u. ö., s. יְרִידָה. j. Kidd. 63ᵃ mit. לא עלת על דעתו es kam ihm nicht in den Sinn. Ber. 29ᵃ u. ö. R. Jochanan sagte: Mir, dem Abkömmling vom Stamme Josef's, schadet der böse Blick nicht; denn betreffs Josef's heisst es: עלי עין (Gen. 49, 22); אל תקרי עלי עין lies, deute nicht עֲלֵי עין, sondern עוֹלֵי עין „die das Auge (den bösen Blick) übersteigen." Nach Erkl. des R. Gersom: Etwas, was oberhalb des Auges sitzt, wo hinauf das Auge nicht blicken kann. Nach Ar. bedeutet עולי: Der böse Blick gereicht ihm eher zum Vortheil als zum Nachtheil. R. Chananel liest עֲלֵי עין: enthebe, entferne dich, o böser Blick! — Chull. 17ᵇ עולה ויורד בסכין ורב׳ eig. Aufsteigendes und Sinkendes am Messer; d. h. ein Messer, das eine grosse Scharte hatte, deren Spitzen aber so glatt geschliffen wurden, dass eine blosse Vertiefung zurückgeblieben ist, darf als Schlachtmesser angewandt werden, vgl. מֹרְשָׁא. Schebu. 21ᵃ קרבן עולה ויורד, wofür auch blos עוֹלה ויורד, Hor. 9ᵃ u. ö. eig. ein steigendes und fallendes Opfer, wobei näml. die Vermögensverhältnisse des Opferers berücksichtigt werden, vgl. דַּלּוּת und יָרַד. — Keth. 48ᵃ 61ᵇ עולה עמו ואינה יורדת עמו die Frau steigt mit ihrem Ehemann, sinkt aber nicht mit ihm; d. h. wenn der Mann dem vornehmen, seine Frau aber von Hause aus einem niedrigen Stande angehört, so ist sie berechtigt, einen vornehmen Haushalt zu beanspruchen. Sie ist aber auch, wenn sie einem vornehmern Stande angehörte, als er, berechtigt, einen ihrem frühern Stande angemessenen Haushalt zu beanspruchen. Als Stützung hierfür werden die Worte בעלה בעל (Gen. 20, 3) gedeutet: בבלייתו של בעל ולא בירידתו של בעל nach der Erhabenheit des Mannes, nicht aber nach seiner Niedrigkeit wird die Ehefrau behandelt. — Men. 22ᵇ מכאן לעולין שאין מבטלין זה את זה daraus (näml. aus Lev. 16, 18: „Der Priester nehme vom Blute des Farren und dem Blute des Ziegenbocks" u. s. w. Da aber diese beiden Blutarten zusammengemischt wurden und das Farrenblut viel mehr war, als das Ziegenblut, so sollte, nach der Regel, dass die Minderheit in der Mehrheit aufgeht, רוב s. d., die ganze Mischung „Farrenblut" genannt werden) daraus ist erwiesen, dass Gegenstände, die auf den Altar kommen (darauf gesprengt werden) einander nicht annulliren, vgl. בָּטֵל. Nach der vortrefflichen kritischen Abhandl. des R. Nissim zu Ned. 52ᵃ wäre der Grund hierfür folgender: Da beide Blutarten zum Sprengen dienen, so sind sie, wegen der Gleichheit ihrer Eigenschaft, als zu einer und derselben Gattung gehörend anzusehen, weshalb das eine Blut das andere nicht annulliren könne, מין במינו, s. d. W. Ter. 4, 7 תרומה עולה באחד ומאה die Teruma geht in 101 auf; d. h. wenn eine Seah Teruma in 100 Seah profaner Früchte hineingefallen ist, so darf die Mischung (101 Seah) auch von einem Nichtpriester genossen werden. Das Mischna 10 fg. Jeb. 81ᵇ u. ö. — M. kat. 19ᵃ שבת עולה ואינה מפסקת רגלים מפסיקין ואינן עולין der Sabbat wird bei der Trauerzeit angerechnet, hebt sie aber nicht ganz auf; die Feste heben die Trauer auf, werden aber nicht angerechnet; d. h. wenn Jem. einen nahen Verwandten eine Stunde (kurze Zeit) vor Sabbat beerdigt, so wird ihm der Sabbat, obgleich an ihm die Trauergebräuche nicht stattfinden, dennoch als der zweite Tag der vorgeschriebenen sieben Trauertage angerechnet; vernichtet aber nicht die Trauer, da er sie nach Sabbat fortsetzen muss. Bei den Festtagen findet das Umgekehrte statt. Wenn näml. der Trauerfall (d. h. die Beerdigung) kurz vor dem Feste eingetreten ist, so hebt letzteres die Trauer ganz auf, dass näml. nach dem Feste die sieben Trauertage gar nicht beobachtet zu werden brauchen. Wenn hing. der Trauerfall mitten im Feste eingetreten ist, so müssen die sieben Trauertage nach dem Feste beobachtet werden. Pi. עִילָּה heben, verherrlichen. Trop. Schabb. 33ᵇ יהודה שעילה יתעלה Juda, der (die römische Regierung durch die Lobrede) geehrt, verherrlicht hat, soll hochgeatellt werden. j. Snh. X, 29ᶜ ob. „Sammelt mir meine Frommen, die meinen Bund geschlossen עלי זבח (eig. beim Schlachtopfer", Ps. 50, 5 bildl. gedeutet): שעילו אותי die mich verherrlicht haben. Part. pass. מְעוּלָּה s. d. W.

Hif. (=bh.) 1) heraufbringen, aufstei-

82*

gen lassen. Tosef. Machsch. III Anf. הֶעֱלוּ
פירותיהן לגג sie trugen ihre Früchte auf das
Dach. j. Ter. I Anf., 40ᵃ fg. dass. Snh. 65ᵇ
u. ö., vgl. זכורו. Genes. r. sct. 9, 9ᵈ ein König
sagte beim Anblick des Hochzeitbaldachins seiner Tochter: בתי הלואי תהא החופה הזאת מעלת
חן לפני בכל עת כשם שהעלית חן לפני בשעה
הזו כך אמר הקב״ה לעולמו עולמי עולמי הלואי
תהא מעלת חן לפני בכל עת כשם שהעלית חן לפני
בשעה הזו (=bh. נָשָׂא חֵן) meine Tochter, o
dass dieser Baldachin zu jeder Zeit meine Gunst
hervorbrächte, so wie du sie in dieser Stunde
hervorbrachtest! Ebenso sagte Gott zu seiner
ebenerschaffenen Welt: Meine Welt, meine Welt,
o dass du zu jeder Zeit meine Gunst erhaltest,
so wie du sie jetzt erhalten hast! — 2) aufheben = aufgehen lassen. תאנים שחורות
מעלות את הלבנות לבנות מעלות השחורות
את eig. die schwarzen Feigen heben
die weissen und die weissen Feigen heben die
schwarzen auf; d. h. wenn schwarze oder weisse
Feigen der Teruma in eine Masse von theils
schwarzen, theils weissen profanen Feigen hineingefallen sind, so darf die ganze Mischung
auch von Nichtpriestern gegessen werden. Die
schwarzen Feigen können näml. nicht die schwarzen, ebenso wenig die weissen Feigen die weissen
aufheben, weil sie zu einer und derselben Gattung gehören מין במינו, s. d., vgl. auch Kal.
j. Ned. X, 42ᵃ mit. מקוה שמעלין את טמאין
מטומאתן der Wasserteich, welcher die Unreinen
(wenn sie baden) von ihrer Unreinheit reinigt, eig.
die Unreinheit aufhebt. — 3) abschätzen, taxiren, eig. den Werth oder die Belohnung heraufbringen. B. mez. 69ᵇ אני אעלה לך כלע בחודש
ich werde dir zahlen, schätzen (den Lohn für
das Ackern mit deiner Kuh) einen Sela für je
einen Monat. Aboth 2, 2 מעלה אני עליכם
שכר הרבה וכ׳ ich werde euch viel Belohnung
zukommen lassen. Davon ellipt. Jom. 81ᵇ u. ö.
מעלה עליו הכתוב כאלו וכ׳ die Schrift belohnt ihm
diese Handlung so sehr, als ob er eine grössere
gethan hätte.

עֲלָא ,עלי ch. (=עָלָה) hinaufsteigen. —
Ithpa. אִתְעַלָּא ,אִתְעַלֵּי (syr. ‎ﺰ‎) erhöht, erhaben sein, werden, s. TW.

עֲלִי masc. (=bh.) 1) Mörserkeule, Stössel, vom Erheben so genannt. j. Pea II, 17ᵃ
ob. כעלי במכתש wie der Stössel im Mörser,
vgl. מַכְתֵּשׁ. — 2) Holzblock, auf dem man
Gegenstände zerstösst, zerschlägt. Bez. 11ᵃ אין
גובלין את העלי לקצב עליו בשר man darf nicht
am Feiertage den Holzblock nehmen, um darauf
das Fleisch zu zerhacken. Vgl. Raschi zu das.
10ᵃ: דף עב וכבד וכותשין בו חטים ein dickes
und schweres Brett, worauf man die Weizenkörner zerstösst; von den anderen Commentt.

ungenau durch בובנא (?) erklärt. Vgl. auch
j. Bez. I, 60ᶜ mit.

עִלּוּי ,עִלּוּי m. N. a. 1) das Sicherheben,
Erhabenheit. Cant. r. sv. מר זאת, 17ᵈ und
das. 32ᵇ עלויה מן המדבר Israel's Erhabenheit
ging von der Wüste aus, vgl. סִילּוּק. — 2) (vgl.
Hifil nr. 3) Abschätzung, Werth. Arach.
8, 6 (29ᵃ) הקדש עילוי eine Heiligung des Werthes; d. h. ein Thier, das Jem. geweiht hat, um
dessen Werth dem Tempelschatz zu entrichten;
Ggs. הקדש מזבח: ein Thier, das man als Opfer
für den Altar geweiht hat. Tem. 32ᵃ fg. dass.
j. Nas. II Anf., 51ᵈ אמר לאדם עילויו עלי wenn
Jem. betreffs eines Menschen sagt: Sein Werth
soll mir obliegen, ich will ihn dem Tempelschatz entrichten.

עִלּוּיָא chald. (=עִלּוּי) Werth. B. bath. 12ᵇ
מעלינן ליה עלויא וכ׳ wir schätzen den Werth
des Feldes so hoch, wie die (damals berühmten) Güter des Bar Marjon. Kidd. 42ᵇ פלוג
בעילויא ein Feld nach dem Werthe desselben
theilen; Ggs. פלוג במשחתא: nach dem Masse
theilen. Ber. 35ᵇ der Wein לעילויא אשתני än-
derte sich zum Vortheil; d. h. er hat einen
grösseren Werth, als die Trauben ihn hatten.
Das. 36ᵃ אית ליה עילויא אחרינא die Frucht hat
noch einen anderen Werth, z. B. Weizenmehl,
aus dem man Brot machen kann.

עֲלִיָּה f. N. a. (=bh.) 1) das Hinaufsteigen. B. mez. 117ᵃ עליה וירידה das Hinaufsteigen (an der Leiter, um zu einem oberen Gemach
zu gelangen) und das Herabsteigen. j. Mac. II
Anf., 31ᵇ היא עליה היא ירידה das Hinaufziehen
der Walze geschieht behufs Herunterziehen
(Fallens) derselben, s. מַצְנְבְלָא. Mac. 7ᵇ. Keth.
35ᵇ u. ö. Pes. 8ᵇ hätte Jerusalem wohlschmeckende
Früchte und Warmbäder gehabt, so hätten die
Wallfahrer sagen können: Schon dieser Ge-
nüsse wegen würden wir hinaufziehen; ונמצא
עלייה שלא לשמה sodann würde das Wallfahrten nicht der religiösen Pflicht halber geschehen. — 2) übtr. das Hochsteigen, Einnehmen eines hohen Ranges. j. Hor. III
Anf., עלייתו ירידה היא לו 47ᵃ der hohe Rang
des Hohenpriesters ist zuw. seine Erniedrigung,
vgl. יְרִידָה. Keth. 61ᵇ, s. עָלָה. Suc. 45ᵇ ראיתי
בני עלייה והן מועטין ich sah die erhabenen
Menschen, deren Zahl ist gering. Snh. 97ᵇ
dass. B. kam. 1, 4 (16ᵇ) מועד משלם נזק שלם
מן העלייה (in Gem. das. erkl. durch מְעוּלֶּה s. d.)
beim stössigen Ochsen, der bereits dreimal gestossen hat, zahlt der Eigenthümer den vollen
Schadenersatz, von seinen besten Gütern, Ggs.
מגופו von dem Erlös für die Stösser. Das. 91ᵃ
רידיא עלייתא דמרה היא der Erlös für das Ackern
des Thieres ist Eigenthum des Besitzers, heisst
also nicht מגופו. — 3) das Aufheben = Auf-
gehenlassen, vgl. Hif. nr. 2. j. Bic. H, 65ᵃ

ob. עליה להן יש בכורים עליה לו אין מעשר für den Zehnten giebt es kein Aufheben (wenn Früchte des Zehnten in profane Früchte gefallen sind), für die Erstlingsfrüchte aber giebt es ein Aufheben. — 4) Obergemach, Söller. B. mez. 116ᵇ fg. הבית והעליה das Wohnhaus und der sich darüber befindende Söller. Ned. 56ᵃ aus den Worten בית ארץ (Lev. 14, 34) könnte man schliessen; דמחבר בארעא שמיה בית עליה דהא לא מחבר בארעא וכ' dass nur das Gebäude, das an der „Erde" haftet, den Namen „Haus" führt, das hing. der Söller,. da er nicht an der Erde haftet, nicht den Namen Haus führe, daher u. s. w. Schabb. 13ᵇ עליית גרון חנניה בן חזקיה בן גרון der Söller des Chananja ben Chiskija ben Garon, woselbst wichtige Edikte erlassen wurden. Das. Chananja ודרשן בעליה ישב sass im Söller und stellte hierüber Forschungen an. Men. 41ᵇ עליית יוחנן בן בתירא der Söller des Jochanan ben Bethera, wo die Zusammenkunft der Aeltesten Schammai's und der Aeltesten Hillel's stattfand. j. Pes. III g. E., 30ᵇ נמנו בעליית בית ארום בלוד וכ' die Gelehrten kamen überein auf dem Söller des Hauses Arum in Lydda, dass das Gesetzstudium der Praxis vorzuziehen sei, vgl. מַעֲשֶׂה. Cant. r. sv. יונתי, 15ᵈ steht dafür עליית עריים. — j. Snh. III, 21ᵇ ob., נתחזה. — Uebrtr. Nid. 17ᵇ u. ö. העליה des Söller, ein Bestandtheil der weiblichen Scham, vgl. חֶדֶר j. Nid. II, 50ᵃ mit. פתח עליה der Eingang zu diesem Söller. — Pl. B. mez. 117ᵃ שתי עֲלִיוֹת זו על גב זו zwei Obergemächer, eines über dem anderen.

עִילִיתָא, עִילְוּיתָא ch. (=עֲלִיָה) 1) Söller. B. mez. 14ᵃ זבין עיליתא מאחתיה er kaufte den Söller von seiner Schwester. Genes. r. sct. 99, 97ᶜ עיליתא קרירתא der Kühlungs-Söller (Ri. 3, 20). Ferner עיליתא Name eines Masses, s. in כַּלָּה. — 2) Höhe, Himmel. Levit. r. sct. 26, 169ᶜ die Schlange sagt: אפשר דאנא עביד כלום אלא אם אלולא (l. אלולא) מתאמר לי מן עילויתא denn etwas zu thun (zu beissen), wenn es mir nicht vom Himmel anbefohlen worden wäre! Tanch. Chukkath, 222ᵇ und Num. r. sct. 19, 236ᵇ dass. In den Parall. steht dafür מן שמיא, vgl. רְכִית.

עֶלְיוֹן m. Adj. (=bh.) erhaben, der, das Oberste, trop. der Erhabene. j. Bic. II, 64ᵈ un. הקדש העליון במשמע „das Heilige" (Dt. 26, 13), darunter ist das Obenerwähnte, näml. die Erstlingsfrüchte, zu verstehen. — Pl. Levit. r. sct. 9, 153ᵇ als Gott die Welt erschaffen, עשה שלום בין העליונים לתחתונים stiftete er Frieden zwischen den Obersten, Himmlischen und den Irdischen. Das. מה עשה עפר מן האדמה מן התחתונים... נשמת חיים מן העליונים was that Gott? Er erschuf den Adam von den Himmlischen und von den

Irdischen, näml. „Staub von der Erde", d. i. von den Irdischen, „den Lebensodem", d. i. von den Himmlischen. Keth. 104ᵃ die Magd Rabbi's rief bei der Krankheit des Letzteren aus: עליונים מבקשין את רבי והתחתונים מבקשין את רבי יהי רצון שיכופו התחתונים את העליונים die Himmlischen verlangen den Rabbi (seine Seele) und die Irdischen verlangen ebenf. den Rabbi (dass er hienieden bleibe); möge der göttliche Wille sein, dass die Irdischen die Himmlischen besiegen! Als sie jedoch seine schweren Leiden sah, rief sie wiederum: יהי רצון שיכופו העליונים את התחתונים möge es der göttliche Wille sein, dass die Himmlischen die Irdischen besiegen! vgl. מים העליונים das Oberwasser, s. רְצוּקִים. Pesik. Beschallach, 70ᵃ R. Simon ben Jochai sagte: גזור אני על העליונים שירדו ועל התחתונים שיעלו ich befehle, dass die Oberen hinuntergehen und dass die Unteren heraufsteigen sollen! d. h. der Samaritaner, der eine Leiche an einer Stelle verscharrte, die R. Simon gereinigt hatte, soll sterben, der Todte aber soll auferstehen! — Pl. majest. Dan. 7, 22. 25 עֶלְיוֹנִין der Höchste, Gott.

עֲלַל (=bh. עוֹלֵל Po.) 1) etwas thun, wirken. Khl. r. sv. מה שהיה, 85ᵃ משל למלך ein שהיה לו כרם ומסרו לאריס לעלול בו וכ' Gleichniss von einem König, der einen Weingarten hatte, den er einem Gärtner übergab, damit er darin arbeite. Part. pass. Nid. 7ᵇ משקין דעלולין לקבל טומאה... אוכלין דאין עלולין לקבל טומאה Getränke, welche pflegen (eig. angethan sind), Unreinheit anzunehmen, Speisen hing., welche nicht Unreinheit anzunehmen pflegen. Tosef. Machsch. II mit. מי גשמים שהן עלולין לקבל טומאה וכ' Regenwasser, welches Unreinheit anzunehmen pflegt u. s. w. (Bei den rabbinischen Decisoren: ריאה עלולה ליטרף die Lunge pflegt schadhaft zu sein; daher muss man sie ausnahmsweise untersuchen.) — 2) hineingehen. Khl. r. sv. גם שמש, 84ᵈ למה לא עללתה למדינה warum gingst du nicht in die Stadt? Das. ואת שירדת ועללת וכ' du, der du aus dem Schiff stiegest und in die Stadt gingst, was sahst du? vgl. לִימְרַין.

עַל, עֲלַל ch. (syr. ⲗⲗ=עֲלַל nr. 2) kommen, hineingehen. (=hbr. בוֹא). Dan. 2, 16. 5, 10 u. ö. — j. Taan. I, 64ᶜ ob. כד דאת עליל מן טורא als du vom Berge kamst. j. Schabb. VI, 8ᶜ un. בר קפרא הוה איעלל לחדא קרייא מי עלל (die Form איעלל=אירמך, s. דָּמַך) Bar Kapra ging nach einem Dorf; als er dort eintrat, so verwundete er sich an seinem Finger. Chull. 53ᵇ ספק על ספק לא על אימא לא על מי wenn gezweifelt wird, ob der Löwe (in den Stall hineingegangen und den Thieren ein schädliches Gift beigebracht habe, vgl. דְּרוּסָה) oder ob er nicht hineingegangen, so nehme ich an, dass er

nicht hineingegangen ist, vgl. כְּפַק. Das. ŏ. j.
Erub. V Anf., חלח עשר שנין עבד עליל קומי 22ᵇ
רבית דלא צריך dreizehn Jahre hindurch pflegte
R. Jochanan zu seinem Lehrer (R. Hoschaja)
zu kommen, ohne dass er seiner Belehrung bedurfte. j. Ned. IX Anf., 42ᵇ, s. אִיפּוֹשַׁי. Thr. r.
sv. הִיר צריה, 55ᵇ s. מִסְאָנָא. j. Ber. I, 2ᶜ ob.
s. כְּפַק, vgl. auch נְבַר. j. B. bath. VI g. E., 15ᶜ.
Thr. r. sv. רבתי, 52ᵈ, s. מְוַג. — Uebrtr. (=hbr.
בּוֹא) beiwohnen. Genes. r. sct. 40, 39ᵇ (mit
Ansp. auf וַיְהַלְלוּ=וַיְעַלְלוּ gedeutet, Gen. 12, 15)
מִתְעַצְּלָה והולכת חד אמר אנא יהיב מאה דינרין
ואיעַלֵּל עמה וחד אמר אנא יהיב מאתן ואיעַלֵּל
עמה Sara stieg immer mehr im Werthe; der
Eine sagte: Ich würde 100 Denare geben, wenn
ich ihr beiwohnen könnte; der Andere aber
sagte: Ich würde 200 Denare geben, wenn ich
ihr beiwohnen könnte.

עֲלִיל m. (=bh. Stw. עָלַל) eig. was ins Auge
fällt, oder worauf der Blick eindringt; daher
Augenscheinliches, Anblick, Glanz. j.
Sot. IX, 23ᶜ mit. נמצא בעליל לעיר wenn der
Erschlagene in dem Anblick einer Stadt aufgefunden wird, d. h. in der nächsten Nähe derselben, wo also nicht zu zweifeln ist, dass „sie
der Mordthat am nächsten war" (Dt. 21, 3).
Snh. 14ᵇ dass. Tosef. Sot. IX Anf. בעליל לעיר,
dass., vgl. מְדִידָה. R. hasch. 1, 5 (21ᵇ) בין
שנראה בעליל בין שלא נראה בעליל וכ' sei es,
dass der Mond im Glanze (am heiteren Himmel)
oder dass er nicht im Glanze gesehen wird. In
Gem. das. wird auch das bh. בעליל לארץ (Ps.
12, 7) erklärt: לישנא דמיגליא (von נִלָּה nr. 1:
glänzen, klar sein), d. h. „Geläutertes Silber, das seinen Glanz auf der Erde verbreitet"
(vgl. Ez. 43, 2: „Die Erde leuchtete von seiner
Herrlichkeit").

עֲלִילָה f. (=bh.) 1) Handlung. Pl. Exod.
r. sct. 2 Anf. מדותיו וַעֲלִילוֹתָיו die Eigenschaften
und die Handlungen Gottes, s. עֵרֶב. Genes. r. sct.
23 g. E. הא אז לך בעלילות hier hast du den Scheidebrief (von dem du geträumt hast) in Wirklichkeit.
— 2)(=עִלָּה) eig. Umgehung, dah. auch Veranlassung, Vorwand, um Jemd. etwas Böses zu
thun. Snh. 101ᵃ שלשה באו בעלילתה ואלו הן קין עשו
ומנשה וכ' drei Personen kamen mit Umgehung
(d. h. sie suchten die Erfüllung ihrer Wünsche
nicht etwa bittweise, auf gradem Wege, sondern auf Umwegen), näml. Kain, Esau und
Manasse. Kain sagte: „Ist denn meine Sünde
zu gross, um sie zu verzeihen?" (So nach der
Deut., Gen. 4, 13). Esau sagte: „Hast du denn
blos einen Segen, mein Vater?" (Gen. 27, 38).
Manasse „betete verschiedene Götter an", und
erst später „betete er zum Gott seiner Väter"
(2 Chr. 33, 3. 12). Genes. r. sct. 93, 91ᵃ Juda
sagte zum Josef: מתחלה באת עלינו בעלילה וכ'
von vorn herein kamst du mit Vorwand über
uns; denn an keinen der Angekommenen stell-

test du solche Fragen wie an uns. Esth. r. sv.
המן הרשע בעלילה גדולה 107ᵇ, אם על המלך
בא על ישראל der Bösewicht Haman fiel mit
einem grossen Vorwand über Israel her; denn
er veranlasste den Ahaswer, die Israeliten zum
Mahle einzuladen. — Pl. Num. r. sct. 20, 240ᵈ
„Die Aeltesten Moab's und Midjan's kamen zu
Bileam und brachten Zauberwerke mit sich"
(Num. 22, 7), שלא יתן לו עַלִילוֹת um ihm keine
Vorwände zu lassen; damit er nicht etwa hätte
sagen können: Ich habe keine Zauberwerke bei
mir.

עֲלִילוּתָא ch. (=עֲלִילָה) Vorwand, Ränke.
Schabb. 88ᵇ ob. Raba entgegnete einem Häretiker, der Israel wegen seiner Voreiligkeit tadelte
(vgl. פַּזִּיזָא), indem er sprach: „Was Gott reden
wird, werden wir thun und hören" (Ex. 24, 7);
das Thun also vor dem Hören versprach: אנן
דסגינן בשלימותא כתיב בן תומת ג' הָנֵךְ אינשי
דסגן בעלילותא כתיב בהו וסלף ג' wir in
Aufrichtigkeit wandeln, heisst es: „Die
Rechtlichkeit der Redlichen leitet sie"; von
jenen Menschen (d. h. von euch) aber, die in
Ränken wandeln, heisst es: „Die Verkehrtheit
der Treulosen verdirbt sie" (Spr. 11, 3).

עֲלוּלֵי ch. (=עֲלִילָה) Einwand. Git. 86ᵃ
עבדי ועטיר מן . . . עבדי der Sklave ist frei und
fern von jedem Einwand, vgl. חֲרוּרֵי.

עוֹלֶלֶת, עוֹלֵלָה fem. (bh. pl. עֹלֵלוֹת) Weintraube der Nachlese. Stw. עָלַל nr. 2, eig.
was in die Kelter kommt, was der Winzer (der
Arme) einheimst (=bh. תְּבוּאָה, sowohl vom
Getreide als vom Wein; vgl. עֵלָּא). Genes. r.
sct. 29 Anf. מעשה בחסיד אחד שיצא לכרמו בשבת
וראה עוֹלֶלֶת אחת ובירך עליה אמר כדאי העוֹלֶלֶת
הזה שנברך עליה ein Frommer, der einst in
seinen Weingarten am Sabbat ging, sah daselbst
eine Weintraube der Nachlese und sprach den
Segen darüber, indem er sagte: Diese Traube
ist werth, dass wir darüber den Segen sprechen! Pea 7, 4 וכ' איזה עוֹלֶלֶת was bedeutet
„Nachlese" (am Weinstocke, die man nach Lev.
19, 10 den Armen überlassen muss)? vgl. כָּתֵף.
— Pl. Pea 7, 5. 6. 7 כרם שכולו עוֹלֵלוֹת ein
Weingarten, der blos Nachlesen enthält. Das.
המקדיש את כרמו עד שלא נודעו בו העוֹלֵלוֹת
אין העוֹלֵלוֹת לעניים משנודעו בו העוֹלֵלוֹת לעניים
wenn Jem. seinen Weingarten dem Heiligthum, bevor noch die Nachlesen kenntlich
sind, weiht, so gehören letztere nicht den Armen;
wenn aber die Nachlesen darin schon kenntlich
sind, so gehören sie den Armen.

עוֹלַלְתָא ch. (=עוֹלֶלֶת) Traube der Nachlese. — Denom. עַלֵּל (=bh. עֹלֵל) die Nachlese halten, s. TW.

עֵלָּא masc., עֵלַּתָא f. (syr. ‎ܥܲܠܬܐ‎) Getreide, Feldertrag; übrtr. Ertrag, Ge-

winn. Das W. bedeutet eig. (=hbr. תְּבוּאָה): was in die Scheuer kommt, eingebracht wird. Chag. 5ᵃ זוזא לעללא לא שכיח zum Einkaufen von Nahrungsmitteln fehlt der Sus u. s. w., vgl. זוּזָא. Ned. 55ᵃ Abaji sagte: תבואה לא משמע אלא מחטשה המינין עללוא כל מילי משמע תבואה sind blos die fünf Getreidearten zu verstehen (Weizen, Gerste u. s. w., vgl. מִין II); עללתא hing. bedeutet alle Nahrungsmittel. Das. Raba sagte: שכר בתים ושכר ספינות מאי מי אמרינן כיון דפחתן לאו עללתא היא או דילמא כיון דלא ידיע מחתירהו עללתא היא wie verhält es sich mit dem Gewinn, den man von Häusern oder Schiffen erzielt; sagen wir etwa, dass er, da die Gebäude durch Alter oder Abnutzung an Werth verlieren, nicht als ein bestimmter Ertrag anzusehen sei, oder dass er, da die Werthabnahme blos nach und nach erfolgt und also nicht kenntlich ist, als ein Ertrag anzusehen sei?

עָלַם (=bh.) verborgen sein. Grndw. עַל: über etwas sein; dah. Part. pass. verhüllt. Ab. sar. 35ᵇ wird עלמות (HL. 1, 3) gedeutet: עֲלוּמוֹת verhüllte Dinge, Geheimlehren.

Pi. עִלֵּם verbergen, verheimlichen. — Nif. und Nithpa. verheimlicht werden. j. Jom. III, 40ᵈ un. אלו ואלו אלי לא היו זזים משם עד שהוא מְתַעֲלֵם מדהן . . . לעללם כתיב diese und jene (d. h. sowohl diejenigen, die im Tempel dem Hohenpriester, während seines deutlich Aussprechens des Gottesnamens, fern, als auch die ihm nahe standen) waren kaum von dort fortgegangen, als die Aussprache des Tetragramms ihnen entfallen, verheimlicht war; denn es heisst: „Mein Name" (לְעֹלָם) „לעלם", Ex. 3, 15, weil def. לְעַלֵּם zu lesen) ist geheim zu halten. Pes. 50ᵃ. — j. Pes. VI Anf., 33ᵃ זו הלכה נעלמה מזקני בחרדה jene Halacha entging den Aeltesten Bethera's. Pes. 60ᵃ steht dafür נתעלמה. j. Ab. sar. IV, 44ᵇ ob. נתעלם מעיניהם wenn er aus ihren Augen entschwunden ist; vgl. auch nächstflg. כָּלַם.

Hif. verheimlichen, geheim halten. Exod. r. sct. 1, 102ᵈ העלמה שהעלימה את דבריה „das Mädchen" (Ex. 2, 8, nach der Agada: Mirjam) hiess העלמה, weil sie ihre Angelegenheiten geheim gehalten hatte. Cant. r. sv. לריח, 6ᶜ (mit Ansp. auf עלמות, HL. 1, 3) „Sie lieben dich" weil du שהעלמת מהן יום המיחה ihnen den Todestag verheimlicht hast. Nach einer anderen Deutung: על שהעלמת מהן מתן weil du ihnen die Belohnung שכרן של צדיקים der Frommen verheimlicht hast.

עֶלֶם m. (verk. aus הַעֲלֵם; ähnlich כְּרַת für הַכְרֵת) das Entschwinden aus den Gedanken, Vergessen, eig. das Verdecktsein. j. Schabb. I Anf., 2ᵇ Jem. beging eine zweimalige Sabbatentweihung בעלם אחד bei einmaligem Vergessen, d. h. ohne inzwischen die Kenntniss der Sünde zu erlangen. Das. ö. Das. VII, 9ᵃ un. (l. אחד) בעלם אחת. Das. 9ᶜ ob. זיבח קיטר וניסך בעלם אחד wenn Jem. dem Götzen Opfer schlachtete, Rauchwerk dampfte und Wein spendete bei einmaligem Vergessen.

עוֹלָם m. (=bh.) eig. das Verhüllte, Verdeckte; dah. die Ewigkeit, αἰών, Unabsehbarkeit u. zw. sowohl die unendliche Vergangenheit, die Urzeit, als auch die dem menschlichen Blick verborgene Zukunft und übrtr. eine geraume, lange Zeit. Im Neuhebr. ist die Bedent. Welt für unser W. vorherrschend, indem man die zeitliche Unabsehbarkeit auf die räumliche übertrug. Dah. a) עולם הזה diese Welt, d. h. die vergängliche, von der Urzeit an existirende, aber doch endliche Welt; und b) עולם הבא: die zukünftige Welt und zw. zunächst die messianische Zeit, in welcher die Leidenszeit der Frommen aufhören wird. Da aber die Ankunft des Messias nur durch allgemein verbreitete Tugendhaftigkeit erhofft wurde, so übertrug man den Ausdruck עולם הבא auch auf die Welt, in der die Seelen nach dem Tode fortleben und die Vergeltung der menschlichen, guten wie bösen Handlungen stattfinden wird. — j. Ber. IV, 7ᵇ un. „Samuel soll dort, im Tempel, bleiben עד עולם" (1 Sm. 1, 22) והלא אין עולמו של לוי אלא חמשים שנה „die Ewigkeit des Leviten" (d. h. seine Dienstzeit, vgl. Num. 8, 25) dauerte ja blos 50 Jahre, während Samuel (vgl. M. kat. 28ᵃ) 52 Jahr alt wurde, die er im Tempel zubrachte! Das. V, 9ᵃ un. u. ö. Ber. 17ᵃ die Gelehrten redete folgende Abschiedsrede an R. Ami (oder R. Chanina): עולמך תראה בחייך ואחריתך לחיי העולם הבא ותקותך לדור דורים וכו' deine Welt mögest du während deines Lebens geniessen (d. h. alle deine Wünsche mögen in Erfüllung gehen), dein Ende (in dieser Welt) sei für das Leben der Ewigkeit bestimmt, deine Hoffnung erfülle sich viele Generationen hindurch u. s. w.! Ber. 9, 5 (54ᵃ), s. חוֹתָם. Pes. 50ᵃ: „Gottes Name wird ewig sein" (Sach. 14, 9). אמר האדרא לאו אחד הזה הוא . . . לא כעולם הזה העולם הבא העולם הזה נכתב ביוד לא ונקרא באלף דלת אבל בעולם הבא כלו אחד נכתב ביוד לא ונקרא ביוד לא Ms. M. (in Agg. ist der letzte Satz geändert) den etwa jetzt der Name Gottes nicht einig? Allein nicht gleich dieser Welt wird die zukünftige Welt sein; denn in dieser Welt wird der Gottesname mit Jod He (d. h. יהוה) geschrieben, aber mit Alef Daleth (אדני) gelesen; in der zukünftigen Welt hing. wird der Gottesname ganz einig sein, da wird er sowohl geschrieben, als auch gelesen werden mit Jod He. j. Meg. II, 73ᵇ mit. und j. M. kat. III, 83ᵇ un. תרגם עקילס אתאנסייא עולם שאין בו מות וכו' Aquila über-

setzt עַל-מוּת (Ps. 48, 15) durch ἀ᾽θανασί, d. h. die Welt, in welcher es keinen Tod giebt (näml. עֲלָמוּת=אַלְמָוֶת) u. s. w., vgl. auch עוֹלָמִית und עֲלִימוּת. — B. bath. 10ᵇ als Josef bar Josua einst ohnmächtig ward und von seiner Ohnmacht wieder erwacht war, so fragte ihn sein Vater: מאי חזית אמר ליה עולם הפוך ראיתי עליונים למטה ותחתונים למעלה אמר ליה עולם ברור ראית was sahst du? Worauf jener erwiderte: Eine verkehrte Welt sah ich, die hier Hochstehenden waren dort niedrig und die hier Niedrigstehenden waren dort hoch! Der Vater sagte zu ihm: Eine klare (nach Gerechtigkeit geordnete) Welt sahst du. Levit. r. sct. 29 Anf. תני בשם ר' אליעזר בכ'ה באלול נברא העולם Namens des R. Elieser wurde gelehrt: Am 25. Tage des Monats Elul wurde die Welt erschaffen; sodass näml. am ersten Tage des Tischri die Schöpfung des Menschen stattfand. Pesik. Bachod. Anf., 150ᵃ תני ר' אליעזר dass. R. hasch. 10ᵇ fg. R. Elieser sagte: בתשרי נברא העולם im Tischri wurde die Welt (d. h. der Mensch als die Vollendung der Schöpfung am ersten des Tischri) erschaffen, vgl. auch יִיסָן. j. Ber. I, 2ᵈ ob. u. ö. בנוהג שבעולם in der Führung der Welt, s. נוֹהֵג Ber. 3ᵃ. Suc. 29ᵃ u. ö. אומות העולם die Völker der Welt, d. h. alle Völker, die nicht zu Israel gehören, ähnlich עמי הארץ s. d. — לעולם mit nachflg. Verb. a) stets, beständig. Snh. 14ᵃ u. ö. הוי לעולם sei stets u. s. w. — b) eig. immerhin, z. B. Chull. 101ᵃ u. ö. קסבר לעולם וכ' er ist möglicher Weise (immerhin) der Ansicht, dass u. s. w.; d. h. der gegen diese Ansicht vorgebrachte Grund ist auf folgende Weise zu beseitigen. — Pl. עוֹלָמִים (=bh.), öfter jedoch עוֹלָמוֹת. Ber. 16ᵇ (mit Bez. auf Ps. 63, 6) נוחל שני עולמים העולם הזה והעולם הבא er wird beider Welten theilhaftig, dieser Welt und der zukünftigen Welt. Sifre Naso § 10 u. ö. בית עולמים eig. das Haus der Ewigkeit, d. h. der Salomonische Tempel, in Ggs. zu den anderen in der Wüste, zu Schilo u. a. Gott geweihten Stätten, die von kurzer Dauer waren; zuw. auch für den zweiten Tempel, s. u. — Genes. r. sct. 3 g. E. מלמד שהיה בורא עולמות ומחריבן וכ' das besagt, dass Gott viele Welten erschaffen und sie zerstört hatte, ehe er diese erschuf, vgl. הָגִין. Das. sct. 9 Anf. u. ö. dass. Das. sct. 53, 53ᵃ בי'ה הרין ... כל מי שהוא מודה בשני עולמות ביצחק יקרא לך זרע וכ' das ב in (Gen. 21, 12) bedeutet: zwei; was besagt, dass nur derjenige, der an beide Welten (d. h. ausser an diese, auch an die zukünftige Welt) glaubt, dein Nachkomme genannt werden wird, dass aber, wer nicht an die beiden Welten glaubt, nicht dein Nachkomme genannt werden wird, d. h. nur Jakob und seine Nachfolger, nicht aber Esau und seine Nachfolger; vgl. auch מִקְצָת. Das. sct. 19, 19ᵃᵇ der Nachasch (die Schlange) sagte zur Eva: מאילן הזה אכל וברא העולם והוא אומר

לכם לא תאכלו ממנו שלא תבראו עולמות אחרים von diesem Baume (der Erkenntniss) ass Gott, infolge dessen er die Welt erschuf; daher sagte er euch, dass ihr nicht davon essen sollt, damit ihr nicht andere Welten erschaffet. — Uebtrtr. Pesik. Beschallach, 85ᵃ Gott sagte zu Abraham: Du gabst dem Abimelech „sieben Lämmer" (Gen. 21, 28); חייך שהם עתירין להחריב מבניך שבעה. עולמות ואלו הן אהל מועד וגלגל ושילה ונוב וגבעון ובית עולמים שנים so wahr du lebst, sie (die Philistäer) werden von deinen Kindern sieben Welten (bildl. für Gotteshäuser) zerstören, näml. die Stiftshütte in der Wüste, ferner die zu Gilgal, Schilo, Nob und Gibeon, sowie die beiden Tempel, d. h. den ersten und den zweiten Tempel. — Ferner übrtr. Khl. r. sv. הבל, 70ᵈ Koheleth sprach sieben Mal: הבל כנגד שבעה עולמות שאדם רואה בן Nichtigkeit, שנה דומה למלך וכ' den sieben Welten (Zeitabschnitten), die der Mensch erlebt, entsprechend; im ersten Lebensjahre gleicht er näml. einem Könige, der in der Sänfte ruht (vgl. אַסְקְפֵּי) und den Alle umarmen und küssen; im Alter von zwei oder drei Jahren gleicht er dem Schwein, das nach allen Pfützen die Füsse (Hände) streckt; zehn Jahre alt springt er wie ein Bock; 20 Jahre alt wiehert er wie ein Pferd, putzt sich und sucht eine Gattin; hat er geheirathet, so gleicht er dem lasttragenden Esel; hat er Kinder gezeugt, so ist er frech wie ein Hund, um Nahrung zu erhaschen; ist er alt geworden, so gleicht er dem Affen. Tanch. Pekude, 127ᵇ dass. mit einigen Abänderungen, vgl. auch חֶמֶס.

עָלְמָא, עָלְמָא ch. (syr. ܥܳܠܡܳܐ=עוֹלָם) Ewigkeit, sow. von der fernen Vergangenheit, als auch der fernen Zukunft. Dan. 2, 20. 3, 33 fg.; übrtr. die Welt. Die Trgg. haben auch עֲלַם עָלְמָא, pl. עָלְמִין, s. TW. — R. hasch. 31ᵃ שיתא אלפי שני הוי עלמא וחד חריב 6000 Jahre wird die Welt bestehen und im siebenten Jahrtausend wird sie untergehen. Khl. r. sv. מה יתהרון, 78ᵇ u. ö. עלמא דאתי die zukünftige Welt. Levit. r. sct. 26, 170ᵇ Saul sagte zu Samuel: Früher sagtest du zu mir: „Gott giebt deine Herrschaft deinem Genossen, der besser ist als du" (ohne ihn zu nennen, 1 Sm. 15, 28); jetzt aber nennst du meinen Nachfolger, den „David" (das. 28, 17)! אמר ליה כד הוינא גבך הוינא בעלם דשקר והיית שמע מיני מילין שקרין ... וכדון דאנא בעלם. דקושטא Samuel erwiderte ihm: Als ich noch bei dir war, so lebte ich in der Welt der Lüge, darum hörtest du von mir unwahre Worte, weil ich gefürchtet hatte, du würdest mich tödten; jetzt aber, wo ich in der Welt der Wahrheit bin, hörst du von mir blos wahre Worte. Vgl. auch Jalk. II, 20ᵇ. — Thr. r. sv. הוו צרירה, 55ᵇ בית עלם, בית עלמא Begräbnissort. Levit. r. sct. 12

Anf. u. ö. dass. — Chull. 98ᵃ fg. und sehr oft in bab. Gem. כולי עלמא eig. alle Welt, d. h. alle Autoren, Alle. In j. Gem. steht gew. dafür כל עמא. Vgl. jedoch j. Ber. I, 4ᵇ mit. ידעין עלמא כל Alle wissen. Das. ö. (ist nicht, wie Frankel z. St. meint, crmp.). j. Schabb. VII, 10ᶜ ob. בהון מודיי עלמא דכל מילין Dinge, die Alle eingestehen. Kidd. 80ᵇ עלמא דעלמא אינשי irgend-welche Menschen. — Mit vorges. ב als Adv. Schabb. 9ᵇ u. ö. בעלמא להזיע um blos zu schwitzen. Jeb. 37ᵇ וכ׳ בעלמא יתורי blos um zusammen zu sein. — Ferner Almin, Name eines Ortes. Snh. 94ᵃ un. אמרו עלמין מטו כי als sie (die Israeliten, die Aschur ver-trieben hatte) nach Almin kamen, so sagten sie: Das ist wie die ewige Stadt, d. h. wie Jeru-salem.

עוֹלָמִית Adv. (eig. Sbst. f.) ewig, in Ewig-keit. Das schwierige bh. עַל־מוּת (Ps. 48, 15) dürfte als ein W. zu lesen sein: עֹלָמִית= עולמית: „Er wird uns ewig leiten." — j. Schabb. IX g. E., 12ᵇ עולמות תקנה לו אין es giebt da-für nie eine Besserung. j. Pes. VI, 33ᵃ mit. אין לו טהרה עולמית es giebt dafür nie eine Reini-gung. j. M. kat. III g. E., 83ᵈ מאחה איני עולמית man darf den Riss nie zusammennähen. In bab. Gem. steht dafür לעולם. Ab. sar. 7ᵃ. Erub. 54ᵃ u. ö., s. מַבְשֵׁלָתָא ,דִּפְסַק u. a. Levit. r. sct. 29 Anf. Gott sagte zu Jakob, der sich ge-fürchtet hatte, dass auf seine Herrschaft der Untergang bald folgen würde (vgl. חֲרָדָה): Fürchte nicht, לא עולמית ירידה לך אין עולה אתה אם עלה ולא האמין wenn du hinaufsteigen wirst, so wird es für dich nie einen Untergang geben! Da er aber nicht glaubte, so stieg er nicht hinauf.

עֲלֵים (syr. ܐܠܝܡ=אַלַים) stark, kräftig sein; arab. غَلَمَ stark, mannbar sein. — Pa. עַלֵּים stärken, kräftigen. עָלִים m. Adj. (=אַלִּים) stark, kräftig, s. TW.

עוֹלִים, עוֹלִימָא m., עוֹלִימְתָא f. (syr. ܥܠܝܡܐ, ܥܠܝܡܬܐ, hbr. עָלֶם (עַלְמָה Jüngling, Jung-frau, eig. der, die Kräftige, vgl. נַעֲרָה, s. TW. — j. Ber. II, 5ᶜ mit. להכא סליק עולם הוה כהנא Kahana war noch sehr jung, als er hierher kam nach Palästina, kam; vgl. auch עוֹפֶר. — Pl. m. Genes. r. sct. 79, 77ᵈ אלמדין נשא (Ps. 126, 6, auf Jakob gedeutet) עוּלֵּמִין טעין אתי ורבוֹלֵמְתָא er kam beladen mit Jünglingen und einer Jungfrau (Dina); s. auch den nächstflg. Art.

עֲלִימוּת f. Jugendkraft, Stärke. j. Meg. II, 73ᵇ mit. und j. M. kat. III, 83ᵇ un. עלמות בעלימות בזריזות עולמות כאילין עוּלֵּימְתָא Worte עַל־מוּת (Ps. 48, 15) bedeuten: mit Kräf-

tigkeit, mit Hurtigkeit; ferner bedeutet עלמות: wie die Mädchen, so schnell; mit Ansp. auf עַלָמוֹת (Ps. 68, 27). Levit. r. sct. 11 g. E. u. ö. dass., vgl. עוּלָמִית.

עוֹלֵימוּתָא chald. (syr. ܥܠܝܡܘܬܐ=עֲלִימוֹת) Jugendkraft, Jugendstärke. — עוּלֵימִין m. pl. (bh. עֲלוּמִים) Jugend, Jugend-alter, juventa. — עַלְמָה Almath, eig. Jugend, Name eines Ortes (bh. בחורים), s. TW.

עֵילָמִי m., עֵילָמִית f. N. gent. elymäisch, aus Elam עֵילָם Elymaïs, eig. Hochland, vgl. Friedr. Delitzsch' Assyr. Studien I, 38 fg.) Meg. 18ᵃ עילמית קראה wenn man die Esther-rolle in elymäischer Sprache gelesen hat. Das. עילמית man liest sie elymäisch vor Elymäern. Schabb. 115ᵃ . . . . גיפטית כתובין היו עילמית wenn die biblischen Bücher koptisch oder elymäisch geschrieben waren.

עֲלִיסָה f. N. a. (von עָלַס) das Frohlocken. Pesik. Ronni, 141ᵇ, s. עֲלִיזָה.

עָלָע, עַלְעָא f. (syr. ܥܠܥܐ, ܥ und א verw., hbr. צֵלָע, ע und צ verw.) Rippe. Dan. 7, 5 עלע, s. auch TW. Chull. 22ᵇ, s. den nächstflg. Art. — עֲלִיעָתָא f. (=עֻצָּה s. d.) Vorwand, s. TW.

עַלְעֵל Pilp. (von עָלַל) forttreiben, eig. hineingehen lassen. Kil. 7, 7 שעלעלה הרות את הגפנים על גבי תבואה im Sturm die Weinstöcke auf ein Getreidefeld getrieben hat. — Uebrtr. Chull. 22ᵇ die jungen Tauben sind als reif anzusehen, um geopfert werden zu dür-fen, משעלעלו Ar. (Agg. משיעלעו) wenn sie flügge geworden sind. Das. wird jedoch auf יעלעו (Hi. 39, 30) angesp. und zugleich erklärt: דמא ואתי גרפא מיניה שמיה מכי wenn beim Ausrupfen ihrer Federn das Blut aus ihren Rippen kommt, vgl. Tosaf. z. St. Demnach wäre unser W. hier ein Denom. von עָלַע. Aehn-lich erkl. Maim. das. W. in Kil. l. c.: „Der Sturm brach die Zweige (Rippen) der Weinstöcke ab und streute sie über die Weinstöcke."

עַלְעֵל ch. (syr. ܥܠܥܠ=עַלְעֵל) forttreiben, s. TW.

עַלְעוֹל masc. Sturm, Wirbelwind. Trop. Cant. r. sv. כמעט, 17ᵃ (mit Bez. auf Jes. 21, 1) שהוא הזה מן העלעול מן יותר קשה עלעול לך אין וכ׳ בא מן הצפון bā' einen stärkeren Wirbelwind als diesen giebt es nicht, der vom Norden her kam und die Menschen, die im Süden wohnten, aufwirbelte. Das ist näml. Nebukadnezar, der vom Norden hereinbrach und den im Süden ge-legenen Tempel zerstörte. — Pl. Khl. r. sv. טרב שם, 85ᵈ wenn das Schiff aus dem Hafen ausläuft, weiss man nicht, מזדרונגא ימים כמה לה דן עַלְעוֹלִין כמה את לה wie viele Wel-

len daran schlagen, wie viele Stürme es treiben werden! vgl. לִימִין I. Exod. r. sct. 48 Anf. steht עֶלְעוֹלִין anst. רוּחוֹת.

עֶלְעוֹלָא ch. (syr. ܥܰܠܥܽܘܠܳܐ =עֶלְעוֹל) Sturm, Wirbelwind, s. TW. — Pl. j. Ber. II, 5ᵃ mit. אֵתוֹן רוּחִין וְעַלְעוֹלִין וַחֲטַפוּנֵיהּ מִן יְדַי Winde und Stürme kamen und entrissen ihn (den Menachem, s. מְנַחֵם) meinen Händen. Thr. r. sv. עַל אֵלֶּה, 59ᵇ dass.

עָלַף (=bh., arab. غَلَفَ, Grndw. על, vgl. עָלַב) bedecken, verhüllen. Pual bedeckt, verhüllt werden. Genes. r. sct. 54, 54ᵇ die הַמְּעוּלֶּפֶת מִבֵּין שְׁנֵי כְרוּבִים welche Bundeslade, verdeckt ist zwischen den zwei Cherubim. Jalk. II, 15° dass. Ab. sar. 24ᵇ steht dafür מְפוֹאָרֶת, s. אַרְמוֹן II.

Hithpa. הִתְעַלֵּף und Nithpa. נִתְעַלֵּף (=bh. vgl. das Verbale עֻלְפֶּה, Ez. 31, 15) ohnmächtig werden, verschmachten, erschlaffen, eig. sich verhüllen (das bh. עָטַף verbindet ebenf. diese beiden Bedeutungen). Nid. 69ᵇ der Schleimflüssige verunreinigt auch, wenn er gestorben ist, גְּזֵירָה שֶׁמָּא יִתְעַלֵּף denn man besorgt, dass er vielleicht blos ohnmächtig geworden (scheintodt) ist. Schabb. 9ᵇ גְּזֵרָה שֶׁמָּא יִתְעַלֵּף Agg. (=Ar. ed. pr.) er könnte im Bade ohnmächtig werden. Chull. 3ᵇ בַּמֶּה דְבָרִים אֲמוּרִים שֶׁשָּׁחַט לְפָנֵינוּ ב' וג' פְּעָמִים וְלֹא נִתְעַלֵּף אֲבָל לֹא שָׁחַט לְפָנֵינוּ ב' וג' פְּעָמִים לֹא יִשְׁחוֹט שֶׁמָּא יִתְעַלֵּף וְאִם שָׁחַט וְאָמַר בָּרִי לִי שֶׁלֹּא נִתְעַלֵּפְתִּי שְׁחִיטָתוֹ כְּשֵׁרָה Ar. ed. pr. (Agg. יִתְעַלֵּף) nur in dem Falle (darf Jem., der als Schächter bewährt ist, selbst wenn man nicht weiss, ob er der Gesetze des Schlachtens kundig ist, schlachten), wenn er bereits zwei oder drei Mal in unserer Gegenwart geschlachtet hat, ohne zu erschlaffen; wenn er aber noch nicht zwei oder drei Mal geschlachtet hat, so soll er nicht schlachten, denn er könnte erschlaffen. Wenn er jedoch geschlachtet hat und behauptet: Ich weiss genau, dass ich dabei nicht schlaff geworden bin! so darf das von ihm Geschlachtete genossen werden.

עֲלַף ch. Pa. עַלֵּף (=Hithpa.) ohnmächtig werden, erschlaffen. Chull. 3ᵇ לָא עָלוּפֵי מִיעַלֵּף man ist nicht besorgt, dass Jem. beim Schlachten schlaff geworden sei; so nach einer Ansicht.

עָלֵץ (=bh. verstärkt von עָלַז, עָלַס) frohlocken, vergnügt sein. Erub. 53ᵇ עָלֵץ בִּנְעָרָה er lebte vergnügt mit einer aharonidischen Jungfrau u. s. w., vgl. נָעַר I im Hifil.

עֲלוּקְתָּא ,עֲלוּקָא ,עֲלוּקָה, עַלְקָא fem. (syr. ܥܶܠܰܩܬܳܐ =hbr. עֲלוּקָה) und mit Wechsel der liquidae: עַרְקְתָּא, צַרְקְתָּא eine Art Vampyr oder Blutegel, sanguisuga, arab. عَلَقَة

von عَلَقَ anhängen, sich festsetzen. Ab. sar. 12 סַכָּנַת עֲלוּקָה Ms. M. (Agg. עֲלוּקָה, Ar. עַרְקָא) die Gefahr, einen Egel zu verschlingen, droht demjenigen, der Wasser aus einem Kanal u. dgl. trinkt. Bech. 44ᵇ וְתִיפּוּק לֵיהּ מִשּׁוּם עַלְקָא (Ar. עַרְקָא) wäre es denn nicht möglich, dass das Aufschwellen des Leibes eine Folge des Verschlingens eines Egels ist; woher ist also erwiesen, dass es durch Zurückhalten des Urins gekommen ist? Schabb. 109ᵇ עַרְקְתָא Ar. (Agg. u. Ms. אֲרַקְתָא). j. Ber. IX, 13° un. הַשּׁוֹתֶה לַעֲלוּקְתָא eine Wanze in Wasser aufgelöst, ist ein Heilmittel gegen das Verschlingen eines Egels. Nach dem Comment. Sirlio: Jemnd., dem ein Blutegel in der Kehle steckt, wird beim Geruch der Wanze den Mund öffnen und der Egel wird herausfallen.

עוֹלְשִׁין m. pl. Endivien. (Löw, Aram. Pflanzen p. 255 citirt arab. علكث, κονδρίλλη?). Dem. 1, 2 עוֹלְשִׁין שֶׁל שָׂדֶה Gartenendivien und Feldendivien. j. Kil. I, 27ᵃ mit. wird עוֹלְשִׁין erklärt durch טְרוֹקְסִימוֹן τρώξιμον (Garten-) Endivien, die roh gegessen werden; שֶׁל שָׂדֶה erkl. durch עוֹלְשִׁין andere Endivien, vgl. בַּרְכַּסְמוֹן. Pes. 39ᵃ עוֹלְשִׁין als bittere Kräuter. Das. עוֹלְשֵׁי שָׂדֶה עוֹלְשֵׁי גִינָה. Schebi. 7, 1.

עוּלְשִׁין ch. (=עוֹלְשִׁין) Endivien. j. Kil. I, 27ᵇ mit. s. עוּלְשִׁין. Thr. r. sv. חֲנָנִי סְטַאֲנִי, 66ᵇ (כְּרוּבֵי .Ar (Agg אִין דְעוֹלְיָתָא אֲדִירִין בְּסִימָא חֲמִיעַ s. d.) wenn die Endivien bitter sind, so ist der Essig sauer; bildl. für: wenn die Handlungen des Menschen bei Gott Erbitterung hervorrufen, so erfolgt demgemäss die göttliche Strafe.

עֶלֶת f. der Weinmischer, Heber. Stw. wahrsch. arab. غَلَثَ mischen. Erub. 53ᵇ Rabbi's Magd sagte in witziger Redensart, לְשׁוֹן חָכְמָה, wie folgt: עֶלֶת נָקְפָה בְּכַד יְדָאוֹן נִשְׁרַיָּא לְקִינֵּיהוֹן der Heber schlägt schon an den Krug, so mögen die Adler in ihre Nester schweben; d. h. der Wein ist bereits alle, so dass der Heber schon an den Boden des Weinkruges anschlägt; es ist daher Zeit, dass die Schüler die Mahlzeit aufheben und nach Hause eilen. Wenn sie aber wollte, dass die Schüler noch länger da bleiben sollten, so rief sie ihnen zu: מִינָּהּ וְתוֹקְפֵי עֶלֶת בְּכַד כְּאִילָסָא דְאָזְלָא בִּימָא Ms. M. (Agg. יֵעוֹרִי....וְתוֹקְפֵי) möge man von einem anderen Fass den Zapfen losmachen, sodann wird der Heber im Fass herumschwimmen, wie der Nachen auf dem Meere schwimmt.

עִילִיתָא f. ein bestimmtes Mass (ähnlich קַפָּא). Mögl. Weise ist unser W. in chald. Form dass., was vrg. עֵילַת, Illitha. Schabb. 119ᵃ Josef, der Sabbatverehrer, kaufte einen Fisch, אַשְׁכַּח בֵּיהּ מַרְגָּנִיתָא זַבְּנָהּ בִּתְלֵיסַר עִילִיתָא

דִּינָרֵי דְדַהֲבָא in welchem er einen Edelstein (viell. Perle) fand, den er für 13 Illithas Golddenare verkaufte. Nach Raschi: 13 Söller voll; was jedoch eine zu auffallende Uebertreibung wäre; vgl. Tosaf. z. St. B. hath. 133ᵇ Jose ben Joëser הֲוָה לֵיהּ עֵילִיתָא דְדִינָרֵי hatte eine Illitha mit Golddenaren, die er dem Heiligthum weihte. — Pl. das. שָׁמוּהָ בְּתַלְיסַר עִילְיָאתָא דְדִינָרֵי man schätzte den Edelstein auf 13 Illithas von Denaren. — Snh. 108ᵇ עֲלִיתָא s. אֲלִיתָא III.

עַם (=bh. Stw. עָמַם verbinden) eig. Sbst. Verbindung; bes. als Präp. mit, bei. Schabb. 1, 8 עם הַשֶׁמֶשׁ beim Sonnenschein, d. h. so lange noch die Sonne scheint. Das. 2, 7 עם חֲשֵׁכָה bei Eintritt der Finsterniss, d. h. gegen Abend. Jom. 87ᵇ fg. יום הכפורים עם חשכה der Versöhnungstag kurz vor Abend.

עַם, עִים ch. (syr. ﬡﬦ=vrg. עַם) mit, bei. Dan. 7, 13. 3, 33 fg.; s. auch TW.

עַם m. (=bh., mit vorges. Art. הָעָם) Volk. Stw. עָמַם, also eig. Gemeinschaftlichkeit. עם הָאָרֶץ eig. das Volk des Landes, bezeichnet das niedrige Volk, das nicht der Gelehrtengenossenschaft (חֲבֵרִים) angehört, plebs, und übrtr. auf den Einzelnen der plebs: plebejus niedriger Mensch, Idiot (ähnlich גֵּרֵי ethnicus und אומות העולם die Völker der Welt, die nicht den Israelitengeschlechte angehören), vgl. auch עָמֵם. Sot. 22ᵃ איזהו עם הארץ כל שאינו קורא קרית שמע שחרית וערבית בברכותיה דברי ר' מאיר וחכמים אומרים כל שאינו מניח תפילין אחרים אומרים אפילו קורא ושונה ולא שימש תלמידי חכמים זהו עם הארץ קרא ולא שנה הרי זה בור לא קרא ולא שנה עליו הכתוב אומר... זרע אדם וזרע בהמה wer ist ein Idiot? Derjenige, der nicht Morgens und Abends das Schemâ mit seinen Benedictionen liest; so nach Ansicht des R. Meïr. Die Chachamim sagen: Wer nicht die Tefillin anlegt. Andere (die Acherim) sagen: Selbst wenn Jem. die Bibel liest und die Mischna lernt, aber keinen Gelehrtenumgang (d. h. die Discussionsweise unter Leitung eines Lehrers) geniesst, so ist er ein Idiot. Liest er die Bibel, lernt aber nicht die Mischna, so ist er ein roher Mensch. Auf denjenigen aber, der weder die Bibel liest, noch die Mischna lernt, ist das Schriftwort (Jer. 31, 26) anzuwenden: „Ich werde besäen das Haus Israel und das Haus Juda mit Menschensamen und mit Viehsamen." (Die אחרים hier stehen neben ר' מאיר, der sonst אחרים genannt wird, s. אַחֵר. Nach Tosaf. Sot. 12ᵃ seien darunter die Referate zu verstehen, die R. Meïr Namens des Elischa ben Abuja referirt. In der Parall. Ber. 47ᵇ fehlt der letzte Satz. Aboth 2, 5 אין בור ירא חטא ולא עם הארץ חסיד der rohe Mensch ist nicht sündenscheu und der Idiot ist nicht fromm. Schabb. 63ᵃ un. אם עם

הארץ חסיד הוא אל תדור בשכונתו Ms. M. (Agg. הוא חסיד) wenn er ein frommer Idiot ist, so wohne nicht in seiner Nachbarschaft. Levit. r. sct. 37 g. E. Pinchas ging nicht zu Jiftach, um dessen Gelübde, seine Tochter zu opfern, aufzulösen: אמר אני כהן גדול ובן כהן גדול ואלך אצל עם הארץ זה denn er sagte: Ich, der Hohepriester, Sohn eines Hohenpriesters, sollte zu diesem Idioten gehen! vgl. כּסי, סְפָא. — Pl. Pes. 44ᵇ גדולה שנאה ששונאין עמי הארץ לתלמידי חכמים יותר משנאה ששונאין עכו"ם את ישראל ונשותיהן יותר מהן grösser ist der Hass, womit die Idioten die Gelehrten hassen, als der Hass, womit die Götzendiener die Juden hassen und ihre Weiber übertreffen sie darin. Das. ö.

עַמָּא ch. (syr. ﬡﬥﬞﬠ=עַם) Volk; übrtr. viele Menschen, Alle. Ber. 45ᵃ עמא פוק חזי מה דבר siehe doch, wie das Volk sich führt, welchen Brauch es befolgt! j. Kil. V Anf., 29ᵈ un. כל עמא מודיו (in bab. Gem. steht dafür הכל מודים, auch ch. כולי עלמא s. עָלַם) Alle stimmen darin überein, dass u. s. w. j. Ter. XI, 47ᵈ un. כל עמא רביין על ר' מאיר Alle sind gegen die Ansicht des R. Meïr. j. Schabb. VII, 10ᵇ ob. u. ö. dass. Thr. r. sv. רבתי, 52ᵈ עמא דתכריך קדל ein Volk mit gebrochenem Nacken, bildl. für hartnäckig. Sot. 48ᵇ. 49ᵃ עמא דארעא Idioten, vgl. חַכִּים; s. auch עָמָם.

עָמָא s. עֲמִי.

עֲמַד I (=bh.) stehen, bestehen, bleiben. Taan. 15ᵃ fg. עמדו בתפלה sie standen im Gebet, d. h. sie beteten. j. Snh. VIII, 26ᵇ mit. u. ö. עמד בדין er stand im Gericht, d. h. führte einen Process. Kidd. 71ᵃ עומד בחצי ימיו er steht in der Mitte seiner Jahre. Neg. 1, 3 fg. העומד בסוף שבוע הראשון וכו' der Aussatz, der am Ende der ersten Woche stehen geblieben, nicht zugenommen hat. B. mez. 47ᵇ אינו עומד בדבורו er bleibt bei seinem Versprechen nicht stehen, hält es nicht. Kil. 4, 4 אם העומד מרובה על הפרוץ wenn das Stehengebliebene mehr ist, als das Durchbrochene. j. Kil. IV, 29ᵇ un. Ab. sar. 36ᵃ, s. גְּזֵרָה. j. Ber. II, 5ᶜ mit. der Weingarten, in dem früher 100 Weinstöcke wuchsen: עמד על חמשים עמד על ארבעים וכו' brachte später hervor (eig. stand auf) 50, sodann 40 Weinstöcke u. s. w. — Uebrtr. Ab. sar. 35ᵇ חלב טהור עומד Milch von reinen Thieren steht (d. h. gerinnt zu Butter, Rahm), aber Milch von unreinen Thieren steht nicht.

Hif. הֶעֱמִיד (=bh.) 1) hinstellen. Tam. 5, 6 ראש המעמד היה מעמיד את הטמאים בשער המזרח der Oberste des Opferbeistandes stellte die unreinen Priester am Osthore des Tempels nieder. — Uebrtr. Jeb. 62ᵇ הם הם העמידו תורה sie allein (d. h. die Schüler des R. Akiba, näml. R. Meïr, R. Juda u. A.) erhielten die Gesetz-

83*

lehre. Aboth 1, 1 הֶעֱמִידוּ תַלְמִידִים הַרְבֵּה unterrichtet, lasset erstehen viele Schüler, vgl. מָתוּן. Num. r. sct. 14, 227ᵃ הֶעֱמִיד בָּנִים er erzeugte Kinder. — 2) einem Gegenstande einen Halt, Bestand geben. Schabb. 60ᵃ הַכּל הוֹלֵךְ אַחַר הַמַּעֲמִיד bei allen Dingen richtet man sich (hinsichtl. der Reinheit und Unreinheit) nach dem Hauptbestandtheil, vgl. auch מַעֲמִיד Ab. sar. 29ᵇ weshalb hat man den Käse der Nichtjuden verboten? מִפְּנֵי שֶׁמַּעֲמִידִין אוֹתָהּ בְּקֵיבַת עֶגְלֵי עֲבוֹדַת־כּוֹכָבִים weil man ihn im Magen der Kälber von Götzenopfern anstellt. Das. 34ᵇ fg. Chull. 116ᵇ u. ö. Orl. 1, 7 בְּשַׂר הָעֶרְלָה אָסוּר wenn man den Käse mit dem Saft der Früchte von den ersten drei Jahren der Pflanzung anstellt, so ist er zum Genusse verboten. Khl. r. sv. וְהָאָרֶץ, 71ᵈ מַה עוֹמְדָה מֵעַמְדָהּ was bedeutet עָמְדָה (Khl. 1, 2)? Sie erhält, hält aus die Geschlechter. — Uebrtr. Snh. 72ᵃ חֶזְקָה אֵין אָדָם מַעֲמִיד עַצְמוֹ עַל מָמוֹנוֹ es ist mit Bestimmtheit anzunehmen, dass der Mensch bei ihm drohendem Geldverlust (Beraubung) nicht an sich halten wird, d. h. ohne sich zur Abwehr zu setzen, vgl. מָמוֹן. Das. 93ᵇ מַעֲמִידִין עַל עַצְמָן בְּשָׁעָה שֶׁנִּצְרָכִין לִנְקָבֵיהֶם sie hielten an sich, wenn sie nöthig hatten, ihre Nothdurft zu verrichten.

Part. Pual מְעוּמָּד eig. hingestellt, d. h. stehend. Schebu. 38ᵇ שְׁבוּעָה מְעוּמָּד תַּלְמִיד חָכָם מְיוּשָּׁב die Eidesleistung muss stehend erfolgen, der Gelehrte darf auch dabei sitzen. Ber. 30ᵇ תְּפִלָּה מְעוּמָּד das Achtzehngebet muss stehend gebetet werden. j. Ber. II Anf., 4ᵃ צָרִיךְ (wird das) לְקַבֵּל עָלָיו עוֹל מַלְכוּת שָׁמַיִם מְעוּמָּד erklärt: אִם הָיָה מְהַלֵּךְ עוֹמֵד) man muss die Obliegenheit der göttlichen Regierung (d. h. das Schemā-Verlesen) stehend verrichten, wenn man näml. geht, muss man stehen bleiben, da man das Schemā auch sitzend verlesen darf. M. kat. 20ᵇ. 21ᵃ מְעוּמָּד . . . קְרִיעָה das Zerreissen der Kleider bei einem Trauerfall muss stehend erfolgen. Sifre Schoftim § 155 מְעוּמָּד . . . שֵׁירוּת der Tempeldienst muss stehend erfolgen.

עַמּוּד m. (=bh.) 1) Säule. Exod. r. sct. 1, 103ᵇ Pharao legte zehnmal das Schwert an den Hals des Mose, וְנַעֲשָׂה צַוָּארוֹ כְּעַמּוּד שֶׁל שֵׁן aber sein Hals wurde so hart wie eine Säule von Elfenbein. j. Ber. IX, 13ᵃ mit. wenn Jem. in die Synagoge geht, וְעוֹמֵד אֲחוֹרֵי הָעַמּוּד וּמִתְפַּלֵּל בְּלַחַשׁ וכ׳ hinter der Säule steht und leise betet u. s. w. — 2) übrtr. Ber. 1, 1 fg. עַמּוּד הַשַּׁחַר die Säule der Frühe, d. h. die Morgendämmerung. — 3) Säule = Pfeiler, Stütze. Ber. 28ᵇ עַמּוּד הַיְמִינִי die rechte (d. h. mächtige) Säule, ein Epitheton für R. Jochanan ben Sakkai; mit Ansp. auf 1 Kn. 7, 21 עַמּוּד הַיְמִינִי die rechte Säule des Tempels. Exod. r. sct. 2 g. E. Gott sagte zu Mose (Ex. 3, 5): בַּמָּקוֹם שֶׁל עַמּוּדוֹ שֶׁל עוֹלָם אַתָּה עוֹמֵד du stehst an dem Orte, wo der Pfeiler der Welt (d. h. Abra-

ham) gestanden hat. — 4) übrtr. die Stange, um welche man die Schriftrolle wickelt. j. Meg. I, 71ᵈ mit. וְעוֹשִׂין עַמּוּד לַסֵּפֶר בְּסוֹפוֹ לַתּוֹרָה מִיכָן וּמִיכָן לְפִיכָךְ גּוֹלְלִין הַסֵּפֶר לַחַלְחֹלֶת וְהַתּוֹרָה לְאֶמְצָעִיתָהּ man befestigt eine Stange an einer Prophetenrolle am Ende, an einer Pentateuchrolle aber an beiden Seiten, näml. eine Stange am Anfang und eine am Ende der Rolle. Daher wickelt man die Prophetenrolle nach dem Anfange, die Pentateuchrolle aber nach der Mitte zu. B. bath. 13ᵇ wenn Jem. Pentateuch, Propheten und Hagiographen in einer Rolle hat, עוֹשֶׂה בָּרֹאשׁוֹ כְּדֵי לִגְלוֹל עַמּוּד so mache er am Anfange einen leeren Raum, der um die Stange gewickelt wird, vgl. Tosaf. z. St. Jad. 1, 4 גִּלָּיוֹן . . . שֶׁבְּסוֹף אֵינוֹ מְטַמֵּא עַד שֶׁיַּעֲשֶׂה לוֹ עַמּוּד der Rand am Ende eines heiligen Buches verunreinigt erst dann, wenn man an ihm die Stange anbringt. — Pl. j. Meg. I, 71ᶜ ob. וְרִים שֶׁל תּוֹרָה דֹּמִים לְעַמּוּדִים die Waw's der Thora müssen den Stangen gleichen, s. וָאו. — 5) ein länglicher, eichelförmiger Kern im Granatapfel, sowie in anderen Früchten. Tosef. Teb. jom III (Ukz. I Anf.) הַנּוֹגֵעַ בְּעַמּוּד wenn Jem. den Kern berührt, s. מַסְרֵק. Ukz. 1, 2. 3 הָעַמּוּד שֶׁהוּא מְכוּוָן כְּנֶגֶד הָאוֹכֶל der mittelste Theil (das Herz der Zwiebel), der dem Fleisch gegenüber ist. — 6) der Strahl des Urins, sowie die feste, längliche Excrementenmasse während sie aus dem Mastdarm kommt. Ber. 25ᵃ לֹא אָסְרָה תּוֹרָה אֶלָּא כְּנֶגֶד עַמּוּד בִּלְבַד die Schrift verbietet das Verlesen des Schemā blos dem Urinstrahl gegenüber; d. h. nicht aber an einer Stelle, wo der bereits abgelaufene Urin sich befindet. Das. הֶחְזוֹר עַמּוּד der zurückgezogene Stuhlgang, vgl. הַדְרוֹלָן. Das. 62ᵇ u. ö. (Im Rituale bedeutet עַמּוּד: das Vorbeterpult.)

עָמוֹרָא ch. (syr. ܥܵܡܘܿܪܵܐ=עַמּוּד) 1) Säule. Keth. 17ᵃ כִּי נָח נַפְשֵׁיהּ אִיפְּסִיק עַמּוּדָא דְּנוּרָא בֵּין דִּידֵיהּ לְכוּלֵּי עָלְמָא וּגְמִירֵי דְּלָא אִיפְּסִיק עַמּוּדָא דְּנוּרָא אֶלָּא אִי לְחַד בְּדָרָא אִי לִתְרֵי בְּדָרָא als er (R. Samuel bar Jizchak, der bei Hochzeiten vor den Bräuten verschiedene Belustigungen veranstaltet hatte) starb, so bildete eine Feuersäule eine Scheidewand zwischen ihm und allen anderen Menschen. Nach einer Tradition bildet eine Feuersäule nur vor Einem, der einzig in seiner Generation ist, oder wenn es höchstens noch einen Zweiten giebt, eine Scheidewand. Das. 62ᵇ als Juda bar Chija zu R. Jannai kam, חֲזִי קַמֵּיהּ עַמּוּדָא דְנוּרָא so sah er eine Feuersäule vor ihm. — Pl. Ber. 8ᵃ R. Ammi und R. Asse לָא מְצַלּוּ אֶלָּא בֵּינֵי עַמּוּדֵי הֵיכָא דַהֲווֹ גָּרְסִי beteten nur zwischen den Säulen, wo sie lernten, d. h. im Studienhause. Genes. r. sct. 34 g. E. תְּרֵין עַמּוּדִין die zwei Säulen im Mazaga, vgl. מִזְגָּא. j. Ab. sar. III, 42ᶜ mit. כַּד דְּמַךְ ר׳ אַבָּהוּ בְּכֵן עַמּוּדַיָּא דְּקֵיסָרִין als R. Abahu starb,

weinten die Säulen Cäsareas. M. kat. 25ᵇ steht
dafür: אחיתו עמודי דקיסרי גוא die Säulen Cäsareas vergossen Thränentropfen. (M. Joel, Blicke
in die Religionsgesch. S. 8 citirt ein treffliches
Seitenstück zu letzterer St. aus Eusebius' [Bischof
in Cäsarea und Zeitgenosse des ebendas. lebenden R. Ababu] 2. Zugabe zum 8. Buche seiner
Kirchengeschichte, c. 9: Während der grausamen Behandlung der christlichen Märtyrer
„begannen plötzlich die meisten Säulen, welche
die öffentlichen städtischen Hallen in Cäsarea
stützten, wie eine Art Thränentropfen zu vergiessen" u. s. w.) — 2) übrtr. Strahl. Ab.
sar. 72ᵃ עמודיה חבית נפיש דלא קטן צרצור
עמודיה דנפיש beim Giessen aus einer kleinen
Flasche entsteht kein starker Strahl; beim
Giessen aus einem Fasse hing. entsteht ein
starker Strahl. — 3) Amuda, Name eines
Ortes. j. Dem. II, 22ᵇ un. פונדקא דעמודא Pun-
deka (Gasthaus) zu Amuda.

עֲמִידָה f. N. a. 1) das Stehen. Keth. 111ᵃ
un. קשה לבב שעמידה בעמידה תרבה אל stehe
nicht zu viel, denn das Stehen ist dem Herzen
schädlich, vgl. auch יְשִׁיבָה. j. R. hasch. I, 57ᵇ
ob. Gott befiehlt Gesetze, die er selbst befolgt:
„Vor dem Greise sollst du aufstehen" (Lev. 19,
32). אני הוא שקיימתי עמידה זקן תחלל ich
war es auch, spricht Gott, der das Stehen vor
dem Alten zuerst beobachtet hatte; näml. „Gott
stand vor Abraham" (Gen. 18, 22; Emend. der
Soferim: „Abraham stand" u. s. w., vgl. הקון).
j. Bic. III, 65ᵈ un. dass. j. Keth. IV, 28ᵇ mit.
בעדרים דברי הכל עמידת בית דין das Stehen der Processirenden
vor dem Gerichte. Schebu. 30ᵇ בעמידה וכ׳
die Zeugen müssen nach Aller An-
sicht stehen; beim Abschluss der gerichtlichen
Verhandlung findet nach Ansicht aller Autoren
דיינין בישיבה ובעלי דינין בעמידה bei den Richtern das Sitzen, bei den Processführenden aber
das Stehen statt. Num. r. sct. 2 Anf. Das. sct.
11, 22ᵇ u. ö. — 2) Bestand. Pesik. r. sct.
10, 17ᵇ die Völker freuten sich, als Israel das
goldene Kalb anfertigte, לאלו אין מיתה לומר
עמידה ולא ישועה indem sie sagten: Für diese
giebt es nunmehr „keinen Bestand und keine
Hilfe" (Ps. 3, 3). Num. r. sct. 2, 185ᵉ (mit
Ansp. auf Jes. 33, 12) חול נותן אתה אין אם
בסיד לו עמידה כך אין ישראל אין האומות
יכולין לעמוד wenn du nicht Sand in den Kalk
schüttest, so hat letzterer keinen Bestand; ebensowenig könnten die Völker ohne Israel bestehen. — Pl. j. Erub. V Anf., 22ᵇ שכל מלמד
עמידות שעמד לפנו אחרה השילוני רבו כילו עמד
לפני השכינה die Stelle (1 Kn. 17, 1: „So wahr
Gott lebt, vor dem ich stand") besagt, dass das
so vielmalige Stehen des Elia vor seinem Lehrer Achija aus Scbilo ebensoviel war, als ob er
vor Gott gestanden hätte. j. Jom. I, 38ᵇ un.
u. ö. — Trop. Jeb. 106ᵃ עמידתה היא זו ישיבתה

das Bleiben der Jebama ohne Vollziehung der
Leviratsehe, das ist ihr Vortheil.

עֲמָדָה f. (verk. aus הַעֲמָדָה s. d., vgl. כֶּלֶם
u. a.) das Hinstellen des Opferthieres.
j. Maas. scheni III g. E., 54ᵉ עמדה והערכה das
Hinstellen und das Abschätzen des Opferthieres.
Das. ö.

עוֹמְדוֹת f. pl. das Stehen, bes. des Schülers beim Unterrichte seines Lehrers. j. Schabb.
X, 12ᵉ un. עמדות אבי את שמשתי ich genoss meines Vaters Unterricht im Stehen u. s. w.,
vgl. יְשִׁיבָה. j. Chag. III Anf., 78ᵈ dass.

עָמַד II (=אָמַד, Grndw. מד) abmessen, abschätzen. j. Nas. IX g. E., 58ᵃ עמדוהו למיתה
וחיה wenn er (der von Jemdm. geschlagen wurde),
den man abgeschätzt hatte, dass er sterben
würde, am Leben blieb. Das. ö. (neben אמדוהו).
j. Snh. IX, 27ᵃ un. dass.

עוֹמֶד m. (=אוֹמֶד) Abschätzung, Muthmassung. Tam. 2, 5 גחלים סאים חמש בעומד
nach Muthmassung (ungefähr) fünf Seah Kohlen.
j. Snh. IX, 27ᵃ un. עמוד של טעות היה es war
eine irrthümliche Abschätzung (das. auch oft
עומד היתה crmp. aus היה). j. Nas. IX g. E.,
58ᵃ עומד האמצעי die mittelste Abschätzung;
wenn man näml. den Krankheitszustand des Geschlagenen mehrmals abgeschätzt hat und die
Resultate der Abschätzungen von einander dif-
ferirten, vgl. אומד. — Pl. das. אומדין שני zwei
Abschätzungen. Das. auch ראשונה עֲמֶדָה fem.
die erste Abschätzung.

עֲמָד m. (von עָמַד, syr. ܥܡܳܕܐ) Taufe. —
עֲמִידָא m. (syr. ܥܡܺܝܕܐ) Täufling; ansp. auf
ἀμίδα (accus. Form von ἀμίς, ίδος) Nachtgeschirr. Genes. r sct. 38, 39ᵈ. j. Schabb.
IX, 11ᵈ mit. j. Ab. sar. II, 41ᵇ un. Das. III,
43ᵃ un., s. הַרְהוֹן.

עִימָה f. Spinnrocken. Kel. 11, 6 Ar., s.
אִימָה.

עֲמִימְתָא fem. (syr. ܥܰܡܛܳܐ, Stw. עמם; =
אֲמִימְתָא s. d.) dicke Finsterniss, s. TW.

עֲמָא, עֲמִי (syn. mit עמם s. d.) dunkel sein,
werden. Vgl. arab. غَامَ verdecken, verhüllen.
Thr. r. sv. יועם איכה, 67ᵃ דהבא עמא איך wie
ist doch das Gold verdunkelt worden! Ber. 53ᵇ
eine Flamme, ואזלא דעמיא die immer dunkler
wird. Uebrtr. Chull. 38ᵃ קלה עמי ihre Stimme
ist schwach. Ggs. קלה עבי ihre Stimme ist
stark.

Hif. (aus einer hbr. Form עָמָה) schwächen.
Tanch. Haasinu, 277ᵇ כתי הָעֲמֶה בן גמלי עמיאל
רגמל לעצמו .... „Amiel ben Gemalli" (Name eines
Auskundschafters, Num. 13, 12), welcher die

göttliche Kraft verdunkelte (עמי־אל; מומנו, vgl. מֶן), der aber sich selbst Unglück zuzog, dass er näml. nicht nach Palästina kam.

עַמְיָא f. Dunkelheit. Ruth r. sv. קטן וגדול 38° עמיא לעידן zur Zeit der Dunkelheit.

עָמִית (von עמי, עָמֶה=עָמַם; bh. nur mit Suff.) eig. fem. Gemeinschaft; übrtr. abstr. pro concr. Nebenmensch, Nächster; bes. (=חָבֵר, s. d.) Genosse des Gelehrtenbundes. Schebu. 30ª un. עולא חברנו עמית בתורה ובמצות unser Freund Ula ist ein Genosse hinsichtl. des Gesetzstudiums und der Pflichtenerfüllung.

עָמַל (=bh. Grndw. wahrsch. מל) arbeiten, thun, eig. (=arab. عَمِلَ) sich abmühen. — Pi. abmühen. Schabb. 147ᵇ auf dem Grunde eines salzigen Flusses (ריומסית) darf man am Sabbat nicht stehen, מפני שמעמלת ומרפא weil der salzige Lehm abmüht (erhitzt) und heilt. Hithpa. sich müde machen. Schabb. 147ª man darf sich am Sabbat einreiben, אבל לא מתעמלין aber sich nicht dabei abmühen, d. h. nicht stark reiben. j. Pea VIII, 21ᵇ un. Hillel kaufte für einen Armen aus vornehmer Familie סוס אחד להתעמל בו ועבד לשמשו ein Pferd, um sich müde zu reiten und einen Sklaven, der ihn bedienen sollte. Tosef. Pea IV שהיה מתעמל בו dass. Tosef. Schabb. XVI (XVII) g. E. אין רצין בשבת כדי להתעמל אבל מטייל רב' man darf am Sabbat nicht laufen, um sich müde zu machen; aber man darf, selbst den ganzen Tag hindurch, spazieren gehen.

עָמַל ch. (syr. ܥܡܠ=עֲמַל) arbeiten, s. TW.

עָמֵל m. Adj. (=bh.) Jem., der arbeitet, sich abmüht. Ber. 28ᵇ (Dankgebet eines Gelehrten beim Verlassen des Studienhauses) אני עמל והם עמלים אני עמל ומקבל שכר והם עמלים ואינם מקבלים שכר ich mühe mich und auch jene (die Idioten) mühen sich; ich mühe mich für das, wofür ich Belohnung erhalte, sie aber mühen sich ohne Belohnung zu erhalten. Aboth 2, 2 כל העמלים עם הצבור יהיו עמלים עמהם לשם שמים Alle, die sich in Gemeinde-Angelegenheiten abmühen, sollen sich in religiöser Absicht bemühen.

עֲמֵילָא chald. (syr. ܥܡܝܠܐ=עֲמֵל) Jem., der mühevoll arbeitet. Genes. r. sct. 39, 38ᵈ und Parall. עמילא טבא לפועלא קרין תמן dort (in Syrien) nennt man den tüchtigen Arbeiter: עמילא.

עָמָל m. (=bh.) mühevolle Arbeit. Ber. 17ª אשרי מי שגדל בתורה ועמלו בתורה רב' wohl dem, der im Gesetzstudium herangewachsen, dessen Mühe im Gesetzstudium ist u. s. w. Genes.

r. sct. 39, 38ᵈ בית העמל Stätte der Tugendhaftigkeit, s. הַרְהוּן.

עָמֵלָא, עֲמַל ch. (syr. ܥܡܠܐ=עֲמָל) 1) Mühe, mühevolle Arbeit. — 2) Mühsal, Ungemach, s. TW. — 3) Nutzniessung, Miethzins, eig. was erworben wird. B. bath. 67ª מגבינן אפילו מעמלא דבתר wir liessen die Frau ihre Kethuba (Hochzeitsverschreibung) selbst vom Miethzins der Häuser erheben. Keth. 69ª מעמלא דבתיה (l. רבתי) dass. B. mez. 15ᵇ אינון ועמלידהון רב' jene Güter sammt ihrer Nutzniessung. Nach Ar.: ihr Kostenaufwand, s. מרק.

עֲמֵילָה f. (gr. ἄμυλον, amylum) Kraftmehl, das auf sehr sorgfältige Weise zubereitet wurde. Pes. 37ª אם אמרו בפת עמילה יאמרו בפת שאינו עמילה wenn man auch gestattet hat, dicke Schaubrote aus Kraftmehl zu backen, sollte man denn auch am Pesach solches Brot gestatten, das man nicht aus Kraftmehl bäckt? d. h. bei ersterem tritt nicht so leicht Säure ein, wie bei letzterem. Nach Raschi bedeutet עמילה: Mehl, das vielfach (eig. mit vieler Mühe, vom vrg. עָמַל) bereitet wurde. — Trop. im lasciven Sinne. Schabb. 62ᵇ פת עמילה, s. סָעַד.

עֲמִילָן m. (viell. mit vrg. zusammenhängend) eine Art Kuchen, den man auf den Topf während des Kochens legt, damit er den Schaum der Speisen an sich ziehe, etwa Schaumkuchen. Pes. 3, 1 (42ª) עמילן של טבחים der Kuchen der Köche, als Gesäuertes. Das. 42ᵇ und j. Pes. III Anf., 49ᵈ wird unser W. wie folgt erklärt: Kuchen von Aehren, die noch nicht den dritten Theil der Reife erlangt haben, u. s. w., vgl. פְּלִידון und מְלִילָה. B. mez. 86ᵇ הלל לעמולין של טבחים jene Mehlarten dienten blos zu den Schaumkuchen der Köche; während zum Mahle Salomo's viel mehr Getreide verbraucht wurde.

עָמַם (=bh., arab. غَمّ, Grndw. עם) eig. bedecken, verhüllen, dah. verdunkeln. Part. pass. Levit. r. sct. 26, 170ᶜ שש שנים היו אותן גחלים עמומות בירושלם רב' sechs Jahre hindurch lagen jene „Kohlen" (Ez. 10, 2) verdunkelt (dem Verlöschen nahe) in Jerusalem u. s. w. Gew. dafür Part. act. in derselben Bedeut. Pes. 27ª und 75ᵇ גחלים עוממות (Ms. M. אוממות) verdunkelte, verlöschende Kohlen, Ggs. לוחשות s. d. Das. wird gefragt: אי עוממות או אוממות ist עוממות oder אוממות zu lesen? Die erstere LA. wird das., mit Hinweis auf Ez. 31, 8, als richtiger befunden. Ber. 53ᵇ u. ö. dass. Pi. dass. j. Orl. III, 63ª un. גידולי ערלה שעוממו die Zweige der Orla, welche (verkohlt und) dunkel wurden. — Pilp. עִמְעֵם s. d.

עֲמַם‎ ch. (=עָמַם‎) dunkel, verdunkelt sein, werden, s. TW.

עֲמֹום‎, öfter עֲמֹעֵם‎ s. d.

עַם‎ m. (eig. =עַם‎ s. d., Volk, insbes. =גוֹי‎) Heide, Nichtjude, ethnicus; mögl. Weise an das syr. ܥܰܡܡܶܐ‎ ansp.: spurius. Thr. r. sv. רבתי‎ 52ᵈ ein jerusalem. Sklave sagte zu dem Athenienser: Vor uns geht ein weibliches Kamel עמם רגמלא‎ und der Kameltreiber ist ein Heide. Das. גמלא דע ידע את מנא עמם‎ woher weisst du, dass der Kameltreiber ein Heide ist? s. מְרַסֹון‎. — Pl. Schabb. 139ᵇ wenn eine Leiche am ersten Feiertag zu begraben ist, יתעסקו בו‎ צַמָמִין‎ so sollen sich Nichtjuden mit ihrer Bestattung beschäftigen. R. hasch. 20ᵃ איפשר‎ בעממי‎ es wäre möglich (wenn der Versöhnungstag auf Freitag und Sonntag träfe), dass die Beerdigung durch Nichtjuden stattfände, vgl. יְרָקָא‎. Jom. 71ᵇ עממין בני‎ die Nachkommen der Heiden, d. h. Schemaja und Abtaljon, die nach Git. 57ᵇ, Nachkommen des Sancherib gewesen sein sollen, vgl. עֹובְדָא‎, s. auch מֵחַֽזן‎. — Fem. עֲמַמְאִרְתָא‎ heidnisch, Heidin, s. TW.

עַמֹונִי‎ m., עַמֹונִית‎ f. (=bh.) N. gent. ammonitisch, Ammoniter, Ammoniterin. j. Snh. X, 28ᵈ ob. העמוני ירן‎ ammonitischer (sehr starker) Wein. j. Jeb. VIII, 9ᶜ ob. u. ö. עמוני‎ מואבית ולא מואבי עמונית לא‎ ein Ammoniter (ist zur Ehe verboten", Dt. 23, 4), nicht aber eine Ammoniterin; „ein Moabiter", nicht aber eine Moabiterin. Zu dieser Halacha sah man sich genöthigt, weil David (und also auch der Messias) Nachkomme der Moabiterin Ruth (4, 17 fg.), und weil ferner Rechabam, der Sohn Salomo's und Urahn des Messias von der „Ammoniterin Naama" abstammte; vgl. 1 Kn. 14, 21, s. auch עמוני‎ j. Ned. III Anf., 37ᵈ crmp., מְסֹופְסְטְלָא‎ s.

עֲמַס‎ (=bh., verw. mit עָמַץ‎, eig. zusammendrängen; s. die nächstfolgenden Artikel, Grndw. עם‎) 1) belasten, beladen; übrtr. beladen sein. Cant. r. sv. עמוס שימני‎, 32ᵈ גרנות‎ diejenigen, welche die Garben in die Scheuern tragen. Part. pass. — 2) übrtr. schwerfällig machen. Part. pass. Levit. r. sct. 10 Anf., 153ᶜ בלשונו עמוס שהיה עמוס נקרא למה‎ weshalb wurde der Prophet: Amos genannt? Weil er schwerfällig in seiner Sprache war (=bh. לשון כבד‎). Vgl. das. עמוס את שלחתי‎ פסילוס אותך קורין רהיו‎ ich habe ihnen den Amos gesandt, sie aber nannten ihn ψελλός, Stammler. Khl. r. Anf., 70ᶜ dass. — Part. Pual Tanch. Pekude, 127ᵇ der Mensch im 40. Lebensjahre מְעוּמָס הוא‎ ist von Söhnen und Töchtern belastet.

עֲמַס‎ ch. (=עָמַס‎) verschliessen, zusammendrücken, s. TW.

עֹומֶס‎ m. Last, Tracht, eig. was man mit der Hand umfasst. Snh. 100ᵃ ליתן הקבה עתיד‎ ערמסו מלא וצדיק צדיק לכל‎ Gott wird künftig jedem Frommen seine Tracht voll (d. h. so viel Guter, als Gott mit seinen Händen umfassen, tragen kann) geben; mit Ansp. auf ריעמס‎, Ps. 68, 21. Das. מלא נותן אדם כן לומר אפשר וכי‎ ערמסו מלא לו נותן הקבה הזה בעולם לעני עומסו‎ רב לעולם הבא‎ ist denn möglich, das zu sagen (dass Gott dem Menschen nach dem Masse seiner Tugenden die Belohnung zumesse), dass wenn der Mensch seine Hand (Last) voll dem Armen in dieser Welt giebt, Gott ihm auch in der zukünftigen Welt seine Hand voll vergelte? Es heisst ja u. s. w.

עֲמִיסָה‎ f. N. a. das Belasten. Exod. r. sct. 4 Anf. עמיסה לשון אלא נשיאה אין‎ das W. נשא‎ hier bedeutet nichts anderes als Belasten, s. נְשִׂיאָה‎ II.

עַמֹּוס‎ od. עַמֹּעֹום‎ (=אֱמָאוּם‎, gr. Ἐμμαούς) Emmaus. Ker. 15ᵃ עימאוס של אבטליס‎ der Marktplatz zu Emmaus.

עַמֹּוסְנִי‎ m. N. gent. aus Emmaus. Pes. 22ᵇ העמסוני שמעון‎ Simon aus Emmaus. Das. נחמיה‎ העמסוני‎ Nechemja aus Emmaus.

עַמֹּוסְנְיָיא‎ ch. (=עַמֹּוסְנִי‎). j. B. mez. IV Ende, 9ᵈ עמסוניייא יעקב ר׳‎ R. Jakob aus Emmaus.

עִמְעֵם‎ Pilp. (von עָמַם‎, arab. عَمَّ‎) 1) verdunkeln; dah. auch den wahren Sachverhalt nicht zum Vorschein kommen lassen, ihn unterdrücken. j. Sot. IX, 23ᵇ un. על וערימעמנו ראינוהו לא‎ „wir haben ihn (den Erschlagenen, Dt. 21, 7) nicht gesehen", dass wir ihn hätten liegen lassen, oder dass wir sein Recht (den Mörder zu bestrafen) verdunkelt hätten. Num. r. sct. 9, 200ᵃ „Es ist ihrem Manne unbekannt" (Num. 5, 13), בעלה שירא ולא‎ nicht aber, wenn der Mann, der die Untreue seiner Frau vermuthet, es verdunkelt; d. h. sich den Anschein giebt, als ob er es nicht sähe. Part. pass. j. Snh. V Ende, 23ᵃ (mit Bez. auf die Mischna: „Wenn 36 Richter den Angeklagten verurtheilen und 35 ihn freisprechen, so disputiren sie miteinander, bis einer der Ersteren ihn ebenfalls freispricht") יוצא זה דין יראה שלא אלו כנגד אלו דנין ולמה‎ מעמעם‎ (l. מְעַמְעֵם‎) wozu disputiren die Einen mit den Anderen (man würde ja den Angeklagten, da keine Majorität von wenigstens zwei Stimmen der Verurtheilenden vorhanden ist, öhnedies freisprechen)? Damit das Urtheil nicht verdunkelt (ungegründet) erscheine. — 2) (von עָמַם‎, arab. عَمَّ‎ aufhäufen, zusammentragen. j. R. hasch. III Anf. 58ᶜ מעמעמין‎ קדשו לקראה נראה שלא ואין מעמעמין לעברו הנראה על‎

man häuft Kreuz- und Querfragen beim Verhör der Zeugen, welche aussagen, dass der Mond (zur Zeit, d. h. am 30. Tage des Monats) sichtbar wurde, damit man den Monat intercalire; man häuft aber nicht die Fragen auf Zeugen, welchen der Mond nicht sichtbar wurde (um sie, wenn ein Kalenderbedürfniss vorliegt, zur Aussage, sie hätten den Mond gesehen, zu veranlassen), damit man den Neumond verkünde; da man sie hierdurch zu einem lügenhaften Zeugniss verleiten würde. (In bab. R. hasch. 20ᵃ steht dafür מאיימין: man jagt ihnen Furcht ein, dass.) j. Schabb. I, 3ᶜ un. עמעמו עליה והתירוה die Gelehrten thaten sich zusammen (gegen das Verbot, das Brot der Nichtjuden zu essen) und erlaubten es. Das. עמעמו עליה ואסרוה sie thaten sich zusammen und verboten das Brot der Nichtjuden, selbst an einem Orte, wo jüdisches Brot nicht vorhanden ist. Das. ö. j. Schebi. VIII, 38ᵃ un. j. Maas. scheni III Anf., 54ᵃ und j. Ab. sar. II, 41ᵈ mit. dass. (Die Erkl. der Comment. von עמעם nr. 1: verdunkeln, leuchtet nicht ein, da in bab. Gem. dafür מזמזו vorkommt, vgl. Ab. sar. 36ᵃ u. ö.) Uebrtr. j. Ber. V, 9ᶜ un. שנייה מעמעם beim zweitmaligen Auffordern zum Vorbeten schicke man sich zum Gehen an, vgl. סירוב.

עֲמָעֵם ch. Palp. (=עִמְעֵם) verdunkeln, s. TW.

עִמוּם, עִמְעוּם m. N. a. das Sichzusammenthun, Anhäufen. j. Schabb. I, 3ᶜ un. הלכות של עמעום (das. auch עימום) die Halachoth, die beim Zusammentreten der Gelehrten beschlossen wurden. Das. ויש עימעום לאיסור giebt es denn ein Sichzusammenthun behufs Aussprechens eines Verbotes? j. Schebi. VIII, 38ᵃ un. u. ö.

עֲמַץ (=עָצַם, אָמַץ, ähnl. arab. غَمَضَ) stark, fest sein. — Pi. עִמֵּץ fest zudrücken. Schabb. 151ᵇ אין ממצין את המת בשבת ... והמעמץ וכ׳ (Agg. מעצמין) Ms. M. u. Ar. (עם יציאת נפשו והמעמץ ...) man darf dem Todten am Sabbat nicht die Augen zudrücken; wenn Jem. die Augen eines Sterbenden (auch am Wochentage) zudrückt, so ist es, als ob er Blut vergösse. — Hithpa. zugedrückt werden, sich schliessen. Das. ... הרוצה שיתעמצמו עיניו של מת (Ms. Oxf. und ält. Agg. והן מתעמצין מאליהן) (spät. Agg. מתעצמין ... שיתעצמו) wenn Jem. will, dass die Augen eines Todten sich schliessen, so flösse man ihm Wein in die Nase, giesse Oel zwischen seine Augenwimpern und fasse die beiden grossen Zehen seiner Füsse an, infolge dessen die Augen sich von selbst schliessen werden.

עֲמַץ ch. (syr. ܥܡܰܨ=עָמַץ) zudrücken. Bez. 22ᵃ un. מר קא מטיל דקא עָמִיץ ופתח du (Herr)

bist ja beim Schminken der Augen behilflich, indem du sie zudrückst und öffnest, um die Schminke eindringen zu lassen, vgl. כְּיֵץ im Piel. Snh. 110ᵃ כל דחזי לה דהוא שלחה טרטיל עמיץ עינוי ואזל Ar. (fehlt in Agg.) war sie (die Frau des Korach) sah, dass letzterer sie nackt fortgeschickt hat, drückte sich die Augen zu und ging fort.

עֲמַק ch. 1) (=bh. עָמֵק) tief sein. (Syr. ܥܡܶܩ Pa. tief machen). — 2) (=עָקַם trnsp.) krumm sein. — Af. אַעֲמִק verkrümmen, verkehren, s. TW.

עָמוֹק m., עֲמוּקָה f. Adj. (=bh. עָמֹק, עֲמֻקָה) tief, profundus, profunda. Uebrtr. von der hochweissen oder hochrothen Farbe, die tiefer zu liegen scheint, als die blässere Farbe. Sifra Neg. cap. 1 Anf. מה לשון עמוק was bedeutet כמראה החמה שהם עמוקים מן הצל der Ausdruck עמק, עמקה (bei Aussätzen, Lev. 13, 2. 3 fg.)? So tief wie der Anblick einer sonnigen Stelle, welche tiefer zu liegen scheint, als der Schatten. Tosef. Neg. I Anf., s. מַרְאָה. Chull. 63ᵃ wird nach diesem Sprachgebrauch erklärt העמקי עורב: der weisse Rabe, חיורא im Ggs. zum gewöhnlichen, schwarzen Raben, אוכמא. j. Suc. III, 53ᵈ mit. עמוקה זהורית das hoch(tief) schimmernde Carmesin.

עֲמִק oder עָמִיק m., עֲמִיקְתָּא, עֲמִיקְתָא oder עֲמִיקָתָא f. ch. (=עָמֹק, עֲמוּקָה) tief; übrtr. unerforschlich. Dan. 2, 22, s. auch TW. — Genes. r. sct. 63 Anf. עמיקתא מילתא ein tief-. sinniger Ausspruch, s. כָּלָא. Taan. 23ᵇ דוכתא עמיקתא eine tiefe Stelle.

עוֹמֶק m. (=bh. עֹמֶק) die Tiefe. Trop. Pes. 54ᵇ עומק הדין die Tiefe des Gerichtes, d. h. die Vergeltung, Belohnung und Bestrafung, s. כָּסֵי, פָּכָה. Ferner übrtr. Meg. 3ᵇ ob. Josua לן בעומקה של הלכה weilte in der Tiefe (d. h. vertieft in) der Gesetzlehre; mit Ansp. auf Jos. 8, 9 (nach dem massoret. Text jedoch העם, vgl. Tosaf. z. St.). Erub. 63ᵇ הלך בעומקה של הלכה Josua wandelte in der Tiefe der Gesetzlehre; mit Ansp. auf העמק, Jos. 8, 13.

עוּמְקָא ch. 1) (syr. ܥܽܘܡܩܳܐ=עוֹמֶק) Tiefe. B. bath. 63ᵇ האי מאן דמזבן ביתא לחבריה אף על גב דכתב ליה עומקא ורומא צריך למכתב ליה דעומקא ורומא בסתמא לא קני אהני עומקא ורומא למיקנא עומקא ורומא ואהני מחתום ארעא ועד רום רקיעא רום רקיעא מאי מעמא קני לך מתהום ארעא ועד wenn Jem. למיקנא עומקא בור דרות ומחלות ein Haus verkauft, so genügt es, wenn er dem Käufer in seinem Contracte die Tiefe und die Höhe des Hauses verschrieben, sondern er muss ihm auch (wenn er ihm auch die Gräben und die Höhlen des Hauses mitverkauft) verschreiben: „Du kaufst das Grundstück von der

tiefsten Tiefe bis zur höchsten Höhe (vom Abgrund bis zum Himmel). Aus welchem Grunde? Ohne die ausdrückliche Bemerkung des Verkaufes von Tiefe und Höhe sind letztere nicht als selbstverständlich mitverkauft. (Der Verkäufer hätte dann das Recht, das mit hohem Gitter versehene Dach und ebenso die Gräben unterhalb des Hauses zu benutzen; wenn sie dasselbe nicht beschädigen.) Die Verschreibung „von Tiefe und Höhe" nützt also dem Käufer, um diese käuflich zu erwerben. Aber auch die Verschreibung „vom Abgrund bis zum Himmel" nützt ihm, damit er auch die Brunnen, Cisternen und Höhlen erwerbe. Der Ausdruck וער רום רקיעא ist freilich, da schon ורומא steht, bedeutungslos und dient blos als Schluss des Satzes. Das. 61ᵃ. 64ᵃ u. ö. Genes. r. sct. 50 g. E. סדום בעומקא הוה Sodom lag in der Tiefe, vgl. גֵּנָה. Dafür auch עֲמְקָא, s. TW. — Trop. B. mez. 117ᵇ u. ö. R. Nathan war ein Richter, ונחית לעומקא דדינא der in die Tiefe des Rechtes eindrang, vgl. דִּינָא. B. kam. 39ᵃ dass. von R. Jose bar Chanina. — 2) (von עֵמֶק nr. 2) Krümmung, Verkehrtheit, Tücke, s. TW.

עֲמְקָא, עֻמְקָא f. Hautfleck, Glanzfleck, s. TW.

עֵמֶק masc. (=bh.) eig. Tiefland, Thalgrund; sodann Emek, Name eines Ortes. j. Schebi. X, 38ᵈ un. עמק שביהודה ... שבגליל Emek in Juda, Emek in Galiläa. Das. ö. — N. gent. Kel. 26, 1 סנדל עֲמֵקי die in Emek gearbeitete Sandale. Nach Maim. z. St.: Sandale, die man im morastigen Tieflande tragen konnte. Taan. 21ᵃ un. כפר עמקי Ar. (Agg. עמיקו) das Dorf, das zu Emek gehört. Chull. 63ᵃ s. עֲמֹוק.

עֲמְקוּתָא f. Verkehrtheit, Tücke, s. TW.

עֻמְקָן m. Adj. tückisch, der Tückische. Derech erez. suta VI, s. בֹוקְדָן.

עֻמְקָנָא chald. (=עֻמְקָן) der Tückische, s. TW.

עֲמַר I (syr. ܥܡܰܪ) wohnen, sich irgendwo aufhalten, s. TW. Im Syr. hat ܥܡܰܪ (ähnlich arab. عَمَرَ colere, incolere) auch die Bedeut. arbeiten. (Ueber den Zusammenhang dieser beiden Bedeutungen vgl. Bernstein Lex. Syr. hv.) Das bh. והתעמר (Dt. 24, 7) wurde in Sifre Teze § 273 von den dort erwähnten Autoren, wie es scheint, auch syr. Sprachgebr. verschieden gedeutet. Nach einer Ansicht ist der Menschenräuber nicht eher straffällig, עד שיכניסהו לרשותו bis er den geraubten Menschen in seine (des Räubers) Besitzung gebracht hat. Nach Ansicht des R. Juda hing. עד שיכניסו

ושתמש בו לרשותו bis er ihn nicht blos in seine Besitzung gebracht, sondern sich auch von ihm hat bedienen lassen. Die Erkl. in Snh. 85ᵇ ist nicht zutreffend.

עֲמֹורָא m. Adj. (syr. ܥܳܡܽܘܪܳܐ incola) Arbeiter. j. Schabb. IX, 11ᵈ mit. und Parall. המן צורחין לפצלא טבא עמורא (so in einigen Agg., vgl. Nachmanid. Comment. zu Dt. 21, 14; s. jedoch הֲרְהֹון) dort (in Syrien) nennt man den Arbeiter: עמורא.

עִמֹור I masc. N. a. das Arbeitenlassen, Sichbedienenlassen. Snh. 85ᵇ דרך עימֹור die Art des Sichbedienenlassens.

עֲמְרָא m. die Arbeit, das Gearbeitete. Thr. r. sv. ספקו, 63ᵈ פרקמטוטא סליק לובנא עמריא ein Händler (πραγματευτής) ging nach Jerusalem, um seine Arbeit zu verkaufen. Exod. r. sct. 52 g. E. steht dafür: למכור את שלי seine Waare zu verkaufen. (Syr. ܥܡܪܐ nach Cast.: habitatio.)

עֹמֶר m. (=bh.) Garbe. Grndw. עם, s. עָמַם häufen, zusammentragen; dah. eig. gehäuftes Getreide. Pea 4, 3 fg. עומר השכחה die auf dem Felde vergessene Garbe, die den Armen gehört. — Insbes. Omer, die Garbe, die am 16. Tage des Monats Nisan nach dem Tempelritus hin- und hergeschwungen wurde. Men. 6, 1. 2 fg. מצות העומר להביא מן הקרוב וכ׳ nach dem eigentlichen Gebote des Omer sollte man es aus der Nähe Jerusalems darbringen; war jedoch das Getreide da noch nicht reif, so brachte man es auch von anderen Orten. Tosef. Dem. I g. E. u. ö., vgl. עֲצָרֶת. — Pl. Pea 4, 7 u. ö. עֹומְרִין Garben.

עֹמֶר ch. (=עֹומֶר) Garbe, Omer, s. TW.

עָמַר Pi. (=bh., denom. von עֹמֶר) Getreide zusammentragen, zum Haufen machen. Pea 5, 8 המעמר לכובעות ... המעמר לגדיש wenn Jem. Getreide häuft, um Schober daraus zu machen; wenn er es zur Scheuer häuft, vgl. auch הֲגְדָרָה. Ukz. 2, 5 בצלים שעמרן Ar. sv. אמן 4 (Agg. שחמרן) Zwiebeln, die zu Haufen aufgeschüttet hat. Ber. 58ᵃ wie viel Mühe hatte Adam, bevor er Brot bekam! Er pflügte, וקצר ועמר erntete, machte Getreidehaufen u. s. w. j. Ber. IX, 13ᵒ ob. עימור dass. Schabb. 73ᵃ. j. Pea IV, 18ᵈ mit. u. ö.

עֲמַר ch. Pa. (=עָמַר) Getreide häufen, s. TW.

עִמֹור II m. N. a. das Zusammentragen, Häufen des Getreides. Pea 4, 6 אין השכחה אלא בשעת העמור das Vergessen (d. h. die vergessene Garbe, die den Armen ge-

hört, Dt. 24, 19) findet blos beim Zusammentragen der Garben statt. Sifre Teze § 282 dass.
Schabb. 73ᵇ אין עימור אלא בגדולי קרקע das
Häufen findet blos bei Erdgewächsen statt;
davon ist z. B. das Häufen des Salzes aus dem
Schachte ausgeschlossen. j. Schabb. VII, 10ᵃ
mit.

עָמִיר m. (=bh.) eig. Part. pass. Schwade,
Haufen gefallener Halme; gew. als Collect.
Aehren, Stoppeln. Schabb. 7, 4 (76ᵃ) עמיר
כמלא פי טלה Aehren soviel, wie ein Lamm in
seinem Maul tragen kann. Tosef. Dem. I mit.
כך רכך עמיר תהא מוטל לפניה so und so viel
Aehren sollst du dem Vieh vorlegen. Sifra Kedoschim Par. 1 cap. 3 הנה הבואה בקשה חלתן
בעמיר תמרים במכברות überlasse den Armen
(Lev. 19, 10) das Getreide an seinen Halmen,
das Fönnkraut an den Aehren, die Datteln an
den Kämmen, d. h. im Naturzustande. j. Pea
IV Anf., 18ᵃ dass. j. B. bath. V Anf., 15ᵃ זרע
לעמיר er säete das Fönnkraut, um es zu
häufen.

עֲמִירָא ch. (syr. ‎ oder ‎=עֲמִיר)
Häufen der Aehren, Stoppeln, s. TW.

עֲמַר II עַמְרָא masc. (syr. ‎=hbr.
צֶמֶר mit Wechsel von צ und ע) Wolle. Dan.
7, 9; s. auch TW. — B. bath. 74ᵃ u. ö. גבבא
דעמרא ein Bündel Wolle. Uebrtr. Chag. 15ᵇ
כל עמר דנחת ליורה וכ' jede Wolle, die in den
Kessel kommt, s. יורה. j. Kidd. III, 64ᵉ un.
עמרא גופנא Baumwolle, bildl. s. גיזר.

עַמְרָאָה m. Adj. der Wollhändler. Pl.
B. bath. 22ᵃ הנהו עמוראי דאייתו עמרא jene
Wollhändler, welche Wolle brachten u. s. w.

עַמְרָנִיתָא f. (=עִירְנִיתָא s. d.) wollförmiger Bast. Schabb. 20ᵇ wird פתילת האידן erklärt: עמרניתא דביני וביני wollförmiger Bast,
der unterhalb der Cederrinde angetroffen wird
und den man zu Dochten verwendet.

עַמְתָן (=חַמְתָּה nr. 2, ח und ע verw.) Amthan = Chamtha, Name eines Ortes, nach seinen Thermen so benannt. j. M. kat. III, 82ᵃ
mit. אחד מעכותן ein Gelehrtenpaar aus Amthan.
j. Schebi. IX, 38ᵈ un. עמתו, l. עמתן dass.

עֲנָא f. (syr. ‎=hbr. צאן; Stw. עון, vgl.
עֵאן) Kleinvieh, d. i. Schafe und Ziegen;
bes. Schafvieh, immer collect., grex ovium, s.
TW. — Thr. r. sv. טומאחה, 56ᵉ חד בעגא Einer
der Söhne ist in der Schäferei beschäftigt, vgl.
בְּקְרְיתָא.

עֲנַב mittelst einer Schleife od. Schlinge
schnüren, verw. mit bh. עָנַד, arab. ‎, eig.
biegen, dah. umbinden, Grndw. עד. j. Erub. X

g. E., 26ᵉ un. עונב מלמטה man schnürt die ge-
rissene Saite einer Harfe von unten zusammen.
Pes. 11ᵃ den Strick eines Eimers, der am Sabbat zerrissen wurde, לא יהא קושרו אלא עונבו
darf man nicht zusammenknüpfen, sondern blos
mittelst einer Schleife schnüren. R. Juda sagte:
Man umwickele ihn mit einem Gurt u. dgl.,
ובלבד שלא יעגבנו darf ihn jedoch nicht schuu-
ren. Schabb. 113ᵃ. j. Jeb. XII, 13ᵉ mit. Men.
38ᵇ fg. Part. pass. Tosef. Kel. B. mez. V mit.
קשורין ועונב geknüpft und geschnürt.

עֲנַב ch. (=עָנַב) mittelst einer Schlinge,
Schleife schnüren, s. TW. — Ithpe. geschnürt werden. Men. 38ᵇ אלימי דלא מיענבי
ואי הדו קטירי מיעגבי מאי wie verhält es sich
bei Fäden, die, weil sie stark sind, nicht zu-
sammengeschnürt werden können, die aber, wenn
sie dünn wären, geschnürt werden könnten?
Suc. 33ᵇ ליעגבוה מיעגב möge der Palmzweig,
dessen Band aufgelöst ist, mittelst einer Schleife
geschnürt werden!

עֲנִיבָה f. N. a. das Zusammenschlingen
mittelst einer Schleife, Schnüren. Pes.
11ᵃ, Ggs. קשירה: das Knüpfen. Schabb.
111ᵇ. 113ᵃ dass. Suc. 33ᵇ R. Juda sagte: עניבה
קשירה מעלייתא היא das Zusammenschlingen
ist wie ein förmliches Knüpfen anzusehen. —
j. Schebu. III, 34ᵈ mit. עניבה דפילא wahrsch.
crmp.; in der Parall. steht ארכובא דיעלא, s. d.

עֲנוּבָא od. עֲנוֹבָא m. Schleife, Schlinge,
s. TW.

עֵנָב, עֵינָב m. (=bh. עֵנָב, arab. ‎)
1) Weintraube, Stw. vrg. עֲנַב eig. zusammen-
hängende Weinbeeren, gleichsam Beerenbündel;
ähnlich כגולא, s. d.: Traubenkamm. j.
Ned. XI g. E., 42ᵈ קונם האינה שאני טועמת
וערד ענב ich gelobe, keine Feige. und später
(nach 30 Tagen) auch keine Traube zu essen.
— Pl. Genes. r. sct. 19, 19ᵇ כתמה ענבים ונתנה לו
Eva presste Trauben und gab dem Adam den
Wein derselben zu trinken; es wäre näml.
denkbar, dass Adam die Frucht selbst, deren
Genuss Gott ihm verboten hatte, gegessen hätte.
Snh. 99ᵃ יין המשומר בענביו מששת ימי בראשית
der Wein, der von den ersten Schöpfungstagen
an in den Trauben für die Frommen im zukünftigen Leben aufbewahrt ist. Pes. 49ᵃ ענבי
גמו Weinbeeren, bildl. für die Nachkommen
der Gelehrten, s. מָשָׁל. — Uebrtr. Suc. 3, 2
(32ᵇ) ענביו מרובין מעליו wenn die Beeren
(einer Myrte) mehr sind, als die Blätter. —
2) Augenbeere, d. h. ein Fehler im Auge,
innerhalb der Hornhaut, σταφύλωμα, von στα-
φυλή. Bech. 38ᵃᵇ ענב Ar. (Agg. crmp. עצב).
Sifra Emor cap. 2 Par. 3 עינו (ב in ר verw.;
Rabad liest עצב), vgl. נָחָם nr. 3 (wos. jedoch

Bech. 38 anst. 45 zu lesen ist). Tosef. Bech. IV
אינב, ע in א verw.

עִנְבָּא ch. (=עֵנָב) Weintraube. Pl. עִנְבִּין,
עִנְבַיָא (syr. ‎ﬡﬧﬨﬠ‎), s. TW. — Ned. 62ª הוו
גנבי ליה עינביה כולא שתא וכו' jenem Manne
stahl man das ganze Jahr hindurch seine Weintrauben u. s. w.

עֵנָה ,עֵנְבָה fem. (arab. ‎عِنَبَة‎) 1) Weinbeere. Keth. 111ᵇ in der zukünftigen Welt אין לך
כל ענבה וענבה שאין בה שלשים גרבי יין wird es
keine einzige Weinbeere geben, die nicht 30
Fass Wein enthielte. j. Nas. VI, 55ª un. ענבה
אחת eine Weinbeere. — Pl. Das. שתי ענבות
zwei Weinbeeren. — 2) Getreidekorn. j.
Snh. II, 20ᵇ un. ענבה שלהן das Korn der Linsen, vgl. עֲרָשָׂה. Ruth r. sv. הוא היה, 40ᵇ
עובבן dass. Pea 6, 7 ענבה של שעורים (Var.
ענוה, ב in ר verw.) ein Gerstenkorn. Das. 1, 2
לפי רוב העינבה (העינבה) nach der Grösse, Stärke
der Körner.

עִינְבְתָא ch. (syr. ‎ﬠﬨﬤﬕﬠ‎=עֵנְבָה) Weinbeere;
übrtr. (=עֵנָב nr. 2) Augenbeere. Ab. sar. 28ª
האי עיבבא פרוונקא דמיתותא Ar. (Agg. דמלאכא
דמותא) die Augenbeere ist der Vorbote des
Todes. Das. אדהכי ורהכי ליתי עיבבתא בת מינא
וכו' währenddess (bevor man das dort vorgeschriebene Heilmittel beschafft) bringe man eine
Weinbeere von derselben Grösse und derselben
Farbe der Augenbeere, rolle sie über letztere
u. s. w.

עֶנְבּוֹל m. (gr. ἔμβολον) eig. was man hin-
einschiebt, dah. Klöppel in der Schelle.
Kel. 14, 4 הענבול והציגורא Ar. (Agg. הענבל)
der Klöppel und der Haken. Par. 12, 8 הזוג
והענבול die Schelle und der Klöppel. — Pl.
Schabb. 58ᵇ ניטלו עינבוליהן wenn die Klöppel
der Schellen abgenommen wurden. Seb. 88ᵇ s.
אנבול.

עָנַן zurückhalten, zurückziehen; ähnlich arab. ‎عَنَع‎. Part. pass. B. kam. 80ª העצווגה
Ar.: das zurückgehaltene Thier, vgl. עֲנָן.
Pi. עִנֵּג 1) (=bh.) weich, geschmeidig
machen. Tosef. Maas. scheni II Anf. מעננת
שערה בשערה die Israelitin darf ihr Haar durch
das der Priestertochter (welches letztere mit
Fönnkraut der Teruma eingereibt hat) geschmeidig machen, d. h. durch die Berührung anfeuchten und geschmeidig machen. —
2) vergnügtes Leben führen. Schabb.
118ᵃᵇ המעגג את השבת וכו' wer den Sabbat
vergnügt begeht u. s. w. Das. במה מעגנו
וכו'. womit begeht er den Sabbat vergnügt?
Mit wohlschmeckenden Speisen u. dgl. Pesik.
r. sct. 27, 47ᵃᵇ die Gelehrten, welche die ganze

Woche hindurch mit dem Gesetzstudium be-
schäftigt sind, ובשבת הם באים ומענגים וכ' am
Sabbat aber ein vergnügtes Leben führen u. s. w.
Das. ö.

עֵנֵג ch. Pa. עַנֵּג (=Pi. nr. 2) vergnügt
leben, sich ergötzen. Taan. 25ª ich werde
dir im zukünftigen Leben 13 Balsamflüsse verleihen, דמעננת בהו woran du dich laben wirst.

עוֹנֶג m. (=bh. עֹנֶג) Vergnügen, Wohlleben. Schabb. 118ᵇ ענוג שבת das Wohlleben
am Sabbat.

עִנּוּג masc. N. a. 1) das Moduliren der
Stimme, weicher Gesang. Cant. r. sv. נפח,
23ᵈ הקורא מקרא בעינוגו wer einen Bibelvers
mit seiner Modulation liest u. s. w., vgl. ניגון.
— 2) Vergnügliches. Khl. r. sv. בכסהי, 75ᵈ
„Die Vergnügungen" (Khl. 2, 8), אלו האגדות שהן
מקרא das sind die Agadoth, welche
das Vergnügliche der Bibel bilden. Das. 76ª
ענוגן של ישראל das Vergnügtleben Israels.

עָנִיו m. Adj. (=bh. עָנָו, Keri עָנָיו) Stw. עני
s. d. — Die Form ist wie כָּתוּ (סָתוּ) demüthig, sanftmüthig, eig. sich beugend. Ber. 6ᵇ
אי עניו אי חסיר wehe, wo ist der Demuthsvolle,
wo der Fromme, der da gestorben ist! Sot. 48ᵇ
עניו Kidd. 71ª u. ö. — Pl. j. Taan.
III, 66ᵉ mit. עושה את הבריות ענוים dass. ענן
שהוא עושה die Wolke heisst ענן weil sie, infolge
אלו לאלו der Billigkeit der Nahrungsmittel, die Menschen
gegenseitig sanftmüthig macht. Genes. r. sct.
13, 14ᵉ dass.

עֲנָוָה f. (=bh.) Demuth, Sanftmuth. Sot.
49ª in der Mischna משמת רבי בטלה ענוה
וויראת חטא als Rabbi starb, hörte die Demuth und die Sündenscheu auf. Das. 49ᵇ R.
Josef sagte zu demjenigen, der diese Mischna
vorgetragen: לא תיתני ענוה דאיכא אנא sage
nicht: Demuth (habe aufgehört), denn ich bin
noch da. Arach. 16ᵇ ענוה גדולה מכולם die Demuth übertrifft alle guten Eigenschaften. Das.
ענוה שלא לשמה die Demuth, die nicht um
ihrer selbst willen ausgeübt wird; wenn Jem.
z. B. die Zurechtweisung unterlässt, um seinen
nicht zu beschämen. j. Taan. III, 66ᵈ un. Choni's Gebet um Regen wurde anfänglich nicht
erhört, שלא בא בענוה weil er es nicht mit
Demuth verrichtet hatte. — Ferner ענוה=
ענבה s. d.

עֲנָוְתָא oder עֲנְוָתָא fem. Lage, Schichte,
s. TW.

עַנְוָן ,עִינְוָן ,עֲנָוָן m. Adj. (syr. ‎ﬡﬢﬠ‎=עָנָיו)
der Demüthige, Sanftmüthige. j. Kil. IX,
32ᵈ mit. רבי היה רבי Rabbi war sehr demüthig. j. Keth. XII, 33ª mit. dass. Genes. r.
sct. 33, 32ª steht dafür ענותן. j. Snh. VI, 23ᵉ

un. Simon ben Schetach עינון דור סגי war sehr demüthig. Das. X, 28° mit. u. ö.

עִנְוְתָן *m.* Adj. (=עִנְיָן) der Demüthige, Sanftmüthige. Snh. 88ᵇ איזהו בן עולם הבא עינותן ושפל ברך wer ist der zukünftigen Welt theilhaftig? Der Demüthige und Gebeugte. Schabb. 30ᵇ לעולם יהא אדם ענוותן כהלל ולא קפדן כשמאי der Mensch sei stets sanftmüthig wie Hillel, aber nicht aufbrausend wie Schammai. — Pl. B. mez. 84ᵇ un. Rabbi sagte: שלשה עִנְוְתָנִין הן ואלו הן אבא ובני בתירא ויונתן בן שאול drei Demuthsvolle gab es, näml. meinen Vater, die Aeltesten Betheras (Hillel gegenüber) und Jonathan, Sohn Saul's. Snh. 11ᵇ ob. מאי איכא בין תקיפאי קדמאי לעינותני בתראי welch' ein Unterschied ist doch zwischen den früheren Gewaltigen und den späteren Demuthsvollen! d. h. Erstere benahmen sich oft, trotz ihres herrischen Wesens, weit bescheidener, als die Letzteren bei all ihrer Demuth; s. auch den nächstflg. Art.

עִנְוְתָנוּת *f.* (=עֲנָוָה) Demuth, Sanftmuth, Bescheidenheit. Meg. 31ᵃ כל מקום שאתה מוצא גבורתו של הקב"ה שם אתה מוצא ענותנותו 'וכ an allen Schriftstellen, wo du Gottes Macht, Erhabenheit findest, findest du auch seine Sanftmuth; mit Bez. auf Dt. 10, 17. 18 u. m. Ber. 16ᵇ, s. מִדָּה S. 26ᵇ. Snh. 19ᵇ. 20ᵃ fg. Git. 56ᵃ ענותנותו של ר' זכריה בן אבקולוס החריבה את ביתנו 'וכ die Sanftmuth 'des R. Secharja ben Eukolos (d. h. sein schwankendes, seine Nachgiebigkeit) hatte die Tempelzerstörung u. s. w. zur Folge. Tosef. Schabb. XVI (XVII) dass. Genes. r. sct. 74, 73ᵇ קפדנותו של אבות ולא ענותנותו של בנים das Aufbrausen der Vorvordern war weit sanfter, als die Demuth der Späteren. „Jakobs Zorn entbrannte gegen Laban und er haderte mit ihm" (Gen. 31, 36 fg.). Aber er brachte nichts Anderes vor, als dass er seine eigne Unschuld darlegte: „Was fandest du beim Durchsuchen meiner Geräthe" u. s. w.? Wie ganz anders hing. David, indem er zu Jonathan sagte: „Was ist meine Schuld, dass dein Vater mir nach dem Leben trachtet"? (1 Sm. 20, 2 fg.) Er warf ihm also das Ansinnnen des Mordes vor. Schabb. 31ᵃ ענותנותו של הלל die Sanftmuth Hillel's. Num. r. sct. 21, 243ᵈ. Khl. r. sv. רוח אם, 93ᵈ u. ö.

עִנְוְתָנוּתָא *ch.* (syr. ܥ݂ܢܘܬܢܘܬ݂ܐ=עִנְוְתָנוּת') Demuth, Sanftmuth. Sot. 40ᵃ ענותנותיה דר' אבהו die Demuth des R. Abahu. M. kat. 28ᵃ u. ö.

עֶנְטַב s. עִינָב.

עֲנָה ,עָנִי (=bh. Grndw. ען) Grundbedeut. ist wahrsch.: gesellig sein, ὁμιλεῖν, Umgang pflegen oder mündlich verkehren (vgl. bh.

עָנָה wohnen, s. auch עֲנָן); dah. auch 1) Jemdn. erhören, einem Bittenden oder Fragenden antworten, Jemdm. beistimmen, ferner: zurufen. — Nach Fleischer in Delitzsch' Jes. 2 A. 64 Anm. (vgl. auch Gesen. hbr. Wrtb. 8. Aufl. sv. עָנָה) bedeuten die W. ען, عَنَّ (I) עָנָה entgegen treten, dah. entgegnen; und, da aus dem Begriffe des Entgegentretens sich der des Zurückhaltens, Hemmens (vgl. عَنَّ vom Zurückhalten des Pferdes mit dem Zügel (عِنَان) ergiebt, עני nr. 2 (עָנָה II) eig. zurück-, niederhalten. — j. Sot. V, 20° ob. R. Akiba sagte: Der Vortrag des Gesanges am Schilfmeer (Ex. 15, 1 fg.) לקטן שהוא מקרא את ההלל בבית הספר ורהן עונין אחריו על כל דבר ודבר אמר משה אשירה ורהן עונין אחריו אשירה משה אמר עזי וזן אומרים עזי geschah auf dieselbe Weise, wie ein Kind das Hallel (vgl. הַלֵּל) in der Schule verliest, worauf die anderen Schulkinder ihm jeden Satz nachsprechen; Mose näml. sagte: „Ich will singen" u. s. w. (das. V. 1), worauf die Israeliten ihm den Vers: „Ich will singen" nachsagten. Mose sagte dann: „Meine Macht" u. s. w. (V. 2), worauf sie ihm den Vers: „Meine Macht" nachsagten u. s. w. fg. R. Elieser, Sohn des Galiläers R. Jose sagte: לגדול שהוא מקרא את ההלל בבית הכנסת ורהן עונין אחריו דבר ראשון משה אמר אשירה ורהן עונין אשירה עזי ורהן עונין אחריו אשירה der Vortrag jenes Gesanges war so wie ein Grosser (der Vorbeter) das Hallel in der Synagoge vorträgt, worauf die Gemeinde nach jedem Satze den ersten Satz wiederholt. Mose näml. sagte: „Ich will singen" (V. 1), worauf die Israeliten entgegneten: „Ich will singen." Mose sagte: „Meine Macht" (V. 2), worauf sie entgegneten: „Ich will singen" (V. 1) u. s. w. Tosef. Sot. VI Anf. und Sot. 30ᵇ dass. mit vielen Abänderungen. Vgl. Suc. 38ᵇ הוא אומר הללויה ורהן אומרים הללויה מכאן שמצוה לענות הללויה . . . הוא אומר אנא מכאן שאם היה קטן מקרא את עונין אחריו מה שהוא אומר der Vorbeter trägt das Hallel vor: „Haleluja" (Ps. 113, 1), worauf die Gemeinde einstimmt: „Haleluja"; er trägt ferner vor: „Preiset ihr Diener des Herrn", worauf die Gemeinde einstimmt: Haleluja: Aus diesem Brauch ist zu entnehmen, dass man immer: Haleluja einstimmen soll. Ferner trägt der Vorbeter vor: „O Herr, hilf doch!" (Ps. 118, 25), worauf die Gemeinde einstimmt: „O Herr, hilf doch!" Daraus ist zu entnehmen, dass man einem Kinde, welches das Hallel vorträgt, dieselben Worte nachspreche, was es gesagt hat u. s. w. Ber. 45ᵇ העונה אמן אחר ברכותיו וכ' Jem., der am Schluss seiner eignen Benedictionen: Amen sagt u. s. w. Das. 46ᵃ fg. M. kat. 3, 9 s. עָנוּ nr. 1.

2) unterworfen, gedrückt, gebeugt

sein; dah. leiden, arm sein. — Hif. arm werden, verarmen. Genes. r. sct. 20, 21ᵇ הֶעֱנִי אינה יורדת עמו wenn der Mann arm geworden, so sinkt seine Ehefrau nicht mit ihm, vgl. עָלָה, עלי. Ber. 33ᵃ הֶעֱנוּ . . . . הֶעֱשִׁירוּ sie wurden reich, sie wurden arm. Meïl. 17ᵃ die römische Regierung verbot eine den Juden, ihre Gesetze zu befolgen. R. Ruben, sich den Anschein gebend, als ob er einer der Senatoren wäre, sagte zu den Räthen: מי שׁשׁ לו אויב wünscht wohl Jem., dass sein Feind arm, oder dass er reich werde? Sie antworteten: dass er arm werde. Nun, versetzte jener, so mögen doch die Juden am Sabbat nicht arbeiten, damit sie verarmen; mögen sie sich auch beschneiden lassen, damit sie schwach werden u. s. w.

Nif. 1) anstimmen, einen Ausspruch thun; eig. zur Antwort veranlasst werden, erhört werden. Kidd. 40ᵇ נֶעֱנָה ר' טרפון ואמר מעשה גדול R. Tarpon that den Ausspruch: Eine gute Handlung ist verdienstvoller, als das Gesetzstudium. Das. נֶעֱנוּ כולם . . . נֶעֱנָה ר' עקיבה ואמרו לימוד גדול וכ' R. Akiba jedoch, sowie alle Gelehrten stimmten überein und sagten: Das Gesetzstudium ist verdienstvoller u. s. w., vgl. לָמוּד nr. 4. Sifre Ekeb § 41 u. ö. Schabb. 30ᵃ ואמר כמה תפלות והחנונים לפניו ולא נֶעֱנָה וכשׁאמר זכור וג' מיד נֶעֱנָה und hat vor ihm so viel gebetet und gefleht (die Sünde Israel's zu verzeihen), ohne erhört zu werden; als er jedoch gesagt hat: „Sei eingedenk Abraham's, Isaak's und Jakob's" (Ex. 32, 13), so wurde er sofort erhört. — 2) sich demüthigen, sich beugen. Ber. 28ᵃ נֶעֱנֵיתִי לך מחול לי verzeihe mir! Auch von Verstorbenen. Jom. 22ᵇ נֶעֱנֵיתִי לכם עצמות שׁאול בן קישׁ ich demüthige mich vor euch, ihr Gebeine Saul's, des Sohnes Kisch. Tosef. Ahil. V g E. נֶעֱנֵיתִי לכם עצמות בית שׁמאי ich demüthige mich vor euch, ihr Gebeine der Schule Schammai's. — Uebtr. j. Dem. II, 23ᵃ ob. הוא נֶעֱנָה לחבורה ובני ביתו וכ' er (derjenige, der sich der Gelehrtengenossenschaft, חברים, s. d., anschliessen will) muss sich dem Genossenbunde unterwerfen (d. h. alle Verpflichtungen der Genossen übernehmen); seine Kinder und seine Hausleute hing. unterwerfen sich blos nur; d. h. bei ihnen ist die Erklärung des Beitritts zum Genossenbunde unnöthig. Das. R. Chalafta sagte: נעניך גדולים die erwachsenen Kinder לחבולדה קטנים וכ' müssen sich dem Bunde unterwerfen, die kleinen hing. unterwerfen sich ihm.

Pi. עִנָּה 1) ein Lied anstimmen. M. kat. 3, 9, s. עָנוּ nr. 1. — 2) quälen, beugen. Snh. 35ᵃ wenn man den Verbrecher einen Tag nachdem sein Todesurtheil gefällt wurde, tödten sollte, נמצא אתה מענה את דינו וכ' so würdest du ihn umsonst (eig. sein Recht) quälen. Das.

אין מענין את דינו של זה אלא ממיחין אותו 89ᵃ מיד man quält, schiebt nicht die Gerichtsvollstreckung dieses Verurtheilten auf (d. h. eines widerspenstigen Gesetzlehrers, זקן ממרא; nach einer Ansicht näml. wartet man mit der Vollziehung einer solchen Todesstrafe bis zum Feste. רגל s. d. damit eine grosse Volksmasse der Hinrichtung zugegen sei); sondern man tödtet ihn sofort, d. h. bald nach der Verurtheilung. Part. Pual Jeb. 48ᵇ מפני מה גרים בזמן הזה מעונין ויסורין באין עליהם וכ' weshalb sind die Proselyten in unserer Zeit gedrückt und mit Schmerzen behaftet? Weil sie nicht die noachidischen Gesetze befolgen u. s. w.

עֲנָה, עֲנָא ,עֲנֵי ch. (עָנָה) 1) erhören, antworten, anheben zu reden. Dan. 2, 7. 10. 3, 14 fg. — Snh. 26ᵇ עני מרי וכ' antworte mir, mein Herr! d. h. dein Lehrsatz leuchtet nicht ein, denn u. s. w. B. kam. 49ᵇ u. ö. dass. — 2) arm, demüthig sein, werden, leiden. Dan. 4, 24, s. auch TW. — Ithpe. (=Nif.) 1) verarmen. Taan. 23ᵇ un. אמר ליענו ואיענו er sagte: Sie mögen arm werden! und sie wurden arm. — 2) sich in die Länge ziehen, säumen. Num. r. sct. 9, 201ᵈ חד זמן איענו אירבני וכ' eines Tages zog sich der Vortrag lange hin, vgl. דרושׁא. j. Bic. III, 65ᵇ un. חד זמן עני מיסק (wahrsch. אירבני zu lesen) eines Tages versäumte er (Juda bar Chija) zu kommen. (Keth. 62ᵇ steht dafür: משׁכתיה שׁמעתא sein Studium hielt ihn zurück). = 3) Ausleerung haben; ähnlich arab. عَنَّ Conj. V. j. Schebi. III, 34ᵇ un. ההן דאזיל ליה לצורכה ולא מתעני wenn Jem. מתעני יזול מן אתר לאתר ודהא מתעני geht, um seine Nothdurft zu verrichten, kann aber keine Ausleerung haben, so gehe er hin und her, wodurch er Ausleerung haben wird. Sollte viell. מתפני zu lesen sein? Schabb. 82ᵃ steht dafür פָּנָה הוצרך לפנות.

עֲנִי m. Adj. (=bh., syn. mit עָנָו, עָנָיו; im bib. Hbr. hat das Keth. öfter עניים st. (ענוים eig. gebeugt, gedemüthigt, dah. arm, leidend. Pes. 64ᵇ עני חשׁוב כמת der Arme ist dem Todten ähnlich. Das. 41ᵃ אין עני אלא בדעה arm ist nur derjenige, der arm an Wissen ist. Pes. 118ᵃ Gott bestraft עשׁיר בשׁורו den Reichen mit seinem Ochsen, den עני בשׂיו Armen mit seinem Lamm; d. h. die Strafe entspricht den Vermögensverhältnissen der Sünder, vgl. רֶחָם. Levit. s. sct. 34, 178ᵇ u. ö., s. רֶגֶן. Pl. Aboth 1, 5 ויהיו עֲנִיִּים בני ביתך die Armen sollen deine Hausgenossen sein; d. h. behandle sie nicht geringschätzig, weil du sie ernährst; oder: Anstatt dir Sklaven zur Bedienung anzuschaffen, nimm Arme in dein Haus auf, die dir auch einige Dienste verrichten könnten. B. mez. 71ᵃ עֲנִיֶיךָ ועניי עירך עניי עירך קודמין וכ'

עִיר אחרת עַנְיֵי עירך קודמין wenn deine (mit dir verwandten) Armen und die Armen deiner Stadt ein Darlehn verlangen, so sind die Ersteren vorzuziehen; unter den Armen deiner Stadt und denen einer fremden Stadt sind die Ersteren vorzuziehen; mit Bez. auf Ex. 22, 24. — *Fem.* j. Keth. IX, 33ᵃ ob. אותה הַעֲנָייָה jene Arme. Keth. 62ᵇ u. ö. Auch von Thieren. Genes. r. sct. 60, 58ᵈ u. ö. אותה העניה jene Arme, d. h. die hungernde Eselin.

עַנְיָא od. **עֲנִי** *ch.* (=עָנִי; über die Vocalisation s. TW.) Armer, Leidender. Schabb. 155ᵇ לית דעניא מכלבא es giebt keinen Aermeren als den Hund, s. חֲזִירָא. Meg. 7ᵇ vgl. פְּרִין. — Pl. B. mez. 83ᵃ עֲנִיֵי אֲנַן וכ' wir sind arme Leute. B. bath. 8ᵇ u. ö.

עֹנִי, עֳנִי *m.* (=bh. עֹנִי) Armuth, Dürftigkeit, Elend. Aboth 4, 9 כל המקיים את התורה מֵעֹנִי סוֹפוֹ לקיימה מֵעוֹשֶׁר וכ' wer die Gesetzlehre in Armuth erfüllt, wird sie später im Wohlstande erfüllen; wer sie aber im Wohlstand vernachlässigt, wird sie später in Armuth vernachlässigen. Pes. 115ᵇ. 116ᵇ לחם עֹנִי שעונין עליו דברים das ungesäuerte Brot heisst deshalb עֹנִי (Dt. 16, 3), weil man bei dessen Genuss am Pesachabend Worte (näml. die Erzählung von der Befreiung aus Egypten, vgl. אֲנָדָה) anstimmt, also von עָנָה nr. 1; eine agadische Deutung. Das. mehrere Deutungen, s. TW. hv.

עִיּוּי, עִנּוּי *m.* N. a. 1) (von עָנָה nr. 1) Anstimmung eines Klageliedes. M. kat. 3, 9 איזהו עינוי עונות שכולן עונות באחת קינה אחת (28ᵇ) עינוי was bedeutet מדברת וכולן עונות אחריה? Ein Klagelied, das mehrere Frauen gleichzeitig anstimmen. Was bedeutet קינה? Ein Klagelied, das blos eine Frau anstimmt und die anderen einstimmen. Derselbe Unterschied wird das. auch im Gebrauch des Verbi gemacht: מענות bedeutet: sie heben gleichzeitig ein Klagelied an; מקוננות: eine Frau hebt das Klagelied an und die anderen stimmen ein. — 2) (von עָנָה nr. 2) das Quälen, Kasteien. Aboth 5, 8 עינוי הדין das Quälen beim Gerichte; wenn näml. der Gerichtshof die Verkündigung des Urtels (oder die Bestrafung des Verbrechers) auf unnöthige Weise verschiebt. j. Ned. XI Anf. 42ᶜ נדרי עינוי נפש Gelübde der Kasteiung des Leibes. Jom. 74ᵇ עינוי רעבון Kasteiung durch Hunger. Mechil. Mischpat. Par. 18 (mit Bez. auf ענה תענה, Ex. 22, 22) אחד עינוי מרובה ואחד עינוי מועט sowohl eine grössere, als auch eine kleinere Quälerei ist straffällig. — Pl. Jom. 76ᵃ חמשה עינויין die fünf Arten von Kasteiungen, die am Versöhnungstag anbefohlen sind, näml. 1) Essen und Trinken; 2) Waschen; 3) Salben; 4) Beschuhung und 5) ehelicher Umgang. j. Jom. VIII, 44ᵈ ob. ולמה ששה דברים כנגד ששה עינויין האמורים בפרשה והא ליתנון אלא חמשה אמר

ר' תנחומא ואחד מורכף (das W. ברהיצה gehört zum nachflg. Satz) warum sechs Arten von Kasteiungen? (Die j. Gem. zählt näml. Essen und Trinken für zwei.) Den sechs Ausdrücken vom Kasteien entsprechend, die in den betreffenden Bibelstellen erwähnt sind (näml. Lev. 16, 29. 31. 23, 27. 32 und Num. 29, 7). Worauf entgegnet wurde: Hier stehen ja blos fünf Gebote (näml. ועניתם und הענו)! R. Tanchuma erwiderte: Das eine (näml. אשר לא תעכה, Lev. 23, 29) ist, obgleich es nicht ein ausdrückliches Gebot des Fastens besagt, dennoch als eine Hinzufügung anzusehen.

עֲנוּיָא *chald.* (syr. ‎ⲗⲟⲟ⳱=עִנּוּי) 1) Anstimmung eines Klageliedes, Wehklage. — 2) Qual, Leid, Elend, s. TW.

עֲנִייָה *f.* N. a. (=עִנּוּי nr. 1) das Anstimmen. j. Bic. III g. E., 65ᵈ un. אין עֲנִייָה אלא מפי אחד „das Anstimmen" (des Dankgebetes beim Darbringen der Erstlingsfrüchte, Dt. 26, 5 וענית) erfolgt blos aus dem Munde eines Einzelnen.

עֲנִייָתָא *chald.* (=עֲנִייָה) die Anstimmung eines Klageliedes, s. TW.

עֲנִיּוּת *f.* Armuth, Elend. Git. 7ᵇ סימני עניות die Kennzeichen der Armuth. Schabb. 33ᵃ, s. בַּעַבּוּר. Uebrtr. das. 102ᵇ אין עניות במקום עשירות Sparsamkeit wird bei Grossartigkeit nicht angewandt. j. Kidd. III, 64ᵇ ob. בעֲנִיּוּתִינו bei unserem mangelhaften Wissen bedarf es (eine zur Leviratsehe Verpflichtete, die sich anderweit verheirathet hat, וּ͏יבמה לשוק von ihrem Manne (trotzdem, dass R. Akiba eine solche Ehe für ungiltig hält, vgl. הֲנָיָה) zweifelshalber eines Scheidebriefes. Jeb. 92ᵇ u. ö., dass. Exod. r. sct. 31, 130ᵇ קשה העֲנִיּוּת מכל היסורין die Armuth ist härter, als alle körperlichen Schmerzen. Das. Gott sagt zu dem Wucherer: לא דיו עֲנִיּוּתוֹ אלא שאתה נוטל הימנו ריבית hat denn der Arme nicht genug an seiner Armuth zu leiden, dass du ihm auch noch Zinsen abnimmst! Ned. 7ᵇ u. ö. Kidd. 49ᵇ עשרה קבים עֲנִיּוּת ירדו לעולם וכ' 10 Kab (Masse) Armuth kamen in die Welt, neun Masse nahm Babel und ein Mass die übrige Welt. Trop. Das. עֲנִיּוּת התורה die Armuth an Gelehrsamkeit. Esth. r. Anf., 99ᵃ „Gott wird dich nach Egypten zurückführen באניות" (Dt. 28, 68), d. i. בעֲנִיּוּת ממעשים טובים infolge Armuth an tugendhaften Handlungen.

עֲנִיּוּתָא *ch.* (=עֲנִיּוּת) Armuth, Elend. B. kam. 92ᵃ בתר עניא אזלא עֲנִיּוּתָא den Armen verfolgt die Armuth. Chull. 105ᵇ u. ö. dass. auf verschiedene Weisen angewandt; vgl. auch נָקִיד. Schabb. 140ᵇ u. ö.

עֲנִייָתָא *f. ch.* (=עֹנָה, עוּנְתָא) Zeit, pas-

sende Gelegenheit. j. Sot. I, 16ᵈ un. הא
עינייך תיעלין לביתיך nun ist für dich die pas-
sende Gelegenheit, dass du nach deinem Hause
zurückkehren kannst, d. h. von deinem Manne
wieder aufgenommen zu werden. Num. r. sct. 9,
201ᵈ steht dafür הא עכתיך; vgl. דָּרוֹשָׁא und
לְחַם.

עִנְיָן masc. (=bh. von עני nr. 2) eig. das,
woran man sich abmüht; daher Beschäftigung, Angelegenheit, Verhandlung.
Kidd. 6ᵃ עסוקין באותו ענין sie unterhalten sich
von dieser Angelegenheit (der Trauung oder
Scheidung). B. bath. 114ᵃ כל זמן שעסוקין
באותו ענין so lange die Richter sich mit dieser Verhandlung beschäftigen; vgl. auch כְּדוֹם.
Snh. 86ᵃ דבר הלמד מעניינו eine Lehre, die aus
dem Inhalte zu entnehmen ist, vgl. מִדָּה, לָמַד
u. v. a. Tosef. Meg. IV (III) ענין הפסח die
Angelegenheit (d. h. die gesetzliche Vorschrift)
des Pesach. j. R. hasch. I g. E., 57ᶜ u. ö. אם
אינו ענין ללילה תנהו ענין ליום wenn dieser
Lehrsatz auf die Nacht nicht passt, so verwende
ihn auf den Tag. — Pl. j. Schabb. XVI, 15ᶜ
mit. ברכות שכתוב בהן עניינות הרבה מן התורה
Benedictionen, in welchen viele Sätze aus der
Bibel stehen. j. Maas. scheni IV, 55ᵃ un. כשהפליגו
דעתן לעניינות אחרים als sie ihre Gedanken auf
andere Dinge richteten. j. Git. VI Anf., 47ᵈ
dass.

עִנְיָנָא ch. (syr. ܥܶܢܝܳܢܳܐ=עִנְיָן) Beschäftigung, Verhandlung. Ned. 51ᵃ עיבר כי עניינא
קדמאה verfahre dabei, wie bei der ersten Angelegenheit. B. bath. 9ᵃ הנכו בי תרי טבחי
דעבדי עניינא בהדי הדדי דכל וכ' jene zwei Fleischer, welche die Verabredung mit einander getroffen haben, dass jeder u. s. w. Das. 114ᵇ
סליקו מעניינא לעניינא sie gingen von der einen
Verhandlung zur andern über.

עֲנִינֵי Injani, N. pr. Khl. r. sv. את הכל
79ᵃ עניני בר נחשון Injani bar Nachschon, dem
es nicht gelungen war, das Geheimniss des
Tetragramms zu erlernen. j. Jom. III, 40ᵈ un.
steht dafür אניייר.

עָנַן, Pi. עִנֵּן (=bh.) denom. von עָנָן Gewölk
sammeln, zusammenziehen. Part. pass.
Jom. 28ᵇ יום המעוּנָּן ein umwölkter Tag.
Snh. 34ᵇ u. ö. — Po. עוֹנֵן s. עוּן.

עֲנַן ch., Pa. עֲנִין od. עַנַּין Zauberei treiben, viell. den Wolkenzug beobachten
und danach weissagen, s. TW.

עִיבּוּן masc. N. a. Wahrsagen durch Beobachtung des Wolkenzuges. j. Snh. VII,
24ᶜ ob. j. Schabb. VII, 9ᶜ un., s. נִיחוּשׁ.

עָנָן m. (=bh., arab. عَنَان, eig. das dem zum
Himmel Blickenden Entgegentretende, vgl. עני,

dah.) Wolke. Trop. Cant. r. sv. שמאלו, 14ᵃ
ענן שכינה die Wolke der Gottheit. — Pl.
Genes. r. sct. 74, 72ᵈ עַנְנֵי כבוד die Wolken der
göttlichen Herrlichkeit. Exod. r. sct. 24, 123ᵃ
u. ö. dass.

עֲנָנָא, עֲנָנָא ch. (syr. ܥܢܳܢܳܐ=עָנָן) Wolke, bes.
leichtes Gewölk, Ggs. עֵיבָא s. d. Ber. 59ᵃ
ברקא תקיף דבריק בעננא ein starker Blitz,
der durch die Wolke hindurchschimmert. —
Pl. das. 'וכ מרחמי עַנְנֵי die Wolken brausen
und es kommt Regen. Taan. 25ᵃ שמעינהו להנך
'עננ דקאמרי ניתו וניחבו מיא בעמון ומואב וכ
er (R. Chija bar Luljani) hörte jene Wolken
sprechen: Kommet, wir wollen über Ammon und
Moab den Regen ergiessen.

עִינוּנִיתָא f. (für אינגוניתא, dimin. von אוּנָא)
ein kleiner Lappen der Lunge, am untern
Theile derselben zwischen zwei grösseren Lappen. Chull. 47ᵃ עינוניתא דוורדא das Lungen-
läppchen, das die röthliche Farbe einer Rose
hat.

עָנָף m. (=bh. Grndw. עף, wov. עוּף, עִיף syn.
mit ענף) bedeckt sein) 1) Zweig. Pl. Suc. 32ᵇ
'וכ רג ענף (Lev. 23, 40) erklärt: שֶׁעֲנָפָיו חופין
'את עצו וכ ein Baum, dessen Zweige sein
Holz bedecken, das ist der Myrte. — 2) übrtr.
herabhängende Fasern, Franse. Men. 42ᵃ
'אין ציצית אלא ענף וכ unter „Zizith" (Num.
15, 38 fg.) ist nichts Anderes, als eine Franse
zu verstehen u. zw. mit Bez. auf Ez. 8, 3 ציצת
ראשי „die Haarlocke meines Kopfes".

עֲנַף, עַנְפָּא chald. (syr. ܥܢܦܳܐ=עֲנָף) Zweig.
Dan. 4, 18; s. auch TW.

עֲנִצֵי Ned. 66ᵇ, gew. אֲנִיצֵי s. d.

עָנַר (arab. عَنَر) überragen, über etwas
reichen. Genes. r. sct. 26, 26ᵇ die Riesen
hiessen ענקים, Anakim, שהיו עונקים גלגל חמה
ואומרים לנו גשמים weil sie sich über den
Sonnenball erhoben und sprachen: Lasse uns
Regen fallen! Jom. 10ᵃ steht dafür שמעניקים
החמה בקומתן (Hif.) sie überragten mit ihrer
Höhe die Sonne. Sot. 34ᵇ dass. Nach einer
anderen Deutung in Genes. r. l. c. שהיו מרבים
ענקים על גבי ענקים weil sie Halsketten über
Halsketten häuften. Num. r. sct. 16, 231ᵈ wird
העונק (Num. 13, 28) gedeutet: שראוהו שהיה
ענק את השמש die Auskundschafter sahen ihn,
dass er die Sonne überragte.
Hif. הֶעֱנִיק (=bh.) eig. emporragen machen, dah. thürmen, aufhäufen, bes. den
abziehenden Sklaven reichliche Gaben
zur Zehrung mitgeben. j. Kidd. I, 59ᵇ un.
'אלו שמעניקין להן היוצא בשנים וכ folgende
Sklaven sind es, welchen man beim Abzug
Lebensmittel mitgiebt: wer nach Ablauf der

Dienstjahre abzieht u. dgl.; aber denjenigen, welche nach Geldabzug u. dgl. abziehen, אין מעניקין להן giebt man beim Abzug nichts mit.

עֶנֶק m. (=bh.) eig. (=arab. u. chald.) Hals (von dem Hervorragen so benannt; vgl. HL. 7, 5: „Dein Hals gleicht einem elfenbeinenen Thurm"); übrtr. Halskette, Halsgeschmeide. Erub. 45ª (mit Bez. auf Spr. 1, 9) אם משים אדם עצמו כענק זה שֶׁרַך על הצואר ונראה ואינו נראה וכ' הלמודו מחקיים בידו וכ' wenn Jem. seine Ge- lehrsamkeit wie die Halskette behandelt, die sich am Halse hin- und herbewegt und die bald gesehen wird, bald nicht gesehen wird (d. h. wenn der Gelehrte sich nicht zu oft den Menschen zeigt, um mit seinem Wissen zu prah- len, sondern einer los anliegenden Kette gleicht, die, sobald man das Kinn heruntordrückt, nicht sichtbar ist), so erhält sich seine Gelehrsamkeit bei ihm; wo nicht, so erhält sie sich nicht. B. bath. 75ª זכה עושין לו ענק לא זכה עושין לו קמיע wenn der Mensch tugendhaft ist, so macht man ihm ein Halsgeschmeide; wenn er nicht tugendhaft ist, so macht man ihm ein Leder- band. — Pl. עֲנָקִים s. עֲנָק.

עוּנְקָא ch. (arab. ‏=עֶנֶק) 1) Hals. Ber. 44ᵇ עונקא רב (Ms. M. אונקא) der Hals des Thieres ist sehr nahrhaft, weil er der Seele am nächsten ist, vgl. נפש. Schabb. 140ᵇ wenn ein Gelehrter Fleisch kaufen will, ליזבן עונקא דאית ביה תלתא מיני בשרא Ar. (Agg. אונקא s. d.) so kaufe er den Hals, da er drei Sorten Fleisch enthält. — 2) Halskette. Pl. j. Schabb. VI, 8ᵇ un. wird שהרנים (Jes. 3, 18) übersetzt: עונקיה die Halsketten; s. auch TW.

עוּנְקְתָא f. (=עונקא nr. 1) Hals. j. Ber. II g. E., 5ᶜ un. עד כדון עונקתיה דההוא גברא רסיא so sehr ist dieses Mannes (d. h. dein) Hals schlaff; dass du näml. infolge eines unbedeuten- den Schlages seufzest. Das. ההיא עונקתא דהות רסיא כבר נצחה jener Hals, der früher schlaff war, ist bereits fest geworden.

עוּנְקְלָא m. (=אֻנְקְלִי I s. d.) Widerhaken. Pl. עונקלין s. TW.

עֲנַקְמוֹן m. (gr. ἔναικμος, ον) vollkräftig. Genes. r. sct. 65, 64ᵇ למדינה שהיתה מכתבת עונקמון למלך וכ' ein Gleichniss von einer Pro- vinz, welche nach einem vollkräftigen Knappen für den König ausgeschrieben hat, s. בַּקְרוֹלַבָּרִיס.

עֲנְקוֹקְלוֹת f. pl. die weichen Spitzen der Weinstöcke (=קנוקנות); so nach R. Achai Gaon, vgl. Ar. hv. Orl. 1, 8 ענקוקלות. j. Orl. I g. E., 61ᵉ wird unser W. als Notaricon (vgl. נוֹטָרִיקוֹן) erklärt: ענבים דלקו הלחודיהן Wein- trauben, die, bevor sie den dritten Theil ihrer Reife erlangten, missriethen. Die Richtigkeit dieser Erkl. erhellt aus Sifra Ke-

doschim cap. 5 Par. 3: פריו („seine Frucht", Lev. 19, 23), dazu gehören auch ענקוקלות והבוסר die verschiedenen Arten unreifer Weintrauben.

עָנַשׁ (=bh.) strafen, insbes. oft von gött- lichen Strafen. Grndw. ען, vgl. עני nr. 2: un- terdrücken und arab. ‏ beugen. Ker. 3ᵇ u. ö. לא ענש אלא אם כן הזהיר die Bestrafung wegen Uebertretung eines Verbotes findet blos dann statt, wenn eine Verwarnung dabei steht. So ist z. B. auf das Darbringen eines Opfers ausserhalb des Tempels die Strafe der Ausrot- tung gesetzt (Lev. 17, 9). Die Verwarnung fin- det sich in Dt. 12, 13: „Hüte dich, deine Brand- opfer an jedem Orte darzubringen." s. נְקוּדָה. Das. 9ª u. ö., s. טָפַל. Part. pass. Jeb. 47ᵇ ענוש קלילה .... ענוש כרת er wird mit Ausrottung, mit Steinigung bestraft.

Nif. עֶנֱשׁ bestraft werden. Schabb. 56ª „Den Urija hast du mit dem Schwert der Söhne Ammon's getödtet" (2 Sm. 12, 9). מה חרב בני עמון אי אתה נענש עליו אף אורויה החתי אי אתה נענש עליו das bedeutet: So wie du wegen des Schwertes der Ammoniter (welche näml. ohne das Wissen der Menschen morden) nicht be- straft wirst, ebenso wenig wirst du wegen des Chititen Urija bestraft werden. Letzterer soll näml. die Königswürde verletzt haben. Snh. 8ª על דבר זה נענש משה deshalb (d. h. wegen seiner Selbstüberhebung) wurde Mose bestraft; weil er näml. gesagt hatte: „Was euch zu schwer fallen wird, sollt ihr mir vorbringen" (Dt. 1, 17), musste er „die Rechtssache der Töchter Zelafchads vor Gott bringen" (Num. 27, 5). B. kam, 93ᵇ u. ö., vgl. auch מָכַר.

עֲנַשׁ ch. (=עָנַשׁ) strafen. Men. 41ª R. Ketina sagte zum Engel, der ihn wegen Ver- nachlässigung der Schaufäden (vgl. סְדִינָא) ge- tadelt hatte: ענישו אַצִּיצָה אמר ליה בזמן דאיכא ריחמא ענשינן bestraft man im Himmel auch die Nichtbefolgung eines Gebotes? (Das irdische Gericht bestraft näml. blos die Uebertretung eines Verbotes, nicht aber die Nichtbefolgung eines Gebotes, vgl. עֲשֵׂה.) Der Engel antwor- tete ihm: Zur Zeit des himmlischen Zornes be- strafen wir das. — Ithpe. contr. איעניש bestraft werden. Erub. 63ᵇ. Suc. 51ᵇ מאי טעמא איענשו weshalb wurden die Alexandriner bestraft? Bez. 16ª u. ö.

עוֹנֶשׁ m. (=bh.) Strafe, Bestrafung. Snh. 89ᵇ עונשו של בדאי die Strafe des Lügners, vgl. בַּדַאי. Gew. jedoch göttliche Strafe, Ggs. שכר: Belohnung. Snh. 54ª עונש שמענו אזהרה מנין aus dieser Schriftstelle entnehmen wir blos die Bestrafung, wo aber steht die Ver- warnung? vgl. עֲנַשׁ. j. Schabb. IX, 12ª un. לאיסור אבל לא לעונש das steht blos als ein

Verbot, nicht aber zur Bestrafung. — Pl. Jeb. 21ᵃ קשה עונשׁין של מדות יותר מעונשׁין של עריות die Strafen wegen falscher Masse sind strenger, als die Strafen wegen Incestes. Uebrtr. Snh. 43ᵇ עונשׁין שבגלוי sträfliche Handlungen, die öffentlich begangen werden.

עֲנַשׁ *ch.* (=עוֹנֶשׁ) Geldstrafe. Esr. 7, 26.

עַנְתָא *m.* Adj. (syr. ܥܰܢܬܐ) der Laster- hafte, Schlechte, s. TW. — Ferner ענתא, Zeit, s. עוּנְתָא. — Khl. r. sv. אין זכרון, ענתה 73ᵈ crmp., s. אַהֲנְסִיאָה. Num. r. sct. 9, 201ᵈ עניתך, s. עֲנָיִיתָא.

עֲנָת Anath, Name eines Ortes. Jom. 10ᵃ אחימן בנה ענת „Achiman" (Num. 13, 22) baute Anath.

עֲנָתוּנְיָא, עֲנָתְנַיִיתָא N. gent. vielleicht aus Anath. j. Ter. II Anf., 41ᵇ ר׳ חנינא ענתוניא R. Chanina aus Anath. j. Orl. II g. E., 62ᶜ dass. j. Ber. V, 9ᵃ ob. עתניתא.

עֲנָתוּנְדְרַיָא N. gent. aus Antondar(?). j. Schek. VI, 49ᵈ ob. ר׳ יודן ענתונדריא R. Judan aus Antondar. j. Ber. IV, 7ᶜ ob. ענתורדריא. Das. 8ᵃ ob. j. Schabb. IX, 12ᵃ un. dass.

עֶסְבָּא *m. ch.* (syr. ܥܶܣܒܐ=hbr. עֵשֶׂב s. d.) Kraut, s. TW.

עֲסָה s. עִיסָה.

עֲסָוֶם Pes. 39ᵃ s. סְוָם.

עֲסָה, עֵסִי, Pi. עִיסָה eig. (=bh. עָשָׂה, Ez. 23, 3. 8) drücken. Grndw. עס, wovon auch עסס pressen, ferner עָבַס (und עָבַשׁ); übrtr. Ge- walt anthun, zwingen. j. Git. IX g. E., 50ᵈ ישראל שעיסו כמעשׂה עכום פסול ... ועכום שעיסו כמעשׂה ישראל כשר wenn jüdische Richter Jemdn. zur Ertheilung eines Scheidebriefes nach dem Verfahren nichtjüdischer Richter gezwungen haben, so ist die Ehescheidung ungiltig; wenn hing. nichtjüdische Richter zur Ertheilung eines Scheidebriefes nach dem Verfahren jüdischer Richter gezwungen haben, so ist die Scheidung giltig, vgl. auch עָשָׂה.

עֲסִי *ch.* Pa. עַסִּי (=עִיסָה) drücken, pres- sen, s. TW.

עַסְיָא (wahrsch.=אַסְיָא s. d.) Name eines Ortes, Asia. Schabb. 109ᵃ מי עסיא die Ther- men von Asia. Chull. 48ᵃ בני עסיא die Ein- wohner von Asia.

עֲסְלָא s. אֲסְלָא.

עֲסִיסִית *f.* Pl. עֲסִיסִיּוֹת od. עֲסָסִית *f.* Pl. עֲסָסִיּוֹת (Stw. עָסַס pressen) 1) zerdrückte, zerstampfte Weizenkörner, aus denen Speisen bereitet wurden. Tosef. Jom tob (Bez.) I g. E. משלחין

חיטין מפני שׁנאכל עסיסיות ed. Zkrm. (a. Agg. שׁהוא מאכל) man darf am Feiertage Jemdm. Weizen überschicken, weil letzterer als zer- drückte Körner gegessen werden kann. j. Bez. I g. E., 61ᵃ dass. Bez. 14ᵇ steht dafür לורית dass., s. לוּדִי. — Tosef. Schabb. III (IV) Anf. עסיסיות ותורמוסין zerstampfte Weizenkörner und Lupinen. Nach dem Commentt. bedeutet עסיסיות: Hülsenfrüchte, was jedoch nicht einleuchtet. j. Ter. II, 41ᶜ un. und Schabb. 18ᵇ dass. j. Schabb. III, 5ᵈ mit. עסיסיות. — 2) Asasioth, Name eines Ortes. Git. 4ᵇ עיר אחת היתה בארץ ישראל ועסיסיות שמה eine Stadt gab es in Palästina, die Asasioth hiess und die zwei Regierungs- bezirke hatte u. s. w.

עָסַק (eig.=bh. עָשַׂק, wov. Hithpa., s. d.) sich mit etwas beschäftigen, sich damit be- fassen. Grndw. עס s. עסי. Suc. 25ᵇ הכוסק במצוה פטור מן המצוה Jem., der sich mit der Erfüllung einer Pflicht beschäftigt, ist von der Ausübung einer anderen Pflicht frei. Sot. 44ᵇ. Ber. 11ᵃ u. ö. Pes. 50ᵇ לעולם יעסוק אדם בתורה ובמצות וכ׳ der Mensch soll sich immer mit der Gesetzlehre und mit der Ausübung der Gesetze befassen, selbst wenn dies nicht in religiöser Absicht geschieht; denn er wird es späterhin in religiöser Absicht thun. Das. העוסקין במלאכת שמים mit göttlichen Dingen beschäfti- gen. Keth. 103ᵇ un. R. Chija הוה עסיק במצות war der Ausübung von Geboten beflissen. j. Pes. III, 30ᵇ ob. שׁלש נשׁים עסיקות בבצק וכ׳ (Pes. 3, 3 עוסקות) drei Frauen sind mit dem Teig beschäftigt, die eine knetet, die andere formt die Brote und die dritte bäckt sie.

Hithpa. und Nithpa. 1) sich mit etwas be- schäftigen. Levit. r. sct. 25, 168ᵇ „Ihr sollt Gott nachahmen"; מתחלת בריייתו של עולם לא נתעסק הקב׳׳ה אלא במטע תחלה ... אף אתם כשׁאתם נכנסים לארץ לא תתעסקו אלא במטע תחלה beim Anfang der Weltschöpfung beschäftigte sich Gott zuerst mit Pflanzen (Gen. 2, 8); ebenso sollt auch ihr, wenn ihr nach Palästina kommt, euch zu- erst mit dem Pflanzen beschäftigen" (Lev. 19, 23). — 2) bes. oft: etwas thun, ohne die Absicht zu haben, diese Handlung zu verrichten. Snh. 62ᵇ המתעסק בחלבים ובעריות חייב שׁכן נהנה המתעסק בשׁבת פטור מלאכה מחשׁבת אסרה תורה Jem., der unabsichtlich ver- botene Fettstücke isst oder Incest begeht (wenn er z. B. erlaubtes und verbotenes Fett vor sich liegen hat und letzteres isst im Glauben, es sei das erlaubte; oder wenn er seiner Schwester, in dem Glauben, es sei seine Frau, beiwohnt) ist straffällig; weil er von der verbotenen Hand- lung einen Genuss hat. Jem. aber, der am Sabbat unabsichtlich eine Arbeit verrichtet (wenn er z. B. Aehren vom Felde abschneidet, indem er glaubt, das vom Hagel niedergeschlagene Ge- treide sei bereits gemäht) ist nicht straffällig;

denn die Schrift verbietet blos eine Arbeit, durch welche die Absicht erfüllt wird. Ker. 19ᵇ dass. Schabb. 157ᵇ מתעסק בעלמא אנא ich mache mir blos etwas zu thun, d. h. ohne die Absicht, eine Messung vorzunehmen. R. hasch. 4, 8. j. Schebu. II Ende, 34ᵃ u. ö.

עֲסַק ch. (=עָסַק, ähnlich syr. ـ) sich mit etwas beschäftigen. j. Chag. II, 77ᵇ mit. R. Elieser sagte zu R. Josua auf dem Gastmahl des Abuja bei Gelegenheit der Beschneidung seines Sohnes Elischa: עד דאינון עסיקין בדירהון נעסוק אנן בדירן וישבו ונתעסקו בדברי תורה während jene Gäste sich mit ihren Angelegenheiten (mit Gesängen und anderen Belustigungen) beschäftigen, wollen wir uns mit den unsrigen beschäftigen; sie setzten sich nieder und beschäftigten sich mit der Gotteslehre, vgl. חָרַז. B. mez. 12ᵇ u. ö. במאי עסקינן וכ' womit beschäftigen wir uns? d. h. von welchem Falle handelt diese Halacha, etwa u. s. w.? Das. 14ᵇ. 15ᵇ fg. הכא במאי עסקינן וכ' hier ist davon die Rede, dass u. s. w. Sot. 21ᵃ בעידנא דעסיק ביה ... בעידנא דלא עסיק ביה zur Zeit, wenn man damit (mit dem Gesetzstudium, mit der Pflichterfüllung) beschäftigt ist; zur Zeit, wenn man nicht damit beschäftigt ist.

Ithpa. אִתְעֲסַק (syr. ـ=Hithpa.) 1) sich mit etwas beschäftigen, s. TW. Contr. Ber. 25ᵇ un. R. Achai אִיעֲסַק ליה לבריה beschäftigte sich mit der Verheirathung (Hochzeitsvorbereitung) seines Sohnes. B. mez. 104ᵇ un. כי יהיבנא לך לאיעסוקי ביה וכ' ich übergab dir das Geld blos, um damit Geschäfte zu betreiben, nicht aber, um dafür Bier zu trinken. — 2) (=bh. הִתְעַשֵּׂק) streiten, mit Jemdm. feindlich zu thun haben, s. TW.

עִסּוּק m. N. a. das Sichbeschäftigen, Vorhaben. j. Ber. IV, 7ᵇ un. צא שעה אחת לעיסוקו ziehe davon eine Stunde ab, die zu dem Sichbeschäftigen mit dem Tamidopfer erforderlich ist. j. Pes. V Anf., 31ᶜ dass. j. Schabb. V g.-E., 7ᶜ וכ' שור שעיסוקו רע bei einem Ochs, dessen Beschäftigung bösartig (d. h. der stössig) ist, wird am Sabbat mit dem Halfter ausgetrieben. j. Sot. IX, 23ᶜ un. עיסוק מדידה das Sichbeschäftigen mit der Messung, vgl. מְדִידָה. Tosef. Sot. IX Anf. Levit. r. sct. 13, 157ᵇ אברהם ראה המלכיות בעיסוקן Abraham sah die weltlichen Regierungen in ihrem Verfahren mit Israel.

עֵסֶק m. 1) Beschäftigung und übrtr. Geschäft, Angelegenheit. M. kat. 22ᵃ כל כל המתחיס כולן רצה ממעט בעסקו רצה אינו ממעט וכ' in den Tagen des Trauer wegen des Todes aller anderen nahen Verwandten kann der Leidtragende, wenn er will, sein Geschäft beschränken; wenn er aber nicht will, so braucht er es nicht zu beschränken; aber bei der Trauer um

die hingeschiedenen Eltern muss er es beschränken. Aboth 4, 10 הוי ממעט בעסק ועסוק בתורה verwende weniger Zeit auf das Geschäft, damit du dich mit der Gesetzlehre beschäftigst. B. mez. 97ᵇ עסק שבועה die Angelegenheit eines Eides. Men. 10, 3 (65ᵃ) dieBewohner der Umgegend Jerusalems versammelten sich dorthin, שידא נקצר בעסק גדול damit die Omergarbe mit grosser Beschäftigung (Pomp) geerntet würde, um näml. den Saduzäern zu imponiren, vgl. עַצְרֶת. — Pl. Jom. 75ᵃ על עסקי משפחות wegen Angelegenheiten der Familien, Verwandtschaftsgrade, vgl. יָחַס. — 2) (=bh. עֶשֶׂק) Streit, Controverse. Pl. Schebu. 31ᵃ wenn Jem. ein Feld kauft, שיש עליה עסקין Ar. ed. pr. überall (Agg. עסיקין) gegen dessen Besitz Streitigkeiten, Einwände erhoben werden. Keth. 91ᵃ und B. mez. 14ᵃ dass. Ar. erklärt das W. richtig durch ערעורין: Controversen; Raschi hing. durch עוררין: Streitende, nach der LA. עסיקין.

עִסְקָא ch. (=עֵסֶק) 1) Beschäftigung, Geschäft. Sot. 21ᵃ עבד עסקא er betrieb ein Geschäft. Jeb. 63ᵃ הפוכי בעיסקא im Geschäfte verkehren, vgl. auch חֲפוּרָה. Kidd. 30ᵃ אגמריה עסקא er lehrte ihn ein Geschäft. — 2) Hab und Gut, Gegenstand. Keth. 66ᵇ עסקא רבה טיש דנפיש רווחא עסקא זוטא דזוטר רווחא eine grosse Geldsumme, deren Verdienst, Gewinn, gross ist, eine kleine Geldsumme, deren Verdienst gering ist. B. mez. 104ᵇ דאי עסקא סלקא מלוה ופלגא פקדון die Waarenübernahme d. h. wenn Jem. von dem Andern Waaren übernimmt, die letzterer ihm nach dem geringen Ortspreis einschätzt und die Ersterer nach einem Orte, wo die Preise theurer sind, führen sollte) wird zur Hälfte als ein Darlehn, zur anderen Hälfte als ein zum Aufbewahren gegebenes Gut angesehen. — Pl. das. 105ᵃ ob. תרי עיסקי eine zweimalige Waarenentnahme; wenn jemand näml. an verschiedenen Tagen Waaren entnimmt.

עַסְקָן m. Adj. Jem., der sich mit etwas zu schaffen macht, geschäftig. Chull. 57ᵇ R. Simon bar Chalafta שעסקן בדברים היה welcher in Angelegenheiten geschäftig war; er beobachtete näml. sorgfältig das Verfahren der Ameisen und machte dabei verschiedene Experimente. Levit. r. sct. 19 Anf. ר' אסי הוה עסקן R. Asse war geschäftig; er stellte Betrachtungen über die Rabenbrut an. Das. sct. 22, 165ᵈ ר' שמעון הוה עסקן R. Simon war geschäftig; er machte Experimente mit einem Berghuhn, vgl. סָדָן. Khl. r. sv. וירתרון, 83ᵃ steht dafür עוסקן. — Fem. עַסְקָנִית. Pl. Suc. 26ᵇ ידים עסקניות הן die Hände sind geschäftig; sie thun oft etwas, dessen der Mensch sich später nicht bewusst ist.

עֶשְׂרָא, עֶסְרָא f., עֲשַׂר, עֲסַר m. Zahlwort (syr. ـ, ـ, hbr. עֲשָׂרָה, עֶשֶׂר) zehn. In

der Zusammensetzung *masc.* חד עכר (contr.
חד ;תְּלֵיסַר (תְּרֵיסַר), תרין עסר (חַדְסַר), *fem.*
סרי, סרי תלתי סרי, תרתי סרי u. s. w. elf, zwölf,
dreizehn. — Pl. comm. עֶשְׂרִין, עַבְרִין zwanzig. — Denom. עֲשַׂר, עַשֵּׂר verzehnten, den
Zehnten entrichten. — עִיסוּרְיָיתָא *f.* pl. (syr.
ܟܣܡ̈ܝܬܐ sing.) Decades. — עֲסִירָאָה, עֲשִׂירָאָה
m., עֲשִׂירִיתָא, עֲשִׂירְיָא *f.* Ordinale (syr. ܟܣܝܪ̈ܝܐ)
der, die Zehnte. — עָסְרוֹנָא, עִשְׂרוֹנָא *m.* (syr.
ܟܣܪ̈ܘܢܐ, hbr. עִשָּׂרוֹן) ein Zehntel (des Epha),
als Getreide- und Mehlmass, der Issaron;
s. TW.

עָפִי 1) (syn. mit צִיף s. d.) sich abmühen.
— 2) (syr. ܟܦ̈ܐ) blühen, wuchern (vom
Laube) s. TW.

עֳפָיָא *m.* (syr. ܟܣܦ̈ܐ, hbr. עֳפִי) Laub, Gezweige. Dan. 4, 9. 11, 18, s. auch TW.

עִיפּוּי, עִיפּוּ *m.* N. a. (von עפי, arab. عَفَلَ
decken) Verbindung, das Aneinander-
hängen. Chag. 15ᵃ אין למעלה לא ישיבה ולא
עפוי ולא עורף לא עמידה Maim. Comment. zu
Snh. 10, 1 Glaubensgrundsatz 3 (welcher das
W. von ועפוי, Jes. 11, 14 ableitet. Agg. תחרות
st. עמידה) im Himmel giebt es weder Sitzen
noch Stehen, weder Scheidung, noch Verbindung.
Ar. und Raschi erkl. עיפוי: Müdigkeit, ferner
עורף: Nacken, was jedoch nicht einleuchtet, s.
עוֹרֶף.

עַפְיָאן, עַפְיָן *m.* (=אַפְיָין, s. d.) eine Art
kleiner Fische, etwa Sardelle. Chull. 66ᵃ
עפיאן (Ar. אפיין). Ab. sar. 39ᵃ עפיין Ar. (Agg.
crmp. הָאָפִיץ).

עוֹפֶל *m.* (=bh. עֹפֶל. Stw. עָפַל, arab. عَفَلَ
tumuit, geschwollen sein. Grndw. עף, wov. auch
עוּף, s. d.) eig. Hügel; insbes. Ophel, *N. pr.*
der Anhöhe am südöstl. Theile des Tempelberges. j. Taan. III, 67ᵃ ob. wie heftig muss
der Regen sein, dass man für sein Aufhören
beten soll? כדי שידא אדם עומד בקרן העופל
ומשקשק את רגליו בנחל קדרון dass Jem., der
auf der Spitze des Ophel steht, seine Füsse im
Strome Kidron schwenken kann. Taan. 22ᵇ steht
dafür קרן אפל, viell. crmp., oder אָפֵל=עֹפֶל.
Darnach ist Wrtrb. I, 144ᵇ zu berichtigen. —
Davon auch bh. עפלים im Kethib (l. עֳפָלִים):
Beulen, Geschwüre am After. Meg. 25ᵇ
עפלים anst. בעפלים lese man טחורים.
Ar.'s Erkl. sv. דבין: Löcher ist nicht zutreffend.

עָפְלָא *ch.* (=עֹפֶל) Hügel, Ophla, s. TW.

עַפְעַפַּיִם *m.* pl. (=bh.) Augenwimpern,
eig. die Flatternden. Stw. עָפַף Pilp. von עָף

oder עוף. Schabb. 109ᵃ die Augenschminke
נרבה שיער בעפעפים befördert den Haarwuchs
der Augenwimpern u. s. w., vgl. מְלַךְ Pesik.
Anija, 135ᵃ dass.

עָפַף (verstärkte Form von עוּף) flattern,
umschweben. Midr. Tillim zu Ps. 18 und
Jalk. II, 24ᵈ אל תקרי אספוני אלא עפפוני מסות
עוֹף כענף deute אספוני צרוֹת עלי (Ps. 18, 5 und
2 Sm. 22, 5; eig. lies nicht u. s. w.) wie עפפוני,
d. h. die Leiden umflatterten mich wie ein
Vogel (עוֹף ירחפם) s. TW.

עֲפַף *ch.* Pa. עַפֵּף beim Feuer zubereiten,
schmieden, s. TW.

עַפְצָא, עַפְץ *m.* (arab. عَفْص=אָפְצָא s. d.)
Gallapfel, übrtr. Gallapfelsaft. j. Git. II,
44ᵇ ob. דיו שאין בו עפץ Tinte, worin kein
Gallapfelsaft ist. j. Schabb. XII g. E., 13ᵈ dass.,
vgl. מְלֵנָא III. — Pl. Schebu. 41ᵇ. 42ᵃ ob. מאה
עַפְצֵי hundert Kab (Mass) Galläpfel. —
Denom. Meg. 19ᵃ ein Fell, דמלחו וקמיה ולא עַפְיץ
das mit Salz bestreut und mit Mehlbrei gegerbt, aber nicht mit Gallapfelsaft besprengt wurde, vgl. דִיפְתְּרָא.

עֲפַץ (syr. ܟܦܨ Pa., syn. mit אֲבַק חָבַק mit
Wechsel der Buchstb.) umarmen, s. TW.

עָפַר, Pi. עִפֵּר (=bh. Denom. von עָפָר) mit
Staub bewerfen, bestäuben. — Hithpa.
Pass. davon. Thr. r. Einleit. sv. ישיתחו בר, 56ᵇ
(in einem Spottlied, vgl. ממוֹים) die Juden ישבים
בָּארֶץ ומתעפרים בעפר schlafen auf der Erde
und bewerfen sich mit Staub (oder: sind mit
Staub besudelt). Das. sv. הביא, 65ᵃ dass.

עָפָר *m.* (=bh.) Staub, trockene Erde.
Stw. arab. عَفَر weisslich, hellröthlich sein. —
Zuw. auch körniger Sand. Genes. r. sct. 15,
15ᵇ עפר זכר אדמה נקבה der männliche Sand
und die weibliche (lockere) Erde, vgl. אֲדָמָה.
Das. sct. 49, 49ᵇ Abraham sagte (Gen. 18, 27):
אילו הרגני אמרפל לא הייתי עפר ואילו שרפני
נמרוֹד לא הייתי אפר wäre ich denn nicht, hätte
mich Amrafel getödtet (vgl. אֲמַרְפֶל), zu „Staub"
geworden! Oder wäre ich denn nicht, hätte
mich Nimrod verbrannt, zu „Asche" geworden!
Sot. 16ᵃᵇ, vgl. auch מְקָלָה Ned. 81ᵇ u. ö. עפר
פרד Staub einer Grube, s. פּוּר. j. B. mez. VIII
g. E., 11ᵇ die Miethszeit der Töpferwerkstatt
dauert nicht weniger als 12 Monate. במה דברים
אמורים באילין שהן עושין בעפר שחור אבל באילין
שעושין בעפר לבן כונס גורנו ומסתלק das gilt
jedoch blos von solchen Töpfern, die schwarze
Erde verarbeiten (welche näml. viel zu thun
haben und der Umzug sie stört); betreffs derjenigen Töpfer aber, die weisse Erde verarbeiten (die wenig zu thun haben), nimmt der

85*

Töpfer seine Werkzeuge zusammen und zieht fort. (Wrtrb. I, 361ᵇ ist diese Bedeut. von גּוֹרֵן hinzuzufügen.) Genes. r. sct. 69, 68ᵈ „Dein Nachkomme wird sein wie der Staub der Erde" (Gen. 28, 14). מה עפר הארץ אינו מתברך אלא במים כך בניך אינן מתברכין אלא בזכות התורה שנמשלה כמים מה עפר הארץ נובלה בה כל כלי מתכות והוא קיים לעולם אף בניך מבלים את כל אומות העולם והם קיימים לעולם so wie „der Staub der Erde" blos durch Wasser gesegnet (fruchtbar gemacht) wird, ebenso werden deine Kinder blos durch die Gesetzlehre, die dem Wasser verglichen ist, gesegnet werden. So wie „der Staub der Erde" alle Metallgeräthe aufreibt, während er ewig bleibt, ebenso werden deine Kinder alle Völker der Welt aufreiben, während sie selbst ewig bleiben werden; vgl. auch דַּיָּשׁ und סוּף II. Das. sct. 94, 91ᵈ עפרו של יצחק die Asche des Jizchak, d. h. des anstatt seiner verbrannten Widders, vgl. עֲקֵידָה. — Levit. r. sct. 25, 128ᶜ מי יגלה עפר מעיניך אדם הראשון שלא יכולת לעמוד על צוּרך שעה אחת וכ׳ könnte doch Jemand den Staub von deinen Augen, Adam, fortnehmen! Denn du vermochtest nicht, dich eine kurze Zeit des verbotenen Genusses zu enthalten; während deine Kinder drei Jahre hindurch sich des Genusses von Früchten junger Pflanzungen enthalten (Lev. 19, 23); d. h. die Späteren haben dich übertroffen, ebenso ist auch Sot. 5, 2 aufzufassen, s. גַּלָּה גְּלִי, im Piel. — Pl. Num. r. sct. 9, 204ᶜ (mit Bez. auf הָעָפָר Num. 5, 17) זה היה עֲפָרוֹת זהב אשר נתן dieser „Staub" rührte von den Goldstäubchen des goldenen Kalbes her, das Mose zerstossen hatte (Ex. 32, 20).

עָפְרָא ch. (syr. ‏ܥܰܦܪܳܐ‎ = עָפָר) Staub, Erde. B. bath. 73ᵇ Rabba bar bar Chana erzählte: Auf unserer Reise in der Wüste begleitete uns ein Araber, דהוה שקיל עפרא ומורח ליה ואמר הא אורחא וכ׳ welcher, indem er Erde nahm und daran roch, sagte: Dieser Weg führt nach diesem Orte und jener Weg führt nach jenem Orte hin. Wie weit aber, fragten wir ihn, sind wir vom Wasser entfernt? ואמר לן הבו לי עפרא ויהבנא ליה ואמר תמני פרסי worauf er erwiderte: Gebet mir Erde zum Riechen. Als wir sie ihm gaben, so sagte er: Acht Parasangen. Schabb. 50ᵇ עפר לבונתא . . . עפר פלפלי Ar. (Agg. לבינתא) Staub von Weihrauch, Staub von Pfeffer, womit man den Körper beim Waschen einzureiben pflegte. לבינתא: Ziegel passt nicht zu פלפלי. B. bath. 171ᵇ מאן יהיב לן מעפריה דרב ושמואל רמינן בעינין könnte Jem. uns doch von der Erde der verstorbenen Rab und Samuel geben; wir würden sie in unsere Augen werfen! d. h. so viel Verehrung zollen wir diesen grossen Lehrern. Ab. sar. 53ᵇ und Chull. 68ᵇ dass. B. bath. 16ᵃ עפרא לפומיה דאויב Erde hätte in den Mund Hiob's geworfen werden mögen! mit Bez. auf Hi. 6, 2 u. a., d. h. als Strafe für

seine anmassenden Aeusserungen gegen Gott. — Pl. עַפְרוֹתִין דדהבא Goldkörnchen, s. TW.

עַפְרָן m. eine Edelsteinart, etwa Korund (vgl. syr. ‏ܥܰܦܪܳܢܳܐ‎ terrenus, terrestris), s. TW.

עַפְרוּרִית f. Getreideabfälle, näml. Staub und Sandkörner. B. bath. 93ᵇ. 94ᵃ עדשים מקבל עליו רובע עפרורית לסאה beim Verkaufe von Linsen muss sich der Käufer ein viertel Kab Abfälle in je einem Seah Linsen gefallen lassen; vgl. טִנּוֹפֶת. Das. חיטי ושערי מקבל כ׳ עפרורית möglich, dass nach Ansicht des Autors der Borajtha der Käufer von Weizen und Gerste sich ebenfalls Abfälle gefallen lassen muss u. s. w.

עוֹפֶר m. Jüngling, Neugeborener; bh. עֹפֶר und arab. عَفَر und غُفُر: Junges von Thieren, wie Hirsch, Reh u. dgl. Genes. r. sct. 14, 15ᵇ עופר עיקָם על מלאתו נברא Adam wurde als ein kräftiger Jüngling in seiner vollkommenen Entwicklung erschaffen, vgl. מְלֵאָה. — Pl. Jelamd. zu Num. 23, 10, mit Ansp. auf עֲפָרִים; citirt vom Ar. מי מנה עֲפָרִים שיש בהן שהגיע לעונת אשה וכובשין את יצרן וכ׳ wer vermag zu zählen die Jünglinge Israels die, obschon sie das heirathsfähige Alter erreicht haben, dennoch ihre Leidenschaft überwinden und keine Sünde begehen.

עֶפְרַיִם Afraïm, Name eines Ortes. Nach Neub. Géogr. du Tlm. p. 155: die samaritanische Stadt Ἀφαραίμα, die später Judäa einverleibt wurde. Men. 9, 1 שניה לה עפריים בבקעה das zweitbeste Mehl, nächst Michmasch hatte Afraïm im Thale. Das. 85ᵃ die Zauberer sagten zu Mose: הבן אתה מכניס לעפריים du führst Stroh nach Afraïm, das näml. Ueberfluss an Stroh hat; d. h. Zauberei nach dem zauberreichen Egypten, vgl. יוֹחָנִי I. Exod. r. sct. 9, 110ᵃ dass. Genes. r. sct. 86 g. E., 84ᵈ אמר מר יוסף הבן לעפריים אתה מכניס der Herr des Josef (dem letzterer verschiedene Zauberkünste vorgemacht hatte) sagte zu ihm: Wie, Josef, bringst du etwa Stroh nach Afraïm? j. Schabb. XIV, 14ᶜ un. מעפרתים (l. מעפריים) aus Afraïm.

עָפַשׁ (viell. bh. עָבַשׁ dass. Grndw. wahrsch. פשׁ, s. עֶפֶשׁ); gew. Pi. עִפֵּשׁ faulig, schimmlig werden. Pes. 15ᵇ. 45ᵇ הפת שעיפשה das schimmlig wurde. j. Schebi. VIII, 38ᵃ ob. und j. Maas. scheni II, 53ᵇ mit dass. j. Jom. III, 41ᵃ mit. das Schaubrot der Kunstbäcker zu Garmo לא היתה מעפשת ואלו היתה מעפשת wurde nicht schimmlig; das der Anderen hing. wurde schimmlig, vgl. נָסַק. j. Schek. V, 48ᵈ un. מתעפשת. l. מעפשת, Cant. r. sv. מי, 18ᵇ dass. — Hithpa. dass. Genes. r. sct. 31, 30ᵃ Gott sagte zu Noah: Du bedarfst „des Bundes",

מפני הפירות שאתה כונס שלא ירקבו ושלא יתעפשו ושלא ישתנו wegen der Früchte, die du in die Arche bringst; damit sie nicht faulen, nicht schimmlig werden und nicht die gesunde Farbe verlieren.

עֲפַשׁ chald. (=עָפַשׁ) schimmlig werden. Ithpe. dass. Men. 23ᵇ כי מיעפשא wenn das Brot schimmlig wird.

עִיפּוּשָׁא masc. N. a. das Schimmeln, der Schimmel. Pes. 40ᵃ נהמא דעיפושא schimmliges Brot.

עֵץ m. (=bh. Grndw. עץ, arab. عَصَن, عُصّ hart sein, wovon auch עֶצֶר, עָצֵר u. a.) 1) Baum, Holz. Tam. 29ᵃᵇ עץ שמן der wilde Oelbaum. Ar. erklärt das W. durch פּילי Kiefer od. Pinie. — Pl. das. עצי האנה Hölzer des Feigenbaumes. Suc. 31ᵃ fg. u. ö. — 2) Pes. 30ᵇ עץ פרור Kochlöffel.

עֲצָא bedrücken, s. עֲצֵי־ — עֵצָא Rath, s. hinter עֵצָה.

עֲצַב (=bh.) 1) bilden, formen; vgl. arab. عَصَب schneiden, schnitzen. — 2) durch schneidende Rede kränken, betrüben. Pi. eig. bilden, formen, insbes. ein Kind strecken, um seine verrenkten Glieder in Ordnung zu bringen. Schabb. 147ᵃ in der Mischna אין מעצבין את הקטן man darf nicht am Sabbat ein Kind strecken; vgl. Gem. das. בחומרי שדרה וכ' an den Gliedern, Knoten der Rückgrats. Tosef. Kel. B. mez. II mit. die Thüre des Thurmes ist unrein, מפני שהוא מעצב עליה את התינוק weil man das Kind darauf streckt. — Nithpa. (von nr. 2) sich betrüben. Snh. 38ᵇ als Adam in dem Buch der Genealogien den R. Akiba erblickte, שמח בתורתו ונתעצב במיתתו so freute er sich über seine Gesetzkenntniss, betrübte sich aber über seinen Tod.

עֲצַב ch. (=עָצַב nr. 2) leiden, betrübt sein. Part. Dan. 6, 21 עָצֵיב betrübt. Bez. 16ᵇ חזייה דהוה עציב אמר ליה אמאי עציבת וכ' er sah ihn, dass er betrübt war und sagte zu ihm: Weshalb bist du betrübt u. s. w.? Taan. 25ᵃ חזייה לברתיה דהות עציבא er sah, dass seine Tochter betrübt war. Das. 22ᵃ u. ö., vgl. auch בדיחא. — Ithpe. sich betrüben. Ber. 31ᵃ חבר קמייהו ואיעצבר er zerbrach in ihrer Gegenwart ein kostbares Geschirr, infolge dessen betrübten sie sich.

עֹצֶב m. (=bh.) eig. Geformtes, Gebild; nur pl. עצבים Götzenbilder. Sifra Kedoschim Anf. עצבים על שם שנעשים פרקים פרקים die Götzenbilder heissen: עצבים, weil sie aus Stücken, Gliedern zusammengesetzt sind.

עֲצֵב m. betrübt. Pl. Jom. 21ᵇ am Tage

nach dem Succothfeste (an dessen letztem Tage im Himmel betreffs des Regens beschlossen wird) schauten Alle nach dem Rauch, der vom Rauchwerk aufstieg; נטה כלפי צפון עניים שמחין ובעלי בתים עצבין . . . נטה כלפי דרום עניים עצבין ובעלי בתים שמחין . . . כלפי מזרח הכל שמחין כלפי מערב הכל עצבין wandte sich der Rauch dem Norden zu, so waren die Armen erfreut, aber die Grundbesitzer betrübt; denn, da der den Rauch treibende Südwind die Fäulniss der Früchte bewirkt, so werden sich die Besitzer genöthigt sehen, letztere billig zu verkaufen, was den Armen zu gute käme. Wandte sich der Rauch dem Süden zu, so waren die Armen betrübt, aber die Grundbesitzer fröhlich; denn der Nordwind lässt selten regnen, wodurch die Früchte sich lange halten. Wandte sich der Rauch dem Osten zu, so waren Alle fröhlich; wandte er sich dem Westen zu, so waren Alle betrübt. Das. 67ᵃ, s. לָשׁוֹן. Pes. 119ᵃ u. ö., vgl. נָצַח. — Uebrtr. Suc. 7ᵃ טפח עצב eine knappe Handbreite, dass die Finger zusammengedrückt (betrübt) sind. Erub. 3ᵇ עֲצָבוֹת Handbreiten nach knappem Masse, vgl. סְתַם.

עֶצֶב m. (=bh.) Betrübniss. Num. r. sct. 9, 199ᵇ אין עצביך אלא בנים das W. עצבון (Spr. 5, 10) bedeutet nichts Anderes als Kinder; mit Ansp. auf בעצב (Gen. 3, 16). Nach einer anderen Deut. das. עצביך זו יגיעת הארץ das W. עצבון bedeutet: Bodenertrag; mit Ansp. auf בעצבון, Gen. l. c.

עוּצְבָּא chald. (=bh. עֶצֶב) Betrübniss, Schmerz. Ber. 56ᵃ (eine Traumdeutung mit Bez. auf Dt. 28, 31) פסיד עסקך ולא אהני לך למיכל מעורצבא דלבך deine Waare wird zu Schanden werden und du wirst nicht mit Ruhe essen können wegen Betrübniss deiner Seele.

עֲצִיבָה f. N. a. das Betrübtsein. Genes. r. sct. 27, 26ᵈ אין עציבה אלא אבלות das W. עצב (Gen. 6, 6) bedeutet nichts Anderes als Trauer. Das. sct. 32, 31ᵃ dass.

עֲצִיבוּת f. (=bh. עַצֶּבֶת) Betrübniss, Trübsal. Chag. 5ᵇ אין עציבות לפני הקב"ה vor Gott giebt es keine Betrübniss; mit Bez. auf 1 Chr. 16, 27. Ber. 31ᵃ אין עומדין להתפלל לא מתוך עצבות ולא מתוך שחוק וכ' man stelle sich nicht beten weder in Betrübniss, noch in Trägheit oder Scherz (d. h. in trüber, träger oder ausgelassener Stimmung), sondern blos aus freudiger Erregtheit wegen vollzogener Pflichten. Schabb. 30ᵇ u. ö.

עוּצְבָּה, עוּצְבָּא od. עֵיצְבָּא f. Reitdecke oder Pferdedecke. Ar. sv. אברזון bemerkt: עוצבא ist=dem pers. אברזון und dem mischnait. טפיטון, s. d. W. Mögl. Weise ist unser W. das syr. مَصَابَة, arab. عِصَابَة eig. Binde, taenia, vitta.

Nach Raschi zur nächstflg. St. bedeutet עוֹצבא: eine, gew. aus Leder angefertigte Tischdecke, die zuw. auch als Bettlaken diente. — Kel. 26, 7 עוֹצבה, das Hai in s. Comment. durch das arab. גושא (etwa von جَشّ tetigit manu). B. kam. 66ᵇ עוֹצבא (עיצבא) אין צריכה קיצוע diese Decke bedarf keiner Zubereitung durch Abschneiden, um als Geräth angesehen zu werden. Seb. 94ᵃ עוצבא שחישב לה לקוצעה die Decke, wobei man die Absicht hatte, sie abzuschneiden u. s. w.

עֲצְבוֹנִית, richt. עֲצָבוֹנִית s. d., vgl. auch צֲצָמוֹנִי.

עֵצָה I f. (=bh. Jer. 6, 6, vgl. עֵץ) Gehölz, Streu von harten, holzigen Stoppeln. Schabb. 7, 4 (76ᵃ) המוֹציא... עצה כמלא פי גמל (in Gem. das. erklärt: תבן של מיני קטנית Stroh von Erbsen u. dgl.) wenn Jem. so viel Streu hinausträgt als das Kamel in seinem Maul trägt. Ohol. 18, 2 שורף את הקש ואת העצה man verbrennt die Stoppeln des Getreides und die Streu der Erbsen eines Feldes, in dem vielleicht eine Leiche begraben wurde. j. Schabb. III, 6ᵃ mit. עצה שבים die Streu (Stauden u. dgl.) im Meere. j. Erub. VIII g. E., 25ᵇ und j. Suc. I g. E., 52ᶜ dass.

עֵצָה II f. (=bh. von יָעַץ) Rath, Ueberlegung, Plan, consilium. Sot. 11ᵃ שלשה היו באותה עצה בלעם איוב ויתרו drei Männer sassen in jenem Rath (betreffs der Ertränkung der israelitischen Knaben in dem Nil), Bileam, Hiob und Jithro. Exod. r. sct. 27, 125ᵇ עמלק ויתרו היו בעצה עם פרעה Amalek und Jithro sassen im Rathe vor Pharao. Meg. 12ᵇ seit der Tempelzerstörung ניטלה עצה ממנו וכ׳ wurde uns der Rath entzogen. B. bath. 118ᵃ. 120ᵃ עצה טובה קא משמע לן lässt uns einen guten Rath hören. Snh. 26ᵇ עצה שיש בה דבר ה׳ היא תקום לעולם ein Plan, wobei Gotteswort befolgt wird, bleibt ewig; eine Deut. der Schriftstelle Spr. 19, 21. Aboth 5, 21 בן חמשים לעצה der 50jährige Mann ist fähig, Rath zu ertheilen. — Pl. Kidd. 80ᵇ עֵצוֹת רעות böse, nachtheilige Rathschläge, s. עוּץ.

עֵצָא, עֵיצְתָּא ch. (=עֵצָה) Rath, Plan. — Pl. עֵיצָן, עֵיצָתָא s. TW. Esth. r. sv. שלש שלש 101ᵈ בני עֵצָתַיָּא דיליה seine (des Nebukadnezar) Rathsmänner.

עֲצוֹרְתָא f. (=אָצוּ··) אַצְוֹרְתָא s. d.) Backtrog. — Pl. עֲצוֹרְתָא s. TW.

עֲצָא, עֲצָא I עֵצָה (syr. ܐ·ܳ, arab. عَصّ)

Jemdn. bedrücken, ihm Gewalt anthun, etwas erpressen. — Dav. עָצְיָא m. Erpressung. — עֲצִי II (arab. عَصَّ) hart sein. — עִיצְיָא m. (hbr. עֵצָה) Rückgrat, eig. etwas Hartes, s. TW.

עָצֵל (=bh.) träge, faul sein. Grndw. wahrsch. צל, aram. טל, wov. טול, עטל; also eig. wie arab. طَال (med. Wau): an einem Orte lange verweilen, träge liegen.

Nithpa. und Hithpa. träge, nachlässig verfahren, etwas aus Nachlässigkeit unterlassen. Tam. 2, 2 מימיו לא נתעצל הכהן niemals zögerte der Priester, die Asche des Altars fortzunehmen. j. Pes. I, 28ᵃ un. נתעצל ולא שרף er zögerte nicht und verbrannte nicht die Teruma. j. Bic. III Anf., 65ᶜ. j. Keth. XII, 35ᵃ mit. כל מי שלא נתעצל בהספדו של רבי וכ׳ wer nicht aus Nachlässigkeit versäumt hat, der Trauer um Rabbi anzuwohnen, kann sich des ewigen Lebens versichert halten. Levit. r. sct. 19, 162ᵇ mit (Ansp. auf בעצלתים Khl. 10, 18) על ידי שהאדם הזה מתעצל לכסות את ראשו כראוי... על ידי שהאשה הזו מתעצלת לכסות את עצמה כראוי וכ׳ dadurch, dass der Mann vernachlässigt hat, seinen Kopf, wie es sich geziemt, zu bedecken, wurde er rheumatisch (ראומטיקוס, ῥευματικός); dadurch, dass die Frau vernachlässigt hat, sich zu bedecken, hat sie starken Blutverlust (ansp. auf מקורה=המקורה). j. B. kam. IX Ende, 7ᵃ. Num. r. sct. 20 g. E. u. ö.

עָצֵל m. Adj. (=bh.) träge, der Träge. Pl. Aboth 2, 15 הפועלים עֲצֵלִים die Arbeiter sind träge; bildl. für: die pflichtversäumenden Menschen. Pes. 85ᵃ עצלי כהונה die Trägen in der Priesterschaft, vgl. חָמֵד. — Fem. j. Pes. I, 27ᵃ un. הנשים עֲצֵלוֹת הן die Frauen sind nachlässig in der Ausübung ihrer Obliegenheiten.

עַצְלָן m. Adj. (intens. von עָצֵל) der Träge, Nachlässige. Pl. Suc. 27ᵇ משבח אני את הָעַצְלָנִין שאין יוצאין מבתיהן ברגל וכ׳ ich lobe die Trägen, welche am Feiertage nicht aus ihren Häusern gehen; denn es heisst: „Freue dich und dein Haus" (Dt. 16, 11 fg.). — Pes. 65ᵃ כת עַצְלָנִית die nachlässige Partei, die näml. später als die anderen das Pesachopfer darbrachte. Tosef. Pes. III (IV) hat dafür כת עצלנין die Partei der Trägen. — Pl. Genes. r. sct. 45, 44ᵈ die Frauen עֲצְלָנִיוֹת sind nachlässig, vgl. גֻּדְרָן. Deut. r. sct. 6, 258ᵉ dass.

עֲצְלוּת f. (=bh.) Trägheit, Faulheit. Pes. 66ᵃ Hillel sagte zu den Aeltesten Btheras: Was war die Veranlassung meines Herkommens aus Babel, um über euch als Nasi ernannt zu werden? עצלות שהיתה בכם שלא שמשתם שני

גדולי הדור שמעיה ואבטליון die Trägheit, die euch eigen ist, dass ihr nicht den Unterricht der beiden grössten Männer der Zeit, des Schemaja und Abtalion, genossen habt. Ber. 31ᵃ. Schabb. 30ᵇ u. ö., s. צֵירבוּת. j. Kil. VIII, 31ᶜ mit. man darf nicht ein Pferd an die Seite des Wagens, das von einem Rind gezogen wird, anspannen, obgleich die beiden Thiere nicht zusammen gespannt sind; מפני שזה נושא עצלותו של זה weil das je זה רוזה נושא עצלותו של זה eine Thier die Trägheit des anderen zieht; d. h. das je vorschreitende Thier das andere, zurückbleibende, träge Thier nachschleppen, ihm forthelfen muss.

עָצַם (=bh. Grndw. עץ s. d.) fest, stark, mächtig sein, werden. — Hif. fest zudrücken. Kidd. 32ᵇ יכול יעצים עיניו כמי שלא ראהו רב׳ man könnte denken, dass man die Augen vor dem vorübergehenden Alten zudrücken dürfe, als ob man ihn nicht sehe, um vor ihm nicht aufstehen zu müssen! Daher heisst es: „Du sollst aufstehen und deinen Gott fürchten" (Lev. 19, 32). Das. 33ᵃ u. ö. — Piel und Hithpa. Schabb. 151ᵇ. s. עָמַץ. Nithpa. hartnäckig streiten, seine Aussage behaupten, fest versichern. Snh. 31ᵇ שנים שנתעצמו בדין zwei Menschen, die bei einer Prozesssache heftig mit einander stritten. Tosef. B. mez. I mit. שנים שנתעצמו זה בזה ואמר אחד מהן לחברו רב׳ wenn zwei Menschen etwas gegen einander behaupten und deren Einer zum Andern sagt: Wenn ich zu dem festgesetzten Termin bei dir nicht eintreffen werde, sollst du die und die Summe von mir erhalten u. s. w., vgl. עִצּוּם nr. 3.

עֶצֶם m. (=bh.) 1) Knochen, Gebein, eig. etwas Festes. Tosef. Schabb. VII (VIII) g. E. עמד עצם בגרונו נותן על ראשו מאותו המין wenn Jemdm. ein Knochen in der Kehle stecken blieb, so lege er zur Heilung etwas von derselben Gattung auf seinen Kopf. Schabb. 67ᵇ קדקדו anst. ראשו. Chull. 58ᵃ כל בריה שאין בה עצם אין מתקיים ל׳ב חדש ein Geschöpf, das keinen Knochen hat, erhält sich nicht 12 Monate. j. Ab. sar. II, 40ᵈ ob. מעלין עצם של ראש בשבת man darf den Knochen des Kopfes (der verrenkt wurde) am Sabbat heben, in seine frühere Lage zurückbringen. j. Schabb. XIV, 14ᵈ ob. dass. — 2) Wesen, Selbstheit, eig. Festigkeit, Bestand einer Person oder einer Sache; ipse, ipsa, ipsum, insbes. mit Suffix: selbst, allein; vgl. קָרֶן und פְּרָן. Aboth 1, 14 וכשאני לעצמי מה אני wenn ich für mich allein bin, was bin ich? Das. 2, 4. 8. 13 אל תהי רשע בפני עצמך halte dich nicht selbst für einen Frevler, dass du etwa denkst, es gebe für dich keine Besserung mehr. Keth. 77ᵇ עשה בשביל כבוד עצמך thue es um deiner eignen Ehre

willen. Ber. 43ᵃ fg. זה מברך לעצמו וזה מברך לעצמו der spricht das Tischgebet für sich besonders und jener spricht es ebenfalls für sich besonders, d. h. nicht zusammen. Sifre Debar. § 9 Mose sagte zu Israel: לא מעצמי אני אומר לכם אלא מפי הגבורה אני אומר לכם ich sagte euch dies nicht aus mir selbst, sondern ich sagte es euch auf Befehl Gottes; mit Bez. auf Dt. 1, 9. R. hasch. 28ᵇ u. ö. לא נאמר בל תוסף אלא כשהוא בעצמו ... לא נאמר בל תגרע אלא כשהוא בעצמו das Verbot: „Füge nichts hinzu" (Dt. 13, 1) bezieht sich blos auf die Hinzufügung in dem Gebote selbst. (Wenn Jem. z. B. anstatt der anbefohlenen vier Schaufäden fünf anbringt, denn hierdurch vollzieht er das ganze Gebot nicht. Wenn Jem. hing. das Fest acht Tage anst. sieben Tage feiert, so hebt er durch den hinzugefügten Tag nicht die bereits verstrichenen und gesetzlich gefeierten sieben Tage auf u. dgl. m.) Das Verbot; „Nimm nichts ab davon" (Dt. l. c.) bezieht sich blos auf die Abnahme von dem Gebote selbst (wenn Jem. z. B. blos drei Schaufäden anstatt vier anbringt u. dgl. m.). — Pl. Genes. r. sct. 64, 63ᵇ (mit Ansp. auf עצמת ממנו, Gen. 26, 16) כל אותן עצמות שעצבת לא ממני היו לך hast du denn nicht alle jene Güter (eig. Stärke), wodurch du stark geworden, von uns erlangt!

עִצּוּם, עָצוּם m. N. a. 1) die Kräftigkeit, Macht, abstr. pro concret. der Mächtige. Thr. r. sv. בלה, 64ᶜ „Er zerbrach עצמותי" (Klgl. 3, 4) עיצומי בני אדם שהיו כבני העצמים d. h. meine Macht, näml. die Menschen, welche den mächtigen Riesen glichen. — 2) Selbstheit, Wesentliches. Schabb. 86ᵇ עצמו של יום eig. die Selbstheit des Tages, d. h. der Tag selbst, an welchem der Auszug aus Egypten stattgefunden hat; mit Bez. auf בעצם, Ex. 12, 51. Jom. 81ᵃ (mit Bez. auf בעצם, Lev. 23, 28. 29) על עיצומו של יום ענוש כרת ואין ענוש כרת על תוספת מלאכה ... אכילה ושתיה על עיצומו של יום ענוש כרת ואין ענוש כרת על תוספת עינוי auf das Arbeiten am Versöhnungstage selbst ist die Strafe der Ausrottung gesetzt, nicht aber auf das Arbeiten während der hinzugefügten Zeit (nach rabbinischer Lehre ist näml. das Arbeiten, sowie das Essen und Trinken kurze Zeit vor Eintritt des Versöhnungsfestes verboten). Ferner ist auf die Uebertretung des Gebotes der Kasteiung nur am Versöhnungsfeste selbst die Strafe der Ausrottung gesetzt, nicht aber auf die hinzugefügte Zeit. Men. 68ᵇ עד עיצומו של יום „bis zu dem Tage selbst" (Lev. 23, 14), an welchem die Omergarbe dargebracht wurde, darf man nichts von dem neuen Getreide geniessen. — 3) übrtr. (vgl. Nithpa.) festes Versprechen, Versicherung, die Einer dem Andern giebt im Falle der Erfüllung der verabredeten Bedingung, ähnlich אַסְמַכְתָּא s. d. (bh.

עֲצָמוֹת, Jes. 41, 28, wahrsch. dass.). — Pl. j. B. bath. X, 17° un. עִרצוּנִים ר' אבהו גבר ... ר' יונה ור' יוסי לא גבי אמר ר' מנא אף על גב דלית ר' יוסי גבר עיצומים מודה בהוא דיהב בריה גו אומנתה ועצמון ביניהון דהוא גבי was die Versicherungen anbelangt, so haben R. Abahu und Andere die versprochene Summe gerichtlich eingezogen (weil sie die Versicherung als bindend hielten); R. Jona und R. Jose hing. haben sie nicht gerichtlich eingezogen. R. Mana sagte: Obgleich man nach Ansicht des R. Jose solche Versicherungen gerichtlich nicht einzieht, so giebt er dennoch zu, dass man, wenn Jem. seinen Sohn behufs Erlernung eines Handwerkes dem Meister übergiebt und ihm eine Versicherung mit daran geknüpfter Bedingung giebt, die zugesicherte Summe gerichtlich einziehe. j. Git. V, 47ᵇ un. steht dafür: דאיכון גביר עירצומין מסני חיי הבריות man zieht eine solche versicherte Summe von Rechts wegen ein, um die Nahrung der Menschen zu erhalten; d. h. kein Meister würde sonst einen Lehrling annehmen, wenn er fürchten müsste, dass er das ihm versprochene Lehrgeld nicht bekommen würde.

עַצְמוֹנִי f. Dornstrauch, eig. etwas Holziges; ähnlich arab. عَضَم lignum dentatum. Tanch. Teze, 268° משל להדס ולעצמוני וכ' ein Gleichniss von einer Myrte und einem Dornstrauch u. s. w. In der Parall. steht richtiger עֲבַלְיָנִיה s. d.

עָצִיץ m. 1) Napf, Gefäss, das aus der Hälfte einer thönernen, hohlen Kugel besteht= נַסְטָרָא s. d. Stw. עצץ, arab. عَضّ, eig. enthalten, umfassen; ähnlich כְּלִי Gefäss, von כָּלָה umfassen. Mögl. Weise ist עָצִיץ=אָצִיץ das arab. أَصِيص. — Kel. 7, 8 עציץ נקוב ... עציץ שאינו נקוב ein durchlöcherter Napf, ein nicht durchlöcherter Napf, in welchen Getreide gesäet ist. Wenn ersterer eine Zeit im Garten verbleibt, so wird das Getreide, selbst wenn er den Napf den Erdboden nicht berührt, wegen Mischsaaten, Kilaim, verboten. Wenn hing. der Napf mit den Saaten längere Zeit auf dem Boden des Weingartens gestanden hat, so ist der Wein, ebenso wie das Getreide, verboten. Beim nichtdurchlöcherten Napf hing. entsteht ein solches Verbot nicht; anders nach Maim., vgl. Heller, Tosaf. z. St. Pes. 25ᵃ. Schabb. 98ᵃ. j. Kil. VII g. E., 31ᵃ החולש מעצץ נקוב חייב משאינו נקוב פטור Jem., der am Sabbat Saaten aus einem (auf dem Erdboden stehenden) durchlöcherten Napf ausreisst, ist straffällig; wenn aber aus einem nichtdurchlöcherten Napf, so ist er nicht straffällig. — Pl. j. Kil. l. c. חמשה עֲצִיצִים fünf Näpfe. Das. ö. — 2) Trinkgeschirr. Trop. Keth. 39ᵃ שותה בעציצו der Nothzüchtigende trinkt aus seinem Kelch. Auf welche Weise trinkt er aus seinem Kelch? Selbst wenn die Genothzüchtigte lahm oder blind oder aussätzig ist, so muss er sie heirathen und als Ehefrau behalten.

עֲצִיצָא chald. (=עָצִיץ) Napf, Geschirr. Meg. 16ᵃ. B. bath. 144ᵃ, vgl. אַצִּיצָא, s. auch TW.

עָצַר (=bh. Grndw. עץ s. d.) eig. festhalten, zurückhalten, arab. عَصَر; übrtr. herrschen, regieren, dah. עוֹצֵר: der Herrscher, der das in der Stadt zurückgebliebene (nicht in den Krieg ausgezogene) Volk beherrscht, Ggs. שׂר צבא: Feldherr. (Davon auch bh. Part. pass. עָצוּר וְעָזוּב: „der in der Stadt Zurückgebliebene und der in den Krieg Entlassene“ [עזוב entspricht ganz dem חלוץ, vollständig חלוץ צבא: für das Heer Ausgehobener, vgl. חָלָץ, d. h. „Civil und Militär“.) — Ab. sar. 71ᵃ אל יאמר אדם לנכרי עול תחת עול העצר אבל אומר לו מלטיני מן העצר (anst. des aram. עול l.=j. Dem. VI Ende, 27ᵃ עול, vgl. קָפַל) man darf nicht zu einem Nichtjuden sagen: Stelle dich (falle) anstatt meiner beim Herrscher (um für mich die Steuer zu übernehmen); aber man darf zu ihm sagen: Mache mich frei von der Herrschaft. Part. pass. Kidd. 6ᵃ עצורתי מהו wenn ein Mann zu einer Frau sagt: Du sollst die von mir Beherrschte sein! ist dies eine Formel der Trauung oder nicht? Die Erklärungen der Commentt. leuchten nicht ein. Chag. 18ᵃ (mit Bez. auf עצרת, Dt. 16, 18) מה שביעי עצור אף מה שביעי עצור אך so wie am 7. Tage des Pesach eine Enthaltung von Arbeiten stattfinden muss, ebenso muss an den anderen sechs Festtagen (einschliesslich der 5 Wochentage des Pesach) eine Enthaltung stattfinden. Das. השביעי עצור בכל מלאכה ואין ששת ימים עצורין בכל מלאכה am siebenten Tage muss eine Enthaltung von jeglicher Arbeit stattfinden, aber an den sechs Tagen braucht nicht eine Enthaltung von jeglicher Arbeit stattzufinden; da näml. das Arbeiten, wo grosser Verlust droht, דבר האבד an den Wochentagen des Festes gestattet ist; vgl. auch Sifre Reëh § 135. — Pi. dass. Pesik. Bajom haschmini, 193ᵃ כל זמן שישראל מְעַצְּרִין בבתי כנסיות ובבתי מדרשות הקב"ה עוצר עוצר שכינתו עמהם wenn Israel sich in den Synagogen und Studienhäusern lange aufhält, so hält auch Gott seine Schechina bei ihnen zurück.

עֲצַר ch. (syr. ܐܶܨܰܪ =עָצַר) pressen, die Trauben unter den Pressbalken bringen. j. Schabb. XVI, 16ᵇ ob. die Presse, דו עצר ביה womit man die Weintrauben auspresst, vgl. זַיְיָרָא. j. Bez. I, 60° mit. dass.

עִצּוּר *m.* N. a. das Verschliessen, [Zu-rückhalten. Genes. r. sct. 41, 39° אבימלך בעיצור Abimelech (wurde wegen der Sara be-straft) mit Verschliessen, dass die Frauen ihm nicht gebaren.

עֲצִירָה *f.* N. a. das Verschliessen, Ver-stopfen. Genes. r. sct. 52 g. E. (mit Ansp. auf עָצֹר עָצַר, Gen. 20, 18) עצירה בפה עצירה בגרון עצירה באוזן עצירה מלמעלה עצירה מלמטה das bedeutet: ein Verschliessen des Mundes (dass Abimelech nicht sprechen konnte), ein Ver-schliessen der Kehle (dass er nicht schlingen konnte), ein Verschliessen des Ohres (dass er nicht hörte), ein Verschliessen von oben und ein Verschliessen von unten (dass er keinen Urin liess und keinen Stuhlgang hatte). Sifre Ekeb § 43 עצירת גשמים Regenmangel.

עֶצְרָא, עָצֹר *m.* Presse, Kelter. — Pl. B. mez. 86ᵇ die Gluckhenne, דמשתכחא ביני עָצְרֵי welche oft zwischen den Keltern angetroffen wird. — *Fem.* עָצַרְתָּא dass., s. TW.

עִיצְרָא, עֶצְרָא *masc.* 1) (syr. ܥܨܪܐ) das Pressen, Keltern. — 2) (syr. ܥܨܪܐ) die ausgepressten Weintrauben, Hülsen, s. TW. — Git. 69ᵇ עצרא דכרתי Ar. (Agg. איצרא) der ausgepresste Porree, s. נישׁוֹפִתָּא.

עֶצֹרָא *m.* Adj. (syr. ܥܨܘܪܐ) der Presser, Weinkelterer, s. TW. — Pl. B. bath. 25ᵇ un. הנך עָצֹורֵי jene Mohnpresser.

עֲצֶרֶת *f.* eig. das Beschliessen, übrtr. das Schlussfest, vollständig: עצרת של פסח das Schlussfest des Pesach, d. h. das Wochenfest, wofür immer עצרת steht (=bh. חג שבועות, שָׁבֻעוֹת), während עצרת: der siebente Tag des Pesachfestes und der achte Tag des Hüttenfestes bedeutet). Pesik. Bajom haschmini, 193ᵇ und Cant. r. sv. מה יפו, 29ᵈ היתה ראויה עצרת של חג להיות רחוקה חמשים יום כשם שעצרת של פסח רחוקה חמשים יום משלו משל וכ' der Schlusstag des Hüttenfestes hätte von letz-terem ebenso 50 Tage entfernt sein sollen, wie der Schlusstag des Pesach von letzterem 50 Tage entfernt ist. Die Gelehrten haben hierauf folgendes Gleichniss angewandt: Ein König, der seine Töchter theils in der Nähe, theils in der Ferne wohnen hatte, wollte einst ein Freuden-fest feiern. Als seine Kinder sämmtlich herbei-gekommen waren, um ihn zu begrüssen, sagte er zu den Nahewohnenden: Das eigentliche Fest wollen wir auf später anberaumen, da euch die nochmalige Herreise nicht beschwerlich fällt. Mit den Fernwohnenden hing. feierte er schon bei ihrer damaligen Anwesenheit das Fest, da ihnen eine zweite Herreise zu schwer gefallen wäre. Dasselbe gilt von den beiden Schluss-festen: Am Pesach, wo der Sommer naht und eine zweite Wallfahrt nicht beschwerlich ist,

setzte Gott das Schlussfest 50 Tage später an; am Hüttenfeste hing., wo eine zweite Wallfahrt wegen des Winters zu beschwerlich ist, reihte Gott das Schlussfest unmittelbar an; vgl. auch מֶרְחֹות. Meg. taan. I und Men. 65ᵃ das Wochen-fest wurde wieder nach der Lehre der Phari-säer eingesetzt, dieses Fest näml. sieben Wochen nach dem zweiten Tage des Pesach zu feiern; כיצד בייתוסין שהיו אומרים עצרת לאחר שבת gegen die Lehre der Boëthusäer, welche behaup-teten: Das Wochenfest müsse immer an einem Sonntage gefeiert werden. Sie erklärten näml. die Schriftworte ממחרת השבת (Lev. 23, 15): „an dem Tage nach dem Sabbat", d. h. Sonn-tag nach dem Pesachfeste bringe man die Omer-garbe, das Wochenfest werde also ebenfalls an einem Sonntag (sieben Wochen später) gefeiert. Die Pharisäer hing. übersetzten das W. השבת hier durch: Feier, d. h. am Tage nach dem Feiertage des Pesach, näml. am 16. des Nisan bringe man das Omer dar, vgl. יוֹם. Die Be-nennung עצרת für das Wochenfest dürfte dieser pharis. Halacha ihr Entstehen verdanken. Man wollte hierdurch andeuten, dass das Wochenfest von dem ersten Tage des Pesach abhängig sei und eig. das Schlussfest des Pesach bilde, mit dem es durch das Zählen der sieben Wochen eng zusammenhänge, ähnlich wie das bibl. עצרת, dem Beschlusstage des Hüttenfestes; während nach der Lehre der Boëthus. (Saduzäer) das Wochen-fest nur in entfernter Berührung mit dem Pesach stand. Daher wurde auch von Seiten der Pha-risäer das sorgfältige mündliche Zählen dieser sieben Wochen (סְפִירָה s. d.) eingeführt und darauf ein so besonderes Gewicht gelegt, um ihre Ansicht möglichst zu befestigen. — B. bath. 147ᵃ, vgl. מַחֲלוֹקֶת. Tosef. Arach. I, s. הָנֵק. M. kat. 3, 6. R. hasch. 6ᵇ u. ö.

עֲצַרְתָּא od. עֶצְרְתָּא *ch.* (=עֲצֶרֶת, Joseph. Ant. III, 10, 6 Ἀζαρϑα) das Wochenfest. Pes. 42ᵇ מדיבחא ועד עצרתא vom Pesach (eig. dem Schlachtungstage des Pesachopfers am 14. des Nisan) bis zum Wochenfeste. Schabb. 147ᵇ dass. Das. 110ᵃ, vgl. רָבָנָא. Pes. 68ᵇ Mar bar Rebina fastete das ganze Jahr hindurch, לבר מעצרתא ופוריא ומעלי יומא דכפורי ausser am Wochenfest, am Purim und am Rüsttage des Versöhnungsfestes. Schabb. 129ᵇ. j. Schabb. VIII Anf., 11ᵃ u. ö., s. חָזֵק.

עָקָא, עָקְתָא *fem.* (syr. ܐܩܐ, ܐܩܬܐ, von צוק, =hbr. עָקָה Ps. 55, 4; gew. von צוק (צוק) Be-drängniss, Drangsal, Noth. Snh. 26ᵃ דא עקא das ist eine Noth. Genes. r. sct. 14 s. צוק. Das. sct. 81, 79° בשעת עקתא zur Zeit der Noth, s. דְּרָךָ. Ruth r. sv. האיש ושם, 35ᵈ כיון דאתת עקתא אזלא לך ושבקתה להון als die Hungersnoth eintraf, gingst du (Elimelech) fort und liessest sie (deine Umgebung) zurück. — Pl. Snh. 11ᵃ

Samuel, der Kleine, prophezeite vor seinem Tode: עָקָן סגיאן עתירן למיתי על עלמא‎ grosse Drangsale werden in die Welt kommen. Cant. r. sv. אם חומה‎, 33ᵃ. Tosef. Sot. XIII Anf. עקן‎ רברבן‎ dass. j. Sot. IX, 24ᵇ mit. עקרין‎. — j. B. kam. X g. E., 7ᶜ בר נש דעקין הוה‎ (oder דעקן‎) es war ein Mann der Bedrückung, der Anderen Gewalt anthat; mögl. Weise verkürzt aus דעקבן‎: ein hinterlistiger Mann.

עָקַב‎ (= bh. denomin. von עָקֵב‎; Grndwrt. עק‎, עק‎, s. עָקַב‎) 1) nachspüren, eig. den Fersen folgen. Schebu. 47ᵇ עוקב אחר הנואף‎ er begleitet den Buhlen, s. נָאַף‎. Mac. 10ᵃ ob. wird עָקֻבָּה‎ (Hos. 6, 8) erklärt: שהיו עוקבין‎ להרוג נפשות‎ sie spürten nach (vielleicht: sie waren hinterlistig), um Menschen zu tödten. — 2) umgehen. Sot. 16ᵃ בשלשה מקרואת‎ הלכה עוקבת מקרא‎ an drei Stellen umgeht die Halacha (Tradition) die Bibel. Nach dem Wortlaut der Schrift muss man das Blut vom Geflügel „mit Erde bedecken" (עפר‎ Lev. 17, 13); nach der Tradition hing. auch mit anderen Dingen. Nach dem Wortlaut der Schrift darf der Nasir nicht „ein Schermesser über sein Haupt führen" (תער‎, Num. 6, 5); nach der Tradition auch kein anderes Schneidewerkzeug. Nach dem Wortlaut der Schrift muss „der Scheidebrief auf Pergament geschrieben sein" (ספר‎, Dt. 24, 1); nach der Tradition hing. auch auf Papier, Blatt u. dgl. Ar. citirt Varr. עוקמת‎ und עוקפת‎ dass., s. עָקַם‎.

עָקַב‎ ch. (= עָקַב‎) spät (eig. als eine Ferse) kommen. Levit. r. sct. 12, 155ᵈ אילין דעללין‎ לחנותא קדמאין ונפקין עקבין‎ Ar. (mit Bez. auf מאחרים‎, Spr. 23, 30; Agg. נפסק בתראי‎) diejenigen, die in den Schankladen früh hineingehen und als die Spätesten herauskommen. — Pa. עַקֵּב‎ (syr. ܥܰܩܶܒ‎) nachspüren, aufsuchen, s. TW.

עָקֵב‎ m. (= bh.) 1) Ferse; übrtr. Unterkörper, von den Waden an. Nas. 51ᵃ רקב‎ הבא מן העקב‎ das faulige Fleisch einer Leiche, das vom Unterkörper herrührt. Ned. 20ᵇ עקבה‎ של אשה‎ wird das. erkl.: מקום הורף שהוא‎ מכוון כנגד העקב‎ Ar. (Agg. במקום השונפת‎) die weibliche Scham, die der Ferse gegenüber ist. Trop. Levit. r. sct. 27, 171ᶜ u. ö. דשו בעקב‎ sie traten die Gesetze mit der Ferse fort. — 2) trop. Sot. 8, 6 (44ᵃ) עקביו של עם‎ der Nachtrab des Heeres, vgl. זְקֵרפין‎. Seb. 63ᵇ beim Tragen der Trankopfer umringte man nicht den Altar (vgl. עָקַף‎ im Hithpa.), שהיו עולין ויורדין‎ על העקב‎ denn man bestieg ihn und kam an derselben Stelle (eig. zur Ferse) zurück. — 3) Sohle am Schuhwerk. Jeb. 12, 1 (101ᵃ) סנדל שיש‎ לו עקב‎ die Sandale, woran eine Sohle angebracht ist. Das. 103ᵇ fg. Kel. 26, 4 עקבו נפסק‎

wenn die Sohle der Sandale abgenommen wurde. Suc. 48ᵇ u. ö. — Pl. Sot. 49ᵇ בעקבות משיחא‎ רב׳‎ eig. an den Fersen, d. h. kurz vor Ankunft des Messias, vgl. מָשִׁיחָא‎.

עָקֵבָא‎ עָקִבָא‎ ch. (syr. ܥܶܩܒܳܐ‎=עָקֵב‎) Ferse, Ende. Genes. r. sct. 22, 22ᵈ בשעה שהוא רואה‎ אדם ממשמש בעיניו מתקן בשערו מהלך בעקיבו‎ הוא אומר הדין דידי‎ wenn er (der Trieb zum Bösen) einen Menschen sieht, der seine Augen befühlt, sein Haar putzt und mit gehobener Ferse geht, so sagt er: Das ist der Meinige. — Pl. Chull. 52ᵃ עִיקְבֵי דגפי‎ die Enden der Flügel eines Vogels.

עֲקָבָה‎ f. (= עֲקֵבָה‎) das Zurückhalten. j. Ab. sar. 5, 10 in der Mischna und das. 45ᵃ mit. עקבה דין‎ die vertiefte Stelle im Trichter, wo der Wein zurückbleibt, s. עֲקָבָה‎.

עָקוֹב‎ (od. עָקוֹשׁ‎) m. Akob, eig. Abhaltendes, Verhinderndes, d. i. ein fabelhaftes, schwammartiges Wesen, das, wenn man bei heftigen Regengüssen sich damit den Kopf bedeckt, vor Ueberschwemmung schützen soll. Snh. 108ᵇ Noah drohte seinen Zeitgenossen mit einer Sündflut, die Gott bringen würde; worauf sie ihm entgegneten: אם מן השמים הוא מביא יש לנו‎ מין אחד ועקוב שמו ואמרי לה עקוש שמו אמר‎ דבר אחד ועקב‎ Ar. (Agg. מבין עקבי רגליכם‎ עקש ...‎) bringt Gott jene Flut vom Himmel herab, so haben wir ein Wesen, das Akob (manche sagen: Akosch) heisst. Er aber sagte zu ihnen: Von den Fersen eurer Füsse bringt er sie; vgl. auch עֲקֵשׁיִת‎ nr. 2.

עֲקוּבָה‎ oder עֲקוּבָא‎ f. Aehnlichkeit; vgl. arab. عُقْبَة‎ vicis. Snh. 96ᵃ un. Baladan war ein König, ואשתני אשיה כעקובה דכלבא‎ Ar. hv. (Ar. sv. בא‎ 4 liest כעוקבא‎; Agg. כי דכלבא‎) aber sein Gesicht veränderte sich, dass er Aehnlichkeit mit einem Hunde bekam. — Ferner עוּקְבָא‎ od. עוּקְבָן‎ Ukba, Ukban, Name eines Exiliarchen. Pes. 115ᵇ רבנא עוקבא‎ Rabbana Ukba (Titel = hbr. רַבָּן‎) für den palästinischen Nasi. j. Erub. V, 22ᵈ mit. מר עוקבן‎ Mar Ukban. j. Meg. II, 73ᵇ mit. u. ö.

עֲקַבְיָא‎ Akabja, Name eines Tannaïten zur Zeit des Tempelbestandes. Ber. 19ᵃ die Tempelhalle umschloss nie einen Israeliten, der so bedeutend war, בחכמה בטהרה ובירואת חטא כעקביא‎ an Weisheit, an Reinheit und an Sündenscheu wie Akabja ben Mahalalel. Aboth 3, 1. Bech. 26ᵇ u. ö.

עָקַד‎ (= bh. arab. عَقَدَ‎, Grndw. קד‎) die Grndbedeut. ist (= aram. עֲקַד‎ s. d.): umbiegen; daher 1) die umgebogenen Hände oder Füsse binden; unterschieden von כָּפַת‎ s. d. Part. pass. Schabb. 5, 3 לא יצא גמל‎

במטוטלה לא עָקוּד ולא רגול das Kamel darf nicht am Sabbat mit einem wulstigen (am Schweife herabhängenden) Lappen ausgetrieben werden, weder an den Vorder- und Hinterfüssen gebunden, noch mit einem Fuss an den Bug befestigt. j. Schabb. z. St. V, 7b un. עקוד בירו אחת „gebunden" bedeutet an einem Vorderfuss. Tosef. Schabb. IV (V) Anf. עקוד שלא יכוף שתי ידיו זו לזו ed. Zkrm.: עקוד bedeutet, dass man nicht die beiden Vorderfüsse, einen dem anderen zu, umbiege. Vgl. auch Schabb. 54a. — Genes. r. sct. 55, 56b s. כָּפַת. Levit. r. sct. 3, 146d בשעה שעקד אברהם אבינו את יצחק בנו התקין הקב‏ה שני כבשים וכ‏' als unser Erzvater Abraham seinen Sohn Jizchak (mit umgebogenen Händen und Füssen) band, verordnete Gott das Darbringen der zwei beständigen Opferlämmer, des einen am Morgen und des andern vor Abend. Das. sct. 30, 174d כפת תמרים זה יצחק שהיה כפות ועקוד על גבי המזבח „der Palmenzweig" (כפת, Lev. 23, 40), das zielt auf Jizchak hin, welcher „gebunden" und mit umgebogenen Händen und Füssen auf dem Altar lag. — 2) denom. (von עֲקִידָה) den Sohn opfern. Git. 57b un. Hanna, die ihre sieben Söhne als Märtyrer sterben sah, rief aus: Gehet nun hin und saget eurem Erzvater Abraham: אתה עקדת מזבח אחד ואני עקרתי שבעה מזבחות du hast einen Opferaltar errichtet, ich aber (eure Mutter) habe sieben Opferaltäre errichtet. — Nif. נֶעֱקַד geopfert werden. Genes. r. sct. 56, 55b „Sie gingen beide zusammen" (Gen. 22, 6) זה לעקוד וזה לִיעֲקֵד der Eine (Abraham), um zu opfern und der Andere (Jizchak), um geopfert zu werden. Pesik. r. sct. 27, s. עֲקִידָה.

Hif. הֶעֱקִיד das Opfer mit umgebogenen (und gebundenen) Händen und Füssen auf den Altar legen. Pesik. Achre, 170b Abraham baute den Altar, ordnete die Holzschichte והעקירו על גבי המזבח und legte den Jizchak mit umgebogenen Händen und Füssen auf den Altar. Tamid 4, 1 לא היו כופתין את הטלה אלא מעקידין אותו (so richtig in Tlmd. Agg.) man band nicht das Lamm (das Tamidopfer an seinen vier Füssen), sondern man umfasste es; man hielt näml. seine umgebogenen Vorder- und Hinterfüsse mit der Hand fest. Vgl. Gem. das. 31b יד ורגל כעקידת יצחק בן אברהם am Vorder- und Hinterfuss auf dieselbe Weise, wie die Opferung Jizchak's vollzogen wurde. Das Binden (כפיתה) der Füsse hing. sei nach einer Ansicht eine Verachtung der Opfer (בזיון קדשים), nach einer andern Ansicht ein heidnischer Brauch (חוקי העמים) bei den Götzenopfern. So nach Raschi und die Maim. in s. Comment., vgl. auch Maim. Jad chasaka Titel Temidim cap. 1 § 10. Nach den anderen Commentt. bedeutet כפה: die Hände (Vorderfüsse) und die Hinterfüsse zusammenbinden; עקד hing.:

je eine Hand und einen Fuss zusammenbinden.

עֲקַד ch. (syr. ‎صَلَب‎ trnsp. = עָקַד) 1) auf die Kniee fallen, dass., was hbr. קָדַד. — 2) die umgebogenen Kniee festhalten, viell. zusammenbinden, s. TW.

עֲקֵידָה f. die Opferung, bes. des Jizchak, der mit umgebogenen Händen und Füssen gebunden auf dem Altar lag, die Akeda. j. Taan. II, 65d ob. Abraham sagte: „Gott wird ihnen eingedenk sein der Opferung ihres Erzvaters Jizchak und für sie voll Erbarmens sein. Mechil. Bo Par. 7: „Ich werde das Blut sehen" u. s. w. (Ex. 12, 13) רואה אני דם עקירתו של יצחק ich werde das Blut der Opferung Jizchak's sehen. Das. „Als der Engel verderben wollte, sah Gott (1 Chr. 21, 15). מה ראה דם עקירתו של יצחק was sah er? Das Blut des geopferten Jizchak. Das Blut Jizchak's bedeutet sein Wille, sich opfern zu lassen, sowie das Blut des anstatt seiner geopferten Widders (dass. gilt von der Asche Jizchak's, vgl. מִקְלָה). Levit. r. sct. 2, 146d so oft Israel beim Opfern der beständigen Lämmer, התמידים, die Schriftstelle: „Am Norden vor Gott" (Lev. 1, 11) verlas, זוכר הקב‏ה עקירת יצחק war Gott der Opferung Jizchak's eingedenk; weil näml. hierbei die Institution der beständigen Opferlämmer eingeführt wurde, s. Kal. Daher wird auch unter den Opfern ausnahmsweise nur das des Tamid עקירה genannt, s. w. u. Das. sct. 29, 173c u. ö. Pesik. r. sct. 27, 52d Jizchak sagte: רבון העולמים זכור לעקירה שנעקרתי לפניך ונתחר טלה אחת טלה (l. תחת) Herr der Welten, sei eingedenk der Opferung, mit der vor dir geopfert wurde und wie ich ein Lamm anstatt des Lammes (d. h. anstatt meiner) gegeben habe. — Tam. 4, 1 וכך היתה עקירתו ראשו לדרום וכ‏' auf diese Weise fand die Opferung des Tamid statt: Sein Kopf war nach dem Süden gerichtet u. s. w.

עֲקִידְתָא chald. (= עֲקִידָה) die Opferung, Akeda, s. TW.

עֲקִיבָא, עֲקִיבָה Akiba ben Josef, die festeste Säule der traditionellen Lehre, ein Mann, der auf dem Gesammtgebiete des jüdischen Wissens an Gelehrsamkeit und Geistesschärfe alle seine Zeitgenossen (Anfang des 2. Jahrh.) überragte. Die Hauptautoren der Mischna und Borajtha, näml. R. Meïr, R. Juda u. A., waren seine Schüler und referirten die Halacha's desselben, vgl. כָּתַם, כְּסִפְרָא u. v. a. Beim Aufstande der Juden unter Hadrian war Akiba ein Hauptagitator, der auch den Revolutions-Häuptling Bar Kochba, als den erhofften Messias proklamirte, vgl. מוֹעֵד, מְשִׁיחָא, מְשִׁיחַ u. v. a. — Jeb. 16a R. Dosa

86*

ben Harchinas rief, als er des R. Akiba ansichtig wurde, ihm zu: אתה הוא עקיבה בן יוסף ששמך הולך מסוף העולם ועד סופו שב בני שב כמותך ירבו בישראל du bist also der Akiba ben Josef, dessen Ruf von einem Ende der Welt bis zum andern Ende reicht! Setze dich nieder, mein Sohn, setze dich; deines Gleichen möge es Viele in Israel geben! Num. r. sct. 19, 238ᵃ דברים שלא נגלו למשה נגלו לר' עקיבא וחביריו Lehren, die selbst dem Mose nicht geoffenbart worden waren, wurden dem R. Akiba und seinen Genossen geoffenbart.

עֲקִילָס Akilas, Aquila, der Proselyt, עקילס הגר, der nach Unterweisung von R. Elieser und R. Josua (also Zeitgenosse des im vrg. Art. erwähnten Akiba) eine griech. Bibelübersetzung abfasste, von der sich noch einige unter diesem Namen bekannten Fragmente erhalten haben. Ob der chald. Uebersetzer des Pentateuch, אונקלוס mit עקילס identisch sei, möge hier dahingestellt bleiben, und dass er ein Schwestersohn des Kaisers Hadrian gewesen sein soll, ist wohl eine blosse Sage. Er kommt sehr oft in jer. Gem. und in den Midraschim vor, gew. עקילס תירגם Akilas übersetzte. j. Dem. VI, 25ᵈ mit. j. Suc. III, 25ᵈ mit. und m., s. הרדור. u. v. a. j. Kidd. I, 59ᵃ ob. תירגם עקילס אתנסיריא Akilas übersetzte in Gegenwart עקיבא לפני ר' des R. Akiba, vgl. פַּתֹשׁ. Genes. r. sct. 21 Anf. und sehr oft.

עֲקַל (=bh. syn. mit עָקַב, עָקַם u. a. Grndw. עק) krümmen, eig. (intens. von עָגַל) rund machen. Part. Pual Sifre Haasinu § 308 מקל מְעֻקָּל ein krummgebogener Stock.

עֲקָל m. 1) Flechtwerk in der Kelter, in welchem die vom Pressbalken weggenommenen Oliven noch einmal ausgepresst werden und aus welchem die Oelreste ablaufen. Stw. vrg. עֲקָל, eig. umwinden, umbinden, daher flechten. Toh. 10, 8 העקל, wofür j. Ab. sar. V g E., 45ᵇ העקל של נצרים das Flechtwerk aus Weiden. — Ab. sar. 75ᵇ העקלים של נצרין pl. Nid. 65ᵃ dass. Nach einigen Comment. bedeutet עקל dasjenige Flechtwerk, das als eine Umzäunung des Pressbalkens dient, damit die Oliven nicht hin und her zerstreut werden. Maasr. 1, 7 s. גְּמֹל. Schabb. 144ᵇ מעקל Ar. (Agg. מעיקול). Snh. 26ᵃ Resch Lakisch tadelte Jemdn., der seinen Weingarten im Brachjahr beschnitt, in Gegenwart anderer Gelehrten: אמרו ליה יכול לומר לעקל בית הבד אני צריך אמר להן הלב יודע אם לעקל אם לעקלקלות Letztere sagten zu ihm: Jener Mann kann sich ja entschuldigen: Ich brauche die Gerten zum Flechtwerk in der Kelter. Er entgegnete ihnen: Das Herz weiss es, ob es zum Flechtwerk oder zum Ränkespinnen dienen sollte. — Pl. j. Schebi. IV, 35ᵃ mit. steht dafür: אמר ליה לַעֲקָלִין אנא

בעי הלב יודע וכ' jener Mann entschuldigte sich bei Resch Lakisch: Ich brauche es zu den Flechtwerken; worauf letzterer erwiderte: Das Herz weiss u. s. w. Exod. r. sct. 15, 115ᵇ עקלים של זיתם die Flechtwerke für die Oliven. — 2) ein tiefes und rundes Behältniss, das an der Aussenseite des Schiffes angebracht ist. Machsch. 5, 7 המים העולים בספינה ובעקל das Wasser, das in das Schiff oder in das Schiffsbehältniss eindringt. Nach Maim.: Ein Behältniss am Boden des Schiffes, welches die Flüssigkeiten des letzteren aufnimmt. Tosef. Kel. B. mez. I Anf. עשרו להכביד בו את הספינה wenn Jem. aus dem Behältniss, das zum Beschweren des Schiffes bestimmt ist, Gefässe anfertigt.

עֲקוֹלֵי m. pl. Krümmungen des Hafens, Bucht. Keth. 97ᵃ אגלאי מילתא דארבא בעקולי הוה קיימא es wurde später bekannt, dass das Schiff (mit seiner Weizenladung, infolge des hohen Wasserstandes) in der Bucht liegen bleiben musste. Ab. sar. 34ᵇ עקולי ופשורי die Krümmungen und Unebenheiten des Ufers, welche den Schiffslauf verzögern. Nach Raschi bedeutet פשורי: aufthauende Schneemassen. B. bath. 24ᵃ dass.

עִקֵּל od. עִקְלָן m. Adj. der Krummbeinige. Bech. 45ᵇ העיקל איזהו העיקל כל שהוא מקיף פרסותיו ואין ארכבותיו נוקשות זה זו der Krummbeinige (darf nicht den Priesterdienst verrichten). Was bedeutet: Der Krummbeinige? Jem., bei dem, wenn er seine Fusssohlen an einander bringt, seine Kniee nicht aneinander schlagen; weil sie näml. nach aussen zu krumm sind. Sifra Emor cap. 2 Par. 3 העיקלן (welche Form richtiger ist). Tosef. Bech. V g. E. עקלן dass.

עִקְלָא m. ch. (=hbr. עָגִיל) Ring, eig. Umwindendes. Pl. עִיקְלַיָּא s. TW.

עֲקַלְקַלּוֹת f. Adj. eig. (=bh.) gewunden, krumm. Trep. Tücke. Snh. 26ᵃ und j. Schebi. IV, 35ᵃ mit., s. עֲקָל.

עֲקַלָּתוֹן m. Adj. eig. (=bh., von einem Sbst. עֲקַלָּה) gewunden; übrtr. tückisch, hinterlistig. j. Dem. IV, 24ᵃ ob. מהו שישאלנו דרך עקלתון darf man Jemdn. (der im Verdachte steht, den Zehnten nicht zu entrichten, betreffs der von ihm gekauften Früchte) auf hinterlistige Weise fragen, ob er den Zehnten entrichtet habe? (Im Rituale, Musaf des Versöhnungsfestes) דחות בפלולי עקלתון den Tückischen, d. h. den Satan durch mein Gebet verstossen).

עֲקַם (syn. mit עָקַל, עָקַב u. a. Grndw. עק) krümmen. j. Erub. II, 20ᵃ un. הגמל עוקם צואריו das Kamel krümmt seinen Hals. — Oefter:

Pi. krümmen, krummbiegen, wenden. Meg. 17ᵇ פיו עִיקֵּם er krümmte seinen Mund. Num. r. sct. 20, 241ᵈ s. עָקַם. Genes. r. sct. 50, 49ᵈ עקמו עלי את הדרך kommt auf einem Umwege zu mir. j. Jom. VII, 44ᵇ un. שלשים ושתים אמה היו בו והיה מעקמו לכאן ולכאן der Priestergurt war 32 Ellen lang und man konnte ihn dahin und dorthin wenden. Levit. r. sct. 10, 154ᵃ steht dafür עוּקְמו Kal. Part. pass. j. Erub. V, 22ᵈ ob. היה הנחל מְעוּקָם wenn der Bach gekrümmt, geschlängelt war. j. Kil. IV Anf. 29ᵇ u. ö. — Trop. Genes. r. sct. 32, 30ᵈ מצינו שעיקם הקב״ה שתים ושלש תיבות בתורה וכ׳ wir finden, dass Gott zwei bis drei Wörter in der Thora krümmte (umgehend stellte), um sich nicht eines hässlichen Ausdrucks zu bedienen; näml. אשר לא טהורה היא „welches nicht rein ist" (Gen. 7, 2), anst. des einen Ws. הטמאה. Pes. 3ᵃ steht dafür אחרות שמנה acht Buchstaben dass., näml. 13 statt 5. Das. R. Papa fand auch neun Buchst., Rebina fand 10 Buchst., R. Acha bar Jakob sogar 16 Buchst., näml. 1 Sm. 20, 26. Levit. r. sct. 26 Anf. und Num. r. sct. 19 Anf. dass. Exod. r. sct. 9, 110ᵃ die Schrift (Jer. 46, 22) vergleicht die egyptische Regierung mit der Schlange: מה הנחש מעוקם אף המלכות מעקמת דרכיה לפיכך אמר הקב״ה למשה כשם שהנחש מעוקם אף פרעה מעוקם כשיבא להתעקם אמור לאהרן ויהלם כנגדו וכ׳ denn so wie die Schlange gekrümmt, gewunden ist, so verkrümmt auch die Regierung ihre Wege. Deshalb sagte Gott zu Mose: So wie die Schlange gewunden ist, so ist auch Pharao gewunden; wenn er also sich mit Worten winden wird, so sage dem Aharon, dass er ihm den Stock (der sich in eine Schlange verwandelt hatte) entgegenschwinge, um ihm anzudeuten, dass er damit gezüchtigt werden würde; vgl. auch פְּרִיכָה.

עֲקַם ch. (syr. ܥܩܰܡ=עָקַם) krümmen. j. Taan. IV, 68ᵃ mit. הוינא עקים אסטרטין ich krümmte die Strassen, d. h. machte einen Umweg.

עָקֹם m. Adj. krumm, gewunden. Suc. 32ᵃ ein Palmenzweig, דומה למגל עקום der gewunden und einer Sichel ähnlich ist. j. Erub. I, 18ᶜ un. j. Dem. II Anf., 22ᵇ u. ö. — Fem. Suc. 6ᵇ דופן עקוּמָה eine krumme Wand. j. Taan. IV Anf., 67ᵇ ר׳ נפתלי הוות אצבעתיה עקומה R. Naftali hatte eine krummen Finger. j. Meg. IV, 75ᵇ un. dass. — Pl. Meg. 24ᵇ seine Hände waren עֲקוּמות עֲקוּמות gekrümmt oder seitwärts gebogen. Genes. r. sct. 41 Anf. עקומים, Ar. s. קְרוּמים, עמומים.

עוּקְמָא ch. (syr. ܥܽܘܩܡܳܐ=עָקֹם) verkehrt, verdreht, perversus. — עִיקְמָא m. Verkehrtheit, Tücke, s. TW. — עֲקַמָא f. krummer

Weg, Irrweg. — Pl. עֲקָמִין Genes. r. sct. 33, 31ᵃ und Parall., s. קְמָנָא.

עֲקִימָה f. N. a. das Krümmen, Krümmung. Meil. 17ᵇ מקימה שסתיך אתה ניכר שהתלמיד חכם אתה durch die Verziehung (Krümmung) deiner Lippen giebst du zu erkennen, dass du ein Gelehrter bist. Keth. 45ᵇ עקימת שפתיו גרמה לו die Krümmung seiner Lippen (d. h. das Vorbringen eines Verdachtes) veranlasste seine Bestrafung. Snh. 65ᵇ R. Jochanan sagte: עקימת פיו הוי מעשה das Krümmen des Mundes wird als eine That angesehen. Wenn daher Jem. durch Anschreien den Dreschochsen vom Fressen abhält, oder zwei Thiere verschiedener Gattung zum Ackern antreibt (Dt. 25, 4 und 22, 10), so ist er straffällig (ohne That, Handlung erfolgt näml. keine Strafe, vgl. לָאו). Resch Lakisch sagte: עקימת פיו לא הוי מעשה das Krümmen des Mundes wird nicht als eine That angesehen. B. mez. 90ᵇ dass. j. Kil. IV, 29ᵇ ob.

עוּקְמָתָא, עֲקִימוּתָא chald. (syr. ܥܽܘܩܡܽܘܬܳܐ= עֲקִימָה) eig. Verkrümmung, trop. Verkehrtheit, Tücke, s. TW.

עֲקַמְמִית f. 1) Krümmung. Erub. 14ᵃ עקמומיתה חוץ למבוי ... עקמומיתה למעלה מעשרים der krumme Theil des Balkens reicht ausserhalb der Halle; der krumme Theil reicht über 20 Ellen. j. Ber. IX, 13ᶜ ob. דרך עקמומית es war ein krummer, ein Schneckengang. היתה — Pl. j. Erub. I, 18ᶜ un. עַקְמוּמִיות דרך ein Weg mit Krümmungen. Das. 19ᵃ un. — 2) trop. Tücke. Ber. 59ᵃ die Gewitter kommen, לפשוט עקמומית שבלב um die Tücke des Herzens gerade zu machen, zu entfernen.

עֲקַמְמִיתָא ch. (=עֲקַמְמִית) 1) Krümmung, Höcker. Snh. 91ᵃ בעיטנא בך ופשיטנא לעקמומיתך ich werde auf dich treten und deinen Höcker gerade schlagen, s. גְּבִירָה. — 2) Tücke, Hinterlist, s. TW.

עֲקַמְנוּת f. Verkehrtheit, Umwege. Levit. r. sct. 11, 154ᵈ (mit Ansp. auf Ps. 18, 27) zur Zeit, als Abraham vor Gott „in Geradheit" wandelte, begegnete ihm Gott ebenf. „mit Geradheit;" בשעה שבא בעקמנות הקב״ה בא עמו בעקמנות als er aber auf Umwegen vor ihn kam, kam auch Gott mit ihm auf Umwegen; näml. Gen. 15, 2. 4: „Ich gehe einsam"; „Dieser wird dich nicht beerben." Dass. auch von Mose בשעה שבא בעקמנות הקב״ה בא עמו בעקמנות als er auf Umwegen kam, so kam auch Gott mit ihm auf Umwegen, näml. Ex. 3, 13. 14: „Wenn sie zu mir sagen werden: „Wie ist sein Name" u. s. w. „Ich bin, der ich bin." Midr. Tillim zu Ps. 18, 27 dass.

עוּקְמָנוּתָא, עֲקִמְנוּתָא ch. (syr. ܥܽܘܩܡܳܢܘܬܐ

=עֲקַמְנוּת) Krümmung, Verkehrtheit, Tücke, s. TW.

עוֹקְמָן ,עֲקְמָן m. Adj. der Verkehrte, Tückische. Pl. Sifre Haasinu § 308 Mose sagte zu Israel: אתם עוֹקְמָנִים ופתלתולים „ihr seid tückisch und falsch" (Dt. 32, 5). j. Jom. VII, 44ᵇ un. אית דבעי נימר על העוקמנים manche wollen sagen: (Der Priestergurt sühnte) die Verkehrten, Tückischen, vgl. עָקַם Piel. Levit. r. sct. 10, 154ᵃ und Cant. r. sv. כמוגדל, 21ᵇ dass.

עוֹקְמָנָא ch. (=עוֹקְמָן) verkehrt, tückisch, s. TW.

עָקְנָא m. (intens. von עָקָא) Noth, Drangsal, s. TW.

עֲקִיסָה ,עֲקַץ s. עֲקִיצָה ,עָקַץ.

עָקַף (arab. عَقَفَ inflexit, syn. mit עָקַם, עָקַב u. עָקַב, Grndw. עק od.קף.) umgehen, umbiegen. j. Kidd. I, 59ᵈ ob. בג' מקומות התורה עוקפת 'למקרא ובמקום אחד למדרש וכ an drei Stellen umgeht die Tradition die Schrift und an einer Stelle den Midrasch, näml. eine der 13 Normen; in den Parall. steht עוקבת s. עָקַב. Sot. 16ᵃ Var. — j. Git. V, 46ᶜ mit. weshalb erhält der Gläubiger die Bezahlung seines Darlehns nicht von dem besten Felde des Schuldners? Damit er nicht, wenn er bei Jemdm. ein schönes Feld sieht, ומלוה אותו מעות ועוקף ונוטלה ממנו ihm Geld leihe und auf ränkevolle Weise (eig. umgehend) ihm jenes Feld fortnehme; vgl. Git. 49ᵇ.

עֲקִיפִין ,עֲקִיפִים m. pl. 1) runder Platz, Circus, wo die Sträflinge zur Beschimpfung oder auch zur Geisselung herumgeführt wurden; ähnlich arab. أعْقَف curvus. Sifre Waëthchan. § 26 Mose bat Gott, seine Schuld bekannt zu machen (vgl. סוּרְחָן), damit man nicht etwa glaube, er sei wegen einer grossen Sünde bestraft worden. משל למלך שגזר ואמר על מי שיאכל פגי שביעית יהיו מחזירין אותו בעקיפים הלכה אשה אחת בת טובים ... והיו מחזירין 'אותה בעקיפים אמרה וכ ein Gleichniss von einem König, der ein Edikt erliess, dass man jeden, der die Früchte des Brachjahres essen würde, im Circus herumführen sollte. Als eine Frau von edler Herkunft sich dieses Vergehen zu Schulden kommen liess und man sie deshalb in dem Circus herumführte, bat sie den König, ihre Schuld bekannt zu machen; damit man nicht etwa glaube, sie wäre wegen eines schweren Verbrechens, Buhlerei oder Zauberei, bestraft worden. Jalk. I, 261ᶜ liest קורסוּרין, s. d. Unsere LA. jedoch scheint richtiger zu sein. — 2) trop. Umgehung, Hinterlist, Ränke. B. kam. 113ᵃ אין באין עליו בעקיפין man darf nicht über ihn (den Nichtjuden bei seinem Processe mit einem Juden) mit Hinterlist herfallen, um den Juden von der Schuld loszumachen.

עָקַץ (syn. mit קְצָה ,קָצָה; Grndw. קץ) 1) abschneiden, bes. die Frucht am Stiele abhacken. Pea 7, 3 עקץ את האשכול eig. er zerschnitt den Stiel der Weintraube. Snh. 41ᵃ. B. kam. 70ᵇ עקוץ תאינה schneide die Feige ab. — 2) (denom. von עוֹקֶץ) stechen, eig. die Spitze oder den Stachel hineinstecken. j. Ber. VIII, 12ᵇ mit. נימיר לא יאמר לך אדם שעקצו חברבר וחיה niemals wird dir Jem. erzählen, dass ihn eine buntgefleckte Schlange gestochen habe und er dennoch am Leben geblieben sei. Cant. r. sv. עד שהמלך, 10ᵈ sie schliefen fest אפילו פורטעגא לא עקץ בם und selbst ein Floh (=פרעש) stach sie nicht. Das. sv. אחזו, 16ᵇ so oft die Egypter vermutheten, dass ein israelitischer Knabe in einem Hause versteckt wäre, führten sie ihre Kinder dorthin; 'ועוקצין אותם הדן בוכין וכ stachen dieselben bis sie weinten. Wenn nun der israelitische Knabe sie weinen hörte, so weinte er mit ihnen; sie ergriffen ihn und warfen ihn in den Nil; vgl. auch בָּכָה im Piel. — 3) trop. sticheln. Esth. r. sv. ורמאן, 104ᵇ Waschti wollte dem Ahaswer nicht gehorchen, vor den Fürsten zu erscheinen; עקצתו ולא עקצו eig. sie stichelte ihn, er aber wurde vom Sticheln nicht getroffen; d. h. alle ihre Vorstellungen, um ihn von seinem, ihm selbst nachtheiligen Verlangen abzubringen, blieben fruchtlos, vgl. קוּמֹּוֹס. Das. ö.

עֲקַם ,עֲקַץ ch. (syr. ܥܩܰܨ Pa.=עָקַץ) stechen, s. TW. — Trop. Bech. 31ᵇ R. Schescheth sagte: מאן דעקיץ ליעקציה עקרבא (Ar. ed. pr. דעקץ עקסתיה) denjenigen, der mich gestochen hat, steche ein Skorpion; bildl. für: wer mich durch Verschweigen meines Namens den Referiren meiner Halacha gekränkt hat, den treffe der Bann, s. den nächstflg. Art.

עֲקִיסָה ,עֲקִיצָה f. N. a. 1) das Abschneiden der Frucht am Stiele. j. Maas. scheni V, 56ᵇ ob. שכר עקיצה der Lohn für das Abschneiden. — 2) das Stechen, der Stich. Aboth 2, 10 עקיצתן עקרב (Ar. ed. pr. עקיסתן עקרב) ihr Stich (d. h. der Bann der Gelehrten) ist ein Skorpionenstich. Num. r. sct. 3 Anf. dass.

עוֹקֶץ masc. der Stiel, Stachel, Spitze, überh. der unterste Theil eines Gegenstandes. j. Dem. V, 24ᵃ un. בתחלת כל עוקץ ועוקץ am Anfange eines jeden Endes (unteren Theiles) der Feigen. Genes. r. sct. 12, 13ᶜ העוקץ שלו מלמעלה seine (des Bchstbn. He) Spitze ist nach oben gekehrt. Kel. 13, 5 u. ö. עוקצה die Spitze einer Nadel, s. חָרִיר I. j. Schabb. XIV, 14ᵈ ob. עוקץ עקרב der Skorpionenstachel, ein Heilmittel für ein rothes Auge. Nid. 47ᵃ

הָעוּקֶץ (in Gem. das. erkl.: עוּקְצוֹ שֶׁל דָּד) die Warze, Spitze der weiblichen Brust. Suc. 34ᵇ נִיטַל עוּקְצוֹ wenn der Stiel des Paradiesapfels fehlt. Num. r. sct. 241ᵃ u. ö., s. רְבוֹלָה. Tam. 3, 1. 4, 3 הָעוּקֶץ בִּימִינוֹ וְהָאַלְיָה מְדוּלְדֶּלֶת בֵּין אַצְבְּעוֹתָיו den Wadenknochen (oder: den untersten Wirbel des Rückgrats = bh. עֶצֶה) des Tamidopfers hielt der Priester in seiner Rechten und der Schweif desselben hing zwischen seinen Fingern herab. Chull. 93ᵃ חוּטִין שֶׁבָּעוּקֶץ אֲסוּרִים die Adern an der Hanke (Raschi הַלְקָא: 'hanche) sind zum Essen verboten. Das. 59ᵃ. — Pl. Levit. r. sct. 30, 174ᵈ „Der Palmenzweig" (Lev. 23, 40) zielt auf Ribka; מַה תָּמָר זוֹ יֵשׁ בָּהּ אוֹכֶל וְיֵשׁ בָּהּ עוּקְצִין כָּךְ הֶעֱמִידָה רִבְקָה צַדִּיק וְרָשָׁע so wie die Palme Speise (Dattel) und Stiele hat, ebenso brachte Ribka einen Frommen und einen Frevler zur Welt. Ukz. 1, 6 fg. עוּקְצֵי הָאֲנִיס ... עוּקְצֵי אַגָסִים die Stiele der Feigen, die Stiele der Birnen. Snh. 41ᵃ u. ö.

עוּקְצָא, עוּקְקָא chald. (syr. ‎ܥܘܩܨܐ‎=עוֹקֶץ) Stachel, Spitze, unterer Theil eines Gegenstandes. j. Nas. IX, 57ᵈ mit. כְּגוֹן אִילֵין נוּנֵי צְלָיָיא רֵישֵׁיהּ דְּהֵן גַּבֵּי עוּקְצֵיהּ דְּהֵן wie jene Bratfische, bei welchen der Kopf des einen neben dem Schwanze des andern liegt u. s. w., vgl. כּוּן (wos. jedoch צְלָיָיא ausgefallen ist). Ber. 58ᵇ un. אִי לָאו עוּקְצָא דְּעַקְרְבָא דְּמַנַּח בְּנַהַר דִּינוּר וכ' (Ar. עִקּוֹסָא) läge nicht der Stachel des Skorpions (des Sternbildes im Thierkreise) in dem Feuerstrom, so würde Niemand, der von einem Skorpion gebissen wurde, am Leben bleiben. — Pl. Erub. 100ᵇ אִית לֵיהּ עוּקְצֵי ... לֵית לֵיהּ עוּקְצֵי (Ar. עוּקְסָא) wenn der Schuh Spitzen hat, wenn er keine Spitzen hat. — Uebrtr. Spitzwinkel. Bez. 24ᵃ כָּל הֵיכָא דְּאִיכָּא עוּקְצֵי עוּקְצֵי בִּיבַר (Ar. עוּקְסֵי. אוֹקְצֵי) גְּרוֹל וכ' jeder Thierbehälter, der mehrere Spitzwinkel hat (wohin die Thiere sich flüchten können, wodurch ihr Einfangen erschwert ist) wird ein grosses Vivarium genannt u. s. w. Schabb. 106ᵇ dass. — Davon rührt auch der Name des Talmudtractats עוּקְצִין, Ukzin, der grösstentheils die Unreinheitsgesetze über Stiele, Schalen der Früchte u. dgl. behandelt; vgl. Horaj. 13ᵇ.

עָקִיק m. Name eines Edelsteines. Arab. عَقِيق Carneol, s. TW.

עָקַר (=bh.) eig. denom. von עִיקָר: entwurzeln, niederreissen, eradicare; übrtr. (=bh. שֵׁרֵשׁ) 1) Menschen oder Gegenstände aus ihrem Aufenthalte losreissen, entfernen. Pesik. Echa, 123ᵃ כָּל מָקוֹם שֶׁנֶּאֱמַר אָדֹן עִיקָר דִּיּוּרִין וּמַכְנִיס דִּיּוּרִין überall, wo in der Schrift אָדֹן steht (Jes. 1, 24 u. a.) bedeutet es: Gott, der die Einwohner aus ihrem Wohnort losreisst und andere Bewohner dorthin ver-

pflanzt. Als Beweis für die Richtigkeit dieser Bedeutung wird das. angeführt Jos. 3, 11: עוֹקֵר er entfernte die Kananiter כְּנַעֲנִים וּמַכְנִיס יִשְׂרָאֵל und brachte dorthin die Israeliten. Pes. 115ᵇ עוֹקְרִין אֶת הַשֻּׁלְחָן וכ' man rückt am Pesachabend den Tisch von seiner Stelle, näml. vor demjenigen, der die Agada (vgl. אַגָּדָה) spricht; damit dies den Kindern auffalle und sie zu der Frage veranlasse: Weshalb geschieht dies? Pea 6, 9 סְאָה תְּבוּאָה עֲקוּרָה וּסְאָה שֶׁאֵינָהּ עֲקוּרָה wenn ein Seah (Mass) Getreide ausgerissen und ein Seah nicht ausgerissen war. — Uebrtr. Meg. 5ᵇ Rabbi בִּקֵּשׁ לַעֲקוֹר תִּשְׁעָה בְּאָב וְלֹא הוֹדוּ לוֹ wollte den Fasttag des Neunten des Ab (Tempelzerstörung) aufheben; die Gelehrten jedoch stimmten ihm nicht bei. Nach einer Ansicht war damals dieser Fasttag auf einen Sabbat gefallen, weshalb er ihn ganz aufheben wollte, dass man ihn auch am darauffolgenden Sonntag nicht abhalte. Horaj. 14ᵃ עוּקֵר הָרִים רַבָּה Rabba war ein Bergentwurzler; bildl. für scharfsinnig, s. סִינַי. j. Kidd. II, 62ᶜ un. זָקֵן עוֹקֵר אֶת הַנֶּדֶר מֵעִיקָּרוֹ der Gelehrte hebt das Gelübde von seinem Ursprunge auf, d. h. als ob es gar nicht gethan worden wäre; im Ggs. zum Vater, der die Gelübde seiner Tochter und zum Manne, der die Gelübde seiner Frau auflöst, welche Gelübde erst von der Zeit der Auflösung an annullirt werden. j. Nas. IV, 53ᵇ mit. u. ö. dass. Pes. 101ᵇ fg. לְאָצָה רַגְלֵיהֶם (=bh. נָשְׂאוּ רַגְלֵיהֶם) sie rückten ihre Füsse, um zu gehen, d. h. sie schickten sich zum Gehen an. Levit. r. sct. 19, 162ᵃ wenn auch alle Völker zusammenträten, um einen Rabenflügel weiss zu machen, so vermöchten sie es nicht; כָּךְ אִם מִתְכַּנְּסִין כָּל אוּמוֹת הָעוֹלָם לַעֲקוֹר מִמֶּנִּי אַתָּה לְמַד מִשְּׁלֹמֹה עַל יְדֵי שֶׁבִּקֵּשׁ לַעֲקוֹר אוֹת אַחַת מִן הַתּוֹרָה עָלָה קַטֵּגוֹרוֹ ebenso wenig würden alle Völker, wenn sie zusammenträten, um ein Wort aus der Gesetzlehre aufzuheben, es vermögen. Von wem kannst du dies lernen? Von Salomo, gegen den, als er einen einzigen Buchstaben aus der Gesetzlehre entfernen wollte, sein Ankläger sich erhob. Salomo soll näml., als er sich viele Pferde anschaffte, viele Frauen heirathete und viel Gold und Silber anhäufte, sich bestrebt haben, den Buchstaben Jod aus den Worten יַרְבֶּה (Dt. 17, 16. 17) zu entfernen, um die betr. Verbote abzuschwächen. Das, das Buch Deuteronomium klagte deshalb den Salomo an, worauf ihm Gott erwiderte: צֵא לָךְ הֲרֵי שְׁלֹמֹה בָּטַל וּמֵאָה כַּיּוֹצֵא בּוֹ וְיוֹד מִמְּךָ אֵינָהּ בְּטֵלָה לְעוֹלָם gehe fort, Salomo und hunderte seines Gleichen werden untergehen, aber auch nicht ein Jod aus dir wird jemals untergehen. Das. ö. — 2) (arab. عَقَر) unfruchtbar, impotent machen. Genes. r. sct. 45, 44ᶜ לָמָה עֲקַרְתִּי אֶתְכֶן וכ' weshalb habe ich euch unfruchtbar erschaffen? Um

eure Gebete zu hören, vgl. Nithpa. Part. pass.
Jeb. 64ᵇ יצחק עָקוּר היה Isaak war unfruchtbar.
Das. מפני מה היו אבותינו עֲקוּרִים מפני וכ׳ weshalb waren unsere Erzväter unfruchtbar? Weil
Gott gern die Gebete der Frommen hört. Trop.
Bech. 44ᵇ לא יהיה בך עקר מן התלמודים ועקרה
שלא תהא תפלתך עקורה לפני המקום „Es wird
unter dir kein Unfruchtbarer sein" (Dt. 7, 14),
d. h. betreffs der Schüler (deine Lehre wird für
sie fruchtbar sein); „und keine Unfruchtbare",
dass dein Gebet vor Gott nicht fruchtlos sein
wird.

Pi. עִיקֵּר entwurzeln, losreissen. Genes.
r. sct. 42, 40ᵈ u. ö. השלישי מעקר בגפנים der
dritte Feind entwurzelte die Weinstöcke, vgl.
זָנֵב. Chull. 81ᵇ fg. המעקר wenn Jem. die Halsgefässe von der Wurzel losreisst, vgl. עִיקּוּר.
Tosef. Schabb. VII (VIII) עוקרין על המלכים וכ׳
(richtiger Semach. VIII מעקרין וכ׳) man reisst beim
Sterben der Könige den Pferden die Hufe aus,
was nicht als heidnischer Brauch verboten ist.

Nif. ausgerissen, vertilgt werden. Ber.
9, 1 (54ᵃ) הרואה... מקום שנעקרה ממנו ע״ז
מארצנו אומר ברוך שעקר ע״ז wenn Jem. einen
Ort sieht, aus welchem ein Götze vertilgt wurde,
so spreche er den Segen: Gelobt sei er, der
den Götzen aus unserem Lande vertilgt hat. j. Kil.
III, 28ᵃ un. נעקרו הראשונים... נעקרו השניים
wenn die je ersten, wenn die je zweiten Saaten
ausgerissen wurden. — Nithpa. pass. von עקר
nr. 2. Genes. r. sct. 45, 44ᶜ למה נתעקרו האמהות
וכ׳ weshalb wurden die Erzmütter als unfruchtbare geboren? Weil Gott nach ihrem Gebete
gelüstete.

עֲקַר ch. (syr. ‎) =עָקַר) entwurzeln, niederreissen, s. TW. — Pa. ausreissen. Pes.
115ᵃ קא מעקרי חבא man entfernt den Tisch. Das.
113ᵃ לא תעקר כבא reisse dir keinen Backzahn aus. — Ithpa. 1) sich losreissen, losgerissen werden. Dan. 7, 8. — Schabb. 63ᵇ
איתעַקַר וולדה ihr Embryo senkte sich, wurde
aus der Gebärmutter losgerissen. j. Ab. sar. II,
40ᶜ un. זגגיא לא אלפון וקמון קובטריא אלפון
ואתעקרין die Glaser (in der Stadt Giro) lehrten
ihr Handwerk nicht dem Nichtjuden, so blieben
sie dort wohnen; die Kopfputzarbeiter hing., die
ihr Handwerk lehrten, gingen unter, wurden verdrängt. Trop. Schabb. 147ᵇ R. Elasar ben Arach
liess sich von den Häretikern verleiten, איעקר
תלמודיה infolge dessen entschwand ihm sein
Erlerntes. — 2) unfruchtbar, impotent
werden. Jeb. 62ᵇ. 64ᵃ ר׳ ששת איעקר מפירקיה
דרב הונא R. Schescheth wurde durch den zu
langen Vortrag des R. Huna impotent; indem er
sich näml. den Urin lange zurückhielt, was die
Impotenz bewirken soll. Keth. 62ᵇ איעקרא
דביתהו seine Frau wurde impotent. Schabb.
110ᵃ u. ö.

עִיקָּר m. 1) Wurzel, Stamm. Kil. 7, 1

u. ö. Keth. 77ᵃ, vgl. חָתַך. — Pl. Schabb.
109ᵇ שמן עִיקָּרִין Oel, worin Wurzeln geweicht wurden. j. Schek. VI Anf., 49ᶜ Oel
לסוך בו את העיקרים zum Bestreichen der
Kräuterwurzeln, die zum Rauchwerk verwendet wurden. Pesik. Par. 40ᵇ, R. Jochanan ben
Sakkai sagte zu einem Heiden, dem die Zubereitung des Lustrationswassers sehr wunder-
lich vorkam: Wie verfahrt ihr denn mit Jemdm.,
der von einem bösen Geiste (תזיית s. d.) befal-
len wurde? אמר לו מביאין עיקרין ומעשנין תחתיו er antwortete
ומרביצין עליו מים והיא בורחת ihm: Man bringt Kräuterwurzeln, räuchert uns
unter ihm und bespritzt ihn mit Wasser, sodann
entflieht der böse Geist. Ebenso, versetzte R.
Jochanan, verfahren wir mit der Zubereitung
der rothen Kuh, um den unreinen Geist zu vertreiben. Num. r. sct. 19, 238ᵃ dass. j. R. hasch.
III g. E., 59ᵃ אמר משה עיקרה לא נחש הוא וכ׳
Mose dachte bei sich: Das Stammwort von נחש,
Schlange, ist ja dasselbe, wie von נחשת, daher
machte er eine eherne Schlange, ohne dass
ihm der Stoff angegeben worden war (Num. 21,
8. 9); gew. steht dafür: לשון נופל על לשון s. d.
Snh. 87ᵃ fg. דבר שעיקרו מן התורה ein Gesetz,
dessen Ursprung biblisch ist, vgl. סוֹפֵר. — 2)
Hauptsache, insbes. als Ggs. von טפל: Neben-
sache. Ber. 12ᵇ. 13ᵃ. 44ᵃ und sehr oft, s. טָפֵל.
j. Nas. VIII Anf., 57ᵃ עדותו עיקר sein Haupt-
zeugniss. Genes. r. sct. 71, 70ᵈ (mit Ansp. auf
עקרה, Gen. 29, 31) רחל היתה עיקרו של בית
Rahel war die Hauptperson des Hauses, die
eigentliche Hausfrau. Ruth r. g. E., 43ᵇ dass.
Arach. 15ᵇ u. ö. s. לָשׁוֹן. Keth. 89ᵇ
תוספת ועיקר der Zuschuss (den der Mann ausser der Hochzeitsverschreibung seiner Frau verwilligt) und
die Hauptverschreibung, Kethuba selbst. Chull.
98ᵇ fg. טעם כעיקר der Geschmack, den eine
Speise u. dgl. wie letztere selbst;
wenn z. B. ein verbotenes Stück Fleisch in einer
Flüssigkeit gekocht wurde, so ist letztere, obgleich man auch das verbotene Stück daraus entfernt
hat, wegen des Geschmackes, der darin ver-
blieben ist, ebenfalls verboten. Dafür steht auch
משמו ולא dass. Uebrtr. עיקר. Gott, eig.
das Haupt, der Stamm aller Wesen. Sifra Bechukk. cap. 3 Par. 2 (mit Bez. auf Lev. 25, 15)
יכל כל שיש בו מדות הללו סוף שהוא כופר בעיקר
daraus ist erwiesen, dass, wer diese Eigenschaften besitzt („die Gesetze und Rechte verwirft"),
später auch Gott verleugnen („seinen Bund zerstören") Snh. 38ᵇ Adam כופר בעיקר היה
war ein Gottesleugner; weil er sich näml. versteckt und also die Allgegenwart Gottes verleugnet hatte. Schabb. 2ᵇ הכא דעיקר שבת hier,
wo die eigentlichen Sabbatgesetze stehen. j.
B. kam. I Anf., 2ᵃ מתחיל בעיקר וסיים בתולדות
der Autor der Mischna beginnt mit den Hauptschäden (=אב s. d., Stossen u. dgl.) und schliesst
mit Nebenschäden. Genes. r. sct. 47 Anf. u. ö.

s. מִיטְרִין. — כל עיקר ganz und gar. Snh. 22ᵃ R. Simon ben Elasar sagte: כת ב זה לא נשתנה כל עיקר diese Schrift, die wir in der Bibel haben, wurde niemals verändert; d. h. sie war nicht ursprünglich samaritanisch, vgl. רַצֵץ. Exod. r. sct. 16, 116ᶜ אסור ליגע בה כל עיקר man darf sie gar nicht berühren.

עֲיקָר ,עִיקָרָא chald. (syr. ܥܶܩܳܪܐ=vrg. עִיקֵר) Wurzel, Stamm. St. c. Dan. 4, 12. 20 עִקַּר, s. auch TW. — Genes. r. sct. 53 g. E. על עיקרא הוה קאים der Stock fällt auf den Stamm zurück, vgl. זְרַק. Das. sct. 86 g. E. dass. — Oft מעיקרא von vorn herein, anfänglich. Keth. 62ᵇ fg. מעיקרא כתיב früher heisst es u. s. w. Ah. sar. 3ᵇ. 41ᵃ u. ö. מעיקרא סבור . . . ולבסוף סבור Anfangs dachte man, später aber dachte man u. s. w., vgl. טַבַע u. a. j. Kidd. IV, 66ᵃ mit. u. ö.

עִיקוּר masc. N. a. das Ausreissen, Losreissen. j. Schebi. V, 35ᵈ un. fg. דיכון כעיקור das Zusammendrücken der Pflanzen ist dem Ausreissen derselben gleich, vgl. דְּכוֹן. Chull. 44ᵃ עיקור סימנים das Losreissen, Ablösen der Halsgefässe von ihrer Wurzel. Ab. sar. 11ᵃ. 13ᵇ אידהו עיקור שאין בו טריפה המנשר פרסותיה מן הארכובה ולמטה was bedeutet עיקור, das nicht als Schadhaftigkeit anzusehen ist? Wenn man die Klauen eines Thieres vom Hufe an abwärts losreisst. Tosef. Schabb. VII (VIII) u. ö. — Pl. Snh. 65ᵇ עיקורי קטניות מהירוס רעות das Ausreissen der Erbsen (schützt), dass sie nicht faulig werden; nach einem Aberglauben näml., dass das Abmähen der Erbsen für sie schädlich sei. Uebrtr. Bech. 53ᵃ עיקור das Einsperren eines Thieres, damit es verhungere.

עֲקִירָה f. N. a. 1) das Ausreissen, Entfernen. Snh. 68ᵃ למדני עקירתן lehre mich das Ausreissen der Gurken, vgl. נְטִיעָה. Schabb. 2ᵇ עקירת חפץ ממקומו das Entfernen eines Gegenstandes von seiner Stelle. Das. 3ᵃ. 5ᵃ fg. עקירה והנחה das Fortnehmen eines Ggsts. von einer Stelle und das Niederlegen desselben. — Trop. j. Jeb. X, 10ᵈ un. עקירת גוף die Aufhebung des ganzen Verbotes. j. Hor. I, 46ᵃ mit dass. — 2) das Berauben der Kinder. Pesik. r. sct. 47, 78ᵃ das W. להשמידר (Dt. 9, 20) bedeutet עקירת בנים ובנות die Beraubung der Söhne und Töchter; mit Bez. auf Am. 2, 9.

עֲקָרָא m., עֲקָרְתָא f. (syr. ܥܰܩܪܐ, ܥܰܩܰܪܬ, hbr. עֲקָרָה ,עָקָר) unfruchtbar, impotent vom Manne wie vom Weibe. B. bath. 91ᵃ כודנא עקרא unfruchtbares Maulthier, d. h. Manoch, s. כּוּדָנָא. Schabb. 152ᵃ עקרא שליטא Ms. M. du Unfruchtbarer, der Hoden Beraubter, s. מַצְיָינָא. Genes. r. sct. 47 Anf., 46ᵇ Gott prägte den Menschen Ehrfurcht vor der Sara ein, damit man sie nicht kränke עקרתא וצווחין לה und sie: eine Unfruchtbare nenne. Jeb. 65ᵇ un.

סמא דעקרתא ein Pulver für die Unfruchtbare, d. h. das die Unfruchtbarkeit bewirkt. Das. ö.

עֲקָרִין m. pl. Getränk, das aus Substanzen zubereitet wird, welche die Impotenz bewirken; viell. arab. عَقَّ dass. Tosef. Jeb. VIII Anf. האיש אין רשאי לשתות עקרין שלא יוליד והאשה רשאה לשתות עקרין שלא תלד der Mann darf nicht das Getränk der Impotenz trinken, damit er nicht Kinder erzeuge; die Frau aber darf das Getränk der Impotenz trinken, damit sie nicht gebäre. Gew. jedoch כוס עקרין (oft עיקרין crmp.) ein Becher mit solchem Getränk. Genes. r. sct. 23 Anf. Schabb. 109ᵇ. 110ᵃ werden die Substanzen dieses Getränkes angegeben: Alexandrinisches Harz, Alaun, Krocus u. s. w. j. Ab. sar. II. 40ᶜ un. u. ö.

עֲקְרָב m. zuw. f. (=bh., viell. von عَقَّ verwunden) 1) Scorpion. Aboth 5, 5 לא הזיק נחש ועקרב בירושלם מעולם noch niemals hat eine Schlange oder ein Skorpion in Jerusalem Jemdn. beschädigt. Das. 2, 10, vgl. עֲקִיצָה. Schabb. 121ᵇ עקרב שבהדייב (od. שבחדייב) der Skorpion in Adjabene, der so gefährlich ist, dass man ihn am Sabbat tödten darf. Git. 69ᵃ s. חָמָר. j. Schabb. XVI g. E., 15ᵈ u. ö. Sifra Kedosch. Anf. cap. 2 עקתצא עקרב ein Skorpion stach ihn. — 2) der Skorpion, ein Sternbild im Thierkreise. Pes. 94ᵇ, s. עֲגָלָה. Num. r. sct. 10, 208ᵇᶜ היין משול בעקרב ודעת משולה בכימה מה עקרב מכה בעוקצו כך היין מכה בסופו . . . וכשם שהחכמה מבשלת את הפרות ונותנה בהם טעם כך הדעת נותנה ריח וטעם בדבריו של אדם der Wein ist dem Skorpion und das Wissen dem Siebengestirn vergleichbar: so näml. wie der Skorpion mit seinem Stachel verwundet, ebenso verwundet der Wein bei seinem Ende. Ferner so wie das Siebengestirn die Früchte reif macht und ihnen Geschmack giebt, ebenso verleiht das Wissen den Worten des Menschen Geruch und Lieblichkeit. Pesik. r. sct. 20, 38ᵇ u. ö. — 3) skorpionförmiges, krummes Eisen. Kel. 11, 5 עקרב של פרומביא der Skorpion (σκορπιοειδής) der Halfter (φορβειά) des Ackerthiers. Maim. z. St. bemerkt: Die Handwerker nennen dieses Eisen: Zunge, לשון. Das. 12, 3 עקרב בית הבד das krumme, skorpionförmige Eisen am Pressbalken der Oliven. Ar. erklärt das W. durch arab. מעקרבה(?).

עֲקַרְבָּא ch. (syr. ܥܰܩܪܒܐ=עֲקְרַב) Skorpion. Keth. 50ᵃ האי בר שית דטריקיה עקרבא ביומא דמישלם שית לא חיי מאי אסותיה וכ׳ ein sechsjähriges Kind, welches am Tage als es sechs Jahre geworden ist, ein Skorpion gebissen hat, wird nicht am Leben bleiben. Welches Heilmittel jedoch giebt es dafür u. s. w.? vgl. מִרְדָּתָא Ned. 41ᵃ עקרבא (Agg. crmp. קרוקיתא

87

(דְּעַקַר'). Chag. 5ᵃ u. ö. זיבורא ועקרבא der Stich einer Biene und eines Skorpions, vgl. זיבוּרָא. Ber. 58ᵇ, s. עוּקְצָא. — Pl. Snh. 67ᵇ שׁדא סורחתא מיניה הוו עַקְרַבֵּי er goss etwas von dem Getränk auf die Erde und es wurden Skorpionen daraus.

עֲקַרְבָּה eig. Skorpion (arab. عَقْرَب), Ak-raba, Ortsname. Maas. scheni 5, 2 מן עקרבה הצפון (Ar. עקרבת) Akraba, eine Tagereise nördlich von Jerusalem. Bez. 5ᵃ dass.

עֲקַרְבָּנִין ,עֲקַרְבָּלִין m. pl. Skorpionkräu-ter, Skorpionschwänze (σκορπίουροι). Nach Löw, Aram. Pflanzen p. 109, arab. عَقْرَبان, Ceterach off. — Erub. 2, 6 עקרבנין Gem. das. 23ᵃ. 26ᵇ עקרבלין (=Ar.). Schebi. 7, 2 עקרבנין Pes. 39ᵃ עקרבלין als bittere Kräuter.

עֲקַשׁ (=bh., arab. عَقَشَ) verdrehen. Part. pass. Meg. 24ᵇ seine Hände waren עֲקוּשׁוֹת seit-wärts gebogen, s. עָקוֹם.

עִקֵּשׁ m. Adj. (vom vrg.) Tosef. Bech. V Ende עקלני ועקשׁני ed. Wien (a. Agg. דהיקשׁן) der Krummbeinige und der, welcher seitwärts gebogene Hände hat.

עֲקוֹשׁ Akosch, 1) Name eines fabelhaften Wesens. Snh. 108ᵇ, s. עָקוֹד. — 2) Khl. r. sv. בן עקוש 76ᵃ ,וגלתי Sohn des Akosch, Name eines Mannes.

עַר m. (=bh., von עור, arab. غار hitzig sein) Hasser, Verfolger. Genes. r. sct. 37, 36ᵃ wird שׁנער gedeutet: Babel, שׁהעמידה שׁונא ועַר להב"ה das einen Feind und Hasser Gottes her-vorbrachte, näml. Nebukadnezar. Thr. r. Ein-leit. sv. וזכור, 47ᶜ dass. — Dan. 4, 16.

עֵר m., עֵרָה f. (=bh.) wachend, rege, s. עור. — Ferner 'Er, N. pr. Genes. r. sct. 85, 83ᶜ שהוער מן העולם der Sohn Judas hiess 'Er (Gen. 38, 3), weil er aus der Welt ausgeleert, ausgestossen wurde.

עַרְיָא m. eine Adlerart, Aar, s. TW.

עָרָא m. (syr. ܐܵܪ=דַּפְנֵי, δάφνη) Lorber-baum, laurus. Git. 69ᵇ דערא טרפא Ar. (Agg. אמרפא) Lorberblatt. — Pl. B. bath. 81ᵃ ערונים עָרֵי unter ערונים sind die Lorberbäume zu verstehen. R. hasch. 23ᵇ עָרֵי dass.

עֲרַאי m. (für עֲרַאי von עֲרַע) 1) etwas Zufälliges, was Jemdm. begegnet; daher Nutzloses, Werthloses. Sifra Kedosch. Par. 2 cap. 4 אתם עשׁיתם את דיניי עריי בעולם אף אני אעשׂה אתכם עריי בעולם „ihr habt meine Rechte als nutzlos in der Welt angesehen, da-rum werde ich euch auch als nutzlos in der Welt behandeln" (als Erkl. von קרי, Lev. 26,

23. 24; קָרָה bedeutet = aram. עֲרַע: begegnen). — 2) bes. oft Nebensächliches, daher We-niges, Ggs. von קבע: Feststehendes, Bestimm-tes. Suc. 2, 9 während der sieben Tage des Hüttenfestes עושׂה סוכתו קבע וביתו ארעי muss man die Festhütte als die Hauptwohnung, das Wohnhaus aber als Nebenwohnung betrachten. Das. 26ᵃ fg. שׁנת ארעי ein kurzer Schlaf. אכילת ארעי ein geringes Essen, wird das. erkl. תרתי או תלת ביעי eine Speise in der Grösse von zwei oder drei Eiern. j. Suc. II, 53ᵃ mit . Ber. 23ᵇ בית הכסא ארעי ein Abtritt, den man dann und wann benutzt. Maasr. 1, 5. Chall. 3, 1 u. ö.

עֲרַב I עֲרַב (=bh., arab. غَرَب, Grndw. רב s. d.) 1) mischen, vermengen, s. עִיסָה u. a. — 2) angenehm sein, eig. von angeneh-mer Mischung. Num. r. sct. 13, 218ᵇ der König sagte zu seinen eingeladenen Gästen: יערב לכם ויבסם יבסם לכם das Mahl möge auch an-genehm und lieblich schmecken! Deut. r. sct. 8, 260ᶜ יערב עליכם der Wein schmecke euch an-genehm! Genes. r. sct. 85, 83ᵇ u. ö. s. בְּסַם. — 3) sich verbürgen. Cant. r. sv. משכני, 6ᵈ אבותינו ערבים אותנו . . . בנינו ערבים אותנו unsere Väter verbürgen sich für uns, unsere Kinder verbürgen sich für uns, dass wir die Gesetzlehre befolgen werden, vgl. עֲרָב.

Pi. עֵרֵב 1) vermischen. Git. 52ᵇ מנסך wird nach einer Ansicht erklärt durch מערב er ver-mischte unerlaubten Wein mit erlaubtem Tosef. B. bath. V. Khl. r. sv. גם זה, 92ᵈ u. ö. der trügerische Verkäufer, המערב מים ביין welcher Wasser in den Wein vermengt, vgl. בָּלַקְּיֵ. Part. pass. מְעוֹרָב s. d. Erub. 27ᵃ כשׁקרבי דגים מעורבים בהן wenn die Eingeweide der Fische in die Speisen vermengt wurden. Trop. M. kat. 8ᵇ man darf an den Wochentagen des Festes nicht Hochzeit machen, לפי שׁאין מערבין שׂמחה בשׂמחה weil man nicht eine Freude mit der andern vermischen soll; vgl. auch עֵרְבָה. j. M. kat. I, 80ᵈ mit. dass. R. La erweist dies aus 1 Kn. 8, 65 die Einweihung des Altars feiert man sieben Tage und das Hüttenfest besonders sie-ben Tage. R. Jakob bar Acha erweist es aus der nächstflg. St. Genes. r. sct. 70 g. E. „Voll-ende die Hochzeitswoche mit dieser, sodann werden wir dir auch die Rahel geben" (Gen. 29, 27); מכאן שׁאין מערבין שׂמחה בשׂמחה dar-aus ist erwiesen, dass man nicht eine Freude mit der andern vermischen soll. — 2) (denom. von עֵרוּב s. d.) den Erub niederlegen, eig. die Gebiete, Gehöfte mit einander ver-mischen, eine ideelle Vermischung voll-ziehen. Erub. 3, 1. 2 fg. מערבין לנזיר ביין man darf für den Nasir Wein und für den Israeliten Teruma als Erub nieder-legen; obgleich sie näml. nichts davon genies-sen dürfen. Das. 28ᵃ fg. Schabb. 120ᵃ חצר

הַמְעוּרבַת der Hof, in dem man den Erub gelegt hat. Das. 34ᵃ fg. j. Bez. II, 61ᵇ ob. לא עירוב ולא עירבו לו אחרים wenn er selbst keine Speise als Erub gelegt (עירוב תבשילין s. d.) und Andere es auch nicht für ihn gethan haben. — 3) Annehmlichkeit verursachen. Sifre Haasinu § 306 היו מערבים ומעדנים אותו ihr sollt ihm (meinem Sohne) Annehmlichkeit und Vergnügungen bereiten, s. עֵדֶן.

Nithpa. vermischt werden. j. Orl. II Anf., 61ᵈ un. פרוסה של לחם הפנים שנתערבה וכן חתיכה של חטאת שנתערבה wenn ein Stück vom Schaubrot mit anderen Broten vermischt wurde, ebenso wenn ein Stück Fleisch vom Sündopfer mit einem Brandopfer vermischt wurde. Bez. 38ᵇ u. ö.

עֲרַב ch. (syr. ‎ܥܪܒ‎=vrg. עָרַב) 1) mischen. Dan. 2, 43, s. auch TW. — Trop. Jom. 84ᵇ u. ö. ליערבינהו ולתנינהו der Autor hätte diese zwei Sätze vermischen und sie in einem Satze lehren sollen. — 2) sich verbürgen. j. Dem. I, 22ᵃ ob. die Einwohner eines Ortes klagten dem R. Pinchas ben Jaïr, dass die Mäuse ihre Früchte beschädigten. Auf seinen Befehl versammelten sich die Mäuse und aus ihrem Geräusch entnahm er, dass jene den Zehnten nicht entrichten. אמרו ליה ערבן וערבון ולא אנכון jene Einwohner sagten zu ihm: So verbürge dich doch für uns (dass wir fortan den Zehnten entrichten werden); er verbürgte sich für sie und sie wurden nicht mehr beschädigt. Dasselbe that er auch wegen Wassermangels. j. Kil. IX g. E., 32ᶜ ריגלוי דבר נשא ערבתיה למיקמתיה כל הן דמתבעי die Füsse des Menschen verbürgen sich für ihn, dass sie ihn dahin bringen, wo er (vom Tode) verlangt wird. Suc. 53ᵃ ריגלוהי דבר אינש ערבין ביה dass. Bech. 48ᵇ נכסוהי sein Vermögen, anst. ריגלוהי.

עָרַב II (=bh., arab. ‎غرب‎; Grundbedeutung: gehen, fliessen, vgl. Gesen. hbr. Wb. hv.), daher untergehen, von der Sonne. — Hif. הֶעֱרִיב (=bh. Denom. von עֶרֶב) etwas des Abends thun. Levit. r. sct. 19 Anf. במי הן מתקיימין במשתיר ומעריב בהן bei wem erhalten sich die Worte der Gesetzlehre? Bei demjenigen, der des Morgens und Abends mit ihnen beschäftigt. Das. (mit Ansp. auf Hi. 38, 41) למוד מאליהו על ידי שהשחיר והעריב בתורה lerne vom Propheten Elias; habe ich ihm denn nicht deshalb, weil er früh und spät sich mit der Gesetzlehre befasste, „die Raben" zu seiner Verpflegung bestimmt! (1 Kn. 17, 4. 6). Cant. r. sv. ראשו, 25ᵈ dass. — Part. Pual מעורב שמש, s. d.

עֵרֶב m. (=bh. von עָרַב I) 1) Einschlag des Gewebes. Kel. 1, 5 חוט ערב der Faden des Einschlags, der dicker ist, als der des Auf-

zuges. — 2) übrtr. die Breite, nach der Form des Einschlags so benannt. Schabb. 85ᵇ אם היו זרעין שתי ערב זורען שתי die Beete der Länge nach besäet waren, so besäet man die Zwischenräume der Breite nach; wenn jene aber der Breite nach besäet waren, so besäet man sie der Länge nach. Insbes. oft שתי וערב die Kreuz und Quer, in Länge und Breite. j. Ter. III, 42ᵃ un. משהילכו בו שתי וערב wenn die Weinkelterer in der Kelter in die Länge und Breite gingen. Das. ö. j. Erub. I, 19ᶜ un. Chull. 110ᵇ fg. קורעין שתי וערב man reisst das Euter in Kreuz und Quer, damit die Milch desselben abfliesse.

עִירְבָא, עַרְבָּא od. עַרְבָּא ch. (=עֵרֶב) Einschlag, s. TW.

עֶרֶב m. (=bh. von עָרַב II) 1) Abend, eig. Sonnenuntergang. Ber. 4ᵇ fg. Das. 26ᵃ תפלת הערב das Abendgebet. Trop. Leidenszeit. Genes. r. sct. 21, 21ᶜ u. ö. לכתישעשה בקרן של אומות העולם ערב וערבן של ישראל בקר וכ' wenn der Morgen (das Heil) der Völker sich in Abend (Leidenszeit) und der Abend Israels sich in Morgen verwandelt u. s. w., s. בֹּקֶר. — 2) ערב יום טוב, ערב שבת der Rüsttag des Sabbats, der Rüsttag des Feiertags, eig. der Tag, mit dessen Abend der Sabbat, der Feiertag beginnt; eine Benennung zu Ehren des darauffolgenden heiligen Tages, indem man den Rüsttag gleichsam als den Vorbereitungstag ansah, vgl. אוֹר II nr. 6. Ferner auch ערב תשעה באב (Taan. 30ᵃ fg., vgl. סָעַד) der Tag, mit dessen Abend der grösste Trauer- und Fasttag, der Neunte des Monats Ab (Tempelzerstörung) beginnt. — Ber. 2ᵇ. Pes. 99ᵇ. 100ᵃ fg. ... פסחים ערבי שבתות וימים טובים die Rüsttage der Pesach's, die Rüsttage der Sabbate und Feiertage. Das. ערב הפסח der Rüsttag des Pesach. Jom. 84ᵇ ערב יום הכפורים der Rüsttag des Versöhnungsfestes. Schebi. 1, 1 ערב שביעית das Jahr vor dem Sabbatjahr.

עַרְבִּין, עַרְבִית f. eig. Abendzeit und als Adv.: Abends (vom vrg. עֶרֶב, etwa wie franz. soirée von soir, zuw. jedoch Abend. Ber. 1, 1 בערבית (Tlmdagg. בערבין) des Abends. Das. 2ᵃ. 4ᵇ קרית שמע של ערבית ... das Abendgebet, das Schemalesen des Abends. Das. 27ᵇ. 30ᵇ fg. Jom. 84ᵇ u. ö. Sot. 42ᵃ שחרית וערבית Morgens und Abends. Schabb. 118ᵃ שחרית ... וערבית.

עֲרוּבְתָּא chald. (syr. ‎ܥܪܘܒܬܐ‎ eig.=עַרְבִית) Abend, insbes. jedoch (=hbr. ערב שבת) Freitag, Rüsttag des Sabbats (auch ohne שבתא), sowie Rüsttag des Feiertages. Genes. r. sct. 11, 12ᵃ an den Sonntag schliesst sich der Montag, an den Dienstag schliesst sich der Mittwoch, חמישתא ערובתא שבתא לית לה בן זוג

an den Donnerstag schliesst sich der Freitag, während der Sabbat vereinzelt dasteht. j. Ter. VIII g. E., 46ᵇ un. Diokletian sagte zu seinem Gesandten, der die jüdischen Gelehrten auffordern sollte, Sonntags früh bei ihm zu erscheinen: לא תתן להון כתבין אלא בערובתא עם מטמעי שמשא händige ihnen die Edikte nicht eher ein, als am Freitag kurz vor Sonnenuntergang, vgl. אֲרַגִּינִיטֹון. Genes. r. sct. 63, 61ᵈ dass. j. Maasscheni IV, 54ᵈ un. בערובתא בפתי רמשא am Freitag beim Eintritt des Abends. j. Schabb. XIV, 14ᵈ mit. dass. j. Pes. IV, 30ᵈ ob. יומא דערובתא Freitag. j. Taan. II, 66ᵃ un. ר׳ יונתן ציים כל ערובת ר׳ R. Jonathan fastete an jedem Rüsttag des Neujahrs; ריש שתא ר׳ אבון ציים כל ערובת שובא R. Abun fastete an jedem Freitag. j. Ter. VIII, 45ᶜ un. צומא רבא ערובת der Rüsttag des Versöhnungstages. j. Ned. VIII Anf., 40ᵈ. Ruth r. sv. קטן וגדול, 39ᵃ. — Jalk. II, 38ᵈ כדכס מנשה הוה ערובתא ישעיה (wahrsch. zu lesen הוה פרי בתר j. =הוה פרי חורי j. Snh. X, 28ᶜ mit. פרי חורי als Menasse sich erhob und den Jesaias verfolgte. Nach der Glosse z. St. jedoch bedeute es: Jesaja war bereits alt, etwa: am Abend seines Lebens.

עֶרֶב I m. (= bh. arab. عَرَب) Arabien, eig. Steppenland (von עֲרָבָה). — N. gent. עֲרָבִי (=bh.) der Araber. Genes. r. sct. 48, 47ᵇ Einer der Engel erschien dem Abraham בדמות ערבי in der Gestalt eines Arabers. Jeb. 71ᵃ ערבי מהול der Araber ist beschnitten, s. אהלי הערבויים — Pl. Ohol. 18, 10 גּבְלוֹיֵי, גַּבָּן die Zelte der Araber. Kel. 24, 1, s. דִּיצָה. j. Ned. XI Ende, 42ᵈ הלך ונתדבק עם הערבויים שהשוקה בהם נפשה möge·sie doch hingehen und sich zu den Arabern gesellen, nach denen sie Gelüste hat. — Fem. Schabb. 6, 6 הערבויות יוצאות רעולות die Araberinnen (d. h. die in Arabien wohnenden jüdischen Frauen) dürfen am Sabbat verschleiert ausgehen.

עֶרֶב II Arab, Name des Wohnortes des R. Jochanan ben Sakkai. Schabb. 16, 7 (121ᵃ).

עַרְבָּיָא ch. (syr. ﺍَﻟْﻌ, ע in א verw.,= עֲרָב I) Arabien. j. Taan. IV, 69ᵇ ob. מטול רב בערביא „eine schwere Prophezeiung für Arabien“ (Jes. 21, 13). j. Schebi. VI Anf., 36ᵇ wird הקירי (Gen. 15, 19) übersetzt ערבויא Genes. r. sct. 44 g. E. dass. Das. sct. 90 g. E. „Es war Hungersnoth in allen Ländern“ (Gén. 41, 54), בפסיקיא בערבוא ואפוסטיני d. h. in Phönizien, in Arabien und in Palästina. Exod. r. sct. 42, 137ᵃ u. ö., s. לָחֶם, לַחְמָא, רוֹבְלָא u. v. a. — N. gent. עֲרָבִי oder עֲרָבַי, עֲרַבָּאָה (syr. ﺍَﻟْﻌ) der Araber, s. TW. — Pl. B. bath. 168ᵇ הנהו ערבאי דאתו לפומבדיתא jene Araber, welche nach Pumbeditha kamen.

עֵירוּב m. N. a. 1) die Mischung, das Vermischte. Kinnim 1, 4 zwei Frauen, שלקחו קיניהן בערבוב welche ihre Paare der Vogelopfer in Vermischung gekauft haben, d. h. sie bestimmten nicht, welches Paar der einen und welches der anderen gehören sollte. Mikw. 6, 7. Jeb. 15ᵃ עירוב מקואות die Vermischung des Wassers verschiedener Badestellen. j. Pes. III Anf., 29ᵈ על חמץ ברור חייב כרת ועל עירובו בלאו auf den Genuss des wirklich Gesäuerten (am Pesach) ist die Strafe der Ausrottung gesetzt, auf dem einer Mischung desselben haftet ein blosses Verbot. — Pl. j. Orl. II, 61ᵈ un. עֵירוּבִין die Vermischungen der Früchte. j. Bic. II, 65ᵃ ob. עֵירוּבִין s. עָיֵן. Das. עירובי מעשר die Vermischungen mit dem Zehnten. — 2) trop. Vermischung von Schriftstellen, Versetzung der Verse. B. kam. 107ᵃ עירוב פרשיות כתיב כאן hier (Ex. 22, 8, wonach der Beklagte einen Theil der eingeklagten Forderung eingestehen müsse; so nach der Deutung der Worte כי הוא זה) ist eine Versetzung der Bibelabschnitte anzutreffen. Nach rabbinischer Lehre wird näml. dem beklagten Schuldner nur dann ein biblischer Eid auferlegt, wenn er einen Theil der Schuldforderung eingesteht (vgl. מְקְצָת, הֲטַעֲנָה u. v. a.). Derjenige Beklagte hing., der das ihm zur Aufbewahrung gegebene Gut ableugnet (שומר), muss auch wenn er Alles ableugnet, schwören, vgl. עָיֵן. Demnach muss der oben citirte Vers, wonach die Eidesleistung des Beklagten nur beim Eingeständniss eines Theiles der Schuld erfolge, von diesem Abschnitte, der von Hütern (שומרים) handelt, nach Ex. 22, 24 fg., wo von Darlehn (מִלְוָה) gehandelt wird, versetzt werden. Snh. 2ᵇ עירוב פרשיות האלהֵי׳ dass. betreffs des Ws. (das. V. 7. 8), das ebenfalls nach V. 24 zu versetzen sei, da nur die Darlehnsklage von drei bewährten Richtern (מומחים, wie אלהים gedeutet wird) gerichtet werden muss. — 3) Erub, eig. ideelle Vermischung u. zw. a) עירובי תחומין die ideelle Vermischung der Grenzen. Am Sabbat darf man sich blos 2000 Ellen von seinem Wohnorte entfernen. Um sich aber eine grössere Strecke entfernen zu dürfen, wird an der Grenze (der 2000 Ellen) am Freitag eine Speise niedergelegt, wodurch hier gleichsam die Wohnung aufgeschlagen und eine weitere Entfernung von 2000 Ellen gestattet wird. — b) עירובי חצרות die ideelle Vermischung der Gehöfte. Da man näml. nach rabbinischer Satzung von einem Hause in das andere am Sabbat nichts tragen darf, so vereinigen sich die sämmtlichen Bewohner eines Hofes dadurch, dass sie am Freitag zu einer Speise gemeinschaftlich beitragen und diese in irgend einem Hause niederlegen. Durch diese Gemeinschafts-Speise bilden gleichsam die sämmtlichen Häuser des Hofes eine Besitzung. — c) עירובי תבשילין die ideelle Vermischung

durch gekochte Speisen. An einem Feiertag näml., der auf einen Freitag trifft, ist eig. nicht gestattet, Speisen zu kochen und dergl. Arbeiten zum Gebrauche des Sabbats zu verrichten. Es wurde deshalb ein Theil der Speisen, die an einem solchen Freitag gekocht wurden, für den Sabbat aufbewahrt, und die sonst für den Sabbat zu kochenden Speisen wurden betrachtet, als ob sie dazu gehörten. j. Jom. VI, 43ᵈ ob. j. Erub. I, 19° un. Bez. 15ᵇ fg. und sehr oft. Genes. r. sct. 49, 48ᵇ אפילו הלכות עירובי חצרות היה אברהם יודע selbst die Gesetze betreffs der ideellen Vermischungen der Gehöfte kannte schon Abraham. Jom. 28ᵇ אפילו עירובי תבשלין selbst die Gesetze betreffs der ideellen Vermischungen der Speisen befolgte Abraham. Erub. 21ᵇ עירובין שלמה שהתקין בשעה ונטילת ידים יצחה בת קול וכ׳ als Salomo die Gesetze der Erubs und der Händewaschung vor der Mahlzeit verordnet hatte, da liess sich eine göttliche Stimme vernehmen: „Mein Sohn, wenn dein Herz weise ist, so ist auch mein Herz fröhlich" (Spr. 23, 15). — Hiervon rührt auch der Name des Talmud-Tractats: עֵירוּבִין, Erubin her, der zumeist von Erub nr. 3 a) und b) handelt.

עֵירוּבָא ch. (syr. ⁜=עֵירוּב) 1) Mischung verschiedener Gattungen, s. TW. Schabb. 139ᵃ, s. ⁜. — 2) עירובי שמשא Sonnenuntergang, s. TW.

עֵרָבוֹן m. eig. Beimischung, insbes. eine Art kleiner Fische, die den Heringen ähnlich, oft mit ihnen aus dem Wasser gezogen und eingesalzen werden. Nach Lewys. Zool. d. Tlmd. p. 260: die Sprotte. Ab. sar. 39ᵃ die Fischart, סולתנית, Hering od. dgl. darf nicht gegessen werden. מפני שערבונה עולה עמה weil ihre Beimischung (Sprotte) mit ihr aus dem Wasser gezogen wird.

עֵירוּבָא m. (syr. ⁜, hbr. עָרֹב) Gemisch verschiedener Thiere, die vierte Plage Egyptens (Ex. 8, 21 fg. Pesch. ⁜; ebenso wird Exod. r. sct. 11, 111ᵇ ערב erklärt: חיות מעורבבות verschiedene, gemischte Thiere); vgl. Gesen. hbr. Wb. hv., s. TW.

עֵרֵב m. 1) (=bh.) angenehm, lieblich. Taan. 16ᵃ ein Vorbeter, קולו ערב dessen Stimme angenehm ist. — Pl. Genes. r. sct. 50, 49ᵈ Lot sprach zu den Sodomiten דברים שהם עֲרֵבִים להם Worte, die ihnen angenehm waren. Ab. sar. 35ᵃ ערבים לי דברי דודיך וכ׳ angenehmer sind mir die Worte deiner Lieben (d. h. der Gesetzlehrer), als der Wein der schriftlichen Lehre, vgl. דוד. — 2) Bürge. B. bath. 173ᵃᵇ. Das. 174ᵃ הלוהו ואני ערב הלוהו ואני פורע הלוהו ואני חייב הלוהו ואני נותן כולן לשון ערבות הן תן לו ואני

קבלן תן לו ואני פורע תן לו ואני חייב תן לו ואני נותן כולן לשון קבלנות הן (wenn Einer zum Andern sagt:) Borge dem N. N. und ich bin Bürge, oder: Borge ihm und ich bezahle, oder: Borge ihm und ich will schuldig sein, oder: Borge ihm und ich erstatte es — alle diese Ausdrücke bezeichnen eine Bürgschaft. Wenn er hing. sagt: Gich ihm und ich übernehme die Schuld, oder: Gieb ihm und ich bezahle, oder: Gicb ihm und ich will schuldig sein, oder: Gieb ihm und ich erstatte es — alle diese Ausdrücke bezeichnen die völlige Uebernahme der Schuld. Der Unterschied zwischen Bürgschaft (ערבות) und Schuldübernahme (קבלנות) ist der, dass im ersteren Falle der Gläubiger sich zunächst an den Schuldner wegen Bezahlung zu wenden habe und erst im Unvermögensfalle der Bürge dafür aufkommen müsse; im letzteren Falle hing. steht es dem Gläubiger frei, sich auch dann an den schuldübernehmenden Bürgen (ערב קבלן) zu wenden, wenn der Schuldner Vermögen besitzt. B. mez. 115ᵃ u. ö. — Pl. Snh. 27ᵇ „Einer wird fallen durch den Andern" (Lev. 26, 37) איש בעון אחיו מלמד שכולן עֲרֵבִים זה בזה d. h. Einer wegen des Anderen Sünde, was besagt, dass sie Alle Bürgen für einander sind. Cant. r. sv. משכני, 6ᵈ als Israel die Gesetzlehre verlangte, sagte Gott: הביאו לי ערבים טובים שתשמרוה וכ׳ stellet mir sichere Bürgen, dass ihr sie befolgen werdet, vgl. עָרַב I nr. 3.

עֵרָבָא ch. (syr. ⁜=עֵרֵב) Bürge. B. bath. 173ᵇ. 174ᵃ fg. ערבא דיתמי der Bürge der Waisen. Suc. 26ᵃ ערבך ערבא צריך dein Bürge bedarf selbst eines Bürgen. Sot. 27ᵇ וערבא דערבא der Bürge und der Bürge des Bürgen.

עֲרָבוֹת f. (=bh. עֲרֻבָּה) Bürgschaft, Verbürgung. B. bath. 174ᵃ לשון ערבות der Ausdruck für Bürgschaft, vgl. עָרַב nr. 2. Genes. r. sct. 93 Anf. entziehe dich, מלמעשות ערבות Bürgschaft zu leisten, vgl. מיאון. Exod. r. sct. 27, 125ᵇ הכנסת עצמך לערבות du hast dich in Bürgschaft eingelassen. Das. ö.

עֲרָבוּתָא, עֲרוּבְתָא, עֲרָבוּתָא chald. (syr. ⁜=עֲרָבוּת) Bürgschaft, Verbürgung, s. TW.

עֵרָבוֹן m. (=bh.) Unterpfand. Tosef. B. mez. I ערבוני יקון mein Unterpfand soll den Kauf bewirken. Das. ö. Pes. 118ᵇ Gott sagte zum Bache Kischon לך והשלם ערבונך gehe und liefere dein Pfand (d. h. die dir überlieferten Philistäer); „und der Kischon warf sie aus" (Ri. 5, 21). Esth. r. sv. ויסר המלך, 109ᵃ דרכו של לוקח ליתן ערבון למוכר ברם הכא המוכר נתן ערבון gewöhnlich pflegt der Käufer dem Verkäufer ein Unterpfand (für die zu lei-

stende Zahlung) zu geben; hier hing. gab der
Verkäufer das Pfand; d. h. Ahaswer gab seinen
Ring dem Haman (Esth. 3, 10). Trop. Aboth
3, 16 הכל נתון בערבון Alles ist als Unterpfand
gegeben; d. h. der Mensch sammt seinem Besitzthum ist bei Gott verpfändet, welche beide,
wenn er es befiehlt, der Vernichtung preisgegeben
werden, vgl. עָרַב nr. 2.

עַרְבּוֹנָא ch. (=עֵרָבוֹן) Unterpfand. Schabb.
105ᵇ ערבונא שקלי מיניה nimmt man ihm denn
etwa ein Unterpfand ab? mit Bez. auf den Satz:
Die Kinder des Menschen sterben, damit er
künftig den Tod eines würdigen Mannes betrauere. M. kat. 25ᵃ dass. — Pl. Jeb. 109ᵃ
עַרְבוֹנוֹת s. מִיאוּן.

עֲרָבָה f. (=bh. עָרָב m.) Weide, Bachweide u. zw. 1) die Weide, die zum Feststrauss verwendet wurde, der am ersten
Tage des Hüttenfestes genommen und im Tempel während der sieben Festtage als Zeichen der
Freude galt (Lev. 23, 40). Nach rabbinischem
Gesetze nimmt man den Feststrauss sammt der
Weide auch ausserhalb des Tempels während
des ganzen Festes, mit Ausschluss des Sabbats.
— 2) die Bachweide, mit der man in den
ersten sechs Tagen des Festes den Altar
einmal und am siebenten Tage denselben mit besonderer Feierlichkeit sieben mal umringte; was als eine Tradition
des Mose vom Sinai galt (Suc. 34ᵃ u. ö., vgl.
נְסִיכָּה, נְסוּךְ u. a.). Diese letztere Handlung
(näml. das Nehmen der Bachweide nr. 2)
beschränkt sich seit der Tempelzerstörung blos
auf den siebenten Tag des Hüttenfestes,
s. w. u. Suc. 3, 2 יום השביעי של ערבה der
siebente Tag des Festes, an dem die Prozession
mit der Bachweide stattfindet. Das. 34ᵃ ערבי
שחים אחת ללולב ואחת למקדש das W. (Lev.
23, 40) bedeutet zwei Weiden, näml. eine zum
Feststrauss und eine zur Prozession im Tempel;
eine agad. Deutung. Vgl. das. 44ᵃ ערבה לית
כו' לה עיקר מן התורה da die Bachweide (nr. 2)
keine Begründung in der Bibel hat, deshalb
wird sie ausserhalb des Tempels in den ersten
sechs Tagen nicht genommen. Tosef. Suc. II
g. E. איזו היא צפצפה העשויה כמין מסר איזו
היא ערבה כשירה שקנה שלה אדום ועלה ארוך
ed. Wilna u. a. (ed. Zkrm. ערבה פסולה) was bedeutet צפצפה (eine Weidenart, die man am
Hüttenfest nicht verwenden darf)? Die Weide,
die wie eine Säge geformt ist? Wie ist die
rituelle Weide beschaffen? Ihr Rohr, Stengel
ist röthlich und ihr Blatt lang. Suc. 35ᵃ dass.
Das. 44ᵃ חד אמר ערבה יסוד נביאים וחד אמר
ערבה מנהג נביאים ein Autor sagt: Die Bachweide (nr. 2) ist eine Einsetzung seitens der
Propheten; ein anderer sagt: Die Bachweide ist
ein Brauch der Propheten, vgl. יְסוֹד, s. auch
עַרְבִית und חִיבוּט.

(עֲרַבְתָּא=) עַרְבְתָּא f. ch. (syr. ܥܰܪܒ݂ܳܐ=) עַרְבָּא m.,
1) Weide, Bachweide, s. TW. — Suc. 34ᵃ
חלפתא ערבתא ערבתא חלפתא die Weide, die
früher (vor der Tempelzerstörung): חלפתא, Schilf
hiess, heisst jetzt: ערבתא und diejenige, die
früher ערבתא hiess, heisst jetzt: חלפתא. Erub.
29ᵇ, s. כְּנִיגְיָא. — 2) übrtr. das Weidenfest,
d. h. der siebente Tag des Hüttenfestes, an welchem die grosse Prozession mit der Bachweide
stattfindet, vgl. הוֹשַׁעֲנָא. j. Suc. IV Anf., 54ᵇ
ר' סימון מפקר לאילין דמחשבין יהבון דיתחכון דלא
תעבדון תקיעתא ולא ערבתא בשבתא ואין אדחתון
עבדון תקיעתא ולא תעבדון ערבתא R. Simon befahl den Kalenderberechnenden: Haltet darauf,
dass ihr weder das Neujahrsfest (Tag des Po-
saunenblasens) noch das Weidenfest auf einen
Sabbat treffen lasset; im Falle jedoch, dass ihr
es nicht vermeiden könnt, so setzet das Neujahrsfest, nicht aber das Weidenfest auf einen
Sabbat an. Das. u. ö. דיומא (l. ערבתא) ערבואה
שביעיא die Prozession mit der Bachweide am
siebenten Tage des Hüttenfestes, s. מַטְּלוּנִיתָא.

II) עוֹרֵב m. (=bh. עֹרֵב, arab. غُرَاب von עָרַב
Rabe, eig. der Schwarze. B. kam. 92ᵇ, s. זָרִיז.
— Pl. Chull. 5ᵃ עורבים ממש וכ' das W. ערבים
(1 Kn. 17, 4) bedeutet: wirkliche Raben. Das.
wird hierauf eingewandt: ודילמא תרי גברי דהוו
שמייהו עורבים וכ' vielleicht gab es zwei Männer, die Oreb hiessen, oder, sie wurden nach
ihrem Wohnorte Oreb so genannt! vgl. Ri.
7, 25.

(עוֹרְבָּ=) עוֹרְבָּא oder עוֹרְבָא ch. (syr. ܥܳܘܪܒ݂ܳܐ=)
Rabe. Ueber die Vocalisation s. TW. Snh.
99ᵇ. 100ᵃ, s. הֲכִי. Bez. 21ᵇ ערבא פרח
der Rabe fliegt; als Erwiderung eines Lehrers,
der einer an ihn gestellten Frage ausweichen
wollte. Chull. 124ᵇ dass. Keth. 49ᵇ für einen
Mann, der seine Kinder nicht ernähren will,
stelle man einen Sessel in der Gemeinde auf;
וליקום ולימר עורבא בעי בני ודהוא גברא לא
בעי בני er stelle sich darauf und rufe aus: Der
Rabe sucht seine Kinder, aber dieser Mann
(d. h. ich) wünscht keine Kinder. Nach einer
Erklärung Raschi's rufe der Gemeindediener
diesen Satz aus. Genes. r. sct. 65, 65ᵃ „Jakob
sagte zu Isaak: Der Herr, dein Gott hat es mir
zugefügt" (Gen. 27, 20). לעורבא דאיית נורא
וכ' על קיניה da glich er einem Raben, der das
Feuer über sein eignes Nest brachte. Da näml.
Isaak wusste, dass Esau spreche nie den Namen Gottes
aus, so schöpfte er bei der Nennung des Gottesnamens Verdacht, ob es nicht Jakob sei. Daher
sagte er zu ihm: „Komme her, ich will dich
betasten, mein Sohn" (das. V. 21). — Pl. Ber.
56ᵇ ein Häretiker, sagte zu R. Ismael bar Jose,
der als Traumdeuter bekannt war: חזאי עורבי
דהדרן לפורייה וכ' ich sah im Traume, dass

Raben das Bett umflatterten. R. Ismael sagte ihm: Deine Frau buhlte mit vielen Männern. — *Fem.* Schabb. 67ᵇ האומר לעורב צרח ולעורבתא שריקי והחזירי לי זנביך וכ׳ wenn Jem. zum Raben spricht: Schreie! und zur Rabin: Zische und wende mir deinen Schweif zu! ein heiduischer Brauch. Kidd. 70ᵇ בי עורבתי Be Orabti, Name einer Familie, eig. Rabenhaus, s. בי יונה.

עַרְבִית *f.* Adj. rabenartig. Schabb. 67ᵇ שחטו תרנגול זה שקרא ערבית schlachtet diesen Hahn, denn er hat rabenartig gekräht; ein heidnischer Brauch, vgl. גָּבְרִית.

עַרֵיבָה, עֲרֵבָה *f.* 1) **Mulde, Trog**, urspr. ein Gefäss, in welchem eine Masse angerührt, gemischt wurde, wie Backtrog u. dgl. Pes. 3, 2 (45ᵃ) בצק שבסדקי עריבה der Teig, der in den Spalten des Backtroges zurückblieb. j. Pes. III, 30ᵃ ob. Kel. 15, 1 עריבת העבדנין die Mulde der Gerber, worin sie die Felle weichen. Das. 20, 2 עריבת סידונות die Mulde, worin die Maurer ihre Baumaterialien liegen haben. Jad. 4, 1 עריבת הרגלים die Mulde, worin man sich die Füsse wäscht. j. Schabb. XIX, 17ᵃ un. ערבה מלאה חמין eine Mulde voll mit warmem Wasser, zum Waschen des Körpers. — Pl. Kel. 24, 3 שלש עֲרֵיבוֹת הן וכ׳ es giebt drei Arten von Mulden u. s. w. Das. 4, 1 u. ö. — 2) j. Schabb. IV g. E., 7ᵇ עריבת הירדן die Fa-luke (leicht gebautes Schiff) des Jordans, vgl. יַרְדֵּן.

עֲרָבוֹת *f.* pl. (eig.=bh.) insbes. 1) **Araboth**, Name des obersten, siebenten Himmels. Das W. viell. von עֶרֶב: finster sein, entstanden, wurde als syn. mit עֲרָפֶל gedeutet. Chag. 12ᵇ ערבות שבו צדק משפט וצדקה גנזי חיים גנזי שלום וגנזי ברכה וכ׳ Araboth ist derjenige Himmel, worin sich befindet das Recht, die Gerechtigkeit, die Tugend, die Behältnisse des Lebens, des Heiles, des Segens; ferner: die Seelen der hingeschiedenen Frommen, die Geister und Seelen derjenigen, die erst erschaffen werden sollen und der Thau, durch welchen Gott die Todten wieder beleben wird. שם אופנים ושרפים וחיות הקדש . . . מלך אל חי רם ונשא שוכן עליהם בערבות dortselbst sind auch die Ofanim, die Serafim, die heiligen Chajoth, die bediensteten Engel und der Thron der göttlichen Herrlichkeit. Der König, Gott, der Lebendige, der Hohe und Erhabene, thront über ihnen in dem Araboth. — 2) Name eines Ortes. Ber. 54ᵃ פקתא דערבות das Bruchthal in Araboth. Das. ברוך שעשה לי נס בערבות gelobt sei Gott, der mir in Araboth Wunder gethan hat.

עֵרֵב (intens. Pielform von עָרַב) 1) **vermischen, verwirren, in Unordnung bringen.** j. R. hasch. III g. E., 59ᵃ was that Mose, um Amaleks Zauberei zu vernichten? עירבב את

המזלות er brachte den Planetenlauf in Unordnung; vgl. פּוּשְׁפָן. Cant. r. sv. לסוסתי, 9ᵈ wird רב (Ps. 18, 15) gedeutet: עירבבן er verwirrte die Egypter. Khl. r. sv. לשחוק, 75ᵇ wird מהולל (Kl. 7, 7) erklärt: מה מְעוֹרָבָב השחוק wie ist doch der Scherz verworren! Das. ö., vgl. auch עֲרוֹבָא. Levit. r. sct. 20, 164ᵃ ein König, der bei der Hochzeit seiner Tochter einen Makel an dem Hochzeitskameraden entdeckt hatte, sagte: אם הורגני אני עכשיו אני מערבב שמחת בתי wenn ich ihn jetzt tödtete, so würde ich die Freude meiner Tochter stören; deshalb wartete auch Gott mit dem Tödten von Nadab und Abihu, die schon bei der Gesetzgebung den Tod verschuldet hatten. Num. r. sct. 2, 186ᵃ steht dafür הריני מערבב שמחת תורה ich würde die Freude der Gesetzgebung stören. Cant. r. g. E., 34ᶜ u. ö. — Trop. R. hasch. 16ᵇ ob. man bläst am Neujahrstag stehend und sitzend, כדי לערבב את השטן um den Satan zu verwirren; damit er näml. glaube, dass die grosse Posaune der Messias-Ankunft, wo seine Macht aufhöre, schon erschalle; infolge dessen er keine Anklage gegen Israel erheben würde.

עֲרֵב *ch.* (=עֵרֵב) verwirren, s. TW. Levit. r. sct. 20 Anf., 163ᵃ wird הוללים (Ps. 75, 5) erklärt: מְעַרְבְּבַיָּא die Verworrenen.

עַרְבּוּב, öfter עִרְבּוּבְיָא *m.* **Gemisch, Verwirrung, Unordnung.** Schabb. 85ᵇ בא ערבוב ובטל את השדרה eine Verwirrung (von Saaten) kam und vernichtete die Reihe. Kil. 5, 1 כרם שהוא נטוע ערבוביא ein Weingarten, der in Un-ordnung bepflanzt ist. Levit. r. sct. 36, 180ᵇ Israel ist „dem Weinstock“ verglichen (Ps. 80, 9); מה הגפן הזה אין נוטעין אותו ערבוביא אלא שורות שורות וכ׳ so wie man den Weinstock nicht in Unordnung, sondern reihenweise pflanzt, ebenso war Israel in Cohorten geordnet. Cant. r. sv. כל מלחמה שהיא יתירה על ששים, 21ᵃ כמגדל אלף מלחמת עירבוביא היא jeder Krieg, der mehr als 60,000 Mannschaften zählt, ist ein Krieg der Verwirrung. Sifre Debar. § 20 כולכם בערבוביא ילדים דוחפים את הזקנים זקנים דוחפים את הראשים „Ihr allesammt kamet“ (Dt. 1, 22), d. i. in Verwirrung, die Jünglinge stiessen die Alten und die Alten stiessen die Oberhäupter. Num. r. sct. 12, 216ᵃ „Die Männer kamen sammt den Frauen“ (Ex. 35, 22); שהיו דוחקים זה על זה ובאים אנשים ונשים בערבוביא d. i. sie dräng-ten einander und so kamen Männer und Frauen in Unordnung. Chull. 60ᵃ die Gräser, bei deren Schöpfung nicht למינהו steht, kamen dennoch geordnet heraus; denn sie dachten bei sich: אם רצונו של הקלה בערבוביא למה אמר למינהו (l. למינו) באילנות . . . ומה אילנות שאין דרכן לצאת בערבוביא אמר הקלה למינהו (l. למינו) וכ׳ wäre der Wille Gottes, dass die Pflanzen in Unordnung hervorkämen, warum befahl er den Bäu-

men לְמִינוֹ (Gen. 1, 11)? Ferner dachten sie bei sich: Wenn Gott den Bäumen, die ohnedies nicht in Unordnung zu wachsen pflegen, befahl: לְמִינוֹ, um wie viel mehr müssen wir geordnet aufsprossen! „Und die Erde liess die Gräser sprossen nach ihrer Art" (לְמִינֵהוּ, das. V 12). Ned. 20ᵇ s. מִזְדָּה. Ab. sar. 2ᵇ u. ö. — Pl. Genes. r. sct. 49, 49ᵃ עִירְבּוּבֵי שְׁאֵלוֹת יֵשׁ כָּאן וכ' verschiedene Fragen liegen hier (Gen. 18, 23 fg.) vor.

עִירְבּוּבְיָתָא ch. fem. (=עִרְבּוּבְיָא) Verwirrung, Unordnung. Ned. 81ᵃ הַאי עִירְבּוּבְיָתָא דְּרִישָׁא מַיְיתָא לִידֵי עִוְורָא עִירְבּוּבְיָתָא דְּמָאנֵי מַיְיתָא לִידֵי שְׁעֲמוֹמִיתָא עִירְבּוּבְיָתָא דְגוּפָא מַיְיתָא לִידֵי שִׁיחֲנֵי וכִיבֵי (s. jedoch חַרְפּוּפִיתָא) die Unordnung (Vernachlässigung) des Kopfhaares verursacht Blindheit, die der Kleider verursacht Blödsinn, die des Körpers verursacht Hautausschläge und Grinde. Das. צַעַר דְּעִירְבּוּבְיָתָא (s. חִפּוּפִיתָא) der Schmerz der Unordnung.

עַרְבְּלָא masc. (syr. ܥܲܪܒܳܠܐ, arab. غِرْبَال, אֲרְבְּלָא s. d.) Sieb. Stw. ערב mischen mit angeh. ל. — Denom. Pa. עַרְבֵּל (arab. غَرْبَلَ, syr. ܥܲܪܒܶܠ) verwirren, vermischen, eig. im Siebe sieben. — עֲרַבְרְבִין=עֲרַבְלָאִין m. pl. Adj. Zusammengelaufene, Gemengsel verschiedener Menschen (=bh. אֲסַפְסֻף) s. TW. — So dürfte auch Ex. 12, 38: עֵרֶב רַב (=einigen Bibelcodd. bei Kennicot) als ein Wort zu lesen sein.

עֲרוּגָה f. (=bh.) 1) Beet. Stw. עָרַג, arab. عَرَجَ schief, geneigt sein. So hat Pesch. in Ez. 17, 7. 10 عَمَزَ für עֲרוּגָה, also Abschüssiges, vgl. מִדְרוֹן; ferner عَمَرَ κλίμαξ. Kil. 3, 1. 2 fg. עֲרוּגָה שֶׁהִיא שִׁשָּׁה טְפָחִים עַל ו' טְפָחִים וכ' ein Beet, das sechs Faustbreiten im Geviert ist. Schabb. 84ᵇ. 85ᵇ fg. j. Schabb. XI, 13ᵃ u. ö. — Pl. Tosef. Kil. II Anf. עֲרוּגוֹת ed. Zkrm. (a. Agg. עֲרוּגִיּוֹת) kleine Beete. — 2) übrtr. die beetförmige Rückseite der beiden Theile der Lunge, etwa Lungenreihe (לַעֲרוּגָה von einer Lungenreihe zur andern. Das. בְּאוֹתָהּ עֲרוּגָה in derselben Lungenreihe.

עַרְגֵּל (syr. ܓܰܪܓܶܠ, Parel von גַּלַל) wälzen, rollen, s. TW.

עֲרַד (arab. عَرَدَ) fliehen machen, verjagen. Genes. r. sct. 23 Anf. und sct. 24 g. E. עִירָד עֵרוּד אֲנִי מִן הָעוֹלָם „Irad" (Sohn Chаnoch's, Gen. 4, 18), das bedeutet: Ich verjage sie aus der Welt.

עָרוֹד m. (=bh. Stw. arab. عَرَدَ fliehen) wilder Esel, onager. Kil. 8, 6 עָרוֹד מִין חַיָּה der wilde Esel gehört zu den Feldthieren, Wild. Ueber Ber. 33ᵃ und Chull. 127ᵃ עָרוֹד s. חֲבַרְבָּר und חַרְדוֹן. R. hasch. 3ᵃ „Sichon" hiess auch עָרָד שֶׁדּוֹמֶה לַעָרוֹד בַּמִּדְבָּר „Arad", weil er dem wilden Esel in der Wüste glich, vgl. סִיחָן. — Pl. j. Schek. VIII Anf. עֲרוֹדוֹת הָיוּ נוֹחֲרִין לַאֲרָיוֹת (so in Agg. des bab. Tlmd.; in Agg. des jer. Tlmd. fehlt לַאֲרָיוֹת) man durchbohrte wilde Esel zur Fütterung der Löwen des Königs, in Jerusalem. In den Parall. Men. 103ᵇ עֲרוֹדִיאוֹת dass. Tosef. Edij. III Anf. עֲרוֹדוֹת s. עָרֹד. — Ferner Arod, N. pr. Sifre Ekeb § 41 die Gelehrten waren versammelt עֲרוֹד im Hause Arod's. Kidd. 40ᵇ steht dafür נָחוֹם s. צֶלְיָה.

עֲרוֹד, עָרֵד, עֲרוֹדָא ch. (syr. ܥܳܪܳܕܐ=vrg. עָרוֹד) wilder Esel, onager. Pl. Dan. 5, 21 עֲרָדַיָּא; auch עֲרוֹדַיָּא s. TW. — Ab. sar. 16ᵇ in dem Hause des Mar Jochani בַּעֲרוֹדֵי führte man den Mühlstein mit wilden Eseln. — Fem. עֲרוֹדָא wilde Eselin, s. TW.

עֲרַדְלִירִין, עֲרַדְלִירִין s. אֲדַרְבְּלָא. — עֲרַדְלִיָּא m. pl. Schwämme, Pilze. j. Pes. X g. E., 37ᵈ אֲרַדְּיָא, אֲרַדְּיְלַיָּא s. אֲרַדְּיָא.

עֲרְדְּיָא od. עֲרְדִּיסְקוֹס Ardasja, oder Ardiskos, Name einer Provinz. B. bath. 56ᵃ עַרְדִיָא Ar. (Agg. עַרְדִּיסְקוֹס) als eine Uebers. von קֵינִי (Gen. 15, 19). Tosef. Ter. III Anf. עַרְדִיסְקוֹס dass.

עַרְדְּסְקָא m. (wahrsch.=דִיסְקוֹס, gr. δίσκος mit vorges. ער) Schüssel, durchlöcherte Pfanne. j. Bez. 22ᵇ עַרְדַּסְקָאָת שֶׁל (Raschi Ms. עַרְדַּסְקָאוֹת, vgl. Dikduke z. St. j. Bez. II, 61ᶜ un. steht dafür עַרְדִּיסְקוֹס s. d.) man brachte durchlöcherte eiserne Pfannen, die man am Rüsttage des Festes mit Gewürzen durchräucherte und deren Löcher man verstopfte. Als nun die Gäste am Feiertage ankamen, öffnete man die verstopften Löcher, wodurch das Zimmer durchduftet wurde.

עוּרְדְּעָן, עוּרְדְּעָנָא masc. 1) Frosch (hbr. צְפַרְדֵּעַ, wahrsch. verkürzt aus צְפַר־רְדֵעַ Grndw.; wie im Aram. רְדַע und צְפַר quaken, s. d. W.; syr. ܐܘܽܪܕܥܐ pl., dahing. ܐܽܪܕܥܳܐ nach Cast. nom. locustae?) Genes. r. sct. 10, 10ᵈ חֲמָא חַד עוּרְדְּעָן und sah einen Frosch, der einen Skorpion trug. Levit. r. sct. 22, 165ᵃ dass. Pl. עוּרְדְּעָנַיָּא s. TW. — 2) übrtr. Frosch (rana), eine Krankheit unter der Zunge. j. Ab. sar. II, 40ᵈ mit. הֲדָא עוּרְדְּעָנָא סְכָּנָה der Frosch (od. Zungenkrebs) ist eine gefährliche Krankheit. Dafür auch אוּרְדְּעָנָה, s. אֻרְדְּעָנָה.

עָרָה s. עָרִי. Davon

עֶרְוָה f. (=bh.) 1) Blösse. Cant. r. sv. כי מה מים מכסים ערותו של ים ... כך 6ᵃ, שובים התורה מכסה ערותן של ישראל so „wie das Wasser die Blösse des Meeres bedeckt" (Jes. 11, 9), ebenso bedeckt die Gesetzlehre die Blösse Israels. — Genes. r. sct. 45 und Parall. הוציאו ערותן crmp., s. עָרוּת. — 2) Scham und übrtr. Unzucht, Makel. Git. 90ᵃ die Schule Schammai's sagt: לא ירוש אדם את אשתו אלא אם כן מצא בה דבר ערוה וכ׳ man darf seine Frau durch Scheidung nur dann entlassen, wenn man an ihr Unzucht (Buhlerei) entdeckt hat; denn es heisst (Dt. 24, 1) ערות דבר. Die Schule Hillel's sagt: Selbst wenn sie ihm blos die Speisen verdorben hat. (Schammai legt näml. das Hauptgewicht auf ערוה, Hillel hing. auf דבר: irgend etwas.) R. Akiba sagt: Auch aus dem Grunde, wenn er eine schönere Frau als die seinige gefunden hat. (Er legt näml. das Hauptgewicht auf den Satz: „Wenn sie bei ihm keine Gunst gefunden hat.") — (Der Karäer Aharon ben Elia, der Nikomedier, theilt in seinem Werke Gan Eden, גן עדן Tit. Frauen cap. 25 die Formel eines kar. Scheidebriefes mit, deren Anfang lautet: „Ich N. N. entlasse meine frühere Frau N. N., כי מצאתי בה ערות דבר weil ich an ihr einen Makel entdeckt habe." Unter „Makel" verstehen die Karäer: verschiedene Leibesfehler, unzüchtiges Betragen, irreligiöses Leben, Verleitung des Mannes zur Sünde u. dgl. m. Die von Hillel u. R. Akiba erwähnten Scheidungsgründe hing. verwerfen sie, vgl. das. cap. 24.) Git. 64ᵃ u. ö. אין דבר שבערוה פחות משנים bei einer Incestangelegenheit gehört zur Glaubhaftigkeit das Zeugniss zweier (nicht eines) Zeugen. Aboth 3, 13 שחוק וקלות ראש מרגילין את האדם לערוה Scherz und Leichtsinn verleiten den Menschen zur Buhlerei. — 3) übrtr. eine Frau, die wegen Blutsverwandtschaft zur Ehe verboten ist. Jeb. 3ᵇ מה אחות אשה מיוחדת שהיא ערוה אף כל שהיא ערוה וכ׳ so wie die Schwester der Frau hervorgehoben ist (Lev. 18, 18, dass der Schwager an ihr nicht die Leviratsehe vollziehen darf, wenn näml. seine Frau gestorben ist), ebenso ist jede andere, die blutsverwandt ist, zur Leviratsehe verboten. Das. 8ᵃ fg. 13ᵇ fg. צרת ערוה die Nebenfrau der wegen Blutsverwandtschaft Verbotenen, vgl. צָרָה. — Pl. עֲרָיוֹת (von עֶרְוָה) oder vom aram. עַרְיָא gebildet, ähnl. גּוּלְיָת fem. von גַּל) sow. die Schamtheile, als auch die zum ehelichen Umgang verbotenen Frauen. Keth. 13ᵇ u. ö. אין אפיטרופוס לעריות gegen Buhlerei giebt es keinen Wächter. Jom. 9ᵃ u. ö. גלוי עריות s. d. Jeb. 3ᵇ שאר עריות andere verbotene Frauen, welche Schwestern der Ehefrau sind. Das. 4ᵃ fg. und sehr oft, vgl. auch כני, פְּנָה.

עֲרָוָה od. עַרְוָתָא ch. (=פִּרְיָה) Schaden, Verlust. Esr. 4, 14.

עוֹרְזִילָא m. (syr. ܥܘܪܙܠܐ, arab. غَزَال, mit eingeschalt. ר, vgl. auch אוֹרְזִילָא) Gazelle. Cant. r. sv. עד שיפורח, 16ᵈ עורזיליהון דאיילתא die Gazelle der Hirschkuh. Das. ö.

עַרְטֵל Pi. (von עטל, arab. عَطَلَ nackt sein, mit eingeschobenem ר zum Ersatz des Dagesch) nackt machen, entblössen. Genes. r. sct. 6, 7ᵒ הקב״ה מערטלו מנרתיקו Gott wird die Sonnenkugel von ihrem Futteral entblössen, s. נַרְתִּיק. Khl. r. sv. וזרח, 72ᵃ dass. — Nithpa. entblösst werden. Trop. Genes. r. sct. 19, 19ᵒ אפילו מצוה אחת שהיתה בידן נתערטלו הימנה selbst von dem einen Gebot, das sie hatten, wurden sie „entblösst" (Gen. 3, 7).

עַרְטֵל ch. (syr. ܥܪܛܠ=עַרְטֵל) nackt machen, entblössen, s. TW.

עַרְטִילַי, עַרְטִילָאָה m. (syr. ܥܪܛܠܝ, ܥܪܛܠܐ) nackt, entblösst. B. mez. 46ᵃ גברא ערטילאי דלית ליה ולא כלום ein nackter Mann, der gar nichts besitzt. Keth. 65ᵇ שלח ערטולאי וסיים מסאני nackt ausgezogen, aber beschuht; Sprichwort für: eine Frau, die zerrissene Kleider trägt, aber dennoch Putzsachen auf sich hat, wodurch die Schande der Nacktheit eine weit grössere ist. Sot. 8ᵇ dass. J. Keth. VI, 30ᵈ mit. der Mann pflegt zu sagen: הני לי מיקום ערטילאי ich nehme es fürlieb, nackt dazustehen, ומכסיא איתתא wenn nur meine Frau schön bekleidet ist. — Fem. j. Pea VIII, 21ᵇ ob. וכי ערטילאי הוות war denn Ruth etwa nackt? mit Bez. auf Ruth 3, 3.

עַרְטִילוּתָא f. (syr. ܥܪܛܠܘܬܐ) Nacktheit. עַרְטוּלָיֵי m. pl. Nackte, s. TW.

עָרָה, עֲרִי Pi. עֵרָה (arab. عَرَى, ähnlich bh.) 1) an etwas bringen, umschlingen, anschliessen, anhängen, trnst. Sifra Kedosch. Par. 2 cap. 5 כל העריות עשה בהם המערה כגומר ושפחה לא עשה בה המערה כגומר bei allen anderen Frauen, die wegen Incestes verboten sind, hält die Schrift das Anschliessen der Geschlechtstheile a einander (eig. den Anschliessenden) vgl. (הַעֲרָיָה) ebenso für straffällig, wie das Vollziehen des Beischlafes; bei einer Magd aber, die für einen Mann bestimmt ist (חָרוּפָה s. d.) hält die Schrift das Anschliessen der Geschlechtstheile weit so straffällig, wie die Vollziehung des Beischlafs. Ker. 10ᵇ u. ö. dass. Das. 11ᵃ מערה לא חייב der Anschliessende ist nicht straffällig dass. — Part. pass. Jom. 54ᵃᵇ מגללין להם את הפרוכת ומראין להם את הכרובים שהיו מעורים זה בזה man rollte vor ihnen (den Israeliten, die am Feste in den Tempel kamen) den

88

Vorhang auf und zeigte ihnen die Cherubim, welche an einander fest angeschlossen, umschlungen waren; indem man ihnen zurief: Sehet eure Liebe bei Gott, wie die Liebe des Mannes zum Weibe. Das. wird כמער (1 Kn. 7, 36) erklärt: כאיש המעורה בלויה שלו wie ein Mann, der an seine Gattin angeschlossen ist =מַעֵר bedeute demnach die Anschliessung =הָעֲרָאָה s. d.). Teb. jom 3, 1 אוכל שנפרם ומעורה מקצת eine Speise, die von einer andern abgebrochen wurde, aber zum Theil noch daran hängen blieb. (Hai in s. Comment. z. St. erklärt ערב = ער, wovon ב abgefallen, wie נס von נסב u. v. a., wonach auch das nächstflg. עירה: vermischen bedeuten würde; was jedoch nicht einleuchtet.) Ukz. 3, 8 מעורה בקליפה das Reis hängt noch an der Schale des Feigenbaumes. Chull. 127ᵇ fg. u. ö. Bez. 7ᵇ die Eier מעורות בגידין hängen noch an den Adern. j. Bez. I Anf., 60ᵃ מעורות לגידין dass. — Trop. Sifra Kedosch. Par. 2 cap. 5 u. ö. עירה כל הפרשה כולה וכ׳ die Schrift verbindet diesen ganzen Abschnitt mit Folgendem, vgl. jedoch עגד. — 2) giessen, zusammenmischen, eig. anschliessen. Jom. 53ᵇ עירה דם הפר לתוך דם השעיר der Priester goss aus dem Becken (am Versöhnungsfeste, vgl. Lev. 16, 18) das Blut des Farren und das Blut des Ziegenbockes. Das. 58ᵃ fg. j. Maasr. I g. E., 49ᵇ sowohl ein Gefäss, worin man etwas gekocht, לתוכו רותח אחד שעירה das. jenige, in welches man heisses Wasser gegossen hat. Nid. 71ᵇ היתה מְעָרָה מים לפסח sie durfte Wasser aus einem Gefäss auf das Pesachopfer giessen. j. Keth. VII, 31ᵇ un. wenn der Mann von seiner Frau verlangt, שתהא ממלאה ומערה לאשפות dass sie fülle und auf den Mist ausgiesse; d. h. nach der Conception das semen virile entleere. Keth. 71ᵇ. 72ᵃ s. פֶרֶץ.

Hif. הֶעֱרָה 1) (=Piel nr. 1) anschliessen, von den Geschlechtstheilen. j. Keth. III, 27ᵈ mit. הערו בה עשרה בני אדם וכ׳ wenn zehn Männer an sie angeschlossen haben u. s. w. (Bh. הערה, Lev. 20, 18. 19, dürfte dieselbe Bedeutung haben; und ebenso Jes. 53, 12 הערה למות נפשו „er schloss an den Tod seine Seele", vgl. Ps. 22, 16). Sot. 42ᵇ (mit Ansp. auf מערות 1 Sm. 17, 23 Ket., vgl. מַעֵר im Pi. nr. 1) Goliath, שהכל הערו באמו bei dessen Mutter Alle die Geschlechtstheile angeschlossen haben. Ruth r. sv. ותשאנה, 38ᵇ wird auf dasselbe מערות angespielt: ממאה ערלות גוים שנתערה בה כל הלילה (Nithpa.) von den 100 Vorhäuten des Heiden, welche sich ihr (der Mutter des Goliath) die ganze Nacht hindurch angeschlossen hatten. — 2) (=Piel nr. 2) giessen, zusammenmischen. j. Jom. V, 42ᵈ ob. מנין שהוא זקוק להערות וכ׳ woher ist erwiesen, dass man die beiden Blutarten (des Farren und des Ziegenbockes) zusammenmischen müsse? Aus Lev. 16, 18, s. Piel. Das. צריך להערות dass.

Hof. hängen bleiben, eig. angehängt werden. j. Pea I, 16ᵃ un. Saul sagte zu Abner: גבי כןך אמרת בסירה הוערה חנית וצמחת. בסירה הוערו betreffs des Mantelzipfels sagtest du: er blieb an der Dornhecke hängen; sind denn aber auch der Spiess und der Wasserkrug an der Dornhecke hängen geblieben? j. Sot. I, 17ᵇ mit. u. ö., s. סִירָה II.

עֲרָא , עֲרִי ch. (syr. ‎ܥܪܐ = ערה) anhangen. Ithpe. 1) sich anhängen, sich anschliessen. Pesik. Schek., 11ᵃ Esau (d. h. die römische Regierung betreffs ihrer unzähligen Steuerforderungen) gleicht der Dornhecke, דאת מפשר לה מן הכא והיא מתעריא מן הכא wenn du sie von da losmachst, so hängt sie sich anderswo an, vgl. סִירְתָא. j. Dem. I, 22ᵃ mit. u. ö. בטיכחא אתעריית sie blieb hängen, verwickelte sich in eine Dornhecke, vgl. סַבָּא I. — 2) (viell. von עור) erwachen. j. Bez. V, 63ᵃ un. R. Jirmeja בעי מתערתא בקריצתא דשובתא וכ׳ wollte, dass sein Sohn am Sabbat früh erwache u. s. w.

עִירוּי masc. N. a. das Ausgiessen einer Flüssigkeit aus einem Gefäss in das andere. j. Maasr. I g. E., 49ᵇ. j. Schabb. III, 6ᵇ mit. u. ö. עירוי ככלי ראשון das Ausgiessen wird dem Kochen in einem Geschirr gleichgestellt (eig. wie das erste Gefäss, vgl. נֵבֶל). Wenn Jem. z. B. am Sabbat kochendes Wasser auf rohe Speisen, die in einer Schüssel liegen, giesst, so ist er ebenso straffällig, als ob er die Speisen im Kessel gekocht hätte. Nach einer andern Ansicht: עירוי ככלי שני wird ein solches Giessen so angesehen, als ob man die Speisen in heisses Wasser, das in der Schüssel (כלי שני) befindet, hineinlegt, was nicht straffällig ist. Vgl. Schabb. 42ᵃ fg. j. Ab. sar. V, 45ᵃ mit. wenn der Jude den Weinschlauch hält und der Nichtjude (Götzendiener) den Wein hineingiesst, so darf letzterer (weil ihn der Nichtjude vor dem Götzen gespendet haben könnte) nicht genossen werden; שפחמים שישראל מרפא וכו׳ עירוי ונמצא כל העירוי מחמת הגוי denn manchmal zieht der Jude die Hände zurück, so dass dann das ganze Giessen durch den Nichtjuden allein geschieht. Wäre näml. der Jude beim Giessen immer behilflich gewesen, so hätte man den Wein trinken dürfen.

עֲרָיָה f. N. a. (verkürzt aus הָעֲרָיָה, vgl. עֲלַם u. a.) das Anschliessen der Geschlechtstheile an einander. j. Keth. I, 25ᵇ un. ולמה לית ר׳ יוסף פתר לה בעריה warum erklärt R. Josef nicht jene Borajtha, dass ein Anschliessen stattgefunden habe? j. Snh. VII, 24ᵉ mit. לצורך יצאת לידון בעריה die Incestverbote werden (Lev. 20, 18 u. 19) noch einmal hervorgehoben (trotzdem sie bereits das. 18, 6 fg. stehen), um das Anschliessen (הערה Lev. l. c.)

zu bestrafen. Das. טוּמְאַת עֲרָיָיה die Sünde des Anschliessens.

עֲרָיָא, עֲרָיְיתָא, עֶרְיָה ch. (=עֶרְיָה, עֶרְוָה) Blösse, Scham, s. TW. — j. Meg. IV, 75ᶜ mit. בעריתא דאבוי ובעריתא דאימיה "die Scham seines Vaters und die Scham seiner Mutter" (anst. deines, deiner, Lev. 18, 7 fg.); eine Uebers., die zu tadeln ist, vgl. בְּנֶה, בְּנֵי, Bech. 39ᵇ s. זוּבֶן.

עַרְעָרִין, עַרְעֲרִין m. pl. eig. die Zerstörenden, Zerschlagenden (von עַרְעַר; ערר verk. aus עַרְעֲרִין, ר elidirt); insbes. die zwei Eisen am Joche, welche beim Ziehen des Ackergeräthes die Schollen zerschlagen. Kel. 21, 2 הנוגע בלחיים ובעריין טמא wer die Hölzer und die Eisen des Joches berührt, ist unrein. Tosef. Kel. B. mez. IV Anf. בעריין Hai in Kel. l. c. (Agg. עריין, ebenf. ר elidirt), vgl. לְחִי. Maim. erkl. das W. durch arab. אלחא אקאת (?).

עֲרַךְ (=bh.) 1) ordnen, reihen. j. Jom. II g. E., 40ᵃ כהן אחד עורך שני איברים וכ' ein Priester ordnet zwei Glieder der Opfer. Trop. Aboth 1, 8 אל תעש עצמך כעורכי הדיינין eig. mache dich nicht denjenigen gleich, welche die Richter ordnen, zum Urtel bestimmen; d. h. fungire nicht in einer Processsache als Anwalt für einen Processirenden, trotzdem du von der Schuld deines Clienten überzeugt bist, indem du glaubst, durch Scheingründe oder Ueberredungskunst bei den Richtern ein für ihn günstiges Urtel zu erwirken. Keth. 52ᵇ R. Jochanan sagte: (durch den dieser processirenden Frau ertheilten Rath) עשינו עצמנו כעורכי הדיינין verfuhren wir wie diejenigen, welche die Richter beeinflussen. Das. 86ᵃ u. ö. j. B. bath. IX, 17ᵃ ob. כעורכי. Ar. ed. pr. liest überall כעורכי und verbindet dieses W. mit עורכין (ἀρχεῖον s. w. u.), was jedoch nicht einleuchtet. — Bildl. Ned. 20ᵇ eine Frau klagte ihren Mann bei Rabbi (bei Rab) an: ערכתי לו שלחן והפכו eig. ich bereitete ihm den Tisch, er aber wandte ihn um; d. h. anstatt des natürlichen ehelichen Umgangs vollzog er ihn unnatürlich, vgl. שֻׁלְחָן. — 2) rollen; bes. den Teig. Ab. sar. 4, 9 mit einem Bäcker, der die levitische Reinheit nicht beobachtet, לא לשין ולא עורכין עמו darf man den Teig weder kneten noch rollen. j. Schebi. V g. E., 36ᵃ und j. Git. V g. E., 47ᶜ dass. j. Schabb. VII, 10ᵇ un. Pes. 48ᵇ drei Frauen sind mit der Zubereitung des Teiges beschäftigt אחת לשה ואחת עורכת ואחת אופה die eine knetet, die andere rollt und die dritte bäckt. Neg. 2, 4 האשה [נראית] כעורכת וכמניקה את בנה die Frau muss bei der vom Priester vorgenommenen Besichtigung ihres Aussatzes, die Stellung einnehmen, als ob sie den Teig rolle und als ob sie ihr Kind nähre, vgl. מֶסַק.

Hif. הֶעֱרִיךְ schätzen, taxiren und die

Summe der Schätzung geloben (Lev. 27, 8 fg.), eig. den Preis des Abzuschätzenden ihm gegenübersetzen. — Nif. נֶעֱרַךְ abgeschätzt, taxirt werden. Arach. 1, 1 fg. הכל מעריכין Alle können (Andere oder sich selbst) abschätzen und können auch (von sich selbst oder von Anderen) abgeschätzt werden. Das. 5ᵇ עכ"ם ר' מאיר אומר נערך אבל לא מעריך ר' יהודה אומר מעריך אבל לא נערך ein Nichtjude kann, nach Ansicht des R. Meïr, geschätzt werden, aber nicht schätzen; nach Ansicht des R. Juda kann er schätzen, aber nicht geschätzt werden.

עֲרַךְ ch. (=עָרַךְ nr. 2) rollen, Teig oder Lehm. j. Schebu. VI, 37ᵇ ob. eine Frau, דאזלת מיערדה גבי חברתה die zu ihrer Freundin ging, um den Teig zu rollen. Das. zwei Denare fielen ihr herunter ... ואשכחן תרין דינריא עריכין גו עיגולא ואישתכחן welche in das Brot hineingerollt wurden; man fand später die zwei Denare, die in das Brot eingerollt worden waren, vgl. עִיגּוּל, s. auch TW.

עֲרִיךְ m. eig. Part. pass. Gerolltes, daher Kuchen, s. TW.

עֵרֶךְ m. (=bh.) 1) Ordnung, Geordnetes. Pl. j. Sot. VIII Anf., 22ᵇ עָרְכֵי המלחמה die Schlachtreihen. Das. ö. Sot. 42ᵇ. Cant. r. sv. יפה את, 27ᵈ, vgl. מִשְׁנָה. — 2) Schätzung, der zu schätzende Werth (Delitzsch treffend: Aequivalent). Ned. 22ᵇ אלמלא לא חטאו ישראל לא ניתן להם אלא חמשה חומשי תורה וספר יהושע בלבד שערכה של ארץ ישראל הוא hätte Israel nicht gesündigt gehabt, so würde ihnen blos der Pentateuch und das Buch Josua gegeben worden sein; weil letzteres die Schätzung Palästinas enthält; d. h. die Vertheilung desselben an die Stämme, deren Genealogie im Pentateuch enthalten ist. Arach. 7ᵇ. 8ᵃ fg. האומר ערכי עלי ... ערך פלוני עלי wenn Jem. sagt: Ich gelobe meine eigene Schätzung, oder: Ich gelobe die Schätzung des N. N. Das. 4ᵃᵇ בערכך להביא ערך סתם דבר אחר בערכך ערך כולו הוא נותן ולא ערך איברים das W. בערכך (Lev. 27, 2, d. h. das angehängte Schlusskaf) fügt die unbestimmte Schätzung hinzu (wenn Jem. näml. sagt: „Ich will die Schätzung geben“, ohne er die abzuschätzende Person zu nennen, so muss er die geringste Summe der Schätzungen, näml. drei Sekel [das. V. 6] geben). Nach einer anderen Ansicht besagt das Schlusskaf in בערכך: dass nur bei der ganzen abzuschätzenden Person, aber bei einzelnen Gliedern (wenn Jem. z. B. den Werth einer Hand, eines Fusses gelobt) die Schätzung giltig ist. — Pl. das. 4ᵃ fg. עֲרָכִין. — Davon rührt der Name des Tlmd.-Tractats her: עֲרָכִין, Arachin (nicht Erachin).

עֲרִיכָה f. N. a. 1) das Ordnen, Reihen. j. Jom. II g. E., 40ᵃ עריכה שנאמר להלן ...

כאן שנאמר עריכה „das Ordnen" das weiter steht, „das Ordnen", das hier steht, näml. Lev. 1, 7. 12. Trop. Tanch. Bechuck., 184ᵃ Gott sagte: אתם מעריכין לפני את נפשותיכם אני מצֵיל אתכם מעריכת גיהנם dafür, dass ihr vor mir eure Personen abschätzet, werde ich euch vor der „Reihung" (Jes. 30, 33 ערוך) der Hölle retten. — 2) das Rollen des Teiges. j. Snh. X, 29ᵃ ob. לישתו ועריכתו das Kneten und das Rollen des Teiges des Schaubrotes. j. Schabb. VII, 10ᵇ un. u. ö.

עֲרִיכוּת f. N. a. die Ordnung. Genes. r. sct. 49, 49ᵇ הן ניתן בעריכות שפתים Gunst ist gelegt in die Ordnung der Lippen, d. h. geordnete Reden bewirken Gunst; mit Ansp. auf Hi. 41, 4. Jalk. I, 45ᵃ dass.

עֶרְכִּי , עַרְכִּין f. (=אַרְכִּי , gr. ἀρχεῖον) Obrigkeitsgebäude, Rathhaus, Gerichtsamt. Pl. עַרְכָּאוֹת. Kidd. 4, 6 ערכי Ar., vgl. אַרְכִּי. Git. 44ᵃ כותב ומעלה בערכין Ar. (Agg. בערכאות) er schreibt ein Dokument und trägt es auf das nichtjüdische Gerichtsamt, um es bescheinigen zu lassen. Ab. sar. 13ᵃ dass. Snh. 23ᵃ ערכאות שבסוריא die Gerichtsämter in Syrien. j. Snh. III Anf., 21ᵃ dass. Git. 10ᵇ. 11ᵃ כל העולין בערכאות של עכו"ם וכ' alle Dokumente, selbst Scheidebriefe und Befreiungsbriefe der Sklaven, welche von nichtjüdischen Gerichtsämtern ausgehen, sind, wenn auch die unterschriebenen Zeugen Nichtjuden sind, giltig. — עַרְכָּאָה dass., s. TW.

עֲרֵכֶל Genes. r. sct. 31, s. אֲרֵכֶל.

עֲרֵל etwas mit einer Vorhaut oder Schale überziehen; ähnlich arab. غَرَلَ. j. Maasr. IV g. E., 51ᶜ (mit Bez. auf Lev. 19, 23) דבר שעוֹרֵל את פריו etwas, was die Frucht überzieht; d. h. auch die Schale der Frucht darf in den ersten drei Jahren der Pflanzung nicht genossen werden. Ber. 36ᵇ steht dafür: שומר לפרי die Schale, welche die Frucht beschützt.

עָרֵל , St. c. עֲרֵל masc. Adj. (=bh.) Unbeschnittener und übrtr. unbeschnitten am Herzen; d. h. den göttlichen Befehlen nicht zugänglich. Mechil. Bo Par. 15 ערל ישראל אחד (Ex. 12, 43) ist sowohl der am Herzen unbeschnittene Israelit (d. h. Apostat), als auch der unbeschnittene Nichtjude zu verstehen; mit Bez. auf Ez. 44, 9. נכר' bedeutet näml. nach Seb. 22ᵇ שנתנכרו מעשיו לאביו שבשמים Jem., dessen Handlungen seinem Vater im Himmel entfremdet sind. Chull. 4ᵇ. 5ᵃ ערל שמתו אחיו ... מחמת מילה הוא האי ישראל מעליא הוא ein Unbeschnittener, der sich, weil seine (zwei oder drei, vgl. חֲזָקָה und שְׁנַיִם) Brüder infolge der Be-

schneidung gestorben waren, nicht beschneiden liess, wird als ein völliger Israelit angesehen.

עַרְלָא , עֶרְלָה , עֲרֵל ch. (syr. ܥܽܘܪܠܳܐ =עָרֵל) Unbeschnittener, s. TW.

עָרְלָה f. (=bh.) Vorhaut. Pes. 92ᵃ הפורש מן הערלה כפורש מן הקבר wer sich von der Vorhaut trennt, gleicht dem, der sich vom Grabe trennt: d. h. der Proselyt muss nach vollzogener Beschneidung, ebenso wie jeder andere Unreine, die sieben Reinigungstage beobachten und sich am dritten und am siebenten Tage mit dem Lustrationswasser besprengen lassen; er darf daher vor Ablauf dieser Zeit das Fleisch des Pesachopfers nicht geniessen. — Pl. Levit. r. sct. 25, 169ᵃ ארבע ערלות הן נאמר ערלה בארזן וכו' vier Arten von Vorhäuten giebt es, näml. die Vorhaut des Ohrs (Jer. 6, 10), die Vorhaut des Mundes (der Lippen, Ex. 6, 12. 30), die Vorhaut des Herzens (Jer. 9, 25) und die Vorhaut des männlichen Gliedes, vgl. גּוּף und מוּל. j. Jeb. VIII, 8ᵈ u. ö., s. מָשַׁךְ.

עוּרְלְתָא , עֶרְלְתָא ch. (syr. ܥܽܘܪܠܬܳܐ =עָרְלָה) Vorhaut, s. TW. Ab. sar. 10ᵇ Ketia bar Salom נפל על רישא דערלתיה קטעה warf sich auf die Spitze seiner Vorhaut und hieb sie ab.

עַרְלוּת f. N. a. das Unbeschnittensein, die Nichtbeschneidung. Jeb. 70ᵇ ערלות דגופיה.. ערלות דאחריני die Nichtbeschneidung seiner eignen Person, die Nichtbeschneidung Anderer; d. h. das Fleisch des Pesachopfers darf weder derjenige essen, der selbst unbeschnitten ist, noch Jem., dessen Sklaven unbeschnitten sind. Das. 71ᵃ ערלות שלא בזמנה היא ערלות die Nichtbeschneidung, die für die Beschneidung bestimmte Zeit (z. B. beim Kinde, das noch nicht acht Tage alt ist) wird als eine Nichtbeschneidung angesehen. Das. ö. Chull. 5ᵃ מומר לערלות ein Apostat betreffs der Nichtbeschneidung.

עָרַם (=bh.) Grndw. wahrsch. רם mit der Grundbedeutung hoch sein; daher 1) aufgehäuft sein, bes. vom Getreide und 2) metaph. Erfahrungen häufen, sammeln; dah. klug, listig, hinterlistig sein, vgl. bh. נָעַרְמוּ Nifal: sich thürmen.

Hif. הֶעֱרִים 1) klug, verständig machen. j. Snh. V Anf., 22ᵇᶜ (mit Bez. auf בערמה, Ex. 21, 14) שיעריימוהו באיזה מיתה מת die Zeugen, die den Verbrecher verwarnen, müssen ihm verständigen, welche Todesstrafe er zu erleiden haben würde, vgl. הַתְרָאָה und תרי. — 2) listig, hinterlistig verfahren. Schabb. 65ᵇ מערימין בדליקה man darf bei Feuersgefahr listig verfahren; d. h. es ist gestattet, so viel Kleidungsstücke, als nur irgend möglich, anzu-

ziehen, um sie vor dem Feuer zu retten; vgl. das. 120ᵃ. Nach Ansicht des R. Jose hing. אין מערימין בדליקה darf man bei Feuersbrunst nicht hinterlistig verfahren; man darf vielmehr blos die nothwendigsten 18 Kleidungsstücke anziehen, um sie zu retten, vgl. נִיקְלֵי, מַקְמוֹרִין u. a., s. auch פְּרַח. j. Schabb. II g. E., 5ᶜ wenn Gefässe, die des Eintauchens bedürfen, am Sabbat in den Brunnen gefallen sind und noch obenauf schwimmen, מערים עליהן ומטביל so darf man listig dabei verfahren und sie ganz eintauchen. j. Bez. III, 62ᵃ un. j. B. kam. IX Anf. 6ᵈ u. ö., s. auch מָבוֹל.

עֲרַם od. עֲרִים ch. (=עָרַם) gehäuft sein. Syr. Pa. גַּל häufen. — Ithpe. klug, erfahren sein, s. TW. — Snh. 25ᵃ דילמא איערומי קא מערים vielleicht verfährt er hinterlistig; d. h. thut Busse zum Schein. Keth. 87ᵇ.

עָרוֹם m. Adj. (=bh.) 1) klug, erfinderisch. Ber. 17ᵃ לעולם יהא אדם ערום ביראה der Mensch sei stets klug in der Gottesfurcht; d. h. er soll erfinderisch sein im Aufsuchen der Wege, die zu ihr führen. — Pl. Chull. 5ᵇ „Menschen und Vieh" (Ps. 36, 7), אלו בני אדם שהן ערומין בדעת ומשימין עצמן כבהמה darunter sind Menschen zu verstehen, welche, obgleich im Wissen klug, sich dennoch wie das Vieh geringschätzen. — 2) listig, hinterlistig. Sot. 20ᵃ רשע ערום ein hinterlistiger Bösewicht, was das. verschieden erklärt wird: Wenn z. B. ein Processführender vor Ankunft des Gegners seine Gerechtsame dem Richter einleuchtend macht; ferner: Wenn Jem. einem Armen, der 199 Denare besitzt, einen Denar schenkt, wodurch er den Armen schädigt, da Jem., der 200 Denare besitzt, nicht berechtigt ist, Armengaben anzunehmen und dgl. m. Snh. 70ᵃ fg. u. ö.

עַרְמָא ch. (syr. ﺧ) listig, schlau, s. TW., vgl. auch עֲרִימוּתָא.

עֲרֵמָה, עֲרֵימָה f. (=bh. עֲרֵמָה) Haufen von Getreide u. dgl. Exod. r. sct. 31, 130ᵃ כשם שהערימה הזאת עומדת והכהן יורד לתוכה ונוטל מתוכה התרומה כך עשה הקב"ה את העולם ערימה ונטל ישראל שהן תרומתו so wie der Getreidehaufe aufgerichtet ist und der Priester hineinfährt und die Hebe darausnimmt, ebenso machte Gott die Welt zum Haufen und nahm aus seiner Mitte Israel als seine Hebe, „das Beste seines Ertrages" (Jer. 2, 3). — Pl. Mechil. Sehira Par. 6 wird נערמו (Ex. 15, 8) erklärt: עשאם כמין עֲרֵימוֹת er machte die Wellen wie die Getreidehaufen.

עֲרִימָא, עוּרְמָא chald. (syr. ﻛ, ﺧ =עֲרֵמָה) Haufen, vom Getreide, auch von den Wellen, s. TW.

עַרְמִית f. (=הַעֲרָמָה, abgew., vgl. עֲרָיָה u. a.) das Ueberlisten, Schlauheit. Tosef. B. mez. IV Anf. es giebt Dinge, die eig. kein Wucher sind, אבל אסורין משום ערמית רבית ed. Amst. u. a. (ed. Zkrm. כיצד וכ') die aber dennoch wegen wucherähnlicher Schlauheit verboten sind. Wenn näml. A., der von B. um ein Darlehn ersucht wird, zu ihm sagt: Geld habe ich nicht, aber ich leihe dir 20 Mass Weizen; so begeht er zwar, selbst wenn er sich für 24 Mass zahlen lässt, keinen eigentlichen Wucher, אבל אסורין משום ערמית רבית aber dennoch ist es wegen wucherähnlicher Schlauheit verboten.

עֲרִימוּתָא f. (syr. ﺧ=hbr. עֲרָמָה) Erfahrung, Klugheit. Genes. r. sct. 86, 84ᶜ „Potifar, איש מצרי" (Gen. 39, 1), הוות ערימותיה אמר בכל מקום גרמני מוכר כושי וכ' d. h. „ein schlauer, kluger Mann" (die Egypter galten gewöhnlich als klug). Worin bestand seine Klugheit? Er sagte: Ueberall verkauft ein Weisser einen Schwarzen, hier hing. verkauft ein Schwarzer einen Weissen (der Araber den palästin. Josef); der ist sicherlich kein Sklave. — עֲרִימוּתָא dass., s. TW.

עֲרוּמוֹמִית f. Schlauheit, Klugheit. Sot. 21ᵇ כיון שנכנסה חכמה באדם נכנסה עמה ערמומית sobald Kenntniss in den Menschen einkehrt, kehrt mit ihr auch die Schlauheit ein; mit Ansp. auf Spr. 8, 12. Nid. 45ᵇ מתוך שהתינוק מצוי בבית רבו נכנסת בו ערמומית תחלה dadurch, dass der Knabe sich gewöhnlich in der Schule aufhält, erlangt er eher Klugheit als das Mädchen.

עָרוֹם m. (=bh. Grndw. wahrsch. ערי) nackt. Dem. 1, 4 ומפרישין אותו ערום בין השמשות man entrichtet die Levitengaben vom Demai (Getreide, betreffs dessen ein Zweifel obwaltet, ob der Zehnt bereits davon entrichtet wurde, s. דְּמַאי) nackt, am Freitag vor Abend beim Zwielicht. Zu dieser Zeit darf man näml. blos vom Demai den Zehnten entrichten. Da man aber beim Verzehnten, das blos zweifelshalber geschieht, nicht den Segen sprechen darf, so vollziehe man es nackt, denn der Nackte darf ja auch sonst nicht einen Segen sprechen! Schabb. 34ᵇ. Trop. das. 14ᵃ ערום בלא מצות entblösst der tugendhafte Handlungen. — Fem. Snh. 75ᵃ Jem. war in eine Frau verliebt und die Aerzte sagten: העמוד לפניו ערומה ימות ולא תעמוד לפניו ערומה sie müsste wenigstens nackt vor ihm stehen (damit er nicht sterbe. Die Gelehrten aber sagten:) Möge er auch sterben, sie darf nicht nackt vor ihm stehen. — Aram. steht dafür עַרְטִילַאי s. d.

עַרְמוֹן m. (=bh.) die Platane, der morgenländische Ahorn, eig. der Nackte, von

dcm oft rindelosen Stamme so benannt, vgl.
Gesen. hbr. Wrtb. hv. — Pl. עֲרְמוֹנִים R. hasch.
23ᵃ u. ö., s. דֻלֹב.

עַרְמוֹנָא m. (=חוּרְמְנָא, mit Wechsel der Guttur.) giftige Schlange, Otter, s. TW.

עֲרוֹנִים m. pl. Lorbeerbäume. B. bath. 81ᵃ
vgl. עֲרָא und אֹרֶן.

עֲרִינָה f. (von ערן, viell. arab. عَرَنَ) Holzgerüste, worauf die Wächter der Felder zur
Umschau standen. j. B. bath. IX, 16ᵈ un. אפילו
עירניה selbst ein Holzgerüste, das der Vater
seinen Kindern als Erbschaft hinterlassen hat
u. s. w. B. bath. 144ᵃ steht dafür אוריייני dass.,
s. d. W. — עִירְנִיתָא s. d. in 'עי.

עֲרַס (syn. mit גֲרַס und רֲסַס, Grndw. (רס. —
Pi. עֲרֵס eig. zerschlagen; insbes. 1) Mehl
oder Krumen, Graupen mit Wasser einrühren, einen Mehlbrei machen. j. Pes.
III, 30ᵃ mit. עירס אמר לש אבל עירס לא
'וכ die Borajtha sagt nicht: Wenn man am
Feiertag einen Mehlbrei eingerührt hat (so entrichte man die Teighebe am Feiertage), sondern blos: wenn man schon den Teig geknetet
hat; woraus erwiesen ist, dass man, wenn man
blos den Teig eingerührt hat, die Hebe nicht zu
entrichten brauche u. s. w. j. Bez. I, 60ᵈ ob. dass.
Ber. 37ᵇ בשרכן wenn man die Brotkrumen zum
Brei eingerührt hat. Men. 75ᵇ dass. j. Chall.
I, 57ᵇ mit. ראשי עיסיות עירס wenn man die
Teigspitzen mit einander zusammengerührt hat.
Das. Part. pass. מְעוֹרָס eingerührt. — Davon
Hithpa. Sifre Schelach § 110 das W. ערסתכם
(Num. 15, 20. 21) bedeutet: מִשֶּׁתִּתְעָרֵס von der
Zeit ab, wenn der Mehlbrei eingerührt
wird, tritt die Verpflichtung, die Teighebe zu
entrichten, ein.
2) (denom. von עֲרִיס I) wölben. Kil. 4, 7
מלמעלה עירסן אם wenn man sie (die an beiden Seiten des Zaunes sich erhebenden Pflanzen) oben zusammengewölbt, aus ihnen eine
Laube gemacht hat. Nach einigen Commentt.
übrtr. von nr. 1: zusammen gemischt hat.
— 3) (von עֲרִיס II) als Landbauer arbeiten, pachten. Tosef. Chall. II, s. עֲרִיסוּת.

עֲרְסָן m. (von עֲרַס nr. 1) Speise aus Graupen oder Brotkrumen. Ned. 41ᵇ רפה ערסן
לחולה eine solche Speise ist dem
Kranken dienlich, um ihn zu heilen. Das. R.
Jonathan erklärt unser W.: חושלא דשערי עתיקתא
נפיא דריש alte, geschälte Gerste, die am Boden
des Siebes (infolge ihrer Fettigkeit) kleben bleibt.
R. Josef erklärt es: סמידא דשערי עתיקתא דריש
נפיא feines Mehl von alter Gerste, das am Boden des Siebes kleben bleibt. Jom. 47ᵃ die
Mutter des Ismael ben Kimchith nährte ihren
Sohn בערסן mit Graupenspeise, wodurch er sehr

kräftig wurde. Ber. 37ᵃ. j. Ned. VI Anf., 39ᶜ,
s. זְרִיד.

עֲרִיס I m. (arab. عَرِيش) Weinlaube, insbes. die an einem Zaun u. dgl. gezogenen
Weinreben, deren Spitzen eine Wölbung
bilden. Kil. 6, 1 זהו עריס הנוטע שורה של אי
'וכ הגדר בצד גפנים חמש עריס was ist (d. h.
eine Weinpflanzung, von der, ebenso wie von
einem Weingarten, die Getreidesaaten vier Ellen,
wegen Mischsaaten, entfernt sein müssen, vgl.
עבודה)? Wenn man eine Reihe von 5 Weinstöcken an der Seite eines zehn Faustbreiten
hohen Zaunes, oder an der Seite eines zehn
Faustbreiten tiefen und vier Faustbreiten breiten Grabens pflanzt. Das. Mischna 5 הן אלו
בו ונשתיירו מאמצעיתו שחרב עריס פסקי das sind die
מכאן גפנים וחמש מכאן גפנים חמש Bruchtheile einer Weinlaube: Eine Weinlaube,
deren Mitte brach liegt, zerstört wurde und von
der fünf Weinstöcke an dieser und fünf Weinstöcke an jener Seite übrig geblieben sind. Das.
Mischna 2. 7 fg. Tosef. Kil. IV חריס=עריס mit
Wechsel der Guttur. j. Kil. VII Anf., 30ᵇ עריס
המעוקם die krummgebogene Weinlaube. — Pl.
Tosef. Pea III g. E. עריסין ... גדולים עֲרִיסִין
grosse Weinlauben, kleine Weinlauben.

עֲרִיס II m. Adj. (=אָרִיס, arab. عَرِيس, أَعْرَسَ)
Landbauer, Pächter oder Gärtner eines
Grundstückes. Pl. B. bath. 46ᵃ עֲרִיסֵי אבות
Ar. (Agg. אריסי) die Pächter, die der Familie angehören und die von Vater auf Sohn
übergehen. Solche Pächter pflegten den Feldertrag zwei oder drei Jahre zu geniessen und
ihn später den Grundbesitzern zu überlassen.
Sie waren also berechtigt, andere Gärtner anzustellen. Sifre Haasinu § 312 „Gottes Theil ist
sein Volk, Jakob das Loos seines Besitzes"
(Dt. 32, 9). משל למלך שהיה לו שדה ונתנה
'לאריסים התחילו העריסים נוטלים וגונבים אותו
'נטלה מהם וכ ein Gleichniss von einem König,
der ein Feld hatte, das er den Landbauern übergab. Da fingen die Landbauer an, es ihm zu
reissen und zu bestehlen. Er nahm es ihnen
fort und übergab es ihren Söhnen, die aber noch
schlechter waren als die Ersteren. Später aber
wurde ihm ein Sohn geboren, der ganz nach
seinem Willen handelte und er vertrieb jene.
Dasselbe fand bei den Erzvätern statt: Abraham erzeugte den Ismael und die Söhne Ketura's, Isaak erzeugte den Esau und die idumäischen Fürsten, an Jakob's Kindern hing.
fand sich kein Makel; mit Bez. auf Ps. 135, 4.

עֲרִיסוּת f. N. a. (=אֲרִיסוּת) Pacht, Gärtnerei. Tosef. Chall. II 'אף על פי שהיה ר
גמליאל פוטר את עריסות בסוריא אוסר היה
מלעכרס אם עירס דהרי זה פטור obgleich R. Gam-

liel hinsichtlich der Uebernahme einer Pacht in Syrien den Pächter von der Entrichtung der Zehnten befreit hat (vgl. Chall. 4, 7 und סוּרְיָא), so hat er dennoch verboten, dort zu pachten; wenn jedoch Jem. daselbst Felder gepachtet hat, so ist er von der Entrichtung der Zehnten frei; d. h. man verurtheilt ihn nicht, letztere zur Strafe zu entrichten.

עֲרִיסָה f. (dimin. von עֶרֶס, bh. עָרָשׂ, arab. عَرْش) kleines, überwölbtes Bett; insbes. Wiege, Kinderbett. Kel. 16, 1 המטה וֹהעריסה das Bett und die Wiege. Nid. 4, 1 (31ᵇ) בנות כותים נדות מעריסתן die Töchter der Samaritaner sind von ihrer Wiege (d. h. Kindheit an) als menstruirend anzusehen. Hai z. St. erklärt das W. durch arab. מהד, und ebenso Maim. zu Kel. l. c. durch אלמהד; beides wohl verschrieben aus מהד مَهَّاد. j. Mac. II Anf., 31ᶜ ישב לו על גבי עריסה ביום ודרך התינוק לינתן על גבי עריסה ביום אינו גולה בלילה ואין דרך התינוק לינתן על גבי עריסה בלילה גולה wenn Jem. sich am Tage auf eine Wiege gesetzt hat (und ein Kind, das dort lag, erdrückte), so wird er, da das Kind am Tage gewöhnlich in der Wiege liegt, nicht mit Exilirung bestraft (denn hier ist die Tödtung des Kindes als eine grobe Fahrlässigkeit anzusehen). Wenn er sich aber des Nachts auf die Wiege gesetzt hat, so wird er, da das Kind des Nachts nicht in der Wiege (sondern bei seiner Mutter im Bette) zu liegen pflegt, mit Exilirung bestraft. Genes. r. sct. 53, 53ᵃ, s. נִדְבַּד.

עֶרֶס ch. (=עֶרֶשׂ, עֶרֶס) 1) überwölbtes Bett, Himmelbett. Snh. 20ᵃ ערסא דגדא das für den Schutzgeist, die Fortuna bestimmte Bett. Das. ערסא דצלא ein Lederbett, von welchem Riemen zum Schnüren ausgehen. Ned. 26ᵇ, s. דָּרַשׁ. — Thr. r. sv. רבתי 52ᵃ ערסא פחיתא ein schadhaftes Bett. Pl. das. ארבע עֵרְסָאתָא die vier Betten. Levit. r. sct. 5, 149ᵇ עַרְסָן דסִילֵי elfenbeinerne Betten. j. Schabb. VII, 10ᶜ ob. עֵרְסִיּין. j. Ber. III, 6ᵃ ob. עַרְסָתָא קיסריותא דאית להון נקבין caesareïsche Betten, welche Löcher haben. j. Ned. VII g. E., 40ᶜ und j. M. kat. III, 83ᵃ ob. dass. — 2) Todtenbahre. B. bath. 22ᵃ ערסיה דר' אדא בר אהבה die Bahre des R. Ada bar Ahaba. j. Ber. III, 6ᵇ ob. R. Jochanan fragte den R. Jannai קומי ערסיה דר' שמואל (שמעון l.) בן יוצדק vor der Bahre des R. Simon ben Jozadak. Das. ערסיה דר' שמואל die Bahre des R. Samuel bar Jizchak. j. Keth. XII, 35ᵇ un. R. Meïr verordnete vor seinem Tode: יהבו ערסי על גיף ימא stellet meine Todtenbahre am Ufer des Meeres nieder. Khl. r. sv. טוב ללכת 86ᵇ u. ö.

עֶרְסָא ,עֶרֶס m. Häuserreihe. Stw. arab.

عَرَس verbinden, vereinigen. j. Bez. I, 60ᶜ un. שמואל מוטען מערס לערס Samuel liess sich am Feiertage von einer Häuserreihe zur andern auf einem Sessel tragen. Aehnlich Bez. 25ᵇ. Git. 6ᵃ רבה בר אבוה מצריך מערסא לערסא Rabba bar Abuha hielt es für nöthig (dass der Ueberbringer eines Scheidebriefes bezeuge, dass letzterer in seiner Gegenwart geschrieben und unterschrieben wurde), selbst wenn er blos von einer Häuserreihe zu der gegenüber liegenden Häuserreihe ging (ערסא ist grösser als שכונה, welche letztere gewöhnlich aus drei Häusern bestand). — Pl. Erub. 26ᵃ Rabba bar Abuha מערב למבולה מחוזא ערסתא ערסתא Ar. (Agg. עַרְסְיָיתָא, Ms. M. ערסא) legte den Erub (vgl. עֵירוּב) in ganz Mechusa in jeder Häuserreihe besonders; d. h. es genügte ihm nicht, für die ganze, obgleich kleine Stadt einen Erub niederzulegen, weil die Häuserreihen durch Gräben von einander getrennt waren, vgl. עֵירָא. — Schabb. 60ᵃ ערסא, s. עַרְסָה.

עַרְסֵל Pi. (mit angeh. ל, viell. vom arab. عَرَس). Hithpa. sich verstricken. Genes. r. sct. 31, 30ᵃ Gott schützte den Noah vor wilden Thieren: als der Löwe in die Arche eindringen wollte, wurden seine Zähne stumpf; דוב בא ליכנס והיו רגליו מתערסלות LA. Raschi's (zu Ez. 14, 13) der Bär wollte eindringen, da wurden seine Füsse verstrickt (Ar. liest מתערסלות במים; auf Noah bezogen; nach dem Comment.: seine Füsse wurden im Wasser verbrüht; Agg. מתערבלות crmp.).

עַרְסְלָא m. (eig.=עַרְסָא mit angeh. ל) schwebende, oben gewölbte Matte. Erub. 25ᵇ ערסלא Tosaf., vgl. אַרְדְּבָלָא, s. auch TW.

עָרַע ch. (=אֲרַע; syr. ܐܪܥ) begegnen. — עֵירוּעַ m. N. a. (syr. ܐܪܥܐ) Begegnung, Zufall, s. TW.

עָרְעִיתָא od. עַרְעִיתָא fem. 1) Zufälliges, Ereigniss (syr. ܐܪܥܝܬܐ pl.) s. TW. — 2) Hornisse, Wespe (hbr. צִרְעָה von צרע = syr. ܐܪܥܐ). Schabb. 80ᵇ נפקא ערעיתא מן כותלא eine Hornisse kam aus der Wand.

עַרְעִין Tosef. Kel. B. mez. IV, s. עָרְיָין.

עַרְעַר Pilp. (=עוֹרֵר Po. von עור s. d.) 1) rege machen. M. kat. 8ᵃ לא יערער אדם על מתו וכ' (neben יעורר) man darf sich nicht 30 Tage vor einem Feste seinen eines Todten rege machen, d. h. keine Trauerreden abhalten lassen. Khl. r. sv. שבת 92ᶜ die Zeit ist es, die den Menschen trifft ומערערת בו כל הדברים האלה und in ihm alle diese Dinge rege macht (viell. jedoch zu lesen ומערעת

von עֲרַב). — 2) (von עָרַב, arab. عَرَ) eig. vernichten, bes. Einwand erheben, Einspruch
thun, die Gerechtsame Jemds. zu entkräften suchen. j. Snh. III g. E., 21ᵈ אם
קיים ערר ויערער בא wenn der Processführende
kommt und erhebt (gegen das gerichtliche Urtel)
Einwand, so ist sein Einwand giltig. j. Ned. V
Ende, 39ᵇ כל מי שיבא ויערער על המתנה הזאת
וכ' wenn irgend Jem. kommt und gegen diese
Schenkung Einwand erhebt, so soll er dies den
Käufern oder dem Heiligthum fortnehmen dürfen. Meg. 25ᵇ der Mensch sei stets vorsichtig
mit seinen Antworten; denn infolge der Antwort
Aharon's: „Dieses Kalb kam heraus" (Ex. 32,
24) פקרו המערערים (Ms. M. המינין) entarteten
die Religionswidersacher; indem sie daraus
schlossen, dass der Götze eine göttliche Kraft
besitze. — 3) (=גִּרְגֵּר, arab. جَرْجَرَ) gurgeln
machen. Tosef. Schabb. XII (XIII) החושש
בגרונו לא יערערנו בשמן תחלה בשבת wer an
der Kehle leidet, darf sie nicht zum ersten mal
am Sabbat mit Oel gurgeln lassen. Ber. 36ᵃ
dass. Ar. (Agg. יערענו). j. Maasr. scheni II,
53ᵇ mit. — j. Sot. III, 18ᵈ mit. wenn die Sota,
nachdem bereits ihr Mehlopfer geopfert oder
die Rolle (der Bibelabschnitt der Sota) ausge-
wischt worden war, sagte: Ich mag das Prüfungswasser nicht trinken, מערערין אוהה ומשקין
אותה בעל כרחה so giesst man es ihr in die
Gurgel und giebt es ihr zwangsweise zu trinken.
Sot. 20ᵃ u. ö. dass.

עַרְעַר ch. (=עִרְעֵר) 1) aufregen, umher-
werfen. Part. pass. Pesik. Anija, 134ᵇ wird
מְעַרְעַרְתָּא בְגַרְיוֹ (Jes. 54, 11) erklärt: סערה
שערעורה אומות העולם „die Umhergeworfene",
das Volk, welches die Völker der Welt hin- und
herwarfen, aufrüttelten. Thr. r. Einl. sv. ומפ ורחב, 45ᵈ שן
מְעַרְעֲרָה ein wackliger, verdorbener Zahn, vgl.
מְטַמְטֵם. — Khl. r. sv. ראה זה, 89ᵇ מערירא crmp.
aus מערירא, s. מצי, מצֵה.

עַרְעַר m. Adj. (=bh.) nackt, entblösst.
Trop. Pesik. Ulkacht., 181ᵃ und Levit. r. sct. 30,
174ᵃ „das Gebet הַעַרְעַר" (Ps. 102, 18), das war
das Gebet des Königs Menasse, תפלתו ערער
ממעשים טובים welcher von Tugenden entblösst
war. — Pl. das. עַרְעָרִים.

עַרְעַר oder עַרְעוּר m. (=עָרַר) Einwand,
Widerspruch, eig. Aufhebung. j. Bic. I,
64ᵃ mit. שהיה קורין עליה ערער eine Magd,
gegen deren Legitimität man Einwand erhob.
j. Jeb. VIII, 9ᵇ un. j. Keth. II, 26ᵇ un. Keth.
21ᵇ. 22ᵃ ערער דגזלנותא ערער דפגם משפחה der
Einwand der Räuberei, der Einwand der
illegitimen Abstammung. Das. 26ᵃ אין ערער
סתות משנים ein Einwand, der zu berücksichtigen ist, muss wenigstens von zwei Zeugen aus-

gehen. B. bath. 32ᵃ. Git. 9ᵃ u. ö. — עַרְעָרִין
s. עַרְיָרִין.

עֲרֹף (=bh., arab. عَرَفَ) eig. scheiden,
trennen; als denom. von עֹרֶף: 1) das Genick eines Thieres abbrechen, vom
Rumpfe trennen; insbes. oft von der Sühnekalbe (Dt. 21, 4 fg.). j. Pea VI, 19ᵉ mit. ein
Greis fragte den Rab: שני הרוגים זה על גבי זה
wie ist es, wenn zwei Erschlagene, einer über dem andern
liegend, aufgefunden werden? Da meinte Rab, dass
man eine Sühnekalbe bringt (ihr das Genick
bricht); der Greis jedoch sagte zu ihm: Man
bringt keine Sühnekalbe, indem er ihn auf die
Mischna Sot. 9, 2 hinwies. In Palästina jedoch
lehrte Rabbi den Rab einen andern Grund für
das Nichtbringen der Sühnekalbe: Es heisst:
„Wenn Einer gefunden wird" (das. V. 1), das
bedeutet Einer, aber nicht zwei. Sot. 45ᵃᵇ fg.
— 2) den Nacken beugen. j. Taan. II, 65ᵇ
ob. wird יערף (Dt. 32, 2) gedeutet: כפי עורפם
לתשובה מיד הגשמים יורדין wenn sie ihren
Nacken zur Busse beugen, so fällt alsbald der
Regen. — 3) rücklings den Coitus ausüben (=אָחַר s. d.). Sot. 42ᵇ ערפה שהכל
ערפין אוהה מאחוריה sie hiess Orpa, weil Alle
ihr rücklings beiwohnten, vgl. הַרְיסוֹת, s. auch
TW. sv. עֲרַף. — 4) (syr. ‎, wov. ‎
Geldwechsel, ‎ Geldwechsler) Geld
wechseln, Grossgeld in Kleingeld umtauschen. Sifre Haasinu § 306 mit. לעולם הוי
כוּנס דברי תורה כללים ומוציא פרטים . . .
ואין יערף אלא לשון כנעני משל אין אדם אומר
לחבירו פרוט לי סלע זה אלא ערוף לי סלע זה
sammle stets die Worte der Gesetzlehre in
grossen Massen und gieb sie einzeln aus; denn
es heisst יערף (Dt. 32, 2), welches W. nur in
kaufmännischer (phönizischer) Sprache zu verstehen ist. Man sagt z. B. zu Jemdm. nicht:
Vereinzele mir diesen Sela! sondern vielmehr:
Wechsle (ערוף) mir diesen Sela!
Nif. (pass. von עָרַף nr. 1). Sot. 47ᵃ fg. עד
שלא נֶעֶרְפָה העגלה . . . משנערפה העגלה bevor
der Sühnekalbe das Genick gebrochen wurde,
nachdem ihr das Genick gebrochen wurde. Das.
46ᵃ Gott sagte: יבא דבר שלא עשה פירות ויֵעָרֵף
במקום שאינו עושה פירות ויכפר על מי שלא
הניחו לעשות פירות möge kommen etwas, was
noch keine Früchte trug (d. h. eine einjährige
Kalbe, die noch keine Jungen geboren) und getödtet werden an einem Orte, der keine Früchte
trägt (d. h., im festen Thale) und sühnen denjenigen, der den Erschlagenen nicht hat Früchte
(d. h. Kinder oder Tugenden) bringen lassen.

עוֹרֶף m. (=bh. עֹרֶף) 1) Nacken, Genick.
Chull. 19ᵇ מול הרואה את העורף das Gegenüberliegende, das den Nacken sieht, vgl. מוּל,

מְלִיקָה, u. m. a. — 2) Rückseite, hinterer Theil, daher West (=אָחוֹר). B. bath. 25ᵃ (mit Ansp. auf יערף, Dt. 32, 2) זה רוח מערבית das ist der Westwind, der שבא מעורסו של עולם von der Rückseite der Welt (vom Westen) kommt. Nach R. Gerson (citirt vom Ar.) wäre die Deutung jenes Bibelverses wie folgt: „Wer die Gesetzlehre in religiöser Absicht erlernt und sein Ohr neigt, um meine Belehrung (לקחי) aufzunehmen, der erweist der Welt ebenso viel Gutes, wie der Regen, der vom Westen, dem Wohnsitz der Gottheit, kommt", vgl. מַעֲרָב. Sifre Haasinu § 306 g. E. dass. — 3) (von عَرَبَ, s. עָרַב Anf.) Scheidung, Trennung. Chag. 15ᵃ לא ערוף ולא עפוי weder Scheidung, noch Verbindung s. עפוי. Die gew. Erklärung ערף: Nacken ist ebenso wenig möglich, als עפוי Ermüdung, was schon sprachlich unzulässig ist.

עֲרִיפָה fem. N. a. das Brechen des Genickes. Meg. 20ᵇ עריפת העגלה das Brechen des Genickes der Sühnekalbe. j. Snh. XI Anf., 30ᵃ mit. u. ö. j. Sot. IX, 23ᶜ mit. steht blos עריפה dass. Bech. 10ᵃ.

עֲרָפִין Arafin. j. Ned. I Anf., 36ᶜ ערפין ערצין, Verstümmelungen von חֶרֶף u. s. w., welches selbst eine Nebenbenennung von חֶרֶם ist.

עֲרָפֵד, עַרְפְּדָא m. eine Art Fledermaus. B. kam. 16ᵃ עטלף לאחר ז' שנים נעשה ערפד die Fledermaus עטלף metamorphosirt sich nach sieben Jahren in ערפד; s. auch TW.

עֲרָפֶל m. (=bh. von עָרַף) Wolkendickicht. Mechil. Jithro, Bachodesch Par. 2 wird בעב בענן (Ex. 19, 9) erklärt: בענן עבה ואיזה זה הענן „mit dicker Wolke", näml. dem ערפל woselbst Gott ist; mit Bez. auf das. 20, 20: „Mose nahte dem Arafel."

עֲרָפִילָא ch. (syr. ܥܪܦܠܐ=עֲרָפֶל) Wolkendickicht, s. TW. — Genes. r. sct. 99, 97ᶜ ערפלא טורא schattige Reihe, s. טוּרָא I. — s. d. in עו׳ עורפילא.

עֲרְצוּבְיָא fem. (gr. ἐρυσίβη, LXX Joël 1, 4) eine Heuschreckenart. Sifra Schemini Par. 3 cap. 5 „Heuschreckenarten" (למינהו, Lev. 11, 22), להביא את הערצוביא dazu gehört auch die Art ערצוביא. Chull. 65ᵃ dass. — ערצין s. עֲרָפִין.

עָרַק (syr. ܥܪܩ, viell. auch bh. עָרַק; mögl. Weise ist Grndw. רק=ריק, wovon רוץ mit Wechsel von צ und ק, ע vorgesetzt) fliehen, laufen. B. mez. 84ᵃ אבוך ערק לאסיא וכ׳ dein Vater floh nach Asia, s. אַסְיָא. Genes. r. sct. 31, 29ᵇ הוינן ערקין wir flohen. j. Pes. I Anf., 27ᵃ s. בְּנִישְׁתָּא. Ab. sar. 16ᵃ man darf den Heiden

Schilde verkaufen (während man ihnen Waffen nicht verkaufen darf), דכי סלים זינייהו מערק ערקי denn wenn ihre Waffen ihnen ausgegangen sind, so entfliehen sie. Auch von leblosen Ggst. j. Schabb. XVI g. E., 15ᵈ R. Judan פרס גולתיה כל גרישא ונורא ערקא מינה breitete (bei einer Feuersbrunst) seinen Mantel über das Getreide, wodurch das Feuer sich verzog. j. Ned. IV, 38ᵈ mit. dass. — Trop. j. Meg. III Anf., 73ᵈ תורה וחומשין ערק תנייה מינה hinsichtlich der Pentateuchrolle und der einzelnen Pentateuchbücher entschlüpfte der Autor; d. h. gab seine Ansicht nicht zu erkennen, ob man sie zusammenbinden oder auf einander legen dürfe, oder nicht. Git. 78ᵃ, s. עוק. Snh. 11ᵇ ערקין s. עֲדַק I. — Pa. עָרֵק verjagen, flüchtig machen, s. TW.

עֲרִיקָא, עֲרוֹקָא m. Adj. (syr. ܥܪܘܩܐ) Flüchtling. Pl. Chull. 46ᵃ ערוקי צְרוּקָאֵי ihr Flüchtlinge, s. auch TW.

עֲרוֹקָא m. (syr. ܥܪܘܩܐ) die Flucht, das Entfliehen. Jeb. 37ᵇ ערוקיה מסתייה seine Flucht genügt; d. h. man braucht ihn nicht mehr zu zwingen, einen Scheidebrief zu ertheilen.

עָרַק m. Sieb. Kel. 16, 3 הערק משעושה בו צפירה אחת das Sieb (ist als ein fertiges Geräth anzusehen), wenn man ihm einen Rand angebracht hat. Maim. z. St. erklärt das W. vom nächstflg. עֶרֶק II: ein aus Riemen geflochtenes Geräth. Tosef. Kel. B. mez. V g. E. dass. Der Zusatz das.: חוץ מזה שעל גבי הארינ ausser dem Rande, der über dem Gewebe ist, spricht für Maimon. Erklärung.

עֲרְקָא I m. 1) (syr. ܥܪܩܐ) Ried, Gras. — 2) Stange oder Streifen, s. TW. — 3) Vampyr, Blutegel, s. עַלְקָא. ערקין j. Ned. I Anf., 36ᶜ s. עֲרָפִין.

עֲרְקָא II m., עֲרְקְתָא f. (arab. عِرَاق, syr. ܥܪܩܬܐ, ܥܪܩܬܐ) Lederriemen. Tanch. Breschith, 4ᵃ „Gott stieg herab, um die Stadt und den Thurm zu sehen" (Gen. 11, 5). הדין ערקא מן הדין משבחא dieser (schlechte) Riemen aus diesem (guten) Fell! Ein Gleichniss' von einem König, der seine Statue am Eingang seines Palastes hinstellte und auf welche sich ein Vogel stellte und sie beschmutzte. Levit. r. sct. 35, 179ᵈ die Armuth kleidet Jakob's Tochter כערקא סומקא חוורא דסוסיא בריסא wie ein rother Riemen am Kopfe eines weissen Pferdes. Cant. r. sv. משכני, 7ᵇ u. ö., s. מִסְכְּנוּתָא. Snh. 74ᵇ אסילו לשווי׳ ערקתא דמסאנא וכ׳ selbst um seinen Schuhriemen (auf Befehl der Regierung) zu 'ändern und damit öffentlich auszugehen, darf der Jude, sei es auch, dass er deshalb den Tod erleiden

müsste, den jüdischen Brauch nicht aufgeben. Die Götzendiener pflegten näml. ihre Schuhriemen anders zu knüpfen, was als ein Symbol des Götzenkultus angesehen wurde. B. bath. 21ᵃ wenn du ein Schulkind schlägst, לא תמחי אלא בערקתא דמסאנא so schlage es blos mit einem Schuhriemen. Thr. r. sv. ומרב, 55ᵇ und Num. r. sct. 12, 214ᵇ s. מַחֲנֵי. j. Jeb. XV, 15ᵃ mit. Jem. heirathete infolge eines gerichtlichen Ausspruches eine Frau, weil Zeugen bekundet hatten, ihr früherer Mann wäre gestorben. Da kam jedoch Jem., welcher behauptete, er wäre der angeblich Verstorbene. Abba bar Ba, Samuels Vater, suchte den zweiten Ehemann zu veranlassen, sich von seiner Frau zu scheiden. קמו תלמידוי דרב ומחונידה אמר ערקתא יקד וספסלה יקד שמואל אמר תמן הוינא ולא ערקתא יקדה ולא ססלה יקדה אלא אבא הוא דלקה וקם ליה da fielen die Schüler Rab's über den Abba her und schlugen ihn (um die verletzte Ehre ihres Lehrers, der die Scheidung nicht für nöthig hielt, zu rächen). Da sagte Jemand: Der Zuchtriemen brannte und die Bank (über welche man den Sträfling legte) brannte. (Bildl. für: Die Geisselung war so sehr streng, dass der Gegeisselte nur an die Stelle kommen konnte.) Samuel aber sagte: Ich war dort anwesend, weder brannte der Zuchtriemen, noch die Bank; mein Vater erhob sich vielmehr, nachdem er geschlagen worden war. Anders nach den Commentt.

עֲרְקוֹב m. (arab. عَرْقُوب) der Hinterbug eines vierfüssigen Thieres. Bech. 40ᵇ זנב העגל שאינו מגעת לערקוב ... אידהו ערקוב ... שאמרו בערקוב שבאמצע הירך wenn der Schwanz des Kalbes nicht bis zum Hinterbug reicht, so ist dies ein Leibesfehler. Von welchem Hinterbug sprachen die Gelehrten? Von dem, der sich in der Mitte der Hüfte befindet. Tamid IV Anf., 31ᵃ נוקבו מתוך ערקובו ותולה בו (Mischna-Agg. ערכובו) man durchlöcherte das Opferlamm (Tamid, nach dem Schlachten) inmitten seines Hinterbugs und hängte es auf.

עֲרְקַבְלִין s. עִקַבְלִין, עַקְרַבְּנִין.

עֲרְקִי Arki, viell. aus dem Orte Arka od. Arkath. j. Kil. VIII, 31ᶜ un. יוסי ערקי Jisi Arki, vgl. סבוּרְיָא und סוּר.

עֲרְקֵל Parel (von עָקַל; syr. ܥܩܠ, arab. عَقَّلَ) verkehren, krümmen, s. TW.

עֲרְקוּמָא, עוֹרְקוּמָא m. (eig. עֲרְקוֹב). Nach Fleischer's gef. briefl. Mittheilung: „gemeinarab. ebenf. حَرْقُوب statt عَرْقُوب. Das arab. W. bedeutet nicht nur die sogenannte Achillessehne, sondern auch die Kniekehle und, hergenommen

davon, jede Krümmung, die einen Sinus bildet, wie in einem Gebirgszuge, im Laufe eines Flusses, eines Weges" u. s. w. Der Wechsel von ב und ח ist häufig) 1) Vertiefung, Graben. (Musaf. hält das W. für gr. ὄρυγμα; was jedoch im babyl. Tlmd. unmöglich ist.) Jom. 78ᵃ ערקמא דמיא הוה בארחא ein Wassergraben war auf dem Wege; ich konnte daher mit den Sandalen nicht durchwaten. Kidd. 71ᵃ מטו לערקמא דמיא sie kamen zu einem Wassergraben. Meg. 28ᵃ. — 2) eine Vertiefung am Hinterbug. Chull. 76ᵃ der Knotenpunkt der Adern, דעילוי ערקומא oberhalb der Vertiefung des Hinterbugs. Raschi: ein kleiner Knochen am Buge.

עֲרָקָת Arkath oder Arka, עֲרָקָה, Name eines Ortes. Bech. 57ᵇ R. Ismael ben Sathriel ארקא דליבנן (=מערקת לבנה s. d. W.) aus Arkath Libna.

עָרַר Pi. עִרֵר (=עַרְעֵר nr. 2; vom arab. عَرّ) eig. vernichten, annulliren, dah. Einwand erheben. j. Git. I, 43ᶜ ob. בא וערר עררו wenn der Mann kommt und gegen den Scheidebrief Einwand erhebt, so ist sein Einwand ungiltig. Das. בטל מי ערר הבעל עירר wer hat den Einwand erhoben? Der Mann hat ihn erhoben. Das. ö. j. Keth. II Anf., 26ᵃ. Dafür auch עוֹרֵר s. עור.

עָרַר ch. (=עָרַר) Einwand erheben. j. Keth. VII, 31ᶜ ob. הדויון קריביה עררין ואמרין וכ' seine Verwandten erhoben (gegen den Richterspruch des R. Jose) Einwand, indem sie sagten u. s. w. Das. VI, 30ᵈ mit. die Schüler des R. Jose kamen nach dem Orte Kadschin אשכחינון עררין לון אתנחתון ביניכון וכ' sie fanden die Ehegatten jenes Ortes streiten (wie viel die Männer verpflichtet seien, für den weiblichen Putz zu verausgaben). Jene sagten zu ihnen: Habt ihr vor der Hochzeit über solche Dinge Verabredung getroffen, so befolgt sie, wo nicht, so richtet euch nach dem Brauch des Ortes. Pne Mosche liest עֲרִירִין kinderlos, was jedoch nicht zutrifft.

עֲרָר m. 1) Einwand, Einspruch. j. Keth. IX Anf., 32ᵈ כל ערר שיש לי בשדה זו וכ' jeder Einwand, den ich gegen den Besitz dieses Feldes erheben sollte, soll ungiltig sein. j. R. hasch. III Anf., 58ᵈ ob. קרא ערר על חתומת יד העדים er erhob Einwand gegen die Unterschrift der Zeugen oder gegen die Unterschrift der Richter. j. Git. I, 43ᶜ un. ערר שחוץ לגופו עררו בטל וערר שבגופו עררו קיים der Einwand gegen den Scheidebrief, der nicht ihn selbst betrifft (wenn z. B. der Mann behauptet, die Scheidung sei auf Bedingung erfolgt), ist ungiltig; der Einwand hing., der den Scheide-

brief selbst betrifft (wenn z. B. behauptet wird, er sei gefälscht, oder die Zeugen seien nicht beglaubigt), ist ein giltiger Einwand. Das. ö. j. B. bath. III, 14ᵃ mit. צריך ערר צריך בית דין וכ' der Einwand muss in Gegenwart des Gerichtes erfolgen. Samuel sagte: אפילו עִירֵר עמו בפני הוא ערר פורעלין selbst wenn Jem. in Gegenwart seiner Arbeiter Einwand erhebt, so ist der Einwand giltig. — 2) Arar (=Gerar) Name eines Ortes, s. TW.

עִירוּר m. N. a. (vgl. עִרְעֵר nr. 1) die Aufregung, d. h. die Abhaltung einer Trauerrede. j. M. kat. I, 80ᵈ ob. אי זהו העירור מזכירתו בין המתים was heisst Aufregung (die 30 Tage vor einem Feste verboten ist)? Wenn man einen längst verstorbenen Verwandten unter den Todten erwähnt, um von Neuem Trauer anzuregen; Ggs. הספד: Trauerrede für einen eben Gestorbenen.

עִירְדָה od. עוֹרְדָה f. eig. Weckendes, d. h. eine Art Spritze, aus welcher die Flüssigkeit mit Geräusch spritzt; deren man sich besonders zum Wecken eines schlafenden Kranken bediente. j. Erub. X g. E., 26ᵈ אית דבעי מימר עירירה (עוררה) אית דבעי מימר קוקניתה mancher erkl. das W. עדק (s. d., vgl. auch אֲבַק): weckende Spritze; mancher erklärt es durch Pfeifengefäss (das näml. durch die in der Spritze angebrachten Röhren, beim Spritzen einen angenehmen Schall ertönen lässt, was zum Einschläfern des Kranken diente).

עֲרִירִי m. Adj. Pl. עֲרִירִים (=bh.) einsam, kinderlos. j. Snh. VII, 24ᶜ mit. לצורך יצאת לידון בערירי דאמר ר' יהודה אמר רב לידון בערירי יהיו הוויין בלא ולד וכל אתר דתימר ערירים ימותו קוברין את בניהן das Verbot des Beischlafes mit des Oheims Frau (Lev. 20, 20) wurde, obgleich es bereits (das. 18, 14) steht, deshalb wiederholt, um die Strafe „der Kinderlosigkeit" darauf zu setzen. Denn R. Juda sagte: Ueberall, wo die Schrift sagt: ערירים יהיו, so bedeutet es: „Sie werden keine Kinder haben"; wo es aber heisst: ערירים ימתו, so bedeutet es: „Sie werden ihre Kinder begraben" (Lev. 20, 20. 21). j. Keth. VI, 30ᵈ mit., s. עֲרַר.

עֵשֶׂב m. (=bh.) Kraut, bes. Futterkraut. Stw. arab. عَشِبَ trocken sein, wov. unser W., verwandt mit עֵץ. Genes. r. sct. 10, 10ᶜ u. ö., s. מֵזָל. — Pl. Levit. r. sct. 27 Anf. (mit Ansp. auf Ps. 36, 7 ההרים מעלין עֲשָׂבִין והצדיקים יש להם מעשים טובים „die Berge" bringen Kräuter, und „die Frommen" bringen Tugenden hervor. Erub. 54ᵇ עשבי שדה die Feldkräuter, s. נֶבֶל. j. Taan. IV, 68ᵈ un. R. Jochanan ben Torta sagte zu R. Akiba, der den Bar Kochba als den

Messias erklärt hatte: עקיבה יעלו עשבים בלחייך ועדיין בן דוד לא יבא Akiba, Gräser werden auf deinen Kinnbacken (im Grabe) sprossen, aber der Sohn Davids wird noch nicht gekommen sein! vgl. מְשִׁיחָא.

עִשְׂבָּא ch. (=עֵשֶׂב, syr. ‎ܥܶܣܒܳܐ=עִשְׂבָּא) Kraut. Dan. 4, 22 fg. — Levit. r. sct. 22, 165ᵈ חמרתא דר' ינאי אכלת עשבא ואסתמית ואכלת עשבא אחרי ואתפתחת die Eselin des R. Jannai frass ein Kraut, wodurch sie erblindete; sie frass hierauf ein anderes Kraut, wodurch sie wieder sehend wurde. Das. ö. Genęs. r. sct. 10, 10ᵈ u. ö., vgl. כְּלִיל, כְּלִילָא.

עֲשֵׂה ,עֲשׂוֹ s. עשׂי.

עֵשָׂו (bh. vom arab. عَثَّ behaart sein) Esau, Esaw, der Sohn Isaak's. Uebrtr. Rom, das römische Reich, das oft אֱדוֹם Edom, Idumäa, öfter noch: עשׂו, Esau genannt wurde; den Grund hierfür s. in אֱדוֹם. Khl. r. sv. עשק אם, 82ᵃ R. Jose bar Chanina אם פתר קרייה בעשׂו ראית עשר בכרך הגדול שברומי עושק דלים וגוזל רשים והקב״ה משפיע לו שלרוה וכ' deutete den Bibelvers (Khl. 5, 7) auf Esau, Rom: „Wenn du siehst, dass Esau in der grossen Stadt Rom die Armen unterdrückt und die Dürftigen beraubt, und dass ihm Gott zur Vollziehung der Strafen Macht und Wohlstand verleiht: so wundere dich nicht, denn der Segen jenes Alten (d. h. Isaak's, Gen. 27, 35) geht in Erfüllung." „Denn ein Hoher ist über den andern Hohen gesetzt"; das sind die Duces, Eparchen und Feldherren. „Aber dennoch waltet der Höchste über ihnen", näml. Gott, der Ewiglebende. Pesik. Schek., 11ᵇ u. ö., s. אַרְגּוֹן ,עֵרָא ,עֲרִי u. m. a. Exod. r. sct. 31, 130ᵇ „Wer sein Vermögen durch Zins und Wucher vermehrt" u. s. w. (Spr. 28, 8); זה עשר הרשע שמלוה בנשך ותרבית ולמי הוא מכניס כל הממון לישראל וכ' das ist der Böse wicht Esau (Rom), der mit seinem Gelde wuchert; für wen aber scharrt er alles Geld zusammen? Für Israels Arme. Daher warnt Gott Israel vor Wucher, damit nicht auch sein Vermögen von Anderen verzehrt werde.

עֲשָׂה ,עֲשֵׂי (=bh.) Grndbed. von עש ist, wie von עֵס ,עֶס עסי s. d. (arab. عَسَى) Macht auf etwas ausüben, drücken. Dav. viell. Schebi. 8, 6 וכ' בבד זיתים עושין אין man darf nicht im Brachjahr die Oliven in der Kelter pressen; vgl. Heller Tosaf. z. St. — Gew. jedoch: 1) etwas thun, machen, verrichten. . Pes. 86ᵇ u. ö. עֲשֵׂה eig. Imper. thue das oder jenes; jedoch als Sbst. gebraucht: Gebot, Ggs. לא תעשה thue es nicht, d. h. Verbot, vgl. לא und לָאו; dafür auch עשה מצות und מצות לא תעשה dass. Vollständiger Erub. 100ᵃ u. ö. שב . . . עשה קום ואל תעשה eig. auf und thue es (d. h. Gebot);

89*

bleibe und thue es nicht (d. h. Verbot). j. Ber. I g. E., 3ᵈ un. fg. בר קפרא אמר הקורא לאברהם אברם עובר בעשה ר׳ לוי אמר בעשה ולא תעשה וכ׳ Bar Kappra sagte: Jem., der den Abraham: Abram nennt, übertritt ein Gebot; R. Lewi sagte: ein Gebot und ein Verbot; mit Bez. auf Gen. 17, 5: „Nicht mehr soll dein Name Abram sein (Verbot), dein Name soll Abraham sein" (Gebot). Wenn Jem. hing. Sarai anst. Sarah sagt, so übertritt er kein Gebot, weil der göttliche Befehl blos an Abraham erging: „Du sollst sie nicht Sarai nennen" (das. V. 15); ebenso wenig wenn man Jakob anst. Israel sagt, weil letzterer Name blos als der Hauptname hinzugefügt wurde (Gen. 32, 29, wo blos לא יאמר, nicht לא יקרא steht; daher kommt auch in der Schrift יעקב vor). Ber. 13ᵃ. — j. Kidd. IV, 66ᵇ mit. כל לא תעשה שהוא בא מכח עשה הוא jedes Verbot, das aus einem Gebot folgt, ist als ein Gebot anzusehen. In bab. Gem. lautet dieser Satz gew. לאו הבא מכלל עשה עשה u. ö. dass. Vgl. Keth. 33ᵃ. חייבי עשה מצרי ואדומי diejenigen, die sich der Uebertretung eines Gebotes betreffs eines Egypters oder eines Idumäers schuldig machen. Wenn Jem. näml. eine Egyptern oder eine Idumäerin in der ersten oder zweiten Generation heirathet. Dieses Verbot resultirt aus Dt. 23, 8. 9, wonach die eheliche Vermischung erst in der dritten Generation gestattet ist; daher wird es einem Gebote gleichgestellt. — j. Snh. X, 28ᵈ mit. עשה צרכיו er verrichtete seine Nothdurft. Nid. 9, 1 (59ᵇ) עשו צרכיהן בספל sie urinirten in ein Becken. — 2) berechnen. j. B. mez. V, 10ᶜ un. עשׂם עלי כבשׁער שבשׁוק berechne mir die Früchte nach dem Marktpreise. Part. pass. B. mez. 69ᵇ השׁם פרה לחברו ואמר לו הרי פרתך עשׂויה עלי בשׁלשׁים דינר ואני אעלה לך סלע בחדשׁ מותר wenn Einer dem Andern die Kuh desselben einschätzt, indem er sagt: Deine Kuh soll mir für 30 Denare angerechnet sein; ich will dir aber für das Pflügen in derselben an jedem Monat einen Sela geben, so ist dies erlaubt, nicht als Wucher anzusehen; denn, obgleich die 30 Denare in wenigen Monaten bezahlt sind, so hätte doch jene Abschätzung blos im Falle der Verendung des Thieres Giltigkeit gehabt. Tosef. B. mez. V אוזהו צאן ברזל היו לפניו מאה צאן ואמר לו הרי הן עשׂויות עליך במאה שׁל זהב הולדות והגיזין שׁלך ואתה העלה. לי סלע מכל אחד ואחד באחרונה אסור was heisst „eiserne Schafe" (eiserner Fonds, vgl. צאן)? Wenn Jem., der 100 Schafe vor sich stehen hat, zum Andern sagt: Diese sollen dir auf 100 Golddenare angerechnet sein, ihre Geburten und Schuren sollen dir gehören; dafür aber sollst du mir zuletzt (nach Ablauf einer bestimmten Zeit) für jedes Stück einen Sela geben, so ist das wegen Wuchers verboten. j. B.mez. V, 10ᶜ ob. dass.

Nif. 1) eingeschätzt, berechnet wer-

den. Kidd. 28ᵃ כל הנעשה דמים באחר כיון שׁזכה זה נתחייב זה בחליפיו (in Gem. das. erkl. durch כל שׁנישׁום, s. die hier zuletzt citirten St.) betreffs aller Gegenstände, deren Werth (behufs Tauschhandels) gegenseitig berechnet wurde, ist derjenige, der das Eigenthum des Andern empfangen hat, verpflichtet, dem Andern das Eingetauschte zu geben. — 2) oft mit flg. כ:. es ist so als ob. Chull. 19ᵇ נעשׂה כמי שׁשׁחט כבכרי וגמר ישׂראל . . . נעשׂה כמי שׁשׁחטם ישׂראל וגמר נכרי in dem einen Falle ist es, als ob der Nichtjude zu schlachten angefangen und der Jude es beendigt hätte; in dem andern Falle ist es, als ob der Jude zu schlachten angefangen und der Nichtjude es beendigt hätte. j. B. mez. V, 10ᶜ ob. נעשׂה כמשׂכיר לו שׂדה ביוקר es ist, als ob er ihm das Feld theuer verpachtet hätte.

Hif. הִעֲשָׂה zum Thun veranlassen, bewirken. B. bath. 9ᵃ גדול המַעֲשֶׂה יותר מן העוֹשֶׂה derjenige, der einen Andern zur Tugend veranlasst, hat mehr Verdienst, als derjenige, der sie selbst übt (mit Ansp. auf מַעֲשֵׂה, Jes. 32, 17). Num. r. sct. 13, 221ᵃ dass. Exod. r. sct. 35, 133ᵇ „Die Gottesstätte, welche Mose in der Wüste anfertigte" (1 Chr. 21, 29). Hatte denn etwa Mose die Wohnstätte angefertigt, Bezalel und die andern Kunstverständigen sie ja angefertigt! מכאן אמרו רבותינו ז״ל ליתן שׂכר למַעֲשֶׂה כעושׂה daraus erwiesen unsere Lehrer s. A., dass man demjenigen, der eine gute That bewirkt, ebenso Belohnung giebt, wie dem, der sie thut. Tosef. Pes. VIII Anf. Chiskija, שׁהעשׂה את הצבור לעשׂות פסח שׁני (Varr. שׁהעשׂיר und שׁעישׂם, Piel, minder richtig) welcher Israel veranlasst hatte, das zweite Pesach (am 14. des Ijar) zu opfern, vgl. כָבָר im Piel. Tosef. Snh. II dass. j. Snh. I, 18ᵈ mit. steht dafür שׁעישׂה. j. Jom. VI, 43ᵇ ob. ומה אם שׁלא נכנס לשׂררה ראו היאך הֶעֱשִׂיא את ישׂראל לע״ז וכ׳ wenn nun Jem., der die Herrschaft (die hohepriesterliche Würde, näml. Onias) noch nicht erlangt hatte, Israel zum Götzendienst verleitete, um wie viel mehr würde er es gethan haben, wenn er sie erlangt hätte.

Pi. עִשָּׂה eig. zum Thun veranlassen, bes. Jemdn. zu etwas zwingen. j. Keth. XI g. E., 34ᵇ גט המעושׂה בישׂראל כשׁר ובגוים פסול . . . שׁמואל אמר אין מעשׂין אלא כגון אלמנה לכהן גדול וכ׳ ein Scheidebrief, der durch ein jüdisches Gericht erzwungen wurde, ist tauglich, durch ein nichtjüdisches Gericht aber ist er untauglich. Samuel sagte: Man zwingt zur Scheidung blos in der verbotenen Ehe, wie. z. B. wenn eine Wittwe an einen Hohenpriester, eine Geschiedene an einen gewöhnlichen Priester verheirathet ist. j. Jeb. IX Anf., 10ᵃᵇ Keth. 77ᵃ und B. bath. 48ᵃ dass. R. hasch. 6ᵃ ועשׂית das W. ועשׂית (Dt. 23, 24) אזהרה לבית דין שׁיְעַשּׂוּךָ besagt eine Warnung für das Gericht, dass

es dich zwingen soll; וְעִשֵּׂיתָ gedeutet, d. h. wenn du nicht freiwillig dein Gelöbniss erfüllst. j. R. hasch. I, 56ᶜ un. dass.; vgl. auch עכי, עִיכָּה.

עֲשֵׁי ch. Pa. עַשֵּׂי (=עִישָּׂה) zwingen. Keth. 50ᵃ עשיתינהו לזניה ich zwang sie (die Kinder, denen ihr Vater sein ganzes Vermögen verschrieben hatte), ihn zu ernähren. Das. ö. עשייגהו er zwang sie. Das. 53ᵃ לעשוייה ihn zu zwingen. Das. מי קאמינא לך דעול ועשייה עול ולא קאמינא תעשייה sagte ich dir denn etwa, dass du hineingehen und ihn zwingen sollst? Ich sagte dir vielmehr: Gehe hinein, zwinge ihn aber nicht! vgl. עִישּׁוּר.

עֲשֵׂיָּה, עֲשִׂיָּה f. N. a. das Thun, Machen. j. Pes. IX, 36ᵈ ob. החדל בשעת עשייה חייב בשעת עשייה פטור wer das Opfern des Pesachs zur Zeit des Opferns unterlässt, ist strafällig (Num. 9, 13); wer es aber nicht zur Zeit des Opferns unterlässt (wenn er z. B. am Nachmittag des 14. Nisan von Modin entfernt war), ist nicht strafällig. j. Ab. sar. IV, 44ᵃ mit. עשייה בתחלת קימה כל שאולי תפול לא יקרמה „das Machen des Götzenbildes" ist verboten von vorn herein (d. h. dass man es nicht anfertige, Lev. 26, 1); „das Aufrichten" desselben bedeutet: wenn es umgestürzt ist, so darf man es nicht aufheben. Meg. 17ᵃ עשייה das Machen, Feiern des Purimfestes, vgl. מַפְרֵעַ. Cant. r. sv. כתפוח, מה התפוח הזה ניצו קודם לעליו כך ישראל בסיני הקרימו עשיה לשמיעה 12ᵈ so wie beim Apfel die Blüthe vor seinen Blättern kommt, ebenso hat Israel am Sinai „das Thun" (Versprechen des Befolgens der göttlichen Gesetze, Ex. 24, 7) „dem Hören" vorangeschickt, vgl. עֲלִילוּתָא. Sifre Teze § 212 R. Elieser sagt: ועשתה (Dt. 21, 12) bedeutet: תקרוח sie soll sich die Nägel abschneiden". נאמר כאן עשיה בראש ונאמר עשיה בצפרנים מה עשיה האמורה בראש העברה :וגלחה denn hier steht betreffs des Kopfes eine Handlung „sie soll sich das Kopfhaar abscheren"), und auch betreffs der Nägel steht eine Handlung (ועשתה); so nun wie das Handeln betreffs des Kopfes ein Entfernen des Haares bedeutet, ebenso bedeutet auch das Handeln betreffs der Nägel ein Entfernen derselben. R. Akiba sagt: ועשתה bedeutet: תגדל sie soll sich die Nägel wild wachsen lassen". נאמרה עשיה בראש ונאמרה עשיה בצפרנים מה עשיה האמורה בראש ניוול אף עשיה האמורה בצפרנים ניוול denn betreffs des Kopfes steht eine Handlung („Sie soll sich das Kopfhaar abscheren"), und ebenso steht betreffs der Nägel eine Handlung; woraus Folgendes zu schliessen ist: So wie betreffs des Kopfes eine Hässlichkeit anbefohlen ist, ebenso ist betreffs der Nägel eine Hässlichkeit anbefohlen. Als Beweis für die Richtigkeit dieser Bedeutung diene auch עשה, 2 Sm.

19, 25, sowie Dan. 4, 30. — Pl. Jom. 55ᵃ die Worte עשה . . . ועשה (Lev. 16, 15) besagen: שיהיו כל עֲשִׂיּוֹתָיו שורת וכ׳ dass alle seine Handlungen gleich seien; d. h. dass man vom Blute des Ziegenbockes ebenso, wie vom Blute des Farren, eine Sprengung nach oben und sieben Sprengungen nach unten vollziehe, vgl. מַנֵּי, מִנָּה.

עִישּׁוּי masc. N. a. das Zwingen, Zwang. Keth. 53ᵃ מעלאי דידי הייני עישוי (so richtig nach LA. der Tosaf. das. 50ᵃ sv. עשיתינהו; Agg. עשייה crmp., da das N. a. vom Kal diese Bedeutung nicht hat) mein Eintreten ist einem Zwingen gleich; d. h. durch meinen Besuch wird jener sich geehrt fühlen und sich gezwungen sehen, das Verlangte zu geben, s. עשי, עֲשֵׂי.

עִישֵּׂר Pi. עִשֵּׂר (=bh. denom. von עֶשֶׂר) verzehnten, den Zehnten entrichten.—Hithpa. verzehntet werden. R. hasch. 14ᵃ fg. u. ö. מתעשרין לשנה שעברה . . . מתעשרין לשנה הבאה die Früchte werden nach dem vergangenen Jahr verzehntet; sie werden nach dem kommenden Jahr verzehntet.

עִישּׁוּר m. N. a. das Verzehnten, bes. oft: der Zehnt. j. Pea IV g. E., 18ᶜ עישור אחד שאני עתיד למוד der eine Zehnt, den ich abmessen werde. j. Bic. II, 65ᵃ un. אתרוג בשעת לקיטתו עישורו beim Paradiesapfel erfolgt sein Verzehnten zur Zeit, wenn er gepflückt wird. j. Keth. VI, 30ᵈ un. עישור נכסים כרבי der zehnte Theil des Vermögens nach der Entscheidung Rabbi's. Vgl. Keth. 68ᵃ Rabbi sagte: בת הזונה מן האחין נוטלת עשור נכסים וכ׳ eine Tochter, die von den Brüdern ernährt wird, nimmt den zehnten Theil von dem Vermögen ihres verstorbenen Vaters. Man wandte ihm ein: Wenn Jem. zehn Töchter und einen Sohn hinterlässt, so würde ja letzterer gar nichts erben! Rabbi entgegnete: כך אני אומר ראשונה נוטלת עשור נכסים שניה בזה ששיירה ושלישים בזה וכ׳ ich meine es so: Die erste nimmt (bei ihrer Verheirathung) den zehnten Theil des ganzen Nachlasses, die zweite nimmt den zehnten Theil von dem, was jene zurückgelassen hat, die dritte von dem, was die zweite zurückgelassen hat, u. s. w. Trop. Deut. r. sct 3, 254ᵃ מה פרי אדמתך צריכים עישור אף פרי בטנך צריכים עישור וזהו המילה so wie „die Früchte deines Erdreiches" (Dt. 7, 13) des Verzehntens bedürfen, so bedürfen auch die „Früchte deines Leibes" des Verzehntens, d. i. die Beschneidung. — Pl. j. Dem. I Ende, 22ᵇ שני עישורין ועישורין של עישור die zwei Zehnten der Feigen und die Zehnten des Zehnten. j. R. hasch. I, 57ᵃ mit. עישורי עני . . . עישורי שני die Armen-Zehnten und die zweiten Zehnten, die man nach Jerusalem führen muss, vgl. מַעֲשֵׂר. R. hasch. 14ᵃ שני עישורין נוהג בו man entrichte hiervon zwei

Zehnten, näml. den zweiten Zehnten vom zweiten Jahre und den Armenzehnten vom dritten Jahre, vgl. Raschi. Jeb. 15ᵃ u. ö.

עִישׂוּרָא ch. (=עִישׂוּר) das Verzehnten, der Zehnt. Keth. 50ᵃ wer viel spenden will, darf nicht mehr als den fünften Theil seines Vermögens fortgehen; mit Ansp. auf עַשֵּׂר אֲעַשְּׂרֶנּוּ (Gen. 28, 22). Worauf eingewandt wird: וְהָא לָא דָּמֵי עִישׂוּרָא בַּתְרָא לְעִישׂוּרָא קַמָּא das zweite Verzehnten gleicht doch nicht dem ersten Verzehnten! da näml. nach Entnahme des ersten Zehnten die Entrichtung des zweiten Zehnten blos von neun Theilen des Vermögens erfolgt. Folglich waren doch jene zwei Zehnten weniger als der fünfte Theil des Vermögens! R. Asche antwortete: אֲעַשְּׂרֶנּוּ לְבַתְרָא כִּי קַמָּא „ich werde verzehnten" bedeutet: Ich werde den Zehnten zum zweiten Mal ebenso gross, wie beim ersten Mal entrichten. — Fem. Pl. Ned. 39ᵇ כְּעִישׂוּרַיָּיתָא דְּבֵי רַבִּי וּבְבֵן גִּילוּ wie die Zehnten nach Verordnung Rabbi's (vgl. עִישׂוּר) und bei Menschen, die mit ihm gleiche Geschicke haben (vgl. גִּיל II). Dort wird näml. behauptet, dass Jeder, der einen Kranken besucht, ihn um den 60. Theil seiner Krankheit erleichtert. Worauf eingewandt wird: Demnach würde er, wenn 60 Menschen ihn besuchen, ganz genesen! Darauf die oben citirte Antwort; d. h. der erste Besuchende nimmt den 60. Theil der Krankheit ab, der zweite den 60. Theil von der zurückgebliebenen Krankheit und so fort. Ausserdem müssen die Besuchenden des Kranken mit ihm in einer und derselben Stunde geboren worden sein und also mit ihm gleiche Geschicke haben. B. mez. 64ᵃ בְּעִישׂוּרַיְיתָא וַחֲדוּמְשַׁיְיתָא bei den Zehnern und Fünfern. Man pflegte näml. damals die Gegenstände nach einer Zehnzahl und Fünfzahl zu verkaufen; ähnlich wie bei uns nach Schock und Dutzend.

עֶשֶׂר f., עֲשָׂרָה und עֲשֶׂרֶת m. (=bh.) zehn, die Zehnzahl. Schabb. 86ᵇ בְּשִׁישִׁי בַּחֹדֶשׁ נִיתְּנוּ עֲשֶׂרֶת הַדִּבְרוֹת לְיִשְׂרָאֵל ר' יוֹסֵי אוֹמֵר בְּשִׁבְעָה בּוֹ am sechsten des Monats Siwan wurden die zehn Bundesworte Israel gegeben; R. Jose sagt: am siebenten des Monats. j. Ber. I, 3ᶜ mit. u. ö., vgl. בַּעֲנָה. — Pl. (bh. עֲשָׂרוֹת) Decaden. Tanch. Emor g. E., 178ᵇ der egyptische Antreiber sagte zu dem israelitischen Beamten: זִיל כְּנוֹשׁ עֲשָׂרִיתָךְ gehe und treibe deine Decaden (die je zehn Mannschaften) zusammen.

עַשׁ m. (=bh.) das Bärgestirn, der grosse Bär. — עָשָׁא m. (bh. עָשׁ) Motte, s. TW.

עָשַׁן (=bh., arab. عَثَن nach Delitzsch Jes. 2. A. 160 eig. sich winden, wonach עָשָׁן, عَثَن Rauch, eig. „die sich ineinander windenden Rauchsäulen"; vgl. Gesen. hbr. Wrtrb. hv. Pi. עִשֵּׁן beräuchern, mit Rauch füllen.

Sehehi. 2, 2 מְעַשְּׁנִין עַד רֹאשׁ הַשָּׁנָה man darf bis zum Neujahr des Brachjahres die Bäume beräuchern, unter ihnen Rauch aufsteigen lassen, um die Würmer zu tödten. j. Schabb. VII, 10ᵃ mit. הַמְעַשֵּׁן אֶת הַמַּכָּב wer Bäume bestäubt mit. beräuchert. j. Ab. sar. III g. E., 43ᶜ. Bez. 22ᵇ. 23ᵃ, s. תַּרְדְּסְקָא. Jeb. 115ᵇ עִישְּׁנוּ עָלֵינוּ בֵּית עִישְּׁנוּ Ar. (Agg. crmp. עִישְּׁנוּ) עָלֵינוּ נֵעֶרֶה תֹּדֹרֹ) die Feinde haben über uns das Haus mit Rauch angefüllt; sie haben über uns die Höhle mit Rauch angefüllt. Das belagernde Militär pflegte näml., um die versteckten Feinde zur Uebergabe zu zwingen, vor den Häusern und Höhlen Feuer anzuzünden, damit die Belagerten sich, um nicht im Rauch zu ersticken, ergeben. Part. pass. Men. 86ᵇ אֵין מְבִיאִין לֹא מָתוֹק וְלֹא מְעוּשָּׁן וְלֹא מְבוּשָּׁל man darf zu den Trankopfern weder süss gemachten, noch durchräucherten oder gekochten Wein verwenden. Man pflegte näml. oft die bitteren Weintrauben vom Rauch durchziehen zu lassen oder zu kochen, wodurch sie das Herbe verloren. j. Bic. I, 63ᵈ un. עֲנָבִים מְעוּשָּׁנוֹת durchräucherte Weintrauben. Chull. 58ᵇ הַמְעוּשֶּׁנֶת ein Thier, in dessen Körper Rauch eingedrungen ist. — Hithpa. beräuchert werden, vom Weine. Seb. 64ᵃ נְכָסִים שֶׁמָּא יִתְעַשְּׁנוּ וְעוֹלַת הָעוֹף שֶׁמָּא תָמוּת בְּעָשָׁן die Trankopfer (wurden nicht von der rechten Seite des Altars getragen, um denselben mit ihnen zu umringen), denn sie könnten ersticken, und ebenso wenig das Brandopfer des Vogels, weil er im Rauch ersticken könnte, vgl. עָקַב.

עִישׁוּן m. N. a. das Beräuchern. j. Ab. sar. I, 39ᶜ un. כָּל מִיתָה שֶׁיֵּשׁ בָּה עִישׁוּן וּשְׂרֵיפָה an einem Todestag des Königs, an welchem Beräucherung mit abgebrannten Spezereien und Verbrennung der Geräthschaften stattfindet, wird Götzendienst getrieben; wenn aber keine Beräucherung und Verbrennung an ihm stattfindet, so wird an ihm kein Götzendienst getrieben.

עָשֵׁן oder עָשַׁן (syr. ⁧ܚܣܢ⁩ =אָשַׁן) stark sein. — Pa. עַשֵּׁן (syr. ⁧ܥܫܢ⁩) stärken, kräftigen. — Ithpa. אִתְעַשַּׁן (syr. ⁧ܐܬܥܫܢ⁩) gestärkt werden, sich stärken. — עוּשְׁנָא m. (syr. ⁧ܥܘܫܢܐ⁩) Macht, Stärke. — עַשִּׁינָא עַשִּׁינָא m. Adj. (syr. ⁧ܥܫܝܢܐ⁩) kräftig, stark, s. TW. — Pl. Tanch. Beschallach, 81ᵇ וַהֲלֹא עֲשִׁינְוָות es waren ja starke, wasserreiche Wogen, d. h. nicht הֲדוּמוֹת (Ex. 15, 4).

עוֹשֶׁף, עָשֶׁף masc. (arab. إِشْفَى, Stw. שָׁפֵי, شَفَا) der spitze Theil eines Instrumentes, welcher zum Bohren und Pflügen diente; der andere scharfe Theil dieses Instrumentes diente zum Holzspalten. Kel. 13, 3 קַרְדּוֹם שֶׁנִּיטַּל

עשפו טמא מפני בית בקוער ניטל בית בקוער טמא מפני עשר Ar. (Agg. ‏עושפו‎; R. Simson liest ‏אשפו‎) ein Ackerwerkzeug, dessen spitzer Theil (Bohrer) abgenommen wurde, ist unrein wegen des holzspaltenden Theiles; wenn der holzspaltende Theil abgenommen wurde, so ist es wegen des Bohrers unrein; d. h. jeder dieser beiden Bestandtheile bildet ein Geräth für sich. Tosef. Kel. B. mez. I Anf. קרדום שעושאר מן הטמא וערשפו מן הטהור טהור עשאר מן הטהור ורעושפו מן הטמא טמא רכ' ein Ackerwerkzeug, das man aus unreinem Metall, dessen Bohrer aber aus reinem Metall anfertigte, ist rein; wenn man es aber aus reinem Metall, dessen Bohrer jedoch aus unreinem Metall anfertigte, so ist es unrein; denn Alles kommt auf den Bestandtheil an, der zur Arbeit verwendet wird.

עוּשְׁפָא ch. (syr. ⁧...⁩ =עוּשְׁפָּא) Ackerwerkzeug, s. TW.

עֲשַׁק ch. (syr. ⁧...⁩, hbr. עָשַׁק) bedrücken, Geld erpressen. Das W. ist verwandt mit עסק s. d. — עוּשְׁקָא m. (hbr. עֹשֶׁק, syr. ⁧...⁩) Erpressung, Bedrückung, s. TW.

עָשִׁיק m. eig. Part. pass. 1) abgeknappt, abgepresst; übrtr. theuer. B. mez. 52ᵃ עשיק לגבך ושיר לכריסך Theures bringe auf deinen Leib (Körper), Billiges aber in deinen Leib, Magen; Sprichwort, d. h. verwende mehr auf schöne Bekleidung, als auf gute Speisen. Das. 74ᵃ באתרא דאמימר עשיק עפרא im Wohnorte des Amemar wurde der Schutt theuer bezahlt. Ber. 56ᵃ עשיק עסקך (richtiger Ms. M. ‏עריך‎). — 2) (syr. ⁧...⁩, trnsp. von עקש) verkehrt, verkrümmt, s. TW.

עָשַׁר (=bh.) reich sein. — Hif. 1) reich machen, bereichern. Keth. 48ᵃ wenn Jem. befiehlt, dass man ihn, nach seinem Tode, nicht auf eigene Kosten begrabe, so befolgt man es nicht; לא כל הימנו שיעשיר את בניו ויפיל עצמו על הצבור denn er ist nicht berechtigt, sich, damit er seine Kinder bereichere, der Gemeinde zur Last zu werfen. Chull. 84ᵇ עשתרות שמעשירות Ar. (Agg. שמעשירות Piel) die Heerden heissen עשתרות (Dt. 7, 13), weil sie ihre Besitzer reich machen. — Gew. 2) reich sein, werden, Ggs. von העני: arm werden. Ber. 33ᵃ. Meïl. 17ᵃ u. sehr oft, s. עָנָה nr. 2 im Hifil. — Pi. reich machen. Keth. 67ᵇ „Gieb dem Armen so viel ihm fehlt" (Dt. 15, 8). אתה מצווה עליו לפרנסו ואי אתה מצווה עליו לעשרו du bist verpflichtet, ihn zu ernähren, aber nicht, ihn reich zu machen. — Hithpa. reich werden. Schabb. 119ᵃ עשר בשביל שתתעשר „entrichte den Zehnten", damit du reich werdest! Ein Wortspiel mit Bez. auf Dt. 14, 22. Pes. 50ᵃᵇ die Männer der grossen Synode hiel-

ten 24 Fasttage כל כותבי ספרים תפילין ומזוזות שלא יתעשרו שאלמלי מתעשרין אין כותבין dass die Schreiber der heiligen Bücher, der Tefillin und Mesusoth nicht reich würden; denn, wenn sie reich werden möchten, so würden sie nicht schreiben. R. hasch. 15ᵇ u. ö. — Im Chald. lautet unser W. gew. עתר s. d.; selten עשר, wovon אתעשר s. אֲשַׁר.

עָשִׁיר m. Adj. (=bh.) reich, der Reiche, Ggs. von דַּל, עָנִי, s. d. W. Schabb. 25ᵇ איזה עשיר כל שיש לו נחת רוח בעשרו wer ist reich? Derjenige, der Vergnügen von seinem Reichthum hat, ihn geniesst. Aboth 4, 1 איזהו עשיר השמח בחלקו wer ist reich? Der sich freut (zufrieden ist) mit seinem Loos. Tamid 32ᵃ u. ö. Deut. r. sct. 2, 250ᶜ (mit Ansp. auf Spr. 18, 23) עשירו של עולם זה הקב"ה ענה אותו עזות „der Reiche" der Welt, d. i. Gott, entgegnete dem Mose mit harten Worten: „Rede mir nicht mehr hiervon" (Dt. 3. 26). Uebrtr. j. Kil. V Anf., 29ᵈ mit. wird דל erklärt: כרם דל dürftig an Weinstöcken, aber reich an Bearbeitungen, da erstere von einander entfernt sind.

עוֹשֶׁר m. (=bh.) Reichthum. Genes. r. sct. 63, 61ᵇ R. Jochanan erkl. ויעתר (Gen. 25, 21): ששפך תפלה בעושר Isaak verrichtete Gebete in Reichthum, reichlich, vgl. auch עָתַר.

עֲשִׁירוּת fem. Reichthum, Ggs. עֲנִיוּת, דַּלּוּת s. d. W. j. Pea IV Anf., 18ᵇ ob. „Ich, in meiner Armuth gründete das Haus Gottes, Gold, Silber" u. s. w. (1 Chr. 22, 14); שאין עשירות לפני מי שאמר והיה העולם denn es giebt keinen Reichthum vor dem, auf dessen Befehl die Welt erschaffen wurde, d. h. vor Gott. Schabb. 102ᵇ u. ö. s. עֲנִיוּת. Kidd. 49ᵇ עשרה קבים עשירות ירדו לעולם תשעה נטלו רומיים ואחד כל העולם כולו zehn Kab (Mass) Reichthum kamen in die Welt, neun derselben nahmen die Römer und eines die ganze übrige Welt.

עָשַׁשׁ (=עָשַׁשׁ mit Wechsel von ג und ע) betasten. Hithpa. hin- und herwerfen, mit einem Ball oder Stein spielen. Midr. Tillim zu Ps. 19, 1 „Die Himmel verkünden Gottes Kraft". Ein Gleichniss von einem Helden (Athleten), der nach einer Stadt kam und dessen Kraft den Stadtleuten unbekannt war. Da sagte ein Verständiger zu ihnen: מאבנא דהוא מתעשׁשׁ אתון ידעין מה כחו רכ' aus dem Stein, mit dem er spielt (den er hin uud her wirft), könnt ihr seine Kraft erfahren. Ebenso lernen wir vom Himmel die Kraft Gottes. Jalk. z. St. hat מתגרשׁשׁ.

עֲשֵׁשִׁית f. 1) (=אֲשַׁשׁ s. d.) Licht- und Feuerbehälter, Leuchte, Laterne; auf ähnliche Weise bedeutet bh. שְׁמָשׁוֹת: glänzende Zinnen. Ber. 25ᵇ ערוה ... בעששית

וכ' בעטשיטש wenn Koth in einer Laterne liegt, so darf man bei dessen Anblick das Schemâ verlesen; wenn aber eine Scham durch eine Laterne sichtbar ist, so darf man das Schemâ nicht verlesen; bei ersterer kommt es blos auf das Verdecken an, bei letzterer hing. kommt es darauf an, dass sie nicht gesehen werde. Das. 53ᵃ עטשיטש שהיתה דולקת והולכת כל היום וכ' כולי eine Laterne, die den ganzen Tag hindurch brannte u. s. w. j. Ber. VI, 12ᵇ un. dass. R. hasch. 24ᵃ ראינוהו בעטשיטש wir sahen den Mond durch eine Laterne. — 2) (für עֲשָׁתִית von עֶשֶׁת) Metallplatte, Eisenklumpen u. dgl. — Pl. Jom. 34ᵇ עֲשִׁישִׁיוֹת היו של ברזל מחמין מערב יום הכפורים וכ' (=Tosef. Jom. I g. E. j. Jom. III, 40° mit. steht dafür עֲשָׁשִׁיוֹת) eiserne Platten erhitzte man am Rüsttage des Versöhnungsfestes und legte sie am Versöhnungstage in das kalte Wasser, um die Kälte abzuziehen; damit näml. der Hohepriester dort bade, ohne sich zu erkälten. Schabb. 154ᵇ עטשיטש Glasklumpen. Genes. r. sct. 93, 90° so oft Juda zornig war, היה נותן עטשיטש של ברזל לתוך פיו ומוציאן כאבק nahm er eiserne Klumpen in seinen Mund und warf sie als Pulver aus. Ab. sar. 16ᵃ אין מוכרין להם עטשיטש של ברזל וכ' man darf nicht den Nichtjuden eiserne Platten verkaufen, weil sie daraus Mordinstrumente schmieden könnten. Snh. 108ᵇ als Noah seinen Zeitgenossen mit der Sündfluth drohte, sagten sie: אם מן הארץ הוא מביא יש לנו עטשיטש של ברזל שאנו מחפין בהן את הארץ wenn Gott sie aus der Erde bringen sollte, so besitzen wir eiserne Platten, womit wir die Erde bedecken können; vgl. auch פָקוּב.

עֲשִׁישְׁתָּא ch. (=עֲשִׁישִׁית nr. 1) Laterne, Leuchte. Exod. r. sct. 12, 111ᵈ „die egyptische Plage des Hagels" (Ex. 9, 24) כהדין עטשיטש דמשתא ומיא מתערבין כחדא ונורא דליק מן גוויהון glich einer Laterne, in welcher Oel und Wasser vermischt sind und in deren Mitte das Feuer brennt. Cant. r. sv. צאנה, 19ᵈ und Tanch. Waëra, 71ᵇ dass., vgl. auch קַנְדִירְלָא.

עֲשֵׁת oder עֲשֵׁת (=bh. עָשַׁת) eig. glatt machen, übrtr. sinnen, Gedanken hegen. Dan. 6, 4. — Ithpa. אִתְעֲשֵׁת (hbr. הִתְעַשֵּׁת) auf etwas sinnen, darüber nachdenken, s. TW.

עֶשֶׁת f. (=bh.) Geschmiedetes, bes. Metallplatte, Klumpen. Kel. 13, 3 העושה כלים מן העשת wenn Jem. Gefässe aus einem Stück Eisen anfertigt, vgl. חָרָדָה. Tosef. Chull. I g. E. מנורה אין כשרה אלא מן העשת der Leuchter des Tempels durfte blos aus einem Klumpen Gold angefertigt werden. Men. 28ᵃ מן העשת wahrsch. unrichtig.

עֶשְׁתּוֹנִין m. pl. (=bh. עֶשְׁתֹּנוֹת f.) Gesinnungen, Gedanken, s. TW.

עֲשַׁהוֹר Aschtor, N. pr. j. Dem. VI, 25ᵇ ob. עטשהור בר der Sohn des Aschtor. j. Bic. I, 64ᵃ ob. dass.

עַשְׁתָּרוֹת f. pl., bes. עשתרות קרנים (bh. nach Gesen. Wrtb. sv. עַשְׁתֹּרֶת: Astarte mit den beiden Hörnern; die Mondgöttin wurde gehörnt dargestellt), Aschteroth Karnaïm, Ortsname. Suc. 2ᵇ העושה סוכתו בעשתרות קרנים wenn Jem. seine Festhütte in Aschteroth Karnaïm anfertigt; d. h. ein in der Bergschlucht gelegener Ort, wo die Berge den Sonnenschein nicht eindringen lassen.

עֵת f. (=bh.) Zeit, Zeitdauer. Das W. steht für עַדֶת (für עֲדֶנֶת), so Delitzsch u. A., s. auch עֵד. Fleischer's Nachtr. zum TW. II, 572ᵃ leitet das W. von עָנָה ab, also עת st. עֵנֶת, „eig. Entgegentretendes, Begegnendes" u. s. w., vgl. auch עֵנָה, עַנִי. — Tosef. Ber. I Anf. u. ö. העת אחת מעשרים וארבע לעונה die עת (eine determin. Zeit) ist gleich ¹/₂₄ der Ona, s. עוֹנָה. Nid. 1, 1 מעת לעת eig. von Zeit zu Zeit, d. h. 24 Stunden, eig. von der einen Tagesdauer bis zur andern Tagesdauer (ähnlich bh. כעת חיה von der Dauer eines Jahres, vgl. auch כעת מחר). Chull. 51ᵇ u. ö. dass. Ber. 9, 5 (54ᵃ) הסרך תורתך עת לעשות לה' (בטל) Mischnaj. und Ar. (Tlmd. Agg. עת משעושה; im Ms. M. steht dieser Satz nicht, vgl. das. 63ᵃ, wo er Namens eines Amoräers angeführt wird) sie (die Propheten und Gelehrten) zerstörten das Gesetz, wenn die Zeit da war, etwas für Gott zu thun, vgl. יְסוּד; eine Umschreibung von Ps. 119, 126. — Pl. R. hasch. 28ᵃ עתים חלום עתים שוטה Jem., der zu Zeiten gesund (bei Sinnen) und zu Zeiten wahnsinnig ist, vgl. חָלַם. Pes. 91ᵃ עתים פטור עתים חייב zuweilen, d. h. in manchen Fällen ist er nicht straffällig, in manchen Fällen ist er straffällig. Tamid. I Anf., 26ᵃ לא כל העתים שווֹת וכ' nicht alle Zeiten waren gleich; denn manchmal kam der Tempelaufseher früher, manchmal später in den Tempel. Tosef. Schabb. VII (VIII) R. Akiba erklärt מעונן (Dt. 18, 10): אילו נותני עתים diejenigen, welche die Zeiten angeben, wie: Heute ist es gut zum Ausgehen, morgen zum Kaufen u. s. w. Snh. 65ᵇ. Schabb. 31ᵃ, s. זָרַע. — Oft עתים, jedoch gew. als St. c. Ab. sar. 65ᵃ לעיתותי ערב gegen Abend, zur Abendzeit. j. Ber. II, 5° mit. j. Suc. IV Anf., 45ᵇ u. ö. dass.

עִיתָּא ch. (=עֵת) Zeit. Genes. r. sct. 47 g. E. בההיא עיתא אקיל ר' אבא בר כהנא לר' לוי וכ' zu der Zeit beleidigte R. Abba bar Kahana den R. Lewi.

עֵתָא s. עֵאתָא.

עָתַד ch. (=hbr. עָתַד, arab. عَتَدَ) bereit, fertig sein. Das W., mit עֵת und עַתָּה zu-

sammenhängend, hat zum Grndw. עד, wovon
auch עוּד. — Pa. עַתֵּר (syr. ܥܰܬܶܪ, hbr. עָתַר) bereiten, bestimmen. j. B. bath. II Anf., 13ᵇ
עתר ליה חבריכין er bereitete für ihn (den
kranken R. Abdomi) Sterbekleider. Part. pass.
j. Keth. XII, 35ᵃ ob. R. Jirmeja befahl: Bekleidet mich, wenn ich gestorben bin, mit weissen
Kleidern u. s. w. אין אתי משירחא ואנא מעַתַּר damit ich, wenn der Messias kommen wird, bereit bin. j. Schabb. V Anf., 7ᵇ un. wird שדות
(s. d. W.) erklärt: מְעַתְּרָין Lämmer, die bereit
.stehen, um besprungen zu werden.

עָתוּד m. (=bh., arab. عَتُود) Ziegenbock.
eig. wohl: der zum Bespringen Bestimmte,
ebenso wie die weiblichen Ziegen und Lämmer:
מעתרין genannt werden, s. vrg. Art. — Pl. trop.
j. Ab. sar. II, 41ᵈ ob. (mit Ansp. auf Spr. 26,
27, vgl. כֶּבֶשׂ Piel nr. 3) so lange die Schüler
noch klein, unbedeutend sind, verheimliche ihnen
die Gesetzlehre; הגדילו ונעשו כאתודים גלה להם
רזי תורה wenn sie aber grösser und wie Böcke
wurden, so entdecke ihnen die Geheimlehren,
Dafür auch תָּישִׁים, s. גְּדִי.

עָתִיד m. Adj. (=bh.) bereit; oft als Sbst.:
Bevorstehendes, Zukunft. Keth. 87ᵃ משביעין
אותה על העתיד לבא ואין משביעין אותה על
שעבר man beschwört sie (die Wittwe, die das
Erbe der Waisen verwaltet), dass sie in der
Zukunft nichts veruntreuen werde; man beschwört sie aber nicht in Bezug auf die Vergangenheit. Ber. 54ᵇ. Meg. 15ᵇ u. ö. —
Oft לעתיד לבא für לזמן העתיד לבא ellipt.
die Zeit, die kommen wird u. zw. (=עולם הבא
s. d.) a) die messianische Zeit, und b) das
Jenseits. Kidd. 72ᵇ ממזירי ונתיני טהורין לעתיד
לבא die Bastarde und die Nethinim werden
einst (wenn der Messias kommt) als rein, zur
Ehe erlaubt, erklärt werden, vgl. נָתִין. Ab. sar.
3ᵇ לעתיד לבא באין אומות העולם ומתגיירין in
der zukünftigen Zeit werden die Völker kommen und sich zum Judenthum bekennen (wofür
das. auch ימות המשיח). — Aboth 2, 16 ודע
מתן שכרן של צדיקים לעתיד לבא wisse, dass
die Belohnung der Frommen im Jenseits stattfindet. Das. 4, 22 u. ö. — Tosef. j. Ab. sar. II
Anf., 40ᶜ שלשים מצות שעתידין בני נח לקבל
עליהם die 30 Gesetze, welche die Noachiden
einst übernehmen werden. — Fem. Exod. r. sct.
23, 122ᶜ עתידה ירושלם להעשות מטרופולין לכל
הארצות Jerusalem wird einst die Metropole
aller Länder werden.

עָתִיד m., עֲתִידָא f. (syr. ܥܬܝܕ, عَتِيد=עָתִיד,
עֲתִידָה) bereit, zukünftig. Dan. 3, 13, s. auch
TW.

עַתָּה (=bh. eig. Accus. von עֵת) die gegenwärtige Zeit, dah. nun, jetzt. Man merke

bes. unser W. mit vorges. Präp. מ. j. Ab. sar.
I, 39ᵈ un. מעתה חיטין אל ימכור לו וכ' demnach
(eig. von nun ab) sollte man dem Nichtjuden
auch Weizen nicht verkaufen dürfen. In bab.
Gem. gew. mit vorges. אלא, z. B. Suc. 2ᵃ אלא
מעתה העושה סוכתו וכ' demnach sollte Jem.,
der seine Hütte bauet u. s. w. B. kam. 17ᵇ
u. ö. — Tosef. Kel. B. mez. V Anf. אמור מעתה
אלפים בלח demnach (daraus) kannst du entnehmen, dass 2000 Mass in feuchten Dingen
u. s. w. Sifre Haasinu § 334 „Mose kam“, während kurz vorher steht: „Mose ging“ (Dt. 32,
44 und 31, 1); אמור מעתה בא דייתיכוס שלו
daraus kannst, du entnehmen, dass sein Stellvertreter, Josua, kam, vgl. דְיַיתִיכוֹס. Tosef. Kel.
B. bath. III g. E. u. ö.

עָתַק (=bh., arab. عَتَق eilen. Conj. IV
forttreiben). Hif. entfernen, fern halten.
Genes. r. sct. 1, 3ᶜ der Ewiglebende, Gott, heisst
עתק (Ps. 31, 19), שהעתיק בבריותיו weil er die
Geheimnisse der Schöpfung seinen Geschöpfen
entzogen, verhüllt hat. — Hof. pass. davon.
Khl. r. sv. כל הדברים, 72ᵈ ואני הועתקתי לכאן
ich wurde hierher getrieben. (Im Spätrabbin.
bedeutet העתיק eine Schrift übersetzen,
aus einer Sprache in die andere übertragen; ferner: abschreiben. Sbst. העתקה
Uebersetzung, Abschrift.)

עֲתֵק chald. (syr. ܥܬܩ, arab. عَتَق=עָתַק)
altern, aetäte provehi. — Ithpa. אִתְעַתַּק eig.
gealtert sein, dah. anhalten, andauernd
sein, s. TW.

עַתִּיק, עַתִּיקָא masc. Adj. ch. (syr.
ܥܬܝܩ, عَتِيق=bh. עָתִיק) alt, der Alte. Dan.
7, 3. 13. — B. kam. 96ᵇ ההוא אינש גזלנא עתיקא
הוא jener Mensch ist bereits ein alter Räuber.
Pes. 119ᵃ דברים שכיסה עתיק יומין die Dinge,
welche der Alte an Jahren (Gott) verheimlicht
hat; mit Ansp. auf עָתִיק (Jes. 23, 18), vgl.
פָּבָּה, כסר. Schabb. 42ᵇ עתיקא sehr alter, starker Wein. Trop. j. Nid. II g. E., 50ᵇ חנינא ר'
שתי עתיק ר' יוחנן לא שתי עתיק ר' חנינא שתי
עתיק דעותיק R. Chanina trank alten Wein (d. h.
er ist scharfsinnig und gewandt in der Ausübung seines Lehramtes). Trank denn etwa
R. Jochanan alten Wein? R. Chanina trank
sehr alten Wein, d. h. er ist ausserordentlich
gewandt. — Pl. j. Schek. II Anf., 46ᵇ u. ö. תקלין
עתיקין alte Sekels. — Fem. j. Schek. III, 47ᵇ
ob. תוספתא עתיקתא eine alte Tosefta, vgl. נְהָר I.
B. bath. 91ᵇ un. כל מילי עתיקא מעליא וכ' jede
alte Speise ist gut, mit Ausnahme alter Trauben,
alten Biers u. s. w. Jom. 29ᵃ עתיקתא מחדתא
קשי מחדתא etwas Altes zu lernen, wiederholen
.fällt schwerer, als Neues zu erlernen. — Ferner: עַתִּיקָא (=hbr. אַתִּיק) eine architekto-
nische Verzierung einer Säule, s. TW.

עֲתַר‎ *ch.* (syr. ‏ܥܬܪ‎=hbr. ‏עָשַׁר‎) reich sein.
— *Pa.* ‏עַתַּר‎ reich machen, bereichern, s.
TW. — *Ithpa.* ‏אִתְעַתַּר‎ reich werden. B. mez.
59ᵃ ‏כי היכי דתתעתרו‎ ehret eure Frauen, damit
ihr reich werdet. Ned. 50ᵃ ‏מן שית מילי איעתר‎
‏ר' עקיבה‎ von sechs Dingen wurde R. Akiba
reich, vgl. ‏מַטְרוֹנִית‎ u. a. Hor. 10ᵇ ‏אתעתירתו‎
‏סורחא‎ seid ihr einigermassen reich? — Genes.
r. sct. 45, 45ᵃ ‏עתר לך פרובי‎ Ar., richtiger ‏עֲתִיד‎
bereite dir die Halfter, vgl. ‏אוּנָא‎.

עֲתִירָא‎, ‏עַתִּירָא‎ *m.* Adj. *ch.* (syr. ‏ܥܬܺܝܪܳܐ‎,
=hbr. ‏עָשִׁיר‎) reich, der Reiche. j. Schebu.
VII, 37ᵈ mit. ‏עתיר בו שוקא ... עתיר בו ביתא‎
reich (thuend) auf der Strasse, reich im Hause,
s. ‏מִכְסַף‎ III. Trop. B. bath. 145ᵇ ‏עתיר נכסין עתיר‎
‏פומבי זה הוא בעל אגדתא עתיר סלעים עתיר תקיע‎
‏זהו בעל פלפול עתיר משח עתיר כמס זהו בעל‎
‏שמועות‎ reich an Grundstücken und reich an öffent-
lichem Prunk (πομπή, pompa) ist der Inhaber
der Agadoth (der Deutungen der Schrift nach
Sagen, Erzählungen u. dgl.; d. h. wer solche
Kenntnisse besitzt, hat für seine Vorträge eine
zahlreiche Zuhörerschaft und geniesst den Ruhm
eines vielwissenden Mannes); reich an Münzen
und reich an ausgebreitetem Ruf (eig. Klang,
vgl. ‏תָּקַע‎) ist der Inhaber scharfsinniger Discussionen (d. h. solche Vorträge sind bei den
Zuhörern von gutem Klange und geniessen den
Ruf grosser Gelehrsamkeit); reich an Ausdehnung und reich an Schätzen ist der Inhaber
von Traditionen (d. h. diese sind gehaltvoll und
haben dauernden Werth). Schabb. 156ᵃ, ‏נוּבָה‎. —
Pl. Ber. 32ᵇ ‏עתירי בבל יורדי גיהנם הם‎ die Reichen
Babels sind (wegen ihrer Hartherzigkeit) für die
Hölle bestimmt. Git. 56ᵇ ‏הוו בה הנהו תלתא עתירי‎
‏וכ'‎ es gab dort (in Jerusalem zur Zeit der Belagerung) jene drei Reiche, welche die Stadt zu
verpflegen übernahmen. — *Fem.* (syr. ‏ܥܬܺܝܪܬܳܐ‎)
das. ‏מרתא דבית ביתוס עתירתא דירושלם הויא‎
Martha, die Tochter des Boëthos, war die Reichste
in Jerusalem.

עוּתְרָא‎, ‏עוֹתַר‎ *m. ch.* (syr. ‏ܥܽܘܬܪܳܐ‎=hbr. ‏עוֹשֶׁר‎)
Reichthum, Vermögen, s. TW.

עֲתִירוּתָא‎ *f. ch.* (syr. ‏ܥܬܺܝܪܽܘܬܳܐ‎=hbr. ‏עֲשִׁירוּת‎)
Reichthum, Wohlstand. Schabb. 140ᵇ R.
Chisda sagte: ‏אנא לא בעניותי אכלי ירקא ולא‎
‏בעתירותי אכלי ירקא בעניותי משום דגריר בעתירותי‎
‏דאמינא וכ'‎ ich ass Gemüse (Grünkraut)
weder in meiner Armuth noch in meinem Wohlstande; in meiner Armuth nicht, weil es den
Appetit anregt; in meinem Wohlstande nicht,
weil ich mir dachte: Anstatt des Gemüses mögen lieber Fleisch und Fische (die weit nahr-
hafter sind) kommen, s. ‏גְּרַקָא‎.

עִיתּוּר‎ *m.* N. a. das Bereichern. j. Absar. I, 39ᵈ mit. ‏הזה למיד להוציא חמש קופות‎

‏והוציא עשר אין תימר משם עיתור אסור אין תימר‎
‏משם פרקסים מותר‎ Jem., der gewöhnlich fünf
Körbe mit Früchten vor dem Laden hinstellt,
an einem Jahrmarkt (Götzenfeste) zehn Körbe
niederstellte; sagst du, dass dies zur Bereiche-
rung, zum Ausputz des Ladens diene, so ist es
(als eine Verherrlichung des Götzen) verboten;
wenn du aber sagst, dass dies zum bessern Ab-
satz der Waare diene (um einen grossen Vor-
rath zu zeigen), so ist es gestattet. Die Emendation ‏עיטור‎ anst. ‏עיתור‎ ist unnöthig.

עֲתִירָה‎ *f.* N. a. (von ‏עָתַר‎) 1) das Beten. Pesik.
r. sct. 11, 19ᶜ ‏מה עתירה שנאמר להלן האמרים אף‎
‏עתירה האמור כאן האמרים‎ so wie das Beten,
das dort (Gen. 25, 21) steht, Zwillinge (Jakob
und Esau) bewirkte, ebenso hat das Beten, das
hier (2 Sm. 21, 14) steht, Zwillinge (d. h. grosse
Fruchtbarkeit) bewirkt. — 2) (von ‏עָתַר‎=‏חָתַר‎,
s. ‏עָתַר‎) das Eindringen, Einschneiden
mittelst eines Eisens, Bohrers. Ruth r.
sv. ‏ויאמר לה בעז‎, 40ᵈ Manasse betete zu Gott
‏ויעתר לו‎ (2 Chr. 33, 13). R. Lewi sagte: ‏בערביא‎
‏צווחין לחתירה עתירה‎ in Arabien nennt man das
Eingraben, Durchbohren: ‏עתירה‎. Gott soll
näml. unter seinem Throne eine Höhlung aus-
gebohrt haben, damit das Gebet Manasses zu
ihm empordringe, vgl. ‏חָתַר‎.

עֲתִירְתָּא‎ *ch.* (=‏עֲתִירָה‎ nr. 2) das Eiugra-
ben, Bohren. Genes. r. sct. 63, 61ᵇ ‏בערביא‎
‏קורין לחתירתא עתירתא‎ in Arabien nennt man
das Durchbohren: ‏עתירתא‎, s. vrg. Art., vgl. auch
‏חֲתִירְתָּא‎. Levit. r. sct. 30, 174ᵇ dass. j. Snh.
X, 28ᶜ un. ‏עתרתה‎, l. ‏עתירתה‎.

עֲתַר‎ *m.* Adj. zweizackige Gabel zum
Wenden des Getreides, Heugabel u. dgl.
Tosef. Ukz. III g. E. ‏הופכה‎ man wendet
das Getreide mit der Gabel um. Suc. 14ᵃ die
Aehren ‏ראויות להכין בעתר‎ kann man mit der
Gabel wenden. Raschi: ‏פורקא‎, furca. Das.
(mit Bez. auf ‏ויעתר‎, Gen. 25, 21) ‏למה נמשלה‎
‏תפלתן של צדיקים כעתר מה עתר זה‎
‏מהפך את התבואה בגרן ממקום למקום אף תפלתן‎
‏וכ'‎ weshalb wird das Gebet der Frommen mit
der Gabel verglichen? Um dir zu sagen, dass,
so wie die Gabel das Getreide in der Tenne
von Ort zu Ort wendet, ebenso das Gebet der
Frommen den Willen Gottes von der Grausamkeit in Barmherzigkeit wende. Jeb. 64ᵃ und
Num. r. sct. 10, 207ᵈ dass.

עַתְרָא‎ *ch.* (=‏עֲתַר‎) zweizackige Gabel,
Heugabel. Genes. r. sct. 63, 61ᵇ (mit Bez. auf
‏ויעתר‎, Gen. 25, 21) ‏שהיפך את הגזירה ולפום‎
Isaak, welcher ‏כן קריין ליה עתרא דאפיך אידרא‎
durch sein Gebet das Verhängniss der Kinderlosigkeit umgewendet hat. Deshalb nennt man
auch die Gabel: ‏עתרא‎, weil sie den Getreidehaufen wendet; vgl. auch ‏עוֹשֶׁר‎.

Nachträgliches zu den Buchstaben נ, ס und ע

von

Prof. Dr. H. L. Fleischer.

S. 321, Sp. 2, Z. 24 u. 25 „Stw. arab. أَجِّ: brennen, verbrennen." أَجِّ und هَجَّ, schallnach-
ahmende Intransitiva mit den charakteristischen
Infinitivformen أَجِيج und هَجِيج, bedeuten: knat-
ternd brennen, vom Feuer selbst. Hiervon ein
„נַאנָא Kohle, verbranntes Holz" abzuleiten ist formell und ideell unmöglich. Vielleicht
ist statt des räthselhaften נַאנָא zu schreiben
נַאגָא, Gagat, schwarzer Agtstein oder Bernstein, γαγάτης, gagates, ital. gagate, altfranz.
jayet, jaïet, neufranz. jais, arab. سَبَج vom pers.
شَبَه, daher span. azabache; s. Dozy, Gloss. des
mots espagnols u. s. w. S. 221, und Desselben
Supplément aux dictionnaires arabes, I, S. 624,
Sp. 1.

S. 322, Sp. 2, Z. 17 flg. In dem uns bekannten Persischen giebt es kein nanai, nana,
weder als Hund, noch als Vater, sondern nur
als Mutter, Mama; s. über die hier angeführte
Talmudstelle Hoffmann's Auszüge aus syrischen
Akten persischer Märtyrer, S. 157 u. 158.

S. 323, Sp. 1, Z. 5 u. 4 v. u. „Stw. wahrsch.
arab. نَأَى discessit". Dieses altarabische dich-
terische Wort wird nur von Personen, Dingen
und Orten gebraucht, die sich von andern im
eigentlichen Sinne entfernen oder von ihnen
entfernt sind. Zum Ausdrucke krankhafter Absonderung und entzündlicher Zusammenziehung
flüssiger Körpertheile kann es nicht gebraucht
werden. Wahrscheinlicher ist ein Zusammenhang dieses נָאתָה mit نَتَأ oder نَتَا, hervorragen, auch anschwellen, z. B. in Wüsten-
feld's Tahḍîb al-asmâ S. 314, Z. 9: فِى شَفَتِهِ
العُلْيَا نُتُوّ, auf seiner Oberlippe war eine Geschwulst.

S. 325, Sp. 2, Z. 13 flg. Laut, Form und
Sinn weisen die Ableitung dieses נְבוּזְבָּתָאךְ vom
arab. بَزَّبَز, noch entschiedener aber die vom
pers. بَاجُبَان zurück. Das Wort stellt sich dar
als Zusammensetzung von נְבוּז und בְּתָּאךְ statt

בַּסְתָּאךְ, בַּסְתַּק, neupers. بَسْتَه, woher auch arab.
بَسْتَق, Diener, also, nach der überlieferten
Bedeutung des etymologisch dunkeln נְבוּז: Diener (Beamter) der Oberherrschaft, Statthalter.

S. 330, Sp. 1, Z. 28. נְבָרָא נְבְרָא ist nicht
„die Rinde, der Bast der Palme", sondern
(Löw, Aram. Pflanzennamen, S. 117, Z. 7—10
u. S. 118 Z. 10—15) das grobem Zwillich ähnliche Fasergewebe am Grunde der Blattstiele
der Palme, arab. لِيف; vgl. Bd. I, S. 557,
Sp. 2, Z. 9 flg.

S. 330, Sp. 2, Z. 23 v. u. נְגָאנָא, im Talmud
selbst hinsichtlich seiner Bedeutung von נֶגֶב
unterschieden (S. 440, Sp. 1 unter נֶקֶע), kann
auch etymologisch nicht mit נקע, نَــ zusammengebracht werden, wie Bernstein im Lexikon
zu Kirsch' Chrestomathie S. 305, Sp. 1 u. 2 versucht hat. נְגָאנֵי, in den Agg. אנגי, d. h. אַנְגֵּי,
אַנַּגֵּי, arab. im Sing. خَانَة, إِنْجَانَة, eig. Mulden-,
Tröge, dann mulden-, oder trogartige
Vertiefungen in der Erde; s. Bd. I, S. 21
u. 22 d. Art. אַנַּגְנָא.

S. 333, Sp. 1, Z. 13 „נְגָרָא od. נַגָרָא" sehr.
נַגָרָא, wie richtig Buxtorf, Sp. 1294 vorl. Z.

S. 333, Sp. 2, Z. 5 v. u. Verwechslung zwei
verschiedener Stämme: 1) נָגַה (wie st. נָגָה geschrieben sein sollte) — dem Laute, aber nicht
der Bedeutung nach dem نَجَا entsprechend, —
Hif. הִגִּיהַ, part. pass. מֻגָּה (wie st. מֻגָּה
geschrieben sein sollte), 2) הָנֵה, Hif. הִגֵּה, part.
pass. מֻגָּה, מֻגָּה, das weder mit dem ersten
noch mit نَجَا irgendwie verwandt ist. Buxtorf
Sp. 1296 schreibt richtig נֵגַה, aber ebenfalls unrichtig מֻגָּה und הֻגָּה, als wäre das Vb. לה ein
Vb. לה.

S. 334, Sp. 2, Z. 19 v. u. „nigå" zu streichen; denn das Final-ه des pers. نِگَاه, verkürzt
نِگَا, ist ein wurzelhaftes stark gehauchtes ה,
früher ein Zischlaut: نِگَاس, nigås; s. Spiegel,
Literatur der Parsen, S. 434, und Haug, An
old Pahlavi-Pazand Glossary S. 167, vorl. u.

90*

l. Z. Mit dem semitischen נגה, جَهَ, hängt es in keiner Weise zusammen. Das hier aufgeführte נִגְדְּקָא ist zu vocalisiren נִגְהֵקָא oder mit Verkürzung נִגְהְקָא, entstanden aus نِگَاهَك, später نِگَاهَهْ, einer verlängerten Form des gewöhnlichen نِگَاهْ, s. Vullers, Gramm. l. pers. S. 248.

S. 335, Sp. 2, Z. 7 „נְגוֹבָא Becher" wahrscheinlich נְגוֹבָא st. נְגוֹדָא, لَمْظَوُا (Cast.-Mich. S. 534), arab. نَاجُون.

S. 336, Sp. 1, Z. 3 „נְגוּסְטְרִי" durch Umstellung st. נְגוּסְטְרִי; andere Formen davon sind Z. 6 אַנְגִיסְטוּר und Z. 23 נְגוּסְטוּר; alle gebildet, wie Bd. I, S. 349, Sp. 1, Z. 22 richtig angegeben ist, aus κνῆστρον oder κνηστήριον.

S. 336, Sp. 1, Z. 16 „מנקאוּשׁ, viell. مَنْقُوشْ" sehr. מנקאשׁ, مِنْقَاشٌ, lat. vulsella, franz. pincette, wie b. Ḳazwînî, I, ٣٠٨, 17: مِنْقَاشٌ يُنْتَفُ بِهِ الشَّعْر ein Kneipzängelchen, mit welchem das Haar ausgerissen wird.

S. 336, Sp. 1, Z. 24 „אלמקץ" d. h. الْمِقَصّ, gemeinarab. الْمِقَصّ.

S. 336, Sp. 1, Z. 31 „مُوسَى" gemeinarabisch مُوس, wie in „אלמוס". Bocthor: „Rasoir مُوسْ; plur. مُوسَى; موس الْحِلَاقَة — مَوَاسِي; plur. „أَمْوَاسْ".

S. 338, Sp. 2, vorl. u. l. Z. Weder נְגִירָא noch נְגִידָא lässt sich von نِيرَنْك, arab. نِيَرَجْ ableiten; die Grundbedeutung beider Stämme, ziehen, ist übergetragen auf das Heraufziehen der Geister von Verstorbenen aus der Unter- auf die Oberwelt durch Beschwörungsformeln.

S. 340, Sp. 1, Z. 13 v. u. „נִרְדָּךְ" gleichbedeutend mit מִרְדָּךְ, arab. رِمْدَاك von دَمَك, durch Zusammendrücken platt und flach machen.

S. 340, Sp. 2, Z. 4 „אלמטאיסיא" das gemeinarabische, ursprünglich türkische طَابِيَة, span. tapia, welche Aussprache auch Maimonides durch sein אלטסיא darstellt; s. Dozy, Supplément aux dictionnaires arabes, II, S. 65 u. 66. Die Bedeutung ist Stampferde, franz. pisé, eine daraus bestehende Mauer, Wand, Schanze.

S. 341, Sp. 1, Z. 28 u. 29 „נִרְדָּה" was sich vom Körper losmacht, entfernt" vielmehr Absonderung in concretem Sinne, d. h. Abzusonderndes, Wegzuschaffendes.

S. 343, Sp. 1, Z. 16 „נְרָדְל" nach dem syr. نُمُّ zu schreiben נְרָדְל, wie arab. نَكَّال, Dozy, Supplément, II, S. 652, Sp. 2, Z. 4 v. u., so genannt von seiner Beweglichkeit, gleichbedeutend mit נְרָד, Cast.-Mich. S. 205 (mit dem Druckfehler نُمُّ) und Löw, Aram. Pflanzennamen, S. 269, Z. 2 u. 3.

S. 343, Sp. 1, Z. 20, „نُمُّ, نَمَّ" sehr. نَمَّ, wie richtig Cast.-Mich. S. 368 und Löw a. a. O. „نُمُّ, نَمَّ" bei Cast.-Mich. S. 536 l. Z. ist zu streichen.

S. 344, Sp. 2, Z. 15 u. 14 v. u. „נָכַר" und „נָכַר" sehr. نَكَرَ und نَكِرَ. Aber weder نَكَرَ ist „absondern", noch نَكِرَ „sich von etwas zurückziehen" schlechthin, sondern jenes ebenso speciell vovit und devovit, wie „נָדַר, נָדַב, und נָכַר mit ب einer Person oder Sache, von deren Herannahen oder Dasein man Kenntniss hat: gegen dieselbe auf seiner Hut sein. — Die bezüglichen Angaben im 8. Aufl. von Gesen. Handwörterbuch unter נָכַר und נֵכָר sind in der 9. Aufl. berichtigt.

S. 347, Sp. 1, Z. 37—39 „נָבַג, — Grundwort höchst wahrsch. הג, vgl. arab. هَمَّ Conj. X: suum consilium sequi" — s. dagegen Gesen. Handwörterbuch 9. Aufl. unter נָבַג, اِسْتَهَمَّ, von den Originalwörterbüchern durch رَكِبَ رَأْيَهُ erklärt, bedeutet, wie dieses, nicht schlechthin, im guten wie im schlimmen Sinne, suum consilium secutus est, sondern ausschliesslich, wie die türk. Kâmûs angiebt: ohne von Andern Rath anzunehmen, lediglich nach seinem eigenen Gutdünken handeln.

S. 348, Sp. 2, Z. 11 u. 12 „נָבַל — sieben" erweicht aus נָחַל, نَسَل, نَخَل; davon Thom. a Nov. S. 168: „Subcerniculum مُنْخَل مُنَيْسِل". Dieselbe Erweichung zeigt sich in מְדַהֲלְתָּא Sieb, III, S. 39, Sp. 1, woher dann das vb. denom. מְדַהֵל=נָחַל sieben, מְדַהֲלָא Sieber. Uebrigens ist

هَالَ يَهِيلُ هَيْلًا nicht „sieben", sondern: etwas wie Sand, Mehl u. dgl. in Masse ausschütten. Die Wurzel von تَخَلَ liegt in نَعَّ (نَعَّ) stossen, heftig treiben).

S. 356, Sp. 1, Z. 26 u. 38 „נָוִיטָא" u. „נָוִיטָא" schr. נָוִיטָא u. נָוְוטָא, ein aus ναῦς gebildetes denominatives Intransitivnomen, wogegen das arab. gleichbedeutende نُوتِيّ ein dem Worte ναύτης nachgebildetes Relativnomen darstellt.

S. 357, Sp. 1, Z. 29 u. 30 „ähnl. arab. نَاك med. Je vom Zusammenschliessen der Augenlider." Hier muss ein loses Spiel des Zufalls obwalten; نَاك يَنِيكُ نَيْكًا bedeutet nichts als futuit; s. Delitzsch zu Hiob, 2. Aufl. S. 392, Anm. 1.

S. 361, Sp. 1, Z. 11 u. 12 „verwandt mit arab. نَاءَ — wie wäre das zu denken? הִתְנַוֵּן ist ein Denominativum von dem Buchstabennamen נּוּן, mit Beziehung auf die Gestalt des Final-ן: sich zu einem ן gestalten, d. h. so hager und schmächtig werden wie dieses. Im Gegensatze dazu vergleichen die Araber den von der hintern Wange sich nach vorn ziehenden Wangenflaum mit einem Final-ن, in welchem der Punkt das Wangenmal, الخَال, darstellt; s. Maḳḳarî, II, ٤٧٠, 16.

S. 367, Sp. 2, Z. 17 „arab. نَذَرَ absondern, نَذِرَ sich absondern" s. die Berichtigung oben in der Anm. zu S. 344, Sp. 2, Z. 15 u. 14 v. u.

S. 371, Sp. 2, Z. 31 „arab. فَخَرَ, syn. mit חָרַר, Grndw. חר". فَخَرَ, jugulavit, ist aus der zunächst in dem Reduplicationsstamme نَخَّ zur Dreibuchstabigkeit ausgebildeten Wurzel نَخَّ erwachsen.

S. 372, Sp. 1, Z. 27 „syr. نَسُبَ" und arab. نَخَرَ. Die beiden Stämme نَخَرَ und فَخَرَ sind von einander getrennt zu halten.

S. 372, Sp. 2, Z. 24 u. 25 „eig. Part. pass. durchbohrter Körpertheil; vgl. arab. نُخْرَة: foramen naṣi". נְחִירָא heisst die Nase von dem Stamme נְחַר, schnauben, S. 372, Sp. 1, Z. 27, und statt نُخْرَة ist نُخْرَة zu schreiben.

S. 372, Sp. 2, Z. 18 v. u. „Grndw. חס, חסה."
Im Gegentheil liegt auch von den beiden laut- und sinnverwandten Stämmen חָמַס und לָחַס die Wurzel in חס und לה; s. Gesen. Handwörterbuch unter denselben.

S. 374, Sp. 2, Z. 19 v. u. حَسَى oder حِسَى kann nicht zur Erklärung dieser Bedeutung verwendet werden; denn nach seiner Herkunft vom Stamme حَسَا, sorpsit, absorpsit, bezeichnet es einen Boden, der vermöge der sandigen Beschaffenheit seiner obersten Schicht das Wasser einsaugt, bis es auf ebenem, festem Grunde stehen bleibt und sich da rein und frisch erhält.

S. 375, Sp. 2, Z. 1—3 „נַחְשִׁירְכָן" vom pers. نَخْجِير, Jagd und Jagdbeute; s. de Lagarde, Gesamm. Abhandl. S. 65, Nr. 168. Das כֶן ist wahrscheinlich das pers. كَن, faciens in Zusammensetzungen: نَخْجِيركَن venationem faciens, d. h. venator.

S. 376, Sp. 2, Z. 32 „נְחוֹתֵי" schr. נָחוֹתֵי mit urlangem â.

S. 376, Sp. 2, Z. 35 „נְחִיתַת" und „נַחְתַת" kommen nach den in TW, II, S. 104, Sp. 1 und b. Buxtorf Sp. 1332 angeführten Stellen vom Stamme נחת her, sind daher im st. absol. נַחְתָא und נְחִיתָא zu schreiben.

S. 379, Sp. 2, Z. 9 u. 8 v. u. Das genetische Verhältniss ist mindestens zweifelhaft; s. TW, II, S. 569, Sp. 2 unten. Die Bedeutung des semitischen Verbalstammes נְטַל, נָטַל, تَطَلَ erklärt vollkommen den Gebrauch von נַטְלָא, نَطْلَا, مِنْطَالَ, نَاطِل (Schöpfeimer, s. Dozy, Supplément, II, S. 685, Sp. 2) als unmittelbaren Derivaten davon.

S. 385, Sp. 2, l. Z. „נִרוּמָא" schr. נְרוּמָא, nach der Form קְטוּלָא, der nach entsprechend dem arab. نُووم. Bedeutung

S. 394, Sp. 2, Z. 1—9. Die Stämme נכס, schlachten, und כָּנַס, bergen, lassen sich nicht auf eine Grundbedeutung zurückführen, um zwischen den beiden Auffassungen von נְכָסִים als ursprünglich entweder geborgenes Vermögen, oder Schlachtvieh zu vermitteln. Von כָּנַס, bergen, ist die Wurzel nicht כס, sondern כן, (s. Gesen. Handwörterbuch unter כָּנַן und כָּנַס), hingegen die von כָּבַס, schlachten, כך (s. S. 392, Sp. 1, Z. 29—33 unter נכר, נכה).

S. 400, Sp. 1, Z. 1 u. 2. Die Wurzel von
מְלָה ist wiederum nicht in מל, sondern in נם
zu suchen; s. Delitzsch, Salom. Spruchbuch
S. 108, Z. 7—14. Diese Wurzel bildet sich zunächst zum dreiconsonantigen Stamme نَمّ, dann
zu den gleichbedeutenden نَمَل und تَمَش
und zu dem sinnverwandten تَمَس aus.

S. 401, Sp. 2, Z. 29—31 „נומרקין" nicht aus
גרהרקין verderbt, sondern Plural von نُمْرق
auch نَمْرق und نِمْرق; s. Freytag, IV, S. 338;
Buxtorf Sp. 1350 richtig: „genus strati vel stra-
guli". Das Wort ist ursprünglich persisch; die
Erklärung in Zamahśari's Muḳaddimah S. ۴۶
Z. 3 u. 4: نيم بالش (wörtlich: Halbkissen,
wofür nachher بالش كوچك, kleines Kissen)
zeigt als ersten Theil der Zusammensetzung نيم,
halb; dunkel bleibt Ursprung und Bedeutung
von رق·

S. 401, Sp. 2, Z. 15 v. u. „نَجِي" b. Freytag
schlechthin „arcanum, secretum" ist speciell
heimliche Rede, geflüsterte Mittheilung, im türkischen Ḳâmûs فِيسِلْدِى, Geflüster, Zugeflüster-
tes. Um so weniger ist an einen Zusammenhang des dunkeln נִרְנָּי oder נִירְנָּי mit dem
arab. Worte zu denken.

S. 413, Sp. 1, Z. 18 „נָמִמִית od. נָמָמִית" schr.
נָמִמִית; Z. 46 „נָמָמָא oder נַמָמָא" schr. נָמָא.

S. 420, Sp. 1, Z. 20. Ar.'s Erklärung dieses
דֹּפֶק oder דֹּפֶק finde ich nicht wahrscheinlich,
aber auch die des Herrn Verfassers muss ich
beanstanden, solange nicht das von ihm als An-
hangssylbe hebräischer oder überhaupt semitischer Substantiva angenommene דְּך wirklich
nachgewiesen ist.

S. 431, Sp. 2, Z. 5 v. u. flg. Nach TW II,
S. 126, Sp. 2, bedeutet צָדּורִין „Form oder
Messwerkzeug", womit man ein Kunstwerk
nach seinen Umrissen bestimmt, proportionell
abmisst", zunächst wohl, nach dem hebr. Textworte מחוּנָה, Zirkel. Als Verbalstamm aber ist
dort, wie hier, angegeben: „im Syr. زد modulatus est, striduit; hebr. יָצַר". Bei dieser Zusammenstellung ist dem syr. Worte nach dem
missverstandenen „modulatus est" eine Bedeutung beigelegt, gegen welche das dort dabeistehende, hier weggelassene „striduit", Cast.-
Mich. „grunnivit, gannivit, pipivit; gemuit, ce-
cinit, mussitavit" — Verwahrung einlegt. Etwas
näher kommt hier „Werkzeug der Zimmer-

leute, wie Schraubstock u. dgl." der schon
von Buxtorf gegebenen richtigen Bedeutung „Sub-
scudes, retinacula seu vincula lignea, quibus
duae tabulae inter se compinguntur", überhaupt
Klammern. Ueber den Zusammenhang von
klemmen, pressen, drücken; — daher יָצַר,
صَرْصَرَ ,صَرّ ,دَيّ, fingere, — mit den durch
ausgedrückten verschiedenen Stimmlauten s. meine
Anmerkung über die aus der Wurzel صر ent-
wickelte Stammreihe zu Delitzsch' Psalmencommentar, 1. Ausg., 1. Th., S. 671 u. 672.

S. 436, Sp. 1, Z. 13. Hätte Ar. wirklich
אלמנקאר geschrieben, so müsste er dem n. in-
strum. مِنْقار, die Bedeutung Krittler, Split-
terrichter, gegen den Sprachgebrauch, blos
nach Analogie von مِصْضَع ,مِكْثَار u. a. beigelegt
haben; wahrscheinlich aber schrieb er אלמנאקר,
المُناقِر. Dozy, Supplément, II, S. 710, Sp. 1:
نَاقَرَ chicaner, ergoter, pointiller, contester sur
des riens, vétiller, faire des difficultés."

S. 436, Sp. 1, Z. 9 v. u. „جَمَالَة" müsste als
fem. von جَمَل wenigstens جَمَلَة mit kurzer
Mittelsylbe sein, ist aber auch in dieser Gestalt unarabisch st. نَاقَة·

S. 440, Sp. 1, Z. 1 νικων" schr. νικῶν; aber
woher die Bedeutung Mauerbrecher?

S. 440, Sp. 1, Z. 3 „נוקנינקא" zunächst, wie
نَقَانِق statt des Singulars لُقَانِق, vom lat.-
griech. λουκάνικον, Bratwurst. Allerdings
wurde aus نَقَانِق später ein Collectivum نَقَانِق
mit den Nebenformen مَقَانِق und لَقَالِق, — s.
Dozy, Supplément, II, S. 718, Sp. 2, Z. 5 flg.;
Hartmann's Sprachführer, S. 281, Sp. 2: „Kleine
Würstchen maḳâniḳ", — dass aber z. B. Kose-
garten im Kitâb al-aġânî S. ۹۱, Z. 10 statt
بِنَقَانِق hätte schreiben sollen بِنَقَانِق, zeigt
das dabeistehende مَطَرَّفٍ بِالْخَرْدَلِ, und ebenso
ist لُقَالِق bei Dozy, Suppl., II, S. 545, Sp. 1,
Z. 23—25, Masculin-Singular: هو الادام المُسَمَّى
لَقَالِق also nicht „بالمغرب البِّركاس".

S. 442, Sp. 2, Z. 11 v. u. نَقَّرَ, ein der Ge-

meinsprache fremd gebliebenes altarabisches Quadriliterum, ist zur Ableitung und Erklärung des unsichern נַקְרִיס völlig ungeeignet.

S. 444, Sp. 2, Z. 10 flg. Zur Bestätigung dieser Erklärung von כָּרָא s. Löw, Aram. Pflanzennamen, S. 365, Z. 1 u. 2.

S. 444, Sp. 2, Z. 14 flg. נָארְגִיל, כְּרָגִיל,

pers. نَارَجِيل, Cocosnuss, hat mit dem aus

أَنَار verkürzten pers. نَار, Granatbaum, nichts zu schaffen, sondern ist aus dem sanskr. *nârikêra, nârikêla* entstanden; s. Zeitschrift f. d. Kunde d. Morgenlandes, Bd. 5, S. 82; Löw, Aram. Pfl., S. 85, Z. 17—19.

S. 444, Sp. 2, Z. 25 „syr. دُنْيِ“ schr. دُنْيِ, nur Beil, Axt; bei Thom. a Nov. S. 159 als erstes der instrumenta fabri lignarii erklärt durch das aus pers. تَبَر entstandene arab. طَبَر.

S. 444, Sp. 2, Z. 10 v. u. flg. Zur richtigen Deutung von דיקלא דחד נברא s. Löw, S. 117, Z. 7 flg. bis S. 118, Z. 15.

S. 445, Sp. 1, Z. 24 flg. Nerd keineswegs, nach Raschi, gleichbedeutend mit Schach; s. Sachau's Gawâlíḳí S. ١٤٥, Z. 11 u. 12, und die Anm. dazu S. 66, und Dozy, Supplément, II, S. 655, Sp. 2, Z. 5—9.

S. 445, Sp. 1, Z. 11—9 v. u. נַרְמְק ist das aus dem pers. نَرْمَك, نَرْمَه gebildete arab. نَرْمَق, also eigentlich weiche Fussbekleidung.

S. 446, Sp. 1, Z. 22 „تَمُزَا“ nicht st. Weiber (als Pluralform wäre das Wort تَمُزَا zu schreiben), sondern Relativadjectivum, weiblich; s. Bernstein's Lex. syr. zur Chrestomathie von Kirsch, S. 32, Sp. 2.

S. 450, Sp. 1, Z. 28 u. 29 „נִישְׁדוּר“ das pers.-arab. نُشَادِر, نُوشَادِر, Sal ammoniacum; Freytag, IV, S. 279, Sp. 2; Seligmann, Liber fundamentorum pharmacologiae, II, S. 97; de Lagarde, Ges. Abhandl., S. 9, Z. 19 flg. „Gummiharz oder Kochsalz“ zu streichen.

S. 450, Sp. 1, Z. 37 „Nerv“, nach heutigem Sprachgebrauche Sehne.

S. 450, Sp. 1, Z. 3 u. 2 v. u. Die Wurzel von נָשַׁךְ, beissen, ist nicht שך, sondern נש, — dieselbe wie die des gleichbedeutenden نَسَف.

S. 452, Sp. 2, Z. 26. Mit demselben نَسَف in der Bedeutung blasen, anblasen, weg-

blasen u. s. w. — nicht mit نَشَف — ist נָשַׁף zusammenzustellen. Auch mit נוּף hat نَشَف nichts gemein, sondern aus der Wurzel نش (s. نَشّ) erwachsen, wird es ursprünglich intransitiv von Flüssigkeiten gebraucht, die von etwas eingesogen werden und darin verschwinden, transitiv von den einsaugenden Dingen selbst. Freytag's „abiit, evanuit, periit, interiit“ ist Uebersetzung des ذَهَبَ وَقَلَلَ der Originalwörterbücher als Erklärung von نَشَف in المَالُ, die Habe ist versunken, d. h. verschwunden, in bildlicher Anwendung des Wortes. „Weichen, von der Stelle rücken“ ist ein anderer Begriff. — Die verschiedenen Gebrauchsweisen von נָשַׁף, נָשַׁף, نَسَف, entwickeln sich aus der oben angegebenen Grundbedeutung, welche Bd. II, S. 403, Sp. 1, Z. 10 richtig auf das hier Z. 10 v. u. anders erklärte כריכה דמינשתא ... angewendet ist (s. dazu besonders Dozy, Supplément, II, S. 667, Sp. 1 u. 2), wie auch נְשַׁף, אִשְׁתָּא, Morgen- und Abenddämmerung, auf sie zurückgeht; s. Gesen. Handwörterbuch unter נָשַׁף. Das נֶשֶׁף, Meg. 3ᵃ un., Snh. 94ᵃ von der Glosse durch דָּלֵג wegspringen erklärt, ist nur eine intransitive Wendung desselben Begriffs, die wir annäherungsweise durch einen Vergleich ausdrücken: er ist wie weggeblasen, d. h. schnell entrückt.

S. 453, Sp. 1, Z. 8 „verw. mit سَاقَ Conj. IV.“

Ist شق, سق, die Wurzel von נָשַׁק, und سَاقَ, anstossen, treiben, damit verwandt, warum dann statt dieser ersten die vierte doppelt transitive Verbalform damit zusammenstellen?

S. 454, Sp. 1, Z. 15. Von „נָשַׁר“ und seinen Derivaten Sp. 2, נְשִׁירָה, נָשַׁר, נְשׁוֹרֶת, ist die Wurzel nicht „שֵׁל=שׁל“, sondern נש, נת, نث, wie die gleichbedeutenden نَثَر und נָתַר zeigen; daher auch etymologisch nicht mit נָשַׁל=לשׁל zusammenzustellen; נָשַׁר, נִשְׁרָא, يَعْثُ, נָסַר hingegen gehören zu dem Stamme نَسَر in der besonderen Bedeutung rostro vulsit, carpsit, woher مِنْسَر und مَنْسِر, Schnabel eines Raubvogels. Dies gegen die Vermuthung Sp. 2, Z. 15—13 v. u.

S. 461, Sp. 1, Z. 13 „כָּנַע“ Druckfehler st. כָּנַס.

S. 462, Sp. 1, Z. 15 v. u. flg. سَأَا bedeutet weder „ausdehnen und das Ausgedehnte abschneiden", noch „messen", sondern, wie schon III, S. 313, Sp. 1, Z. 33 u. 34 bemerkt wurde, etwas so stark ausdehnen, dass es zerreisst. Ohne etymologische Gewaltthat, wie sie Gesenius und seine Fortsetzer gewagt haben, wird sich daher סְאָה ebensowenig, wie dort מְסָּאָא, von diesem altarabischen Worte ableiten lassen, zumal da der dadurch bezeichnete Begriff, der Natur der Sache nach, sich nur auf Dinge anwenden lässt, die mit Längenmassen, aber nicht auf solche, die in Hohlmassen gemessen werden.

S. 463, Sp. 2, Z. 14 u. 13 v. u. صَبَّ nicht schlechthin „fliessen" (fluxit b. Freytag), sondern langsam fliessen, türk. Ḳâmûs: يابِجَ اقمق, wie klebrige, leicht gerinnende, zähe Flüssigkeiten, z. B. Blut, Speichel, Schleim, — eine Abzweigung der ursprünglichen Bedeutung: am Boden haften oder kleben; صَبَّ intrans. effusus est, also ebenfalls nicht schlechthin „fliessen". Wozu überhaupt arabische Verbalstämme herbeiziehen, deren erster Stammlaut beziehungsweise gar nicht oder nur in entferntem Grade mit dem ursprünglichen ס des hebr.-aram. סבא verwandt ist, während das formelle und begriffliche Parallelwort סְמַא (s. Gesen. unter קבא) klar vorliegt?

S. 464, Sp. 1, Z. 18. מסרביתא ist seiner Form nach nicht = מְסָרְבְתָא, die Weinschenkin, sondern scheint ein Relativnomen zu sein von dem Bd. III, S. 313, Sp. 2, Z. 10 flg. besprochenen מְסוּבָה, מְסוּבְיָתָא: die Gastgeberin.

S. 464, Sp. 2, Z. 13 u. 6 v. u. Ueber die Ableitung dieses, wie es scheint, aus מְסוּבְּיָין synkopirten מְסוּבְּיָין, als Partic. zu einem denominativen Piel סְבָה, s. ebendaselbst.

S. 465, Sp. 2, Z. 17 v. u. שָׁבַךְ nicht „mischen", sondern, wie das stärkere שָׁבַּךְ, in einander stecken oder schlingen, verschlingen, verflechten, verwickeln; auch ist die Wurzel dieses Stammes nicht בך, בك, sondern שב, שֹב, סב. Daher שׁאב med. u, תֶּשְׁבֵּץ, שָׁבְֹתֵ, שֶׁבֶֹת, שְׁבִישׂים, שֶׁבֶֹץ, ܫܽܘܒܳܐ, u. s. w.

S. 466, Sp. 2, Z. 9 v. u. „vielen" schr. vier.

S. 467, Sp. 2, Z. 11 flg. und S. 468, Sp. 1, Z. 21 v. u. Es ist immer misslich, ein neuhebräisches Wort von einem altarabischen, nicht in die Gemeinsprache übergegangenen abzulei-

ten, um so mehr, wenn das Neuhebräische selbst eine naheliegende, durch die Analogie und die Autorität eines Maimonides unterstützte Etymologie darbietet, wie die Ableitung dieses סְבָלוֹן von סָבַל, tragen, entsprechend dem althebräischen מַשָּׂאת, מַשְׂאֵת von נשׂא und شَبَرَ und اَشْبَرَ, überhaupt geben, schenken, und شِبَرَّ, besonders Morgengabe, مَهْر oder حَقُّ النِّكَاحِ, sind uns bis jetzt blos aus den altarabischen Wörterbüchern bekannt.

S. 472, Sp. 2, Z. 4. In „טוֹבְיאֲהְרָאן", Hai Gaon's Erklärung von סָבְרִיקִין, erkennt man ein persisches טובאנדראן, تُوبَانِرَان, (lederne, bis an das Knie reichende) Schenkelhose, wie die der persischen Ringer. Dasselbe رَان, Schenkel, gebrauchen die Araber als Abkürzung statt des daraus gebildeten Relativnomens رَانَان, Schenkel- oder überhaupt Beinkleid; s. Sachau's Gawâlîḳî, ۱۳۹, 7 und die Anm. dazu 73, 1 flg.

S. 473, Sp. 2, Z. 17 — 15 v. u. Wenn Ar. السُّورَة von سَارَ „gehen" ableitet, so geht er selbst fehl; denn dieses Zeitwort ist ein vb. med. je, Impf. يَسِيرُ, und سُورَة kommt von سَارَ يَسُورُ s. Lane.

S. 474, Sp. 1, Z. 8 und Sp. 2, Z. 4 v. u. In סָבַל wie in סָבַל ist ס kein Vorsatz-, sondern der ursprüngliche erste Stammbuchstabe, und an die Entstehung von סָבַל aus סעגל nicht zu denken. Seiner Grundbedeutung und weitern Anwendung nach ist das mit סגר, ringsum einschliessen, unmittelbar verwandte סגל mit dem lat. corrotundare zu vergleichen.

S. 477, Sp. 1, Z. 31 „Grndw. סג, arab. سِجِّيَ". Die Grundbedeutung auch dieses arab. Stammes ist: gedrückt, gepresst, beengt sein; dieselbe liegt dem שָׂגָה, שָׂגָּי, سِمَّ, gross, viel sein, eig. dicht, dicht bei einander sein, zu Grunde und die gerade entgegengesetzte „sich ausdehnen, ausweiten" nach S. 472, Sp. 2, vorl. Z. Der Begriff des Gehens, Fortgehens, entwickelt sich aus der angegebenen Bedeutung durch Wendung nach der entgegengesetzten Seite mit Umschlag in das Gegentheil: sich drücken, abrücken, loslassen, wie arabisch: تَجَّى الغَرِيم عَنه, der Gläubiger liess ab von ihm, in den Originalwörterbüchern einfach erklärt durch ذَهَبَ عَنه, er ging weg von ihm. Dieselbe privative Wen-

dung zeigt sich in عَنِّي أَنْجَيْتَهُ, ich habe mir ihn vom Halse geschafft, eig. ich habe gemacht, dass er von mir abliess; s. Lane. — Auch כָּנַף, כָּנַף, כַּנַף, S. 477, Sp. 2, Z. 13, nächstverwandt mit كَجَبَ und كَبَجَ, ist, wie diese, ursprünglich premere, opprimere, und oppressum esse.

S. 477, Sp. 2, Z. 6 v. u. סוּגָר, arab. سَاجُور, lederner, hölzerner oder eiserner Ring um den Hals eines Hundes.

S. 478, Sp. 1, Z. 5. Die unmögliche Verbindung dieses angeblichen Perf. סִגְרֵגַר mit dem Partic. מְצַלַּח durch ר in der betreffenden Stelle — TW, I, S. 152, Sp. 2, Z. 1 flg. und II, S. 146, Sp. 1, Z. 29 flg. — zeigt klärlich die Richtigkeit der andern Lesart מְגַרְגֵּר.

S. 478, Sp. 1, Z. 8 „σαγαριός von σάγαρις“. Gäbe es ein solches von σάγαρις, zweischneidige Streitaxt, abgeleitetes Wort, so könnte es nur σαγάριος accentuirt werden.

S. 478, Sp. 1, Z. 21 flg. Die Annahme eines Vorschlags-ס ist bei סַגְרִיר ebenso unzulässig wie bei סגל u. s. w. und wie die Herbeiziehung des גַּ in der schweren Stelle Hiob 28, 4, dessen Bedeutung jedenfalls nicht die ihm hier beigelegte ist; s. Delitzsch' Commentar, 2. Aufl., S. 359—362. Die Bedeutung von سِجِّين und סַגְרִיר kommt unstreitig von dem in סגר, سجر liegenden Begriffe schliessen, abschliessen, übergetragen auf ganz anfüllen, wie der Regen das Bett eines Flusses bis zum Rande füllt: سَجَرَ المَطَرُ النهرَ اذا ملأه auch mit dem Acc. der Flüssigkeit selbst: سَجَرْتُ الماءَ فى حَلْقِهِ ich habe ihm das Wasser bis oben in die Kehle gefüllt, gegossen; سَجَرْتُ الماءَ = تَجَرْتُ الماءَ ich habe gemacht, dass das Wasser sich vollströmend ergoss.

S. 478, Sp. 1, l. Z. „سَكَّ“ sehr. سَكَّ, welches Wort indessen die Bedeutung dieses מַדָּה nicht hat.

S. 480, Sp. 1, Z. 8 u. 7 v. u. „סָדָס od. סָדָם m. ein Kleid mit sechs Zipfeln.“ Stw. arab. سَدَسَ sechsfach sein.“ Abgesehen davon, dass سَدَسَ nach Analogie der andern Zahlverbalstämme, wie رَبَعَ, ثَلَثَ u. s. w., nicht diese intransitive, sondern die von den Wörterbüchern angegebene zweifache transitive Bedeutung hat, ist nicht beachtet, dass dem arab. سدس das

hbr. שׁדשׁ entspricht, als Stammwort von שׁשׁ, שָׁשָׁה st. שְׁדָשָׁה, שָׁדְשׁ. Ist also die Lesart überhaupt richtig, so hat sie wenigstens mit der Sechszahl nichts zu schaffen.

S. 481, Sp. 1, Z. 24 v. u. Die richtige Lesart ist סרקארים d. h. Seidenspinner, von dem ält. pers. سَرَك (später ﭼ), arab. سَرَق, n. un. سَرَقَة (s. Lane unter سَرَق und رِيس, Verbalwurzel von رِشتَن, رِيسِيدَن spinnen.

S. 484, Sp. 2, Z. 24 flg. Das שׁ und ס von שֹׁדֵד und כָּדַד und das ش von شَهِكَ sind ebenso die ursprünglichen ersten Consonanten ihrer Stämme, wie das ס von סגל (s. d. Anm. z. S. 474, Sp. 1, Z. 8), und auch hier ist an eine Synkope aus שֹׁעֲדֵד, שַׁעֲדַד, شَعْهَكَ nicht zu denken. Die Wurzel des Wortes ist שׁד, סד, سك, mit der Grundbedeutung fest und fest machen; s. Gesen. Handwörterbuch unter שׁדד und שׁדד; der Vocal der zweiten Sylbe aber weist darauf hin, dass die ursprüngliche Bedeutung nicht geradezu „affirmare“ ist, sondern zunächst: durch Augen- oder Ohrenzeugniss selbst sichere Kenntniss erlangen oder haben, womit auch der arab. Sprachgebrauch übereinstimmt. Ueber die in فَعَلَ, פָּעֵל, פָּעַל liegende „zuständliche Activität“ s. Sitzungsberichte der philos.-histor. Cl. der Sächs. Ges. d. Wiss. v. J. 1880, 32. Bd., S. 156—158.

S. 486, Sp. 2, Z. 17 u. 16 v. u. Unstreitig stammt יָסַד, وسد wie סוּד, سَاد med. Wâw aus der Wurzel סד, aber die Bedeutung von סוֹד, enges Zusammensein, geschlossene Gesellschaft, geheime Mittheilung und Besprechung, Gegenstand einer solchen, Geheimniss, ist nicht durch Aphaeresis aus יְסוֹד, sondern unmittelbar aus dem mittelvocaligen Stamme gebildet; s. Delitzsch' Psalmencommentar, 1. Ausg. I, Anm. S. 214 u. 215, 3. Ausg. I, S. 242 mit Anm. 2.

S. 488, Sp. 1, Z. 30 u. S. 496, Sp. 1, Z. 10 „سالا“ weder als vb. med. Waw noch als vb. med. Je vorhanden, wahrscheinlich verschrieben st. شالا med. Waw, mit إلى construirt: sehnsüchtig verlangend nach Hohem hinblicken.

S. 489, Sp. 1, Z. 14 „سَلاء“ sehr. سَلاَّ.

S. 492, Sp. 1, Z. 25 flg. Buxtorf's סוּנְיָתָא = συνήθεια (Sp. 1519) verliert von seiner einleuchtenden Wahrscheinlichkeit nichts durch den dagegen erhobenen Einwand, dass der betreffende Satz ganz aramäisch sei; denn erstens liegt

hierin ein Zirkelbeweis, und zweitens kommt in diesem unreinen Aramäisch ein Fremdwort mehr oder weniger nicht in Betracht. Die Ableitung von einem nicht nachweisbaren, angeblich dem arab. شَان med. je oder dem aram. סְנֵי entsprechenden סָן med. Waw führt zu dem Pleonasmus: böse Schändlichkeit; die andere von سُنَّة, wonach סוּנִיתָא zu schreiben wäre, übersieht dass dem arab. سَن im Hebr. und Aram. שׁנן entspricht.

S. 496, Sp. 1, Z. 10 „سالا" s. die Anm. zu S. 488, Sp. 1, Z. 30.

S. 499, Sp. 2, Z. 3 v. u. „סְטִיתָא" sehr. סְטִיתָא mit festem â der ersten Sylbe, st. emphat. des weiblichen Particips סָטְיָא.

S. 500, Sp. 1, Z. 25. Das doppelte ט in סְטָטִירִין oder אִסְטָטִירִין weist bestimmt auf ein doppeltes τ zurück. Nun geben die Wörterbücher allerdings ein στατηρός als Nebenform von σταϑηρός und σταϑερός, aber wo ist ein solches Wort im Gemeingriechischen jemals in dem hier angenommenen Sinne üblich gewesen? Denn nur unter dieser Voraussetzung liesse sich der Gebrauch desselben im Munde dieser Weiber erklären. Ueberdies weist die Singularendung ירין־, wie gewöhnlich, auf ein zu Grunde liegendes ιον oder ειον hin. Beide Umstände zusammengenommen führen auf στατήριον, στατήρι, gemeingriechische Verkleinerungsform von στατήρ, gewöhnlich אִסְטִירָא genannt, in sprüchwörtlicher Anwendung: Gott hat den harten Stater zerbrochen, um wieviel mehr wird er dies mit dem weichen thun!

S. 500, Sp. 2, Z. 21. Dieses bei Freytag irrthümlich von einem angeblich persischen „سَطْل" abgeleitete סַטְלָא, سَطْل, kommt von situla; s. meine Diss. de gl. Hab. S. 74 Z. 4—6 und Dozy's Supplément, I, S. 653, Sp. 1, Z. 20 flg. Das pers. سَتَل ist selbst nur eine Erweichung von سَطْل, stammt also erst in zweiter Linie von dem lateinischen Urwort.

S. 500, Sp. 2, Z. 21 „סָטַם — Grndw. טם".

סָטַם, سَطَم, kommt ebenso wie סָתַם, סָתָם, סָתַר und alle ächt semitischen mit שׁם und שׁה, טם und סם anfangenden Verbalstämme von gleichlautenden Wurzeln; s. Gesen. Handwörterbuch unter סָתַם und סָתַר. Der hinzutretende charakteristische Lippenschlusslaut besondert und verstärkt nur die schon in der Wurzel liegende allgemeine Bedeutung, gehört aber nicht selbst zur Wurzel.

S. 501, Sp. 1, Z. 25. סִינָן für „σϑένος" wird schon dadurch unwahrscheinlich, dass die regelmässig der Tenuis τ entsprechende ט hier für die Aspirata ϑ stehen soll; hierzu kommt, dass dieses Wort nicht in das Gemeingriechische übergegangen ist. Die Richtigkeit der Lesart vorausgesetzt, möchte ich סִינָן für eine abgekürzte oder dem pers. سُتُون näher gebliebene Form von אִסְטָוָן halten: die Säule Joab's, bildlicher Ausdruck für: die von Joab der Macht David's geliehene oder in seiner Person bestehende Stütze. Vgl. das folgende Synonym כִּיסוּאנא.

S. 501, Sp. 1, Z. 16 v. u. شَطَب und شَطَب sind Synonyme zunächst nur in der intransitiven Bedeutung sich wegziehen, seitwärts gehen, sich entfernen; als Transitivum ist شَطَب in die Länge spalten, in längliche Streifen schneiden oder theilen, شَطَّب in der neuern Sprache: längliche Einschnitte in die Haut machen, um mit oder ohne Anwendung von Schröpfköpfen Blut abzulassen (s. Dozy, Supplément, I, S. 756, Sp. 1 u. 2, Cuche S. ٣٠٠). Vom Stamme شطف hat nur das syrische Gemeinarabisch noch شَطَف in der mit قَطَب übereinstimmenden Bedeutung: (Holz) in kleine Stücke oder Späne spalten oder zerschneiden; sonst ist شَطَف und شَطَّف mit Wasser abspülen, ausspülen. Die hier zu Z. 8 v. u. dem شَطَف zugeschriebene Bedeutung „fliessen" kommt im Gemeinarabischen dieser ersten Form zu, im Hocharabischen bloss der Reflexivform اِنْشَطَف, einer speciell arabischen Abzweigung der transitiven Bedeutung: eig. sich in langem Striche hinziehen; auf das aram.-hebr. סטף ist dies nicht anzuwenden.

S. 502, Sp. 2, Z. 17. Statt סטרמוסין hat Buxtorf Sp. 1466 die mit στρώματα übereinstimmende Form סטרומוסין.

S. 503, Sp. 1, Z. 11. אַבְרָתָא ist nicht „abrotonum", wie Sachs wollte; s. Löw, Aram. Pflanzennamen, S. 135 c., flg. — Z. 14 flg. פורדג und פרדרג sind Entstellungen von פרדנג, wie richtig Z. 17 mit dem arab. Artikel אלפורדנג, الْفُودَنْج, pulegium, Polei, vom pers. פודנא; s. Löw S. 181, Z. 15 flg., S. 315 Z. 5 v. u. flg., S. 326 Z. 8, S. 330, Z. 4 flg.

S. 503, Sp. 1, Z. 28 „κρατίοις" sehr. κερατίοις.

S. 504, Sp. 2, Z. 23 „صُمْ" sehr. صُمْ.

S. 505, Sp. 2, Z. 14. Aus diesem „יירדוסא"
ergiebt sich, dass das dadurch dargestellte neuere
ital. gersa, Schminke, — zunächst Bleiweiss-
schminke, biacca, span. albayalde (البَيَاض),
— aus cerussa, span. cerusa, franz. céruse entstanden ist.

S. 506, Sp. 1, Z. 26. سَوْط in seiner gewöhnlichen Bedeutung ist das hebr. und aram. שׁוֹט,
Geisel, Peitsche; dem arab. س in diesem Worte
entspricht also im Hebr.-Aram. nicht ט, sondern
שׁ, und daher ist auch nicht an eine etwaige
Verwandtschaft von قِيد سَوْط (s. Lane unter
سَوْط) mit סיט, عماد als Längenmass zu
denken.

S. 508, Sp. 1, Z. 1 „σκίλλη" schr. σκίλλα.

S. 509, Sp. 1, Z. 1. Nicht „Nebenform des
gr. σηρικοδιαστής", sondern pers. Zusammensetzung von سَرَك und ريس; s. die Anm. zu
סרקאריס S. 481, Sp. 1, Z. 24 v. u.

S. 509, Sp. 2, Z. 27 „Gold" schr. Geld, wie
richtig TW, II, S. 158, Sp. 1, Z. 10.

S. 510, Sp. 1, Z. 3 v. u. flg. Es ist hier
übersehen, dass der Gaon mit den Worten
שככה שמו in der That, wie schon das Suffixum
ר statt des aram. ה zeigt, in das Hebräische
übergeht und dasselbe in den folgenden Worten
beibehält. Löw übersetzt also, abgesehen von
der Unsicherheit der Lesart ככה, ganz richtig,
und שבאכא als Name einer Rohrgattung ist
aufzugeben.

S. 510, Sp. 2, Z. 5 „سِيمَآء" sehr. سِيمَآء.
Dieses Wort ist wie das gleichbedeutende
سِيمِيَآء, Femininum (s. Lane S. 1476, Sp. 1)
und daher die Nunation beider bei Freytag
fehlerhaft.

S. 512, Sp. 2, Z. 10 v. u. Schon I, S. 279,
Sp. 2, Z. 15 flg. wurde bemerkt, dass „σημισηρικά" nur mit griechischen Buchstaben
geschriebene lateinische semiserica st. des
griechischen ἡμισηρικά ist.

S. 513, Sp. 1, Z. 17. Diese dritte Bedeutung
von סימפון lässt sich nur durch eine schon bei
der zweiten Bedeutung unnöthige Gedanken-
wendung ex contrario von der ersten ableiten,
erklärt sich hingegen leicht durch die Annahme,
dass dieses סימפון aus σύμπτωμα entstanden
ist.

S. 514, Sp. 1, Z. 18 v. u. „σύμφυον" sehr.
συμφύον, als Particip von συμφύειν, nicht „für
σύμφυτον."

S. 516, Sp. 2, Z. 8 v. u. flg. In TW, II,
S. 570, Sp. 1 u. 2, ist سَيَف auf ein mit den
Bedeutungen anderer Derivate desselben Stammes und mit dem weiteren Gebrauche des Wortes selbst übereinstimmende sinnliche Vorstellung zurückgeführt, die näher liegen möchte als
der hier durch Reflexion a posteriori gewonnene
Begriff. Ebenso kommt חֶרֶב nicht von خَرَب
her, sondern, wie خَرَب und خَرَبَة, von خَرَب
mit der Grundbedeutung scharf sein, nächstverwandt mit خَرَف, Spitze, Ecke, جِرَبِف,
scharf von Geschmack; daher خَرَف, ὀξύνειν im
eigentlichen und uneigentlichen Sinne. Befremd-
lich ist auch die Erklärung von מַאֲכֶלֶת und
סַכִּין, Messer, als herkommend von אָבַל und
„verzehren" und „hinraffen". מַאֲכֹלֶת ist
nach Herkunft und Form ein Esswerkzeug,
סַכִּין, etymologisch genommen, ein Stecher,
vom Stamme סָכַך (s. Gesen. Handwörterbuch)
stechen, stecken. „Hinraffen", als Bedeutung
von סָכַך (S. 526, Sp. 2, Z. 20 v. u. flg.) entbehrt
noch des Beweises.

S. 518, Sp. 1, Z. 18 v. u. Der Ausdruck
„ursprünglich arab." lässt die Deutung zu, als
sei سُكَّر, Zucker, — Sache und Wort, — in
Arabien entstanden, während die Araber selbst
ihr سُكَّر richtig von dem auch der griechischen
und lateinischen Wortform zu Grunde liegenden
persischen, ursprünglich indischen شَكَر oder شَكَّر
herleiten.

S. 518, Sp. 2, Z. 7 u. 8 „סיקוריא, סיקורא"
targumisch für das hebr. גַּרְזֶן, Beil, unzweifelhaft aus securis entstanden, nicht aus einem angeblichen „σικάριον=μάχαιρα", das, wie das
nächste Wort סיק, sicarius, aus dem lat. sica,
Dolch, gebildet wäre. Unverkennbar ist auch
סיקוביריא, die Fleischer, S. 519, Sp. 1, Z. 13
v. u. (so richtig statt סיקוביריא) nicht von „σίκα,
sica", sondern von סיקורא, securis, abzuleiten.

S. 521, Sp. 1, Z. 16 flg. Es ist dies einer
der Fälle, wo ich ebensowenig selbst helfen,
als die vom Herrn Vf. versuchte Lösung eines
griechisch-lateinischen Sprachräthsels im Talmud
gelungen finden kann. Wollte man überhaupt
dieses ganze Mährchen für geschichtliche Wahrheit und das כ des Textes für ein umgedreh-
tes כס gelten lassen: wie könnte man glauben,
dass im christlichen Rom bei einer solchen

91*

öffentlichen Schaustellung für das Volk statt eines lateinischen ein griechischer Spruch mit dem glossematischen κάσις statt ἀδελφός ausgerufen worden wäre?

S. 521, Sp. 1, Z. 13 v. u. Dieses כִּיפָא I ist nicht mit سَك, sondern mit شَك und شَال zusammenzustellen, woher شُوك, Dornen, n. un. شَوْكَة, Dorn, Stachel.

S. 525, Sp. 2, Z. 18 u. 17 v. u. Die Annahme einer Antiphrasis zur Erklärung des Gebrauchs von בְּסִים für Essig ist nicht anwendbar auf חַלָּא in derselben Bedeutung; denn خَلّ, Essig, beweist, dass es nicht von חֲלִי, خَلَا, süss sein, sondern von خَلّ, durchbohren, durchdringen, herkommt; s. I, S. 287, Sp. 1, Z. 9 flg. Was סְבַל selbst betrifft, so ist der rechte Weg zur Erklärung seiner beiden entgegengesetzten Bedeutungen durch verschiedene Wendung der Grundbedeutung gezeigt in Gesen. Handwörterbuche unter dem Stamme סָבַך.

S. 529, Sp. 1, Z. 25 شَكِس schr. شَكَس, d. h. störrig, widerspenstig, unlenksam, von Menschen und Thieren.

S. 531, Sp. 1, Z. 4 u. 5 „صَلَك in die Höhe steigen, springen, vom Pferd" so nach Gesen. Handwörterbuch. Nach den Quellenwerken aber ist صلد von einem Pferde, überhaupt von einem Reitthiere: im Galopp beide Vorderfüsse zugleich auf den Boden niederfallen lassen, ضرب بِيَدَيْهِ فِى الأرضِ عَلَى وَه ; von einem Menschen, mit فى eines Berges oder Gebirges: hinaufsteigen. Grundbedeutung: hart sein; daher: auf Hartes stossen, auf harten Boden treten. Eine Verwandtschaft mit סלד ist sehr fraglich.

S. 532, Sp. 1, Z. 7 v. u. Gegen לוּף als „Lauch" s. II, S. 533 u. 534, Löw, Aram. Pflanzennamen S. 240, Z. 10 flg.

S. 535, Sp. 2, Z. 19. سَلْغَف = סַלְעֵף, Safel eines alten לעם = لَغَف, verschlingen, von der Wurzel לּע, لع und لغ; s. Gesen. Handwörterbuch unter לוּעַ.

S. 536, Sp. 1, Z. 14. סַלְפִּיתָא, alt- und neugriech. σάλπη = σάρπη; lat. und ital. salpa, franz. saupe, deutsch: Goldstrich, Goldstrieme.

S. 537, Sp. 2, Z. 17. „Spinat" zu streichen. Mangold und Spinat sind zwei verschiedene Pflanzen; s. II, S. 445, Sp. 2, Z. 15 flg.; Löw, Aram. Pflanzennamen, S. 273 u. 274.

S. 538, Sp. 1, Z. 5. Am wahrscheinlichsten ist mir, in wesentlicher Uebereinstimmung mit Buxtorf's „magnates", סלקונדרין in מלח שכל סלקונדרי רומי אוכלין אותה ein Derivat von σαλάκων und demnach zu übersetzen: eine Art Salz, welches alle Grossthuer Roms geniessen, — wohl deshalb, weil es seltner und theurer als anderes ist. Räthselhaft bleibt dabei nur die Entstehung und Bedeutung des dem סלקון angehängten דר.

S. 539, Sp. 1, Z. 33 „Stw. arab. شَمّ duften." Gesenius selbst hatte das richtige „olefecit" seines Thesaurus als Bedeutung von شَمّ, im Handwörterbuche, als ob es oluit hiesse, in „duften" verwandelt, und seine Fortsetzer haben den Fehler beibehalten. Dass aber überdies nicht شَمّ, sondern شَمَّ سَمَّ von سَمَّ = فَقَلَ dem hebr. סם entspricht, ist bereits I, S. 287, Sp. 1, Z. 2 flg. bemerkt worden. Zu demselben Stamme gehört שׂוּמְרִים, סַנְמִירָה, S. 546, Sp. 2, Z. 9 v. u. flg., = سَامّ أبْرَص (Lane unter أبْرَص und سَام), beschrieben in Seetzen's Reisen, III, S. 420, Z. 16 flg. und in der Anmerkung dazu, IV, S. 506.

S. 542, Sp. 1, Z. 35. Auch von חָמַך, סָמַך, ist die Wurzel nicht מך, sondern סם, سم, ebenso wie die von תָּמַך, תָּמַך, תָּמַך, nicht מך, sondern תם, تَمّ. Die allgemeine Grundbedeutung beider Wurzeln ist fest sein, fest machen; daraus entwickeln sich die besondern Bedeutungen: andrücken, anlehnen, auflegen, verdichten, festhalten, stützen, erhöhen u. s. w.

S. 549, Sp. 1, Z. 8 v. u. סְמַרְטוּט entspricht dem gemeinarab. شَرَمُوطَة, Pl. شَرَامِيط; Cuche: شُرُمُوطَة, chiffon, lambeau, haillon, wie Dozy, Supplément, I, S. 753, Sp. 2, vom Quadriliterum شَرْمَطَ, Cuche: déchirer, mettre en lambeaux, wie Dozy, Supplément a. a. O. Aber סְמַרְטוּט möchte ich jetzt trotz aller Lautähnlichkeit von סְמַרְטוּט trennen und, gegen TW, II, S. 569, Sp. I, Z. 32 flg., in Uebereinstimmung mit seiner Bedeutung, wie مَلّوطَة, span. marlota, aus μαλλωτή, sagum villosum, ableiten; s. meine Diss. de gloss. Habicht. S. 70, Z. 9, Dozy's Dict. des noms des vêtements, S. 87 u. 412, Dess. Glossaire des mots espagnols u. s. w. S. 303. Vgl. damit das stamm-

und bedeutungsverwandte מִילָת, S. 101, Sp. 2, Z. 11 flg.

S. 551, Sp. 2, vorl. Z. Nach dieser Erklärung müsste Ar. sein סכריות als gleichbedeutend mit כנרות genommen haben; s. II, S. 359, Sp. 1, Z. 18, S. 453, Sp. 1, Z. 11 v. u. flg.

S. 553, Sp. 2, Z. 19—21. Diese Möglichkeit fällt dadurch hinweg, dass der Gevatter und die Gevatterin in der griechischen Kirchensprache wirklich ὁ und ἡ σύντεκνος heissen, während das Gemeingriechische dafür die den romanischen Sprachen nachgebildeten Ausdrücke ὁ κουμπάρος und ἡ κουμπάρα hat.

S. 555, Sp. 1, Z. 27 „mentum" franz. menton, was auch Raschi unter seinem מיר'טון verstanden hat.

S. 556, Sp. 2, Z. 13 „arab. سَنّ Conj. IV" schr. سَنّ und Conj. II سَنَّ, reiben, putzen, poliren; — daher סנן hebr. und aram. reinigen, läutern; auf Flüssigkeiten bezogen: seihen, durchseihen.

S. 558, Sp. 1, Z. 34—36 „סַנְפִּיר" schr. סַנְפִּיר, wie סְמְפוֹר, S. 547, Sp. 2, Z. 18 v. u., Spitze, Dorn, Gräte, Stachel. Die Flossfeder, schlechthin جَنَاح, Flügel, genannt, erklärt Bocthor unter Nageoire: شَوْكَة يَعُوم بِهَا السَّمَك, ein stacheliges Ding, mit dessen Hülfe der Fisch schwimmt. An eine Ableitung von نَفَر ist um so weniger zu denken, da dieses Zeitwort nie vom Schwimmen gebraucht wird.

S. 560, Sp. 1, Z. 6 „סָמְגוּנָא" sehr. סְמְגּוּנָא. „صُمغُونُ" schr. صُمغُونُ. Das pers.-arabische سُوسَكَجُرد als Uebersetzung des syr. صُمغُونُ (s. Cast.-Mich. S. 572) zeigt den Weg zur Ableitung und Erklärung dieses letztern. سُوسَكَجُرد ist zusammengesetzt aus dem ursprünglich ebenfalls persischen سُوسَن, سُوسَن, und dem aus جَرْدَ‎ abgekürzten جَرْدُ: irisfarbig, d. h. dunkelviolett. Ohne nähere Farbenbezeichnung ist سُوسَن oder سُوسَان im allgemeinen Sprachgebrauche die Iris; Gesen. Thesaurus unter שׁוּשַׁן S. 1385; Dozy's Supplément, I, S. 702, Sp. 1; Wetzstein, in einem handschriftlichen Reiseberichte: „ich sah auf den öden hanranischen Strecken namentlich eine faustgrosse dunkelviolette Lilie, sûsân." Dasselbe wie سُوسَكَجُرد ist صُمغُونُ, zusammengesetzt aus

صُمّ, einer Verkürzung von سُوسَن, und كُجُنّ, كُجُون, Farbe; zu dem letztern s. de Lagarde, Ges. Abhandl., S. 27, Z. 3—5. — Die Erklärung von صُمّ durch ein angebliches pers. سُوس, Wurm, Kermeswurm (Gesen. Thes. unter פַּרְמִיל) giebt diesem Worte eine Bedeutung die es weder im Allgemeinen noch im Besondern jemals gehabt hat.

S. 560, Sp. 1, vorl. Z. „Grndw. עַר". Die Wurzel von סער ist, wie die von סהר, שׁהר (s. die Anm. zu diesem), סר, שׁר.

S. 562, Sp. 2, vorl. Z. Es giebt kein dem arab. سَفّ entsprechendes סִפָּא II; die beiden dahin gezogenen Plurale סִפִּין, סִפִּין, bedeuten Pforten, Thoreingänge, und haben nichts zu schaffen mit سَفّ vom Stamme سَفَّى, d. h. vom Winde aufgetriebener und fortgeführter Staub oder Sand, — nicht „felsige Erde, eig. von Felsen Abgebröckeltes", mit welcher angeblichen Bedeutung von סִפָּא die „felsigen Häuser" und die „Felsen" in der Uebersetzung der beiden Stellen nicht einmal übereinstimmen.

S. 563, Sp. 2, Z. 31 „eig. was endet, Endendes". Ueber die wahre Grundbedeutung von שְׁפָּה, שֶׁפָּא, סִפָּא, סְפָּה, s. Gesen. Handwörterbuch unter שָׁפָה.

S. 565, Sp. 1, Z. 33 „ספנג (?)" das gemeinarabische سِفَنّج ohne das Vorschlags-Hamza der gewählteren Form إِسْفَنّج, إِسْفَنّج, Hartmann, Arab. Sprachführer, S. 249: „Schwamm sfindsch, isfing." Aber das Wort wird auch von einer Art lockerer Pfannkuchen gebraucht (Freytag, I, S. 35, Sp. 2, und Dozy, Suppl. I, S. 22, Sp. 2 unter إِسْفَنّج); hierauf bezieht sich die Bemerkung des Aruch. Aehnlich nennt der Neugrieche eine Art Eierkuchen σφουγγάτον, von σφουγγάρι = σπόγγος.

S. 565, Sp. 2, Z. 2 „Grndw. סר, vgl. arab. قَلّ lärmen, schreien." Die Gewohnheit, den Grundbestandtheil eines Wortstammes auch in dazu ungeeigneten Fällen in den beiden letzten Consonanten zu suchen, hat hier zur Verkennung der bereits von Gesenius festgestellten Thatsache geführt, dass ספר in seiner Grundbedeutung dem κόπτειν, κόπτεσθαι, lat. plangere, entspricht, bestätigt durch Anwendung von سَفَكَ, سَفَكَ, auf die Begattung der Thiere,

vgl. mit κόπτεσθαι und trudere in obscönem Sinne.

S. 568, Sp. 2, Z. 12. Die Worte „gr. σφέλας oder" sind zu streichen. Dieses alte epische Wort ist nie in die Gemeinsprache übergegangen.

S. 569, Sp. 1, Z. 15 v. u. סִיפוּסְקָא ist das pers. سَپُوس , سَپُوسَه , früher سَپُوسَك , Kleie, Kleienmehl.

S. 569, Sp. 2, Z. 20 „pers. سِفْسَار" und سِفْسِير ; mit dieser gewöhnlichen Form stimmt סְפְסִירָא und das Abstr. סְפְסִירוּתָא überein.

S. 573, Sp. 2, Z. 20 v. u. مَاش ist nicht „Kichererbse" חִמְצָא, حِمَّص; s. III, S. 305, Sp. 2, Z. 7 v. u. flg., Löw, Aram. Pflanzenn., S. 245, Z. 10 flg.

S. 573, Sp. 2, Z. 13 v. u. Ueber die Grundbedeutung der Wurzel סף und der daraus erwachsenen Stämme s. Gesen. Handwörterbuch unter סָפַף und כָּפַר. Dieser Darstellung widerspricht keineswegs das zu TW II, S. 570, Sp. 1 u. 2 Gesagte, sondern ergänzt sie nur, von demselben Gesichtspunkte ausgehend, durch einiges dem nämlichen Vorstellungskreise Angehörige. Der möglichst allgemein zu fassende Begriff streifen, streichen, langhin ziehen, trägt in sich die Keime aller Besonderheiten in den Bedeutungen der dahin gehörenden Stämme. Durch „entfernen, fortbringen, ausgraben" als Grundbedeutung wird die Möglichkeit einer natürlichen Entwickelung des Einzelnen von vornherein abgeschnitten.

S. 579, Sp. 2, Z. 14. סִיפְתְּקָא ist das pers. سِفْتَه , früher سِفْتَك , rauh, hart, stark.

S. 579, Sp. 2, Z. 12 v. u. „arab. شَقَّ einschneiden." Dass ein solches, wie شَقَّ spalten, zur Wurzel شق gehöriges Zeitwort dem Worte شَقَب oder شِقَب, Kluft, Stein- und Erdspalt, zu Grunde liegt, ist wahrscheinlich, aber nicht aus den Quellenwerken erweisbar.

S. 580, Sp. 1, Z. 22 v. u. Der etymologische Zusammenhang zwischen סָקַד und سَقَلَ ist zweifelhaft. Nach den arabischen Lexikographen sind سَقَلَ , أَسْقَلَ und سَقْلَقَ specielle Kunstwörter der Pferdezucht und Rennbahn: ein Pferd durch besonderes Verfahren abmagern,

um es zum Wettrennen tüchtig zu machen; wogegen סָקַד nach seiner Grundbedeutung (s. Buxtorf Sp. 1539) zunächst von der Einwirkung des Stachelstocks oder des ihn führenden Treibers auf Ochsen oder Kühe, dann tropisch für in Zucht nehmen und Züchtigen gebraucht wird.

S. 580, Sp. 1, Z. 16 v. u. flg. סְקִיסְתָּן ist die persisehe Provinz سِكِسْتَان, arab. سِجِسْتَان, Jâḳût, III, S. ۴۱, Z. 11 flg.

S. 580, Sp. 2, Z. 4 „σκυτάλη" zu streichen, da es nur Laut-, aber keine Bedeutungsähnlichkeit mit scutella, סְקוּטְלָא hat.

S. 581, Sp. 1, Z. 3 v. u. Die Zusammenstellung von שֶׁקֶן = قَلَّ mit dem räthselhaften סְקִינְמִין des Aruch hat dasselbe gegen sich, wie so viele ähnliche Entlehnungen aus dem altarabischen Wörterbuche: das Wort ist nie in die Gemeinsprache gekommen.

S. 582, Sp. 1, Z. 2—6. Nach der vorhergehenden, in der That sehr „wahrsch." Erklärung wäre dieses „viell." besser unterdrückt worden; denn wo hätte σκῆπτρον, sceptrum, jemals Hellebarde oder Beil bedeutet?

S. 582, Sp. 2, Z. 13 v. u. „مِصَفَأ" schr. مَصْفَأَ.

S. 583, Sp. 2, Z. 6 v. u. סרב, widerspänstig sein, sich weigern, ist nicht „Safel vom Grndw. רב, wovon רִיב", sondern unmittelbar, wie סרר, aus der Wurzel סר erwachsen; s. Gesen. Handwörterbuch unter סרר. Offenbar hingegen Sifel von רהב ist סָרְהָב und das daraus synkopirte כְּרַב, eilen, drängen, wie umgekehrt סָרְהָבָן, widerspänstig, durch Formvertauschung mit כַּרְהָבָן abwechselt.

S. 585, Sp. 2, Z. 32 u. S. 587, Sp. 1, Z. 30. سَرْج nicht „Pferdedecke", sondern Sattel.

S. 587, Sp. 2, Z. 12 v. u. „سِيْرَة" sehr. سَرُو.

S. 588, Sp. 2, Z. 15. Das nach Hai dem סרש Kel. 30, 4 entsprechende arabische „כרש" wird erst dadurch verständlich und sinngemäss, dass man כ nach der Schreibweise der morgenländischen Juden für כ, خ nimmt und خَرَش, kratzen, abschürfen, liest.

S. 590, Sp. 1, Z. 6 v. u. Etymologisch näher als συρτής steht dem סְרָט wohl شَرِيط, Seil, Strick, Schnur; meine Diss. de gl. Hab., S. 26, Z. 14 flg. und Dozy's Suppl., I, S. 746, Sp. 2.

S. 591, Sp. 1, Z. 11 „سُرْطَان" schr. سَرَطَان.

S. 591, Sp. 1, Z. 33 u. 34. Im Grunde ist mit diesem „mögl. Weise" dasselbe wie vorher gesagt; denn auch زِرَاط ,صِرَاط ,سِرَاط sind ohne Zweifel aus dem lat.-griech. στράτα entstanden.

S. 593, Sp. 1, Z. 11 v. u. flg. In I, S. 25, Sp. 2, Z. 22 flg. ist dieselbe Stelle ganz anders gedeutet. Eine Erklärung des Herrn Verfassers über diese Verschiedenheit wäre wünschenswerth.

S. 593, Sp. 2, Z. 32 „سُوس" schr. سُوس. Nach den Quellenwerken ist سُوِس oder سُوِيس nur der, welcher in Folge von natürlichem Unvermögen oder Kränklichkeit oder mangelndem Geschlechtstriebe den Beischlaf nicht ausübt, beziehungsweise nicht ausüben kann; also nach ächt arabischem Sprachgebrauche kein Verschnittener oder Castrat. Hätte auf Grund dieses Sprachgebrauches das Arabische ein dem פֶּרֶם, סָרָס entsprechendes سَوَّس gebildet, so würde es demnach im Allgemeinen bedeuten: einem zum Beischlafe Kräftigen und Willigen durch irgendwelche körperliche oder geistige Einwirkungen die Kraft oder den Willen dazu benehmen.

S. 595, Sp. 2, Z. 19. Statt „سِرْسَار" findet sich in den Quellenwerken nur سِرْسُور, sachkundiger und geschickter Geschäftsmann oder Geschäftsführer.

S. 596, Sp. 2, vorl. Z. Das im Ar. als arabisches Synonym von סִרְקוֹן angegebene זִרְקוֹן ist unter den vielen verschiedenen Formen, die das „syricum" des Plinius im Morgen- und Abendlande angenommen hat; s. Buxtorf, Sp. 1558, Z. 15 flg., Bernstein's Lex. l. syr., Sp. 38, Hoffmann's Bar Ali, Sp. 13, Z. 13; über زَرْقُون span. azarcon, insbesondre Dozy's Gloss. des mots espagnols u. s. w., S. 225 u. 226.

S. 608, Sp. 1, Z. 11 v. u. und S. 609, Sp. 1, Z. 19, עָבִים und עֲבִיטָא entsprechen dem arab. غَبِيط.

S. 609, Sp. 2, Z. 17—14 v. u. Das Richtige über die Wurzel von עָבַר und die verwandten Stämme s. in Gesen. Handwörterbuch unter עבב.

S. 614, Sp. 1, Z. 35 „خَصُّمُا" schr. خَصُّما.

S. 616, Sp. 2, Z. 16 u. 15 v. u. „Vgl. arab. خَمّ und خَجَا beiwohnen". Es wäre خَجَّ zu schreiben; aber besser streicht man den ganzen

Satz, da die beiden altarabischen verba obscoena weder durch ihre Stammlaute noch durch ihre ursprüngliche Bedeutung mit עַנָּבָה im geringsten verwandt sind.

S. 618, Sp. 2, Z. 19 „عَجَلَ" sehr. عَجِلَ.

S. 620, Sp. 2, Z. 18 v. u. „arab. عَذَّ III sortitus fuit" nach Freytag, durch Missverständniss des erklärenden نَاهَدَ der Quellenwerke. Es bedeutet: mit einem oder mehreren Andern an einer Sache gleichen Antheil nehmen oder haben; s. Lane, S. 1969, Sp. 3.

S. 621, Sp. 2, Z. 5 v. u. „جِرَاب" schr. جَوْرَب; s. Freytag, I, S. 323, Sp. 2.

S. 623, Sp. 2, Z. 7 u. 8 „Vgl. arab. عَدَّى die Hände in ein Wasserbehältniss thun". Man sagt عَوَّدَى يَدَهُ ,عَدَّى يَدَهُ und أَعْدَى يَدَهُ, Denominative von عَدَّقَة,عَوْدَق,عَوْدَقَة, d. h. ein gezähnter Haken zum Herausziehen des Eimers aus dem Brunnen; eigentlich: seine Hand zu einem solchen Haken machen, sie wie denselben gebrauchen, um damit etwas aus dem Wasser herauszuholen.

S. 623, Sp. 2, Z. 28 und S. 624, Sp. 1, Z. 22. Gegen dieses „Grndw. דר" s. Gesen. Handwörterbuch unter דרר, עדד und עדר I.

S. 625, Sp. 2, Z. 33. Inwiefern „arab. عَاد" hier zur Bestätigung der angenommenen Bedeutung von עוד „zu etwas verbinden, zusammentragen" dienen soll, ist mir unklar. Ebendasselbe gilt von „arab. عِينَ" S. 626, Sp. 1, Z. 23, in Verbindung mit עוּדָה „Zusammengenähtes, Bündel."

S. 626, Sp. 2, Z. 3 „arab. عَوَى Conj. III, syr. لَحْكَا." Wozu das beschränkende „Conj. III"? Das lautnachahmende عَوَى, bedeutet schon in der ersten Form heulen, und zwar nicht bloss von Hunden, Wölfen und Schakalen, sondern auch von Menschen; s. Lane, S. 2185.

S. 628, Sp. 2, Z. 7 v. u. „عوظ" sehr. وعظ.

S. 630, Sp. 2, Z. 16 „عَاز" schr. عَوِز.

S. 634, Sp. 2, Z. 12 „Stw. arab. عَطَلَ" sehr. عَطَّلَ; s. Gesen. Handwörterb. unter עֶצֶל (sehr. עצל, nach dem gleichlautenden Adj. עָצֵל). Das „otiosus fuit" geht von der im Stamme عَطَلَ lie-

genden allgemeinen Bedeutung leer sein, vacare, aus; s. Lane, S. 2082.

S. 637, Sp. 2, Z. 9 v. u. „إِطَار circulum" sehr. إِطَار circulus.

S. 638, Sp. 1, Z. 26 u. 27 „Zinnoberbaum" verunglückte Verdeutschung des arab. صَنَوْبَر, Pinie und Pinienzapfen, Pinienkerne; s. TW. II, S. 533, Sp. 1 u. 2, Löw, Aram. Pflanzennamen, S. 60, Z. 19 flg., S. 70, Z. 18 u. 19.

S. 638, Sp. 2, Z. 20 v. u. „ἴησις" jonische Form st. ἴασις.

S. 639, Sp. 1, Z. 12 v. u. „arab. عَاد fest sein" unbekannt; vgl. die Anmerkung zu S. 625, Z. 2, Z. 33.

S. 640, Sp. 2, Z. 26 u. 27. חלקה, womit Hai jenes עין erklärt, ist nicht „خَلَق trita vestis", sondern حَلْقَة, Ring.

S. 641, Sp. 1, Z. 31 „ähnlich arab. أَعْيَن."

Als vb. denominat. von عَيْن, Auge, Sehe, ist die 4. Form von عَانَ يَعِينُ nicht أَعْيَنَ, sondern أَعَانَ, — was bei Freytag fehlt, — bedeutet aber ausschliesslich: mit bösem (neidischem) Auge anblicken; wogegen die 5. und 8. Form, تَعَيَّنَ und اِعْتَانَ, neben dieser besonderen auch die allgemeine Bedeutung haben: scharf anblicken, genau ansehen. Freytag's أَعْيَن unter IV in مَا أَعْيَنَهُ ist Admirativform.

S. 643, Sp. 2, Z. 34 „مُخَمَّصَةٌ" schr. مُخَمَّصَةٌ.

S. 646, Sp. 2, Z. 27 „Mappe" in der bei uns ungewöhnlichen Bedeutung von mappa. —

— Z. 27 u. 28 „ähnlich arab. عَكَّال funis". Erstens heisst nicht jeder Strick so, sondern nur der, welcher dazu dient, die Fessel (frz. le paturon, engl. the pastern) an die in die Höhe gebogenen Vorderfusses eines Kamels an dessen Oberschenkel zu befestigen und es so zum Stillstehen zu nöthigen, was man عَكَل nennt; zweitens müsste man, um zwischen einem solchen Stricke und dem „gewebten Vorhange am Eingange eines Zimmers" eine Aehnlichkeit zu entdecken, die Annahme einer gemeinschaftlichen Grundbedeutung der Stämme עכב und عكل zu Hülfe nehmen, mit andern Worten: den Boden einigermassen sicherer Ety-

mologie verlassen. Ausserdem vermisse ich eine Erklärung über das Verhältniss zwischen dem Textworte ריכליה und dem Z. 36 dafür stehenden סילכיה. Ist das letztere Druckfehler statt des erstern, oder andere Lesart? Buxtorf hat keines von beiden. Ich möchte fast vermuthen, das Richtige sei סילכיה, d. h. φυλακή, φυλάκεια, und ריכליה eine Entstellung davon.

S. 647, Sp. 1, Z. 15 „arab. عِكَاس, gr. ἔχις".
عِكَاس, nach Abstammung, Form und Bedeutung ein Seitenstück von عَكَّال, wird richtig mit dem althebr. עֶכֶס, Fussfessel, zusammengestellt; was aber hat das arab. Wort mit עכס als Transscription von ἔχις, Otter, zu thun?

S. 649, Sp. 1, Z. 10 v. u. „غَلَب" sehr. غَلَب.

S. 650, Sp. 2, Z. 21 v. u. „עַלְתָא" schr. עַלְתָא, wie die sp. Agg. nach TW, II, S. 216, Sp. 2, Z. 31. Daher Esr. 6, 9 der indeterminirte Pl. עֲלָוָן, der determinirte bei Cast.-Mich. עֲלָוָתָא. Hierdurch widerlegt sich das, wie es scheint, dem hebr. עֹלָה, sprachwidrig nachgebildete עַלְתָא, wie auch der in TW, II, S. 216, Z. 15—12 v. u. gegen Buxtorf's und Beck's עֲלָוָן gerichtete Tadel. Die Form von עַלְתָ, עַלְתָא, ist dieselbe wie die von פָּנְתָ, Pl. hebr. פָּנוֹת, aram. פַּנְוָן, פַּנְוָתָא, מִנְה, Pl. hbr. מִנְיוֹת, פָּנְאוֹת, syr. ܬܒ̈ܠܬܐ, ܕܒܠܬܐ, זָכָאْ, סֵדַרَات pl. صَلَوَات, صَلَوَة, صَلَاة pl. زَكَوָات; زَكֹوة.

S. 651, Sp. 1, Z. 15 „غَلْطَ" sehr. غَلْظَ oder غَلَظَ. غَلَطَ ist das unrichtige, in der 8. Aufl. des Handwörterbuchs mit einem Schreib- oder Druckfehler vermehrte غَلَظَ von Gesenius und Dietrich. غَطَلَ und غَلَطَ aber sind keineswegs nach Gesen. und seinen Fortsetzern Umstellungen von jenem غَلَظَ und غَلَظَ, sondern gehören zu den aus der Wurzel غل mit dem Grundbegriffe des Ueberziehens, Deckens, Niederdrückens u. s. w. erwachsenen Stämmen, und עַלַט mit עַלְטָה ist ebenfalls nicht = عطל, sondern geht, wie غَلَظَ in seinen verschiedenen Gebrauchsweisen, auf die Begriffswurzel על zurück.

S. 652, Sp. 1, Z. 11 v. u. „עֲלִי" schr. עֱלִי.

S. 657, Sp. 1, Z. 14 v. u. „ܚܟܝܡܬܐ" schr. ܚܟܝܡܬܐ, Femininum von ܚܟܝܡܐ.

S. 661, Sp. 2, Z. 32 „ܚܨܦܐ" sehr. ܚܨܦܐ ohne ܀.

S. 661, Sp. 2, Z. 11 v. u. „verdecken, verhüllen" schr. bewölkt sein. Die bezügliche Angabe in der 8. Aufl. des Handwörterbuchs geht fehl. — Aber nicht غَام, sondern عَمِيَ ist mit עֲמִי, עֲמָא zusammenzustellen, durch bekannte Uebertragung des Blindseins auf blindmachende Finsterniss, wie in caeca nox, لَيْل أَعْمَى.

S. 662, Sp. 1, Z. 13 „עֲמַל, Grndw. wahrsch. מל". Ich finde die Wurzel aller so beginnenden Stämme in עם mit der Grundbedeutung des Zusammenseins und Zusammenfassens, hier zum Ausdrucke des Sichzusammennehmens, der contentio, der Anspannung der Kräfte, zum Heben und Tragen von Lasten, wie in עֲמַס, zur Verrichtung mühevoller Arbeit oder zum Ertragen und Aushalten von Ungemach, welche letztere Bedeutungswendung besonders im hebr. עֲמַל hervortritt, auch äusserlich dargestellt durch die Adjectivform עָמֵל, entsprechend dem arab. vb. fin. عَمِل, einem ebenso passive wie active Zuständlichkeit ausdrückenden פָּעַל, فَعَلَ; s. Sitzungsberichte der philol.-hist. Cl. der sächs. Ges. d. Wiss. v. J. 1880, S. 156—158.

S. 664, Sp. 1, Z. 20 v. u. „ähnlich arab. غَمَرَ" nämlich bloss in Bezug auf die in den Wurzeln עם und غم liegende Bedeutung des Zusammen- oder Zudrückens (der Augen). Der Kâmûs: „أصل الغمز العصر die Grundbedeutung von غمز ist pressen."

S. 665, Sp. 1, Z. 13 v. u. flg. Zur Unterstützung der Angabe, dass ܚܨܕ, colere, incolere, auch arbeiten bedeute, verweist der Herr Vf. auf „Bernstein Lex. Syr. hv.", wo der Zusammenhang dieser beiden Bedeutungen besprochen sein soll. Da Bernstein's grosses syrisches Wörterbuch vor dem Ende des ersten Buchstaben abbricht, so kann wohl nur sein Glossarium zu Kirsch' Chrestomathie gemeint sein; da aber ist unter ܚܨܕ nichts Derartiges zu finden. Sollte ܚܨܕ mit ܚܫܚ verwechselt sein? — Hiernach scheint mir auch die Zuverlässigkeit der bezüglichen Bedeutungsangaben unter אֲמוֹרָא, עִימוּר und עֲמֹרָא zweifelhaft. Was besonders

das letzte Wort betrifft, so halte ich לזבנא עמריא
S. 665, Sp. 2, Z. 15 „um seine Arbeit zu verkaufen" für verschrieben statt לזבנא עמריה, um seine Wolle zu verkaufen.

S. 666, Sp. 1, Z. 31 „עמרא גומרא" sehr. עֲמַר גומרא, wie b. Thom. a Nov. S. 204: Bombyx ܩܛܢ ܥܡܪ, Cast.-Mich. S. 657, Löw S. 77, Z. 2, S. 92 Nr. 65, S. 198 Z. 13 u. 14. So ist auch unter גיזר, Bd. I, S. 327, Sp. 1, Z. 10 v. u. statt לעמרא גומרא zu lesen לעמר גומרא.

S. 671, Sp. 2, Z. 21 v. u. „عَنَق" sehr. عَنَق; die Angaben bei Golius und Freytag unter angeblichem عَنَق sind unrichtig; s. Lane.

S. 672, Sp. 1, Z. 4 „עָנָק (=arab. u. chald.) Hals". Weder arab. noch chald. ist das Wort für Hals עֲנָק, عَنَاق, sondern عُنُق, עוּנְקָא.

S. 673, Sp. 1, Z. 8 „ܓܢܬܐ" schr. ܓܢܬܐ (عَنَّات), und hiernach auch עַנְתָא st. עֲנְתָא".

S. 676, Sp. 2, Z. 16 „عَفِر und عَفَر" sehr. عُفْر und غُفْر oder غَفْر.

S. 676, Sp. 2, Z. 12 u. 11 v. u. „Grndw. wahrsch. פש". Die Wurzel von עָפַש und عَفَن, faulen, stinken, ist עף.

S. 677, Sp. 1, Z. 15 „Kiefer" sehr. Fichte.

S. 678, Sp. 1, Z. 5 u. 6 „das arab. גושא (etwa von جَشّ tetigit manu)". Ein Wort wie جوشا vom Stamme جَشّ giebt es nicht und kann es nicht geben. Ueberhaupt aber stellt ج hier nicht das چ, sondern das غ dar, und das von Hai gemeinte Wort ist غِشَاء mit dunklerer Aussprache des Vocals der ersten Sylbe statt غِشَاء, Decke.

S. 678, Sp. 2, Z. 3 „arab. עֲצָא" regelmässig geschrieben عَصَى, was indessen nicht wie عَصّ „hart sein" im eigentlichen Sinne bedeutet, sondern widerspänstig, rebellisch, ungehorsam sein, gleichsam: sich gegen den Willen oder Befehl eines Andern stemmen und steifen.

S. 678, Sp. 2, Z. 6 „עֲצֵל", oder vielmehr עָצֵל, hat mit טול, طول nichts zu schaffen, sondern ist das zur Wurzel עץ, عظ gehörige عَظَلَ; s. Gesen. Handwörterbuch unter עֲצֵל.

S. 680, Sp. 1, Z. 33 „عَصّ" nicht „eig. enthalten, umfassen", sondern intrans. **hart, fest sein.** — Z. 35 u. 36 „עָצִיץ" ist allerdings nur eine härtere Form st. אָצִיץ, أَصِيص, Bd. I, S. 154, Sp. 2, Z. 19 flg.

S. 680, Sp. 2, Z. 16 flg. עָצוּר וְעָזוּב richtig erklärt von Gesenius im Thes. unter עָזַב S. 1008.

S. 682, Sp. 1, Z. 6 „דעקן" allein richtig; s. TW, II, S. 235, Sp. 1, Z. 31 u. 32 und 39.

S. 682, Sp. 1, Z. 17, „umgehen", vielmehr: **umbiegen, krümmen**, in tropischer Bedeutung; vgl. die andere Lesart עקף S. 686, Sp. 1, Z. 17 flg. = עקף.

S. 682, Sp. 1, Z. 32 u. 33 „spät (eig. als eine Ferse) kommen", schr. eig. auf der Fersenspur (eines Andern) oder auf den Fersenspuren (Anderer) d. h. **hinterdrein, hinterher kommen.**

S. 682, Sp. 1, Z. 38 „خَمَصَ" schr. خَمَصَ.

S. 682, Sp. 2, Z. 10 „der seine Augen befühlt", statt dessen TW, II, S. 235, Sp. 2, Z. 20 „der mit den Augen blinzelt"; schr. **der betastende, d. h. sinnlich begehrliche, lüsterne Blicke wirft,** — ganz das oculis contrectare b. Tacitus.

S. 682, Sp. 2, Z. 5 v. u. „Grndw. קד", gewiss nicht, sondern עק; s. die Stammentwicklung aus dieser Wurzel in Gesen. Handwörterbuch unter עָקַב.

S. 684, Sp. 2, Z. 5 flg. Ein solches „tiefes und rundes, an der Aussenseite des Schiffes angebrachtes Behältniss" — wozu hätte es dienen sollen? עֶקֶל ist im Gegentheil nach Maimonides und der folgenden Stelle der unterste innere Schiffsraum, le fond de cale, arab. الخن (Dozy, Suppl., I, S. 407, Sp. 1), wo sich die sentina ansammelt und der Ballast liegt; dieser letztere ist gemeint mit העקל שהוא עשוי להכביד בו את הספינה.

S. 686, Sp. 1, Z. 22 v. u. „أَعْقَف" schr. أَعْقَف.

S. 687, Sp. 2, Z. 3 v. u. „عَقَر" nur intransitiv: **unfruchtbar sein**; „**unfruchtbar, impotent machen**" ist عَقَّر und أَعْقَرَ.

S. 689, Sp. 2, Z. 5 „viell. arab. عَقَّار dass." عَقَّار oder עִקָּר ,עִקְּרָא ist im Gegentheil = עִקָּר, **Medicinalwurzel**, dann allgemein von einfachen vegetabilischen, und durch noch grössere Begriffserweiterung sogar von mineralischen Heilstoffen; s. Dozy, Suppl., II, S. 152, Sp. 1 u. 2. Aus der Sprache jüdischer und aramäischer Droguisten und Aerzte sind unter andern ähnlichen Wörtern auch شَتَّل (שְׁתִיל) und شُرْش, شِرْش (שׁוֹרֶשׁ) in das Gemeinarabische übergegangen; s. Dozy, Suppl. I, S. 727, Sp. 1 und S. 744, Sp. 2.

S. 690, Sp. 1, Z. 12 „Skorpionschwänze (σκορπίουροι)" sehr. σκορπίουρα. Das Adj. σκορπίουρος, **skorpiongeschwänzt**, d. h. einen dem des Skorpions ähnlichen Schwanz habend, wird nach der Originalerklärung b. Löw, S. 108, Z. 3 u. 4, auf die hier besprochene Pflanze übergetragen, weil ihre Samenkörner wie der Skorpionschwanz in eine gekrümmte Spitze auslaufen.

S. 694, Sp. 1, Z. 16 flg. Zur naturgeschichtlichen Bestimmung von עָרָב ,עֲרָבָה, غَرَب, pers. سبيدار, wörtl. **Weissholz**, dienen die in Gesen. Handwörterbuch angeführten Mittheilungen Wetzstein's, ferner die Art. über den Baum bei Kazwinî, Âtâr al-bilâd, ١٣٢, 8 v. u. flg. und 'Agâib al-mahlûkât, ٢٩٠, 18 flg., und die Stelle bei Jâkût, III, ٧٨٣, 16—20.

S. 696, Sp. 1, Z. 32 „عَرَج" schr. عَرَج.

S. 696, Sp. 1, Z. 5 v. u. „arab. عَرَدَ" nach den Quellenwerken nicht „fliehen machen, verjagen", sondern **weit werfen, schleudern,** wie Steine u. dgl.

S. 696, Sp. 2, Z. 21 u. 22. Unter אֲרֹד ,עֲרוֹדָא Bd. I, S. 160, Sp. 1, Z. 3 u. 2 v. u. wird dieselbe Stelle nach der Lesart בארודי statt בערודי so übersetzt: „sie führten die Mühlsteine vermittelst Maulthiere." Die bekannte Unzähmbarkeit des wilden Esels zeugt für die Richtigkeit der letztern Erklärung, wonach עָרֹד hier für אֲרֹד steht, worauf auch an jener Stelle durch „= עָרֹד, s. d." hingewiesen ist, wiewohl die entsprechende Bedeutung hier fehlt.

S. 696, Sp. 2, Z. 25 u. 26. Die ursprünglichen Formen sind אַרְדָא ,עֲרָדָא, und עֲרַדִּילָא ,אַרְדִּילָא daraus erweitert, — so nach dem gleichbedeutenden كَمْأَة, غَرَد, غَرَب, **Trüffeln**; Löw, S. 303, Nr. 244.

S. 700, Sp. 1, Z. 22 v. u. Das „ähnlich arab. غَرِل" lässt die Missdeutung zu, غَرِل, bedeute, wie dieses עָרֵל, „**mit einer Vorhaut über-**

ziehen", während es durchaus, wie עָרַל, in-transitiv ist. Dem transitiven עָרְלָתֶם, 3 Mos. 19, 23, liegt, wie hier dem Participium עוֹרֵל, ebenfalls ein denominatives עָרֵל zu Grunde, nur dass jenes althebräische privative, dieses neu-hebräische attributive Bedeutung hat.

S. 700, Sp. 2, Z. 16 u. 15 v. u. „Grndw. wahrsch. רם mit der Grundbedeutung hoch sein." Die Wurzel ist im Gegentheil auch hier nicht mit Fürst in den beiden letzten, sondern in den bei-den ersten Stammconsonanten zu suchen. Das durch dieselbe bezeichnete allgemeine Reiben, Drücken, Pressen u. s. w. besondert sich durch den angefügten Lippenschlusslaut zu hart und fest machen, hart angreifen, fest packen, intransitiv hart und fest sein, mit mannich-fachen Uebertragungen auf Materielles wie auf Geistiges. Eine privative Wendung zu a b-

reiben u. dgl. nimmt das altarabische عَرَمٌ in عَرِمَتِ الاِبِلُ الشَّجَرَ, „die Kamele haben die Bäume abgestreift, abgefressen, d. h. die Aeste, Zweige und das Laub der Bäume und Sträucher abgefressen, abgenagt; desgleichen in عَرَمَ العَظْمَ, er hat den Knochen abgeschält, d. h. das Fleisch davon abgefressen u. s. w; daher עָרוֹם, עָרֹם, entblösst, nackt. Als Intransitivum entwickelt

عَرُمَ, wie عَرَمَ und عَرِمَ, aus dem Hart- und Festsein die Bedeutungen heftig, arg, böse sein, von Dingen; bösartig, böswillig, boshaft sein, von Thieren und Menschen; daher ערום arg-listig, und, mit Verallgemeinerung der Bedeu-tung, listig, schlau, gescheidt, klug, wie malin (malignus) in il n'est pas malin, von einem gutmüthigen, einfältigen Menschen. — Wenn auch nur in einer besonderen Anwendung, doch in voller Stärke hat sich die sinnliche Grund-bedeutung des transitiven عَرَمٌ erhalten im ge-meinarabischen عَرَمَ الكِتَابَ, er hat das Buch eingebunden, عَرْمٌ Einband, عَرَّامٌ Buchbinder, eigentlich compegit librum, compactor; s. Cuche S. ۳۹۸ Sp. 2, S. ۳۹۹ Sp. 1, Dozy, Suppl., II, S. 122, Sp. 1. Anders gewendet erscheint die-selbe Grundbedeutung in עֲרֵמָה, عَرَمَةٌ, عَرَمَةٌ, عُرَمَةٌ, dicht aufgehäufte Masse, Haufen, عَرَمَ aufhäufen, auch in einander mischen und mengen, eig. fest mit einander verbinden; s. Cuche und Dozy a. a. O.

S. 702, Sp. 1, Z. 15 „Grndw. רס" so nach Fürst; in Wahrheit aber ער; s. Gesen. Hand-wörterbuch unter עָרַר.

S. 703, Sp. 1, Z. 16—18. Statt מהר und אלמהר ist ohne Zweifel mit dem Herrn Ver-fasser מהר und אלמהר zu lesen, aber nicht als Singular مِهَاد, sondern als Plural davon, مُهْل, المُهْل.

S. 703, Sp. 1, l. Z. „עָרָס, עַרְסָא Hänser-reihe." Das unverständliche ריוני, womit Ar. nach Buxtorf Sp. 1669 dieses Wort erklärt, ist verschrieben aus ריוני, ital. rione, Stadt-viertel, besonders von Rom, das lat. regio. Das als kleinere Abtheilung diesem ריוני ent-gegengesetzte קונטרדא, contrada, steht in der ältern Bedeutung: Strasse einer Stadt.

S. 703, Sp. 2, Z. 1 „Stw. arab. عَرَس ver-binden, vereinigen" unzulässige Verallgemeine-rung der altarab. Bedeutung: einen der Vor-derfüsse des liegenden Kamels mit einem Stricke an seinen Hals festbinden, so dass es nicht auf-stehen kann und liegen bleiben muss.

S. 703, Sp. 2, Z. 22 u. 23 עַרְסֵל Pi. (mit angeh. ל, viell. vom arab. عَرَس". Das ס ist Verstärkung eines ursprünglichen ז in עֲרָזֵל, حَزُوَن, impliciut, innexuit. Ethp. se impliciut, Par'el von حَزْل, arab. عَزَلَ. — Desgleichen עַרְסְלָא Z. 33 u. 34, „(eig.=ערסא mit angeh. ל) schwebende, oben gewölbte[?] Matte", ist=جَوْن. Das ursprüngliche ז erscheint noch in der erweich-ten Form אַרְזְלָא, Bd. I, S. 162, Sp. 1, Z. 5 v. u. Buxtorf Sp. 1670 hat עַרְסְלָא, עַרְסְלָא und עַרְסְלָא, dazu S. 212 auch אוּרְזִילָא.

S. 704, Sp. 1, Z. 1—4, „עֲרֵעֵר 2) (von עָרַר, arab. عَرَّ) eig. vernichten, bes. Einwand er-heben, Einspruch thun, die Gerechtsame Jemds. zu entkräften suchen." Bedeutete dieses עֲרֵעֵר urspr. vernichten, so würde es die Sache, gegen welche Einspruch erhoben wird, nicht wie Z. 8 vermittelst עַל, sondern unmittelbar im Accusativ regieren. Es ist in dieser Bedeutung nichts anders als das in der synkopirten Imperfectform יִלְעַר Jes. 15, 5 er-haltene althebr. עֲרֵעֵר, schallnachahmendes Wort wie عَرَّ und عَرْعَرَ b. Cuche S. ۳۹۲, Sp. 1 und S. ۳۹۹ Sp. 1, „crier, hurler, rugir, mugir", hin-sichtlich der ursprünglichen wie hinsichtlich der abgeleiteten Bedeutung zu vergleichen mit dem lat. reclamare, dem romanisch-englischen récla-mer contre q. ch., to reclaim against something.

S. 704, Sp. 2, Z. 28 flg., עָרַף, حَوْف, (Geld) wechseln, umsetzen, umtauschen, ist die aramäische Form des arab. صَرَف (צרף), urspr.

überhaupt wenden, drehen; صَرَّاف und صَبَّرَفِي, Geldwechsler.

S. 705, Sp. 1, Z. 7—5 v. u. Dieses „mögl. Weise" dehnt den Begriff etymologischer Möglichkeit nach meinem Gefühle bis zum geraden Gegentheile aus. Die Wurzel ער liegt offen vor in dem materiell identischen عَرَقَ, weggehen, fortgehen (s. Gesen. Handwörterbuch unter ערק), aber ebenso in dem ganz gleichbedeutenden Stamme عَرِدَ und عَرَدَ, fliehen (vgl. S. 696, Sp. 2, Z. 1), welchen mit dem hebr. רוץ in Verbindung zu setzen ein noch grösseres Wagestück sein würde als das hier versuchte.

S. 705, Sp. 2, Z. 17 v. u. „عِرَاقٍ" schr. عَرَقَةٌ.
— Z. 16 v. u. „خِنْصَآ" schr. خِنْصَأ.

S. 706, Sp. 1, Z. 3 v. u. „حَرْقُوب", „حَرْقُوب" schr. عُرْقُوب, عَرْقُوب.

S. 706, Sp. 2, Z. 21 „eig. vernichten, annulliren" s. dagegen die Anm. zu S. 704, Sp. 1, Z. 1—4.

S. 707, Sp. 2, Z. 15 „vom arab. عَنَّا behaart

sein." Die von Gesenius und Andern angenommene Ableitung des Eigennamens עֵשָׂו von diesem arab. Verbum, — dessen Perf. übrigens nicht عَثَّا, sondern عَثِيَ lautet, — ist beim Mangel anderer Beispiele vom Uebergange des arab. ث (aram. ת) in das hebr. שׁ mindestens zweifelhaft, auch die arab. Form des Eigennamens nicht عِيشُو, sondern عِيصُو; der Kâmûs unter dem Stamme عيص „عيصو, mit kasr des âin und ḍamm des ṣâd, Sohn Isaaks des Sohnes Abrahams, Bruder Jakobs."

S. 713, Sp. 1, Z. 13 „عَتْنُود" sehr. عَتْنُود.

S. 713, Sp. 2, Z. 17 u. 18. Das den Fortsetzern von Gesenius' Handwörterbuch entlehnte „عَتَقَ eilen, Conj. IV forttreiben" ist richtig so zu fassen, dass عَتَقَ, zunächst vom Pferde, تَقَدَّمَ bedeutet: andern vorauskommen, den Vorsprung gewinnen, wie beim Wettrennen oder bei der Flucht vor feindlicher Verfolgung; die Causativform أَعْتَقَ, vom Reiter, mit dem Accusativ seines Pferdes: dieses dazu antreiben."

Einige Berichtigungen und Zusätze.

S. 5[b], Z. 29 v. o.: Ferner מְאַן Causat. zum Verweigern veranlassen. Edij. 6, 1 ממאנין את הקטנות man veranlasst die unmündigen Frauen, dass sie das Verbleiben in der Ehe verweigern. Aehnlich קְדֵּשׁ Kidd. 64[a] u. ö. קדשתי את בתי ich habe meine Tochter an einen Mann verheirathet, eig. sie von einem Manne heirathen lassen.

S. 11[a], Z. 20: Pl. Ab. sar. 65[b] מברויא, richtig מָבוֹרָיָא die Fährmänner.

S. 19[a], Z. 17: wahrsch. מגנירת crmp. aus סָגְנירת, s. סִרגְנִלון.

S. 20[a] letzte Z.: מְנַפֵּרים, so richtig von גּוּף, s. d. Vom Stw. נָפַף hätte das Sbst.: מגפפים lauten müssen, nicht מְנַפְּרים.

S. 24[a], Z. 17 v. u.: מִדַּבְּרוֹת (=bh.) steht für מתדברות, vgl. מִדַּבֵּר (Num. 7, 89 u. ö.) für מתדבר. Die Richtigkeit der im Wrtrb. sv. gegebenen Erkl. erhellt u. A. aus Ber. 10[a] Chiskija sagte zu dem Propheten Jesaias, der ihm Unglück verheissen hatte: בן אמוץ כלה נבואתך וצא Sohn des Amoz, ende deine Prophezeiung ein und gehe fort! כלה מדברותיך entspricht ganz dem כלה למדברותיך. נבואתך Snh. 38[b] Ms. M. (in Agg. fehlt unser W.) halte deine Worte ein! — 2) die Aufführung. Khl. sv. מְדַבְּרוֹת שהצדיקים מְדַבְּרים 80[b] אמרנו אני רכ' die Aufführung, wie sich die Frommen in dieser Welt aufführen u. s. w., s. סִרגְנִלון.

S. 29[b], Z. 3: R. hasch. 24[b] שמשין שבמדור העליון die Diener (d. h. Engel=מלאכי השרת), die in dem obersten Wohnorte sind, d. h. im siebenten Himmel, Araboth. Das. שבמדור התחתון diejenigen, die im untersten Himmel sind. — Nid. 31[a] שלשה חדשים ראשונים ולד דר במדור התחתון ובמדור האמצעי אחרונים ולד דר במדור בשלשה ובשלשה in den ersten drei Monaten nach der Conception liegt der Embryo im unteren Aufenthaltsort (des Mutterleibes), in den drei mittelsten Monaten liegt er im mittelsten Aufenthaltsort, in den drei letzten Monaten liegt er im oberen Aufenthaltsorte, vgl. חָדָר.

S. 33[b], Z. 7: Uebrtr. (=דְּרַיסִי s. d.) Kidd. 40[b] מדרגה התחתונה die unterste Stufe, d. h. das unterste Gemach der Hölle.

S. 44[a], Z. 3 v. u.: Trop. Genes. r. sct. 71, 71[a] (mit Ansp. auf מטה מטה, Num. 17, 17) מטו מטו בני מטו בעגל מטו במרגלים meine Kinder wankten und wankten; sie wankten beim goldenen Kalb und wankten bei den Kundschaftern.

S. 49[a] vor Z. 1: מוֹלַד m. (von יָלַד) das Gebären. B. bath. 16[b] ob. מתרסאה ממולדה sie genest von ihrem Gebären, vgl. נָפַשׁ im Hifil.

S. 55[b] Z. 18 v. u.: Pl. (ähnlich bh.) Dem. 4, 1 מוֹצָאֵי שבת eig. des Sabbats Ausgang, d. h. der Tag nach dem Sabbat, näml. Sonntag. Schabb. 15, 3 fg. u. ö. Suc. 51[a] fg. מוצאי יום טוב der Tag nach dem Feiertage. Schebi. 4, 2. 6, 4 מוצאי שביעית das Jahr nach dem Brachjahr.

S. 58[b] letzte Z.: מוֹרָע masc. (verk. aus מְאוֹרָע) Ereigniss. Tosef. Ber. III מעין המורע inhaltlich vom Tagesereigniss. Das. ö., s. מְאוֹרָע. — Ferner מוֹרָע s. d. in מר'.

S. 67[b], Z. 16: Part. Hofal Sifre Teze § 248 wird מָמְזֵר (s. d.) erkl.: כל שהוא מומזר jeder, der verdorben ist, d. h. sowohl männliche als auch weibliche Bastarde. Die Var. מום זר ist aus Missverständniss entstanden.

S. 72, Z. 4 v. u.: מַחֲמָא, pl. מַחֲמִין, so richtig punktirt nach den Trg. Codices und der traditionellen Aussprache, nicht מְחָמֵא, מְחַמִּין, obgleich das W. im Syr. مَحْمَا lautet. Ueberhaupt weichen die chald. Wortformen sehr oft von den syrischen ab.

S. 73[b] letzte Z.: 2) (=מְחָאָה) das Verbieten, Einwanderheben. Pes. 88[a] אין לך מחוי גדול מזה ein stärkeres Verbieten als dieses giebt es nicht.

S. 78[b] hinter Z. 19: מְחָסוֹמִית fem. (von חָסַם) Verschluss, Befestigung. Tosef. Kel. B. mez. I Anf. מחסומיתו ed. Zkrm. (a. Agg. חסומיתו) מן הטמא die Befestigung des Geräthes ist von unreinem Metall.

S. 82[a], Z. 11 v. u.: Dual מְחָרָתַיִם (=יום יוֹמָא, s. אורתא) übermorgen. Midrasch Til-

lim zu Ps. 12 Anf. יש לי לחרוש היום ומחר
ולמחרתים נלך ביחד heute und morgen muss ich
pflügen, übermorgen wollen wir zusammen gehen.

S. 84ᵃ, Z. 21: Chull. 112ᵃ ודילמא תתאה מטא
עילאה לא מטא vielleicht ist der untere Theil
(des Fleisches, das über den Kohlen zum Braten liegt) bereits gar, der obere Theil aber
noch nicht gar?

S. 96ᵇ, Z. 10 v. u. anst. zweiten l.: ersten.

S. 97ᵃ, Z. 4 anst. sechs l.: sieben.

S. 101ᵃ vor Z. 9 v. u.:

מֵילָא f. (= חֲמִילָה, s. ח) einfacher Ueberwurf ohne Ausputz. Tosef.
Schabb. V (VI) Ende.

S. 105ᵃ, Z. 6: Sifra Wajikra Anf. Par. 2 כל
מקום שנאמר קרבן אמור בידו דלא שלא ליתן
פתחון פה למינין לרדות überall, wo in der
Schrift „Opfer" erwähnt wird, steht dabei das
Tetragramm ('לה, nicht אל oder אלהים), um
den Häretikern keine Veranlassung zum Necken
(Geisseln) zu geben; d. h. die anderen Gottesnamen hätten sie nach ihrer Weise, etwa nach
ihrer Trinitätslehre, deuten können. Men. 110ᵃ
steht בעל דין anst. מינין. Par. 3, 3 s. רדה, רדה.
Chull. 13ᵇ אין מינין באומות unter den Völkern
giebt es keine Häretiker; was da. erkl. wird:
dass man von den Nichtjuden, obgleich sie der
häretischen Lehre anhängen, Opfer annehmen
darf, während man von jüdischen Apostaten
kein Opfer annimmt, vgl. משׁוּמד. — S. 106ᵃ,
letzte Z. Snh. 97ᵃ der Messias kommt nicht
eher, עד שתהפך כל המלכות למינות Ms. M.
(Agg. לרעת צדוקים) als bis die ganze Regierung
sich zur Häresie bekehren wird.

S. 113ᵃ hinter Z. 7:

מָכֵל m. (mit lat. macula zusammenhängend)
Schmutz, Makel. Mechil. Mischpat. Par. 13
השמן אינו מקבל מכל כל וכ' das Oel nimmt
keinen Schmutz an; deshalb wird es zum Salben der Könige verwendet. Das Wort ist
wahrsch. griech. oder lat., da in Tosef. B. kam.
VII dafür דלום, dolus steht, s. d. W. Jalk. I,
91ᵈ hat dafür מעל (ähnlich bh. מַעַל) Fäl-
schung. — Tosef. Mikw. VI (VII) g. E.
המכובשים (?) Schmutzflecke; richtiger and. Agg.
המכובשים.

S. 116ᵇ hinter Z. 10:

מִכְרִין m. (denom. von כִּירָה s. d. Stw. כּוּר)
zum Herd gehörig. j. Chall. I, 58ᵃ ob. עיסת
מכרין ein Teig, aus welchem man Herdgebäcke
anfertigt.

S. 132ᵃ, Z. 7 v. u.: 1) Berathung. Genes.
r. sct. 8, 9ᵃ R. Lewi sagte: לית הכא מלכו hier
(bei der Schöpfung) hat keine Berathung stattgefunden; gegen die Ansicht des Autors, dass

Gott sich mit den Engeln wegen der Schöpfung
des Menschen berathen hätte, vgl. בְּרָא, ברי. —
2) Herrschaft u. s. w.

S. 134ᵃ, Z. 17: Ithpa. besprochen werden. j. Schek. VI, 50ᵃ ob. מיין דמתמללין בעלמא
Wasser, das in der Welt besprochen wird; d. h.
das wegen seiner Tiefe sprichwörtlich bekannt
ist, mit Ansp. auf לשחות (Jes. 25, 11) wie
gedeutet. — Das. Z. 20 קשין בני מלילה נירבד
sind denn etwa harte Gewürzbäume zum Zerreiben geeignet, dass sie einen Geruch verbreiten sollten?

S. 147ᵇ, Z. 30: מַנְגְּדָנָא, so richtig, nicht
מְנַגְדָנָא, denn נְגַד im Peal bedeutet: schlagen,
geisseln. Afel אַנְגֵד geisseln lassen; Pael kommt
meines Wissens nicht vor, נֵּגַד. Dah. ist auch
S. 333ᵃ, Z. 13 נְגָדָא od. נַגָּדָא richtig (=נְגוֹדָא)
Führer, Leiter, nicht נַגָּדָא.

S. 149ᵇ, Z. 3: Ferner denom. von מָנֶה eine
Mine leihen, geben, aufzählen. מנה מניתיך בפני פלוני ופלוני
34ᵃᵇ ich habe
dir eine Mine in Gegenwart des N. und N. gegeben. Das. מנה מניתיה לך בצד עמוד זה ich
habe dir eine Mine gegeben (aufgezählt) an der
Seite dieser Säule.

S. 152ᵇ, Z. 2 v. u. anst. thönernes Licht l.:
thönerne Leuchte.

S. 160ᵇ hinter Z. 10:

מַנְפֵּשׁ m. (von נֶפֶשׁ) Bestandtheil der Rüstung
eines Kriegers, etwa eiserne Larve vor dem
Gesicht, d. i. ein Visir mit Gitterwerk,
welches das Athemschöpfen erleichtert. Tosef.
Kel. B. mez. III Anf. הקסדא והמנפש ed. Zkrm.
(a. Agg. מגנפיים, s. d.) der Helm (cassida) und
die Larve.

S. 161ᵃ hinter Z. 27:

מְעַקֵּט m. Adj. (von עָקַט Pa. nr. 2) Sammler. Aboth de R. Nathan XVIII g. E. לר' יוסי
הגלילי מנקט יפה יפה בלא גסות רוח den Galiläer R. Jose (nannte Isi ben Juda, der den Gelehrten nach ihren Eigenschaften Namen bei-
legte): den vortrefflichen Sammler ohne Ueberhebung.

S. 164ᵇ, Z. 15: Kidd. 72ᵃ מסגריא Masge-
raja, Name eines babyl. Ortes.

S. 165ᵃ hinter Z. 9:

מַסְחִים m. (von סָתַם?) Verschlag an der
Thür, um sie zu verschliessen. Tosef. Kel.
B. mez. VI Anf. המסחים של דלת der Verschlag
an der Thür.

S. 167ᵃ, Z. 26 v. u.: Ber. 62ᵇ Gott sagte zu
David: קראת לי מסית שאני מסיתיך וכ' Ms.
M. (Agg. מכשילך) du nanntest mich: einen
„Verlockenden" (1 Sm. 26, 19); bei deinem Leben

geschworen, ich werde dich zu etwas verlocken, was selbst den Schulkindern als verboten bekanut ist, näml. Israel zu zählen (2 Sm. 24, 1), indem beim Zählen Israels Lösegeld genommen werden muss, Ex. 30ᶠ 11.

S. 170ᵇ, Z. 19 v. u.: wahrsch. אֶבֶן מְסָמָא, מְסָמָה=סכובית אבן Stein, womit man bedeckt, blendet, unsichtbar macht, vgl. סְכוֹבְיּת.

S. 172ᵃ, Z. 24 v. u. Schabb. 67ᵃ מסמסריך, s. פַּכְפַּסְיָה, מסמסריה.

S. 173ᵇ hinter Z. 25: מַפָּעָה, pl. מַטָעוֹת und מַשָּׁאָה s. מַטָעִיּוֹת.

S. 175ᵃ, Z. 13: Ferner N. pr. Snh. 44ᵃ 'ר יהודה בר מספרתא R. Juda bar Misparta.

S. 176ᵃ, Z. 5 v. u.: B. kam. 84ᵇ un. ואמסקנא קריימי das Obengesagte bezieht sich auf den Schluss.

S. 181ᵇ, Z. 5 v. u.: Genes. r. sct. 98 g. E. „Die Segnungen deines Vaters sind mächtiger על מלמדי ועל מברכיני als die meiner Lehrer und meiner Meister"; הוֹרָה von (Gen. 49, 26) הורי lehren gedeutet.

S. 191ᵇ, Z. 20 v. u.: Denom. Ruth r. sv. וידי בימי ,36ᵈ יצאה לה שפחתו מצילת בסידקי וכ' seine Magd ging auf den Getreidemarkt in einen Ueberwurf eingehüllt.

S. 207ᵃ, Z. 10 v. u. Schabb. 105ᵇ R. Juda שליף מצביריתא Raschi (Agg. מצביריא) trennte die Fäden (Fransen) seines Kleides los, um sich den Anschein zu geben, als ob er sehr aufgebracht wäre, vgl. כְרָתְמָא.

S. 211ᵇ hinter Z. 13: מְצוּלוֹת f. pl. (=נצולות, s. נְצוּלָה und נְצָל) faulige Früchte. Tosef. Ter. X Anf. המצולות וכ' edd. Wilna und Zkrm. (richtiger a. Agg. הניצולות) die fauligen Früchte der Teruma.

S. 213ᵃ, Z. 8: hinter מולין l.: ופורדין.

S. 213ᵇ, Z. 23: Genes. r. sct. 12 g. E. אדם מוצק כלים (בולוס .l) אנגקי wenn Jem. ein Stück Metall in Eile schmelzt, כָּסַךְ.

S. 222ᵇ, Z. 5 v. u. Men. 85ᵇ בקעת בית מקלה das Thal von Beth Mikla, eig. Brandstätte.

S. 227ᵇ, Z. 20 v. u.: Keth. 7, 10 (77ᵃ) die Frau kann ihren Mann, der mit einem Leibesfehler behaftet ist, nicht zur Scheidung zwingen, חוץ ממוכה שחין מפני שממתו mit Ausnahme des Aussätzigen, weil sie ihn (durch eheliche Umgang) schwindsüchtig macht.

S. 229ᵇ, Z. 16: Meg. 25ᵇ כל המקראות הכתובין בתורה לגנאי קורין אותן לשבח וכ' alle Bibelstellen (Wörter), welche nach der Schreibung hässliche Bedeutungen haben, liest man als Wörter mit besserer Bedeutung, z. B. Kethib ישגלנה, Keri ישכבנה u. v. a., vgl. עִפָל u. m.

S. 231ᵃ, Z. 4: Dass קְרָץ gleichbedeutend mit קָצַץ ist, kann wohl nicht bezweifelt werden; aber ebenso wenig, dass im ersteren Worte das ר zwischen die zwei Wurzelconsonanten eingeschaltet wurde, zumal wenn man in Betracht zieht, dass ausser den im Aram. häufigen Parelformen, dies auch in hbr. Verben sow., als Sbst. vorkommt. Man vgl. z. B. כָּרְסָם, כִּרְסֵם (von כָּסַם ,כָּסַם), ferner כָּרְדֹּם (von אָדַם), שִׂרְבֵּיט (von שָׁבֵט), חַרְצֻבוֹת (von חָצַב) u. m. a. Dazu kommt noch, dass die ältesten hbr. Grammatiker das ר zu den Kehlbuchstaben zählten, אהחע״ר. Ein Grndw. קר von קְרָץ anzunehmen (wie in Gesen. hbr. Wrtrb. 8. Auflage) halte ich für unmöglich.

S. 235ᵇ, Z. 20 v. u.: Trop. Sifre Behalotha § 103 במראה זו מראה דבור . . . . או איני וכ' אלא מראה שכינה das W. במראה (Num. 12, 6) bedeutet: das Wahrnehmen (Vernonmenwerden) des Wortes, d. h. „durch das Wort gebe ich mich ihm zu erkennen." Vielleicht jedoch ist aber der Anblick der Gottheit zu verstehen? Es heisst ja: „Du kannst mein Gesicht nicht schauen" (Ex. 33, 20).

S. 239ᵇ, Z. 2 st. das Farbeholz l.: den Zucker.

S. 240ᵇ, Z. 12: Pl. Cant. r. sv. צאנה, 19ᵈ ein Gleichniss von einem Könige, der sich seinem Hausverwalter zeigte של מרגליטין in einem schönen Gewand von Edelsteinen (viell. Perlen). Pesik. Wajhi bejom, 4ᵇ. 5ᵃ steht dafür בלבוש אולי מרגליטון Adj. (כ)מַרְגָּלִיתֹסᵃ) ganz in Edelsteinen, vgl. Buber Anm. z. St.; s. auch אולוכרגְסין.

S. 257ᵃ hinter Z. 22:

מֵרְיעוּת f. (von רֵעַ, רֵעָה) Geselligkeit, Freundschaft. M. kat. 22ᵇ שמחת מריעית ein Freudenfest der Geselligkeit. — Tosef. Sehebi. II Anf. מריעית crmp. aus מרביות s. d.

S. 287ᵇ, Z. 18: Nach Git. 5, 6 erliess ein Gelehrtencollegium unter Vorsitz Rabbi's eine Verordnung gegen die ältere Mischna, sowie gegen ein darauffolgendes Gelehrtencollegium, vgl. סִימְקוֹרִין.

S. 338ᵃ, Z. 5 v. u.: Trop. Levit. r. sct. 5, 150ᵃ מה נגָּרים הם ישראל שהם יודעים לרצות את בוראם welch' Meister sind doch die Israeliten, dass sie verstehen, ihren Schöpfer zu besänftigen.

S. 342ᵇ, Z. 13 verdruckt, l.: zur Entweihung des göttlichen Namens veranlasst u. s. w.

S. 368ᵃ, Z. 1 hinter Haupthaar, l.: nicht.

S. 387ᵇ, Z. 19 v. u.: 2) Nimos oder Nomos, verkürzt aus Eunomos, N. pr. Tosef. Machschir. III g. E. נימוס אחיו של ר' יהושע הגרוסי ed. Wilna u. a. (=Bech. 10ᵇ; ed. Zkrm. אורגימוס, wofür gew. אבנימוס) Nimos, der Bru-

der des Gräupners R. Josua; ein Tannaïte, Zeitgenosse des R. Elieser.

S. 403ᵇ, Z. 34 v. u.: Pl. Tosef. Ab. sar. III (IV) עשה לו הגוי נימוסות יצא בן חורין wenn der Nichtjude dem Sklaven Zeichen gemacht (oder: Zahlungstermine festgesetzt) hat, so erlangt er die Freiheit. — Das. vor Z. 3 v. u.:

נִימָסִים m. pl. (viell. vom gr. ὁ νομός) etwa Verzweigung, Aeste u. dgl. Aboth de R. Nathan XXXI g. E. alle Gliedmassen des Menschen entsprechen denen der Welt (Mikrokosmos, vgl. סִתְידְרָאוֹת) נימסים בעולם נימסים באדם זה תחולו של אדם Verzweigungen giebt es in der Welt, Verzweigungen giebt es auch im Menschen, d. i. die Milz des Menschen mit ihrem Geäder. — Tosef. Tohar. VII g. E. נמסיאות crmp. aus דמוסיאות Warmbäder.

S. 450ᵃ, Z. 17 v. u.: Chull. 91ᵃ למה נקרא שמו גיד הנשה שנשה ממקומו ועלה weshalb wird die Spannader: גיד הנשה (Nerv der Entrückung, „Sehne" ist minder zutreffend) genannt? Weil sie von ihrer Stelle gewichen und aufwärts geschnellt ist; mit Bez. auf Jer. 51, 30.

S. 468ᵇ, Z. 22 v. u.: — 2) Strom, Welle. Cant. r. sv. כמעט, 17ᶜ wird שבל (Jes. 47, 2) erklärt: סובלתא דנהרא die Strömung des Flusses.

S. 500ᵇ, Z. 13: סטיבם, Tosef. Kel. B. mez. VIII Anf. ed. Zkrm., richtiger ed. Wilna u. a. סקבים, ebenso R. Simson zu Kel. 18, 4, s. סְקָבָּס.

S. 501ᵃ vor Z. 21 v. u.:

סטאנאות, Tosef. Kel. B. kam. VI g. E. ed.

Zkrm., richtiger ed. Wilna u. a. אסטגירות s. d., vgl. auch R. Simson zu Kel. 8, 9.

S. 514ᵃ, Z. 10: j. Meg. I, 72ᵇ mit. למחר סיני נחית ומחדת לבון מילה morgen wird der Sinai (der Vielwisser, d. h. R. Jochanan) in das Studienhaus kommen und euch eine neue Lehre vortragen.

S. 574ᵃ, Z. 2: Uebrtr. (=דְּבַר s. d.) beiwohnen. Ned. 20ᵇ ob. Imma Salom sagte: אינו מספר עמי לא בתחלת הלילה ... וכשהוא מספר מגלה טפח וכ' er (mein Ehemann, R. Elieser) wohnt mir weder Anfangs der Nacht, noch Ende der Nacht bei, sondern blos um Mitternacht; und wenn er mir beiwohnt, so deckt er eine Faustbreite auf u. s. w., vgl. שֶׁד.

S. 616ᵇ, Z. 31 v. o.: Suc. 45ᵃ לולב באגודו והדס בעבותו der Palmenzweig mit seiner Umbindung und die Myrte mit ihrem Geflechte, dichter Belaubung; mit Ansp. auf בעבתים (Ps. 118, 27), das das. ebenf. durch „Weidengeflecht" erkl. wird, vgl. Raschi z. St.

S. 627ᵃ vor Z. 24 v. u.:

עֲוָל, Pi. עִוֵּל, עֲוִיל (ähnlich bh.) Unrecht thun. Mechil. Mischpat. Par. 13 המעוּל במדות wer durch falsche Masse Unrecht thut.

S. 677ᵃ, Z. 11: Pes. 7ᵃ עיפושא מוכיח עילויה der Schimmel des Brotes beweist, dass letzteres längere Zeit liegt. Das. עיפושא מרובה viel Schimmel. Das. Verb. עפש טפי das Brot war sehr schimmlig.

S. 691ᵇ, Z. 16 v. u. anst. עַרְבִין) l. עֲרָבִין pl. von עֲרָב).

Druck von F. A. Brockhaus in Leipzig.